全面依法治国是国家治理的一场深刻革命，必须坚持厉行法治，推进科学立法、严格执法、公正司法、全民守法。

　　努力让人民群众在每一个司法案件中感受到公平正义。

主编　侯锷

CHINA GOVERNMENT NEW MEDIA (MICROBLOG)

中国政务新媒体（微博）年鉴·（2009—2018）

第 4 卷

YEARBOOK (2009-2018)

本卷主编　倪寿明　侯锷

社会科学文献出版社
SOCIAL SCIENCES ACADEMIC PRESS (CHINA)

中国政务新媒体（微博）年鉴·（2009—2018）
编 委 会

陈文峰　中国警察网影视中心主任

陈新建　河南省永城市科学技术协会副主席

陈　杨　湖北省黄石市法律援助中心新媒体负责人

陈永博　广东省肇庆市公安局副调研员

池德生　中共山西省委宣传部网络宣传处副处长

崔保国　清华大学教授、清华大学文化创意发展研究院副院长

崔　跃　中共宁夏回族自治区委网信办网络信息管理处处长

戴建华　中国传媒大学经济与管理学院信息管理与决策研究所所长

董全喜　中共安徽省马鞍山市委宣传部"@马鞍山发布"官方微博负责人

冯建平　中央电视台新闻中心制片人

付士山　陕西省新媒体联合会副会长，新浪陕西总经理

耿子威　辽宁省沈阳市环境保护科技情报宣传教育中心主任助理

顾富林　浙江省嘉善县经济和信息化局原党组书记

关　清　中国警察网董事长、总经理

郭　鹏　陕西省电子政务办公室副主任

郭全中　中共中央党校（国家行政学院）文史教研部高级经济师

侯　锷　中国传媒大学媒介与公共事务研究院高级研究员、公共关系与战略传
　　　　播研究所副所长、政务新媒体实验室主任

侯建民　中国地震台网中心数据服务部副主任

侯文昌　最高人民检察院检察日报社正义网总裁助理、传媒研究院院长

黄楚新　中国社会科学院新媒体研究中心副主任兼秘书长、教授

黄双润　中国社会科学院新闻与传播研究所综合办公室主任兼党办主任、人事
　　　　处长

黄伟清　中共南京市委网信办互联网宣传信息中心主任

黄子华　中共德州市委宣传部副部长，中共德州市委、市政府原新闻发言人

姜　飞　北京外国语大学教授、博士生导师，国际新闻与传播学院院长

金中一　浙江省海宁市原司法局局长

靖　鸣　南京师范大学教授、博士生导师

凯　雷　香港文汇报北京分社执行总编辑

寇佳婵　中国传媒大学媒介与公共事务研究院秘书长、公共关系与战略传播研
　　　　究所常务副所长

匡文波　中国人民大学教授、博士生导师，全国新闻自考委员会秘书长

李传江　山东省潍坊市人民政府新闻办公室主任

李德刚　中共北京市大兴区委网信办主任、区委宣传部副部长

李　刚　沈阳城市学院副院长兼新闻与传播学院院长

李　平　河南省郑州市城市管理局党委书记、中共郑州市委原宣传部副部长

李　飒　云南省昆明市互联网新闻中心副主任、昆明市网络文化协会会长

李峥嵘　微博政务运营总经理

廖　霞　中共四川省成都市武侯区委宣传部副调研员、原网信办副主任

刘桂明　中国法学会《民主与法制》周刊总编辑、高级编辑

刘海舒　中共北京市通州区委宣传部网管中心负责人，新闻传播学博士后

刘海中　广东警官学院公共管理系副教授

刘　杰　中国行政管理学会县级行政研究会副会长兼秘书长

刘　力　中共江西省南昌市委宣传部副部长、市政协常委

刘鹏飞　人民在线副总编辑、智库中心主任，人民网舆情数据中心主任分析师

刘松超　广东省深圳市公安局交警支队"@深圳交警"官方微博负责人

刘伟海　广东省肇庆市旅游局新媒体负责人

刘小明　宁夏回族自治区银川市人民政府办公厅网站工程师

刘徐州　中国政法大学光明新闻传播学院副院长、政法宣传与舆情研究中心主任

刘学刚　人民公安报内参室主任

刘志飞　河南省新乡市中级人民法院执行局综合处处长

鲁婧晗　最高人民法院人民法院新闻传媒总社新媒体部编辑

鲁心茵　中国传媒大学媒介与公共事务研究院院长助理、企业传播研究所常务副所长

陆亚明　深圳职业技术学院特聘教授、前深圳之窗网总经理

马　江　宁夏日报报业集团宁夏新闻网副总编辑

马　烨　中央广播电视总台央广中国之声新媒体部主任编辑

孟小红　山东省环境保护宣传教育中心副主任

穆占劳　中共中央党校（国家行政学院）教授、国际战略研究院国际政治研究室副主任

那世钢　浙江省网络界人士联谊会副会长、高级编辑

牛兴全　甘肃省司法厅副厅长

邱永浩　成都青年全媒体中心主任、"@成都共青团"官方微博负责人

单学刚　人民网舆情数据中心副主任

沈国麟　复旦大学新闻学院教授、复旦发展研究院网络理政研究中心副主任

沈伟红　铁道警察学院公安传播与新闻发布研究中心主任，中国人民大学危机管理研究中心研究员

沈　阳　清华大学新闻学院教授、博士生导师

史安斌　教育部青年长江学者特聘教授，清华大学教授、博士生导师，新闻与传播学院副院长，清华－伊斯雷尔·爱泼斯坦对外传播研究中心执行主任

宋丽君　河南省济源市互联网舆情信息中心主任

宋晓阳　中国传媒大学播音主持艺术学院副教授、央视社会与法频道新闻评论员

宋　煜　中国社会科学院社会学研究所科研助理

孙华昌　新疆维吾尔自治区党委政法委宣传教育指导处（网络舆情工作处）副处长

孙祥飞　华东政法大学副教授、新媒体数据研究院院长

孙　逊　天津市公安局交通管理局新媒体工作室负责人

孙忠良　吉首大学马克思主义学院教授

覃辉君　新疆维吾尔自治区人民检察院新媒体负责人

唐晓勇　中国警察网副总编辑

遆　飞　河南省郑州市城市管理局官方微博办公室主任

田　宇　沈阳工业大学新闻传播系主任、副教授

汪宝玉　新浪安徽副总编辑、政府事业部负责人

王　兵　最高人民法院人民法院新闻传媒总社新媒体部副主任、法学博士

王海峰　河南省洛阳市公安局政治部副主任

王　菁　最高人民法院人民法院新闻传媒总社新媒体部编辑

王凯华　中共陕西省委政法委宣传教育处处长

王　琳　海口日报党委副书记、副社长

王刘纪　中共宁夏回族自治区固原市委宣传部副调研员

王　敏　微博国际部副总经理、微博商学院院长

王　铭　中共陕西省委普法办副主任

王秋菊　河北大学新闻传播学院教授、硕士生导师

王　祥　微博党委书记

王新涛　工信部国家工信安全中心计算机世界传媒集团副总裁

王　颖　京东集团副总裁、中国铁路总公司宣传部原副部长

王于京　浙江省公安厅政治部政务新媒体负责人

吴德祖　共青团中央宣传部传播处处长

武润林　中共山西省太原市委宣传部网络处处长

夏　鹏　广东省广州市公安局指挥中心新媒体负责人

徐剑箫　四川省成都市大数据和电子政务管理办公室成都服务运营中心运营总监，"@成都服务"官方微博负责人

徐丽华　微博政务运营总监

杨　刚　检察日报正义网舆情事业部主任

杨乾坤　中国维和警察首席新闻官、发言人

杨新河　新华社高级记者

余秀才　中南财经政法大学新闻与文化传播学院副教授

禹亚钢　湖南省公安厅政治部"@湖南公安"官方微博负责人

袁　明　湖北省人民检察院刑事执行检察处副处长、三级高级检察官

曾润喜　重庆大学舆情信息研究所副所长、新闻学院新媒体与传媒管理教研室主任

詹海宝　西北政法大学社会政策与社会舆情评价协同创新研究中心研究员

张爱凤　广州大学新闻与传播学院教授

张爱军　西北政法大学新闻传播学院教授

张德忠　"@中国反邪教"官方微博负责人

张　戈　广东消防救援总队宣传处专业技术一级指挥员

张　玲　中共北京市委党校（北京行政学院）公共管理教研部教授

张荣刚　中国传媒大学亚洲传媒研究中心特约研究员

张　锐　辽宁省大连市公安局治安管理支队"@大连户口身份证"官方微博负责人

张守增　最高人民法院人民法院新闻传媒总社党委委员、副总编辑

张云生　国家铁路局机关服务中心部门主任

章晓英　北京外国语大学国际新闻与传播学院教授

赵安金　云南省人民检察院原新闻处处长

赵　峰　北京市公安局办公室新闻中心副主任，北京市公安局"@平安北京"官方微博负责人

赵　刚　最高人民法院人民法院新闻传媒总社新媒体部主任

赵　杰　中国浦东干部学院城市治理与危机管理研究中心副主任

郑东鸿　沈阳城市学院绿岛舆情研究所所长

周　鹏　中共宁夏回族自治区银川市委督查室督查问政主管、"@问政银川"官方微博负责人

朱　琳　华东理工大学社会与公共管理学院副教授，上海感知城市数据科学研究院副院长

主　　　编　侯锷

主编助理　蔡幼林（内容）　马　迪（数据）

编纂团队（按姓氏拼音排序）

陈新建　郭　涛　侯　锷　李向鑫　鲁婧晗　马富凯　王　兵
王　菁　王刘纪　徐剑箫　徐丽华　张　锐　张云生　赵　刚

编辑团队（按姓氏拼音排序）

程丽霞　单远举　郭锡超　郭　欣　胡安义　贾敬超
李蓉蓉　汪延平　肖世伟　徐　花　徐琳琳　杨鑫磊

唯有保持秩序，才能享受自由

　　人类文明的发展史，某种程度上也是人类不断改进传播方式、更新传播媒介、方便信息传播的历史。在人类发展的早期，最初的传播方式就是语言，但语言作为媒介的局限性也是显而易见的。口口传播在空间距离上是受到限制的，而且口口之间的多次传播，非常容易造成信息的走样失真。文字的出现是人类传播的一次大飞跃。自从造纸术和印刷术发明后，知识与信息以前所未有的速度传播开来。人类社会文明程度正是在这样的传播中进一步提升。可以说，是媒介的不断发展带领人类进入近现代文明，而近现代文明又促进了媒介的进一步繁荣。互联网正是21世纪人类在传播媒介方面最伟大的发明创造，并且由于拥有独特的传播优势，成为继报纸、广播、电视之后的第四大传播媒介。

　　互联网所带来的是一个真正意义上的信息世界，而且是一个自由度很大的信息世界。有人总结互联网的特点是信息海量、形态多样、迅速及时、全球传播、易于复制、便于搜索、超文本连接、自由便利、互动性超强，等等。如果说在传统媒体时代，传播自由是受到严格"把关"的相对自由，那么在互联网时代，信息传播范围更广、传播速度更快、传播内容更丰富、传播方式更加多样化等特点，使得传统意义上的传播自由得到极大的拓展。网络传播更加强调每个人的自我把关，每个人既可以成为互联网信息的发布者，也可以相对自由地选择自己需要的信息，成为互联网信息的接受者。这一方面体现了发布信息的相对自由，另一方面也体现了信息选择的相对自由。进一步来说，还体现了信息交流的相对自由。相对于传统媒体单一的传播方向，互联网时代的受众拥有更大的自由度，更多地是在进行多对多的信息传播活动。智能手机的出现，则进一步为互联网传播增加了无限的便利性。由此，一个新的挑战和问题也就此产生，一旦这种传播自由受到滥用，不仅会影响到网络信息传播的环境，而且会削弱网络媒介的公信力和权威性，进而破坏健康、有序的网络信息交流。

　　以网络社交平台为例，微信是当今社交媒体领头羊之一，QQ空间拥有可观的用户规模，短视频逐渐成为媒体争夺受众的关键，但作为非通信工具所衍生出来的社交服务平台，微博一直以来对社交生活的影响及对社交网络平台的贡献不容小觑。对于个人而言，微博已经成为获取信息、情感表达、社会交往与参与公共事务的重要方式；对于社会而言，微博在进行舆论监督、反映社情民意上，也发挥着独特的作用。在传播社会正能量的同时，微博这个线上舆论场也时常会出现一些值得思考的互联网秩序问题和需要引起关注的法律规制问题。

　　习近平主席在第二届世界互联网大会上指出："网络空间同现实社会一样，既要提倡自由，也要保持秩序。自由是秩序的目的，秩序是自由的保障。我们既要尊重网民交流思想、表达意愿的权利，也要依法构建良好网络秩序，这有利于保障广大网民合法权益。"网络空间不是"法外之地"，依法治网是重要举措。面对摆在我们面前的挑战，面对互联网和智能手机所带来的传播方式和传播格局的深刻变革，只有综合施策，特别是在技术创新、标准制定、法律规范三方面形成合力，才能真正整治网络乱象，治理网络环境。我们可以确定的是，在规范互联网秩序方面，司法实践中对涉微博案件的处置以及形成的经验，无论对于司法者，还是对于上亿户微博用户来说，都具有相当的参考和学习价值。

本卷作为微博年鉴政法卷，着重收录了2012年以来中国裁判文书网上公布的绝大多数微博涉诉裁判文书，涵盖刑事、民事、行政判决和裁定，案件主要涉及寻衅滋事罪，宣扬恐怖主义、极端主义、煽动实施恐怖活动罪，名誉权纠纷，知识产权权属、侵权纠纷，不正当竞争纠纷等。此外，本卷亦收录了微博涉诉法律法规司法解释及相关问题的部分评论，这有助于更好地理解微博涉诉案件的裁判要点与裁判依据。

本书成书之际恰逢最高人民法院官方微博、官方微信上线5周年。五年来，最高人民法院官方微博、官方微信坚持以司法公开为己任，努力丰富内容、创新形式，讲好法治故事，传播法治力量，为切实满足广大网友的多元司法需求做出了不懈的努力。作为官方政务号的运营者，我们清醒地认识到，在自媒体时代的社交平台上，人人都有麦克风，人人都是新闻传播者。依法加强网络空间治理，让人民群众在每一起司法案件中感受到公平正义，是司法者对社会和人民应尽的职责；自觉遵纪守法，共同维护良好网络秩序，是每一位公民应尽的义务。二者共同发力，建成天朗气清的网络精神家园未来可期。

倪寿明

最高人民法院新闻传媒总社党委书记、社长

本卷编纂说明

本卷内容为年鉴司法专卷，由中国传媒大学媒介与公共事务研究院政务新媒体实验室与最高人民法院人民法院新闻传媒总社合作编纂。本卷内容主要由三部分组成。

一、2009—2018 年以来微博涉诉的典型案例裁判文书

（一）本卷年鉴所收录的微博涉诉司法裁判文书，绝大多数来源于最高人民法院中国裁判文书网（http：//wenshu. court. gov. cn，京 ICP 备 05023036 号），个别裁判年份较为久远且未能上网公开的文书，为人民法院新闻媒体总社从全国法院系统内部收集整理。收录内容经协调，最高人民法院审管办同意，特别授权许可本年鉴使用。

（二）本卷年鉴现有收录的相关司法裁判文书，符合《最高人民法院关于人民法院在互联网公布裁判文书的规定》（法释〔2016〕19 号）相关要求，符合《人民法院民事裁判文书制作规范》（法〔2016〕221 号）相关规定。在此基础上，人民法院新闻传媒总社进行了再把关、再审定和再处理。为了体现司法裁判文书的严肃性、严谨性、权威性，本部分内容体例除字号外，保持了与裁判文书的规范字体（仿宋体）的统一，以期达到"影印件"的庄重效果，故与本年鉴其他卷篇体例有所不同。

（三）年鉴编纂编辑对原裁判文书行文中出现的语法、标点符号等，依照新闻出版规范进行了修正。对虽属司法证据要件但话语低俗的涉诉微博原文，依照新闻出版规范进行了隐密性特殊处理。对于原裁判文书中所引用的，在涉诉微博当事人账号中的内容所出现的错别字、语法和标点符号，编者原则上予以保留，未加校正和修改。因为这些内容属于原生原始证据性质的表达，与裁判文书的文字专业性无关。

二、微博涉诉案件的司法案例评论

本卷年鉴收录中的司法案例评论内容，均来源于人民法院新闻传媒总社《人民法院报》上已经公开发表的专业评论文章，并经由人民法院新闻传媒总社筛选、审查、推荐，许可本卷年鉴使用。

三、微博涉诉案件审理相关法律及司法解释

本卷年鉴所收录的涉及微博及互联网侵权案件审理的相关司法解释，经人民法院新闻传媒总社审核审查，内容准确全面，许可本卷年鉴专题收录合法使用。

目　录

·第 1 卷·

第一篇　研究综述

第二篇　论著题录

·第 2 卷·

第三篇　发展报告

· 第 3 卷 ·

第四篇　传播纪实

第五篇　重大活动

· ‖ **2013 年度** ‖ ·

· ‖ 2017 年度 ‖ ·

· 第 4 卷 ·

第六篇　微博与司法

第　章　微博涉诉司法裁判文书（2009—2018）

· ‖2017 年度‖ ·

·‖ 2018 年度 ‖·

第二章　微博涉诉司法案例评论（2009—2018）

第七篇　微博涉诉案件审理相关法律及司法解释

第六篇
微博与司法[*]

* 本篇入编的微博涉诉司法裁判文书,来源于中华人民共和国最高人民法院"中国裁判文书网"收录并公开案例,部分未收录的案例,经原判例法院特别提供授权使用。本篇按照司法裁判文书的落款时间排序。

第一章　微博涉诉司法裁判文书
（2009—2018）

‖ 2011 年度 ‖

案例1：北京金山安全软件有限公司与周鸿祎 名誉权纠纷二审民事判决书

北京市第一中级人民法院
民事判决书

（2011）一中民终字第09328号

上诉人（原审原告）：北京金山安全软件有限公司。
法定代表人：雷军，执行董事。
委托代理人：杨大民，北京市京都律师事务所律师。
委托代理人：陈枝辉，北京市中鸿律师事务所律师。
上诉人（原审被告）：周鸿祎，男，汉族，奇智软件（北京）有限公司董事长。
委托代理人：王亚东，北京市润明律师事务所律师。
委托代理人：高篝，北京市润明律师事务所律师。

北京金山安全软件有限公司（以下简称金山安全公司）与周鸿祎侵犯名誉权纠纷一案，双方均不服北京市海淀区人民法院（2010）海民初字第19075号民事判决，向本院提起上诉。本院受理后，依法组成合议庭，公开开庭进行了审理。金山安全公司的委托代理人杨大民、陈枝辉以及周鸿祎的委托代理人王亚东、高篝到庭参加诉讼。本案现已审理终结。

金山安全公司在原审时诉称：2010年5月25日下午3点左右开始，周鸿祎相继在新浪、搜狐、网易、腾讯等网站通过微博发表所谓"揭开金山公司面皮"的系列文章，该系列文章未经调查核实，仅凭主观臆断，虚构事实，恶意毁谤，散布大量诋毁原告商业信誉及产品声誉的不实言论，对我公司产生了恶劣的影响。同时，周鸿祎在微博中使用了"偷鸡摸狗""搞阴谋""作伪证""借刀杀人""暗地里搞动作""搞小动作"、把金山称为"黑山"等明显带有侮辱、贬损性语言，使社会公众通过网络及随后的平面媒体报道，对我公司及"金山软件"品牌产生了重大的误解，造成我公司社会评价的降低。周鸿祎作为同业竞争企业中有一定影响力的负责人，应当对其言行谨慎负有注意义务，并对不良后果有所预见。其曾在2010年5月29日第五届中国互联网站长年会上演讲并宣扬称，其在微博上向金山开炮后，导致第二天金山股价大跌12%，市值掉了6个亿，表明其对自己行为的严重后果能够有所意识并应当有所警示，但却故意散布虚假事实，恶意炒作，存在主观上的严重过错。故请求法院判令：1.周鸿祎停止侵权，并撤回相关微博文章；2. 周鸿祎在其新浪、搜狐、网易、腾讯微博首页发表一份致歉声明，时间为连续7天，同时在《证券日报》《法制日报》发表该致歉声明，以消除影响；3. 周鸿祎赔偿原告侵权行为造成的经济损失1200万元及公证费用。

周鸿祎在原审辩称：金山安全公司于2009年11月30日注册成立，我微博中提及的"微点案"发生在2005年，故我对于"微点案"的言论与对方无关。原告与北京金山软件有限公司（简称北京金山公司）和香港上市的金山软件公司（简称香港金山公司）分别是独立的法人。金山安全公司未提供证据证明其系"金山软件"旗下的核心公司。其无权代表其他两个独立的法人在本案中行使诉权，与本案涉及的最主要事实没有直接利害关系。我方发布的微博言论均有事实依据，没有侮辱、诽谤原告人格的内容，在发表微博言论时，主观上不存在故意。我方没有能力操纵股票的涨跌，所谓"我的微博发言让金山丢了6个亿"是和朋友开玩笑的话，完全是调侃之意。综上，我方发表的评论内容属实，没有侮辱、诽谤原告人格的内容，主观上也不存在侵权故意，而是履行公民监督、批评指责的正当行为，不构成名誉权的侵害，更未造成任何经济损失。请求法院驳回金山安全公司的诉讼请求。

原审法院经审理认为：本案涉及的两个法律问题，一是金山安全公司是否有权代表"金山"旗下所有公司进行本案诉讼；二是周鸿祎在微博上的言论是否构成侵权，如构成侵权，承担责任的范围和大小。下面分别论述。

一、金山安全公司是否有权代表"金山系"所有公司进行本案诉讼

金山安全公司提供的证据能够证明其系"金山系"的关联企业。周鸿祎在微博中的某些言论，如"……金山安全独立分拆上市，金山员工个个成为千万富翁……""……这不是砸了金山的饭碗吗？金山安全还怎么上市……"等，直接点名金山安全公司，但也有些言论，如其指称"作伪证""借刀杀人""排挤老员工"的"金山"，因其"向金山开炮"，导致"股票下跌"的"金山"，指称"搞阴谋"、如同"黑山"的金山等，从金山安全公司成立时间等因素分析，并非指向金山安全公司，而是指向其他金山系关联公司。而周鸿祎在表述"金山"或"金山公司"时，并未对各金山系公司进行明确区分，在社会公众眼中，"金山""金山公司"应指向金山系全部关联公司，而非特指某家上市公司或安全软件公司。故如周鸿祎的言论构成侵权，受损的可能不仅是金山安全公司，而是整个"金山"品牌，因此可能关涉金山系旗下的所有公司。金山安全公司主张为方便诉讼，根据《金山软件会议备忘》，金山系内部已经由金山安全公司代表所有金山系企业提起名誉权侵权，就周鸿祎先生针对金山公司的言论提起诉讼进行索赔一事达成一致，故金山安全公司有权作为金山系企业的代表向周鸿祎主张所有金山系企业的损失。金山安全公司提交的会议备忘上，没有加盖珠海市君天电子科技有限公司的公章，故无法认定金山安全公司系代表所有的金山系公司提起本案诉讼。另外，按照相关诉讼法原理，如多个关联公司主张整个关联集团利益均受到损失，各个关联公司各自享有诉权，原告无权代表其他公司行使诉权，各关联公司均应作为原告进入诉讼，通过委托代理方式解决代理授权问题，也可在某个企业提起诉讼后，其他关联企业分别另行起诉主张各自的权益。故本案中，金山安全公司可代表自己公司就周鸿祎的言论是否侵犯该公司的名誉提起诉讼，其他关联企业如有意愿，可作为单独的权利主体另行起诉，对金山安全公司有关代表所有金山系公司诉讼的主张，法院不予支持。

二、周鸿祎在微博上的言论是否构成侵权，如构成侵权，承担责任的范围和大小

在判断周鸿祎微博言论是否构成侵权时，需要着重考虑以下因素：

首先，应注意到微博的特点和微博上言论自由也应受到合理限制这一前提。周鸿祎主张其在微博中的言论是履行公民监督、批评权利的正当行为，金山安全公司则主张周鸿祎在微博中的言论仅凭主观臆断、虚构事实、恶意毁谤，侵犯其名誉权。微博的特点在于以个人的视角，寥言片语、即时表达，对人对事发表所感所想，让观众们分享自己的精彩和感悟，而这些评论和感悟作为互联网上的公开信息能够为他人所查阅、获悉。个人微博的特点是分享自我的感性平台而非追求理性公正的官方媒体，因此相比正式场合的言论，微博上的言论随意性更强，主观色彩更加浓厚，相应对其言论自由的把握尺度也更宽。但不可否认，言论自由是相对的，其行使以不得侵犯其他人的合法权利为限。作为公民现实社会的投影和延伸，微博中的言论自由也并非是没有限制的。在微博上，当公民言论自由与他人利益发生权利冲突时，考虑微博影响受众不特定性、广泛性的"自媒体"特性，对微博上人们的言论是否受言论自由的保障、是否构成对他人名誉权的不当伤害，也应进行法益衡量，综合考量发言人的具体身份、所发布言论的具体内容、相关语境、受众的具体情况、言论所引发或可能引发的具体后果等加以判断。

其次，应注意周鸿祎的特殊或者双重身份。周鸿祎是一个公民，但并非普通公民，而是金山系的竞争对手奇虎360公司的董事长，还是微博上被新浪认证加"V"的公众人物。同业竞争对手负责人的身份和与任职公司之间的密切利益关系，使得其难以对竞争对手做出非常客观、没有丝毫感情色彩的评价，并难以避免会有将对竞争对手的否定性评价公之于众的内在冲动。而一旦发表对竞争对手的评论性言论，更常常因个人立场、利益、感情等因素而导致言论存在较大偏颇，周鸿祎在将个人对于竞争对手的负面评价公之于众时，更应三思而行、克制而为。而周鸿祎作为现实社会中的重要人物，投射在微博领域也是重要的层级，拥有众多的粉丝，更多的话语权，理应承担更多的责任，对于微博上的个人言行及其后果有更为自觉的认识，注意克服自己对于竞争对手主观臆断、意图恶意打压的内在冲动，更加自觉地对自己的言论予以克制，避免因不实或不公正客观的言论构成对竞争对手的诋毁，进而损害其商誉。故对于周鸿祎微博言论自由的限制和注意义务的要求要适当高于普通网民或消费者，在判断其微博言论是否构成侵犯名誉权时，应采用事实基本或大致属实，未使用侮辱、诽谤言辞，评论大致公正合理，不以恶意损害对方名誉为唯一目的的较高判断标准，并考虑是否涉及公共利益的免责事项。

最后，考虑周鸿祎虽然仅在少数微博文章中明确提到了金山安全公司，大部分微博中的言论指向的并非金山安全公司，而是金山系其他关联公司，但如前所述，周鸿祎在微博中表述"金山"或"金山公司"时，并未对各金山系公司进行明确区分，而是笼统提到"金山"品牌，故如周鸿祎的言论构成侵权，受损的可能是"金山"这个品牌。而金山安全公司作为"金山软件"旗下的关联企业，亦可能因"金山"品牌商誉受损而直接受到损害，二者是"一荣俱荣，一损俱损"的关系。故金山安全公司与本案是存在直接利害关系的，而法院在确定周鸿祎的微博言论是否构成侵权以及金山安全公司侵权所受损失的大小时，也不能局限于仅仅判定直接提及金山安全公司的言论是否侵权，还需要判定周鸿祎有关"金山"系其他关联公司的言论是否构成侵权，是否造成金山安全公司的品牌损失，也即需要整体判断周鸿祎的言论是否构成对整个"金山"品牌的侵权。

综合考察周鸿祎在新浪、搜狐、网易微博中发表微博言论的前因后果，联系其微博笔调和评论语境综合判断，法院认为，周鸿祎的微博言论构成对金山安全公司名誉权的侵犯。本案中，金山安全公司诉称的微博侵权言论主要涉及"微点案""金山软件破坏360卫士""葛珂被排挤"等内容以及部分微博用词不当暗示、引人误解的问题，下面逐一进行分析。

（一）"微点案"中金山是否存在不光彩行为，"伪证""借刀杀人"等评论是否属于虚构事实、主观臆断。双方均认可的法院判决书显示，在"微点案"中，北京金山软件公司确实应北京市公安局网监处的要求出具了《关于2005年上半年我市爆发病毒情况的说明》，而该公司对于病毒的监控只能具体到某个地区，像报告提到具体到某个IP地址段是绝对做不到的，可见北京金山软件公司确实出具了虚假病毒爆发报案材料，在"微点案"中扮演了不光彩角色，周鸿祎所述该事件本身是基本真实的。但是，周鸿祎评价"金山作伪证""借刀杀人，消灭掉一个强劲的竞争对手"乃至将"金山"比作杀毒软件行业的"岳不群"等内容，属于对北京金山软件公司该行为的目的、动机、后果所做的推测或评论，而对于行为的目的、动机的推测，不同阅历、背景的人可能会有不同的认识，见仁见智。北京金山软件公司在该案中确实出具了爆发病毒情况的说明，但其真实心理状态究竟如何？刑事判决书并未认定北京金山软件公司构成共同犯罪，也即没有认定北京金山软件公司存在陷害微点公司田亚奎的主观故意。一般而言，人们只能通过对客观行为的分析反推行为人的主观心理状态。考虑到2005年5月、6月的病毒疫情比较稳定，像报告提到的对于病毒监测具体到某个IP地址段是绝对做不到的，故北京金山软件公司仍在网监处草拟的有重大失实描述的报告上加盖公章的行为确实令人费解，可能是并不知晓该报告的具体用途，可能是知晓但为于兵威势所迫，也可能是顺水推舟、另有盘算，存在多种可能性。但周鸿祎在先后发表的博客中，并未对微点案中与金山系公司有关的关键细节特别是相关证人法庭证言的具体内容进行详细介绍，使得公众在没有了解全部信息的基础上，难以对周鸿祎的评论或意见做出自己的独立判断。周鸿祎在笼统提到金山系公司在微点案的不光彩角色后，"不惮以最坏的恶意来揣测别人"，抛开案件的具体介绍和多种可能性的分析推理，直接以金山软件故意做伪证、意图"借刀杀人"、陷害微点的主观结论来代替司法机关做出裁判，自己为金山系公司定罪，甚至将金山比作"岳不群"认为其"搞阴谋"意图"一统江湖"，评论显然主观臆断，有失合理公正。虽然微点案是关系整个杀毒软件行业正常发展的重要事件，与公共利益存在一定关系，但周鸿祎的发言显然并未完全站在公共利益的立场，而明显带有为自己公司的私利考虑，借机低毁竞争对手、自愿成为360公司商业利益代言人之嫌。

（二）关于"而金山之所以哭着喊着要'兼容'，无非就是想先同居，进来以后就有机会搞小动作了……真要打起来了，先扯着嗓子喊'非礼啦'，这次果不其然"的微博内容一节，法院认为，虽然周鸿祎提供的公证书显示安装金山网盾之后360安全卫士软件无法正常运行，但这段言论实质是对金山软件要求"兼容"的目的和商业策略做出恶意的推测，虽然这是周鸿祎依自己的价值观、理解、经历、好恶以及其特有语言表达方式对该现象的个人见解，但考虑周鸿祎的特定身份以及该段微博的行文风格，以及周鸿祎未提供充分有效的证据证明金山软件确实存在意图破坏的情形，该微博评论有失合理妥当。

（三）关于"葛珂被排挤"。金山安全公司称，周鸿祎微博中有关"葛珂被排挤"的内容是虚假的，提供葛珂的证言，证明其仍在金山公司担任要职，但葛珂没有出庭作证。周鸿祎主张葛珂本来负责金山安全公司的全部业务，但由于人事调整，不再负责金山毒霸业务，转而致力WPS，而周鸿祎作为业内人士对此有耳闻，故发此言，但未就该消息来源提供充分有效的证据。周鸿祎应举证证明葛珂被排挤的事实确实存在。在其不能举证的情况下，法院认为周鸿祎对金山安全公司"葛珂被排挤"、起用的年轻人爱在暗地里搞动作的评论,所依据的事实不实,所做的评价有失公正。

（四）金山安全公司还主张周鸿祎在微博中对金山使用了"偷鸡摸狗""搞阴谋""作伪证""借刀杀人""暗地里搞动作"、把金山比作"岳不群""黑山"等带有侮辱、贬损性语言,另外有些言论也过于主观臆断,带有误导性,构成诋毁金山品牌。法院认为,分析周鸿祎的微博言论,可见周鸿祎在微博中文笔犀利,部分内容措辞随意性、主观性较强,使用了一些明显带有侮辱、贬损性的语言,部分内容如指称"难道金山非要把自己用户的电脑全都变成肉鸡吗""至少不会既要当啥子,又要立牌坊"等,有较强的暗示、误导性和很强的"企业利益代言人"性质,已经超出了行使公民言论自由进行批评监督的范畴。

周鸿祎作为同业竞争企业的负责人,应对其言行谨慎负有更高的注意义务,其利用微博作为"微博营销"的平台,密集发表针对金山软件的不正当、不合理评价,目的在于通过诋毁金山软件的商业信誉和商品声誉,削弱对方的竞争能力,从而使自己任职的公司在竞争中取得优势地位,具有侵权的主观故意,其行为势必会使公众对金山安全公司以及"金山"品牌产生一定误解,造成金山安全公司社会评价的降低,构成侵犯名誉权,周鸿祎应就此承担停止侵权、赔礼道歉、消除影响、赔偿经济损失的侵权责任。对于赔礼道歉、消除影响的范围和持续时间,由法院根据侵权言论造成不良影响的范围予以酌定。关于经济损失数额的确定问题,考虑到有理性的微博网友在观看周鸿祎微博相关内容时也会进行一定思考,从周鸿祎的身份、立场出发分析其微博言论,自己作出可信度的合理判断,而从金山安全公司提供的公证书中相关网友的微博回复和相关媒体将双方之间的争议定位为"口水战"的评价中,也能看到大众对于周鸿祎"微博言论"的认识和反应,故周鸿祎的微博言论影响金山安全公司名誉的范围是有限的。金山安全公司虽主张周鸿祎的言论致使金山软件股价大跌,要求参考股价下跌的市值比例计算侵权赔偿额,但考虑到股价波动是多因素主要是市场因素造成的,且周鸿祎微博中相当一部分言论发表于 2010 年 5 月 27 日,与 5 月 26 日金山软件股价下跌没有关联性,而本案的原告是金山安全公司,法院认为难以认定周鸿祎的微博言论与金山软件股价下跌之间存在必然的因果关系,不作为确定金山安全公司的侵权损失赔偿额的依据,法院将结合微博事件的前因后果、周鸿祎的主观过错、侵权后果等因素综合考虑,对赔偿数额予以酌定。金山安全公司另主张周鸿棉 2010 年 5 月 29 日 17：06 及 2010 年 5 月 29 日 17：34 发布的两篇博文亦侵犯了该公司名誉权,但未就上述两篇微博文章提供相应公证书证明,对其要求删除上述两篇博文的主张不予支持。

最后,杀毒软件行业竞争确实激烈残酷,但身在其中的企业更需要一个公平诚信的竞争环境。推广、营销杀毒软件更应重视产品本身质量的提升,而不是把多年前的旧事重提、进行"口水战"。网络微博应成为沟通思想、分享快乐和思考的交流平台、社交工具,而不是进行名誉侵权、商业诋毁等不正当竞争的营销阵地。净化网络和微博环境,营造文明网络新风尚,相关知名人士和企业应发挥带头自律作用。

综上所述,原审法院依照《中华人民共和国民法通则》第一百零一条,《最高人民法院关于审理名誉权案件若干问题的解答》第八条、第十条,《中华人民共和国侵权责任法》第三十六条之规定,判决如下:

一、自本判决生效之日起,周鸿祎停止侵权,并删除相关微博文章（具体侵权微博文章目录见附件）;

二、自本判决生效之日起十日内，周鸿祎在其新浪微博首页（http：//t. Sina. com. cn/ zhouhongyi）、搜狐微博首页（http：//zhouhongyi. t. sohu. com）、网易微博首页（http：// t. 163. com/Zhouhongyi）发表致歉声明，向北京金山安全软件有限公司公开赔礼道歉、消除影响，持续时间为连续七天（声明内容需经本院核准，如周鸿祎拒不履行该义务，本院将在全国公开发行的媒体上公布本判决的主要内容，费用由周鸿祎负担）；

三、自本判决生效之日起七日内，周鸿祎赔偿北京金山安全软件有限公司经济损失包括公证费等合理费用共计八万元。

四、驳回北京金山安全软件有限公司的其他诉讼请求。

如果周鸿祎未按本判决指定的期间履行给付金钱义务，应当依照：《中华人民共和国民事诉讼法》第二百二十九条之规定，加倍支付迟延履行期间的债务利息。

金山安全公司不服，提起上诉，认为：在微点案一节中，金山软件公司处于被蒙蔽的状态，所以不具有主观恶意；我公司提供了招商证券的"金山软件"涨跌情况，可以表明我方因为此事导致的股价损失为6.33亿元，这与周鸿祎在公开场合所认可的数额是一致的。我方诉讼费有5万元多，而公证费为2万多，金山公司就此案仅得到9千多元的补偿，这有失公允。故请求撤销一审判决第三、四项内容，判决被上诉人周鸿祎赔偿经济损失共计1200万元。

周鸿祎亦不服一审判决，在答辩的同时提出上诉，认为：一、一审超范围审理。在金山安全公司起诉时，并未提交删除的微博目录，是开庭审理时方出示的，而且当庭我方就提出质疑。在起诉状中指控的微博言论仅涉及九条内容，而一审判决结果责令删除二十多条，超过了起诉时的诉请范围。二、一审认定"微点案"所涉及的事实侵犯金山安全公司的名誉权，属于张冠李戴。金山安全公司成立于2009年底，而"微点案"发生在2005年，周鸿祎对"微点案"的评论明确指向案外人北京金山公司，该公司作为一个独立的法人仍然存在。一审法院将周鸿祎针对案外人发表的言论认定为侵犯一审金山安全公司的名誉权，明显属于认定事实错误。三、一审法院认定周鸿祎的言论侵犯名誉权，显属适用法律不当。周鸿祎并未捏造事实，其言论也不存在侮辱或诽谤的情形。针对"微点案"，通过刑事判决书完全能够得出北京金山公司作伪证的结论，在此前提下，我的言论不存在诽谤与侮辱；关于"兼容"问题，涉及与金山安全公司有关的一个不正当竞争纠纷，而且正在审理中。一审对此进行了直接的定性，没有根据；关于"葛珂"被排挤问题，周鸿祎在博客中提到"葛珂被排挤"的事，也是事出有因。葛珂本来负责金山安全的全部业务，但是由于人事调整，不再负责金山毒霸业务。周鸿祎作为业内人士，对此有所耳闻，故发此言。从普通公众角度，周鸿祎对于金山安全公司的人事变动提出了一些看法，不会导致其社会评价的降低。按照一审判决的逻辑，对于公司内部人事争斗的任何评价，都成为侵犯名誉权的行为；关于周鸿祎的用词问题，周鸿祎在其微博中确实使用了"偷鸡摸狗""搞阴谋""做伪证""借刀杀人""暗地里搞动作""岳不群""黑山"等用词。但是，使用这些词语都是有前提的，都是有事实依据的。任何公民或法人做错了事就必须允许别人批评，而批评就会用到负面评价的词语。周鸿祎使用上述词语符合正常的中文用语习惯，并不构成侮辱与诽谤。四、一审认定"周鸿祎系北京奇虎科技有限公司（360公司）的董事长"错误。根据工商登记记载周鸿祎是"奇智软件（北京）有限公司董事长"，而该公司与金山安全公司没有任何竞争关系。一审认为周鸿祎为一个特殊公民没有事实根据，对其加以严格的言论审查标准是不公平的。

五、由于我的言论本身不构成侵权，所以不存在赔偿的问题，而且，股价下跌指的是香港金山公司，与本案的金山安全公司没有关系。故上诉请求撤销一审判决，驳回金山安全公司的全部诉讼请求。

金山安全公司针对周鸿祎的上诉答辩认为：周鸿祎的言论只是笼统地指向金山品牌，并没有明确区分"金山系"的各个公司，其损害结果损害到金山的所有品牌（其损害结果危及金山系的各个公司），所以我公司有权利进行起诉；在起诉时鉴于篇幅，我们将代表性的言论列了九条，大多数的侮辱性的用词散落在若干的博文中，我们提交的公证书涉及了所有指控的博文内容，不存在一审超范围审理的问题；关于周鸿祎身份，虽然根据工商登记确实其不是一审认定的奇虎360公司的董事长，但是，公众都知晓周鸿祎与奇虎360公司的密切关系。故一审定性认为侵权了名誉权是准确的。

原审法院经审理查明如下事实：

一、双方当事人情况

金山安全公司于2009年11月30日注册成立，是金山网盾杀毒软件的版权人之一。

二、金山安全公司有关证据中显示的事实

金山安全公司提供以下证据主张周鸿祎存在侵犯名誉权行为：

1. （2010）京方圆内经证字第13868号公证书显示：2010年5月26日登录360董事长周鸿祎的新浪微博（http：//t.sina.com.cn/Zhouhongyi），显示周鸿祎在其新浪微博中发表了很多条针对金山软件的言论，主要包括：

2010年5月25日14：45：昨天提到金山网盾、金山毒霸、金山卫士共同存在一个高危漏洞，我都在扯着嗓子提醒他们了，一天过去了，金山仍然没承认，当然更谈不上修补。这个漏洞全世界的黑客和木马团伙都知道，只有金山自己貌似不知道，难道金山非要把自己用户的电脑全都变成肉鸡吗？不能总是让我来督促吧？

2010年5月25日14：52：今天接着王海的起诉，来说说金山在公开宣传中作假的事。在杀毒这个圈里混（对比一下瑞星的形象），还能把自己包装的那么崇高，公关肯定得有几手绝活。其手法之大胆，让人叹为观止。至少我对金山公关部的敬仰是有如滔滔江水，连绵不绝。

2010年5月25日15：22：新浪微博影响真大。发完没几分钟，就接到电话：有家国内漏洞研究网站，昨天公布了金山的漏洞后，先是接到"不明"电话：只要能删除，给钱没问题。该网站拒绝，然后就享受了"不明"DDOS攻击。用黑客攻击的手段来删网上负面，够狠！以前大家都说我作风剽悍，相比之下，自愧不如啊。

2010年5月25日15：34：刚才微博里忽然冒出来一大堆跟帖，批评我作为老总，在微博里调戏对手会显得没有风度。说得貌似很有道理嘛，我都快被说动了，结果市场部的人告诉我说，这些人里很多都是"熟人"，是"中国人民的老朋友"，他们在微博上主要就是批评教育360。看来是我披露的证据把"老朋友们"惹急了，说到痛处了，呵呵。

2010年5月25日15：47：公司同事也经常批评我，说我说话太随便，动不动得罪人……问题是，如果有话不能说，满口违心话，那还是周鸿祎吗？

2010年5月25日15：53：干脆今天把360跟金山的恩怨说个痛快！08年为了免费杀毒，瑞星和360大打口水战时，网上冒出一批攻击瑞星的文章，写得还真不错，连我都以为是我们员工写的，结果一问不是。后来从别的渠道了解到，瑞星也发现了同样的情况：有些夸瑞星骂360的文章，他们也不知道是谁写的。这事多神奇啊。

2010年5月25日16：04：去年10月360正式发布免费杀毒时，网上冒出一批攻击360的帖子，骂完360后，还会夸夸瑞星。当时我们的人就找瑞星，说别打了，对谁都没好处，瑞星方面表示"同意，但真的不是我们干的"。说实话，瑞星这家公司还有一点可爱之处，就是它要攻击谁时，自己也会公开跳出来，至少不会既要当婊子，又要立牌坊。

2010年5月25日16：13：这下我们起了疑，追查后发现，攻击360的那些ID，有些之前发过金山的公关稿。真相大白。这让我想起《笑傲江湖》，瑞星顶多也就是左冷禅，差点一统天下，最终功亏一篑。而那家在公众面前一直打扮成"民族软件业旗手"、欺骗了无数爱国青年，暗地里却老使阴招的公司，只能让我想起岳不群。

2010年5月25日16：21：然后我们市场部收集了证据，把所有那些骂人的帖子及其ID汇总，发给了金山的老总，希望他们到此为止，以前的事就算了，以后别再搞这种花样。毕竟当时我们还在和金山合作，不想撕破脸。结果神奇的事情又发生了，骂360的帖子忽然大量增加，但是全部换成了新ID！

2010年5月25日18：12：总而言之，金山的做法就是"我拦不住，也不能让你拦"，"你不让插，我偏要插""我的漏洞我做主！"，这样的"安全软件"，360还能和它一起同居吗？干脆把选择权交给用户，喜欢360的，就别装金山，反正功能重叠；喜欢金山的，就把360卸了吧。宁愿损失用户量，也不想再跟它纠缠了，就图个耳根清静。

2010年5月25日18：18：而金山之所以哭着喊着要"兼容"，无非就是想先同居，进来以后就有机会搞小动作了，慢慢地一点一点搞破坏，占360的便宜，让用户觉得360不稳定、不管用。反正黑灯瞎火地大家也看不明白，谁也不知道到底发生了什么，是非说不清。真要打起来了，先扯着嗓子喊"非礼啦！"，这次果不其然。

2010年5月25日18：22：我们这次吃亏就吃亏在没先喊，另外360多年来一直被做木马的、做流氓软件的、做收费杀毒的围攻，天天被泼粪，而金山一直扛着民族软件的大旗，俨然一副正人君子的模样，所以一打起来，先得了个少同情分。事实上，金山真是道德君子吗？

2010年5月25日18：32：这次王海算是揭开了金山的一层画皮。一家能把"倒数第一"，吹成"全球第一"、事后又简单归之于"笔误"的企业，其言行有多少可信度，大家自己判断。王海掌握的金山的问题，仅仅是冰山一角，比这恶劣的事情还多得多，以前看在同行份上，我从来不说，如果金山还要把脏水泼到360身上，我会一件一件公布。

2010年5月25日18：33：写累了，今天先歇歇。明天看金山表现，如果表现还不好，大家继续看我怎样一层一层剥金山的画皮。谢谢大家！

登录百度网搜索并登录周鸿祎搜狐微博、网易微博，亦有同样内容的微博文章发表，其中网易微博首页有"周鸿祎微博怒指金山金山阵营开始反击"的置顶专题文章，并有周鸿祎及金山安全公司CEO王欣的相关回应文章被列明。相关业界网友微博回复中提到，"金山、360，你们这是为啥呢，不好好搞研发，相互攻击指责，这不是浪费口水，消耗内功吗？还是我推荐一款来自德国的免费杀毒软件……国产说不定就留下啥后门，外国货至少要安心点吧……"

该公证书还显示，周鸿祎的微博内容被多家网络媒体包括传统媒体关注和报道。新浪科技的报道称，造成这起口水风波的起源是5月21日，金山公司称当天有大量金山网盾的用户向金山软件客服控诉 360 安全卫士恶意卸载金山网盾。据金山毒霸安全实验室调查，发现奇虎 360 公司在 5 月 20 日晚对用户进行 360 安全卫士的全面版本更新时，借口兼容问题诱使用户强行卸载金山网盾。360 则回应称，金山网盾存在难以卸载、非正常强行注入浏览器导致大量浏览器崩溃、自身漏洞被利用成为木马通道等问题，所以才会让用户在使用 360 还是使用金山网盾中进行选择。随后双方声明回应你来我往，而口水战愈演愈烈，周鸿祎 5 月 25 日开始在微博上密集发布几十条微博揭露与金山软件的恩怨……

2. (2010) 京方圆内经证字第 13872 号公证书显示，2010 年 5 月 27 日，登录 360 董事长周鸿祎的新浪微博（http：//t. sina. com. cn/Zhouhongyi），显示周鸿祎在微博中又发表如下言论：

2010 年 5 月 26 日 21：33：微博上有网友问我，瑞星像左冷禅，金山像岳不群，老周又像谁？我想了想，在讨厌名门正派和老是被那些"正人君子"围殴这点上，倒是跟令狐冲有点像，可惜没他那么帅。要是能回到天龙八部（应为倚天屠龙）的时代，我倒是更喜欢魔教那些人（除了朱元璋），每次收费杀毒厂商围剿 360，都让我想起六大派围攻光明顶。

2010 年 5 月 27 日 15：02：昨晚一朋友半真半假讲了个笑话，说周鸿祎前天在微博上向金山开炮后，第二天金山股价大跌 12%，市值掉了 6 个亿。按 40 条微博算，每条 1500 万；按每条 100 字算，每个字价值 15 万。笑话归笑话，按巴菲特的话，市场确实既是称重仪，也是投票器。评价一家公司是不是好公司，区别在网民用手投票，而股民用脚投票。

2010 年 5 月 27 日 15：13：有道理，我和老求的关系还是不错的，但是他对手下的人约束不够，金山这两年风格大变//@ 胡震生：求伯君还是金山的老总么？我发现个现象，就是如果某公司进军网游市场，员工的道德标准下降极快，因为员工会想，你凭什么管我啊，你不还是在想法坑青少年无知的钱。这或许是曾经辉煌的金山沦落的原因之一。

2010 年 5 月 27 日 15：26：老求还是个挺和气的人，但是他这两年用了些年轻人，不知道为什么就那么爱在暗地里搞动作，而像葛珂这样的老金山却被排挤走，搞得现在的金山还像金山么？倒是有点像黑山。本来今天还在想，是不是真的要把金山那点事全抖落出来，结果中午得知，网上又冒出一批新的造谣贴，譬如什么 360 杀毒软件的前生今世。

2010 年 5 月 27 日 15：38：微点案，就是瑞星花巨资买通北京市公安局网监处处长于兵，制造冤假错案，污蔑微点公司制作和传播病毒，把微点副总田亚奎抓进监狱的事，大家都知道吧？

2010 年 5 月 27 日 15：41：大家在看微点案的报道时，难道没有发现过一个奇怪的现象：既然于兵造谣说微点制造病毒导致病毒爆发，栽赃的手段及其拙劣，应该很容易被揭穿，而且明摆着是天大的冤屈，为什么就没有人打抱不平、说一句公道话？难道真的只是瑞星一家在迫害微点？

2010 年 5 月 27 日 15：47：光瑞星一家是远远不够的，所有关于"微点造毒传毒"的证据，都需要行业里专家的鉴定。明明是假的，怎么做鉴定？很简单，提供假鉴定、假证据不就行了吗？

2010 年 5 月 27 日 15：48：我们"民族软件企业的旗帜"、形象一向"高、大、全"的金山公司，就是在其中做伪证的公司之一，而且是最主要的一家。

2010 年 5 月 27 日 15：51：为什么要做伪证？金山在事后给过很多说法，譬如"被于兵逼迫"等等。问题是，真的是"被逼"那么简单吗？把田亚奎和刘旭送进监狱，最大的获益者是谁？

2010年5月27日16：06：但是金山呢？如果瑞星能把微点打下去，金山可以坐收渔人之利，借刀杀人，消灭掉一个强劲的竞争对手；如果事情败露，瑞星将遗臭万年，腾出来的市场正好被金山接收（目前正在发生的就是如此）。这是一桩稳赚不赔的买卖，需要的只是在火坑边上推微点一把，做个小小的伪证，而不是仗义执言，拉刘旭出火坑。

2010年5月27日16：11：万一做伪证的事被揭穿怎么办？很简单，推到于兵头上就是，"被逼无奈"嘛，情有可原——这就是金山的如意算盘。相比之下，瑞星花了那么大力气、那么多钱，赔进去一个副总，最后落了个遗臭万年、树倒猢狲散，不能不说，在搞阴谋的水平上，与金山有很大的差距。这也是为什么左冷禅干不过岳不群的原因。

2010年5月27日16：30：还有网友怀疑我是不是在编故事，呵呵，我的消息来源不便透露，不信的可以上网搜索。虽然满大街的微点案报道都只提了瑞星，很少提及金山（不能不佩服金山公关能力之强），但是若要人不知，除非己莫为，在媒体报道的只言片语中，相信大家还是可以发现一些蛛丝马迹。

2010年5月27日16：33：下面几家报纸曾经提及金山做伪证一事：《法制日报》《科技日报》《深圳特区报》《北京晚报》《21世纪经济报道》……，虽然记者们无法从公检法内部采访到更多信息，只能提到一两句。但是金山涉案，并在其中扮演了极不光彩的角色，是毫无疑义的事实，大家自己去搜吧。

2010年5月27日16：44：后来的发展和金山的算计差不多：微点公司几乎家破人亡，产品几年后才上市，时过境迁，对金山失去威胁；于兵东窗事发，搞得瑞星满头包，品牌和销量一落千丈，市场份额被金山接收……好一个"左冷禅梦碎微点，岳不群一统江湖"，笑傲江湖到此，差点划上句号。

2010年5月27日16：49：本来的戏份应该是金山接替瑞星的江湖霸主地位，金山安全独立分拆上市，金山员工个个成为千万富翁，哈哈，可惜捣乱的上场了。

2010年5月27日16：54：免费的360来了。不但免费，而且各项指标都比金山大幅领先http：//sinaurl.cn/hEMmm。半年时间，360杀毒一举拿下50%的市场份额，这不是砸了金山的饭碗吗？北京金山安全还怎么上市？金山高层的洋房汽车高尔夫都成了泡影，能不限360吗？

3.（2010）京方圆内经证字第21684号公证书显示，2010年9月14日通过百度搜索，在合肥在线、21CN、凤凰网、人民网、中新网、华商网、IT专家网、中国财经信息、新浪网、腾讯网、网易网、搜狐网、中国站长网、中国新闻网、中国网、电脑商情在线等50多个网站或相关网址，分别载有《微点案爆杀毒软件行业险恶纷争》《微点案爆杀毒软件行业险恶周鸿祎称金山不光彩》《微点案爆杀毒软件行业险恶纷争金山等多家公司做伪证》《北京公安网监处原处长判死缓爆杀毒软件行业纷争》《网监官员受审牵出杀毒业险恶纷争》等标题的文章，多篇文章中有"周鸿祎称，金山公司曾在微点造毒传毒案件中作伪证"的表述，并对周鸿祎微博中的"如果瑞星能把微点打下去，金山可以坐收渔人之利，借刀杀人，消灭掉一个强劲的竞争对手；如果事情败露，瑞星将遗臭万年，腾出来的市场正好被金山接收。这是一桩稳赚不赔的买卖，需要的只是在火坑边上推微点一把，做个小小的伪证"等内容加以引用。金山安全公司为本案支付公证费20892元。

三、周鸿祎有关证据显示的事实

周鸿祎称其在微博中所称内容均有事实依据，并不存在虚构事实、恶意诽谤的情况，就此提供以下证据：

1. （2010）京长安内经证字第 11470 号公证书显示，周鸿祎微博中提到的"微点"案中金山公司涉嫌做伪证的相关情况在周鸿祎微博发言之前已被多家媒体报道。2010 年 6 月 4 日登录相关网址，可见载有《首例故意传播网络病毒案真相大白》《微点案：没有赢家的恩怨情仇》《国内反病毒厂商口水战再起业界指微点进行炒作》等文章，上述文章中有"在于兵受审的报道中，人们惊讶地发现了北京江民、北京金山、北京启明星辰等杀毒软件行业显赫的名字。它们正是那几家出具虚假病毒爆发报案材料的公司""鉴于他们的威逼利诱，江民、金山等杀毒公司莫名其妙地当了报案人""北京江民信科技有限公司、北京金山软件股份有限公司、北京启明星辰信息技术有限公司也部分牵涉其中涉嫌作伪证""除瑞星外，报道还点名江民、金山、启明星辰三家公司，指其串通做假证打压微点"等内容。

2. （2010）一中刑初字第 188 号刑事判决书认定：于兵身为司法工作人员，在任市公安局网监处处长期间，为徇私利，以追究东方微点公司相关人员刑事责任为目的，指使下属警官伪造证据，致北京东方微点信息技术有限公司（以下简称微点公司）副总经理田亚葵被刑事羁押 11 个月，其行为已构成徇私枉法罪。其中以下事实作为定案证据：北京金山软件有限公司（以下简称北京金山软件公司）、北京启明星辰信息技术有限公司（以下简称启明星辰公司）、北京江民新科技有限公司（以下简称江民公司）曾分别向北京市公安局网监处出具了 2005 年五月至六月北京市病毒高发等情况的报告。北京金山软件公司李铁军、刘金光出具证言，称北京金山软件公司《关于 2005 年上半年我市爆发病毒情况的说明》是北京市公安局网监处要求该公司出具的，不是公司主动出具的，内容是网监处的人写好让他们公司盖章。他们公司对病毒的监控只能具体到某个地区，像报告提到具体到某个 IP 地址段是绝对做不到的。原北京市公安局网监处管理科科长齐坤作证称，于兵让他去找北京金山软件公司、启明星辰公司弄一个病毒疫情爆发的举报。他打电话给北京金山软件公司的李铁军等，要一个 2005 年上半年特别是五到六月份，病毒特别是蠕虫、木马局部高发的病毒分析材料。后北京金山软件公司提出不会写，他向于兵汇报，于兵让其找张鹏云拷贝江民公司的，但文字不能一样，主要意思得一样……江民公司、北京金山软件公司、启明星辰公司病毒检测网络正常情况下不可能监测到具体的 IP 地址段。这些报案材料不属实，都是对田亚葵采取强制措施之后补的。金山安全公司、周鸿祎对判决书认定的事实均无异议。金山安全公司认为，周鸿祎有关金山软件借刀杀人、有意做伪证的微博言论不属实，属于侮辱、诽谤。周鸿祎则认为其微博言论基本属实，未使用侮辱、诽谤性语言，未超过公民行使言论自由权进行舆论监督的范畴，并称"微点案"发生于 2005 年，当时金山安全公司尚未注册成立，故其在微博上所发布的关于该案的任何言论均与金山安全公司无关。金山安全公司称其为金山系核心企业，接受其他几家金山系企业的委托提起本案诉讼，故有权代表所有金山系企业就涉及金山软件的不当言论主张权利，周鸿祎对此不予认可。

3. （2010）京方圆内经证字第 12956 号公证书显示：2010 年 4 月 23 日访问 cctv4. com、qq_ vip. org，网页均可正常显示。后登录 bbs. 360. cn 下载并安装 360 安全卫士 v7. 1. 0. 1006beta 版，安装并启动后再次访问上述两个网址，网页被 360 网盾拦截，并提示上述网址为钓鱼、恶意网址。登录 www. Duba. net，下载"金山网盾"并安装，安装完成并启动后访问 cctv4. com，qq_ vip. org，网页均可正常显示。关闭"金山网盾"的"网页病毒木马过滤"功能后，再次访问 cctv4. com，qq_ vip. org，网页被 360 网盾拦截，并提示上述网址为钓鱼、恶意网址。

（2010）京方圆内经证字第 13649 号公证书显示：登录 www. duba. net，下载"金山网盾"并安装，查看数字签名信息显示"该数字签名正常"。登录 www. 360. cn 下载 360 安全卫士并安装重启，显示该软件可运行。查看"开始"菜单的"程序""控制面板"的"添加或删除程序""windows 任务管理器""C：\ ProgramfileS\ 360\ 360safe"文件夹，双击运行 360safe. exe，访问 C：\ Programfiles\ 360\ 360safe\ SoftMgr，运行 softManager. exe，退出 360 安全卫士后查看"开始"菜单的"程序"，"控制面板"的"添加或删除程序""windows 任务管理器"，显示 360 安全卫士及其组件、模块可正常工作。拔掉网线安装金山网盾，运行 360 安全卫士，360 安全卫士及其组件、模块均无响应，经查看，"金山网盾"正在运行。插上网线后进行上述操作，360 安全卫士及其组件、模块亦均无响应，经过查看，"金山网盾"正在运行。卸载金山网盾后，360 安全卫士及其组件、模块可以正常工作。

对于上述事实，当事人无异议，本院予以确认。

本院经审理查明：周鸿祎系北京奇智软件（北京）有限公司的董事长，分别在新浪微博 http：//t. sina. com. cn/Zhouhongyi、搜狐微博 http：//zhouhongyi. t. Sohu. com/网易微博 http：//t. 163. com/zhouhongyi 注册。周鸿祎在新浪微博上经过加"v"认证，并在首页标注"360 公司董事长，一个互联网老兵"。在一审庭审审理中，金山安全公司当庭补充提供了《金山软件会议备忘》，内容为：为便利诉讼和主张权利，作为"金山软件"一体化的组成部分，金山软件旗下金山软件有限公司、Kingsoft Internet Security Software Holdings Limited (Cayman)、金山安全软件有限公司、珠海市君天电子科技有限公司、金山安全公司在本次维权活动中的全部权益，由金山安全公司代表金山软件系上述企业开展维权活动，就周鸿祎先生现有的及将来的对金山软件的侵权言论提起名誉权诉讼，并代表金山软件系上述企业因名誉权侵权由此给金山软件造成的经济损失主张赔偿。除珠海市君天电子科技有限公司之外的其他金山系公司均在该会议备忘上加盖了公章。对此，周鸿祎认为超过举证期限未予以质证。在一审审理期间，金山安全公司还主张周鸿祎以下两篇微博文章亦存在侵犯其名誉权的情形，分别为 2010 年 5 月 29 日 17：06 的"先不说用这种手段打击对手是否恶劣，好吧，算你狠，你赢了，我认输，那用户在你眼里又算什么？你的偷袭是很成功，但是周末如果有木马爆发怎么办？几百万用户都只是你的小白鼠吗？金山你到底是安全厂商还是木马团伙？？？！！！一个安全软件偷袭另一个安全软件，强制后者失效，这在全世界都是第一次！"以及 2010 年 5 月 29 日 17：34 的"金山的几个年轻人，你们要切记：要想和对手 PK，就跟我周鸿祎一样，全都明着来，不管风格是软是硬，都要让用户自己选，暗地里偷鸡摸狗的事少干，弄不好偷鸡不成蚀把米，你们这次应该已经有了教训。说实话我已经忍了很久，你们要是非要较这个劲，眼里只有对手，把用户搁一边，最后一定栽大跟头"。由于金山安全公司未就上述两篇微博文章提供相应公证书证明，一审判决未针对上述博文内容予以定性。针对葛珂是否被排挤之事实，一审在判决"查明部分"记载："金山安全公司主张周鸿祎微博中所称葛珂被公司排挤并无事实根据，提供该公司官网上公示的管理团队信息和葛珂书面证言，显示葛珂为该公司高级副总裁，葛珂未出庭作证。周鸿祎称该信息无法显示葛珂是否受到排挤，对证言真实性不予认可，并称葛珂确实不再分管金山安全公司杀毒部分工作，关于葛珂受排挤的评论并非无中生有，而是在业界有所耳闻。"

针对有关损失问题，一审在"查明部分"记载："金山安全公司主张，因周鸿祎于2010年5月25日至27日期间密集发表针对该公司的不当言论，导致'金山软件'股价下跌，考虑股票大跌大部分因为市场影响，故主张应由周鸿祎承担2%的赔偿责任，就此提供2010年5月25日、26日金山软件股票跌幅情况、金山软件股票发行情况、2010年11月5日金山软件股票一年内K线图等，并称周鸿祎对其言行产生的股票市值下跌不良后果是有所预见的，就此提供雅虎网站文章《周鸿祎演讲不忘攻击金山：让其市值大掉6个亿》及新华网文章《周鸿祎：我的微博发言让金山丢了6个亿》。""周鸿祎提供2010年5月25日金山披露的《截至2010年3月31日止三个月期间的未经审计的财务业绩公告》，称'金山软件'股价下跌是各种市场因素共同作用的结果，其中该财务报告披露很多财务数据较上一季度都有较大幅度下降，这是造成金山软件股价大跌的原因，且其微博中相当一部分言论表于2010年5月27日，与5月26日金山软件股价下跌没有关联性。周鸿祎并称所谓让金山丢了6个亿，是和朋友开玩笑的话，自己并无造成'金山软件'股价大幅下跌的能力。"

金山安全公司提交的起诉状第一项诉讼请求是"停止侵权，并撤回相关博文文章"，并未涉及删除文章目录。在一审开庭审理时，提交了要求删除的博文目录，周鸿祎一方当庭提出异议。作为一审判决的附件中所列明的二十条博文均在金山安全公司提交的公证书材料中，二审期间，金山安全公司明确以周鸿祎在其新浪微博（http：//t. Sina. com. cn/zhouhongyi）、搜狐微博（http：//zhouhongyi. t. sohu. com）、网易微博（http：//t. 163. com/zhouhongyi）微博中的二十条博文作为指控侵权的载体。

二十条博文具体内容如下：

（1）2010年5月25日15：22：新浪微博影响真大。发完没几分钟，就接到电话：有家国内漏洞研究网站，昨天公布了金山的漏洞后，先是接到"不明"电话：只要能删除，给钱没问题。该网站拒绝，然后就享受了"不明"DDOS攻击。用黑客攻击的手段来删网上负面，够狠！以前大家都说我作风剽悍，相比之下，自愧不如啊。

（2）2010年5月25日15：34：刚才微博里忽然冒出来一大堆跟帖，批评我作为老总，在微博里调戏对手会显得没有风度。说得貌似很有道理嘛，我都快被说动了，结果市场部的人告诉我说，这些人里很多都是"熟人"，是"中国人民的老朋友"，他们在微博上主要就是批评教育360。看来是我披露的证据把"老朋友们"惹急了，说到痛处了，呵呵。

（3）2010年5月25日15：53：干脆今天把360跟金山的恩怨说个痛快！08年为了免费杀毒，瑞星和360大打口水战时，网上冒出一批攻击瑞星的文章，写得还真不错，连我都以为是我们员工写的，结果一问不是。后来从别的渠道了解到，瑞星也发现了同样的情况：有些夸瑞星骂360的文章，他们也不知道是谁写的，这事多神奇啊。

（4）2010年5月25日16：04：去年10月360正式发布免费杀毒时，网上冒出一批攻击360的帖子，骂完360后，还会夸夸瑞星。当时我们的人就找瑞星，说别打了，对谁都没好处，瑞星方面表示"同意，但真的不是我们干的"。说实话，瑞星这家公司还有一点可爱之处，就是它要攻击谁时，自己也会公开跳出来，至少不会既要当啥子，又要立牌坊。

（5）2010年5月25日16：13：这下我们起了疑，追查后发现，攻击360的那些ID，有些之前发过金山的公关稿。真相大白。这让我想起《笑傲江湖》，瑞星顶多也就是左冷禅，差点一统天下，最终功亏一篑。而那家在公众面前一直打扮成"民族软件业旗手"、欺骗了无数爱国青年，暗地里却老使阴招的公司，只能让我想起岳不群。

（6）2010年5月25日16：21：然后我们市场部收集了证据，把所有那些骂人的帖子及其ID汇总，发给了金山的老总，希望他们到此为止，以前的事就算了，以后别再搞这种花样。毕竟当时我们还在和金山合作，不想撕破脸。结果神奇的事情又发生了，骂360的帖子忽然大量增加，但是全部换成了新ID！

（7）2010年5月25日18：18：而金山之所以哭着喊着要"兼容"，无非就是想先同居，进来以后就有机会搞小动作了，慢慢地一点一点搞破坏，占360的便宜，让用户觉得360不稳定、不管用。反正黑灯瞎火地大家也看不明白，谁也不知道到底发生了什么，是非说不清。真要打起来了，先扯着嗓子喊"非礼啦！"，这次果不其然。

（8）2010年5月25日18：22：我们这次吃亏就吃亏在没先喊，另外360多年来一直被做木马的、做流氓软件的、做收费杀毒的围攻，天天被泼粪，而金山一直扛着民族软件的大旗，俨然一副正人君子的模样，所以一打起来，先得了不少同情分。事实上，金山真是道德君子吗？

（9）2010年5月25日18：32：这次王海算是揭开了金山的一层画皮。一家能把"倒数第一"吹成"全球第一"、事后又简单归之于"笔误"的企业，其言行有多少可信度，大家自己判断。王海掌握的金山的问题，仅仅是冰山一角，比这恶劣的事情还多得多，以前看在同行份上，我从来不说，如果金山还要把脏水泼到360身上，我会一件一件公布。

（10）2010年5月25日18：33：写累了，今天先歇歇。明天看金山表现，如果表现还不好，大家继续看我怎样一层一层剥金山的画皮。谢谢大家！

（11）2010年5月27日15：13：有道理，我和老求的关系还是不错的，但是他对手下的人约束不够，金山这两年风格大变//@胡震生：求伯君还是金山的老总么？我发现个现象，就是如果某公司进军网游市场，员工的道德标准下降极快，因为员工会想，你凭什么管我啊，你不还是在想法坑青少年无知的钱。这或许是曾经辉煌的金山沦落的原因之一。

（12）2010年5月27日15：26：老求还是个挺和气的人，但是他这两年用了些年轻人，不知道为什么就那么爱在暗地里搞动作，而像葛珂这样的老金山却被排挤走，搞得现在的金山还像金山么？倒是有点像黑山。本来今天还在想，是不是真的要把金山那点事全抖落出来，结果中午得知，网上又冒出一批新的造谣贴，譬如什么360杀毒软件的前生今世。

（13）2010年5月27日15：48：我们"民族软件企业的旗帜"、形象一向"高、大、全"的金山公司，就是在其中做伪证的公司之一，而且是最主要的一家。

（14）2010年5月27日16：06：但是金山呢？如果瑞星能把微点打下去，金山可以坐收渔人之利，借刀杀人，消灭掉一个强劲的竞争对手；如果事情败露，瑞星将遗臭万年，腾出来的市场正好被金山接收（目前正在发生的就是如此）。这是一桩稳赚不赔的买卖，需要的只是在火坑边上推微点一把，做个小小的伪证，而不是仗义执言，拉刘旭出火坑。

（15）2010年5月27日16：11：万一做伪证的事被揭穿怎么办？很简单，推到于兵头上就是，"被逼无奈"嘛，情有可原——这就是金山的如意算盘。相比之下，瑞星花了那么大力气、那么多钱，赔进去一个副总，最后落了个遗臭万年、树倒猢狲散，不能不说，在搞阴谋的水平上，与金山有很大的差距。这也是为什么左冷禅干不过岳不群的原因。

（16）2010年5月27日16：30：还有网友怀疑我是不是在编故事，呵呵，我的消息来源不便透露，不信的可以上网搜索。虽然满大街的微点案报道都只提了瑞星，很少提及金山（不能不佩服金山公关能力之强），但是若要人不知，除非己莫为，在媒体报道的只言片语中，相信大家还是可以发现一些蛛丝马迹。

　　（17）2010 年 5 月 27 日 16：33：下面几家报纸曾经提及金山做伪证一事：《法制日报》《科技日报》从《深圳特区报》《北京晚报》《21 世纪经济报道》……，虽然记者们无法从公检法内部采访到更多信息，只能提到一两句。但是金山涉案，并在其中扮演了极不光彩的角色，是毫无疑义的事实，大家自己去搜吧。

　　（18）2010 年 5 月 27 日 16：44：后来的发展和金山的算计差不多：微点公司几乎家破人亡，产品几年后才上市，时过境迁，对金山失去威胁；于兵东窗事发，搞得瑞星满头包，品牌和销量一落千丈，市场份额被金山接收……好一个"左冷禅梦碎微点，岳不群一统江湖"，笑傲江湖到此，差点划上句号。

　　（19）2010 年 5 月 27 日 16：49：本来的戏份应该是金山接替瑞星的江湖霸主地位，金山安全独立分拆上市，金山员工个个成为千万富翁，哈哈，可惜捣乱的上场了。

　　（20）2010 年 5 月 27 日 16：54：免费的 360 来了。不但免费，而且各项指标都比金山大幅领先 http：//sinaurl. cn/hEMmm。半年时间，360 杀毒一举拿下 50% 的市场份额，这不是砸了金山的饭碗吗？北京金山安全还怎么上市？金山高层的洋房汽车高尔夫都成了泡影，能不恨 360 吗？

　　上述博文中，与"微点案"相关的博文为第（13）条至第（18）条。

　　以上事实，有列明的公证书、刑事判决书、北京市企业信用网打印件、公证费发票等书证以及当事人陈述在案佐证。本院认为，根据当事人的诉辩主张，本案在二审中涉及如下焦点问题：

　　一、一审裁判是否超越当事人的诉讼请求

　　当事人认为自己的权益受到侵害时，通过行使请求权实现救济。请求权的行使以诉讼请求的形式表现出来，请求权是否得到满足以诉讼请求是否得到支持而体现。诉讼请求作为当事人向法院提起的具体主张，由于其得到支持必然与民事责任方式的承担相对应。所以，诉讼请求是界定审理范围的根据。本案中，金山安全公司在一审提交的起诉状中，已经提出"停止侵权，并撤回相关博文文章"的诉讼请求，在庭审中提交的删除目录，可以认为是对诉讼请求的明确。所以，一审裁判未超越当事人的诉讼请求。

　　但是，诉讼请求能否得到支持必然伴随着要件事实的审理。判决删除博文，是停止侵权责任方式的具体体现，应当以删除的内容构成侵权为前提。在金山安全公司明确请求删除的内容后，一审法院应当对指控构成侵权的博文逐一审理，而不是概括阐述，否则就会使停止侵权这一责任方式的裁判失去事实的根据。即使周鸿祎一方当事人提出异议，法官也应当通过行使诉讼指挥权责令周鸿祎一方发表质证意见。故一审法院在审理中，存在事实认定方面的疏忽。但是，鉴于一审判决删除目录中列明的博文内容均未超过当事人在举证期限内提交的证据范围，对对方当事人来说不存在因证据突袭而产生的不公平。所以，二审可以通过径行审理予以修正，并作出裁判。

　　二、关于金山安全公司请求权范围的界定

　　请求权以实现受到侵害的权益得到救济为宗旨。所以，构成侵权行为的要件之一就是法律应当保护的权益受到侵犯。根据查明的事实，被控的博文中并未直接表明是本案当事人金山安全公司，而是"金山"或"金山公司"。为此，一审法院认为受损的可能不仅是金山安全公司，而是整个"金山"品牌，可能关涉金山系旗下的所有公司。在此基础上，一审判决认为金山安全公司可代表自己公司就周鸿祎的言论是否侵犯该公司的名誉提起诉讼，其他关联企业如有意愿，可作为单独的权利主体另行起诉。对此，本院认为，法院对权益受到侵害这一要件的审查既要符合公众认知的常理，又不能无限扩展。本案涉及的"微点案"发生在2005年，而且当时，在一定范围广为网民所知晓涉及的公司是北京金山公司。而金山安全公司成立于2009年，虽然，周鸿祎发表指控侵权的微博时间是2010年，尽管博文中没有明确是北京金山公司。但是，根据"微点案"的影响程度，将周鸿祎微博所涉及的"金山""金山公司"与整个"金山"品牌建立联系的受众应当与知晓"微点案"的受众是一致的，因此阅读周鸿祎微博的网民不会因该言论直接联想到本案当事人金山安全公司。故"微点案"博文指向是明确的，在指向明确的前提下，一审判决认为金山安全公司因此受到利益侵害，就会使受到侵害的链条无限延伸。在"微点案"与金山安全公司没有任何关系的前提下，将针对该问题发表的博文认定为对金山安全公司利益的侵犯，没有事实根据。针对涉及"微点案"的博文内容由于与金山安全公司没有任何关系，本案不予以审理。周鸿祎的上诉理由应当采信。

但是，在金山安全公司提交的要求删除的博文目录中的第（3）至（6）博文内容虽然涉及了"08年为了免费杀毒"这样的言论。鉴于整个博文内容并非如同涉及"微点案"的博文指向那么明确，故不能等同于"微点案"的判断。针对周鸿炜的微博内容，如果构成侵权，受损的不能排除金山安全公司，故对金山安全公司来说，具有实体法上的请求权。

三、周鸿祎发表博文行为是否构成侵权以及责任方式承担

个人微博作为一个自由发表言论的空间，可以以个人的视角，通过寥言片语，表达对人对事的所感所想，为实现我国宪法所保障的言论自由提供了一个平台。同时，由于微博上的言论具有随意性，主观色彩浓厚，甚至一些语惊四座的表达方式，都成为吸引"粉丝"关注的要素。特别是涉及批评的内容，还往往起到了舆论监督的积极作用。鉴于微博对丰富人们的精神生活具有一定的积极意义，每个网民都应该维护它，避免借助微博发表言论攻击对方，避免微博成为相互谩骂的空间。否则人人都有可能被他人博文所侵害。

一审判决认为周鸿祎是金山系的竞争对手奇虎360公司的董事长仅仅凭借其个人在新浪加"V"认证微博主页的标注，虽然不够严谨，但是，其作为一个自称的"网络老兵"，作为一个公众人物，深悉网络传播之快之广，更应当谨慎自己的言行。故对周鸿祎身份的纠正，不影响一审对周鸿祎注意义务认定的正确性。以此为前提，通观周鸿祎微博的前后文，确实读不出周鸿祎主观上的善意，也不能排除其借助对金山安全公司技术上的指责而获得自己利益的可能性。针对第（7）条和第（8）条微博中所进行的诸如"无非就是想先同居""先扯着嗓子喊'非礼啦！'""俨然一副正人君子的模样""金山真是道德君子吗？"等描述具有明显的侮辱性质。对此，应当通过删除的方式实现金山安全公司停止侵权的诉讼请求，并通过发表致歉声明等方式以赔礼道歉，消除影响。其他博文内容虽然尚未达到构成侵犯名誉权的程度，周鸿祎应当以此为警戒，审慎自己的言行。

针对损害赔偿，金山安全公司提出赔偿的根据是周鸿祎的言论导致股票大跌之理由，由于没有证据表明之间的因果关系，为此一审未予以支持是正确的，同样其上诉请求也不能支持。相反，二审由于对指控的博文的定性发生了部分改变，赔偿数额应当予以酌减。

另外，关于案件受理费的收取，法院根据当事人双方的胜败结果进行分担。涉及财产的案件，其确定以请求额为一定的依据。所以，金山安全公司在没有根据的前提下提出高额索赔，应当自行承担相应的诉讼费用。

综上所述，根据依照《中华人民共和国民事诉讼法》第一百五十三条第一款第（一）、（三）项，《中华人民共和国民法通则》第一百零一条，《最高人民法院关于审理名誉权案件若干问题的

解答》第八条、第十条，《中华人民共和国侵权责任法》第三十六条之规定，判决如下：

一、维持北京市海淀区人民法院（2010）海民初字第 19075 号民事判决第二项；

二、撤销北京市海淀区人民法院（2010）海民初字第 19075 号民事判决第一项、第三项、第四项；

三、自本判决生效之日起，周鸿祎删除其在新浪微博（http：//t. Sina. com. cn/zhouhongyi）、搜狐微博（http：//zhouhongyi. t. sohu. com）、网易微博（http：//t. 163. com/zhouhongyis）微博中的如下内容：

1. 而金山之所以哭着喊着要"兼容"，无非就是想先同居，进来以后就有机会搞小动作了，慢慢地一点一点搞破坏，占 360 的便宜，让用户觉得 360 不稳定、不管用。反正黑灯瞎火地大家也看不明白，谁也不知道到底发生了什么，是非说不清。真要打起来了，先扯着嗓子喊"非礼啦！"，这次果不其然。

2. 2010 年 5 月 25 日 18：22：我们这次吃亏就吃亏在没先喊，另外 360 多年来一直被做木马的、做流氓软件的、做收费杀毒的围攻，天天被泼粪，而金山一直扛着民族软件的大旗，俨然一副正人君子的模样，所以一打起来，先得了不少同情分。事实上，金山真是道德君子吗？

四、于本判决生效后七日内，周鸿祎赔偿北京金山安全软件有限公司五万元；

五、驳回北京金山安全软件有限公司的其他诉讼请求；

六、驳回周鸿祎的其他上诉请求。

如果未按本判决指定的期间履行给付金钱义务，应当依照《中华人民共和国民事诉讼法》第二百二十九条之规定，加倍支付迟延履行期间的债务利息。

一审案件受理费六万零二百元，由北京金山安全软件有限公司负担五万元（已交纳）；由周鸿祎负担一万零二百元（于本判决生效后七日内交纳）；二审案件受理费六万零二百元，由北京金山安全软件有限公司负担六万元（已交纳）；由周鸿祎负担二百元（已交纳）。

本判决为终审判决。

审判长　张晓霞

代理审判长　王国庆

代理审判员　王玲芳

二〇一一年八月二十五日

书记员　梁小立

案例2：潘悦、杨颜与何华敏名誉权纠纷一审民事判决书

杭州市滨江区人民法院
民事判决书

(2011) 杭滨民初字第670号

原告（反诉被告）：潘悦。

原告（反诉被告）：杨颜。

两原告共同委托代理人（特别授权）：杜小莉。

两原告共同委托代理人（特别授权）：谢培均。

被告（反诉原告）：何华敏。

原告潘悦、杨颜诉被告何华敏名誉权纠纷一案，本院于2011年8月2日立案受理，依法由审判员季隽虹适用简易程序独任审判。后被告何华敏在法定期限内向本院提出了反诉，本院经审查予以受理，并于2011年8月29日合并公开开庭进行了审理。原告潘悦、杨颜的委托代理人杜小莉、谢培均，被告何华敏到庭参加诉讼。本案现已审理终结。

原告潘悦、杨颜诉称，被告原是杭州宏源证券股份有限公司杭州体育场路营业部的员工，于2010年3月与该营业部解除了劳动关系，但因其对营业部支付工资及社保的劳动纠纷心有不满，不断在网上发表言论。2010年12月2日18点16分开始，被告以"潘悦是个伪君子"为网名在十九楼论坛发表言论，以侮辱性语言诽谤原告潘悦与其公司的职员朱某是"奸夫淫妇"，并称其为"狗男女"。与此同时，被告在同一时间段内还极为嚣张地发短信告知原告潘悦上述发帖行为，予以挑衅。原告潘悦为了维护自己的名誉权于当晚22点向杭州长河派出所报案。派出所民警也对被告口头告诚，而被告非但没有引以为戒，仍然不停地在网络上攻击两原告。2011年3月6日至今，被告通过其微博（i_ full_ house）及在原告杨颜的微博（YY8888）中公开诽谤原告杨颜是借精生子，捏造原告潘悦被治安拘留十天并罚款500元的虚假事实。自被告在网上发布帖子后，点击已经高达四百多条。对原告的日常工作及生活造成了巨大的不良影响，致使其社会评价降低。长期以来，被告以手机、固定电话、短信等方式不间断地对两原告进行骚扰，使两原告长期处于焦虑、烦躁的精神状况，人身和精神健康都受到了损害，造成原告杨颜在怀孕34周时被诊断为先兆流产，无奈只能向单位请假并在家卧床保胎，原告潘悦则长期失眠，被诊断为精神衰弱。综上，被告行为明显具有贬损他人人格的故意，损害原告的名誉权，并对其造成了精神损失。为此，两原告诉至法院，请求判决被告：1. 停止侵害并在十九楼论坛、《都市快报》向原告公开赔礼道歉，消除影响，恢复名誉；2. 赔偿原告名誉及精神损失费10000元；3. 承担诉讼费用。

被告何华敏辩称，"潘悦是个伪君子"这个ID是否系答辩人注册的，两原告应提交证

据证明。在答辩人追讨劳动工资的过程中，两原告通过十九楼、微博、回复等对答辩人进行了诽谤、侮辱，答辩人的微博、回复及电话与短信等都是针对原告杨颜的故意公然挑衅、诽谤、捏造事实而作出的相应反驳与澄清。根据侵权法的规定，损害是受害人故意造成的，行为人不承担责任。原告潘悦在 2010 年 12 月 18 日的行为本来就违法，且长河派出所已经立案，故打人的事实及结果是存在的，不存有虚假事实。此外，原告杨颜在今年三月初的微博里都以"生活安逸、心情特棒"来形容自己的生活及精神状况，又何来精神受损害？而原告潘悦被诊断为"长期失眠"，既然是长期，就不是答辩人侵权产生的。请法院驳回两原告的诉请。

反诉原告何敏华就反诉诉称，因反诉原告与杭州宏源证券股份有限公司杭州体育场路营业部存在劳资纠纷，反诉被告因此心存不满，打击报复、诋毁、捏造事实，不断在网上发表言论等。反诉原告实在无法忍受反诉被告的一再侵犯，而不得已进行了一些发帖的声明与回应。反诉被告于 2010 年 12 月 17 日开始以"八百壮士 2010""一笔了""精神一帝"相应网名在十九楼论坛上公然侮辱诋毁反诉原告，并称其"老江湖""想飞枝头做凤凰""芙蓉姐姐""小月月"等。从 2011 年 2 月 26 日起至今，反诉被告通过其微博（YY8888）及反诉原告的微博（i_ full_ house）公然诽谤、侮辱反诉原告怀孕流产，下贱的女人，小三却做不成，精神病等虚假事实。自反诉被告在网上发布相应的微博后，反诉原告与其无关的帖子（被攻击）点击率高达 1200 多条，对反诉原告的日常生活和精神状况都造成了巨大的不良影响，致使其社会评价贬低。反诉被告还利用其他的 ID 号，不断用"红木家俱""战胜邪恶"等网名贬低反诉原告的名誉，侮辱反诉原告人格。反诉被告还长期以书面和口头的形式进行诽谤，如《情况说明》《二审答辩》《公函》、长河派出所的笔录等。这种无情的骚扰和侵犯，使得反诉原告长达一年都无法正常生活和工作。综上，反诉被告明显具有贬低他人人格的故意，损害反诉原告的名誉权，并对其造成了精神损失。为此，向法院起诉，请求判决反诉被告：1. 停止侵害并在十九楼论坛、《都市快报》向反诉原告公开赔礼道歉，消除影响，恢复名誉；2. 赔偿反诉原告名誉及精神损失费 20000 元；3. 承担本案诉讼费用。

反诉被告潘悦、杨颜就反诉辩称，一、反诉被告潘悦从未在网上发表过任何言论。反诉被告杨颜仅有 ID"八百壮士 2010"及"YY8888"，以其他 ID 名义所作出的任何回复也并非委托他人作出的。二、反诉被告杨颜在网上发表的言论并非侵犯反诉原告的名誉权行为。因为侵权行为需使他人名誉贬损的性质且必须是指向特定人的，贬损他人名誉的行为需由第三人所知晓，而杨颜在其微博中发表的言论未针对任何人也没有贬损他人名誉的性质。三、反诉原告因为与反诉被告之间的劳动纠纷心存不满，反诉被告在劳动争议案件中的正常答辩、情况说明及派出所笔录不存在对反诉原告人格的贬低和侮辱。四、反诉原告称反诉被告潘悦殴打她的事实，该案已经由公安机关作相应处理，且派出所笔录也记载潘悦是正当防卫，本案不应处理。综上，请法院驳回反诉原告的反诉请求。

原告（反诉被告）潘悦、杨颜为支持其本诉诉讼请求，提交如下证据：

1. 十九楼论坛的帖子、微博，证明被告于 2010 年 12 月 2 日 18 点开始用"潘悦是个伪君子"的注册名在十九楼论坛上公然诽谤原告及以"i_ full_ house"的网名在十九楼微博上诽谤原告的事实。

2. 接受案件回执单、短信及未接电话清单，证明 2010 年 12 月 2 日 22 点原告报案，被告发帖后于当日 18 点发短信通知原告，及被告多次骚扰原告的事实。

3. 起诉状、短信、光盘、十九楼论坛的帖子，证明 186×××6965、159×××2475 的手机号码以及 i_ full_ house 是被告在十九楼论坛上及十九楼微博上的用户名的事实。

4. 宏源证券股份有限公司发给滨江区长河派出所的公函，证明宏源证券股份有限公司向派出所反映被告存在伤害原告并扰乱公司正常运营的事实。

5. 现场治安调解协议书，证明被告通过短信、固定电话、手机、网上发帖等方式不间断地骚扰原告的事实。

6. 病历，证明因被告的多次骚扰导致原告潘悦精神衰弱的事实。

7. 产科病历及休假单，证明被告行为导致原告杨颜于 2011 年 3 月被诊断为先兆流产因此请假保胎等事实。

8. 杭州十九楼网络传媒有限公司证明，证明被告在十九楼上发帖侮辱原告的事实。

9. 录音光盘、文字说明，证明被告对原告侵权的事实。

10. （2011）浙杭钱证民字第 6496 公证书，证明被告的侵权行为及侵权后果尚未消除，仍被他人转载跟帖这一后果的事实。

被告何华敏发表如下质证意见：

证据 1 中"潘悦是个伪君子"这个 ID 是被告注册的，是因为在追讨劳动工资的时候，被原告诽谤、侮辱，在无法忍受的情况下才发帖的，但发帖不到一小时，原告就让十九楼进行了屏蔽，故未造成严重后果。微博的内容也是被告所发，但这是对原告的反击。双方所发表的帖子都已经被十九楼屏蔽了。

对证据 2 去长河派出所报案的事表示是在打官司时才知道的。186×××6965 手机号码是被告的，上面所显示的短信内容也是被告所发。

证据 3 是真实的，186×××6965 手机号码是被告的，159×××2475 现在已经停机了，曾用过该手机给原告发过短信。对光盘内容、十九楼论坛的帖子的真实性无异议，因为受原告恐吓、威胁才发帖的。

对证据 4 表示只是去讨个说法，且派出所也没有给过被告任何警告等处理。

证据 5 不能证明原告的证明目的。

证据 6 病历只是连锁药店出具的，并非是医院开具的；如果原告潘悦真的处于长期精神衰弱的状态，则其不会做这么多攻击被告的行为。

证据 7 诊断是先兆性早产而非先兆性流产，对高年纪的产妇而言，先兆性早产是很正常的。

证据 8 十九楼作了屏蔽、删除的事实是真实的。

证据 9 录音光盘的内容及文字说明是真实的。

对证据 10 表示仅对"YY8888"这个十九楼的 ID 号回复、发表过借精生子的言论，从未用过杨颜和潘悦的名字发表过任何有关于他们是否借精生子的言论，且该些言论都是因原告侵害被告名誉权在先，而不得已所采取的反击。

被告（反诉原告）何华敏为支持其反诉请求所主张的事实，提交如下证据：

1. 民事判决书，证明反诉原告被侵害权利的事实。

2. 杨颜微博，证明反诉被告杨颜公然侮辱、诽谤、捏造的事实。

3. 何华敏微博，证明诉讼中涉及的揭露反诉被告隐私的，是反诉被告公然挑衅和故意挑起。

4. 照片，证明反诉被告潘悦殴打他人的事实。

5. 病历，证明反诉被告潘悦殴打他人致轻伤的事实。

6. 滨江区公安分局信访办的立案回执函，证明反诉被告潘悦殴打他人的犯罪事实已经立案调查。

7. 情况说明书，证明反诉被告潘悦故意挑衅、捏造事实而中伤反诉原告的事实。

8. 二审答辩状，证明反诉被告潘悦不论何时都故意捏造事实、挑衅中伤反诉原告。

9. 宏源证券股份有限公司发给滨江区长河派出所的公函，证明反诉被告捏造、诽谤的事实。

10. 现场治安调解协议书，证明反诉被告的侵权行为。

两反诉被告发表如下质证意见：

对证据1的真实性、合法性无异议，对关联性有异议，认为与本案无关。

对证据2~3的真实性、关联性表示无法确认，认为不能证明反诉原告的证明目的。

对证据4~8的关联性有异议，认为与本案无关。

对证据9~10的关联性有异议，认为并非如反诉原告所说是反诉被告对其进行诽谤的事实。

结合原、被告双方的质证意见，本院作如下认证：

（一）对原告的证据材料

被告对证据1的真实性无异议，本院予以确认；证据2证明了被告发短信告知原告其在十九楼上发帖的事实及原告向派出所报案的事实，本院予以确认；被告对证据3的待证事实无异议，本院予以确认；原告证据6、7仅证明原告潘悦经医生诊断患精神衰弱及杨颜被诊断为先兆流产的事实；被告对原告证据8无异议，本院予以确认；证据9庭审中被告对书面整理的录音内容无异议，本院予以确认。证据10符合证据的三性，本院予以确认。

（二）对被告的证据材料

证据1的真实性本院予以确认；证据2、3系杨颜、何华敏在一段时间内的微博言论，其证据效力应综合全案来认定；原告对证据4~6的异议成立，本院不予采信。证据7、8结合证据1，仅证明被告与宏源证券股份有限公司发生的劳动争议纠纷案件，原告潘悦等在案件审理过程中的陈述等是行使一个正常的答辩权利，不存在被告主张的公然污辱、诽谤等事实。

（三）原告证据4、5与被告证据9、10是一致的，本院对其三性予以确认，对证明力则综合全案予以认定。

（四）被告何华敏为反驳原告的诉讼请求另又提交了部分微博及短信打印件，证明其系在无法忍受原告的诽谤、侮辱情况下而对原告进行发微博、短信反击，原告质证认为该证据不能证明被告的证明目的，短信是被告发给原告的，原告并没有回复。本院认为上述证据只能证明被告发微博及短信的事实，不能证明其所主张的证明目的。

结合上述有效证据及原、被告双方的当庭陈述，本院认定本案事实如下：

原告潘悦与杨颜系夫妻关系。被告何华敏原系宏源证券股份有限公司杭州体育场路证券营业部员工，潘悦系该证券营业部的负责人。2010年3月何华敏离开该证券营业部，此后，与该营业部发生劳动争议，经过杭州市劳动仲裁委员会仲裁及两级人民法院的审理，该劳动争议纠纷案件已经二审审理终结。2010年12月2日18点16分开始何华敏以"潘悦是个伪君子"为网名在杭州十九楼谈股论市论坛上发表帖名为《漂：宏源证券体育场路营业》的言论，文字内容涉及"潘悦是个伪君子""奸夫淫妇""狗男女""与情妇朱某一口同气"等，并在同一时间向原告发短信告知上述发帖行为。潘悦于当晚22点向杭州市公安局长河派出所报案。此后，何华敏通过其微博（i_ full_ house）发表一些言论，内容包括如2011年3月4日的"这是针对于YY8888谣传我，生过孩子，诽谤的第一个正面回应"；3月6日的"你堂堂潘大总经理怎么变成了三八婆了呢？那么下流、卑鄙、无耻没有道德的事做得那么理直气壮呢？""做DNA又何妨呢？借精生子，就是借精生子"，"……怎么就变成我去勾引你、追求你了呢？潘总经理！……"；5月30日的"哦，原来YY8888是杨颜啊！还是兴业银行……"；6月17日的"哼！屏蔽什么呢？……这个女人，如果不是疯子……"等。在此期间，杨颜也通过其微博（YY8888）发表言论，内容包括3月4日的"……摘自159×××2475手机：算了，我还是找你爸妈去！告诉二老，我怀了你的孩子……"，"摘自186×××6965所发短信：……放心，我够性感，够丰满！还够干净"；6月11日的"对了，听你说已经有两家证券公司不要你了……"等。而杨颜的另一个名为"八百壮士2010"的网名也在网上进行了一定的回复。同时，何华敏用"i_ full_ house"的名义在杨颜"YY8888"的微博上进行了一些回复，内容有2011年3月8日的"杨颜，请问你现在意识到你是个法盲了没？……"，"明明潘悦已经犯治安条例，要拘留十天，罚款五百元的罪行，却还在这里威胁别人要坐牢和诽谤"，还有一些提及借精生子的言论、被屏蔽的言论及一些内容较粗俗的言论。此外，何华敏自2010年12月以来，不定期地向两原告发短信、打手机及固定电话。

另查明，2010年12月18日，何华敏到潘悦家门口，双方发生争执，引发肢体冲突，然后在长河派出所达成了现场治安调解协议书，协议内容包括"潘悦所在营业部支付何华敏佣金比例，何华敏承诺今天不再骚扰潘悦及其家人，今天发生冲突所造成双方的损失均各自负责，双方不再提起今天发生的事情"等等。但此后该协议内容并未履行。

本院认为，名誉权是指公民或法人对自己在社会生活中所获得的社会评价即自己的名誉，依法所享有的不可侵犯的权利。本案被告何华敏因与原告潘悦所在的证券公司营业部发生劳动争议纠纷，而在杭州十九楼论坛上以"潘悦是个伪君子"发帖子，此外何华敏在杨颜"YY8888"的微博及其本人的微博（i_ full_ house）发表的一些言论，涉及"宏源证券""潘悦"，故该"潘悦"明确地指向原告潘悦，而言论的内容较粗俗，带有侮辱、诽谤性质，侵犯了原告潘悦的名誉权。鉴于何华敏主要是在杭州十九楼网络传媒有限公司网站上发表了侵犯名誉权的言论，故何华敏在该十九楼网站上公开赔礼道歉、停止侵害、消除影响、恢复名誉即可，对原告要求被告在《都市快报》上公开赔礼道歉、赔偿精神损失费10000元的请求本院不予支持。对于原告杨颜及反诉原告何华敏的诉讼请求，由于杨颜与何华敏主要是在各自的微博上发表言论，或在对方的微博进行跟帖回复，双方均知道言论所指向的对方，双方各自所陈述的事实及提交的证据并不足以证明各自社会评价的降低，故本院对杨颜的诉讼请求及何华敏的反诉诉讼请求均不予支持。依照《最高人民法院关于确定民事侵权精神损害赔偿责任若干问题的解释》第一条第一款第（二）项、第八条第一款、《中华人民共和国民事诉讼法》第六十四条第一款的规定，判决如下：

一、何华敏于本判决生效之日起七日内在杭州十九楼网络传媒有限公司的十九楼网站上用书面形式对潘悦进行公开赔礼道歉、停止侵害、消除影响、恢复名誉，书面道歉内容应经本院审核，在网站上公布时间不少于七日。

二、驳回潘悦的其他诉讼请求。

三、驳回杨颜的本诉诉讼请求。

四、驳回何华敏的反诉诉讼请求。

本诉案件受理费人民币200元，由原告潘悦、杨颜负担人民币50元，被告何华敏负担人民币150元；反诉案件受理费人民币200元，由反诉原告何华敏负担。

如不服本判决，可在判决书送达之日起十五日内向本院递交上诉状及副本一份，上诉于浙江省杭州市中级人民法院，并向浙江省杭州市中级人民法院预交上诉案件受理费400元。在上诉期满后七日内仍未交纳的，按自动撤回上诉处理。

审判员　季隽虹

二〇一一年十月二十四日

书记员　桑晶晶

‖ 2012 年度 ‖

案例 3：周某某与利辛县国土资源局名誉权纠纷二审民事判决书

安徽省亳州市中级人民法院
民事判决书

（2012）亳民一终字第 00104 号

上诉人（原审原告）： 周某某，男。
被上诉人（原审被告）： 利辛县国土资源局。
法定代表人： 于强，该局局长。
委托代理人： 于峰，该局办公室主任。
委托代理人： 王文光，安徽宝诚律师事务所律师。

上诉人周某某因与被上诉人利辛县国土资源局（以下简称利辛国土局）名誉权纠纷一案，不服安徽省利辛县人民法院（2011）利民一初字第 2142 号民事判决，向本院提起上诉。本院受理后，依法组成合议庭不公开开庭进行了审理。上诉人周某某、被上诉人利辛国土局的委托代理人于峰、王文光到庭参加了诉讼。本案现已审理终结。

原审法院查明：原告周某某于 1994 年调到被告利辛国土局工作，2007 年 9 月亳州市国土资源局和利辛县委县政府决定将利辛县原有的 26 个乡镇土地管理所合并为 10 个中心土地管理所，并公开招聘 10 名中心土地管理所所长。2007 年 9 月原告周某某经笔试、面试应聘为利辛国土局胡集镇中心土地管理所所长，试用期 1 年。试用期满后，亳州市国土资源局依据利辛县公安局 2009 年 10 月 26 日出具的"关于×××控告周某某强奸一案的侦查工作情况"，于 2009 年 10 月 29 日党组会议研究决定作出了亳国土资组〔2009〕39 号文件，该文件内容为："……免去周某某同志试任利辛国土局胡集中心土地管理所所长职务，按试任前工作岗位安排工作"。2009 年 11 月 9 日亳州市国土资源局党组 2009 年第 10 次会议纪要中载明："……免去周某某同志试任利辛国土局胡集中心土地管理所所长职务，按试任前工作岗位安排工作。鉴于该同志存在作风问题，由利辛国土局党组移交利辛县纪委立案处理"。后原告周某某被安排到利辛国土局监察股工作。2011 年 4 月 15 日搜狐等网络发表标题为"安徽利辛国土局原干部微博直播自首事件"，主要内容为"4 月 14 日上午利辛国土局召开了新闻发布会，此次发布会由该单位监察股股长李学成介绍周某某个人资料情况为主，李学成在会上表示，周某某曾因生活问题被免职，微博直播自首事件至今，周某某应当是安全"等。2011 年 7 月 14 日原告周某某以被告利辛国土局召开新闻发布会时对外宣布其"曾因生活问题"被免职和被告利辛国土局的行为侵犯其名誉权，造成其精神受到严重打击，并患上了失眠症和精神抑郁症为由诉讼来院，请求依法判令被告赔偿原告名誉损失费50000元，并要求被告在三家国家级报纸公开向原告书面赔礼道歉、恢复名誉、消除影响。

原审法院认为，《中华人民共和国民事诉讼法》第六十四条规定"当事人对自己提出的主张，有责任提供证据。……"，《最高人民法院关于民事诉讼证据的若干规定》第二条规定"当事人对自己提出的诉讼请求所依据的事实…有责任提供证据加以证明。没有证据或者证据不足以证明当事人的事实主张的，由负有举证责任的当事人承担不利后果"。原告周某某虽诉称被告在新闻发布会上公布其个人隐私侵犯其名誉权，但被告否认其曾召开新闻发布会的事实，而原告并未提交相关证据证明被告召开了新闻发布会且在其所称的新闻发布会上公开了其个人隐私，其提交的证据仅能证明相关媒体报道过利辛国土局召开新闻发布会并公布其个人隐私的事实，不能作为足以定案的依据，故原告周某某应对其举证不能承担不利的法律后果。其次，根据《最高人民法院关于审理名誉权案件若干问题的解释》解答四的规定"国家机关、社会团体、企事业单位等部门对其管理的人员作出的结论或者处理决定，当事人以其侵害名誉权向人民法院提起诉讼的，人民法院不应受理"和《最高人民法院关于审理名誉权案件若干问题的解释》解答七（二）的规定"因被动采访而提供新闻材料，且未经提供者同意公开，新闻单位擅自发表，致使他人名誉受到损害的，对提供者一般不应当认定为侵害名誉权；……"，即便被告曾因被动采访表示过"周某某曾因生活问题被免职"的事实存在，也属对周某某个人受处理事实的说明，故被告利辛国土局的行为亦不构成侵害名誉权。综上，周某某的诉讼请求缺乏事实和法律依据，本院不予支持。案经审判委员会讨论决定，依照《中华人民共和国民事诉讼法》第六十四条和《最高人民法院关于民事诉讼证据的若干规定》第二条的规定，判决如下：驳回原告周某某的诉讼请求。案件受理费300元，由原告周某某负担。

宣判后，周某某不服，上诉请求：1. 依法撤销原审判决，查明事实后依法改判；2. 本案的一、二审诉讼费用由被上诉人承担。理由是：原审判决认定事实不清、证据不足、适用法律错误。（一）被上诉人的行为构成侵犯上诉人的名誉权。上诉人在2011年4月13日，到亳州市对被上诉人法定代表人进行举报，被上诉人次日召开新闻发布会并散布上诉人有"生活作风问题"，明显是打击报复行为，被上诉人辩称新闻发布会需由县委宣传部审批，由于县委宣传部没有审批，因而也就没有举行新闻发布会，被原审法院采纳错误。县委宣传部没有审批，只能证明该新闻发布会是违法的，被上诉人召开新闻发布会的事实，上诉人已提交了搜狐网等12家网络媒体报道的内容为证据，是无可争议且无法掩盖的事实，上诉人提交的证据也足以证明被上诉人侵犯上诉人名誉且造成损害结果发生的事实。（二）原审判决适用法律错误。1. 本案中，所谓的"结论"或"处理决定"，没有事实依据和证据证明；2. 国家机关等作出的结论或处理决定应属内部文件，特别是涉及个人隐私的文件不应向外界公开发布，更不能提供给新闻媒体。即使上诉人确有生活作风问题，被上诉人也不应当通过网络媒体公开散布、传播上诉人的隐私，被上诉人的行为构成侵害上诉人名誉权，依法应承担民事侵权赔偿责任。

被上诉人利辛国土局答辩称：1. 被上诉人未举行新闻发布会；2. 免去上诉人的职务是亳州市国土资源局作出的，并不是被上诉人作出的；3. 被上诉人未有侵害上诉人名誉权的行为；4. 本案不属于民事案件受理范围。综上，上诉人的上诉理由不能成立，请求依法维持原判。

上诉人周某某二审提供视频光盘一张，证明利辛国土局召开了新闻发布会，李学成在会上介绍其个人生活情况。

被上诉人质证意见：视频画面显示是李学成，但该证据不属于新证据，不予质证。

二审查明的事实与原审查明的事实基本相同。另查明，被上诉人利辛国土局李学成向新闻记者介绍了周某某的个人情况。

本院认为：上诉人周某某在试任利辛国土局胡集中心所所长试用期满后，亳州市国土资源局于2009年11月5日因故免去其试任利辛国土局胡集中心所所长职务，按试任前工作岗位安排工作。周某某上诉称"其在2011年4月13日，到亳州市对被上诉人法定代表人进行举报，被上诉人次日召开新闻发布会并散布其有生活作风问题，明显是打击报复"，并称被上诉人的行为侵犯了其名誉权。上诉人周某某二审提供了利辛国土局李学成的视频光盘资料，视频光盘显示的内容是李学成向新闻记者介绍了上诉人周某某的个人情况。其提供新闻记者在各网络媒体发表的关于"……李学成在会上表示，周某某曾因生活问题被免职……"的内容，也只是对上诉人被免职情况的事实陈述，并没有对其生活问题的具体内容进行披露，亦未对此加以评论，故被上诉人的行为不构成名誉侵权。

综上，上诉人的上诉理由不能成立，案经本院审判委员会讨论决定，依据《中华人民共和国民事诉讼法》第一百五十三条第一款第（一）项、第一百五十七条的规定，判决如下：

驳回上诉，维持原判。

二审案件受理费300元，由上诉人周某某承担。

本判决为终审判决。

审判长　江海洋

代理审判员　罗　胜

代理审判员　彭　亮

二〇一二年三月十二日

书记员　孟艳杰

案例4：吴芳与杨毓婷名誉权、隐私权纠纷二审民事判决书

江西省抚州市中级人民法院
民事判决书

（2012）抚民一终字第147号

上诉人（原审原告）： 吴芳，女，汉族，宜黄县人，《新法制报》抚州记者站记者。
委托代理人： 李建飞，江西利群律师事务所律师，一般代理。
委托代理人： 黄博闻，江西利群律师事务所律师助理，一般代理。
被上诉人（原审被告）： 杨毓婷，女，汉族，临川区人，抚州名人雕塑园职工。
委托代理人： 万秀芬，江西三松律师事务所律师，特别授权。

上诉人吴芳因名誉权、隐私权纠纷一案，不服临川区人民法院（2012）临民初字第196号民事判决，向本院提起上诉。本院受理后依法组成合议庭，公开开庭审理了本案。上诉人吴芳及其委托代理人李建飞、黄博闻，被上诉人杨毓婷的委托代理人万秀芬到庭参加诉讼，本案现已审理终结。

原审法院经审理查明，"@吴越芳舟"是吴芳在新浪微博上申请注册的网名。2011年12月6日，吴芳在新浪微博上发了一条关于抚州名人雕塑园观后感的微博，网友"@透明杨小喵"对此发表微博评论，之后，双方因言语过激，发生"口水战"，2011年12月12日，"@透明杨小喵"在微博上公开了"@吴越芳舟"的真实姓名吴芳及其工作单位和手机号码，并将对吴芳的评论"新法制报社抚州站记者吴芳，无素质污言秽语泼妇骂街抨击两位无意评论她微博的博友，心虚？炒作？还是本来素质就如此？"链接到吴芳的同学、同事的微博及吴芳单位新法制报官方微博上，吴芳认为该行为侵犯了其名誉权和隐私权，遂诉至法院。另查明，庭审后，杨毓婷自认与"@吴越芳舟"在微博上发生"口水战"的"@透明杨小喵"（http://weibo.com/u/1853818183）是其在新浪微博上申请注册的网名。

以上事实，有吴芳提供的网络截图、短信、网络新闻，杨毓婷提供的网络截图及庭审笔录、问话笔录等记录在卷，足以认定。

原告吴芳在一审诉称，"2011年12月6日，我和朋友到抚州名人雕塑园参观游玩后，在新浪微博上发了一条感想，不料遭到抚州名人园管理中心解说员杨毓婷等几名陌生人在微博上的谩骂。开始我未理会，后来看到杨毓婷等把话说得越来越难听，感到非常气愤，就和对方进行了一番'口水战'。考虑到微博的公开性，随后我将双方的不雅言语删除，觉得这个事就这么过去了。次日8时许，我打开电脑发现杨毓婷竟又纠集其他几名男青年一起开骂。我回应了两句话后，就不再理睬，但杨毓婷等越骂越凶，我干脆把她们拉进黑名单，不再作任何回应。但是被告杨毓婷见我几天都不回应，就将我的姓名、单

位、手机电话进行网上公布，还将一段骂人的话链接到本报（新法制报）官网及部分同事的新浪微博上。自从被告杨毓婷将骂我的话及我的姓名、单位、手机电话进行网上公布后，我不断地接到一些骚扰电话，给我的生活和工作造成严重的影响"。被告杨毓婷的行为，严重损害了原告的名誉和隐私权，为此，原告诉至法院，请求法院判令：1. 被告停止侵害原告名誉权、隐私权。2. 被告在侵权范围内消除对原告的不利影响、恢复原告名誉，并在《新法制报》及其微博官网发布经原告同意的道歉声明。3. 被告赔偿原告精神损失费1元。4. 诉讼费由被告承担。

被告杨毓婷在一审辩称，一、原告主体资格不适格，因为原告没有提交其是网友"@吴越芳舟"的证据，故其不具备原告的主体资格。二、本案答辩人的被告主体资格不适格，原告提供的证据不能证明在微博上与其有言语冲突的网友"@透明杨小喵"就是答辩人，毕竟没有相关有资质的部门对微博信息予以认证。三、原告的诉称与事实不符。1. 网友"@吴越芳舟"率先发表了过激的言语，是本案的导火索，从而导致了双方的言语冲突。2. 原告未提供任何证据证明是答辩人杨毓婷纠集他人开骂。3. 答辩人链接到本报（新法制报）官网及部分同事的新浪微博上的一段话，只是"@透明杨小喵"客观地概括总结"@吴越芳舟"的微博言行，并非骂人的话。四、"@透明杨小喵"的行为不构成侵犯"@吴越芳舟"的名誉权。1. "@透明杨小喵"没有采取暴力、捏造或虚构事实等侮辱、诽谤的方式侵害"@吴越芳舟"的名誉权，其行为不符合侵犯名誉权的构成。2. 在微博上与"@吴越芳舟"有言语冲突的并不是"@透明杨小喵"一人，还有其他网友，原告不能将言语冲突的全部后果归责于"@透明杨小喵"一人。3. 造成言语冲突愈演愈烈并不断升级的严重后果是双方相互谩骂的结果，对此，"@吴越芳舟"自身也有不可推卸的过错。4. 原告在诉状中称其不断接到一些骚扰电话，给其生活和工作造成严重影响，但原告究竟接到何种骚扰电话，原告的生活和工作受到何种程度的影响，是否达到构成侵犯名誉权的程度，原告都没有提供证据证明。综上所述，本案原、被告主体资格不适格，原告未提供其名誉权受到侵害的证据，"@透明杨小喵"的行为不构成侵权。

原审法院认为，公民的真实姓名、工作单位和手机号码属于广义上个人的隐私。网民在其私人微博上享有撰写文章、分享经验、交流思想、发表评论等言论自由的权利。但自由的微博行为应建立在遵守法律法规的基础之上，并以不侵害他人的合法权益为前提。杨毓婷在网上披露吴芳的真实姓名、工作单位、手机号码等身份信息特别是将部分贬损吴芳的言语通过微博链接到吴芳的同学、同事微博上及吴芳工作单位的官网上，属于明知会给吴芳的工作和生活造成一定负面影响而为之的行为，该行为对吴芳的影响已经从网络发展到现实生活中，突破了法律的禁止性规定，侵犯了吴芳的隐私权和名誉权，其应当承担相应的侵权民事责任。对吴芳要求杨毓婷停止侵害、在侵权范围内消除不利影响、恢复名誉，并在《新法制报》微博官网发布道歉声明，予以支持。对于吴芳要求杨毓婷在《新法制报》上发布道歉声明，因杨毓婷没有在该报纸上披露吴芳的隐私，故不予支持。至于吴芳精神损失费的请求，根据《最高人民法院关于确定民事侵权精神损害赔偿责任若干问题的解释》第八条的规定，因侵权致人精神损害，造成严重后果的，人民法院可以根据受害人一方的请求判令其赔偿相应的精神损害抚慰金，因吴芳没有提供证据证明其受精神损害已造成严重后果，对此不予支持。综上，依照《中华人民共和国民法通则》第一百二十条的规定，判决如下：一、杨毓婷于本判决生效后三日内停止对吴芳的侵害行为，删除刊登在新浪微博"@透明杨小喵"（http：//weibo.com/u/1853818183）上对吴芳的评论内容及吴芳的真实姓名、工作单位和手机号码。二、杨毓婷于本判决生效后七日内在新浪微博"@透明杨小喵"（http：//weibo.com/u/1853818183）首页上刊登向吴芳的道歉函，并链接到吴芳单位新法制报官方微博上，刊登天数不得少于七天，道歉函的内容由本院核定；否则本院将本案判决书主要内容刊登于其他媒体上，费用由杨毓婷承担。三、驳回吴芳的其他诉讼请求。案件受理费200元，由杨毓婷承担。

一审宣判后，原告吴芳不服，上诉至本院，认为原审判决认定杨毓婷没有在《新法制报》报纸上披露吴芳的隐私，对吴芳要求杨毓婷在该报纸上发布道歉声明的诉讼请求不予支持，属事实认定错误，避重就轻，显失公平，请求依法改判被上诉人在《新法制报》上发布经上诉人同意的道歉声明。

被上诉人杨毓婷辩称，被上诉人只是将骂人的话链接在新法制报的官方微博上，并非实体报纸，其道歉范围也只应在新法制报的官方微博上，上诉人认为其他同事在官方微博上看到被上诉人骂人的话，那么上诉人的同事也可以在官方微博上看到被上诉人的道歉。

二审双方当事人没有提供新的证据。

经审理查明，上诉人吴芳对原审查明的事实没有异议，被上诉人杨毓婷认为原审认定的被告主体资格和侵权事实错误，对其他事实没有异议。本院对以上无争议事实予以确认。

二审对双方当事人争议焦点的分析与认定：

一、关于被告是否适格以及侵权事实是否成立的问题。

上诉人吴芳认为杨毓婷的主体适格和侵权事实成立，原审已经查明，杨毓婷没有上诉，应予认定。被上诉人杨毓婷认为被告主体不适格，侵权事实不成立。

本院认为，杨毓婷在原审庭审后，自认与"@吴越芳舟"在微博上发生"口水战"的"@透明杨小喵"（http：//weibo.com/u/1853818183）是其在新浪微博上申请注册的网名，属于诉讼过程中本人陈述的事实，根据《最高人民法院关于民事诉讼证据的若干规定》第七十四条的规定，对杨毓婷自认的上述事实予以确认，故本案被告主体适格。同时，根据双方提供的网络截图等证据能够证实杨毓婷在微博上发布了贬损吴芳的评论和公开"@吴越芳舟"的真实姓名、工作单位及其手机号码的事实，原审认定的侵权事实成立。因此，被上诉人杨毓婷的辩称理由不能成立，本院不予采纳。

二、关于消除影响、恢复名誉的范围如何确定的问题。

上诉人吴芳认为除了在微博上道歉外还应在《新法制报》上道歉。被上诉人杨毓婷认为本案侵权发生在网络，道歉也应限于网络，不应在《新法制报》上登报道歉。

本院认为，被上诉人杨毓婷在网上披露上诉人吴芳的真实姓名、工作单位、手机号码等身份信息并将部分贬损吴芳的言语通过微博链接到吴芳的同学、同事微博及其工作单位新法制报官方微博上，破坏了吴芳在公众中的形象，造成人们对其社会评价降低，给其工作和生活造成了一定负面影响，杨毓婷的侵权行为给吴芳造成的影响已经从网络发展到现实生活中。因此，原判决判令杨毓婷在新浪微博"@透明杨小喵"（http：//weibo.com/u/1853818183）首页上刊登向吴芳的道歉函，并链接到吴芳单位新法制报官方微博上，不足以对吴芳消除影响、恢复名誉，吴芳上诉要求杨毓婷除了在微博上道歉外还要在《新法制报》上登报道歉，依法有据，应当支持。

综上，上诉人吴芳的上诉理由成立，应予支持。据此，依照《中华人民共和国民事诉讼法》第一百五十三条第一款第（二）项之规定，判决如下：

一、维持江西省临川区人民法院（2012）临民初字第196号民事判决第一、二、三项；

二、杨毓婷于本判决生效后七日内在《新法制报》上刊登向吴芳的道歉函，道歉函的内容由法院核定，否则法院将本判决书主要内容刊登于该报纸上，费用由杨毓婷承担。

一审受理费200元、二审受理费200元，合计400元，由被上诉人杨毓婷负担。

本判决为终审判决。

审判长　武　凌

审判员　黄慧群

代理审判员　谢志国

二○一二年七月六日

书记员　艾　曼

案例5：杭州点创科技有限公司与黄硕文名誉权纠纷一审民事判决书

杭州市下城区人民法院
民事判决书

（2012）杭下民初字第331号

原告：杭州点创科技有限公司。
法定代表人：万群华。
委托代理人：阮海蕾、姚小娟。
被告：黄硕文。
委托代理人：江伟。

原告杭州点创科技有限公司（下称点创公司）与被告黄硕文名誉权纠纷一案，本院于2012年3月1日受理后，依法由审判员戴晓阳适用简易程序审判。被告黄硕文在提交答辩状期间对管辖权提出异议，认为本案应由厦门市思明区人民法院管辖。本院裁定驳回了被告黄硕文对本案管辖权提出的异议。被告黄硕文不服提起上诉后，杭州市中级人民法院裁定驳回上诉，维持原裁定。本院于同年6月25日公开开庭进行了审理。原告点创公司的委托代理人姚小娟、被告黄硕文的委托代理人江伟到庭参加诉讼。本案现已审理终结。

原告点创公司起诉称：原告是一家经营D2C（设计师对客户Designer to Customer）服装设计师自由平台的电子商务公司。D2C概念系原告首创，D2C服装设计师平台是中国设计师协会战略合作伙伴，并获得杭州市政府的大力支持，与淘宝商城设计师频道、淘宝聚划算保持着密切的官方合作。D2C通过"聚需求、团宝贝"的方式直接面向消费者，使得设计师能够直接快速地传达自己的设计理念与推出相关设计产品，达到出售原创产品的目的，最大化地展现原创设计风格并满足顾客个性化需求。目前已有100多知名设计师签约D2C。被告黄硕文，艺名端木文，自称中国时尚界举足轻重的人物，并获得诸多荣誉。2011年8月，被告签约原告成为D2C平台的设计师。2012年1月，被告授权原告使用其注册的"端木文"商标。此后，原、被告合作产生分歧。2012年2月18日，被告连续在用户名为"@魔术师端木文"的新浪微博上发布几十条微博，称："据施姓工作人员爆料，D2C哄抬价格，坑骗消费者。打着设计师的旗号，在@淘宝聚划算高价低折，坑骗消费者，并对设计师签订霸王条款，违约拖欠。现已有多名设计师准备解约并起诉D2C。据悉，D2C在去年因众多消费者投诉，曾被聚划算关停整顿。"被告的微博有40000多粉丝，也就是说，被告发布一条微博，可以传播给40000多个用户；而这些微博持续存在3天，至少已经传播给十几万微博用户。同时，被告将发布的微博@不同的65家社会媒体和网络媒体如新京报、南方周末、YOKA时尚网等。与此同时，被告还在如"中国服装设计师联盟"的QQ群中，散布上述虚假不实言论，煽动设计师，挑拨原告与设计师之间的良好合作关系。原告在发现被告发布微博之后，立即联系被告，要求删除上述言论，以避免损害范围的进一步扩大。但是被告既不接原告电话，也拒不删除微博信息。而与此同时，因为被告散布虚假不实言论，导致众多不明真相的媒体和设计师对原告产生误会。而谣言进一步扩散，导致原本已经准备与原告签约入驻的设计师取消签约计划，多家面辅料商、加工厂暂停与原告的合作计划，原告销量大幅度下滑，销售额锐减。无奈之下，2012年2月20日，原告委托律师向被告发送律师函，要求被告删除不实言论并赔礼道歉。被告收到律师函后，删除部分微博信息。但是由于侵权微博信息连续存在三天，加之微博网络传播速度太快，这一行为已经给原告的声誉带来不可估量的负面影响。而被告发布到众多QQ群中的不实信息，根本无法删除，其负面影响还在进一步扩大。基于上述事实，原告认为，被告凭空捏造并恶意散布虚假事实诽谤原告，破坏原告的市场声誉，被告微博粉丝数量众多，侵权信息存续时间长，且@不同的新闻媒体，被告的上述虚假言论，已经广泛扩散到社会各界媒体、服装设计界、电子商务界等，严重损害了原告的声誉，并直接导致D2C平台销售额大幅度下滑，影响了原告的企业发展。被告的侵权行为不仅给原告的声誉造成极其严重的负面影响，更导致原告遭受巨大经济损失。为维护原告的合法权益，特向贵院起诉，请求判令：1.被告停止侵害原告名誉权的行为；2.被告向原告赔礼道歉、消除影响、恢复名誉；3.被告赔偿原告经济损失及合理费用共计200000元；4.本案诉讼费用由被告承担。

原告点创公司向本院提供了下列证据材料：

1.（2012）浙杭钱证民字第948号公证书1份，证明：原告是D2C平台的经营者。

2.合作协议、授权书、第4522307号"端木文"商标注册资料1组，证明：端木文系被告黄硕文的艺名，被告是本案适格诉讼主体。

3.（2012）浙杭钱证民字第880号公证书、（2012）浙杭钱证民字第950号公证书1组，证明：被告在新浪微博、QQ群中散布虚假言论，诽谤原告。

4.律师函、EMS快递回单1组，证明：原告向被告发生律师函，要求被告停止侵权。

5.（2012）浙杭钱证民字第949号公证书、律师费、公证费发票1组，证明：原告因被告散布虚假事实，所遭受的经济损失，以及原告因诉讼所支付的必要的合理费用。

被告黄硕文答辩称：1.原告诉称主体不适格。原告诉称黄硕文在微博、QQ发消息，但没有指向原告公司，是黄硕文与施力发信息时讲到D2C。D2C非原告公司首创，且在淘宝商城中有多家D2C商店。故不能因为在微博、QQ中发了D2C的信息就认为是指向原告公司。2.原告与被告是基于网络设计服装销售而约定合同，摄影费由原告承担，但原告目前拖欠被告货款9057.36（726.7＋8330.66）元、摄影费6200元。因为原告拖欠被告货款，故被告在与施力微博聊天时提及D2C。3.被告在微博及QQ的发言是依据与施力在微博的交流及其他设计师的留言、消费者意见而作出的评价，该内容属实，反映了原告在经营中存在的问题，不存在所谓的诽谤、侵权等，且该条微博仅存续3天时间，在20号就已经删除。该纠纷起因在原告，被告的微博反映了原告的实际情况，请求驳回原告的诉请。

被告黄硕文向本院提供了下列证据材料：

1.《服装设计商品独家销售合作协议》1份，证明：2011年8月1日，被告与原告签订的《服装设计商品独家销售合作协议》约定，被告提供服装现货供原告进行网络销售，双方定价，原告扣35点后归被告收益，每月10号前结款。

2.《合作协议》1份，证明：被告与原告签订协议后，即寻找合作厂家并签订加工合作协议。

3. 致 D2C 的公开信 1 份，证明：合作开始不久，针对原告存在的诚信、效率、发票等问题，被告出于善意向原告发出一份公开信，希望原告改进与设计师的合作，解决存在的问题。然而，良好的用心被错误解读，原告对被告产生抵触心理，埋下了矛盾。

4. 商品照片 1 组，证明：被告拍摄的部分包和鞋的图片。

5. 发票及工作联系函 1 组，证明：按原告的要求提供了增值税发票，并于 2012 年 1 月 31 日和 2 月 11 日发函追讨拍摄费 6200 元，原告置之不理。

6. 每日统计数据 1 组，证明：2011 年 12 月 19 日销售包 1 件，货款 1118 元，扣除合同约定的 35% 点，应支付被告货款 726.70 元，原告未按约结款。

7. 销售明细 1 份，证明：2012 年 1 月 2 日至 21 日间共销售 62 双鞋子，计货款 12816.40 元，扣 35% 应付款 8330.66 元，但又未付。

8. 统计数据及退货清单 1 组，证明：原告截至 2012 年 2 月 10 日还有库存货品 230 件及下架单方退货。

9. 点创公司淘宝网点页面 1 份，证明：2 月初，原告将淘宝网店内被告的宣传删除和商品下架，已没有被告的任何资料和商品，单方终止了合作协议。

10. 销售计划 1 份，证明：原告单方违约行为，造成原告的 2012 年销售额分解计划不能实施，造成被告重大损失。

11. 微博发言 1 组，证明：被告、施力之间的微博留言，及其他网友对 D2C 的评论。

12. 消费者的评价 1 组，证明：二件商品消费者对原告淘宝网店的商品和服务的评价。

13. 设计师的证明材料 1 份，证明：因原告拖欠货款，设计师盛秀丽与原告终止了合同。

14. 设计师群消息 1 份，证明：原告合作设计师对合作反映和意见。

上述证据，经原告当庭举证、质证：

被告对原告提交的证据 1 的真实性无异议，但对关联性有异议，认为网络上有多家 D2C 商店，原告不能等于 D2C，且原告在淘宝网的名称为 D2C 旗舰店。对证据 2 的真实性无异议，但对证明对象有异议，认为无法证明原告是适格主体。对证据 3 的真实性无异议，但对证明目的有异议，认为被告的微博不存在诽谤。对证据 4 的真实性无异议，但对证明对象有异议，认为无法证明被告侵权。对证据 5 的真实性无法确认，但对证明对象有异议，认为无法证明是因为被告侵权造成原告的损失，原告销售额下降可能是多方面原因造成的，且原告公司的消费者也不是被告的微博粉丝，侵权不成立，故损失也不成立，律师费、公证费与本案无关，不应支持。

原告对被告提交的证据 1 的真实性、合法性无异议，关联性有异议，原、被告的合作关系与本案无关，双方发生争议是因履行合作过程中发生的问题，是被告违约在先。协议中约定，设计师需保证所供产品的原创性和独家销售，只能在 D2C 销售，不能在其他平台销售，而被告将商品多处销售，是被告违约在先。对证据 2 的真实性无法核实，对关联性有异议，是被告与第三方签订的，与本案无关。对证据 3，认为系复印件，真实性无法核实，但被告对原告公司有异议，这也是被告在微博、QQ 群散布虚假信息的原因。对证据 4 的真实性无异议，但对合法性、关联性有异议，认为公证程序不合法，用被告自己的电脑没有首先进行清洁程序，公证的内容来自被告的电脑，另与本案无关，双方发生争议不能成为被告捏造事实的理由。对证据5中发票的真实性无法确认，对关联性有异议，认为发票出具人不是被告或被告的公司，故与本案无关；对联系函有异议，认为是被告单方出具的，系单方陈述，无法达到被告的证明目的。对证据6的真实性无法确认，对关联性有异议，认为与本案无关。对证据7的真实性无异议，对关联性有异议，认为公证程序不合法，用被告自己的电脑没有首先进行清洁程序，公证的内容来自被告的电脑，且双方是否拖欠货款与本案无关联。对证据8的真实性无法确认，但对关联性有异议，认为与本案无关。对证据9、10的真实性无异议，但对关联性有异议，认为公证程序不合法，用被告自己的电脑没有首先进行清洁程序，且与本案无关。对证据11的真实性无异议，但认为公证程序不合法，用被告自己的电脑没有首先进行清洁程序，无法确定微博内容，如果微博内容属实，被告也违反了独家销售的约定。对证据12的真实性无异议，但认为公证程序不合法，用被告自己的电脑没有首先进行清洁程序，且评价代表消费者个人言论，无法成为被告在微博、QQ散布不实信息的依据。对证据13中情况说明有异议，认为属于证人证言，而证人未出庭作证；对合同的真实性无法确定，对关联性有异议，认为是另一设计师的解约行为，与本案无关。对证据14的真实性无异议，但认为公证程序不合法，用被告自己的电脑没有首先进行清洁程序，对QQ群内容无法核实，在QQ群内自由讨论不能成为被告散布不实言论的理由。

本院认证如下：

对原告点创公司提供的证据1~5，证据来源、形式合法，本院对其真实性均予以确认。

对被告黄硕文提供的证据1、4、9、10、11、12、14，原告对其真实性无异议，本院对其真实性均予以确认。证据2，系被告与原告签订合作协议后，与合作厂家浙江卡拉扬商务休闲用品有限公司、厦门海乐园动漫产业有限公司签订的合作协议，与本案无关联，本院不予确认。证据3，系被告致D2C的个人信件，仅证明原、被告双方存在矛盾，本院对其真实性予以确认。证据5中的联系函件，仅证明被告曾就拍摄费用及货款向原告主张过权利，本院对此予以确认；其中发票系厦门元码信息科技有限公司出具给原告，与本案无关，本院不予确认。证据6、7，系2011年12月19日的每日统计数据，以及销售明细，仅证明原、被告双方存在货款纠纷，本院对此予以确认。证据8、13，系统计数据及退货清单，以及其他设计师的材料，与本案无关联，本院不予确认。

本院经审理，结合原、被告提交的证据以及当事人的陈述，认定事实如下：

原告点创公司是一家经营D2C（设计师对客户 designer to customer）服装设计师自由平台的电子商务公司。2011年8月1日，被告黄硕文与点创公司签订期限为5年的《服装设计商品独家销售合作协议》，对双方的合作内容、销售区域、合作期限、合作模式、权利义务等作出了约定，点创公司负责黄硕文在互联网上的个人形象推广及产品销售、负责搭建和运营网络销售平台和线下实体店，黄硕文负责提供设计作品及样衣等。合作协议签订后，双方就网络销售工作展开了工作。后双方在合作过程中因款项结算等产生分歧。2012年2月18日，被告在用户名为"@魔术师端木文"的新浪微博上连续发布微博称："据淘宝@D2C设计师平台施姓工作人员爆料，#D2C哄抬价格，坑骗消费者#。打着设计师的旗号，在@淘宝聚划算高价低折，坑骗消费者，并对设计师签订霸王条款，违约拖欠。现已有多名设计师准备解约并起诉D2C。据悉，D2C在去年因众多消费者投诉，曾被聚划算关停整顿。"同时，被告还在"中国服装设计师联盟"的QQ群中，发布了上述信息。2012年2月20日，原告在发现被告发布的信息后，委托律师向被告发送律师函，要求停止侵害名誉权。次日，被告删除了上述微博信息。现原告认为被告的侵权行为给原告的声誉造成极其严重的负面影响，更导致原告遭受巨大经济损失，故诉讼来院，要求判如所请。

本院认为，《中华人民共和国民法通则》第一百零一条规定"禁止用侮辱、诽谤等方式损害公民、法人的名誉"，最高人民法院关于贯彻执行《中华人民共和国民法通则》若干问题的意见（试行）第一百四十条规定"以书面、口头等形式诋毁、诽谤法人名誉，故法人造成损害的，应当认定为侵害法人名誉权的行为"。本案中，原、被告因网络销售合作过程中款项结算发生矛盾后，被告在网络上以微博等形式散布说原告"哄抬价格，坑骗消费者；在@淘宝聚划算高价低折；对设计师签订霸王条款；据悉，D2C在去年因众多消费者投诉，曾被聚划算关停整顿"等信息。当事人对自己的主张，有责任提供证据，但是被告未提供证据证明原告存在上述事实，故本院认为被告捏造了原告哄抬价格，坑骗消费者等事实，所发布的信息失实，其所发布的信息通过网络在一定范围内已经给原告造成了影响，致使原告的名誉受到了损害，故被告的行为应认定为侵害法人名誉权的行为，对此被告应承担相应的民事责任。被告关于微博、QQ群中的D2C并非指向原告的辩称，理由不足，本院不予采信。鉴于被告已删除了上述微博信息，被告的侵权行为在微博持续时间不长，QQ群虽然是"中国服装设计师联盟"群，亦有一定的局限性，且原、被告之间确系因款项结算等发生矛盾，而原告提供的2012年2月前后的销售量、销售额并不足以证明其损害后果，考虑网络迅速传播因素，本院结合被告的过错程度、其侵权行为的具体情节、后果和影响，酌情确定被告赔偿原告经济损失15000元。至于律师费及公证费，系原告的自行支出，本院不予支持。

综上，依照《中华人民共和国民事诉讼法》第六十四条第一款，《中华人民共和国民法通则》第一百零一条、第一百二十条，最高人民法院关于贯彻执行《中华人民共和国民法通则》若干问题的意见（试行）第一百四十条、第一百五十条的规定，判决如下：

一、被告黄硕文于本判决生效之日起三日内向原告杭州点创科技有限公司书面赔礼道歉（内容由本院审定）。

二、被告黄硕文于本判决生效之日起三日内赔偿原告杭州点创科技有限公司经济损失15000元。

三、驳回原告杭州点创科技有限公司的其他诉讼请求。

案件受理费人民币1400元，减半收取700元，由原告杭州点创科技有限公司负担647元，被告黄硕文负担53元。

如不服本判决，可在判决书送达之日起十五日内向本院递交上诉状，并按对方当事人的人数提出副本，上诉于浙江省杭州市中级人民法院，并向浙江省杭州市中级人民法院预交上诉案件受理费1400元，对财产案件提起上诉的，案件受理费按照不服一审判决部分请求预交。在上诉期满后七日内未交纳的，按自动撤回上诉处理。

审判员　戴晓阳

二〇一二年八月六日

书记员　刘新玉

案例6：吴榕菁与戴政等名誉权纠纷一审民事判决书

厦门市湖里区人民法院
民事判决书

(2012) 湖民初字第 1139 号

原告（并案被告）： 吴榕菁。

被告（并案原告）： 戴政。

被告： 北京趣拿信息技术有限公司（以下简称北京趣拿公司）。

2012 年年初，多家媒体报道了在上海打工的刘先生通过去哪儿网预订火车票被诈骗的消息。之后，时任去哪儿网副总裁的戴政在新浪网上发表博文，称刘先生是通过百度搜索到诈骗电话，与去哪儿网无关，并称有关不实报道系携程公关团队在幕后推动的。

2012 年 1 月 21 日 10：47，蒋某在新浪博客发表了名为《携程公关小兵告××副总裁大人书》的博文，对戴政的指责做出了回应。1 月 21 日 15：30，新浪微博用户名为"@三叶虫 CC"的用户发表微博内容如下：携程沈阳有个公关脾气不好，跟去哪儿网副总@戴政吵起来了，http：//t. cn/zOKKpwx@戴政。戴政转发，转发理由为："呵呵，皇帝不急太监急了……。"随后蒋某转发，转发理由为："皇帝当然不急，见过皇帝和小鬼急么？像你们成天上蹿下跳，叽叽歪歪的，皇帝要急还不累死。真抬举自己。你配么？"1 月 21 日 19：29，吴榕菁转发，并评论道："龙年贺岁开场，看点：小书僮蒋伯虎 PK 所谓对王之王戴穿肠。还记得那喷血不止的镜头吧，这回希望戴穿肠能扳的回，真正娱乐到大伙儿@戴政。"1 月 21 日 19：35，戴政转发，转发理由为："怕让您失望了，最后一句：狗咬人，人还能咬狗吗?! 呵呵，安了，狗们。"1 月 21 日 19：39，吴榕菁发表评论如下："呵呵，小狗果然撒泼来了，来来，再叫一声，赏你根骨头哈。"1 月 21 日 19：44，吴榕菁再次发表评论如下："呵呵，小狗戴戴果然撒泼来了，来来，再叫一声，爷赏你根骨头哈。下次别光顾撒泼，也撒点欢哈，不然屁屁会挨板子的哦。"

1 月 21 日 20：42，吴榕菁转发蒋某关于"有客户在去哪儿被骗，媒体曝光，某总就把屎盆子扣上来了。我们很委屈啊"的博文，转发理由为："媒体们报道真相，去哪儿为转移公众视线……"

之后，戴政发表多条微博，一再要求吴某正面许诺携程网公关人员从来没有向媒体发布过诋毁去哪儿网的假新闻，从来没有伪装过受害消费者。但是吴某始终没有正面回应戴政的质疑，只是称戴政有受迫症，是"懦夫"，提出将尽其所能提醒广大消费者注意，避免更多人受不良公司侵害等。

1 月 21 日 22：48 起，戴政多次发私信给吴某，告知其新华社采写的报道、其私人电话、警官的电话等，提出如果吴某对其个人有什么质疑，可以随时给他打电话。公司间的事情，公对公处理，就好。但是吴某于 1 月 25 日 13：10 发表评论如下："你也就这么点素质，继续爆粗口啊，不介意让更多的消费者看清楚你，也希望更多旅客因此能不上虚假搜索结果的当！明鉴是非，能够真正享受到在线旅行带来的可靠、方便、快捷和有保障的服务！摒弃那些个依照浮夸虚假信息骗取点击率赚钱赚眼球的无良公司@戴政。"随后，戴政在微博上多次爆粗口，称吴某是"SB""孬种""混蛋"。

随后，吴某、戴政分别诉至厦门市湖里区人民法院，要求对方立刻停止对自己的名誉侵权行为，删除相关侵权微博，并在各大媒体上刊发公开道歉书等。鉴于两个案件涉及的名誉权纠纷系同一法律关系，厦门市湖里区人民法院予以并案审理。

福建省厦门市湖里区人民法院经审理认为，一、戴政的相关微博言论是否构成对吴某的名誉侵权。首先，从戴政发表相关言论的前后语境来看，戴政骂吴某是"狗""混蛋""SB""孬种"等与吴某在先发表了对去哪儿网有失公允的评价之间存在因果关系。而戴政说吴某发表过诋毁去哪儿网的文章，也是因为吴某先说了"媒体们报道真相，去哪儿为转移公众视线……"，并且吴某紧接着就发表评论，说戴政有受迫症，是偏执狂等，表明吴某当时也没有因为戴政说他发过诋毁去哪儿网的文章而蒙受任何精神痛苦。其次，吴某也没有证据证明其因戴政发表的相关微博言论也遭受名誉损失。其中网友评论显示网友的态度或者观望或者劝架或者提醒戴政注意其言行，并没有对吴某进行否定性评价。而相关媒体报道也只是报道事件本身，也没有涉及对吴某的否定性评价。因此吴某主张戴政名誉侵权证据不足，不予支持。二、吴某的相关微博言论是否构成对戴政的名誉侵权。同样，吴某发表相关微博言论也是事出有因，而网友中有指责戴政的，系戴政自身言语不慎所致，与吴某发表相关微博言论的行为并无关联，因此戴政主张吴某名誉侵权同样证据不足，不予支持。

据此，依照民法通则第一百零一条、最高人民法院《关于贯彻执行民法通则若干问题的意见（试行）》第 140 条、民事诉讼法第六十四条第一款的规定，判决：驳回吴某以及戴政的全部诉讼请求。

审判长　刘凯娟

代理审判员　李艳斐

人民陪审员　张开顺

二〇一二年八月三十日

书记员　陈燕新

案例7：杨某、杨某1与田思思名誉权纠纷一审民事判决书

浙江省嘉兴市南湖区人民法院
民事判决书

（2012）嘉南民初字第1751号

原告：杨某，女，汉族，住嘉兴市。

原告：杨某1，男，汉族，住嘉兴市。

法定监护人：杨某，女，汉族，住嘉兴市。

以上两原告共同委托代理人：陆炯，北京市京都律师事务所上海分所律师。

被告：田思思，女，汉族，住嘉兴市南湖区。

委托代理人：高文江，浙江子城律师事务所律师。

原告杨某、杨某1因与被告田思思名誉权纠纷一案，向本院提起诉讼，本院于2012年8月9日受理后，依法由代理审判员范春郁独任审理，于2012年9月10日公开开庭审理了本案。原告委托代理人陆炯，被告委托代理人高文江到庭参加诉讼。本案现已审理终结。

原告杨某、杨某1起诉称，被告为原告前夫的现任配偶，在新浪微博上（http：/weibo. com/u/2300990757）以"@田思思s"之名（新浪微博中级达人，微博中的活跃分子，近四百名直接粉丝，关注数达二百多人，后改名为"@宋牛牛ss""@宋小牛ss"）对原告（微博名"@我是天堂的一只鱼"）造谣、诽谤、诬陷。在2012年5月13日14时27分进行1条微博发表，44条微博评论，在2012年7月30日11点31分到16点44分，仅五个小时内进行多达29条微博发表，87条微博评论，15条微博转发，侮辱原告为"怨妇、脑残、骚包、傻逼、变态"等等，造谣原告为"富二代、官二代、开跑车、消费名牌、住特护病房"等等，后又在8月5日发表微博，继续对原告进行人身攻击，所用文字极其低俗下流。被告将原告杨某1合情合理合法的抚养费、教育医疗费散布为无中生有的"高额抚养费"，辱骂无辜的孩子，并恶毒诅咒孩子被汽车压死。被告在网上对原告的婚姻家庭情况进行造谣、诽谤、诬陷，同时在新浪微博上公布原告真实姓名、出生年月、工作单位，公开原告及家人的隐私，并发表言论鼓动博友去百度搜索原告姓名，导致原告工作单位不知情的同事以及众多学生对此事议论纷纷且误读误解，对被告的造谣信以为真。原告杨某为单位中层干部，工作为人一直受到好评，多次获得"嘉兴市教育局优秀团干""浙江省社会实践活动先进个人""教育系统年度先进个人"等称号，并连续两年被嘉兴市人事局审定为"嘉兴市新世纪专业技术带头人后备人才"，同时原告为"全国社会艺术水平考级钢琴考官""浙江省音乐家协会会员"，在百度搜索、搜狗搜索等国内各大搜索网站、嘉兴市乃至浙江省音乐界、教育界及社会上都有一定影响。被告的行为造成原告的名誉权受到严重损害，致使原告

的社会评价降低。由于被告的造谣诽谤，原告及其家人平静的生活受到严重干扰，使得原告身心疲惫，精神遭受极大痛苦。故诉请求判令：一、被告于判决生效后立即停止侵权的行为，在三日内删除其新浪微博上对原告造谣诽谤、捏造事实的文章；二、被告于判决生效之日起5日内通过其新浪微博上连续三十日置顶刊登致歉声明（声明内容须经法院审查，刊登期间不得自行删除），向原告赔礼道歉、消除影响、恢复名誉；三、被告赔偿原告精神损害抚慰金10000元；四、被告赔偿原告为制止侵权产生的保全行为公证费2460元；五、本案诉讼费由被告承担。

被告田思思答辩称，关于诉讼请求内容中的第一项，实际上被告已经在2012年8月5日把所有的内容都删除了。关于赔礼道歉的问题，如果法律规定确实涉及到名誉权侵权的，被告可以道歉，但是不一定按照原告所要求的来进行。对诉讼请求第三项，被告侵权的程度并未达到精神损害抚慰金的标准。关于公证费的问题，公证费是原告为了取证而产生的费用，不应当由被告承担。诉讼费承担问题由法院确定。关于事实理由部分：被告确实在微博中存在辱骂原告的言词，但是事出有因，是原告侵权在先。原告提供的证据公证书中可以看到2012年3月15日，原告公开了宋周峰的姓名和工作地址，对儿子抚养问题也予以公开，还辱骂了宋周峰和被告，说宋周峰是抛弃妻子的大流氓，并诅咒被告韩国回来飞机爆炸，把法院调解书等法律文书在微博中公开等。原告也确实存在侮辱和披露被告和宋周峰隐私的言行，被告知道之后，出于一时激愤，辱骂了原告，现在回想起来觉得有点不妥，故已在8月5日把有关内容删除了。被告希望这件事情能够协商解决，如果原告坚持判决，被告也保留提起诉讼的权利。

针对自己的诉讼主张，原告杨某、杨某1提供了下列证据：

1. 公证书三份，证明被告以"@田思思s"之名，后改名为"@宋牛牛ss""@宋小牛ss"在新浪微博上对原告进行造谣诽谤的事实。

被告质证认为，对公证书的真实性没有异议，被告确实对原告有诉状上所说的辱骂言词，但是原告也是有过错，原告辱骂、披露隐私在先。被告一时激愤作出了不理智的行为。

2. 东栅派出所对原告的询问笔录一份共六页，证明被告8月16日仍然有过激言词及侮辱性的词语在她的微博上，并不是诉讼请求第一项没有依据，也并不是被告有悔意和歉意。

被告质证认为，询问笔录是复印件，形式要件不符合证据的条件。从提供的时间来说，询问时间是8月2日，该证据并不是申请法院调取的，故原告在未能在举证期限内及时提供证据，对复印件不予质证。尽管派出所调取了被告微博中的内容，但之前的证据都是经过公证的，派出所是否能够保全证据被告有所质疑。从微博内容上来讲，被告虽有辱骂用词，但是具体指谁也是不明确的。

3. 病历一份、诊断证明书两份，证明原告由于被告微博辱骂事件，导致相关精神疾病的事实。

被告质证认为该证据与本案无关且已超过举证期限。病历并不能说明什么问题，并不是说有了这个事情以后就会产生这个结果。

4. 公证费发票两份，证明原告公证保全证据所花费的公证费，共计2460元。

被告质证认为，公证费并不是赔偿的范围，如果是由法院委托有关部门保存证据鉴定列入诉讼费用的话，可以考虑要求被告承担。

被告田思思未提供任何证据。

本院认证如下：原告提供的证据在形式上均为原件，且与本案存在关联，故对其真实性本院予以认定。

本院经审理，认定案件事实如下：被告田思思系原告杨某前夫宋周峰的现任配偶，其在新浪微博上注册名为"@宋牛牛ss"，后改名为"@宋小牛ss"（网页为http：/weibo.com/u/2300990757），该微博拥有粉丝四百多人，关注三百多人。原告杨某在新浪微博上的注册名为"@我是天堂的一只鱼"（网页为http：/weibo.com/wsttdyzy）。2012年5月13日12时左右，被告在新浪微博上回复原告杨某，"你他妈的才不是个人，以为靠个小孩能关住一个根本不爱你的男人，笑死人大牙的，我诅咒你们母子被车压死吧，××买包旅游都是我自己的钱，别以为都是用男人钱的"。之后被告又在自己微博上发表博文："你们去看'我是天堂的一只鱼'有多搞笑，自己用手段毫不负责的手段来绑住一个不爱他的男人，还在那口口声声说孩子孩子，这孩子根本就不必出现在这个世界，搞笑的。我自己用自己的钱买自己喜欢的东西，她还在那叫，去韩国也是我妈妈出的钱，不好意思。"2012年7月30日11时47分，被告田思思在自己的微博中发表一篇博文，内容为："杨欣（歆）诺，标准现今的富二代，父母做官，母亲定居国外，自己一年要出去旅游数次，澳洲日本国内国外不计其数，雷达对表7万，去欧时力买衣服5千一买，曾经跑车开开，我老公给儿子买去的衣服她不屑一顾，打开衣橱说你看全是名牌，非名牌不穿，家财十分雄厚的一个女人，所以才会那么嚣张跋扈。"并在此微博中评论为："她性格很便宜，当初还拿菜刀砍我老公，把我老公衣服全部剪光，就是个疯子，现在离婚三年了阴魂不散来纠缠我们。""你完整的看完就知道了，她根本就不配为人师表。"同日12时08分被告发表博文："百度搜索相亲才会赢情迷马六甲，就能看见杨欣（歆）诺参加电视相亲节目的视频，09年的时候，非常之精彩，大家别错过了，当时她才跟我老公离婚没多久"。在此条微博中，出现"离婚不久，××难耐"等评论，被告回复为："哈哈哈，说得好，几年都没碰过男人了估计。"同日12时16分被告发表博文："现今有很多离婚带孩子的单身母亲，很值得尊重，但唯独除了你，杨欣（歆）诺，一个全球最恶毒最会搬弄是非最会胡片乱造信口卅河颠倒是非侵犯人家隐私的老女人。"同日12时31分发表博文："分享图片女子微博，我是天堂的一只鱼，姓名杨××，79年出生，3年前离异带子，家庭十分富裕，百度搜索相亲才会赢情迷马六甲，就能看到此人视频，各位优秀男士，走过路过不要错过。"此后的三个小时内被告田思思又相继发表十数条微博，引起评论达六十多条，转发14条。博文及评论中出现"是个疯子""阴魂不散来纠缠我们""不配为人师表""傻逼""不要脸""毒女人""老骚包""死三八"等侮辱性词语并公开原告杨某个人隐私，鼓动网友对其进行百度搜索。原告故诉至法院。

本院认为，公民的人格权、名誉权等人身权利受法律保护，被告田思思在新浪微博上发表博文，内容系指名道姓地指责原告杨某阴险恶毒、搬弄是非、以原告杨某1名义索取高额抚养费等，属以公开的方式攻击他人的人格，在一定的范围内造成不良的影响，并在一定程度上导致原告杨某的社会评价的降低。在审理过程中被告代理人虽一直陈述被告已反思并删除相关辱骂微博，但事实上被告并未停止侵权行为，在2012年8月16日、9月28日、29日被告仍然发表了相关微博，行为恶劣。因此，被告的行为已经构成对原告杨某、杨某1名誉权的侵害，应当依法承担民事责任，原告要求被告停止侵权、赔礼道歉的诉讼请求本院予以支持。关于原告诉请的公证费2460元，该费用属原告的合理损失，且该损失系因被告过错造成，被告应承担赔偿责任，原告要求被告赔偿公证费的请求本院予以支持。原告要求被告赔偿精神损害抚慰金的请求，本院认为，精神损害抚慰金应当根据侵权人的过错程度、侵权行为所造成的后果、本地区实际等因素等加以确定，本院酌情认定由被告赔偿原告精神损害抚慰金1000元。据此，依照《中华人民共和国民法通则》第一百零一条、第一百二十条、第一百三十四条，最高人民法院《关于确定民事侵权精神损害赔偿责任若干问题的解释》第八条，《中华人民共和国民事诉讼法》第一百二十八条之规定，判决如下：

一、被告田思思于本判决生效之日起立即停止侵权行为，删除对原告杨某、杨某1的造谣侮辱文章；

二、被告田思思于本判决生效之日起5日内，通过其新浪微博连续十天置顶刊登对原告杨某、杨某1的致歉声明（致歉声明内容须经本院审查）；

三、被告田思思于本判决生效之日起5日内赔偿原告杨某、杨某1公证费损失共计2460元；

四、被告田思思于本判决生效之日起5日内赔偿原告杨某精神抚慰金1000元。

案件受理费200元，由被告田思思负担，于本判决生效后七日内交纳。

如不服本判决，可在判决书送达之日起十五日内向本院递交上诉状，并按对方当事人的人数递交上诉状副本，上诉于浙江省嘉兴市中级人民法院。

代理审判员　范春郁

二〇一二年十月三十日

书记员　郑　莉

‖ 2013 年度 ‖

案例 8：范冰冰与贵州易赛德文化传媒有限公司、毕成功名誉权纠纷一审民事判决书

北京市朝阳区人民法院
民事判决书

（2012）朝民初字第 25108 号

原告：范冰冰，女，演员，住北京市朝阳区。

委托代理人：毕建伟，北京市大成律师事务所律师。

委托代理人：梁君，北京市大成律师事务所律师。

被告：贵州易赛德文化传媒有限公司，住所地贵阳市南明区。

法定代表人：吕相勇，执行董事。

委托代理人：程旭东，河北冀华律师事务所律师。

委托代理人：王志坚，河北冀华律师事务所律师。

被告：毕成功，男，自由撰稿人，住北京市西城区。

委托代理人：王晓卫，北京市博然律师事务所律师。

委托代理人：王楠，中国政法大学学生，住北京市海淀区。

原告范冰冰（以下简称原告）与被告贵州易赛德文化传媒有限公司（以下简称易赛德公司）、被告毕成功（以下简称姓名）名誉权纠纷一案，本院受理后，依法组成合议庭，公开开庭进行了审理。范冰冰的委托代理人毕建伟、梁君，易赛德公司的委托代理人程旭东、王志坚，毕成功的委托代理人王晓卫、王楠到庭参加诉讼。本案现已审理终结。

原告诉称：2012 年 5 月 19 日，香港《苹果日报》A1 版头条大篇幅刊登了一篇未经证实的文章，文章称著名影星章子怡交往官员狂赚 32 亿，甚至说章子怡目前"遭调查，禁出境"。

2012 年 5 月 30 日凌晨，内地编剧、影评人毕成功发表微博影射原告——上述对于章子怡的负面报道系在原告指使下所进行的对章子怡的"诬陷计划"。随后，易赛德公司主办的黔讯网于 2012 年 5 月 30 日 19 点 10 分刊载了由记者张辉原创的文章《编剧曝章子怡被黑内幕，主谋范冰冰已无戏可拍？》。文章称："今日，知名编剧毕成功在其新浪微博上揭秘章子怡被黑内幕，称范冰冰是幕后主谋。而范冰冰踩人成瘾，目前在圈内已臭名昭著，无人敢找其拍戏。"同时，该文章在无任何事实依据的基础上，进一步结论性指称："章子怡'情妇说'由范冰冰方面一手炮制也就不足为奇。"

之后，易赛德公司刊载的文章以及毕成功发表的微博被广泛转发、转载，新浪、搜狐、

腾讯、网易等各大门户网站以及国内各知名报刊均进行了相关转载及衍生性报道，致使网络上出现了大量对于原告的侮辱、攻击性言论及评价。至此，因二被告完全无任何事实根据且已广泛传播的诽谤性言论导致原告的社会评价降低、名誉受到严重侵害。当前，由二被告所引发的对于原告的名誉侵害仍在持续并不断扩大。

二被告捏造事实、虚构情节，对原告极尽侮辱诽谤、造谣中伤，直接诋毁原告的名誉、贬损原告的人格。同时，黔讯网为最具影响力的贵州门户网站，毕成功为国内影评人、编剧，二被告分别利用特定区域内的特殊影响力及特殊身份发布对原告的诽谤信息，客观上加强了受众对文章和微博的信赖度。二被告不仅故意实施了上述侵权行为，而且还对其他媒体的转载评述采取放任态度，二被告侵权的主观恶意十分明显，致使原告受到来自不明真相的广大群众的猛烈抨击，原告为此承受了巨大的精神痛苦，侵权后果非常严重。现原告诉至法院，要求：1. 判令易赛德公司和毕成功停止对原告名誉的侵害，毕成功删除 2012 年 6 月 4 日 10 时 44 分在其新浪微博上发布的微博"重申：本人从未公开指名道姓说谁黑章子怡，请媒体同仁也别再用 P 的假图黑我啦～"；2. 判令易赛德公司和毕成功连续十天在黔讯网、新浪网、搜狐网、网易网站首页醒目位置，在贵州都市报、新京报醒目位置刊登向原告公开赔礼道歉的声明，以消除影响，为原告恢复名誉；3. 判令易赛德公司、毕成功分别赔偿原告精神损害抚慰金 50 万元；4. 判令易赛德公司连续 30 日每日在其新浪微博（http：//weibo.com/qx162）发布对原告的道歉声明微博，不得删除，以消除影响，为原告恢复名誉；5. 判令毕成功连续 30 日每日在其新浪微博（http：//weibo.com/oscar_ award）发布对原告的道歉声明微博，不得删除，以消除影响，为原告恢复名誉；6. 判令二被告共同赔偿原告为本案支出的公证费用 10756 元。

易赛德公司辩称：1. 本案所涉文稿内容来自网络，并非易赛德公司故意捏造、虚构。黔讯网社区论坛的兼职版主张辉，完全是根据网络上发帖和网友评论、回复整理出的涉案网文，其仅仅是对已有传言的整理和转载。

2. 作者张辉不是易赛德公司员工，只是黔讯网的热心网友，其言论并不代表黔讯网观点。网友张辉于 2012 年 3 月 12 日，经网上申请，成为黔讯网"娱乐八卦"板块的兼职版主，其与我公司不存在劳动关系。此外，黔讯网的域名注册、虚拟主机租赁开始于 2012 年 2 月 1 日，由于网站刚刚建立，易赛德公司本身缺乏经营、管理网站的人员和经验，在对张辉授权时出现差错，将网站新闻版面的更新权限错误地授予张辉（注册 ID：黔讯娱乐）。2012 年 5 月 30 日，张辉整理了涉案网文，越权发布到了黔讯网的新闻页面。当时，黔讯网管理员吕相勇因陪护母亲做手术，数日无法管理网站，未能及时发现该越权文章。2012 年 6 月 10 日，吕相勇得知此事，立刻删除了上述网文，同时主动与原告工作室联系、沟通，第二天就依照原告经纪人穆晓光的要求发布了致歉声明。

涉案网文出现在黔讯网的新闻页面，源于管理疏漏。易赛德公司发现后马上删除文章，诚挚道歉，根本不存在原告所称的"故意诽谤""恶意诋毁"。

3. 黔讯网影响极其有限，即使根据原告提交的百度搜索结果，绝大多数内容也与易赛德公司无关。黔讯网建网时间短，加上使用的是虚拟机，在浏览速度、最高链接数、在线人数上均有限制，即使在贵州当地，黔讯网的影响也极其有限。搜狐、新浪等具有重大影响力的网站在引用张辉文章时，均是从质疑的角度进行表述，这些刊载和报道不仅不会对原告造成负面影响，反而对原告树立正面形象有利。

4. 其他网站发布、转载的非黔讯网内容，给原告造成的影响不应由易赛德公司承担责任。

5. 作者张辉的网文源自毕成功微博及其关注网友的回复、讨论，并非张辉故意捏造。张辉的网文内容直接源自"百度票房吧"的网帖和网友回复。发帖作者james2941截取了毕成功微博内容，引发讨论。在跟帖中，网友根据截图内容认定"Miss F"为原告。此外，毕成功并没有否认网友关于"丫鬟"的代称，而是声称自己的微博连续被人删除，系这个"某人"有能耐。网友james2941及其同伴利用这些截图引导舆论，将毕成功塑造成一位不惧"某人"强势，敢于揭露黑幕，但是迫于强大压力不敢指名道姓的弱者。张辉正是基于年轻人原始而简单的义愤，才整理了上述网文，并越权发布。

后来，在各方关于原告的传言均指向毕成功微博时，毕成功也从未澄清谣言中"Miss F"并非原告，仅是声明自己"从未指名道姓"，并否认是自己删除了微博内容。这种似是而非的微博"重申"反令包括张辉在内的微博浏览者确信，毕成功是受到有能耐的"某人"及其团队的"强势"影响才做出妥协。谣言因此加速流传。

在庭审中，毕成功将微博中的"Miss F"解释为美国女演员莉莉·科林斯，显然不能成立。毕成功在上述微博截图中，一直在谈论"子怡片约不断""戛纳""广东赶拍"甚至包括"红二奶"等内容，这些明显具有特定指向的词语显然不可能与大洋彼岸的美国女演员产生联系。从事实上来看，毕成功的微博内容在客观上确能引起他人甚至媒体误解。

综上，张辉的网文出现在黔讯网的新闻版面完全是易赛德公司缺乏网站管理经验、过失授权所致，绝非出于故意。整个事件中，易赛德没有获取任何利益。道歉声明也在网站首页放置了5个多月，原告的社会评价已经恢复。同时，在本案审理中，易赛德承认过错，对原告道歉的新闻广泛传播，其覆盖范围已远超张辉网文的传播范围。综上，请求法院对原告过于苛刻的道歉要求、赔偿请求予以驳回。

毕成功辩称：1. 毕成功并没有对原告实施侵犯名誉权的行为。抛开黔讯网《编剧曝章了怡被黑内幕，主谋范冰冰已无戏可拍？》的这篇文章，单纯从毕成功的微博来看，微博的全部内容均看不到任何对原告姓名、昵称、年龄、职业、形象等能够导致辨认或者直指为原告的描述。也从任何地方得不出此事与章子怡的所谓传闻有关的结论。毕成功无论从主观上还是从客观上发表此段微博的内容及行为都不是指的原告。黔讯网的该篇文章，主要内容均是易赛德公司的作者擅自揣测毕成功的微博内容，不仅未经核实，而且是断章取义、夸大其词、自说自话的作品。张辉在文中为了吸引读者用了大量"揭秘""默认"等词汇，同时还做出了"毕成功言语间不乏对范冰冰的蔑视"的评论语句。所以，张辉的文章不能作为毕成功实施了侵权行为的证据。2012年6月4日，毕成功以发表重申微博的形式，公开、明确地表明了自己的态度，采取有效措施避免流言扩散。综上，现实后果是由易赛德公司独自造成的。

2. 毕成功的微博对原告不构成"影射"。是否构成影射要求原告对其主张举出直接且排他的证据。原告现在提交的证据尚不能证明毕成功的言语具有直接且排他的指向性。在未披露姓名等信息且没有张辉文章的情况下，根本没有人认为"Miss F"是原告。

3. 侵权行为是否造成被侵权人社会评价降低，不以当事人感受为标准，应以一个社会正常人衡量标准为基点。在毕成功所发微博后面的总计160条回帖中，对原告存在误解和抨击的回帖是12条，从所占比例来看，足以说明一般网友并没有当然地认为微博存在原告认为的所谓影射其的内容。可见，毕成功所发微博并没有引起大多数一般普通网民对原告名誉的诋毁与抨击。

综上所述，请求法院依法驳回原告的诉讼请求。

经审理查明：2012 年 5 月 30 日 19：10，易赛德公司主办的黔讯网（www. qx162. com）新闻板块之"娱乐资讯"刊登了《编剧曝章子怡被黑内幕，主谋范冰冰已无戏可拍?》（以下简称《内幕》）一文。该文文首为 2012 年 5 月 30 日毕成功微博截图，该微博以转发并评论的形式发布，内容如下："所谓'情妇说'的诬陷计划，在 3 月已知，当时发了句吐槽。某人也真是，往死里整比自己强的，却忘了让自己变强是王道。故今天当此流言扩散实施，反觉搞笑～"该微博转发的系毕成功本人于 2012 年 3 月 31 日发布的另一篇微博："#相助# 这句台词说得多好：All you do is scare and lie to try to get what you want. You are godless woman. ain't you tired. miss F. ain't You tired? Let the others off, they are just better actresses，who really do have representative performance."审理中，毕成功对上述微博的真实性表示认可，亦表示已由其本人自行删除。

《内幕》一文内容如下：

近日，有关于章子怡被官员收作情妇，多年来从中获利数亿元的消息不胫而走。传言更称，章子怡目前已被调查，故缺席了之前的戛纳电影节。事后，章子怡方面发布微博和公开信进行澄清。

今日，知名编剧毕成功在其新浪微博上揭秘章子怡被黑内幕，称范冰冰是幕后主谋。而范冰冰踩人成瘾，目前在圈内已臭名昭著，无人敢找其拍戏。

诬陷计划酝酿已久

今日凌晨，毕成功更新微博，称"情妇说"诬陷计划早在今年 3 月份已开始酝酿，"某人"的团队只等章子怡新片上映前一个月左右进行扩散，"当时我还大半夜里吐槽过，现在看来该团队还说到做到。"

而毕成功 3 月份的那条微博也透露了"某人"的具体所指，在该微博中，毕成功用英文写到："Miss F, ain't you tired? Let others off, they are just better actress."在之后的微博回复中，毕成功也默认了"Miss F"指的是范冰冰。

毕成功言语间不乏对范冰冰的蔑视，他说："往死里整比自己强的，却忘记让自己变强才是王道，所以再怎么黑别人，某人还是不强啊。"据其介绍，尽管范冰冰频繁出席各大国际影展，拿到多个大牌代言，但是久无作品问世，因为其在圈中已经臭名昭著，"已经没有什么人找那个女人拍电影了，但是子怡还是片约不断。"

"说实在的，组织团队黑章子怡还不如拿去减肥学跳舞，反证某人的金主有的是钱，听说好莱坞六大中的一家，想跟话语（注：此处系原文）某著名青年导演合拍一部歌舞片，女主角得会跳舞，现有话语（注：此处系原文）女演员，最有可能还是章子怡，届时某人岂不是有丢失一次结识六大的机会?"毕成功言语间透露，范冰冰才是真正有"金主"的被包养者。

记者截稿时，毕成功的相关微博已经被删除。不过，毕成功表示并非他本人所为，而怀疑是范冰冰方面施加的压力。

网友感叹娱乐圈"太可怕"

毕成功的爆料也让不少网友感叹当前娱乐圈尔虞我诈，"实在太可怕了!"网友"梦辰

1276"称："miss 太牛逼了，踩着别人黑着别人上位还不满足，这下手也太狠了，居然敢牵涉政治。"网友"彩虹童鞋"则对范冰冰黑人的手段感到震惊："干爹找了一大把了，也找了 N 年了，这时候出个通稿'从未找过干爹'，顺势死整对手。"

网友"娱乐圈 2012"则建议其他明星不要再和范冰冰合作："工作室能量大啊，男星、女星从今以后能躲 F2B 多远就躲多远，躲不了就跑，跑不了就逃。"

事实上，范冰冰自 2006 年左右大红大紫以来，一直被质疑依靠与其他女性捆绑来提升知名度的。赵薇便一度是范冰冰捆绑对象，在经历了"诬陷赵薇买奖"、"挪揄赵薇赚钱不如自己多"等话题后，范冰冰成功上位。之后，范冰冰热炒"范爷"概念成功为自己洗白，同时捆绑对象转向章子怡，《非常完美》之后便屡屡和章子怡扯上关系。不少网友甚至怀疑，近期杨幂的大量负面新闻也出自范冰冰团队之手。

因此，章子怡"情妇说"由范冰冰方面一手炮制也就不足为奇。事后，章子怡通过微博进行回应，声称："造假都造到天上去了。"随后，大量圈内人士转发微博进行支持。网友"夜宴_茉莉香"说："转发最多的就是导演们，很多还是小章没合作过的导演，包括何平，这也能解释为什么某人没片拍。圈子就那么大，难道不晓得导演圈对你的行为都很不齿？即便通过金主拉来投资，导演不照样辞导，不照样没导演愿意接手？"（记者：张辉）

2012 年 6 月 4 日 10：44，毕成功发布微博："重申：本人从未公开指名道姓说谁黑章子怡，请媒体同仁也别再用 P 的假图黑我啦～。"至 2012 年 11 月 15 日，该微博被转发 97 次，评论 592 条。部分评论摘录如下：（1）明显就是范××做的；（2）支持你是被威胁的，迫于舆论的压力才否认；（3）支持子怡！不管是不是某人，总之她的操行也够受的。真给我们山东人丢人；（4）自作孽不可活，人家范爷惹你啦？说话那么难听；（5）传谣最积极的是 F 的精英粉丝，作为章粉，常年观察他们，都是认得的；（6）毕老师说的是死肥婆，臭婊子，不知道为什么有人非要来对号入座；（7）肥胖 B 水军在下面东拉西扯，无非是想模糊焦点。可惜你们智商拙计，居然为了黑小小章子怡，与轮子反华网站勾结。可悲，玩火也是可能自焚的。歹毒之词，自有报应。@范冰冰工作室 ye 快来把你家那些孙子和五毛领回去吧；（8）支持毕老师！鄙视范××！

2012 年 6 月 11 日 16：18，黔讯网之"娱乐频道"之"黔讯独家"之"娱乐一周"发布了《向范冰冰女士的致歉声明》："本网在 2012 年 5 月 30 日刊登新闻《内幕》。该新闻内容来源于新浪微博与百度贴吧，仅代表新闻当事人观点，不代表本网的观点，本网也没有任何抹黑范冰冰女士的意图和动机。然而，由于本网在刊登新闻时，未对有关事实进行进一步的核实，且使用了部分不恰当的措辞，对范冰冰女士造成了一定困扰。事后，本网已经在第一时间删除了该篇新闻与官方微博的相关文章。在此，本网对范冰冰女士致以深深的歉意。……"

2012 年 6 月 12 日，张辉以"实习记者"的名义在黔讯网之黔讯娱乐发布了《致范冰冰女士的一封道歉信》："5 月 30 日，本人以黔讯网记者身份采写了一篇名为《内幕》的新闻，之后该新闻在黔讯网刊发。随后，该新闻被国内多家媒体转发，对范冰冰女士造成了负面影响。在此，我向范冰冰女士致以诚恳的歉意。本人是一名大二的学生，今年 3 月份开始在黔讯网从事兼职工作，负责网站新闻的更新，和采写网络新闻。5 月 30 日，本人在登录百度'电影票房吧'时，看到一篇名为《是谁在黑章小姐，毕老师深夜揭秘》的帖子。……而在另外几张截图中，毕成功在回复网友评论时，并未直接否认'Miss F'指的是范冰冰女士。而帖子中，多位网友也称'Miss F'指的是范冰冰女士。因此，我便以这个帖子，以及毕成功微博截图为材料，撰写了上述新闻。同时，由于考虑不周，未进一步核实，便在新闻中对范冰冰女士指名道姓。……"审理中，易赛德公司认可对此道歉信的内容和发布是知情的，但又当庭表示对张辉在道歉信中对自己工作内容的描述不认可。

关于"张辉"的身份。易赛德公司称张辉系黔讯网"娱乐八卦"板块的兼职版主，因管理疏忽将新闻板块的更新权限授权给了张辉，致张辉将《内幕》一文刊登在黔讯网新闻版面。另查，易赛德公司向张辉支付报酬。关于毕成功微博中提及的"Miss F"的身份，毕成功当庭表示指的是在《致命契约》中饰演"Fray"的莉莉·科林斯；其微博是在评论莉莉·科林斯的粉丝攻击克里斯汀·斯图尔特与配戏的演员有染一事。毕成功提供公证书证明时光网有关《致命契约》演员介绍部分，莉莉·科林斯（Lily collins）饰演的角色为Clary Fray，并进而主张其是以"Miss F"指称莉莉·科林斯。关于其微博中提及的"情妇说""诬陷计划"，毕成功称指的是莉莉·科林斯对克里斯汀·斯图尔特实施的诬陷计划，因为克里斯汀·斯图尔特与配戏的男演员有染。对其所述"诬陷计划""情妇说"，毕成功未提交任何证据予以证实。

根据原告提供的公证书［分别是（2012）京长安内经证字第8613号、第8768号，（2012）京国信内经证字第3545号、第3546号］，经"百度"搜索，显示如下情况：

1. 通过网页搜索"编剧曝章子怡被黑内幕，主谋范冰冰已无戏可拍"，找到相关结果约4480000个。

2. 通过网页搜索"范冰冰　章子怡"找到相关结果4280000个：如（1）人民网：《传范冰冰散播章子怡禁足谣言　毕成功：策划良久》；（2）搜狐女人：《章子怡被黑？范冰冰否认是幕后黑手》；（3）优酷视频：《范冰冰章子怡再传不和》等。

3. 通过新闻搜索"范冰冰　章子怡"，找到相关新闻约85800篇：如（1）人民网：《每日娱乐：传范冰冰诬陷章子怡》；（2）土豆网：《章子怡被指"陪睡"富商　范冰冰被指幕后操纵》；（3）凤凰网：《章子怡被"禁出境"　网传范冰冰是幕后黑手》（2011年6月2日05：07，有137条相同新闻），《范冰冰工作室拒谈章子怡"禁出境"：没有事实根据》（2012年6月2日20：11）；（4）天涯社区：《［八卦江湖］毕成功在微博上爆料，这次事件是范冰冰黑了章子怡，有人818不？》等。

4. 通过网页搜索"毕成功曝范冰冰"，相关搜索结果约59900个：如《毕成功爆料范冰冰是章子怡"陪睡门"幕后黑手》、《编剧毕成功曝章子怡被黑事件主谋是范冰冰　称其踩人》、《内地编剧毕成功曝光：范冰冰"黑"章子怡》、《范冰冰状告影评人　毕成功称要和其"组团"告网站》等。

5. 通过点击搜狐新闻之《章子怡被"禁出境"　网传范冰冰是幕后黑手（图）》一文，显示参与12612人，评论1838条。通过点击新浪论坛之"娱乐新闻"之《章子怡被禁出境　范冰冰遭传幕后黑手》一文，显示参与2939人，跟帖239条。通过点击天涯社区之"娱乐八卦"之《［八卦江湖］毕成功在微博上爆料，这次事件是范冰冰黑了章子怡，有人818不？》一文，显示点击68615次，回复2300条。上述评论、回复中，不乏对原告侮辱、贬低等负面言论。

原告就维权费用提交了如下证据：1. 2012年6月15日的发票一张，显示北京博纳美涛文化传媒有限公司向北京市长安公证处支付"公证服务费"5756元；2. 2012年11月21日的发票一张，显示北京美涛中艺文化传媒有限公司向北京市国信公证处支付"公证费"

5000 元。以上共计 10576 元。

上述事实，有双方当事人陈述、公证书、发票等证据在案佐证。

本院认为：网络名誉侵权，是指利用互联网登载包括文字、图片、声音、动画等各种形式的内容，侵犯公民或法人的名誉，使其社会评价降低或贬损的行为。尽管网络是虚拟空间，但网络行为却是客观的，网络只是作为侵犯他人名誉权的一种手段。因此，在认定是否侵害名誉权时，也应当根据受害人确有名誉被损害的事实、行为人行为违法、违法行为与损害后果之间有因果关系、行为人主观上有过错来认定。

从主体上来看，本案实际上涉及两类主体，一是网络用户，即毕成功；二是网络服务提供者，即易赛德公司实施的行为是否构成侵害名誉权的问题。

首先，在一定情况下，毁损性陈述有可能隐含在表面陈述中（即影射）。这时并不要求毁损性陈述指名道姓，只要原告证明在特定情况下，具有特定知识背景的人有理由相信该陈述针对的对象是原告即可。根据已查明的事实，可以得出如下结论：一、从毕成功 2012 年 5 月 30 日发布微博的形式来看。毕成功是通过转发并评论的形式发布微博，此形式足以让人相信 2012 年 3 月 31 日微博中提及的"Miss F"实施了 2012 年 5 月 30 日微博中提及的"情妇说"诬陷计划。二、从背景和发布时间来看。涉案微博紧接有关章子怡被某官员收作情妇遭调查、禁出境的报道之后发布，易让读者得出"Miss F"牵涉章子怡被指情妇一事。三、从张辉对《内幕》一文撰写过程的描述、其他网站的大量网友评论来看，几乎均认为所谓"Miss F"就是原告，讨论也多是围绕原告、章子怡和诬陷计划展开，说明毕成功的微博足以让人相信"Miss F"指的就是原告，其微博的意思是指认原告对章子怡实施了诬陷计划。四、毕成功当庭明确"Miss F"指的是在《致命契约》中饰演"Fray"的莉莉·科林斯，但其未能就莉莉·科林斯与"情妇说诬陷计划"的关系及情妇说诬陷计划提交任何证据，故其有关"Miss F"的身份解释明显缺乏证据支持。综上，本院依法认定毕成功捏造事实，通过网络在微博中以影射的方式指认原告实施了情妇说诬陷计划，并对原告进行贬损，其主观上有过错。

其次，互联网信息服务者应保证所提供的信息内容合法，不得制作、发布、传播含有侮辱或者诽谤他人，侵害他人合法权益的信息。作为有发布新闻功能的网站，易赛德公司应对其主办的"黔讯网"发布的新闻负审查、核实义务，并应保证有相应的管理人员和技术人员实施有效管理。经查，《内幕》一文系由易赛德公司主动编辑、发布，但事前未经审查、核实，故由此所产生的责任理应由易赛德公司自行承担。该文以肯定的语气表示原告被爆料对章子怡实施了情妇说诬陷计划，并大量摘录、罗列对原告的负面评论，并得出"章子怡'情妇说'由范冰冰一手炮制也就不足为奇"的结论。综上，本院依法认定易赛德公司缺乏对"黔讯网"的有效管理，其人员在编写《内幕》一文时带有一定的倾向性和目的性，以引发读者兴趣为手段，主观上存在恶意。作者张辉系以记者身份发文，且在道歉信中明确表示其在"黔讯网"兼职，负责网站新闻的更新和采写，但易赛德公司事后却又主张张辉仅是论坛版主，是因授权错误才导致其发布了新闻，此主张明显与事实不符，而管理疏漏更非减责或免责事由。

再次，毕成功和易赛德公司的行为确会给原告的名誉权造成侵害。出于网络信息复制的便利性，相较于一般名誉侵权，网络名誉侵权具有侵权言论散播广泛、侵权后果严重、行为易发等特点。从毕成功、易赛德公司发布微博、文章之后，大量网站转载、网友参与或评论来看，相关内容确易引发读者对原告是否实施了情妇说诬陷计划的猜测和误解，导致读者对原告产生负面认识。

网络用户、网络服务提供者利用网络侵害他人民事权益的，应当承担侵权责任。综上，本院依法认定毕成功和易赛德公司构成对原告名誉权的侵害。当然，由于各被告的主观过错程度并不相同，侵权行为及损害后果也存在差异，承担的侵权责任大小也应适当有所区分。易赛德在诉前及时发表致歉声明、消除影响，对此本院予以肯定。

对于原告提出的赔礼道歉、停止侵害之请求，考虑网络名誉侵权的特点，对原告提出的要求侵权人在网站、微博、《新京报》上刊登致歉声明之请求，本院予以支持；具体方式，本院酌情处理。原告要求的公证费，显示付款人并非原告，故此部分费用本院无法支持。有关精神损害抚慰金，具体赔偿数额本院结合侵权事实、过错程度、侵权持续时间、损害后果等因素酌情判处。原告的其他诉讼请求，本院不予支持。综上，依照《中华人民共和国侵权责任法》第二条、第十二条、第十五条、第二十二条、第三十六条第一款，《最高人民法院关于确定民事侵权精神损害赔偿责任若干问题的解释》第一条、第十条，《中华人民共和国民事诉讼法》第六十四条第一款之规定，判决如下：

一、被告贵州易赛德文化传媒有限公司、被告毕成功于本判决生效后三十日内共同在《新京报》除中缝以外的位置刊登致歉声明，具体内容应经本院审核；逾期则本院将在全国发行的报纸上刊登本判决主要内容，费用由被告贵州易赛德文化传媒有限公司和被告毕成功共同负担。

二、被告贵州易赛德文化传媒有限公司于本判决生效后七日内在黔讯网（www.qx162.com）首页醒目位置连续十日刊登致歉声明，具体内容应经本院审核；逾期则本院将在全国发行的报纸上刊登本判决主要内容，费用由被告贵州易赛德文化传媒有限公司负担。

三、被告毕成功于本判决生效后七日内在其新浪微博（http：//weibo.com/oscar_award）刊登致歉声明（置顶显示不少于三十日且不得自行删除），具体内容应经本院审核；逾期则本院将在全国发行的报纸上刊登本判决主要内容，费用由被告毕成功负担。

四、被告贵州易赛德文化传媒有限公司于本判决生效后七日内赔偿原告范冰冰精神损害抚慰金四万元。

五、被告毕成功于本判决生效后七日内赔偿原告范冰冰精神损害抚慰金三万元。

六、驳回原告范冰冰的其他诉讼请求。

如果未按本判决指定的期限履行给付金钱义务，应当依照《中华人民共和国民事诉讼法》第二百五十三条之规定，加倍支付迟延履行期间的债务利息。

案件受理费5100元，由原告范冰冰负担3100元（已交纳），由被告贵州易赛德文化传媒有限公司、被告毕成功各负担1000元（于本判决生效后七日内交纳）。

如不服本判决，可在判决书送达之日起十五日内，向本院递交上诉状，并按对方当事人的人数提出副本，上诉于北京市第二中级人民法院。

审判长　　夏　莉

人民陪审员　付朝晖

人民陪审员　杨占珍

二〇一三年二月二十日

书记员　甄晶晶

案例 9：姚晨与劳动报社名誉权纠纷
一审民事判决书

北京市朝阳区人民法院
民事判决书

(2013) 朝民初字第 18239 号

原告：姚晨，女，北京华谊兄弟经纪有限公司演员，住北京市朝阳区。
委托代理人：王震，北京市中产律师事务所律师。
委托代理人：梁霄，北京市中产律师事务所律师。
被告：劳动报社，住所地上海市昌平路。
法定代表人：张刚，总编辑。
委托代理人：李亚昆，北京颐合中鸿律师事务所律师。
委托代理人：赵迎佳，劳动报社副总编辑。

原告姚晨（以下简称姓名）与被告劳动报社（以下简称劳动报社）名誉权纠纷一案，本院受理后，依法由代理审判员王喆独任审判，公开开庭进行了审理。姚晨的委托代理人王震、梁霄，劳动报社的委托代理人李亚昆、赵迎佳，均到庭参加了诉讼。本案现已审理终结。

姚晨诉称：2013 年 3 月 20 日，《劳动报》刊登标题为《微博"明码标价"产业链浮出水面》的新闻报道。在该报道中，劳动报社记者未经调查核实，以第三方名义捏造虚假内容，发布"像姚晨这样千万级粉丝的大咖（大明星），单独发一条软文价格 2 万元，转发一条几千元"的不实言论。前述报道已被各大新闻媒体广泛转载，给我的个人名誉和社会形象造成严重侵害。我发现该不实报道后，先后通过经纪公司和代理律师向劳动报社发函要求其停止侵害，赔礼道歉；但是，劳动报社一直拒绝删除该报道网络版及赔礼道歉。劳动报社的行为已经严重侵犯了我的名誉权。现我起诉，要求劳动报社立即停止侵权，删除侵权报道的网络版及所有相关链接；劳动报社在其报纸醒目位置、官方微博置顶位置连续 30 日刊登致歉声明，为我消除不良影响，恢复名誉。

劳动报社辩称：因央视 3·15 晚会曝光了苹果公司在中国的售后问题，一明星在发出了含有"大概 8 点 20 分发"的微博后随即删除，这一事件引起了广大网友的关注。东方卫视宣传总监韦亮提供消息称："像冯小刚、姚晨这样千万级粉丝的大咖（大明星），单独发一条软文价格为 2 万元，转发一条几千元。"2013 年 3 月 20 日，我社在本报第 9453 期第 16 版上发表了一篇题为《微博"明码标价"产业链浮出水面》的文章，引用了韦亮提供的上述消息。涉诉文章报道的内容具有公益性质，承认微博营销存在合理性，但也存在灰色地带。我社发表涉诉文章的目的，旨在强调微博营销存在问题，可能侵犯消费者、明星个人、商家甚至国家的利益，故呼吁这一新兴产业规范尽快出台。我社刊发涉诉文章是一次正当的舆论监督行为，在选题、取材、编辑、刊发中严格谨慎地恪守职业道德，既无主观过错，也无违法行为，更未给原告造成名誉被损害的后果。因此，我社刊发涉诉文章的行为不构成名誉侵权。我社报道涉诉文章具有公益性质，就微博营销问题呼吁有关部门尽快出台相应的法律法规。我社在报道中未针对任何人，也无侮辱、诽谤、诋毁姚晨的故意。我社在涉诉文章中引述了第三方的陈述，引述内容具有明确出处；涉诉文章对东方卫视宣传总监韦亮的供职单位、职务及姓名均有明确陈述。"像冯小刚、姚晨这样千万粉丝的大咖（大明星）……"，重点在于强调像冯小刚、姚晨这样粉丝数的、这样级别的大明星，而非直指冯小刚、姚晨二人，涉诉文章并未陈述冯小刚、姚晨发微博收取费用及具体报价。姚晨并未提供证据证明其名誉权受到损害。事实上，姚晨的名誉权并未受损，其社会评价也未降低。我社刊发的涉诉文章是为社会公共利益进行正当的新闻宣传和舆论监督，应当受到法律保护。姚晨作为公众人物，对媒体在行使正当新闻报道和舆论监督的过程中可能造成的轻微损害应当予以容忍和理解。

经审理查明：劳动报社在其于 2013 年 3 月 20 日出版的《劳动报》第 16 版刊发题为《微博"明码标价"产业链浮出水面》的文章，其中提到："东方卫视宣传总监韦亮告诉记者，很多电视节目的宣传'都走名人微博的捷径'，是一件'明码标价'的事情，'像冯小刚、姚晨这样千万级粉丝的大咖（大明星），单独发一条软文价格为 2 万元，转发一条几千元'……早先某档娱乐节目，冯小刚、姚晨等一众明星在微博上连连称赞，正是圈内典型案例。"上述文章同时存在网络版，链接为：http：//www. labour－daily. cn/Images/PDF/20130319103543. pdf。

姚晨提交了其微博截图，其中引述部分为："韦小亮：今有报纸发表名人微博'明码标价'的相关稿件，将我的名字和'姚晨、冯小刚发一篇微博两万元、转发一条几千元'的言论联系起来。我从未发表过该言论，特此声明，以正视听。"劳动报社对该微博截图的真实性不予认可。

劳动报社提交了微信截图、移动通信详单，以证明韦亮是相关消息的提供者。姚晨对上述微信截图、移动通信详单的真实性不予认可。

庭审中，双方确认劳动报社官方微博网址为 http：//weibo. com/laodongbao。姚晨称该微博上并未出现前述相关报道。

上述事实，有双方当事人陈述、《劳动报》页面等在案佐证。

本院认为：当事人对自己提出的诉讼请求所依据的事实或者反驳对方诉讼请求所依据的事实有责任提供证据加以证明；没有证据或者证据不足以证明当事人的事实主张的，由负有举证责任的当事人承担不利后果。

虽然劳动报社在《微博"明码标价"产业链浮出水面》一文中自称部分消息是由东方卫视宣传总监韦亮提供的，但其并未向本院提交有效证据以证明韦亮确实曾向其提供相关消息，故劳动报社应就其在上文中的言论自负其责。

劳动报社在《微博"明码标价"产业链浮出水面》一文中提到："'像冯小刚、姚晨这样千万级粉丝的大咖（大明星），单独发一条软文价格为 2 万元，转发一条几千元'……早先某档娱乐节目，冯小刚、姚晨等一众明星在微博上连连称赞，正是圈内典型案例。"上述言论的通常含义，足以使读者认为姚晨存在于微博中发表软文并因此收费的行为；劳动报社并未向本院举证证明其上述言论的真实性，且上述言论足以贬损姚晨的人格，破坏姚晨的名誉；故本院认定劳动报社的上述言论侵犯了姚晨的名誉权。

劳动报社侵犯了姚晨的名誉权，姚晨有权要求劳动报社停止侵害，即删除其报纸网络版上题为《微博"明码标价"产业链浮出水面》的文章中关于姚晨的言论。

劳动报社侵犯了姚晨的名誉权，姚晨有权要求劳动报社赔礼道歉。题为《微博"明码标价"产业链浮出水面》的文章刊发于《劳动报》，故劳动报社在该报纸上刊登致歉声明即已足以为姚晨消除影响、恢复名誉。对于姚晨要求劳动报社于其官方微博中刊登致歉声明的诉讼请求，本院不予支持。

综上，依照《中华人民共和国侵权责任法》第二条、第六条第一款、第十五条第（一）（七）项之规定，判决如下：

一、被告劳动报社于本判决生效之日起十日内删除《劳动报》网络版上题为《微博"明码标价"产业链浮出水面》的文章中关于原告姚晨的全部内容（链接地址：http：//www. labour－daily. cn/Images/PDF/20130319103543. pdf）。

二、被告劳动报社于本判决生效之日起十日内在《劳动报》上刊登声明向原告姚晨致歉，所刊声明需于刊登前送交本院审核。

三、驳回原告姚晨的其他诉讼请求。

案件受理费一百五十元，由被告劳动报社负担（原告姚晨已预交，被告劳动报社于本判决生效之日起七日内给付原告姚晨）。

如不服本判决，可于本判决书送达之日起十五日内向本院递交上诉状，并按对方当事人的人数提出副本，上诉于北京市第二中级人民法院。

代理审判员　王　喆

二〇一三年六月十四日

书记员　乔　露

案例10：方是民与深圳市明日网络科技有限公司人格权纠纷二审民事判决书

广东省深圳市中级人民法院
民事判决书

（2013）深中法民终字第446号

上诉人（原审原告）： 方是民（笔名方舟子），男，住北京市。
委托代理人： 曹某，浙江新台州（杭州）律师事务所律师。
被上诉人（原审被告）： 深圳市明日网络科技有限公司。
法定代表人： 黄某甲，总经理。
委托代理人： 黄某乙，系该司员工。

上诉人方是民为与被上诉人深圳市明日网络科技有限公司（以下简称明日公司）人格权纠纷一案，不服广东省深圳市宝安区人民法院（2012）深宝法民一初字第6216号民事判决，向本院提起上诉。本院受理后，依法组成合议庭审理了本案，现已审理终结。

原审法院查明，2012年7月2日，明日公司在其主办的"中国品牌服装网"上刊登一篇名为《安××?》的文章，其中有"方舟子去年把安×高科和十月妈咪、添香、优加等一并列为防辐射五大品牌之一，这个排名把安×排在第五位"的表述。2012年7月4日14时，方是民委托律师彭某通过电子邮件向明日公司发出一份《律师催告函》，称上述文章的内容侵犯了方是民的姓名权，要求收函后半小时内删除上述文章、提供文章作者身份信息以及协商赔偿事宜。明日公司收到该律师函后半小时内即将上述文章删除。彭某于2012年7月4日14时33分在其新浪微博上确认上述文章已经删除。

涉案文章是安×高科电磁安全技术（北京）有限公司（以下简称安×公司）的工作人员张某发给明日公司刊登。该文章于2012年6月30日分别在"童装知名品牌网"和"第一营销网""张某763"的日志中刊登。明日公司的经营范围包含信息服务业务（仅限互联网信息服务，不含互联网上网服务）。2012年7月18日，方是民申请北京市方圆公证处现场操作计算机上网浏览，Google搜索结果显示2012年7月2日和6月30日"中国品牌服装网"、"童装知名品牌网"和"第一营销网"分别刊登有上述涉案文章。方是民为此支付公证费2150元，并支付律师费6000元。

上诉人方是民一审诉讼请求为：1. 明日公司在中国品牌服装网（www.china-ef.com）首页显著位置刊登道歉信，刊载时长不少于一个月，公开向方是民赔礼道歉，以消除影响、恢复方是民名誉；2. 明日公司赔偿方是民精神损害抚慰金20万元；3. 明日公司赔偿方是民律师费2万元；4. 明日公司赔偿方是民其他经济损失5000元；5. 明日公司赔偿方是民公证费2150元。

原审法院认为，本案为人格权纠纷。双方争议的焦点是明日公司是否侵犯了方是民的姓名权和名誉权。根据查明的事实，明日公司虽然在其主办的"中国品牌服装网"上刊登了名为《安××?》的文章，但该文与方是民有关的内容仅一句，即"方舟子去年把安×高科和十月妈咪、添香、优加等一并列为防辐射五大品牌之一，这个排名把安×排在第五位"。该表述并未有任何贬低方是民的人格或损害其名誉的意思，不构成名誉侵权。涉案文章中虽然使用了方是民的笔名，但该文并非明日公司撰写，其并不知晓该文侵犯了方是民的姓名权，其作为网络服务提供者只是为该文的发表提供了一个平台，主观上并无过错。而且，在方是民通过律师向明日公司提出删除的要求后，明日公司在半小时内立即在其网站上删除了涉案文章，故不应承担侵权的民事责任。综上，原审法院依据《中华人民共和国民法通则》第九十九条，《中华人民共和国侵权责任法》第三十六条第二款，《中华人民共和国民事诉讼法》第六十四条的规定，判决：驳回方是民的诉讼请求。案件受理费643元，由方是民承担。

一审宣判后，上诉人方是民不服原审判决，向本院提起上诉称：一、被上诉人明日公司提交的安×公司员工张某通过QQ向明日公司发送的文章与该公司在其网站上发布的文章明显不同。相对于张某提供的文章，明日公司发布的文章在标题下多了最关键的一段话，即"核心提示：方舟子去年把安×高科和十月妈咪、添香、优加等一并列为防辐射五大品牌之一，这个排名把安×排在第五位。最近有好多加盟的省代、市代等客户经常问我们，把我们和十月妈咪、添香服装、优加做比较，问得最多的一个问题就是你们到底谁的商品最能防辐射"，还增加了更多的服装模特图片以及服装分类和新闻信息内容。上述增加的部分使得明日公司刊发的文章更容易被网民链接到，扩大了侵权文章的扩散面，更能吸引读者的关注。二、原审法院认定"童装知名品牌网"于2012年6月30日刊登过侵权文章的证据并没有经过公证，原审法院也拒绝在法庭调查阶段现场登录"童装知名品牌网"的网页进行核对。事实上"童装知名品牌网"确实刊登过《安××射》一文，但该文并没有侵犯上诉人的姓名权、名誉权，与明日公司发布的文章并不相同。明日公司提供的QQ截图，不能证明所谓的"安×公司张某"向其提供了侵权文章，该QQ截图是明日公司伪造的，让法院误以为明日公司刊发的侵权文章是由第三人提供的。明日公司提供的通话记录不能证明该侵权文章由安×公司张某提供，其提供的证据6的第1~5页也不能证明"张某763的日志"先于其发布侵权文章。三、明日公司提交的所有证据都在举证期限后提交，上诉人从未收到任何延长举证期限的通知，原审法院也没有对上诉人进行解释。在此情况下，明日公司提供的证据不具有证明效力。另外，明日公司称是安×公司的张某提供了侵权文章，因此，应当追加安×公司和张某参加诉讼，才能确定责任的承担。原审对此没有追加，程序错误。同时，原审采用简易程序审理本案，应在3个月内审结。本案受理日期是2012年9月10日，但上诉人收到判决是在12月17日，超过了法定审限。四、原审适用法律错误。即使明日公司属于原审所称的网络服务提供者，依据《中华人民共和国侵权责任法》第三十六条的规定，其仍应承担相应的法律责任。根据《信息网络传播权保护条例》和相关司法解释的规定，网络服务提供者在接到删除侵权信息的通知后，必须马上告知权利人发布侵权信息的用户的真实身份。上诉人在《律师催告函》中明确要求明日公司提供文章作者的身份信息，但其拒不提供，应承担侵权责任。在网络用户发布侵权信息的过程中，网络服务提供者只有符合以下三个条件，即侵权信息是网络用户提供且网络服务提供者没有更改其内容、侵权信息由网络用户自行发布到网络服务提供者提供的网络空间且该空间清楚记载了由网络用户自行管理、网络服务提供者不能从发布的侵权信息中获得任何经济收益，但明日公司在事实上属于互联网信息服务提供者，应对其发布的侵权文章承担全部法律责任。据此，上诉人方是民请求二审法院撤销原审判决，改判支持上诉人的全部诉讼请求。

被上诉人明日公司辩称，一、"童装知名品牌网"于2012年6月30日发布的文章与明日公司网站2012年7月2日发布的文章内容完全相同，明日公司只是转发了"童装知名品牌网"的文章，明日公司对此已提交了相关截屏证据。方是民没有任何证据证明安×公司提供的是素材而由明日公司捏造该文章。涉案文章的"核心提示"内容与正文第一段一致，并未将方是民认为的"侵权内容"提前。"服装模特图片及服装分类和新闻信息内容"是网页固有的框架内容，非文章构成部分，并不是为转发该文章增设的内容。二、上诉人主张被上诉人提供的证据与事实不符，对此，1. 网络上的东西瞬息万变，等到公证时，证据很可能已消失，上诉人进行截屏时，"童装知名品牌网"就已对该文章进行了修改，所以被上诉人的证据应认定有效。另外，被上诉人还在一审时提交有相关录像证据。2. QQ截图中的时间8月1日是选择搜索的时间，不是文件的传输时间，接收窗口日期2012年7月2日是文件传输时系统默认时间，被上诉人无法进行修改。3. 关于与安×公司张某的通话记录，被上诉人是出于取证需要，于10月17日与10月22日与安×公司张某通电话，要求张某重传7月2日该篇文章。10月30日，被上诉人电话通知张某该文章被控侵权，张某承认是由他发布的。上诉人是科普学者，认为防辐射服是伪科学。而被上诉人是服装行业网站，与科普相去甚远，并不知晓上诉人及其观点。被上诉人作为网络服务提供者只是免费转发了安×公司的文章，并未以此牟利，文章中也没有任何对上诉人不敬的言辞。三、上诉人认为一审法官违反法律程序问题。1. 关于举证时间。法院的通知书是10月9日落款盖章的，我方签收时间是10月12日。按照收到通知后15日内提交证据的规定，我们提交证据的时间是10月26日，并没有超过举证期限。11月18日提供的证据，也只不过作为补充。2. 本案是否通知第三方参加诉讼，由法院决定，与被上诉人无关。综上所述，被上诉人既没有盗用上诉人的姓名权，也没有利用上诉人名义宣传其产品，不存在商业营利目的。被上诉人马上删除该文，也未被其他网站转载。作为一个网络服务提供者，被上诉人的态度和行为都是谨慎、诚恳和尽责的，没有主观损害上诉人的声誉。请求二审法院驳回上诉人的诉讼请求，维护被上诉人的合法权益。

经审理查明，原审判决认定的事实无误，本院予以确认。

另查明，1. 上诉人提交了其在二审庭审中的往返机票及住宿费，共计2000多元，称是上诉人的损失。被上诉人明日公司对其真实性、合理性存在异议。被上诉人提交了与安×公司的通话记录、QQ号码的确认书、ICP网络服务提供者的资质证明，上诉人认为上述证据不属于新证据，且QQ号码确认书与电话录音记录均是复印件，不予确认；即使这些证据是真实的，证明内容也与其一审提交证据一致。2. 上诉人二审时确认其没有对张某和"童装知名品牌网""第一营销网"等刊登涉案文章的网站主张侵权；3. "中国品牌服装网"刊登的涉案文章相对于其他网站刊登的文章，在标题与正文之间多了"核心提示"部分，该部分内容与涉案文章正文第一段内容一致。

本院认为，对于上诉人方是民委托律师彭某于2012年7月4日向明日公司发出要求删除上述文章的催告函后，明日公司按要求在半小时内在其网站上删除了该文章，并经彭某在其新浪微博上确认的事实，双方当事人均不持异议，本院予以确认。方是民主张明日公司构成对其名誉权、姓名权及一般人格权的侵犯，主要理由是认为涉案文章是明日公司自行制作的，且明日公司不是网络服务提供者。对此，通过比较涉案文章与"童装知名品牌网""第一营销网"、张某763微博上发表的文章，涉案文章的不同之处在于多了标题与正文之间的"核心提示"和文章右侧的服装分类及其他新闻信息。而"核心提示"内容与文章正文第一段内容完全一致，并没有另外增减其他内容。文章右侧的服装分类及其他新闻信息主要是搜索引擎、热点资讯及图片新闻，也没有涉及方是民、安×公司、防辐射服装等与涉案文章有关的内容，属于网站自身建设部分。因此，仅凭上述两处内容不足以认定涉案文章在独立于文章作者之外另行增加明日公司自主创作的评论性或思想性内容。方是民在上诉状中也已确认"童装知名品牌网""第一营销网"发布的文章没有侵犯其姓名权和名誉权，现其主张涉案文章侵权，缺乏事实依据。《中华人民共和国侵权责任法》第三十六条第二款规定："网络用户利用网络服务实施侵权行为的，被侵权人有权通知网络服务提供者采取删除、屏蔽、断开链接等必要措施。网络服务提供者接到通知后未及时采取必要措施的，对损害扩大部分与该网络用户承担连带责任。"本案中，明日公司的工商登记信息、营业执照、增值电信业务经营许可证等都证明该公司的经营范围包括提供互联网信息服务业务，故该公司属于网络服务提供者。明日公司在方是民的律师彭某要求在其网站删除涉案文章半小时内即删除涉案文章，并经彭某确认，达到了上述法律规定的网络服务提供者的谨慎注意义务。方是民也没有证据证实涉案文章在明日公司网站上的存续期间内，社会公众因获知该文章而对方是民的社会地位或人格尊严进行否定性评价，因此，明日公司不构成对方是民姓名权、名誉权和一般人格权的侵犯。至于涉案文章是否存在虚构方是民对某产品的功能或作用进行评论的情形、文章作者是否应当对此承担责任，由于方是民没有向文章作者主张权利，本案对此不予处理，方是民可另循法律途径解决。综上，原审判决认定事实清楚，适用法律正确，本院予以维持。依据《中华人民共和国民事诉讼法》第一百七十条第一款第（一）项之规定，判决如下：

　　驳回上诉，维持原判。

　　二审案件受理费643元，由上诉人方是民负担。

　　本判决为终审判决。

审判长　　王雅媛

审判员　　刘付伟贤

代理审判员　陈云峰

二〇一三年七月十八日

书记员　　杨炉英

案例11：连云港中讯在线广告传媒有限公司与许超名誉权纠纷一审民事判决书

连云港市新浦区人民法院
民事判决书

(2013) 新民初字第1826号

原告：连云港中讯在线广告传媒有限公司，住所地连云港市新浦区车站街解放东路81号。

法定代表人：陈国，总经理。

委托代理人：刘文立。

被告：许超。

委托代理人：汪占兵、吴春明，江苏润唐律师事务所律师。

原告连云港中讯在线广告传媒有限公司（以下简称中讯公司）诉被告许超名誉权纠纷一案，本院立案受理后，依法组成合议庭公开开庭进行了审理。原告中讯公司的委托代理人刘文立、被告许超的委托代理人吴春明到庭参加诉讼。本案现已审理终结。

原告中讯公司诉称，被告许超因经常迟到、早退，在外另谋职业等违反公司规章制度而被原告辞退后心生怨恨，于2012年7月24日12时20分纠集赵星等人趁原告下班之际到原告处悬挂横幅，歪曲事实，并且拍照上传至网上肆意发布虚假信息，直接造谣中伤原告及原告的法定代表人陈国夫妇，对原告的声誉造成严重损害，后经市东派出所处理，被告许超承诺负责删除网上与原告相关的文章及微博内容，并保证不再发布类似虚假信息，但时至今日，被告依旧未删除上述信息，而且还继续在网上、客户QQ群发布带有蓄意攻击、恶意造谣的言论，进一步损害了原告及法定代表人的声誉和名誉，此事件在原告所从事行业内影响十分恶劣，部分客户因此终止合作，给原告造成严重的经济损失。现请求人民法院依法判令被告许超停止侵权、消除影响，在相应网络、媒体上公开赔礼道歉、赔偿经济损失20万元，并承担本案诉讼费用。

被告许超辩称，1. 2012年7月24日，许超和赵星因到原告处讨要业务提存款而发生纠纷，2012年8月2日，在连云港市公安局新浦分局市东派出所调解下达成调解协议，协议第一条就是许超删除本人在相关网站上与原告有关的文章，当时许超在派出所时就用派出所的电脑对其所发的文章已经进行了删除，所以原告起诉的事实不存在，在调解以后，许超也没有自己或者指使他人继续在相关网站发布对原告不利的内容；2. 原告要求许超赔偿200000元无事实和法律依据，因许超已经将相关内容及时予以删除，并没有给原告造成相关的影响，更没有给原告造成任何损失，因此，原告诉求200000元无法律依据；3. 原告诉求消除影响，在相关网络、媒体上公开赔礼道歉无事实和法律依据，基于原告诉称的事实不存在，且许超已经通过种种方式履行了派出所所主持的调解协议，对原告名誉等并没有造成侵权和影响，所以原告该诉求的观点不能成立；4. 依据调解协议的约定，原告不应起诉。综上所述，原告的诉求无事实和法律依据，请求人民法院依法驳回原告的诉讼请求。

经审理查明，被告许超原系原告中讯公司的员工。2012年，原、被告因许超的劳动报酬等问题产生矛盾，后许超就此事在原告中讯公司的办公场所外以打横幅的方式讨要在原告处工作期间的业务提成款，该横幅的内容为"扬子晚报还我血汗钱"，并在网上发布一些诋毁、贬低原告中讯公司名誉的信息。2013年2月22日，原告中讯公司向江苏省连云港市连云港公证处申请办理保全证据公证，该公证处于2013年3月12日出具（2013）连港证民内字第432号公证书，该公证书的内容反映出公众仍然可以在网上查找到被告许超之前所发布的一些诋毁、贬低原告中讯公司名誉的信息（其中主要为网名"嘻哈"发布的信息）。原告中讯公司认为"嘻哈"系被告许超的网名，被告许超对此不予认可，并称被告及其朋友从未用"嘻哈"这个网名发过任何文章。

2012年7月24日，许超到原告中讯公司以打横幅的方式讨要在公司工作期间的业务提成款，后许超与原告中讯公司的法定代表人陈国及其妻子许翠平发生纠纷，继而发生肢体冲突，许超对许翠平进行殴打，后陈国与许超又发生厮打，经法医鉴定，许翠平受轻微伤，陈国、许超也均有轻微外伤。2012年8月2日，在连云港市公安局新浦分局市东派出所的主持下，陈国、许翠平和许超达成调解协议，调解协议内容如下：1. 2012年8月3日8时前，许超删除其本人或者让其他人发布在相关网站上的所有与中讯公司、《扬子晚报》有关的文章、微博内容，以后许超本人不得在相关网站上再发布与中讯公司、《扬子晚报》有关的文章、微博，也不得指使其他人发布与中讯公司、《扬子晚报》有关的文章、微博；2. 许超赔偿许翠平医药费等各项费用1500元整，此款待中讯公司2012年8月份支付许超业务提成款时由陈国扣除；3. 2012年8月3日许超到连云港市新浦区劳动监察大队撤回其对中讯公司提出的投诉；4. 2012年8月31日前，中讯公司向许超支付其在日出东方、万润两家房地产广告业务中的全部业务提成款，2012年11月30日前，中讯公司向许超支付其在中豪房地产广告业务中的全部业务提成款；5. 调解成功后双方保证互不追究对方其他任何责任，双方同意在此纠纷调解结束后，今后不再为此事发生任何冲突，并保证此事件到此结束；6. 协议经双方当事人签字后立即生效，双方若有异议，可到法院诉讼解决。（2013）连港证民内字第432号公证书的内容无法反映在上述协议达成后，被告许超未按协议约定删除有关文章、微博，或者在相关网站上再发布与中讯公司、《扬子晚报》有关的文章、微博。

诉讼中，原告中讯公司称，原告200000元损失的计算依据为：一个标的为350000元的合同被终止，原告按照175000元主张权利；香溢集团广告比以前少登载两篇，给原告造成直接经济损失52000元，两项合计227000元，原告只主张200000元。为证明该损失，原告中讯公司提供了扬子晚报和苍梧晚报以及广告合同书、终止合作函。该《广告合同书》载明以下主要内容：原告中讯公司与连云港九励同策房地产经纪有限公司（以下简称九励公司）签订广告合同书，由中讯公司为九励公司代理的相关楼盘在《扬子晚报》的扬子楼市、都市生活版发布广告，合同期限为2012年4月14日至2012年12月31日，年度广告总投入费用为350000元等内容。双方在该《广告合同书》中未明确约定单方终止合同的条件。2012年8月10日，九励公司以中讯公司前段时间在网络上及行业内部传播的有关扬子晚报及中讯公司的不利负面消息在社会上影响很坏，对双方今后业务合作产生了一定的阻碍，再继续业务合作会对九励公司产生负面影响为由，向中讯公司发出终止合作函，决定终止与中讯公司的一切业务合作。

上述事实,有原、被告的当庭陈述及原告提供的公证书、公安调解书、条幅、报纸、合同中止函、广告合同书等证据在案予以证实。

本院认为,原告中讯公司的法定代表人陈国以及许翠平、许超在公安机关达成的调解协议系当事人的真实意思表示,各方均应按协议约定履行各自的义务。各方已就被告许超在网上发布有关中讯公司、《扬子晚报》的信息一事,达成调解协议,并承诺互不追究对方其他任何责任。陈国作为原告中讯公司的法定代表人,有权代表公司处理中讯公司的相关事务,故上述协议对原告中讯公司同样具有约束力。当事人对自己提出的主张,有责任提供证据。本案中,原告中讯公司主张"嘻哈"系被告许超的网名,但其未能提供有效证据予以证实,且被告许超也不予认可,故本院对该观点不予采信,另外,原告中讯公司未能提供有效证据证实被告许超在公安部门达成调解协议后,未按约定删除其本人或者让其他人发布在相关网站上的所有与中讯公司、《扬子晚报》有关的文章、微博内容以及在相关网站上再发布与中讯公司、《扬子晚报》有关的文章、微博,或者指使其他人发布与中讯公司《扬子晚报》有关的文章、微博的事实,即原告中讯公司未能提供有效证据证实被告许超存在违约的事实,故原告中讯公司要求被告许超停止侵权、消除影响,在相应网络、媒体上公开赔礼道歉、赔偿经济损失 200000 元的诉讼请求,事实和法律依据不足,本院不予支持。综上,依据《中华人民共和国侵权责任法》第二条、第六条,《中华人民共和国合同法》第六十条,《中华人民共和国民事诉讼法》第六十四条第一款之规定,判决如下:

驳回原告连云港中讯在线广告传媒有限公司的诉讼请求。

案件受理费 4300 元(原告已预交),由原告连云港中讯在线广告传媒有限公司负担。

如不服本判决,可在判决书送达之日起十五日内,向本院递交上诉状,并按对方当事人的人数提出副本,上诉于江苏省连云港市中级人民法院。同时应向该院预交上诉案件受理费4300 元。

审判长　杜秀丽

代理审判员　杨　路

人民陪审员　王永红

二〇一三年九月二十九日

书记员　江向晖

案例 12：武汉中盛医疗美容医院有限公司与吴某名誉权纠纷二审民事判决书

湖北省武汉市中级人民法院
民事判决书

（2013）鄂武汉中民二终字第 00733 号

上诉人（原审原告）：武汉中盛医疗美容医院有限公司。
法定代表人：任德清，董事长。
委托代理人：王晟，该公司员工。
被上诉人（原审被告）：吴某军。

上诉人武汉中盛医疗美容医院有限公司（以下简称中盛医疗美容医院）为与被上诉人吴某军名誉权纠纷一案，不服湖北省武汉市江汉区人民法院（2013）鄂江汉民一初字第 00096 号民事判决，向本院提起上诉。本院受理后，依法组成合议庭，于 2013 年 8 月 27 日公开开庭审理了本案，上诉人中盛医疗美容医院的委托代理人王晟，被上诉人吴某军到庭参加了诉讼。本案现已审理终结。

原审查明，吴某军于 2012 年 6 月 19 日入职中盛医疗美容医院，同年 7 月 30 日，中盛医疗美容医院辞退吴某军。吴某军因经济补偿金争议向武汉市江汉区劳动争议仲裁委员会申请仲裁，要求中盛医疗美容医院支付工资经济补偿金并补缴社保，后武汉市江汉区劳动争议仲裁委员会作出裁决。嗣后，吴某军以"零度飞翔"的网名在新浪网上发表三条微博。2012 年 12 月 7 日 23 时 42 分，吴某军发表的微博内容为"工作了一个多月，一分钱没有给，我把中盛医疗美容医院告上了法庭，他败诉了还是拖延时间，靠！有地方说理吗？希望我的粉丝们都帮我转转，多转啊，看看这个中盛医疗美容是什么样的货色，我这里有裁决书，有图有真相"，后附有仲裁裁决书。该微博被转发 6 次。在该条微博后，吴某军发表了"特别说说湖北人多帮我转下，这个公司只晓得哄别人的钱，什么韩国医生，什么有名的医生，我都一个没有看到，实在不忍心跟他们一起去黑心，实在不忍心跟他们一起去害人，我走了，他们一分钱工资都不付，保险不交，这样利欲熏天的黑公司公然存在！"的评论。同日 23 时 46 分，吴某军以上述评论为内容，又发表微博一条，该微博未被转载，且在诉讼前已被删除。12 月 9 日 14 时 14 分，吴某军再次发表微博，内容为："工作了一个多月，一分钱没有给，我把中盛医疗美容医院告上了法庭，他败诉了还拖延时间，真诚希望媒体多关注我们这些打工的人，他们第一拖欠工资不给，第二社保也不买，第三找无数理由克扣我们打工者的血汗钱。"吴某军将此条微博发给了湖北经视官方微博、湖北经视江涛、湖北卫视大王小王、长江新闻号、综艺报、正义网。该条微博被转发 2 次，媒体并未就此事进行报道。在案件审理过程中，吴某军已将剩余两条微博删除。

原审认为，侵害法人名誉权是指以口头、书面等形式诋毁、诽谤法人名誉，给法人造成损害的行为。是否构成侵害名誉权的责任，应当根据受害人确有名誉被损害的事实、行为人行为违法、违法行为与损害后果之间有因果关系、行为人主观上有过错来认定。本案中，因中盛医疗美容医院、吴某军发生劳动争议纠纷，吴某军在其新浪微博上发帖，其帖中对双方的劳动争议事实进行了叙述，并发表了个人观点，个人观点中确有个别言辞不当，但吴某军发帖的内容并未对中盛医疗美容医院名誉进行诋毁和诽谤，未在网络上广为散播，只在一定范围内被人知晓。中盛医疗美容医院亦无证据证明吴某军的上述言论使公众对中盛医疗美容医院及其经营的"中盛美容"品牌产生重大误解，使得中盛医疗美容医院的社会评价降低，严重侵害了中盛医疗美容医院的名誉权，给中盛医疗美容医院造成了巨大经济损失，且吴某军在诉讼过程中已将发帖全部删除。故中盛医疗美容医院要求吴某军赔礼道歉、消除影响、恢复名誉、赔偿损失的诉讼请求，无事实依据，法院不予支持。据此，依照《中华人民共和国民法通则》第一百二十条第二款及《中华人民共和国民事诉讼法》第一百四十二条的规定，判决：驳回武汉中盛医疗美容医院有限公司的全部诉讼请求。减半收取案件受理费150元、邮寄费46元，共计196元，由武汉中盛医疗美容医院有限公司负担（已付）。

宣判后，中盛医疗美容医院不服，向本院提起上诉称：一、一审判决认定被上诉人发表个人观点未对上诉人名誉进行诋毁和诽谤，是错误的；二、一审判决认定被上诉人发布的信息没有广为散播、只在一定范围内被人知晓，所以不具有法律上的公然性（散布），是对"公然"（散布）的错误解释；三、原审判决认定上诉人没有尽到举证责任，没有证据证明被上诉人的言论使公众对上诉人的商誉和社会评价降低，造成巨大经济损失，所以不构成名誉侵权是错误的。请求：1. 撤销原审判决，发回重审或依法查明事实后改判支持上诉人对被上诉人的诉讼请求；2. 本案一、二审诉讼费用由被上诉人承担。

吴某军辩称，这是我与中盛美容的第二个案子。1. 第一个案件是我告中盛美容医院，我在中盛美容医院工作45天，一分钱没拿到，保险也没买，我把中盛美容医院告上法庭，他们已败诉，所以此案的性质是他们报复；2. 上诉人虚假广告被工商罚款，说明他们非常虚假；3. 公司没帮员工买保险，现在我胜诉了，他们仍没赔付我保险；4. 一审他们没证据证明我是名誉侵权，目前医院仍没拿出新的证据，请求维持原判。

二审查明事实与原审判决查明事实相同。

本院认为，吴某军所发微博系对双方的劳动争议事实进行了叙述，并发表了个人观点，对此，中盛医疗美容医院没有充分的证据证明吴某军所发微博有捏造诽谤医院形象的事实，亦没有举证证明吴某军所发微博有不属实的言论，也没有证明微博的转发造成了医院损失的证据，从本案的事实看，吴某军所发微博内容并没有捏造事实，虽说吴某军在其所发微博上用词有不妥之处，有些过激的语言，但该微博上的过急的语言，并不构成对中盛医疗美容医院名誉侵权。根据《最高人民法院关于审理名誉权案件若干问题的解答》的有关精神，文章反映的问题基本真实，没有侮辱他人人格的内容的，不应认定为侵害他人名誉权。本案的被上诉人吴某军在其微博上的言论，并未对上诉人中盛医疗美容医院的名誉造成侵害。据此，中盛医疗美容医院请求撤销原审判决，发回重审或改判支持上诉人诉讼请求的上诉主张，本院不予支持。

综上，原审判决事实清楚，适用法律正确。根据《中华人民共和国民事诉讼法》第一百七十条第一款第（一）项的规定，判决如下：

驳回上诉，维持原判。

二审案件受理费 300 元，由武汉中盛医疗美容医院有限公司负担。

本判决为终审判决。

审判长　彭显海

审判员　张海鹏

审判员　刘　畅

二〇一三年十月九日

书记员　王歆旺

案例 13：杨颜磊与北京小米科技有限责任公司著作权纠纷一审民事判决书

北京市海淀区人民法院
民事判决书

（2013）海民初字第 20901 号

原告：杨颜磊，男，职业画家。
委托代理人：朱士利，北京市兆中律师事务所律师。
被告：北京小米科技有限公司，住所地北京市海淀区永捷北路 2 号二层。
委托代理人：刘振，男，北京小米科技有限公司法务。

原告杨颜磊诉被告北京小米科技有限公司侵犯著作权纠纷一案，本院受理后，由审判员王宏丞独任审判，公开开庭进行了审理。原告的委托代理人朱士利，被告的委托代理人刘振到庭参加诉讼。本案现已审理终结。

原告杨颜磊诉称，我系职业画家，笔名天朝羽，创作的作品曾在多家电视媒体播出。涉案作品是天朝羽涂鸦小册子《我想你》系列中的作品，其中的角色"小羽"形象经典，深受喜爱，具有很高的艺术价值和形象感染力。被告未经许可将该作品在 MIUI 米柚官方微博宣传平台作为米柚语录进行发布，广泛传播，以此吸引给网民和客户，获取浏览和点击量，进行品牌和产品广告宣传，并获取商业利益。被告的行为侵犯了我享有的署名权、修改权、信息网络传播权、获得报酬权等多项权益。现起诉要求被告停止侵权，在米柚官方微博连续三十天登载致歉声明并消除影响，赔偿经济损失及合理支出 7.6 万元。

被告北京小米科技有限公司辩称，MIUI 米柚是小米手机基于安卓系统开发的一款手机操作系统，米柚官方微博的产生主要是为了给网友提供一个发表自己意见的空间，其中一项活动项目称为"米柚语录"，形式为一句人生感悟加一幅配图，由用户提供内容。涉案图片的使用即为用户"米二姐"参加上述活动提供的素材，我方上传到米柚微博，没有商业利益。涉案微博发表时间是 2013 年 1 月 28 日上午 8 点，当天上午作者即发现，通过评论告知我方，我方马上删除该微博并与作者沟通；下午 2 点我方私信作者表示歉意，作者即表示知道了，要由律师处理。我方确实不知道图片侵权，接到作者通知后立即删除，未给原告造成损失，一直希望可以通过合作的方式解决纠纷，但作者要求过高。我公司不同意其赔礼道歉和赔偿损失的诉讼请求。

经审理查明，原告是职业画家，笔名天朝羽，其创作的《我想你》系列包括 20 幅图，画面线条简单，均为一个叫"小羽"的男孩卡通形象图案，搭配各种抒发想念心绪的文字。涉案作品为其中一幅，画面右侧为男孩坐在高脚桌椅上喝茶，左侧上方为两团云朵，下方为文字："独自一个人的时候，想你变得尤为明显"。

原告提交其新浪和腾讯博客网页打印件，证实其笔名以及发表该画作的情况，博客上传该画作的时间均为2007年。

MIUI为被告基于安卓系统开发的手机操作系统，中文名称为米柚。MIUI_ROM系被告管理的米柚官方微博，关注者多为小米手机该操作系统的用户。2013年1月28日上午8点零1分，该官博发布一篇微博，内容为："MIUI每日语录：胆子大胸怀广的人未必坚强，主意正风风火的人未必不需要嘘寒问暖——米二姐。"配图使用了原告涉案作品的卡通图案，去掉了原画作中左下方的文字，将上述语录文字和米二姐的名字复制在原图中云彩的位置。该微博转发31次，评论15个。

当日上午，原告即申请公证，对上述米柚官博的刊登情况及其新浪博客《我想你》20幅画作的内容进行了公证。原告提交了（2013）许天证民字第260号公证书作为证据。其同时还提交了自身作品简介和相关票据，证实其知名度，以及为本案支付的公证费1000元，律师费5000元。

被告认为上述证据中的作品介绍与本案无关，此外其认为律师费的票据为普通收据，非正式发票，不符合规定。原告表示该数额中包括差旅费、代理费、材料打印费、邮寄费、通信费等，未提供委托代理合同。

被告表示，从微博内容可以看出，该篇微博内容署名"米二姐"，文字和图片均为该用户提供，发到米柚论坛后由米柚官博管理者上传至官博。

原告认可该内容由网友提供，但表示被告的行为仍属于侵权行为。

被告提交其与作者私信的页面打印件，证明其接到原告通知及时与原告联系，并将微博删除。当日14：01的私信内容为："您好，看到您的反馈后我们第一时间删除了相应的微博，对于工作审核中的疏漏给您造成的麻烦和困扰，MIUI向您表示深深的歉意。"

庭审中法庭询问原告如何在米柚官博发布微博后当即发现，原告表示米柚官博的用户中也有他的关注者，发现后直接告知。其认可被告当天中午就删除了涉案图片，也直接与其沟通，其当时已经公证，表示要跟律师沟通。

庭审中被告提出调解方案，包括如能将原告的图片制作成收费下载的皮肤，获利可以与原告分成，原告对此表示不同意。

上述事实，还有本院的庭审笔录在案佐证。

本院认为，原告创作的涉案画作虽然线条简单，但有其自身特点，使用卡通画和文字搭配，增加了画作的感染力，具有一定的个人特征和独创性。原告对其作品享有著作权，他人未经许可不得使用。

被告的米柚官方微博系其对自身技术的宣传平台，吸引用户进行互动，并为用户提供信息等服务，发布和传播的内容和范围有一定影响力，其存在对于被告的手机销售及软件服务等业务具有一定的商业利益。米柚语录是该平台与用户互动的内容之一，由用户自己搭配图片和文字传给米柚官博，由官博选择好的创意和搭配上传。该活动本意为展示用户原创，但对于用户提交的文字和配图的来源，以及是否为他人享有著作权，是否有侵权的可能性，官博确实较难知晓和控制。但米柚微博作为具有一定商业性质的官博平台，其发起活动，制定规则，收集、选择和上传内容，比仅提供平台，由用户直接上传内容的管理者注意义务更高，应对收到的内容给予相对严格的审查。

本案中米柚微博使用了涉案画作中的卡通图，没有使用其文字。从微博内容可以看出，上述内容以网友"米二姐"的名义发布，应为该网友提供的内容。根据相关法律规定，是否构成侵权，应审查被告对该内容未经许可使用了他人作品是否明知或应知。米柚官博作为上传者，应对网友提供的图片进行审查。原告的作品知名度是否能达到一般人可以判断其作者的程度，并不确定，但使用任何作品，都应注意其侵权的可能性，不应随意使用。原告的作品具有一定影响力，也曾在互联网发布，被告可以通过对图片搜索对比等，发现问题，避免侵权。因此，虽然被告在此次行为中的过错程度较低，发现问题也积极进行了处理和补救，但其上述行为仍构成对原告作品的信息网络传播权和修改权、署名权的侵犯。

因涉案微博当天即被删除，原告要求停止侵权的诉讼请求已经实现，判决主文中不再赘述。关于原告提出的要求被告公开致歉、消除影响的诉讼请求，本院认为，其提出上述请求是基于米柚官博对其作品的使用未给其作品署名，并进行了修改，考虑到上述行为并非被告明知而为，且对原告作品并无毁损或造成不良影响，对作者的名誉也无不良影响，故不存在消除影响的事实基础，本院无法支持。致歉的法律责任，系因对权利人人身权被侵犯的情形设定的保护方式，以弥补其精神所受的损失，致歉的方式和程度应考虑侵权方式，权利人的受损程度，以及侵权一方的主观过错等因素。本案中被告的行为构成侵权的过错程度较低，且在发现问题后及时删除图片，并立即向原告致歉。本院认为被告在上述积极处理过程中已经完成了致歉行为，且已足以弥补给原告造成的精神损失，故不再支持原告要求其另行致歉的诉讼请求。

关于赔偿数额，原告的请求过高。本案中被告侵权的主观过错较低，且发表后很快收到作者通知，立即做出处理，给予删除，并向作者致歉进行弥补。虽然该官博拥有7万名关注者，但因涉案微博存在时间短，仅有30次转发，其行为未给原告造成明显损失；其未使用原告画作中的文字，亦对原告画作的影响轻微。本院综合考虑原告画作的独创性程度，被告的主观过错、使用和处理方式等因素，酌情确定较低的赔偿数额。关于原告维权所支付的费用，其并未提供律师费的正式发票，仅以一张普通收据无法证明收费情况，对其要求的律师费本不应据此支持，但考虑其确实有律师参与庭审，本院对其相关费用也酌情给予考虑。原告起诉要求的赔偿数额过高，与本院支持的数额差距较大，其应自行承担部分本案的案件受理费。

据此，本院依照《中华人民共和国著作权法》第四十八条第（一）项、第四十九条之规定，判决如下：

一、被告北京小米科技有限公司赔偿原告杨颜磊经济损失及诉讼合理支出五千元（于本判决生效后十日内给付）。

二、驳回原告杨颜磊的其他诉讼请求。

如果被告北京小米科技有限公司未按本判决指定的期间履行给付金钱义务，应当依照《中华人民共和国民事诉讼法》第二百二十九条之规定，加倍支付延迟履行期间的债务利息。

案件受理费八百五十元，由原告杨颜磊负担四百元（已交纳），由被告北京小米科技有限公司负担四百五十元（于本判决生效后七日内交纳）。

　　如不服本判决，可于判决书送达之日起十五日内，向本院递交上诉状，并按对方当事人的人数递交副本，交纳上诉案件受理费，上诉于北京市第一中级人民法院。如上诉期满后七日内未交纳上诉案件受理费，按自动撤回上诉处理。

审判员　王宏丞

二〇一三年十月十七日

书记员　李　曼

案例14：马延明与张显名誉权纠纷一审民事判决书

西安市雁塔区人民法院
民事判决书

（2013）雁民初字第01764号

原告：马延明，男，汉族。

被告：张显，男，汉族。

原告马延明与被告张显名誉权纠纷一案，本院受理后，依法组成合议庭，公开开庭进行了审理。原告马延明、被告张显均到庭参加了诉讼。本案现已审理终结。

原告马延明诉称，在药家鑫案件审理过程中，原告发现被告张显有关微博言论涉嫌侵害了公民药庆卫的权益。在案件审理终结后，原告出于义愤遂在博客上以公开信的形式发表题为《致西安电子科技大学领导的一封公开信》的博文，希望被告能规范自己的言行。但被告张显仍未反思自己的不当行为，反而因此记恨原告，公布原告从未公布的电子信箱、QQ号等涉及原告个人隐私的信息，对原告进行"人肉搜索"。还私下将原告与其谈话的过程录音，并将录音内容选择性的剪辑、拼凑，误导网友对原告的社会评价，对原告造成名誉的贬损及严重的经济、精神等损失。因被告的上述行为，侵犯了原告的名誉权，为维护自己合法权益，故诉至法院，请求判令被告：1. 立即停止侵犯原告合法权益的不法行为，删除其侵权的微博及录音；2. 在其土豆网、微博、博客个人网页上向原告道歉，并连续30日置顶登载于其微博、博客和土豆网个人主页；3. 赔偿原告精神损失费2000元人民币；4. 承担本案证据保全公证费用1000元、资料复印费105元、鉴定费等费用；5. 承担本案诉讼费用。

被告张显辩称，原告所谓的"人肉搜索"不成立。被告所公布的所有信息均来自原告向外公布的公开信息。网络世界的个人信息在法律上与原告没有同一性。对于公布录音一事，被告承认对双方谈话内容的录音进行过剪辑、摘录，公布部分录音是一种自我安全保护的本能反应，但该录音语句意思表达完整，全部录音也可以表明并无篡改、无歪曲的事实，都是原告当时所说的原话。关于原、被告在中院相遇及案外人王辉与马延明发生冲突事件后，被告在微博上的言论，仅仅是被告对事实的陈述，网友的评论不属于被告的能力控制范围，与被告无关。此外，被告的举报行为是公民的正常权利和义务，公安机关根据举报者提供的举报材料进行调查是正常的公务行为，而配合公安机关调查也同样是公民的义务。被告是实名非公开场合举报原告，并未在任何公开场合说过举报事宜，因此并未侵犯原告的任何权益。综上，原告的诉请缺乏事实及法律依据，属无理要求，不应得到支持。

本院审理中，原告马延明为支持其诉请提交以下证据：第一组，西安市雁塔区人民法院（2011）雁民初字第04416号民事判决书、西安市中级人民法院（2012）西民二终字02249号民事判决书；第二组，从药庆卫诉张显一案中所截取的陕西汉唐公证处（2011）陕证民字第004879号公证书中7月1日被告张显在新浪微博发布的四条微博；第三组，西安市公安局新城分局西公法行复字（2012）08号行政复议决定书；第四组，（2013）陕证民字第000730号公证书中2011年12月28日，被告张显将经过截取的录音上传于其土豆网西安张显的个人主页时长5分48秒的录音；2011年12月29日23时37分被告张显在其名为"晴朗的天空"的新浪博客中发表题为《药家鑫之父药庆卫名誉案的代理人（嘶哑老汉）张显你必须与我打官司》的博文，并附随有土豆网该录音的相关链接http：//t.cn.SxyazJ；第五组，2012年12月10日被告张显在新浪微博发布的两条微博；第六组，被告张显于2011年10月14日16时14分、2011年11月14日1时14分在新浪微博发布的两条微博；第七组，西安市公安局高新分局，针对被告张显所举报的情况，对原、被告进行询问调查的相关材料；第八组，公证费发票1000元、资料复印费票据105元。原告提供以上证据主要证明被告张显，将与原告见面时的情况和录音，进行歪曲及截取后不实发布于网上，引发网友的恶评，造成原告社会评价降低，侵犯了原告的名誉权。

被告张显对原告所提交的证据的真实性均予以认可，但对证据的证明目的均不认可。被告认为其所发布的原告的个人信息都是原告公开的信息，不构成"人肉搜索"。其所发微博与所截取的录音内容，亦都是被告自己与原告见面时的真实陈述，没有贬损性语言，不构成对原告名誉权的损害。并且，在虚拟的网络世界里，网友的评论并非被告所能控制，原告不能因此证明其名誉受到了损害。而被告举报原告的行为亦属行使公民合法权利的行为，未侵犯原告的名誉权。

被告张显针对其答辩意见提交以下证据：第一组，原告名为"@嘶哑老汉"微博的公开信息（含公司信息）；第二组，原告马延明2011年6月10日至2011年6月30日期间在被告腾讯微博中的留言及转播；第三组，（一）摘选原告名为"@嘶哑老汉"新浪微博中2011年6月14日、6月17日、6月19日、6月20日、6月30日、8月23日部分微博内容；（二）摘选原告名为"@嘶哑老汉"新浪微博中2011年6月17日至9月22日期间部分微博内容，证明原告对其个人及职业进行诋毁；第四组，原、被告在西安电子科技大学见面时，谈话录音光盘及部分片段文字版；第五组，2011年7月8日，原告马延明与被告张显在西安电子科技大学见面后原告所发微博；第六组，2011年7月19日11时12分，原告在其名为"@嘶哑老汉"的新浪网页微博所发微博；第七组，2011年6月14日，原告在其名为"@嘶哑老汉"的新浪网页微博所发微博：《致西安电子科技大学领导的一封公开信》全文；第八组，2011年6月19日，原告在其名为"@嘶哑老汉"的新浪网页微博所发微博；第九组，原告马延明新浪微博博文目录；第十组，2011年6月30日至2011年7月4日期间，原告马延明与被告张显之间微博私信内容；第十一组，2012年8月2日，商都网转载来源南方都市报的文章；第十二组，2012年2月8日照片；第十三组，原告在其名为"@嘶哑老汉"的新浪网页微博2012年2月8日15时57分、2012年3月5日11时01分、2012年11月15日所发微博；第十四组，公证费票据。被告提供以上证据主要证明原告在微博上多次攻击被告张显个人及职业，挑起事端，试图影响被告的工作和生活。

原告对被告所提交证据中，对已经过公证的微博的真实性予以认可，但关联性及证明目的均不认可。认为被告所提供证据均是被告的另行主张，与本案无关。同时，被告向法庭提交的双方私信内容及西安市公安局西公法行复（2012）第0208号行政处罚决定书作出后被告所发微博等证据恰与原告所举证据相互印证，证明被告张显在微博中扭曲事实，对原告的名誉侵权完全是出于报复性的主观故意，严重降低了原告的社会评价，侵犯了原告的名誉权。

经审理查明，2011 年 7 月 1 日 01 时 58 分，被告张显在其"@西安张显 V"的网页微博发表三条微博，内容分别为"昨晚我一直追问他的联系方式，姓名和单位，他都避而不答，直到两点他才作出这样的回答：'嘶哑老汉：实话实说已经晚期等我住院后一定和你打官司'"；"由于准备起诉'嘶哑老汉'，但无他的信息，昨晚通过私信联系也拒绝告诉我，所以将他的图片从'嘶哑老汉'公开的微博上移植过来，望大家提供线索，谢谢。为了我们的和谐社会"；"嘶哑老汉微博基本信息：性别：她；生日：1980 年 12 月 1 日邮箱：QQ：1434249855 职业信息：社会大学（陕西，西安）1984 年至今年社会大学，思想研究系，教授"。原告据以上微博主张被告对其进行"人肉搜索"，构成名誉侵权。

2012 年 12 月 10 日 18 时 04 分被告张显发表微博，内容为"今天下午，我去法院领二审判决书刚一出法院大门时，无意中一个人冲着我叫喊：张显你知道我今天干什么来了，我说不清楚。此人就是@嘶哑老汉，然后，他就满口生殖器地对我大骂，门口的警察将我们分开。嘶哑在办理进门手续时，警察带我回到法院院内，让我从另一个门出去。我自己去了门口右侧楼房回避他"。2012 年 12 月 10 日 18 时 13 分，被告发表微博，内容为"我在楼道准备打电话时，想不到@嘶哑老汉没有直接经过院子去法院的主楼，也来到了这个楼房。当他上楼时，我准备离开，这时马延朋在楼梯上看到了我，他就从楼梯返回追我，将我追到院子里，在动手打我时，十多个法警将他拦住。在法警的保护下我离开了法院，开庭时雷捣也是在法警的保护下离开法院的"。原告据以上微博内容主张原、被告在西安市中级人民法院会面后，被告所发微博内容与事实不符，引发网友恶性评论，对其名誉构成侵权。

2011 年 10 月 9 日 10 时 58 分，被告发表微博，内容为"药家鑫之父药庆卫告张显名誉案期间，张显横遭政治陷害（二）：率领村民冲击世园会（见图），图片来自一位叫嘶哑老汉的微博"。2011 年 10 月 12 日 22 时 56 分，被告发表微博，内容为"药家鑫案第二季：原告'嘶哑老汉'用的网名是'淡泊'，图像也是他本人的真实照片（7 月 5 日我见过嘶哑），6 月底通过与本人私信搭腔，也方知给学校领导在网上写信的是他。本人也到其微博看了一番，对我成见很深"。2011 年 10 月 12 日 23 时 09 分，被告发表微博，内容为"药家鑫案第二季，嘶哑老汉的故事：6 月 14 日嘶哑老汉微博（见图），首篇针对张显的这篇微博说张显和网友骂他。6 月 30 日与他首次私信交流，他说'转告你的支持者不要漫骂了'。令我当时莫名其妙，感觉好像在网上遇到了一位来者不善的'碰瓷'者"。2011 年 10 月 13 日 10 时 35 分，被告发表微博，内容为"药家鑫案第二季，嘶哑老汉的故事（二）：6 月 14 日在其微博诋毁张显的师德，让人很容易联想到他给张显学校领导写信的目的：张显不能继续在学校工作"。2011 年 10 月 13 日 18 时 03 分，被告发表微博，内容为"药家鑫案第二季，嘶哑老汉的故事（四）：嘶哑老汉已给张显早早地做了审判：煽动愚民、散步流言、操闹舆论、出名敛财、网络暴民、臭名昭著、张显现象、谣言监督政府……等"。2011 年 10 月 13 日 22 时 03 分，被告发表微博，内容为"药家鑫案第二季，嘶哑老汉的故事（七）：嘶哑老汉将张显对一些部门的质疑，就被他死死地纠缠着向张显讨要'司法的黑幕'说。也不知道嘶哑从哪里得到张显说：'陕西政法机关有黑幕'，反正他的帽子特别多，就给我戴上这顶帽子"。2011 年 10 月 14 日 17 时 40 分，被告发表微博，内容为"药家鑫案第二季，嘶哑老汉其人（二）：嘶哑老汉声称他为自由职业者，经营网络和一处矿。带着项链，好像一个老板模样。药家鑫已经自首，应该轻判；声称农民缺乏知识就是难缠，不明事理；精英层对社会的贡献大……等等"。2011 年 10 月 22 日 23 时 41 分，被告发表微博，内容为"6 月 7 日药家鑫被执行死刑，6 月 12 日网名为'淡泊'的就成了'嘶哑老汉'，用现在的老人头取代了过去他的照片，也开始给西电领导和教授们写信。7 月 5 日我们在西电见过面，此人为一 40 岁左右的中年男子，经过交谈，本人已经对其略知一二。老药也非常看重，此人也非常卖力，从那时到现在一天都没有静止过"。2011 年 10 月 31 日 21 时 27 分，被告发表微博，内容为"嘶哑老汉刚刚又在造谣说谎，被现场擒获！嘶哑你说有证据，望及时给大家呈现出证据，望在明天晚上 9 点前给出关于证据的说法"。2011 年 12 月 28 日，被告张显上传于土豆网西安张显的个人主页其所截取的时长 5 分 48 秒的原、被告两人谈话录音。2011 年 12 月 29 日 23 时 37 分被告张显在其名为"晴朗的天空"的新浪博客中发表题为《药家鑫之父药庆卫名誉案的代理人（嘶哑老汉）张显你必须与我打官司》博文，并附随有土豆网该录音的相关链接。原告据以上微博及录音主张被告张显所发微博及录音片段歪曲原、被告双方在西安电子科技大学见面对话的真实内容，引发网友评论，对其名誉构成侵权。上述录音发表后，网友进行了大量评论，对马延明出现诸如"流氓、无赖、畜生、神经病"等侮辱性评论。本案在审理过程中，被告张显已将其名为"晴朗的天空"的新浪博客中发表题为《药家鑫之父药庆卫名誉案的代理人（嘶哑老汉）张显你必须与我打官司》的博文及附随链接删除。

本案审理过程中，原告于 2013 年 3 月 27 日提出书面申请，申请本院向西安市公安局高新分局调取被告张显举报一事的相关调查材料，并要求被告张显向法庭提交其对原、被告两人谈话进行录音的全部内容。本院依法向西安市公安局高新分局调取相关材料。该材料中显示西安市公安局高新分局根据被告张显的举报材料，于 2011 年 11 月 10 日分别与原告马延明、被告张显进行了询问调查。被告张显当庭提交其与原告马延明的两段时长分别为 60 分钟及 57 秒钟的录音资料。

另查，网址为 http：//weibo.com/u/1050645044 的"西安张显 V"系被告张显经新浪微博进行实名认证后升设的微型博客，网址为 http：//blog.sina.com.cn/u/1050645044 的"晴朗的天空"系被告张显开设的新浪博客。截至 2011 年 9 月 22 日原告第三次公证时，其新浪微博粉丝已达 8 万多个。"嘶哑老汉"系原告马延明经新浪微博认证后开设的微型博客。2011 年 7 月 5 日，被告张显对原、被告两人在西安电子科技大学见面谈话内容进行录音，两段录音总时长 60 分 57 秒。在原告未知情的情况下，被告将截取的时长 5 分 48 秒录音于 2011 年 12 月 28 日上传于网址为的土豆网西安张显的个人主页并将该录音链接分发布于其新浪博客。

审理中，经法庭释明，原告将其主张被告侵权微博内容确定为以上 14 条微博，1 篇博客及录音片段，并要求其删除。

本案争议焦点在于：1. 被告张显将原告与其在西安电子科技大学谈话内容进行录音，截取后将部分内容发布于网络，是否改变了双方谈话的语境及前后内容，造成网友对原告侮辱性、贬损性评价，从而侵犯原告名誉权；2. 被告张显将马延明在网络上公开的 QQ 号、邮箱信息在微博中转载，并发微博号召网友对"嘶哑老汉"的具体信息进行搜索，是否侵犯原告名誉权；3. 被告张显与原告马延明在西安市中级人民法院见面后所发的微博内容，是否歪曲事实，导致网友对原告评价降低，侵犯原告名誉权；4. 被告张显实名向有关部门举报原告马延明的行为，是否对原告造成严重后果，侵犯原告名誉权。

本院认为，名誉，是社会上人们对公民或者法人的品德、声誉、形象等各方面的综合评价。《中华人民共和国民法通则》第一百零一条规定："公民、法人享有名誉权，公民的人格尊严受到法律保护，禁止用侮辱、诽谤等方式损害公民、法人的名誉。"公民的名誉权受法律保护，任何人均不得利用各种形式侮辱、毁损他人的名誉。任何谈话在常态下都有它的前后连续性及内容因果关系上的关联性。如果简单的截取势必造成截取过的内容脱离了原来谈话的语境和联系，使谈话内容变得具有片面性，容易造成他人的误导。本案中，将被告张显在土豆网中截取上传的录音，与其提交的谈话录音内容进行对比，所上传的录音虽属于其与原告马延明对话内容，但被告张显未考虑双方谈话的语境及前后内容，而是有选择性地进行截取，这种截取的谈话内容不能全部真实的反映谈话过程，容易产生片面性的看法。对此，被告张显应当能够预见该行为所产生的后果，但被告张显单方截取谈话录音并上传该录音的行为误导网友对原告马延明发表诸如"流氓、无赖、畜生、神经病"等侮辱性、贬损性的评论，主观上具有对马延明的名誉进行毁损的故意，客观上实施了侵犯马延明名誉权的行为，致使公众对原告的社会评价降低，使马延明精神受到一定损害，因此被告张显应当承担侵权的民事责任。

原告认为被告张显公布其相关网络个人信息已构成侵犯其名誉权，而在社会生活中，公民为了交往的需要，常常主动将姓名、工作单位、家庭住址等个人信息告知他人，这些个人信息有时也会被他人通过一定途径知晓和利用。对于个人信息的披露、使用等行为是否构成侵权，应当视行为人对这些信息的取得方式、披露方式、披露范围、披露目的及披露后果等因素综合认定。本案中，原告马延明以"嘶哑老汉"身份自行在网络上公布个人信息，而被告张显仅将其转发于其个人微博，未造成原告名誉降低的后果，故原告认为被告张显公布其相关个人信息已构成侵犯其名誉权的理由，本院不予采信。原告马延明认为被告张显与其在西安市中级人民法院见面后所发微博属捏造事实，构成诽谤、侮辱侵犯了其名誉权，原告马延明未提供证明真实情况的证据，故本院无法认定张显是否属于捏造事实，从而无法认定被告张显对原告马延明构成诽谤，侵犯了马延明名誉权，本院对此主张依法不予支持。原告马延明认为被告张显向公安部门的举报行为已构成侵犯其名誉，而根据调取的相关材料反映，被告张显虽存在失实的举报行为，但该举报行为处于非公开场合，且从未对外进行公开，也并未因此造成马延明名誉降低的后果，故本院对该项请求依法不予支持。

被告张显截取其与原告马延明交谈的录音的行为侵犯了马延明的名誉权，《最高人民法院关于贯彻执行〈中华人民共和国民法通则〉若干问题的意见（试行）》第一百五十条规定："公民的姓名权、肖像权、名誉权、荣誉权和法人的名称权、名誉权、荣誉权受到侵害，公民或者法人要求赔偿损失的，人民法院可以根据侵权人的过错程度、侵权行为的具体情节、后果和影响确定其赔偿责任。"在审理过程中，被告已将本院认定侵犯原告马延明名誉权的，名为"晴朗的天空"的新浪博客中所发表的题为《药家鑫之父药庆卫名誉案的代理人（嘶哑老汉）张显你必须与我打官司》博文及录音链接自行删除，故本院不再判令予以删除。原告马延明要求被告停止侵害、删除原告在土豆网上传的录音、赔礼道歉的诉讼请求，符合法律规定，本院依法予以支持。《最高人民法院关于审理名誉权案件若干问题的解答》第十条"恢复名誉、消除影响的范围，一般应与侵权所造成的不良影响的范围相当"的规定，因被告张显的侵权行为是通过其土豆网西安张显的个人主页及名为"晴朗的天空"的新浪博客实施的，故结合被告张显侵权行为的范围及影响，应由被告张显在其土豆网西安张显的个人主页及新浪博客向原告马延明赔礼道歉十日，而原告马延明要求被告张显在新浪微博个人网页上赔礼道歉的诉讼请求，并未就该主张提交相应证据，本院依法不予支持。原告马延明主张精神损害抚慰金2000元，结合本案张显侵权行为的前因后果及具体影响，被告张显侵权行为对原告马延明未造成严重后果，故本院依法不予支持。原告为搜集证据而对相关网页、录音采用公证的形式予以固定产生的公证费用1000元，属于原告因被告侵权行为而支出的合理费用，本院亦应予以支持。原告马延明要求支付复印费、鉴定费，而本案并未有鉴定事项，且复印费的主张也未有相关法律依据，故对该项诉讼请求本院不予支持。综上所述，根据《中华人民共和国民法通则》第一百零一条、第一百二十条第一款，《中华人民共和国侵权责任法》第三十六条，《最高人民法院关于贯彻执行〈中华人民共和国民法通则〉若干问题的意见（试行）》第一百五十条，《最高人民法院关于审理名誉权案件若干问题的解答》第七条、第十条，《最高人民法院关于确定民事侵权精神损害赔偿责任若干问题的解释》第八条之规定，判决如下：

一、被告张显于本判决生效后立即停止侵权行为，在三日内删除网址为秒的录音。

二、被告张显于本判决生效之日起十日内，在其网址为 http：//www. tudou. com/home/88074706 的土豆网西安张显的个人主页、网址为的新浪博客连续十日置顶刊登致歉声明（声明内容须经本院审查，刊登期间不得自行删除），向原告马延明赔礼道歉，消除影响。

三、被告张显于本判决生效之日起十日内支付原告马延明公证费人民币1000元。

四、驳回原告马延明其他的诉讼请求。

如果未按本判决指定的期间履行给付金钱义务，应当依照《中华人民共和国民事诉讼法》第二百五十三条的规定，加倍支付迟延履行期间的债务利息。

本案案件受理费500元，由原告马延明承担100元，被告张显承担400元。因原告已预交，故被告张显应于本判决生效之日起十日内连同上述款项一并支付原告。

如不服本判决，可在判决书送达之日起十五日内向本院递交上诉状，并按对方当事人的人数提交副本，上诉于陕西省西安市中级人民法院。

审判长　蒲婷婷

人民陪审员　白志明

人民陪审员　马庆华

二〇一三年十二月二十五日

书记员　秦　冰

‖ 2014 年度 ‖

案例 15: 高铭与朱中伟名誉权纠纷二审民事判决书

浙江省嘉兴市中级人民法院
民事判决书

(2014) 浙嘉民终字第 13 号

上诉人（原审被告）：朱中伟。
委托代理人：王海伟，浙江海威特律师事务所律师。
被上诉人（原审原告）：高铭。
委托代理人：赵新华、徐月仙，浙江海赛律师事务所律师。

上诉人朱中伟因与被上诉人高铭名誉权纠纷一案，不服海盐县人民法院（2013）嘉盐民初字第 1306 号民事判决，向本院提出上诉。本院于 2013 年 12 月 23 日受理后，依法组成合议庭进行了审理。本案现已审理终结。

原审法院经审理认定：朱中伟因其父亲朱生明未能从郁雪华处获得由高铭所在海盐县城市投资集团有限公司内的兄弟单位海盐县城市置业有限公司发包的渔人码头项目亲水池和演绎广场工程的贴面工程，而该项目后由贺兆兵承接而不满，在其父亲朱生明与提供劳务方贺兆兵进行谈话时进行录音，并因谈话中提到了高铭，便认为高铭"照顾朋友生意"而进行"内幕交易"，2013 年 4 月 13 日晚，其在自己的新浪微博中以"@海盐极限汽车改装"为微博名发表微博，同时将内容陆续@海盐城投（高铭所在的集团公司）、海盐论坛、海盐城投—置业（高铭所在集团公司内的兄弟单位）、海盐百姓事、海盐 12345（海盐县县长热线电话）、海盐监察、章剑（海盐县政府县长）、金建勤（海盐县政府办公室副主任）、东升路小新、1818 黄金眼等处，并在之后又进行转发以及回复。2013 年 5 月 15 日，浙江省海盐县公证处出具了（2013）浙盐证内字第 2332 号公证书，公证通过"sogouexplorer"浏览器进入网址为"http：//123. sogou. com"的页面，点击"新浪·微博"中的"微博"进入页面，输入账号"hygm911720921@ sina. com"及密码并进行登录，在搜索栏中输入"海盐极限汽车改装"进行搜索，并在搜索内容中点击"微博×××"，内容显示"海盐极限汽车改装，地址 http：//weibo. com/u/2369147810，欢迎选购【MOTUL】机油，ID：海盐海兴西路 226 号，安卡汽车漆面快修旁边"；2013 年 4 月 13 日 19：40，账户"@海盐极限汽车改装"通过 iPhone 客户端在嘉兴市海盐县秀水路发布微博"海盐城投公司，渔人马头工程，中海公司施工，城投公司现场管理高铭，介绍贴砖，价格比人家高 3 至 5 元每平方，中间是否有猫腻"，并将该内容@海盐城投、海盐论坛、上海国际汽车改装博览会官博、海盐百姓事、海盐监察；当晚 19：54 其又再一次通过 iPhone 客户端在嘉兴市海盐县城北东路发布微博"工程合同遭遇不公平竞争，嘉兴市海盐县城投公司涉嫌内幕交易，海盐城投公司经理高铭，照顾朋友生意，承包贴砖项目的价格比他人高出 3 元至 5 元每平方"并将该内容@章剑、金建勤、1818 黄金眼、东升路小新、海盐 12345、海盐城投、海盐城投—置业；4 月 17 日 23：50 其又再一次通过 iPhone 客户端发布微博"本人以事实说话就是这个事情，连续接到恐吓、威胁电话，电话内容初步透露些给各位网友：你马上把发@海盐论坛的微博删了，如果你不删除马上找人弄你，花钱买你的手，网友们来评下理"；点击"4 月 13 日 19：54 来自 iPhone 客户端"后的"评论（45）"并"点击查看"以及点击"4 月 17 日 23：50 来自 iPhone 客户端"后的"评论（12）"并"点击查看"均显示，上述微博均有多人进行评论以及发帖人进行回复的情况。此次公证费为 1500 元。

高铭所在的海盐县城市投资集团有限公司纪检部门在接到实名举报后，对朱中伟及朱中伟所发布微博信息内容涉及的相关工程有关人员进行了解，朱中伟于 2013 年 4 月 20 日在城投集团所作谈话笔录中承认"@海盐极限汽车改装"的微博主系其本人且上述有关对高铭进行实名举报的相关内容系其通过 iphone 手机以该微博名进行发布以及回复，并陈述了自己发布该内容的理由，朱中伟父亲朱生明表示其未能从郁雪华处承接渔人码头的花岗岩、马赛克贴面工程，该工程由贺兆兵承接，其将该情况告知其儿子，后其儿子朱中伟在微博上发布信息，郁雪华、贺兆兵均表示将渔人码头的贴面工程发包给贺兆兵做的过程中并不存在内幕交易；另外，城投集团纪委经调查认为高铭系其公司下属海盐县城市建设集团有限公司的经理，该建设公司负责的项目中没有贴砖项目，亲水池和演绎广场工程由其下属的海盐县城市置业有限公司负责。城投集团纪检部门经过调查，已将相关情况通报高铭、朱中伟双方，但朱中伟拒绝以微博信息发布的方式和渠道澄清有关事实。

另查明，2011 年 6 月 10 日，朱中伟注册经营海盐县极限汽车美容店，地址位于海盐县武原街道海兴西路 226 号。

2013 年 5 月 13 日，高铭以朱中伟以贬低高铭人格为目的，以虚构的由其自我想象形成的所谓内幕交易，向公众媒体发布诽谤高铭的言论，并且链接到高铭所在地政府官员、新闻媒体单位、高铭所在工作单位的上级机构和兄弟单位，损害高铭的公众形象和社会声誉，侵害了高铭的名誉权为由，诉至原审法院，请求判令：1. 朱中伟立即在"新浪微博"网站上删除对高铭构成名誉侵害的微博客信息；2. 朱中伟对于以发布微博客信息的方式侵害高铭名誉权的行为，向高铭出具经法院审核同意的书面文件进行赔礼道歉；3. 朱中伟将向高铭赔礼道歉的书面文件发布在"新浪微博"网站的"@海盐极限汽车改装"微博客主页且始终置顶，保留时长为 2013 年 4 月 13 日起至实际删除侵权微博客信息之日止的天数，并且按照侵害行为发生时的方式、渠道将赔礼道歉的书面文件发送信息给原扩散范围（侵权信息@的各个对象），为高铭消除影响、恢复名誉；4. 朱中伟赔偿高铭精神损害费用 8000 元；5. 朱中伟赔偿高铭为维护名誉权支付的律师费用 6000 元；6. 朱中伟负担案件诉讼费用。后高铭变更诉讼请求，增加一项"朱中伟赔偿高铭因保全诉讼证据而支付的公证费用 1500 元"，其他诉讼请求不变。

朱中伟在原审中答辩称，一、朱中伟并没有发送对高铭构成名誉侵害的微博客信息行为；二、依据高铭所陈述的事实，发帖人也是对高铭作为国有企业负责人而行使的监督和控告的权利，是其依法享有的权利，并不构成对高铭名誉权的侵害，不符合名誉侵害的构成要件；三、高铭的诉请均没有事实和法律依据，即使存在侵权行为，高铭要求的精神损害费用

8000 元、律师费 6000 元、保全费 1500 元，也没有事实和法律依据。综上，请求驳回高铭的诉讼请求。

原审法院认为，公民享有名誉权，公民的人格尊严受法律保护，禁止用侮辱、诽谤等方式损害公民的名誉。根据《最高人民法院关于审理名誉权案件若干问题的解答》的规定，是否构成侵害名誉权的责任，应当根据受害人确有名誉被损害的事实、行为人行为违法、违法行为与损害后果之间有因果关系、行为人主观上有过错来认定。本案中，双方当事人争议的焦点是涉案微博内容是否为朱中伟发表，如果是，该微博内容是否侵害了高铭的名誉权，如果构成侵权，高铭的各项诉请是否具有事实和法律依据。

朱中伟辩称高铭未举证证明涉案的微博内容系朱中伟发布，原审认为，第一、朱中伟自认曾于 2013 年 4 月 20 日至城投集团说明情况并签字确认笔录内容，原审调取的该笔录显示朱中伟明确承认自己曾于 4 月 13 日晚通过自己 "@海盐极限汽车改装" 的微博对高铭涉及工程情况发表微博内容并同时@多位县领导。第二、工商登记显示海盐极限汽车美容店系朱中伟于 2011 年 6 月 10 日注册成立，经营地址为武原街道海兴西路 226 号，与发布涉案微博内容的 "@海盐极限汽车改装" 微博主页载明的 "@海盐极限汽车改装" ID 地址一致，虽然朱中伟当庭提供了店面转让协议书一份，拟证明其已于 2013 年 3 月 3 日将一直经营的海盐极限汽车美容店转让他人，即涉案微博内容发布时其不是海盐极限汽车美容店的实际经营者，但公证内容显示，涉案的微博内容系发帖人通过移动设备 iPhone 手机在秀水路、城北东路等多处进行发布，朱中伟在城投集团纪委的谈话笔录中也承认自己使用 iPhone 手机发布微博的事实，发布微博内容当时朱中伟是否实际经营该汽车美容店与判断是否为朱中伟发布该微博内容并没有必然的联系，故朱中伟提供该份转让协议的拟证明事实理由不足，不能成立。第三、结合原审调取的郁雪华、朱生明、贺兆兵的笔录，可以证实微博事件系因朱生明未能从郁雪华处获得城投集团渔人码头贴面工程，该项目后由贺兆兵承接而起，朱中伟系朱生明的儿子，同时，该三人的笔录亦证实在涉案微博内容发布后，郁雪华曾与朱中伟以及其父亲朱生明联系，拟协商解决，后未果，但亦足以证实朱中伟与该微博内容的发布有密切的联系。综上，朱中伟不仅曾自认系实际发帖人并以此向有关部门进行实名举报，同时其行为与为了父亲朱生明的利益存在客观联系，现有证据足以认定朱中伟系涉案微博内容的实际发布者。

关于涉案的微博内容是否侵害了高铭的名誉权，原审认为，侵犯名誉权的行为主要有二种：一是侮辱，二是诽谤。前者是指故意使用贬低损害他人人格的词语或动作进行侵犯；后者是指捏造、散布虚假的事实，使社会公众对被害人的社会评价降低。朱中伟主张涉案微博内容的发布系发帖人行使检举控告的权利，主观上没有侵权的故意，客观上也没有侵权的行为，即不存在侮辱和诽谤的情形。根据原审目前确认的事实，高铭系其城投集团下属海盐县城市建设有限公司的经理，该公司负责的项目中没有微博内容所指向的贴砖项目，据调查该贴砖项目系存在于亲水池和演绎广场工程及亲水池配套工程，由城投集团下属的海盐县城市置业有限公司负责，故朱中伟在未查明事实以及掌握相关证据的情况下，借检举、控告之名直接在公众的网络平台上即微博上采用 "不公平竞争、内幕交易、照顾朋友生意" 这些贬低他人人格的文字，并直接指向高铭，对高铭的人格、品德做出了倾向性的评价，客观上构成了侮辱。而且，朱中伟在发布微博内容后还同时@县领导、高铭所在单位及兄弟单位、新闻媒体，在涉案的微博内容发布后，部分网友点击阅读并进行了跟帖回复，使得高铭的社会评价有所下降。该损害后果的发生与朱中伟发布微博内容的行为之间存在直接的因果关系，而且朱中伟应当能够预知该损害后果的发生。因此，原审认为朱中伟所发布涉案微博内容的行为已经侵害了高铭的名誉权。

关于朱中伟就原审向中共海盐县城市投资集团有限公司纪律检查委员会调取相关材料并作为证据使用的合法性所提异议，原审认为，在微博事件发生后，城投集团对涉及的工程以及人员展开调查，调查的过程做到了保密，仅向当事人双方通报了调查的结果，但本案进入审理程序，法院为查明案件事实向该部门调取相关的材料并作为证据使用，调取的程序合法，相关材料可以作为证据使用，故朱中伟就此所提异议，理由不足，原审不予采纳。

综上所述，原审认为，朱中伟发布的微博有关内容确已侵害了高铭的名誉权，应立即停止侵害，并向高铭赔礼道歉，出现过侵权的微博内容由朱中伟发布于"新浪微博"网站的"@海盐极限汽车改装"的微博页面，故高铭要求朱中伟赔礼道歉的声明也应在该网站的页面予以刊登为宜。另，高铭要求朱中伟赔偿精神损害费用、公证费的请求符合法律规定，但高铭认为朱中伟发布微博的内容在高铭所在单位和集团公司中广为人知，高铭亲属情绪也受到不同程度的影响，县政府有关领导也对微博事件密切关注，已对高铭的工作、生活以及身心造成较大影响的主张，因其并未提供足够证据加以证明，故原审只能结合朱中伟实施侵权行为的时间长短、侵权方式、范围大小以及侵权造成的后果严重程度等多方面因素综合考虑，酌定朱中伟应赔偿高铭精神损害抚慰金5000元，并判令朱中伟承担高铭为保全相关证据材料而支付的公证费1500元，关于高铭要求朱中伟赔偿律师费用的相关诉请，因法律依据不足，原审不予支持。据此，依照《中华人民共和国民法通则》第一百零一条、第一百二十条，《中华人民共和国侵权责任法》第六条、第十五条、第二十二条，《最高人民法院关于确定民事侵权精神损害赔偿责任若干问题的解释》第十条，《中华人民共和国民事诉讼法》第一百四十二条之规定，判决：一、朱中伟在判决生效之日起三日内删除其在"新浪微博"网站上以"@海盐极限汽车改装"为名发表的对高铭造成名誉侵权的微博内容；二、朱中伟在"新浪微博"网站的"@海盐极限汽车改装"微博主页上连续刊登向高铭赔礼道歉的书面声明（道歉内容须事先经原审审核），刊登时间不少于十日；三、朱中伟赔偿高铭精神损害抚慰金5000元，并承担公证费1500元，合计6500元，于判决生效之日起十日内结清；四、驳回高铭其他诉讼请求。案件受理费400元，由高铭负担232元，由朱中伟负担168元。

判决宣告后，朱中伟不服，向本院提出上诉称，一、原审认定事实不清。（一）朱中伟没有侵权的主观故意，也没有实施名誉侵权的行为。1. 朱中伟认为法院调取的城投集团的调查资料，不能作为认定本案件事实的依据。因为城投集团纪委根据举报人检举，对被举报人是否违反纪律及法律所作的调查，具有特定性，调查的证据材料也仅限于自己使用，而不得挪作他用，且纪委对检举人的姓名、内容等应负有保密义务。现该证据材料在原审中使用，其保密性荡然无存。故该证据材料与本案缺乏合法性及关联性。2. 现有的证据材料也不足以证明朱中伟具有实施侵权的行为。（1）高铭的行为有朱中伟提供的录音证据证明，故城投集团纪委没有查明高铭的违法行为不等于没有这一事实，且朱中伟当时因紧张等原因对城投集团所作的笔录没有详细阅读，造成了调查笔录与朱中伟陈述的事实具有不符之处。故城投集团所做的笔录缺乏客观性。（2）博客网名可以随便取名使用，故不排除他人以朱中伟的名义转发了相关微博。且朱中伟在原审中已经向法院提交了转让协议书，可以证明朱中伟经营的汽车美容店已经转让给李钢的事实。故仅以海盐县极限汽车美容店的名义转发的微博不能就此认定是朱中伟所为。（3）退一步讲，从微博转发的对象及内容看，转发的对象是政府部门、政府领导及相关媒体，从措辞内容看没有对高铭的人格进行贬损的内容及故意，从时间看也是在纪委调查之前，这是公民向相关部门行使检举权及控告权。（二）在原审庭审时，朱中伟曾就高铭的起诉内容上网核对，但没有找到高铭提及的侵权博客内容，原审第一项判决缺乏事实依据。二、原审适用法律错误。（一）原审既然认定高铭没有提供证据证明其身心受到较大影响的事实，则依据《中华人民共和国侵权责任法》第二十二条规定，原审不应该判决朱中伟承担精神抚慰金。（二）《中华人民共和国侵权责任法》第十五条、二十二条规定的损失，是因侵害公民人身权益而造成的直接的、必然的损失，原审判决承担公证费没有法律依据。综上，请求撤销原判，改判驳回高铭的全部诉讼请求。

高铭在二审中答辩称，一、涉案微博客信息内容具有贬低损害高铭名誉的事实。涉案微博客内容中，使用了"不公平竞争""内幕交易""照顾朋友生意"等语句，明显具有社会普通人公认的贬义成分，并且指名道姓直接针对高铭，该微博客信息的任何受众均能从中获得高铭与工程施工人员从事不正当内幕交易的认知，该信息中贬低损害高铭名誉的指向是明确的，没有歧义。二、原审判决确认涉案侵权微博客信息由朱中伟发布，有充分的事实证据予以证实。经原审向海盐县城市投资集团有限公司纪委调查获得的证据材料证实，本案中侵犯高铭名誉权的微博客信息，确由朱中伟以其"@海盐极限汽车改装"的用户名，通过其手机iPhone客户端发布，原审据此作出认定，没有错误。三、朱中伟所称纪委调查材料不能作为认定案件事实依据，没有法律依据。纪委调查材料中，朱中伟自认其通过手机客户端，以"@海盐极限汽车改装"的用户名，发布了涉案微博客信息内容。《中华人民共和国民事诉讼法》第六十七条明确规定"人民法院有权向有关单位和个人调查取证，有关单位和个人不得拒绝"，此法条中人民法院收集调取证据的对象中，并未将纪检监察机构排除在外，因而城投集团纪委向人民法院提供其调查中所收集的证据，法院据此认定案件事实，并无不妥。综上，原审判决认定事实清楚，适用法律并无不当，恳请二审予以维持。

双方当事人在二审中均未提交新的证据。

本院经审理认定的事实与原审法院认定的事实一致。

本院认为，本案二审主要争议焦点在于涉案微博内容是否系朱中伟发表，如果是，朱中伟的该行为是否侵害了高铭的名誉权以及如果构成侵权，高铭的各项诉请应否予以支持。

关于微博内容是否系朱中伟发布的问题。从本案现有的证据看，一是城投集团对朱中伟所作的笔录显示，朱中伟明确承认自己曾于4月13日晚通过自己"@海盐极限汽车改装"的微博对高铭涉及工程情况发表微博内容并同时"@"多位县领导；二是工商登记显示海盐极限汽车美容店系朱中伟于2011年6月10日注册成立，经营地址为武原街道海兴西路226号，与发布涉案微博内容的"@海盐极限汽车改装"微博主页载明的"海盐极限汽车改装"ID地址一致；三是原审调取的郁雪华、朱生明、贺兆兵的笔录，可以证实微博事件系因朱生明（系朱中伟的父亲）未能从郁雪华处获得城投集团渔人码头贴面工程，该项目后由贺兆兵承接而起，在涉案微博内容发布后，郁雪华曾与朱中伟及其父亲朱生明联系，拟协商解决。据此，原审认定涉案微博内容系朱中伟发布，并无不当。朱中伟虽上诉认为，法院调取的城投集团的调查资料不得挪作他用，不得作为定案依据，但本案已进入法院审理程序，原审为查明案件事实采用合法程序向城投集团调取该材料，并未违法，且该材料与本案争议事实确有关联性，原审将此作为定案依据，并无不当。朱中伟另辩称，涉案汽车美容店已经转让给他人，以海盐县极限汽车美容店的名义转发的微博并非朱中伟所为，但发布微博内容时朱中伟是否实际经营该汽车美容店与该内容是否为朱中伟发布并没有必然的联系，且据公证内容显示，涉案的微博内容系发帖人通过移动设备 iPhone 手机在秀水路、城北东路等多处进行发布，而朱中伟在城投集团纪委的谈话笔录中也承认自己使用 iPhone 手机发布微博的事实。故朱中伟主张涉案微博内容非其发布，与事实不符，本院不予采信。

关于朱中伟行为是否构成侵犯高铭名誉权的问题。朱中伟上诉认为，即使涉案微博系其发布，其也是在行使公民的检举权。但城投集团的调查意见显示，高铭系城投集团下属海盐县城市建设有限公司的经理，而该建设公司负责的项目中没有微博内容所指向的贴砖项目，该贴砖项目系存在于亲水池和演绎广场工程及亲水池配套工程，由城投集团下属的海盐县城市置业有限公司负责。朱中伟在未了解事实的情况下，直接在公众网络平台上采用"不公平竞争、内幕交易、照顾朋友生意"等贬低他人人格的文字，并直接指向高铭，对高铭的人格、品德做出倾向性的评价，客观上构成了侮辱。同时，朱中伟在发布微博内容后还@县领导、高铭所在单位及兄弟单位、新闻媒体，部分网友点击阅读并进行了跟帖回复，导致公民对高铭的社会评价有所下降，造成对高铭的损害，而该损害后果的发生与朱中伟发布微博内容的行为之间存在直接的因果关系，且朱中伟应当能够预知该损害后果的发生，故朱中伟的行为已符合侵害名誉权行为的各项构成要件，原审据此认定朱中伟行为侵害了高铭的名誉权，并无不当。

至于高铭请求的各项损失应否支持的问题，朱中伟上诉认为精神损害抚慰金不应支持，但因朱中伟发布的微博内容使得高铭的社会评价有所下降，对高铭造成了困扰和一定程度的精神损害，原审根据朱中伟实施侵权行为的时间长短、侵权方式、范围大小以及侵权造成的后果严重程度等多方面因素综合考虑，酌情支持精神损害抚慰金5000元，符合相关规定，合乎情理，二审不再予以调整。至于公证费，系高铭为保全本案相关证据材料而支付的费用，也系朱中伟侵权行为而造成高铭的损失，原审予以支持，并无明显不当，二审不再调整。

综上，朱中伟的上诉理由不能成立，其上诉请求本院不予支持。原审认定事实基本清楚，判决结果并无不当，应予以维持。依照《中华人民共和国民事诉讼法》第一百七十条第一款第（一）项之规定，判决如下：

驳回上诉，维持原判。

二审案件受理费400元，由上诉人朱中伟负担。

本判决为终审判决。

审判长　金富祥

代理审判员　陈　远

代理审判员　章玉萍

二〇一四年一月十六日

书记员　郑　茜

案例16：李芳等与北京微梦创科网络技术有限公司等名誉权纠纷二审民事判决书

北京市第一中级人民法院
民事判决书

(2014) 一中民终字第896号

上诉人（原审原告）：李芳，女。

上诉人（原审原告）：中国文化艺术有限公司，住所地北京市东城区。

法定代表人：吕长河，董事长。

上述二上诉人之委托代理人：孙锁堂，北京市天沐律师事务所律师。

被上诉人（原审被告）：北京微梦创科网络技术有限公司，住所地北京市海淀区。

法定代表人：彭少彬，董事长。

委托代理人：刘超，男，北京微梦创科网络技术有限公司法务部经理。

委托代理人：张喆，女，北京微梦创科网络技术有限公司法务部经理。

被上诉人（原审被告）：吴阳，男。

上诉人李芳、中国文化艺术有限公司（以下简称中艺公司）因与被上诉人北京微梦创科网络技术有限公司（以下简称微梦创科）、吴阳侵犯名誉权纠纷一案，不服北京市海淀区人民法院（2013）海民初字第18672号民事判决，向本院提起上诉。本院依法组成合议庭，公开开庭进行了审理。李芳、中艺公司之委托代理人孙锁堂到庭参加诉讼。微梦创科、吴阳未到庭参加诉讼。本案现已审理终结。

2013年7月，李芳、中艺公司以吴阳在微梦创科的微博平台上发表损害李芳、中艺公司名誉的言论为由诉至原审法院，李芳要求判令吴阳、微梦创科停止侵害、赔礼道歉、消除影响，并连带赔偿李芳医疗费183.58元、误工费20689元、交通费244元、精神损失2万元；中艺公司要求判令吴阳、微梦创科停止侵害、赔礼道歉、消除影响，并支付给中艺公司公证费2645元。

吴阳在原审法院辩称：我发微博的原因是由于中艺公司在侵权后的沟通中避而不见，且我的微博传播范围有限，并未造成严重后果，故不同意李芳、中艺公司的诉讼请求。

微梦创科在原审法院辩称：李芳的投诉不符合网站的投诉规则，且其提起诉讼之后，网站已经删除了涉案言论，故不同意李芳、中艺公司的诉讼请求。

原审法院经审理查明：新浪微博系微梦创科经营管理的开放性信息交流平台。吴阳在iPhone客户端通过其新浪认证微博账号"@吴洋文化投资"（网址：http://weibo.com/u/1059556871）于2012年12月14日18时45分发布一段微博，内容为："什么中国文化艺术总公司！早和文化部脱钩了还拿着文化部的招牌、盗版我的策划招摇撞骗！这样的公司甭说融资了，存在都是文化界之耻！他们内部人自证，公司副总李芳携巨款潜逃东北，被公安缉拿归案，其董事长吕长河作为报案人又出面保人，李则委身与这厮至今，竟成为了所谓文化央企的二当家的，荒唐！"该段微博配有附图，图片内容为"关于《音乐生活报》的APP版的综合解决方案"小册子封面。

李芳曾致电微梦创科对吴阳发起投诉，客服人员告知李芳投诉入口和投诉渠道。2012年12月17日，李芳在新浪微博对吴阳该段微博举报发起举报要求微梦创科予以删除。微梦创科根据《新浪微博社区管理规定（试行）》，以李芳"举报理由未填写清楚或未予充分举证"为由给予驳回。

2012年12月20日，北京市长安公证处作出（2012）京长安内民证字第13781号公证书对上述内容进行了公证，公证书同时对转发和评论情况进行了公证，该言论的转发次数是117次，评论28条，中艺公司支出该笔公证费1385元。2013年2月6日，北京市长安公证处作出（2013）京长安内民证字第1675号公证书对李芳通过自身认证的微博就涉案微博投诉的内容进行了公证，中艺公司支付该笔公证费1260元。

原审庭审中，中艺公司主张吴阳该段言论中存在以下侵害其名誉权的情节：歪曲事实，诬蔑中艺公司用文化部的旗号盗版策划招摇撞骗，使用了"存在都是文化界之耻"侮辱性的语言。李芳主张吴阳该段言论中存在以下侵害其名誉权的情节：捏造事实诽谤李芳携款潜逃被缉拿归案，使用"委身""这厮""荒唐"等带有侮辱性的词汇进行评论。

吴阳提交证据材料证明为促成中艺公司与投资商之间的合作，吴阳进行了合作方案草拟以及筹备工作，但未得到回应。吴阳认为中艺公司运用其劳动成果寻求与他人合作，曾经多次向中艺公司董事长吕长河发送手机短信，表达了心存不满，仍未得到回应后通过微博发布了本案涉案言论。本案中吴阳系认证用户，截至2012年12月20日，有5565个新浪微博用户关注吴阳微博，涉讼微博评论数为28条，被转发117次。吴阳称其发表上述微博言论时，作出响应的主要关注者身份多从事文化创意产业和公益事业。经过浏览可以看到其中有用户友情建议吴阳删除微博，有用户感到震惊问到底是什么情况，也有用户能感觉到是对双方之间合作不愉快而泄愤所以劝说吴阳"都是老朋友""没有必要翻脸"。

微梦创科主张在新浪用户个人微博的首页公示《微博社区公约》，进入该链接的页面公示了《新浪微博社区管理规定（试行）》，明确提示用户不得侮辱、诽谤他人，侵害他人合法权利，并公示了用户发生纠纷的举报方式，根据不同投诉类型进入相应的投诉渠道。原审诉讼中，微梦创科对涉案微博予以删除。

以上事实，有双方当事人陈述、公证书、公证费发票、录音资料、邮件往来页面记录、网页打印件、短信息以及法院庭审笔录等在案佐证。

原审法院经审理认为：名誉权是指公民、法人或其他权利主体保持并维护自己名誉的权利。侵害名誉权是指行为人因为故意或者过失对他人实施侮辱、诽谤等行为并造成受害人社会评价的降低。作为一种新的言论载体，微博提供了信息发布、传播和自由评论的平台，成为公众生活中重要的信息承载和言论传播工具，给言论自由带来极大便利。微博上的言论自由同样应建立在遵守法律基础之上，他人之权利即为言论之边界，网民在发表言论时应当对自己的言论负责。

庭审中吴阳试图证明其发布微博中称"公司副总李芳携巨款潜逃东北，被公安缉拿归案，其董事长吕长河作为报案人又出面保人"并非凭空捏造，系中艺公司内部人员在席间向其透露李芳介入了司法程序。但"被公安缉拿归案"为提起司法程序之预备程序，在没有国家司法机关制作的公开的文书前提下该用语属于法律禁止加之于个人的言辞。吴阳既无直接证据证明该消息属实，亦无证据证明其在得到传来消息之后予以核实，即贸然在微博中指名道姓予以公开，庭审中以道听途说为由要求免除其发布不实消息所应承担的责任显然不能成立。涉讼微博中前述内容中提及李芳的言论属于对事实消息发布，且有细节描述，容易让人信以为真，误认为李芳从事了触犯我国刑法的行为，在一定范围内会直接导致李芳社会评价的降低，构成诽谤。对于上述行为吴阳存在主观过错，应当承担相应的侵权责任。故对李芳主张吴阳发表的该部分微博损害其名誉权，法院予以支持。至于吴阳在微博中同时使用了"委身""这厮""荒唐"这样带有评论性质的词语，带有贬义感情色彩，用语不尊，令人不快但尚不足以构成对李芳人格的贬损，对李芳主张该部分内容构成侮辱侵犯其名誉权的诉求不予支持。

中艺公司认为吴阳歪曲事实，诬蔑中艺公司盗版策划用文化部的旗号招摇撞骗，使用了"存在都是文化界之耻"侮辱性的语言，侵犯了中艺公司的名誉权。对此法院认为该部分言论综合起来看在有限字数范围内夹叙夹议，指向针对公司的经营行为，且语焉不详，没有形成完整的负面信息，一般的公众在阅读后会认为不知所云，相应的对其"招摇撞骗""存在都是文化界之耻"这样的评论性语言可能会持保留态度。考虑到吴阳发表在"微博"这样一个较为随意、开放的个人言论空间，吴阳并非权威新闻发布者，上述言辞尚不足以造成中艺公司社会评价的降低，故对中艺公司前述主张，不予支持。对中艺公司要求微梦创科承担连带责任的请求相应不予支持。

我国《民法通则》规定侵害公民名誉的，受害人有权要求停止侵害、恢复名誉、消除影响、赔礼道歉，还可以要求赔偿损失。鉴于微梦创科已经删除了相关言论，故对于李芳要求停止侵害的诉讼请求无需支持。对于吴阳所应承担侵权责任，根据责任承担与损害后果相一致的原则，需要考察侵权人过错程度、侵权行为的影响范围及后果等情况。

具体而言，在微博中发布的言论所造成的影响不同于传统媒体，一方面微博具有社会公开性的空间，微博的公开信息不仅能够被动的被他人查阅、知悉，他人还可以通过转发或链接的方式迅速传播；另一方面，微博作为新型的自媒体，也具有用户多信息多更新快的特点，在互联网海量信息中并非所有的内容都能受到广泛关注，多数信息的关注和分享局限在网络社交圈内。微博中发布的言论构成对他人名誉权侵犯时，在考察损害后果时需要综合考虑发布者的影响力、发布的言论受到关注的程度和可能的传播范围，进而认定对受害人造成的影响。

根据查明的事实，吴阳系新浪微博认证用户，截至做出公证的时间即 2012 年 12 月 20 日，有 5565 个新浪微博用户关注其微博，涉讼微博评论数为 28 条，被转发 117 次。庭审中吴阳称经过认证的关注者多为文化创意产业和公益事业社交圈内人士。通过转发和评论次数，以及转发理由和评论的内容可以看出涉案言论在李芳本人行业相关新浪微博用户内得到了传播，确实给李芳造成了不良影响。但比较关注用户数量与评论转发次数，可以看出影响力有限，尚未广泛传播。同时从评论内容和转发理由可以看出，多数关注到该条微博且经过认证的新浪微博用户态度多为观望，提醒吴阳注意其言辞、尽快止息，没有出现明显的大面积否定性评价。

法院已认定吴阳应承担侵权责任，对李芳要求吴阳公开赔礼道歉、消除影响，应予支持。根据法律规定，恢复名誉、消除影响的范围，一般应与侵权所造成不良影响的范围相当，故赔礼道歉的具体形式，由根据前述涉案言论造成的影响范围予以确定。鉴于吴阳微博中的言论给李芳造成了一定的精神损害，李芳诉请赔偿精神损害抚慰金，于法有据，予以支持，具体数额根据上述分析酌定。李芳所主张其他损失无法律和事实依据，不予支持。

微梦创科已在新浪用户个人首页公示了用户应尽义务以及投诉规则、投诉方式，已对用户尽到了事前告知义务。由于网络信息及时性、海量性的特点，微梦创科对网络用户所发布的信息原则上不负有主动审查和事先审查义务。李芳应按照微梦创科所提示的投诉方式提请举报后明晰其诉求及理由，且微梦创科收到李芳诉讼材料后即删除了涉案帖子，在本案中并不存在过错，对李芳未构成侵权，故对李芳要求微梦创科承担连带责任的主张不予采纳。

依照《中华人民共和国民法通则》第一百零一条、第一百零六条，《中华人民共和国侵权责任法》第三十六条第二款之规定，判决如下：一、被告吴阳在其微博置顶位置，向原告李芳赔礼道歉，道歉声明的置顶时间不得少于十五天，致歉内容需经本院审核，逾期不履行，本院将选择一家全国公开发行的报刊，刊登本案判决书的主要内容，费用由被告吴阳承担；二、被告吴阳于本案判决生效后七日内，赔偿原告李芳精神损失费一千元；三、驳回原告李芳的其他诉讼请求；四、驳回原告中国文化艺术有限公司的全部诉讼请求。

判决后，李芳、中艺公司不服原审判决，向本院提起上诉认为，原审判决违反法定程序，未保护上诉人李芳的物质损失，没有认定吴阳的行为侵犯中艺公司的名誉权，未判令吴阳承担公证费用，未判令微梦创科承担连带赔偿责任，属于适用法律错误，故请求依法改判。吴阳同意原审判决。

本院经审理查明，原审法院查明的事实属实，本院予以确认。

本院认为：当事人对自己提出的诉讼请求所依据的事实有责任提供证据加以证明。没有证据或证据不足以证明当事人的事实主张的，由负有举证责任的当事人承担不利后果。关于李芳在本案中主张的物质损失，因其未能充分举证证实上述损失与吴阳发布微博的行为之间存在必然的、直接的因果关系，进而难以确定相应的侵权赔偿责任，故对李芳提出的此项上诉请求，本院不予支持。

根据查明的事实，微梦创科作为开放性信息交流平台的管理者，在其页面中明确提示用户不得侮辱、诽谤他人，侵害他人合法权利，公示了用户发生纠纷的举报方式及不同投诉类型所对应的投诉渠道，已经对用户尽到了事前提示义务。涉案微博内容确实对李芳具有负面不良影响，但考虑到网络信息传播具有发布快、信息量大等特性，涉案言论内容不属于法律规定的反动、淫秽等信息内容，故难以要求微梦创科预先审查并予以删除，而微梦创科在李芳起诉后即行删除相关内容，已经履行了其事后监管义务。原审法院未支持李芳、中艺公司要求判令微梦创科承担连带赔偿责任的诉讼请求，并无不当。

关于吴阳的行为是否侵犯中艺公司的名誉权的问题。总体来看，吴阳发表言论中与中艺公司有关内容，主要是围绕其与中艺公司的纠纷展开，针对的也主要是该公司的经营行为，一般公众因不了解双方之间纠纷，不会就此作出对中艺公司不利的判断，进而造成中艺公司社会评价的降低。中艺公司本身亦未就其社会评价降低，及业已因此遭受实际损失的事实提供充分有效证据予以证实，故难以认定其名誉权受损。

综上，原审判决在认定事实和适用法律上均无不当，本院予以维持。李芳和中艺公司提出的上诉请求和上诉理由，缺乏事实和法律依据，本院不予支持。依据《中华人民共和国民事诉讼法》第一百七十条第一款第（一）项之规定，判决如下：

驳回上诉，维持原判。

一审案件受理费一百五十元，由吴阳负担（于本判决生效后七日内交纳）。

二审案件受理费三百元，由李芳负担（已交纳）。

本判决为终审判决。

审判长　温志军

审判员　赵懿荣

代理审判员　唐兴华

二〇一四年二月十九日

书记员　李　程

案例17：杨万贵与丁德富网络侵权责任纠纷二审民事判决书

安徽省安庆市中级人民法院
民事判决书

（2014）宜民一终字第00383号

上诉人（原审被告）：杨万贵。

被上诉人（原审原告）：丁德富。

委托代理人：丁振华，安徽长江人律师事务所律师。

上诉人杨万贵因与被上诉人丁德富网络侵权责任纠纷一案，不服安徽省岳西县人民法院2013年12月12日作出的（2013）岳民一初字第00711号民事判决，向本院提起上诉。本院受理后，依法组成合议庭，于2014年3月31日公开开庭进行了审理，上诉人杨万贵、被上诉人丁德富及其委托代理人丁振华到庭参加诉讼。本案现已审理终结。

原审法院查明：杨万贵系安徽皖岳律师事务所（住所地岳西县）的专职执业律师，从事律师工作多年。丁德富是安庆市司法局干部，现任该局律师管理科科长职务。2013年4月间，在安庆市律师年度考核过程中，杨万贵在"新浪微博律师吧"参与"你赞成取消律师执业证年检制度吗"的讨论时，发表了对废除律师档案管理的看法。2013年4月28日，安庆市司法局律管科在网上对杨万贵的观点进行了回复。同年5月，安庆市律师年度考核结束后，杨万贵的律师执业证未能与同所律师同时拿到。杨万贵遂于2013年5月23日起，陆续在"安庆市民心声""岳西论坛"等网络媒体发表"还我律师执业证"的帖子，其内容为"安徽皖岳律师事务所杨万贵律师的律师执业证为何被扣？想打击报复？年检合格与否都不是司法局扣证的理由。法盲管律师岂不是笑话?!"岳西县司法局于2013年5月27日在"安庆市民心声"网站上对此进行了答复，对有关"扣证"情况进行了解释说明："岳西县司法局并未对其律师执业证进行扣留，已通知他所在律师事务所前来领取。"此后，岳西县司法局相关工作人员电话通知杨万贵领取律师执业证，但杨万贵未领取。杨万贵同所的内勤代为领取后，杨万贵拒收。2013年5月30日，岳西县司法局相关领导及工作人员到杨万贵所在律师事务所召开座谈会。会上，司法局工作人员将执业证交给了杨万贵，杨万贵也表示自己在网络上发表过激言论是"一时冲动，失控出格"，并对此进行了解释说明。

2013年6月2日，杨万贵在名为"@杨万贵律师"的新浪微博（http://weibo.com/u/2977043084）中发帖"给安庆市司法局丁某的公开信"，帖子内容为"在新浪微博律师吧里参与讨论，说了一句真话，出乎预料地竟然惹得丁某不高兴了。我公开喊出言论自由何错之有并向安庆市司法局挑战后，你又像缩头乌龟，不敢认账，又借律师年检习难，咋的？小人你能怎样？警告安庆市司法局丁某：管理就是服务！你休想当老爷"，并将"杨万贵律师：丁某有种公开面对和迎战吗？安庆市司法局律师管理科电话号码0556-5193620，杨万贵手机号码13955622123"等内容置顶，该微博累计被赞14次，被转发254次，被评论69次。其中有一部分跟帖、评论，也直接使用了"势利小人""穷追猛打""就知道贪污以权谋私""乌龟"等言辞或语句。后杨万贵自行删除了该帖。

2013年6月17日，丁德富向安庆市宜城公证处申请对杨万贵发帖的相关网站上的网页内容进行了证据保全。丁德富认为杨万贵在网络上使用侮辱性语言，对其公开诋毁，侵犯了其名誉权、人格尊严权，遂以杨万贵网络侵权为由向原审法院提起诉讼，请求判令：1. 杨万贵在其实施侵权行为的微博上公开向丁德富赔礼道歉，并消除影响、恢复名誉；2. 杨万贵赔偿丁德富精神损害抚慰金1元。

原审法院认为：结合当事人陈述、举证质证意见，双方原审的争议焦点一为杨万贵在网站上发帖中所称的"丁某"，是否对应本案被告丁德富；争议焦点二为本案涉及的网络发帖行为及言论，是否构成侵权；争议焦点三为如果杨万贵的行为构成侵权，应如何承担法律责任。关于杨万贵在网站上发帖中所称的"丁某"，是否对应本案被告丁德富的问题。首先，杨万贵在帖子中，以"安庆市司法局丁某的公开信"为题，表明其所指的"丁某"是指安庆市司法局某位姓丁的职工，"丁某"是一位具体的个人，有明确指向，而不是抽象的代表，按正常理解并非杨万贵所辩称的是指"某种事某种行为"。其次，帖子内容明确指向律师管理事务，将律师管理科的电话及杨万贵本人电话置于帖子里，足以让人相信"挑战"的双方是"杨万贵律师"和"安庆市司法局律师管理科的丁某"。再次，庭审中杨万贵虽辩称，"丁某"是针对"某种事某种行为"，不是丁德富，否则会直接说"丁德富"而不是"丁某"，并提出安庆市司法局还有一位姓丁的职工，本案丁德富是自己"对号入座"。杨万贵明确地指出了"安庆市司法局的丁某"，但对"丁某"究竟是安庆市司法局哪一位姓丁的人没有说明；对不是此"丁"（"丁德富"），而是彼"丁"或他"丁"的可能没有做出合理解释。故对杨万贵的辩解不予采纳，不论安庆市司法局有几位姓丁的人员，丁德富有充足理由相信杨万贵微博中的"丁某"是指向丁德富，社会熟识丁德富的人也会明知杨万贵微博中的"丁某"是指丁德富。至于其他姓丁的人员是否与本案有关联，本案不予审查。因此可以确认，杨万贵在网站上发帖所称的"丁某"，就是指丁德富。关于本案涉及的网络发帖行为及言论，是否构成侵权的问题。公民依法享有名誉权。公民的人格尊严受法律保护，禁止用侮辱、诽谤等方式损害公民的名誉权。公民有言论自由的权利，但公民言论应当遵守法律规定，不得损害他人的合法权益。杨万贵在网络上发帖多次，其中，1. 2013年5月30日前的帖子中，关于"律师档案管理内容"的观点发表或讨论，是对国家和社会管理工作所提出的意见和建议，是正当行使言论自由权利的行为，并无不妥。在内容为"还我律师执业证"的帖子中不乏过激的言语，杨万贵是在其他律师的律师执业证都领到而自己的律师执业证未能领到的情况下发表的，是针对特定的事由而为，未针对具体个人，无损害后果，故未对丁德富的名誉造成损害。2. 2013年6月2日，杨万贵在名为"@杨万贵律师"的新浪微博（http：//weibo.com/u/2977043084）中发帖"给安庆市司法局丁某的公开信"，帖子内容措辞激烈，不仅使用了贬损他人名誉的"刁难""警告""当老爷"等不当言辞，而且直接使用了"缩头乌龟""小人"等侮辱性语言，该帖被赞14次、被转发254次、被评论69次，在评论中，有些网友更是以雷同或更严重的侮辱性语言发表评论。杨万贵辩称其律师执业证被"卡扣"，即便是事实，其可以通过提出意见、申诉、控告等程序维护权利。杨万贵作为执业多年的专职律师，应当清楚这些救济程序，更应当清楚不能在网络上用侮辱性语言评论的方式来进行所谓"自救"。杨万贵领到律师执业证后又以侮辱谩骂方式"挑战"出气，其主观损毁他人名誉的过错明显。从网络上杨万贵所发该帖被赞14次、被转发254次、被评论69次，并且有相当部分为负面评论来看，杨万贵的行为给丁德富名誉造成了一定的不良影响。综合以上分析，杨万贵发布该博文，主观上有过错、行为违法、已对丁德富造成损害后果，且该损害后果与杨万贵违法行为之间具有因果关系，故杨万贵在新浪微博发布该博文的行为已经构成对丁德富名誉权的侵害。关于杨万贵如何承担法律责任的问题。侵害公民名誉权的，依法应当承担相应的法律责任。杨万贵在网络上发表了侮辱性的言论，损害了丁德富的名誉权，对其造成了一定的不良影响，杨万贵应当对此承担相应的法律责任。丁德富要求杨万贵赔礼道歉、消除影响，请求正当合理，应予支持。本案侵权情节一般，未造成严重影响，赔礼道歉、消除影响能够弥补丁德富因此遭受的精神损害，故对丁德富另行要求赔偿精神损害抚慰金的请求不予支持。案经调解不成，经原审法院审判委员会讨论决定，依据《中华人民共和国民法通则》第一百零一条、第一百三十四条，《中华人民共和国侵权责任法》第二条、第六条、第十五条、第三十六条，《最高人民法院关于贯彻执行〈中华人民共和国民法通则〉若干问题的意见（试行）》第140条、第150条，《最高人民法院关于审理名誉权案件若干问题的解答》第七条第一款、第二款、第十条，《最高人民法院关于确定民事侵权精神损害赔偿责任若干问题的解释》第八条第一款，《中华人民共和国民事诉讼法》第六十四条第一款、第一百四十二条之规定，作出如下判决：一、杨万贵于判决生效后十五日内在"@杨万贵律师"新浪微博（http://weibo.com/u/2977043084）上向丁德富刊登道歉函，向丁德富赔礼道歉，消除影响，恢复丁德富名誉。刊登时间不少于十日，道歉函内容须事先经原审法院审查核定。如果杨万贵不按上款履行，原审法院将采取公告、登报等方式将本案判决书主要内容刊登于其他媒体上，费用由杨万贵负担，并可依照《中华人民共和国民事诉讼法》第一百一十一条第一款第（六）项的规定处理。二、驳回丁德富的其他诉讼请求。

杨万贵上诉称：首先，杨万贵在网络帖子里的内容系公开评价丁德富的人品，有事实依据和基础，杨万贵是在行使言论自由的权利，不构成侵权。一审回避了需要查明的两个关键事实，该事实足以说明杨万贵公开评价丁德富的人品有充分的事实依据和基础。关于第一个事实，一审没有明确躲在背后使坏，意图非法扣留杨万贵律师执业证的"个别同志"就是丁德富。安徽皖岳律师事务所2013年5月30日座谈会记录反映"市局个别同志要求将杨万贵的证暂不发，待其说清楚在新浪微博上的不当言论问题再发证"。一审庭审时，丁德富承认会议记录是真的，但没有承认也没有否认就是他自己要求将杨万贵的证暂不发。关于第二个事实，丁德富一审提交的《关于网友山羊（杨万贵律师）在网上发布言论的调处报告》（以下简称《调处报告》）应该是丁德富为了本起诉讼而专门要求岳西县司法局作出的，这件事也是非君子之事，该《调处报告》不符合《党政机关公文处理工作条例》的规定，没有红头文件纸，也没有文件编号，报告中"传达了市局领导指示精神"纯属假话，该报告不具有合法性，不应采信。杨万贵公开评价丁德富是有充分的事实依据和基础。其次，杨万贵没有用侮辱性言辞侮辱、诋毁丁德富。一审认为"刁难""警告""当老爷"是不当言辞，"缩头乌龟""小人"是侮辱性语言既不符合本案事实，也没有法律依据。综上，请求二审法院查明事实，依法公正判决。

丁德富在庭审中辩称：首先，杨万贵的律师执业证是否被扣留与杨万贵网络侵权行为没有关系，且丁德富也没有扣留杨万贵律师执业证的行为。其次，安庆市司法局与岳西县司法局系上下级的关系，《调处报告》并不需要严格的文件形式。再次，杨万贵在网络上的言行使用侮辱性语言并带有诽谤，已经构成侵权。综上，请求二审法院驳回上诉，维持原判。

本案二审期间杨万贵申请本院到安庆市司法局调查核实《调处报告》是否进行了收文办理程序并了解"市局领导指示精神"是什么。本院认为，《调处报告》有没有进行收文办理程序与双方当事人所举证据与原审相同，相对方质证意见也同于原审，本院认证意见与原审一致。

本院二审查明的事实与原审一致。

本院认为：综合双方当事人举证、质证及诉辩意见，本案二审的争议焦点为一审认定杨万贵构成对丁德富名誉权侵权是否适当。《中华人民共和国民法通则》第一百零一条规定，公民、法人享有名誉权，公民的人格尊严受法律保护，禁止用侮辱、诽谤等方式损害公民、法人的名誉。首先，杨万贵称其在"@杨万贵律师"的新浪微博（http：//weibo.com/u/2977043084）中"给安庆市司法局丁某的公开信"一帖是对丁德富的人品进行公开评论，有座谈会记录及丁德富为本起诉讼而专门要求岳西县司法局作出《调处报告》一事为证，公开评论不构成侮辱、诽谤，但一审未予确认丁德富在背后使坏的事实，显属不当。从一审双方所提交的座谈会记录来看，该记录没有明确意图扣留杨万贵律师执业证的"个别领导"就是丁德富，其他证据也无法证明，一审对此不予确认并无不当。杨万贵又称《调处报告》系丁德富为本起诉讼专门要求岳西县司法局作出的，此事系丁德富干出的非君子之事，但此仅为杨万贵的主观臆断，未有证据予以证明，杨万贵以此为由称其在帖子里公开评价丁德富的人品有事实依据的理由不能成立。其次，杨万贵上诉还称"缩头乌龟""小人"不是侮辱性言辞，只是对丁德富的公开评论，该用语未侵害丁德富的名誉权。根据一般理解，侮辱性言辞是指容易使人的人格和名誉受损的词语。在中文词汇中，"缩头乌龟""小人"一般为贬义词，若将该言辞用于他人时，可能会贬低他人人格，降低他人本来应当受到的尊重。通观杨万贵在其微博所发布的"给安庆市司法局丁某的公开信"一帖中，通篇用词偏激，充满了情绪宣泄的味道，在这种语境下，用"缩头乌龟""小人"来形容丁德富，容易贬低丁德富在读者心目中的形象，使丁德富的名誉受损，而实际上，该帖子也确实引起了跟帖者对丁德富的负面评论，故杨万贵在帖子中形容丁德富的用词"缩头乌龟""小人"在该语境中应属侮辱性言辞。杨万贵的此节上诉理由不能成立，本院不予支持。

综上，杨万贵在网络帖子上使用侮辱性言辞对丁德富进行评价，对丁德富的名誉权造成了侵害，给丁德富造成了一定的负面影响，杨万贵的该行为违反了法律禁止性规定，主观上存在故意，原审据此认定其构成对丁德富名誉权侵权并无不当。杨万贵的上诉理由均不能成立，原审判决认定事实清楚，适用法律正确，判决结果适当，依法应予维持。据此，依照《中华人民共和国民事诉讼法》第一百七十条第一款第（一）项之规定，判决如下：

驳回上诉，维持原判。

二审案件受理费500元，由上诉人杨万贵负担。

本判决为终审判决。

审判长　贺文华

代理审判员　金　京

代理审判员　蒋爱忠

二〇一四年四月十四日

书记员　余月琴

案例18：秦志晖诽谤罪、寻衅滋事罪一审刑事判决书

北京市朝阳区人民法院
刑事判决书

（2013）朝刑初字第2584号

公诉机关： 北京市朝阳区人民检察院。

被告人： 秦志晖，男，1983年12月27日出生；因涉嫌犯寻衅滋事罪于2013年8月19日被刑事拘留，同年9月18日被逮捕；现羁押在北京市第一看守所。

辩护人： 孙晓洋，北京市鑫泰洋律师事务所律师。

辩护人： 张力明，北京市鑫泰洋律师事务所律师。

北京市朝阳区人民检察院以京朝检刑诉（2013）2410号起诉书指控被告人秦志晖犯寻衅滋事罪，于2013年10月25日向本院提起公诉，后于2014年1月17日变更起诉，指控被告人秦志晖犯诽谤罪、寻衅滋事罪。本院依法组成合议庭，公开开庭审理了本案。北京市朝阳区人民检察院指派检察员贾晓文、代理检察员李凯出庭支持公诉。被告人秦志晖及其辩护人孙晓洋、张力明到庭参加诉讼。现已审理终结。

北京市朝阳区人民检察院指控：

一、诽谤罪

被告人秦志晖于2012年12月至2013年8月间，分别使用"@东土秦火火"、"@淮上秦火火"、"@江淮秦火火"和"@炎黄秦火火"等新浪微博账户捏造损害罗×、杨×、兰×、张×等人名誉的事实在信息网络上散布，引发大量网民转发和负面评论。

二、寻衅滋事罪

被告人秦志晖于2011年8月20日，为了自我炒作、引起网络舆论关注、提升个人知名度，使用名为"@中国秦火火_f92"的新浪微博账户编造、散布虚假信息攻击原××部，引发大量网民转发和负面评论。

被告人秦志晖作案后于2013年8月19日被公安机关查获归案。

北京市朝阳区人民检察院就上述指控向本院移送了被害人陈述、证人证言、书证及被告人供述等证据，认为被告人秦志晖捏造损害他人名誉的事实在信息网络上散布，造成恶劣社会影响，严重危害社会秩序；编造虚假信息在信息网络上散布，起哄闹事，造成公共秩序严重混乱，其行为已构成诽谤罪、寻衅滋事罪，提请本院依法判处。

被告人秦志晖对公诉机关的指控未提出异议。其辩护人的辩护意见为：1. 起诉书指控诽谤杨×、兰×的博文系由秦志晖所发布的证据不足；秦志晖的行为既不属于捏造、篡改事实并散布，也不属于明知是捏造的事实而散布；本案诽谤部分不属于公诉案件。2. 起诉书

指控涉及攻击原××部的博文系由秦志晖所发布的证据不足；秦志晖的行为不属于编造虚假信息并散布，也不属于明知是编造的虚假信息并散布；认定秦志晖的行为造成公共秩序严重混乱的依据不足。3. 即使秦志晖的行为构成犯罪，也不应对诽谤和寻衅滋事的事实分别予以法律评价，而应以一罪处理，且其具有认罪悔罪表现，建议对其从轻处罚。

经审理查明：

一、诽谤的事实

（一）被告人秦志晖明知罗×系军人，于2013年2月25日使用昵称为"@东土秦火火"的新浪微博账户捏造"罗×之兄罗×1在德国西门子公司任职"的事实，无端质疑罗×及其家人搞"利益交换关系"，并在信息网络上散布。该信息被转发2500余次，引发大量网民对罗×的负面评价。

上述事实，有公诉机关当庭宣读、出示的下列证据予以证明：

1. 被害人罗×陈述：一个叫"@秦火火"的在新浪微博上编造涉及其家人的虚假信息。其大哥罗×1曾在西门公司工作，且已去世，"@秦火火"说其大哥在西门子公司工作。其是一名军人，网络谣言对其造成了很大的伤害，同时对其家人也造成了身心上的创伤，其要求依法惩处该人。

2. 新浪微博截图证明：西门子（中国）有限公司于2013年2月25日发布声明，称该公司从未雇佣名为"罗×1"的员工。

3. 北京新浪互联信息服务有限公司（以下简称新浪公司）及公安机关出具的书证证明：

（1）"@东土秦火火"新浪微博账户的用户名为××935@qq.com，UID号为××27857，注册时间为2012年12月21日，注册IP地址为116.90.82.180（IP归属地为北京××营销策划有限公司，位于北京市朝阳区）。

（2）"@东土秦火火"于2013年2月25日9时27分44秒发布微博，内容为："@罗×，再问你一个严肃的问题，你大哥为什么能成为德国西门子（远东）公司高级顾问，后来又成为西门子（中国）公司副总经理？你们罗家出了老二罗×2和老三罗×两个少将，现在又有老大罗×1和老四罗×4两个兄弟分别在德国和美国公司任高层？这当中是不是有什么利益交换关系？请解释这个问题。"发布IP地址为116.90.82.180。该微博被转发2500余次，评论600余次。从新浪公司出具的具体评论内容看，引发了网民对罗×的负面评价。

4. 北京××营销策划有限公司出具的书证及证人李×（该公司人力资源部总监）的证言证明：秦志晖于2012年12月14日至2013年4月14日在该公司任职，该公司为职工工作期间提供上网支持。该公司的IP地址为：116.90.82.179～185；116.90.86.219～230。

5. 被告人秦志晖供述：其在网上看到罗×发表的言论，产生不满情绪，遂于2013年2月用"@东土秦火火"新浪微博账户发布博文损害罗×的名誉，说罗×既然是爱国将领为什么他的哥哥在西门子公司工作。罗×的哥哥在西门公司工作，其就造谣说罗×的哥哥在西门子公司工作，然后以原创的方式发布到微博上。

以上证据，经庭审举证、质证，本院予以确认。

（二）被告人秦志晖明知"杨×（女，×集团控股有限公司董事局主席）向希望工程虚假捐赠"系捏造的事实，于2013年7月15日使用昵称为"@淮上秦火火"的新浪微博账户（UID号：××06850）在信息网络上散布。该信息被转发700余次，引发大量网民对杨×的负面评价。

上述事实，有公诉机关当庭宣读、出示的下列证据予以证明：

1. 被害人杨×的报案材料证明：秦志晖使用"秦火火"的微博账户捏造事实，损害杨×的名誉，杨×于2013年7月25日向公安机关报案。

2. 新浪微博截图及新浪公司出具的书证证明：杨×于2011年6月23日发布微博声明，澄清虚假捐款问题；该微博系实名认证。

3. 中国青少年发展基金会官网截图证明：该会于2011年6月25日发布声明，称杨×捐款属实。

4. 新浪公司及公安机关出具的书证证明：

（1）"@淮上秦火火"新浪微博账户的用户名为××412@qq.com，UID号为××06850，注册时间为2013年7月15日0时32分，注册IP地址为202.104.158.147。

（2）"@淮上秦火火"于2013年7月15日19时52分42秒发布微博，内容为："@杨×曾经在1997年公开宣布，将《×××》的20万元稿费捐给希望工程，事后却又以工作经费的名义秘密的领走了同样数额的费用。杨×此后又以同样方式，多次从青基会财务部领取过希望工程的大额工作经费，2002年此事被曝光后，由于影响太大，直接导致'希望工程'项目直接停止。"发布IP地址为：124.65.149.138。该微博被转发700余次，评论200余次。从新浪公司出具的具体评论内容看，引发了网民对杨×的负面评价。

（3）2013年7月15日，秦志晖曾在北京××互联网上网服务有限公司实名上网，并使用"@淮上秦火火"微博账户。

5. 北京××天下信息技术有限公司（以下简称××天下公司）出具的书证及证人刘×（该公司总经理）的证言证明：秦志晖于2013年5月初到该公司沈阳办事处社区部工作，每两周代表沈阳分公司社区部到北京开会。北京总公司网络的IP地址为：124.65.149.138。

6. 被告人秦志晖供述："@淮上秦火火"新浪微博账户由其使用。2013年7月，其用该账户发布博文对杨×进行攻击，称杨×出书所得到的版税捐给希望工程后又以其他名义将该捐款领回。这是其通过天涯八卦论坛看到一些关于杨×的消息，没有经过任何核实，就添油加醋，将事实夸大，以更有故事性、曝料性的原创方式发布出来。

针对该起事实，辩护人当庭宣读、出示的证据为：1. 网络文章截图，以证明本案涉及杨×虚假捐款的信息此前已在互联网上形成；2. 公安机关关于"@淮上秦火火"微博账户的注册地在广东省中山市的书证，以证明涉案微博不是秦志晖所发布。

以上证据，经庭审举证、质证，本院认证如下：1. 被告人秦志晖关于其使用"@淮上秦火火"微博账户并在北京发布该条微博的供述有××天下公司、新浪公司出具的书证及证人刘×的证言佐证，且微博账户的注册不需要本人到注册地亲自操作，故微博账户注册地在广东省中山市不影响案件事实的认定；2. 关于杨×虚假捐款的不实信息虽然在互联网上曾有流传，但在杨×及中国青少年发展基金会做出澄清的情况下，被告人秦志晖仍然予以散布，可以认定其明知系捏造的事实而散布。故本院对辩护人的相关意见不予采纳，对公诉机关当庭宣读、出示的证据予以确认。

（三）被告人秦志晖在信息网络上看到了"兰×（男，35岁）被老女人包养"的不实信息后，将上述信息篡改为"兰×被老女人周某某包养"，并于2013年7月至8月间使用昵称为"@××_307"的新浪微博账户（UID号：××08323，昵称又曾为"@江淮秦火火"）多次在信息网络上散布。该信息累计被转发900余次，引发大量网民对兰×的负面评价。

上述事实，有公诉机关当庭宣读、出示的下列证据予以证明：

1. 被害人兰×陈述：2013年7月，"@江淮秦火火"发布了很多诽谤其的博文，说其被老女人周某某包养，都是胡编乱造的。其要求严肃惩处诽谤其的人。

2. 秦志晖与贺×（微博昵称："@××二世"）的QQ聊天记录证明：贺×于2013年7月26日14时许，给了秦志晖用户名为××123@126.com的微博账户和密码。

3. 新浪公司及公安机关出具的书证证明：

（1）"@××_307"的微博账户的用户名为××123@126.com，UID号为××08323，注册时间为2013年7月26日；昵称为"@江淮秦火火"微博账户的UID号也为××08323，由于UID号具有唯一性，故"@江淮秦火火"与"@××_307"系同一用户。

（2）"××_307"的微博账户于2013年7、8月间发布微博称兰×律师被老女人周某某包养、吃软饭，并附照片。发布IP地址为：60.17.18.101、218.24.106.146。该微博累计被转发900余次，评论500余次。从新浪公司出具的具体评论内容看，引发了网民对兰×的负面评价。

（3）经查询，60.17.18.101的IP地址位于××天下公司沈阳分公司；218.24.106.146的IP地址位于辽宁省沈阳市。

（4）除了上述微博外，未搜索到其他微博用户发表过类似直接提到周某某姓名的微博。

4. 新浪微博截图证明：在秦志晖发布涉案微博之前，互联网上有关于兰×被老女人包养的信息。

5. 被告人秦志晖供述：2013年7月26日，微博上一个叫"@隐士××"的人用网易邮箱××123@126.com帮其注册了微博账户，当时的用户名是一串数字，其自己改成了"@江淮秦火火"，并修改了密码。这个账户注册后一直由其使用。2013年7月，其用该微博账户发微博，称兰×被五十岁的老女人包养，后更爆料说出那个五十岁女人的名字。其攻击兰×的目的是想把兰×搞臭，让网民不信任兰×的言论。

针对该起事实，辩护人当庭宣读、出示的证据为：1. 新浪公司出具的书证，以证明UID号为××71035的"@江淮秦火火"微博账户与"@××_307"的微博账户并非同一账户；2. 网络文章截图，以证明本案涉及兰×的信息此前已在互联网上形成。

以上证据，经庭审举证、质证，本院认证如下：1. 因UID号为××71035的"@江淮秦火火"微博账户与公诉机关指控的涉案UID号为××08323的"@江淮秦火火"微博账户并非同一账户，故辩护人出示的UID号为××71035的"@江淮秦火火"微博账户相关材料与本案缺乏关联性，本院不予确认；2. 关于兰×的不实信息虽已在互联网上形成，但被告人秦志晖在此类信息中加入周某某的姓名，属于捏造事实。故本院对辩护人的相关意见不予采纳，对公诉机关当庭宣读、出示的证据予以确认。

（四）被告人秦志晖于2012年11月27日，使用昵称为"@炎黄秦火火"的新浪微博账户（UID号：××12765）捏造"张×（女，中国××联合会主席）具有德国国籍"的事实并散布，后经网友举报，新浪公司判定上述信息为不实信息，张×亦于2012年11月28日通过微博发布澄清声明。被告人秦志晖又于2012年12月31日使用"@炎黄秦××"的新浪微博账户再次发布有关上述信息的博文，在短时间内被转发20余次，引发网民对张×的负面评价。

上述事实，有公诉机关当庭宣读、出示的下列证据予以证明：

1. 被害人张×陈述："@秦火火"在网络上制造谣言说其具有外国国籍。该谣言一直影响其工作，更影响了中国××事业。

2. 新浪微博截图及新浪公司出具的书证证明：张×于2012年11月28日发布微博声明，澄清其国籍问题；该微博系实名认证。

3. 新浪公司及公安机关出具的书证证明：

（1）"@炎黄秦火火"新浪微博账户的用户名为××564@qq.com，UID号为××12765，注册时间为2012年10月1日，注册IP地址为124.228.60.166（IP归属地位于湖南省衡阳市）。

（2）"@炎黄秦火火"于2012年11月至12月间发布微博，称张×具有德国国籍。其中2012年12月31日12时46分0秒发布的微博被转发20余次，评论20余次。从新浪公司出具的具体评论内容看，引发了网民对张×的负面评价。

（3）"@炎黄秦火火"曾于2012年11月27日23时22分40秒发布微博称张×具有德国国籍，有网友向新浪公司举报该内容不实，新浪公司判定张×未加入德国国籍，被举报人言行构成"发布不实信息"。

（4）秦志晖曾实名购买了2012年9月25日北京西到衡阳、2012年10月6日衡阳到北京西的火车票。

4. 常住人口基本信息表证明：张×的户籍所在地为北京市。

5. 被告人秦志晖供述："@炎黄秦火火"的微博账户是其在湖南省衡阳市注册的。2012年12月，其在网上了解到张×在德国小住过一段时间，就以此为由，胡乱编造说张×具有德国国籍，并通过"@炎黄秦火火"微博账户以原创形式发布，损害张×的名誉。

针对该起事实，辩护人向法庭宣读、出示了论坛网页截图（该帖子发表于2010年12月19日），以证明在秦志晖发布该条涉案微博前，有关张×具有德国国籍的虚假信息已在互联网上形成。

以上证据，经庭审举证、质证，本院认证如下：关于被告人秦志晖是否捏造事实诽谤张×，新浪公司出具的在案书证及秦志晖供述证明，秦志晖于2012年11月27日发布张×具有德国国籍的信息后，经举报已被新浪公司判定为不实信息，在张×于2012年11月28日发布声明，澄清其国籍问题后，秦志晖仍于2012年12月31日再次发布上述虚假信息。以上证据足以认定秦志晖捏造事实诽谤张×。故本院对辩护人的相关意见不予采纳，对公诉机关当庭宣读、出示的证据予以确认。

二、寻衅滋事的事实

2011年7月23日，甬温铁路浙江省温州市相关路段发生特别重大铁路交通事故（即"7·23"甬温线动车事故）。在事故善后处理期间，被告人秦志晖为了利用热点事件进行自我炒作，提高网络关注度，于2011年8月20日使用昵称为"@中国秦火火_f92"的新浪微博账户（UID号：××09413）编造并散布虚假信息，称原××部向"7·23"甬温线动车事故中外籍遇难旅客支付3000万欧元高额赔偿金。该微博被转发11000次，评论3300余次，引发大量网民对国家机关公信力的质疑，原××部被迫于当夜辟谣。被告人秦志晖的行为对事故善后工作的开展造成了不良影响。

上述事实，有公诉机关当庭宣读、出示的下列证据予以证明：

1. 新浪公司及公安机关出具的书证证明：

（1）"@中国秦火火_f92"新浪微博账户的用户名为××990@qq.com，UID号为××09413，注册时间为2010年5月25日，注册IP地址为124.126.28.156（IP归属地位于北京市）。该微博账户与"@中国秦火火"新浪微博账户的UID号一致，系同一用户。

（2）该微博账户先前所发布的微博中，曾经提到"地铁求粉丝"和与"×玛公司"相关的信息，与秦志晖个人情况相符。

（3）该微博账户于2011年8月20日19时49分54秒发布微博，内容为："就在刚刚得到消息，铁道部已经向动车事故中意大利遇难者茜×协议赔偿三千万欧元（折合人民币接近两亿），据悉，这是铁道部在参照欧洲法律中有关人身意外伤害条款后，不得不同意此赔偿协议。若此赔偿协议属实，则将开创中国对外个人意外最高赔偿纪录。"该微博被转发11000次，评论3300余次。从新浪公司出具的具体评论内容看，引发了网民对国家机关公信力的质疑。

2. 新浪微博截图证明：2011年8月20日之前，网络上曾经发布过"动车事故中给意大利女子的赔偿金额是2000万欧元"的信息。

3. 北京市公安局网络安全保卫总队远程勘验笔录证明：原××部曾于2011年7月30日12时在人民网上发布了声明，称"7·23"事故遇难人员赔偿标准为91.5万元。

4. 中国铁路总公司出具的书证证明：原××部于2011年8月20日夜间发布了《温州动车事故遇难外籍旅客获高额赔偿属谣言》进行辟谣，称将对外籍遇难旅客与中国籍遇难旅客实行同一赔偿救助标准；涉案微博发布后对原××部的相关工作造成了负面影响。

5. 新浪公司及北京豆网科技有限公司出具的书证证明：昵称为"@路××老大"的微博账户（UID号：××39985）于2011年8月20日20时45分，发布了关于原××部向外籍旅客赔偿三千万欧元的博文；×网上所记录"@路××"发布上述博文的时间为2011年8月20日18时38分34秒，但经查询网站数据，上述微博内容系经过修改后形成的，修改时间为2011年8月20日20时50分18秒。

6. 被告人秦志晖供述：2010年5月，其注册了昵称为"@雁度××"的新浪微博账户。2010年7月，其去×玛公司后，将账户昵称修改为"@中国秦火火"，"@中国秦火火"后面是否带后缀其记不清了。2011年7月甬温线动车事故发生后，其看到网上有消息说外国遇难旅客所获赔偿金额为2000万欧元，高于国内旅客，觉得可以借此炒作一下。为了能吸引眼球，更具煽动性，其将赔偿金额由原先的2000万欧元改成了3000万欧元，然后用该微博账户以原创的形式发布。该微博短时间内被大量转发，官方对此问题还专门做了澄清。

针对该起事实，辩护人提交了"@路××"的微博（UID号：××39985）于2011年8月20日18时38分34秒在×网发布的信息，内容为"铁道部已经向动车事故中意大利遇难者茜×协议赔偿三千万欧元"，以证明在秦志晖发布该信息之前，网上已有人发布了相同的信息。

以上证据，经庭审举证、质证，本院认证如下：1. 关于涉案微博信息是否为被告人秦志晖发布，新浪公司出具的书证能够证明该微博账户具有与秦志晖相关的客观信息，足以证明该微博账户由秦志晖所使用，秦志晖亦多次供认其使用该微博账户发布涉案信息，证据之间相互印证，足以认定；2. 关于涉案微博信息是否为被告人秦志晖所编造，原××部在秦志晖发布该信息前已经发表了赔偿标准的声明，秦志晖关于其编造该信息的供述稳定，且其所供认的编造过程有控方提供的"赔偿外籍乘客2000万欧元"信息这一客观证据予以印证，证明其供述的真实性，足以认定；3. 关于在被告人秦志晖发布该信息之前是否有他人发布了相同的信息，辩护人出示了"@路××"的微博，该微博显示发布时间早于秦志晖，但公诉机关出示的新浪公司及北京豆网科技有限公司出具的书证，能够证明"@路××"发布的微博系在秦志晖微博发布之后修改而成。故本院对辩护人的相关意见不予采纳，对公诉机关当庭宣读、出示的证据予以确认。

被告人秦志晖于 2013 年 8 月 19 日被查获归案。

对此，公诉机关宣读和出示了下列证据：

被告人秦志晖的户籍材料及公安机关出具的到案经过，证明了被告人秦志晖的身份及归案情况。

以上证据，经庭审举证、质证，本院予以确认。

关于辩护人所提被告人秦志晖主观上不明知系虚假信息，客观上亦未实施捏造、编造虚假信息的行为的辩护意见。经查，被告人秦志晖在信息网络上所发布的涉案微博内容或无中生有，为秦志晖本人捏造、编造；或虚假信息所涉及内容有一定来源，但经秦志晖进行过实质性篡改，以原创的方式发布；或虚假信息虽曾在信息网络上流传，但已经涉案被害人澄清，秦志晖仍然增添内容在信息网络上予以散布。秦志晖作为网络从业人员，对所发信息的真实性不仅没有尽到基本的核实义务，反而一贯捏造、编造虚假事实，足以证明其主观上明知涉案信息的虚假性。秦志晖客观上亦实施了捏造、编造虚假信息的行为，本院在事实、证据认定部分已经分别予以论证。故该辩护意见本院不予采纳。

关于辩护人所提本案涉诽谤事实不属于公诉案件，部分被害人未主动要求司法机关予以追究，公诉机关适用公诉程序追究被告人秦志晖诽谤罪刑事责任法律依据不足的辩护意见。经查，根据《中华人民共和国刑法》第二百四十六条的规定，诽谤他人，情节严重的，构成诽谤罪；严重危害社会秩序和国家利益的，应适用公诉程序。根据《最高人民法院、最高人民检察院关于办理利用信息网络实施诽谤等刑事案件适用法律若干问题的解释》第二条、第四条的规定，同一诽谤信息被转发次数达到五百次以上的，应当认定为上述刑法条款规定的"情节严重"；一年内多次实施利用信息网络诽谤他人行为未经处理，诽谤信息实际被转发次数累计计算构成犯罪的，应当依法定罪处罚。同时，该司法解释第三条规定，具有诽谤多人，造成恶劣社会影响等情形的，应当认定为上述刑法条款规定的"严重危害社会秩序和国家利益"。本案中，秦志晖利用信息网络，分别诽谤罗×、杨×、兰×、张×四名公民，其中关于罗×、杨×、兰×等三人的诽谤信息被转发次数均达到 500 次以上，应当认定为"情节严重"；关于张×的诽谤信息被转发次数虽然未达到 500 次，但根据该司法解释第四条的规定，秦志晖系在一年内分别诽谤罗×、杨×、兰×、张×等四人，应对上述诽谤信息的被转发次数累计计算。据此，秦志晖诽谤罗×、杨×、兰×、张×的行为构成诽谤罪，且系诽谤多人并造成了恶劣的社会影响，应当适用公诉程序追究秦志晖所犯诽谤罪的刑事责任。故该辩护意见本院不予采纳。

关于辩护人所提被告人秦志晖发布原××部在"7·23"甬温线动车事故中天价赔偿外籍乘客的虚假信息不足以造成公共秩序严重混乱，公诉机关指控该起行为构成寻衅滋事罪的依据不足的辩护意见。经查，"7·23"甬温线动车事故为特别重大铁路交通事故，全民关注，秦志晖在该事故善后处理期间，编造政府机关天价赔偿外籍乘客的信息并在网络上散布，起哄闹事，该虚假信息被转发 11000 次，评论 3300 余次，不仅造成网络空间的混乱，也在现实社会引发不明真相群众的不满，扰乱了政府机关的善后工作。秦志晖的该起行为足以认定为造成公共秩序严重混乱，符合寻衅滋事罪的构成要件。故该辩护意见本院不予采纳。

关于辩护人所提被告人秦志晖发布涉案微博的主观故意和客观行为并无不同，对其以诽谤罪、寻衅滋事罪实行数罪并罚，将使被告人的同一行为两次承担罪责的辩护意见。经查，诽谤罪、寻衅滋事罪两罪的犯罪构成不同，诽谤罪侵犯的客体是公民的人格和名誉，寻衅滋事罪侵犯的客体是社会秩序，两罪的行为特征不同。本案中，秦志晖捏造损害罗×、杨×、兰×、张×等公民人格、名誉的事实，在信息网络上散布，其行为符合诽谤罪的犯罪构成；而秦志晖在"7·23"甬温线动车事故发生后，编造政府机关天价赔偿外籍乘客的虚假信息在信息网络上散布，起哄闹事，造成了社会公共秩序的严重混乱，其行为符合寻衅滋事罪的犯罪构成。公诉机关根据不同性质的案件事实，分别认定为诽谤罪、寻衅滋事罪，定性准确，本院予以支持。故该辩护意见本院不予采纳。

本院认为，被告人秦志晖无视国法，在信息网络上捏造事实，诽谤他人，情节严重，且系诽谤多人，造成恶劣社会影响，其行为已构成诽谤罪；被告人秦志晖在重大突发事件期间，在信息网络上编造、散布对国家机关产生不良影响的虚假信息，起哄闹事，造成公共秩序严重混乱，其行为已构成寻衅滋事罪，依法应予以惩处并实行数罪并罚。北京市朝阳区人民检察院指控被告人秦志晖犯诽谤罪、寻衅滋事罪的事实清楚，证据确实、充分，指控的罪名成立。被告人秦志晖在较长时间段内在信息网络上多次肆意实施违法犯罪行为，根据其所犯诽谤罪、寻衅滋事罪的事实、性质、情节及社会危害程度，本应对其酌情予以从重处罚。但鉴于被告人秦志晖归案后能如实供述所犯罪行，认罪悔罪态度较好，本院对其所犯诽谤罪、寻衅滋事罪均依法予以从轻处罚。辩护人建议对被告人秦志晖从轻处罚的辩护意见，本院予以采纳。本院依照《中华人民共和国刑法》第二百四十六条、第二百九十三条第一款第（四）项、第六十七条第三款、第六十一条、第六十九条第一款以及《最高人民法院、最高人民检察院关于办理利用信息网络实施诽谤等刑事案件适用法律若干问题的解释》第一条、第二条、第三条、第四条、第五条第二款之规定，判决如下：

被告人秦志晖犯诽谤罪，判处有期徒刑二年；犯寻衅滋事罪，判处有期徒刑一年六个月，决定执行有期徒刑三年（刑期从判决执行之日起计算。判决执行以前先行羁押的，羁押一日折抵刑期一日，即自2013年8月19日起至2016年8月18日止）。

如不服本判决，可在接到判决书的第二日起十日内，通过本院或者直接向北京市第三中级人民法院提出上诉。书面上诉的，应当提交上诉状正本一份，副本二份。

审判长　吴小军

代理审判员　李　晓

人民陪审员　冯亚力

二〇一四年四月十七日

书记员　刘　宇

案例19：成都晚报社与赵丽华名誉权纠纷一审民事判决书

成都市锦江区人民法院
民事判决书

(2013) 锦江民初字第3762号

原告： 成都晚报社。

法定代表人： 伍江陵，总编辑。

委托代理人： 黄铖，北京盈科（成都）律师事务所律师。

被告： 赵丽华。

委托代理人： 侯杰，广东深和律师事务所律师。

委托代理人： 刘彬，广东深和律师事务所律师。

原告成都晚报社与被告赵丽华名誉权纠纷一案，本院于2013年9月22日立案受理，被告赵丽华向本院提出管辖权异议，本院作出（2013）锦江民管初字第125号民事裁定，裁定驳回被告赵丽华对本案管辖权提出的异议。被告赵丽华向成都市中级人民法院提出上诉，成都市中级人民法院作出（2014）成民管终字第22号民事裁定，裁定驳回上诉，维持原裁定。本案依法由审判员叶红适用简易程序于2014年3月14日公开开庭进行了审理。原告成都晚报社的委托代理人黄铖，被告赵丽华的委托代理人侯杰到庭参加诉讼。本案现已审理终结。

原告成都晚报社诉称，2013年9月8日13时许，被告利用在新浪微博、腾讯微博拥有的实名认证账号发布虚假信息称"成都晚报……等媒体在报道丁书苗案时把我照片当成丁女侯君霞照片，非常草率无耻！"原告随即通过新浪微博平台、电话等不同形式向被告作出解释、澄清事实，并出具相应证据。但被告竟然变本加厉利用前述两个微博平台对原告进行辱骂、诽谤，甚至发布"官媒造谣、谣言源头、仗势欺人、出奇无耻"等，具有明显侮辱、煽动性的词汇攻击、诽谤原告。该类虚假、侮辱性信息迅速在互联网中传播，在全国范围造成恶劣影响。由于被告的诽谤行为在全国造成了巨大影响，引起社会各界的高度关注。2013年9月9日，原告为维护社会舆论的正常秩序及自身合法权益，再次以牺牲自身利益为代价，于《成都晚报》第1版、第8版全版刊发辟谣声明，并再次出示证据证明从未侵害被告名誉权、肖像权。同日，原告委托律师就被告侵权事件，出具《律师函》予被告，并通过新浪微博平台明确告知、送达被告。但被告无视国家法律及事实，在上述两个微博平台变本加厉发布虚假、侮辱诽谤性言论攻击原告，严重扰乱网络舆论秩序。截至9月12日10时，被告利用上述两个微博平台，发布虚假、侮辱、诽谤性信息共计60余条，评论、转载、阅读量已过百万次。造成原告的社会评价值严重降低，其商誉、品牌经济价值损失巨大。原告请求判令被告侵害原告名誉权行为成立，并责令被告立即停止侵权行为，在全国性的网络信息平台及报刊登报赔礼道歉（网络信息平台具体是指新浪微博、腾讯微博，报刊是指《成都晚报》《成都商报》）；被告赔偿原告各类损失50万元；并由被告承担本案的诉讼费用。

被告赵丽华辩称，被告没有损害原告名誉权的行为，被告与原告没有恩怨，被告没有损害原告名誉权的动机，原告没有任何名誉受损的表现，本案中也没有侵权行为和结果的发生，所以本案的名誉侵权不成立。原告在起诉书中陈述的损失巨大，经我方查询得知，原告是事业法人而非企业法人，所以不存在商誉和品牌经济损失。原告作为公众媒体有接受公众批评监督的义务，不能动辄起诉公众对其的批评监督。综上，请求判决驳回原告对被告的诉讼请求。

经审理查明，《成都晚报》于2013年9月8日在第7版刊载了一篇大标题为《山西女商人丁书苗被公诉》，小标题为《20岁做小贩卖鸡蛋30岁开始搞煤炭运输40岁结识刘志军》的报道，并附有丁书苗的照片。当日下午，被告开始在其新浪微博、腾讯微博拥有的实名认证账号发布信息："严正声明：腾讯财经、成都晚报、四川新闻网等媒体在报道丁书苗案时把我照片当成丁女侯君霞照片，非常草率无耻！请立即撤下不实图片并公开道歉，我保留进一步追究相关责任的权利。""经核实，凤凰网、腾讯财经、四川新闻网及网上大量有关丁书苗及其女儿的原始新闻报道均来自成都晚报，有无数截图为证！但成都晚报为推脱责任，拿出一个没有我照片的链接来加以抵赖，态度恶劣、性质严重！今天我不盯那几个转发媒体，只盯成都晚报这个谣言源头，责令该报48小时内公开道歉！""成都晚报算是出奇无耻！先发不实报道，把我照片用作丁书苗女儿照片，我发微博后他们又让新浪网监删除我贴！""腾讯财经、新浪财经都已删除或改正了转发的成都晚报报道并道歉，唯谣言源头成都晚报不仅不改正、不道歉，还把另一篇写丁书苗的文章拿出来混淆视听，这完全是两篇文章，写丁书苗及女儿的那篇才用了我照片。""成都晚报在微博上贴出《山西女商人丁书苗被公诉》一文以证明他们未盗用我照片，而他们盗用我照片的文章是该报另外一篇名为《丁书苗非法经营数额达1788亿余元系被女儿供出》，该文中丁书苗女儿图片用我照片，此文章被凤凰网、腾讯财经、新浪财经及四川新闻网等转发，有截图为证！""1788亿，谢谢你们给俺找了个这么有钱的妈。没把我照片混进12钗中，你们已经手下留情了。根据这张截图，大家说说是告新浪财经呢？还是四川新闻网呢？还是成都晚报呢？""贼喊捉贼、知错不改、嚣张跋扈，为何几百家一千六百多个网页假新闻源头都指向你们呢？如此颠倒黑白谁给你的底气？法庭见！""人在家中坐，祸从天上来，躺着也能中枪！他们实在找不到丁书苗女儿照片也不能用我的啊！用错了还强词夺理贼喊捉贼拒不认错！谁把中国媒体惯成这个样子？百姓造谣被刑拘官媒造谣如何处置？""铁证如山，还嚣张跋扈，大家仔细看看这里面标识的新闻源头！"

原告在《成都晚报》2013年9月9日第1版刊载了一篇大标题为《我们被冤我们举证我们依法追责》，小标题为《赵丽华无视事实指责诬蔑本报将严厉追究其法律责任》的严正声明。当日《成都晚报》的第8版刊载了一篇大标题为《大谣赵丽华无端攻击成都晚报》，小标题为《成都晚报发严正声明，将追究这位女作家的法律责任》的报道。声明的主要内容为：本报针对新浪微博认证用户赵丽华发微博声称被盗用照片并要求本报公开道歉一事，在经过本报反复核查未发现任何内容涉及新浪微博认证用户赵丽华，本报两次发出微博澄清此事，但赵丽华仍无视事实真相，再次发微博对本报进行指责、诬蔑和侮辱，已经严重侵害了本报的合法权益，导致本报形象及公信力遭受严重损害，对此，本报将通过法律途径追究赵丽华的一切法律责任坚决要求其通过各种途径澄清事实，消除影响，赔礼道歉，并就对本报造成的相关损害进行赔偿，针对个别微博大V未经查实转发上述不实内容，可能侵害本报权益的行为，本报保留追究其法律责任的权利。

2013年9月9日，原告向被告发出《律师函》，并于2013年9月10日将其向被告发出《律师函》的情况刊登在《成都晚报》第7版。

被告分别于2013年9月8日、9月10日委托四川省成都市国力公证处对其授权代理人通过互联网查看相关网页的过程及内容进行保全证据公证，四川省成都市国力公证处分别作出了（2013）川国公证字第36179号公证书、（2013）川国公证字第36180号公证书、（2013）川国公证字第36181号公证书，将互联网查看相关网页的内容进行了截图。2014年3月11日，被告委托四川省成都市律政公证处办理保全网页公证，四川省成都市律政公证处作出了（2014）川律公证内民字第13339号公证书，将录屏取得的文件刻录入光盘。被告支付了以上公证费7000元。

环球网网页、凤凰网网页、人民网网页截图中均有标题为《丁书苗非法经营数额达1788亿余元系被女儿供出》的标题，来源于2013年9月8日的成都晚报，并附有丁书苗的照片和丁书苗女儿侯军霞的照片。

以上事实，有下列证据及当事人的陈述在案为证：原告提交的（2013）川国公证字第36179号公证书、（2013）川国公证字第36180号公证书、（2013）川国公证字第36181号公证书、中国邮政信封、2013年9月8日的《成都晚报》第7版、2013年9月9日的《成都晚报》第1和第8版、（2014）川律公证内民字第13339号公证书、公证费发票、2013年9月10日的《成都晚报》第7版，被告提交的原告的组织机构代码证、环球网网页、凤凰网网页及网页截图。关于原告提交的发票、合同及广告报价单，因与本案缺乏关联性，故本院对发票、合同及广告报价单不予采信；关于原告提交的2012年11月2日《成都晚报》第40版，因与本案缺乏关联性，故本院对该项证据材料不予采信。关于被告提交的解释因与本案无关，故本院对解释不予采信；关于被告提交的北青网网页、台海网网页、红豆社区网页、中国广播网网页，MSN中文网网页、东方热线网页的截图，因其系复印件，在没有其他证据相印证的情况下，该证据不能作为本案认定事实的依据。

本院认为，本案的争议焦点是被告的行为是否侵害原告名誉权。所谓名誉，或称名声、声誉，是社会对特定的民事主体的才干、品德、情操、信誉、资历、声望、形象的客观综合评价。名誉权是指公民或法人依赖自己的名誉参与社会生活、社会竞争的权利，属于公民或者法人的精神性人格权利，其内容是公民或法人享有（支配）自己的名誉，不受他人妨碍。良好的名誉是公民或法人参与社会生活、社会竞争的重要条件，对名誉的侵犯必然直接妨害、影响公民或法人参与社会竞争的资格，因此，法律保护公民或法人的名誉权不受他人侵犯。根据《中华人民共和国民法通则》第一百零一条的规定，"公民、法人享有名誉权，公民的人格尊严受法律保护，禁止用侮辱、诽谤等方式损害公民、法人的名誉"。《最高人民法院关于审理名誉权案件若干问题的解答》第七条第一、二款和第八条"是否构成侵害名誉权的责任，应当根据受害人确有名誉被损害的事实、行为人行为违法、违法行为与损害后果之间有因果关系、行为人主观上有过错来认定。以书面或者口头形式侮辱或者诽谤他人，损害他人名誉的，应认定为侵害他人名誉权"及"因撰写、发表批评文章引起的名誉权纠纷，人民法院应根据不同情况处理：文章反映的问题基本真实，没有侮辱他人人格的内容的，不应认定为侵害他人名誉权。文章反映的问题虽基本属实，但有侮辱他人人格的内容，使他人名誉受到损害的，应认定为侵害他人名誉权。文章的基本内容失实，使他人名誉受到损害的，应认定为侵害他人名誉权"的规定表明，判断批评文章是否侵犯他人名誉权，应以文章的基本内容是否失实、是否使他人名誉受到损害为标准。根据本案查明的事实，原告并未在其公开发行的2013年9月8日《成都晚报》上刊登被告的照片，而被告仅凭其从有关网页中转载的内容就认定原告盗用其照片，被告在其微博中发表的批评文章，其内容与事实不符，并使用了侮辱性的语言，超出了舆论监督的范围，客观上必然影响社会公众对原告的主观评价并对原告造成不良影响，属于捏造事实损害他人名誉，造成了一定的影响，被告构成对原告名誉权的侵害。

综上，被告微博中的批评文章严重失实，会导致原告的社会评价降低，侵犯原告的名誉权，应对侵害原告名誉权承担相应的责任。对原告要求被告停止侵权行为、在《成都晚报》上登报赔礼道歉及在其新浪微博、腾讯微博拥有的实名认证账号上赔礼道歉的诉讼请求，本院予以支持。原告要求被告赔偿损失符合法律规定，但原告主张赔偿损失50万元过高，没有相应的依据，本院考虑原告的诉讼合理支出，酌情确定被告赔偿原告的损失金额为1万元。

据此，依照《中华人民共和国民法通则》第一百零一条、第一百二十条、第一百三十四条第一款第（一）项、第（七）项、第（十）项，《最高人民法院关于审理名誉权案件若干问题的解答》第七条、第八条的规定，判决如下：

一、被告赵丽华停止对原告成都晚报社名誉权的侵害；

二、被告赵丽华于本判决发生法律效力之日起十日内，在《成都晚报》显著位置上刊发道歉启示，在其新浪微博、腾讯微博拥有的实名认证账号上刊发道歉启示，向原告成都晚报社公开赔礼道歉（道歉启示内容须经本院审核）；

三、被告赵丽华于本判决发生法律效力之日起十日内赔偿原告成都晚报社经济损失1万元；

四、驳回原告成都晚报社的其他诉讼请求。

本案案件受理费减半收取1500元，由被告赵丽华负担250元，由原告成都晚报社负担1250元。

如不服本判决，可于判决书送达之日起十五日内向本院递交上诉状，并按对方当事人的人数提出副本，上诉于四川省成都市中级人民法院。

审判员　叶　红

二○一四年五月十九日

书记员　谢小侠

案例 20：陈学梅与厦门市公安局集美分局治安管理行政处罚二审判决书

福建省厦门市中级人民法院
行政判决书

（2014）厦行终字第 8 号

上诉人（原审原告）： 陈学梅，女，汉族。

委托代理人： 李志勇，广东知明律师事务所律师。

委托代理人： 常玮平，陕西立刚律师事务所律师。

被上诉人（原审被告）： 厦门市公安局集美分局，住所地厦门市集美区文华路 33 号。

诉讼代表人： 纪边强，局长。

委托代理人： 俞晓东、陈志伟，厦门市公安局集美分局民警。

上诉人陈学梅因被上诉人厦门市公安局集美分局治安管理行政处罚一案，不服厦门市集美区人民法院（2013）集行初字第 16 号行政判决，向本院提起上诉。本院依法组成合议庭，公开开庭进行了审理。案件审理中，经福建省高级人民法院批准，本案审限延长至 2014 年 7 月 4 日止。本案经本院审判委员会讨论决定，现已审理终结。

原审判决查明，1. 2013 年 6 月 8 日 23 时 06 分，陈学梅在其集美区灌口镇双岭村住处通过腾讯微博在网络上发布内容有"哪一天说不定我也会走上极端"的信息。2. 2013 年 6 月 8 日 23 时 22 分，陈学梅对财新网发布的信息"【厦门公交纵火案告破嫌犯当场身亡】官方通报称，59 岁的嫌犯陈水总'因自感生活不如意，悲观厌世，而泄愤纵火'……"，通过腾讯微博在网络上发布内容有"陈水总的悲观厌世心情我也有，我恨自己不是陈水总"的评论。3. 2013 年 6 月 9 日 0 时许，陈学梅通过腾讯微博在网络上发布内容有"可惜事故车没在集美行政区域爆炸""厦门被陈水总玩火了"的信息；4. 2013 年 6 月 9 日 8 时 54 分左右，陈学梅通过腾讯微博在网络上发布"我真不知道会不会也被逼迫走到陈水总的路子。总之，我有一万个理由理解陈水总的无奈与愤怒，我有一万个理由呼吁全社会重视本人和女儿的生存居住权被剥夺、最低生活保障金被长期克扣、进政府上访被保安殴打、给政府下跪拟被劳教、发短信写博客反应实际诉求也被关拘留的问题。我有一万个理由学习陈水总"的信息。5. 2013 年 6 月 9 日 10 时许，厦门市公安局集美分局对陈学梅的住处进行检查，拍照取证。6. 2013 年 6 月 9 日 15 时 20 分，厦门市公安局集美分局对陈学梅作出行政处罚前告知，并制作行政处罚告知笔录。7. 2013 年 6 月 9 日 16 时 30 分，陈学梅提交申辩材料。8. 2013 年 6 月 9 日，厦门市公安局集美分局作出厦公集（灌口）行罚决字（2013）03087 号行政处罚决定书并送达陈学梅，决定对陈学梅处以行政拘留十日，并于当天将陈学梅送厦门市第一拘留所执行拘留。9. 2013 年 6 月 9 日 17 时，厦门市公安局集美分局作出厦公集（灌口）行字

（2013）3053 号行政拘留家属通知书，并通过电话通知陈学梅的家属。10. 陈学梅不服厦门市公安局集美分局作出的厦公集（灌口）行罚决字（2013）03087 号行政处罚决定书，于 2013 年 7 月 22 日向厦门市集美区人民政府提出行政复议申请。2013 年 8 月 14 日，厦门市集美区人民政府作出集美行复（2013）02 号行政复议决定书，决定维持厦门市公安局集美分局作出的厦公集（灌口）行罚决字（2013）03087 号行政处罚决定书，并驳回陈学梅的行政赔偿请求。陈学梅不服，遂向本院提起诉讼，请求依法确认该具体行政行为违法并予以撤销，并判令厦门市公安局集美分局赔偿其被行政拘留 10 天的经济损失和精神损害抚慰金 30000 元。

原审另查明，厦门 BRT 事件发生后，相关公安机关及厦门市政府新闻办等机构多次召开新闻发布会，并通过电视、网络等各种媒体及时向社会公众通报案情及相关侦破情况。主要如下：1. 2013 年 6 月 8 日上午 10 时，厦门市举行 BRT 公交车纵火案第一次新闻发布会，通报这次纵火事件的情况：厦门闽 D×××× 公交车行驶至 BRT 金山站附近时突然起火，共造成 47 人死亡，34 人因伤住院。由国务院有关部门和公安部治安、刑侦、消防等部门负责人以及有关专家组成的国务院工作组 8 日凌晨 1 时许抵达厦门。经有关专家会同厦门市公安机关现场勘查发现，起火公交车轮胎正常、油箱完整，现场发现的助燃剂经检验为汽油，而该公交车使用的是柴油发动机，由此可以排除安全生产事故。经初步认定，这是一起严重刑事案件。2. 2013 年 6 月 8 日傍晚，厦门市政府新闻办公开发布：经公安机关缜密侦查，7 日发生在福建省厦门市的公交车纵火致多人死伤案件告破。犯罪嫌疑人陈水总当场烧死。案件发生后，随同国务院工作组于 8 日凌晨一同抵达厦门的公安部刑侦部门负责人及有关专家，立即会同当地公安机关开展案件侦查工作。经过现场勘验、调查访问和物证鉴定、DNA 比对，最终锁定了犯罪嫌疑人。3. 2013 年 6 月 10 日下午，厦门市政府新闻办公开发布：在公安部、省公安厅专家组的牵头参与下，经公安机关不分昼夜连续奋战，综合人证、物证、技术鉴定等各方面调查结果，确认犯罪嫌疑人陈水总于 6 月 7 日在闽 D×××× 公交车上实施了放火案。

原审还查明，1. 2011 年 5 月 12 日，陈学梅因扰乱单位秩序被厦门市公安局集美分局行政拘留十日。2. 2012 年 1 月 7 日，陈学梅因扬言杀人、放火扰乱公共秩序，被厦门市公安局集美分局行政拘留十日。

原审将本案的争议焦点归纳为：1. 陈学梅的行为是否对社会公共秩序造成影响，如何定性；2. 厦门市公安局集美分局对陈学梅作出的行政处罚是否违反法定程序。

针对争议焦点 1 即陈学梅的行为是否对社会公共秩序造成影响、如何定性问题，原审认为，首先，关于厦门 BRT 事件，有关公安机关已通过厦门市政府新闻办多次召开新闻发布会，并通过各种媒体先后通报了这次纵火事件的伤亡情况、公安机关的侦破情况及综合人证、物证、技术鉴定等各方面的调查结果，确认了犯罪嫌疑人陈水总于 6 月 7 日在闽 D×××× 公交车上实施了放火案。陈学梅质疑公安机关的相关侦破结论，可以依法向有关公安机关反映相关情况，并提供相关证据材料，以利于公安机关更加快速准确地查明案情。尽管犯罪嫌疑人陈水总当场烧死，客观上已无法将其提交法庭进行司法审判，但其在厦门 BRT 事件中留下的，已经相关公安机关查证属实的相关犯罪轨迹和事实已无法抹灭，若无确切的、经查证属实的相反证据，没有理由否认、改变公安机关对本次 BRT 事件的定性和侦破结论。其次，生命健康权高于一切，任何人都没有理由非法伤害他人的身体健康，更无权非法剥夺他人生命。本次 BRT 纵火事件，陈水总针对的是乘坐公交车的与其无冤无仇、素不相识的一般平民。其非法带走了 47 条鲜活的生命，并致 34 人无端遭受伤害，直至现在，仍有重度烧伤者尚在病床上艰难地与病魔作抗争。本次 BRT 公交车放火案酿成巨大悲剧，带走许多家庭的幸福，还对社会公众正常的公共交通出行安全造成恐慌。这种没有特定伤害对象的纵火行为，不管陈水总有何诉求、借口，都不能改变其非法性和残暴性的本质，理应受到道德和法律上的谴责。再次，陈学梅在厦门市政府新闻办等机构已召开新闻发布会，并通过各种媒体公开通报案情、伤亡及侦破情况后，并在陈水总放火并致多人伤亡的犯罪行为已被社会公众所广泛认识和谴责的情况下，仍在其腾讯微博上先后发布内容包含"哪一天说不定我也会走上极端""陈水总的悲观厌世心情我也有，我恨自己不是陈水总""可惜事故车没在集美行政区域爆炸""厦门被陈水总玩火了""我有一万个理由学习陈水总"的一系列偏激言论，传达了其可能效仿陈水总放火的意思表示，明显超出了言论自由的范畴。尽管陈学梅在法庭上辩称其没有扬言放火，其说"有一万个理由学习陈水总"，只是要学习陈水总在网上发帖揭露上访真相，并表示其亦不希望 BRT 事件发生。然而，该辩解意见与其发布的前述一系列偏激言论所表达的意思表示明显不符，且时至今日，其仍毫无悔意，还在为陈水总的极端放火行为辩解，有违公民应有的"正义"底线，故陈学梅的该辩解意见与客观情况不符，不予采信，可以认定其一系列偏激言论具有扬言实施放火的意思表示。最后，微博上发表的信息或评论可以被不特定的网民浏览和转发，并通过网络快速传播。陈学梅在腾讯微博上发表的一系列扬言实施放火的言论，对事件中无辜的伤亡者而言无疑是一种不敬和二次伤害，并严重伤害了众多伤亡者亲属的感情，亦容易激发具有正义感的社会公众的强烈不满和愤怒情绪，还可能误导、诱导他人效仿陈水总采取极端行为。该偏激言论势必引发社会公众对公共交通出行安全的担忧，给社会带来恐慌，并对于伤亡者及其亲属心灵的抚慰和 BRT 事件的妥善处理势必带来严重的负面影响。故可以认定陈学梅所发表的一系列偏激言论，传达了其可能效仿陈水总放火的意思表示，已严重扰乱了社会公共秩序。

针对争议焦点 2 即对陈学梅作出的行政处罚程序是否违反法定程序方面。原审认为，首先，厦门市公安局集美分局出示的《检查证》上有陈学梅的签名，且陈学梅书写的时间为 2013 年 6 月 9 日 10 时 10 分，现陈学梅对厦门市公安局集美分局出示检查证的时间及相关检查人员提出异议，但无法向法庭提供相关证据予以证明，故对陈学梅所提的检查程序违反法定程序的主张，不予采信。其次，厦门市公安局集美分局出示的《行政处罚告知笔录》上有陈学梅的签名，且陈学梅书写的时间为 2013 年 6 月 9 日 15 时 20 分，并即向厦门市公安局集美分局递交了申辩状，并由厦门市公安局集美分局注明提交时间为 2013 年 6 月 9 日 16 时 30 分，故对陈学梅提出的在对其作出行政处罚前，没有告知作出行政处罚决定的事实、理由及依据，亦未告知其有权进行陈述和申辩的主张，明显与事实不符，不予采信。再次，关于接报时间与检查陈学梅电脑的时间有无矛盾问题，厦门市公安局集美分局认为其依法对陈学梅的住所进行检查，在查明其具有违法行为后依法予以立案查处，程序并无不当。对于厦门市公安局集美分局的该答辩意见，可以采信。故陈学梅认为该行政处罚决定违反法定程序，缺乏事实和法律依据，不予采信。

综上，原审认为，社会公众对"公平正义"的追求和向往，必然要求其应遵循崇尚法治、珍爱生命的理念。在建设法治国家的进程中，公民有权要求感受实实在在的公平与正义，并共享社会的文明发展成果。当然，每一个公民在实现其价值追求的过程中，均应文明、守法、有序行事，切实增强社会责任感。法治社会允许公民可以有不同的利益诉求，并通过正常有序的渠道，合法合理地表达诉求，但其诉求的表达和权利的行使均不得损害他人的合法权益，亦不得妨害社会公共利益，更无权非法侵害他人身体致人伤亡，违者理应承担相应的法律责任。本案中，陈学梅在厦门 BRT 事件侦破后，陈水总在 BRT 公交车上放火致多人伤亡的犯罪行为已被社会公众所广泛认识和谴责的情况下，仍在其住处通过腾讯微博在网络上发布了一系列要学习陈水总的偏激言论，传达了其可能效仿陈水总放火的意思表示，并可能误导、诱导他人效仿陈水总在公共交通工具上纵火，势必引发社会公众对公共交通出行安全的担忧，进而给社会造成恐慌和不安，严重扰乱了社会公共秩序。厦门市公安局集美分局根据《中华人民共和国治安管理处罚法》第二十五条第（三）项之规定，决定对陈学梅处以行政拘留十日的处罚事实清楚，适用法律正确，程序得当，亦在法定处罚幅度范围内。陈学梅提出的请求确认该具体行政行为违法并予以撤销的主张与事实不符，不予采纳。陈学梅提出的经济损失和精神损害抚慰金的行政赔偿请求，亦于法无据，不予支持。依照《最高人民法院关于执行〈中华人民共和国行政诉讼法〉若干问题的解释》第五十六条第（四）项之规定，判决驳回陈学梅的诉讼请求。一审案件受理费 50 元，由陈学梅负担。

陈学梅不服一审判决，向本院提起上诉，以被上诉人作出的被诉治安管理行政处罚程序错误，认定事实不清，主要证据不足为由，请求撤销原审判决，撤销被上诉人作出的处罚决定并改判支持上诉人于原审所提出的全部诉讼请求。主要理由是：一、公安机关在执法过程中程序违法，根据治安管理处罚法规定，公安机关作出治安管理处罚的法定程序为：1. 受案并登记；2. 调查（包括检查、询问等）；3. 告知拟处罚的事实、理由及依据；4. 听取当事人陈述和申辩并复核；5. 作出决定；而在本案中，公安机关所提交的证据显示，公安机关对上诉人住所的检查时间为 2013 年 6 月 9 日 10 时 10 分，而案件受理时间为 9 日 13 时 43 分，询问时间为 9 日 12 时 27 分至 12 时 59 分，也就是该案未受理登记前，公安机关已经完成调查，做了检查和询问，严重违反法定程序，涉嫌滥用职权，因此而作出的处罚决定，当属无效。二、实体审查上，上诉人的言论也不构成任何违法犯罪，治安管理处罚法第二十五条对应予以处罚的违法行为的表述为"扬言实施放火、爆炸、投放危险物质扰乱公共秩序的"，而所谓"实施"，则为用实际行动去落实施行，既然公安机关认为上诉人的言论扬言实施放火，则上诉人所"扬"的"言"里，应该有如何用实际行动去落实施行放火的表述，而公安机关仅从"我有一万个理由学习陈水总"这句话里即认定上诉人"扬言实施放火"，依据不足。而且，认定行为人是否扬言实施放火行为，还应联系微博上下文，联系当事人所发表的前后微博、上诉人的一贯表现来判断。公安机关仅摘抄微博的一句，也未联系上诉人的其他微博内容，直接认定上诉人实施了"扬言实施放火"等行为，没有事实依据。

被上诉人厦门市公安局集美分局答辩称，上诉人在腾讯微博上发布内容为"我有一万个理由学习陈水总"的信息，扬言防火，该事实清楚，依法可以认定；被上诉人根据治安管理处罚法的规定，对上诉人处于行政拘留 10 天的治安处罚，亦有事实和法律依据，被诉行政处罚程序合法，于法有据，适用法律正确，亦经行政复议，上诉人的上诉请求没有事实依据，应予驳回。

双方当事人向原审法院提交的证据材料均随案移送本院。上诉人陈学梅对原审查明的第 4 ~ 10 点事实均无异议，本院予以确认。对原审查明的其他事实，因该事实并非被诉行政处罚决定所依据的内容，可不予认定。

本案的争议焦点：陈学梅以被诉治安处罚行政决定存在程序及实体问题而要求撤销，有否事实和法律依据。

一、关于被诉具体行政行为是否存在程序问题。根据在案证据可以认定，上诉人陈学梅所主张的案件发生经过属实，即本案公安机关于2013年6月9日上午10时10分对其住所进行检查，12时27分至12时59分对其询问，而公安机关的受案时间为13时43分，即公安机关对陈学梅的检查在先、受案在后。对此事实，集美公安分局主张，2013年6月9日9时许，厦门市公安局灌口派出所协警陈某在浏览互联网时发现此条微博，遂将情况上报。因当时处于"6·7公交车放火案"侦查、处理的敏感时期，集美公安分局接到上报情况后，为避免相同事件发生，立即进行先期调查，收集、固定证据，同时依照法律规定对陈学梅的住所进行检查。同日13时43分，接到上级机关指定，正式受理为行政案件调查处理。上诉人主张该治安处罚行政决定存在程序问题，没有法律依据。

本院认为，集美公安分局在接到派出所工作人员上报的情况后即开展调查（包括检查住所及询问涉案当事人），并据此查清了违法嫌疑人的基本情况、违法行为是否存在、违法行为是否为违法嫌疑人实施、实施违法行为的时间、地点等其他情节，系其履行法定职责的内容，并未违反公安部颁发的《公安机关办理行政案件程序规定》中的程序规定。在正式受案为治安处罚行政案件后，亦依法对陈学梅发出行政处罚告知书，告知行政相对人的陈述、申辩权利，陈学梅也为此提交了申辩材料。陈学梅主张被诉治安管理处罚行政行为程序违法，没有法律依据，不予采信。

二、关于被诉具体行政行为是否存在实体问题。本院认为，厦门市公安局集美分局系以"2013年6月9日8时许，陈学梅在其集美区灌口镇双岭村住处通过腾讯微博在网络上发布内容有'我有一万个理由学习陈水总'的信息，严重扰乱公共秩序"为由，根据《中华人民共和国治安管理处罚法》第二十五条第（三）项之规定，作出对陈学梅"行政拘留十日"的治安处罚决定，因此，认定发布"我有一万个理由学习陈水总"的言论是否达到"严重扰乱公共秩序"是处理本案的关键。《中华人民共和国治安管理处罚法》第二十五条第（三）项规定，"扬言实施放火、爆炸、投放危险物质扰乱公共秩序的"，"处5日以上10日以下拘留，可以并处500元以下罚款"，此条款即判断行为人是否存在"扰乱公共秩序"行为，且该行为人必须存在"扬言实施"行为。陈学梅发布的微博全文为"我真不知道会不会也被逼迫走到陈水总的路子。总之，我有一万个理由理解陈水总的无奈与愤怒，我有一万个理由呼吁全社会重视本人和女儿的生存居住权被剥夺、最低生活保障金被长期克扣、进政府上访被保安殴打、给政府下跪拟被劳教、发短信写博客反应实际诉求也被关拘留的问题。我有一万个理由学习陈水总"，陈学梅该段微博言论，中心点可归纳为"我有一万个理由学习陈水总"，其全文虽未有欲实施"放火、爆炸、投放危险物质"的具体内容，但因该言论发布于厦门公交车纵火案发生不久、公众人心惶惶时期，且陈水总作为该纵火案的犯罪嫌疑人已为公众所知晓，于此特殊时期，扬言"有一万个理由学习陈水总"，普通人的第一反应即为"还有人欲学习陈水总对不特定对象纵火"，明确传达了其欲效仿陈水总放火的意思表示，厦门市公安局集美分局以陈学梅发布"我有一万个理由学习陈水总"为依据，对其作出讼争行政处罚，有事实和法律依据。陈学梅主张其言论不构成违法，与事实不符，本院不予采信。

综上，厦门市公安局集美分局所作出的"厦公集（灌口）行罚决字（2013）03087号"行政处罚决定，认定事实清楚，适用法律正确，程序得当。上诉人陈学梅以被诉治安处罚行政决定存在程序及实体问题而要求撤销，没有法律依据，其为此而提出的上诉请求，应予驳回。原审判决认定事实清楚，适用法律正确，应予维持。据此，依照《中华人民共和国行政诉讼法》第六十一条第（一）项的规定，判决如下：

驳回上诉，维持原判。

本案二审案件受理费50元，由上诉人陈学梅负担。

本判决为终审判决。

审判长　林琼弘

代理审判员　纪荣典

代理审判员　宋希凡

二〇一四年六月十二日

书记员　江雪玉

附：本案适用的法律条文

《中华人民共和国行政诉讼法》

第六十一条　人民法院审理上诉案件，按照下列情形，分别处理：

（一）原判决认定事实清楚，适用法律、法规正确的，判决驳回上诉，维持原判；

（二）原判决认定事实清楚，但适用法律、法规错误的，依法改判；

（三）原审认定事实不清，证据不足，或者由于违反法定程序可能影响案件正确判决的，裁定撤销原判，发回原审人民法院重审，也可以查清事实后改判。当事人对重审案件的判决、裁定，可以上诉。

案例21：冯善书与孙万宝名誉权纠纷二审民事判决书

广东省广州市中级人民法院
民事判决书

（2014）穗中法民一终字第2168号

上诉人（原审被告）： 孙万宝，男，汉族，身份证住址山东省蓬莱市。
委托代理人： 刘正清，广东安仁律师事务所律师。
委托代理人： 李某，女，汉族，身份证住址广东省珠海市。
被上诉人（原审原告）： 冯善书，男，汉族，身份证住址广州市天河区。

上诉人孙万宝因名誉权纠纷一案，不服广州市越秀区人民法院（2012）穗越法民一初字第2265号民事判决，向本院提起上诉。本院依法组成合议庭，公开开庭审理了本案。上诉人孙万宝的委托代理人刘正清、李某及被上诉人冯善书到庭参加诉讼。本案现已审理终结。

原审法院经审理查明：2012年5月22日，冯善书以南方日报记者身份在《南方日报》A16版发表一篇《百家照明掌门人折戟"灯饰业劳斯莱斯"濒危》的报道。

冯善书为证明孙万宝在新浪微博上对其进行侮辱诽谤，从2012年5月31日起，孙万宝把编发的不实信息不断推送和传播给@南方日报等大量新浪微博实名认证用户，还用其186×××6352手机发信息骚扰冯善书，提供以下证据：1. 广州市公证处于2012年6月1日出具的（2012）粤广广州第113330号《公证书》，公证证明孙万宝在新浪微博上发表"@南方日报记者冯善书，因报道中山宝马杀人案，我方拒绝陈某的给其5000元好处费要求，2012年5月22日公然造假新闻"等内容；2. 名为"@孙万宝"的新浪微博，其中有"有人称冯善书记者的人品可以信赖！我看了这个关于我的虚假报后，我感觉妓者如某不如鸡""冯妓者某都，江湖人称南方日报妓者！对比一看就知道是不是妓者了""冯善书，以从事维权记者为名，以发假新闻为主"等内容。还自2012年5月31日起，将内容为"南方日报冯善书5月22假新闻"的链接发给"@南方日报""@南方日报广州新闻""@南方日报南方财富"等微博用户；3. 名为"@孙万宝"的搜狐微博，其中有"@南方日报妓者@冯善书与号称维权领袖的陈某……"；4. 名为"@孙万宝"的腾讯微博，其中有"@南方日报妓者@冯善书与号称维权领袖的陈某……"。对上述公证书及孙万宝名义所发微博，孙万宝均确认是其所发。

冯善书为证明其在南方日报刊发的相关新闻报道均具有相对应的合法消息源、新闻报道采访扎实、掌握资料全面充分，不存在假造消息及报道不存在失实，提供徐广、郭峰和孙万宝提供的采访素材复印件、光盘、徐广手写书稿。

冯善书为证明孙万宝打电话到其工作单位进行诽谤，给冯善书造成负面影响，提供《南方报业传媒集团部门内部呈批》，其中记载："客户为孙万宝，情况反映其看了南方日报5月22日A16版标题为《百家照明掌门人折戟'灯饰业劳斯莱斯'濒危》一文后，反映其是文中被害人孙万宝，称该报道内容失实，其表示记者冯善书与其很熟，不清楚什么原因要这样失实的报道，要求回复。其表示冯善书的朋友曾要求其给钱，但其没有给，所以才出的报道。现要求删除该报道，并赔礼道歉"。

冯善书为证明因制止侵权行为产生公证费、差旅费、误工费和打印费等32000元，提供以下证据：1. 广州市公证处出具的《广东省广州市地方税务局通用机打发票》，项目是公证费，金额为1000元；2. 广州市天河区五山宇杰快印部出具的《宇杰快印部收据》，项目是复印打印刻录，金额为67元。

本案庭审中，孙万宝表示："我有打电话说冯善书造假新闻，也说过冯善书向我要钱，我不给后，冯善书就造假新闻。我不单通过微博说过，而且还通过打电话说过。但我说的不属于侵权行为，我是在主张我的权利，表明冯善书说我的都是假的。我曾向冯善书的工作单位反映过，也向出版局投诉过，我也起诉了出版局。"但孙万宝没有提交证据证明其关于"冯善书向我要钱"的主张。此外，孙万宝以冯善书于2012年5月22日撰写的《百家照明掌门人折戟"灯饰业劳斯莱斯"濒危》严重捏造事实、颠倒是非曲直为由提出反诉，要求确认冯善书捏造虚假新闻事实存在，判令冯善书停止侵害、消除影响、删除侵权内容、公开赔礼道歉、赔偿孙万宝精神损失抚慰金50000元。

冯善书原审诉称：自2012年5月30日以来，孙万宝频繁拨打冯善书所在单位南方日报社和同事的电话，编造"冯善书曾通过朋友向我要钱，我不给，他就做假报道"的谣言对冯善书进行诽谤，并对冯善书所在单位进行威胁恐吓，要求冯善书及冯善书单位重新刊发对其有利的报道。更为恶劣的是，孙万宝还分别利用其在新浪、网易、腾讯和搜狐等门户网站注册的微博用户"孙万宝"，持续不断地大量编发"@南方日报记者冯善书，因报道中山宝马杀人案，我方拒绝陈某的给其5000元好处费的要求，5月22日公然造假新闻"等不实信息，一味单方认定冯善书的报道为造假的新闻。而且，微博中多处出现"妓者@冯善书""这样的记者不如鸡"等明显带有侮辱性质的言论，并将该类言论推送和转发给南方日报、南方周末和南方都市报及阮宁、陈朝华等数百名大部分经过微博网站认证过的具有较大传媒影响力的单位和个人用户。冯善书于2012年5月22日《南方日报》A16版报道的《百家照明掌门人折戟"灯饰业劳斯莱斯"濒危》一文，是冯善书在坚持客观、公正、中立下，对一名中山企业家的人生和命运进行了关注，根本不存在孙万宝所诬蔑的"造假新闻"，更没有通过任何人向孙万宝索要过"好处费"。孙万宝在微博上的所言纯属造谣，已构成诽谤。自谣言通过网络和孙万宝的骚扰电话散开后，一些不明真相的同事和领导通过各种形式对冯善书进行询问、调查甚至批评，在一些同行和朋友圈里，冯善书甚至明显感觉受到了他们的歧视和排挤。近一个星期来，冯善书睡不好、吃不好，工作经常走神。孙万宝的诽谤行为，与冯善书目前的精神状态和在单位和社会上所受到的负面评价，具有直接和必然的因果关系。冯善书在2010年进入广东省委机关党报——南方日报工作，在新闻记者的岗位上一直遵纪守法，勤勤恳恳，从未有过任何违反新闻职业道德管理规范的行为。冯善书多次向孙万宝阐明立场，要求孙万宝立即停止侵权，孙万宝对此却置若罔闻，变本加厉地继续散播上述谣言，对冯善书的身心健康和名誉权造成了不可挽回的伤害。因此，要求判决：1. 孙万宝停止侵害，禁止孙万宝通过冯善书所在单位南方日报电话继续诽谤冯善书以及在新浪、网易、腾讯、搜狐发布侵害冯善书名誉的言论；2. 孙万宝赔偿冯善书精神损失费30000元，为制止侵权行为产生的公证费、差旅费、误工费和打印费等，合计32000元；3. 孙万宝向冯善书出具书面赔礼道歉，为冯善书消除影响、恢复名誉。

孙万宝原审辩称：我所陈述的冯善书编造假新闻是存在的，冯善书编造的新闻是一个犯罪分子的代言，这个事情山东法院也在审理中。冯善书不但编造假新闻，反而到处散播编造谎言，说我说冯善书如何如何。冯善书认为我侵权，就是在造谣诽谤我，包括南方日报的报道也是在造谣报道，违反法律法规的。我要求反诉冯善书，我要反驳并吞并冯善书的诉讼请求。

原审法院认为：公民享有名誉权，公民的人格尊严受法律保护，禁止用侮辱、诽谤等方式损害公民的名誉。"新浪""网易""搜狐""腾讯"均是公开性的大型网站，是向全球所有人开放，任何人均可通过互联网进入该网站内浏览其中的所有内容。孙万宝在上述网站以"孙万宝"实名开设微博，并捏造"冯善书向我要钱，我不给后，冯善书就造假新闻"的事实，在其微博内发布"有人称冯善书记者的人品可以信赖！我看了这个关于我的虚假报后，我感觉妓者如某不如鸡""冯妓者某都，江湖人称南方日报妓者！对比一看就知道是不是妓者了""冯善书，以从事维权记者为名，以发假新闻为主"等内容，其中的字眼内容明显具有侮辱、诋毁意思。即使孙万宝不满冯善书在《南方日报》刊发的相关报道，应向相关管理职能部门进行反映处理，无权发出上述字眼内容的信息。孙万宝擅自利用互联网的广泛传播功能，发布侮辱、诋毁冯善书的信息，其行为已构成侵害冯善书的名誉权。因此，冯善书要求孙万宝停止侵害，不得继续通过电话对冯善书进行诽谤及停止在"新浪""网易""搜狐""腾讯"发布侵害冯善书名誉言论、书面赔礼道歉的请求合法有据，原审法院予以支持。关于精神损害抚慰金问题，由于孙万宝是主观恶意在网站发布侵害冯善书名誉的内容，而该内容足以影响社会对冯善书的评价，故冯善书要求孙万宝支付精神损害抚慰金合法有据。对精神损害抚慰金的数额，原审法院根据孙万宝的过错程度以及侵权后果等具体情况酌定为5000元。关于公证费和打印费问题，冯善书为保全孙万宝的侵权事实而向有关机构申请公证的行为符合法律规定，由此而产生的公证费、复印费应由孙万宝承担。关于差旅费、误工费问题，由于冯善书没有提供证据予以证实，故原审法院不予确认和支持。至于孙万宝提出的反诉问题，由于冯善书于本案中针对的是"孙万宝编造'冯善书曾通过朋友向我要钱，我不给，他就做假报道'的谣言对冯善书进行诽谤"，而孙万宝提出反诉所针对的是"冯善书于2012年5月22日撰写的《百家照明掌门人折戟'灯饰业劳斯莱斯'濒危》严重捏造事实、颠倒是非曲直"，两者是不一致的，因此，孙万宝要求确认冯善书捏造虚假新闻事实存在，判令冯善书停止侵害、消除影响、删除侵权内容、公开赔礼道歉、赔偿孙万宝精神损失抚慰金50000元应另案提出，本案不作处理。综上所述，依照《中华人民共和国民法通则》第一百零一条、第一百二十条，《最高人民法院关于民事诉讼证据的若干规定》第二条等的规定，原审法院作出如下判决：一、孙万宝应停止侵权行为，不得继续通过电话对冯善书进行诽谤及停止在"新浪""网易""搜狐""腾讯"发布侵害冯善书名誉的言论。二、孙万宝应于本判决发生法律效力之日起十日内，一次性支付精神损害抚慰金5000元、公证费1000元、打印费67元给冯善书。三、孙万宝应于本判决发生法律效力之日起十日内，书面向冯善书赔礼道歉，字数不少于100字，内容需经原审法院审定；如不履行本判决内容，原审法院将把本判决书的主要内容在全国发行的报刊上进行刊登，所需费用由孙万宝承担。四、驳回冯善书的其他诉讼请求。如果未按本判决指定的期间履行给付金钱义务，应当依照《中华人民共和国民事诉讼法》第二百五十三条之规定，加倍支付迟延履行期间的债务利息。本案诉讼费300元（冯善书已预付）由孙万宝负担。

判后，孙万宝不服该判决向本院提起上诉称：一、上诉人向原审法院提出反诉，原审法院未受理违法。二、本案系上诉人因被上诉人编造虚假新闻侮辱诽谤上诉人及其他第三人而向主管部门新闻出版局、南方日报社等提出申诉举报行为，原审法院并未对上诉人提交的证据进行审查认定。三、上诉人与被上诉人的争端系因被上诉人撰写的涉及上诉人的文章虚假和对上诉人诽谤造谣的行为而进行的网上互相攻击行为，此行为互有关联性，原审法院断章取义，主观臆断。特上诉请求撤销原判，驳回被上诉人原审诉讼请求。

冯善书答辩称：上诉人在代理郭某与徐某离婚纠纷案过程中被徐某驾车撞伤，于是托人向被上诉人爆料。被上诉人在调查后进行客观披露，引致上诉人捏造被上诉人向上诉人及郭某索要5000元及谎称被上诉人从未采访过上诉人和郭某，开始在网上及通过电话等方式对被上诉人及所在单位进行疯狂骚扰和诽谤侮辱。被上诉人不堪其辱提起本案诉讼。上诉人一审拒绝签收传票，迫使法院公告送达，并以管辖异议为由拖延开庭。另一方面又在济南以郭某名义对被上诉人和所在单位进行另案起诉，同时又起诉省新闻出版管理局，充分说明上诉人反诉纠缠的目的是把被上诉人折腾至筋疲力尽。原审判决认定上诉人侵权并判令其赔偿5000元，远远无法弥补被上诉人所受的伤害，但上诉人息事宁人未上诉。请求法院依法驳回其上诉，以有效的办法阻止其继续侵权，同时赔偿被上诉人的损失。

原审判决查明的事实属实。

二审另查明，在本院限定期限内孙万宝提交以下证据拟证实冯善书的新闻报道不真实，损害了其及郭某的利益：1.济南天桥区人民法院（2008）济天法民一初字第1091号民事判决书；2.广东省公安厅粤公复决字（2011）21号行政复议决定书；3.广东省新闻出版局粤新出报刊（2012）54号核查函；4～6分别为济南市公安分局大桥区分局天桥公行罚字（2013）00857、（2013）00734、（2013）00735号行政处罚决定书；7.广东省新闻出版局粤新出函（2012）56号函复；8.湖北省武汉市新洲区人民法院（2011）新行初字第19号行政裁定书；9.湖北省武汉市中级人民法院（2012）鄂武汉中行终字第52号行政裁定书；10.广东省高级人民法院（2013）粤高法行终字第277号行政判决书；11.中华人民共和国新闻出版总署新出字（2012）233号行政复议决定书。

冯善书质证认为，对上述证据真实性没有异议，但与本案没有关联性。"上诉人称我的新闻报道不真实，但没有一一说明我的报道哪里不属实，所以我认为上述证据与本案无关。"

本院认为：关于孙万宝主张的反诉问题，本案系冯善书以孙万宝编造冯善书曾通过朋友向我要钱，我不给，他就做假报道的谣言对冯善书进行诽谤侵犯其名誉权提起的诉讼，孙万宝提出反诉所针对的是其主张冯善书于2012年5月22日撰写的《百家照明掌门人折戟"灯饰业劳斯莱斯"濒危》严重捏造事实、颠倒是非曲直。两者诉由不一致，故原审判决未接纳孙万宝的反诉并无不当。

根据《中华人民共和国民法通则》第一百零一条的规定，"公民、法人享有名誉权，公民的人格尊严受法律保护，禁止用侮辱、诽谤等方式损害公民、法人的名誉"。名誉是指社会一般人对特定人的德行、能力、素质、才能等所作出的评价。孙万宝的行为是否侵犯冯善书的名誉权，首先应审查孙万宝在网络上以及通过多次打电话给冯善书单位同事散播"冯善书向我要钱，我不给后，冯善书就造假新闻"的言论是否严重失实。因孙万宝未能举证证实冯善书存在"向孙万宝要钱，孙万宝不给就造假新闻的行为"，其二审提交的证据亦未能证实冯善书存在向孙万宝要钱未遂而造假新闻的行为，故孙万宝散播的这些言论并非客观事实，属其捏造。

其次应审查孙万宝的此行为有否致冯善书的名誉受到损害。新浪、网易、搜狐、腾讯均是公开性的大型网站，任何人均可通过互联网进入该网站浏览所有内容。孙万宝在上述网站以"孙万宝"实名开设微博，捏造"冯善书向我要钱，我不给后，冯善书就造假新闻"，并多次打电话给冯善书单位的同事散播上述捏造的言论，从而使冯善书的社会评价被不合理地降低，使冯善书的名誉受到损害。

最后需审查孙万宝实施此行为在主观上是否存在过错。孙万宝如认为冯善书在报刊上所发的报道不属实，应依法行使权利，凭据向新闻管理部门反映情况，或通过司法途径维护自己的合法权益。然孙万宝利用互联网广泛传播的功能及以多次打电话给冯善书单位同事的方式发布捏造的消息，所用言语明显侮辱、诋毁冯善书，故孙万宝实施此行为在主观上存在过错。

综上，孙万宝实施的上述行为构成对冯善书名誉权的侵害，原审判决据此判令孙万宝停止侵权行为、向冯善书赔礼道歉、赔偿冯某精神损害抚慰金、公证费、打印费正确，本院予以维持。孙万宝的上诉主张缺乏事实依据，本院不予支持。依照《中华人民共和国民法通则》第一百零一条、第一百二十条第一款，《最高人民法院关于贯彻执行〈中华人民共和国民法通则〉若干问题的意见（试行）》第140条、第150条，《最高人民法院关于审理名誉权案件若干问题的解答》第七问、第十问、第十一问，《最高人民法院关于确定民事侵权精神损害赔偿责任若干问题的解释》第九条、第十条，《中华人民共和国民事诉讼法》第六十四条第一款、第一百七十条第一款第（一）项的规定，判决如下：

驳回上诉，维持原判。

二审案件受理费300元由上诉人孙万宝负担。

本判决为终审判决。

审判长　叶文建

审判员　何剑平

代理审判员　陈　静

二〇一四年六月十六日

书记员　高　亚　谢汝华

案例22：方是民与周鸿祎名誉权纠纷二审民事判决书

北京市第三中级人民法院
民事判决书

（2014）三中民终字第04779号 [*]

上诉人（原审原告）： 方是民（笔名方舟子），男。
委托代理人： 彭剑，北京华欢律师事务所律师。
被上诉人（原审被告）： 周鸿祎，男。
委托代理人： 王戬，北京市尚公（屯昌）律师事务所律师。
委托代理人： 周俊，北京市尚公律师事务所律师。

上诉人方是民（以下称为方舟子）因与被上诉人周鸿祎名誉权纠纷一案，不服北京市朝阳区人民法院（2013）朝民初字第26821号民事判决，向本院提起上诉。本院依法组成合议庭，公开开庭进行了审理。方是民委托代理人彭剑、周鸿祎委托代理人王戬到庭参加诉讼。本案现已审理终结。

2013年7月，方舟子起诉至原审法院称：我是自由撰稿人，著有二十余册科普图书、文集，多年来致力于普及科学知识、坚持科学理念、弘扬科学精神，但因揭发中国科学界和教育界的学术腐败现象，批评邪教、伪科学，揭穿新闻界的不真实报道等，得罪了一些利益集团和个人。2010年9月我因揭假言论引来被揭发者肖传国的雇凶报复，引起中国各界的广泛关注。2011年初，我被检察日报社正义网传媒评为"2010年度中国正义人物"之一，被中国网评为"2010中国榜样年度人物"等，在社会上享有相当的良好声誉。周鸿祎是新浪微博网站个人认证微博客用户"@周鸿祎"的使用权人，并取得了新浪认证"奇虎360董事长"，是北京奇虎科技有限公司的创始人、董事长，曾被称为"流氓软件之父"，开发了著名的流氓软件"3721"。周鸿祎在新浪微博上蓄意炮制、捏造并发布了诽谤、侮辱我的微博信息。2012年10月1日3：54，周鸿祎发布的微博信息，声称"这一次是方舟子，下一次还会有圆舟子，后面肯定还有一系列抹黑360安全浏览器的组合拳，目的都是趁立足未稳要灭了360搜索。一个牛奶里掺三聚氰胺的搜索公司有钱有势力，在幕后制造舆论造谣360，真正秉承其创始人神龟一样的风格"；同时转发含有"百度公司利用掌控的媒体资源和一些所谓'打假斗士'，抹黑360安全浏览器，试图以此遏制360搜索的发展"，"百度花

---

[*] 本案一审原告、二审上诉人方是民不服北京市第三中级人民法院（2014）三中终字第04779号民事判决，向北京市高级人民法院申请再审。2015年6月19日，北京市高级人民法院作出（2015）高民申字第2471号民事裁定书，驳回方是民的再审申请。本裁判文书为最终生效版本。

费巨额资金，动员其员工、公关公司和代理商，操控媒体资源，对 360 大肆诋毁抹黑"，"近日，又有网友爆料称方舟子被百度以金钱收买和利用，以所谓'打假斗士'的身份，和司马南一唱一和，频频出言恶语攻击 360 安全浏览器，充当打击 360 的马前卒"等侵权内容的微博信息。2012 年 10 月 12 日 18：13，周鸿祎发布的微博信息声称："给 360 安全浏览器泼脏水的，方舟子不是第一个。有好多个朋友告诉我，不要理睬方舟子，一旦被他咬住没法摆脱。我们也犹豫过，但是当我们看到方舟子再三以不实材料污蔑 360 安全浏览器，而且背后有明显的操纵痕迹，我决定必须正面痛击这个疯子，并揭露出他幕后的黑手。先请看第一个长微博。"2012 年 10 月 13 日 21：48，周鸿祎发布微博信息，声称："关键是方肘子从来没用过 360 浏览器就拿着百度提供的抹黑谣言开始狂喷。"2012 年 10 月 15 日 20：56，周鸿祎发布的微博信息声称："方舟子，你抹黑 360 一次，百度就把抹黑文章挂在百度新闻网站上，标题套红。方舟子的声明畅通无阻，360 的声明被百度严令各网站删除。现在，又有力量愿意掏大钱替方舟子买版，请问方舟子，这到底是谁？"而事实上，方舟子对"360 安全浏览器"的质疑也是基于诸多用户反映、IT 业界人士、媒体批评 360 浏览器、360 杀毒软件采集用户隐私数据上传服务器的做法；且方舟子也只是依据相关事实建议"慎用 360 浏览器"，并没有诋毁抹黑 360 浏览器、360 杀毒软件等。周鸿祎声称方舟子"给 360 安全浏览器泼脏水""以不实材料污蔑 360 安全浏览器""拿着百度提供的抹黑谣言开始狂喷""抹黑360"纯属子虚乌有，系蓄意炮制、捏造并诽谤、侮辱、抹黑方舟子。新浪微博网站中"新浪机构认证"并取得了新浪认证"360 安全卫士官方微博"的微博客用户"360 安全卫士"在 2012 年 10 月 11 日 20：15 发布了题目为《360 关于邀请方舟子担任搜索打假基金首席顾问的建议函》的微博信息，声称："目前，搜索引擎结果中假医假药泛滥，众多用户上当受骗，轻者失财，重者丢命"；"如果您的打假真的是出于公益和良知，真的是'没有一次是拿钱干的'，您一定会胸中正气浩然，义无反顾地愿意打击搜索结果中的假医假药，匡扶正义"；"360 搜索虽然是市场中的新生力量，建立一个安全、干净的搜索环境一直是我们的理想目标。为此，我们将提供 1000 万元的资金，由权威机构成立基金进行专业管理。我们将建议该机构邀请方舟子先生担任首席顾问。考虑到您的知名度，我们建议该基金将您提供一份具有竞争力的报酬"。2012 年 10 月 11 日 20：49，周鸿祎转发上述微博信息且发布微博信息声称"有的搜索公司为了赚取暴利，不惜伤害用户的生命健康推广假医药网站。要彻底解决这个问题，不仅需要更完善的法律制度、更有效的市场竞争，还需要更多的专业人士加入进来，齐心协力，才能割除毒瘤"。2012 年 10 月 12 日 19：58，周鸿祎发布的微博信息，声称："第二个长微博：为什么建立打击搜索引擎假医疗基金？建立打击搜索引擎假医疗基金是 360 搜索的一项竞争策略，用户如果在百度搜索上因为买假医疗上网受骗，360 愿意替李彦宏掏钱为用户提供经济援助。第二，360 搜索不接受医疗广告，用户使用 360 搜索寻医问药就会减少上当的风险。目的就是，倒逼百度。"2012 年 10 月 12 日 20：01，周鸿祎发布的微博信息声称："第三个长微博：建议方舟子担任基金首席顾问是测试方舟子是打假，还是假打，事实证明，方舟子以荒唐的理由拒绝出任基金首席顾问，他不是打假，而是假打"，"如果他不接受这项非常符合他身份的邀请，而且他也拿不出具有说服力的拒绝理由，那我们不得不怀疑他是别有目的地抹黑 360 安全浏览器"，"事实证明：方舟子不是质疑 360 安全浏览器，而是在抹黑"。事实上，方舟子从未以发表或不发表批评揭发言论为对价收受任何企业、个人的任何金钱或利益，且方舟子曾多次针对假医、假药进行批评揭发，此外，方舟子在 2012 年 10 月 11 日 22：34 声明表示："我从来不拿别人的钱打假，即使掏出一亿出来请我当'超首席顾问'也没有用。"方舟子是否接受"360 安全卫士"的"邀请"担任所谓的"搜索打假基金首席顾问"，完全是方舟子个人意思自治的范畴，即方舟子有权按照个人意愿担任或不担任任何职务，方舟子完全没有义务按任何个人、单位或企业的要求，履行超出法律规定的义务、作为或不作为。周鸿祎声称"建议方舟子担任基金首席顾问是测试方舟子是打假，还是假打"，即可证明周鸿祎"建议方舟子担任基金首席顾问"完全是一个虚假的要约，只是为了得出方舟子"假打""别有目的地抹黑 360 安全浏览器"等荒谬的结论，而周鸿祎声称"不接受这项非常符合他身份的邀请"，"那我们不得不怀疑他是别有目的地抹黑 360 安全浏览器"，"事实证明：方舟子不是质疑 360 安全浏览器，而是在抹黑"更是不符合逻辑的，完全是流氓的、强盗的逻辑，系蓄意炮制、捏造并肆意诽谤、侮辱、抹黑方舟子。周鸿祎的微博信息中，虚构诸多内容，基本内容失实，使方舟子名誉受到损害，且文中包含"疯子""方肘子"等攻击方舟子的侮辱词汇。截至起诉日，仅关注"@周鸿祎"的微博的人数即超过 4187000 人。该微博信息亦在众多网站、论坛转载，影响恶劣。总之，周鸿祎公然发布诽谤、侮辱信息，对方舟子进行谩骂、丑化，主观恶意明显，性质恶劣，影响极坏。由于互联网是一个自由、开放且传播方式极为便捷、传播速度极为迅速、传播范围极为广泛的媒介，周鸿祎的违法行为，覆盖面广、传播快、危害性大，对我的名誉造成了相当大的损害。《中华人民共和国民法通则》规定公民的人格尊严受法律保护，《中华人民共和国侵权责任法》规定被侵权人有权请求侵权人承担侵权责任。为维护我的合法权益，澄清事实，捍卫国家法律尊严，特向法院提出诉讼，要求判令周鸿祎删除新浪微博上"@周鸿祎"用户于 2012 年 10 月 11 日 15：05、2012 年 10 月 12 日 18：13、2012 年 10 月 12 日 20：01、2012 年 10 月 13 日 21：48、2012 年 10 月 15 日 20：56、2012 年 10 月 15 日 21：14、2012 年 10 月 15 日 21：23 发布的微博信息，并在新华每日电讯广告版、新浪微博首页刊登道歉信，其中网站道歉信刊载时间不少于一个月，公开向我赔礼道歉，消除影响、恢复名誉，赔偿我精神损害抚慰金 20 万元、公证费 1000 元、律师代理费 2 万元。

周鸿祎在原审法院辩称：方舟子的陈述歪曲了法律事实，事件是方舟子主动挑起的争端，方舟子在 2012 年 10 月 9 日直接丑化周鸿祎，引起了此案的争议，随后方舟子又对产品发出批评，将争端扩大到 360 公司和高管上，因此是方舟子的无理挑起的争议，过错方是方舟子。任何公民的言论自由要在法律规定的范围内，方舟子有义务分辨真伪再来发表言论，而我已经做到了对社会的责任，没有过错。我是为反驳方舟子和回应方舟子在先的侮辱才发表的言论，我质疑方舟子的批评没有事实依据，并不是诽谤，故没有构成对方舟子的侵权。在案件中我质疑方舟子的行为是有事实依据的，我发现有相关的网站和网友的爆料说方舟子收到了金钱，因此我对方舟子的质疑是完全合理的。其次，关于我使用的"方肘子"问题，"方舟子"本来就是笔名，网络用语又是很随意的，"方肘子"是网络语言，不是侮辱，且"方肘子"这个说法早在周鸿祎的言论发表前就已经被使用了。说"狂喷"是因为方舟子先攻击我们在先，且有在纸质媒体上购买版面的嫌疑，我才提出这个质疑，这样的用语没有丑化方舟子的意思。方舟子认为自己说案外人是弱智、白痴是合理的词语，那么我说"疯子"和他的标准是一样的，不能说明我侮辱他，否则方舟子就是用双重标准压制别人的言论自由。第三，方舟子是公众人物，对于别人的批评应有承受力，我的言论并没有超出正当批评的范围，因此不构成侵权。方舟子主张精神损害赔偿，但是案件没有发现方舟子因为我的言论受到了实际损害，事实恰恰相反，我提醒方舟子注意言语的言论发表后，方舟子变本加厉发表针对我的言论，丝毫看不到方舟子因我的言论造成社会名誉降低的事实。方舟子作为网上的知名人物，有义务对自己发表的言论注意，我进行回应完全是合法权利。综上，不同意方舟子的诉讼请求。

原审法院经审理查明：周鸿祎在新浪微博网站上实名注册了账户，账户名称即"@周鸿祎"，其现任奇虎 360 技术有限公司首席执行官。奇虎 360 技术有限公司在美国纳斯达克上市，投资控股了北京奇智软件有限公司、北京奇虎科技有限公司，名称为 360 的所有软件产品均是北京奇智软件有限公司或北京奇虎科技有限公司研发、运营，如 360 杀毒软件、360 手机卫士、360 浏览器等。新浪微博网站对周鸿祎的微博账户进行了 V 字认证。方舟子用其笔名方舟子作为账户名称，在搜狐博客、搜狐微博和讯博客进行了注册，用以发表文章、进行转载等言论表达。

2012 年 10 月 9 日，方舟子在搜狐微博发言，称"我注意到司马南在新浪微博用的是 360 安全浏览器，360 浏览器已被媒体揭露一点都不安全，会悄悄收集用户的隐私资料，包括各种网上密码！像司马南这样的敏感人物尤其要注意网上安全，尤其对做'流氓软件'起家的人搞出来的东西要警惕。见山东卫视《调查》"。随后，发言中嵌入了山东卫视《调查》的链接。

2012 年 10 月 10 日，在方舟子的搜狐微博中围绕浏览器保存密码的不同方式、360 浏览器抓取数据的范围、2010 年年底曾有人反映 360 浏览器存在此问题、360 浏览器上传用户隐私到自家服务器、该行为的合理性等内容继续发文。

2012 年 10 月 11 日周鸿祎开始在其新浪微博的账户中就前述方舟子的发言进行回应。当日 15 时 5 分，发言内容是"这一次是方舟子，下一次还会有圆舟子，后面肯定还有一系列抹黑 360 安全浏览器的组合拳，目的都是趁立足未稳要灭了 360 搜索。一个牛奶里掺三聚氰胺的搜索公司有钱有势力，在幕后制造舆论造谣 360，真正秉承其创始人神龟一样的风格"，之后内容是转发"@360 安全卫士 V"关于"百度公司利用掌控的媒体资源和一些所谓打假斗士，抹黑 360 安全浏览器，试图以此遏制 360 搜索的发展"的发言和长微博，该长微博的标题是"百度抹黑 360 安全浏览器遏制 360 搜索，必是徒劳无益"，内容中包含"近日，又有网友爆料称方舟子被百度以金钱收买和利用，以所谓'打假斗士'的身份，和司马南一唱一和，频频出言恶语攻击 360 安全浏览器，充当打击 360 的马前卒"等言论。

当日 19 时 23 分，方舟子的搜狐微博中发表了腾讯微博对方舟子关于 360 浏览器的访谈记录，标题为"方舟子谈慎用 360 浏览器"。

当日 20 时 15 分，360 安全卫士官方微博发出《关于邀请方舟子担任搜索打假基金首席顾问的建议函》，内容是当前搜索引擎结果中假医假药泛滥，需要专业的打假卫士，方舟子先生是最合适的人选，"360 搜索虽然是市场中的新生力量，建立一个安全、干净的搜索环境一直是我们的理想目标"，"我们将提供 1000 万元的资金，由权威机构成立基金进行专业管理。我们将建议该机构邀请方舟子先生担任首席顾问。考虑到您的知名度，我们建议该基金将您（原文摘录，法院注）提供一份具有竞争力的报酬"，此外还有媒体关于质疑 360 安全浏览器的内容该公司已经多次辟谣，希望方舟子分辨真伪等内容。

当日 20 时 49 分，周鸿祎转发了上述微博。

当日 22 时 34 分，方舟子在搜狐微博中粘贴了前述建议函，并提出"刚刚造谣说我被百度以金钱收买和利用，马上自己就要拿出 1000 万来收买我当首席顾问，这脸翻得比一般的流氓都快。我从来不拿别人的钱打假，即使掏出一亿出来请我当超首席顾问也没有用，要是愿意把这 1000 万作为造谣损害我名誉权的赔偿金我倒是欢迎"。

次日即 2012 年 10 月 12 日的 18 时 13 分，周鸿祎在微博账户里发言，称"给 360 安全浏览器泼脏水的，方舟子不是第一个。有好多个朋友告诉我，不要理睬方舟子，一旦被他咬住没法摆脱。我们也犹豫过，但是当我们看到方舟子再三以不实材料污蔑 360 安全浏览器，而且背后有明显的操纵痕迹，我决定必须正面痛击这个疯子，并揭露出他幕后的黑手。先请看第一个长微博"，长微博标题是"为什么方舟子把 360 正常的用户服务歪曲为勾兑、收买？"其中内容是表达 360 一贯重视用户批评意见，并曾帮助司马南解决其他软件安装提示问题，方舟子使用的不是 360 浏览器，其引用的媒体报道已经由该公司辟谣，方舟子将正常的联系和技术解释歪曲为私下沟通，所以其不是一个正常的用户，不是质疑，而是抹黑。

2012 年 10 月 12 日 20 时 01 分，周鸿祎继续发言，称"建议方舟子担任基金首席顾问是测试方舟子是打假，还是假打，事实证明，方舟子以荒唐的理由拒绝出任基金首席顾问，他不是打假，而是假打"，文尾贴出一条长微博，内容是分析为何邀请方舟子担任打假基金会首席顾问是测试方舟子是打假还是假打。

2012 年 10 月 13 日 21 时 48 分，周鸿祎对"360 陶伟华"用户与另一微博用户就"@360 浏览器和@方舟子关于浏览器口水不断"的一段发言的评论发言，周鸿祎称"关键是方肘子从来没用过 360 浏览器就拿着百度提供的抹黑谣言开始狂喷"。

2012 年 10 月 13 日，方舟子针对其他网络用户关于 360 安全卫士无法禁止的操作过程的言论，发言称"这是不是意味着没法卸载 360 安全卫士？那样比 3721 还流氓啊"，针对有用户对抓取用户信息的行为的言论，发言"有人能把安全管家也分析一下吗？"10 月 14 日，方舟子关于 360 软件产品继续发言，其内容有"且不说其发家的劣迹，光看它面对批评的态度，从各个高管到各个员工一起出动，又是造谣批判者拿黑钱，又是攻击批判者家人（这么做的居然还是个首席隐私官）"。

2012 年 10 月 15 日 20 时 56 分，周鸿祎对微博用户"@360 谭晓生 v"发表的关于楚天都市报和济南时报所做"方舟子揭露奇虎四大安全谎言"的纸媒报道及方舟子背后有力量再推动的言论发言，内容是"方舟子，你抹黑 360 一次，百度就把抹黑文章挂在百度新闻网站上，标题套红。方舟子的声明畅通无阻，360 的声明被百度严令各网站删除。现在，又有力量愿意掏大钱替方舟子买版，请问方舟子，这到底是谁？"

当天的 21 时 14 分，周鸿祎针对"@360 陶伟华"发表的关于针对方舟子质疑答复的微博言论继续发言，内容是"方舟子引用不实材料抹黑 360，但我们的团队仍然非常认真地针对其问题——进行解释，非常详细。本来是承诺昨天发出来，但花费的时间超出了我们的预期，向各位期待此长微博的朋友道歉。一些用户可能受到了方舟子不实之词的影响，我们希望借此长微博解释他们心中的疑惑。比较长，耐心点看哈"。

21 时 23 分，针对微博用户"@刚子"发表的看到了有爆料说网友打电话确认《楚天都市报》上的文章是花钱买的广告版的内容，周鸿祎发言称"再问一遍：方舟子，你抹黑 360 一次，百度就把抹黑文章挂在百度新闻网站上，标题套红。方舟子的声明畅通无阻，360 的声明被百度严令各网站删除。现在，有人愿意掏大钱为你的抹黑言论买版，请问方舟子，这到底是谁？"

2012 年 10 月 15 日、16 日，方舟子在其微博账户上继续就论争一事发言，并粘贴出了多幅关于 360 浏览器受到质疑、方舟子与各方争论的事件的漫画。

在上述周鸿祎的微博言论中，方舟子对 2012 年 10 月 11 日的 15 时 5 分、10 月 12 日的 18 时 13 分、20 时 01 分、10 月 13 日的 21 时 48 分、10 月 15 日的 20 时 56 分、21 时 14 分、21 时 23 分共七条微博言论提出侵犯名誉权主张，涉及的言论包括："这一次是方舟子，下一次还会有圆舟子，后面肯定还有一系列抹黑 360 安全浏览器的组合拳，目的都是趁立足未稳要灭了 360 搜索""近日，又有网友爆料称方舟子被百度以金钱收买和利用，以所谓'打假斗士'的身份，和司马南一唱一和，频频出言恶语攻击 360 安全浏览器，充当打击 360 的马前卒""泼脏水的……再三以不实材料污蔑 360 安全浏览器，而且背后有明显的操纵痕迹，我决定必须正面痛击这个疯子""私下沟通""以荒唐的理由拒绝出任基金首席顾问，他不是打假，而是假打""方肘子……抹黑谣言开始狂喷""方舟子，你抹黑 360 一次，百度就把抹黑文章挂在百度新闻网站上，标题套红……又有力量愿意掏大钱替方舟子买版""引用不实材料抹黑 360""再问一遍，方舟子，你抹黑 360 一次，百度就把抹黑文章挂在百度新闻网站上，标题套红。方舟子的声明畅通无阻……有人愿意掏大钱为你的抹黑言论买版"。

在案件正式开庭之后，周鸿祎自行删除了上述言论涉及的七条微博，周鸿祎的委托代理人王戬当庭向方舟子表示了歉意。

原审法院经审理认为：案件争议系因 360 浏览器被指存在用户安全隐患，方舟子发文提醒公众注意引发。360 浏览器是否存在方舟子微博发言中提到的问题，不只是软件产品信誉问题，更关系到消费者在互联网状态下的安全与隐私，值得所有消费者探讨，也需要经营者认真回应。虽然该话题由方舟子在 2013 年 10 月 9 日首先提出，但其提出的依据为网友的意见和有关媒体的报道，不是无中生有，并非对产品的发难，更不是挑起争端，即使文中所使用的语言过于苛刻，也不构成对 360 浏览器产品经营者的侵权。周鸿祎是 360 软件产品设计、经营方的管理者，基于此特定立场进行回应，本应围绕是否存在质疑中所称问题、相关技术原理、导致公众质疑的原因背景，如果质疑为不实言论经营者是否已经辟谣、辟谣的过程等内容，而不是直接对方舟子本人进行攻击。方舟子提出侵权主张的周鸿祎发言内容，主要为事实陈述，包括方舟子的发言属于抹黑行为、其背后另有操纵力量、充当打击 360 产品力量的打手，此外还使用了个别怠慢不敬的称呼类语言。诉讼中周鸿祎未能就其所发言所称的事实提供证据，而网友爆料并非可靠的信息来源，不能构成合法的抗辩，故法院认为周鸿祎的上述言论构成侵权，应当承担相应的法律责任。

与此同时，经过诉讼双方的争论、抗辩，周鸿祎首先删除了受到侵权主张的微博，并在法庭中表达了歉意，主动消除侵权后果并承担责任，该行为也应得到法律上的肯定。

方舟子在社会上享有较高声誉，在华人文化圈和网络上都有着较强的话语权，其在搜狐微博的账户的关注者高达 1900 余万，前述论战中方舟子针对周鸿祎的发言都得到了数量众多的转发和关注，表明其发言的影响力和消除消极后果的强大作用。名誉侵权的法律责任承担主旨在于消除损害后果，争议不同、主体不同，责任方式都有可能不同。基于案件纠纷发展、演化的过程，现周鸿祎已自行删除了方舟子主张侵权的微博，并主动赔礼道歉，侵权行为已不存在，而方舟子的话语平台又足以消除损害后果，继续判决停止侵权、赔礼道歉已无实际意义，故法院酌情进行判决。据此，原审法院于 2014 年 1 月作出判决：周鸿祎于判决生效后七日内赔偿方是民公证费一千元；二、驳回方是民的其他诉讼请求。如未按判决指定的期间履行给付金钱义务，应当依照《中华人民共和国民事诉讼法》第二百五十三条之规定，加倍支付迟延履行期间的债务利息。

原审法院判决后，方舟子不服，上诉至本院，请求维持原审判决的第一项，撤销第二项；判令周鸿祎在新华每日电讯报纸广告版及新浪微博首页刊登道歉信（其中网站道歉信刊载时长不少于一个月）公开向我方赔礼道歉，以消除影响、恢复我方名誉；赔偿精神损害抚慰金20万元、律师代理费2万元。其事实及理由为：原审认定"周鸿祎的委托代理人当庭向方舟子表示了歉意""主动赔礼道歉"，没有事实依据。周鸿祎的委托代理人并没有就涉案言论当庭向方舟子表示歉意，也未通过微博向方舟子赔礼道歉，仅基于方舟子在案外的揭假打假言论表达了对方舟子的敬意；原审认定"方舟子在华人文化圈和网络上都有着强烈的话语权"，缺乏事实依据，方舟子的话语平台仅仅是微博、博客等自媒体，偶尔接受采访、访谈发表一定言论，话语平台有限，在华人文化圈和网络上的话语权十分有限且偏弱。方舟子在两年前就停止了新浪微博的更新，方舟子的搜狐微博显示"粉丝"数量上千万，但该数字并不能反映实际关注者的数量，方舟子自媒体的受众人数极其有限，且与周鸿祎微博受众明显并不重合；原审认为构成名誉侵权，但不判令侵权人公开赔礼道歉等内容明显不能消除损害后果；原审认定"方舟子的话语平台又足以消除损害后果"，没有事实依据；原审认定"赔礼道歉已无实际意义"，没有事实和法律依据；赔偿精神损害抚慰金是严重名誉侵权的责任承担方式之一，我方支出的律师代理费是直接经济损失之一，更理应获赔。周鸿祎不认可涉案微博言论对方舟子名誉构成侵权，但未提起上诉。

二审案件审理过程中，周鸿祎的委托代理人当庭向方舟子表示了歉意。本院查明的其他事实与原审法院查明的事实无异。

以上事实，有双方当事人陈述、公证书、公证费发票、律师费发票、网页浏览情况打印件及视频资料等证据在案佐证。

本院认为：公民享有名誉权，公民的人格尊严受法律保护，禁止用侮辱、诽谤等方式损害公民、法人的名誉。周鸿祎涉案微博信息主要内容为方舟子抹黑360产品背后有操纵力量、方舟子充当百度打击360产品的打手、方舟子是假打等，周鸿祎就其上述言论的真实性，未提供相应的证据，仅凭一己之见，即对方舟子作出了否定性的负面评价，且周鸿祎在发表言论时使用了带有贬义性的词汇，对方舟子的名誉权构成侵害。

本案双方争议焦点在于周鸿祎构成名誉侵权应承担责任的方式和范围。承担责任的方式和范围，应综合考虑争议主体、损害后果、微博言论特点等各方面因素。首先，在周鸿祎发表涉案言论的同时，方舟子通过其网络平台发表了针锋相对的言论，对相关事实进行了解释和说明，其发言得到众多网民转发和关注，方舟子的话语平台起到强大的消除损害后果的作用，社会公众当可从此两方面相反的言论中明辨是非、甄别取舍；第二，周鸿祎自行删除了涉案微博，停止了侵权行为，并在一、二审庭审过程中均主动赔礼道歉，周鸿祎通过自己的言行减轻了侵权行为造成的损害后果；第三，网络平台具有较强的随意性，微博言论主观色彩比较浓厚，网民在自由发表言论的同时，亦应具有一定的承受力和容忍力。原审法院综合考虑各项因素，酌情确定周鸿祎承担侵权责任的方式和范围，并无不当。

应当指出的是，周鸿祎作为知名网络公司的经营者，作为新浪微博认证加"V"的公众人物，应将注意力更多地集中在提升产品质量方面，并正确认知和处理来自舆论的批评和监督，避免主观臆断，克制不当言论，为创造良好的互联网环境贡献一分力量。

综上所述，方舟子上诉请求依据不足，本院不予支持。原审法院判决认定事实清楚，适用法律正确，应予维持。依照《中华人民共和国民事诉讼法》第一百七十条第一款第（一）项之规定，判决如下：

驳回上诉，维持原判。

一审案件受理费1406元，由周鸿祎负担（于本判决生效之日起7日内交纳）；二审案件受理费1406元，由方是民负担（已交纳）。

本判决为终审判决。

审判长　李春香

代理审判员　赵　霞

代理审判员　程　磊

二○一四年六月二十日

书记员　吴强兵

书记员　王　艳

案例23：刘某1诽谤罪二审刑事附带民事判决书

安徽省阜阳市中级人民法院

刑事附带民事判决书

（2014）阜刑终字第00274号

上诉人（原审自诉人暨附带民事诉讼原告人）： 李某，男，汉族，教育工作者，住界首市。

诉讼代理人： 王鹏翔，安徽卫东律师事务所律师。

上诉人（原审自诉人）： 张某，女，汉族，中国工商银行界首市支行职工，住址同上。系李某之妻。

原审被告人： 刘某1，男，汉族，个体工商户，住界首市。

辩护人： 张庆，安徽法卫律师事务所律师。

界首市人民法院审理原审自诉人李某、张某控诉原审被告人刘某1犯诽谤罪、原审附带民事诉讼原告人李某提起附带民事诉讼一案，于2014年4月22日作出（2013）界刑初字第00137号刑事附带民事判决。原审自诉人李某、张某不服，提出上诉。本院受理后，依法组成合议庭，公开开庭审理了本案。上诉人李某及其诉讼代理人王鹏翔，上诉人张某，原审被告人刘某1及其辩护人张庆均到庭参加诉讼。现已审理终结。

原判认定：自诉人李某、张某夫妇与被告人刘某1的父母系邻居。自诉人夫妇因盖门楼与被告人刘某1的家人发生纠纷。2012年1月15日晚上，被告人刘某1的父亲刘某2、母亲饶某某到自诉人家中辱骂自诉人李某，恰遇李某的亲戚徐某某等人在李某家中，刘某2夫妇便认为是自诉人李某找来打架的，双方发生肢体冲突，被告人父母不同程度受伤。界首市公安局水上派出所接警后派员赶到现场，及时进行了处理。自诉人李某和其亲戚徐某某因殴打被告人刘某1的父母被处以治安拘留，被告人父母因辱骂他人也被处以治安拘留。被告人刘某1的父母不服，向界首市人民政府提出复议，界首市人民政府维持了界首市公安局的处罚决定。被告人刘某1认为界首市公安局的处罚有失公允，遂于2012年4月份开始在网易微博、TVB微博上以其自己的名义，发布了一篇题为《界首市教育局李某工行张某纠集黑社会团伙殴打老人》的帖子，内容为："界首市教育局李某纠集黑社会团伙于2012年元月15日伙同本团伙10人左右有预谋的对70多岁老弱病老人刘某夫妻进行殴打致其轻伤，并抢走手机，因手机里有拍摄的证据。至今水上××不作出任何答复。电话询问为何到现在此案还没有结果，回答是老人还手了（试问两老人是10多个彪形大汉的对手吗），因界首市水上××指导员是李某朋友。当时报警后，出警人员就是指导员此人当时说话就偏向李某，围观群众当时对他们的所作所为就甚为不满，生（身）为教育部门公务员竟然作出黑社会性质案件，真为教育事业捏把汗!!!哪里还能有老弱老人的立足之地，两位老人已经花费万元医药费，更可笑的是现在两位老人却被拘留了起来，真不知道，这执法者怎么执法的。"

后又以其父亲的名义发布了一篇题为《安徽界首民警偏袒包庇黑社会团伙老人挨打反遭拘留》的帖子，内容为："2012年元月15日晚李某借口邻里纠纷挑起事端，与我发生口角，并让事先雇请的社会不良青年及其儿子拿着刀趴在墙头上对我及老伴大声辱骂，扬言要穿死我们全家。当水上派出所出现时，李某全家及其雇请的社会不良人员正把我、老伴及下班回来的儿子拖入其院中进行殴打，看到民警后，打人者反而变本加利（厉），越打越凶，当时水上派出所指导员舒文友及另一位民警目睹整个过程，却并没有做出任何制止行为，直至我们两位被打倒在地，被120救护车接走。事后得知，参与殴打的人员在周围群众的反对声中被民警放走。我老夫妇住院二十多天，并鉴定为轻微伤，至今我和老伴仍有头晕，眼花，呕吐等症状。出院后我们多次到派出所询问结果，均被具体负责此案的民警彭小法以各种理由推拖，派出所指导员舒文友还威胁我们要放明白些。更可笑的是4月20日，距事发已经三个多月，我和老伴到派出所询问处理结果，民警彭小法强行将我们扣留在所里不让回家，并派人将我们送到市拘留所关押。事情的经过就是这样的，李某及其妻子张某身为国家工作人员，雇凶殴打我们两个快七十岁的老人！！！派出所民警目睹整个殴打过程，却置之不理，处理案件不以事实，不重证据，偏袒、包庇凶手到底！！！打人者逍遥法外，而被打者却被拘留，公理何在！法纪何在！法律尊严何在！请求领导以事实为依据，以法律为准绳，给我们一个明断，还社会一个公正！"

这两个帖子在网上被"闻汇天下""爆料吧""凤凰论坛"等网站大量转载，受到很多人关注。自诉人认为被告人刘某1对其肆意诽谤，致其精神抑郁，其分别于2012年7月12日至7月15日、2012年7月27日至8月3日、2013年6月29日至7月5日因心境障碍、抑郁发作入住阜阳市第三人民医院住院治疗计19天，花去医疗费计7494.09元。

原判另查明，在案件审理过程中，被告人刘某1向界首市人民法院申请对自诉人李某是否存在心境抑郁发作等进行司法鉴定。界首市人民法院于2013年6月7日依法委托湖北同济法医学司法鉴定中心对自诉人的病情进行鉴定，2014年1月6日，该鉴定中心作出了同济司法鉴定（2013）法医临床精鉴1097号法医学鉴定意见书，认为自诉人李某目前诊断为"神经症"，未达到重性精神障碍的严重程度标准；发病主要与自身素质相关，邻里纠纷引起的精神应激可作为该病的诱发因素或加重因素。

原判认定上述事实的证据有书证、鉴定意见、被告人供述等。

原审法院认为：诽谤罪是以败坏他人名誉为目的，无中生有，凭空捏造并散布某种足以败坏他人名誉的事实，且情节严重的行为。本案中，被告人刘某1在互联网上实名所发的两篇帖子中涉及二自诉人的内容，主要是指责二自诉人伙同他人殴打了被告人的父母。鉴于二自诉人及徐某某等人的确与被告人刘某1父母因邻里纠纷发生打斗，且造成了被告人刘某1的父母轻微伤的后果，因此被告人刘某1在互联网上实名所发的两篇帖子中涉及二自诉人的内容并非无中生有，凭空捏造。虽帖子中"勾结黑社会、作出黑社会性质的案件"的用语言过其实，较为夸大，但不能够因此认定被告人刘某1构成诽谤罪。二自诉人控诉被告人刘某1犯诽谤罪，证据不足。依照《中华人民共和国刑事诉讼法》第一百九十五条第（三）项之规定，判决：被告人刘某1无罪；被告人刘某1不承担民事赔偿责任。

自诉人李某上诉称，刘某1捏造其勾结、纠集黑社会团伙十余人，作出黑社会性质案件的虚假事实，捏造上诉人殴打七十岁以上老人致轻伤、水上派出所指导员系其伴侣等虚假事实，严重损害了其名誉，原判却简单地认定为刘某1"用语言过其实、较为夸大"，显属错误判定；刘某1利用网络信息对捏造的事实进行传播，指名道姓地对其进行诽谤，原判以其不能提供证据证明网名为"行侠仗义""雨一直下""人民卫士""一片清""香袖2008""香袖2012""来找车""快来看有情况""jack7810"系刘某1注册为由，而不予认定上述多个网名对其进行恶意诽谤，违背法律规定。刘某1捏造的诽谤上诉人的信息，经上述网名转发上万次，无论上述网名是否由刘某1注册，刘某1的行为均构成诽谤。刘某1主观上具有贬损其名誉的目的，客观上实施了利用网络信息进行诽谤的行为，犯罪情节严重。其因刘某1的诽谤行为，三次入住阜阳市精神病医院治疗，至今未愈，由此造成的经济损失，刘某1应予赔偿。提请本院依法撤销原判，改判刘某1一年以上有期徒刑，并赔偿其经济损失24071.33元。李某当庭提供了界首市公安局行政复议答复书，用以证明2012年1月15日晚上，其未殴打刘某1父母。

李某的代理人提出相同的代理意见。

自诉人张某的上诉理由与李某相同。

原审被告人刘某1辩称，以"@jokey××××"等网名发布的帖子非其发布，其仅在微博中陈述案件事实，其行为不构成诽谤罪。其辩护人提出，刘某1发布的帖子内容真实，主要反映其父母被殴打至轻微伤，派出所未公正处理，基本事实清楚；发帖的目的是想督促公安机关公正处理案件；帖子上出现黑社会性质的言语较为夸大，但不能构成犯罪。原判决正确，请求本院予以维持。

经二审审理查明：上诉人李某、张某夫妇与原审被告人刘某1父母系邻居，李某夫妇因盖门楼与刘某1家人发生纠纷。2012年1月15日晚上，刘某1的父亲刘某2、母亲饶某某到李某家中辱骂李某，刘某1、李某的朋友徐某某等人到场，双方发生肢体冲突，刘某1父母挨打受伤，经鉴定二人伤情均为轻微伤。界首市公安局水上派出所接警后派员赶到现场，及时进行了处理。徐某某因殴打饶某某于2012年4月19日被界首市公安局拘留七日并处罚款三百元，李某因殴打饶某某致轻微伤于2012年5月29日被界首市公安局拘留十日并处罚款五百元，李某已申请行政复议。刘某2、饶某某因辱骂李某于2012年4月19日被界首市公安局拘留五日。刘某2、饶某某不服，向界首市人民政府提出复议，界首市人民政府于2012年6月20日维持了界首市公安局的处罚决定。刘某1认为界首市公安局的处罚有失公允，于2012年4月下旬开始在腾讯微博、TVB微博上以其名义，发布名为《界首市教育局李某工行张某纠集黑社殴打老人》的帖子，内容为："界首市教育局李某纠集黑社会团伙于2012年元月15日伙同本团伙10人左右有预谋的对70多岁老弱病老人刘某夫妻进行殴打致其轻伤，并抢走手机，因手机里有拍摄的证据。至今水上××不作出任何答复。电话询问为何到现在此案还没有结果，回答是老人还手了（试问两老人是10多个彪形大汉的对手吗），因界首市水上××指导员是李某朋友。当时报警后，出警人员就是指导员此人当时说话就偏向李某，围观群众当时对他们的所作所为就甚为不满，生（身）为教育部门公务员竟然作出黑社会性质案件，真为教育事业捏把汗！！！哪里还能有老弱老人的立足之地，两位老人已经花费万元医药费，更可笑的是现在两位老人却被拘留了起来，真不知道，这执法者怎么执法的。"后又以其父亲的名义发布名为《安徽界首民警偏袒包庇黑社会团伙老人挨打反遭拘留》的帖子，内容为："2012年元月15日晚李某借口邻里纠纷挑起事端，与我发生口角，并让事先雇请的社会不良青年及其儿子拿着刀趴在墙头上对我及老伴大声辱骂，扬言要穿死我们全家。当水上派出所出现时，李某全家及其雇请的社会不良人员正把我、老伴及下班回来的儿子拖入其院中进行殴打，看到民警后，打人者反而变本加利（厉），越打越凶，当时水上派出所指导员舒文友及另一位民警目睹整个过程，却并没有做出任何制止行为，直至我们两位被打倒在地，被120救护车接走。事后得知，参与殴打的人员在周围群众的反对声中被民警放走。我老夫妇住院二十多天，并鉴定为轻微伤，至今我和老伴仍有头晕，眼花，呕吐等症状。出院后我们多次到派出所询问结果，均被具体负责此案的民警彭小法以各种理由推拖，派出所指导员舒文友还威胁我们要放明白些。更可笑的是4月20日，距事发已经三个多月，我和老伴到派出所询问处理结果，民警彭小法强行将我们扣留在所里不让回家，并派人将我们送到市拘留所关押。事情的经过就是这样的，李某及其妻子张某身为国家工作人员，雇凶殴打我们两个快七十岁的老人！！！派出所民警目睹整个殴打过程，却置之不理，处理案件不以事实，不重证据，偏袒、包庇凶手到底！！！打人者逍遥法外，而被打者却被拘留，公理何在！法纪何在！法律尊严何在！请求领导以事实为依据，以法律为准绳，给我们一个明断，还社会一个公正！"

上述帖子在互联网上被"爆料吧""凤凰论坛"等网站大量转载、浏览、点击，受到很多人关注。其中"凤凰论坛"上的《界首市教育局李某工行张某纠集黑社殴打老人》的帖子点击量达10264次。随后，李某分别于2012年7月12日至7月15日、2012年7月27日至8月3日、2013年6月29日至7月5日因心境障碍、抑郁发作入住阜阳市第三人民医院住院，共计治疗19天，开支医疗费7494.09元，并支出相应的护理费、交通费。2012年8月，李某为证明刘东明有诽谤行为，保全证据，开支公证费500元。

认定上述事实的证据有：

1. 原审被告人刘某1在人民东路经营的门市部"非常印务"照片、名片各一张，证明"非常印务"门市部系刘某1开办。

2. 刘某1在网上发布的部分广告，（1）2010年10月5日，刘某1在"久久信息网"（www.99inf.com）发布的广告，（2）2011年5月26日，刘某1在"爱发信息网"（www.2fcc.com）发布的广告，（3）2011年5月26日，刘某1在"我的买麦网"（www.mymai.org）发布的广告，（4）刘某1在赶集网发布的广告，证明上述广告联系人为刘某1或"jokey×××"，QQ号码为40×××××6，邮箱账号为jokey××××@163.com，地址为刘某1"非常印务"门市部的营业地址。"非常设计"的QQ空间个人资料中，所留的QQ号码、邮箱与刘某1QQ号码、邮箱账号相同。刘某1的"网易微博"是以其开办的门市部"非常印务"为网名注册，以"非常印务""jokey×××""非常设计"名义发布的帖子都是刘某1所为。

3. 刘某1的微博首页，证明刘某1的"TVB微博""腾讯微博"是其本人实名注册。

4. 2012年4至5月期间，刘某1"TVB微博"的内容、"腾讯微博"的内容及刘某1以其门市部"非常印务"注册的"网易微博"的内容，证明刘某1在其微博上发布了两篇帖子，被"爆料吧""凤凰论坛"等网站以"界首市教育局李某、工行张某纠集黑社会殴打老人""安徽界首民警偏袒包庇黑社会团伙老人挨打反遭拘留"等为标题大量转载，被很多人关注。

5. 界首市公证处（2012）皖界公证字第0675号公证书一份，证明2012年8月8日，李某到界首市公证处，申请对其从互联网上下载所需文件的过程及内容进行证据保全，李某提供的微博内容真实，其中2012年4月26日发表于"凤凰论坛"的标题为"界首市教育局李某工行张某纠集黑社殴打老人"的帖子点击量达10264次，2012年4月27日发表于网易论坛的同名帖子被浏览629次，进入"TVB实名微博刘某1"页面，其中两条同名微博分别被阅读490次、952次。

6. 李某的住院病历、医学证明、医药费发票，证明李某自2012年4月底因与邻居发生纠纷出现夜眠差、愁叹气、情绪低落等症状，在阜阳第三人民医院三次住院治疗，被诊断为心境障碍、抑郁发作，开支医疗费共计7494.09元。

7. 界首市公安局行政处罚决定书，界首市人民政府行政复议决定书各一份，证明李某与刘某1父母因建房发生冲突，李某、徐某某因殴打他人被行政处罚、刘某1父母也因辱骂他人被行政处罚。刘某1父母不服，向界首市人民政府申请复议，界首市人民政府维持了公安机关的行政处罚决定。

8. 李某、张某、刘某1的身份证复印件，证明三人的基本情况。

9. 被告人刘某1的供述，证明其35岁，在界首市经营"非常印务"。其在"TVB微博""腾讯微博"中实名注册，在网上发布了《界首市教育局李某工行张某纠集黑社殴打老人》《安徽界首民警偏袒包庇黑社会团伙老人挨打反遭拘留》两篇帖子。

10. 李某陈述，证明2012年1月15日晚上，其未殴打刘某1母亲饶某某，关于其因此被行政处罚一事，已申请行政复议，目前暂被中止。刘某1在互联网上大量发帖，对其侮辱诽谤，严重损害其名誉，导致其心烦意乱，吃不下饭、睡不着觉，精神抑郁，住进阜阳市第三人民医院，治疗后虽有好转，但仍常常失眠、记忆力下降，对其工作、生活造成严重影响。2012年8月，其为保全证据，开支公证费500元。

11. 张某陈述，证明李某所述属实；刘某1发布的诽谤信息损害其声誉，影响其工作、生活。

上述证据经当庭举证、质证，查证属实，本院予以确认。

本院认为，原审被告人刘某1无中生有，凭空捏造"纠集黑社会团伙、作出黑社会性质案件"的虚假事实，并在互联网上散布，致使含有虚假内容的信息被大量点击、浏览、转发、转载，败坏他人名誉，情节严重，其行为已构成诽谤罪，应依法判处。李某的精神异常，与刘某1的犯罪行为有一定的因果关系，由此造成经济损失的合理部分，刘某1应予赔偿。故刘某1对李某的医疗费、交通费、护理费等费用，应承担相应的赔偿责任。上诉人李某、张某关于判处刘某1有罪并赔偿李某经济损失的上诉请求，本院予以支持，代理人的代理意见，本院予以采纳。但上诉人判赔精神抚慰金的上诉请求，不属于刑事附带民事诉讼的赔偿范围，本院不予支持。原审被告人刘某1关于其在互联网上所说的是事实，其应无罪的辩解，本院不予采信，其辩护人的辩护意见，本院不予采纳。经本院审判委员会讨论决定，依照《中华人民共和国刑法》第二百四十六条、第三十六条第一款，《中华人民共和国刑事诉讼法》第二百二十五条第（二）项，最高人民法院《关于适用〈中华人民共和国刑事诉讼法〉的解释》第一百五十五条第一款、第二款，最高人民法院、最高人民检察院《关于利用信息网络实施诽谤等刑事案件适用法律若干问题的解释》第二条之规定，判决如下：

一、撤销界首市人民法院（2013）界刑初字第00137号刑事附带民事判决。

二、原审被告人刘某 1 犯诽谤罪，判处管制六个月（刑期从判决执行之日起计算）。

三、原审被告人刘某 1 赔偿上诉人李某经济损失 3486 元，于本判决生效之日起三十日内付清。

本判决为终审判决。

审判长　宋戈琪

审判员　武　锋

代理审判员　刘　琦

二〇一四年八月二十五日

书记员　罗亚敏（代）

案例24：田宁、浙江盘石信息技术有限公司与沈秀丽名誉权纠纷二审判决书

浙江省杭州市中级人民法院
民事判决书

（2014）浙杭民终字第1106号

上诉人（原审原告）： 田宁。

上诉人（原审原告）： 浙江盘石信息技术有限公司。

法定代表人： 田宁。

上述两上诉人共同委托代理人： 姚清。

上诉人（原审被告）： 沈秀丽。

上诉人田宁、浙江盘石信息技术有限公司（以下简称盘石公司）、上诉人沈秀丽因名誉权纠纷一案，均不服杭州市拱墅区人民法院（2014）杭拱民初字第131号民事判决，向本院提起上诉。

本院于2014年4月11日立案受理后，依法组成合议庭，于2014年7月22日公开开庭对本案进行了审理，上诉人田宁及盘石公司的共同委托代理人姚清，上诉人沈秀丽到庭参加诉讼。本案现已审理终结。

原审判决认定：田宁系盘石公司法定代表人，沈秀丽系杭州萧山冠龙教育咨询服务部经营者。盘石公司与杭州萧山冠龙教育咨询服务部于2013年签订《盘石网盟推广技术服务合同》，约定盘石公司通过盘石网盟推广平台为杭州萧山冠龙教育咨询服务部提供盘石网盟推广技术服务，杭州萧山冠龙教育咨询服务部支付相应费用，合同约定价款为8800元。2013年3月30日，杭州萧山冠龙教育咨询服务部向盘石公司支付了相应费用。合同履行过程中，沈秀丽认为盘石公司提供的服务效果不佳，希望盘石公司将服务费退还，但未果，遂产生纠纷。2013年8月10日，盘石公司向沈秀丽发送《诉前告知函》。2013年10月11日，盘石公司向浙江省杭州市西湖区公证处提出申请，要求对有关网页进行保全证据。2013年10月16日，在浙江省杭州市西湖区公证处公证人员的监督下，盘石公司委托代理人邱科星在公证处的计算机上对有关网页进行证据保全。2013年10月28日，浙江省杭州市西湖区公证处作出（2013）浙杭西证民字第19294号公证书。该公证书附页"书香－瓶子"微博上有"@田宁有爹生没娘教的畜生，你是老虎吗？你就一条会咬不会叫的狗！一个靠老丈人上位的水货！要不是你厚颜无耻地骗了别人的钱，还欺负人，更厚颜无耻地霸占着，我才懒得骂你个畜生呢！你娘不会教儿子，你那温州婊子也不会教男人？男人就该有个男人样！骗女人钱的畜生，你要不要脸？""@田宁这个畜生，一条会咬不会叫的狗，还到新浪微博管理员那里去举报我，你要脸吗？这个畜生，你以为浙江省政府是你家开的啊，你可以一手遮天

了？畜生，让所有人来看看你个畜生是怎么要钱不要脸的。弱势群体要为自己讨回公道，只能骂骂人出出气，望大家理解。@任志强@博洛尼蔡明@袁岳@连长"……言论。"@书香－瓶子"系沈秀丽实名注册的新浪微博账户。庭审中，田宁、盘石公司确认新浪微博账户"@书香－瓶子""@书香○瓶子"已被封号，相关言论已经看不见了。

原审法院认为，名誉权是公民、法人对自己在社会生活中获得的社会评价、人格尊严享有的不可侵犯的权利。公民、法人享有名誉权，禁止用侮辱等方式损害公民、法人的名誉。所谓侮辱，是指故意以语言、文字等手段贬损他人人格，从而损害他人名誉的行为。本案中，沈秀丽在其实名注册的新浪微博"@书香－瓶子"上发表的相关言论，构成对田宁人格的贬损，属于以侮辱方式损害田宁的名誉。且互联网个人网络日志不同于一般意义上的日志、日记，作者以外的互联网不特定读者均可阅读，没有私密性，一旦发表，即可能不以作者的意志为转移地被广泛传播，影响较大。因此，沈秀丽在新浪微博上发表侮辱田宁人格的言论侵害了田宁的名誉权。对于沈秀丽辩称自己骂人乃事出有因的主张，原审法院认为，如果合同履行存在纠纷，当事人可以通过正当的法律途径予以解决，而不应以违法的方式在新浪微博上发表侮辱性言论，故原审法院对沈秀丽的上述辩称主张不予支持。

至于沈秀丽是否侵害了盘石公司的名誉权，原审法院认为，根据（2013）浙杭西证民字第19294号公证书，不能证明沈秀丽发表了侵害盘石公司名誉权的言论。根据田宁、盘石公司提供的新浪微博"@书香－瓶子""@书香○瓶子"相关网页，因为该证据系打印件，相关言论现已删除，无法一一进行核实，故原审法院认为盘石公司诉称沈秀丽侵害其名誉权，应进一步提供证据予以证明，就现有证据而言，原审法院对盘石公司认为沈秀丽侵害其名誉权的主张不予认可。根据《最高人民法院关于审理名誉权案件若干问题的解答》第十条的规定，侵害名誉权的责任形式包括责令侵权人停止侵害、恢复名誉、消除影响、赔礼道歉、赔偿损失。（一）关于停止侵害。因为沈秀丽发布在新浪微博上的侵权言论已经删除，田宁、盘石公司在庭审中明确停止侵害是指"被告今后停止注册账户对原告发表侵害名誉权的言论"。原审法院认为对于尚未发生的行为进行禁止，于法无据，故对田宁、盘石公司要求"被告今后停止注册账户对原告发表侵害名誉权的言论"的诉讼请求，不予支持。（二）关于赔礼道歉、消除影响。田宁、盘石公司要求沈秀丽消除影响、赔礼道歉，通过新浪微博连续90天置顶发布致歉声明，并@发送至其所有侵权微博曾@发送及转发的所有微博用户。原审法院认为，沈秀丽侵害了田宁的名誉权，田宁要求其在新浪微博上赔礼道歉、消除影响，理由正当，应予支持。但田宁要求连续90天置顶发布致歉声明，并@发送至其所有侵权微博曾@发送及转发的所有微博用户，原审法院认为属不必要，对此不予支持。（三）关于赔偿损失。原审法院根据侵权人的过错程度、侵权行为的具体情节、给受害人造成的损害后果等情况酌情确定沈秀丽赔偿田宁各项损失1100元。对于田宁、盘石公司主张的其他损失，原审法院不予支持。

综上，依照《中华人民共和国民法通则》第一百零一条、第一百二十条，《中华人民共和国民事诉讼法》第六十四条第一款之规定，判决：一、沈秀丽于判决生效之日起七日内就侵害田宁名誉权的行为通过新浪微博向田宁赔礼道歉、消除影响，道歉内容须经法院审核通过后方可发表。二、沈秀丽于判决生效之日起七日内赔偿田宁人民币1100元。三、驳回田宁、盘石公司其他诉讼请求。如果未按照本判决指定的期间履行给付金钱义务，应当按照《中华人民共和国民事诉讼法》第二百五十三条之规定，加倍支付迟延履行期间的债务利息。案件受理费减半收取 701 元，由田宁、盘石公司负担 500 元，沈秀丽负担 201 元。

　　宣判后，田宁、盘石公司及沈秀丽均不服。田宁、盘石公司上诉称：一、一审法院认定事实不清，认定证据矛盾，导致错误判决沈秀丽对盘石公司未构成名誉侵权。1. 一审法院在判决书中认定沈秀丽对田宁构成了名誉侵权，但对盘石公司未构成名誉侵权，该认定明显与事实相悖。事实上沈秀丽通过新浪微博以用户名"@书香-瓶子"多次损害盘石公司的商业信誉，辱骂盘石公司工作人员，更以"骗取别人信任，做虚假承诺""团伙作案""仗势欺人""坑蒙拐骗"等莫须有的事实诋毁盘石公司。其中在 2013 年 10 月 30 日其通过微博账号"@书香-瓶子"发布微博"@田宁太不要脸。要钱不要脸的典型。明明手下的销售总监……来骗取别人的信任，做虚假承诺，骗取别人签约出钱……"及"@田宁……放手下的狗去骗人、咬人"；在 2013 年 10 月 30 日通过微博账号"@书香-瓶子"发布微博"@盘石运营管理中心通过微博能不能解决我们之间的经济纠纷，全看你们的意思，我的钱不还捏在你们手里吗？……那你们公司上上下下在这个新浪微博上干吗？专门搞歪门邪道、坑蒙拐骗？"；在 2013 年 10 月 31 日通过微博账号"@书香-瓶子"发布微博"@盘石运营管理中心你们这些畜生……一群畜生"；2013 年 11 月 1 日通过微博账号"书香-瓶子"回复王利芬微博"@田宁去问问你手下的××黄晶，她上次伙同你们的律师走狗来演戏……你们这是团伙作案，仗势欺人"等等。根据沈秀丽发布的前述微博可以明显看出，沈秀丽不仅侵害了田宁的名誉权，也侵害了盘石公司的名誉权。因此一审法院认定沈秀丽对盘石公司未构成名誉侵权与事实不符。2. 一审判决先确认了上诉人提供的证据 5（微博"书香-瓶子"部分微博打印网页）的真实性，后又以该证据系打印页为由否定了该证据的证明效力，这明显是自相矛盾的。上诉人认为，在一审质证过程中沈秀丽对于上诉人提供的证据 5 的真实性是认可的，只是表示"骂过之后又删掉很多"，但无论沈秀丽是否主动删掉其发布的侵害盘石公司名誉权的微博，其侵犯了盘石公司名誉权是不争的事实。因此，根据《最高人民法院关于民事诉讼证据的若干规定》第七十二条"一方当事人提出的证据，另一方当事人认可或者提出的相反证据不足以反驳的，人民法院可以确认其证明力"的规定，上诉人提供的证据 5 尽管是网页的打印页，但在沈秀丽认可的情况仍应当具有证明效力，且该证据恰恰能直接证明沈秀丽侵犯盘石公司名誉权、给盘石公司造成损失的事实。可见一审法院否定证据 5 的证明效力明显是错误的。退一步讲，即使证据 5 的证明效力不能确认，根据上诉人提供的公证书附件第 15 页，也即沈秀丽于 2013 年 10 月 30 日通过微博账号"@书香-瓶子"发布的微博"@田宁太不要脸。要钱不要脸的典型。明明手下的销售总监……来骗取别人的信任，做虚假承诺，骗取别人签约出钱……"及"@田宁……放手下的狗去骗人、咬人"，也可以看出沈秀丽以"骗取别人的信任，做虚假承诺，骗取别人签约出钱""骗人"等不实信息诋毁盘石公司名誉权的事实。二、一审判决沈秀丽赔偿损失金额过低，无法弥补两上诉人经济损失。1. 田宁是一位备受尊崇的中国青年商界领袖，2010 年获"中国电子商务杰出贡献人物"称号、2010 年获"2009—2010 年度中国互联网广告十大人物"称号、2011 年荣膺"浙江十大杰出青年"、"中国民企年度创新人物"、2012 年被世界经济论坛（WEF）授予"全球青年领袖"称号等等。可以说田宁在全国范围内乃至世界范围内都享有较高声誉度。但沈秀丽却在微博中长期以"畜生"、"垃圾"、"无赖"、"骗子"及其他极端下流的字眼疯狂对田宁进行人身攻击，甚至辱及田宁的家人及祖先。而且，沈秀丽还多次将前述人身攻击的微博内容@任志强、王利芬等知名人物，特别是在田宁参加《赢在中国》的电视节目后，沈秀丽更加肆无忌惮地@了《赢在中国》的每一位参加者。沈秀丽还通过在知名人物发布的微博中进行评论的方式，攻击田宁，造成其发布的不实信息迅速扩散。很明显，沈秀丽的侵权行为已经严重侵犯了田宁的人格尊严，还导致田宁在社会上，特别是业内的朋友圈里的声誉受了严重打击，给田宁的生活工作带来了十分不利的影响，也给田宁及家人带来了沉痛的精神创伤。而一审判决确定的1100元赔偿金额根本不足以弥补田宁因此遭受的损失。2. 盘石公司自成立以来多次获得浙江省高新技术企业、中国电子商务互联网营销行业龙头企业、中国电子商务最佳数字媒体服务奖等众多奖项，且公司的注册商标"盘石"分别在2012年11月28日及2013年1月1日获得杭州市工商局和浙江省工商局授予的著名商标荣誉证书。可见一直以来，盘石公司在社会上均具有良好的商誉度，特别是"盘石"商标的品牌价值一直受到业界推崇。而沈秀丽却在微博中以"畜生公司""团伙作案""专门搞歪门邪道、坑蒙拐骗"等言辞疯狂诋毁盘石公司，特别是发布例如"骗取别人的信任，做虚假承诺，骗取别人签约出钱"等莫须有的事实挑拨盘石公司与客户关系，造成盘石公司的商业信誉、品牌价值均受到沉重打击。盘石公司为树立、维护良好的商业信誉和品牌价值长期付出了大量人力、物力、资金，而沈秀丽的侵权行为给盘石公司的商业信誉和品牌价值造成了巨大损失。为挽回本次侵权事件导致的商誉损失和品牌价值折损，盘石公司必须投入更大精力和资金。因此依据《最高人民法院关于审理名誉权案件若干问题的解答》第十条的规定，盘石公司要求沈秀丽赔偿损失也是合理合法的，应当得到法院支持。三、一审法院认为上诉人要求沈秀丽通过新浪微博"连续90天置顶发布致歉声明并@发送至其所有侵权微博曾@发送及转发的所有微博用户"属不必要，对此上诉人不予认可。上诉人认为，沈秀丽在新浪微博上发布的侵权内容，一经发布即在网络上公开，任何一位新浪微博用户均有可能看到沈秀丽发布的内容，影响范围极大。不仅如此，沈秀丽还通过@网络名人及在网络名人发布的微博下回复微博的方式进行重点扩散，导致沈秀丽散布的不实信息广泛传播，给上诉人名誉权造成严重损失。因此，只有将沈秀丽的致歉声明@发送给其@过的网络名人，这样才能直接有效的澄清事实，恢复上诉人名誉。综上，请求：1. 撤销原审判决；2. 判令沈秀丽就侵害两上诉人名誉权的行为通过新浪微博连续90天置顶发布致歉声明，并@发送至其侵权微博曾@发送及转发的所有微博用户；3. 判令沈秀丽赔偿损失20万元。

上诉人沈秀丽针对田宁及盘石公司的上诉，答辩称：一审是在2014年1月8日立案的，中间因为过年，虽然法院给沈秀丽寄过传票，但都寄到以前的学校，沈秀丽没有拿到材料，只大概知道田宁、盘石公司提起诉讼，但不清楚具体情况。原审法院3月5日开庭，匆忙判决，对于沈秀丽是不公平的。虽然一审沈秀丽交了一点证据，但举证能力有限，一审事实认定不清，只看到了点，没有看见面。沈秀丽在一审之后交了很多证据，虽以证人的录音为主，而且证人也很难到庭，但是事实已经露出水面。本案的起因是盘石公司工作没做好，又不肯退款，沈秀丽投诉无门，只能在网上和田宁交流，田宁删帖，后来又将沈秀丽拉黑。盘石公司的人还在不断给沈秀丽打电话，沈秀丽告诉工作人员田宁将沈秀丽拉黑，工作人员就开始骂沈秀丽。开始是电话，后来是网络，后来法务又给沈秀丽发函称沈秀丽侵权。在发函之前还在网上说网上不要言语攻击，要走法律途径，沈秀丽觉得盘石公司及田宁没有解决争议的诚意。后来田宁又在网上装得不认识沈秀丽一样，说沈秀丽诬蔑他。盘石公司的员工、田宁都骂过沈秀丽，到盘石公司给沈秀丽发函，这一系列的行为都是有预谋的。沈秀丽持有的录音等证据，可以推测出整个事情的真相。一审中沈秀丽应该反诉田宁、盘石公司，但沈秀丽对法律程序不熟悉，现在上诉状中提到了，一年多的时间里沈秀丽还受了很多精神损失，沈秀丽的上诉主张只要求田宁、盘石公司赔偿1元，是因为沈秀丽拖不起。如果真心要田宁、盘石公司赔偿的话，沈秀丽觉得2个亿都无法弥补。盘石公司也有人骂沈秀丽，田宁也在诬蔑沈秀丽。在起诉沈秀丽之后，盘石公司还有一个账户在骂沈秀丽，说要沈秀丽坐牢。而且在3月还有公司的人给沈秀丽打电话，问公司服务怎么样，对沈秀丽的退款要求没有正面回应。既然盘石公司认为和沈秀丽有合同，和沈秀丽继续合作，为什么还要来辱骂沈秀丽？盘石公司认为告沈秀丽和骂沈秀丽是两回事，沈秀丽无法理解。盘石公司的人也不可能来出庭为沈秀丽作证。根据消费者权益保护法的规定，沈秀丽作为消费者，应该得到基本的尊重，不得设立不合理，不公平的条件，沈秀丽当时签约其实是不太情愿的。盘石公司的服务确实存在缺陷，5月技术人员辞职，沈秀丽提出异议，技术人员要沈秀丽找客服。而且在技术人员魏文洁辞职后，网上还挂着魏文洁的名字。根据王丹锋的证词，为了公司业绩，员工是可以说谎的，就算有人骂，也不痛不痒，所以作为盘石公司的员工被骂已经是司空见惯的事情。魏文洁的录音可以看出，公司有很多客户在骂人。证人王某在电话中也发表观点，公司员工不能对客户有辱骂的态度。沈秀丽要求退款，要求田宁给出一个方案。盘石公司发律师函认为沈秀丽侵权，为什么不把在发律师函之前的材料拿到一审法庭？虽然网上的内容是经过公证的，但是已经经过了几个月之后再来问沈秀丽，沈秀丽是不知道的。盘石公司制造了很多假象认为是沈秀丽在骂盘石公司。根据魏文洁所说，盘石公司的座机电话都有录音的，盘石公司可以把录音拿出来，如果是沈秀丽说的，沈秀丽会认的。希望能通过公安机关对沈秀丽提出的证人进行调查。一审快速审结此案，希望二审公开开庭审理。

上诉人沈秀丽向本院提起上诉称：

一、原审判决认定事实错误。1. 原审法院对上诉人提交的证据的关联性、效力的确认上，存在重大错误。证据1、2，即网络服务合同及发票，法院不确认其关联性是错误的。没有这两份合同，就没有后来的各种纠纷。合同约定，（1）关于争议解决：……协商不成的，双方同意向乙方住所地人民法院起诉；（2）本合同取代双方之前就相同事项所作的任何书面或口头方式的协议、承诺、描述等，为确定双方权利义务的唯一及最终依据；（3）甲方签字盖章前确认其已充分理解甲乙双方的权利和义务，并同意本合同各条款内容。证据3为2013年8月8日盘石公司快递给沈秀丽的《诉前告知函》，沈秀丽收到日期为8月10日。该函宣称沈秀丽侵权，将面临诉讼，并将被判停止侵害、恢复名誉、赔礼道歉及赔偿20万元损失。原审法院确认其证据效力，证明盘石确曾提到20万损失。沈秀丽在一审法庭上辩称，2013年8月8日要求赔偿20万，2014年3月5日一审开庭仍然要求赔偿损失20万，说明在2013年8月8日到2014年3月5日之间这段时间内，田宁及盘石公司并没有任何损失；而代理人则称该证据恰恰证明沈秀丽曾经在网上发布不实信息；原审法院最终判沈秀丽赔偿田宁1100元。然沈秀丽认为，法院没有对这个《诉前告知函》做进一步的法庭调查询问是存在问题的。既然，作为有专业律师坐镇的盘石公司的法务部出具了《诉前告知函》，言之凿凿上诉人将被判赔偿20万，为什么在一审法庭上，代理人只出具了2013年9月以后的证据，而不能出具2013年8月8日之前他们所收集到的证据呢？作为专业的法律人士，会无证无据，不做好证据保全收集整理的情况下，发这样的律师函吗？作为专业的法律人士，会对已经收集好的证据不做备份保留吗？如果不能出具切实、充分的证据，那么只能说明盘石公司、田宁是在虚张声势，借维护名誉权为名，打压沈秀丽的公众舆论监督权。证据4为未完成的网站截图，法院确认其真实性，但称需要其他证据印证。沈秀丽认为，网络技术服务是一种复杂商品，法院没有考虑到沈秀丽的举证能力。2013年4月30日，网站框架模版初步完成，沈秀丽上传内容，发现一些项目下文字内容不能成篇上传，随即停下，请盘石公司解决问题。直到6月4日，一位非技术人员女客服上门，沈秀丽与其一起在网站上上传文件试了一下，留下痕迹，仍未能解决问题。证据5为田宁在新浪微博举报沈秀丽的内容。证明田宁以网上举报的形式在污蔑沈秀丽。法院确认其真实性，但认为需要其他证据印证。法院在判决中对证明目的的表述是："网上田宁举报内容，证明田宁以网上举报的形式在污蔑上诉人，导致被告微博账户被封。"沈秀丽证明账户被封有何意义？重点在"污蔑"。田宁、盘石公司代理人称"该证据恰可证明被告在微博发布攻击田宁的相关言论，经过第三方评论认为达到人身攻击的标准，被告发表不符事实的言论，并@田宁的朋友，对损害进一步扩散"简直就是一派胡言。而法院在判决上对如此重要的证据竟然不再提及一个字。请再仔细看一看该证据。这是田宁在新浪微博举报大厅里举报沈秀丽，田宁是举报人，沈秀丽是被举报人，但是中间几个大字"举报驳回"，大字下面一长排小字"根据《新浪微博社区管理规定（试行）》第五章规定，举报人@田宁的举报由于未针对具体违规行为进行举报，未能通过审核，不予受理"，难道法院会看不懂吗？法院却对该证据视而不见，让人匪夷所思。法院只要直接上网，即能看到田宁在举报大厅污蔑沈秀丽。而且直到今天，该内容还高高地挂在网上。此证据充分说明，田宁在网下不解决实际问题，网上没事找事、无理取闹、无病呻吟，沈秀丽根本不想理会他。曾经有一段时间，沈秀丽都不上新浪微博了，但是田宁硬是把沈秀丽又扯出来举报，沈秀丽不胜其扰。对于根本矛盾，田宁明明心如明镜，却避而不谈，然后扮演无辜受害者叫苦叫冤，此等恶劣行径，让沈秀丽气愤不已；网下，田宁领导下的盘石公司在法院告了沈秀丽一次又一次，一会起诉，一会调解，一会撤诉，一会又起诉，极尽折腾之能事，沈秀丽又害怕又紧张，才有过激言论，@名人实为寻求保护，只是不好意思明说请求保护。上诉人在一审中也是抱着尽快解决问题的心态才出庭的。田宁的真实目的，是打压沈秀丽的舆论监督权、干涉言论自由。田宁一再以举报形式污蔑沈秀丽，如果田宁有诚意与沈秀丽解决问题，是轻而易举早就可以做到的。沈秀丽在网上一再表示，只要盘石公司和沈秀丽解决问题，沈秀丽再也不愿意理会他们了。而且，作为网络服务商盘石公司没有任何损失。但是，他们的所作所为流于形式，并无彻底解决问题的真实意愿。2013年3月沈秀丽看到盘石公司有活动，想学东西，获得些指导，但是3月23日沈秀丽没时间的，所以，一直在犹豫。谁知，3月22日，沈秀丽作为一个连粉丝都没有的网络小卒被一个拥有600多万粉丝的大V田宁微博给粉了，受宠若惊之余，23日沈秀丽去参加了盘石公司的活动。交钱签约后，感觉服务不行，碍于面子忍了很久，实在憋不住了，6月私信向田宁提出要退款，田宁不理会，后到田宁微博公开反映情况，田宁最终将沈秀丽拉黑。在原审原告提供的证据中，盘石公司在2013年6月4号给沈秀丽一个打不通的投诉电话，7月27日再给沈秀丽一个打不通的投诉电话。大约8月1日左右盘石公司主动来给沈秀丽电话，以获得证实"微博是我的"的电话录音，继而8月8日寄出律师函。接到律师函，沈秀丽吓傻了，马上给盘石公司账号和密码，让其删除其称不愿意看到的内容。事后，沈秀丽认为，盘石公司所删的内容只是沈秀丽正常反应情况的内容而已，而且还有一部分是指责傅艳萍的内容。这些内容怎么可能要沈秀丽赔偿20万呢。沈秀丽不能原谅自己的懦弱，过不了自己这一关，继续问他们讨说法，坚决要求退款。从此以后，沈秀丽是一直被他们绑着走，骑虎难下了。另外，一审庭审结束，关闭法庭摄像等数字工具后，在核实法庭笔录时，法庭书记员与对方代理人姚清闲聊，书记员说："这个案子和上一个一样，你们撤诉么好了。"姚清回答："唉，领导不肯的。"由此可见，第一，盘石公司法务与法院工作人员可以说是熟悉的。第二，像沈秀丽这样类似的名誉权纠纷，盘石公司之前也起诉过。此外，在网络上，也有信息表示，多说几句关于盘石公司的负面信息，盘石公司会有所行动的。再者，退一万步讲，即便沈秀丽的不当维权行为，对田宁的脆弱的"蛋壳脑袋"存在损害，那么根据 2010 年 7 月 1 日起施行的《中华人民共和国侵权责任法》第二十六条、第二十七条的规定，被侵权人对损害的发生也有过错的，可以减轻侵权人的责任，损害是因受害人故意造成的，行为人不承担责任。证据 6 为 2014 年 2 月 8 日的 sunnyfunny765 的微博，证明盘石公司员工在骂沈秀丽。对方代理人，在一审法庭上一听 sunnyfunny765 这个名字，并未看内容的情况下就斩钉截铁地断言不是他们公司的，盘石公司可是一个拥有上千员工的大公司。原审法院认为与本案无直接关系，对证据效力不予确认。沈秀丽虽然及时截图，但很快，沈秀丽的账户不见了，sunnyfunny765 的微博骂沈秀丽的话也不见了。沈秀丽认为，正如 sunnyfunny765 所说，沈秀丽在他们面前，显得相当的蠢。沈秀丽举证能力有限，而盘石公司及田宁作为网络公司及网络公司总裁，在网络上他们是如鱼得水的。谁主张谁举证的逻辑前提是双方当事人的能力相当，但在现实中有时是一方当事人过分强大，以至于另外一方根本无力举证。所以，在举证责任的分担上，法院应该根据当事人的实际诉讼能力，作出合理分配。另，原审法院判决书第 4 页，倒数第二行写道："我问盘石公司客服是要钱还是要脸的时候，有一个客服傅艳萍反问我……"失之毫厘，谬以千里，实际情况并非如此。沈秀丽当时说："我说我倒要看看田宁是要钱还是要脸的。"那个客服才反问沈秀丽："那你要脸吗？"根据《中华人民共和国侵权责任法司法解释》第四十七条【职务授权行为】"行为表象足以使一般人相信其行为人具有授权人授权，并在授权的范围内实施行为的，为职务授权行为。职务授权行为造成的损害，行为人不承担侵权责任。职务授权行为超出必要范围造成他人损害的，由授权人承担损害赔偿责任。被授权人对损害的发生有过错的，授权人在承担赔偿责任后可以向其追偿"，沈秀丽合理怀疑 sunnyfunny765 是盘石公司的员工，sunnyfunny765 和傅艳萍对上诉人的侵害行为为职务授权行为，应由盘石公司、田宁来承担损害赔偿责任。证据 7 关于田宁的网上评价十五页纸，证明田宁的名誉权没有其所称的那么好。原审法院认为与本案没有直接关联性，对其证据效力不予确认。沈秀丽认为这些网上评价是非常客观的，分别是田宁的企业家朋友以及无利害关系的普通网民、田宁的熟人对田宁的看法，和田宁一起参加了活动后的感受。其中包括田宁一直在宣称的被沈秀丽@骚扰过的几位企业家朋友，他们分别是夏华、李想、汪小菲，而且此三人的言行仍然挂在网上，真实性不容置疑。沈秀丽认为，法院既然认可对方代理人所提供的证据 9，即田宁入选全球青年领袖的新闻截图，证明田宁有较高的社会知名度及良好声誉的事实，却无视社会大众对田宁的网络评价，有失公允。能上新闻的毕竟是少数人，社会大众的发声平台主要就是网络。原审判决书第 10 页第二行写道："本院认为，名誉权是公民、法人对自己在社会生活中获得的社会评价、人格尊严享有的不可侵犯的权利。"网民的评价应当包含在社会评价当中。网络上的声音，恰恰是社会大众最真实的心声。原审法院判决书中写道"连十八代祖宗也骂了"，有点断章取义，容易引起误解。没有考虑到具体语境，没有考虑到法庭上沈秀丽的情绪，沈秀丽第一次作为被告，第一次上法庭。其实，沈秀丽在平时生活中是不止一次地在心里骂了他们，但多数时候也只限于腹诽而已。

二、原审判决存在法律适用不当。1. 原审判决中只提到并适用了《民法通则》第一百零一条规定，却未有提及并适用对于名誉侵权构成要件的两个司法解释。对于名誉权的保护，《民法通则》作了原则性规定。《民法通则》第一百零一条规定："公民、法人享有名誉权，公民的人格尊严受法律保护，禁止用侮辱、诽谤等方式损害公民、法人的名誉。"对于名誉侵权构成要件的具体规定，主要集中在以下两个司法解释：一是《最高人民法院关于贯彻执行〈民法通则〉若干问题的意见（实行）》第一百四十条的规定，"以书面、口头等形式宣扬他人隐私，或者捏造事实公然丑化他人人格，以及用侮辱、诽谤等方式损害他人名誉，造成一定影响的，应当认定为侵害公民名誉权的行为"。二是最高人民法院 1993 年 8 月7 日通过的《关于审理名誉侵权案件若干问题的解答》（法发〔1993〕15 号）对如何认定侵害名誉权责任的规定，"是否构成侵害名誉权的责任，应当根据受害人确有名誉被损害的事实、行为人行为违法、违法行为与损害后果之间有因果关系、行为人主观上有过错来认定"。另，网络立法总的指导思想应该是"有利于网络发展，有利于信息传播，符合言论自由的大趋势，采取相对宽容的规则"。沈秀丽最初在网上向田宁心平气和反映他们公司的服务情况，慢慢由于控制不住自己气愤、害怕、紧张等情绪，在自己的新浪微博里曾经发表过针对田宁的过激言论，存在"准侵权行为"。但是：（1）首先，作为盘石公司的客户，沈秀丽有针对网络服务商的服务情况发表相关评价、批评甚至发泄不满情绪的言论自由，网络服务提供商对此应有一定的忍让和承受能力。（2）其次，沈秀丽的行为并未造成一定影响。由于害怕，一部分过激言论沈秀丽自己及时删除，而且，沈秀丽几个微博的粉丝数分别为 9个、23 个、75 个，且与粉丝没有互动，账号处于无人转发、无人评论状态，田宁、盘石公司所称的沈秀丽@了很多名人，但沈秀丽@的名人中，没有名人对沈秀丽加以回复。实际上沈秀丽的微博言论根本没有任何影响力，甚至可以说是几乎没人关注的。因为任何一个人注册新浪微博，都会被网络自动配比的粉丝关注的，随着注册时间的增加，网络自动配比过来的粉丝也会增加。但这种粉丝是没有任何意义的。原审法院判决书第 10 页摆出的理由简言之是"公民名誉权不可侵犯""沈秀丽主观上有故意""有准侵权行为""可能会有较大影响"，从而得出"沈秀丽的过激言论侵害了被上诉人的名誉权"的结论。由于网络影响很含混，用可能的影响来判断，显然是错误的。再者，沈秀丽主观上没有故意。而且，依照《中华人民共和国民法通则》第一百二十条和第一百三十四条的规定，人民法院可以责令侵权人停止侵害、恢复名誉、消除影响、赔礼道歉、赔偿损失、恢复名誉、消除影响的范围，一般应与侵权所造成的不良影响的范围相当。原审法院判决书第 11 页第（二）点关于"赔礼道歉、消除影响"部分，对于田宁、盘石公司的"新浪微博置顶 90 天""实名道歉"等过分要求不予支持，可见，原审法院认为沈秀丽的行为，确实没有影响到沈秀丽所@的名人们对田宁的评价。还要在几个粉丝不到 10 人，没有转发、没有评论的微博上消除影响，很是牵强。若田宁、盘石公司再继续玩矫情，就藏不住为了非法目的采取所谓的合法手段的伎俩了。(3）再次，沈秀丽的行为并未造成损害性后果。所谓损害性后果是指某人因侵害他人名誉权行为等给受害人带来的不良后果。损害性后果有主客观之分。损害的客观方面，主要指对受害人社会评价的降低，对受害人社会评价的降低，以侵害行为的恶劣程度、传播范围的大小等作为判断的标准。而沈秀丽所@的名人们根本不理会沈秀丽的过激言论，并未对田宁产生轻视、蔑视、厌恶等看法，也未在行为上冷落、孤立田宁，不与其发生正常的往来，不与其进行可能的合作等。他们在新浪微博上友好互动、聚会合影。而且，田宁公司搞活动，还请了博洛尼蔡明、飞马旅袁岳一起到杭州；田宁还给袁岳牵线，与政府合作了一个项目。沈秀丽所说的这些信息，在几位名人的微博上都挂着。完全可以在法庭上直接上网质证，快捷方便，节约政府资源。因为2014年3月25日到4月25日，杭州、萧山公证处都很忙，沈秀丽去公证处，根本排不上号了，而沈秀丽是有时间期限的。此外，损害的主观方面，是指受害人的精神损害。精神损害因是无形的，往往通过受害人受侵害后的反应来衡量，田宁几乎每天在微博上活蹦乱跳，展示的照片也总是一副笑呵呵的样子，可见，田宁网上举报沈秀丽，根本就是在无病呻吟。田宁在精神损害方面举证不充分，无法认定其受到精神上的损害。再退一万步讲，即便沈秀丽的网络微博，有那么一丁点的影响力。如果，田宁、盘石公司影响到的人对田宁的评价已经是差评，而沈秀丽对田宁的揭露，最多让受影响人觉得田宁较差，那么沈秀丽的行为就不可能导致田宁社会评价的降低，也就不构成名誉侵权。倒是反观沈秀丽，为讨回公道，说明白个道理，顾不上多年来在社会生活中建立起的良好形象，总是情绪失控，在网络上发表过激言论，这不正是深受其害的外在表现吗？另外，沈秀丽每天都要为生计而劳作、奔波，请不起律师，诉讼成本大大高于田宁、盘石公司。且这一年来沈秀丽的损失是不可用金钱来衡量的，这也是沈秀丽没有从一开始有合同纠纷时起就走法律程序的主要原因。请各级法院都看清楚，谁才是真正的受害者。

三、原审法院审判程序有失公平。1. 原审法院在立案之前没有进行庭前调查。一审法庭上，沈秀丽当庭询问，这种案子怎么也能立上来的，因为在田宁、盘石公司所提交的证据里就已经体现了是盘石公司理亏，田宁、盘石公司竟然先行起诉。法官回应这种案子是做法庭调查的，法院事前是不知道具体情况的。但沈秀丽认为，原审法院是有调解中心的，而且，他们也与沈秀丽联系过，只是中间有些波折，后立案过程中又有些波折。总之，从2013年11月5日盘石公司到原审法院起诉沈秀丽，到2014年3月5日正式开庭审理期间，中间有些波折。沈秀丽自认是一个守法公民，具有传统观念，内心是讨厌诉讼的。2. 谁主张谁举证的逻辑前提是双方当事人的能力具有平等性，但在实际中有时是一方当事人过分强大，以至于另外一方根本无力举证。田宁，为网络公司总裁，无论在经济实力上，还是在所掌握的各种资源上，还是网络知识、法律知识上，都不是上诉人可以与之相抗衡的。一审上诉人当庭提出，需要法院出面，去新浪微博调取数据，但法院在庭审时不予理会。这让沈秀丽感觉到非常不公平。另外，在新浪微博上，田宁以实名在举报大厅举报沈秀丽以及其他对田宁、盘石进行公众舆论监督的人，田宁也是玩得游刃有余，没几下，别人的微博就不见了。可见，田宁对新浪微博的规则，以及民事侵权、民事诉讼流程、民事合同法律方面的知识是相当精通的。3. 沈秀丽没有律师，自己应诉。原审法院没有对沈秀丽进行开庭前的必要指导。4. 因为对方一定要沈秀丽道歉，无法调解。沈秀丽在2013年8月份收到律师函以后，郑重告诉田宁，这辈子都不会给他道歉的。调解的过程中，沈秀丽已经让步。如果要道歉，也要相互道歉。但是，对方一定不肯。调解不成以后，沈秀丽向一审法官提出两个请求：（1）请求法律援助；（2）延期再审。一审法官未予准许。沈秀丽感觉相当的不公平。5. 一审庭审过程中，中途休息几分钟，原审法官自称胃痛很久。6. 上午9点半开庭，到下午2点多匆匆结束，因为2点半下面还有一个案子要审。7. 法院虽然自称是公开审理案子的，因为可以让人参加旁听，而且是数字法庭。但是，旁听人员不能摄像、不能录音，这样的做法，审理程序还是不够透明的。综上请求：1. 依法撤销原审判决第一、二项。2. 依法改判原审判决第三项，驳回田宁、盘石公司所有诉讼请求。3. 判令田宁、盘石公司停止侵害，采取媒体公关等有效措施使其新浪微博举报大厅内的侵权内容不再显示于网络中，并不得恢复。4. 判令田宁、盘石公司消除影响、赔礼道歉，通过新浪微博实名连续90天置顶发布致歉声明。5. 判令田宁、盘石公司赔偿经济损失、精神损失各1元。6. 判令田宁、盘石公司彻底解决问题，偿还合同价款1万元。7. 一审诉讼费及上诉费由田宁、盘石公司承担。8. 请法庭考虑上诉人的办事能力、经济能力，允许上诉人二审当庭上网取证。9. 请法庭考虑沈秀丽的诉讼风险，二审采取庭审微博公开直播方式进行。

上诉人田宁、盘石公司针对沈秀丽的上诉进行答辩称：

一、沈秀丽第3、4、5、6、8、9项诉讼请求已超出一审判决范围，与本案二审的审理无关。

二、田宁、盘石公司在本次纠纷中不存在任何过错，不存在沈秀丽不承担责任和减轻责任的情形。沈秀丽所称的其与盘石公司之间的合同纠纷与本案完全没有关联性。沈秀丽与盘石公司间的合同纠纷完全可以通过协商、调解、起诉等合法途径解决，而沈秀丽却无视法律规定，在微博上以诋毁、辱骂等方式发泄不满情绪，对盘石公司及田宁的名誉权造成严重损害。沈秀丽在上诉状中称田宁"无理取闹、无病呻吟"纠缠沈秀丽，但事实上田宁及盘石公司是在要求沈秀丽删除侵权微博无果后，不得已向新浪微博管理者提出的举报申请，目的只是维护自身的合法权益而已。而令人遗憾的是沈秀丽却扯着"言论自由"的幌子，无视田宁、盘石公司的提议及要求，反而视田宁、盘石公司通过合法途径提出的举报申请为"污蔑"，变本加厉的侵犯田宁、盘石公司的名誉权。对于本次纠纷，田宁、盘石公司不存在任何过错，一切法律责任均应由沈秀丽承担。对于沈秀丽认为纠纷的起因是因为合同存在胁迫的情形，是无合法依据的。盘石公司已经按照合同为沈秀丽建设了网站，网站可以打开，内容可以显示，并在沈秀丽同意的情况下进行了推广。盘石公司已经完全尽到了合同义务，导致纠纷产生的原因和盘石公司、田宁没有关系，完全是沈秀丽在无理取闹。所以更不存在田宁、盘石公司因田宁、盘石公司过错而减轻沈秀丽在名誉权侵权中的责任的情形。

三、言论自由是公民的基本权利，但该权利应当在法律允许的范围内行使。沈秀丽在微博上公然发布诋毁盘石公司商誉、侮辱田宁人格的言论明显超出了言论自由的范畴，理应受到法律制裁。试问沈秀丽，作为浙大毕业的高才生，难道从来不知道人格尊严为何物吗？难道言论自由就可以践踏人格尊严了吗？扯着"言论自由、舆论监督"的幌子，干着践踏人格的勾当就心安理得了吗？

四、沈秀丽称sunnyfunny765及傅艳萍在微博中辱骂沈秀丽是"职务授权行为"，这完全是无稽之谈。本案中根本没有任何证据能证明sunnyfunny765系盘石公司的员工，而且即使该微博的使用人为盘石公司员工，也是其个人行为，与盘石公司没有任何关系。盘石公司从未授权员工对客户进行辱骂。事实上，从始至终，盘石公司都是通过合法的途径来解决双方纠纷的，包括前期的协商、发函、举报申请，直到最后万般无奈下才选择了起诉。沈秀丽说是傅艳萍先辱骂，对此盘石公司、田宁也不认可。是沈秀丽问傅艳萍要钱还是要脸的时候，傅艳萍反问"那你要脸吗？"后沈秀丽对傅艳萍先行辱骂，后两个人展开对骂，这也是傅艳萍的个人行为。

五、沈秀丽的行为完全符合侵权行为四要素，应依法承担相应责任。首先，沈秀丽超越

"言论自由"在微博上发布诋毁盘石公司商誉、侮辱田宁人格的言论，已经违反了民法通则关于名誉权的法律规定。沈秀丽将其违法行为称为"准侵权行为"，但事实上，其行为是不折不扣的侵犯名誉权的行为。如果以"骗子""坑蒙拐骗"来称呼一家合法经营的公司，以"走狗""手下的狗"来称呼公司员工，以"有爹生没娘教的畜生""一条会咬不会叫的狗"来称呼一位遵纪守法的公民，以"婊子"来称呼公民的亲人还只是算"准侵权行为"的话，那么什么才是侵权行为？可见，沈秀丽其实是在赤裸裸的为其侵权行为进行狡辩。其次，正是因为沈秀丽的前述违法行为直接造成盘石公司的商业信誉、品牌价值贬低，给盘石公司带来严重经济损失；造成田宁的人格尊严、社会评价贬损，给田宁带来严重精神损害。沈秀丽在上诉状中称其行为并未对田宁、盘石公司造成影响及损害性后果，这与事实完全不符。沈秀丽在微博上发布的侵权信息一经发布，任何人都可以通过点击其微博进入其微博主页进行观看，而并不是只有沈秀丽的粉丝才能看到。根据沈秀丽微博截屏也可以看出，沈秀丽发布的微博也得到了部分不明真相的网友的回复。且沈秀丽@其他微博名人后，这些微博名人虽然没有回复，但沈秀丽发布的污蔑信息的影响已经扩散。因此，沈秀丽的侵权行为已经实实在在的对田宁、盘石公司名誉权造成了不良影响。而对于侵权行为的损害性后果，很明显，沈秀丽发布的不实信息对盘石公司的隐形资产——商业信誉和品牌价值造成了严重损害；同时也贬损了田宁的人格尊严、社会评价，给田宁造成了严重精神损害。最后，沈秀丽在第一个微博账号"@书香-瓶子"经田宁举报后被新浪微博管理者查封，又马上注册了第二微博账号"@书香〇瓶子"继续对田宁、盘石公司进行诋毁、侮辱，可见沈秀丽不仅存在侵权的故意，而且主观恶性极大。综上，沈秀丽故意违法发布侵权微博，造成盘石公司及田宁遭受名誉权损害是不争的事实，沈秀丽应依法承担责任。沈秀丽提交的法官的论文并不是法律条文，不能作为判决依据。

六、一审程序合法，但在事实认定上错误认定沈秀丽未对盘石公司造成名誉侵权。田宁、盘石公司已对此提出上诉，请求二审法院依法改判。

二审中，沈秀丽向本院提交以下证据：

1. 盘石网盟账户信息，该证据结合原来和沈秀丽有接触的盘石公司的工作人员证人证言和新浪微博的内容，欲证明盘石公司对沈秀丽有欺诈行为。

2. 新浪微博客服和沈秀丽的通话记录，欲证明盘石公司骂沈秀丽的微博记录是一定存在的。

3. 沈秀丽和田宁的私信内容，欲证明田宁知道整个事情的经过，沈秀丽得罪了田宁，田宁是盘石公司进行销售的第一步。

4. 上线顾问魏文洁与沈秀丽的通话记录，欲证明盘石公司被多人投诉，与其他证据相印证，证明盘石公司没有服务能力，产品存在问题，主观上他们也没有乐于解决问题的态度。

5. 维护顾问丁涛与沈秀丽的通话记录，欲证明盘石公司服务不到位，后台无法进入，也没有开通网上商城。

6. 上线顾问魏文洁与沈秀丽的邮件沟通，欲证明存在确认函，确认函中有丁涛的电话，可与证据5相印证，魏文洁告诉了沈秀丽彭光表所在的新公司。

7. 销售人员王丹锋和沈秀丽的通话记录，欲证明销售过程中，盘石公司存在忽悠的情形，前期也是没有推广效果的。

8. 无名氏和沈秀丽的通话记录，欲证明田宁在公司说过"错了也不退款"，盘石公司确实存在向客户虚假承诺的情况。

9. 5月13日沈秀丽发给王丹锋的邮件一封，欲证明沈秀丽曾给过王丹锋资料，要求其帮沈秀丽把资料传到盘石公司为沈秀丽建设的网站上，但是没有回音。

10. 网站制作人俞琨和沈秀丽的QQ聊天记录，欲证明沈秀丽向俞琨反映网站事宜，但他只是给了沈秀丽一个维护部的电话，没有解决问题，其在5月底也离职了。

11. 王某上课记录的签到表，欲证明2013年8月10日王某在沈秀丽的工作室，王某看到了傅艳萍在网上骂沈秀丽的内容。

12. 法院工作人员和沈秀丽的通话记录，欲证明盘石公司对田宁的包装夸大了。

13. 盘石公司负面信息的网络打印件，欲证明盘石公司口碑极差，存在品牌的虚假宣传。

14. 沈秀丽在2、3、4月通话流水账，欲证明沈秀丽和王丹锋、魏文洁、丁涛、无名氏通过话，与录音光盘相印证。

15. 王某和沈秀丽网络通话，欲证明6月4日盘石公司工作人员陈雪芹上门后未能解决网站事宜，网站确实存在问题，同时证明黄晶先把沈秀丽弄哭，然后上了沈秀丽的微博，傅艳萍在微博上骂沈秀丽。

16. 魏文洁和沈秀丽的电话录音，欲证明盘石公司所有座机的电话都有录音，所有的详细推广数据盘石公司都有存底，盘石公司不可能退款。

17. 上门客服陈雪芹和沈秀丽的电话录音，欲证明盘石公司没有帮沈秀丽解决网站问题，而且盘石公司也不可能退款。

18. 彭光表和沈秀丽的电话录音，欲证明是彭光表和沈秀丽谈的单，他不但帮业务人员王丹锋谈单，还帮助盘石公司其他销售人员谈单。彭光表答应会亲自帮沈秀丽负责推广事宜。

19. 彭光表同事熊经理和沈秀丽的电话录音，欲证明彭光表找借口说谎挂了沈秀丽的电话。

20. 万青公司的网页，欲证明沈秀丽是通过该网页找到彭光表和熊经理的电话号码，但彭光表为了逃避，电话已经停机，换了手机号码。

21. 拱墅区人民法院的民事判决书，欲证明彭光表等盘石公司员工不敢帮沈秀丽说真话。

22. 天涯论坛网络打印件——某某公司遭遇盘石公司欺诈始末，欲证明该事件和沈秀丽被盘石公司欺诈的事件非常雷同。

23. 沈秀丽2014年4月的通话记录，欲证明沈秀丽和陈雪芹、彭光表、熊经理曾经通过电话。

24. 申请法院调取的"书香－瓶子"、"书香○瓶子"部分微博内容，欲证明在2013年8月10日之前，沈秀丽通过自己的微博以一种平和的态度向田宁、盘石公司反映问题，希望解决双方的合同纠纷，但在8月10日之前已经有盘石公司的员工在骂沈秀丽了。

沈秀丽在二审举证期限届满后又向本院提交了部分证据。田宁、盘石公司表示不同意质证。对沈秀丽在二审举证期限内提交的证据，田宁、盘石公司质证意见如下：证据1的账号密码是由沈秀丽自己掌握的，未经沈秀丽的允许，无法核实内容的真实性，且该证据与本案没有关联性；证据2只能证明微博里的内容只要博主未删除的话，就会存在，但不能证明傅艳萍骂沈秀丽的事实，且与本案没有关联性。证据3的真实性没有异议，但对证明对象有异议，该证据恰恰可以证明沈秀丽多次侵犯田宁、盘石公司名誉权的事实。证据4、5、7、10中电话录音沈秀丽的通话对象这些人名是属于盘石公司的原职工，但不能证明在当时通话对象确实为这几个人，故对真实性不予认可，退一步讲，即使证据真实，但这些属于证人证言，证人无法定事由未到庭作证，且通话内容和本案没有关联性。对于QQ聊天内容无法证实真实性，且和本案没有关联性。证据6真实性没有异议，但对证明对象有异议，该证据恰恰可以证明盘石公司履行合同，且确认函经过沈秀丽签字，经萧山冠龙教育盖章，可见沈秀丽对盘石公司的网站建设和推广是认可的。证据8的三性均不认可，且属于证人证言，证人应当出庭作证。证据9只能看出沈秀丽发过邮件，但无法看出邮件的内容，无法达到沈秀丽的证明目的，且和本案没有关联性。证据11的三性均不认可，且属于证人证言，证人应当出庭作证。证据12的证明对象有异议，即使田宁不出名，但名誉权被侵犯，侵权人也应当承担相应的法律责任。而事实上田宁在电子商务领域有较高的知名度。证据13的复印件、打印件出处不明确，且部分内容有重复，内容错误的很多，对于真实性不认可。即使存在这些纠纷，也是公司经营中存在的正常纠纷，并且公司也按照公司的流程进行了正常的处理，且现在这些客户投诉已经不存在。证据14只能证明沈秀丽和这些所指的号码打过电话，但不能证明这些号码的归属人就是其所指的那些人，而且通话内容并不一定就是录音中的内容，且和本案没有关联性。证据15、16、17、18、19的三性均不认可，且属于证人证言，证人应当出庭作证。证据20的真实性没有异议，但和本案没有关联性。证据21，该案是因为盘石公司的原职工违反与公司签订的保密与竞业协议，公司依法追究其违约责任而形成的诉讼，和本案没有关联性，也并不影响盘石公司原职工根据事实做证人的权利和义务。证据22的著作人和受害人都不明确，故对三性均不认可。证据23的质证意见同证据15。证据24对网络摘抄微博的内容真实性没有异议，但该摘抄的内容并不是所有微博内容的全部，所以不能客观反映真实情况，这些微博内容和田宁、盘石公司之前提交的微博截屏证据相符，可以证明田宁、盘石公司提交证据的真实性。沈秀丽说她在8月10日之前不存在骂人的情况是不真实的，其与"春天在哪里"的对话可以显示沈秀丽之前就对盘石公司有侵权行为，而且现在也没有证据证明"春天在哪里"是盘石公司员工。

本院对上述证据认定如下：

证据1真实性难以确认，但与本案无关。证据2，因本院已同意向新浪网络技术股份有限公司调取沈秀丽微博内容，该证据本身不能反映本案案件事实，故对关联性不予确认。证据3真实性予以确认，该证据可以证明沈秀丽与盘石公司签约后，认为盘石公司服务不到位，要求退款。证据4、5、7、10的通话内容与本案缺乏关联性。证据6真实性予以确认，该证据可以证明沈秀丽与盘石公司存在技术服务合同关系。证据8，通话对象不能确认，且通话内容与本案缺乏关联性。证据9无邮件内容显示，无法确认与本案的关联性。证据11，证人未到庭，无法确认该证据的真实性及与本案的关联性。证据12系本案审理过程中，沈秀丽就案件审理程序问题向法院工作人员咨询，不能证明本案事实问题。证据13与本案不具有关联性。证据14对真实性予以确认，对其中电话号码与确认函等证据能够印证的，对通话对象予以确认。证据15真实性难以确认，证据16~22与本案缺乏关联性。证据23认证意见同证据14。证据24对真实性予以确认。

本院经审理认定：除《盘石网盟推广技术服务合同》外，杭州萧山冠龙教育咨询服务部与盘石公司还签订了《"网上商城"首年合同》一份，合同价款为1200元。其余事实与原审认定一致。

本院认为：本案争议的焦点在于沈秀丽在微博中发表的言论是否构成名誉侵权，如构成侵权，被侵害主体是否包括盘石公司，一审判决沈秀丽承担的民事责任是否适当。《最高人民法院关于审理名誉权案件若干问题的解答》第七条规定，以书面或者口头形式侮辱或者诽谤他人，损害他人名誉的，应认定为侵害他人名誉权。本案中田宁、盘石公司主张沈秀丽的侵权行为具体指沈秀丽在微博中发表不利于田宁、盘石公司言论的行为。评判该行为是否构成侵权，主要从以下四方面考虑：1. 沈秀丽涉诉微博是否构成对田宁、盘石公司进行诽谤或侮辱；2. 沈秀丽发表微博言论是否存在主观过错；3. 沈秀丽的言论是否造成了田宁、盘石公司社会评价降低；4. 沈秀丽是否能因其与盘石公司存在业务往来，其发涉诉微博的目的在于解决合同纠纷，达到退款目的等而享有免责权。

1. 沈秀丽涉诉微博是否构成对田宁、盘石公司进行诽谤或侮辱。诽谤是指散布捏造的事实，恶意中伤他人以侵害他人名誉权的行为，侮辱是指公然用暴力、谩骂或者其他形式，贬损他人人格、侵害他人名誉的行为，包括暴力侮辱、口头侮辱和书面侮辱。本案中，虽然沈秀丽与盘石公司存在技术服务合同关系、沈秀丽不满意盘石公司服务，多次要求退款未成属实，但其在微博中大量用"畜生""会咬不会叫的狗"等带人格侮辱性的文字贬损田宁的人格尊严，已构成对田宁的人格侮辱。至于盘石公司，本院认为田宁、盘石公司提交的（2013）浙杭西证民字第19294号公证书中，未见沈秀丽发表侮辱、诽谤盘石公司的言论，鉴于沈秀丽已自行删除部分言论，盘石公司在起诉时主张沈秀丽发表的侮辱盘石公司及盘石公司员工的言论，已无法核实，故原审以证据不足为由未认定沈秀丽对盘石公司存在诽谤、侮辱行为并无不当。

2. 沈秀丽发表的微博言论是否存在主观过错。微博作为一种新兴媒体，其特点在于网络用户以个人的视角和碎片化语言，即时表达对人、对事的所见所闻、所感所想，根据自行设置让特定或不特定的第三人即时查阅、获悉自己的经历与言论。微博一旦发表，即可能不以发布者的意志为转移地被广泛传播。个人微博相比正式场合的言论，微博上的言论具有随意性强、主观色彩浓的特点。但网络世界作为现实社会的投影，个人在微博中发表言论也应当尽到合理注意义务，不得以言论自由权侵害他人合法权利，即在事实陈述时，所述事实应当基本或大致属实；意见表达时，评论内容应当大致客观公正；陈述或评论时，不得使用侮辱性言辞。本案中，（2013）浙杭西证民字第19294号公证书中所附的侮辱性言辞系在盘石公司向沈秀丽发送诉前告知函，要求其侵止侵害、删除相关言论之后发布，沈秀丽明知其评论中存在侮辱田宁人格的言论，仍在不特定第三人可即时查阅的微博中发表上述言论，且"@"众多网络名人，主观存在希望其言论扩散的故意，过错明显。

3. 沈秀丽的言论是否造成了田宁社会评价降低。一般来说，行为人的侮辱、诽谤行为只要被受害人以外的第三人知悉，即可能构成侵害名誉权的违法行为，法律对第三人无数量上的限制，知悉加害行为的第三人的范围是认定侵权程度，确定救济途径时考虑的因素。微博作为向不特定第三人开放的自媒体平台，一旦发布即存在被大众阅读、传播的可能。田宁、盘石公司提供的公证书显示，沈秀丽的"书香－瓶子"微博有粉丝67人，沈秀丽多次在微博中使用"畜生""会咬不会叫的狗"等带侮辱性字眼评价田宁，并"@"多位网络名人，或在转发网络名人微博后，对田宁发表侮辱性评论的行为，足以降低网络用户对田宁的社会评价。

4. 沈秀丽是否能因其与盘石公司存在业务往来，其发涉诉微博的目的在于解决合同纠纷，达到退款目的等而享有免责权。因合同履行存在纠纷，沈秀丽可以通过合法途径予以解决，也可以在网络上陈述事实表达意见，合法行使其公众舆论监督权，但沈秀丽与盘石公司的合同纠纷不能成为沈秀丽在网上对田宁个人进行人格侮辱的免责事由。沈秀丽还称盘石公司也有员工辱骂沈秀丽的行为，该行为应当减轻或免除沈秀丽对田宁的侵权责任，本院认为沈秀丽的该主张缺乏依据，本院不予支持。

综上，本院认为沈秀丽发布涉诉微博的行为已构成对田宁名誉权的侵犯，原审法院以证据不足为由未认定沈秀丽的行为侵犯了盘石公司名誉权并无不当。关于沈秀丽应当承担的侵权责任，本院认为，鉴于沈秀丽微博的粉丝人数较少，盘石公司向沈秀丽发送诉前告知函后，沈秀丽自行删除了部分微博，经田宁举报，新浪网络技术股份有限公司对沈秀丽的部分微博账户采取封号措施，沈秀丽的行为未对田宁造成严重后果，原审法院结合侵权人过错程度、侵权行为具体情节，判令沈秀丽通过新浪微博向田宁赔礼道歉并赔偿田宁损失1100元适当，本院予以维持。沈秀丽在二审提出的反请求，超过一审审理范围，二审不予处理。原审判决认定事实清楚、程序合法，实体处理恰当，依照《中华人民共和国民事诉讼法》第一百七十条第一款第（一）项之规定，判决如下：

驳回上诉，维持原判。

二审案件受理费1405元，由沈秀丽负担400元，由田宁、浙江盘石信息技术有限公司负担1005元，田宁、浙江盘石信息技术有限公司于本判决生效之日起十五日内来本院退费。

本判决为终审判决。

审判长　傅东红

审判员　亨国标

代理审判员　韩圣超

二〇一四年九月二日

书记员　徐亚萍

案例25：蔡某1侮辱罪二审刑事裁定书

广东省汕尾市中级人民法院
刑事裁定书

原公诉机关： 陆丰市人民检察院。

上诉人（原审被告人）： 蔡某1，女，汉族，广东省陆丰市，汉族，初中文化，职业：经营服装店，住陆丰市。因本案于2013年12月8日被抓获，同月9日被刑事拘留，同年12月20日被逮捕。现押于陆丰市看守所。

辩护人： 蔡少锋，广东众诚律师事务所律师。

陆丰市人民法院审理陆丰市人民检察院指控原审被告人蔡某1犯侮辱罪一案，于2014年6月20日作出（2014）汕陆法刑初字第151号刑事判决。宣判后，原审被告人蔡某1不服，提出上诉。本院依法组成合议庭，经过阅卷和讯问上诉人，认为本案事实清楚，决定以不开庭方式审理。现已审理终结。

原判认定，被告人蔡某1因怀疑徐某1在陆丰市东海镇金碣路32号其"格仔店"服装店试衣服时偷了一件衣服，于2013年12月2日18时许将徐某1在该店的视频截图配上"穿花花衣服的是小偷"等字幕后，上传到其新浪微博上，并以求"人肉搜索"等方式对徐某1进行侮辱。同年12月4日，徐某1因不堪受辱在陆某市东海镇茫洋河跳水自杀。

案发后，被告人蔡某1的父、母（甲方）与被害人父、母（乙方）达成和解协议书：甲方一次性赔偿乙方人民币12万元，双方因"微博事件"引起的纠纷就此了结。乙方出具请求司法机关对蔡某1从轻处罚的谅解书。

原审认定上述事实的证据有：书证物证、鉴定意见、证人证言、被告人供述等。

原判认为，被告人蔡某1因怀疑徐某1在其经营的服装店试衣服时偷了一件衣服，竟在该店的视频截图配上"穿花花衣服的是小偷"等字幕后，上传到其新浪微博上，公然对他人进行侮辱，致徐某1因不堪受辱跳水自杀，情节严重，其行为已构成侮辱罪。案发后被告人亲属与被害人亲属达成调解协议，被告人亲属对被害人的亲属进行经济损失，取得被害人家属的谅解。被告人当庭认罪，确有悔罪表现，依法给予从轻处罚。依照《中华人民共和国刑法》第二百四十六条之规定，以侮辱罪判处被告人蔡某1有期徒刑一年。

上诉人蔡某1上诉称：1. 上诉人发微博的行为属于正常寻人，不构成犯罪；2. 没有足够证据证明上诉人的行为与徐某1的自杀行为存在因果关系；3. 徐某1的家属已表示谅解，一审法院却进行重判。其辩护人提出：1. 一审法院认定本案可以由检察院提起公诉，属于程序不当，适用法律错误；2. 一审法院认定上诉人的行为犯侮辱罪的证据不足。

经审理查明，上诉人蔡某1因怀疑徐某1在陆丰市东海镇金碣路32号其"格仔店"服装店试衣服时偷了一件衣服，于2013年12月2日18时许将徐某1在该店的视频截图配上"穿花花衣服的是小偷"等字幕后，上传到其新浪微博上，并以求"人肉搜索"等方式对徐某1进行侮辱。同年12月3日晚上，徐某1因不堪受辱在陆某市东海镇茫洋河跳水自杀。

案发后，上诉人蔡某1的父、母（甲方）与被害人父、母（乙方）达成和解协议书：甲方一次性赔偿乙方人民币12万元，双方因"微博事件"引起的纠纷就此了结。乙方出具请求司法机关对蔡某1从轻处罚的谅解书。

认定上述事实的证据有：

1. 受案登记表、立案决定书，证实2013年12月4日12时许，徐某3到陆丰市公安局南堤派出所报称其女儿徐某1因被他人在微博上诬陷是小偷造成影响而自杀；陆丰市公安局于2013年12月8日决定对蔡某1侮辱他人案立案侦查。

2. 陆丰市公安局南堤派出所出具的抓获经过，证实2013年12月4日12时许，徐某3到该所报称其女儿徐某1因被他人在微博上诬陷是小偷造成影响而自杀。接报后该所侦查人员于2013年12月4日13时对东海镇某"格仔店"店主蔡某1进行了盘问，后该案经继续侦查发现蔡某1有侮辱他人并造成严重后果的重大犯罪嫌疑，该所于2013年12月8日下午18时许将蔡某1抓获，2013年12月9日对蔡某1执行刑事拘留。

3. 蔡某1微博提取照片，证实蔡某1于2013年12月2日18点发布微博称"穿花花衣服的是小偷求人肉经常带只博美小狗逛街麻烦帮忙转发"。

4. 蔡某1服装店提取视频截图，证实受害人徐某1曾到服装店的情况。

5. 陆丰市公安局扣押物品、文件清单，证实扣押蔡某1笔记本电脑、刻录机、手机、相机、衣服等物品。

6. 广东省陆某市公安司法鉴定中心（陆）公（刑）鉴（法）字〔2013〕512号法医学尸体检验鉴定报告，证实尸表检验：死者仰卧位，尸长156厘米，长发，约40厘米；衣着整齐。尸僵全身关节均已形成，强硬；结膜淤血，角膜透明，双侧瞳孔等圆等大直径约0.5厘米；鼻孔有较多黏性液状分泌物，口腔处少许泡沫，外耳道未见异常；颜面部较青紫，尸斑较淡，位于耳后、颈后等处，指压不褪色；左腕部前侧见二处陈旧性横行条状疤痕（家人诉曾有割腕）。解剖所见：头皮未见异常，头皮下未见出血，颅骨未见骨折，颅内未见异常，大脑及小脑未见异常，脑垂体未见异常，颅底未见骨折，双侧颞骨岩部出血。颈部、胸部软组织未见异常；气管软骨未见异常，气管内见大量冰渣；双侧肋骨未见骨折；双肺水性肺气肿，肺表面光亮，呈大理石样改变，见肋压迹；切开见大量水肿液流出，双侧胸腔见少量渗出液（结冰）；纵隔未见异常，心包内见少量液体（结冰），心脏外观未见异常，各瓣膜及冠状动脉未见异常；腹腔未见异常，各器官在位，胃内有大量液体（结冰），约300ml，膀胱充盈。

鉴定意见：徐某1系溺水致机械性窒息死亡。

7. 陆丰市公安局南堤派出所户籍证明，证实上诉人蔡某1的基本身份情况。

8. 徐某3（被害人徐某1父亲）证言证实：因我女儿徐某1在东海镇金碣路的一间叫"格仔店"的服装店买衣服时，被该店主诬陷偷其衣服，并将我女儿的相片发送到微博上称我女儿是小偷，使其学校学生及朋友均知这回事，致使我女儿无法面对现实，在2013年12月3日晚跳水自杀。

9. 林某4（被害人徐某1母亲）证言证实：2013年12月2日晚上我女儿徐某1对我说有人无故在网络上侮辱她，第二天她心情还是很不好，说要去找那个在网络上侮辱她的人，让她不要在网络上继续散布谣言。

10. 证人陈某1证言证实：2013年12月2日晚，徐某1对我说金碣路"格仔店"卖衣服的店主将她照片发到网上的微博，说相片中穿花花衣服的是小偷，第二天徐某1说她非常伤心。

11. 证人林某1证言证实：2013年12月2日下午4时许，有一个学生模样的女孩来店里，当时她陆续拿了六七件上衣进入试衣间，把衣服拿出来说没有合适的，后来再清点衣服时发现少了一件那女孩拿进去的浅蓝色牛仔上衣。店主蔡某1查视频发现该女孩有拿进去试衣间，然后蔡某1就把这名女子的图片截图下来说要发送到微博寻人。第二天，蔡某1告诉我昨天发微博之后有很多人评论，感到很不好，昨晚把微博删除了。

12. 证人林某2证言证实：2013年12月2日晚18时多，我发现"东海格仔店"发了一条微博，内容是要人肉搜索一名小偷，并附有照片截图。我认识蔡某1上传的照片当中的女孩叫徐某1，我打电话给蔡某1称该女孩我认识，叫安某，在某中学读书。

13. 证人徐某2证言证实：2013年12月2日晚我看到徐某1在微信朋友圈上和别人的对话，我问徐某1才知道安某到人家服装店里试衣服被人录像截图发上微博并"人肉搜索"称是小偷，而该"东海格仔店"所发的微博则是第二天朋友转发给我才看到的。这次"东海格仔店"所发的微博对徐某1的伤害很大，我感觉到这次微博导致了她当时的情绪状况很低落。

14. 证人陈某2证言证实：2013年12月3日我看徐某1脸色很不好，问她发生什么事，安某回应我说昨天到金碣路的格仔店试衣服，事后被该店主冤枉她偷衣服，该店主将她在其店内的录像截图发上微博并称她为小偷，引起了很多安某同校同学和社会上很多人对她的非议，徐某1又向我称其当前的心理压力非常大。之后我回家后上网看了，东海格仔店所发的微博造成很多对徐某1的非议。当日我回到学校后，就听到学校有许多学生都在议论东海格仔店所发的关于徐某1的微博，对于徐某1的议论非常难听。

15. 证人林某3证言证实：我有在网上看到过东海格仔店所发的这条微博，这条微博发出后在我们学校都造成很大的反应，许多人看了这条微博后都对徐某1进行指责和谩骂，影响很不好。

16. 证人蔡某2证言证实：偷衣服事件发生当天晚上我胞妹蔡某1有将店内监控录像的截图发上微博寻人，没多久就接到林某2的电话，之后她于当晚就将微博上的信息给删除了，2013年12月3日该女孩来店里时，蔡某1曾问她是否需要报警来解决，但这名女孩当时要求不要报警。

17. 上诉人蔡某1供述：2013年12月2日下午4时，有个学生模样的女孩到我店里试衣服，我店的员工及我都知道该女孩曾经拿过人家店里的衣服，因此当时我们都很注意她。她陆陆续续拿了六七件上衣进试衣室，但到最后只拿两件出来，店里的员工说还有一件红色的上衣，然后我就问这女孩还有一件红色衣服呢？她说在试衣室里面没有试，然后返回试衣室并关上门，但我在外面有听到拉链的声音，2分钟后她拿出两件红色上衣。我们开始清点衣服，发现少一件浅色牛仔上衣，看视频发现这女孩第一次拿进试衣室的就是那件丢失的牛仔上衣。我在视频截她的图片并于当晚7时30分左右发上微博寻人，内容：穿花花绿绿衣服的是小偷，求人肉，经常带只博美小狗逛街，麻烦帮忙转发。我是用我自身注册的微博名"东海格仔店"发的。不到2分钟，我以前的员工一玲打电话告诉我这女孩叫徐某1，是东海某中学的学生，家住东海龙潭，并报她的手机号码给我，告诉我她曾偷过人家服装店的衣服。到晚上7点38分，她在微博上跟我道歉。在当晚10时许我就删除微博。当我了解到该女孩的具体情况后，微博上有人问我有没有找到，我在微博回"找到谁了，姓名安某，家住龙潭"。我们从视频监控中有看到徐某1拿衣服进试衣间，但没有看见她将衣服拿出来，她偷衣服我们只是猜的，我们是这样认为的。

18.《和解协议书》，证实2014年5月1日蔡某3、孙某与徐某3、林某4达成和解协议的情况。

19.《谅解书》，证实徐某3、林某4出具谅解书，对蔡某1的行为表示谅解并请求司法机关对蔡某1从轻处罚。

对于上诉人及其辩护人所提上诉意见，综合评判如下：

1. 被害人徐某1是否有盗窃行为及对其行为应作如何处理应当由司法机关依职权及法定程序进行查证并依据法律的规定进行处理，上诉人蔡某1没有采取向公安机关报案而擅自在网络上发微博，通过配发视频截图指认被害人徐某1是小偷并在网络上请求"人肉搜索"，其行为属于公然贬低他人人格，毁坏他人名誉的行为。证人徐某3、林某4、陈某1、徐某2、陈某2、林某3的证言证实了被害人徐某1因"东海格仔店"所发的微博造成对其的伤害及社会评价明显降低。而后发生了被害人徐某1自杀身亡的严重后果。这种严重危害结果的发生与上诉人蔡某1通过网络发微博的披露行为之间存在直接的因果关系。因此，上诉人蔡某1的行为构成侮辱罪。

2. 关于本案的程序问题，依照《中华人民共和国刑法》第二百四十六条第二款的规定，侮辱他人严重危害社会秩序的可以提起公诉；上诉人利用网络侮辱他人，造成的影响大，范围广，扰乱了社会秩序，并造成了被害人死亡的严重后果，属于严重危害社会秩序；故本案由陆丰市人民检察院提起公诉并无不当。

3.2014年5月1日蔡某3、孙某与徐某3、林某4达成和解协议并出具谅解书，对蔡某1的行为表示谅解并请求司法机关对蔡某1从轻处罚。原审法院鉴此已经依法给予从轻处罚，现再要求从轻处罚的理由依据不足，不予采纳。

本院认为，上诉人蔡某1无视国家法律，因怀疑被害人徐某1在其经营的服装店试衣服时偷衣服，遂在该店的视频截图配上"穿花花衣服的是小偷"等字幕后，上传到其新浪微博上，公然对他人进行侮辱，致徐某1因不堪受辱跳水自杀身亡，情节严重，其行为已构成侮辱罪，应依法惩处。鉴于案发后上诉人亲属与被害人亲属达成调解协议，上诉人亲属对被害人的亲属进行经济赔偿并取得被害人亲属的谅解，依法给予从轻处罚。上诉人及其辩护人所提上诉意见，经查均不能成立，不予采纳。原审判决认定事实清楚，证据确实充分，适用法律正确，审判程序合法，量刑适当，应予维持。案经本院审判委员会讨论决定，依照《中华人民共和国刑事诉讼法》第二百二十五条第一款第（一）项之规定，裁定如下：

驳回上诉，维持原判。

本裁定为终审裁定。

审判长　黄海钦

审判员　陈世礼

审判员　李　平

二○一四年九月三日

书记员　王少锋

案例26：景霁与胡伟航名誉权纠纷二审民事判决书

北京市第二中级人民法院
民事判决书

(2014) 二中民终字第07620号

上诉人（原审被告）： 景霁，男。

被上诉人（原审原告）： 胡伟航，男。

委托代理人： 张丽珍，北京正尊律师事务所律师。

上诉人景霁因名誉权纠纷一案，不服北京市西城区人民法院 (2013) 西民初字第12426号民事判决，向本院提起上诉。本院依法组成合议庭公开开庭审理了本案。上诉人景霁，被上诉人胡伟航之委托代理人张丽珍到庭参加诉讼，本案现已审理终结。

2013年5月，胡伟航起诉至原审法院称：2013年2月12日，我在自己的新浪微博浏览时，发现一个网名叫"@景霁风景如霁"的人在自己的微博中用恶劣语言评论，并且持续不断地对我进行人身攻击，甚至对我所在的万里鲲鹏（北京）国际商务咨询有限公司（下称鲲鹏公司）也进行了恶意诋毁。此后，我对其设置为黑名单。但是，我发现"@景霁风景如霁"对我转发评论的所有微博文章都进行@评论，并继续对我及所在公司进行诋毁和谩骂，向不确定人群散布不实言论。经查，该人在新浪认证信息为北京和中联合投资咨询有限公司——资深移民专家，并从其认证的照片中认出"@景霁风景如霁"确实是北京和中联合投资咨询有限公司职员景霁。我与景霁并无任何私人恩怨，二人都从事移民服务，供职于不同的投资公司。而景霁不仅使用微博对我及公司进行诋毁，还分别于2013年2月12日和2013年2月22日两次闯入我的住所地，对我的家庭成员进行骚扰，在小区内造成极大恶劣的影响。我的家人无奈之下只能报警，景霁才离开。但是，景霁并没有停止诋毁我的行为。至今都在微博上散布不实言论，抹黑我及公司。我认为，景霁在网络上公开诋毁我及所在公司，而新浪微博是面对全球的网络媒体，其行为不仅影响到我及家庭的正常生活，在自己熟知的人际关系中社会评价严重降低。作为鲲鹏公司的经理，也直接影响到鲲鹏公司在全国乃至全球的声誉，并导致一些平面媒体等媒体对我及公司作出负面报道，使鲲鹏公司在移民行业中的正面形象遭到破坏，给我造成了巨大的精神损害。景霁的行为已侵犯了我的名誉权。现我为维护自己的名誉，特向法院提起诉讼，要求判令：1. 景霁立即删除并停止在个人新浪微博及新浪博客上对我的不实言论；2. 景霁在其微博及博客上连续三个月向我置顶道歉，在其传播范围内及行业媒体进行道歉，道歉内容需经我同意、法院审定；3. 景霁赔偿我精神损失费5万元；4. 诉讼费用由景霁承担。

景霁辩称：不同意胡伟航的诉讼请求。我没有任何违法言论，并未侵犯胡伟航的名誉权。胡伟航所述的情况与事实不符，一年半以前我开始制止胡伟航做涉嫌违法商业诈骗的美国投资移民项目，后来胡伟航为此砸了我的车，我报警后胡伟航赔偿我30万元最终达成和解。自 2012 年 11 月份起，胡伟航开始在其微博上谩骂我，我已经另案起诉，东城法院正在审理此案。我的行为只是制止胡伟航做黑留学业务及涉嫌违法虚假宣传的移民项目，我们由此产生矛盾。胡伟航参与了诈骗，我没有任何的违法言论。行业协会表示让我和胡伟航同时删帖，就不再追究此事。我的一切言论只有三个核心：一、胡伟航作为鲲鹏公司总裁及原法人代表不可以在没有留学资质的情况下，违法从事黑留学业务。二、胡伟航不该参与震惊全国的存在明显商业欺诈行为的美国投资移民芝加哥会议中心项目。三、胡伟航不听从我的劝阻，不但不思悔改，反而变本加厉地对我进行辱骂，我有权行使公民的指证权利。

原审法院经审理后认为：公民享有名誉权，公民的人格尊严受法律保护，禁止用侮辱、诽谤等方式损害公民的名誉。是否构成侵害名誉权的责任，应当根据受害人有无名誉被损害的事实、行为人行为是否违法、违法行为与损害后果之间有无因果关系、行为人主观上有无过错来认定。根据庭审中查明的事实，胡伟航原系万里鲲鹏（北京）国际商务咨询有限公司法定代表人，现任该公司经理。胡伟航、景霁均供职于出入境中介行业，其个人形象亦与其从事的出入境中介行业具有一定的关联性。景霁自 2012 年 12 月起至 2013 年 5 月期间，在无事实依据的情况下，利用新浪网微博发布了"死猪不怕开水烫""妖就是妖，没脸没皮""贼心不死"等具有诋毁胡伟航个人形象及声誉的言辞，上述言辞已经超出了公民言论自由权和批评监督权的范畴。其微博发布后，胡伟航社会评价降低。景霁实施的行为主观上有过错，行为具有违法性，其违法行为与胡伟航受到损害的结果具有因果关系，其行为已构成对胡伟航名誉权的侵害，依法应承担相应的民事责任。现胡伟航要求景霁立即删除并停止在其个人新浪微博及新浪博客上对胡伟航的不实言论及在上述网站向胡伟航公开赔礼道歉、消除影响等诉讼请求，于法有据，法院对其诉讼请求中的合理部分应予支持。景霁的侵权行为给胡伟航造成了一定的精神损害，亦应承担赔偿责任，具体赔偿数额由法院酌定。综上所述，依照《中华人民共和国侵权责任法》第二条第一款，第十五条第一款第（一）项、第（六）项、第（七）项、第（八）项，第二十六条第一款，《中华人民共和国民事诉讼法》第六十四条第一款之规定，于 2014 年 1 月判决：一、景霁应停止侵害，于判决生效后七日内删除其在新浪微博、新浪博客上发布的侵害胡伟航名誉权的文字内容。二、景霁于判决生效后七日内，连续十日在新浪网个人微博、博客首页显著位置向胡伟航公开赔礼道歉、消除影响（道歉内容需经法院核准）。如景霁拒绝执行，法院将在《人民法院报》上刊登本判决书相关部分，所需费用由景霁负担。三、判决生效后七日内，景霁赔偿胡伟航精神抚慰金人民币三万元。四、驳回胡伟航的其他诉讼请求。如果景霁未按判决指定的期间履行给付金钱义务，应当依照《中华人民共和国民事诉讼法》第二百五十三条之规定，加倍支付迟延履行期间的债务利息。

判决后，景霁不服，上诉至本院，要求撤销原判，改判驳回胡伟航的诉讼请求。理由是："我没有对胡伟航的个人形象及声誉有任何的违法行为。'妖就是妖'，是怒斥不受法律保护的匿名诽谤者；'死猪不怕开水烫'，是我怒斥不受法律保护的鲲鹏留学黑中介；'贼心不死'，是说骗子胡伟航在我劝阻无效并砸毁我汽车的情况下，还要坚持用欺诈手段骗人钱财。这些言论哪里有不当？怎么可能违法？"胡伟航同意原判。

经审理查明，胡伟航原系万里鲲鹏（北京）国际商务咨询有限公司法定代表人，现任该公司经理职务。胡伟航与景霁原系同事关系，胡伟航原工作单位为北京和中联合投资咨询有限公司，即景霁现工作单位。胡伟航、景霁均供职于出入境中介行业。自2012年12月起至2013年5月期间，景霁在其新浪微博中分别写道："在国内丢人现眼，谩骂两句同行，念在同族份上也就算了。3年多了，竟然没完没了了还，竟然蹿到国际上欺骗国际友人。是可忍，孰不可忍；留学加移民团着签，欺骗使馆蒙骗同胞！妖孽败坏出国行业，从业者人人可诛之；善守者藏于九地之下，善攻者动于九天之上，守必像马马耶夫高地，攻必如苏军攻克柏林；让出国咨询不再被诽，让留学移民团签必灭。让骗子不再蒙骗使馆，让妖孽不再诈骗同胞；胡伟航的美女搭档咸燕做人家老东家的人事经理，招学历和经理统统造假的主，混入我们的队伍，坑害老东家。还好意思说啊。妖就是妖，没脸没皮，抓来就用，捉妖在此，瞄着元神，如若纠缠，打散元神，祭拜佛祖；任何一家出国咨询公司的老板都是这家公司最棒的首席出国咨询大师，胡伟航真把自己当矿主了吗？租来的写字间还不管业务整天喝喝茶聊聊天？再匿名诽谤下同行：拿行业协会给和中几百人集体荣誉协会头衔招摇过市？胡伟航不害臊，景霁都替他害臊；景霁助理一样的胡伟航反了还敢咬景霁，景霁熬鹰时说过身世，没说手里传了把景霁曾外祖父的断刀吧！胡伟航再碰一下，法制裁后，断刀封喉；骗子狗胆越红线，法律道义捣马勺；@胡伟航你认为故记重演不吭气就能逃避法槌定音吗？你认为你肆无忌惮毁骂景霁就能逃避法律追索吗？你认为你现在做法就能找到反咬景霁的证言吗？既然你不懂法，就给你普法不家教！法庭之上怎么拍你桌子！现在就怎么公拍！……猪一样的队友！景霁说了！神一样的门将！诛心！；我佛慈悲！尊重生命！在下景霁！真心一拜！@胡伟航不孝有三！何德何能！敢骂景霁！敢毁景霁！饶胡多次！贼心不死！法律尊严！人人平等！快签生死！扒地道歉！法院听槌！任尔挑选！……；死猪不怕开水烫？你是流氓你怕谁？一步一步慢慢来！景霁灭妖细细品！……"上述内容发表后，引发了各种社会评论，景霁亦将上述言论转发给其他同行业内的从业者。

景霁在其个人微博、博客等公共媒体上发表上述不实言论后，北京因私出入境中介机构协会于2013年4月27日发布《关于对北京和中联合投资咨询有限公司员工景霁的通报批评》，该文件载明："截止于2013年4月27日中午12时整，经过协会提示、会长约谈及常务理事会议调解，相关单位负责人出席，其中北京和中联合投资咨询有限公司也反应了对涉及散布不实言论的员工批评教育的意思，但其员工景霁依旧利用其和中公司实名认证微博向公众散布对同行业从业者的不当言论，扰乱出入境中介行业经营秩序，并链接至大量媒体、驻华使领馆，行业机构及个人，其行为严重损害了行业整体形象，影响了出入境中介行业正常的经营管理秩序。就此，为保护会员单位和从业者的正常经营秩序，保障因私出入境行业的整体形象，维护业内和谐、团结、发展的经营大局，依照《北京因私出入境中介机构协会章程》第二章第六条第一款、第二款所赋予我会之权利，经常务理事会议议定，我协会正式对北京和中联合投资咨询有限公司员工景霁进行通报批评。希望该机构能够加强对员工管理，并将景霁微博的不当言论予以删除，消除影响，以维护行业的正常经营秩序。"景霁在受到行业协会的通报批评后，未及时删除其不实言论并停止对胡伟航的侵权行为。

另查，景霁已以胡伟航侵犯其名誉权为由，将胡伟航诉至法院，现该案件正在审理中。

原审法院审理中，胡伟航提供了2013年4月8日万里鲲鹏（北京）国际商务咨询有限公司在北京市方正公证处办理的（2013）京方正内经证字第04068号公证书共六册，同时提交了该单位于2013年4月11日在上述公证处办理的（2013）京方正内经证字第04253号公证书共两册，欲证明景霁在其个人新浪微博上链接各大媒体、驻华使领馆、行业机构及个人对其进行侮辱、诋毁、谩骂之事实；景霁利用该事件在网络上进行恶意炒作，行业协会要求景霁在2013年4月20日前删除以上不实言论，及北京因私出入境中介机构协会对景霁的上述不实言论进行公开批评，并要求景霁将不实言论删除、消除影响。对此景霁认可上述证据的真实性，但辩称其仅是客观的陈述事实，并没有谩骂攻击胡伟航的言论，没有侵犯胡伟航的名誉权，并表示尊重行业协会的决定。

针对胡伟航提供的证据，景霁提供（2012）京方圆内经证字第11951号公证书，欲证明其因制止胡伟航从事违法的黑留学业务及移民项目，胡伟航对其亦进行了谩骂。对此，胡伟航述称，这仅是对景霁在网上不实言论的澄清和解释，胡伟航只是带有情绪的对景霁进行回复。

本院审理中，胡伟航提供了网页链接内容、景霁的微博内容、公证书，以证明景霁持续两年多对胡伟航进行攻击，导致网站上都在转载评论胡伟航参与诈骗的行为，而且由于胡伟航及网友对景霁利用微博骚扰胡伟航的行为进行举报，景霁的微博内容被新浪网删除，以及至今景霁仍继续对胡伟航进行诽谤。景霁认可胡伟航提供证据的真实性，但表示其发布的内容并非针对胡伟航。

上述事实，有双方当事人陈述、（2013）京方正内经证字第04068号公证书、（2013）京方正内经证字第04253号公证书两册、《关于对北京和中联合投资咨询有限公司员工景霁的通报批评》等证据材料在案佐证。

本院认为，《中华人民共和国民法通则》第一百零一条规定："公民、法人享有名誉权，公民的人格尊严受法律保护，禁止用侮辱、诽谤等方式损害公民、法人的名誉。"最高人民法院《关于贯彻执行〈中华人民共和国民法通则〉若干问题的意见》第一百六十条规定："以书面、口头等形式宣扬他人的隐私，或者捏造事实公然丑化他人人格，以及用侮辱、诽谤等方式损害他人名誉，造成一定影响的，应当认定为侵害公民名誉权的行为。以书面、口头等形式诋毁、诽谤法人名誉，给法人造成损害的，应当认定为侵害法人名誉权的行为。"是否构成侵害名誉权的责任，应当根据受害人确有名誉被损害的事实、行为人行为违法、违法行为与损害后果之间有因果关系、行为人主观上有过错来认定。

景霁称其微博及博客的内容针对的是不存在的公司及匿名发帖人，但是上述内容均具有明显针对性，而且多次@胡伟航，根据生活常识及一般阅读习惯，可以判断其进行负面评价的人系胡伟航。另外，景霁提供的证据亦无法表明其发布的言论具有真实性。故景霁对于其在微博及博客上发表的言论辩称内容是真实的且并未针对胡伟航的辩称与事实不符，本院不予采信。虽然意见表达的观点正确与否并非法律评价的范围，但言语上不得存在侮辱他人的情形。而景霁发布的言论中使用负面言论对胡伟航进行主观评论，这些评论对胡伟航的个人形象及声誉造成了影响，使胡伟航的社会评价降低。因此，原审法院认定景霁的行为损害了胡伟航的名誉权，并判令景霁对其行为承担责任，是正确的。景霁不同意承担侵权责任，缺乏事实及法律依据，本院不予支持。对于景霁所称胡伟航侵犯其名誉权的问题，已经另案解决，本案不予涉及。综上所述，原审法院所作判决认定事实清楚，适用法律正确，应予维持。依据《中华人民共和国民事诉讼法》第一百七十条第一款第（一）项之规定，本院判决如下：

驳回上诉，维持原判。

一审案件受理费300元，由景霁负担（于本判决生效后7日内交纳）；二审案件受理费300元，由景霁负担（已交纳）。

本判决为终审判决。

审判长　王轶稚

代理审判员　王　广

代理审判员　刘永民

二〇一四年九月十五日

书记员　刘梦辰

案例27：杨秀宇、卢某等非法经营罪一审刑事判决书

北京市朝阳区人民法院
刑事判决书

(2014) 朝刑初字第 1300 号

公诉机关：北京市朝阳区人民检察院。

被告单位：×1 公司，住所地为北京市西城区西四北大街×号，实际经营地为北京市朝阳区高碑店×号，法定代表人杨秀宇。

诉讼代表人：赵某，男。

辩护人：刘玲，北京市京都律师事务所律师。

辩护人：王耀刚，北京市尚权律师事务所律师。

被告单位：×2 公司，住所地为北京市朝阳区高碑店×号，实际经营地同住所地，法定代表人赵某1。

诉讼代表人：杨某1，男。

辩护人：康建龙，北京市中同律师事务所律师。

被告人：杨秀宇，网名"立二拆四"，男，1973 年 9 月 13 日出生，×2 公司实际负责人。因涉嫌犯寻衅滋事罪于 2013 年 8 月 19 日被羁押，当日被刑事拘留，因涉嫌犯非法经营罪于 2013 年 9 月 26 日被逮捕，现羁押在北京市第一看守所。

辩护人：李长青，北京市隆安律师事务所律师。

辩护人：郑传锴，北京市潮阳律师事务所律师。

被告人：卢某，女，1983 年 4 月 22 日出生。因涉嫌犯寻衅滋事罪于 2013 年 8 月 19 日被羁押，当日被刑事拘留，因涉嫌犯非法经营罪于 2013 年 9 月 26 日被逮捕，现羁押在北京市第一看守所。

辩护人：李海涛，北京市中银律师事务所律师。

北京市朝阳区人民检察院以京朝检刑诉 (2014) 116 号起诉书指控被告单位×1 公司、×2 公司、被告人杨秀宇、卢某犯非法经营罪，于 2014 年 4 月 21 日向本院提起公诉。本院依法组成合议庭，公开开庭审理了本案。北京市朝阳区人民检察院指派检察员郑思科、刘荣、代理检察员汪婷婷出庭支持公诉，被告单位×1 公司的诉讼代表人赵华及辩护人刘玲、王耀刚、被告单位×2 公司的诉讼代表人杨×1 及辩护人康建龙、被告人杨秀宇及其辩护人李长青、郑传锴、被告人卢某及其辩护人李海涛到庭参加诉讼。现已审理终结。

公诉机关指控：

1. 被告单位×1 公司自 2008 年至 2013 年间，多次通过信息网络有偿提供删除信息服务

和发布虚假信息服务，经营数额共计人民币531200元。在此过程中，被告人杨秀宇全面负责该公司的经营，并由其决策后指派公司员工从事上述活动。具体事实如下：

（1）被告人杨秀宇于2010年3月，授权他人代表被告单位×1公司与×3公司签订网络品牌管理合同。后被告人卢某联系曹某1（另案处理）等人为×3公司有偿提供删除互联网负面信息服务。为此，×1公司向×3公司收取删除费用人民币6万元。

（2）被告人杨秀宇于2010年10月，授权他人代表被告单位×1公司与×3公司签订网络危机公关推广合同，后由被告人卢某联系曹某1等人为×3公司有偿提供删除互联网负面信息服务。为此，×1公司向×3公司收取删除费用人民币31100元。

（3）被告人杨秀宇于2011年9月，代表被告单位×1公司与×4公司签订网络公关合同，后由被告人卢×联系曹某1、赵某2（另案处理）等人为与×4公司有业务关系的×5公司有偿提供删除互联网负面信息服务。为此，×1公司向×4公司收取删除费用人民币50100元。

（4）被告人杨秀宇于2008年4月，代表被告单位×1公司与×6公司签订推广合同，约定×1公司为某汽车进行炒作。后被告人杨秀宇负责策划，雇佣于某（女，24岁）在2008年北京车展期间假扮清洁工对某汽车展台进行清扫工作，并拍摄图片后以名为"最美清洁工"的新闻事件上传至互联网引发网民关注，以达到炒作某汽车的目的。为此，×1公司收取×6公司支付的人民币25000元。

（5）被告人杨秀宇于2011年10月，代表被告单位×1公司与×7公司签订网络推广合同，约定×1公司对×7公司旗下画家安某（男，52岁）进行炒作。后被告人杨秀宇负责策划，安排安某着僧服与两名女子在北京市西城区后海登船，并在船中引发晃动，杨秀宇拍摄视频后将该视频以名为"僧人船震"的新闻事件上传至互联网引发网民关注，以达到炒作画家安×的目的。为此，×1公司收取×7公司支付的人民币175000元。

（6）被告人杨秀宇于2012年4月，代表被告单位×1公司与×8公司签订凯×奢华游网络推广合同，约定×1公司对×8公司"888万元包机去伦敦看奥运会开幕式"旅游项目进行炒作。后被告人杨秀宇负责策划，并选择女模特巫某（别名"杨某"，27岁）假扮炫富女，杨秀宇拍摄相关图片，利用昵称为"杨某"的个人微博账号在互联网上发布"干爹888万带我包机看伦敦奥运"等虚假信息，引发网民关注，以达到炒作×8公司奥运奢华游项目的目的。为此，×1公司收取×8公司支付的人民币19万元。

2. 被告单位×2公司自2012年5月至2013年间，在被告人杨秀宇决策下通过信息网络有偿提供删除信息服务，并由被告人卢某负责联系他人进行删除信息。其间，被告人杨秀宇于2012年12月，代表×2公司接受王某（男，46岁）的委托并与之达成为×9公司进行网络舆情监测及危机公关合作意向，后由被告人卢×联系赵×2为×9公司有偿提供删除互联网负面信息服务。为此，×2公司向委托人王某收取删除费用人民币220200元。

公诉机关认为，被告单位×1公司违反国家规定，为牟取经济利益，通过信息网络有偿提供删除信息服务，并在明知是虚假信息的情况下仍通过信息网络有偿提供发布信息服务，扰乱市场秩序，情节严重；被告单位×2公司违反国家规定，为牟取经济利益，通过信息网络有偿提供删除信息服务，情节严重。被告人杨秀宇作为×1公司及×2公司主要负责人，策划、实施非法经营活动，系对二公司直接负责的主管人员。被告人卢某直接参与实施×2公司的非法经营活动，系直接责任人员。被告单位×1公司、×2公司、被告人杨秀宇、卢某的行为均已触犯了《中华人民共和国刑法》第二百二十五条第（四）项、第三十条、第三十一条之规定，犯罪事实清楚，证据确实充分，应以非法经营罪追究其刑事责任。

被告单位×1公司的诉讼代表人对公诉机关指控事实不持异议，该被告单位的辩护人的辩护意见为：1. 指控被告单位通过信息网络有偿提供删除信息服务的行为"违反国家规定"于法无据，指控被告单位的上述行为"扰乱市场秩序"缺乏证据；2. 因被告单位行为时尚未颁布相关司法解释，指控被告单位通过信息网络有偿提供删除信息服务，或者通过信息网络有偿提供发布虚假信息的行为构成犯罪违反了我国刑法所规定的罪刑法定原则和刑法不溯及既往的原则；3. 公诉机关指控×1公司的第四至六起犯罪事实系属于被告单位策划的广告作品，不能因为其中含有虚构因素就将其认定为虚假信息；4. 被告单位是否从事了非法删帖行为证据不足。综上，建议本院对被告单位×1公司宣告无罪。

被告单位×2公司的诉讼代表人对公诉机关指控事实不持异议，该被告单位的辩护人的辩护意见为：1. 指控被告单位通过信息网络有偿提供删除信息服务的行为"违反国家规定"于法无据，指控被告单位的上述行为"扰乱市场秩序"缺乏证据；2. 公诉机关指控的非法经营数额缺乏合理依据，被告单位是否从事了非法删帖行为证据不足，综上，建议本院对被告单位×2公司宣告无罪。

被告人杨秀宇当庭对公诉机关指控的事实及罪名不持异议，其辩护人的辩护意见为：1. 公诉机关指控的×1公司第一起事实中认定删帖的非法经营数额为6万元缺乏合理依据，应从中扣除舆情监控的金额；2. 公诉机关指控×1公司的第四起犯罪中，既不存在虚假信息，也未扰乱市场秩序，不应认定为犯罪；3. 被告人杨秀宇从事上述行为时相关司法解释尚未颁布，故主观恶性较小。综上，建议本院对被告人杨秀宇从轻处罚。

被告人卢某当庭对公诉机关指控的事实及罪名不持异议，其辩护人对公诉机关指控事实及罪名亦不持异议，同时提出如下辩护意见：被告人卢某系从犯，有立功情节，认罪态度较好，且其从事上述行为时相关司法解释尚未颁布，故主观恶性较小，建议本院对被告人卢某从轻处罚。

经审理查明：

被告单位×1公司于2006年8月24日成立，法定代表人为杨秀宇，后承租本市朝阳区高碑店×号的场所作为实际经营地。该公司的日常经营管理均由被告人杨秀宇负责。被告人卢×于2008年1月同×1公司签订了劳动合同，后任媒介部主管，主要负责与媒介的联系、发稿、删帖等工作。

2010年被告人杨秀宇之妻王某1同被告人卢某之夫李×1成立了×10公司，法定代表人王某1。2012年5月，×10公司变更为被告单位×2公司（以下简称×2公司），法定代表人变更为赵某1（被告人杨秀宇之嫂），住所地变更为本市朝阳区高碑店×号。被告人杨秀宇实际控制该公司的日常管理及业务，被告人卢某在该公司负责与媒介的联系、发稿、删帖等工作。

二被告单位的非法经营事实如下：

一、被告单位×1公司自2008年至2013年间，多次通过信息网络有偿提供删除信息服务和发布虚假信息服务，非法经营数额共计人民币531200元。

1. 被告人杨秀宇于2010年3月，授权他人代表被告单位×1公司与×3签订网络品牌管理合同。合同约定由被告单位×1公司为×3公司在"3·15"期间进行网络舆情监测和危机公关活动，为之在合同期内删除至少 10 个负面链接。被告人杨秀宇安排被告人卢×具体负责该合同，被告人卢某通过曹某 1 等人（另案处理）联系相关网站人员，为×3 公司有偿提供了删除互联网负面信息服务。被告单位×1 公司非法经营数额人民币 6 万元。

2. 被告人杨秀宇于 2010 年 10 月，授权他人代表被告单位×1 公司与×3 公司签订网络危机公关推广合同，合同约定了由被告单位×1 公司为×3 公司删除负面信息等内容。被告人杨秀宇安排被告人卢某具体负责该合同，被告人卢某通过曹某 1 等人联系相关网站人员，为×3 公司有偿提供了删除互联网负面信息服务。被告单位×1 公司非法经营数额人民币 31100 元。

3. 被告人杨秀宇于 2011 年 9 月，代表被告单位×1 公司与×4 公司签订网络公关合同，合同约定由被告单位×1 公司为×4 公司旗下×5 公司进行互联网舆情监测和危机公关服务，其中包含为之删除负面信息等内容。被告人杨秀宇安排被告人卢某具体负责，被告人卢×通过曹某 1、赵某 2（另案处理）等人联系相关网站人员，为×5 公司有偿提供了删除互联网负面信息服务。被告单位×1 公司非法经营数额人民币 50100 元。

4. 被告人杨秀宇于 2008 年 4 月，代表被告单位×1 公司与×6 公司）签订推广合同，合同约定由被告单位×1 公司有偿为某汽车进行炒作。被告人杨秀宇策划、雇佣女学生于某（女，24 岁）在北京车展期间假扮清洁工，对某汽车展台进行清扫，被告人杨秀宇以车展的参观者角度制作拍摄照片，并以真实事件形式上传到互联网上，引起了大量网友的关注和跟帖，从而达到炒作某汽车的目的。被告单位×1 公司非法经营数额人民币 25000 元。

5. 被告人杨秀宇于 2011 年 10 月，代表被告单位×1 公司与×7 公司签订网络推广合同，约定由被告单位×1 公司有偿为×7 公司旗下画家安某（男，52 岁）进行炒作，以此提高安某书画作品的价值。被告人杨秀宇根据安某平时喜欢穿僧服并自称居士的特点，策划并拍摄了安某穿着僧服与女模特在后海的游船上吃饭、喝酒，并由两名女模特搀扶下船的所谓"和尚船震"的视频，并将视频以真实事件的形式上传至优酷等国内视频网站。被告单位×1 公司非法经营数额人民币 175000 元。

6. 被告人杨秀宇于 2012 年 4 月，代表被告单位×1 公司与×8 公司签订网络推广合同，合同约定由被告单位×1 公司有偿为×8 公司"2012 伦敦奥运 888 万元奢华游"项目进行网络推广。被告人杨秀宇提出包装一个炫富美女来作为炒作事件的主题，同时与×8 公司的服务内容结合在一起。被告人杨秀宇选择女模特巫某（化名"杨某"，女，27 岁）假扮成炫富女，利用"杨某"的个人微博在互联网上发布"干爹 888 万带我包机看伦敦奥运"等虚假图片和信息，从而引起网民的关注，后被告人杨秀宇又使用"杨某"的微博账户发布一系列的炫富微博，以达到为×8 公司推广奥运奢华游项目的目的。被告单位×1 公司非法经营数额人民币 19 万元。

二、被告单位×2 公司自 2012 年 5 月至 2013 年间，通过信息网络有偿提供删除信息服务，非法经营数额人民币 22 万余元。

被告人杨秀宇于 2012 年 12 月，代表被告单位×2 公司接受王某 2（男，46 岁）的委托并与之达成有偿为×9 公司进行网络舆情监测及危机公关合作意向。被告人杨秀宇提出以删帖及发布正面稿件稀释方式淡化负面影响的方案，并指派被告人卢某等人负责此事，被告人卢某通过赵某 2 等人联系相关网站人员，为×9 公司有偿提供删除互联网的负面信息服务，被告单位×2 公司非法经营数额人民币 22 万余元。

被告人杨秀宇、卢某于2013年8月19日被公安机关抓获归案。

上述事实，有下列证据予以证明：

第一组证据，证明被告单位×1公司的成立情况、人员任职和经营模式等。

1. 北京市工商行政管理局档案管理中心出具的企业法人营业执照及组织机构代码证证明：×1公司系有限责任公司；经营范围为组织文化艺术交流活动，承办展览展示，会议服务，信息咨询（不含中介服务），从事文化经纪业务，销售工艺美术品、文具用品、日用品、服装、化妆品；公司法定代表人杨秀宇；公司住所为北京市西城区西四北大街84号鸿运佳家宾馆102室；公司成立时间为2006年8月24日。

2. 书证租赁合同证明：承租人×1公司承租位于北京市朝阳区高碑店×号；房屋租赁期自2012年6月1日至2015年5月31日。

3. 公安机关从×1公司起获并扣押的卢某劳动合同一份、公司员工保密合同一份证明：甲方×1公司，负责人杨秀宇，与乙方卢某于2008年1月20日签订劳动合同。

4. 证人曹某2（原系×1公司股东、副总经理）的证言证明：×1公司的股东有杨秀宇、曹某2、李某1、赵某、李某2。杨秀宇任公司执行董事，全面负责公司业务；卢某是媒介部主管，主要负责发布稿件以及负面信息的处理。公司经营的项目中包含有删帖的内容。

5. 证人陈某1（原系×1公司总经理）的证言证明：公司的法定代表人是杨秀宇，负责公司日常经营管理。×1公司除了一些正常业务外，也从事舆情监测和删帖服务，删帖这部分业务主要经手人是杨秀宇和卢某。

6. 证人黄某（原系×1公司会计）的证言证明：×1公司的业务包括网络推广、事件策划和舆情监测。其中网络推广是在各大网站及论坛上发帖，提高客户品牌知名度；事件策划就是策划能够引起关注的事件，在网络上进行炒作；舆情监测包括删帖和正面稀释，这些业务都是公司行为，基本上都签订了合同。

7. 证人王某1（原系×1公司财务人员）的证言证明：王某1在×1公司负责财务工作的情况以及×1公司聘用的会计人员的情况。另外，王某1个人支付宝账户以及尾号66的工商银行账户曾用于公司发稿和删稿的支出，公司财务凭证上盖有"王辉"人名章的都是王某1经手的单据。

8. 证人王某3（原系×1公司出纳）的证言证明：×1公司通过王某3的支付宝账户给负责发帖和删帖的网络水军汇款，也通过杨秀宇或者黄某名下的民生银行账户进行汇款。

9. 证人王某4（原系×1公司出纳）的证言证明：王某4于2011年5月至2012年6月在×1公司工作期间，陈某1曾让其开立民生银行个人账户用于公司日常备用金使用，该账户也用于支付删帖费用10余万元，此外媒介总监卢某曾让王某4使用自己的支付宝账户向曹某1等人转账。

10. 证人郑某（原系×1公司会计）的证言证明：郑某从2011年5月至2012年4月在×1公司任职会计，公司进出账的银行账户是用王某4名字开立的民生银行账户。

11. 证人李某1的证言证明：李某1的妻子卢某在×1公司负责联系发稿和删帖，卢某使用李某1的银行账户和支付宝账户给其联系的发稿和删帖人转款，也接收负责发稿和删帖的人转来的回扣款。

12. 被告人杨秀宇的供述证明：×1公司于2006年9月成立，杨秀宇是公司的法定代表人、总经理兼策划总监，主要负责公司全面经营和项目策划。卢某任公司媒介部经理，主要负责发布稿件、客户沟通和删稿业务。公司主要经营业务是给客户做网络推广，有时也提供删稿、舆情监测和危机公关服务。舆情监测是为客户提供实时监测，通过监控发现网络上有无负面信息。此外舆情监测还包括网络删帖和正面稿件覆盖。

第二组证据，证明×1公司从事非法经营行为的情况。

一、关于第一起事实的证据

1. 证人杨某（原系×3公司品牌经理）的证言证明：杨某于2005年至2012年11月份在×3公司工作，×1公司与×3公司曾先后签订了13个合同，包括品牌推广、舆情监测和危机公关等内容。在两公司合作过程中，杨某主要是和×1公司的"梅子"进行联系。2010年"3·15"期间×3公司为了维护品牌形象，与×1公司签订了网络品牌管理合同，由×1公司负责对影响×3公司的负面信息或者帖子进行删除，这份合同应该就是针对至少有10个删帖内容而制定的。这份合同已经履行完毕了，×3公司确定合同约定内容执行完毕后，已经向×1公司支付了合同标的6万元。

2. 证人覃某（系×3公司品牌经理）、证×（原系×3公司市场部经理）的证言证明的内容与证人杨某证言证明的内容基本一致。

3. 证人李某2（系×3公司财务部出纳）证言证明：×3公司与×1公司于2010年3月9日至24日网络品牌管理合同的金额为人民币6万元，×3公司已支付完毕。

4. 证人曹某2的证言证明：2010年3月，曹某2受杨秀宇委托代表×1公司与×3公司签订的网络品牌管理合同，×3公司是为了消除负面影响与×1公司合作，合同中就有删除负面信息的要求。合同是公司法定代表人、总经理杨秀宇和×3公司商谈的，曹某2受杨秀宇委托签的这份合同，删除负面信息的业务主要由杨秀宇和卢某负责。×1公司已经完成了合同约定的义务，为×3公司删除了10个帖子，×3公司也应该按照约定付钱了，通过电子转账凭证看，应该是在5月份付的款。

5. 证人卢某的证言证明：×1公司与×3公司签订的"3·15"期间的危机公关合同，金额是人民币6万元，杨秀宇应该是按照每条3000元的成本预算进行收费的。合同除了要求×1公司为×3公司删帖外，还有网络舆情监测服务，没有发稿。做网络舆情监测就是为了提前从网络上抓取当时×3公司的负面信息，以便进行删帖的处理，可以说这份合同的6万元金额就是全部的删帖金额。×1公司在"3·15"期间为×3公司做的服务在具体的操作上是卢某负责的，由卢某或媒介部职员联系中间人曹某1和网站编辑删帖，公司已经收到×3公司为这次3·15期间的危机公关服务支付的6万元费用了。

6. 书证×1公司与×3公司签订的网络品牌管理合同证明：×3公司委托×1公司为×3公司"3·15"期间进行网络舆情监测和危机公关活动，合同履行期限为2010年3月9日至24日，合同金额为人民币6万元，×1公司为×3公司在合同期内删除至少10个负面链接。

7. 书证×1公司的记账凭证证明：×1公司收到×3公司支付的合同款人民币6万元，于2010年5月29日计入公司账目。

8. 书证×3公司提供的记账凭证、资金汇划补充凭证证明：×3公司于2010年5月4日向×1公司支付人民币6万元，2010年5月28日以3月份公关服务费支出名目计入公司账目。

9. 被告人杨秀宇的供述证明：2010年3·15期间，×3公司针对网上出现大量负面新闻，要求杨秀宇所在的×1公司进行危机公关，第一时间采取措施删除或消除负面影响。×

1 公司与×3 公司针对此签署了合作期限为 2010 年 3 月 9 日至 3 月 24 日的合同，合同金额为人民币 6 万元，该合同约定删除至少 10 个负面链接。杨秀宇安排媒介部负责人卢某具体负责，由卢某联系网站编辑去删除各大网站、论坛上的负面新闻。这份合同内容中没有包含发稿，属于纯删帖服务，实际已执行完毕。

二、关于第二起事实的证据

1. 证人杨某的证言证明：2010 年国庆期间网上又出现了一些针对×3 公司的负面信息，为了消除这些负面信息对公司的影响，×3 公司与×1 公司签署了网络危机公关推广合同，金额为人民币 20 万元，合同期限为 2010 年 10 月 9 日至 28 日，主要内容是要求×1 公司删除×3 公司国庆期间在各大网站首页负面新闻不少于 40 条，同时×1 公司根据×3 公司提供的关于×3 公司品牌的正面真实信息加工成软文，发布到网上。对于删除负面信息情况，×3 公司会在网上搜索相关的负面信息是否还存在，×1 公司也会在删除负面信息之后发送链接给×3 公司确定，确定后×3 公司才会付钱给×1 公司，这份合同已经执行完毕了。

2. 证人覃某、陈某2 的证言证明的内容与杨某证言证明的内容基本一致。

3. 证人李某2 的证言证明：×3 公司与×1 公司于 2010 年 10 月 9 日至 28 日签订的网络危机公关推广合同已支付完毕。

4. 证人曹某3 的证言证明：2010 年 10 月 11 日，杨秀宇授权陈某1 与×3 公司签署的合同，是为×3 公司进行舆情监测、删帖的合同。合同中发布新闻稿的目的也是为了稀释某公司的负面信息，由文案部编写各种有关×3 公司的正面信息，交给媒介部在各大网站上发布，让负面信息显得比较少，或者是在百度搜索中不处于前几页的位置，稿件的素材由×3 公司提供或者文案自己从网上搜索一些正面信息。

5. 证人陈某1 的证言证明：由陈某1 签署的×3 公司项目合同以及支出凭证均由杨秀宇授权。合同的决定人和负责人是杨秀宇，卢某是客户经理，负责和×3 公司进行业务联系，因此这份合同的具体实施人应该是卢某。

6. 证人曹某1 的证言证明：曹某1 为×1 公司的×3 公司项目提供发帖、删帖服务，都是与卢某联系，收取了×1 公司人民币 7600 元。发布到网上的稿件都是×3 公司的宣传软文，删除的稿件则是×3 公司的负面新闻。×1 公司以 WORD 文档的形式将要发布的稿件通过 QQ 发送给曹某1，曹某1 再找人发布到指定的网站上。操作完成后，曹某1 就把发布该消息的相应链接发给×1 公司的卢某确认。×1 公司把要删除的信息链接发给曹某1，曹某1 再找人将网站上能够删除的信息删除，然后将相应链接发给卢某，卢某公司的财务核对后将钱结算给曹某1。

7. 证人卢某的证言证明：2010 年 10 月份，在网上出现了大量关于×3 公司的负面信息，×3 公司的人就找到杨秀宇，要求×1 公司把这些负面的信息都删除了。杨秀宇就安排当时的客户经理王某和卢某负责这件事。×1 公司与×3 公司为此签订了网络危机公关的合同。合同约定发布 30 个以上主体的新闻稿件的同时，删除百度搜索关键词"×3 公司"负面信息不低于 40 条。这次合同约定的金额 20 万元，×3 公司正常情况下都支付了。×1 公司在 2010 年 10 月份为×3 公司删帖数量，按内部费用报销单和费用明细表删帖支出金额为 31100 元。

8. 书证×3 公司提供的其与×1 公司签订的网络危机公关推广合同证明：×3 公司委托×1 公司进行网络整合传播，网络推广以及危机公关，合同履行期限为 2010 年 10 月 9 日至

2010年10月28日，金额为人民币20万，×1公司在合同期内共发布30个以上主题（论坛稿件、新闻稿各撰写原创稿件15篇），新闻稿共计发布不低于30家媒体，论坛稿件共计发布不低于2000个地址；删除百度搜索关键词"×3公司"新闻首屏国庆期间负面消息不低于40条。

9. 书证×1公司费用报销单证明：2010年10月合同履行期间，×1公司为×3公司项目删帖费用支出为人民币31100元。

10. 书证中信银行电子转账凭证、×3公司记账凭证、×1公司中国人民银行支付系统专用凭证等证明：该份合同已经履行完毕，×3公司向×1公司支付人民币20万元合同款。

11. 书证×11公司、×12公司、×13出具说明证明：涉及×3公司的相关负面链接已删除。

12. 北京市公安局网络安全保卫总队出具公（网安）远勘（2013）3-107号远程勘验笔录证明：公安机关依法提取杨秀宇QQ邮箱中名为"×3公司负面汇总终结版.XLS"的文件，记载的时间是10月9日至10月29日期间，共列出214条链接，其中有61条标记为"删除"。

13. 被告人杨秀宇供述证明：2010年10月网上爆出了大量关于×3公司的负面新闻，×3公司要求×1公司把百度、新浪、千龙等网站、论坛上的负面新闻、帖子第一时间报给该公司，并第一时间采取措施删除或消除负面影响，为此×1公司与×3公司签署了网络危机公关合同，合同金额为人民币20万元，该合同包含删除负面信息和发布正面稀释稿件，合同履行期间为2010年10月9日至10月28日。杨秀宇安排媒介部负责人卢某找网站编辑去删除各大网站、论坛上的负面新闻。从公司费用报销单和费用明细表显示合同履行期间内，共删除负面新闻30条，删帖金额共31100元，删帖人都是卢某联系的。这份合同已经履行完了，×1公司收到×3公司支付的20万元合同款。

三、关于第三起事实的证据

1. 证人李某3（系×5公司公关部经理）的证言证明：2011年9月份，网上出现了×5公司的负面新闻，为此×5公司以其关联公司×4公司名义与×1公司签订了网络公关合同，合同金额为30万元，合同的附件中约定×5公司要求×1公司删除的负面新闻链接内容。公司指派李某3负责与×1公司的卢某联系跟进双方签署的网络公关合同。2011年9月的删帖都是×1公司删除2011年9月第一份合同附件上的负面新闻地址，同时×1公司还采用大量发布正面稿件来稀释百度搜索引擎首页的负面新闻。合同付款也是由×4公司完成的，金额为人民币30万元。

2. 证人王某1的证言证明：×1公司和×5公司签订的公关合同主要内容是×1公司负责对×5公司进行舆情监测，王某2012年6月回到×1公司的时候，×1公司就已经和×5公司合作了，当时是卢某全权负责，一方面她在网络上大量发布×5公司的正面新闻稿，另一方面对于发现的负面新闻，卢某会想办法删除或发布大量正面新闻把负面新闻稀释掉。

3. 证人曹某1的证言证明：×1公司承接的红星美凯龙项目因为有删稿和发稿的需求，才和曹某1联系。发稿的文章都是×1公司提供的，曹某1负责找人在网上发稿。×1公司还让曹某1找人删除×5公司的负面信息，曹某1从中收取费用。

4. 证人赵某2的证言证明：2011年，赵某2与卢某相识，之后才开始和×1公司合作。卢某以×1公司总监身份联系赵某2发稿和删帖，赵某2曾经帮助×1公司为红星美凯龙项目发稿和删帖，×1公司向其支付费用。

5. 证人卢某的证言证明：2011 年 9 月杨秀宇代表 ×1 公司与 ×4 公司签订了合同，由 ×1 公司为 ×5 公司进行网络危机公关处理，合同金额 30 万元，为期三个月。合同内容约定 ×1 公司为 ×5 公司发布稀释软文不少于 30 篇，删除相关负面信息不低于 50 篇，合同附有网站上关于红星美凯龙负面信息的标题和链接。在合同履行过程中，卢某负责和 ×5 公司的李 ×3 联系，杨秀宇负责与 ×5 公司的唐总联系，删帖是由 ×1 公司的员工负责，直接处理不了的帖子，就把链接交给卢某，卢某再联系曹某 1 删帖，并由公司财务向曹某 1 支付费用。公司在红星美凯龙项目删帖方面的实际支出是 50900 元，发布稀释软文的费用是 33000 元，×1 公司实际为 ×5 公司删除了 31 条负面信息。

6. 书证 ×5 公司出具的情况说明、×5 公司及 ×4 公司的营业执照证明：×5 公司及 ×4 公司的基本情况及相互关系，×4 公司就 ×1 公司向 ×5 公司提供有偿服务等事项与 ×1 公司签订网络公关代理合同，并由 ×4 公司代为付款。

7. 书证 ×5 公司提供其与 ×1 公司签订的《网络公关合同》证明：×5 公司与 ×1 公司于 2011 年 9 月 1 日签订合同，×5 公司委托 ×1 公司进行互联网舆情监测和危机公关服务。基本要求确保百度首页无负面新闻消息，如果出现，三个工作日内处理干净，合同金额人民币 30 万元，合同履行期限为 2011 年 9 月 1 日至 2011 年 12 月 1 日。合同约定了删除负面新闻及链接的情况。

8. 书证 ×1 公司费用报销单及媒介发生费用明细证明：2011 年 9 月 1 日至 12 月 1 日红星美凯龙项目删稿支出费用为 50100 元。

9. 书证 ×5 公司客户收（付）款入账通知、×1 公司中国人民银行支付系统专用凭证（中国民生银行支付系统汇兑凭证）证明：2011 年 9 月至 11 月，×5 公司分三次向 ×1 公司支付合同约定的服务费共计人民币 30 万元。

10. 书证 ×13 公司、《×报》社、×14 公司、×15 公司、×16 公司等出具的材料证明：涉及 ×5 公司的负面信息被删除。

11. 被告人杨秀宇的供述证明：2011 年八九月份 ×5 公司的副总唐某给杨秀宇打电话，称 ×5 公司准备在上市前对网络负面新闻进行管理。2011 年 9 月 1 日，×5 公司以 ×4 公司名义与 ×1 公司签订了网络公关合同，约定由 ×1 公司为 ×5 公司进行网络舆情监测，删除网络负面信息并发布正面稀释软文。该份合同总金额为人民币 30 万元，合同履行期限是 2011 年 9 月 1 日至 2011 年 12 月 1 日，并且在合同附件写明 31 条必须删除的负面新闻链接。合同签订后，杨秀宇就安排媒介部负责人卢某找网站编辑去删除各大网站、论坛上的负面新闻，并且在百度等搜索引擎首页发布大量稀释稿件，通过删帖及稀释相互配合完成 ×5 公司提出的消除网上负面新闻的影响。这个合同已经履行完毕，30 万元钱都已经打到 ×1 公司账上了。杨秀宇通过比照费用报销单和媒介表，可以确认 2011 年 9 月 1 日至 12 月 1 日共删帖 29 篇，×1 公司共支付删稿费用 50100 元。

四、关于第四起事实的证据

1. 证人胡某（原 ×6 公司业务总监）的证言证明：×6 公司是某汽车的固定广告代理商。2008 年 4 月，某汽车参加北京车展，希望在车展上策划一个亮点，增加媒体的曝光度。为此胡某找到杨秀宇跟他谈了客户要求，杨秀宇提出"最美清洁工"的策划方案，×6 公司及客户某汽车同意后，两公司签订了推广合同，合同金额是人民币 25000 元。之后杨秀宇以车展参观者的角度，拿着相机让模特摆拍在某汽车展台打扫卫生、清理展台的照片，杨秀宇把照片以帖子的形式发布到论坛上。帖子一发布就火了，被各大媒体争相报道。这个合同履行完毕，厂商认可炒作效果，×6公司也将合同约定款项支付给×1公司了。"最美清洁工"事件不是真实的，是杨秀宇策划出来配合某汽车北京车展做的一个虚假炒作事件，是为了使某汽车展台在车展上引起媒体的关注以及网友的关注，达到给某汽车进行宣传的目的。

2. 证人厉某（×6公司总经理）的证言证明：厉某与×1公司杨秀宇针对某汽车推广项目于2008年4月签署过合同，合同金额为人民币25000元，但是具体执行是由网络推广部经理胡某负责的。

3. 证人王某1的证言证明：2008年5月，×6公司找到杨秀宇，提出某汽车集团将在北京车展参展，想通过公关公司提高展台人气，杨秀宇提出"最美清洁工"的创意。×6公司采纳了杨秀宇的创意并和×1公司签订了合同。杨秀宇找到了北京现代音乐学院的学生于某，让其穿着清洁工的工服在展台打扫卫生，杨秀宇为其拍摄照片，王某1在旁边辅助。拍照结束后杨秀宇和王某1把照片和帖子一起发布到天涯、网易等论坛，再用自己的账号进行回复顶帖。×6公司通过转账支票支付了合同约定的酬金。

4. 证人于某的证言证明：被告人杨秀宇雇佣北京现代音乐学院艺术管理专业的学生于某在北京车展扮演清洁工，在某汽车展台杨秀宇以车展参观者的身份为于某拍照，为某汽车在北京车展进行宣传炒作。

5. 书证×6公司提供的其与×1公司签订的推广合同一份及企业法人营业执照、由北京市公安局朝阳分局高碑店派出所从×1公司扣押的其与×6公司签订的推广合同一份证明：×6公司于2008年4月与×1公司签订了金额为人民币25000元的某汽车推广合同。

6. 书证中国农业银行转账支票、记账凭证、分户账对账单、×1公司记账凭单及发票证明：×6公司已经向×1公司支付合同价款人民币25000元。

7. 北京市公安局网络安全保卫总队2013年8月24日出具公（网安）勘（2013）4-010号远程勘验笔录证明：互联网网站、论坛上存在关于"最美清洁工"的信息。

8. 被告人杨秀宇的供述证明：2008年某汽车的网络公关代理商×6公司的公关总监胡某找到杨秀宇，为某汽车参加2008年4月北京车展策划一个炒作事件，从而使某汽车在展会上受到额外的关注，增加其展台的媒体曝光度。为此×1公司与×6公司签订网络推广合同，履行时间就是展会期间。杨秀宇找到北京现代音乐学院艺术管理专业大二的学生于某，雇佣她扮演一名车展上的清洁工。在车展期间，杨秀宇以车展的参观者角度，跟拍于某在某汽车展台打扫卫生、清理展台的照片，并以帖子的形式发布到TOM论坛的"你说话吧"和汽车板块，天涯论坛的汽车板块，标题是"绝对真实偷拍中国年轻女性第七季"，发帖人是杨秀宇的网名"立二拆四"。这样连续两天拍摄照片、更新帖子，引起了大量网友的关注和跟帖，大量的网友和记者到某汽车的展台采访拍摄于某。×1公司与×6公司的这个合同已经履行完了，×6公司支付了相应款项。

五、关于第五起事实的证据

1. 证人安某的证言证明：安某是×7公司的股东，×7公司是负责经营出售安×书画的公司。2011年11月份，×7公司经理刘某安排安某在后海的一条船上与爱好传统戏剧的两个女子吃了顿饭，安某当天穿的是一件在五台山购买的居士衣服，下船的时候，有人录了一段两名女子搀扶安某下船的视频。12月份，网上就传出来"和尚船震"的事件。当时安某在澳门，看到报纸上出现了自己的负面新闻，标题是"京景点方丈揽两女船震"，新闻指出方丈是安某。当时这条负面新闻对安某的影响非常大。后×7公司和×1公司召开了一个新闻发布会，安排安某亲自出面澄清，安某按照刘某提供的发言稿发言，说要起诉全体网民。后来这个"起诉全体网民"的事又在网络上被热炒了一番。

2. 证人蔡某（×7公司员工）的证言证明：蔡某于2011年3月来×7公司工作，×7公司主要业务是出售画家安某的画作。2011年10月25日，×7公司经理刘某和×1公司的杨秀宇签订了一份网络推广合同，金额为人民币25万元，内容是给安某做一个网络推广，包括策划和执行，执行时间是2011年10月25日至2011年11月25日。2011年11月中旬，刘某安排蔡某送安某到后海，在一条船上与几名女子一起吃饭喝酒，喝完酒后蔡某开车送安某回去。后来×1公司就在网上发布了"和尚船震"的视频，紧跟着新闻也报道这个事件并披露和尚是画家安某。之后×1公司又安排×7公司在朝阳区大望路开了一场新闻发布会。发布会期间安某按照稿子讲"起诉全体网民"的一段话，又在网上炒作了一段时间。×7公司和×1公司的合同没有履行完，×7公司只支付了×1公司17.5万元，因为刘某事先没有跟安某说策划的内容，导致安某不认可×1公司宣传的效果，剩下的7.5万元就没有支付。

3. 证人王某1的证言证明："僧人船震"事件是在2011年年底时候运作的，当时有个画家叫安某想提高自己的知名度，他的经纪公司找到杨秀宇，想通过网络炒作一下。通过沟通，杨秀宇根据安某平时喜欢穿僧服和留光头的特点提出了拍摄安某和美女模特共处游船的视频，然后炒作成"僧人船震"，再由安某出面澄清，提出起诉全体网民闹剧，安某方面认可了这个思路。后来安某的经纪公司安排了两名模特，由她们扶着安某从后海游船上走下来，×1公司安排员工将此拍成视频发布到网上，并对视频进行了大量转载炒作。几天后，"僧人船震"的事件便火了起来，安某的身份受到广大网民的猜测，此时安某乘机召开新闻发布会，声明自己不是僧人，没有跟模特"船震"，并提出要起诉全体网民。后来这个项目确实提高了安某的知名度，但是安某认为负面影响大于正面影响，对结果不满意，拒绝支付尾款。

4. 书证×7公司提供的其与×1公司签订的网络推广合同及企业法人营业执照、由北京市公安局朝阳分局高碑店派出所从×1公司扣押的其与×7公司签订的网络推广合同证明：×7公司与×1公司于2011年10月签订了一份金额为25万元的网络推广合同，约定为安某进行网络知名度推广。

5. 书证×7公司提供的发票、中国农业银行转账支票、银行流水单、从×1公司扣押的进账单、记账凭证、发票记账联证明：该份合同在履行的过程中，×7公司向×1公司支付合同约定的部分服务费人民币17.5万元。

6. 北京市公安局网络安全保卫总队出具的视听资料光盘一张证明：办案民警利用互联网在优酷视频下载到的"和尚船震""起诉全体网民"视频内容。

7. 被告人杨秀宇的供述证明：2011年底，×7公司总经理刘某找到杨秀宇，想策划一个网络炒作画家安某的事件，借此提高安某书画作品的价值。双方于2011年11月份签署了网络推广合同，合同金额为人民币25万元，执行时间一个月。杨秀宇根据安某平时喜欢穿僧服还自称居士的特点，策划安某穿着僧服与模特在后海的船上吃饭、喝酒，杨秀宇负责拍摄安某酒后由两名模特一左一右扶着下船的视频。杨秀宇把视频剪辑后，在×1公司当时的办公地点朝阳区SOHO现代城把"和尚船震"视频上传到优酷等国内各大视频网站。等视频在各大网站上被推上首页后，杨秀宇又策划由×7公司召开记者发布会进行澄清，发布会中间，杨秀宇策划安某非常愤怒地冲到台上讲了起诉全体网民的四句台词，由×1公司拍摄、剪辑，再把"起诉全体网民"的视频上传到国内各大视频网站。因为"和尚船震"的视频就炒得很火，"起诉全体网民"的视频一经发布就上了网易等网站首页，引起了网民的热议，广东卫视等电视台也相继报道了画家安某要"起诉全体网民"的新闻。"和尚船震"这个事件是杨秀宇策划的虚假炒作事件，主要是为了提高画家安某在网络上和电视媒体上的知名度，进而达到提高安某画作价格的目的。这个合同已经履行完毕，×7公司只支付了部分合同款。

六、关于第六起事实的证据

1. 证人巫某的证言证明：巫某是自由职业者，平时从事一些模特工作，其新浪微博名称是"@杨某"。2012年3月到5月间，杨秀宇找到巫某拍摄一个主题为"888万包机伦敦奥运游"的活动，双方签了合同，杨秀宇支付给巫某人民币2000元报酬。2012年5月中旬，杨秀宇向巫某索要了其新浪微博的账号和密码，在网上发布了一组巫某在私人飞机上炫富的照片，这些照片都是杨秀宇PS出来的，微博的内容大概是"@王力宏，和我家力宏去看奥运了，坐私人飞机，888万呢"，这条微博引起了王力宏粉丝和网友的不满，成千上万的网友在微博里骂巫某，并转载微博，在网上造成了比较大的影响。之后杨秀宇又用巫某的微博在网上发了大概三四条微博，都是炫富招骂的话。这期间互联网和各种新闻媒介上都是巫某的负面新闻，发完微博后的第三天巫某的微博就被封了。整个事件都是杨秀宇用巫某的微博账号编造炒作的。

2. 证人马某（系×8公司业务总监）的证言证明：2011年×8公司推出了一个旅游项目叫做"伦敦奥运888万包机奢华游"，由公司副总裁张某1和马某负责该项目的网络推广，公司最终确定由×1公司为"伦敦奥运888万包机奢华游"做网络推广。双方签订了合同，合同约定网络推广×8公司"伦敦奥运888万包机奢华游"项目，履行时间2012年4月23日至6月6日，合同金额人民币19万元。杨秀宇提出打造一个炫富炫干爹的美女，通过新浪微博这个平台发布炫富的博文，微博内容引出"伦敦奥运888万包机奢华游"的主题，通过在网络上炒作这个美女炫富事件，使网友都来关注"伦敦奥运888万包机奢华游"项目。杨秀宇当时找了一个叫"杨某"的模特，使用新浪微博平台发布"力宏带我888万包机游奥运"，并@王力宏，后来还发了一系列微博，都是用来烘托"伦敦奥运888万包机奢华游"这个炫富热点事件的。"杨某"炫富事件不是真实的，是杨秀宇策划出来配合"伦敦奥运888万包机奢华游"业务的一个虚假炒作事件。合同已经履行完毕，×8公司分两笔支付了全部合同款项。

3. 证人张某1（系×8公司副总裁）的证言证明：2012年4月份，×8公司与×1公司签署"伦敦奥运888万包机奢华游"网络推广合同，合同金额人民币19万元，杨秀宇负责具体策划和实施，×8公司已将合同款分两笔打给×1公司在民生银行的账户。

4. 书证×8公司与×1公司签订的网络推广合同及企业法人营业执照、北京市公安局朝阳分局高碑店派出所从×1公司扣押的其与×8公司签订的网络推广合同以及从×1公司扣押的其与巫某（"杨某"）签订的拍摄及保密协议证明：×1公司与×8公司于2012年4月23日签订金额为19万元的网络推广合同一份，约定由×1公司为2012伦敦奥运888万元奥运奢华游进行网络推广，后×1公司与巫某签订了拍摄协议。

5. 书证×8公司提供的发票、中国银行转账支票存根、中国银行汇兑支付往账凭证、×

1 公司内部中国人民银行支付系统专用凭证、发票记账联、内部记账凭证证明：×8 公司向 ×1 公司支付合同约定的服务费人民币 19 万元。

6. 书证 ×17 公司出具的查询证明证实：昵称"杨某"的微博用户发表的"888 万元包机炫富"事件转发量 57877 次、评论量 33041 次。昵称为"立二拆四"的微博用户发表的"杨某炫富"事件评论量 2240 次。

7. 北京市公安局网络安全保卫总队出具公（网安）勘（2013）4-001 号远程勘验工作记录证明：勘验检查所得的"杨某炫富事件"在网络上传播。

8. 被告人杨秀宇的供述证明：2012 年 ×8 公司想宣传自己公司推出的一个 888 万元包机去伦敦看奥运会开幕式的项目。杨秀宇提出包装一个炫富女来作为炒作事件的主题，同时与 ×8 公司的服务内容结合在一起。双方公司签订了合同，合同金额是人民币 20 万元左右。之后杨秀宇选择了车模"杨某"作为炒作的主角，在本市朝阳区高碑店 ×1 公司里使用"@杨某"的新浪微博账户发布了"干爹 888 万包机带我看伦敦奥运开幕式"的一组照片和留言，同时@歌手王力宏，这条微博被评论了 3 万次，转发也有两三万次，大多都是骂"杨某"的。这个微博中提到的干爹带"杨某"包机游奥运是杨秀宇虚构出来的一个事件，只是为了用炫富和干爹这样的因素与的服务项目联系到一起。之后杨秀宇又使用"杨某"的微博账户发布了炫富的一系列微博，这些微博也被大量评论和转发。×8 公司已经向 ×1 公司支付了全部合同款。

第三组证据，证明被告单位 ×2 公司的成立情况、人员任职和经营模式等。

1. 书证企业法人营业执照、组织机构代码证、税务登记证、工商登记、变更资料证明：×2 公司的主体资质、公司成立、经营范围及股东变化情况。×10 公司成立时间为 2010 年 3 月 3 日，法定代表人王某 1，股东王某 1、李某 1；2012 年 5 月 24 日经核准名称变更为 ×2 公司，法定代表人变更为赵某 1，公司住所变更为北京市朝阳区高碑店 ×号，股东为王某 1、杨某 1。

2. 书证房屋租赁合同一份证明：×2 公司承租位于北京市朝阳区高碑店新村南里 638 号房屋，租期自 2012 年 4 月 10 日至 2013 年 4 月 9 日。

3. 证人王某 1（×2 公司股东）的证言证明：×2 公司的法定代表人是赵某 1，赵某 1 是杨秀宇的哥哥杨某 1 的妻子。赵某 1 在公司不负责任何事情。尔玛互动的股东是王某 1 和杨某 1，公司的实际控制人是杨秀宇，×2 公司主要是通过两块业务营利，一块是给客户策划事件，然后把客户的信息融入到这个事件，通过在网上炒作这个事件，达到为客户宣传的目的；另一块就是舆情监测，这其中又包含两项业务，一是雇佣网络水军撰写客户的正面宣传新闻稿，再通过媒介的个人关系在各大网站刊登。二是通过媒介个人关系将客户在各大网站的负面信息删除。

4. 证人赵某 1（×2 公司法定代表人）的证言证明：杨秀宇借用赵某 1 身份证，赵某 1 系 ×2 公司名义上的法定代表人，×2 公司实际控制人是杨秀宇。

5. 被告人杨秀宇的供述证明：杨秀宇的妻子王某 1 和李某 1 共同成立 ×10 公司，王某 1 是公司法定代表人、李某 1 是公司股东。2012 年 5 月，杨秀宇让王某 1 把 ×10 公司变更为 ×2 公司，公司法定代表人变更为杨秀宇的大嫂赵某 1，公司的经营范围跟 ×1 公司差不多，主要是舆情监测、危机公关和发布软文。×10 公司变更为 ×2 公司后，杨秀宇成为这家公司的实际控制人，公司的经营、人事、财务均由杨秀宇负责，卢某在 ×2 公司任客户经理，负责写稿、发稿和删除稿件。

第四组证据，证明×2公司从事非法经营行为的情况。

1. 证人王某2的证言证明：2012年12月，网络上出现了很多关于×9公司的负面信息导致公司股价暴跌，王某2由于与×9公司之间有合作关系，就主动帮助×9公司去处理一些传统媒体和网络上出现的负面信息。2012年12月中下旬，王某2联系杨秀宇帮助处理网络上关于×9公司的负面信息，当时杨秀宇提出可以一方面是发布大量的正面稿件去稀释网上的负面信息，另一方面是如果能删除的负面信息就做删除处理。在费用结算问题上，双方是按照杨秀宇的发稿量和网络监测的工作时长进行结算，双方是按照每原发一篇稿件是800元，员工值班监测一天是300元，删除每个负面信息链接是按3000元的标准结算的。杨秀宇向王某2汇报删稿、发稿情况，会拍一些截图的照片通过微信发给王某2，尔玛公司的项目总监"梅子"也曾给王某2发过汇报删稿、发稿情况的邮件，王某2确认后通过银行转账与杨秀宇结算。

2. 证人童某的证言证明：童某与王某2一起合作×9公司的广告投放业务。2012年12月，网上传出了很多×9公司土地和股票方面的负面信息，王某2称要帮康美处理网络负面信息，因为之前与×9公司谈合作的时候，×9公司就提出过如果他们公司出现了负面的新闻，就需要王某2一方在媒体上进行一下危机公关的处理。对于这个问题没有签署过正式协议。王某2提到过处理×9公司网络危机大概花费了100多万元。

3. 证人张某2（系×9公司总经办总经理）的证言证明：×9公司与王某2个人有过合作，因为王某2经常为×9公司做活动，公司就把广告宣传的业务给了王某2推荐的新文化公司。

4. 证人王某1的证言证明：2012年年末或者2013年年初，有人委托杨秀宇帮助处理网络上关于×9公司的负面新闻，×2公司没有与×9公司或是其他公司签订有关×9公司的公关合同。卢某是从2012年年末至2013年3月初负责该项目，卢某根据客户要求删除一些关于×9公司负面新闻的网址，也发了一些新闻稿做稀释。从报销单上看，卢某大都是找赵某2删除的负面新闻。2013年3月份至8月份期间，由王某1接手继续做×9公司的项目。王某1于2012年12月在中国银行现代城支行用杨秀宇的名字开了一张借记卡，是为了方便×9公司的人给杨秀宇转账付款。×9公司方面支付的所有费用都打到这张卡里。

5. 证人赵某2的证言证明：×9公司这个项目，卢某是以公司名义和赵某2合作的。2012年12月底或2013年1月初，卢某让赵某2在网上做了一些删稿、发稿工作。

6. 北京市公安局网络安全保卫总队调取证据清单一份、网之易信息技术（北京）有限公司出具的证明一份、北京市公安局网络安全保卫总队从网之易信息技术（北京）有限公司调取视听资料光盘一张证明：2013年11月19日从网易公司调取的×××注册信息、登录日志、12封邮件。

7. 北京市公安局网络安全保卫总队针对王某2的网易邮箱×××出具京公（网安）现勘（2013）031120号现场勘验检查工作记录及相关邮件证明：杨秀宇发送给王某2邮件的内容，包括×2公司为×9公司删除负面新闻的负面处理日报告、负面链接及报价、删除负面链接及价格。2012年12月20日，杨秀宇在邮件中就×9公司负面汇总及拟删除报价为人民币220200元；至2012年12月26日，×2公司共计删除71条负面链接，价格共人民币

221800 元。

8. 书证北京赛迪网信息技术有限公司出具说明证明：http：//miit.ccidnet.com/art/32559/20121218/4572659_1.html 已删除，原始标题为《×9 公司陷"谎言门"股票跌停》。

9. 书证 ×2 公司 ×9 公司项目支出凭单、费用明细表证明：2012 年 12 月至 2013 年 3 月 ×2 公司为 ×9 公司项目删帖支出费用情况。

10. 书证中国银行股份有限公司出具杨秀宇个人账户开户及综合服务申请表一张，中国银行股份有限公司个人账户开户及综合服务签约确认单一张，中国银行个人业务交易单一张、中国银行风险管理总部出具的关于协助提供调查涉案账户的回复及汇款交易明细单证明：2012 年 12 月 20 日，王某 1 代理杨秀宇在中国银行北京现代城支行开立个人账户，户名杨秀宇、账号×××、卡号×××。该账户自 2012 年 12 月 20 日至 2013 年 8 月 30 日收到王某 2 支付款项共计人民币 1140000 元。

11. 被告人杨秀宇的供述证明：2012 年 12 月，杨秀宇接受王某 2 的委托，为 ×9 公司提供舆情监测和删除负面新闻的服务，该项目未签署合同。2012 年 12 月 20 日，杨秀宇将卢某报给其的负面汇总报价加上公司利润报给王某 2，报价单上的金额是人民币 220200 元。杨秀宇安排公司的卢某全面负责 ×9 公司的工作，卢某在互联网上搜索 ×9 公司的负面新闻的链接，再安排中间人联系删除各网站上的负面新闻。卢某联系的中间人每删除一条负面新闻的价格在二三千元，填好报销单后杨秀宇负责签字，王某 1 用支付宝给删帖的人打钱。在 2012 年 12 月到 2013 年 1 月这一个月间，集中删除了大量的负面新闻，春节以后主要围绕发布稀释稿件的方式开展工作，有新发现的负面新闻也会删除，但量比较小。2012 年 12 月至 2013 年 1 月，王某 2 一共转入杨秀宇中国银行卡内人民币 40 余万元，这是因为完成报价单上的 20 万元删帖工作后，又出现了大量的负面新闻，所以需要继续删帖并发布正面稀释稿件。

12. 被告人卢某的供述证明：2012 年 12 月中旬杨秀宇接受王某 2 的委托，为 ×9 公司提供舆情监测和删除负面新闻的服务，该项目未签署合同。杨秀宇让卢某负责整理 ×9 公司在百度前十页的负面链接，卢某让赵某 2 整理出在百度上能删除的 ×9 公司的负面信息链接和报价。赵某 2 整理了百度前十页关于 ×9 公司的负面链接并给卢某报价，后来杨秀宇在卢某提交的 "×9 公司汇总及报价" 基础上加价后报给客户。卢某根据杨秀宇的要求一边删除负面消息，一边发布正面稿件稀释，同时做好 ×9 公司网上的监控。卢某联系赵某 2 具体操作 ×9 公司的负面新闻的删除工作，并向赵某 2 支付了删帖的费用。该项目前期由卢某负责，后期由王某 1 负责，王某 1 负责该项目全程相关费用的支出。该项目前期删帖费用为 22 万余元。

第五组其他综合性证据，证明被告人的主体身份及归案情况。

1. 北京市公安局网络安全保卫总队出具的到案经过证明：被告人杨秀宇、卢某于 2013 年 8 月 19 日 18 时许在吉林省白山市长白山景区被北京市公安局网络安全保卫总队民警抓获。

2. 北京市公安局网络安全保卫总队出具的工作说明证明：市局网络安全保卫总队抓获被告人杨秀宇、卢某。经对被告人卢某进行讯问，卢某在供述中交代曾委托赵某 2 进行删帖。后北京市公安局网络安全保卫总队民警于 2013 年 8 月 21 日将被告人赵某 2 抓获，于 2013 年 8 月 30 日将被告人曹某 1 抓获，于 2013 年 8 月 23 日将吴俊抓获。

3. 北京市公安局网络安全保卫总队出具的工作说明证明：根据市局预审总队提供的卢某讯问笔录，笔录中提及了卢某删帖、发帖关系人曹某1、赵某2、吴俊的 QQ 昵称，经网络安全保卫总队侦查，获得了三人的真实身份信息、住址等情况，后将三人抓获。

4. 二被告人户籍材料证明二被告人的身份情况。

上述事实，有经过当庭举证、质证的证据予以证明，足以认定。关于部分辩护人提出被告单位是否从事了非法删帖行为证据不足的辩护意见，经查，在案被告人供述证明二被告单位为履行合同，委托曹某1、赵某2等人实施删帖行为；证人曹某1、赵某2等人的证言证明其接受被告单位委托，联系相关网站人员删帖；相关书证证明被告单位为删帖收取并支付了相关费用，上述证据相互吻合一致，足以证明二被告单位实施了本案指控的有偿删帖行为，辩护人的上述辩护意见，本院不予采纳。

本院认为，被告单位 ×1 公司违反国家规定，以营利为目的，通过信息网络有偿提供删除信息服务，另在明知是虚假信息的情况下仍通过信息网络有偿提供发布信息服务，扰乱了市场秩序，情节严重；被告单位 ×2 公司违反国家规定，以营利为目的，通过信息网络有偿提供删除信息服务，扰乱了市场秩序，情节严重。被告人杨秀宇作为 ×1 公司及 ×2 公司主要负责人，指挥、策划并直接实施非法经营活动，系对二公司直接负责的主管人员；被告人卢某直接参与实施 ×2 公司的非法经营活动，系直接责任人员，被告单位 ×1 公司、×2 公司、被告人杨秀宇、卢某的行为均已构成非法经营罪。北京市朝阳区人民检察院指控被告单位 ×1 公司、×2 公司、被告人杨秀宇、卢某犯非法经营罪的事实清楚，证据确实、充分，指控罪名成立。

关于被告单位 ×1 公司、×2 公司的辩护人提出的公诉机关指控被告单位通过信息网络有偿提供删除信息服务的行为"违反国家规定"于法无据，指控被告单位的上述行为产生了"扰乱市场秩序"的后果缺乏证据的辩护意见，本院认为，《全国人民代表大会常务委员会关于维护互联网安全的决定》（以下简称《决定》）等法律、法规中已经规定了涉互联网的市场经济秩序属于刑法保护的对象，同时规定了利用互联网实施的犯罪行为，应依法追究刑事责任，上述法律规定即为被告单位及被告人实施的行为成立非法经营罪的法律依据。在案证据足以证明被告单位及被告人安排、联系、促成了删帖及发布虚假信息的行为并以此营利，属于未经国家许可，提供经营性的互联网信息服务，扰乱了信息网络服务市场管理秩序，情节严重，符合《最高人民法院、最高人民检察院关于办理利用信息网络实施诽谤等刑事案件适用法律若干问题的解释》（以下简称《解释》）中规定的以非法经营罪追究刑事责任的情形。故辩护人相关辩护意见本院不予采纳。

关于被告单位 ×1 公司的辩护人提出的"因被告单位行为时尚未颁布相关司法解释，指控被告单位通过信息网络有偿提供删除信息服务，或者通过信息网络有偿提供发布虚假信息的行为构成犯罪违反了我国刑法所规定的罪刑法定原则和刑法不溯及既往的原则"的辩护意见，本院认为，根据《最高人民法院、最高人民检察院关于适用刑事司法解释时间效力问题的规定》，司法解释的效力适用于法律的施行期间。对于司法解释实施前发生的行为，行为时没有相关司法解释，司法解释施行后尚未处理或者正在处理的案件，依照司法解释的规定办理。故本案适用《解释》处理不违反刑法不得溯及既往的原则，且本案系依照《中华人民共和国刑法》关于非法经营罪的法律规定定罪处罚，亦符合我国刑法所规定的罪刑法定原则。故辩护人相关辩护意见本院不予采纳。

关于被告单位×2公司及被告人杨秀宇的辩护人提出的对于部分指控金额的异议，本院通过对在案证据的审查，认为公诉机关指控×2公司收取的人民币22万余元以及×1公司向×3公司收取的人民币6万元均同删帖业务直接相关，故辩护人相关辩护意见本院不予采纳。

关于被告单位×1公司及被告人杨秀宇的辩护人提出公诉机关指控的×1公司第四、五、六起事实不应认定为犯罪的辩护意见，本院认为，在案证据足以证明此三起中涉及的信息均系被告人等虚构，并以真实事件的形式通过信息网络有偿发布，从而为被告单位营利。该行为扰乱了信息网络服务市场的管理秩序，应以非法经营罪追究刑事责任。故辩护人的相关辩护意见本院不予采纳。

鉴于被告人杨秀宇、卢某归案后能够如实供述自己的犯罪事实，自愿认罪、悔罪，可以依法从轻处罚，被告人杨秀宇、卢某的辩护人的相关辩护意见，本院酌予采纳。

关于被告人卢某的辩护人提出的卢某系从犯的辩护意见，经查，被告人卢某在×2公司的犯罪活动中，在被告人杨秀宇的授意和指使下直接负责沟通删帖的细节，具体落实联系赵某2等人从事删帖的行为，其在共同犯罪中系重要的实行者，因此辩护人的相关辩护意见，本院不予采纳。关于被告人卢某的辩护人提出的卢某具有立功情节的辩护意见，经查，被告人卢某在归案后交代删帖链条上其他人员属于其依法应如实供述的内容，公安机关对于如何抓获其他人员的经过也进行了说明，卢某亦没有协助抓捕的行为，故不符合立功的条件，辩护人的相关辩护意见，本院不予采纳，但对其量刑时可以考虑此情节对其适当予以从轻处罚。

综上，根据被告单位×1公司、×2公司、被告人杨秀宇、卢某犯罪的事实、犯罪的性质、情节和对于社会的危害程度，本院依照《中华人民共和国刑法》第二百二十五条第（四）项、第三十条、第三十一条、第二十五条第一款、第六十九条、第六十七条第三款、第五十二条、第五十三条、第六十一条以及《最高人民法院、最高人民检察院关于办理利用信息网络实施诽谤等刑事案件适用法律若干问题的解释》第七条第一款第（二）项之规定，判决如下：

一、被告单位×1公司犯非法经营罪，判处罚金人民币五十万元（罚金于本判决发生法律效力后3个月内缴纳）。

二、被告单位×2公司犯非法经营罪，判处罚金人民币二十万元（罚金于本判决发生法律效力后3个月内缴纳）。

三、被告人杨秀宇作为×1公司直接负责的主管人员犯非法经营罪，判处有期徒刑三年，罚金人民币十万元；作为×2公司直接负责的主管人员犯非法经营罪，判处有期徒刑二年，罚金人民币五万元，决定执行有期徒刑四年，罚金人民币十五万元（刑期从判决执行之日起计算。判决执行以前先行羁押的，羁押一日折抵刑期一日，即自2013年8月19日起至2017年8月18日止。罚金于本判决发生法律效力后3个月内缴纳）。

四、被告人卢某作为×2公司的直接责任人员犯非法经营罪，判处有期徒刑一年六个月，罚金人民币三万元（刑期从判决执行之日起计算。判决执行以前先行羁押的，羁押一日折抵刑期一日，即自2013年8月19日起至2015年2月18日止。罚金于本判决发生法律效力后3个月内缴纳）。

如不服本判决，可在接到本判决书的第二日起十日内，通过本院或者直接向北京市第三中级人民法院提出上诉。书面上诉的，应提交上诉状正本一份，副本一份。

审判长　贾丽英

审判员　刘砺兵

人民陪审员　孙冀鹏

二○一四年十一月十八日

书记员　宋　磊

案例28：董如彬等非法经营罪、寻衅滋事罪二审刑事裁定书

云南省昆明市中级人民法院
刑事裁定书

(2014) 昆刑一终字第 53 号

原公诉机关： 昆明市五华区人民检察院。

上诉人（原审被告人）： 董如彬，男，1962 年 12 月 27 日出生，汉族，出生地云南省西双版纳傣族自治州景洪市，大学文化，系云南边民文化传播有限公司法定代表人。2013 年 9 月 10 日因本案被刑事拘留，同年 10 月 16 日被逮捕。现羁押于昆明市五华区看守所。

辩护人： 杨名跨，北京盈科（昆明）律师事务所律师。

辩护人： 迟凤生，黑龙江凤生律师事务所律师。

原审被告人： 侯鹏，曾用名侯鹏，男，1970 年 11 月 29 日出生，汉族，出生地云南省玉溪市，大学文化，系云南边民文化传播有限公司经理。2013 年 9 月 12 日因本案被刑事拘留，同年 10 月 16 日被逮捕，2014 年 7 月 23 日被取保候审。

  昆明市五华区人民法院审理昆明市五华区人民检察院指控原审被告人董如彬、侯鹏犯非法经营罪、寻衅滋事罪一案，于 2014 年 7 月 17 日作出 (2014) 五法刑二初字第 91 号刑事判决。原审被告人董如彬不服，向本院提出上诉。本院受理后，依法组成合议庭，经审阅案卷材料、讯问上诉人、原审被告人、听取辩护人、昆明市人民检察院的意见，核实了全案证据，对一审判决认定的事实和适用法律进行了全面审查，认为本案事实清楚、证据充分，决定不开庭审理。本案现已审理终结。

  原审判决根据公诉机关当庭出示的书证、物证、证人证言、辨认笔录、鉴定意见、远程勘验工作记录、电子证据检查记录、被告人供述等证据，认定以下案件事实：

  一、2011 年 3 月，被告人董如彬接受公民黎某某的委托，为黎某某与黄氏四兄弟纠纷一事进行炒作。董如彬邀约并组织人员，虚构事实，撰写黄氏兄弟系黑社会组织成员等帖文在互联网发布。其间，黎某某向被告人董如彬支付人民币 90000 元。

  二、2012 年 8 月，被告人董如彬接受景洪晟华房地产有限责任公司孙某、孙某某委托，伙同被告人侯鹏，虚构事实，编造晟华公司员工与省住建厅工作人员发生冲突及冲突原因的信息在互联网发布，并收取孙某某人民币 150000 元。

  三、2012 年 11 月，被告人董如彬接受云南呈贡德华企业集团有限公司董事长张某某委托，伙同被告人侯鹏、段某某（另案处理）、王某某（另案处理）等人，以炒作宣威火电厂污染致癌为手段，以达到关停火电厂，改善委托方楼盘销售现状的目的。被告人董如彬指使

王某某杜撰帖文在互联网发布。其间，被告人董如彬、侯鹏收取了张某某人民币100000元。

四、2013年5月，被告人董如彬接受云南旅游包机公司副总经理钱某的委托，商定以人民币80000元的费用炒作钱某被判决一事。被告人董如彬虚构事实撰写帖文，指使被告人侯鹏、冯某（另案处理）将帖文发布至互联网。其间，钱某支付给董如彬人民币5000元。

五、2011年10月至2013年3月，被告人董如彬为提高其网络知名度，在"湄公河中国船员遇害案"的处理过程中，利用"新浪微博""腾讯微博""QQ空间""天涯社区"等网络平台散布了大量虚假信息和煽动性言论，引发网民围观，严重混淆视听，扰乱公共秩序。

另查明，被告人董如彬于2013年9月10日被抓获归案，被告人侯鹏于2013年9月12日在昆明市治安拘留所行政拘留期间，主动交代了其参与非法经营的事实。公安机关通过搜查、扣押等侦查活动，在涉案人员的办公场所、住所，依法扣押了被告人董如彬作案时使用的电脑2台、民生银行U宝1个、U盘1个、手机3部，被告人侯鹏作案时使用的电脑4台、电脑主机硬盘1个、移动硬盘1个、中国银行U盾1个、手机1部。

据以上事实和证据，原审法院认为：被告人董如彬、侯鹏违反国家规定，以营利为目的，明知是虚假信息，通过信息网络有偿提供发布信息服务，扰乱市场秩序，其行为已构成非法经营罪。其中被告人董如彬、侯鹏非法经营的数额均属犯罪情节特别严重。在共同犯罪中，被告人董如彬系主犯，应当对其组织指挥的全部犯罪处罚；被告人侯鹏起次要、辅助作用，系从犯，而且主动投案，如实供述自己的罪行，具有自首情节，依法应当减轻处罚并适用缓刑。被告人董如彬编造损害国家利益和政府形象的虚假信息在网络上散布，起哄闹事，被大量网民阅读和转发，使虚假信息进一步扩散，造成网络秩序混乱，引发大量不明真相群众的猜疑，造成公共秩序严重混乱，其行为已构成寻衅滋事罪。对被告人董如彬依法应当实行数罪并罚。公诉机关的指控事实清楚，证据确实充分，指控罪名成立。依照《中华人民共和国刑法》第二百二十五条第（四）项、第二百九十三条第一款第（四）项、第二十五条、第二十六条、第二十七条、第六十七条第一款、第六十九条、第七十二条、第七十三条、第六十四条以及《最高人民法院、最高人民检察院关于办理利用信息网络实施诽谤等刑事案件适用法律若干问题的解释》第五条第二款、第七条之规定，判决：被告人董如彬犯非法经营罪，判处有期徒刑六年，并处罚金人民币350000元；犯寻衅滋事罪，判处有期徒刑一年，决定执行有期徒刑六年零六个月，并处罚金人民币350000元；被告人侯鹏犯非法经营罪，判处有期徒刑三年，缓刑三年，并处罚金人民币50000元；被告人董如彬、侯鹏的违法所得继续追缴；被告人董如彬作案时使用的电脑2台、民生银行U宝1个、U盘1个、手机3部，被告人侯鹏作案时使用的电脑4台、电脑主机硬盘1个、移动硬盘1个、中国银行U盾1个、手机1部依法予以没收。

宣判后，原审被告人侯鹏表示服从原审判决，未提出上诉；原审被告人董如彬不服判决，以原审判决认定事实及证据错误、适用法律不当、程序违法为由提出上诉，请求撤销原审判决，改判无罪。对非法经营部分，上诉人董如彬及其辩护人认为：董如彬对信息虚假主观不明知；其行为没有"违反国家规定"，也没有"扰乱市场秩序"；后三起事实属公司行为，并非董如彬的个人行为；董如彬不是网络信息服务商，代人发帖的行为事出有因。对寻衅滋事部分，上诉人董如彬及其辩护人认为：上诉人董如彬对信息虚假主观不明知，其行为并非"起哄闹事"，也没有"造成公共秩序严重混乱"，按照"不溯及既往"的原则，本案不应适用《最高人民法院、最高人民检察院关于办理利用信息网络实施诽谤等刑事案件适用法律若干问题的解释》定罪处罚。对原审认定的部分证据的真实性、取证程序的合法性及证明效力的完整性，上诉人董如彬及其辩护人亦持有异议，并递交了政府信息公开申请书及决定告知书、论证意见等材料。

二审审理过程中，云南省昆明市人民检察院经审查案件后，就本案提出检察意见认为：本案不符合单位犯罪的要件；二审期间辩护人递交的材料及调证申请，与本案没有关联性，不具备证据资格和调取必要，建议本院不予采信和调取；本案经原审法院公开开庭审理，所作判决认定事实清楚、定性准确、量刑适当，本案不属于应当依照二审审理程序开庭审理之情形，建议本院依法对本案进行书面审理，并维持原判。

经审理查明：

一、2011年3月至2013年5月间，上诉人董如彬以营利为目的，先后接受公民黎某某、孙某、孙某某、张某某、钱某的委托，邀约并组织原审被告人侯鹏等人，虚构事实、编造帖文，通过互联网进行发布，并进行恶意炒作，共计收受委托人支付的现金人民币345000元。其中，上诉人董如彬参与作案4起，涉案金额人民币345000元；原审被告人侯鹏参与作案3起，涉案金额人民币255000元。

二、2011年10月至2013年3月间，上诉人董如彬为提高个人网络影响力，在"湄公河中国船员遇害案"的处理过程中，利用"新浪微博""腾讯微博""QQ空间""天涯社区"等互联网公共信息平台，编造、散布大量虚假信息和煽动性言论，引发网民围观，严重混淆视听，扰乱公共秩序。

2013年9月10日，上诉人董如彬被抓获归案；2013年9月12日，原审被告人侯鹏投案自首。

上述事实，有经原审法院庭审质证、认定的以下证据予以证实：

第一组：被告人董如彬供述及辨认笔录。

证实：董如彬接受黎某某的委托，组织人员发布黄氏兄弟是黑社会组织"洪兴帮"成员的虚假信息并进行炒作，通过付某的银行卡收取黎某某的人民币90000元；接受孙某及孙某某的委托，为孙家与住建厅工作人员纠纷一事进行炒作，董如彬撰写了博文，安排侯鹏组织人员发布、转发、评论，收取孙某某的人民币150000元；接受张某某委托，组织侯鹏、王某某、段某某、冯某等人，发布帖文炒作宣威火电厂污染致癌一事，收取张某某的人民币100000元并进行了分发；接受钱某的委托，为钱某被判有罪一事进行炒作，董如彬撰写并安排侯鹏发布了原机场集团负责人刘某死因等不实内容的帖文，收取钱某的人民币50000元，分给侯鹏20000元，存入自己个人银行账户30000元。董如彬为提高自身知名度，捏造了中国司法机关保护跨国犯罪集团、糯康等人受到刑讯逼供的帖文进行发布，其间，公安民警找到董如彬，告知其帖文内容不实应当删除，但董如彬仍然继续发帖。经董如彬辨认，确认了公安机关勘验提取的相关帖文。

第二组：被告人侯鹏供述及辨认笔录。

证实：2012年8月，董如彬告诉侯鹏要启动孙某某等人地产项目的炒作，孙某及孙某某是委托人，被告人董如彬撰写帖文并发给侯鹏，侯鹏进行了转发并指使冯某等人参与评论，董如彬先后给了侯鹏人民币30000元；董如彬接受张某某委托后，安排王某某、段某某二人编造帖文，侯鹏安排发帖，组织炒作，张某某支付了人民币100000元，董如彬分得人民币60000元，侯鹏分得人民币40000元；炒作刘某死因的帖文均是董如彬本人撰写后，通过邮箱或 U 盘发给侯鹏，侯鹏又将帖文发给冯某，由冯某上网发布并进行跟帖及置顶，事后董如彬拿了 20000 元人民币给侯鹏，其已计入流水账。经侯鹏辨认，确认了公安机关勘验提取的相关帖文。

第三组：证人证言及辨认笔录。

1. 证人冯某（另案处理）等证人证言及辨认笔录，证实：董如彬接受黎某某的委托，组织人员并安排分工，虚构了黄氏兄弟是"洪兴帮"的信息，进行炒作。参与炒作的人都从董如彬处分得了几千元不等的炒作费。

2. 证人孙某某、冯某等证人证言及辨认笔录，证实：孙某因地产项目与住建厅工作人员发生纠纷，便委托董如彬对此事进行炒作，孙某某支付了人民币 170000 元给董如彬。经孙某某辨认，确认董如彬、侯鹏为具体实施炒作的人员。董如彬组织负责炒作孙某某地产项目的事情，冯某接受侯鹏的安排，使用不同的账号在网上发帖、跟帖，并将炒作发帖的截图发给侯鹏审阅。

3. 证人张某某、颜某、王某某等证人证言及辨认笔录，证实：（1）张某某是德华集团董事长，颜某是德华集团的法律顾问。二人为改善德华集团下属"滇黔之窗"楼盘销售不好的状况，委托董如彬对楼盘附近的宣威火电厂进行炒作，以达到关停宣威火电厂的目的。之后，董如彬组织人员进行关于癌症村的炒作，张某某通过颜某分两次各 50000 元共计 100000 元费用支付给董如彬、侯鹏。（2）根据董如彬的安排，王某某、段某某虚构身份及事实，引用网上公布的其他电厂排污的数据，撰写帖文并发布；冯某进行发帖、跟帖。

4. 证人钱某、刘某某等证人证言及辨认笔录，证实：（1）钱某因挪用资金被官渡区人民法院判决一事，认为是刘某幕后操作，经人介绍认识了董如彬，委托董如彬炒作，承诺给 80000 元报酬。钱某虽和董如彬谈论过刘某的死因等传闻，但也明确告知不明真伪。事后钱某给了董如彬人民币 5000 元。（2）刘某系心肌梗死导致呼吸衰竭死亡，董如彬等人所发帖文内容均不实，给刘某家人造成巨大伤害。（3）冯某受被告人侯鹏安排，使用隐名账号将帖文发布在网络上，并进行跟帖及人工置顶，最后将网页链接截图汇总给侯鹏。

5. 证人万某、吴某某等证人证言，证实：（1）证人万某、吴某某向董如彬传递了编造的信息，并让董不要放到网上。（2）证人施某某、朱某某等人对董如彬涉案帖文跟帖、转发、评论，造成受众盲目跟从，通过网络平台质疑起哄。（3）证人田某某、杨颜某等人作为"湄公河中国船员遇害案"被害人亲属，深感中国政府保护国家利益和公民权益的坚决态度和有效措施，认为董如彬针对湄公河案件的言论属于无中生有、无事生非。

第四组：相关书证、鉴定意见等。

1. （1）云南省昆明市官渡区人民法院判决书、昆明市中级人民法院判决书、云南省高级人民法院裁定书等书证，《生活新报》和《云南法制报》关于寻甸"洪兴帮"的相关报道，证人黄某某等人证言，黎某某上访材料等证据，证实：寻甸黄氏兄弟并非"洪兴帮"成员，与"洪兴帮"也无关系。黄氏兄弟曾以相关媒体为被告，向官渡区人民法院提起名誉侵权之诉，法院生效判决书认定该媒体刊载的文章系侵犯名誉权的行为。（2）银行交易单影像资料、交易流水清单、协助查询财产通知书、昆公司鉴（2013）文字第 C142 号鉴定书、鉴定意见通知书及告知笔录、证人付某证言及其辨认笔录等证据，证实：从 2011 年 2、3 月份开始，户名为付某的银行卡由董如彬保管使用。黎某某于 2011 年 4 月 2 日、4 月 12 日、5 月 17 日分三次汇款至付某的银行卡人民币 90000 元，用于支付董如彬的炒作费。经鉴定，汇款单上汇款人系黎某某签名，黎某某对鉴定结论无异议。

2. 云南省纪委调查材料、信访谈话记录，证实：董如彬的有关反映经查失实。

3. 宣威市环保局、云南省环保厅、国家环境保护部、曲靖市环保局、宣威市委宣传部、国电宣威发电有限责任公司的相关书证、王某某户籍证明等证据，证实：环评材料显示帖文中所称宣威火电厂导致癌症高发没有依据；王某某冒充宣威虎头村村民身份，编造了其叔叔因癌症死亡的虚假信息。

4. 官渡区人民法院（2012）官刑一重字第1号判决书、昆明市第一人民医院出具的死亡证明书、司法鉴定意见书等证据，证实：董如彬等人帖文所称刘某的死因等情况，均与事实不符。

5. 调取证据通知书、调取证据清单、"湄公河中国船员遇害案"的判决书及糯康等人的供述等证据，证实：中国司法机关依法追诉了"湄公河中国船员遇害案"的6名被告人并已执行刑罚。

第五组：远程勘验工作记录及电子证据检查工作记录。

证实：经公安机关勘验，1. 在"彩龙社区""天涯社区""搜狐微博""新浪微博""网易论坛"等网络平台上，提取到从2011年4月至2012年3月，以"边民"账号及多个账号发布的称黄氏兄弟系寻甸"洪兴帮"黑社会组织成员的帖文；在冯某持有的电脑中，存有大量用于匿名隐身发布帖文的账号。2. 在"新浪微博""腾讯博客""金碧坊论坛""凯迪社区""天涯社区"等网络平台上，提取到从2012年8月至2013年5月，以"边民"账号及多个账号发布的内容涉及晟华地产商与住建厅工作人员打斗的帖文；在董如彬、侯鹏、冯某持有的电脑中，发现了大量可以用于匿名发布帖文的账号，孙某某的邮箱中载有2012年8月至9月期间与董如彬联系的内容。3. 在"网易论坛""百度贴吧""天涯论坛"等网络平台上，提取到以"边民"账号及多个账号发布的多篇关于宣威火电厂导致癌症村的帖文；在侯鹏、冯某持有的电脑中，存在大量用于匿名发布帖文的账号，在侯鹏等人使用的电脑硬盘中存有炒作宣威火电厂的义件，在侯鹏电脑中存有"边民"公司2013年支出收入流水账记录，显示收入宣威火电厂人民币100000元。4. 在"天涯社区""凯迪社区""新浪微博"等网络平台上，勘查提取到以"边民"账号及多个账号发布的多篇炒作刘某死因及钱某判决的帖文；在侯鹏、冯某持有的电脑中，存有大量用于匿名隐身发布帖文的账号。5. 被告人董如彬在网络上发布关于湄公河案件的捏造事实的帖文，引起网民围观并被转发扩散，引发公众对湄公河案件的大量负面评论。其中，78条虚假或者起哄闹事的信息被直接转发、转播3527次，评论、回复3611次，转发人和评论人的"粉丝"量共计91591人，被点击、阅读589737次。

第六组：移送案件通知书、受案登记表、立案决定书、案件线索移送函、抓获经过、到案经过、被告人身份查询函、户口证明、搜查证、搜查笔录、扣押决定书、扣押笔录、扣押清单，调取证据通知书及清单。

证实：被告人董如彬于2013年9月10日被抓获归案；被告人侯鹏于2013年9月12日在昆明市治安拘留所行政拘留期间，主动交代了其参与非法经营的事实；公安机关在涉案人员的办公场所、住所，依法搜查、扣押相关物证的情况。

本院经审查认为，据以查明案件事实的上述证据，取证程序合法有效，内容客观真实，证据间能相互印证，业经原审庭审质证，本院予以确认；辩护人向本院递交的政府信息公开申请书及决定告知书、论证意见等材料，与本案事实不具有关联性，在形式和实质上均不具有证明能力和证明力，不是本案的新证据，本院不予采证。

本院认为，国家法律保障公民的言论自由，但同时规定公民的言论自由应该在法律规定的范围内行使，不得损害国家、社会、集体的利益和其他公民的合法自由和权利。网络空间并非法外之地，国家法律保护信息网络中正常的、合法的言论和信息交流活动，打击利用信息网络实施破坏社会公共秩序、市场经济秩序的犯罪行为。

上诉人董如彬、原审被告人侯鹏违反国家规定，以营利为目的，明知是虚假信息，通过信息网络有偿提供发布信息服务，扰乱市场秩序的行为已触犯刑律，均构成非法经营罪，应依法予以惩处。此外，上诉人董如彬编造损害国家利益和政府形象的虚假信息在网络上散布，起哄闹事，造成公共秩序严重混乱的行为还构成寻衅滋事罪，依法应予数罪并罚。

原审判决根据查明事实及依法确定的罪名，认定上诉人董如彬、原审被告人侯鹏非法经营数额均属"犯罪情节特别严重"；认定在非法经营共同犯罪中，上诉人董如彬行为积极、作用主要，系主犯；原审被告人侯鹏行为辅助、作用次要，系从犯；认定原审被告人侯鹏主动投案，如实供述自己的罪行，具有自首情节，依法应当减轻处罚并适用缓刑，所作刑事判决并无不当。上诉人董如彬及其辩护人所提"无罪""程序违法""法律适用有误"的上诉理由和辩护意见，原审法院在审理中已作充分评判，相关上诉观点，本院不予采纳；所提"后三起非法经营事实属公司行为"的上诉观点，本院认为，根据案件查明的事实和证据，上诉人董如彬等人并未以单位名义实施非法经营行为，所得收益也主要为参与人员分配占有，涉案非法经营行为是董如彬等人以个人名义、为个人利益并在个人意志支配下所实施的，涉案非法经营行为均属自然人犯罪行为，并不符合单位犯罪的法律要件，相关上诉观点，本院亦不予采纳。

原审判决认定事实清楚，证据确实充分，定罪准确，量刑适当，审判程序合法。据此，依照《中华人民共和国刑法》第二百二十五条第（四）项、第二百九十三条第一款第（四）项、第二十五条、第二十六条、第二十七条、第六十七条第一款、第六十九条、第七十二条、第七十三条、第六十四条以及《最高人民法院、最高人民检察院关于办理利用信息网络实施诽谤等刑事案件适用法律若干问题的解释》第五条第二款、第七条，《中华人民共和国刑事诉讼法》第二百二十五条第一款第（一）项之规定，裁定如下：

驳回上诉，维持原判。

本裁定为终审裁定。

审判长　杨　忠

审判员　屈艳婷

代理审判员　张　军

二〇一四年十二月四日

书记员　段云萍

案例29：邹恒甫与北京大学名誉权纠纷 二审民事判决书

北京市第一中级人民法院
民事判决书

（2014）一中民终字第09328号

上诉人（原审被告）： 邹恒甫，男。

委托代理人： 朱征夫，广东东方昆仑律师事务所律师。

委托代理人： 郭可伟，东方昆仑（上海）律师事务所律师。

被上诉人（原审原告）： 北京大学，住所地北京市海淀区颐和园路5号。

法定代表人： 王恩哥，校长。

委托代理人： 陆忠行，男，北京大学校长法律顾问办公室主任。

委托代理人： 阴颖晖，北京大成律师事务所律师。

上诉人邹恒甫因与北京大学名誉权纠纷一案，不服北京市海淀区人民法院（2012）海民初字第20880号民事判决，向本院提起上诉。本院受理后，依法组成合议庭，公开开庭审理了本案，上诉人邹恒甫之委托代理人朱征夫、郭可伟，被上诉人北京大学之委托代理人阴颖晖、陆忠行，到庭参加诉讼，本案现已审理终结。

2012年9月，北京大学起诉至原审法院称：2012年8月21日上午9点19分，邹恒甫在其新浪微博上发表如下内容："北大院长在梦桃源北大医疗室吃饭时只要看到漂亮服务员就必然下手把她们奸淫。北大教授系主任也不例外。所以，梦桃源生意火爆。除了邹恒甫，北大淫棍太多。"截至2012年8月24日保全证据公证时，该侵权内容已被转发69601条，评论17812条。邹恒甫在同一天的21点22分，在其新浪微博上又发表了如下内容："这种院长主任教授通过总在梦桃源直隶大膳舫吃喝跟漂亮女服务员发展淫荡关系。至于在外面歌厅舞厅娱乐桑拿会所吃喝嫖娼的院长主任教授就更多了。此等事情在中国高校很普遍。国外很多来中国讲课访问的也把饭后去歌厅舞厅娱乐桑拿洗脚按摩当着必需节目。"截至2012年8月24日保全证据公证时，该侵权内容已被转发10121次，评论1566次。北京大学系在海内外有着巨大社会影响力和知名度的百年学府，邹恒甫以侮辱、诽谤方式公然损害北京大学名誉的行为一经出现，就立即引发了国内外媒体和公众持续的高度关注和大量评论，其中不乏盲从邹恒甫之举，事件持续发酵。北京大学社会形象已因此遭受严重损害、社会评价在短时间内明显降低，邹恒甫上述行为已经构成对北京大学名誉权的严重侵害，给北京大学造成了非常恶劣的社会影响。现起诉请求：1. 判令邹恒甫立即对北京大学的名誉权停止侵害，立即在其微博中删除侵权文字；2. 判令邹恒甫以公开、书面形式在其微博中、在其侵害北京大学名誉权影响所及的相应媒体范围内为北京大学消除影响、给北京大学恢复名誉、向北京大学赔礼道歉，具体范围为搜狐网、网易、新浪网、人民网、腾讯网、雅虎网门户网站，平面媒体包括北京青年报、新京报、京华时报、法制晚报，全国媒体包括光明日报、中国青年报，请求判令在上述媒体以书面公开方式赔礼道歉。

邹恒甫在原审法院答辩称：北京大学的诉讼请求没有事实及法律依据，应当全部予以驳回。其一，北京大学不是适格的原告。北京大学并非邹恒甫批评言论的直接对象，该言论与北京大学之间没有直接关系。邹恒甫批评的生活作风问题是自然人的问题，不可能是法人的问题，故北京大学不应该是适格原告。其二，即使北京大学是适格的原告，北京大学也不享有民法上的名誉权。北京大学相对于该校的少数教授是行政管理主体，不是民法上的民事主体，其不应享有民法上的私权利即名誉权。其三，邹恒甫发表的微博言论没有侵犯北京大学名誉权的主观故意。其四，邹恒甫没有实施侵害北京大学名誉权的侮辱及诽谤行为。其五，邹恒甫的微博言论并未给北京大学造成社会评价的明显降低。其六，邹恒甫的微博言论属于公民行使批评监督权利的范畴，应当受到法律保护。综上，北京大学的诉讼请求应当全部予以驳回。

原审法院经审理查明：

一、关于双方当事人的相关情况：

北京大学系事业单位法人，举办单位为教育部，经费来源为财政补助、事业、附属单位上缴、捐赠收入，登记管理机关为国家事业单位登记管理局。

邹恒甫曾系北京大学教授，现为中央财经大学中国经济与管理研究院院长，新浪微博加V实名认证为"@邹恒甫"的微博博主，新浪认证的个人身份信息为"经济学家，05年入选首批长江教授，09年入选首批千人计划"。其在该实名微博中的自我介绍是"中国经济学第一人，中财教授，武大北大教授，两次获国家自科杰出青年基金，首批社科长江教授，中组部首批千人计划教授，新中国首位哈佛大学经济学博士"。截至2012年8月22日上午，邹恒甫的微博粉丝量为117395人，截至2012年8月30日上午，邹恒甫的微博粉丝量增至189595人。

二、关于邹恒甫发布涉诉微博言论及主张言论依据的情况：

2012年8月21日9时19分，邹恒甫在其新浪实名微博上发表了如下内容："北大院长在梦桃源北大医疗室吃饭时只要看到漂亮服务员就必然下手把她们奸淫。北大教授系主任也不例外。所以，梦桃源生意火爆。除了邹恒甫，北大淫棍太多。"

2012年8月21日21时22分，邹恒甫在其新浪实名微博上又发表了如下内容："这种院长主任教授通过总在梦桃源直隶大膳鲂吃喝跟漂亮女服务员发展淫荡关系。至于在外面歌厅舞厅娱乐桑拿会所吃喝嫖娼的院长主任教授就更多了。此等事情在中国高校很普遍。国外很多来中国讲课访问的也把饭后去歌厅舞厅娱乐桑拿洗脚按摩当着必需节目。"

至法庭辩论终结时，邹恒甫于2012年8月21日9时19分和2012年8月21日21时22分在其新浪实名微博上发表的前述两篇微博仍保留其个人微博内。

庭审中，邹恒甫辩称其所述少数北京大学院长、副院长、教授群体与北京梦桃源餐饮有限公司女服务员存在不正当关系的情况并非虚假陈述而有事实依据，就此向法院提交了以下证据予以佐证：1. 2011年8月29日中广网报道的《北大教授指控高中生情人敲诈30万续：已被解除教职》一文；2. 2009年2月7日《北京晨报》报道的《北大女研究生称遭导师骚扰案开庭审理（图）》一文；3. 2009年2月4日《楚天都市报》报道的《国开行原副行长王益被批捕》一文；4.2010年3月31日《新京报》报道的《王益当庭认罪：认可受贿1196万元指控》一文；5.2013年7月20日熊文莲的博客日志中发布的《北大副校长自曝：不想女儿被潜规则就别在国内读博》一文。但是，邹恒甫未针对前述辩称的存在不正当关系一事提交相应证据予以佐证。北京大学除对《北大副校长自曝：不想女儿被潜规则就别在国内读博》一文所报道的事实不予认可外，对其他文章报道的情况予以认可，但表示北京大学已经对违法违纪的北京大学教师给予了严肃处理，且邹恒甫提交的前述证据与本案没有直接关联性。

另，邹恒甫辩称，其言论关注的是整个中国的学术腐败及师德败坏问题，并非只是针对北京大学院长、系主任及教授群体的不正当行为，北京大学不能只及一点而不关注其整个言论和动机，就此向法院递交了其编著的书籍《最后的狂人：我是邹恒甫》其中第二章的内容予以佐证，该章节的主要内容分为三节：1.邹恒甫被辞：挑战高校行政管理体制；2.炮轰北大：挑战学术腐败、师德败坏的怪现状；3.炮轰"独立董事"：挑战不务正业的学术界。北京大学主张前述证据与本案无直接关联性。

三、公众对邹恒甫发布涉诉微博的社会舆论情况：

截至2012年8月24日下午，邹恒甫在2012年8月21日9时19分发布的微博内容已被转发71464次，评论19020条，其中部分网络用户相信邹恒甫的该微博言论，例如，网络用户"癌症最新治疗技术"跟帖评论称："肯定存在，无风不起浪，老邹不是不明白造谣的后果"；网络用户"天天累"跟帖评论称："北大好淫乱"。

截至2012年8月24日下午，邹恒甫在2012年8月21日21时22分发布的微博内容已被转发23565次，评论4294次，其中部分网络用户相信邹恒甫的该微博言论，例如，网络用户"妙玉娇龙"跟帖评论称："我支持您，我知道高校这种事很多很多，多得那些教授都习以为常，都没有羞耻心了。"网友"DORISYANGFANG"跟帖评论称："北大的校长要负主要责任。"

2012年8月27日，腾讯网的评论频道"今日话题"栏目第2165期制作了《"北大淫棍门"谁来证清白》的专题，该专题的导语写到"爆料不像纯粹捕风捉影，有几十条微博，涉及权、钱、色等大量信息。并且邹恒甫是实名爆料，相当于拿自己名誉担保。而且北大有负面'前科'，不能对邹恒甫这涉及公共利益的爆料一笑置之……［全文］"。在该专题的投票区，"新闻立场"栏目中对"你相信邹恒甫的爆料吗？相信，不相信"进行网友投票，截至当日，投票表示相信的为15112票，投票表示不相信的为276票。

四、双方在涉诉微博言论发布后的后续情况：

2012年8月23日，北京大学新闻中心针对邹恒甫在前述微博中所涉及的内容表示北京大学成立专门工作组负责处理此事，北京大学已责成北京大学纪委监察室调查核实，并希望邹恒甫对调查核实工作给予支持配合，提供相关证据。

2012年8月28日22时07分，邹恒甫在其新浪实名微博上发表了如下内容："我邹恒甫只跟中纪委谈。另外，别人给我的信息我会提供给你们。祝北大好！"

2012年8月29日3时28分，邹恒甫在其新浪实名微博上发表了如下内容："北大纪委：我的电子邮箱：我本人真没有收到贵部门的信函。"

2012年8月29日13时34分，邹恒甫在其新浪实名微博上发表了如下内容："我和北大纪委监察室已经通了电话，我让他们知道了一些信息，并且已经发给他们一些材料。他们都收到了。8月24日他们给我的邮件我从来没有收到。"

2012年8月30日3时49分，邹恒甫在其新浪实名微博上发表了如下内容："邹恒甫首度对媒体发声。上午，邹恒甫通过越洋电话致电中国青年报记者，开头便称自己没有'躲猫猫'、也不是在'耍流氓'。"并表示"自己手头确实有一些线索，现在就要发给北大"。

2012年8月30日3时53分，邹恒甫在其新浪实名微博上发表了如下内容："我笼统地写北大院长系主任教授在梦桃源淫乱当然是太夸大了，我当然是指我了解到的少数院长副院长教授如此淫乱。我说话往往夸大，这是我的一贯风格。了解我的都晓得我的这一特点。我痛恨高校腐败者淫乱者，我要大大地为教育神圣呐喊发威。"截至2014年1月14日，该微博内容已经被转发11376次，评论4263条。

2012年8月30日，北京大学在其官方网站上发布声明称：2012年8月29日，北京大学纪委监察室专门调查组接到了邹恒甫首次打来的电话，并在随后收到了邹恒甫的电子邮件，邮箱与北京大学纪委监察室24日给邹恒甫发邮件时使用的电子邮箱完全一致，但邹恒甫在电话及电子邮件中，均没有举出任何有助于该专门调查组进一步开展工作的具体证据；该校以最大耐心再次敦促邹恒甫，立即前来专门调查组，就其8月21日微博中所涉及内容，提供具体有效的证据；鉴于该事件性质和后果的严重性，以及给北京大学声誉造成的严重损害，不能无限期等待下去，随时准备采取进一步行动。

2012年8月30日，邹恒甫在北京大学发布前述声明后在接受《新京报》记者采访时表示："我承认北大教授奸淫服务员这个话题确实能吸引眼球，这是我说话的策略，我说话向来是喜欢夸大，这是我的一贯风格。……我知道很多线索，但希望有个可以信任的中间人参加，可以是中纪委，我暂时不打算把梦桃源的证据交给北大。……我笼统地写北大院长、教授在梦桃源淫乱是太夸大了，但是确实存在少数院长、教授淫乱的事实，我在这一点上并没有说假话，我一向是说真话的。"

以上事实，有双方当事人陈述、事业法人登记证书、（2012）京国信内经证字第2651号公证书、（2012）京国信内经证字第2709号公证书、（2012）京国信内经证字第2710号公证书、（2012）京国信内经证字第2711号公证书、（2012）京国信内经证字第2712号公证书、（2012）京国信内经证字第2723号公证书、（2012）京国信内经证字第2724号公证书、（2012）京国信内经证字第2725号公证书、（2012）京国信内经证字第2726号公证书、（2012）京国信内经证字第2722号公证书、（2012）京国信内经证字第2721号公证书、邹恒甫微博主页打印件、新京报《邹恒甫称夸大举报是策略　对涉事服务员感到抱歉》一文网页打印件等在案佐证。

原审法院经审理后认为：法人享有名誉权，禁止用侮辱、诽谤等方式损害法人的名誉。网络用户利用网络侵害他人名誉权的，应当承担侵权责任。法人的名誉权受到侵害的，有权要求停止侵害，消除影响、恢复名誉，赔礼道歉。

本案双方的争议焦点概括起来涉及两个方面的法律问题：一、北京大学是否是本案适格的原告？二、邹恒甫在其新浪实名微博上的涉诉言论是否构成名誉侵权，如构成名誉侵权，应如何承担侵权责任？以下分别予以论述。

一、关于北京大学是否是本案适格的原告

根据我国《民事诉讼法》第一百一十九条第（一）项规定："原告是与本案有直接利害关系的公民、法人和其他组织。"因此，成为适格原告必须同时具备以下两个条件：1. 起诉主体与本案具有直接的利害关系。2. 起诉主体属于公民、法人和其他组织的民事主体范畴。

首先，针对第一个条件而言，法院认为，判断原告与本案有无利害关系的标准是原告在诉争法律关系中是否享有权益。本案诉争法律关系是名誉权侵权责任法律关系，故该法律关系的权利人（原告）在起诉时应当是享有名誉权且名誉权涉嫌遭受侵害的主体。由于大学与其教师群体的名誉互为表里，而教师职业是教书育人的师范职业，正所谓"学高为师、身正为范"，是为"师范"。社会要求教师不但应具有较高的知识水平，还应具有高尚的师德品行，故社会对某大学教师群体师德品行的正当评价亦构成该大学良好名誉的重要组成部分，二者名誉利益直接相关。本案中，北京大学是以包括院长、系主任及教授群体在内的教师群体为主体的事业单位法人，对北京大学院长、系主任及教授群体师德的正当社会评价同样构成北京大学名誉利益的重要组成部分，故对北京大学院长、系主任及教授群体名誉利益的侵害，同样构成对北京大学名誉利益的侵害。邹恒甫在2012年8月21日9时19分发布的涉诉微博中使用"北大院长""北大教授系主任"的称谓，在2012年8月21日21时22分发布的涉诉微博中使用"这种院长主任教授"的称谓，直接指向北京大学的院长、系主任及教授，但是并未明指或暗指北京大学院长、系主任及教授中的某一特定主体，故为泛指北京大学的院长、系主任及教授这一特定群体。因邹恒甫在涉诉微博言论中涉及该群体与北京梦桃源餐饮有限公司女服务员存在不正当关系的情况，涉嫌影响社会对北京大学院长、系主任及教授群体师德的正当评价，必然也会直接影响社会对北京大学名誉的正当评价，故北京大学在本案中享有名誉利益，与本案具有直接利害关系。邹恒甫辩称涉诉微博言论的直接对象及内容与北京大学没有直接利害关系的意见，法院不予以采信。

其次，针对第二个条件而言，法院认为，北京大学系事业单位法人，具有法人主体资格，属于我国《民事诉讼法》规定有资格提起民事诉讼的公民、法人和其他组织范畴，故北京大学具有提起民事诉讼的主体资格。至于北京大学在本案中是不是享有名誉权的民事主体一节，根据我国《民法通则》第二条规定："中华人民共和国民法调整平等主体的公民之间、法人之间、公民和法人之间的财产关系和人身关系。"第一百零一条规定："公民、法人享有名誉权，公民的人格尊严受法律保护，禁止用侮辱、诽谤等方式损害公民、法人的名誉。"可见，判断法律主体是不是享有民事权益的民事主体应有以下两个判断标准：1. 法律关系的主体是否是公民之间、法人之间、公民和法人之间的平等主体；2. 法律关系所涉及的客体是否属于财产关系或人身关系。即判断标准应当是北京大学与邹恒甫之间在法律关系中的地位及诉争法律关系的性质，而非北京大学与北京大学内部教师群体之间的法律地位及内部管理关系。针对第一个判断标准，鉴于北京大学起诉邹恒甫依据的法律关系属于侵权责任法律关系，此法律关系是作为法人的北京大学与作为公民的邹恒甫之间发生的侵权责任法律关系，在该法律关系中，北京大学与邹恒甫之间不存在管理与被管理的关系，二者是平等的法律关系主体；针对第二个判断标准，鉴于北京大学向邹恒甫主张的标的系名誉权的侵权责任保护，而名誉权法律关系是人格权法律关系的性质，其属于人身权法律关系的范畴。鉴此，因北京大学与邹恒甫系平等主体且其诉讼标的属于人身关系范畴，故北京大学在本案中是享有名誉权的民事主体。被告邹恒甫辩称北京大学在本案中不是民法上的民事主体，不应享有名誉权的意见，本院不予采信。

综上，北京大学在本案名誉权侵权责任法律关系中系事业单位法人主体，与本案名誉权侵权之诉具有直接利害关系，可以受害人的身份主张名誉权侵权责任，故其应当是本案适格的原告。邹恒甫辩称北京大学不是本案适格原告的意见，法院不予采信。

二、关于邹恒甫在新浪实名微博上的涉诉言论是否构成名誉侵权，如构成名誉侵权，应如何承担侵权责任

根据《最高人民法院关于审理名誉权案件若干问题的解答》第七条的规定，以书面或口头形式侮辱或者诽谤他人，损害他人名誉的，应认定为侵害他人名誉权。在判断邹恒甫的涉诉微博言论是否构成侵权时，需要着重考虑以下因素：（一）邹恒甫的涉诉微博言论是否构成对北京大学进行诽谤或侮辱的加害行为；（二）邹恒甫发表的微博言论是否存在主观过错；（三）邹恒甫的微博言论是否对北京大学造成了社会评价降低；（四）邹恒甫的微博言论是否构成公民合法行使批评监督权的免责事由。对此，法院分别分析如下：

（一）邹恒甫的涉诉微博言论是否构成对北京大学进行诽谤或侮辱的加害行为

首先，邹恒甫的涉诉微博言论是否属于对北京大学进行诽谤的行为。诽谤行为是向第三人传播不利于特定人或特定人群名誉的虚假事实或者以他人传播的虚假事实为依据进行不利于特定人或特定人群名誉的不当评论而足以致使该特定人或特定人群社会评价降低的民事侵权行为。传播的内容可以是"事实陈述"或"意见表达"，传播的方式可以口头或书面形式。本案中，邹恒甫分别于2012年8月21日9时19分和2012年8月21日21时22分在其实名认证的新浪微博中向该微博平台可及的传播范围以书面形式公开发表了两篇涉及北京大学院长、系主任及教授与北京梦桃源餐饮有限公司女服务员之间存在不正当关系及相应评论的博文，但是邹恒甫未向法庭提交该两篇博文所披露的不正当关系存在的事实依据，其行为符合诽谤行为的构成要件，故邹恒甫在涉诉微博言论中虚假陈述构成对北京大学进行诽谤的行为。邹恒甫辩称其所述北京大学院长、副院长、教授群体存在不正当关系并非虚假陈述而有事实依据，就此向法院提交了《北大教授指控高中生情人敲诈30万续：已被解除教职》等前述5篇文章予以佐证。法院认为，本案审理的焦点事实系北京大学院长、系主任及教授是否有与北京梦桃源餐饮有限公司女服务员发生不正当关系的情况，邹恒甫提交的证据并未直接证明邹恒甫涉诉微博发表的这一事实陈述具有事实依据或直接线索，故法院对邹恒甫的这一辩称意见不予采信。

就邹恒甫在2012年8月30日3时53分发表的微博及接受《新京报》记者采访时修正自己的言论一节，邹恒甫辩称其承认了自己的言论存在夸大之处，将其言论指向修正为仅指代其了解到的少数院长、副院长、教授，该行为表明其已就言论作出调整，减少侵权的可能性，并通过媒体阐述批评言论的目的，并就夸大言辞作出了解释，故结合其前后言论判断涉诉微博言论并不具有诽谤性。法院认为，结合前述诽谤的构成要件，虽然邹恒甫将自己的微博言论指代的群体进行了限缩，但仍未明确该少数院长、副院长、教授群体的具体指向，亦未提供相应证据或线索证明其所陈述的不正当关系的事实依据，反而辩解自己之前进行的事实陈述只是个人的说话风格问题，并没有希望消除之前事实陈述给北京大学带来的不利社会影响，而且进一步使用"其了解到"这样的言辞，强调其修正之后的言论可信度，更加容易误导公众。因此，邹恒甫其后的修正言论并未消除其之前的涉诉微博言论的影响，故法院对邹恒甫的该辩称意见不予采信。

其次，邹恒甫的涉诉微博言论是否属于对北京大学进行侮辱的行为。侮辱行为是指采用暴力或言语等方式欺辱特定人或特定人群，足以贬损该特定人或特定人群人格或尊严的民事侵权行为。本案中，邹恒甫分别于2012年8月21日9时19分和2012年8月21日21时22

分在其实名认证的新浪微博中公开发表的两篇涉诉微博，其中使用了"淫棍""淫荡"等羞辱性文字，该文字属于以言语方式贬损北京大学的尊严，其行为符合侮辱行为的构成要件，故邹恒甫在涉诉微博言论中使用羞辱性语言构成对北京大学进行侮辱的行为。

（二）邹恒甫发表涉诉微博言论是否存在主观过错

法院认为，判断加害人是否具有主观过错，应当以一个"诚信谨慎之人"在相同情况下须尽到的注意义务为主要标准并结合加害人的身份地位、发布内容、认知能力、事后表现等自身因素进行综合判断。

首先，不侵害他人合法权益及对不当言论造成的侵害积极减损是一个"诚信谨慎之人"对发表微博言论的一般注意义务。微博作为一种新兴的"自媒体"，属于社交媒体的范畴，其特点在于网络用户以个人的视角和碎片化的语言，即时表达对人、对事的所见所闻、所感所想，根据自行设置让特定或不特定的第三人即时查阅、获悉自己的经历与言论并得以在虚拟网络上迅速传播或扩散。个人微博是个人社交的重要方式，相比正式场合的言论，微博上的言论随意性更强，主观色彩更加浓厚。但是，自由既是一种权利，也是一种责任，自由的界限就是不得侵犯他人的合法权利。网络是现实社会的投影和延伸，因此，在微博中自由发表言论也不例外。"诚信谨慎之人"在公开发表微博言论时，应做到以下四个层次的一般注意义务：1. "事实陈述"时，所述事实应当基本或大致属实；2. "意见表达"时，评论内容应当大致客观公正；3. 陈述或评论时，不得使用侮辱性言辞攻击他人；4. 当微博言论涉嫌侵害他人合法权益，所致不利影响迅速扩散时，应当积极配合查证并消除不利影响；否则，可以认定发表微博言论的网络用户未尽到一般注意义务，其主观方面具有过错。本案中，邹恒甫在未有相应依据的情况下，在个人微博上向不特定的第三人传播北京大学院长、系主任及教授与北京梦桃源餐饮有限公司女服务员存在不正当关系的陈述并作出"除了邹恒甫，北大淫棍太多"的评论，违反了"事实陈述"时应保证所述事实基本或大致属实及"意见表达"时应做到评论内容大致客观公正的一般注意义务；邹恒甫在微博言论中使用"淫棍""淫荡"等侮辱性言辞攻击北京大学，违反了不得使用侮辱性言辞攻击他人的一般注意义务；邹恒甫在涉诉微博言论迅速传播之后，未积极协助北京大学相关部门查证其发表的事实陈述或向法庭提交相应证据证明其事实陈述基本属实，也未及时删除不实陈述的微博言论，且至法庭辩论终结前仍未删除，其未尽到事后积极配合及减损的一般注意义务，故邹恒甫未尽到网络用户的前述一般注意义务，其主观上存在明显过错。

其次，具有特殊身份地位之人发表公开言论时应当尽到更高的注意义务。邹恒甫曾经是北京大学的教授，具有内部人的特殊身份，而且还是微博上被新浪加"V"实名认证、拥有十几万粉丝的知名经济学家、国家首批长江教授及首批千人计划人才，故邹恒甫在发表涉诉微博言论时应当注意自身的特殊身份。正是由于邹恒甫曾经系北京大学教授的身份，与北京大学及北京大学院长、系主任及教授群体之间存在特定的利害关系，使其言论容易产生"内部人爆料"的效应，使公众更加容易相信"内部人爆料"的真实性，从而更加容易误导公众。因此，邹恒甫在发表自己曾经所在单位特定人员群体的负面事实陈述及意见表达时，更应尽到相应的谨慎和注意义务。加之，邹恒甫在现实社会中具有较高的社会地位，投射在微博领域亦是重要的层级，面对多达十几万之众的粉丝，其微博言论自然拥有更大的社会影响力，理应承担高于普通网络用户的注意义务。但是，邹恒甫在涉诉微博上的言论显然未尽到更高的谨慎和注意义务，故法院认定邹恒甫发表涉诉微博言论存在主观过错，进而对邹恒甫辩称其并无主观过错的意见不予采信。

（三）邹恒甫的涉诉微博言论是否造成北京大学社会评价的降低

本案中，邹恒甫在自己实名认证的微博平台上对所有粉丝及公众发布涉诉微博内容，特定的或不特定的公众人群都能直接或间接知悉其具有诽谤及侮辱意义的内容，从网络用户的微博留言上看，网络用户是理解邹恒甫涉诉微博言论的基本意义的，即邹恒甫在爆料北京大学院长、系主任及教授与北京梦桃源餐饮有限公司女服务员存在不正当关系的情况。同时，网络用户也是理解邹恒甫的传播行为是指向代表北京大学的院长、系主任、教授及北京大学的；针对邹恒甫在新浪微博中发布北京大学院长、系主任及教授与北京梦桃源餐饮有限公司女服务员存在不正当关系这一事实陈述而言，法院已在前文中论证了其具有的诽谤及侮辱意义，因此，邹恒甫的诽谤及侮辱言论足以让第三人降低或者可能降低对北京大学在此事上的一般社会评价。事实上，从2012年8月24日腾讯网的评论频道"今日话题"栏目第2165期制作的《"北大淫棍门"谁来证清白》的专题网络用户投票结果中可以看出，关于"你相信邹恒甫的爆料吗？"这一话题，投票表示相信的为15112票，投票表示不相信的为276票，这表明绝大多数网络用户是相信"邹恒甫的爆料"的，已经对北京大学的一般社会评价产生了现实的、严重的降低，故法院认定邹恒甫涉诉微博言论已经对北京大学产生了社会评价明显降低的损害后果，对邹恒甫辩称其涉诉微博言论并未给北京大学的社会评价造成明显降低的意见不予采信。

（四）邹恒甫的涉诉微博言论是否构成公民行使对公共事业的批评监督权免责事由

公民有批评、监督、申诉、控告、检举等权利，但应当以不得捏造或者歪曲事实为前提。言论可以分为事实陈述和意见表达，其中，言论表达的核心意思可以分为批评、建议、申诉、控告、检举等。本案中，邹恒甫的涉诉微博言论同时包括了事实陈述和意见表达两部分。就其发布的事实陈述部分而言，实质上是一种对北京大学及北京大学院长、系主任及教授存在所谓非道德行为的检举揭发，那么，其检举揭发的行为也应当以不得捏造或歪曲事实为前提，但是，邹恒甫涉诉微博言论的所谓"批评监督"所依据的事实陈述并未证真，其行为构成捏造事实，故其发表涉诉微博言论的行为当然不能构成公民行使合法批评监督权利的免责事由，故法院对邹恒甫辩称其发表的涉诉微博言论属于公民行使批评监督的权利应当免责的意见不予采信。

综上，邹恒甫未尽到对微博言论负有的注意义务，利用新浪微博平台发表针对北京大学及北京大学院长、系主任及教授群体的诽谤、侮辱言论，使公众对北京大学产生一定误解，造成北京大学就此事上的社会评价明显降低，该言论不构成公民合法行使批评监督权利的免责事由，其行为已构成侵犯名誉权，故邹恒甫应就此承担停止侵权、删除侵权言论，消除影响、恢复名誉，赔礼道歉的侵权责任。对于消除影响、恢复名誉，赔礼道歉的范围和持续时间，由法院根据侵权言论造成不良影响的范围予以判定。

综上所述，依照《中华人民共和国民法通则》第一百零一条、第一百二十条，《最高人民法院关于审理名誉权案件若干问题的解答》第七条、第八条、第十条、第十一条，《中华人民共和国侵权责任法》第十五条、第三十六条第一款之规定，判决如下：

一、自本判决生效之日起，被告邹恒甫停止侵权，并删除分别于二〇一二年八月二十一日九时十九分和二〇一二年八月二十一日二十一时二十二分在实名认证为"@邹恒甫V"的新浪微博中公开发表的两篇涉诉微博。

二、自本判决生效之日起十日内，被告邹恒甫在其实名认证新浪微博首页公开发表致歉声明，向原告北京大学赔礼道歉，消除影响、恢复名誉，持续时间为连续七天（声明内容需经本院核准，如被告邹恒甫拒不履行该义务，本院将在全国公开发行的媒体上公布本判决的主要内容，费用由被告邹恒甫负担）。

判决后，邹恒甫不服，上诉至本院。其上诉理由为：

一、一审判决认定诉讼主体资格错误，北京大学不是本案的适格原告。1. 邹恒甫在2012年8月21日的微博中批评了北京大学"院长主任教授"，在8月30日的微博中承认上述说法"太夸大了"，将批评对象修改为"少数院长副院长教授"。邹恒甫自始至终都没有把北京大学作为生活作风问题的直接批评对象。北京大学的"院长主任教授"与"北京大学"是两个不同的法律主体。原审法院认为北京大学与其教师群体的名誉"互为表里"，混淆了法律主体概念，存在逻辑错误。因此，在"少数院长副院长教授"未提出名誉权受损主张的情况下，北京大学没有提出控告的法律资格。2. 名誉权从本质上说是一种民法的私权利。因主要涉及人格尊严和商业信誉，通常只能由自然人和企业法人享有。事业单位法人只有在市场经济中从事民商事活动才涉及名誉权，行使公权力的机关和事业法人不享有这种私权利，北京大学是依靠财政拨款的教育机构，因而不享有民法上的名誉权。

二、一审判决认定事实错误，邹恒甫的微博言论不构成名誉侵权。1. 邹恒甫没有实施侵害北京大学名誉权的行为。在网络上已经公开的材料以及邹恒甫在原审过程中提交的证据已经足以证明邹恒甫所反映问题的真实性。因此，邹恒甫所言只有批评，没有侮辱，只说出了真相，没有散布虚假事实。2. 邹恒甫没有侵害北京大学名誉权的主观恶意。主观恶意是名誉权侵权成立的必要条件。邹恒甫发布微博内容是出于对当前高等教育和学术风气的担忧，希望通过网络监督与批评的方式，帮助北京大学加强管理，形成好的师风学风，改善北京大学的社会评价，提高北京大学的声誉。原审法院未能综合考虑邹恒甫真实意思表示，仅凭稍有夸大的言辞就认定邹恒甫具有主观恶意，有失法律公正。3. 邹恒甫的言论未对北京大学产生社会评价明显降低的损害后果。北京大学没有提交充分证据证明其名誉受到损害。网友的转发和评论不能证明北京大学的社会评价降低或名誉受到损害。大多数网友相信微博言论的真实性，系依据自身的社会认识与经验作出的自主判断，与微博言论无关。网友的判断与邹恒甫的微博言论一致，恰恰佐证了邹恒甫揭露的事实真相。因此，网友投票结果不能成为证明北京大学社会评价降低的证据。4. 法律应当保护公民行使言论批评的宪法权利，监督批评权是言论自由的重要组成部分。邹恒甫在发布微博内容后，多次敦促北京大学展开调查，但北京大学极力否认，不代表邹恒甫就是在捏造事实。邹恒甫发布微博内容是为行使宪法保护的监督批评权，应成为免责事由，相对于一般法的权利保护，公民的监督批评权应在更高法律层面上得到保护。

综上，邹恒甫请求本院查明事实后依法撤销原审判决，改判驳回北京大学的全部诉讼请求。

北京大学答辩称：北京大学作为法人享有名誉权有民法及相关司法解释作为法律依据。邹恒甫在微博中所述内容缺乏基本的事实依据，直接针对北京大学，对北京大学名誉权的侵害是显而易见的。北京大学提供的证据可以证明广大网友的评论均是由邹恒甫的微博内容引发，且后果严重，构成对名誉权的侵害，请求法院查明事实后依法维持原判。

在本院二审期间，邹恒甫为证明其上诉主张，向本院提交了两份新证据。一是名为

《北大女留学生：余某某常一夜情，被劝保持沉默》的新闻报道复印件；二是北京大学《关于余某某处理的通告》新闻报道复印件。以此证明邹恒甫所揭露的问题是真实存在的，且一直存在着。对上述两份证据，北京大学认为与本案没有关联性。上述情况即便存在，邹恒甫也不能捏造与其无关的其他事实，随意侵害北京大学名誉权。本院认为，上述两份证据所述事实与本案并无直接联系，本院对其关联性不予认可。

本院经审理查明：双方对于原审法院所认定的事实均无异议，原审法院判决认定的证据真实有效，据此查明的事实无误，本院予以确认。

上述事实，还有双方当事人二审陈述在案佐证。

本院认为：综合双方所提交的证据及认可的事实，以及邹恒甫的上诉请求及北京大学的答辩意见，依据《中华人民共和国民事诉讼法》第一百六十八条的规定："第二审人民法院应当对上诉请求的有关事实和适用法律进行审查。"本案有以下两个争议焦点问题，本院分述如下：

一、北京大学主体是否适格。包括北京大学是否享有名誉权问题以及北京大学是否与本案有直接利害关系问题

1. 关于北京大学是否享有名誉权问题

《中华人民共和国民法通则》第五十条第二款规定："具备法人条件的事业单位、社会团体，依法不需要办理法人登记的，从成立之日起，具有法人资格；依法需要办理法人登记的，经核准登记，取得法人资格。"第一百零一条规定："公民、法人享有名誉权，公民的人格尊严受法律保护，禁止用侮辱、诽谤等方式损害公民、法人的名誉。"《中华人民共和国教育法》第三十一条第一、二款规定："学校及其他教育机构具备法人条件的，自批准设立或者登记注册之日起取得法人资格。学校及其他教育机构在民事活动中依法享有民事权利，承担民事责任。"名誉权属一种民事权利，而北京大学系事业单位法人，具有法人主体资格。从上述条文规定来看，法律本身并未否定事业单位法人的名誉权。故邹恒甫认为名誉权通常只能由自然人或企业法人享有，属于法律上的认识错误，本院不予采纳。

诚然，在实践中，为了保障公民通过发表言论等方式参与政治活动、社会管理的公共权利，确需对机关法人或经法律授权履行公共管理职能的事业单位、社会团体法人的名誉权予以限制或克减，但此种判断并不当然推定上述法人就不具有名誉权。在具体的个案中，关键在于审查双方争议是否是由民事活动所引发。依据《中华人民共和国民法通则》第二条的规定："中华人民共和国民法调整平等主体的公民之间、法人之间、公民和法人之间的财产关系和人身关系。"在认定争议双方是否属于民事法律关系主体进而认定权利人是否享有相应民事权利时应遵循以下两个条件：一是双方是否属于平等民事主体；二是双方法律关系是否属于财产或人身关系。本案中，关于第一个条件。首先，北京大学虽是事业单位法人，举办单位为教育部，经费来源为财政补助、事业、附属单位上缴、捐赠收入，但其并非教育行政主管部门，其所负担的基本及最高职能为教书育人，虽事关公共利益及公共事务，但并不因此享有对社会的公共管理职能；其次，邹恒甫所描述的事实及评价的内容针对的是北京大学教师生活作风问题以及北京大学的人员管理能力及整体形象问题，并非针对北京大学对不特定公众履行某项公共管理职能或执行某项公共政策；最后，邹恒甫在发布上述微博内容时，并非北京大学的教师，二者间并不存在行政上的管理与被管理的关系。综上，邹恒甫与北京大学在本案中应属平等民事主体关系。关于第二个条件。北京大学在本案中主张权利的

事实依据为名誉权受侵害，法律依据为民法通则、侵权责任法等民事法律规范。由于名誉权系一种人格权，属于人身权法律关系的范畴，应受民事法律规范调整。因此，在本案中北京大学享有名誉权，并且其名誉权不应受到限制或克减。

综上，北京大学在本案中系以平等民事主体主张权利，双方纠纷系因民事活动而产生，故北京大学的名誉权应予以充分保护。邹恒甫主张北京大学系行使公权力的事业单位法人，因而不享有名誉权的上诉理由，缺乏事实及法律依据，本院不予采纳。

2. 北京大学是否与本案有直接利害关系问题

法人名誉权是法人对其在社会活动中所获得的社会评价所享有保有、不被侵犯的权利。具体而言，法人的名誉包括对其产品、服务、人员、管理、信誉等多方面的综合社会评价。"学者效也"，"校者教也"。从"学校"二字的字面含义以及学校负担的社会功能来看，学校本身就是以"师生"为主体而形成的教授和学习知识、传递和塑造价值的场所。因此，学校与师生之间形成了不可分割的利益共同体，对于教师或学生尤其是对不特定教师或学生的评价必然会影响到学校本身的声誉。本案中，邹恒甫辩称其发布微博内容指向"少数院长副院长教授"，并非指向北京大学。但其在发布涉诉微博中用语模糊、指向不明，且始终未向法院予以明确说明或提交证据证明其发布微博内容具体指向哪些或哪位"院长主任教授"。鉴于其微博内容涉及对北京大学管理能力、教师整体素养作风的评价，从一般人角度来看，微博内容显然足以联想指向到北京大学。因此，邹恒甫关于微博内容并非针对北京大学的上诉理由，不能成立。

综上，北京大学作为一个民事法人主体，享有名誉权，且邹恒甫所发布的微博内容直接指向了北京大学，依据《中华人民共和国民事诉讼法》第一百一十九条第一项"原告是与本案有直接利害关系的公民、法人或其他组织"的规定，北京大学与本案存在直接利害关系。因此，北京大学是本案的适格原告，有权对邹恒甫提起诉讼。

二、邹恒甫发布的微博内容是否构成名誉权侵权

《最高人民法院关于审理名誉权案件若干问题的解答》第七条规定："是否构成侵害名誉权的责任，应当根据受害人确有名誉被损害的事实、行为人行为违法、违法行为与损害后果之间有因果关系、行为人主观上有过错来认定。"因此，名誉权侵权的构成要件有以下四个：违法行为、损害后果、主观过错、行为与后果间的因果关系。结合邹恒甫的上诉理由，本院就邹恒甫是否实施了违法行为、邹恒甫是否具有主观过错、邹恒甫行为是否导致北京大学名誉权受损以及邹恒甫言论是否属于行使监督批评权因而应予免责四个问题分别进行论述。

1. 关于邹恒甫是否对北京大学实施了违法行为问题

《中华人民共和国民法通则》第一百零一条规定："公民、法人享有名誉权，公民的人格尊严受法律保护，禁止用侮辱、诽谤等方式损害公民、法人的名誉。"《最高人民法院关于贯彻执行〈中华人民共和国民法通则〉若干问题的意见（试行）》第140条第二款规定："以书面、口头等形式诋毁、诽谤法人名誉，给法人造成损害的，应当认定为侵害法人名誉权的行为。"因此，对公民或法人名誉权的侵害主要包括诽谤和侮辱两种形式。

诽谤是指故意捏造虚假事实或引用虚假事实并进行不当评论因而导致他人社会评价降低的行为。《最高人民法院关于审理名誉权案件若干问题的解答》第八条规定："因撰写、发表批评文章引起的名誉权纠纷，人民法院应根据不同情况处理：文章反映的问题基本真实，

没有侮辱他人人格的内容的，不应认定为侵害他人名誉权。……文章的基本内容失实，使他人名誉受到损害的，应认定为侵害他人名誉权。"上述规定明确了撰写、发表文章应当建立在内容真实或基本真实的基础上。微博作为一种新兴的自媒体，人人都可能成为新闻的接收者，也可以成为新闻的制造者。故而，在微博上撰写、发表文章时也应遵行真实性这一基本原则。具体而言，在认定发布的言论是否真实时可遵循两个标准：一是言论是否有基本事实依据；二是言论来源是否可靠，在无法核实言论来源真伪时，是否做到客观转述、公正评论。本案中，邹恒甫在其微博中爆料北京大学院长、教授及系主任与北京梦桃源餐饮有限公司服务员之间存在不正当关系，但其在庭审过程中始终未向法院提交任何直接证据证明其言论的真实性，缺乏基本事实依据，因而不符合真实性第一个标准。庭审过程中，邹恒甫向原审法院提交了《北大教授指控高中生情人敲诈 30 万逾：已被解除教职》等 5 篇文章，向本院提交了《北大女留学生：余某某常一夜情，被劝保持沉默》等 2 篇新闻报道，以此来证明其发表言论的来源真实。对此，本院认为，邹恒甫在引用其他报道或进行诉讼时应当做到基本客观真实、就事论事，不得过度引申及演绎。上述报道虽揭露了北京大学部分教师存在生活作风问题，但与邹恒甫发布涉诉微博所指向内容没有关联性。因此，邹恒甫的微博言论显然已超出其出具证据所载事实的范围，因而不符合真实性的第二个标准。

侮辱是指以暴力或语言的方式公然贬损他人人格，破坏他人名誉的行为。本案中，邹恒甫在发布涉诉微博内容中，使用了诸如"淫棍""淫荡"等词语，属于以言语方式贬损北京大学名誉的行为，符合侮辱行为的构成要件。

综上，邹恒甫在发布涉诉微博内容时，缺乏基本事实依据，使用侮辱性词语，对北京大学构成诽谤与侮辱，实施了名誉侵权的加害行为。

2. 关于邹恒甫是否具有主观过错问题

依据《中华人民共和国民法通则》第一百零六条第二款、《中华人民共和国侵权责任法》第六条第一款以及《最高人民法院关于审理名誉权案件若干问题的解答》第七条的规定，主观过错是认定名誉权侵权的必要构成要件。本案中，在判断邹恒甫是否具有主观过错时，应依据其是否尽到了一个"诚信谨慎之人"的合理注意义务，也即不特定多数人在同等情况下应达到的一般注意义务进行判断。有关于此，可从以下两个方面进行分析：

首先，主观过错作为行为人被法律责难的一种心理状态，应主要依据行为人的外在表现进行推定。在认定邹恒甫在本案中是否具有主观过错时，可从其言论是否属实、评论是否客观公正、言论发表场所、言论持续时间以及其在权利人提出异议的情况下是否及时采取删除或更正说明措施，减少损害的进一步扩大等方面进行分析。本案中，邹恒甫就其发布的微博内容，始终未向法院提交证据予以证实，缺乏基本的事实依据，且微博用语包含侮辱性词汇。其微博发布后，引起了网友的大量转发及评论，且相关媒体对此进行了报道，故邹恒甫在发布微博后应该已知道其言论所带来的损害后果。但邹恒甫在 2012 年 8 月 21 日发布首条微博内容后，其又分别发布了另外十数条与此相关的微博，直至 8 月 30 日，持续了较长时间。在北京大学向其提出异议后，其并未积极向北京大学提供线索或配合进行调查，也未及时采取删除或更正说明的方式以防止损害的进一步扩大。此外，邹恒甫在其所发布的微博中，声称"除了邹恒甫，北大淫棍太多"，存在借贬低他人，抬高自己的嫌疑。在 2012 年 8 月 30 日 3 时 53 分发布微博中又自认其说话"往往夸大"，是其"一贯风格"。综合上述事实，能够认定邹恒甫对于其发布言论及言论带来的损害后果具有主观过错。

其次，具有特殊身份的人在特定环境下发表言论理应负有更高注意义务。本案中，邹恒甫曾系北京大学教授，具有内部人身份，其言论足以形成"内部人爆料"效应，更易使公众产生信赖。邹恒甫还是一位知名经济学家，具有较高的社会地位，且在网络世界中拥有十几万的粉丝，其言论容易得到更多人的关注与响应。加之邹恒甫发布言论的场所又系开放的网络环境，具有快速复制、传播、发散的特点，易对他人的权利造成更大的损害。上述主体与环境的客观因素决定邹恒甫在发表其言论时理应负有更高的注意义务，以免对他人的合法权利构成侵害。

综上，邹恒甫在发布微博言论时，并未尽到其应尽的注意义务，存在主观过错。本院对于邹恒甫上诉称其无主观恶意，发布微博内容系出于对当前高等教育和学术风气的担忧，希望通过网络监督与批评的方式，帮助北京大学加强管理，形成好的师风学风，改善北京大学的社会评价，提高北京大学的声誉这一说法不予采信。

3. 关于北京大学是否存在名誉权受损害的后果问题

"名不徒生，而誉不自长"。法人的名誉本身蕴含了法人及其组织成员长期经营及努力的成果，是法人最为重要的无形资产。法律对于名誉权保护的目的在于使权利主体不因他人非法行为而导致其社会评价的降低。因此，在衡量名誉权是否受损时，应主要考量权利人的社会评价在侵权行为发生后是否降低。北京大学作为一所学校，肩负着对学生传授知识及塑造人格的双重任务。因此，维持自身良好的形象与名誉对学校、教师、学生而言均具有重要意义。本案中，邹恒甫在发布相关微博的数天内，微博粉丝数量由117395人迅速增至189595人，其发布的两条涉诉微博几天内被转发及评论达数万次。在2012年8月24日腾讯网的评论频道"今日话题"栏目第2165期制作的《"北大淫棍门"谁来证清白》的专题网络用户投票结果中，关于"你相信邹恒甫的爆料吗？"这一话题，投票表示相信的为15112票，投票表示不相信的为276票。上述数据均来自邹恒甫个人微博以及与双方无利害关系的第三方，足以表明绝大多数网络用户相信邹恒甫所发布的微博内容为真实的。社会评价是名誉权的核心，上述事实足以表明邹恒甫所发布的内容导致北京大学的社会评价明显降低。

邹恒甫上诉称广大网友的评论系基于其自身社会经验与认识而作出，与其没有关系。对此，本院认为，任何群体结论的得出均是多数个体经过内心确认的结果，但是，这离不开外部环境诱因。本案中，广大网友所相信的事实确指邹恒甫所发布的北京大学"教授院长主任"与北京梦桃源餐饮有限公司女服务员之间存在不正当关系的事实，并非广大网友依据自身经验与认知所得出的其他事实。因此，邹恒甫所发布的事实系"因"，广大网友的结论是"果"，二者之间并不存在互相佐证或因果倒置的问题。故对邹恒甫上诉称其行为未造成北京大学损害后果的上诉理由，本院不予采纳。

4. 邹恒甫发布涉案微博是否属于言论自由，进而能够成为免责事由问题

公民的言论自由以及对公共事务的监督批评权属于一项公法权利，应得到宪法保护。然而，他人的人格尊严、名誉权也受宪法保护。民法通则、侵权责任法以及相关司法解释虽系对私权利的具体保护，属下位法，但其在法律原则与法律逻辑上并不与宪法精神相冲突。在民事主体享有的具体权利上，并不存在上位法优先于下位法予以保护的情况。从宪法的规定来看，宪法对言论自由、监督批评权作出保护的同时也作出了限制，公民的言论自由、批评、建议、申诉、控告、检举的权利的最低要求应以不存在诽谤、侮辱、捏造或歪曲事实为前提，应止于对他人合法权利的侵犯。

具体到本案而言，本院认为，随着网络技术的发展以及诸如"微博""微信"等自媒体的兴起，公民有了更多渠道对外表达自己的意见，也有了更大可能放大自己的声音，因而公民的表达权及言论自由得到了技术性的提升。然而，由于网络具有开放性及便捷性的天然技术特性，网络侵权可能造成的后果往往更加严重。因此，依据权责统一原则以及法益衡平理论，公民在网络上行使批评监督权时理应负担更高的注意义务。

公民的言论自由并不是无边界的，其与他人的权利处于一种动态的平衡中，相互制约而又相互促进。网络是现实生活的映射与延伸，并非言论的法外之地，因而仍需遵循基本法律制度及生活规则。如前文所述，邹恒甫在发布微博内容时，缺乏基本的事实依据，存在诽谤与侮辱的情形，构成对北京大学权利的侵害，因此其行为已超出了言论自由与批评监督权的范围，其上述理由不应成为侵权的免责事由。

综上所述，邹恒甫存在主观过错，实施了对北京大学的加害行为，导致北京大学的社会评价明显降低，且其行为已超出了行使言论自由的权利边界，构成了对北京大学名誉权的侵害，据此应承担相应侵权责任。原审法院根据相关情节所作出的责任认定有事实及法律依据，判决邹恒甫所承担的侵权责任合理适当，本院对此予以维持。依据《中华人民共和国民事诉讼法》第一百七十条第一款第（一）项之规定，判决如下：

驳回上诉，维持原判。

一审案件受理费一百五十元，由邹恒甫负担（本判决生效后七日内交纳）。

二审案件受理费一百五十元，由邹恒甫负担（已交纳）。

本判决为终审判决。

审判长　张　军

审判员　陈　伟

代理审判员　张　琦

二〇一四年十二月二十三日

书记员　崔启坤

案例30：张明、徐莉华等与海西晨报社、张尚初名誉权纠纷二审民事判决书

福建省厦门市中级人民法院
民事判决书

（2014）厦民终字第2537号

上诉人（原审被告）：海西晨报社。

法定代表人：黄毓斌，社长。

委托代理人：郑伟，福建典格律师事务所律师。

被上诉人（原审原告）：张明，男，汉族。

被上诉人（原审原告）：徐莉华，女，汉族。

委托代理人：张明，自然情况同上。

被上诉人（原审原告）：张晔，男，汉族。

委托代理人：张明、徐莉华，自然情况同上。

原审被告：张尚初，男，汉族。

委托代理人：郑伟，福建典格律师事务所律师。

上诉人海西晨报社因与被上诉人张明、徐莉华、张晔，原审被告张尚初名誉权纠纷一案，不服厦门市思明区人民法院（2013）思民初字第14228号民事判决，向本院提起上诉。本院依法组成合议庭，公开开庭审理了本案。上诉人海西晨报社及原审被告张尚初的共同委托代理人郑伟，与被上诉人张明、徐莉华（同时也是被上诉人张晔的委托代理人）到庭参加诉讼。本案现已审理终结。

原审判决查明：海西晨报社系《海西晨报》的主办与编辑出版单位。2013年6月16日，《海西晨报》第一版右下角刊登标题"参加学校体检，领到过期套套"，第A8版刊登标题为"参加抽血送过期避孕套？"、副标题为"集美大学：系医生个人行为；医生：不可能过期"的报道，副标题"集美大学"字样下方标注文字"过期"。上述报道的采编记者为海西晨报社见习记者张尚初。上述报道中，"学生"系集美大学财经学院的学生，"医生"系集美大学医疗中心预防科张医生。上述报道附有漫画一篇，其中安全套图样标注文字为"有效日期：2012年"，桌子图样标注文字为"乙肝抽血礼品发放处"，针管图样标注文字为"过期避孕套？"后，上述报道及漫画上传至太阳网，并转载至腾讯大闽网（标题为"学生参加抽血送过期避孕套，校方：医生个人行为"）、人民网（标题为"学生体检获赠过期避孕套，称系医生个人行为"）、东南网（标题为"抽血送过期避孕套？集大医疗中心一医生行为遭疑"）等网站。

张明、徐莉华、张晔于2013年10月31日向原审法院起诉，请求判令：1. 确认《海西

晨报》2013 年 6 月 16 日第一版题眼"参加学校体检，领到过期套套"，第 A8 版漫画与题为《参加抽血送过期避孕套?》的报道以及所属的太阳网上相应报道系恶意炒作、传播虚假信息，诽谤他人，侵犯张明、徐莉华、张晔名誉权；2. 海西晨报社在《海西晨报》第一版题眼、第 A8 版的原刊登医生漫画的版位上向张明、徐莉华、张晔赔礼道歉、澄清事实、消除负面影响，并代表海西晨报社到张明所在集美大学医疗中心向张明个人与在集美大学主管医疗中心的副校长当面赔礼道歉；3. 海西晨报社、张尚初赔偿张明、徐莉华、张晔精神损失费 200000 元；4. 海西晨报社、张尚初承担本案诉讼费用。

庭审中，海西晨报社提供"@尚尚尚 zhi"新浪微博及私信，欲证明集美大学财经学院投资 1212 班发微博称学校发的避孕套过期，在之后的私信中有同学说是参加抽血发的，海西晨报社依据上述线索进行采访报道。张明、徐莉华、张晔质证认为，"@尚尚尚 zhi"新浪微博及私信系客观事实，但其内容不客观；张尚初作为记者，私自与发帖人私信互动，却没了解发帖人与张明之间是否存在矛盾，然后随意发帖；张尚初对张明进行采访后，张明给张尚初打了近二十分钟的电话解释真实的过程，同时建议其亲自到厦门市疾病控制中心或集美大学科研处实地验证，但张尚初仍未改正，故张尚初系恶意的；大概在报道前一天的晚上，张明又打电话给张尚初。

原审判决认为：公民享有名誉权，人格尊严受法律保护，侵犯公民名誉应承担法律责任。是否构成侵害名誉权的责任，应当根据受害人确有名誉被损害的事实、行为人行为违法、违法行为与损害后果之间有因果关系、行为人主观上有过错来认定。本案中，张尚初的报道行为属职务行为，相应的法律后果应当由海西晨报社承担。媒体在作出新闻报道前应对消息来源进行核实，海西晨报社提供的证据仅能证明涉案报道的消息线索及来源，不能证明其对学生领取安全套是否过期的问题已经查证属实。一方面，海西晨报社在第一版刊登标题"参加学校体检，领到过期套套"，第 A8 版副标题"集美大学"字样下方标注文字"过期"，所附的漫画中安全套图样标注文字为"有效日期：2012 年"，上述文字内容显然属于结论性判断；另一方面，报道中"学生"系集美大学财经学院的学生，"医生"系集美大学医疗中心预防科张医生，所附漫画中桌子图样标注文字为"乙肝抽血礼品发放处"，报道范围及对象明确。海西晨报社作为公共媒体，其报纸的受众是广大的不特定读者，在作出新闻报道时负有审慎的注意义务，上述文字内容足以造成张明的社会评价度下降，在一定程度上损害了张明的名誉权，故张明有权要求海西晨报社停止侵害、消除影响、赔礼道歉。张明要求海西晨报社在《海西晨报》第一版及第 A8 版面刊登向张明赔礼道歉的声明，为其消除影响，合法合理，予以支持。但张明要求海西晨报社到其所在集美大学医疗中心向其个人与在集美大学主管医疗中心的副校长当面赔礼道歉，缺乏法律依据，不予支持。综合本案侵权事实，张明主张精神损害抚慰金 200000 元过高，依法予以调整，酌情支持 10000 元。由于涉案报道中并未出现有关张明家人即徐莉华、张晔的内容，徐莉华、张晔提供的证据亦不能证明徐莉华、张晔因侵权导致精神损害并造成严重后果，故徐莉华、张晔相应的诉讼请求于法无据，不予支持。综上，依照《中华人民共和国侵权责任法》第十五条，《最高人民法院关于确定民事侵权精神损害赔偿责任若干问题的解释》第八条第二款，《最高人民法院关于审理名誉权案件若干问题的解答》第七条、第十条，《中华人民共和国民事诉讼法》第六十四条第一款，《最高人民法院关于民事诉讼证据的若干规定》第二条的规定，判决：一、确认《海西晨报》2013 年 6 月 16 日第一版标题"参加学校体检，领到过期套套"与第 A8 版

"集美大学"字样下方标注的文字"过期"及所附漫画中安全套图样标注的文字"有效日期：2012 年"侵犯张明的名誉权；二、海西晨报社于判决生效之日起七日内在《海西晨报》第一版及第 A8 版面刊登向张明赔礼道歉的声明，为张明消除影响（声明的具体内容事先须经本院审查）；三、海西晨报社于判决生效之日起七日内赔偿张明精神损害抚慰金 10000 元；四、驳回张明、徐莉华、张晔其他诉讼请求。

宣判后，海西晨报社不服，向本院提起上诉。

上诉人海西晨报社上诉称：

一、原审判决认定海西晨报社侵犯张明的名誉权错误。

1. 原审判决割裂了整篇报道的完整性，认定导读和漫画文字内容属于结论性判断违背客观、全面的原则。2. 第一版标题"参加学校体检，领到过期套套"的导读包含的人物是学生和学校，张明在起诉状中也认为是集美大学官方组织的体检行为，其只是校方的参加者之一，任何读者从该导读中均不可能和张明联系起来。3. 第 A8 版报道所配漫画并没有进行姓名指引，也没有对张明形象进行漫画描写，任何读者也不会认为漫画中的医生就是张明。4. 海西晨报社记者在对集美大学学生和现场工作人员及集美大学宣传处进行采访后，就集美大学组织学生体检的活动予以报道，内容和所配漫画均不会引发读者对张明发放过期避孕套的联想。至于报道中集美大学宣传处将学校组织的活动说成是医生个人行为的责任，应当由集美大学承担。

二、原审判决认定报道对避孕套过期存在结论性判断错误。

1. 涉案报道不是新闻调查报道而是社会新闻，仅就各方的说法进行客观报道，是非自有读者进行评判。新闻媒体不是审判机关，要求新闻媒体对报道新闻内容应当进行查证属实才能报道显然没有法律依据。2. 报道的标题对避孕套是否过期还加了问号，这显然不是一个结论性的判断，从报道内容也得不出结论性判断的依据。

三、原审判决将双方对证据的质证意见作为查明事实认定错误。

原审判决将双方在审理中对海西晨报社提供的"@尚尚尚zh1"新浪微博及私信等证据的质证意见作为事实认定，不符合司法文书的写作规范，也容易误导二审法官和社会公众。

四、原审判决海西晨报社赔偿张明精神损害抚慰金没有依据。

根据司法解释规定，只有因精神损害导致受害人严重损害后果的，才予以支持精神损害抚慰金的请求。而本案中，没有任何证据证明张明因涉案报道导致名誉权受到严重损害。

综上，请求撤销原审判决，改判驳回张明、徐莉华、张晔的全部诉讼请求。

被上诉人张明、徐莉华、张晔答辩称：事实上，张尚初在涉案报道见报之前就已经知道所谓"过期避孕套"是子虚乌有，但为吸引眼球而硬行炒作，其主观恶意十分明显。原审判决只认定涉案报道损害张明的名誉权而没有认定海西晨报社及张尚初系"恶意侵害"，已经是考虑和照顾到其作为新闻媒体的职业性质。

所谓"过期避孕套"是张尚初道听途说所得，而"个人行为"也是其偷换概念误导他人所成。但海西晨报社故意罔顾事实，没有任何引言和前提通过头版题眼"参加学校体检，收到过期套套"进行报道的行为显然是对其所报道事件的定性论断，提醒读者关注已经存在"过期避孕套"的事实。报道的副标题"校方：系医生个人行为，医生：不可能过期"更是向读者暗示医生承认了是个人行为，只是抵赖"过期"的事实。张明是集美大学医疗中心副主任医师，也是乙肝、戊肝和青年学生艾滋病哨点监测科研项目主持人，报道题目中所说的医生和报道内容中又具体指明集美大学医疗中心防疫科的张医生，显然是指向张明（医疗中心只有一位张姓医生）。从报道的标题、副标题等和具体内容上看显然表明是张明私自向学生发放过期避孕套，引诱学生采血，严重侵害了张明的名誉权。况且，张尚初在事先已经拿到了能够说明活动性质的《知情同意书》，张明也曾经在电话中就活动性质和根本就不存在过期避孕套的事实向其作了清晰地解释，并邀请其到现场对安全套是否过期进行查证、核实，又建议他到该次活动的合作单位疾病控制中心或立项部门集美大学科研处进行了解采访，但均被粗暴拒绝。海西晨报社借助题眼、插图、结论性的导引概括词等将过期避孕套的存在加以定性，在报道中将《知情同意书》中能够说明活动性质的内容和电话中对安全套是否过期的解释故意隐瞒。海西晨报社辩称涉案报道是社会新闻，无需查证属实的理由是不能成立的。

海西晨报社认为，张明在一审质证中主张曾建议张尚初到厦门市疾病控制中心和集美大学科研处了解情况的事实仅是张明的质证意见，不能作为事实认定。但没有证据反驳张明所主张的事实，也没有证据证明张尚初在报道前有到上述两个部门进行采访。张尚初无视最基本常识而到不可能了解真相的地方进行误导式采访显然存在恶意。

涉案报道不仅在每日发行20多万份的海西晨报上传播，还被上网转载达200多万次，导致领导对张明的训斥和纪检的审查、同事的避险、家庭危机等等。张尚初和海西晨报社的行为对张明造成严重的精神损害，原审判决10000元的精神抚慰金只是个象征性的赔偿，根本就不足以抚平张明精神上的创伤。

综上，海西晨报社的上诉没有道理，应当予以驳回。

原审被告张尚初述称：同意海西晨报社的上诉意见。

经审理查明：对原审判决查明认定的事实，除海西晨报社对"报道中的医生系集美大学医疗中心预防科张医生"有异议外，其余事实没有争议。本院对没有争议的事实予以确认。

海西晨报社主张，报道中的医生并非特指集美大学医疗中心预防科张医生，是指集美大学参加体检活动的所有医务工作者。经查，涉案报道中所提到的医生仅有集美大学医疗中心防疫科张医生，且报道中所称"医生：不可能过期"的内容也是引自"张医生"的陈述。本院认为，海西晨报社的该异议，与报道的内容不相吻合，理由不能成立，故对海西晨报社的该异议，本院不予采信。

还查明：集美大学赠送给参加此次活动同学的避孕套系由福建省疾控中心赠送，在避孕套的包装上印刷有"MFG201205""EXP201704"字样。张明主张"MFG"是指生产包装日期，"EXP"是指过期时间。张尚初则称，其在网上图片只看到没有日期的一面而没有看到有日期的一面，而在向现场陈姓学生采访时有看到包装封面，但包装封面没有写日期，不能确定张明等人提供的避孕套就是实际发放给学生的避孕套。

二审中，双方均没有提交新的证据。

本院认为：真实性是新闻的生命线，新闻媒体机构和新闻从业人员发表新闻报道应当严格以客观事实为依据，尊重真实，应对报道内容的真实性进行核实。海西晨报社主张讼争报道为社会新闻，其无须对报道新闻内容进行查证的理由是不能成立的，对海西晨报社的该主张，本院不予支持。本案讼争报道，从形式看，讼争报道虽然在标题上标有问号，但其副标题"集美大学：系医生个人行为；医生：不可能过期"及所配漫画中标有"有效日期：

2012年"的避孕套却可以误导读者确信文中所述的避孕套是过期的，尤其是第一版的导读更是以"参加学校体检领到过期套套"的题眼肯定了避孕套已过期。然而，本案已查明，集美大学发放给学生的避孕套在外包装上已明确印刷了过期时间为2017年。显然，海西晨报社在讼争报道中肯定张明将过期避孕套发放给学生内容存在严重失实的情形，原审判决认定讼争报道的文字及漫画侵犯张明的名誉权正确。张明请求海西晨报社赔礼道歉消除影响的理由成立，本院予以支持。综合本案的实际情况看，第一版的题眼起到的是索引的作用，报道的全部内容均登载在第A8版，从消除影响范围应与侵权范围相当的角度考量，海西晨报社在第A8版刊登道歉声明已足以消除其所造成的影响，故张明请求海西晨报社在第一版和第A8版均刊登道歉声明，本院予以部分支持。因海西晨报社的侵权行为，已足以造成身为医生这一特定身份的张明社会评价度的下降，导致其因此而受到精神损害是显而易见的，原审判决综合本案侵权事实，酌定精神损害抚慰金10000元是适当的，本院予以维持。另，根据《诉讼费用交纳办法》规定，诉讼费应按当事人主张的标的额予以确定，原审判决对诉讼费的计算有误，本院一并予以纠正。综上，依照《中华人民共和国民事诉讼法》第一百七十条第一款之规定，判决如下：

一、维持厦门市思明区人民法院（2013）思民初字第14228号民事判决的第一、三项，即"确认《海西晨报》2013年6月16日第一版标题'参加学校体检，领到过期套套'与第A8版'集美大学'字样下方标注的文字'过期'及所附漫画中安全套图样标注的文字'有效日期：2012年'侵犯张明的名誉权""海西晨报社于判决生效之日起七日内赔偿张明精神损害抚慰金10000元"；

二、撤销厦门市思明区人民法院（2013）思民初字第14228号民事判决的第四项，即"驳回张明、徐莉华、张晔其他诉讼请求"；

三、变更厦门市思明区人民法院（2013）思民初字第14228号民事判决的第二项为：海西晨报社于本判决生效之日起七日内在《海西晨报》第A8版面刊登向张明赔礼道歉的声明，为张明消除影响（声明的具体内容事先须经法院审查）；

四、驳回徐莉华、张晔原审的诉讼请求和张明原审的其他诉讼请求。

本案一审案件受理费1350元，由海西晨报社负担350元，由张明、徐莉华、张晔负担1000元；二审案件受理费350元，由海西晨报社负担；海西晨报社二审应负担而未足额预交的部分应于本判决生效之日起7日内向本院缴纳。

本判决为终审判决。

审判长　郑承茂
审判员　庄伟平
审判员　陈丽端
二〇一四年十二月二十四日
书记员　庄维旸

附页：本案适用的法律条文
《中华人民共和国民事诉讼法》
第一百七十条　第二审人民法院对上诉案件，经过审理，按照下列情形，分别处理：
（一）原判决、裁定认定事实清楚，适用法律正确的，以判决、裁定方式驳回上诉，维

持原判决、裁定;

(二)原判决、裁定认定事实错误或者适用法律错误的,以判决、裁定方式依法改判、撤销或者变更;

(三)原判决认定基本事实不清的,裁定撤销原判决,发回原审人民法院重审,或者查清事实后改判;

(四)原判决遗漏当事人或者违法缺席判决等严重违反法定程序的,裁定撤销原判决,发回原审人民法院重审。

原审人民法院对发回重审的案件作出判决后,当事人提起上诉的,第二审人民法院不得再次发回重审。

‖ 2015 年度 ‖

案例 31：上海麦司投资管理有限公司与维多利亚的秘密商店品牌管理公司侵害商标权纠纷二审民事判决书

上海市高级人民法院
民事判决书

（2014）沪高民三（知）终字第 104 号

上诉人（原审被告）：上海麦司投资管理有限公司。
法定代表人：高洁。
委托代理人：宋达宇，北京市中伦文德律师事务所律师。
委托代理人：郑又玄。
被上诉人（原审原告）：维多利亚的秘密商店品牌管理公司。
法定代表人：约瑟夫·奎格利，该公司副总裁。
委托代理人：王萱，上海市国泰律师事务所律师。
委托代理人：郭诚诚，上海市国泰律师事务所律师。

上诉人上海麦司投资管理有限公司（以下称麦司公司）因侵害商标权及不正当竞争纠纷一案，不服上海市第一中级人民法院（2014）沪一中民五（知）初字第 33 号民事判决，向本院提起上诉。本院受理后，依法组成合议庭，于 2014 年 12 月 4 日公开开庭进行了审理。上诉人麦司公司的委托代理人宋达宇，被上诉人维多利亚的秘密商店品牌管理公司（以下称维多利亚公司）的委托代理人王萱、郭诚诚，到庭参加诉讼。本案现已审理终结。

原审原告维多利亚公司诉称：原告系全球著名内衣品牌"VICTORIA'S SECRET"（中文名：维多利亚的秘密）的所有人。该品牌创立于 20 世纪 70 年代，主要通过专卖店以及直销两种方式销售品牌产品。原告已在全球多个国家和地区注册了商标，在本案中主张保护的是在中国注册的"VICTORIA'S SECRET"（第 35 类和第 25 类）、"维多利亚的秘密"（第 35 类和第 25 类）四个商标。原告发现，被告未经许可，擅自在其经营的店铺招牌、员工胸牌、VIP 卡、时装展览等处使用原告的"VICTORIA'S SECRET"商标，通过专卖店形式销售商品，在大量的宣传和推广活动中使用原告的"VICTORIA'S SECRET"和"维多利亚的秘密"商标，同时对外宣称其店铺为"VICTORIA'S SECRET"或"维多利亚的秘密"的直营店、专卖店、旗舰店，宣称被告为"VICTORIA'S SECRET"或"维多利亚的秘密"的品牌运营总公司、中国区品牌运营商、中国的总行销公司、北上广深渝津大区总经销、品牌公关行销运营商、维秘中国总部等，开展特许加盟销售活动，构成商标侵权和不正当竞争。故诉至法院，请求判令：1. 被告立即停止以"VICTORIA'S SECRET"或"维多利亚的秘密"专卖店方式销售商品的商标侵权和不正当竞争行为，即立即停止在其位于上海市徐汇区肇嘉浜路×××号美罗城四楼店铺的店面招牌、员工胸牌、VIP卡、时装展览等处使用原告"VICTORIA'S SECRET"或"维多利亚的秘密"商标的商标侵权及不正当竞争行为；2. 被告立即停止宣称其店铺为"VICTORIA'S SECRET"或"维多利亚的秘密"的直营店、专卖店、旗舰店、形象店等虚假宣传的不正当竞争行为及商标侵权行为；3. 被告立即宣称其为"VICTORIA'S SECRET"或"维多利亚的秘密"的品牌运营总公司、中国区品牌运营商、中国的总行销公司、北上广深渝津大区总经销、品牌公关行销运营商、维秘中国总部等，并停止进行特许销售加盟、专卖加盟等虚假宣传的不正当竞争行为及商标侵权行为；4. 被告在《新民晚报》、中国女装网首页（www.nz86.com）显著位置就其侵权行为发表书面声明，消除影响；5. 被告销毁虚假宣传的物品（宣传手册、加盟销售手册、VIP卡）；6. 被告赔偿原告经济损失及合理费用共计人民币（以下币种同）510万元；7. 被告承担本案诉讼费用。

原审被告辩称：1. 被告销售的维多利亚商品来源于原告母公司有限品牌公司（LimitedBrands，Inc.）（以下简称LBI公司），被告对原告商标的使用系在商品销售过程中的合理使用，不构成商标侵权和不正当竞争；2. 被告从未实施过原告诉请所主张的虚假宣传行为，也不存在虚假宣传物品；3. 根据原告提供的证据，原告已被其母公司吸收合并，故不具备本案诉讼主体资格；4. 原告涉案商标从未在中国进行过商业使用，故其主张损害赔偿的诉请应予驳回。故请求驳回诉讼请求。

原审法院经审理查明：原告系涉案四个注册商标的专用权人，该四个注册商标分别是：1. "维多利亚的秘密"，商标注册证号为第×××××××号，核定服务项目类别为第35类：邮购订单形式的广告，直接邮件广告，商业橱窗布置，数据通信网络上的在线广告，商业信息，为广告或销售组织时装展览，推销（替他人），艺术家演出的商业管理；有效期自2008年9月14日至2018年9月13日；2. "维多利亚的秘密"，商标注册证号为第××××××××号，核定使用商品类别为第25类：服装，女内衣等；有效期自2008年12月21日至2018年12月20日；3. "VICTORIA'S ECRET"，商标注册号为第×××××××号，核定服务项目类别为第35类：通过邮购订单进行的广告宣传，直接广告宣传，为广告或销售组织时装展览，为广告或推销提供模特，替他人推销等；有效期自2012年2月14日至2022年2月13日；4. "VICTORIA'S SECRET"，商标注册证号为第×××××××号，核定使用商品类别为第25类：服装，服装带（衣服），短筒袜，长筒袜，围巾，手套（服装）；有效期自2011年1月14日至2021年1月13日。

2013年12月20日，原告向上海市东方公证处申请证据保全，在位于上海市肇嘉浜路×××号的美罗城四楼门口有"VICTORIA'S SECRET"字样标牌的商铺内购得两件物品，支付价款1260元，取得被告出具的收据、银联签购单各一张，以及宣传资料两份。该两份宣传资料分别系产品宣传手册和加盟销售手册，均突出使用了"VICTORIA'S SECRET"及"维多利亚的秘密"标志，其中产品宣传手册系对"维多利亚的秘密"品牌的介绍以及产品的介绍，同时载明加拿大联合麦斯于1999年成立于加拿大温哥华，中国总部系被告，末页载明"VICTORIA'S SECRET"品牌运营总公司系加拿大联合麦斯－上海麦斯投资管理有限公司，并标明了电话（021 - ×××××××）、传真（021 - ×××××××）、网址（www. uni - mice. com）、招商热线（×××××××××××）、地址（上海徐汇区天钥桥路×××号美罗大厦24楼2405~2410）等联系信息；加盟销售手册介绍了"VICTORIA'S SECRET"品牌销售制度，包括装修风格、规格、标准由被告统一控管，经营理念、企业识别、管理服务、管理制度的四个一致化等，并列明了大区销售商、省级销售商、省会销售商、市级销售商、单店加盟商等不同级别销售商年度进货额、品牌使用费、权益保证金等方面的要求，其中品牌使用费处于6万元到50万元之间，截至2013年12月，维多利亚的秘密商店中国大陆地区共计21家，末页载明的联系信息同产品宣传手册。公证过程还显示，该四楼店铺大门招牌、店内墙面、货柜、收银台、员工胸牌等处均突出使用了"VICTORIA'S SECRET"标志，销售的产品上也均使用了"VICTORIA'S SECRET"和"维多利亚的秘密"标志。该大厦地下一层正在举办内衣时装展览，背景大屏幕也突出使用了"VICTORIA'S SECRET"标志。2014年1月2日，原告经公证至上述美罗城四楼店铺取得一张被告出具的面值1260元的发票。2014年1月16日，原告又经公证至上述美罗城四楼店铺购买"维多利亚的秘密"商品5件，支付7620元，并取得VIP会员卡一张，该会员卡上突出使用了"VICTORIA'S SECRET"标志。

中国女装网上有关于"维多利亚的秘密"的品牌专栏，内容涉及品牌介绍、招商政策、品牌画册、门店形象、品牌动态等，页面上部关于品牌信息处突出使用了"VICTORIA'S SECRET"和"维多利亚的秘密"，具体内容涉及全国招商加盟宣传，以及被告系中国维多利亚的秘密总行销公司，上海、北京、广州、深圳、重庆、天津总代理商，维多利亚的秘密中国总部，美罗城店为维多利亚的秘密上海直营店、旗舰店、形象店等，联系电话、公司网址、联系地址信息均同加盟销售手册。中国服装品牌网、中国品牌内衣网上亦有众多有关"维多利亚的秘密"的品牌专栏，内容涉及品牌介绍、产品款式、品牌动态、商业机会、加盟信息等，其中品牌标志突出使用了"VICTORIA'S SECRET"标志，具体内容也涉及美罗城店为维多利亚的秘密上海直营店、专卖店，被告系维多利亚的秘密中国区品牌运营商等，部分招商加盟信息同加盟销售手册，联系电话、公司网址、联系地址信息也均同加盟销售手册。

用户名为"@victoriessecret总部"的新浪微博账号中有大量关于"维多利亚的秘密"的信息，如众多模特照片上有"VictoriasSecret总部""VictoriasSecret总经销"字样，美罗城店为维多利亚的秘密上海直营店，被告系维多利亚的秘密中国总部、北上广深渝津大区总经销、中国区品牌运营商等，亦涉及加盟招商咨询信息等，咨询电话同加盟销售手册。扫描加盟销售手册末页二维码，进入"维多利亚的秘密"的微信账号，账号名中突出使用了"VICTORIA'S SECRET"标志，相关微信信息中亦有众多有关"维多利亚的秘密"的招商加盟信息，被告系该品牌运营总公司等。

2014年1月16日，原告向广东省广州市白云公证处申请证据保全，使用公证处电话拨通×××××××××，咨询维多利亚的秘密加盟事宜，自称是被告员工的魏云霄接电告知加盟要求，并通过邮件形式发送具体的品牌资料（邮件信息显示魏云霄系被告品牌市场部总监，传真、招商热线、网址、地址信息均同加盟销售手册），详细介绍"维多利亚的秘密"品牌信息及加盟信息，其中亦涉及对"VICTORIA'S SECRET"和"维多利亚的秘密"的突出使用，以及被告系该品牌的中国品牌运营商、北上广深渝津大区销售商，在中国开设品牌旗舰店、特许销售店等。

原审法院另查明，原告是案外人 IntimateBrandsHolding，LLC 的全资子公司，IntimateBrandsHolding，LLC 是案外人 IntimateBrands，Inc. 的全资子公司，IntimateBrands，Inc. 是 LBI 公司的全资子公司。另，LBI 公司旗下还有一家全资子公司维多利亚的秘密商店有限公司（Victoria'sSecretStores，LLC）（以下简称 VSSLLC 公司）。原告负责 LBI 公司旗下所有"VICTORIA'S SECRET"（维多利亚的秘密）商标的注册、使用、管理和保护，是上述商标的所有权人，LBI 公司和其他全资子公司经原告许可使用"VICTORIA'S SECRET"（维多利亚的秘密）商标。

VSSLLC 公司与 AmericanFashionBrands，LLC（以下简称 AFB 公司）签订有一份《库存出售协议》，该协议从 2007 年 1 月 1 日起生效，授权 AFB 公司在包括中国在内的多个地区出售某些标记为缺货的库存。该协议第 3 条系有关转售商品的限制规定："3.1 对买方销售商品的限制规定。买方同意，它应仅仅将商品出售给以下购买人：（i）直接通过其自己的实体零售店出售该商品的零售商，以及（ii）事先经卖方书面批准的某些批发商，而且这些批发商只能将商品出售给卖方事先批准的零售商……3.2 购买人不是买方的代理商与转售商。买方同意，卖方并不以任何形式向买方或其关联方、客户或购买方授予许可证，授权或任命买方作为卖方的代理商或卖方的任何关联方的代理商，而且买方也同意，不得自称为卖方的特许或委托代理商或卖方的关联方，并确保其关联方也不自称为卖方的特许或委托代理商或卖方的关联方。买方同意，在购买人完整填写非代理商声明书，并由买方将该非代理商声明书的副本送交卖方书面批准之前，不得向该购买人销售任何商品。"第 5.4 条系知识产权的规定："除非按照本协议明确规定容许的方式，或者除非卖方以书面形式另行批准，买方同意，它不得并应确保其购买人与关联方和客户不会利用或经销以任何方式带有卖方或其任何关联方的任何名称、商标、商品名、图标或其他知识产权的货物为其做广告，而且买方同意，它与任何这类人都无权使用任何产品样本、产品样本图片、副本、互联网或其他媒体或卖方或其任何关联方的知识产权作为其标牌、专用信纸、商业书信、标签或任何其他形式广告的组成部分……"

上海锦天服饰有限公司（以下称锦天公司）2007 年 9 月从 LBI 公司购进了价值约 510 万美元的维多利亚的秘密品牌内衣商品。

2007 年 9 月 10 日，LBI 公司品牌保护总监 Dean Brocious 出具的确认函称："LBI 公司很高兴确认 AFB 公司被选中来协助清理维多利亚的秘密专卖店当前质量一流的多余库存，并通过该公司将这些多余库存产品提供给上海锦天服饰有限公司在中国境内销售。大部分衣物标有世界著名的维多利亚的秘密标签，剩余部分则是 INTIMISSIMI 品牌优选服饰。AFB 公司被授权将这些多余库存产品提供给经 LBI 公司批准的传统零售商（不包括目录销售或因特网销售），在除美国和加拿大之外被批准的国家销售。LBI 公司将在拥有多余库存产品以及 AFB 公司遵守 LBI 公司所有规则、规定及政策的前提下，根据与 AFB 公司之间的《库存出售协议》的条款和条件，向 AFB 公司继续提供选定的多余库存产品。AFB 公司的合作伙伴和买家们必须遵守相同的规则和规定……"；2007 年 10 月 6 日，AFB 公司首席执行官 Mohamed A. Barry 出具授权书称："……AFB 公司授权上海锦天服饰有限公司在中华人民共和国境内独家销售维多利亚的秘密产品，并受到 AFB 公司的大力支持，且如 2007 年 9 月 10 日的 LBI 公司的信函所述，获得 LBI 公司的批准。"

锦天公司与被告于 2011 年 11 月签订《战略合作框架协议》，约定"甲方（锦天公司）

就自美国 LBI 所购进并经美国 AFB 授权的维多利亚的秘密正品的销售问题，将货品销售、授权经销权利全部托管乙方（被告），乙方享有甲方就美国 AFB 授权所享有的一切权利，甲方除维持现有销售商外自己不再发展销售商……"2012 年 1 月 1 日，锦天公司出具独家经销分销授权书，授权被告为维多利亚的秘密（VICTORIA'S SECRET）系列产品北京市、上海市、广州市、深圳市、天津市、重庆市独家终端零售唯一分销商，暨中国境内商品销售商，同时具有再授权中国各地各省市级单店分销商经销权利资格，授权期限自 2012 年 1 月 1 日起至 2022 年 12 月 31 日止。

原审法院再查明，工业和信息化部备案信息显示，杭州执掌科技有限公司系女装网（www.nz86.com）的主办单位，该公司出具说明称其负责管理和运营中国女装网（网址：www.nz86.com），该网络平台上发布的所有"VICTORIA'S SECRET/维多利亚的秘密"品牌的展示及招商加盟信息均系上海麦司投资管理有限公司自行上传和发布。

《昕薇》《南都娱乐周刊》《悦己》《环球企业家》《环球人物》《三联生活周刊》《现代企业教育》《经营者》等杂志均有关于原告品牌或内衣秀或模特的介绍。东方卫视、辽宁卫视、深圳卫视、凤凰卫视等国内多个电视媒体亦曾对原告有过相关报道。原告官网上维多利亚的秘密内衣产品价格基本位于 30~70 美元之间，公证购买的被告销售的商品价格分别为 1080 元、1600 元、1680 元、2480 元。

2013 年 4 月 23 日，在原告诉锦天公司侵害商标权及不正当竞争纠纷一案中，上海市第二中级人民法院作出一审判决，认定锦天公司仅是从原告母公司 LBI 公司处购进了库存产品在国内销售，没有证据证明是美国顶级内衣维多利亚秘密唯一指定总经销商，却自称是美国顶级内衣维多利亚秘密唯一指定总经销商，构成虚假宣传的不正当竞争行为。

原审庭审中，原告明确本案中不主张被告销售的维多利亚的秘密产品系商标侵权产品，同时原告确认其在中国境内没有开设专卖店形式的实体经营活动，但认为一直通过网络以及邮购方式向包括中国在内的全世界销售商品。

原告为本案支出公证费 36500 元，翻译费 4650 元，律师费 160000 元，产品购买费用 8880 元。

原审法院认为，综合双方当事人的诉辩意见，本案的争议焦点在于：一、原告是否具有诉讼主体资格；二、被告是否实施了被控侵权行为；三、原告指控的商标侵权行为是否成立；四、原告指控的不正当竞争行为是否成立；五、本案的民事责任承担问题。对此，原审法院分述如下：

一、原告是否具有诉讼主体资格

根据原告提供的主体资格证明，也即特拉华州州务卿 2013 年 11 月 15 日出具的证明，原告系根据特拉华州法律组建，截至 2013 年 11 月 15 日的特拉华州州务卿办公室记录显示仍为合法存续的公司，结合原审法院上述查明事实，原告系涉案四个注册商标的专用权人，故原告有权就本案被控商标侵权行为及不正当竞争行为提起诉讼。被告虽对原告主体资格提出异议，认为其已被其母公司 LBI 公司吸收，但被告援引的证据仅系原告提供的 LBI 公司 2013 年第三季度报告。该报告翻译件中涉及"自 2013 年 3 月 22 日起，LimitedBrands，Inc.（即 LBI 公司）更名为 LBrands，Inc.……通过吸收合并的方式将本公司全资子公司吸收到本公司，并且本公司为合并后的存续公司，以此进行公司名称变更"。对此，原审法院认为，原告系 LBI 公司的子公司 IntimateBrands，Inc. 的子公司 IntimateBrandsHolding，LLC 的子公司，与报告中所涉的全资子公司层级不同，且报告内容并未涉及被 LBI 公司吸收合并的子公司名称，而该子公司至 2013 年 3 月 22 日已不再存续，但原告提供的主体资格证明，原告至 2013 年 11 月 15 日仍为合法存续的公司，故原告并非上述报告所涉被 LBI 公司吸收合并的子公司，被告以此提出的对原告主体资格的异议不能成立。

二、被告是否实施了被控侵权行为

本案中，被告辩称其从未实施过原告诉请所主张的虚假宣传行为，不存在虚假宣传物品，也未举办过公证所涉时装展。对此，原审法院认为，首先，本案中原告主张的虚假宣传物品系宣传手册、加盟销售手册、VIP 卡，上述物品系在美罗城店铺公证购买产品时所得，被告承认该店铺系其所经营，但否认对上述物品的发放，并未提供任何反证予以证明，故对被告的该项辩称，原审法院不予采信。其次，本案中原告诉请的虚假宣传行为系通过中国女装网、中国服装品牌网、中国品牌内衣网、新浪微博、微信以及×××××××××招商热线实施的宣传行为，一方面，上述网络发布的信息与通过拨打×××××××××电话所获信息基本一致，均指向维多利亚的秘密的品牌信息及加盟信息，联系信息也均指向被告；另一方面，微信账号系通过扫描加盟销售手册末页二维码进入，×××××××××电话载于产品宣传手册、加盟销售手册中，中国女装网的运营商杭州执掌科技有限公司也出具说明该网站上的相关信息系被告发布，而被告系上述宣传信息的受益方，虽对上述宣传行为予以否认，但并未提供证据予以证明，故综合在案证据，可以认定上述宣传信息均系被告所实施，被告的抗辩主张，不能成立。再则，关于公证所涉时装展，系维多利亚的秘密品牌内衣时装展，举办于美罗城大厦地下一层，而被告经营店铺亦位于该大厦，经销产品也同该展览产品，被告虽对举办行为予以否认，但亦未提供诸如该展览举办方或该大厦还存在销售同品牌产品的其他店铺的任何信息作为反驳证据，故综合在案证据，原审法院对被告的抗辩主张，不予支持。

三、原告指控的商标侵权行为是否成立

根据《中华人民共和国商标法》第五十七条第（一）项、第（二）项的规定，未经商标注册人的许可，在同一种商品上使用与其注册商标相同的商标的，构成商标侵权；在同一种商品上使用与其注册商标近似的商标，或者在类似商品上使用与其注册商标相同或者近似的商标，容易导致混淆的，构成商标侵权。本案中，原告系涉案"维多利亚的秘密""VICTORIA'S SECRET" 四个注册商标的权利人，依法享有注册商标专用权，其指控的被控商标侵权行为包括：1. 被告在其经营的美罗城店铺招牌、员工胸牌、VIP 卡、时装展览等处使用 "VICTORIA'S SECRET" 标识构成对原告 "VICTORIA'S SECRET"（第 35 类和第 25 类）、"维多利亚的秘密"（第 35 类和第 25 类） 四个注册商标的侵害；2. 被告在对外宣传过程中使用 "VICTORIA'S SECRET" 和 "维多利亚的秘密" 标识，构成对原告 "VICTORIA'S SECRET"（第 35 类和第 25 类）、"维多利亚的秘密"（第 35 类和第 25 类）四个注册商标的侵害。

原审法院注意到本案的特殊之处在于，对于相同的标识，原告同时注册为了服务商标和商品商标，即 "VICTORIA'S SECRET" 和 "维多利亚的秘密" 两个标识分别注册在第 35 类服务和第 25 类商品上，而被告虽然没有获得原告的商标授权，但其销售的商品并无证据表明属于假冒商品。由于被告并非销售假冒商品，指控其侵犯原告商品商标专用权显然并不成立，因此仅需判定被告是否侵犯了原告的服务商标专用权。对此原审法院认为，商标权人无权禁止他人在销售商品过程中对其商品商标的指示性使用，即使是同时注册了与商品商标标识相同的服务商标，也不能禁止他人对商品商标的指示性使用。因此，本案中判定被告是否侵权，需要对被告在销售并非假冒"VICTORIA'S SECRET""维多利亚的秘密"商标的商品过程中的商标使用行为进行定性和鉴别，即究竟属于为指示所销售商品而使用商标，还是属于用以标识服务来源而使用商标。而判断是否属于商品商标的指示性使用应当根据使用商标是否属于指示所销售商品所必需，以及使用商标是否具备了标识服务来源功能这两方面综合判断。如果对商标的使用超出了为指示所销售商品所必需的方式，并且足以产生标识服务来源的效果，则构成对服务商标的侵权。

对于第一类被控侵权行为，原审法院认为，尽管为指示所销售的商品而使用商标与标识服务来源而使用商标不易区分，但依照本文前述判别两者的两方面考量因素来看：其一，被告不仅在店铺大门招牌、店内墙面、货柜等处使用了"VICTORIA'S SECRET"标识，还在收银台、员工胸牌、VIP卡、时装展览等处使用了"VICTORIA'S SECRET"标识，已经超出了指示所销售商品所必需使用的范围；其二，被告在使用上述标识的同时，并没有附加其他标识用以区分服务来源，相反，被告还积极对外宣称美罗城店为维多利亚的秘密上海直营店，被告系维多利亚的秘密中国总部、北上广深渝津大区总经销、中国区品牌运营商等，这使得被告这种超出指示所销售商品所必要范围的标识使用行为具备了标识服务来源的功能，足以使相关公众误认为销售服务系商标权人（原告）提供或者与商标权人（原告）存在商标许可等关联关系。因此，原审法院认为被告对"VICTORIA'S SECRET"标识的使用，已经构成了对原告"VICTORIA'S SECRET"服务商标（第35类）的侵犯，对被告辩称其系对商标的合理使用的主张不予采纳。由于被告在提供服务过程中并没有使用"维多利亚的秘密"中文标识，且原告"维多利亚的秘密"（第35类）服务商标并未在中国境内进行过商业性使用，难以认定被告使用的"VICTORIA'S SECRET"标识与原告"维多利亚的秘密"（第35类）服务商标构成近似，故原审法院认为被告并不构成对原告"维多利亚的秘密"（第35类）服务商标的侵害。

关于第二类被控侵权行为，原审法院认为，被告在中国女装网、中国服装品牌网、中国品牌内衣网、新浪微博、微信等网络上发布的信息主要涉及维多利亚的秘密的品牌介绍、产品介绍、门店信息、招商加盟信息，并未涉及产品的网上销售。结合整体网页内容，被告在此广告宣传过程中对"VICTORIA'S SECRET"和"维多利亚的秘密"标识的使用，向相关公众传达的信息系被告是维多利亚的秘密的品牌经营者，开展该品牌的招商加盟业务，该种使用方式系对服务商标的使用，与"VICTORIA'S SECRET"（第35类）和"维多利亚的秘密"（第35类）商标核定使用的服务类别相同，属于在同一种服务上使用与其注册商标相同的商标，构成商标侵权。

四、原告指控的不正当竞争行为是否成立

经营者在市场交易中。

对于第一类被控不正当竞争行为，原审法院认为：首先，被告上述行为原审法院已经认定构成商标侵权，不应再适用反不正当竞争法的总则条款对该行为进行规制。其次，本案中，原告明确其在中国境内没有开展实体经营活动，在案证据也仅能反映经原告母公司许可的部分库存产品在我国境内进行过销售，上述证据并不足以证明原告提供的服务或商品在我国境内已为相关公众所知悉，能够认定为"反不正当竞争法规定的知名商品"；另外，被控侵权行为系对商标的使用行为，并非对商品的宣传行为，故原告主张被告擅自使用其知名商品特有装潢、虚假宣传的主张，均不能成立，原审法院不予支持。

对于第二类被控不正当竞争行为，原审法院认为，根据《中华人民共和国反不正当竞争法》第九条的规定，经营者不得利用广告或者其他方法，对商品的质量、制作成分、性能、用途、生产者、有效期限、产地等作引人误解的虚假宣传。本案中，被告仅是经销从原告母公司处购进的库存产品，并无证据证明被告系该品牌的特许或委托代理商，亦无证据证明被告对该品牌的知识产权享有使用的权利，但被告却对外宣称其系 VICTORIA'S SECRET 或维多利亚的秘密中国总行销公司，中国区品牌运营商、北上广深渝津大区总代理商、总经销，维多利亚的秘密中国总部，品牌运营总公司，美罗城店为维多利亚的秘密上海直营店、旗舰店、形象店、专卖店等，同时开展对外招商特许加盟宣传。原审法院注意到，国内有众多媒体对原告有过宣传报道，被告上述宣传均会使相关公众误以为被告与原告存在授权许可关系，从而使被告不正当地获得竞争优势。另外，原审法院也注意到，被告美罗城店铺商品售价远高于原告官网上的同类商品售价，结合被告的虚假宣传行为，会对原告今后在中国境内的商业活动产生影响。综上所述，被告虚构事实攀附原告的主观意图明显，且实施了虚假宣传的客观行为，并获得了不正当竞争利益，也致使原告利益受到侵害，应当认定构成不正当竞争。

五、本案民事责任的承担问题

鉴于被告构成商标侵权和不正当竞争，故其理应承担相应的民事责任。原告关于被告停止侵权的诉请，原审法院予以支持。

关于被告应赔偿的经济损失，原告主张根据被告的侵权获利计算，主要参考原告 2012 年在美国开设 "VICTORIA'S SECRET" 专卖店的平均营业利润，以及被告加盟销售手册所述，已在中国开设加盟店 21 家，每家收取品牌使用费 6 万元到 50 万元。对此，原审法院认为，本案中被告同时构成商标侵权和不正当竞争，但两者的行为表现、损害后果并不相同，故赔偿额的确定亦应予以区别。关于商标侵权，被告对 "VICTORIA'S SECRET" 与 "维多利亚的秘密" 标识的使用构成对原告享有的 "VICTORIA'S SECRET"（第 35 类）和 "维多利亚的秘密"（第 35 类）服务商标的侵权，被告抗辩涉案商标从未在中国进行过商业使用，对此，原告明确其在中国境内未开展过实体经营活动，也未提供证据证明其在中国境内对其上述服务商标进行过其他形式的使用，也不能证明因该商标侵权行为受到其他损失，故被告主张因原告商标未使用而不承担赔偿责任的抗辩，原审法院予以支持。关于不正当竞争，美国 "VICTORIA'S SECRET" 专卖店的平均营业利润与本案被告获利缺乏关联性，原告也未能证明中国 21 家维多利亚的秘密加盟店均系被告所发展，且品牌使用费亦不等同于被告获利，故依据原告上述证据尚不能计算被告的侵权获利。鉴于本案中原告没有证据证明其因侵权所受损失或被告因侵权所获利益的具体金额，故原审法院综合考虑被告的主观过错、侵权行为的性质、期间、后果、原告为本案支出的合理费用等因素酌情确定被告应承担的赔偿额。其中，原审法院特别注意到：首先，被告销售的维多利亚的秘密商品来源于锦天公司，其行为的授权也源于锦天公司，而锦天公司已于 2013 年 4 月被生效判决判令构成不正当竞争，被告仍继续进行虚假宣传，主观过错程度较大；其次，被告对外宣称不同级别加盟销售商收取的品牌使用费处于 6 万元到 50 万元之间，截至 2013 年 12 月，维多利亚的秘密商店中国大陆地区共计 21 家；再则，原告主张的维权费用中的大部分系其为本案诉讼所支出的合理费用。综合上述考量因素，原审法院依法酌定被告应赔偿原告经济损失与合理开支共计

50 万元。

关于原告主张的消除影响的诉请，原审法院认为，被告的侵权行为，涉及相关公众对服务来源的识别，以及对原被告商业关系的认识，故原告有关消除影响的主张于法有据。本案事实表明，被告在中国女装网等多家网络上发布虚假信息，在上海开设实体店铺，并在全国多地开展招商加盟，原告主张在《新民晚报》、中国女装网首页（www.nz86.com）消除影响，与侵权行为的影响范围相适宜，原审法院可予准许。关于原告主张的销毁虚假宣传物品的诉请，原审法院认为，在原审法院判令被告停止不正当竞争行为时已包含被告不得使用虚假宣传物品的要求，故原审法院亦无需单独对该诉请予以支持。

此外，诉讼费用的分担由人民法院根据裁判结果依职权确定，对原告的相关诉讼请求原审法院予以驳回。

据此，依照《中华人民共和国民法通则》第一百一十八条，《中华人民共和国商标法》第五十七条第（一）项、第（二）项、第六十四条第一款，《中华人民共和国反不正当竞争法》第五条第（二）项、第九条第一款、第二十条第一款，《最高人民法院关于审理不正当竞争民事案件应用法律若干问题的解释》第十七条第一款之规定，原审法院判决：一、被告麦司公司应于判决生效之日起停止侵犯原告维多利亚公司享有的核准注册在第 35 类服务上的第×××××××号"VICTORIA'S SECRET"、第×××××××号"维多利亚的秘密"注册商标专用权；二、被告麦司公司应于判决生效之日起停止实施虚假宣传的不正当竞争行为；三、被告麦司公司应于判决生效之日起十日内赔偿原告维多利亚公司经济损失及制止侵权的合理费用共计 500000 元；四、被告麦司公司应于判决生效之日起三十日内在《新民晚报》及中国女装网首页刊登声明以消除影响（内容须经原审法院审核，费用由该被告负担）；五、驳回原告维多利亚公司的其余诉讼请求。本案一审案件受理费 47500 元，财产保全费 5000 元，共计诉讼费用 52500 元，由原告维多利亚公司负担 23676 元，被告麦司公司负担 28824 元。

一审判决后，麦司公司不服，向本院提起上诉，请求撤销原判第一、二、三、四项并改判其不构成侵权、不承担赔偿责任。其主要上诉理由为：一、其从不知晓 VSSLLC 公司与 AFB 公司之间签订过《库存出售协议》，因此无法遵守该协议；其严格遵守 LBI 公司品牌保护总监确认函所称的"传统零售商（不包括目录销售和因特网销售）"的要求，从未进行过目录销售和因特网销售；根据 AFB 公司授权书所称的"独家销售"，可将锦天公司和麦司公司理解为"唯一指定总经销商""总行销公司"，并进而可以理解为锦天公司和麦司公司已获得商品商标的使用授权和服务商标的使用授权。二、一审判决关于商品商标和服务商标的适用范围的认定与区分，没有法律依据。三、在没有认定麦司公司开设 21 家加盟店的情况下，将此作为确定损害赔偿数额的依据，存在事实认定错误，导致赔偿数额畸高。四、就不正当竞争而言，维多利亚公司不在中国注册，在中国并未开展过经营，不可能导致混淆误认，因此其无权提出反不正当竞争之诉。

被上诉人维多利亚公司答辩称：一、麦司公司并未获得维多利亚公司的商标使用授权，也不是代理商，无权使用维多利亚公司的知识产权权利。LBI 公司出具的确认函、锦天公司与麦司公司签订的《战略合作框架协议》、锦天公司出具的独家经销分销授权书，仅证明锦天公司及麦司公司从 LBI 公司处购进一批库存产品，并未涉及商标的授权使用。二、麦司公司在招牌、员工胸牌、VIP 卡、互联网广告上等使用维多利亚公司的涉案商标，已经超出销售商品所需要的必要范围，具备了识别服务来源的功能，属于服务商标的使用，而非商品商标的使用，服务商标不适用权利用尽原则。三、关于赔偿数额，一审判决综合考虑麦司公司过错、侵权后果等进行法定赔偿，21 家加盟店仅是作为确定赔偿数额的考虑因素之一；麦司公司宣传册称其有 21 家加盟店，真实可信，原判确定的 50 万元赔偿数额于法有据。四、《中华人民共和国反不正当竞争法》所称的经营者并非必须在中国境内开展实体经营，维多利亚公司的网络销售亦涵盖中国市场；麦司公司称其为维多利亚公司的独家经销商、中国总部等，会造成消费者误解，其同时违反了《中华人民共和国反不正当竞争法》第二、九条的规定。

二审中双方当事人均未向本院提交新的证据材料。

本院经审理查明，原审法院认定的事实属实。

本院另查明：《昕薇》、《南都娱乐周刊》、《悦己》、《环球企业家》、《环球人物》、《三联生活周刊》、《现代企业教育》、《经营者》以及《中国制衣》、《时尚北京》、《人像摄影》、《全国商情》等杂志，有关于被上诉人"VICTORIA'S SECRET""维多利亚的秘密"品牌或内衣秀或模特的介绍；东方卫视、辽宁卫视、深圳卫视、凤凰卫视等国内多个电视媒体亦曾对被上诉人内衣秀或模特有过报道。

本院认为：

一、关于麦司公司是否已经获得维多利亚公司涉案商品商标和服务商标的使用授权。根据《库存出售协议》，库存产品购买者不得自称为卖方的特许或委托代理商或关联方；根据 LBI 公司出具的确认函，锦天公司可以在中国境内销售库存产品，但须遵守《库存出售协议》相关条款。虽然锦天公司与麦司公司签订了《战略合作框架协议》，且锦天公司授权麦司公司为独家终端零售唯一分销商，但仅表明麦司公司有权在中国境内独家销售所购进的标注涉案商标的库存产品。从库存出售的交易链条可以看出，整个交易过程并不涉及涉案商标的授权使用。无论麦司公司是否知晓《库存出售协议》，其作为库存产品的购买者，依法仅获得该批产品的所有权，即享有对该批产品进行占有、使用、收益、处分的权利。物权的移转并不意味着麦司公司自动获得涉案商标的使用许可，其仅可在销售该批产品所必需的最低限度内，对涉案商标进行指示性使用。本案中，维多利亚公司并未主张麦司公司进行目录销售和因特网销售而构成侵权，因此即使麦司公司未进行目录销售和因特网销售，也不能将此作为本案中其行为不构成侵权的抗辩理由。维多利亚公司作为涉案商标的权利人，未向 AFB 公司、锦天公司以及麦司公司授权使用其涉案商标"VICTORIA'S SECRET""维多利亚的秘密"。AFB 公司亦未获得维多利亚公司关于涉案商标的使用授权，更无权向他人授权使用涉案商标，其授权书所称的"独家销售"，不能理解为涉案商品商标和服务商标的使用授权。因此，麦司公司关于其已获得涉案商标使用授权的上诉意见，没有事实基础和法律依据，本院不予采信。

二、关于麦司公司是否侵害了维多利亚公司的涉案服务商标专用权。本案中，麦司公司所销售的商品并非假冒"VICTORIA'S SECRET""维多利亚的秘密"商标的商品，维多利亚公司亦未主张麦司公司所售商品为侵权产品，双方争议在于如何评价麦司公司在销售过程中使用"VICTORIA'S SECRET""维多利亚的秘密"标识的行为。值得注意的是，维多利亚公司在第 35 类服务上享有"VICTORIA'S SECRET""维多利亚的秘密"的注册商标专用权，这表明在此类服务上，他人未经许可不得使用"VICTORIA'S SECRET""维多利亚的秘密"

注册商标。同时，由于麦司公司所销售的并非假冒商品，因此其也应具有将"VICTORIA'S SECRET""维多利亚的秘密"商品商标在销售活动中指示商品来源、以便消费者识别商品来源的权利，对此商标权人应当予以容忍。但如果对销售过程中商品商标的指示性使用不加限制，则可能危及相关服务商标的存在价值。因此，麦司公司在指示性使用涉案商品商标过程中，应当限于指示商品来源，如超出了指示商品来源所必需的范围，则会对相关的服务商标专用权构成侵害。根据本案查明的事实，麦司公司在店铺大门招牌、店内墙面、货柜以及收银台、员工胸牌、VIP卡、时装展览等处使用了"VICTORIA'S SECRET"标识，且对外宣称美罗城店为维多利亚的秘密上海直营店、其系维多利亚的秘密中国总部、北上广深渝津大区总经销、中国区品牌运营商等，这可能导致相关公众误认为销售服务系商标权人提供或者与商标权人存在商标许可等关联关系，因此已经超出指示所销售商品来源所必要的范围，具备了指示、识别服务来源的功能，构成对"VICTORIA'S SECRET"服务商标专用权的侵害。麦司公司在网络广告宣传过程中使用"VICTORIA'S SECRET""维多利亚的秘密"标识，目的是利用涉案商标开展产品销售相关的招商加盟业务，系在与涉案服务商标同类的服务上使用与涉案服务商标相同的商标，原审法院认定其构成侵权，并无不当。综上，原审法院对涉案商品商标和服务商标所进行的区分认定，并进而认定麦司公司侵害了维多利亚公司涉案服务商标专用权，并无不当。

三、关于维多利亚公司是否有权提起反不正当竞争之诉。本院认为，反不正当竞争法所称的经营者并不限于在中国注册且开展商品销售的公司，维多利亚公司符合我国反不正当竞争法所称的经营者之主体条件。维多利亚公司系专门管理涉案注册商标的LBI公司的子公司，虽然并无证据表明维多利亚公司在中国市场开展过商品销售活动，但国内媒体对涉案品牌及其产品进行过相当数量的宣传报道，足以表明涉案商标已经出现在中国相关市场、涉案品牌已建立起一定的商誉，宣传行为也是维多利亚公司开展经营活动的方式之一。根据查明的事实，麦司公司对外宣称其系VICTORIA'S SECRET或维多利亚的秘密中国总行销公司、中国区品牌运营商，北上广深渝津大区总代理商、总经销，维多利亚的秘密中国总部，品牌运营总公司，美罗城店为维多利亚的秘密上海直营店、旗舰店、形象店、专卖店等，同时还开展对外招商特许加盟宣传。麦司公司的上述行为，使相关公众误以为维多利亚公司与麦司公司之间存在授权许可关系并因此获得更多商业机会，亦可能对维多利亚公司今后在中国境内开展商业活动带来不利影响，原审法院认定其构成虚假宣传，并无不当。因此，对麦司公司关于维多利亚公司不在中国注册、未在中国开展经营活动因而无权提起反不正当竞争之诉的上诉意见，本院不予支持。

四、关于赔偿数额的确定。根据法律规定，不正当竞争案件中的赔偿数额，按照权利人因被侵权所受到的实际损失确定，实际损失难以确定的可以按照侵权人因侵权所获得的利益确定，权利人的损失或者侵权人获得的利益难以确定的，由法院根据侵权行为的情节进行法定赔偿，且侵权人应当承担被侵害的经营者因调查该经营者侵害其合法权益的不正当竞争行为所支付的合理费用。本案中，维多利亚公司的实际损失、麦司公司的侵权获利均无法查清，应由法院根据侵权行为的情节以法定赔偿方法确定赔偿数额。综合考虑麦司公司在锦天公司另案被判侵权后仍继续进行虚假宣传、主观过错较大，麦司公司称所收取每家加盟店的品牌使用费达6万元至50万元，维多利亚公司在本案中提供的维权开支凭证金额超出20万元等因素，原审法院依法酌情确定的包含合理费用在内的50万元赔偿数额，本院认为并无不妥。麦司公司所开设加盟店的数量，仅为确定损害赔偿数额的参考因素之一，并非原判确定赔偿数额的唯一依据。因此，麦司公司关于原审认定事实错误、赔偿数额畸高的上诉意见，本院不予采信。

综上所述，上诉人上海麦司投资管理有限公司的上诉请求无事实和法律依据，应予驳回。依照《中华人民共和国民事诉讼法》第一百七十条第一款第（一）项之规定，判决如下：

驳回上诉，维持原判。

本案二审案件受理费人民币8800元，由上诉人上海麦司投资管理有限公司负担。

本判决为终审判决。

> 审判长　王　静
> 代理审判员　徐卓斌
> 代理审判员　陶　冶
> 二〇一五年二月十三日
> 书记员　董尔慧

附：相关法律条文

《中华人民共和国民事诉讼法》

第一百七十条　第二审人民法院对上诉案件，经过审理，按照下列情形，分别处理：

（一）原判决、裁定认定事实清楚，适用法律正确的，以判决、裁定方式驳回上诉，维持原判决、裁定；

…………

案例 32：李之龙、徐喜娣诉宋祖德名誉权纠纷一审民事判决书

安徽省广德县人民法院
民事判决书

（2014）广民一初字第 02164 号

原告：李之龙，男，汉族，农民，住安徽省广德县。

原告：徐喜娣，女，汉族，农民，住安徽省广德县。

二原告委托代理人：罗永胜，安徽宣广律师事务所律师。

被告：宋祖德，男，汉族，居民，住广东省广州市荔湾区。

委托代理人：潘青，安徽渊源律师事务所律师。

原告李之龙、徐喜娣诉被告宋祖德名誉权纠纷一案，本院 2014 年 8 月 13 日立案受理后，依法适用普通程序于 2015 年 3 月 2 日公开开庭对本案进行了审理；原告委托代理人、被告及其委托代理人到庭参加诉讼。诉讼过程中，被告先后向本院提出管辖权异议和追加被告申请，本院均裁定驳回。本案现已审理终结。

原告诉称：二原告儿子李本超生于 1995 年 12 月 6 日，就读于江苏省常州技师学院，2014 年 7 月 12 日在广德县东亭乡为抢救落水儿童不幸牺牲。2014 年 7 月 22 日 11 时，被告在其腾讯微博、新浪微博及网易微博发表了一条题为《大学生不会游泳该不该下水救人？》的帖子，该帖称："近日安徽广德县暑假返乡的大学生李本超，为救两名落水儿童不幸牺牲，当时他在一女同学家玩，听到呼救声他们一起跳下水，而他和女同学都不会游泳。祖德以为，李本超危急时刻挺身而出的精神是崇高的，但行为时鲁莽的，可能会添乱，在女同学面前装英雄是浮躁、虚荣的！"事实情况是，李本超是和一个男同学在一起；被告所称的上述内容，虚构了李本超在女同学家玩并和女同学一起跳水的场景；被告以此为理由，对李本超作出"鲁莽""添乱""在女同学面前装英雄""浮躁""虚荣"评价，歪曲、丑化了李本超舍身救人的见义勇为行为及李本超的个人名誉。该帖发布后，引起部分网民的愤慨，被告迫于舆论压力，自行删除了该帖。但该帖从发表至 2014 年 7 月 23 日已有 6.5 万次点击阅读量，并被多人转发，已造成极大的社会影响。李本超因见义勇为而牺牲，在社会上受到普遍尊敬和褒扬，而涉案文章却采取捏造事实的方式向他人散布不实信息，并借此作出恶意评论，被告的主观过错明显。相对原告而言，在痛失爱子的情况下，又因被告的恶意言论再次遭受痛苦。原告认为，公民享有名誉权，公民的人格尊严受法律保护，法律禁止他人用侮辱、诽谤等方式损害公民、法人的名誉。被告的上述发帖内容失实，纯属故意捏造。帖子发表后，短时间内引起数万人的关注，降低了公众对李本超见义勇为行为的社会评价，侵害了李本超的名誉。为维护李本超的合法权益，维护司法公平正义，现提起诉讼，请求：1. 判

令被告连续十天在其个人腾讯微博、新浪微博、网易微博刊登向原告李之龙、徐喜娣公开赔礼道歉的声明（致歉声明内容须经法院审核同意），消除影响，为李本超恢复名誉；2.判令被告赔偿两原告公证费 800 元；3.判令被告赔偿两原告精神抚慰金人民币 10 万元。

为证明自己的主张，原告向本院提交了如下证据：

1. 公证书，证明被告在其腾讯微博、新浪微博、网易微博发表了题为《大学生不会游泳该不该下水救人?》的帖子，该帖仅腾讯微博的点击阅读量就超过 6.5 万，证明被告的行为造成极大的社会影响。

2. 收据，证明原告为收集证据支付公证费 800 元。

3. 户口簿，证明两原告系李本超父母。

4. 广德县社会管理综合治理委员会广综治《2014》10 号文件，证明李本超被追授"见义勇为先进个人"荣誉称号。

5. 共青团广德县委广德县文明办广青《2014》31 号文件，证明李本超被授予"广德好青年"荣誉称号。

6. 中共安徽省委政法委员会安徽省社会治安综合治理委员会安徽省见义勇为基金会皖综治委《2014》15 号文件，证明李本超荣获安徽省见义勇为第十一届"安徽移动弘扬正气奖"二等奖。

7. 说明一份，证明李本超当选 2014 年"最美广德人"年度人物。

8. 《今日广德》报 1913 期，证明李本超荣获安徽省十佳"乡村好青年"荣誉称号。

9. 网络搜索页面截图，证明被告因侵犯谢晋、金巧巧名誉权被判决赔偿 289951.62 元、10 万元事实以及精神损害赔偿参考标准。

被告辩称：一、被告所写涉案微博是在网上看了《安徽日报》及《新华网》关于李本超不会游泳跳下水救人的事迹后，出于社会责任感而写，认为他明知自己不会游泳，应该及时打 110 报警，而不应该勉为其难，他作为独生子，这么年轻牺牲了，对他父母打击十分巨大；假如当时拨打 110 报警，既能挽救落水儿童生命，而他自己又能继续在高校深造报恩父母，不舍己而救人不是更加好吗? 二、被告写此微博没有主观故意诽谤他，相反微博强调"李本超危急时刻挺身而出的精神是崇高的"，只是觉得他的行为有点鲁莽，毕竟救人也需要基本能力和技术，被告写此微博无非是为了警示类似事件发生，需要理智、技术救人，鲁莽要不得。被告评价依据的转载文章和案件涉及的情况是真实的，评论的语句有针对性，主观上并不存在借机损害李本超的名誉、进行人格侮辱的恶意，没有过错。三、被告微博是在全国多家媒体报道一周后才写，2014 年 7 月 22 日 11 时发布，2014 年 7 月 23 日即自行删除，当时接到电话，称文中的与李本超一起跳水的陈文娇实质上是男同学；被告习惯根据字面判断性别，意识到自己根据"娇"字错误判断了性别，有一点瑕疵，于是果断自行删除，没有影响有关政府和部门对李本超授予荣誉称号，所提出的论点在客观上也没有给李本超的名誉造成伤害，原告怎么可能因为这篇比较公正客观的评论受到精神伤害? 原告没有证据证明受到实质性名誉及精神损害，其诉请不合情不合理更不合法。四、言论自由是宪法赋予的公民权利，被告对客观发生的事件作出客观评论，内容有赞美有批评，这是公民的正当权利，也是被告作为社会公众人物的责任；原告故意将已经删除的微博突击进行公证，在没有任何证据证明原告受到实质精神损害的情况下提起诉讼有为了诉讼而诉讼的恶意诉讼的嫌疑。

为证明自己的主张，被告向本院提交了如下证据：

1. 公证书，证明被告发布的帖子是根据别人的评论转载的；确认了本案的事实，即李本超不会游泳。

2. 中华全国青年联合会第九届委员会委员证，证明被告是委员，具有社会责任感。

对原告提交的证据，被告的质证意见是：证据1没有异议，被告确实发了这篇帖子，但是公证书这篇文章不存在对本案原告存在侵权，从标题上看没有错，本身是事实，不存在对原告方造成实质性的侵权。对证据2~8无异议。证据9与本案无关联性，请求法庭不予采纳；另证据4、5、6、7、8恰好可以说明被告的微博没有对其造成名誉侵权。

对被告提交的证据，原告的质证意见是：对证据1真实性无异议，但认为该公证书不能证明其证明对象；首先，被告的文章并非转载，公证书上面没有一篇和被告发表的内容相符；其次，公证书的报道没有一篇对李本超本人做负面评价，只是表达相关的看法，而涉案的文章是虚构的事实，在公证书上面没有文章予以佐证，最后，被告发表的文章中都是被告个人的评价，不是来自于报道。对证据2真实性无异议，但与本案关联性有异议，虽然被告曾经是委员，但不能代表其有社会责任感，也不能代表其所做出的行为是合法行为。

结合质证意见和双方当庭陈述，本院对双方的证据作如下认证：（一）原告的证据1，被告对其反映的基本事实无异议，其证明对象成立，本院予以采纳；被告认为其不存在对原告存在侵权的质证意见不予采纳，理由见本院认为部分。证据2~8被告无异议，予以采纳。证据9，与本案无关联性，不予采纳；相关赔偿标准，本院依据相关法律规定和本地司法实践标准予以确定。（二）被告的证据1真实性予以采纳；但"不会游泳"与"鲁莽""添乱""浮躁"之间不存在必然的关系，其证明对象不能成立。证据2真实性原告无异议，予以采纳；该证据不能证明被告符合法律法规对侵权责任的主体免责条件规定，故被告的证明对象不能成立，原告的质证意见予以采纳。

在认证的基础上，结合原、被告当庭陈述，本院确认本案的法律事实如下：

二原告儿子李本超生于1995年12月6日，就读于江苏省常州技师学院，2014年7月12日在广德县东亭乡为抢救落水儿童不幸牺牲。2014年7月22日11时，被告在其腾讯微博、新浪微博及网易微博发表了一条题为《大学生不会游泳该不该下水救人？》的帖子，该帖内容为"近日安徽广德县暑假返乡的大学生李本超，为救两名落水儿童不幸牺牲，当时他在一女同学家玩，听到呼救声他们一起跳下水，而他和女同学都不会游泳。祖德以为，李本超危急时刻挺身而出的精神是崇高的，但行为时鲁莽的，可能会添乱，在女同学面前装英雄是浮躁、虚荣的！"该帖发布后，引起广大网民的关注，至2014年7月23日，仅被告的腾讯微博已有6.5万次点击阅读量，并被多人转发。2014年7月23日，被告在获知帖中所涉与李本超一起跳水的陈文娇实质上是男同学时，自行删除了该帖。原告在得知被告微博内容后，认为被告涉案文章采取捏造事实的方式向他人散布不实信息并借此作出恶意评论，侵害了李本超的名誉权，遂于2014年7月31日向安徽省广德县公证处申请证据保全。2014年8月13日，原告向本院提起名誉权纠纷诉讼。

2014年8月28日，李本超、陈文娇被广德县社会管理综合治理委员会授予"见义勇为先进个人"。此后，李本超又被省、县相关部门授予各种名誉称号。

本院认为：名誉是社会及其公众对公民或者法人的品德、声誉、形象等方面的评价；公民享有名誉权，公民的人格尊严受到法律保护，法律禁止他人用侮辱、诽谤、贬损等方式损害公民、法人的名誉。本案被告对原告诉称的相关事实没有异议，其与原告的争议焦点是其发表的文章（帖子）是否构成对李本超的名誉损害、是否对原告造成精神损害。纵观本案，本院作如下分析：首先，李本超见义勇为的事迹在相关媒体披露后，社会上受到普遍尊敬和褒扬，事后也受到政府及其相关部门的肯定；被告在未经认真调查核实的基础上，主观臆断，用质疑的标题，编造的事实，"装英雄""鲁莽"和"虚荣"等贬低结论用语对李本超的行为予以评价，事实上产生对李本超名誉的损害，特别是在原告痛失爱子正处于极度悲伤情况下对原告的精神损害。其次，被告的文章内容是建立在不具有真实性基础上的，在不真实事实上作出的贬低、否定的结论是具有社会危害性的，是一种违法的行为。第三，因被告在媒体具有较大的影响面，其不实报道、宣传以及对李本超行为的否定，在网络上引起广泛（仅其腾讯微博达 6.5 万次点击阅读量）的关注并且降低公众对李本超见义勇为行为的评价是显而易见的，被告的行为与损害后果之间具有因果关系。第四，被告在没有对李本超见义勇为行为的相关事实核实情况下即行发帖，对是否存在歪曲事实的宣传具有疏忽大意的过失；其后被告感觉其宣传存在"瑕疵"自行删除网帖，但其未能在其微博及相关媒体予以更正相关内容以正视听，直至本判决作出前仍然认为其行为是"比较公正客观的评论"，放任了损害后果的发生，其主观存在过错。至于被告的"对客观发生的事件作出客观评论，内容有赞美有批评，这是公民的正当权利"抗辩，本院认为，其文章内容失实，"赞美"有限，"批评"过多，贬低效果明显，故被告的主张不予采纳。综上，被告的侵权行为，本院予以确认，被告应依法承担相应法律责任。

原告诉请的确定。（一）依照相关法律和最高院《关于确定民事侵权精神损害赔偿责任若干问题的解释》规定，因侵权致人精神损害，侵权人应当承担停止侵害、恢复名誉、消除影响、赔礼道歉等民事责任和赔偿相应的精神损害抚慰金。本案被告虽采取了停止侵害行为（删帖），但因未能更正视听，故被告还应当承担恢复名誉、消除影响、赔礼道歉等民事责任和赔偿精神损害抚慰金，原告的诉请，本院依法予以支持。（二）原告诉请的公证费用和赔偿精神抚慰金问题。公证费用系原告为维权支付的必要费用，是被告的侵权导致的直接经济损失，该项具体数额 800 元被告无异议，本院依法予以确认。对原告诉请的赔偿精神抚慰金，依照法律规定，结合本案实际情况以及本省司法实践，本院确认为 1 万元。依据《中华人民共和国侵权责任法》第二十二条，《中华人民共和国民法通则》第一百零一条、第一百二十条，最高人民法院《关于确定民事侵权精神损害赔偿责任若干问题的解释》第一条、第三条、第八条、第十条规定，判决如下：

被告宋祖德于本判决生效之日起十日内连续五日在腾讯、新浪及网易网站首页刊登向原告李之龙、徐喜娣赔礼道歉的声明（内容须经本院审核同意），消除影响，为李本超恢复名誉。

二、被告宋祖德赔偿原告李之龙、徐喜娣经济损失 800 元、赔偿精神损害抚慰金 1 万元，合计 10800 元。此款定于本判决生效后十日内支付。

三、驳回原告李之龙、徐喜娣的其他诉讼请求。

如果未按本判决指定的期间履行给付金钱义务，应当依照《中华人民共和国民事诉讼法》第二百五十三条之规定，加倍支付迟延履行期间的债务利息。

案件受理费 1000 元，由宋祖德负担。

如不服本判决，可在判决书送达之日起十五日内，向本院递交上诉状，并按对方当事人的人数提出副本，上诉于安徽省宣城市中级人民法院。

审判长　贺　平

代理审判员　朱泽芳

人民陪审员　邢献来

二〇一五年四月七日

书记员　李伦娇

附：1.《中华人民共和国侵权责任法》第二十二条　侵害他人人身权益，造成他人严重精神损害的，被侵权人可以请求精神损害赔偿。

2.《中华人民共和国民法通则》第一百零一条　公民、法人享有名誉权，公民的人格尊严受法律保护，禁止用侮辱、诽谤等方式损害公民、法人的名誉。第一百二十条　公民的姓名权、肖像权、名誉权、荣誉权受到侵害的，有权要求停止侵害，恢复名誉，消除影响，赔礼道歉，并可以要求赔偿损失。

3. 最高人民法院《关于确定民事侵权精神损害赔偿责任若干问题的解释》第一条　自然人因下列人格权利遭受非法侵害，向人民法院起诉请求赔偿精神损害的，人民法院应当依法予以受理：……（二）姓名权、肖像权、名誉权、荣誉权……

第三条　自然人死亡后，其近亲属因下列侵权行为遭受精神痛苦，向人民法院起诉请求赔偿精神损害的，人民法院应当依法予以受理：

（一）以侮辱、诽谤、贬损、丑化或者违反社会公共利益、社会公德的其他方式，侵害死者姓名、肖像、名誉、荣誉；

第八条　……因侵权致人精神损害，造成严重后果的，人民法院除判令侵权人承担停止侵害、恢复名誉、消除影响、赔礼道歉等民事责任外，可以根据受害人一方的请求判令其赔偿相应的精神损害抚慰金。

第十条　精神损害的赔偿数额根据以下因素确定：

（一）侵权人的过错程度，法律另有规定的除外；

（二）侵害的手段、场合、行为方式等具体情节；

（三）侵权行为所造成的后果；

（四）侵权人的获利情况；

（五）侵权人承担责任的经济能力；

（六）受诉法院所在地平均生活水平。法律、行政法规对残疾赔偿金、死亡赔偿金等有明确规定的，适用法律、行政法规的规定。

案例33：王某某敲诈勒索罪一审刑事判决书

河南省郑州市惠济区人民法院
刑事判决书

(2015) 惠刑初字第47号

公诉机关：郑州市惠济区人民检察院。

被告人：王某某，男，1979年2月2日出生。因涉嫌犯敲诈勒索罪，于2014年12月19日被郑州市公安局长兴路分局刑事拘留，同年12月27日被逮捕。现羁押于郑州市第三看守所。

辩护人：王培泉，河南天基律师事务所律师。

郑州市惠济区人民检察院以郑惠检公诉刑诉 (2015) 38号起诉书指控被告人王某某犯敲诈勒索罪，于2015年3月24日向本院提起公诉。本院依法适用简易程序，实行独任审判，公开开庭审理了本案。郑州市惠济区人民检察院指派检察员庄崴、吴晓敏出庭支持公诉，被告人王某某及其辩护人王培泉到庭参加诉讼。现已审理终结。

郑州市惠济区人民检察院指控，2014年12月18日下午，被告人王某某因与崔某某发生纠纷，以索要自己和其妻子的工资为由，采取发微博诋毁某某食品厂名誉、自残的方法，敲诈被害人谢某某人民币6000元。案发后，赃款已追回并退还被害人。认为被告人王某某的行为触犯了《中华人民共和国刑法》第二百七十四条之规定，构成敲诈勒索罪。提请依法惩处。

被告人王某某对起诉书指控的事实无异议，并自愿认罪。

辩护人提出的辩护意见为，被告人王某某认罪态度较好，主观恶性不大，系初犯、偶犯；犯罪情节轻微，数额较小，犯罪所得已返还被害人；被告人家庭比较困难，事发有因，请求对王某某判处拘役四个月。

经审理查明，2014年12月18日，被告人王某某发微博称，某某食品股份有限公司的工厂车间、食品中有老鼠、黏虫等，后借删除微博内容相要挟，从该公司索得人民币6000元。案发后，赃款被公安机关扣押并发还该公司。

上述事实，有被害单位职工谢某某陈述，证人燕某某、崔某某证言，辨认笔录，收条，扣押、发还物品、文件清单，微博截图，照片，工资明细单及银行卡交易明细单，公安机关出具的户籍证明、到案经过等证据予以证实，足以认定。

本院认为，被告人王某某以非法占有为目的，敲诈勒索他人财物，数额较大，其行为已构成敲诈勒索罪，依法应予惩处。公诉机关指控的事实和罪名成立，予以支持。

《中华人民共和国刑法》第二百七十四条规定，敲诈勒索公私财物，数额较大或者多次敲诈勒索的，处三年以下有期徒刑、拘役或者管制，并处或者单处罚金。根据被告人王某某的犯罪事实，对其应在该幅度内予以量刑。

在对被告人王某某量刑时，已同时考虑以下情节：1. 被告人能如实供述自己的罪行，系坦白，可从轻处罚；2. 对社会的危害程度等。辩护人的相应辩护意见，本院予以采纳。

依照《中华人民共和国刑法》第二百七十四条、第六十七条第三款、第五十二条、第五十三条、第六十四条的规定，判决如下：

一、被告人王某某犯敲诈勒索罪，判处拘役五个月，并处罚金人民币3000元。

（刑期从判决执行之日起计算。判决执行以前先行羁押的，羁押一日折抵刑期一日，即自2014年12月19日起至2015年5月18日止。罚金于判决生效后十日内缴纳。）

二、扣押在案的赃款，发还被害人（已发还）。

如不服本判决，可在接到判决书的第二日起十日内，通过本院或者直接向河南省郑州市中级人民法院提出上诉。书面上诉的，应当提交上诉状正本一份，副本二份。

审判员　崔国伟

二〇一五年四月九日

书记员　赵　茜

案例34：胡伟航等与景霁名誉权纠纷
二审民事判决书

北京市第二中级人民法院

民事判决书

(2015) 二中民终字第 04564 号

上诉人 (原审被告)：胡伟航，男。

上诉人 (原审被告)：万里鲲鹏 (北京) 国际商务咨询有限公司，住所地北京市朝阳区
东三环中路 39 号建外 SOHOA 座 17 层 2006、2007 室。

法定代表人：韩秀贞，董事长。

上列二上诉人之共同委托代理人：张丽珍，北京正尊律师事务所律师。

被上诉人 (原审原告)：景霁，男。

上诉人胡伟航、万里鲲鹏 (北京) 国际商务咨询有限公司因名誉权纠纷一案，不服北
京市东城区人民法院 (2013) 东民初字第 09237 号民事判决，向本院提起上诉。本院依法组
成合议庭审理了本案，现已审理终结。

2013 年 7 月，景霁起诉至原审法院称：我与胡伟航原系北京和中联合投资公司 (下称
和中公司) 同事，后双方产生纠纷，胡伟航在其新浪网认证并由万里鲲鹏 (北京) 国际商
务咨询有限公司 (下称万里鲲鹏公司) 为其提供的链接入口的微博中，以北京因私出入境
行业协会第一届副秘书长、第二届秘书长、第三届副会长的社会知名头衔，以及万里鲲鹏公
司总裁身份，公开谩骂我，谩骂的内容还出现在胡伟航在天涯网上匿名注册的网名为"北
京超人 2012"所发的网帖中。万里鲲鹏公司为胡伟航提供了新浪微博实名认证，认证胡伟
航是公司总裁，在万里鲲鹏公司的官方网站为胡伟航实名认证的微博提供点击链接入口，为
胡伟航对我的违法侵害提供给了传媒平台，万里鲲鹏公司还匿名在甘肃日报社每日甘肃网
(下称甘肃日报社网) 上匿名注册"打狗棒"、在天涯网上匿名注册"打狗棒 11111"上发
帖，谩骂我。我多次制止劝阻未果。故我诉至本院，请求法院判令：一、胡伟航、万里鲲鹏
公司立即停止侵权行为，删除胡伟航新浪网微博上发布的侵害我名誉权的博文、删除天涯网
上以网名"北京超人 2012"发布的侵害我名誉权的网帖；删除甘肃日报社网上以网名"打
狗棒"发布的侵害我名誉权的网帖、删除天涯社区网上以网名"打狗棒 11111"发布的侵害
我名誉权的网帖；二、胡伟航、万里鲲鹏公司在新浪网首页、天涯社区网首页、甘肃日报社
网首页及万里鲲鹏公司的官方网站首页向我赔礼道歉，道歉书置顶三年；三、胡伟航、万里
鲲鹏公司赔偿我精神损失费 10 万元，经济损失 45 万元。

胡伟航辩称：我与景霁原系和中公司同事，后产生纠纷，景霁也在网上发布了辱骂诋毁
我的微博，还骚扰过我的家人。我确实在新浪网的微博上发布过一些博文，但是属于正常的

个人反应，不构成侵权，其他的匿名发布的帖子与我无关，故不同意景霁的诉讼请求。

万里鲲鹏公司辩称：事情都是景霁与胡伟航的个人恩怨，与我公司没有任何关系，我公司也没有发表过侵害景霁名誉权的帖子，故不同意景霁的诉讼请求。

原审法院经审理确认：公民、法人享有名誉权，公民的人格尊严受法律保护，禁止用侮辱、诽谤等方式损害公民、法人的名誉。本案中，胡伟航在其个人新浪微博中，多次使用带有侮辱性质的语言，对景霁的名誉确实造成了不良的影响，侵害了景霁的名誉权，应当承担法律责任。对于胡伟航主张景霁也在网上发布了辱骂诋毁胡伟航的微博，还骚扰过胡伟航的家人，胡伟航的行为属于个人正常反应，不构成侵权的意见，法院不予采纳。当事人对自己提出的主张，有责任提供证据。没有证据或者证据不足以证明当事人的事实主张的，由负有举证责任的当事人承担不利后果。网络用户"打狗棒11111"及"打狗棒"在网上发布的网帖，内容直指景霁，带有明显的侮辱性，侵害了景霁的名誉权。万里鲲鹏公司虽称没有发布过上述网帖，但既不能提供上述网帖的发布人，也未对网络用户"打狗棒11111"及"打狗棒"的注册IP地址与万里鲲鹏公司的微博注册IP地址一致作出合理解释，法院推定万里鲲鹏公司与上述两个网络用户的行为有直接关系，应对上述行为承担责任。网络用户"北京超人2012"发布的网帖内容庸俗，辱骂景霁，侵害了景霁的名誉权，但该用户的注册IP地址仅与胡伟航博客发帖的部分IP地址一致，景霁主张胡伟航即为网络用户"北京超人2012"，由胡伟航承担责任，证据不足，法院不予采信。关于侵权责任的承担方式。《中华人民共和国侵权责任法》第十五条规定，承担侵权责任的方式主要有：停止侵害，排除妨碍，消除危险，返还财产，恢复原状，赔偿损失，赔礼道歉，消除影响、恢复名誉。以上承担侵权责任的方式，可以单独适用，也可以合并适用。故法院结合侵权时间、范围，侵权人主观过错程度，侵权后果的严重程度等因素酌情确定胡伟航、万里鲲鹏公司承担侵权责任的具体方式以及精神损失抚慰金的数额，景霁主张胡伟航、万里鲲鹏公司赔偿其经济损失45万元，证据不足，法院不予支持。据此，原审法院于2015年1月19日判决：一、自判决生效之日起，胡伟航、万里鲲鹏（北京）国际商务咨询有限公司立即停止侵权。胡伟航删除其新浪微博中发布的侵害景霁名誉权的文字内容，万里鲲鹏（北京）国际商务咨询有限公司删除"打狗棒11111"在天涯社区网发布的侵害景霁名誉权的文字内容，万里鲲鹏（北京）国际商务咨询有限公司删除"打狗棒"在甘肃日报社每日甘肃网上发布的侵害景霁名誉权的文字内容；二、自判决生效之日起十日内，胡伟航在其新浪微博首页显著位置连续十日发表致歉声明，向景霁公开赔礼道歉、消除影响；万里鲲鹏（北京）国际商务咨询有限公司在天涯社区网、甘肃日报社每日甘肃网首页显著位置连续十日发表致歉声明，向景霁公开赔礼道歉、消除影响（声明内容需经法院核准，如胡伟航、万里鲲鹏（北京）国际商务咨询有限公司不履行该义务，法院将在全国公开发行的媒体上公布本判决的主要内容，费用由胡伟航、万里鲲鹏（北京）国际商务咨询有限公司负担）；三、自判决生效之日起十日内，胡伟航、万里鲲鹏（北京）国际商务咨询有限公司赔偿景霁精神损失费四万元；四、驳回景霁的其他诉讼请求。如果未按判决指定的期间履行给付金钱义务，应当依照《中华人民共和国民事诉讼法》第二百五十三条之规定，加倍支付迟延履行期间的债务利息。

判决后，胡伟航、万里鲲鹏公司均不服，上诉至本院。

胡伟航上诉称：原审法院忽略了景霁辱骂、挑衅在先的这一重要事实，仅简单地就我的微博内容进行判决显然是不符合事实真相的；景霁对我名誉权案件终审判决后，景霁仍然不知悔改，持续不断发表不实言论，对我进行骚扰和诋毁，故要求撤销原判，改判驳回景霁的全部诉讼请求或发回重审。

万里鲲鹏公司上诉称：景霁与胡伟航之间的私人恩怨，不应强加于我公司之上，我公司没有主观动机对景霁进行评价或诋毁，原审法院认定我公司承担侵权责任，依据不足，故要求撤销原判，改判驳回景霁的全部诉讼请求或发回重审。

景霁同意原判。

经审理查明：胡伟航原系万里鲲鹏公司的法定代表人，现任该公司经理职务。景霁与胡伟航原系同事关系，二人均供职于出入境中介行业。

审理中，景霁为证明胡伟航侵害了其名誉权的事实，提交（2013）京中信内民证字22675号、（2013）京中信内民证字23559号、（2013）京中信内民证字42514号、（2012）京方圆民经证字第11951号公证书，其中（2013）京中信内民证字22675号公证书中显示天涯社区网站上注册用户"打狗棒11111"2012年11月发布了"公布的照片和视频还不够呀，和中移民景霁当众殴打他人，耍流氓，猥亵女生的视频大家想看看吗？……""……你自己耍流氓、猥亵女生的视频据说都有，你自己怎么不要脸啊！难怪你会离婚……"等网帖；天涯社区网站上注册用户"北京超人2012"2012年12月发布了"和中移民景霁坏事干尽王力民已经管不住景霁这条疯狗了"的网帖；（2013）京中信内民证字23559号公证书中显示甘肃日报社网上注册用户"打狗棒"2011年5月28日发布了"和中移民景霁文化水平很低，整句的英文和中文，都讲不利索……和中移民景霁拉客人的基本原则，就是白天黑夜的打电话，发短信，制造耸人听闻的谣言骚扰吓唬客人……"的网帖；（2013）京中信内民证字42514号公证书中显示万里鲲鹏公司官方网站下设的精英团队下有胡伟航新浪博客和新浪微博的链接。胡伟航的新浪微博中有胡伟航2012年12月前后发布的"业内某极品贱男吊丝景叉，告诉你主子业内那个既想当婊子……景叉你也创建个鲲鹏我看看……""景叉是我见过最下贱的人了，跟着他主子王力某……""抱歉、给大家添麻烦了……极品贱男吊丝景叉在我围脖里谩骂，被拉黑后，又骚扰我的围脖好友……"等多篇微博和回复；（2012）京方圆民经证字第11951号公证书中显示胡伟航的新浪微博中有胡伟航发布的"我2005年任和中总经理时……景霁那时正追他前妻，平时一脑袋头油，西服领子上落满头皮屑，衬衫领子上泛着油花……""景潜高（和中移民的潜在高层）外表还有个特点，满身挂满了凡是他拥有的国外区域中心或者国旗的胸针或徽章，……""2007年我任……我告诉王景霁人品太差嘴里没实话，做事的唯一标准就是他自己的利益……"等微博和回复。对于上述证据，胡伟航表示认可公证书的真实性，认可其在新浪网微博上的微博和回复，但其他的网帖与其无关。万里鲲鹏公司对公证书的真实性表示认可，但主张其公司的官网链接到胡伟航的博客和微博是工作的需要，其公司没有发表过侵害景霁名誉权的网帖。

原审审理中，经原审法院向北京新浪互联信息服务有限公司（下称新浪公司）调取胡伟航新浪博客的注册IP地址，显示注册IP地址为116.69.145.232，该博客曾在2013年10月17日、2013年12月5日、2013年12月6日通过IP地址103.247.168.61发表过三篇博客；经原审法院向北京微梦创科网络技术有限公司（下称微梦公司）调取胡伟航及万里鲲鹏公司新浪微博的注册IP地址，显示胡伟航的微博注册IP地址为115.170.171.223，显示万里鲲鹏公司的微博注册IP地址为119.161.154.143；经原审法院向海南天涯社区网络科技股份有限公司（下称天涯公司）调取注册用户"打狗棒11111"和"北京超人2012"的注册 IP 地址，显示"打狗棒 11111"的注册 IP 地址为 119.161.154.143，显示"北京超人 2012"的注册 IP 地址为 103.247.168.61；经原审法院向甘肃日报社网调取注册用户"打狗棒"的注册 IP 地址，显示"打狗棒"的注册 IP 地址为：119.161.154.143。景霁、胡伟航、万里鲲鹏公司对原审法院调取的证据真实性均表示认可。胡伟航称上述证据仅能显示其博客发帖的 IP 地址与网络用户"北京超人 2012"的注册 IP 地址一致，但不能证明胡伟航就是网络用户"北京超人 2012"。万里鲲鹏公司称网络用户"打狗棒 11111"及"打狗棒"的注册 IP 地址虽然与万里鲲鹏公司的微博注册 IP 地址一致，但万里鲲鹏公司没有发布过上述网帖。经询，万里鲲鹏公司表示不能提供网络用户"打狗棒 11111"及"打狗棒"的身份。

另查，2013 年 5 月，胡伟航曾以名誉权纠纷起诉景霁至北京市西城区人民法院。2014 年 1 月 21 日，北京市西城区人民法院作出（2013）西民初字第 12426 号民事判决书，该判决认为：胡伟航原系万里鲲鹏（北京）国际商务咨询有限公司法定代表人，现任该公司经理。胡伟航、景霁均供职于出入境中介行业，其个人形象亦与其从事的出入境中介行业具有一定的关联性。景霁自 2012 年 12 月至 2013 年 5 月期间，在无事实依据的情况下，利用新浪网微博发布了"死猪不怕开水烫""妖就是妖，没脸没皮""贼心不死"等具有诋毁胡伟航个人形象及声誉的言辞，上述言辞已经超出了公民言论自由权和批评监督权的范畴。其微博发布后，胡伟航社会评价降低。其行为已构成对胡伟航名誉权的侵害，判决景霁停止侵害，删除侵权的文字内容，在其个人微博、博客首页公开赔礼道歉，并赔偿胡伟航经济损失 3 万元。后景霁不服一审判决，提起上诉，本院作出（2014）二中民终字第 07620 号民事判决书，判决：驳回上诉，维持原判。

以上事实，有（2013）京中信内民证字 22675 号、（2013）京中信内民证字 23559 号、（2013）京中信内民证字 42514 号、（2012）京方圆民经证字第 11951 号公证书，新浪公司、微梦公司、天涯公司、甘肃日报社网的回函，北京市西城区人民法院（2013）西民初字第 12426 号民事判决书，本院（2014）二中民终字第 07620 号民事判决书及各方当事人陈述等在案佐证。

本院认为：公民、法人享有名誉权，公民的人格尊严受法律保护，禁止用侮辱、诽谤等方式损害公民、法人的名誉。经查，胡伟航在其个人微博中，多次使用带有侮辱性的语言辱骂景霁，明显造成景霁社会评价的降低，严重侵害了景霁的名誉权，胡伟航应对景霁承担相应的民事侵权责任。故对景霁要求胡伟航停止侵权、删除侵权文字内容、赔礼道歉、消除影响、赔偿景霁精神损失费的诉讼请求，本院予以支持。胡伟航关于景霁也在网上发布了辱骂诋毁胡伟航的微博，还骚扰过胡伟航的家人，胡伟航的行为属于个人正常反应，不构成侵权的抗辩意见，缺乏依据，本院不予采纳。对于胡伟航上诉称景霁在生效判决后仍然不知悔改，持续不断发表不实言论，对其进行骚扰和诋毁的问题，胡伟航可通过诉讼另行主张解决。

当事人对自己提出的主张，有责任提供证据。没有证据或者证据不足以证明当事人的事实主张的，由负有举证责任的当事人承担不利后果。网络用户"打狗棒 11111"及打狗棒在网上发布的网帖，内容带有明显侮辱性的语言，且直指景霁，造成了景霁社会评价的降低，严重侵害了景霁的名誉权。万里鲲鹏公司虽称其没有发布过上述网帖，但其不能对网络用户"打狗棒 11111""打狗棒"的注册 IP 地址与其公司的微博注册 IP 地址一致作出合理解释，亦未能提供上述网帖的发布人的真实信息，故原审法院认定万里鲲鹏公司对上述侵权行为承担民事侵权责任，并无不当。

原审法院结合侵权事件、范围、侵权后果等因素，酌情确定胡伟航、万里鲲鹏公司赔偿景霁精神损失费4万元，并无不妥。

综上，原审法院判决并无不当，本院应予维持。依照《中华人民共和国民事诉讼法》第一百七十条第一款第（一）项之规定，判决如下：

驳回上诉，维持原判。

一审案件受理费9300元，由景霁负担8500元（已交纳），由胡伟航、万里鲲鹏（北京）国际商务咨询有限公司各负担400元（于本判决生效后7日内交至原审法院）；二审案件受理费800元，由胡伟航、万里鲲鹏（北京）国际商务咨询有限公司各负担400元（均已交纳）。

本判决为终审判决。

审判长 刘苑薇

代理审判员 刘永民

代理审判员 赵 振

二〇一五年四月十四日

书记员 刘梦辰

案例35：北京时间传媒文化传播有限公司与南京石林集团有限公司名誉权纠纷二审民事判决书

江苏省南京市中级人民法院
民事判决书

(2015) 宁民终字第2044号

上诉人（原审被告）：北京时间传媒文化传播有限公司，住所地北京市朝阳区。

法定代表人：蔡照明，北京时间传媒文化传播有限公司董事长。

委托代理人：姜春，江苏德本律师事务所律师。

被上诉人（原审原告）：南京石林集团有限公司，住所地江苏省南京市建邺区。

法定代表人：刘正云，南京石林集团有限公司董事长。

委托代理人：许俊儒，上海市锦天城（南京）律师事务所律师。

委托代理人：王若凡，上海市锦天城（南京）律师事务所律师。

上诉人北京时间传媒文化传播有限公司（以下简称时间传媒公司）与被上诉人南京石林集团有限公司（以下简称石林集团）名誉权纠纷一案，南京市雨花台区人民法院于2015年2月5日作出（2014）雨民初字第970号民事判决。时间传媒公司对该判决不服，向本院提起上诉，本院于2015年3月24日立案受理后，依法组成合议庭审理了本案，现已审理终结。

原审法院查明，2014年5月12日、13日，时间传媒公司在微信公众平台网站上分别刊登了标题为"南京石林集团抵赖广告费被起诉"及"南京石林集团拖欠广告费被起诉，疑似资金链断裂"的文章。此外，2014年5月13日，时间传媒公司在新浪微博发布标题为"南京石林集团拖欠广告费被起诉，疑似资金链断裂"的文章。

石林集团于2014年6月16日向原审法院起诉，认为时间传媒公司发表的上述文章内容严重不实，此行为严重损害石林集团名誉权，给石林集团造成严重损失。请求判令：1. 时间传媒公司立即停止侵权行为，删除"中国地产"微信公众平台上发布的标题为"南京石林集团抵赖广告费被起诉"及"南京石林集团拖欠广告费被起诉，疑似资金链断裂"的文章，删除"中国地产"微博账号上发布的标题为"南京石林集团拖欠广告费被起诉，疑似资金链断裂"的文章；2. 时间传媒公司在相同范围内发布公告澄清事实，消除侵权所造成的影响，恢复石林集团名誉，向石林集团公开赔礼道歉；3. 时间传媒公司支付石林集团名誉损害赔偿金1万元；4. 时间传媒公司支付石林集团因侵权产生的律师费3万元；5. 本案诉讼费由时间传媒公司承担。

原审法院另查明，2014年4月15日，时间传媒公司下属子公司南京润晖文化传媒有限公司（润晖传媒）在原审法院立案起诉石林集团广告合同纠纷一案，涉案金额约为37万元，时间传媒公司系仅依据该事实发表了石林集团疑似资金断裂的文章。

原审法院认为，名誉权是公民、法人就其自身属性和价值所获得的社会评价享有的保有和维护的人格权。行为人基于故意或者过失，将侮辱、诽谤的言辞或者行为予以公布，为第三人所知道，即构成对名誉权的侵犯。本案中时间传媒公司对石林集团主张的侵权事实予以认可，但认为其行为并不构成对石林集团名誉权的侵犯。从时间传媒公司分别发表的标题为"南京石林集团抵赖广告费被起诉"及"南京石林集团拖欠广告费被起诉，疑似资金链断裂"的两篇文章来看，第一篇文章根据时间传媒公司自己出示的证据，已被法院判决驳回起诉，否定石林集团存在拖欠广告费的情况。第二篇文章根据庭审询问，时间传媒公司系仅根据时间传媒公司下属子公司润晖传媒在法院起诉石林集团广告合同纠纷案件而作出的判断。而该案标的金额仅37万余元，石林集团系房地产开发企业，仅以一个37万元的广告诉讼就作出石林集团疑似其资金链断裂的判断，作为一个媒体企业对此失之偏颇。而且在现今房地产市场大环境的背景下，作出此种"疑似"判断对石林集团造成了一定影响。故时间传媒公司的行为侵害了石林集团的名誉权，对石林集团要求时间传媒公司停止侵害、消除影响、赔礼道歉、赔偿损失的诉请，予以支持。石林集团主张律师费于法无据，不予支持。

据此，原审法院依照《中华人民共和国民法通则》第一百零一条、第一百二十条，《中华人民共和国民事诉讼法》第一百四十二条，作出判决：一、北京时间传媒文化传播有限公司于判决生效后五日内删除"中国地产"微信公众平台上发布的标题为"南京石林集团抵赖广告费被起诉"及"南京石林集团拖欠广告费被起诉，疑似资金链断裂"的文章，删除"中国地产"微博账号上发布的标题为"南京石林集团拖欠广告费被起诉，疑似资金链断裂"的文章；二、北京时间传媒文化传播有限公司在判决生效后十日内在"中国地产"微信公众平台、"中国地产"微博账号上发布公告澄清事实，消除侵权所造成的影响，恢复石林集团名誉，向石林集团公开赔礼道歉；三、北京时间传媒文化传播有限公司在判决生效后十日内向南京石林集团有限公司支付赔偿金1万元；四、驳回南京石林集团有限公司的其他诉讼请求。

宣判后，时间传媒公司不服，向本院提起上诉称，时间传媒公司所发表的案涉文章没有使用侮辱、诽谤的言辞，而是使用"疑似"的猜测性语气，且发表的文章并没有严重失实，故不构成对石林集团的侵权。且原审法院在石林集团未举证证明其损失的情况下，判决时间传媒公司赔偿损失1万元，缺乏依据。综上，请求二审法院查明事实，依法改判驳回石林集团的原审全部诉讼请求。

被上诉人石林集团答辩称，石林集团既没有拖欠广告费，也没有任何资金链断裂的迹象，时间传媒公司利用微博、微信发表的案涉文章严重失实，贬低了石林集团的声誉，降低了石林集团的社会评价，严重侵害了石林集团的名誉权。请求二审法院驳回上诉，维持原判。

本院经审理查明，原审法院查明的事实属实，本院依法予以确认。

以上事实，有公证文书、图片、原审法院（2014）雨商初字第113号民事判决书及当事人陈述等证据证实。

本案二审的争议焦点为：时间传媒公司发表的案涉文章是否侵害了石林集团的名誉权，时间传媒公司应否据此承担相应的民事责任。

本院认为，公民、法人享有名誉权，禁止用侮辱、诽谤等方式损害公民、法人的名誉。

公民、法人因名誉权受到侵害要求赔偿的，侵权人应赔偿侵权行为造成的经济损失。时间传媒公司认为其发布的案涉两篇文章，没有达到严重失实的程度，不构成对石林集团的侵权，但时间传媒公司并未能对石林集团存有"抵赖"或"拖欠"广告费提供充分有效的事实依据，而石林集团所提交的原审法院（2014）雨商初字第113号民事判决书，却能够证明石林集团并不存在上述两篇文章上所述"抵赖"或"拖欠"广告费的行为。时间传媒公司仅凭其主观判断，认为石林集团拖欠其广告费37万元，从而推断石林集团可能存在资金链断裂的情形，并将此推断内容公布于网络，明显属于主观臆断、误导网民。同时，案涉文章标题还采用"抵赖""拖欠"等贬义词汇，以及使用"疑似"等推测性词汇，在当前市场经济与网络高度发展的大环境下，足以对石林集团产生社会评价降低的负面影响，进而影响石林集团的商业利益，原审法院酌定由时间传媒公司支付石林集团赔偿金1万元，并无不当。

综上，原审法院认定案涉两篇文章存在侵害石林集团名誉权的内容，判令时间传媒公司承担相应的民事责任，具有事实和法律依据，本院亦予以确认。上诉人时间传媒公司的上诉请求及理由，依据不足，本院不予支持。依照《中华人民共和国民事诉讼法》第一百七十条第一款第（一）项之规定，判决如下：

驳回上诉，维持原判。

二审案件受理费400元，由上诉人时间传媒公司负担。

本判决为终审判决。

审判长　黄伟峰
代理审判员　叶　存
代理审判员　周家明
二〇一五年四月十六日
书记员　魏　璇

案例36：林应强寻衅滋事罪二审刑事裁定书

福建省福州市中级人民法院
刑事裁定书

（2015）榕刑终字第388号

原公诉机关：福建省长乐市人民检察院。

上诉人（原审被告人）：林应强，男，1966年11月19日出生于福建省福州市，汉族，文化程度高中，无业，户籍所在地福建省福州市仓山区。曾因犯敲诈勒索罪于2009年3月11日被福州市仓山区人民法院判处有期徒刑四年，2010年12月6日刑满释放；因扰乱公共秩序于2013年4月17日被北京市公安局朝阳分局决定行政拘留五日；又因扰乱公共秩序于2013年5月29日被北京市公安局朝阳分局决定行政拘留十日；因本案于2013年11月6日被北京市公安局朝阳分局刑事拘留，同年12月12日经福州市仓山区人民检察院批准逮捕，次日由福州市公安局仓山分局执行逮捕。现羁押于福州市第一看守所。

辩护人：江洋，福建法炜律师事务所律师。

福建省长乐市人民法院审理长乐市人民检察院指控原审被告人林应强犯寻衅滋事罪一案，于2015年1月29日作出（2014）长刑初字第617号刑事判决，原审被告人林应强不服提出上诉。本院依法组成合议庭，经过阅卷，审阅上诉状、辩护词，讯问了原审被告人林应强，认为本案事实清楚，决定不开庭审理。现已审理终结。

原判认定：

1. 2013年1月1日9时许，被告人林应强等10多人经事先商量，共同来到福州市五一广场内聚集，并在被告人林应强现场组织、指挥下在该广场内以拉横幅、举牌子、举纸质材料、拍照等方式制造影响，满足个人诉求，后又在被告人林应强指挥、带领下由该广场沿五一路到达大利嘉城重复上述行为。其间，引致大批群众围观，造成公共场所秩序严重混乱。

2. 2013年1月3日，被告人林应强等13人经事先商量，从福州市前往北京市，并在到京后于当月5日10时许，共同来到北京市朝阳区美国驻华大使官邸门前，以向官邸内抛撒材料、哭喊、摇晃官邸外护栏等起哄闹事方式制造影响，满足个人诉求，造成公共场所秩序严重混乱。

3. 2013年4月14日，被告人林应强等6人经事先商量，从福州市乘坐火车前往北京市，到京后于当月16日15时许，共同来到北京市朝阳区美国驻华大使官邸门前，以相同方式制造影响，满足个人诉求，造成公共场所秩序严重混乱。

4. 2013年5月27日，被告人林应强等9人经事先商量，从福州乘坐火车前往北京市，到京后于当月 28 日 12 时许，共同来到北京市朝阳区美国驻华大使官邸门前，以相同方式制造影响，满足个人诉求，造成公共场所秩序严重混乱。

5. 2013 年 11 月 2 日，被告人林应强等 10 人经事先商量，在被告人林应强等人组织下从长乐市先后乘坐大巴、火车前往北京市，并在北京市丰台区银地家园与另 4 名上访人员会合后，于当月 5 日 17 时 30 分共同来到北京市朝阳区美国驻华大使官邸门前，以相同方式制造影响，满足个人诉求，造成公共场所秩序严重混乱。

6. 2013 年期间，被告人林应强为制造影响，满足个人诉求，长期以"反腐""举报"为名在"凯迪社区"等网站及微博等网络社交工具中，以"福州冤民""福州冤民 a"之名编撰、发布、传播大量失实文章。经福建省公安厅物证鉴定中心，其中其以"福州冤民 a"之名发布于"凯迪社区"的《[原创]七一奥巴马信访办摆上大事，福州 11 冤民再闯美使馆》《[原创]我们也要坐牢，福州 20 冤民今连闯两次美使馆求坐牢》二文章，截至检验时间点击数共计 9058 次，回复数共计 42 个。

上述事实，有经庭审质证、认证的证人郑某 1、陈某 1、江某、林某 1、陈某 2、郑某 2、张某 1、林某 2、吴某 1、徐某、卢某、林某 3、王某 1、张某 2、卞某、曾某、陈某 3、郑某 3、石某、李某 1、杨颜、李某 2、林某 4、林某 5、林某 6、林某 7、黄某、吴某 2、高某、张某 3、陶某、董某、王某 2 的证言及指认照片，证人翁某、林某 8、林某 9、林某 10、张某 4、方某、张某 5、唐某、陈某 4、马某、彭某、潘悦、郭某、袁某、石某、吴某 3、谢某、庄某、林某 11、林某 12、罗某、吴某 4、李某 3、陈某 5、吴某 5、朱某、张某 6、林某 13 的证言，证人李某 4、张某 7 的证言及工作证，证人钱某、张某 8、钟某的自述材料，现场勘验检查工作记录、方位图、平面图及现场照片、视频资料及说明，福州市公安局安泰派出所出具的情况说明、福州市五一广场管理处出具的情况说明、福州市公安局鼓楼分局治安大队出具的证明，检查笔录、扣押决定书及扣押、收缴、发还物品清单，2013 年 1 月 5 日、2013 年 5 月 28 日美国大使馆官邸"上访"光盘及现场照片，信访材料照片，联名申请示威请愿书，行政处罚决定书、劳动教养决定书、行政复议决定书、情况说明、判决书，北京市公安局朝阳分局朝外大街派出所出具的到案经过、工作记录、起赃经过，福建省公安厅物证鉴定中心闽公鉴（2014）7 号、闽公鉴（2014）178 号、闽公鉴（2013）523 号、闽公鉴（2013）524 号、闽公鉴（2013）920 号、（2013）921 号检验报告及附带光盘，本院刑事裁定书及罪犯出监鉴定表、犯罪人员信息表，抓获经过，户籍证明，被告人林应强的供述和辩解等证据证实，足以认定。

原判认为，被告人林应强伙同他人为制造社会影响，在公园广场等公共场所及多次在美国驻华大使馆前采取抛撒材料、喊口号等方式起哄闹事，严重扰乱了公共秩序，造成恶劣的社会影响，其行为已构成寻衅滋事罪。被告人林应强曾因犯敲诈勒索罪被判处有期徒刑以上刑罚，在刑罚执行完毕后五年内再犯应当判处有期徒刑以上刑罚之罪，系累犯，应当从重处罚。被告人林应强因本案扰乱公共场所秩序行为已被行政处罚，两次行政拘留计十五天予以折抵刑期。依照《中华人民共和国刑法》第二百九十三条第一款第（四）项、第二十五条第一款、第六十五条、第六十四条之规定，判决：一、被告人林应强犯寻衅滋事罪，判处有期徒刑三年。二、扣押的被告人林应强的台式电脑硬盘一个、平板电脑一台、手机三部及 U 盘三个，由扣押机关福州市公安局予以没收，上缴国库。

上诉人林应强上诉称：1. 其上访系事出有因，不应构成寻衅滋事罪；2. 本案重复处罚；

3. 原判认定其行为造成公共场所秩序严重混乱不属实；4. 原判认定第 6 起其在网络所发帖子内容失实没有证据。其辩护人的辩护意见为：本案不符合寻衅滋事罪的构成要件，原判定性错误，应判处上诉人林应强无罪。

二审期间上诉人林应强及其辩护人均未提出新的证据。

经审理查明，原判认定上诉人林应强犯寻衅滋事罪事实清楚，证据确实、充分，定性准确，本院予以确认。

本院认为，上诉人林应强伙同他人为制造社会影响，在公园广场等公共场所及多次在美国驻华大使馆前采取抛撒材料、喊口号等方式起哄闹事，严重扰乱了公共秩序，造成恶劣的社会影响，其行为已构成寻衅滋事罪。上诉人林应强系累犯，依法予以从重处罚。上诉人林应强因本案扰乱公共场所秩序行为被行政拘留共计十五天予以折抵刑期。上诉人林应强及其辩护人关于本案不符合寻衅滋事罪的构成要件的诉辩意见，经查，上诉人林应强伙同他人在城市广场及美国驻华大使馆前起哄闹事并造成公共场所秩序严重混乱，该行为依法应构成寻衅滋事罪，此节诉辩意见不能成立，本院不予支持；上诉人林应强关于本案重复处罚的上诉意见，经查，上诉人林应强因本案所受行政处罚及被提起公诉不违反一事不再罚原则，此节上诉意见不能成立，本院不予支持；上诉人林应强关于原判认定其行为造成公共场所秩序严重混乱不属实的上诉意见，经查，本案多名目击证人的证言、照片等证据足以证实上诉人林应强等人的本案行为已造成公共场所秩序严重混乱，故此节上诉意见不能成立，本院不予支持。原判认定事实清楚，证据充分，定罪准确，量刑适当，审判程序合法。依照《中华人民共和国刑事诉讼法》第二百二十五条第一款第（一）项之规定，裁定如下：

驳回上诉，维持原判。

本裁定为终审裁定。

审判长　傅立新

代理审判员　唐文东

代理审判员　李　浩

二〇一五年四月二十三日

书记员　郑超民

案例37：孔庆东与南京广播电视集团（南京广播电视台）等名誉权纠纷二审民事判决书

北京市第一中级人民法院
民事判决书

（2015）一中民终字第02203号

上诉人（原审原告）：孔庆东，男。

委托代理人：李志伟，北京红业律师事务所律师。

被上诉人（原审被告）：南京广播电视集团（南京广播电视台），住所地江苏省南京市。

法定代表人：周天江，台长。

委托代理人：刘洪，江苏刘洪律师事务所律师。

委托代理人：李根华，江苏刘洪律师事务所律师。

被上诉人（原审被告）：吴晓平，男。

委托代理人：刘洪，江苏刘洪律师事务所律师。

委托代理人：李根华，江苏刘洪律师事务所律师。

上诉人孔庆东因名誉权纠纷一案，不服北京市海淀区人民法院（2014）海民初字第26881号民事判决，向本院提起上诉，本院依法组成合议庭审理了本案。本案现已审理终结。

孔庆东在原审法院诉称：2013年5月11日，南京广播电视集团（以下简称南京广电集团）主持人吴晓平在南京广播电视台十八频道《听我韶韶》栏目中，使用"北大教授孔庆东是教授还是野兽"的标题，就孔庆东涉及的一起诉讼进行了评论，该评论未经调查就妄加评论，使用了"教授还是野兽"、孔庆东的名气"完全是靠骂人骂出来的"等侮辱性语言攻击、贬损孔庆东。南京广电网上同期播出了以上节目，目前该视频仍挂在南京广电网上，不断有人点击观看。南京广电集团、吴晓平的行为严重侵害了孔庆东的名誉权。故诉至法院，请求判令：1. 南京广电集团、吴晓平立即停止侵害，消除影响；2. 南京广电集团、吴晓平公开赔礼道歉；3. 南京广电集团、吴晓平赔偿原告经济损失20万元。诉讼费用由南京广电集团、吴晓平承担。

南京广电集团在原审法院辩称：吴晓平的评论属于职务行为，如发生侵权，责任由我公司承担。吴晓平在评论过程中秉承了客观、公正原则，只是提出对孔庆东作为北大教授的不当行为的质疑，不构成侵权。请求法院驳回孔庆东的诉讼请求。

吴晓平在原审法院辩称：我在主持节目中对原告的评论较客观，未出现攻击性语言，未贬损孔庆东，不构成侵权。请求法院驳回孔庆东的全部诉讼请求。

原审法院经审理查明：孔庆东系北京大学教授，近年来因"爆粗口"骂人等事件引发不少争议。吴晓平是南京广电集团（南京广播电视台）十八频道《听我韶韶》栏目的主持人。

2013年5月11日，在南京广播电视台十八频道《听我韶韶》栏目的当期节目中，主持人吴晓平在读报时，以《扬子晚报》的报道——《微博上骂人"狗汉奸"，北大孔庆东被判赔礼道歉》为引子，引发对该事件乃至知识分子言行、修养、中国高等教育现状等方面的评论和反思。吴晓平在节目中说："……老吴来挂个耳朵读报纸。在今天的《扬子晚报》上，《微博上骂人'狗汉奸'，北大孔庆东被判赔礼道歉》。今天这条新闻老吴看的觉得也蛮有意思的。讲起来北大的一个教授叫孔庆东，他又骂人了。为什么说他又骂人呢？因为这个孔庆东坦率讲，他的名气并不大。他今天之所以在全国有一些名气，完全是靠骂人骂出来的。因为他骂人骂得也不止一回了。说是孔庆东骂人，光我在微博上稍微查一查，你光看他骂记者就骂过多少回……但是他这种话讲得如此粗俗不堪……他这一次是这样骂人家的。他说你说的驴唇不对马嘴，你就是个狗汉奸，而且公开是在微博上说的……孔庆东最近写了一首诗……叫做《立春过后是立夏》……他犯了一点小小的语法错误，所以这个网友就给他指出来了，说对不起，你这个里面有一点错误，你起码连那个格律也不对，而且连平仄孤仄好像这方面也没用好。就为这一句话，完全是学术上的探讨，他居然就骂人家，说你驴唇不对马嘴，你就是个狗汉奸。你这样子哪儿是为人师表的样子呢。所以老吴今天第一个耳朵想挂什么呢？教授还是野兽，到底是教授还是野兽？老吴在挂第一个耳朵的时候，我就想想好笑，教授在我们国家文化层面上还是一个等级相对较高的，应该讲我们还是对教授比较尊敬的。所以教授这么高的等级，如果还骂脏话，你说他到底是教授还是野兽呢？……学生明明跟他是学术探讨……他劈口就骂人家，说你就是个狗汉奸，你就是什么什么驴唇不对马嘴，你这话不是明显在骂人吗？……但是我对有两个词我非常感兴趣，一个是'北大'，一个是'教授'……你如果又是之首的学府里面……出现的最高等级的教授，都能跟我们小市民一样的骂脏话，你说说到底出现了什么问题。所以老吴立马就想到了我们亲爱的北大，伟大的北大，立马就想起了北大过去历史上是多么辉煌。院长是蔡元培……如果他突然醒过来看看他的后代，或者看看他的学府里面，居然出现了这么一个骂人的而且还是一个老师，你说他心里面难受不难受，九泉之下你说他能睡得安生吗？说完蔡元培，再说一个北大里面的校长……马寅初……也是铮铮铁骨……所以我们想想看历朝历代或者历届的北大校长是如此铮铮铁骨、如此学术自由，为什么到现代的时候，科学发展科学昌明到现在，居然北大校园里面出现了这么一个教授，令人不可思议。而有什么样的老师，就有什么样的学生……想想看我们现在的许许多多干部……都是北大清华毕业的学生，但是现在某些干部身上的一些素质，如果跟这个孔庆东两人对照起来，我个人觉得有异曲同工之妙……公务接待……重新作了预算……"该期节目同时挂在南京广电网（www.nbs.cn）上，经开庭当庭勘验仍然存在，可供网友点击观看，标题为《老吴：北大教授孔庆东是教授还是野兽?》。经ICP备案查询，该网站的主办单位为南京广电集团。

（2013）京方正内民证字第20788号公证书显示：2013年7月19日，通过百度搜索"听我韶韶孔庆东"，发现在优酷网上有标题为"南京著名媒体人评：孔庆东就是个禽兽！不配在北大任教！"的视频，其截取了南京广播电视台十八频道《听我韶韶》栏目中主持人吴晓平2013年5月11日主持的该期节目，但《听我韶韶》该期节目中并无这样的标题，系上传者在上传时自行添加标题。

南京广电集团表示，吴晓平的主持、评论是职务行为，如发生侵权后果由作为雇主的该单位承担，但该评论结合节目的语言背景整体分析，并不构成侵权。孔庆东对此不予认可，认为南京广电集团、吴晓平应承担连带侵权责任。

以上事实，有公证书、网页截屏打印件、录像、当事人陈述以及本案庭审笔录等证据材料在案佐证。

原审法院判决认为：吴晓平在《听我韶韶》栏目中，以《扬子晚报》上《微博上骂人"狗汉奸"，北大孔庆东被判赔礼道歉》的报道为引子，展开读报基础上的评论，《扬子晚报》上报道所涉及的事件是真实存在的，因此，本案的争议焦点仅在于判断吴晓平就相关事件所进行的评论是否构成对孔庆东的侮辱进而构成侵犯其名誉权。《听我韶韶》是一档电视新闻评论类节目，其特点决定，需要结合最近发生的具有较高新闻价值、评论价值的事件、问题或社会现象展开评论、剖析，发表意见和态度。这种电视题材的特殊性，使得评论人在进行触及有关他人或相关社会现象痛痒的批评时，说的常是别人不爱听的话，甚至会使用一些贬损性词语、语句，以达到针砭时弊、扶正祛邪、促进内省自律等作用。而批评总会使得被批评者在精神上产生挫折感乃至精神上的痛苦、伤害，容易产生名誉权纠纷。但是，对于社会而言，新闻评论有其存在的重要价值，是大众表达意见、交流思想以及开展新闻舆论监督的重要途径，这种独特价值决定，对于新闻评论应适度宽容，慎重认定侵权。

本案中，孔庆东明确表示，其所指控认为吴晓平侵权的语言为两处，一是"他今天之所以在全国有一些名气，完全是靠骂人骂出来的"，二是"所以老吴今天第一个耳朵想挂什么呢？教授还是野兽，到底是教授还是野兽？"法院认为，吴晓平的评论依据的事实是真实的，评论的语句是有针对性的、有诚意的，并无相关证据证明吴晓平存在借机损害孔庆东名誉、进行人格侮辱的恶意。对于新闻评论而言，如果依据的事实是真实的，主观上不具有侮辱他人人格的恶意，即使在个别范畴内出现言辞激烈甚至稍有过激的语句，仍应予以理解与宽容，视为在正常的评论范畴之内。特别是孔庆东作为北大的教授，有一定社会知名度，近年来因为骂人事件引发不少争议，甚至形成了公众关心的公共事件，应属社会公众人物之列。基于公共利益的考虑，应允许相关公众对公众人物的行为特别是不当行为提出合理的质疑、指责甚至刺耳的批评，不能简单地认为仅是质疑和批评本身就构成侵犯公众人物的名誉权，除非发言人发表相关言论时具有明显的恶意，以保证公民和媒体在涉及公共事务、公共利益问题的辩论中享有充分的言论自由。因此，公众人物的人格利益在法律保护上应当适当克减，公众人物对于媒体不具恶意的批评、质疑亦应有一定的宽容度量。本案中，对于吴晓平节目中的"他今天之所以在全国有一些名气，完全是靠骂人骂出来的"一句，虽然表述孔庆东的知名原因有些绝对化，不当否定了孔庆东学术方面的成就，但吴晓平在后面紧跟"因为他骂人骂得也不止一回了"的评价得出相应解释，从前后文综合分析，应是吴晓平在查阅相关骂人事件后得出的个人真实意见，并不存在借机恶意侮辱、诽谤的情况，难以认定该句评论侵犯孔庆东的名誉权。对于"教授还是野兽？"一句，采用疑问句式，虽然用语比较刺耳刻薄，但意在提出质疑而非恶意侮辱，从该节目整体的内容和以上语句的前后文、具体语境进行分析，相关用语的真实含义是认为孔庆东粗俗的骂人行为令人失望，不符合人们对于著名高校教授应有的为人师表、铮铮铁骨、学术自由等期望，以此表达对于目前高校教师道德素养以及高等教育现状"爱之深，责之切"的心情。由于孔庆东在微博骂人事件被法院认定侵权并判决赔礼道歉后，因为报纸、网络等媒体的报道、传播，难免承受相关负面评价，且吴晓平评论的重点并非仅仅针对孔庆东个人，而是以该事件为评论基础，展开后面围绕北大高等学府、高等教育存在的问题、教师不能为人师表的危害等关涉社会公共利益话题的大段评论，从语气、语调、语境等方面综合分析、整体判断，难以认定其存在侮辱孔庆东人格的恶意。鉴于孔庆东作为公众人物，较社会一般人在承受社会舆论方面有较高容忍义务，法院认为不能因新闻评论时的个别用语本身存在一定的贬义，就断章取义认定构成侮辱，吴晓平的相关评论内容尚未达到侮辱的严重程度，不构成侵犯名誉权。鉴于法院未认定相关节目中吴晓平的相关言论构成侵权，对于孔庆东要求南京广电集团、吴晓平承担停止侵权、公开赔礼道歉、连带赔偿损失的诉讼请求，法院不予支持。综上所述，依照《中华人民共和国民法通则》第一百零一条，《最高人民法院关于审理名誉权案件若干问题的解答》第八条、第十条判决：驳回原告孔庆东的全部诉讼请求。

孔庆东不服原审判决，向本院提起上诉。上诉请求是：撤销原审判决并依法改判。上诉理由是：1. 被上诉人南京广电集团在其网站上将《老吴：北大教授孔庆东是教授还是野兽？》作为节目标题，且至今挂在网上，该标题属于骂人的侮辱性语言，本身构成名誉权的侵犯。2. 被上诉人不加调查就对上诉人的一起诉讼妄加评论，虽用疑问句式强调"教授还是野兽"，但与骂人是野兽无异。3. 被上诉人说上诉人之所以有名气是靠骂人骂出来的，该评论构成诽谤。4. 原审认定上诉人为公众人物时，带有明显的倾向性。5. 即使是公众人物，名誉权也受法律保护，也享有不受人格侮辱的权利。6. 原审法院在关凯元诉孔庆东案和本案的判决立场上有失公允。

南京广电集团答辩称：原审判决认定事实清楚，适用法律正确，应予维持，不同意孔庆东的上诉请求和理由。吴晓平作为电视节目主持人，对社会事件发表评论是义务也是工作，本案中吴晓平主观上并没有侵犯孔庆东名誉权的目的和意图，所用的言辞也是客观、公平的，因此不构成对其名誉权的侵犯。

吴晓平答辩称：同意原审判决，与南京广电集团的意见一致。

本院二审审理期间，南京广电集团、吴晓平向法院提交凤凰网网页材料以及百度搜索材料，证明至今仍有针对孔庆东骂人的相关新闻和报道。孔庆东对此不予认可。

经查，原审法院根据本案现有证据查明事实属实，本院予以确认。

以上事实还有当事人在二审期间的陈述在案佐证。

本院认为：公民的名誉权系关公民人格尊严，法律对名誉权等人格权的保护是对人之个体存在的关怀。媒体在当今时代被广泛认可的监督、评论等权利系关公众福祉实现，法律对媒体监督评论等自由的保护是对公共利益实现的考量。在媒体行使其监督评论，甚至是批评质疑之时，不可避免地会与被批评质疑者的个体权利发生冲突。冲突的权利需要法律予以调和，而调和的关键则在于审查法律将不同权利是否基于同等评价而置于同等地位。

本院认为，将公共利益作为高于个人利益实现的观点在今天看来已无争议。因此，在媒体表达对社会不良风气的鞭笞、对主流价值观念的维护和尊崇等等事关公共利益实现之时，由于其所有具有的公益性，在与个体利益的评价比较中，应具有优先保护的地位。该优先地位体现在，如不存在虚构事实以及恶意的侮辱诽谤，尽管其表达令受害人感觉不舒服，也不应成立侵权责任，受害人应作出让步。

本案中，《听我韶韶》栏目中主持人吴晓平在节目中所讲所评，均是围绕孔庆东不当言论而引领公众对该现象进行反思。其内容并非恶意贬损孔庆东的名誉权，相反，其内容合乎社会利益的善良目的。同时，在吴晓平所采取的言语等手段上，亦没有超出适当的范围。吴晓平谈到"他（孔庆东）今天之所以在全国有一些名气，完全是靠骂人骂出来的"，初听似乎有冒犯孔庆东之意，但对公众人物的评价取决于评价者自己的价值取向，评价的底线在于不得以恶意虚构事实的方式故意诋毁。吴晓平意在反思和批评，而非恶意侵权。吴晓平谈到"教授还是野兽？"一句，从字义上并结合节目整合内容分析，恰恰是想通过"野兽"一词，表达对孔庆东作为知名教授，在公开场合偶有分析谈论事物时让公众认为欠缺理性认知，并且话语粗俗与身份不符的质疑。这是对教师道德素养以及高等教育现状担忧的强烈表露，而非对某个个人的人格尊严的恶意侵犯。在内容和手段均不具有恶意的情形下，孔庆东虽然感觉"受侵犯"，但应予以容忍。至于孔庆东认为原审法院在关凯元诉孔庆东案和本案的判决立场上有失公允的观点，本院不予认同，理由在于，该案受害人为普通公民，其权利受法律严格保护，任何人不得基于任何目的，随意侮辱他人人格。

综上所述，原审法院对本案名誉权是否侵犯的审查，符合法律对公共利益的政策考量，其所做评价适当合理。孔庆东的上诉理由不能成立，本院不予支持。依据《中华人民共和国民事诉讼法》第一百七十条第一款第（一）项之规定，判决如下：

驳回上诉，维持原判。

一审案件受理费一千一百元，由孔庆东负担（已交纳）。二审案件受理费一千一百元，由孔庆东负担（已交纳）。本判决为终审判决。

审判长　丁宇翔

审判员　汤　平

代理审判员　王国庆

二〇一五年四月三十日

书记员　刘雅璠

案例 38：吴志立与李亚玲、北京微梦创科网络技术有限公司名誉权纠纷二审民事判决书

四川省成都市中级人民法院
民事判决书

（2015）成民终字第 2947 号

上诉人（原审被告）：吴志立，男。

委托代理人：柴真亮，四川君合律师事务所律师。

被上诉人（原审原告）：李亚玲，女。

委托代理人：蒲虎，四川广力律师事务所律师。

委托代理人：蒋伟，四川广力律师事务所律师。

原审被告：北京微梦创科网络技术有限公司，住所地北京市海淀区。

法定代表人：刘运利，董事长。

上诉人吴志立因与被上诉人李亚玲、原审被告北京微梦创科网络技术有限公司名誉权纠纷一案，不服成都市锦江区人民法院（2014）锦江民初字第 2620 号民事判决，向本院提起上诉。本院于 2015 年 3 月 25 日受理本案后，依法组成合议庭进行了审理，现已审理终结。

原审法院经审理查明，新浪微博网站由北京微梦创科网络技术有限公司经营，吴志立是新浪微博名为"@八卦我实在是太 CJ 了"的实名认证博主。

经李亚玲申请，四川省成都市高新公证处对新浪微博网站的相关内容进行公证，并出具了（2014）成高证经字第 3987 号《公证书》。该《公证书》记载，2014 年 4 月 22 日，公证员张国平、潘晶与李亚玲在公证处的电脑上，由公证员潘晶点击桌面上的"InternetExplorer"浏览器进入起始页，在地址栏内输入"www.ip138.com"，进入显示："您的 IP 是［222.212.125.36］来自：四川省成都市电信"。在地址栏内输入"www.sina.com.cn"，进入新浪首页，点击"微博"，进入新浪微博首页，点击"登录"，输入用户名 lxad@vip.sina.com 和密码，登录后页面右上角显示有"李亚玲"字样，在微博搜索框中输入"ba"，在提示的一系列结果中找到"八卦我实在是太 CJ 了"并点击开始搜索，点击搜索结果第一项的"八卦我实在是太 CJ 了"进入"@八卦我实在是太 CJ 了"的微博主页面，页面显示"@八卦我实在是太 CJ 了"的粉丝数量为 3398397，右上角显示"天涯社区娱乐八卦版版主新浪微博社区委员会专家委员"字样，置顶微博内容为"开了店铺微博和微信，微博@西街代代字，微信 cjdaidaizi。……"下拉至主页面最下方，点击"查看更多微博"，找到 4 月 15 日 17 时 55 分发布的微博内容为："插个花絮吧，刚刚指责于正的那个女编剧李亚玲，当年的作品《国色天香》主线剧情就是抄袭耽美小说《不能动》的，证据帖：http://t.cn/zYkNTr9 一边抄袭一边倒打一耙挖苦原作者写色情小说，跟于妈相比其实也就

·4069·

五十步笑百步吧。"该条微博右下角显示该微博被点赞 4557 次、转发 8438 次、评论 3851 条，点击"评论（3851）"打开查看，博名为"@喜旺已经被人注册了"评论"……李小姐是比真小人更令人作呕的伪女子！"，博名为"@长乘"评论"都是狗咬狗的货色＝＝"等。返回"@李亚玲"微博，点击"查看更多微博"，4 月 15 日 19 时 51 分，"@李亚玲"对"@八卦我实在是太 CJ 了"4 月 15 日 17 时 55 分所发布的涉案微博做出回应："1，我问心无愧；2，你有亲自对比过原剧本和你说的耽美小说吗？3，你所贴链接中的所谓证据，其所做比对系精心设计修改过的，非事实，当时正是我和于正为国色天香闹翻时，发帖者用心良苦；4，可否请@风弄本尊出来与本人公开质证？5，我真抄了，我立马退出编剧圈。如系诬蔑，请向我道歉！"4 月 16 日 13 时 9 分，"@李亚玲"转评自己于 4 月 16 日 12 时 17 分发布的微博，微博内容为："'借鉴'与'抄袭'之我见：因琼瑶公开声讨于正新作《宫锁连城》抄袭她的旧作《梅花烙》，而我力挺琼瑶，说出了多年前于正要求我帮他利用《梅花烙》主线创作剧本的事实，由此引来众多批评。…文字版＞＞http：//t.cn/8sO2AVW（新浪长微博＞＞http：//t.cn/zOXAaic）。"点击"@李亚玲"微博右上角邮件图案选择"查看私信"，点开"@微博管理员 V"回信，显示 4 月 17 日 15 时 33 分、4 月 16 日 17 时 46 分"@微博管理员 V"均回信："尊敬'@李亚玲'，您好！站方根据《新浪微博社区管理规定（试行）》，您的举报由于'请提供相关证据材料和正式通知函件（如律师函）'，未能通过审核，给予驳回。感谢您对我们工作的支持！"在微博搜索框中输入"头条"，在提示的一系列结果中找到"@头条博客"并点击进入微博界面，下拉至主页面最下方，点击"查看更多微博"，4 月 16 日 13 时 20 分，发布微博【编剧@李亚玲：'借鉴'与'抄袭'之我见】，微博内容与"@李亚玲"的"'借鉴'与'抄袭'之我见"内容相同，4 月 17 日 8 时 40 分，发布微博【@周碧华－品牌策划：钱知道于正抄了琼瑶没有】："不管怎样，因为这场戏外戏，天下人更加关注湖南卫视正在播出的《宫锁连城》了，因为人们都有一种好奇心理，看看于正这角儿究竟干了龌龊事没有。……"返回"@八卦我实在是太 CJ 了"微博，找到涉案微博，点击微博内容中的"证据帖：http：//t.cn/zYkNTr9"链接，进入页面显示"很抱歉，帖子不存在或被隐蔽"。

吴志立提交了"灵异夹克"于 2010 年 11 月 6 日 21 时 40 分在天涯论坛娱乐八卦板块发表的名为"《国色天香》涉嫌'借鉴'风弄的《不能动》，编剧竟反斥之为色情小说［已隐藏］"的证据帖，该帖现已隐藏，无法通过网络正常打开。证据帖内容显示楼主"灵异夹克"转引作者"@冷香暗渡"于 2010 年 11 月 6 日发表的部分博文，内容为："……更无语的是，居然有人跳出来说什么我的《国色天香》抄袭某某小说。早在《大丫鬟》播得火了之后，就有人跳出来说什么《大丫鬟》抄袭新加坡的《小娘惹》，还言之凿凿地贴出了所谓的比对证据，什么一二三四五罗列分明。而后来才知道，那不过是制片方的刻意炒作。现在这年头，娱乐圈不怕坏新闻，就怕没新闻，只要能引起关注，自污也成了惯用的炒作手段。对这样的现实，作为编剧真的很无奈。宣传时不会提你的名字，炒作时随意找'炒作点'也不会顾虑你的声誉。既入了这个污浊的圈子，对这样的'被炒作'除了忍受别无他法。现在《国色天香》首播也很红火，据腾讯、网易等媒体报道，《国色天香》在当地收视夺冠。我看到新闻后，在欣慰的同时也很担心：该不会又来个什么说《国色天香》抄袭某某剧的风波吧？结果不幸言中，果然随后就有人四处散布《国色天香》抄袭了某某作者的某小说。我去网上搜了该小说来看，没看下去。这才发现该小说多年前曾有朋友向我推荐过，说是讲同性恋的，但如何如何感人，我本着好奇去搜索了，但看了一点就实在看不下去了。……①但此类同性恋色情文章恕我接受无能。虽然在现实生活中，因为多年记者生涯，我并不排斥同性恋，我也采访过许多有关同性恋、易性癖等方面的新闻，但我本人是一个性取向正常的传统女人，此类色情小说我曾在朋友的再三推荐下跳跃式地浏览过几篇，但没有一篇能坚持看完。我想声明的是：《国色天香》的创意，借鉴的不是某小说，而是德国电影《香水》。而其核心故事，借鉴的是唐代传奇《步非烟》。"楼主"灵异夹克"紧接着转引博文写道："……作为一名资深耽美狼，一看到《国色天香》这个剧，就觉得这个故事创意似曾相识，很眼熟，一细究，简直就像是《不能动》的民国言情版。当然，编剧提炼出了自己的主题，也加入了一些元素，令剧情和人物关系有了变化，是部不错的剧。但如果说完全没有借鉴到《不能动》一丝半点，那是不可能的！因为实在太像太像！其实早有人说出来了，记得当时编剧的回复是有人想炒作这本书，当时看了就有点怒了，没想到，这位'原创'女编剧居然还在博客里进一步攻击风弄，说《不能动》是色情小说很黄很暴力，是有人想借此炒作，这回实在是气炸人了，什么叫倒打一耙呀？实在是忍不下去看不下去了！作者说她借鉴了《步非烟》，顶多是借了其中被丈夫虐打至死的桥段而已，就是雨宁被官少华鞭打至死，仅此而已。故事是讲一位深闺女子不耐丈夫冷落而红杏出墙，勇敢追求真爱结果被虐打至死。至于电影《香水》，借鉴得更少。《国色天香》最核心的创意，编剧引以为傲的元素：替身情缘，正主其实在一开始就死去，冒牌货是被设计来报复男主的，冒牌货在报复过程中爱上男主，冒牌货想知道属于自己的过去，男主的痛苦挣扎，冒牌货为爱妥协学习正主，两人的互爱互虐，男主毁掉冒牌货的过去想将冒牌货留下，男主拿冒牌货换正牌的尸骨以活人换死人……一样样，竟是如此的熟悉！只要是有看过风弄小说的人！没有证据就没有发言权，下面楼主会贴出风弄的《不能动》的小说片段来说明事实真相，看编剧是否还有底气，仍坚持这是炒作！坚持说她完全没借鉴风弄的《不能动》！要知道，现实生活中可能没多少人看过耽美，但腐女网上是不少的！大家的眼睛是雪亮的！这是一名火眼金睛的网友的帖子，链在这儿。那位楼主已经总结了不少。http：//www.tianya.cn/publicforum/content/funinfo/1/2329230.shtml。"楼主"灵异夹克"在跟帖中贴出了风弄的《不能动》小说部分片段。

原审另查明，《国色天香》著作权人为李亚玲，李亚玲于2014年4月25日向北京微梦创科网络技术有限公司发出律师函，北京微梦创科网络技术有限公司收到律师函后，于2014年5月7日将涉案微博删除。李亚玲因本案聘请律师并支付律师费用10000元，支付公证费用2000元。

原审认定以上事实，采信的证据包括：李亚玲提交的身份证、房产证、《国色天香》著作权登记证书、（2014）成高证经字第3987号公证书、四川省成都市高新公证处出具的公证费发票、四川广力律师事务所出具的律师费发票、北京微梦创科网络技术有限公司企业法人营业执照、组织机构代码证、网络文化经营许可证，北京微梦创科网络技术有限公司提交的关于微博名称为"@八卦我实在是太CJ了"注册信息的调查结果、涉案

---

① 依照国家新闻出版相关法律法规和相关规定，鉴于原裁判文书中作为司法证据所引述的当事人原生微博内容不适宜公开出版呈现，本年鉴特作省略处理。原文请访问最高人民法院中国裁判文书网（http：//wenshu.court.gov.cn）。——编者注。

微博已删除查询截图、涉案微博删除后台操作系统截图，吴志立提供的身份证、"《国色天香》涉嫌'借鉴'风弄的《不能动》，编剧竟反斥之为色情小说［已隐藏］"网页帖。吴志立提交的微博名为"@风弄"对《国色天香》发表意见的微博截图，与本案没有关联性，不作为证据使用。

原审法院判决认为，《中华人民共和国民法通则》第一百零一条规定："公民、法人享有名誉权，公民的人格尊严受法律保护，禁止用侮辱、诽谤等方式损害公民、法人的名誉。"所谓名誉，是社会对特定的民事主体的才干、品德、情操、信誉、资历、声望、形象的客观综合评价。李亚玲作为公民，享有名誉权。关于本案，原审认为争议焦点如下：

一、关于吴志立是否侵犯李亚玲名誉权问题。

《最高人民法院关于审理名誉权案件若干问题的解答》第七条第一款规定："是否构成侵害名誉权的责任，应当根据受害人确有名誉被损害的事实、行为人行为违法、违法行为与损害后果之间有因果关系、行为人主观上有过错来认定。"《最高人民法院关于审理利用信息网络侵害人身权益民事纠纷案件适用法律若干问题的规定》第十条规定："人民法院认定网络用户或者网络服务提供者转载网络信息行为的过错及其程度，应当综合以下因素：（一）转载主体所承担的与其性质、影响范围相适应的注意义务；（二）所转载信息侵害他人人身权益的明显程度；（三）对所转载信息是否作出实质性修改，是否添加或者修改文章标题，导致其与内容严重不符以及误导公众的可能性。"吴志立作为新浪微博名为"@八卦我实在是太CJ了"的实名认证博主，系天涯社区娱乐八卦版版主、新浪微博社区委员会专家委员，拥有粉丝300余万，且是新浪微博认证的加"V"的知名博主。吴志立作为网络大"V"，与普通网民相比，拥有更大的影响力，其应承担更大的注意义务。吴志立在引用证据帖"《国色天香》涉嫌'借鉴'风弄的《不能动》，编剧竟反斥之为色情小说"并进行评论时，应当预见到自己的行为可能造成的影响。吴志立在评论时认为"刚刚指责于正的那个女编剧李亚玲，当年的作品《国色天香》主线剧情就是抄袭耽美小说《不能动》的"，直接认定为"抄袭"，然而证据帖标题为"《国色天香》涉嫌'借鉴'风弄的《不能动》"，帖子内容："……编剧提炼出了自己的主题，也加入了一些元素，令剧情和人物关系有了变化，是部不错的剧。但如果说完全没有借鉴到《不能动》一丝半点，那是不可能的！……下面楼主会贴出风弄的《不能动》的小说片段来说明事实真相，看编剧是否还有底气，仍坚持这是炒作！坚持说她完全没借鉴风弄的《不能动》！……"证据帖肯定并强调的是"借鉴"，吴志立提交的书面答辩意见中，亦表示要"指出其有抄袭的可能性"，然而在吴志立发布的微博中却认定"《国色天香》主线剧情就是抄袭耽美小说《不能动》"。"抄袭"与"借鉴"存在根本性差异，吴志立的此种行为构成对证据帖实质性修改。《最高人民法院关于审理名誉权案件若干问题的解答》第七条第二款规定："以书面或者口头形式侮辱或者诽谤他人，损害他人名誉的，应认定为侵害他人名誉权。"吴志立所提供的证据帖，仅能证明两部作品之间存在"借鉴"，且李亚玲提交了著作权证书证明其为《国色天香》著作权人，在吴志立未提供充分证据证明李亚玲《国色天香》主线剧情抄袭耽美小说《不能动》情况下，发表不实言论，擅自认定李亚玲《国色天香》主线剧情抄袭耽美小说《不能动》。李亚玲作为以写作为生的编剧，吴志立擅自在微博上认定其作品存在抄袭，引发网民负面评论，对李亚玲名誉造成侵害。综上，吴志立违反与其影响力相适应的注意义务，对转载信息做出实质性修改，且不能提供充分证据证明李亚玲《国色天香》主线剧情抄袭耽美小说《不能动》，发表不实言论，擅自认定两部作品之间存在抄袭，其主观存在过错，客观上造成李亚玲社会评价降低、名誉受损，两者之间存在因果关系，吴志立侵犯了李亚玲的名誉权。

二、关于北京微梦创科网络技术有限公司是否承担侵权责任。

新浪微博是开放性信息交流平台，网络用户通过注册登录即可发布信息，北京微梦创科网络技术有限公司作为新浪微博的经营者，本身不是涉案微博的作者，其处于网络服务提供者的地位。由于在网络服务平台上发布信息具有即时和海量的特点，北京微梦创科网络技术有限公司在客观上无法审查上述信息内容的真实性。《中华人民共和国侵权责任法》第三十六条第二款规定："网络用户利用网络服务实施侵权行为的，被侵权人有权通知网络服务提供者采取删除、屏蔽、断开链接等必要措施。网络服务提供者接到通知后未及时采取必要措施的，对损害的扩大部分与该网络用户承担连带责任。"北京微梦创科网络技术有限公司作为网络服务提供者的义务在于接到被侵权人的通知后及时采取删除、屏蔽、断开链接等必要措施。根据《最高人民法院关于审理利用信息网络侵害人身权益民事纠纷案件适用法律若干问题的规定》第五条的规定："被侵权人以书面形式或者网络服务提供者公示的方式向网络服务提供者发出的通知，包含下列内容的，人民法院应当认定有效：（一）通知人的姓名（名称）和联系方式；（二）要求采取必要措施的网络地址或者足以准确定位侵权内容的相关信息；（三）通知人要求删除相关信息的理由。被侵权人发送的通知未满足上述条件，网络服务提供者主张免除责任的，人民法院应予支持。"李亚玲提交的公证书中显示，新浪微博"@微博管理员V"于4月17日15时33分、4月16日17时46分两次向"@李亚玲"私信回复道："尊敬'@李亚玲'，您好！站方根据《新浪微博社区管理规定（试行）》，您的举报由于'请提供相关证据材料和正式通知函件（如律师函）'，未能通过审核，给予驳回。感谢您对我们工作的支持！"但是李亚玲未提供证据证明其向新浪微博"@微博管理员V"发送通知的内容，应承担举证不力的责任。原审认定上述两次私信"通知"不构成有效"通知"。李亚玲于2014年4月25日通过四川广力律师事务所律师向北京微梦创科网络技术有限公司发出了律师函，北京微梦创科网络技术有限公司于2014年5月初收到李亚玲的律师函，经过查看相关的微博内容，于2014年5月7日删除了涉案微博。根据《最高人民法院关于审理利用信息网络侵害人身权益民事纠纷案件适用法律若干问题的规定》第六条的规定："人民法院适用侵权责任法第三十六条第二款的规定，认定网络服务提供者采取的删除、屏蔽、断开链接等必要措施是否及时，应当根据网络服务的性质、有效通知的形式和准确程度，网络信息侵害权益的类型和程度等因素综合判断。"北京微梦创科网络技术有限公司于5月初收到李亚玲发出的律师函，查看涉案微博将其删除。原审认为北京微梦创科网络技术有限公司对涉案微博的删除操作及时，尽到了网络服务提供者的相应义务，不承担对李亚玲的侵权责任。因涉案微博已被删除，李亚玲诉请停止侵权的诉求，已无判决履行的必要。

三、关于吴志立责任承担形式。

《中华人民共和国侵权责任法》第二条规定："侵害民事权益，应当依照本法承担侵权责任。本法所称民事权益，包括生命权、健康权、姓名权、名誉权、荣誉权、肖像权、隐私权、婚姻自主权、监护权、所有权、用益物权、担保物权、著作权、专利权、商标专用权、发现权、股权、继承权等人身、财产权益。"第十五条规定："承担侵权责任的方式主要有：（一）停止侵害；（二）排除妨碍；（三）消除危险；（四）返还财产；（五）恢复原状；

（六）赔偿损失；（七）赔礼道歉；（八）消除影响、恢复名誉。以上承担侵权责任的方式，可以单独适用，也可以合并适用。"《中华人民共和国民法通则》第一百二十条第一款规定："公民的姓名权、肖像权、名誉权、荣誉权受到侵害的，有权要求停止侵害，恢复名誉，消除影响，赔礼道歉，并可以要求赔偿损失。"吴志立侵害李亚玲的名誉权，李亚玲要求吴志立赔礼道歉、恢复名誉、消除影响的诉讼请求，原审予以支持。

关于赔礼道歉、消除影响、恢复名誉的问题。《最高人民法院关于审理利用信息网络侵害人身权益民事纠纷案件适用法律若干问题的规定》第十六条规定："人民法院判决侵权人承担赔礼道歉、消除影响或者恢复名誉等责任形式的，应当与侵权的具体方式和所造成的影响范围相当。侵权人拒不履行的，人民法院可以采取在网络上发布公告或者公布裁判文书等合理的方式执行，由此产生的费用由侵权人承担。"吴志立在自己新浪微博上发布其做实质性修改的转载信息，对李亚玲名誉的负面影响集中在吴志立新浪微博粉丝之中。针对李亚玲要求吴志立赔礼道歉、消除影响、恢复名誉的诉讼请求，原审综合考虑吴志立的侵权方式和所造成的影响范围，确定吴志立在其新浪微博主页向李亚玲赔礼道歉。

关于精神损害赔偿及合理费用问题。《中华人民共和国侵权责任法》第二十二条规定："侵害他人人身权益，造成他人严重精神损害的，被侵权人可以请求精神损害赔偿。"本案中，李亚玲作为编剧，主要以写作为生，并享有一定的知名度，吴志立作为新浪微博的实名认证博主，拥有粉丝300余万，是新浪微博认证的加"V"的知名博主，且是天涯社区娱乐八卦版版主、新浪微博社区委员会专家委员，吴志立擅自在微博上认定李亚玲的作品存在抄袭，引发众多网民的负面议论，对李亚玲的精神造成较为严重的损害。原审综合考虑吴志立的主观过错、侵权情节、后果等因素，酌情确定吴志立向李亚玲赔偿精神损害抚慰金5000元。《中华人民共和国侵权责任法》第二十条规定："侵害他人人身权益造成财产损失的，按照被侵权人因此受到的损失赔偿；被侵权人的损失难以确定，侵权人因此获得利益的，按照其获得的利益赔偿；侵权人因此获得的利益难以确定，被侵权人和侵权人就赔偿数额协商不一致，向人民法院提起诉讼的，由人民法院根据实际情况确定赔偿数额。"《最高人民法院关于审理利用信息网络侵害人身权益民事纠纷案件适用法律若干问题的规定》第十八条第一款规定："被侵权人为制止侵权行为所支付的合理开支，可以认定为侵权责任法第二十条规定的财产损失。合理开支包括被侵权人或者委托代理人对侵权行为进行调查、取证的合理费用。人民法院根据当事人的请求和具体案情，可以将符合国家有关部门规定的律师费用计算在赔偿范围内。"本案中，李亚玲为制止侵权行为聘请律师，支付律师费用10000元，并支付公证费用2000元，结合本案实际情况，原审酌情确定吴志立赔偿李亚玲的合理开支为10000元。

据此，原审依照《中华人民共和国民法通则》第一百零一条、第一百二十条第一款，《中华人民共和国侵权责任法》第二条、第十五条、第二十条、第二十二条、第三十六条第二款，《最高人民法院关于审理名誉权案件若干问题的解答》第七条第一款、第二款，《最高人民法院关于审理利用信息网络侵害人身权益民事纠纷案件适用法律若干问题的规定》第五条、第六条、第十条、第十六条、第十八条第一款的规定，判决：一、吴志立于判决发生法律效力之日起十日内，在其新浪微博拥有的实名认证微博首页置顶发表致歉声明，向李亚玲公开赔礼道歉、消除影响，持续时间为连续十天（致歉声明内容须经原审法院审核）；二、吴志立于判决发生法律效力之日起十日内赔偿李亚玲精神损害抚慰金5000元及合理开支10000元，共计15000元；三、驳回李亚玲的其他诉讼请求。如果吴志立未按判决指定的期间履行给付金钱义务，应当依照《中华人民共和国民事诉讼法》第二百五十三条之规定，加倍支付迟延履行期间的债务利息。案件受理费减半收取311元，由吴志立负担250元，由李亚玲负担61元。

宣判后，原审被告吴志立不服原审判决，向本院提起上诉，请求二审撤销原审判决，改判驳回李亚玲对吴志立的全部诉讼请求。事实与理由如下：1. 原审认定吴志立在转载"证据帖"时做了"实质性修改"，属于事实认定不清。吴志立转载的"证据帖"标题为"《国色天香》涉嫌'借鉴'风弄的《不能动》，编剧竟反斥之为色情小说"。众所周知，在现代汉语中，引号有表示否定和反讽的意思。证据帖中的"借鉴"二字加了引号，结合其内容是对比李亚玲的《国色天香》和网络作家的小说《不能动》，可以得出结论：证据帖的核心思想就是认定《国色天香》抄袭。因此，吴志立转载证据帖时批评李亚玲抄袭，只是直接说出了所载证据帖的核心思想，并没有对其进行实质性改动。2. 原审未查明《国色天香》与《不能动》的雷同情况，未查明事实。原审仅凭证据帖的内容就认定《国色天香》和《不能动》之间只存在借鉴，而非抄袭，而未对二者进行详尽的对比，在此情况下作出李亚玲不存在抄袭的情况依据不足。3. 原审法院强调李亚玲系《国色天香》的著作权人，从而认定吴志立批评李亚玲抄袭，混淆了"抄袭"与"侵犯著作权"这两个概念，系适用法律错误。4. 李亚玲是知名编剧，属于公众人物，为维护社会公共利益和言论自由，对于公众人物的名誉权保护力度应当区别于普通人，公众人物对他人的评论负有更高的容忍义务。因此，原审贸然认为吴志立的批评属于侵权行为有误。

被上诉人李亚玲答辩称，原审认定事实清楚，适用法律正确，请求二审予以维持。

二审审理中，吴志立向本院提交了以下证据：公证书一份，《国色天香》剧本、剧本来源截图，以及吴志立自行归纳的《国色天香》剧本与小说《不能动》内容相似之处，以上证据拟证明小说《不能动》发表时间先于《国色天香》剧本，后者与前者内容上存在一定相似，吴志立的议论不构成侵权。被上诉人李亚玲质证认为，以上证据不属于二审期间新的证据，并且与本案无关联性。本院经审查认为，对吴志立提交的《国色天香》剧本真实性予以采信，对吴志立自行归纳的小说与剧本相似处以及其想证明的观点将结合本案其他证据予以确认。

本院二审审理查明事实与原审认定事实一致。

本院认为，1. 关于吴志立是否对其链接的证据帖作实质性修改的问题。吴志立在2014年4月15日发布了内容为"插个花絮吧，刚刚指责于正的那个女编剧李亚玲，当年的作品《国色天香》主线剧情就是抄袭耽美小说《不能动》的，证据帖：http：//t. cn/zYkNTr9 一边抄袭一边倒打一耙挖苦原作者写色情小说，跟于妈相比其实也就五十步笑百步吧"的微博。李亚玲主张吴志立在该微博中发表的评论虚构事实，对其名誉造成侵害。由此可见，李亚玲主张的侵权事实应当针对的是吴志立本人作出评论性陈述，而非针对证据帖的内容或是其作者的评论，对此李亚玲的代理人在二审庭审中也作出了说明。证据帖仅是吴志立用来作为证明自己观点的素材之一，而吴志立本人关于"《国色天香》主线剧情抄袭小说《不能动》"的观点是否构成侵权才是本案争议焦点。因此，吴志立是否对其链接的证据帖作实质性修改的问题不是本案应当审查的问题。

2. 关于吴志立发表的言论是否属实的问题。《最高人民法院关于审理名誉权案件若干问题的解答》第八条载明："问：因撰写、发表批评文章引起的名誉权纠纷，应如何认定是否构成侵权？答：因撰写、发表批评文章引起的名誉权纠纷，人民法院应根据不同情况处理：

文章反映的问题基本真实，没有侮辱他人人格的内容的，不应认定为侵害他人名誉权。文章反映的问题虽基本属实，但有侮辱他人人格的内容，使他人名誉受到损害的，应认定为侵害他人名誉权。文章的基本内容失实，使他人名誉受到损害的，应认定为侵害他人名誉权。"本案纠纷系吴志立发表的评论性微博而引发，根据以上司法解释，应当对吴志立发表的微博内容是否真实作出认定。据吴志立代理人陈述，吴志立在发表评论前亲自阅读过《国色天香》剧本以及小说《不能动》，认为前者抄袭后者是其仔细比较后的结论，并且，吴志立在二审提交了其自行总结的两部作品的内容简介及剧情对比。就吴立志自行归纳的内容，也仅显示两个作品在个别情节有相似之处，而两个故事设置的背景、人物关系，语言描述、主要内容等方面均不能证明存在大部分的雷同。本院认为，目前就文学作品是否构成抄袭并无专业上可以量化的标准，但以一个具有一般认知能力的人来判断，通过吴志立总结的内容并不足以得出"抄袭"的结论。由此，本院认为吴志立发表评论认为《国色天香》剧本抄袭小说《不能动》失实。

3. 关于吴志立的行为是否构成侵权的问题。《最高人民关于审理名誉权案件若干问题的解答》第七条规定："是否构成侵害名誉权的责任，应当根据受害人确有名誉被损害的事实、行为人行为违法、违法行为与损害后果之间有因果关系、行为人主观上有过错来认定。"吴志立系天涯社区娱乐八卦版版主、新浪微博社区委员会专家委员，拥有粉丝300余万，且是新浪微博认证的加"V"的知名博主，其通过自己的微博对李亚玲的作品作出失实的、负面的评论，客观上会对李亚玲的社会评价造成不利影响，从而使李亚玲的名誉受损。因此，本院认为吴志立的行为构成对李亚玲名誉权的侵害。吴志立作为在网络上有一定影响的人物，通过网络发表不实的言论，给他人造成名誉的侵害，该行为已经超过了正常的言论自由的范畴，因而本院对吴自立主张李亚玲应当对自由的言论承担更多容忍义务的观点不予采纳。

综上，上诉人吴志立的上诉请求不能成立。原审认定事实清楚，适用法律正确。据此，依照《中华人民共和国民事诉讼法》第一百七十条第一款第（一）项的规定，判决如下：

驳回上诉，维持原判。

原审案件受理费，按照原审判决确认的方式负担；二审案件受理费622元，由吴志立承担。

本判决为终审判决。

审判长　周　文

代理审判员　徐苑效

代理审判员　史　洁

二〇一五年五月二十九日

书记员　杜　平

案例39：英达与人民网股份有限公司名誉权纠纷二审民事判决书

北京市第一中级人民法院
民事判决书

(2015) 一中民终字第03108号

上诉人（原审原告）： 英达，男。

委托代理人： 尹红志，北京雷杰展达律师事务所律师。

委托代理人： 范相玉，男，北京雷杰展达律师事务所实习律师。

被上诉人（原审被告）： 人民网股份有限公司，住北京市西城区新街口外大街28号B座234号。

法定代表人： 马利，董事长。

委托代理人： 滕力，女，人民网股份有限公司法务主管。

上诉人英达因名誉权纠纷一案，不服北京市海淀区人民法院（2015）海民初字第3789号民事判决，向本院提起上诉。本院依法组成合议庭，公开开庭进行了审理。上诉人英达之委托代理人尹红志、范相玉，被上诉人人民网股份有限公司（以下简称人民网公司）之委托代理人滕力到庭参加诉讼。本案现已审理终结。

英达在原审法院诉称：我是中国大陆著名的电视导演，也是著名的演员，同时还在很多节目中担任主持人角色，还是美国哥伦比亚影片公司在中国的第一位合作导演。2014年10月24日，我导演的新剧《龙号机车》在京开机。2014年10月15日凌晨零点五分，人民网公司在其经营的人民网网站直接发布名为"英达带神秘女过夜被曝光曾与前妻宋丹丹公开交恶"的文章，且在文章中提到"俗话说'江山易改，本性难移'，这句话在宋丹丹前夫英达身上体现的淋漓尽致。英达在娱乐圈名气不大，却因好色而被人们所熟知。近日，有网友微博爆料称，英达携神秘美女在酒店喝咖啡后共同返回公寓并过夜"。我近期为导演一部新戏一直生活在剧组，"携神秘美女酒店喝咖啡，并返回公寓过夜"一说纯属子虚乌有。人民网公司未经调查核实，仅凭主观臆断，虚构事实，散布诋毁我名誉的不实言论，且在发布内容中有"江山易改本性难移""好色"等侮辱性字眼，极大地损害了我的公众形象，使社会公众对我产生重大误解，造成我社会评价严重降低，应承担相应的法律责任。诉讼请求：1.判令人民网公司在人民网首页发表致歉声明，向我公开赔礼道歉、消除影响，持续时间为连续7天；2.判令人民网公司赔偿我经济损失21520元；3.判令人民网公司赔偿我精神损害抚慰金10万元。诉讼费由人民网公司承担。

人民网公司在原审法院辩称：不同意英达的诉讼请求。1.人民网公司登载的涉案文章转载自其他网站，人民网公司并非原载媒体，且侵权行为是否成立应以报道是否真实为基础，报道真实性只能由原载媒体楚秀网掌握。我方在转载过程中未对涉案文章做出改动，不存在故意和过失，不存在侵权行为。我方作为转载媒体只应尽到形式上的审查义务，不对转载文章的真实性进行审查，且我方并非原载媒体，转载媒体承担的责任应远低于原载媒体。2. 英达是公众人物，公众人物自愿将自身的隐私和名誉让渡给媒体进行报道，从而取得相关经济利益，媒体对其是否遵守社会规范以及是否能够承担起符合自身身份行为的评论属正常媒体监督，公众人物应有更大的容忍义务。3. 媒体报道应做到基本真实而非全部细节真实，基本真实是法律真实而不是客观真实，我方的报道是媒体真实的，跟踪报道对事情进行澄清，不但没有损害英达名誉，反而提升了其知名度，即使涉案文章存在部分不真实的内容，也不能认定为侵权行为。4. 涉案文章使用的"好色""江山易改本性难移"等词并非侮辱性词汇，而是中性偏贬义，是对已存在事实的客观公正评价，尽到了媒体的注意义务。5. 英达要求我方赔偿经济损失和精神损害抚慰金没有依据，英达未举证证明其因我方登载涉案文章而致使名誉受损，未证明因精神压力导致任何经济支出，我方并未侵权。我方在2014年10月接到通知后立即删除了涉案文章，将可能造成英达精神损害的几率降到最低。请求法院驳回英达的诉讼请求。

原审法院认为：根据法律规定，公民、法人享有名誉权，公民的人格尊严受法律保护，禁止用侮辱、诽谤等方式损害公民、法人的名誉。转载单位转载其他媒介刊物发表报道文章时，应该预见所转载的报道文章可能存在失实之处给他人造成损害，故应对转载报道文章进行必要审查，该审查义务不因网站采取自动转载技术而免除。

本案中，涉案文章使用了《英达带神秘女过夜被曝光曾与前妻宋丹丹公开交恶》的标题，其中还描述了"有人爆料英达携神秘美女在酒店喝咖啡后共同返回公寓并过夜"，该描述涉及当事人私生活及个人名誉，极易使人对英达本人作出否定性评价，导致英达的社会评价降低。此外，除事实记述外，文章还使用了"'江山易改，本性难移'，……因好色而被人们所熟知……再度遭受骂声一片"等贬义性语言，倾向性明显，属贬损英达的不公正评论，背离了新闻报道客观性。人民网公司在转载该文章时，既未向文中所述的"爆料者"核实，也未向原发者核实，在包括其自身在内的多家网站已发表辟谣文章的情况下，仍在湖北频道转载了标题失实及部分内容失实的文章，应认定人民网公司在转载文章时未尽必要审查义务，存在过错，侵犯了英达的名誉权。

对于人民网公司有关公众人物容忍度的抗辩，法院认为，公众人物的名誉权保护受到一定限制，但并不意味着公众人物对于虚假、错误的报道有容忍的义务。社会公众对于公众人物的工作及生活等信息有权加以了解，新闻媒体可以加以披露，但这些信息应限于社会公共利益相关的真实信息，本案文章披露的事实不真实，人民网公司所持公众人物容忍度的抗辩事由不能成立。

有关人民网公司称涉案文章已由跟踪报道对事件进行澄清，没有损害英达名誉，反而提升英达知名度一节，法院认为，与正面报道相比较，涉案报道留给公众及英达本人的印象更多的是对英达私生活的贬低，而人民网公司没有证据证明英达本人希望借此文达到提高公众关注度的目的，故法院对人民网公司该项抗辩意见不予采信。

根据法律规定，行为人因过错侵害他人民事权益，应当承担侵权责任。公民的名誉权受到侵害的，有权要求停止侵害、恢复名誉、消除影响、赔礼道歉，并可以要求赔偿损失。现英达要求人民网公司基于侵犯名誉权的行为赔礼道歉、消除影响，符合法律规定，法院予以支持，但人民网公司承担责任的方式应当与其侵权行为相对应，故赔礼道歉的具体方式由法院依法确定。关于英达主张的精神损害抚慰金，法院根据人民网公司过错程度、侵权行为造成的影响及英达的知名度等情况综合酌定。英达主张经济损失中的公证费及律师费属英达进行诉讼的合理支出，但其主张的数额过高，法院根据合理性与必要性原则予以酌定。

综上，依据《中华人民共和国民法通则》第一百零一条，《中华人民共和国侵权责任法》第六条，判决：一、判决生效之日起七日内，人民网股份有限公司在人民网湖北频道（网址为 http：//hb. people. com. cn）首页上向英达赔礼道歉以消除影响，持续时间不得少于三日；赔礼道歉内容由法院审定，如不履行本项判决内容，法院将对本判决书主要内容在全国发行的报刊上进行刊登，刊登费用由人民网股份有限公司负担；二、判决生效之日起七日内，人民网股份有限公司赔偿英达精神损害抚慰金五千元及合理支出三千元；三、驳回英达的其他诉讼请求。如果人民网股份有限公司未按判决指定的期间履行给付金钱义务，应当依照《中华人民共和国民事诉讼法》第二百五十三条之规定，加倍支付迟延履行期间的债务利息。

判决后，英达不服原审判决，向本院提起上诉。上诉请求是：请求撤销原审法院，依法改判支持其原审全部诉讼请求。上诉理由是：1. 原审判决未查清侵权消息的影响时间和范围，判令被上诉人人民网公司赔礼道歉时间过短；2. 原审判决仅支持上诉人英达合理开支 3000 元系适用法律错误；3. 原审判决仅支持上诉人英达精神损害抚慰金 5000 元不当，应予改判。

人民网公司答辩称：同意原审判决，不同意英达的上诉请求和理由。理由：1. 人民网公司作为转载媒体，在此次事件中不存在故意，原审判决的责任承担是正确的；2. 上诉人英达存在扩大损失的情况；3. 上诉人英达要求的 2 万元律师费过高。

本院经审理查明：2014 年 10 月 15 日，北京市长安公证处根据英达的申请，对其所指定的网站内容进行公证。公证书记载，人民网湖北频道（http：//hb. people. com. cn/……）于 2014 年 10 月 15 日 00：05 刊登题为《英达带神秘女过夜被曝光曾与前妻宋丹丹公开交恶》一文，来源：中国日报网；QQ 空间关注粉丝数 127.9 万；内容："俗话说'江山易改，本性难移'，这句话在宋丹丹前夫英达身上体现的淋漓尽致。英达在娱乐圈名气不大，却因好色而被人们所熟知。近日，有网友微博爆料称，英达携神秘美女在酒店喝咖啡后共同返回公寓并过夜……近年来，英达鲜少有新作品问世，但却也搬了新宅添了豪车，生活重心偏向于守护家庭。如今并未离婚的英达被拍到金屋藏娇，与神秘女郎在酒店过夜的照片，再度遭受骂声一片。"

英达提交了国家新闻出版广播电视总局下发的《通知》两份，以说明涉案报道发布于国家新闻出版广播电视总局封杀"劣迹艺人"的背景下，人民网公司主观过错明显。英达另提交了人民网腾讯 QQ 空间首页截图，证明其粉丝高达 129.8 万，造成涉案内容在更大范围内传播。人民网公司对上述证据真实性均无异议，对证明目的不认可。

另查，人民网多个频道于 2014 年 10 月 14 日下午已针对涉案报道进行辟谣，凤凰网、新浪网、中国日报网、腾讯网等多家网站于 2014 年 10 月 13 日对涉案报道进行辟谣，均载明涉案报道将他人误认作英达，英达约妙龄女过夜系乌龙。2014 年 10 月 14 日 14：55，"@张磊_少杰"在其新浪微博中发表声明："今日，有无良媒体张冠李戴，发布'英达携妙龄女郎回家过夜'的假新闻，给我和我的家人，也给我的剧组造成很大困惑……乌龙也好，恶意也罢，我过去一向相信清者自清，对于各种谎话谣言，从不回应。可如今正值广电总局封杀劣迹艺人的风口浪尖，我不想让这个莫须有的丑闻，影响我正在拍摄的新戏的声誉，所以这次不能沉默，必须站出来发声，这是对整个创作团队负责！我已委托律师处理此事，将保留一切法律追究的权利。"上述声明落款为英达。

人民网公司认可涉案文章系误将他人认作英达而进行了错误报道，存在失实之处，但主张并非故意诽谤，跟踪报道已对事件进行澄清，没有损害英达名誉，反而提升其知名度，故即使涉案文章存在部分不真实的内容，不能认定为侵权行为。人民网公司认为涉案文章未使用侮辱性词汇。关于审查义务，人民网公司主张其作为时政类新闻网站，虽未对转载文章做实质审查，但已进行形式审查，已尽到注意义务。人民网公司另主张涉案文章的转载日期可体现该文章为系统自动抓取了前一天的新闻，其对此不存在侵权故意。

英达就其主张的经济损失提交了金额为1520元的公证费发票、金额为2万元的律师费发票及委托代理合同，人民网公司对上述证据真实性无异议，但认为英达主张的赔偿标准过高。

庭审中，人民网公司称其收到本案起诉状后已删除了涉案文章，英达认可现涉案网页已无法看到涉案文章。

上述事实，有双方当事人陈述、公证书、委托代理合同、发票、网页打印件等证据材料在案佐证。

本院认为：根据双方当事人的诉辩主张，本案二审的争议焦点是：人民网公司对转载不实报道导致的损害后果如何承担法律责任。损害后果责任的承担在本案中分为三个部分，即英达诉讼请求所对应的公开赔礼道歉、消除影响的时间；经济损失（律师费、公证费）以及精神损害抚慰金。针对上述三点，本院分别论述如下：

一、关于公开赔礼道歉、消除影响的时间一节，根据《最高人民法院利用网络侵害人身权益司法解释》第十六条规定，人民法院判决侵权人承担赔礼道歉、消除影响或者恢复名誉等责任形式的，应当与侵权的具体方式和所造成的影响范围相当。本案中，人民网公司虽然存在侵害英达名誉权的行为，但其发布侵权文章确属转载行为，不具有主观故意，且在得知侵权文章存在后已经自动删除了该文章，因此原审法院据此判令人民网公司在其湖北频道首页持续不得少于三日向英达赔礼道歉以消除影响并无不当，本院予以维持。

二、关于经济损失（律师费、公证费）一节，根据《最高人民法院利用网络侵害人身权益司法解释》第十八条规定，被侵权人为制止侵权行为所支付的合理开支，可以认定为侵权责任法第二十条规定的财产损失。合理开支包括被侵权人或者委托代理人对侵权行为进行调查、取证的合理费用。人民法院根据当事人的请求和具体案情，可以将符合国家有关部门规定的律师费用计算在赔偿范围内。本案中，英达为证明其财产损失，提交了公证书、公证费发票、委托代理合同、律师费发票加以佐证。鉴于双方当事人对公证费数额并无异议，本院不再赘述。关于律师费，本院认为，英达为维护自己的名誉权委托专业律师进行调查、取证及进行诉讼，属于合理的维权行为，由此而支付的律师代理费属于被侵权人为实现其权利的合理支出，英达提供的委托代理合同及律师费发票可以证实确实为此次诉讼活动实际支出了这笔费用，且该律师费符合相关法律法规的规定，数额合理，故本院对英达主张的2万元律师费予以支持，原审判决对此认定不当，本院予以纠正。

三、关于精神损害抚慰金一节，本院根据《最高人民法院关于确定民事侵权精神损害赔偿责任若干问题的解释》第十条的规定，精神损害抚慰金应综合侵权人的过错程度，侵害的手段、场合、行为、方式等具体情节，侵权行为所造成的后果，侵权人的获利情况等因素确定。本案中，英达未提供证据证明人民网公司转载涉案文章被广泛传播，并由此给英达造成严重的精神伤害，因而原审法院综合人民网公司的侵权行为的性质、主观恶意程度及损害后果等因素，酌定人民网公司赔偿英达精神抚慰金5000元并无不当，本院予以维持。

综上所述，依据《中华人民共和国民法通则》第一百零一条，《中华人民共和国侵权责任法》第六条，《最高人民法院利用网络侵害人身权益司法解释》第十六条、第十八条，《最高人民法院关于确定民事侵权精神损害赔偿责任若干问题的解释》第十条，《中华人民共和国民事诉讼法》第一百七十条第一款第（二）项之规定，判决如下：

一、维持北京市海淀区人民法院（2015）海民初字第3789号民事判决第一项；

二、撤销北京市海淀区人民法院（2015）海民初字第3789号民事判决第二项、第三项；

三、本判决生效后七日内，人民网股份有限公司赔偿英达精神损害抚慰金五千元及合理支出二万一千五百二十元；

四、驳回英达的其他诉讼请求。

一审案件受理费三百五十四元，由英达负担二百九十一元（已交纳）；由人民网股份有限公司负担六十三元（本判决生效后七日内交纳）。

二审案件受理费七百零八元，由英达负担五百八十三元（已交纳）；由人民网股份有限公司负担一百二十五元（本判决生效后七日内交纳）。

本判决为终审判决。

审判长　陈立新

审判员　张兰珠

审判员　汤　平

二〇一五年六月五日

书记员　崔启坤

案例40：曹春云与北京市公安局房山分局治安行政处罚二审行政判决书

北京市第二中级人民法院
行政判决书

（2015）二中行终字第943号*

上诉人（一审原告）： 曹春云，女，汉族，农民。

委托代理人： 隗立花，女，汉族，农民。

被上诉人（一审被告）： 北京市公安局房山分局，住所地北京市房山区。

法定代表人： 鹿进宝，局长。

委托代理人： 胡学志，男，北京市公安局房山分局法制处民警。

委托代理人： 张鹏，男，北京市公安局房山分局法制处民警。

上诉人曹春云因诉北京市公安局房山分局（以下简称房山公安分局）治安行政处罚一案，不服北京市房山区人民法院（以下简称一审法院）所作（2015）房行初字第9号行政判决，向本院提起上诉。本院受理后依法组成合议庭，于2015年6月2日公开开庭审理了本案。上诉人曹春云及其委托代理人隗立花、被上诉人房山公安分局的委托代理人张鹏到庭参加诉讼，本案现已审理终结。

房山公安分局于2014年8月29日对曹春云作出京公房行罚决字（2014）001920号《行政处罚决定书》，主要内容为：2014年8月26日17时52分许，曹春云为发泄心中不满，通过互联网散布虚假信息，公然辱骂、诋毁公安机关领导，造成极大的负面影响，以上事实有报案记录、本人陈述、勘验笔录、视听资料等证据证实。根据《中华人民共和国治安管理处罚法》第四十二条第二项之规定，现决定给予曹春云行政拘留五日。

曹春云不服上述具体行政行为，诉至一审法院称，2014年8月26日，曹春云看到新浪新闻上天津公安局局长被查，对他的违法行为非常气愤，就在微博评论上骂了一句，之后又想起自己的事，就跟着把举报房山分局局长鹿进宝篡改案由造假房的事也发了上去。一、骂人的话是对微博新闻的评论意见，针对以上的评论和以下的举报无关。二、网络举报是公民

---

* 本案一审原告、二审上诉人曹春云因治安行政处罚一案，不服北京第二中级人民法院（2015）二中行终字第943号行政判决，向北京市高级人民法院申请再审。2016年4月18日，北京市高级人民法院作出（2016）京行申87号《驳回再审申请通知书》认为，在本案中"曹春云在新浪微博发布侮辱他人言语信息的行为，确已构成公然侮辱他人或捏造事实诽谤他人的情形。因此，北京市公安局房山分局根据曹春云的违法事实及情节，在依法履行了立案、传唤、调查取证、告知等行政处罚程序的情况下，对曹春云作出行政拘留五日的处罚决定正确。二审法院所作判决并无不当。申请再审人提出的再审申请，不符合《中华人民共和国行政诉讼法》第九十一条的规定，决定不对该案提起再审"。

的合法权利，曹春云的举报都是事实，不存在虚假信息。三、曹春云已向韩村河派出所警察多次说明没骂鹿进宝，后房山公安分局以诱骗方式将其拘留。根据《公安机关办理行政案件程序规定》第九章第二节第一百五十一条规定，作出行政拘留处罚决定的，应当及时将处罚情况和执行场所，或者依法不执行的情况告知被处罚人家属。但房山公安分局对曹春云拘留后不依法通知家属，已经违反上述规定，请求法院依法撤销房山公安分局作出的京公房行罚决字（2014）001920号《行政处罚决定书》。

房山公安分局一审辩称，本案中曹春云系北京市房山区韩村河镇西东村村民。2012年5月24日，曹春云曾到房山公安分局信访反映，村书记王成指使他人强行施工，其丈夫姜金龙上去制止被对方用暴力行为推到马路上，致使病情加重后死亡，要求公安机关处理。2013年1月17日，房山公安分局以"该案没有犯罪事实发生"作出不予立案决定。后曹春云对此不服，对公安机关心存不满。2014年8月26日17时52分，曹春云以网名为"@今年又下六月雪"在新浪微博上发布带有侮辱性言语、辱骂公安领导的博文。对以上事实，有曹春云本人陈述、远程勘验工作记录等证据证实。2014年8月29日，房山公安分局依据《中华人民共和国治安管理处罚法》第四十二条第二项之规定，对曹春云处以行政拘留五日的处罚。针对曹春云所称其微博中提到的"袒护包庇罪犯，恶意把我举报的故意伤害案篡改成死亡案，使罪犯逍遥法外"的言论，系其主观臆断，无任何事实及法律依据，其虚构事实的言论对公安领导造成了负面影响，因此构成《中华人民共和国治安管理处罚法》第四十二条第二项规定的诽谤行为，符合行政拘留五日的处罚幅度。因此，曹春云提出的理由缺乏事实及法律依据，房山公安分局认为不能成立。另，房山公安分局民警在执法办案过程中严格遵照《中华人民共和国治安管理处罚法》《公安机关办理行政案件程序规定》，依法受理案件开展调查，并严格履行各项法律手续，拘留后依法将其拘留情况通过西东村村民冯守厂告知了其儿子姜意。综上所述，曹春云诽谤的违法行为客观存在，现有证据可以认定，对其行政拘留五日的处罚适当、程序合法。曹春云的诉讼理由缺乏事实及法律依据，请人民法院依法审查、认定，维持房山公安分局处罚决定。

2015年3月24日，一审法院作出（2015）房行初字第9号行政判决认为：依据《中华人民共和国人民警察法》第二条、《中华人民共和国治安管理处罚法》第二条及参照《公安机关办理行政案件程序规定》第九条第一款之规定，房山公安分局对违反治安管理的行为具有实施治安处罚的法定职责。《中华人民共和国治安管理处罚法》第四十二条第二项规定，公然侮辱他人或者捏造事实诽谤他人的，处五日以下拘留或者五百元以下罚款。本案中，曹春云在新浪微博发布侮辱他人言语的信息，其行为已构成上述法律规定的情形。房山公安分局据此对曹春云作出拘留五日的处罚并无不当。此外，房山公安分局亦依法履行了立案、传唤、调查取证、告知等行政处罚程序，符合法律规定。综上，曹春云请求撤销房山公安分局作出的行政处罚决定，缺乏事实和法律依据，法院不予支持。一审法院依照《最高人民法院关于执行〈中华人民共和国行政诉讼法〉若干问题的解释》第五十六条第一款第（四）项的规定，判决驳回曹春云的诉讼请求。

曹春云不服一审判决，上诉认为，一审法院认定事实不清，适用法律错误，证据不足，程序违法，请求撤销一审判决，支持其上诉请求。

房山公安分局同意一审判决，请求予以维持。

在一审诉讼期间，房山公安分局在法定举证期限内提交并在庭审中出示了如下证据：

1. 呈请传唤审批表，证明：韩村河派出所办案民警经单位主管领导审批，依法对曹春云传唤。

2. 呈请延长询问查证时间审批表，证明：韩村河派出所办案民警经单位主管领导审批，依法延长对曹春云询问查证时间至 24 小时。

3. 京公房（韩）行传字（2014）000022 号传唤证，证明：韩村河派出所办案民警依法对曹春云进行传唤。

4. 2014 年 8 月 27 日、8 月 29 日曹春云询问笔录二份，证明：2014 年 8 月 26 日，曹春云以网名为"@今年又下六月雪"在新浪微博上发布带有侮辱性言语的信息。

5. 2014 年 8 月 29 日告知笔录一份，证明：民警在对曹春云处罚前依法履行告知义务。

6. 2014 年 8 月 29 日曹春云陈述申辩复核笔录一份，证明：民警对曹春云在告知笔录中提出陈述和申辩进行复核，并将复核结果告知曹春云。

7. 京公房（网安）远勘（2014）041 号远程勘验工作笔录一份，证明：2014 年 8 月 26 日 17 时 52 分，网名为"@今年又下六月雪"在新浪微博上发布带有侮辱性言语的信息。该微博信息被转发 3 次，2 人评论，该博主微博被 1042 人关注，有 544 名粉丝。

8. 行政拘留家属通知书一份，证明：民警依法将曹春云被行政拘留情况通知曹春云家属。

9. 京公房刑不立字（2013）000006 号不予立案通知书一份，证明：民警依法对曹春云 2012 年 5 月 24 日所报案件作出不予立案决定。

10. 京公房复决字（2013）03 号复议决定书一份，证明：民警依法维持曹春云 2012 年 5 月 24 日所报案件不予立案决定。

在一审诉讼期间，曹春云在法定举证期限内提交并在庭审中出示了如下证据：

1. 诉讼费票据复印件；

2. 受理通知书复印件；

3. 举报书复印件；

4. 京公房刑不立字（2013）000006 号不予立案通知书。

证据 1~4 证明：一审法院程序违法，先审理后交钱、后立案，房山公安分局提交的证据都是伪证。

在诉讼过程中，曹春云申请一审法院向房山公安分局调取以下证据：

1. 房山公安分局 2014 年 8 月 27 日 15 时 57 分的询问/讯问笔录的全程录音录像；

2. 房山公安分局下达"传唤证"的现场全程录音录像；

3. 房山公安分局 2014 年 8 月 29 日 11 时 24 分询问/讯问笔录的全程录音录像；

4. 房山公安分局 8 月 29 日 13 时 30 分陈述申辩复核笔录的全程录音录像；

5. 房山公安分局"行政处罚告知"笔录现场及全程录像录音；

6. "行政拘留家属通知书"；

7. 房山公安分局 2012 年 5 月 24 日曹春云"控告姜金龙死亡案"的控告书。

2015 年 1 月 12 日，一审法院针对曹春云申请调取的证据 1~7 向房山公安分局发出了协助调查取证函。2015 年 1 月 19 日，房山公安分局向一审法院出具了回函，提供了证据 6、7，并对证据 1~5 无法提供原因进行了说明。

经庭审质证，一审法院对上述证据作如下确认：房山公安分局提供的证据 1~10 因符合最高人民法院《关于行政诉讼证据若干问题的规定》的相关规定，具有合法性、真实性及关联性，故法院均予以采纳。曹春云提供的证据1、2，因与本案不具关联性，故法院不予以采纳。曹春云提供的其他证据及曹春云申请调取并于庭上出示的证据，因符合最高人民法院《关于行政诉讼证据若干问题的规定》的相关规定，具有合法性、真实性及关联性，故法院均予以采纳。

一审法院已将当事人提交的上述证据随案移送本院。经审查，一审法院对上述证据材料的认证意见符合《最高人民法院关于行政诉讼证据若干问题的规定》，认证意见正确，本院予以确认。

本院根据合法有效的证据以及当事人的有关陈述，查明如下事实：2014年8月26日17时52分，曹春云以网名为"@今年又下六月雪"在新浪微博上发布用侮辱性言语辱骂北京市公安局房山分局局长的博文，文中还存有"为袒护包庇罪犯，恶意把我举报的故意伤害案篡改成死亡案，使罪犯逍遥法外"的信息。房山公安分局网安大队制作了京公房（网安）远勘（2014）041号远程勘验工作记录。房山公安分局对曹春云进行了传唤、询问，取证工作，经审查认为，曹春云于2014年8月26日17时52分在新浪微博发布的信息，捏造事实，公然诋毁、辱骂公安领导。2014年8月29日，房山公安分局作出京公房行罚决字（2014）001920号《行政处罚决定书》。曹春云不服该处罚决定书，诉至一审法院。

另查，曹春云曾于2012年5月24日向房山公安分局举报王成等五人涉嫌故意伤害，房山公安分局于2013年1月17日作出京公房刑不立字（2013）000006号不予立案通知书，曹春云不服，申请复议。房山公安分局于2013年1月29日作出京公房复决字（2013）03号复议决定书，维持了该不予立案通知书。

本院认为，依据《中华人民共和国人民警察法》、《中华人民共和国治安管理处罚法》以及《公安机关办理行政案件程序规定》的相关规定，房山公安分局对其辖区内违反治安管理的行为具有实施治安处罚的法定职权。根据《中华人民共和国治安管理处罚法》第四十二条第（二）项的规定，公然侮辱他人或者捏造事实诽谤他人的，处五日以下拘留或者五百元以下罚款；情节较重的，处五日以上十日以下拘留，可以并处五百元以下罚款。本案中，曹春云在新浪微博发布侮辱他人言语信息的行为已构成公然侮辱他人或者捏造事实诽谤他人的情形，房山公安分局根据曹春云的违法事实及情节，在依法履行了立案、传唤、调查取证、告知等行政处罚程序的基础上，对曹春云作出行政拘留五日的处罚决定并无不当。曹春云要求撤销被诉行政处罚决定的主张，没有事实及法律依据，本院不予支持。一审法院依照《最高人民法院关于执行〈中华人民共和国行政诉讼法〉若干问题的解释》第五十六条第一款第（四）项的规定，判决驳回曹春云的诉讼请求，认定事实清楚，适用法律正确，程序合法，并无不当，本院予以维持。曹春云的上诉请求，缺乏事实及法律依据，本院不予支持。依照《中华人民共和国行政诉讼法》第八十九条第一款第（一）项的规定，判决如下：

驳回上诉，维持一审判决。

一、二审案件受理费各50元，均由曹春云负担（已交纳）。

本判决为终审判决。

审判长　金　丽

代理审判员　李　丹

代理审判员　陈　雷

二〇一五年六月十九日

书记员　高　元

案例41：刘擎与叶文添等名誉权纠纷二审民事判决书

北京市第一中级人民法院
民事判决书

(2015) 一中民终字第04876号

上诉人（原审原告）： 刘擎，女。

被上诉人（原审被告）： 叶文添，男。

被上诉人（原审被告）： 北京微梦创科网络技术有限公司，住所地北京市海淀区。

法定代表人： 刘运利，董事长。

委托代理人： 徐长博，北京市天平（广州）律师事务所律师。

上诉人刘擎与被上诉人叶文添、北京微梦创科网络技术有限公司（以下简称微梦公司）因名誉权纠纷一案，不服北京市海淀区人民法院（2015）海民初字第08349号民事判决，向本院提起上诉，本院依法组成合议庭公开开庭审理了本案。上诉人刘擎，被上诉人叶文添、被上诉人微梦公司之委托代理人徐长博到庭参加了诉讼，本案现已审理终结。

刘擎在原审法院诉称：新浪微博是由微梦公司管理并运营的网络平台。我是资深投资人士、"新浪微博达人"，有粉丝超过10万人，拥有良好声望和广泛影响力。2013年5月29日，叶文添在其微博中发布"金融圈的小月月刘擎，曾任北京国投信托市场部客户经理……曾在世纪佳缘网恋被骗，也在网上骗别人，微博以金融玫瑰、个股播报等ID招摇撞骗，因天生异象，所以只要见到比自己美和有才的女人就进行诬蔑，比如最近对徐瑾微博等，药不能停啊"并配以清晰标有"脑残片"的图片。此外还以"二货""低劣"等侮辱性语言进行人身攻击、公然侮辱。叶文添不仅是网络大V，更是一位新闻记者，其微博账号拥有众多订阅读者，侵权言论传播范围广，对我造成了严重名誉损害。故诉至法院，请求判令叶文添、微梦公司：1. 立即消除对我有不良影响的内容，删除所有侮辱、诽谤、恶意攻击的内容，包括2013年5月29日18：47，2013年5月30日9：23、2：03、0：23、0：46发表于新浪微博的相关微博；2. 在新浪微博首页醒目位置连续7日刊登向我赔礼道歉的声明；3. 赔偿我公证费、律师咨询费等维权合理费用；4. 赔偿我名誉贬损带来的精神损失3万元。本案诉讼费用由叶文添、微梦公司承担。

叶文添在原审法院辩称：不同意刘擎的诉讼请求。第一，刘擎的主张与事实不符，是刘擎首先在微博上说我是"黑记者"，我方是正常回应，我没有捏造事实，不存在侮辱、诽谤，刘擎的证据不能证明给其造成了损害。我2013年6月3日已全部删除了涉案微博。请求法院驳回刘擎的全部诉讼请求。

微梦公司在原审法院辩称：不同意刘擎的诉讼请求。我公司收到起诉状后，检索了叶文添的微博，没有发现刘擎起诉状中的微博，据悉2013年9月因刘擎和我公司有过沟通，应其请求清理过一批微博内容，当时就已删除了相关微博内容。收到起诉状之后，我公司又进行了清理，没有侵犯刘擎的任何权利。请求法院驳回刘擎的全部诉讼请求。

原审法院审理查明：新浪微博是微梦公司管理并运营的网络平台。刘擎是资深投资人士、"新浪微博达人"，有粉丝超过10万人。叶文添是知名记者，有新浪粉丝7万余人。

（2013）京潞洲内民证字第1468号公证书显示：2013年5月30日，登录互联网，发现在叶文添的微博账号（×××://weibo.com/u/1716022604，新浪加V认证为：中国经营报编委、专栏作家），有以下几条微博：

1. 2013年5月30日0：23　大家看看这个二货是怎么骂@徐瑾微博的，这是学术探讨吗？人身攻击个没完，各种低劣的语言，骚扰快大半个月了，什么词都用了，今天还牛哄哄的建立了所谓的黑白记者名单，你是中宣布么？我觉得和这二货比起来，我发的微博已经相当高端洋气了（两张附图略）。该微博转发13，评论8。

2. 2013年5月30日0：46　@徐瑾微博是我以前的同事，我们共事多年，当时她就是报社里特别勤奋、读书特别多、思维特别灵动的优秀记者，她写的财经评论犀利、独立、思路清晰、大胆，远超了她的年龄和阅历，她年龄比我小，但我很尊敬她，我尊敬一切有才华的人。所以我反感向有才华的人、我的前同事和朋友泼脏水。该条微博是在转发以上2013年5月30日0：23微博时的评论。该微博转发5，评论3。

3. 2013年5月30日02：03　证据呢？你这才是诽谤，一块来起诉看谁赢？//@个股播报：刚在微博上看到，这家伙@叶文添当年在西安想要陈光标两万好处费，标哥没给，从此结仇了，中国社会话语权就被这群垃圾占据了。正好有微博×××://t.cn/zH6v6Ya叶文添及其所谓的记者联盟，你们居心叵测×××://t.cn/zH6v6Y6。该微博是在转发@个股播报的微博时的点评。@个股播报2013年5月30日01：32发布的微博内容为：报道陈光标的《中国经营报》记者叶文添、方辉没有记者证！我对两位记者的身份表示好奇，于是上中国记者网×××://t.cn/h9SG6上查询他们的信息，输入姓名和单位竟然发现查无此人，什么状况？？？？求解？？？？×××://t.cn/zHik3mR。该微博转发24，评论6。

4. 2013年5月30日09：23　多谢小球！//@辣笔小球：你告吧，别网上装神弄鬼。本球的话就搁在这儿，你若告了，且能告赢，你索赔他多少钱，本球就把你索赔的金额，加上一倍送给你。不告，你死全家。该微博还转发了@个股播报的微博。@个股播报2013年5月30日02：15发布的微博内容为：对于@叶文添侮辱造谣诽谤我，我该要多少赔偿金额呢？精神损失费神马的。谁知道他一个月大概赚多少搞（应为稿）费啊？我也不想让他负担太重，你们说多少合适？让他知道错就可以了，不必罚他没钱买手纸哦。该微博转发0，评论8。

5. 该公证书同时显示：2013年5月30日，登陆徐瑾微博（×××://weibo.com/xujin1900），显示2013年5月29日18：47，叶文添曾在其微博中发布"[金融圈的小月月]刘擎，曾任北京国投信托公司市场部客户经理，山东人，生于1982年3月，做过记者，上海生活过4年，曾在世纪佳缘网恋被骗，也在网上骗别人，微博以金融玫瑰、个股播报等ID招摇撞骗，因天生异象，所以只要见到比自己美和有才的女人就进行污蔑，比如最近对徐瑾微博等，药不能停啊！"并配以清晰标有"脑残片"的图片，显示转发135，评论42。

该微博被徐瑾转发在自己微博上。该公证书还显示，在百度上搜索"刘擎小月月"，显示其他人发布的相关文章，称"刘擎为比小月月更加极品的女人"。

刘擎支付公证费1000元。

叶文添提供网页截图打印件、（2014）沪徐证字第5129号公证书，主张是刘擎先在微博上使用"个股播报""金融玫瑰"等账号说叶文添是黑记者、进行侮辱诽谤，事情由其挑起，并提供新京报网站、法制网上刊登的《世纪佳缘提供"假会员"遭起诉》《世纪佳缘"婚恋网站第一案"会员要求退费败诉》等文章，认为刘擎确实进行过相关诉讼，网上有相关的公开报道，自己并未侵犯刘擎的名誉权。刘擎否认"个股播报"是其账号，叶文添未就此提供相应证据证明。"个股播报"的微博介绍显示的信息与刘擎不相符。

叶文添表示，微博中涉案与刘擎有关的2013年5月29日18：47分所发、5月30日00：23分所发、09：23分所发的微博已于2013年6月23日之前全部删除，并认为5月30日00：46所发的微博与涉案事件无关，02：03分的微博是转发了"个股播报"的微博，不构成侵权。微梦公司核实后表示诉状中提到的微博早已不存在，5月30日00：23分的微博在收到诉状后该公司已及时进行了删除，还有几条微博不构成侵权或属转发微博已删除。庭审中，法庭要求刘擎对涉案微博是否删除的情况进行核实。其在庭后表示，有几条微博已经被删除，但坚持认为还有几条在开庭时未涉及的相关微博也应纳入审理范围。法院告知开庭时未涉及的相关微博无法作为本案审理的范围。

刘擎最初将本案诉至其他法院，后被移送至海淀法院。

原审法院认定上述事实的证据有：公证书、网页打印件、公证费发票、相关网络报道及法院开庭笔录等在案佐证。

原审法院判决认为：名誉权是指公民、法人或其他权利主体保持并维护自己名誉的权利。侵害名誉权是指行为人因为故意或者过失对他人实施侮辱、诽谤等行为并导致受害人社会评价降低。本案中，新浪微博账号"叶文添"发表的2013年5月30日0：23、2013年5月30日0：46微博中所用的"二货"，2013年5月29日18：47微博中使用"金融圈的小月月""也在网上骗别人""以个股播报等ID招摇撞骗""药不能停啊"等词语及"脑残片"的图片，侮辱、诽谤性质较为明显，构成侵权，应承担相应侵权责任。刘擎主张侵权的其他微博内容并无明显侵权内容，或针对"个股播报"，并不能使读者将其与刘擎相联系，不构成侵权。

微梦公司作为新浪微博的经营者，属于信息存储空间服务商。由于涉案信息并不处于显著位置，微梦公司在收到诉状后及时删除了相关侵权信息，已在合理期间内履行了相关法律义务，没有过错，不应承担侵权责任。

鉴于叶文添已删除了相关侵权微博，故法院对刘擎有关删除微博的诉讼请求不再予以支持。至于赔礼道歉，法院根据叶文添的主观过错、侵权情节、相关微博的影响范围等，酌定道歉的方式和范围。对于刘擎要求赔偿精神损失、合理费用的请求，法院结合具体案情予以酌定，不再全部支持刘擎的全部请求。

综上，依据《中华人民共和国侵权责任法》第十五条、第二十二条之规定，判决：一、本判决生效之日起十日内，被告叶文添在其个人新浪微博账号（http：//weibo.com/u/1716022604）的置顶位置，向刘擎赔礼道歉，致歉声明的置顶时间不少于三天（声明内容须经本院审核，逾期不履行，本院将选择一家全国发行的报刊公布判决书主要内容，费用由被告叶文添负担）；二、本判决生效之日起十日内，被告叶文添赔偿原告刘擎精神损失抚慰金五百元及公证费一千元；三、驳回原告刘擎的其他诉讼请求。如被告叶文添未按判决所指定的期间履行给付金钱义务，则应依据《中华人民共和国民事诉讼法》第二百五十三条之规定，加倍支付延迟履行期间的债务利息。

刘擎不服一审判决，向本院提起上诉，要求二审法院撤销原审判决，查清事实并依法改判。刘擎的上诉理由为：1. 一审判决认定事实有误，显著限缩了审理范围，大大减少了对侵权事实的认定。一审将叶文添侵权的八条微博限缩为五条。同时一审认定被上诉人已将微博全部删除有误，且是否删除也不足以减轻其法律责任。2. 一审判决适用法律错误，对名誉侵权的赔偿裁量过低了，对精神损害赔偿的自由裁量显著违反司法解释规定，也远低于全国各地类似案例，本案精神损害赔偿数额应为三万元。3. 微梦公司未尽审查管理义务，对叶文添的侵权行为有纵容和放任，应共同承担侵权责任。

叶文添答辩称：一审判决认定事实清楚，适用法律正确，应予维持，不同意刘擎的上诉请求和理由。我的微博不构成侵权，对方夸大事实，且除了一条微博之外其他微博均未指名道姓针对对方。本案中，上诉人也存在明显的过错，其主张的精神损害抚慰金没有法律依据。

微梦公司答辩称：同意一审判决。上诉人一审起诉状中可能涉及侵权的微博，一审中已经查明早已不存在，我方的行为适当，并且充分尽到了审慎管理的义务，没有违反法律规定的行为。

本院经审理查明：一审法院判决认定的证据真实有效，据此认定的事实无误，本院予以确认。

以上事实还有当事人在二审期间的陈述在案佐证。

本院认为：本案二审争议焦点主要围绕以下四方面问题：一是一审法院所审理的涉侵权微博条数是否正确，是否不当限缩了审理范围，遗漏了刘擎的诉讼请求。二是一审法院所认定的侵权微博条数及内容是否正确。三是微梦公司是否尽到了审查、管理和相关法律义务，是否应承担侵权责任。四是一审法院所确定的精神损害赔偿数额是否适当。

关于一审法院所确定的本案的涉侵权微博条数问题。刘擎在一审起诉状中并未明确指出具体的涉侵权微博的条数及内容，其诉讼请求第一项表述为"判令被告立即消除对原告有不良影响的内容，删除所有带有侮辱、诽谤、恶意攻击的内容"。一审法院曾在庭审中要求刘擎对诉讼请求第一项进行明确。庭审笔录显示，刘擎在一审庭审中表示"要求删除（1）2013年5月29日18：47发表于新浪微博及其主页的图文微博；（2）公证书第7页发布于叶文添微博的全部内容，2013年5月30日9：23、2：03、0：23、0：46"。一审法院曾向刘擎明确本案所审理的涉侵权微博条数为5条，刘擎亦当庭表示同意。刘擎一审庭审结束后，通过《答复法庭对侵权事实状态的查询》的书面材料表示，除了当庭确认的5条微博，还有3条微博存在侵权。一审法院经审查认为，没有在开庭时涉及的微博不属于本案审理范围，对刘擎一审开庭后提交的3条微博未予审理。本院认为，依据一审庭审笔录，刘擎对要求删除的涉侵权微博已经予以明确，条数为5条，具体指向叶文添于2013年5月29日18：47，2013年5月30日9：23、2：03、0：23、0：46所发布或评论转发的5条微博。而刘擎所主张的在一审开庭后所提交的3条微博构成对其名誉权的侵犯，要求对其进行删除，属于在一审开庭结束后增加的诉讼请求。依据《最高人民法院关于适用〈中华人民共和国民事诉讼法〉的解释》第二百三十二条的规定，原告增加诉讼请求应当在法庭辩论结束前提出。因此，刘擎在一审开庭后提出增加诉讼请求，不符合司法解释关于增加诉讼请求时限要求的规定。一审法院对刘擎超出时限要求而新增的诉讼请求不予处理并无不当，所确定的本案审理的涉侵权微博条数正确，不存在遗漏刘擎诉讼请求的情形。

关于一审法院认定侵权的微博条数及内容问题。一审法院认定了叶文添于2013年5月29日18：47，2013年5月30日0：23、0：46所发布的3条微博构成侵权，对此，各方当事人在二审中不持异议。刘擎在二审中认为叶文添于2013年5月30日9：23、2：03所发布微博亦构成对其名誉权的侵害。本院经审查认为，上述两条微博系叶文添对"个股播报"所发布微博的转发及评论，其中并未提及刘擎。而刘擎在一、二审中均否认"个股播报"是其账号，也不认可"个股播报"微博内容中的第一人称"我"是其本人。叶文添对"个股播报"所发布微博的转发和评论，系对"个股播报"微博内容中"我"所表述的系列内容进行回应，在刘擎否认微博中的"我"即是其本人的情况下，叶文添微博所针对的对象亦非刘擎，因此不能认为叶文添对"个股播报"微博的评论与转发侵犯了刘擎的名誉权。一审法院所确定的侵权条数及内容并无不当。

关于微梦公司是否应承担责任问题。本案中，叶文添的侵权微博系在其微博主页上发布，并未成为"热门话题"，也未有"官方推送"，从形式上看其涉案信息位置并不显著。而涉案微博中所用的"二货"、"脑残片"图片、"招摇撞骗"等词语亦非国家网络信息管理规范中所应予以主动审查处理的"敏感"词语，因此微梦公司不具有对叶文添微博进行主动事先审查的义务，不能认为微梦公司"知道或应当知道"涉案微博构成侵权。微梦公司的审查管理义务范围应当限于接收到当事人的有效通知后对涉侵权微博进行处理。本案中，刘擎虽称其在微博页面中点击过投诉，并曾向微梦公司发送过要求删除微博的律师函，但均未提供相关证据予以证明。同时，本院认为，刘擎在微博页面中点击投诉的行为，因缺乏通知人的信息、具体侵权内容信息以及要求删除的理由等内容，不能视为对微梦公司的有效通知。微梦公司作为网络服务提供商，面对海量的投诉信息，不能苛求其对所有投诉均予以处理和回应。微梦公司在收到刘擎起诉状后及时删除了侵权微博，履行了相关法律义务，没有过错，不应承担侵权责任。

关于精神损害赔偿数额是否适当的问题。精神损害是因加害人侵权而导致的受害人的内心痛苦，属于非财产类损失。正因为如此，对精神损害赔偿数额的确定难以进行量化，而应依据个案情节酌情认定为当。《最高人民法院关于确定民事侵权精神损害赔偿责任若干问题的解释》规定，精神损害赔偿的数额应当根据侵权人的过错程度；侵害的手段、场合、方式等情节；侵权行为的后果；侵权人的获利情况；侵权人承担责任的经济能力等因素综合考量确定。本案中，叶文添的行为虽然构成名誉侵权，但鉴于一审法院已确定了赔礼道歉的责任承担方式，对刘擎的精神损害予以了一定程度的弥补和救济，因而在综合考虑本案的侵权手段、场合、方式及争议微博的背景关联等情形，酌定精神损害赔偿金500元并无不当，本院予以维持。

综上所述，一审判决认定事实清楚，适用法律正确，应予维持。依据《中华人民共和国民事诉讼法》第一百七十条第一款第（一）项、《最高人民法院关于适用〈中华人民共和国民事诉讼法〉的解释》第二百三十二条之规定，判决如下：

驳回上诉，维持原判。

一审案件受理费五十元，由叶文添负担（本判决生效之日起七日内交纳）

二审案件受理费一百元，由刘擎负担（已交纳）

本判决为终审判决。

审判长　李承运

代理审判员　唐兴华

代理审判员　宁　韬

二〇一五年七月三十日

书记员　刘雅璠

案例42：王伟与刘强东等名誉权纠纷
二审民事裁定书

北京市第三中级人民法院
民事裁定书

（2015）三中民终字第09566号

上诉人（原审被告）： 王伟，男。

被上诉人（原审原告）： 刘强东，男。

委托代理人： 米新磊，北京金诚同达律师事务所律师。

被上诉人（原审原告）： 北京京东世纪贸易有限公司，住所地北京市。

法定代表人： 刘强东，总经理。

委托代理人： 米新磊，北京金诚同达律师事务所律师。

上诉人王伟因与被上诉人刘强东、北京京东世纪贸易有限公司（以下简称京东公司）名誉权纠纷一案，不服北京市朝阳区人民法院（2015）朝民初字第15491号管辖权异议民事裁定，向本院提起上诉。本院于2015年7月24日受理后，依法组成合议庭审理了此案。

刘强东、京东公司在一审中起诉称：刘强东1998年创办京东公司，2004年涉足电子商务领域，现任京东公司法定代表人，董事长，曾经获得华人经济领袖大奖、第十二届中国经济年度人物、中国最具影响力50位商界领袖等多项殊荣，在国内外享有极高的社会知名度。京东公司主要从事电子商务业务，一直处于高速发展状态，曾获得"中国企业未来之星""2009年度北京十大商业品牌"，公司网点遍布全国。2015年年初，王伟在其新浪微博账号"王博士的精神家园"中连续发布了数十条微博，内容针对刘强东与章泽天恋情及分手事件，捏造事实。其侮辱诽谤的言论，主要有以下几个方面：一、编造刘强东与章泽天恋爱目的在于消费章泽天的名气，是原审二原告在上市前的炒作。二、将刘强东删除私人微博与敏感事件恶意联系。三、编造章泽天向刘强东索要三千万元作为分手费等。王伟上述言论诋毁了刘强东及京东公司的声誉，贬损了刘强东的名誉，亦对京东公司形象造成负面影响。故刘强东、京东公司诉至一审法院，请求判令王伟立即删除其本人在涉案新浪微博账号中的侵犯原审原告名誉权的相关微博，赔礼道歉，并赔偿原审原告精神损害抚慰金等。

一审法院向王伟送达起诉状后，王伟在法定答辩期内向一审法院提出了管辖权异议，其事实与理由为：王伟住所地在天津市北辰区，并非北京市朝阳区，本案应由天津市北辰区人民法院管辖。

一审法院经审理认为：因侵权行为提起的诉讼，由侵权行为地或者被告住所地人民法院管辖。利用信息网络侵害人身权益提起的诉讼，侵权结果发生地包括被侵权人住所地。本案刘强东住所地位于北京市朝阳区，故王伟提出的管辖权异议不能成立。综上，一审法院裁定：驳回原审被告王伟对本案管辖权提出的异议。

王伟不服一审裁定向本院提起上诉，其上诉理由为：根据《最高人民法院关于审理利用信息网络侵害人身权益民事纠纷案件适用法律若干问题的规定》第二条："利用信息网络侵害人身权益提起的诉讼，由侵权行为地或者被告住所地人民法院管辖。"其中，王伟的住所地为天津市北辰区，依据《中华人民共和国民事诉讼法》相关规定，本案应由天津市北辰区人民法院审理。故，王伟请求二审法院撤销一审裁定，将本案移送至天津市北辰区人民法院审理。

刘强东、京东公司对于王伟的上诉未向本院提交书面答辩意见。

本院经审查认为：本案系刘强东、京东公司以王伟侵犯其名誉权为由提起的诉讼，并请求判令王伟赔偿精神损失抚慰金等，属于因侵权行为提起的诉讼。《中华人民共和国民事诉讼法》第二十八条规定："因侵权行为提起的诉讼，由侵权行为地或者被告住所地人民法院管辖。"侵权行为地，包括侵权行为实施地、侵权结果发生地。《最高人民法院关于审理名誉权案件若干问题的解释》中对"名誉权案件如何确定侵权结果发生地"规定："人民法院受理这类案件时，受侵权的公民、法人和其他组织的住所地，可以认定为侵权结果发生地。"本案中，刘强东的住所地位于北京市朝阳区，故北京市朝阳区人民法院作为侵权结果发生地人民法院依法对本案有管辖权。刘强东选择向侵权结果发生地人民法院提起诉讼，符合《中华人民共和国民事诉讼法》第三十五条关于"两个以上人民法院都有管辖权的诉讼，原告可以向其中一个人民法院起诉；原告向两个以上有管辖权的人民法院起诉的，由最先立案的人民法院管辖"之规定，本院应予支持。王伟的上诉理由不成立，其上诉请求应予驳回。综上，一审法院裁定结果正确，应予维持。依照《中华人民共和国民事诉讼法》第一百七十条第一款第（一）项、第一百七十一条、第一百七十五条之规定，裁定如下：

驳回上诉，维持原裁定。

案件受理费70元，由王伟负担（于本裁定生效后七日内交至一审法院）。

本裁定为终审裁定。

审判长　黄　粲

审判员　刘险峰

代理审判员　蔡　琳

二〇一五年八月三日

书记员　唐　栋

书记员　曹思雨

案例 43：原告施某某、张某某、桂某某诉被告徐某某肖像权、名誉权、隐私权纠纷一审民事判决书

南京市江宁区人民法院

民事判决书

（2015）江宁少民初字第 7 号

原告：施某某，男，汉族。

临时监护人：张某某（系施某某生母），女，汉族。

临时监护人：桂某某（系施某某生父），男，汉族。

原告：张某某，女，汉族。

原告：桂某某，男，汉族。

上述三原告共同委托代理人：蒋照军，上海君拓律师事务所律师。

被告：徐某某，男，汉族。

委托代理人：周锦荣，江苏上元律师事务所律师。

委托代理人：陈静，江苏上元律师事务所律师。

原告施某某、张某某、桂某某诉被告徐某某肖像权、名誉权、隐私权纠纷一案，本院于 2015 年 8 月 13 日受理后，依法组成合议庭，于 2015 年 9 月 25 日不公开开庭进行了审理。原告张某某、桂某某及三原告共同委托代理人蒋照军，被告徐某某的委托代理人周锦荣、陈静到庭参加诉讼。本案现已审理终结。

原告施某某、张某某、桂某某诉称：2015 年 4 月 3 日 21 时 15 分，被告徐某某在其新浪微博上（用户名为"朝廷半日闲"）发表如下内容（配照片九张）："父母南京某区人，男童于 6 岁合法收养，虐待行为自去年被校方发现，近日，班主任发现伤情日渐严重，性格也随之大变，出现畏惧人群等心理行为，班主任及任课老师在多方努力无果后，寻求网络帮助。恳请媒体和大伙的协助。希望这个孩子通过我们的帮助可以脱离现在的困境。"当日 22 时 40 分，徐某某在其新浪微博上又发表如下内容（配照片九张）："（我也在顶着各种压力，请网友理解）父母南京某区人，男童于 6 岁合法收养，虐待行为自去年被校方发现，最初以为是偶尔情况，没好多说。近日，男童班主任男童伤情日渐严重，性格也随之大变，出现畏惧人群等心理行为，班主任及任课老师在多方努力无果后，试图寻求网络帮助。恳请媒体和大伙的协助。"徐某某未经许可，擅自将施某某的肖像对外发布，违背施某某意愿，徐某某的行为侵犯了施某某的肖像权。徐某某未经许可，擅自对外发布施某某的养子身份信息；施某某的养母李征琴未虐童，但徐某某毫无事实依据声称李征琴长期虐待施某某，致李征琴无端遭受了众人指责，人为伤害了施某某与养母之间的感情，徐某某的行为已严重侵犯了施某

某的隐私权和生活安宁权。徐某某将李征琴打施某某的事情以虐童为名发布到互联网之后，引起全国性的持续关注，使施某某的"坏孩子"形象昭告天下，徐某某的行为已严重侵犯了原告施某某的名誉权。徐某某的行为，导致张某某、桂某某的家庭隐私以及家庭的困窘被无情地暴露在公众之下，严重侵犯了原告张某某、桂某某的隐私权。徐某某的行为导致张某某、桂某某无端背上了"遗弃"子女的恶名，导致了亲戚朋友以及社会公众对张某某、桂某某送养孩子的行为作出了否定性评价，严重侵犯了张某某、桂某某的名誉权。现起诉请求：1. 徐某某向施某某、张某某、桂某某停止侵害，赔礼道歉并在全国范围内为其三人消除影响、恢复名誉；2. 徐某某向施某某支付精神抚慰金10万元，向张某某、桂某某支付精神抚慰金10万元；3. 徐某某承担本案诉讼费用。

原告施某某、张某某、桂某某针对其诉讼请求及陈述的事实和理由提供下列证据：1. 出生医学证明、常住人口登记卡、收养登记证，证明张某某、桂某某系施某某生父母，2013年6月3日，经安徽省来安县民政局收养登记后，施某某由李征琴、施某夫妇收养；2. 告知书一份，证明徐某某发表微博后，2015年4月5日，施某某由政府相关部门交由其生父母张某某、桂某某临时监护；3. 南报网南京虐童案舆情事件分析、南京晨报官方微博及江南时报官方微博等媒体转发微博的截图共九份、2015年4月6日《江南时报》关于虐童案事件报道，证明徐某某的微博发表后产生的影响和后果；4. 施某某日常生活照片光盘一张，证明施某某在家庭生活中和谐安逸，不存在受虐待、心理受伤害、性格大变的情况，证明徐某某的微博所说的内容不属实；5. 证人施某证言，称施某某与养父母生活在一起温馨、和谐、安逸，施某某不存在受虐待、心理受伤害、性格大变的情况，证明徐某某发表的微博内容不属实。

被告徐某某辩称：施某某系未成年人，在人身受到严重伤害情况下，其将施某某受伤害的照片发布以寻求社会的帮助，且在发布照片时在不影响事实的情况下对施某某的脸部做了"马赛克"处理，是为了及时阻止家庭暴力的再次发生，保护未成年人，并非出于营利的目的，其使用施某某肖像虽未经施某某同意，但符合法律规定的情形，故其未侵犯施某某的肖像权。施某某养子身份信息，在施某某被收养后就会依法进入公知领域，施某某将养子身份信息视为隐私，不当扩大了隐私的范围，其反映收养关系，目的是要保护未成年人不再受到侵害，希望民政部门能对收养关系进行审查并作出处理，其行为未侵犯隐私权。其微博反映的内容，仅是对事件的陈述，经过公安机关的调查，已经确认全部属实，并且依法对侵害人进行了处理，其微博不含任何会造成施某某社会评价降低及爱说谎、不爱学习等坏孩子形象的内容，没有对施某某的名誉造成损害，不构成侵权。其微博反映的内容未涉及张某某、桂某某的任何信息资料，张某某、桂某某称其侵犯隐私权、名誉权无任何的事实和法律依据。综上，请求法院驳回三原告的诉讼请求。

被告徐某某就其抗辩的事实和理由提供证据如下：1. 徐某某在其新浪微博中上传原告施某某受伤的照片九张，证明在上传照片时在不影响事实的情况下对施某某的脸部做了"马赛克"处理，已尽到注意义务；2. 徐某某微博现在的内容，证明徐某某对本案中涉及的第一份微博已于2015年4月3日当晚删除，第二份微博已于2015年5月8日前删除。

本院根据被告徐某某申请调取的证据：1. 李征琴的询问笔录、讯问笔录各一份，李征琴在笔录中认可施某某体表伤是其使用抓痒耙、跳绳抽打所致；2. 南京市公安局物证鉴定所出具的宁公物鉴（文）字（2015）50号物证检验报告书，意见为：李征琴、施某办理收养关系时提交的《收养当事人无子女证明》上加盖的两枚印章与真实印章不一致；3. 南京市浦口区人民检察院宁浦检诉刑诉（2015）311号起诉书，证明公安机关于2015年4月5日以涉嫌故意伤害罪对李征琴刑事拘留，后变更为取保候审，南京市浦口区人民检察院以李征琴涉嫌犯故意伤害罪，向南京市浦口区人民法院提起公诉，该案正在审理中。

经庭审质证，被告徐某某对原告施某某、张某某、桂某某所举证据发表质证意见如下：对三原告所举证据1、2，合法性、真实性、关联性均无异议。对证据3，关于《江南时报》，因其是复印件，故对其真实性不予认可。对其他书证的真实性没有异议，认为南报网所做的虐童案舆情事件分析，不具有法律上的效力；被告发表微博后，他人对此进行报道或将被告发表微博截屏后进行编辑再发表，他人的行为与被告无关，并非被告的侵权行为，由此产生的后果不应由被告承担。对证据4，合法性、真实性、关联性均有异议。对证据5，认为与本案无关联性。原告施某某、张某某、桂某某对被告徐某某所举证据及申请本院调取的证据均无异议。

本院经审查认为：三原告所举证据1、2，证据来源合法，内容真实，与证明的内容有关联性，本院予以确认。三原告所举证据3、4、5，不能证明三原告主张的事实，与三原告的主张无关联性，故本院不予采信。被告所举证据1、2及本院根据被告的申请调取的证据1、2、3，证据来源合法、内容真实，与证明的内容有关联性，本院均予以确认。

根据庭审确认的有效证据和当事人的陈述，本院依法认定以下案件事实：

原告张某某、桂某某系原告施某某生父母，李征琴系张某某表姐。2013年6月3日，经安徽省来安县民政局收养登记后，施某某由李征琴、施某夫妇收养。2015年4月5日，公安机关以涉嫌故意伤害罪对李征琴刑事拘留，后变更为取保候审。南京市浦口区人民检察院以李征琴涉嫌犯故意伤害罪，向南京市浦口区人民法院提起公诉，该案正在审理期间。2015年4月5日，施某某由政府相关部门交由其生父母张某某、桂某某临时监护。

2015年5月5日，南京市公安局物证鉴定所出具物证检验报告书，意见为：李征琴、施某办理收养关系时提交的《收养当事人无子女证明》上加盖的两枚印章与真实印章不一致。李征琴在公安机关对其询问时，称施某某所受伤是其所致。

2015年4月3日21时15分，徐某某在其新浪微博（用户名为"朝廷半日闲"）上发表如下内容（配原告施某某受伤的照片九张）："父母南京某区人，男童于6岁合法收养，虐待行为自去年被校方发现，近日，班主任发现伤情日渐严重，性格也随之大变，出现畏惧人群等心理行为，班主任及任课老师在多方努力无果后，寻求网络帮助。恳请媒体和大伙的协助。希望这个孩子通过我们的帮助可以脱离现在的困境。"之后又将其删除。

当日22时40分，被告徐某某又在其新浪微博（用户名为"朝廷半日闲"）上发表如下内容（配原告施某某受伤的照片九张）："（我也在顶着各种压力，请网友理解）父母南京某区人，男童于6岁合法收养，虐待行为自去年被校方发现，最初以为是偶尔情况，没好多说。近日，男童班主任男童伤情日渐严重，性格也随之大变，出现畏惧人群等心理行为，班主任及任课老师在多方努力无果后，试图寻求网络帮助。恳请媒体和大伙的协助。"该微博已由徐某某于2015年5月8日前删除。

徐某某在其新浪微博二次上传的同一组九张照片中有三张反映了人的头面部，二次上传照片时均对头面部进行了模糊处理，九张照片已不具有明显的可识别性。

此后，徐某某发表的新浪微博在网络上和媒体上被多次报道。

以上事实，有出生医学证明、常住人口登记卡、收养登记证、告知书、微博中使用的九张照片、询问笔录、讯问笔录、物证检验报告书、起诉书以及双方当事人的陈述等证据证实。

本院认为：当事人对自己提出的主张，有责任提供证据。行为人因过错侵害他人民事权益的，应当承担侵权责任。损害是因第三人造成的，第三人应当承担侵权责任。

关于被告徐某某是否侵害原告施某某肖像权。《中华人民共和国民法通则》第一百条规定，公民享有肖像权，未经本人同意，不得以营利为目的使用公民的肖像。《中华人民共和国未成年人保护法》第六条第二款规定，对侵犯未成年人合法权益的行为，任何组织和个人都有权予以劝阻、制止或者向有关部门提出检举或者控告。本案中，徐某某在知晓施某某被伤害后，为揭露可能存在的犯罪行为和保护未成年人合法权益不受侵犯而使用施某某受伤的九张照片，虽未经施某某同意，但其使用是为了维护社会公共利益和施某某本人利益的需要，也没有以营利为目的，且使用时已对照片脸部进行了模糊处理，应认定该使用行为不构成对施某某肖像权的侵害。

关于被告徐某某是否侵害原告施某某、张某某、桂某某名誉权。《中华人民共和国民法通则》第一百零一条规定，公民、法人享有名誉权，公民的人格尊严受法律保护，禁止用侮辱、诽谤等方式损害公民、法人的名誉。以书面、口头等形式宣扬他人的隐私，或者捏造事实公然丑化他人人格，以及用侮辱、诽谤等方式损害他人名誉，造成一定影响的，应当认定为侵害公民名誉权的行为。本案中，徐某某通过网络公开了男童遭受虐待的事实，是一种公开的网络举报行为，不存在主观上的过错。徐某某所发微博的内容既没有夸大或隐瞒事实，更没有虚构、造谣和污蔑，且施某某受到伤害情况客观存在，微博反映的内容与客观事实基本相一致，微博中也没有使用侮辱、诽谤性的语言，客观上不会造成施某某社会声望和评价的降低。徐某某所发微博的内容未涉及张某某、桂某某的任何信息资料，不存在对张某某、桂某某进行侮辱或诽谤。施某某、张某某、桂某某亦未能提供充分证据证明徐某某的网络发帖行为导致原告的名誉受损的事实。故施某某、张某某、桂某某主张徐某某侵犯其名誉权不能成立。

关于被告徐某某是否侵害原告施某某、张某某、桂某某隐私权。隐私权是指自然人享有的对其个人的与公共利益无关的个人信息、私人活动和私有领域进行支配的一种人格权。是否构成侵犯隐私权，应当根据受害人确有隐私被损害的事实、行为人行为违法、违法行为与损害后果之间有因果关系、行为人主观上有过错来认定。本案中，徐某某对相关信息的披露是节制的，对相关照片进行了模糊处理，没有暴露受害儿童真实面容，也没有披露施某某的姓名和家庭住址，其目的是揭露可能存在的犯罪行为。徐某某所发微博的内容虽出现收养的词语，但微博文字与照片结合后，第三人不能明显识别出微博中的受害儿童即为施某某。徐某某所发微博的内容未涉及张某某、桂某某的任何信息资料，至于徐某某发表微博后，网民对张某某、桂某某搜索导致其相关信息被披露，不应由徐某某承担责任。故施某某、张某某、桂某某主张徐某某侵害其隐私权不能成立。

综上，被告徐某某在原告施某某受伤害后，为保护未成年人利益和揭露可能存在的犯罪行为，依法在其微博中发表未成年人受伤害信息，符合社会公共利益原则和儿童利益最大化原则。徐某某的网络举报行为未侵犯施某某的肖像权、名誉权、隐私权，未侵犯原告张某某、桂某某的名誉权、隐私权。施某某、张某某、桂某某的诉讼请求于法无据，本院不予支持。据此，依据《中华人民共和国民法通则》第一百条、第一百零一条，《中华人民共和国侵权责任法》第二条、第六条第一款、第二十八条，《中华人民共和国未成年人保护法》第六条第二款，《中华人民共和国民事诉讼法》第三十九条、第六十四条、第一百三十四条之规定，判决如下：

驳回原告施某某、张某某、桂某某的诉讼请求。

案件受理费1400元，由原告张某某、桂某某负担。

如不服本判决①，可在判决书送达之日起十五日内，向本院递交上诉状，并按对方当事人的人数提出副本，上诉于江苏省南京市中级人民法院。同时应向南京市中级人民法院预交上诉案件受理费。

审判长　梅海洋

审判员　徐道海

审判员　史俊杰

二〇一五年九月二十九日

书记员　胡　芳

---

① 一审判决后，原被告双方均未提起上诉，判决已发生法律效力。

案例44：杨玉圣与彭剑等名誉权纠纷二审民事判决书

北京市第一中级人民法院

民事判决书

（2015）一中民终字第07458号

上诉人（原审被告）： 杨玉圣，男。

被上诉人（原审原告）： 彭剑，男。

委托代理人： 张杰，北京市敦信律师事务所律师。

原审被告： 北京微梦创科网络技术有限公司，住所地北京市海淀区。

法定代表人： 刘运利，董事长。

上诉人杨玉圣与被上诉人彭剑、原审被告北京微梦创科网络技术有限公司（以下简称微梦公司）因名誉权纠纷一案，不服北京市海淀区人民法院（2015）海民初字第4253号民事判决，向本院提起上诉。本院依法组成合议庭审理了本案。本案现已审理终结。

彭剑在原审法院诉称：我代理了多起案件，拥有一定的知名度和良好的律师声誉。杨玉圣是"新浪微博"用户"杨玉圣"账号的使用人，新浪微博认证"《中国学术评论》主编、中国政法大学法学院暨新闻传播学院双聘教授、法理学博导"。微梦公司是"新浪微博"网站的主办单位。2014年9月24日下午，我担任某案被上诉人的代理人在北京市第一中级人民法院出庭履职，杨玉圣欲担任同案上诉人的代理人，但因饮酒被法警阻止进入法院，法庭派书记员将杨玉圣接到法庭，又因杨玉圣的代理手续不合法律规定，而被法庭拒绝代理。我全程见证，认为杨玉圣作为教授、博士生导师，出现如此状况实属不该，遂于当日在搜狐微博予以披露。杨玉圣自2014年9月25日00：06分至06：57分在新浪微博上连续发表微博恶毒攻击我，侮辱我"大傻惟傻话粗话""彭大傻律师，菊花连理枝；律坛一奇葩，法大一笑话""听其言，胡言乱语，观其态，心不在焉，不愧'大傻'也""#彭大傻律师#""彭大傻"，诽谤我"造谣"等。我委托律师于2014年9月28日向微梦公司发送了《律师催告函》，要求删除涉案侵权微博，但直至起诉之日，侵权微博信息仍存在于新浪微博中。这些侵权微博信息给我造成相当的精神压力，职业声誉严重受损。我认为，杨玉圣身为法科大学教师，通过互联网公然言辞侮辱、诽谤他人，应承担侵权责任。微梦公司怠于履行义务，在收到催告函后拒不删除侵权微博，导致侵权后果持续扩大，应承担共同侵权责任。故诉至法院，请求判令：1：杨玉圣、微梦公司在《新华每日电讯》报纸广告版及"新浪微博"网站首页刊登道歉信（其中网站道歉信刊载时长不少于一个月），公开赔礼道歉，以消除影响、恢复名誉；2：杨玉圣赔偿精神损害抚慰金50000元、律师代理费10000元、公证费1035元；3：微梦公司承担连带赔偿责任。

杨玉圣在原审法院辩称：不同意彭剑的诉讼请求。一、我所发微博是对彭剑言论的正当澄清、批评与反批评。是因为彭剑先对我恶语相向、发表对我的诽谤微博，如连续把我的名字故意搞错，还造谣我被法官勒令退席，故我对彭剑微博予以回应。彭剑是资深律师，面对我的善意批评，可在微博上及时回应或予以宽容，不应视为侵权行为。二、我的回应是基于事实，涉案微博"大傻惟傻话粗话"中出现的语言有的来自彭剑微博，是对彭剑的客观表述。相关用词并非我原创、独创，涉案微博中的相关词语在网络上已约定俗成地指代原告，网络环境下对用语应秉持宽容态度。"彭大傻律师"等言论只是沿用法律界对彭剑的称呼。彭剑作为职业律师，应清楚出庭律师的特征是维护诉争一方利益，对此应有心理预期及承受能力。其他涉案言论来我的微博，是对当时庭审的追述、澄清，也是我对彭剑在先造谣、诽谤我方的回应。我对原告的批评是基于彭剑身为律师但实施了与其身份不符的执业行为，且微博上也有不少网友对其发表贬义评价，我的评论是正当的。我作为中国政法大学的教授，发表涉案言论是基于社会公共利益的立场。三、涉案微博发表时间距彭剑起诉只有半月之久，彭剑未能证明涉案微博对其造成了精神压力及职业声誉损害。执业律师表现只能由律师执业机构来评论、考评。彭剑认为涉案微博对其构成名誉侵害不符事实，认知偏颇。四、彭剑要求精神损害赔偿金，但我不存在侵权行为。公证费不应我承担，彭剑为律师却另外聘请律师是故意增加损失。综上，我发表涉案微博是因彭剑在先发表了侮辱我的微博，涉案微博是有事实依据的，我不存在过错，彭剑也没有证据证明其遭受损失。请求法院驳回彭剑的全部诉讼请求。

微梦公司在原审法院辩称：不同意彭剑的诉讼请求。我公司是网络平台，相关言论是由用户发布的。彭剑诉前没有按法律规定通知我公司，且彭剑的证据、律师函并非本人做出，也无本人身份证明，对此类不符合法律规定的通知，即使我公司收到也无法处理。杨玉圣发布的涉案微博是正常批评，不构成侵犯名誉权。为缓和双方矛盾，我公司已先行删除了涉案微博，因错误删除导致的不利后果应由彭剑承担。请求法院驳回彭剑的诉讼请求。

原审法院经审理查明：新浪微博是微梦公司管理并运营的网络平台。杨玉圣是新浪微博"杨玉圣"账号的使用人，新浪微博认证"《中国学术评论》主编、中国政法大学法理学博士生导师"，粉丝4400余个。彭剑是律师，代理方是民进行了多起诉讼。

（2014）京求是内经证字第641号公证书显示：2014年9月28日，登录互联网，发现在杨玉圣的微博账号（×××：//weibo.com/u/2648188253）中，有以下四条微博：

1.2014年9月25日00：17　彭大傻律师，菊花连理枝；律坛一奇葩，法大一笑话。@肖传国@中国政法微校友会//@彭剑cn：杨玉胜欲作为孙海峰代理人出庭，但因中午饮酒，被一中院法警拦截。现书记员应孙请求去接酒后的杨玉胜。该微博赞1，转发17，评论1。

2.2014年9月25日00：26　[见光死]久闻彭律师乃法大九七届毕业生，素有菊花"御用律师"雅号。上午讲课后，赶到一中院，午饭时因小酌脸红被习难，入庭后，见彭软绵绵地独坐被上诉人之席。本拟以海峰代理人身份在庭上与这位校友论法请益，然因程序问题未果，只能旁观，听其言，胡言乱语，观其态，心不在焉，不愧"大傻"也。该微博赞3，转发16，评论1。

3.2014年9月25日01：19　[请#彭大傻律师#稍安勿躁]作为民法学博士学位获得者，我虽忝列法大法律史教授、法理学博导，但我确实没有律师资格。本次未能以公民代理失去和大傻交手的机会，但后会有期。@孙海峰//@彭剑cn：推荐函不符合法律规定，非律师的杨玉胜不具备代理诉讼资格，法官要求其退席，教授高明地不懂法律常识。该微博赞2，转发20，评论1。

　　4.2014年9月25日06：57　彭大傻除把本人名字一再弄错外，还造谣什么"退席""高明地不懂法律常识"。"不懂法律常识者，恰恰是此公，当庭说谎，称舟子从未把记者称为'妓者'、说菊花'一向低调'，被孙海峰当即驳斥，因其粗俗用语，被法官警示。整个庭审，几无一句法言法语，法大居然培养出此菊花'御用律师'，杯具也。该微博赞1，转发19，评论1。

　　彭剑还主张杨玉圣在2014年9月25日00：06曾发布一条微博构成侵权，内容为"我是海峰兄打狗的坚定支持者。本拟以代理人身份出庭应诉，然因程序问题未果，只能旁观。@刘英杰律师法言法语，海峰用事实说话，呈一边倒之压倒性优势，完全是在打主场，大傻惟傻话粗话，被审判长警告"。杨玉圣、微梦公司对该条微博的真实性不予认可。彭剑未提供证据证明在杨玉圣微博上有该条微博的内容。

　　2014年9月28日，彭剑的律师张杰向微梦公司发送"彭剑案杨玉圣侵权微博律师函"，要求就涉案的公证书中显示的四条微博加以删除等处理，并附有联系电话等。该快递由张秀梅于2014年9月29日签收。

　　彭剑支付公证费1035元、邮寄特快专递费23元。彭剑并提供10000元的代理费发票，主张系其委托律师进行维权的合理支出，杨玉圣、微梦公司对此不予认可。

　　微梦公司表示，其在2015年1月收到诉状后，已删除了涉案的相关微博信息，就此提交网页打印件。彭剑对此予以认可，但认为微梦公司未在收到律师函后立即删除涉案微博，而是在起诉后才删除微博，导致侵权结果扩大，应承担侵权责任。

　　杨玉圣提供（2015）京海诚内民证字第01163号公证书、（2015）京海诚内民证字第01164号公证书，主张彭剑拥有的粉丝比自己多，在微博上有更大话语权，也有更多容忍义务，其相关微博引发众多指责和谩骂，作为职业律师彭剑的某些执业行为与律师形象不符，自己的评价有事实依据，属于正当批评，不构成名誉侵权。彭剑对此不予认可，认为以上证据不能否认杨玉圣相关微博言论的侵权性质。

　　上述事实，有公证书、网页打印件、公证费发票、相关网络报道、网页打印件及本院开庭笔录等在案佐证。

　　原审法院经审理认为：名誉权是指公民、法人或其他权利主体保持并维护自己名誉的权利。侵害名誉权是指行为人因为故意或者过失对他人实施侮辱、诽谤等行为并导致受害人社会评价降低。本案的起因是彭剑在自己微博中发布了杨玉圣欲作为他人的代理人出庭，但因中午饮酒，被法警拦截，又因公民代理手续存在问题而未能代理的情况，并将杨玉圣的名字错写为"胜"，杨玉圣得知后心生恼怒，进而在自己的微博中连续发表微博，指称其"彭大傻律师，菊花连理枝；律坛一奇葩，法大一笑话""听其言，胡言乱语，观其态，心不在焉，不愧'大傻'也""#彭大傻律师#""彭大傻"等。杨玉圣辩称自己是出于公共利益而正当发表批评意见，但从本案的前因后果分析，难以认为杨玉圣发表相关微博言论是出于公益而非基于私利进行言语上的报复。法院认为，彭剑的律师身份及其代理行为虽存在一定争议和负面评价，但杨玉圣作为法学教授，其在对外公开并有4000多名粉丝的个人微博上发表多篇微博，其中使用"大傻"等具有较为明显人身侮辱、辱骂性质的用语，有失妥当，超出了正当评论、批评的范围。虽然相关微博直接的转发、评论数量不多，但考虑到杨玉圣微博的粉丝数目较多、微博具有几何扩散式特点的传播方式，会导致在一定公开范围内的公众对彭剑社会评价的降低，相关用语侮辱彭剑的人格，构成侵犯名誉权，应承担相应侵权责任。彭剑还主张 2014 年 9 月 25 日 00：06 的微博侵权，但未进行公证也未提供任何证据证明该微博的内容，杨玉圣、微梦公司对此不予认可，法院认为彭剑对此未尽到举证责任，对其有关该微博的相关主张不予支持。

微梦公司作为新浪微博的经营者，属于信息存储空间服务商。考虑到杨玉圣相关微博中的用语具有较明显的人身侮辱性质，微梦公司虽在收到起诉状后立即删除了相关微博，但在接到律师函后较长的时间内未及时删除涉案微博，导致相关信息的传播范围扩大，法院对彭剑要求微梦公司就损失扩大的部分承担连带侵权责任的诉讼请求予以支持。

至于赔礼道歉的方式，考虑到杨玉圣相关微博转发、评论的数量较少，相关侮辱言辞的传播范围较为有限，故法院根据杨玉圣及微梦公司的主观过错、侵权情节、相关微博的影响范围等，酌定赔礼道歉的方式和范围。对于彭剑要求赔偿精神损失、合理费用的请求，法院结合具体案情予以酌定，将精神损失费酌情认定为 500 元，就彭剑因保全证据支付的公证费及合理范围内的律师费，杨玉圣亦应给付，但对彭剑超出部分的诉讼请求，法院不再予以支持。

综上，依据《中华人民共和国侵权责任法》第十五条、第二十二条、第三十六条之规定，判决如下：一、本判决生效之日起十日内，被告杨玉圣在其个人新浪微博账号（×××：//weibo.com/u/2648188253）、被告北京微梦创科网络技术有限公司在新浪微博首页（×××：//weibo.com）的置顶位置，向原告彭剑公开赔礼道歉，致歉声明的置顶时间不少于三天（声明内容须经本院审核，逾期不履行，本院将选择一家全国发行的报刊公布判决书主要内容，费用由被告杨玉圣、北京微梦创科网络技术有限公司负担）。二、本判决生效之日起十日内，被告杨玉圣赔偿原告彭剑精神损失抚慰金五百元、公证费一千元及律师费一千元，以上共计二千五百元，被告北京微梦创科网络技术有限公司对其中的一千二百元承担连带责任。三、驳回原告彭剑的其他诉讼请求。如被告杨玉圣、北京微梦创科网络技术有限公司未按本判决所指定的期间履行给付金钱义务，则应依据《中华人民共和国民事诉讼法》第二百五十三条之规定，加倍支付延迟履行期间的债务利息。

判决后，杨玉圣不服原判提出上诉认为：原审判决认定事实有误。本案起因系彭剑故意披露有关信息，首先挑起事端所致，我仅是对彭剑有关不当言行的反批评和正常评价，并无主观恶意。且相关微博并未造成侵权后果。故请求二审法院依法改判，支持我的全部上诉请求。

彭剑针对杨玉圣上诉理由辩称：原审判决认定事实正确，适用法律准确。同意一审法院判决，请求二审法院驳回杨玉圣的上诉请求。

微梦公司针对杨玉圣上诉理由未作出答辩意见。

本院经审理查明：各方在二审审理期间均未提供新证据，原审法院对证据的审核符合法律规定，据此认定的事实本院予以确认。

上述，有双方在本院的陈述在案证实。

本院认为：公民、法人享有名誉权，公民的人格尊严受法律保护，禁止用侮辱、诽谤等方式损害公民、法人的名誉。名誉权的侵权要件主观上要求侵权人具有贬低他人人格的故意，客观上实施了贬损他人人格的行为。

本案中，杨玉圣在自己实名认证的新浪微博中发表了多篇关于彭剑的言论，指称其为"彭大傻律师""彭大傻"等。杨玉圣上诉称这些言论仅是对彭剑相关言论的反批评和正当评论。在二审询问过程中，杨玉圣当庭仍作出彭剑"又坏又傻""彭大傻"等陈述。由此可见，杨玉圣主观上存在贬低彭剑人格的故意，并非系对事实进行客观、正当的陈述，存在主观恶意性；客观上杨玉圣通过新浪微博这个公开的平台对彭剑发表了明显具有人身侮辱性质的言论。且杨玉圣在新浪微博实名认证为"《中国学术评论》主编、中国政法大学法理学博士生导师"，粉丝数目较多，新浪微博系公开的平台，其不当言论会在一定范围内导致彭剑的社会评价降低，侵权行为与损害结果存在因果关系，故杨玉圣的行为构成侵犯名誉权，理应承担相应侵权责任。杨玉圣的该项上诉请求缺乏事实及法律依据，本院不予支持。

另，杨玉圣的行为势必造成彭剑精神压力以及带来负面影响，原审法院结合本案具体情况及杨玉圣的过错程度、侵权行为的行为方式及所造成的后果等各方面因素酌情判决赔偿精神损失费500元，并无不当，本院予以维持。关于杨玉圣上诉称不应由其承担公证费、律师费及诉讼费的上诉请求，缺乏法律依据，本院予以驳回。

综上所述，杨玉圣的上诉理由，缺乏事实及法律依据，本院不予采信。依照《中华人民共和国民事诉讼法》第一百七十条第一款第（一）项之规定，判决如下：

驳回上诉，维持原判。

一审案件受理费二百零五元，由彭剑负担五十五元（已交纳）；由杨玉圣负担一百五十元（于本判决生效之日起七日内交纳）。

二审案件受理费二百零五元，由杨玉圣负担（已交纳）。

本判决为终审判决。

审判长　张永钢

代理审判员　白　云

代理审判员　王玲芳

二〇一五年十月十五日

法官助理　詹　浩

书记员　赵倬希

案例45：赵建云与施怀基名誉权纠纷二审民事判决书

云南省大理白族自治州中级人民法院
民事判决书

（2015）大中民终字第557号

上诉人（原审原告）： 赵建云，民族时报记者。
被上诉人（原审被告）： 施怀基，自由职业。

上诉人赵建云和被上诉人施怀基因名誉权纠纷一案，不服云南省大理市人民法院（2014）大民初字第1137号民事判决，向本院提起上诉。本院于2015年8月25日受理后，依法组成合议庭审理了本案，本案现已审理终结。

原审法院经审理确认的本案事实是：2012年6月，受大理州旅游度假区管委会的委托，相关部门对大理"三月街"部分片区进行考古发掘，出土了遗骸十余具。同年12月1日，施怀基在网络上发表帖文称挖出国民党远征军遗骸，并附有图片。次日，赵建云回帖称是不是抗日远征军遗骸有待权威部门考证，不要以"记者"身份发帖，不要妄下结论。为该出土遗骸是不是抗日远征军遗骸，双方通过网络在各自认证的微博上发表意见，产生争论，以致相互指责、谩骂、给对方取绰号、邀约打架等。赵建云在向大理市人民法院起诉后自行删除了其在微博上发表的相关帖文。

原审法院认为：原被告双方为是不是"抗日远征军遗骸"产生争议，相互在网络上指责、谩骂。单从原告提交的证据来看，被告确有利用网络侵害原告名誉权的情况，但是否构成侵害名誉权，应当根据当时的实际情况、因果关系及行为人过错等认定。本案中，双方产生争论后，并未理智对待，而是从争论发展至相互指责、谩骂、给对方取绰号、邀约打架，原被告的行为均是导致结果发生不可或缺的因素。对此，双方均有过错。据此，根据《中华人民共和国侵权责任法》第三十六条、《最高人民法院关于审理利用信息网络侵害人身权益民事纠纷案件适用法律若干问题的规定》第十二条之规定，判决：驳回赵建云的诉讼请求。案件受理费50元，由赵建云承担。

原审判决宣判后赵建云不服，向本院提起上诉。请求撤销大理市人民法院（2014）大民初字第1137号民事判决，查清事实，依法改判。其主要上诉理由是：一审判决事实不清，分析认定因果关系不明，适用法律不当。

被上诉人施怀基辩称：2012年底，其在网上发帖，曝光在大理三月街片区施工中挖出抗日远征军遗骸一事。赵建云作为记者没有通过正规渠道核实，也未同爆料人沟通，而是在网上进行侮辱、谩骂，最终引发双方网络骂战。一审判决适用法律得当，请求予以维持。

二审中，双方均认可一审认定的基本事实，但认为由"是不是抗日远征军遗骸"的一般性争论发展到侮辱谩骂等的责任在对方。赵建云认为，自己回帖只是说挖出的遗骸是不是抗日远征军遗骸有待权威部门考证，同时规劝施怀基不要以记者身份发文，以免引起公众误解，施怀基即在网络发文对其进行侮辱、造谣、谩骂，且相关帖文至今仍留于网络，足以构成对其名誉权的侵害，应承担相应的侵权责任。施怀基认为，自己此前并不认识赵建云，是赵以记者身份诬陷其"以记者身份发文煽动公众"，才忍无可忍在网上进行反击，赵建云的言论超越了一般性的争论和批评，正是导致双方网络骂战的最初原因。

归纳双方当事人的诉辩主张，本案争议的焦点是：双方在网络上的帖文是一般性的争论和批评，还是已经构成了名誉侵权。

本院认为：网络的发展为人们表达意愿和开展评论提供了更加自由和广阔的平台。但网络用户如果利用网络侵害了他人权利，仍需承当侵权责任。本案中，双方最初为"出土遗骸是不是抗日远征军遗骸"发表不同看法，甚或产生争论，都是法律允许的。但是，在其后网文争论中，双方均离开了对具体事实的看法和争论，反而围绕"记者"与"非记者"的身份问题以及以往各自网名、文风，直至人品问题，由质疑，讥讽，到谩骂，发表了一些带有一定侮辱性质的帖文。上述双方在网络上发表的网文，均引起了一定数量的网民围观和跟帖，客观上都产生了一定的负面影响。正因为如此，综观本案发生、发展的过程，上诉人和被上诉人均有不当的言行和过错。对本案的发生，双方均应承担责任而不能简单地认定为是一方对另一方的侵权。一审认定案件事实清楚，适用法律恰当，本院予以维持。据此，根据《中华人民共和国民事诉讼法》第一百七十条第一款（一）项的规定，判决如下：

驳回上诉，维持原判。

二审案件受理费 50 元，由赵建云承当。

本判决为终审判决。

审判长 谷荣华

审判员 普玉松

审判员 左丽梅

二〇一五年十月十五日

书记员 邹志洁

案例46：任建民与张振川名誉权纠纷二审民事判决书

宁夏回族自治区银川市中级人民法院

民事判决书

（2015）银民终字第1037号

上诉人（原审原告）：任建民，男，汉族，住所地宁夏回族自治区银川市。

被上诉人（原审被告）：张振川，男，汉族，住所地宁夏回族自治区银川市。

上诉人任建民因名誉权纠纷一案，不服宁夏回族自治区银川市金凤区人民法院（2015）金民初字第1704号民事判决，向本院提起上诉。本院受理后，依法组成合议庭进行了审理。本案现已审理终结。

原审法院查明，2015年4月29日，原告以网名"@银川风"发表了一篇题为《虽然是恶劣态度，也算好过没有态度》的帖子。被告以网名"@不吃药的平安银川主页君"于4月29日15：07回复网友"@蝎子佐伊"："没得说，呵呵哒，素质低下，思维异常，对于我国的法律根本没有一丁点尊重，自己的事情就是天大的事情，至于其他完全不在其考虑范围，一本正经的胡说八道。"又于21点54分回复原告即"@银川风"："呵呵哒，你咬我啊？"原告认为被告的两次回复公然丑化原告人格以及侮辱原告。诉至法院，请求依法判令：1. 被告停止侵权，说明事实真相，在微博中公开向原告道歉。2. 判令被告赔偿原告精神损失，从侵权之日起到公开做出道歉之日起每日按五十元计算。3. 本案诉讼费用由被告承担。

原审法院认为，公民享有名誉权，公民的人格尊严受法律保护，禁止用侮辱、诽谤等方式损害公民的名誉。以书面、口头等形式宣扬他人的隐私，或者捏造事实公然丑化他人人格，以及用侮辱、诽谤等方式损害他人名誉，造成一定影响的，应当认定为侵害公民名誉权的行为。本案中，被告以网名"@不吃药的平安银川主页君"于4月29日15：07回复网友"@蝎子佐伊"，原告并无证据证明该回复针对原告。而被告21点54分回复原告即"@银川风"，虽然针对的是原告，但该回复内容及行为并未产生不良社会影响，且原告也未提交证据证明该行为为致使其社会评价降低，故原告的诉讼请求，不予支持。据此，依照《中华人民共和国民法通则》第一百零一条、最高人民法院关于贯彻执行《〈中华人民共和国民法通则〉若干问题的意见》第一百四十条、《中华人民共和国民事诉讼法》第六十四条之规定，判决：驳回原告任建民的诉讼请求。案件受理费300元，减半收取150元，由原告任建民负担。

一审宣判后，原审原告不服，上诉称，一审认定事实错误，根据微博评论中的逻辑顺序，被上诉人的辱骂性语言指向就是上诉人，对上诉人的名誉造成了损害。请求二审法院：

1. 撤销（2015）金民初字第1704号民事判决书。2. 依法判令被上诉人停止侵权，说明事实真相，在微博中公开向当事人道歉。3. 判令被上诉人赔偿上诉人精神损失。自侵权之日起到公开作出道歉之日止每日按五十元计算。4. 原审诉讼费用和本次上诉费用由被上诉人承担。

被上诉人答辩称，原审法院认定事实清楚，适用法律正确，被上诉人没有对上诉人的名誉造成损害，一审认定正确。请求二审法院驳回上诉，维持原判。

二审中，上诉人向法庭提交如下证据：证据一，网络截图，内容为"没关系哒，那个人我们知道的，法院都审判过了，他还是觉得自己的利益没得到满足，一直闹，公检法三家都对于这种无赖懒得理会的"，发布时间为4月29日；证据二，（2015）金刑初字第170号刑事判决书，该两份证据综合证明在判决书未发布之前被上诉人对上诉人造谣辱骂。

被上诉人质证意见为：对这两份证据的真实性、合法性没有异议，关联性证明目的有异议，网络截图上是被上诉人与他人讨论事情，与本案无关。

经审查，上诉人出具的证据一网络截图中的内容没有明确指向上诉人，证据二是上诉人作为刑事案件受害人的刑事一审判决书，该两份证据不能证明被上诉人对上诉人进行造谣辱骂，本院不予采信。

经二审查明的事实与一审一致。本院予以确认。

本院认为，公民的人格尊严受法律保护，禁止用侮辱、诽谤等方式损害公民的名誉。

上诉人称根据微博评论中的逻辑顺序，被上诉人的辱骂性语言指向就是上诉人，对上诉人的名誉造成了损害，但上诉人一审提交的证据不能证明被上诉人在微博上发表的评论是针对上诉人；二审中，上诉人提交的证据也不能证明被上诉人对上诉人进行造谣辱骂，并对其名誉造成了一定的影响。综上，上诉人的上诉理由不能成立，本院不予采纳。原审判决认定事实清楚，适用法律正确，处理结果适当，应予维持。依照《中华人民共和国民事诉讼法》第一百七十条第一款（一）项、第一百七十五之规定，判决如下：

驳回上诉，维持原判。

二审案件受理费300元，由上诉人任建民负担。

本判决为终审判决。

审判长　王建玲

审判员　赵和平

审判员　李山山

二〇一五年十一月三十日

书记员　马娟

案例47：方是民与崔永元名誉权纠纷二审民事判决书

北京市第一中级人民法院
民事判决书

（2015）一中民终字第07485号

上诉人（原审原告、反诉被告）： 方是民，男。
委托代理人： 彭剑，北京华欢律师事务所律师。
委托代理人： 李国华，北京市京悦律师事务所律师。
上诉人（原审被告、反诉原告）： 崔永元，男。
委托代理人： 岳运生，北京市岳成律师事务所律师。
委托代理人： 郑伟，北京市岳成律师事务所律师。

上诉人方是民、崔永元因名誉权纠纷一案，双方均不服北京市海淀区人民法院（2014）海民初字第07504号民事判决，向本院提起上诉，本院依法组成合议庭公开开庭审理了本案。上诉人方是民之委托代理人彭剑、李国华，上诉人崔永元之委托代理人岳运生、郑伟到庭参加了诉讼，本案现已审理终结。

方是民在原审法院诉称：我是自由撰稿人、科普作家，在社会公众中享有良好声誉。崔永元是腾讯微博账户"崔永元－实话实说"的使用人。2013年9月起，我与崔永元对转基因食品安全性展开争论，我指出崔永元许多言论没有事实依据。此后，崔永元转发各种涉及我的谣言，对我进行人身攻击；崔永元还发表了数十条对我侮辱、诽谤的微博。崔永元的行为侵害了我的名誉权，应依法承担侵权责任。请求法院判令崔永元：1. 删除其在"腾讯微博"网站微博账户"崔永元－实话实说"发表的24条侵权微博信息（详见方是民提交的《被告崔永元微博侵权内容列表》），以停止侵害；2. 在《新华每日电讯》和《人民日报》报纸广告版及"腾讯微博"网站首页刊登道歉信（其中网站道歉信刊载时长不少于一个月），公开向方是民赔礼道歉，以消除影响、恢复方是民名誉；3. 赔偿方是民精神损害抚慰金30万元；4. 赔偿方是民律师代理费2万元；5. 赔偿方是民公证费1415元。

崔永元在原审法院辩称：1. 我发表涉案微博系基于公共利益的考虑，目的是批评、驳斥方是民的错误言论，没有损害方是民名誉权的主观故意。双方论战的起因是我认为方是民在转基因食品安全性的问题上误导公众，因而对其观点提出质疑、批评、驳斥，而其不能正确对待相左意见，不断挑起事端，恶言攻击我，致使论战不断升级，过错在方是民。2. 涉案微博关于事实描述的内容基本真实，"流氓""骗子"等意见表达用语也有事实依据，达不到侮辱的程度，方是民亦经常使用此类用语评价他人。3. 涉案微博内容大多是网络用语，公众对该等用语的接受程度较大，不会使方是民的社会评价实质性降低。即使涉案微博对其造成影响，方是民作为网络公众人物，其自身的回应亦足以消除影响。故涉案微博没有给方是民的名誉权造成实际损害。方是民的诉讼请求没有事实及法律依据，请求法院依法驳回。

崔永元在原审法院反诉称：我与方是民之间的纠纷，肇因于双方对转基因食品安全性的观点不同，原应平等、理性争鸣。但方是民恶意挑起事端，先是污蔑我"传谣"，指责我"根本不懂"、没有"资格质疑"，继而通过侮辱、诽谤的方式恶意攻击我和我的团队。方是民自2013年9月9日起在其腾讯、搜狐微博发表了130条侮辱、诽谤我的微博内容，详见我提交的《崔永元诉方舟子证据目录（一）腾讯微博》《崔永元诉方舟子证据目录（二）搜狐微博》。方是民的行为侵犯了我的名誉权，故我提起反诉，请求判令方是民：1. 删除涉案130条侮辱、诽谤我的微博信息，以停止侵害；2. 在《新华每日电讯》与《人民日报》头版及"腾讯微博""搜狐微博"网站首页、方舟子微博置顶位置刊登道歉信（其中网站道歉信刊载时长不少于一个月，方舟子微博置顶位置道歉信刊载时长不少于一年），以赔礼道歉、消除影响、恢复名誉；3. 赔偿精神损害抚慰金和经济损失共计67万元。

针对崔永元的反诉，方是民在原审法院辩称：1. 崔永元的反诉罔顾事实、混淆是非。双方间的纠纷并非我恶意挑起事端，也并非因转基因观点不同所致。双方的纠纷属于名誉侵权，是崔永元突破道德和法律底线使用侮辱、诽谤的语言攻击我引起。我为维护自身合法权益予以还击，且在回击过程中一直保持理性克制的态度，回击方式以及语言强度均弱于崔永元。因此，崔永元才是纠纷的始作俑者。2. 崔永元列举的130条微博均不构成对其名誉权的侵害。首先，我对崔永元从事或参与公益项目的评论均是基于事实有根有据的合理质疑。其次，对"小崔考察转基因"纪录片，任何人均有权对其专业性予以质疑。我正是基于崔永元的调查动机、采访对象选择的不合理性以及其整篇逻辑的不严谨而质疑其客观性，难道在存在如此明显问题的前提下，我不能发表质疑意见吗？最后，我对崔永元的其他微博评论均是针对崔永元对我的侮辱、诽谤的回击，不存在侵权的情形。3. 崔永元的反诉不论事实是否成立均不能达到抵消、吞并本诉的效果，仅为混淆是非、扰乱本诉而提起，属于恶意诉讼。4. 崔永元的反诉将双方的名誉权侵权诉讼歪曲为转基因之争，试图掩盖其侮辱、诽谤公民的事实。5. 我的言论或有事实依据，或是正常合理的推断，不构成侵权。综上，请求法院驳回崔永元的反诉请求。

原审法院审理查明：

一、案件背景

方是民（笔名方舟子）是自由职业者、科普作家，是腾讯微博账户"方舟子"（域名 http://t.qq.com/fangzhouzi）、搜狐微博账户"方舟子"（域名 http://fangzhouzi.t.sohu.com）的注册人和实际使用人。

崔永元原系中央电视台节目主持人，现为中国传媒大学高级编辑，是腾讯微博账户"崔永元－实话实说"（域名 http://t.qq.com/storyofmovie）的注册人和实际使用人。

方是民、崔永元的上述微博均有大量粉丝。

2013年9月8日，腾讯新闻官方微博以"方舟子：应创造条件让国人天天吃转基因食品"为题转发了《京华时报》的报道，文中提到"方舟子表示，品尝转基因玉米虽无科学研究价值，但有科普价值，应创造条件让国人可以天天吃转基因食品"。当天，崔永元在其腾讯微博上发布微博称："#转基因食品，你吃吗#你可以选择吃，我可以选择不吃。你可以说你懂'科学'，我有理由有权利质疑你懂的'科学'到底科学不科学。你可以说我白痴，我也可以说你白吃。"随后，方是民在其腾讯微博上发布微博称："你当然可以选择不吃，但是不要传谣阻碍中国农业技术发展。我科普的是国际权威科学机构认可的科学，你根本不懂，有何资格质疑？"此后，双方因转基因食品安全性展开的论战升级，各自连续发表针对对方的若干微博言论。

原审审理过程中，双方均称对方发布的微博构成侮辱、诽谤，自己发布的微博内容属实、评论适当，并按照各自本诉、反诉的主张，分类提交了支持自己言论和反驳对方言论的证据。

二、与本诉相关的证据与事实

（一）崔永元发布的微博内容

崔永元对其发布了涉案24条微博的事实没有异议，其微博主要涉及以下内容：

1. 指称方是民是"方肘子""肘子""流氓肘子""恶心骗子""天下无赖第一下作""斗鸡眼""网络畸骗""甘愿做骗子""炮制的众多谎言""最大的假""骗子和流氓""坑蒙拐骗都干过，可它是三无人员脸皮又奇厚""当选人渣""以肘子为头目的网络流氓暴力集团"等。

2. 指责方是民的安保基金公开、美国买豪宅问题，如"一边300万美元在美国买豪宅一边在网上哭诉安保基金不够用了，求大家再赏一点，公开无耻，天生下流""肘子信誓旦旦公开声明会公布打假基金帐目，欢迎大家监督，转眼七年了，肘子按兵不动，最近一次性支付房款400万人民币，算公开了一次支出吗""越来越不要脸，黑基金都黑到了家"；其中一篇微博在转引"大洋彼岸的绅士"有关方是民在美房产的微博后，崔永元加上评论"我不认为这些钱都是肘子嗑普骗来的，肯定还有其它的骗法"。

3. 涉及转基因的相关微博，如"科学家们正常讨论就少了一个恶心骗子骚扰""饶毅说反对转基因的人没有良心，不知道脑子里进多少苍蝇才会说出这么没良心的话。当你从流氓肘子手里接受奖金的时候，你就公开宣布入伙了"。

4. 其他内容，如"肘子又开始向传媒大学告我了""对肘子的小号和水军不抱幻想""清华大学取消肘子串访"，转引"大洋彼岸的绅士"有关"习惯性造假者"的微博等。

崔永元发布的被控侵权微博的具体内容、网址、发布时间等详见判决书附件1。附件1中加粗并设置下划线的部分，为方是民强调构成侵权的内容。

（二）关于方是民的社会评价

1. 方是民提供证据，主张自己有较高的社会评价，曾被相关媒体评为"2010年度微博人物""最不可能退缩的中国网人""2010知识中国年度人物""2010年度网络面孔""2010中国榜样年度人物"等。

2. 崔永元提供以下证据，意图证明方是民的社会评价本来就低，自己的言论没有造成其社会评价降低，不构成侵犯名誉权。方是民主张以上微博是其他人利用新浪微博恶意造谣、诽谤自己和家人的证据。

（1）新浪微博用户"laoshi2009"发起的"认为谁是在新浪微博上造谣、诽谤、构陷他人最多的？"活动投票结果显示：截止到2012年07月31日23：59，方舟子在十位候选人当中获得22720票（89.9%）；该用户发起的"新浪网投票结果你最讨厌的网络的人物是谁？10选3"活动投票结果显示：截止到2012年07月01日00：13，方舟子获得了20710票（74.4%）。该新浪微博中还有一些涉及方舟子的负面评价。

（2）http：//bbs.ybvv.com/thread－749793－1－1.html 网页转载《内地网评2012年中国人渣排行榜及10大人品最差榜出笼》一文，文中显示方舟子在100名上榜者中排名第二。

（3）深圳电视台、微博用户"大洋彼岸的绅士""网眼八分斋""杂谈微吧V"等称方舟子为"骗子""流氓"等。

（三）方是民的科普言论

方是民主张自己发布的相关科普言论是有科学和事实根据的，崔永元指称自己是"骗子""嗑普"构成侮辱、诽谤，崔永元则认为方是民的很多科普言论失实、欺骗公众。主要涉及以下内容：

1. 关于"欧盟批准转基因玉米"的问题

2013年11月7日，方是民微博称："欧盟刚刚又批准了种植先锋公司的转基因玉米。"崔永元称该言论失实，提交中国商务部网站发布的新闻《欧洲议会驳回美国转基因玉米作物种植申请》一文。方是民称其言论真实，提交新浪网新闻《欧盟批准第二种转基因玉米》一文。

2. 关于"安全瘦肉精"的言论

方是民曾在《新华每日电讯》上发文称："从科学的角度来说，禁用莱克多巴胺当'瘦肉精'是没有道理的。"并在其新浪微博上称："对人有害的瘦肉精是盐酸克伦特罗，而莱克多巴胺用作瘦肉精对人体无害""中国禁用莱克多巴胺当瘦肉精是没有道理的。"崔永元称上述言论失实，提交了2009年12月4日中国商务部、海关总署发布的公告，公告禁止进出口莱克多巴胺和盐酸莱克多巴胺。方是民称其言论属实，提交上海市技术性贸易措施信息服务平台网站登载的《美国有关组织请求FDA降低肉品中莱克多巴胺的限量》一文，文中称"据美国食品安全新闻网消息，近日美国多家组织请求FDA降低肉品中莱克多巴胺（瘦肉精）的限量，并研究该药物对人体以及动物健康构成的潜在影响"。

3. 关于"雾霾是否致癌"的言论

方是民在其搜狐微博上称："大气颗粒物与肺癌的关系目前还没有确证，有的研究认为有关，有的研究认为无关。如果有关，也不是肺癌的重要病因"；"钟南山最大的问题是利用两会平台，不负责任地向公众发布未经证实的有关公共健康的言论"。崔永元称上述言论失实，提交新浪网《钟南山该不该迎合公众》等文章，文中称"对于灰霾危害，公众共识早已经形成，灰霾会致癌"，"接触颗粒物和大气污染的程度越深，罹患肺癌的风险越大"，"世界卫生组织把灰霾跟抽烟放在同一个档次，是影响身体健康的重要因素，特别是对肺癌和膀胱癌"。

4. 关于"饮用水的铬限量标准"的言论

2012年4月26日，方是民在其新浪微博上称："……美国食品与药品管理局对瓶装水中铬的限量为每升1毫克，相当于56个'问题胶囊'。一天吃六个'问题胶囊'最多摄入108微克铬，也就相当于喝了半杯（108毫升）美国瓶装水。不必因为胶囊可能铬超标就吓得不敢吃胶囊药物了。"当天稍晚些时候，方是民又在新浪微博上称："我引用的美国疾控中心的数据似乎有误，应该是：瓶装水和饮用水的铬限量都是0.1毫克/升，每天饮用含铬1毫克/升的水达10天也不会对儿童有不良影响。"

5. 关于"转基因食品"的言论

方是民在其新浪博客上称："转基因食品通常比同类非转基因食品便宜，生产成本低、产量比较高"，"美国人的确是放心地吃了近20年的转基因食品，是因为美国食品监管部门不要求对转基因食品做标识，绝大部分美国人也就不在乎地吃了。至于有少数美国人不吃而只吃有机食品，大部分美国人不知道转基因是什么，这都改变不了这个结论……"方是民在其搜狐微博上也称："……而美国转基因食品大规模上市几十年，这不就可以推出美国人放心地吃了几十年转基因食品吗？……"崔永元指称上述言论不实，方是民提交了基因农业网《王大元：笼统说转基因作物不增产是奇谈怪论》一文（文中称"转基因大豆比非转基因大豆产量高、转基因玉米比非转基因玉米产量高"）及新华网《美华盛顿州公投否决标识转基因食品的法案》一文（文中称"美国华盛顿州全民公决否决了要求强制标识转基因食品的'522'法案"），主张其言论属实。

（四）关于方是民的其他言行

崔永元辩称其指称方是民为"流氓""骗子""无赖"的言论有一定事实依据，提供如下证据：

1. 有关"抄袭"的指称和"论文造假"双重标准

2011年03月30日，《法治周末》发表了《方舟子涉嫌抄袭总调查》一文，文中称方是民有三起抄袭文章行为。据报道，方是民因此起诉《法治周末》报社侵权，并在一审败诉后提起上诉。崔永元称方是民面对论文造假指控拒不出示原始证据，可推定其确有造假行为，并提交方是民撰写的《院士被指控造假应该怎么处理》一文，其中写道："实际上，按惯例，一个研究人员一旦被怀疑造假却不愿意出示原始数据澄清自己，那就等于默认了造假。"方是民在新浪微博上又称："如果我妻子的硕士文凭因此出事，我就把下半生贡献给为中国清理硕士、博士文凭，从相关人员开始清理"，"我不和猪打架，我杀猪。在我发出严厉警告后，还想拱我妻子、砸我妻子饭碗的猪更该杀，即使花一生的时间杀，即使被血溅一身"。崔永元以此主张方是民"双重标准"，自己的言论有一定事实依据。方是民称对其论文造假的指控毫无依据，并提交科学网"饶毅的个人博客"上登载的《猜猜谁造假》一文，文中称有人自称北京大学生命科学学院教授YunRao，向美国《生物化学杂志》编委会投诉方是民十四年前的论文造假，编委会认为方是民的论文没有造假，并发现北京大学生命科学学院没有叫YunRao的教授。

2. 关于"基金公开不透明"的指称

崔永元提供证据，显示方是民在就科技打假基金合法性接受采访时称："我希望整个过程是透明化的……以后要支出的时候也是要一笔笔公布出来，这样的话至少可以让大家有一个监督的作用。"新浪微博用户"罗永浩"在其微博上称："募捐时承诺过公布的基金后来没公布就是骗捐。"崔永元意图以此证明方是民"基金不透明"，自己的言论有一定依据。

3. 关于"美国生物信息公司咨询科学家"身份

崔永元提供证据，显示方是民在接受采访时曾称："我把博士后研究时做的东西（克隆了一个基因）申请了专利，得到一笔钱……此外，我还在一家美国生物信息公司兼任咨询科学家。总之，我还是攒了一些钱。""我有一个专利……有药厂买了我们这个专利，每年支付一些专利费用，这些可以保证我的一些基本生活费用……"崔永元称有人质疑方是民的"美国生物信息公司咨询科学家"身份，但方是民没有回应。

4. 关于"废医验药论"

崔永元主张方是民一方面反中医，另一方面靠销售中医图书谋利，自相矛盾，自己的评价不侵权，其提供的证据显示：方是民曾发表文章称"废医验药是发展中医药的必由之路"，但域名为 hanlin. com 的网站上曾经销售中医图书，该域名注册人是"Shi - minFang"，方是民管理的新语丝网站也推荐过中医图书。方是民提供其在搜狐微博上的解释称："十几年前我一个朋友办网店向留学生卖国内出的书，我帮他在新语丝网站登过图书目录，几万种图书中夹杂了几十本中医典籍，就被'方学家'说成我既反中医又卖中医书，到崔永元口中又成了卖中医书发财回国后和中医翻脸。在美国卖中医书还能发财？"

5. 关于方是民住址及美国房产问题

崔永元指称方是民在个人住址、是否购买美国房产上撒谎，方是民予以反驳，双方就此提供如下证据：

（1）（2007）一中民初字第 631 号民事判决书显示：被告方是民……住美国 9590GoldCoastSanDiego92126。崔永元提交谷歌地图搜索结果打印件，意图证明 GoldCoast 路段从 9370 至 9600 号均为绿化地，并无任何建筑物，并提交新浪微博用户"沙狐隆美尔"的微博，称经实地考察，该地址附近除一个警察训练基地外，就是一个垃圾桶。方是民称该地址是其多年前的一个居住地。

（2）崔永元提交美利坚合众国加利福尼亚州房屋管理局的房产查询文件，已办理公证认证手续，其中涉及房产转移问题，显示"ShiminFang"以及受让人"JuhuaLiu"的名字。崔永元还提交美国加州圣地亚哥县资产管理局网站的查询网页打印件，其中显示某房产的转让人、受让人分别为"ShiminFang""JuhuaLiu"。

6. 有关对方是民评价的其他证据

崔永元主张方是民骂人成性、发布过相关情诗、写作有关性自由话题的言论，自己据此作出"下作流氓"等贬义评价不构成侵权，就此提供新语丝网站上登载的《当方舟子遇到吕瑛们》等文章（部分文章中有对方舟子论战对手、判决方是民败诉法官的辱骂言论），方是民在微博上称其论战对手为"流氓"、"人猪"和"骗子"并公布对其不利的"独立调查员"个人信息的证据，方是民被判侵权的判决书，《方舟子风骚了：自曝用身体写作》一文，方是民在腾讯微博聊性自由话题时的相关言论等证据。方是民主张以上证据与本案无关，不影响崔永元对自己的相关言论构成侮辱、诽谤。

7. 清华大学确曾取消过方是民的讲座

崔永元意图通过上述证据证明，其对方是民的相关微博言论均有事实依据，用语达不到侮辱的程度，且相关用语多是网络用语，社会公众对这类用语的接受程度较高，方是民也经常使用这类用语评价别人，故自己不构成侵犯名誉权。

三、与反诉相关的证据与事实

（一）方是民发布的微博言论

方是民共发布腾讯微博 67 条、搜狐微博 63 条，其中 4 条微博为腾讯微博独有。其他 63 条微博，腾讯微博和搜狐微博的内容相同。方是民对其发布了以上微博的事实没有异议，但主张崔永元单挑出个别语句主张侵权是断章取义。方是民发布的部分微博内容很长，并附有相关图片或点评言论的出处，崔永元指称侵权的微博主要涉及以下内容：

1. 涉及转基因和反转纪录片问题。方是民指称崔永元"传谣阻碍中国农业技术发展"，"用谣言、谎言来妖魔化转基因技术"，"胡说八道"，"崔永元在美国采访的那个吃一个月有机食品治好晚期癌症的'超市顾客'是个职业托儿，她的癌症是靠手术、放疗和化疗治好的"，"所谓调查纯粹就是为了给自己遮羞，有死不认错、故意歪曲的前科……难免不符合其要求就故意歪曲乃至造谣"等。

2. 涉及"给孩子加个菜"项目。方是民列出"加菜项目"中工作人员有关不用转基因食品、购买猪油的说法与公布的采购明细之间的矛盾后，指称崔永元"找了一帮骗子搞慈善""骗子推销的慈善活动""难道是一帮骗子加流氓在搞慈善?"等。

3. 涉及崔永元公益基金问题。方是民指称"……根据崔永元公益基金管理规则，可提取使用支出额的10%作为管理和行政费用……我突然对崔永元的'正常收入'很感兴趣""所以可以97%的支出都不公布帐目明细? 所以可以把营利商业公司谎称是非营利组织""转移对公益基金涉嫌违法违规的注意""为什么崔永元基金会的报告列的全是全价机票? 两种可能：一、的确买了全价票……乃是浪费捐款。二、按常规买了折扣票，但是以全价票向红十字会虚报，这就涉嫌贪污了""声称将为110名湖南乡村教师进行高质量的免费体检……该项体检每人高达5018元……那么究竟是不是免费……如果免费却在报告中报帐，是贪污还是洗钱?""原来崔永元是把……崔永元公益基金这个公募公益基金当成安保资金这样一个一开始就宣布不公开的私人私益资金的来运作，可以暗箱操作……"等。

4. 指称崔永元美国获奖存在交易。方是民微博称"崔永元获奖几天后，开办中美电影节的苏彦韬就上了《小崔说事》跟央视观众分享'创业的艰辛'……二者日期如此接近很难让人相信二者之间不存在交易……难怪'德艺双馨'现在成了骂人的话"等。

5. 质疑崔永元的学术资质和学术道德，如"的确够无耻。这种既无学术资质又无学术道德的人，也能去传媒大学当教师，那不是学术腐败吗?""几个月来他表现出来的信口开河、造谣传谣，这是研究历史的大忌……""中国传媒大学聘请一个满口谎言、谣言的人教历史，本身就是一大笑话。一个人出名了，就可以去大学当教师，就什么都能教? 这不正是学术腐败、误人子弟嘛"等。

6. 指称崔永元代言有机奶，如"崔永元代言的有机奶，比普通奶粉贵5倍……""崔永元代言的这款'新西兰有机奶粉'其实是上海的产品，我以前已披露过……"等。

7. 使用部分贬义词指称崔永元，如"一脑门浆糊""无知透顶还自以为比农业专家更懂农业""疯狗""伪君子""主持人僵尸""狗腿子""第一满地打滚手""骗子"等。

8. 其他指责、质疑、转引其他网友微博等内容，如"有人反映看不到我这条腾讯微博……难道是某人动用关系屏蔽了我的微博，然后造谣说我删微博? ……乃是其（崔永元）张嘴就造谣、说谎的'家教'""试图对我搞政治迫害""与残害儿童的罪犯抱团、攻击他人的家属""附和职业骗子的谣言的同时，还向其讨教拉黑删贴雇水军等高科技手段"，转引微博用户"平衡与对称"的《恨方舟》《柱凝眉》《13年四大名旦》等，其中有"我已走入流氓无赖道""不明国籍的政协委员""俺只认利禄功名""造谣言、耍无赖、卖有机、自认流氓成泼皮"等用语。

方是民发布的被控侵权微博内容、发布时间等具体见判决书的附件2（腾讯微博、搜狐微博），附件中下划线部分为崔永元从方是民微博中摘出指称侵权的内容，标红部分为崔永元强调构成侵权的词语。

（二）崔永元社会评价方面的证据

崔永元提供证据，证明其曾获得第三届华鼎奖"中国电视主持人公众形象满意度调查第一名"、"中国电视主持人公益行为满意度调查第一名"、2010"责任中国"年度评选"十大责任公民"、中国民政部第七届"中华慈善奖"、新浪网"2013 年度责任人物"等荣誉，有较高的社会评价。方是民主张以上证据与本案无关，自己的微博言论有事实依据，不构成侵权。

（三）转基因和反转纪录片问题

1. 转基因问题

方是民提供以下证据，意图证明崔永元在转基因问题上造谣、传谣，自己的相关言论有事实依据，崔永元对此不予认可。

（1）崔永元曾在其微博上称："'金大米'明白的说是'实验'，安全性如果毫无问题，实验什么呢？""法国：吃转基因玉米实验鼠长满肿瘤。"

（2）农业部网站上登载的《转基因食品与非转基因食品具有同样的安全性》一文，记录了转基因生物安全委员会委员林敏接受记者采访的过程。林敏表示：转基因食品致肿瘤、影响生育等被权威机构证实是虚假的。2012 年 9 月 19 日，法国凯恩大学塞拉利尼教授在《食品与化学毒物学》科学杂志上发表一篇论文，报告了用转基因玉米 NK603 进行大鼠两年饲喂研究，引起大鼠产生肿瘤……2012 年 11 月 29 日，欧洲食品安全局作出最终评估认为，该研究得出的结论缺乏数据支持，相关实验的设计和方法存在严重漏洞，而且该研究实验没有遵守公认的科研标准，因此，不需要重新审查先前所作出的 NK603 玉米是安全的评估结论。关于转基因食品致肿瘤的所有流言基本来源于此。关于转基因食品影响生育的说法就更加荒诞……相关文章有意篡改广西医科大学梁季鸿博士关于《广西在校大学生性健康调查报告》的结论，与并不存在的食用转基因玉米挂钩，得出上述耸人听闻的"结论"……英国人马克·莱纳斯在牛津农业会议上发表演讲称，很抱歉自己在 20 世纪 90 年代中期帮助发动了反对转基因的运动，在妖魔化这项可以造福环境的重要技术选择的过程中出了力。

2. 反转纪录片问题

方是民提供以下证据，意图证明其对崔永元反转纪录片使用"职业托儿"的质疑是有一定事实依据的，崔永元对此不予认可。

（1）腾讯视频中的《崔永元赴美国考察转基因食品情况》纪录片显示：崔永元在有机食品超市采访了一位女士，该人用英文称她在癌症晚期之后吃了一个月的有机食品和生食（rawfood）之后，癌症消失了。该视频的中文字幕仅译为有机食品，未翻译"rawfood"。

（2）wordpress.com 网站博客用户 tectalcancermyass 在其博客上发布英文博客，翻译后的内容为："我是一个 4 级（晚期）直肠癌的幸存者（自 2011 年 6 月起癌症被治愈）……我确信我是由于吃了转基因食品才患上癌症的……我选择接受常规治疗，但是包括替代性治疗方案。我不再吃任何加工食品。我在一夜之间成为素食主义者……我为那些有兴趣追求健康生活改变的人提供辅导（通过网络电话方式）。一个小时的会谈建议捐助 50 美元。""接受崔先生（中国的拉里·金）的采访：今天，我成为接受中国中央电视台著名主持人崔永元采访的三位女士之一……他从北京来到美国，为了查明普通美国人是如何看待转基因食品的……"公证书中还有内容显示：有人向 tectalcancermyass 提出问题，问其是否在超市被崔永元采访过，tectalcancermyass 明确表示，自己并非纪录片中在超市被采访的女子，其是在朋友家中接受的采访。

（四）关于"给孩子加个菜"项目

方是民提供以下证据，意图证明崔永元的团队说不用转基因食品，却使用"金龙鱼"

油；说"肥肉下锅爆出油"，账单中却注明采购项目中含"猪油"，故其发表"崔永元找了一帮骗子搞慈善"的言论，不构成侵权。崔永元对此不予认可。

1. 搜狐微博用户"韦粲"在个人微博上称："我是#给孩子加个菜#前方志愿者，对于加菜学校的食物，只要是标有'转基因'等内容的，一律不用，谢谢你。"搜狐微博用户"杨减"在其微博上称："所有加菜学校流程几乎相同；猪肉煮熟捞出切片肥瘦分开，肥肉下锅爆出油后再加瘦肉及其他菜……这就是我说的用猪油。"崔永元在搜狐微博上称："转发：//@韦粲#给孩子加个菜#坚持透明公益，欢迎监督、批评、质疑和关注。"

2. 搜狐微博用户"川花小学"在其微博上载有"川花小学 2012 年'给孩子加个菜'支出账单：12 月份：（12 月 3 日—12 月 5 日）"的照片，照片显示账单中有"金龙鱼"字样。搜狐微博用户"高山小学"在其微博上载有"高山小学 2012 年 12 月 11 日至 2013 年 1 月 25 日加菜开支"的照片，照片显示账单中有"猪油"。

（五）关于崔永元公益基金

方是民提供以下证据，意图证明自己对崔永元公益基金的质疑是有一定事实依据的，不构成侵权。

1. 中国红十字会网站上刊登的《崔永元公益基金管理规则》第十条规定："红基会可以按照使用支出额的 10% 从崔永元基金中提取管理成本，用于项目管理和行政费用。"在新浪网"文化·读书"栏目中载有《崔永元〈口述历史〉投资两亿元只为拼凑历史真相》一文，称："迄今为止，口述历史已经投入了 2 亿元……"中国红十字会网站上登载的《崔永元公益基金审计报告》显示：2007—2012 年崔永元公益基金累计支出费用为 20319559.99 元，其中项目管理成本为 1949549.53 元。

2. 崔永元公益基金网公布了"爱飞翔第五期乡村教师培训项目执行费用明细"和"2012 第六期爱飞翔－乡村教师培训项目支出总表"，显示第 5 期项目现金支出 272377.68 元，第 6 期项目现金捐赠支出 333862.51 元。第 6 期财务报告显示项目支出"乡村教师到京机票费用"1360 元/人（长沙到北京机票 1210 元＋燃油费 100 元＋机场建设费 50 元），共 110 人，总计 149600 元。

3. 新浪博客用户"有所敬畏有所尊重"在博客上发布《请崔永元公益基金依法公布账目》一文，称"以下问题需要崔永元公益基金作出正式澄清：一、财务账目上的收入总额和官网公布的收入总额不符；二、财务账目和审计公报数据不符；三、乡村教师培训第五期公布的财务报告和财务账目数据不符；四、乡村教师培训第六期公布的财务报告和财务账目数据不符"。搜狐微博用户"春天迷"在微博上发文质疑："第六期乡村教师培训来京飞机票一共用了 149600 元……这些钱由 23 个单位个人和腾讯乐捐平台网友捐赠……机票是全价购买的……"

4. 崔永元公益基金网登载的《崔永元基金会项目培训报告》显示："乡村教师体检"5018 元/人，共 110 人，总计 551980 元，北京和睦家医院（社会物资及服务捐赠支出）……"乡村教师及志愿者帽子"399×0.5 元/件，共 210 顶……中国服饰控股有限公司（社会物资及服务捐赠支出，为本期活动提供统一服装，市场价格打五折）。

5. 崔永元公益基金网"基金介绍"栏目显示："北京清澈泉传世文化发展有限公司，是非营利或盈利不分配的组织，是中国红十字基金会指定并授权的崔永元公益基金公益项目执行机构。"而在北京市企业信用信息网查询显示，该公司是营利性公司。

对于上述证据，崔永元解释称：全价机票、体检费等问题是方是民不了解基金和账目运作的规律和方法，相关支出都是通过募捐的方式由服务的提供者捐赠的，采用的账目处理方法是用标准价计价折算处理。

（六）关于中美电影节获奖是否存在交易问题

方是民提供以下证据，意图证明其在微博中对崔永元获奖存在交易的质疑有一定事实依据，崔永元对此不予认可。

1. 方是民在其和讯博客上发文称："崔永元是在 2009 年 10 月 30 日在洛杉矶获得这个'国际大奖'的。半个月后，11 月 15 日，央视播出的那期《小崔说事》叫《美国往事》，由崔永元采访苏彦韬，请他和央视观众分享'创业的艰辛'。《小崔说事》并非直播，从录制到播出要有一段时间，不知是崔永元获奖后拿着奖状、带着苏彦韬回北京赶录了一期《小崔说事》，还是在获奖前夕先和苏彦韬录了一期《小崔说事》再跟着苏彦韬去洛杉矶领奖？不管怎样，崔永元获得苏彦韬颁发的'国际大奖'，与苏彦韬上《小崔说事》为自己打广告，二者日期如此接近，很难让人相信二者之间不存在交易。对了，2007 年，崔永元获得第五届'全国德艺双馨电视艺术工作者'——难怪'德艺双馨'现在成了骂人的话。"

2. 中美电影节网站"关于我们"栏目显示："中美电影节由美国鹰龙传媒公司 EDIMediaInc. 创办及主办至今。"央视网娱乐频道登载的《2009 中美电影节组委会组织结构图》显示，苏彦韬担任主席。

3. 崔永元公益基金会网站"电影传奇"栏目显示：《电影传奇》于 2009 年获中美电影节金天使大奖。中国网报道崔永元获得"2009 中美电影节杰出贡献奖"。

4. "央视网视频 > 小崔说事 > 美国往事"栏目登载的视频节目显示，2009 年 11 月 15 日中央电视台"小崔说事"栏目播出"美国往事"节目，崔永元在节目中采访苏彦韬谈其在美国创业的经历。

（七）关于是否"为有机食品代言"问题

方是民提供以下证据，意图证明其对崔永元代言有机食品的质疑是有一定事实依据的，崔永元对此不予认可。

1. 21CN 生活网载有《麦美兹有机奶粉新闻发布会在京举行崔永元受邀出席》一文，文中称崔永元出席了该发布会，并有相关照片。

2. 方是民在其新浪博客上发文称："显然，和国外许多反转控一样，崔永元、陈一文等人反对转基因食品，是为了推销有机食品。但是如果我们仅仅根据这些言论就断言崔永元是在为有机食品商代言、站台，则未免太轻率。崔永元质问：'你要说我给哪个有机农业做代言，那把证据拿出来，有证据大家都没话可说。'那我们就来摆摆证据。"之后，方是民引用了《麦美兹有机奶粉新闻发布会在京举行崔永元受邀出席》的报道内容。

（八）关于崔永元学术资质和学术道德问题

方是民表示崔永元并未取得教师资质，却说去传媒大学当教师，因此其发表该学校聘用崔永元担任教师是学术腐败的观点、提出对崔永元学术资质和学术道德的质疑有一定依据，不构成侵权。崔永元未向法庭提供其教师资格证书，其现为中国传媒大学高级编辑。

（九）其他内容的微博言论

对自己发布微博中的其他内容，如"难道是某人动用关系屏蔽了我的微博，然后造谣说我删微博？"等，方是民未提供相应证据，但主张相关微博是其个人真实的感受、意见或是转发、转引他人的微博，指称崔永元的相关词语符合网络语言的特点，不构成侵权。对于"试图对我搞政治迫害""讨教拉黑删帖雇水军等高科技手段"等微博语句，方是民发表的完整版微博中，有其得出相关观点的背景、线索和相关网络截图。

四、双方的诉讼支出

方是民为本案支出律师费 20000 元、公证费 3660 元。崔永元为本案支出律师费 75000 元、公证费 72310 元、律师住宿费 2313 元、律师交通费 10013 元。

五、法院不予认证的证据

1. 崔永元提交的世界卫生组织《饮用水水质准则》、美国环保署网页、美国食品与药品管理局网页、美国纽约时报、美国公共广播电台、美国华盛顿邮报等网站的网页内容等均系英文，未经有资质的翻译机构翻译，方是民不予认可，法院不予认证。崔永元提交的中国网网页《中国农科院研究员：转基因作物能抗虫、增产是骗人的》、"pentax 的博客"、"卫星天线博客"网页打印件等，未经公证，方是民不予认可，法院不予认证。

2. 方是民提交的新京报、senseaboutscience. org、afce. com、新语丝、广州日报、中国经营报、龙源期刊网、人民网、文汇报、南风窗、北京晨报、读览天下、图书馆报等网站的网页打印件未经公证，崔永元主张相关网页无法打开，不予认可，法院不予认证。方是民提交的新华网网页《中国政策科学研究会国家安全政策委员会》简介、《转基因植物和世界农业》等 10 篇文章与本案无直接关联性，法院不予认证。

原审法院认定上述事实的证据有：公证书、网页打印件、奖杯、奖状、证书、公证费发票、律师聘用合同、律师费发票、差旅费发票等证据材料为证，法院证据交换笔录、开庭笔录等。

原审法院判决认为：本案中双方的争议虽由"转基因"这一公共议题引发，但这并不意味着由公共议题引发的恶意人身攻击也可以受到"言论自由"的保护，公共议题并非人身攻击侵权的"挡箭牌"。对公共议题的自由讨论因具有重要价值而受到法律的保护，但因公共议题而引发的人身攻击则并不具有任何价值，反而会产生对他人权益、社会利益的伤害，不受法律保护。由于本案中，方是民、崔永元均是具有一定社会影响的公众人物，其各自发表的微博中又有部分内容属于涉及公共利益的话题，因此法院在认定具体微博是否构成侵犯他人名誉权时，需要综合考虑相关微博发布的背景和具体内容、微博言论相对随意和率性的特点、言论的事实陈述与意见表达的区分、当事人主观上是否有侵权恶意、公众人物人格权保护的适当克减和发言时较高的注意义务标准、言论给当事人造成损害的程度等因素，合理确定微博领域中行为人正当行使言论自由与侵犯他人名誉权之间的界限。结合本案中被控侵权微博和在案证据，法院具体分析、综合判断如下：

一、针对具体微博的侵权分析

1. 不构成侵权的微博言论

对转基因食品安全之类的问题，一直存在科学研究、产业政策等方面的争议，并因关涉公共健康安全问题而引发公众广泛的讨论。双方当事人在该问题上存在意见分歧，并各自提出对对方观点的质疑，属于学术自由以及对涉及公共利益的议题的讨论范畴。有关科学、学术、产业政策上真理的求得，要在科学研究领域通过科学、真实、严密的实验、分析和论证来解决，而不能依靠大众舆论或司法裁决来替代科学研究给出答案。但鉴于双方讨论的话题并非单纯的科学问题，还涉及公众知情选择权、食品健康安全等社会公共利益，为避免窒息对有关公共议题的讨论，并在争论中求得真理、达成共识，法院认为人人可以就此发表自己的观点，一方可以不同意对方的意见，但即使一方观点并不完全符合科学真理，也不能剥夺对方就此发表意见的权利。因此，对双方微博中指责对方在转基因等科学问题上"传谣""造谣"之类的言论，虽然个别用语令人不快，但仍属于法律上要求当事人应保持适当宽容度的言论，不构成侵权。

由公共利益优先原则决定，公众人物的人格利益在法律保护上应当适当克减。公众人物对他人的批评和指责应有一定的宽容度量，以保证公民在涉及公共事务的辩论中享有充分的言论自由。方是民、崔永元均为公众人物，享受了较多的公众关注及相关便利，对来自他人的负面评价也应负有一定的容忍义务。如在附件1中，崔永元使用"骂战"等用语，虽然对方是民的社会评价有一定不利影响，但情节轻微，尚未达到侮辱、诽谤的严重程度，方是民作为公众人物应当适度容忍，故崔永元的上述微博用语未侵犯方是民的名誉权。又如在附件2的多条微博中，方是民使用"骂街""暗箱作业""脸皮厚""死不认错""忽悠""吓唬人"等用语，考虑双方在微博上你来我往展开"口水战"的具体情景，抑或属调侃揶揄，或属质疑批评，虽有一定贬义，但并未达到恶意侮辱、诽谤的程度。鉴于崔永元的公众人物身份、崔永元基金的公益属性，崔永元应当接受公众监督，对他人对其基金运作的合理质疑、批评负有一定的容忍义务。崔永元参加某有机乳品新闻发布会，并不表明其确实与该乳品之间存在"代言"关系，但公众人物出席商业活动，确有可能被人理解为表态支持，也不排除有偿出席的可能性。公众人物既然参加商业活动，就应当容忍他人由此产生的合理质疑。方是民指称崔永元"代言有机奶"，虽证据不足，但亦非毫无根据，评论纵有不当，崔永元亦应予以容忍。因此，法院认为方是民的上述言论用语未侵犯崔永元的名誉权。

考虑网络用户对网络言论具有较高的宽容度，以及人们对相关传闻所能尽到的注意义务等因素，微博用户在发言时所表述、引用的事实并不要求达到完全客观真实的程度，而仅需证明其言论有一定的、合理的事实依据，按照其智力水平和认识能力具体分析，其尽到了合理的注意义务，引述事实、进行评论时主观上并不具有恶意，未对事实进行捏造、歪曲、夸大，并未借机进行侮辱、诽谤，一般即可免责。如微博发言者对相关事实的表述有一定可信的事实依据，其观点、评论属于主观上善意的认知，其表述方式亦未明显偏离其表述依据，则相应表述不应视为侮辱、诽谤。如在附件1的多条微博中，崔永元指称方是民"一边300万美元在美国买豪宅一边在网上哭诉安保基金不够用了""又开始向传媒大学告我了"等语句，均有一定事实依据或结合上下文分析属于崔永元主观上"确信真实"的诚实意见，表述亦无明显不当、歪曲，不构成侵权。又如在附件2的多条微博中，方是民称崔永元"无学术资质""把营利商业公司谎称是非营利组织""攻击他人的家属"等语句，均有一定事实依据或结合微博上下文、所附来源、图片等综合分析，属于方是民主观上的"确信真实"，表述亦无明显不当、歪曲，不构成侵权。

对引用、转发的他人微博，引用人、转发人明知或者应知其内容构成侵权而仍然引用、转发的，构成侵权。引用人、转发人不明知也不应知其内容构成侵权的，其引用、转发行为不构成侵权。如附件1的第10条微博，系崔永元转引"大洋彼岸的绅士"发布的微博，鉴于方是民的公众人物容忍义务，该微博内容并非显而易见的侵权言论，崔永元也提供了一些其基于信赖而引用该微博的证据，故法院认为崔永元的该引用行为不构成侵权。又如附件2中方是民转引"平衡与对称""北山南人"的微博言论，其中虽有"荡悠悠，把那点德行消耗""加紧造谣""加菜尽肥肉，基金不透明"等语句，但相关微博采用戏填诗词的戏谑表达方式，尚未达到侮辱、诽谤的严重程度，鉴于公众人物的容忍义务，法院认定方是民的转引行为并不构成侵权。此外，附件2第64条微博提到的"一个是杂交的奇葩"并非指称崔永元，崔永元不能据以主张侵权。

2. 构成侵权的微博言论

微博言论具有简短、随意、情绪宣泄色彩浓的特点，但微博用户在发表涉及他人名誉的事实陈述或意见表达时，也应有一定的事实依据，不能有任意夸大、歪曲事实或借机贬损、侮辱他人人格的恶意。如在附件1的多条微博中，崔永元称方是民"坑蒙拐骗都干过""网络流氓暴力集团的头目""黑基金黑到家了"等，均没有证据支持或依据明显不足。方是民在发表有关转基因食品、瘦肉精等科普问题的言论时，均给出了其意见的依据或出处，即使错误，也属个人学术意见的正常表达。崔永元如有不同意见，可据理反驳，即使方是民的观点不受欢迎或者错误，只要有相对合理可信的依据、理由，仍不能随意指称对方"坑蒙拐骗""网络畸骗"等。又如在附件2的多条微博中，方是民称崔永元纪录片中的采访对象"是个职业托儿"、获得美国影视大奖是"一笔德艺双馨的好交易"等，亦属无事实依据或依据明显不足。方是民提交的证据可以证明，有人在博客上称其吃转基因食品患癌症后成为素食主义者、与人会谈建议每小时捐赠50美元并接受了崔永元采访，但并未证明该人与纪录片中在超市接受崔永元采访者系同一人。因两人身份、经历存在相似之处，方是民可提出质疑，但其以肯定语气断言纪录片中的采访对象"是个职业托儿"显然依据不足，且其提交的公证书中也有该女士表示并非在超市受访者的内容，法院认为其存在歪曲事实的恶意。方是民提交的证据可以证明崔永元中美电影节获奖，与中央电视台播出崔永元采访苏彦韬的节目之间存在时间上的先后关系，方是民也可提出质疑，但方是民以肯定语气断言这是"一笔德艺双馨的好交易"，实质是指称崔永元的这个荣誉是利用央视主持人的便利进行交易获取的，其事实依据明显不足。中国红十字会网站刊登的《崔永元公益基金管理规则》第十条规定："红基会可以按照使用支出额的10%从崔永元基金中提取管理成本，用于项目管理和行政费用。"上述规定明文记载提取管理成本的主体是红基会而非崔永元。方是民既然提到了10%的比例，应是看过以上规定，但其明知提取管理成本的主体是红基会，仍发言称"根据崔永元公益基金管理规则，可提取使用支出额的10%作为管理和行政费用"，并表示"忽然对崔永元的正常收入很感兴趣"，系在暗示、误导公众得出崔永元个人提取管理费谋取私利的印象，这种提取管理费主体上的移花接木显属故意歪曲表述，意图损害崔永元的名誉，构成侵权。

应特别指出的是，崔永元、方是民均为公众人物，本应注意在微博这样的公开场合发言礼貌、节制，避免因使用粗鄙的言语而污染网络环境、产生不良示范作用，但其微博中却均有一定数量的言论偏离争论的主题而转向人格攻击，恶意贬低对方人格尊严，这部分言论已超出了公众人物容忍义务的范围，应认定为侵权。如在附件1的多条微博中，崔永元称方是民是"肘子""拽着它溜达""流氓肘子"等，侮辱、贬低了方是民的人格尊严，构成侵权。崔永元在微博中均指称方是民为"肘子"，综合上下文的语气、内容等进行整体分析，该"肘子"并非善意、开玩笑的"舟子"同音昵称，而应属于具有引申意义的恶意侮辱。方是民的部分言行即使存在不妥之处，也并不能构成崔永元公开侮辱方是民人格尊严的充分理由。同理，在附件2的多条微博中，方是民称崔永元为"疯狗""主持人僵尸""张嘴就造谣、说谎的家教"等，也明显超出了言论的合理限度和公众人物容忍义务的范围，贬低、侮辱了崔永元的人格尊严，构成侵权。

二、对言论侵权性质的总体认定

虽然在前述具体微博的认定部分，法院出于为涉及公共议题、公共利益的网络言论留下相对宽松的自由空间等考虑，并未认定某些微博构成侵犯名誉权，但整体分析崔永元、方是民各自发表的系列微博的内容，综合考虑二人陆续发出针对对方的几十条、上百条微博的前后背景，某些具体言论的用语、语气，某些事实陈述与实际情况的较大差异等因素，法院认定双方的微博论战经历了从正常讨论公共议题向恶意人身攻击的性质转变，均有借机诽谤、侮辱对方的主观恶意。因此，不能以部分微博尚属于合理质疑、批评和意见表达的范畴，而否定二人主观上均产生了侮辱、贬损对方名誉的概括恶意。抛开具体哪条微博言论侵权、是否存在处于侵权"灰色地带"的微博等细枝末节的争议，法院作出整体判断，认为崔永元和方是民连续发表针对对方的、具有人身攻击性质的系列微博言论，均构成对对方名誉权的侵害。在整体判断、具体分析的前提下，法院最终认定构成侵权的微博言论，以判决书列明的附件1、2中的具体微博编号为准。

本案中，崔永元、方是民均为公众人物，具有较大的社会影响力，因此更应言行谨慎，注意避免在网络中的不当言论造成对他人名誉的损害。本案发生在二人因转基因问题产生分歧的背景下，崔永元提出对方是民"挺转言论"的质疑，而方是民则质疑崔永元的科学素养和发言资质，之后双方的争议升级、演变为人身攻击。法院认为，对涉及科学、食品安全等公共议题的讨论，目的是求得真理、达成共识，因此更需讲求一定的议事规则，通过科学论证、讲事实、摆道理、"对事不对人"等方法，来说服对方和大众，让思想和意见经历争鸣、质疑、说服、达成共识等竞争考验，最终决定真理在谁的手中，而不应强迫对方必须接受自己的观点，更不应把对公共议题的讨论转化为"比人品""比下限"的竞赛，使"对事"的讨论沦为"对人"的攻击。方是民、崔永元在讨论过程中，不是将精力放在深入研究、科学论证上，而是意气用事、各自投入大量精力用于相互抹黑揭短、人身攻击中，将本来有价值的话题讨论，拉入无价值人身攻击的泥潭中。这不仅是对各自聪明才智和精力的浪费，也是对社会公共资源包括司法资源的浪费，更会侵袭网络言论空间、造成语言污染，在损害对方名誉的同时，造成自身公众形象的降低，这种结果让人惋惜。以人身攻击取代理性探讨的网络论战方式，无助于问题的解决，反而会产生侵权隐患。希望双方在今后进行微博发言时，能够对其语言、行为方式进行反思，秉承客观、理性、宽容、负责的议事原则，科学论证、节制表达、"对事不对人"，而非任由情绪宣泄、图一时痛快伤人害己，使自己的网络言行符合人们对社会公众人物的道德期待，而非为网民树立负面"榜样"。

三、法律责任

崔永元、方是民的部分微博言论均构成对对方名誉权的侵害，各自应承担停止侵权、赔礼道歉、赔偿损失等法律责任。崔永元、方是民均应删除其侵权微博言论，具体范围以判决书认定的内容为限。对于赔礼道歉的责任承担问题，法院综合考虑崔永元、方是民的主观过错、侵权情节、言论发生影响的范围等因素，特别是考虑二人的公众人物身份，相关言论造成的影响早已超出其个人微博的辐射范围而达到为大多数社会公众所知晓的情况，合理确定具体赔礼道歉的方式和范围。综合考虑双方所发布侵权微博的内容，法院认为仅采用公开赔礼道歉的方式并不足以弥补对方所受伤害，对双方主张的精神损害抚慰金均予支持，具体数额由法院根据各自的侵权情节予以酌定。办理公证、聘请律师是本案双方当事人进行网络取证和维权所必要的手段，双方均应负担对方所支出公证费、律师费中的合理部分，但方是民主张的律师费、崔永元主张的公证费和律师费数额过高，法院将综合考虑本案中进行公证的必要性、案件的复杂程度、律师工作量和收费标准等因素，对其合理支出予以酌定，不再全部支持其相关诉讼请求。

综上所述，依据《中华人民共和国民事诉讼法》第六十四条，《中华人民共和国侵权责任法》第二条、第六条、第十五条、第二十二条、第三十六条之规定，判决：一、本判决生效之日起十日内，被告（反诉原告）崔永元删除侵权微博，具体包括本判决书附件1中编号1~9、11~24的微博；二、本判决生效之日起十日内，原告（反诉被告）方是民删除侵权微博，具体包括本判决附件2中编号为第9、15~18、23、30、33、37、48~49、54、58、63的腾讯微博，以及对应内容的搜狐微博；三、本判决生效之日起六十日内，被告（反诉原告）崔永元在《新华每日电讯》、腾讯微博网站首页发布声明，向原告（反诉被告）方是民赔礼道歉（声明内容须经本院审核，逾期不履行，本院将在以上媒体上公布判决书主要内容，费用由崔永元负担，其中在腾讯微博网站首页刊登的声明应持续保留二十四小时）；四、本判决生效之日起六十日内，原告（反诉被告）方是民在《新华每日电讯》、腾讯微博网站首页发布声明，向被告（反诉原告）崔永元赔礼道歉（声明内容须经本院审核，逾期不履行，本院将在以上媒体上公布判决书主要内容，费用由方是民负担，其中在腾讯微博网站首页刊登的声明应持续保留二十四小时）；五、本判决生效之日起十日内，被告（反诉原告）崔永元赔偿原告（反诉被告）方是民精神损害抚慰金三万元及诉讼合理支出一万五千元；六、本判决生效之日起十日内，原告（反诉被告）方是民赔偿被告（反诉原告）崔永元精神损害抚慰金二万五千元及诉讼合理支出二万元；七、驳回原告（反诉被告）方是民的其他诉讼请求；八、驳回被告（反诉原告）崔永元的其他反诉请求。如被告（反诉原告）崔永元、原告（反诉被告）方是民未按判决所指定的期间履行给付金钱义务，则应依据《中华人民共和国民事诉讼法》第二百五十三条之规定，加倍支付延迟履行期间的债务利息。本诉案件受理费一千七百零八元（方是民预交），由原告方是民负担七百零八元（已交纳）；由被告崔永元负担一千元，于本判决生效之日起七日内交纳。反诉案件受理费一千二百二十五元（崔永元预交），由反诉原告崔永元负担五百二十五元（已交纳）；由反诉被告方是民负担七百元，于本判决生效之日起七日内交纳。

原审法院判决后，方是民、崔永元均不服，向本院提起上诉。方是民的上诉请求是：撤销原审判决第一、二、四、五、六项，依法改判附件1中的微博内容均构成侵权，崔永元赔偿方是民精神损害抚慰金15万元及诉讼合理支出2万元并驳回崔永元的全部反诉请求。上诉理由：1. 原审法院没有平等公平适用法律，对于双方微博内容是否构成侵权的认定标准不统一。方是民的微博或是对崔永元侮辱、诽谤言论的正常合理的还击，或是对崔永元的调侃揶揄，不存在侵权故意，另一方面是基于一定的事实对相关事件进行合理质疑和批评，不存在侵权情形。按照原审判决确立的判断标准和法律适用原则，方是民涉案的14条微博内容均不构成侵权，崔永元的涉案微博均应构成侵权。2. 原审判决认定事实错误，对崔永元提供的证据引述不准确、断章取义且没有对方是民所提供的对抗性证据进行全面分析。3. 方是民现在无法进行相关删除操作，原审判决部分内容无法执行，且判决崔永元赔偿的金额过低，不能抚慰方是民的精神损害，也不能弥补方是民实际诉讼开支。

崔永元答辩称：崔永元涉案微博均不构成侵权，方是民要求确认涉案微博构成侵权的上诉请求缺乏事实和法律依据。崔永元的微博内容均有事实依据，是基于公共利益进行的质疑和批评，不具有侵犯其名誉权的主观恶意也未给方是民造成名誉上的损害，因此不构成侵权。

崔永元的上诉请求是：撤销原审判决第一、二、三、五、六、八项，依法改判驳回方是民的全部本诉请求，支持崔永元的全部反诉请求。上诉理由：1. 崔永元发布的涉诉微博均具有充分的依据，尽到了合理的注意义务，质疑、驳斥方是民的不当言论是基于公共利益，没有主观恶意，而且公众对网络用语的接受度较高，崔永元提交的证据可以证明涉诉微博不会造成方是民的社会评价进一步降低，原审判决认定崔永元发布的微博部分构成侵权属认定事实及适用法律错误。2. 原审判决认定方是民的部分微博不构成侵权属于认定事实及适用法律错误，且本诉、反诉针对同样的内容认定标准不一致，有失公平。

方是民答辩称：本案的纷争完全是崔永元在先的不当言论引起的，其不当言论没有任何证据支撑，且方是民社会评价的高低不能成为崔永元进行侮辱诽谤的理由。本案的证据能够证明方是民往往是不得不进行后续反击，方是民的微博言论并无主观恶意，崔永元上诉请求和理由没有事实和法律依据，应予以驳回。

二审审理期间，崔永元向本院提交：1. 新浪微博"烹肘"账户发布的公安机关接受案件回执单微博截图，证明崔永元说方是民"黑基金黑到家了"的陈述有事实依据，不构成侵权。2. 调查取证申请书一份，申请本院向湖北省武汉市公安局武昌分局白沙派出所调查核实有关徐宥箴向派出所报案安保基金涉嫌诈骗一案的相关情况。方是民认可证据1的真实性，但不认可其证明目的，不同意崔永元的调取证据申请，认为其证明目的与本案不存在关联性。

方是民向本院提交徐宥箴的微博截图及网页公证书，证明徐宥箴的举报不可信。崔永元不认可微博截图的真实性和证明目的，对网页公证书的真实性认可但对其证明目的不认可。

本院认证意见：因司法机关未对安保基金问题作出明确结论，故崔永元、方是民在二审期间提交的证据均不能证明各自主张，崔永元提交之证据不能成为其在2014年以确定性的表达方式发表"黑基金"言论的事实依据，故本院对双方在二审期间提交的证据均不予采纳，对崔永元的调取证据申请亦不予准许。

本院经审理查明：原审判决认定的证据真实有效，据此认定的事实无误，本院予以确认。以上事实还有当事人在二审期间的陈述在案佐证。

本院认为，本案二审争议焦点主要围绕以下三方面问题：一、双方所发布的微博内容是否构成侵权。二、原审判决对于侵权微博的具体认定是否适当。三、原审判决确定的责任承担方式以及赔偿数额是否适当。本院分述如下：

关于争议焦点一，根据《中华人民共和国民法通则》第一百零一条规定：公民、法人享有名誉权，公民的人格尊严受法律保护，禁止用侮辱、诽谤等方式损害公民、法人的名誉。侵犯名誉权属于一般侵权行为，适用过错责任原则。

针对崔永元上诉认为其所发布的微博不构成侵权的理由，本院认为，本案纠纷虽是由转基因食品安全问题的争论所引发，但是借公共议题的名义贬损他人人格尊严没有任何正当性。崔永元在其微博中使用"公开无耻，天生下流""流氓肘子""人渣"等带有明显人格侮辱性的言论辱骂方是民，或是夸大、歪曲事实称方是民"坑蒙拐骗都干过""网络流氓暴力集团的头目""黑基金都黑到家了"均已经脱离了基于公共利益进行质疑、驳斥不同观点的范畴，构成侵权。

网络语言确实比较随意和不规范，但是作为公众人物，其言行具有强大的号召力和影响力，面对网络环境的现实情况，公众人物更应当提升自身的言行标准，而不是"随波逐流"。崔永元称方是民为"肘子"并非善意，其以该用语是网络公认对方是民的俗称作为免责理由不能成立。崔永元在其微博中使用的侮辱性词语，即便是在接受度较高的网络环境，也依然超越了就事论事的理性基调，逾越了网络用语的合理边界，应当承担侵权责任。

公民社会评价的高低显然不能以部分人的好恶作为判断标准。方是民的言行纵然曾引起过较大争议，甚至为此承担法律责任，但其人格尊严仍应受到法律保护。本案中，崔永元所提交的证据均不能支持其对方是民人格作出的概括的否定性评价，更不能成为对方是民进行侮辱和诽谤的依据，因此崔永元关于其涉诉微博不会造成方是民社会评价进一步降低的上诉理由不能成立。

针对方是民上诉认为其所发布的微博不构成侵权的理由，本院认为，对他人不当言论进行回击仍然应当遵守法律规范。回击性言论是否构成侵权不能以对方言论的用语强度和主观恶性作为"参照系"，更不能将回击者地位视为当然的"庇护伞"。具体到本案，如在附件2中的第63条微博，确系崔永元率先使用了"坑蒙拐骗""三无人员脸皮又奇厚"等用语，原审判决认定该微博言论构成侵权是正确的。方是民在对该侵权言论进行回应时，同样使用了"坑蒙拐骗""脸皮奇厚"的用语，综合上下文的语气、内容进行整体分析，方是民也是借这些用语对崔永元进行人身攻击，同样构成侵权。

网络用语纵使率性随意，也不能超出法律底线。方是民主张系调侃揶揄的语句，如"诽谤成瘾""造谣成性""疯狗"等已明显超出调侃揶揄的程度，是对崔永元的恶意侮辱。此外，在对公共话题进行评论时，纵使对质疑批评的言论宽容度有所放松，质疑批评者仍应秉持主观善意，依据一定的事实和证据发表意见。本案中，方是民恶意歪曲事实、断章取义，使用"一笔德艺双馨的好交易""忽然对崔永元的正常收入很感兴趣"的表述，实际是在误导公众得出崔永元存在利益交换、谋取私利的判断，其言论本身已经偏离了质疑批评性言论的轨道，构成侵权。

综上，方是民与崔永元上诉认为其所发布的微博不构成侵权的理由缺乏事实和法律依据，本院均不予支持。

关于争议焦点二，双方在上诉中均提出原审判决在认定侵权微博时适用标准不统一的问题，对此，本院认为，微博言论由于受到字数限制加之网络用语随意率性的特点，其言论所要传达的真实含义往往无法通过片面理解个别字句加以明确，言论之间的差异亦不宜简单通过字句类比作出判断。因此，在判断微博言论的表达是否构成侵权时，言论所表述的真实意义不能专由某个词语加以确定，而应纵观微博全文，综合考虑上下文语境、言论关涉的话题领域、发言人主观目的及身份等多方面因素。具体到本案，崔永元在微博中使用"肘子就是个骗子，灭了骗子才能科普"的言论已经超出公共议题的探讨和质疑范畴，是其纯粹主观的对方是民的评价和定性，是对方是民人格尊严的恶意贬低。方是民虽然在其微博中使用"不要传谣阻碍中国农业技术发展""用谣言、谎言来妖魔化转基因技术""撒谎欺骗中国公众，妨碍中国推广国产转基因作物"等语句，但纵观完整微博内容，方是民是基于公共议题的讨论而进行的指责和批评，即使尖酸刻薄、不留情面，仍属于法律要求公众人物应当保持适当宽容度的言论，因此不构成侵权。然而，方是民在其微博中攻击崔永元"造谣成性、诽谤成瘾""张嘴就造谣、说谎的家教"等言论虽然同样涉及"造谣""说谎"的词语，但明显具有主观恶意。另外，如附件 1 第 10 条崔永元转引"大洋彼岸的绅士"发布的微博，原审判决考虑到方是民作为公众人物的容忍义务未认定侵权，基于同样的标准，方是民转引"平衡与对称""北山南人"的微博言论也不构成侵权。本院认为，纵观本案纠纷的背景及双方涉案微博的具体内容，原审判决基于其所确立的判断标准和法律适用原则，对双方的侵权微博作出具体认定，掌握的裁判尺度是适当的，方是民、崔永元的此项上诉理由本院不予支持。

关于争议焦点三，根据《中华人民共和国民法通则》第一百二十条规定，公民的姓名权、肖像权、名誉权、荣誉权受到侵害的，有权要求停止侵害，恢复名誉，消除影响，赔礼道歉，并可以要求赔偿损失。

原审法院根据双方的过错程度、侵权情节以及侵权行为后果等因素酌情确定的责任承担方式符合法律规定。同时考虑到双方受到的精神损害与负担的诉讼合理支出，判决双方赔偿的数额是适当的，本院予以维持。删除侵权微博是方是民应当承担的法律责任，原审法院判决方是民删除侵权微博可通过执行程序解决，并非无法执行。

综上所述，公众人物对公共议题之科学理性的讨论，为社会所提倡，亦为法律所保护，一旦转变为互相谩骂和恶意的人身攻击，不仅要受到法律制裁，更会产生恶劣的社会影响。原审法院根据本案情况进行综合判断、具体分析，对侵权微博作出认定并判决双方承担相应的侵权责任，认定事实清楚，适用法律正确，本院予以维持。依据《中华人民共和国民法通则》第一百零一条、第一百二十条，《中华人民共和国民事诉讼法》第一百七十条第一款第（一）项之规定，判决如下：

驳回上诉，维持原判。

二审案件受理费三千九百五十元，由方是民负担七百二十五元（已交纳），由崔永元负担三千二百二十五元（已交纳）。

本判决为终审判决。

审判长　李晓龙

代理审判员　张　琦

代理审判员　王国庆

二〇一五年十二月二十五日

法官助理　刘雅璠

书记员　杜宏艳

案例48：王蕾诈骗罪二审刑事裁定书

重庆市第一中级人民法院
刑事裁定书

（2015）渝一中法刑终字第00291号

原公诉机关：重庆市渝北区人民检察院。

上诉人（原审被告人）：王蕾，无业。因本案于2012年11月2日被抓获，次日被刑事拘留，同年12月7日被逮捕。现羁押于重庆市某区看守所。

辩护人：杨先勇、谭登忠，重庆星兴律师事务所律师。

重庆市渝北区人民法院审理重庆市渝北区人民检察院指控原审被告人王蕾犯诈骗罪一案，于2013年8月28日作出（2013）渝北法刑初字第00914号刑事判决。原审被告人王蕾对原判决不服，提出上诉。本院受理后，于2014年5月20日以事实不清、证据不足发回重审。重庆市渝北区人民法院于2015年3月5日作出（2014）渝北法刑初字第00558号刑事判决。原审被告人王蕾不服，提起上诉。本院于2015年4月8日受理，并依法组成合议庭于2015年7月30日公开开庭审理了本案。重庆市人民检察院第一分院指派代理检察员卓力多出庭履行职务，上诉人王蕾及其辩护人到庭参加了诉讼。现已审理终结。

原判认定，2012年8月初，被告人王蕾以四川川威集团公司董事的"V"认证新浪微博身份与被害人邹某成为网络好友，王蕾谎称是四川川威集团公司董事的女儿，家境富裕，经与邹某通过微博、微信等网络工具进行聊天后，邹某信任了王蕾。当年8月底，王蕾更改自己的微博地理位置，向邹某谎称到法国等欧洲国家旅游，并通过微信、微博等方式发送图片欺骗邹某其在欧洲，可以为邹某代购爱马仕牌手提包，邹某信以为真，委托王蕾代购爱马仕牌手提包，两次共向王蕾的工商银行账户转款共计506500元。2012年10月3日晚，王蕾将三个仿冒的爱马仕牌手提包和购买票据交给被害人邹某。

经爱马仕（上海）商贸有限公司鉴定证明，被告人王蕾交给被害人邹某的三个手提包均系假冒产品。经重庆市渝北区价格认证中心鉴定，该三个仿冒的爱马仕牌手提包共计价值34664元。

2012年11月2日，被告人王蕾被抓获归案。侦查机关已追回253943元并退赔给被害人邹某。

上述事实，有经原判庭审质证、认证的人口信息查询表，证明王蕾的出生日期等身份情况、工商银行交易明细查询、住院病历、出入境记录查询、电子证据检查工作记录及光盘、申通快递详情单、爱马仕皮包照片、爱马仕售货凭证、销售小票、明信片、王蕾与邹某微信聊天记录、QQ聊天记录、鉴定证明、价格鉴证结论书、调取证据清单、扣押物品清单、发还物品清单、提取笔录、扣押物品清单、委托书，被害人陈述、证人证言及辨认笔录、被告人王蕾的供述和辩解予以证实，足以认定。

原判认为，被告人王蕾以非法占有为目的，虚构事实，隐瞒真相，骗取他人的财物共计506500元，数额特别巨大，其行为已构成诈骗罪。对被告人王蕾诈骗所得财物，应当予以责令退赔。综上，依照《中华人民共和国刑法》第二百六十六条、第五十二条、第五十三条、第六十四条之规定，判决：（一）被告人王蕾犯诈骗罪，判处有期徒刑十年，并处罚金10000元。（二）责令被告人王蕾将犯罪所得的506500元退赔给被害人邹某（已退赔253943元）。

上诉人王蕾提出本案事实不清，其交给邹某的包是正品，不能排除邹某事后调包的合理怀疑，公安机关在扣押涉案物品时未密封，在鉴定、辨认期间，不排除被调包的怀疑，故请求二审法院依法改判无罪，即使认定有罪，也应将其为被害人购买的钻戒价值从犯罪金额中扣除等意见。

辩护人提出侦查机关在搜集本案证据、涉案物品鉴定、询问被害人时间等方面程序违法，鉴定人员无鉴定资质材料等，不能证明送检的三个包就是王蕾交给邹某的包，故原审判决认定事实不清，指控王蕾犯诈骗罪的证据不足，故请求二审对上诉人改判无罪。

重庆市人民检察院第一分院认为原审判决认定事实清楚，证据确实充分，定罪准确，量刑适当，建议驳回上诉，维持原判。

经二审审理查明的事实和证据与原判认定的一致。本院予以确认。

本院认为，上诉人王蕾以非法占有为目的，虚构事实，隐瞒真相，骗取他人财物，数额特别巨大，其行为已构成诈骗罪，依法应予惩处。

关于上诉人王蕾及其辩护人提出本案事实不清，其交给邹某的爱马仕包属正品，不能排除邹某事后调包，将正品替换为仿品报案的合理怀疑，公安机关在扣押涉案物品时未密封，在送检、辨认期间，不排除被调包的怀疑等辩解、辩护意见。经查：（1）上诉人王蕾对三个仿制爱马仕包的来源不能给出合理解释，对于其供述的四个来源，公安机关均从证据上予以否定；且上诉人王蕾并无任何出境记录，王蕾不可能如其在微信聊天中宣称的亲自从国外购买正品爱马仕包。（2）经警方从支付宝（中国）网络技术有限公司提取的上诉人王蕾的淘宝交易记录中有两款包与涉案中的两个仿制爱马仕包在颜色、款式上相似。上诉人王蕾本人在辨认警方从被害人处提取的包时，供述与其交给被害人的包在外观、颜色等方面相似。（3）银行账户交易明细及证人陈某的证言证明上诉人王蕾收到了被害人邹某转入的爱马仕包购买款50万余元后，将其中近30万元用于购买房产。（4）被害人提交的聊天记录反映了王蕾从2012年9月13日起至10月3日交包期间，虚构诸多事实，骗取被害人邹某相信其能够代购。在王蕾向邹某交付爱马仕包后，邹某质疑该包的真伪时，王蕾为稳住邹某，宣称该包系本人在实体店购买，保证系正品；在邹某屡屡要求退货后王蕾又答应退货，但要求邹某到香港对涉案的包进行鉴定。（5）证人旦某、王蕾的证言等证据证实王蕾因交付爱马仕包给被害人，因被害人发现系仿制品而报警后逃到深圳躲避的事实；证人雷某证实王蕾因交付邹某的包被发现系假包报警后，向雷某咨询如何处理等情况。综上，现有证据能够证实邹某交给警方的仿制爱马仕包与上诉人王蕾交付给邹某的爱马仕包之间具有同一性。从被害人邹某收到爱马仕包后质疑其真假，后找王蕾解决未果，遂找到证人郝某鉴定，在确定系假包后，其向警方报警，并将仿制爱马仕包交予警方的整个案发过程，较自然、客观、真实，亦符合常人解决问题的思路。此外，上诉人及其辩护人对该辩解、辩护意见亦不能举证证实。故相关辩解、辩护意见不能成立，不予采纳。

关于上诉人及其辩护人提出爱马仕（上海）商贸有限公司进行鉴定的程序不合法的辩解、辩护意见。经查，爱马仕（上海）商贸公司系国家工商行政管理总局核定包括手提包在内的 18 类商品使用 Hermes 商标的公司，该公司的鉴定实质是对公安机关从邹某处提取的爱马仕包的真假进行鉴定，虽然该鉴定意见缺少具体鉴定人的资质材料，但该鉴定意见系以单位名义出具，并有重庆市渝北区价格认证中心就涉案物品出具的价值鉴定等证据的佐证，并不能从根本上否定爱马仕（上海）商贸有限公司鉴定意见的证明效力。故相关辩护、辩解意见不能成立，不予采纳。

关于上诉人王蕾提出其交付给被害人邹某的卡地亚钻戒的价值 1 万余元应予扣除的辩解意见。经查，上诉人王蕾在与被害人的聊天记录中称该钻戒系送给邹某；而被害人邹某陈述称该钻戒系其表哥陈磊的女友郑渝因结婚委托购买，邹某与王蕾谈妥在收到钻戒及票据后，按票据金额进行支付。后因收到王蕾交付的假包邹某拒绝支付对价。综上，该钻戒价值不能从王蕾向邹某进行诈骗的金额中扣除，上诉人的该辩解意见不能成立，不予采纳。

关于上诉人的辩护人提出王某与邹某的微信、微博聊天记录没有相应的提取笔录或扣押清单，不具有客观性、合法性，不能作为证据的辩护意见。经查，侦查机关针对该问题出具了有办案民警签名的情况说明，证明该微信、微博聊天记录是两名办案民警询问邹某后，由邹某打印、签字捺印，并经办案民警核对后提取。故该证据内容客观真实，能够作为证据使用。该辩护意见不能成立，不予采纳。

关于上诉人的辩护人提出，邹某第一次询问笔录先于立案，该询问笔录不能作为证据的辩护意见。经查，被害人邹某向公安机关报案后，公安机关于同日依法对其进行询问，该询问程序合法，能够作为证据使用。该辩护意见不能成立，不予采纳。

综上，原判认定事实清楚，证据确实、充分，量刑适当，审判程序合法。依照《中华人民共和国刑事诉讼法》第二百二十五条第一款第（一）项之规定，并经本院审判委员会讨论决定，裁定如下：

驳回上诉，维持原判。

本裁定为终审裁定。

审判长　但　斌

代理审判员　夏玉杰

代理审判员　陈其琨

二〇一五年十二月三十日

书记员　崔树刚

‖2016 年度‖

案例49：江辉与广州市城市管理综合执法局、窦勇名誉权纠纷一审民事判决书

广东省广州市越秀区人民法院
民事判决书

（2015）穗越法民一初字第3360号

原告：江辉，住广州市海珠区。

被告：广州市城市管理综合执法局，住所地广州市越秀区。

法定代表人：危伟汉，局长。

委托代理人：何富杰，广东海际明律师事务所律师。

委托代理人：杨庆，广东海际明律师事务所律师。

被告：窦勇，住广州市海珠区。

委托代理人：官少鸣，广东广信君达（东莞）律师事务所律师。

原告江辉诉被告广州市城市管理综合执法局、窦勇名誉权纠纷一案，本院受理后，依法组成合议庭，公开开庭进行了审理。原告江辉，被告广州市城市管理综合执法局（以下简称：城管执法局）的委托代理人何富杰、杨庆，被告窦勇及其委托代理人官少鸣到庭参加诉讼。本案现已审理终结。

原告江辉诉称，2012年以来，一个网名叫"大城小窦"的人在其新浪微博上对原告进行恶意侮辱和诽谤，一直在微博上大肆地造谣说原告在造谣城管打人，原告把网民当傻子，引发其众多好友的辱骂评论，并且不断地艾特其他公众媒体，大肆宣扬原告歪曲事实、弄虚作假等等。在2013年，由于原告监督了一起南沙城管公车私用，被告窦勇则在微博上变本加厉地造谣侮辱诽谤。从2013年开始被告窦勇竟然在微博上写："一、"爱抄台词扮清新，爱躲中大扮老师，爱骗家长血汗钱，爱造谣城管打人，爱报假警吓唬人，爱傍宝马装大款，实居陋室一屌丝。我是江辉，我为骗子带盐，请认准@主播长江认准域名主播长江，认准网站'中大播音'，认准@中山大学东北区372号！"二、答案是："@主播长江真名江辉，一个躲在中山大学东北区372号的无证培训机构'中大播音'网页链接的'老师'。骗学生的地方还有海珠区蓝色康园，白云区白云居。该网站无许可证，大家截图留证据啊~315快到了，大家转发起来，向@广州工商@广州教育@广州公安举报！"三、"@主播长江，你不要举报吗？要赶在元宵前来，哥还能给你封利是呀。大家说说：他这种把人拉黑后再骂人的，是种什么生物？这种生物，在媒体圈可遇过不少啊！并且配上本人的照片，图文并茂来

・4129・

恶意造谣侮辱诽谤。"四、"我是@主播长江主播长江真名江辉，躲在中山大学东北区372号里'中大播音'网页链接的'老师'。我们培训班是无证的，我们网站也是无证的。你相信吗？我居陋室，却伴宝马。你相信吗？相当主播的学生真好骗，他们的钱某好赚！@CCTV315@广州工商@广州教育。"五、"爱抄台词扮清新，爱躲在中大扮老师，爱骗家长血汗钱，爱晒宝马扮有钱，爱造谣城管打人，爱装报警吓唬人。我是江辉，我为骗子带盐，请认准@主播长江认准域名weibo.com/gzchangjiang，认准网站'中大播音'，认准@中山大学东北区372号！"综上，请求法院判令：1.被告删除新浪微博恶意攻击的博文；2.被告在广州日报、新快报、南方都市报三大报纸登报对原告赔礼道歉（书面道歉信需经原告审核），刊登10天，为原告消除影响、恢复名誉；3.被告赔偿原告经济损失4万元、精神损失费1万元；4.被告书面手写800字道歉书信，并且发布在被告新浪微博置顶3个月；5.判令本案诉讼费由二被告承担。

被告城管执法局辩称：一、原告错列被告。原告所诉称的微博均为被告窦勇在其个人注册的微博所发，被告城管执法局并未指使、授意或操纵其发布相关微博，故发布相关微博的责任应由被告窦勇承担，与被告城管执法局无关。原告将被告城管执法局列为第一被告错误。二、被告城管执法局对原告出具的《关于来访反映事项的复函》对原告并不构成民事侵权。对于原告向被告城管执法局反映被告窦勇在个人微博上对其"造谣诋毁、谩骂侮辱"等问题，被告城管执法局经调查后向其出具了《关于来访反映事项的复函》[穗城管局信(2015)1号]（以下简称：《复函》）。该复函针对原告的投诉所做，就事论事，且并未向社会公开，故不可能侵犯原告的名誉权。原告关于被告城管执法局侵犯其名誉权的诉讼请求无事实和法律依据，请求法院依法予以驳回。综上，不同意原告的全部诉讼请求。

被告窦勇辩称：一、被告窦勇在其"大城小窦"微博账号发表的言论内容，主要针对原告微博账号"主播长江"中不实或不当言论进行澄清和提出质疑，具有事实基础，不存在损害原告名誉权的违法行为。

首先，原告确实涉嫌无证办学。

1.《广州日报》已对原告无证办学的违法行为进行报道。《广州日报》2014年3月15日发表了一篇题为《"山寨"培训班忽悠不成耍横》的新闻报道，报道了广州市民李玟（化名）根据"中大播音"的培训机构在网上发布培训招生信息而辞职报名参加培训最终上当受骗的经历，揭露了"中大播音"机构涉嫌违法办学的事实真相。该报道登载的"中大播音"机构"长"姓负责人的相片和"中大播音"网站[该网站已被关闭，但新浪微博号"广州家教播音辅导"曾用名中大播音、QQ号为"96×××5"的腾讯微博"播音主持培训"（该用户身份已通过腾讯微博验证，按照腾讯微博网络首页公布的验证要求"绑定手机，听众数50，收听数100，微博等级3级以上，有清晰本人头像，并在行业内有一定影响力"可确定该用户为本案原告）仍有"中大播音"机构的介绍]的网页图片对比，"中大播音"机构的"长"姓负责人就是本案原告。

2.《新快报》2015年9月13日发表了《"中大播音"培训老师的多重身份》，披露了"中大播音培训机构"在工商、教育部门均没有备案、登记信息，作为机构负责人的原告在公开场合宣传的记者身份，中央电视台"新闻主播"，广东卫视、贵州卫视主持人也没有任何依据。

3.目前网络上还存在"中大播音"培训招生的广告宣传网页。网页上公布的"报名电话：江老师186×××2050，132×××4916"，其中"186×××2050"号码正是江辉本人使用的电话号码，而窦勇在百度搜索引擎中对"186×××2050"号码进行查询显示"该号码被28个百度手机卫士用户标记为中大播音，供您参考"。

4. 中山大学也在其官方网页发布《关于对"中大播音"培训机构发布虚假信息的声明》。"中大播音"发布虚假信息具有欺骗性、危害性，不仅会损害公众利益，更会对中山大学带来严重的负面效果。

以上种种证据表明，原告涉嫌实施了"中大播音"机构无证办学的违法行为，窦勇在微博中质疑其无证办学已履行了注意义务，存在事实依据，属于公民言论自由范畴。

其次，原告确实存在伪造身份、学历的行为。

1. "中大播音"培训招生的广告宣传网页在介绍原告时，显示的是"长江中国传媒大学播音与主持艺术专业，现在就职于中国教育电视台、广东卫视、贵州卫视，国家一级播音员，湖南省播音联考主考官"；新浪微博"主播长江"账号曾有"新浪认证中国教育电视台主持人"等字眼；原告在其新浪微博"主播长江"公开发表"革命老区@井冈山还是很爱很爱记者的，出示记者证立马省260大洋，开森极了"，并在随后与"井冈山"微博账号的互动中自称是"CCTV新闻频道新闻直播的主播"。鉴于原告在公开媒体进行不实宣传，窦勇完全有理由质疑其真实学历水平和工作单位。至于骗取景区门票的内容，窦勇只是根据原告本人所发微博内容进行截图转载揭露，不存在任何诬陷或侮辱。

2. 原告在向广州市体育学院求职时所提交的学历复印件显示是中国传媒大学播音与主持艺术专业的毕业生，但广州市体育学院在查询学历认证时发现中国传媒大学并没有原告的毕业生信息。

3. 原告不具有教师资格证，不能证明其属于法律认可的大学老师。原告提供的所谓电视台节目视频，属私人录制。经调查，广东电视台从未播出过原告出示的视频。原告也无法出示播音员主持人证，不能证明其属于法律认可的主持人。

再次，原告确实存在造谣行为。

1.2012年2月，海珠区赤岗街城管执法队执法过程中，原告到场闹事，并冒充电视台记者威胁队员，将队员拍照后，通过"主播长江"新浪微博账号发布"广州赤岗城管今天在广州海珠区大江苑野蛮执法，70岁老妇被打骨折，一商贩1000多斤橙子被抢，一孕妇卖雨伞也被他们推倒在地！不但没罚单，没罚单哦，反而还打孕妇和老妇！现场哭声一片，打人的工号HZ1033，1068等。"内容。此帖在网络转发超过3000次，引发网民对广州市城市管理综合执法局的一致谴责和愤怒。但事实上，当时执法现场仅有两名贩卖雨伞的小贩，并无老妇和孕妇，也没有1000斤橙子，因此被告通过微博向公众澄清了事实，同时也引起了原告对其的骚扰，而并非如原告在诉状中所言是被告无故对其进行骚扰。

2.2013年3月，原告发微博造谣，声称窦勇"一直强烈要求其领导危伟汉、陈某、吕某公开财产，目的是清廉行政打造阳光城管，请你们配合工作呗"，并配上广州市城管执法局多名领导同志的照片，短时间内将相同内容疯狂发帖上百次，并与一些媒体人、意见领袖互相呼应。窦勇第一时间发微博澄清并无此事，并按领导要求一直未与其纠缠，但仍引起媒体关注。《羊城晚报》以《网友出十万请城管局长做一天小贩》为题进行了报道。2014年7月22日约16时起，江辉发微博声称："接到广州城管行政执法处的窦勇科长举报，请@廉洁广州重点查处广州城管局长危伟汉，窦科长说该局长涉嫌严重违纪违法，请广州纪委严肃审查，感谢窦科长。窦勇你是我们老百姓的英雄，给你送锦旗。"此后24小时内，不断发类似微博近40次，牵扯陈某、吕某等多名领导同志。但窦勇并没有举报，该微博对窦勇的生活、工作造成非常严重的困扰，并因此向公安部门进行了报案。

最后，原告在网站上发布军装照，违反我国军装管理方面的法律，涉嫌假冒军人。原告在"主播长江"微博账号、"YY直播间"等网络公开场合发布个人军装照，并在评论区中宣称军人身份，其中还受到了"YY直播间"管理处的警告，责令其立即整改。

综上，窦勇发表的相关评论和质疑，都是建立在事实基础上的，并非无中生有、恶意中伤，不构成损害名誉违法行为。

二、窦勇不存在主观过错或过失。窦勇在发表微博文章时，都是针对原告的一些不实言论、不当行为进行评论和质疑，在发表之前都会进行收集相关证据资料，所搜集的资料证据，全部来源于原告自己微博所发内容、新闻报道和网友提供资料，并不存在主观过错或过失。

三、原告的名誉并不存在受损的后果。根据原告提供的证据并不能证明其系因窦勇的质疑行为而发生了名誉受损的后果，至于其被工作单位所解雇，完全系其个人自身原因，与窦勇没有任何关系。

综上，请求法院依法驳回原告的全部诉讼请求。

经审理查明，被告窦勇为被告城管执法局工作人员。原告于2015年初以被告窦勇在其个人微博上对原告进行"造谣诋毁、谩骂侮辱"为由向被告城管执法局投诉反映，并要求该局对被告窦勇进行开除处理、删除窦勇微博等。被告城管执法局于2015年1月9日向原告出具《复函》，对原告投诉的上述问题回复表示：被告窦勇在个人微博上就一些事件言论看法与原告交流回应，不构成对原告的"造谣诋毁、谩骂侮辱"，不造成对原告名誉影响；被告窦勇的回应，主要是围绕和针对一些城管执法事件和言论力求作出澄清事实、还原真相；原告反映窦勇在上班时间内发私人微博做私人事情的问题与事实不符，窦勇作为该局公务员，在上班（或下班时间）对原告发表那些涉及城管执法的不实（或偏离事实）的言论进行回应，是为了澄清事实真相，消除公众对城管执法工作的误解，属工作行为，例如其对2013年春节期间南沙城管公车私用、海珠区赤岗城管执法时打人、窦勇主动检举局领导要求局领导公开财产等事件和言论的回应，且这些回应主要是在原告先发表不实（或偏离事实）看法后，窦勇才回应反驳的，也是因工作而起；根据调查，没有事实证据证明原告反映窦勇同志串通教唆他人形成团伙对原告和其他媒体人士进行恶意攻击的问题；窦勇在回应的交流过程中，有时带有个人情绪，有些用词尖酸欠妥，在工作时间也曾发表过私人事情微博，该局一直对他有提醒，严格要求他依法依规规范文明上网，并对他进行了批评。原告认为被告城管执法局存在包庇及纵容被告窦勇的违法行为，且被告窦勇其后一直在微博继续不断辱骂原告，更导致原告遭到原聘用单位的解约，遂提起本案诉讼。

在庭审中，原告提出被告窦勇从2012年3月1日开始在新浪微博上不断造谣，称原告虚构学历、假冒军人、假冒记者等，被告城管执法局向原告出具《复函》明确说明被告窦勇的行为为职务行为，被告窦勇据此变本加厉对原告进行人身诽谤，故两被告共同侵犯了原告的名誉权。原告对于被告城管执法局存在侵权行为的问题，提交《复函》为证。被告城管执法局对《复函》不持异议，但认为该《复函》对原告的名誉并未造成影响，而在本案中原告所述被告窦勇发布的图片及微博，如果涉及城管执法事件和言论的均属于职务行为，其余与被告城管执法局无关。

原告就其主张被告窦勇的侵权行为，提交证据如下：

1. 微博截图若干，其中显示用户名为"大城小窦"的用户于2012年至2014年期间微博的发言，内容包括："@主播长江转发这么多真假难辨的'城管打人'，能证明你不是造谣？真拿网友当傻子啊？说好的起诉书呢？""@主播长江你不要举报我吗？要赶在元宵前来，哥还能给你封利是呀。大家说说：他这种把人拉黑后再骂人的，是种什么生物？这种生物，在媒体圈可遇过不少啊！""《'山寨'培训班忽悠不成耍横》，这群骗子我去年就举报过（在热心网友的帮助下搜到资料），限于法律的漏洞而无可奈何。好在金子总会闪光，骗子总会曝光。小伙伴们，可以炸鸡啤酒庆祝一下了。不过@广州日报，你给他留面打马某，可知他曾涉嫌假冒记者骗门票。""有一个回执号为07231032的报案，也提供了某人长期假冒记者假冒军人的大量线索，一个月了，怎么一点动静都没有？这厮前天还在YY直播上冒充军人。你们真的无动于衷吗？@广州公安。""我叫江辉，@主播长江。虽然我们'中大播音'的网站打不开了，但微博才是我造谣的主战场。我有17000多粉丝。立志当主播、做主持的孩子们，快来报名；跟我一起学造谣、开宝马，记得交够学费哦，亲。""爱抄台词扮清新，爱躲中大扮老师，爱骗家长血汗钱，爱造谣城管打人，爱报假警吓唬人，爱傍宝马装大款，实居陋室一屌丝。我是江辉，我为骗子带盐，请认准@主播长江，认准域名，认准网站'中大播音'，认准@中山大学东北区372号。"原告拟证实被告窦勇的用户名为"大城小窦"，并据此从2012年开始不断对原告进行侮辱，并且不断在其微博上发表微博进行辱骂，并且带动其朋友、粉丝进行恶意的骚扰，不断地曝光原告的隐私，并且提供很多伪证让他们向公安机关报案，妄图对本人实施打击报复。

2. 用户名为"大城小窦"的微博截图若干。原告拟证实被告窦勇在工作时间发私人微博并且不断地造谣辱骂，被告城管执法局回复称其行为属于工作职责范围不当。

3. 用户名为"大城小窦"的微博的部分内容，包括原告的个人照片。原告表示被告窦勇把原告提供给法院的照片再次发布在新浪微博上，不断与维权界的人恶意造谣。

4. 照片及网络截图若干。原告拟证实被告窦勇与案外人阚某、唐某勾结，和微博上一个叫"反区狗大联盟"的人士一起在微博上互动，不停向这几个人提供各种伪证，称原告假冒军人、假冒主播、假冒记者进行诈骗，这几个人不停地转发微博到原告任职的大学，对原告造成了极坏的影响。但上述证据未能显示被告窦勇存在向相关学院反映原告存在问题的行为。

5. 部分网络截图，内容包括上述证据反映的"大城小窦"的微博发言。原告拟证实被告窦勇向阚某提供伪证，并且让阚某在海珠法院起诉，被告窦勇在流花派出所报案说原告假冒军人等等，甚至向广州市及嘉兴多个派出所对原告进行举报。

6. 包括用户名为"厦门浪""大城小窦"等用户的微博发言截图。原告拟证实被告窦勇多次在各种社交媒体对相关知名人士进行辱骂。

7. 原告自行打印的《主要职责》一文，原告拟证实被告城管执法局的职责范围。

8. 用户名为"大城小窦"与原告的网络对话，原告表示被告窦勇向其发私信要求给钱私了而被原告拒绝，被告窦勇的行为是对原告人格的极大侮辱。

9. "大城小窦"与"反区狗大联盟"的微博对话。

10. 用户名为"南方王某"的微博截图。原告拟证实王某证实被告窦勇上班做私活。

被告窦勇对上述证据质证表示：证据1、2确认"大城小窦"为被告窦勇使用的网络名称，但其中原告的个人信息均转载于原告的微博及一个名为"中大播音"的网站中，被告窦勇没有发布谣言，因为被告的微博是公开的，任何人都可以转载；证据3的材料来源于之前收集整理的资料，并非原告向法院提供的文件；证据4，被告窦勇认识阚某，但不知道唐某是谁；证据5是原告虚构的事实，阚某起诉原告与被告窦勇无关；相关图片是原告发布在微博上的照片及与其他网友的互动，2014年7月原告谎称与被告窦勇一起要求城管执法局的局长公布财产，从而对窦勇的工作及生活造成了困扰，故被告窦勇向流花派出所报案1次；证据6的关联性有异议，被告窦勇没有与他人对原告进行辱骂；证据7的真实性无异议；证据8，被告窦勇只是向原告进行询问，只是想了解原告的真实目的；证据9的关联性有异议，与本案无关；证据10对原告有侮辱性的词语是"反区狗联盟"在用，被告窦勇无法阻止别人的用语。被告城管执法局的质证意见与被告窦勇一致，但被告城管执法局的管理意见与本案无关。

被告窦勇为证实其并未对原告进行造谣、诽谤，提交证据如下：

一、《广州日报》2014年3月15日《"山寨"培训班忽悠不成耍横》报道、《新快报》2015年9月13日发表的《"中大播音"培训老师的多重身份》、腾讯微博"播音主持培训"关于"中大播音"的招生宣传网页截图、百度搜索186×××2050号码的网页截图、中山大学网站关于中大播音的声明。上述文章和报道显示原告曾因拖欠辅导费一事与案外人阚某产生纠纷，而在相关诉讼案件中原告提交了自己的星海音乐学院及广州体育学院的聘书、中国传媒大学的毕业证书，但记者未能查询到中国传媒大学的相关学历信息，而广州体院向阚某称受到原告欺骗而向其发放了聘书，星海音乐学院亦表示原告提交了假学历等。

二、微博账号"主播长江"2013年9月7日18：45发布评论网页截图、微博账号"主播长江"的新浪认证中国教育电视台主持人、播音专业高级讲师网页截图、中大播音网站关于一个身份信息介绍网络截图、广州体育学院提供的证明、毕业证书、学术学位证书、教育部门反馈的原告学籍信息。其中2013年9月7日18：45发布评论网页截图显示用户名"主播长江"发布微博内容："革命老区@井冈山还是很爱很爱记者的，出示记者证立马省260大洋，开森极了。"并附有记者证封面及门票的相关照片。广州市体育学院于2015年8月24日出具的《证明》一份，内容反映原告于2012年持中国传媒大学本科学历证书及学士学位证书来校求职，后于2013年12月因在教育部学历、学位的认证系统未查到原告上述证书的任何信息，该校停止聘任原告代课教师。

三、"主播长江"2012年2月23日发表微博网页截图。被告窦勇拟证明原告存在造谣城管的违法执法、被告窦勇要求公开领导财产等行为。

四、"主播长江"于2012年11月21日左右在微博中发表的身穿军装的照片截图，其中附有"主播长江"回复他人称"武警""现在是上尉了"等内容。另原告身穿军装的网络直播截图，附有"违规结果：你违反了《YY主播违规管理方法》C类第一条，特此警告，再次违规将受到扣罚保证金和佣金处罚，建议先结束直播，调整后再继续直播，避免被多次处罚"。被告拟证实原告穿军装直播而收到YY直播管理处的警告。

五、《星海音乐学院信访回复函》一份，显示该院与中国传媒大学核查后，证明原告向该院提交的毕业证书、学位证书均为伪造。被告窦勇拟证明原告不具备大学教师的身份。

六、视频光碟一张，被告窦勇拟证明原告造谣城管执法不当，原告假冒军人身穿军装。

原告对上述证据质证表示，证据一中的《广州日报》的报道与本案无关，《新快报》的报道内容虚假、没有任何的事实基础，相关信息文件均是被告窦勇原创并非转载，中大播音培训机构与原告无关，海珠区工商局、海珠区公安局、海珠区教育局对此进行调查，证明原告没有任何的非法办学；证据二真实性无异议，但原告从来没有说过自己是记者，记者证也不是原告的，原告从来没有通过记者证进行逃票，被告窦勇盗用原告的相关资料图片，原告确实向学院提供了虚假的学历证明，当时原告向学校承认错误，而且学校对此已经表示不是因为原告的学历聘用原告，而是看在原告的能力；证据三只是原告作为自然人对于现场情况作出最真实的发表，没有任何的捏造，且原告知道这是一个误会后已经将其删除，原告向城管副局长举报被告窦勇的时候现场向局长写了道歉信，而局长对于原告的监督表示感谢，其余证据与本案无关；证据四的三性有异议，由于原告是主持人，可能因为角色需要来穿各式的服装，可以反映被告窦勇在微博上对原告恶意造谣，其余证据与本案无关；证据五的复函中也说明了学历证书并不是学院聘请原告的唯一条件，且信访人也是阚某，所以与本案无关。被告城管执法局对被告窦勇提供的证据全部予以认可。

另查，本院依职权向广州市公安局越秀区分局流花派出所调查的询问笔录一份，显示被告窦勇于2014年7月23日接受该所询问时表示，"主播长江"于2014年7月22日下午在新浪微博中宣称与被告窦勇一起举报广州市城管局的几个领导涉嫌严重违法违纪，因被告窦勇不存在上述行为遂向派出所报案。原告对上述证据表示，原告在微博上称与被告窦勇共同要求执法局的局长公布财产，该情况属实，原告不存在任何的违法、造谣情况，被告窦勇说原告违法已经侵犯了原告的名誉权。被告窦勇则表示并未和原告一起要求公开单位领导的财产，且原告也承认了该事件为捏造的。被告城管执法局对证据的三性无异议。

原告主张因两被告的侵权行为导致其经济受损而要求承担赔偿责任，为此提交广州上水企业管理咨询有限公司、广州恒升影视广告有限公司等公司出具的《在职证明》若干。两被告表示原告只是应聘在一家视频管理公司，将视频卖给电视台看电视台是否需要播放，而两被告没有侵权行为、无须承担赔偿责任，原告没有有效证据证明其有损失，故对其损失不予确认。

本院认为，本案中原告主张两被告存在侵权行为而导致原告名誉受损，故两被告需承担相应法律责任的法定条件应包括原告是否确有名誉受损的事实、两被告的行为是否违法、违法行为与损害后果之间是否有因果关系以及被告主观上是否存有过错来综合认定。根据《最高人民法院关于民事诉讼证据的若干规定》第二条的规定，当事人对自己提出的诉讼请求所依据的事实或者反驳对方诉讼请求所依据的事实有责任提供证据加以证明，没有证据或者证据不足以证明当事人的事实主张的，由负有举证责任的当事人承担不利后果。

审查原告在本案中提交的证据，一方面，被告城管执法局出具的《复函》中仅对原告信访提出的问题进行回复，当中并未出现侮辱、诽谤或贬低原告人格的用语，且该书函依法向原告送达后并无对外公开，故原告认为被告城管执法局存在侵权行为，依据不足，本院不予认定。另一方面，从被告窦勇提交的相应证据也可证实原告确实曾在网络中发布一些容易令他人误解的信息及言辞，而"大城小窦"发布的微博内容多为针对原告的上述行为进行评价或批评，即使部分用词较为粗俗，但也事出有因且情况基本属实，并不存在造谣、诽谤或无事生非等情况。此外，被告窦勇在原告部分不恰当行为的基础上进行对其行为评价，不能认定具有侵害原告名誉的主观恶意。进一步而言，原告也没有充分证据证明其名誉因两被告的行为受到损害的事实。综上所述，原告要求认定两被告的行为造成其名誉受损，进而要求两被告承担相应的法律责任的诉讼请求，不符合《中华人民共和国民法通则》第一百零一条、《最高人民法院关于审理名誉权案件若干问题的解答》第七条的规定，判决如下：

驳回原告江辉的全部诉讼请求。

本案受理费 250 元（原告已预付），由原告江辉负担。

如不服本判决，可在判决书送达之日起十五日内，向本院递交上诉状，并按对方当事人的人数提出副本，上诉于广州市中级人民法院。

当事人上诉的，应在递交上诉状次日起七日内按上诉请求的项目及相关交费规定向广州市中级人民法院预交上诉案件受理费。逾期不交的，按自动撤回上诉处理。

审判长　李　琳

审判员　范卫民

审判员　周湘艳

二○一六年一月八日

书记员　骆家妍

案例 50：陈欣欣与黄艳艳人格权纠纷二审民事判决书

浙江省温州市中级人民法院
民事判决书

(2015) 浙温民终字第 3309 号

上诉人（原审被告）：黄艳艳。
委托代理人：陈焕付，浙江瓯鼎律师事务所律师。
被上诉人（原审原告）：陈欣欣。
委托代理人：洪榕净，浙江豪江律师事务所律师。

上诉人黄艳艳因人格权纠纷一案，不服苍南县人民法院（2015）温苍龙民初字第 42 号民事判决，向本院提起上诉。本院于 2015 年 12 月 6 日受理后，依法组成合议庭，经过阅卷、调查和询问当事人，因没有新的事实、证据或者理由，合议庭决定不开庭审理。经评议，现已审理终结。

原判认定，2014 年 11 月 17 日，陈欣欣向苍南县公证处提出申请，要求对其进行新浪微博搜索并浏览相关微博网页视频由其委托的洪榕净进行拍照的过程进行保全证据公证。新浪微博昵称"沧海一粟的蚂蚁"（http：//weibo. com/u/2984901645）在 2014 年 2 月至 11 月期间发布多条微博，2014 年 11 月 6 日 19：28 发布微博"既然对我那么多不满为什么拖着不办离婚证？目的何在@陈珂的爹"。2014 年 2 月 10 日 13：06 发布微博"陈久俊，感谢你全家给我上了一节这么生动的课！……感谢你把陈欣欣的'隐私'都告诉我，这么信任我！但我对不住你啊，我说漏嘴了，你会像包庇你妹那样包庇我吗？不会吧？你妹才是你的原配！……"2014 年 3 月 27 日 22：04 发布微博"当初还死乞白赖的求婚，影帝啊，演了一年多的戏，应该颁个奖给你"并附上陈久俊的求婚照片截图。2014 年 11 月 4 日 12：54 发布微博"之前的微博被他妹举报销毁了！但事到如今只能重新导出！进行这样的辱骂的原因就是女方拿了他哥的钱！此女在龙港某幼儿园执教！家长园长们请看看清楚，请你们别让这样的女人玷污孩子！孩子是无辜的！"并附上短信聊天记录（显示陈欣欣手机号码 138×××2489）及陈欣欣照片截图。11 月 4 日 13：03 "TT 小小妞"："有这样的人也真是绝了，不知道当家长的怎么教育的，骂人的人肯定自己就是这样的人才会骂出这样的话。你呀保证自己不要跟这种没教养的人一般见识。"11 月 4 日 13：25 "沧海一粟的蚂蚁"："回复@TT 小小妞：她读初中就住在她同学家七八年，后面怀孕了，她妈带她流产的！解约过两个男的！这都什么家长？还说自己这样洋气点，至少结婚证没有记录，算未婚！我呸！不用证乱流也可以洋气的彰显自己的能干，我算服了她了！还回复@TT 小小妞：婊子都这样！"2014 年 11 月 4 日 21：02 发布微博"我从你口袋拿钱那叫偷，你有资格去警察局报案、打电话问我！但我从我丈夫那里拿钱那是理所应当，……！你跟你哥说下我来过就可以了，还有我朋友抱着我女儿，你喂水用不着抢，用不着仇视什么，月子里是你发动信息指使你哥离婚的吧？我有冤枉你吗"。2014年3月24日23：26发布微博"不过我太反感别人诬陷我了，会钱一共你拿过两次共3000，孩子满月男方亲戚共收2900，分别你妈1000，你妹500，你两个舅妈400，你三个阿姨600，你两个姑姑200，你小婶200，……，怀孕期间像给我发补助一样，两次200，三次500，收过最多一次一千！共计3100@陈珂的爹"。原告陈欣欣因证据保全公证支出公证费800元、照片冲印费1504元及光盘刻录费150元。

原判认为，侵权责任法规定，侵害民事权益，包括名誉权、隐私权等人身、财产权益，被侵权人有权请求侵权人承担侵权责任。承担侵权责任的方式主要有赔偿损失、赔礼道歉及消除影响、恢复名誉等。是否构成侵害人格权，应当根据受害人有否被侵权的事实、行为人行为是否违法、违法行为与损害后果之间有否因果关系、行为人主观上有否过错等进行认定。微博作为一种提供信息发布、传播和自由评论的平台，微博上的言论自由应当建立在遵守法律的基础之上，他人之权利即为言论之边界，网民应对自己在微博上发表的言论负责。新浪微博昵称"沧海一粟的蚂蚁"（ID：http：//weibo.com/u/2984901645）于2014年11月6日19：28，2月10日13：06，3月27日22：04，11月4日12：54、21：02，3月24日23：26发布微博的内容有陈欣欣的手机号码、照片图像、聊天记录，还有陈欣欣哥哥（即黄艳艳前夫）陈久俊向其求婚的照片、儿子满月收取的礼金数额等，均属很隐私的信息，只有相关当事人才能保有或知晓。综上，应认定新浪微博昵称"沧海一粟的蚂蚁"（ID：http：//weibo.com/u/2984901645）是黄艳艳在注册使用具有高度可能性。黄艳艳未经同意，擅自在微博中发布陈欣欣的照片、手机号码等身份信息，此行为已侵犯了陈欣欣的隐私权。另黄艳艳发布的微博文字部分内容中存在侮辱陈欣欣的言语，引起少数网友关注，使该负面内容在一定范围内传播，造成一定的不良影响，致使陈欣欣社会评价降低，黄艳艳主观存在故意，应认定其行为侵犯了陈欣欣名誉权。因此，陈欣欣请求停止侵害、赔礼道歉及消除影响、恢复名誉，于法有据，应予支持。鉴于涉讼微博评论人数有限，影响力有限，尚未造成广泛传播，但毕竟黄艳艳的行为给陈欣欣造成了一定的精神损害，故酌定赔偿精神损害抚慰金2000元。陈欣欣主张公证费800元及光盘刻录费150元属合理费用，予以认定，其主张照片冲印费2256元偏高，酌定为1504元。陈欣欣主张的律师代理费系非必要支出，不予支持。据此，依照《中华人民共和国侵权责任法》第二条、第十五条、第二十二条、第三十六条第一款的规定，判决如下：一、黄艳艳停止对陈欣欣的侵害，并于本判决生效后十日内删除在新浪微博（ID：http：//weibo.com/u/2984901645）中有关陈欣欣的微博内容；二、黄艳艳于本判决生效后十日内在其新浪微博上刊登道歉函向原告陈欣欣赔礼道歉，道歉内容须经原审法院审核，并连续刊登七天，否则原审法院将本案判决书主要内容刊登于其他媒体上，费用由黄艳艳负担；三、黄艳艳赔偿陈欣欣公证费、照片冲印费、采集视频刻录合计2454元，该款限于本判决生效后十日内付清；四、黄艳艳赔偿原告精神损害抚慰金2000元，该款限于本判决生效后十日内付清；五、驳回陈欣欣的其他诉讼请求。如果未按本判决指定的期间履行给付金钱义务，应当按照《中华人民共和国民事诉讼法》第二百五十三条之规定，加倍支付迟延履行期间的债务利息。案件受理费400元，由陈欣欣负担290元，黄艳艳负担110元。

一审宣判后，黄艳艳不服，向本院提起上诉称：其确为昵称"沧海一粟的蚂蚁"的微博博主，但现关闭该微博账号，不再使用。被上诉人的手机号码、照片图像、聊天记录以及被上诉人哥哥的求婚照片，均不属隐私信息，其他人都可以知道。事件起因是被上诉人通过微信和短信辱骂侮辱上诉人，上诉人因不堪忍受，才愤然反击。被上诉人同样通过微博和微信发布辱骂文字，且辱骂程度及次数远远超过上诉人，且被上诉人过错在先，亦给上诉人造成了精神损害。微博本质上属个人网络日记，只有名博才会引人关注并转载传播，原判认定上诉人的微博引起少数网友关注和传播，缺乏足够证据。因此，原判错误，请求二审依法改判。

被上诉人陈欣欣辩称：双方私下吵架，并不公开，被上诉人并没有过错。反而是上诉人自己将微信截图发到微博，由此造成的损害不可归咎于被上诉人。被上诉人没有在微博上指名道姓，且网友不知道博主的真实姓名，但上诉人在微博上发送的是被上诉人的真实照片，并多次发布被上诉人多次流产等不实信息。因被上诉人尚未出嫁，且在幼儿园执教，显然给被上诉人的工作生活造成严重负面影响，且给不特定的多数人带来误解，降低了社会评价，损害被上诉人名誉权。因此，原判正确，应予维持。

二审中，双方当事人均没有提供新的证据。本院审查了当事人向原审法院提供的证据后，依法对原判认定的事实予以确认。

本院认为，《中华人民共和国民法通则》第一百零一条规定，公民、法人享有名誉权，公民的人格尊严受法律保护，禁止用侮辱、诽谤等方式损害公民、法人的名誉。本案中，黄艳艳在微博中捏造事实，使用"读初中住同学家怀孕""流产""婊子"等侮辱性词语，并在微博中公开陈欣欣的手机号码、照片图像、聊天记录等私密信息，属于最高人民法院《关于贯彻执行〈中华人民共和国民法通则〉若干问题的意见（试行）》（以下简称《若干问题的意见》）第140条规定的"以书面、口头等形式宣扬他人的隐私，或者捏造事实公然丑化他人人格，以及用侮辱、诽谤等方式损害他人名誉"的行为，并引起网友跟帖评论，造成一定范围内的影响，其行为应认定为侵害陈欣欣的名誉权和隐私权。黄艳艳主张其在微博发表言论是针对陈欣欣言语辱骂的回应，本院认为，公民发布言论不得超越言论自由之边界，理应遵守法律行为规范，以回应的名义故意侮辱、诽谤他人的，仍然构成对他人人格权的侵犯。尽管双方互有攻击性言论，但"正当防卫"或者同态复仇均不能成为免责的理由。因此，原判认定黄艳艳侵害了陈欣欣的隐私权和名誉权，判决其承担停止侵权、赔礼道歉的民事责任，于法有据。但是，根据《若干问题的意见》第150条以及最高人民法院《关于确定民事侵权精神损害赔偿责任若干问题的解释》第八条第一款"因侵权致人精神损害，但未造成严重后果，受害人请求赔偿精神损害的，一般不予支持"的规定，综合考虑本案侵权微博的内容与动机，以及侵权人的过错程度，侵权行为的具体情节、后果和影响，判决黄艳艳承担停止侵权、赔礼道歉的法律责任已足以弥补陈欣欣所受的精神损害，故对其主张精神损害抚慰金的请求，不应予以支持。原审判决赔偿精神损害抚慰金不当，二审予以纠正。在网络侵权纠纷案件中，冲印照片、采集刻录视频资料以及办理公证是当事人取证的必要手段，由此支出的合理费用，属于财产损害的赔偿范围。根据侵权责任法第二十条之规定，"侵害他人人身权益造成财产损失的，按照被侵权人因此受到的损失赔偿"，故原判酌定黄艳艳赔偿陈欣欣上述合理费用2454元，于法有据。综上，原判认定事实清楚，但适用法律不当，黄艳艳的上诉请求部分成立，对于原审判决本院予以改判。据此，依照《中华人民共和国民事诉讼法》第一百七十条第一款第（二）项之规定，判决如下：

一、维持苍南县人民法院（2015）温苍龙民初字第42号民事判决第一、二、三、五项及案件受理费负担；

二、撤销苍南县人民法院（2015）温苍龙民初字第42号民事判决第四项。

二审案件受理费400元，由上诉人黄艳艳负担。

本判决为终审判决。

审判长　杨宗波

代理审判员　郭阳平

代理审判员　张元华

二○一六年一月二十七日

书记员　戚彬滨

案例51：黄钟等与郭松民名誉权纠纷二审民事判决书

北京市高级人民法院
民事判决书

（2016）京01民终1563号

上诉人（原审原告）：黄钟，男。
委托代理人：丁锡奎，北京莫少平律师事务所律师。
委托代理人：张鹏，北京市中闻律师事务所律师。
上诉人（原审原告）：洪振快，男。
委托代理人：周泽，北京泽博律师事务所律师。
委托代理人：何兵，北京市中闻律师事务所律师。
被上诉人（原审被告）：郭松民，男。
委托代理人：赵明，北京红业律师事务所律师。

上诉人黄钟、洪振快与被上诉人郭松民因名誉权纠纷一案，不服北京市海淀区人民法院（2014）海民初字第13924号民事判决，向本院提起上诉，本院依法组成合议庭公开开庭审理了本案。上诉人黄钟及其委托代理人丁锡奎、张鹏，上诉人洪振快及其委托代理人周泽、何兵，被上诉人郭松民及其委托代理人赵明到庭参加了诉讼。本案现已审理终结。

黄钟、洪振快在原审法院诉称：2013年11月23日，郭松民在经认证的新浪微博上说："反对历史虚无主义，不动这帮狗娘养的就是笑话！"该微博内容系针对同日"@梅新育"微博内容："《炎黄春秋》的这些编辑和作者是些什么心肠啊？打仗的时候都不能拔个萝卜吃？说这样的作者和编辑属狗娘养的是不是太客气了？"之转发和评论。该微博所指涉的文章题为：《"狼牙山五壮士"的细节分歧》，刊发在《炎黄春秋》杂志2013年第11期，由黄钟编辑、洪振快写作。郭松民发表上述言论时，其新浪微博拥有粉丝数逾18万，上述言论发出后，被网友357次转发，32次评论，其侵权言论被广泛传播，造成恶劣影响。黄钟、洪振快认为郭松民在其经认证的新浪微博上对黄钟、洪振快公然辱骂。对黄钟、洪振快发出的律师函非但不予理睬，而且在其微博上公开，不思悔改继续辱骂，其行为已严重侵犯了黄钟、洪振快的人格尊严和名誉权利。根据法律规定，公民的名誉权受法律保护，利用互联网侵犯他人合法权益构成民事侵权的，依法应承担民事责任。为维护原告的合法权益，现诉至法院请求：1. 判令郭松民停止侵权，及时删除相关侵权言论；2. 判令郭松民在其新浪微博上道歉，且置顶60天，同时在《新京报》、《北京晚报》、《南方都市报》、《环球时报》等纸媒上连续7天刊登道歉广告，道歉内容须事先经黄钟、洪振快同意；3. 判令郭松民向黄钟、洪振快支付精神损害赔偿金共1万元；4. 判令郭松民承担黄钟、洪振快为本案支付的必要费用 1000 元；5. 判令郭松民承担本案全部诉讼费用。

郭松民在原审法院辩称：郭松民发表的微博系针对历史虚无主义的批判和驳斥。反对历史虚无主义是郭松民一贯公开坚持的立场。此前在郭松民的微博中也有类似批驳意见的表达，并非针对黄钟、洪振快个人。郭松民与黄钟、洪振快从不相识，没有接触，不存在个人间的联系。郭松民微博对"@梅新育"微博的转发只是网络微博发布的常见做法，郭松民微博内容与"@梅新育"微博内容并无必然关系。郭松民是在阅读并转发了其他网民关于"炎黄春秋：狼牙山五壮士曾拔过群众的萝卜"的微博后，针对那些试图污蔑、玷污抗日英烈，丑化人民英雄，侵害社会公德的历史虚无主义者进行的评价。郭松民认为，革命先烈不容亵渎，人民英雄不容玷污，每个公民都有自觉维护社会公德，维护人民大义的义务和责任。法院应依法驳回黄钟、洪振快的全部诉讼请求。

原审法院审理查明：2013 年第 11 期《炎黄春秋》杂志刊载一篇名为《"狼牙山五壮士"的细节分歧》的文章。洪振快系该文章作者，黄钟系该文章责任编辑。该文亦在炎黄春秋网站上登载。上述文章中，分多个小章节，通过援引不同来源、不同内容、不同时期的文献资料，分别对狼牙山五壮士事迹中的"在何处跳崖""跳崖是怎么跳的""敌我双方战斗伤亡""'五壮士'是否拔了群众的萝卜"等细节问题提出质疑。

2013 年 11 月 23 日 13 时许，有网民"@鲍迪克"发表微博"炎黄春秋：狼牙山五壮士曾拔过群众的萝卜"，对洪振快撰写、黄钟编辑的上述文章中部分内容加以转引。此后，网民"@梅新育"在转发"@鲍迪克"微博后，同时发表微博："《炎黄春秋》的这些编辑和作者是些什么心肠啊？打仗的时候都不能拔个萝卜吃？说这样的作者和编辑属狗娘养的是不是太客气了？"在"@梅新育"微博发表后不久，郭松民将"@鲍迪克"和"@梅新育"的微博进行转发，同时撰写微博："反对历史虚无主义，不动这帮狗娘养的就是笑话！"（以下简称涉诉微博）

针对涉诉微博，2013 年 12 月 19 日，黄钟、洪振快向郭松民发送律师函。律师函的主要内容为：郭松民于 2013 年 11 月 23 日所发微博被多次引述和转发，侵犯了黄钟、洪振快的人格权利，造成了恶劣影响，要求郭松民及时删除言论；公开道歉；支付黄钟、洪振快为此发生的费用。否则将引发诉讼。

2013 年 12 月 23 日，郭松民在收到上述律师函后，发微博："有趣，我因前不久转发微博时加了一句'反对历史虚无主义，不动这帮狗娘养的就是笑话！'今天收到《炎黄春秋》编辑和作者的律师函，威胁要起诉。这不是自认自己在搞历史虚无主义，且是狗娘养的吗？我坚持这样的观念：搞历史虚无主义就是狗娘养的。《炎黄春秋》就是搞历史虚无主义的大本营。静候起诉！"同日晚些时候，郭松民将收到的律师函拍摄照片在自己的微博中转发，同时发微博："因为我反对历史虚无主义，炎黄春秋编辑、作者发来的律师函；洋洋洒洒三页纸，难为他们了。"

另查，在 2013 年 3 月、4 月，郭松民也曾在自己的微博中发表批驳历史虚无主义的言论。

原审诉讼中，经法庭询问，双方当事人均确认：黄钟、洪振快与郭松民在本案涉诉纠纷发生之前，无个人交往，相互不熟识。

原审法院认定上述事实的证据有：当事人陈述、公证书、律师函、网页打印件、期刊文章复印件等。根据双方当事人当庭陈述及举证、质证，双方当事人对于涉诉微博系郭松民本人撰写、发布，均无异议。法院对此予以确认。

原审法院判决认为：本案的核心问题是，郭松民的行为是否构成侵权。本案诉讼由洪振快撰写、黄钟编辑并发表在《炎黄春秋》杂志上的《"狼牙山五壮士"的细节分歧》（以下简称《细节》）一文经微博传播后，本案被告郭松民在微博上转发并作出评价所引发。因此，郭松民是否构成侵权，应分别从双方当事人的言论及其背景、各自言论是否超出必要限度、言论所针对的对象、因果关系以及损害后果等方面综合判断。

第一，抗日战争是中国共产党领导中国各族人民推翻帝国主义统治并取得新民主主义革命伟大胜利的重要组成部分，中国共产党在抗日战争中发挥了中流砥柱的作用。于此过程中产生的诸多英雄人物和英雄事迹，已经构成我国各族人民的共同历史记忆，他们的大无畏牺牲精神和坚贞不屈的民族气节，已经成为中华民族感情和精神世界的重要内容。"狼牙山五壮士"即为其中的典型代表，他们的英雄事迹，体现了中华儿女不畏强敌、不惧牺牲的伟大精神，坚定了无数中华儿女奋勇抗敌的决心。在此问题上，我国社会公众的共识是一致的。然而，《细节》一文虽然在形式上是对我国抗日战争史中的一个具体英雄事迹细节的探究，但它实质上是对这起英雄事迹所代表的抗战史尤其是中国共产党领导下的抗日民族统一战线的历史地位和历史作用的再评价。《细节》一文，从"狼牙山五壮士"从何处跳崖、跳崖是怎么跳的、敌我双方战斗伤亡数量以及是否拔了群众的萝卜等细节入手，通过强调不同史料之间的差别甚至是细微差别，试图质疑甚至颠覆"狼牙山五壮士"的英雄形象。应该说，该文在一定范围和一定程度上伤害了社会公众的民族和历史情感。在此意义上，黄钟、洪振快作为该文的作者和编辑，应当预见到该文所可能产生的评价、回应、批评乃至公众的反应，并因此对后者负有较高的容忍义务。

第二，在上述背景下，郭松民发表的涉诉微博，批评了以《细节》一文为代表的历史虚无主义，既是出于维护"狼牙山五壮士"英雄形象的主观目的，也是对前述社会共识、民族情感的表达，郭松民的这一言论所代表的思想，符合我国社会的主流价值观，并未超出批评的必要限度。

第三，关于郭松民微博所针对的对象问题。诉讼中郭松民抗辩称涉诉微博并非针对黄钟、洪振快个人。对此，郭松民还进一步提交了涉诉微博撰写之前以及之后自己的微博内容作为对自己一贯态度和立场的佐证。首先，从涉诉微博本身内容审核，涉诉微博中确未提及黄钟、洪振快姓名，亦未通过对职业、身份等条件的限定或描述，表明评价系针对黄钟、洪振快。虽然郭松民在发表涉诉微博前，先后转发过其他网民的微博，但对于不了解争议原因以及未进行深入阅读的读者或网民，并不能通过涉诉微博确定黄钟、洪振快的身份。其次，根据郭松民提交的其在其他时期发表的微博内容，可以认定郭松民对类似问题所持的否定和评判态度是一贯的，涉诉微博与其惯有态度是一致的，并未出现异常转变或特别调整。加之在诉讼中，双方均确认在涉诉纠纷发生之前，郭松民与黄钟、洪振快并无个人交往，互不相识，涉诉微博亦应不存在字面意义之外的对黄钟、洪振快的影射。因此，法院对于郭松民提出的涉诉微博并非针对黄钟、洪振快的抗辩主张予以采信。

第四，关于损害后果问题。就损害后果问题，黄钟、洪振快提出郭松民微博粉丝数量众多，郭松民微博评论发表后被大量转发并引发评论，传播广泛，由此认为郭松民的微博评论给黄钟、洪振快名誉造成了损害。对此，需要分析涉诉微博发表后大量网友的转发、评论情况才能作出判断。黄钟、洪振快提交的公证书显示，转发、评论的网民很多是在表达阅读洪振快撰写、黄钟编辑文章后的意见，或者自己对于后人应如何看待和评价革命英雄的看法，内容各异，角度和态度亦多有不同。考虑到微博这一社交工具和网络媒体的技术特征及习惯做法，这些转发与评论行为更多的是多数网民自身对涉诉文章的认知、评论和价值判断，而非由涉诉微博所引导或决定的。故涉诉微博被大量转发或评论这一事实本身，不足以证明涉诉微博造成了损害后果。综上，黄钟、洪振快基于涉诉微博提出的郭松民侵权主张及相应赔偿请求，因缺乏事实和法律依据，法院不予支持。

最后，必须指出的是，尽管郭松民的言论不构成侵权，但仍有不妥之处。网络作为一种更为自由、便捷、开放的社交平台，已经被广为接受和使用。保持和维护网络空间的秩序与文明，亦日益成为每一名网络用户的责任和义务。郭松民作为一名实名认证微博的博主，拥有大量读者，微博言论长期被公众所关注，网络言论具有更为广泛的影响。在能够"一呼百应"的同时，在法律上亦应负有较高的注意义务，在社会义务上更应以身作则，坚持并善于使用文明语言，通过说理方式表达自己对问题、行为、事件的看法和意见，为优化、净化网络环境作出更多努力。

综上，依照《中华人民共和国民事诉讼法》第六十四条第一款之规定，判决：驳回黄钟、洪振快的全部诉讼请求。

黄钟、洪振快均不服原审判决，向本院提起上诉。上诉请求是：撤销原审判决，依法改判支持黄钟、洪振快原审的诉讼请求或发回重审。上诉理由是：原审判决认定事实错误，并违反宪法和法律，侵犯了上诉人的合法权益，还可能受到司法干预，整个判决极不公正。同时，郭松民原审的委托代理人王立华没有代理资格，原审法院严重违反法定程序，应当发回重审。

郭松民答辩称：原审判决认定事实清楚，适用法律正确，应予维持，不同意黄钟、洪振快的上诉请求和理由。

本院经审理查明：原审法院判决认定的证据真实有效，据此认定的事实无误，本院予以确认。

以上事实还有当事人在二审期间的陈述等证据在案佐证。

本院认为：本案二审的争议焦点在于：一是郭松民发表的涉诉微博是否构成侵权。二是郭松民原审代理人王立华的代理资格是否构成严重违反法定程序的情形。

关于争议焦点一，首先，中国人民抗日战争胜利，是近代以来中国抗击外敌入侵的第一次完全胜利。中国共产党的中流砥柱作用是中国人民抗日战争胜利的关键。八路军"狼牙山五壮士"是抗日战争中产生的英雄团体，是中国人民不畏强暴，以身殉国的杰出代表之一。他们所展现出的大无畏牺牲精神和坚贞不屈的民族气节已经成为中华民族的共同历史记忆和宝贵精神财富。《细节》一文以不同史料之间的差别甚至是细微差别，来质疑、矮化"狼牙山五壮士"的英雄形象，挑战社会公众的传统观念和主流价值观，伤害社会公众的民族情感和历史情感。黄钟、洪振快作为《细节》一文的编辑和作者，对于行为的后果应当具有一定的认知，其二人对于由此而引发公众的广泛批评甚至是激烈反应，应当负有更高的容忍义务。其次，从涉诉微博内容来看，是郭松民针对历史虚无主义这一社会思潮一贯否定性评价的表达，并未指名道姓，也不存在以影射方式暗指黄钟、洪振快的情形，黄钟、洪振快作为《细节》一文的编辑和作者，对于相关微博言论较为敏感，容易得出涉诉微博指向自身的结论，但就一般公众的理解，涉诉微博内容并未确定指向黄钟和洪振快。再次，就黄钟、洪振快所主张的损害后果而言，通过黄钟、洪振快提交的公证书等证据可以看出，网民对微博的转发与评论更多是基于自身对涉诉文章的认知所进行的价值判断和情感表达，并非是由郭松民的微博言论所引导或决定，所以不能认定郭松民的微博内容导致黄钟、洪振快社会评价降低的损害后果。综上，郭松民的微博言论虽个别用语有不妥之处，但不构成侵权。

关于争议焦点二，经本院审查，就王立华的代理人资格问题，郭松民向原审法院提交了授权委托书、单位推荐函以及王立华的身份证复印件，其中单位的推荐函是以昆仑策咨询服务（北京）有限公司昆仑策研究院的名义出具，该单位并未对郭松民、王立华与其存在工作关系提出异议；原审审理中郭松民本人到庭参加了诉讼，对于王立华的发言予以认可，而黄钟、洪振快在原审审理中并未对王立华的代理人资格问题提出异议。另，黄钟、洪振快所提代理人资格问题亦不属于《最高人民法院关于适用〈中华人民共和国民事诉讼法〉的解释》第三百二十五条所列举的四种严重违反法定程序发回重审的情形。根据上述情况，黄钟、洪振快主张原审判决严重违反法定程序应当发回重审的上诉意见不能成立。

综上所述，原审判决认定事实清楚，适用法律正确，本院予以维持。依据《中华人民共和国民事诉讼法》第一百七十条第一款第（一）项，《最高人民法院关于适用〈中华人民共和国民事诉讼法〉的解释》第三百二十五条之规定，判决如下：

驳回上诉，维持原判。

一审案件受理费300元，由黄钟负担150元（已交纳）；由洪振快负担150元（本判决生效后七日内交纳）。

二审案件受理费300元，由黄钟、洪振快负担（已交纳）。

本判决为终审判决。

审判长　李晓龙

审判员　陈　伟

代理审判员　王国庆

二〇一六年二月二十九日

法官助理　刘雅璠

书记员　张蒿芯

案例 52：邓超与郑永煌等名誉权纠纷一审民事判决书

北京市朝阳区人民法院
民事判决书

（2015）朝民初字第 35366 号

原告：邓超，男，北京慧形慧影影视文化工作室负责人，现住北京市朝阳区。

委托代理人：王震，北京市中产律师事务所律师。

委托代理人：柳晓艳，北京市中产律师事务所律师。

被告：夏学敏，男，汉族，住浙江省杭州市西湖区。

被告：雷善慧，男，满族，住辽宁省大连市金州区。

被告：郑永煌，男，汉族，住广东省汕头市濠江区。

原告邓超与被告夏学敏，被告雷善慧，被告郑永煌名誉权纠纷一案，本院受理后，依法组成合议庭，公开开庭进行了审理。邓超委托代理人王震、柳晓艳到庭参加了诉讼，夏学敏、雷善慧、郑永煌经本院合法传唤无正当理由拒不到庭，本院依法缺席审理。本案现已审理终结。

邓超诉称：2015 年 6 月 17 日，夏学敏在新浪微博中发布内容为"哎！又一跑男出轨了""明大 10 点，约？"的针对我的造谣诽谤内容，之后雷善慧、郑永煌在微博上迅速呼应，分别发布了"邓超""跑男出轨确定了。已和主编达成共识，准备挑个良辰吉日公布证据，都是你们想知道的。时间定在明早 10 点，大伙觉得如何？"大肆对我进行造谣诽谤。由于三被告的恶意造谣诽谤，前述微博一经发布便引起许多不明真相的浏览者转发评论，自 2015 年 6 月 17 日起，在新浪微博平台上迅速形成"邓超出轨"的微博话题，截至我起诉之日，该话题已经被阅读 6.1 亿，26 万人参与讨论。我作为著名影星，一直享有良好的社会公众形象，但三被告此次恶意中伤我，所发布的造谣诽谤言论已给我的个人名誉和社会公众形象造成严重损害。现我诉至法院要求判令三被告停止侵权，在新浪微博首页置顶向我公开赔礼道歉且持续不少于 90 天；请求判令三被告向我赔偿经济损失 50 万元、精神抚慰金 20 万元，共计 70 万元。

三被告未出庭，夏学敏、郑永煌未在答辩期内答辩。雷善慧提交书面意见称：2015 年 6 月 17 日当晚，"邓超出轨"关键词出现在微博热搜榜很久后，雷善慧在其个人新浪微博中发布"邓超"二字。雷善慧当时并未了解事情原委，只是知道邓超进了热搜榜，于是断定邓超在第二天可能会上媒体头条，所以才写下"邓超"二字，并未提及其出轨。雷善慧与新浪微博用户"@圈内老鬼"等当晚提及邓超出轨的微博用户均不认识，也无串通，因此另外两名被告在雷善慧之前发布过的信息与雷善慧无关，雷善慧微博没有关注另外两名被告，在雷善慧发布"邓超"二字微博之后大约 2 小时，雷善慧看到了相关用户发布的一系列出轨传闻，之后认为所发布信息不妥，随后删除。

经审理查明：邓超，中国男演员，妻子为中国女演员案外人孙某。邓超与孙某婚后育有一子一女。截至本案一审辩论终结前，邓超在新浪微博上的粉丝数为 4038 万。

夏学敏，新浪微博用户名"@圈内老鬼"（×××：//weibo.com/u/2821843050）的使用人，截至本案一审辩论终结前，夏学敏在新浪微博上的粉丝数为 72 万。

雷善慧，新浪微博用户名"@娱乐圈揭秘"（×××：//weibo.com/u/1868120090）的使用人，截至本案一审辩论终结前，雷善慧在新浪微博上的粉丝数为 257 万。

郑永煌，新浪微博用户名"@圈贰爷"（×××：//weibo.com/u/5310676483）的使用人，截至本案一审辩论终结前，郑永煌在新浪微博上的粉丝数为 12 万。

庭审中，邓超提出调查取证申请，申请法院调查核实邓超主张的三被告侵权微博内容的真实情况。经案外人北京微某创科网络技术有限公司回复我院的调查函显示如下：

1. 2015 年 6 月 17 日 21 时 09 分，"@圈内老鬼"发布微博称："哎！又一跑男出轨了。"

2. 2015 年 6 月 17 日 22 时 46 分，"@圈内老鬼"转发上述微博内容并加入文字描述称："明天 10 点，约？"

3. 2015 年 6 月 17 日 23 时 03 分，"@圈贰爷"发布微博称："跑男出轨确定了。已和主编达成共识，准备挑个良辰吉日公布证据，都是你们想知道的。时间定在明早 10 点，大伙觉得如何？"

4. 2015 年 6 月 17 日 23 时 32 分，"娱乐圈揭秘"发布微博称："邓超"。

为证明夏学敏、雷善慧、郑永煌发布上述微博内容后，新浪微博平台上形成了"邓超出轨"的微博话题。邓超提交#邓超出轨#的话题截图打印页两张，内容显示#邓超出轨#话题主持人为麦本本笔记本，话题阅读 6.1 亿，讨论 26 万，话题下微博网友评论："某蓝排除，结婚不久，某赫排除，原因都知道，某晨也排除，原因同某恺，小包刚生了孩子，应该也不至于，那么就剩了 baby 和超哥了"；"围观的抱紧我，老鬼你要火了"；"超哥要是出轨是不次于文章的爆炸性新闻……微博不可能这么平静的"；"跑男嘛，节目名预示了一切，心计好重啊"；"和 po 主交换了一下情报，和掌握到的一致，应该靠谱。现在不方便透露太多，本人还需要和经纪公司接洽，合适的时候会发微博透露，按惯例会保留 1 小时，大伙儿放心"；"某晨？因为李某峰和某晨合照，还调侃说了我们，是不是？"；"绝对是邓超，相信我"。

另查，2015 年 6 月 25 日 19 时 17 分，"@圈内老鬼"发布微博称："因有人向我爆料，故而发了一条跑男出轨微博，后经查证该爆料为不实消息，随后也立即删除该微博，这也让邓超等人无辜牵扯其中，在此我郑重道歉。另外，微博上自称是我的小号都非本人，请大家不要相信。今后我也将严格遵守微博相关规定，多多传递真实客观的正能量信息，最后感谢粉丝对老鬼的继续支持，我会一直支持国产偶像，感恩！"

在本案开庭前，三被告删除了上述全部微博。

再查，根据邓超提交的证据显示，"跑男"为浙江卫视《奔跑吧，兄弟》综艺节目的别名，2014 年开播，邓超是该综艺节目的固定成员、队长。

上述事实，有当事人当庭陈述、调查回函等证据在案佐证。

本院认为：名誉系指对特定人格价值的一种社会评价。我国法律规定：公民享有名誉权，禁止用侮辱、诽谤等方式损害公民的名誉。

网络用户利用网络侵害他人民事权益的，应当承担侵权责任，按照一般侵权行为之认定标准结合网络用户侵犯名誉权行为之特殊性，应考查侵权人有无因故意或过失，将不当言论传播于第三人，致使他人的社会评价因此遭到贬损。

本案主要存在如下争议：一、涉案微博内容的指向主体是否是特定化主体；二、三被告是否存在主观过错，微博内容是否构成失实、言论不当，构成对邓超名誉权的侵害。

针对第一个争议，夏学敏在2015年6月17日21时许在其个人微博平台上首先发布"跑男出轨"的微博内容，并在当日22时46分，转发"跑男出轨"的微博内容并加入文字描述称："明天10点，约？"其后郑永煌在当日23时03分，发布微博称："跑男"出轨确定，公布证据时间定在明早10点。其后雷善慧在当日23时32分，发布微博"邓超"。2015年6月26日，邓超以名誉权纠纷为由诉至我院，邓超立案时提交的证据显示，"邓超出轨"这一话题在新浪微博上的话题阅读6.1亿，讨论26万。

三被告发布的内容是否构成对特定主体，即本案原告邓超的名誉权侵害，是本案首先应明确的法律问题。对此本院认为，如果受害方具备一般人不具备的、独特的且大众知悉的身份时，加害人虽未指名道姓，但明确提到了这一特定身份，且最终造成了特定人名誉受损的后果时，可以确定受害方的特定主体身份。结合本案，夏学敏、郑永煌发布的"跑男出轨"内容虽没有直接提及邓超的姓名，但"跑男"为综艺节目《奔跑吧，兄弟》的简称，按照一般网络用户及综艺娱乐受众者的普通认知，"跑男出轨"的指向并非泛泛而谈，而是特定化的范围，即综艺节目《奔跑吧，兄弟》在2015年6月17日时的固定成员，此时，邓超系"跑男"的固定成员之一，且为队长。在邓超起诉后，夏学敏、郑永煌经法院合法传唤，未能在答辩期内就其言论中出现的"跑男出轨"给予合理的解释说明，而客观上该言论造成了"邓超出轨"这一话题在网络上的广泛阅读讨论，形成了特定人名誉受损的后果，因此，本院认定夏学敏、郑永煌发布的微博构成对特定主体邓超的侵害。此外，在认定网络用户的言论是否构成对某一主体的名誉侵权时，应当结合网络中的言论话题内容及语境等进行整体判断，雷善慧在距离夏学敏、郑永煌发布"跑男出轨"的微博内容后短时间内，在网络用户广泛参与讨论的情形下，发布"邓超"二字，该影射结合当时的网络环境的情形可认定构成对特定主体邓超的侵害。

针对第二个争议，夏学敏、雷善慧、郑永煌作为"@圈内老鬼""@娱乐圈揭秘""@圈贰爷"的新浪微博博主，具有数量众多的微博粉丝，三被告在未经核实亦无基本事实证据支持的情况下，在微博中发表的"跑男出轨"及"邓超"的微博内容形成了大量网络用户的讨论，在话题形成后没有在第一时间进行辟谣和更正，且之所以形成了大量网络用户的讨论也与涉案侵权微博内容涉及"出轨"这一涉及婚姻过错行为的表述有关。按照一般人的通常理解，"出轨"除具有偏离轨道的字面含义外，通常指婚姻关系中的一方违背婚姻忠实义务。夏学敏等人在编发涉案微博时，应当预料到涉案微博的发布会给特定的公众人物的名誉及家庭生活造成损害和影响，却不认真审查核实而予以发布，内容失实，客观上形成了"邓超出轨"这一话题的广泛讨论，造成对邓超个人品行的贬损，故三被告应各自承担名誉侵权的民事责任。

需要指出的是，本案为网络用户利用网络实施的侵权行为。网络微博作为带有"自媒体"特性的网络传播方式之一，具有信息交流的即时性、广泛性、自由性、受众的平等性和互动性等特点，由于微博的公开信息不仅能够被他人查阅、知悉，他人还可以随意转发或以链接的方式迅速传播。因此，微博不是专属于个人的私人空间，而是具有一定的社会公开性的空间，具有较强的媒体特性，成为开放性的网络舆论平台。虽然微博博主们在网络上享有言论自由的权利，但是言论自由的权利是相对的，其行使以不得侵犯他人的合法权利为限。

相比正式场合的言论，微博上的言论随意性更强，对微博上人们的言论是否构成对他人名誉权的不当伤害，应进行法益衡量，综合考量发言人的身份、言论指向的对象、具体的议题和内容、上下文语境、言论所引发的后果等加以判断。本案中，邓超除作为男演员的身份外，在其家庭生活中的人父、人夫身份也广为人知，邓超因其在演艺事业中的表现和家庭身份的公众知晓度，具有"公众人物"的身份和地位。公众人物的容忍限度以公众人物的人格尊严为限，超出该范围，则言论人应承担侵权责任。

因三被告已自行删除了邓超主张侵权的微博，侵权行为已不存在，故邓超主张判决停止侵权的诉讼请求，本院不予支持。夏学敏虽发布过赔礼道歉的微博但已将该内容予以删除，本院结合三被告的主观过错程度，判令三被告在各自新浪微博的首页上置顶向邓超赔礼道歉。针对邓超主张的经济损失，当事人对自己提出的诉讼请求所依据的事实有责任提供证据加以证明，邓超未提交证据对其经济损失予以佐证，故对该主张本院不予支持。关于精神损害抚慰金一节，本院根据三被告的主观过错程度、侵权后果的严重程度等因素予以酌定。

根据我国民事诉讼法的规定，当事人有答辩并对对方当事人提交的证据进行质证的权利，夏学敏、雷善慧、郑永煌经本院合法传唤，无正当理由拒不出庭应诉，视为其放弃了当庭答辩和质证的权利，本院依法缺席判决。

综上，依照《中华人民共和国民法通则》第一百零一条、第一百二十条，《中华人民共和国侵权责任法》第二条、第十二条、第三十六条，《最高人民法院关于确定民事侵权精神损害赔偿责任若干问题的解释》第九条、第十条，《中华人民共和国民事诉讼法》第一百四十四条之规定，判决如下：

一、被告夏学敏于本判决生效后十日内连续三天在其新浪微博（http：//weibo.com/u/2821843050）首页置顶发表致歉声明，向原告邓超公开赔礼道歉（声明内容需经本院核准，如被告夏学敏拒不履行该义务，本院将在全国公开发行的报纸上公布本判决的主要内容，费用由被告夏学敏负担）；

二、被告雷善慧于本判决生效后十日内连续三天在其新浪微博（http：//weibo.com/u/1868120090）首页置顶发表致歉声明，向原告邓超公开赔礼道歉（声明内容需经本院核准，如被告雷善慧拒不履行该义务，本院将在全国公开发行的报纸上公布本判决的主要内容，费用由被告雷善慧负担）；

三、被告郑永煌于本判决生效后十日内连续三天在其新浪微博（http：//weibo.com/u/5310676483）首页置顶发表致歉声明，向原告邓超公开赔礼道歉（声明内容需经本院核准，如被告郑永煌拒不履行该义务，本院将在全国公开发行的报纸上公布本判决的主要内容，费用由被告郑永煌负担）；

四、被告夏学敏于本判决生效后十日内给付原告邓超精神损害抚慰金四万元；

五、被告雷善慧于本判决生效后十日内给付原告邓超精神损害抚慰金三万元；

六、被告郑永煌于本判决生效后十日内给付原告邓超精神损害抚慰金三万元；

七、驳回原告邓超的其他诉讼请求。

如果被告夏学敏、雷善慧、郑永煌未按本判决指定的期间履行给付金钱义务，应当依照《中华人民共和国民事诉讼法》第二百五十三条之规定，加倍支付迟延履行期间的债务利息。

案件受理费三百元、公告费三百九十元，由被告夏学敏、雷善慧、郑永煌负担（于本判决生效后十日内交纳）。

如不服本判决，可于本判决书送达之日起十五日内向本院递交上诉状，并按对方当事人的人数提出副本，交纳上诉案件受理费，上诉于北京市第三中级人民法院。

审判长　罗　曼

人民陪审员　王京玉

人民陪审员　付朝晖

二〇一六年三月三十日

书记员　刘　宁

书记员　柳　叶

案例53：港闸区诗曼与蔡佳燕名誉权纠纷一审民事判决书

江苏省南通市港闸区人民法院
民事判决书

（2016）苏0611民初243号

原告：港闸区诗曼女子美容会所。

经营者：官科研。

委托代理人：陈春龙，北京市亿嘉（南通）律师事务所律师。

被告：蔡佳燕。

委托代理人：唐向东，江苏伯策律师事务所律师。

原告港闸区诗曼女子美容会所（以下简称"诗曼美容会所"）诉被告蔡佳燕名誉权纠纷一案，本院于2016年1月22日立案受理后，依法由审判员肖红波独任审判，公开开庭进行了审理。原告诗曼美容会所的委托代理人陈春龙、被告蔡佳燕及其委托代理人唐向东到庭参加诉讼。本案现已审理终结。

原告诗曼美容会所诉称，2015年12月21日，案外人吴某在原告处办理了面部特价护理会员卡，办理时原告已注明"24次服务，2100元（原价2400元）""特价卡，不退不换"，吴某本人也签字确认。当日，吴某邀请被告蔡佳燕一同在店内体验面部护理服务。2015年12月23日，吴某及被告蔡佳燕到原告处，以吴某脸部皮肤过敏为由要求退办会员卡，遭拒后在原告前台无理取闹，后经原告协商，同意在七个工作日内办理退卡，但要求吴某出具医院开具的皮肤过敏诊断书。2015年12月24日，吴某及被告携病历来到原告处，要求办理退卡，原告表示同意。但被告对原告工作人员恶语相向，大吵大闹，损坏了原告前台处的装饰玻璃才离去。之后被告在新浪微博上以"SidneyCc希"的账号发布虚假信息，歪曲事实，严重损害原告名誉。原告后来通过自身及律师方面多次与被告协商，希望被告予以配合，停止侵权，但被告变本加厉，再度发微博称遭受原告的威胁、恐吓。虽然被告现在已经删除微博，但被告的上述行为严重损害原告名誉，给原告造成了无法挽回的经济、名誉损失。现要求被告蔡佳燕对原告赔礼道歉，并以在被告个人所使用的新浪微博发文、在原告经营地点指定位置张贴公告的方式，为原告消除影响、恢复名誉；赔偿名誉损失费40000元，财产损失2000元，侵权行为导致的顾客退卡损失3610元，为制止侵权行为产生的合理支出2000元，合计47610元。

原告诗曼美容会所为证明其主张，向本院提供了以下证据：

1. 原告的经营者身份证、营业执照，以证明原告的诉讼主体资格适格。

2. 公证书，以证明被告在其微博发布不实信息，恶意诋毁原告声誉。

3. 吴某购卡收款收据、会员卡、银行卡及汇款凭证，以证明原告已按照约定全额退款，被告微博内容与事实不符。

4. 门诊病历，以证明吴某未出现过敏症状，被告微博内容与事实不符。

5. 律师函及邮寄面单，以证明原告为妥善解决问题，向被告发出过律师函，要求被告停止侵权。

6. 客户退款凭证复印件，以证明因被告发布不实信息，部分客户要求退款。

7. 原告前台碎裂玻璃照片，以证明被告2015年12月24日在原告经营场所踢打导致前台玻璃碎裂的事实。

被告蔡佳燕辩称，被告对原告没有侵权行为的事实，原告所起诉基于的事实基础就不存在，其所主张的诉求不能成立。吴某12月21日在原告处接受面部护理服务并购买了2100元的所谓特价卡。吴某接受了美容之后，当天回家就感到面部不适，第二天额头就出现红疙瘩，然后就与被告一起去原告处协商，要求退办会员卡并返还购卡费用。这个过程中双方产生冲突，原告的员工与被告发生了肢体的冲突，导致被告本人的手背受伤。后来，原告也同意退卡，但要求开具相关医院的证明，之后，被告在其新浪微博上将事情过程概括性地陈述，引起部分人员跟帖。原告代理人在这个过程中与被告进行协商，要求删除，并重新发布微博进行更正，但其提出了无理的要求，所以双方没有谈妥。原告退款后，被告也已删除了微博。被告只是作为消费者对原告的服务进行合理的评价、陈述，根本不存在侵权行为。综上，请求驳回被告的诉讼请求。

被告蔡佳燕为证明其主张，向本院提供了以下证据：

证人吴某的证言，以证明吴某确实因为接受了原告的服务后出现过敏，经过协商，原告同意退款和已经退款的事实；同时双方在协商过程中，由于言语的不和引发冲突，冲突过程中所说的言词与发生的事实，在被告的微博中是相符合的。

经庭审质证，被告对原告提供的证据质证意见如下：1. 对原告经营者身份及营业执照的真实性没有异议；2. 对公证书的合法性、真实性没有异议，但与本案所诉侵权没有关联性，从公证书中看不到被告具有虚构、侮辱或者恶意诋毁原告的内容，故该证据达不到原告所证明的目的；3. 对购卡收款收据、会员卡、银行卡及汇款凭证的真实性没有异议，但不能证明被告所发布的信息不真实；4. 对病历的真实性没有异议，但病历记载中有"额头双颊见红、注意保湿"等字样就是过敏反应的症状，吴某提出退卡是具有事实依据的，被告就此在微博上发表批评或评论是符合基本事实的；5. 对律师函及邮寄面单的真实性没有异议，在接到律师函之前，被告已经删除了微博的信息；6. 对原告所举部分客户退款凭证，无法确定其真实性，也不能证明客户要求退款退卡的具体原因；7. 对照片的真实性有异议，无法确认该玻璃是原告店铺所有，更不能证明是被告损害的。

原告对被告提供的证据质证意见如下：对证人所述事件发生经过的真实性没有异议，能够体现出原告已经同意退卡，并没有因为收据上写有特价卡这些约束性条款而故意刁难证人，要求其提供医院的证明，也是合情合理的；不存在被告所称的原告多次打电话对其进行恐吓骚扰；原告方员工之所以说被告玻尿酸使用过量，是因为被告主动进行言语挑衅，称原告方员工脸上有痘痘，不适合从事美容行业。

经综合分析、审查判断，本院对原、被告提供的证据认证如下：对原告提供的经营者身份证、营业执照、公证书、吴某购卡收款收据、会员卡、银行卡及汇款凭证、门诊病历、律师函及邮寄面单的真实性予以确认，证明了原告诉讼主体地位，涉案事件的发生经过以及被告在其新浪微博中对涉案事件进行过评价；对客户退款凭证复印件、前台碎裂玻璃照片的真实性无法确认，不能证明是由被告的原因导致。

对被告提供的证人吴某的证言的真实性予以确认，证明了涉案事件的发生经过。

经审理查明，2015年12月21日，案外人吴某在原告诗曼美容会所接受面部护理服务，吴某办理了2100元的特价会员卡，原告出具收条一张，收条上注明"不退不换"，其朋友即被告蔡佳燕也进行了美容体验。2015年12月23日，吴某与被告共同到原告处，以吴某脸部皮肤过敏为由，要求原告退款，因原告没有同意退款，双方发生口角，后原告要求吴某提供医院出具因美容产品原因而皮肤过敏的证明，才可以办理退款。2015年12月24日，吴某与被告携带南通大学附属医院出具的记载了"额头、双颊见红；注意保湿"的病历，又要求原告退款，在协商过程中原、被告双方发生冲突。

2015年12月24日11点35分，被告在新浪微博平台中以"SidneyCc 希"的账号发帖，微博内容为："@王思聪@王思聪南通万达广场二楼柔之蔓美容场所，朋友做脸过敏霸王条款不给退款，还大吵，态度强硬，后来开了医院证明，才同意，该场所美容师脸上长痘各种说了这么一句就开始侮辱人，说我鼻子玻尿酸打多了，眼瞎啊我这是真的！最后出手打人！你们怎么能允许这种店入驻万达！！！"随后，被告在微博内容下的评论中又@南通万达广场、@南通电视台、@南通的吃货等南通本地博主。2015年12月24日17点08分被告转发该帖称："打电话威胁是吗？我不介意把事情搞大，今天来就是来解决事情的，可是你们美容师是怎么做的，谁没受伤，你问问围观顾客，谁动手更厉害。要点脸，也不是吓大的。"

2015年12月28日，原告通过银行转账形式，向吴某的银行卡中退还了会员卡费2100元。次日，原告委托北京市亿嘉（南通）律师事务所陈春龙律师，向被告发送律师函，要求与被告协商解决本次事件，停止侵权、恢复名誉。12月31日，被告已将相关微博内容予以删除。

本案中，双方当事人的争议焦点是：被告在微博中发帖的行为是否侵犯了原告的名誉权。

本院认为，根据《中华人民共和国民法通则》第一百零一条的规定："公民、法人享有名誉权，公民的人格尊严受法律保护，禁止用侮辱、诽谤等方式损害公民、法人的名誉。"本案中，原告诗曼美容会所系个体工商户，虽不属于法理分类上的法人组织形式，但其作为从事工商业经营的一种组织形式，其合法权益一样受到法律保护，其名誉权的保护形式，可比照法人的名誉权保护形式予以保护。

根据法律规定，是否构成侵犯名誉权的责任，应当根据受害人确有名誉被损害的事实、行为人行为违法、违法行为与损害后果之间有因果关系、行为人主观上有过错来认定。因此，判断被告在微博中发帖的行为是否构成侵犯原告名誉权的责任，首先应当认定原告是否存在名誉被侵害的事实，以及被告是否存在违法行为。关于名誉利益损害事实是否存在，应当以诽谤、侮辱等行为是否为第三人知悉，造成受害人的社会评价降低为认定标准。根据《最高人民法院关于审理名誉权案件若干问题的解释》第九条第一款的规定："消费者对生产者、经营者、销售者的产品质量或者服务质量进行批评、评论，不应当认定为侵害他人名誉权。"本案被告因朋友到原告处要求退款产生纠纷，遂通过微博将事件公之于众，如微博内容有诽谤、侮辱等，则侵犯了原告的名誉权，应当承担侵权责任。原告认为被告微博中所出现的"霸王条款""皮肤过敏"内容属于捏造事实。但被告的朋友在办理美容卡时，原告出具的收条上注明了"不退不换"，在要求退款时原告也是以此为由未能立即同意退款，经交涉后，才同意在提供医院证明产品导致皮肤过敏的情况下退款，实质是通过附加条件的方式延缓了退款。对消费者来说，在消费行为尚未完成时能无条件退款是其对经营者诚信经营的合理期待。本案原告虽然最终同意退款，但还是设置了一定的条件，而且满足该条件对普通消费者来说比较困难，需花费一定成本，因此被告据此认为是拒绝退款，并将该收条上的规定定性为"霸王条款"属于一般消费者的正常认识，并不构成侮辱、诽谤。关于皮肤过敏的问题，被告朋友到医院就诊后确实存在皮肤过敏的问题，被告并没有捏造事实，而且因每个人体质不同，对化妆美容产品存在过敏情况也比较常见，消费者一般不会以他人皮肤对美容产品过敏就认为产品必然存在质量问题，进而导致原告的社会评价降低。被告对原告所提供的经营服务通过微博的形式进行披露、评价，是在阐述个人对本次事件的看法，必然带有一定的主观情绪色彩，即便处理该起事件的方式或者言辞存在过激之处，但尚不构成法律规定的诽谤、侮辱行为。

关于财产利益损失事实是否存在，涉及在本案中，主要是看是否存在客户减少及客户退货的损失，顾客减少导致营业额减少等情形。在本案中，原告虽然举出了部分顾客退卡的记录等证据，但并不能证明是被告的微博发帖行为导致其他顾客退卡，进而造成财产损失。本院对原告该主张不予认可。另外原告主张的玻璃损失及公证费也未能提供证据予以证明，本院不予认定。

综上，在本案中，被告并不存在侮辱、诽谤原告的违法行为，因此被告在微博中发帖的行为并不构成侵犯原告的名誉权，对于原告的各项诉讼请求，本院不予支持。依照《中华人民共和国民法通则》第一百零一条、《最高人民法院关于审理名誉权案件若干问题的解释》第九条之规定，判决如下：

驳回原告港闸区诗曼女子美容会所的诉讼请求。

案件受理费200元（已减半收取），由原告港闸区诗曼女子美容会所负担。

如不服本判决，可在判决书送达之日起十五日内，向本院递交上诉状，并按对方当事人的人数提出副本，上诉于江苏省南通市中级人民法院，同时向该院预交上诉案件受理费400元。

审判员　肖红波

二〇一六年四月十四日

书记员　顾　华

案例54：贾灵敏、刘某1寻衅滋事罪
二审刑事裁定书

河南省郑州市中级人民法院
刑事裁定书

(2015) 郑刑一终字第418号

原公诉机关： 河南省巩义市人民检察院。

上诉人（原审被告人）： 贾灵敏，女，1965年2月27日出生，汉族。因涉嫌犯聚众扰乱社会秩序罪于2014年5月8日被郑州市公安局十八里河分局刑事拘留，因涉嫌犯寻衅滋事罪于同年5月30日被逮捕。现羁押于巩义市看守所。

辩护人： 程海，北京悟天律师事务所律师。

辩护人： 阎崇民，男，1965年9月12日出生。系上诉人贾灵敏之夫。

原审被告人： 刘某1，男，1964年7月15日出生，汉族。因涉嫌犯聚众扰乱社会秩序罪于2014年5月8日被郑州市公安局十八里河分局刑事拘留，因涉嫌犯寻衅滋事罪于同年5月30日被逮捕。2015年11月7日被巩义市人民法院取保候审。

辩护人： 马连顺，河南予瑞律师事务所律师。

辩护人： 张雨，北京市尚权律师事务所律师。

河南省巩义市人民法院审理河南省巩义市人民检察院指控原审被告人贾灵敏、刘某1犯寻衅滋事罪一案，于二〇一五年十一月五日作出 (2015) 巩刑初字第112号刑事判决。宣判后，原审被告人贾灵敏不服，提出上诉。本院依法组成合议庭，经过阅卷，讯问上诉人，听取辩护人意见，认为本案事实清楚，决定不开庭审理。现已审理终结。

原判认定：

一、2013年9月23日15时许，被告人贾灵敏到正在拆迁的郑州高新技术产业开发区石佛办事处老俩河村北街家园超市门口，煽动村民……获得更多补偿。并称在现场劝导的办事处工作人员……是来故意捣乱的。由此导致部分村民对办事处工作人员进行推搡、辱骂，现场混乱持续约两个小时。其间，村民田某2等人对办事处工作人员余某2进行殴打，致余某2左侧第10肋骨骨折。

2013年9月25日，贾灵敏在其个人微博中编辑上传了南方都市报记者和贾某3被田某1带人殴打、辱骂的虚假信息及相关照片，引起大量网民关注、转发及评论。

上述事实，有下列证据证明：

1. 老俩河村村民张某1、田某2证明，2013年9月，二人在老俩河北街家园超市门口见到贾灵敏给群众说怎么抵抗拆迁，要想得到更多赔偿只有联合起来去上访、去闹。还说办事处的人是黑社会，让群众联合起来上访、闹事。现场群众一听这些话，情绪越来越激动，有几个群众就和办事处的人打起来。田某2还证明，当时场面很乱，其和张某8、徐某4等人推搡、围攻了办事处工作人员。

2. 证人田某1的证言与证人张某1、田某2的证言相印证。另证明，在贾灵敏鼓动下，现场群众不听处警民警劝阻，对办事处工作人员进行辱骂、殴打，持续到18时许。其间，王某2、宋某、余某2、都某都遭到殴打，余某2肋骨被打断住院。

以上证言与现场目击证人都某、王某1、刘某2、王某2、王某3、田某3、张某2、徐某1、徐某2、王某4、曹某、岳某、张某3、郏某、徐某3等人的证言相印证。

3. 经余某1辨认，田某2就是在郑州高新区老俩河村围攻殴打他的人；分别经田某1、都某、王某4、刘某2、王某1、王某2、岳某、曹某、张某1、田某3、徐某2、田某2、徐某3、张某2辨认，贾灵敏就是2013年9月23日在高新区老俩河村北街家园超市门口煽动群众围攻民警和现场拆迁工作人员的人。有辨认笔录为证。

4. 被告人贾灵敏供述，其在2013年天热的时候，应邀到老俩河村又进行了一次"普法教育"，与不明身份的人员发生了冲突。

5. 法医学人体损伤程度检验意见书证明，余某2左侧第10肋骨骨折，其所受损伤程度构不成轻伤。该鉴定意见与余某2陈述、田某2及其他证人证言相印证。

6. 郑州高新区石佛办事处《关于老俩河村实施村庄改造的请示》、老俩河村《关于实施村庄改造的申请》、村组代表同意村改及村改方案签名表、村民委员会会议记录以及《关于启动村庄改造的决议》等书证证明，老俩河村的拆迁改造是经村组代表集体讨论通过，形成决议，并向政府申请报批同意，在政府引导下，村民自治实施的搬迁改造。

7. 郑州高新区石佛办事处出具的证明证实，办事处工作人员到现场劝导系履行工作职责。

8. 北京微梦创科网络技术有限公司出具的《关于"贾灵敏等人涉嫌聚众扰乱社会秩序"案的调证函复》（以下简称《函复》）显示，2013年9月25日0时59分，昵称贾灵敏 UID：1751810705，其个人微博中上传了"@南方都市报记者和@河南贾某3被石佛办事处主任田某1带领一群穿着迷彩服不提供任何证件的人当着012114警官的面殴打和辱骂"的信息。该信息被2465名网民关注，83名网民转发，15名网民评论。

二、2013年12月，被告人贾灵敏自称是河南省社科院的调研员，被告人刘某1自称是记者，先后两次到十八里河市场街拆迁现场，煽动群众，阻挠拆迁。

2014年1月8日上午10时许，贾灵敏召集他人到十八里河市场街拆迁现场，散布拆迁违法、拆迁差价款被村干部贪污等煽动性言论，刘某1在现场拍照，导致部分被拆迁商户与村干部发生肢体冲突，商户张某4持砖将连某的挖掘机玻璃砸烂，造成损失2258元。刘某1在其个人微博编辑上传了"今天郑州市十八里河雇佣黑社会强拆把人打伤请扩散"的虚假信息。引起大量网民关注、转发及评论。

当日12时许，贾灵敏、刘某1同谢某、李某6、郭某等人及市场街20余名商户携带国旗、标语，先后到郑州市公安局门口及河南省委门口聚集。在省委门口，刘某1不听制止，与执勤人员发生冲突。当刘某1被执勤人员带离后，贾灵敏及部分人员呼喊口号，要求放人，滞留至次日凌晨，导致多人围观，造成现场秩序混乱。

　　上述事实，有下列证据证明：

　　1. 十八里河村村民连某的证言及辨认笔录证明，2013 年 12 月底或 2014 年 1 月初的一天中午，自称是记者的刘某 1 和自称是河南省社科院调研员的贾灵敏带着很多人来到工地。刘某 1 说"停止施工，把车砸了"；贾灵敏说"……商户没有签字，这是违法的，房子不能扒，赔偿金太少，村委会没有资质拆迁，村干部得了好处，村干部都贪污了"。引起群众围观鼓掌。2014 年 1 月 7 日或 8 日 10 点多，市场街正在拆迁，贾灵敏、刘某 1 又到现场宣传，刘某 1 说"把车砸了"，接着有几个人就把挖掘机的玻璃砸烂了。该证言与现场目击证人刘某 3、朱某 1、王某 5、刘某 4、刘某 5、刘某 6、刘某 7、朱某 2、孙某、刘某 8、尚某、朱某 3、李某 1、刘某 9 的证言相印证。

　　2. 十八里河市场街商户乔某甲证明，其在十八里河市场街等地多次听贾灵敏讲，商户越最后拆，政府赔偿的就越多；政府把土地卖了很多钱，只有很少一部分钱赔给拆迁户了；拆迁的人来拆迁了，就报警说"有一群不明身份的人侵犯我的住宅，他们要侵犯我的生命安全和财产安全"，把事实说得越严重越好，把夸张的情况尽量传出去，发到网上；如果警察不按照咱的意思处理拆迁的人，就说我记住你警号了，要投诉你，等等。2014 年 1 月 8 日下午大约两点，贾灵敏、刘某 1 带着李某 6、谢某、郭某等人和市场街的部分商户，打着红旗从市公安局门口到河南省委门口。在省委门口呼喊口号，并多次往省委里面冲。刘某 1 拍照不听劝阻，被保卫人员带走后，贾灵敏带着他们大喊放人、还我土地、还我家园。证人乔某甲的证言与证人钱某、魏某、贾某 1、袁某 1、张某 4、袁某 2、乔某乙、从某、洪某、张某 5、李某 2、李某 3、靳某 1、周某 1、肖某、王某 6、巴某、黄某、刘某 10、海某、耿某、郭某、李某 4 及殷某、寇某出具的情况说明相印证，并有公安机关提取的监控视频资料在卷佐证。张某 4 另证明，其于 2014 年 1 月 8 日在拆迁现场持砖将挖掘机的玻璃砸烂，与被害人连某的陈述相印证。

　　3. 分别经李某 4、朱某 1、魏某、袁某 1、刘某 3、刘某 4、刘某 5、刘某 6、刘某 7、刘某 8、尚某、朱某 3、李某 1、刘某 9、张某 4 辨认，贾灵敏就是自称河南省社科院调研员的人，刘某 1 就是自称记者的人。分别经证人靳某 1、周某 1、肖某、巴某、黄某辨认，贾灵敏是带领十八里河市场街商户到省委门口呼喊口号、造成省委门口秩序混乱的人，刘某 1 是因在现场不听制止被带走的人。有辨认笔录为证。

　　4. 涉案物品价格鉴定结论证明，涉案挖掘机玻璃价值 2258 元人民币。

　　5. 被告人贾灵敏、刘某 1 对 2014 年 1 月 8 日到十八里河市场街拆迁现场、在河南省委门口聚集滞留的事实予以供认。

　　6. 河南省社会科学院人事教育处、河南省新闻出版局新闻报刊处分别出具证明证实，贾灵敏不是河南省社会科学院职工，刘某 1 不持有国家新闻出版总署颁发的《新闻记者证》。

　　7. 郑州市人民政府《关于管城回族区十八里河村城中村改造控制性详细规划的批复》，管城回族区关于十八里河村城中村改造工作方案、指挥部会议纪要，十八里河镇关于十八里河村定补以上干部会议决议及村民代表会议决议、拆迁安置补偿方案、致广大村民及商户的一封信、城中村改造项目安置区确定协议书，十八里河村第二至五村民组农民集体土地所有证、市场街部分商户（李某 2、张某 4、杨某、张某 7）集体土地建设用地使用证等书证证明，十八里河村市场街拆迁是在政府引导下，村民自治实施的城中村改造。

8. 北京微梦创科网络技术有限公司出具的《函复》显示，昵称郑州刘某 1UID：3878003427，2014 年 1 月 8 日 11：43：24 发表微博"今天郑州市十八里河雇佣黑社会强拆把人打伤请扩散"。该信息被 396 名网民关注，18 名网民转发，4 名网民评论。

三、2014 年 1 月 26 日因扰乱公共秩序被治安拘留的白某被释放。当日上午 9 时许，被告人贾灵敏、刘某 1 等 20 余人到郑州市公安局金水区拘留所门口，打着"维权无罪，拘留光荣"的横幅，高呼口号，送鲜花，照相留念，引起群众围观。当日，贾灵敏在其个人微博中上传了"白某走出金水区拘留所的大门，迎接她的是鲜花、掌声、口号和条幅，10 天前，这个 44 岁的上访户被以非法上访的罪名行政拘留"的虚假信息，引起大量网民关注、转发及评论。

上述事实，有下列证据证明：

1. 证人谢某证明，白某因上访被拘留释放当天，其到金水区拘留所现场，见到有一二十个人打着写有"维权无罪、拘留光荣"的条幅。白某从拘留所出来后，向她送了鲜花，白某站在队伍最中间，贾灵敏带着他们喊口号"拘留光荣，上访无罪""抵制截访"，刘某 1 在现场拍照。共待了两三个小时。该证言与现场目击证人姚某、罗某 1、刘某 11、周某 2、张某 6、王某 7、朱某 4、李某 5、靳某 2 的证言及证人罗某 1、王某 7、刘某 11 的辨认笔录相印证。并有公安机关现场拍摄的视听资料佐证。

2. 被告人贾灵敏、刘某 1 对其参与聚集的事实予以供述，所供参与聚集的时间、地点、人数、原因、呼喊口号的内容等情节与上述证人证言相印证。刘某 1 另供述，是其开车拉着贾灵敏一起去的金水区拘留所门口。

3. 郑州市公安局柳林分局出具的情况说明证明，白某因扰乱国家单位秩序被行政拘留 10 日，在金水区拘留所执行，2014 年 1 月 26 日上午释放。

4. 北京微梦创科网络技术有限公司出具的《函复》显示，2014 年 1 月 26 日，贾灵敏在其个人微博上传的信息，被 2465 名网民关注，57 名网民转发，13 名网民评论。

四、2014 年 4 月，郑州市惠济区固城村村民赵某 1 因对其房屋被拆不满，欲借上移动公司信号发射塔的方式制造影响。后赵某 1 告知贾灵敏其欲到本村的移动公司信号发射塔上拉横幅、宣读材料，制造影响，贾灵敏表示要将此事发至网上及朋友圈。同年 4 月 24 日 4 时许，赵某 1 爬上发射塔并悬挂条幅。当日 9 时许，被告人贾灵敏、刘某 1 等数人赶到现场。其间，刘某 1 在现场进行拍照；贾灵敏煽动说……怎么会有人去跳塔，并对赶到现场处警的民警进行辱骂和人身攻击，造成场面混乱，致使 110 民警、120 急救人员及 119 消防人员无法正常开展工作。当日下午 4 时许，赵某 1 自行下塔。

贾灵敏于当日发表内容为"老兵抗强拆跳塔"的微博。刘某 1 当日发表"听访民说惠济区固前村有一个驻港部队战士为保自己家园上塔自杀！"的虚假信息，均引发大量网民关注、转发及评论。

上述事实，有下列证据证明：

1. 证人赵某 1 证明，2014 年 4 月 6 日，听说老家房子被拆迁。4 月 22 日，其在黄河迎宾馆门口对贾灵敏说准备上本村的移动公司发射塔上制造影响。4 月 23 日，其对贾灵敏说决定明天按计划爬塔，贾灵敏让其上塔要注意自身安全，她要把这件事发到网上和朋友圈里。24 日凌晨 4 点钟左右，其拿着事先准备好的写有"还退伍老兵活着的尊严"的条幅上到信号发射塔上，把条幅扯出来。上午 8 点多，其将自己已上塔的情况电话告诉贾灵敏，并问下步怎么办。贾灵敏说，她很快就到。其在塔上看到下面有警察，还有消防队和120救护车。大概10点钟左右，见有几个人在围着民警理论。其在塔上给贾灵敏打电话问是什么情况，贾灵敏说"我要去复议那两个警察"。其在电话里问贾灵敏"我在塔上再待两个小时还是四个小时？"贾灵敏说"注意安全，等我回来"。到下午4点多，自己下来了。所证与贾灵敏通话的事实有公安机关调取的通话记录佐证。

2. 证人赵某2的证言及辨认笔录证明，其在案发现场看见赵某1在信号发射塔上面，塔下面站了几十个人，贾灵敏在现场对群众说"我们要维权，要斗争，要上访，事情闹大了才会有人管，政府才重视才会解决，……怎么会有人去跳塔"。刘某1一直拿着相机在照相，119、120、派出所的民警都在现场，贾灵敏、刘某1和一些群众把民警围了起来，贾灵敏指着民警王某8的鼻子说……还说"乡亲们，记住这人的警号，打电话投诉他，就是他不作为坑害群众利益，投诉他脱他的衣服"。到下午四五点钟，赵某1经过劝说才下来。该证言与现场目击证人罗某2、赵某3、赵某4、米某，证人程某、母某、赵某5、王某8、张某7、杜某、贾某2、侯某、王某9的证言相印证。

3. 分别经赵某6、罗某2、母某、王某9、赵某5、王某8、程某、赵某3、赵某4、米某、张某7、贾某2辨认，贾灵敏是在现场发表煽动性言论的人，刘某1是在现场拍照的人。有辨认笔录为证。

4. 新闻工作者施某、高某证明，贾灵敏曾与其电话联系，告知有人因强拆要跳塔。希望他关注、报道。有公安机关调取的通话记录佐证。

5. 北京微梦创科网络技术有限公司出具的《函复》证明，（1）昵称贾灵敏UID：1751810705于2014年4月24日发表微博内容"#紧急求助#老兵抗强拆跳塔，郑州新港办事处固城村赵文泉因家被强拆，现爬上发射塔"。该信息被2465名网民关注，266名网民转发，56名网民评论。同日，转发刘某1微博"今天我跟贾灵敏老师去黄河迎宾馆送材料听访民说惠济区固前村有一个驻港部队战士为保自己家园上塔自杀！"该信息被2465名网民关注，30名网民转发，5名网民评论。（2）昵称郑州刘某1UID：3878003427于2014年4月24日发表微博"今天我跟贾灵敏老师去黄河迎宾馆送材料听访民说惠济区固前村有一个驻港部队战士为保自己家园上塔自杀！"该信息被396名网民关注，262名网民转发，46名网民评论。

6. 被告人贾灵敏对其于2014年4月24日到固城村赵某1爬塔现场的事实予以供认。

7. 被告人刘某1供述，2014年4月的一天早上，贾灵敏给其打电话说"有个驻港部队退伍老兵，他家房子也被强拆了，准备爬塔了，咱们去看看吧"。其开车接着贾灵敏去了固城村。到达时有9点左右，其拿着相机下车后，拍了一些现场的照片。贾灵敏明显跟他们早就认识了，一下车就成了焦点，一群人都围着她说事。不知道贾灵敏跟他们咋说的，后来退伍兵的家人都往塔跟前冲，也要跟着爬塔，民警过来阻拦，贾灵敏他们好多人又开始围着民警问这问那，这样闹腾到中午，退伍兵还一直没下来。这事跟贾灵敏他们本来没有任何关系，贾灵敏过去以后，并不是在想办法劝退伍兵主动下来，反而带着赵某1的家人以维权的名义跟公安、办事处工作人员说事，闹得退伍兵家属情绪很激动。

本案另有公安机关出具的二被告人的户籍证明、前科材料、到案经过等证据在卷。

根据上述事实和证据，原判认定被告人贾灵敏犯寻衅滋事罪，判处有期徒刑四年；被告人刘某1犯寻衅滋事罪，判处有期徒刑一年六个月。

上诉人贾灵敏上诉及其辩护人辩护称，贾灵敏的行为不构成犯罪。其理由是：（1）侦查机关采取刑讯逼供、疲劳审讯、威胁证人作证等方式取证，取证方式违法；原审法院未通知辩方申请的所有证人出庭作证、剥夺旁听权等，审判程序违法。（2）贾灵敏在老俩河村及十八里河市场街拆迁事件中没有违法言行；其在迎接白某及观看赵某1爬移动信号塔活动中实施的行为是合法民事行为。（3）政府拆迁行为违法，贾灵敏系违法拆迁被害人，其行为系公益普法维权。其辩护人还提出：（1）第二起事实涉案物品价格鉴定结论不客观，并申请重新鉴定；（2）本案四起事实均由拆迁纠纷引发，根据有关规定，不应认定为寻衅滋事，原判适用法律错误。

针对上述辩护意见，辩护人向本院提交了证人贾某3等56人证言、贾灵敏房屋被拆迁材料、网络报道截图、行政判决书、视听资料等证据材料。

原审被告人刘某1的辩护人认为，原判认定的四起事实不构成犯罪；原审审判程序违法。

经审理，二审查明的事实和证据与一审相同，并经原审庭审质证、认证，经二审核实无误，本院予以确认。

关于二审期间辩护人提交的证据材料，经审查：（1）辩护人提交的贾某3等56名证人证言，有19人已经侦查机关依法取证，与原审查明的其他证据相印证，客观真实，其在侦查阶段所作证言能够作为定案依据；有24人的证言系打印的制式文本，除填写的个人信息外，其他内容完全一致，明显不具有客观性；另13人的证言，与原审查明的事实不符。（2）辩护人提交的贾灵敏房屋被拆迁材料、网络报道截图、视听资料、网络媒体报道等证据材料，与原判认定被告人贾灵敏、刘某1寻衅滋事的事实缺乏关联性；辩护人提交的关于原判认定的第一起事实的15段现场视频，并未显示现场执法人员和民警有违法行为。（3）辩护人提交的三份行政判决书所解决的行政争议，不影响原判对贾灵敏、刘某1寻衅滋事行为作出的刑事评价。因此，辩护人提交的证据材料，缺乏刑事诉讼证据的客观性、关联性。

关于侦查机关取证方式、原审审判程序违法的上诉理由及辩护意见，经查，在侦查阶段，侦查人员讯问被告人、询问证人均依法进行，讯问、询问笔录经被告人、证人签字确认，对拒不签字情况作了记载说明，且原审依法当庭进行了证据合法性调查，被告人、辩护人并未具体提供涉嫌非法取证的人员、时间、地点、方式、内容等相关线索或材料，侦查人员不存在违法取证行为；原审庭前对辩方申请出庭作证的所有证人名单依法进行了审查，并通知部分有必要出庭作证的证人到庭作证，对没有必要到庭作证的证人未予通知，符合法律规定；原审开庭前依法发布开庭公告，公布了案由及开庭的时间、地点等应当公开的信息，并对该案进行了公开开庭审理，允许群众旁听庭审，公民旁听庭审的权利得到了充分有效保障。故该上诉理由及辩护意见不能成立。与之相应的，原审被告人刘某1的辩护人提出的相关辩护意见亦不能成立。

关于涉案物品价格鉴定结论不客观，申请重新鉴定的辩护意见，经查，该价格鉴定结论委托程序合法，鉴定主体适格，结论客观真实，具有证据效力。该辩护意见不能成立。

关于贾灵敏在原判认定的四起事实中或无违法言行，或系合法民事行为的上诉理由及辩护意见，经查，原审判决认定的四起寻衅滋事的事实，有原审法庭查证属实的多名证人证言、辨认笔录、通话记录、视听资料、北京微梦创科网络技术有限公司出具的《函复》等证据予以证明，贾灵敏、刘某1对其在案发现场的事实亦予供认，足以认定二人实施了相应的寻衅滋事行为。故该上诉理由及辩护意见不能成立。

关于政府拆迁行为违法，本案四起事实均由拆迁引发，贾灵敏系违法拆迁被害人，其行为系公益普法维权，原判适用法律错误，贾灵敏不构成犯罪的上诉理由及辩护意见，经查，贾灵敏、刘某1既不是本案中老俩河村、十八里河市场街、固城村三地的拆迁对象，也不是三地拆迁纠纷的当事人，但其以政府拆迁违法为借口，打着"普法""维权"的旗号，无端插手城市拆迁改造活动，在拆迁现场煽动群众阻挠拆迁，肆意挑衅行政机关对社会秩序的正常管理，公然妨害社会管理秩序，情节严重，并造成公共秩序严重混乱，其行为不符合《最高人民法院、最高人民检察院〈关于办理寻衅滋事刑事案件适用法律若干问题的解释〉》第一条第三款关于行为人因婚恋、家庭、邻里、债务等纠纷，实施殴打、侮辱、恐吓他人或者损毁、占用他人财物等行为的，一般不认定为"寻衅滋事"的规定情形。故该上诉理由及辩护意见不能成立。与之相应的，原审被告人刘某1的辩护人提出的相关辩护意见亦不能成立。

本院认为，上诉人贾灵敏、原审被告人刘某1故意煽动他人任意毁坏财物，情节严重，在公共场所起哄闹事，造成公共场所秩序严重混乱，并编造虚假信息，在信息网络上散布，起哄闹事，造成公共秩序严重混乱，其行为均已构成寻衅滋事罪，依法应予判处。原判决认定事实和适用法律正确，量刑适当。审判程序合法。上诉人贾灵敏的上诉理由及辩护人的辩护意见均不予采纳。依照《中华人民共和国刑事诉讼法》第二百二十五条第一款第（一）项之规定，裁定如下：

驳回上诉，维持原判。

本裁定为终审裁定。

审判长　竹庆平

审判员　薛春锋

审判员　宁　伟

二〇一六年四月二十八日

书记员　张源洋

案例 55：汪峰与韩炳江名誉权纠纷二审民事判决书

北京市第三中级人民法院
民事判决书

（2016）京 03 民终 2764 号

上诉人（原审原告）汪峰，男，职业音乐人。
委托代理人秦庆芳，北京市京都律师事务所律师。
委托代理人易蓓，北京京都（天津）律师事务所律师。
被上诉人（原审被告）韩炳江，男，《南都娱乐周刊》记者。
委托代理人张莉，北京卓策律师事务所律师。

上诉人汪峰因与被上诉人韩炳江名誉权纠纷一案，不服北京市朝阳区人民法院（2015）朝民初字第 21870 号民事判决，向本院提起上诉。本院受理后依法组成合议庭公开审理了本案。汪峰之委托代理人秦庆芳、易蓓，韩炳江之委托代理人张莉到庭参加了诉讼。本案现已审理终结。

2015 年 4 月，汪峰起诉至原审法院称：2015 年 4 月 20 日，韩炳江在其个人新浪微博（用户名：中国第一狗仔卓伟）上分享了"全民星探"发布的名为"【独家】章子怡汪峰领证蜜月会友妇唱夫随"的文章，并标题为"赌坛先锋我无罪，影坛后妈君有情"（以下简称"涉诉微博"）。该涉诉微博在网络上迅速被传播，阅读点击率与日俱增，传播范围甚广。汪峰认为，韩炳江未经调查、核实，随意在其个人微博上以"赌坛先锋"对汪峰进行侮辱诽谤，公然损害汪峰的人格和形象，误导社会公众对汪峰的评价，已经严重侵犯了汪峰的名誉权，并给汪峰的身心和声誉造成了极大的伤害。故要求：1. 韩炳江立即停止侵权行为，删除涉诉微博。2. 韩炳江在个人新浪微博上发表致歉声明，置顶至少保留 90 天以上；在相关网站（网易、凤凰、新浪、腾讯）显著位置上连续 15 天公开发表致歉声明；公开向汪峰赔礼道歉、消除影响、恢复名誉。3. 韩炳江赔偿汪峰个人精神损害抚慰金 200 万元。

韩炳江辩称：第一，本案不存在名誉被侵犯的事实；第二，韩炳江的行为没有违反法律规定；第三，韩炳江行为与损害结果没有因果关系；第四，韩炳江主观上没有过错，韩炳江的行为是依法行使作为公民的言论自由权和舆论监督权。

原审法院经审理查明：汪峰系国内知名音乐人。韩炳江系新闻从业人员，于 2006 年创办风行工作室，主要运用偷拍、跟踪方式拍摄明星，报道娱乐新闻。韩炳江在新浪微博注册用户名为"中国第一狗仔卓伟"的个人微博账号，微博认证信息为：南都娱乐周刊主笔、风行工作室创始人。

2015 年 4 月 20 日，韩炳江在上述个人新浪微博上分享了微博用户"全民星探"发布的标题为《章子怡汪峰领证蜜月会友妇唱夫随》的文章，并自配文字"赌坛先锋我无罪影坛后妈君有情"。原审法院庭审中，韩炳江认可该微博中"赌坛先锋"即指汪峰。经查，用户名为"全民星探"微博认证信息为北京大风行锐角度文化传播有限公司，韩炳江现为该公司的股东及执行董事，在2014年4月28日前系该公司法定代表人。

截至2015年4月21日，韩炳江微博账号粉丝数为1388782人，涉讼微博转发量为54，评论量为207，点赞量为1714。2015年4月28日，汪峰提起本案诉讼。截至2015年5月14日，该微博账号粉丝数为1494111人，涉讼微博转发量为63，评论量为307，点赞量为2063。

经查，2014年至2015年期间，互联网上有多次汪峰在世界各地赌场赌博的新闻报道，汪峰在庭审中对于该事实亦未否认或提交证明上述报道为虚假的证据。另查，汪峰在2015年4月参与的中国江苏德州扑克锦标赛后被公安部门以涉嫌赌博叫停。

原审法院审理认为：本案双方当事人争议的焦点问题是韩炳江使用的"赌坛先锋"一词是否构成对汪峰名誉权的侵犯。名誉侵权的构成要件要求，行为人公开作出关涉被侵权人的具有名誉毁损性质的陈述并存在过错。因此，本案中，认定韩炳江行为是否构成侵权的关键，在于韩炳江关于"赌坛先锋"的陈述是否构成对汪峰的侮辱或诽谤。

根据查明的事实，汪峰曾多次在境外赌场活动并经多家媒体报道，其于2015年4月参加的德州扑克大赛也因涉赌被相关职权部门叫停，故评论者将其与赌博相联系，并非无中生有，结合汪峰的行为表现，此种联系具有一定事实和逻辑上的合理性。至于韩炳江对"赌坛"一语的运用，该词语意指从事特定社会行为的社会群体，因此，该"赌"字更应理解为对特定社会行为的客观描述，而不应理解为对该行为的法律性质作出判断，因此，韩炳江使用"赌坛"一词并不意味着给予汪峰法律意义上的否定评价。而韩炳江所使用的"先锋"一词更近于一种修辞上的表达，该表达虽有一定夸大的成分，但本身并无侮辱或诽谤的内容。综上，韩炳江所使用的"赌坛先锋"一词难以认定构成对汪峰的侮辱或诽谤。另从韩炳江是否存在主观过错分析，虽然韩炳江创办的风行工作室主要运用偷拍、跟踪方式拍摄明星，韩炳江本人亦长期从事娱乐新闻报道，但仅仅以韩炳江此种身份并不能推断出韩炳江在主观上具有侵犯汪峰名誉权的故意。况且，由于汪峰有过多次涉赌报道，影响了社会对其在该问题上的一般评价，韩炳江的言论内容并未超出上述社会一般评价的范围，故从韩炳江言论造成的后果分析，亦难以认定其造成了汪峰社会评价的降低。

汪峰系具有一定社会知名度的音乐人，属于公众人物的范畴。汪峰的此种身份容易成为大众关注的焦点，具有吸引舆论的特质，使得社会对其评论具有全方位、多角度、纵深性、持久性的特点，其亦有更多的机会通过媒体对相关报道或评论加以澄清，因此，其理应对社会评论具有更大的容忍义务。本案中，韩炳江所作的"赌坛先锋"的评论虽然有些尖锐，但该评论并非无中生有，且未超过损害汪峰人格尊严的必要限度，因此，法律不宜对此类评论加以苛刻地限制，而汪峰作为公众人物应对上述评论加以容忍和理解。

综上，汪峰认为韩炳江侵犯其名誉权，缺乏事实及法律依据，法院对其诉讼请求均不予支持。

需要指出的是，本案的发生，也进一步提醒社会：公共人物应充分顾及其个人品行和道德情操对社会大众的影响和示范效应，时刻注意自己在公开场合的言行举止，努力为社会公众树立良好榜样；而自媒体时代下的公民个人在享受言论自由的同时，也要注意用语的规范、文明、理性，切忌为追求所谓的轰动效应忽略语言选择、随意发表言论，甚至不惜损害他人合法权益。

据此，原审法院依据《中华人民共和国民法通则》第五条、第一百零一条之规定于2015年12月判决：驳回汪峰的全部诉讼请求。

一审判决后，汪峰不服上诉至本院，要求撤销原判，改判支持自己的全部诉讼请求。其上诉理由为：1. 原审法院认定"赌坛先锋"不构成对汪峰的侮辱和诽谤系明显错误；2. 原审法院认定韩炳江主观无过错系明显错误；3. 原审法院对侵权后果的认定系明显错误；4. 原审法院认定汪峰应对侵权微博承担更大的容忍义务于法无据；5. 原审法院适用证据规则明显错误。

韩炳江同意原审法院判决。针对汪峰的上诉请求及理由，其答辩意见为：1. 原审法院将"赌坛先锋"一词进行拆分解释没有问题，赌坛和先锋均为中性词，没有诽谤的意思；2. 韩炳江主观不存在恶意而是调侃；3. 涉案微博并非我方通过技术手段推广，该条微博产生的社会影响很小；4. 原审法院适用法律正确。

在本院审理中，汪峰提交了以下证据：1. 2015年12月25日的（2015）京长安内民证字第17546号公证书，主要内容为微博名为"中国第一狗仔卓伟"的微博在原审法院判决后，将判决书全文在其微博中公布，网友对微博内容进行了评论，截至公证时，该微博转发量1748，评论量1702，点赞量13276。2. 2015年11月23日新浪微博，内容为韩炳江转发全民星探发布的关于"独家：#章子怡#洛杉矶待产陪汪峰低调逛赌城"的微博。汪峰欲通过以上两份证据证明韩炳江亦属于公众人物，其应对自己的言行负有更高的注意义务，其称自己为"赌坛先锋"具有明显贬低意味，具有主观恶意，给自己造成了巨大的名誉损害。

韩炳江一方对于两份证据的质证意见为：1. 对于证据的真实性、合法性认可，但不认可其与待证事实之间的关联性；2. "赌坛先锋"是中性词，并无指责汪峰有违法犯罪活动的意思。

经询，汪峰表示其上诉要求的200万元精神损害抚慰金是综合其所受到的损害程度计算出的金额，韩炳江对此不予认可。

本院查明的其他事实与原审法院审理查明的事实一致。

上述事实，有（2015）京长安内民证字第7460号《公证书》、（2015）京长安内民证字第9330号《公证书》、（2015）京长安内民证字第10461号《公证书》、（2015）京长安内民证字第10998号《公证书》、（2015）京方圆内民证字第04141号《公证书》、（2015）京方正内民证字第36807号《公证书》、（2015）京长安内民证字第17546号《公证书》、企业查询信息等书证、当事人庭审陈述在案佐证。

本院认为：本案系因韩炳江2015年4月20日在其个人微博上发布题为"赌坛先锋我无罪，影坛后妈君有情。分享全民星探新闻：【独家】章子怡汪峰领证蜜月会友妇唱夫随"的微博而引发的纠纷，汪峰认为微博中"赌坛先锋"一词构成对自己的侮辱和诽谤，造成其自身社会评价的降低，侵犯其名誉权。韩炳江认可"赌坛先锋"系指本案的原告汪峰，故本案的争议焦点在于韩炳江所发布的微博中"赌坛先锋"一词是否对汪峰构成名誉侵权。

本案中汪峰、韩炳江对于"赌"字的理解存在差异。汪峰认为"赌"字对应的是"赌博"，而赌博行为在中国大陆范围内属于违法犯罪行为，韩炳江将汪峰称为"赌坛先锋"会使普通公众产生汪峰参与了与赌博相关的违法犯罪活动的认知；而韩炳江答辩认为"赌"字是中性词，不能说凡是与赌字相关就意味着违法犯罪。经查证，"赌"字在新华字典中的词义是用财物作注来争输赢，是对于某种行为的描述，本院认为应将本案审查的重点放在

"赌坛先锋"是否会使不特定的公众产生负面理解并进一步降低对汪峰的社会评价上,而作出这一判断不仅是从词义上考察,还应结合其他事实综合认定。

《中华人民共和国民法通则》第一百零一条规定:公民、法人享有名誉权,公民的人格尊严受法律保护,禁止用侮辱、诽谤等方式损害公民、法人的名誉。可以看出,侮辱和诽谤是侵犯名誉权的两种主要表现形式。所谓诽谤是指捏造并散布某些虚假事实来破坏他人的名誉。汪峰上诉称根据现有证据,中国大陆境内并无任何机关认定自己参与了赌博活动,韩炳江称汪峰为"赌坛先锋"是没有事实依据的诽谤。根据韩炳江一方在原审法院中提交的《公证书》等文件,可以看出在涉案微博发布之前,关于汪峰在中国大陆境外赌场出现的消息被不少新闻媒体报道,经本院询问,汪峰未否认这些新闻报道;而关于汪峰参加江苏省德州扑克大赛的报道,其表示亦属实,但是强调自己只参加了开幕式和慈善赛,并未参加带有赌博性质的其他比赛。本院认为,汪峰在本案中将自己的行为依据地域的不同进行了区分,但从公众的角度而言,对个体行为的认知是整体性的而不能人为将个体行为及因此产生的后果割裂开来,汪峰虽辩称其在中国大陆境内并未参加过任何能够认定为赌博的活动,但并不否认在中国大陆境外参加过赌博娱乐活动,韩炳江依靠公共媒体报道获取的信息,将其主观对汪峰行为的认知通过微博的形式发布,应认定该行为并非毫无事实依据的诽谤,而是个人根据其所知的事实发表的主观评论。虽然该主观评论的用词较为尖锐且带有夸张的成分,但该主观评论所依据的基础事实是真实的。此外,"赌坛先锋"仅系涉案微博中的标题,标题所展示、传达给公众的内容相对有限,而涉案微博的内容及相关链接页面中并未有与"赌坛先锋"相关的论述,仅仅依标题中的词语本院难以认定构成诽谤。

所谓侮辱,一般是指用语言或行为损害、丑化、贬低他人人格。汪峰上诉称韩炳江利用其名人身份,在其个人微博中发布有损于其名誉的微博带有主观恶意,"赌坛先锋"系对其个人的侮辱。客观而言,"赌坛先锋"一词通常应视为对人的非正面评价,但在认定某行为是否构成侮辱问题上不能简单地将侮辱等同于适用贬低性词语,而应区分公众可接受范围内的评论与恶意侮辱的合理界限。本院认为,韩炳江关于"赌坛先锋"的措辞虽然尖锐,但仍在个人主观感受范围内而非带有明显恶意的侮辱。

综合以上分析,汪峰上诉认为"赌坛先锋"一词系韩炳江对其个人的侮辱和诽谤的上诉理由,本院不予采信。

汪峰上诉认为截至原审法院审结本案时,涉案微博的点赞量和阅读量很高,由此可以看出因涉案微博的不良影响造成了自己的社会评价降低。结合上文中的分析,本院以为,韩炳江所发布的微博中称汪峰为"赌坛先锋"虽有言语不当之处,但并不构成侮辱及诽谤,且根据微博发布人的身份、微博标题与内容,理性的社会人也难以仅凭涉案微博即对汪峰作出否定性评价。值得注意的是,本案系因微博而引发的纠纷,作为具有"自媒体"特性的微博,其特点在于寥言片语、即时表达对人对事所感所想,是分享自我的感性平台,与正式媒体相比,微博上的言论随意性更强、主观色彩更加浓厚,而微博的评论功能中所发表的内容同样具有以上的特点,在判断某言论是否会造成某人社会评价降低时不能单纯以此作为依据,还应结合其他证据综合判断,而在本案中尚无其他证据能够证明汪峰因涉案微博造成其社会评价有所降低,故其该项上诉理由,本院亦不予采信。

综上所述,汪峰要求认定韩炳江发布的涉案微博中"赌坛先锋"一词构成对其名誉侵权的上诉请求,本院不予支持,其据此要求韩炳江赔偿200万元精神损害抚慰金的上诉请求，本院亦不予支持。原审法院认定事实清楚，适用法律正确，依照《中华人民共和国民事诉讼法》第一百七十条第一款第（一）项之规定，本院判决如下：

驳回上诉，维持原判。

一审案件受理费10300元，由汪峰负担（已交纳）；二审案件受理费22800元，由汪峰负担（已交纳）。

本判决为终审判决。

审判长　周　易

代理审判员　张　羽

代理审判员　胡　婧

二〇一六年五月十日

书记员　刘旭萌

案例56：任建民与金凤区公安分局名誉权纠纷二审民事判决书

宁夏回族自治区银川市中级人民法院
民事判决书

（2016）宁01民终876号

上诉人（原审原告）： 任建民，男，汉族，宁夏育才中学教师，住宁夏银川市。

被上诉人（原审被告）： 银川市公安局金凤区分局，住所地宁夏银川市金凤区庆丰街。

法定代表人： 王建荣，该分局局长。

委托代理人： 宋志健，男，汉族，该分局法制科民警，住宁夏银川市。

委托代理人： 周晓宁，男，汉族，该分局政委，住宁夏银川市。

上诉人任建民因名誉权纠纷一案，不服宁夏回族自治区银川市金凤区人民法院（2015）金民初字第3827号民事判决提起上诉，本院依法组成合议庭于2016年6月16日公开开庭审理了本案。上诉人任建民，被上诉人银川市公安局金凤区分局委托代理人宋志健、周晓宁到庭参加诉讼。本案现已审理终结。

原审法院查明，2015年8月23日，原告以"宁夏育才中学任建民老师"用户名在新浪微博#吐槽曝料#上传一段视频，视频谈话内容显示"办案人员暂扣了钱，未给开收据！"请@平安宁夏@平安银川@平安金凤@金凤黄河东路派出所依法处理此事！http：//t.cn/RLFOucr。2015年8月24日，银川党务政务网络平台向被告官方微博"平安金凤"下发了事项督办单要求予以回复。2015年9月1日，被告通过"平安金凤"发布一篇微博名为"关于@宁夏育才中学任建民老师反映问题的回复"并附四张照片，内容为："2015年8月19日15时许，黄河东路派出所接到110指挥中心指令：有人在金凤区检察院案件管控中心接待厅闹事并将办公室物品砸坏。接到报警的民警姜警官、白警官带领协警立即赶到现场调查事情经过。经了解，8月19日14时许，@宁夏育才中学任建民老师到金凤区检察院控申接待科找王检察官询问自己的案件时，因不服检察院工作人员的答复，遂拿起接待室的铁椅子扔向王检察官，王及时躲避，砸到了身后办公桌上的两台电脑显示器，致使两台电脑显示器损坏，随后出警民警将任建民带到派出所。经讯问，@宁夏育才中学任建民老师对其故意毁坏金凤区检察院两台电脑显示器的事实完全承认。金凤区公安分局根据《中华人民共和国治安管理处罚法》第四十九条之规定，决定给予任建民行政拘留十四日的处罚，本人在法律文书上签完字，由姜警官、白警官带@宁夏育才中学任建民老师到候问室等待完善其他法律手续时，@宁夏育才中学任建民老师站在候问室防护栏上无故将天花板及照明灯拉坏，在这种情况下民警再次将任建民带到询问室，在带至询问室过程中，任建民将姜警官右手咬伤，一名协警的左手划伤，为防止发生意外，民警强行将任建民固定在询问椅上。在所有法律手续完备后由两名办案民警送任建民到银川市拘留所，因其患有霍奇金氏淋巴癌（结节硬化型）A期，银川市拘留所不予收押。民警只能将任建民带回所里办理后续法律手续，@宁夏育才中学任建民老师未拿取公安行政处罚决定书直接被家属带回。其间办案民警违规将任建民身上的1800元进行暂扣，未出具任何手续，此问题已由我局纪检委调查处理。（2015年8月28日被纪检委责令办案民警全部退回，其本人微博当即向社会公布。同时分局纪检委对办案民警进行全局通报批评，责令派出所领导进一步强化管理、规范执法、热情服务，提升人民群众的满意度。）2015年8月20日上午任建民到派出所拿处罚决定书时，大声斥责值班人员，由于办案人员外出办案，任建民未能见到办案人员返回。2015年8月21日上午任建民再次到派出所取公安行政处罚决定书，办案民警将公安行政处罚决定书送达任建民，准备给其出具'扣押'清单时，任建民不予签字领取自行离开。2015年8月23日上午任建民再次来到派出所，一进门便大声斥责值班民警（@宁夏育才中学任建民老师微博所发视频），要求出具'扣押'手续，因当日值班民警不是主办此案的民警不了解案情，让他去找办案民警，任建民不听，一边指责值班民警，一边拍摄视频。后找到办案民警，民警为其出具相关法律手续，因对签字时间不满意，@宁夏育才中学任建民老师再次离开。任建民在反映问题过程中，以其患有严重疾病为依仗，目无法律、恣意妄为、故意损毁公私财物、伤害办案民警，扰乱公共秩序，多次煽动、利用网络上不明真相网友的同情心理，严重诋毁公安机关形象，念其有病公安机关多次对其抱以宽容态度，奈何其仍然我行我素，一意孤行，在网络上不断散发不当言论，我局将保留利用法律手段维护自身的形象的权利。"原告认为，被告发布的该微博内容系故意歪曲捏造事实，已侵害其名誉权并造成严重身体、精神损害，故诉至法院，请求：1.判令被告停止侵犯原告名誉权的行为；2.判令被告通过网络微博赔礼道歉，为原告消除影响恢复名誉；3.判令被告赔偿原告精神损失费及其他一切合理费用共计10万元；4.本案诉讼费由被告承担。

原审法院认为，公民享有名誉权，禁止用侮辱、诽谤等方式损害公民的名誉。侵害名誉权的构成要件包括行为人实施了侮辱、诽谤等毁损名誉的行为，行为人的行为造成受害人社会评价降低，该行为与损害结果之间有因果关系，行为人主观上有过错。本案原告主张被告侵害其名誉权，但未提交充分证据证实被告的行为已符合名誉侵权的构成要件，其应承担举证不能的法律后果，对其诉讼请求法院不予支持。依照《中华人民共和国民法通则》第一百零一条、《最高人民法院关于贯彻执行〈中华人民共和国民法通则〉若干问题的意见》第一百四十条及《最高人民法院关于适用中华人民共和国民事诉讼法的解释》第九十条之规定，判决：驳回原告任建民的诉讼请求。案件受理费800元，由原告任建民负担。

宣判后，任建民不服，向本院提起上诉称，一审法院认定上诉人未提交充分证据证实被上诉人行为符合名誉侵权的构成要件系认定错误。上诉人进入检察院的时间为15时08分，公安机关称进入时间为14时，属于公安机关捏造事实，使任建民内心受到很大的伤害，也给网民造成了误导；上诉人任建民没有将凳子扔向检察官而是将凳子扔向了电脑显示器；证据只能证明显示器倒了，没有证据证明显示器坏了；上诉人自始至终未承认过故意损坏电脑显示器，公安机关称任建民承认砸坏电脑显示器属于捏造事实；警官的右手不是带上诉人到讯问室的途中咬伤的，是在讯问室中反拷上诉人的手时被上诉人咬的。综上，本案中被上诉人在网络上公然发布严重不实、恶意信息，语言中还充满威胁，是对上诉人的公然侮辱，将上诉人由于激愤而较为激烈的维权行为说成是依仗重病恣意妄为，自然构成侵权。综上，请求二审法院依法判令：1. 撤销宁夏回族自治区银川市金凤区（2015）金民初字第 3827 号民事判决；2. 支持上诉人上诉请求，判令被上诉人通过网络赔礼道歉，赔偿上诉人精神损失及其他一切合理费用共计 10 万元；3. 判决被上诉人支付一审、二审诉讼费。

被上诉人银川市公安局金凤区分局辩称，上诉人上诉所称与事实不符，被上诉人对上诉人的违法行为依法作出行政处罚，对任建民针对行政处罚所提出的行政复议亦是依法审查并作出回复，而上诉人无视国家法律，对自己在国家机关工作场所故意实施打砸的行为不作反省。综上，恳请二审法院驳回上诉，维持原判。

二审审理中，上诉人与被上诉人均未提交新证据。

二审查明的事实与一审审理查明的事实一致，予以确认。

本院认为，上诉人主张被上诉人侵害其名誉权，但其陈述认可打砸了检察院接待室，也承认咬伤了执法民警，其陈述在细节上虽与被上诉人发布的微博内容存在出入，但其违法的基本事实与微博所在内容一致，被上诉人并不存在故意捏造事实的情形。被上诉人在微博上回复上诉人，系依法履行职责，并不存在恶意侮辱上诉人的故意，故被上诉人的行为并不构成对上诉人名誉权的侵犯。综上，上诉人的上诉理由不能成立，一审判决事实清楚，适用法律正确，程序合法。依照《中华人民共和国民事诉讼法》第一百七十条第一款第（一）项、第一百七十五条之规定，判决如下：

驳回上诉，维持原判。

二审案件受理费 800 元，由上诉人任建民负担。

本判决为终审判决。

审判长　邢雪梅

代理审判员　张建国

代理审判员　张旭霞

二〇一六年七月一日

书记员　陈丽霞

案例57：刘安龙与姜蕾名誉权纠纷一审民事判决书

青岛市市北区人民法院
民事判决书

（2016）鲁 0203 民初 2988 号

原告：刘安龙。
委托代理人：闫伟，山东良捷律师事务所律师。
委托代理人：邢卫华，山东良捷律师事务所律师。
被告：姜蕾。

原告刘安龙与被告姜蕾名誉权纠纷一案，本院受理后，依法组成合议庭，于 2016 年 6 月 22 日公开开庭进行了审理。原告的委托代理人闫伟和邢卫华、被告姜蕾到庭参加诉讼。本案现已审理终结。

原告诉称，被告因与原告信用卡还款纠纷，对原告心怀不满，自 2015 年 11 月 18 日起在新浪微博上以昵称为"青岛第一渣渣刘安龙"的账号持续发布诋毁原告的博文 300 余条，并@各大媒体、政府机构、企业、律师等公司账号，于 2016 年 1 月 23 日 18 时 11 分、31 日 9 时 3 分在青岛新闻网青青岛社区发表了"青岛第一杂碎刘安龙（十斗安隆）""刘安龙（十斗安隆）有认识的吗？"的网帖，另外还在百度贴吧青岛吧以"曝光财色骗子人渣名：刘安龙"的评论回复网帖。被告在上述网帖中歪曲事实，公开原告的姓名、工作单位、家庭住址、手机号码、微信号码等个人隐私，辱称原告为"杂碎""渣渣""人渣""骗子"，辱骂原告"道德沦丧""无耻龌龊""伤天害理"等。新浪微博是著名社交网络平台，百度、青青岛社区也是网络热点，经广泛传播后使得原告社会声誉明显降低，一些不明真相的人通过各种方式指责原告，原告也多次受到领导约谈，原告的工作和生活受到极大影响。故请求判令被告：（1）立即停止侵害原告的名誉权、隐私权；（2）在新浪微博、青青岛社区、百度贴吧发帖向原告道歉、消除影响、恢复原告名誉，时间为 3 个月；（3）向原告赔偿精神损害抚慰金 1 万元，后变更为 5 万元；（4）律师费、公证费、诉讼费由被告负担。

原告对起诉的事实提供了如下证据：1.公证书一份；2.被告发给原告母亲的信息 4 份；3.律师费发票一份。

被告辩称，被告确实在网上发送过关于原告的信息，但被告发送的信息属于事出有因，原告没有良知和道德底线，是打着婚恋幌子的感情骗子。原告于 2015 年 7 月 26 日左右给被告看了手机上的银行催贷信息，称他所有的钱投在即墨啤酒节项目上，要求被告帮忙还款，等项目回款就还钱。被告就替原告还了 1 万多元，事后被告要求还款，但是原告在微信中将被告拉黑并且不恢复，还在微信中辱骂被告。被告在网上发信息时也提前告诉了原告，但是原告毫不在意，还分别于 2015 年 11 月 12 日和 2016 年 5 月 26 日带着社会人员到被告家中威胁。关于原告的诉讼请求，被告同意删除网上的帖子，但是拒绝赔偿和道歉。

被告对答辩的事实提供了如下证据：1.被告与原告之间的短信、微信打印件一宗；2.工商银行、农业银行交易明细各一份。

经审理查明的事实如下：

2015年11月18日起，被告以"青岛第一渣渣刘安龙"的账号在新浪微博上发布博文，内容为"曝光财色骗子人渣名：刘安龙（书法常用：十斗安隆），青岛市人，手机133××××0000，微信号×××，公司地址青岛大青公关顾问有限公司，地址青岛李沧金水路××室。以恋爱为名，被招行警示提醒还款时，求助本人替其还款金额11580￥，支付宝记录为证，其现在死不承认，还各种威胁，无耻无德，必遭报应"，并配发了原告的照片及双方微信的截屏等，@相关媒体、政府机构、企业、律师等账号。2016年1月23日18时11分、2016年1月31日9时3分，被告在青岛新闻网青青岛社区青岛论坛以"心似莲花清风自来"的注册名发表了"青岛第一杂碎刘安龙（十斗安隆）""刘安龙（十斗安隆）有认识的吗？"的网帖，内容与博文相同。2016年3月16日，原告委托律师闫伟向青岛市市中公证处申请证据保全公证，该公证处在百度搜索中输入"青岛刘安龙"进行搜索，对搜索结果及相关网页截屏打印后，于2016年3月1日出具了公证书。以上事实，有原告提交的公证书一份为证，原告还提交了律师费发票一份，证明为公证和本案诉讼支付律师费8000元。原告据此认为被告侵犯了其名誉权和隐私权，要求停止侵权、赔礼道歉、赔偿精神损害抚慰金5万元、赔偿律师费8000元及公证费等。被告同意删除相关微博和网帖，但认为其发布的信息属于对原告的真实描述，不存在对原告的侮辱诽谤，没有损害原告的名誉权和隐私权，故拒绝赔礼道歉和赔偿。

关于原、被告的相识过程及被告发帖的原因，被告在庭审中陈述，双方均为"世纪佳缘"婚恋网站的注册客户，原告于2015年6月23日通过该网站索要了被告的微信号，双方于2015年7月16日第一次见面，2015年7月22日见面时原告就要求被告帮忙还款遭被告拒绝，2015年7月26日左右原告再次要求被告帮忙还款，被告认为双方既然是恋爱的关系就帮原告还款了，累计帮原告还款11580元。后来被告觉得双方之间关系不对，且原告在"世纪佳缘"网站上的注册信息都是假的，如出生信息、在世界五百强工作、离婚没有孩子、月工资2万~5万等，就于2015年11月8日提出分手并且要求原告还款，原告就在微信中把被告拉黑了，被告用手机短信告知原告会在网上发帖揭露，但原告毫不在意，所以被告就在网络上发布了上述网帖，后来还给原告的母亲发过短信。另外，被告还陈述，原告曾于2015年11月12日、2016年5月26日带社会人员到其家中进行恐吓等。因原告未能出庭，本院通知原告的代理人在对原告进行核实后，就被告陈述不实之处出具书面意见，但原告未在本院指定的期限内提交书面意见。

另外，2016年3月24日，姜蕾对上述的11580元以民间借贷纠纷为由将刘安龙起诉至本院，案号为（2016）鲁0203民初3206号，目前该案仍在审理过程中。

本院认为，原、被告均系完全民事行为能力的成年人，通过婚恋网站相识，应当正确处理恋爱关系及恋爱期间的财产关系，分手发生纠纷后应通过合法途径表达自己的诉求，不得用侮辱、诽谤等方式损害对方的名誉。本案中，被告以替原告还贷、追偿未果为由，在新浪微博中注册损害原告名誉的"青岛第一渣渣刘安龙"的博客并发布辱骂原告的博文，在青岛新闻网青青岛社区青岛论坛发布内容相同的网帖，侵害了原告隐私权并导致原告的名誉权遭受损害，应当承担删除网页、赔礼道歉和赔偿原告为此而遭受的财产损失等侵权责任。其中，根据"被侵权人为制止侵权行为所支付的合理开支，可以认定为侵权责任法第二十条规定的财产损失。合理开支包括被侵权人或者委托代理人对侵权行为进行调查、取证的合理费用。人民法院根据当事人的请求和具体案情，可以将符合国家有关部门规定的律师费用计算在赔偿范围内"的规定，参照《山东省律师服务收费标准指导意见》中关于律师代理民事诉讼案件不涉及财产关系的每件收费标准为 1000~10000 元的规定，原告请求赔偿律师费8000 元，符合收费标准的规定，本院予以支持；原告请求赔偿公证费，因未提交公证费票据，本院不予支持；依据"因侵权致人精神损害，但未造成严重后果，受害人请求赔偿精神损害的，一般不予支持"的规定，本案中原告未提交证据证明侵权行为的后果，应视为被告的侵权行为未造成严重后果，故对原告请求赔偿精神损害抚慰金的诉请，本院不予支持。

依照《中华人民共和国民法通则》第一百零一条、第一百二十条、第一百三十四条，《中华人民共和国侵权责任法》第十五条、第二十条，《最高人民法院关于审理利用信息网络侵害人身权益民事纠纷案件适用法律若干问题的规定》第十六条、第十八条，《最高人民法院关于确定民事侵权精神损害赔偿责任若干问题的解释》第八条第一款，《中华人民共和国民事诉讼法》第二百五十三条的规定，判决如下：

一、被告姜蕾停止对原告刘安龙的名誉侵害，于本判决生效之日起十日内，在新浪微博和青岛新闻网青青岛社区青岛论坛网站删除相关博文、网帖并向原告刘安龙赔礼道歉，道歉内容须经本院审核，若被告拒不履行，本院将在上述网站公布判决书，由此产生的费用由被告负担；

二、被告姜蕾于判决生效之日起十日内，向原告刘安龙赔偿律师费 8000 元，如果未按本判决指定的期间履行给付金钱义务，应当加倍支付迟延履行期间的债务利息；

三、驳回原告的其他诉讼请求。

本案案件受理费 500 元（原告已预交），由被告负担。

如不服本判决，可在本判决送达之日起十五日内，向本院递交上诉状，并按对方当事人的人数提出副本，交纳上诉费，上诉于山东省青岛市中级人民法院。

审判长　王杰章

人民陪审员　于美英

人民陪审员　王春叶

二〇一六年七月十四日

书记员　肖莎莎

案例58：徐斌与孔庆东名誉权纠纷二审民事判决书

上海市第二中级人民法院
民事判决书

(2016) 沪02民终4412号

上诉人（原审原告）：徐斌，男，汉族，住上海市普陀区。

被上诉人（原审被告）：孔庆东，男，汉族，住北京市。

委托代理人：赵明，北京红业律师事务所律师。

上诉人徐斌因名誉权纠纷一案，不服上海市普陀区人民法院（2015）普民一（民）初字第4238号民事判决，向本院提起上诉。本院依法组成合议庭进行了审理，本案现已审理终结。

原审法院经审理查明：2015年5月9日12时24分，"@东博书院网站"于新浪微博转发孔庆东《难舍天下众朋友》一文，其中主帖显示："其实很多俗务是可以置之不理的，因为这世上有报不完的恩，复不完的仇，解不完的怨，叙不完的情，更有杀不完的贪官污吏、救不完的百姓黎民。小时候的英雄主义教育应该加以修正，对于我们大多数俗人来说，独善其身都不容易，还谈何兼济天下。""@徐斌82521"于同日12时28分跟帖，内容为："《铡包勉》中包公有段唱词：未正人，先正己，人己一样。望孔和尚好生修为。"孔庆东于同日13时06分回复："我没招你没惹你，没来由的你这个王八蛋凭什么教训你孔爷爷？难道你母亲明天要暴亡吗！"徐斌认为，孔庆东以侮辱性的字眼"王八蛋"来辱骂徐斌，并对同龄的徐斌自称"孔爷爷"，系严重侵害徐斌名誉权，并于"母亲节"前一日诅咒徐斌之母，给徐斌精神造成极大伤害。孔庆东则认为，徐斌多次以恶俗语言挑衅孔庆东，字里行间贬损孔庆东名誉的意思明显，且无故攻击、教训孔庆东，孔庆东无奈之下发起反击，不构成对徐斌名誉权的侵害。徐斌、孔庆东协商未果，故徐斌诉至原审法院，请求判令：一、孔庆东于新浪微博公开发帖道歉，且在未征得徐斌同意前不得自行删除；二、孔庆东赔偿徐斌精神损害抚慰金人民币（以下币种均为人民币）1000元；三、孔庆东支付徐斌公证费1500元；四、本案诉讼费由孔庆东承担。

原审法院审理后认为：根据徐斌当庭陈述及徐斌提供的公证书等材料可知，"徐斌82521"系由徐斌使用之微博账号。徐斌主张孔庆东于新浪微博以恶语诋毁、攻击徐斌，导致其名誉受损。名誉权侵权应系降低当事人社会评价而非自我评价。徐斌主张孔庆东之行为导致其名誉受损，严重降低其社会评价，本案在审理过程中无法认定徐斌主张的前述事实，徐斌亦未提供充足证据证明孔庆东实施了侵害其名誉权的行为及该行为造成了相应的损害后果。就孔庆东表达方式而言，虽有不当之处，但尚不足以使得徐斌社会评价降低，不足以构成对徐斌名誉权的侵害，故对徐斌要求孔庆东赔礼道歉等主张，法院均不予支持。当然，孔庆东作为公众人物，一言一行对大众有着影响，故在今后应注意规范自身言行，并采取正当合法方式表达意见。

据此，原审法院判决：驳回徐斌的全部诉讼请求。原审判决后，徐斌不服，上诉认为：孔庆东在微博跟帖中使用"王八蛋""你母亲明天要暴亡"等言辞对徐斌进行辱骂，孔庆东还针对徐斌自称"孔爷爷"，构成了对徐斌的名誉侵害，故要求二审法院撤销原判，改判支持徐斌在原审提起的诉讼请求。被上诉人孔庆东辩称：孔庆东的跟帖仅是对徐斌所发内容的回击，并无侮辱徐斌的恶意，故要求二审法院维持原判。本院经审理查明，原审法院依据本案在案证据查明的法律事实无误，本院予以确认。

本院认为，徐斌提起本案诉讼主张孔庆东侵害其名誉权，而名誉权是公民或法人所享有的，有关自己的社会评价不受他人侵犯的一种人身权利，是否存在权利人的社会评价遭到贬损的损害后果，是判断能否构成名誉侵权的重要组成要件。本案中，徐斌与孔庆东在系争的微博跟帖互动中发生了言语冲突，但徐斌并未提供证据证明孔庆东发表的跟帖内容导致了徐斌的社会评价降低的损害后果，故尚难以认定孔庆东构成了对徐斌的名誉侵权。同时，本院在此应提醒孔庆东，微博等网络平台具有受众不特定、广泛性等特点，孔庆东作为拥有大量粉丝、有一定影响力的微博博主，在网络平台发表言论时更应注意自身的言词表达和行为方式，采取理性、恰当的方式表达诉求。

综上，依照《中华人民共和国民事诉讼法》第一百七十条第一款第（一）项之规定，判决如下：驳回上诉，维持原判。二审案件受理费人民币 300 元，由上诉人徐斌负担。本判决为终审判决。

审判长　郑　璐

代理审判员　汤佳岭

代理审判员　刘　佳

二〇一六年七月二十七日

书记员　周丽云

案例 59：潘大鹏诽谤罪一审刑事判决书

安徽省阜阳市颍州区人民法院
刑事判决书

(2016) 皖 1202 刑初 157 号

自诉人：丁某 1，男，汉族，1986 年 8 月 3 日出生，户籍地安徽省合肥市蜀山区。

自诉人：储某，曾用名钱某，男，汉族，1972 年 5 月 11 日出生，户籍地安徽省阜阳市颍州区。

自诉人：丁某 2，男，汉族，1965 年 7 月 14 日出生，户籍地安徽省阜阳市颍州区。

自诉人：张某，女，汉族，1967 年 1 月 10 日出生，户籍地同上。

自诉人：丁某 3，女，汉族，1985 年 7 月 14 日出生，户籍地同上。

自诉人：丁某 4，男，汉族，1991 年 2 月 7 日出生，户籍地安徽省蒙城县。

上述六位自诉人共同委托的诉讼代理人：

王国忠，安徽天宽律师事务所律师。

王鹏翔，安徽卫东律师事务所律师。

被告人：潘大鹏，男，汉族，1983 年 3 月 1 日出生，安徽省阜阳市人，户籍地安徽省阜阳市颍东区振兴巷××号。

辩护人：余鸿飞，安徽皖北律师事务所律师。

自诉人丁某 1、储某以被告人潘大鹏犯诽谤罪，于 2016 年 4 月 1 日向本院提起控诉，自诉人丁某 2、张某、丁某 3、丁某 4 于同年 4 月 15 日申请参加诉讼。本院受理后，依法组成合议庭，公开开庭审理了本案。自诉人丁某 1、储某、丁某 2、张某、丁某 3、丁某 4 及其诉讼代理人王国忠、王鹏翔，被告人潘大鹏及其辩护人余鸿飞到庭参加诉讼。本案现已审理终结。

自诉人丁某 1、储某诉称：2016 年 3 月份，阜阳市鑫国会娱乐有限责任公司（以下简称鑫国会）与阜阳市丽丰国会文化娱乐有限公司（以下简称丽丰娱乐公司）因租赁合同产生纠纷。被告人潘大鹏作为鑫国会的法定代表人不满上述纠纷，恶意在阜阳主要网络媒体实名诽谤丁某 1 利用警察职权对其图谋不轨。2016 年 3 月 24 日，被告人再次捏造标题为"占据了安徽阜阳公安局半壁江山的丁某 1 一家"的帖文，其中内容为：丁某 1 等人身为公安干警出于某种动机，栽赃陷害，抢夺他人财产，伙同亲属违法作案，以权谋私，胡乱执法，造成社会影响和百姓损失极大。阜阳创伤医院被指以钱某（指储某）为首，对患者进行威胁、恐吓甚至殴打，与当地卫生部门一些领导狼狈为奸，再有公安 110 做后盾，做假伤情鉴定等。

自诉人丁某 2、张某、丁某 3、丁某 4 诉称：2016 年 3 月以来，潘大鹏不断恶意捏造对自诉人的虚假信息。信息标题为：潘大鹏举报安徽阜阳市公安局刑警支队丁某 1 最新材料。

其中内容为：丁某2凭着子女们在当地的势力，为虎作伥，鱼肉百姓，不可谓为"阜阳一霸"。丁某2身为党员，机关干部，谋夺他人财产，依仗子女势力，欺压百姓，胡作非为。丁某2之妻张某系安徽中天司法鉴定中心的法人代表，丁家利用其鉴定中心出具假伤情鉴定报告。丁某3之女丁某3在110指挥中心期间，阜阳市创伤医院多次发生医患群体事件，但都是袒护医院一方。丁某4曾经以检举吸毒的名义到省第七巡视组诬陷鑫国会娱乐会所和酒吧，因查检举不实，2015年6月，又多次纠集残疾人到工商局威胁领导搞跳楼，到颍州区文广新局、颍州区环保局等单位闹事，到相关主管部门无理取闹，影响行政事业单位正常办公。

上述信息在搜狐公众平台、凤凰资讯等网站散播，给自诉人的人格、名誉和精神造成不良影响。

自诉方为证实所指控的犯罪事实，提供了相关书证、证人证言（系自诉方申请证人出庭作证）、被告人在公安机关的供述、电子数据等证据予以佐证。要求按《中华人民共和国刑法》第二百四十六条之规定，追究潘大鹏犯诽谤罪的刑事责任。

被告人潘大鹏辩称：其对自诉状指控的事实有异议，其作为鑫国会的法定代表人，只是实名举报，没有上网传播，不存在诽谤行为。辩护人提出的辩护意见是：1.自诉方所举证据不能证明网上散播的材料是被告人本人上传。2.潘大鹏在公安机关的询问笔录说到在凤凰网上传举报材料，事实上在凤凰网这些大网站，一般人不可能实名举报，都是由记者制作材料，潘大鹏当庭对其当时为什么说在凤凰网上传过材料作出了解释，潘大鹏在公安机关所说的内容和客观事实不符。3.潘大鹏投诉的材料和网上的材料，是一种检举行为，恶意诽谤和检举失实不同。4.潘大鹏制作的两份材料，不能证实内容指向储某；不存在对丁某2捏造事实；侵害对象是鉴定中心，没有损害张某本人名誉；从文章题目来看不存在诽谤丁某3，内容也只是一种检举行为。综上，自诉人的自诉不能成立。

经审理查明：2016年3月，阜阳市鑫国会娱乐有限责任公司与阜阳市丽丰国会文化娱乐有限公司因租赁合同产生纠纷。被告人潘大鹏作为鑫国会的法定代表人因此对丁某1产生怨愤。并在其"鑫国会潘大鹏"的微博上发布"占据了安徽阜阳公安局半壁江山的丁某1一家""生前有万金、死后全归土·光天化日下：安徽阜阳鑫国会财务被抢的真相仍未大白·继几天前网曝了一篇名为占据了安徽阜阳公安局半壁江山的丁某1一家"文章，于2016年3月24日在凤凰网发布《占据了安徽阜阳公安局半壁江山的丁某1一家》文章，并分别在搜狐公共平台、百度等多个网站、论坛发表《占据了安徽阜阳公安局半壁江山的丁某1一家》《潘大鹏实名举报安徽阜阳市公安局刑警支队丁某1最新材料》《光天化日：阜阳鑫国会财务被抢的真相仍未大白·本人潘大鹏实名举报安徽阜阳市公安局刑警支队丁某1最新材料》《谁是谋夺安徽阜阳鑫国会的幕后黑手·本人潘大鹏实名举报安徽阜阳市公安局刑警支队丁某1最新材料》等文章。散布诽谤自诉人的言论：丁氏一家谋夺公民财产，丁某1兄弟以权压法，滥用职权；阜阳创伤医院被指丁某2是幕后老板，该医院以钱某（指自诉人储某）为首，对患者进行威胁、恐吓甚至殴打，与当地卫生部门一些领导狼狈为奸，再有公安110做后盾，做假伤情鉴定等；自诉人丁某2身为党员、机关干部，凭着子女们在当地的势力，欺压百姓，胡作非为，为"阜阳一霸"；自诉人丁某1等人身为公安干警出于某种动机，栽赃陷害，抢夺他人财产，伙同亲属违法作案，以权谋私，胡乱执法，造成社会影响和百姓损失极大；丁某2之妻张某系安徽中天司法鉴定中心的法定代表人，丁家利用其鉴定中心出具假伤情鉴定报告；丁某2之女丁某3在110指挥中心期间，阜阳市创伤医院多次发生医患群体事件，其都是袒护医院一方；丁某1指使其堂弟自诉人丁某4以检举吸毒的名义到省第七巡视组诬陷鑫国会娱乐会所和酒吧，又多次纠集残疾人到工商局威胁领导搞跳楼、到颍州区环保局等单位闹事、到相关主管部门无理取闹，影响行政事业单位正常办公。被告人的一系列文章在信息网络上发表后被转发并被多次点击、浏览，总数达几十万次。

上述事实，有下列经庭审举证、质证的证据证实：

1. 身份证复印件，证明自诉人的身份情况。

2. 颍州区文峰街道办事处桃园社区居民委员会出具的证明，证明其社区居民储某，身份证号码34××××××15，住颍州区××号，小名"钱某"。

3. 阜阳市公安局网络安全保卫支队复函，证明（1）新浪微博用户"鑫国会潘大鹏"（微博UID：18×××××45）于2016年3月4日14：59—16：53共计发布4篇博文，仅涉及其公司财物被不明身份的社会人员拉走，乞求领导、政府帮助的内容，该博文被转发、评论。（2）经搜索，凤凰网于2016年3月24日刊发的《占据了安徽阜阳公安局半壁江山的丁某1一家》帖文已被删除，使用关键词"占据了安徽阜阳公安局"进行微博搜索，发现有网民在新浪微博转发分享了凤凰网关于《占据了安徽阜阳公安局半壁江山的丁某1一家》帖文记录。

4. 颍州区环境保护局阜州环法〔2015〕5号行政处罚决定书，证明鑫国会娱乐会所于2014年6月投入运营，该项目未依法报批环境影响评价文件、未执行环保"三同时"制度。该局于2015年6月26日对鑫国会作出行政处罚：责令鑫国会娱乐会所项目停止使用；罚款六万元。

5. 颍州区市场监督管理局责令改正通知书，证明2015年8月3日，该局以鑫国会从事KTV经营取得营业执照，但未依法取得许可证或者其他批准文件，责令鑫国会于2015年9月3日前改正上述行为。

6. 从凤凰资讯下载的相关文章截图及光盘，即2016年3月24日发布的《占据了安徽阜阳公安局半壁江山的丁某1一家》文章，下面附有（1）阜阳市公安局文峰路派出所分别于2016年3月3日、2016年3月11日受理鑫国会财物被抢和其金字招牌被盗一案的受案回执；（2）鑫国会于2015年4月13日写给阜阳丽丰集团领导的情况说明；（3）潘大鹏的身份证复印件，该复印件上有潘大鹏的签名、指纹和电话号码；（4）本人潘大鹏实名举报安徽阜阳市公安局刑警支队丁某1·《公安"110"被丁某1全黑了》文章，该篇文章有潘大鹏的签名、指纹、身份证号码和电话号码。

7. 中华人民共和国安徽省阜阳市惠颍公证处分别于2016年3月28日、4月8日、4月19日、4月20日出具的公证书，中华人民共和国北京市东方公证处于2016年4月8日出具的公证书，证明百度、搜狐、中国改革传媒等多家网站，及有关贴吧发布有《占据了安徽阜阳公安局半壁江山的丁某1一家》（内容同2016年3月24日凤凰资讯发布的该篇文章）、《潘大鹏举报安徽阜阳市公安局刑警支队丁某1最新材料》、《潘大鹏实名举报安徽阜阳市公安局刑警支队丁某1最新材料》、《谁是谋夺安徽阜阳鑫国会的幕后黑手·本人潘大鹏实名举报安徽阜阳市公安局刑警支队丁某1最新材料》、《光天化日：阜阳鑫国会财务被抢的真相仍未大白·本人潘大鹏实名举报安徽阜阳市公安局刑警支队》的文章。东方公证处公证了微博名"鑫国会潘大鹏"发表的微博，其中3月28日发表了"占据了安徽阜阳公安局半壁江山的丁某1一家"博文；4月5日发表了"生前有万金、死后全归土·光天化日下：安徽阜阳鑫国会财务被抢的真相仍未大白·继几天前网曝了一篇名为'占据了安徽阜阳公安局半壁江山的丁某1一家'，刊登后，引发社会空前反响，在社会舆论的压力下，举报人潘大鹏再次列举了"博文。

8. 顺丰速运快递单存根，快递单收件人显示寄送日期分别为3月3日、3月9日、6月8日，收件人分别是省、市有关单位和领导，没有显示寄送物品的名称。

9. 证人潘悦出庭证言（被告方申请）：其是鑫国会的股东，潘大鹏是其侄子，鑫国会租赁丽丰的房子是其和王某去谈的，丁某1是房东的女婿，开始没有参加，合同签订后，知道他的厉害，开始和他接触，请他吃饭，找人打招呼。鑫国会于6月10日开业，投资将近1600万元，正常经营不到六个月，丁某1指使他老表举报鑫国会涉黄赌毒，这些从张鹏的微信可以看到。出现问题后其和王某找丁某1谈过，没有用。他说其是开4S店的，做不起来这生意，给500万元让我们走。其知道潘大鹏实名举报丁某1，内容就是网上的内容，但是他没有本事把材料上传至网上。

10. 证人王某出庭证言（被告方申请）：其是鑫国会的负责人，没有投资。鑫国会于2016年元月17日关门，正常经营不到三个月。其负责期间，经常有人捣乱，还有相关工商部门去查，是房东女婿丁某1指使。有一次发现周围都有电，就鑫国会停电，其和财务经理去二楼办公室找丁某1，当时丁某4和李顺在，问电是怎么回事，然后丁某1让李顺把电送上。他说其和潘悦关系好，是否知道潘悦想要多少钱，说其要是潘悦五百万元就卖了。其和范某到丽丰交涉过，没有说法，当时找赵永林，他说不负责，要找谢总，谢总说丁某1的事，他问不了。张鹏是朗庭酒店的投资人，鑫国会被查期间去了投诉的单位，他们说张鹏带着一帮人来闹，投诉我们。

11. 证人范某出庭证言（被告方申请）：鑫国会经营前期由王某负责，后牵扯到停电、被查，他解决不了，其才介入。他们涨电费，其去丽丰集团反映；派出所去查，其跟派出所解释。张鹏带着一群人到环保局举报扰民问题，后来查明不扰民，当地社区也出具证明。其知道潘大鹏举报的事情，因为干不下去了。后有人到鑫国会撬门、搬东西，其中有丁某4、常月利、张鹏，总共撬了三次门，派出所出警，他们又把派出所的锁撬开。

12. 证人李某出庭证言（自诉方申请）：丁某1是其表侄子，其在180个网站上看到大量涉及创伤医院和丁某1等内容的帖子，文章有侮辱人格的地方，其出于正义，让天骄文化传媒公司搞网络的闫某把所有网站上的文章都截图保存，制成光盘，其中包括《占据了安徽阜阳公安局半壁江山的丁某1一家》的帖文。其知道是潘大鹏所发，因为文章上有潘大鹏的名字和手印，公安机关的回证。其上过潘大鹏的微博，最早在他的微博上看到这些文章，后来就没有了。

13. 证人闫某出庭证言（自诉方申请）：其是阜阳天骄文化传媒公司的运营总监，和李某是朋友，对网络熟悉。2016年3月26日，其将凤凰资讯网上《占据了安徽阜阳公安局半壁江山的丁某1一家》的文章，还有其他文章从187个网站上截图，分几次保存到电脑硬盘上，6月将截图保存到U盘和光盘上，其是知道内容后进行截图。凤凰网是一个综合性的大网站，下面有资讯、军事等小网站，小栏目就没必要显示网这个字，凤凰资讯和凤凰网资讯是一回事，域名一样。3月24日凤凰网有上述文章的帖文，现在被删除了。

14. 被告人潘大鹏于2016年4月13日在阜阳市公安局的供述和辩解：其是鑫国会的法

人代表，2016年3月1日向公安机关的投诉信和3月29日在公安部12389网上的举报信是其写，举报信中提到丁某1指使他人抢劫其公司财物的依据是听丽丰一品的常月利和其公司的股东王某对话提到，有录音，常月利说他做不了主，要听丁某1的。材料中提到丁某2的女儿丁某3在指挥中心当民警，在多次医患事件中袒护医院，其没有具体的依据，可以查指挥中心2005年至2015年的接警记录。材料中说创伤医院出具假伤情鉴定报告，把轻伤做成重伤，其没有具体依据，听说创伤医院的安徽中天司法鉴定中心做了大量假伤情鉴定，请公安机关对中天的鉴定进行复查。2016年3月24日凤凰网上发布的《占据了安徽阜阳公安局半壁江山的丁某1一家》文章和公安机关的受案通知书是其上传，因为其担心丁某1一家都在公安机关，害怕鑫国会的事得不到公正处理。

潘大鹏在庭审中的供述和辩解：2014年鑫国会租赁丽丰国会文化集团的房子经营，其是法定代表人，2014年签订租赁合同，租赁期7年，一楼是酒吧，二楼是KTV，2014年6月10日开业，2016年元月份关门。关门的原因是有人恶意控告，公安局、派出所、市场监督局、工商局等都去检查执法，遭到举报时基本每天都去，是房东丁某1想把其挤走，其好多事情都是和丁某1协商。其公司的问题向有关部门举报过，到省公安厅还有其他部门检举过，举报的内容就是网上的那些内容，文章有其的签名和手印，但是其没有把举报材料上传至网上，其是实名举报，请相关部门处理事情。其微博名是"鑫国会潘大鹏"，其在微博上发过举报材料，但是内容不是捏造事实，也没有将文章向其他网站张贴。受案回执和身份证在其手中，不知道其举报材料为什么出现在网上。其没有直接证据证明其举报材料反映的问题。

公安机关对其问话时，其承认向凤凰网传播过，是因为鑫国会被哄抢之后，公安机关一直没有人问，不给立案，其告了一个月，后来警察找其问话，其认为有人过问这事了，然后其认为凤凰网是个有影响力的网站，想让公安机关重视，说是其上传的。实际上，凤凰网是个大网站，其没有能力将文章发到网上。

本院认为：被告人潘大鹏为泄私愤，捏造事实在网络上散布虚假信息，损害他人人格，破坏他人名誉，情节严重，其行为已构成诽谤罪。自诉人关于被告人的行为构成诽谤罪的主张，本院依法予以支持。关于被告人提出其系实名举报，没有上网传播的辩解，及其辩护人提出没有证据证明网上散播的材料是被告人上传的辩护意见。经查，北京市东方公证处公证的"鑫国会潘大鹏"的微博发布的文章标题印证了被告人在庭审中供述，即其在其微博上发布了举报自诉人材料；另证人闫某和李某的出庭证言、凤凰资讯截图、阜阳市公安局网络安全保卫支队出具的复函，印证了2016年4月13日潘大鹏在阜阳市公安局的供述，即2016年3月24日凤凰网发布的《占据了安徽阜阳公安局半壁江山的丁某1一家》和公安机关的受案通知书是其上传。且网络发布的文章不仅附有潘大鹏的身份证复印件，而且有其本人签名、摁指纹。虽然潘大鹏提出其曾通过快递将检举材料分别寄给省、市有关单位和领导，但是其举证的特快专递回执并没有显示其寄送的材料名称，也没能举出这些单位和领导将举报材料发布到网上的证据。综上，应认定网络上发布诽谤自诉人的文章系直接或间接出自被告人之手，网民点击、浏览、转发的文章的始作俑者是被告人。故对被告人及其辩护人的此节意见，不予采纳。对辩护人提出潘大鹏的行为是一种检举行为，恶意诽谤和检举失实不同，潘大鹏制作的两份材料对自诉人储某、丁某2、张某、丁某3不存在诽谤行为的辩护意见，因被告人在没有任何证据证明的情况下，凭借主观臆测在网上散布有损于他人人格、名誉的文章，其行为与善意的检举、揭发、批评中有不实成分显然不同，潘大鹏在网上发布材料的内容对自诉人构成诽谤，事实清楚，应以诽谤罪论处。故对辩护人的此节辩护意见，不予采纳。根据被告人的犯罪行为、性质和情节，经本院审判委员会讨论决定，依照《中华人民共和国刑法》第二百四十六条第一款、《最高人民法院、最高人民检察院关于办理利用信息网络实施诽谤等刑事案件适用法律若干问题的解释》第一条第一款第（一）项、第二条第（一）项之规定，判决如下：

被告人潘大鹏犯诽谤罪，判处有期徒刑一年零六个月。

（刑期从判决执行之日起计算。判决执行以前先行羁押的，羁押一日折抵刑期一日。）

如不服本判决，可在接到判决书的第二日起十日内，通过本院或者直接向安徽省阜阳市中级人民法院提出上诉。书面上诉的，应当提交上诉状正本一份，副本二份。

审判长　王金云
审判员　尤　玲
人民陪审员　王　炯
二〇一六年七月二十八日
书记员　程　橙

案例60：刘擎与黎雨馨名誉权纠纷二审民事判决书

北京市第二中级人民法院
民事判决书

（2016）京02民终5502号

上诉人（原审原告）： 刘擎，女。
上诉人（原审被告）： 黎雨馨，女。
委托代理人： 王大利，北京兴昉律师事务所律师。

上诉人刘擎、黎雨馨因名誉权纠纷一案，不服北京市丰台区人民法院（2015）丰民初字第25908号民事判决，向本院提起上诉。本院依法组成合议庭审理了本案，现已审理终结。

2015年12月，刘擎起诉至原审法院称：我是受人尊敬的资深投资人士，使用新浪微博"金融玫瑰"账户并实名认证，现有粉丝超过20万人，长期深入进行投资者教育，拥有良好的声望和广泛的影响力。黎雨馨是新浪微博账号×××"×××"的使用人，并经加V实名认证（后畏罪撤销），认证时户籍姓名为黎桂华，后于2013年变更为黎雨馨，身份证号码不变，指向同一自然人主体。黎雨馨发布多条涉案微博，多次辱骂我"贱货""卑贱""找死的诉棍谣棍"等侮辱性语言，捏造事实说我"长期侮辱诽谤他人""欺骗法庭"，对我人格长期进行公然侮辱，使我名誉受到严重损害，社会评价降低，我已经出现多种疾病，无法正常工作、生活和婚恋，我的名誉权受到侵害。故为了维护我的合法权益，诉至法院要求：一、判令黎雨馨立即删除所有侵权内容，在新浪微博首页醒目位置和《人民法院报》连续7日刊登向我赔礼道歉的声明，道歉内容须经我认可和法院审核；二、判令黎雨馨赔偿我精神损失费10000元、律师咨询费5000元、交通费200元、调查费2500元、维权成本（光盘费）25元，并承担本案诉讼费用。

黎雨馨辩称：2014年7月18日刘擎在北京市海淀区人民法院（下称海淀法院）以名誉权纠纷起诉我，现在又以同样的事实理由起诉我，事实相同，诉讼请求同一，是同一案件，要求法院驳回起诉。刘擎所述"贱货""卑贱"在刘擎向海淀法院提交的有关于"钱冉蔓佳"的证据中有类似的说法，如"主贱、主大贱！你没贵不是最不要做主贱损面的事吗""标准的浪费司法资源的诉棍"，我认为这是同一事实。

原审法院经审理认为：公民的人格尊严受法律保护，禁止用侮辱、诽谤等方式损害公民的名誉。任何人不得利用网络服务系统发布含有侮辱或者诽谤他人、侵害他人合法权益的信息。因刘擎与黎雨馨在海淀法院名誉权纠纷一案中并未涉及本案涉诉微博内容，故黎雨馨辩称两个案件系同一事实、同一诉求，应当驳回起诉的辩解理由，法院不予采信。黎雨馨在其新浪微博账户"×××"上发表的关于刘擎的"谣棍诉棍""卑贱""贱货"带有人身侮辱、贬损性的语言，已经超出了对个人的正常评论，具有侮辱、诽谤性质，侵犯了刘擎的名誉权，故黎雨馨应当对其发布的上述帖子承担侵权赔偿责任，向刘擎赔礼道歉，并赔偿其一定的精神损害抚慰金，具体形式及数额由法院根据黎雨馨的过错程度、侵权情节、相关微博的影响范围等因素依法予以确定。刘擎主张的交通费、光盘费合法有据，黎雨馨亦予以认可，法院对此不持异议。刘擎主张的律师咨询费、调查费，未提供证据佐证，法院不予支持。据此，原审法院于2016年3月判决：一、黎雨馨于判决生效后七日内在其新浪微博"×××"（×××：//×××）首页置顶位置连续二日发布致歉声明，向刘擎赔礼道歉（致歉声明内容须通过法院审查，如逾期未履行上述判决义务，将由法院在全国范围内公开出版发行的报刊上登载判决书主要内容，费用由黎雨馨负担）；二、黎雨馨于判决生效后七日内赔偿刘擎精神损害抚慰金五百元；三、黎雨馨于判决生效后七日内赔偿刘擎交通费二百元；四、黎雨馨于判决生效后七日内赔偿刘擎合理维权成本二十五元；五、驳回刘擎的其他诉讼请求。如果未能按判决指定的期间履行给付金钱义务，应当依照《中华人民共和国民事诉讼法》第二百五十三条之规定，加倍支付迟延履行期间的债务利息。

判决后，刘擎、黎雨馨均不服，向本院提起上诉。

刘擎的上诉请求为：改判黎雨馨赔偿我精神损害抚慰金10000元，律师咨询费、调查费5000元，并承担全部诉讼费用。主要上诉理由：原审适用法律错误，对精神损害赔偿的自由裁量违反司法解释规定，也远低于全国各地类似案例；我提出的5000元律师咨询费和调查费于法有据；本案中从双方过错来看，我完全无过错，黎雨馨完全过错，诉讼费是我维权的合理支出，既然认定黎雨馨侵权成立，诉讼费应由黎雨馨负担。

黎雨馨的上诉请求为：撤销原审判决，改判或发回重审。主要上诉理由：刘擎提交的"×××"微博打印件及光盘，其内容并没有进行公证，真实性无法认定，原审判决在事实真实性无法认定的情况下，应当作出证据不足、驳回起诉的判决；本案与刘擎在海淀法院起诉我名誉权侵权，是同一个诉讼客体，都是名誉，相同诉讼请求，是同一案件，不能分开、多次起诉，原审法院应当驳回起诉。

经审理查明：昵称"金融玫瑰"系刘擎的个人新浪微博账号（×××：//×××）。昵称"×××"系黎雨馨的个人新浪微博账号（×××：//×××）。

原审中，刘擎提交"×××"微博打印件以及保存有微博网页、截图的光盘，内容为：1.2014年11月20日9：30："刘擎居然敢拿一个马甲就说是我，然后起诉，公然欺骗法庭。本人律师已经在处理民事诉讼部分，民事结案之后提起刑事诉讼，哼，找死的诉棍谣棍//@深夜走过长安街001：居然敢拿一个马甲就说是我，然后起诉，这不……公然蒙骗法庭吗！俺当庭反诉其诬告，下一步即刻再提起刑事诉讼。……不是想玩吗，来吧！"2.2015年3月4日14：49："晒晒卑贱者的卑贱灵魂，自导自演，对本姑娘及工作过的公司及上司造谣侮辱诽谤。已被依法提起诉讼……"文字下方附有"金融玫瑰"发表的评论的截图。3.2015年3月4日15：05，"×××"转发上述同日14：49发表的评论，并附评论"本人从未在国投中基工作过，甚至在看到贱货的谣言帖之前，从未听说过这个叫国投中基的公司。而且该公司已于2013年7月进行企业名称变更，而贱货的所谓国投中基的声明盖章居然是在该企业已经变更名称之后的半年，这符合工商法吗？"黎雨馨表示该证据未经公证，对真实性不予认可。经本院释明，黎雨馨不申请对上述证据进行鉴定。

原审中，刘擎提交交通费票据 11 张，拟证明其支出交通费 200 元，黎雨馨对此予以认可。刘擎还提交购买光盘的发票 1 张，拟证明其支出维权成本 25 元，黎雨馨对此予以认可。

另查，2015 年 12 月 10 日，海淀法院就刘擎诉黎雨馨名誉权纠纷一案作出一审判决，该案并未涉及本案中的 3 条微博内容。经核实，上述 3 条微博现已删除。

本院审理中，刘擎提交增值税发票一张，记载开票日期 2016 年 3 月 16 日，货物或应税劳务、服务名称为咨询费，金额 5000 元，购买方刘擎，销售方为广东君言律师事务所。黎雨馨对于刘擎主张的 5000 元律师咨询、调查费用不予认可，认为只凭一张发票不能证明与本案有关系，双方之间就有好几个案子，不能证明这是本案的律师费、调查费。

上述事实，有双方当事人陈述、微博打印件、光盘、发票、交通费票据、民事判决书等证据在案佐证。

本院认为：昵称"×××"系黎雨馨的个人新浪微博账号。本案中刘擎主张黎雨馨发表的微博内容侵犯其名誉权并提交"×××"微博打印件以及保存有微博网页、截图的光盘为证。虽然黎雨馨上诉主张上述证据未经公证，对证据不予认可，但经本院释明，黎雨馨不申请对上述光盘保存的微博网页、截图等证据进行鉴定，黎雨馨也不能提供反驳证据，故本院对于刘擎提交的上述证据的真实性予以认定，对黎雨馨的上述意见不予采纳。

黎雨馨上诉主张本案与刘擎在海淀法院起诉黎雨馨名誉权纠纷案是同一个诉讼客体，是同一案件，不能分开、多次起诉，法院应当驳回起诉。需要指出的是，在黎雨馨所述的另案中法院并未对本案涉及的三条微博内容进行处理，刘擎就此提起本案诉讼，符合法律规定的起诉条件，黎雨馨要求法院驳回刘擎本案起诉，没有依据，本院不予支持。

黎雨馨发表微博关于刘擎"谣棍诉棍""卑贱""贱货"的内容，带有人身侮辱、贬损性质，侵犯了刘擎的名誉权，黎雨馨应当承担相应的侵权责任，原审法院考虑到黎雨馨的过错程度、侵权情节、相关微博的影响范围等因素，判令黎雨馨向刘擎赔礼道歉并赔偿刘擎精神损害抚慰金 500 元，并无不妥。刘擎上诉要求黎雨馨赔偿其精神损害抚慰金 10000 元，依据不足，本院不予支持。刘擎上诉另要求黎雨馨赔偿其律师咨询、调查费用 5000 元，但是根据其提交的咨询费发票尚不足以证明该笔费用的支出与本案之间的关联性，故本院对于刘擎的该项上诉请求，不予支持。原审判令黎雨馨赔偿刘擎交通费 200 元、合理维权成本 25 元，并无不妥，本院予以维持。

关于案件受理费，本案系名誉权纠纷，在进行案件受理费的分担时，除了考虑诉讼请求中损害赔偿部分获得法院支持的情况以外，还应当考虑侵权行为是否成立、是否应当承担民事责任，本案中黎雨馨被认定构成侵犯名誉权，并应承担赔礼道歉等民事责任，故本院确定由黎雨馨负担较多的案件受理费，原审判决对此处理不妥，本院予以纠正。

综上，根据《中华人民共和国民事诉讼法》第一百七十条第一款第（一）项之规定，本院判决如下：

驳回上诉，维持原判。

一审案件受理费 300 元，由刘擎负担 100 元（已交纳），由黎雨馨负担 200 元（于本判决生效之日起7日内交纳至原审法院）；二审案件受理费300元，由刘擎负担100元（已交纳），由黎雨馨负担200元（已交纳）。

本判决为终审判决。

审判长　李蔚林

审判员　何江恒

代理审判员　赵胤晨

二〇一六年七月二十九日

书记员　祝　石

案例61：洪振快与葛长生名誉权纠纷二审民事判决书

北京市第二中级人民法院
民事判决书

（2016）京02民终6272号

上诉人（原审被告）： 洪振快，男。
委托代理人： 周泽，北京泽博律师事务所律师。
被上诉人（原审原告）： 葛长生，男。
委托代理人： 赵小鲁，北京市赵晓鲁律师事务所律师。
委托代理人： 王立华，男，原总参政治部退休干部，现任保定狼牙山红色文化发展研究会副会长，住北京市西城区。

上诉人洪振快因与被上诉人葛长生名誉权、荣誉权纠纷一案，不服北京市西城区人民法院（2015）西民初字第27841号民事判决，向本院提起上诉。本院于2016年7月13日立案后，依法组成合议庭，公开开庭进行了审理。上诉人洪振快及其委托代理人周泽，被上诉人葛长生之委托代理人赵小鲁、王立华到庭参加诉讼。本案现已审理终结。

2015年8月，葛长生起诉至一审法院称：2013年8月27日，张姓网民在网络公开发表歪曲狼牙山五壮士的言论，造成不良的社会影响。经公安机关侦查，张姓网民承认自己虚构信息、散布谣言的违法事实，公安机关依法对其予以行政拘留7日。2013年9月9日，洪振快针对上述事实，在财经网公开发表《小学课本〈狼牙山五壮士〉有多处不实》一文，称"越秀警方以虚构信息、散布谣言的罪名直接抓人，这开了一个谈论历史有可能获罪被抓的先河"。该文迅即被多个网站转载。其后，洪振快又在《炎黄春秋》2013年第11期杂志上发表了《"狼牙山五壮士"的细节分歧》一文。该文不顾狼牙山五壮士英勇抗击日寇，为掩护老百姓和主力部队转移，主动将日寇引上与主力部队撤退方向相反的山峰绝路，且战且退，直至退至狼牙山绝顶，最后弹尽毁枪，高呼口号，英勇跳崖，慷慨就义的事实，而是用隐晦阴暗的手法，通过所谓考据历史名义或者假借网民、红卫兵之口等手段，引用不同信息来源细节表述上的微小差异，以断章取义、主观推断和故意误导等方式，污蔑、抹黑狼牙山五壮士。其言：狼牙山五壮士不是五个人，是六人，其中一人中途当了汉奸；五壮士不是掩护老百姓和主力部队，只是追赶主力部队；五壮士不是跳崖，其中二人是溜下山坡；五壮士战斗期间拔地里萝卜，违反三大纪律等。洪振快的微博和文章言论，肆意抹黑狼牙山五壮士，在社会上产生了恶劣的负面影响。

葛长生认为，狼牙山五壮士的英雄事迹，早在抗日战争年代就广为流传。1943年晋察冀军区授予五名战士"狼牙山五壮士"荣誉称号。狼牙山五壮士，是中国人民解放军的英雄，是中国共产党的英雄，是中华民族的英雄。狼牙山五壮士的英名，绝不允许侮辱诽谤。侮辱诽谤狼牙山五壮士英雄名誉，就是侮辱诽谤中国人民解放军，侮辱诽谤我们社会主义国家，侮辱诽谤我们中华民族。洪振快以历史细节考据、学术研究为幌子，以细节否定英雄，企图达到抹黑狼牙山五壮士英雄形象和名誉，进而否定中国革命斗争史，否定共产党领导和社会主义道路的历史必然性，是典型的历史虚无主义手法，也是近几年，一股历史虚无主义的阴暗势力，系统抹黑中华民族英雄计划的一部分。

葛长生依据宪法第三十八条"中华人民共和国公民的人格尊严不受侵犯。禁止用任何方法对公民进行侮辱、诽谤和诬告陷害"之规定和《中华人民共和国侵权责任法》等相关法律及司法解释的规定提起如下诉讼请求：1. 判令洪振快立即停止侮辱、诽谤、侵犯葛振林等狼牙山五壮士的民族英雄名誉；2. 判令洪振快在其新浪微博上公开道歉，并在《人民日报》、《解放军报》、《中国日报》、人民网、新浪网、搜狐网、财经网公开向葛长生赔礼道歉，消除影响，并向葛振林等狼牙山五壮士在天英灵登报谢罪。

洪振快在其参加的一审庭前会议及庭审过程中，针对葛长生的起诉内容，辩称：洪振快不能确定葛长生与葛振林的关系。如果葛长生不是葛振林之子，其不具备诉讼主体资格。王立华与保定狼牙山红色文化发展研究会（以下简称研究会）没有任何法律关系，其作为葛长生委托代理人，不符合民事诉讼法的相关规定，其代理资格应认定无效。葛长生的第一项诉讼请求没有事实根据，洪振快所发表的文章是学术文章，没有侮辱性的言词，且这些文章每一个事实的表述都有相应的根据，而不是自己凭空捏造或者歪曲了史实，不构成侮辱和诽谤。葛长生在起诉书中也没有指出洪振快发表的文章哪一处不真实，哪一处有侮辱性的语言，因此不构成对葛长生名誉权的侵害。进行历史研究的目的是探求历史真相，行使的是宪法赋予公民的思想自由、学术自由、言论自由权利，任何人无权剥夺。针对葛长生的第二项诉讼请求，洪振快认为，只有在洪振快发表的文章存在侮辱、诽谤侵权的情形下，才可能产生侵权的后果，由于洪振快发表的文章不存在侮辱和诽谤，因此不存在向谁道歉的问题。葛长生要求洪振快向五壮士在天英灵登报谢罪的诉讼请求，没有任何法律根据。葛长生起诉书中所述事实和理由，是一种意识形态领域观点的表达，更多的是对洪振快写作目的、写作动机的一厢情愿的推断和主观臆测，没有事实依据。洪振快不同意葛长生的全部诉讼请求。

一审法院认定的事实为：葛振林、宋学义分别曾系八路军晋察冀军区第一军分区一团二营七连六班副班长和战士。

1940年秋，我八路军发起了著名的"百团大战"，晋察冀边区军民积极参战，粉碎了华北日军对我八路军的"囚笼"政策。日军战略后方产生极大恐慌，其迅速灭亡中国的阴谋破产。为巩固其所谓战略后方，从1941年起，驻华北日军司令长官冈村宁次多次组织日伪军对我易县、涞源、涞水等抗日根据地进行报复性"扫荡"。1941年9月下旬，驻华北日军高见部纠集3500名日伪军，完成了对我狼牙山根据地的铁壁合围，在包围圈中，有当地群众和部分政府机关人员、八路军部分非战斗人员4万人左右，战斗部队仅有一团七连。9月23日，日伪军占领易县塘湖、南淇村、北淇村，并开始屠杀我抗日军民。如日伪军合围进击成功，4万抗日军民的生死难以预料。

在这生死关头，我晋察冀军区第一军分区×××将军于9月24日急令一分区二十团，穿过上、下隘刹村两个村子，突然向南管头村的日伪军发起猛烈攻击。同时命令三团猛攻北管头村和松山村的日伪军。在北边碾子台、九莲山一带的日伪军，以为八路军的主力在管头村方向，急忙回援。由于×××将军"围魏救赵"战术的成功，九莲山至沙岭子一带出现了大约二十里宽的口子，为被围困在狼牙山上的4万多军民提供了难得的突围良机。

为了掩护被围军民的突围，一团团长邱蔚命令七连在狼牙山阻击由南向北进攻的日伪军。9月25日七连接到任务后，立即派班长马宝玉率六班的葛振林、胡福才、胡德林、宋学义和机枪班的两名战士，利用狼牙山的险要地形正面阻击敌人。狼牙山战斗由此打响。

从9月25日早上开始，五壮士在七连其他战友们的配合下，利用狼牙山极为险要的地形，与日伪军展开了殊死战斗。他们利用机枪、步枪、手榴弹、地雷、滚石，在石门口、阎王鼻子（袖筒沟）大量杀死杀伤日伪军，最后且战且走，退至棋盘岭与七连主力会合。

为了保证被围军民的全部突围，七连全体官兵在棋盘岭与日军展开了更为惨烈的战斗。日军优势炮火打得山石横飞，硝烟弥漫。七连顽强抵抗，誓死不退，利用有利地形，令日军尸积沟梁，损失惨重。激战数小时后，七连伤亡过半，连长刘福山负伤。在完成上级交给的掩护突围的任务后，指导员蔡展鹏决定率七连主动转移。为掩护七连主力和剩余干部群众转移，六班长马宝玉再次率全班请战。

指导员蔡展鹏批准了马宝玉的请求。七连撤出棋盘岭至老道庵小横岭以南后，六班立即在老道庵山口设伏，掩护部队和其他群众转移。日军冲过棋盘岭至三岔路口后，马宝玉为引诱敌人，防止其向部队转移方向追击，命令全体战士用机枪、步枪一起向敌人开火。猛烈的火力使日军以为八路军一团主力在老道庵山口，便直接向老道庵山口扑来。伴随着地雷、手榴弹的爆炸，激烈机枪、步枪的火力，又一批敌人倒下。

为保证转移部队更为安全，马宝玉与其他四位战友边打边撤，引诱敌人往牛角壶，大、小莲花峰方向前进。已经打红眼的日军紧追不放。五壮士又在牛角壶利用有利地形与日军展开了激战。激战中，又有一批日军被地雷、石头、手榴弹、子弹击中，或倒在狭窄的山道边，或滚落在深不见底的悬崖下。随后，五壮士边打边退，顺着盘陀路上了小莲花峰。至此，五壮士已经弹尽，且无路可退。面对已上峰顶的敌人，五壮士临危不惧，砸毁枪支，高呼口号，在各自抗击日军处跳下悬崖。跳崖后，马宝玉、胡福才、胡德林英勇献身，葛振林、宋学义因跳崖方向有小树、灌木，在山腰被挂住获救。

狼牙山五壮士的英雄事迹发生后，晋察冀军区政治部发布训令并决定："一、在每次战斗中，高度发扬英勇顽强的搏斗精神，以战斗的胜利纪念他们。二、在烈士牺牲的地点建纪念碑，并命名为狼牙山三烈士碑。三、决定马宝玉等烈士作为一团模范连七连的荣誉战士，每逢纪念日点名时，首先应由荣誉战士点起。四、对光荣负伤的葛振林、宋学义二同志，除通令嘉奖外，并各赠荣誉奖章一枚。"1941年11月5日，《晋察冀日报》刊登名为《棋盘陀上的五个"神兵"》的通讯，对狼牙山五壮士的事迹进行报道。狼牙山五壮士的英雄事迹自此被广泛传播、颂扬。

新中国成立后，五壮士的事迹被编入义务教育教科书，五壮士被人民视为当代中华民族抗击外敌入侵的民族英雄。宋学义1971年去世，1979年被追认为革命烈士。葛振林先后获得"民族英雄勋章"、"解放勋章"和"红星功勋荣誉章"。

2013年8月27日，新浪微博网民张广红发布信息称，"狼牙山五壮士实际上是几个土八路，当年逃到狼牙山一带后，用手中的枪欺压当地村民，致当地村民不满。后来村民将这5个人的行踪告诉日军，又引导这5个人向绝路方向逃跑。……"网民张广红被抓获后，承认自己虚构信息、散布谣言的违法事实，被警方依法行政拘留7日。

2013年9月9日，时任《炎黄春秋》杂志社执行主编的洪振快在财经网发表《小学课本〈狼牙山五壮士〉有多处不实》一文。文中写道：据《南方都市报》2013年8月31日报道，广州越秀警方于8月29日晚间将一位在新浪微博上"污蔑狼牙山五壮士"的网民抓获，以虚构信息、散布谣言的罪名予以行政拘留7日。所谓"污蔑狼牙山五壮士"的"谣言"其来有自。据媒体报道，该网友实际上是传播了2011年12月14日百度贴吧里一篇名为《狼牙山五壮士真相原来是这样!》的帖子的内容，该帖子说五壮士"5个人中有3个是当场被打死的，后来清理战场把尸体丢下悬崖。另两个当场被活捉，只是后来不知道什么原因又从日本人手上逃了出来"。

2013年11月8日，洪振快在《炎黄春秋》杂志发表了其本人撰写的《"狼牙山五壮士"的细节分歧》一文。该文分为几个部分，分别为"在何处跳崖""跳崖是怎么跳的""敌我双方战斗伤亡""'五壮士'是否拔了群众的萝卜"。文章通过援引不同来源、不同内容、不同时期的报刊资料等，对狼牙山五壮士事迹中的细节提出质疑。文中写道："当我们深入'狼牙山五壮士'有关叙述的细节时，就发现上述人员在不同时间、不同场合下的陈述存在诸多相互矛盾之处。而对于同一件事，相互矛盾的描述可能都不符合事实，也可能有一个符合事实，但不可能同时都符合事实。"关于跳崖地点，洪振快在文中写道："训令和《'神兵'》给人造成的印象，是五壮士在棋盘陀顶峰跳下了'万丈'或'二十丈'的悬崖，三人在沟底成了'三堆血肉'，'壮烈殉国'，而两人'给树枝挂在半空'，'光荣负伤'，这也正是壮烈的狼牙山五壮士故事的核心所在。……可是按照1957年7月15日出版的《红旗飘飘》第2集刊出了葛振林的口述，最后跳崖的地方并不是在棋盘陀顶峰。"关于"跳崖是怎么跳的"，洪振快在文中写道："'狼牙山五壮士'的核心情节是跳崖，训令和《'神兵'》对跳崖的细节都不明确，……'文革'中红卫兵对此表示怀疑，……实际上，从1957年刊出的葛振林自己的口述中，也是可以印证'溜'的说法。……后来，葛振林又有新的说法。根据葛振林在《狼牙山跳崖那悲壮的一幕》回忆，似乎跳下去后也不是'溜'，而是在树间'窜'。"关于"五壮士"是否拔了群众的萝卜，洪振快在文中写道："葛振林说：'刚才忙着打仗倒不觉得，这会歇下来，才觉得又饿又渴……正巧山地里有些散种的萝卜，我们顾不得了，每人拔个吃着……'"

一审法院还查明，葛长生与葛振林系父子关系，葛长生提供了中国人民解放军湖南省衡阳警备区离职干部休养所出具的《证明》，其中载明，"我部原离休干部葛振林……育有四子，无女儿，姓名分别为葛长生（身份证号×××）……"经一审法院核实，该居民身份证号码与葛长生立案时在湖南省衡阳市雁城公证处公证的本人身份证号码一致。

一审中，研究会推荐王立华为葛长生的委托代理人。经一审法院调查，王立华、葛长生于2015年3月15日被研究会（社会团体）增补为副会长，会议记录、社会团体负责人备案表等相关材料已于2016年1月22日在该社会团体所在地河北省保定市民政局备案。

一审法院受理本案后，依法组成合议庭，公开开庭进行了审理。葛长生之委托代理人赵小鲁、王立华，洪振快到庭参加了诉讼。洪振快在诉讼中委托北京泽博律师事务所律师周泽和北京市汉鼎联合律师事务所律师张庆方作为其委托代理人。庭审中，洪振快解除了与周泽、张庆方的委托代理关系，并未经法庭许可中途退庭。一审法院依法缺席审理。

一审法院认为：1941年9月25日，在易县狼牙山发生的狼牙山战斗，是被大量事实证明的著名战斗。在这场战斗中，狼牙山五壮士英勇抗敌的基本事实和舍生取义的伟大精神，赢得了全中国人民高度认同和广泛赞扬，是五壮士获得"狼牙山五壮士"崇高名誉和荣誉的基础。我国法律规定，公民享有名誉权、荣誉权，禁止用侮辱、诽谤等方式损害公民的名誉、荣誉等民事权益。公民的姓名、肖像、名誉、荣誉受到侵害的，相关当事人有权要求侵权人停止侵害，恢复名誉，消除影响，赔礼道歉，并可以要求赔偿损失。

根据双方当事人诉辩主张及理由，本案的争议焦点概括起来涉及以下法律问题：一、葛长生是不是本案适格的原告？二、王立华作为葛长生委托代理人代理资格是否有效？三、洪振快发表的《小学课本〈狼牙山五壮士〉有多处不实》《"狼牙山五壮士"的细节分歧》等案涉文章是否构成名誉侵权，如构成名誉侵权，应如何承担侵权责任？

一、关于葛长生是不是本案适格原告的问题。《中华人民共和国民事诉讼法》第一百一十九条第（一）项规定，原告是与本案有利害关系的公民、法人和其他组织。《最高人民法院关于确定民事侵权精神损害赔偿责任若干问题的解释》第三条规定，自然人死亡后，其近亲属因侮辱、诽谤、贬损、丑化或者违反社会公共利益、社会公德的其他方式侵害死者姓名、肖像、名誉、荣誉的，有权向人民法院提起诉讼。《最高人民法院关于适用〈中华人民共和国民事诉讼法〉的解释》第六十九条规定，对侵害死者遗体、遗骨以及姓名、肖像、名誉、荣誉、隐私等行为提起诉讼的，死者的近亲属为当事人。由此可知，死者的近亲属有权就侵害死者名誉、荣誉等行为提起民事诉讼，死者的近亲属是正当当事人。具体到本案，根据中国人民解放军湖南省衡阳警备区离职干部休养所提供的证明材料以及公证书等证据可以认定，葛振林与葛长生系父子关系，葛振林系狼牙山五壮士之一，其已去世，葛长生作为近亲属有权就侵害葛振林名誉、荣誉的行为提起民事诉讼，葛长生作为本案原告适格。因此，洪振快对本案原告葛长生主体资格提出的异议不能成立。

二、关于王立华是否具有葛长生委托代理人的代理资格问题。根据《中华人民共和国民事诉讼法》第五十八条第二款第（三）项之规定，当事人所在社区、单位以及有关社会团体推荐的公民可以被委托为诉讼代理人。根据葛长生提供的相关材料，葛长生、王立华已于2015年3月被补选为研究会副会长，会议记录、社会团体负责人备案表等资料已交当地民政部门登记备案。法院经调查后，对上述材料的真实性予以认定。研究会作为社会团体，推荐王立华为葛长生的委托代理人，符合《最高人民法院关于适用〈中华人民共和国民事诉讼法〉的解释》第八十七条和第八十八条的相关规定，故法院认定，王立华具有葛长生委托代理人的代理资格。

三、洪振快发表的案涉文章是否构成名誉侵权是本案的核心问题。对此，法院分析如下：

关于案涉文章侵害的权益是否受法律保护问题。《中华人民共和国民法通则》第一百零六条第二款规定，公民、法人由于过错侵害国家的、集体的财产，侵害他人财产、人身的，应当承担民事责任。《中华人民共和国侵权责任法》第二条规定，侵害民事权益，应当承担侵权责任。从上述法律规定来看，我国现行法关于侵权的客体范围包含了权利和利益。《最高人民法院关于确定民事侵权精神损害赔偿责任若干问题的解释》第三条规定，自然人死亡后，他人仍不得以侮辱、诽谤、贬损、丑化或者违反社会公共利益、社会公德的方式，侵害死者的姓名、肖像、名誉、荣誉。由此可知，自然人死亡后，其生前人格利益仍然受法律的保护。

从本案涉及的事实来看，案涉文章涉及的人物之一是葛长生的父亲葛振林。1941年10

月18日，时任晋察冀军区司令员兼政治委员的×××签发训令，对宁死不屈、光荣殉国的马宝玉、胡德林、胡福才三位烈士及跳崖负伤的葛振林、宋学义两位同志予以表彰，并号召全体指战员学习。之后，几十年中，"狼牙山五壮士"这一称号在全军、全国人民中广泛传播，获得了普遍的公众认同，成为全军、全国人民学习的榜样和楷模。从这些英雄人物的角度看，他们的英雄事迹反映了他们不怕牺牲、宁死不屈、英勇抗敌的精神。"狼牙山五壮士"的英雄称号，既是国家及公众对他们作为中华民族的优秀儿女在反抗侵略、保家卫国中作出巨大牺牲的褒奖，也是他们应当获得的个人名誉和个人荣誉。

不仅如此，"狼牙山五壮士"是中国共产党领导的八路军在抵抗日本帝国主义侵略伟大斗争中涌现出来的英雄群体，是中国共产党领导全民抗战并取得最终胜利的重要事件载体。这一系列英雄人物及其事迹，经由广泛传播，在抗日战争时期，成为激励无数中华儿女反抗侵略、英勇抗敌的精神动力之一；成为人民军队誓死捍卫国家利益、保障国家安全的军魂来源之一；在和平年代，狼牙山五壮士的精神，仍然是我国公众不畏艰辛、不怕困难、为国为民奋斗终生的精神指引。这些英雄人物及其精神，已经获得全民族的广泛认同，是中华民族共同记忆的一部分，是中华民族精神的内核之一，也是社会主义核心价值观的重要内容。而民族的共同记忆、民族精神乃至社会主义核心价值观，无论是从我国的历史看，还是从现行法上看，都已经是社会公共利益的一部分。

在此意义上，案涉文章侵害的不仅仅是葛振林个人的名誉和荣誉，更是由英雄人物的名誉、荣誉融入的社会公共利益。

关于案涉文章是否实施了加害行为的问题。《中华人民共和国民法通则》第一百零一条规定，公民、法人享有名誉权，公民的人格尊严受法律保护，禁止用侮辱、诽谤等方式损害公民、法人的名誉。《最高人民法院关于贯彻执行〈中华人民共和国民法通则〉若干问题的意见（试行）》第一百四十条将侵害名誉权的行为类型，确定为"宣扬他人的隐私，或者捏造事实公然丑化他人人格，以及用侮辱、诽谤等方式"。《最高人民法院关于审理名誉权案件若干问题的解答》之七、之八规定的行为类型包括"侮辱或者诽谤""新闻报道严重失实"或者撰写、发表的批评文章"基本内容失实"等。《最高人民法院关于确定民事侵权精神损害赔偿责任若干问题的解释》第三条则规定"以侮辱、诽谤、贬损、丑化或者违反社会公共利益、社会公德的方式"等行为类型。法院认为：第一，上述法律或司法解释关于行为类型的规定，是列举式的而非穷尽式的。这一点，上述法律或司法解释规定中的"等"字，可以说明。第二，侵害名誉或者名誉权的行为通常表现为侮辱、诽谤，但不以此为限，它还包括"贬损、丑化或者违反社会公共利益、社会公德的方式"以及其他行为类型。第三，进一步说，前述法律和司法解释所规定的行为类型的具体表现形态，应当根据侵权行为方式的变化而变化。只有这样，才能让法律更好地保护公民的人格权益不受非法侵害。

具体到本案，洪振快发表的《小学课本〈狼牙山五壮士〉有多处不实》《"狼牙山五壮士"的细节分歧》两篇文章，其所描述的主要内容是对我国抗日战争史中的狼牙山五壮士英雄事迹的解构。案涉文章具有如下特征：狼牙山五壮士在狼牙山战斗中所表现的英勇抗敌的事迹和舍生取义的精神这一基本事实，案涉文章自始至终未作出正面评价。而是以考证"在何处跳崖"、"跳崖是怎么跳的"、"敌我双方战斗伤亡"以及"'五壮士'是否拔了群众的萝卜"等细节为主要线索，援引不同时期的材料、相关当事者不同时期的言论，甚至"文革"时期红卫兵迫害宋学义的言论为主要证据，全然不考虑历史的变迁、各个材料所形成的时代背景以及各个材料的语境。在无充分证据的情况下，案涉文章多处作出似是而非的推测、质疑乃至评价。法院认为，尽管案涉文章无明显侮辱性的语言，但洪振快采取的行为方式却是，通过强调与基本事实无关或者关联不大的细节，引导读者对"狼牙山五壮士"这一英雄人物群体英勇抗敌事迹和舍生取义精神产生怀疑，从而否定基本事实的真实性，进而降低他们的英勇形象和精神价值。洪振快的行为方式符合以贬损、丑化的方式损害他人名誉和荣誉权益的特征。洪振快主张其行为方式不符合侮辱、诽谤特征就不构成名誉侵权的抗辩理由于法无据，法院不予支持。

在损害后果上，案涉文章经由互联网传播，已经在全国范围内产生了较大的影响。这一点，从案涉文章所引发的后果即可明知，它们不仅损害了葛长生之父葛振林的名誉及荣誉，而且伤害了葛长生的个人感情，在一定范围和程度上伤害了社会公众的民族和历史情感。如前所述，在我国，由于"狼牙山五壮士"的精神价值已经内化为民族精神和社会公共利益的一部分，因此，也损害了社会公共利益。

除此之外，洪振快在主观方面存在过错。通常情形下，侵害名誉或者名誉权案中的过错，是指明知或应当预见到其行为造成他人社会评价降低的后果而仍然为之或认为仍可避免的主观状态。在侵害名誉或者名誉权益的案件中，对行为人主观过错的认定往往依据通常人的认知并辅之以社会常识、行为人的职业或专业及控制危险的成本等客观因素加以判断。

本案中，洪振快作为生活在中国的一位公民，对"狼牙山五壮士"的历史事件所蕴含的精神价值，应当具有一般公民所拥有的认知。对"狼牙山五壮士"及其所体现的民族精神和民族感情，应当具有通常成年人所具有的体悟。尤其是作为具有一定研究能力和能够熟练使用互联网工具的人，更应当认识到案涉文章的发表及其传播将会损害到"狼牙山五壮士"的名誉及荣誉，也会对其近亲属造成感情和精神上的伤害，更会损害到社会公共利益。在此情形下，洪振快有能力控制文章所可能产生的损害后果而未控制，仍以既有的状态发表，在主观上显然具有过错。

一审法院也注意到，除了前述构成要件之外，本案的裁判结果尚涉及洪振快的言论自由问题，这也是洪振快在本案中提出的主要抗辩理由。依法保护当事人的言论自由是我国现行法律的明确规定，也是本案裁判需要考虑的重要因素之一。从民法的角度看，表达自由已经成为民事主体一般人格尊严的重要内容。案涉文章在形式上表现为学术文章，判断其是否构成侵权将涉及洪振快的言论自由。但是，也要看到，言论自由并非没有边界，如果超出合理的限度，则会侵害他人的合法权益以及更为重要的社会公共利益。

一审法院认为，学术自由、言论自由以不侵害他人合法权益、社会公共利益和国家利益为前提。这是我国宪法所确立的关于自由的一般原则，是为言论自由和学术自由所划定的边界。任何公民在行使言论自由、学术自由及其他自由时，都负有不得超过自由界限的法定义务。这是法治国家和法治社会对公民的基本要求，也是任何一个公民应当承担的社会责任。本案中，"狼牙山五壮士"及其事迹所凝聚的民族感情和历史记忆以及所展现的民族精神，是当代中国社会主义核心价值观的重要来源和组成部分，具有巨大的精神价值，也是我国作为一个民族国家所不可缺少的精神内核。对"狼牙山五壮士"名誉的损害，既是对葛长生之父葛振林的名誉、荣誉的损害，也是对中华民族的精神价值的损害。洪振快完全可以在不损害五壮士名誉、荣誉和社会公共利益的前提下，自由地进行学术研究和自由发表言论，包括对狼牙山战斗的某些细节进行研究，但洪振快却未采用这种方式，而是通过所谓的细节研究，甚至与网民张广红对狼牙山五壮士的污蔑性谣言相呼应，质疑五壮士英勇抗敌、舍生取义的基本事实，颠覆五壮士的英勇形象，贬损、降低五壮士的人格评价。这种"学术研究""言论自由"不可避免地会侵害五壮士的名誉、荣誉，以及融入了这种名誉、荣誉的社会公共利益。因此，洪振快以侵害他人合法权益和社会公共利益的言论自由，作为其侵权责任的抗辩理由，法院不予支持。

最后，由于洪振快的行为侵害了葛长生之父葛振林的名誉和荣誉，应当承担相应的侵权责任。现葛长生要求洪振快立即停止侵犯葛振林等狼牙山五壮士的民族英雄名誉，及要求洪振快在网站、媒体公开向葛长生赔礼道歉、消除影响等诉讼请求于法有据，根据《中华人民共和国侵权责任法》第十五条的规定，应予支持。关于赔礼道歉及消除影响的范围和持续时间，由法院根据侵权言论造成不良影响的范围予以认定。

至于葛长生诉请洪振快向葛振林等狼牙山五壮士在天英灵登报谢罪的诉讼请求问题，从我国的现行法上看，其实质仍然是请求洪振快赔礼道歉、消除影响，该请求已被葛长生的第一项诉讼请求所吸收，法院不再单独处理。

庭审中，洪振快未经法庭许可中途退庭，应视为其自行放弃了当庭进行答辩、举证、质证等诉讼权利。

据此，一审法院于2016年6月判决：一、洪振快立即停止侵害葛振林名誉、荣誉的行为。二、判决生效后三日内，洪振快公开发布赔礼道歉公告，向葛长生赔礼道歉，消除影响。该公告须连续刊登五日，公告刊登媒体及内容须经法院审核，逾期不执行，法院将在相关媒体上刊登判决书的主要内容，所需费用由洪振快承担。

洪振快不服一审判决，提起上诉，请求二审法院撤销原判，驳回葛长生的所有诉讼请求，或者发回重审。事实和理由：1. 一审判决查明的狼牙山战斗事实存在错误。根据《冈山步兵第百十联队史》等史料，训令等文件关于作战对象、被困军民四万人突围、敌军死伤情况等的描述全系撒谎，是虚假战绩；葛振林荣誉的获得，与其撒谎有关，存在重大瑕疵，是不当得利，不能将其所得荣誉视为理所应当并竭力维护；葛振林欺骗组织，夸大战绩，自我美化；其是否跳崖、如何跳崖难免让人生疑。2. 质疑"狼牙山五壮士"历史实际真实性，认为"狼牙山五壮士"的事迹和精神不是民族共同记忆、不是民族精神，认定狼牙山五壮士已经获得全民族的广泛认同，这是法院的主观臆断；"核心价值观"不能与"狼牙山五壮士"画等号，"核心价值观"要建立在真实的历史之上，虚假、不诚信违背核心价值观；所谓"公共利益"实际是狼牙山五壮士后人和相关既得利益者的利益，是中国共产党的利益，不是国家、民族和人民大众的利益；案涉文章提出质疑，是为了抵制历史谣言，还原历史真相，追求历史正义，满足公众的知情权，是维护公共利益。3. 案涉文章的内容都有充分证据，洪振快主观上没有过错，葛长生也没有提供任何证据证明造成危害后果；撰写案涉文章的目的，是探求历史真相，行使公民对国家机关提出批评的权利，应受法律保护，葛长生及其父均有不当得利，应接受公众的批评；无论是《晋察冀日报》报道的《棋盘陀上的五个"神兵"》，还是据此改编的小学语文教科书，还是新华社、人民日报的报道，全部存在严重的"虚构信息"问题。4. 王立华代理资格不合法。王立华、葛长生都不是保定人，根据法规，没有资格成为研究会的会员或者副会长；研究会的会议记录及"社会团体负责人备案表"均存在伪造嫌疑；根据军队政策，王立华、葛长生没有参加研究会的资格；研究会在二审期间出具的一份推荐信的落款日期早于一审判决日期，出具证明日期随便、作伪证。5. 葛长生的诉讼请求中未要求法院就"狼牙山五壮士"事实真相作出认定，一审判决以审理查明方式垄断历史真相，以动机揣测方式认定案涉文章存在贬损、丑化的方式损害他人名誉，剥夺了公民的思想自由和学术自由，否定质疑的权利，违背宪法。

葛长生针对上诉辩称：1. 洪振快的上诉状自相矛盾，恶意推测，继续恶意贬损狼牙山五壮士，不应采纳。2. 洪振快的案涉文章体现出将证据碎片化、断章取义的特点，对其他可以相互印证的材料视而不见，不是将历史资料完整地、辩证地、综合地分析，很难认为洪振快是善意的历史研究者、尽到了审慎的注意义务。3. 洪振快提交的《冈山步兵第百十联队史》复印件系域外形成的证据，未经公证认证，违反证据规则的要求，其证据的真实性、合法性、关联性均不予认可；且该证据显示是1991年在日本印刷的非正式刊物，是在狼牙山作战过去50年后，一些侵华日军编辑出版，没有史料支持和其他证据支持，这些证据不能采信，不能因此否认五壮士的英雄事迹；日本冈山大学教授姜克实关于狼牙山作战的描述，基本依据也是《冈山步兵第百十联队史》，经不起推敲；国内大量的史料证据证明了"狼牙山五壮士"英雄事迹的真实性。4. "狼牙山五壮士"英雄事迹的来源，有多个直接当事人和直接目击者；洪振快明知"狼牙山五壮士"英雄事迹有多方印证，却故意说那只是葛振林、宋学义两人归队后的口述，还污蔑他们隐瞒实情，骗取公众信任，这说明洪振快具有恶意歪曲贬损"狼牙山五壮士"的主观故意。5. 洪振快用侵华日军编写的所谓史料贬损中国共产党领导的八路军抗战史实，通过似是而非的推测故意否定英雄和先烈，污蔑活下来的英雄"撒谎"，其行为已经侵害了社会公共利益，应当承担相应的侵权责任；一审判决结合名誉侵权法律责任的四个要件，作出了正确的认定；同意一审判决。6. 王立华被研究会推荐为本案诉讼代理人，是研究会的真实意思表示，且手续合法。

本院二审期间，洪振快就其上诉请求提交了证据。本院组织当事人进行了证据交换和质证。洪振快提出的主要证据是《冈山步兵第百十联队史》复印件共四页及作者为姜克实的文章《狼牙山作战》等。

本院另查明：

1. 2013年8月29日22时许，广州市公安局越秀分局将张广红抓获，经调查，认定张广红散布关于"狼牙山五壮士"的相关谣言，虚构事实扰乱公共秩序。同月30日，广州市公安局越秀分局决定对张广红处以行政拘留七日。

2. 洪振快撰写的《"狼牙山五壮士"的细节分歧》一文发表于《炎黄春秋》杂志2013年第11期，该文亦发表于《炎黄春秋》杂志网站。

本院对一审查明的其他事实予以认定。

本院认为：本案二审的焦点问题有两个，一是王立华是否具有本案的诉讼代理人资格，二是洪振快发表的案涉文章是否侵害了葛长生之父葛振林的名誉、荣誉权益。

一、关于王立华是否具有本案诉讼代理人资格的问题。

根据《中华人民共和国民事诉讼法》第五十八条第二款第（三）项之规定，当事人所在社区、单位以及有关社会团体推荐的公民可以被委托为诉讼代理人。根据《最高人民法院关于适用〈中华人民共和国民事诉讼法〉的解释》第八十七条第一款第（二）、（四）项的规定，被代理人属于该社会团体的成员，或者当事人一方住所地位于该社会团体的活动地域，以及被推荐的公民是该社会团体的负责人或者与该社会团体有合法劳动人事关系的工作人员是有关社会团体推荐公民担任诉讼代理人应当符合的条件。本案中，研究会向本院及一审法院出具的推荐信记载，葛长生、王立华均系研究会的副会长，故二者在研究会中的身份符合司法解释关于被代理人为社会团体成员、被推荐的公民为社会团体负责人的条件要求，因此王立华具有葛长生委托代理人的资格。

洪振快提出二审中研究会出具的一份推荐信的落款日期早于一审判决日期，主张研究会出具证明日期随便、作伪证。研究会在本院审理期间另行出具了一份落款日期位于一审判决日期之后的推荐信，符合法律规定。本院认为，洪振快主张的上述情节不能否定研究会推荐王立华作为葛长生二审诉讼委托代理人的意见，亦不能据此认定研究会存在作伪证的事实，故本院经审查可以认定研究会同意推荐王立华作为葛长生二审诉讼委托代理人。对于洪振快的上述意见，本院不予采纳。

关于洪振快上诉提出葛长生、王立华担任研究会副会长在选举程序、备案手续、是否符合社团管理规定、是否符合军队政策等方面存在问题一节，本院认为，研究会认可葛长生、王立华系该会副会长，至于葛长生、王立华被选举为研究会副会长是否存在洪振快所述的问题，应依法向相关部门反映，并非本案民事诉讼审查的范围，故本院对于洪振快以此为由对王立华诉讼代理资格提出的异议，不予采纳。

二、关于洪振快发表的案涉文章是否侵犯了葛长生之父葛振林的名誉、荣誉权益的问题。

1941年9月25日，在易县狼牙山发生的狼牙山战斗，是被大量事实证明的著名战斗。在这场战斗中，狼牙山五壮士英勇抗敌的基本事实和舍生取义的伟大精神，赢得了全中国人民的高度认同和广泛赞扬，是五壮士获得"狼牙山五壮士"崇高名誉和荣誉的基础。本案中，虽然洪振快上诉对五壮士跳崖等相关事实提出疑问，但是洪振快提交的证据并不充分，不能推翻狼牙山五壮士英勇抗敌的基本事实。在本院审理期间，洪振快提交的《冈山步兵第百十联队史》复印件未经公证、认证，本院对其证据的真实性、合法性不予认定。洪振快提交的姜克实撰写的文章等其他证据不能推翻一审判决认定的事实，洪振快此项上诉理由不能成立。

洪振快发表的《小学课本〈狼牙山五壮士〉有多处不实》《"狼牙山五壮士"的细节分歧》两篇案涉文章，以考证"在何处跳崖"、"跳崖是怎么跳的"、"敌我双方战斗伤亡"以及"'五壮士'是否拔了群众的萝卜"等细节为主要线索。洪振快在文中援引了资料并注明出处，从资料内容看，洪振快以不同时期的材料、相关当事者不同时期的言论为主要证据。本院认为，对于言论的分析、理解，应当放到特定的语境下，探究言论的原意并努力查证该言论是否具有其他证据予以佐证，同时应尽可能穷尽关于同一问题的其他研究资料，对资料进行综合分析判断。案涉文章在没有充分证据的情况下，以引而不发的手法，在多处作出似是而非的推测、质疑乃至评价。在本院审理阶段，洪振快一改过去引而不发的手法，在上诉状和庭审中公开否认狼牙山五壮士英勇抗敌、舍生取义的基本事实，并明确表示，训令等文件关于作战对象、被困军民四万人突围、敌军死伤情况等的描述全系撒谎，是虚假战绩，葛振林荣誉的获得，与其撒谎有关，存在重大瑕疵，是不当得利，不能将其所得荣誉视为理所应当并竭力维护。洪振快在二审中的自认足以说明，一审判决认定洪振快撰写文章的行为方式是通过所谓"细节"探究，引导读者对狼牙山五壮士英勇抗敌事迹和舍生取义精神产生怀疑，从而否定基本事实的真实性，进而降低他们的英勇形象和精神价值，是正确的，本院予以认可。一审法院在上述认定的基础上认为洪振快的行为方式符合以贬损、丑化的方式损害他人名誉和荣誉权益的特征，本院予以支持。洪振快上诉以其文章发表时提供了证据、文章没有侮辱他人人格内容为由抗辩不构成名誉、荣誉侵权的意见，缺乏依据，本院不予采纳。

关于洪振快的行为是否构成对公共利益的侵害的问题。洪振快在本院二审中认为自己的行为不构成对公共利益的侵害主要基于以下理由：一是认为狼牙山五壮士已经获得全民族的广泛认同，是法院的主观臆断；二是认为狼牙山五壮士的事迹和精神已经成为民族共同记忆缺乏事实依据；三是认为狼牙山五壮士的事迹是虚假的，其精神不能同核心价值观画等号；四是认为狼牙山五壮士的精神构成的不是公共利益，而是狼牙山五壮士后人和相关既得利益者的利益，是中国共产党的利益。本院认为，首先，狼牙山五壮士英勇抗敌和舍生取义的基本事实，已经是被大量的历史事实证明的不争事实，一审和本院二审审理期间亦有大量的证据在案佐证，洪振快的质疑缺乏事实依据。其次，"狼牙山五壮士"英勇抗敌的事实发生后，经各种途径广泛传播，在抗日战争、解放战争、抗美援朝战争等为民族独立、人民解放和保卫国家安全战斗的时期，成为激励无数中华儿女反抗侵略、英勇抗敌的精神动力之一；成为人民军队誓死捍卫国家利益、保障国家安全的军魂来源之一。在和平年代，狼牙山五壮士的精神，仍然是我国公众不畏艰辛、不怕困难、为国为民奋斗终生的精神指引。这些英雄人物及其精神，已经获得全民族的广泛认同，成为广大民众精神需求的重要组成部分，是社会公共利益的一部分，这也是不争的社会现实和历史事实。同时，中国共产党是中国人民和中华民族的先锋队，代表全国人民的共同利益，没有脱离国家、民族利益之外的任何私利。中国共产党宣扬"狼牙山五壮士"的事迹和精神体现的也是国家利益、民族利益，没有任何私利可言。因此，洪振快上诉关于这仅是狼牙山五壮士后人和相关既得利益者的利益、是中国共产党的利益，不是公共利益的主张不能成立。根据前文的认定，洪振快发表的案涉文章否认狼牙山五壮士英勇抗敌的事实和舍生取义的精神，不仅对狼牙山五壮士的名誉和荣誉构成侵害，同时构成了对英雄人物的名誉、荣誉所融入的社会公共利益的侵害。

洪振快上诉主张其发表案涉文章，目的是要抵制历史谣言，还原历史真相，追求历史正义，对公众人物进行批评和质疑是为了满足公众的知情权。本院认为，抵制历史谣言，还原历史真相，追求历史正义，满足公众知情权，我国现行法律均予以保护和支持。但从本院查明的事实看，洪振快之所以要写案涉文章，其目的是要为散布历史谣言、污蔑狼牙山五壮士的张广红鸣不平，这在洪振快的文章中有明确表述。要还原历史真相，追求历史正义，满足公众的知情权，应当建立在严肃认真的对历史的研究上，但洪振快在没有充分证据的情况下，极不严肃地、轻率地否认狼牙山五壮士英勇抗敌的事迹和舍生取义的精神这一基本事实，误导社会公众对狼牙山五壮士的认知，这显然与洪振快自己的上诉主张是相互矛盾的。本院认为，满足公众的知情权与保护公民的人格权不受侵害并不矛盾。洪振快提出的满足公众知情权的行为，是建立在否认狼牙山五壮士英勇抗敌事迹和舍生取义精神这一基本事实基础上，且这种否认无确凿真实的证据，这就决定了他的所谓"满足公众知情权"的行为不可避免地会成为误导社会公众的侵权行为。故洪振快以满足公众知情权为由主张免责，不能成立。

从损害后果看，案涉文章通过刊物发行和网络传播，客观上已经在社会上产生较大影响，损害了葛长生之父葛振林的名誉及荣誉，同时伤害了葛长生的个人情感。洪振快上诉关于葛长生没有提供任何证据证明案涉文章造成危害后果的主张，与客观事实不符，本院对洪振快该项意见不予采纳。

洪振快上诉提出其撰写案涉文章的动机并非针对葛长生之父葛振林，没有主观过错，但其上诉主张葛振林欺骗组织，夸大战绩，自我美化，其是否跳崖、如何跳崖难免让人生疑等。这一自认证明，洪振快撰写文章确有贬低葛振林的主观目的。为此，本院认为，洪振快明知其行为会造成他人社会评价降低的后果而仍然为之，其主观过错明显，本院对于洪振快的该项上诉主张不予支持。

最后，关于洪振快上诉提出的言论自由、学术自由及与人格权利冲突的平衡问题，本院认为，我国现行法律保护公民言论的自由和进行科学研究的自由，同样也保护公民的人格尊严不受侵犯，保护公民享有的名誉、荣誉等权益。公民享有法律规定的权利，同时也必须履行法律规定的义务，包括公民在行使自由和权利的时候，不得损害国家的、社会的、集体的利益和其他公民的合法的自由和权利。因此，自由和权利的行使，并非没有边界，这个边界就是法律。具体到本案中，洪振快上诉所称的其行使言论自由和学术自由的权利，需要在法律范围内进行，洪振快应当采取适当的方式从事研究及发表言论，同时应当充分考虑可能造成的社会影响。洪振快撰写的案涉文章侵害了葛振林的名誉和荣誉，侵害了社会公共利益，违反了法律规定，洪振快的行为已经超出了法律允许的范围，不受法律保护。因此，洪振快以言论自由、学术自由作为其不承担侵权责任的抗辩理由，不能成立，本院不予支持。

综上所述，洪振快的上诉请求不能成立，应予驳回；一审判决认定事实清楚，适用法律正确，应予维持。依照《中华人民共和国民事诉讼法》第一百七十条第一款第（一）项之规定，判决如下：

驳回上诉，维持原判。

二审案件受理费300元，由洪振快负担（已交纳）。

本判决为终审判决。

审判长　王　平
审判员　何江恒
代理审判员　赵胤晨
二〇一六年八月十五日
法官助理　何海云
书记员　祝　石

案例62：张伟与台州市公安局再审行政裁定书

浙江省高级人民法院
行政赔偿裁定书

(2016) 浙行申 509 号

再审申请人（一审原告、二审上诉人）： 张伟，男，汉族，住四川省资中县。

被申请人（一审被告、二审被上诉人）： 台州市公安局，住所地浙江省台州市。

法定代表人： 蒋珍明，局长。

委托代理人： 屈荣军、王金鹏，该局工作人员。

再审申请人张伟因与被申请人台州市公安局其他行政行为行政赔偿一案，不服台州市中级人民法院（2015）浙台行赔终字第36号行政赔偿裁定，向本院申请再审。本院依法组成合议庭对本案进行了审理，现已审理终结。

张伟申请再审称：2012年7月3日，台州市公安局民警金某某利用职务之便在新浪微博上公开诬陷、栽赃致其名誉及个人财产受到损害。台州市公安局已经承认金某某所说的2006年1月31日其被当场抓获不是事实。根据《中华人民共和国国家赔偿法》的相关规定应予以赔偿，原审裁定不当。请求本院依法提审本案。

台州市公安局答辩称：再审申请人的国家赔偿申请不属于行政赔偿的范围，不符合《中华人民共和国国家赔偿法》第三条、第四条的规定，原审裁定认定事实清楚，适用法律正确。综上，请求本院依法驳回张伟的再审申请。

本院经审查认为：本案中，张伟以台州市公安局民警侵害其名誉权为由向台州市公安局主张行政赔偿。经查，台州市公安局民警金某某在个人微博上发帖的行为并非行使行政职权的行为，且张伟因名誉权受侵害主张行政赔偿，根据《中华人民共和国国家赔偿法》第三条、第四条的规定，不属行政赔偿的范围，原一审裁定据此驳回张伟的起诉，二审裁定驳回上诉、维持原裁定，并无不当。

综上，张伟的再审申请不符合《中华人民共和国行政诉讼法》第九十一条规定的情形。依照《中华人民共和国行政诉讼法》第一百零一条、《中华人民共和国民事诉讼法》第二百零四条第一款之规定，裁定如下：

驳回再审申请人张伟的再审申请。

（此页无主文）

审判长　马国贤
代理审判员　戴文波
代理审判员　楼缙东
二〇一六年八月二十五日
书记员　刘芳

案例63：邱少华与孙杰等人格权纠纷
一审民事判决书

北京市大兴区人民法院
民事判决书

（2015）大民初字第 10012 号

原告： 邱少华，男，1930 年 9 月 22 日出生。
委托代理人： 张力，北京市盈科律师事务所律师。
委托代理人： 胡忠义，北京市盈科律师事务所律师。
被告： 孙杰，男，1981 年 3 月 11 日出生。
被告： 加多宝（中国）饮料有限公司，住所地北京市北京经济技术开发区康定街23 号。
法定代表人： 张树容，总经理。
委托代理人： 刘扬，北京市众明律师事务所律师。

原告邱少华与被告孙杰、被告加多宝（中国）饮料有限公司（以下简称加多宝公司）一般人格权纠纷一案，本院于 2015 年 6 月 30 日立案后，依法适用普通程序，公开开庭进行了审理。原告邱少华的委托代理人张力和胡忠义，被告孙杰、被告加多宝公司的委托代理人刘扬到庭参加诉讼。本案现已审理终结。

原告邱少华向本院提出诉讼请求：1. 判令二被告立即停止侵害、消除影响、赔礼道歉；2. 判令二被告赔偿原告精神损失费人民币 1 元。事实和理由：原告邱少华为邱少云之胞弟。邱少云烈士 1926 年出生于四川省铜梁县（现重庆市铜梁区）少云镇玉屏村邱家沟，解放后参加中国人民解放军，1951 年 3 月参加中国人民志愿军赴朝作战。1952 年 10 月抗美援朝战争期间执行一次潜伏任务时，邱少云不幸被敌人燃烧弹击中，全身被火焰燃烧。为了不暴露潜伏目标，任凭烈火烧焦身体也一动不动，双手深深插进泥土里，身体紧紧地贴着地面，直到生命最后一刻，壮烈牺牲，用自己的生命换取了整场战斗的胜利，牺牲时年仅 26 岁。战后，为了表彰邱少云崇高的集体主义精神和顽强的革命意志，所在军党委根据他生前意愿，追认其为中国共产党党员。1952 年 11 月 6 日，中国人民志愿军领导机关给他追记特等功，1953 年 6 月 1 日，追授他为"中国人民志愿军一级英雄"称号。同年 6 月 25 日，朝鲜民主主义人民共和国最高人民会议常任委员会授予邱少云"朝鲜民主主义人民共和国英雄"称号，同时授予其金星勋章、一级国旗勋章，并将邱少云的名字刻在朝鲜民主主义人民共和国金化西 391 高地的石壁上："为整体、为胜利而牺牲的伟大的战士邱少云同志永垂不朽。" 2009 年 9 月 14 日，邱少云烈士被评为新中国成立以来感动中国的 100 位人物之一。

2013 年 5 月 22 日，被告孙杰在新浪微博上以名为"作业本"的账号发文称："由于邱少云趴在火堆里一动不动最终食客们拒绝为半面熟买单，他们纷纷表示还是赖宁的烤肉较好。"作为新浪微博知名博主，被告孙杰当时已有6032905个"粉丝"。该文在31分钟后转发即达662次，点赞78次，评论884次。被告孙杰以博文方式对邱少云烈士进行侮辱、丑化，在网络和现实社会中引起了强烈反响，使邱少云烈士亲属的精神遭受严重创伤并使其家庭生活受到了极大影响。

被告加多宝公司无视微博话语体系中"作业本""烧烤"的特指现象，于2015年4月16日以该公司新浪微博账号"加多宝活动"发博文称："多谢@作业本，恭喜你与烧烤齐名。作为凉茶，我们力挺你成为烧烤摊CEO，开店十万罐，说到做到。"而被告孙杰用"作业本"账号于2015年4月16日转发并公开回应："多谢你这十万罐，我一定会开烧烤店，只是没定哪天，反正在此留言者，进店就是免费喝!!!"被告孙杰与被告加多宝公司以违背社会公德的方式贬损烈士形象，用于市场营销的低俗行为，在社会上造成了极其恶劣的影响。截至2015年4月17日11时20分，相关微博被迅速转发一万多次，网友对二被告的低俗行为进行了强烈的抨击，评论多达两千多条，引发了网友及社会各界人士强烈的不满，并让邱少云烈士家属的精神再一次受到严重的伤害。鉴于以上事实，原告委托北京市盈科律师事务所于2015年5月21日向二被告发出了律师函，要求二被告停止侵害、消除影响、赔礼道歉，但二被告未有任何回应，故依据《中华人民共和国侵权责任法》之相关规定，向法院起诉，请求判如所请。

原告邱少华向本院提供以下证据予以证明：证据1.被告孙杰微博截图；证据2.网友的评论；证据3.被告孙杰微博截图《驳人民日报：80后为什么暮气沉沉》；证据4.网友对博文的评论；证据5.《驳人民日报：80后为什么暮气沉沉》微博原文；证据6.被告加多宝公司回应被告孙杰微博截图；证据7.网友点赞、评论、转载量截图；证据8.网友具体评论截图；证据9.其他媒体报道；证据10.被告加多宝公司独家授权环球时报致歉微博截图；证据11.被告加多宝公司道歉信全文；证据12.被告加多宝公司道歉反响的网络反应截图。

被告孙杰辩称，2015年4月我个人微博发文对2013年5月22日我所发的微博进行了消除影响、赔礼道歉，而且我2013年5月22日发的微博当天就删除了。

被告孙杰未向本院提供证据。

被告加多宝公司辩称，第一，原告应当证明其具备主体资格。第二，加多宝公司发布涉案微博是其正常的市场营销活动，不存在主观过错，其行为不构成侵权。加多宝公司提供的证据显示，2015年4月期间，为庆祝公司成立20周年，加多宝公司在平面媒体和微博平台上发起了"多谢活动"，感谢社会各界多年来对加多宝公司的支持和帮助。其中，加多宝公司通过"加多宝活动"微博发布了近300条"多谢"微博，涉案微博即其中之一。涉案微博发布于2015年4月16日，其内容是"多谢@作业本，恭喜你与烧烤齐名。作为凉茶，我们力挺你成为烧烤摊CEO，开店十万罐，说到做到^_ ^#多谢行动#"，并配了一张与文字内容一致的图片。单纯从这条微博看，不存在任何侮辱邱少云烈士的内容，不构成侵害他人名誉权的行为。对于一般网友来说，也不可能从这一条微博就联想到"作业本"两年前即2013年发布的那条侮辱先烈的微博。从主观过错角度看，加多宝公司发布该微博，完全是基于"作业本"在微博平台上多次提及"烧烤"，并且因为"烧烤"在微博平台上知名的事实。具体分析如下：第一，我方证据显示，"作业本"先后发布了38条与"烧烤"相关的微博，每一条转发量、评论数和点赞数均达数千次，甚至有的超过了万次，可见网友十分关注"作业本"发布的与"烧烤"相关的微博。同时，"作业本"还曾在微博和搜狐青岛频道的"名家专栏"栏目中发布"全国烧烤指南"（见我方证据第75、89页），并被网友称为"烧烤大师"（证据第82页）。正是基于上述理由，加多宝公司在涉案微博中称"恭喜你与烧烤齐名"。第二，我方证据第73页，"作业本"曾于2014年11月17日发布一篇微博，内容是"对不起，我没当上烧烤摊主，我成了CEO"，加多宝公司正是基于这一条微博，才在涉案微博中称"我们力挺你成为烧烤摊CEO"。综上，加多宝公司发布涉案微博完全是正常的市场营销行为，不具有主观恶意。原告所称"在微博话语体系中'作业本''烧烤'的特指现象"没有任何证据支撑。原告没有任何证据证明是特指侮辱邱少云微博。此外，"作业本"侮辱先烈的微博发布于2013年5月22日，加多宝公司对该微博并不知情，且根据我方证据7，该微博因受到网友批评随即就被删除。加多宝公司没有理由，更没有义务对"作业本"是否曾发布过侮辱先烈的微博进行审查，其作为一般商事主体，已经尽到了合理的注意义务，其主观不具有任何过错。第三，微博用户"终南刺青"恶意将两篇毫无关联的微博拼接在一起，正是由于该拼接的截图，才使得涉案微博与"作业本"侮辱先烈的微博联系在一起。第四，加多宝公司在事发后及时删除了涉案微博并向社会公众澄清事实。综上，请求法院依法驳回原告的诉讼请求。

被告加多宝公司向本院提交以下证据予以证明：证据1. 报纸4份（加多宝公司"多谢活动"平面媒体广告）；证据2. （2016）京方圆内经证字第11981号公证书；证据3. 2015年4月16日"加多宝活动"微博；证据4. （2016）京方圆内经证字第11982号公证书；证据5. （2015）京长安内经证字第9328号公证书；证据6. 刑事报案书及受案回执；证据7. （2015）京长安内经证字第9327号公证书。

当事人围绕诉讼请求依法提交了证据，本院组织当事人进行了证据交换和质证，原告邱少华和被告孙杰对被告加多宝公司提供的证据1～5和证据7的真实性、合法性、关联性不持异议；对于原告邱少华提交的证据11加多宝公司发布的事件澄清说明，被告孙杰表示在媒体看到此文，对真实性予以认可。被告加多宝公司对此证据内容的真实性不持异议，但对于其证明目的不认可，认为该内容为事件澄清的说明，并不是道歉信。由于当事人对该份证据的真实性不持异议，故对当事人无异议的证据，本院予以确认并在卷佐证。

根据当事人陈述和经审查确认的证据，本院认定事实如下：邱少云烈士出生于重庆市铜梁区（原四川省铜梁县）少云镇玉屏村邱家沟，1949年12月参加中国人民解放军，为第15军第29师第87团第9连战士，1951年3月参加中国人民志愿军赴朝鲜作战。1952年10月12日因美军燃烧弹发落在邱少云潜伏点附近，火势蔓延其全身，为避免暴露，确保全体潜伏人员的安全和攻击任务的完成，邱少云任凭烈火在全身燃烧而放弃自救，直至壮烈牺牲，时年26岁。1953年8月30日邱少云被追认为中国共产党党员，1953年6月25日朝鲜民主主义人民共和国最高人民会议常任委员会授予其"朝鲜民主主义人民共和国英雄"称号和金星奖章、一级国旗勋章。2009年，为推动群众性爱国主义教育活动深入开展，迎接新中国成立60周年，经中央批准，在中央宣传部、中央组织部、中央统战部、中央文献研究室、中央党史研究室、民政部、人力资源和社会保障部、全国总工会、共青团中央、全国妇联、解放军总政部等11个部门联合组织开展的评选"100位为新中国成立作出突出贡献的英雄模范人员和100位新中国成立以来感动中国人物"活动中，邱少云被评为"100位新中国成立以来感动中国人物"之一。原告邱少华系邱少云烈士的胞弟。

2013 年 5 月 22 日，被告孙杰在新浪微博通过用户名为"作业本"的账号发文称："由于邱少云趴在火堆里一动不动最终食客们拒绝为半面熟买单，他们纷纷表示还是赖宁的烤肉较好。"作为新浪微博知名博主，孙杰当时已有 6032905 个"粉丝"。该文发布后不久就被转发即达 662 次，点赞 78 次，评论 884 次。2013 年 5 月 23 日凌晨，该篇微博博文被删除。

2015 年 4 月，加多宝公司在其举办的"加多宝凉茶 2014 年再次销量夺金"的"多谢"活动中，通过"加多宝活动"微博发布了近 300 条"多谢"海报，感谢对象包括新闻媒体、合作伙伴、消费者及部分知名人士。被告孙杰作为新浪微博知名博主也是加多宝公司感谢对象之一。加多宝公司于 2015 年 4 月 16 日以该公司新浪微博账号"加多宝活动"发博文称"多谢@作业本，恭喜你与烧烤齐名。作为凉茶，我们力挺你成为烧烤摊 CEO，开店十万罐，说到做到^_ ^#多谢行动#"，并配了一张与文字内容一致的图片。被告孙杰用"作业本"账号于 2015 年 4 月 16 日转发并公开回应："多谢你这十万罐，我一定会开烧烤店，只是没定哪天，反正在此留言者，进店就是免费喝！！！"该互动微博在短时间内被大量转发并受到广大网友的批评，在网络上引起了较大反响。2015 年 4 月 17 日，加多宝公司通过媒体对此事件予以回应："2015 年是加多宝成立二十周年，加多宝自 1996 年推出第一罐红罐凉茶，成功开创并做大了凉茶产业，成为凉茶行业领导品牌。加多宝始终深爱着这片土地，将慈善上升为企业发展战略的高度，努力做好企业公民的本分，于是，我们发起了'多谢行动'，多谢加多宝成长历程中的里程碑城市、合作伙伴和所有消费者。继连续在香港、东莞、四川、北京等四地登报多谢城市之后，昨天，我们发布了近 300 条微博，用最诚恳的姿态感谢众多消费者（作业本只是其中之一，此前，我们对作业本发生在 2013 年的微博事件毫不知情）。在不断致谢消费者的过程中，我们发现背后的竞争对手恶意拿作业本 2013 年的微博截图（在发布之后旋即删除）与多谢行动海报刻意嫁接到一起，刻意混淆视听，误导不明真相的网友。我们对这种以烈士为幌子，达到不可告人的目的的行为，表示极大的愤慨。由于已造成网友不安与困惑，我们已经删除了对于作业本的多谢海报，同时，向广大网友致歉。我们希望通过自身的努力，最大程度去消除事件带来的负面和消极影响。我们将积极配合媒体，作出正面引导。同时，也希望通过媒体的公允报道，还原事实真相，还加多宝清白，还烈士安宁。加多宝作为一个负责任的面向国际的领导品牌，始终以实现'凉茶中国梦'为最终目标，爱国爱民，尊重每一个中国人，尊重为祖国的发展和建设贡献过自己力量的英雄和平民，过去不可能，现在不可能，未来也不可能利用这种话题来营销。"

加多宝公司在此次"庆祝销量夺金"的"多谢活动"中，在全国范围内的北京、香港、成都、东莞等城市的主要平面媒体刊登"多谢"广告，针对不同的城市，加多宝公司发布具有针对性的感谢内容，如在香港《文汇报》的感谢内容为"多谢@香港一家人一条心"，在《东莞日报》的感谢内容为"多谢@东莞第一罐在这里诞生走向全国迈向世界"，在《华西都市报》的感谢内容为"多谢@四川大爱无疆以善促善"，在《京华时报》的感谢内容为"多谢@北京新常态新起点"。庭审中加多宝公司表示在这次多谢活动中，平面媒体比较慎重，是经过精心策划的，而网络媒体不花钱，不是精心策划。

另查明，被告孙杰在 2013 年至 2015 年期间，通过其新浪微博"作业本"账号发表过多篇有关烧烤的微博。

本院认为，邱少云烈士生前在战斗中表现出的舍生取义、爱国为民的精神，在当代中国社会有着广泛的道德认同，是中华民族宝贵的精神财富，同时也是邱少云享有崇高名誉和荣誉的基础。我国法律规定，公民享有名誉权、荣誉权，禁止用侮辱、诽谤等方式损害公民的名誉、荣誉等民事权益。公民的姓名、肖像、名誉、荣誉受到侵害的，相关当事人有权要求侵权人停止侵害，恢复名誉，消除影响，赔礼道歉，并可以要求赔偿损失。

根据双方当事人诉辩主张及理由，本案的争议焦点概括起来涉及以下法律问题：一、邱少华是不是本案适格的原告？二、被告孙杰发表的涉案言论，应如何承担侵权责任？三、被告加多宝公司发表的涉案言论是否构成名誉侵权，如构成名誉侵权，应如何承担侵权责任？

一、关于邱少华是不是本案适格原告的问题。《中华人民共和国民事诉讼法》第一百一十九条第（一）项规定，原告是与本案有利害关系的公民、法人和其他组织。《最高人民法院关于确定民事侵权精神损害赔偿责任若干问题的解释》第三条规定，自然人死亡后，其近亲属因侮辱、诽谤、贬损、丑化或者违反社会公共利益、社会公德的其他方式，侵害死者姓名、肖像、名誉、荣誉的，有权向人民法院提起诉讼。《最高人民法院关于适用〈中华人民共和国民事诉讼法〉的解释》第六十九条规定，对侵害死者遗体、遗骨以及姓名、肖像、名誉、荣誉、隐私等行为提起诉讼的，死者的近亲属为当事人。由此可知，死者的近亲属有权就侵害死者名誉、荣誉等行为提起民事诉讼，死者的近亲属是正当当事人。具体到本案，根据原告向本院提供的证明材料可以认定，原告邱少华系邱少云的弟弟，邱少云去世后邱少华作为近亲属有权就侵害邱少云名誉、荣誉的行为提起民事诉讼，邱少华作为本案原告适格。因此，被告加多宝公司对本案原告邱少华主体资格提出的异议不能成立。

二、被告孙杰发表的涉案言论应如何承担侵权责任是本案的焦点问题之一。《最高人民法院关于确定民事侵权精神损害赔偿责任若干问题的解释》第三条规定，自然人死亡后，他人仍不得以侮辱、诽谤、贬损、丑化或者违反社会公共利益、社会公德的方式，侵害死者的姓名、肖像、名誉、荣誉。由此可知，自然人死亡后，其生前人格利益仍然受法律的保护。本案中，邱少云烈士生前的人格利益仍受法律保护。被告孙杰发表的言论"由于邱少云趴在火堆里一动不动最终食客们拒绝为半面熟买单"，将"邱少云烈士在烈火中英勇献身"比作"半边熟的烤肉"，是对邱少云烈士的人格贬损和侮辱，属于故意的侵权行为，且该言论通过公众网络平台快速传播，已经造成了严重的社会影响，伤害了社会公众的民族和历史感情，同时损害了公共利益，也给邱少云烈士的亲属带来了精神伤害。因此，原告邱少华要求被告孙杰对其侵权行为进行消除影响、赔礼道歉的诉讼请求，本院予以支持。由于被告孙杰的言论给邱少云烈士的亲属造成了巨大的精神损害，因此，原告邱少华要求被告孙杰赔偿精神损失费1元，本院予以支持。

对于被告孙杰提出的其已经在博文中予以道歉的抗辩，本院认为，虽然孙杰发表的侵权言论的原始微博文章已经删除且孙杰通过微博予以致歉，但侵权言论通过微博已经被大量转载，在网络上广泛流传，已经造成了严重的社会影响，本院认为，孙杰应当在全国性媒体刊物上予以正式公开道歉，消除侵权言论造成的不良社会影响。

三、被告加多宝公司发表的涉案言论是否构成名誉侵权是本案的另一焦点问题。对此，本院分析如下：

首先，在客观方面，从加多宝公司发布的言论及其后果来看，被告加多宝公司在"多谢活动"中，恭喜作业本（被告孙杰）与"烧烤"齐名，表示若孙杰开烧烤店就送 10 万罐凉茶，并与孙杰进行网上互动。该言论及互动在网络平台上迅速传播，遭到了广大网友的谴责，产生了较大负面影响。该言论引起的损害后果从加多宝公司通过媒体发布事件澄清中也可以确认，加多宝公司认可该言论"引起了广大网友不安和困惑"，造成了"负面和消极的影响"。

其次，从主观方面来看，被告加多宝公司称其在"多谢活动"中感谢被告孙杰（作业本）时，并不知道孙杰之前发表过侮辱邱少云烈士的言论。本院认为，加多宝公司作为国内知名饮料厂商，具有一定的社会影响力，在其为庆祝"销量夺金"精心策划的"多谢活动"中，在国内多个大城市的主要平面媒体进行感谢，并在网络上发布了近 300 条"多谢"海报，此次活动从空间范围和答谢对象的数量上来看，社会影响较大，加多宝公司应当对所感谢的对象尽到审慎的注意义务。被告孙杰作为网络知名人士，虽然发表过多篇与烧烤有关的其他微博博文，但在转载和评论数量上、评论内容的激烈程度和社会影响力上，远不及其侮辱邱少云烈士的博文，加多宝公司应当而未对孙杰之前发表的影响较大的不当言论予以了解而进行答谢及互动，导致较大社会负面影响产生，再次给邱少云烈士的家属造成了精神上的损害。本院认为，加多宝公司未尽到合理审慎的注意义务，存在主观上的过错。因此，加多宝公司应当对其言论产生的负面影响和侵权事实，承担相应的法律责任。

至于原告邱少华诉请被告孙杰和被告加多宝公司停止侵害的诉讼请求问题，本院认为，由于被告孙杰和被告加多宝公司通过微博发布的原始侵权言论已被删除，大量被转载的侵权言论的停止侵害只能通过公开赔礼道歉、消除影响来实现，即该请求已被原告的赔礼道歉、消除影响的诉讼请求所吸收，本院不再单独处理。

综上所述，依照《中华人民共和国民法通则》第一百零一条、第一百零六条第二款，《中华人民共和国侵权责任法》第二条、第六条、第八条、第十五条，《中华人民共和国公司法》第五条，《最高人民法院关于贯彻执行〈中华人民共和国民法通则〉若干问题的意见（试行）》第一百四十条，《最高人民法院关于确定民事侵权精神损害赔偿责任若干问题的解释》第三条第（一）项、第八条第二项，《最高人民法院关于审理名誉权案件若干问题的解答》之七、之八、之十、之十一，《中华人民共和国民事诉讼法》第一百一十九条第（一）项，《最高人民法院关于适用〈中华人民共和国民事诉讼法〉的解释》第六十九条之规定，判决如下：

一、被告孙杰于本判决生效之日起三日内公开发布赔礼道歉公告，向原告邱少华赔礼道歉，消除影响。该公告须连续刊登五日，公告刊登媒体及内容须经本院审核，逾期不执行，本院将在相关媒体上刊登本判决书的主要内容，所需费用由被告孙杰承担。

二、被告加多宝（中国）饮料有限公司于本判决生效之日起三日内公开发布赔礼道歉公告，向原告邱少华赔礼道歉，消除影响。该公告须连续刊登五日，公告刊登媒体及内容须经本院审核，逾期不执行，本院将在相关媒体上刊登本判决书的主要内容，所需费用由被告加多宝（中国）饮料有限公司承担。

三、被告孙杰和被告加多宝（中国）饮料有限公司连带赔偿原告邱少华精神损害抚慰金 1 元（于本判决生效后三日内履行）。

如果未按本判决指定的期间履行给付金钱义务，应当依照《中华人民共和国民事诉讼法》第二百五十三条的规定，加倍支付迟延履行期间的债务利息。

案件受理费五十元，由被告孙杰和被告加多宝（中国）饮料有限公司共同负担（于本判决生效后七日内交纳）。

如不服本判决，可以在判决书送达之日起十五日内，向本院递交上诉状，并按对方当事人人数提出副本，上诉于北京市第二中级人民法院。

审判长　康晨黎

审判员　霍志勇

人民陪审员　刘秀敏

二〇一六年九月二十日

书记员　李金益

案例64：董某寻衅滋事罪二审刑事裁定书

山东省菏泽市中级人民法院
刑事裁定书

(2016) 鲁 17 刑终 300 号

原公诉机关：山东省单县人民检察院。

上诉人（原审被告人）：董某，自由职业。因涉嫌犯诈骗罪于 2015 年 4 月 1 日被刑事拘留，因涉嫌犯敲诈勒索罪于同年 5 月 8 日被逮捕。现羁押于山东省曹县看守所。

辩护人：田凌云。

山东省单县人民法院审理山东单县人民检察院指控被告人董某犯寻衅滋事罪一案，于二〇一六年八月十二日作出 (2016) 鲁 1722 刑初 83 号刑事判决。宣判后，原审被告人董某不服，提出上诉。本院依法组成合议庭，经过阅卷，讯问上诉人，听取辩护人的意见，认为事实清楚，决定不开庭审理。现已审理终结。

原审判决认定：

一、邵某某为饲料经营者，张某某向其购买饲料。2014 年 3 月 4 日，邵某某向曹县人民法院起诉，请求张某某支付所欠货款及利息。曹县人民法院依法受理，由法官祁某、孟某、魏某组成合议庭，于 2014 年 4 月 23 日作出 (2014) 曹商初字第 313 号民事判决书，判决张某某支付邵某某货款 23323 元及利息；驳回邵某某的其他诉讼请求。董某未参与本案的诉讼。董某认为邵某某销售伪劣产品，涉嫌销售伪劣产品犯罪，法官作出上述判决是枉法裁判。被告人董某因而撰写了《菏泽曹县法官包庇违法犯罪嫌疑人涉嫌枉法裁判、徇私枉法渎职侵权》（内附反渎职侵权举报函）一文，并指使张某在网上发布。2014 年 8 月 14 日，张某使用昵称为"政法佳人"的账户将上述文章在"大众网菏泽论坛"发布。被告人董某在帖文中认为，原审在审理经济案件中，面对上诉人提供的公安、工商查处被上诉人涉嫌销售假冒伪劣产品违法犯罪案卷材料，居然置之不理，并径行认定，被上诉人不构成销售伪劣产品违法犯罪，民事审判居然作出刑事、行政判决，是认定事实、采信证据、适用法律明显错误，并且程序严重违法，涉嫌枉法裁判、徇私枉法、渎职侵权违法犯罪，应依法追究法律责任，并将办案法官祁某、魏某、孟某作为犯罪嫌疑人在网上举报。该帖文被点击 282847 次，回复 1185 条。

上述事实，有经原审庭审举证质证的下列证据证实：

1. 曹县人民法院 (2014) 曹商初字第 313 号民事判决书，证明原告邵某某诉被告张某某买卖合同纠纷一案，曹县人民法院法官祁某、孟某、魏某依法组成合议庭，并于 2014 年 4 月 23 日作出 (2014) 曹商初字第 313 号民事判决，判处被告张某某支付原告邵某某货款 23323 元及利息；驳回原告邵某某的其他诉讼请求。

2. 《菏泽曹县法官包庇违法犯罪嫌疑人涉嫌枉法裁判、徇私枉法渎职侵权》（内附反渎职侵权举报函）帖文下载材料，包括如下内容：张某、董某作为举报人将曹县人民法院（2014）曹商初字第313号案的合议庭成员祁某、孟某、魏某列为被举报人，并标注为违法犯罪嫌疑人。认为上诉人在原审中已经提出证据线索指控被上诉人涉嫌销售假冒伪劣犯罪并涉嫌非法经营犯罪及侵犯知识产权犯罪，原审应依法移送公安机关查处，在公安机关查明被上诉人是否构成犯罪后再依法审理，也就是"先刑事后民事"。况且，工商机关已经另案查明涉案产品是假冒伪劣产品，已经证实被上诉人涉嫌销售假冒伪劣产品违法犯罪。因此，原审在审理经济案件中，面对上诉人提供的公安、工商查处被上诉人涉嫌销售假冒伪劣产品违法犯罪案卷材料，居然置之不理，并径行认定被上诉人不构成销售伪劣产品违法犯罪，民事审判居然作出刑事、行政判决，是明显认定事实、采信证据、适用法律错误，并且程序严重违法。被举报人涉嫌枉法裁判、徇私枉法、渎职侵权违法犯罪，应依法追究其法律责任。

3. 远程勘验工作记录，证明用工作获得的题为《菏泽曹县法官包庇违法犯罪嫌疑人涉嫌枉法裁判、徇私枉法渎职侵权》的帖子名称进行搜索，进入虚拟身份为"政法佳人"的网民2014年8月14日在"大众网菏泽论坛"发布的题为《菏泽曹县法官包庇违法犯罪嫌疑人涉嫌枉法裁判、徇私枉法渎职侵权》的帖子，该帖被点击282847次，回复1185条。在360浏览器输入从工作中获取的帖子标题《菏泽曹县法官包庇违法犯罪嫌疑人涉嫌枉法裁判、徇私枉法渎职侵权》进行搜索，进入虚假身份为"政法佳人"的网民于2014年8月14日发布的题为《菏泽曹县法官包庇违法犯罪嫌疑人涉嫌枉法裁判、徇私枉法渎职侵权》的帖子，对该帖相关楼层的跟帖内容以及该帖在微博内的转发情况进行固定。

4. 证人祁某、孟某、魏某的证言，证明原告邵某某诉被告张某某买卖合同纠纷一案，其三人依法组成合议庭对该案进行了审判。一审判决书送达后，被告人张某某提出上诉，菏泽市中级人民法院因本案事实部分不清，发回重审。董某、张某既不是一审代理人，也未参加一审诉讼。董某、张某发布的《菏泽曹县法官包庇违法犯罪嫌疑人涉嫌枉法裁判、徇私枉法渎职侵权》的帖文，将其三人列为违法犯罪嫌疑人，认为该案程序严重违法，涉嫌枉法裁判、徇私枉法、渎职侵权违法犯罪，纯属捏造事实、恶意对其三人进行人身污蔑和攻击，给其三人的生活和工作带来严重影响，也给单位带来了较大负面影响。

5. 被告人董某供述，大众网菏泽论坛的帖子《菏泽曹县法官包庇违法犯罪嫌疑人涉嫌枉法裁判、徇私枉法渎职侵权》是其写的，让张某发的。张某的网名是"政法佳人"。

二、2014年10月15日，曹县人民检察院以被告人曹某某犯非法侵入住宅罪，向曹县人民法院提起公诉。董某于2014年10月29日接受被害人祝某的委托，担任祝某的诉讼代理人。董某向曹县人民法院刑庭提交的推荐函中没有出具人的签名以及无犯罪记录证明。曹县人民法院未许可董某作为诉讼代理人。受害人又委托律师赵某作为其诉讼代理人。曹县人民法院依法适用简易程序进行审理，后发现该案不宜适用简易程序，于2014年11月3日决定转为普通程序审理。因该案涉及个人隐私，曹县人民法院于2015年2月9日不公开开庭审理了该案，并于2015年4月17日作出（2014）曹刑初字第326号刑事判决，判决被告人曹某某犯非法侵入住宅罪，判处有期徒刑十个月。2013年12月4日，曹县人民检察院以被告人朱某某犯骗取贷款罪，向曹县人民法院提起公诉。董某担任被告人朱某某的辩护人，曹县人民法院于2014年1月13日作出（2013）曹刑初字第559号刑事判决，判决被告人朱某某犯骗取贷款罪，判处有期徒刑六个月，缓刑一年，并处罚金二万元。被告人朱某某不服一审判决，向菏泽市中级人民法院提出上诉，菏泽市中级人民法院于 2014 年 3 月 11 日作出 (2014) 菏刑二终字第 33 号刑事裁定，裁定撤销曹县人民法院 (2013) 曹刑初字第 559 号刑事判决，将该案发回重审。董某仍担任被告人朱某某重审案件的辩护人。2014 年 7 月 11 日曹县人民法院作出 (2014) 曹刑重字第 2 号刑事判决，判决被告人朱某某犯骗取贷款罪，判处罚金二万元。被告人朱某某不服该判决，提出上诉，二审审理过程中，被告人朱某某申请撤回上诉。菏泽市中级人民法院于 2014 年 8 月 11 日以 (2014) 菏刑二终字第 110 号刑事裁定，作出准许撤诉的刑事裁定。2013 年 12 月 5 日曹县人民检察院以被告人许甲义犯强奸罪，向曹县人民法院提起公诉，被害人师某提起刑事附带民事诉讼。曹县人民法院于 2013 年 12 月 16 日适用简易程序不公开开庭审理该案，被告人许甲义当庭否认起诉书指控的犯罪事实，曹县人民法院决定转为普通程序进行审理。董某、许传师于 2013 年 12 月 24 日接受被告人许甲义近亲属的委托担任被告人许甲义的辩护人及附带民事诉讼代理人。许传师申请复印该案卷宗材料，曹县人民法院对许传师申请不予许可，但准许会见被告人许甲义。2014 年 3 月 10 日，曹县人民法院向董某、许传师送达《出庭通知书》，董某、许传师先后向曹县人民法院递交了《不予出庭通知书》。二人均认为，作为公民辩护人，法院应许可复制案卷，不准辩护人复制案卷，就是阻碍辩护人依法行使诉讼权利，开庭违反法律规定，二人拒绝出席 2014 年 3 月 14 日下午的庭审。被告人之父许世铭坚持让许传师、董某辩护。审限届满的前一天，即 2014 年 3 月 26 日，曹县人民检察院向曹县人民法院提出延期审理申请，曹县人民法院于同日作出延期审理决定，并于同日将延期审理决定书送达曹县人民检察院、曹县看守所以及被告人许甲义。因董某未按曹县人民法院要求，提供本人户籍地警方出具的无违法犯罪记录证明，曹县人民法院未向董某告知延期审理决定，但口头告知了许传师。董某随后向曹县人民法院刑事审判庭签发《辩护词：立即放人》及《法律意见书》，认为许甲义案件在法定审限内既没有法定延期审理情况，也没有在法定审限内审结，被告人已被超期羁押，必须依法释放。曹县人民法院要求辩护人出具《无犯罪记录证明》是违法错误的，超期羁押属于非法拘禁、玩忽职守、滥用职权、渎职侵权；曹县人民法院应当根据在案证据依法作出许甲义无罪的裁判。曹县人民法院于 2014 年 7 月 24 日对该案作出 (2013) 曹刑初字第 563 号刑事附带民事判决，判决被告人许甲义犯强奸罪，判处有期徒刑七年；被告人许甲义赔偿附带民事诉讼原告人师某经济损失共计 1039.18 元。被告人许甲义不服一审判决，提出上诉。菏泽市中级人民法院于 2014 年 10 月 14 日作出 (2014) 菏刑一终字第 70 号刑事附带民事裁定，裁定驳回上诉，维持原判。2013 年 11 月 26 日曹县人民检察院以被告人邢某某犯强制猥亵妇女罪，向曹县人民法院提起公诉。董某及许传师担任被害人的诉讼代理人，董某因故未参加庭审，由许传师出庭参加庭审。曹县人民法院于 2014 年 4 月 3 日作出 (2013) 曹刑初字第 538 号刑事判决，以被告人邢某某犯强制猥亵妇女罪，判处有期徒刑二年。宣判后，被害人向曹县人民检察院提出抗诉申请，曹县人民检察院以"本案审判程序严重违法、认定事实错误"为由提出抗诉。抗诉后，检察院提供了新的证据——鉴定意见书。山东省菏泽市中级人民法院于 2014 年 7 月 23 日作出 (2014) 菏少刑终字第 37 号刑事裁定，裁定撤销 (2013) 曹刑初字第 538 号刑事判决，将该案发回重审。2015 年 6 月 9 日曹县人民法院作出 (2014) 曹刑重字第 5 号刑事判决，判决邢某某犯强制猥亵妇女罪，判处有期徒刑二年。被告人董某认为，上述案件，曹县人民法院让其提交相关手续是有意找其麻烦，剥夺其代理或者辩护权利，是违法行为；其作为被告人的辩护人的朱某某骗取贷款案及许甲义强奸案，曹县人民法院应当对被告人作无罪判决，其作为被害人诉讼代理人的曹某某非法侵入住宅案及邢某某强制猥亵妇女案，曹县人民法院均应以被告人构成强奸罪作出判决。曹县人民法院没有按照其意见作出判决是错误的、违法的。被告人董某于2014年12月2日，将其撰写的《围剿曹县法院刑事审判庭冤假错案》一文，使用昵称为"法治特工"的账户在"大众网菏泽论坛""新浪微博"发布。文中称"其代理的曹县法院案件的冤假错案率为100%，其代理的曹县法院的每个刑事案件都存在冤假错案和司法腐败现象"。并在帖文中使用诸如，"不作死就不会死，曹县法院刑庭法官想作死很容易，本代理人得成全他们。你们找我麻烦，我也会找你们的麻烦。不能违反规则和原则一再谦让法官，代理手续不予补正，不再对牛弹琴，不再计较代理人是否到庭，已经忍让他们好几次了，不能一而再再而三地谦让他们，他们要作死就去死吧，我们随时准备采取反渎职侵权措施和网络自媒体监督措施，并准备抗诉、二审、再审撤销他们的枉法判决，再次让他们的判决成为废纸"等语言。截至2015年2月12日，该文被转发1474次，评论27次，点赞4次。

上述事实，有经原审庭审举证质证的下列证据证实：

1. 曹某某非法侵入住宅案刑事判决书及代理手续、生效证明，证明曹县人民检察院诉被告人曹某某非法侵入住宅一案，曹县人民法院于2015年4月17日作出（2014）曹刑初字第326号刑事判决书，判决被告人曹某某犯非法侵入住宅罪，判处有期徒刑十个月。该判决书于2015年5月1日发生法律效力。被告人董某于2014年10月29日接受被害人祝某的委托，担任被害人祝某的诉讼代理人，但未出庭参加诉讼。

2. 朱某某骗取贷款案刑事判决书及代理手续、生效证明，证明曹县人民检察院诉被告人朱某某骗取贷款一案，曹县人民法院于2014年1月13日作出（2013）曹刑初字第559号刑事判决，判决被告人朱某某犯骗取贷款罪，判处有期徒刑六个月，缓刑一年，并处罚金二万元；被告人朱某某对判决不服，提出上诉，菏泽市中级人民法院于2014年3月11日作出（2014）菏刑二终字第33号刑事裁定，裁定撤销（2013）曹刑初字第559号刑事判决，将该案发回重审。2014年7月11日曹县人民法院作出（2014）曹刑重字第2号刑事判决书，判决被告人朱某某犯骗取贷款罪，判处罚金二万元。被告人朱某某不服该判决，提出上诉，审理过程中，上诉人朱某某申请撤回上诉。菏泽市中级人民法院于2014年8月11日作出（2014）菏刑二终字第110号刑事裁定，裁定准许上诉人朱某某撤回上诉。曹县人民法院于2014年7月11日作出的（2014）曹刑重字第2号刑事判决已经发生法律效力。被告人董某分别于2013年12月6日、2014年5月3日接受委托担任被告人朱某某一审、重审案件的辩护人。

3. 许甲义强奸案刑事判决书及代理手续、生效证明等相关法律文书，证明曹县人民检察院诉被告人许甲义强奸暨被害人师某提起的刑事附带民事诉讼一案，曹县人民法院因被告人许甲义对起诉书指控的犯罪事实予以否认，于2013年12月27日对该案中止简易程序，按照一审普通程序重新审理。2014年3月26日，曹县人民检察院向曹县人民法院提出延期审理建议，曹县人民法院于同日作出延期审理决定，并于同日将该决定书送达曹县人民检察院、看守所、许甲义及诉讼代理人。曹县人民法院于2014年7月24日对该案作出（2013）曹刑初字第563号刑事附带民事判决，判决被告人许甲义犯强奸罪，判处有期徒刑七年；被告人许甲义赔偿附带民事诉讼原告人师某经济损失共计1039.18元。被告人许甲义对该判决不服，提出上诉，菏泽市中级人民法院于2014年10月14日作出（2014）菏刑一终字第70

号刑事附带民事裁定，裁定驳回上诉，维持原判。曹县人民法院（2013）曹刑初字第563号刑事判决于2014年10月27日发生法律效力。被告人董某于2013年12月24日接受被告人许甲义近亲属的委托担任被告人的辩护人及附带民事诉讼代理人，但未出庭参加诉讼。

4. 邢某某强制猥亵妇女案刑事判决书及代理手续、生效证明，证明曹县人民检察院诉被告人邢某某强制猥亵妇女一案，曹县人民法院于2014年4月3日作出（2013）曹刑初字第538号刑事判决，判决被告人邢某某犯强制猥亵妇女罪，判处有期徒刑二年。曹县人民检察院以"本案审判程序严重违法、认定事实错误"为由提出抗诉。山东省菏泽市中级人民法院于2014年7月23日作出（2014）菏少刑终字第37号刑事裁定，裁定撤销（2013）曹刑初字第538号刑事判决，将该案发回重审。2015年6月9日曹县人民法院作出（2014）曹刑重字第5号刑事判决，判决邢某某犯强制猥亵妇女罪，判处有期徒刑二年。（2014）曹刑重字第5号刑事判决已经发生法律效力。被告人董某及许传师于2013年12月24日接受被害人及其法定代理人的委托，担任被害人的一审诉讼代理人，被告人董某未出庭参加诉讼。

5.《围剿曹县法院刑事审判庭冤假错案——反渎职侵权个案连载之一》网络帖文下载材料，证明董某撰写的该帖文内容包括："近年来，本人代理的曹县法院的案件都是二审撤销原判、发回重审。也就是说，本人代理的曹县法院案件的冤假错案率是100%。本人代理的曹县法院的每个刑事案件都存在冤假错案和司法腐败现象。本人代理的朱某某涉嫌骗取贷款罪一案，在本辩护人采取反渎职侵权措施和网络自媒体监督下，一审判处有期徒刑半年，缓刑一年；二审撤销原判，发回重审；重审改判免刑，仅判处罚金；重审上诉，应改判无罪。但是考虑到司法实际情况，本人决定给曹县公检法留点面子，因此，本辩护人又促使朋友主动撤回上诉，并告诉朋友还有申诉、抗诉的再审诉权，随时可以申诉、抗诉再审。本人代理许甲义涉嫌强奸罪一案的辩护人后，曹县法院刑事审判庭因本辩护人代理的第一个刑事案件被撤销原判发回重审而如临大敌，只许可辩护人会见被告人却不许可复制案卷材料，因此，本辩护人在接到《出庭通知书》情况下签发了《不予出庭通知书》。本案超审限10天后，本辩护人向曹县法院刑事审判庭签发《立即放人：无罪辩护词》，并安排被告人家属去法院刑事审判庭要人、接人，如果曹县法院不放人就去检察院申请检察监督。一周后，曹县法院刑庭不但没有释放被告人，反而签发了准许检察院退回补充侦查的《延期审理通知书》。本辩护人再次签发《法律意见书》指出，法院超审限半个月才签发准许检察院退回补充侦查的《延期审理通知书》违反法律规定，是非法无效的，应立即放人。并建议被告人家属继续向曹县法院要人并向检察院提出申诉控告。曹县法院刑事审判庭法官将本辩护人视为心腹大患，三番五次挑拨委托人与本辩护人之间的关系，委托人为此签发了《不再更换辩护人声明》；曹县法院刑事审判庭又只好赤裸上阵，非法要求本辩护人的《推荐函》需要单位负责人签字，并且，本辩护人还得提供《无犯罪证明》。本辩护人满足了他们的非法要求，他们却仍然要求本辩护人出具户籍所在地警方的《无犯罪证明》，北京警方出具的《无犯罪证明》也不行。而且，随即拒绝签收本辩护人的《法律意见书》，不再通知本辩护人出庭，非法剥夺了本辩护人的辩护权。本辩护人忍无可忍，向检察院提交了《申诉控告状》，曹县检察院违反规定处理本辩护人的申诉控告。本辩护人准备和委托人一起对公诉检察官采取反渎职侵权措施，委托人却因法院、检察院的压力坚持不住了。因为委托人与本人不是直接关系，本辩护人不能掌握委托人情况，因此，在委托人不给力、法院又非法剥夺本辩护人辩护权情况下，本辩护人只好暂停本案的辩护工作及反渎职侵权工作。本人接受委托担任被告人邢某某涉嫌强制猥亵妇女罪一案中被害人的诉讼代理人，本代理人有事在京无法按时出庭，因此，特别详细地告知地方代理人及被害人出庭注意事项和应对措施，希望曹县法院刑事审判庭能依法审判。但是，事与愿违，美好的愿望在曹县法院刑事审判庭一直都没有实现过：曹县法院刑事审判庭在重新开庭，受害人及代理人当庭指控被告人涉嫌强奸罪而不是强制猥亵妇女罪，庭审没有精液检验报告，侦查人员和公诉人涉嫌重罪轻罚、枉法追诉、渎职侵权犯罪情况下，仍然以强制猥亵妇女罪判处被告人有期徒刑二年。本代理人忍无可忍，连夜起草《刑事抗诉申请书》及《反渎职侵权刑事控告状》并作出抗诉二审办案方案，时刻亲自指导受害人及地方代理人依法维权。曹县检察院在抗诉期限最后一天同意了受害人抗诉申请并报请菏泽市检察院批准提起抗诉，二审撤销原判发回重审。本人接受委托担任被告人曹某某涉嫌非法侵入住宅一案中被害人的诉讼代理人，本代理人亲自向曹县法院刑事审判庭递交了代理手续，年轻的主审法官不愿意接受本代理人的代理手续，说《推荐函》需要单位负责人签字，本代理人让他拿出法律依据，主审法官无语，对面资深法官说'可以让他代理'后，主审法官才接收本代理人手续。本代理人刚离开曹县，受害人老公就被曹县公安局行政拘留并接到曹县法院刑庭电话，要求本代理人补交《无犯罪证明》。法院非法要求本代理人补交代理手续，就是害怕本代理人代理本案，是典型的打击报复、威胁恐吓。本代理人严肃指出：全国各地法院都没有要求代理人的《函》需要单位负责人签字的，全国也没有其他法院要求代理人提供《无犯罪证明》的，你曹县法院是唯一一家，你曹县法院是独立王国?! 况且，曹县法院其他法庭也没有这样荒唐的要求，唯独你刑庭有这样的规定。本代理人现在正式告诉你们：本代理人的代理手续已经依法提交给你们了，你们也出具了《出庭通知书》，并且，本代理人也已经复印了案卷材料了。今后不再给你们补正任何代理手续，你们如果剥夺本代理人的代理权，本代理人将依法维权，依法追究你们渎职侵权责任；你们刑庭今年的判决已经被撤销两次了，这次判决也将被撤销，成为废纸，现在，你们爱咋地咋地，我们走了。随即，本代理人离开曹县法院，准备去检察院申诉控告采取反渎职侵权措施，并准备采取网络自媒体监督措施。但是，我们还没有回到住所，就接到曹县法院刑庭电话，通知本代理人可以带受害人持《出庭通知书》出庭参与诉讼。本代理人随即召集本人的北京助理、地方助理、济南律师及受害人等人研究后认为：不能再相信曹县法院刑事审判庭，他们不会改正错误，不会甘心，还会耍花招，因此，本代理人可以按时出庭，但是，受害人和其他代理人不能出庭，防备法官在受害人和其他代理人到庭的情况下强行剥夺本代理人的代理权。开庭当日，本代理人明确告诉曹县法官，本代理人按时到庭即可，本代理人没有让受害人到庭，让她回去了。最后，刑事法官原形毕露，仍然以本代理人代理手续不全为由，想剥夺本代理人的代理权，并准备以受害人没有到庭为由直接审判。本代理人再次严肃指出：本代理人的代理手续合法有效，本代理人已经持《出庭通知书》按时到庭参加诉讼，受害人依法可以不到庭，你们如果强行剥夺本代理人代理权，强行以受害人没有到庭枉法裁判，你们的判决必将再次被抗诉撤销，成为废纸。虽然结果在预料之中，但是，本代理人还是很生气，当即决定回去后组织反渎职侵权团队对死不悔改的曹县法院刑庭采取反渎职侵权措施和网络自媒体监督措施，'不作死就不会死'，曹县法院刑庭法官想'作死'很容易，本代理人得成全他们。资深法官看出本代理人很生气、后果会严重，阻止了刑庭其他法官的胡言乱语，很有礼貌地对本代理人说'你回北京后可以找辖区警官再开一份《无犯罪证明》，大家都不必要伤了和气。'本代理人因此也缓和了语气，回复说'这本来就是很简单的事情，我很容易就能做到，但是，不符合法律规定，我没有必要给出函单位负责人和辖区警官增加麻烦，你们也没有必要给我增加麻烦，你们找我麻烦，我也会找你们的麻烦。我亲自过来代理本案就是为了防止你们办错案子，再被错案追究，是为了你们好。'年轻主审法官插言道：'你还得去你户籍所在地警方开具《无犯罪证明》。'其他法官也随声附和。本代理人本来已经缓和的心情又被破坏了。回到住所后研究决定，不能违反法规和原则一再谦让法官，代理手续不予补正，不再对牛弹琴，不再计较本代理人是否出庭，已经忍让他们好几次了，不能一而再再而三地谦让他们，他们要作死就去死吧，我们随时准备采取反渎职侵权措施和网络自媒体监督措施，并准备抗诉二审再次撤销法院的枉法判决，再次让他们的判决成为废纸。'夜入民宅，非奸即盗'，一个很简单、很明显的强奸未遂案，却被曹县公检法以非法侵入住宅罪重罪轻罚，全然不顾受害人及其家属的感受，其中的司法腐败显而易见。"

6. 远程勘验工作记录，证明 2015 年 2 月 12 日对虚拟身份为"法治特工"的网民在新浪微博的发帖情况进行远程勘查。勘验开始后，进入虚拟身份为"法治特工"的网民 2014 年 12 月 2 日 11 时 13 分在新浪微博所发的微博，该微博目前被转发 1474 次，评论 27 次，点赞 4 次。微博内容为："《围剿曹县法院刑事审判庭冤假错案》，近年来，本人代理曹县法院案件的二审都是撤销原判、发回重审。也就是说本人代理的菏泽曹县法院案件的冤假错案率是 100%。本年度内，本人代理曹县法院四个刑事案件，总结发现，本人代理的曹县法院每个刑事案件都存在冤假错案和司法腐败现象。"在 360 浏览器输入从工作中获取的帖子标题为《围剿曹县法院刑事审判庭冤假错案》的帖子进行搜索，进入虚拟身份为"法治特工"的网民于 2014 年 12 月 2 日发布的题为《围剿曹县法院刑事审判庭冤假错案》的帖子，对该帖相关楼层的跟帖内容进行固定。

7. 曹县人民法院纪律检查组出具的证明，证明曹县法院干警郭某、房某、刘某1等人未发现违法违纪情况。

8. 证人郭某、徐某证言，证明郭某系曹县人民法院刑庭庭长，郭某系许甲义强奸案及邢某某涉嫌强制猥亵妇女案的承办人。徐某系曹县法院刑庭副庭长，其参与审理许甲义强奸案、邢某某涉嫌强制猥亵妇女案、曹某某涉嫌非法侵入住宅案。其中被告人许甲义强奸案，2013 年 12 月 24 日许传师递交辩护手续，因该案涉及个人隐私，经研究，对许传师复印卷宗材料的申请未予许可，安排辩护人可会见被告人。开庭当日，许传师递交不予出庭通知书，认为法院阻碍辩护人依法行使诉讼权利，开庭违反法律规定。2014 年 3 月 26 日，曹县人民检察院建议本案延期审理，同日，其院下发延期审理决定书，并于当日送达公诉机关、看守所及被告人，口头通知许传师。因董某未补全代理手续，未通知董某。该案于 2013 年 12 月 27 日转为普通程序审理，审理过程中，公诉机关申请延期审理一次，本案应在 2014 年 7 月 26 日审结，合议庭于 2014 年 7 月 24 日进行了宣判。本案不存在超期羁押问题。2014 年 4 月 3 日，被告人邢某某犯强制猥亵妇女罪，被判处有期徒刑二年。宣判后，许传师鼓动被害人家人到法院、检察院哄闹，最后迫使曹县检察院抗诉，抗诉后，检察院提供了新的证据，菏泽市中级人民法院以公诉机关在一审时未提供该证据和该鉴定意见未告知当事人，程序违法为由，发还重审。曹县法院审判监督庭审理后以被告人邢某某犯强制猥亵妇女罪，判处有期徒刑二年。上述两个案件无论是在实体上，还是在程序上，均无违法情况。帖文中所涉及的四个刑事案件无一冤假错案，帖文内容纯属捏造，帖文给其所在法院、庭室以及其个人造成极为恶劣的社会影响。另徐某证实，其参与审理的曹某某非法侵入住宅一案，于2015年2月9日开庭审理，2015年4月20日判处被告人曹某某有期徒刑十个月，判决书下发后，被告人未上诉，检察院亦未抗诉，该判决书于2015年5月1日生效。

9. 证人房某证言，证实其系曹县法院刑庭助理审判员，系曹某某涉嫌非法侵入住宅案的承办人。案件审理期间，董某作为被害人的诉讼代理人提交代理手续，其依法对董某的代理手续及身份情况进行核实，后要求董某补全推荐函中的出具人签名以及无违法犯罪记录证明，董某未补全。本案于2015年2月9日开庭审理，2015年4月20日判处被告人曹某某有期徒刑十个月。本案无论是在实体上，还是在程序上，均无违法情况。董某在本判决下发之前在网络上散布《围剿曹县法院刑事审判庭冤假错案》，对司法机关进行恶意评价，捏造司法腐败的事实。其行为严重诋毁了法院的司法形象，大大降低了司法权威，严重影响了其所在单位及其个人的声誉。

10. 证人齐某、刘某1证言，证实齐某、刘某1分别系曹县法院少审庭副庭长、审判员，均系朱某某涉嫌骗取贷款案的合议庭组成人员。被告人朱某某犯骗取贷款罪，被判处有期徒刑六个月，缓刑一年，并处罚金二万元；被告人朱某某对判决不服，提出上诉，菏泽市中级人民法院以事实不清、证据不足为由发回重审。审判监督庭重新审理后，判决被告人朱某某犯骗取贷款罪，判处罚金二万元。其两人参与审理的朱某某涉嫌骗取贷款案不存在冤假错案的情况，董某发布的网络博文及帖子纯属捏造事实，且该博文及帖子给其工作和生活带来许多恶劣影响，同时影响了所在单位的办公秩序。

11. 被告人董某供述，《围剿曹县法院刑事审判庭冤假错案——反渎职侵权个案连载之一》是其自己书写，并使用"法治特工"的网名将该文章发布到大众网菏泽论坛和新浪微博上。关于许甲义强奸案的反渎职侵权控告状是其负责起草、许传师负责审核，其先后签发了两份反渎职侵权控告状，并由许传师递交给曹县人民检察院申诉、控告大厅。

二、2014年9月29日上午，山东元华律师事务所律师张某作为张某某的诉讼代理人，到曹县人民法院就张某某诉曹县工商行政管理局行政不作为一案，申请立案。曹县人民法院立案庭副庭长李某乙接受材料后，向代理律师提出修改诉讼请求的意见，并告知其按照规定第三人应由法院追加，建议代理律师修改诉状，原告代理律师张某遂进行了修改。当日下午，李某乙外出送达，下午五点左右回到办公室，见到代理律师张某和另外一名济南律师在等候，收下诉讼材料，并向立案庭庭长刘某2汇报，刘某2庭长同意立案，其令书记员张某办理立案手续，案号为（2014）曹行初字第28号，并当场办理了排期开庭，且向原告代理律师送达了受理通知书及开庭传票。2014年11月18日，山东元邦律师事务所律师赵某作为曹某某的诉讼代理人，就曹某某诉曹县公安局行政诉讼纠纷一案，到曹县人民法院申请立案，曹县人民法院立案庭收到诉状后，于当日立案，案号为（2014）曹行初字第225号。董某作为李某、李某甲、李某丙诉李正保排除妨害纠纷一案的代理人，到曹县人民法院孙老家法庭申请立案，法官张某丁于2014年11月4日接受原告方提交的证据材料，于2014年11月7日立案，案号为（2014）曹民立字第2号，并于当日作出（2014）曹民立字第2号民事裁定，裁定对李某、李某甲、李某丙的起诉，不予受理。上诉人李某甲、李某丙因不服该裁定，向菏泽市中级人民法院提起上诉，被告人董某系该案二上诉人的诉讼代理人。菏泽市中级人民法院于2014年12月11日作出（2014）菏民立终字第5号民事裁定，裁定撤销曹县人民法院（2014）曹民立字第 2 号民事裁定；该案由曹县人民法院立案审理。董某认为曹县人民法院立案庭对张某某一案下午立案，存在寻找理由拖延立案的情况。李某、李某甲、李某丙诉李正保排除妨害纠纷一案，曹县法院孙老家法庭拖延立案，裁定不予受理后，其开始和中院法官沟通良好，后其去中院提交相关材料时发现之前接待其的法官张某某和一审法官观点一样，其让助理再次向中院立案庭提交材料及本人签发的《代理意见书》，张某某接收了上述材料。随后其又让其助理向张某某提交其签发的《法律意见书》，张某某拒绝接收。被告人董某便撰写了《围剿菏泽曹县法院立案难》一文，文中称"本人代理的菏泽曹县法院的案件都是二审撤销原判、发回重审。也就是说，本人代理的菏泽曹县法院案件的冤假错案率是 100%。本代理人及助理到菏泽曹县法院立案都难，更何况地方上的人民群众?! 连立案都难，哪来的个案公平正义?! 菏泽、曹县两级法院的公平正义去哪儿了?!"2014 年 12 月 7 日，被告人董某使用昵称为"法治特工"的账户将上述文章在大众网菏泽论坛发布。该帖文发布后被点击 43524 次，回复 334 条。

上述事实，有经原审庭审举证质证的下列证据证实：

1. 董某在曹县人民法院代理的行政诉讼案件及民事诉讼案件的立案情况及立案手续，证明曹县人民法院立案庭于 2014 年 9 月 29 日收到张某某诉曹县工商行政管理局行政诉状，并当日立案，案号为（2014）曹行初字第 28 号，曹县人民法院于 2014 年 12 月 25 日作出（2014）曹行初字第 28 号行政判决书，张某、赵某系该案原告张某某的诉讼代理人。曹县人民法院立案庭于 2014 年 11 月 18 日收到曹某某诉曹县公安局行政诉状，并当日立案，案号为（2014）曹行初字第 225 号，赵某系该案原告曹某某的诉讼代理人。曹县人民法院立案庭于 2014 年 11 月 7 日收到李某、李某甲、李某丙诉李正保民事诉状，并 2014 年 11 月 7 日立案，案号为（2014）曹民立字第 2 号，曹县人民法院于当日作出（2014）曹民立字第 2 号民事裁定书，裁定对李某、李某甲、李某丙的起诉，不予受理。被告人董某系该案三原告的诉讼代理人。上诉人李某甲、李某丙因不服该裁定，向菏泽市中级人民法院提起上诉，菏泽市中级人民法院于 2014 年 12 月 11 日作出（2014）菏民立终字第 5 号民事裁定，裁定撤销曹县人民法院（2014）曹民立字第 2 号民事裁定；该案由曹县人民法院立案审理。被告人董某系该案二上诉人的诉讼代理人。

2.《围剿菏泽曹县法院立案难——反渎职侵权个案连载之二》网络帖文下载材料，证明董某撰写的该帖文内容包括："近年来，本人代理的菏泽曹县法院的案件都是二审撤销原判、发回重审。也就是说，本人代理的菏泽曹县法院案件的冤假错案率是 100%。本年度内，本人经历菏泽曹县法院 3 个案件立案难，其中 2 个是行政诉讼案件、1 个是民事诉讼案件。总结发现，菏泽曹县法院存在立案难现象，特别是曹县法院。第一个立案难的案件是行政诉讼案件，是年初经过行政复议后依法必须受理的行政诉讼案件，被告是曹县公安局。但是，曹县法院立案庭就是不给立案，也不给裁定，至今没有结果。本人的两个助理多次向菏泽中级法院提起起诉、上诉，均不予受理。第二个立案难案件是行政诉讼案件。本代理人在代理买卖合同纠纷上诉案中，发现买卖合同纠纷案必须以曹县工商局、公安局对涉案产品的查处结果为依据，因此，分别向二审法院和曹县工商局签发《法律意见书》，建议二审法院撤销原判发回重审，建议曹县工商局尽快查处被上诉人销售假冒伪劣产品的违法犯罪行为。二审法院依法撤销原判发回重审，但是，曹县工商局却拒不履行法定职责，严重影响买卖合同纠纷案件审理，侵害了委托人的合法权益，因此，反渎职侵权代理人团队决定另案对曹县工商局提起行政诉讼。曹县法院立案庭找各种理由和借口，整个上午都不受理，在济南律师的据理力争下，立案庭要求将第三人删除，第三人由法院依职权追加，而且，得等到下午才能给立案。下午上班后，立案庭负责行政立案的法官却不在，其他工作人员找各种理由和借口打发代理人离开，直到下午快下班时，本代理人在法院外遇见立案庭负责行政立案的法官，并及时通知在立案庭等待立案却准备撤离的济南律师，才在下班前完成立案。但是，曹县法院立案庭在本案立案后一个半月内，既不向行政审判庭移送案卷，也不追加第三人，更没有在法定期限内促使原被告双方交换证据。第三个立案难的案件是民事诉讼案件。曹县孙老家法庭庭长张某丁找各种理由和借口拖延十几天拒不受理。最后，本代理人促使法庭庭长张某丁对先期起诉的3名原告出具不予受理裁定，并依法提起上诉，另外11户村民另案起诉。上诉三周后第四周周二，本代理人到菏泽中院查询案件上诉情况，被告知曹县法院还没有将案卷移送到中院立案庭。本代理人将原审裁定书等材料交给菏泽中院立案庭张法官审查，张法官和本代理人沟通良好，还留下了联系电话。周一，本代理人及助理带着相关材料到菏泽中院立案庭，中院立案庭法官接待态度与之前截然相反，不看、不收我们证据材料，说出的观点和原审法官一模一样，简直就是原审法官第二，而且，上诉案卷中居然没有被告的任何证据材料。最后，我们的证据材料及代理手续都带回去了，'对牛弹琴'毫无意义，回去准备采取措施吧。本案在当地已经引起恶劣影响，原审法官对群体、民生案件不调解、不受理、不立案、挑拨当事人和代理人之间关系、隐瞒事实、隐匿证据、枉法裁判、激化矛盾，严重损害司法公信力，应严惩。二审法官拒收证据和材料、拒收法律意见明显有失公允。综上，菏泽曹县法院立案难现象十分严重，严重损害司法公信力，必须严加整顿，并对法官在立案中的渎职侵权行为严惩。本代理人及助理到菏泽曹县法院立案都难，更何况地方上的人民群众?! 连立案都难，哪来的个案公平正义?! 菏泽、曹县两级法院的公平正义去哪儿了?!"

3. 远程勘验工作记录，证明用工作获取的题为《围剿菏泽曹县法院立案难》的帖子名称进行搜索，进入虚拟身份为"法治特工"的网民2014年12月7日在大众网菏泽论坛发布的题为《围剿菏泽曹县法院立案难》的帖子，该帖点击43524次，回复334条。在360浏览器输入从工作中获取的帖子标题为《围剿菏泽曹县法院立案难》的帖子进行搜索，进入虚拟身份为"法治特工"的网民2014年12月7日发布的题为《围剿菏泽曹县法院立案难》的帖子，对该帖相关楼层的跟帖内容进行固定。

4. 证人刘某2证言，证明其系曹县法院立案一庭庭长，主要负责立案审批及庭务管理。张某某起诉曹县工商行政管理局行政不作为案件，2014年9月29日上午，当事人送来诉讼材料后，立案庭的副庭长李某乙发现诉状中原告列上了第三人，因按照规定第三人应由法院追加，告知当事人修改诉状，当事人下午修改诉状后，李某乙给其汇报后，其审查后发现符合立案条件，便同意立案。董某在网络上捏造事实，发布不实帖文，严重损害了曹县人民法院及立案一庭的公信力，诋毁了国家司法机关的形象，也对其所在庭室的工作人员造成了人格和名誉上的损害。

5. 证人李某乙证言，证明其系曹县法院立案一庭副庭长，主要负责立案大厅的事务管理，刑事立案、行政立案及部分民事立案的初步审查。2014年9月29日上午11时许，原告代理律师张某及另外一个济南律师持原告张某某诉曹县工商行政管理局要求依法查处邵某某销售假冒伪劣产品行为的行政诉状。其接受材料后，建议代理律师修改诉讼请求，代理律师坚持未作修改。另外，诉状中原告列上了第三人，因按照规定第三人应由法院追加，告知原告代理律师修改诉状，原告代理律师张某遂修改了诉状。当日下午，其外出送达，下午五点左右回到办公室，见到代理律师张某和另外一名济南律师在等候，收下诉讼材料，并向刘某2庭长汇报，刘某2庭长同意立案，其令书记员张某办理立案手续，并当场办理了排期开庭，且向原告代理律师送达了受理通知书及开庭传票。整个立案过程不存在任何刁难的行为。董某发布的网络帖文给其所在庭室及立案工作造成恶劣的社会影响，其个人名誉受到巨大损害，工作积极性受损。

6. 证人张某证言，证实其系曹县法院立案一庭的书记员，主要负责商事立案，部分民事、行政立案。2014年9月29日上午，济南律师赵某和张某提交原告张某某诉曹县工商行政管理局的行政诉状，由于诉状书写不符合标准，副庭长李某乙让他们修改一下，当日下午，该两名律师带着修改后的诉状再次来到立案庭，李某乙副庭长审查后，认为符合立案标准，便安排其办理立案手续。整个立案过程不存在任何刁难的行为。董某发布的网络帖文内容不属实，给其和其所在庭室其他同事造成了恶劣影响。

7. 证人赵某证言，证明曹某某诉曹县公安局行政处罚错误一案，因手续齐全，当时就顺利立案了，不存在刁难、立案难的问题。张某某诉曹县工商局行政不作为一案，张某律师负责立案，其负责代理出庭。

8. 被告人董某供述，其以网名"法治特工"在大众网菏泽论坛和新浪微博上发了《围剿菏泽曹县法院立案难——反渎职侵权个案连载之二》。发了这个之后，菏泽曹县法院立案难的问题都解决了，最高人民法院先发了通知，后出台了民事诉讼法的司法解释，将立案审查变成立案登记，彻底解决了全国各级法院立案难的问题。

四、2009年6月15日，曹县安蔡楼卫生院（甲方）与孙某（乙方）签订租赁合同，约定甲方将其大门两侧土地共计1056平方米租赁给乙方，由乙方在租赁土地上建设上下两层共计58间商住楼，建筑面积2112平方米，乙方负责按甲方设计要求在卫生院内建病房楼一套、防保站9间、CT室3间及大门一个，作为租赁费用，该租赁合同自工程竣工之日起正式生效。韩某、李某甲、陈某于2011年先行预交购房款，于2012年分别与孙某签订了买房协议，各购买孙某在安蔡楼卫生院临街土地上所建房屋一套。该建筑工程由王某某负责施工建设，邢某某作为施工人员，在施工过程中受伤。邢某某曾以孙某、王某某、安蔡楼卫生院为被告提起人身损害赔偿诉讼，并获得胜诉。2013年8月26日邢某某再次起诉孙某、王某某、安蔡楼卫生院，曹县人民法院于2013年11月18日作出（2013）曹民初字第1873号民事判决，双方均提出上诉，菏泽市中级人民法院于2014年3月6日作出（2014）菏中民一终字第55号民事裁定，撤销（2013）曹民初字第1873号民事判决，发回曹县人民法院重审。董某作为邢某某的诉讼代理人于2015年1月9日在韩某、李某甲、陈某购买的三套房屋门口张贴"关于安蔡楼中心卫生院门面楼房相关法律问题的通告"，大致内容为"涉案门面房还涉及10万元执行款和90万元的诉讼。诉讼结果执行后有权优先拍卖涉案门面楼房或以涉案门面楼房折价抵账，现在购买行为均是非法无效行为。安蔡楼卫生院未经批准擅自转让国家土地涉嫌渎职犯罪，孙某没有房地产经营资质涉嫌非法经营犯罪，王某某涉嫌拒不执行裁判罪。如果近期不能协商解决或不能依法履行判决，将依法追究刑事责任，涉案门面楼房也将被优先抵债"。通告贴出后，韩某、李某甲、陈某到董某家中商讨该事情的解决办法，董某先是提出每人交给其5000元，后降至三人交8000元。三人经咨询其他律师，认为不应向董某交钱，便未向董某交钱。2015 年 2 月 3 日，邢某某向曹县人民法院申请财产保全，曹县人民法院于 2015 年 2 月 6 日作出了（2014）曹民重字第 7 号民事裁定，裁定查封被告曹县安蔡楼中心卫生院与被告孙某共有的位于曹县安蔡楼中心卫生院门前涉案楼房三套（自东向西）。后陈某、韩某、李某甲提出异议，曹县人民法院经合议庭评议，认为异议成立，于 2015 年 3 月 3 日作出（2014）曹民重字第 7-1 号民事裁定，裁定撤销（2014）曹民重字第 7 号民事裁定。财产保全被撤销后，被告人董某于 2015 年 3 月 20 日，使用昵称为"法治特工"的大众网账户将其撰写《曹县法院变成菜市场，枉法裁判、徇私枉法没商量》一文在大众网菏泽论坛发布。帖文称"曹县法院在《商业住宅楼合同》明显违法无效、自始没有法律约束力应依法驳回复议申请的情况下，公然违反法律规定作出（2014）曹民重字第 7-1 号《民事裁定书》是枉法裁判。另外，孙某非法经营金额 150 万元左右，已经构成非法经营刑事犯罪，原告代理人依法向曹县法院提交了《刑事犯罪检举函》，但是，曹县法院至今没有依法查处，相关法官及其领导涉嫌徇私枉法、渎职侵权犯罪。"被告人董某还针对该网帖发表如下评论："曹县法官真是无法无天，有点权力就太任性，将国有土地上房地产买卖关系按照菜市场白菜萝卜买卖关系判决，将房地产非法经营行为裁定为合法有效，简直是司法界天大的笑话！！曹县法院变成菜市场了？@菏泽曹县法院还要脸吗？"帖文发布后被查看 120273 次、回复 376 条。

上述事实，有经原审庭审举证质证的下列证据证实：

1. 邢某某与曹县安蔡楼中心卫生院、孙某、王某某健康权纠纷一案的判决书、裁定书、生效证明、代理手续一宗，证明曹县人民法院于 2012 年 12 月 30 日作出（2012）曹民初字第 1695 号民事判决书，判决被告王某某赔偿原告邢某某经济损失 643894.58 元；被告曹县安蔡楼中心卫生院、孙某负连带清偿责任；驳回原告的其他诉讼请求；驳回反诉原告王某某的诉讼请求。曹县人民法院于 2013 年 11 月 18 日作出（2013）曹民初字第 1873 号民事判决，判处被告王某某赔偿原告邢某某医疗费 34017.9 元；被告曹县安蔡楼中心卫生院、孙某负连带清偿责任；驳回原告的其他诉讼请求。董某系该案原告邢某某的诉讼代理人。原被告对该判决不服，均提出上诉，菏泽市中级人民法院于 2014 年 3 月 6 日作出（2014）菏民一终字第 55 号民事裁定，裁定撤销（2013）曹民初字第 1873 号民事判决书，将该案发回重审。曹县人民法院于 2015 年 2 月 6 日作出（2014）曹民重字第 7 号民事裁定，裁定查封被告曹县安蔡楼中心卫生院与被告人孙某共有的位于曹县安蔡楼中心卫生院门前涉案楼房三套（自东向西）等。董某系该案原告邢某某的委托代理人。曹县人民法院于 2015 年 3 月 3 日作出（2014）曹民重字第 7-1 号民事裁定，裁定撤销（2014）曹民重字第 7 号民事裁定书。曹县人民法院于 2015 年 4 月 20 日作出（2014）曹民重字第 7 号民事判决，判决驳回原告邢某某对被告曹县安蔡楼中心卫生院、孙某、王某某的诉讼请求。（2014）曹民重字第 7 号民事判决已于 2015 年 5 月 6 日发生法律效力。

2.《曹县法院变成菜市场，枉法裁判、徇私枉法没商量》帖文及评论下载材料，证明 2015 年 3 月 20 日 10 时许，被告人董某使用"法治特工"账户将其撰写的《曹县法院变成菜市场，枉法裁判、徇私枉法没商量》帖文在大众网菏泽论坛发布，该帖文被查看 120273 次，回复 376 条。该帖文内容包括：曹县法院审监庭在（2014）曹民重字第 7 号案中，依据原告申请依法查封了涉案楼房三套，案外人依据被告孙某与案外人签订的《商业住宅楼合同》提起复议申请，曹县法院在《商业住宅楼合同》明显违法无效、自始没有法律约束力应依法驳回复议申请的情况下，公然违反法律规定作出（2014）曹民重字第 7－1 号《民事裁定书》枉法裁判。另外，孙某非法经营金额 150 万元左右（5 套商住楼每套 30 万元左右），已经构成非法经营刑事犯罪，原告代理人依法向曹县法院提交了《刑事犯罪检举函》，但是，曹县法院至今没有依法查处，相关法官及其领导涉嫌徇私枉法、渎职侵权犯罪。2015 年 3 月 20 日，被告人董某使用昵称"法治特工"的账户发表评论：曹县法官真是无法无天，有点权力就太任性，将国有土地上房地产买卖关系按照菜市场白菜萝卜买卖关系判决，将房地产非法经营行为裁定为合法有效，简直是司法界的天大笑话！！曹县法院变成菜市场了？！@菏泽曹县法院还要脸吗？曹县法院竟敢将非法买卖行为裁定合法有效，简直是无法无天！

3. 远程勘验工作记录，证明在 360 浏览器输入从工作中获取的帖子标题为《曹县法院变成菜市场，枉法裁判、徇私枉法没商量》的帖子进行搜索，进入虚拟身份为"法治特工"的网民 2015 年 3 月 20 日发布的题为《曹县法院变成菜市场，枉法裁判、徇私枉法没商量》的帖子，对该帖相关楼层的跟帖内容进行固定。

4. 证人韩某、苏某、陈某、李某甲、孙某证言，证明韩某、陈某、李某甲于 2012 年与孙某签订购房合同，购买了曹县安蔡楼卫生院和孙某合作开发的三套房子，建筑工人邢某某在工地施工过程中摔伤，邢某某的诉讼代理人董某向其三家购买的房屋门口张贴一张纸，大概内容是"关于邢某某的赔偿费用还没有包赔到位，你的房产下一步有可能被法院拍卖，现在你不能进行装修，到时候造成的一切经济损失自负，该纸张的右下角还有董某的签名及电话号码。"后陈某联系上董某，韩某、陈某、苏某三人一起找董某商量处理该事情。董某向其三人索要代理费，其三人没有支付董某代理费。后邢某某起诉查封韩某、陈某、李某甲三人购买的房产，2015 年 2 月 6 日曹县人民法院裁定查封其三家位于曹县安蔡楼卫生院开发的房产，接着其三人申请曹县人民法院撤销查封其三人的房产，2015 年 3 月 3 日，曹县人民法院裁定撤销了对其三家房产查封的裁定。

5. 证人袁某甲、种某某、袁某乙证言，证明原告邢某某诉被告人曹县安蔡楼中心卫生院、孙某、王某某提供劳务者受害责任纠纷一案，审判人员袁某甲、种某某与人民陪审员李香勋依法组成合议庭，案件审理过程中，原告申请财产保全，2015 年 2 月 6 日合议庭作出（2014）曹民重字第 7 号民事裁定书，对安蔡楼卫生院和孙某共有的，位于曹县安蔡楼卫生院门前涉案楼房三套进行查封。后案外人陈某、韩某、李某甲提出异议，提供了购房合同及房款收条，然后通知双方举行了听证会，因案外人提供的购房合同已经履行，经合议庭评议，认为案外人提出异议成立，依法作出（2014）曹民重字第 7－1 号民事裁定书，撤销了对三处门面楼房的保全裁定。被告人董某发布的《曹县法院变成菜市场，枉法裁判、徇私枉法没商量》帖文中讲到曹县法院公然违反法律规定作出（2014）曹民重字第 7－1 号民事裁定书枉法裁判不属实，（2014）曹民重字第 7－1 号民事裁定书是曹县人民法院严格按照法律程序制作的，不存在枉法裁判、徇私枉法的事实。董某发布的上述帖文给其所在单位及其个人造成严重影响。

6. 远程勘验工作记录光盘，证明远程勘验人员勘验被告人董某或者董某指使他人在网上发放的帖文被点击、转发、回复的过程。

7. 被告人董某供述，邢某某在安蔡楼卫生院建筑工地打工时受伤，其代理邢某某的健康权纠纷案，该案的被告人包括安蔡楼卫生院、孙某和王某某。因安蔡楼卫生院的门面房是涉案工地，后来被原告方申请财产保全，购买该房屋的三家买主找到其，准备委托其为代理人与孙某打官司。题为《曹县法院变成菜市场，枉法裁判、徇私枉法没商量》的帖子是其撰写并在大众网菏泽论坛发布的。

本案综合证据还有：公安机关出具的户籍证明证实，被告人董某出生于1966年6月1日，实施犯罪时达到完全刑事责任年龄。

关于被告人董某及其辩护人所提"本案侦查、起诉程序违法，所取得的证据是非法证据，应予排除"的辩解及辩护意见，综合评析如下：曹县公安局以被告人董某涉嫌犯诈骗罪，于2015年3月31日对其立案侦查并采取强制措施，寻衅滋事罪是在对诈骗罪侦查过程中进行侦查的，在已对犯罪嫌疑人采取刑事强制措施的情况下不应对犯罪嫌疑人重复采取刑事强制措施。《中华人民共和国刑事诉讼法》第一百五十八条第一款"侦查期间，发现犯罪嫌疑人另有重要罪行的，自发现之日起依照本法第一百五十四条的规定重新计算侦查羁押期限"的规定，也说明对侦查期间发现的犯罪无须重新采取强制措施。根据《人民检察院刑事诉讼规则（试行）》第三百九十条"人民检察院对案件进行审查后，认为犯罪嫌疑人的犯罪事实已经查清，证据确实、充分，依法应当追究刑事责任的，应当作出起诉决定。具有下列情形之一的，可以确认犯罪事实已经查清：（一）属于单一罪行的案件，查清的事实足以定罪量刑或者与定罪量刑有关的事实已经查清，不影响定罪量刑的事实无法查清的；（二）属于数个罪行的案件，部分罪行已经查清并符合起诉条件，其他罪行无法查清的；（三）无法查清作案工具、赃物去向，但有其他证据足以对被告人定罪量刑的；（四）证人证言、犯罪嫌疑人供述和辩解、被害人陈述的内容中主要情节一致，只有个别情节不一致且不影响定罪的。对于符合第二项情形的，应当以已经查清的罪行起诉"的规定，单县人民检察院就起诉意见书中董某涉嫌的数罪中的寻衅滋事一罪提起公诉，并不违反法律规定。

关于被告人董某所提"曹县公安局对其的立案侦查及采取的刑事强制措施是错拘错捕，对其的追诉行为是枉法追诉、徇私枉法、报复陷害、渎职侵权行为，曹县公安局与本案及其本人具有直接的利害关系，应依法回避对本案的侦查，因此，侦查行为明显是非法的，所有的证据均为非法证据，应予以排除"的辩解理由。经查，根据《中华人民共和国刑事诉讼法》第二十八条、第二十九条的规定，申请回避的对象只能针对审判人员、检察人员、侦查人员个人，而不能针对审判机关、检察机关、侦查机关。2015年3月31日，曹县公安局以被告人董某涉嫌诈骗罪立案侦查。曹县公安局第一次远程勘验的时间是2015年2月12日，根据《公安机关办理刑事案件程序规定》第一百七十一条"对接受的案件，或者发现的犯罪线索，公安机关应当迅速进行审查。对于在审查中发现案件事实或者线索不明的，必要时，经办案部门负责人批准，可以进行初查。初查过程中，公安机关可以依照有关法律和规定采取询问、查询、勘验、鉴定和调取证据材料等不限制被调查对象人身、财产权利的措施"的规定，曹县公安局的侦查行为并不违法。

综上，本案侦查、起诉程序违法，所取得的证据是非法证据，应予排除的辩解、辩护意见没有法律依据，不予采纳。

原审法院认为，本案事实清楚，证据确实、充分，足以认定。被告人董某目无国法，为发泄对审判机关及人民法官的不满情绪，多次在网上发表文章，炒作司法个案，使用侮辱性语言对多名法官进行辱骂，故意败坏法官名誉，损害国家审判机关形象。所发帖文被网民大量点击，引发网民对法院及法官作负面评价，严重影响他人工作、生活，属辱骂他人，情节恶劣。公诉机关指控罪名成立，予以支持。关于被告人董某所提"被告人董某所发网帖是对法官枉法裁判、渎职侵权行为的举报，是行使正当的监督权利，不是逞强好胜，发泄不满情绪；帖文中没有使用辱骂性语言"的辩解理由及其辩护人所提相同辩护意见。经查，被告人董某所撰写的网帖中所涉案件，有的是裁判结果与其所希望的结果不一致，有的没有满足其所有要求，有的是法官让其履行某种义务而自认为无须履行。如《围剿曹县法院刑事审判庭冤假错案》所涉案件，法院让其提交相关手续被认为是有意在找其麻烦，剥夺其代理或者辩护权利，是违法行为；其作为被告人的辩护人朱某某骗取贷款案及许甲义强奸案，其认为对二被告人均应当作无罪判决。其作为被害人代理人的曹某某非法侵入住宅案及邢某某强制猥亵妇女案均应以强奸罪作出判决。曹县法院没有按照其意见作出判决是错误的、违法的。即人民法院的判决或司法行为凡不合其意，便在网上炒作。董某将法官作为犯罪嫌疑人在网络上进行举报，在帖文或评论中使用诸如，"不作死就不会死，曹县法院刑庭法官想作死很容易，本代理人得成全他们。你们找我麻烦，我也会找你们的麻烦。不能违反规则和原则一再谦让法官，代理手续不予补正，不再对牛弹琴，不再计较代理人是否到庭，已经忍让他们好几次了，不能一而再再而三地谦让他们，他们要作死就去死吧，我们随时准备采取反渎职侵权措施和网络自媒体监督措施，并准备抗诉二审再审撤销他们的枉法判决，再次让他们的判决成为废纸。""曹县法官真是无法无天，有点权力就太任性，将国有土地上房地产买卖关系按照菜市场白菜萝卜买卖关系判决，将房地产非法经营行为裁定为合法有效，简直是司法界天大的笑话!!曹县法院变成菜市场了？菏泽曹县法院还要脸吗？"上述事实，反映出被告人董某假借反渎职侵权进行网络监督之名，实现其逞强好胜、发泄情绪的目的。被告人董某以《中华人民共和国刑事诉讼法》第一百零七条、第一百零八条规定为依据，认为其将法官作为"犯罪嫌疑人"进行举报是正当行为，不具有辱骂性。"犯罪嫌疑人"和"被告人"是对因涉嫌犯罪而受到刑事追诉的人在不同诉讼阶段的两种称谓。公诉案件中，被认为有犯罪行为，而尚未被提起公诉的人，被称为"犯罪嫌疑人"，而被提起公诉的人，则被称为"被告人"。根据《中华人民共和国刑事诉讼法》第一百零七条、第一百零八条的规定，任何公民发现有犯罪事实或者犯罪嫌疑人只能向公安机关、检察机关或者人民法院报案、举报，由司法机关决定是否作为犯罪嫌疑人立案追诉。任何公民都无权将他人作为犯罪嫌疑人对外宣称。被告人董某将辱骂解释为："用粗野或带恶意的话谩骂侮辱他人。"按照董某的解释，被告人董某将案件承办法官作为"犯罪嫌疑人"在网络上公开举报，帖文中的"菏泽曹县法院还要脸吗？""不作死就不会死""曹县刑庭的法官想作死很容易""曹县法院刑事审判庭死不改悔，让他们去死吧""他们要作死就去死吧"这些言词就是"粗野和带恶意的谩骂侮辱他人"的语言。故此项辩解及辩护意见与事实不符，与法相悖，不能成立，不予采纳。关于被告人董某所提"根据《最高人民法院最高人民检察院关于办理利用信息网络实施诽谤等刑事案件适用法律若干问题的解释的理解和适用》（以下简称《理解和适用》）第五条的解释规定，捏造事实，诽谤他人的不是寻衅滋事罪的构成要件，不能以寻衅滋事罪追究刑事责任"的辩解理由及其辩护人所提相同辩护意见。经查，该《理解与适用》不是国家立法机关或者最高国家司法机关发布，不具有法律效力。根据刑法理论与司法实践，行为人利用信息网络辱骂他人，则可能存在寻衅滋事罪与侮辱罪、诽谤罪的竞合。当辱骂他人情节恶劣时，应按照《最高人民法院、最高人民检察院关于办理利用信息网络实施诽谤等刑事案件适用法律若干问题的解释》第九条的规定，依照处罚较重的寻衅滋事罪定罪处罚。故此项辩解理由及辩护意见无事实和法律依据，不能成立，不予采纳。关于被告人董某所提"其行为没有造成公共秩序严重混乱，称自己是律师之师、因所发《围剿菏泽曹县法院立案难》网帖，使最高法院将审查立案改为登记立案、声援李某使李某案改判不是逞强好胜的表现"的辩解理由及其辩护人所提相同辩护意见。经查，被告人董某在网上发布其撰写的《菏泽曹县法官包庇违法犯罪嫌疑人涉嫌枉法裁判、徇私枉法渎职侵权》（内附反渎职侵权举报函）、《围剿曹县法院刑事审判庭冤假错案》、《围剿菏泽曹县法院立案难》、《曹县法院变成菜市场，枉法裁判、徇私枉法没商量》的文章，被网民大量点击和评论，给曹县法院造成了一定的负面影响。但是，帖文并未使用明显煽动性语言，除个别评论外，绝大部分评论也无明显过激言论，虽然对社会秩序造成了现实的破坏，但未出现大量人员到人民法院聚集、闹事等现象。公诉机关指控因被告人董某所发帖文，造成公共秩序严重混乱的证据不足。公诉机关认为，被告人董某没有律师资格，在法庭审理过程中，自称为律师之师，说最高人民法院出台的立案登记制度的司法解释是其在网上所发《围剿菏泽曹县法院立案难》的结果，说是其在网上发帖声援李某，才导致李某案的改判，是其逞强好胜的行为表现。前述行为是事后行为，将被告人事后行为作为犯罪事实指控，不符合"责任与行为同时存在"的法理。此项辩解理由及辩护意见成立，予以采纳。综上，依照《中华人民共和国刑法》第二百九十三条第一款第（二）项，《最高人民法院、最高人民检察院关于办理寻衅滋事刑事案件适用法律若干问题的解释》第三条第（一）项、第（五）项，《最高人民法院、最高人民检察院关于办理利用信息网络实施诽谤等刑事案件适用法律若干问题的解释》第五条第一款之规定，判决如下：被告人董某犯寻衅滋事罪，判处有期徒刑四年。

宣判后，在法定期限内，检察机关不抗诉。原审被告人董某不服，以"原审适用法律错误、原审认定事实、采信证据明显错误，原审判决没有受害人及受害后果的证据，应改判其无罪"为主要理由提出上诉。其辩护人田凌云未提交书面辩护意见，称其意见与上诉人董某的自辩意见相同。

经二审审理查明的事实、证据与一审相同。

本院认为，本案事实清楚，证据确实、充分，足以认定。关于上诉人董某提出"原审适用法律错误、原审认定事实、采信证据明显错误，原审判决没有受害人及受害后果的证据，应改判其无罪"的上诉理由。经查，第一，上诉人董某始终供述涉案网帖系其撰写并由其本人或指使他人在互联网发布，网帖的反映内容、行文风格、使用网名，与其供述能够互相印证，网络虚拟身份与现实身份的同一性可以得到确认；第二，从上诉人董某撰写发布的网帖使用语言来看，直接将相关办案法官标注为"犯罪嫌疑人""其代理的曹县法院案件的冤假错案率为100%，其代理的曹县法院的每个刑事案件都存在冤假错案和司法腐败现象""不作死就不会死""围剿曹县法院刑事审判庭冤假错案""曹县法院是独立王国""死不悔改的曹县法院刑庭""曹县法院刑庭法官想作死很容易""曹县法院变菜市场，枉法裁判、徇私枉法没商量""菏泽曹县法院还要脸吗"等，从上述语言看，具有辱骂、恐吓他人的性质，且情节恶劣；第三，上诉人董某所作帖文总点击高达数十万次，转发数千次，已经破坏了社会秩序，网络公共空间秩序亦应属于社会秩序的一部分，破坏网络公共空间秩序的表现形式不同于现实秩序，但网络世界不是法外之地，其利用信息网络实施寻衅滋事，虽未引起现实秩序严重混乱，从其高点击率和高转发率来看，已经破坏了网络公共空间秩序，已构成犯罪；第四，从上诉人董某反映的案件来看，均已经依法审理，其所"控告"的法官，已由曹县人民法院纪律检查组出具证明，证明法官在办理相关案件过程中均未发现违法违纪情况；第五，上诉人董某没有律师资格，在以公民代理的身份代理案件时，以"反渎职侵权控告""网络自媒体监督"等名义在互联网发帖炒作司法个案，辱骂法官、审判庭、法院，被网民大量点击，其行为误导网民，严重影响他人工作、生活，属辱骂他人，情节恶劣，亦在一定程度上扰乱了法律服务市场，社会危害性较大。上诉人董某的上诉理由既与本案事实不符，又于法相悖，应予驳回。综上，原审判决定罪准确、量刑适当、审判程序合法、适用法律正确，应予维持。据此，依照《中华人民共和国刑事诉讼法》第二百二十五条第一款第（一）项之规定，裁定如下：

驳回上诉，维持原判。

本裁定为终审裁定。

审判长　陈卫华

代理审判员　徐龙震

代理审判员　王令己

二〇一六年十月十一日

书记员　靳　影

案例65：王牧笛与方是民名誉权纠纷二审民事裁定书

广东省广州市中级人民法院
民事判决书

（2016）粤01民终7850号

上诉人（原审原告）： 王牧笛，住广东省广州市天河区。
委托代理人： 陈琛，北京市盈科（广州）律师事务所律师。
委托代理人： 梁晓惠，北京市盈科（广州）律师事务所律师。
被上诉人（原审被告）： 方是民（笔名方舟子），住北京市石景山区。
委托代理人： 谢莒，广东赋诚律师事务所律师。
委托代理人： 刘箫音，广东赋诚律师事务所律师。

上诉人王牧笛因名誉权纠纷一案，不服广东省广州市天河区人民法院（2015）穗天法民一初字第1144号民事判决，向本院提起上诉。本院受理后，依法组成合议庭审理了本案，现已审理终结。

原审法院查明：王牧笛是广东电视台节目主持人，是新浪微博中的微博用户"王牧笛"（http：//weibo.com/wmd2010）的使用人，新浪认证其为"《财经郎眼》制片人主持人"，微博粉丝数32万余人。方是民笔名方舟子，因揭发中国科学界和教育界的学术腐败现象，批判伪科学、邪教，揭穿新闻界的不实报道，以"打假斗士"而著称；但也因各种原因，本人及其言论在社会上引发极大争议。

2013年，王牧笛制作并主持了一期关于转基因食品的电视节目，其中有对转基因食品提出质疑的观点，并提到方是民。节目播出后，方是民开始在微博上评论，由此，王牧笛、方是民在各自的微博上展开针对性的争辩。王牧笛的微博发布于新浪网站，方是民的微博发布于搜狐网站，双方均确认搜狐微博现已无法打开。方是民认为王牧笛发表的微博内容诽谤、侮辱方是民，于2014年向北京市海淀区人民法院提起名誉权纠纷之诉，请求判令本案王牧笛及北京微梦创科网络技术有限公司（下简称微梦创科公司，新浪微博的主办单位）1.删除侵权微博信息；2.登报及在新浪微博首页刊登道歉信，公开赔礼道歉；3.赔偿精神损害抚慰金40万元等。该法院于2014年6月12日作出（2014）海民初字第8684号民事判决，认定：王牧笛的部分微博言论性质属于意见表达而非事实陈述，用语虽有较强的反讽、调侃、揶揄色彩和一定的情绪宣泄性质，但难以看出系出于明知、应知相关传言和文章事实虚假而不计后果地漠视真伪予以发布的主观恶意，尚未超出正当形式言论自由的范畴，未达到侮辱的严重程度，不能因网络用语本身存在一定的贬义就认为构成侮辱；同时，部分微博言论对于方是民是无基本事实证据支持的诽谤（如网络黑社会头子……骗钱等）和"非人"

的侮辱、贬损（如剥开画皮、狼还是哈士奇、畜生、方疯狗等）以及恶意的生死诅咒、人身攻击等，已经超出了公众人物容忍义务的范畴，构成侵权。判决：一、王牧笛停止侵权，并删除其新浪微博中涉及侵权的微博，微梦创科公司配合删除；二、王牧笛在其新浪微博首页置顶发表致歉声明，向方是民公开赔礼道歉，消除影响，持续时间为连续七天；三、王牧笛向方是民赔偿精神损害抚慰金10000元及合理诉讼支出17100元；三、驳回方是民其他诉讼请求。王牧笛不服，上诉至北京市第一中级人民法院，该法院于2014年10月11日作出(2014)一中民终字第06526号民事判决：驳回上诉，维持原判。

本案王牧笛主张在双方的争辩中，方是民如下微博内容侵犯其名誉权：

1. 2013年7月16日：……王牧笛声称会满足郎某出场和我对等辩论的条件，鉴于王牧笛有造谣的历史，我不太相信，请郎某本人发微博公开保证会出场和我对等辩论。

经查，王牧笛曾在主持关于转基因的节目中表示没有请方是民到节目现场，并称方是民"请也不敢来"。方是民据此主张王牧笛该说法让人理解为曾邀请过方是民，但方是民不敢来，实际上王牧笛并无邀请过方是民，所以其认为王牧笛是在"造谣"。王牧笛则主张方是民诽谤其造谣。

2. 2013年7月19日：……王牧笛造谣说我是美国转基因公司派华人员，我学着他的阴谋论思维问一声：他给一个……骗子当小跟班，用谣言、谎言攻击中国大陆的农业政策，想让中国大陆农业技术再落后美国几十年（号称用两代人时间做实验），又安的什么心？

方是民主张其称的"……骗子"系指郎某。

3. 2013年7月21日："烂小主持人"王牧笛不断地传我已驳斥过无数次的老谣言，还不断地造谣说我号召粉丝去骚扰他母亲的微博，实际上我从来没有透露过他母亲微博的ID，此前也几乎无人去她那里留言，但是他到现在还在造谣我发动骚扰他母亲，还一再辱及我妻女，我就成全了他，他自己以前透露过他母亲新浪微博的。

王牧笛据此主张方是民透露了王牧笛母亲的微博，导致人们可以随意进入微博并留言，方是民否认透露。方是民主张王牧笛曾无中生有说方是民骂王牧笛是"烂主持"，故方是民顺势调侃王牧笛是自己讨骂，并成全王牧笛，称其为"烂小主持人"。

4. 2013年7月21日：即使郎某不敢答应跟我辩论，我也准备抽空去广东电视台，找找台长曾某，再找找其上级南方广播影视传媒集团总裁张某2，质问像王牧笛这种公然威胁恐吓未成年人、知法犯法、突破文明底线的人，怎么有资格当主持人？他们是怎么让王牧笛当……骗子的跟班的？

5. 2013年7月23日：谣言回应过很多次，在我的博客、微博上一搜一大把，并把最早将这个谣言搬上媒体的《法治周末》告上法庭（还未判决），该报执行主编郭某离开该报后，成了自由职业者——这也将是王牧笛的归宿。

方是民主张此系其表达观点，其认为王牧笛不配在正规的新闻媒体工作。

6. 2013年7月26日：广东卫视主持人王牧笛称他让公安关了指控他强奸的"前女友""王牧笛伪君子"的微博，他还敢去见公安？不就找了新浪的关系吗？去年该"前女友"的原微博"沉浸在童话故事里的我"已被关过一次了，难道也是找的公安？

7. 2013年7月26日：新浪微博有"王牧笛伪君子"去年10月发系列微博指控广东卫视主持人王牧笛2011年1月9号在亚洲国际大酒店强奸她，怀孕后给了她2万让她流产，并曝了王牧笛的收入，据称其收入是跟收视率挂钩的，要靠炒作维持收视率，此人艾某了王牧笛、王牧笛的母亲和现女友，警方是不是该调查一下？

王牧笛、方是民均确认网络上确实有"王牧笛伪君子"这一账号，涉及王牧笛强奸的内容在该账号微博中，王牧笛于2013年7月发微博称其已委托律师和公安机关就此调查，新浪网站经过核实后注销了"王牧笛伪君子"账号。王牧笛主张"王牧笛伪君子"并不引人注意，但方是民进行了歪曲事实的评论，既诽谤王牧笛强奸了前女友，又侮辱王牧笛找关系让公安机关关闭该账号。方是民主张王牧笛曾对方是民女儿威胁恐吓、侮辱方是民是人渣败类，故其上述微博系作出反击的评论和质疑。

另查，王牧笛为本案支出公证费4500元。王牧笛主张还支出律师费10000元，为此提交了2013年10月9日签订的（2013）第3569号委托代理合同及2014年3月出具的律师费发票复印件。经质证，方是民对律师费发票复印件不确认，并主张此系王牧笛在（2014）海民初字第8684号民事案件中作为被告时委托律师发生的律师费。

原审法院认为：我国宪法明确规定公民有言论的自由。同时，《中华人民共和国民法通则》第一百零一条规定，公民、法人享有名誉权。侵害名誉权责任的构成要件包括行为人实施了侮辱、诽谤等违法行为，发生侵害名誉权的损害事实，行为人具有过错，违法行为与损害后果之间有因果关系。四个要件缺一不可。

本案纠纷起源于王牧笛在自己制作并主持的节目中提及方是民，方是民在微博对此发表评论，后双方通过各自微博产生口舌之争。根据双方的诉辩，可见王牧笛主张方是民的侵权方式为诽谤和侮辱。该院对此分析如下：上述编号1、3、6、7等微博内容多属于意见表达的范畴而非事实陈述的领域，其中方是民微博称"去年该'前女友'的原微博'沉浸在童话故事里的我'已经被关过一次了，难道也是找的公安？"也是在确有其他微博内容的情况下提出疑问，并不构成诽谤。编号2、4、5等微博内容则属质疑、评论。既然是表达意见、评论，就存在褒、贬，当事人对赞美的评价欣然接受，对贬责的评论当然也有义务承受。方是民称王牧笛是"骗子的小跟班""烂小主持人"等，虽然略显尖酸甚至粗俗，但在多元化趋势的网络语境中仍属评论自由的范畴，未达到侮辱、侵犯名誉权的程度。综上，该院认定方是民的言论不构成诽谤，亦未达到侮辱的程度，不构成侵权；王牧笛全部诉讼请求均是建立在侵犯名誉权的前提下，因此该院均不支持。同时，应该指出的是，王牧笛、方是民均系公众人物，双方均在微博拥有众多粉丝，已进入公众视野，故在评价事件、表达意见时应更加注意言语措辞的理性，避免相互之间和在关注者中产生误会；在面对他人质疑时，应多一些豁达和克制，少一些刻薄和嘲讽，为网络、社会传播更多正能量。

据此，该院依照《中华人民共和国民法通则》第一百零一条、《中华人民共和国民事诉讼法》第六十四条第一款的规定，于2016年3月15日作出判决如下：驳回王牧笛的诉讼请求。案件受理费645元，由王牧笛负担。

判后，王牧笛不服，向本院提起上诉称：一、原审认定事实错误。方是民的微博言论明显属于侵犯我名誉权的侮辱、诽谤。本案中，认定言论是否构成侮辱、诽谤，不能对"言论"做限制性理解，而应当结合涉案微博的整体内容、上下文语义和语境，以及发表涉案微博的背景情况进行整体判断。如方是民发布的微博编号6、7，虽然方是民陈述其发表的内容来源于第三人的微博，但是其明知上述内容为虚假信息，仍然在拥有1900万粉丝的微博上，公开发表这两条微博。相关言论不仅明确诽谤我就是强奸犯，甚至诽谤我以不正当手段干预刑事案件的侦查。方是民以其公众人物的身份，在公开平台上，用上述言论公开诽谤我为"强奸犯"，导致大量不明真相的公众对该微博进行转载和评论。严重损害我的名誉，构成侵权。方是民未证明其转发言论是真实的，或者是有依据的。按照原审法院的逻辑，存在第三人陈述的就不构成侵权，这无疑是错误的。方是民在转发和扩散时明显可以辨别该言论为虚假言论。按照原审判决，只要存在任意第三人的言论，不管如何进行扩散、转发和评论均可不构成侵权，这是在变相鼓励造谣和诽谤，明显是对"名誉侵权"的行为形式进行了错误的理解。二、方是民的侵权言论符合侵害名誉权责任的构成要件。方是民对于上述言论的发表具有主观上的过错和故意，且该言论造成我名誉受损。一审中，方是民对其发表本案所涉及的侵权言论予以认可。从主观上看，方是民在发布上述内容时具有主观恶意，具有导致我名誉受损的意图。且方是民陈述我强奸等表述已经脱离了质疑的范畴，而属于赤裸裸的造谣、诽谤和人身攻击，已经超出了公众人物容忍义务的范畴。且上述言论的广泛传播，导致我的社会评价降低。综上所述，方是民实施了侮辱诽谤的行为，主观上具有使我名誉权受损的故意，客观上导致了我名誉权受损，且其行为和我名誉权受损之间存在因果关系。因此应当认定方是民的行为构成名誉侵权。据此，王牧笛的上诉请求为：撤销原审判决，改判支持王牧笛一审的诉讼请求或发回重审。一、二审诉讼费由方是民承担。

方是民答辩称：一、我于2013年7月26日发表的微博言论均为对他人微博或者评论进行关注和质疑，并非对王牧笛的诽谤。在发表微博时我对内容真伪也无法辨别，均是以疑问质疑，非事实陈述，也未诽谤王牧笛就是强奸犯。二、我无须对转发言论是否真实进行举证。在我与王牧笛进行网络争论之时，大量的有关两人的信息被第三人也就是其他网友搜集并发表于网络。正如第一点中所述我并非对第三人的言论进行任意的扩散和评论，而是对第三人的评论进行关注并表示疑问。另，原审判决也不存在只要是第三人的陈述就可以任意扩散转发，而不构成侵权这样的逻辑。三、我的言论是在王牧笛先行对我进行恶意攻击后产生的，我的言论也仅为谴责与批评讽刺，不存在恶意导致王牧笛名誉受损的意图，也不存在造谣诽谤和人身攻击。王牧笛作为公众人物，较社会一般人士对社会批评有较高的容忍义务。据此，方是民恳请驳回王牧笛的上诉请求，依法维持原判。

本院查明的事实与原审查明的事实一致。

本院认为：公民在法律许可的范围内，按照自己的意愿自由地发表言论，应受法律保护。《中华人民共和国民法通则》第一百零一条规定"公民、法人享有名誉权，公民的人格尊严受法律保护，禁止用侮辱、诽谤等方式损害公民、法人的名誉。"公众人物得益于公众和舆论的关注，其本人亦须置于公众的监督之下，其名誉权的保护范围和力度较之于一般人应当受到一定的限制。公众人物对社会大众提出的质疑、指责和批评，负有较高的容忍义务。当公民言论自由的保障与公众人物名誉权的保护发生冲突时，后者应适当让步。王牧笛作为公众人物，面对他人的批评、指责和质疑，应作同样理解。

微博言论属于网络言论，传播速度快，对相关网络传闻转发随意性较强，网络用户对网络言论本应具有更高的宽容度。同时，应区分言论的事实陈述和意见表达，对于意见表达，考虑到双方在微博中你来我往展开争论的具体情景，某些意见表达虽然具有调侃揶揄、贬低的情形，但只要未达到恶意侮辱、诽谤的程度，作为公众人物应当适当容忍。本案中，因王牧笛在其主持的节目中提到方是民，引起方是民不满而在其微博对此发表评论，引致双方在微博网络空间持续发表争议言论。分析王牧笛主张的方是民侵犯其名誉权的微博，基本属于意见表达而非事实陈述，且多以设问的方式进行表述，表达的是质疑、评论。方是民在微博中称王牧笛"造谣""骗子的小跟班""烂小主持人"等，其用语存在贬低、嘲讽之意，对王牧笛的名誉确有贬损，但联系上、下文、双方互有争执等具体语境，本院认为上述用语虽失于粗鄙，出于意气，但仍可以认定属于意见表达的范畴，王牧笛应当予以适当容忍。关于第6、7条微博，上述两条微博涉及王牧笛个人生活的内容引自他人微博空间，并非方是民蓄意编造，其引用同时也提出质疑、疑问，难谓构成诽谤。至于王牧笛主张方是民透露了其母亲的微博，方是民予以否认，王牧笛未提交证据予以证明，对王牧笛的该主张，本院不予采纳。据此，方是民案涉言论虽然存在调侃讽刺，贬损他人名誉的情形，其表达方式也不符合社会大众对方是民作为公众人物言论的期待，但审查方是民案涉言论，尚不足以构成通过侮辱、诽谤的方式贬损王牧笛名誉，侵害王牧笛名誉权的情形。据此，本院对王牧笛的上诉请求不予支持。

王牧笛与方是民均为公众人物，在各自领域对社会生活具有一定的影响力。双方在享受大众给予的赞美与肯定时，应同时切实负起相应的社会责任。正如一审判决指出的，希望双方今后在评价事件、表达意见时更加注意言辞的理性平和，为网络空间、社会贡献正能量。综上所述，王牧笛的上诉请求不成立，本院不予支持。原审认定事实清楚，判决并无不当，本院予以维持。依照《中华人民共和国民事诉讼法》第一百七十条第一款第（一）项之规定，判决如下：

驳回上诉，维持原判。

案件受理费245元，由王牧笛负担。

本判决为终审判决。

审判长　年　亚

审判员　康玉衡

审判员　张蕾蕾

二〇一六年十月十七日

书记员　李燕银

案例66：孙宇剑与北京微梦创科网络技术有限公司网络侵权责任纠纷二审民事判决书

天津市第一中级人民法院
民事判决书

（2016）津01民终6295号

上诉人（原审原告）：孙宇剑，男，汉族，无职业，住天津市南开区。
被上诉人（原审被告）：北京微梦创科网络技术有限公司，住所地北京市海淀区．
法定代表人：刘运利，执行董事。
委托诉讼代理人：刘超，男，法务部经理。
委托诉讼代理人：郭凌云，男，法务部经理。

上诉人孙宇剑因与被上诉人北京微梦创科网络技术有限公司网络侵权责任纠纷一案，不服天津市南开区人民法院（2015）南民初7969号民事判决，向本院提起上诉。本院于2016年10月12日立案后，依法组成合议庭，开庭进行了审理。上诉人孙宇剑到庭参加诉讼，被上诉人北京微梦创科网络技术有限公司经传票传唤无正当理由拒不到庭参加诉讼。本案现已审理终结。

孙宇剑上诉请求：撤销一审判决，判令被上诉人赔偿其交通费人民币10元，并由被上诉人承担一、二审诉讼费用。其主要理由为：1. 一审判决适用法律错误；2. 一审判决的理由缺乏法律依据；3. 上诉人被网友辱骂后向被上诉人举报，并要求被上诉人提供该网友的相关信息资料以便向公安机关举报，但是被上诉人一直未提供，导致上诉人不得不自行前往公安机关举报，由此产生的交通费用，应当由被上诉人承担。

北京微梦创科网络技术有限公司提交书面答辩意见称，一审法院认定事实清楚，适用法律正确，请求予以维持。

孙宇剑向一审法院起诉请求：1. 判令北京微梦创科网络技术有限公司对新浪微博社区管理中心中侮辱其的信息立即予以删除；2. 判令北京微梦创科网络技术有限公司向人民法院提供新浪微博昵称为"灰太狼－2012"的用户，注册新浪微博时，其向北京微梦创科网络技术有限公司提交的手机号码和邮箱地址及互联网IP地址；3. 判令北京微梦创科网络技术有限公司赔偿其人民币10元；4. 本案诉讼费由北京微梦创科网络技术有限公司承担。

一审法院认定事实：孙宇剑以"林妙可我想成为你的未来丈夫"作为网名在新浪微博注册。2013年12月，孙宇剑在某女童星的微博内以其注册的网名发表评论："叔叔想和你去宾馆开房，你同意吗？"后微博网名为"灰太狼－2012"用户回复"傻×，变态"，孙宇剑遂回复"报警让警察逮你，让你SB"，并向北京微梦创科网络技术有限公司新浪微博社区管理中心举报，要求依法处理。一审庭审中，孙宇剑表示对北京微梦创科网络技术有限公司在书面答辩中表示的北京微梦创科网络技术有限公司无事先审查义务不持异议，并表示微博网名为"灰太狼－2012"用户回复的内容在孙宇剑举报后已经删除，但新浪微博社区管理中心举报平台对孙宇剑举报中所表述的"傻×，变态"的内容系在本案审理过程中予以删除，且孙宇剑并未主张北京微梦创科网络技术有限公司侵犯了孙宇剑的名誉权，因北京微梦创科网络技术有限公司对微博网名为"灰太狼－2012"辱骂孙宇剑的行为未向公安机关举报，使孙宇剑在向公安机关举报时支付了交通费，因此北京微梦创科网络技术有限公司侵害了孙宇剑的财产权，故孙宇剑在本案中坚持北京微梦创科网络技术有限公司承担财产损害赔偿责任。一审法院认为，侵权事实的成立必须由侵权行为、损害事实、主观过错及侵权行为与损害事实间存在因果关系四个方面共同构成。网络用户利用网络服务侵害他人人格权益，网络服务提供者通过一般性审查或者接到被侵权人有效通知后，能够知道网络用户侵权事实的存在，但未采取必要措施，造成损害持续及扩大的，网络服务提供者应承担相应侵权责任。本案中，孙宇剑提交的相关证据虽不足以证明孙宇剑所述的其与微博网名为"灰太狼－2012"的用户在新浪微博中发表的评论内容，但依据北京微梦创科网络技术有限公司的答辩内容及孙宇剑庭审所述，微博网名为"灰太狼－2012"用户回复的内容在孙宇剑举报后已被北京微梦创科网络技术有限公司删除，北京微梦创科网络技术有限公司对孙宇剑在新浪微博社区管理中心举报平台举报中所表述的"傻×，变态"的内容亦于本案审理过程中予以删除，一审法院据此认定，北京微梦创科网络技术有限公司在接到孙宇剑有效通知后，已采取必要措施，尽到了北京微梦创科网络技术有限公司应承担的义务，现孙宇剑诉请判令北京微梦创科网络技术有限公司对新浪微博社区管理中心中的侮辱孙宇剑的信息立即予以删除，无事实依据，一审法院不予支持。孙宇剑主张北京微梦创科网络技术有限公司向人民法院提供新浪微博昵称为"灰太狼－2012"的用户注册新浪微博时其向北京微梦创科网络技术有限公司提交的手机号码和邮箱地址及互联网IP地址，并以北京微梦创科网络技术有限公司对微博网名为"灰太狼－2012"辱骂孙宇剑的行为未向公安机关举报，使孙宇剑在向公安机关举报时支付了交通费，侵害了孙宇剑的财产权，应赔偿孙宇剑交通费10元。一审法院综合考虑孙宇剑在注册网名及在微博中发表评论所使用的语言均不够文明规范，其当然有义务接受网友合理的负面的评价并予容忍，且微博网名为"灰太狼－2012"的用户在微博中的评论虽使用了"傻×，变态"等过激言辞，但尚不构成侮辱或者诽谤孙宇剑的程度，故北京微梦创科网络技术有限公司无须向公安机关举报，亦无须提供微博网名为"灰太狼－2012"网络用户的姓名（名称）、联系方式、网络地址等信息，因此，孙宇剑的上述请求一审法院均不予支持。北京微梦创科网络技术有限公司经一审法院合法传唤，无正当理由未到庭参加诉讼。综上，一审法院依据《中华人民共和国民事诉讼法》第一百四十四条，《最高人民法院关于民事诉讼证据的若干规定》第二条之规定，缺席判决如下："驳回原告孙宇剑的诉讼请求。案件受理费50元，减半收取25元，由原告孙宇剑担负"。

二审中，当事人没有提交新证据。本院对一审查明的事实予以确认。

本院认为，本案的争议焦点是被上诉人是否应当赔偿上诉人交通费10元。本案是网络侵权责任纠纷，依据相关法律规定，网络用户利用网络服务实施侵权行为的，被侵权人有权通知网络服务提供者采取删除、屏蔽、断开链接等必要措施。网络服务提供者在收到被侵权人的通知之后未采取必要措施，或者采取的措施不合理，造成损害结果扩大的，网络服务提供者只对因此造成损害的扩大部分与实施直接侵权行为的网络用户承担连带责任。本案中，上诉人称其于 2013 年 12 月 3 日向被上诉人举报，被上诉人于 2013 年 12 月 4 日或者 5 日删帖，本院据此认定被上诉人已经按照法律规定及时采取了必要措施，避免了损害结果的扩大，在此情形下，上诉人要求被上诉人赔偿交通费的主张没有任何法律依据。

综上所述，孙宇剑的上诉请求不能成立，应予驳回；一审判决认定事实清楚，适用法律正确，应予维持。依照《中华人民共和国民事诉讼法》第一百四十四条、第一百七十条第一款第一项、第一百七十四条规定，判决如下：

驳回上诉，维持原判。

二审案件受理费 50 元，由孙宇剑负担。

本判决为终审判决。

审判长　王润生

代理审判员　于　浩

代理审判员　张　璇

二〇一六年十一月十四日

书记员　王　孟

案例 67：深圳市永恒印记珠宝有限公司等与戴比尔斯百年有限公司等商标权权属、侵权纠纷二审民事判决书

北京知识产权法院

民事判决书

（2016）京 73 民终 943 号

上诉人（一审被告）：深圳市永恒印记珠宝有限公司，住所地中华人民共和国广东省深圳市罗湖区太宁路水库新村工业区 6 栋 1 楼北侧之一。

法定代表人：高文新，董事长。

委托诉讼代理人：李日彪，广东君逸律师事务所律师。

委托诉讼代理人：柯凌峰，广东君逸律师事务所实习律师。

上诉人（一审被告）：高文新，男，汉族。

委托诉讼代理人：李日彪，广东君逸律师事务所律师。

委托诉讼代理人：柯凌峰，广东君逸律师事务所实习律师。

被上诉人（一审原告）：戴比尔斯百年有限公司，住所地瑞士联邦卢塞恩西霍夫街 9 号。

法定代表人：约瑟夫·奥古斯丁·孔恩，董事。

委托诉讼代理人：蒋洪义，北京市联德律师事务所律师。

委托诉讼代理人：左玉国，北京市联德律师事务所律师。

被上诉人（一审原告）：戴比尔斯英国有限公司，住所地大不列颠及北爱尔兰联合王国英格兰伦敦切特豪斯路 17 号。

法定代表人：理查特·吉尔斯，董事。

委托诉讼代理人：蒋洪义，北京市联德律师事务所律师。

委托诉讼代理人：左玉国，北京市联德律师事务所律师。

原审被告：北京微梦创科网络技术有限公司，住所地中华人民共和国北京市海淀区东北旺西路中关村软件园二期（西扩）N–1、N–2 地块新浪总部科研楼 3 层 313–316 室。

法定代表人：刘运利，执行董事。

委托代理人：刘超，男，汉族，北京微梦创科网络技术有限公司工作人员。

委托代理人：郭凌云，男，汉族，北京微梦创科网络技术有限公司工作人员。

上诉人深圳市永恒印记珠宝有限公司（简称永恒印记公司）与被上诉人戴比尔斯百年有限公司（简称戴比尔斯百年公司）、戴比尔斯英国有限公司（简称戴比尔斯英国公司）、原审被告高文新、北京微梦创科网络技术有限公司（简称微梦公司）侵害注册商标专用权

纠纷、不正当竞争纠纷一案，不服中华人民共和国北京市海淀区人民法院（简称一审法院）作出的 2016 京 01 ** 民初字第 2336 号民事判决（简称一审判决），向本院提起上诉。本院于 2016 年 11 月 3 日立案后，依法组成合议庭，于 2016 年 12 月 13 日组织双方当事人进行了询问。上诉人永恒印记公司、高文新的委托代理人李日彪、柯凌峰，被上诉人戴尔比斯百年公司、戴尔比斯英国公司的委托代理人左玉国、蒋洪义参加了询问。微梦公司经本院合法传唤，书面声明不参加询问。本案现已审理终结。

戴比尔斯百年公司与戴比尔斯英国公司一审共同起诉称：戴比尔斯百年公司是包括"FOREVERMARK"（商标号第 G74××54 号）和"FOREVERMARK 及图"（商标号第 G74××25 和第 20185×× 号）系列商标的商标权人。戴比尔斯百年公司授权戴比尔斯英国公司在中国使用上述商标的相关权利，并正在将上述商标的所有权转让给戴比尔斯英国公司。戴比尔斯百年公司在永恒印记公司、高文新、微梦公司使用永恒印记为商号前已有较高知名度，且经报道，使公众将"FOREVERMARK"与"永恒印记"联系在一起。戴比尔斯百年公司与戴比尔斯英国公司调查发现，永恒印记公司在由微梦公司提供网络服务的"永恒印记珠宝"认证微博上，使用了含有"永恒印记"的企业名称，以"永恒印记珠宝"等形式突出使用"永恒印记"字号，并使用"永恒印记""Foreverimprint""Foreverimprint 及图"商标对其生产销售的珠宝首饰商品进行相关商业宣传，该微博还提供永恒印记公司的永恒印记官网和永恒印记商城网站链接，这些网页同样使用上述内容，且其在微信上也有使用；永恒印记公司还在东方美宝商城上开设永恒印记旗舰店，使用"永恒印记""Foreverimprint""Foreverimprint 及图""FOREVERMARK 及图"商标宣传，并销售其生产的在商品包装上使用"Foreverimprint"商标并突出使用"永恒印记公司"字号的珠宝首饰。戴比尔斯百年公司与戴比尔斯英国公司进一步调查发现，永恒印记公司使用的"永恒印记"商标系由高文新许可。永恒印记公司擅自将"永恒印记"作为企业名称的字号登记使用，构成不正当竞争。永恒印记公司使用"永恒印记""Foreverimprint""Foreverimprint 及图"商标，以"永恒印记珠宝""永恒印记公司"等形式突出使用"永恒印记"字号，侵犯了戴比尔斯百年公司与戴比尔斯英国公司的商标权。微梦公司在其提供网络服务的微博媒体平台上帮助永恒印记公司发布带有上述侵权内容的微博内容，构成了帮助侵权。高文新恶意许可永恒印记公司使用"永恒印记"商标的行为侵犯了戴比尔斯百年公司与戴比尔斯英国公司的商标权。故诉至一审法院，请求：1. 判令永恒印记公司、高文新、微梦公司停止侵犯戴比尔斯百年公司与戴比尔斯英国公司注册商标专用权的行为及不正当竞争行为，包括但不限于判令永恒印记公司停止使用"永恒印记"作为其企业名称中的字号的不正当竞争行为并变更其字号，判令永恒印记公司停止使用"永恒印记珠宝"的微博名称、微信公众号名称；判令永恒印记公司停止在其微博及其他网站等相关商业宣传活动中，以及在其生产、销售的珠宝首饰商品及包装上，使用"永恒印记""Foreverimprint""Foreverimprint 及图"商标，及以"永恒印记珠宝""永恒印记公司"等形式突出使用字号的侵犯商标权行为；判令高文新停止许可他人使用"永恒印记"商标的行为；判令微梦公司停止帮助侵权行为，包括但不限于删除永恒印记公司发布的含有上述侵权内容的微博并注销其"永恒印记珠宝"微博名称。2. 判令永恒印记公司和高文新在《法制日报》或其他全国性报纸登报消除因其实施侵犯商标权及不正当竞争行为给戴比尔斯百年公司与戴比尔斯英国公司造成的不良影响。3. 判令永恒印记公司和高文新连带赔偿戴比尔斯百年公司与戴比尔斯英国公司经济损失及合理支出 100

万元。

永恒印记公司与高文新一审共同答辩称，第一，永恒印记公司、高文新并未侵犯戴比尔斯百年公司、戴比尔斯英国公司的商标专用权。高文新是永恒印记商标的注册人，且将商标合法授权给永恒印记公司，虽然商评委对上述商标作出了撤销裁定，但裁定并未生效，我方是合法使用上述商标。第二，永恒印记公司将永恒印记作为企业名称不构成侵权。永恒印记公司取得永恒印记商标是经高文新授权，在永恒印记公司注册涉案商标及使用永恒印记作为企业名称前，戴比尔斯百年公司与戴比尔斯英国公司并未将FOREVERMARK与永恒印记唯一联系在一起，二者不具有对应性，且FOREVERMARK商标尚不具有一定的知名度。综上，不同意戴比尔斯百年公司与戴比尔斯英国公司的诉讼请求。

微梦公司一审答辩称：我方在本案中无主观过错。我公司作为网络服务提供商，仅对微博中的内容进行形式审查，不进行实质审查。我公司并非涉案商标的使用者，也未对涉案商标进行编辑、整理。我公司在本案中适用避风港原则，戴比尔斯百年公司与戴比尔斯英国公司在诉前并未向我方发出删除通知，在收到诉状后，我公司对涉案侵权账号进行了注销，因而我公司不构成侵权，不应承担任何责任。综上，不同意戴比尔斯百年公司与戴比尔斯英国公司的全部诉求。

一审法院经审理查明：

一、涉案商标相关情况

第20185××号"FOREVERMARK及图"商标核定使用类别为14类，包括贵重金属锭、未加工或半加工贵重金属、贵重金属合金、贵重金属制首饰盒、珠宝、仿珠宝、宝石、次宝石等，有效期自2004年8月21日起，后经续展，有效期至2024年8月20日止。第3905444号"FOREVERMARK"商标核定使用类别为35类，包括推销（替他人）（有关贵重金属及其合金以及贵重金属制品或镀有贵金属的物品、珠宝、仿珠宝、宝石、次宝石、钟表和计时仪器）（截止），有效期自2006年7月7日至2016年7月6日。第6990705号"FOREVERMARK永恒印记"商标核定使用类别为35类，包括（对贵重金属、贵重金属合金、贵重金属制品、镀金物品、首饰、仿首饰、宝石、次宝石进行的）推销（替他人）；（对贵重金属、贵重金属合金、贵重金属制品、镀金物品、首饰、仿首饰、宝石、次宝石进行的）广告（截止），有效期自2010年8月14日至2020年8月13日。上述商标注册人均为戴比尔斯百年公司。

2005年4月8日，戴比尔斯百年公司在香港注册第300399817号"永恒印记"商标，注册类别为第14类贵金属及其合金、珠宝、宝石、次宝石等。

国际注册第G74××54号"FOREVERMARK"商标核定使用类别为第14类，包括贵重金属及其合金以及不属别类的贵重金属制品或镀有贵重金属的物品、珠宝、首饰、宝石、钟表的计时器（截止）。该商标于2000年4月14日在瑞士获得基础注册，后通过领土延伸指定中国获得注册商标保护。国际注册第G74××25号"FOREVERMARK及图"商标核定使用类别为第14类，包括贵重金属及其合金以及不属别类的贵重金属制品或镀有贵重金属的物品、珠宝、首饰、宝石、钟表和计时器（截止），该商标于2000年6月19日在瑞士获得基础注册，后通过领土延伸指定中国获得注册商标保护。上述商标至本案审理时，均在有效期内，注册人均为戴比尔斯百年公司。

戴比尔斯百年公司法定代表人约瑟夫·孔恩出具《关于商标及相关权利转让的声明

书》，就国际注册第 G74 × × 54 号 "FOREVERMARK" 商标及第 20185 × × 号 "FOREVERMARK 及图" 商标在戴比尔斯百年公司和戴比尔斯英国公司之间的转让事实，发表声明称：戴比尔斯百年公司与戴比尔斯英国公司均为戴比尔斯集团旗下公司，戴比尔斯百年公司在中国商标局列为有关商标的注册人，戴比尔斯百年公司与戴比尔斯英国公司于 2015 年 3 月 24 日签订了《知识产权转让合同》，将戴比尔斯百年公司拥有的并该合同所定义的商标以及相关知识产权转让给戴比尔斯英国公司。该合同已于 2015 年 3 月 29 日生效并有关商标已转让至戴比尔斯英国公司。在该转让获得中国商标局核准及登记之前，戴比尔斯百年公司将有关商标的所有权利和利益授权予戴比尔斯英国公司，该权利包括但不限于就任何侵权行为或其他就有关商标所有权产生的诉讼原因（无论该诉讼原因发生于 2015 年 3 月 29 日及之前或之后）提起诉讼，并获得赔偿。自 2015 年 3 月 29 日起，戴比尔斯英国公司有权在有关商标的任何注册国家和地区，单独或者与戴比尔斯百年公司共同起诉侵害该商标的行为，无论该侵权行为发生在 2015 年 3 月 29 日之前或之后。戴比尔斯百年公司与戴比尔斯英国公司同时还提交了第 20185 × × 号商标使用许可合同备案公告，以证明戴比尔斯英国公司对涉案商标亦享有权利，有权与戴比尔斯百年公司共同提起诉讼。

永恒印记公司成立于 2005 年 6 月 22 日。第 44979 × × 号 "永恒印记" 商标核定使用类别为 14 类，专用期限自 2008 年 4 月 14 日至 2018 年 4 月 13 日，申请日期为 2005 年 2 月 4 日，申请人为高文新。第 94669 × × 号 "Foreverimprint 及图" 商标核定使用类别为 14 类耳环、戒指（首饰）、金红石（宝石）、项链（首饰）、珠宝（首饰）、翡翠、装饰品（珠宝）、银饰品、手镯（首饰）、手表，申请日期为 2011 年 5 月 16 日，申请人为永恒印记公司，专用期限自 2012 年 6 月 7 日至 2022 年 6 月 6 日。

2011 年 6 月 1 日，高文新与永恒印记公司签订《商标使用许可协议》，约定高文新将已注册的使用在第 44979 × × 号第 14 类商品上的 "永恒印记" 商标，许可永恒印记公司使用在该注册商标证所核定的所有商品项目上。许可使用期限自 2011 年 6 月 1 日起至 2018 年 4 月 13 日止。

2011 年 6 月 22 日，戴比尔斯百年公司针对高文新注册的第 44979 × × 号 "永恒印记" 商标向商标评审委员会提出争议撤销申请。2012 年 12 月 10 日，商标评审委员会作出商评字（2012）第 49687 号《关于第 44979 × × 号 "永恒印记" 商标争议裁定书》，裁定第 44979 × × 号 "永恒印记" 争议商标予以维持。戴比尔斯公司不服第 49687 号裁定，提起行政诉讼。北京市第一中级人民法院审理后，认为争议商标与国际注册第 G74 × × 54 号 "FOREVERMARK" 引证商标、第 20185 × × 号 "FOREVERMARK 及图" 引证商标构成使用在相同或类似商品上的近似商标，极易使相关公众对商品的来源产生混淆、误认。（2013）一中知行初字第 1926 号判决书判决：一、撤销商标评审委员会作出的第 49687 号裁定；二、商标评审委员会就戴比尔斯公司针对争议商标所提争议申请重新作出裁定。商标评审委员会、高文新不服北京市第一中级人民法院判决，向北京市高级人民法院提起上诉，（2013）高行终字第 2374 号判决书判决驳回上诉，维持原判。高文新不服北京市高级人民法院行政判决，向最高人民法院申请再审，最高人民法院驳回了高文新的再审申请。针对第 44949 × × 号 "永恒印记" 商标，商标评审委员会根据法院生效判决，重新对该案进行了审理，并裁定撤销第 44949 × × 号 "永恒印记" 商标。高文新不服该裁定，向北京市第一中级人民法院提起行政诉讼，该案尚在审理中。

针对永恒印记公司第 94669×× 号"Foreverimprint 及图"商标，戴比尔斯百年公司对该商标向商标评审委员会提出无效宣告申请。2015 年 5 月 29 日，商标评审委员会作出商评字（2015）第 39277 号《关于第 94669×× 号"Foreverimprint 及图"商标无效宣告请求裁定书》，将第 94669×× 号"Foreverimprint 及图"商标予以无效宣告。永恒印记公司不服该裁定，向北京市知识产权法院提起行政诉讼，该案件尚在审理中。

二、戴比尔斯百年公司与戴比尔斯英国公司所诉侵权的具体行为

2015 年 12 月 9 日，经戴比尔斯百年公司申请，北京市长安公证处对新浪微博上的相关页面进行了证据保全公证。根据保全过程制作的（2015）京长安内经证字第 30961 号公证书显示：在新浪微博登录页面输入邮箱、密码后登录进入新浪微博页面，在页面上方搜索栏中输入"永恒印记"，下拉列表"搜'永恒印记'相关用户"中第二项显示用户名"Forevermark 永恒印记 V""粉丝 212848 上海"等信息。在搜索栏中输入"永恒印记珠宝"，下拉列表"搜'永恒印记珠宝'相关用户"中显示用户名"永恒印记珠宝 V""粉丝 108 广东"等信息。点击"永恒印记珠宝 V"，进入微博页面加 V 认证主体为永恒印记公司，该微博名称为"永恒印记珠宝"，头像使用"Foreverimprint 永恒印记及图"图标。微博简介为"永恒印记品牌隶属深圳市永恒印记珠宝有限公司，自公司成立以来，已自主设计研发多个系列钻饰……"，该微博以钻饰为背景，背景中亦有"永恒印记"文字，使用了"永恒印记·印记您最永恒完美"等宣传语，部分微博内容在对钻饰进行宣传时，所配图片使用了"永恒印记及图"的标识，该微博还友情链接永恒印记官网、永恒印记商城等链接，将鼠标放在"永恒印记官网"链接上，屏幕左下方出现网址 http：//www.cjxh.cn。经 ICP 备案查询，新浪微博的经营单位为微梦公司。庭审时，微梦公司提交网页打印件，证明涉案微博账号已被注销，戴比尔斯百年公司与戴比尔斯英国公司对此亦无异议。

2015 年 10 月 12 日，经戴比尔斯百年公司申请，北京市长安公证处对永恒印记公司经营的永恒印记商城相关页面进行了证据保全公证。根据保全过程制作的（2015）京长安内经证字第 26928 号公证书显示：通过百度搜索，进入永恒印记公司网站（网址 http：//www.cjxh.cn），永恒印记公司网站首页下方有永恒印记商城网站和永恒印记品牌官网的链接，其中均使用了永恒印记 foreverimprint 及图标识。点击永恒印记品牌官网链接，进入页面显示珠宝饰品图片，并有品牌故事、产品、服务、商城、联系我们等分类，还有新品推荐、明星代言系列、高级首饰定制等栏目，页面中均使用了永恒印记及图、Foreverimprint 及图等标识。点击"产品"，进入页面中又有新品推荐、精品、单品、系列产品、金表、金条等分类；再点击"精品"，其中对国色天香典藏香水瓶的介绍中含"产品从创意设计到成品共历时五个多月的时间，价值 300 万元"等信息。鼠标停在品牌官网首页右上方的"商城"上，显示天猫商城与品牌商城的链接，再点击品牌商城，进入永恒印记公司商城（网址 http：//www.yhyjmall.com）页面，页面有裸钻、戒指、吊坠、耳饰、手链等分类，网页上方使用了永恒印记 Foreverimprint 及图标识。点击其中"雨·遇见 – 白 18K 金女戒"产品链接，进入页面显示永恒印记价 3000 元等信息。经 ICP 备案查询，网站 www.cjxh.cn 与 www.yhyjmall.com 经营主体均为永恒印记公司。

2015 年 10 月 12 日，经戴比尔斯百年公司申请，北京市长安公证处对东方美宝商城相关页面进行了证据保全公证。根据保全过程制作的（2015）京长安内经证字第 26925 号公证书显示：经百度搜索进入东方美宝商城页面（网址：http：//www.dfmeibao.com），将鼠标放

在首页上方的"品牌"上，进入页面的品牌中有永恒印记 Foreverimprint 及图标识等品牌，点击永恒印记标识，进入页面为产品图片、价格等信息，其中每个产品的名称前都有"永恒印记"四个字作为识别，页面上方有永恒印记 Foreverimprint 及图标识。点击其中一个产品"永恒印记18K白金群镶钻石"链接，进入页面显示店铺信息为永恒印记旗舰店，并使用了永恒印记 Foreverimprint 及图标识，在商品详情处直接显示品牌为永恒印记。选择规格后，输入账号、密码和验证码，登录东方美宝商城，购买该产品。所购产品的包装盒里侧显示"永恒印记公司""Foreverimprint"等信息。点击东方美宝商城永恒印记 Foreverimprint 店铺页面首页右上方的品牌介绍，进入页面的品牌展示中，模特身后的展板上展示的是 FOREVERMARK 等信息。永恒印记公司、高文新在一审庭审中称，东方美宝商城使用含有戴比尔斯百年公司、戴比尔斯英国公司商标的图片并非经其许可，而是东方美宝商城自身行为，与永恒印记公司、高文新无关。永恒印记公司与高文新同时认可东方美宝商城是专业的珠宝售卖商城，受到较多珠宝企业的认可。

2015年12月8日，经戴比尔斯百年公司申请，北京市长安公证处对永恒印记公司微信公众号相关页面进行了证据保全公证。根据保全过程制作的（2015）京长安内经证字第30962号公证书显示：登录微信账号后，点击添加朋友，再点击添加微信公众账号，在查找公众号搜索栏中输入"永恒印记"，其中搜索结果第一项微信名为"Forevermark 永恒印记"，头像图标为 FOREVERMARK 及图标识；第三项微信名为"永恒印记"，头像图标为永恒印记及图标识；第七项微信名为"永恒印记珠宝"，头像图标为永恒印记及图标识。点击第三项的"永恒印记"，进入页面显示微信号为"×××"，功能介绍为"永恒印记，专注高端品质的自主创新珠宝首饰品牌。为客户随时提供创新、紧跟时尚主题的珠宝设计方案及成品，使客户在市场竞争中始终保持核心的竞争力，永恒印记希望出品的每一件钻饰都能被消费者永恒佩戴下去，让永恒印记的理念永恒流传下去"，该微信号为加V认证主体，认证主体为永恒印记公司。关注该微信公众号，点击查看历史信息，其中2013年10月30日"永恒印记双11，'脱光'特供款钻石耳钉，仅售1111元"、2013年11月13日"［永恒印记］独家原创'啄木鸟钻戒'热卖中"、2014年6月24日"陈金星河之'永恒印记'春夏秋冬首饰系列新品预告会"等信息中均使用了永恒印记及图标识。点击第七项的"永恒印记珠宝"，进入页面显示该公众号加V认证为永恒印记公司，功能介绍为：永恒印记珠宝是一家集黄铂K金钻石镶嵌饰品的生产、批发、零售为一体的集团企业。

2015年10月23日，经戴比尔斯百年公司申请，北京市长安公证处对永恒印记公司运营的天猫店相关页面进行了证据保全公证。根据保全过程制作的（2015）京长安内经证字第29183号公证书显示：天猫 goldgalaxy 陈金星河旗舰店卖家认证的公司名称为深圳市陈金星河珠宝有限公司（以下简称陈金星河公司），天猫旗舰店在网页中使用了 Foreverimprint 及图标识。在该天猫旗舰店中选择"宝贝推荐"栏目下第一行第一个商品"陈金星河18K金钻石耳钉耳饰可铂金白金裸钻定制珠宝 ZE8407 预售"，对该商品点击"立即购买"并进行了付款。2015年11月6日，公证处收到的该店铺的货物照片显示，包装袋及包装盒上使用了永恒印记及图标识。永恒印记公司认可该天猫旗舰店由其运营。

三、有关戴比尔斯百年公司与戴比尔斯英国公司商标使用情况

戴比尔斯百年公司与戴比尔斯英国公司提交了其2001年时使用的标有"FOREVERMARK"

"永恒标记"等信息的部分优惠券、质保卡及水晶牌，标有"FOREVERMARK"的 2004 培训手册及服务大使锦囊，2004 年使用的标有"FOREVERMARK""永恒的印记""印记永恒"等的宣传单，2004 年使用了"永恒印记""FOREVERMARK"等信息的部分媒体报道。但永恒印记公司、高文新均认为上述证据为戴比尔斯百年公司与戴比尔斯英国公司提供的宣传物，可后期制作，且部分证据产生于香港地区，未进行公证、认证，故对其真实性均不予认可。

戴比尔斯百年公司与戴比尔斯英国公司还提交了国家图书馆的文献复制证明资料，其中《香港商报》2004 年 11 月 9 日刊有《俊文宝石店推永恒印记钻饰》文章，文中对 Forevermark 的钻饰进行了介绍；《星岛日报》2004 年 9 月 28 日《由朝做到晚无暇陪男友乐基儿孤单过中秋》文章中提到"Galie 对这个新推出的永恒印记十分钟情"。戴比尔斯百年公司与戴比尔斯英国公司委托的代理人在国家图书馆以"FOREVERMARKor 永恒印记"为检索词，对 2013 年前中国期刊全文数据库与慧科中文报纸数据库进行检索，中国期刊全文数据库检出文献 246 篇，慧科中文报纸数据库检出 328 篇。其中包括：2001 年 3 月《大公报》文章《永恒标记话钻石》；2001 年 4 月 25 日《大公报》文章《钻饰网上竞投》中提到了 www.forevermark.com 网站；2002 年 1 月 3 日《大公报》文章《简约文化主导钻饰市场》中"每颗钻石皆刻有 Forevermark 永恒标记"的介绍；2004 年 10 月 17 日《大公报》文章《天然钻石保值印记》中"香港很适合成为 Forevermark 印记美钻推出的第一站……在明年至后年把该计划推广到中国内地及台湾"；2009 年 6 月 20 日《长江周刊》文章《Forevermark 永恒印记美钻进驻武汉》；2006 年 6 月 25 日《南湖晚报》文章《Forevermark 永恒印记携手万隆曼卡龙进驻杭州》；2009 年 7 月 2 日《南方都市报》文章《Forevermark 永恒印记进驻深圳》等等。

2007 年 1 月号《瑞丽服饰美容》，2006 年 11 月 23 日、2009 年 2 月 12 日、2009 年 3 月 26 日《精品购物指南》，2006 年 12 月 23 日《周末画报》（上海版），2006 年 12 月《时尚桔子》，2007 年 1 月 4 日《北京青年周刊》，2007 年 1 月《时尚健康》（女士健康），2007 年 2 月《服饰与美容》等报纸、杂志上均有"FOREVERMARK 永恒印记"的宣传文章或广告，且均有永恒印记钻石相关表述。2005 年后戴比尔斯百年公司与戴比尔斯英国公司的推广手册、情人节广告、母亲节广告上均使用了 FOREVERMARK 永恒印记相关表述。戴比尔斯百年公司与戴比尔斯英国公司提交的 FOREVERMARK 官网网页打印件中亦多处使用"FOREVERMARK 永恒印记"相关表述。

四、有关永恒印记公司商标使用情况

2007 年 9 月 5 日，深圳市行行行实业有限公司授权永恒印记公司及高文新在 2007 年 9 月 1 日到 2008 年 8 月 31 日期间，可用其名义发布和使用由胡军代言的"十二星辰"钻石首饰系列的相关广告宣传品。2008 年 10 月 16 日，深圳市行行行实业有限公司授权永恒印记公司及高文新在 2008 年 10 月 1 日到 2009 年 8 月 31 日期间，可用其名义发布和使用由柳云龙代言的"国色天香"典藏钻石首饰系列的相关广告宣传品。2009 年 9 月 21 日，深圳市行行行实业有限公司授权永恒印记公司及高文新在 2009 年 9 月 15 日到 2010 年 8 月 31 日期间，可用其名义发布和使用由孙红雷代言的"美的盛宴"钻石首饰系列的相关广告宣传品。2013 年 9 月 6 日，陈金星河公司授权永恒印记公司及高文新在 2013 年 9 月 1 日到 2015 年 8 月 31 日期间，可用其名义发布和使用由陈金星河公司出资制作的由张倬闻、李木子代言的

"雨中情""春夏秋冬"钻石首饰系列的广告宣传品。戴比尔斯百年公司与戴比尔斯英国公司另提交了对应的张倬闻、李木子拍摄的广告宣传品海报。永恒印记公司与高文新亦提交了深圳市行行行实业有限公司与孙红雷经纪公司即北京鑫宝源影视投资有限公司所签的《形象代言协议书》及给部分代言人支付代言费的扣税凭证。为了证明深圳市行行行实业有限公司与永恒印记公司的关系，永恒印记公司和高文新提交了《股权关系证明》，该证明中称：高文新自1993年深圳市行行行实业有限公司成立起任董事长职务，占50%股份；并于2005年共同成立了永恒印记公司，占50%股份。两间公司均是高文新及其兄长共同创立的家族式公司。直至2010年8月因股权拆分，高文新转出拥有的深圳市行行行实业有限公司的50%股份，同时拥有永恒印记公司100%全部股份，成为全额投资人。

戴比尔斯百年公司与戴比尔斯英国公司另提交了2011年至2014年永恒印记公司与深圳市萃华珠宝首饰有限公司、哈尔滨捷夫珠宝有限公司、北京皓晖宝伦珠宝首饰有限公司、深圳市吉盟珠宝股份有限公司、北京德瑞恩钻石有限公司销售分公司、上海晶莹珠宝饰品有限公司签订的《工业品购销合同》，以证明永恒印记公司的行为给其造成的损害。戴比尔斯百年公司与戴比尔斯英国公司还提交了（2015）深罗法知民初字第172号起诉状，以证明永恒印记公司和高文新也认为"永恒印记""Foreverimprint"与"FOREVERMARK"近似，会引起消费者对市场主体和商品来源的混淆。永恒印记公司与高文新为了证明其对永恒印记商标的使用情况，亦提交了2011年至2014年其与上海水明楼珠宝有限公司、北京皓晖宝伦珠宝首饰有限公司签订的《工业品购销合同》。

永恒印记公司与高文新提交的报刊显示，2011年1月至2012年4月，深圳市永恒印记投资发展有限公司、永恒印记公司、陈金星河公司先后使用"永恒印记"在《宝玉石周刊》上刊登广告。永恒印记公司还提交了对"永恒印记"珠宝进行宣传的海报广告。

五、其他情况

中国珠宝玉石首饰行业协会网站上协会领导部分显示永恒印记公司法定代表人高文新为协会副会长。

为了证明永恒印记公司与高文新的恶意，戴比尔斯百年公司与戴比尔斯英国公司提交了永恒印记公司与高文新于2015年7月23日发给戴比尔斯百年公司的函件。函件内容如下："鉴于我深圳市陈金星河珠宝有限公司影响力逐渐形成，本着君子成人之美的中国传统，我愿意与贵公司商洽、以协议形式把我名下和永恒印记公司名下注册商标的相关权益转让。根据中立机构相应的评估，结合我和我公司的考量，我名下和永恒印记公司名下的注册商标相关权益的目标转让价格为283万美元。希望不久的将来我们可以建立互惠互利的合作关系。"永恒印记公司与高文新对该函件真实性认可，但不认可关联性和证明目的，认为是由戴比尔斯百年公司主动与其就涉案商标的情况进行沟通发送的函件，并非由其主动发起。为此，永恒印记公司与高文新提交了2010年1月期间，戴比尔斯百年公司就"永恒印记"商标事宜与高文新及深圳行行行实业有限公司之间的函件，双方函件中戴比尔斯百年公司明确希望使上述商标事宜能通过双方友好协商和谈判的方式得到圆满解决。永恒印记公司与高文新还提交了2011年期间，戴比尔斯百年公司在《深圳特区报》上发布"Forevermark永恒印记"产品广告，高文新和深圳市永恒印记投资发展有限公司进行投诉，戴比尔斯百年有限公司代理人回函，希望其将"永恒印记"商标转让给戴比尔斯百年公司的相关函件。

庭审中，戴比尔斯百年公司与戴比尔斯英国公司明确永恒印记公司将"永恒印记"作为企业名称、微博名称、微信名称的行为构成不正当竞争；使用"永恒印记""Foreverimprint""Foreverimprint 及图"商标以及以"永恒印记珠宝""永恒印记公司"等形式突出使用字号的行为构成侵犯商标权行为。戴比尔斯百年公司与戴比尔斯英国公司同时明确其主张权利的商标为第 G74××54 号"FOREVERMARK"商标、第 G74××25 号"FOREVERMARK 及图"商标及第 20185××号"FOREVERMARK 及图"商标。

上述事实，有商标注册证、商标查询打印件、声明书、营业执照、公证书、商标使用许可协议、裁定书、判决书、宣传单、海报、推广手册、媒体报道、文献复制证明、检索报告、合同、网页打印件、起诉状、函件、案件受理通知书、明星代言许可使用授权书、单据、股权关系证明、律师函及回函等予以证明，本院证据交换笔录、开庭笔录等亦在案佐证。

一审法院认为：

戴比尔斯百年公司经申请取得第 20185××号"FOREVERMARK 及图"商标及国际注册第 G74××54 号"FOREVERMARK"、第 G74××25 号"FOREVERMARK 及图"商标的专有使用权，任何人未经许可，不得在相同或类似商品上使用与以上注册商标相同或近似的商标。戴比尔斯百年公司就国际注册第 G74××54 号"FOREVERMARK"商标及第 20185××号"FOREVERMARK 及图"商标在戴比尔斯百年公司和戴比尔斯英国公司之间的转让事实出具声明，声明中明确戴比尔斯英国公司有权单独或者与戴比尔斯百年公司共同对侵害相关商标权的行为提起诉讼，故戴比尔斯英国公司对涉案相关商标亦享有权益，有权与戴比尔斯百年公司共同提起诉讼。

根据相关公证书内容，永恒印记公司通过"永恒印记珠宝"的微博名称，"永恒印记""永恒印记珠宝"的微信公众号名称及永恒印记公司网站等公开渠道对其珠宝首饰进行宣传，在产品宣传中广泛使用"Foreverimprint 永恒印记及图""永恒印记及图""Foreverimprint 及图""永恒印记"等文字及标识，并通过自己经营的品牌商城、天猫商城及第三方经营的东方美宝商城对相关商品进行销售，所售产品包装盒上亦使用"永恒印记公司""Foreverimprint"等信息。

戴比尔斯百年公司与戴比尔斯英国公司主张权利的商标为英文"FOREVERMARK"与"FOREVERMARK 及图"，"FOREVERMARK"为其显著识别部分之一。对于永恒印记公司在商品宣传、展览及商品包装等商业活动中使用的"Foreverimprint 永恒印记及图""永恒印记及图""Foreverimprint 及图""永恒印记"等文字及标识是否与戴比尔斯百年公司与戴比尔斯英国公司的涉案注册商标构成近似，应以相关公众的一般注意力为标准。既要考虑商标标志构成要素及整体的近似程度，也要考虑相关商标的显著性和知名度、所使用的商品的关联程度等因素，以是否容易导致混淆为判断标准。第一，戴比尔斯百年公司与戴比尔斯英国公司主张权利的第 G74××54 号"FOREVERMARK"商标、第 G74××54 号"FOREVERMARK 及图"商标及第 20185××号"FOREVERMARK 及图"商标，无论是申请时间，还是在中国获准注册的时间，均早于永恒印记公司成立时间，也早于高文新 20××年 2 月 4 日申请第 44979××号"永恒印记"商标时间及永恒印记公司 2011 年 5 月 16 日申请第 94669××号"Foreverimprint 及图"商标时间，戴比尔斯百年公司与戴比尔斯英国公司对上述商标享有在先权利。第二，由于我国实行九年制义务教育多年，英语是九年制义务教育重要课程，相关公众对于常用英语词汇有一定的认知能力。"FOREVER""MARK"

"IMPRINT"均为使用频率较高英语单词,其固有含义容易被相关公众理解。"FOREVER"具有"永远、永恒、永久、始终、常常"等含义,"MARK"具有"标志、分数、痕迹、记号"等含义,"IMPRINT"具有"印记、标记、痕迹、记号"等含义。可见,从商标含义的关联性上"永恒印记""FOREVERIMPRINT"与"FOREVERMARK"在含义上存在一定的对应关系。第三,根据戴比尔斯百年公司与戴比尔斯英国公司提交的证据,在永恒印记公司成立以前,在国内的相关宣传报道中已经大量使用"FOREVERMARK"商标,"FOREVERMARK"商标具有一定的知名度,而且原告在某些宣传媒体上甚至直接使用了"永恒印记"的表述。第四,根据原告提供的证据,在东方美宝商城上对永恒印记公司产品的宣传材料中直接使用的是FOREVERMARK的品牌展示信息,尽管永恒印记公司在庭审中称该行为为东方美宝商城自身行为,与永恒印记公司无关,但是无论该行为由谁所为,行为人主观上意图使得相关公众将"永恒印记""FOREVERIMPRINT"与"FOREVERMARK"发生混淆的事实客观存在,这在一定程度上也表明了"永恒印记""FOREVERIMPRINT"与"FOREVERMARK"会发生混淆的可能性。第五,FOREVERMARK品牌在进入中国大陆前,在香港就有了一定知名度,戴比尔斯百年公司亦于2005年4月在香港注册了"永恒印记"商标。而多年以来,深圳的珠宝首饰等时尚行业一般会紧盯香港的发展潮流,高文新作为在深圳珠宝首饰行业浸淫多年的从业人员,对香港的珠宝首饰行业及其品牌动态必然有更多的认知。再结合,永恒印记公司与高文新向戴比尔斯百年公司发函,希望以283万美元的价格转让永恒印记公司名下的商标等事实,可以在一定程度上推断永恒印记公司以"永恒印记"为公司字号,并注册"永恒印记"及"Foreverimprint及图"商标的行为,在主观上有搭便车的故意。第六,尽管永恒印记公司对商标评审委员会撤销第44949××号"永恒印记"商标及第94669××号"Foreverimprint及图"商标的裁定提起了行政诉讼,相关行政案件尚在审理中,但是撤销第44949××号"永恒印记"商标的裁定本身就是根据北京市高级人民法院(2013)高行终字第2374号生效行政判决书的结论而作出,该生效判决亦经最高人民法院再审审查后被裁定予以维持,而且民事侵权的判断亦不需要以行政处理为前置条件。综上,高文新注册并许可永恒印记公司使用第44979××号"永恒印记"商标,永恒印记公司在产品宣传及包装上使用"Foreverimprint永恒印记及图""永恒印记及图""Foreverimprint及图""永恒印记"等文字及标识的行为侵犯了戴比尔斯百年公司与戴比尔斯英国公司的商标权。"FOREVERMARK"商标在永恒印记公司成立前就有一定知名度,"FOREVERMARK"在含义上与"永恒印记"具有一定的对应性,而永恒印记公司与戴比尔斯百年公司和戴比尔斯英国公司从事相同的珠宝首饰经营活动,却将"永恒印记"作为字号注册登记为企业名称,并使用"永恒印记珠宝"的微博名称、"永恒印记""永恒印记珠宝"的微信名称对其产品进行宣传、推广,足以使相关公众对其商品的来源产生混淆,构成不正当竞争行为。

至于戴比尔斯百年公司与戴比尔斯英国公司要求微梦公司删除侵权微博并注销"永恒印记珠宝"微博账号的诉讼请求,一审法院认为,微梦公司作为网络服务提供者,客观上不可能对海量发布的微博中的每一个图案或商标的权利归属进行核查。在诉讼前,戴比尔斯百年公司与戴比尔斯英国公司并未就涉案微博的相关侵权事实向微梦公司发送任何通知,戴比尔斯百年公司与戴比尔斯英国公司起诉后,微梦公司及时将涉案微博账号予以了注销。由于微梦公司已经尽到相应的注意义务,且涉案微博账号已被注销,戴比尔斯百年公司与戴比尔斯英国公司针对微梦公司的诉讼请求及戴比尔斯百年公司与戴比尔斯英国公司要求永恒印记公司停止使用"永恒印记珠宝"微博名称的诉讼请求均已没有事实基础，故对微梦公司及要求永恒印记公司停止使用"永恒印记珠宝"微博名称的诉讼请求，一审法院不再予以支持。

永恒印记公司和高文新实施了商标侵权及不正当竞争行为，应当承担相应的法律责任。高文新应停止许可他人使用"永恒印记"商标的行为。永恒印记公司应停止在商业宣传活动中及在其生产、销售的珠宝首饰商品及包装上，使用"永恒印记""Foreverimprint""Foreverimprint及图"商标，停止以"永恒印记珠宝""永恒印记公司"等形式突出使用字号的商标侵权行为。永恒印记公司还应停止使用"永恒印记"作为其企业名称中的字号的不正当竞争行为并变更其字号，停止使用"永恒印记""永恒印记珠宝"的微信公众号名称。鉴于永恒印记公司的商标侵权与不正当竞争行为，容易使相关公众对原被告的产品发生混淆、误认，故戴比尔斯百年公司与戴比尔斯英国公司提出的消除影响的请求，有相应的事实和法律依据，一审法院予以支持，但消除影响的范围应以本案商标侵权及不正当竞争行为所造成之影响为限。对于经济赔偿，因双方均未能提交直接的证据证明戴比尔斯百年公司、戴比尔斯英国公司的实际损失及高文新、永恒印记公司的违法获利，故一审法院综合考虑FOREVERMARK商标的知名度、市场份额，高文新及永恒印记公司侵权行为的主观过错、持续时间、范围、方式等因素，参考永恒印记公司网站、商城、天猫旗舰店等销售渠道上所展示的产品的种类、数量、价格等，结合珠宝首饰行业的行业利润率等要素，酌情确定赔偿数额。至于合理支出，尽管戴比尔斯百年公司与戴比尔斯英国公司未提交任何证据予以支持，但考虑到本案确有公证证据及律师出庭等情形，一审法院对必要的诉讼支出部分亦将酌情予以考虑。对于过高部分，一审法院则不予支持。

综上，一审法院依照《中华人民共和国商标法》第五十七条第（二）项、第（三）项，第五十八条、第六十三条，《中华人民共和国反不正当竞争法》第二条、第二十条，《最高人民法院关于审理商标民事纠纷案件适用法律若干问题的解释》第一条第（一）项，《最高人民法院关于审理注册商标、企业名称与在先权利冲突的民事纠纷案件若干问题的规定》第四条之规定，判决如下：一、自一审判决生效之日起，深圳市永恒印记珠宝有限公司停止使用"永恒印记"作为其企业名称中的字号的不正当竞争行为并变更其字号，停止使用"永恒印记""永恒印记珠宝"的微信公众号名称，停止在其商业宣传活动中以及在其生产、销售的珠宝首饰商品及包装上，使用"永恒印记""Foreverimprint""Foreverimprint及图"商标，停止以"永恒印记珠宝""永恒印记公司"等形式突出使用字号的侵犯商标权行为；高文新停止许可他人使用其所注册的"永恒印记"商标。二、自一审判决生效之日起十日内，深圳市永恒印记珠宝有限公司和高文新在一家全国性的报纸上刊登声明，就本案侵犯商标权及不正当竞争行为为戴比尔斯百年有限公司、戴比尔斯英国有限公司消除影响（声明内容须经一审法院审核，逾期不履行，一审法院将依戴比尔斯百年有限公司、戴比尔斯英国有限公司申请，在相关媒体公布判决书主要内容，费用由深圳市永恒印记珠宝有限公司和高文新承担）。三、自一审判决生效之日起十日内，深圳市永恒印记珠宝有限公司和高文新向戴比尔斯百年有限公司、戴比尔斯英国有限公司赔偿经济损失及合理开支共计八十万元。四、驳回戴比尔斯百年有限公司、戴比尔斯英国有限公司的其他诉讼请求。

永恒印记公司、高文新不服一审判决，在法定期限内向本院提起上诉，其主要上诉理由为：一、一审法院认定上诉人侵害了被上诉人的商标权的事实错误。首先，在第44979××号"永恒印记"商标的申请日2005年2月4日之前，关于被上诉人FOREVERMARK商标的媒体报道中将其称呼为永恒印记的报道仅有3篇，且有3篇报道将FOREVERMARK称呼为永恒标记，有些报道中仅使用FOREVERMARK，并无对应的中文称呼，证明FOREVERMARK与永恒印记并未建立紧密联系。其次，关于高文新提出转让"永恒印记"商标的函件是一种正常的商业行为，不能证明高文新及永恒印记公司具有不当牟利的主观意图。最后，第44979××号"永恒印记"商标及第94669××号"foreverimprint及图"商标目前仍为有效，商标评审委员会关于该商标的撤销注册的裁定和无效宣告裁定均尚未生效，上诉人并未侵害被上诉人的商标权。二、一审法院认定永恒印记公司的行为构成不正当竞争的事实错误，永恒印记公司人使用"永恒印记"作为企业字号的行为合理合法，主观上不存在搭便车的故意。三、一审法院适用法律错误。忽略"永恒印记"商标已经注册并使用多年，形成一定的市场声誉以及相关消费群体的事实，适用《商标法》第五十七条、第五十八条规定认定上诉人侵害了被上诉人的商标权，属于适用法律错误。综上，请求撤销一审判决，驳回被上诉人的诉讼请求。

被上诉人戴比尔斯百年公司、戴比尔斯英国公司服从一审判决，请求维持一审判决。

二审期间，上诉人向本院提交一份证据：第44979××号永恒印记商标行政纠纷案件上诉缴费凭证，用以证明该商标的注册至今仍然有效。被上诉人向本院提交一份证据：关于FOREVERMARK的媒体宣传资料。

本院经审理查明的事实与一审法院一致，对一审判决查明的事实予以确认。

本院认为：

一、关于上诉人是否侵犯被上诉人的注册商标专用权的问题根据

《中华人民共和国商标法》（简称《商标法》）第五十七条规定，未经商标注册人的许可，在同一种商品上使用与其注册商标近似的商标，或者在类似商品上使用与其注册商标相同或者近似的商标，容易导致混淆的，属于侵犯注册商标专用权的行为。

根据一审法院查明的事实，戴比尔斯百年公司对第20185××号"FOREVERMARK及图"商标及国际注册第G74××54号"FOREVERMARK"、第G74××25号"FOREVERMARK及图"商标（以下简称涉案商标）享有注册商标专有使用权，戴比尔斯英国公司亦经授权对上述商标享有权益。高文新于涉案商标申请注册之后注册并许可永恒印记公司使用第44979××号"永恒印记"商标，永恒印记公司在产品宣传及包装上使用"Foreverimprint永恒印记及图""永恒印记及图""Foreverimprint及图""永恒印记"等文字及标识。"FOREVERMARK"为涉案商标的显著识别部分，根据相关公众的一般注意力及认知水平，"FOEVERMARK"与"Foreverimprint"及中文"永恒印记"存在一定的对应关系，上述商标如果共存于同一种或类似商品之上，容易导致相关消费者对于商品来源产生混淆误认。根据在案证据，戴比尔斯百年公司和戴比尔斯英国公司在永恒印记公司成立之前就已经在媒体报道中大量使用涉案商标，涉案商标在中华人民共和国大陆地区和香港特别行政区均已具有较高的知名度。此外，作为同行业经营者，高文新向戴比尔斯百年公司提出转让"永恒印记"商标的函件能够证明其主观上具有搭便车和造成混淆的恶意。因此，高文新于涉案商标申请注册之后注册并许可永恒印记公司使用第44979××号"永恒印记"商标，永

恒印记公司在产品宣传及包装上使用"Foreverimprint永恒印记及图""永恒印记及图""Foreverimprint及图""永恒印记"等文字及标识的行为侵犯了戴比尔斯百年公司与戴比尔斯英国公司的商标权。另外，对于上诉人所主张的其对商标评审委员会撤销第44949××号"永恒印记"商标及第94669××号"Foreverimprint及图"商标的裁定提起了行政诉讼，相关行政案件尚在审理中，相关商标仍为有效，本院认为，撤销第44949××号"永恒印记"商标的裁定本身就是根据北京市高级人民法院（2013）高行终字第2374号生效行政判决书的结论而作出，该生效判决亦经最高人民法院再审审查后被裁定予以维持。上诉人据此主张其使用第44979××号"永恒印记"商标及第94669××号"foreverimprint及图"商标为合法使用，不侵犯被上诉人的商标专用权，缺乏事实和法律依据，本院不予支持。另外，关于上诉人主张其"Foreverimprint永恒印记及图""永恒印记及图""Foreverimprint及图""永恒印记"商标经过使用，已经可以与被上诉人的涉案商标相区分，对此，本院认为，在案证据不足以证明上诉人的上述商标经过使用已经可以与上诉人的涉案商标相区分，不会使相关公众产生混淆误认，故本院对上诉人的主张不予支持。

二、关于永恒印记公司的行为是否构成不正当竞争的问题

根据《商标法》第五十八条规定，将他人注册商标、未注册的驰名商标作为企业名称中的字号使用，误导公众，构成不正当竞争行为的，依照《中华人民共和国反不正当竞争法》处理。

根据在案证据，涉案商标在永恒印记公司成立前就有一定知名度，"FOREVERMARK"在含义上与"永恒印记"具有一定的对应性，被上诉人对涉案商标享有合法权益。而永恒印记公司与被上诉人从事相同的珠宝首饰经营活动，应当知晓被上诉人的"FOREVERMARK"品牌及其与中文"永恒印记"的对应关系，并且予以避让，但永恒印记公司却将"永恒印记"作为字号注册登记为企业名称，并使用"永恒印记珠宝"的微博名称、"永恒印记""永恒印记珠宝"的微信名称对其产品进行宣传、推广，足以使相关公众对其商品的来源产生混淆，具有明显的恶意，损害了被上诉人的合法权益，构成不正当竞争行为。

三、关于上诉人应当承担的法律责任的问题

本院认为，一审法院综合考虑FOREVERMARK商标的知名度、市场份额，高文新及永恒印记公司侵权行为的主观过错、持续时间、范围、方式等因素，参考永恒印记公司网站、商城、天猫旗舰店等销售渠道上所展示的产品的种类、数量、价格等，结合珠宝首饰行业的行业利润率等因素确定赔偿经济损失的数额，并无不当。此外，一审法院酌情对被上诉人必要的诉讼支出部分予以支持，判决上诉人承担停止不正当竞争行为及消除影响的法律责任，亦无不当，本院予以确认。

综上，一审法院依据《商标法》第五十七条、第五十八条认定上诉人的行为构成侵犯他人的注册商标专用权的行为及不正当竞争行为，认定事实清楚，对于本案涉及的法律规定的要件分析及适用理由均无不当，裁判结果正确，审理程序合法，应予维持。上诉人的主张缺乏事实和法律依据，本院不予支持。根据《中华人民共和国民事诉讼法》第一百七十条第一款第一项之规定，本院判决如下：

驳回上诉，维持原判。

一审案件受理费一万三千八百元（原告已预交），由深圳市永恒印记珠宝有限公司和高

文新共同负担（于本判决生效之日起七日内交纳）。二审案件受理费一万一千八百元，由深圳市永恒印记珠宝有限公司和高文新共同负担（已交纳）。

本判决为终审判决。

审判长　穆　颖

审判员　何　暄

审判员　宋　堃

二〇一六年十一月二十八日

书记员　詹雨馨

案例 68：单利华寻衅滋事罪二审刑事裁定书

江苏省南通市中级人民法院
刑事裁定书

(2016) 苏 06 刑终 318 号

原公诉机关：江苏省南通市港闸区人民检察院。

上诉人（原审被告人）：单利华，女，1970 年 2 月 14 日出生于江苏省南通市，汉族，高中文化，无业，户籍地江苏省南通市港闸区。因涉嫌犯寻衅滋事罪，于 2015 年 11 月 20 日被刑事拘留，同年 12 月 1 日被逮捕。

辩护人：常伯阳，河南轨道律师事务所律师。

辩护人：程轲，北京市隆安（南通）律师事务所律师。

江苏省南通市港闸区人民法院审理江苏省南通市港闸区人民检察院指控被告人单利华犯寻衅滋事罪一案，于 2016 年 9 月 29 日作出 (2016) 苏 0611 刑初 50 号刑事判决。一审宣判后，被告人单利华不服，向本院提起上诉。本院受理后，依法组成合议庭进行审理，并于同年 11 月 8 日书面通知南通市人民检察院阅卷。经阅卷，提讯上诉人单利华，听取检察员包学红，辩护人常伯阳、程轲的意见，认为本案不属于依法应当开庭审理的案件，决定不开庭审理。现已审理终结。

原判决认定，×××年 5 月至 2014 年 3 月，被告人单利华先后在海南、广西、深圳、南通等地寻衅滋事。具体事实分述如下：

（一）×××年 5 月 12 日，海南省万宁市第二小学原校长陈在鹏因涉嫌猥亵儿童罪被万宁市公安局刑事拘留；×××年 5 月 15 日下午，万宁纪委监察局召开新闻通报会，介绍案件最新进展，并决定给予涉嫌猥亵儿童罪的陈在鹏开除党籍处分；×××年 5 月 23 日，万宁市公安局以陈在鹏涉嫌强奸罪向万宁市人民检察院移送审查起诉。被告人单利华于×××年 5 月 27 日下午 2 时许伙同他人至海南省万宁市第二小学门口举牌、喊口号，持续时间近三个小时，造成大量群众围观、道路拥堵。

证明上述事实的证据有：

1. 被告人单利华的当庭供述，证明其在网上看了陈在鹏案件的相关报道后，认为海南万宁当局包庇陈在鹏，因此到现场举牌、喊口号。

2. 未到庭证人韩某的证言笔录，证明其是万宁市南山村村民，×××年 5 月下旬的一天下午四点钟左右，其经过万宁市第二小学门口的时候，看到好多人围在学校门口，有六七个人在举牌，有男有女，还有人在旁边拍照，有牌子写着"校长开房找我"之类的话，内容下流，还有人拿着录音机之类的东西拉着学校放学的学生要问话。其刚到现场时已经有好几十人围在那边看，后来围观的群众越来越多，大概一两百人，学校门口的路和国道连在一起，是万宁市的一条主干道，许多过往的车辆停下来看，道路被堵塞。学校的老师、民警和当地的村干部都劝那些人离开，但他们不听还大声吵闹，一直持续到下午学生放学回家后，那些人才离开。

3. 未到庭证人卢某的证言笔录，证明其是万宁市南山村村民，×××年5月下旬的一天，其看到大约六个人在万宁市第二小学门口举牌，有一个胖胖的女人举着"校长开房找我"的牌子，旁边还有人拍照。现场人越聚越多，学生快要放学，交通也堵住了，几个村民看不下去，认为对小孩子影响太坏，劝他们离开，但那些人根本不听，当时村民很生气，准备打走那些人，但被村支书阻止，告诫村民不能动手，让村民报警。之后警察和政府的工作人员一起相劝，但那群人仍不走。在学生放学出来后，还有一拎包的女子追问孩子，后家长将小孩带走。当天包括家长在内大概有三百人在现场，将小学门口的马路都堵住了，学校门口的马路是当地的主干道，叫城西北路，通火车站。

4. 未到庭证人朱某1的证言笔录，证明其是万宁市双溪村村民，其妹妹的儿子叶某就读于万宁市第二小学三年级。×××年5月下旬的一天下午，其去万宁市第二小学接叶某，看到大概有六个人在学校门口举牌，牌子上内容下流，对孩子影响很坏，围观的人很多，有附近的群众、家长，还有过路的人。

5. 未到庭证人韩和的证言笔录，证明其是万宁市南山村村委会干部，事发当天下午两三点左右，其在去村委会上班的路上经过万宁市第二小学时看到六个人手举纸牌，旁边还有一位男子拍照，学校的老师、村干部、公安民警在现场维持秩序，交警在路口疏导交通。村里的干部也一直在劝说那些人不要在学校门口闹事，有情况可以向相关部门反映。现场围观的群众有一两百人，过往的车辆都停下来看，学校门口的整条街都堵住了。下午四五点钟学校放学时，许多家长来接孩子都看到了，影响很坏，围观群众很多，交通也很混乱，后来一直到学生都离开了学校，围观的群众也都散了，那几个人才离开。

6. 未到庭证人林某1的证言笔录，证明其是万宁市第二小学校长，×××年5月27日下午两点多正是小学下午上学的时间，有七八个人到学校门口闹事，前后持续了两个多小时，一直到下午学校放学老师学生均离校后，闹事人员才离开。其间，那群人举牌、喊口号，并持摄像机拍照和摄像，还有人要拉小学生进行采访。其中一个姓叶的女子的举牌上写着"校长开房找我，放过小学生"，很多小学生在门口看，为了避免未成年人受到不良思想侵害，学校的老师对举牌的人进行劝说，让他们去相关部门反映，不要在学校门口闹事，但那群人根本不予理睬，后其联系了教育局并报警。随后民警、村干部、教育局的工作人员都到场做工作，那些人自称是江苏、广西等地的维权人士，问什么都不肯说，也不听劝告。全校共有三十多个班级，在校生一千七百多人，教师九十多个，学校门口是国道，往来车辆较多，因群众围观，造成道路堵塞，给学校周围的秩序造成了很大影响。学校的大门是×××年5月才建好的，校名用红布遮住，等待举行揭牌仪式，闹事者将照片发至网上，编造事实称学校出了丑事，用红布遮住校名是为了遮丑。

7. 未到庭证人曹某的证言笔录，证明其是万宁市第二小学教师，原校长陈在鹏出事后，公安机关已经依法对他进行了处理，该事情已经进入了司法程序。×××年5月下旬的一天下午两三点钟，正是学生上学的时间，校门口来了一群人举牌、拍照。当时围观的群众有一两百人，很多开车的司机也都停车观看，门口的道路也被堵住。闹事的人一直持续到下午四五点学生放学期间，许多家长来接孩子也不好走。到现场参与处置的有民警、村委会干部和老师，并由交警疏导交通，学校老师也配合疏导学生回家。万宁二小有三十几个班级，一千多名学生，教师九十多个。在校的都是未成年人，举牌内容不堪入目。当时学校的西大门刚建不久，上面学校的牌子还没有揭牌用红布包着，事后那群人在网络上炒作，称红布是用于遮羞。

8. 未到庭证人陈某1的证言笔录，证明其是万宁市第二小学教师，×××年5月原校长陈在鹏被公安机关抓获后，正是学生上学的一天，学校门口来了七八个人，举牌的是几个女的，牌子上写着"校长开房找我"之类的话，有一两个男子手拿相机拍照。这些人不听劝说，一直持续了两个多小时，到学生放学后才离开。学校有三十多个班级，一千七百多人，还有九十多位老师。其间校门口聚集了一两百人，门口的路也都堵住了，一些不明情况的学生停留脚步观看，后被几个老师阻止围观。这些人据说是广西、浙江、江苏等地的，不是学生家长，都是一些和陈在鹏毫无关系的人。

9. 未到庭证人张某1的证言笔录，证明其是万宁市公安局城西派出所副所长，×××年5月27日下午大概四点左右，其在社区走访，发现有几人举着牌子在万宁二小门口，有个女的举的牌子上写着"校长开房找我，放过小学生"，还有两三个人在旁边拍照。当时街道、派出所的人都在那里，交警也在现场维持秩序，其上前共同做举牌人的工作，但那些人完全无视所有人的劝说，一直到学校放学基本结束，围观的人也散了，那些人才离开。

10. 未到庭证人蔡某2的证言笔录，证明其是万宁市公安局城西派出所协管员，×××年5月27日下午，其接到张副所长的电话，称万宁二小门口有人举牌闹事，让其过去。其到达时，看到大概有五六个人在万宁二小门口举牌，另外几个人在旁边拍照。街道、学校的人员和民警都在劝说他们离开，但对方对劝说丝毫不予理会。举牌行为引发群众围观，造成了交通堵塞，大概有一两百人在现场围观，后围观群众在疏导下先后离开，举牌人员才坐同一辆车离开，其根据派出所领导的指示骑摩托车跟在后面，一直看到那些人离开万宁才返回。

11. 未到庭证人文某的证言笔录，证明其是万宁市公安局城西派出所所长，×××年5月份的一天，有一群人在万宁二小门口举牌，另外还有人在旁边拍照。这些人自称是广西、江苏、浙江等地维权的，说是要声讨陈在鹏，事实上当时陈在鹏已经被公安机关刑事拘留，进入了司法程序，必然会受到法律的惩罚。由于小学门口是一条主要道路，很多过往车辆都停车围观，造成道路堵塞，当时现场聚集了一二百人，持续时间大概两个多小时。对于现场工作人员的劝说，那群人根本不予理睬。因为当时陈在鹏案太敏感，所以公安机关以稳控劝说为主，把维护社会稳定放在首位，没有对他们采取相应的措施，任他们自行离开。

12. 未到庭证人蔡某3的证言笔录，证明其是万宁市公安局治安大队副大队长，当天学校老师和辖区派出所的民警向治安大队报告，称有人在万宁二小门口举牌，其到现场发现有六七个人举牌，还有一两个人在拍照，引来了一二百名群众的围观，交通堵塞。其和治安大队的其他民警从维护社会正常秩序和校园环境的角度对那些人进行劝说，告诫他们不要影响秩序，不要对未成年人造成心理伤害，但是那些人对劝说毫不理会。那些人嘴上说是维权、声讨陈在鹏，事实上当时公安机关已经依法对陈在鹏刑事拘留，各大媒体都进行了报道，那些人选择上学、放学的时间在学校门口举牌，并且举牌内容不健康，扰乱了学校的秩序，也严重影响了当地的社会稳定。一直到放学后老师和学生都走了，那群人才离开。由于当时不清楚那些人的身份，公安机关没有贸然采取措施，以劝说为主。

13. 证人韩某、卢某等人的辨认笔录，证明证人均辨认出在学校门前举牌、喊口号的人中有被告人单利华。

14. 接受证据清单、上海辰星电子数据司法鉴定中心出具的《司法鉴定检验报告书》、单利华撰写的《人权捍卫者南通单利华简介》，证明案发后被告人单利华的母亲沈桂兰将单利华日常使用的联想笔记本电脑提供给侦查机关，经上海辰星电子数据司法鉴定中心检测，在该笔记本电脑硬盘中发现单利华撰写的《人权捍卫者南通单利华简介》一文，自述×××年5月和叶海燕、贾灵敏等人在海南声援幼女性侵案。

15. 南通市公安局港闸分局网络安全保卫大队制作的远程勘验工作记录、新浪网"南通单利华"微博截图，证明公安机关对新浪网"南通单利华"微博进行远程勘验并截图，"南通单利华"微博于×××年5月28日12时12分转发"21CN新闻"微博，内容为叶海燕在万宁二小门口举牌的照片，并附文字：昨天已在万宁第二小学门口暴晒了近三个小时。单利华转发同时对该微博评论：公民行动需要更多的实践者。

16. 海南省万宁市人民检察院起诉书，证明陈在鹏于×××年5月12日被万宁市公安局刑事拘留，×××年5月23日万宁市公安局以陈在鹏涉嫌强奸罪向万宁市人民检察院移送审查起诉。

17. 视听资料、接受证据清单、视听资料制作说明，证明×××年5月27日下午，被告人单利华与叶海燕等人在万宁市第二小学门口举牌、喊口号。

（二）×××年5月30日，广西玉林市博白县叶海燕因故意伤害他人被博白县公安局行政拘留，该案被别有用心的人在网络上炒作，号召所谓的维权人士和律师至博白对叶海燕进行声援。×××年6月4日，被告人单利华伙同他人非法窜至广西玉林滋事，被当地公安机关拦截。

证明上述事实的证据有：

1. 被告人单利华的供述，证明其曾于×××年6月4日去广西玉林看望叶海燕。

2. 未到庭证人李某1的证言笔录及辨认笔录，证明其是玉林市公安局南江派出所副所长，×××年5月30日，玉林市博白县一个叫叶海燕的女子因故意伤害他人被博白县公安局行政拘留，由于网上好多人炒作此事，并称要到玉林来声援叶海燕，于是玉林警方在叶海燕被拘留的第二天就对外公布了处理叶海燕的具体经过，正面回应网上的不良舆论。但从5月31日至6月4日仍来了不少人，有的去了博白，有的住在玉林，为了防止对当地的社会稳定和公共秩序造成重大影响，×××年6月4日下午，单利华在去博白县声援的路上被带至南江街道办事处，南江派出所抽调人员对其进行教育劝返，但单利华拒不配合。

3. 未到庭证人唐某的证言笔录，证明其是玉林市公安局国保机动侦查队队长，叶海燕故意伤害他人事件被别有用心的人在网上进行炒作，号召所谓的维权人士和律师至玉林对叶海燕进行声援。在单利华到来前，博白地区已经聚集了很多来自全国各地的声援者。当地公安机关之前在网络上已发现单利华要到博白县声援，×××年6月4日单利华和河南的刘莎莎一起乘车至博白县，在路上被公安机关拦截，后单利华被带至南江街道办事处进行教育劝返。

4. 未到庭证人杨颜1的证言笔录，证明其是玉林市公安局民警，×××年5月30日叶海燕因故意伤害他人被博白县公安局行政拘留，由于相关人员在网络上煽动和号召，为防止对当地公共秩序造成重大影响，公安机关对相关人员进行了劝返工作。×××年6月3日晚上，单利华和河南的刘莎莎入住玉林金茂宾馆，6月4日二人前往博白声援途中被拦截，后其在南江街道对单利华教育劝返，但单利华拒不配合。

5. 未到庭证人彭某的证言笔录，证明其是玉林市公安局南江派出所民警，×××年5月30日玉林市博白县叶海燕因故意伤害他人被博白县公安局行政拘留后，由于网上好多人炒作此事，声称要到玉林来声援叶海燕，于是玉林警方在叶海燕被拘留的第二天，就对外公布了处理叶海燕的具体经过，但是还是有一些人到玉林滋事，其中就有单利华。

6. 未到庭证人袁某的证言笔录，证明其是玉林市公安局民警，×××年5月30日玉林市博白县叶海燕因故意伤害他人被博白县公安局行政拘留后，全国各地的所谓"维权人士"到博白声援叶海燕。×××年6月4日晚上7点多其到达南江街道，当时民警及街道的工作人员在对单利华进行劝说工作，告诉叶海燕一事本身证据确凿，玉林公安也已经公开回应，但是单利华不配合民警工作，称冤枉了叶海燕。

7. 新浪网"南通单利华"微博截图，证明"南通单利华"微博×××年5月31日转发用户名"律师王宇"邀请更多律师至博白声援叶海燕的微博，单利华声称"今天你不关注，明天就没人关注你"，×××年6月1日发布对叶海燕故意伤害他人一案的意见，×××年6月3日发布"紧急关注，有网友和律师在广西博白拘留所前抗议非法拘留叶海燕被博白公安带走……"

8. 单利华撰写的《人权捍卫者南通单利华简介》，证明其自述×××年6月4日至玉林声援叶海燕。

（三）×××年12月20日晚上6时许，被告人单利华因在深圳皇岗口岸出关被阻后，不听从现场工作人员劝告在候检大厅大声吵闹，并多次试图冲向通关的人群，影响通关秩序。

证明上述事实的证据有：

1. 被告人单利华的供述，证明其于×××年12月20日晚上，在深圳皇岗口岸出关受阻后，在候检大厅与工作人员理论。

2. 未到庭证人贾某、商某、何某、郝某、胡某的证言笔录及辨认笔录，证明×××年12月20日证人跟旅游团一起到香港旅游，当天下午五六点时，在候检大厅门口有一微胖、四十多岁、短头发、穿黑色上衣的女子大吵大闹，还手舞足蹈，说犯了什么法、为什么不让出境之类的话，还冲向在人工通道排队的人群，很多民警都围着她做工作，部分旅客绕开她通行，影响了通关速度，当时还有外国人，影响很不好。

3. 未到庭证人涂某、曾某1的证言笔录，证明二人是深圳皇岗出入境边防检查站民警，×××年12月20日下午五六点时，二人接领导通知去询问室看护被依法不准出境的南通女性旅客单利华，单利华提出要上厕所，二人引导单利华到候检大厅准备去厕所时，单利华在候检大厅自助通道候检区域吵闹，大喊非法剥夺其权利，其间两三次从自助通道的候检区域冲向人工通道排队区域，并朝人群喊叫。处置民警和南通的工作人员一直在旁边做劝阻工作，但单利华拒绝离开候检大厅，要求给予不准出境的说法。由于单利华的吵闹，牵扯了很多处置人员，阻拦了一部分自助通道的通行。皇岗口岸每天出入境的人员和车辆都非常多，是24小时开放的口岸。

4. 未到庭证人孙某的证言笔录，证明其是深圳皇岗出入境边防检查站民警，×××年12月20日下午三四点左右，其接领导通知，南通女性旅客单利华因被限制出境而不肯离开口岸，滞留在询问室，要求其去看护。其到了询问室，由于单利华当时在干呕，便由检验检疫的医务人员对其进行观察。晚上六点多，单利华提出要去洗手间，站里便安排女民警带单利华一起去，并专门在自助通道中开了一个闸口给单利华出来。但是到了候检大厅，单利华就开始喊叫，对周围过关群众喊非法剥夺人身自由等话，并冲向一旁的人工检验区。之后辱骂南通的工作人员是土匪流氓，在大厅内坚持讨要说法，并称除非把她弄死，否则绝不离开。单利华在大厅内闹了十多分钟，对口岸正常的通关秩序有影响。皇岗口岸是国家一类口岸，每天有几万人进出境，是连接香港和内地的重要通道。

5. 未到庭证人张某 2、曾某 2 的证言笔录，证明二人是深圳皇岗检验检疫局工作人员，×××年 12 月 20 日下午二人坐在自助通道候检区附近的卫生检验检疫工作台内工作，当天下午六点左右，一名中年女子在自助通道候检区大声吵闹，很多民警都在做她的工作，但该女子不听劝告，还向人工通道候检区冲了两三次，现场排队的群众被吵闹声吸引，停留下来围观，扰乱了口岸正常的通关秩序。

6. 未到庭证人朱某 2 的证言笔录，证明其是负责皇岗口岸候检大厅卫生清洁工作的保洁员，×××年 12 月 20 日下午五六点钟，其在询问室看到一名中年女子躺在椅子上，地上有一摊唾沫，其便将地面清洁了一下。之后，其又看到该女子在候检大厅大喊大叫，还冲向正在人工通道排队候检的旅客，周围有群众停留驻足围看。

7. 深圳边防检查总站出具的《查获情况说明》，证明×××年 12 月 20 日 14 时许，皇岗边检站根据边控要求对单利华作不准出境处理，但其长时间滞留口岸不愿离开。直到当日 18 时 30 分许，南通市公安局民警前来协助将单利华带离。

8. 视听资料、调取证据通知书和调取证据清单，证明×××年 12 月 20 日 18 时许，被告人单利华在深圳皇岗口岸候检大厅大声吵闹，影响通关秩序。

（四）2014 年 3 月 18 日中午，被告人单利华在南通市港闸区唐闸镇街道办事处食堂用手机拍摄工作人员就餐照片，被街办工作人员林某 2 发现并阻止，单利华不从，双方发生争执，单利华借故辱骂，并当众打了工作人员徐某 1 一记耳光，后又用凳子砸头、跳楼等方式滋事。

证明上述事实的证据有：

1. 被告人单利华的供述，证明其于 2014 年 3 月 18 日中午，在唐闸镇街道办事处食堂时，认为伙食较丰盛便拿手机拍照，受到了林某 2、徐某 1 的阻止，徐某 1 将其手机中拍摄的照片删除。

2. 未到庭证人徐某 1 的证言笔录，证明其是唐闸镇街道办事处工作人员，2014 年 3 月 18 日中午 11 时 50 分左右，其在唐闸镇街道办事处二楼食堂吃饭时，被告人单利华在食堂大门口大吵大闹，称机关服务中心主任林某 2 抢其手机，并大喊其有权监督、有权知道吃什么之类的话，说完继续要夺回林某 2 手中的手机，并要殴打林某 2。后林某 2 让其将单利华手机中拍摄工作人员就餐的照片删除，其将单利华手机中的三张刚刚拍摄的工作人员吃饭的照片删除，并将手机还给了单利华。在删除照片过程中，单利华抓其脖子两三下，拿到手机后又称手机坏了，在食堂大吵大闹，用手机对着其拍照，在其用手挡住单利华手机镜头时，单利华突然用左手打了其右边脸颊一记耳光。其被打后为避免发生冲突没有还手，便从后门出去了。当天其去医院就诊，医生就诊后说脖子和脸部肿痛明显，给其开药治疗。

3. 未到庭证人林某 2 的证言笔录，证明其是唐闸镇街道办事处工作人员，2014 年 3 月

18日中午，其在食堂吃饭时，被告人单利华拿着手机对吃饭的工作人员拍照，其拦住了单利华，让她不要拍摄，单利华不听，称自己是群众，来这里是监督的，有权利拍照，于是其就将单利华的手机夺走，告诉单利华将手机内照片删除后再归还手机。单利华便挥拳要打其，被两个保安过来阻止，之后，其将手机给了徐某1，让徐某1将拍摄就餐人员的照片删除。

4. 未到庭证人褚某、纪某的证言笔录，证明二人是唐闸镇街道办事处保洁工，2014年3月18日中午二人一起在三楼做卫生，听到二楼食堂门口有争吵声，下楼看到有个女的打了姓徐的工作人员一记耳光，姓徐的工作人员没有还手。

5. 未到庭证人李和群的证言笔录，证明其是唐闸镇街道办事处工作人员，2014年3月18日中午其到食堂吃饭的时候，看到被告人单利华在食堂大声吵闹，嘴里还说着为什么不让她拍照什么的，并乘徐某1不注意的时候打了徐某1一记耳光，徐某1没有还手便离开了食堂。

6. 未到庭证人朱某3、吴某的证言笔录，证明二人是唐闸镇街道办事处保安，2014年3月18日中午，二人正在食堂吃饭时突然看到一个女的和林某2吵架，二人作为保安便上去维持秩序。那个女的向林某2要手机，林某2表示食堂不能拍照，要将照片删除。后来林某2将手机给了徐某1，徐某1在删除手机照片后将手机还给那个女的，那个女的责怪徐某1，乘徐某1不注意的时候打了其一记耳光。

7. 未到庭证人杨颜2的证言笔录，证明其是唐闸镇街道办事处工作人员，2014年3月18日中午其正在食堂吃饭的时候，看到单利华手中拿着手机在拍照，这时负责后勤的林某2就上去阻止，单利华称自己是纳税人，可以拍照，并且不听林某2的要求，不肯删除拍摄的照片，于是林某2就将手机拿了过去，交给了同事徐某1，单利华就过去抢手机，两个保安过来阻止了单利华，拉扯中单利华坐到了地上。过了一会儿单利华又爬了起来追徐某1，追到徐某1后朝他脸部抓去，抓了两三下，具体有无抓到，其没有看清。

8. 未到庭证人李某2的证言笔录，证明其是唐闸镇街道办事处工作人员，2014年3月18日中午其在食堂吃饭，看到林某2拿了被告人单利华的手机，单利华便上前抓住林某2的衣领，两个保安将单利华拉开。其离开食堂时，说单利华无法无天不像话，单利华就从地上站起来要打其，后被保安拦住。

9. 未到庭证人陶某的证言笔录，证明其是唐闸镇街道办事处工作人员，2014年3月18日中午其正在食堂吃饭，单利华进入食堂后用手机拍照，先拍了其所在的这一桌，然后又走到第二桌那边拍照。这时街道的林某2过来质问单利华，单利华称自己是人民群众要监督，林某2劝阻无果后就将单利华的手机拿过来，单利华就向林某2身上拉扯，这时保安上来分开两人，单利华就自己坐到地上，说被抢劫手机，李某2过来说我们这里这么多人、大白天的、谁会抢你手机，单利华突然从地上站起来要打李某2，被旁边的人拉开了。

10. 未到庭证人陈某2的证言笔录，证明其是唐闸镇街道办事处工作人员，2014年3月18日中午，其正在食堂吃饭，看到单利华在其吃饭的桌子旁边拍照，林某2过来阻止单利华，单利华不听，于是林某2就将单利华的手机拿走。单利华抓着林某2的衣服要求归还手机，还要打林某2。这时，食堂的保安前来劝架，单利华就自己坐在地上，李某2过来说了一句话后单利华就骂了几句脏话，并突然从地上站起来了，当李某2走后，单利华又自己坐在地上。之后林某2将手机给了旁边的徐某1，叫徐某1将照片删除。

11. 未到庭证人周某的证言及辨认笔录，证明其是港闸区城管局工作人员，2014 年 3 月 18 日中午其在唐闸镇街道办事处开完会下楼经过食堂时，听见有人在食堂大喊大叫，这时林某 2 从食堂里走了出来，食堂里一个中年女子情绪很激动，一个年轻男子站在中年女子对面进行劝说，中年女子打了这个年轻男子一个巴掌，打得比较实，年轻男子也没有说什么从另外一个门离开了。其就上前劝中年女子情绪不要激动，中年女子拿了凳子站到北边的窗户口，做了一个抬脚的动作，嘴里还说"我是什么事情都做得出来的"。

12. 未到庭证人钱某的证言笔录，证明其是唐闸镇街道办事处工作人员，2014 年 3 月 18 日中午其去食堂吃饭的时候，看到单利华拿着手机在食堂拍照，林某 2 上前阻止，单利华不听，林某 2 将单利华手机拿走，由徐某 1 将先前拍摄的就餐照片删除，单利华便打了徐某 1 一记耳光。之后单利华一直打电话叫人过来，还在食堂要跳楼。

13. 未到庭证人刘某的证言笔录，证明其是唐闸镇街道办事处工作人员，2014 年 3 月 18 日上午，街办的徐某 2 书记约单利华到街办谈单利华的上访问题，大约到十一点四十分左右接待结束，单利华当时也出了办公楼的大门，之后其接到电话称单利华在食堂闹事。其进了食堂，看到单利华坐在凳子上，称有两个男的和一个女的要出来向她道歉，街道领导做工作也不听，后来突然冲到食堂的窗户边要跳楼，经过劝说工作，单利华不跳楼了，又搬起食堂的凳子要砸自己的头部，但是没有砸，后来又躺在地上说自己要呕吐，要街办交人出来，一直闹到了下午两点左右，徐某 2 书记因为要开会先走了，其就留下来陪着单利华。其间单利华一直用自己的手机发短信，到了三点左右，食堂来了二男一女，对着单利华拍照。一直到晚上公安机关给单利华做完笔录后，经过劝解，单利华才离开了街道。

14. 未到庭证人严某的证言笔录，证明其是唐闸镇街道办事处工作人员，2014 年 3 月 18 日上午，其和徐某 2 书记与单利华及其母亲沈桂兰在街办会议室谈单利华的上访问题，一直谈到中午十一点四十分左右，单利华和沈桂兰离开了会议室。之后，其到了食堂吃饭，单利华让其评理，称街道吃的比较好，作为公民有权对政府中午食堂的饭菜进行监督。后来单利华就拿着手机对着徐某 1 拍照，徐某 1 用手挡住不让拍照，单利华突然用左手打了徐某 1 右脸一巴掌，徐某 1 没有还手就走了。其和徐某 2 书记一起做单利华的工作，单利华还是情绪激动，要用凳子砸头，又跑到食堂窗户旁边要跳楼，并且在食堂里面装病、呕吐。其一直做工作到十二点四十五分左右才离开。到了晚上六点左右，其又到食堂，看到单利华要求徐书记当场处置和她发生冲突的工作人员，要求停止职务、赔礼道歉，食堂里面有五六个单利华叫来的上访户帮着单利华起哄，大门外面也来了十来个上访户，把街道办事处的门堵住了。当天晚上九点左右，其还带单利华去医院看病，单利华称不带她去医院看病，晚上就不离开街道。后来其一直陪伴单利华至凌晨一两点，当时和单利华一起的还有其他几个上访户，其在单利华的要求下，将单利华和其他几个上访户一一送回家。

15. 未到庭证人徐某 2 的证言笔录，证明其是唐闸镇街道办事处书记，2014 年 3 月 18 日上午，因单利华信访事项，其在街办接待了单利华，由于不能满足她的要求，单利华就开始情绪有点激动、吵闹。中午单利华又至街办的食堂，不听工作人员制止，用手机到处拍摄，还打了工作人员小徐一记耳光。后来其到食堂劝说单利华时，单利华根本不听，又要撞墙，又要跳楼，一直闹到晚上九点多才离开。

16. 视听资料及制作说明，证明 2014 年 3 月 18 日，被告人单利华在唐闸镇街道办事处食堂吵闹滋事。

原审人民法院认为，被告人单利华利用陈在鹏强奸一案伙同他人在公共场所举牌、呼喊口号，借叶海燕被拘留一案以声援为名伙同他人窜至广西玉林，利用热点案事件恶意炒作，不问真相，不顾事实，与他人彼此呼应，非法聚集滋事；此外，其还在深圳皇岗口岸候检大厅大声吵闹影响通关秩序，在唐闸镇街道办事处食堂以拍照监督为名滋事，随意辱骂、殴打他人。被告人单利华的上述行为严重扰乱了社会秩序，造成了社会秩序的严重混乱，应当以寻衅滋事罪追究其刑事责任。据此，依据《中华人民共和国刑法》第二百九十三条第一款的规定，认定被告人单利华犯寻衅滋事罪，判处有期徒刑二年三个月。

上诉人单利华及辩护人常伯阳上诉、辩护称：1. 一审判决认定单利华犯寻衅滋事罪的四节事实，单利华是据理力争，没有寻衅滋事的犯罪动机；2. 单利华没有滋事行为，现有证据并不能证明其实施了扰乱公共场所的秩序，以及造成公共场所秩序混乱，南通唐闸街道办事处、广西玉林街道办事处不是公共场所，不符合寻衅滋事罪构成要件，一审判决认定单利华犯寻衅滋事罪的事实不清、证据不足。请求宣告无罪。单利华另提出申请调取相关公安人员出警执法记录仪及场所等录像，以证实其行为不构成寻衅滋事罪。

辩护人程轲辩护称：1. 本案侦查违法，限制上诉人单利华会见律师。2. 单利华在一审庭审时以检察人员滥用职权，申请检察人员回避，一审法院合议庭适用《最高人民法院关于适用〈中华人民共和国刑事诉讼法〉的解释》第三十条的规定当庭驳回，违法法律规定，属程序违法应发回重审。3. 一审判决认定的单利华四节寻衅滋事犯罪事实，第一节事实中单利华是行使集会、示威的自由，并没有影响公共场所的秩序及造成混乱；第二节事实中缺乏单利华的行为表述，与寻衅滋事罪法条规定的四项内容不对应，予以入罪违反罪刑法定原则；第三节事实中单利华出境时得知被限制出境，其在候检大厅与工作人员争执，并没有影响公共场所秩序，是行使其正当权利，不属于寻衅滋事行为；第四节事实中核心证据未经被告人辨认质证，不能作为定案依据。综上所述，原判决认定单利华犯寻衅滋事罪事实不清，适用法律不当，请求宣告无罪。

检察员出具书面意见认为：1. 关于上诉人单利华第一节中称不是公共场所、没有造成严重混乱的上诉意见，从视频及地图可以看出，万宁市第二小学位于万宁市的城镇中，学校大门口就是主干道，单利华等人所站的位置在学校大门口与大路之间的空地上，来往行人、车子不断，该地点具有开放性及人员的流动性、不特定性，因此属于公共场所，同时多名证人及单利华本人微博中所反映的"在现场暴晒近三个小时"能够相互印证。且陈在鹏案处于司法程序中，单利华伙同他人不问真相，在学校门口举牌子、喊口号，在网络上进行炒作，严重扰乱了社会秩序，其辩护与事实不符。2. 关于第二节事实，上诉人单利华辩解其去广西玉林博白县是看望叶海燕，没有滋事的目的，从单利华微博中所发及关注的内容看其去广西是利用叶海燕事件进行聚集滋事，相关民警及工作人员对单利华教育劝返时其也不配合，从而看出其主观上有滋事的目的。3. 关于第三节事实中单利华称其被边检站没有合法理由阻止其去香港旅游的情况下，情绪激动才在皇岗口岸吵闹，但没有严重影响通关秩序的辩解，经查，皇岗口岸是香港与内地人员往来、贸易货物和交通工具出入境的场所，具有公共场所的开放性及人员流动性、不特定性的特征，单利华在皇岗口岸吵闹近四个小时，严重影响了通关秩序。4. 关于第四节事实中单利华在唐闸街办食堂大吵大闹，是否构成寻衅滋事的辩解，经查，单利华于×××年3月18日中午在街办食堂拍照被工作人员阻止后，双方发生争执，并打了工作人员徐某1一耳光，后又以欲跳楼、用凳子砸头等闹事，经多名工作人员劝解直至当晚九点多才离开，影响了街办的工作秩序。综上，一审判决认定的事实清楚，证据确实、充分，量刑适当。

本院经审理查明的事实和证据与原审法院查明的事实和证据相同，上述证据均经庭审质证，证据的来源合法，证明内容真实有效，具有证明效力，本院予以确认。

本院认为，上诉人单利华利用案事件热点或主动制造事端，在海南万宁、广西玉林、广东深圳、江苏南通等地，单独或伙同他人在万宁第二小学门口、深圳皇岗口岸、玉林南江街道办事处、南通唐闸街道办事处等地采用聚集、喊口号、举标语、随意辱骂殴打他人等方式，严重破坏社会秩序，其行为已构成寻衅滋事罪。

关于辩护人程轲称侦查机关在侦查过程中限制上诉人单利华会见律师、程序违法的辩护意见，经查，在卷微博截图等证据材料显示，单利华与涉嫌从事危害国家安全犯罪活动的人员相勾连，有危害国家安全的嫌疑，据此，侦查机关在侦查过程中依法限制单利华会见律师，符合法律规定，故辩护人程轲该辩护意见不能成立，本院不予采纳。

关于辩护人程轲称一审法院当庭驳回上诉人单利华关于检察人员滥用职权的回避申请、程序违法应发回重审的辩护意见，经查，《最高人民法院关于适用〈中华人民共和国刑事诉讼法〉的解释》第三十条第二款规定："……不属于刑事诉讼法第二十八条、第二十九条规定情形的回避申请，由法庭当庭驳回，并不得申请复议。"《中华人民共和国刑事诉讼法》第二十八条、二十九条除适用于审判人员外，还适用于检察人员、侦查人员，而单利华在一审法院庭审中申请检察人员的回避理由并不属于该二条的规定回避申请理由情形，一审法院当庭驳回符合法律规定，故辩护人程轲该辩护意见不能成立，本院不予采纳。

关于上诉人单利华及辩护人常伯阳称单利华不具有寻衅滋事动机的上诉、辩护意见，经查，单利华以"访民"身份自居，与叶海燕、刘莎莎、王宇等人相勾连，利用案事件等热点或主动挑起、制造事端，通过在公共场所喊口号、举标语、声援、大声吵闹等方式，持续进行恶意炒作，试图扩大事态，煽动、挑起不明真相的人仇视、对抗、破坏正常的社会管理秩序，其主观上通过寻衅滋事破坏社会管理秩序的犯罪动机明显。故单利华及辩护人常伯阳该上诉、辩护意见不能成立，本院不予采纳。

关于上诉人单利华及辩护人常伯阳、程轲称涉案四节场所不属公共场所、认定单利华构成寻衅滋事罪事实不清、证据不足、请求宣告无罪的上诉、辩护意见，经查，在卷证据证实，海南省万宁市第二小学门口地段，系不特定的多数人可以随时通行、停留场所，皇岗口岸是客货综合性公路口岸，是香港与内地人员往来、贸易货物和交通工具出入境的场所，南江街道办事处系基层政权组织及群众工作、办事场所，其场所性质完全符合公共性，单利华在上述场所通过喊口号、举标语、声援、大声吵闹等方式，持续进行恶意炒作，试图扩大事态，煽动、挑起不明真相的人仇视、对抗国家政权，造成多人围观、交通堵塞，严重影响通关秩序及相关单位工作秩序，其在唐闸街道办事处食堂无故滋事，随意辱骂、殴打他人，情节恶劣，上述事实有证人证言及辨认笔录、视听资料、远程勘验工作记录、司法鉴定检验报告、微博截图等证据予以证实，足以认定。单利华的行为符合寻衅滋事罪构成要件，依法应以寻衅滋事罪追究刑事责任。故对上诉人单利华申请调取相关录像的请求，上诉人单利华及辩护人常伯阳、程轲称不构成寻衅滋事罪、请求宣告无罪的上诉、辩护意见不能成立，本院不予采纳。检察员的意见成立，本院予以支持。

综上，原判决认定上诉人单利华犯寻衅滋事罪事实清楚，证据确实、充分，审判程序合法，定罪量刑准确，应予维持，据此，依照《中华人民共和国刑事诉讼法》第二百二十五条第一款第（一）项之规定，裁定如下：

驳回上诉，维持原判。

本裁定为终审裁定。

审判长　杜开林

审判员　李　军

代理审判员　李梦龙

二〇一六年十二月十五日

书记员　张晶晶

案例69：黄晓明与北京微梦创科网络技术有限公司等名誉权纠纷一审民事判决书

北京市海淀区人民法院
民事判决书

（2016）京 0108 民初 12019 号

原告：黄晓明，男，汉族，北京泰耀文化工作室演员，住山东省青岛市市南区。

委托诉讼代理人：李峰，北京星权律师事务所律师。

委托诉讼代理人：朱晓磊，北京星权律师事务所律师。

被告：北京微梦创科网络技术有限公司，住所地北京市海淀区。

法定代表人：刘运利，执行董事。

委托诉讼代理人：刘超，男，北京微梦创科网络技术有限公司法务经理。

被告：袁环，女，汉族，自由职业者，住上海市静安区。

委托诉讼代理人：都业岩，北京市盈盛律师事务所律师。

委托诉讼代理人：曹形龙，北京市盈盛律师事务所实习律师。

原告黄晓明诉被告北京微梦创科网络技术有限公司（以下简称微梦创科公司）、袁环侵犯名誉权纠纷一案，本院受理后，依法适用普通程序，公开开庭进行了审理。原告黄晓明委托诉讼代理人李峰、朱晓磊与被告微梦创科公司委托诉讼代理人刘超，被告袁环委托诉讼代理人都业岩、曹形龙到庭参加了诉讼。本案现已审理终结。

原告黄晓明向本院提出以下诉讼请求：1. 袁环立即停止侵权（原告当庭申请撤回了该项诉讼请求）；2. 微梦创科公司向我提供断开链接前的浏览量（原告当庭撤回了该项诉讼请求）；3. 袁环在其微博置顶位置及全国公开发行报纸向我公开赔礼道歉，致歉内容应包含本案民事判决书的主要内容，持续时间不少于 90 日；4. 袁环赔偿我经济损失人民币 300000 元、精神损害抚慰金人民币 300000 元及因维权而支付的律师费 30000 元、公证费 1300 元、差旅费 18700 元等合理开支共计人民币 50000 元，以上各项共计人民币 650000 元。事实和理由：我系中国大陆青年演员。2016 年 4 月，微梦创科公司经营的新浪微博平台上，昵称为"×××品牌观察"的网络用户袁环（网络链接：http: //weibo.com/××××××××）于 2016 年 4 月 7 日 20 时 31 分发布了微博博文。袁环发布的博文内容公然污蔑我欠下巨额债务，涉案文章宣称："上海最牛逼的，东虹桥跑路了！王八蛋老板黄晓明吃喝嫖赌，欠下了 3.5 个亿，带着他的 baby 跑了。我们没有办法，小明你王八蛋，你不是人，我们辛辛苦苦给你投了大半年，你不还钱！你还我血汗钱，还我血汗钱！明星真的是为了钱什么事情都能做，完全不为老百姓着想，出了事情就沉默！"上述博文刻意将种种完全不实的虚假信息与我联系在一起，妄图吸引公众眼球，一经发布便引发大量不明真相的网友转发、评论与点赞。事实上，针对我与东虹桥金融在线的关系，北京泰耀文化工作室（黄晓明工作室）和上海东虹桥互联网金融信息服务有限公司先后发布声明，声明我与东虹桥金融在线除"贷你圆梦"项目的宣传外，无任何投资或合伙关系。其所发布的上述博文中的全部内容均系子虚乌有、恶意捏造，截至证据保全之日，袁环在新浪微博"×××品牌观察"上的粉丝人数为207969人，所发布的上述博文转发已达178次，评论达55条。同时，上述微博博文引发很多微信公众号的转载，其行为已严重扰乱了我的正常工作和生活，同时给我带来了极其严重的名誉损害。

被告微梦创科公司辩称：我公司已按照法院责令要求提供了新浪微博用户"×××品牌观察"的注册信息，履行了相应的法律义务，鉴于黄晓明对我公司没有其他诉讼请求，故不做其他的答辩意见。

被告袁环辩称：第一，我承认的确转发了涉案文章，文章内容来自豆瓣网，但目前该内容链接已删除。第二，截至黄晓明公证之日，我所转发涉案文章的阅读人数为178人，评论人数为56人，点赞人数为41人，所以该文章影响较小。第三，我已于2016年4月8日同时又转发了黄晓明关于这篇文章辟谣的文章，实际上2016年4月12日我还通过×××平台私信了黄晓明工作室，但对方没有回应。第四，对于黄晓明要求我赔礼道歉的诉讼请求，我予以认可，但是关于赔偿损失，除了直接损失包括公证费和律师费外，我没有看见黄晓明提供相应的依据，故我对黄晓明要求赔偿65万损失的诉讼请求不予认可。

经审理查明：

一、原被告当事人的基本情况

黄晓明系我国知名青年演员。微梦创科公司系网站名称为"微博平台"的备案主办单位，网站首页网址为www.weibo.com，网站备案许可证号为京I**备案号12002058号-2。袁环系新浪微博平台中昵称为"×××品牌观察"的蓝V认证实际用户，粉丝人数为232689人，粉丝总订阅人数116051人，"×××品牌观察"在微博中介绍其为"品牌研究自媒体微博"，行业类别为"机构自媒体IT互联网"。

二、被控侵权行为的基本事实

2016年4月7日20时31分，袁环在"×××品牌观察"微博（×××：//weibo.com/××××××××××）中发表了如下微博内容："上海最牛逼的，东虹桥跑路了！王八蛋老板黄晓明吃喝嫖赌，欠下了3.5个亿，带着他的baby跑了。我们没有办法，晓明你王八蛋，你不是人，我们辛辛苦苦给你投了大半年，你不还钱！你还我血汗钱，还我血汗钱！明星真的是为了钱什么事情都能做，完全不为老百姓着想，出了事情就沉默！@网页链接"该微博文字内容下方上传了五幅文字截图图片（其中第一幅截图内容与第四幅截图内容相同），该图片内容为网友的跟帖评论内容。从新浪微博平台的传播模式看，该微博并未使用"转发"模式，亦未以其他方式表明该微博系转载及标明转载来源出处。

此外，在前述跟帖评论中，有部分网友相信了涉案微博内容，例如，"黄晓明，你是东虹桥的投资合伙人啊，你咋就这么不负责任呢？几千块钱都要骗我的，让他们赶紧还钱啊！""赶紧还我们血汗钱！""明星为诈骗平台做代言人，老百姓因为喜欢这个明星，信任你，把自己的血汗钱投在这个平台，明星拿到了几千万代言费，平台跑路卷走几千万，明星赚到了钱，平台也骗到了钱，这就是合伙人，呵呵，平台老板是诈骗犯，难道代言明星不是吗？建议相关法律制度能够完善，严惩诈骗犯们""我去，这人怎么这么不地道？拿着钱就这样跑了"。也有少数网友不相信涉案微博内容，例如，"这点智商也敢叫品牌观察，黄晓明是明星，形象就是品牌，会为了这点钱毁自己？一群智商告负的也敢玩理财，还是存余额宝吧！"

该条微博截至 2016 年 4 月 11 日 13 时已转发 178 次，评论 56 次，点赞 41 次，该条微博在最终删除前的阅读数为 138568 次。该条微博所涉及的内容其后被腾讯财经、21 财经搜索、互联网行业、三分精选视频汇、方得部落、天天基金网、跨界海陆空房车户外联盟、互联网金融聚焦、票金所、财金阅读、上海范等微信公众号转载传播。

三、被控侵权行为发生的后续情况

2016 年 4 月 8 日，上海东虹桥互联网金融信息服务有限公司发布如下声明："去年，为了表示对旨在支持青年创业、为创业者提供无息贷款的'贷你圆梦'项目的支持，黄晓明先生拍摄了'有梦，有未来'宣传片等推广素材，我司并以黄晓明先生为该项目的'明星合伙人'的名义进行宣传，造成了公众的误解和混淆。我司在此澄清黄晓明先生除与我司为前述'贷你圆梦'项目共同宣传外，与我司不存在任何投资关系。特此声明。"同日，北京泰耀文化工作室（黄晓明工作室）也发布声明称黄晓明与东虹桥金融在线除"贷你圆梦"项目的宣传外，无任何投资或合伙关系。

2016 年 4 月 8 日 20 时 14 分，袁环在"×××品牌观察"微博中发表了如下微博内容："黄晓明通过工作室回应所涉'东虹桥金融在线'兑付危机：除'贷你圆梦'项目外，黄晓明与'东虹桥'或其关联公司无任何投资或合伙关系，不背兑付危机黑锅。据官网介绍，'贷你圆梦'项目是向社会征集创业计划提供免息贷款，黄晓明参与了广告拍摄，并与东虹桥共同出资设立梦想基金。"该微博后面设置了一条内容为"代言理财公司涉兑付危机？黄晓明发声明：这个"的链接，并在前述文字微博下方上传了《关于黄晓明先生与东虹桥金融在线的相关声明》的图片。该条微博截至 2016 年 4 月 11 日 13 时已转发 27 次，评论 6 次，点赞 14 次。

2016 年 4 月 10 日，上海东虹桥互联网金融信息服务有限公司再次发布声明称："近日，网络出现多家媒体与自媒体对于我司的不实报道，并以此事恶意捏造我司存在逾期兑付、非法集资等问题，此类不真实、不客观的报道，已给公司造成较大负面影响。……现针对相关问题澄清如下：1. 我司已于 2016 年 4 月 7 日正式发出《关于东虹桥金融在线与黄晓明先生合作关系》的声明，详细说明了黄晓明先生除与我司为'贷你圆梦'项目共同发起人外，并未与我司存在任何投资或合伙关系。2. 截至 2016 年 4 月 8 日，我司到期投资款项均已全部兑付，并最大程度保护投资者利益，现公司出于正常经营状态……"

2016 年 4 月 12 日 16 时 13 分，袁环通过新浪微博的"私信"功能向加 V 认证的"黄晓明工作室"发送私信表示："尊敬的黄晓明工作室，我是@×××品牌观察负责人，关于转发链接一事，想登门给您们解释，盼回复。"但袁环未获回复。

庭审中，袁环主张其于 2016 年 4 月 12 日凌晨 1 时将涉案微博删除，其就此向本院提交的（2016）京方圆内民证字第 14224 号公证书显示在 2016 年 9 月 21 日之前已经删除涉案微博，黄晓明对袁环主张的涉案微博删除时间不予认可。

四、其他涉案相关事实

2015 年 12 月 11 日，"东虹桥金融在线"与黄晓明在北京共同主办的"贷你圆梦"梦想征集活动在北京启动。作为主办方，"东虹桥金融在线"和黄晓明一起为心怀梦想的个人及小微企业提供百万免息贷款，鼓励有梦的人去追求自己想要的未来。上海东虹桥互联网金融信息服务有限公司的工商信息公开查询结果中显示股东只有企业法人股东上海隆钥金融信息服务有限公司及自然人股东刘某某、施某，并没有黄晓明。

庭审中，袁环主张黄晓明认为涉案微博系其原创没有事实根据，事实上涉案微博并非其原创，而系对他人在网上发布内容的转发，就此向本院提交了"抽屉×××"及"×××兰"的微博中网页截图打印件及"信念娱乐"评论截图和"豆瓣网"评论截图打印件予以佐证，黄晓明对"抽屉×××"的网页截屏内容打印件真实性不予认可，对"×××兰"的微博中网页截屏内容打印件真实性予以认可，但不认可袁环的前述证明目的。

经查，2016年4月7日14时18分，"豆瓣网"上网络用户"晨起的风"在"八卦来了"版块发表了《黄晓明是不是药丸》一文（该文系涉案微博中"@网页链接"部分链接的文章），具体内容如下："事情经过简单来说，黄晓明代言兼合伙的投资公司东虹桥卷钱跑路了，一堆冲着黄晓明投资的人的钱都被卷走，就来找晓明要钱。话说投资还是得谨慎啊，看着高回报率也要想到高风险啊。评论全是让他还钱的……"[其后上传的四幅网友评论截图内容与涉案微博上传的五幅（其中第一幅与第四幅内容相同）文字截图内容相同]

2016年4月7日14时41分，"信念娱乐"发布如下微博内容："由艺人#黄晓明#代言兼合伙的投资公司东虹桥卷钱跑路了，一堆冲着黄晓明投资的人的钱都被卷走，就来找晓明要钱。#东虹桥跑路#再次呼吁大家（不要）盲目追求明星效应，投资有风险，花钱需谨慎啊！"该微博下方上传了五幅文字截图图片，该图片内容为网友的跟帖评论内容，涉案微博上传的五幅（其中第一幅与第四幅内容相同）文字截图内容与该微博的第二幅至第四幅截图内容相同。

2016年4月7日18时28分，昵称为"×××兰"的网络用户（粉丝数为140人）在新浪微博中发表了如下微博内容："#东虹桥跑路#虹桥，东虹桥，上海最牛逼的，东虹桥跑路了！王八蛋老板黄晓明吃喝嫖赌，欠下了3.5个亿，带着他的baby跑了。我们没有办法，小明你王八蛋，你不是人，我们辛辛苦苦给你投了大半年，你不还钱！你还我血汗钱，还我血汗钱！明星真的是为了钱什么事情都能做，完全不为老百姓着想，出了事情就沉默！"该微博文字内容之后并没有超链接，文字下方也没有涉案微博上传的五幅文字截图图片，该微博截至2016年10月17日已转发9次，评论18次，点赞0次。

黄晓明主张，袁环在网络上公开散布其欠款潜逃的事情对其构成诽谤，公然指称其"王八蛋"等用语对其构成侮辱。经本院询问是否对其发表内容进行核实或是否有相应的事实依据，袁环表示其法律意识淡薄，没有对涉案微博内容事先进行核实，就对他人所发与涉案微博相同内容进行了转发。

五、黄晓明的合理支出和经济损失情况

黄晓明主张为制止侵权行为已支出公证费1300元、交通费224元、律师费30000元等合理费用，就此向本院提交了北京市方正公证处出具的黄晓明支付公证费1300元的发票凭证、首汽约车的224元交通费发票、黄晓明与北京星权律师事务所签订的《委托协议》及该律所出具的黄晓明支付律师费共计30000元的增值税发票。微梦创科公司及袁环对真实性予以认可。就经济损失赔偿问题，黄晓明未就其遭受经济损失或袁环因此获利的情况向本院举证证明，要求法院予以酌定。

上述事实，有双方当事人陈述、（2016）京方正内民证字第40908号公证书、（2016）

京方圆内民证字第 14224 号公证书、网页截屏打印件、《委托协议》及律师费发票、公证费发票、交通费发票等证据在案佐证。

本院认为，网络用户利用网络侵害他人民事权益的，应当承担侵权责任。自然人的名誉乃是公民人格尊严的体现，自然人的名誉权是其依赖自己的名誉参与社会生活的权利。我国法律规定，自然人享有名誉权，自然人的人格尊严受法律保护，禁止用侮辱、诽谤等方式损害公民的名誉。

本案中，黄晓明主张袁环公然在涉案微博中传播对其诽谤及侮辱的内容，侵犯了其名誉权，应当承担相应的侵权责任；袁环辩称虽然其因法律意识淡薄而未核实涉案微博言论的相关事实，但涉案微博并非其原创而系转载，其注意义务及责任承担应当相对较低。本院认为，转载是指媒体刊登其他媒体上已经发表的作品。转载其他媒体发表的言论的媒体，是转载媒体。微博系自媒体，在作为转载媒体转载其他媒体发表的言论时，应该预见所转载的事实陈述可能存在失实之处或发现有侮辱他人人格之处足以给他人造成损害，因此，即使是转载媒体，也不能免除对转载事实陈述言论的真实性及转载言论禁止侮辱他人人格的合法性的审查义务。如因转载其他媒体言论产生诉讼，应由转载媒体对转载言论的真实性承担举证责任。人民法院认定网络转载媒体转载网络信息行为的过错及其程度，应当综合以下因素：1. 转载主体所承担的与其性质、影响范围相适应的注意义务；2. 所转载信息侵害他人人身权益的明显程度；3. 对所转载信息是否作出实质性修改，是否添加或者修改文章标题，导致其与内容严重不符以及误导公众的可能性。

首先，黄晓明系我国知名青年演员，在社会上获得了良好的公众形象和名誉，其本人有权维护这一良好形象和名誉。袁环负责的"×××品牌观察"作为以"品牌研究自媒体微博"定位、拥有二十多万粉丝及十多万微博订阅粉丝的蓝 V 认证网络用户，属于具有较大网络社区影响力的业界影响力微博，这从其后多家网站媒体直接引用"×××品牌观察"发布涉案微博内容进行传播的情况可以印证，故袁环即使在再传播过程中亦应当承担与其身份性质及影响范围相适应的较高注意义务。

其次，袁环在涉案微博中传播的内容，既包括黄晓明具有"吃喝嫖赌"不端行为及"欠巨款潜逃"恶劣行为的事实性陈述，也包括使用"王八蛋老板"指称黄晓明，并公然辱骂黄晓明"你王八蛋"这样的侮辱及谩骂用语，该内容本身具有显而易见的诽谤意义和侮辱意义，一旦公开传播足以使社会对黄晓明做出道德品格及公众形象的负面评价，使黄晓明的社会评价严重降低，故袁环应当更为谨慎地传播。然而，袁环通过其"×××品牌观察"微博，向该微博平台可及的传播范围，以书面形式向不特定第三人公开传播有关黄晓明的前述涉案内容，却并未向本院提交相应证据证明其传播消息的事实依据，而且袁环也当庭表示并未对前述传播内容进行核实。

再则，根据袁环向本院提交的在案证据，虽然在袁环传播涉案微博内容之前，已经有其他网络社区、微博用户及其他网络用户在公开传播及评论相关内容，但是这些言论传播平台及自媒体相对比较分散且传播范围相对有限、影响力相对较小，而袁环将分别来自不同网络社区及微博自媒体的消息内容及评论截图，进行了微博文字与微博图片的重新拼接组合并在涉案微博平台上进行再传播。本院查明的事实显示，截至 2016 年 4 月 11 日 13 时已转发 178 次，评论 56 次，点赞 41 次，而且该条微博在最终删除前的阅读数为 138568 次，其后还被腾讯财经、21 财经搜索、互联网行业、三分精选视频汇、方得部落、天天基金网、跨界海陆空房车户外联盟、互联网金融聚焦、票金所、财金阅读、上海范等微信公众号广泛转载传播。由此可见，袁环不但没有对没有事实依据及公然侮辱他人的传播内容尽到较高注意义务，还进一步将原本分散的有关信息素材进行了集中传播，将原本传播范围及影响力相对较小的传播内容，通过其具有较大传播范围及影响力的涉案微博进行了加大力度传播。

综上，袁环的涉案微博言论传播行为具有明显的过错，构成通过诽谤、侮辱等方式侵害黄晓明名誉权的侵权行为，其应当承担相应的侵权责任，故本院对袁环的辩称主张不予采信。

根据我国法律规定，自然人的名誉权受到侵害的，有权要求停止侵害，恢复名誉，消除影响，赔礼道歉，并可以要求赔偿损失。鉴于袁环的侵权行为已经停止，黄晓明已申请撤回停止侵害的诉讼请求，故本院对此不持异议。黄晓明要求袁环基于侵犯名誉权的行为赔礼道歉、恢复名誉、消除影响，符合法律规定，本院对此予以支持。至于赔礼道歉、恢复名誉、消除影响的方式，应当与袁环的侵权行为传播范围相适应。因涉案微博内容系通过新浪微博平台传播，且目前已经在微博中删除，因此具体方式由本院依法确定。对于袁环的经济赔偿额，因黄晓明仅提供了本次诉讼维权的公证费发票、交通费发票、律师服务费发票及委托协议，并未提供证据证明黄晓明因本次侵权造成的实际损失数额或袁环因此而获得的相应经济利益，故本院仅对黄晓明主张经济损失中维权费用的合理支出部分予以支持，对其他经济损失的赔偿请求不予支持。对于黄晓明有关精神损害赔偿的诉讼请求，因黄晓明是以知名青年演员的形象给社会公众留下了良好印象，而袁环的诽谤及侮辱行为给黄晓明的这一社会公众形象造成直接的损害，并且在网络上形成广泛的不利传播，势必给黄晓明造成精神上的严重损害，黄晓明要求袁环赔偿精神损害抚慰金的诉讼请求，于法有据，理由正当，本院依法予以支持，具体数额本院综合考虑黄晓明的知名度及公众形象、袁环的过错程度、传播方式、诽谤及侮辱性质、侵权影响范围及袁环事后转发澄清事实信息及私信表示登门道歉的情节等案件情况酌情予以判定。微梦创科公司在诉讼过程中履行了侵权用户个人信息及涉案微博浏览量信息的披露义务后，黄晓明未对微梦创科公司提出其他诉讼请求，本院对此不持异议。

综上，本院依照《中华人民共和国民法通则》第一百零一条、第一百二十条第一款、第一百三十四条，《中华人民共和国侵权责任法》第二条、第六条、第十五条、第二十二条、第三十六条第一款，《最高人民法院关于审理利用信息网络侵害人身权益民事纠纷案件适用法律若干问题的规定》第十条，第十八条第一款、第三款，《中华人民共和国民事诉讼法》第六十四条第一款之规定，判决如下：

一、被告袁环于本判决生效后十日内在其"×××品牌观察"新浪微博（×××：//weibo.com/××××××××××）首页持续登载致歉声明十日，向原告黄晓明赔礼道歉、消除影响、恢复名誉（致歉内容须经本院审核，被告袁环逾期不履行，将依法承担拒不履行生效判决的法律责任，本院还将依原告黄晓明申请，选择一家全国发行的报刊，刊登判决主要内容，费用由被告袁环负担）；

二、被告袁环于本判决生效后十日内向原告黄晓明赔偿合理维权支出损失 31524 元、精神损害抚慰金 30000 元；

三、驳回原告黄晓明的其他诉讼请求。

如被告袁环未按本判决所指定的期间履行给付金钱义务，则应依据《中华人民共和国民事诉讼法》第二百五十三条之规定，加倍支付延迟履行期间的债务利息。

案件受理费 3350 元，由原告黄晓明负担 1350 元（已交纳），由被告袁环负担 2000 元，于本判决生效后七日内交纳。

如不服本判决，可在判决书送达之日起十五日内，向本院递交上诉状，并按对方当事人的人数提出副本，于上诉期满之日起七日内交纳上诉案件受理费，上诉于北京市第一中级人民法院。如在上诉期满后七日内未交纳上诉费的，按自动撤回上诉处理。

审判长　陈昶屹

人民陪审员　梁铭全

人民陪审员　袁　卫

二〇一六年十二月二十日

书记员　陈昱晗

书记员　范　瑶

案例70：潘某诽谤罪二审刑事裁定书

安徽省阜阳市中级人民法院
刑事裁定书

(2016) 皖 12 刑终 450 号

上诉人（原审自诉人）： 丁某甲，男，汉族，1986 年 8 月 3 日出生于安徽省阜阳市，本科文化，阜阳市公安局民警，户籍地合肥市××。

上诉人（原审自诉人）： 储某，曾用名钱某，男，汉族，1972 年 5 月 11 日出生于安徽省阜阳市，身份证号码××××××，初中文化，市民，住阜阳市××。

上诉人（原审自诉人）： 张某 1，女，汉族，1967 年 1 月 10 日出生于安徽省阜阳市，初中文化，××××法定代表人，住阜阳市××。

上诉人（原审自诉人）： 张某 2，女，汉族，1985 年 7 月 14 日出生于安徽省阜阳市，本科文化，阜阳市××，住××。

上诉人（原审自诉人）： 丁某 2，男，汉族，1991 年 2 月 7 日出生于安徽省蒙城县，初中文化，阜阳市××，住亳州市××。

以上五位上诉人共同委托的诉讼代理人： 王国忠，安徽天宽律师事务所律师。

上诉人（原审自诉人）： 丁某 3，男，汉族，1965 年 7 月 14 日出生于安徽省阜阳市，本科文化，市民，住阜阳市××。

诉讼代理人： 陈胜利、唐智君，北京金诚同达（合肥）律师事务所。

上诉人（原审被告人）： 潘某，男，汉族，1983 年 3 月 1 日出生于安徽省阜阳市，高中文化，住阜阳市××。2016 年 8 月 8 日被阜阳市颍州区人民法院取保候审。现在家。

辩护人： 余鸿飞，安徽皖北律师事务所律师。

辩护人： 王磊，安徽承义律师事务所律师。

安徽省阜阳市颍州区人民法院审理原审自诉人丁某 1、储某、丁某 3、张某 1、张某 2、丁某 2 控诉原审被告人潘某犯诽谤罪一案，于 2016 年 7 月 28 日作出 (2016) 皖 1202 刑初 157 号刑事判决。原审自诉人丁某 1、储某、丁某 3、张某 1、张某 2、丁某 2、原审被告人潘某均不服，分别提出上诉。本院依法组成合议庭，公开开庭审理了本案。上诉人丁某 1、储某、张某 1、张某 2、丁某 2 及其共同诉讼代理人安徽天宽律师事务所律师王国忠，上诉人丁某 3 及其诉讼代理人北京金诚同达律师事务所律师陈胜利、唐智君，上诉人潘某及其辩护人安徽皖北律师事务所律师余鸿飞、安徽承义律师事务所律师王磊到庭参加诉讼。本案现已审理终结。

原判认定：2016 年 3 月，阜阳市鑫国会娱乐有限责任公司与阜阳市丽丰国会文化娱乐有限公司因租赁合同产生纠纷。被告人潘某作为鑫国会的法定代表人因此对丁某1产生怨愤。潘某在其"鑫国会潘某"的微博上发布《占据了安徽阜阳公安局半壁江山的丁某1一家》《生前有万金、死后全归土·光天化日下：安徽阜阳鑫国会财务被抢的真相仍未大白·继几天前网曝了一篇名为占据了安徽阜阳公安局半壁江山的丁某1一家》的文章，于2016年3月24日在凤凰网发布《占据了安徽阜阳公安局半壁江山的丁某1一家》的文章，并分别在搜狐公共平台、百度等多个网站、论坛发表《占据了安徽阜阳公安局半壁江山的丁某1一家》《潘某实名举报安徽阜阳市公安局刑警支队丁某1最新材料》《光天化日：阜阳鑫国会财务被抢的真相仍未大白·本人潘某实名举报安徽阜阳市公安局刑警支队丁某1最新材料》《谁是谋夺安徽阜阳鑫国会的幕后黑手·本人潘某实名举报安徽阜阳市公安局刑警支队丁某1最新材料》等文章。以上文章主要内容：丁氏一家谋夺公民财产，丁某1兄弟以权压法，滥用职权。阜阳创伤医院丁某3是幕后老板，该医院以钱某（指自诉人储某）为首，对患者进行威胁、恐吓甚至殴打，与当地卫生部门一些领导狼狈为奸，再以公安110做后盾，做假伤情鉴定等。丁某3身为党员、机关干部，凭借子女在当地的势力，欺压百姓，胡作非为，为"阜阳一霸"；丁某1等人身为公安干警出于某种动机，栽赃陷害，抢夺他人财产，伙同亲属违法作案，以权谋私，胡乱执法，造成社会影响和百姓损失极大；丁某3之妻张某1系安徽中天司法鉴定中心的法定代表人，丁家利用其鉴定中心出具假伤情鉴定报告；丁某3之女张某2在110指挥中心期间，阜阳市创伤医院多次发生医患纠纷事件，其都是袒护医院一方；丁某1指使其堂弟丁某2以检举吸毒的名义到省第七巡视组诬陷鑫国会娱乐会所和酒吧，又多次纠集残疾人到工商局威胁领导搞跳楼，到颍州区环保局等单位闹事，到相关主管部门无理取闹，影响行政事业单位正常办公等。潘某的一系列文章在信息网络上发表后被转发，并被多次点击、浏览，总数达几十万次。

原判以被告人供述、证人证言、视听资料、公证书及相关书证等证据确认上述事实，依照《中华人民共和国刑法》第二百四十六条第一款，《最高人民法院、最高人民检察院关于办理利用信息网络实施诽谤等刑事案件适用法律若干问题的解释》第一条第一款第（一）项、第二条第（一）项的规定，以被告人潘某犯诽谤罪，判处有期徒刑一年六个月。

上诉人丁某1、储某、丁某3、张某1、张某2、丁某2提出：潘某利用信息网络诽谤多人，情节恶劣，后果严重，原判量刑过轻，要求对潘某从重处罚。丁某1、储某、张某1、张某2、丁某2的代理人和丁某3的代理人均认为原判认定事实清楚，证据确实、充分，定罪准确，量刑适当，建议驳回上诉，维持原判。为此，丁某3的代理人当庭出示了一审部分庭审视频，一审部分庭审笔录，潘某注册的名为"鑫国会潘某"的微博分别于3月28日、4月26日、5月6日的截图，潘某于2016年3月2日在"天涯社区"论坛以"阜阳鑫国会潘某"所发文章，经过公证的相关网页、博文及丁某1病历。

上诉人潘某提出：其实名举报丁某1等人，未在网络上传播相关举报内容，依法不构成诽谤罪。辩护人除提出与其上诉理由相同的辩护意见外，还提出：潘某对丁某1等人的举报属于公民正当行使权利，不存在恶意诽谤。为此，辩护人当庭出示了网络上关于阜阳创伤医院和安徽中天司法鉴定中心的负面报道、提供了丁某2在颍州区公安局文峰派出所调解时的录音录像光盘。

经二审审理查明的事实与一审相同，且经一、二审庭审举证、质证的证据予以证实。二审期间，代理人当庭出示的一审庭审视频、笔录系案件庭审情况的真实记录，相关截图、网页、博文、文章等经一、二审庭审举证、质证，查证属实，能够与在卷其他证据相互印证，依法应予采信。辩护人当庭出示的相关负面报道无证据支持，调解时的录音录像亦达不到证明标准和证明目的，依法不予采信。因此，对一审认定的事实和证据本院予以确认。

针对上诉人潘某及其辩护人关于潘某实名举报丁某 1 等人，未在网络上传播相关举报内容的上诉理由和辩护意见，经查，潘某对其在自己微博上发布"举报"丁某 1 等人的材料供认不讳。其在公安机关问话时也承认，其于 2016 年 3 月 24 日在凤凰网发布了《占据了安徽阜阳公安局半壁江山的丁某 1 一家》的文章，且网络传播的文章附有潘某的身份证复印件、签名、指纹，顺丰速运快递单存根所载日期亦排除他人传播的可能性，以上证据与公证书、证人证言及视频资料相互印证，足以认定。潘某及其辩护人虽辩称潘某未在网络上传播相关举报内容，但未能提供任何证据予以证实。因此，该节上诉理由和辩护意见不能成立，本院不予采纳。

针对辩护人关于潘某对丁某 1 等人的"举报"属于公民正当行使权利，不存在恶意诽谤的辩护意见，经查，公民举报他人是法律赋予的一项正当权利，应依据客观事实和真实证据而行使，举报应当按照法定程序，由相关部门依法处理。本案中，潘某故意捏造无证据证实的虚假事实，利用网络传播、散布，其行为超越法律界限，属破坏他人名誉的恶意诽谤。因此，该节辩护意见不能成立，本院不予采纳。

针对上诉人丁某 1、储某、丁某 3、张某 1、张某 2、丁某 2 关于原判对潘某量刑过轻，应对其从重处罚的上诉理由和上诉人的代理人关于原判对潘某量刑适当，建议驳回上诉，维持原判的代理意见，经查，原判根据潘某的犯罪事实、性质、情节和社会危害程度，量刑并无不当。因此，上诉人丁某 1、储某、丁某 3、张某 1、张某 2、丁某 2 关于量刑过轻的上诉理由不能成立，本院不予采纳；其代理人关于原判量刑适当，建议驳回上诉，维持原判的代理意见成立，本院予以采纳。

本院认为：上诉人潘某为泄私愤，捏造虚假事实在网络上散布，侵犯他人人格，破坏他人名誉，情节严重，其行为已构成诽谤罪，依法应予惩处。原判事实清楚，证据确实、充分，定罪准确，量刑适当，审判程序合法。据此，依照《中华人民共和国刑事诉讼法》第二百二十五条第一款第（一）项之规定，裁定如下：

驳回上诉，维持原判。

本裁定为终审裁定。

审判长　李志军
代理审判员　罗亚敏
代理审判员　王　刚
二〇一六年十二月二十三日
书记员　张利

案例71：北京淘友天下技术有限公司等与北京微梦创科网络技术有限公司不正当竞争纠纷二审民事判决书

北京知识产权法院
民事判决书

（2016）京73民终588号

上诉人（一审被告）：北京淘友天下技术有限公司，住所地北京市海淀区。
法定代表人：林凡，董事长。
上诉人（一审被告）：北京淘友天下科技发展有限公司，住所地北京市海淀区。
法定代表人：林凡，董事长。
委托诉讼代理人：詹昊，北京安杰律师事务所律师。
委托诉讼代理人：曹晶，北京安杰律师事务所律师。
被上诉人（一审原告）：北京微梦创科网络技术有限公司，住所地北京市海淀区。
法定代表人：刘运利，董事长。
委托诉讼代理人：王磊，男，北京微梦创科网络技术有限公司法务。
委托诉讼代理人：赵烨，北京德恒律师事务所律师。

上诉人北京淘友天下技术有限公司（简称淘友技术公司）、北京淘友天下科技发展有限公司（简称淘友科技公司）因与被上诉人北京微梦创科网络技术有限公司（简称微梦公司）不正当竞争纠纷一案，不服北京市海淀区人民法院（简称一审法院）作出的2015年海民（知）初字第12602号民事判决（简称一审判决），于上诉期内向一审法院提起上诉。一审法院于2016年8月8日立案后，依法组成合议庭，并于2016年10月10日对本案公开开庭进行了审理。上诉人淘友技术公司、淘友科技公司的法定代表人林凡及共同委托诉讼代理人詹昊、曹晶，被上诉人微梦公司的委托诉讼代理人王磊、赵烨到庭参加了诉讼，陈晓华担任技术调查官出庭参加诉讼。本案现已审理终结。

淘友技术公司、淘友科技公司共同上诉请求：撤销一审判决的第一项至第三项，改判驳回微梦公司对上诉人淘友技术公司、淘友科技公司的全部诉讼请求或者将本案发回重审。事实和理由：1. 本案中淘友技术公司、淘友科技公司在与微梦公司合作期间取得并使用新浪微博用户的职业信息、教育信息系合法获取、合法使用，一审法院认定淘友技术公司、淘友科技公司系非法"抓取"获得相关信息，属于基本事实认定错误。2. 淘友技术公司、淘友科技公司获取并使用非脉脉用户的新浪微博信息具有合法性，并未违反《开发者协议》或《脉脉服务协议》之约定。同时，就非脉脉用户相关信息的权利主张，应当由用户提出，微梦公司作为原告并不适格。3. 获取并使用用户的职业信息、教育信息正是脉脉作为职场社交软件最核心的功能之一，脉脉软件获取并使用用户的职业信息、教育信息属于为程序运行和实现功能之必要目的，符合《开发者协议》的约定，具有正当性。4. 淘友技术公司、淘友科技公司在合作结束后已按照《开发者协议》的约定删除从新浪微博获取的相关用户信息，并不存在合作结束后非法使用新浪微博用户信息的行为，且数据清理过程中尽到了合理、审慎的注意义务，并体现出诚信原则，不存在违反《开发者协议》的情形，一审判决认定事实错误。5. 淘友技术公司、淘友科技公司从未展示脉脉用户手机通讯录联系人与新浪微博用户的对应关系，其获取该等对应关系并非通过手机号进行匹配，且获取和使用该等对应关系并未侵犯新浪微博的竞争商业利益，亦未危害新浪微博用户的信息安全，一审法院认定事实错误，适用法律错误。6. 淘友技术公司、淘友科技公司在相关网络媒体发表的声明及陈述的内容均具有事实依据和真实来源，并未捏造和散布虚伪事实，一审法院以"淘友公司突出微梦公司不当行为，有意回避、忽略自身不正当竞争行为，致使无法客观完整地展现双方终止合作事件本身"为由认定淘友技术公司、淘友科技公司对微梦公司构成商业诋毁，属于适用法律错误。7. 淘友技术公司、淘友科技公司现已全部删除从新浪微博平台获取的用户信息，并已删除相关网络媒体发表的言论，一审法院判决第一项内容——要求淘友技术公司、淘友科技公司自判决生效之日起停止涉案不正当竞争行为，不具可执行性。

微梦公司辩称，1. 在双方合作期间，淘友技术公司、淘友科技公司获取并使用新浪微博用户的职业信息、教育信息属非法抓取、使用用户信息。2. 淘友技术公司、淘友科技公司获取并使用非脉脉用户的新浪微博信息违反了《开发者协议》及《脉脉服务协议》之约定。3. 淘友技术公司、淘友科技公司获取并使用新浪微博用户的职业信息、教育信息不具有正当理由。4. 淘友技术公司、淘友科技公司在合作结束后仍继续使用新浪微博用户的相关信息，违反《开发者协议》。5. 脉脉软件通过其用户上传的手机通讯录，非法获取、使用通讯录内联系人与新浪微博用户的对应关系，侵犯新浪微博的竞争利益并危害新浪微博用户的信息安全。6. 淘友技术公司、淘友科技公司突出宣传微梦公司不当行为而回避自身不正当竞争行为，构成对微梦公司的商业诋毁。综上，一审判决认定事实清楚，适用法律正确，不同意淘友技术公司、淘友科技公司的上诉请求。因此，请求法院驳回上诉，维持一审判决。

微梦公司向一审法院起诉请求：1. 淘友技术公司、淘友科技公司立即停止四项不正当竞争行为；2. 在 www.maimai.cn 网站首页显著位置及 App 应用显著位置连续三十天刊登声明，消除影响；3. 赔偿微梦公司经济损失 1000 万元及合理开支 30 万元（合理开支包括律师费 20 万、公证费等其他费用 10 万元）。

一审法院认定事实：

一、双方经营内容

微梦公司是新浪微博的经营人，是网站 www.weibo.com、www.weibo.com.cn、www.weibo.cn 的备案人，获得网络文化经营许可证。微博网站对自己的业务介绍："微博已经成为一个重要的社交媒体平台，用户可通过该平台进行创作、分享和查询信息……国内的个人用户和组织机构不仅可以实时更新状态，还可以与平台上其他世界各地的用户进行沟通，以及实时关注世界发展动态。……2013 年 12 月，微博的月活跃用户数达到 1.291 亿人，平均日活跃用户数达到 6140 万人。"用户使用手机号或电子邮箱注册新浪微博账号，手机号需要验证，用户可以选择手机号向不特定人公开；用户头像、名称（昵称）、性别、个人简介向所有人公开，用户可以设置其他个人信息公开的范围，职业信息、教育信息默认向所有人公开，互为好友的新浪微博用户能看到对方的职业信息、教育信息。

淘友技术公司、淘友科技公司共同经营脉脉软件及脉脉网站（网址为 http://maimai.cn）。淘友科技公司为脉脉网站备案人，该网站对脉脉软件的介绍：淘友技术公司"致力于为中国网民打造更有意义的交友平台。脉脉是淘友旗下的第 4 款产品，于 2013 年 10 月底上线。这是一款基于移动端的人脉社交应用，通过分析用户的新浪微博和通讯录数据，帮助用户发现新的朋友，并且可以使他们建立联系。上面累积了 400 亿条人脉关系，2 亿张个人名片，80 万职场圈子。应用提供了职场动态分享、人脉管理、人脉招聘、匿名职场八卦等功能，致力于帮助职场用户轻松管理和拓展自己的人脉，帮助创业者和企业高管轻松找靠谱人才，帮助求职者精确找靠谱工作。匿名职场八卦社区，为职场用户提供了一个安全的吐槽老板、分享八卦、匿名爆料的平台。"

淘友科技公司是淘友网（www.taou.com）备案人，同时也是脉脉软件的数字签名人。淘友技术公司、淘友科技公司表示，其与微梦公司合作期间，用户使用手机号或新浪微博账号注册脉脉，需要上传个人手机通讯录联系人，脉脉账号的一度人脉来自脉脉用户的手机通讯录联系人和新浪微博好友，二度人脉为一度人脉用户的手机通讯录联系人和微博好友；与微梦公司合作结束后，用户只能通过手机号注册登录，一度人脉仅是脉脉用户的手机通讯录联系人，他人留存有脉脉用户的手机号，该人也会出现在脉脉用户的一度人脉中；一度人脉不一定是脉脉用户。

（2014）京方正内经证字第 20797 号公证书（以下简称第 20797 号公证书）中显示，2014 年 11 月 25 日，在安卓系统手机中安装脉脉软件，出现的《脉脉服务协议》第一条明确该协议为淘友科技公司与脉脉服务使用人之间的服务协议，还强调"用户下载、注册、登录、使用及连接脉脉服务等行为均被视为用户完全了解、接受并同意遵守本协议项下的全部内容。本协议可由淘友公司单方随时修改，修改后的协议条款一经淘友公司公布即代替本协议的原条款，构成用户与淘友公司之间就本协议主题事由的全部、最新协议。如果用户不接受淘友公司修改后的最新协议条款，请立即停止使用脉脉服务。如用户选择继续使用脉脉服务，则视为用户完全了解、接受并同意遵守淘友公司修改后的最新协议条款。用户特此声明，已经完全理解本协议相关内容，并不存在任何重大误解；同时，认可协议内容并不存在显失公平的情形。"第二条约定"用户信息条款"对"用户个人信息"定义为"用户真实姓名、头像、手机号码、IP 地址"。"非用户个人信息"则定义为"用户对脉脉服务的操作状态、使用记录、使用习惯等反映在淘友公司服务器端的全部记录信息及其他一切……用户个人信息范围外的信息，均为普通信息，不属于用户信息。""第三方平台记录信息"定义为"用户通过新浪微博账号、QQ 账号等第三方平台账号注册、登录、使用脉脉服务的，将被视为用户完全了解、同意并接受淘友公司已包括但不限于收集、统计、分析等方式使用其在新浪微博、QQ 等第三方平台上填写、登记、公布、记录的全部信息。用户一旦使用第三方平台账号注册、登录、使用脉脉服务，淘友公司对该等第三方平台记录的信息的任何使用，均将被视为已经获得了用户本人的完全同意并接受。""用户个人信息的使用目的、方式和范围"为"为用户提供包括好友印象、密友圈、人脉分布和关系链等脉脉服务的各项功能……淘友公司使用用户信息的范围包括但不限于用户个人信息、非用户个人信息、第三方平台记录等信息"。"重要提示：为向客户提供脉脉服务，淘友公司将可能使用用户个人信息、非用户个人信息及第三方平台记录信息。用户一旦注册、登录、使用脉脉服务将视为用户完全了解、同意并接受淘友公司通过包括但不限于收集、统计、分析、使用等方式使用用户信息。""特别说明：用户授权的明确性和不可撤销性。用户注册、登录、使用脉脉服务的行为，即视为明确同意淘友公司收集和使用其用户信息，无需其他意思表示。用户对淘友公司的前述明确同意是不可撤销、基于其自身真实意思表示的授权。淘友公司对用户信息的使用无需用户支付任何费用。用户可关闭账号或者停止使用脉脉服务，但是用户前述关闭或停止使用的行为，淘友公司此前经用户同意和授权对用户信息的一切使用行为，仍然合法有效。"

淘友技术公司、淘友科技公司提交的（2015）京中信内经证字16542号公证书（以下简称第16542号公证书）显示，2015年4月13日，通过iTunes搜索脉脉软件，查看《脉脉服务协议》，该协议内容与前述协议内容基本一致，区别主要在于第二条约定"用户授权的明确性。用户注册、登录、使用脉脉服务的行为，即视为明确同意淘友公司收集和使用其用户信息，无需其他意思表示。淘友公司对用户信息的使用无需向用户支付任何费用。""特别说明：用户信息删除的选择权。脉脉注册用户在使用过程中发现有任何不妥或者不满意之处，有权通过Email或者电话的方式提出申请，进行相关信息删除；淘友公司通过新浪微博、QQ等第三方平台收集并在脉脉上向授权用户展示的授权用户的用户好友信息，该授权用户及好友如发现有任何不妥或者不满意之处，亦有权通过Email或者电话的方式提出申请，进行相关信息删除。"并附邮箱地址和电话。"淘友公司承诺。淘友公司尊重授权用户的合法权利，尊重授权用户的自由选择权，不会以违反法律、行政法规以及本协议约定的方式收集、使用用户信息。"

淘友技术公司、淘友科技公司表示，新浪微博是一款社交媒体平台，侧重于实时交流，受众人群广泛，脉脉软件是一款基于移动端的人脉社交应用软件，侧重于职场，受众人群是职场人士，双方经营的商品或服务不同，受众不同，不存在同业竞争关系。微梦公司对此予以否认，提出新浪微博和脉脉软件都属于社交应用，二者受众人群存在交叉、重叠，双方经营的产品或服务类似，存在同业竞争关系。

二、微梦公司与淘友技术公司、淘友科技公司的合作情况

一审中，双方均提交了新浪微博开放平台的《开发者协议》，证明双方曾通过微博平台OpenAPI进行合作。该协议明确微梦公司依据本协议提供服务，本协议在开发者和微梦公司间具有合同上的法律效力。开发者违反本协议时，微梦公司有权依照其违反情况限制或停止向开发者提供开放平台服务，并有权追究开发者的相关责任。

第1.1条开发者指经有效申请并经过微梦公司同意，将其开发的各种应用接入基于微博开放平台而向用户提供各种服务的，具备民事行为能力的个人、法人或其他组织。

第1.2条应用是指由开发者开发的可向用户提供各种服务的应用程序，包括但不限于游戏类服务、工具类服务等。

第1.6条用户数据指用户通过微博平台提交的或因用户访问微博平台而生成的数据。"用户数据"是微博的商业秘密。

第2.1条约定开发者保证：对开发者在微博开放平台发布的应用、授权网站及利用微博开放平台实施的活动真实、准确、完整、安全，不存在任何欺诈成分，不侵犯任何组织或个人的合法权益，不违反任何法律、法规、条例或规章，符合微博的各项规范、规则及制度。

第2.2条约定与微梦公司开展合作的开发者，其行为受本协议及微博开放平台规则及微博平台上公示的规则、制度、规范的约束。开发者必须合法使用微梦公司授予其应用的

AppKey。

第2.5条约定开发者应用或服务需要收集用户数据的应当符合以下条件：2.5.1开发者应用或服务需要收集用户数据的，必须事先获得用户的同意，仅应当收集为应用程序运行及功能实现目的而必要的用户数据和用户在授权网站或开发者应用生成的数据或信息。开发者应当告知用户相关数据收集的目的、范围及使用方式，以保障用户的知情权。2.5.5约定未经用户同意，开发者不得收集用户的隐私信息数据及其他微梦公司认为属于敏感信息范畴的数据，开发者不得收集或要求用户提供任何微博账号、密码，开发者不得收集或要求用户提供用户关系链、好友列表数据等。2.5.10如果微梦公司认为开发者使用用户数据的方式，会损害微博平台用户体验，微梦公司有权要求开发者删除相关数据并不得再以该方式使用用户数据。2.5.15一旦开发者停止使用开放平台或微梦公司基于任何原因终止对开发者在微博开放平台的服务，开发者必须立即删除全部从微博开放平台中获得的数据。

一审中，微梦公司表示，根据《开发者协议》，淘友技术公司、淘友科技公司仅为普通用户，可以获得新浪微博用户的ID头像、好友关系（无好友信息）、标签、性别，无法获得新浪微博用户的职业和教育信息，但淘友技术公司、淘友科技公司违反了《开发者协议》，使大量未注册为脉脉用户的新浪微博用户的相关信息也展示在脉脉软件中，且双方合作终止后，淘友技术公司、淘友科技公司仍使用大量非脉脉用户的微博用户信息。

淘友技术公司、淘友科技公司认为，微梦公司在微博开放平台对开发者获取用户信息给予不同的访问授权级别，淘友技术公司、淘友科技公司为最高级别权限。为此，淘友技术公司、淘友科技公司提交了（2015）京中信内经证字13983号公证书（以下简称第13983号公证书）。其中显示，2015年3月10日，进入微博开放平台（网址为open.weibo.com），使用微博账号登录，标题栏显示有"微连接""文档""我的应用"等栏目。查看"文档"栏目，介绍有"网站接入""站内应用""移动应用"等内容。在页面中搜索"career"，出现"获取用户职业信息"的URL地址、支持格式、HTTP请求方式等信息，同时显示需要登录、访问授权限制的访问级别为"高级接口（需要授权）"、有频次限制。"请求参数"中"uid"参数说明为"需要获取教育信息的用户UID，默认为当前登录用户。"搜索"education"，出现与获取职业信息请求信息基本相同的内容。

搜索"users"，除了访问授权限制的访问级别为普通接口外，出现与获取职业信息请求信息基本相同的内容。搜索"friendships""tags"，相关内容与获取用户信息查询结果一致。

进入"我的应用"栏目，显示页面中间有脉脉图标，点击该图标，"基本状态"显示"AppKey被停用"，"驳回理由：接口调用异常"。点击该页面中的"接口管理"，显示"接口申请状态"中"通知高级写入接口""用户邮箱高级读取接口"均于2013年11月4日被"申请驳回"，"关系备注高级接口"于2013年10月31日申请通过。同时显示"已有接口（27组）"，包括"微博普通读取接口、微博普通写入接口、用户普通读取接口、复合关系普通读取接口、关系备注高级接口"等。左侧"接口管理"下有"已有权限""申请权限""调用频次"和"授权机制"四项，"接口调用频次等级"显示"当前级别"为"合作"，"当前接口调用频次为最高级别"。查看"接口管理"下的"授权机制"，显示"OAuth2.0授权有效期"，"当前级别：合作"，并注明"当前应用授权有效期为最高级别"；"对应授权有效期"为90天，同时授权级别和授权有效期的列表显示，高级授权有效期为15天，合作级别有效期为30天。

微梦公司结合第13983号公证书进行解释，普通接口不用申请就可使用，但获取包括职业信息、教育信息的高级接口需要申请，淘友技术公司、淘友科技公司申请关系备注高级接口并获得授权，淘友技术公司、淘友科技公司未申请其他高级接口。淘友技术公司、淘友科技公司否认第13983号公证书中显示情况为其与微梦公司合作期间的状态，并表示尽管其未与微梦公司订立过线下协议，但其经营的其他应用软件曾有与微梦公司订立线下协议获取新浪微博接口的情况；脉脉当时申请了5个接口，除了第13983号公证书中显示的三个接口外，淘友技术公司、淘友科技公司记不清其余两个接口；认可教育、职业信息接口未申请，因发现不申请直接可以用，淘友技术公司、淘友科技公司"就用了"，"以为合作级别就可以用"。

同时，淘友技术公司、淘友科技公司还提出，在证明双方合作内容方面，其"很被动"，原因是微梦公司可以随时修改新浪微博后台的接口限制要求，且一旦调整，其无法证明双方之间存在相关合作级别和权限。淘友技术公司、淘友科技公司为此提交了（2015）京中信内经证字21295号公证书（以下简称第21295号公证书）。其中显示，2015年4月24日，公证申请人委托代理人李某在公证人员监督下进入微博开放平台网站，通过邮件登录该平台账号，在"我的应用"中点击脉脉软件图标，该软件"基本状态""接口管理"进入页面所显示的内容与第13983号公证书中对应内容相同，但"接口管理"项下仅有"已有权限""申请权限"和"授权机制"三项，进入"授权机制"，显示"Oauth2.0授权有效期"的"当前级别：普通"，"对应授权有效期：7天"。微梦公司解释，其对有问题的合作于2015年4月3日统一处理了调用频次，不是针对淘友技术公司、淘友科技公司，且微梦公司强调授权有效期是针对高级接口的有效期，普通接口不存在有效期问题，但高级接口都需要单独申请。本案中，双方确认合作自2013年9月11日至2014年8月15日结束，微梦公司于2014年7月起向淘友技术公司、淘友科技公司发警示函。

三、微梦公司主张淘友技术公司、淘友科技公司的不正当竞争行为

本案中，微梦公司主张淘友技术公司、淘友科技公司实施了四项不正当竞争行为：

第一项行为指非法抓取、使用新浪微博用户信息，用户信息包括头像、名称、职业信息、教育信息、用户自定义标签及用户发布的微博内容。具体而言，双方合作期间，淘友技术公司、淘友科技公司非法抓取了新浪微博用户的教育信息、职业信息，并非法使用这些信息；双方合作结束后，淘友技术公司、淘友科技公司不仅未及时删除双方合作期间获取的新浪微博用户信息，还非法抓取并使用新浪微博用户的头像、名称、教育信息、职业信息、标签信息等。

第二项行为指非法获取并使用脉脉注册用户手机通讯录联系人与新浪微博用户的对应关系。具体而言，用户注册脉脉账号时，会被要求上传手机通讯录，同时，除非用户主动选择公开，新浪微博用户的手机号不公开。淘友技术公司、淘友科技公司采取技术措施在双方合作期间及合作结束后，非法获取脉脉用户手机通讯录联系人与新浪微博用户的对应关系，并将该对应关系用于脉脉用户一度人脉中。微梦公司强调，其未授权脉脉软件使用新浪微博用户的手机号，但淘友技术公司、淘友科技公司若未使用手机号进行匹配，不可能有如此高的匹配度。

第三项行为为指淘友技术公司、淘友科技公司模仿新浪微博加V认证机制及展现方式。

第四项行为指淘友技术公司、淘友科技公司发表的网络言论对其构成商业诋毁。

针对第一项至第三项不正当竞争行为，微梦公司提交了下列证据：

1. 第20797号公证书中显示，2014年11月25日，使用新购买的三星手机，下载安装脉脉软件后，以公证申请人委托代理人赵烨的手机号登录脉脉软件，通过"人脉"中"管

理一度人脉"的人脉分组目录，默认分组为"公司"，点击"奇虎360"，出现"李某"，并注明"通讯录联系人李某，1 个共同好友。"同时显示有头像、影响力指数、手机号，个人标签有 360、360 安全卫士、80 后、IT 数码、NBA 等。通过"中信证券"找到"黄某某"，亦显示有该人头像、手机号、影响力指数、个人标签信息。同样的步骤查看"豆瓣"的"王某某"及"美中宜和妇儿医院"的"许某"，王某某被注明为"豆瓣算法工程师"，上述四人的头像与（2014）京方正内经证字第 20798 号公证书（以下简称第 20798 号公证书）中涉及的四个微博用户头像相同。

第 20798 号公证书显示，2014 年 11 月 25 日，赵烨登录新浪微博，搜索"王某某"，出现该人的微博，注册时间为 2011 年 2 月 15 日，工作信息显示单位为豆瓣（2009—2011），职位为算法工程师。搜索"AB 双子××"，出现"@ AB 双子××"的微博，注册时间为 2011 年 5 月 12 日，工作信息中单位为中信证券股份有限公司。搜索"coin××"，出现"@ coin××"的微博，注册时间为 2010 年 12 月 9 日，工作信息中单位为奇虎 360（2010 年至今）。搜索"许某某"，出现"@ 许某某论坛"微博，注册时间为 2010 年 12 月 10 日，工作信息中单位为北京美中宜和妇儿医院。

2. （2014）京方正内经证字第 20799 号公证书（以下简称第 20799 号公证书）。其中显示，2014 年 11 月 23 日，公证申请人委托代理人辛某某使用 iPhone 手机（手机号为 1860104××××）通过 AppStore 下载安装脉脉软件。查看该代理人手机通讯录中所有联系人。打开脉脉软件，使用本机号进行注册，允许上传通讯录后完成注册。进入脉脉软件下端的"人脉"，点击"管理一度人脉"，显示一度人脉列表，通过该页面中"人脉自动分组"进入"一度人脉分组"目录，列有"公司""学校""职位""地区"等分组标签。在"公司"分组下查找"新浪"，出现与"新浪"相关的联系人，其中有多人名字旁有"V"标识；在"公司"分组下查找"百度"，出现与"百度"相关的联系人。后退回"人脉"界面，点击"发现二度人脉"，出现"二度人脉"列表。返回一度人脉下"新浪"公司分组，点击联系人"牛某"，进入该人"人脉详情"，包括头像，"微梦创科网络科技（中国）有限公司，影响力 109，初识好友（LV1）"，手机号 1860135×××，共同好友为罗某、刘某等 20 人，个人标签注明 LAMP、NBA 球迷、PHP、phper、互联网、产品经理等。查看"新浪"公司分组下"林水某"，该人"人脉详情"其中包括头像，"新浪网（北京），影响力 313，初识好友（LV1）"，手机号 1860112××××，共同好友为罗某等 19 人，个人标签注明微博、新浪、产品经理、80 后等。再查看"新浪"公司分组下"朱某"，该人"人脉详情"中包括头像，"新浪（北京），影响力 116，初识好友（LV1）"，手机号 1850004×××，共同好友为罗某、刘某等 19 人，个人标签注明 APP、DBA、PHP、上网、互联网、产品经理、产品设计等。通过一度人脉下"学校"分组，从"天津大学"项下找到"郎某某"，该人"人脉详情"包括头像，"新浪网技术（中国）有限公司（北京），影响力 226，初识好友（LV1）"，手机号 1861006××××，共同好友有刘某、朱某等 5 人，个人标签注明 FPS、IT 互联网、互联网、交互设计、产品等。通过一度人脉下"地区"分组，从"北京"项下找到"马某某"，该人"人脉详情"包括头像，"人人网（北京），影响力 101，初识好友（LV1）"，手机号 1381121××××，共同好友朱某、刘某等 18 人，个人标签注明 DBA、PHP、RIA、SNS、UGC、三国杀等，查看"马某某"的共同好友朱某、刘某等 18 人，其中部分联系人名字旁有加 V 标识。以上所涉联系人"牛某""林水某""郎某某""马某某"均未标注脉脉用户，但头像与其对应新浪微博头像相同。

微梦公司还指出，牛某在脉脉软件中显示其新浪微博的头像、工作单位、手机号和个人标签。淘友技术公司、淘友科技公司承认脉脉软件存在上述人脉分组及相关信息，其中与新浪微博中相同的用户信息是其从其他渠道获得的。

（2014）京方正内经证字第20800号公证书。其中显示，2014年12月23日，辛某某登录其新浪微博账号，搜索"太牛某"，进入该人新浪微博页面，头像下名字为"@太牛某（牛某）"，工作单位标注为"微梦创科网络科技（中国）有限公司"，个人简介提到"……想弹好吉他的篮球迷是个好工程师"。搜索"朱某"，进入该人的新浪微博页面，头像下名称为"@朱某"。搜索"水某"，进入该人的新浪微博页面，个人信息中的真实姓名为林水某，工作单位表述为"新浪网"。搜索"郎某"，头像下标注为"@郎某（郎某某）"，工作单位为"新浪网技术（中国）有限公司（北京）"，教育信息中注明天津大学。搜索"马某某"，进入"@龙某某（马某某）"的微博页面，工作单位标注为"去哪儿网、新浪网技术（中国）游戏公司、人人网"。

微梦公司指出，上述公证书中显示的微博用户均非脉脉用户，但都出现在脉脉软件一度人脉中；比较上述人员在脉脉软件和微博中的个人信息：头像、工作单位基本一致，"牛某"等人的个人标签基本相同，"牛某"等人在微博中未公开真实姓名，但脉脉软件中为其真实姓名。

3. （2015）京方圆内经证字第704号公证书（以下简称第704号公证书）。其中显示，2015年1月13日至14日，公证申请人微梦公司的委托代理人吴某等在公证人员监督下使用公证处提供的手机及公证申请人提供的全新SIM卡，连接公证处网络后，通过搜索"脉脉"，下载、安装并打开脉脉软件。返回手机主屏页面，添加联系人张某、陈某等人及对应的手机号，同时使用随机拍摄的照片为张某等添加头像。再通过手机号注册脉脉账号，完成后在脉脉应用程序中点击"人脉"，后进入"管理一度人脉"，显示一度人脉有"张某""陈某"等，"张某"等无头像。比较手机中联系人，显示与脉脉软件中一度人脉联系人一致。

吴某使用公证处电脑登录微博网站，通过邮箱登录王某1的微博账号，点击页面右上方的"@王某1"，进入该人个人信息页面，显示有436人关注，点击"关注"项下"查看其它分组"菜单中的"证明72"，显示有3页微博证明用户列表，每个用户下方有"证明"按钮。第1页中，显示加V用户"@杨颜某"为"已关注"好友；与王某1互相关注的用户有"@shusheng××""@越×""@my××""@Can××""@小小_ ×""@Amita—y××""@ding××2011""@我还是不是××""@mick××_1984""@塔伦米尔××""@宋××xiaoY""@ghou××""@大宝儿××""@女王Dai××" "@stellar××""@Kannita_ ××""@小迪k××""@ph××－刘""@Felix××"等。随后，由王某1操作手机，在脉脉软件中退出吴某之前登录的账号，以手机号1860002××××重新登录脉脉，并在脉脉软件中点击人脉，进入相关页面，点击"管理一度人脉"并浏览页面。

继续由吴某在王某1微博中搜索关注证明好友"@尹某某"，显示该人与王某1互相关注，点击尹某某头像，出现的提示框显示："简介：移动互联网&智能硬件的狂热爱好者……毕业于西北工业大学，就职于SOUGOU"。点击"查看更多"后显示该人基本信息有"原360手机助手产品总监，负责手机助手，360随身wifi，360手游联运、手机卫士软件管家以及搜狗手机输入法等产品"；联系信息有邮箱、QQ及MSN；工作信息：SOUGOU、SOHU.COM等；教育信息：西北工业大学等。王某1点击手机"管理一度人脉"中的"@尹某某"，显示该人头像与王某1微博中查看的"@尹某某"头像一致，手机页面显示与微博部分标签内容一致。点击页面下方的"发消息"，显示"对方未加入脉脉，暂时无法联系TA"。

在王某1新浪微博账号中查看关注好友"@杨颜某"，点击"@杨颜某"，查看更多中显示昵称、工作信息、教育信息等基本信息。王某1继续点击"管理一度人脉"中的"杨颜某"，该人头像与王某1微博中查看到的"@杨颜某"头像一致，基本信息、工作信息等亦与杨颜某的微博信息一致。点击"发消息"，亦出现"对方未加入脉脉，发言将以短信通知"。

从王某1微博中搜索"顾某某"，并进入该人的微博，显示该人头像、工作单位和教育信息，继续点击"管理一度人脉"中的"顾某某"，出现该人头像等信息，该头像信息与"@顾某某"头像信息一致，点击"发消息"，亦出现与向"@尹某某"发消息时相同的提示。

继续采用同样的操作方式依次查询王某1微博及其脉脉账号中的"shusheng×××""越×××""-_-×××""my×××""Can×××""小小_×""Amita—y×××""Si××_西门小惟惟惟惟惟""ding××2011""我还是不是××""mick××_1984""塔伦米尔×××""宋××xiaoY""ghou×××""大宝儿×××""女王Dai×××""stellar×××""Kannita_×××""小迪k×××""ph××-刘""Felix××"等人，显示上述人物都非脉脉用户，但在脉脉与微博中所对应的用户头像、职业信息等内容一致。

由公证申请人委托代理人白某登录左某某的新浪微博账号，在"全部关注"中搜索"@智联招聘_Add×××""@V_Ben××-柱子""@太智联合赵××"等数十人，查看这些人的头像、基本信息等。由公证申请人委托代理人左某某退出王某1之前登录的脉脉账号，使用手机号1391181×××登录脉脉账号，查看其"管理一度人脉"中的好友列表。依次查看"智联招聘_Add××"等数十人的头像、基本信息、职业信息等，显示与这些人新浪微博中的对应信息一致。分别给这些人发消息，均显示"对方未加入脉脉"。

继续由公证申请人委托代理人白某登录付某某的加V新浪微博账号"@gl××"，付某某将其标注为"微人脉产品负责人"，查找到"@孙某某""@郑某""@黄某1""@山民主义7s××××""@—快放开那××××"等多人，查看这些人的头像、基本信息、教育信息、职业信息、个人标签等。由公证申请人委托代理人付某某退出左某某刚才进入的脉脉账号，使用手机号1860115×××登录脉脉账号，查看其"管理一度人脉"中的好友列表。依次查看"孙某某""郑某""黄某1""山民主义7s××××""—快放开那×××"×"等多人的头像、基本信息、职业信息等，显示与这些人新浪微博中的对应信息一致。分别给这些人发消息，均显示"对方未加入脉脉"。

微梦公司表示，经其统计，第704号公证书中，通过查询三人的脉脉账号与微博账号，共显示有"顾某某""Amita-y×××""Si××_西门小惟惟惟惟惟"等100多位非脉脉用户出现在这三人的脉脉账号一度人脉中，他们的头像、工作单位等信息与对应的微博账号中的信息相同，另有"尹某某"等200多位非脉脉用户出现在这三人的脉脉账号一度人脉中，头像一致，工作单位等信息基本相同。

结合以上公证书，微梦公司进一步解释其主张的第一项至第三项不正当竞争行为：

第一项行为：上述非脉脉用户的头像、名称、工作单位、教育背景、个人标签等内容与这些人在新浪微博中所使用的对应信息相同或基本相同，特别是诸如"-_-×××""Amita-y×××""Si××_西门小惟惟惟惟惟""—快放开那××××"等较为特别的微博昵称，难以从其他渠道获取，体现了淘友技术公司、淘友科技公司非法抓取、使用新浪微博的用户信息的行为。微梦公司表示，目前虽无证据直接证明淘友技术公司、淘友科技公司在脉脉软件中使用微博用户发布的微博内容，但通过脉脉软件对非注册用户标注的个人标签可以推定脉脉软件对微博内容也进行了抓取和使用。对于信息抓取方式，微梦公司在本案中分两次提交了其后台数据，证明淘友技术公司、淘友科技公司未通过 OpenAPI 接口获取用户的职业、教育信息，但显示通过"脉脉""淘友网"两个微博账号大量读取微博用户的职业和教育信息，峰值为 2014 年 7、8 月期间分别达到月访问 1.6 万次和 9000 次。微梦公司认为，淘友技术公司、淘友科技公司系通过网页或者其他途径非法抓取了相关信息。另外，微梦公司也认可本案证据无法体现双方合作结束之后淘友技术公司、淘友科技公司再次非法抓取新浪微博用户的相关信息。

第二项行为：脉脉软件中出现的李某、黄某某等非脉脉用户的相关个人信息，是淘友技术公司、淘友科技公司通过注册用户手机通讯录中李某、黄某某等联系人非法获取了与新浪微博用户的对应关系，并将非脉脉用户的相关信息展示到脉脉用户的一度人脉中。

第三项行为：以第 20799 号公证书为例，脉脉软件对其用户采用加 V 认证标识，与新浪微博用户的加 V 标注一样。

针对第四项不正当竞争行为，微梦公司提交了下列证据：

1. (2014) 京方圆内经证字第 19200 号公证书。其中显示，2014 年 8 月 19 日，登录脉脉网站（网址为 http://maimai.cn），首页下方提示："亲爱的脉脉用户，因新浪微博近日要求交出用户数据才能继续合作，我们拒绝接受，故 8 月 15 日下午 6 点起，脉脉将无法使用微博账号登录。"点击该提示的详情，页面上端的新浪微博标识被加禁止符号，右侧注有："我们认为，用户是脉脉的根基，用户隐私是脉脉必须保护的，用户数据不能成为任何交换条件。"网页中间以图文形式解释"脉脉停止微博登录的背后"。网页下端突出文字："脉脉不禁要问 1. 为什么需要脉脉的用户数据？2. 为什么要传输给竞品公司？3. 谁来保障用户隐私？用户隐私是底线，脉脉无法接受与用户数据有关的任何要求，我们选择关闭微博登录！"

2. (2014) 京长安内经证字第 23764 号公证书（以下简称第 23764 号公证书）。其中显示，2014 年 10 月 29 日，登录 DoNews 网站，从原创栏目下可查找到发布时间为 2014 年 8 月 17 日的"脉脉遭新浪微博封杀：创业者如何同巨头共舞？"的文章，该文提到"林凡称：在脉脉公布 B 轮 2000 万美元融资消息后的当天下午，收到新浪微博开放平台的通知，新浪微博开放平台相关负责人表示，如果不向其提供用户数据的回写，就会停止向脉脉提供 API 接口。……脉脉方面决定，关闭微博登录，停止与新浪开放平台合作。目前，脉脉上的一度、二度人脉数据主要来源于手机通讯录和新浪微博，在终止与新浪微博的合作后，脉脉将用手机号码来作为注册和登录的唯一方式。脉脉商务市场总监张伟……表示，目前脉脉注册用户为 80 万，通过新浪微博注册、登录的用户约占 20%，停掉新浪微博合作后，这部分用户将受到一些影响。……2013 年 10 月上线的脉脉，定位做工作版微信，发展初期依靠新浪微博平台快速发展，但逐步发展壮大后开始同微博平台产生一些利益冲突。对于此次事件，新浪微博官方回应表示，脉脉通过恶意抓取行为获得并使用了未经微博用户授权的档案数据，违反微博开放平台的开发者协议，所以停止了其使用微博开放平台的所有接口。但是脉脉则认为新浪微博别有用心……附脉脉创始人林凡微博全文：8 月 13 日，脉脉公布了 B 轮 2000 万美元的融资。当天下午，我们收到了新浪微博开放平台的最后通牒。好一个，图穷匕见。……在脉脉新一轮投资落定时，他们终于磨刀霍霍。……"

3.（2014）京方圆内经证字第19199号公证书。其中显示，2014年8月19日，使用三星手机下载并安装脉脉软件，打开脉脉软件出现声明："各位脉脉的用户：我们最近接到新浪微博的通知，要求将脉脉用户的资料和关系导出给微博投资的某招聘产品使用，否则关闭微博登录权限。面对某友商的胁迫，我们决定：为保护每一个用户的隐私，放弃使用微博接入，只使用手机号登录脉脉，对给您造成的不便深表歉意。"

微梦公司认为，以上三份公证书中微博标识被加禁止符号及右侧所配文字、网页底端"脉脉不禁要问"的文字、林凡微博中使用的"图穷匕见、磨刀霍霍"等措辞以及声明内容暗示微梦公司不保护用户隐私，对其构成商业诋毁。

诉讼中，淘友技术公司、淘友科技公司表示，其已于2014年10月停止微梦公司诉称的第四项不正当竞争行为，于2015年2月停止微梦公司诉称的第一、二项不正当竞争行为。微梦公司表示，对于第一项行为，淘友技术公司、淘友科技公司仅停止了抓取、使用用户头像，其他信息仍在使用；认可第四项行为已经停止，但否认淘友技术公司、淘友科技公司提出的停止时间；否认第二项行为已停止。

本案中，微梦公司提出，淘友技术公司、淘友科技公司至迟于2014年8月之前，仍可通过二度人脉查看非脉脉好友，向陌生人提供非法获取的微博用户隐私信息。为此，微梦公司提交了（2014）京方圆内经证字第18728号公证书，其中显示，2014年8月19日，使用手机连接公证处网络，登录脉脉网站（网址为 taou. maimai. cn）下载脉脉软件，打开后公证申请人委托代理人王某某使用1391052×××的手机号登录，进入后从"人脉"栏目进入"管理一度人脉"，其中显示，脉脉用户名称旁标注有"脉脉用户"，查看非脉脉用户"谢某某"，显示有该人头像，并注明"高德软件有限公司渠道商务部""通讯录联系人谢某某"。在一度人脉中查看非脉脉用户"曾祎安"，显示有该人头像，注明"友录CEO"，点击进入该人详细信息页面，显示有"59人"为登录用户与"曾祎安"的"共同好友"，同时标注该人手机号、人脉圈子信息等。

在"人脉"中搜索"唐某""林某某"，显示有二人头像、名称，分别注明与工作单位有关信息"腾讯CDC""腾讯SOSO广告平台部"；二人"没有共同好友，拓展人脉才方便联系到他哦"；二人角标显示为"3度"。将"二度人脉"按公司排序，点击"百度"，出现人脉列表中查看"岳某某"的信息，该人非脉脉用户，显示有该人头像、名称，注明"百度移动互联网事业部/总经理"，"……等13个好友可帮你引荐"，此人角标显示为"2度"。使用同样的操作查看多位二度人脉中非脉脉用户，均可显示头像、名称及工作单位等信息。

使用公证处电脑，通过邮箱登录王某某的新浪微博，搜索刚才公证中涉及到的多人并查看相关用户信息，所涉用户头像与脉脉软件中显示的头像相同，名称、单位及部门信息与脉脉软件中显示的信息基本相同。

淘友技术公司、淘友科技公司则表示，2014年9月之前二度人脉中可能因为技术bug原因有部分信息，但之后不再有非脉脉注册用户。

四、淘友技术公司、淘友科技公司的抗辩理由

本案中，淘友技术公司、淘友科技公司承认脉脉软件中的部分用户信息来自新浪微博，

但提出以下主要抗辩理由：第一，淘友技术公司、淘友科技公司与微梦公司非同业竞争者，不存在竞争关系。第二，脉脉软件中的用户信息来源合法，未非法抓取新浪微博用户信息。第三，新浪微博及其他应用软件早已展示用户通讯录联系人手机号与新浪微博账号的对应关系。第四，淘友技术公司、淘友科技公司未抄袭新浪微博加 V 设计。第五，淘友技术公司、淘友科技公司未诋毁微梦公司商誉。淘友技术公司、淘友科技公司结合其提交的下列证据具体说明：

（一）关于竞争关系

淘友技术公司、淘友科技公司表示其经营的脉脉软件与微梦公司经营的微博所属产品或服务类别不同，受众群体不同，因此其与微梦公司非同业竞争者，不具有反不正当竞争法意义上的竞争关系。

淘友技术公司、淘友科技公司进一步指出，脉脉软件为一款移动端人脉社交应用软件，通过分析用户的通讯录数据，依托职场动态分享、人脉管理、人脉招聘、匿名职场八卦等功能帮助用户发现新朋友，并建立联系。新浪微博是一款既可用电脑客户端，也可以用移动端访问的社交媒体平台应用，供用户进行创作、分享及查询信息。同时，脉脉软件的受众群体较为固定，主要为国内在职或求职人员。微博的受众群体不固定且范围广泛，不仅有媒体机构、企业、政府等，还有普通个人、名人及社会公众人物等。

（二）脉脉软件中用户信息来源合法

淘友技术公司、淘友科技公司承认在双方合作期间获取新浪微博用户的职业信息、教育信息，但否认这些信息系非法抓取，亦否认在双方合作结束后从新浪微博抓取用户信息及微博内容，并明确脉脉软件中的用户信息有以下合法来源：一是依《开发者协议》与微梦公司合作，且经用户授权同意取得新浪微博用户的相关信息；二是部分用户头像来自于头像淘淘软件；三是通过协同过滤算法获得部分非脉脉用户的相关信息。

1. 经协议取得。淘友技术公司、淘友科技公司除了提交第 13983 号公证书，还提交了 (2014) 京中信内经证字 48382 号公证书（以下简称第 48382 号公证书）。其中显示，2014 年 9 月 15 日，进入微博开放平台网站（网址为 open. weibo. com），点击网页下部的"关于微博开放平台"，介绍"网站接入"为"微连接（Weibo Connet）是微博针对第三方网站提供的社会化网络接入方案，微连接基于微博亿级用户基数和社交网络传播特性，为第三方网站提供用户身份系统及社交关系导入。""站内应用""能使你的 Web 类应用最快的融入微博，提升用户体验，你的应用将被用户访问到，并可深度整合微博众多推广资源及传播渠道帮助你构建高度社交特性的应用。""移动应用开放平台为第三方提供了简便的合作模式，满足了手机用户和平板电脑用户随时随地分享信息的需求。移动应用开发平台提供相关接口，以实现第三方 WAP 站和客户端等多种应用的接入。"选择左侧列表中"政策规范"中的"开发者协议"，显示与微梦公司提交的《开发者协议》内容一致。

淘友技术公司、淘友科技公司表示，其为微梦公司 OpenAPI 合作用户，遵守微梦公司《开发者协议》约定，根据第 48382 号公证书中关于微博开放平台的描述，以及第 13983 号公证书中可知，淘友技术公司、淘友科技公司已获得微梦公司有关新浪微博用户的授权接口，有权在脉脉软件中体现这些用户信息。

同时，淘友技术公司、淘友科技公司强调，根据《开发者协议》第 2.5.1、2.5.5 条约定，其收集用户信息只需经用户同意。根据《脉脉服务协议》，脉脉用户一度人脉中显示的非脉脉用户的相关信息及好友关系，均已取得用户的授权同意。为说明非脉脉用户的头像出现在脉脉软件中的情况，淘友技术公司、淘友科技公司提交了（2015）京中信内经证字16543号公证书（以下简称第16543号公证书）。其中显示，2015年4月13日，在公证处使用淘友科技公司委托代理人携带的电脑联网，通过VPN登录淘友技术公司、淘友科技公司服务器，搜索手机号1381121××××，查找到用户马某某的资料。显示马某某的用户头像于2012年12月16日16时29分由用户"@86017301589××××"（该用户微博uid为w166387××××）通过手机号为861356032××××的手机上传到淘友技术公司、淘友科技公司服务器。马某某为该用户手机通讯录好友。登录新浪微博，通过查询http：//weibo.com/u/166387××××，显示为微博用户"@小浩lo××"，该人信息中，公司显示为"新浪网技术（中国）有限公司"，互相关注的好友中有"龙某某"。

淘友技术公司、淘友科技公司进一步说明，在新浪微博向脉脉软件开放接口被关停前，用户通过新浪微博登录脉脉软件时，会出现"授权脉脉访问你的微博账号"字样，用户输入微博账号登录脉脉软件后，新浪微博还会提示"将允许脉脉进行以下操作：获得你的个人信息、好友关系"等，用户只有点击"授权"才可以继续操作使用脉脉软件。以新浪微博账号登录不同的应用软件时，若用户手机上并未下载新浪微博APP，则会提示"将允许××访问你的个人信息、好友关系"；若用户手机下载有新浪微博APP，则提示"该应用将访问你的公开资料、好友信息"。因此新浪微博对脉脉软件获取好友关系和好友信息均给予明确授权。

因当前脉脉软件被关停接口，淘友技术公司、淘友科技公司提交了（2015）京中信内经证字21175号公证书，证明其他应用软件也存在经用户授权获得用户个人信息的情况。该公证书显示，2015年4月22日，使用苹果手机登录AppStore下载"大众点评""今日头条""知乎""唱吧""美图秀秀"和"音悦台"应用软件，后公证申请人代理人登录自己的新浪微博账号，再通过新浪微博账号登录上述应用时，均提示有"该应用将访问你的公开资料、好友信息"。微梦公司表示通过OpenAPI合作的第三方应用因申请接口不同，能获取的新浪微博用户信息类别不同，上述提示与本案无关，淘友技术公司、淘友科技公司应当证明其如何获取了涉案信息。

诉讼中，淘友技术公司、淘友科技公司申请证人张煜出庭作证，张煜称2014年7月之前在淘友技术公司、淘友科技公司市场运营部门工作，之后起至今在百度公司工作；其于2013年注册新浪微博实名认证用户，在新浪微博留有工作单位、身份证、联系电话、邮箱等信息；新浪微博前端陌生人能看到其职业、学校信息，互相关注的微博用户能看到其手机号和电子邮箱信息；其于2014年1月下载脉脉软件，使用新浪微博登录，注册脉脉用户时其阅读并接受了用户许可协议，提示获取认证信息和好友关系，但具体内容记不清了。张煜表示，大概2014年7、8月份，无法使用新浪微博登录，而用手机号登录；使用新浪微博登录时，可以在脉脉软件中看到互相关注的微博好友信息，2014年7月之后，对于脉脉软件用户显示的变化，张煜表示"没注意过"。当微梦公司代理人询问其脉脉软件一度人脉中"有没有非脉脉用户"，张煜表示"不知道怎么区别是不是脉脉用户"，还表示其"不知道怎么区分一度人脉、二度人脉是否注册新浪微博"。

微梦公司提出，尽管证人为淘友技术公司、淘友科技公司前员工，但认可证言基本属实。微梦公司强调，即使淘友技术公司、淘友科技公司与微梦公司存在合作关系，也无法取得职业信息和教育信息，关于证人提到对《脉脉服务协议》具体内容记不清楚的表述，说明用户是在注意力低的情况下同意的，也不能由用户对他人信息授权脉脉软件使用。淘友技术公司、淘友科技公司认可证人陈述符合客观事实，并指出微梦公司提及的好友信息和好友关系，对于一般人而言，要辨析二词的区别过于严苛。

另外，淘友技术公司、淘友科技公司还指出，脉脉用户联系方式中的手机号，或者为用户直接以手机号注册时提供，或者是用户以新浪微博账号注册时，脉脉软件要求其提供；类似于第20799、20797号公证书中脉脉软件中所显示的非脉脉用户的手机号，系公证过程中登录脉脉账号的辛某某、赵烨的手机通讯录联系人手机号，非从新浪微博中获得；脉脉软件中非脉脉用户的相关信息仅对相关注册用户显示，不向不特定的第三方显示。

2. 部分脉脉用户的头像来自于头像淘淘。淘友技术公司、淘友科技公司表示，其经营头像淘淘软件，可以分别以QQ、新浪微博、人人网账号登录，登录后可以将用户在QQ等社交网络中的好友头像匹配到用户在头像淘淘的通讯录中，淘友技术公司、淘友科技公司可以将头像淘淘中的头像用于脉脉软件中。为此，淘友技术公司、淘友科技公司提交了下列公证书：

（1）（2015）京中信内经证字14790号公证书。其中显示，2015年3月27日，通过iTunes搜索"头像淘淘"，显示该软件开发商为淘友科技公司，更新日期显示为2014年3月26日，该软件"隐私政策"与第16542号公证书中显示的脉脉软件隐私政策内容基本一致。该软件最早版本显示于2013年3月29日发布。

进入淘友网（网址为www.taou.com），首页显著页面为脉脉软件宣传下载内容，下方有"头像淘淘"软件下载图标，点击"头像淘淘"图标，进入页面为该软件下载页面。

（2）（2015）京中信内经证字14788号公证书。该公证书显示，2015年3月27日，淘友科技公司委托代理人在公证人员监督下首先查看其持有的手机本机号码，后通过AppStore搜索下载并安装"头像淘淘"应用软件。该代理人使用其新浪微博账号"@liao1××××@sina.com"登录"头像淘淘"应用软件，再使用"头像淘淘"软件导入其QQ账号"@2595×××"的头像、导入其人人网账号为tale××××@gmail.com的头像。随后，该代理人使用"头像淘淘"软件绑定手机号139111××××。

微梦公司表示，头像淘淘软件中的头像主要也来自新浪微博，仍然是对新浪微博中用户信息的非法使用。

淘友技术公司、淘友科技公司还表示，有许多新浪微博用户头像并未显示在脉脉软件中，为此提交了（2015）京中信内经证字16544号公证书。其中显示，2015年4月13日，进入新浪微博网站，通过账号登录后，在搜索栏中分别输入"汪某""判某""尚某某""袁某某"等人，进入对应人员的微博页面，这些人员头像右下角均有加V标识。使用申请人委托代理人的手机，查看本机号码为1851385××××，使用该手机号登录脉脉软件，进入"管理一度人脉"，查找上述四人，显示这些人在脉脉软件中均没有头像显示。

3. 通过协同过滤算法取得。淘友技术公司、淘友科技公司指出，虽然微梦公司通过公证书列举了几百个用户的相关信息相同，但有更多用户在脉脉软件中的信息与在微博中的信息不同。

部分用户在脉脉软件中的职业信息、标签信息与微博中对应人物的相关信息不一致，就是淘友技术公司、淘友科技公司采用协同过滤算法计算得来的。淘友技术公司、淘友科技公司对此举例说明：

关于职业信息："马某某"在脉脉软件中显示为"人人网（北京）"，在微博中注明"去哪儿网、新浪网技术（中国）有限公司、人人网"；"-_-××"在脉脉软件中显示为"北京友录在线科技发展有限公司"，在微博中注明"北京友录在线科技发展有限公司、ACAA教育集团、YOULU"；"太智联合赵××"在脉脉软件中显示为"太智联合董事长"，在微博中注明"太智联合、锡恩咨询、智联招聘、太和顾问"；"孙某某"在脉脉软件中显示为"新浪网技术（中国）有限公司手机微博产品经理"，在微博中注明"新浪网技术（中国）有限公司、微软亚洲研究院"。

关于标签信息："牛某"在脉脉软件中显示为"LAMP、NBA球迷、PHP、phper、互联网、产品经理、产品设计、减肥、单板滑雪"，在微博中注明"机器人、设计师、游泳、发型控、减肥、高尔夫6、单板滑冰、NBA球迷、胡子、phper"；"马某某"在脉脉软件中显示为"DBA、PHP、RIA、SNS、UGC、三国杀、互联网、互联网产品经理、产品"，在微博中注明为"台球、三国杀、旅行、听歌、写作、射手座、O型血、产品、SNS"。

同时，淘友技术公司、淘友科技公司在诉讼中还表示，新浪微博关闭接口之后，因脉脉软件有超过500万用户，相关用户信息主要来自用户自己填写；其花了一个月时间将脉脉软件中一度人脉的职业信息、教育信息和用户自定义标签数据来源从新浪微博改为协同过滤算法获得；对于此前获得的新浪微博信息，"原始记录还在，但是没用在前端"；此后还清理了来自新浪微博的用户头像、名称，从2014年9月起至2015年2月最终完成信息替换。当然，淘友技术公司、淘友科技公司也认可个性化很强的信息较难计算出来。

4. "脉脉""淘友网"两个微博账号的行为系作为普通用户的访问行为，非抓取用户数据行为。淘友技术公司、淘友科技公司为此提交了第21295号公证书显示，2015年4月24日，公证申请人委托代理人李某在公证人员监督下登录新浪微博"淘友网"及"脉脉"账号，其中显示这两个账号粉丝数分别为23151、31464。淘友技术公司、淘友科技公司指出，由于粉丝量大，微博正常的维护、粉丝的行为都会显示该账号的频繁访问。

淘友技术公司、淘友科技公司坚持其未使用爬虫抓取微博用户数据，并提交了有关"网络爬虫"的网页打印件，证明爬虫可以按秒为单位大量抓取网页内容，微梦公司提交微博后台显示的淘友技术公司、淘友科技公司两个微博账号的访问量不符合爬虫抓取情形。微梦公司认可淘友技术公司、淘友科技公司关于网络爬虫的意见，但表示其仅是以淘友技术公司、淘友科技公司的两个微博账号为例，证明可以通过微博账号抓取新浪微博的用户信息，微梦公司无法知晓淘友技术公司、淘友科技公司采用什么账号实施了用户数据的抓取行为。

（三）将用户通讯录联系人手机号与新浪微博账号的对应关系予以展示属于行业惯例

淘友技术公司、淘友科技公司承认其无法掌握新浪微博用户的手机号，其是获得了微梦公司关于好友关系的授权，并通过协同过滤算法等技术手段对脉脉注册用户手机通讯录联系人与此联系人的新浪微博账号名称、邮箱进行匹配，获得二者对应关系，并将未加入脉脉软件的新浪微博用户显示在一度人脉里，引导已注册用户邀请通讯录中的好友注册脉脉账号。

关于好友关系授权，淘友技术公司、淘友科技公司提交了（2015）京中信内经证字14789号公证书，表示因脉脉软件接口被关停，可以其他应用软件被授权好友关系情况类比，如下载"足记FotoPlace"App，在使用新浪微博账号登录时出现提示："授权足记访问你的微博账号""将允许足记 FotoPlace 进行以下操作：获得你的个人信息、好友关系……"使用新浪微博账号登录"遇见"应用软件时，亦出现上述相同提示。当然，淘友技术公司、淘友科技公司在庭审中也自认新浪微博提供给第三方应用的好友关系与微梦公司主张的第二项不正当竞争行为中的对应关系"确实无关"。

关于通过协同过滤算法计算对应关系，淘友技术公司、淘友科技公司表示，如有脉脉用户在新浪微博、手机通讯录中都有一名字相同的好友，算法会认为这两人为同一人，就能进行匹配；一个用户的数据可能还不够准确，把所有用户的通讯录数据和新浪微博好友数据进行分析匹配，能提高通讯录联系人和微博用户相对应的准确率。

淘友技术公司、淘友科技公司强调，此种对应关系的展示为行业惯例，并指出新浪微博也允许用户上传用户手机通讯录，也可以通过通讯录手机号匹配微博用户，而且，新浪微博还向 ios 系统提供了用户通讯录接口。同时，淘友技术公司、淘友科技公司还表示新浪微博及其他应用均展示有此种对应关系，也展示有二度人脉、陌生人头像、职业信息、教育信息等内容，另外，微人脉软件也同样允许使用通讯录联系人与新浪微博的对应关系在一度人脉中予以展示。

为此，淘友技术公司、淘友科技公司提交了下列证据：

1. （2015）京中信内经证字 21390 号公证书。2015 年 4 月 30 日，公证申请人委托代理人李某使用自己持有的苹果手机，首先修改手机通讯录中部分联系人名称。后进入李某个人微博账号，通过"发现"中"找人"栏目下的"通讯录好友关注"；进入后页面显示"找到通讯录中的微博好友"，并提示"通讯录中信息仅用于查找好友并会得到严格保密"，点击"启用"；出现的页面为"通讯录好友"列表，并提示"他们也在玩微博，赶快关注吧"，列表中的通讯录好友均显示有微博头像及微博昵称，名称为手机通讯录联系人名称，亦体现有刚修改的用户名称。点击其中的通讯录联系人，直接进入此人的新浪微博页面。

返回手机"设置"，点击其中的"新浪微博"，显示有李某的新浪微博 ID，"更新通讯录"下方有提示："新浪微博将使用您通讯录中的电子邮件地址和电话号码，来将新浪微博昵称和照片添加到您的联系人名片中"，下方提供用户是否允许的按钮。该按钮默认允许。点击"更新通讯录"，完成后显示"已更新 1×× 个联系人信息"。回到手机通讯录查看，其中的部分新浪微博用户则增加了"新浪微博"栏，其中显示有该联系人微博名称，点击后跳转进入该人的新浪微博页面。

使用该手机登录李某的微信，通过"通讯录"添加好友，可以通过 QQ 或手机通讯录添加好友，点击"添加手机联系人"，进入的页面提示要上传通讯录的手机号、"上传你的手机通讯录，如果你的手机通讯录中有朋友注册了微信，系统会通知你"，点击"上传通讯录找朋友"按钮，显示手机通讯录中的微信用户，并注明微信昵称，非微信好友在右侧显示有"添加"按钮，微信好友在右侧显示"已添加"。

退出微信，通过微博登录人脉通，"搜人脉"栏目下有"好友""人脉"等，随机查看"好友"中的联系人，均显示有人脉通 ID，查看"人脉"，用户列表显示相关个人的头像、名称、工作单位等职业信息，部分栏目提示"成为商业人脉后才能查看"，李某表示其中的联系人其不认识，人脉通的"好友"就是一度人脉的展示。

退出人脉通，通过微博登录得脉，在"搜索"栏目下选择"新鲜人脉"，出现用户列表显示有个人头像、名称、工作单位、职务，部分用户标注有地点；顶端搜索栏中灰色的搜索建议为"可搜索得脉号/人名/公司/职位等关键字"，随意点击进入，可显示该人的得脉号及相关个人信息。得脉联系人分为一度人脉和"二度人脉"，点击一度人脉，进入"我的圈子"，显示分"通讯录联系人"和"得脉联系人"；点击"通讯录联系人"，随意点击列表中的林凡等人，进入这些联系人的得脉账号页面，显示有其得脉号及其他个人信息。李某表示其不认识这些"新鲜人脉"中的联系人，这可视为得脉的二度人脉。

进入会会软件，点击其中推荐的陌生人，显示有这些人的个人标签等信息。进入陌陌软件，在"附近"中查找一些陌生人，能显示这些人的陌陌号及个人信息，亦能将通讯录联系人中的陌陌用户添加为陌陌好友。再进入猎聘软件，显示有"我的好友"，"我的好友的朋友"，进入"我的好友的朋友"列表，点击其中的"汪某"，显示有该人的头像、名称、职业信息等，"她的动态"处显示"TA已设置仅对一度好友可见"。

2.（2015）京中信内经证字21389号公证书。2015年4月30日，公证申请人委托代理人李某登录自己的新浪微博账号，在页面右下方"会员专区"中显示有"@ widi_××"及头像，点击名称进入后显示此人的微博页面，在左下方"微关系"中点击"查看更多"，显示该人的基本信息、工作信息、教育信息、标签信息等。每次刷新"会员专区"，出现其他微博用户。淘友技术公司、淘友科技公司表示，新浪微博也有人脉分组，即"关注""粉丝""好友关注""会员专区"等，也向微博用户展示陌生人的头像、职业信息、教育信息、标签信息等内容。

3.（2015）京中信内经证字21391号公证书（以下简称第21391号公证书）。2015年4月30日，公证申请人委托代理人李某在公证人员监督下使用自己的手机查看本机号码，登录其新浪微博账号，通过微博账号登录微人脉，"找人"栏目下有"发现二度人脉""您的人脉"列表。其中，淘友技术公司、淘友科技公司法定代表人林凡出现在二度人脉中。设置允许微人脉访问手机通讯录。在"更多"中点击"设置"，"导入通讯录"。随后再查看微人脉账号下"您的人脉"，出现部分通讯录联系人，主要显示有这些人的新浪微博头像、职业信息、标签信息，其中包括"××Louis"，单位显示为"搜狐"。可通过点击联系方式中的微博名称直接跳转进入该人的新浪微博页面。返回查看李某的微人脉个人信息页面，其中提示可升级为高级会员，"升级成为VIP，所有会员任联系"，并列举可购买月卡、季卡、半年卡等。

微梦公司承认其与苹果公司有合作，在ios系统中内置有微博设置接口，但该接口由微博运营，在用户对手机"设置"中的新浪微博"更新通讯录"时，会有用户允许与否的按钮；该设置与Twitter与ios合作的显示方式相同。微梦公司还提交网页及手机客户端页面截屏显示，新浪微博在"隐私设置"中提供禁止他人通过手机号、电子邮件查找到其微博账号的设置。类似的设置也存在于微信客户端软件。微人脉软件中二度人脉仅显示微人脉注册用户；猎聘、会会、得脉软件则给用户选择是否允许该软件访问用户的通讯录，人脉列表中也只显示注册用户。人脉通软件提供禁止他人通过手机号、邮箱找到为人脉通账号的设置，且人脉列表中仅显示注册用户。

淘友技术公司、淘友科技公司对微梦公司提交的上述有关微博和微信页面打印件真实性认可，但否认其他应用程序打印件的真实性，并指出第21391号公证书中微人脉应用中一度人脉显示的"××Louis"和二度人脉显示的林凡均非微人脉用户。微梦公司则提出微人脉并未标注是否为注册用户。

（四）淘友技术公司、淘友科技公司未抄袭新浪微博加V设计

淘友技术公司、淘友科技公司提出，微梦公司并未提交证据证明其对实名认证用户的加V设计存在独占的合法权利，且脉脉软件中的加V设计与新浪微博的加V设计在外观上不同。同时，淘友技术公司、淘友科技公司明确表示，"脉脉"有自己独立且完备的实名认证体系，申请实名认证的用户必须经过三名已经实名认证过的加V用户认证，并经"脉脉"审核通过后才会被实名认证为加V用户；"脉脉"中实名认证的用户不一定在新浪微博中实名认证，新浪微博中实名认证的用户在"脉脉"中不一定实名认证。为此，淘友技术公司、淘友科技公司提交了（2015）京中信内经证字14791号公证书展示脉脉用户获取加V的流程。

微梦公司指出，其指控的淘友技术公司、淘友科技公司的不正当竞争行为系加V形式和加V状态，非加V流程。

（五）淘友技术公司、淘友科技公司未诋毁微梦公司商誉

淘友技术公司、淘友科技公司表示，其在网站及新闻稿中所称内容都有事实根据，非捏造污蔑，微梦公司是为了其关联公司的利益才与淘友技术公司、淘友科技公司终止合作。淘友技术公司、淘友科技公司提交了下列证据：

1.（2014）京中信内经证字48383号公证书。其中显示，2014年9月15日，通过查询企业信用信息公示系统，微人脉（天津）科技发展有限公司法定代表人为曾祎安，该公司投资人为微博英才（北京）科技发展有限公司（以下简称微博英才公司），而微博英才公司的法定代表人亦为曾祎安，投资人有曾祎安、微梦公司等。

2.（2014）京中信内经证字48388号公证书。其中显示，2014年9月15日，淘友技术公司、淘友科技公司法定代表人林凡持有自己的手机，进入微信页面，查询与"曾祎安Zany"的微信记录，显示"曾祎安Zany"于2014年7月31日表示："微博定制了新的用户资料和关系使用办法，脉脉需要把用户完善后的Profile和用户关系回写给微博，才能继续使用微博登录和用户数据。这个工作由我（微招聘）这边来做，后面咱们需要对接一下……下周要完成数据对接，否则会停止数据登录。"

3.（2014）京中信内经证字48387号公证书。其中显示，2014年9月15日，登录林凡的新浪微博账号，"查看私信"，查看与"indigo"的对话，其中显示于2012年12月，林凡向其申请微博分组的高级接口，2014年7月31日，林凡询问："今天下午我们脉脉的微博接口突然被关停了，不知道是怎么回事，我们并没有违规使用接口啊？"该人回复："执行有些问题，很快恢复"。不久，林凡回复："已恢复，非常感谢！"查看indigo的微博页面，简介为"indigo is a digital mirror of 芦义"，公司注明"新浪网技术（中国）有限公司"。再次登录林凡的邮箱，有两封weibo_app@vip.sina.com于8月13日、8月5日发出的星标邮件。其中，8月5日的邮件提到："根据用户举报，您的应用（脉脉）在其产品中使用了未经授权的微博用户数据，请您在3日内删除；我们只授权有资质的第三方使用通过OpenAPI调用的数据，否则3日后我们会停止您的全部接口，并保留起诉的权利。"8月13日的邮件提到："请您在本周五前移除非微博授权用户的档案数据，或者联系我们的官方合作伙伴'微人脉'，确定微博职业数据使用的合作关系；否则我们将在本周六前停止脉脉的应用授权接口使用。"登录微博开放平台网站，进入淘友网应用，显示脉脉软件"接口

被关停"。

微梦公司承认"微人脉"涉及的公司为微梦公司关联企业，但淘友技术公司、淘友科技公司提及的上述内容与微梦公司本案诉称行为无关。

五、双方专家辅助人意见

针对微梦公司主张淘友技术公司、淘友科技公司实施的第一、二项不正当竞争行为，双方均申请专家辅助人对其中涉及的专门性问题发表意见，合议庭依法予以准许。微梦公司委派新浪微博研发经理李庆丰及微梦公司高级工程师张炜，淘友技术公司、淘友科技公司先后委派清华大学计算机系教师马少平、淘友技术公司研发总监徐俊作为各自的专家辅助人出庭。

上述专家辅助人主要就以下方面发表意见：

（一）关于新浪微博与脉脉用户注册及用户信息展示情况

张炜表示，新浪微博用户注册时，必须填写手机号或者身份证号，手机号需要验证，但身份证号没有与公安系统联网，由微梦公司自查；其他都是选填项，即使是选填项，每项也至少有几千万用户会填写；新浪微博前端展示的信息为，非好友关系可以看到头像、昵称、性别、个人简介；手机号、邮箱可以选择向不特定人公开；其他信息取决于个人设置，可以选择向所有人公开还是向好友公开。李庆丰表示，用户互为好友的情况下，教育信息、职业信息都能看到。

徐俊认可张炜关于新浪微博用户信息提供和公开情况的表述，还表示新浪微博可以通过用户邮箱、手机号注册，用户注册时可以填写联系方式、工作经历、教育背景等信息。徐俊同时提出微博用户的头像、职业、教育信息默认向所有人公开，但用户个人可以修改设置选择其个人信息公开的范围。新浪微博允许用户通过手机号查找微博用户。张炜对微博用户职业、教育等信息默认向所有人公开的事实予以确认。

对于脉脉的用户注册情况：徐俊表示，脉脉与微博合作时，脉脉可以通过新浪微博注册登录，目前脉脉仅能通过用户手机号注册，手机号需要验证，注册时要求用户上传手机通讯录，用户还需要填写名字、行业和方向，其他都是选填项；如果要加好友，必须要填写公司名称等信息。用户可以填写名称、教育、职业信息等。脉脉一般不公开用户手机号，用户可以对个人信息公开范围进行设置，如"可以在一度、二度人脉公开"。脉脉对二度人脉的信息展示方式及内容属于行业惯例，其他类似的应用软件，如人脉通、猎聘等都有这种展示方式；将用户手机通讯录与新浪微博用户的对应关系进行展示也属于行业惯例，如微信等社交APP都有绑定手机通讯录的功能，新浪微博也有绑定手机通讯录的功能。

徐俊还表示，脉脉中对一度、二度、三度人脉的展示是获得登录用户的授权，没有直接获得被展示用户的授权；脉脉无法给予登录用户选择关闭非脉脉用户的手机号与微博的对应关系。

（二）脉脉与新浪微博的合作及新浪微博 OpengAPI 权限体系

李庆丰表示，脉脉与新浪微博基于微博开放平台的《开发者协议》进行合作，脉脉通过新浪微博获取的用户信息包括姓名、性别、头像、电子邮箱，不包括用户教育信息、职业信息和手机号。新浪微博禁止第三方平台通过爬虫等抓取微博用户信息，第三方仅能通过OpenAPI 接口获取新浪微博中用户信息。关于新浪微博 OpenAPI 的权限体系，其解释有三个维度：第一是授权有效期。第二是接口调用的频次。第三是具体的接口权限，即"哪些接口可以调用"，每个接口都有普通和高级之分，每个高级接口都需要第三方单独申请，且第三方要调取用户的隐私信息，还需要经用户授权。脉脉未申请过用户高级读取接口。上述新浪微博OpenAPI政策和调用规则未出现重大修改。技术上，微梦公司的技术人员可以调整给脉脉的授权、删除数据，但微梦公司作为上市公司不会随意修改。

李庆丰还表示，微梦公司不接受没有权限的调用请求。马少平称，此种情形下只有爬虫能获取相关信息。李庆丰对此予以确认。

（三）脉脉获取用户信息的方式

马少平表示，脉脉未抓取新浪微博的用户数据，脉脉获得用户数据的来源是新浪微博的开放接口，对此，微梦公司是知情的。技术上，脉脉可以实现绕开接口，使用爬虫抓取，但容易被微梦公司发现，而且在微梦公司服务器上会留下日志。微梦公司已经通过授权接口允许脉脉获取用户职业、教育、标签等信息，在用户授权后，脉脉也可以获得好友关系。若不通过接口提供用户教育等信息，可以通过爬虫获得。关于匹配问题，可以通过协同过滤算法计算。当然，马少平承认其了解微博，但未使用过脉脉软件，非脉脉注册用户。

徐俊表示，脉脉与微博合作期间，脉脉通过三种方式获取用户信息：一是通过OpenAPI获取包括头像、昵称、性别、教育和职业等信息；二是脉脉用户填写的信息；三是通过协同过滤算法获取信息。合作结束后，脉脉仅通过用户填写信息和协同过滤算法获取信息。

（四）微梦公司认为淘友技术公司、淘友科技公司非法抓取微博用户信息的情况

李庆丰表示，其了解淘友技术公司、淘友科技公司在新浪微博开设有"@脉脉"和"@淘友网"两个账号，其发现上述账号平常每个月数据调用2000左右，但在2014年7、8月份数据调用异常，波动特别大，分别达到月1.6万、9000左右。

徐俊表示，新浪微博应该有脉脉访问时的全部日志记录，这些记录脉脉控制不了。微梦公司提交的日志记录真实，但不完整。脉脉软件确实通过OpenAPI调取了用户信息、标签、好友关系，但微梦公司未对调取好友关系提交相应的记录。根据"@脉脉""@淘友网"两个微博账号的访问记录，即使是高峰时期，也与爬虫按秒计算的获取量无法相比。2014年7、8月份，淘友技术公司、淘友科技公司有公共事件，互动增加是正常的，其中有许多与获取用户信息无关的访问记录，如看消息、发消息，无法看出与爬虫有关。如果通过微博账号使用爬虫抓取微博用户资料，就需要有大量微博账号，且集中于某些数据，但微梦公司提交的日志无法说明脉脉的信息抓取行为。

当问及如果第三方软件违反微梦公司的接口授权限制，新浪微博后台是否能及时发现时，李庆丰确认"可以发现"，并表示微梦公司于2014年5、6月发现脉脉调用异常的情况，是从微博前端信息展示发现的，脉脉可以在微博主站上通过爬虫抓取信息，从微博后台未发现调用记录。李庆丰还表示，由于脉脉软件中的用户信息与微博用户信息相似度非常高，其判断脉脉软件抓取了新浪微博的用户信息；同时，新浪微博从未开放过用户手机号与微博的对应关系，脉脉所称的通过注册用户导入通讯录后进行大数据匹配，技术上是可行的，但未经用户同意的情况下是违规的。

（五）双方合作结束后的处理情况

李庆丰提出，合作结束后，脉脉从新浪微博OpenAPI不能获得任何信息，但"从技术上说"，脉脉可以通过爬虫抓取微博用户信息，因为信息显示在网页上，完全禁止抓取网页中的信息从技术上很难实现，新浪微博未关停淘友技术公司、淘友科技公司的微博账号，脉

脉可以通过其账号抓取新浪微博信息。脉脉具体采用了何种技术抓取新浪微博信息，需要脉脉自己说明。

徐俊表示，合作结束后，脉脉对之前获取的新浪微博用户信息作了以下处理：第一步，删除从新浪微博获取的非脉脉注册用户的教育、职业信息，第二步，全部删除非脉脉用户的教育、职业信息，第三步，删除前两步涉及的用户头像、昵称，第四步，删除可能从新浪微博获取的工作经历、职位信息。上述四步从2014年9月至2015年2、3月完成。

（六）关于协同过滤算法

徐俊解释，2000年左右，国外电商等互联网企业就开始使用协同过滤算法，新浪微博也在使用，比如添加好友时，会提示选择标签。脉脉是职场应用软件，将用户的好友属性作为输入源，在多份用户关系网中进行分析、计算、印证，能提高准确率。比如，一个人有300个好友，其中部分来自搜狐，部分来自清华，就会考虑该人可能是清华毕业在搜狐工作。如果搜狐好友能互联互通，上述结果可能性加大；如果清华好友不互通，该人为清华毕业的可能性较小。脉脉使用淘友技术公司、淘友科技公司自己研发的软件、自己购买的24核服务器实施协同过滤算法。对于协同过滤算法的数据源，在与微梦公司合作时，从微博、用户自行填写以及好友所作标签获取，在合作结束后，数据来源也包括之前从微博获取的数据，但未从新浪微博取得新的数据。

微梦公司代理人询问如何根据某人的关系网通过协同过滤算法算出某人的具体职位，徐俊表示，通过该人的关系网能算出基本的职业，然后通过工作年限，确定职位级别，有些具体职位，可以通过自己填写的信息、好友给他打的标签等算出来，准确性取决于数据源。关于个人信息数据源的来源以及准确性判断，徐俊回答不清楚。

微梦公司的专家辅助人张炜表示，其不认为能通过协同算法算出非脉脉用户的职业信息和教育信息：徐俊提到的算法，业内普遍使用，但目前互联网界不能将此算法成熟应用，要技术准确，"物料必须高质量"，"脉脉开始有百万用户，不能精准算出相关数据"，对于大公司的用户，计算的准确率会高一些，但对于小公司用户，"算不出来"，有些极端个性化的信息，也是不可能通过算法计算出。张炜承认徐俊陈述的协同过滤算法最早在电商企业以及新浪微博也在使用的情况，但表示，新浪微博用户量达到5亿，通过协同过滤算法计算的准确率不到85%。

徐俊进一步强调，脉脉是职场应用软件，脉脉注册用户填写职业信息的比例高，其不否认脉脉软件中的部分用户数据来源于微博接口，但需要具体查询后才知道是怎么获取的；其仅"知道大体的"用于协同计算的数据，具体信息来源以及"准确度"，其"不清楚"。脉脉通过大数据进行计算是很依赖数据来源的，数据来源、算法不变的情况下，可以再现协同计算过程，但开发过程中数据会变化，不能保证计算结果一致。当问及是否有互联网应用产品的用户信息都由用户填写，再通过协同过滤算法计算得出其他用户信息的情况，徐俊表示可行，但计算结果有一定范围，"个性化很强"的信息较难算出来。

合议庭询问双方专家辅助人，若有几百万用户量，能算到何程度时，张炜表示计算准确率受来源信息的准确度、用户活跃度影响，不完全取决于信息的质量和数量，如果信息完全准确，协同过滤计算结果的准确率能增加20%。徐俊补充表示，脉脉更关注用户关系网，与总用户量关系不大；新浪微博主要利用互粉关系，而脉脉还可以用手机号、通讯录联系人，且脉脉用户注册时必须填写公司信息。

　　另外，对于微梦公司代理人当庭提问通过 OpengAPI 能否获得登录用户好友的教育信息、脉脉未上线时如何获取几十万微博注册用户、脉脉上线时宣传的 2 亿人名片是如何获取以及人脉通、猎聘是否展示非注册用户信息等问题，徐俊表示不清楚。

　　六、其他

　　本案中，为证明合理费用支出，微梦公司提交了北京德恒律师事务所开具的金额为 20 万元的律师费发票。微梦公司还提交了北京市方正公证处开具的金额为 8000 元的公证费发票以及为购买公证用手机花费 998 元的发票。

　　一审法院认为：

　　微梦公司在本案中主张淘友技术公司、淘友科技公司实施了四项不正当竞争行为：一是非法抓取、使用新浪微博的用户信息；二是非法获取并使用脉脉用户手机通讯录联系人与新浪微博用户的对应关系；三是模仿新浪微博加 V 认证机制及展现方式；四是发表网络言论对其构成商业诋毁。淘友技术公司、淘友科技公司在否认与微梦公司存在竞争关系的基础上，否认其行为对微梦公司构成不正当竞争。

　　本案的争议焦点主要有两项，一是淘友技术公司、淘友科技公司与微梦公司是否存在竞争关系；二是淘友技术公司、淘友科技公司的行为是否对微梦公司构成不正当竞争。

　　一、双方竞争关系问题

　　我国反不正当竞争法第二条规定的经营者是指从事商品经营或者营利性服务的法人、其他经济组织和个人。通常认为，反不正当竞争法所规范的经营者应具有竞争关系。本案中，微梦公司经营新浪微博，淘友技术公司、淘友科技公司经营脉脉软件。尽管新浪微博不仅是向用户提供创作、分享和查询信息的社交媒体平台，还是向众多第三方应用提供接口的开放平台，而脉脉软件主要是一款职场社交应用，且新浪微博分别有网页版和移动客户端软件，脉脉软件仅为移动客户端软件，但这些外在形式的不同并不影响双方都提供网络社交服务的实质。同时，双方用户群体、业务模式、经营范围都存在交叉重叠，双方在经营活动中也都涉及尽可能吸引用户注册、登录、留存用户信息，并高效安全地使用用户信息等行为，而且本案主要的争议也是针对淘友技术公司、淘友科技公司在脉脉软件中是否合法使用并展示新浪微博用户的相关信息等，淘友技术公司、淘友科技公司还以新浪微博为例进行抗辩并举证，类比说明其使用并展示用户信息的行为符合行业惯例。因此，一审法院认为，双方在对相关用户社交类信息的使用等方面存在竞争利益，具有竞争关系。

　　二、淘友技术公司、淘友科技公司的行为是否对微梦公司构成不正当竞争

　　我国反不正当竞争法第二条还规定，经营者在市场交易中，应当遵循自愿、平等、公平、诚实信用的原则，遵守公认的商业道德。该法所称的不正当竞争，是指经营者违反本法规定，损害其他经营者合法权益，扰乱社会经济秩序的行为。该法第十四条规定，经营者不得捏造、散布虚伪事实，损害竞争对手的商业信誉、商品声誉。

　　本案中，微梦公司表示其主张淘友技术公司、淘友科技公司实施的第一、二项不正当竞争行为表现为，淘友技术公司、淘友科技公司通过经营脉脉软件，要求用户注册脉脉账号时上传自己的手机通讯录联系人，从而非法获取该联系人与新浪微博中相关用户的对应关系，将这些人作为脉脉用户的一度人脉予以展示，并将非法抓取的该人新浪微博头像、名称（昵称）、职业信息、教育信息、个人标签等信息用于一度人脉中。微梦公司进一步表示，上述行为中非法抓取新浪微博用户的职业信息、教育信息发生于双方合作期间，其他行为均

存在于双方合作期间及合作结束后。同时，微梦公司还表示，其主张的第三项不正当竞争行为表现为脉脉用户名称旁显示有加 V 标识，体现出脉脉软件模仿新浪微博加 V 认证机制及展现方式；第四项不正当竞争行为表现为淘友技术公司、淘友科技公司在脉脉网站、脉脉软件中发表的言论、配图以及 DoNews 网站原创栏目中记载淘友技术公司、淘友科技公司主要管理人员言论的评论文章。

因双方曾于 2013 年 9 月 11 日至 2014 年 8 月 15 日通过新浪微博 OpenAPI 进行合作，即双方根据新浪微博的《开发者协议》，微梦公司允许脉脉软件接入新浪微博开放平台，获取微博平台上包括用户名称、性别、头像、邮箱等相关用户信息，淘友技术公司、淘友科技公司将所获取的新浪微博用户信息在脉脉软件中进行展示并向用户提供新浪微博账号注册、登录入口，甚至在 2013 年脉脉软件上线之初，淘友技术公司、淘友科技公司仅提供新浪微博账号入口注册、登录脉脉账号。鉴于此背景因素，一审法院结合双方具体意见及相关证据，对微梦公司的主张作以下评述：

（一）微梦公司主张淘友技术公司、淘友科技公司非法抓取、使用新浪微博用户信息的行为

一审法院注意到，微梦公司提交的公证书显示，其主张被非法抓取、非法使用的新浪微博用户信息均为非脉脉用户信息，要判断淘友技术公司、淘友科技公司是否非法抓取、使用这些用户信息，一审法院认为先要判断脉脉软件中的涉案非脉脉用户信息是否来自新浪微博，再根据双方合作情况判断淘友技术公司、淘友科技公司是否抓取、使用涉案用户信息，进而论证淘友技术公司、淘友科技公司对涉案信息的获取及使用行为是否合法正当。

1. 关于脉脉软件中涉案非脉脉用户信息的来源

鉴于脉脉软件上线至今，淘友技术公司、淘友科技公司仅与微梦公司存在合作关系，合作期间，微梦公司通过微博开放平台向淘友技术公司、淘友科技公司提供 OpenAPI 接口，淘友技术公司、淘友科技公司获取新浪微博用户的头像、名称、标签等信息。同时淘友技术公司、淘友科技公司所提交的第 16543 号公证书显示，淘友技术公司、淘友科技公司与微梦公司合作期间，有脉脉用户通过上传手机通讯录联系人将非脉脉用户但为新浪微博互粉好友的头像等资料上传到淘友技术公司、淘友科技公司服务器中的情况，一审法院认为，除非有充分证据证明这些信息存在其他来源，对于微梦公司提交证据显示的与所对应的新浪微博用户信息相同或基本相同的脉脉用户一度人脉中出现的大量非脉脉用户头像、名称（昵称）、职业、教育、个人标签等信息，应认定来源于新浪微博。

淘友技术公司、淘友科技公司虽然承认脉脉软件中的涉案部分用户信息来自新浪微博，但提出还存在另外两个主要来源，一是部分用户头像来自于头像淘淘软件，二是通过协同过滤算法取得。淘友技术公司、淘友科技公司为此还举证证明许多新浪微博用户的头像并未显示在脉脉软件中，并指出微梦公司提交的公证书中有部分非脉脉用户的职业信息、标签信息与新浪微博中对应用户的相关信息不一致等情况。

针对涉案用户头像来自头像淘淘软件的意见，一审法院认为，头像淘淘为淘友技术公司、淘友科技公司的另一款客户端软件，具有允许用户通过新浪微博、QQ 和人人网账号注册登录并导入这些平台账号中好友头像的功能，但淘友技术公司、淘友科技公司未能具体指出微梦公司诉称的脉脉软件中哪些用户头像来自于 QQ 或人人网账号导入的头像淘淘软件，也未能提交证据证明这些用户在 QQ 或人人网账号中使用的头像不同于新浪微博账号中使用

的头像。因此，淘友技术公司、淘友科技公司辩称其非脉脉用户的头像来自头像淘淘软件，证据不足。

针对淘友技术公司、淘友科技公司及其专家辅助人专门强调使用协同过滤算法计算用户信息，以及淘友技术公司、淘友科技公司指出的脉脉软件与新浪微博中相关个人信息不完全一致的情况，一审法院认为，尽管淘友技术公司、淘友科技公司未能具体说明其实际采用的计算方式，但双方及专家辅助人都认可协同过滤算法计算信息的准确性取决于数据源，且"个性化很强的信息较难计算出来"。因此，一审法院分析淘友技术公司、淘友科技公司使用协同过滤算法的数据源与本案证据所显示出的计算结果准确性之间的关系，据此判断涉案非脉脉用户信息系通过协同过滤算法获取的可能性。

关于数据源，淘友技术公司、淘友科技公司及其专家辅助人陈述，双方合作期间，淘友技术公司、淘友科技公司使用脉脉用户自行填写的信息、新浪微博用户信息及微博好友所作标签信息作为数据源进行计算；合作终止后，淘友技术公司、淘友科技公司既逐步清理非脉脉用户来自新浪微博的相关信息，并最终于2015年2、3月删除完毕，又承认也使用之前从新浪微博获取的用户数据进行计算。同时，根据第23764号公证书中DoNews网站刊载文章中提及的数据，脉脉软件于2014年8月的注册用户量为80万，其中通过新浪微博注册登录的用户约占20%，而在诉讼中表示，新浪微博关闭接口之后，脉脉软件用户超过500万。可见，在数据源问题上，淘友技术公司、淘友科技公司对脉脉用户数量及与微梦公司合作终止后用于计算的数据源内容的陈述存在矛盾，淘友技术公司、淘友科技公司的专家辅助人还表示其对"个人信息数据源的来源"不清楚，而微梦公司的专家辅助人则提出，"脉脉开始才百万用户，不能精准算出相关数据"。

关于准确性，淘友技术公司、淘友科技公司专家辅助人表示，若互联网应用产品都由注册用户填写，再使用协同过滤算法计算其他用户信息时，计算结果有一定范围，"个性化很强"的信息较难算出来。当问及如何根据某人的人脉关系网使用协同过滤算法计算出该人的具体职位，淘友技术公司、淘友科技公司的专家辅助人表示能通过关系网算出基本的职业，再通过工作年限确定职位级别，有些具体职位可以通过该人自己填写的信息、好友给其所作标签等算出来。微梦公司的专家辅助人则提出，新浪微博用户量达到5亿，通过协同过滤算法计算的准确率不到85%。一审法院注意到，微梦公司主张脉脉软件使用的新浪微博用户信息均针对非脉脉用户，不存在淘友技术公司、淘友科技公司专家辅助人说明的计算某人具体职位可使用用户自行填写信息及好友所作标签的情况。另外，以第704号公证书显示内容为例，三位脉脉注册用户通过上传其个人手机通讯录联系人，在一度人脉中共显示有300多位非脉脉用户，且这些人的头像、名称、职业、标签等信息与他们新浪微博中的用户信息基本相同，准确性远超过双方专家辅助人陈述的比例。且诸如"@ - _ - ××""@ Amita-y××""@ Si×××_西门小惟惟惟惟惟""@ —快放开那××××"等较为特别的微博昵称，淘友技术公司、淘友科技公司未能解释如何能通过协同过滤算法获得。

一审法院认为，本案证据证明淘友技术公司、淘友科技公司用于协同过滤计算的数据源在数量及质量没有充分可靠保证的情况下，能计算出本案证据所显示的超出双方专家辅助人确认的准确率，不合常理。因此，涉案非脉脉用户的信息来源于协同过滤计算取得的意见，缺乏现实可能性，一审法院对淘友技术公司、淘友科技公司此项主张不予支持。尽管存在淘友技术公司、淘友科技公司指出的第704号公证书中有少量非脉脉用户信息与该人在新浪微博中对应的职业、标签信息不完全一致的情况，一审法院认为，不排除因该公证书取证时间在双方合作结束之后，淘友技术公司、淘友科技公司认可在双方合作结束后即无法获取新浪微博用户信息，从而无法更新此前获取信息所致，即使这些少量信息确实为淘友技术公司、淘友科技公司通过协同过滤算法获取，协同过滤算法计算出不准确信息的情况，不能当然推定其他信息系协同过滤算法计算出的准确信息，淘友技术公司、淘友科技公司也未提交证据证明其提出的有更多非脉脉用户信息与微博用户信息不同的情况。且综合一审法院前述分析意见，一审法院根据优势证据原则认定涉案非脉脉用户信息来自于新浪微博。

2. 淘友技术公司、淘友科技公司获取并使用涉案新浪微博用户信息的行为是否合法正当

本案中，双方对淘友技术公司、淘友科技公司获取并使用涉案新浪微博用户信息的具体事实存在争议，亦对获取并使用涉案新浪微博用户信息行为的合法正当性发生争议，对这两方面争议，一审法院认为：

首先，虽然本案证据取证时间为双方合作结束后，但是微梦公司在本案中既主张淘友技术公司、淘友科技公司在双方合作期间大量抓取、使用新浪微博用户的职业信息、教育信息，又主张在双方合作结束后大量抓取、使用新浪微博用户的头像、名称、职业、教育等信息以及用户微博内容。淘友技术公司、淘友科技公司承认其在双方合作期间从微博开放平台获取了新浪微博用户的职业信息、教育信息，但否认微梦公司主张的获取方式，亦否认在双方合作结束后从新浪微博抓取并继续使用用户信息及微博内容，并坚持认为淘友技术公司、淘友科技公司对涉案新浪微博用户信息的获取和使用行为正当合法。一审法院对双方以上争议分别从合作期间与合作结束后两个阶段进行分析：

关于合作期间的争议：微梦公司在本案中表示，包括获取职业信息、教育信息在内的高级接口需要申请。结合淘友技术公司、淘友科技公司提交的第 13983 号公证书中显示的职业信息、教育信息接口访问级别标注为"高级接口（需要授权）"，微梦公司专家辅助人对新浪微博 OpenAPI 权限体系的解释，以及双方专家辅助人确认新浪微博用户可以设置个人职业信息、教育信息公开的范围等情节，一审法院认为，正常情况下，淘友技术公司、淘友科技公司需要通过 OpenAPI 申请相应接口才能获取新浪微博用户的职业信息、教育信息。微梦公司表示，淘友技术公司、淘友科技公司申请过关系备注高级接口，未申请包括职业信息、教育信息等其他高级接口。

针对本案证据显示的脉脉软件中存在大量新浪微博用户的职业信息、教育信息的情况，微梦公司虽然承认其后台未查询到淘友技术公司、淘友科技公司通过 OpenAPI 接口获取用户职业信息、教育信息的记录，但表示查询到淘友技术公司、淘友科技公司通过"@脉脉""@淘友网"两个微博账号在双方合作期间大量读取微博用户的相关信息，故微梦公司推断淘友技术公司、淘友科技公司系使用爬虫技术通过网页或其他途径非法抓取了新浪微博用户的相关信息。淘友技术公司、淘友科技公司对此予以否认，坚持认为其两个微博账号的行为系作为普通用户的访问行为，非抓取数据行为，与网络爬虫按秒为单位大量抓取网页内容的效率不可比。一审法院注意到，微梦公司提交后台记录所显示的"@脉脉""@淘友网"两个微博账号的访问频次，2014 年 7、8 月份峰值达到月 1.6 万次和 9000 次，平常每月访问频次稳定在 2000 次左右。针对此数据显示情况及双方专家辅助人对于网络爬虫技术的意见，一审法院认为脉脉软件中呈现出的大量新浪微博用户的职业信息、教育信息，仅凭"@脉脉""@

淘友网"两个微博账号通过新浪微博页面进行访问抓取，在通常情况下确实难以完成。

当然，淘友技术公司、淘友科技公司承认其申请的微博开放平台的5个接口中没有教育、职业信息接口，只是发现直接可以用"就用了"，以为双方为"合作级别就可以用"。一审法院认为，不论淘友技术公司、淘友科技公司采取何种技术措施，都能认定淘友技术公司、淘友科技公司在双方合作期间存在抓取涉案新浪微博用户职业信息、教育信息的行为。

关于合作结束后的争议：双方合作结束后，微梦公司关闭向脉脉软件的OpenAPI接口。一审法院认为，由于双方合作期间，淘友技术公司、淘友科技公司有权通过OpenAPI接口获取新浪微博用户的头像、名称、标签等信息，也实际通过技术措施获得了新浪微博用户的职业信息和教育信息，在微梦公司承认其从现有证据中无法体现双方合作结束后淘友技术公司、淘友科技公司再次抓取新浪微博用户相关信息的情况下，一审法院认为微梦公司提出淘友技术公司、淘友科技公司在双方合作结束后仍抓取新浪微博用户信息的主张证据不足。

关于微梦公司提出从脉脉软件中涉案新浪微博用户的个人标签推断认为淘友技术公司、淘友科技公司还抓取了这些用户微博内容的主张，一审法院认为新浪微博用户也有个人标签，该部分内容属于双方合作期间微梦公司允许淘友技术公司、淘友科技公司获取的内容，在微梦公司承认其无直接证据证明淘友技术公司、淘友科技公司存在抓取新浪微博用户微博内容的情况下，一审法院对微梦公司的此项主张，不予支持。

对于双方合作结束后对涉案新浪微博用户信息的使用行为，尽管淘友技术公司、淘友科技公司表示其已及时删除脉脉软件中的新浪微博用户信息，但从微梦公司提交的证据看，在双方于2014年8月合作终止后数月间，脉脉软件中仍存在大量新浪微博用户基本信息，该情形与淘友技术公司、淘友科技公司及其专家辅助人陈述的淘友技术公司、淘友科技公司分阶段删除新浪微博用户信息的情况不符，一审法院认为淘友技术公司、淘友科技公司在双方合作结束后仍使用涉案新浪微博用户信息。

其次，一审法院结合以上分析，对淘友技术公司、淘友科技公司在合作期间抓取、使用涉案新浪微博用户的职业信息、教育信息以及在合作结束后使用涉案新浪微博用户的头像、名称、职业、教育等信息的行为是否合法正当进行分析。

第一，关于合法性。本案中，淘友技术公司、淘友科技公司表示其根据《开发者协议》《脉脉服务协议》，合法取得新浪微博的用户信息，并获得用户授权使用信息。对此抗辩理由，一审法院认为需要分析《开发者协议》及《脉脉服务协议》中授权淘友技术公司、淘友科技公司在脉脉软件中使用用户信息的约定。

关于双方之间的协议：根据《开发者协议》约定，双方通过微博开放平台OpenAPI开展合作，淘友技术公司、淘友科技公司接受微梦公司提供的《开发者协议》。其中约定了用户数据是指用户通过微博平台提交的或因用户访问微博平台而生成的数据，用户数据是微博的商业秘密；开发者应用或服务需要收集用户数据应当符合的条件有：必须事先获得用户的同意，仅应当收集为应用程序运行及功能实现目的而必要的用户数据和用户在授权网站或开发者应用生成的数据或信息，开发者应当告知用户相关数据收集的目的、范围及使用方式，以保障用户的知情权。开发者不得收集用户的隐私信息数据及其他微梦公司认为属于敏感信息范畴的数据等。一旦开发者停止使用开放平台或微梦公司终止对开发者在微博开放平台的服务，开发者必须立即删除全部从微博平台中获得的数据。同时，淘友技术公司、淘友科技公司根据《开发者协议》，通过接入新浪微博OpenAPI接口获取新浪微博中的用户信息。根据微梦公司设置的 OpenAPI 接口权限体系，淘友技术公司、淘友科技公司需对调用接口的权限、频次、期限、级别等通过在线申请的方式获得。

可见，在双方合作期间，淘友技术公司、淘友科技公司有权出于应用程序运行及功能实现之必要目的，并事先取得用户同意，就所需要的用户信息按微博开放平台 OpenAPI 接口规则要求取得。但对于新浪微博用户的职业信息、教育信息，淘友技术公司、淘友科技公司自认并未向微梦公司申请 OpenAPI 接口。同时，淘友技术公司、淘友科技公司表示，其与微梦公司合作期间取得了微梦公司关于好友信息的明确授权，并类比举例通过新浪微博账号登录"大众点评""今日头条""知乎"等多个应用软件，提示有"该应用将访问你的公开资料、好友信息"等。微梦公司解释不同的第三方应用与新浪微博之间有不同的合作关系，第三方应用通过实际的授权接口取得相应的好友信息，而且即使获得，也不一定会从前端展现这些信息。一审法院认为，一方面，淘友技术公司、淘友科技公司未进一步举证证明"大众点评"等应用软件对新浪微博用户信息的具体使用情形，仅以提示语中涉及"好友信息"不能当然认定这些应用软件所使用的"好友信息"即为新浪微博用户的职业信息、教育信息；另一方面，由于缺乏证据证明这些应用软件与新浪微博开放平台之间的合作关系及履行情况，亦不能推论这些应用软件获取的权限与淘友技术公司、淘友科技公司获取的权限一致。

另外，从微梦公司于 2014 年 11 月至 2015 年 1 月间公证的脉脉软件中使用新浪微博用户信息的情况看，在双方合作终止数月后，淘友技术公司、淘友科技公司依然在脉脉软件中显示大量非脉脉用户的新浪微博用户头像、昵称、职业、教育、个人标签等信息。

因此，一审法院认为，淘友技术公司、淘友科技公司在合作期间未根据与微梦公司的协议，申请职业信息、教育信息 OpenAPI 接口，即从微博开放平台获取新浪微博用户的职业信息、教育信息；在双方合作结束后，淘友技术公司、淘友科技公司未按协议要求及时删除相关用户信息，仍将包括新浪微博用户职业信息、教育信息在内的相关信息用于脉脉软件，该行为不符合《开发者协议》的约定。

关于淘友技术公司、淘友科技公司与用户之间的协议。本案中，淘友技术公司、淘友科技公司提交了《脉脉服务协议》，明确该协议为淘友科技公司与脉脉软件使用人之间的协议，约定"用户个人信息"为用户真实姓名、手机号码和 IP 地址，"第三方平台记录信息"为通过新浪微博等第三方平台注册、登录、使用脉脉软件的用户在新浪微博等第三方平台上填写、公布的全部信息。同时，淘友技术公司、淘友科技公司以证人张煜的证言证明用户实际授权情况。

对此，一审法院认为，根据合同相对性原则，上述协议仅能约束脉脉用户与淘友科技公司，对非脉脉用户不发生法律效力。而且，本案证人代表了用户接受应用软件格式合同时的普遍状态，即曾作为淘友技术公司、淘友科技公司员工的证人在无法准确区分脉脉用户与非脉脉用户的情况下，却同意向脉脉软件授权好友关系，可见用户授权行为具有一定的随意性，更不能以此作为非脉脉用户的授权行为。即使在淘友技术公司、淘友科技公司与微梦公司合作期间，淘友技术公司、淘友科技公司也不能当然地依据《脉脉服务协议》收集脉脉用户在其新浪微博中可能留存的相关非脉脉用户的信息，因为淘友技术公司、淘友科技公司还应同时遵守《开发者协议》中要求的事先获得用户同意，并按 OpenAPI 权限规则通过申请接口获取信息的程序性要求。况且，本案也无证据显示双方合作结束后，淘友技术公司、淘友科技公司在脉脉软件中使用新浪微博用户的相关信息取得了这些用户许可。故一审法院认为，淘友技术公司、淘友科技公司未取得用户许可即获取并使用涉案非脉脉用户的相关新浪微博信息。

第二，关于正当性。《开发者协议》约定了开发者可以为实现应用程序运行及功能实现目的之必要需求而收集相关用户数据。本案中，微梦公司所主张的淘友技术公司、淘友科技公司在合作期间非法抓取新浪微博用户的职业信息、教育信息，在合作结束后非法使用新浪微博用户包括头像、名称、职业信息、教育信息和个人标签等信息。一审法院认为，用户职业信息、教育信息具有较强的用户个人特色，不论对于新浪微博，还是脉脉软件，都不属于为程序运行和实现功能目的的必要信息，而是需要经营者在经营活动中付出努力，挖掘并积累的用户资源中的重要内容。另外，头像、昵称、职业、教育、标签等用户信息的完整使用能刻画出用户个人的生活、学习、工作等基本状态和需求，淘友技术公司、淘友科技公司未能对在合作结束后仍使用新浪微博用户的这些信息之必要性给予合理解释，因此，淘友技术公司、淘友科技公司在合作期间对涉案新浪微博用户职业信息、教育信息的获取及使用行为，以及在合作结束后对涉案新浪微博用户相关信息的使用行为均缺乏正当性。

综合以上分析，根据本案证据及双方陈述，一审法院认定淘友技术公司、淘友科技公司在双方合作期间实施了非法抓取、使用涉案新浪微博用户职业信息、教育信息的行为；在双方合作结束之后，淘友技术公司、淘友科技公司非法使用涉案新浪微博的用户信息。

（二）微梦公司主张淘友技术公司、淘友科技公司非法获取、使用脉脉用户手机通讯录联系人与新浪微博用户对应关系的行为

微梦公司提出，脉脉软件通过注册用户的手机通讯录联系人，非法获取、使用相关联系人与新浪微博用户的对应关系，将这些人展示在脉脉用户的一度人脉中。该对应关系表现为脉脉用户手机通讯录中联系人在未注册脉脉账号的情况下，因为脉脉用户上传个人手机通讯录而被准确找到该联系人对应的新浪微博账号。

对于该对应关系的获取方式，淘友技术公司、淘友科技公司表示其获得了微梦公司关于好友关系的授权，同时，在未使用新浪微博用户手机号的情况下，通过协同过滤算法等技术手段对脉脉用户手机通讯录与新浪微博用户名称、邮箱进行匹配，实现二者相对应。淘友技术公司、淘友科技公司同时表示，其将未加入脉脉的新浪微博用户显示在一度人脉里，引导已注册用户邀请通讯录中的好友注册脉脉账号，此种对应关系的展示为行业惯例。微梦公司表示尽管其未授权淘友技术公司、淘友科技公司使用新浪微博用户的手机号，但淘友技术公司、淘友科技公司为获得涉案对应关系所采用的技术措施中，若不使用用户手机号，则不可能有如此高的匹配度。

要认定淘友技术公司、淘友科技公司是否非法获取并展示上述对应关系，一审法院认为需要对淘友技术公司、淘友科技公司获取该对应关系的方式作出基本判断，同时分析淘友技术公司、淘友科技公司所称的行业惯例是否成立。

1. 关于对应关系的获取方式

一审法院认为可以从脉脉用户注册程序及淘友技术公司、淘友科技公司与微梦公司合作情况进行考虑。脉脉软件上线至今，仅能通过新浪微博账号注册登录或通过用户个人手机号注册登录，且脉脉用户需要上传手机通讯录联系人，而大量新浪微博用户也使用手机号注册登录。因此，淘友技术公司、淘友科技公司能掌握脉脉用户手机通讯录联系人的手机号等信息，即使该人未注册脉脉账号；微梦公司能掌握包括手机号在内的新浪微博用户信息。考虑

到双方合作情况及本案证据显示出脉脉软件一度人脉中展示的对应关系的高度准确性,加之淘友技术公司、淘友科技公司提交的第16543号公证书所显示的通过查询淘友技术公司、淘友科技公司服务器中留存的非脉脉用户马某某的手机号,能直接找到上传该手机号的脉脉用户及马某某在新浪微博的账号(马某某在新浪微博中的名称实际为"@龙某某")的情况,一审法院认为,从常理推断,淘友技术公司、淘友科技公司系将用户上传的手机通讯录联系人手机号与其从新浪微博取得的用户手机号进行了匹配。

一审法院对淘友技术公司、淘友科技公司提出的上述抗辩理由进行分析:

第一,关于获得微梦公司的授权。一审法院认为,仅以"足记"等应用软件提示语中出现的"好友关系",不能证明这些应用软件所取得的新浪微博开放平台授予"好友关系"的具体内容,也不能证明该"好友关系"即为手机通讯录联系人与新浪微博用户间的对应关系,无法体现与本案争议的联系。淘友技术公司、淘友科技公司在庭审中也自认新浪微博提供给第三方应用的好友关系与微梦公司主张的第二项不正当竞争行为中的对应关系"确实无关"。

第二,关于协同过滤算法等技术手段实现的可行性。从一审法院前述对协同过滤算法运用情况的分析,本案涉及的对应关系之精准程度,在当前技术能力下显然非通过该算法可获取。通常而言,个人手机通讯录中联系人信息主要为联系人名称和手机号,少数手机用户会对其部分手机通讯录联系人添加头像、标签、邮箱等。值得一提的是,通讯录中的名称、头像、标签等信息系存储该联系人的手机用户自主添加,与该联系人实际使用在新浪微博的用户昵称等信息通常不会高度近似。在手机通讯录中存储的他人邮箱,往往系为便利工作与个人手机通讯录相关联的工作邮箱,但通常情况下新浪微博用户注册使用的邮箱为个人邮箱,二者可匹配性较差;考虑到在手机通讯录中存储个人邮箱这一情形的非普遍性,即使邮箱信息准确,要能成为匹配对应关系的基本要素,缺乏现实可能性。而将脉脉用户的手机通讯录联系人中除手机号以外的少量信息与新浪微博用户信息进行广泛精准的匹配,客观上难以实现。一审法院认为,一般情况下,只有手机号能成为支持涉案对应关系获得广泛精准匹配的基本要素。当然,不排除淘友技术公司、淘友科技公司还获取了类似于手机号的其他用户精准信息进行匹配,获得用户通讯录联系人与新浪微博用户之间的对应关系,一审法院认为,包括手机号在内的相关用户精准信息与新浪微博之间的对应关系,为新浪微博用户信息构成中重要的组成部分,这种对应关系也是微梦公司重要的经营利益所在,在本案缺乏充分证据证明淘友技术公司、淘友科技公司能从新浪微博合法获取此类精准信息的情况下,淘友技术公司、淘友科技公司获取涉案对应关系不具有合法性。

2. 关于涉案对应关系的展示属于行业惯例

淘友技术公司、淘友科技公司表示新浪微博、微信、人脉通、得脉等其他应用软件也展示涉案对应关系。一审法院认为,要成为行业惯例,通常应满足为实现产品或服务的必要功能并被该行业经营者普遍采用的情形。本案中,淘友技术公司、淘友科技公司承认这种对应关系的展示是为了引导脉脉用户邀请新浪微博用户加入脉脉,该行为显然属于为淘友技术公司、淘友科技公司增加用户规模的市场行为,非必要的功能性设置。

另外,根据淘友技术公司、淘友科技公司提交的证据,一审法院注意到:新浪微博、微信均提供注册用户通过手机通讯录查找微博、微信好友,查询到的通讯录好友均为微博、微信注册用户,且要成为微信好友,还需要用户个人选择"添加";人脉通用户在其"好友"栏目下看到的用户,均显示有人脉通 ID,即为人脉通注册用户,且部分栏目提示"成为商业人脉后才能查看"；得脉软件一度人脉也有通讯录联系人，但都为得脉用户，即使是出现在"新鲜人脉"中注册用户不认识的人，亦为得脉用户，可以通过得脉号查询。此外，类似的设置还体现在陌陌、猎聘等软件中。可见，当前，大部分社交应用软件不论对其用户作何种分类，采取何种方案尽可能多地建立用户之间的联系，都基本遵循在应用软件中展示注册用户相关信息的规则，在提供用户手机通讯录与应用软件好友之间的关系时，也只展示手机通讯录好友中同时为应用软件用户的信息，不体现手机通讯录好友与作为登录应用软件入口的开放平台用户之间的对应关系。即便存在微人脉软件在导入用户手机通讯录后，在"您的人脉"栏目下出现非微人脉用户的新浪微博用户信息，仅此为例并不能认定获取并使用这种对应关系属于行业惯例。

根据以上分析，一审法院认为，淘友技术公司、淘友科技公司针对脉脉软件一度人脉中体现用户手机通讯录联系人与新浪微博用户对应关系的获取及使用行为没有合同依据，也缺乏正当理由。

综合一审法院对微梦公司主张的上述两项不正当竞争行为的分析，一审法院认为，鉴于双方曾经存在合作关系，在淘友技术公司、淘友科技公司明确了解需要通过申请获得微博用户相关信息的接口权限，且合作终止后应当及时删除从新浪微博获取的用户信息的情况下，淘友技术公司、淘友科技公司在合作期间超出许可范围抓取并使用新浪微博用户职业信息、教育信息，并在合作终止后较长一段时间内仍然使用来自新浪微博的用户信息作为脉脉软件中非脉脉用户的相关信息；同时，非法获取并在一度人脉中展示用户手机通讯录联系人与新浪微博用户的对应关系，使大量非脉脉用户的新浪微博信息及好友关系展现在脉脉软件中，便于脉脉软件拓展自身用户群，淘友技术公司、淘友科技公司的行为主观故意明显。

众所周知，用户信息是互联网经营者重要的经营资源，如何展现这些用户信息也是经营活动的重要内容。同时兼具社交媒体网络平台和向第三方应用软件提供接口的开放平台身份的微梦公司，其在多年经营活动中，已经积累了数以亿计的新浪微博用户，这些用户根据自身需要及微梦公司提供的设置条件，公开、向特定人公开或不公开自己的基本信息、职业、教育、喜好等特色信息。这些用户信息不仅是支撑微梦公司作为庞大社交媒体平台开展经营活动的基础，也是其向不同第三方应用软件提供平台资源的重要内容。规范、有序、安全地使用这些用户信息，是微梦公司维持并提升用户活跃度、开展正常经营活动、保持竞争优势的必要条件。本案中，淘友技术公司、淘友科技公司的行为违反了诚实信用的原则，违背了公认的商业道德，危害到新浪微博平台用户信息安全，损害了微梦公司的合法竞争利益，对微梦公司构成不正当竞争。

（三）微梦公司主张淘友技术公司、淘友科技公司模仿新浪微博加V认证机制及展现方式的行为

本案中，微梦公司指出，淘友技术公司、淘友科技公司对脉脉用户采用与新浪微博认证用户相同的加V认证标识，此种认证机制和加V形式对微梦公司构成不正当竞争。淘友技术公司、淘友科技公司对此予以否认，并提出脉脉软件有自己独立且完备的实名认证体系，而微梦公司对实名认证用户的加V设计不存在独占权利。一审法院认为，加V认证机制属于业务模式范畴，同时，就本案证据所显示的对用户进行加V标注的情况，仅能体现经营者对其实名注册用户简单必要的展示方式，无法形成经营者独特的应受法律保护的合法权益，故一审法院对微梦公司提出的此项请求，不予支持。

（四）微梦公司主张淘友技术公司、淘友科技公司商业诋毁的行为

微梦公司表示，双方终止合作期间，淘友技术公司、淘友科技公司在脉脉网站、脉脉软件及第三方网站上发表声明，提及"因新浪微博近日要求交出用户数据才能继续合作，我们拒绝接受……我们选择关闭微博登录！"所用配图有新浪微博标识被加禁止符号，以及淘友技术公司、淘友科技公司法定代表人林凡在微博中针对微梦公司使用"图穷匕见""磨刀霍霍"等措辞，暗指微梦公司不保护用户隐私，上述言论构成对微梦公司的商业诋毁。

淘友技术公司、淘友科技公司提出其上述言论都有事实根据，并提交了淘友技术公司、淘友科技公司法定代表人林凡与曾祎安于2014年7月31日的微信记录，其中要求"脉脉需要把用户完善后的Profile和用户关系回写给微博，才能继续使用微博登录和用户数据"。淘友技术公司、淘友科技公司同时提交了林凡于2014年8月5日、8月13日收到的来自新浪微博的邮件，分别提到脉脉软件使用了未经授权的微博用户数据，要求在3日内删除，否则将停止授权接口，以及除了要求删除非微博用户授权数据，还给出联系新浪微博官方合作伙伴"微人脉"确定微博职业数据使用的合作关系，否则将停止给脉脉的授权接口。曾祎安为微人脉软件经营者的法定代表人、投资人，微梦公司认可微人脉软件涉及的公司为其关联企业，但否认上述内容与本案争议有关。

一审法院认为，根据本案认定的事实，淘友技术公司、淘友科技公司在经营脉脉软件过程中，存在非法抓取、使用新浪微博用户职业信息、教育信息以及通过技术手段非法获取、使用用户手机通讯录联系人与新浪微博用户对应关系的不正当竞争行为，故一审法院认为微梦公司提出淘友技术公司、淘友科技公司应删除脉脉软件中未经授权的新浪微博用户信息否则将终止合作，属合理要求。但微梦公司提出该要求的同时，还为关联企业要求淘友技术公司、淘友科技公司就微博用户的职业信息等与"微人脉"合作，以此作为终止合作的交换条件，存在较为明显的不当性。但是，淘友技术公司、淘友科技公司在相关声明中仅着重提及后者，在明确表态"用户隐私是底线，脉脉无法接受与用户数据有关的任何要求，我们选择关闭微博登录"的同时，对新浪微博标识添加禁止符号，突出微梦公司的不当行为，对自身不正当竞争行为有意回避、忽略，致使无法客观完整地展现双方终止合作事件本身，造成公众仅对微梦公司不保护用户隐私信息的片面认识，降低了公众对微梦公司信誉的评价。一审法院对微梦公司主张淘友技术公司、淘友科技公司的涉案行为构成商业诋毁，予以支持。

本案中，淘友技术公司、淘友科技公司表示其已于2015年2月停止微梦公司主张的第一、二项不正当竞争行为，于2014年10月停止微梦公司主张的第四项不正当竞争行为。微梦公司除了认可淘友技术公司、淘友科技公司已停止使用新浪微博用户头像以及停止其主张的第四项不正当竞争行为外，否认淘友技术公司、淘友科技公司停止了其他行为，同时不认可淘友技术公司、淘友科技公司提出的第四项不正当竞争行为的停止时间。

三、法律责任及其他

淘友技术公司、淘友科技公司应对其不正当竞争行为承担相应的法律责任。鉴于微梦公司认可淘友技术公司、淘友科技公司已停止使用新浪微博用户头像，停止对其发表诋毁言论，故一审法院对微梦公司要求淘友技术公司、淘友科技公司停止涉案其他不正当竞争行为的主张，予以支持，对于微梦公司已经确认停止的不正当竞争行为，不再判决处理。考虑到新浪微博与脉脉软件都是用户量巨大的互联网应用平台，在业内有一定的知名度，淘友技术公司、淘友科技公司通过脉脉软件所实施的涉案不正当竞争行为，对微梦公司造成较为广泛的不良影响，故一审法院对微梦公司主张的消除影响的诉讼请求，予以支持，淘友技术公

司、淘友科技公司应以适当方式予以说明澄清。关于赔偿数额，双方均未提交充分证据证明因本案不正当竞争行为对微梦公司造成的实际损失或淘友技术公司、淘友科技公司的违法获利，一审法院考虑到涉案不正当竞争行为涉及的用户群体广泛、影响范围巨大、危害性显而易见，且淘友技术公司、淘友科技公司的过错程度明显等因素，认为应当酌定增加赔偿数额，但因本案无法体现微梦公司对预防、查明、制止涉案不正当竞争行为有积极完善的应对措施，一定程度上纵容了不正当竞争行为，并扩大了危害范围，且在处理方式上还存在不当之处，经综合权衡，一审法院对微梦公司所主张的1000万元赔偿不再全部支持。对微梦公司在本案中主张的合理费用，一审法院依法予以支持。因微梦公司提出过高的赔偿请求产生的案件受理费，不应由淘友技术公司、淘友科技公司全部负担。

通过本案的审理，一审法院认为还需要强调以下两方面内容：

第一，互联网时代，保护用户信息是衡量经营者行为正当性的重要依据，也是反不正当竞争法意义上尊重消费者权益的重要内容。

反不正当竞争法的宗旨在鼓励和保护公平竞争的同时，亦明确有保护经营者和消费者的合法权益。包括社交应用软件在内的各类互联网产品或服务之所以能迅速产生广泛影响力、形成巨大的经营规模并吸引大量投资，其中重要的原因就是网络平台能高效集聚大量用户，使"注意力经济"能最大限度发挥成效。这些用户在网络平台中的现实存在都体现为其自行填写或好友评价，并留存于网络平台中的以及由该网络平台通过相关途径获取的相关用户各类身份标签等信息，如名字、昵称、头像、性别、地域、职业、毕业学校、喜好，甚至感想见闻等。这些用户信息能为网络平台经营者带来巨大的经济利益。

一方面，用户信息的规模及质量一定程度上反映了网络平台用户的活跃度，影响网络平台的吸引力，掌握更多用户信息，通常意味着拥有更大的用户规模。对于互联网经营者而言，维持已有用户并不断吸引新用户，才能推进网络平台的经营发展。另一方面，用户信息是经营者分析整理用户需求，开发特色产品和服务，提升用户体验的重要来源。这也是微梦公司在《开发者协议》中将用户信息定义为微博商业秘密的原因。

用户信息不仅体现了互联网经营者重大的竞争利益，更是消费者个人合法权益的重要组成部分。用户有权在充分表达自由意志的情况下向他人提供自己的信息或不提供信息，也有权充分了解他人使用自己信息的方式、范围，并对不合理的用户信息使用行为予以拒绝。这也是本案中多个应用软件在用户安装、启用某项功能时会出现相关提示的原因。

因此，互联网经营者不仅要合法获取用户信息，也应妥善保护并正当使用用户信息。一审法院注意到，本案中，淘友技术公司、淘友科技公司大量抓取、使用新浪微博用户职业信息、教育信息，但微梦公司却未能提交直接证据证明淘友技术公司、淘友科技公司的获取方式，存在不妥。作为拥有5亿注册用户的上市公司，多年经营新浪微博，向众多第三方应用软件提供OpenAPI接口的微梦公司，理应对微博平台上的用户信息有相对完善的规范要求、相对有效的安全使用措施以及相对成熟的技术保障能力。脉脉软件在接入新浪微博开放平台后不到一年，即达到500万用户量，一定程度上依托于新浪微博平台的支持。微梦公司在帮助第三方应用软件快速发展的过程中，也应当不断提升保障用户信息安全的措施，注重自身平台用户信息的保护，更不应在发现第三方应用软件发生非法抓取使用微博用户信息的情况下，以他人利益作为交换条件，放纵不正当竞争行为。

另外，作为第三方应用软件脉脉的经营者，淘友技术公司、淘友科技公司也应当在尊重用户知情权的基础上合法使用用户信息。本案中，仅因为有人注册为脉脉用户时向脉脉软件上传个人手机通讯录，则与该通讯录联系人相关的新浪微博用户，不论其是否为脉脉用户，都能显示在一度人脉中；通过关联该手机通讯录联系人，能将大量非脉脉用户的新浪微博用户信息展示到二度人脉中，还能通过相关技术手段，展示三度人脉；一度、二度人脉间还能提示出哪些为共同好友。一审法院认为，此种对应关系的展现，明显未考虑用户权益：一是淘友技术公司、淘友科技公司未在《脉脉服务协议》中充分告知脉脉用户上传通讯录的要求及后果，且脉脉用户无权选择关闭相关对应关系或展示方式；二是未考虑、亦未尊重新浪微博用户对个人微博信息是否公开、如何公开的自主意愿，使相关不愿被通过手机号等方式查找到自己的新浪微博用户在不知情的情况下因为某些原因成为他人通讯录联系人而暴露自己的新浪微博用户身份及信息；三是未提供脉脉用户与其一度人脉、二度人脉之间共同好友展示状态的选择，使那些不愿出现在相关人脉圈的用户在不知情的情况下被关联。

虽然淘友技术公司、淘友科技公司强调，脉脉软件中非脉脉用户的新浪微博信息仅对相关脉脉用户展示，不向不特定的第三人显示，但显然，脉脉软件中二度、三度人脉的展示方式，已能实现向不特定第三人显示的效果。一审法院认为，互联网应用软件经营者充分发挥智慧、拓展经营模式，尽可能吸引、扩大用户群的主观意愿是正当的，但不能以不经用户许可，侵害用户知情权的方式非法抓取、使用竞争对手的用户信息、用户关系。

第二，处于相对优势地位的互联网经营者应诚信经营。

本案中，双方合作期间未订立书面协议，以淘友技术公司、淘友科技公司在线接受微梦公司的《开发者协议》，向微博开放平台申请接口接入新浪微博平台获取新浪微博平台中的相关信息的方式开展合作。争议发生后，对于双方合作当时的协议约定及执行情况，仅能以微梦公司提交的证据为准，淘友技术公司、淘友科技公司提出其"很被动"，原因是微梦公司可以随意修改微博后台的接口规则要求，其无法证明争议发生前双方的合作级别及所获权限情况。一审法院注意到，根据淘友技术公司、淘友科技公司提交的第13983号、第21295号公证书，公证时间前后仅间隔一个月左右，但微博开放平台的脉脉软件账号下，"接口管理"权限已经发生了变化，"授权机制"由合作级别调整为普通。

当然，类似的情形同样发生在《脉脉服务协议》中，第20797号公证书与第16542号公证书所显示的协议也不完全一致，且该协议中要求用户下载、注册等行为均被视为完全了解、接受并同意遵守该协议项下的全部内容，且该协议可以由淘友科技公司单方随时修改，修改后的协议条款一经公布即替代本协议原条款，构成新协议；也约定用户通过新浪微博等第三方平台账号注册登录的，将视为用户完全了解并同意收集、统计、分析其新浪微博等第三方平台上公布的全部信息。

一审法院认为，本案中，作为微博开放平台的微梦公司相对于淘友技术公司、淘友科技公司处于优势地位，而作为脉脉软件经营者的淘友技术公司、淘友科技公司相对于用户个人亦处于优势地位，不论是无法客观还原合作当时的合同内容以及合同履行情况，还是在格式合同中设置各种单方利益条款，甚至不考虑可能涉及的第三方用户合法权益的情形，都是处于相对优势地位的互联网经营者未能以诚信态度对待自身地位的表现。正是此种情形在当前市场竞争中存在相当程度的普遍性，才使诸如淘友技术公司、淘友科技公司在本案争议发生后"很被动"，也才使本案暴露出互联网企业经营活动中对用户信息保护存在普遍缺陷这一更深层次的矛盾。互联网经营者应当遵循自愿、平等、公平、诚实信用的原则，遵守公认的商业道德，尊重消费者合法权益，才能获得正当合法的竞争优势和竞争利益。

综上，一审法院依照《反不正当竞争法》第二条、第十四条、第二十条，《民事诉讼法》第六十四条第一款之规定，判决：一、本判决生效之日起，被告北京淘友天下技术有限公司、被告北京淘友天下科技发展有限公司停止涉案不正当竞争行为；二、本判决生效之日起三十日内，被告北京淘友天下技术有限公司、被告北京淘友天下科技发展有限公司共同在脉脉网站（网址为www. maimai. cn）首页、脉脉客户端软件首页连续四十八小时刊登声明，就本案不正当竞争行为为原告北京微梦创科网络技术有限公司消除影响（声明内容须经一审法院审核，逾期不履行，一审法院将根据原告北京微梦创科网络技术有限公司申请，在相关媒体公布判决主要内容，费用由被告北京淘友天下技术有限公司、被告北京淘友天下科技发展有限公司承担）；三、本判决生效之日起十日内，被告北京淘友天下技术有限公司、被告北京淘友天下科技发展有限公司共同赔偿原告北京微梦创科网络技术有限公司经济损失200万元及合理费用208998元；四、驳回原告北京微梦创科网络技术有限公司的其他诉讼请求。

本院二审期间，上诉人淘友技术公司、淘友科技公司围绕上诉请求依法提交（2016）京中信内经证字29807号《公证书》，用以证明1.《公证书》第15页显示：在用户注册新浪微博账号时，微梦公司与微博用户达成的《微博服务使用协议》第6.2约定："保护用户隐私和其他个人信息是微梦公司的一项基本政策，微梦公司保证不会将单个用户的注册资料及用户在使用微博服务时存储在微梦公司的非公开内容用于任何非法的用途，且保证将单个用户的注册资料进行商业上的利用时应事先获得用户的同意，但下列情况除外：……6.2.4用户自行在网络上公开的信息或其他已合法公开的个人信息。"2.《公证书》第20页显示：新浪微博对用户的《微博个人信息保护政策》明确载明，"未经您本人允许，微博不会向任何第三方披露您的个人信息，下列情形除外：1）微博已经取得您或您监护人的授权；……4）根据您与微博相关服务条款、应用许可使用协议的约定；……"3.微梦公司在其与微博用户的《微博服务使用协议》《微博个人信息保护政策》中明确约定可以无需征得用户同意即将其公开的个人信息作为商业使用并向第三方披露。

二审期间，上诉人淘友技术公司、淘友科技公司的专家辅助人徐俊（淘友技术公司技术总监），被上诉人微梦公司的专家辅助人李庆峰（微梦公司研发总监）出庭就相关专业问题分别陈述意见如下：

上诉人淘友技术公司、淘友科技公司的专家辅助人徐俊认为，互联网数据取得的方式从技术上讲可分为抓取和获取两种方式。通常意义上的"数据抓取"是指搜索引擎未经数据方授权，通过爬虫（spider）程序进行的，需要自行分析网页上的非结构化数据，并会在数据方的网页服务器的相关日志中体现访问记录的互联网技术行为；而"数据获取"（开放平台接口）是经过数据方授权后，根据不同的数据需求，调用数据方提供的不同接口获取结构化数据的互联网技术行为。徐俊指出抓取数据和接口获取数据的最大区别在于数据方是否授权并知晓，但无论采取何种方式获得数据均会在数据方留下相关印记。通过新浪账号在前台逐一读取用户信息的方法，虽然理论上可以操作，但在短时间内无法读取大量用户信息，不具有现实操作性。OpenAPI的数据提供方可以通过技术手段根据应用软件开发者的权限级别，对其获取用户相关信息的权限进行严格控制。

被上诉人微梦公司的专家辅助人李庆丰认为，OpenAPI是网站把服务接口开发出去用于第三方，OpenAPI是第三方合法获取数据的唯一途径。从技术上讲，数据还可以通过爬虫方式抓取或者通过建立大量微博账户，模拟正常用户行为在网页主站、无线客户端等进行信息抓取或者购买大量 IP 来伪造调用 IP 来源，通过伪造为正常用户的请求等手段实现信息抓取。通过前述方式抓取信息无法判断抓取方亦无法区分是如何抓取的。新浪微博基于 Robot 协议禁止网络爬虫抓取信息。OpenAPI 的授权有效期、调用频次、接口调用高级权限均需要单独申请，后台有相关的记录日志，会统一记录到信息系统部。目前没有上诉人淘友技术公司、淘友科技公司相关的申请通过记录。OpenAPI 的记录和爬虫记录均无法看到上诉人淘友技术公司、淘友科技公司的访问记录，亦无法看到其通过自己的账号访问的记录，但不排除使用其他账号进行访问并获得数据。

上述事实，有双方当事人陈述、双方专家辅助人意见、双方提交的证据及庭审笔录等在案佐证。

本院认为，根据《中华人民共和国民事诉讼法》（简称《民事诉讼法》）第一百六十八条之规定：第二审人民法院应当对上诉请求的有关事实和适用法律进行审查。庭审中，本案按照一焦点一查明一辩论的方式进行审理，为实现诉辩审相一致，本院将围绕以下焦点问题结合查明事实和辩论意见具体分析如下：一、上诉人淘友技术公司、淘友科技公司获取、使用新浪微博用户信息的行为是否构成不正当竞争行为；二、上诉人淘友技术公司、淘友科技公司获取、使用脉脉用户手机通讯录联系人与新浪微博用户对应关系的行为是否构成不正当竞争行为；三、上诉人淘友技术公司、淘友科技公司是否对被上诉人微梦公司实施了商业诋毁行为；四、一审判决有关民事责任的确定是否适当。

一、上诉人淘友技术公司、淘友科技公司获取、使用新浪微博用户信息的行为是否构成不正当竞争行为

针对该焦点问题，二审期间，上诉人淘友技术公司、淘友科技公司认为其不构成不正当竞争行为的理由如下：（一）其在与被上诉人微梦公司合作期间取得并使用新浪微博用户的职业信息、教育信息系通过 OpenAPI 接口，获得及使用合法；获取并使用用户的职业信息、教育信息正是脉脉作为职场社交软件最核心的功能之一，脉脉软件获取并使用用户的职业信息、教育信息属于为程序运行和实现功能之必要目的，符合《开发者协议》的约定，具有正当性。（二）获取并使用非脉脉用户的新浪微博信息具有合法性，并未违反《开发者协议》或《脉脉服务协议》之约定。同时，就非脉脉用户相关信息的权利主张，应当由用户提出，微梦公司作为原告并不适格。（三）在合作结束后，其已按照《开发者协议》的约定删除从新浪微博获取的相关用户信息，并不存在合作结束后非法使用新浪微博用户信息的行为，且数据清理过程中尽到了合理、审慎的注意义务，并体现出诚信原则，不存在违反《开发者协议》的情形。针对上诉人淘友技术公司、淘友科技公司的前述上诉理由，本院从以下三方面进行论述：

（一）关于合作期间，上诉人淘友技术公司、淘友科技公司获取脉脉用户中新浪微博的职业信息、教育信息的方式问题

诉讼中，上诉人淘友技术公司、淘友科技公司主张其获得新浪微博 OpenAPI "合作级"频次授权后就可以直接读取新浪微博用户的职业信息和教育信息，亦认可其并没有就获得读取职业信息和教育信息的权限单独提交申请。被上诉人微梦公司主张上诉人为普通用户，可以获得新浪微博用户的 ID 头像、好友关系（无好友信息）、标签、性别，但其通过 OpenAPI 接口无法直接获得新浪微博的职业信息和教育信息。

二审庭审中，双方的专家辅助人均认可在互联网中取得数据信息的方式一般可以分为两

种，即经合法授权后的获取和通过爬虫技术手段的抓取，这两种取得数据信息的方式均会在数据方的后台留下日志。

上诉人淘友技术公司、淘友科技公司在庭审中称其获取新浪微博用户的职业信息和教育信息是履行《开发者协议》的行为，不需要绕开 OpenAPI 即可获取。上诉人的专家辅助人徐俊进一步解释了上诉人如何通过 OpenAPI 获取新浪微博的用户信息。新浪微博开放平台对第三方开发者获取不同信息有不同的授权接口，其中主要有以下 5 个接口：（1）http：//open. weibo. com/wiki/Users/show 根据用户 ID 获取用户信息；（2）http：//open. weibo. com/wiki/2/account/profile/career 获取用户职业信息；（3）http：//open. weibo. com/wiki/2/account/profile/education 获取用户教育信息；（4）http：//open. weibo. com/wiki/2/tags 获取用户标签信息；（5）http：//open. weibo. com/wiki/2/friendship/friends/bilateral/ids 获取用户好友关系。

上述接口是新浪微博授权脉脉获取新浪微博用户资料的接口，其中头像信息、职业信息、教育信息、标签信息都可以通过上述接口获取。用户授权后，接口使用者可以通过该用户的授权，获取用户好友关系。因此，如果脉脉获取相关用户的信息没有超出上述接口的具体授权，就没有超出 OpenAPI 接口范围获取用户信息。同时，新浪微博给予上述接口的具体授权，当然表示其同意脉脉从 OpenAPI 接口范围获取信息。

被上诉人微梦公司在庭审中主张，新浪微博作为信息开放平台，通过与第三方应用签订协议向其提供 OpenAPI 接口，第三方应用在经过用户授权的前提下，可通过该接口获取用户信息。OpenAPI 是第三方应用从新浪微博获取用户信息的唯一合法途径，任何其他形式的数据抓取行为都是被禁止的。在上诉人淘友技术公司、淘友科技公司与被上诉人微梦公司合作期间，上诉人淘友技术公司、淘友科技公司在其运营的脉脉中使用的新浪微博用户的职业信息及教育信息是无法通过 OpenAPI 获取的，因为上诉人在 OpenAPI "合作级"中没有获得属于"高级"内容的职业信息及教育信息的权限。被上诉人的专家辅助人李庆丰进一步解释了脉脉在合作期间的接口情况（见表1）：

表1

新浪微博向脉脉开放的接口名称及脉脉能够实施的权限
微博普通读取接口：查看用户的微博列表及微博内容信息接口
微博普通写入接口：用户发表微博、转发微博、删除微博接口
用户普通读取接口：用户的信息获取接口，可以读取到用户的头像、昵称等信息，但无法读取到用户较为隐私的高级信息内容，比如用户的职业，教育信息等
复合关系普通读取接口：用户的共同关注，双向关系等关系信息接口
关系备注高级接口：用户对关注用户的备注信息的读取和更新接口
账户普通读取接口：用户账号相关的操作设置相关接口，包括是否允许评论，是否可以发私信等具体设置情况，不包含具体的信息内容
账户普通写入接口：结束当前登录状态接口，主要应用于 widget 等 web 应用场景
收藏普通读取接口：收藏微博列表或内容的读取接口
收藏普通写入接口：收藏微博写入接口，包括收藏一条微博，给收藏微博加标签，删除一条收藏等
话题普通读取接口：获取用户关注的相关话题的微博列表接口
话题普通写入接口：用户关注相关话题的接口
标签普通读取接口：获取用户标签的接口

续表

新浪微博向脉脉开放的接口名称及脉脉能够实施的权限
标签普通写入接口:为用户添加标签的接口
注册普通读取接口:注册时验证昵称是否可用
搜索联想普通接口:微博或用户的搜索时关键词联想接口
推荐普通读取接口:获取用户或微博的推荐相关接口
推荐普通写入接口:针对推荐读取接口的用户反馈接口,反馈推荐的内容不感兴趣
提醒普通读取接口:获取用户的提醒数,包括未读微博数,评论数,新粉丝数等
短链转换普通接口:将一个 url 转换为微博短域名 url,或反向查询的接口
短链数据普通接口:获取指定短链相关的数据内容接口,包括短链的被分享数,被评论数等

被上诉人微梦公司称,由表 1 可见,在合作期间脉脉无法获得新浪微博用户的教育信息和职业信息。具体而言,新浪微博 OpenAPI 的权限体系有三个维度:授权有效期权限、调用频次权限、接口权限。分别有普通、高级区分。前两个权限与接口权限是独立无关的,并且每类高级接口权限都需要第三方应用单独进行申请,均会有相关操作日志记录。高级接口权限包括用户的隐私信息,如:职业信息接口,教育信息接口等。应用获取相关高级接口权限后,仍需要在用户授权情况下才能调用获取。在 2014 年,users/show 接口可以支持传入其他 UID 来获取用户信息,但这个 users/show 接口是普通用户信息接口,不支持获取用户的职业、教育信息;同时,高级用户信息接口 (profile/career 和 profile/education) 可以获取他人的职业、教育信息,但这些高级接口需要单独进行申请,并通过平台的严格审核后才能调用。脉脉拥有的接口权限不含有"用户高级读取权限",即没有获取用户职业信息、教育信息的接口权限。脉脉之前所有的调取频率的高级账户,新浪微博于 2015 年 4 月 3 日统一对外网账户的相关信息进行了调整,并不针对脉脉。因此,第三方应用脉脉只有普通用户信息接口权限,无高级用户信息接口权限,从其授权的 OpenAPI 接口渠道无法获取微博用户的职业信息、教育信息,被上诉人微梦公司称其有合理理由相信,上诉人淘友技术公司、淘友科技公司使用了 OpenAPI 以外的非法手段抓取新浪微博用户的职业信息和教育信息。

对此,本院认为:

第一,关于 OpenAPI 的基本情况。

OpenAPI 即开放 API (Application Programming Interface,应用编程接口),是服务型网站常见的一种应用,网站的服务商将自己的网站服务封装成一系列 API 开放出去,供第三方开发者使用,这种行为称作开放网站的 API,所开放的 API 被称作 OpenAPI。OpenAPI 是互联网新的应用开发模式,这种网络应用开发模式能够更好地发挥数据资源价值,实现开放平台方和第三方应用方之间的合作共赢。OpenAPI 通过《开发者协议》来约定双方的权利义务,同时,亦通过该协议来实现保护用户数据信息。OpenAPI 的权限控制和安全权限控制由 OpenAPI 的提供方通过技术手段来控制实现,应用开发者必须在满足相应权限的前提下才有可能访问到相关资源。应用开发者通过 OpenAPI 平台调用数据,平台系统可通过检测响应时间和 Http 响应的状态码,获得相应时间和可用性,同时通过综合可用性的历史信息,得到该 OpenAPI 当前的稳定性指标。

第二,被上诉人微梦公司向上诉人淘友技术公司、淘友科技公司提供 OpenAPI 开放接口的情况。

被上诉人微梦公司为了实现新浪微博的开放平台战略，提供 OpenAPI 合作开发模式，允许第三方应用通过 OpenAPI 调用新浪微博平台的相关数据。新浪微博通过 OpenAPI 途径，让第三方应用可以在用户授权的前提下，通过相关接口获取相关信息。被上诉人微梦公司与第三方（包括上诉人淘友技术公司、淘友科技公司）之间的《开发者协议》的主要内容为：第 2.2 条约定与微梦公司开展合作的开发者，其行为受协议及微博开放平台规则及微博平台上公示的规则、制度、规范的约束。开发者必须合法使用微梦公司授予其应用 AppKey。第 2.5 条约定开发者应用或服务需要收集用户数据的应当符合以下条件：2.5.1 开发者应用或服务需要收集用户数据的，必须事先获得用户的同意，仅应当收集为应用程序运行及功能实现目的而必要的用户数据和用户在授权网站或开发者应用生成的数据或信息。开发者应当告知用户相关数据收集的目的、范围及使用方式，以保障用户的知情权。2.5.5 约定未经用户同意，开发者不得收集用户的隐私信息数据及其他微梦公司认为属于敏感信息范畴的数据，开发者不得收集或要求用户提供任何微博账号、密码，开发者不得收集或要求用户提供用户关系链、好友列表数据等。

微梦公司与微博用户达成的《微博服务使用协议》第 6.2 约定，"保护用户隐私和其他个人信息是微梦公司的一项基本政策，微梦公司保证不会将单个用户的注册资料及用户在使用微博服务时存储在微梦公司的非公开内容用于任何非法的用途，且保证将单个用户的注册资料进行商业上的利用时应当事先获得用户的同意，但下列情况除外：……6.2.4 用户自行在网络上公开的信息或其他已合法公开的个人信息。"新浪微博对用户的《微博个人信息保护政策》明确载明，"未经您本人允许，微博不会向任何第三方披露您的个人信息，下列情形除外：1）微博已经取得您或您监护人的授权；……4）根据您与微博相关服务条款、应用许可使用协议的约定；……"微梦公司在其与微博用户的《微博服务使用协议》《微博个人信息保护政策》中明确约定可以无需征得用户同意即将其公开的个人信息作为商业使用并向第三方披露。

第三，上诉人淘友技术公司、淘友科技公司是否通过被上诉人微梦公司提供的 OpenAPI 开放接口获得用户的教育信息和职业信息。

根据双方专家辅助人对技术的意见来看，从技术上讲，如果脉脉系通过 OpenAPI 开放接口获取数据，脉脉和新浪微博都可以保留调取数据的日志。上诉人淘友技术公司、淘友科技公司未能提交其通过 OpenAPI 开放接口调取数据的日志，理由为新浪微博已于 2014 年 5 月将"职业"和"教育"信息的获取接口关闭，且于 2014 年 8 月终止与脉脉合作后关闭了脉脉的所有接口，脉脉因服务器容量有限，没有保留之前通过 OpenAPI 接口调取数据的日志。被上诉人微梦公司亦未能提交脉脉通过 OpenAPI 开放接口调取数据的日志。其一审提交的第十九组证据《脉脉 APP 端口在微博平台读取记录》证明其保存了 OpenAPI 的调取日志，但该份证据只有 users_show（获取用户信息）接口有相对较多的调用记录，而且在 2014 年 4 月 13 日、2013 年 9 月 11 日至 9 月 30 日、10 月 7 日至 10 月 10 日、10 月 13 日、10 月 16 日并没有该接口的调用记录；该日志中并没有 career（获取职业信息）、education（获取教育信息）、tags（获取用户标签，此接口新浪承认脉脉有调用权限）的任何调用记录，friends_bilateral（获取用户好友关系，此接口新浪承认脉脉有调用权限）的调用记录只有两条；加之，该技术日志有大量的时间并没有任何调用记录，如：2013 年 9 月 14 日、9 月 19 日至 9 月 21 日、10 月 1 日至 10 月 6 日、10 月 19 日、12 月 15 日、12 月 16 日、12 月 19 日、

12 月 21 日、2014 年 4 月 13 日等。从上述证据反映的情况来看，很难确信被上诉人微梦公司提交的该份日志系一份真实、完整的技术日志，因此，在案证据不能完整呈现脉脉通过 OpenAPI 获取微博用户数据的情况，亦不能以此证明脉脉并非通过 OpenAPI 获取微博用户相关数据。

对此，被上诉人微梦公司解释，新浪微博当前日志保存策略为：距今 1 年内留存全量日志数据，1 年以上的将抽取部分月份日志数据进行留存。新浪微博以微博用户"@太牛乐"为例，查询其 2014 年全年抽样留存的职业信息、教育信息的接口调用日志记录，可以看到用户的调用来源、调用时间和具体 IP，这些记录的调用来源为微博 weibo.com、iPhone 客户端等 6 个应用方，没有看到来源为脉脉应用（Appkey）的调用记录。

至此，由于双方当事人举证所限无法再现被诉侵权行为发生时的事实状态，本院将根据举证规则的具体要求确认法律事实。根据《民事诉讼法》第六十四条第一款规定："当事人对自己提出的主张，有责任提供证据。"该条款规定了举证责任分配的一般规则为"谁主张谁举证"。《最高人民法院关于民事诉讼证据的若干规定》第二条规定："当事人对自己提出的诉讼请求所依据的事实或者反驳对方诉讼请求所依据的事实有责任提供证据加以证明。没有证据或者证据不足以证明当事人的事实主张的，由负有举证责任的当事人承担不利后果。"该条款从行为及结果两方面规定了举证责任的分配问题。第七十三条规定："因证据的证明力无法判断导致争议事实难以认定的，人民法院应当依据举证责任分配的规则做出裁判"。最高人民法院在审理（2009）民申字第 1065 号"山东省食品进出口公司等与青岛圣克达诚贸易有限公司等不正当竞争纠纷再审案"中认定，"当事人对自己的诉讼请求所依据的事实有责任提供证据加以证明，这是我国民事诉讼法有关举证责任分配的一般规则，只有在法律有明文规定的特殊情况下才存在例外。如果当事人对其诉讼请求的举证达到了一定的证明程度，能够证明相关诉讼主张的成立，接下来应由对方当事人承担否定该主张的举证责任。我国相关法律或者司法解释对有关不正当竞争行为的民事诉讼并未规定特殊的举证责任规则，因此应适用一般规则。"最高人民法院在判决中明确不正当竞争案件中同样应适用举证的一般规则，即原告对其主张的被诉行为构成不正当竞争这一事实负有举证责任。

本案中，被上诉人微梦公司主张上诉人淘友技术公司、淘友科技公司通过 OpenAPI 以外的非法手段抓取新浪微博用户的职业信息和教育信息，对此应适用举证责任分配的一般规则，即"谁主张谁举证"。如双方专家辅助人所陈述，如果脉脉采用爬虫的方式抓取新浪微博中用户数据，新浪微博的服务器上会留下相关的日志。因此，如果脉脉绕开微博开放接口通过爬虫技术来抓取数据，被上诉人微梦公司是可以用其后台的相关日志来证明脉脉采用爬虫方式抓取新浪微博数据的行为。但是，本案一、二审期间，被上诉人微梦公司均未提交其后台被爬虫抓取的相关日志，亦未提交其他任何证据证明上诉人淘友技术公司、淘友科技公司通过爬虫抓取相关数据，且未就其不能提供前述日志给出合理解释。虽然被上诉人微梦公司主张了上诉人淘友技术公司、淘友科技公司可能通过建立大量微博账户，模拟正常用户行为在网页主站、无线客户端等进行信息抓取或者购买大量 IP 来伪造调用 IP 来源，通过伪造为正常用户的请求等手段实现信息抓取，但是，其并未就上述主张提供任何证据加以证明，尚未达到一定的证明程度从而发生举证责任转移的情形。在上诉人淘友技术公司、淘友科技公司提供初步证据证明其通过接口获得相关数据的情况下，本院根据"谁主张谁举证"的举证责任分配的一般规则，被上诉人微梦公司由于缺乏证据证明上诉人淘友技术公司、淘友科技公司系统过 OpenAPI 接口非法抓取相关信息，故其应当承担举证不能的不利后果。因此，本院推定上诉人淘友技术公司、淘友科技公司是通过 OpenAPI 方式获取新浪微博用户的职业信息、教育信息。一审法院就上诉人淘友技术公司、淘友科技公司如何获取职业信息、教育信息的技术手段没有查明，就直接认定"不论二被告采取何种技术措施，都能认定二被告在双方合作期间存在抓取涉案新浪微博用户职业信息、教育信息的行为"不妥，本院予以纠正。

此外，从本案中被上诉人微梦公司的举证情况可以看出，作为拥有上亿用户的大型社交网络平台的运营主体，其网站后台记录却未能保留全部获取/抓取日志，对于是否被爬虫抓取或通过其他手段抓取相关用户信息均存在举证不能的情况，这暴露出被上诉人微梦公司作为大型互联网运营平台对于用户信息保护的责任意识与技术水平十分欠缺，亟待提高。互联网时代，保护用户信息是互联网企业的社会责任。互联网企业应当采取相应的技术措施反爬虫抓取用户数据信息并在后台就所有爬虫记录留存。同时，本案亦暴露出 OpenAPI 合作开发模式存在的不足。OpenAPI 是一种新型的互联网应用开发模式，是伴随着互联网技术的发展，实现信息资源共享的新途径。OpenAPI 的优势在于开放了资源的外部访问、调用，提供资源共享的机会，同时，也保护了资源提供者，仅提供接口用于有限数量和频度的获取。OpenAPI 需要平台提供方能够通过权限控制实现对数据调用内容、数量及频度的控制。本案中，被上诉人微梦公司作为 OpenAPI 平台提供方，在其认为没有授予上诉人淘友技术公司、淘友科技公司相应权限的情况下，上诉人淘友技术公司、淘友科技公司已然通过 OpenAPI 接口获取了相应信息，暴露出被上诉人对于 OpenAPI 权限控制的漏洞。同时，从技术上讲，应用开发者通过 OpenAPI 平台调用数据，平台系统可通过检测响应时间和 Http 响应的状态码，获得相应时间和可用性，通过综合可用性的历史信息，得到该 OpenAPI 当前的稳定性指标。但是，被上诉人微梦公司不仅在与上诉人淘友技术公司、淘友科技公司合作期间没有发现其用户的教育信息和职业信息通过 OpenAPI 接口被调用，在诉讼中提交的证据亦不能完整呈现通过 OpenAPI 接口调取相关数据的记录。被上诉人微梦公司经营的新浪微博拥有数亿用户，通过 OpenAPI 向众多第三方应用软件提供接口，其在 OpenAPI 接口控制权限的设置、信息通过 OpenAPI 接口调用的检测以及调用过程的记录等方面存在严重的缺陷。因此，鉴于 OpenAPI 合作开发模式的巨大潜力以及在互联网大数据时代的积极作用，互联网企业在运用 OpenAPI 开展合作开发时，不仅应将用户数据信息作为竞争优势加以保护，还应将保护用户数据信息作为企业的社会责任，采取相应的技术措施提升 OpenAPI 合作模式中相应权限的控制，不断完善 OpenAPI 合作模式。

（二）上诉人淘友技术公司、淘友科技公司获取并使用新浪微博用户信息的行为是否构成不正当竞争行为

最高人民法院在（2009）民申字第 1065 号"山东省食品进出口公司等与青岛圣克达诚贸易有限公司等不正当竞争纠纷再审案"中提出，适用《反不正当竞争法》第二条认定构成不正当竞争应当同时具备以下条件：1. 法律对该种竞争行为未作出特别规定；2. 其他经营者的合法权益确因该竞争行为而受到了实际损害；3. 该种竞争行为因确属违反诚实信用原则和公认的商业道德而具有不正当性。基于互联网行业中技术形态和市场竞争模式与传统行业存在显著差别，为保障新技术和市场竞争模式的发展空间，本院认为在互联网行业中适用《反不正当竞争法》第二条更应秉持谦抑的司法态度，在满足上述三个条件外还需满足

以下三个条件才可适用：4. 该竞争行为所采用的技术手段确实损害了消费者的利益，例如：限制消费者的自主选择权、未保障消费者的知情权、损害消费者的隐私权等；5. 该竞争行为破坏了互联网环境中的公开、公平、公正的市场竞争秩序，从而引发恶性竞争或者具备这样的可能性；6. 对于互联网中利用新技术手段或新商业模式的竞争行为，应首先推定具有正当性，不正当性需要证据加以证明。由此，本院分析如下：

1. 上诉人淘友技术公司、淘友科技公司获取并使用新浪微博用户的职业信息和教育信息的行为是否违反《开发者协议》

如前所述，OpenAPI 是一种互联网应用开发模式，新浪微博通过 OpenAPI 途径，让第三方应用可以在用户授权的前提下，通过相应接口获取相关信息。OpenAPI 通过《开发者协议》来约定双方的权利义务，同时，亦通过该协议来实现对用户数据信息的保护。从技术上讲，OpenAPI 通过权限控制实现对用户的角色分配进而实现对数据控制的目的。

本案中，经（2015）京中信内经证字第 13983 号公证书中显示，在页面中搜索"career"，出现"获得用户职业信息"的 URL 地址、支持格式、HTTP 请求方式等信息，同时显示需要登录、访问授权限制的访问级别为"高级接口（需要授权）"、有频次限制。从被上诉人微梦公司提供的双方合作期间脉脉获取的接口权限可知，脉脉在 OpenAPI "合作级"中没有获得属于"高级"内容的职业信息及教育信息的权限。庭审中，上诉人淘友技术公司、淘友科技公司认可其并没有全面阅读《开发者协议》内容，不清楚自己无权获取用户的职业信息、教育信息的接口权限，只是利用现有技术最大限度地获取信息，只有在无法获取相关数据时才会提交接口申请。同时，其主张获取并使用用户的职业信息、教育信息正是脉脉作为职场社交软件最核心的功能之一，脉脉软件获取并使用用户的职业信息、教育信息属于为程序运行和实现功能之必要目的，符合《开发者协议》的约定。

首先，从《开发者协议》的内容来看，在开发者的权利和义务中约定，2.2 与微梦公司开展合作的开发者，其行为受本协议及微博开放平台规则及微博平台上公示的规则、制度、规范的约束。开发者必须合法使用微梦公司授予其应用的 AppKey，不得违反本协议宗旨将该 AppKey 用于其他任何目的。AppKey 是第三方应用接入微博平台的凭证。同时，约定 2.5.1 开发者应用或服务需要收集用户数据的，必须事先获得用户的同意，仅应当收集为应用程序运行及功能实现目的而必要的用户数据和用户在授权网站或开发者应用生成的数据或信息。开发者应当告知用户相关数据收集的目的、范围及使用方式，以保障用户的知情权。由此可见，基于《开发者协议》内容的约定，上诉人淘友技术公司、淘友科技公司可以出于应用程序运行及功能实现之目的事先取得用户同意，就所需的用户相关信息按照 OpenAPI 接口规则要求取得。

其次，从（2015）京中信内经证字第 13983 号公证书公证的内容来看，在"获得用户职业信息"的访问授权权限中明确写明访问级别是高级接口（需要授权），同时，在该公证书中亦体现出上诉人淘友技术公司、淘友科技公司已有接口为 27 组，结合被上诉人微梦公司对于该 27 组接口的具体解释，其中"用户普通读取接口"的权限仅为"用户的信息获取接口，可以读取到用户的头像、昵称等信息，但无法读取到用户较为隐私的高级信息内容，比如：用户的职业，教育信息等"。由此可见，现有证据表明上诉人淘友技术公司、淘友科技公司通过《开发者协议》并没有获得读取用户的职业信息和教育信息的权限。此外，《开发者协议》约定"用户同意"与"获得的是为应用程序运行及功能实现目的而必要的用户数据"之间是并列的两个条件，而非选择性条件。第三方通过OpenAPI获得用户信息时必须取得用户的同意，用户的同意必须是具体的、清晰的，是用户在充分知情的前提下自由做出的决定。关于获取的用户信息应坚持最少够用原则，即网络运营者不得收集与其提供的服务无关的个人信息，即收集信息限于为了应用程序运行及功能实现目的而必要的用户数据。

最后，从主观状态来讲，上诉人淘友技术公司、淘友科技公司明知自己是基于《开发者协议》从而可以通过OpenAPI获取用户信息，但却无视《开发者协议》的具体内容约定，通过技术手段获得用户数据信息，其主观上具有一定的过错。同时，上诉人淘友技术公司、淘友科技公司对于用户数据信息的获取以技术的最大能力为范围，对技术的应用不加人为理性的控制，不仅忽视双方之间的《开发者协议》约定的内容及OpenAPI合作模式的基本原则，还涉及对于用户数据信息的不当利用。通过上诉人淘友技术公司、淘友科技公司的宣传可知脉脉软件是专业的交友平台，职场圈子及职场人脉是其特色亦是主要竞争力，获取用户的职业信息和教育信息对其非常重要。因此，上诉人淘友技术公司、淘友科技公司理应对其能否获得用户的职业信息和教育信息负有更高的注意义务，在获取用户职业信息和教育信息时明知或应知需要"高级接口（需要授权）"的情况下仍放任技术的抓取能力而获取相应信息，不仅破坏了基于《开发者协议》建立起来的OpenAPI合作模式，还容易引发"技术霸权"的恶性竞争，即只要技术上能够获取的信息就可以任意取得，从而破坏了互联网的竞争秩序。法律对该种竞争行为未作出特别规定，但是，诚实遵守《开发者协议》的其他经营者及作为数据开放平台的微梦公司的合法权益确因该竞争行为而受到了实际损害，任由技术抓取能力获取信息的方式如果不加规范必将引发技术的恶性竞争。法律鼓励技术创新，给予技术发展的空间，同时，法律亦应为技术的发展提供指引。

2. 上诉人淘友技术公司、淘友科技公司获取并使用非脉脉用户的新浪微博信息的行为是否违反《开发者协议》

本案中，一审法院认定与所对应的新浪微博用户信息相同或基本相同的脉脉用户一度人脉中出现的非脉脉用户的头像、名称、职业、教育、个人标签等信息来源于新浪微博，上诉人淘友技术公司、淘友科技公司在二审期间对此并未否认，但认为其获取前述信息并未违反《开发者协议》或《脉脉服务协议》，从而具有合法性。

从《开发者协议》约定的内容来看，第2.5条约定开发者应用或服务需要收集用户数据的应当符合以下条件：2.5.1开发者应用或服务需要收集用户数据的，必须事先获得用户的同意，仅应当收集为应用程序运行及功能实现目的而必要的用户数据和用户在授权网站或开发者应用生成的数据或信息。开发者应当告知用户相关数据收集的目的、范围及使用方式，以保障用户的知情权。因此，上诉人淘友技术公司、淘友科技公司获取新浪微博用户的相关信息应事前获得用户的同意。《脉脉服务协议》在"第三方平台记录信息"中约定，"用户通过新浪微博账号、QQ账号等第三方平台账号注册、登录、使用脉脉服务的，将被视为用户完全了解、同意并接受淘友公司已包括但不限于收集、统计、分析等方式使用其在新浪微博、QQ等第三方平台上填写、登记、公布、记录的全部信息。用户一旦使用第三方平台账号注册、登录、使用脉脉服务，淘友公司对该等第三方平台记录的信息的任何使用，均将被视为已经获得了用户本人的完全同意并接受。"暂且不论该格式合同中对于取得用户同意收集相关数据信息的方式是否适当，从该约定本身亦仅能解读出用户通过新浪微博账号登录脉脉应用时，其在新浪微博上填写、登记、公布、记录的信息将被脉脉所收集并使用，但并不能得出脉脉软件可以直接收集并使用非脉脉用户的微博信息。上诉人淘友技术公司、淘友科技公司未取得用户许可获取并使用涉案非脉脉用户的相关新浪微博信息违反了《开发者协议》的约定。

3. 上诉人淘友技术公司、淘友科技公司获取并使用非脉脉用户新浪微博信息的行为是否符合诚实信用原则和商业道德

认定竞争行为是否违背诚信或者商业道德，往往需要综合考虑经营者、消费者和社会公众的利益，需要在各种利益之间进行平衡。商业上的诚信是最大的商业道德。在判断商业交易中的"诚信"时，需要综合考虑经营者、消费者和社会公众的不同利益，判断一种行为是否构成不正当竞争需要进行利益平衡。在认定一种行为是"正当"或者"不正当"时，对经营者、消费者和社会公众三者利益的不同强调将直接影响着对行为的定性。根据我国《反不正当竞争法》第一条规定的立法目的可知，反不正当竞争法是为了保障社会主义市场经济健康发展，鼓励和保护公平竞争，制止不正当竞争行为，保护经营者和消费者的合法权益。由此可见，在我国市场竞争行为中判断某一行为是否正当需要综合考虑经营者和消费者的合法权益。不正当性不仅仅是针对竞争者，不当地侵犯消费者利益或者侵害了公众利益的行为都有可能被认定为行为不正当。在具体案件中认定不正当竞争行为，要从诚实信用标准出发，综合考虑涉案行为对竞争者、消费者和社会公众的影响。

《国家信息化发展战略纲要》明确指出，"信息资源日益成为重要的生产要素和社会财富。"数据是新治理和新经济的关键。在信息时代，数据信息资源已经成为重要的资源，是竞争力也是生产力，更是促进经济发展的重要动力。大数据持续激发商业模式创新，不断催生新业态，已成为互联网等新兴领域促进业务创新增值、提升企业核心价值的重要驱动力。在信息网络上开展各种专业化、社会化的应用，以利于人类谋求福利，才是其目的。然而，在新兴的信息网络社会中，建立良好的秩序，却远比信息技术规范的实施要复杂得多，仅仅依靠技术手段和自律规则，是不能完全胜任的，必要时应从法律的层面进行规范。

OpenAPI 开发合作模式是在互联网环境下实现数据信息资源共享的新途径。《开发者协议》是约束 OpenAPI 合作双方的协议，双方均应本着平等互利、诚实信用、保护用户利益的基本原则进行合作。同时，互联网中用户即是消费者，对用户合法利益的保护是每一个互联网企业的责任。从国内相关规定来看，《中华人民共和国消费者权益保护法》（简称《消费者权益保护法》）第二十九条规定："经营者收集、使用消费者个人信息，应当遵循合法、正当、必要的原则，明示收集、使用信息的目的、方式和范围，并经消费者同意。经营者收集、使用消费者个人信息，应当公开其收集、使用规则，不得违反法律、法规的规定和双方的约定收集、使用信息"。《全国人民代表大会常务委员会关于加强网络信息保护的决定》(2012 年 12 月 28 日第十一届全国人民代表大会常务委员会第三十次会议通过) 第二条规定："网络服务提供者和其他企业事业单位在业务活动中收集使用公民个人电子信息，应当遵循合法、正当、必要的原则，明示收集、使用信息的目的、方式和范围，并经被收集者同意，不得违反法律、法规的规定和双方的约定收集、使用信息"。从上述规定可以看出，网络服务提供者收集、利用用户信息应当遵循合法、正当、必要的原则并经被收集者同意。此外，国际上关于个人信息保护方面的主要法律文本，例如 OECD 隐私框架、APEC 隐私框架、欧盟《通用数据保护条例》（General Data Protection Regulation）、欧美"隐私盾"协议（Privacy Shield）、美国"消费者隐私权法案（讨论稿）"（Consumer Privacy Bill of Rights Act of 2015）等亦规定，商业化利用个人信息必须告知用户并取得用户的同意。因此，互联网中，对用户个人信息的采集和利用必须以取得用户的同意为前提，这是互联网企业在利用用户信息时应当遵守的一般商业道德。在大数据和云计算的时代，包括个人信息在内的数据，只有充分地流动、共享、交易，才能实现集聚和规模效应，最大程度地发挥价值。但数据在流动、易手的同时，可能导致个人信息主体及收集、使用个人信息的组织和机构丧失对个人信息的控制能力，造成个人信息扩散范围和用途的不可控。因此，在涉及个人信息流动、易手等再利用时应给予用户、数据提供方保护及控制的权利。同时，尊重个体对个人信息权利的处分和对新技术的选择，是在个人信息保护和大数据利用的博弈中找到平衡点的重要因素。

故，OpenAPI 开发合作模式中数据提供方向第三方开放数据的前提是数据提供方取得用户同意，同时，第三方平台在使用用户信息时还应当明确告知用户其使用的目的、方式和范围，再次取得用户的同意。因此，在 OpenAPI 开发合作模式中，第三方通过 OpenAPI 获取用户信息时应坚持"用户授权"＋"平台授权"＋"用户授权"的三重授权原则。

本案中，被上诉人微梦公司通过 OpenAPI 开放接口与上诉人淘友技术公司、淘友科技公司合作，虽然其对于 OpenAPI 开放接口权限管理、检测、维护等方面存在技术及管理等问题，导致上诉人淘友技术公司、淘友科技公司可以通过技术手段获取用户的职业信息和教育信息，但是，上诉人淘友技术公司、淘友科技公司并没有基于《开发者协议》在取得用户同意的情况下读取非脉脉用户的新浪微博信息，其获取前述信息的行为没有充分尊重《开发者协议》的内容，未能尊重用户的知情权及自由选择权，一定程度上破坏了 OpenAPI 合作开发模式。互联网技术飞速发展，各种新型的开发模式及应用不断涌现，这其中难免会出现技术的不足或管理的缺陷，当面临可能触及消费者利益时，诚实的网络经营者应当本着诚实信用的原则，遵守公认的商业道德，以保护消费者的利益为优先选择，而不是任凭技术的能力获得相关的数据信息或竞争优势。在大数据时代，如何对用户数据信息进行保护以及如何进行合法的商业化利用必将成为重要的课题，这需要所有网络经营者及互联网参与者的共同努力。

（三）被上诉人微梦公司是否可以就第三方应用使用其用户数据的不正当行为主张自身权益的问题

上诉人淘友技术公司、淘友科技公司主张其获取并使用非脉脉用户的新浪微博信息，就非脉脉用户相关信息的权利主张应当由用户提出，微梦公司不能就此主张权益。对此，本院认为，一种行为如果损害了消费者的权益但没有对公平竞争秩序构成损害，则不属于不正当竞争行为，消费者可以通过其他法律维护自己的权益，不正当竞争必然与竞争行为联系在一起。

随着互联网科技的高速发展，数据价值在信息社会中凸显得尤为重要。对企业而言，数据已经成为一种商业资本，一项重要的经济投入，科学运用数据可以创造新的经济利益。互联网络中，用户信息已成为今后数字经济中提升效率、支撑创新最重要的基本元素之一。因此，数据的获取和使用，不仅能成为企业竞争优势的来源，更能为企业创造更多的经济效益，是经营者重要的竞争优势与商业资源。需要明确的是上述数据均为征得用户同意收集并在用户同意的前提下进行使用的数据。本案中，被上诉人微梦公司经营的新浪微博兼具社交媒体网络平台和向第三方应用提供接口开放平台的身份，通过其公司多年经营活动积累了数以亿计的微博用户，这些用户根据自身需要及新浪微博提供的设置条件，公开、向特定人公开或不公开自己的基本信息、职业、教育、喜好等特色信息。经过用户同意收集并进行商业利用的用户信息不仅是被上诉人微梦公司作为社交媒体平台开展经营活动的基础，也是其向不同第三方应用提供平台资源的重要商业资源。新浪微博将用户信息作为其研发产品、提升企业竞争力的基础和核心，实施开放平台战略向第三方应用有条件地提供用户信息，目的是保护用户信息的同时维护新浪微博自身的核心竞争优势。第三方应用未经新浪微博用户及新浪微博的同意，不得使用新浪微博的用户信息。本案中，上诉人淘友技术公司、淘友科技公司未经新浪微博用户的同意，获取并使用非脉脉用户的新浪微博信息，节省了大量的经济投入，变相降低了同为竞争者的新浪微博的竞争优势。对社交软件而言，存在明显的用户网络效应，使用用户越多则社交软件越有商业价值。脉脉作为提供职场动态分享、人脉管理、人脉招聘、匿名职场八卦等功能的交友平台，用户信息更是其重要的商业资源，其掌握用户的数量与其竞争优势成正相关。上诉人淘友技术公司、淘友科技公司获取并使用非脉脉用户的新浪微博信息，无正当理由地截取了被上诉人微梦公司的竞争优势，一定程度上侵害了被上诉人微梦公司的商业资源，被上诉人微梦公司基于其 OpenAPI 合作开发提供数据方的市场主体地位，可以就开发方未按照《开发者协议》约定内容、未取得用户同意、无正当理由使用其平台相关数据资源的行为主张自己的合法权益。

（四）上诉人淘友技术公司、淘友科技公司与被上诉人微梦公司合作关系结束后，上诉人淘友技术公司、淘友科技公司是否存在非法使用新浪微博用户信息的行为

被上诉人微梦公司在一审中主张，其与上诉人淘友技术公司、淘友科技公司2014年8月15日合作关系结束后，上诉人仍存在使用新浪微博用户信息的行为。上诉人淘友技术公司、淘友科技公司在一审中对此予以否认。二审中，被上诉人微梦公司认可上诉人不再使用新浪微博用户的头像，但仍在使用新浪微博用户的职业信息和教育信息。对此，上诉人淘友技术公司、淘友科技公司称，双方终止合作之后，脉脉已对从新浪微博获取的非脉脉注册用户的信息进行了清理，但在2014年9月之前，由于技术上存在bug（被其他人实施发消息、贴标签、加好友等操作的非注册用户会被误认为是注册用户），导致脉脉的二度人脉中可能还有部分非脉脉注册用户的信息，但是该部分信息已在2014年9月之后清理完毕。上诉人淘友技术公司、淘友科技公司的专家辅助人徐俊解释了脉脉对从新浪微博获取的用户信息的具体清理过程如下：1. 2014年8月结束与新浪微博的合作后，脉脉首先删除了从新浪微博导入的非注册用户职业信息、教育信息，但保留了协同过滤算法的计算结果，这个过程大约耗时1个月时间；2. 当发现通过新浪微博接口获取的职业信息、教育信息与通过协同过滤算法计算得到的结果难以区分时，脉脉立即将非注册用户的职业信息、教育信息全部予以删除；3. 2015年初，为了完全清除新浪微博的数据，脉脉删除了从新浪微博接口获取的非注册用户的昵称和头像；4. 最后，当发现非脉脉注册用户除工作经历之外，其个人资料中的公司、职位信息仍有可能包含从新浪微博接口获取的结果，脉脉再次对该部分数据进行了清理。上诉人淘友技术公司、淘友科技公司称，其在清理的过程中始终遵循一旦发现bug，便立即进行进一步清理、改进的原则，截至2015年1月，上诉人淘友技术公司、淘友科技公司已将从新浪微博接口获取的用户信息全部清理完毕。

对此，本院认为，根据上诉人淘友技术公司、淘友科技公司与被上诉人微梦公司双方签订的《开发者协议》第2.5.15条约定：一旦开发者停止使用开放平台或微梦公司基于任何原因终止对开发者在微博开放平台的服务，开发者必须立即删除全部从微博开放平台中获得

的数据。上诉人淘友技术公司、淘友科技公司与被上诉人微梦公司于2014年8月15日合作关系结束后，上诉人淘友技术公司、淘友科技公司应立即删除从新浪微博开放平台中获得的全部数据，无权再使用新浪微博用户的信息。本案中，从现有证据来看，在双方合作终止后数月期间，脉脉软件中仍存在大量新浪微博用户基本信息，虽然脉脉从新浪微博获取的职业信息及教育信息数量达到500万左右，立即删除500万的数据在技术操作上确实不易，且上诉人淘友技术公司、淘友科技公司承认在其数据清理过程中技术存在bug，导致脉脉中仍显示部分非脉脉用户的新浪微博用户信息。但是，不可否认的是，上诉人淘友技术公司、淘友科技公司在清理相关数据期间，仍在持续使用相关数据信息。因此，一审法院认定合作关系结束后，上诉人淘友技术公司、淘友科技公司仍存在非法使用新浪微博用户信息的行为并无不当。上诉人淘友技术公司、淘友科技公司主张在合作结束后，其已按照《开发者协议》的约定删除从新浪微博获取的相关用户信息，并不存在合作结束后非法使用新浪微博用户信息的行为的主张缺乏依据，本院不予支持。但是，本院对于上诉人淘友技术公司、淘友科技公司能够在合作结束后对于数据进行清理并不断完善清理技术和方案的行为给予肯定。

综上所述，本院认为，上诉人淘友技术公司、淘友科技公司获取新浪微博信息的行为存在主观过错，违背了在OpenAPI开发合作模式中，第三方通过OpenAPI获取用户信息时应坚持"用户授权"＋"平台授权"＋"用户授权"的三重授权原则，违反了诚实信用原则和互联网中的商业道德，故，上诉人淘友技术公司、淘友科技公司获取并利用新浪微博用户信息的行为不具有正当性。

二、上诉人淘友技术公司、淘友科技公司获取、使用脉脉用户手机通讯录联系人与新浪微博用户对应关系的行为是否构成不正当竞争行为

二审期间，上诉人淘友技术公司、淘友科技公司坚持认为其从未展示脉脉用户手机通讯录联系人与新浪微博用户的对应关系，其获取该对应关系并非通过手机号进行匹配，且获取和使用该对应关系并未侵犯新浪微博的竞争利益，亦未损害新浪微博用户的信息安全。对此，本院认为判断上诉人淘友技术公司、淘友科技公司获取、使用脉脉用户手机通讯录联系人与新浪微博用户对应关系的行为是否构成不正当竞争行为，具体可以从以下两方面进行分析：

（一）上诉人淘友技术公司、淘友科技公司是否展示了手机通讯录联系人与新浪微博用户的对应关系以及其如何实现该对应关系

庭审中，上诉人淘友技术公司、淘友科技公司称其并未展示手机号与新浪微博账号的对应关系，其通过协同过滤算法匹配到对应关系后，是将用户的头像信息、标签信息、职业信息、教育信息展现在人脉详情中，且好友名称仅显示通讯录名称而非新浪微博账号。事实上，脉脉并未披露手机通讯录联系人的新浪微博账号，是该新浪微博用户对其个人信息未设置隐私策略，选择完全对公众公开，才使得脉脉能够通过OpenAPI接口获取到新浪微博用户信息，并使得该用户信息能够通过网络搜索引擎搜索到。

1. 关于脉脉展示新浪微博用户信息的方式，上诉人淘友技术公司、淘友科技公司的专家辅助人徐俊进行了具体解释：

（1）脉脉获取新浪微博用户信息后是如何使用的？

①对于脉脉用户，将其在新浪微博的头像、职业信息、教育信息、标签信息填写到其个人资料中。②对于脉脉用户的手机通讯录联系人，通过协同过滤算法将新浪微博用户与该手

机通讯录联系人进行匹配，如算法认为是同一个人，则将该新浪用户的头像、职业信息、教育信息、标签信息展示在其人脉详情中；如算法未匹配出任何一个新浪微博好友与该脉脉用户手机通讯录联系人的对应关系，则仅将脉脉用户的微博好友昵称、头像、职业信息、教育信息、标签信息展示在该好友的人脉详情中。③对于好友的好友，即通过共同认识至少一个好友而建立的二度人脉，按照上述方式将其新浪微博的头像、职业信息、教育信息、标签信息展示在其人脉详情中。

（2）上述展示新浪微博用户信息的方式，是否展示了用户新浪微博的昵称？

除非脉脉用户的一度人脉仅仅是通过其新浪微博好友建立的联系，而该脉脉用户并未存储该好友的手机号，则一度人脉中显示其微博好友的微博昵称。除此之外，只要手机通讯录存储了联系人的姓名，则即使脉脉通过协同过滤算法匹配出该通讯录联系人与微博用户的对应关系，也不会将微博用户昵称展示在其一度人脉中，而是展示通讯录联系人的名称。

（3）协同过滤算法如何匹配出手机通讯录联系人与新浪微博用户的对应关系？

通过手机通讯录联系人存储的姓名、头像、邮箱等信息与新浪微博用户的备注名称、头像、邮箱信息进行匹配，如发现一致，则算法会认为该新浪微博用户与该手机通讯录存储的联系人为同一个人，并将该用户在新浪微博的职业信息、教育信息、标签等信息展示在一度人脉该联系人的人脉详情中。

2. 关于脉脉展示新浪微博用户信息的方式，被上诉人微梦公司的意见为：

（1）协同过滤算法必须基于一定数量及质量的信息

协同过滤算法必须基于一定数量及质量的信息才能计算分析出其他相关信息。本案中，上诉人淘友技术公司、淘友科技公司提供的手机通讯录与微博账号对应关系的准确率高达85%以上，协同过滤算法目前是几乎不可能实现这么高的准确率。

①根据当前整个行业技术发展水平，要取得如此高的准确度从技术上是难以实现的。就目前的行业发展整体水平来看，业界使用协同计算可达到的准确率在80%左右，尚未出现行之有效的可以使准确率达到85%～90%的计算方法。虽然业内许多企业投入了大量人力物力以提高计算的准确率，但都还未发现可以大规模应用到生成环境中的方式。就脉脉自身技术水平而言，淘友公司使用的方法仅为业界普通的方法。换言之，并不存在即使缺少物料也能得出高准确率的可能。微梦公司经营的新浪微博在拥有5亿用户的大规模物料基础上，其通过协同计算可达到的准确率也仅为80%左右。而脉脉既不拥有大量物料，也不具备高水平计算方法，其声称的85%～90%的准确率明显不足为信。②使用协同过滤算法需要大量的基础信息，只有用户数据充足的情况下才有条件进行协同过滤计算。上诉人淘友技术公司、淘友科技公司作为行业内的年轻企业，其初期注册用户仅为百万，这不足以作为协同计算的基础。③进行协同计算还需要较高准确度和关联度的信息。本案中，上诉人淘友技术公司、淘友科技公司获得的用户信息与其最终展现的通讯录和微博对应关系并不具有较高关联度。例如，通常通讯录中的名称、头像、标签等信息是存储该联系人的手机用户自主添加的，与该联系人在微博实际使用的昵称等信息通常不会高度近似；再如，手机通讯录中存储他人邮箱，往往是为便利工作而关联的工作邮箱，但微博用户注册账号时通常会使用个人邮箱，二者匹配性较差。④无法通过协同计算得出个性化职业信息及具体职位信息。根据协同计算的基本原理可知，数据挖掘的结果一定是基于现有数据统计规律推理和总结得出，正如上诉人淘友技术公司、淘友科技公司专家辅助人举例说明，根据一个人的好友中有许多人都

是清华毕业，则推定该人可能也是清华毕业。然而，在脉脉软件中显示的用户职业有诸如"芍药居长老"这样的个性化职业名称，显然，该用户不可能拥有数个"芍药居长老"的好友，这样的职业无法通过协同计算得出。此外，使用协同计算也无法得出用户的具体职位信息。协同计算是基于信息的共性来推算出目标用户信息的，而这种共性显然不会出现在职位信息中。由于一个公司某一职位具有唯一性，不可能依据某用户的好友都是某公司经理，从而推断该用户也是某公司经理。

因此，被上诉人微梦公司认为在技术及基础信息都无法满足标准的情况下，上诉人淘友技术公司、淘友科技公司很难通过协同过滤计算法得出精准度如此之高的通讯录和微博的对应关系。

（2）即使淘友公司进行协同计算的事实成立，其使用的基础数据仍是从新浪微博非法获取的用户信息

根据前述的协同计算原理，挖掘某一类型数据，只能依据同类型基础数据进行计算。具体而言，若要计算用户的职业、教育信息，只能依据该用户好友的职业、教育信息来推测。如果已经有了具体某个用户的职业、教育信息，再通过所谓协同过滤算法进行计算则无此必要。因此，淘友公司进行协同计算的事实即便成立，其使用的基础数据仍是从新浪微博非法获取的。

3. 关于脉脉展示新浪微博用户信息的方式之本院认定

在法院查明事实的基础上，结合双方当事人的专家辅助人对于手机通讯录联系人与新浪微博用户的对应关系的解释意见，本院认为，首先，可以确认脉脉用户手机通讯录中联系人在未注册脉脉账号的情况下，因为脉脉用户上传个人手机通讯录而使得该通讯录中联系人的新浪微博信息能够在脉脉用户的一度人脉中展现。其次，关于这种对应关系的获取方式，被上诉人微梦公司未能提供证据证明上诉人淘友技术公司、淘友科技公司实施了抓取新浪微博用户手机号码的行为，但是，其提供了协同过滤算法的目前发展状况说明以及相应的技术效果需要的条件，以此来论证上诉人淘友技术公司、淘友科技公司无法通过协同过滤算法实现如此高精准的计算结果以及极具个性化的匹配关系。对此，本院认可协同过滤算法确实可以计算出这种对应关系，亦不否认经过技术的改进或算法的提高，在具备一定条件的情况下可以实现高精准的计算结果甚至计算出极具个性化的匹配关系。但是，考虑到目前协同过滤算法的发展水平，上诉人淘友技术公司、淘友科技公司所拥有的基础数据情况及最终展现的对应关系的高度准确性、极具个性化特点的信息的对应关系等因素，上诉人淘友技术公司、淘友科技公司应就其如何实现本案中展示的高精准以及极具个性化的对应关系进行说明。本案中，上诉人淘友技术公司、淘友科技公司并未能就其所采用的协同过滤算法的具体计算方法、进行协同计算前如何辨别基础数据的准确性以及如何对基础数据进行筛选等问题进行说明，特别是没有就在新浪微博信息中未填手机号码的用户如何通过协同过滤算法，精准地计算出其与手机通讯录中联系人之间的对应关系进行说明。因此，根据证据优势原则，本院认为，上诉人淘友技术公司、淘友科技公司主张其全部对应关系均系通过协同过滤算法计算得出的依据不足，本院不予支持。最后，从脉脉用户注册程序及双方合作情况来看，脉脉软件在与新浪微博合作期间，仅能通过新浪微博账号注册登录或通过手机号码注册登录，且脉脉用户注册登录的前提是上传手机通讯录联系人，而大量新浪微博用户也通过手机号码注册登录。由此可见，通过手机号码将手机通讯录联系人与新浪微博用户相对应成为最直接、最高

效、最准确的方法。考虑到手机通讯录联系人与新浪微博用户的对应关系的高度准确性及极具个性化的微博信息亦能与相应的手机通讯录联系人相对应，在没有证据证明上诉人淘友技术公司、淘友科技公司采取了其他方式获取前述对应关系的情况下，本院依据举证规则及在案证据，推定上诉人淘友技术公司、淘友科技公司在获取手机通讯录联系人与微博信息对应关系时存在通过手机号码、其他类似手机号码的用户精准信息进行匹配的行为。一审法院从常理推断认定上诉人淘友技术公司、淘友科技公司系将用户上传的手机通讯录联系人手机号与其从新浪微博取得的用户手机号进行匹配的方法不当，对于技术问题的查明，法院应该充分运用举证规则，从证据优势的角度判断法律事实而不能直接基于常理进行推断。

（二）上诉人淘友技术公司、淘友科技公司展示用户通讯录联系人与新浪微博用户之间的对应关系的行为是否构成不正当竞争行为

上诉人淘友技术公司、淘友科技公司称其将脉脉用户手机通讯录与新浪微博用户进行对应的行为并未构成不正当竞争行为的主要理由有两方面：一方面，用户真实姓名、手机号及其微博账号的对应关系并非被上诉人微梦公司的重要经营利益所在。目前，注册新浪微博的方式有两种，一是通过手机号注册，二是通过邮箱注册。登录新浪微博的方式除了注册新浪微博的手机号或邮箱外，还可通过百度账号、QQ 账号、淘宝账号、联通沃邮箱账号登录。由于新浪微博用户注册和登录新浪微博账号的多样性，且其未必在其新浪微博个人资料页面填写手机号及真实姓名，因此，新浪微博并不一定能够获取用户真实姓名、手机号及其微博账号的对应关系。而且，作为一款社交媒体平台，新浪微博的主要功能在于用户通过平台进行创作、分享和查询信息、实时更新状态、并与其它用户进行沟通等，而新浪微博用户的真实姓名、手机号是基于用户自身意愿选择填写的内容，不填写该内容并不影响新浪微博功能的使用。大多数人出于隐私保护不会在新浪微博填写自己的真实姓名及手机号。因此，新浪微博无法掌握大部分用户在现实生活中的真实姓名及手机号，用户真实姓名、手机号及其微博账号的对应关系更不是被上诉人微梦公司的重要经营利益所在。另一方面，获取并使用手机通讯录联系人与新浪微博用户的对应关系本身并未损害新浪微博的竞争利益，未危害用户的信息安全，亦未违反相关法律法规或合同约定。因此，上诉人淘友技术公司、淘友科技公司的行为并未构成不正当竞争行为。

被上诉人微梦公司称，新浪微博是全方位公开的社交软件，并非每个用户都愿意将其真实姓名公开，或者将手机号与新浪微博完全对应。在现代生活中，将手机号提供给他人并不意味着用户希望将所有信息一并予以公开。脉脉未经用户同意擅自公开的行为，是对新浪微博用户隐私权益的极大侵害。上诉人淘友技术公司、淘友科技公司抗辩其并未直接展现新浪微博的相应链接，故没有展现对应关系。但由于上诉人淘友技术公司、淘友科技公司展现了头像信息、标签信息、教育信息、职业信息，第三方可以轻松定位真实的对应关系，导致新浪微博用户的个人信息被严重侵害。即使上诉人淘友技术公司、淘友科技公司没有展现链接，对于新浪微博和手机号对应关系应用本身也侵犯了用户权益及被上诉人微梦公司的利益。新浪微博与手机号对应关系属于非公开的信息，上诉人淘友技术公司、淘友科技公司即便通过技术手段自行获得了该对应关系，也不应使用并谋取商业利益。

本院认为，首先，上诉人淘友技术公司、淘友科技公司无论通过何种方式获取了新浪微博用户的头像信息、标签信息、职业信息、教育信息，其将该信息展现在脉脉软件的人脉详情中，虽然好友名称仅显示通讯录名称而非新浪微博账号，但对于微博用户而言，头像信

息、标签信息、职业信息、教育信息是用户的主要信息，上诉人淘友技术公司、淘友科技公司公开新浪微博用户的头像信息、标签信息、职业信息、教育信息，他人就可能由此对应新浪微博用户的账号信息。即使如上诉人淘友技术公司、淘友科技公司所言"脉脉未披露手机通讯录联系人的新浪微博账号，是该新浪微博用户对其个人信息未设置隐私策略，选择完全对公众公开……"，根据《开发者协议》2.5.1规定：开发者应用或服务需要收集用户数据的，必须事先获得用户的同意，仅应当收集为应用程序运行及功能实现目的而必要的用户数据和用户在授权网站或开发者应用生成的数据或信息。开发者应当告知用户相关数据收集的目的、范围及使用方式，以保障用户的知情权。新浪微博用户选择对公众公开个人信息，并不意味着上诉人淘友技术公司、淘友科技公司可以未经新浪微博用户的同意，获取用户头像信息、标签信息、职业信息、教育信息并展示在脉脉软件的人脉详情中。其次，上诉人淘友技术公司、淘友科技公司将微博用户的信息与脉脉用户上传的手机通讯录中的联系人进行对应关系的展示，使得在脉脉软件运行环境中非脉脉用户的微博信息进行了公开展示，而这样的展示并没有告知非脉脉用户亦未得到其同意，严重损害了非脉脉用户的知情权和选择权。最后，上诉人淘友技术公司、淘友科技公司实现将微博用户的信息与脉脉用户上传的手机通讯录中的联系人进行对应的方法中，存在通过获得微博用户手机号码进行匹配的情形。目前我国个人手机号实行实名登记，手机号码是微博用户的重要个人信息，获取、使用涉及到个人的重要信息或者敏感信息应得到用户的明确同意。无论上诉人淘友技术公司、淘友科技公司通过何种方式获得微博用户手机号码，其均未提供证据证明已经取得用户的明确同意。

因此，本院认为：第一，上诉人淘友技术公司、淘友科技公司的行为违反了诚实信用原则和公认的商业道德。如前所述，在互联网中涉及对用户信息的获取并使用的不正当竞争行为认定时，是否取得用户同意以及是否保障用户的自由选择是公认的商业道德。本案中，上诉人淘友技术公司、淘友科技公司作为市场经营主体，应当遵守公认的商业道德，履行《开发者协议》中规定的义务，在通过OpenAPI接口获得相关信息时应取得用户的同意。同时，新浪微博是否采取技术措施要求开发者应用提供其已经取得用户同意的证明，并不影响开发者应依照诚实信用原则履行《开发者协议》规定的告知义务。此外，脉脉通过用户上传手机通讯录展示非脉脉用户的微博信息，损害了非脉脉用户的知情权和选择权。第二，上诉人淘友技术公司、淘友科技公司将对应关系进行展示亦不属于行业惯例。上诉人淘友技术公司、淘友科技公司表示新浪微博、微信、人脉通、得脉等其他应用软件也展示涉案对应关系，但从（2015）京中信内经证字21390号公证书公证的内容来看，新浪微博、微信、人脉通、得脉软件中展示的对应关系是手机通讯录与其自身软件注册的关系，例如，微信中能够展示手机通讯录中的其他微信用户，并注明微信昵称，而并非展示手机通讯录与其他应用软件之间的对应关系。因此，现有证据不能证明上诉人淘友技术公司、淘友科技公司展示的对应关系符合行业惯例。第三，上诉人淘友技术公司、淘友科技公司获取并展示对应关系的行为损害了公平的市场竞争秩序，同时，一定程度上损害了被上诉人微梦公司的竞争利益。市场竞争主体在自由竞争时应遵守公认的商业道德，维护公平的市场秩序。本案中，上诉人淘友技术公司、淘友科技公司与被上诉人基于OpenAPI开发合作模式进行合作，双方均应遵守互联网环境中的商业道德，以诚实信用为原则，尊重用户隐私，保障用户的知情权和选择权，公平、平等地展开竞争，不得采取不正当手段损害公平公开公正的市场竞争秩序，侵犯对方的合法利益。在数据资源已经成为互联网企业重要的竞争优势及商业资源的情况下，互联网行业中，企业竞争力不仅体现在技术配备上，还体现在其拥有的数据规模上。大数据拥有者可以通过拥有的数据获得更多的数据从而将其转化为价值。对社交软件而言，拥有的用户越多将吸引更多的用户进行注册使用，该软件的活跃用户越多则越能创造出更多的商业机会和经济价值。新浪微博作为社交媒体平台，月活跃用户数达到亿人次，平均日活跃用户数达到千万人次，被上诉人微梦公司作为新浪微博的经营人，庞大的新浪微博用户的数据信息是其拥有的重要商业资源。用户信息作为社交软件提升企业竞争力的基础及核心，新浪微博在实施开放平台战略中，有条件地向开发者应用提供用户信息，坚持"用户授权"＋"新浪授权"＋"用户授权"的三重授权原则，目的在于保护用户隐私同时维护企业自身的核心竞争优势。脉脉应用于 2013 年 10 月底上线，是一款基于移动端的人脉社交应用，通过分析用户的新浪微博和通讯录数据，帮助用户发现新的朋友，并且可以使他们建立联系。但是，上诉人淘友技术公司、淘友科技公司违反《开发者协议》，未经用户同意且未经被上诉人微梦公司授权，获取新浪微博用户的相关信息并展示在脉脉应用的人脉详情中，侵害了被上诉人微梦公司的商业资源，不正当地获取竞争优势，这种竞争行为已经超出了法律所保护的正当竞争行为。

综上，上诉人淘友技术公司、淘友科技公司未经新浪微博用户的同意及新浪微博的授权，获取、使用脉脉用户手机通讯录中非脉脉用户联系人与新浪微博用户对应关系的行为，违反了诚实信用原则及公认的商业道德，破坏了 OpenAPI 的运行规则，损害了互联网行业合理有序公平的市场竞争秩序，一定程度上损害了被上诉人微梦公司的竞争优势及商业资源，根据《反不正当竞争法》第二条的规定，上诉人淘友技术公司、淘友科技公司展示对应关系的行为构成不正当竞争行为。

三、上诉人淘友技术公司、淘友科技公司实施的涉案行为是否构成对被上诉人微梦公司的商业诋毁

《反不正当竞争法》第十四条规定：经营者不得捏造、散布虚伪事实，损害竞争对手的商业信誉、商品声誉。商业诋毁有三个构成要件：（1）主体是经营者；（2）行为是捏造、散布虚伪事实；（3）后果是损害竞争对手的商业信誉、商品声誉。

本案中，上诉人淘友技术公司、淘友科技公司与被上诉人微梦公司同为社交软件的经营者，软件的功能及用户群体存在重叠，符合商业诋毁行为的主体要件。关于被诉行为是否构成商业诋毁的行为要件，可以从以下四个方面进行判断：（1）披露原告负面信息时，存在虚构、歪曲、夸大等情形，误导相关公众对原告作出负面评价的；（2）披露原告负面信息时，虽能举证证明该信息属客观、真实，但披露方式显属不当，且足以误导相关公众从而产生错误评价的；（3）以言语、奖励积分、提供奖品或者优惠服务等方式，鼓励、诱导网络用户对原告作出负面评价的；（4）其他构成商业诋毁的情形。本案中，（2014）京长安内经证字第 23764 号公证书中《脉脉遭新浪微博封杀：创业者如何同巨头共舞》报道了上诉人淘友技术公司、淘友科技公司的法定代表人林凡的微博内容："我的人生面临过很多次纠结，但这一次选择，只用了 1 秒钟。理由很朴素：用户在脉脉的隐私资料，不可能在未经用户授权的情况下，以任何形式、任何理由，提供给任何第三方。脉脉决定：关闭微博登录……"此外，上诉人淘友技术公司、淘友科技公司在脉脉网站、脉脉软件及第三方网站上发表声明"因新浪微博今日要求交出用户数据才能继续合作，我们拒绝接受……用户隐

私是底线，脉脉无法接受与用户数据有关的任何要求，我们选择关闭微博登录！"所用配图有新浪微博标识被加禁止符号。对此，本院认为，上诉人淘友技术公司、淘友科技公司披露双方终止合作的方式显属不当，上诉人淘友技术公司、淘友科技公司没有客观、完整地呈现双方终止合作的前因后果，上诉人淘友技术公司、淘友科技公司及其法定代表人的公开声明中的表达将会误导新浪微博用户及其他相关公众对被上诉人微梦公司产生泄露用户信息及以交换用户数据为合作条件的错误评价，故上诉人淘友技术公司、淘友科技公司的前述行为符合商业诋毁的行为要件。大数据时代，用户数据安全是每一个网络用户关心的问题，也是整个互联网行业普遍关注的问题，互联网企业保护用户数据安全是企业的法律责任、社会责任也是用户选择其提供服务考虑的重要因素。自媒体时代网络的发达便捷使得互联网信息传播速度非常快，上诉人淘友技术公司、淘友科技公司公开发表的声明中称"新浪微博今日要求交出用户数据才能继续合作"等内容可能在短时间内就会广泛传播，进而可能误导相关公众认为被上诉人微梦公司泄露用户信息并试图不正当使用用户数据从而导致新浪微博的信用度降低，影响被上诉人微梦公司的商业信誉，故上诉人淘友技术公司、淘友科技公司的前述行为符合商业诋毁行为的后果要件。

综上，上诉人淘友技术公司、淘友科技公司在公开声明中没有客观、完整地呈现双方终止合作的前因后果，披露方式显属不当，将会误导新浪微博用户及其他相关公众对被上诉人微梦公司产生泄露用户信息、非法获取用户信息的错误评价，损害被上诉人微梦公司的商业信誉，构成商业诋毁行为。因此，一审法院对此认定正确，本院予以维持。上诉人淘友技术公司、淘友科技公司的该项上诉理由缺乏依据，本院不予支持。

四、一审判决有关民事责任的确定是否适当

庭审中，上诉人淘友技术公司、淘友科技公司称其现已全部删除从新浪微博平台获取的用户信息，并已删除相关网络媒体发表的言论，一审法院判决第一项内容要求上诉人淘友技术公司、淘友科技公司自判决生效之日起停止涉案不正当竞争行为，不具可执行性。关于赔偿数额，上诉人淘友技术公司、淘友科技公司称即使本案认定其存在不正当竞争行为，但双方在一审庭审中均未提交相关证据对被上诉人微梦公司实际损失及上诉人淘友技术公司、淘友科技公司获取利益的情况予以证明，且一审法院并未查清被上诉人微梦公司是否存在实际损失，以及上诉人淘友技术公司、淘友科技公司的获利情况及获利方式，仅依据"本案涉及的用户群体广泛、影响范围巨大、危害性显而易见，且二被告过错程度明显等因素"判令上诉人淘友技术公司、淘友科技公司向被上诉人微梦公司赔偿200万元，缺乏事实和法律依据。

本院认为，根据《中华人民共和国侵权责任法》第十五条规定，承担侵权责任的主要方式有停止侵害、赔偿损失和消除影响等。上诉人淘友技术公司、淘友科技公司涉案被诉行为构成《反不正当竞争法》意义上的不正当竞争行为，属于一种民事侵权行为，应当承担停止侵害的民事责任。对于无法确认在一审判决前是否已经停止的被诉侵权行为，一审法院直接判决停止涉案不正当竞争行为并无不妥，上诉人淘友技术公司、淘友科技公司如果已经停止了涉案不正当竞争行为则属于已经履行了判决，不存在不能执行的情形。关于赔偿数额的确定问题，根据《反不正当竞争法》第二十条第一款规定，经营者违反本法规定，给被侵害的经营者造成损害的，应当承担损害赔偿责任，被侵害的经营者的损失难以计算的，赔偿额为侵权人在侵权期间因侵权所获得的利润；并应当承担被侵害的经营者因调查该经营者侵害其合法权益的不正当竞争行为所支付的合理费用。依据前款规定，被侵害的经营者因不正当竞争行为所受到的实际损失难以确定的，应当要求其对侵权人所获得的利润进行举证；在被侵害的经营者已经提供侵权人所获得利润的初步证据，而与不正当竞争行为相关的账簿、资料、后台数据主要由侵权人掌握的情况下，可以责令侵权人提供与不正当竞争行为相关的账簿、资料、后台数据；侵权人无正当理由拒不提供或者提供虚假的账簿、资料、后台数据的，可以根据被侵害的经营者的主张和提供的证据认定侵权人所获得的利润。侵权人所获得的利润可以依据不正当竞争行为持续时间、范围、用户访问量、相关广告或者其他形式的收益等综合予以确定。本案中，在双方均未提交充分证据证明因本案不正当竞争行为对被上诉人微梦公司造成的实际损失或上诉人淘友技术公司、淘友科技公司因侵权行为所获得的利润，一审法院考虑到涉案不正当竞争行为涉及的用户群体广泛、影响范围巨大、危害性显而易见及双方均存在过错的情况下，没有全额支持被上诉人微梦公司的诉讼请求，酌定200万元的赔偿数额没有明显不当，本院不予调整。

此外，本院需要指出，随着社交网络、网盘、位置服务等新型信息发布方式的出现，数据正以突飞猛进的速度增长和累计，数据从简单的信息开始转变为一种经济资源，管理并运用好数据资源，关系着权利人个人信息的保护及企业自身竞争优势的提高，保障网络安全秩序，更关系到社会公共利益的维护及经济社会信息化的健康可持续发展。网络运营者是网络建设与运行的关键参与者，在保障网络安全中具有优势和基础性作用，应当遵循合法、正当、必要的原则，尽到网络运营者的管理义务。第三方应用开发者作为网络建设与运行的重要参与者，在收集、使用个人数据信息时，应当遵循诚实信用的原则及公认的商业道德，取得用户同意并经网络运营者授权后合法获取、使用数据信息。

本案中，微梦公司作为新浪微博的网络运营者，拥有上亿用户的个人信息，庞大的用户群及数据信息成为新浪微博在社交软件中的竞争优势。但是，微梦公司在OpenAPI的接口权限设置中存在重大漏洞，被侵权后无法提供相应的网络日志进行举证，对于涉及用户隐私信息数据的保护措施不到位，暴露出其作为网络运营者在管理、监测、记录网络运行状态，应用、管理、保护用户数据，应对网络安全事件方面的技术薄弱问题。为了保护新浪微博用户的个人信息及维护新浪微博的竞争优势，微梦公司应当积极履行网络运营者的管理义务，防止用户数据泄露或被窃取、篡改，保障网络免受干扰、破坏或者未经授权的访问。为此本院倡议网络运营者在采集运用用户数据时应履行如下管理义务：（1）制定内部数据信息安全管理制度和操作规程，确定网络安全负责人，落实网络数据信息安全保护责任；（2）采取防范计算机病毒和网络攻击、网络侵入等危害网络数据信息安全行为的技术措施；（3）采取监测、记录网络运行状态、网络安全事件的技术措施，并按照规定留存相关的网络日志；（4）采取数据分类、重要数据备份和加密等措施；（5）制定网络安全事件应急预案，及时处置系统漏洞、计算机病毒、网络攻击、网络侵入等安全风险。同时，对于OpenAPI合作开发模式，本院认为第三方应用开发者通过OpenAPI合作开发模式获取并使用用户数据应当充分尊重用户的隐私权、知情权和选择权，应当诚实守信，遵守《开发者协议》约定的内容，在运用技术获取数据信息时应以诚信为本。同时，第三方应用开发者作为网络建设与运行的重要参与者，在收集、使用个人数据信息时，应当遵循诚实信用的原则及公认的商业道德，取得用户同意并经网络运营者授权后合法获取、使用数据信息。互联网＋大数据时代，用户数据安全与商业化利用是形影不离的两个问题，只有在充分尊重用户意愿，保护用户隐私权、知情权和选择权的前提下，才能更好地利用数据信息，促进网络经济的发展，进而实现增进消费者福祉，营造公平有序的互联网竞争环境。以上需要网络运营者、第三方应用开发者等各方主体的积极参与和共同努力。

综上，一审判决虽然存在部分技术事实认定不清的问题，但考虑到最终结论正确，本院予以维持。上诉人淘友技术公司、淘友科技公司的上诉请求缺乏法律依据，本院不予支持。依照《中华人民共和国民事诉讼法》第一百七十条第一款第（一）项之规定，判决如下：

驳回上诉，维持原判。

一审案件受理费83600元，由北京微梦创科网络技术有限公司负担30000元（已交纳），由北京淘友天下技术有限公司、北京淘友天下科技发展有限公司共同负担53600元（于本判决生效之日起七日内交纳）；二审案件受理费22800元，由北京淘友天下技术有限公司、北京淘友天下科技发展有限公司共同负担（已交纳）。

本判决为终审判决。

审判长　张玲玲

审判员　冯　刚

审判员　杨　洁

二〇一六年十二月三十日

法官助理　田　芬

法官助理　段晓雁

书记员　周　圆

‖ 2017 年度 ‖

案例 72：朱某某寻衅滋事罪二审刑事裁定书

江西省萍乡市中级人民法院
刑事裁定书

（2016）赣 03 刑终 187 号

原公诉机关：萍乡市安源区人民检察院。

上诉人（原审被告人）：朱某某，女，1975 年 3 月 2 日出生于江西省，汉族，本科文化，无业，家住本市安源区。因涉嫌犯寻衅滋事罪，于 2014 年 9 月 7 日被北京市公安局朝阳分局刑事拘留，因怀孕同日被该局取保候审，2015 年 8 月 29 日因期限届满被该局解除取保候审。因涉嫌犯寻衅滋事罪，于 2015 年 8 月 26 日被萍乡市公安局安源分局刑事拘留，同年 9 月 30 日被执行逮捕。

辩护人：文东海，湖南湘和律师事务所律师。

辩护人：周世敏，江西萍实律师事务所律师。

萍乡市安源区人民法院审理萍乡市安源区人民检察院指控原审被告人朱某某犯寻衅滋事罪一案，安源区人民法院于 2016 年 11 月 14 日作出（2016）赣 0302 刑初 229 号刑事判决。原审被告人朱某某不服，提出上诉。本院受理后，依法组成合议庭，经过阅卷，讯问被告人，听取辩护人的意见，认为本案事实清楚，决定不开庭审理。现已审理终结。

安源区人民法院判决认定：2011 年 12 月至×××年 7 月，被告人朱某某以其在萍乡市的住房、承租店铺的拆迁补偿不合理等为诉求，不服萍乡市相关部门做出的信访答复意见，多次违反正常信访程序，到北京中南海、天安门、联合国开发署等地采取举牌、乞讨、自焚、售卖反腐文化衫、散发传单、拉横幅等手段上访，并因此被北京市公安局西城分局府右街派出所训诫九次，被北京市公安局天安门地区分局、朝阳分局及萍乡市公安局安源分局各行政拘留一次；被告人朱某某还将相关上访活动发布到网络，散布谣言、过激言论，借此扩大不良影响。具体事实如下：

一、2011 年 12 月 9 日，被告人朱某某因在北京中南海周边非法上访，被北京市公安局西城分局府右街派出所训诫。同年 12 月 15 日，八一街道办对朱某某的信访诉求作出书面答复，并于同年 12 月 18 日向其送达了街信字〔2011〕1 号《信访事项办理意见书》，朱某某拒绝签收并表示将继续到上级政府反映，要求上级政府派人对她所反映的信访事项进行全面复查。2012 年 1 月 20 日、28 日朱某某因在北京中南海周边非法上访，被北京市公安局西城分局府右街派出所训诫。同年 2 月 20 日萍乡市安源区人民政府信访事项复查复核委员会对朱某某的复查申请作出书面答复，向其送达《信访事项复查意见书》，朱某某拒绝签收。

上述事实，有公诉机关提供并经庭审质证的下列证据证实：

1. 拆迁补偿协议、收条、拆迁补偿补充协议，证实2011年3月9日，朱某某与萍乡市有限公司肖建华签订了拆迁补偿协议，约定由萍乡市有限公司就朱某某在公房7503栋的住宅拆迁补偿21.7万元；同日，肖建华和朱某某签订拆迁补偿补充协议，约定肖建华个人再提供2.3万元补偿。

2. 八一街道办街信字〔2011〕1号信访事项办理意见书、朱某某拒签意见书说明，证实2011年12月15日，八一街道办对朱某某的信访诉求作出书面意见：朱某某提出对其被拆迁租赁店面补偿136.8万元或以2000元/平方米卖4个店铺给其，另外要求华宇置业有限公司就其住房再补偿30万元的诉求没有事实根据、法律支撑。同年12月18日，八一街道办将该信访事项办理意见书当面告知朱某某，但朱某某不同意该办理意见，并拒绝在办理意见书上签字。

3. 关于朱某某信访事项办理调查报告，证实2012年2月7日，八一街道办作出调查报告对朱某某信访事项进行了复查调查，认为朱某某反映的承租店铺要按照拆迁房屋的市场价90%补偿，要求华宇置业有限公司再支付30万元住房款均没有事实根据、法律支撑，并告知了朱某某相关司法救济途径及权利。

4. 朱某某信访事件协调处置会议记录，证实2012年2月14日，市信访局牵头有关部门召开协调会，各方均发表了意见（肖建华称拆迁户熊某补偿16万元、罗某补偿16.2万元，朱某某补偿24万元），未形成解决方案，朱某某最后表示不会通过司法途径解决，会继续到有关部门反映。

5. 萍乡市安源区人民政府安信复查字〔2012〕1号信访事项复查意见书，证实2012年2月20日，因朱某某不接受八一街道办街信字〔2011〕1号《关于朱某某反映市房管局公房7503栋拆迁补偿不合理信访事项的办理意见》，萍乡市安源区人民政府信访事项复查复核委员会对朱某某反映的问题（四个店铺拆迁补偿136.8万元或以2000元/平方米卖4个店铺给她，拆迁住房再补偿30万）进行了复查，认为朱某某反映的问题与事实不符，不予支持。意见书注明信访人员拒收。

6. 萍乡市房产管理局关于朱某某反映矿务局7503栋拆迁补偿不合理信访情况的调查报告，证实2012年3月8日，市房管局报告市政府，对朱某某反映的店铺要按照拆迁房屋的市场价格的90%补偿，无法律支撑；要求华宇置业再补偿30万元不予支持；朱某某和华宇置业签订的补偿协议经安源区工商局合同科认定合法有效。

7. 萍乡市房管局《关于朱某某反映所租7503栋公房店面拆迁不合理信访问题的情况说明》，证实×××年3月9日萍乡市房管局出具该说明，认为朱某某诉求缺乏法规、政策和事实依据，不予支持。理由主要有：1.7503栋公房拆迁项目系经合法审批决定。2. 朱某某租赁的该局店面拆迁前一年半已经终止。3. 拆迁给朱某某留出了过渡时间（2005年12月合同解除2007年6月拆迁）。4. 拆迁后实行的货币补偿，没有实物（店面）补偿。

8. 采茶剧团关于危旧房改造有关问题的请示、市政府办公室文件处理单、批准房屋拆迁许可证决定书、房屋拆迁许可存根，证实拆迁项目程序合法合规；租赁协议，证实2005年三个店面为文继生承租、一个38m²的店面为朱某某承租；拆迁改造协议、拆迁补偿补充协议，证实拆迁补偿情况。

9. 安源区信访局《关于朱某某行为认定有关问题的复函》《关于朱某某行为认定是缠访、闹访情况说明》，证实×××年7月22日萍乡市安源区信访局复函答复萍乡市公安局安源分局，认定朱某某多次到中南海、天安门周边地区非正常上访，9次被训诫的行为，根据《信访条例》第十八条、第二十条的规定，未在国家指定的时间、场所通过正规渠道反映诉求应认定为缠访、闹访等违法行为。

同年9月10日该单位出具情况说明，证实×××年5月12日朱某某到萍乡市房管部门进行信访事项办理，6月5日签收了城区房管所的处理意见书，但是在《信访条例》规定时间内未向萍乡市房管局申请复核，视为自动放弃。信访程序"三级终结"。

10. 北京市公安局西城分局府右街派出所出具的工作说明、训诫书，证实被告人朱某某分别于2011年12月9日、2012年1月20日、28日因在北京中南海周边违规上访被北京市公安局西城分局府右街派出所训诫。

11. 江西省人民政府信访局驻京信访工作处劝返接回通知单、江西省赴京非访人员劝返接离移交通知单，证实2012年1月20日、28日朱某某因在北京府右街、中南海地区非正常上访被送到久敬庄分流中心劝离移交。

12. 火车票，证实2011年12月31日朱某某乘火车到北京。

13. 证人李某1、罗某、颜某、葛某、刘某1、刘某2、钟某、肖某、谭某的证言，证实朱某某对自己被拆迁的萍乡市房管局公房租赁店面，要求的巨额拆迁补偿缺乏政策法律事实依据。朱某某生活条件不差，有房子、自己有文化技能，可以自食其力，街道为其申请低保，承诺租给她两个店铺她均拒绝。朱某某从2011年下半年开始到北京天安门、中南海、外国驻华大使馆等地非正常上访，八一街道办多次安排工作人员去北京做劝返工作。

14. 被告人朱某某的供述：她是2010年开始上访，诉求获得自己居住房屋及租赁的四个店铺的拆迁补偿。2010年由于房屋拆迁补偿问题在萍乡市房管局得不到解决，她开始到萍乡市信访局及江西省信访局上访，江西省信访局给她信访回执并要她回萍乡市信访局处理，但是都没能解决，也没有给她书面答复。

2011年她到北京国家信访局上访，之后她的问题被逐级转到萍乡市信访局，她也被八一街道办和安源区信访局的人接回萍乡。之后安源区信访局组织八一街道办、市房管局、开发商进行协调并出具一份信访答复给她，她收到后写了一份复核申请书给萍乡市信访局。后萍乡市信访局组织了几次协调但是没有任何进展。最后迫于生活压力，她和开发商签订了补偿协议，开发商给了她23万元住房补偿款，八一街道办拿了1万元困难补助。

2011年她因23万元补偿款不合理以及承租的四个店面未补偿问题又来到北京上访，直到2012年因在中南海等地点上访被当地派出所训诫，之后被萍乡市信访局的人接回萍乡，回到萍乡后信访部门还是未答复她的诉求。

二、2012年4月8日被告人朱某某来到北京上访，同年4月18日下午，朱某某打算到天安门自焚以引起重视，准备好一矿泉水瓶汽油（500毫升）和一个打火机放在包内后坐车来到天安门广场附近，行至北京中山公园南门口时被执勤民警查获。同日，北京市公安局天安门地区分局以携带危险物质对朱某某处以行政拘留十日。

上述事实，有公诉机关提供并经庭审质证的下列证据证实：

1. 北京市公安局天安门地区分局行政处罚决定书，证实2012年4月18日，朱某某因携带汽油及打火机欲到天安门广场自焚，构成非法携带危险物质，被行政拘留十日。

2. 物证照片、收缴物品清单、扣押物品清单，证实2012年4月18日，北京市公安局天安门地区分局民警将朱某某持有的一个装有500毫升汽油的农夫山泉矿泉水瓶、一个打火机予以扣押并收缴。

3. 到案经过，证实2012年4月18日16时35分许，北京市公安局天安门地区分局巡警张涛、高松在北京中山公园南门外执勤时发现一女子神情反常，在对其携带挎包进行安全检查时发现，该人包内有装有黄色可疑液体500毫升的矿泉水瓶及打火机一个。经询问得知该人为江西上访人员朱某某，反映拆迁问题，瓶内液体为汽油，自称准备自焚引起上级重视。

4. 萍乡市信访局《关于朱某某信访问题的处理意见书》，证实2012年11月11日，由萍乡市信访局牵头，市房管局、安源区信访局、八一街道办、萍乡市有限公司法定代表人叶永跃及朱某某在市房管局召开协调会，经过几方充分协商，达成一致意见：由萍乡市有限公司补偿朱某某一套109.48平方米住房，但由于华宇置业公司目前的绿都大厦没有现房，按照市场价4300元/平方米，按面积91.74平方米给朱某某货币补偿，华宇置业公司在2011年3月9日已经补偿朱某某22万元拆迁补偿款基础上再补偿20万元。朱某某关于公房7503栋住宅所有遗留问题全部处理完毕，朱某某不得以相同理由再去各级上访。协议有朱某某及参会各方代表签名盖章。

5. 证人李某1、罗某、刘某2的证言，证实2012年4月，朱某某进京上访，并携带打火机和汽油准备在天安门自焚，被当地民警抓获。

6. 被告人朱某某供述：2012年4月8日她来北京上访，因诉求一直未能解决，同年4月18日她想到天安门广场人多，在那里自焚可以让更多人知道，就想去天安门自焚。当天下午4点半左右，她带了一矿泉水瓶汽油和一个打火机来到天安门广场，但是进广场要检查，就想到天安门城楼这边看看，刚到天安门城楼前边就被民警查获，后被处以行政拘留十日。当年11月开发商和她签协议补偿了43万余元，但是她租赁的店面未补偿，之后她针对店面未补偿的问题进行上访，到过国家信访局、中纪委、中南海。

三、×××年2月26日被告人朱某某向萍乡市房管局提交了政府信息公开申请表，萍乡市房管局于同年3月14日给予书面答复。同年3月16日开始至×××年朱某某通过腾讯微博、新浪微博、网络论坛等途径散布"萍乡市房管局干部侵占巨额国有资产及他人拆迁补偿款"的谣言并被大量转发、评论。

×××年6月11日萍乡市房管局对朱某某反映的店面拆迁补偿不合理诉求作出了书面答复，送达时朱某某拒绝签收。后于同月到北京上访，7月14日朱某某因身穿反腐文化衫在北京中南海周边非法上访被北京市公安局西城分局府右街派出所训诫。7月17日朱某某再次身穿反腐文化衫在北京中南海周边推销反腐文化衫，散发反腐宣传单，被北京市公安局西城分局府右街派出所训诫。

上述事实，有公诉机关提供并经庭审质证的下列证据证实：

1. 萍乡市房管局政府信息公开申请表、萍乡市房产管理局《关于朱某某要求公开7503栋有关信息的答复》，证实朱某某于×××年2月26日向萍乡市房管局申请公开下列信息：1. 公开萍乡市7503栋店面和住房的拆迁补偿政策。2.7503栋其他店面承租人的补偿情况。3. 华宇置业公司对绿都大厦店面的买价及店面买主信息。4. 不对她进行补偿就售卖新建店面的政策依据。同年3月14日，市房管局对朱某某进行了答复，公开了1、4项中的法律政策依据，因2、3项涉及第三方个人隐私及商业秘密，市房管局无权公布。

2. 《关于朱某某反映房屋店面拆迁补偿安置不合理信访事项答复意见书》，证实×××
×年6月11日，萍乡市房管局对朱某某×××年4月28日反映的7503栋房屋拆迁补偿
安置不合理诉求进行了调查核实，答复如下：1. 2006年元月1日起朱某某与市城区房管所
未再续签店面租赁合同，双方已无租赁关系，不存在强拆。2. 除残疾人王某享受残疾人优
抚政策，与开发商协商后自行按优惠价格购买一间店面解决生计问题外，未对其他7503栋
店面租赁户进行补偿与安置，朱某某亦不能例外。故对朱某某的信访诉求不予支持。朱某某
拒签该意见书。

3. 北京市公安局西城分局府右街派出所出具的工作说明、北京市公安局训诫书，证实
×××年7月14日、17日朱某某因在中南海周边非法上访被府右街派出所训诫。

4. 远程勘验记录、电子证据：（1）朱某某个人QQ空间日志×××年11月18日发布
《地方政府又演戏欺骗我江西萍乡老访民朱某某》（阅读328次、分享39次、转载1次），
帖文内容：×××年11月13日，萍乡市信访局、房管局、八一街道办的相关领导开会解
决她上访的问题，但是没有解决诚意。贪官占了应该补偿给她的四个店面，价值两百多万元
的拆迁补偿费用被市政府领导、房管局局长瓜分，分文未给她。她上访多年，地方政府不解
决上访的问题，还采取各种手段镇压她等。

×××年3月6日发布《我沮丧消沉凄凉痛苦地度过了×××年除夕》（阅读367
次、分享8次、转载5次），帖文内容：×××年地方政府逼她去做引产，逼她离婚，萍
乡贪官抢走她四个店面两百多万元拆迁补偿的问题依然没有解决。地方政府不解决她的上访
问题，还采取各种手段镇压她。

（2）朱某某于×××年3月16日在腾讯微博发布《萍乡市房管局局长侵占国有资产
两千多万和他人的店面拆迁补偿》（转发评论19次）、×××年10月1日腾讯微博发布
（转播和评论6633次），×××年12月8日发布（转发623次），帖文内容：2006年江西
省萍乡市房管局局长×××与老婆萍乡市副市长×××、亲弟弟民福房地产老板勾结，他们
及他们的关系户冒充公房店面承租人以完善产权拆一还一的方式将新建的18个店面国有资
产两千多万变为私有，还侵占了她真正承租人4个店面的拆迁补偿两百多万元，未给她任何
补偿，逼得身为单亲妈妈的她带着儿子去广州打工流浪已达7年，上访多年无果还遭政府镇
压打击报复。

（3）朱某某新浪微博×××年5月27日发布，凯迪社区×××年5月6日发布，
天涯社区×××年5月5日发布，帖文内容：萍乡市政府和房管局拒绝公开拆迁补偿政策，
搞暗箱操作，包庇原房管局局长×××抢走她合法租赁的4个公房店面的拆迁补偿两百
多万元和国有资产两千多万。（点击5166次）

5. 证人李某1、罗某、李某2、颜某、钟某的证言，证实×××年7月18日，朱某某
在北京上访，并以生活困难为由向八一街道办借生活费，否则就在北京登记非访。

6. 被告人朱某某的供述：×××年3月她再次来到北京上访，在国家信访局接待人
员告知她诉求中老家湘东区老关镇征地补偿一事已经消除了信访登记备案，而住房和四个店
铺的拆迁补偿诉求已经被当地政府做了三级信访终结，不会再受理。回萍乡后，她到萍乡市
信访局核实，得知她的店面拆迁诉求没有信访终结，可以找八一街道办协调。之后她经常去
八一街道办找书记要求帮忙协调，同时向八一街道办借生活费。后来因为八一街道办没有处
理好她的诉求或者是没有借生活费给她，多次去北京上访。

　　她知道自己的信访诉求被三级终结后不能再通过正常途径上访，然后就到中南海等敏感地区上访，因为在这些地方上访是不允许的，都会被当地派出所训诫并统一送马家楼接济中心，马家楼会对访民进行非访登记，通告访民所在地政府来接。她的上访诉求在本地得不到处理，她就通过以上方式去马家楼登记非访，给当地政府施压，让他们重视她的诉求。×××年她还在江西省人民政府驻京办事处门口举过乞讨的牌子，牌子内容大概是上访诉求没有得到解决，没有饭吃，她还到地铁站举过相同的牌子，其他在场的访民帮她照相，她再将自己举牌的照片发布到网络，希望政府关注自己上访的诉求。

　　×××年6月房管局的工作人员送达关于她反映房屋店面拆迁补偿安置不合理信访事项答复意见书，她拒签了，但她清楚这份答复意见的内容。

　　四、×××年7月开始，被告人朱某某伙同访民张某1、李某3为引起关注解决上访诉求，制作印有"没有腐败就没有访民，拥护×××政府，支持×××反腐"字样的反腐文化衫，印制反腐宣传材料到北京联合国开发署等地贩卖、散发，并在QQ空间、新浪微博、腾讯微博等网络媒介中宣传反腐文化衫的作用和购买方式。

　　×××年8月7日朱某某身穿反腐文化衫在北京市朝阳区三里屯联合国开发署门前上访，被北京市公安局朝阳分局行政拘留五日（因怀孕不执行）。

　　8月19日朱某某再次到北京，次日因到中南海周边上访被北京市公安局府右街派出所训诫。

　　同年9月6日朱某某再次伙同访民李某3、张某1到北京市三里屯联合国开发署门口身穿反腐文化衫，向访民散发反腐材料推销反腐文化衫，后经北京市公安局朝阳分局三里屯派出所民警劝阻无效，三人被传唤到派出所接受调查。次日，朱某某被北京市公安局朝阳分局以涉嫌寻衅滋事罪刑事拘留，后因怀孕被该局取保候审，×××年8月29日因期限届满被解除取保候审。

　　上述事实，有公诉机关提供并经庭审质证的下列证据证实：

　　1. 北京市公安局朝阳分局行政处罚决定书，证实×××年8月7日，朱某某因在北京市朝阳区三里屯联合国开发署门前扰乱公共场所秩序被行政拘留五日，因朱某某是怀孕妇女不执行行政拘留。

　　2. 北京市公安局西城分局府右街派出所出具的工作说明、北京市公安局训诫书，证实×××年8月20日朱某某因在中南海周边非法上访被府右街派出所训诫。

　　3. 北京市公安局朝阳分局制作的物证照片、现场检查笔录、证据保全决定书、收缴物品清单、起赃经过，证实×××年9月6日，北京市公安局朝阳分局民警当场依法扣押了朱某某、李某3、张某1的四部手机、穿着的反腐文化衫三件及携带的反腐文化衫二十二件，文化衫均印有"没有腐败就没有访民，拥护×××政府，支持×××反腐"的字样。

　　4. 到案经过，证实×××年9月6日9时许，北京市公安局朝阳分局民警在北京三里屯使馆区联合国开发署门前将涉嫌扰乱公共场所秩序的朱某某等人治安传唤。

　　5. 火车票，证实×××年8月9日郭萍、陈青和朱某某从北京坐火车回萍乡。

　　6. 远程勘验记录、电子证据：

　　（1）朱某某新浪微博×××年7月26日发布《中国访民文化衫》一文，帖文内容：穿上访民文化衫的人多了，那是无声的呐喊，鼓舞人心，老百姓都支持×××、×××、×××反腐，让腐败分子闻风丧胆！

帖文后面还公布了访民文化衫的供货联系方式即李某3、朱某某、张某1的电话号码以及访民QQ群号码。

（2）朱某某QQ空间动态，帖文内容：×××年9月6日访民朱某某、李某3、张某1穿着访民反腐文化衫在北京联合国（开发署）（访民称人权）外面与其他访民一起要人权，并向访民宣传要支持中央反腐。朱某某、李某3、张某1被朝阳区三里屯派出所带走，以寻衅滋事罪刑事拘留，李某3、张某1被拘留在朝阳区拘留所，朱某某因有身孕而取保候审。这也叫寻衅滋事罪？在这个年代公检法怎么这么喜欢判人寻衅滋事罪？在特殊的年代流行的罪名！

帖文还配发张某1、李某3、朱某某身着反腐文化衫照片。

（3）远程勘验工作记录，证实经北京市公安局勘验，权利运动网×××年8月10日发布的文章《"三骗"胡同不容访民穿反腐文化衫》、博讯网×××年7月17日发布的文章《在京访民穿文化衫维权中纪委前拉走八车访民》中有访民身穿印有"没有腐败就没有访民，拥护×××政府，支持×××反腐"字样文化衫的照片。

7. 证人李某1、罗某的证言，证实×××年8月10日、22日，朱某某在北京上访，八一街道办派维稳工作人员去北京接她回萍乡。

8. 证人李某3的证言，证实×××年9月6日早上，他和朱某某、张某1身着反腐文化衫，带着22件反腐文化衫来到北京三里屯使馆区联合国开发署门口贩卖给其他访民时被民警查获。他是×××年7月份来到北京上访，期间认识了朱某某、张某1，他们商量好制作反腐文化衫贩卖，扩大影响，引起重视以解决他们的上访诉求。之后朱某某想出在文化衫上印"没有腐败就没有访民，拥护×××政府，支持×××反腐"的字样，然后他们在大红门商场找店铺制作了文化衫；他和朱某某写了一份上访宣传材料，卖文化衫时一起散发给访民。

他们在联合国开发署门口、中纪委、北京火车南站、永定门桥以及北京东城区法院门口贩卖文化衫、散发宣传材料，并有和访民合影拍照，一共卖了200多件文化衫、分发了200多份宣传材料。

9. 证人张某1出庭作证的证言，证实×××年9月6日早上，她和朱某某、李某3身着反腐文化衫到北京三里屯使馆区联合国开发署宣传反腐时被民警查获。当时警察说上访要经过正常程序，并打算将李某3带走，她不同意警察将李某3一个人带走，就提出也将她一起带走，朱某某上完厕所后也要求跟他们一起走。之后，警察将他们带到三里屯派出所，并移送朝阳看守所拘留，朱某某因怀孕被取保候审，她和李某3在看守所待了35天。

10. 证人薛某、李某4（三里屯联合国开发署警卫）的证言，证实×××年9月6日9时许，他们在三里屯联合国开发署门口站岗，发现有三个人在开发署路边身穿写有"没有腐败就没有访民"的白色T恤待在那里反映问题，之后就被民警带走。

11. 证人安某、王某（三里屯派出所民警）的证言，证实×××年9月6日9时许，他们在三里屯联合国开发署门前巡逻时发现朱某某、李某3和张某1身穿"没有腐败就没有访民，拥护×××政府，支持×××反腐"字样的文化衫在路边待着，经询问三人是在此处反映情况的访民，之后他们将三人带回派出所，并查获了他们随身携带的20多件反腐文化衫。

12. 证人夏某、朱某（北京丰台区大红门市场摊主）的证言，证实北京市丰台区大红门市场摊主夏某×××年7月份卖过200件印有"没有腐败就没有访民，拥护×××政府，支持×××反腐"字样的文化衫，衣服上的字是在朱某店铺里印制。

13. 证人张某2（朱某某北京租房房东）的证言，证实×××年8月起，朱某某和另一个女子租住在她位于北京丰台区的出租房里。

14. 被告人朱某某的供述：×××年8月7日8时许她身穿反腐T恤衫在北京市朝阳区三里屯使馆区联合国开发署门前路边处，民警发现后多次劝她离开，但是她坚决不走，被带回了孙河派出所。

×××年9月6日早上，她和在北京结识的访民李某3、张某1统一穿着反腐文化衫，并携带22件反腐文化衫，在北京市朝阳区联合国开发署门口向其他访民贩卖，被民警查获，民警扣押了他们的文化衫。他们从×××年7月开始在北京卖反腐文化衫，卖了几十件，其中有卖有送。他们制作贩卖反腐文化衫的目的是想让访民都穿上他们印制的反腐文化衫，表达反腐决心，同时让中央领导重视他们反映的问题。

制作反腐文化衫是她和李某3、张某1商量，他们购买了白色T恤衫然后在上面印"拥护×××政府，支持×××反腐，没有腐败就没有访民"，反腐宣传单上印了他们的联系方式还有她组建的反腐QQ群号码，群名为"访民团结互助群"。他们先后到过北京使领馆区、中纪委、国家信访局、北京南站等地发宣传单、推销反腐文化衫。这些地方访民多，可以有更多访民穿他们的文化衫上访，引起政府重视。

五、×××年9月16日被告人朱某某到北京中南海周边上访，被北京市公安局府右街派出所训诫后送至马家楼接济中心，后经八一街道办工作人员劝返接回萍乡。

上述事实，有公诉机关提供并经庭审质证的下列证据证实：

1. 北京市公安局西城分局府右街派出所出具的工作说明、北京市公安局训诫书，证实×××年9月16日朱某某因在中南海周边非法上访被府右街派出所训诫。

2. 劝返接回通知单，证实×××年9月16日朱某某因在北京府右街上访被劝返接回。

3. 火车票，证实×××年9月19日，朱某某、钟某、刘某1从北京乘火车回萍乡。

4. 证人李某1、罗某、刘某1、钟某的证言，证实×××年9月，朱某某在北京上访，八一街道办派了刘某1、钟某到北京劝返，朱某某随刘某1、钟某返回萍乡。

六、×××年9月20日左右，被告人朱某某在其创建的"访民团结互助"QQ群里和萍乡访民商量为萍乡市新来的市委书记搞欢迎仪式。同年9月22日上午，朱某某同二十多个访民一起身穿反腐文化衫在萍乡市政府大门口以打横幅、喊口号的方式进行欢迎新市委书记的活动。事后朱某某为引发关注将此次活动发布在其新浪微博、腾讯微博上，并散布萍乡市领导不处理访民反映的问题，采取残酷手段镇压进京上访访民的谣言，以扩大影响。

上述事实，有公诉机关提供并经庭审质证的下列证据证实：

1. 扣押清单，证实×××年9月22日民警依法从朱某某处扣押一张横幅、两张宣传单，两张写有上访人员联系方式的名单纸。

2. 远程勘验记录、电子证据：

（1）朱某某分别于×××年10月4日、28日在新浪微博、腾讯微博（全部转播和评论24次）发布萍乡访民在秋收起义广场欢迎新的市委书记，帖文内容：江西萍乡是腐败的重灾区，萍乡市领导直接或间接参与萍乡市的房地产开发项目，侵占百姓财富。很多拆迁户和被征地村民被打伤、打残，有的被打死、有的自杀抗议。受害百姓逐级上访，市政府领导不但不处理访民反映的问题，还采取各种手段对去北京上访的访民残酷镇压，监视访民限制人身自由、暴力打访民、送精神病医院、拘留。萍乡老百姓告状无门，民不聊生。9 月 22 日，萍乡二十几个市民（其中有十几个身穿反腐文化衫的访民）来到萍乡市政府门口拉着横幅，举着牌子欢迎新的市委书记刘卫平，横幅上写着"热烈欢迎刘卫平来萍乡主持全面工作"。访民们还喊着口号"欢迎刘卫平！""打倒腐败！"

（2）经技术人员提取，朱某某电脑硬盘中，网络与维权图片文件夹内有 9 月 22 日访民在秋收起义广场、萍乡市政府门口进行活动的照片四张，反映了活动现场状况，现场有人围观。

3. 被告人朱某某的供述：××××年 9 月初，有萍乡访民通过 QQ 群联系在她这买了她和李某 3、张某 1 制作的文化衫。之后，她和一些萍乡访民在她建立的"访民团结互助"QQ 群里聊天时，访民共同商量穿反腐文化衫到市政府门口给新来的萍乡市委书记刘卫平搞个欢迎仪式，希望引起重视解决访民问题，她提出制作一个写有"热烈欢迎刘卫平来萍乡全面主持工作"的横幅。

9 月 22 日上午 7 时许她到市政府门口时已经有约三个访民，8 时许陆陆续续来了些访民，在场的三四十名访民就在萍乡市政府门口右侧铁门位置穿着她卖的"上访文化衫"拉起了横幅，拿着宣传纸，喊了"欢迎刘书记、打倒腐败"的口号欢迎萍乡新任市委书记，以引起社会和政府重视。约 20 分钟后在市政府副秘书长李慧玲的要求下，他们来到市信访局，横幅和宣传纸则被民警收缴。后来她将××××年 9 月 22 日和其他访民在萍乡市政府门口拉横幅、举牌拍摄的现场照片发布到了腾讯微博、新浪微博。

七、××××年 4 月 6 日，被告人朱某某到北京上访，先后在北京市丰台区地铁站、江西省政府驻北京办事处门口以举牌乞讨形式上访，后因八一街道办劝返人员未答应其借生活费、报销差旅费的要求，4 月 17 日，朱某某到中南海周边上访，后被北京市公安局西城分局府右街派出所训诫并送至马家楼接济中心。次日，八一街道办工作人员将朱某某接回。事后，朱某某将自己在江西省政府驻京办门口举牌乞讨的照片发布在 QQ 空间、新浪微博、腾讯微博，并谣称，萍乡市八一街道办不给她 4 月份的生活费，地方政府不处理她的上访诉求还对她打击报复、非法拘禁等。

上述事实，有公诉机关提供并经庭审质证的下列证据证实：

1. 北京市公安局西城分局府右街派出所出具的工作说明、北京市公安局训诫书，证实××××年 4 月 17 日朱某某因在中南海周边非法上访被府右街派出所训诫。

2. 劝返接回通知单，证实××××年 4 月 17 日，朱某某因在中南海周边非正常上访，被送到马家楼分流中心，后被劝返接回。

3. 火车票，证实宾某××××年 4 月 10 日乘火车去北京，朱某某、宾某等人××××年 4 月 18 日从北京搭乘火车回萍乡。

4. 证人李某 1、罗某、谭某、宾某的证言，证实××××年 4 月，朱某某到北京上访，并在马家楼登记了非访，之后被八一街道办工作人员谭某、宾某接出，并返回萍乡。

5. 远程勘验记录、电子证据：

新浪博客（微博）××××年 7 月 11 日发布《江西朱某某进京流浪乞讨被骗记》（阅读 353 次），帖文内容：八一街道办不肯借四月份的生活费给她，萍乡贪官把应该依法补偿给她的四个店面占为己有，拆了她承租了 13 年的四个公房店面，拆了 9 年了没有给她任何补偿。地方政府不处理她的上访问题，还对她上访打击报复，非法拘禁、长期软禁，晚上把她锁在家里。她按照市长热线提供的市长接待日去市政府要求见市长，被市政府保安狠打头部。地方政府逼得她夫离子散，无依无靠，贪官剥夺了她谋生手段，她被迫去北京乞讨。×××年4月6日在8个萍乡访民的帮助下，她甩掉了跟踪看守的人，来到北京。

她×××年4月6日到北京上访后在江西省驻京办没有讨到钱就去地铁站举牌乞讨，后被警察带走送到马家楼接济中心。

帖文还配发朱某某在江西省人民政府驻北京办事处门口举牌乞讨的照片。

6. 被告人朱某某的供述：×××年她两次因在北京非访被送到马家楼接济中心进行登记，然后八一街道办的工作人员将她接回萍乡。后来，她将自己在江西省政府驻京办门口举牌乞讨的照片发布在QQ空间、新浪微博、腾讯微博，称萍乡市八一街道办不给她4月份的生活费，地方政府不处理她的上访诉求还对她打击报复、非法拘禁等。

八、×××年7月13日被告人朱某某再次到北京上访，7月21日朱某某到北京中南海周边上访被北京市公安局西城分局府右街派出所训诫并送至马家楼接济中心，后被接回萍乡。×××年7月22日朱某某被萍乡市公安局安源分局以扰乱单位秩序行政拘留十日。

事后，朱某某在QQ空间发布谣言称×××年7月21日她被黑社会强行带回萍乡，并在新浪微博散布谣言称从拘留所出来后被八一街道办软禁，要访民帮忙转发帮助营救。

上述事实，有公诉机关提供并经庭审质证的下列证据证实：

1. 北京市公安局西城分局府右街派出所出具的工作说明、北京市公安局训诫书，证实×××年7月21日朱某某因在中南海周边非法上访被府右街派出所训诫。

2. 江西省赴京非访人员劝返接离移交通知单，证实×××年7月21日朱某某因在中南海周边非访被送到马家楼分流中心。

3. 萍乡市公安局安源分局行政处罚决定书、萍乡市人民政府行政复议决定书，证实×××年7月22日，萍乡市公安局安源分局认为朱某某自2011年开始多次到北京中南海等敏感地区非正常上访，×××年7月21日再次到北京非正常上访，扰乱了相关地区、单位正常秩序，决定对朱某某行政拘留十日。×××年9月30日，经萍乡市人民政府行政复议，决定对萍乡市公安局安源分局安公（八）决字〔××××〕0641号行政处罚决定书予以维持。

4. 远程勘验记录、电子证据：

朱某某的QQ空间×××年7月13日动态，帖文内容：我又来北京上访了，由于只买一站路程的票上了火车，我在武汉被赶下车，然后上另外一趟车，昨晚十点五十我到北京，由于没有买票被车站扣留了一个小时，他们叫警察来，警察不来，铁路工作人员只好把我放了。我以前从来不逃票，我只是想知道没钱买票坐车的访民会有什么样的待遇，政府能否提供帮助，结果令我大失所望，在火车上被赶，在出站口被扣，他们还叫驻京办的人来接我。半夜三更没人来，只好放我。

新浪微博×××年8月2日、5日、6日、9日发布《江西访民朱某某求救》《萍乡政府是想逼死我！救救我！》（阅读3726次、转发363次），帖文内容：7月21日萍乡政府派了七个人包括四个黑社会的人把她从北京马家楼接济中心强行拉上汽车带回萍乡，7月22日被带到萍乡后被八一派出所送到拘留所拘留十日。从拘留所出来后八一街道办不借生活费给她，并以维稳为由控制她的自由，请转发。

5. 证人李某1、肖某、钟某、刘某1的证言，证实朱某某于×××年7月13日进京上访，7月21日因在北京中南海周边非访，被北京市公安局西城分局府右街派出所训诫，返回萍乡后被萍乡市公安局安源分局以扰乱单位秩序行政拘留十日。

6. 被告人朱某某的供述：×××年7月14日她从萍乡坐高铁去北京上访，期间去了北京国家信访局、中南海附近。7月21日15时许，她和一个朋友一起去中南海邮政局寄上访信件时被民警带回派出所训诫，之后被送到马家楼接济中心，最后被八一街道办工作人员钟某等人接回萍乡。7月22日被萍乡市公安局安源分局行政拘留十日。

九、×××年8月21日，被告人朱某某再次携带上访材料到北京上访，8月24日朱某某和其他访民一起在北京市公益桥附近公园通过拉横幅、举牌的方式以迎接抗日战争胜利70周年纪念日为由进行上访活动并将该活动在新浪微博上发布。

上述事实，有公诉机关提供并经庭审质证的下列证据证实：

1. 远程勘验记录、电子证据：

×××年8月26日朱某某在新浪微博发帖，帖文内容：……

并配发照片，照片显示上访人员打了"要求无罪释放良心律师！"等内容的横幅，朱某某还举了有关其上访诉求的牌子。

2. 被告人朱某某的供述：×××年8月21日，她去北京找工作，遇到访民吴某并答应和他第二天一起去举牌子上访，第二天她带着自己制作的写有萍乡市相关领导侵吞其店面拆迁补偿，其上访诉求被非法终结等上访内容的牌子在北京公益桥附近公园内表达上访诉求，并和其他访民拍照发布到网络上，以引起政府关注。

就本案事实，公诉机关还提供了如下证据证实：

1. 搜查笔录、扣押物品清单、扣押物品照片，证实×××年8月28日，侦查人员依法对朱某某的家中进行搜查，扣押笔记本电脑一台、数码相机一个、手机三部、MP3一个、录音笔一个、U盘两个、室外远距离接收器一个、打印机扫描仪各一台，还查获江西反腐维权人员名单两张，萍乡反腐维权人员名单一张，上访材料八份，大字报一张。

2. 公（赣）鉴（计）字〔××××〕23号、24号物证鉴定报告及电子证据清单、证据固定光盘，证实×××年9月2日至9月9日江西警察学院物证鉴定所鉴定人员，对从朱某某处扣押的笔记本电脑、U盘等物品及新浪微博进行了物证鉴定与电子证据提取，发现朱某某笔记本硬盘、U盘内有大量上访文件，新浪微博上发布过过激言论及照片；对从朱某某处扣押的红米手机、酷派手机进行了物证鉴定与电子证据提取，对手机内的视频、音频文件及通讯录、短信记录、微博、微信记录等进行了取证固定。

3. ×××年11月17日市信访局出具证明，证实朱某某从未向萍乡市信访局书面申请复核。

4. 常住人口登记表，证实朱某某出生于1975年3月2日，作案时已经达到完全刑事责任年龄。

5. 到案经过，证实×××年8月26日北京市公安局海淀分局民警在海淀区中关村巡逻时发现朱某某形迹可疑，经传唤查询后发现其为网上追逃人员遂将其控制，朱某某无抗拒、逃跑行为。

6. 被告人朱某某的供述：家中查获的电子设备都是她用于上访。她除了腾讯微博、新浪微博、QQ、微信等社交账号，还注册了Facebook、推特、YouTube，但是没有使用，此外小米手机内还安装了"电报"通讯软件，听说是公安机关无法侦查的，但是她很少使用，因为她不发布反对政府言论无须躲避。

另查明，被告人朱某某曾因到北京中南海等地非法上访分别于2012年4月18日、××××年8月7日、××××年7月21日，被处以行政拘留十日、五日、十日，其中××××年8月7日行政拘留五日因怀孕不执行，根据《中华人民共和国行政处罚法》第二十八条规定："违法行为构成犯罪，人民法院判处拘役或者有期徒刑时，行政机关已经给予当事人行政拘留的，应当依法折抵相应刑期。"被告人朱某某因行政拘留被羁押二十日，依法应折抵刑期。

关于公诉机关指控被告人朱某某在非正常上访过程中以进京非法上访等手段为要挟，多次向八一街道办索要钱财，共计人民币46900元的事实。经查，公诉机关提供了八一街道办工作人员李某1、罗某、颜某、葛某、刘某1、钟某、刘某2、谭某、宾某、肖某等人的证言以及朱某某出具的借条、收条、领条等证据，证实朱某某多次以进京上访为由向八一街道办索要46900元。本院认为，虽然朱某某向八一街道办拿46900元没有正当理由，但公诉机关未提供充分证据证实朱某某采取强拿硬要手段索取八一街道办钱财，故该项指控证据不足，不予支持，被告人及其辩护人相应辩解、辩护意见予以采纳。

关于被告人朱某某及其辩护人文东海提出本院没有管辖权的辩解、辩护意见。经查，《中华人民共和国刑事诉讼法》第二十四条规定：刑事案件由犯罪地的人民法院管辖。如果被告人居住地的人民法院审判更为适宜的，可以由被告人居住地的人民法院管辖。本案被告人朱某某非访行为大多从萍乡出发前往北京，部分寻衅滋事行为发生在萍乡且其居住在本市安源区，故本院依法有管辖权，被告人朱某某及其辩护人文东海相应辩解、辩护意见与法律规定不符，不予采纳。

关于辩护人文东海提出被告人朱某某在侦查阶段的第2份供述笔录朱某某未签字、第3份供述笔录系公安机关事先做好，且存在疲劳审讯系非法证据，应予排除的意见。经查，朱某某在侦查阶段的第2、3份供述笔录，公诉机关均提供了相关审讯视频印证其真实性，从审讯视频来看，公安机关已保障了朱某某的休息时间，不存在辩护人提出的疲劳审讯情况，第3份笔录签字时间的问题，公安机关也出具了办案说明，证实该份笔录是与第2份笔录一起拿给朱某某签字。故辩护人该项辩护意见本院不予采纳。

关于辩护人文东海提出九份训诫书无被告人朱某某签字，系非法证据应予排除的辩护意见。经查，《中华人民共和国刑事诉讼法》第五十四条规定：收集物证、书证不符合法定程序，可能严重影响司法公正的，应当予以补正或者作出合理解释；不能补正或者作出合理解释的，对该证据应当予以排除。本案中，公诉机关提供的九份训诫书，虽无被告人朱某某的签名，但公诉机关提供了调取证据通知书证实提取程序合法；训诫单位北京市公安局西城分局府右街派出所也出具工作说明，证实朱某某于2011年12月9日起至××××年7月21日止到中南海地区非正常上访共计9次，被告人朱某某当庭供述了其在北京中南海周边被民警带至府右街派出所通过广播被训诫的事实。故辩护人该项辩护意见，不予采纳。

关于辩护人文东海、周世敏提出朱某某因上访被训诫、行政拘留，不应再追诉的辩护意见。经查，《中华人民共和国行政处罚法》第七条规定：公民、法人或者其他组织因违法受到行政处罚，其违法行为对他人造成损害的，应当依法承担民事责任。违法行为构成犯罪的，应当依法追究刑事责任，不得以行政处罚代替刑事处罚。结合本案事实，被告人朱某某在北京天安门、中南海等地点非访，其行为违反《中华人民共和国治安管理处罚法》规定，公安机关对其行政处罚，符合法律规定。朱某某明知在上述地点非访会被训诫或行政拘留，仍然不顾劝阻多次非访，其行为符合寻衅滋事罪构成要件，应予追诉。故辩护人相应辩护意见与法律规定不符，不予采纳。

关于辩护人文东海提供的刑事犯罪举报书、政府信息公开申请书、写给时任萍乡市委书记刘某某的信件、调取证据申请书。经查，上述材料与本案指控被告人朱某某犯寻衅滋事罪无关，不予采信。

安源区人民法院认为，被告人朱某某无视社会正常管理秩序，为发泄不满，违反信访规定，多次到北京天安门、中南海、联合国开发署及萍乡市政府大门口等地方，采取携带汽油、打火机自焚、举牌乞讨、售卖文化衫、散发传单、拉横幅等手段非正常上访，并将其非法上访活动发布到网络，散布谣言，借此扩大不良影响，严重扰乱公共场所秩序，其行为已构成寻衅滋事罪。公诉机关指控罪名成立。关于被告人朱某某及其辩护人文东海提出其到北京上访系为维护自身合法权益，没有起哄闹事的行为，其在网络发帖系个人言论自由，并未扰乱社会秩序，朱某某的行为无罪的意见。本院认为，公民维护自身合法权益应通过正当途径和合法方式，被告人朱某某经多次非法上访被训诫、行政处罚，其主观上明知上访行为并非正当和合法，客观上仍多次到北京天安门、中南海、联合国开发署等非信访部门和机构上访，可见其并非是为了表达上访诉求，而是有意扩大事态，在公共场所起哄闹事，严重扰乱公共场所秩序，其行为符合寻衅滋事罪主客观要件。被告人朱某某及其辩护人关于朱某某不构成寻衅滋事罪的辩解、辩护意见不予采纳。被告人朱某某多次寻衅滋事，可酌情从重处罚，辩护人周世敏提出朱某某情节轻微，建议免予刑事处罚的意见不予采纳。依照《中华人民共和国刑法》第二百九十三条第一款之规定，判决：被告人朱某某犯寻衅滋事罪，判处有期徒刑三年。

上诉人朱某某上诉及其辩护人辩护提出：1. 上诉人居住地在北京，上诉行为也发生在北京，萍乡公安局、检察院、法院对本案均没有管辖权。2. 上诉人在北京的上访行为没有严重扰乱公共场所秩序，是正常上访行为，上诉人将上访活动发布到网络，没有散布谣言或造成不良影响，没有严重扰乱公共场所秩序，上诉人的行为不构成寻衅滋事罪。3. 上诉人的上访行为，已被公安机关行政处罚或刑事处罚，不应再追究上诉人的刑事责任。

经审理查明，2011年12月至×××年7月期间，上诉人朱某某以其在萍乡市房管局7503栋公房的住房、承租店铺的拆迁补偿不合理等为诉求，不服萍乡市相关部门做出的信访答复意见，多次违反正常信访程序，到北京中南海、天安门、联合国开发署等地采取举牌、乞讨、自焚、售卖反腐文化衫、散发传单、拉横幅等手段上访，并因此被北京市公安局西城分局府右街派出所训诫九次，被北京市公安局天安门地区分局、朝阳分局及萍乡市公安局安源分局各行政拘留一次；上诉人朱某某还将相关上访活动发布到网络，散布谣言、过激言论，借此扩大不良影响。

上述事实，有证人证言、信访事项办理调查报告、训诫书、勘验记录及上诉人供述等证据证实。

关于上诉人朱某某上诉提出，其居住地在北京，上访行为也发生在北京，萍乡公安局、检察院、法院对本案均没有管辖权的意见。经查，上诉人朱某某非访行为多数是从萍乡出发前往北京，部分寻衅滋事行为亦发生在萍乡，且其居住在本市安源区，故萍乡司法机关对本案依法享有管辖权，上诉人朱某某的上述意见与本案事实及法律规定不符，不予采纳。

关于上诉人的辩护人辩护提出，上诉人的上访行为，已被公安机关行政处罚或刑事处罚，不应再追究上诉人的刑事责任的意见。经审理认为，上诉人朱某某在北京天安门、中南海等地点非正常上访，被公安机关多次训诫或行政拘留，仍然不顾劝阻多次非访，其行为符合寻衅滋事罪构成要件，故应予以追诉。辩护人的上述辩护意见与法律规定不符，不予采纳。

本院认为，上诉人朱某某在未达到自己的信访目的后，无视社会正常管理秩序，为制造影响，发泄不满，违反信访规定，多次到北京天安门、中南海、联合国开发署及萍乡市政府大门口等地方，采取携带汽油、打火机自焚、举牌乞讨、售卖文化衫、散发传单、拉横幅等手段非正常上访，并将其非法上访活动发布到网络，散布谣言，借此扩大不良影响，严重扰乱公共场所秩序，其行为已构成寻衅滋事罪。关于上诉人朱某某上诉及其辩护人辩护提出，上诉人在北京的上访行为没有严重扰乱公共场所秩序，是正常上访行为，上诉人将上访活动发布到网络，没有散布谣言或造成不良影响，没有严重扰乱公共场所秩序，上诉人的行为不构成寻衅滋事罪的意见，经审理认为，公民维护自身合法权益应通过正当途径和合法方式，上诉人朱某某经多次非法上访被训诫、行政处罚，其主观上明知上访行为并非正当和合法，客观上仍多次到北京天安门、中南海、联合国开发署等非信访部门和机构上访，可见其并非是为了表达上访诉求，而是有意扩大事态，在公共场所起哄闹事，严重扰乱公共场所秩序，其行为符合寻衅滋事罪主客观要件，上诉人朱某某及其辩护人关于朱某某不构成寻衅滋事罪的辩解、辩护意见，不予采纳。原审判决认定事实清楚，证据确实、充分，定罪准确，审判程序合法，根据上诉人朱某某的犯罪情节及悔罪表现，原判量刑亦适当，应予维持。依照《中华人民共和国刑事诉讼法》第二百二十五条第一款第（一）项之规定，裁定如下：

驳回上诉，维持原判。

本裁定为终审裁定。

审判长　刘树平

审判员　彭　竣

审判员　李　斌

二〇一七年一月十三日

书记员　曹军宇

案例73：魏中华与呼图壁县公安局、呼图壁县人民政府治安行政处罚及行政赔偿再审审查与审判监督行政裁定书

新疆维吾尔自治区高级人民法院
行政裁定书

(2016) 新行申 229 号

再审申请人（一审原告、二审上诉人）：魏中华，男，汉族，住新疆昌吉州。

被申请人（一审被告、二审被上诉人）：呼图壁县公安局。住所地：新疆昌吉州。

法定代表人：陈彬，该局局长。

委托代理人：胡建华，男，汉族，系该局法治大队副大队长。

委托代理人：邹建飞，男，汉族，系该局城镇派出所所长。

被申请人（一审被告、二审被上诉人）：呼图壁县人民政府。住所地：新疆维吾尔自治区昌吉回族自治州呼图壁县 S201 路北景华大道。

法定代表人：丁大明，该县县长。

委托代理人：刘立成，男，汉族，系该政府法制办干部。

再审申请人魏中华因与被申请人呼图壁县公安局、呼图壁县人民政府治安行政处罚及行政赔偿一案，不服新疆维吾尔自治区昌吉回族自治州中级人民法院（2016）新23行终20号行政判决，向本院申请再审。本院依法组成合议庭对本案进行了审查。本案审理过程中，魏中华申请审判员路晓剑、刘洁、马荣及民族审判人员回避，本院以口头形式驳回其回避申请。本案现已审理终结。

魏中华申请再审称，一、公民依法享有言论自由和监督控告举报的权利。魏中华在网上发帖陈述个人的认识及判断，系通过网络媒体监督维权寻求个人司法救济，内容并未捏造或者虚构事实以损害他人的利益，原审认为该行为违法没有法律依据；二、昌吉市北京南路派出所原所长王应宏、副所长王建雄在案件中不依法回避办案，在整个案件中既是报案人，又是受案审批领导，违反办案程序规定，系利用公权力对控告举报人打击报复；三、本案中，魏中华并未给昌吉市公安局民警王应宏、王建雄造成任何损失，对魏中华进行拘留7天的行政处罚于法无据，违反了《公安部关于严格依法办理侮辱诽谤案件的通知》及最高检、最高法及公安部的相关规定；四、被诉行政处罚行为证据不足，未履行法定程序。原审所依据的是呼图壁县公安局的书面笔录和王应宏、王建雄的证言，原判决认定事实不清。行政处罚中，不向魏中华送达行政处罚决定书，且未依据《公安部关于严格依法办理侮辱诽谤案件的通知》的规定，履行相应的批准程序，受案登记表、受案回执、接受证据清单等材料时间有错误，系伪造，且呼图壁县公安局在查明魏中华的电脑主机与本案无关之后，仍不归还

该主机，给魏中华造成了20多天的网店损失；五、原审违反法定程序。一审超过法定审限，且被告行政机关负责人未出庭应诉；二审法院未依法履行法定的回避义务；魏中华起诉时明确要求呼图壁县人民政府行政复议，一、二审法院认定呼图壁县人民政府并非本案适格被告不符合事实。请求：1. 撤销一、二审法院判决，改判撤销呼图壁县公安局作出的呼公（城）行罚决字（2015）24号行政处罚决定书；2. 赔偿申请人经济损失及精神损失费8000元；3. 诉讼费由被申请人承担并公开向再审申请人道歉，恢复个人名誉。

被申请人呼图壁县公安局答辩称，呼图壁县公安局治安处罚行为证据充分，法律依据正确，程序合法。根据《中华人民共和国治安管理处罚法》第九十一条及第四十二条第一款第二项的规定，呼图壁县公安局有权根据昌吉回族自治州公安局的指定管辖决定书，对魏中华捏造事实诽谤他人的行为给予治安管理处罚。魏中华因不满2014年7月19日昌吉市公安局作出的昌公（南）行罚决字〔2014〕325号处罚决定书，在其向昌吉市人民法院提起行政诉讼的期间，先后四次利用个人微博发帖捏造并散布昌吉市北京南路派出所民警王应宏、王建雄是法制流氓、滥用职权、违法乱纪等言论，诽谤公安民警王应宏、王建雄执法乱作为，给民警王应宏、王建雄造成了严重的人格和名誉损失。呼图壁县公安局依照《中华人民共和国治安管理处罚法》《公安机关办理行政案件程序规定》的规定，对魏中华违法行为履行了受理审批、调查、告知等程序，于2015年1月22日作出呼公（城）行罚决字〔2015〕第024号行政处罚决定，对魏中华处以行政拘留7日的处罚，并进行送达符合法律规定。原审判决认定事实清楚，适用法律正确，请求驳回魏中华的再审申请。

被申请人呼图壁县人民政府答辩称，魏中华要求撤销的处罚决定的实施主体系呼图壁县公安局，在魏中华逾期申请行政复议的情形下，呼图壁县人民政府作出了不予受理复议申请的决定。魏中华并未将不予受理行政复议申请决定书列为诉讼请求。因此魏中华起诉呼图壁县人民政府没有事实和法律依据。原审判决认定事实清楚，适用法律正确，请求驳回魏中华的再审申请。

本院认为，人民法院审理行政案件系针对被诉行政行为进行审查。魏中华的诉讼请求系撤销呼图壁县公安局呼公（城）行罚决字〔2015〕第024号行政处罚决定并赔偿其相关损失。因魏中华并未针对呼图壁县人民政府呼县政复不字〔2015〕1号不予受理行政复议申请决定书提出诉讼请求，且呼县政复不字〔2015〕1号不予受理行政复议申请决定书不属于《中华人民共和国行政诉讼法》第二十六条第二款规定的"复议机关决定维持原行政行为"的情形，故呼县政复不字〔2015〕1号不予受理行政复议申请决定书不属于本案的审查范畴。

《中华人民共和国治安管理处罚法》第四十二条第（二）项规定，公然侮辱他人或者捏造事实诽谤他人的，处五日以下拘留或者五百元以下罚款；情节较重的，处五日以上十日以下拘留，可以并处五百元以下罚款。本案中，魏中华认可网上所发关于"法制流氓，滥用职权"等4篇微博系属于其微博账号所发，但认为上述内容系他人使用魏中华微博账号所为，且该4篇微博反映内容属实，不构成对王应宏、王建雄的侮辱、诽谤。但根据公安机关对相关人员所作的询问笔录及网络截图，能够认定该4篇微博系魏中华本人所发，内容并不属实，已经构成了对王应宏、王建雄的诽谤，且情节严重。呼图壁县公安局根据昌吉回族自治州公安局的指定管辖决定书，对魏中华捏造事实诽谤他人的行为经过立案审理、调查、告知等法定程序后，根据案件实际情况及法律规定，作出呼公（城）行罚决字〔2015〕第024

号行政处罚决定，并无不当。行政行为违法是行政赔偿的前提。本案中，呼图壁县公安局作出的呼公（城）行罚决字〔2015〕第024号行政处罚决定符合法律规定，魏中华请求赔偿其经济及精神损失无事实及法律依据。

根据呼图壁县公安局提交的《受案登记表》，该行政处罚案件的受案民警是呼图壁县公安局城镇派出所民警邹建飞、杜彦锋，审批领导是徐云杰，魏中华称王应宏、王建雄既是案件当事人又是受案审批领导与事实不符。根据《公安机关办理行政案件程序规定》第三十三条第一款第二项的规定，作出行政处罚决定和其他行政处理决定，应当在宣告后将决定书当场交付被处理人，并由被处理人在附卷的决定书上签名或者捺指印，即为送达；被处理人拒绝的，由办案人民警察在附卷的决定书上注明。呼图壁县公安局于2015年1月22日向魏中华送达处罚决定，魏中华拒绝签收，呼图壁县公安局办案民警邹建飞、杜彦锋在公安卷宗中的处罚决定书上注明魏中华拒绝签收的情况符合法律规定。根据《公安部关于严格依法办理侮辱诽谤案件的通知》，对于需要追究刑事责任的侮辱、诽谤案件以及可能引起较大社会影响的侮辱、诽谤治安案件，应当按照规定报告上级公安机关。本案系呼图壁县公安局经昌吉回族自治州公安局的指定管辖后立案查处的治安案件，呼图壁县公安局作出行政拘留处罚决定并不违反上述通知。新疆维吾尔自治区呼图壁县人民法院在一审程序中，于2015年5月4日立案受理本案，并于2015年10月26日审结，其审理期限符合《中华人民共和国行政诉讼法》的规定。一审庭审中，呼图壁县公安局的负责人因公务未出庭应诉，但其委托单位相应的工作人员出庭亦符合《中华人民共和国行政诉讼法》的规定。二审中，魏中华申请新疆维吾尔自治区昌吉回族自治州中级人民法院岳清文、高玉莲、马雪静、段新卫、闫雪、樊健健、李强、张华、谢利扎提、董雷、李向忠、杨睿、马卫东、赵鸿武、谢永德15人回避，因其回避申请不符合《中华人民共和国行政诉讼法》规定的法定情形，故新疆维吾尔自治区昌吉回族自治州中级人民法院驳回其回避申请并不不当。

综上，原审判决认定事实清楚，适用法律正确，程序合法。魏中华的再审申请不符合《中华人民共和国行政诉讼法》第九十一条第（三）、（四）、（五）项规定的情形。依照《最高人民法院关于执行若干问题的解释》第七十四条的规定，裁定如下：

驳回魏中华的再审申请。

审判长　刘　洁

审判员　哈里木拉提

审判员　马　荣

二〇一七年二月二十三日

书记员　吴　丹

案例74：武汉起点人力资源股份有限公司与华盖创意（北京）图像技术有限公司著作权纠纷二审民事判决书

湖北省高级人民法院
民事判决书

（2017）鄂民终80号

上诉人（原审被告）： 武汉起点人力资源股份有限公司，住所地湖北省武汉市武昌区。

法定代表人： 朱运德，该公司总经理。

委托诉讼代理人： 黄灿，该公司工作人员。

委托诉讼代理人： 曾能武，湖北今天律师事务所律师。

被上诉人（原审原告）： 华盖创意（北京）图像技术有限公司，住所地北京市海淀区。

法定代表人： 柴继军，该公司总经理。

委托诉讼代理人： 何丹，北京大成（武汉）律师事务所律师。

委托诉讼代理人： ××洁，北京大成（武汉）律师事务所律师。

上诉人武汉起点人力资源股份有限公司（以下简称起点公司）因与被上诉人华盖创意（北京）图像技术有限公司（以下简称华盖公司）侵害著作权纠纷一案，不服湖北省武汉市中级人民法院（2015）鄂武汉中知初字第01565号民事判决，向本院提起上诉。本院于2017年1月5日立案后，依法组成合议庭，开庭对本案进行审理。上诉人起点公司的委托诉讼代理人曾能武、黄灿，被上诉人华盖公司的委托诉讼代理人××洁到庭参加诉讼。本案现已审理终结。

起点公司上诉请求：1. 撤销一审判决，发回重审或改判上诉人无须赔偿被上诉人；2. 由被上诉人承担本案诉讼费用。事实和理由：1. 一审判决认定基本事实不清。涉案图片是"皮皮时光机"自动配图，并经新浪微博以网络传播方式发布，非上诉人发布，上诉人没有侵权故意。一审法院也认定涉案图片源自"皮皮时光机"软件的图片数据库。对此，一审法院应当查明新浪微博及"皮皮时光机"有无涉案图片的著作权或授权许可，是否侵犯了被上诉人的著作权、是否构成共同侵权以及是否应当承担连带过错责任。2. 一审判决遗漏必要的当事人。新浪微博及"皮皮时光机"这类网络服务提供者与本案在事实及法律上均存在重大关联。3. 一审判决适用法律错误。上诉人作为一般网络用户在按新浪微博及"皮皮时光机"提供的操作流程发布涉案微博时，并不知晓"皮皮时光机"提供的配图可能构成侵权，也没有能力审查。按照《中华人民共和国侵权责任法》的相关规定，应按过错责任原则确定侵权责任。上诉人对此没有过错，不应承担侵权责任。被上诉人放任新浪微博及"皮皮时光机"收录涉案图片并为一般网络用户提供自动配图功能，被上诉人也存在过错，应减轻侵权人的侵权责任。

华盖公司辩称，一审判决在事实认定和法律适用上正确，应予维持。1. 新浪微博账号是由上诉人申请，密码也由上诉人保管，上诉人对于是否发布涉案微博有选择权。2. "皮皮时光机"和新浪微博是否存在过错与本案无关，上诉人如果认为"皮皮时光机"和新浪微博有更大过错，可另行向他们主张。3. 上诉人认为被上诉人存在过错的理由也不能成立。

华盖公司向一审法院起诉请求：1. 起点公司立即停止使用侵权作品；2. 起点公司向华盖公司支付图片赔偿金及维权费用 10000 元（人民币，下同）；3. 由起点公司承担本案诉讼费用。一审庭审中，华盖公司撤回第一项诉讼请求。

一审法院认定事实：2014 年 2 月 10 日，盖帝图像有限公司（英文名称 Getty Images, Inc.）副总裁 John J. Lapham Ⅲ 代表公司签署《版权确认及授权书》。《版权确认及授权书》确认：该公司对附件 A 中所列出之品牌相关的所有图像享有版权，有权展示、销售和许可他人使用附件 A 中所列出之品牌相关的所有图像；这些图像展示在该公司的互联网网站 www. gettyimages. ca，www. gettyimages. com，www. gettyimages. co. uk 和 ×× 上，在中华人民共和国境内亦能看到；盖帝图像有限公司明确授权华盖公司在中华人民共和国境内展示、销售和许可他人使用附件 A 中所列出之品牌相关的所有图像，这些图像展示在华盖公司的互联网网站（××）上；华盖公司有权在中华人民共和国境内以其自己的名义就任何第三方未经授权使用或涉嫌未经授权使用附件 A 中所列出之品牌相关的所有图像的行为采取任何形式的法律行为。

《版权确认及授权书》附件 A 含有 "Stockbyte" 的作品品牌。网址为 ×× 的互联网网站内有编号为 57437483 的图片，图片下方的文字说明显示 "品牌：Stockbyte"。该图片所在页面的下方有以下版权申明："本网站所有创意图片及影视素材均由本公司或版权所有人授权发布，在中华人民共和国境内，华盖创意有权办理该图片或影视素材的授权使用许可，如果您侵犯了该图片或影视素材的知识产权，华盖创意有权依据著作权侵权惩罚性赔偿标准或最高达 50 万元人民币的法定赔偿标准，要求您赔偿华盖创意的损失"。

大连市中山区公证处于 2014 年 3 月 5 日出具的（2014）大中证经字第 355 号公证书显示：华盖公司的委托代理人周冬俏于 2014 年 2 月 18 日向公证处申请网上保全证据公证；在该公证处，周冬俏在公证员和公证员助理面前操作公证处的计算机进行了保全证据行为。（2014）大中证经字第 355 号公证书文字记载及所附光盘内容显示，在进入 http://weibo. com/qidianrenli 的网页后的新浪微博中使用了编号为 57437483 的图片。该图片下方记载 "来自皮皮时光机"。

华盖公司提交了 15000 元的律师费发票和 1000 元的公证费发票，并主张为本案支出律师费 1000 元、公证费 77 元。

起点公司当庭认可（2014）大中证经字第 355 号公证书证明的新浪微博系其公司开设，该微博中使用了涉案图片。华盖公司对于起点公司于诉讼期间已删除新浪微博中的涉案图片的事实无异议。

一审另查明：在互联网 "百度百科" 中查询 "皮皮时光机"，可显示关于 "皮皮时光机" 及 "皮皮定时器" 的文字介绍。根据上述介绍，"皮皮定时器" 内容库功能提供了一个庞大的内容库资源供使用，省去网上频繁找微博内容的烦恼；"皮皮时光机" 提供了庞大的图片数据库资源，可以自由选择自己心仪的图片作为微博配图。

一审法院认为，《中华人民共和国著作权法》第十一条第四款规定："如无相反证明，在作品上署名的公民、法人或者其他组织为作者"。涉案图片作品（图片编号：57437483）公开刊载于华盖公司的互联网网站（××），图片所在网页中标注了相关版权申明。另根据《版权确认及授权书》，华盖公司是盖帝图像有限公司在中华人民共和国的授权代表，被明确授权在中华人民共和国境内展示、销售和许可他人使用附件A中所列出之品牌相关的所有图像，并有权以自己的名义就侵犯上述涉案图片作品著作权的行为提起诉讼。因此，华盖公司提交的证据足以证明其作为著作权被许可人对涉案图片作品依法享有信息网络传播权的事实。

起点公司的新浪微博中使用了华盖公司享有著作权的涉案图片。上述涉案图片虽源自"皮皮时光机"软件的图片数据库资源，但起点公司对于是否在公司新浪微博中决定采用涉案图片具有主导作用，并可自行决定是否允许涉案图片在其公司新浪微博中持续性地存在。因此，起点公司的新浪微博中使用涉案图片的行为系该公司以信息网络传播的方式使用涉案图片作品的行为。上述使用行为未经盖帝图像有限公司或华盖公司许可。另根据涉案图片的作品类型及特点、起点公司使用涉案作品的用途及方式等判断，上述使用行为不符合《中华人民共和国著作权法》规定的对著作权人的作品进行合理使用的情形。因此，起点公司以信息网络传播的方式使用涉案图片作品的行为属侵权行为，起点公司应对其侵权行为给华盖公司造成的经济损失承担赔偿责任。鉴于华盖公司的实际损失、起点公司的违法所得均不能确定，依法适用法定赔偿方式，并根据涉案图片的商业价值及起点公司使用涉案图片的方式、载体、传播受众范围等侵权行为的情节，确定起点公司的赔偿数额为2000元（含为制止侵权行为所支付的合理开支）。依照《中华人民共和国著作权法》第三条第五项、第十条第一款第十二项、第十一条第四款、第四十八条第一项、第四十九条第二款，《中华人民共和国民事诉讼法》第一百四十二条的规定，判决：一、起点公司于判决生效之日起十日内，赔偿华盖公司经济损失2000元（含为制止侵权行为所支付的合理开支）；二、驳回华盖公司的其它诉讼请求。如果未按照判决指定的期间履行给付金钱义务，则应当按照《中华人民共和国民事诉讼法》第二百五十三条的规定，加倍支付迟延履行期间的债务利息。一审案件受理费50元，由起点公司负担。

本院二审期间，双方当事人未提交证据。

二审经审理查明，一审判决查明的事实属实，本院予以确认。

本院认为，本案争议焦点为：起点公司是否侵害了华盖公司对涉案图片享有的信息网络传播权，是否应当承担侵权的民事责任。

二审中，起点公司对于一审查明的事实不持异议，但认为涉案图片系由"皮皮时光机"自动配图，其不能选择图片，而且在发布涉案微博前也无法看到"皮皮时光机"所配图片，故其不应承担侵权的民事责任。对此，本院认为，新浪微博系一个网络社交平台，涉案微博账号系起点公司主动申请注册，"皮皮时光机"是依附于新浪微博的一个第三方应用软件，起点公司对于是否使用该软件进行配图具有选择权。而"皮皮时光机"的配图功能，根据起点公司提交的证据，一审已查明使用者可以自由选择"皮皮时光机"数据库内心仪的图片作为微博配图。起点公司上诉主张涉案图片系由"皮皮时光机"自动配图，其不能自由选择的理由与其一审提交的证据相悖。二审庭审时起点公司又提出，"皮皮时光机"软件可以自由选择配图功能是在2015年之后才具备，在此之前"皮皮时光机"软件不能自由选择图片，但对此主张起点公司未能提交证据证明，应承担举证不能的法律后果。故一审判决认定起点公司对于涉案微博配图的选择和发布具有主导作用正确。从起点公司使用涉案图片的用途及方式来看，起点公司使用他人享有著作权的作品应当获得著作权人的许可，起点公司未经华盖公司许可，通过新浪微博擅自使用涉案图片并进行发布，符合《中华人民共和国著作权法》第四十八条第一项的规定，属于未经著作权人许可，通过信息网络向公众传播其作品的情形，其行为构成侵权，应承担相应的民事责任。起点公司上诉认为自己不存在过错，不应承担侵权责任，一审法院适用法律错误的理由不能成立，本院不予支持。

至于起点公司上诉认为一审遗漏了新浪微博与"皮皮时光机"这类网络提供者作为当事人的问题。因是否向新浪微博和"皮皮时光机"软件的权利主体提起诉讼，是华盖公司对自身诉权的处分，且新浪微博和"皮皮时光机"软件的权利主体也并非本案必要共同诉讼当事人，故起点公司认为一审判决遗漏了必要诉讼当事人的上诉理由也不能成立，本院亦不予支持。

综上所述，起点公司的上诉请求不能成立，应予驳回；一审判决认定事实清楚，适用法律正确，应予维持。依照《中华人民共和国民事诉讼法》第一百七十条第一款第一项规定，判决如下：

驳回上诉，维持原判。

二审案件受理费 50 元，由武汉起点人力资源股份有限公司负担。

本判决为终审判决。

审判长　陈　辉

审判员　叶　宇

审判员　冯雅婧

二〇一七年三月一日

书记员　汪月琴

案例75：王姿与罗凌云名誉权纠纷二审民事判决书

重庆市第一中级人民法院
民事判决书

（2017）渝01民终684号

上诉人（原审被告）： 罗凌云，女，汉族，无固定职业，住重庆市沙坪坝区。
委托诉讼代理人： 夏徐，重庆市江北区观音桥法律服务所法律工作者。
被上诉人（原审原告）： 王姿，女，汉族，无固定职业，住重庆市九龙坡区。
委托诉讼代理人： 朱洪，重庆合融律师事务所律师。
委托诉讼代理人： 胡世强，重庆合融律师事务所律师。

上诉人罗凌云因与被上诉人王姿名誉权纠纷一案，不服重庆市沙坪坝区人民法院（2016）渝0106民初11865号民事判决，向本院提起上诉。本院于2017年2月13日立案后，依法组成合议庭，于2017年2月23日开庭进行了询问。上诉人罗凌云及其委托诉讼代理人夏徐，被上诉人王姿的委托诉讼代理人朱洪、胡世强到庭参加诉讼。本案现已审理终结。

罗凌云上诉请求：不服一审判决，提起上诉。事实和理由：1. 上诉人罗凌云并未侵害被上诉人王姿名誉权，不应承担侵权责任。罗凌云与前夫李品2007年相识后，于2012年1月12日登记结婚并先后育有一子李益乐、一女李婉云。双方于2016年6月6日因李品与被上诉人王姿长期保持不正当男女关系而离婚。李品与王姿出国旅游共计5次以上，导致上诉人受到极大精神折磨患上中度抑郁症。2. 自从2016年6月6日与李品离婚以来，王姿多次在其微博上对罗凌云指名道姓大骂，而且还将罗凌云的照片附上，罗凌云惊慌不知所措，便找前夫李品求助，李品答应约束王姿的言行，但王姿得知此事后变本加厉地在网络上辱骂罗凌云，说出一些少儿不宜的脏话。迫于无奈，罗凌云在2016年8月5日向公安机关报警求助，但王姿对警察也破口大骂并拒绝警察调解。罗凌云见警察出面也未阻止王姿的行为，索性就和王姿在网上对骂起来，事后也没有在意此事，直到收到法院传票才知道王姿去法院告罗凌云侵权，简直荒唐至极。3. 每个公民有言论自由，罗凌云在重庆购物狂论坛上的帖子并未署过任何名字，且发帖后很快被网站管理员删除，就不存在侵权一说。此后罗凌云向一审法院申请调取王姿与罗凌云前夫李品长达三年的偷情证据，但一审法院并未本着查清事实的原则，导致罗凌云没有得到公正判决。

王姿辩称，王姿与罗凌云前夫李品是否保持关系并未查证属实，且该关系不是本案侵权行为的原因，属于两个法律关系。一审判决认定事实清楚，适用法律正确，程序合法，请求驳回上诉人的全部上诉请求，维持原判。

　　王姿向一审法院起诉请求：1. 判决罗凌云删除其对王姿侮辱性的微博及公布王姿姓名、照片、工作单位等个人信息的微博，并在其微博中公开发布微博向王姿赔礼道歉，道歉微博保留一个月以上。2. 判令罗凌云向王姿支付制止侵权行为的合理开支 8500 元（含律师代理费 7500 元、公证费 1000 元）。3. 判令罗凌云向王姿支付精神抚慰金 40000 元。4. 判令罗凌云向王姿支付医疗费 239 元。5. 本案诉讼费由罗凌云承担。

　　一审法院认定事实：罗凌云于 2016 年 6 月 15 日在新浪微博以 "@笨笨笨笨乐" 为用户名发布微博："说贱三在微博上直呼我姓名，我还怕了麦，王姿！你当三当得理直气壮，我更不怕暴露你名字！还有渣男李品！贱三，你如此不要脸不要皮，你父母知道吗?! 知道了不晓得好为你感到羞耻！……"于 2016 年 8 月 12 日在其新浪微博 "@笨笨笨笨乐" 中发布"这几张照片真心丑得不忍直视！贱三王姿，外表可以整容，内心的愚蠢和骚贱，怎么都无法挽救！你继续愚昧一声吧，这才是我最乐意看到的画面"；于 2016 年 8 月 13 日在其微博"@乐乐兔Y"中公布王姿姓名、照片并使用侮辱性语言"这几张照片真心丑得不忍直视！""贱三王姿，外表可以整容，内心的愚蠢和骚贱，怎么都无法挽救！"等。罗凌云于 2016 年 6 月 14 日通过重庆购物狂论坛注册网名为"上天自有定数"发布网帖《我所经历的奥斯卡影帝和他的影后小三》，讲述其婚姻因第三者插足失败的经历，该文虽未直接公布王姿的姓名、照片，但通过罗凌云的回复内容（如在 2016 年 6 月 15 日 10 点 12 分针对用户"公共马甲222"的询问："那么现在王姿还和他在一起没有呢"，罗凌云回复："还在一起亲，麻烦你修改下帖子，把名字屏蔽一下，不然这帖子会被删除！"），可以使公众将文中所述"小三"与王姿相对应。腾讯新闻上出现《丈夫在家实行 AA 制却一个月带"小三"两次马尔代夫旅游》的网帖，并配发了王姿的照片，罗凌云否认该帖系其发布。

　　庭审中，就王姿是否系插足罗凌云婚姻的第三者，王姿予以否认，罗凌云亦未提供证据予以证明。经一审法院核实，罗凌云在本案审理过程中已删除在新浪微博发布的涉案微博以及在重庆购物狂论坛发布的涉案网帖。

　　一审法院认为，公民享有隐私权。隐私权一般指自然人享有的对自己的个人秘密和个人私生活进行支配并排除他人干涉的一种人格权。采取披露、宣扬等方式，侵入他人隐私领域、侵害私人活动的行为，就是侵害隐私权的行为。本案中，罗凌云在新浪微博及重庆购物狂论坛上公布了王姿的姓名、照片等信息，成为网民知晓其真实身份的依据之一，引发了众多网民的批评性言论及不满情绪。因此，罗凌云披露王姿的姓名、照片等个人信息，构成了对王姿隐私权的侵害。

　　名誉是指社会对特定民事主体品德、才能以及其他素质客观、综合的评价。名誉权是指民事主体就自身属性和价值所获得的社会评价和自我评价享有的保有和维护的人格权。罗凌云在微博上的言论，严重干扰了王姿的正常生活，而且使王姿的社会评价明显降低。这种侵害结果的发生与罗凌云在微博及论坛上发布的信息之间存在直接的因果关系，造成了对王姿名誉权的侵害，应当承担相应的侵权民事责任。

　　鉴于本案审理过程中罗凌云已在新浪微博及重庆购物狂论坛删除涉案的侵权微博及网帖，罗凌云对王姿的隐私、名誉侵权实际上已经停止，故王姿仍要求罗凌云停止侵害已无必要。

　　关于王姿要求的公证费用，因网络中的内容始终处于不断更新的状态，王姿为搜集证据而对相关网页采用公证的形式予以固定，因此而支出的费用属于取证的合理支出，王姿要求罗凌云承担公证费的诉讼请求合理，一审法院予以认可。王姿花费的律师费并非制止罗凌云侵权行为必须支出的费用，不应由罗凌云承担。关于医疗费239元，王姿提供的证据不足以证明其产生与罗凌云的侵权行为存在因果关系，一审法院不予认可。关于代理费，不属于必然产生的损失，一审法院不予支持。综合罗凌云的侵权行为和王姿精神受到的伤害，以罗凌云赔偿王姿2000元精神损害抚慰金为宜。

综上，依据《中华人民共和国民法通则》第一百零一条、第一百二十条第（一）款，《中华人民共和国侵权责任法》第二条、第六条第（一）款，最高人民法院《关于确定民事侵权精神损害赔偿责任若干问题的解释》第八条第（二）款，判决如下：一、罗凌云于本判决生效后十日内在其侵权所用的新浪微博以微博的形式公开向王姿赔礼道歉、消除影响，并保留该微博一个月内不得删除；道歉内容由一审法院核定；否则一审法院将本案判决书主要内容刊登于其他媒体上，费用由罗凌云承担。二、罗凌云于本判决生效后七日内赔偿王姿精神损害抚慰金2000元。三、罗凌云于本判决生效后七日内赔偿王姿公证费1000元。四、驳回王姿其它诉讼请求。案件受理费400元，减半交纳200元（王姿已预交）。由王姿负担。

二审中，当事人没有提交新证据，本院对一审判决查明的事实予以确认。

本院认为，上诉人罗凌云在新浪微博及重庆购物狂论坛上指名道姓发布了王姿的姓名、照片等信息，并擅自发布未经依法核实且有损王姿社会评价的负面言论。上述在公众网络发布针对个人隐私的负面信息，已然引起部分网民的负反馈、严重影响了王姿的正常生活，进而致使王姿的社会评价明显降低。故罗凌云的过错行为与王姿的损害后果之间具有直接因果关系，罗凌云依法应该承担相应侵权责任。虽然罗凌云上诉称王姿与其前夫李品之间存在不正当的男女关系，并最终导致罗凌云与李品离婚，但罗凌云与李品的婚姻关系出现问题不应成为罗凌云故意侵犯他人隐私权的理由，更不应成为罗凌云进行违法行为的托词与抗辩。罗凌云有合法的救济渠道，本可以采取合法有效措施挽救其婚姻关系；或者可以依法有效维护其正当权益。但不幸的是，罗凌云并没有依法维护自己的权利，故其维权不当的行为必须受到法律的惩戒。本案昭示一个浅显的道理：言路皆自由，维权应依法，网晒须谨慎。

综上所述，罗凌云的上诉请求不能成立，应予驳回；一审判决认定事实清楚，适用法律正确，应予维持。依照《中华人民共和国民事诉讼法》第一百七十条第一款第一项规定，判决如下：

驳回上诉，维持原判。

二审案件受理费400元，由罗凌云负担。

本判决为终审判决。

审判长　郑　泽

审判员　闫信良

代理审判员　伏虹瑾

二〇一七年三月一日

书记员　曾　静

案例76：叶立娟与德州市公安局德城分局
行政处罚再审审查与审判监督行政裁定书

山东省高级人民法院
行政裁定书

(2017) 鲁行申194号

再审申请人（一审原告、二审上诉人）：叶立娟，女，汉族，住山东省德州市德城区。

被申请人（一审被告、二审被上诉人）：德州市公安局德城分局，住所地山东省德州市德城区。

法定代表人：张金文，局长。

委托代理人：孟常青，德州市公安局德城分局工作人员。

委托代理人：刘畅，德州市公安局德城分局工作人员。

再审申请人叶立娟因诉德州市公安局德城分局治安行政处罚一案，不服德州市中级人民法院作出的（2016）鲁14行终105号行政判决，向本院申请再审。本院依法组成合议庭对本案进行了审查，现已审查终结。

叶立娟申请再审称，1. 被申请人作出的处罚决定与一、二审法院判决对申请人违法行为的认定存在矛盾。被申请人处罚申请人的理由是散布虚假警情造成恶劣的社会影响，而一、二审法院在审理该案时，调查认定的结论并非是申请人散布虚假警情，而是申请人发布失实言论；2. 申请人的行为不符合《中华人民共和国治安管理处罚法》第二十五条第（一）项规定的情形，原审法院判决认定的事实缺乏证据、适用法律错误。首先，该法条并未规定散布虚假警情、造成恶劣社会影响的情形。其次，申请人所写的"2015年9月12日在德州烟草院内维权的原德州烟草下岗职工遭到数十人暴打后，原企业的财产被强行拆除"，这一事实是客观存在的，并非虚构。再次，即便微博的标题与内容之间存在出入，这种所谓"失实言论"与该法条对于谣言的定义相比，根本不是一个概念，不能予以偷换，且申请人的行为没有引起群众恐慌，也不存在扰乱了社会秩序。综上，申请人的再审申请符合《中华人民共和国行政诉讼法》第九十一条第（三）、（四）项规定，请求：1. 撤销德州市中级人民法院（2016）鲁14行终105号行政判决；2. 全案诉讼费由被申请人承担。

德州市公安局德城分局提交意见称，被申请人作出的行政处罚决定事实清楚、证据确凿充分、适用法律正确，申请人的诉讼请求无事实和法律依据，其申请再审理由不能成立。经过被申请人调查，2015年9月12日，德州烟厂原协议解除劳动合同人员约100多人以维权为名到原烟厂东院施工现场阻止施工。期间并未发生东北人员持械打伤维权人员的情况。公安机关及时出警，不存在"为东北帮保驾护航"的情况。申请人作为具有完全责任能力的自然人，在未亲眼所见的情况下，发表没有事实根据的严重失实言论并在互联网上传播，扰乱了公共秩序，符合《中华人民共和国治安管理处罚法》第二十五条第（一）项规定的情形，因此申请人认为被申请人对其作出的行政处罚认定事实证据不足、适用法律错误的主张不能成立。

本院认为，《中华人民共和国治安管理处罚法》第二十五条第（一）项规定："散布谣言，谎报险情、疫情、警情或者以其他方法故意扰乱公共秩序的，处五日以上十日以下拘留，可以并处五百元以下罚款；情节较轻的，处五日以下拘留或者五百元以下罚款。"德州市公安局德城分局在原审中提交的帖子截图、证人证言以及叶立娟本人陈述等证据足以证明叶立娟在新浪微博发布了题为《惊!!!将军集团花钱"东北帮"行凶强拆公安为其保驾护航》的帖子，该帖所述内容并非叶立娟亲眼所见，且与事实并不相符。叶立娟通过互联网平台向不特定对象发布了虚假言论，误导众多网友在该帖下回复带有攻击性、侮辱性的负面言论，产生了较大范围的影响，损害了包括公安机关在内的国家机关的形象，其行为已经构成扰乱公共秩序。德州市公安局德城分局依据《中华人民共和国治安管理处罚法》第二十五条第（一）项规定作出德城公（刑）行罚决字〔2015〕10305号行政处罚决定，对其处以行政拘留5日的行政处罚，认定事实清楚，适用法律正确，程序合法，量罚得当。该行政处罚决定以叶立娟虚构事实扰乱公共秩序为由对其进行处罚，《行政处罚决定书》中关于"散布虚假警情，造成恶劣的社会影响"的陈述系对报案人报案内容的概述，一、二审法院经过审查，认定叶立娟虚构事实扰乱公共秩序的行为客观存在，与德州市公安局德城分局作出的行政处罚决定中对叶立娟违法行为的认定并无矛盾之处，叶立娟关于一、二审法院对叶立娟违法行为的认定与德州市公安局德城分局对叶立娟进行行政处罚的理由存在矛盾以及判决认定事实的证据不足、适用法律错误等主张，没有事实根据和法律依据，不能成立。综上，叶立娟的再审申请不符合《中华人民共和国行政诉讼法》第九十一条规定的情形。依照《最高人民法院关于执行〈中华人民共和国行政诉讼法〉若干问题的解释》第七十四条的规定，裁定如下：

驳回叶立娟的再审申请。

审判长　许　琳

代理审判员　姜筱倩

代理审判员　李　欣

二〇一七年三月十三日

书记员　王金玉

案例 77：高某与王某等名誉权纠纷
一审民事判决书

北京市海淀区人民法院
民事判决书

(2016) 京 0108 民初 39866 号

原告：高某，男。

委托诉讼代理人：李吉辉，泰和泰（北京）律师事务所律师。

被告：北京微梦创科网络技术有限公司，住所地北京市海淀区。

法定代表人：刘运利，董事长。

委托诉讼代理人：乐曲，北京市中银律师事务所律师。

被告：王某，男。

原告高某诉被告北京微梦创科网络技术有限公司（以下简称微梦创科公司）、被告王某名誉权纠纷一案，本院受理后，依法组成合议庭，公开开庭进行了审理。原告高某委托诉讼代理人李吉辉、被告微梦创科公司委托诉讼代理人乐曲、被告王某到庭参加了诉讼。本案现已审理终结。

原告高某向本院提出诉讼请求：一、请求判令被告微梦创科公司删除新浪微博网站存留的全部涉案侵权内容；请求判令被告王某立即停止侵权并删除全部涉案侵权内容（当庭撤回该项诉讼请求）；二、判令被告王某在新浪微博官方网站首页显著位置、其个人官方微博（微博："@王小呆V"）的置顶位置及《法制日报》上向原告公开赔礼道歉、消除影响，致歉和消除影响，时间不少于 90 日；三、判令被告王某赔偿原告经济损失 50000 元，精神损害抚慰金 100000 元，维权支出费用（含公证费、律师费）80000 元。事实及理由：原告高某为我国著名的音乐人、词曲创作人、导演、主持人。被告北京微梦创科网络技术有限公司为新浪微博（网址为：http://weibo.com）网站的经营者。××××年7月，新浪微博"@王小呆V"（被告王某运营）利用其新浪微博空间发表谣传原告与影视演员郑某谈恋爱的信息和文章，对原告进行诽谤，并使用侮辱性的语言、文字对原告人格进行诋毁。虽然原告及时在其个人新浪微博中对此进行公开辟谣和解释，但是上述不实信息、文章仍然持续存在，并被不知悉真实情况的网友大量转载和评论，客观上给原告的名誉、声誉及社会形象造成恶劣的负面影响，严重阻碍原告的正常工作和生活。具体事实情况包括但不限于：被告王某运营的微博"@王小呆V"，是微博签约自媒体号，拥有粉丝 2337052 人次的新浪微博知名娱乐评论人，××××年7月5日20：03时其在个人新浪微博中，恶意发表内容为"太久没来爆料了，随便说一个吧，郑某现在和高某在一起，应该是今年三、四月份确定的恋爱的关系……"的微博，谣传、散播"原告与郑某谈恋爱"的消息。××××年7月5日20：

40，原告在个人新浪微博及时发表信息进行回应，否认认识郑某，并回复被告王某在"@王小呆 V"发布的相关微博，要求其提供地址以便发送律师函。被告王某并未因此删除微博，亦未向原告回复个人地址；但同时因其微博大 V 身份，仅仅截至 7 月 6 日，该微博信息便已被网民转发 11839 次、评论 42392 次、点赞 20125 次，在广大网民用户中引发严重恶劣影响。王某为实现非法目的，利用原告的名人效应，恶意编造、发表"原告和演员郑某在谈恋爱"的虚假信息并进行持续传播属于恶意侵权，依据《民法通则》第一百零一条、第一百二十一条第一款，《侵权责任法》第二条、第六条之规定，构成对原告名誉权的严重侵犯，理应承担侵权法律责任。同时，因上述被告系新浪微博用户，被告北京微梦创科网络技术有限公司作为微博的运营商，在为微博用户提供网站运营服务的同时，亦对用户的使用行为负有管理、注意义务，并应承担相应的法律责任。原告系著名的音乐人、词曲创作人、导演、主持人，用户发表的上述关于原告的微博文章、信息系明显严重侵犯原告合法权益的不实言论，被告作为网站经营者，对此负有积极删除、断开链接之义务。故原告要求其将运营的新浪微博网站上所有存留的侵权内容进行清除，合法有据。综上所述，被告王某的行为违反了《民法通则》《侵权责任法》等规定，构成对原告的名誉侵权，给原告造成严重的经济损失和精神损害。同时，该侵权行为也违反了社会公德，扰乱了互联网传播秩序，损害了社会公共利益。为维护原告的合法权益，打击和制止网络谣言，规范网络信息传播秩序，培育文明理性的网络环境，依法惩处传播有害信息行为，倡导文明诚信、安全有序的网络空间，特诉至贵院，望准如所请。

微梦创科公司辩称：我公司在接到起诉状后及时删除了涉案内容，并披露了微博用户的注册信息，不应承担法律责任。

王某辩称：我同意赔礼道歉，方式为在新浪微博个人官方微博（"@王小呆 V"）的置顶位置发表致歉声明，不同意在《法制日报》上向原告公开赔礼道歉，不同意原告要求的赔偿损失，我认为精神损失、经济损失赔偿金过高，同意向原告支付 10000 元。

当事人围绕诉讼请求依法提交了相关证据，本院组织当事人进行了证据交换和质证。对相关证据和事实，本院认定如下：

原告高某是国内音乐、影视制作领域的知名人士，微梦创科公司系新浪微博的经营主体。

"@高某"（www. weibo. com/u/×××）为高某新浪微博认证微博账户。

"@王小呆 V"（www. weibo. com/u/×××）为王某新浪微博认证微博账户。

原告提交的（××××）京海诚内民证字第 09220 号公证书（公证日期×××年 7 月 6 日）载有："@王小呆 V"关注 589、粉丝 2337052、微博×××。×××年 7 月 5 日 20：03，"@王小呆 V"发布微博，页面显示该微博转发 11839、评论 42392、点赞 20125，×××年 7 月 5 日 20：40"@高某"微博转发"@王小呆 V"微博并评论："麻烦以后造谣炒作好歹找个我认识的人，我根本不认识郑某，更没说过一句话。律师函已经准备好，请赐地址以发送。没别的渠道找到你，只好在这里了……"此外，公证书显示×××年 6 月 17 日 12：30"@王小呆 V"转发"@平安 WIFIV"微博："#剁手三件套#会玩，又是手机，又是流量，我们的钱包要格式化了"；×××年 6 月 27 日 16：43 转发"@荣耀手机 V"微博："#荣耀6#给这对高颜值人机搭档满分！嫌少了你们自己补！"；×××年 6 月 28 日 18：23 转发"@乐视商城 V"微博："#李宇春×××野蛮生长巡演#北京站来啦！乐视商城 LeMall. com 限量专场开售 50 张 1880 元和 150 张 1280 元门票，位置超赞，今晚八点见"；

×××年7月5日16：50发布微博。此外，公证书显示部分微博用户就涉案事件发布微博：×××年7月6日10：34"@办打茧"发布微博；×××年7月6日10：09"@禾川先生"发布微博。在今日头条网页搜索"高某"，出现多家涉及"高某郑某在一起"的相关媒体报道。

庭审中，经当事人确认："@王小呆V"微博中涉案内容已经删除，此外"@王小呆V"微博×××年7月被新浪微博判定违规并禁言30天。

高某主张，王某利用"@王小呆V"微博发表谣传其与艺人郑某恋爱的信息，造成网友大量转载和评论，给其名誉、声誉和社会形象造成恶劣负面影响，干扰了其正常的工作和生活，故要求王某公开赔礼道歉并赔偿经济损失、精神损害抚慰金及维权合理支出。关于维权合理支出，原告主张包括公证费5000元、律师费75000元，并提交了公证费及律师费发票及委托代理合同，其中（××××）京海诚内民证字第09220号公证书公证费发票10000元，（××××）京海诚内民证字第09220号公证书除"@王小呆V"外，包含有同批另案"@八卦壹姐V"微博公证内容，高某主张本案中的金额为与另案均摊后的5000元；律师费发票合计150000元，委托代理合同甲方为高某经纪公司脸雾（北京）影视文化发展有限公司（以下简称"脸雾公司"），律师费发票抬头显示名称亦为脸雾公司，高某主张在本案中的金额为与另案均摊后的75000元。王某对上述发票及委托代理合同真实性不持异议，但认为金额过高。

王某主张涉案微博信息来源于其与朋友闲聊时听说，经事后了解，因没有证据，关于"高某与郑某的恋情"为虚假信息，但其没有使用侮辱性词汇，没有证据显示给高某造成精神损失和经济损失，高某要求的赔偿数额过高，缺乏事实和法律依据。王某未提交任何证据。

关于高某称王某"@王小呆V"账号为"营销号"，通过侵权获取经济利益一项，王某称其微博并非"营销号"，账号会收费转发厂商的商业推广信息，目前250多万粉丝，收费标准为转发一条3000元。

上述事实，有双方当事人陈述、公证书、发票、委托代理合同等证据在案佐证。

本院认为：

公众人物具有不同于普通民众的特点，具有较高的知名度和相对广泛的影响力，其向社会公众传播的言谈举止、行为事迹会对社会公众产生一定影响。因此，在接受社会舆论监督及社会公众知情权利面前，公众人物相应的人格权会受到限制。但对公众人物的人格权利限制并非没有限度，公众人物的人格尊严应依法受到保护。对于公众人物的报道、评论，纵使对言论宽容度有所放松，但报道、评论者仍应依据一定的事实和证据发表意见。如言论所根据的事实或证据，并非众所周知时，报道、评论者应一并公开，以利于公众有所判断，从而使真相愈辩愈明。如在缺乏事实依据的情况下即作出涉及他人名誉的事实陈述或推测，可能误导公众，由此造成他人人格受损的，应承担相应的侵权责任。

本案原告高某系社会知名人士，属特定行业内的公众人物。被告王某使用其"粉丝"量较大的微博账号"@王小呆V"（公证日粉丝量2337052）发布关于高某与某女艺人发生恋情的虚假信息，被大量评论转发（转发11839、评论42392、点赞20125），导致部分网友对高某发表诸多负面评论，并引发广泛的娱乐关注，形成影响高某社会公众形象的负面事件，造成了高某人格权益受损，侵害了高某名誉权。鉴此，高某有权要求王某承担赔礼道歉、赔偿精神损失等法律责任。关于赔礼道歉的责任承担及赔偿精神损失的数额问题，本院综合考虑王某的主观过错、侵权情节以及涉案微博账号"@王小呆V"粉丝数量、传播范围、因发布涉案信息获得知名度提升、王某利用微博进行商业性运作等因素，合理确定具体赔礼道歉的方式、范围及赔偿精神损失的具体数额问题，不再全部支持高某的诉讼请求。关于公证费用，（××××）京海诚内民证字第09220号公证书除"@王小呆V"外，包含有同批另案"@八卦壹姐V"微博公证内容，属于本案内容的公证费用，为合理支出范畴，高某要求王某承担公证费5000元，并无不当，本院予以支持。关于律师费用，本院认为，高某提交的委托代理合同约定的律师费为150000元，高某在本案中主张的金额为与另案均摊后的75000元，但本案系侵害名誉权的常规人格权案件，专业性、复杂程度并非极高，故本院综合案件性质、案件对律师专业素质和业务能力要求、律师工作成本等因素，对高某主张的律师费中的合理部分予以支持，不再全额支持高某的主张。关于高某主张的经济损失一项，现高某提交的证据并不足以证实实际损失的发生以及相应金额，故高某该项诉请依据不足，本院不予支持。关于涉案侵权内容，经查明业已删除，且高某当庭撤回该项诉请，故本院不再另行处理。

综上所述，依照《中华人民共和国民法通则》第一百零一条、第一百二十条之规定，判决如下：

一、本判决生效之日起七日内，被告王某在个人微博账户"@王小呆V"（www.weibo.com/u/×××）连续十五日发布致歉声明，向原告高某赔礼道歉（致歉内容须经本院审核，若被告王某逾期不履行，将依法承担拒不履行生效判决的法律责任，本院将依原告高某申请，选择一家全国发行的报刊，刊登判决主要内容，费用由被告王某负担）；

二、本判决生效之日起七日内，被告王某向原告高某支付精神损害抚慰金50000元及公证费5000元、律师费20000元；

三、驳回原告高某的其他诉讼请求。

如果被告王某未按本判决指定的期间履行给付金钱义务，应当依照《中华人民共和国民事诉讼法》第二百五十三条之规定，加倍支付迟延履行期间的债务利息。

案件受理费1450元，由被告王某负担，于本判决生效后七日内交纳。

如不服本判决，可于判决书送达之日起十五日内向本院递交上诉状，并按对方当事人的人数提出副本，交纳上诉案件受理费，上诉于北京市第一中级人民法院。如在上诉期满后七日内未交纳上诉费的，按自动撤回上诉处理。

审判长　张江洲
审判员　罗海艳
审判员　刘君婕
二〇一七年三月十三日
书记员　张粟萌

案例78：沈某某寻衅滋事罪一审刑事判决书

上海市浦东新区人民法院
刑事判决书

（2017）沪0115刑初183号

公诉机关：上海市浦东新区人民检察院。
被告人：沈某某，女，汉族，户籍地上海市浦东新区。
辩护人：杨永涛，上海熊兆罡律师事务所律师。

上海市浦东新区人民检察院以沪浦检刑诉〔2017〕125号起诉书指控被告人沈某某犯寻衅滋事罪，于2017年1月11日向本院提起公诉。本院于同日立案后，依法适用普通程序，组成合议庭，公开开庭审理了本案。上海市浦东新区人民检察院指派检察员唐某某出庭支持公诉，被告人沈某某及辩护人杨永涛到庭参加诉讼。现已审理终结。

上海市浦东新区人民检察院指控，被告人沈某某系上海金丰易居房地产顾问有限公司（以下简称房地产公司）"尚海郦景"项目的销售经理，其为促使客户尽快完成正式签约、缴足剩余款项，从而提高团队销售业绩，于2016年8月22日在自己手机中编辑了虚假的房产新政信息"已接到通知，由于最近土地拍卖价格过高，市委将于下周召开各部门会议，计划于9月份起调整银行贷款政策，未办未审完的贷款合同请催促尽快办理，这次的信贷政策收紧力度很大"，发送至"低调做人高调做事［金丰］"的微信群，并要求下属业务员将该虚假信息告知自己客户，后该条虚假信息短时间内在网络上被大量转发、评论及数十家媒体报道，系导致2016年8月份上海房地产市场出现非理性购房情绪的三大谣言之一，造成政府部门为维护房地产市场秩序启动重大舆情处置预案。为证实指控事实，公诉机关提供了证人姚某、杨1、宋某某、马某某、张某1、李某、叶某、张某2、徐某、孙某、藏某某、张某3、吴某某、夏某、杨某2的证言笔录，相关截图，上海弘连网络科技有限公司计算机司法鉴定所司法鉴定检验报告书、说明函复，上海市住房和城乡建设管理委员会关于"上海购房信贷新政"谣言案的情况说明，扣押笔录、扣押物品清单及相关照片，上海市民政局婚姻管理处出具的离婚数据表，公安机关出具的案发及抓获经过材料，常住人口基本信息，被告人沈某某的供述笔录等证据。据此认为，被告人沈某某编造虚假信息，在信息网络上散布，造成公共秩序严重混乱，其行为已触犯《中华人民共和国刑法》（以下简称《刑法》）第二百九十三条第一款第（四）项"在公共场所起哄闹事，造成公共场所秩序严重混乱"的规定，应当以寻衅滋事罪追究其刑事责任，鉴于其具有坦白情节等，建议对被告人沈某某处一年以下有期徒刑。

被告人沈某某对公诉机关指控的基本事实和罪名无异议，但是认为在其发布虚假信息之前外界已经有相关传言，其系误信传言，主观上是为了提高公司业绩和维护客户利益，出现本案中的危害后果并非其本意。

被告人沈某某的辩护人对公诉机关指控的基本事实无异议，但是认为被告人沈某某的行为不符合寻衅滋事罪的犯罪构成要件，故不构成犯罪。第一，被告人沈某某不具备寻衅滋事的主观故意和动机。寻衅滋事罪中行为人主观上是出于寻求刺激，发泄情绪，逞强耍横，在公共场所故意制造事端等动机，而被告人沈某某主观上是为了提高工作业绩，避免客户遭受损失，且被告人沈某某在事发当日下午采取了相关预防措施，补发信息提醒同事不要转发朋友圈，删除信息，提醒客户就可以了，故虚假信息被广泛转发并引发市场波动并非被告人沈某某所能预见和控制，亦非其所追求和希望的。第二，寻衅滋事罪侵犯的客体是公共秩序，即治安秩序，而被告人沈某某的行为影响的是房地产市场秩序这一国家经济秩序，而非公共秩序、治安秩序。第三，公诉机关将被告人沈某某发布的信息认定为不实信息过于勉强，其行为不属于"在公共场所起哄闹事"。被告人沈某某发布的信息只是提前泄露了政府部门尚未公布的市场信息，因为政府部门在2016年11月份确实出台了房地产新政。信息被转发、评论及媒体报道的数据的真实性无法判定，且其发布的信息仅涉及信贷政策，与离婚等无关。第四，微信群不属于公共场所，网络本质上不具备寻衅滋事的功能和条件。第五，被告人沈某某的行为与房地产市场的行情波动之间无必然的因果关系，房地产市场行情波动系其固有特征和规律。第六，本案中欠缺寻衅滋事的"法律后果"，没有受害人，也未出现治安事件，政府部门为维护房地产市场秩序启动重大舆情处置预案系职责所在，不能作为刑事犯罪案件的法律后果。

经审理查明，被告人沈某某系房地产公司"尚海郦景"项目的销售经理，其为促使客户尽快完成正式签约、缴足剩余款项，从而提高团队销售业绩，在未接到通知且并未确悉市委将召开相关会议调整房地产新政的情况下，于2016年8月22日11时36分许在自己手机中编辑了虚假的房产新政信息"已接到通知，由于最近土地拍卖价格过高，市委将于下周召开各部门会议，计划于9月份起调整银行贷款政策，未办未审完的贷款合同请催促尽快办理，这次的信贷政策收紧力度很大"，接连三次发送至用户总数为23人的"低调做人高调做事［金丰］"的微信群，并要求下属业务员将该虚假信息告知自己客户。当日17时49分许，被告人沈某某再次将该虚假的房产新政信息发送至"低调做人高调做事［金丰］"的微信群，并提醒下属业务员"朋友圈不要发"，"删掉，提醒客户就ok"。该条虚假信息短时间内在网络上被大量转发、评论及数十家媒体报道，系导致2016年8月份上海房地产市场出现非理性购房情绪的谣言之一，造成政府部门为维护房地产市场秩序启动重大舆情处置预案，并于2016年8月27日、8月29日、9月6日先后三次通过市房地产交易中心网站、"上海发布"等渠道发布公告、辟谣帖，以消除谣言产生的不良影响。

2016年9月6日，被告人沈某某被公安机关抓获，到案后如实供述了上述犯罪事实。

案发后，公安机关扣押了作案工具Iphone6s plus移动电话机1部。

上述事实，有经庭审质证属实的下列证据予以证明：

1. 证人姚某的证言笔录，其陈述到：我是房地产公司的区域总监，被告人沈某某是我手下的员工，是"尚海郦景"项目的销售经理，也是"尚海郦景"微信工作群中的一员。2016年8月22日，被告人沈某某在微信工作群中发布了一条房地产新政信息，内容为"已接到通知，由于最近土地拍卖价格过高，市委将于下周召开各部门会议，计划于9月份起调整银行贷款政策，未办未审完的贷款合同请催促尽快办理，这次的信贷政策收紧力度很大"。这条内容她连续发了三遍，我作为区域总监，对这方面的消息比较敏感，虽然未向被告人沈某某核实消息来源，但当时在同行之间、客户之间都有谈论过这事，所以我综合了这方面的内容，结合我对手下销售员的工作要求，在电脑上拟了一份房地产新政核心内容，以截图的方式在微信工作群里发布了。我口头告诫销售员不要转发朋友圈，但无法控制他们到底有无外传。"尚海郦景"项目部分买家付了首付30%但未办理好剩余房款的贷款手续，如果所谓的房地产新政施行的话，很有可能导致部分买家贷不足款而交易失败。客户签署了买房合同的，就可以确认销售业绩，但这是数字上的衡量指标，实际上要客户付清全部房款或与银行签订贷款合同且银行已放贷至房地产开发商的，此时才能作为真正的交易完成来提取佣金。我作为区域总监，不拿佣金，但按照房屋的销售量来拿奖金。被告人沈某某作为项目经理，也不拿佣金，是拿奖金的，也是销售掉一套房子拿一笔奖金。我们行业的主管部门是房地产经济协会，我在微信工作群里发的新政政策，行业主管部门没有发布过。一般我们收到的官方政策都是各部委及行业协会以公示的形式在官方网站上发布的，这些是有文件的。

2. 证人杨1的证言笔录，其陈述到：我是房地产公司"尚海郦景"项目销售主管，被告人沈某某是案场销售经理。我们有一个"低调做人高调做事［金丰］"的微信群，群里共有23人。被告人沈某某在2016年8月22日在微信群里以微信信息的形式发布了房产新政信息，之后她召集我们所有案场销售人员开了个会，要求我们重视她发的新政内容，并提醒客户尽早完成购房事宜。

3. 证人宋某某的证言笔录，其陈述到：我是房地产公司"尚海郦景"项目销售员，被告人沈某某是案场销售经理。我们有一个"低调做人高调做事［金丰］"的微信群，群里共有23人。被告人沈某某在2016年8月22日在微信群里以微信信息的形式发布了房产新政信息，我当天就通过电话联系的方式对我手中的两个客户进行了转达，我还通过微信及手机短信的方式将被告人沈某某发的那条信息原原本本发送给了我上述两个客户。

4. 证人马某某的证言笔录，其陈述到：我是房地产公司销售员，被告人沈某某是"尚海郦景"项目销售经理。大概在2016年8月下旬某日，我看到被告人沈某某在微信群中发过有关房地产新政的帖子。

5. 证人张某1的证言笔录，其陈述到：我是房地产公司销售员，被告人沈某某是"尚海郦景"项目销售经理。2016年8月22日当天，被告人沈某某在微信群中大概发了四次相同内容的房地产新政信息，并让我们转告客户。

6. 证人李某的证言笔录，其陈述到：我是房地产公司销售顾问，被告人沈某某是"尚海郦景"项目销售经理。2016年8月22日中午11时许，被告人沈某某在微信工作群中连续三次发送了相同内容的关于9月份房产新政的信息。当晚或是23日晚上，被告人沈某某在我们销售部二楼办公室开会时跟我们说了，因为房产新政的具体政策还不确定，但是新政出来对未签约客户的贷款有影响，所以要求我们逐个电话通知手头上没有正式签约和未办理贷款的客户，告知他们9月份上海市要出房产调控新政的消息，让他们赶在出新政前尽快来正式签约和办理贷款。具体要出什么新政被告人沈某某当时也不知道，只是跟我们一起讨论、猜测，当时说有两种可能，一是只要有过贷款记录的，首套的首付提到50%，二是离婚的要满一年才能享受首套的政策。我当晚开完会就给我手头上的四五个未签约和未办贷款的客户打电话了，电话里面我跟客户说了有传言9月份要出房产新政，可能首套房首付要收50%和离婚的话要满一年才能算首套、可能要取消联合贷等，让他们在8月底前尽快到我这里办理正式签约和贷款业务。后客户林群和戴小远到我这里来正式签约和办理了贷款，据我所知他们都是为了买房已经离过婚了，都是来抓紧时间签约和办理贷款的。

7. 证人叶某的证言笔录，其陈述到：我是房地产公司销售主管，被告人沈某某是"尚海郦景"项目销售经理。2016年8月22日中午11时许，被告人沈某某在微信工作群中连续三次发送了相同内容的关于9月份房产新政的信息。当晚，被告人沈某某在我们销售部二楼办公室开会时跟我们说，因为房产新政的具体政策还不确定，但是新政出来对未签约客户的贷款有影响，所以要求我们逐个电话通知手头上没有正式签约和未办理贷款的客户，告知他们9月份有可能要出房产调控新政的消息，让他们赶在出新政前尽快来正式签约和办理贷款。具体的政策内容当时被告人沈某某也不是很清楚，我记得她说新政策的话"接力贷"有可能会有影响。会后我没有电话联系客户，不过当时正好这个时间段内有两个客户打电话询问在传的新政的事情，我电话里简单跟他们讲了我所知道的情况，并让他们具体到售楼处来问询。客户黄薇和郑艳得知消息后提前办理签约和贷款，不过她们都是从其他渠道得知要出新政的消息后再来向我打听的。

8. 证人张某2的证言笔录，其陈述到：我是房地产公司销售经理，被告人沈某某是"尚海郦景"项目销售经理。2016年8月22日中午11时许，被告人沈某某在微信工作群中连续三次发送了相同内容的关于9月份房产新政的信息，随后让我们提醒手里的客户。大部分客户原来就有签约计划的，只是有个别客户可能受这个消息影响来提前签约了，因为我组里的人碰到了这样的客户，但是具体是谁记不清楚了。

9. 证人徐某的证言笔录，其陈述到：我是房地产公司业务员，被告人沈某某是"尚海郦景"项目销售经理。2016年8月22日中午，被告人沈某某在微信工作群中发送了关于9月份房产新政的信息，她自己随后就来到我们办公室，口头告知让我们把这条新政的信息发到朋友圈，让我们打电话告知客户这些信息，提醒他们尽快来签约。我们问被告人沈某某可能会收紧哪些政策，她说主要可能影响接力贷和离婚后各自的贷款审批程序，另外首付比例也可能会提高。不过到了下午两三点左右，她又来到我们办公室让我们在朋友圈里把这条信息删除掉。当天晚上，我们还开了会，被告人沈某某传达了这条信息的内容，实际就是再读一遍，强调要联系、告知客户，让他们在8月底前尽快签约。我按照被告人沈某某的要求，把她发的那条信息转发了朋友圈。另外联系了我对应的客户，告知他们这条新政风险，让他们尽快来签约。我拨打的客户是那种已经支付了100万元定金，还没有签约的客户。我拨打的客户一共有12个。有3个人在我通知他们新政措施后急忙来签约的，应该是受影响的。其中，唐丽是去预约离婚，不过因为预约时间太长，没有离成。腾晓璐是因为怕银行政策收紧，所以提前去办了贷款。王燕是因为怕首付提高，所以提前付款签约了。

10. 证人孙某的证言笔录，其陈述到：我是房地产公司业务员。2016年8月22日中午，被告人沈某某在微信工作群中发布过一条调整房产新政政策的消息，我看到之后马上发到朋友圈里了。在当日下午她在群里让我们不要发微信朋友圈，于是我就把朋友圈的这条消息删了。然后我主要通过电话方式联系客户，把这个消息和那些难缠、没来签约的客户说了，让他们尽快来签约。具体我通知了几个客户我忘记了，我手头的客户我基本通知了一下，主要是针对几个一直不来签约的客户。在得到这个消息之后，我手上的客户陆陆续续有四五个人过来签约的。他们是按照正常流程走的，然后按照约定时间来办理信贷。

11. 证人藏某某的证言笔录，其陈述到：我是房地产公司业务员，被告人沈某某在2016年8月22日发的信息我没注意看，在我们销售人员开会时，她作为销售经理让我们把房产新政和那些未签约的客户说一下,让他们尽快签约,并让我们逐一电话通知客户,于是我们作为业务员就照办了。当时开会除了休息的,只要上班的业务员都在,十几个人。我一般都是当面和客户说房产新政的事情,基本上就是过来和我碰面的那些客户我跟他们聊天时都说了这个新政的消息。我的一个客户在8月份得知了传出的房产新政消息后,在8月底他主动联系我,然后说要在9月份之前把房子网签办理掉,免得受新政的影响。

12. 证人张某3的证言笔录,其陈述到:我是房地产公司业务员,案场经理沈某某在2016年8月21日左右在微信群里发布的新政信息大概意思是2016年9月1日以后银行的利率会上调,如果第三次贷款买房的话无法申请新的贷款,需要全额买房。她发好这些信息的第二天召集我们公司的销售人员开了个会,让我们通知那些付过定金但没有签约的客户,跟客户们说一下2016年9月1日以后银行的利率会上调,如果第三次贷款买房的话无法申请新的贷款,需要全额买房和买房离婚未满一年会按已婚的限购状况处理,让他们尽快来签约。我在2016年8月23日转发过沈某某的房产新政信息到微信朋友圈,但是在2016年9月初,沈某某被公安机关带走的那天这条朋友圈信息我已经删掉了。我手里大概有3个之前付过定金但还没有签约的客户,我都电话通知过他们,跟他们说了这些房产新政,其中一个客户叫马小园,经过我对他的催促提醒,他在2016年8月28日左右签掉了正式合同。

13. 证人吴某某的证言笔录,其陈述到:我是房地产公司员工,负责做后台报表工作。案场经理沈某某在微信群中发布过房产新政信息,说是2016年9月开始银行的利率会上调。我妻子陈志宏不是我们公司员工,有时我会让她到公司帮忙做事,她也在这个微信群里。

14. "低调做人高调做事[金丰]"微信群聊天记录截图,证实被告人沈某某于2016年8月22日11时36分许将内容为"已接到通知,由于最近土地拍卖价格过高,市委将于下周召开各部门会议,计划于9月份起调整银行贷款政策,未办未审的贷款合同请催促尽快办理,这次的信贷政策收紧力度很大"的信息接连三次发送至用户总数为23人的"低调做人高调做事[金丰]"的微信群。当日17时49分许,被告人沈某某再次将该虚假的房产新政信息发送至该微信群,并提醒下属业务员"朋友圈不要发","删掉,提醒客户就ok"。

15. 证人夏某的证言笔录,其陈述到:我是上海久汇地产发展有限公司财务经理,2016年我在购买尚海郦景房子时认识了这个楼盘的销售经理沈某某,并互加了微信。8月份流传了很多房产新政信息,我当时贷款还没办好,也急的,后来我赶在8月30日前也收集完相应贷款材料递交银行。我们公司是专门帮政府从事一些土地收储工作的,与政府部门联络比较多,平时对土地政策比较敏感。我没有跟沈某某说过我的工作单位和工作性质,也没有跟她说过或暗示银行信贷要收紧以及市委将召开会议调整信贷政策、出房产新政的消息。

16. 夏某与被告人沈某某的微信聊天记录截图,证实2016年8月22日11时16分许,被告人沈某某向夏某询问政策现在估计有何变化、是否银行信贷政策会收紧时,夏某回复到:"不好说,主基调控制地价,肯定要看市领导想法了"。当日的聊天记录中,夏某未说过或暗示银行信贷要收紧以及市委将召开会议调整信贷政策、出房产新政的消息。2016年8月25日19时许,被告人沈某某向夏某求新政细则,夏某回复到:"细则不打听的,漏风会犯错误的……9月1日这日期应该没根据的,出政策要有流程的……传出来的日期一般不准,文件流转都有时间的。"2016年8月29日11时许,夏某向被告人沈某某发微信称:"我刚帮你打听过了,拍地肯定有政策调整,购房吃不准。"

17. 证人杨某2的证言笔录,其陈述到:我是上海易居房地产研究院副院长,我有一个实名认证的新浪微博账号，名字也叫"@杨某2"，从微博主页上面来看我目前有556310个粉丝，都是他们主动关注的。2016年8月下旬，我应该是在自己的微信朋友圈看到好多人都在转发一条房产新政信息，我作为一个房地产研究者，同时看到当时上海终止两块土地出让的消息，经过自己的综合分析和预判，我内心确信这条信息是真的，所以我在2016年8月22日23时2分许，用自己的iphone6s plus手机登录自己的微博账号，转发过一条相关内容，具体是："有买房换房的客户请注意，已接到通知，由于最近土地拍卖价格过高，市委将于下周召开各部门会议，计划于9月份起调整银行贷款政策，未办未审完的贷款合同请催促尽快办理，这次的信贷政策收紧力度很大。"在转发的内容前，我加上了自己的评论观点："杨评：上海政策大概率将第二次收紧！投资者收手吧！"这条微博到2016年9月28日为止有272856次阅读数，155条转发数，69条评论数，63次点赞数。

18. 杨某2的新浪微博网页截图，证实2016年8月22日23时2分许，杨某2在其实名认证的新浪微博上通过iphone6s plus手机发布如下信息："【杨评：上海政策大概率将第二次收紧！投资者收手吧！】转网上传言：有买房换房的客户请注意，已接到通知，由于最近土地拍卖价格过高，市委将于下周召开各部门会议，计划于9月份起调整银行贷款政策，未办未审完的贷款合同请催促尽快办理，这次的信贷政策收紧力度很大。"截图界面显示该条微博有272856次阅读数，155条转发数，69条评论数，63次点赞数。

19. 上海市公安局浦东分局扣押笔录、扣押物品清单及涉案手机照片，证实案发后公安机关扣押了被告人沈某某用于发送涉案房产新政信息的Iphone6s plus移动电话机1部。

20. 上海弘连网络科技有限公司计算机司法鉴定所司法鉴定检验报告书、说明函复，证实通过被告人沈某某的手机于2016年8月22日11时36分许将涉案房产新政信息接连三次发送至用户总数为23人的"低调做人高调做事［金丰］"的微信群。当日17时49分许，通过被告人沈某某的手机再次将涉案房产新政信息发送至该微信群，并提醒到"朋友圈不要发"，"删掉，提醒客户就ok"。该房产新政信息在短时间内被大量转发、评论及数十家媒体报道。其中，使用Chrome浏览器，打开网址"www.baidu.com"，按关键词"已接到通知，由于最近土地拍卖价格过高，市委将于下周召开各部门会议"、时间范围"2016年8月22日至2016年9月3日"进行搜索，页面显示"百度为您找到相关结果约129，000个"。

21. 上海市民政局婚姻管理处出具的离婚数据表，证实2016年8月份本市办理离婚登记达10562对，比7月份增加了4000余对。2016年8月20日本市办理登记离婚161对，2016年8月22日起至月底婚姻登记部门工作日本市办理登记离婚分别为411、577、474、507、373、297、853、979、514对。

22. 上海市住房和城乡建设管理委员会关于"上海购房信贷新政"谣言案的情况说明，证实2016年8月22日，市住建委舆情检测部门发现涉案房产新政信息在微信朋友圈中大量转发和评论，8月24日网上又出现2个房产新政谣言，引起社会广泛关注和传播，并被多家媒体报道。该委将报道时间和内容进行梳理，编写《每日报刊舆情汇编》和《网络舆情动态》，报领导和业务部门参阅。受谣言影响，2016年8月份上海房地产市场出现非理性购房情绪，成交量剧增。当月本市办理离婚登记者中，有4846人在当月离婚后即购买住房，占当月离婚登记量的46%。8月份市场传言开始后的25—31日，一手住房成交面积约占8月成交面积的50%，期间日均成交面积比8月1—24日的日均成交面积增加239%，一手住房成交均价较8月1—24日成交均价上涨9.6%。二手住房成交面积约占8月成交面积的

38%，期间日均成交面积比 8 月 1—24 日的日均成交面积增加 107%，二手住房成交均价较 8 月 1—24 日成交均价上涨 20.6%。政府部门为维护房地产市场秩序启动了重大舆情处置预案。8 月 27 日，该委通过市房地产交易中心网站公告重申继续严格执行"3·25"新政，明确表明该委没有研究过市场传言的所谓政策。8 月 29 日，上海市政府新闻办，作出通过"上海发布"发布辟谣帖的重大举措。9 月 6 日，再次通过"上海发布"强调将继续严格执行"3·25"新政。加强交易中心现场应对，全市房地产交易中心加强窗口力量，全员上岗，领导值班，对外服务热线全部开通，满负荷运转。各区交易中心提前开门受理，延迟下班。此外，加强市场监测、监管，召开专题会议部署工作，查处涉事中介机构等。8 月底 9 月初，市住建委辟谣后，交易量大幅度下降。

23. 被告人沈某某的供述笔录。被告人沈某某在公安机关的多次供述笔录中供述到：我是房地产公司"尚海郦景"项目的销售经理，有一个用户总数为 23 人的"低调做人高调做事［金丰］"的微信群。2016 年 8 月 22 日，我在群里发过一个通知，共发了三遍，内容为"已接到通知，由于最近土地拍卖价格过高，市委将于下周召开各部门会议，计划于 9 月份起调整银行贷款政策，未办未审完的贷款合同请催促尽快办理，这次的信贷政策收紧力度很大"。我的意思是让我们的销售员去联系客户，让客户对这个信息产生重视，尽快完成合同的签约和付款。这个信息是我从各个渠道听到消息后所作的一个预判，自己编辑的消息，没有正式的官方发布的消息，我也未向有关部门核实其真实性。关于市委召开会议的内容是我对夏某在微信聊天中表达的意思理解错误，凭着我自己的臆想加到我所编辑的信息中，我怕别人看了后不重视，所以加进去为了增加重视。2016 年 12 月 20 日是我们团队完成"尚海郦景"项目签约付款的最后期限，我发布信息是担心如果消息属实会影响到客户的贷款优惠，会导致很多客户退房，也是为了让付了定金的客户能尽快签约，保障团队业绩。此外，在被告人沈某某到案后的首份笔录中，被告人沈某某称涉案信息是其瞎编的，纯粹是为了忽悠客户早点签约。

庭审中，被告人沈某某称在其发布涉案信息之前外界已经有相关传言，其误信传言为真，发布涉案信息是为了维护客户利益和公司业绩，信息被大量转发并造成危害后果并非其本意。

24. 常住人口基本信息，证实被告人沈某某的基本身份信息。

25. 公安机关出具的案发及抓获经过材料，证实 2016 年 9 月 6 日 15 时许，公安机关在 G50 高速沪苏收费站抓获被告人沈某某。

上述证据均经庭审质证属实，收集程序合法，本院予以确认。关于辩护人提出涉案信息被大量转发、评论及媒体报道的数据的真实性无法确定的意见，经查，相关数据均经具备鉴定资质的鉴定机构依法进行了检验，故辩护人对证据材料提出的相关异议缺乏根据，本院不予采纳。关于上海市民政局婚姻管理处出具的离婚数据表，系有权部门出具的统计材料，其客观性、真实性本院予以确认，但是鉴于本案中尚无直接证据证实有客户受被告人沈某某发布的房产新政信息影响后完成了离婚登记，故其与本案的关联性本院不予确认。

本案中，控辩双方的争议焦点在于被告人沈某某的行为是否构成寻衅滋事罪，具体涉及如下几个方面：1. 涉案房产新政信息是否为虚假信息；2. 被告人沈某某是否具备寻衅滋事的主观故意和动机，是否属于起哄闹事；3. 微信群等信息网络空间是否属于公共场所；4. 被告人沈某某的行为与房地产市场的行情波动之间有无因果关系；5. 侵犯的客体是否为社会公共秩序；6. 本案是否存在寻衅滋事的"法律后果"。

围绕控辩双方的争议焦点，本院综合评判如下：

1. 关于涉案房产新政信息是否属于虚假信息。一般而言，虚假信息是指没有客观依据，与事实不符的信息。刑法具有谦抑性，言论自由是公民的基本权利，尤其在信息网络社会，面对海量信息，公民发表评价性或者预测性的言论一般不宜适用刑法评价。据此，对于寻衅滋事罪中的"虚假信息"应当进行严格的限制解释：第一，内容上应当是关于事实的信息，且具有明确性；第二，被告人明知或者应当知道没有客观依据，具有主观恶意；第三，信息具有较大程度的误导性；第四，可能引起公共秩序的混乱。以此来审视本案中被告人沈某某发布的房产新政信息，本院认为属于虚假信息。理由如下：（1）本案中，被告人沈某某发布的信息是关于事实的描述直观可见，此不赘述。涉案房产新政信息虽然无具体的房产新政细则，但是结合房地产市场这一特殊的具体语境，9月份起收紧银行信贷政策这一内容，足以指引公众的房地产交易行为，时间节点及核心内容等均具有明确性。（2）被告人沈某某明知涉案信息是虚假信息，具有主观恶意。被告人沈某某到案后首份笔录中供述到涉案信息系其编造，其后的多份稳定供述中均认可其未经核实信息的真实性。在其与夏某的聊天记录中可见，2016年8月22日11时16分许，被告人沈某某向夏某询问政策现在估计有何变化、是否银行信贷政策会收紧时，夏某回复称不好说，主基调控制地价。此时距离被告人沈某某发布涉案信息仅20分钟，被告人沈某某并未确知信贷政策是否会收紧，夏某也未给出确定性结论或误导性的预判。被告人沈某某作为房地产中介从业人员，对于相关房产政策信息的核实应苛以较高的注意义务，即便外界有相关传言，被告人沈某某在向客户发布前也应尽核实义务。故被告人沈某某在未接到通知，未确悉有关部门将召开会议收紧银行信贷政策的情况下，编造涉案信息，主观上明知系虚假信息。（3）涉案信息明显具有误导性。被告人沈某某通过"已接到通知""市委将于下周召开各部门会议"等用语，将不具有确定性的内容描述为确定的事实，引发公众产生错误认识并继而影响部分公众的行为选择。例如根据证人证言，有多名客户在得知上述信息后在8月底提前完成了签约付款。（4）涉案信息的发布，系导致2016年8月份上海房地产市场出现非理性购房情绪的三大谣言之一，造成政府部门为维护房地产市场秩序启动重大舆情处置预案，且经有关部门三次发帖辟谣后仍余害难消，扰乱了社会公共秩序。（5）上海市有关政府部门虽然在2016年11月份确实出台了房地产新政，但是不能作为阻却涉案信息为虚假信息的事由。根据上海市住房和城乡建设管理委员会关于"上海购房信贷新政"谣言案的情况说明，在涉案信息发布之时，有关部门并无调整房地产政策的计划和安排。

2. 关于被告人沈某某是否具备寻衅滋事的主观故意和动机，是否属于起哄闹事。寻衅滋事，依其字面之义，是指寻找借口，滋生事端。行为人的动机主要是寻求刺激、发泄情绪或逞强耍横，但并不局限于此。寻衅滋事罪中的"起哄闹事"主要是指用肢体举动、言语等造成公众性的附和、波动，惹起事端。本案中，被告人沈某某自认所在楼盘项目共有140余名客户，其在用户总数为23人的微信群中接连三次发布涉案房产新政信息，多名证人证实到被告人沈某某要求他们逐一通过电话等方式告知手头客户，证人徐某证实到被告人沈某某要求将涉案房产新政信息发至微信朋友圈，证人徐某、孙某、张某3等人证实到将涉案房产新政信息发送至了微信朋友圈。虽然在案发当日17时49分许，被告人沈某某要求微信群内的业务员不要将涉案房产新政信息发送至微信朋友圈，但仍要求业务员提醒客户，可见其并未放弃涉案信息的传播。本院认为，被告人沈某某作为房地产中介从业人员，应当明知银行信贷等政策对房地产市场的影响，在业绩之利的驱动下，仍编造具有煽动性的房地产新政信息在信息网络上散布，明显属于无中生有、无事生非，具有寻衅滋事的主观故意和动机。且被告人沈某某指使多人积极主动散布虚假信息，并放任可能造成公众非理性购房情绪的虚假信息扩散性传播，究其本质，是意欲要求下属业务员及客户等认同、附和其所发布的虚假信息，并期待客户基于错误认识而采取提前签约、付款等实际行动，明显属于"起哄闹事"。

3. 关于微信群等信息网络空间是否属于公共场所。刑法中的公共场所一般是指供不特定人或多数人进行工作、学习、社交、娱乐和满足部分生活需要的开放性场所，主要包括车站、码头、机场、医院、商场、公园、影剧院、展览会、运动场等物理性场所，亦应包括信息网络空间。随着信息社会的发展，人们的工作、学习、社交、娱乐及购物等部分生活需要均得以通过信息网络进行，信息网络空间已被赋予更多的社会属性。2013年9月10日起施行的《最高人民法院、最高人民检察院关于办理利用信息网络实施诽谤等刑事案件适用法律若干问题的解释》中明确了信息网络属于公共场所。

本案中，被告人沈某某通过微信群散布虚假信息，要求下属业务员通过电话等方式提醒客户，并曾要求、放任下属业务员将虚假信息转发到微信朋友圈等。从表面上看，微信群、通信网、微信朋友圈等具有一定的私密性，但是结合被告人沈某某的具体行为样态，相关微信群等信息网络实际上具有公共场所的属性。首先，该微信群中人数较多，群内人员可自行退出，具有一定的公众参与性与开放性。其次，被告人沈某某并未将涉案信息局限于微信群内人员知晓，而是要求业务员通过电话等方式将涉案信息告知诸多客户。再次，微信朋友圈的信息虽然一般限于好友之间阅看，但是在未设置权限的情况下，即便非微信好友仍可阅看一定数量的信息，且因交互性等特征，通过微信朋友圈亦可实现信息的裂变式传播。尤其在公众每日面对海量信息的情形下，微信朋友圈的信息相对经过筛选，较为突出醒目，也易于扩散传播。被告人沈某某虽然在首次发布虚假信息6个小时后要求业务员不要转发朋友圈，但是该信息仍在网络上被大量转发、评论及数十家媒体报道，也从客观上印证了涉案信息网络的公共场所特征。

4. 被告人沈某某的行为与房地产市场的行情波动之间有无因果关系。不可否认，房地产市场具有其自身规律，行情波动是其基本特征。但是根据多名证人的证言，有多名客户确系受到涉案虚假信息的影响而选择预约离婚、提前签约、付款等。可见，被告人沈某某的行为与2016年8月份上海房地产市场非理性购房情绪、行情波动之间具有一定的因果关系。

5. 关于侵犯的客体是否为社会公共秩序。社会公共秩序是人们遵守公共生活规则的前提下所形成的公众生活平稳和安宁的一种有条不紊的状态。社会公共秩序是一个广义的范畴，在信息社会，不仅包括社会生产、工作、生活、经营、管理等秩序，还应该包括信息网络秩序。房地产与公众的生活休戚相关，与金融、婚姻家庭等密不可分，事关社会稳定。本案中，被告人沈某某的行为最终导致虚假信息在网络上被大量转发、评论及数十家媒体报道，侵犯了信息网络秩序；使部分客户基于误信而改变了原有的生活安排，甚至个别客户采取了预约离婚等极端行为，助推2016年8月份上海房地产市场出现非理性购房情绪，破坏了社会生活秩序；造成政府部门为维护房地产市场秩序启动重大舆情处置预案，破坏了有关政府部门的正常工作秩序，而政府部门的工作职责并非阻却犯罪事由。综上，被告人沈某某的行为侵犯的是复杂客体，在直接影响房地产市场经济秩序的同时，亦侵犯了与之相关的社会生活、工作及信息网络等社会公共秩序。

6. 本案是否存在寻衅滋事的"法律后果"。本案中，虽然无显见的被害人，亦未发生治安案件，但是本院认为，其行为存在寻衅滋事的"法律后果"，即造成公共秩序严重混乱。第一，本案中，仅杨某2个人微博转发的涉案信息就有272856次阅读数，155条转发数，69条评论数，63次点赞数。以时间段2016年8月22日至2016年9月3日进行核心内容搜索，显示"百度为您找到相关结果约129000个"。该信息还被数十家媒体报道。从该信息在网络上的传播、转发、评论、报道等次数来看，已严重扰乱了信息网络秩序。第二，就涉案虚假信息对现实社会的影响而言，使部分客户基于误信而改变了原有的生活安排，甚至个别客户采取了预约离婚等极端行为，助推2016年8月份上海房地产市场出现非理性购房情绪，造成政府部门为维护房地产市场秩序启动重大舆情处置预案，经多次辟谣仍余害难消，影响社会稳定，严重扰乱了社会生活、工作秩序。

综合上述理由，本院认为，被告人沈某某关于其系误信传言的辩解及辩护人关于被告人沈某某不构成寻衅滋事罪的辩护意见与本院查明的事实和法律规定不符，本院不予采纳。

本院认为，被告人沈某某编造虚假信息，在信息网络上散布，并指使多人散布，造成公共秩序严重混乱，依照《刑法》第二百九十三条第一款第（四）项及《最高人民法院、最高人民检察院关于办理利用信息网络实施诽谤等刑事案件适用法律若干问题的解释》第五条第二款的规定，已构成寻衅滋事罪，应处五年以下有期徒刑。公诉机关指控被告人沈某某犯寻衅滋事罪的事实清楚，证据确实、充分，罪名成立。被告人沈某某虽然曾有所辩解，但是到案后能如实供述基本犯罪事实，依照《刑法》第六十七条第三款的规定，可以从轻处罚。鉴于被告人沈某某系初犯、偶犯，曾采取补救措施，自愿认罪并真诚悔罪，所在社区反馈其符合社区矫正的条件，依照《刑法》第七十二条第一款和第七十三条第二款、第三款的规定，对被告人沈某某可以宣告缓刑。依照《刑法》第六十四条的规定，扣押在案的作案工具移动电话机一部应予没收。本院为维护社会公共秩序，判决如下：

一、被告人沈某某犯寻衅滋事罪，判处有期徒刑九个月，缓刑一年。

（缓刑考验期限，从判决确定之日起计算。）

二、扣押在案的作案工具移动电话机一部予以没收。

沈某某回到社区后，应当遵守法律、法规，服从公安、社区矫正等部门的监督管理，接受教育，完成公益劳动，做一名有益社会的公民。

如不服本判决，可在接到判决书的第二日起十日内，通过本院或者直接向上海市第一中级人民法院提出上诉。书面上诉的，应当提交上诉状正本一份，副本二份。

审判长　李　俊

审判员　白艳利

人民陪审员　周国莲

二〇一七年三月二十九日

书记员　周琴华

案例 79：王小川与北京奇虎科技有限公司名誉权纠纷二审民事判决书

北京市第二中级人民法院
民事判决书

（2017）京 02 民终 1011 号

上诉人（原审被告）：王小川，男，汉族，北京搜狗科技发展有限公司 CEO，住北京市海淀区。

委托诉讼代理人：关刚，北京天达共和律师事务所律师。

委托诉讼代理人：陈茜，北京天达共和律师事务所律师。

被上诉人（原审原告）：北京奇虎科技有限公司，住所地北京市西城区新街口外大街 28 号 D 座 112 室（德胜园区）。

法定代表人：齐向东，总裁。

委托诉讼代理人：秦齐祺，男，北京奇虎科技有限公司职员。

上诉人王小川因与被上诉人北京奇虎科技有限公司（以下简称奇虎公司）名誉权纠纷一案，不服北京市西城区人民法院（2015）西民初字第 13882 号民事判决，向本院提起上诉。本院于 2017 年 1 月 24 日立案后，依法组成合议庭进行了审理。本案现已审理终结。

王小川上诉请求：请求撤销一审判决，改判驳回奇虎公司的全部诉讼请求。事实和理由：原审法院认定有误，我不存在违法行为，奇虎公司英文声明中"regret"这一多义词理解为道歉并无不妥，即便采用"遗憾"的翻译，奇虎公司的中英文声明口径不一致仍是客观事实；我是普通公民，不能以过高的专业水平来要求我对选词的慎重，虽然用语值得商榷，但我基于自身对事实的理解发表评论，没有恶意捏造事实，不存在主观过错；我发表的涉案微博就点击量而言尚不足以造成奇虎公司社会评价的降低，也不会给奇虎公司造成经济损失，奇虎公司对其主张的损失未提交证据；即便存在奇虎公司社会评价降低的后果，也是 AV－C 等三家外国评测机构的声明造成，且媒体、杂志对此发表了大量相关报道与评论，我的行为与损害后果无因果关系。

奇虎公司辩称：同意一审判决，不同意王小川的上诉请求。王小川所发表的微博内容存在侵害我公司名誉权的情况，表现为使用污秽用语对我公司进行侮辱性评价以及虚构事实让公众引起误解；从翻译情况来看，我公司声明中从来没有道歉的意思，王小川是在引导网络舆论致我公司于不利的境地；王小川并非普通网络用户，其为知名公司 CEO，微博的关注度高，影响力亦不局限于微博粉丝，且其任职的北京搜狗科技发展有限公司（以下简称搜狗公司）与我公司存在竞争关系，已有多起涉及不正当竞争的诉讼，其发表与我公司相关言论时应更加谨慎与尊重事实；根据最高人民法院相关司法解释，利用网络侵害名誉权，无法确定具体损失的，法院可以根据具体案情在 50 万元以下酌定赔偿数额；王小川的行为与损害后果之间具有因果关系。

奇虎公司向一审法院起诉请求：1. 判令王小川立即停止侵权，即删除其于 2015 年 5 月在其新浪微博中发布的对我公司构成侵权的不实言论内容；2. 判令王小川在新浪网首页其个人新浪微博以及《法制日报》显著位置向我公司公开赔礼道歉、消除影响；3. 判令王小川赔偿我公司因其侵权造成的经济损失及合理支出共计 100 万元；4. 判令王小川承担本案诉讼费用。

一审法院认定事实：奇虎公司系 360 浏览器、360 安全卫士、360 杀毒、360 手机卫士等科技产品的著作权人和经营人。奇虎公司经营范围包括：因特网信息服务业务；技术开发、技术咨询、技术推广、网络技术服务；计算机技术服务；销售通讯设备、电子产品、计算机、软件及辅助设备。王小川系搜狗公司 CEO。

2015 年 4 月 30 日，国外杀毒机构 AV－C 联合 AV－TEST、VB100 发表声明，称奇虎 360 仅在评测版本默认开启了 BD 引擎，以此取消 360 在 2015 年的测试奖项。

2015 年 5 月 1 日，奇虎 360 科技有限公司在其官网上先后使用英文和中文发表《奇虎 360 对评测机构指控作弊的声明》。官网中文声明中指出，AV－C 等三家外国评测机构发表声明，称奇虎 360 仅在评测版本默认开启了 BD 引擎，以此为由要取消 360 在 2015 年的测试奖项，对此我们深感震惊，并认为有必要向支持我们的用户给出解释。360 评测版本中任何默认开启和关闭的功能，一直是公开、透明地呈现在给评测机构的资料中，并无任何隐瞒。……因此，评测机构的声明仅仅是指出评测版本在默认开启 BD 引擎上不同于用户版本，而并非杀毒能力的差异。360 始终秉承用户至上的原则，提供完全免费、高品质的安全软件。经过与三间评测机构积极沟通后，AV－TEST 已发表声明正在与另外两家机构进行更深入的测试分析，并将更新分析调查结果，我们也期待这些评测机构能给出更公正和严谨的调查结论。官网英文声明如下：

April 30th, Qihoo360 received comments from its industry partners with allegation of in appropriate behaviour on the bench marking processes in test labs. We regret that this behaviour has resulted into such comments from these labs, who we recognize as reference for security bench marking. However, we here by offer our perspective to the alleged comments.

The allegation high lights that the default configuration of the product available for the public, differs from the configuration used by the labs for testing, This configuration was explicitly declared upon submission of the tests, and was there after confirmed by the test labs.

In the public version, 3rd party engine is off by default, in the consideration that the majority of our users, are running on lower computing power, To satisfy lab conditions, the consideration of power constraint was the refored is carded, In any case, no alleged comment indicates that the level of protection from the product, is lower than the records achieved during the testing sessions.

Qihoo is committed to provide free security solutions, in order to convert security a commodity for all PC users. In addition, our product offers multiple engines, and regardless of the initial configuration, it is the user who has the complete freedom to choose how many of them should be activated at any time. It is with such understanding that AV-Test, one of the three testing labs involved, has stated that further investigation is on going, and will provide further updates on this topic.

2015 年 5 月 5 日 8 时 48 分，王小川在其新浪微博中发表评论，内容为："针对最近很火的 360 被指责安全测试中作弊的事件，这两篇声明要对比着看。同一个公司，同一天，对同一件事情的官网，英文版道歉舔菊，中文版愤慨抨击，这是什么品性？你以为他是为你好，其实只是逗你玩"。该条微博被转发 1810 次，评论 529 次（截至 2015 年 12 月 3 日）。

庭审中，王小川提供了其单方委托中国对外翻译有限公司对于奇虎 360 公司 2015 年 5 月 1 日关于"奇虎 360 针对实验室检测作弊的声明"英文版的中文译文。内容为：4 月 30 日，奇虎 360 收到行业合作伙伴的评论，指控我们在测试实验室基准测试中存在不当行为。我们将这些实验室视为一种安全基准参考，由于我们的行为导致这些实验室发表如此的评论我们表示歉意。在此，我们对这些实验室作出的评论发表如下意见。指控强调，公众所使用产品的默认配置不同于实验室所测试的配置。提交软件进行测试时，我们已对这种配置发表明确声明，此后亦得到了测试实验室的确认。公版中的第三方引擎默认为关闭，这是因为我们大多数用户的电脑配置较低。为了满足实验室条件，电脑配置因素未被考虑在内。在任何情况下，所谓的评论都没有证明产品的保护水平会低于测试所取得的记录。奇虎致力于为客户提供免费的安全解决方案，以确保所有用户都能安全使用电脑。此外，我们的产品还提供了多种引擎，无论其初始配置如何，用户都可自由选择和随时激活所需要的引擎。正是基于这种理解，参与测试的三个实验室之———AV-Test——已表示正在进行更深入的测试分析，并将更新调查结果。

奇虎公司对于王小川提供的上述中文译文提出异议，认为王小川单方委托的翻译公司对于英文声明中十分常见的英文关键词"regret"作出歪曲的翻译，故请求法院指定一家专业权威的翻译机构重新对该文本进行翻译。经双方当事人认可，法院依法委托北京思必锐翻译有限责任公司对于奇虎 360 公司 2015 年 5 月 1 日英文声明全文进行中文翻译，并对英文声明中"regret"一词的中文词义进行解释分析。2016 年 8 月 16 日，北京思必锐翻译有限责任公司出具了英文声明的中文译文。译文如下：4 月 30 日，奇虎 360 收到了来自行业合作伙伴的评论，指称奇虎在提交给测试实验室的产品标准方面存在不当行为。在安全标准方面，奇虎以这些实验室的评测结果作为参考，因此对于我方行为导致的有关评论，我们表示遗憾。不过，我们在此对于有关评论发表以下观点。有关评论强调指出，提供给公众的产品默认配置与实验室测试使用的配置不一样。我们在提交测试时已经就产品配置做出明确声明，测试实验室后来也对配置进行了确认。鉴于我们大多数用户电脑的计算能力较弱，因此在提供给公众的版本中，第三方引擎默认关闭。为了满足实验室条件，我们没有将计算能力限制因素考虑进去。不管怎样，有关评论从未指出提供给公众的产品保护水平低于测试阶段获得的记录。奇虎致力于提供免费的安全解决方案，以便让所有的个人电脑用户享受安全。而且，我们的产品提供了多种引擎；无论初始配置如何，用户都完全有自由选择在任何时候启动这些引擎。正是出于此种认识，三家相关测试实验室之一的 AV-Test 才会表态称正在进行深入的调查，并将更新有关调查结果。北京思必锐翻译有限责任公司认为，"regret"一词在奇虎声明中没有"道歉、歉意"的含义，翻译为"遗憾"更为准确和妥当。奇虎公司支付翻译费 150 元。

一审法院认为：我国相关法律规定，公民、法人享有名誉权，禁止用侮辱、诽谤等方式损害公民、法人的名誉。是否构成侵害名誉权的责任，应当根据受害人确有名誉权损害的事实、行为人违法、违法行为与损害后果之间有因果关系、行为人主观上有过错等予以认定。

360安全卫士软件、360杀毒软件等产品是奇虎公司开发并被广泛使用的主要网络产品，"360"产品已成为奇虎公司的企业标志之一。王小川在其微博中所涉及的360及其安全测试中的相关事实均与奇虎公司有关，故奇虎公司作为本案原告，主体适格。

王小川系搜狗公司CEO。奇虎公司与搜狗公司之间存在业务重合，拥有相同的市场利益，具有业务竞争关系。在涉及竞争对手相关权益问题上，身为搜狗公司CEO的王小川应善尽谨慎注意义务。但2015年5月5日，王小川在无充分事实依据的情况下，利用微博发布了针对奇虎公司涉及的因安全测试所引发的事件的评论，在评论中使用了"舔菊"及"你以为他是为你好，其实只是逗你玩"等词句。王小川辩称，公民有自己发表自由言论、评论的权利，针对涉案的安全测试中作弊事件的两份声明，公民和媒体都有发表自己言论的权利，只要内容属实，不存在对权利人造成侵害。对此，法院认为，公民行使言论自由权，应以不侵害他人合法权益为前提。本案中，针对双方当事人就英文声明中"regret"一词含义等争议事实，法院依法委托北京思必锐翻译有限责任公司进行英文声明翻译，结论为，英文声明中不含有道歉的意思。王小川新浪微博所指360公司因安全测试中作弊事件所发布的中英文声明内容内外有别的事实并不存在。王小川在新浪微博中使用"舔菊"等具有污秽含义的词语侮辱、诽谤奇虎公司，显然已经超出了公民言论自由权和批评监督权的范畴。王小川微博被大量转发后，引发了负面评价效果，导致许多网民发表了贬低360产品和奇虎公司企业形象的言论，使奇虎公司社会评价降低、企业形象和商业信誉受到一定损害，同时也必然造成奇虎公司一定的经济损失。王小川实施的行为主观上有过错，行为具有违法性，其违法行为与奇虎公司的企业信誉受到损害的结果具有因果关系，已构成对奇虎公司名誉权的侵害，依法应承担相应的民事责任。现奇虎公司要求王小川立即停止侵权，删除其于2015年5月在其新浪微博中发布的对奇虎公司构成侵权的不实言论内容并向奇虎公司公开赔礼道歉、消除影响等诉讼请求，于法有据，法院对其诉讼请求中的合理部分应予支持。王小川的侵权行为给奇虎公司造成了一定的经济损失，亦应承担赔偿责任，具体赔偿数额由法院酌定为20万元。

据此，一审法院判决：一、王小川立即停止侵害，并于判决生效后七日内，删除其于2015年5月5日在其新浪微博中发布的对北京奇虎科技有限公司构成侵权的不实言论内容。二、判决生效后七日内，王小川在新浪网首页其个人新浪微博以及法院指定的相关媒体上发布赔礼道歉公告，向北京奇虎科技有限公司公开赔礼道歉、消除影响（道歉内容需经法院核准）。逾期不执行的，法院将在相关媒体上刊登判决书主要内容，所需费用由王小川负担。三、判决生效后七日内，王小川赔偿北京奇虎科技有限公司经济损失人民币二十万元。四、驳回北京奇虎科技有限公司的其他诉讼请求。如果未按判决指定的期间履行给付金钱义务，应当依照《中华人民共和国民事诉讼法》第二百五十三条之规定，加倍支付迟延履行期间的债务利息。

一审查明的事实无误，本院予以确认。本院审理中，王小川主张奇虎公司发布的中文简体版、繁体版和英文版声明存在不一致，为证明奇虎公司的英文版声明中"regret"有道歉含义及中英文声明的用词、态度及意思不一致，提交了北京百嘉翻译服务有限公司、英华博译（北京）信息技术有限公司对奇虎公司英文版声明的翻译稿、北京旗渡锦程翻译有限公司出具的《翻译专家意见书》及在线翻译、词典解释等，其中翻译稿及意见书认为奇虎公司英文版声明中的"regret"有"歉意"的意思，词典显示"regret"有"懊悔""惋惜""遗憾""悔恨"等意。奇虎公司不予认可，认为翻译应该基于上下文进行，英文声明中并不具备道歉的意思。王小川另提交《晓松奇谈》视频截图及若干文章，用以证明网络流行词在网络环境下被赋予新的含义，"舔菊"一词在网络环境下仅为"谄媚""讨好"等意思，不具有污秽含义，奇虎公司不予认可，认为网络用语的广泛使用并不能排除词语本身的侮辱性质。

奇虎公司为证明其与王小川任职的搜狗公司具有竞争关系，提交了双方之间涉及不正当竞争纠纷的若干判决，王小川认为另案纠纷与本案无关，且搜狗公司没有杀毒软件业务，与奇虎公司的杀毒软件业务没有竞争关系，本案仅为普通公民与奇虎公司之间的名誉权纠纷。奇虎公司另提交王小川于 2013 年 10 月 9 日接受采访的采访稿，以采访内容主张王小川一贯对奇虎公司进行负面评价，且王小川具有特殊身份，公司之间曾因投资问题产生过纠纷。王小川对该采访稿的真实性及关联性均不予认可。经本院查询，涉案微博现仍保留。

本院认为：名誉权是民事主体依法享有的维护自己名誉并排除他人侵害的权利。公民、法人享有名誉权，禁止用侮辱、诽谤等方式损害公民、法人的名誉。是否构成侵害名誉权的责任，应当根据受害人确有名誉权损害的事实、行为人违法、违法行为与损害后果之间有因果关系、行为人主观上有过错来认定。

公民具有言论自由，有权在网络平台上表达自己的独立见解，但在发表言论时应遵守法律和社会公德，不应侵害他人的合法权利。本案争议系王小川在其新浪微博上发布了一条与奇虎公司相关的博文而引发。根据生效裁判文书可以认定，王小川系搜狗公司 CEO，该公司与奇虎公司存在业务重合，在市场上具有竞争关系。同时，王小川系行业内有一定影响力的公众人物，且其在微博系实名认证，因此其在发表涉及其公司竞争对手相关评论时，应负有比普通公民更高的注意义务。涉案微博系对奇虎公司被评测机构指控作弊事件后发布的声明进行评论。奇虎公司发布的中英文版本声明虽在措辞上存在差异，但结合声明全文和相关事件经过来看，英文声明中"regret"一词并无明确道歉的含义，王小川却在发表的涉案微博中评论奇虎公司"道歉舔菊"，特别是"舔菊"一词具有侮辱性、贬损性，一定程度上损害了奇虎公司的企业形象，造成奇虎公司的社会评价降低。王小川发表涉案微博时未尽到应有的注意义务，主观上具有过错。因此，王小川认为其发表的微博未侵犯奇虎公司名誉权的上诉理由，本院不予采纳。

由于王小川发布的微博确构成了对奇虎公司名誉权的侵害，现奇虎公司请求其承担删除涉案微博、赔礼道歉、消除影响及赔偿损失的民事责任，于法有据。但由于英文中"regret"一词兼具遗憾、道歉等多种含义，在阅读理解时易造成歧义，且奇虎公司的中英文声明在语气上确有差别，将"regret"译为奇虎公司主张的"遗憾"也与中文声明中的"深感震惊"不同，王小川在涉案微博中批评奇虎公司英文声明"道歉"虽不够准确，有失谨慎，但不能认定王小川系故意捏造事实。此外，在王小川应尽到注意义务的同时，奇虎公司作为一家知名公司，对于他人的评论亦负有一定限度的容忍义务。涉案微博并非针对奇虎公司的产品及服务等内容进行评论，从奇虎公司的商业利益方面来说，造成的经济损失较轻微。一审法院确定的经济损失数额过高，本院酌情予以调整。

综上所述，依照《中华人民共和国民法通则》第一百零一条，《中华人民共和国侵权责任法》第二条第一款、第十五条第一款第（一）项、第（六）项、第（七）项、第（八）项，第三十六条第一款及《中华人民共和国民事诉讼法》第一百七十条第一款第二项之规定，判决如下：

一、维持北京市西城区人民法院（2015）西民初字第13882号民事判决第一项、第二项；

二、撤销北京市西城区人民法院（2015）西民初字第13882号民事判决第四项；

三、变更北京市西城区人民法院（2015）西民初字第13882号民事判决第三项为：本判决生效后七日内，王小川赔偿北京奇虎科技有限公司经济损失人民币五万元；

四、驳回北京奇虎科技有限公司的其他诉讼请求。

如果未按本判决指定的期间履行给付金钱义务，应当依照《中华人民共和国民事诉讼法》第二百五十三条之规定，加倍支付迟延履行期间的债务利息。

一审案件受理费13800元，由北京奇虎科技有限公司负担13110元（已交纳2650元，余款于本判决生效之日起7日内交纳），由王小川负担690元（于本判决生效之日起7日内交纳）；翻译费150元，由王小川负担（于本判决生效之日起7日内交纳）；二审案件受理费4300元，由王小川负担1075元（已交纳），由北京奇虎科技有限公司负担3225元（于本判决生效之日起7日内交纳）。

本判决为终审判决。

审判长　肖荣远

审判员　刁久豹

代理审判员　廖　慧

二〇一七年四月二十四日

书记员　康　飞

案例80：黄德飞与仁怀市公安局行政处罚纠纷二审行政判决书

贵州省遵义市中级人民法院

行政判决书

(2017) 黔03行终137号

上诉人（原审原告）： 黄德飞，男，汉族，贵州省仁怀市人。

被上诉人（原审被告）： 仁怀市公安局。地址：仁怀市酒都大道。

法定代表人： 邓志东，职务：局长。

委托代理人： 张先财，该局法治大队副教导员。

委托代理人： 张杰，该局刑侦大队四中队长。

上诉人黄德飞因与被上诉人仁怀市公安局行政处罚纠纷一案，不服习水县人民法院(2016)黔0330行初236号行政判决，向本院提起上诉。本院依法组成合议庭，对本案进行了审理，现已审理终结。

原审查明，2015年12月29日，仁怀市五马小学教师黄德飞、刘云强等人经过商议后，共同出资购买手机和电话卡，通过手机媒体发布仁怀市政府对教师不发奖金的事情，意图引起媒体关注。黄德飞到金沙县岩××镇街上的手机店购买手机，并办理一张联通电话卡，并用购买的手机和联通电话卡注册了微信、微博，微博账号为"@×××"，微博关注度115，粉丝12，发布微博×××条。被告仁怀市公安局在工作中发现并认为微博内容具有违法内容，于2016年1月6日将黄德飞、刘云强、黎明容等人传唤至五马派出所及市公安局刑侦大队进行询问调查，在询问调查过程中，黄德飞对其在微博上发布的以下信息不持异议并在微博截图上签字确认：1."我们是贵州仁怀学生家长，由于按我市政府文件规定，教师2014年度绩效奖励还欠人均15000元未发，其他行政部门（含村支书、门卫、工勤人员）人均25000元已经发放到位，且2015年也已经发放到位，全市教师合理诉求，但是市长说'教师和卫生部门的奖金不但以前不发，而且今年乃至以后也不发，宁愿牺牲仁怀的教育也不发'"。2."封死，当地媒体不敢报道，谁说真话就抓谁（个别教师出来说真相结果被抓），政府每天派武警、公安人员围攻城区大型学校，限制教师人身自由，望相关部门及时调查，并给仁怀教育发展和教师利益一个公平合理的解决，只有这样，我们学生家长才能安心，可加QQ群12×××××××，可了解一些情况"。3."市长说：'教师和卫生部门的奖金不但以前不发，而且今年乃至今后的也不发，宁愿牺牲仁怀的教育，也不给教师发年终绩效奖金'，公安局长在镇压教师时说'教师年终奖金不发就不发，谁敢怎样'，为此引起全市绝大部分学校已经罢课十多天，且态势越来越严重，将继续到罢考罢课，政府将教师诉求信息封死"。4."仁怀市长在镇压仁怀市育人中学教师时说宁愿牺牲仁怀的教育也不发教师绩效奖金，公安局长也说教师奖金不发就不发谁敢怎么样？有录音，希望媒体来我市学校和家长中调查真相为谢"。5. "我们贵州仁怀政府欺压教师和卫生部门，采用黑社会手段，引起社会动荡，望媒体关注"。6. "仁怀教师罢课越来越严重"。原告黄德飞在发布和转载了信息之后，将手机及电话卡交由刘云强保管。被告认为原告发布、转载未经核实的不实信息，属于在网络上寻衅滋事，在2016年1月6日告知了原告的违法事实及行政处罚的法律依据后，根据《中华人民共和国治安管理处罚法》第二十六条，于2016年1月7日作出仁市公刑行罚决字〔2016〕52号《行政处罚决定书》，对原告黄德飞处行政拘留十二日，实际执行8天半。原告不服，持诉称理由诉至本院。

原审认为，根据《中华人民共和国治安管理处罚法》（以下简称《治安管理处罚法》）第七条和第九十一条的规定，被告是县级人民政府公安机关，其有权作出被诉《行政处罚决定书》。本案原告黄德飞对于其在微博上发布、转载的信息不持异议，且有经黄德飞签字确认的微博截图、询问笔录等证据在案佐证，事实清楚，证据充分。从本院查明原告所发布、转载的信息内容看，确实存在未经核实的虚假信息，其目的是希望得到媒体和他人关注，向政府施压，解决教师的奖金问题。最高人民法院、最高人民检察院《关于办理利用信息网络实施诽谤等刑事案件适用法律若干问题的解释》（法释〔2013〕21号）第五条第二款规定，编造虚假信息，或者明知是编造的虚假信息，在信息网络上散布，或者组织、指使人员在信息网络上散布，起哄闹事，造成公共秩序严重混乱的，依照《刑法》二百九十三条第一款第（四）项的规定，以寻衅滋事罪定罪处罚，由于原告微博的点击率、关注度较低，且未造成公共秩序严重混乱，根据《治安管理处罚法》第二条规定，对于扰乱公共秩序，尚不构成刑事处罚的，由公安机关依照本法给予治安管理处罚，为此，被告仁怀市公安局有权对原告黄德飞的违法行为进行治安处罚。根据《治安管理处罚法》第二十六条第一款第（四）项："有下列行为之一的，处五日以上十日以下拘留，可以并处五百元以下罚款；情节较重的，处十日以上十五日以下拘留，可以并处一千元以下罚款……（四）其他寻衅滋事行为"之规定，原告黄德飞与他人结伙在网上发布、转载未经核实的虚假信息，且购买手机、手机卡、开通微博、发布虚假信息等行为均由原告黄德飞本人实施，属于违法情节较重，被告据此对其处以十二日的行政拘留适用法律正确，量罚适当。被告在作出行政处罚决定之前，告知了原告黄德飞的违法事实和处罚依据，作出处罚决定后送达原告，并告知其诉讼复议的权利，保障了原告的陈述、申辩及诉讼、复议的权利，程序合法。被告作出的《行政处罚决定书》中，文号"刑"指代办案部门，即本案是由被告公安机关刑侦部门办理的行政案件，并非原告认为的"刑""行"不分。原告认为被告适用《中华人民共和国治安处罚法》第二十六对原告进行处罚，适用了不存在的法律，属于适用法律错误，经庭审查明，实为依据《治安管理处罚法》第二十六条第一款第（四）项之规定，被告在引用法律条款时存在笔误，并非适用法律错误。《公安机关办理行政案件程序规定》第四十七条第三款规定，公安及其人民警察在日常执法执勤中发现的违法行为，适用第一款的规定，即应当制作受案登记表并进行调查处理，原告认为被告违反该条规定，本案没有案件来源属于对该条款的曲解。被告在《行政处罚决定书》中查明原告与刘云强等人商议后，出资购买手机并发布信息，而发布信息的违法行为由原告直接实施，该情节即属于从重处罚情节，原告认为被告没有查清原告的从重处罚情节与事实不符。原告主张被告对其房屋进行了检查，并扣押其电脑主机一台，因被告作出行政处罚决定的证据并非从检查行为中产生，该检查和扣押行为不是本案审查范畴。《公安机关办理行政案件程序规定》第五十五条规定，对被传唤的违法嫌疑人，应当及时询问查证，询问查证的时间不得超过8小时；案情复杂，违法行为依法可能适用行政拘留处罚的，询问查证的时间不得超过24小时。被告将原告传唤至五马派出所及公安局刑侦队进行询问查证，由于原告的行为可能被处以行政拘留，从被告提交的传唤证上看，原告黄德飞签字捺印，传唤时间并未超过24小时，符合规定。被告对原告的询问笔录首页有询问人的签名，末页没有询问人的签名并无不妥。被告将原告传唤之后，对原告家属袁代玉进行了告知，作出拘留决定后，通知了原告的家属袁代玉，程序并无不当，原告所持被告传唤原告后，未及时告知其家属的理由无事实依据。原告所持被告对其变相体罚的诉讼理由无证据证明，该项诉讼理由，本院不予采纳。综上，被告作出的《行政处罚决定书》事实清楚、证据充分、程序合法、适用法律正确，是合法的行政行为，原告的主张和诉讼请求没有事实和法律依据，依法应驳回原告的诉讼请求。为此，依照《中华人民共和国行政诉讼法》六十九条之规定，判决如下：驳回原告黄德飞的诉讼请求。案件受理费50元，由原告承担。

上诉人黄德飞请求以原判认定事实不清、证据不足、程序违法为由撤销原审判决，撤销被上诉人的行政处罚决定。具体理由如下：一是原审法院明显偏袒被上诉人。被上诉人仁怀市公安局程序违法：变相体罚上诉人；传唤证记录时间、地点与真实情况不符；无录音录像证明询问是两人在场进行的；没有依法通知上诉人家属；处罚决定书中没有载明从重处罚的情节及对涉案财产的处理结果。二是原审法院认定事实错误。上诉人所发布的信息都是客观真实的，没有扰乱社会秩序，个别用词过激但不是杜撰、虚构的内容。三是一审法院和被上诉人作出的依据条款都不明确，原审法院擅自引用条款来证明行政处罚的正确性，有失法院公正中立裁判的职责。四是原审法院不予支持上诉人的请求，证据不充分。

被上诉人仁怀市公安局答辩称原审认定事实清楚，证据确实充分，应当维持原审判决和被上诉人作出的行政处罚决定，驳回上诉人黄德飞的诉讼请求。具体理由如下：一、案件事实清楚。二、适用法律正确。黄德飞在发布虚假信息后，并未如实交代自己的行为，在相关证据的作证下，最终交代了自己发布虚假事实、扰乱社会秩序的违法行为；黄德飞的举证中存在违反了《最高人民法院关于行政诉讼证据若干问题的规定》，身为人民教师却不遵守《教师法》规定的法律义务，散布虚构的消息，故根据《治安管理处罚法》第二十六条之规定，对上诉人黄德飞处以行政拘留事实清楚、证据充分、处罚得当。三、被上诉人的办案民警严格依照法律办案，没有滥用职权，故不应当承担行政赔偿责任。四、请求法院发出司法建议，将上诉人涉嫌使用虚假身份证件移交公安机关侦查并追究刑事责任。

本院查明的事实与原审查明的一致。

本院认为，上诉人黄德飞组织同校其他教师共同出资购买手机和电话卡，并亲自组织语言、收集不适当的言论再通过微信、微博平台散播，目的就是利用网络扩大各类突发事件的负面影响，其行为早已超出"合理合法表达诉求"的界限，其散播的内容也不符合"客观真实"的标准，其采用的措辞、用语严重带着夸大、虚构成分。以上事实已经上诉人黄德飞自述、自认以及案外人刘云强、王永、黎明容等人的证言、微博截图等证据佐证。故上诉人为了表达自己的诉求，夸大事实、掩盖真相并通过网络传播，触犯了国家的相应法律规定。根据最高人民法院、最高人民检察院《关于办理利用信息网络实施诽谤等刑事案件适用法律若干问题的解释》（法释〔2013〕21号）第五条第二款"编造虚假信息、或者明知是编造的虚假信息，在信息网络上散布，或者组织、指使人员在信息网络上散布，起哄闹事，造成公共秩序严重混乱的，依照刑法第二百九十三条第一款第（四）项的规定，以寻衅滋事罪定罪处罚。"以及《治安管理处罚法》第二条"扰乱公共秩序，妨害公共安全，侵犯人身权利、财产权利，妨害社会管理，具有社会危害性，依照《中华人民共和国刑法》的规定构成犯罪的，依法追究刑事责任；尚不够刑事处罚的，由公安机关依照本法给予治安管理处罚。"之规定，上诉人黄德飞的行为已经扰乱公共秩序，具有一定的社会危害性，但由于被上诉人仁怀市公安局发现情况早，及时制止了上诉人的违法行为，将负面影响降低至最小，因此上诉人的行为尚不够刑事处罚，故依照《治安管理处罚法》第二十六条之规定，对其进行行政拘留的处罚，符合法律规定。

上诉人黄德飞诉称被上诉人仁怀市公安局扣押了其私人财产、非法搜查其房屋和妻子经营的商店的行为系公安机关的行政强制行为，与行政处罚系不同的具体行政行为，故不属于本案的审理对象；上诉人称其在被传唤期间被公安机关变相体罚，但未提交除自述以外的其他证据佐证，故其主张本院不予认可；上诉人称被上诉人没有依法及时通知家属，但上诉人自认其2016年1月6日被带到五马派出所以后，民警于当日晚上就通知了其家属，通知家属的情况同时被公安机关记录在案，故该事实与上诉人的主张自相矛盾，故其认为被上诉人程序违法的主张与事实不符，本院不予采信。综上，原审判决认定事实清楚，适用法律正确，根据《中华人民共和国行政诉讼法》第八十九条第一款第（一）项之规定，判决如下：

驳回上诉，维持原判。

二审案件受理费50元，由上诉人黄德飞自行承担。

本判决为终审裁定。

审判长　朱晓东

审判员　李永华

代理审判员　冯再军

二〇一七年四月二十五日

书记员　张达磊

案例81：康成玉寻衅滋事罪，张子秋、陈孝波、姚友亮敲诈勒索罪二审裁定书

辽宁省盘锦市中级人民法院
刑事裁定书

（2017）辽11刑终48号

原公诉机关：辽宁省大洼区人民检察院。

上诉人（原审被告人）：康成玉，男，1981年9月20日出生，捕前暂住山西省太原市。因涉嫌犯寻衅滋事罪于2015年11月12日被刑事拘留，同年12月11日被执行逮捕，现羁押于大洼区看守所。

上诉人（原审被告人）：张子秋，曾用名张知秋，男，1966年8月15日出生，捕前暂住山东省泰安市。因涉嫌犯敲诈勒索罪于2015年11月5日被刑事拘留，同年12月11日被执行逮捕，2017年5月2日被取保候审。

上诉人（原审被告人）：陈孝波，男，1970年12月13日出生，捕前暂住重庆市涪陵区。因涉嫌犯寻衅滋事罪于2015年11月13日被刑事拘留，因涉嫌犯敲诈勒索罪于同年12月11日被执行逮捕，2016年9月12日被取保候审。

上诉人（原审被告人）：姚友亮，男，1973年9月20日出生，捕前住江苏省新沂市。因涉嫌犯敲诈勒索罪于2015年11月12日被刑事拘留，同年12月11日被执行逮捕，2016年9月9日被取保候审。

盘锦市大洼区人民法院审理辽宁省大洼区人民检察院指控原审被告人康成玉犯寻衅滋事罪，原审被告人张子秋、陈孝波、姚友亮犯敲诈勒索罪一案，于2017年2月24日作出（2016）辽1121刑初259号刑事判决。宣判后，原审被告人康成玉、张子秋、陈孝波、姚友亮不服，提出上诉。本院受理后，依法组成合议庭。通过阅卷，讯问了上诉人康成玉、张子秋、陈孝波、姚友亮，决定不开庭审理。现已审理终结。

原审判决认定，2015年10月25日被告人康成玉在互联网上修改并转载关于盘锦市辽东湾新区的负面帖文，在"时代纪实编辑部"QQ群内呼吁他人转发，被告人张之秋、姚友亮在互联网转发并利用该负面帖文分别索取他人30000元、6000元。2014年7月以来，被告人陈孝波利用开办的"权益网"等网站，将其QQ群内成员共享推送的负面新闻链接转发至网站，并预留联系方式，索取韦某等人共计人民币6500元。具体事实如下：

一、被告人康成玉寻衅滋事的事实

自2015年10月17日起，互联网上出现标题为"九成地产项目停工辽东湾新区楼盘陷困局"和"盘锦市新建22栋政府大楼占地超千亩"的负面帖文。盘锦市互联网宣传管理局

· 4369 ·

于同年 10 月 27 日在互联网上公开进行辟谣，后上述两篇帖文被删除。

被告人康成玉在互联网"今日头条"网站上发现上述两篇帖文发布后被删除，于 2015 年 10 月 28 日将上述两篇文章标题改为"辽宁盘锦：违规新建 22 栋办公大楼占地超千亩""辽宁盘锦：辽东湾新区楼盘陷困局"（内容未改动），通过其在"一点资讯""腾讯快报""新浪微博""新浪博客"四家网站上注册的账号大量发布，并以"塞外江南"的 QQ 号码（27××××××××）在"时代纪实编辑部" QQ 群内发布这两篇帖文的链接，呼吁群内其他人转发，阅读点击量达 13000 余条。

2015 年 11 月 10 日，公安民警在山西省临猗县集贤商务宾馆 411 房间将被告人康成玉抓获。

上述事实，有原公诉机关提交并经原审庭审质证、认证的下列证据予以证明：

1. 被告人康成玉与陈孝波的聊天记录证明：其在互联网上转发了关于辽宁盘锦的负面帖文并被陈孝波转载的情况。

2. 互联网上关于辽宁盘锦的负面帖文、情况说明等证明：被告人康成玉修改题目后转载的关于辽宁盘锦的负面帖文在互联网上被转载，阅读点击量达 13000 条的情况。

3. 盘公（网安）勘〔2015〕J13055 号电子证据检查工作记录证明：被告人康成玉于 2015 年 10 月 28 日 11 时 56 分 49 秒发布了关于盘锦辽东湾负面信息的情况。

4. 被告人陈孝波的供述证明：2015 年 10 月 28 日，其在互联网上转发了一篇"辽宁盘锦辽东湾新区楼盘陷困局"的帖文，并在自己的两个网站（舆情监督网、权益网）转发四次，另在 QQ 群内转发一次。这篇帖文是他"时代纪实编辑部" QQ 群内好友"塞外江南"发布的帖文链接，让他转一下，转完后他还把转载的链接地址给这个 QQ 好友发过去了，他的这个网友对他说了一句"谢谢，这个被删的精光"的话，"谢谢"是因为他帮网友转发了帖文，"删的精光"是说他的 QQ 网友在发布这两个链接之前，这两篇帖文在互联网其他的发布都被删除掉了。"时代纪实编辑部" QQ 群内都是些记者和搞新闻媒体的"网络推手"，在群内发布帖文链接的目的就是呼吁群里用户转发炒作，"时代纪实编辑部" QQ 群里面的用户有几十个。他开办这两家网站就是为了发布稿件赚钱和有人找他删除稿件赚点钱。他们"互转"的帖文内容大部分都是负面的，有人联系他们删稿时就能收点钱。

5. 被告人张子秋的供述证明：2015 年 10 月 28 日，其在"时代纪实编辑部"的 QQ 群里看见"塞外江南"发的帖文：辽宁盘锦违规新建 22 栋办公大楼占地超千亩，其在自己建立的四个网站里进行了转发。这个群基本都是舆论炒手或新闻记者，他们在群里发帖文链接呼吁大家转发，目的有两个：一是有人花钱让群里的人帮着把事件炒热，造成影响力，二是把事件炒热之后，有人联系删帖这样能赚到钱。

6. 被告人姚友亮的供述证明：其在自己开办的"结合美"网站转载了"时代纪实编辑部" QQ 群里 QQ 名叫"塞外江南"发布的题目为"盘锦违规建造 22 栋办公楼占地超千亩"的帖文。

7. 被告人康成玉的供述证明：2015 年 10 月 28 日，其在"今日头条"网站上发现了两篇关于辽宁盘锦辽东湾新区的负面帖文，但是文章的具体内容已经被删除了。他觉得这件事情一定是值得爆料的新闻。由于他是从事新闻工作的，就想到把这两篇文章通过自己的网站转发出去一定会引起网民对他的关注，提高他的名气，所以决定对这两个标题的文章进行炒作。他在百度搜索这两个标题，后来发现百度快照上面还有这两篇文章的内容，就把文章的内容复制下来，在两篇文章标题前加上"辽宁盘锦"字样，将文章题目修改为"辽宁盘锦：违规新建 22 栋办公大楼占地超千亩"和"辽宁盘锦：辽东湾新区楼盘陷困局"。在自己注册的"一点资讯网""腾讯快报""新浪微博""新浪博客"几个网站转发了 8 次。他转发这两篇文章之前没有进行核实，就在"时代纪实编辑部"QQ 群里用号码为 27×××××××、网名为"塞外江南"的账户发表了文章的链接。这个 QQ 群里面都是些记者和搞新闻媒体的炒手，在群里发布帖文链接的目的就是呼吁群里用户进行转发炒作。他知道重庆的陈孝波转发了，他对陈孝波说了"谢谢，这个被删的精光"的话。他说谢谢是因为陈孝波点击了他的博客，"删的精光"是指"今日头条"网站关于辽宁盘锦辽东湾的帖文被删的精光。

二、被告人张子秋敲诈勒索的事实

2015 年 10 月 28 日，被告人张子秋在"时代纪实编辑部"QQ 群内发现 QQ 好友"重庆陈孝波"（被告人陈孝波）发布的两篇关于辽宁盘锦辽东湾新区负面帖文的链接后，将该帖文在其自建的网站"东北新传媒网""南界网""民生热线""中国报世界网"上面转发。同年 10 月 31 日 10 时许，中共盘锦市辽东湾新区工作委员会工作人员陈某通过"东北新传媒网"上留的 QQ 号（60×××××××）与被告人张子秋取得联系，请求其删除负面帖文。被告人张子秋称删帖需付钱，经过议价，被告人张子秋索取陈某人民币 30000 元，删除了含上述两篇关于辽宁盘锦辽东湾新区在内的 80 个负面帖文。

2015 年 11 月 3 日，公安民警在安徽省亳州市建安路 525 号汉庭酒店门前将被告人张子秋抓获。

上述事实，有原公诉机关提交并经原审庭审质证、认证的下列证据予以证明：

1. 盘公（网）勘〔2015〕045 号勘验检查笔录等证明：登录被告人张之秋的四个 QQ 号及其四个新闻网站的管理后台，对其 2015 年 10 月 28 日转载发布关于盘锦的虚假文章进行勘验检查的情况。

2. 证人张某的证言证明：其父亲张子秋通过在网站上发帖、删帖、做广告来赚钱。有人在网站上发一些负面的帖子，他父亲在网站上删掉这些负面帖子对方要付钱，想发帖删帖的人多数通过网上留下的 QQ 号码与他父亲联系。

3. 被害人陈某的陈述及聊天记录证明：2015 年 10 月中旬，其在南界网、中国报世界网、中国民生热线、东北新闻网四个网站发现关于辽东湾新区的负面帖子，遂联系东北新闻网网站的负责人要求删帖。为了迷惑对方，每个网站删除 20 个帖子，对方索要了 30000 元。他在对方的网站上发现全国各地的各种负面帖文，每个帖文都有联系方式，感觉受骗遂报案。

4. 被告人张子秋的供述及聊天记录证明：其一共建了四个网站，分别是"东北新传媒网""民生热线""中国报世界网""南界网"，他将一些负面帖文发布到这些网站上，等想删帖的人找他，向他们索要删帖的费用，每删除一篇帖文向对方要 800 元，一般都是 300元、500 元不等。2015 年 10 月 28 日，他看见"塞外江南"在群里发了一条帖文的链接，帖文标题是"辽宁盘锦：违规新建 22 栋办公大楼占地超千亩"，群里的陈孝波也发了一条帖文的链接。因为他认识陈孝波，所以看见转发的"塞外江南"的这篇帖文，他就跟着转发了。网名为"塞外江南"的人是"时代纪实编辑部"QQ 群里最先发布这条帖文链接的人。这个群里的人都是一些舆论高手或新闻记者，大家在群里发帖文链接，呼吁大家帮着转发，要么因为有人花钱让群里的人把这件事炒热造成影响力，要么是群里的人为了把事件炒热删帖赚钱，一般情况下他不核实所发负面帖文是否真实。2015年10月28日18点多，他在自己的四个网站转发了辽宁盘锦的负面帖文后，有个叫"金子网络"的QQ号加他为好友问他是否可以删帖，对方说没有相关手续，并称是公关，想让他一次删除20个帖子，把想删除的帖子夹杂在这20个帖子中间，最后以删除80个帖子最少30000元的价格成交。他把80个帖文链接都删除了，后来他的支付宝账号收到30000元。

三、被告人陈孝波敲诈勒索的事实

（一）2014年9月至2015年5月，被告人陈孝波先后5次通过删除"西部新闻网重庆频道"上关于广西力倍特集团的负面帖文，索取韦某人民币4100元。

（二）2015年1月31日，被告人陈孝波通过删除"西部新闻网重庆频道"上关于深圳汉方珍宝公司的负面帖文，索取李某人民币400元。

（三）2015年9月17日、9月27日，被告人陈孝波通过删除"权益网""国际艺术网"上关于天津千帆互动科技有限公司的负面帖文，二次索取杜某人民币2000元。

（四）2015年10月28日，被告人陈孝波将"时代纪实编辑部"QQ群内好友"塞外江南"（被告人康成玉）发布的标题为"辽宁盘锦：辽东湾新区楼盘陷困局"的帖文转至"权益网"和"舆情监督网"，并将其转发后的链接发至"时代纪实编辑部"QQ群，呼吁群内其他人转发，对该帖文进行散布、炒作。

2015年11月11日，公安民警在重庆市涪陵区望州路18号顺江花园香江苑F栋2单元401室将被告人陈孝波抓获。

上述事实，有原公诉机关提交并经原审庭审质证、认证的下列证据予以证明：

1. 被告人陈孝波在舆情监督网、权益网等个人网站转载的稿件截图证明：被告人陈孝波在其个人网站上转发了关于盘锦的负面帖文。

2. 盘公（网）勘〔2015〕052号现场勘验检查工作记录，证明公安机关对被告人陈孝波笔记本电脑中的其两个网站发布盘锦负面帖文进行勘验检查的情况；盘公（网安）勘〔2015〕J13058号电子证据检查工作记录证明：经对陈孝波硬盘T01进行勘验，通过取证魔方设备检查，发现其电脑硬盘存在陈孝波与康成玉的聊天记录及有关删帖收费聊天记录的情况。

3. 被害人韦某的陈述证明：其通过QQ协商QQ号码为49××××××的人删除西部新闻网重庆频道、出谋划策网、新闻首发网关于力倍特集团的负面帖文五次。一共支付了4100元删帖费用。

4. 证人詹某的证实材料证明：其通过韦某联系"西部新闻网重庆频道"的陈孝波删对其集团的负面报道。

5. 被害人李某的陈述及QQ聊天记录、支付宝转账截图证明：2015年1月31日，他通过QQ联系"西部新闻网重庆频道"的人删除关于深圳汉方珍宝公司的负面帖文，通过支付宝支付400元钱。

6. 证人张某的证言、聊天记录截图等证明：其负责千帆互动科技有限公司运营方面的工作，2015年9月在权益网上发现一篇关于千帆互动的负面帖子，她加该网站留的QQ（号码：49××××××，网名：灯晃不是罪）为好友，说明自己系千帆互动的员工，把"权益网"上关于她公司负面帖文链接发给对方，要求删除该帖文。对方要求提供政府部门证明证明该帖文是诽谤的，她提供不了。她问对方删帖需要多少钱，对方给她发来一个数字"1"，意思是要求支付 1000 元，她说给对方 800 元，对方说不保证以后他的网站不出现千帆互动的帖文，最后她还是答应给他 1000 元。之后她在国际艺术网和犀戗信息网上发现同样的负面帖子，网页布局和权益网相同，她就联系权益网的负责人，对方说可以帮忙联系删除负面帖子，每条需要 1000 元，对方告诉她一个户名为"景学"的支付宝账号，后来她公司杜某经理给这个支付宝支付了 1000 元的删帖费，对方在国际艺术网上删除了该帖子，但犀戗信息网上关于她公司的负面帖文没有删除。

7. 证人杜某的证实材料及其支付宝交易明细证明：2015 年 9 月，他所在的公司发现权益网、国际艺术网等网站存在其公司的不实报道，其公司张某与权益网、国际艺术网相关联系人进行沟通，对方要求删除相关报道需要缴付相关费用，不付费不予删除。2015 年 9 月 17 日、18 日，他以每条 1000 元的价格通过支付宝向对方付款 2000 元。

8. 被告人陈孝波的供述证明：2015 年 10 月 28 日，他在互联网上转发了一篇"辽宁盘锦辽东湾新区楼盘陷困局"的帖文，另外还在 QQ 群里转发了一次。这篇帖文是他 QQ（号码：41××××××，网名：美好心情）里的好友（号码：27××××××××，网名：塞外江南）发布的帖文链接，让他转一下，他就在自己的网站里转载了链接，然后在"时代纪实编辑部"的 QQ 群里把他发表的链接发布出去了，并标注"已转"。"时代纪实编辑部" QQ 群里面的用户有几十个，大多数都是全国各地的"网络推手"或者媒体记者之类的人。在这个群里发布帖文链接的目的就是呼吁群里用户进行转发炒作，互转帖文内容大部分都是负面的，在有人联系删稿时能收点钱。他一共有 4 个 QQ 号，其中 41××××××的 QQ 号是经常用的，这个 QQ 号加入了很多 QQ 群组。在权益网和舆情监督网留下 QQ 联系方式的目的就是在有人找他删除帖子时，让他们提供撤稿函等手续，在他们不能提供撤稿函等手续时会向他们索取删除费用。权益网和舆情监督网这两个网站是他开办的，他是站长，具有网站的后台管理发稿、删稿等权限，网站的服务器是租的，这两个网站开办以来共发布全国各地负面的帖文 2800 篇左右，他没有审核发布帖文内容的真实性，只是附上转载的来源。"辽宁盘锦辽东湾新区楼盘陷困局"的帖文在两个网站一共转发了四次，在 QQ 群里转发了一次。他通过删除负面稿件共收取 20000 元左右，其中华商晨报韦某找他删除过一个稿件，一共给他 4100 多元，其他的人他记不起来了。

四、被告人姚友亮敲诈勒索的事实

2015 年 10 月 28 日，被告人姚友亮在"时代纪实编辑部" QQ 群内发现 QQ 好友"塞外江南"（被告人康成玉）发布关于辽宁盘锦辽东湾新区负面帖文的链接后，将该帖文在自己开办的"结合美"网站上转发。同年 11 月 2 日，中共盘锦市辽东湾新区工作委员会工作人员王某一通过"结合美"网站上留的 QQ 号（26××××××××）与被告人姚友亮取得联系，请求其删除负面帖文。被告人姚友亮称删帖需付钱，经过议价，被告人姚友亮索取王某一人民币 6000 元，删除了含上述两篇关于辽宁盘锦辽东湾新区在内的 20 个负面帖文。

2015 年 11 月 10 日，公安民警在江苏省新沂市棋盘镇泉子村一组 96 号将姚友亮抓获。

上述事实，有原公诉机关提交并经原审庭审质证、认证的下列证据予以证明：

1. 盘公（网安）勘〔2015〕J13053 号电子证据检查工作记录证明：被告人姚友亮登录结合美网站的历史记录及被害人王某一传给姚友亮要求删帖链接的情况。

2. 证人晁某的证言证明：姚友亮用其身份证办了一张银行卡，注册支付宝使用。

3. 被害人王某一的陈述、聊天记录及支付宝记录截图等证明：2015年11月2日，他在互联网上的"结合美"网站发现一篇关于辽东湾新区的负面帖子，他通过网站的联系方式联系站长要求删帖，为了迷惑对方，他将辽东湾新区的负面帖子夹在20个负面帖子中要求对方删除，被对方索要6000元的删帖费。

4. 被告人姚友亮的供述证明：2013年11月6日，他在阿里巴巴的"万网"上注册一个叫"结合美"的网站。盘锦违规建造22栋办公楼占地超千亩的帖文是在"时代纪实编辑部"的QQ群里转载的，发布信息的QQ名叫"塞外江南"。因为是政府的负面新闻，在网站里能够赚得点击率，他就转载了。转载前对这篇帖文的真实性没有做过调查。后来一个网名叫"达人科技"的人用QQ与他联系删除这篇帖文，那人自称是公关公司的。他说删除一条帖文500元，后经协商，他为对方删除20条帖文，收取6000元。20条帖文中有"盘锦违规建造22栋办公大楼占地超千亩"这篇帖文。他的支付宝号码是13×××××，开卡人是他外甥女晁某。

上述事实亦有原公诉机关提交并经原审庭审质证、认证的下列综合证据予以证明：

1. 物证及扣押、返还、随案移送物品文件清单证明：公安机关扣押并随案移送四被告人实施犯罪时使用的五台笔记本电脑、三张存储卡、七部手机、二个U盘、新闻记者证、会员证、采访证等十二本及从被告人张子秋处扣押的人民币30000元已返还被害人陈某。

2. 盘公（网安）勘〔2015〕J13056号电子证据检查笔录证明：康成玉在时代纪实编辑部首发盘锦辽东湾虚假新闻及陈孝波跟康成玉发送转发新闻消息的情况；盘公（网安）勘〔2015〕J13048号电子证据检查笔录，证明被告人康成玉、陈孝波、姚友亮发布盘锦负面新闻，被害人要求姚友亮删帖及通过支付宝转账的情况。

3. 盘锦市互联网宣传管理局辟谣声明、盘锦市发展和改革委员会文件、盘锦辽滨沿海经济区经济发展部文件、建筑工程施工许可证等证明：四被告人转发的帖文内容虚假，帖文中提及的建设项目并不是盘锦市新的行政中心大楼，项目开工已经发改部门立项或核准并履行了合法手续。

4. 证人王某二等28名证人证言证明：该28人看了互联网上关于辽宁盘锦的负面帖文后，对盘锦市政府的决策表示怀疑、对辽东湾的发展失去信心，进而打消在辽东湾投资、买房、就业等计划。

5. 案件来源与抓捕经过证明：本案案发及被告人康成玉、陈孝波、张子秋、姚友亮的到案经过。

6. 户籍证明证实：四被告人犯罪时均达到完全刑事责任年龄，具有刑事责任能力。

原审法院认为，被告人康成玉修改未经核实的负面帖文题目并在互联网上传播，被多次转发，其行为扰乱了网络秩序和社会秩序，造成公共秩序严重混乱，已构成寻衅滋事罪。被告人张子秋、陈孝波、姚友亮利用建立的网站，发布他人负面信息，在他人请求删帖之机，就删帖费用讨价还价，且索要财物数额较大，三被告人的行为侵犯了他人的财产所有权，已构成敲诈勒索罪。公诉机关指控被告人康成玉犯寻衅滋事罪及被告人张子秋、陈孝波、姚有亮犯敲诈勒索罪的罪名成立，予以支持。关于被告人康成玉及其辩护人提出的现有证据不足以认定康成玉明知系虚假信息而散布及其行为未造成公共秩序严重混乱的辩解及辩护意见。经查，被告人康成玉不经核实，随意发布已删除且被辟谣的负面帖文，并对帖文的标题进行修改，其行为造成了公共秩序的严重混乱，有被告人康成玉的供述、聊天记录、电子证据检查记录等证据材料予以证明。对被告人康成玉及其辩护人提出的无事实和法律依据，亦无证据证实的上述辩解及辩护意见，不予采纳。关于被告人张子秋、姚友亮分别提出的其二人被金钱引诱及引诱到案不构成敲诈勒索罪的辩解意见。经查，卷宗未有二被告人被引诱犯罪的证据材料且其二人亦未提交相应证据材料予以证实，其二人的该辩解意见缺乏证据支持，不予采纳。关于被告人张之秋的辩护人提出的被告人张之秋没有采用威胁或者要挟的手段强行索取钱财的行为及没有非法占有主观目的的辩护意见。经查，被告人张之秋在自建网站上发布未经核实的负面帖文，让他人产生心理恐惧，利用被害人请求删除负面帖文相要挟，让害人被迫交付钱财，其客观行为亦佐证其非法占有他人钱财的主观故意，其行为符合敲诈勒索罪的犯罪构成。被告人张之秋的辩护人提出的上述辩护意见无证据证实，亦无法律和事实依据，不予采纳。

关于被告人陈孝波提出其转发关于盘锦市辽东湾新区负面帖文没有收钱不应认定为敲诈勒索的辩护意见。经查，被告人陈孝波多次在网站上发布他人负面帖文索要钱财，且数额较大，已达到敲诈勒索罪的定罪量刑标准，故对被告人陈孝波提出的上述辩解意见，不予采纳。被告人康成玉的犯罪情节、悔罪表现等不符合缓刑的适用条件，故被告人康成玉的辩护人提出的对康成玉适用缓刑的意见不予采纳。根据被告人康成玉、陈孝波、张子秋、姚友亮犯罪的事实、犯罪的性质、情节和对于社会的危害程度，依照《中华人民共和国刑法》第二百九十三条第一款第（四）项、第二百七十四条、第五十二条、第五十三条第一款、第六十四条、《最高人民法院、最高人民检察院关于办理利用信息网络实施诽谤等刑事案件适用法律若干问题的解释》第五条第二款之规定，认定：（一）被告人康成玉犯寻衅滋事罪，判处有期徒刑一年十个月；被告人张子秋犯敲诈勒索罪，判处有期徒刑一年六个月，并处罚金人民币三万元；被告人陈孝波犯敲诈勒索罪，判处有期徒刑十个月，并处罚金人民币六千五百元；被告人姚友亮犯敲诈勒索罪，判处有期徒刑十个月，并处罚金人民币六千元。（二）扣押在案的笔记本电脑、存储卡、手机、U盘、新闻记者证、会员证、采访证依法予以收缴。

上诉人康成玉的上诉理由：原审认定上诉人转发的帖文系虚假信息缺乏证据支持，上诉人并非帖文的原创者，转发来自《中国房地产报》正规媒体发表的文章，只要文章有来源、有出处，任何人均可转发；原审认定公开登载盘锦政府网站的"辟谣公告"至今并未找到，如果文章失实，应该是《中国房地产报》登载声明"文章失实"，既然《中国房地产报》没有澄清事实，原审法院认定其有罪缺乏证据；28名证人证言明显是证据造假，利用行政权力加罪于上诉人。

上诉人张子秋的上诉理由：上诉人的行为不具备敲诈勒索罪的构成要件，上诉人在自己合法开办的网站上转载其他合法网站上刊载的文章不具有违法性，上诉人与受害人陈某的聊天记录证明并不是上诉人主动联系受害人，上诉人没有采取任何威胁的手段，受害人主动联系上诉人、主动要求删除相关帖文，上诉人没有主观恶意；上诉人行为侵犯客体未明确，帖文是否违法未查清，原审法院认定的受害人是辽东湾新区管理委员会的国家工作人员，侵害的客体是盘锦市政府还是国家公务员，原审没有查清，且受害人陈某作为国家工作人员钓鱼执法，其付完删帖费后马上报案，有引诱犯罪嫌疑。

上诉人陈孝波的上诉理由：公诉机关夸大加重案情，其转载帖文来自"舆情监督网"

"权益网"合法网站，其转载后未删除未收钱，公诉机关指控其"意图"实施删帖敲诈并不属实；其先后删除"广西力倍特集团"负面帖文不能认定为敲诈勒索，韦某让其帮忙删帖主动给的，并不是其主观索要，另外詹某的证实材料也证明"广西力倍特集团"未支付删帖费用，其不构成敲诈勒索罪。

上诉人姚友亮的上诉理由：其不具有敲诈勒索的犯罪构成，认定上诉人犯罪的证据不足，不能形成完成证据链条，辽东湾新区管委会工作人员王某一隐瞒自己身份，主动联系其删帖后报案，属于钓鱼执法；其行为显著轻微，危害不大，不构成犯罪。

经审理查明，原判认定被告人康成玉寻衅滋事，被告人张子秋、陈孝波、姚友亮敲诈勒索的事实清楚，证据确实充分。认定事实的证据均经原审法院庭审质证，二审期间上诉人康成玉、张子秋、陈孝波、姚友亮未提出新的证据。本案事实和证据均未发生变化，故对原判认定的事实和证据本院均予以确认。

本院认为，上诉人康成玉修改未经核实的负面帖文题目并在互联网上传播，被多次转发，其行为扰乱了网络秩序和社会秩序，造成公共秩序严重混乱，已构成寻衅滋事罪。上诉人张子秋、陈孝波、姚友亮以非法占有为目的，利用建立的网站，发布他人负面信息，在他人请求删帖之机，索取财物数额较大，其行为侵犯了公私财产的所有权，已构成敲诈勒索罪。上诉人康成玉、张子秋、陈孝波、姚友亮上诉中提出不构成犯罪的理由，因无证据支持，故本院不予采信。

原判认定事实清楚，证据确实充分，定罪准确，量刑适当，适用法律正确。审判程序合法。依照《中华人民共和国刑事诉讼法》第二百二十五条第一款第（一）项之规定，裁定如下：

驳回上诉，维持原判。

本裁定为终审裁定。

审判长　宋　希

审判员　李　春

审判员　张彦东

二〇一七年五月十日

书记员　王　崇

案例82：黎某与刘某名誉权纠纷
二审民事判决书

北京市第三中级人民法院
民事判决书

(2017) 京 03 民终 5455 号

上诉人（原审原告）：黎某，女。

委托诉讼代理人：王大利，北京兴昉律师事务所律师。

被上诉人（原审被告）：刘某，女。

上诉人黎某因与被上诉人刘某名誉权纠纷一案，不服北京市通州区人民法院（2015）通民初字第 03372 号民事判决，向本院提起上诉。本院于 2017 年 4 月 20 日立案后，依法组成合议庭，开庭进行了审理。上诉人黎某之委托诉讼代理人王大利，被上诉人刘某到庭参加诉讼。本案现已审理终结。

黎某上诉请求：1. 撤销一审判决第四项、第五项，判令刘某赔偿黎某精神损害抚慰金 10 万元；2. 判令刘某赔偿黎某律师代理费 1 万元；3. 一、二审诉讼费用由刘某负担。事实和理由：一、一审法院部分事实认定错误。1. 一审法院在判决书第五项将黎某认定为刘某错误。2. 一审法院未将新浪微博"@××"账号的侵权言论认定为刘某所为错误。3. 一审法院对于刘某侵权行为未作全面考察与评价，遗漏了主要侵权内容。经初步统计，黎某提交的公证材料中显示，2013 年 2 月至 2014 年 7 月刘某以"××""××""××"三个账号发布侵权内容共计 140 余次，其中包括黎某照片一百余张。一审法院对上述具体的侵权内容未作全面客观的评价与认定，判决书主文所列几项侵权内容未能全面反映侵权的内容和程度，导致判决结果显失公平。4. 一审法院对黎某聘请律师维权造成的损失未予认定属事实认定错误。黎某为了制止侵权行为，消除刘某侵权造成的影响，曾委托律师向新浪网、天涯网站、百度网站、55BBS 等网站发出过数封律师函。诉讼过程中，委托律师代为立案和起诉，且多次参加一审庭审，一审判决书也列明了黎某代理律师的身份。本案黎某的律师是接受黎某委托，不存在律师免费为黎某服务的情形。律师为黎某维权，黎某支付律师费，既符合市场规律也符合日常生活规律。黎某出具的律师服务费发票真实、合法，能够证明黎某委托律师所支付的费用数额。二、一审法院适用法律错误。1. 一审法院判决刘某赔偿黎某精神损失费 500 元明显不当。本案刘某实施的侵权行为具有随意性，主观上不具备正当性，属寻衅滋事性质，主观过错明显。刘某在答辩中对侵权事实始终予以否认，甚至公然藐视法庭，仍然用不当言论侮辱黎某，说明刘某并未真正认识到自己的错误，主观恶性较深。从侵权时间上看，本案刘某侵权行为始于 2013 年 2 月，至 2015 年初，侵权行为长达两年。开庭后，刘某虽然在自己注册的账号中删除了侵权言论，但是其侵权言论造成的影响至今依然难以消除，对黎某心理造成的伤害亦难以完全消除。刘某的侵权言论都是通过知名网站散布传播、点击量巨大，其影响范围已经超越地域或国境限制。按照《最高人民法院、最高人民检察院关于办理利用信息网络实施诽谤等刑事案件适用法律若干问题的解释》的相关规定，刘某即使不构成刑事犯罪，其民事侵权行为也应当认定为情节严重。2. 一审法院驳回黎某"赔偿律师费"请求明显错误。依据《最高人民法院关于审理利用信息网络侵害人身权益民事纠纷案件适用法律若干问题的规定》第十八条的规定，本案黎某委托律师多次参加一审庭审是不争的事实，黎某需为此付出费用与成本是生活常识。因此，即便在没有发票等其他证据证明律师费实际发生数额的情况下，法院也应当按照国家规定的律师费用标准酌定刘某予以赔偿。本案黎某为证明损失，出具了律师费发票，其数额也没有明显高于北京律师行业收费标准，一审法院对黎某的合理要求予以驳回，适用法律明显错误。

刘某辩称：不同意一审判决，但没有交纳诉讼费，不同意黎某的上诉请求。黎某提出的10万元精神损失费过高，刘某与黎某之前在北京市丰台区人民法院、北京市海淀区人民法院有两个名誉权的案子，两案均判了500元，一审法院考虑到司法的一致性，并考虑了黎某过错在先进行的判决。律师费一审法院认为依据不足是正确的，双方的三个案子六次庭审都是黎某本案代理人出庭，1万元发票无法一一对应。刘某之前在北京市丰台区人民法院起诉黎某时律师费也没有被支持。刘某的天涯账号被官方冻结了，刘某无法登录，所以相关帖子无法删除。黎某称有140次的侵权，刘某不认可。本案的起因是黎某多次对刘某进行侵权，北京市丰台区人民法院已经进行了认定。

黎某向一审法院起诉请求：因受到2008年2月3日媒体发表的报道中国人民银行前副行长吴晓灵女士的标题为《金融玫瑰吴晓灵》文章启发，黎某于2012年在腾讯以"@××"的昵称注册了微博账号。正是这个虚拟的网名，因恰巧与刘某在新浪微博注册的"@××"重名，招致了刘某无端的攻击和辱骂，刘某在新浪微博、天涯论坛、55BBS、搜狐微博、百度贴吧以"××""××""××""××""××""××""××"等网名，对黎某进行大肆的侮辱和诽谤，刘某在对黎某的攻击中大量使用……等极其下流的侮辱性言辞；同时制造黎某"诈骗外汇保证金""假冒刘某诈骗""存在多宗诈骗行为""多次堕胎"等谣言诽谤黎某，刘某在侮辱诽谤黎某本人同时，还将黎某的同事和领导的照片放到网上称他们为骗子，称黎某工作过的公司都是骗子公司，黎某公司迫于网络压力，解除与黎某的劳动关系。

除此之外，刘某还将黎某的真实姓名、籍贯、出生年月、工作单位、手机号码、QQ号、邮箱地址，公司注册信息以及本人多张照片等个人隐私在网上广泛公布，鼓动他人一起攻击黎某，期望给黎某造成更大伤害，刘某为了更加有效地打击黎某的声誉，还精心策划，进行虚假诉讼，并将含有黎某真实个人信息的刑事附带民事起诉书在网上公布，制造虚假新闻事件，吸引公众眼球，同时，为了达到轰动效应，还煞费苦心，从原籍山东邀请报社记者来北京采访，借媒体之手，继续败坏黎某的名誉，泄露黎某的个人隐私。为维护黎某的合法权益，故要求法院判令刘某立即停止发表对黎某的侵权言论、删除新浪微博、百度贴吧、天涯论坛等网站上有关侵权信息，并在新浪微博、天涯论坛、百度贴吧等醒目位置连续15天为黎某恢复名誉、消除影响、赔礼道歉，道歉内容须经黎某同意、法院审定；判令刘某赔偿黎某经济损失1万元，精神损害抚慰金10万元；判令刘某赔偿黎某公证费15220元，律师费1万元；诉讼费由刘某负担。

一审法院认定事实：刘某在新浪微博注册"@××"的账户，用户名（通行证）：×××，UID：××。刘某在天涯论坛注册用户名为"××"以及"××"二个账号，二个账户绑定的手机号均为"186××××××××"，该手机号的实际使用人为刘某。

（2014）京求是内经证字第475号显示：2014年7月9日，进入"http：//weibo.com"新浪微博网站首页，搜索"黎某1"，进入刘某注册的昵称为"@××"的新浪微博账号（http：//weibo.com/××），该账户博文中有"黎某曾用名黎某1，这个世纪佳缘拉黑的女骗子，改名字就可以逃避法律？你改成男人也一样抓你归案""haha黎某曾用名黎某1，世纪佳缘拉黑了的资深骗子"。

（2014）京求是内经证字第528号显示：2014年7月14日，进入"http：//focus.tianya.cn"网站首页，进入"××"账户的主页，页面显示该账户转载"真假'××'网络开战，假玫瑰原来是世纪佳缘多年骗子黎某"的帖子，该账户发表"世纪佳缘女骗子最新照片"的帖子，并发布黎某的本人的照片一张，该账户发表"2012年自考大专在读学生学员屌丝黎某1如何假冒总经理，这个女骗子，2012年自考大专在读，却身披多个诈骗外衣，除了自称华斯达克广西总经理，更是在其新浪微博@黎某××置顶微博自称为福汇嘉盛外汇一级代理，而福汇和嘉盛实际是两家外汇平台，其中嘉盛已撤离中国http：//t.cn/aNkEPS，她的代理即为非法。而高额返佣内幕http：//t.cn/zYbIII8在嘉盛和福汇开户的资金突然没了http：//t.cn/zYbIIIR说你骗子，你服不服？"的帖子。进入"http：//focus.tianya.cn"网站首页，进入"××"账户的主页，页面显示该账户转载"真假××，假玫瑰原来是世纪佳缘多年骗子黎某已经立案"的帖子。该账户公布黎某的身份证号、姓名、曾用名、性别、民族、户籍地等黎某的个人信息。

（2014）京求是内经证字第527号显示：2014年7月14日，进入http：//weibo.com新浪微博网站首页，登录昵称"@××"的新浪微博账号（http：//weibo.com/××），"@××"："分享图片haha黎某曾用名黎某1世纪佳缘拉黑了的资深骗子""爆一个世纪佳缘女骗子在微博被扒的过程，信息量巨大"。

一审法院认为，公民享有名誉权，公民的人格尊严受法律保护，禁止用侮辱、诽谤等方式损害公民的名誉。侵害名誉权是指行为人因为故意或者过失对他人实施侮辱、诽谤等行为导致受害人社会评价降低。本案中，刘某注册的昵称是"@××"的新浪微博、刘某注册的昵称为"××"以及"××"的天涯论坛账户发表了"黎某是骗子、资深骗子"等言论，上述言论侵犯了黎某的名誉权。刘某在未经黎某同意的情况下，将黎某的身份信息予以公布，亦侵犯了黎某的隐私权，刘某应对上述侵权行为承担相应的民事责任。黎某主张的删除新浪微博、百度贴吧、天涯论坛网站的有关侵权信息的诉讼请求，因上述言论均已经删除，故该项诉讼请求，法院不予支持。黎某主张在新浪微博、天涯论坛、百度贴吧等醒目位置要求刘某恢复名誉、消除影响、赔礼道歉，道歉内容须经黎某同意、法院审定的诉讼请求，因根据法院查明的事实，刘某仅在新浪微博和天涯社区网站发表过侵权言论，故黎某要求刘某在百度贴吧发表道歉声明的诉讼请求，法院不予支持，要求刘某在新浪微博和天涯社区网站发表道歉声明的诉讼请求予以支持。关于黎某要求刘某赔偿经济损失的诉讼请求，根据黎某提供的证据，其主张的经济损失与侵权行为并不存在必然的因果关系，故法院不予支持。关于黎某主张精神损失费的诉讼请求，因刘某的侵权行为确实给黎某造成精神损害，法院酌定精神损失费的数额为500元，关于黎某主张的公证费的诉讼请求，黎某向法院提交的证据中仅有二张发票属于黎某实际交款，故法院认定的公证费金额以上述二张票据为准，过多部分不予支持。关于黎某主张律师费的诉讼请求，依据不足，法院不予支持。

关于刘某辩称"××"的天涯论坛的账号并非其注册的辩解意见，根据法院的调查结果，该账户匹配的手机号码是刘某本人使用的号码，刘某对其主张的意见负有举证的责任，在法庭明示举证责任后，刘某并未提供相应的证据予以证明，故法院认定"××"的天涯社区的账号属于刘某实际注册和使用的账号。需要指出的是当事人在认为他人通过网络以及其他途径对其名誉权等相关权益实施了侵害时，应采取合法途径维护自身权利，发表不当言论以及揭发个人隐私等方式的做法不利于问题的解决。综上，判决：一、判决生效之日起十日内，刘某在其个人昵称为"@××"的新浪微博账号（http：//weibo.com/××）的置顶位置，向黎某赔礼道歉，致歉声明的置顶时间不少于四十八小时（声明内容须经法院审核，逾期不履行，法院将选择一家全国发行的报刊公布判决书主要内容，费用由刘某负担）；二、判决生效之日起十日内，刘某在天涯社区网站（http：//www.tianya.cn），向黎某赔礼道歉，致歉声明的留置时间不少于四十八小时（声明内容须经法院审核，逾期不履行，法院将选择一家全国发行的报刊公布判决书主要内容，费用由刘某负担）；三、判决生效之日起十日内，刘某赔偿黎某公证费12120元；四、判决生效之日起十日内，刘某赔偿黎某精神损失费五百元；五、驳回刘某的其他诉讼请求。如果未按判决指定的期间履行给付金钱义务，应当依照《中华人民共和国民事诉讼法》第二百五十三条之规定，加倍支付迟延履行期间的债务利息。

二审中，当事人没有提交新证据。

本院经审理查明的事实与一审判决查明的事实一致。

上述事实，有当事人当庭陈述、公证书、公证费发票、调查回函、协助调查回复函等证据在案佐证。

本院认为，公民享有名誉权，公民的人格尊严受法律保护，禁止用侮辱、诽谤等方式损害公民的名誉。本案中，刘某使用在新浪微博上注册昵称为"@××"、天涯论坛上注册昵称为"××"以及"××"的账户分别发表了"黎某是骗子、资深骗子"等言论，上述言论侵犯了黎某的名誉权。刘某在未经黎某同意的情况下，将黎某的身份信息予以公布，亦侵犯了黎某的隐私权，一审法院认定刘某对其上述侵权行为承担相应的民事责任正确，本院不持异议。

本案二审争议的焦点问题为精神损害赔偿数额是否适当的问题。《最高人民法院关于确定民事侵权精神损害赔偿责任若干问题的解释》规定，精神损害赔偿的数额应当根据侵权人的过错程度；侵害的手段、场合、行为方式等具体情节；侵权行为的后果；侵权人的获利情况；侵权人承担责任的经济能力等因素综合考量确定。精神损害赔偿的数额应在个案中综合考量，其目的在于抚慰受害人。本案中，刘某的行为虽然构成侵权，但鉴于一审法院已确定了赔礼道歉的责任承担方式，对黎某的精神损害予以了一定程度的弥补和救济，因而综合考虑本案的侵权手段、场合、行为方式等情形，一审法院酌定精神损害赔偿金500元并无不当，本院予以维持。关于黎某要求刘某赔偿其精神损害抚慰金10万元的上诉请求，本院不予支持。关于黎某要求刘某赔偿其律师代理费1万元的请求，结合本案中的具体侵权情况及相关证据，一审法院未予支持并无不当，本院予以维持。本案中，一审法院将驳回黎某的其他诉讼请求写为驳回刘某的其他诉讼请求错误，本院予以更正。

　　综上，黎某的上诉请求部分成立。本院依照《中华人民共和国民事诉讼法》第一百七十条第一款第二项规定，判决如下：

　　一、维持北京市通州区人民法院（2015）通民初字第03372号民事判决第一项、第二项、第三项、第四项；

　　二、变更北京市通州区人民法院（2015）通民初字第03372号民事判决第五项为驳回黎某的其他诉讼请求。

　　一审案件受理费463元，由黎某负担350元（已交纳），由刘某负担113元（于本判决生效之日起十日内交纳）。二审案件受理费926元，由黎某负担（已交纳）。

　　本判决为终审判决。

审判长　陈　静

代理审判员　赵　纳

代理审判员　申峻屹

二〇一七年五月二十二日

法官助理　李　君

书记员　高　明

案例 83：浙江广播电视集团与万晴等著作权纠纷二审民事判决书

北京知识产权法院

民事判决书

(2016) 京 73 民终 776 号

上诉人（原审被告）：浙江广播电视集团，住所地浙江省杭州市。

法定代表人：吕建楚，总裁。

委托诉讼代理人：麻广，男，浙江广播电视集团职员，住浙江省杭州市。

被上诉人（原审原告）：万晴，女，汉族，住四川省绵阳市。

委托诉讼代理人：董世连，北京市中银律师事务所律师。

原审被告：北京微梦创科网络技术有限公司，住所地北京市海淀区。

法定代表人：刘运利，董事长。

委托诉讼代理人：刘超，男，北京微梦创科网络技术有限公司法务部经理。

委托诉讼代理人：郭凌云，男，北京微梦创科网络技术有限公司法务部经理。

上诉人浙江广播电视集团（简称浙江广电）与被上诉人万晴侵犯著作权纠纷一案，因不服北京市海淀区人民法院（简称一审法院）于 2016 年 6 月 24 日作出的（2015）海民（知）初字第 39921 号民事判决（简称一审判决），向本院提起上诉。本院于 2016 年 9 月 9 日受理后，依法组成合议庭进行了审理。2017 年 5 月 18 日，上诉人浙江广电的委托诉讼代理人麻广到本院接受了询问。被上诉人万晴、原审被告北京微梦创科网络技术有限公司（简称微梦公司）经本院传唤未参加询问。本案现已审理终结。

浙江广电上诉请求：一、请求二审法院撤销一审判决，依法改判或重审；二、本案诉讼费用全部由被上诉人承担。事实和理由：一、上诉人使用的图片是合法渠道获得，且被上诉人主张著作权的图片与上诉人使用的图片在人物面部表情和发饰上存在异同点，两者并非同一作品。且万晴为广州汉唐传媒广告有限公司插画师，其创作的涉案图片应当为职务作品，著作权应属广州汉唐传媒广告有限公司；二、一审判决上诉人承担损失赔偿及合理支出 1 万元，并在微博置顶赔礼道歉，属于适用法律不当，裁量过重；三、被上诉人证据中的公证书存在瑕疵，根据《公证程序规则》的相关规定，公证事项由当事人的住所地、经常居住地、行为地或者事实发生地的公证机构受理。而被上诉人的公证书并非由上述地方受理，因此存在瑕疵。

万晴二审辩称：一审法院认定事实清楚，适用法律正确，裁量适当。因此请求二审法院驳回上诉人的上诉请求，维持一审判决。

原审被告微梦公司未提交书面陈述意见亦未参加本案庭审。

万晴向一审法院起诉请求：1. 浙江广电与微梦公司在"@奔跑吧兄弟"官方微博发布置顶微博连续三十天发布致歉声明、在《中国青年报》首版显著位置刊登致歉声明；2. 浙江广电向我赔偿经济损失及合理支出共计 55500 元（含律师费 5000 元，公证费 500 元）；3. 浙江广电与微梦公司承担本案诉讼费用。

一审法院经审理查明：

2014 年 10 月 24 日，新浪微博用户"@养猫画画的随随"于其微博中发布了涉案插画作品，内容为一古装女子。"@养猫画画的随随"微博认证信息显示，真实姓名为万晴，是广州汉唐传媒广告有限公司签约插画师。万晴提交了涉案插画作品的创作源文件。

2015 年 7 月 10 日，经万晴申请，河南省许昌市天平公证处对涉案网页进行了证据保全公证，并记载于（2015）许天证民字第 4725 号公证书中。该公证书载明，浙江卫视《奔跑吧兄弟》官方微博于 2015 年 7 月 10 日发布的置顶微博中使用了涉案插画作品，使用时进行了局部的修改，将古装女子的人脸更换为明星杨颖的面部，对原作的部分细节加以改动，并于作品上加注"安慕希奔跑吧兄弟""第二季《奔跑吧兄弟》精编版浙江卫视本周五晚21：10 逗趣来袭"等字样。

浙江广电称，浙江卫视是其下属的一个频道，其认可浙江卫视《奔跑吧兄弟》官方微博的博主是浙江卫视，并称其对该微博承担责任。

万晴提交了 500 元的公证费发票复印件，浙江广电与微梦公司对该证据的真实性不予认可。

浙江广电提交了"@喵喵屋出版社插画师"新浪微博网页打印件，欲据此证明浙江卫视《奔跑吧兄弟》官方微博于 2015 年 7 月 10 日当日即删除了涉案插画作品，但该证据并未显示相应内容。

浙江广电另提交了淘宝网网页打印件，欲据此证明与涉案插画作品类似的作品销售价格为每幅 100 元左右。

万晴对浙江广电提交的两份证据的关联性均不予认可，亦不认可浙江卫视《奔跑吧兄弟》官方微博于 2015 年 7 月 10 日删除了涉案插画作品，但其一审庭审中认可涉案插画作品已删除。

微梦公司未提交证据。

上述事实，有万晴提交的网页打印件、作品源文件、公证书、发票复印件，浙江广电提交的网页打印件及一审法院开庭笔录等在案佐证。

一审法院认为：

万晴提交的证据已形成完整的证据链证明其为涉案插画作品的著作权人。浙江广电虽主张涉案插画作品为职务作品，但其未提交相应证据予以证明，亦未提交相反证据推翻万晴提交的权属证据，一审法院对其主张不予支持。

浙江卫视《奔跑吧兄弟》官方微博未经许可、未予署名、未支付报酬将涉案插画作品用作节目宣传，并于使用时对作品进行了局部、细节性修改，虽与原作不完全相同，但构成实质性相似，侵犯了万晴对其作品享有的署名权、修改权及信息网络传播权，浙江广电作为浙江卫视《奔跑吧兄弟》官方微博的责任人，应承担赔礼道歉、赔偿经济损失的法律责任。

微梦公司作为新浪微博的经营主体，对微博用户发布的涉案内容无主动审查义务，且涉案作品已经删除，故其无侵权的主观过错，不应承担侵权责任。

至于浙江广电具体的赔偿数额，鉴于万晴未提交证据证明其实际损失或浙江广电的违法所得，一审法院将综合考虑涉案作品的性质、浙江广电的主观过错、具体侵权情形等因素予以酌定，对万晴主张的赔偿数额不予全部支持。

万晴虽未提交公证费发票原件，但鉴于其确曾对本案证据进行公证证据保全，一审法院对其该项费用予以支持，浙江广电对此费用应一并予以赔偿。万晴另主张5000元律师费，但未提交相应证据，一审法院对其该项主张不予支持。

综上，依据《中华人民共和国著作权法》第十条第一款第（二）项、第（三）项，第四十八条第（一）项，第四十九条之规定，一审法院判决：一、判决生效之日起十日内，浙江广电在浙江卫视《奔跑吧兄弟》官方微博置顶位置持续四十八小时刊登声明向万晴致歉；二、判决生效之日起十日内，浙江广电赔偿万晴经济损失及合理支出共计1万元；三、驳回万晴的其他诉讼请求。

本院经审理查明，浙江广电对一审法院查明的事实无异议，本院予以确认。在二审询问过程中，浙江广电表示，第4725号公证书并非由万晴的住所地、经常居住地、行为地或者事实发生地的公证机构受理，存在瑕疵。但其对第4725号公证书中记载的事实予以认可。另，浙江广电称其"@奔跑吧兄弟"官方微博已更名为"@奔跑吧"。

本院认为：

首先，关于现有证据能否证明万晴系涉案作品的作者。万晴提交了涉案插画的创作源文件及载有涉案插画的微博页面，在无其他相反证据的情况下，可以认定其系涉案插画作品的著作权人。浙江广电主张因万晴的微博认证为"广州汉唐传媒广告有限公司签约插画师"，故涉案插画应属职务作品，缺乏事实依据，本院不予支持。

其次，关于第4725号公证书能否作为本案适格证据。《公证程序规则》在"公证执业区域"一章第十四条规定，公证事项由当事人住所地、经常居住地、行为地或者事实发生地的公证机构受理。但规则并未规定违反上述条款将导致公证书失去证明效力，且浙江广电在二审询问中亦明确表示对第4725号公证书中记载的事实予以认可，故第4725号公证书的作出虽与《公证程序规则》的相关规定不符，但并不影响其可以作为本案认定事实的证据。

另外，关于浙江广电是否侵害了万晴对涉案作品享有的著作权。浙江广电未经万晴许可，在浙江卫视"@奔跑吧兄弟"官方微博使用涉案插画作品，未为著作权人署名，并对原图中人物的面部特征进行了一定修改，但二者仍构成实质性相似，其行为侵犯了万晴对其作品享有的署名权、修改权及信息网络传播权。

最后，关于一审判决确定的民事责任是否适当。鉴于浙江广电侵犯了万晴对其作品享有的署名权、修改权两项著作人身权利，故一审判决判令浙江广电公开致歉并无不当。同时，一审判决在综合考虑涉案作品性质、浙江广电的主观过错、侵权行为情节等因素基础上确定1万元赔偿数额亦无不当。本院对浙江广电的上述理由不予支持。

鉴于浙江广电自述"@奔跑吧兄弟"官方微博目前已更名为"@奔跑吧"，故本案生效判决在执行过程中应根据"@奔跑吧兄弟"官方微博名称变更情况进行履行。

综上，浙江广电的上诉理由缺乏事实与法律依据，本院均不予支持。一审判决认定事实清楚、适用法律正确，本院依法应予维持。依据《中华人民共和国民事诉讼法》第一百七十条第一款第（一）项之规定，本院判决如下：

驳回上诉，维持原判。

一审案件受理费 1188 元，由浙江广播电视集团负担（已交纳）。二审案件受理费 50 元，由浙江广播电视集团负担（已交纳）。

本判决为终审判决。

审判长　周丽婷

审判员　兰国红

审判员　刘义军

二〇一七年五月二十四日

法官助理　杨恩义

书记员　国　佳

案例84：戚水华与杭州市公安局江干区分局行政处罚二审行政判决书

浙江省杭州市中级人民法院
行政判决书

(2017) 浙 01 行终 312 号

上诉人（原审原告）： 戚水华，男，汉族，住杭州市江干区。

委托代理人： 李刚、王大伟，北京泰维律师事务所律师。

被上诉人（原审被告）： 杭州市公安局江干区分局，住所地杭州市江干区。

法定代表人： 李建明，局长。

委托代理人： 何海丰、唐琳，杭州市公安局江干区分局工作人员。

上诉人戚水华因治安行政处罚一案，不服杭州市江干区人民法院（2016）浙 0104 行初 148 号行政判决，向本院提起上诉。本院依法组成合议庭审理了本案，现已审理终结。

杭州市公安局江干区分局（以下简称江干公安分局）于 2016 年 7 月 31 日作出杭江公（笕）行罚决字〔2016〕13691 号《行政处罚决定书》，根据《中华人民共和国治安管理处罚法》第二十六条之规定，决定给予戚水华行政拘留七日的行政处罚。

原审法院经审理查明：2016 年 7 月 30 日 12 时 10 分，杭州市公安局江干区分局笕桥派出所接到杭州市公安局江干区分局网警大队移送报案称，发现有人在新浪微博发布不实言论，后予以受案登记。同日，杭州市公安局江干区分局笕桥派出所作出杭江公（笕）行传字〔2016〕10717 号传唤证，因涉嫌寻衅滋事传唤戚水华于 2016 年 7 月 30 日 19 时前到所接受询问。在经过调查询问并向戚水华告知了拟作出行政处罚的情况后，江干公安分局于 2016 年 7 月 31 日作出杭江公（笕）行罚决字〔2016〕13691 号《行政处罚决定书》，认定 2016 年 7 月 29 日 14 时 55 分，戚水华使用自己的手机在新浪微博上通过"@杭州江干强拆户戚水华"账号，以"鸡 20 封会！有这必要吗？"为抬头语的主题文章编辑含有赵某被绑架等不实信息的内容，在网络上散布以宣泄个人情绪，根据《中华人民共和国治安管理处罚法》第二十六条之规定，给予其行政拘留七日的处罚。戚水华对此不服，提起行政诉讼。

原审法院认为：根据《中华人民共和国治安管理处罚法》第二十六条规定，有下列行为之一的，处五日以上十日以下拘留，可以并处 500 元以下罚款；情节较重的，处十日以上十五日以下拘留，可以并处 1000 元以下罚款：（一）结伙斗殴的；（二）追逐、拦截他人的；（三）强拿硬要或者任意损毁、占用公私财物的；（四）其他寻衅滋事行为。本案中，戚水华在未经查实的情况下，编辑含有赵某被绑架的内容信息，并以"鸡 20 封会！有这必要吗？"为题在其自己的新浪微博账号中发布。江干公安分局在立案后，依法履行了传唤、调查取证、告知程序并据以作出案涉行政处罚决定书，事实清楚、程序合法、量罚适当。戚水华要求撤销案涉行政处罚决定书的诉讼请求，缺乏事实和法律依据，不予支持。综上，依照《中华人民共和国行政诉讼法》第六十九条的规定，判决驳回戚水华的诉讼请求。案件受理费人民币 50 元，由戚水华负担。

上诉人戚水华上诉称：上诉人并不存在任何非法的行为更未传播任何虚假信息，关于上诉人微博中赵某被绑架的事实已有证人赵某出庭证明。被上诉人未依法调查取证，对于微博中赵某被绑架是否属实更未和赵某及相关证人进行调查核实，处罚决定缺少事实根据。从被上诉人提交的证据来看该微博仅仅有一个评论及一个点赞，零转发。上诉人发布的微博未造成任何不良影响，没有任何危害后果。被上诉人作出的处罚明显缺少事实根据。程序方面，对上诉人的陈述和申辩未依法复核。处罚决定载明适用《治安管理处罚法》第二十六条的规定，而该条有四种寻衅滋事的情形，处罚决定未明确适用哪一项规定，处罚依据不明确，违反法律规定，依法应予撤销。综上，请求撤销原判，撤销被诉处罚决定，诉讼费用由被上诉人承担。

被上诉人江干公安分局答辩称：与一审答辩意见一致。

本院认为，《中华人民共和国治安管理处罚法》第二十六条规定，"有下列行为之一的，处五日以上十日以下拘留，可以并处五百元以下罚款；情节较重的，处十日以上十五日以下拘留，可以并处一千元以下罚款：（一）结伙斗殴的；（二）追逐、拦截他人的；（三）强拿硬要或者任意损毁、占用公私财物的；（四）其他寻衅滋事行为。"被上诉人经调查发现戚水华在网络上发布不实信息，认定戚水华的行为构成《中华人民共和国治安管理处罚法》第二十六条规定的寻衅滋事行为，并对戚水华作出拘留七日的处罚决定，并无不当。公安机关作出处罚决定，应当在处罚决定书中载明处罚的依据。被上诉人在处罚决定书中载明了适用的依据为《中华人民共和国治安管理处罚法》第二十六条，但未载明具体的款项，存在不当，本院予以指正。被上诉人对上诉人进行传唤符合《中华人民共和国治安管理处罚法》第八十二条的规定。上诉人依法行使了陈述和申辩权。被上诉人作出被诉处罚决定程序并无不当。综上，原审法院认定事实清楚，适用法律正确，审判程序合法。上诉人的上诉理由不能成立，其上诉请求本院不予支持。依照《中华人民共和国行政诉讼法》第八十九条第一款第（一）项的规定，判决如下：

驳回上诉，维持原判。

二审案件受理费 50 元，由上诉人戚水华负担。

本判决为终审判决。

审判长　秦　方

审判员　徐　斐

代理审判员　李希芝

二〇一七年五月二十五日

书记员　徐　丹

案例85：苏炳添与山东永驰汽车销售服务有限公司等肖像权纠纷一审民事判决书

北京市海淀区人民法院
民事判决书

（2017）京 0108 民初 11928 号

原告：苏炳添，男，汉族，住广东省中山市。

委托代理人：徐怡，北京市大都律师事务所律师。

委托代理人：朱千里，北京市大都律师事务所上海分所律师。

被告山东永驰汽车销售服务有限公司，住所地济南市高新区。

法定代表人：米强，执行董事。

委托代理人：刘磊，男，公司职员，住山东省济南市。

委托代理人：钟硕，男，公司职员，住山东省济南市。

被告北京微梦创科网络技术有限公司，住所地北京市海淀区。

法定代表人：刘运利。

原告苏炳添与被告山东永驰汽车销售服务有限公司（以下简称永驰汽车公司）、北京微梦创科网络技术有限公司（以下简称微梦网络公司）肖像权纠纷一案，本院于 2017 年 3 月 8 日受理后，依法适用简易程序，公开开庭进行了审理。原告苏炳添委托代理人徐怡、朱千里与被告永驰汽车公司委托代理人刘磊、钟硕到庭参加了诉讼。被告微梦网络公司经本院合法传唤未到庭应诉，本院缺席予以审理。本案现已审理终结。

苏炳添向本院提出诉讼请求：1. 判令永驰汽车公司、微梦网络公司立即删除涉嫌侵权网页及侵权图片；2. 判令永驰汽车公司在其官方微博及全国公开发行的报纸上向我方公开赔礼道歉，要求：致歉内容应包含本案判决书案号，侵权图片名称、侵权图片及使用位置，致歉版面面积不小于 6.0cm×9.0cm（名片大小）；3. 判令永驰汽车公司、微梦网络公司向我方赔偿经济损失人民币 25 万元，维权成本等合理开支共计人民币 1 万元，以上各项共计 26 万元；4. 由永驰汽车公司、微梦网络公司承担本案诉讼费。事实与理由：2015 年 8 月，我得知永驰汽车公司在微梦网络公司的网站中将我的肖像加工，并添加了永驰汽车公司的广告宣传语。永驰汽车公司、微梦网络公司擅自使用我的肖像用于宣传关于永驰汽车公司的品牌、产品及服务等相关情况，以及微梦网络公司的网站中含有永驰汽车公司的介绍和联系方式，其二者的此种侵权行为极易让众多消费者误认为我系永驰汽车公司的代言人或与其存在合作关系，二者的行为让我蒙受了诸多误解，其侵权事实清楚，对我的肖像、名誉均造成了严重的影响。故诉至法院。

永驰汽车公司辩称，请求驳回苏炳添的全部诉请。一、微博使用的图片是自公开新闻报道中截取的，是其比赛或参加社会活动的新闻图片，并非其私人肖像照片，故不具有误导性。二、我方并非以盈利为目的，微博内容仅是对其比赛新闻的转述，并未对我方的产品作出宣传。三、浏览量较少，社会影响微乎其微。

微梦网络公司未到庭应诉，亦未提交答辩意见。

当事人围绕诉讼请求依法提交了证据，本院组织当事人进行了证据交换和质证。对当事人无异议的证据，本院予以确认并在卷佐证。经审理查明，苏炳添系我国著名短跑运动员，在近几年的国内、国际田径比赛中取得了优异的成绩，具有较大的社会知名度。微梦网络公司系新浪微博 http：//weibo.com 的运营商，永驰汽车公司在新浪微博注册有"@ 润华商务奔驰济南高新店永驰汽车公司"的官方微博。

庭审中，苏炳添提交（2017）京方正内民证字第37981号公证书，公证费1020元，主张2016年3月22日对永驰汽车公司官方微博内容进行了保全，保全当日该微博注册号关注数174，粉丝数1007，微博×××；2015年8月24日11：20该微博发布一则微博，文字内容：9秒99！苏炳添再次跑出了10秒内的成绩，这个成绩让苏炳添创造了亚洲人、黄种人史无前例的历史，亚洲人首次进入到世锦赛决赛赛场。一度领先博尔特80米且带乱了对手的节奏，逼博尔特使出了全力才确保晋级决赛，苏炳添达成了中国几代飞人的夙愿。润华商务奔驰济南高新店等您到9点。微博文字下方系几组照片组合，依次为"R 润华集团 MercedesBenz""含苏炳添在内的四人短跑比赛照片""含奔驰车照片及文字介绍的广告""润华商务奔驰济南高新店。等您来0531－×××××××"。2015年5月31日21：00，该微博发布微博一则，文字内容：北京时间5月31日凌晨，2015年国际田联钻石联赛美国尤金站比赛顺利进行，中国男子苏炳添以9秒99的出色成绩获得男子100米第三名，这个成绩打破了张培萌保持的10秒00的全国纪录。在正常风速下，苏炳添成为真正意义上第一位进入9秒关口的亚洲本土选手！润华商务奔驰济南高新店等您到9点。微博文字下方系几组照片组合，依次为"R 润华集团 MercedesBenz""含苏炳添在内的三人短跑比赛照片""刘翔与苏炳添的握手照片""含奔驰车照片及文字介绍的广告""润华商务奔驰济南高新店。等您来0531－×××××××润华商务奔驰济南高新店"。苏炳添另提交百度图片中苏炳添比赛照片，主张永驰汽车公司在其上述两则官方微博中擅自使用苏炳添照片，且用于经营，侵犯了其肖像权，根据苏炳添经合法程序代言的收入情况及维权支出，要求赔偿26万元。永驰汽车公司认可官方微博中发布的两则微博中照片中人物系苏炳添，但主张2017年3月收到本案法院传票后，已及时将上述两则微博删除；主张删除微博之时5月31日微博阅读量为193，无转发、无评论、无点赞，8月24日微博阅读量143，无转发、无评论、无点赞；主张所用含苏炳添的三张照片系自行从网站上下载，发布微博时将涉嫌侵权照片与己方照片一起编辑插入，文字内容转自新闻报道，不同意赔偿。苏炳添另主张2015年8月发现涉嫌侵权照片后，未通过线上及线下程序向新浪微博进行过投诉，庭审中确认涉嫌侵权的两则微博已删除。

本院认为，公民享有肖像权，未经本人同意，不得以营利为目的使用公民的肖像做广告、商标、装饰橱窗等。公民的肖像权受到侵害的，有权要求停止侵害，消除影响，赔礼道歉，并可以要求赔偿损失。本案中，永驰汽车公司在其新浪微博官方账户中，将苏炳添的肖像照片作为配图，且在文字中插有永驰汽车公司的宣传广告语，在照片上面标注了其公司LOGO，在照片下插有公司广告，商业性质较为明显。两则微博中所用照片虽系比赛中照片，但将其公司相关广告内容放置在一起，足以令浏览者对苏炳添产生误解，认为与微博中产品有关联，故永驰汽车公司使用上述三张照片，未经苏炳添同意，构成对苏炳添肖像权的侵犯，应承担相应的侵权责任。诉讼中，永驰汽车公司已删除了侵权微博，但苏炳添仍有权要求其赔礼道歉，并赔偿损失。就赔礼道歉的形式，仍应与原侵权方式相当，以消除对苏炳添名誉侵权的影响，故本院对苏炳添要求永驰汽车公司向其公开赔礼道歉的请求，予以支持。对于永驰汽车公司的经济赔偿额，因苏炳添未提交证据证明因本次侵权造成的实际损失数额或永驰汽车公司实施该侵权行为所产生的经济利益，且从微博的传播量影响力等考虑，对于赔偿数额本院根据苏炳添的知名度、永驰汽车公司对苏炳添肖像的使用方式、使用范围、使用时间、涉案微博的影响力，结合永驰汽车公司的过错程度酌情确定。对苏炳添要求赔偿合理支出的诉讼请求，本院对于提供了发票的公证费中的合理部分予以支持。

微梦网络公司作为新浪微博的运营商及管理者，系为新浪微博用户提供微博平台的网络服务提供者。苏炳添在起诉前并未向微梦网络公司就涉案作品侵权提出过投诉，考虑到微博信息的海量性及微博本身的开放性特征，微梦网络公司难以注意到永驰汽车公司微博上载有涉案照片及该行为构成侵权，且诉讼后永驰汽车公司已删除相关照片，微梦网络公司没有主观过错，不应承担侵权责任。鉴于新浪微博中已经没有涉案照片，本院对新浪微博上停止侵权的事实予以确认，对此不再进行判决。

综上所述，依照《中华人民共和国民法通则》第一百条、第一百二十条第一款、第一百三十四条，《中华人民共和国侵权责任法》第二条、第六条、第二十条，《中华人民共和国民事诉讼法》第一百四十四条之规定，判决如下：

本判决生效之日起十日内，山东永驰汽车销售服务有限公司在其官方新浪微博首页持续登载致歉声明十日，向苏炳添赔礼道歉（致歉内容须经法院审核，山东永驰汽车销售服务有限公司逾期不履行，将依法承担拒不履行生效判决的法律责任，法院还将依苏炳添的申请，选择一家全国发行的报刊，刊登判决主要内容，费用由山东永驰汽车销售服务有限公司负担）；

山东永驰汽车销售服务有限公司于本判决生效后十日内赔偿苏炳添经济损失及合理支出15000元；

驳回苏炳添其他诉讼请求。

如未按照本判决所指定的期间履行给付金钱义务，则应依据《中华人民共和国民事诉讼法》第二百五十三条之规定，加倍支付迟延履行期间的债务利息。

案件受理费700元，由苏炳添负担660元，已交纳；由山东永驰汽车销售服务有限公司负担40元，于本判决生效后七日内交纳。

如不服本判决，可在判决书送达之日起十五日内向本院递交上诉状，并按对方当事人的人数提出副本，上诉于北京市第一中级人民法院。如在上诉期满后七日内未交纳上诉案件受理费的，按自动撤回上诉处理。

审判员　胡喜辉

二〇一七年五月二十五日

书记员　李甜甜

案例86：兰某、王某等寻衅滋事罪一审刑事判决书

河北省三河市人民法院
刑事判决书

（2017）冀1082刑初149号

公诉机关：三河市人民检察院。

被告人：兰某，曾用名兰静材，男，1963年10月10日出生于河北省三河市，汉族，初中文化，系三河市华玉商场经理，群众，户籍登记地及捕前住址河北省三河市。2016年12月19日因涉嫌犯寻衅滋事罪被三河市公安局取保候审，2017年1月23日被三河市人民检察院取保候审。

辩护人：王俊岭，河北保忠律师事务所律师。

被告人：王某，男，1966年5月4日出生于河北省三河市，汉族，大专文化，系三河市华玉商场副经理，群众，户籍登记地及捕前住址河北省三河市。曾因犯妨害作证罪被判处拘役六个月。2016年12月1日因涉嫌犯寻衅滋事罪被三河市公安局刑事拘留，2017年1月5日被逮捕。现押于三河市看守所。

辩护人：何宁，河北张国庆律师事务所律师。

被告人：郝某，曾用名郝德江，男，1971年1月20日出生于河北省三河市，汉族，高中文化，系三河市洵阳镇大闫各村临时负责人，群众，户籍登记地及捕前住址河北省三河市。2016年12月1日因涉嫌犯寻衅滋事罪被三河市公安局取保候审，2017年1月23日被三河市人民检察院取保候审。

辩护人：王军，北京华棋律师事务所律师。

被告人：米某，男，1990年10月4日出生于河北省赵县，汉族，大专文化，农民，群众，户籍登记地址河北省石家庄市赵县，捕前住河北省石家庄市桥西区。2016年10月20日因涉嫌犯寻衅滋事罪被三河市公安局刑事拘留，同年11月25日被逮捕。现押于三河市看守所。

辩护人：王欢，河北唤民律师事务所律师。

三河市人民检察院以三检公诉刑诉〔2017〕136号起诉书指控被告人兰某、王某、郝某、米某犯寻衅滋事罪，于2017年3月23日向本院提起公诉。本院依法组成合议庭，适用普通程序，公开开庭审理了本案。三河市人民检察院指派检察员梁明明、代理检察员戴宝森出庭支持公诉，被告人兰某及其辩护人王俊岭、被告人王某及其辩护人何宁、被告人郝某及其辩护人王军、被告人米某及其辩护人王欢均到庭参加诉讼。现已审理终结。

三河市人民检察院指控，三河市华玉商场与承租方产生纠纷。后被告人兰某、王某、郝某、米某伙同张某（另案处理）将华玉商场监控视频进行虚假编辑配音，称2016年6月29日三河市公安局南城派出所民警不作为，于2016年9月8日将视频发到互联网上炒作，截

至 2016 年 9 月 11 日 9 时，该视频在腾讯视频网的播放量达到 9.5 万次，评论 11 条；截至 2016 年 9 月 12 日，在乐视网的播放量达到 9345 次，微博转发量 241 条，评论 148 条。

为支持其指控，公诉机关向法庭提供了被告人供述与辩解、司法鉴定意见书、勘验、检查、辨认、侦查实验等笔录、视听资料、视频及相关书证等证据，据此认定被告人兰某、王某、郝某、米某的行为均已触犯《中华人民共和国刑法》第二百九十三条第一款第（四）项、第二十五条第一款的规定，应当以寻衅滋事罪追究其刑事责任，且属共同犯罪。在庭审中，公诉人提出被告人兰某有自首情节，被告人王某有犯罪前科，建议本院结合已查明的事实及各被告人在本案中所起的作用依法判处，并在有期徒刑五年以下量刑。

针对公诉机关指控的犯罪事实及罪名，被告人兰某、王某、米某均无异议，并当庭表示认罪；被告人郝某对公诉机关指控其的犯罪事实及罪名，辩称其看到视频和解说后，帮忙找记者是为了倡导反腐倡廉，弘扬正义，其无主观故意，但同意其辩护人意见，并表示服从法院判决。四被告人的辩护人对公诉机关指控的犯罪事实及罪名均无异议。被告人兰某的辩护人提出：（1）被告人兰某具有自首情节；（2）认罪态度较好；（3）犯罪主观恶性不大；（4）无违法犯罪记录；（5）系初犯、偶犯，请求本院对其免予刑事处罚。被告人王某的辩护人提出：（1）被告人王某自愿认罪；（2）犯罪情节较轻；（3）社会危害性较小；（4）主观恶性不深，不存在寻衅滋事的直接故意等理由，请求本院对其从轻或减轻处罚，并在六个月有期徒刑或拘役量刑。被告人郝某的辩护人当庭提出：（1）从其他被告人的表述来看，他们都明确告知郝某说这是打砸抢事件，并且有视频和解说词，在被告人郝某认知上，其没有辨认出是虚假的，也没有参与编造的过程，没有主观恶性；（2）矛盾的发生是由当事人纠纷发生的，情节显著轻微；（3）被告人郝某如实供述，请求本院对郝某免予刑事处罚。并申请将 2004 年 3 月 20 日乌克兰华商报、沟阳镇政府的说明、马辉证言、王某给郝某提供的监控视频的截图及在网上发布的视频截图各 8 张、2016 年 7 月中旬王某通过邮箱、U 盘给郝某发的上访材料、解说词等作为量刑证据进行庭审质证。被告人米某的辩护人提出：（1）被告人米某犯罪情节轻微，在共同犯罪中起次要作用；（2）自愿认罪；（3）系初犯、偶犯，无犯罪前科；（4）法律意识不强，请求本院对其从轻、减轻处罚或免除处罚。

经审理查明，2016 年 6 月 29 日，被告人兰某经营的三河市华玉商场与承租方张某 1 产生租赁纠纷。三河市华玉商场副经理被告人王某向三河市公安局报警称有四五十人在三河市华玉商场一层滋事。三河市公安局南城派出所民警出警到达现场后并未发现有闹事打斗的现象。经现场初步了解，系承租方与租赁方产生纠纷。后被告人王某又称这是抢劫。出警民警明确告知双方现场负责人，这属于民事纠纷，不属于抢劫，告知双方可以到当地法院提起诉讼。后被告人兰某为将华玉商场录制的出警视频发布到互联网上炒作，指使被告人王某剪辑视频信息，编写虚假的解说词，并为视频配音解说，称 2016 年 6 月 29 日三河市华玉商场被抢劫，三河市南城派出所出警民警不予处理，在商场门口只看不管，并纵容黑社会人员殴打他人、抢劫商场货物、砸毁商场设施。因被告人王某配音解说得不标准，后被告人兰某找人重新制作视频解说。重新制作的视频解说内容与王某提供的解说词基本一致。视频重新制作后，被告人兰某指使被告人郝某将虚假视频传播到互联网上，并提供资金支持。被告人郝某找到记者张某（另案处理），要求其将虚假视频发布到互联网上。张某（另案处理）又找到被告人米某，让米某将视频信息传至网络上。被告人米某于 2016 年 9 月 8 日将视频信息上传至腾讯视频网站、酷 6 网站（审核未通过），致使该视频在互联网上大量传播。截至 2016

年9月12日，该视频在乐视网的播放量达到9345次，微博转发量241条，评论148条。截至2016年9月13日9时，该视频在腾讯视频网的播放量达到9.5万次，评论10条。其中，腾讯视频网上的视频系米某用视频原文件上传。

上述犯罪事实，有公诉机关当庭出示并经当庭质证的下列证据予以证实：

1. 证人张某1证言证实，她从事个体经营，于2014年11月8日与三河市华玉商场签订了租赁协议，独立经营，期限八年。因为她们每年都要进行货柜和货物调整。之前她们调整过几次，租赁方没有说什么，这次对方不同意她们调整。从2016年4月份她们租赁的商场一、二楼厕所给锁上，不让她们使用。2016年6月28日、29日，她委派在三河负责的总经理李某和她的合伙人陈某到华玉商场调整货柜。对此有租赁协议书、华玉商场平面图予以印证。

2. 三河市公安局南城派出所出具的出警情况说明记载，2016年6月29日9时11分接指挥中心指令：王某报警称有四五十人在三河市华玉商场一层滋事。值班民警到达现场后并未发现有闹事打斗的现象发生。经现场初步了解，双方属于租赁方和承租方之间产生的矛盾纠纷。后被告人王某又称这是抢劫，出警民警明确告知双方现场负责人，这属于民事纠纷，不属于抢劫，双方可以到当地法院提起诉讼。至此出警结束。

3. 被告人兰某供述，他是三河市华玉商场的总经理、法定代表人，王某是负责法务的副经理。2016年6月29日当天，王某给他打电话，说有一伙不明身份的人将商场门锁剪开，控制商场管理人员，抢劫货物，对其进行殴打，砸坏商场的展柜，说是被抢劫了。报警后，三河市公安局南城派出所出警后没有管。派出所给出的解释是承租方张某1一方要调换货物，属民事纠纷。但王某坚持说这事算是抢劫。2016年7月底，王某去廊坊和石家庄上访，事情没有解决，王某就跟他提议说找媒体把华玉事件视频发到网上去。因他不懂电脑，就让王某去操作。2016年8月初，他通过高春光介绍认识了郝某。王某向郝某介绍了商场被打砸抢的事，并咨询郝某怎么上访和通过媒体发布视频炒作。郝某说能联系记者发布。郝某看过视频后，说没有解说，发布出去没有力度。王某给视频作了解说，解说词也是王某写的。几天后，郝某带来一名山东的韩姓记者，但韩姓记者没有给发表。因视频的配音解说不专业，他又找到山东电视台收藏天下栏目的魏姓主任，让其给做一个专业的配音解说。配音解说的内容与之前一样，画面也一样，只是换了解说的人。2016年9月初，郝某给他打电话说已经发到网上，让他上网查看。他是在腾讯视频网站上，王某用手机和电脑给他播放的视频，视频的标题是《三河再次发生打砸抢事件》。其还供述，当他看完王某配音解说的华玉事件视频后，觉得王某夸大事实了，解说有虚假的成分。王某上访、网上发华玉事件视频炒作，他提供了资金支持。被告人兰某辨认笔录记载，其分别辨认出了被告人王某和被告人郝某，均有辨认照片予以印证。

4. 被告人王某供述，他报警的第二天，就去找三河市公安局南城派出所，问是否立案，要南城派出所给出书面答复。因南城派出所很久没有答复，他就到三河、廊坊、石家庄上访。因上访没有结果，他、兰某、郝某等人就商量将华玉商场视频找媒体曝光一下。他将6月29日华玉商场的监控视频编辑组合，然后他根据视频内容编了解说词，做了配音解说。郝某说认识电视台记者，兰某就让郝某帮忙联系记者。因电视台要价太高，能不能发布还得经过台审。郝某说认识网络公司的人，可以找人在网上发表一下，兰某就同意了。其还供述，解说词他夸大了部分事实，有的镜头他不在场，他解说的可能有错误。他夸大事实是想引起电视台的注意，争取电视台派记者过来采访。

5. 被告人郝某供述，2016年7月底的一天下午，他通过高春光认识了华玉商场的老板兰某和王某。兰某和王某向他说了华玉商场被打砸抢的事，想要在媒体上发表，高春光也让他尽力帮忙。他说发表得问记者。之后他联系了韩某1记者。王某播放了一段视频，配音是王某解说。韩某1看后说视频配音不太好，说回去看看能不能发表。几天后，韩某1告诉他发表不了。随后他从QQ群里找到一名叫张某的记者，问网上发表视频如何收费，张某说发表完再给钱。9月初，王某给他一个紫色的金士顿U盘，他打开后发现里面有一个视频文件，文件名"华玉事件"。他看完视频后，发现配音的不是王某了，而是其他不认识的人。他通过QQ邮箱将视频发给了张某。第二天，张某告诉他说已经发表了。他就用他妻子高建荣的手机银行客户端给张某转了钱。他就在网上搜索华玉事件，发现网上已经有了，他就告诉了兰某。视频他看过，就是华玉商场被人打砸抢，但是警察站在一旁没有制止。发表视频的钱是兰某给的，不是10000元，就是6000元，剩下的钱他还给兰某。被告人郝某辨认笔录记载，其分别辨认出了被告人兰某和被告人王某，均有辨认照片予以印证。

6. 被告人米某供述，他的QQ号为29××××，昵称"秒"。2016年9月，一名自称报社记者的男子（另案处理的张某）通过QQ联系他，让他往网站上发布一条视频。视频的标题叫"三河市再次出现打砸抢事件"，大概内容就是三河市的一个卖家具的商场让人砸了，警察不管。他看了视频后，感觉是假的，但那男子告诉他是真的。他为了挣钱，就将该视频先后上传到腾讯视频网和酷6网。那男子通过支付宝给他400元钱，后来因酷6网站视频打不开，他通过支付宝又退给那男子200元。

7. 另案处理的张某（因病被取保候审）供述，2016年9月初，一名自称三河市人的男子（被告人郝某）通过QQ和他认识，之后双方互留了电话。那男子（郝某）打电话说有一个视频资料正在制作当中，需要他通过网络给宣传一下，还说制作完后就给他。那男子（郝某）通过QQ邮箱将视频发给他，并在电话里告诉他，是三河的一个商场被人打砸了，警察光看着不管，让他帮忙在网络上宣传曝光。他问发给几家网站，对方说能发多少发多少。他告诉对方说300元一个网站，对方同意了，并说发到网上后再给钱。他看完视频后，知道不可能是真的，但他为了挣钱，当天他就将该视频发了一个叫"秒"（被告人米某）的QQ好友了，让"秒"将视频发布到网上。

8. 证人韩某1证言证实，2016年夏天，郝某给他打电话，说廊坊市三河市有个事想通过媒体发表，让他来三河看看。几天后，他来到三河市，通过郝某认识了兰某和王某。兰某和王某给他放了一个视频，王某在旁边跟他解说了一下，说华玉商场被人抢劫了，警察在旁边站着不管，想把这个视频通过媒体发表一下。他看过视频，内容显示就是一大帮人在华玉商场搬东西，警察在旁边站着。因他感觉兰某、王某说的不一定是真实情况，就没有帮忙发表视频。证人韩某1辨认笔录记载，其分别辨认出了被告人兰某、王某、郝某，均有辨认照片予以印证。

9. 证人魏某1证言证实，2016年6、7月份，他认识了兰某和王某。2016年7月份的一天，兰某给他打电话说，有个视频让他给做个配音解说。兰某把需要配音解说的素材通过QQ邮箱发给了他，他收到素材后让王某1联系王某2做的配音。其证言还证实，收到兰某的素材后，他让当语文老师的堂妹魏某2帮忙修改了语法错误和方言土话，没有改变原文意思。对此有证人王某1、王某2、魏某2的证言予以印证。证人魏某1辨认笔录记载，其在公安机关提供的 12 张不同男性免冠照片中，辨认出 8 号照片上的男子就是兰某，并有辨认照片予以印证。

10. 证人周某证言证实，他是三河市华玉建筑工程有限公司的职工。曾先后三次用 QQ 给王某发过华玉事件视频邮件。

11. 证人丁某证言证实，他是三河市华玉商场副经理。2016 年夏天的一天，兰某给他打电话说有人要找他盖个公章，内容是华玉商场视频的事。后来，有个男子拿着一张纸找他，纸上内容是"华玉商场视频是真实的"。他就直接给盖了三河市华玉商场的公章。

12. 搜查笔录、扣押决定书、扣押物品文件清单记载，自被告人兰某住处扣押与案件有关的文字材料 1 页、手机一部；自被告人王某办公室扣押 U 盘 1 个、台式电脑主机 1 台（黑色组装机）、反映华玉商场打砸抢事件和举报材料纸质文件 29 页、华为荣耀牌手机 1 部、自被告人王某住处扣押台式组装电脑主机 1 台；自被告人郝某住处扣押黑色戴尔牌笔记本电脑一台、黑色联想牌台式电脑主机一台、小米牌手机 2 部、U 盘 2 个；自被告人米某处扣押纸质材料一包（均为上访资料）、白色苹果 5 手机一部、白色苹果 7plus 手机一部（已发还给被告人米某）、笔记本电脑一台，并有随案移送清单予以印证。

13. 证人周某、魏某 1、王某 2、魏某 2 的 QQ 截图及张某与米某的 QQ 截图，证实了视频的发送与接收情况。

14. 北京信诺司法鉴定所出具的司法鉴定意见书记载，通过鉴定，自被告人兰某、王某、郝某、米某、张某处扣押的电脑、手机、U 盘里恢复了电子数据，并提取了与本案有关的电话记录、QQ 聊天记录等数据，证实了他们之间互相联络的情况。

15.（1）2016 年 9 月 8 日腾讯视频截图证实，腾讯视频网出现"三河再次出现大事件"（转载）的视频，标题为"三河市再次出现打砸抢事件"。（2）2016 年 9 月 13 日视频网站上的视频截图记载，在腾讯视频网的播放量达到 9.5 万次，评论 10 条。（3）乐视网信息技术（北京）股份有限公司出具的情况说明、北京微梦创科网络技术有限公司出具的关于"908 寻衅滋事"案说明函复记载，截至 2016 年 9 月 12 日，2016 年 9 月 8 日传播到互联网上的视频在乐视网的播放量达 9345 次，微博转发量 241 条，评论 148 条，并有网站截图予以印证。

上述证据，相互联系、相互印证，形成完整的证据链条，足以证实庭审查明的事实，且经本院审核，证据的来源、形式合法，故均予确认为本案的定案依据。

另查明，2016 年 9 月 7 日 21 时许，三河市公安局网安大队民警在工作中发现，有网民在乐视网和爱奇艺网站上上传名为《三河再次出现打砸抢事件》的视频，视频内容为三河市华玉商场被抢劫，三河市南城派出所出警民警不予处理，在商场门口只看不管，并纵容黑社会人员殴打他人、抢劫商场货物、砸毁商场设施。三河市公安局于 2016 年 9 月 8 日立案为 908 寻衅滋事案。2016 年 10 月 20 日，被告人米某被三河市公安局抓获，当日被刑事拘留。2016 年 11 月 30 日，被告人王某、郝某被三河市公安局抓获。次日，被告人王某被三河市公安局刑事拘留；被告人郝某被三河市公安局取保候审。2016 年 11 月 30 日，被告人兰某经公安机关传唤未到案。同年 12 月 19 日，被告人兰某到三河市公安局网络安全保卫大队投案自首。当日，被告人兰某被三河市公安局取保候审。

还查明，被告人王某于 2008 年 1 月 8 日因犯妨害作证罪被天津市蓟县人民法院判处拘役六个月，2008 年 4 月 11 日刑满释放。被告人兰某、郝某、米某无违法犯罪记录。

上述量刑事实，有公诉机关提供的受案登记表、抓获经过、到案经过、天津市蓟县人民法院（2008）蓟刑初字第37号刑事判决书、天津市蓟县看守所出具的刑满释放证明书、违法犯罪记录查询情况说明、常住人口基本信息等证据予以证实，本院予以确认。

被告人郝某辩护人申请质证的2004年3月20日乌克兰华商报、沟阳镇政府出具的工作运行情况的说明、马辉证言等证据，经当庭质证，公诉人无异议，本院予以采纳。对于王某给郝某提供的监控视频的截图及在网上发布的视频截图各8张、2016年7月中旬王某通过邮箱、U盘给郝某发的上访材料、解说词等。被告人郝某虽未对上述资料进行修改，公诉人认为郝某自2016年7月就开始积极参与该事件，虽未修改，但兰某、王某等人找郝某的目的就是郝某有上访经验和办法。故辩护人提供的该部分证据，拟证明郝某无主观故意，本院不予采信。

本院认为，被告人兰某、王某、郝某、米某编造虚假信息，在信息网络上散布，造成公共秩序严重混乱，其行为均已构成寻衅滋事罪，属共同犯罪。三河市人民检察院指控罪名成立，适用法律正确，本院予以支持。

被告人郝某辩称其看到视频和解说后，未对解说词、视频进行修改，帮忙找记者是为了倡导反腐倡廉，弘扬正义，其无主观故意犯罪的辩解意见，本院认为被告人郝某系完全刑事责任能力人，通过观看视频及解说内容，应当知道视频内容与配音可能不相符，但其未予核实，即找人上传该视频，对该视频上传后产生的后果持积极追求的态度，具有主观上的故意，故该辩解意见，本院不予采信。

在共同犯罪中，被告人兰某指使他人编造虚假信息，在信息网络上散布；被告人王某积极制作视频，并编写虚假解说词；被告人米某明知系虚假信息仍予以上传，三被告人均系主犯；被告人郝某联系介绍他人上传虚假视频，起次要作用，系从犯，应比照主犯从轻处罚；鉴于被告人兰某犯罪后主动投案，并如实供述，系自首，本院依法对其从轻处罚；被告人王某在庭审过程中，自愿认罪，属认罪态度较好，本院可酌情对其从轻处罚；但其具有犯罪前科，本院酌情对其从重处罚；被告人米某到案后，能如实供述，属认罪态度较好，本院酌情对其从轻处罚；另鉴于被告人郝某犯罪情节轻微，对其免予刑罚处罚。对于被告人米某的辩护人提出米某系从犯的辩护意见，本院不予采纳；对于兰某辩护人提出对被告人兰某免予刑罚处罚的建议，本院不予采纳；对于四被告人辩护人提出的其它辩护意见，本院酌予考虑。

综上，本院根据被告人兰某、王某、郝某、米某犯罪的事实、性质、情节、对社会的危害程度、在共同犯罪中的作用、认罪态度等情况，对被告人兰某依照《中华人民共和国刑法》第二百九十三条第一款第（四）项、第二十五条第一款、第二十六条第一、四款、第六十七条第一款、第四十五条、第七十二条第一款、第七十三条第二、三款及最高人民法院、最高人民检察院《关于办理利用信息网络实施诽谤等刑事案件适用法律若干问题的解释》第五条第（二）项的规定；对被告人王某、米某依照《中华人民共和国刑法》第二百九十三条第一款第（四）项、第二十五条第一款、第二十六条第一、四款、第四十五条、第四十七条及最高人民法院、最高人民检察院《关于办理利用信息网络实施诽谤等刑事案件适用法律若干问题的解释》第五条第（二）项的规定；对被告人郝某依照《中华人民共和国刑法》第二百九十三条第一款第（四）项、第二十五条第一款、第二十七条、第三十七条及最高人民法院、最高人民检察院《关于办理利用信息网络实施诽谤等刑事案件适用法律若干问题的解释》第五条第（二）项的规定，判决如下：

一、被告人兰某犯寻衅滋事罪，判处有期徒刑一年，缓刑一年。

（缓刑考验期限，从判决确定之日起计算）。

二、被告人王某犯寻衅滋事罪，判处有期徒刑八个月。

（刑期从判决执行之日起计算。判决执行以前先行羁押的，羁押一日折抵刑期一日，即自 2016 年 12 月 1 日起至 2017 年 7 月 31 日止。）

三、被告人米某犯寻衅滋事罪，判处有期徒刑八个月。

（刑期从判决执行之日起计算。判决执行以前先行羁押的，羁押一日折抵刑期一日，即自 2016 年 10 月 20 日起至 2017 年 6 月 19 日止。）

四、被告人郝某犯寻衅滋事罪，免予刑事处罚。

如不服本判决，可在接到判决书的第二日起十日内，通过本院或者直接向河北省廊坊市中级人民法院提出上诉。书面上诉的，应当提交上诉状正本一份，副本两份。

审判长　李儒莲

审判员　李　莹

人民陪审员　孙振波

二〇一七年六月二十一日

书记员　经学荣

附：一、《中华人民共和国刑法》相关法律条文：

1. 第二百九十三条　有下列寻衅滋事行为之一，破坏社会秩序的，处五年以下有期徒刑、拘役或者管制：

（一）随意殴打他人，情节恶劣的；

（二）追逐、拦截、辱骂他人，情节恶劣的；

（三）强拿硬要或者任意损毁、占用公私财物，情节严重的；

（四）在公共场所起哄闹事，造成公共场所秩序严重混乱的。

纠集他人多次实施前款行为，严重破坏社会秩序的，处五年以上十年以下有期徒刑，可以并处罚金。

2. 第二十五条　共同犯罪是指二人以上共同故意犯罪。

二人以上共同过失犯罪，不以共同犯罪论处；应当负刑事责任的，按照他们所犯的罪分别处罚。

3. 第二十六条　组织、领导犯罪集团进行犯罪活动的或者在共同犯罪中起主要作用的，是主犯。

三人以上为共同实施犯罪而组成的较为固定的犯罪组织，是犯罪集团。

对组织、领导犯罪集团的首要分子，按照集团所犯的全部罪行处罚。

对于第三款规定以外的主犯，应当按照其所参与的或者组织、指挥的全部犯罪处罚。

4. 第二十七条　在共同犯罪中起次要或者辅助作用的，是从犯。

对于从犯，应当从轻、减轻处罚或者免除处罚。

5. 第六十七条　犯罪以后自动投案，如实供述自己的罪行的，是自首。对于自首的犯罪分子，可以从轻或者减轻处罚。其中，犯罪较轻的，可以免除处罚。

被采取强制措施的犯罪嫌疑人、被告人和正在服刑的罪犯，如实供述司法机关还未掌握的本人其他罪行的，以自首论。

6. 第四十五条　有期徒刑的期限，除本法第五十条、第六十九条规定外，为六个月以上十五年以下。

7. 第七十二条　对于被判处拘役、三年以下有期徒刑的犯罪分子，同时符合下列条件的，可以宣告缓刑，对其中不满十八周岁的人、怀孕的妇女和已满七十五周岁的人，应当宣告缓刑：

（一）犯罪情节较轻；

（二）有悔罪表现；

（三）没有再犯罪的危险；

（四）宣告缓刑对所居住社区没有重大不良影响。

宣告缓刑，可以根据犯罪情况，同时禁止犯罪分子在缓刑考验期限内从事特定活动，进入特定区域、场所，接触特定的人。

被宣告缓刑的犯罪分子，如果被判处附加刑，附加刑仍须执行。

8. 第七十三条　拘役的缓刑考验期限为原判刑期以上一年以下，但是不能少于二个月。

有期徒刑的缓刑考验期限为原判刑期以上五年以下，但是不能少于一年。

缓刑考验期限，从判决确定之日起计算。

9. 第三十七条　对于犯罪情节轻微不需要判处刑罚的，可以免予刑事处罚，但是可以根据案件的不同情况，予以训诫或者责令具结悔过、赔礼道歉、赔偿损失，或者由主管部门予以行政处罚或者行政处分。

二、最高人民法院、最高人民检察院《关于办理利用信息网络实施诽谤等刑事案件适用法律若干问题的解释》相关法律条文：

第五条　利用信息网络辱骂、恐吓他人，情节恶劣，破坏社会秩序的，依照刑法第二百九十三条第一款第（二）项的规定，以寻衅滋事罪定罪处罚。

编造虚假信息，或者明知是编造的虚假信息，在信息网络上散布，或者组织、指使人员在信息网络上散布，起哄闹事，造成公共秩序严重混乱的，依照刑法第二百九十三条第一款第（四）项的规定，以寻衅滋事罪定罪处罚。

案例87：王思聪与张尧、潘雨润等名誉权 纠纷二审民事判决书

北京市第三中级人民法院
民事判决书

(2017) 京 03 民终 4895 号

上诉人（原审被告）：王思聪，男。

委托诉讼代理人：冯夏，上海市锦天城（北京）律师事务所律师。

委托诉讼代理人：苏德栋，国浩律师（北京）事务所律师。

被上诉人（原审原告）：朱圣祎，女。

委托诉讼代理人：蔡慧芳，北京市两高律师事务所律师。

原审第三人：潘雨润，女。

原审第三人：张尧，女。

原审第三人潘雨润、张尧之共同委托诉讼代理人：张琛，北京市亿达律师事务所律师。

原审第三人潘雨润、张尧之共同委托诉讼代理人：张彦，北京市亿达律师事务所律师。

上诉人王思聪因与被上诉人朱圣祎及原审第三人潘雨润、张尧名誉权纠纷一案，不服北京市朝阳区人民法院（2015）朝民初字第 16737 号民事判决，向本院提起上诉。本院于 2017 年 4 月 5 日立案后，依法组成合议庭，开庭进行了审理。上诉人王思聪之委托诉讼代理人苏德栋、冯夏，被上诉人朱圣祎之委托诉讼代理人蔡慧芳，原审第三人潘雨润、张尧之共同委托诉讼代理人张彦、张琛到庭参加了诉讼。本案现已审理终结。

王思聪上诉请求：撤销一审判决第一至四项，依法改判驳回朱圣祎全部诉讼请求或发回重审，一、二审诉讼费由朱圣祎承担。事实和理由：1. 王思聪转发的 2015 年 2 月 4 日微博所附内容"'@朱圣祎_Nicole'为进入（上海戏剧学院）出卖闺蜜"具有合理的事实依据，王思聪提交的（2014）静刑初字 497 号刑事判决书、《上海戏剧学院 2014 年表演系录取名单》以及（2015）京东方内民证字第 4496 号公证书能够证明该事实；2. 微博中关于朱圣祎将年轻女性介绍给年长男性的事实，潘雨润与吕莹莹的谈话录音、北京市亿达律师事务所与吕莹莹的谈话笔录以及王南希证人证言能够证明该事实；3. 王思聪转发的微博来源于潘雨润、张尧，二人系朱圣祎好友，信息可靠。王思聪不是专业新闻机构，作为自然人个体，在确定消息来源可靠后进行转发不应当被认定为"不当"。王思聪转发的 2015 年 2 月 4 日微博所附的简短言辞，是根据潘雨润的微博、公开信息及其他人的叙述进行的概括，有事实根据，没有进行"编造""加工"，属于合理范畴，朱圣祎作为娱乐圈女艺人，对其情感生活以及性行为操守的关注和披露，不属于"不当"的行为；4. 朱圣祎刻意传播其与王思聪的纠纷，朱圣祎在王思聪转发微博后通过其个人微博、其男友周佑凌的微博以及经纪公司北京

东洋天映影视公司微博多次进行声明、谩骂、炒作并且多次接受媒体采访，扩大影响，朱圣祎应是造成相关内容广泛传播以及舆论负面评价的责任主体，应由其承担相应责任；5. 根据网友的评论，朱圣祎的负面评价在王思聪转发微博前就已经存在，朱圣祎的负面评价与涉案微博没有关联性。

朱圣祎辩称，王思聪 2015 年 2 月 4 日评论内容完全超过了潘雨润博文本身，王思聪未能提供相关证据证明评论内容的真实性，一审判决正确；2014 静刑初字 497 号刑事判决书、2014 年上海戏剧学院表演系录取通知单、4496 号公证书不能证明系朱圣祎举报上海戏剧学院老师，也不能得出朱圣祎出卖闺蜜的结论；朱圣祎参加退休老师的生日并不能得出朱圣祎把同学介绍给老男人拿回扣的结论，并且该评论主观恶意极大，给朱圣祎造成的负面影响极大；张尧、潘雨润与朱圣祎关系并非亲密，即使是好友，其陈述也并非就是事实。王思聪 2015 年 2 月 4 日的评论中仅"被老男人包养，把同学介绍给其他老男人拿回扣"就超过了潘雨润的微博内容，系在编造加工信息然后对公众传播，并非合理范畴；王思聪未对事实进行基本核实就随意披露他人情感生活甚至性行为，应当承担相应责任；事发时，王思聪微博粉丝有 1103 万，朱圣祎微博粉丝数远远低于王思聪，王思聪转发及评论的行为对朱圣祎造成的负面影响极大，网友的部分评论不足以说明王思聪的转发及评论行为不构成侵权。

潘雨润、张尧述称，不同意一审判决，同意王思聪的上诉意见。

朱圣祎向一审法院起诉请求：1. 王思聪立即停止侵权行为，删除其在新浪微博（http：// weibo. com/sephirex？ c = spr_ qdhz_ bd_ 360ss_ weibo_ mr & sudaref = www. haosou. com）2015 年 2 月 4 日发布的评论，及 2015 年 2 月 5 日转发内容及评论。其中 2 月 4 日评论内容为"朱圣祎为入上戏出卖闺蜜。小小年纪人品极差，被老男人包养，把同学介绍给其他老男人拿回扣。说我是因为和他约炮未果所以黑她，拜托，我约炮未果的多得是了，你看我黑谁了，从高中就各种贴有钱人，你给你男朋友带了多少绿帽你数得清吗？'@八卦_ 我实在是太 CJ 了'来看看"，2 月 5 日转发并评论内容，转发内容在（2015）京长安内民证字第 2924 号公证书的第 18 页、第 20～23 页，评论内容是"'@朱圣祎_Nicole'你炸了"；2. 王思聪在全国范围媒体上向朱圣祎赔礼道歉，并将其道歉内容在其微博首页置顶 7 日；3. 王思聪赔偿朱圣祎精神损害抚慰金 10 万；4. 王思聪支付公证费 2280 元、律师费 1 万元。

一审法院认定事实：王思聪系新浪微博的实名认证用户，微博网址：http：// weibo. com/sephirex，认证身份北京普思资本董事长、万达集团董事。

2015 年 2 月 4 日，王思聪在其微博转发潘雨润"致艺考。致闺蜜。致上戏"博文，内容涉及朱圣祎举报上海戏剧学院老师受贿导致潘雨润未被录取，而朱圣祎被破格录取等。王思聪发表评论内容，"关于'@朱圣祎_Nicole'为入上戏出卖闺蜜。小小年纪人品极差，被老男人包养，把同学介绍给其他老男人拿回扣。说我是因为和他约炮未果所以黑她，拜托，我约炮未果的多得是了，你看我黑谁了（图标）从高中就各种贴有钱人，你给你男朋友带了多少绿帽你数得清嘛？'@八卦_我实在是太 CJ 了'来看看"。至 2015 年 3 月 16 日，朱圣祎进行公证时，该文显示转发 15940，评论 39563，点赞 61630。

2015 年 2 月 5 日，王思聪在其微博转发张尧微博"我和你并不熟但是这些破事圈子里人尽皆知都传开啦"，内容涉及朱圣祎与富裕男性交往，并将年轻女性介绍给富裕男性收取费用等。王思聪发表评论内容"'@朱圣祎_Nicole'你炸了"。至 2015 年 3 月 16 日，朱圣祎进行公证时，该文显示转发 13093，评论 55787，点赞 77109。

在本案审理期间，上述微博中的转载内容均已不存在。

朱圣祎认为上述 2015 年 2 月 4 日评论部分，2015 年 2 月 5 日转载和评论部分存在侮辱和诽谤内容。王思聪认为上述转载内容来源于潘雨润、张尧微博，王思聪没有进行实质修改，且所转内容以及评论与客观事实基本一致。潘雨润、张尧亦认为自己所发博文没有捏造虚假事实，不存在对朱圣祎的侮辱、诽谤。潘雨润、张尧提交潘雨润与吕莹莹电话录音、北京市亿达律师事务所谈话笔录佐证各自博文属实，但经法院询问，潘雨润、张尧表示吕莹莹不能到庭作证。

朱圣祎提交微博网页搜索公证书，证明涉案微博转发曝光度高，并导致其社会评价贬损。王思聪、潘雨润、张尧对该事实均不认可。朱圣祎称因本案维权支出公证费 2280 元、律师费 1 万元，并提交公证书、委托代理协议及发票，王思聪均不同意赔偿。

一审法院认为：公民享有名誉权，公民的人格尊严受法律保护，禁止用侮辱、诽谤等方式损害公民名誉。网络用户提供者利用网络侵害他人民事权益的，应当承担侵权责任。本案王思聪于 2015 年 2 月 4 日、5 日转发的博文和进行的评论均指向朱圣祎，应整体看待。其中2 月 4 日评论内容已超过潘雨润博文本身，且未能就该评论的事实依据提供证据，王思聪于2 月 5 日对张尧博文所作评价虽无侮辱、诽谤，但结合王思聪及张尧均未能就 2 月 5 日所转发张尧博文所涉及事实提供充分证据，故应当承担证明上的不利后果，朱圣祎已举证因王思聪转发及评论造成相关内容广泛传播，造成其遭受舆论负面评价，法院对此予以采信，王思聪作为具有一定社会知名度人士转发及评论不当，构成侵权，应承担相应法律责任。

关于朱圣祎是否存在损害结果问题，王思聪及潘雨润、张尧称上述涉案图文并不会导致朱圣祎社会评价降低。对此，法院认为，网络媒体具有向不特定网民广泛传播的特性，网络媒体上针对特定个体的信息的传播必然会导致网民对该特定个体产生内心评价。部分评价以网民跟帖等方式表现在网络媒体上，部分评价则并不一定在网络媒体上得以体现。根据朱圣祎提交的相关证据，网民评论主体为讥讽、贬低。因此，根据网络媒体的传播特性，可以认定上述图文导致了朱圣祎社会评价的降低。

据此，朱圣祎要求王思聪赔礼道歉的诉讼请求，符合法律规定，应予支持，道歉具体范围应与侵权影响范围一致，方式由法院判决。因涉案转载部分均已不存在，已经无需删除，王思聪应删除相应评论部分。朱圣祎因保全证据支出的公证费、律师费系为维权发生合理开支，王思聪应予赔偿。对于精神损害抚慰金，由法院根据案件具体情况，过错程度酌情判决。

判决：一、王思聪于判决生效后七日内删除其本人新浪微博（http：//weibo.com/sephirex）2015 年 2 月 4 日及 2015 年 2 月 5 日所发评论内容，其中 2 月 4 日评论内容为"关于'@朱圣祎_Nicole'为入上戏……"至"……'@八卦_我实在是太 CJ 了'来看看"，2月 5 日评论内容即"'@朱圣祎_Nicole'你炸了"；二、王思聪于判决生效后七日内在其本人新浪微博（http：//weibo.com/sephirex）发布致歉声明，持续保存不少于二日，内容由法院审定，如王思聪拒绝履行，法院将在网络媒体或全国发行的纸质媒体上刊登本判决书主要内容，费用由王思聪负担；三、王思聪于判决生效后七日内赔偿朱圣祎公证费 2280 元、律师费 1 万元；四、王思聪于判决生效后七日内支付朱圣祎精神损害抚慰金 5000 元；五、驳回朱圣祎的其他诉讼请求。

本院二审期间，双方当事人均未提交新证据。本院经审理查明的事实与一审法院查明的事实一致，本院予以确认。

本院认为：本案争议的焦点问题为，王思聪于2015年2月4日微博中的评论行为、2月5日微博中的转发及评论行为是否构成对朱圣祎名誉权的侵犯。

微博作为任何网民均可利用的网络媒体工具，其受众具有不特定性、广泛性的特征。微博为民众随时发表自己对某些社会现象的观点提供了便利，它所体现的言论自由的价值是毋庸置疑的，利用微博各抒己见也是法律所允许的。《中华人民共和国民法通则》第一百零一条规定，公民、法人享有名誉权，公民的人格尊严受法律保护，禁止用侮辱、诽谤等方式损害公民、法人的名誉。因为微博受众的广泛性，所以在利用微博发表自己对事物的观点时就需要注意言论的边界，不能超出言论自由的法律保护范围构成对他人名誉权的侵犯。公众人物的微博拥有更多的受众和更大的话语权，公众人物在转发微博或是发表评论时，更应尽到审慎注意义务。本案中，王思聪于2015年2月4日在其微博中发表的评论内容，从用词上看已经超出了潘雨润博文本身，评论用词具有负面性，考虑到王思聪微博的受关注度，一审法院认定该评论内容在一定范围内的传播，造成了朱圣祎社会评价的降低，已构成对朱圣祎名誉权的侵犯，该认定正确。关于王思聪于2015年2月5日转发的张尧博文及发表的评论内容问题，本案审理中，张尧并未提供证据证明其博文内容的事实依据，该转发及发表的评论内容均指向了朱圣祎，亦属不当，故应与2015年2月4日评论一并删除。

综上，王思聪的上诉请求不能成立，应予驳回，一审判决认定事实清楚，适用法律正确，应予以维持。依照《中华人民共和国民事诉讼法》第一百七十条第一款第（一）项之规定，判决如下：

驳回上诉，维持原判。

二审案件受理费161元，由王思聪负担（已交纳）。

本判决为终审判决。

审判长　鲁　南

审判员　张玉娜

代理审判员　姜　君

二○一七年六月二十三日

法官助理　孟　磊

书记员　左　爽

案例88：张某宣扬恐怖主义、极端主义罪一审刑事判决书

北京市第一中级人民法院
刑事判决书

（2017）京01刑初57号

公诉机关： 北京市人民检察院第一分院。

被告人： 张某，男，34岁，汉族，研究生文化，无业，住北京市海淀区。因涉嫌犯组织、领导、参加恐怖组织罪于2016年9月21日被羁押，因涉嫌犯宣扬恐怖主义罪于同年10月28日被逮捕。现羁押于北京市第一看守所。

辩护人： 李丰才，国浩律师（北京）事务所律师。

北京市人民检察院第一分院以京一分检公诉刑诉〔2017〕44号起诉书指控被告人张某犯宣扬恐怖主义、极端主义罪向本院提起公诉。本院经审查后依法组成合议庭于2017年5月27日立案，并在立案当日向被告人张某送达了起诉书副本，告知其在法院审理期间的诉讼权利，征求了其对回避，管辖，非法证据排除，申请证人出庭，申请重新勘验，裁判文书上网等程序性问题的意见，进行了相关法律程序的释明，通知了被告人张某的委托辩护人，辩护人查阅、复制了全部案卷材料。经审查全案证据，合议庭认为本案符合法定开庭条件，决定开庭审理。本院于2017年6月14日公开开庭审理了本案。北京市人民检察院第一分院指派检察员潘雪晴出庭支持公诉，被告人张某及其辩护人李丰才到庭参加诉讼。现已审理终结。

北京市人民检察院第一分院指控：被告人张某于2016年9月15日6时许，在本市海淀区西三旗×××路×号院×号内其暂住处，通过昵称为"@雲在青霄"的新浪微博上传"伊斯兰国"组织发布的暴恐视频截图，该微博被2000余人阅读。当日9时许，张某应网友要求在微博评论里转发暴恐视频链接地址，后视频被多人观看、评论。经审查，视频内容涉及宣扬恐怖主义和宗教极端思想，属于典型的暴力恐怖视频，危害程度较大。被告人张某于2016年9月21日被查获归案。

北京市人民检察院第一分院向本院移送了指控被告人张某犯罪的物证、书证、北京市公安局反恐总队关于对张某发布视频内容的审查意见、被告人张某的供述及辩解、视听资料等证据，认为被告人张某的行为触犯了《中华人民共和国刑法》第一百二十条之三的规定，已构成宣扬恐怖主义、极端主义罪，提请本院依法惩处。

在法庭审理中，被告人张某对公诉机关指控的事实、罪名均未提出异议。

被告人张某的辩护人提出的主要辩护意见是：对公诉机关指控张某的行为构成犯罪没有异议，但指控"张某的微博被2000余人阅读"不客观，且张某被抓获后阅读量增加的部分

不应由张某承担责任；张某不存在积极宣扬恐怖主义的主观故意，情节较轻；其归案后认罪态度好，请求对其从轻处罚。

经审理查明，被告人张某于2016年9月15日6时许，在北京市海淀区其暂住处，通过其昵称为"@雲在青霄"的新浪微博上传"伊斯兰国"组织杀人的视频截图，该微博被阅读达2000余人次。当日9时许，张某应网友要求在微博评论里转发了该暴恐视频的链接地址，并被观看、评论。经审查，涉案视频内容涉及宣扬恐怖主义和宗教极端思想，属于典型的暴力恐怖视频，危害程度较大。被告人张某于2016年9月21日被查获归案。

上述事实，有下列经庭审举证、质证的证据在案证实，本院予以确认：

1. 北京市公安局海淀分局西三旗派出所出具的《微博照片》《工作说明》证明：用户名"@雲在青霄"于2016年9月15日发布微博，内容为"这是迄今为止看到过ISIS杀人最残暴的一次！杀人跟屠宰牲口一样，场面极其残暴！"并附视频截图。该微博显示被阅读量2575。民警通过张某微博账号登录张某本人微博，后显示张某所发微博阅读量为2575。

2. 北京微梦创科网络技术有限公司出具的《关于张某传播宣扬恐怖主义物品案调证函复》证明：昵称为"@雲在青霄"（UID：173×××321，绑定手机号：1581×××590）的用户于2016年9月15日6时40分58秒发帖，内容：这是迄今为止看到过ISIS杀人最残暴的一次！杀人跟屠宰牲口一样，场面极其残暴！并发布相关图片。当日9时12分18秒"@辉太狼good"发帖，内容：求视频。当日9时34分56秒，"@雲在青霄"回复"@辉太狼good"："http://t.cn/Rc6×××p"。

3. 北京微梦创科网络技术有限公司出具的《关于张某传播宣扬恐怖主义物品案说明函复》证明：UID：173×××321，昵称："@雲在青霄"，绑定手机号：1581×××590，粉丝数1023。更新时间2016年9月15日6：40：58，内容：这是迄今为止看到过ISIS杀人最残暴的一次！杀人跟屠宰牲口一样，场面极其残暴！转发3，评论15。

4. 视听资料证明：恐怖组织进行"圣战"宣传，并对人质实施集体处决。经被告人张某当庭确认是其观看的视频。

5. 北京市公安局反恐怖总队出具的《关于对张某发布视频内容的审查意见》证明：张某发布的视频内容涉及宣扬恐怖主义和宗教极端思想，含有"伊斯兰国"恐怖组织以极度血腥残忍的手段危害他人生命的内容，具有极强煽动性、示范性、恐吓性和暴力性，属于典型的暴力恐怖视频，危害程度较大。

6. 北京市公安局海淀分局出具的《扣押决定书》《扣押清单》《扣押笔录》证明：民警于2016年9月21日22时许，在海淀区西三旗×××路×号院×号内将张某抓获，对张某涉案的白色魅族牌手机一部进行扣押。

7. 北京市公安局海淀分局西三旗派出所出具的《到案经过》证明：2016年9月21日21时许，接情报线索称在海淀区西三旗×××路×号院×号，有人在网上传播涉恐视频，后民警迅速赶往现场。经了解，张某承认于同年9月15日于家中在网上传播涉恐视频。民警于2016年9月21日23时对张某进行传唤。到案过程中，张某始终予以配合，没有拒绝、阻碍、抗拒、逃跑行为。

8. 公安机关出具的《常住人口基本信息》证明：被告人张某的身份情况。

9. 被告人张某的供述证明：2016年9月14日晚上他上网时，看到一个网友发了一个"伊斯兰国"恐怖组织处理人质的帖子，内容是一个新闻链接，还有中文描述，点开后是一个新闻报道的视频和图片及文字报道，视频内容是"伊斯兰国"恐怖组织的人杀了两个美国间谍。9月15日早晨6点多他把这个链接又打开，将这个新闻的标题截屏后发到了他的新浪微博里，后在他新浪微博这个帖子的评论里有人问他链接是什么，他就把新闻的链接回复在了评论里，后来再有人管他要视频，他就回复看之前他发的链接，他这个帖子的阅读量大约100多，2016年9月21日晚上民警到他住处将他抓获了。他是用笔记本电脑看这个新闻链接的，第二天他用手机上网打开这个链接后截屏转发的新浪微博。他转发时写了"这是迄今为止看到过 ISIS 杀人最残暴的一次！杀人和杀牲口一样，场面极其残暴"。他新浪微博注册用户名是"@雲在青霄"。他在微博上发布有关"伊斯兰国"恐怖组织相关资料时，是在他的住处北京市海淀区西三旗×号楼×号。

对于被告人张某的辩护人提出指控"张某的微博被2000余人阅读"不客观的辩护意见，经查属实，本院予以采纳；其提出张某被抓获后阅读量增加的部分不应由张某承担责任的辩护意见，经查：张某所作言行的影响并非因其被抓获而终止，故该微博被处理前所造成的影响理应由张某承担责任，故辩护人的此辩护意见不能成立，本院不予采纳。

本院认为，被告人张某通过网络发布暴恐视频资料的方式宣扬恐怖主义、极端主义，其行为已构成宣扬恐怖主义、极端主义罪，依法应予惩处。鉴于张某被抓获到案后能如实供述罪行，认罪悔罪，依法对其从轻处罚。北京市人民检察院第一分院指控被告人张某犯宣扬恐怖主义、极端主义罪的主要事实清楚，证据确凿，指控罪名成立。对于被告人张某的辩护人提出的其他辩护意见，本院酌予采纳。根据被告人张某犯罪的事实、犯罪的性质、情节和对于社会的危害程度，依照《中华人民共和国刑法》第一百二十条之三、第四十五条、第四十七条、第五十二条、第五十三条、第六十七条第三款、第六十一条的规定，判决如下：

被告人张某犯宣扬恐怖主义、极端主义罪，判处有期徒刑十个月，并处罚金人民币1000元。

（刑期从判决执行之日起计算。判决执行以前先行羁押的，羁押一日折抵刑期一日，即自2016年9月21日起至2017年7月20日止。罚金于本判决生效后三十日内缴纳。）

如不服本判决，可在接到本判决书的第二日起十日内，通过本院或者直接向北京市高级人民法院提出上诉。书面上诉的，应当提交上诉状正本一份，副本一份。

审判长　郑文伟

代理审判员　相　阳

人民陪审员　洪晓达

二○一七年七月六日

法官助理　袁慧超

书记员　袁晓琳

案例89：纪英妮与于子千名誉权纠纷 二审民事判决书

辽宁省大连市中级人民法院
民事判决书

(2017) 辽 02 民终 4038 号

上诉人（原审被告）：纪英妮，女，汉族，无职业，住大连市西岗区。
委托诉讼代理人：张雯，辽宁文柳山律师事务所律师。
被上诉人（原审原告）：于子千，男，汉族，大连一方足球俱乐部有限公司员工，住大连市甘井子区。
委托诉讼代理人：李岳洋，辽宁海大律师事务所律师。

上诉人纪英妮因与被上诉人于子千名誉权纠纷一案，不服大连市西岗区人民法院 (2016) 辽 0203 民初 2496 号民事判决，向本院提起上诉。本院于 2017 年 4 月 28 日立案后，依法组成合议庭，开庭进行了审理。上诉人纪英妮及其委托诉讼代理人张雯，被上诉人于子千的委托诉讼代理人李岳洋到庭参加诉讼。本案现已审理终结。

纪英妮的上诉请求：请求撤销一审判决，依法改判或发回重审。事实及理由：一、一审送达程序违法。二、一审被上诉人的委托代理人不符合民事诉讼法的规定。三、上诉人在微博上所陈述的均为事实，行为不具有违法性。四、没有证据证明被上诉人社会声誉贬损及社会评价降低，上诉人不应承担侵权责任。五、一审判决内容重复。

于子千辩称，不同意上诉人的诉讼请求，请求维持原判。

于子千向一审法院起诉请求：2016 年 8 月 4 日，被告通过新浪微博散布原告在个人工作及生活中存在诸多违法行为，诸如：踢假球、赌球、行贿、嫖娼、涉嫌重婚罪等。其行为严重性或已触犯刑法，涉嫌构成诽谤罪。原告念其与被告仍属夫妻，仅希望被告能对原告名誉侵权行为，予以民事责任的弥补：公开致歉，公开致歉声明并赔偿侵权损害 1 元。

一审法院经审理查明，原被告系夫妻，于 2014 年 4 月 8 日登记结婚。2016 年 4 月 20 日原告针对被告在本院诉讼离婚，本院于 2016 年 5 月 16 日做出 (2016) 辽 0203 民初 1152 号《民事判决书》，判决不准双方离婚。2016 年 8 月 4 日，被告（新浪微博域名为 jiyingni）以"@妮 forever 妮★"为昵称（其中符号"★"为新浪微博平台对某些领域活跃用户的标识），通过新浪微博，发布原告在工作和生活中存在打假球、赌球、行贿、嫖娼、涉嫌重婚罪等事实。随后，该信息在新浪微博中引发大量认证自媒体用户和普通网友的转发和评论。此外，其他网络平台，如百度各贴吧、民主与法制网、搜狐体育、新浪体育、北方网、人民网、今日头条等相继广泛转发，引发大量负面评论。

另查明，大连市西岗区公证处于 2016 年 8 月 12 日对被告在新浪微博中的内容截图保存。新浪微博域名同为 jiyingni 的用户，昵称已变更为"@ NINI－508 ★"。本案开庭审理日，被告昵称仍为"@ NINI－508 ★"。

一审法院认为，公民的名誉权应依法受到保护，任何人不得利用各种形式侮辱、毁损他人的名誉。利用互联网侮辱他人或者捏造事实诽谤他人，侵犯他人合法权益构成侵权的，应当承担民事责任。本案中，案涉新浪微博用户的昵称可由用户自主更改，但其注册时对应的域名不可更改。从域名的同一性看，昵称"@ 妮 forever 妮 ★"与昵称"@ NINI－508 ★"应属同一用户。从该域名所关联的用户信息、微博内容、生活轨迹及互动人员看，该域名的使用人即为本案被告。

本案原被告尚属婚姻关系存续期间，应妥善解决家庭内部矛盾。被告以未经证实的事实和不适当的言论通过网络平台扩散的行为，给原告造成了较大的负面影响。被告经本院依法传唤未到庭，也未向法庭提交任何由有关机关、相关部门出具或认定的原告存在案述行为的事实或证据。被告纪英妮散布不实言论的行为构成对原告于子千的名誉侵权。据此，原告要求被告道歉、公开致歉声明并赔偿名誉侵权损害一元的请求，应予支持。依照《中华人民共和国民事诉讼法》第一百四十四条、《中华人民共和国侵权责任法》第二条、第十五条之规定，判决如下：一、被告纪英妮向原告于子千赔礼道歉，并赔偿侵权损害人民币 1 元。二、被告纪英妮在本判决生效之日起五日内，通过新浪微博向原告于子千公开道歉，道歉内容须经人民法院审核。案件受理费 500 元（原告已预交），公证费 2400 元，由被告纪英妮负担。

二审中，上诉人提供照片一组，拟证明被上诉人与他人同居的事实，被上诉人对该证据的真实性不予认可，认为与本案无关。本院经审查认为，上述证据不足以证明上诉人的主张，对该证据不予采信。针对当事人二审争议的事实，本院认定如下：一审查明的事实属实。

本院认为，公民的名誉权受法律保护。本案上诉人通过新浪微博发布被上诉人在工作生活中存在打假球、赌博、行贿、嫖娼、涉嫌重婚等行为的不实言论，其行为属于捏造事实诽谤他人，具有非法性。上诉人发布的信息在网络上广泛传播，引发大量负面评论，导致被上诉人的社会评价降低，造成了一定损害后果。一审判决认定上诉人的行为侵犯了被上诉人的名誉权并无不当。上诉人关于其行为不具有违法性，未达到侵犯名誉权的程度，无须承担侵权责任的上诉理由，无事实及法律依据，本院不予采纳。依据《中华人民共和国民事诉讼法》的相关规定，受送达人是公民的，本人不在交他的同住成年家属签收，同住成年家属拒绝接收诉讼文书的，可以把诉讼文书留在受送达人的住所，并采用拍照、录像等方式记录送达过程，即视为送达。一审法院到上诉人纪英妮户籍地址送达诉讼文书，其母亲拒绝签收，一审法院将送达过程拍照记录。故一审法院送达诉讼文书程序合法。对上诉人关于一审送达程序违法的上诉理由，本院不予采纳。关于上诉人提出一审被上诉人委托诉讼代理人不符合法律规定的上诉理由，本院认为，上诉人一审经法院合法传唤拒不到庭参与诉讼，未对被上诉人的诉讼代理人身份提出异议，其自动放弃诉讼权利。且本案一审判决认定事实清楚，适用法律正确，裁判结果正确，故本院对上诉人此项上诉理由，不予采纳。依照《中华人民共和国民事诉讼法》第一百七十条第一款（一）项之规定，判决如下：

驳回上诉，维持原判。

二审案件受理费 500 元，由上诉人预交，由上诉人负担。

本判决为终审判决。

审判长　王　彬

审判员　郑福一

审判员　刘婷娜

二〇一七年七月十七日

书记员　陈彩虹

案例90：天津唐人影视股份有限公司与蒋春来名誉权纠纷二审民事判决书

北京市第三中级人民法院
民事判决书

(2017) 京 03 民终 10195 号

上诉人（原审原告）： 天津唐人影视股份有限公司，住所地天津生态城动漫中路。

法定代表人： 王一，董事长。

委托诉讼代理人： 杨曙光，北京大悦律师事务所律师。

被上诉人（原审被告）： 蒋春来，男。

委托诉讼代理人： 刘玥，北京市中伦文德律师事务所律师。

上诉人天津唐人影视股份有限公司（以下简称唐人公司）因与被上诉人蒋春来名誉权纠纷一案，不服北京市朝阳区人民法院（2016）京 0105 民初 7164 号民事判决，向本院提起上诉。本院于 2017 年 8 月 17 日立案后，依法组成合议庭，开庭进行了审理。上诉人唐人公司之委托诉讼代理人杨曙光，被上诉人蒋春来及其委托诉讼代理人刘玥到庭参加诉讼。本案现已审理终结。

唐人公司上诉请求：撤销原审判决，依法改判。事实与理由：蒋春来的行为及造成的严重后果，完全符合侵犯我公司名誉权的法定要件，应认定侵权成立并承担相应的法律责任。原审法院认定存在严重错误，应依法改判。

蒋春来辩称：不同意唐人公司的上诉请求。

唐人公司向一审法院起诉请求：1. 判令蒋春来立即删除在新浪微博注册名为"@蒋春来2016"的微博于 2016 年 1 月 29 日发布的"蒋某父亲的一封公开信"的帖子以及 2016 年 3 月 31 日发布的"唐人起诉我了，我的回应"的帖子；2. 判令蒋春来在新浪、腾讯、搜狐等门户网站的新闻版块以微博注册名为"@蒋春来2016"的微博主页置顶公开赔礼道歉，消除对我公司的不良影响；3. 判令蒋春来赔偿我公司名誉损失人民币 50 万元；4. 判令蒋春来赔偿我公司因转账权利而发生的公证费及律师费等合理维权费用 52520 元。

一审法院认定事实：唐人公司围绕诉讼请求依法提交了证据，法院组织当事人进行了证据交换和质证。本案经公开开庭审理，当事人的举证、质证及法院的认证情况如下：

一、唐人公司提交（2016）京方圆内经证字第 01888 号公证书，证明 2016 年 2 月 1 日，唐人公司就如下网页进行了证据保全：1. 在百度搜索引擎中输入"蒋某父亲痛斥经纪公司蒋新闻"，可见《蒋某父亲痛斥经纪公司侵占其子收入 155 万 - 网易蒋新闻》及东方头条、北青网、百度贴吧、凤凰娱乐、爱奇艺娱乐等网站的相关文章题目。2. 2016 年 1 月 29 日在新浪微博实名认证的微博名为"@蒋春来2016"的微博主页，公开发表一篇名为《蒋某父亲的一封公开信》的文章。蒋春来对该证据真实性、合法性、关联性不持异议。法院对该证据的真实性、合法性、关联性予以认定。

二、唐人公司提交上述《蒋某父亲的一封公开信》微博截图，未证明截图时间，显示该文转发量8466、评论量1万及主要评论等，另上述认证微博于2016年3月31日另发布一篇文章《唐人起诉我了，我的回应如下》截图。蒋春来对该证据真实性予以认可，但表示唐人公司仅截取了部分对唐人公司不利的评论。法院对该证据真实性、合法性、关联性予以认定。

三、唐人公司提交（2015）朝民（商）初字第43905号判决书。蒋春来对该证据真实性予以认可。法院对该证据的真实性、合法性、关联性予以认定。

四、唐人公司提交其为本次诉讼花费的律师费发票，金额5万元；公证费发票，金额2520元。蒋春来对公证费发票的真实性、关联性认可，就律师费发票，蒋春来主张无法认定为本案支出。法院认为唐人公司已经提供合法发票，相关数额亦符合本案类型案件的合理支出，法院对该证据真实性、合法性、关联性予以认可。

五、蒋春来提交《合作协议》、部分《服务合同》、付款单据及《补充协议》、部分《服务合同书》及付款单据、部分《服务合约书》及付款单据及上述剧集付款请款汇总表、自制剧与非自制剧片酬对比表。唐人公司表示，对所涉相关合同、付款单据不持异议，均为双方经纪合同纠纷案件审理内容。就蒋春来自制的对比表格，唐人公司不予认可。法院对上述双方签署合同的真实性、合法性、关联性予以认定。但付款情况总表、片酬对比表属于蒋春来单方制作的书面陈述，法院不作为书证予以采纳，结合本案事实对其证明内容予以认定。

六、蒋春来提交唐人公司针对蒋某微博解约声明在其官方微博上发布的声明截屏、声明原文及评论。唐人公司对该证据真实性不持异议。法院对该证据的真实性、合法性、关联性予以认定。

七、蒋某个人声明及视频。唐人公司对该证据真实性不持异议。法院对该证据真实性、合法性、关联性予以认定。

根据当事人陈述和经审查确认的证据，法院认定事实如下：

唐人公司与蒋某于2013年签署《经理人合约》。蒋春来系演员蒋某之父。2015年蒋某起诉唐人公司解除经纪合同，蒋春来系该案中蒋某的委托诉讼代理人。案件审理期间，蒋春来于2016年1月29日在新浪微博实名认证的微博名为"@蒋春来2016"的微博主页，公开发表一篇名为《蒋某父亲的一封公开信》的文章，列举了唐人公司与蒋某纠纷的诸多相关内容，文章主要内容如下：

"蒋某与公司的矛盾从2013年初发酵到2015年中爆发……儿子蒋某2015年8月7日发函致唐人公司提出解约，9月7日微博公布提出诉讼。10月19日一审第一次开庭，之后又封闭开了2次庭，前几天，又开庭了……我们的老祖宗造字时，法律的法字就是由一个去加三点水组成'法'，意为走水路。因此，中国的老百姓碰到官司，总是希望托人找关系走水路。孩子这个官司，我真心希望破除陋习，不要走水路，更何况我们也没有水路可走。

在唐人公司最艰难的2012至2013年期间，常有公司要挖角蒋某……拍完《轩辕剑》后，蒋某将近一年没有工作，但他一直耐心等待，与公司同甘共苦。这样看来，孩子对唐人一直心存感恩，并不是他们指责的'白眼狼'。

……一、唐人公司管理混乱，违约克扣蒋某片酬收入 155 万元。2013 年初，孩子向我诉说公司管理混乱，演出不签合同，不按经纪合同按月对账和付款，原来承诺的把自己打造成影视歌的培训计划完全是画大饼。影视发展更是一纸空文……艺人经纪和财务管理上的问题依然照旧，不尊重、不商量、不签合同。至于片酬档期安排，只要求你听命令。好像公司就是老板，艺人就是公司的员工，公司对艺人是一种施舍。这种霸道作风没有改变，反而变本加厉，肆无忌惮到了丝毫不顾 2013 年所签的经理人合约的约束，违约克扣蒋某所出演唐人公司自制剧的片酬 155 万元（2013 年林某起诉唐人解约，唐人公司为规避法律风险，为公司各签约艺人成立工作室并控制印章，重签了由蒋某、蒋某上海影视文化工作室以及唐人公司三方经理人合同。因公司艺人演公司自制剧片酬极低，合同中规定公司艺人演自制剧不再抽佣）。……蒋某之前所演的《轩辕剑》《刷新 3 + 7》《步步惊情》均未签合同，就被命令出演。在蒋某诸多怨言的情况下，因发生了林某解约案，公司为了规避法律风险，才急急忙忙为蒋某及其他艺人成立工作室，并把工作室的印章把控在唐人手中，继而才补签的合同……唐人公司的艺人经纪和财务管理上的混乱，特别是肆无忌惮违约克扣蒋某片酬的行为，让蒋某对公司逐步丧失信任。

二、唐人压榨艺人做法太甚……从这些数据对比中可以看出唐人对蒋某的压榨程度，演唐人公司自制剧日片酬水平远远低于外剧。唐人多次自作主张推掉外面的机会，要求蒋某专心演唐人自制剧。蒋某一直服从公司决定，但公司老是这样不商量、不尊重他……

三、唐人伪造合同，抹黑蒋某，并四处活动找关系企图封杀蒋某……通知各大卫视以及各演艺机构封杀蒋某，组织营销号以及公司全体员工抹黑蒋某，这让蒋某对公司仅存的最后一线希望破灭。特别是一审第一次开庭以后，唐人为了掩盖自己核心违约的事实，竟然伪造了唐人与蒋某上海影视文化工作室签订的所谓补充合同。甚至在一审第二次开庭后的 11 月 10 日还以蒋某上海工作室的名义汇款 224000 元至丽江洲际度假酒店，再用丽江洲际度假酒店的名义汇款至蒋某个人帐上，意欲掩盖其违约事实……唐人意图以一个自己掌控的印章签署所谓的同意扣除 30% 佣金的双方补充协议，否认早已生效的三方签署的经理人合约，其真实性、合法性均站不住脚。其行为让孩子无比愤怒，对唐人公司彻底绝望。

四、信任是艺人经纪合同的基石，蒋某与唐人之间信任已完全不在，合作毫无基础，在一起是伤害，解约是必然的选择……唐人一方面要求蒋某继续履约，一方面公司联系各大机构封杀蒋某，甚至组织营销号和公司员工集体抹黑蒋某，称其为：白眼狼、当代农夫与蛇、万年捧不红……这样的撒泼谩骂、众口铄金积毁销骨。这完全没有体现公司要求蒋某继续履约的诚意，而是一种威胁和泄愤……

五、唐人反诉蒋某拒演索取赔偿，实为混淆视听。唐人反诉蒋某完全是声东击西、混淆视听，毫无事实根据。2013 年 11 月 1 日唐人与蒋某所签《仙剑外传》演出合同……唐人在签约后的第 3 天即 11 月 4 日须支付蒋某演出酬劳的 25%，但唐人一直未支付，已构成违约。11 月 8 日，因审批未通过剧组解散，合同已失效。2015 年唐人重启了《仙剑外传》（改名《云之凡》）……这说明《云之凡》的演出合同还未签，何来给剧组造成损失？

六、唐人提前放风预告判决结果，涉嫌干预司法。唐人电视剧《秦时明月》开播发布会上，唐人公司负责人接受采访，自信满满认定蒋某解约官司必败。唐人内部也放话说：'法院会驳回蒋某的诉讼解约请求，也同时驳回唐人反诉蒋某辞演《云之凡》造成损失，索要赔偿的诉讼请求。'我就不知道唐人哪来的自信，唐人是大公司，财大势大，各方面关系深厚，对此我丝毫不怀疑。但唐人在自身核心违约，明显伪造合同的极其不利情况下，况且之前林某、金某、窦某艺人的解约官司都能以解约判决告终。唐人提前预告法院会驳回蒋某解约请求判决之说，言之凿凿，不知唐人从哪里来的自信，从哪里得到的消息！

……眼看着孩子会被判继续履约，遭唐人雪藏和封杀，孩子的前途被毁掉，作为孩子的父亲，绝不可能坐视不管：必须把唐人公司核心违约以及伪造合同掩盖违约的事实讲出来，若唐人真的干预了一审判决，我将把所有证据公布出来，请社会公众来评审！并为我的举动承担一切法律后果。……相信这只是唐人的一厢情愿，法院一定会以事实为依据以法律为准绳，做出公平、公正、合法的判决。

不能拥有，就要毁灭？上有天，下有地，相信天地之间有正义和公理……"

该微博发布后，引起大量评论、转发，同时，网易、东方头条、北青网、百度贴吧、凤凰娱乐、爱奇艺娱乐等网站对蒋春来发布微博的事件及公开信内容进行了报道。

2016年3月31日，蒋春来在其实名认证微博发布《唐人起诉我了，我的回应如下》的文章，主要内容为："说实话，这是我意料之中的，也是隐隐期盼的。有些事，大家都心知肚明，作为一个刚毕业没两年的艺人，与一个触角广布，资源和实力相当雄厚的上市公司抗衡，无异于羽量级拳击手与重量级拳击手的较量，强弱不言自明……案件尚在审理之中，唐人克扣片酬、核心违约历历在目，仍有如此自信称他人违约，仍有如此豪气要将蒋某违约案打成经典案例，给行业树立标杆。因此，在某些说不清道不明的情境下，发公开信成了我艰难且唯一的选择。只是希望涉案双方能得到公开公平公正的对待……唐人起诉我了，又多了一场官司，审理的法官又多了几个，关注的人又会多些，我想，案情暴露在阳光下，又多了媒体的监督，大家都没水路可走，多好……屎不臭挑起臭！艺人的签约、解约，说到底也就那么大的事，彼此成就才是最好的选择，抹黑攻悍，只会两败俱伤。道理大家都懂，放在自己身上却永远摆脱不自己披肝沥胆遭人反目受人欺凌的被害臆想，讨回'公道'以牙还牙便是这一心魔驱使的必然结果。这唐人诉我侵犯其名誉权的官司，只怕是挑起来臭了。"

经法院询问，蒋春来表示其提交的有关蒋某与唐人公司履约有关证据均为双方解约案中争议证据。另，唐人公司确认蒋春来在2016年1月29日微博内容中所述"六宗罪"，除第六条有关干预司法的陈述外，均为蒋某与唐人公司解约案中审理内容。

就蒋某与唐人公司围绕双方《经理人合约》的纠纷，蒋某于2015年将唐人公司诉至法院，要求确认双方之间签订的《经理人合约》于2015年8月7日解除、要求唐人公司向蒋某支付演艺酬劳1551600元，并在起诉意见中主张唐人公司在履行委托合同的过程中，未能尽到经纪职责，向蒋某提供的演艺工作机会及推广服务，无法实现合同目的，具体体现在未充分告知演艺合作机会；未按合同约定就每次演艺酬劳与蒋某进行协商；未向蒋某充分提供演艺工作的相关合同及财务结算凭证；未依约进行结算，拖欠蒋某演艺酬劳；侵犯了蒋某作为委托人应该享有的知情权、审核权及其他协商权；未依约提供有助其演艺发展的培训、包装、媒体宣传等服务且存在其他多种不规范的经纪代理操作行为。唐人公司不同意蒋某的诉讼请求，并提起反诉，请求继续履行《经理人合约》；蒋某赔偿唐人公司因其辞演《云之凡》导致的损失7345931元；赔偿因擅自参与演艺活动给唐人公司造成的损失4278000元。

就该合同纠纷，朝阳法院作出（2015）朝民（商）初字第43905号民事判决，判令蒋某赔偿唐人公司损失200万元，驳回了蒋某的诉讼请求。其中总结的双方争议焦点包括了

《经理人合约》的性质、唐人公司是否拖欠蒋某演艺报酬、蒋某是否享有解除权、蒋某是否应赔偿唐人公司损失。就唐人公司是否拖欠蒋某演艺报酬一项，因双方对于部分剧集是否扣税、佣金等产生争议，判决认定唐人公司并未拖欠蒋某演艺报酬。另，在就蒋某是否享有解除权的认定中，该判决认定唐人公司在合同履行过程中存在履行迟延，但不构成解除合同的理由；就工作机会提供，该判决认定双方在合约中并未就演艺活动数量进行约定，即使唐人公司未能保证蒋某始终处于工作状态，亦不构成违约；就培训机会，该判决认定双方虽约定由唐人公司对蒋某进行培训，但并未明确约定进行培训的方式、频率、期间，足见该义务并非唐人公司的主要合同义务，蒋某亦未提交证据证明其在提出解除合同之前对唐人公司履行培训义务进行了催告，现合同履行期限仍未届满，即使唐人公司暂未对蒋某进行系统、正式的业务培训，亦不应视为唐人公司存在违约行为；就财务问题，该判决认定双方并未对唐人公司应对蒋某提供财务凭证进行约定，唐人公司未向蒋某提供财务凭证不属于违约行为。

一审判决作出后，蒋某不服该判决并提起上诉，北京市第三中级人民法院作出（2016）京03民终13936号民事判决，认定一审法院认定事实清楚，适用法律正确，判决驳回上诉，维持原判。

一审法院认为：《中华人民共和国民法通则》第一百零一条规定："公民、法人享有名誉权，公民的人格尊严受法律保护，禁止用侮辱、诽谤等方式损害公民、法人的名誉。"根据《最高人民法院关于审理名誉权案件若干问题的解答》第七条的规定，是否构成侵害名誉权的责任，应当根据受害人确有名誉被损害的事实、行为人行为违法、违法行为与损害后果之间有因果关系、行为人主观上有过错来认定。侵害法人名誉权的主要表现形式为诽谤。

本案中，唐人公司主张的侵权微博内容，均为唐人公司与蒋某履行《经理人合约》的合同纠纷诉讼期间发生，蒋春来系该案中蒋某的委托代理人。故蒋春来是否构成侵犯唐人公司名誉权的行为，应结合这一重要事实，重点考察蒋春来的行为是否构成对唐人公司的诽谤，唐人公司是否有因蒋春来的行为造成名誉被损害的事实。

就蒋春来的行为是否构成诽谤一节。诽谤是指故意捏造并散布虚构的事实，以贬损他人人格、破坏他人名誉的行为。蒋春来在《蒋某父亲的一封公开信》中主要列举了唐人公司在履行与蒋某《经理人合约》中的一系列违约行为及双方发生解约纠纷后唐人公司的相关行为。就履行《经理人合约》中的行为，如蒋春来认为唐人公司管理混乱、克扣酬劳、不合理片酬、伪造合同、未进行培训等，唐人公司确认上述列举的违约行为均属于唐人公司与蒋某《经理人合约》解约纠纷案件中，蒋某提起解约请求的事实理由，也属于该案的审理范畴，即，上述事宜属于诉讼中的争议事项。而通过（2015）朝民（商）初字第43905号民事判决内容可知，关于一些重要争议，如克扣片酬，系双方当事人因是否扣除税款、佣金等事项理解差异所致；未进行培训、迟延支付报酬等事实已经生效判决予以确认，但并未构成解除《经理人合约》的充分理由。故，蒋春来在《蒋某父亲的一封公开信》中所列举的唐人公司违约事项，系因蒋某与唐人公司《经理人合约》履行过程中产生争议后，基于其一方对合同条款及履行情况的理解而认定的事实，也正是由于双方对履行情况的不同理解产生争议而导致诉讼进而构成了诉讼中的争议事实。这些争议事实以合同文本、履约事实等为基础，最终经过法院审理及判决，部分事实属于对合同条款的理解不同，故蒋某一方主张未得到支持，部分事实蒋某一方的主张为真实，因此蒋春来并非故意捏造、散布虚构事实。

关于蒋春来所称唐人公司涉嫌干预司法一节。其主要事实内容在于听闻唐人公司关于判决结果的相关传言，怀疑唐人公司涉嫌干预案件审理。法院认为，作为案件一方当事人的代理人，对案外因素是否会影响案件的公正审理有所疑虑属于合理心态。而其并未明确指出唐人公司采用不正当手段干预司法，而是将其自己对案件事实的理解及相关判例相结合，得出其怀疑，亦不足以构成对唐人公司的诽谤。蒋某作为演艺明星，其解约纠纷引起较高的社会关注度，在当今自媒体发达的现实情况下，蒋春来作为蒋某代理人，在案件审理期间以公开形式质疑司法公正，其采取的方式是否得当，不属于本案评价范围，该行为亦不影响法院在接受当事人及公众合法监督的情况下，依法作出公正判决。

蒋春来于2016年3月31日发布的微博内容，仍属个人意见发表，不足以构成捏造事实的行为。

就唐人公司名誉是否受损一节。蒋春来发布的微博受到多家媒体转发，也有较多的点击量及评论，被公众广泛知悉。但是，首先，在案件审理期间，最终主张是否真实有据，应由法院生效判决认定，公众对此应有认知；第二，从实际的评论内容来看，对蒋春来所发文章，公众中有支持者，有反对者，对唐人公司及蒋某均有正面评价及负面评价，符合受到广泛关注的案件评论的一般规律；第三，唐人公司与蒋某的合同纠纷，两审法院支持了唐人公司的大部分主张及主要诉讼请求，以生效判决的形式认定了蒋春来所主张的大部分违约事实均不成立，公开的法律文书对争议事实进行了终局认定。整个事件，由诉讼引发，围绕诉讼中争议事实予以评论，以生效判决认定相关事实为终局，虽过程中引发公众广泛关注及评论，蒋春来也确有部分措辞较为激烈不妥之处，但不能就此认定造成了唐人公司社会评价降低的损害后果。蒋春来微博内容与生效判决均向社会公众公开，公众可以对此做出客观、理性的判断。

综上，唐人公司主张蒋春来应承担侵犯其名誉权的侵权责任，因缺乏侵犯名誉权行为的构成要件，法院不予支持。

据此，一审法院于2017年5月判决如下：驳回天津唐人影视股份有限公司的全部诉讼请求。一审案件受理费2500元，由天津唐人影视股份有限公司负担（已交纳）。

本院经审理查明的事实与一审查明事实一致，本院予以确认。

本院认为：言论自由之所以存在，是因为任何意见都代表着对既有事实的一种看法。既然是言论，就存在褒贬，尤其是质疑与反驳，往往令人不快甚至难堪，但这是否定性言论的性质使然，也是其价值所在。只有言论中使用了侮辱、诽谤性言辞，超出了法律上通过严格标准确立的界限，并由此产生损毁他人名誉的后果，才被法律所禁止，这也是言论自由的边界所在。

综合双方诉辩主张及证据，本案争议焦点是蒋春来在微博上发布"蒋某父亲的一封公开信""唐人起诉我了，我的回应"两份帖子的行为是否对唐人公司构成名誉侵权而应承担相应的侵权责任。根据已经查明的事实，蒋春来撰写微博文章之时，其子蒋某与唐人公司正在进行合同之诉，双方就所签演出经纪合同能否解除，以及唐人公司是否存在拖欠报酬、未履行合同约定的培训义务、未提供充足的演艺机会等违约行为各执一词，并为各自主张分别向法院提供大量证据予以佐证。在此背景下，蒋春来作为该案中蒋某的委托诉讼代理人在微博上撰写文章，凭借其见闻、见智、经验表达个人意见，所持观点基本上均系蒋某在合同之诉中的主张范围，其中关于是否克扣薪酬问题等大量内容，均是蒋某与唐人公司对所签合同的不同理解而产生的主要争议，不符合明知虚假仍妄加评论的情形，亦非对唐人公司恶意进行谩骂、攻击、诽谤，不符合侵权责任法关于名誉侵权的构成要件。且该合同纠纷最终经法院两审审理后，认定支持了唐人公司的大部分主张，已经通过作出判决的形式宣示事实真伪，以正视听，并未实际构成对唐人公司名誉权的损害后果。因此，虽然蒋春来在微博上撰写文章的行为欠妥，但并未达到法律所规定的构成名誉侵权之标准，现唐人公司主张蒋春来对此承担侵权责任，缺乏事实及法律依据，原审法院未予支持，并无不当。

综上，唐人公司的上诉请求不能成立，应予驳回；一审判决并无不当，应予维持。依照《中华人民共和国民事诉讼法》第一百七十条第一款第（一）项之规定，判决如下：

驳回上诉，维持原判。

二审案件受理费 5000 元，由天津唐人影视股份有限公司负担（已交纳）。

本判决为终审判决。

审判长　林存义

审判员　万丽丽

审判员　杨　夏

二〇一七年八月三十日

书记员　李延昭

书记员　卢园园

案例91：杜涛欣与杜伟民名誉权纠纷二审民事判决书

北京市第二中级人民法院
民事判决书

（2017）京02民终6103号

上诉人（原审被告）： 杜涛欣，男。
委托诉讼代理人： 王飞，北京市君本律师事务所律师。
委托诉讼代理人： 殷清利，河北十力律师事务所律师。
被上诉人（原审原告）： 杜伟民，男。
委托诉讼代理人： 张宇涵，北京天驰君泰律师事务所律师。
委托诉讼代理人： 张合，北京天驰君泰律师事务所律师。

上诉人杜涛欣因与被上诉人杜伟民名誉权纠纷一案，不服北京市大兴区人民法院（2015）大民初字第8号民事判决，向本院提起上诉。本院于2017年6月19日立案后，依法组成合议庭进行了审理。本案现已审理终结。

杜涛欣上诉请求：撤销原判，发回重审或依法改判驳回杜伟民的全部诉讼请求。事实和理由：一审判决认定事实错误。我根据多家媒体的报道及对行业深喉的采访，客观公正地采写了《疫苗案大起底》一文。杜伟民于2014年9月从广东卫视取得了撤稿函，2014年11月从21世纪经济报道取得撤稿，上述撤销报道时间均在《民主与法制时报》报道文章发表之后两个月左右，其效力无法证明原报道侵权。另外，财经网文章《起底深圳康泰董事长杜伟民：国产疫苗操盘者》也仍能在其网站上看到。杜伟民并未拿出证据证明这些报道内容与事实不符，而仅是道歉函或者撤稿函，这些证据并不足以说明我的报道是虚假的。我引用新华网转载《中国青年报》报道《江苏狂犬疫苗去年三月出事年底才公布引争议》证实"疫苗大案瞒报9月"有出处，搜狐健康关于《先声药业增持江苏延申生物制药有限公司实现控股》、腾讯转载《先声药业宣布与江苏Quanyi达成和解协议》（深喉爆料中也提及江苏延申原股东退还5000万元）证实了江苏延申通过转让深圳盟源公司股权（杜伟民控股）实现股权套现。上述几篇文章存在至今，证实报道真实。虽然一审法院引用了杜伟民与民主与法制社侵权官司中的判决书，但是由于著作权归报社，本人引用的报道除了《民主与法制时报》刊发的《疫苗案大起底》一文可以接受根据生效判决删除，而本人所发微博中引用中央人民广播电台的链接，并未有法定手续证实链接有任何问题。

杜伟民辩称，一审法院判决认定事实清楚，适用法律正确，同意一审判决。杜涛欣作为专业的媒体记者，在其实名认证的新浪微博上加以个人评价，发布、转载有关我方的不实报道已构成侵权。杜涛欣提出的上诉理由仅是坚持其发布、转载的其他媒体报道至今仍客观存在，由此推断报道为真实，故其本人转载或评论没有过错。我认为前述理由违背了客观真实。实际上，杜涛欣发表、转发的文章无非涉及以下几个事件，1. 江苏延申问题疫苗，2. 我方得到官员帮助恶意转让股权给先声药业，3. 我方经营的疫苗企业康泰生物涉及问题疫苗。在一审过程中，我已向法庭提交了江苏延申案件的刑事判决书以及食药监总局在官网上发布的康泰生物乙肝疫苗质量的调查结果，以此证明杜涛欣所谓的事实是虚假杜撰的，且杜涛欣在一审阶段也明确承认在发布、转发微博前没有与食药监总局进行过有效沟通，来确认媒体报道的真实性。杜涛欣作为新闻记者，在社会热门事件产生或者其他媒体进行报道后，应当调查事件的客观真相及其他媒体报道的依据，但杜涛欣仅凭其他媒体已发布报道不假思索便大肆转发并加以个人不负责的评论，有失基本的职业素养。作为记者的杜涛欣，在实名认证的个人微博上所发表的文字，其可信度比普通公民高，虽尚不及新闻媒体，但从社会危害性角度考虑，其转发或发表的言论过于偏激及失实，不应得到容忍。此外，有必要强调的是，本案并不是一起单纯的个人发布、转发不实微博侵犯我名誉权的民事案件，杜涛欣为民主与法制社的记者，其原基于职务行为撰写的关于我的不实报道与本案争议的虚假报道中心内容基本一致，生效判决已经认定杜涛欣基于职务行为的报道侵权。至今，杜涛欣仍在个人微博上保留已被法院认定为侵权的报道，可见杜涛欣无视法院判决、忽视侵权行为的违法性。杜涛欣现仍坚持其发布、转发报道行为有客观依据，证明其侵权的主观恶意有增无减。综上，杜涛欣作为媒体工作者坚持社会责任感，客观来说是值得提倡的，但其"因其他媒体的侵权行为存在，故其侵权即为合理"的逻辑甚是荒谬。请求驳回杜涛欣的上诉请求，维持原判。

杜伟民向一审法院起诉请求：1. 请求判令杜涛欣立即停止侵害，删除 2014 年 9 月 18 日和 2014 年 8 月 29 日在其微博账户"@洛阳杜康 V"中发布的"疫苗批签发藏潜规则？神秘商人浮出水面……"以及《药监局官员实名举报上司＋揭开瞒报 9 个月的疫苗大案》等微博；2. 请求判令杜涛欣在其微博账户"@洛阳杜康 V"中发布微博，对于上述两条微博中涉及我的失实报道发表更正信息以及致歉声明，为我消除影响，恢复名誉并赔礼道歉；3. 请求判令杜涛欣赔偿我为证据保全支付的公证费 2000 元；4. 判令杜涛欣赔偿我精神损害抚慰金 5 万元；5. 诉讼费由杜涛欣承担。

一审法院认定事实：2014 年 8 月 29 日 16：25，杜涛欣在其微博账户"@洛阳杜康"中发表了《药监局官员实名举报上司＋揭开瞒报 9 个月的疫苗大案》的微博，点击该微博所附链接显示标题为《药监局官员实名举报上司揭开瞒报 9 个月的疫苗大案》一文，该文发表在杜涛欣的新浪博客中。杜伟民指称该文章下述内容侵犯其名誉权：1. 至此，杜伟民操控的江苏延申股份顺利套现 2 个亿。2. 事隔 9 个月才披露狂犬疫苗出现问题，根本原因在于食药监总局有关领导的帮助，等待杜伟民把股份顺利卖给先声药业。知情人士透露说，瞒报几乎成功，因为 7 月份问题疫苗已经基本消化完毕。3. 诉讼以杜伟民向先声药业赔偿 5000 万损失私了。4. 从始到终，杜伟民赚得盆满钵满。公开资料显示，2008 年 9 月起，杜伟民已开始对康泰生物成功进行战略性重组并最终控股。

2014 年 9 月 18 日 10：34，杜涛欣在其微博"@洛阳杜康"中发表了《疫苗批签发藏"潜规则"？神秘商人浮出水面》的内容，并在其微博中发表信息：_央广网_有业内人士向天下财经爆料称疫苗批签发存在"潜规则"，疫苗批签发制度滋生出"利益纠葛"。2008 年 7 月至 10 月间，这两家企业生产的 7 个批次人用狂犬疫苗都有问题，却顺利通过签发。点击所附的链接为央广网中的《疫苗批签发藏"潜规则"？神秘商人浮出水面》一文。杜涛欣在该篇微博中@何兵、何光伟、最高人民检察院。杜伟民指称该文章下述内容侵犯其名誉权：1. 因此，业内普遍认为，时隔9个月才披露狂犬疫苗出现问题，是江苏延申故意通过各种办法拖延时间，掩盖问题的披露，好把出了问题的山芋抛给先声药业，谁能有这么大的能量？公开的报道都指向一个人，当时江苏延申的老板杜伟民。2. 杜伟民在疫苗生产领域介入颇深，而其所投资的公司曾涉及数起"问题疫苗"事件。不仅是江苏延申，去年沸沸扬扬的疫苗致婴儿死亡事件中的深圳康泰掌舵人也是杜伟民。3. 业内普遍评价，"康泰生物老板杜伟民能量很大"，从先声药业，杜伟民套现了两个亿；尽管对于康泰的质疑重重，最后的结果依然是偶合症。

2014年8月29日8：47，杜涛欣在其微博"@洛阳杜康"中转发了《食药监总局官员深陷"举报门"疫苗案大起底》一文，该文链接到了《民主与法制时报》电子版，作者为本案杜涛欣，杜涛欣在该篇微博发表评论：瞒报9月被曝光，官商勾结有多深。杜伟民指称该文章与杜涛欣在2014年8月29日16：25所发微博文章内容基本相同，涉及侵犯其名誉权的内容亦基本一致。

江苏省常州市天宁区人民法院于2010年11月29日作出的（2010）天刑二初字第157号刑事判决书，判决江苏延申公司犯生产、销售伪劣产品罪，判处罚金300万元，判处江苏延申公司总经理陈大皀及公司员工张忠义、贾晓霞、谈玉芳、高春润、裴强等有期徒刑三年至一年三个月不等，并处罚金。

北京市西城区人民法院（2015）西民初字第2530号民事判决确认2014年8月28日刊登在《民主与法制时报》报纸第64期平安中国·安全版面（第12页）中的《食药监总局官员深陷"举报门"疫苗案大起底》一文侵犯了杜伟民的名誉权，判决：一、自判决生效之日起，《民主与法制》社停止侵权，并删除《民主与法制时报》电子版2014年8月28日第64期平安中国·安全版面题目为《食药监总局官员身陷"举报门"疫苗案大起底》一文；二、自判决生效之日起十日内，《民主与法制》社在《民主与法制网》网站首页（http：//www.mzyfz.com/）发表致歉声明，向杜伟民公开赔礼道歉、消除影响、恢复名誉，持续时间为连续七天（声明内容需经法院核准，如《民主与法制》社拒不履行该义务，法院将在全国公开发行的媒体上公布本判决的主要内容，费用由《民主与法制》社负担）；三、自判决生效之日起十日内，《民主与法制》社向杜伟民赔偿精神损害抚慰金5000元；四、自本判决生效之日起十日内，《民主与法制》社向杜伟民赔偿公证费2000元；五、驳回杜伟民的其他诉讼请求。现（2015）西民初字第2530号民事判决已发生法律效力。经查，刊登在《民主与法制时报》电子版2014年8月28日第64期平安中国·安全版面题目为《食药监总局官员身陷"举报门"疫苗案大起底》的作者系本案杜涛欣，该篇文章与杜涛欣2014年8月29日16：25、2014年8月29日8：47发布、转载在其微博中的文章内容基本相似。

杜涛欣庭审中主张其已删除涉案的3篇微博，经法院查询，杜涛欣于2014年8月29日8：47所发微博依然存在，可供公众浏览，剩余2篇微博已无法查询。

一审法院认为，公民的名誉权受法律保护，禁止用侮辱、诽谤等方式损害公民的名誉。网络用户、网络服务提供者利用网络侵害他人民事权益的，应当承担侵权责任。本案中，杜涛欣发布、转载在其微博中的3篇文章的内容均涉及杜伟民的真实姓名，具有明确的指向性。对于涉案报道中直接影响杜伟民声誉评价的事实表述，杜涛欣未提供充足证据予以证实，杜涛欣仅根据工商档案、媒体报道、行业采访者录音等资料即形成了确定性结论，该结论必然导致杜伟民的社会评价降低，侵害了其名誉权。杜涛欣自身为微博加"V"用户，在网络中的影响力较大，其在发布、转载信息时亦@了影响力较大的其他微博用户，扩大了微博文章的影响，杜涛欣作为影响力较大的网络用户，其在发布、转载对杜伟民权利影响较大的文章时更应尽到审慎的审查义务。综上，杜涛欣存在过错，应承担侵权责任。关于杜伟民主张的公证费2000元，因该笔费用与杜伟民起诉《民主与法制》社的（2015）西民初字第2530号案件主张的公证费为同一笔费用，该笔费用已在（2015）西民初字第2530号案件中得到支持，故法院对该笔费用不再予以支持；关于精神损害抚慰金，法院根据杜涛欣的过错程度、持续时间及杜涛欣在案件审理过程中主动删除涉案两篇微博的情节，酌情确定为2000元。据此，一审法院判决：一、判决生效后十日内，杜涛欣停止侵权，并删除二〇一四年八月二十九日八时四十七分发布在其"@洛阳杜康"新浪微博中《食药监总局官员深陷"举报门"疫苗案大起底》一文的链接及相关评论；二、判决生效后十日内，杜涛欣在其"@洛阳杜康"新浪微博中发表致歉声明，向杜伟民公开赔礼道歉、消除影响、恢复名誉，持续时间为七天（声明内容需经法院核准，如杜涛欣拒不履行该义务，法院将在全国公开发行的媒体上公布判决的主要内容，费用由杜涛欣负担）；三、判决生效后十日内，杜涛欣赔偿杜伟民精神损害抚慰金2000元；四、驳回杜伟民的其他诉讼请求。如果未能按判决指定的期间履行给付金钱义务，应当依照《中华人民共和国民事诉讼法》第二百五十三条之规定，加倍支付迟延履行期间的债务利息。

一审查明的事实双方均无异议，本院予以确认。本院审理中，杜涛欣提交了从网络上查询的尹红章受贿案的裁判文书及北京民海生物科技有限公司的工商登记信息，裁判文书载明："被告人尹红章于2010年至2014年间，利用担任国家食品药品监督管理局药品注册司生物制品处处长和药品审评中心副主任的职务便利，接受北京民海生物科技有限公司法定代表人杜×的请托，为该公司在药品申报审批事宜上提供帮助，单独非法收受杜×给予的钱款30万元，伙同郭×甲共同非法收受杜×给予的钱款17万元"，工商登记信息载明北京民海生物科技有限公司法定代表人为杜伟民，以此证明裁判文书中的杜×即本案杜伟民，杜伟民在药品审批等相关事宜上与国家食品药品监督管理局存在官商勾结，其发表的报道客观属实，不构成侵权。杜伟民认可裁判文书中的杜×即其本人，但杜涛欣报道中的疫苗事件发生在2007年至2008年，裁判文书中认定的内容发生在2010年至2014年，涉及的公司与事由与涉案侵权报道也不同，可见裁判文书认定的内容与杜涛欣的报道内容无关，且裁判文书的作出时间亦晚于杜涛欣微博的发布时间，故不能证明杜涛欣的报道有客观依据。关于杜涛欣微博所发布涉案文章及评论的信息来源，杜涛欣称除其他媒体的报道外，还有行业深喉的爆料。经法院询问，杜涛欣称出于职业道德不能披露爆料者的身份。

此外，杜涛欣认为杜伟民一审起诉状中的签字笔迹与工商登记档案中的签字笔迹明显不同，要求杜伟民本人到庭，提供签字样本，并委托鉴定机构鉴定上述签字是否为杜伟民本人所书写。杜伟民本人虽然没有出庭，但其委托诉讼代理人提交了两份公证书，以证明杜伟民本人确认一审起诉状及杜涛欣所述工商登记档案中杜伟民的签字均为其本人所为。

本院认为，公民享有名誉权，公民的人格尊严受法律保护，禁止用侮辱、诽谤等方式损害公民的名誉。已为人民法院发生法律效力的裁判所确认的事实，除当事人有相反证据足以推翻的外，无须举证证明。根据已发生法律效力的（2015）西民初字第2530号民事判决，可以确认《食药监总局官员身陷"举报门"疫苗案大起底》一文已侵犯了杜伟民的名誉权。尹红章受贿案裁判文书所涉及的杜伟民与尹红章之间的金钱往来发生在2010年至2014年，晚于上述报道中的江苏延申疫苗事件，且杜涛欣拒绝提供行业深喉的身份致使其采访的信息来源真实性无法核实，故上述证据尚不足以推翻生效裁判文书所确认的事实。杜涛欣在其微博转发了《食药监总局官员身陷"举报门"疫苗案大起底》一文，评论称"瞒报9月被曝光，官商勾结有多深"，并在此后发布了内容与上述文章基本相同的微博，且在（2015）西民初字第2530号民事判决生效后仍未删除《食药监总局官员身陷"举报门"疫苗案大起底》一文的链接及相关评论，故杜涛欣的上述行为已侵犯了杜伟民的名誉权，一审法院判决其承担相应的侵权责任并无不当。

杜涛欣认为杜伟民行贿47万元的犯罪事实成立，要求将相关犯罪线索移送检察机关，并中止本案审理，但其所称杜伟民行贿47万元的线索直接来源于尹红章受贿案的裁判文书，其指称的犯罪线索已被检察机关所掌握，不存在再次移送的问题，且本案亦不存在需要中止审理的情形，故本院对杜涛欣的上述申请不予准许。关于杜涛欣要求调取尹红章受贿案的卷宗材料一节，杜伟民已经承认网上公示的裁判文书中杜×即其本人，且裁判文书中对涉及杜伟民与尹红章之间往来的事实已有明确认定，故本案无须进一步调取尹红章受贿案的卷宗材料。关于杜涛欣要求杜伟民本人到庭参加庭审一节，因本案不存在杜伟民本人必须到庭的情形，杜伟民的委托诉讼代理人参加庭审符合民事诉讼法的规定，不影响庭审的进行，故本院对杜涛欣的该项申请亦不准许。关于杜涛欣对杜伟民签字真实性提出的异议，杜伟民已经通过公证的方式确认本案起诉状上的签名及杜涛欣提供的工商登记档案中的签名为其本人所签，故本案无须启动笔迹鉴定已可以确认提起本案诉讼是杜伟民的真实意思表示。

综上所述，杜涛欣的上诉请求不能成立，应予驳回；一审判决认定事实清楚，适用法律正确，应予维持。依照《中华人民共和国民事诉讼法》第一百七十条第一款第一项规定，判决如下：

驳回上诉，维持原判。

二审案件受理费300元，由杜涛欣负担（已交纳）。

本判决为终审判决。

审判长　曹　雪

审判员　李蔚林

审判员　王军华

二〇一七年八月三十日

书记员　马丽雅

书记员　孙国栋

案例92：张海韵宣扬恐怖主义、极端主义罪一审刑事判决书

北京市第二中级人民法院
刑事判决书

（2017）京02刑初73号

公诉机关：北京市人民检察院第二分院。

被告人：张海韵，男，1986年10月7日出生于北京市，汉族，大专文化，无业，因涉嫌犯宣扬恐怖主义、极端主义罪于2015年12月2日被羁押，次日被刑事拘留，同年12月10日被取保候审。

指定辩护人：陈蔚然，北京市荣德律师事务所律师。

指定辩护人：张婕，北京市荣德律师事务所律师。

北京市人民检察院第二分院以京二分检刑诉〔2017〕55号起诉书指控被告人张海韵犯宣扬恐怖主义、极端主义罪，于2017年6月1日向本院提起公诉。本院依法组成合议庭，公开开庭进行了审理。北京市人民检察院第二分院指派检察员李松义、代理检察员郝家英出庭支持公诉，被告人张海韵及其指定辩护人陈蔚然、张婕到庭参加诉讼。现已审理终结。

北京市人民检察院第二分院指控：被告人张海韵于2015年11月18日0时许，在北京市东城区×号院内，通过新浪微博（微博名字："@×××"）在互联网上发布涉及暴力恐怖和宗教极端思想的视频。被告人张海韵于2015年12月2日被北京市公安局东城分局查获归案。

针对指控的上述事实，公诉机关当庭宣读、出示了书证、证人证言、搜查笔录、电子数据检验报告及被告人的供述等证据材料。公诉机关认为，被告人张海韵以散发宣扬恐怖主义、极端主义的视频资料的方式宣扬恐怖主义、极端主义，其行为触犯了《中华人民共和国刑法》第一百二十条之三，犯罪事实清楚，证据确实、充分，应当以宣扬恐怖主义、极端主义罪追究被告人张海韵的刑事责任。

在法庭审理过程中，被告人张海韵及其指定辩护人对公诉机关的指控未提出异议，其辩护人的辩护意见为，（1）被告人张海韵到案后能够如实供述自己的犯罪事实，认罪、悔罪态度好；（2）被告人张海韵的行为社会危害性较小，故请求法庭对张海韵从轻处罚。

经审理查明：2015年11月18日0时许，被告人张海韵在其住处北京市东城区×号院内，在互联网上通过新浪微博（微博名"@×××"）发布涉及暴力恐怖和宗教极端思想的视频。同年12月2日，被告人张海韵被抓获归案。

认定上述事实的证据有：

1. 证人单某（被告人张海韵女友）的证言：张海韵兴趣爱好有健身、汽车、打篮球、唱歌，我们两个平时在一起，他最常去的是健身房。张海韵平时在家上微博，浏览网站观看

关于汽车和搞笑的视频，他使用翻墙软件在外国网站上浏览的也都是有关汽车和搞笑的视频。张海韵没有记日记的习惯，不喜欢写东西。张海韵没有对我说过有关国外恐怖组织的事情。

2. 证人宋某的证言：我是自由职业，主要做汽车媒体，一般是在微博上发布汽车类的资讯，"@×××保罗"的微博账号是我的，我跟张海韵是朋友。2015年11月18日前后，我可能出差，有些汽车消息需要发送，就让张海韵帮忙给发了，所以这个微博账号在上述时间在张海韵的电脑中登录过。我当时不知道张海韵发布涉恐视频，张海韵发布那条涉恐视频后@我的微博的原因是，他习惯性@我的微博，一般他都@这几个人。我没见过张海韵接触涉恐信息。张海韵平时教教钢琴、健健身，性格挺阳光的。

3. 北京市公安局反恐怖总队关于对张海韵散发宣扬恐怖主义视频资料的审查意见证明：北京市公安局东城分局送审的视频主要内容涉及暴力恐怖和宗教极端思想，含有恐怖组织招募、武装、培训组织成员的内容，具有极强煽动性、示范性和暴力性，属于典型的暴力恐怖视频，危害程度较大。

4. 起赃经过、搜查证、搜查笔录、扣押决定书、扣押清单、工作说明证明：北京市公安局东城分局于2015年12月2日对张海韵的住所进行搜查，从客厅茶几上起获惠普牌笔记本电脑一台，对该电脑予以扣押。

5. 北京通达法正司法鉴定中心出具的电子数据检验报告证明：在送检HP便携式计算机的F盘获取到名为"翻墙"的文件夹；从IE、谷歌和360浏览器的历史记录中发现自2013年11月20日起，嫌疑人利用"翻墙"方法对境外网站持续访问共计5000次以上；自2015年11月18日00：20：29至00：41：35期间，微博账号"@×××"和"@×××保罗"交替登录微博的记录。

6. 北京市公安局东城分局调取证据通知书、北京微梦创科网络技术有限公司出具的说明函复、相关说明证明：本案涉及用户UID为271×××641，用户名（通行证）、绑定手机号均为138×××0990，昵称为"@×××"，微博注册时间为2012年4月20日。微博昵称为"@×××"的用户发布名为"战争背后的孩子们。。。[失望][失望][失望]"的网页链接，并将该微博分别@"@×××保罗"等6位好友，该微博被转发42次，评论6次，点赞17次。发布时间为2015年11月18日00：54：33。该微博于2017年7月14日的粉丝数为1822868。

7. 立案决定书、公安机关出具的到案经过、拘留证、取保候审决定书等法律手续证明：本案立案，以及被告人张海韵被抓获归案并对其采取强制措施的情况。

8. 北京市公安局东城分局预审大队出具的工作说明证明：办案人员与张海韵户籍地安定门派出所联系，民警答复，张海韵在取保候审期间没有从事接触、浏览相关恐怖视频的活动，表现良好。

9. 常住人口基本信息证明被告人张海韵的身份情况。

10. 被告人张海韵供述：我是自由职业的钢琴教师。2015年，我在一个网站上注册并通过支付宝付费，该网站把使用说明发给我，我按照使用说明开始浏览一些境外网站，后来在facebook上面注册了一个账号。（2015年12月2日）半个月前的一天，我浏览facebook看到我关注的一个人分享了标题为"可怜的小孩"的视频，视频的截图是一个大人教小孩子打枪。我觉得外国的小孩挺可怜，想让中国的家长看一下，我把视频下载到我的电脑，点开视频看到的内容是在一个较为荒凉的郊外，一个外国大人在教几个小孩打枪，时间大约持续几十秒，随后我通过我的新浪微博账号"@×××"转发了该视频。当时复制了视频链接直接编辑成微博发了，我之前没有看过这类视频，这条微博是第一次。我每天都更新微博的视频，就用这部视频凑数。我登录浏览外国网站主要是想浏览一些国外的汽车视频。微博账号"@×××保罗"是宋某的，他做汽车杂志。我的电脑中登录过"@×××保罗"这个微博，是因为当时他有可能让我帮他发一个汽车的消息，就把账号和密码告诉我了。发完这段暴恐视频@"@×××保罗"是习惯性的，当时微博里@的其他人也是出于习惯性的。

2015年12月2日中午我正在家里做饭，民警把我带到了派出所。我的银色惠普笔记本电脑只有我一个人使用。我的微博用户名为"@×××"，2012年注册的，现在有粉丝28000人左右。我从2012年开始几乎每天都要在新浪微博上发表或转发与汽车相关的微博。我平时很少看新闻，上网就是关注汽车，所以不太了解恐怖组织。我不懂法，现在很后悔。没有人授意或指使我发这条微博，我与境外组织或人员没有联系。

上述证据经当庭举证、质证，本院对言词证据中能够相互印证的部分及其他证据予以确认。

本院认为，被告人张海韵以在互联网上发布宣扬暴力恐怖和宗教极端思想视频资料的方式宣扬恐怖主义、极端主义，其行为已构成宣扬恐怖主义、极端主义罪，依法应予惩处。鉴于被告人张海韵系初犯，能够如实供述所犯罪行，认罪悔罪等情节，本院对其所犯罪行予以从轻处罚，并判处管制。考虑到张海韵对其微博发布信息未加甄别系诱发犯罪的原因之一，为督促其尽快改过自新，本院在对其判处管制的同时适用禁止令。北京市人民检察院第二分院指控被告人张海韵犯宣扬恐怖主义、极端主义罪的事实清楚，证据确实、充分，指控罪名成立。辩护人所提张海韵到案后能够如实供述自己的犯罪事实等相关辩护意见成立，本院酌予采纳。被告人张海韵通过互联网发布涉及暴力恐怖和宗教极端思想的视频资料，受众具有不特定性，且该视频资料极易被再次传播，其行为的社会危害性大，故辩护人所提张海韵的行为社会危害性小的辩护意见不能成立，本院不予采纳。对于未随案移送的扣押物品，依法一并处理。本院根据被告人张海韵犯罪的事实、性质、情节及对于社会的危害程度，依照《中华人民共和国刑法》第一百二十条之三、第三十八条第一款、第二款、第三款、第四十一条、第五十二条、第五十三条、第六十七条第三款、第六十一条、第六十四条之规定，判决如下：

一、被告人张海韵犯宣扬恐怖主义、极端主义罪，判处管制一年六个月，并处罚金人民币3000元（刑期从判决执行之日起计算。判决执行以前先行羁押的九日，羁押一日折抵刑期二日，即折抵刑期十八日；罚金已缴纳）。

二、禁止被告人张海韵在十八个月内在自己的微博上发布与汽车资讯无关的信息（禁止令期限从判决生效之日起计算）。

三、扣押的惠普牌笔记本电脑一台，由扣押机关依法予以处理。

如不服本判决，可在接到判决书的第二日起十日内，通过本院或者直接向北京市高级人民法院提出上诉。书面上诉的，应当提交上诉状正本一份，副本一份。

审判长　王洪波

审判员　韩绍鹏

审判员　丛卓义

二〇一七年八月三十一日

书记员　张　玲

案例93：方子旺、马文名誉权纠纷二审民事判决书

福建省福州市中级人民法院
民事判决书

(2017) 闽 01 民终 3858 号

上诉人（原审被告）： 方子旺，男，汉族，住福建省福州市仓山区。

被上诉人（原审原告）： 马文，男，汉族，住福建省长乐市。

上诉人方子旺因与被上诉人马文名誉权纠纷一案，不服福建省长乐市人民法院（2017）闽 0182 民初 185 号民事判决，向本院提起上诉。本院受理后，依法组成合议庭进行审理。本案现已审理终结。

上诉人方子旺上诉请求：撤销一审法院判决，驳回马文的全部诉讼请求。

事实和理由：

一、原审法院事实认定错误，方子旺在新浪微博陈述均为属实，不存在捏造事实。1. 马文一直以来自称是"国家总部经济课题组"在福建的海西办主任，为厅级干部，但从"国家总部经济课题组"网站的注册 ICP 备案来看，该网站系由自然人"张可明"注册，实为民间社会团体。而另一机构"海峡两岸民族文化基金会"系依据香港法律设立，属于一般的民间非盈利社会团体。马文自称的"国家总部经济课题组海西办主任"、"海峡两岸民族文化基金会秘书长"从名称上均足以让人产生误解，让普通人的感觉就是政府主办的官方机构，从而误解马文为国家干部。再加上马文天天把"徐首长"、"省委领导"等人挂在嘴上，不得不让人误信其国家干部的身份。2. 关于保证金问题。方子旺原为马文公司的员工，对在职期间公司项目的基本情况相对了解，以其亲眼所见或亲耳所听进行陈述，不存在捏造事实。3. 关于合作转店问题。方子旺系亲耳听施宏贵陈述其被骗的经过，即使存在方子旺陈述不实，也系误信施宏贵陈述导致，至少在主观上不是故意捏造事实。4. 关于到处融资、骗吃骗喝的问题。从方子旺曾提供的证据《委托融资协议》15 亿元以及"河北邯郸项目"借款、明岛实业公司融资项目以及他人提供的马文四处以项目合作为由的各种饭局可以证实。二、马文没有提供社会对其评价降低的证据，也不符合《侵权责任法》规定的侵权构成要件。方子旺不存在捏造事实的行为，方子旺主观上也没有过错，新浪微博所述事实均有理有据，马文在原审中也没有提供社会公众对其评价降低的证据材料，不足以证明侵权结果的发生。三、原审法院判决方子旺赔偿精神损害赔偿金 5000 元不能成立。根据最高人民法院关于民事侵害精神损害赔偿的相关司法解释，即使方子旺的行为已构成名誉侵权，原审法院判决 5000 元的精神损害赔偿金金额也过高。四、方子旺在马文儿子工作单位拉横幅并不构成对马文名誉权的侵害。2016 年 11 月 23 日，方子旺在马文儿子马君单位拉横幅并

未侵害马文的名誉权，至多对马君个人造成不良影响，马文无权就此事向方子旺提起名誉侵权诉讼。

被上诉人马文辩称，1. 方子旺利用新浪网微博故意捏造事实，诽谤、丑化、侮辱和污蔑我的人格，在社会上带来极其严重的负面影响和无可挽回的名誉损失。我的工作单位和职务为：国家总部经济课题组驻海西办主任兼海峡两岸民族文化基金会秘书长，身份真实合法有效。2. 方子旺在长乐市××街道的闹区，挂起侮辱性横幅，给我造成极为恶劣的社会负面影响及名誉伤害，5000 元的经济赔偿，只是象征性的一种处罚，对我来说，名誉权的损失和精神伤害已超过 5000 元，无法用经济来衡量的。3. 方子旺上诉称"上诉人在被上诉人儿子单位拉起横幅并未侵害被上诉人的名誉权，至多对马君个人造成不良影响，被上诉人无权就此事向上诉人提起名誉侵权诉讼"。方子旺拉起"马军父亲、骗子马文、父债子还"如此恶劣的侮辱性标语，已构成名誉侵权。4. 方子旺自 2015 年 12 月 31 日在新浪网发布诽谤内容，到我单位泼粪便之后，又无数次地对我进行暴力威胁、写侮辱性标语，给我带来极为严重的社会负面影响，用多少金钱都无法弥补。方子旺雇佣黑社会人员威胁、跟踪我就读小学 6 年级的小孩，给孩子幼小的心灵带来无法抹去的恐惧阴影和极大的心灵伤害。我要求维持一审法院判决。

马文向一审法院起诉请求：1. 判令方子旺因采取不法行为对马文进行人格侮辱所造成的伤害在《福建日报》上公开登报道歉，以消除社会恶劣影响；并赔偿马文因此遭受的名誉损害及精神损失 100000 元；2. 诉讼费由方子旺承担。

一审法院认定事实：2013 年 9 月下旬，马文帮吴英筹借款项，介绍向方子旺借款。吴英借款后没有履行还款承诺。期间马文仅代吴英偿还了部分款项，马文也因此与方子旺发生纠纷。2015 年 12 月 31 日，方子旺通过其新浪网开设"@福州方子旺"微博，发表针对马文的文章，在一定范围内被他人点击阅读。2016 年 4 月 26 日至同年 12 月 15 日间，刑事自诉原告人马文指控被告人方子旺犯诽谤罪一案，分别由福州市鼓楼区人民法院、福州市中级人民法院进行审理。2016 年 11 月 23 日上午 10 时许，方子旺到长乐市朝阳路中信银行长乐支行营业大厅门口，在马文儿子马君的工作单位前拉起横幅，其内容为"马军父亲马文骗子，父债子还"的白色横幅，时间持续近二十分钟。马文得知后即向长乐市公安局报案，后方子旺等人已离开现场。2017 年 1 月 16 日，马文以名誉权纠纷诉至本院。

一审法院认为，公民、法人的名誉权受法律保护，禁止用侮辱、诽谤等方式损害其名誉权。是否构成侵害名誉权，应当根据受害人是否有名誉被损害的事实，行为人的行为是否违法、违法行为与损害结果有无因果关系及行为人主观有无实际恶意过错来确定。方子旺与吴英、马文之间存在经济纠纷，方子旺本应通过协商或诉讼等合法方式解决，如果认为涉嫌诈骗犯罪也可以要求公安部门处理，但方子旺在与马文协商没有满意结果后，没有采用正当合法的救济方式，方子旺在人流量众多的公共场所拉起对马文带有人身侮辱、诽谤的横幅。方子旺行为显属过错，不管其是否存在损害马文名誉的实际恶意，但横幅上所写内容明显对马文名誉构成侵害，对马文因名誉损害主张赔偿精神抚慰金予以支持。同时考虑到本案当事人之间存在债权债务客观事实，马文诉请精神损害抚慰金 100000 元过高，酌定为 5000 元；对马文主张方子旺在《福建日报》上公开登报道歉，以消除影响的请求，结合本案事实及造成的社会负面影响程度，不予支持，但方子旺必须书面向马文赔礼道歉。依照《中华人民共和国民法通则》第一百二十条、《最高人民法院关于贯彻执行〈中华人民共和国民法通则）若干问题的意见（试行）》第150条、最高人民法院《关于确定民事侵权精神损害赔偿责任若干问题的解释》第八条之规定，判决：方子旺在本判决生效后十日内书面向马文赔礼道歉（书面内容交一审法院审查）并赔偿马文精神损害抚慰金5000元。

双方当事人在一审提交的全部证据均已随案移送本院。

本院二审期间，上诉人方子旺提供如下证据：1. 张鹏总部经济的博客，证明国家课题组属民间团体。2. ICP备案主体信息，证明国家课题组网站属个人网站。3. 中国海西文化产业生态观光园，证明虚构项目。4. 福建省明岛实业有限公司洋屿岛项目，证明虚构融资项目。5. 关于申请办公建设用地的报告，证明虚假捏造征地事实。6. 华夏中金（北京）合作协议书，证明有合作协议但没有执行合同。7. 新乡市宝德房地产开发有限公司委托融资协议，证明有合作协议但没有执行合同。8. 与基金会高端合作项目，证明虚假项目、名字也假。马文质证认为，上述证据与本案无关。

被上诉人马文提供如下证据：1. 方子旺于2015年12月31日发布的诽谤博文内容；2. 方子旺于2016年2月6日手提粪便作案全过程；3. 方子旺于2016年6月21日雇佣黑社会人员到被上诉人单位进行暴力和喷写侮辱性标语；4. 我向公安110报案中心报案的部分记录单；5. 2016年11月23日上诉人到长乐中信银行拉起侮辱性横幅时，我向长乐市110报警回复的短信记录；6. 方子旺雇佣被福州市鼓楼区公安局列入通缉的网上刑拘在逃的通缉犯信息。证据1~6证明，方子旺任何的上诉理由，都无法改变对我名誉权侵害的事实，为此，恳请福州市中级人民法院依法驳回方子旺的全部上诉请求，依法维持原判。

方子旺质证认为，上述证据无法证明我的侵权事实。

本院经审查认为，《最高人民法院关于民事诉讼证据的若干规定》第四十一条第（二）项即"二审程序中的新的证据包括：一审庭审结束后新发现的证据；当事人在一审举证期限届满前申请人民法院调查取证未获准许，二审法院经审查认为应当准许并依当事人申请调取的证据。"第四十三条第一款即"当事人举证期限届满后提供的证据不是新的证据的，人民法院不予采纳"的规定，由于双方提交的证据在一审期间已客观存在，不属于新证据，依法不予采信。

经本院审理查明，一审法院查明的事实基本属实，本院依法予以确认。

本院认为：名誉权系指公民和法人就其自身属性和价值所获得的社会评价而享有的保有和维护的人格权。方子旺在马文儿子工作单位即某银行门口拉横幅，横幅内容具有贬损马文人格的字眼，属于在公共场合实施的侵权行为。一审法院依据方子旺侵权的具体方式和所造成的影响范围，作出判决，并无不妥。方子旺认为其在马文儿子工作单位拉横幅并不构成对马文名誉权的侵害，不予采纳。

方子旺于2015年12月31日在新浪网开设"@福州方子旺"微博，发表针对马文的文章，在一定范围内被他人点击阅读。马文就此作为刑事自诉原告人指控被告人方子旺犯诽谤罪并向福州市鼓楼区人民法院自诉，一审判决"宣告被告人方子旺无罪"后，马文不服判决提起上诉，福州市中级人民法院判决"驳回上诉，维持原判"。方子旺上诉称其在新浪微博陈述均为属实，不存在捏造事实。由于在本案一审诉讼中，马文对上述事实没有提起诉讼也没有提供相应的证据，一审对此也没有作出认定，因此该项内容不属于本案审理范围。

综上所述，上诉人方子旺的上诉理由缺乏事实和法律依据，其上诉请求本院不予支持。原审判决认定事实清楚，适用法律正确，依法应予维持。依照《中华人民共和国民事诉讼法》第一百七十条第一款第（一）项的规定，判决如下：

驳回上诉，维持原判。

二审案件受理费 850 元由上诉人方子旺负担。

本判决为终审判决。

审判长　林丽娟

审判员　池开通

审判员　王晓如

二〇一七年九月四日

法官助理　陈　琦

书记员　施国琴

附本判决书引用的主要法律条文：

《中华人民共和国民事诉讼法》

第一百七十条　第二审人民法院对上诉案件，经过审理，按照下列情形，分别处理：

（一）原判决、裁定认定事实清楚，适用法律正确的，以判决、裁定方式驳回上诉，维持原判决、裁定；

（二）原判决、裁定认定事实错误或者适用法律错误的，以判决、裁定方式依法改判、撤销或者变更；

（三）原判决认定基本事实不清的，裁定撤销原判决，发回原审人民法院重审，或者查清事实后改判；

（四）原判决遗漏当事人或者违法缺席判决等严重违反法定程序的，裁定撤销原判决，发回原审人民法院重审。

原审人民法院对发回重审的案件作出判决后，当事人提起上诉的，第二审人民法院不得再次发回重审。

案例94：朱庆福与林志颖、北京微梦创科网络技术有限公司著作权纠纷一审民事判决书

北京市海淀区人民法院
民事判决书

（2017）京0108民初1334号

原告：朱庆福，男，汉族，摄影师，住福建省厦门市海沧区。

委托诉讼代理人：许育辉，北京炜衡（厦门）律师事务所律师。

委托诉讼代理人：梁婕，北京炜衡（厦门）律师事务所律师。

被告：林志颖（台湾居民），男，汉族，演员、歌手及赛车手，住台湾地区台北市。

委托诉讼代理人：李峰，北京星权律师事务所律师。

委托诉讼代理人：梁建忠，北京星权律师事务所实习律师。

被告：北京微梦创科网络技术有限公司，住所地北京市海淀区东北旺西路中关村软件园二期（西扩）N-1、N-2地块新浪总部科研楼3层313-316室。

法定代表人：刘运利，执行董事。

委托诉讼代理人：乐曲，北京市中银律师事务所律师。

委托诉讼代理人：孙颖，北京市中银律师事务所实习律师。

原告朱庆福与被告林志颖、北京微梦创科网络技术有限公司（以下简称微梦公司）侵犯著作权纠纷一案，本院于2017年1月6日立案后，依法适用普通程序，公开开庭进行了审理。原告朱庆福之委托诉讼代理人许育辉和梁婕，被告林志颖之委托诉讼代理人李峰和梁建忠，被告微梦公司之委托诉讼代理人乐曲和孙颖到庭参加了诉讼。本案现已审理终结。

朱庆福向本院提出诉讼请求：1. 林志颖立即停止侵害朱庆福摄影作品《中华男儿》（以下简称涉案作品）著作权的行为，即立即停止发布并删除涉案微博内容；2. 微梦公司立即停止侵害朱庆福涉案作品著作权的行为，即立即删除在其网站上刊登转载的涉案微博内容；3. 林志颖在有全国影响力的报刊杂志（包括《中国摄影报》《中国青年报》）及网络媒体（包括央视网、人民网、新华网、中国日报网、中国青年网、凤凰网、网易、搜狐、爱奇艺、搜狐视频、腾讯视频、我乐、优酷、土豆、乐视、酷6网以及新浪网）首页上、新浪微博网站首页上连续10日刊登致歉声明，微梦公司在其经营的新浪微博网站首页上连续10日刊登致歉声明，向朱庆福赔礼道歉以消除影响；4. 林志颖赔偿朱庆福经济损失105万元，其中100万元由二被告共同承担，5万元为精神损害抚慰金，由林志颖承担；5. 二被告共同承担朱庆福维权合理开支共计5.5万元。庭审中，朱庆福确认涉案微博内容已经删除，并撤回了

上述第一、二项诉讼请求。事实和理由：朱庆福，系知名摄影师，先后获得厦门市特区建设"青年突击手"、厦门文艺突出贡献者、第十八届全国摄影艺术展金奖获得者、美国洛城摄影学会荣誉博学会士、福建青年摄影协会博学会士、福建青年摄影协会第五届理事会会长、福建省摄影家协会副主席等荣誉，朱庆福有众多作品在国内外影展影赛中入选并获奖，并在各报刊杂志发表大量摄影作品。朱庆福曾在部队从事新闻摄影工作多年，深受军人爱国主义情怀的感染，拍摄了一系列相关题材摄影作品。朱庆福于 1992 年拍摄完成涉案作品，该作品展现我国侦察兵的真实面貌，反映了中华民族的气节与民族精神。涉案作品于 1997 年获得第十八届全国摄影艺术展览金奖，于 1999 年 1 月获得全国第八届"群星奖"优秀奖、于 2000 年 12 月获福建省第三届百花文艺奖一等奖。署名朱庆福的涉案作品在百度网、新浪网、优酷网等多个互联网网站上均有刊登，具有较高知名度及广泛且良好的社会影响力。2013 年 8 月 25 日，林志颖在微梦公司运营的"微博"中，为庆祝微博粉丝达到 2100 万发布一条图文微博，微博配图系篡改后的涉案作品，并将涉案作品中左起第三名战士的头像换成其自己的头像并进行裁剪，同时配上误导性文字。该条微博被大量转发、评论和点赞，包括央视网、人民网、中国日报网及新浪网等在内的众多互联网媒体均对此进行了转载报道。微博评论及媒体报道中均出现了质疑声音，林志颖未作出任何回应。至 2015 年 12 月，网友在盘点明星光头照时还将该篡改后的照片作为林志颖具有代表性的光头照片，恶劣影响深远。涉案作品被严重娱乐化，其表达的创作思想遭严重曲解，与朱庆福透过涉案作品想要表达的民族气节、民族精神的严肃主题背道而驰，已然割断了作品与作者、作品与民族精神之间的联系，涉案作品变得面目全非，对朱庆福造成严重伤害，沉重打击朱庆福作为一名正直艺术家的创作热情。被篡改的涉案作品经如此广泛长时间的传播，致使该作品不再被视为民族精神的代表作，作品本身价值及商业价值均遭到永久性、难以估量的破坏。林志颖作为知名艺人，是微梦公司微博网站的"V 微博认证"用户，微梦公司受利益驱动，为吸引用户、增加网站流量，对林志颖的行为采取明知放任态度，对众多微博用户的转发行为采取放任态度，已构成帮助侵权，应与林志颖在其侵权范围内承担共同侵权责任。二被告的行为严重侵犯了朱庆福的署名权、修改权、保护作品完整权及信息网络传播权，请求法院判决支持朱庆福的全部诉讼请求。

林志颖答辩称，1. 在收到朱庆福的起诉状后，林志颖第一时间断开链接；2. 在 2017 年 2 月 16 日，林志颖在微博上主动发布致歉声明，至今仍未删除已持续 190 天，林志颖发布致歉声明微博时的粉丝量多于发布涉案微博时的粉丝量，致歉影响范围广、时间长；3. 林志颖在涉案微博中使用的配图（以下简称涉案微博配图）在林志颖发布涉案微博时已经广泛流传，并非林志颖修改，也并非林志颖原发，林志颖只是认为有意思将其转载到微博中，涉案微博评论中没有使朱庆福评价降低的评论内容；4. 朱庆福未提交证据证明其经济损失和声誉受到损害，林志颖认为朱庆福要求的经济损失和合理开支金额均过高，请法院予以酌定。林志颖不同意朱庆福的诉讼请求。

微梦公司答辩称，1. 微梦公司作为网络服务提供商，没有事前审查的法律义务。微梦公司是"微博"平台的经营者，微博用户发布信息数量庞大，作为网络服务提供商不可能将微博用户发布的所有信息均进行审核。本案中，微梦公司充分尽到了事前告知义务，已在微博平台向微博用户公示了《微博服务使用协议》，其中 4.11.6 条明确规定不得以任何方式侵犯他人依法享有的著作权、商标权等知识产权，或名誉权、荣誉权、肖像权等人身权益，或其他任何合法权益。同时，微梦公司为用户提供了投诉途径，该协议4.14条规定，如用户在使用微博服务过程中发现其它用户上传违法侵权等内容，用户可直接点击"举报"按键进行举报，相关人员会尽快核实并进行处理。经查询，朱庆福起诉之前并未向微梦公司进行过任何投诉，由此微梦公司在起诉前对本案侵权事实并不知情合理且正常。2. 微梦公司事后履行了合理注意义务。微梦公司接到起诉状后，基于审慎的态度及时进行了查询、核实，涉案微博已被删除。根据《中华人民共和国侵权责任法》第三十六条第二款，网络用户利用网络服务实施侵权行为的，被侵权人有权通知网络服务提供者采取删除、屏蔽、断开链接等必要措施。网络服务提供者接到通知后未及时采取必要措施的，对损害的扩大部分与该网络用户承担连带责任。本案中，微梦公司作为网络服务提供商，接到起诉状后及时采取了措施，履行了事后监管义务，并未造成损害的扩大，无需承担任何责任。微梦公司不同意朱庆福的诉讼请求。

当事人围绕诉讼请求依法提交了证据，本院组织双方当事人进行了证据交换和质证。双方当事人均认可朱庆福系涉案作品的著作权人以及林志颖新浪微博中使用了涉案微博配图的事实，本院对有关前述事实的证据予以确认。

对于朱庆福提交的关于其个人的荣誉证书和出版的影集，二被告认可其真实性，但对其关联性和证明目的不予认可。对于朱庆福提交的关于涉案作品所获荣誉证书、（2016）厦思证内字第5991～5998号公证书、《大众摄影》杂志、林志颖2017年2月16日微博截图，二被告认可其真实性，但对其证明目的不予认可。对于朱庆福提交的出版协议书、百度百科关于"微博粉丝"的网页打印件、国家统计局网站数据打印件和《使用文字作品支付报酬方法》，林志颖认为该部分证据真实性无法核实、对证明目的不予认可，并表示其转载行为不具有商业属性，微梦公司认可上述证据的真实性，但认为涉案作品与出版协议所涉作品不同故不具有参考性。

对于林志颖提交的公证书、林志颖2017年2月16日微博截图、第三方媒体刊发的新闻及评论网页打印件，朱庆福认可其真实性但不认可证明目的，微梦公司对该部分证据不持异议。

对微梦公司提交的《微博服务使用协议》网页打印件，朱庆福认可真实性但对证明目的不予认可，林志颖对该部分证据不持异议。

经本院审核，朱庆福提交了出版协议书的原件，该原件与复印件一致，本院确认其真实性；对于朱庆福提交的网页打印件，由于未经过公证，且二被告对其真实性提出异议，其真实性本院无法核实，故对其真实性不予确认。此外，关于双方当事人提出的对相关证据关联性和证明目的不予认可的意见，本院将在认定事实部分进一步予以阐述和认证。

根据当事人各自的举证、质证意见和本院认证意见以及当事人的当庭陈述，本院确认如下事实：

一、关于朱庆福及涉案作品的情况

涉案作品的拍摄者为朱庆福，该作品荣获的奖项有：第十八届中国摄影艺术展览金奖（该评选中共有6幅作品荣获金奖）、"南方杯"第18届全国摄影艺术展览金奖、第八届"群星奖"优秀奖和福建省第三届百花文艺奖一等奖。涉案作品作为第十八届中国摄影艺术展览金奖作品在1997年9月份出版的《大众摄影》杂志中刊载，该杂志还载有对朱庆福创作涉案作品的采访报道文章，文章中朱庆福表示涉案作品拍摄于侦察兵"千人百日大练兵"

生存训练中，一个下午战士们在完成 2 个小时的立功训练列队集合准备转入战术训练时，朱庆福使用 220mm 镜头、1/125 秒、f11 光圈拍下战士向右看齐的画面，该作品真实地再现了战士的训练生活。该作品还被收录于《厦门市摄影家作品选》一书中，并先后在庆祝建国五十周年"祖国颂"大型展览和《镜头里的人民军队》——庆祝中国人民解放军建军 90 周年摄影展中展出。此外，朱庆福还先后获得了厦门市特区建设"青年突击手"、厦门文艺突出贡献者、第十八届全国摄影家艺术金奖获得者、美国洛城摄影学会荣誉博学会士、福建青年摄影协会博学会士、福建青年摄影协会第五届理事会会长等荣誉，朱庆福的其他作品也获得了众多奖项。为了证明涉案作品在网络中刊载的情况，朱庆福提交了（2016）厦思证内字第 5994 号公证书，该公证书显示在百度图片网中有涉案作品，在互联网中有关于朱庆福的多篇报道和视频内容，报道和视频内容中介绍了朱庆福创作的涉案作品。

二、关于朱庆福主张的林志颖的侵权行为

（2016）厦思证内字第 5991 号公证书显示，2016 年 4 月 26 日，名为"@ 梦想家林志颖"的新浪微博首页显示其关注数为 159、粉丝数为 64797936、微博数为 3432；该微博账号于 2013 年 8 月 25 日发布了一条内容为"2100 万粉丝礼物提前来啰！光头的我造型还是可以的（表情）"的微博，该微博附有一张配图，配图中未有署名标注，微博的下方有"收藏""（转发图标）4556""（评论图标）11722""（点赞图标）17502"字样，其中微博评论中有"转发微博""无论什么造型都好帅""你 PS 技术这么好你家人知道吗？""哈哈哈哈原来你们都爱 Ps""P 也的 P 得真一点啊""林志颖你这张照片是 PS 自对越自卫反击战的中国军人。这是他们出击前的照片，也许这些人中有人可能是人生最后一次留影。请尊重原作和照片上的军人！！！""这个合适么？合理么？""这是不是当兵的时候？？？""恶搞也该有个限度，太过了让人反感，这张照片不适合这样恶搞，照片上的战士，大部分在拍照后不久就牺牲了""传说中的脱衣服有肌肉穿衣服显瘦，赞""好帅气，好身材""请国军战士不要把自己 PS 成解放军了""为什么你说的像我们主动找事？他不发这条微博鬼理他，他是你们的偶像，但那些士兵也是我们的偶像，凭什么他拿我们的偶像开玩笑，我们仅仅要他删掉还不行了？他拿我们的偶像开玩笑，我们要他删掉，在你嘴里就是无理取闹了？""看到这些粉丝得评论我只能呵呵了！你妈最起码的尊重都没有！真应该让他们丢到战场上去！无论是都应该都应该记得尊重那些保卫自己家园的英雄们！追星可以，但不要太盲目""什么叫衬托，图片只是娱乐一下，如果你的自尊心爱国情如此的高尚，不可侵犯，林志颖犯的错误可大了，人格大于生命，他这不是在谋杀你吗，他身材没那么好，你不用吃翔了，算不算救了你的自尊心和骄傲感，我年纪小，对你所说的照片没有听过，不过谢谢你替我弥补了一下知识的漏洞哈""服兵役的时候？"等内容；新浪微博登录页面右侧有"热门话题""微博频道""热门微博"，其中"热门微博"中有"明星"子选项。

朱庆福表示，林志颖的涉案微博内容被大量转发和评论，造成极坏的社会影响。为此，朱庆福提交了（2016）厦思证内字第 5992、5993、5995 ~ 5998 号公证书，其中显示有如下内容：

1. 新浪娱乐中有《林志颖赤身光头造型出镜皮肤黝黑（图）》一文，中文国际网中有《林志颖裸上身扮少林小子光头造型帅气（图）》一文，网易新闻中有《林志颖晒光头半裸照身材壮硕肌肉紧实（图）》一文，人民网娱乐频道中有《汪东城晒光头照引围观李晨吴亦凡等明星光头造型谁最帅？》一文，凤凰网明星频道中有《林志颖赤身扮少林小子光头造型帅气（图）》一文，央视网中有《林志颖晒光头半裸照身材壮硕肌肉紧实（图）》一文，中国新闻网中有《林志颖晒光头半裸照身材壮硕肌肉紧实（图）》一文。此外，在深港在线网站、新浪安徽频道、商都网、加拿大华人网、七丽时尚网、长江商报、乐贴网、娄底新闻网、T大在线网、白领网、博才网、华讯财经网、新民网、搜狐福建、正北方网、华东在线、齐鲁网、新浪天津、芒果网等网站中均有关于报道林志颖光头照的文章。前述各大网站文章中均包含涉案微博配图。

2. 爱奇艺网站中有《娱乐大事件》节目视频（播放次数为276万次），搜狐视频中有《搜狐视频播报20130827林志颖晒光头半裸照网友质疑肌肉太大》节目视频（播放次数为26万次），腾讯视频中有《2013-08-26期林志颖赤身扮少林小子光头造型帅气被疑PS》节目视频（播放次数为4797.3万次），我乐网中有《星闻速递2013林志颖赤身扮少林小子光头造型帅气被疑PS20130826》节目视频（播放次数为53023次），优酷网中有《视频：林志颖赤身扮少林小子光头造型帅气依旧》节目视频（播放次数为447万次），土豆网中有《林志颖赤身扮少林小子光头造型帅气被疑PS》节目视频（播放次数为169万次），乐视网中有《林志颖赤身扮少林小子光头造型帅气被疑PS》节目视频，酷6网中有《林志颖赤身扮少林小子光头造型帅气依旧》节目视频，前述视频中均提到林志颖的光头造型并使用涉案微博配图。在百度视频中以"林志颖微博粉丝2100万光头造型"进行搜索，显示结果有180余条。

三、关于林志颖及其抗辩意见

林志颖（Jimmy Lin），1974年10月15日出生，演员、歌手及赛车手。林志颖曾发表多张唱片并出演多部影视剧作品，先后出演过《旋风小子》《绝代双骄》《天龙八部》《放羊的星星》等多部热播影视剧，发行过《去走走》《挡不住我》等个人专辑，出版了《我对时间有耐心》等书籍。林志颖的作品多表现正面、积极形象，其出版的歌曲深受青少年喜爱，其粉丝数量数千万之巨，系娱乐圈知名的公众人物。

本案中，林志颖对其发布涉案微博不持异议，但其辩称涉案微博配图并非其本人在涉案作品基础上修改而来，而是网友对涉案作品进行的修改，在涉案微博发布前网络中即已存在该涉案微博配图。为此，林志颖提交了（2017）京方正内民证字第48304号公证书，显示于2017年3月27日在百度图片搜索栏中通过上传涉案微博配图的方式进行搜索，在图片来源处有多条结果，其中有一条题为"新蓝网米秀大杂烩——《旋风小子》'母子三人'20年后同台"的搜索结果，该标题下方左侧有涉案微博配图，右侧有www.cztv.com2013-06-09字样。朱庆福主张点击前述链接后进入的页面中并未出现涉案微博配图。庭审中，本院组织双方当事人对该内容进行了勘验，按照前述公证步骤搜索到该链接，点击打开后页面中未显示涉案微博配图。当事人对勘验的过程和结果均无异议。

林志颖辩称其已对朱庆福赔礼道歉，其知晓本案后已于2017年2月16日在其微博发布了道歉声明，声明内容为"4年前，看到网络上一张广泛流传的我的光头PS照，觉得p得很有趣就发了微博跟大家分享。今年，知名摄影师朱庆福老师以PS照侵权为由，上告法庭并索赔110万（附链接：P图须谨慎林志颖因PS被起诉索赔110万）。特此声明：1. 因为觉得有趣，未多做考虑就将网友PS的图片发出来跟大家分享，并未意识到照片是改动于权利人的摄影作品，这是我身为公众人物的疏忽，在此承认错误，以后一定谨慎；2. 本人尊重知识产权，身为公众人物，我们也有影视、音乐等方面的知识产权需要保护，深知知识产权的重要性；3. 对权利人摄影作品造成的伤害，我深表歉意，向他诚挚道歉；4. 我尊重法律，此事已交由@北京星权律师事务所全权处理，并已由律师向权利人转达歉意并主动提出赔偿意向，期望能得到权利人的谅解；5. 作为公众人物，深知一言一行皆有责任、影响，未来再发微博，一定更加谨言慎行，多做思量。6. 谢谢各方的监督。"该微博还配有涉案作品。该微博内容发布时，该微博的关注数为173、粉丝数为67009301、微博数为3800。林志颖认为，前述道歉微博内容发布时，其微博粉丝数量远超过其发布涉案微博配图时的粉丝数量，其已经完成了赔礼道歉。

朱庆福主张，涉案微博配图不仅对涉案作品在四周进行了裁剪修改，更将其中主要人物的头像修图为林志颖的头像，歪曲了原作品要表达的军人的英雄气概，篡改了原作品要表达的中心思想，将原作品娱乐化。朱庆福认为林志颖前述道歉内容并未指明涉案作品的著作权人，亦未承认涉案微博配图系林志颖修图制作完成，该种道歉方式不足以消除林志颖本案行为所造成的不良社会影响，朱庆福不接受林志颖的该种道歉方式。

四、关于朱庆福主张的微梦公司的侵权行为

关于微梦公司，朱庆福认为微博登录页面中有关于明星的热门微博推荐，林志颖作为明星在发布涉案微博内容时粉丝量已到2100万，涉案微博的评论和转发量巨大、热度高，该微博必然会被微梦公司推荐。涉案微博发布后微梦公司随即通过其推介技术向该2100万粉丝推送涉案微博，即使该推送机制是微博网站的运营模式，但一条微博被推送2100万次，微梦公司也应当是知晓的。涉案微博粉丝评论中也有众多网友要求删除该微博。微梦公司对其经营的网站中发生的该项重大事件应当明知。涉案微博页面中存在滚动图片广告，微梦公司也以此获得经济利益。由此，微梦公司构成帮助侵权，应当承担相应侵权责任。

微梦公司主张其提供的为信息存储空间服务，并提交了《微博服务使用协议》，其中协议4.11.6条中约定不得以任何方式侵犯他人依法享有的专利权、著作权、商标权等知识产权，或者其他任何合法权益；第4.14条中约定如用户使用微博服务的过程中发现其他用户上传违法侵权等内容，用户可直接点击"举报"按键进行举报，相关人员会尽快核实并进行处理。关于热门微博和热搜，微梦公司辩称此功能并非仅考虑明星领域，是机器根据某一门类的点击量和转发量自动排序，微梦公司并不会做人工干预，且微博页面中每条微博内容的右上角均设有"举报"按钮。朱庆福认可在提起本案诉讼前并未要求微梦公司删除涉案微博。

五、关于朱庆福主张的损害赔偿计算方式

关于经济损失的计算方式，朱庆福主张应参考《使用文字作品支付报酬规定》以及朱庆福出版画册的稿酬标准进行计算。朱庆福提交了一份艺鼎文化传播公司（甲方）与朱庆福（乙方）订立的《协议书》，其中约定甲方根据乙方所提供的照片以100元/张计算向乙方支付稿费，并将画册销售所得的3%作为另一部分稿酬于画册销售完后支付给乙方。朱庆福认为，涉案微博发布时粉丝量高达2100万，即意味着向2100万人次传播涉案微博配图，参考前述协议中约定的付酬方式并综合考虑居民消费价格指数上涨因素、涉案微博存在期间的长度、微博粉丝量的不断增加等因素，经济损失估算为100万元，应由二被告承担连带赔偿责任。关于合理开支，朱庆福主张其维权合理开支为律师费5万元和公证费5000元，并提交了委托合同、律师费发票和公证费发票。

以上事实，有朱庆福公司提交的证书、影集、杂志、公证书、协议书、网页打印件，林志颖公司提交的公证书、网页打印件，微梦公司提交的网页打印件及本院庭审笔录等在案佐证。

本院认为，摄影作品，是指借助器械在感光材料或者其他介质上记录客观物体形象的艺术作品。涉案作品《中华男儿》系朱庆福使用 220mm 镜头、1/125 秒、f11 光圈拍下战士向右看齐的画面，记录了解放军侦察兵威武的军人形象，展现了军人英勇、顽强的战斗精神。如无相反证明，在作品上署名的公民、法人或者其他组织为作者。依据涉案作品的发表、署名情况，可以认定朱庆福系涉案作品的著作权人，享有涉案作品的著作权。除法律、法规另有规定外，他人未经朱庆福许可不得擅自使用涉案作品。

本案争议焦点为：一、林志颖的涉案行为是否构成侵权；二、林志颖关于其已经完成赔礼道歉的辩称是否成立；三、微梦公司的涉案行为是否构成侵权；四、本案损害赔偿金额如何计算。本院对以上争议焦点逐一进行评述：

一、林志颖的涉案行为是否构成侵权

林志颖在其个人微博中发布了涉案微博配图，经比对，涉案微博配图较涉案作品在四周上进行了裁剪，并将涉案作品中间面朝镜头的主要人物形象的面部更改为林志颖个人面部形象。本院认为，我国著作权法中规定的修改权，是指修改或者授权他人修改作品的权利，林志颖使用的微博配图明显与涉案作品不同，在人物形象与图片篇幅上进行了较大的改动，并未取得著作权人的授权。林志颖虽辩称涉案微博配图系他人修改所得，其仅将其作为微博配图使用，但林志颖提交的证据中虽然显示搜索结果链接下方有涉案微博配图且标注的时间早于涉案微博的发布时间，但经勘验搜索结果链接页面中并不存在涉案微博配图，林志颖亦未提交其他证据予以佐证，故本院认为林志颖提交的现有证据不足以证明涉案微博配图在其发布微博前已经存在，林志颖应当承担举证不能的法律后果。林志颖的相关辩称，于法无据，故从法律真实的角度，本院认为林志颖自行修改了涉案作品。关于林志颖是否侵犯了朱庆福的保护作品完整权，本院认为，保护作品完整权是指作品的作者享有的保护作品不受歪曲、篡改的权利。歪曲指改变事物的真相或内容；篡改个同于一般的修改，是对作品本意的曲解。林志颖应当明知涉案作品所要表达的主题系军人的英雄形象以及战士的英勇杀敌的气概，但未达到其使用目的，林志颖作为文艺娱乐界公众人物，使其修改后的作品具有一定的娱乐意味，虽然其本人具有正面积极的形象，但也难以承载涉案作品拍摄当时特定环境下所反映的核心思想。从林志颖涉案微博发布时所用语言来看，其对涉案作品人物面部替换为自己面部是积极认可的，并无贬损之意，但客观上林志颖的该种行为歪曲、篡改了朱庆福的创作本意和涉案作品的主题思想，林志颖的行为侵犯了朱庆福对涉案作品享有的保护作品完整权。林志颖未经许可将涉案作品置于向公众开放的微博平台向不特定微博用户传播，进而向其他第三方媒体进一步扩散开，林志颖在发布涉案微博配图时未为朱庆福署名，其应当意识到未经许可使用他人作品构成侵权。综上，林志颖的前述行为已经构成对朱庆福涉案作品署名权、修改权、保护作品完整权和信息网络传播权的侵犯。朱庆福关于要求林志颖停止侵权、赔礼道歉、赔偿经济损失和合理开支的诉讼请求，本院予以支持。鉴于林志颖在庭审前已经删除涉案微博配图，朱庆福对此予以认定并撤回了停止侵权的诉讼请求，本院对此不持异议。

二、林志颖关于其已经完成赔礼道歉的辩称是否成立

林志颖辩称其已经在其微博中发布了道歉声明，该道歉微博发布后至开庭时一直存在，

且道歉声明发布时的粉丝数量远超发布涉案微博时的粉丝数量，足以达到赔礼道歉消除影响的效果。而朱庆福以林志颖的道歉微博并未指明涉案作品的著作权人，亦未承认涉案微博配图系林志颖修图制作完成为由不予接受。对此，本院认为，林志颖因侵犯朱庆福对涉案作品的署名权、修改权和保护作品完整权而应向朱庆福赔礼道歉，赔礼道歉的内容和方式应当与其具体侵权行为的内容和方式相适应。关于赔礼道歉的内容，林志颖发布的道歉声明中态度较为诚恳，但道歉内容缺乏明确性和指向性，其在道歉声明中表示涉案微博配图在其发布涉案微博前已"广泛流传"，但该种意思表示与本案认定事实不符，道歉声明亦没有明确表达林志颖的涉案行为已构成对朱庆福涉案作品著作权的侵害。关于赔礼道歉的方式，涉案微博发布时获得了较高的关注度，亦因林志颖系知名艺人而被多家娱乐媒体作为娱乐新闻进行报道，由此产生的影响范围广、持续时间较长，林志颖在其微博中以普通微博的方式发布致歉声明不足以消除其涉案行为所造成的不良影响。此外，涉案作品知名度高、艺术价值高，作者朱庆福本人亦具有较高知名度，林志颖作为公众人物，本应在发布公开言论时对其使用的作品是否可能侵权具有更高的注意义务，其涉案行为具有违法性，涉案微博配图经多次转发评论传播范围广，故林志颖关于其已经完成赔礼道歉的辩称，本院不予采信，林志颖应就其侵权行为进一步向朱庆福赔礼道歉。赔礼道歉的内容应当与本案所认定事实相符，赔礼道歉的方式应当与本案林志颖所涉行为的方式相符，据此本院认为林志颖应在其微博首页置顶位置连续72小时刊登致歉声明。林志颖的涉案行为系发生于其新浪微博中，赔礼道歉的位置确定应遵循救济行为与损害后果相当的原则，要求其在众多媒体中赔礼道歉已超出了林志颖涉案行为所产生的后果范围，本院确认的道歉内容和方式亦可通过微博平台向其他媒体辐射，足以弥补侵权行为所造成的损害。故关于朱庆福要求林志颖在众多媒体中赔礼道歉的要求本院不予支持。

三、微梦公司的涉案行为是否构成侵权

微梦公司作为新浪微博的经营者，是信息存储空间服务提供商。朱庆福诉称，微梦公司存在较大的可能性向公众推送涉案微博，或者提供了"热搜"服务，但并未提交相应证据予以佐证，微梦公司对此不予认可，并指出微博上有"举报"按钮，如朱庆福认为侵权，可以通知微梦公司及时删除涉案微博。微梦公司针对微博投放广告的行为亦非针对特定微博，并非直接获利行为。本案诉讼前，朱庆福并未向微梦公司发出过通知函。微梦公司在收到本案起诉状后，经查证涉案微博已经删除，已履行适当法律义务，没有过错。现有证据不足以证明微梦公司存在主动推送、提供热搜等情况，故本院对朱庆福关于要求微梦公司赔礼道歉、赔偿经济损失和合理开支的诉讼请求不予支持。

四、本案损害赔偿金额如何计算

朱庆福虽提交了其他作品的《协议书》，但因作品不同，价值亦不相同，朱庆福未能提交充分证据证明其经济损失及林志颖的违法所得，故本院将综合考虑以下因素确定赔偿数额：第一，涉案作品系军旅题材，多次荣获摄影类奖项，多次入选知名影展，知名度较高；第二，林志颖发布的涉案微博配图中对涉案作品主要人物进行了修改，使涉案作品丧失了原作所承载的核心精神，并具有了娱乐性，达到了宣传林志颖个人目的，提升了林志颖的形象和曝光度；第三，林志颖发布的涉案微博以涉案微博配图为主要内容，且评论和转发量大，在该微博评论中已经出现要求删除配图的留言后，未能予以回应和处理，持续时间较长；第四，因林志颖系明星公众人物，其微博内容被多家媒体报道，扩大了涉案微博配图所造成的不良影响。综合上述因素，本院认为按照 30 万元的标准酌定赔偿数额已能弥补朱庆福就本案林志颖的侵权行为造成的经济损失。朱庆福还主张为本案支出了律师费和公证费，并提交了相关协议和发票，公证费 5000 元全额支持，律师费 5 万元酌情支持 4 万元。朱庆福主张的赔偿数额和合理开支金额过高，不再全额予以支持。朱庆福还主张 5 万元的精神损害赔偿，根据《最高人民法院关于确定民事侵权精神损害赔偿责任若干问题的解释》第八条第一款规定"因侵权致人精神损害，但未造成严重后果，受害人请求赔偿精神损害的，一般不予支持，人民法院可以根据情形判令侵权人停止侵害、恢复名誉、消除影响、赔礼道歉"，朱庆福提交的证据尚不足以证明其精神损害的严重后果，故本院对其该项主张不予支持。

综上所述，林志颖未经涉案作品著作权人朱庆福的许可对涉案作品进行修改且已经达成了歪曲该作品中心思想表达的程度，并将其作为配图在新浪微博中发布，发布时亦未为朱庆福署名，林志颖的该种行为已构成对朱庆福涉案作品署名权、修改权、保护作品完整权和信息网络传播权的侵犯。微梦公司系信息存储空间服务提供商且已公示投诉方式，根据现有证据无法认定微梦公司对涉案微博进行过整理或者推荐并因涉案微博而直接获利，朱庆福诉前亦未向微梦公司发出过删除通知函，本案中微梦公司的行为并不构成帮助侵权，不应承担相应法律责任。

本院依照《中华人民共和国侵权责任法》第二十二条、第三十六条第二款，《中华人民共和国著作权法》第十条、第四十七条、第四十八条第一项、第四十九条，《最高人民法院关于确定民事侵权精神损害赔偿责任若干问题的解释》第八条，《中华人民共和国民事诉讼法》第六十四条第一款之规定，判决如下：

一、自本判决生效之日起十日内，被告林志颖在其名为"@梦想家林志颖"的新浪微博首页置顶位置连续七十二小时发表声明，向原告朱庆福赔礼道歉（声明内容须经本院核实，逾期不履行，本院将根据原告朱庆福的申请公布判决书主要内容，费用由被告林志颖承担）；

二、自本判决生效之日起十日内，被告林志颖赔偿原告朱庆福经济损失 30 万元、合理开支律师费 4 万元和公证费 5000 元，合计 34.5 万元；

三、驳回原告朱庆福的其他诉讼请求。

如果被告未按本判决指定的期间履行给付金钱义务，应当依照《中华人民共和国民事诉讼法》第二百五十三条之规定，加倍支付迟延履行期间的债务利息。

案件受理费 14745 元（原告已预交），由原告朱庆福负担 4745 元（已交纳），被告林志颖负担 10000 元（于本判决生效后七日内交纳）。

如不服本判决，原告朱庆福和被告北京微梦创科网络技术有限公司可于判决书送达之日起十五日内，被告林志颖可于判决书送达之日起三十日内，向本院递交上诉状，并按对方当事人的人数递交副本，上诉于北京知识产权法院。如上诉期满后七日内未缴纳上诉案件受理费，按自动撤回上诉处理。

审判长　郭振华

审判员　刘君婕

代理审判员　刘佳欣

二〇一七年九月八日

书记员　陈昱晗

书记员　陈　颖

案例95：于克峰与李仕严著作权侵权纠纷二审民事判决书

山东省高级人民法院
民事判决书

(2017) 鲁民终 1131 号

上诉人（原审被告）： 于克峰，男，汉族，住山东省莱芜市莱城区。
委托诉讼代理人： 卢温海，山东圣宏律师事务所律师。
被上诉人（原审原告）： 李仕严，男，汉族，住山东省莱芜市莱城区。

上诉人于克峰因与被上诉人李仕严著作权侵权纠纷一案，不服山东省莱芜市中级人民法院（2016）鲁12民初77号民事判决，向本院提起上诉。本院于2017年7月5日立案后，依法组成合议庭进行了审理。本案现已审理终结。

于克峰上诉请求：撤销原审判决，驳回李仕严的诉讼请求；一、二审诉讼费由李仕严承担。事实和理由：1. 一审判决认定于克峰是新浪微博"@莱芜巷"微博主属于事实认定错误，从而导致判决的责任主体错误，应予撤销。首先，不能根据北京微梦创科网络技术有限公司（以下简称"微梦公司"）2015年8月10日的"协助调查回函"的注册信息认定于克峰是"@莱芜巷"微博主。其次，微梦公司回函证明新浪微博"@莱芜巷"注册信息的真实姓名为李春兰，而登记身份证号码系于克峰的身份证号，姓名和身份证号是不一致、不统一的。一审判决选择和姓名不一致的身份证号认定微博主，没有事实和法律依据。第三，李春兰与于克峰无论何种关系，也不能认定"@莱芜巷"微博主是于克峰。第四，一审判决根据于克峰原委托诉讼代理人在原审对微梦公司回函的质证意见来认定于克峰系"@莱芜巷"微博主不成立。2. 一审判决确认李仕严是文章《依山傍水话莱芜——莱芜古文化地理以及莱芜与周边地市的文化渊源》（以下简称《依山傍水话莱芜》）的著作权人依据不足，同时一审判决对本案所涉文章是否具有独创性的事实没有认定，不符合法律规定。3. 一审判决未考虑网络信息平台的特点，径自认定于克峰作为新浪微博"@莱芜巷"微博主在转发文章时侵权不当。因为莱芜在线论坛具有公共性和共享性特点，这种特点决定了信息提供者对其文章的信息网络传播权和复制权的默认许可使用，甚至是一种权利的放弃，文章作者也没有声明不可转发，被转发和使用的微博也未用于营利目的，这种情况下微博的转发者不应承担侵权责任。4. 一审判决适用法律不当，导致判决错误，应当依法撤销并改判。

李仕严未提交书面答辩意见。

李仕严向一审法院起诉请求判令于克峰：1. 立即删除其在微博、微信上侵犯李仕严著作权的文章两篇，分别是《依山傍水话莱芜》《逐字逐句点评莱芜日报评论员文章〈与市民对立，终成历史罪人〉》（以下简称《点评评论员文章》）；2. 永久性注销新浪微博"@莱芜巷"和微信平台莱芜巷；3. 就抄袭在莱芜主要媒体向李仕严道歉；4. 赔偿李仕严经济损失及维权费用共计 3.5 万元；5. 承担本案诉讼费。

一审法院认定事实：2013 年 11 月 13 日，作品《依山傍水话莱芜》发表于莱芜在线论坛，署名"李仕严"，该文主要讲述了莱芜的古文化遗址、地理环境以及与周边地区的文化渊源。新浪微博"@莱芜巷"未经李仕严许可于 2013 年 11 月 20 日 14 时 58 分 56 秒转发了文章《依山傍水话莱芜》，其后自行删除。新浪微博"@莱芜巷"UID：2132003984，昵称："@莱芜巷"，关联博客：http：//weibo.com/800634555，注册时间为 2011 年 5 月 4 日，微博主真实姓名：李春兰，身份证号码：×××××××××××××××××，该身份证号码系于克峰的身份证号，李春兰系于克峰之妻。微梦公司为新浪微博的独立注册公司，于 2010 年 10 月 11 日在北京海淀区注册，负责新浪微博运行事宜。

一审法院认为，案件争议焦点：（一）李仕严是否是涉案两篇文章的著作权人；（二）于克峰是否为新浪微博"@莱芜巷"微博主以及微信平台莱芜巷的使用人；（三）新浪微博"@莱芜巷"以及微信平台莱芜巷是否转发了涉案文章构成侵权，应否承担民事责任，应承担何种民事责任。

关于焦点（一）李仕严是否是涉案两篇文章的著作权人。《中华人民共和国著作权法》（以下简称《著作权法》）第十一条规定："著作权属于作者，本法另有规定的除外。创作作品的公民是作者。由法人或者其他组织主持，代表法人或者其他组织意志创作，并由法人或者其他组织承担责任的作品，法人或者其他组织视为作者。如无相反证明，在作品上署名的公民、法人或者其他组织为作者"。文章《依山傍水话莱芜》于 2013 年 11 月 13 日由李仕严发表于莱芜在线论坛，文章题目下方署名"李仕严"，李仕严提供了与他人的 QQ 聊天记录及相关回帖，能够说明该文的创作过程以及创作完成后李仕严与他人的交流体会，故认定李仕严是文章《依山傍水话莱芜》的著作权人合法有据，一审法院予以确认。李仕严未提交证据证明其是《点评评论员文章》的著作权人，一审法院对该文的著作权人不予认定。

关于焦点（二）于克峰是否是新浪微博"@莱芜巷"微博主，以及微信平台莱芜巷的使用人。1. 李仕严未提供证据证明于克峰是微信平台莱芜巷的使用人，于克峰对此亦予以否认，一审法院对微信平台莱芜巷使用人的身份不予认定。2. 于克峰是新浪微博"@莱芜巷"微博主，理由：首先，微梦公司回函证明新浪微博"@莱芜巷"微博主真实姓名为李春兰，李春兰与于克峰系夫妻关系，微博主所登记身份证号码系于克峰的身份证号码，身份证号码作为区分公民的标识，具有唯一性。其次，于克峰的委托诉讼代理人在原审对微梦公司回函的质证意见中也认可该微博号是从别人那里过户到其名下，重审中于克峰变更上述意见但未说明变更的理由也未提交相应的证据，故对其变更后的意见不予采信。结合上述两点，应认定于克峰为新浪微博"@莱芜巷"的微博主。

关于焦点（三）新浪微博"@莱芜巷"以及微信平台莱芜巷是否转发了涉案文章构成侵权，应否承担民事责任，应承担何种民事责任。李仕严提交的视频光盘虽然存在瑕疵，但微梦公司的调查回函的内容可对其予以佐证，两者内容亦能相互印证，故一审法院对李仕严提交的视频光盘的证明效力予以认定，新浪微博"@莱芜巷"确于 2013 年 11 月 20 日转发了文章《依山傍水话莱芜》后又自行删除，于克峰作为微博主在转发文章时未得到著作权人李仕严的许可，未注明被转载作品的作者和最初登载的出处，不属于合理使用的范畴，侵犯了李仕严的署名权、复制权、发行权。《著作权法》第四十八条规定：有下列侵权行为的，应当根据情况，承担停止侵害、消除影响、赔礼道歉、赔偿损失等民事责任……（一）未经著作权人许可，复制、发行、表演、放映、广播、汇编、通过信息网络向公众传播其作品的，本法另有规定的除外。根据上述规定，李仕严请求判令于克峰赔礼道歉的主张，一审法院予以支持。关于李仕严主张的赔偿数额，《著作权法》第四十九条规定：侵犯著作权或者与著作权有关的权利的，侵权人应当按照权利人的实际损失给予赔偿；实际损失难以计算的，可以按照侵权人的违法所得给予赔偿。赔偿数额还应当包括权利人为制止侵权行为所支付的合理开支。权利人的实际损失或者侵权人的违法所得不能确定的，由人民法院根据侵权行为的情节，判决给予 50 万元以下的赔偿。李仕严要求于克峰赔偿经济损失以及李仕严为制止侵权行为所支付的合理费用 35000 元，但李仕严并未举证证明其实际损失，于克峰的侵权获利数额亦无法查明。综合考量涉案文章的发表时间、学术价值，于克峰的侵权情节、主观过错等因素，酌定由于克峰赔偿经济损失及维权合理开支 5000 元。文章《依山傍水话莱芜》已自行删除，李仕严请求于克峰立即删除该文的诉求，一审法院不再支持。李仕严请求永久性注销新浪微博"@莱芜巷"、微信平台莱芜巷。根据法律规定，著作权侵权人承担责任的方式为停止侵害、赔偿损失等，李仕严要求注销其发布平台，无法律依据，一审法院不予支持。

综上，经一审法院审判委员会讨论决定，依照《中华人民共和国著作权法》第二条第一款、第三条第一款第一项、第十条、第四十八条、第四十九条，《中华人民共和国民事诉讼法》第六十四条、第七十一条，《最高人民法院关于审理著作权民事纠纷案件适用法律若干问题的解释》第二十五条、第二十六条，《最高人民法院关于适用〈中华人民共和国民事诉讼法〉的解释》第九十五条的规定，一审法院判决：一、于克峰于判决生效之日起十日内赔偿李仕严经济损失及合理开支 5000 元；二、于克峰于判决生效之日起六十日内，在《莱芜日报》上就其侵权行为向李仕严公开赔礼道歉（赔礼道歉内容须经法院审核，所需费用由于克峰承担）；三、驳回李仕严的其他诉讼请求。如果未按判决指定的期间履行给付金钱义务，应当依照《中华人民共和国民事诉讼法》第二百五十三条之规定，加倍支付迟延履行期间的债务利息。案件受理费 675 元，由李仕严负担 575 元，于克峰负担 100 元。

二审期间，双方当事人均未提交新证据。

本院二审查明的事实与一审法院查明的一致。二审中，于克峰提交调查取证申请书，申请对新浪微博"@莱芜巷"的绑定证件信息及绑定证件日期进行调查取证。

本院认为，根据当事人诉辩主张，本案争议焦点为：一、李仕严是否涉案作品的著作权人；二、于克峰是否实施了侵权行为，应否及如何承担侵权责任。

一、关于李仕严是否涉案作品的著作权人的问题。根据《中华人民共和国著作权法实施条例》（以下简称《著作权法实施条例》）第二条"著作权法所称作品，是指文学、艺术和科学领域内具有独创性并能以某种有形形式复制的智力成果"之规定，著作权法所保护的作品，应具有独创性。本案《依山傍水话莱芜》作品是李仕严通过文字形式对莱芜古文化地理历史以及莱芜与周边地市的渊源进行的表达，包含了作者对相关资料的取舍编排和加工润色的判断和选择，具有一定的独创性，构成著作权法上的作品。于克峰虽主张不具有独创性，但并未提供相反证据，本院对其主张不予支持。《著作权法》第十一条第一款、第四款规定："著作权属于作者，本法另有规定的除外。""如无相反证明，在作品上署名的公民、法人或者其他组织为作者。"《最高人民法院关于审理著作权民事纠纷案件适用法律若干问题的解释》第七条第一款规定："当事人提供的涉及著作权的底稿、原件、合法出版物、著作权登记证书、认证机构出具的证明、取得权利的合同等，可以作为证据。"故李仕严提供的在莱芜在线论坛发表的《依山傍水话莱芜》，能够作为证据证明其是该文的作者，系该作品的著作权人。于克峰虽主张李仕严不是《依山傍水话莱芜》的著作权人，亦未能提交相反证据，本院对其主张不予支持。

二、关于于克峰是否实施了侵权行为，应否及如何承担侵权责任的问题。首先，关于于克峰是否实施了侵权行为，应否承担侵权责任的问题。本院认为，根据法院查明的事实，新浪微博"@莱芜巷"登记的身份证号码系于克峰的身份证号码，新浪微博"@莱芜巷"登记的微博主姓名为李春兰，其与于克峰系夫妻关系，结合于克峰一审自认微博系其从别人手中过户，其二审虽对此予以否认，但未提供相关证据，亦未作出合理解释。综上，本院认为，现有证据能够形成优势证据，证明于克峰系新浪微博"@莱芜巷"微博主。故本院对于克峰调查取证申请不予准许。根据法院查明的事实，新浪微博"@莱芜巷"于2013年11月20日转发了《依山傍水话莱芜》。于克峰作为新浪微博"@莱芜巷"微博主，其转发行为既未经著作权人李仕严许可，也未注明作者和来源，侵犯了李仕严的著作权，应当承担侵权责任。于克峰主张在莱芜在线论坛发表的文章系作者对作品的信息网络传播权和复制权的默认许可使用，文章作者也没有声明不可转发，被转发和使用的微博也未用于营利，不应承担侵权责任，但未能提供相应法律依据，本院不予支持。其次，关于于克峰如何承担侵权责任的问题。根据《著作权法》第四十八条第一项的规定，于克峰应承担停止侵害、消除影响、赔礼道歉、赔偿损失等民事责任。因新浪微博"@莱芜巷"已自行删除《依山傍水话莱芜》一文，一审法院对李仕严删除该文的主张不再支持并无不当。关于赔偿数额，一审法院根据《著作权法》第四十九条的规定，综合考量《依山傍水话莱芜》的发表时间、学术价值，于克峰的侵权情节、主观过错等因素，酌定由于克峰赔偿李仕严经济损失及维权合理开支5000元，亦无不当，应予维持。

综上所述，于克峰的上诉请求不能成立，应予驳回；一审判决认定事实清楚，适用法律正确，应予维持。本院依据《中华人民共和国民事诉讼法》第一百七十条第一款第一项规定，判决如下：

驳回上诉，维持原判。

二审案件受理费50元，由于克峰负担。

本判决为终审判决。

审判长　张金柱

审判员　刘晓梅

审判员　张　亮

二〇一七年十月十九日

书记员　马　强

书记员　邢晓宇

案例 96：北京微梦创科网络技术有限公司、广州网易计算机系统有限公司与焦国强、霍建华名誉权纠纷二审民事判决书

北京市第一中级人民法院
民事判决书

(2017) 京 01 民终 6460 号

上诉人（原审被告）： 广州网易计算机系统有限公司，住所地广州市天河区。

法定代表人： 丁磊，该公司执行董事。

委托诉讼代理人： 朱继国，男，广州网易计算机系统有限公司法务经理。

被上诉人（原审原告）： 霍建华，男，住北京市朝阳区。

委托诉讼代理人： 朱晓磊，北京星权律师事务所律师。

委托诉讼代理人： 李媛媛，北京星权律师事务所律师。

被上诉人（原审被告）： 焦国强，男，住陕西省咸阳市礼泉县。

原审被告 北京微梦创科网络技术有限公司，住所地北京市海淀区。

法定代表人： 刘运利，该公司执行董事。

委托诉讼代理人： 刘超，男，北京微梦创科网络技术有限公司法务部经理。

委托诉讼代理人： 郭凌云，男，北京微梦创科网络技术有限公司法务部经理。

上诉人广州网易计算机系统有限公司（以下简称网易公司）因与被上诉人霍建华、焦国强及原审被告北京微梦创科网络技术有限公司（以下简称微梦公司）名誉权纠纷一案，不服北京市海淀区人民法院（2015）海民初字第 15079 号民事判决，向本院提起上诉。本院于 2017 年 8 月 15 日立案后，依法组成合议庭，因符合《中华人民共和国民事诉讼法》第一百六十九条之规定，不开庭进行了审理。本案现已审理终结。

网易公司上诉请求：撤销一审法院判决，依法改判驳回霍建华的全部诉讼请求。事实和理由：一审法院认定事实不清，适用法律错误。第一，涉案文章不具有特定的指向对象，一审法院认定文章指向霍建华错误；第二，涉案文章没有侮辱诽谤的内容，不构成对名誉权的侵犯；第三，一审法院责任比例划分错误，我公司责任过重，根据本案具体情况，应由我公司和焦国强按照 2:8 的比例承担责任；第四，一审法院判决赔偿数额过高。

霍建华辩称，同意一审法院判决，不同意网易公司的上诉请求和理由。依据涉案文章数个暗示性标签的描述，已经特定指向霍建华个人，文章内容亦构成对霍建华名誉权的侵犯，一审法院据此认定的责任比例及赔偿数额正确。

微梦公司提交书面答辩状称，同意一审法院判决。

焦国强未到庭进行口头答辩或提交书面意见。

霍建华向一审法院起诉请求：1. 判令网易公司在其官网首页位置及全国公开发行报纸向我公开赔礼道歉，致歉内容应包含本案民事判决书的主要内容，致歉持续时间不少于90日；2. 判令焦国强在其微博置顶位置及全国公开发行报纸向我公开赔礼道歉，致歉内容应包含本案民事判决书的主要内容，致歉持续时间不少于90日；3. 判令网易公司、焦国强连带向我共同赔偿经济损失50万元，精神损害抚慰金50万元及我因维权而支付的包含委托律师授权委托公证费、保全侵权网页公证费、律师费等合理开支共计4.5万元，以上共计104.5万元。

一审法院认定事实：

一、各方当事人的相关情况

霍建华系我国台湾地区知名男演员，曾参演过《仙剑奇侠传三》、《金玉良缘》及金庸武侠剧《笑傲江湖》等多部热播古装影视剧，曾在横店影视基地进行过拍摄。

微梦公司系新浪微博平台的经营者，网站域名为：weibo. com，网站备案许可证号为：京 I ××备12002058号－2。

网易公司系网易网站的经营者，网站域名为：163. com，网站备案许可证号为：粤 B2－20090191－18。

焦国强系新浪微博用户，网络昵称为"@函数公"，实名认证内容为：娱乐评论人，就职于华谊工作室，微博网址为：http: //weibo. com/234744564，截至2015年1月31日15时35分，粉丝数为199290人。

二、被控侵犯名誉权行为的相关事实情况

2015年1月31日，霍建华的委托代理人向北京市方正公证处申请对涉诉网页相关内容进行证据保全，该处作出（2015）京方正内民证字第07746号公证书。该公证书显示：2015年1月28日18时28分，网易公司经营的网易网站娱乐频道"深水娱"专稿中发表了第5期标题为《横店昔日风月：上百男星曾涉嫖留案底》（以下简称《横》文），文章网址为：http: //ent. 163. com/15/0128/18/AH2LO67I00034UOI. html。该文章开篇段落写到："在横店，很多女群演在经历了追梦的三、四年之后都开始回归现实，为了赚钱，她们'享受'起横店的夜晚，而她们的主要'客户'则是那些长居横店的男演员们，在横店影视城运营的十多年里，曾被扫黄时抓到的有嫖娼行为的男演员们多达百人，其中不乏影视界'大咖'，由于事件都发生在2014年之前，这些演员只做了备案，并未公诸于众，但让他们写下了保证书。"该文章中的"女性群演当'横漂'梦想破碎'下海'"一节有这样的描述："为了赚钱、生活得体面，她们白天拍戏，保持自己群众演员的身份，晚上，则打扮美艳穿着暴露，出入夜总会和一些男演员的酒店房间，提供特殊服务。小咪（化名）就曾经是这么一个人……所谓'副导演'，在影片拍摄中负责招募群众演员、特约演员、小角色，并指导他们的表演……都会借着'试戏'的名义，先看看这些女孩的'配合度'……在片场外的娱乐场所，副导演更是常常充当中间人角色，把女孩们介绍给'有需要'的男演员认识。"此外，该文的"男星为保密给女群演数万封口费"一节描述如下："曾有狗仔在横店拍到过男演员带着妙龄女孩去吃宵夜的图片，其实这早已不是新闻，甚至该说很'正常'，并且只是表面现象，真正的'新闻'发生在夜总会和酒店这种外人无法接近的地方。据了解，一线明星习惯入住的酒店是贵宾楼，他们夜晚出去玩乐或应酬多数选择在离酒店稍远的'**公馆'，人多时通常开大包间，人均最低消费一千五到两千，如果开好酒，包房消费过万，通常是一些在电视剧中担任主角的知名男演员组局并买单。据知情人士透露，2013 年初，某历史剧在横店拍摄，该剧组某天收工后在'＊＊年代'夜总会聚会，G 姓总导演唱了几首歌先行离开，并提醒众人'少玩一会，明天还要拍戏'。'其实每逢听说有这种局，和演员关系亲近的副导演们都会参与其中，同时邀请一些漂亮的 90 后女群演们到场助兴。表面上，大家只是唱歌、喝酒为主，但实际上，在副导演的介绍下，男演员与女群演互相"认识"后，常常采用微信等方式私下联系，这种"联系"让他们各取所需。'知情人士透露。该导演走后，在剧中饰演各位历史人物的演员们就叫来漂亮的女群演们，上演了各种搂、抱、亲的场面。小咪说，除了副导演的'进贡'，一般常在横店拍戏的男演员都会有自己的朋友圈——'这种玩法更安全'。如果同时在拍戏，晚上收工后就会有人组局，每个人都会带些自己在横店的'熟人'，年轻女群演们当然也包括在内。一位 H 姓台湾男演员曾接演多部古装戏，都在横店拍摄。在拍一部金庸名著改编的电视剧期间，该男演员与一位 90 后女群演在夜总会结识后，有过多次往来，女孩还曾上传两人亲吻照到自己的微信朋友圈，经人提醒后删除，为了'封口'，H 姓男演员给了女孩数万元开网店。"截至 2015 年 1 月 31 日 15 时 43 分，在该文章后面的跟帖区有 23116 人参与。其中不少网络用户认为该"H 姓男演员"指向霍建华，例如，网易湖北省手机网友于 2015 年 1 月 28 日 18 时 55 分跟帖称："h 是霍建华"，该帖支持量为 1784 次；网易云南省德宏州手机网友"小毒兽"于 2015 年 1 月 28 日 20 时 08 分跟帖称："H 姓台湾男演员是霍建华"，该帖支持量为 24 次。

2015 年 1 月 30 日凌晨 2 时 21 分，焦国强在网络昵称为"@函数公"的新浪微博中发布如下微博内容："H＝霍建华、C＝陈浩民、C＝陈建斌、P＝潘粤明、H＝胡歌（黄晓明）、L＝李易峰，这么带入仿佛是解开了网易娱乐出的谜题，真让博主惊讶，不应该的啊！"同时在该博文下方上传了《横》文的若干幅节选内容图片，其中第一幅节选内容图片有以下文字："人都会带些自己在横店的'熟人'，年轻女群演们当然也包括在内。一位 H 姓台湾男演员曾接演多部古装戏，都在横店拍摄。在拍一部金庸名著改编的电视剧期间，该男演员与一位 90 后女群演在夜总会结识后，有过多次往来，女孩还曾上传两人亲吻照到自己的微信朋友圈，经人提醒后删除，为了'封口'，H 姓男演员给了女孩数万元开网店。"截至 2015 年 1 月 31 日 15 时 35 分，该博文转发 68 次，评论 216 次，点赞 336 次。

2015 年 1 月 31 日，霍建华委托北京市庞标律师事务所朱晓磊律师向网易公司及微梦公司公开发出《律师声明》，该律师声明中披露了委托情况及前述涉诉微博及涉诉文章的网址及主要涉及内容，声明内容为："一、敦促广州网易计算机系统有限公司（网易娱乐）等媒体、新浪微博用户'@函数公'、'@沙河小子'等网络用户，在本律师声明发布十二小时内删除诽谤霍建华的不法信息，并在本律师声明发布三日内向霍建华先生承担包括公开赔礼道歉在内的一切法律责任。二、敬告相关媒体及网络用户停止转载针对霍建华先生之诽谤信息，以避免对霍建华先生精神伤害的持续扩大以及己方法律责任的承担。"当日 22 时 24 分，朱晓磊律师通过个人微博向焦国强的新浪微博"@函数公"发送了前述《律师声明》，并留言称："致博主：以上系台湾艺人霍建华先生委托本律师向您致送的律师声明，请查阅。——朱晓磊律师 2015 年 1 月 31 日。"

诉讼中，网易公司表示已经删除《横》文中以下文字："一位 H 姓台湾男演员曾接演多部古装戏，都在横店拍摄。在拍一部金庸名著改编的电视剧期间，该男演员与一位 90 后女群演在夜总会结识后，有过多次往来，女孩还曾上传两人亲吻照到自己的微信朋友圈，经人提醒后删除，为了'封口'，H姓男演员给了女孩数万元开网店。"就此向法院提交了该网站后台删除记录截屏打印件及删除后的《横》文打印件予以对比，霍建华对前述文字已删除的事实予以认可。霍建华通知微梦公司删除焦国强前述微博内容后，微梦公司及时予以删除，霍建华对此予以认可，并不再对微梦公司提出其他诉讼请求。

三、霍建华主张维权经济损失的依据

为证明维权损失，霍建华向法院提交了北京市方正公证处出具的公证费发票1400元、3张上海虹桥至北京南的商务座火车票共计5244元、霍建华与北京庞标律师事务所签订的《委托协议》及该律所出具的律师费发票35000元。

四、网易公司主要抗辩理由及依据

庭审中，网易公司对霍建华主张《横》文中涉诉文字构成以诽谤方式侵犯名誉权之主张抗辩称涉诉文字并不具有明确指向对象，并未指向霍建华，公众对此有多种解读，就此向法院提交了以下文章予以佐证：新浪网文章《〈鹿鼎记〉进驻横店民间紫禁城"乐"事不断》、腾讯网文章《新〈射雕〉横店正式复拍胡歌重披郭靖战袍（图）》、天涯论坛帖文《这个新闻大家看了么：揭秘横店性交易：上百位男星嫖娼留案底（转载）》、传送门网文章《【看热闹不嫌事大】横店上演百位男星嫖娼事件，全民又柯南了!》、新浪博客文章《横店昔日风月》、腾讯娱乐文章《〈笑傲江湖〉完美收官黄文豪获一边倒好评》、《百度百科——黄文豪》。

经法庭询问，网易公司表示《横》文中涉诉文字中提及H姓台湾男演员曾接演多部古装戏，都在横店拍摄，且拍摄了金庸名著改编电视剧等具体个人信息要素，该文章只是描述了在横店影视基地拍摄的演艺人员生存状态，并未有所特指，该公司未向法院提交涉诉文字所述事实的相关证据。霍建华对此表示不予认可，主张其个人符合涉诉文字提的姓氏拼音字母开头为H、籍贯为台湾、性别为男、职业为演艺明星、演艺特点为接演多部古装戏且都在横店拍摄，而且拍摄了金庸名著改编电视剧等全部要素，很多了解其基本情况的网民看到这些要素也都理解为就是指向他，且涉诉文字所述事实纯属无中生有，凭空捏造，就此向法院提交了网民跟帖留言认为涉诉文字指向霍建华的网页截屏打印件。网易公司对此不予认可，表示台湾男明星黄文豪亦符合前述条件，黄文豪也参与了金庸名著《笑傲江湖》改编电视剧的拍摄，霍建华扮演令狐冲，黄文豪扮演岳不群，但同时也表示虽然黄文豪也符合前述要素条件，但涉诉文字并不指向黄文豪，只是反映在横店影视基地拍摄男演员的生活状态，并无具体指向。

五、焦国强送达与缺席审理情况

诉讼中，霍建华申请法院责令微梦公司提供微博网名为"@函数公"的用户实名信息，法院经审查霍建华的申请及提交的初步证据后，根据相关规定认定该调查申请符合法院责令网络服务商提供用户实名信息的条件，故责令微梦公司提供"@函数公"的用户实名信息。其后，微梦公司提供了网名"@函数公"的实名用户焦国强的个人信息，法院根据焦国强向微梦公司提交的实名认证个人信息向焦国强进行送达，在穷尽其他送达方式之后，法院于2015年8月12日通过《人民法院报》刊登公告方式向焦国强公告送达应诉手续及开庭传票，焦国强无正当理由，未于开庭传票指定的开庭日期到庭应诉，亦未委托代理人提交答辩状或证据材料，法院依法进行缺席审理。

一审法院认为，自然人的名誉是人格尊严的体现，自然人的名誉权是其依赖自己的名誉参与社会生活的权利。自然人享有名誉权，禁止使用侮辱、诽谤等方式损害自然人的名誉。行为人因过错侵害他人名誉权的，应当承担侵权责任。自然人的名誉权受到侵害的，有权要求停止侵害，恢复名誉，消除影响，赔礼道歉及赔偿损失。当事人对自己提出的诉讼请求所依据的事实或者反驳对方诉讼请求所依据的事实，应当提供证据加以证明，但法律另有规定的除外。在作出判决前，当事人未能提供证据或者证据不足以证明其事实主张的，由负有举证证明责任的当事人承担不利的后果。

本案中，霍建华主张涉诉文字凭空捏造其存在不正当性行为的事实对其进行诽谤，构成对其名誉权的侵犯。法院认为，是否构成侵害名誉权的责任，应当根据受害人确有名誉被损害的事实、行为人行为违法、违法行为与损害后果之间有因果关系、行为人主观上有过错来认定。以书面或口头形式侮辱或者诽谤他人，损害他人名誉的，应认定为侵害他人名誉权。因此，诽谤行为系侵害名誉权的主要方式之一，涉诉文字是否构成诽谤行为，是判断被告行为是否构成侵害名誉权的关键。本案中，主要的争议焦点可以概括为以下四点：一、网易公司的涉诉文字是否指向霍建华；二、网易公司的涉诉文字是否构成以诽谤方式侵犯霍建华名誉权；三、焦国强的涉诉文字是否构成共同侵权行为；四、如需承担侵权责任，被告应当如何承担。下面具体分析：

一、网易公司的涉诉文字是否指向霍建华

法院认为，网易公司的涉诉文字属于书面形式的言论，判断书面言论的指向性至少包括两个维度：其一是该书面言论所表达的指向，主要判断该言论是"特指"还是"泛指"，是"明指"还是"暗指"。其二是言论受众在受领表达后所理解的指向，主要判断受领的言论信息是否具有理解上的确定性或对应性。由此，通过综合考虑书面言论的表达与第三人受领理解的指向最终判定是否指向原告。如果涉诉文字是"特指"某个人，但未直接点出姓名，则在言论指向性上属于"暗指"，就需要进一步判断该言论提及的个人特征要素与原告所具有的是否全部相符，而且这些"暗指"的个人特征要素是否具有可识别的显著性，是否足以让第三人意识到该"暗指"的言论传播与原告具有直接或高度的对应性，以至于被理解为特意用来指称原告。如果皆是，就应当认定该涉诉文字指向了原告。

就本案而言，从涉诉文字使用"一位"男演员的唯一性表述及陈述的相应事实内容可以看出，陈述的事实并非是抽象概括的描述，而是针对特定男演员的具体事实。而且，该涉诉文字并未"点名"指向霍建华，而只是提供了姓氏拼音字母开头为H、籍贯为台湾、性别为男、职业为演艺明星、演艺特点为接演多部古装戏且都在横店拍摄，而且拍摄了金庸名著改编电视剧等特定个人的特征要素。显然，这是在"特指"并"暗指"某特定个人，而非网易公司辩称的那样，只是在抽象地反映横店影视基地男演员的生活状态，并无具体的指向。

从法院查明的事实看，霍建华的个人特征全部满足涉诉文字提供的前述个人信息。鉴于这些可供识别的特征要素多达七项，这大大缩小了信息受领者根据这些特征要素锁定个人的范围，实际上提高了通过这些个人特征要素总和进行识别的显著性。毕竟社会属性的人是诸多社会关系的总和。在"暗指"的情况下，提供的个人要素特征越多，同时满足这些要素总和的人就越少，甚至可能达到唯一的程度，那么，就越容易锁定并识别特定个人。即使未达到唯一的程度，如果同时满足这些要素总和的人是如此之少，而某特定个人在其中的名气或其他个性特征是如此之显著，以至于一般合理之人在依据这些要素总和进行判断时，很大程度上会合理地将该指向信息与该显著之人直接或高度对应，那么，就可以判定这些信息指向了该显著之人。本案中，在可以同时满足前述七项个人特征要素总和的人里，霍建华具有在知名度及参演"多"部金庸小说改编剧古装戏等要素上的重要显著性，足以让一般合理之人将二者直接或高度对应，从而理解该指向性传播被特意用来指称霍建华，这一点从焦国强的涉诉言论及诸多网络用户跟帖认为指向霍建华的留言中可以印证，因此，法院认定网易公司所发涉诉文字是指向霍建华。

至于网易公司有关台湾男演员黄文豪也满足涉诉文字提供的七项识别信息要素，该涉诉文字的可识别性不能唯一指向霍建华，亦证明该文字没有特定指向的辩称。法院认为，网易公司作为涉诉文章的发布者，当庭表示其涉诉文字并不特指黄文豪，即发布者自认为其并不特指黄文豪，而从霍建华认为指向自己的主张中，也可以表明其并不认为涉诉文字是指向黄文豪，这说明本案霍建华及网易公司均认可涉诉文字不指向黄文豪，且如前述分析那样，在涉诉文字发布之时，黄文豪尚不具备霍建华在这些识别要素中的显著性，因此，从信息发布者与受领者角度，涉诉文字均不具有被理解为指向黄文豪的条件和可能性，故法院对网易公司的该项抗辩理由及主张均不予采信。

二、网易公司所发涉诉文字的内容是否构成以诽谤方式侵犯霍建华名誉权

法院认为，不当言论传播是侵害公民名誉权的主要形式。言论传播的方式可以是口头或书面向第三人散布；言论的内容可以是"事实陈述"或"意见表达"，即前者的内容指向"是什么"，后者的内容指向"怎么看"；言论的不当性主要体现在言论内容的可受非难性。具体而言，一般诚信谨慎之人，在"事实陈述"时，所述事实应当基本或大致属实；"意见表达"时，评论内容应当大致客观公正。如果向第三人传播不利于特定人或特定人群名誉的虚假事实，或者以他人传播的虚假事实为依据进行不利于特定人或特定人群名誉的不当评论，足以致使该特定人或特定人群社会评价降低的，就可以认定为是对他人的诽谤，从而构成侵犯他人的名誉权。

本案中，网易公司发布的涉诉文字是对霍建华与某女群演发生不正当性关系一事的叙述，属于"事实陈述"的言论，故应当遵循基本或大致属实的言论原则。霍建华主张涉诉文字所述事实纯属凭空捏造、无中生有，但是网易公司作为涉诉文字的发布者，却并未就此言论向法院提交相应证据证明其传播内容的事实依据，即网易公司对其传播言论无法证真，故网易公司应当承担举证不能的不利后果，法院进而认定网易公司传播的涉诉文字内容系虚假事实。鉴于发生不正当性关系是可受社会人伦道德及主流价值观非难的情事，足以损害他人的名誉从而降低社会评价，或者阻遏第三人与其发生联系或进行交往，故此类言论的传播具有明显的诽谤意义。现网易公司在无相应事实依据的情况下，通过信息网络方式公开传播对霍建华具有诽谤意义的虚假事实，足以让社会对霍建华作出道德上的负面评价，从而严重破坏霍建华的公众形象，故网易公司的该行为本身即证明了其具有明显的主观过错，是对霍建华的诽谤，构成对霍建华名誉权的侵害，网易公司应当承担相应的侵权责任。

三、焦国强的涉诉行为是否构成共同侵权行为

被告焦国强经法院合法传唤，无正当理由未到庭应诉，视为其放弃了答辩和质证的权利，法院在查清事实的基础上依法作出缺席判决。

本案中，网易公司发布包含涉诉文字的文章之后，焦国强节选了部分内容，通过文字图片的方式，上传到其涉诉微博中进行再传播，其行为构成了对前述言论的转载。此外，焦国

强还在该文字图片上方发布了自己的言论："H＝霍建华、C＝陈浩民、C＝陈建斌、P＝潘粤明、H＝胡歌（黄晓明）、L＝李易峰，这么带入仿佛是解开了网易娱乐出的谜题，真让博主惊讶，不应该的啊！"该言论与前述上传节选内容图片共同构成一条完整的微博内容。从该微博图文内容的整体上看，实际上其自己发表的前述言论是对转载内容的个人注解。

法院认为，人民法院认定网络用户转载网络信息行为的过错及其程度，应当综合以下因素：（一）转载主体所承担的与其性质、影响范围相适应的注意义务；（二）所转载信息侵害他人人身权益的明显程度；（三）对所转载信息是否作出实质性修改，是否添加或者修改文章标题，导致其与内容严重不符以及误导公众的可能性。本案中，焦国强作为拥有将近20万粉丝的实名认证网络用户，其身份认证为就职于华谊工作室的娱乐评论人，属于具有较大网络社区影响力的业内人士，其应当承担与其身份性质及影响范围相适应的较高注意义务。其次，焦国强在新浪微博中转载的节选内容，是涉及他人是否存在不正当性关系这样对个人名誉具有重大影响的事实，一旦不实传播便具有明显的诽谤意义，其应当更为谨慎传播。再则，即使网易公司作为源发信息的发布者，在传播涉诉文字时尚未指名道姓，而焦国强不但没有尽到对转发节选内容的相应注意义务，还进一步对没有事实依据的转载信息进行指名道姓的注解性添加，让源发言论尚且隐晦的表达变得更加直白，进一步扩大了虚假事实的传播。综上，焦国强的转载行为具有明显的过错，构成了对霍建华的诽谤。虽然目前尚无证据证明焦国强与网易公司具有侵犯霍建华名誉权的共同意思联络，但是二者分别实施源发与转发的侵权行为，共同造成了霍建华名誉权的损害，故二者均应在各自责任范围内承担按份共同责任。法院同时考虑到，虽然焦国强在新浪微博中具有较大的社会影响力及明显的过错，但是与网易公司相比其行为属于扩大侵害的转发行为，其转发言论的影响力及传播范围远不及网易公司，故法院认定焦国强与网易公司承担责任的比例为2∶8。

四、侵权微博言论的侵权责任判定

网易公司及焦国强发表的涉诉文字构成对霍建华名誉权的侵犯，应当承担停止侵权、赔礼道歉、消除影响、恢复名誉、损害赔偿的侵权责任。因网易公司所发涉诉侵权文字与焦国强所发涉诉微博内容现已不复存在，法院不再判令网易公司及焦国强停止侵权。至于赔礼道歉、消除影响、恢复名誉，法院将综合考虑网易公司及焦国强的主观过错、侵权情节、损害后果等因素，判定网易公司及焦国强进行赔礼道歉、消除影响、恢复名誉的方式和范围。鉴于网易公司及焦国强利用信息网络传播有关损害霍建华名誉的诽谤言论，势必给霍建华造成严重的精神损害，故法院综合考虑侵权文字及微博的内容描述、侵权人过错程度等因素酌情判定网易公司及焦国强在前述责任比例范围内赔偿精神损害赔偿金。办理公证及委托代理人是合理的取证及维权手段，对其为此支出的合理公证费和律师费，亦应一并承担，超过此部分合理财产损失部分，法院不再予以支持。鉴于微梦公司已经按照霍建华的通知及时删除焦国强的涉诉微博，霍建华未在本案中对该公司提出其他诉讼请求，故法院对此不持异议。

综上所述，依据《中华人民共和国民法通则》第一百零一条、第一百二十条，《中华人民共和国侵权责任法》第二条、第十二条、第十五条、第三十六条第一款、第二款，《最高人民法院关于审理名誉权案件若干问题的解答》第七条、第十条、第十一条，《最高人民法院关于审理利用信息网络侵害人身权益民事纠纷案件适用法律若干问题的规定》第十条、第十七条、第十八条，《中华人民共和国民事诉讼法》第一百四十四条之规定，判决：一、本判决生效之日起十日内，被告广州网易计算机系统有限公司在网易网站娱乐频道

（ent. 163. com）首页显著位置公开发表致歉声明，向原告霍建华赔礼道歉，消除影响、恢复名誉，持续时间为连续七天（声明内容需经本院核准，如被告广州网易计算机系统有限公司拒不履行该义务，本院将选择一家全国公开发行的报刊公布本判决的主要内容，费用由被告广州网易计算机系统有限公司负担）。二、本判决生效之日起十日内，被告焦国强在网络昵称为"@函数公"的实名认证微博（网址为：http：//weibo.com/234744564）中置顶公开发表致歉声明，向原告霍建华赔礼道歉，消除影响、恢复名誉，持续时间为连续七天（声明内容需经本院核准，如被告焦国强拒不履行该义务，本院将选择一家全国公开发行的报刊公布本判决的主要内容，费用由被告焦国强负担）。三、本判决生效之日起十日内，被告广州网易计算机系统有限公司赔偿原告霍建华精神损害赔偿金8万元及诉讼合理支出29120元。四、本判决生效之日起十日内，被告焦国强赔偿原告霍建华精神损害赔偿金2万元及诉讼合理支出7280元。五、驳回原告霍建华的其他诉讼请求。如被告广州网易计算机系统有限公司、焦国强未按本判决所指定的期间履行给付金钱义务，则应依据《中华人民共和国民事诉讼法》第二百五十三条之规定，加倍支付延迟履行期间的债务利息。

二审中，当事人没有提交新证据。本院经审理查明，一审法院查明的事实属实，本院予以确认。

本院认为，本案系名誉权纠纷，依据《最高人民法院关于审理名誉权案件若干问题的解答》第七条规定，是否构成侵害名誉权的责任，应当根据受害人确有名誉被损害的事实、行为人行为违法、违法行为与损害后果之间有因果关系、行为人主观上有过错来认定；以书面或口头形式侮辱或者诽谤他人，损害他人名誉的，应认定为侵害他人名誉权。

首先，依据本案查明事实，涉诉文章系网易公司发布制作，其中描述的个人特征要素有"H姓、籍贯为台湾、性别为男、职业为演艺明星、演艺特点为接演多部古装戏且都在横店拍摄，而且拍摄了金庸名著改编电视剧"等，上述特定个人信息描述较为详细实质上已极度缩小了根据这些特征要素可以锁定个人的范围。本案中，涉案文章描述的特定人具有普通人不具备的、独特的且大众知悉的身份，而霍建华个人特征全部满足前述个人信息，且霍建华在"台湾男演员、知名度及参演金庸名著改编电视剧"等要素上具有重要显著性，以至于一般合理之人在接受上述信息并进行判断时，足以将二者直接或高度对应，从而认为涉诉文章中指称系霍建华，焦国强及诸多网络用户的评论亦认为涉诉文章指向霍建华，故一审法院认定网易公司所发涉诉文字指向霍建华，理由充分，认定事实正确；霍建华本人提供的身份资料，符合涉案文章人物的综合特征，依法具有维护自身权益的主体资格。网易公司上诉认为涉诉文章不具有特定指向对象，但对其文章中带有明显指向性的描述文字，不能作出合理解释，亦不能提供非特定人物的排他性证据，故本院对其抗辩意见不予采信。

其次，通过公共媒体平台发布报道或文章，应当客观真实，因新闻报道或文章内容失实，致他人名誉受到损害，应当承担侵权责任。本案涉案文章题目为《横店昔日风月：上百男星曾涉嫖留案底》，文章内容中，有霍建华与某女群演发生不正当性关系一事的叙述。网易公司在发表上述带有贬损性质的言论以及诉讼的过程中，始终未能提供证据证明其发表的文章内容具有相应事实依据，由此可见，网易公司发布的诉争言论存在失实之处，其存在主观过错。再者，诉争言论将"涉嫖"等不良行为与霍建华联系在一起，并通过信息网络方式公开传播，足以让社会对霍建华作出道德上的负面评价，从而严重破坏霍建华的公众形象，据此，从侵犯名誉权的构成要件来判断，网易公司在公众平台中公开发布的未经证实且对人格带有负面指向的言论已构成对霍建华名誉的侵害,应当承担相应的侵权责任。网易公司上诉认为其涉诉文章不构成对霍建华名誉的损害,缺乏事实和法律依据,本院不予支持。网易公司经营的网易网站系向不特定网民广泛传播信息和咨询的网络媒体,其在未对涉案文章内容真实性进行审查的情况下发布涉诉言论,已严重侵犯霍建华的名誉权,而焦国强是对文章进行转发系扩大侵害行为,其转发言论的影响力及传播范围远不及网易公司,故一审法院认定焦国强与网易公司承担责任的比例为2:8具备事实和法律依据,网易公司上诉主张责任比例划分错误,依据不足,本院不予采信。

公民、法人因名誉权受到侵害要求赔偿的,侵权人应赔偿侵权行为造成的经济损失;公民并提出精神损害赔偿要求的,人民法院可根据侵权人的过错程度、侵权行为的具体情节、给受害人造成精神损害的后果等情况酌定。被侵权人为制止侵权行为所支付的合理开支,可以认定为托代理人对侵权行为进行调查、取证的合理费用。人民法院根据当事人的请求和具体案情,可以将符合国家有关部门规定的律师费用计算在赔偿范围内。故一审法院依据上述法律规定认定网易公司及焦国强应赔偿霍建华为维权支出的合理公证费和律师费正确,本院予以维持。同时一审法院综合考虑侵权文字及微博的内容描述、侵权人过错程度等因素对精神损害赔偿金予以酌定亦符合法律规定,网易公司上诉认为赔偿数额过高,缺乏依据,本院不予采信。

综上,网易公司的上诉请求不能成立,应予驳回;一审判决认定事实清楚,适用法律正确,应予维持。依照《中华人民共和国民事诉讼法》第一百七十条第一款第一项规定,判决如下:

驳回上诉,维持原判。

二审案件受理费845元,由广州网易计算机系统有限公司负担(已交纳)。

本判决为终审判决。

审判长　张永钢

审判员　张兰珠

审判员　张　琦

二〇一七年十月二十四日

法官助理　何　悦

书记员　杜宏艳

案例97：李展与小米科技有限责任公司 名誉权纠纷二审民事判决书

北京市第一中级人民法院
民事判决书

（2017）京01民终5896号

上诉人（原审被告）：李展，男，住郑州市。
委托诉讼代理人：米新磊，北京金诚同达律师事务所律师。
委托诉讼代理人：刘宗鑫，北京金诚同达律师事务所实习律师。
被上诉人（原审原告）：小米科技有限责任公司，住所地北京市海淀区。
法定代表人：雷军，该公司董事长。
委托诉讼代理人：林蔚，北京达晓律师事务所律师。
委托诉讼代理人：郭秋燕，北京达晓律师事务所律师。

上诉人李展因与被上诉人小米科技有限责任公司（以下简称小米公司）名誉权纠纷一案，不服北京市海淀区人民法院（2016）京0108民初22232号民事判决，向本院提起上诉。本院于2017年7月26日立案后，依法组成合议庭，依照《中华人民共和国民事诉讼法》第一百六十九条规定，合议庭经过阅卷、调查和询问当事人后，不开庭进行了审理。本案现已审理终结。

李展上诉请求：撤销一审判决第一、二、三项，改判驳回小米公司一审的全部诉讼请求或发回重审。事实和理由：一审法院未审查李展部分博文的发布背景及事实依据，导致对本案的部分基本事实认定不清；一审法院部分事实认定错误，李展发布的博文不存在任何凭空捏造的诽谤情形，亦不带有贬损或侮辱性词语，并不构成对小米公司名誉权的侵害；一审判决适用法律错误，罔顾普通消费者对于公司的批评权利；李展的涉案博文并无扩散，小米公司也无任何实际损失，一审判决的赔偿数额畸高。

小米公司辩称，一审法院认定事实清楚，适用法律正确；小米公司主张李展构成侵权的博文为30条，但是一审法院仅认定了其中的15条构成侵权，李展在这15条博文中使用了爪牙、装×等侮辱性的词语，侵权行为十分明显；小米公司不排除有消费者提出建议和批评，小米公司亦十分珍视消费者的批评和建议，因此小米公司从未起诉过消费者名誉侵权，但李展的言论亦远远超出了消费者言论自由的界限，故小米公司要维护自身的合法权利。综上，同意一审判决，不同意李展的上诉请求和理由。

小米公司向一审法院起诉请求：1. 要求李展立即在其新浪微博"@建华Wei业"主页（http://weibo.com/lizhanvip? is_ all = 1）上删除所有侵权内容以及与侵权内容有关的所有评论和回复、停止所有与侵权内容有关的链接、停止所有侵权行为（以小米公司提交的列表的侵权微博明细为准）；2. 李展在其新浪微博"@ 建华 Wei 业"主页（http：//weibo. com/lizhanvip？is_ all = 1）置顶位置以与其他正文字号相同的方式连续三十日刊登致歉声明以为小米公司消除不良影响，声明内容应事先经法院审核认可；3. 李展赔偿小米公司经济损失 200 万元，经济损失包括合理支出，合理支出为律师费70000 元及公证费 20500 元。

一审法院认定事实：小米公司经营手机生产等业务，法定代表人为雷军，该公司在业内有一定知名度。

（2016）京方圆内经证字第 04755 号公证书载明，2016 年 3 月 18 日，小米公司的委托代理人使用公证处的计算机，登录"weibo. com"，在前述网站中登录账号后在进入的网站中输入"建华 wei 业"，该用户页面显示"高级中学教师微博签约自媒体"字样，关注 1375，粉丝 24948，微博×××。经小米公司申请，法院向北京微梦创科网络技术有限公司调取上述微博账号的认证信息，显示该微博账号的认证主体为李展，认证资料与本案被告李展一致，李展对该微博账号为其持有不持异议。庭审中，经核实，双方认可前述微博的粉丝量是30412 人，关注量是 1360。在上述微博用户页面的搜索栏中输入"小米"，小米公司认为搜索到的以下微博内容侵犯了其合法权利：

1. 公证书第 25 页，博文内容为"看小米员工及其爪牙是怎么拿周子瑜事件持续栽赃华为的…行动如此统一显然是小米官方组织的！"博文下有多张截图，多为网友对周子瑜及事件的简短评论，李展提交了新浪网所载的一篇题为《华为联合 LG 取消"台独"女艺人周子瑜代言合作》的文章作为其前述言论的依据。

2. 公证书第 35 页，博文内容为"看小米员工素质仍在继续攻击…4. 华为官方已做出正式声明！倒是你家小米卖藏南的问题，是否还欠一个官方正式声明？"博文下引用了一个网络用户名为"@ 渠洋"发布的内容，主要是对华为请周子瑜代言被发现后几个质疑问题，李展引用的另一图片内容为一篇标题为"把中国藏南地区送给印度小米是无知还是任性？"的文章，主要内容是小米高管在微博上发布的在印度现场宣传的照片，该文认为小米在以印度地图为背景的宣传照中，将中国藏南地区悍然划给印度。李展提交了搜狐网上一篇题为"【卖国】小米为讨好印度市场，地图把中国藏南划给印度"的文章作为该评论的依据。

3. 公证书第 46 页，博文内容为"今天大嘴总曾经'吹'过的一个牛又不小心实现了，嘴总说过华为眼中的对手只有苹果、三星，用荣耀就可以打败小米，果不其然！11 月份的销量仅荣耀品牌就和小米旗鼓相当，且销售额比小米多 10 亿之巨。曾经靠风口飞起来的猪终究还是原形毕露，靠别人只能是一时的风光。幻影破碎梦终醒，猪原本就不属于天空！"博文下引用了一个 EBP 市场前 20 品牌表现的图表。李展提交了凤凰网发布的文章《雷军：创业者要坚持不懈找到吹得起猪的风口》和《雷军：自己不是机会主义者"风口上的猪"大家误读了》、驱动之家发布的文章《雷军详解"风口上的猪"原来是这么来的》以证实其发表前述言论具有依据。

4. 公证书第 55 页，博文内容为"某司员工发文'小米跟随者又将输掉下半场'！可笑至极！上半场你们可曾赢过？外媒报你们因出货量猛跌，450 亿美元估值严重下滑。双 11 手机销量冠军被夺走，今年初定的一亿台出货目标已遥不可及。今年被高通掐住咽喉，旗舰机某 5 至今难产。不仅如此，更对质疑你们的网友破口大骂，原来这就是你们所向往的！"

博文下引用了网络用户名为"@公民大李"的博文截图，另一图片为该网友回复的截图。李展提交了新浪网发布的《彭博：小米450亿估值过高》和《2015年双11品牌诸神之战销售额双料冠军华为加冕》的文章、中国经济网文章《15年小米手机出货量7000万未达雷军1亿目标》以证明其以上言论具备依据。

5. 公证书第67页，博文内容为"有人卖证据给小米制造华为负面新闻我玩无间道截获。上午看到图1所示内容，此人荣耀7出现问题找小米宣传部门交易华为手机的负面新闻，小米给他出九千，我说我给你一万。最后剧情翻转，我假装说我华为的，欺诈企业是违法的，如手机确有问题，要走正规途径解决，他同意了，小米无耻"，博文下引用了网络用户名为"@奔跑吧ⅠⅠ兄弟"发布的内容及"@建华wei业"与该网络用户之间沟通的信息记录截图。

6. 公证书第86页，博文内容为"鉴于小米在事实面前如此无赖，发所谓'澄清'抵赖，就是死不承认自己错了，继《我叫米碰瓷》之后，《我叫米××》系列将继续，文章《我叫米无赖——打死我都不承认的极不负责任人生》（暂定名），欢迎大家提供素材，关于小米以前做错事掩盖，不负责任，不承认的光荣事迹，与黑心企业斗争到底！"博文下附有两张图，前一张有"网友截图"字样，后一张有"小米辟谣"字样。

7. 公证书第96页，博文内容为"【小米涉虚假宣传严重欺诈消费者！客服称：作为中国人应支持】1. 宣传用夏普/友达屏，实际是天马屏。2. 宣传是三星摄像头改为三星等摄像头，估计三星摄像头都不会有。3. 碎屏险有免费换机，现在没有了。而客服说作为中国人应支持国货，国货好东西应该支持，毒奶粉地沟油之流也要支持？"博文下附多个网页截图，有关于以上3项内容有无的网页对比图，还有和"@王爽"的对话截图。关于以上两个博文，李展还提交了网易网文章《小米再现虚假宣传：诚信问题惨遭用户打脸》和（2015）北商初字第1342号民事判决书，以佐证其言论有依据。

8. 公证书第106页，博文内容为"小米你可以吹饮水机有多好，但能别用如此Low的耍猴技术吗？初中生都比你们懂得多，作为负责任企业请不要误导小学生：1. 水里面含有人体必需的矿物质，是食物无法代替的。2. 我虽是读书少的人，但不是猴，别耍我，有机矿物质?!小米发现的有机矿物质啊啪啪啪"，博文下附有网名为"@小米_邹龙俊"博文截图，是关于过滤后的纯净水矿物质的言论。

9. 公证书第118页，博文内容为"还记得当年那个米抄袭吗？如今故事继续…，如果小米和@雷军还有一点羞耻之心，如果对原创有一点敬畏之心，就不会如此毫不要脸的全抄袭，真请不起设计师？①、④图是小米文案，②、④图是索尼文案！先不说你机器的好坏，这种行为简直low到家了！小米和阿雷你是在向索尼致敬吗？"博文下附有多个网页截图。李展提交了索尼中国微博在2015年4月14日发布的关于索尼4K电视的博文及图片作为其前述言论的依据。

10. 公证书第134页，博文内容为"不抄袭苹果，开始抄华为了?! 小米牌荣耀7，Mate7? @孙鹏_小米"，博文为手持一款手机的照片。李展提交了网易网登载的《盘点小米那些抄袭苹果的产品》的文章作为其质疑小米抄袭、山寨的依据。

11. 公证书第141页，博文内容为"近日《壹观察》采访了一资深小米老黄牛，一个庞大且组织有序的耍猴集团就此付出水面：1. 黄牛人数有几十万！2. 黄牛靠人脉从小米直接拿货，10万台起，然后价钱卖！（怪不得用户怎么也抢不到）3. 线上根本没有几分钟几十万，货大部分给线下出了，4. 倒卖小米已经不赚钱了！耍猴黄牛哪家强？北京小米必成王！"博文后附有一篇采访文章的网页截图。李展还提交了搜狐网登载的《一个小米黄牛发家自述：三年赚千万》和法治周末登载的《起底小米黄牛党》的文章作为其依据。

12. 公证书第154页，博文内容为"@雷军终于沉不出气了，开始像个怨妇气急败坏撒泼骂街了，上梁不正下梁歪，怪不得小米的员工都是这副德行，散发着一种街边小混混的流氓气息，也难怪小米就是靠下三滥低俗营销起家的，小米4没啥吸引力，4G以来被全面压制，网络上几乎没啥存在感，不靠傍着华为怎么引起关注呢？还怎么愉快的耍猴呢？"博文下有一幅图，图中有"耍猴阿雷耍猴技术哪家强北京阿雷必称王"字样。李展提交了"笔戈科技"及张晓云微博相关内容及财新网文章《这不仅仅是小米华为的对决》证明其言论具有依据。

13. 公证书第164页，博文内容为"小米可是手机界网络请水军营销的开山鼻祖，早在2010年小米就雇佣当时全国最早，最大规模的水军公司'水军十万'（涉嫌违法已被法办）动用大量水军为小米1上市营造一机难求的饥饿景象，并成为水军十万的最经典案例引以为傲，小米这老流氓还好意思指责魅族请水军，自己长一身黑毛，说别人是妖怪?!"博文后图片载明一段讲述"水军十万"情况的文字截图。李展提交了人民网文章《数十万小米用户用相同IP地址注册》佐证其言论。

14. 公证书第176页，博文内容为"小米电源虚标造假意外吗？先不说小米一贯擅长耍猴，同样电量其他品牌价格大多上百，小米卖几十，不虚标压低成本怎么耍猴坑钱！小米再次说是山寨更不意外，小米一贯是个不负责任，出问题就会逃避，推卸，如此态度我不认为小米能生产出质量信得过的产品，也是一再出现恶劣质量问题根因，这才是最可怕的!"文字下载有多张截图，其中一张为几个品牌电源有容量偏差率，图片上有央视台标。还有小米公司针对此事声明的截图。为证明其该部分言论的依据，李展提交了凤凰网文章《移动电源容量虚标被央视曝光：包含小米电源》、腾讯网文章《央视曝光小米电源不合格小米称是假货惹的祸》、央视新闻直播间节目截图、新浪网文章《消费者吐槽小米质量问题频发售后难言满意》。

15. 公证书第186页，博文内容为"真相了！官网几秒抢完，黄牛那边的货却堆积如山，成车的从车库往家拉，怪不得被小米每次像耍猴一样，怎么抢也抢不到，你抢到了，小米养的黄牛怎么赚钱啊，没事，米粉有的是钱，想买咱加钱啊。"博文下为一张堆积标有小米标示的产品箱子的照片。李展认为该言论的依据与前述博文11一致。

16. 公证书第200页，博文内容为"小米质量真是好，天天都往售后跑，要想快速去致富，半年宝马能上路；小米质量顶呱呱，老弱妇孺把它夸，售后生意真不错，去晚你都没有座；小米质量好顶赞，年年消协头把占，别人问你什么机，年年投诉排第一；小米质量不是盖，出现问题必山寨，逃避推诿踢皮球，雷氏布斯就是牛!"博文下配有其他网友发布的小米售后的多幅照片。李展提交了腾讯网文章《国产手机野蛮扩张带来质量隐忧：用户排队维修》、凤凰网文章《官网购买的小米移动电源爆炸官方否认其为正品》《2013年中国质量××行手机行业投诉分析》证明该部分言论具备依据。

17. 公证书第208页，博文内容为"听闻小米要走出国门，很是欣慰，国货就是要走出去，憋在家里窝里耍赖不是本事，但小米高层们像乡村非主流出村赶集似的，仿佛世界都不在眼里，浓浓屌丝粗俗气息扑鼻，走出去不只是改个洋域名，空喊几句口号，是需要核心技术专利支撑的，知道诺基亚，HTC等咋死在苹果专利大棒下的吗？有雄心可以，莫装×…"博文下使用的照片是标注为小米员工的博文截图。

18. 公证书第214页，博文内容为"小米的人显坐不住了，开始求饶了，好一个联手挣世界的钱，你缺大傻子呢？1. 你能走出国门吗？荣耀都跨出国门好远了，你卡在门缝里怎么也不出来了，怎么和你联手？2. 窝里斗？你最先引起国内低价厮杀，现在装作受害者的姿态，要脸不？其人之道还其身亦。3. 别惹荣耀，它可是狼窝里出来的"。博文下照片为微博认证的小米前员工的博文。以上两篇博文，李展提交了网易网的文章《小米印度被禁：大家都在做的是不能算偷？》《小米终极大招的低价杀戮意欲何为？》《"小米模式"就是价格战》证明其依据。（对前述博文，以下简称涉案博文1~18）

（2015）京方圆内经证字第26298号公证书载明，2015年8月31日，小米公司的委托代理人使用公证处的计算机，登录"weibo.com"，在前述网站中登录账号后在进入的网站中输入"建华wei业"，点击进入"@建华wei业V"，公证书22页登载博文的内容为"维权红米Note2的朋友注意了！看到网上有人发的京东内部对红米Note2问题客服处理办法，有小米公司官方对此事件看法：1. 承认屏幕描述不清，只是修改了。2. 摄像头宣传没有问题，这还不承认，欧菲光是三星组件，就是三星摄像头了？3. 重点看图1处理原则4. 要求退一赔三才有赠品，心虚！"公证书27页，博文内容为"有人卖证据给小米制造华为负面新闻我玩无间道截获。上午看到图1所示内容，此人荣耀7出现问题找小米宣传部门交易华为手机的负面新闻，小米给他出九千，我说我给你一万。最后剧情翻转，我假装说我华为的，欺诈企业是违法的，如手机确有问题，要走正规途径解决，他同意了，小米无耻"，博文下有被告称与网友聊天的记录截图。该博文与前述涉案博文5内容一致。（对该处两博文，以下简称涉案博文19~20）

为证明李展的微博持续侵犯小米公司的合法权利，小米公司还提交了：一、（2016）京方圆内经证字第23908号公证书，载明李展的涉案微博登载以下博文：

1. "梁朝伟是中国最优秀的男演员之一，但被有的厂商用可惜了。他们幼稚认为，请了高大上明星代言，就能挽回多年屌丝的形象和近期的颓势，殊不知高大的形象靠的是研发创新，而不是山寨模仿。靠的是诚实守信，而不是虚假宣传。靠的是产品质量，而不是低价低质。梁朝伟先生此次代言并不明智，反而拉低自己形象。"

2. "央视近日专访格力老板董明珠，董老板说到以小米为例，曾估值四百五十亿美金，今天还敢估值四百五十亿美金吗？那是资本市场需要这样的炒作，把股票炒高然后抛掉赚回，制造业不能搞这个。董大姐和央视真是太大胆了，竟敢公开谈论小米估值下降问题，不怕被起诉？不知董大姐和央视有没有准备好200万？"博文后有媒体采访董明珠的截图和董明珠发言的文字截图。

3. "作为党媒的参考消息报道—公司估值降到40亿美元，这家公司声明参考消息报道不实。而参考消息也拿出了法媒原文进行回应，并无歪曲，我被控诉的微博就有一条说他们估值下降的评论，不知道它们会不会也起诉参考消息和法媒，并索赔天价赔偿，还是只会起诉我这样的小老百姓！敢不敢？你们有没有200万？"

4. 2016 年 8 月 18 日李展在涉案微博上还发布了一个运动员短跑的照片，照片中的四个运动员头上分别添加一个公司的图标，其中最后一个为小米公司的图标。图片旁有"这是谁做的图，也太形象了吧，6666"文字。

5. "其实很不愿意提某品牌，但他们有些太过分，一直有御用 KOL 拿低端机碰瓷华为、魅族等友商高端，再去头条一搜，全部是雇佣写手水文，充斥着秒杀、完爆华为、魅族等友商旗舰，此款低端机马赛克成像，低端金属拉丝质感，大家又不是不知道，这不今天老板也开秒友商的三四千旗舰，不知道自家旗舰秒了没？"该博文后有雷军微博的截图。（对该处五篇博文，以下简称涉案博文 21～25）除以上公证书中的博文外，小米公司还提交了李展在 2016 年 10 月 28 日发布的博文"因为某厂一款新机，这几天创新一词被提的非常热，买屏幕组装部手机就算创新？做出部看上去也不美且不实用的花瓶手机就是创新？那创新也太廉价。真正创新应是能改变且方便人们的生活，有很大的实用价值，也是之前别人没有的。希望'创新'一词不要像'黑科技'般再被搞臭，11 月让大家看看什么是真正创新"（对该博文，以下简称涉案博文 26）的打印件，小米公司认为以上博文为李展在本案应诉后继续发布的含有侮辱、诽谤小米公司的言论。

上述公证书还载明以下博文：

6. "很多朋友关心我的近况，确实因忙于官司和工作，无太多精力更博，不代表我已畏惧和退缩，一个人与资本的抗争异常艰难，但对于粗制滥造、产品低质、多次侵害消费者的无良企业，就要与它抗争到底，不能因为他的资本强势，就可以肆意打击报复举报人和打压公民言论自由！道路凶险不退缩，西北望，射粗粮！"

7. "律师一直在找，但是确实不易…年轻的一听说是这么大的公司，老板还是全国人大代表，都不敢接了。他们都有个共同看法，个人和大企业打官司将异常的艰难，即使你占理，光财力、精力、人力都耗死你…"

8. "…因去年实名举报红米 Note2 虚假宣传违法问题和在微博对小米正当批评，近日收到小米起诉书，并要求 200 万元天价赔偿。监督企业行为是每个公民权利，本人对小米起诉坚决应诉，因为个人很难与全国人大代表雷军的资本企业抗衡，希望得到帮助…"

9. "很多人在问应诉小米进展…找了很多北京的律师都不敢接，好像是畏惧什么，背后像有一张大手在控制…"（对该处四篇博文，以下简称涉案博文 27～30）对以上博文小米公司认为李展应诉后，以小米公司势力强大、小米公司法定代表人为人大代表为由，大肆歪曲渲染小米公司打压李展，营造司法不公的舆论氛围，进一步贬损小米公司形象。小米公司指控李展侵权的涉案微博后都有网友的各种评论。小米公司认可新浪微博官方在本案起诉后删除了除其后补充 10 条涉案微博外的其他微博。

二、（2016）京方圆内经证字第 23907 号公证书，小米公司提交该份公证书主要为百度贴吧、豆瓣、今日头条等媒体上登载的网友对李展及其涉案微博账号的意见和评论等，小米公司认为以上内容可以证明李展在互联网上为公认的华为公司的关键意见领袖。

三、网页打印件，主要内容为小米公司针对李展证据一所涉及相关事件对外发布的澄清报道、声明，以及第三方媒体发布的相关报道。

2016 年 5 月 9 日，北京达晓律师事务所受小米公司与雷军委托向北京微梦创科网络技术有限公司（以下简称微梦公司）发送律师函，针对新浪微博用户"@建华wei业"在微博中持续发布涉嫌侵犯其委托人名誉权的行为提出主张及应采取的措施，该文附有涉嫌侵权微博的明细表。运单查询显示5月10日已经妥投。关于合理支出，小米公司提交了：1. 公证费发票三张，金额分别为4440元、6800元、9260元；2. 与北京达晓律师事务所签署的《委托代理合同》及金额为70000.01元的律师费发票一张。

李展提交了以下证据：1.（2016）京东方内民证字第13390号公证书，为李展发布涉案微博所依据的媒体报道及权威调查数据。2.（2016）京东方内民证字第13392号公证书，为李展部分涉案微博的完整版公证。3.（2015）北商初字第1342号民事判决书。基于以上证据，李展认为涉案微博的内容都有来源，基本都是针对基本事实进行的评论，不属于捏造事实，不构成诽谤。4.（2016）京东方内民证字第13391号公证书，内容为李展发布的3条赞扬小米公司的微博，以及批评苹果、三星、华为、魅族、联想等品牌的微博，证明李展作为数码产品的爱好者对各品牌的手机都有评论，并非仅针对小米，针对小米的评论有褒有贬。5. 李展曾向北京市工商局实名举报小米公司虚假宣传事宜，包括光盘及文字整理版。6. 李展举报事件被知名打假人关注并转发，引发公众关注的网络文章打印件，以证明因李展举报小米公司，小米公司才提起本次诉讼打压李展。7. 北京工商局对小米公司的行政处罚决定书，证明小米公司早在2014年就曾因手机的虚假宣传行为受到行政处罚，也是李展持续关注小米公司产品问题的原因之一。8~9. 李展的在职证明及教师任职资格证书，以证明李展有固定职业，是小学教师，在微博上发表的相关言论是基于消费者对数码产品的关注，并非小米公司所称的职业打假人或水军。10. 李展发表的题为《我不是说教真理的KOL——一位支持国货的普通用户心声》网络打印件，用以证明李展早在2015年发表该文叙述其作为普通消费者关注国货和钟爱华为的心路历程，并非是华为公司的关键意见领袖。

一审法院认为，法人享有名誉权，禁止用侮辱、诽谤等方式损害法人的名誉，网络用户利用网络侵害他人名誉权的，应当承担停权责任。法人的名誉权受到侵害的，有权要求停止侵害，恢复名誉，消除影响，赔礼道歉及赔偿损失。是否构成侵害名誉权的责任，应当根据受害人确有名誉被损害的事实、行为人行为违法、违法行为与损害后果之间有因果关系、行为人主观上有过错来认定。小米公司主张李展发表在其涉案微博账号中的××条微博博文对其构成诽谤或者侮辱，李展对涉案微博账号为其所有及小米公司指控的涉案博文系其撰写不持异议。李展认为其发布的涉案微博具备合理的依据，包括本案审理期间提交的媒体文章、报道及其博文配图，故认为不构成侵犯小米公司的名誉权。结合本案中被控侵权微博和在案证据，法院具体分析、综合判断如下：

一、构成侵权的微博言论

微博言论具有简短、随意的特点，但微博用户在发表涉及他人名誉的事实陈述或意见表达时，也应有一定的事实依据，不能有任意夸大、歪曲事实或借机贬损、侮辱他人人格的恶意。李展在涉案博文1中使用了"小米员工及其爪牙"的贬损性语言，并称小米公司栽赃华为及将个别网友的评论认定为显然是小米公司官方组织的行为，缺少事实依据；在涉案博文5（20）中李展使用"小米无耻"的侮辱性语言，且凭其与身份不明网友聊天记录据此指控小米公司参与制造华为负面新闻，事实依据并不充分；在涉案博文6中对小米公司使用了"无赖、米无赖、黑心企业"带有明显贬损的语言且依据不足；在涉案博文9

中对小米公司使用了"米抄袭、毫不要脸的全抄袭"字眼，既有侮辱性语言也缺少事实依据；在涉案博文10中李展通过一张手持手机的照片即指控小米公司抄袭华为缺少事实依据；在涉案博文11中将小米公司比作"耍猴集团"，贬损意思明显；在涉案博文12中称雷军及小米公司"终于沉不出气了，开始像个怨妇气急败坏撒泼骂街了，上梁不正下梁歪，怪不得小米的员工都是这副德行，散发着一种街边小混混的流氓气息，也难怪小米就是靠下三滥低俗营销起家的"及配图文字"耍猴阿雷耍猴技术哪家强北京阿雷必称王"，对小米公司及员工侮辱贬低的故意明显；在涉案博文13中称小米公司是水军营销的开山鼻祖依据不足，且使用了"小米这老流氓、自己长一身黑毛，说别人是妖怪"带有明显贬低侮辱的语言；在涉案博文14中称小米公司"一贯是个不负责任""一贯擅长耍猴"等武断性评判语言，依据不足；在涉案博文15中李展凭几张小米产品堆放图片即发布关于小米公司将产品倒黄牛的事实，显然缺少事实依据；涉案博文16称小米公司"年年消协头把占、年年投诉排第一、出现问题必山寨、逃避推诿踢皮球"等言论，显然也是与事实不符，该评论依据不足；在涉案博文17中称"小米高层们像乡村非主流出村赶集似的，仿佛世界都不在眼里，浓浓屌丝粗俗气息扑鼻…莫装×"，使用了粗鄙和贬损性语言；在涉案博文21中通过小米公司聘请梁朝伟代言一事暗指小米公司"山寨模仿、虚假宣传、低价低质"，依据不足；在涉案博文25中称小米公司"一直有御用KOL拿低端机碰瓷华为、魅族等友商高端…全部是雇佣写手水文"，该部分内容缺少事实依据；在涉案博文27中李展称小米公司为"粗制滥造、产品低质、多次侵害消费者的无良企业"，贬损意思明显且依据不足。以上博文内容指向性明确，或使用的词语带有明显贬损侮辱小米公司名誉的性质，或发布的评论事实依据不足，引来众多网友关注和评论，李展无论是作为消费者还是电子产品的爱好者，前述言论已经超出法律所允许的个人言论自由的范畴，难免会造成小米公司社会评价的降低和不明真相网友的误解，故法院依法认定李展的前述博文的相关内容侵犯了小米公司的名誉权。

二、不构成侵权的微博言论

考虑到网络用户对网络言论具有一定的宽容度，也考虑到小米公司作为较知名企业的市场地位，应当对消费者或者公众对其合理的批评和意见予以尊重和必要的容忍。法院认为，小米公司指控的涉案博文除以上认定侵权的博文外，其余部分博文虽然也有言辞讥讽或者过激的情况，但结合其引证的事实及其他证据，没有明显的侮辱或者诽谤的内容，不构成侵权。

综上，李展应删除前述侵权的博文及配图、评论等内容，并发布声明，消除其侵权行为给小米公司造成的不良影响，至于声明方式和范围，法院将综合考虑李展的主观过错、侵权情节、后果等因素酌定。关于小米公司主张的经济损失，小米公司未能提交证据证明其因名誉权受侵害造成的财产损失或者李展因此获得的利益，法院综合考虑被告的主观过错、发布侵权微博的数量、持续时间及影响范围、侵权性质及小米公司的市场影响力等各项因素酌情确定，不再全额支持小米公司的该项诉讼请求。办理公证是小米公司的必要取证手段，其为此支出的公证费数额中的合理部分，李展亦应一并承担。小米公司为本案聘请律师在维权必要范围之内，但其主张的律师费数额过高，法院将综合考虑本案复杂程度、工作量、律师收费标准等因素酌定支持，不再全部支持其相应请求。

综上所述，一审法院依照《中华人民共和国民法通则》第一百二十条，《中华人民共和国侵权责任法》第二条、第六条、第十五条、第三十六条，《最高人民法院关于审理利用信息网络侵害人身权益民事纠纷案件适用法律若干问题的规定》第十八条第一款、第二款规定，判决：一、本判决生效之日起，被告李展立即删除涉案侵权微博内容（应包括微博博文、配图、网友评论）；二、本判决生效之日起十日内，被告李展在其新浪微博"建华Wei业"主页置顶位置连续七日发布致歉声明，消除其侵权行为给原告小米科技有限责任公司造成的不良影响（声明内容须经本院审核，逾期不履行，本院将依据原告小米科技有限责任公司的申请，选择一家全国发行的报刊公布判决书主要内容，费用由被告李展负担）；三、本判决生效之日起十日内，被告李展赔偿原告小米科技有限责任公司经济损失200000元及合理支出40000元；四、驳回原告小米科技有限责任公司的其他诉讼请求。如被告李展未按本判决所指定的期间履行给付金钱义务，则应依据《中华人民共和国民事诉讼法》第二百五十三条之规定，加倍支付延迟履行期间的债务利息。

本院二审期间，小米公司未提供新的证据。李展向本院提交：1. 山西省运城市盐湖区人民法院2016年9月7日作出的（2015）运盐民禹初字第398号民事判决书复印件（以下简称盐湖区法院判决书），用以证明小米公司在网络上对其电视机的宣传违反广告法规定，属于诱导消费者，对该案原告构成欺诈，故李展在涉案博文6中评价小米公司虚假宣传是有事实依据的；2. 手机背面图片两张，用以证明2015年11月小米公司发布的红米Note3手机和2014年9月发布的华为手机Mate7相比，从背面外形上看两部手机不仅在设计上极为相似，连摄像头、企业标识等细节都高度一致，李展据此在涉案博文10中认为小米公司有抄袭嫌疑是有事实依据的，故该博文并不构成诽谤；3. 调查取证申请书，请求本院依职权向微梦公司调取微博用户"@渠洋""@阿森"的真实身份信息，李展认为"@渠洋""@阿森"为小米公司员工，以此证明其发布涉案博文1是有事实依据的，该博文不构成侵权。小米公司认为李展提供的盐湖区法院判决书、图片以及提出的调查取证申请，均不属于二审新证据，认为盐湖区法院判决书无原件且在裁判文书网上查询不到，并非生效判决，故不认可其真实性和关联性；认为两张图片中的手机无论是摄像头、指纹锁、闪光灯、麦克风出口、商标位置均无相似性，故不认可证明目的；认为本案系名誉权纠纷，李展在涉案博文1中已有侮辱性言论，此侮辱性言论与其二审申请调查取证的证据无关联性。

本院经审查认为，盐湖区法院判决书、图片以及调查取证申请，李展在一审期间即可提交却未予提交，其对此又未作出合理说明，小米公司对李展逾期提供证据亦提出了异议，故李展提交的上述证据和申请应属逾期提供证据。李展提交的盐湖区法院判决书系复印件，且并非终审判决，本院无法判断该判决书的真实性以及效力，加之该判决书中所涉及事实与涉案博文6的内容不具关联性，故本院不予采纳；李展提交的两张图片欲证明小米手机有抄袭嫌疑，但是李展在其涉案博文10中所使用的仅是"抄袭"二字，并无"嫌疑"等推测性言语，且从两张图片所反映的内容上无法判断小米手机存在"抄袭嫌疑"，故该证据与涉案博文10不具关联性，本院不予采纳；新浪微博用户"@阿森""@渠洋"的真实身份信息为何与小米公司是否存在李展所谓的"栽赃华为""官方组织的行为"之间不存在必然联系，故依照《最高人民法院关于适用〈中华人民共和国民事诉讼法〉的解释》第九十五条规定，本院对李展提出的调查取证申请不予准许。

本院经审理查明，因李展二审并未提供新的有效证据并据此形成新的事实，故一审法院查明的事实正确，本院予以确认。

本院认为，公民、法人享有名誉权，公民的人格尊严受法律保护，禁止用侮辱、诽谤等方式损害公民、法人的名誉。以书面、口头等形式诋毁、诽谤法人名誉，给法人造成损害的，应当认定为侵害法人名誉权的行为。本案中，根据双方当事人的诉辩主张，争议焦点在于一审法院认定李展发布的部分博文构成侵犯小米公司名誉权是否正确，以及一审法院判决李展赔偿小米公司经济损失20万元及合理支出4万元是否合法、适当，本院就此分别论述如下：

关于争议焦点一，判断是否构成侵害名誉权，应当根据受害人确有名誉被损害的事实、行为人行为违法、违法行为与损害后果之间有因果关系、行为人主观上有过错来认定。本案中，李展在发布的涉案博文1、博文5（20）、博文6、博文9、博文11、博文12、博文13、博文14、博文17中对小米公司分别使用了"爪牙""小米无耻""无赖、米无赖、黑心企业""毫不要脸""耍猴集团""小米靠下三滥低俗营销起家""小米这老流氓""一贯擅长耍猴""莫装×"等侮辱性言辞，已构成对小米公司名誉的贬损；其在发布的涉案博文1、博文5（20）、博文9、博文10、博文13、博文14、博文15、博文16、博文21、博文25、博文27中针对小米公司所进行的事实陈述缺乏有效的事实根据，已构成对小米公司名誉的损害。其次，李展发布的上述博文内容已超出了消费者或者电子产品爱好者对商品生产者、销售者进行批评、评论的合法范畴，逾越了言论自由的边界，从其博文的遣词造句方式来看，李展具有贬损小米公司的主观故意。再次，根据李展微博的关注量、粉丝数以及网友评论的内容来看，涉案博文已被社会公众所知，并在一定程度上造成了小米公司的社会评价降低。据此，一审法院认定李展发布的上述博文已构成对小米公司名誉权的侵害正确。

关于争议焦点二，《最高人民法院关于审理利用信息网络侵害人身权益民事纠纷案件适用法律若干问题的规定》第十八条第一款和第二款规定，被侵权人为制止侵权行为所支付的合理开支，可以认定为侵权责任法第二十条规定的财产损失。合理开支包括被侵权人或者委托代理人对侵权行为进行调查、取证的合理费用。人民法院根据当事人的请求和具体案情，可以将符合国家有关部门规定的律师费用计算在赔偿范围内。被侵权人因人身权益受侵害造成的财产损失或者侵权人因此获得的利益无法确定的，人民法院可以根据具体案情在50万元以下的范围内确定赔偿数额。本案中，李展发布的上述侵权博文已构成对小米公司名誉的侵害，但小米公司因此所造成的财产损失难以准确量化，李展由此所获利益亦难以确定。在此种情况下，一审法院根据上述司法解释的规定，综合考虑李展的行为方式和主观过错程度，以及由此造成的损害后果的严重程度和影响范围等因素，酌情判定李展赔偿经济损失的数额未超过法定限度。此外，一审法院根据小米公司提供的证据并结合本案案情，酌定小米公司的合理支出4万元由李展赔偿并无不当。李展就此提出的上诉主张依据不足，本院不予支持。

综上所述，李展的上诉请求不能成立，应予驳回；一审判决认定事实清楚，适用法律正确，应予维持。依照《中华人民共和国民事诉讼法》第一百七十条第一款第一项规定，判决如下：

驳回上诉，维持原判。

二审案件受理费1500元，由李展负担（已交纳）。

本判决为终审判决。

审判长　张永钢

审判员　张兰珠

审判员　张　琦

二〇一七年十月二十五日

法官助理　孙雅丹

书记员　姜雨蕾

案例98：兰越峰与北京微梦创科网络技术有限公司、王志安名誉权纠纷二审民事判决书

北京市第一中级人民法院
民事判决书

（2017）京01民终5729号

上诉人（原审原告）：兰越峰，女，住四川省绵阳市。
委托诉讼代理人：马霄，北京市中银律师事务所律师。
委托诉讼代理人：李国樑，北京市中银律师事务所律师。
被上诉人（原审被告）：王志安，男，住北京市东城区。
委托诉讼代理人：龚楠，北京市百瑞律师事务所律师。
被上诉人（原审被告）：北京微梦创科网络技术有限公司，住所地北京市海淀区。
法定代表人：刘运利，董事长。

上诉人兰越峰因与被上诉人王志安、北京微梦创科网络技术有限公司（以下简称微梦公司）名誉权纠纷一案，不服北京市海淀区人民法院（2015）海民初字第16638号民事判决，向本院提起上诉。本院于2017年7月18日立案后，依法组成合议庭，公开开庭进行了审理。上诉人兰越峰之委托诉讼代理人马霄和李国樑、被上诉人王志安及其委托诉讼代理人龚楠到庭参加诉讼。被上诉人微梦公司经本院合法传唤，未到庭参加诉讼。本案现已审理终结。

兰越峰上诉请求：撤销一审法院判决，依法改判支持我方一审诉讼请求。事实和理由：一、一审法院认定事实不清。1. 兰越峰仅因"走廊医生"报道引起社会关注而被公众所知晓，只能认定兰越峰具有一定的知名度，而非公众人物，一审法院简单地把公共事件中涉及的为公众所知的人物等同于公众人物，缺乏事实及法律依据；2. 一审法院忽略了王志安的特殊身份，王志安作为媒体人，其微博拥有34万多粉丝，具有强大的网络号召力及社会影响力，其在自己的微博上捏造兰越峰是精神病人的事实，丑化兰越峰人格，其发表的虚假言论被大量网民浏览、转发，造成兰越峰名誉受损，社会评价显著降低，王志安应被认定为公众人物，并应对自己的行为承担更高的注意义务；3. 一审法院认为王志安的言论属于"意见表达"，是对兰越峰的"善意规劝"，该事实认定明显错误。二、一审法院适用法律错误。王志安在其微博上捏造事实，贬低兰越峰，其行为构成诽谤和侮辱，造成了兰越峰的社会评价降低，严重影响了兰越峰的正常工作和生活，侵犯了兰越峰的名誉权。

王志安辩称，不同意兰越峰的上诉请求及理由，同意一审法院判决。1. 涉诉微博是对新闻事件和相关当事人进行的公开评论，而不是针对兰越峰的人身攻击，王志安发布微博的目的是维护公众的知情权。2. 涉诉微博不带有对兰越峰的恶意，更多的是出于对兰越峰的

关心和关怀，"疯子"的称谓在兰越峰相关报道中屡见不鲜，如何称呼兰越峰本身是公众讨论的范畴。3. 王志安没有在涉诉微博中指责兰越峰有精神病，而是说她有精神疾病，两者是不同的。4. 涉诉微博没有导致兰越峰社会评价降低，对兰越峰如何评价是"走廊医生"事件暴露给社会公众后导致的结果。

微梦公司未到庭发表答辩意见。

兰越峰向一审法院起诉请求：1. 判令王志安、微梦公司删除用户名为"@王志安"的微博中侵权微博；2. 王志安连续3个月在其微博上向我书面赔礼道歉，微梦公司连续3个月在 weibo.com 上向我书面赔礼道歉，以为我消除影响，恢复名誉；3. 判令王志安、微梦公司连带赔偿我精神损害抚慰金10万元；4. 王志安、微梦公司连带赔偿我公证费用经济损失1250元；5. 诉讼费用由王志安、微梦公司承担。

一审法院认定事实：兰越峰系绵阳市人民医院工作人员，因曾反映绵阳市人民医院存在过度医疗等问题而被各大媒体连续报道，具有了一定的社会知名度，被称为"走廊医生"。

王志安系中央电视台工作人员，新浪微博加V实名认证为"@王志安"的微博账户（×××）注册人和实际使用人，"微博认证"的个人身份信息为"资深媒体人，新浪微博社区委员会专家成员"，微博自我描述信息为"调查记者"，其对涉案微博没有进行过专门设置，发表微博内容均对公众公开。截至2014年10月20日14时13分，新浪微博粉丝数为341043人，发布微博21214条。

微梦公司系新浪微博（http：//weibo.com）的网站经营者。

2014年3月30日0时7分，王志安在其涉案新浪微博中公开发表以下微博内容："现在可以下结论了：很多此前关于走廊医生的新闻都是虚假新闻。兰越峰不过是一个为了自己私利，绑架了医院甚至整个医疗行业的一个非典型医生。但可悲的是，因为医患之间长期的不信任，一个反对'自己'的医生，迅速被塑造成了一个孤胆英雄。医院，政府，患者，都付出了巨大的代价。"节目《走廊医生》视频（以下简称该微博为"涉诉微博一"）。截至2014年10月20日14时22分，该条微博转发8353次，评论5373条，点赞1097次。

2014年3月30日23时49分，王志安在其涉案新浪微博中转发前述微博时公开发表了以下微博内容："兰越峰本人更像是个病人，明显有偏执性人格，甚至有轻度妄想，但没人敢让她去看病。其实她本人并非胜利者，丈夫离婚，同事疏远，众叛亲离，生活过得怎么说也不幸福。可恨的是某些媒体，将一个需要治疗的病人捧为英雄，也让兰越峰彻底失去了治疗的机会。谁敢让一个反体制的英雄去看病呢？"（以下简称该微博为"涉诉微博二"）截至2014年10月20日14时21分，该条微博被转发153次，评论73条，点赞74次。

2014年3月31日11时49分，王志安在其涉案新浪微博中转发某微博（截至2014年10月20日14时21分，该微博已经被作者删除，原微博处显示"抱歉，此微博已被作者删除。"）时公开发表以下微博内容："兰越峰举报的过度医疗问题，包括毛姓患者安装起搏器，生理性囊肿随意手术，大设备假阳性，假开单配合手术，井喷式发展，双算，开单提成等问题，我们仔细调查的结论是，除了早期医院确有开单提成之外，兰的举报在证据上都不成立。而且，兰越峰颇为自豪的，恰恰是自己任主任期间收入飞速增长"（以下简称该微博为"涉诉微博三"）。截至2014年10月20日14时21分，该微博转发52次，评论23条，点赞22次。

2014 年 4 月 26 日 11 时 10 分，王志安在其涉案新浪微博中转发 "@ 王小沙大夫 V" 于同年 4 月发表的微博（该条微博内容为："@ 王志安 @ 烧伤超人阿宝 @ 李佳佳 Audrey@ 西地兰 @ 张海澄 @ 东大夫 @ 姑娘忒高兴 @ 健康界网站 @ 陈奇锐医学界《关于兰越峰医生有关情况说明_ 医院公告_ 新闻中心_ 绵阳市人民医院官方网站》http：// × × ×"）时公开发表以下内容："兰越峰显然有严重的精神疾病，她最需要的是去接受治疗，但可惜，现在没人能帮她。丈夫离婚，孩子不在身边。单位囿于法律规定，也不可能将兰越峰送到医院去治疗。可悲的是，媒体将她塑造成英雄的同时，也彻底毁了她的生活"（以下简称该微博为"涉诉微博四"）。截至 2014 年 10 月 20 日 14 时 21 分，该条微博被转发 78 次，评论 76 条，点赞 24 次。

2014 年 4 月 26 日 11 时 27 分，王志安在其涉案新浪微博中公开转发其于同年 4 月发表的微博（该条微博内容为："我在采访时绵阳市人民医院多次表示，没有和兰越峰解除合同有两个考虑：第一，四川省规定，离退休不足五年的员工尽量不解除劳动合同；第二，担心兰越峰被推向社会后后果会很惨，同时也是社会不稳定因素。但对兰越峰而言，最差的结果无疑就是被单位解除劳动合同。可惜，没人可以替她做出最有利的决策。"）时公开发表以下内容："兰越峰事件的悲剧在于，明明她是个病人，但媒体却把她当做英雄，而周围的人却不得不把她当做是个正常人，其实她有迫害妄想（他和自己的丈夫离婚，从决定离婚到办完手续，前后只有两个小时。理由是兰越峰认为，院方要迫害自己的丈夫），完全没有理性决策能力，她最需要的是治疗"（以下简称该微博为"涉诉微博五"）。截至 2014 年 10 月 20 日 14 时 21 分，该条微博被转发 66 次，评论 71 条，点赞 37 次。

2015 年 6 月 11 日、16 日，王志安分别两次在其新浪实名微博上发表标题为《无论你们有多卑鄙，我都奉陪到底！》的长微博，并于 2015 年 6 月 11 日，在其实名认证的新浪博客上发表该文。该文的具体内容如下：

"6 月 16 号，也就是下周二，兰越峰起诉我侵犯其名誉权案，将在北京市海淀区法庭首次开庭。

这个案子说来话长。

2014 年 2 月，走廊医生事件在全国吵得沸沸扬扬，绵阳市人民医院的医生兰越峰，已经在走廊上呆了 600 余天，前期的媒体，基本上都将兰越峰塑造成一个被体制打压的悲情英雄，但我经过阅读相关资料，也联系了一些采访过此事的记者，相关的信息反馈，这里面的疑点相当多。于是，我们摄制组一行五人，前往四川绵阳调查。

彼时，恰逢央视新一轮对兰越峰的报道刚刚结束，绵阳市人民医院的前院长王彦明被有关部门带走调查，这一切，似乎都坐实了兰越峰此前多次上访举报的内容。绵阳市人民医院每天接待大量的媒体，正遭受前所未有的压力。

我们在前方首先采访了兰越峰，然后找到了兰越峰举报事项中众多的当事人，一一核实。如投诉过兰越峰的患者陈青霞，和《南方周末》此前报道中指称的，一位本没有必要做手术，医院却要强行给其安装心脏起搏器的患者毛某某。随着调查的深入，我们摄制组还发现，此前媒体关于走廊医生的报道，存在大量不实信息。尤其是南方周末的记者柴会群写的《疯子医生：你砸医院的招牌，医院砸你的饭碗》一文，可以说通篇的报道都缺乏相应的证据支持，甚至，许多采访显示的却是相反的状况。

2014 年 3 月 29 日，新闻调查制作的《走廊医生》节目播出。这期节目影响甚大，基本颠覆了媒体前期的报道。节目通过调查展示，兰越峰和单位的矛盾，并非出于反对过度医疗遭致打击报复，而是兰越峰长期以来，由于分科，担任超声科主任等个人诉求与单位存在分歧导致的。兰越峰向媒体举报的各种所谓过度医疗的信息，均没有证据支持。

节目播出之后，我在新浪微博贴出了节目的视频连接，在其后的几天里，也陆续发了如下一些帖子：

'现在可以下结论了：很多此前关于走廊医生的新闻都是虚假新闻。兰越峰不过是一个为了自己私利，绑架了医院甚至整个医疗行业的一个非典型医生。但可悲的是，因为医患之间长期的不信任，一个反对自己的医生，迅速被塑造成一个孤胆英雄。医院，政府，患者，都付出了巨大的代价。'

'兰越峰本人更像是一个病人，明显有偏执型人格，甚至有轻度妄想，但没人敢让他去看病。其实她本人并非胜利者，丈夫离婚，同事疏远，众叛亲离，生活过得怎么说也不幸福。可恨的是某些媒体，将一个需要治疗的病人捧为英雄，也让兰越峰彻底失去了治疗的机会。谁敢让一个反体制的英雄去治疗呢？'

'兰越峰本人的确需要关怀，这种关怀不是支持她以虚假证据做基础，长期坐在走廊和单位抗争，而是真正关心她引导她回归正常的生活。当你把兰越峰当做反体制的英雄，也就把兰越峰当做了工具，宣泄你内心某种不满的工具。这造成兰越峰越发无法回头。这不是正义，这是自私。'

'兰越峰因为旷工被绵阳市人民医院解除了劳动合同，这个结果不出乎意外，但令人悲伤。再有四年兰越峰就退休了，因为事业单位的社保尚未统筹，这意味着兰越峰将失去社会保障。当舆论的关注散去，承受这一切的，只有她自己。作为曾经报道过这一新闻的记者，这是我最不希望看到的结局。'

就是这些帖子，成为日后兰越峰起诉我的理由。

我为什么要在微博上写这些帖子呢？

话说当时在绵阳采访即将结束之际，我们在兰越峰家第二次采访兰，这一次，我手里拿着众多在别的地方采集的证据，希望能从兰越峰这里获得解释。很可惜，面对这些证据，兰越峰不是直接回复说造假，就是说当事人被收买了，但兰越峰自己却提不出任何证据。采访结束，同事在收摄像机的时候，我和兰越峰说：'兰医生，我们明天就回北京了，听我一句劝，回去上班吧。'那个时候，医院一直都在做兰越峰的工作，而且只要兰越峰答应回去上班，不但会补发她的工资，还打算给兰安排一个副处级闲职。如果兰在那时妥协，其后的一切都不会发生。但兰越峰的回答是，我不。

同事收完了摄像机，我们起身要走，再一次打量一下兰越峰的家。兰越峰在坐走廊期间，和自己的丈夫离了婚，平时一个人生活。她的屋内堆满了各种凌乱的材料，桌子上四处都是各种一次性水杯，里面沉积着不知道几天前的水。这里看不出一点点四川人家中常见的整洁与温馨。

兰越峰也许从我采访的问话中，听出了我的采访和此前多数媒体不同，就在我们将要离开时，兰越峰突然哭了起来。她站起来说，'王记者你不要走，我这里还有很多医院打击我的证据，我给你看。'我只好重新坐下。兰越峰打开电脑，进入百度云，里面有一些照片。她一边哭一边指给我看，我一页一页看，20多分钟过去，没有看到任何实质性信息。我又说，'兰医生，你看看你现在过的是什么样的日子。你真的得到了你想得到的东西么？回去上班吧。'兰越峰的哭声越来越大，却始终没有回答我。

回北京的飞机上，编导和我说，'志安，我多少有些犹豫，咱们的节目一播，兰越峰可就彻底完了。我内心多少有些不忍。'我沉吟片刻说，'是。但是，这新闻事关绵阳市人民医院上千名医生的利益，也事关万千普通观众对这一事件的认识。客观报道，真实还原，我们只能这么做。'

果然，节目播出之后，大多数观众对走廊医生事件的认识，发生了转折性变化。绵阳市人民医院对兰越峰的态度也由过去维稳和谐的思路，逐渐走上了法制化轨道。不久，兰越峰因为连续旷工被单位解除劳动合同。走廊医生事件，终于以兰越峰被解雇的方式，悲剧收场。

其实，绵阳市人民医院的人都清楚，兰越峰之所以走到这一步，是她性格使然。兰越峰在平日生活和工作中非常固执，难以和别人相处，具有明显的偏执性人格的特征。2003年，兰越峰和单位因为绩效工资的事情发生冲突，随即将单位价值几十万的彩超探头从单位拿走，存放在超市的柜子里。后来在警方的介入下，兰越峰才归还。在兰越峰坐走廊之前与单位发生冲突时，兰越峰直接冲到单位的门诊大厅，在A4纸上写着'绵阳市人民医院是全国最差医院'，这些极其过激的举动，早已显示兰的心理出了问题。当地政府的调查报告，绵阳市人民医院的院务会议的记录，也多次提到关心兰越峰的心理疏导问题，甚至提出带兰越峰去就诊，但由于种种原因，兰始终未能去医院就医。

说心里话，虽然在采访中我们发现兰越峰的举报多有不实，但我个人对兰并无恶感，甚至还有些同情她。因为造就她的悲剧的是她的性格，我知道，在特定的情形下，兰自己也未必就能左右这一切。也正因为如此，在节目播出之后，我才会在微博上发那些帖子。我们的节目不是针对兰越峰个人，在满足了公众对真相的需求之后，我们也希望兰越峰能走出阴霾，重新开始自己的生活。至少，当媒体冷静对待之后，或许有她的亲人，能慢慢帮助她。

后来的事态和我的初衷完全相反，兰越峰被解雇之后，她和单位走上了劳务仲裁庭，败诉之后，她又将单位告上了法庭。去年12月8日，中国记协针对柴会群报道的评议会，兰越峰出现在现场楼下，今年1月12日，柴会群起诉我案件开庭，兰越峰也出现在法庭。我知道，兰越峰的背后有一股势力，一直在怂恿她在这条道路上越走越远。就在柴会群起诉我的案件开庭的第二天，兰越峰到海淀区法院将我告上法庭。以我微博言论侵犯其名誉权为由，要求我赔偿十万元。

因为一起新闻报道，遭致两起诉讼，这在我将近二十年的职业生涯中还是头一遭。新闻调查的节目《走廊医生》虽然经得起检验，但因为我的报道纠正了舆论风向，甚至让一些躲在背后的人现形，我得罪了这批人。先是柴会群以根本不是我写的文章为由起诉我侵犯其名誉权，紧接着兰越峰又以我的微博言论在海淀区法院将我告上法庭。这一切的背后主使是谁，在我内心昭然若揭。

春节前，柴会群起诉我案件刚刚开过庭，我父亲病危住进了ICU，我星夜赶回家里照顾老人。一天夜里在医院，单位突然来电说，有人到央视纪委举报了我多年前的节目《难以缝合的伤口》，说我这期节目不实。这期节目报道的，正是当年深圳著名的缝肛门事件，我们在节目中通过调查认定，这是一起不折不扣的虚假新闻。这期节目播出后获得业界内外的一致赞誉，但没想到时隔多年之后，有人在我遭致诉讼之际，到单位来举报我。我问，谁举报的，对方说，陈晓兰和卓小勤。

呵呵，我一下就笑了。陈晓兰这位感动中国的大妈，终于从幕后走到了前台。

补充一个信息，陈晓兰以一个社区理疗科理疗师的资历，长期担任柴会群各种医疗报道中的资深医学专家。其专长的领域有儿科，产科，心脏，ICU，血液，肾脏，肝胆，骨科，烧伤，呼吸，皮肤，内分泌，对各种外科手术也造诣不凡。在柴会群的报道中，只要涉及医学领域的问题，没有陈晓兰不能指点江山的。再补充一个信息，柴会群关于走廊医生的报道，就是这位陈晓兰提供的选题信息。在走廊医生事件发酵的一年多的时间里，陈还不止一次亲往绵阳。兰越峰在接受我们采访时，也自称为第二个陈晓兰。

就在陈晓兰到央视举报我的一周后，海淀法院来电，兰越峰将我告上法庭。

三股势力终于合流！

我知道很多人恨我，我总是在不合时宜的时机出现，戳穿他们的谎言。总是在眼看就成功的时候，败他们的兴。在他们看来，我是个"五毛"，而只有他们，才代表着公平和正义。

这世界上的善恶是非并非总是那么一目了然，在我看来，不管出于什么立场，都应该尊重事实，讲最基本的道理。但有些人，打着高尚的旗号，却干着龌龊的勾当。兰越峰背后那些人，就是这样的人渣。在他们的内心，只要自己认定的目的正确，就可以不择手段，哪怕是颠倒黑白，罔顾事实。他们将兰越峰架上英雄的位置，但内心却从不真正关心兰的未来。他们在消费兰越峰的同时，也将兰变成自己手中的一枚棋子。当兰越峰一步步走向泥潭，他们在旁边一边露出狰狞的喝彩，一边再次将兰越峰变成自己的筹码和工具。他们，真的是一群嗜血的豺狼！

这，就是王局我当下遭遇的一群对手。

他们真的关心真相么？不。如果真关心真相，你们应该去诉我的节目，拿出我采访失实的证据。我们在法庭上罗列证据，比对信息，无论输赢，这都是堂堂正正之举。但是，这些人不敢。他们的目标不是真相，不是节目，甚至不是诉讼本身，而是我。

一月十二日，柴会群起诉我侵犯其名誉权的官司开庭，庭上提交的证据充分显示，对方起诉我的案由，那篇所谓的《媒体何以成为法外之地？》的文章作者根本就不是我，而是烧伤超人阿宝。庭后，法官询问原告，你们是否同意将烧伤超人阿宝追加为本案的第三人？柴会群和他的代理律师坚决拒绝。既然对方真的是关注自己的名誉权受到侵害，为什么一个明确承认是作者的当事人出现，他们却坚决反对对方出庭呢？其实一点也不奇怪，烧伤超人阿宝一旦出庭，起诉我的理由自然丧失，他们的阴谋就破产了。他们从始自终就没关心过自己的名誉，不过是千方百计找到一个借口，将我拖入到一场漫长的诉讼。

这才是他们真实的目的！

我是他们的眼中钉肉中刺。将我告上法庭，赢了，就可以理直气壮地说我当初报道错了。输了，他们也可以诉讼拖累我的时间和精力，面对接二连三的诉讼和举报，你王志安纵然浑身是铁，又能打几根钉？

应该说，他们的目的已经部分达到。我们的工作跟着新闻走，常常是有新闻发生要当即出发，赶往现场。但今年上半年，因为要应付诉讼，有好几次出差我都不得不推掉。常年来工作量一直是新闻调查出镜记者第一名的我，上半年只做了五期节目，排名差不多掉到了最后。

这正是这些人的卑鄙之处，他们不敢选择我的节目，在公开的战场上捉对厮杀，分个高低胜负。而是有意避开我的单位，将我个人诉上法庭。这样一来，尽管我是因为职业作品触犯了他们的利益，点燃了他们的仇恨，我的单位却无法直接参与我的诉讼。找律师，固定证据，参与庭审，我只能一个人面对。

真是机关算尽。

多年前，当我选择了以新闻为业，我就知道，新闻只应该为真相负责。我不管对方出于什么目的，为了什么使命，想要拯救什么，立场是鸡蛋还是高墙，在我眼中，我的采访，只负责还原真相。为此，我不怕麻烦，不怕得罪公众，更不怕诉讼。这是一个新闻记者为职业理想必须付出的代价。我的节目，不一定对得起一部分公众的期待，但我希望，它能对得起历史。而我自己，我也从来就没想过要做大众情人，只想做一个真实的自我。

就这样！

6月10日，在柴会群起诉我的东城法庭上，被某些人组织来的'革命群众'已经通过微信约定，16号那天到海淀区法庭门口围堵我。我在这里告诉那些躲在暗处的鬼火神灯们，6月16号，我将整衣正冠，在美女律师的陪同下，单骑赴会！

无论你们有多卑鄙，我都奉陪到底。"（该文以下简称为"涉诉长文"）

另查一，2013年5月30日，南方周末记者柴会群采写并在《南方周末》上发表了《"疯子"医生"你砸医院招牌，医院砸你饭碗"》一文，其中，该文的"编者按"部分写到："无需讳言兰越峰的性格缺陷，这也就可以理解她为什么能在医院的走廊里坐了四百余天。但同样不能回避兰越峰所举报的问题：用震后捐款以高出市场价近50%的价格购买已经停产的过时医疗设备。如何善待病人？如何善待善款？也许可以从一个被医院领导赶到走廊里'办公'的'疯子'身上寻找答案"。其后以"陷阱""得罪同事""开罪领导""分科""免职""待岗"为分节标题及主题进行了报道，其中"待岗"部分有报道称："涪城区卫生局纪委书记王洪川承认，兰越峰通过'坐走廊'给人民医院出了一道难题。'不在医院说她旷工可以，说她不上班她又在医院里。'在王洪川看来，兰越峰性格比较偏激，思维与众不同，不按规矩办事，写的东西也缺乏逻辑，给人感觉确实像是'疯子'。但其实应不存在精神问题。"

2014年2月20日，联合调查组就此事件介入调查后，完成了《关于绵阳市人民医院医生兰越峰反映有关问题的调查报告》，并于同年2月22日下午由绵阳涪城区政府新闻办就兰越峰反映"过度医疗"等问题召开新闻发布会公布了该调查报告的主要内容。该报告载明："2014年1月9日以来，部分媒体报道了绵阳市人民医院兰越峰反映'过度医疗'等问题。针对媒体报道，涪城区立即成立了由区政府分管领导牵头的工作组。抽调纪检监察、审计、卫生、社保、新农合专业人员15人，聘请市中心医院、市三医院、绵阳四〇四医院、市肛肠医院、市骨科医院、市肿瘤医院等7家第三方医院的医学影像、心血管内科、妇产、财务等方面的专家11人组成联合调查组，于1月10日下午13时进驻市人民医院开展调查工作。2014年1月18日形成初步调查报告并予以公布。截至目前，相关调查工作已结束。……四、对调查中发现的主要问题认定及分析：通过对兰越峰反映相关问题的具体研究，结合专家调查结论，联合调查组认为：……（二）调查中对兰越峰反映绵阳市人民医院在具体医疗服务过程中存在'对不符合安装心脏临时起搏器指标的患者安装心脏临时起搏器'、'B超检查报告单内容与申请项目不符'、'超声科配合妇科出具不实卵巢囊肿B超诊断报告书'、'采取过度检查方式增加业务收入加重患者负担'等具体情况，相关医疗专家已作出具体判定结论，均未证实绵阳市人民医院具体医疗行为存在违反诊疗规范和医疗卫生行业相关规定的情况。……（四）针对兰越峰反映绵阳市人民医院收入'井喷式跨越增长'的情况，通过综合分析，联合调查组未发现绵阳市人民医院存在医疗收入非正常增长的现象。该院医疗收入增长与'过度医疗'问题不具有密切关联性。……（六）调查组通过对兰越峰个人诉求的前因后果及演变过程进行了详细了解调查，认为兰越峰的个人利益诉求和职位诉求与'过度医疗'无关。"

王志安作为中央电视台《新闻调查》栏目组派出的调查记者前往当地进行实地调查，后该栏目组制作了新闻调查专题片《走廊医生》，该片于2014年3月29日在央视新闻频道《新闻调查》栏目中播出，该片即涉诉微博一中王志安上传的视频。

2015年1月29日，中国记者协会公开通报《"疯子"医生"你砸医院招牌，医院砸你饭碗"》一文为严重失实报道。

另查二，兰越峰曾于2015年1月5日向微梦公司以邮寄方式发送了《律师函》，该函件中披露了通知人为兰越峰，说明了删除微博的内容及理由，但是并没有披露兰越峰的授权信息、受托人的联系方式及要求删除微博内容的微博链接地址。2015年1月20日，兰越峰的委托代理人张翔通过电子邮箱向微梦公司发送了主题为《关于王志安微博侵权信息》的电子邮件，并在邮件附件中上传了三份文件，包括微博链接（包括涉诉微博一、涉诉微博二、涉诉微博四、涉诉微博五）、授权委托书及兰越峰身份证、执业证扫描件。收到该电子邮件后，微梦公司于2015年1月22日删除前述4条涉诉微博。对于涉诉微博三、涉诉长文，微梦公司在收到兰越峰在庭前会议中提交的该文有关信息后对该微博进行了删除，其中，涉诉长文先后删除了两次。

另查三，兰越峰在本案中进行公证保全花费公证费为1250元。

再查一，兰越峰针对涉诉微博一的诉讼主张为该微博构成诽谤，理由是王志安在没有相应依据的情况下，认为关于走廊医生的新闻都是虚假新闻，具有明显恶意，损害了其名誉，构成名誉侵权。其同时认为"白己私利"这个词就代表了医疗乱象和医疗腐败这两个事件。

兰越峰针对涉诉微博二的诉讼主张为该微博构成侮辱，理由是王志安多次提到其是个病人，应该去看病，还认为其有偏执性人格和轻度妄想。

兰越峰针对涉诉微博三的诉讼主张为该微博构成诽谤，理由是王志安认为其是不诚实的人，举报目的不纯，以虚假利益进行举报。

兰越峰针对涉诉微博四的诉讼主张为该微博构成侮辱及诽谤，理由是精神疾病的诊断需要由专业医生根据相关诊断标准作出，王志安没有资质和能力诊断其是否具有精神疾病。

兰越峰针对涉诉微博五的诉讼主张为该微博构成侮辱，理由是王志安认为其具有迫害妄想，周围的人认为其不是正常人。

兰越峰针对涉诉长文的诉讼主张为该微博构成侮辱，理由是该长微博中"你们""这些人"包括了兰越峰，标题和正文中都有"无论你们有多卑鄙"，这个表述构成对其的侮辱。

王志安针对涉诉微博一的抗辩主张为该微博不构成诽谤，理由是其完全是针对该微博下方的新闻作品本身，而不是针对新闻当事人，也没有负面评价新闻当事人的人品和道德。

王志安针对涉诉微博二、涉诉微博四、涉诉微博五的抗辩主张为前述微博不构成社会意义上及法律意义上的侮辱，理由是根据精神卫生法的规定，全社会应该尊重关爱理解精神障碍患者，精神疾病的患者应该被平等对待。兰越峰的观点本身是对精神疾病患者的偏见。结合上下文及陈述可以看出其在写这些微博的时候也不存在恶意诋毁兰越峰人格品格，而是善意呼吁社会对兰越峰现象进行关注，希望兰越峰可以离开新闻风口浪尖，回归普通人的正常生活状态。这体现了对兰越峰本人的关怀，是对其生活现状的同情，也是对走廊医生现象形成的一种评价。

王志安针对涉诉微博三的抗辩主张为该微博不构成诽谤，理由是其微博对过度医疗的问题进行了罗列，兰越峰的举报在证据上都不成立，仅是针对过度医疗部分，不是针对其他内容，这是对其对政府部门调查的总结。

王志安针对涉诉长文的抗辩主张为该微博不构成诽谤，理由是该长微博中所指的"你们"并不包括兰越峰，该微博的评论结合上下文含义非常清楚，是针对兰越峰背后的那些人，根本不构成对兰越峰名誉上的损害。

再查二，兰越峰针对微梦公司的诉讼主张为该公司未及时删除侵权微博而应当就损害扩大部分承担迟延删除的损害赔偿责任，理由是其委托律师给微梦公司发函要求其对王志安侵权行为采取措施，该公司于2015年1月6日接收，但该公司并没有在合理时间内删除，造成损害扩大。对于没有通知的涉诉微博，因内容与之前通知过的内容有重复，微梦公司应该自动审查删除。

微梦公司针对兰越峰的抗辩主张为该公司未造成损害扩大后果，不承担连带侵权责任，理由是对兰越峰已通知的涉诉微博一、涉诉微博二、涉诉微博四、涉诉微博五已经及时删除，对兰越峰未在庭前通知的涉诉微博三、涉诉长文在收到起诉材料后也进行了删除，虽然该公司并不认同兰越峰的主张，但仍及时进行了处理，而且涉诉微博三、涉诉长文内容并不与其已通知的微博内容重复，该公司并无主动审查其言论的法定义务。

上述事实，有公证书、网页打印件、公证费发票、律师费发票等证据材料为证，开庭笔录等亦在案佐证。

一审法院认为，公民的名誉乃是公民人格尊严的体现，公民的名誉权是其依赖自己的名誉参与社会生活的权利。我国法律规定，公民享有名誉权，公民的人格尊严受法律保护，禁止使用侮辱、诽谤等方式损害公民的名誉。

一般而言，侮辱性、诽谤性言论传播是侵害公民名誉权的主要形式。其中，言论传播的方式可以是口头或书面向第三人散布的形式；言论的内容可以是"事实陈述"或"意见表达"，即前者的内容指向"是什么"，后者的内容指向"怎么看"；一般诚信谨慎之人，在"事实陈述"时，所述事实应当基本或大致真实；"意见表达"时，评论内容应当大致客观公正；如果向第三人传播不利于特定人或特定人群名誉的虚假事实或者以他人传播的虚假事实为依据进行不利于特定人或特定人群名誉的不当评论，足以致使该特定人或特定人群社会评价降低的，就可能构成对他人的诽谤；陈述或评论时，不得使用侮辱性言辞攻击他人，即以"就事说事或论事"为基本原则，不随意由事及人，使用侮辱、贬损的语汇针对他人的人身特质进行不当归因或不当定性，否则可能构成对他人人格或人身的侮辱。

因此，公民拥有言论自由，无论私人问题抑或公共话题，王志安有权进行评论乃至批评，只要行使言论自由不逾越法律的边界，均受到合法保护。一旦超出前述言论的权利边界，因故意或者过失对对方实施侮辱、诽谤等行为，足以使对方的社会评价降低，则构成对他人名誉权的侵犯。

公众人物是指在社会生活中广为人知、具有相当高知名度的社会成员。提及公众人物则必然涉及公众人物的人格权保护与公众的言论自由、媒体的新闻自由及公众、媒体的舆论监督之间的关系问题。王志安在本案中援引兰越峰系公众人物作为其言论免责的抗辩事由。对于公众人物人格权限制之抗辩事由，法院认为，基于公共利益及正当公众兴趣等价值的利益考量，可以对公众人物的名誉权等人格权所涵摄的人格利益进行正当的、必要的、适度的合理限制。换言之，公众人物对于公众和媒体行使言论自由及舆论监督等权利妨害其人格权益的行为负有一定限度的容忍义务。具体到侵犯名誉权之诉而言，名誉是对人的道德品质、能力及名声、威望等其他品质的一般社会评价，属于人格利益外化的客观范畴。在诉中引入公众人物限制作为抗辩事由，并不表明公众人物的名誉本身会受到限制，加害人可以任意采取侮辱、诽谤等方式随意侵害而不用担责，而是对于以满足公众对公众人物及公众事件的知情权等为目的，合理行使言论自由权、舆论监督权等表达及传播的行为，基于公共利益及正当公众兴趣等优先保护的价值取向，在认定言论是否构成以侮辱、诽谤等方式侵害名誉权的"标准"或"程度"上，采取相对于言论涉及普通大众的情况更为宽松的尺度。本案中，兰越峰因"走廊医生"新闻事件的广泛报道而为社会公众所知晓，其属于重大社会事件偶然介入而具有一定社会知名度的公众人物，因此对兰越峰的言论亦应按照前述标准评断。

基于前述分析，具体到兰越峰主张的5条微博和1条长微博是否构成侮辱或诽谤并因此承担名誉权侵权责任，法院按照涉诉言论的内容进行分类后，具体分析情况如下：

一、王志安的涉诉微博言论不构成侵权

涉诉微博一中，兰越峰主张王志安称"很多此前关于走廊医生的新闻都是虚假新闻"及"兰越峰不过是一个为了自己私利，绑架了医院甚至整个医疗行业的一个非典型医生"的言论对其构成诽谤和侮辱，应当承担侵犯其名誉权的侵权责任。

法院认为，从该条微博的构成看，这是一段微博言论后上传了一段视频的微博组成结构，这段视频正是中央电视台新闻频道所播出的"新闻调查"节目《走廊医生》的视频，王志安在涉诉微博一中发表的言论也与该视频内容相关，所以，很明显王志安是针对该段视频发表的言论。从该条微博所述内容与言论结构上看，王志安使用的是"现在可以下结论了"，是针对央视权威媒体发布的调查内容下的"结论"，实际上，这一所谓"结论"只是其针对《走廊医生》视频的个人看法。从其下"结论"的内容上看，并非针对具体事实内容或事实范围下确定的事实性结论，而是概括性地作出了一个定性"结论"，即其表述的"很多"新闻的具体事实或具体范围并不清楚，只是概括性地得出了"关于走廊医生的新闻"都是"虚假"的定性结论。因此，这段言论应当属于其"怎么看"的范畴，即属于言论中的"意见表达"范畴，并非属于"事实陈述"范畴。

鉴于该诉争言论是针对《走廊医生》视频所进行的"意见表达"，该视频内容是来自权威媒体央视发布，并非王志安个人采用虚构、捏造、歪曲等方式传播的事实，故不构成王志安对兰越峰的诽谤。该"意见表达"内容是针对该视频内容进行评论，而"走廊医生"事件已成为关系公共利益的公共事件，兰越峰因"走廊医生"事件已成为公众人物，故王志安的评论属于对公共事件及公众人物的公开评论范畴。基于前文有关公众人物言论的分析，加之王志安对兰越峰的主张援引了公众人物人格权限制之抗辩，故应当对该评论采取相对宽松的过错认定标准。因根据央视新闻频道发布的《走廊医生》新闻调查及绵阳涪城区政府新闻办在新闻发布会中公布的《关于绵阳市人民医院医生兰越峰反映有关问题的调查报告》的有关内容，王志安有关对走廊医生的新闻下结论的评论内容并不构成对兰越峰的诽谤及侮辱。

至于王志安同时评论兰越峰"不过是一个为了自己私利，绑架了医院甚至整个医疗行业的一个非典型医生"一节，法院认为，这部分言论内容紧接在王志安评论走廊医生新闻之后，虽然直接涉及兰越峰个人，但是兰越峰是因"走廊医生"事件而为公众所知的公众人物，评论兰越峰在"走廊医生"事件中的行为表现本身，就构成评论"走廊医生"事件的一个重要组成部分，这是言论自由及舆论监督的表现，只要不超出前文所述的界限。在该条微博中，王志安是基于《走廊医生》视频，结合"走廊医生"这一公共事件，而对这一事件的公众人物兰越峰的行为表现发表个人的一种看法，即这种看法仍是结合"事"来分析评论"人"，并未严重脱离其作为依据的权威消息来源央视发布的《走廊医生》视频调查范围及行为表现，亦未评论与该公共事件无关而纯属于兰越峰的个人事务或人身特质等私人范畴，故并不构成对兰越峰的诽谤及侮辱。虽然兰越峰对王志安关于其在"走廊医生"事件中行为表现的这一评论无法接受，但就公众对公众人物的言论自由与舆论监督而言，这属于作为公众人物的兰越峰应当容忍的范畴，故王志安在该条微博中的涉诉言论并不侵犯兰越峰的名誉权。

涉诉微博二、四、五中，兰越峰主张王志安在描述其行为表现时分别使用了"本人更像是个病人，明显有偏执性人格，甚至有轻度妄想"，"显然有严重的精神疾病"，"明明她是个病人"，"其实她有迫害妄想"等语句，严重侵犯了其名誉权。法院认为，结合上下文进行整体判断，这些言论系王志安对兰越峰在"走廊医生"事件中行为表现的一种主观看法，属于"意见表达"的言论范畴。而且，王志安的这种"意见表达"是对公共事件中公众人物兰越峰的"善意规劝"以及对某些媒体不当行为的监督批评，其本身并无诽谤或侮辱兰越峰人格的主观恶意，该行为系公民对公共事件及公众人物的正当批评监督，作为公众人物的兰越峰在该公共事件中人格权应当受到适当的限制，王志安的该言论并不构成对兰越峰名誉权的侵犯，故法院对兰越峰称涉诉微博二、四、五的言论侵犯其名誉权的主张不予采信。

涉诉微博三中，兰越峰主张王志安称其"举报在证据上都不成立，而且，兰越峰颇为自豪的，恰恰是自己任主任期间收入飞速增长"的言论是虚假事实传播，构成对其的诽谤，应当承担侵犯其名誉权的侵权责任。法院认为，该条微博是转发某微博时所发表的言论，虽然该微博内容已经被作者删除，但是仍可以从微博的言论发表模式及王志安的这一行为表现推断王志安发表这一微博的目的大致为回应或评论该微博内容，属于对某一话题持续讨论的言论范畴，从王志安发表的言论内容看，大致可以推论是针对"走廊医生"事件这一公共话题，且内容具体针对兰越峰举报的过度医疗相关问题，该言论显然属于"事实陈述"类型。结合《关于绵阳市人民医院医生兰越峰反映有关问题的调查报告》中第（二）、（四）点调查结果与王志安在该条微博中提及的过度医疗问题，可见王志安得出"除了早期医院确有开单提成之外，兰的举报在证据上都不成立"的事实性结论并未严重失实，故兰越峰的前述主张并不成立，王志安的该条微博言论并不构成对兰越峰的诽谤。

涉诉长文中，双方争议的焦点是题目、正文中都提及"无论你们有多卑鄙，我都奉陪到底"，以及在正文中提及"这正是这些人的卑鄙之处"，"但有些人，打着高尚的旗号，却干着龌龊的勾当。……他们，真的是一群嗜血的财狼！"兰越峰主张王志安的该言论中"你们""这些人"一词包括其在内，王志安称其"卑鄙""龌龊"等用语构成对其的侮辱，王志安辩称"你们"及"这些人"是指兰越峰背后主使的人，并不指兰越峰，因此并不构成对兰越峰的侮辱。法院认为，涉诉长文的题目及结尾部分都使用了"无论你们有多卑鄙，我都奉陪到底"一语，但是从该文章的整体布局上看，前部分是叙述其与兰越峰发生联系的来龙去脉，后部分是分析其被兰越峰起诉背后的真实原因及主使势力，最后表达了其应对兰越峰背后势力的决心，如此才形成了题目与结尾的照应，因此，"他们"一词应当结合该文章的上下文及谋篇布局进行理解。其中，在该文章的前部分与后部分转折之时点出了"他们"的指向，即"他们，真的是一群嗜血的财狼！""这，就是王局我当下遭遇的一群对手。"可见，文章中王志安认为是"对手"的人群实际上是前文中其所指的"消费兰越峰""将兰越峰变成自己的筹码和工具"的所谓背后势力，因为在该文章看来兰越峰是被所谓背后势力利用了，所以并非指兰越峰本人也不包含兰越峰本人。同样，下文中"这些人"与"他们"指代的是同一人群。有鉴于此，既然诉争言论中"他们""这些人"并不能确定指向兰越峰或包含兰越峰的确定人群，故兰越峰主张该言论构成对其人格侮辱的主张不能成立，该言论并不侵犯兰越峰的名誉权。

二、微梦公司的行为不构成侵权

法院认为，网络用户利用网络服务实施侵权行为的，被侵权人有权通知网络服务提供者采取删除、屏蔽、断开链接等必要措施。网络服务提供者接到通知后未及时采取必要措施的，对损害的扩大部分与该网络用户承担连带责任。依据该规定，被侵权人以书面形式或者网络服务提供者公示的方式向网络服务提供者发出的通知，包含下列内容的，人民法院应当认定有效：（一）通知人的姓名（名称）和联系方式；（二）要求采取必要措施的网络地址或者足以准确定位侵权内容的相关信息；（三）通知人要求删除相关信息的理由。本案中，微梦公司作为新浪微博的经营者，是信息存储空间服务提供商。兰越峰曾于2015年1月5日向微梦公司以邮寄方式发送了《律师函》，虽然该函件中披露了通知人为兰越峰，说明了删除微博的内容及理由，但是并没有按照前述规定披露兰越峰的授权信息、受托人的联系方式及要求删除微博内容的微博链接地址。直到2015年1月20日，由兰越峰的委托代理人张翔通过电子邮箱向微梦公司发送了主题为《关于王志安微博侵权信息》的电子邮件，并在邮件附件中上传了三份文件，包括微博链接（包括涉诉微博一、涉诉微博二、涉诉微博四、涉诉微博五）、授权委托书及兰越峰身份证、执业证扫描件，至此兰越峰的通知构成有效通知。收到该电子邮件后，微梦公司于2015年1月22日删除前述4条涉诉微博。对于涉诉微博三、涉诉长文，微梦公司在收到兰越峰在庭前会议中提交的该文有关信息后对该微博进行了删除。此外，网络服务商未履行通知后处理义务或未停止侵权，应承担对他人侵权扩大损害的侵权责任或对自己行为的侵权责任，但前提是他人或自己的侵权责任成立，鉴于本案中兰越峰主张王志安侵害其名誉权缺乏相应的事实与法律依据，王志安对兰越峰的侵权责任不成立，故微梦公司亦无需就涉诉微博通知后处理行为承担侵权责任。

总之，王志安发表的涉诉微博言论不构成对兰越峰名誉权的侵犯，王志安及微梦公司均无须承担相应的侵权责任，故法院对兰越峰要求王志安及微梦公司承担侵权责任的全部诉讼请求，均不予支持。综上所述，依据《中华人民共和国民事诉讼法》第六十四条第一款规定，判决：驳回原告兰越峰的全部诉讼请求。

本院二审期间，当事人没有提交新证据。本院认为一审判决认定的证据真实有效，本院对一审查明的事实予以确认。

本院认为，公民享有名誉权，公民的人格尊严受法律保护，禁止用侮辱、诽谤等方式损害公民的名誉。侵害他人名誉权多与言论的发表相关联。针对公民言论内容的规制因"事实陈述"及"意见表达"两种情形而有所不同。"事实陈述"是针对实际发生的事件或实际所处状态的通报，进行"事实陈述"时应当基本或大致真实，或有权威的信息来源渠道，或有基本的证据支持，不应传播虚假或虚构的事实；"意见表达"是表述者针对人物、事件或社会所作的主观评估的评价性表态，进行"意见表达"时应大致客观公正，不应进行不当评论或使用侮辱性言辞攻击他人，否则可能构成对他人人格的侮辱。

本案中，兰越峰因"走廊医生"事件进入公众视野，其后兰越峰本人接受了多家媒体的采访，相关报道引发了公众对该公共事件及事件中心人物兰越峰的广泛关注，兰越峰由此成为具有一定知名度的公众人物。由于涉及公共利益，对公众人物的议论和评价属正常现象，出于维护社会公共利益和保障公民知情权的需要，公众人物的人格权应受到一定程度的克减。因此，在认定针对公众人物发表的言论是否构成名誉权侵权时，应采取较针对普通公众的言论更为宽松的标准。但是，此种克减应以与公共领域、公众兴趣相关为限，不能超出公共利益的边界。

以下本院就本案涉诉言论进行逐一分析。兰越峰主张涉诉微博一中构成侵权的内容为："现在可以下结论了：很多此前关于走廊医生的新闻都是虚假新闻。兰越峰不过是一个为了自己私利，绑架了医院甚至整个医疗行业的一个非典型医生。"从发布形式上看，上述内容系在上传中央电视台"新闻调查"节目的《走廊医生》视频的同时发表的；从内容上看，其中使用了"下结论"的字眼，而且未涉及相关事件的具体细节，综合来看，上述内容是结合《走廊医生》视频针对"走廊医生"事件及事件中心人物兰越峰发表的主观性的个人看法，属于"意见表达"的范畴。王志安发布上述内容系出于对公共事件及相关公众人物进行评论，并未超出公共事件的范畴讨论兰越峰私人领域的事务。而且结合其作为依据的权威消息来源即中央电视台发布的《走廊医生》视频及《关于绵阳市人民医院医生兰越峰反映有关问题的调查报告》中的相关内容，上述内容并无不当。因此，王志安针对"走廊医生"事件及兰越峰发表的上述言论不构成对兰越峰的名誉权侵权。

针对涉诉微博二，兰越峰主张构成侵权的内容为"兰越峰本人更像是个病人，明显有偏执性人格，甚至有轻度妄想"及"也让兰越峰彻底失去了治疗的机会"。王志安系在转发涉诉微博一后发表的上述内容，结合上下文整体判断，该等表述是王志安对处于"走廊医生"事件中心的兰越峰发表的主观评价，属于"意见表达"。同样，涉诉微博四中"兰越峰显然有严重的精神疾病，她最需要的是去接受治疗"及涉诉微博五中"明明她是个病人，但媒体却把她当做英雄，而周围的人却不得不把她当做是个正常人，其实她有迫害妄想"也属于"意见表达"的范畴。王志安发表上述内容未超出讨论公共事件的范畴，即便言论直接指向兰越峰，但仍是基于"走廊医生"事件进行相关评论。虽然上述言论中的个别用词稍显不妥，但王志安的上述微博言论系基于对公共利益的关注而发表对公共事件的看法，并非刻意对兰越峰进行侮辱、诽谤，正是借助对公共事件及相关公众人物的自由化、多样化的意见表达，舆论监督的作用方能发挥，公共利益才能得以维护。基于认定是否构成对公众人物名誉权侵权时采取相对宽松的标准，在王志安不存在贬损兰越峰名誉权的主观恶意的前提下，兰越峰主张上述内容构成对其名誉权的侵犯，本院不予支持。

关于涉诉微博三中"兰的举报在证据上都不成立。而且，兰越峰颇为自豪的，恰恰是自己任主任期间收入飞速增长"是否构成名誉权侵权的问题。上述内容使用的是叙述性的语言，是对事实状态进行的描述，因而属于一种"事实陈述"。从该条微博的整体来看，其核心内容是除了早期医院确有开单提成之外，兰越峰举报的过度医疗问题并不存在。结合《关于绵阳市人民医院医生兰越峰反映有关问题的调查报告》中的相关结论，上述内容并未严重失实，未超出"事实陈述"应遵循的基本或大致真实的要求。兰越峰就上述内容提出的诉求，本院不予采信。

兰越峰还主张涉诉《无论你们有多卑鄙，我都奉陪到底！》一文标题及正文"但有些人，打着高尚的旗号，却干着龌龊的勾当。兰越峰背后那些人，就是这样的人渣。在他们的内心，只要自己认定的目的正确，就可以不择手段，哪怕是颠倒黑白，罔顾事实。他们将兰越峰架上英雄的位置，但内心却从不真正关心兰的未来。他们在消费兰越峰的同时，也将兰变成自己手中的一枚棋子。当兰越峰一步步走向泥潭，他们在旁边一边露出狰狞的喝彩，一边再次将兰越峰变成自己的筹码和工具。他们，真的是一群嗜血的豺狼！""这正是这些人的卑鄙之处"中的"你们""这些人"指代的人包括兰越峰，王志安使用"龌龊""卑鄙"等词语构成对兰越峰的侮辱。结合涉诉长文的整体内容可以看出，王志安认为兰越峰背后存在"怂恿"她的一股势力，"他们在消费兰越峰的同时，也将兰变成自己手中的一枚棋子。当兰越峰一步步走向泥潭，他们在旁边一边露出狰狞的喝彩，一边再次将兰越峰变成自己的筹码和工具"，可见王志安在文中所批判的"你们""他们""这些人"等指代的是利用和消费兰越峰的背后势力，并非指向兰越峰也不包括兰越峰本人。由于上述内容中的"你们""他们""这些人"不能确定指向兰越峰或包含兰越峰的确定人群，且涉诉长文的其他部分亦无明显贬低或恶意诋毁兰越峰之言论，故兰越峰主张涉诉长文构成对其本人的侮辱缺乏依据，本院不予支持。

因此，兰越峰关于王志安的涉诉微博言论构成对兰越峰侮辱、诽谤的主张不能成立。兰越峰上诉认为王志安属于公众人物，应就自身言论承担更高的注意义务，鉴于王志安上述言论并不构成对兰越峰名誉权的侵犯，故兰越峰此项上诉理由，本院不予采信。作为网络服务提供商，微梦公司承担侵权责任的前提是王志安发表的微博言论构成对兰越峰的名誉权侵权。鉴于兰越峰的侵权诉求并不成立，故微梦公司亦无需承担相应的侵权责任。

需要指出的是，任何人发表对他人的言论，均应秉承事实，公正评论，而不应使用过激的贬损性语言。本案中，王志安发表的部分言论虽不构成侵权，但也有失妥当。王志安今后在发表评论意见时，亦应谨慎注意，避免使用过激的语言。

微梦公司经本院合法传唤，未到庭参加诉讼，本院依法缺席判决。

综上所述，兰越峰的上诉理由不成立，故对其要求撤销一审判决、依法改判之上诉请求，本院不予支持。一审法院判决认定事实清楚、适用法律及处理结果正确，应予维持。据此，依照《中华人民共和国民事诉讼法》第一百四十四条、第一百七十条第一款第一项、第一百七十四条规定，判决如下：

驳回上诉，维持原判。

　　二审案件受理费 807 元，由兰越峰负担（已交纳 300 元，余款于本判决生效后十日内交纳）。

　　本判决为终审判决。

审判长　陈立新

审判员　汤　平

审判员　赵小军

二〇一七年十一月二日

法官助理　黄慧婧

书记员　周　玮

案例99：劳龙权、戴兵等聚众扰乱社会秩序罪
一审刑事判决书

广东省化州市人民法院
刑事判决书

（2017）粤 0982 刑初 141 号

公诉机关：广东省化州市人民检察院。

被告人：劳龙权（绰号：二爹），男，1943 年 7 月 15 日出生于广东省化州市，汉族，小学文化，退休工人，住化州市。无前科。因涉嫌犯聚众扰乱社会秩序罪于 2016 年 12 月 27 日被刑事拘留，2017 年 1 月 25 日被逮捕。现羁押于化州市看守所。

辩护人：林振宇，广东富民律师事务所律师。

被告人：戴兵，男，1964 年 12 月 8 日出生于广东省化州市，汉族，初中文化，化州市丽岗镇朱砂流坑村村长，住化州市。无前科。因涉嫌犯聚众扰乱社会秩序罪于 2016 年 12 月 27 日被刑事拘留，2017 年 1 月 25 日被逮捕。现羁押于化州市看守所。

辩护人：彭进，广东展望律师事务所律师。

被告人：麦玉和，男，1957 年 8 月 14 日出生于广东省化州市，汉族，初中文化，农民，住化州市。无前科。因涉嫌犯聚众扰乱社会秩序罪于 2016 年 12 月 27 日被刑事拘留，2017 年 1 月 25 日被逮捕。现羁押于化州市看守所。

辩护人：马闯，广东丹鸿律师事务所律师。

被告人：吴瑞河，男，1953 年 6 月 10 日出生于广东省化州市，汉族，高中文化，农民，住化州市。曾因犯非国家工作人员受贿罪，于 2012 年 10 月 23 日被本院判处有期徒刑一年八个月，不服一审判决上诉至茂名市中级人民法院，后被裁定维持原判。现因涉嫌犯聚众扰乱社会秩序罪于 2016 年 12 月 26 日被刑事拘留，2017 年 1 月 25 日被逮捕。现羁押于化州市看守所。

被告人：戴琼，男，1949 年 1 月 20 日出生于广东省化州市，汉族，小学文化，农民，住化州市。无前科。因涉嫌犯聚众扰乱社会秩序罪于 2016 年 12 月 27 日被刑事拘留，2017 年 1 月 25 日被逮捕。现羁押于化州市看守所。

被告人：黄日清，男，1960 年 11 月 6 日出生于广东省化州市，汉族，初中文化，农民，住化州市。无前科。因涉嫌犯聚众扰乱社会秩序罪于 2016 年 12 月 27 日被刑事拘留，2017 年 1 月 25 日被逮捕。现羁押于化州市看守所。

辩护人：李建立，广东富民律师事务所律师。

被告人：曾小清，女，1973 年 9 月 7 日出生于广东省化州市，汉族，初中文化，个体

户，住化州市。无前科。因涉嫌犯聚众扰乱社会秩序罪于 2016 年 12 月 26 日被刑事拘留，2017 年 1 月 25 日被逮捕。现羁押于茂名市第一看守所。

辩护人：莫燕春，广东春志律师事务所律师。

被告人：黎奕（绰号：黑鬼坚），男，1964 年 7 月 14 日出生于广东省化州市，汉族，初中文化，个体户，住化州市。无前科。因涉嫌犯聚众扰乱社会秩序罪于 2016 年 12 月 28 日被刑事拘留，2017 年 1 月 25 日被逮捕。现羁押于化州市看守所。

被告人：周永寿，男，1958 年 8 月 18 出生于广东省化州市，汉族，高中文化，农民，住化州市。无前科。因涉嫌犯聚众扰乱社会秩序罪于 2016 年 12 月 29 日被刑事拘留，2017 年 1 月 25 日被逮捕。现羁押于化州市看守所。

辩护人：宋子敬，广东启泰律师事务所律师。

化州市人民检察院以化检公诉刑诉〔2017〕110 号起诉书指控被告人劳龙权、戴兵、麦玉和、戴琼、黄日清、黎奕、周永寿、曾小清、吴瑞河犯聚众扰乱社会秩序罪，于 2017 年 5 月 10 日向本院提起公诉。本院依法组成合议庭，公开开庭审理了本案。化州市人民检察院指派检察员王海容出庭支持公诉，被告人劳龙权及其辩护人林振宇、戴兵及其辩护人彭进、麦玉和及其辩护人马闻、黄日清及其辩护人李建立、周永寿及其辩护人宋子敬、曾小清及其辩护人莫燕春、戴琼、黎奕、吴瑞河到庭参加了诉讼。因案情复杂，无法在审限内审结，本院向茂名市中级人民法院申请延长三个月审理期限。现已审理终结。

化州市人民检察院指控：

2016 年 7 月，化州市委、市政府为了贯彻落实我省推进"一县一垃圾焚烧发电项目"的工作战略，决定在化州市丽岗镇南斋坑垃圾填埋场原址上建设绿能环保发电项目（即垃圾焚烧发电厂）。在政府积极推进该项目建设的过程中，以被告人劳龙权为首，被告人戴琼、戴兵、麦玉和、黎奕、曾小清、周永寿、黄日清、吴瑞河及周飞勇（另案处理）等人为主要组织者的犯罪团伙，以"垃圾焚烧发电厂"焚烧垃圾会对周边环境造成污染，危害化州市丽岗镇群众的身体健康为由，多次组织开会商议、策划、煽动群众到化州市丽岗镇政府闹访，同时还组织有关人员要挟丽岗圩的商铺关门停业，企图以此举向政府施压，迫使政府放弃建设垃圾焚烧发电厂。

2016 年 12 月 1 日，被告人劳龙权伙同戴兵、麦玉和、周飞勇等人商议如何纠集拉拢化州市更多的退伍军人加入抗议政府行列，通过退伍兵群体在社会上的影响，增大抗议政府声势。

2016 年 12 月 5 日，被告人劳龙权伙同戴兵、麦玉和、黎奕、黄日清、戴琼、周飞勇等十多人在化州市丽岗镇"顺利饭店"商议、策划化州市丽岗镇及周边乡镇村民抗议政府及要挟商铺关门停业相关事宜。

2016 年 12 月 23 日，被告人劳龙权伙同戴兵、曾小清、周永寿等人商议以"捐资上学，献爱心"为借口筹集反对垃圾焚烧厂的活动经费，由周永寿书写"捐资上学，献爱心"的宣传单，事后并由曾小清背着贴有该宣传单的纸箱到各个商铺筹集资金。

2016 年 12 月 24 日，被告人劳龙权再次伙同戴兵、戴琼、麦玉和、黄日清、吴瑞河，曾小清、周飞勇等二三十人到化州市丽岗镇"顺利饭店"开会，部署次日（即 12 月 25 日）

煽动群众到丽岗镇政府抗议及要挟丽岗镇商铺、摊档关门停业的相关事项。会后，与会各成员回到各自所分配到的片区，一方面煽动群众次日到丽岗镇政府抗议，一方面要挟丽岗镇商铺关门停业，并散布诸如商铺开门营业就会遭到报复等相关语言威胁。

2016年12月25日，化州市丽岗镇等三地共200多名群众在劳龙权等人的煽动下，非法聚集到丽岗镇政府门口喧闹、抗议并纠缠政府人员，严重扰乱了政府的工作秩序。当天，丽岗镇圩280多间商铺、摊档被迫关门停业，流动摊档遭到不法分子恐吓、驱逐，生产行业停顿，严重扰乱了丽岗镇的经济秩序和市场秩序，给群众的工作和生活造成了严重影响，群众需要购买物品，要到丽岗镇以外的市场购买。至2017年1月1日，丽岗镇的商铺、摊档才恢复正常营业。

公诉机关认为被告人劳龙权、戴兵、麦玉和、戴琼、黄日清、黎奕、周永寿、曾小清、吴瑞河聚众扰乱社会秩序，情节严重，致使生产无法进行，造成严重损失，其行为均已构成聚众扰乱社会秩序罪，并向本院提供了相应的证据，提请本院依照《中华人民共和国刑法》第二百九十条的规定，对九名被告人依法判处。

被告人劳龙权对公诉机关指控其犯聚众扰乱社会秩序罪基本无异议，且表示认罪，但辩解其不是组织、策划、指挥群众向政府施加压力的为首者，但感觉其有些行为构成犯罪。其辩护人林某2辩称被告人劳龙权不构成聚众扰乱社会秩序罪，并提出如下辩护意见：一、2016年12月25日被告人劳龙权未参加抗议活动；二、劳龙权在本案中不是为首者；三、群众到丽岗镇政府抗议时，实际影响镇政府办公的时间不足两小时，且本案的九名被告人都供述未去现场；四、对被告人戴琼于2017年1月3日所作的笔录表示怀疑，因只有被告人戴琼对分工做了详细的交代。

被告人戴兵对公诉机关指控其犯聚众扰乱社会秩序罪部分有异议，但其表示认罪，且辩解其没有发动群众抗议政府，也没有通知丽岗镇的商铺关门罢市。其辩护人彭进提出如下辩护意见：一、被告人戴兵不构成聚众扰乱社会秩序罪；二、指控被告人戴兵犯聚众扰乱社会秩序罪的证据不足，理由是：1.被告人戴兵只参加两次聚餐，转发了一条微信，没有其他行为；2.被告人戴兵没有拉拢退伍军人抗议政府，也没有要求丽岗镇的商铺关门；3.被告人戴兵没有参加筹集经费的活动；4.被告人戴兵没有到过丽岗镇政府集会抗议。三、指控九名被告人的行为情节严重的依据是280多家商铺关门，丽岗是小镇，不可能有这么多商铺，这完全是推测的。公诉机关提供的视频和照片都是一个瞬间，无法证明造成了多少经济损失。

被告人麦玉和对公诉机关指控其构成聚众扰乱社会秩序罪部分有异议，但其表示认罪，且辩解其没有发动群众抗议政府，也没有通知商铺关门。其辩护人马闯提出如下辩护意见：一、政府在建垃圾焚烧厂一事上对群众缺乏必要的解释，本案是突发性事件；二、指控被告人麦玉和犯聚众扰乱社会秩序罪事实不清，证据不足，麦玉和只参加两次聚餐活动，在聚餐中均没发表过非法言论，且在聚餐后也没有用手机或其他形式散发对政府不利的谣言；三、麦玉和是军人出身，无前科；四、被告人麦玉和的辩解不能否认其认罪态度较好；五、被告人被刑讯逼供，应进行非法证据排除。

被告人戴琼对公诉机关指控其构成聚众扰乱社会秩序罪部分有异议，但其表示认罪，且辩解其只参加过指控的第四项（即2016年12月24日），其余均没有参与。

被告人黄日清辩称其没有和他人商议抗议政府，也没有通知商铺关门。其辩护人李建立提出如下辩护意见：一、没有充分的证据证实本案九名被告人构成聚众扰乱社会秩序罪，亦没有证据证实因本案造成工作和生活上的损失；二、被告人黄日清在 2016 年 12 月 25 日没有参加抗议活动；三、被告人黄日清没有犯罪动机，应宣告被告人无罪。

被告人黎奕对公诉机关指控其聚众扰乱社会秩序的犯罪事实无异议，请求对其从轻处罚。

被告人周永寿对公诉机关指控其聚众扰乱社会秩序的犯罪事实无异议，请求对其从轻处罚。其辩护人提出如下辩护意见：一、被告人周永寿只参与了筹集经费的活动，写了一张宣传单，没参与其余活动；二、被告人周永寿不是组织者、领导者，是从犯；三、被告人周永寿是初犯，认罪态度好；四、请求对被告人宣告缓刑。

被告人曾小清对公诉机关指控其构成聚众扰乱社会秩序罪无异议，但辩解其以"捐资上学，献爱心"的名义只筹集到人民币二千多元；其辩护人莫某提出如下辩护意见：一、对公诉机关指控被告人曾小清构成聚众扰乱社会秩序罪没有异议；二、被告人是从犯；三、本案事出有因，但被告人曾小清的行为出发点、所作所为方法上有点欠妥；四、被告人认罪态度好，请求对被告人从轻处罚。

被告人吴瑞河对公诉机关指控其聚众扰乱社会秩序的犯罪事实无异议，请求对其从轻处罚。

经审理查明：

2016 年 7 月，化州市委、市政府为了贯彻落实广东省推进"一县一垃圾焚烧发电项目"的工作战略，决定在化州市丽岗镇南斋坑垃圾填埋场原址上建设绿能环保发电项目（即垃圾焚烧发电厂）。在政府积极推进该项目建设的过程中，以被告人劳龙权、戴琼、戴兵、麦玉和、黎奕、曾小清、周永寿、黄日清、吴瑞河及周飞勇（另案处理）等人为积极参加者的犯罪团伙，以"垃圾焚烧发电厂"焚烧垃圾会对周边环境造成污染，危害化州市丽岗镇群众的身体健康为由，多次组织开会商议、策划、煽动群众到化州市丽岗镇政府闹访，同时还组织有关人员要挟丽岗圩的商铺关门停业，企图以此举向政府施压，迫使政府放弃建设垃圾焚烧发电厂。

2016 年 12 月 1 日，被告人劳龙权伙同戴兵、麦玉和、周飞勇等人商议如何纠集拉拢化州市更多的退伍军人加入抗议政府行列，通过退伍兵群体在社会上的影响，增大抗议政府声势。

2016 年 12 月 5 日，被告人劳龙权伙同戴兵、麦玉和、黎奕、黄日清、戴琼、周飞勇等十多人在化州市丽岗镇"顺利饭店"商议、策划化州市丽岗镇及周边乡镇村民抗议政府及要挟商铺关门停业相关事宜。

2016 年 12 月 23 日，被告人劳龙权伙同戴兵、曾小清、周永寿等人商议以"捐资上学，献爱心"为借口筹集反对修建垃圾焚烧厂的活动经费，由周永寿书写"捐资上学，献爱心"的宣传单，事后并由曾小清背着贴有该宣传单的纸箱到各个商铺筹集资金。

2016 年 12 月 24 日，被告人劳龙权再次伙同戴兵、戴琼、麦玉和、黄日清、吴瑞河、曾小清、周飞勇等二三十人到化州市丽岗镇"顺利饭店"开会，部署次日煽动群众到丽岗镇政府抗议及要挟丽岗镇商铺、摊档关门停业的相关事项。会后，与会各成员回到各自所分配到的片区，一方面煽动群众次日到丽岗镇政府抗议，另一方面要挟丽岗镇商铺关门停业，并散布诸如商铺开门营业就会遭到报复等相关语言威胁。

2016 年 12 月 25 日，化州市丽岗镇等三地多名群众在劳龙权等人的煽动下，非法聚集到丽岗镇政府门口喧闹、抗议并纠缠政府人员，严重扰乱了政府的工作秩序。当天，丽岗镇圩数间商铺、摊档被迫关门停业，流动摊档遭到不法分子恐吓、驱逐，生产行业停顿，严重扰乱了丽岗镇的经济秩序和市场秩序，给群众的工作和生活造成了严重影响，群众需要购买物品，要到丽岗镇以外的市场购买。至 2017 年 1 月 1 日，丽岗镇的商铺、摊档才恢复正常营业。

另查明，公安机关于 2016 年 12 月 27 日在被告人曾小清位于丽岗镇光明路 57 号的家中扣押到人民币 9545 元及收款收据一张、纸盒箱一个（上述被扣押的物品未随案移送）。

再查明，被告人吴瑞河曾因犯非国家工作人员受贿罪，被本院判处有期徒刑一年八个月，不服一审判决上诉至茂名市中级人民法院，后被裁定维持原判，2014 年 2 月 25 日刑满释放。

上述事实，有检察机关提交，并经法庭质证、认证的下列证据证实：

（一）物证、书证

1. 受案登记表、立案决定书、抓获经过：证实案件的立案侦查及被告人被抓获的经过情况。

2. 户籍资料：证实九名被告人犯罪时已达到负刑事责任年龄及陈某 1 等证人均已成年。

3. 嫌疑人违法犯罪记录查询登记表：证实经查询被告人劳龙权、戴兵、麦玉和、戴琼、黄日清、黎奕、周永寿、曾小清没有违法犯罪记录。

4. 现场相片：证实案发现场概况。

5. 搜查笔录、扣押清单：证实公安机关在被告人曾小清家中扣押到人民币 9545 元及收款收据一张（有餐费 690 元等字样）、怡宝牌矿泉水纸盒箱一只（贴纸写有"捐资上学，献爱心"的字样）。

6. 本院（2012）茂化法刑初字第 336 号刑事判决书、茂名市中级人民法院（2013）茂中法刑二终字第 2 号刑事裁定书、释放证明书：证实被告人吴瑞河受刑事处罚的相关情况。

（二）证人证言

1. 证人陈某 1 的证言（2016 年 12 月 26 日）：2016 年 12 月 24 日，劳某等人到我的"顺利饭店"聚会，一共有三桌人。聚会费用最后由曾小清付钱。事后服务员何某 9 对我说劳龙权等人在商量、讨论如何阻止在丽岗镇建设垃圾焚烧厂一事。

劳龙权等人是在 12 月初的时候第一次在我的"顺利饭店"聚会，也是在商讨如何阻止垃圾焚烧厂的事情。这帮人我只认识劳龙权、曾小清、吴瑞河。

（2016 年 12 月 28 日证言）：2016 年 12 月 24 日下午，我的工人告诉我一个年轻男子到我的饭店说为了抗议垃圾焚烧厂的建设，要我的"顺利饭店"停止营业。由于我在 25 日在丽岗圩见到所有商铺都关门停业了，我也只好关门停业了。我一共停止营业了 25 日和 26 日两天，损失营业额 4000 元左右，利润损失 1600 元左右。

2. 证人何某 1 的证言：我在帮两三桌聚会的人上菜的时候听到他们开会，内容提及了关于坚决反对在丽岗建设垃圾焚烧厂的事项。但是具体内容我没有留意听。其中有一个叫"二爹"的人负责会议的讲话。

2016 年 12 月 24 日的那次聚会是一个女人来结账的。25 日那天有两个我不认识的年轻男子开摩托车来到我们饭店门口，叫了两声"快关门！不得再营业，否则后果自负！"后来我们饭店就关门了，到 27 日才开始正常营业。

3. 证人李某 1 的证言：我租用劳某的一楼住宅经营汽修店。2016 年 12 月 24 日晚上，劳某来到我的店里叫我第二天开始关门停止营业，为的是明天群众一起去镇政府抗议垃圾焚烧厂建设的事项。为了不得罪劳龙权以及去抗议的群众，影响我以后的生意，所以我关门了，12 月 25 日停止营业一天，损失 400 多元。

4. 证人林某 1（汝好饭店负责人）的证言：2016 年 12 月 25 日至 28 日，我经营的汝好饭店停止营业了四天，因为有群众抗议垃圾焚烧厂的事情，且有人上门叫停业，所以大家都停业了，我又是外地人，我怕不停业会有人上门找麻烦，所以我也只好停业。我停业四天一共损失大约 1500 元。

5. 证人李某 2（莱莱百货负责人）的证言：由于受到了一些群众的宣传恐吓，我害怕不关门停业会惹事上身，所以我在 2016 年 12 月 25 日停业了一天。由于不能开门经营，所以我也蒙受了经济损失。

6. 证人李某 3（黄文饭店负责人）的证言：2016 年 12 月 24 日下午 3 时许，有一个男人来到我所经营的饭店前和我说："明天停市。"当时我没有说什么，之后他就离开了。但是第二天我并没有停业，照常经营。

7. 证人曾某 1 的证言：2016 年 12 月 25 日上午，丽岗镇群众聚集到丽岗镇政府抗议示威，全某圩的商铺都被人叫停关门罢市，所以我在这种压力之下也只有关门停业了。我在 2016 年 12 月 25 日停业至 27 日，共关门停业三天，损失大约 450 元。

8. 证人曾某 2 的证言：没有人上门叫我关门，但是我听说有人上门叫别的店铺关门，出于社会压力，为了避免引起不必要的麻烦，所以我也不敢开门做生意了。我 25 日至 27 日停业三天，大概损失 1050 元人民币。

9. 证人陈某 2 的证言：我之所以在 2016 年 12 月 25 日至 30 日关门停业是因为周边群众都在传所有商铺都要关门响应群众的抗议，而且所有商铺都关门了，我也不敢例外，有压力，而且听说不关门还有人上门砸门，我更加害怕，所以我就关门了。我一共停业 6 天，大概损失 6000 元的营业额。

10. 证人苏某 1 的证言：我的小吃店于 2016 年 12 月 25 日至 28 日停业四天，因为在 2016 年 12 月 25 日上午我正在经营，就有几名男子来到我的店铺，叫我停止营业，增加向政府施压的筹码。后来我看见周边的店铺都陆陆续续关门了，所以我也关门了。我一共损失大约 2000 元。

11. 证人黎某 1 的证言：我的店铺于 2016 年 12 月 25 日至 27 日关门停业三天。损失约 900 元。我之所以关门停业，是因为我的邻居都听说有人通知一定要关门，否则就会来砸东西，我害怕会有人砸我的东西，所以我才被迫关门停止营业。

12. 证人叶某（惠某 1）的证言：我的店铺在 2016 年 12 月 25 日开始关门停业，经济损失大约 2000 元。我关门停业是因为群众抗议丽岗镇政府要建设垃圾焚烧厂的事情，很多商店都关门停业了，我怕我营业别人会对我有意见，所以关门了。到了 27 日早上我想开门营业，但是有一个大约 40 岁，身高 170 cm，身材高大的男子两次上门说"不能开门做生意"，所以我就关门了。

13. 证人何某 2 的证言：我的奶粉店从 2016 年 12 月 25 日下午至 28 日都处于关门停业状态，损失大约 2100 元。我不开门营业是因为大家都关门停业了，我有压力所以关门。在

26 日我开门换货架，一位 70 岁左右的老人骑着电动车经过我的店门口，在店门口停下来对我说："你开门了哈！"我说："在换货架。"之后他就骑车离开了。

14. 证人张某 1（贞贞服饰店负责人）的证言：我经营的服饰店于 2016 年 12 月 25 日至 28 日一直处于关门状态，损失 400 多元。我之所以关门停业是因为有人想要抗议丽岗焚烧厂建设，有人到我的店铺恐吓我不让我开门营业。

15. 证人谢某 1（移动加盟厅负责人）的证言：2016 年 12 月 24 日，有人来到我的移动加盟厅恐吓我，威胁我们要关门，加上 25 日街上来购物的人极少，因此我的移动加盟厅于 2016 年 12 月 25 日至 28 日关门停业了，损失大约 8000 元人民币。

来恐吓我关门的是一伙人，男女老少都有，但是我并不认识他们。那伙人手持锄头、石头等东西，说话语气很重，要求我们马上关门，不准营业。

16. 证人周某 1 的证言：2016 年 12 月 25 日，我开门做生意，有几名男子走进来叫我关门，不要开门营业，后来我就关门停止营业了。我于 25 日至 28 日停止营业四天，损失了 4000～5000 元。

17. 证人李某 4 的证言：2016 年 12 月 24 日下午 14 时许，一个年约 40 岁的中年男子驾驶摩托车来到我的汽修厂内，要求我 25 日当天关门停业，前往镇政府闹事，阻止垃圾焚烧厂建设，所以我当天就关门停业了。我一共停止营业一天，损失 200 元左右。

18. 证人曾某 3（好新石米店负责人）的证言：我于 2016 年 12 月 25 日至 29 日停止营业，损失 2000 多元。我是看见其他商店关门所以才关门的，我担心自己不关门会遭受本地人的排斥以及引来一系列的麻烦。

19. 证人黎某 2（某服装店负责人）的证言：我见到整个市场的商铺都关门了，我害怕不关门会有人来闹事，所以我出于担心，就跟着大家一起关门停业了。我于 2016 年 12 月 25 日至 28 日停业，损失大约 1000 元。

20. 证人周某 2 的证言：我所经营的油行于 2016 年 12 月 25 日至 27 日停止营业，损失大约 3000 元。我之所以关门是因为抗议在我们丽岗建设垃圾焚烧厂的事，而我见到其他店铺都关门，怕别人过来搞事，心里感到害怕，就跟着大家关了。不关门的话听说会有人过来搞事。

21. 证人黎某 3（百汇副食店负责人）的证言：我所经营的副食店于 25 日开始停业，大概停了 3 天。我的损失 600 多元。我之所以停止营业是因为见到所有店铺都关门了，我担心自己继续经营会有人找我麻烦，迫于压力才停止营业的。

22. 证人李某 5（宝宝乐幼儿园负责人）的证言：我的幼儿园于 26 日和 27 日停止开园，损失 4000 多元。我之所以关门是因为有社会传言在丽岗经营的商户都不得营业，否则受到社会人员的打闹滋事，而我也因为感到害怕所以不敢开门，不敢让学生来上学。

23. 证人杨某（纯香油行负责人）的证言：我经营的油行在 2016 年 12 月 25 日至 27 日停止营业，经济损失大约 2000 元。丽岗圩的店铺之所以关门是因为要抗议在丽岗建设垃圾焚烧厂的事情，我看见别人都关门了，我怕别人来搞事，感到害怕不敢开门。

24. 证人郭某 1 的证言：2016 年 12 月 20 日丽岗镇的群众到我镇政府大院聚集，抗议政府在丽岗镇南斋坑建设垃圾焚烧厂。当日 8 时 30 分，我在政府上班，参与抗议的群众大多数是老年人。他们要求镇政府听取他们的诉求。后来我和镇长苏某 3 去向群众解释垃圾焚烧厂的事。群众推选出戴琼、麦玉和作为代表出来对话。中午 12 时许，我镇政府的工作人员开始劝导在场的群众回家。在场的群众也相继回家。

2016 年 12 月 25 日上午 10 时许，我镇的群众又开始到镇政府聚集，大约有二百人。公安局领导在现场劝导现场的群众离开，但是现场的群众不愿意离开。局面僵持了约二十分钟，公安局民警开始驱散这些群众。坚持不愿意离开的群众就被公安民警带上警车。事情的经过就是这样。

25. 证人刘某 1 的证言：2016 年 12 月 25 日上午 10 时许，丽岗镇的群众开始陆续到镇政府聚集，当中大多数是老年人。大约过了十分钟，公安局的领导来到劝导群众离开。二十分钟后，公安民警开始驱散群众，对于坚持不离开的，就带上警车。现场没有发生激烈警民冲突。事情的经过就是这样。

26. 证人曾某 4 的证言：我参加了两次在丽岗镇政府抗议，反对建设垃圾焚烧发电厂。这两次行为的时间分别在 2016 年 12 月 20 日和 2016 年 12 月 25 日。在参与的过程中，我知道"二爹"肯定是本次抗议活动闹事的头目。

27. 证人吴某 1 的证言：当时（2016 年 12 月 24 日晚上 20 时许）我在我的猪场睡觉，突然有一个电话打给我（我不知道是谁的电话，也听不出是谁的声音）说"德荣你到塘尾村年宵堂开会"，我说"我要看守猪场，没空去"，对方说"你在猪场等我或先出来，我叫摩托车去载你出来开会"，接着对方便挂机了。我便在猪场等候，过了约 15 分钟，便有一辆摩托车来到我的猪场叫我的名字，我出来一看，原来是我下山坡村的吴阿尧（男，约 25，吴陈江的儿子），吴阿尧看到我便说，"你去啰"。于是我便坐上吴阿尧的摩托车一起去到了塘尾村的年宵堂处，去到时我看到吴某 13、吴某 14、吴某 3 等十多个人（十个生产队长及几个青年男子），我到后便坐下来，十个生产队长等人到齐后，便有人（忘记是谁）说，"今晚开会主要是讨论丽岗镇建设火葬场的事，我们村要人去抗议"，接着有人（忘记是谁）说，"听说是做垃圾发电厂的，如果是做火葬场的就要去抗议"，吴某 3 说，"我丽岗的伙计打电话说是建垃圾发电厂的，污染好大，我们要去抗议的，如果不去的话，后生仔都没老婆娶，不抗议的话到时就要搬村了"，其中有人（忘记是谁）便问如亮（生产队年例头管钱的）说，"生产队还有钱吗？包车载村中的老人去抗议"，吴某 13 说，"生产队还有一万多元钱，叫吴某 14 开校车载人去"，吴某 14 说，"我开的校车是公家的，我不敢开去"，吴某 13 说，"这样的话，要去的话就包两辆泥头车载村中的老人去，载多点人去，车费就从生产队集体开支，各生产队长会后就负责通知各生产队的人，叫明早到吴寿光铺门前一起坐车去丽岗抗议"，我们队长达成共识后便散会各自回家了。后直到次日（2016 年 12 月 25 日）早上 7 时许，我早早喂完猪后从猪场回到村中，在村中走了一圈，叫村中的人谁想去丽岗镇抗议建设垃圾发电厂的就到吴寿光铺处坐车到丽岗镇去抗议，在村中叫一遍后便驾驶摩托车去到吴寿光的铺处，当我去到吴寿光铺处时，看到有两个老年妇女（忘记是谁）和吴某 13 在吴寿光铺儿处。那两个老年妇女看到我后便说，"德荣你做队长的，怎么还不去丽岗啊"，看到没有什么人在场，我便问吴某 13，"我们村人呢，没包车去吗"，吴某 13 说，"没包到车，村中的人都自行驾驶摩托车去丽岗了"，我听后便迅速回家吃饭，吃完饭后便驾驶摩托车去丽岗镇了，当我去到丽岗镇的三角口处时，看到村中吴某 13、吴某 3、王某 3 等人停车在路边，我也停车在路边处抽烟，后听到路人叫，"大家全部去丽岗镇政府"，我听后也和村中的吴某 3、吴如亮等人一起驾驶摩托车去到丽岗镇政府门前，当我去到丽岗镇政府门前时，丽岗镇政府门前的公路上已有很多人了，我停好车后便也步行到丽岗镇政府的大门外看，看到丽岗镇政府大门口、门前公路、政府大院内已站满人，人山人海，这时听到你们公安局的人员通过广播喊话，"在政府大院的人员，限五分钟内快速散开离开"，听到在场的人有人说，"不用怕他们，不要离开，他们能抓我们多少人"。在丽岗镇政府大院、大门外的人没有散开，人员继续聚集在政府大院内、大门外，后过了约1个小时，再次听到你们公安局的人员通过广播喊话，"在政府大院的人员，限五分钟内快速散开离开现场"，当时在场的人有人又起哄说，"不用怕他们，不要离开"，接着看到你们的警察使用盾牌把聚集在丽岗镇政府大院内的群众往大门口处赶，在场的群众又一起攻入丽岗镇政府，我也跟着在场的群众一起进入丽岗镇政府大院，又过了约二十分钟，看到一辆茂名的公安车驶进丽岗镇政府，接着你们警察又开始从丽岗镇政府大院内驱散在场的群众，我看到你们的警察开始驱散在场的群众了，我也跟着群众退出到丽岗镇政府大门口处，接着看到你们公安局的警察开始抓人了，我在丽岗镇政府大门口处被抓获，后传唤到化州市公安局办案中心接受调查，事情的经过就是这样。

28. 证人吴某2的证言：我们是想施加压力给政府，反对在丽岗的"妹坟"建垃圾焚烧厂，加上我村有人在议论说起，25日丽岗镇的群众准备一起到丽岗镇政府游行抗议，所以我才决定过去丽岗镇政府参加的。

29. 证人董某1的证言：2016年12月25日上午，我回到丽岗圩三合口，那时已经有一百多人聚集在那里讨论反对建造垃圾焚烧厂的事情了，那些人全部都站在路口或者路边，我在店铺看到附近店铺都没有开铺，就跟着一起罢市。过了十几分钟，我听到有群众提议一起步行去丽岗镇政府里面，去那里找镇委书记以及其他干部讨个说法，我也跟着人群一起去到镇政府那里讨说法、看热闹。当我们去到镇政府的时候，那里聚集了六七百人，大家都是三五成群在那里讨论反对建设垃圾焚烧厂的事情。镇政府里面也有很多警察在现场维持秩序，要求聚集的群众通过合法途径反映诉求，不能非法在这里集会，必须马上离开，我们在现场的群众就一起起哄大声叫喊不愿意离开。我就站在镇政府门口用手机拍摄现场的情况，这时你们公安民警来到我的身旁，依法对我进行盘查，因我涉嫌聚众扰乱社会秩序，所以将我传唤回公安机关接受调查，事情的经过就是这样的。

曾小清曾开着贴有反对建造垃圾焚烧厂的标语的小车找大家捐款，我捐了50元给她。

30. 证人黎某4的证言：我们是通过在丽岗镇镇政府聚集，然后现场起哄闹事，致使丽岗镇政府工作人员及车辆无法正常出入，以致无法正常办公，以此反对、抗议在丽岗镇建造垃圾焚烧厂，迫使政府停止在丽岗镇建造垃圾焚烧厂相关项目。

我们主要是想通过这样的行为来反对、抗议在丽岗镇建造垃圾焚烧厂，迫使政府停止在丽岗镇建造垃圾焚烧厂相关项目。

2016年12月25日上午10时左右，我开一辆紫白色女装摩托车（无牌）搭着我妈李雪妹途经丽岗圩三合口时，发现有四五十人聚集在路边，然后一个叫"亚琼"的女子叫停我与我妈，叫我们一起反对、抗议在丽岗镇建造垃圾焚烧厂一事，于是我就停车在路边，与那些人一起反对、抗议在丽岗镇建造垃圾焚烧厂。不久，就有四五个男青年开两辆红色125男装摩托车过来，叫我们全部过去丽岗镇镇政府集中起哄、抗议，于是我们就全部转移到丽岗镇镇政府了。

事情是这样的：2016年12月25日早上7时许，我自己开摩托车到化州市丽岗镇丽岗圩买菜，发现丽岗圩菜市场很多档口都不开市，然后我就问周边的人，得知大家都已经罢市了，以此反对、抗议在丽岗镇建造垃圾焚烧厂了，于是开车回家了。直至当天上午 10 时许，我开摩托车搭着我妈李雪妹再次上丽岗圩，准备去丽岗圩结开买沙发的钱的。当我们途经丽岗镇丽岗圩三合口时，发现路边及路口等地方聚集了四五十人讨论如何反对及抗议政府在丽岗镇建造垃圾焚烧厂一事，致使公路车辆无法正常通行，交通堵塞。这时我认识的"亚琼"叫停我与我妈，叫我们一起参与反对及抗议政府在丽岗镇建造垃圾焚烧厂，于是我与我妈才停在那里的。不久，有四五名男青年开两辆红色 125 男装摩托车过来，对大家说，"聚集在这里没用，大家全部到丽岗镇镇政府那里抗议"，于是大家就全部过去丽岗镇镇政府那里了。当时我与我妈交了买沙发的钱再过去丽岗镇镇政府的，当我们来到镇政府时，发现镇政府门口那里已经聚集了 200 人左右了，主要是集中起哄、抗议，同时你们公安民警也在现场拉警戒带及劝说我们离开，但是我们没有得到政府许诺停止在丽岗镇建造垃圾焚烧厂项目，始终坚持不离开，继续聚集在镇政府门口那里抗议。后来我们当中很多人提出，用手机将现场的情况拍摄下来，并通过微信等方式在互联网转发，将消息散发出去，让更多人知道，以此达到反对及抗议在丽岗镇建造垃圾焚烧厂的目的。接着我拿着自己的手机走到镇政府里面，将现场情况拍摄下来，共拍摄了七八个视频，并将相关视频发上自己的微信朋友圈，同时还将视频发给好友黎辉及"亚猪"，不过我没有叫他们转发，但至于黎辉及"亚猪"有无转发，这我就不知道了。后来你们公安民警在现场继续劝说我们离开，要通过正常途径反映自己的诉求，但是我们根本就不听你们公安民警的劝说，还有一部分人试图强行闯过警戒带，冲进镇政府办公楼里面。你们公安民警见劝说不行，以及见到部分人强行闯入政府办公楼，于是就开始清场，对部分人员强行带离现场，当时我看见你们公安民警开始抓人清场后，又用自己手机继续拍摄，所以又被你们公安民警现场抓起来了，并带回问话。

31. 证人吴某3的证言：我是于 2016 年 12 月 25 日 ll 时许独自到化州市丽岗镇政府的，是为了阻止化州市政府准备在丽岗镇妹坟处建立垃圾焚烧厂。

32. 证人曾某5的证言：垃圾焚烧厂离我家很近，我不想垃圾焚烧厂建在这里，我就将该条谣言信息发送给村长曾某4，希望通过曾某4的影响力让更多人看到并相信这条谣言信息，可以号召更多的人加入抗议的队伍，给政府压力，以达到不让垃圾焚烧厂建在南斋坑的目的。

2016 年 10 月份开始，村长曾某4、副村长张金良等人就在我村群"龙西村群众群"上号召我村的所有人参与抗议政府将垃圾焚烧厂建在南斋坑。因为政府要建的垃圾焚烧厂离我家很近，我不想垃圾焚烧厂建在这里，我当时在深圳务工，但我也积极响应。我于 2016 年 12 月 12 日回到化州照顾待产的妻子。2016 年 12 月 24 日时，我在微信的"丽岗商会群"看到关于抗议垃圾焚烧厂的信息"出大事了！……（中间内容忘记了）况且南斋坑离我们丽岗不到一公里，到时焚烧垃圾将会严重影响我们丽岗的空气，其中垃圾焚烧中有一种化学气体叫作二恶英，是让人最容易患癌症的恶魔，所以要是这垃圾焚烧厂建好了，我们丽岗镇将会变成癌症镇了！今天上午茂名市委书记将会带队来南斋坑考察，途经我们丽岗，为此我们丽岗镇各大村庄群众今日上午已经准备出丽岗游行抗议，希望我们丽岗的朋友将此消息转发出去让更多的人知道，有力出力，为我们丽岗做一份贡献，谢谢！"2016 年 12 月 25 日 9 时许，我村村长曾某4在微信上叫我马上到镇政府集合参与游行抗议活动，我马上将前一天在"丽岗商会群"看到的抗议信息，在未经核实的情况下发送给曾某4，希望通过曾某4的影响力让更多人看到并相信这条谣言信息，可以号召更多的人加入抗议的队伍，给政府压力，以达到不让垃圾焚烧厂建在南斋坑的目的。发送完信息后我马上骑自行车到了丽岗圩，那时丽岗圩已经有几百名群众站在道路的两旁，其中有很多群众手中拿着写着标语的旗帜，但具体标语的内容我忘记了。我骑自行车绕了一圈没找到曾某4，我就骑车回家了。当天因为曾某4等人组织不明群众到丽岗镇政府进行非法游行抗议活动，严重扰乱公共秩序，一部分组织者被化州市公安局抓获了。2016年12月26日下午，我就坐车上深圳的富士康工厂上班了。事情的经过就是这样。

33. 证人曾某6的证言：证实其所在村的微信群"龙西村群众沟通群"有人讨论过要在丽岗镇南斋坑修建垃圾焚烧发电厂的事情，并附有该群聊天记录照片。

34. 证人张某2的证言：2016年12月27日凌晨1时许，我当时在家中玩手机发微信消息，这时在我们龙西村的微信群（群成员有231人）中就有人开始讨论关于垃圾焚烧发电站的事情，因为这事涉及我们村民生、环境的问题，我也就参与讨论。一开始，我村的张水银就提出不能让垃圾焚烧发电站建成，要发动人员抗争到底，甚至提出"反正就是死，就大干一场吧"这样的言论。我见到张水银这么有魄力，就顺势在群里发了一句："如果火葬场建成，影响世世代代。"群里有很多人都参与了这次的讨论，张水银接下来说："我已经把这事在我的战友群全部发布了。"同时张水银在微信群众@我（微信的一种功能，指定一人员进行提醒），叫我联系珠江电视台的人（因为我疾病的事，曾经有电视台来我家采访），我则表示："电视台也会出来。"因为我想到，仅仅是龙西村这么少人，力量恐怕不足以让政府不建设垃圾焚烧发电站，于是我就表达我的观点："如果每个村都行动起来，那就不一样了。"张水银随后说："全某人民，还有官桥林某3，他们难道没有影响吗。"我说："有影响。"张水银说："那就是嘛，至少几个镇的人都出来就可以解决问题呢。"张水银在当晚聊天中，多次提出要找到人员让丽岗镇的学校停课，同时他表示要让其他人筹集资金，阻止垃圾焚烧发电站的建设。后来见没什么人参与，我也不再说话了。

35. 证人陈某3的证言：2016年12月25日前几天（详细的时间忘记了），因为政府在丽岗设立垃圾焚烧厂的事引起了丽岗群众的注意，后我与丽岗的十几名（详细人员忘记了）群众代表到丽岗镇政府反映过此事，但一直都没有答复，后我在市场售卖猪肉的过程中听市场上的同行及来买猪肉的群众讲政府在丽岗设立垃圾焚烧厂会造成周边的环境污染，影响群众的身体健康，希望市场上的经营档口罢市五天来引起政府领导的重视，从而放弃此计划，我作为丽岗的群众也于12月25日及12月26日两天进行罢市，直到12月27日早上，我与我的哥哥陈某8拿猪肉到市场上售卖，但被市场上的群众咒骂并要求我不要继续售卖，后我售卖完当天的猪肉就回家了，直到傍晚17时许，我就打电话给我的哥哥陈某8与他商量，因为我们今天售卖猪肉被群众咒骂而没有办法做生意，就按照要求罢市到五天再看情况怎么样，后于晚上11时许我就被你们公安传唤问话了。

36. 证人梁某1的证言：证实劳龙权等人于2016年12月24中午在顺利饭店吃饭开会，商议如何示威抗议垃圾焚烧厂建设一事。

37. 证人罗某1的证言：证实丽岗群众聚众到镇政府游行抗议在丽岗建设垃圾焚烧厂一事。

38. 证人吴某4的证言：我看见大家都罢市不开门做生意，街上又没人逛街买东西，所以就不推我的流动摊位出来经营生鸡销售，我没开业三天，共计经济损失600元。

39. 证人曾某7（亚芳饭店）的证言：2016年12月24日下午3时许，有一个60多岁的骑自行车的老年人来到我所经营的"亚芳饭店"和我说："明朝日（即明天，12月25日）不要开门营业，大家都不开门。"吓得我25日当天不敢开门营业。我25日停止营业损失大约5000元人民币。

40. 证人黄某1的证言：2016年12月24日下午3时许，有一个60多岁的骑自行车的老年人来到我所经营的"黄某1饭店"门前，看到我便大声对我说："老板啊，明天你关门不能做生意哇，一起抗议。"于是我便不敢开门做生意了。我停业了1天，损失了约1600元人民币，利润600元。

41. 证人郑某（丽岗缘味奶茶店）的证言：2016年12月25日上午，我奶茶店在正常经营的时候，有几名男子来到我的奶茶店，叫奶茶店关门，不然后果自负。我得知后想到自己要继续经营生意，不敢得罪他们，就关门了。我停业三天，损失应该有1000多元。

42. 证人李某6（香江农家饭店）的证言：2016年12月25日上午，我刚刚开始营业时，听到有人叫我的店铺关门，我看见周边的店铺陆续关门了，想到以后还要在丽岗做生意，也怕不关门的话，会得罪抗议的群众，就将饭店的大门关上。这次事件我一共损失了8000多元。

43. 证人欧某（欢记副食、奶茶店）的证言：2016年12月25日因为丽岗政府大院发生群众非法聚众示威抗议，我在这种压力下也只有关门停业。

我在25日、26日停业两天，损失1000多元。

44. 证人何某3（肯麦基餐厅）的证言：我为了不得罪丽岗镇的人，影响以后的生意，于25日停止营业一天，26日开业后至28日生意都很惨淡。我这次损失大约3000元。

45. 证人董某2（九叔水果店）的证言：我是丽岗人，加上我不想得罪抗议群众，因此我关门不再对外营业，到27日才开始正常营业。我两天不营业损失1000多元。

46. 证人吴某5（农家鸡鹅食庄）的证言：2016年12月25日有几个我不认识的人来到我的食庄叫我停业不要开门，一起抗议建设垃圾焚烧厂，加上见周围的店铺都关门了，所以我也关门了。我从25日至27日停业，损失大约7000元人民币。

47. 证人刘某2（治兴手机店）的证言：我经营治兴手机店，因为害怕有人打砸我的手机店，迫不得已将我的手机店在25日关门一天，损失我没有计算过，但是平时我有几千元的话费充值。

48. 证人陈某4的证言：2016年12月25日，我见大家都关门停业，我怕我营业的话会有人砸我的店铺，因此25日关门停止营业一天。我损失了大概100元利润。

49. 证人罗某2（卖玉米的农民）的证言：2016年12月27日早上7时许，我在丽岗圩光明路口卖玉米（摆地摊的），我刚刚摆下不久，就有一个女人走过来我的地摊赶我，不准我卖，否则就把我的玉米拿去丢掉。后来你们派出所的民警来到叫我不要怕，在我身边等我卖完了才离开。我一共卖了60多元钱。

50. 证人陈某5的证言：今天早上九点多，我在丽岗圩一个十字路口看见一个身穿红色外套的老头在驱赶一个在这里摆摊卖猪肉的男子，不让男子在那里卖猪肉。我了解的情况就是这样了。

51. 证人王某1（顺某）的证言：2016年12月25日我看见丽岗圩大部分的门店受到恐吓不敢开门营业，我也只好把大门关上，偷偷开点门，偶尔做点小生意。我平时营业额每天有300多元。我这几天都不敢开门做生意。

52. 证人何某4（永顺小食店）的证言：2016年12月25日至今，我都不敢开门营业。因为丽岗圩都没人开门营业，我怕群众上门闹事，所以我也不敢开门。我关门四天，损失大约1200元。

53. 证人麦某的证言：我经营的饭店在2016年12月25日至2016年12月26日这两天停业。因为我看见其他商铺都关门停业了，我怕继续营业会有人来我饭店闹事，所以无奈停业两天。这两天我大约损失6000元。

54. 证人张某3的证言：2016年12月25日，丽岗圩都没人开门营业，我怕抗议群众上门闹事，所以我也不敢开门。我在25日、26日停业两天，损失约1000元。

55. 证人曾某8的证言：2016年12月25日，我怕抗议群众上门闹事，所以我也不敢开门。我在25日、26日停业两天，损失约400元。

56. 证人成某1的证言：我的店铺于2016年12月25日停业关门，丽岗圩都没人开门营业，我怕抗议群众上门闹事，所以我也不敢开门。我关门停业3天，损失多少我没有计算。

57. 证人吴某6（小清旅馆）的证言：我的店铺于2016年12月25日停业关门，丽岗圩都没人开门营业，我怕抗议群众上门闹事，所以我也不敢开门。我店铺的玻璃和小汽车于2016年12月26日凌晨1时许被人故意打砸毁坏，损失很大，大约1500元。

58. 证人李某7（友谊服饰）的证言：自从2016年12月26日早上至今我的店铺一直处于停业状态，丽岗圩都没人开门营业，我怕抗议群众上门闹事，所以我也不敢开门。具体损失多少没有计算。

59. 证人梁某的证言：丽岗圩都没人开门营业，我怕抗议群众上门闹事，所以我也不敢开门。我经营的卖鸡铺子25日至28日停止营业4天，损失1000元左右。

60. 证人吴某7的证言：丽岗圩都没人开门营业，我怕抗议群众上门闹事，所以我也不敢开门。我在25日关门停业一天，损失大概500元。

61. 证人吴某8（仁民大药房）的证言：丽岗圩都没人开门营业，我怕抗议群众上门闹事，所以我也不敢开门。我的店铺从25日开始到现在关门停业有五天了，损失我不清楚。

62. 证人何某5的证言：丽岗圩都没人开门营业，我怕抗议群众上门闹事，所以我也不敢开门。我一共关门3天，损失多少没有计算。

63. 证人王某2的证言：丽岗圩都没人开门营业，我怕抗议群众上门闹事，所以我也不敢开门。我这几天的营业额损失大约2500元。

64. 证人冯某的证言：丽岗圩都没人开门营业，我怕抗议群众上门闹事，所以我也不敢开门。我从2016年12月25日停业到现在，我平时每天的营业额有1500元。

65. 证人黄某2的证言：丽岗圩都没人开门营业，我怕抗议群众上门闹事，所以我也不敢开门。我从2016年12月25日停业到现在，我平时每天的营业额有900元。

66. 证人吴某9的证言：我于25日、26日关门停业两天，我平时每天的营业额有300元。

67. 证人丘某的证言：丽岗圩都没人开门营业，我怕抗议群众上门闹事，所以我也不敢开门。我从2016年12月25日停业到现在，我平时每天的利润有400元。

68. 证人吴某10的证言：丽岗圩都没人开门营业，我怕抗议群众上门闹事，所以我也不敢开门。我在2016年12月25日、26日停业，我平时每天的营业额有400元。

69. 证人李某8的证言：丽岗圩都没人开门营业，我怕抗议群众上门闹事，所以我也不敢开门。我在2016年12月25日、26日停业，我的损失有200元。

70. 证人梁某2的证言：2016年12月24日下午3时许，有一个60多岁的骑自行车的老人来到我所经营的"大众饭店"和我说："明朝日因为大家要抗议政府在丽岗镇建造垃圾焚烧厂，经群众商议大家不要开门营业。"碰巧我那几天在装修，所以没有什么损失。

71. 证人罗某3的证言：在我通知这些商铺开门经营时，从上级领导处得知是参与抗议的群众叫丽岗镇圩的商铺关门停止营业的，这些商铺迫于他们的压力，所以不敢开门营业，后来才逐步恢复正常。

我看见除了丽岗镇圩所有的商铺关门外，平时丽岗镇圩还有很多流动的小商贩，当时几天里面，这些小商贩都没有到丽岗镇经营，这几天丽岗镇圩的商铺和小商贩的生意受到很大影响，损失惨重。

72. 证人赖某的证言：从25日开始，我们工商人员每天都在丽岗驻守，每天都去叫商铺开门，但是收效不大，这几天大部分商铺都是关门停止营业的。整个丽岗镇有220多间商铺，25号当天基本都参与停业，26号至30号也大部分关门，有很少几间只是打开半边门营业，但是街上都没有多少行人，所以有不少商铺开了一阵子门就又关上了。而且我听说很多开了门之后又关回的商铺是因为有群众过来恐吓他们，要他们立即关门，否则后果自负。他们怕出事，所以又关门了。

73. 证人郭某2、利某、陈某6、曾某9、苏某2、谢某2的证言：反映的内容和罗某3、赖某的基本一致。

74. 证人李某9、吴某11、余某、朱某、何某6、何某7、何某8、李某10的证言：证实2016年12月25日化州市丽岗圩商铺集体被迫罢市，没有停业的商铺被抗议群众故意毁坏财物，对丽岗镇以及周边群众的生活产生极大负面影响一事。

75. 证人苏某3、谢某3的证言：证实2016年12月20日上午、2016年12月25日有约300名群众聚集政府大院抗议示威、扰乱丽岗镇政府的办公秩序。其中第一次麦玉和在现场作演说，致使群众情绪高涨，全部鼓掌，并证实2016年12月25日至31日全某镇商铺罢市停业。

麦玉和曾经拿全体性事件要求政府给他发工资，他说他做了很多群众思想工作。但是其知道他是闹事的一分子，不是真心实意帮政府的。

76. 证人陈某7的证言：我刚刚上任的时候麦玉和就来找我叫我给他发工资，他来帮派出所解决丽岗的群众问题，但是我一直不想和他有任何联系。

2016年12月20日，麦玉和来派出所拿退伍兵串联反对垃圾焚烧厂的事情，要挟我给他钱，他来帮我做群众思想工作。当时我比较反感这种无理取闹要求政府部门的人。我就叫他通过合法途径反映自己的诉求。

我调查了解到麦玉和有份参与顺利饭店聚集开会商讨罢市以及到政府闹事的事。

77. 证人伍某的证言：证实2016年12月25日群众到丽岗政府大院聚集闹事一事。

78. 证人黄某3、黎某5的证言：证实当天上午10时许，一男子对着丽岗圩仁民药店门前经营生意的猪肉佬大声呼喝："不许在仁民药店门口处摆卖猪肉，要摆卖就拉进来菜市场摆卖。"并且将经过拍摄下来了。

79. 证人吴某12的证言：证实当日丽岗圩商铺老板被人威胁要求关门，其后去做思想工作，要求正常营业，但商铺老板不敢开，怕有人来闹事。

80. 证人李某11、董某3、曾某10、吴某10、李某6的证言：证实丽岗圩商铺于2016年12月25日被抗议人员要求关门，停止营业。

（三）被告人供述

1. 被告人劳龙权的供述（2016年12月26日）：我组织麦玉和、戴兵等十多名越战退伍军人及黎奕、周永寿、××任、曾小清等人商量决定通过邀请越战退伍军人介入、煽动丽岗圩商家罢市、组织群众到镇政府示威抗议等方式来阻止政府在丽岗镇修建垃圾焚烧厂。

因为我在丽岗圩有多少地位，当地的群众知道要在丽岗修建垃圾焚烧厂之后，群众就叫我牵头去政府反映及组织群众去政府抗议，后来我自己也想去阻止政府在丽岗修建垃圾焚烧厂。

12月1日左右（具体时间我忘记了），当时我去丽岗镇政府办事，在前往镇政府的路上我先后遇到越战退伍军人麦玉和、戴兵（我是在上次抗议流传在丽岗修建火葬场的时候认识越战退伍军人麦玉和、戴兵的），当时我就想到邀请越战退伍军人介入帮忙去镇政府抗议，所以我就分别和越战退伍军人麦玉和、戴兵说希望他们叫战友介入帮忙。当时他们都说可以，回去和他们的战友商量后再给答复，之后我就去办我的事情了。

又到了12月5日左右（具体时候我忘记了），我打电话给麦玉和约他们在丽岗"顺利饭店"见面并商量抗议一事，我去到"顺利饭店"时看见麦玉和及吴某15在，之后麦玉和就打电话叫来戴兵等人，我也打电话给黎奕叫人过来一起商量，后来戴兵及黎奕、吴某16等人过来了，我们总共有十五六人在一起帮忙商量如何去政府反映及阻止修建垃圾焚烧场厂一事，我就提出等一下就去丽岗镇政府反映情况，要求镇政府给予答复，大家也同意这样做。之后我们就在"顺利饭店"吃饭，当时开了两桌饭菜，花费600多元钱，饭钱未付，是我记账的。饭后我和麦玉和、黎奕、戴兵、吴某15、吴某16等十多人就去到丽岗镇政府反映情况，当时是政府有出面回应，但我们对政府的解释不接受，后来我们就离开了。后来又过了十几天（具体时间我忘记了），我又打电话给麦玉和，说政府还在修建垃圾焚烧厂，我和部分丽岗代表商量过要组织群众去镇政府抗议，给政府施压才行。麦玉和也同意，于是我就跟他说我们初步定好12月24日在丽岗碰头商量抗议一事，我问麦玉和有多少战友肯过来帮忙的，麦玉和就说会有几十名战友过来帮忙。我就说过来就行，我们安排吃饭。

又到了12月23日，我接到曾小清的电话叫我过去她的"小清旅店"对面处商量组织群众捐款去抗议一事。我接到电话就过去了，我去到的时候看见曾小清和戴兵、吴某15在一起，他们就说要发动当地商家捐款作为此次抗议的活动经费，但是不知道如何发动。于是我就打电话叫周永寿过来一起商量，当时我就说不能写"抗议焚烧厂"的相关字眼作为捐款内容，这样容易被抓。后来经我们五人商量决定以"捐资上学，献爱心"的方式要求群众、商家捐款，并由周永寿执笔写"捐资上学，献爱心"内容贴在一个纸箱上面。当时我就提出不能强行要求群众或商家捐款多少，要随他们的意愿，还提出要求二三个人一起帮忙管理捐款，但当时没有人有空，就曾小清一人拿着捐款箱出去接受群众、商家的捐款了，之后我就回家了。

到了12月24日11时许，当时我接到麦玉和的电话说约到丽岗"金生饭店"见面，后来他又打电话过来说"金生饭店"不营业，我就说去"顺利饭店"吧，麦玉和也同意了。当我去到"顺利饭店"时，我看见麦玉和、戴兵及他们的战友差不多二十人在场了，之后我就打电话叫黎奕、周永寿过来帮忙商量，之后黎奕和几个人（我不认识他们）一起过来了，周永寿也叫戴某过来帮忙，后来麦玉和就说曾小清刚才已经来了，不过刚才她出去叫群众、商家捐款了。然后我们就一边吃饭一边商量如何示威抗议才能阻止政府在丽岗修建垃圾焚烧厂，当时我们总共开了三台吃饭，三台都是在一个房间的。当中就有人（我不记得是谁了）提出组织群众罢市罢课、集中去政府示威等方式去抗议。于是我就说要求商家罢市一起去镇政府示威可以，但是不能要求学生罢课，这样会影响学生。在场人也同意我的说法，之后我又说饭后大家分头去找到自己熟悉的群众、商家，告知他们 25 日、26 日全镇所有商家罢市，和群众一起去丽岗镇政府示威抗议。后来又有人（我不记得是谁了）说："如果有商家不肯关门的，就恐吓商家说如果不关门罢市就叫群众以后把垃圾倒在该商家的店面门口。"当我们吃完饭的时候我就看见曾小清、吴瑞河也过来"顺利饭店"了，当时我看见曾小清背着写着"人人为我，我为人人，不想我的仔女回妹坟南斋坑捡垃圾的请献爱心，曾小清，180×××0730"字样的白纸，我就骂她，然后她就把这张纸卸下来了。等曾小清买单之后，我们就各自离开去找群众、商家，告知他们 25 日、26 日全镇所有商家罢市，和群众一起去丽岗镇政府示威抗议。我也回到我家楼下告知租用我家房屋的两家商铺的店主"亚丽"（陶瓷店）及"官传"（汽修店），我告诉他们说全镇群众明、后天去镇政府示威抗议修建垃圾焚烧厂，要求全镇商家关门罢市，给政府施压，就关一两天，影响不大，当时他们说关就关吧。

又到了 12 月 25 日上午，当时我在家里，我听到屋外群众都叫集合去镇政府示威抗议了，当时我在家里不想去，因为当时我想到多人聚众示威抗议会发生很多意想不到的事情，我怕会发生伤人、毁物等情况，所以我就不出去和群众一起到镇政府示威抗议了，至于群众在镇政府示威抗议的经过我不在场，所以我不清楚当时的具体情况。

2016 年 12 月 26 日供述：当时我要求黎奕、曾小清、戴兵、周永寿、吴某 15、吴瑞河、戴琼（又名戴某）等丽岗镇的人分别回到自己的村庄商铺及自己熟悉的商家通知 25 日、26 日罢市，和群众一起去丽岗镇政府参与示威抗议。当时吴瑞河还多次问我是不是决定通知商家罢市，我说这次召集大家开会是真的，大家回去就这样做得了。当时周永寿还叫戴琼去到镇政府门口处通知商铺关门罢市，但他们回去具体通知了哪些商铺我就不清楚了。我在回家的路上看见卖猪肉的周家坤，我就跟他说明后天所有的商铺都关门罢市，你也不要卖猪肉了，顺便帮忙通知其他卖猪肉的人也关门罢市，就两天时间，损失不大。当时周家坤也答应了。当时我叫麦玉和负责帮忙叫他的越战退伍军人明后天过来一起去丽岗镇政府集中示威抗议。

2017 年 1 月 3 日供述：因为我认为垃圾焚烧厂会污染丽岗镇的环境并影响丽岗群众的身体健康，所以我要想办法阻止垃圾焚烧厂建在我丽岗镇。我们共组织群众开会 3 次进行商议。开会的时间地点分别是 2016 年 12 月 5 日中午，在化州市丽岗镇丽岗圩"顺利饭店"；2016 年 12 月 23 日中午，在化州市丽岗镇丽岗圩"小清旅店"对面；2016 年 12 月 24 日中午，在化州市丽岗镇丽岗圩"顺利饭店"。2016 年 12 月 5 日中午，参与的人员有十五六人，我记起来的有：我和麦玉和、黎奕、戴兵、吴某 15、吴某 16 等。2016 年 12 月 23 日中午，共有 5 人：我和曾小清、戴兵、吴某 15、周永寿。2016 年 12 月 24 日中午，有 20 多人：我和麦玉和、黄日清、戴兵、周飞勇、戴琼、曾小清、曾某 11 等人。

第一次共开了 2 桌，费用共 600 多元，由我记账。2016 年 12 月 23 日中午，在丽岗圩

　　"小清旅店"对面处是曾小清、戴兵、吴某15三人先商议以捐款的形式收集反对垃圾焚烧厂的活动经费，后曾小清打电话通知我到场，他们将情况跟我说后，我当时提出如果是以"抗议垃圾焚烧厂"的口号筹集经费，很容易被政府抓获处理，必须要以其他的借口进行，后我们商议以"捐资上学，献爱心"的形式收集，但要写字进行宣传，因我们文化都比较低，字不漂亮，我就打电话叫周永寿过来帮忙。周永寿过来后，我们将要以"捐资上学，献爱心"为借口筹集反对垃圾焚烧厂的活动经费告诉他，周永寿当场同意了，后周永寿用纸笔写了两张"捐资上学，献爱心"的宣传单并贴在一个矿泉水箱上交给曾小清用作捐款箱。2016年12月24日中午，在"顺利饭店"共开了三桌吃饭开会商议反对垃圾焚烧厂建设。与我同桌的有七八个人，我认得的有戴兵、吴某15、麦玉和。

　　2016年12月24日上午，麦玉和打电话给我说约大家到丽岗"金生饭店"吃饭商议如何反对政府在丽岗镇建垃圾焚烧厂一事，不久他又打电话来说"金山饭店"不开门，我就提议去"顺利饭店"，麦玉和就同意了。一直到中午，我自己一人去到"顺利饭店"，入到后见到房内开了三桌，有二十多人，其中我认识的有黄日清、周飞勇、戴琼、戴兵、吴某15、麦玉和，后我就走到麦玉和所坐的桌子处与戴兵、吴某15等人一桌，但是我没有见到黎奕在场，我就打电话给黎奕，问他为什么没有来参加吃饭开会，黎奕说他在丽岗派出所问话没有时间去，后我又打电话给周永寿叫他过来吃饭开会，周永寿说他没有空去不了，他说叫戴琼，我告诉他没有戴琼的电话，后周永寿答应他自己打电话通知戴琼到会。后所通知的人员陆续到来，共坐了三桌，后大家便一边吃饭，一边商议如何反对政府在丽岗镇建垃圾焚烧厂的事，当时有人提出要聚集群众如何抗议示威，其中有人提出要组织群众去罢课、罢市制造更大的影响，后我们你一句、我一句的边吃饭边商议。吃饱饭后不久，曾某11也来到并参与讨论，我当时提出不能要求学生罢课，这样会影响到学生，但组织人员到镇政府示威及罢市可以，而当时又有人提出要罢市十天、八天，我也不同意，我的意思是先行罢市，后看一下政府是什么反应，我们再做打算，黄日清等人也同意。为了方便工作，我提出在场的人负责自己所在片区及村的群众发动和通知工作，通知全镇的所有商家于25日开始关门停业，大家听后都同意了。后曾小清也背着捐款箱回到了饭店，大家又商议了一阵，后由曾小清去买单，我们便各自散去做通知发动工作。我回到家里后，立即通知租在我家经营的"李记修车店"及"黄家陶瓷店"的老板告诉他们要于25日开始进行停业抗议政府建垃圾焚烧厂，要求他们响应。后我又到对面经营汽车美容的店铺找到老板要求他关门停业，他们虽然都有一点意见，但都同意停业。2016年12月25日当天丽岗圩的所有商铺、菜市都关门，群众不能够正常购买到生活的必需品，而群众也将精力放在议论政府建立垃圾焚烧厂的事上。他们都有一些意见，因为停业会影响他们的盈利，但迫于这是群众的行为，他们也没有办法。饭钱是由曾小清通过"捐资上学，献爱心"的形式筹集到的经费出的。黄日清、戴兵、麦玉和他们三个都是退伍兵，是丽岗战友会的成员，黄日清是理事长，戴兵是副会长，麦玉和是一般成员，我联系上他们是因为知道丽岗战友会在社会上有一定的势力，寻求到他们的帮助能在抗议建设垃圾焚烧厂上有较大的胜算。

　　2017年1月4日供述：我记得黄日清在会上发表过讲话，他说他是为了政府于丽岗镇建设垃圾焚烧厂项目而抽空从外地回来帮忙的，而他当时所讲的意思就是垃圾焚烧厂建立后对周围的环境有很大的破坏，影响到周边群众的身体健康，因此要给政府施加一点压力，希望政府能将焚烧厂项目选址改到别的地方。

当时我与黄日清交谈的具体内容我不记得了，但是我们交谈的内容是如何促成此次抗议示威及罢市、罢课的进行，要给政府施加压力从而达成目的的。

当时是在场的人各自负责自己所在片区及村的群众及商户停业的发动和通知工作，后便各自散去各自通知，即以参与吃饭开会人员的户籍及现住址为准（目的是方便），而负责通知其周边的群众、商户停业。

2. 被告人戴琼的供述（2016年12月26日）：以劳龙权为首，他是总指挥，负责安排片区的负责人（分别是黎奕、麦玉和、戴兵、周永寿）纠集村民堵路、叫人做横幅、叫村民参与。麦玉和负责通知、纠集陈述片区的村民；戴兵负责通知、纠集流坑片区的村民；周永寿负责通知、纠集镇政府附近片区关门。因为黎奕没有过去顺利饭店接受分配工作，所以当时劳龙权安排我负责通知坡头片区（朱砂圩）的村民集合到化州市丽岗镇圩十字路口集中堵路；后来周永寿让我负责通知镇政府附近片区的村民和镇圩上的商铺关门。我在路上见到朱砂圩、镇政府附近片区的村民就告知他们25日9时前往化州市丽岗镇圩十字路口集中堵路。

近段时间，我听闻化州市政府要在化州市丽岗镇"妹坟"附近设立一个垃圾焚烧厂（环保发电项目），2016年12月23日早上（具体时间我忘记了）黎奕（他使用的电话号码是135×××3420）打电话给我让我到化州市丽岗镇顺利饭店一起吃饭和商讨如何反对政府在丽岗镇设立垃圾焚烧厂一事。24日早上周永寿打电话给我提醒我中午过去顺利饭店集中，至中午时分（详细时间我忘记了），我踩自行车到达顺利饭店时，到场的已有三桌人（每桌大约有十个人）了，我也坐下。我们大家坐下吃完饭后，劳龙权就发话提议我们大家12月25日早上到化州市丽岗镇圩十字路口集中堵路以及拉横幅、写诉状，然后他就安排人通知其他村民参与堵路和让镇圩的商铺关门，我就附和说："对！就我们现在这两三桌人办不成事的（指无法堵路逼迫政府就范），人多才有震慑力，需要通知更多的村民参与进来，写诉状要有我们村民签字更有效。"劳龙权安排麦玉和负责通知、纠集陈述片村区的村民，戴兵负责通知、纠集流坑村片区的村民，周永寿负责通知、纠集圩地关门。由于黎奕没有到场吃饭，所以劳龙权就将原本由他负责的工作让我去做，由我负责通知坡头片区（即朱砂圩）的村民于2016年12月25日早上9时到化州市丽岗镇圩十字路口集中堵路，和丽岗镇政府闹。安排妥当后，我们大家就散开去完成各自的任务了。我踩着我的自行车去到坡头村逢人就对他（她）说："明日（12月25日）早上9时大家到十字路口集中，反对政府做垃圾焚烧厂。"碰到有商铺，我就进商铺对商铺的老板说："明日大家关门不要开店铺来对抗政府，反对政府做垃圾焚烧厂。"下午时，周永寿打电话给我，说他负责的片区的商铺不肯配合关门反抗政府，他让我帮他前往镇政府附近片区通知当地的村民集中堵路及让商铺关门。后我就过去帮周永寿说服镇政府附近的商铺老板配合关门。通知完毕后，我就回家了。12月25日早上，因为要忙农活，所以我就没有前往十字路口参与集中堵路。

2016年1月3日供述：关于向丽岗镇政府抗议在丽岗建设垃圾焚烧厂的事情，劳龙权是这件事情的总指挥，负责组织纠集大家在25日开始罢市、集会堵路等方式去反对政府建设垃圾焚烧厂。

黎奕负责配合劳龙权纠集通知朱砂坡头片区的村民和个别有地位的带头人支援劳龙权组织活动开展。

麦玉和（越战退伍军人）负责通知、纠集陈述片区的村民和个别有地位的带头人支援劳龙权组织活动开展。

戴兵（越战退伍军人）负责纠集负责通知流坑片区的村民和个别有地位的带头人支援劳龙权组织活动开展。

周永寿负责镇圩的商铺关门、通知镇圩片区的村民和个别有地位的带头人支援劳龙权组织活动开展。

黄日清（越战退伍军人）参与24日顺利饭店会议作主要发言鼓动群众，负责东和堂片区的通知、纠集人员支援劳龙权组织活动开展。

周飞勇负责中间垌片区的通知、纠集人员支援劳龙权组织活动开展。

曾海宗负责平山片区以及林尘一带村庄的通知、纠集人员支援劳龙权组织活动开展，并且支援周永寿和我通知政府那条街北边的商铺关门和让群众集会。

我参与开会后，受劳龙权指使让朱砂圩的所有店铺关门和25日早上9时准时在镇政府路口集会及受到周永寿指使让镇政府门口北边至亚芳饭店路段部分商铺关门和25日早上9时准时在镇政府路口集会。

2016年12月初的一天，黎奕打电话给我叫我去镇政府抗议建设垃圾焚烧厂。第二天，我去到镇政府的十字路口看见有一百多人在场，我上了曾某11的摩托车去到镇政府和黄书记、周某4等干部辩论焚烧厂的事情。大家闹了一个多小时后就解散回家。

2016年12月24日，周永寿通知我去顺利饭店集中吃饭。我去到之后，黄日清、周飞勇、劳龙权、戴兵等人已经在饭店了。我记得我们当天黄日清的讲话比较突出，主要是讲怎么组织村民的话题。

后来我没有等会议结束就立即骑自行车去到朱砂圩逐间商铺让他们25日关门配合罢市，并且在25日会有人到镇政府十字路口带他们去政府闹事。我负责的片区几乎所有商铺都通知了。但是第二天因为我要忙农活就没有到十字路口参加集会。

3. 被告人戴兵的供述（2016年12月26日）：2016年12月20日晚上，我通过我的手机微信（微信昵称：戴兵，微信号：186×××××××）发布一条虚假造谣信息到一个微信群及我的战友黄日清、麦玉和、董英华（丽岗镇塘仪村人）、张寿（丽岗镇龙西村人）、曾某8（丽岗镇丽岗圩人）等人。这条微信内容大约为：出大事了，丽岗镇在丽岗村委会"妹坟岭"建垃圾焚烧厂，焚烧产生有毒气体"二恶英"，我们全某镇人民动起来，号召全某镇人民反对建设垃圾焚烧厂。发微信信息从而达到煽动丽岗镇人民集体阻止建设焚烧厂的目的。2016年12月24日我相邻村的劳龙权（劳龙权是丽岗镇扫杆坡村，我从小就认识了，经常保持联系的）打电话给我，叫我到化州市丽岗镇顺利饭店吃饭商量向丽岗镇政府抗议在丽岗镇丽岗村委会"妹坟岭"一砖厂旁边建设垃圾焚烧厂一事，于是我便答应劳龙权去到顺利饭店。当我去到后，我看见有十几人在顺利饭店了。后来我的战友黄日清（丽岗镇东和堂村人）、麦玉和（丽岗镇水路陈什村人）、劳龙权等人先后又来到顺利饭店。当时我和劳龙权、黄日清、麦玉和等人开了三台（每台坐几个人）共20多人在顺利饭店吃饭，并商量如何写书面诉求向政府提出建设垃圾焚烧厂要向社会公示、要搞好环保设施及道路的垃圾清理等要求。当我们吃完饭后，曾小清（丽岗镇平某，我已经认识多年，现住在丽岗镇旧圩经营一间旅店）也来到顺利饭店。曾小清对大家说："要求政府做出书面答复。"后来他们都是在商量如何去镇政府反映诉求，不久我自己一人便离开顺利饭店了。经过就是这样。

2016 年 12 月 27 日供述：2016 年 12 月 1 日上午，我与战友麦玉和一同去了丽岗镇政府向镇长（具体名字我忘记了）了解了丽岗镇建立垃圾焚烧站项目的进展及可能对环境造成的污染等情况。后来我与麦玉和回到了丽岗镇维稳办碰见劳龙权，讲起垃圾焚烧厂建设的事情。当时劳龙权就要求我和麦玉和帮忙向政府抗议，提出有关改善环境和清理垃圾的诉求。当时我和麦玉和就说回去商量再给答复，之后我们就各自离开。

2016 午 12 月 5 日，麦玉和受劳龙权指示打电话给我通知我到顺利饭店吃饭，商量向政府抗议垃圾焚烧厂建设事项。我去到顺利饭店就看见劳龙权、麦玉和、吴某 15、吴某 16、黎奕等十多人在场，之后我们十多人就在一起商量如何去找政府反映以及阻止修建垃圾焚烧厂一事，并提出环保诉求。后来第二天我们十多人就去丽岗镇政府反映情况，但是我们对丽岗镇政府作出的解释不接受。

2016 年 12 月 23 日，曾小清叫我去她的小清旅店和劳龙权等人一起商量群众抗议活动的经费筹集。最后我们决定以"捐资上学，献爱心"的方式募捐，由一名我不认识的男子写字。

2016 年 12 月 24 日，劳龙权打电话给我叫我去顺利饭店吃饭并商量抗议政府建设垃圾焚烧厂一事。我答应其并去到了顺利饭店。参会人员有劳龙权、黄日清、麦玉和、曾小清等人在，一起商量如何书面向政府提出建设垃圾焚烧厂的有关要求。

2017 年 1 月 4 日供述：我们先是集中商量，如何组织商铺停业，以及组织人员到镇政府集中抗议示威，以此迫使政府叫停在丽岗建造垃圾焚烧厂的项目。

在 2016 年 12 月 1 日，劳龙权在顺利饭店和大家说："大家要尽量找多些战友，到镇政府与镇领导交涉，搞清楚政府在丽岗建造垃圾焚烧项目有无污染，若有污染，就要阻止。"

2016 年 12 月 5 日，劳龙权在和平饭店对我们说："大家要团结起来，积极组织人员到镇政府诉求，让政府不要在丽岗建造垃圾焚烧厂。"

2016 年 12 月 24 日，劳龙权就提出："大家要团结一致，尽量找多些战友来支持这次抗议政府在丽岗建造垃圾焚烧厂，会后大家各自负责各自片区，通知相关商铺停业，以及组织村民到镇政府集中诉求。"

我曾通过微信在 12 月 20 日发布谣言信息，主要是说丽岗要建设垃圾焚烧厂会产生有毒气体"二恶英"，并呼吁丽岗人团结起来反对在丽岗建设垃圾焚烧厂。

4. 麦玉和的供述（2016 年 12 月 26 日）：我得知在丽岗镇南斋坑岭处建设一个叫垃圾焚烧发电项目后，与劳龙权、戴兵等人在丽岗镇丽岗圩顺利饭店聚会商讨如何抗议，最后达成共识，通过门市罢市及组织群众到丽岗镇镇政府参与集体抗议、示威，以达到迫使政府放弃在丽岗镇南斋坑岭处建设一个叫垃圾焚烧发电项目的目的。

这件事情应该是劳龙权组织的，因为 2016 年 12 月 25 日上午在丽岗镇镇政府集体抗议及通知门市罢市之前一日，劳龙权就组织我、戴兵等人到丽岗镇丽岗圩顺利饭店内聚会商谈如何组织门市罢市及群众集体到丽岗镇镇政府抗议一事，所以我认为是劳龙权组织的。

我们这帮人到丽岗镇顺利饭店大厅处聚餐是聚集在一起商议如何通过罢市、集中人员到镇政府讨论抗议丽岗镇南斋坑垃圾焚烧发电项目建设。是劳龙权于 2016 年 12 月 24 日 10 时许，打电话通知我到丽岗镇三角口曾生饭店处集中商议如何抗议垃圾焚烧发电项目建设的相关事宜，并叫我负责通知我的战友过来参与抗议，因曾生饭店当天不营业，后再一起到顺利饭店大厅处聚餐的。

当时我和戴兵、劳龙权、张某5、林某4、吴某17等十多个人去到顺利饭店坐下台后，陆陆续续地都有人过来顺利饭店聚集吃饭，吃饭期间，就有一个叫阿青的中年妇女手抬一个捐款箱，背后背着一个牌子站起来说，"你们大家在这里吃饭，我出去收点钱"（意思指去向经商档口收点捐款支持抗议垃圾焚烧发电项目建设的经费），说完便手抬一个箱子，背后背着一个牌子离开了，我们继续在顺利饭店吃饭和商量如何组织抗议垃圾焚烧发电项目建设。席间我和戴兵、劳龙权、张文德、林声飞、吴树标等人通过商量决定通过罢市、集中人员到镇政府抗议的方式抗议垃圾焚烧发电项目建设，后劳龙权便站起来安排工作，劳龙权叫我和戴琼负责通知朱砂片区于2016年12月25日罢市和通知群众明天早上（指2016午12月25日早上）上丽岗镇政府聚集抗议。接着劳龙权说："丽岗圩上面的我就负责通知其他人去叫店铺罢市，不能摆猪肉。"我听到劳龙权这样说后，我便说："我没空，不方便和戴琼去通知朱砂这边的店铺罢市。"劳龙权听到我这样说后说："那麦玉和你负责继续通知你们的战友到场参与抗议，撑撑场面。"当时我事前已通知戴兵到场了。劳龙权这样说后，我接着便又电话通知黎某6过来顺利饭店吃饭并参与商议，但黎某6说他没空，要喂猪，当时我也说："抗议也要讲究方法，不能堵路、不能打砸，要写好材料以信访的形式去抗议，去找政府讨说法。"再后来我们吃完饭便各自散开回家了，到了当天（2016年12月24日）下午，劳龙权打电话给我说："你不用去叫你朱砂片的店铺罢市了，已由戴琼负责通知朱砂片区于2016年12月25日早上罢市了，你就继续通知你的战友明天早上来丽岗镇政府参与抗议及撑撑场面，助助威。"我也满口答应，但事后我没有再继续通知我的战友去参与抗议，事情的经过就是这样。

大家在顺利饭店集中后，主要是商讨组织门市、菜市场档口罢市及组织群众到丽岗镇镇政府集体抗议一事，至于每个人的具体行为及有无过激言语，这我就没怎么注意。2016年12月25日下午我路过朱砂圩时，在路边抽烟时听到有人说丽岗圩的猪肉档是吴瑞河通知罢市的。

2016年1月3日供述.2016年12月上旬一天中午，劳龙权叫我和黄日清等人到顺利饭店吃饭。吃饭过程中，劳龙权、黄日清先后站在那里发言，提出大家就反对在丽岗镇建造垃圾焚烧厂一事一起到丽岗镇政府进行诉求，以此迫使政府叫停在丽岗建设垃圾焚烧厂的项目。听到劳龙权、黄日清这样说之后大家一致同意了，并于次日一起到丽岗镇政府与丽岗镇政府领导交涉，向镇政府表态，要求镇政府答复。但是镇政府没有正面答复，后来我们就离开了。

2016年12月24日的聚餐，我帮劳龙权通知了黎某6、程某，但是后来又通知了他们不要去。这次在顺利饭店开会的目的是商量、准备于2016年12月25日如何在丽岗镇实施罢市以及到镇政府提出诉求的相关事宜。这个主意是劳龙权提出来的，我们当场表示同意。其中戴琼负责朱砂片区，包括通知朱砂圩路边两旁的商铺店主关门及停业，及周边村民到丽岗镇政府集中诉求；我负责通知陈什片区，但由于我陈什片区没有什么商铺，所以我主要是通知村民到丽岗镇政府集中诉求，另外我协调战友会的成员支援行动；劳龙权、亚坚、吴瑞河、曾某11等人就负责通知丽岗圩商铺及菜市场档口停业；另外曾小清还身挂白色纸板（上面写着我为人人，人人为我的字样）及募捐箱到丽岗圩各商铺宣传及筹集经费，支持此次诉求政府在丽岗建造垃圾焚烧厂的相关活动；戴兵作为战友会的领导（因他职位是副会长）和流坑村的村长，他的主要作用是通知村民，带领我们丽岗战友会成员黄日清、吴某

15 等人协助劳龙权开展罢市、集会等活动。

5. 被告人黎奕的供述（2016 年 12 月 28 日）：2016 年 12 月初的时候，劳龙权对我说，政府要在丽岗镇设立垃圾焚烧场了，要想办法让政府改选其他地方设立这个垃圾焚烧场。我附和说："对，是要向政府提意见。"然后他就纠集戴兵、麦玉和等人先行商量如何反对政府设立垃圾焚烧场的事。至 12 月 5 日中午时分，劳龙权打电话给我，让我到丽岗圩的"顺利饭店"吃饭一起商量一下（指商量通过向政府施压，不让政府设立垃圾焚烧场）。于是我就去到"顺利饭店"，去到的时候已经有十五六人（我认识的有劳龙权、戴兵、麦玉和、吴某 15、黄日清等人）在场了，其间，劳龙权就发话说要向政府反映及阻止修建垃圾焚烧场一事，我们都同意一定要提出我们这个诉求。饭后，劳龙权就带领我、麦玉和等十多人前往镇政府反映情况，镇政府仔细回应了我们的诉求，并说如果我们不放心这个项目（垃圾焚烧场）的环保问题，他们可以带我们到珠三角地区察看这个模式的项目。但是我们对政府的解释不接受，所以我们就离开了。

12 月 24 日早上，我刚开店铺的时候看见曾小清前面挂着一个"捐资上学，献爱心"字样的纸箱，后背挂着一张大字报（具体什么字样我没有留意到），后劳龙权打电话给我叫我到"顺利饭店"吃饭，我知道他叫我过去是商量如何反抗政府设立垃圾焚烧场的事情，我不想过去就找理由推搪。我在丽岗圩和"牛春笋"等人在吴某 16 家中打麻将，后吴水振回到他家中时对我说："我们今天中午集中一起吃饭商量通过纠集更多的村民到丽岗圩十字路口和让圩上的商铺关门罢市来向政府施压，不让政府设立垃圾焚烧场在丽岗。"我没有回应他，继续在打麻将。当天晚上我被传唤到化州市公安局丽岗派出所问话了，后来我回到家时发现圩上的很多商铺（我知道的有我店铺附近的"泽生""民贞"、黎亚惠、黎某 7、"阿某 1""菜米婆""垭荣"等）没有开门做生意，猪肉佬也不去食品站拿货卖了，其中我知道的陈某 8、"火屎佬""阿某 2"等都没有卖猪肉。

2016 年 12 月 28 日供述：2016 年 12 月初，我具体协助劳龙权联系戴琼（朱砂村委会）、"亚权"（丽岗村委会）、周某 5（朱玉村委会）等人协助他组织人员上街游行、堵路、罢市等行为。劳龙权是知道我在朱砂附近村庄有一定地位和面子，他才让我协助他的。第一次在顺利饭店开会之后劳龙权让我通知"亚权"一起参加会议，之后他们一起做了什么我就不了解了。周某 5 是 12 月 20 日左右劳龙权为了获得朱玉村委会支持，让我联系的。后来为了罢市劳龙权又让我联系戴琼。最后在 12 月 24 日晚上劳龙权让我通知周兴华第二天早上九时许让他所在村庄的村民到丽岗镇圩三合口路口集中参加集会。我只是负责通知，具体怎么做我不清楚。

2017 年 1 月 6 日供述：2016 年 12 月 5 日，劳龙权打电话叫我叫多些人去镇政府，并说："你通知多些人过来，这样政府才会重视。"之后我就去做了。那天镇政府聚集了 100 多人，都是要求政府叫停在丽岗建造垃圾焚烧厂项目，但是大家没有过激行为。12 时多离开镇政府后劳龙权打电话叫我去顺利饭店吃饭，和大家一起商量、策划、组织商铺停业，村民集中到镇政府抗议，向政府施压，使得政府叫停在丽岗建造垃圾焚烧厂项目。当时麦玉和、黄日清、戴琼等人都在。吃饭期间，先是黄日清发言，让我们大家要有组织诉求，不能盲目进行，要书面诉求，大家也赞同。接着劳龙权又说："会后，大家回去要通知更多村民参与集中到政府诉求，以及通知商铺停业。"之后我又劝戴兵积极参与到这次抗议政府的活动中来。劳龙权经常对我们说要回去积极动员多些人参与这次抗议政府在丽岗建造垃圾焚烧厂的项目，通知多些商铺停业，集中村民到政府提出诉求。曾某11也积极附和。接着麦玉和又附和："对，大家一定要通知自己认识的人参与抗议政府在丽岗建造垃圾焚烧厂一事，我也负责通知我认识的人及我所在片区的村民。"后来大家各自回家。

6. 被告人曾小清的供述（2016年12月26日）：我又为抗议活动筹集资金。我是通过在丽岗圩向群众和商铺的老板宣传建垃圾焚烧发电厂的害处，要求大家为向政府进行抗议活动捐献钱财，以此来筹集资金的。我是和劳龙权、戴兵还有两个我不认识的人一起商量如何去筹集活动资金的。

12月23日，我想着和戴兵、劳龙权他们一起进行抗议活动，但是大家在一起搞活动需要后勤经费，这笔经费我们谁出都不好，就想如何筹集点资金用于我们平时集体活动的吃饭等费用。之后我就打电话给戴兵，戴兵和一个我不认识的老年男子来到后，我又打电话给劳龙权叫他过来商量一下如何筹集活动资金的事情，过不久劳龙权就来到了，劳龙权还打电话叫来一个叫"永寿"（姓什么不清楚，年龄约50岁）的男子。我们五人商量好要发动本地的群众、商家捐款作为此次抗议的活动经费，但是不知道如何发动才好。当时劳龙权就说不能写"抗议焚烧厂"的相关字眼作为捐款内容，这样容易被抓。后来经我们几人再三讨论后决定以"捐资上学，献爱心"的方式要求群众、商家捐款，当时是"永寿"执笔写"捐资上学，献爱心"内容贴在一个怡宝矿泉水纸箱上面。当时劳龙权提出不能强行要求群众或商家捐款多少，要随他们的意愿，还提出要求二三个人一起帮忙管理捐款，但当时没有其他人肯去，所以我就自己一个人拿着捐款箱出去接受群众、商家的捐款了。2016年12月23日、24日我都在丽岗圩筹集经费，在募集经费的同时我都向捐款的群众和商家说明兴建垃圾焚烧厂的害处和影响。具体筹集数目不清楚，有三千多元。这些钱中我预先支付了300元给戴兵的儿子（因散布兴建垃圾焚烧厂谣言被公安机关拘留羁押在拘留所）做生活费，还支付了690元活动餐费。剩下的钱现在都在我家里。

12月24日上午是我最先打电话给劳龙权问他在哪里，他说在"金山饭店"，当我想去"金山饭店"的时候劳龙权打电话给我说又改去"顺利饭店"了。后来我又去到"顺利饭店"，可是没见到劳龙权和戴兵等人。我见他们还没有来，就想趁这个时候多筹集些资金，之后我在我车上拿一张过期的日历纸（平时用来垫坐），在日历纸背面空白处写上"人人为我，我为人人，不想我的仔女姐妹坟南斋坑捡垃圾的请献爱心，曾小清，180×××0730"的内容之后又去丽岗新圩等地方向群众和商家筹集资金。到了中午我总共筹集到近三千元人民币后我就回到"顺利饭店"处，没想到劳龙权和戴兵等人已经吃完饭并且已经有很多人离开了。当时我问饭店老板劳龙权结账了没有，老板说没有，我想当初众人商量筹集资金时就是为了解决大家聚集时候饭餐费的，因此我就用筹集来的资金支付了690元的饭餐费。支付完饭餐费后饭店的服务员告诉了劳龙权，劳龙权知道后对我笑笑没有说什么。我支付完饭餐费之后就问劳龙权有没有什么商量结果，劳龙权就告诉我他们已经商量好25、26日通过组织群众商家罢市罢课、集中去政府示威等方式去进行抗议活动。

2017年1月5日供述：2016年12月一天中午11时许，我去化州市丽岗镇政府办医保时，见到很多群众（有40多人）在丽岗镇政府一楼大厅围着，有派出所的工作人员维护，也有环保局的领导和镇政府的领导拿麦克风用喇叭宣讲在丽岗镇南斋坑建设垃圾焚烧发电厂的情况。我看见后，也和大家一起围着听了有二十多分钟才离开。第二天，即12月22日，我又去丽岗镇政府办理医保时，听到很多群众反映说在丽岗镇建设垃圾焚烧发电厂有很多坏处，会好臭和污染环境，我听着听着就很激动，觉得不能在丽岗镇南斋坑建垃圾焚烧发电厂。于是，我就驾驶我的一辆蓝色粤K×××××小汽车，开到丽岗镇丽岗圩三角口，拿一张挂历纸撕开一半，用大号的签字笔在挂历白色背面写上"文明抗议丽岗建垃圾场"，粘在我汽车的后挡风玻璃上，一直开往丽岗镇南斋坑建垃圾焚烧发电厂的地方（目的就想让大家知道，吸引大家一起抗议，不让丽岗建垃圾焚烧发电厂），在垃圾焚烧发电厂我就看见有十多名群众都围着，想冲进去看，但垃圾焚烧发电厂不让我们进去。我在这里就碰上了劳龙权（绰号：龙叔），因为我之前见过劳龙权（一起参与抗议丽岗建火葬场的事情认识他了）。当时劳龙权就说他也很反对在丽岗镇建垃圾焚烧发电厂，我想和劳龙权一起商量抗议在丽岗镇建垃圾焚烧发电厂的事情，就问劳龙权拿了他的手机号码，然后我就离开了。之后，我开车回到丽岗居委会，见到以前一起参与抗议丽岗建火葬场的戴兵（他是退伍兵），我又过去问他拿了手机号码想通过他联合丽岗的退伍兵一起，扩大影响力，抗议在丽岗镇建垃圾焚烧发电厂。后来，我回到家才将汽车后挡风玻璃粘着的"文明抗议丽岗建垃圾场"这张纸拿下来。第二天，即2016年12月23上午，我就分别打电话给劳龙权、戴兵约他们出来到化州市丽岗镇丽岗圩我经营的"小清旅馆"对面处（有一张台给大家打牌的，因为我怕我家人看见反对），一起商量如何抗议政府在丽岗镇建垃圾焚烧发电厂的事情。上午12时许，我就坐在这里等，没多久退伍兵戴兵就带着吴某15一起过来。后来劳龙权也过来了，他也打电话叫周永寿一起过来。我们就坐在一起商量抗议在丽岗镇建垃圾焚烧发电厂的事情，我就提出说大家反对建垃圾焚烧发电厂需要活动经费，要向丽岗圩的商铺收集捐款来做抗议行动的经费。但他们认为这样直接到丽岗街市筹集经费太明显，容易被政府部门处理，于是我提议以我自己女儿上学的名义到街市筹集经费，劳龙权、周永寿等四人都表示同意，后因为周永寿写字比较好，就由周永寿在一个纸盒上写上"捐资上学，献爱心"字样，由我拿着出去向丽岗圩的商铺收集捐款，当时劳龙权还想叫几个人帮助我一起去募捐，但他们都以家中有事拒绝了，后只有我自己一人去，但我就这样到圩上募捐很少商铺肯给钱，因为他们都不知道是怎么回事，并且有很多人笑我。于是我想到了另一个办法（写一些字以将我此次募捐资金抗议在丽岗镇建设垃圾焚烧厂的目的暗示给捐款的群众知道），我就又拿一张挂历纸的背面用黑色签字笔写上"人人为我，我为人人，不想我仔女回妹坟南斋坑拾垃圾的请献爱心，曾小清180××××0730"挂在我背部，然后拿着写有"捐资上学，献爱心"字样的纸箱，又去找丽岗三角口附近的丽岗旧圩的商铺捐款做经费。这样丽岗圩的商铺、群众就知道捐款是用来抗议丽岗建设垃圾焚烧发电厂的了，因此很多人都捐款了，捐的有5元、10元、100元、200元不等，一天时间我就收了1000多元。2016年12月24日上午10时许，我就打电话给劳龙权想问下他抗议丽岗镇建垃圾焚烧发电厂的事情的进展，劳龙权就叫我过去"金生饭店"吃饭和大家谈，我就同意了。到11时许，劳龙权又打电话来说改去"顺利饭店"了，他的意思就是叫我过去给饭钱。我接到电话后，就开我的粤K×××××小汽车过去了，我去到饭店里面，见到里面四五个男人已经在饭店里面等了，但劳龙权还没有过来吃饭。我就背着"人人为我，我为人人，不想我仔女回妹坟南斋坑拾垃圾的请献爱心，曾小清180××××0730"的纸条，拿着写有"捐资上学，献爱心"字样的纸箱一个人走路到丽岗圩的市场和丽岗圩新圩的商铺收集捐款，走了有一个多小时，又收集了有1000多元人民币。这样前后我总共收集了有3000多元人民币。接着，我就走回到"顺利饭店"，当时见到我认识的劳龙权及黄日清坐在一桌上交谈，我就问劳龙权，事情怎么样了，劳龙权说：

"商议罢市一事。"后黄日清说最好是向政府提交诉状，我也同意黄日清的意见，叫黄日清帮忙写，但黄日清不肯并叫我请律师写，后我想到化州找律师写诉状，就出到柜台结清了690元的饭钱，自己一人开车下化州找律师，但没有找到。我共向200多间商铺收集捐款，但只有150多间商铺给了有3000多元人民币的捐款。这些商铺有饭店、衣服店、饲料店、买米店、五金店、理发店等。

7. 被告人周永寿的供述（2016年12月29日）：2016年12月23日中午12时许，劳龙权打电话给我叫我到丽岗镇"小清旅店"对面开会商议抗议垃圾场捐款一事，我到时劳龙权、曾小清以及另外两个50多岁的男子在场，后大家商议决定以"捐资上学，献爱心"形式要求群众、商家捐款，为此次的抗议活动筹集一些经费。当时曾小清便拿来纸笔，但她说不知道怎样写，并要求我执笔书写，我当时告诉他们说如果写什么抗议、捐款的我就不写，后经大家商议我就分别用两张白纸写了"捐资上学，献爱心"的字样，再将字贴上一个怡宝矿泉水箱的两边做成一个捐款箱，再由曾小清一个人拿出去丽岗圩接受捐款。后因我家有事，我就先回家了，事情的经过就是这样。

2016年12月24日11时许，劳龙权打电话给我叫我到丽岗镇"顺利饭店"吃饭并商议抗议建造垃圾场一事，并叫我打电话给戴琼叫他去帮忙，之后我就打电话给戴琼叫他到丽岗镇"顺利饭店"集中，而当天我要在家中看孩子所以没有去，因此在"顺利饭店"的事我就不清楚了。

2017年1月5日供述：2016年12月20日，我回到化州市丽岗镇老家时听到周边群众都在讨论政府在丽岗建造垃圾焚烧厂一事，这样我才得知这件事的。直至12月23日中午时间，劳龙权打电话给我，让我过去丽岗小清旅店对面会合，商量一下如何筹集经费支持这次群众抗议政府在丽岗建造垃圾焚烧厂的相关活动，于是我就过去。当我去到时，劳龙权、曾小清以及一名男子（年约50岁，听说是退伍兵，其他不清楚）已经在那里了。我们会合后，就开始讨论如何筹集这次抗议政府在丽岗建造垃圾焚烧厂的相关经费，后来曾小清提出到丽岗圩市筹集经费以及向商铺宣传，但是我与其他人认为这样直接到丽岗街市筹集经费太明显了，于是曾小清就提出以她自己的女儿上学的名义到街市筹集费用，这样没那么直接，比较妥当，当时我们大家都一直附和，觉得这样确实比较好。接着大家认为我文化比较高，所以让我在捐款箱上题词，于是我当仁不让，但是我一时想不起什么词，所以就从路边问了一个老人写什么好，那老人说，"就写捐资上学，献爱心"，我们一听，都认为那老人说得比较对，于是我直接在捐款箱上题词，主要写上"捐资上学，献爱心"的字样。我在捐款箱上题词后，劳龙权就对我们说："大家回去各自负责各自片区，尽量通知多些人及商铺、村民到镇政府集中诉求。"当时我们大家也同意，于是就各自离开了。12月24日中午，具体时间不记得了，我在我家旁边通知各商铺店主次日停业及到镇政府支持抗议政府在丽岗建造垃圾焚烧厂，不过我没有恐吓、逼迫商铺停业。当日中午12时左右，劳龙权打电话给我，叫我去丽岗顺利饭店吃饭，商量次日如何组织商铺停业及组织村民到丽岗镇政府集中诉求一事，但我没有过去。后来戴琼骑自行车从我家门前经过，我就打电话给戴琼，叫戴琼过去丽岗顺利饭店与劳龙权集中商讨于次日如何组织商铺停业及组织村民到丽岗镇政府集中诉求相关事宜。直至当日晚上20时左右，劳龙权打电话给我，让我过去丽岗圩劳福汉家里坐坐，商量如何组织商铺停业及组织村民到丽岗镇政府集中诉求相关事宜，主要是想通知商铺停业多几日，当时劳龙权称要让丽岗圩商铺停业三四日，但是我称有事就不过去了。接着我就打电话给戴琼，称劳龙权叫到丽岗劳福汉家里集中，商量如何继续组织商铺停业及组织村民到镇政府集中诉求一事，并说明我自己有事不过去，让戴琼继续通知丽岗商铺停业多几日，大概要停业三四日，但是戴琼称他已经通知了一天，太累了，所以也不去。12月25日，我在家带孙子，没空去镇政府集中诉求。我听说有几百人去。

8. 被告人黄日清的供述（2016年12月26日）：我是在得知大姐夫周某6在现场被传唤后，才听说有人到丽岗镇主要街道上采取堵塞交通的行为请愿政府放弃建设垃圾焚烧厂，也有人到丽岗镇围困政府，致使丽岗镇政府无法正常开展工作，但不知道是否有伤人毁物的行为。2016年12月24日我在化州市丽岗镇顺利饭店处聚餐，是戴兵于2016年12月22日21时许，在微信里语音叫我到场的。到了2016年12月24日上午，曾某14也致电我说这事并表示驾车过来搭我去，所以我才乘坐曾某14的摩托车到场的。我到现场后上述人员都在现场了，他们说话的说话，抽烟的抽烟。当我看见黎业林后，我就与他在一旁说话，我追问他为什么不参与丽岗政府组织到深圳参观了解垃圾焚烧发电项目的活动，当时黎业林说时间有冲突，所以没有参加的。

刚开始我是不知道什么原因要到化州市丽岗镇顺利饭店处聚餐的，到场后才知道他们在商量丽岗镇南斋坑岭建垃圾焚烧厂的事，但当时我没有留意他们具体说什么，我只是与黎业林在说话。在差不多吃完饭时，就有一中年妇女过来，我看到她背部有一张白纸，上面写有"捐资"等字样，她手上还拿着一本登记簿，当时我就说："你们有什么诉求，要写诉求书上交给政府或预约政府领导当面说清楚，别做违法的事。"结果那妇女听到后就叫我帮她写，但被我拒绝了，于是她就叫我留电话号码，所以我们双方就互相留了电话号码，她表示姓曾，所以我在手机里就存了"曾丽岗"的字样。后来我们又通过两次电话，都是叫我帮她写诉求书的，我都没有答应。之后我就离开了，至于剩下的人商量了些什么东西就不知道了。直到今天我才知道这妇女叫曾小清。我于2016年12月20日11时许，曾在微信中向战友陈庆转发了一条文字信，信息上书写有："出大事了，丽岗的朋友们！"等内容，具体内容我忘记了，但我微信中有记录。我还于2016年12月20日8时许，在微信中向战友罗文贵转发上述的文字信，微信中有记录。

9. 被告人吴瑞河的供述（2016年12月26日）：2016年12月24日上午，我开着摩托车搭着我的侄孙到茶根医院看病，当时，吴某16打电话告知我因垃圾焚烧厂的事有饭局，我因要取药给侄孙就跟他说："有饭局你先去，我没时间。"我就挂机了。到中午看完病后我就开着摩托车搭我的侄孙回家，然后到我村一间五金店门口，这时，劳龙权就打电话联系我叫我到顺利饭店吃饭商量垃圾焚烧厂的事，因为那段时间圩的人都在讨论垃圾焚烧厂的事情。于是我就独自一人开着摩托车去到"顺利饭店"，我进入饭店大厅时，见到劳龙权、戴琼、周某7、"亚楼"（音译），还有四个我不认识的退伍军人（其中有两人身穿类似军装衣服），他们这伙人分开三张台坐，劳龙权见我到后就说："我们刚吃完饭，我叫老板再做饭给你。"我说不用了，就在另外一张靠近门口的桌子坐下（只有我一人）倒一杯茶喝，我刚坐下一会，周小清也来到了，她就坐到四名退伍军人的桌子，戴琼当时在大声喊"誓死保护丽岗的山水"等口号，周某7就讲建垃圾焚烧厂的种种害处，其中一名叫"亚李"的退伍军人就向我们讲如何组织人员到丽岗镇政府请愿的事，并叫大家去镇府请愿，要懂得保护自己等。过程中（指垃圾焚烧厂的事情）我没有参与商量，只是在旁边听，我在那里坐了不久就回家了。

2016年12月25日上午8时许我从家中驾驶摩托车途经丽岗镇丽岗圩，看见丽岗镇的商铺及商户都没有开门，我知道是因为丽岗镇建设垃圾焚烧发电厂的事情全部罢市不开门做生意，当时途经丽岗镇仁民大药房路口看见有个猪肉佬在路边卖猪肉，于是我就过去大声叫他将档口搬开回到菜市场摆卖，后来我回家了。直至我准备去探亲戚路过朱玉村委会旁边的化肥店进去抽烟，店主别名"肥婆"，在她问我垃圾焚烧发电厂的事情时就被你们公安机关传唤了。

2016年12月26日供述：我之前的笔录故意隐瞒了一些事实。当天（即2016年12月24日中午）我从陈卫东那里听说当兵佬在顺利饭店吃饭之后，我回到家没多久，劳龙权打电话给我讲："本来想叫你一起出来吃饭商量事情的（指处理垃圾焚烧场的事情）。"我讲："我吃过了，不用了。"劳龙权又说："我叫了你们村的村长（指吴某16），他不想出来谈，你就出来，我们大家坐坐商量都好啊。"我就答应劳龙权。我自己坐摩托到了顺利饭店，我进去饭店后，全部人都吃完饭了，只剩下六七个在场，我认识的有"亚楼"、劳龙权、周某7、戴琼四个人，其余的人我不认识，其中一个是中年妇女。当时他们全部坐在大厅，我去到后劳龙权简单和我讲了下他们商量的事情，讲大家必须一起行动，镇政府才会停止建设垃圾焚烧厂。之后周某7在场大声地宣读了一篇关于垃圾焚烧厂的相关报道，之后戴琼很激动，对集合村民讲要到镇政府"请愿"、组织人写诉状等（我没有留意听，不大清楚具体事情），过程中我均没有发言。最后我在场听了十几分钟，他们就决定离开饭店各自按照商量的结果准备第二天的事情了。事情就是这样的。我在我村中比较有地位，所以叫我去的。我知道24日中午劳龙权等人在顺利饭店商量，具体谁组织我说不出来。

2017年1月9日供述：2016年12月24日我是由劳龙权通知参加开会的，劳龙权能够通知我，他应该是组织者之一，至于其他的组织者的情况我无法提供。2016年12月24日我参加顺利饭店会议时，虽然我去到的时候大家基本上已经讨论到了后期，我没有参与商量具体罢市和纠集群众的话题，但是劳龙权等人在会议上的发言已经交代清楚。我们作为代表过来的要支持他们的这次纠集群众的诉求行动。由于我不是村长了，我没有配合通知我村的村民第二天参与集合游街的行为，至于吴某16有没有通知我就不清楚了。2016年12月25日早上8时许，我从朱玉一路出到丽岗圩，我发现商铺全部关闭，没有人敢开门营业，我在丽岗（新）圩市场也没有看见商贩在做生意，唯一在市场的路口有一档猪肉商贩在卖猪肉，很多群众围着这个猪肉佬买猪肉，我一看就觉得生气，今天整个圩都没人敢做生意，这个人居然敢摆摊，我想着如果让他继续卖会影响罢市的效果，我就走上前很生气大声地和他讲："你不用在路口摆档，要摆也往里面摆（不要在路边影响罢市的效果）。"这个猪肉佬就讲："不能摆就不摆咯。"这个猪肉佬就到市场那边的小巷里摆卖，买猪肉的群众也跟着他进去。这时还有一个卖菜妇女继续摆摊，我就又和她讲："你看人家都不摆了，你也别摆了，摆少一天半天没所谓的。"这个妇女看见我这么一说只好收档离开了。之后我看见没什么人摆档，我就往朱玉村回去了，我回到朱玉村委旁边的化肥店抽烟的时候，可能因为公安机关知道我在菜市场驱赶摆档的事情就当场传唤我回去调查了，事情就是这样了。2016年12月25日丽岗新圩省道旁的店铺基本上都关门，有上百家店铺。旧圩、镇政府路口、朱砂圩等几个地方我没有去看不清楚。因为商铺不开门，群众生活很不方便，简单来说买菜都受影响了，基本上生活物资需求是很缺乏的。做买卖的人也无法赢利，生意上受到了阻碍。

（四）涉案人的供述

1.涉案人周飞勇的供述（2016年12月26日）：我们聚众到丽岗镇政府抗议建设垃圾焚

烧发电厂以及通过组织罢课罢市的行为来实施抗议是因为觉得垃圾焚烧发电厂会影响我们丽岗人民的生活，丽岗镇政府不征求我们意见就要在丽岗镇建设垃圾焚烧发电厂，所以我们就自发组织到丽岗镇政府抗议，但是我没有参与组织罢课罢市的行为。十多天前我们丽岗镇一百多名村民曾到化州市丽岗镇政府抗议建设垃圾焚烧发电厂，我当时有参与。

2016年12月24日我们曾聚集商量过如何抗议在丽岗镇建设垃圾焚烧发电厂。当天10时许，周某7打电话跟我说是劳龙权叫他打电话通知我去丽岗镇顺利饭店吃饭，说是有一些退伍军人回来了，大家去顺利饭店商量下如何实施抗议建设垃圾焚烧发电厂的事。我接到电话后十多分钟就来到顺利饭店了，我到达饭店时，饭店里面已经聚集了三台人，共二三十人，在场的人中我认识的有劳龙权、周某7、戴琼、曾某12、吴某16、吴瑞河、戴兵、麦玉和、"跛生"等人，我知道戴兵、麦玉和是退伍军人，有两三个是穿着军装的，但我不认识他们，其他还有哪些人是退伍军人我就不清楚了。戴琼、戴兵、麦玉和、劳龙权、曾某12、"跛生"以及几个我不认识的人坐在同一台，由戴琼组织讲话，叫大家就如何抗议建设垃圾焚烧发电厂提意见。当时发表意见的主要也是戴琼那一台的人，当他们商量具体如何实施抗议的时候，有人打电话给我要向我买肥料，我就先行离开了，他们后来具体商量如何实施抗议的我就不清楚了。

2017年1月6日供述：2016年12月中旬10时许，曾海宗叫我去化州市丽岗镇政府大院的，当时有一百多名村民围在丽岗镇政府的办公楼的一楼大厅里聚集抗议叫镇长、书记给答复，我看见人群里面劳龙权、曾某11、戴兵、麦玉和、周某7、戴琼、周永寿等人带着围观的群众一起大声说抗议，丽岗镇政府的工作人员要拿麦克风用喇叭向市民说话。在抗议的过程中戴琼还带头冲上去从镇政府工作人员的手中抢走麦克风大声煽动群众反对丽岗镇建设垃圾焚烧发电厂。11时许，戴琼就叫大家回去吃饭了，于是大家就慢慢散开了。2016年12月24日10许，我接到周某7电话叫我去化州市丽岗镇顺利饭店吃饭，我去到化州市丽岗镇顺利饭店后，劳龙权、曾某11等人组织了二三十人，共三张台在顺利饭店里面吃饭，商量如何实施抗议建设垃圾焚烧发电厂的事情。在饭店里面，我认识的人有劳龙权、曾某11、戴兵麦玉和、黄日清、周某7、戴琼、周永寿、吴水镇、吴瑞河、曾某12等人，大家都在聊如何抗议在丽岗镇建设垃圾焚烧发电厂，其中戴兵、麦玉和以及两三个穿着军装的人是退伍军人，我是和周某7、吴水镇、吴瑞河和几个退伍军人一张台，戴琼、戴兵、麦玉和、劳龙权、曾某12、"跛山"以及几个我不认识的人坐在同一台，另外一张坐的大部分都是退伍军人，我大部分都不认识的。当时，组织讲话的主要就是戴琼，当时发表意见的主要也是戴琼这张台的人，因为我不和他们同一张台，他们说什么我没有留意听，当他们商量具体如何抗议在丽岗镇建设垃圾焚烧发电厂项目的时候，我接到电话，有人想向我买肥料，我就先行离开了，他们之后是如何具体实施抗议的我不清楚。

2. 涉案人张水银的供述（2016年12月28日）：因我在微信群上得知，要在我所属的丽岗镇丽岗圩附近建火葬场和垃圾焚烧厂，而我龙西村及附近各个村庄的群众一致强烈反对，而我龙西村村长因为阻碍施工一事被公安机关拘留了。我从龙西群众沟通群知道这件事后，我就在该微信群同村中人讲道：一定不能让为村里贡献的人受到伤害，有谁可以叫全镇的学校停课，大家团结一致对外。如果建成火葬场、垃圾焚烧厂，我们就永远对不住子孙后代了，反正是死，就大干一场吧。有谁能让学校停下，叫人在各村庄筹备资金，大干一场吧。我已把这事在我的战友群全部发布了，并在该微信群上叫张某2，叫他"发动群众全力救村长出来，你联系珠江电视台"等话语，另外在 2016 年 12 月 25 日中午的时候我还在该微信群散布并煽动我村中的所有老人和孩子围攻施工及政府人员，还叫村民要拍视频和照片放到网上去，另外还叫曾某 4 村长和我村退伍兵张寿叫多点群众出来阻碍施工及闹事（微信上有我讲到以上话语及我同张某 2 的聊天记录的截图）。

因我是丽岗镇龙西村人，而政府要在我村附近建火葬场和垃圾焚烧厂，我怕会对我村及附近产生极坏的影响，而我村村长曾某 4 因阻碍政府施工一事被公安机关拘留了，我就认为曾某 4 是为了我村中的事而被拘留的，所以我就希望和我龙西村的群众，要想尽一切办法把曾某 4 救出来，然后再施加压力给政府部门，不要在丽岗镇建火葬场和垃圾焚烧厂。

我讲这些话（一定不能让为村里贡献的人受到伤害、有谁可以叫全镇的学校停课，大家团结一致对外。如果建成火葬场、垃圾焚烧厂，我们就永远对不住子孙后代了，反正是死，就大干一场吧。有谁能让学校停下，叫人在各村庄筹备资金，大干一场吧。我已把这事在我的战友群全部发布了，并在该微信群上叫张某 2，叫他"发动群众全力救村长出来、你联系珠江电视台"等）目的是煽动群众发动群众阻挠垃圾焚烧厂在丽岗建设，我是希望我村中的群众要团结起来给政府施加压力，不让火葬场和垃圾焚烧厂建在丽岗镇，怕会影响到我丽岗镇人民的生活环境和以后子孙后代的幸福。

3. 涉案人曾某 13 的供述（2016 年 12 月 27 日）：我通过手机新浪微博（微博名称："@文诗×"）在新浪微博上散布谣言："救救我们吧！广东省茂名市化州市丽岗镇发生了大事件，特警公安局局长带人下来抓老人、小孩，年轻人全部被抓，打死了十几条人命。村民为了子孙后代抗议不做垃圾场和火葬场，结果局长想把事情偷偷摸摸做起来，村民们抗议被公安局局长叫特警下来打人抓人大人小孩老人全部抓起来了，他们就像黑土匪。"文字的下面还设有 9 张配图。我从曾某 4 发布的 9 张图片（没有文字、语言，只有配上表示惊讶表情图案来表述对图片所展示现象不理解，使他人看到我的微信后引起同感）转发到我朋友圈。

"救救我们吧"这句是我编写的，"广东省茂名市化州市丽岗镇发生了大事件"是我从龙西村群众微信群复制过来的，"特警公安局局长带人下来抓老人、小孩，年轻人全部被抓，打死了十几条人命"是我从微信上看到视频和文字后自己编写的。"村民为了子孙后代抗议不做垃圾场和火葬场"是我从龙西村群众微信群复制过来的，"结果局长想把事情偷偷摸摸做起来，村民们抗议被公安局局长叫特警下来打人抓人大人小孩老人全部抓起来了，他们就像黑土匪"是从微信群看到图片，听到语音后我自己编写的。

散布的谣言是我在龙西村微信群上看到的，都是没有经过核实的，属于虚假信息。我发出的微博和微信有两条评论，评论说："没有经过核实和没有证据的事情，不要乱发微博。"我想了一下，我在新浪微博上散布的谣言都是无证据的，未经过核实的，我编写的部分内容是错误的，所以我就将微博删除了。

（五）勘验、检查、辨认笔录

1. 现场勘查笔录：证实案发现场的勘查情况。

2. 辨认笔录：

（1）证实经证人陈某 1 对三组照片进行辨认，指出：第一组 9 号照片中的女子就是曾小清；第二组 4 号照片中的男子就是劳龙权；第三组 7 号照片中的男子就是吴瑞河。

（2）证实经证人何某 1 对二组照片进行辨认，何某 1 无法辨认出第一组照片中的哪个女子是 2016 年 12 月 24 日帮聚会的人结账的女子；何某 1 指出第二组 11 号照片中的男子（劳龙权）就是 2016 年 12 月 24 日在"顺利饭店"吃饭开会的人员"二爷"。

（3）经证人曾某 4 对一组照片进行辩认，指出 7 号照片中的男子（劳龙权）就是通知其参与闹事的"二爷"。

（4）经被告人劳龙权对七组照片进行辨认，指出：第一组 2 号照片中的男子就是参与闹事的戴兵；第二组 4 号照片中的男子就是参与闹事的周永寿；第三组 1 号照片中的男子就是参与闹事的戴琼；第四组 6 号照片中的男子就是参与闹事的吴瑞河；第五组 1 号照片中的男子就是参与闹事的黎奕；第六组 7 号照片中的男子就是参与闹事的麦玉和；第七组 3 号照片中的女子（曾小清）就是在饭店聚众商量参与抗议的人。

（5）经被告人戴琼对六组照片进行辨认，指出：第一组照片中的 7 号男子就是参与闹事的麦玉和；第二组照片中的 12 号男子就是带头闹事的劳龙权；第三组照片中的 11 号男子就是参与闹事的周永寿；第四组照片中的 8 号男子就是参与闹事的黎奕；第五组照片中的 2 号男子就是参与闹事的戴兵；第六组照片中 4 号男子就是参与闹事的黄日清。

（6）经被告人戴兵辨认，指出黎奕、麦玉和、周永寿、黄日清、劳龙权、戴琼、曾小清就是参与闹事的人员。

（7）经被告人麦玉和辨认，指出曾小清就是 12 月 24 日与其一起组织大家一起吃饭、开会的女子及黎奕就是参与闹事的其中一人。

（8）经被告人黎奕辨认，指出麦玉和、劳龙权、戴兵、戴琼、黄日清就是参与闹事的人员。

（9）经被告人曾小清辨认，指出劳龙权、黄日清、戴兵、周永寿就是参与闹事的人员。

（10）经被告人周永寿辨认，指出麦玉和、戴琼、曾小清、劳龙权就是参与闹事的人员。

（11）经被告人吴瑞河辨认，指出曾小清、戴琼、劳龙权就是参与闹事的人员。

（12）经涉案人周飞勇辨认，指出劳龙权、戴兵、麦玉和、吴瑞河、戴琼就是参与闹事的人员。

（六）视听资料

1. 视频资料、视频侦查报告、视频光盘三张：证实 2016 年 12 月 25 日上午，部分不明真相的丽岗群众因为丽岗镇建设垃圾焚烧厂一事到丽岗镇政府堵塞政府门口、煽动丽岗圩商铺停业罢市一事。该事件对当地社会秩序造成恶劣影响。

2. 戴兵、黄日清、周永寿等人的手机电子证据检查记录及光盘：证实被告人戴兵、黄日清、周永寿均用其手机发送微信，内容涉及丽岗的抗议及罢市、案发前被告人互相商议集会游行示威的情况，被告人案发前散布谣言的事实。

上述证据，本院予以确认。

本院认为，被告人劳龙权、戴兵、麦玉和、吴瑞河、戴琼、黄日清、曾小清、黎奕、周永寿九名被告人无视国家法律，均积极参加，聚众扰乱社会秩序，情节严重，致使生产、营业无法进行，造成严重损失，其行为均已构成聚众扰乱社会秩序罪，依法应当在"处三年以下有期徒刑、拘役、管制或者剥夺政治权利"的法定刑幅度内追究其刑事责任。公诉机关指控劳龙权等九名被告人犯聚众扰乱社会秩序罪的犯罪事实清楚，证据确实、充分，罪名成立，本院予以确认。

对被告人劳龙权、戴兵、麦玉和、吴瑞河、戴琼、黄日清、曾小清、黎奕、周永寿的辩解及辩护人所提出的辩护意见，即本案争议的焦点：九名被告人是否构成聚众扰乱社会秩序罪？本院作综合评判如下：1. 从犯罪概念及构成要件分析，聚众扰乱社会秩序罪是指聚众扰乱社会秩序，情节严重，致使工作、生产、营业和教学、科研、医疗无法进行，造成严重损失的行为。2. 本案侵犯的客体是社会管理秩序，本案中，九名被告人侵犯了国家政府机关、企事业单位及人民团体的工作、生活秩序。3. 本罪的客观方面表现为以聚众的方式扰乱国家政府机关、企事业单位、社会团体的正常活动，致使其工作、生产、营业和教学、科研无法进行，造成严重的损失，本案中，九名被告人聚众扰乱了化州市丽岗镇人民政府、企事业单位及该镇多间商铺的正常活动，致使化州市丽岗镇人民政府及企事业单位较长时间不能办公，多间商铺较长时间不能营业，造成严重的经济损失。4. 本罪的主体是一般主体，但构成本罪的只能是扰乱社会秩序的首要分子和其他积极参加者。所谓首要分子，即在扰乱社会秩序犯罪中起组织、策划、指挥作用的犯罪分子。所谓其他积极参加者，是指除首要分子以外的在犯罪中起主要作用的犯罪分子。本案中，九名被告人共同策划、煽动数名群众非法聚集到丽岗镇人民政府门口喧闹、抗议并纠缠政府工作人员，严重扰乱了政府机关的工作秩序，且导致该镇当天多间商铺、摊档被迫关门停业，造成恶劣的影响。扰乱了丽岗镇人民政府及该镇多间商铺及摊档的工作、生产秩序，造成恶劣社会影响，依法应当认定九名被告人为聚众扰乱社会的积极参加者。5. 本罪主观方面是故意。行为人往往企图通过这种扰乱活动，制造事端，给机关、单位与团体施加压力，以实现自己的某种无理要求或者借机发泄不满情绪。而本案中，九名被告人就是通过这种扰乱活动，制造事端，给丽岗镇人民政府施加压力，以实现自己企图阻止绿能环保发电项目（即垃圾焚烧发电厂）建设的无理要求。综上，九名被告人的行为已同时具备聚众扰乱社会秩序罪的四个构成要件。据此，九名被告人的行为均构成聚众扰乱社会秩序罪。

在共同犯罪中，九名被告人均积极实施犯罪行为，本案不宜区分主从犯，依法应当按照其所参与的全部犯罪处罚。但被告人黎奕、吴瑞河、周永寿的作用相对小些，本院在量刑时予以考虑。

被告人吴瑞河曾因犯非国家工作人员受贿罪，于2012年10月23日被本院判处有期徒刑一年八个月，不服一审判决上诉至茂名市中级人民法院，后被裁定维持原判，2014年2月25日刑满释放。在刑罚执行完毕后，五年内再犯应当判处有期徒刑以上刑罚之罪的，是累犯，依法应当从重处罚。

被告人劳龙权辩解其不是组织、策划者及指挥群众向政府施加压力的首要分子，经查，对其辩解其不是首要分子，予以采纳，至于其他辩解不予采纳。被告人戴兵、麦玉和、戴琼辩解称指控部分不属实，经查均与事实不符，不予采纳；但被告人劳龙权、戴兵、麦玉和、戴琼在庭审中均表示认罪，故均可对其酌情从轻处罚；被告人黎奕、周永寿、曾小清、吴瑞河归案后能如实供述其罪行，且能当庭自愿认罪，有悔罪表现，依法均可对其从轻处罚。被告人劳龙权、戴兵、麦玉和、黄日清的辩护人均提出被告人无罪的辩护意见，经查与事实不符，不予采纳；被告人麦玉和的辩护人的其他辩护意见，经查与事实不符，不予采纳；被告人曾小清的辩护人提出的被告人曾小清是从犯的辩护意见，经查与事实不符，不予采纳，对于其他辩护意见，予以采纳；被告人周永寿的辩护人提出的被告人周永寿只参与筹集经费活动，没参与其余活动且是从犯，并请求对被告人宣告缓刑，经查与事实不符，不予采纳，对于其他辩护意见，予以采纳。

　　被告人曾小清辩解称其以"捐资上学，献爱心"的名义只筹集到人民币2000多元。经查公安机关于2016年12月27日在曾小清家中扣押到现金人民币9545元及收款收据一张、纸盒箱一个，被告人曾小清对被扣押物品进行指认时提出被扣押的人民币9545元里只有3000多元是通过募捐得来的，其余的人民币是其自己的。本案没有其他证据能够佐证被扣押的人民币9545元全部是被告人曾小清募捐得来的，也没有充分的证据证实募捐该款的具体数额，且被告人前后供述不一致，根据存疑证据有利于被告人的原则，故本院暂不对上述款项作出处理，由公安机关查清后依法处理。

　　被告人劳龙权、戴兵、黄日清的辩护人在庭审中提供的调查卷（复印件）、化州市丽岗镇部分群众聚集商议环保发电项目（复印件）及曾某14等人的证言（复印件）及被告人麦玉和的辩护人提供的被告人的退伍军人的证明书（复印件）、中越战争荣誉军人证书及调查卷（均为复印件）等资料。经查，所提供的证据均未能提供原件核对及均未申请证人出庭作证，且该证据未经法定程序提取，不具有法律约束力，据此本院认定其证据与本案没有关联性。

　　根据被告人劳龙权、戴兵、麦玉和、吴瑞河、戴琼、黄日清、曾小清、黎奕、周永寿的犯罪事实、性质、情节和对社会的危害程度、认罪态度及悔罪表现，案经本院审判委员会讨论决定，依照《中华人民共和国刑法》第二百九十条第一款、第二十五条、第六十七条第三款的规定，判决如下：

　　一、被告人劳龙权犯聚众扰乱社会秩序罪，判处有期徒刑一年六个月。

　　（刑期从判决执行之日起计算。判决执行以前先行羁押的，羁押一日折抵刑期一日，即自2016年12月27日起至2018年6月26日止。）

　　二、被告人戴兵犯聚众扰乱社会秩序罪，判处有期徒刑一年三个月。

　　（刑期从判决执行之日起计算。判决执行以前先行羁押的，羁押一日折抵刑期一日，即自2016年12月27日起至2018年3月26日止。）

　　三、被告人麦玉和犯聚众扰乱社会秩序罪，判处有期徒刑一年二个月。

　　（刑期从判决执行之日起计算。判决执行以前先行羁押的，羁押一日折抵刑期一日，即自2016年12月27日起至2018年2月26日止。）

　　四、被告人吴瑞河犯聚众扰乱社会秩序罪，判处有期徒刑一年一个月。

　　（刑期从判决执行之日起计算。判决执行以前先行羁押的，羁押一日折抵刑期一日，即自2016年12月26日起至2018年1月25日止。）

　　五、被告人戴琼犯聚众扰乱社会秩序罪，判处有期徒刑一年一个月。

　　（刑期从判决执行之日起计算。判决执行以前先行羁押的，羁押一日折抵刑期一日，即自2016年12月27日起至2018年1月26日止。）

　　六、被告人黄日清犯聚众扰乱社会秩序罪，判处有期徒刑一年一个月。

　　（刑期从判决执行之日起计算。判决执行以前先行羁押的，羁押一日折抵刑期一日，即自2016年12月27日起至2018年1月26日止。）

　　七、被告人曾小清犯聚众扰乱社会秩序罪，判处有期徒刑一年一个月。

　　（刑期从判决执行之日起计算。判决执行以前先行羁押的，羁押一日折抵刑期一日，即自2016年12月26日起至2018年1月25日止。）

　　八、被告人黎奕犯聚众扰乱社会秩序罪，判处有期徒刑一年。

（刑期从判决执行之日起计算。判决执行以前先行羁押的，羁押一日折抵刑期一日，即自2016年12月28日起至2017年12月27日止。）

九、被告人周永寿犯聚众扰乱社会秩序罪，判处有期徒刑一年。

（刑期从判决执行之日起计算。判决执行以前先行羁押的，羁押一日折抵刑期一日，即自2016年12月29日起至2017年12月28日止。）

如不服本判决，可在接到判决书的第二日起十日内，通过本院或者直接向茂名市中级人民法院提出上诉。书面上诉的，应当提交上诉状正本一份，副本五份。

审判长　陈鸿杰

审判员　杨洪博

人民陪审员　张晓明

二〇一七年十一月八日

书记员　马露瑜

附本案适用相关法律条文：

《中华人民共和国刑法》

第二百九十条　聚众扰乱社会秩序，情节严重，致使工作、生产、营业和教学、科研、医疗无法进行，造成严重损失的，对首要分子，处三年以上七年以下有期徒刑；对其他积极参加的，处三年以下有期徒刑、拘役、管制或者剥夺政治权利。

聚众冲击国家机关，致使国家机关工作无法进行，造成严重损失的，对首要分子，处五年以上十年以下有期徒刑；对其他积极参加的，处五年以下有期徒刑、拘役、管制或者剥夺政治权利。

多次扰乱国家机关工作秩序，经行政处罚后仍不改正，造成严重后果的，处三年以下有期徒刑、拘役或者管制。

多次组织、资助他人非法聚集，扰乱社会秩序，情节严重的，依照前款的规定处罚。

第二十五条　共同犯罪是指二人以上共同故意犯罪。

二人以上共同过失犯罪，不以共同犯罪论处；应当负刑事责任的，按照他们所犯的罪分别处罚。

第六十七条　犯罪以后自动投案，如实供述自己的罪行的，是自首。对于自首的犯罪分子，可以从轻或者减轻处罚。其中，犯罪较轻的，可以免除处罚。

被采取强制措施的犯罪嫌疑人、被告人和正在服刑的罪犯，如实供述司法机关还未掌握的本人其他罪行的，以自首论。

犯罪嫌疑人虽不具有前两款规定的自首情节，但是如实供述自己罪行的，可以从轻处罚；因其如实供述自己罪行，避免特别严重后果发生的，可以减轻处罚。

案例100：中国电信股份有限公司增值业务运营中心与北京微梦创科网络技术有限公司、杨若磊著作权权属、侵权纠纷二审民事判决书

北京知识产权法院
民事判决书

（2017）京73民终1486号

上诉人（一审被告）： 中国电信股份有限公司增值业务运营中心，住所地北京市。
法定代表人： 叶利生，总经理。
委托诉讼代理人： 周静，北京市康达律师事务所律师。
委托诉讼代理人： 张涛，北京市康达律师事务所律师。
被上诉人（一审原告）： 杨若磊，男，住河北省石家庄市。
委托诉讼代理人： 王强，北京市中银律师事务所律师。
一审被告： 北京微梦创科网络技术有限公司。

上诉人中国电信股份有限公司增值业务运营中心（简称电信增值中心）与被上诉人杨若磊、一审被告北京微梦创科网络技术有限公司（简称微梦公司）因著作权权属、侵权纠纷一案，不服北京市海淀区人民法院（简称一审法院）于2017年5月4日作出的（2017）京0108民初6702号民事判决（简称一审判决），向本院提起上诉。本院立案后，依法组成合议庭进行了审理。2017年10月24日，上诉人电信增值中心的委托诉讼代理人周静到本院接受了询问，被上诉人杨若磊、一审被告微梦公司向本院明确表示不参加询问。本案现已审理终结。

电信增值中心上诉请求：撤销一审判决，改判驳回杨若磊的全部一审诉讼请求。事实与理由：一、电信增值中心使用杨若磊主张权利的一幅漫画作品（简称涉案作品）系经新华通讯社新闻信息中心合法授权，电信增值中心不具有侵权的主观过错，并未侵犯杨若磊的著作权。电信增值中心系中国电信股份有限公司（简称中国电信公司）的分支机构，2012年以来，中国电信公司与新华通讯社就中国电信自营手机报业务签订合作协议至今，协议约定新华通讯社新闻信息中心以开放内容资源相关网站供中国电信公司自选下载等方式，向中国电信公司提供合法的内容资源；新华通讯社新闻信息中心保证系内容资源的著作权人或邻接权人或者他们的合法代理人，对内容资源具有独立、合法的处分权利；中国电信公司不因内容资源的上线或推广而对协议之外的第三方承担任何法律责任。本案中，涉案作品在新华网图片频道发布，相关网页注明"版权所有新华网"字样，电信增值中心据此认定涉案作品源于新华通讯社，并依照上述与新华通讯社之间的合作协议在手机报新浪微博推广平台上使用

涉案作品，并未侵犯他人权利。二、现有证据不能证明杨若磊系涉案作品作者。

杨若磊二审辩称：一、杨若磊并未授权新华通讯社使用涉案作品，故不能因电信增值中心与未经授权的第三方有合作关系就免除其侵权责任。电信增值中心在使用涉案作品时应尽到相应的审查义务，其与新华通讯社存在合作关系不能推断其主观上没有过错。二、杨若磊在一审诉讼中提交了涉案作品的原图及发表情况等证据，足以证明杨若磊为涉案作品的作者，依法享有著作权。故一审判决认定事实清楚，适用法律正确，故请求法院驳回电信增值中心的上诉请求，维持一审判决。

微梦公司未向本院进行答辩。

杨若磊向一审法院起诉请求：1. 判令电信增值中心、微梦公司在侵权官方微博首页置顶位置和《中国青年报》首版显著位置连续三十天登载致歉声明；2. 判令电信增值中心赔偿经济损失 31500 元及合理开支 3500 元（合理开支包括律师费 3000 元、公证费 500 元）。

一审法院经审理认定如下事实：

杨若磊提交了站酷网（网址为 www.zcool.com.cn）网页打印件证明涉案作品的发表情况，该页面显示"天朝羽"5 年前发布了包含涉案作品在内的一组图，并注明"原创作品：2011 新年快乐！趣味定律 25 条！系统分类：原创作品——插画，作品版权由天朝羽解释，禁止匿名转载；禁止商业使用；临摹作品、同人作品原型版权归原作者所有。"涉案作品由卡通人物形象与文字构成，并注明"图© 天朝羽、文字来源于网络"及网址 www.tianchaoyu.com。

另外，站酷网"天朝羽"个人主页简介显示："天朝羽原名杨若磊，天秤座，河北石家庄赵县人士……本博客图片、照片、文字、形象为本羽原创，本羽享有作品版权，用于商业用途需本羽独家授权……"一审法院组织当庭勘验显示，杨若磊使用其账号和密码能够登录用户名为"天朝羽"的站酷网主页。电信增值中心对勘验过程及内容不持异议，但表示：1. 电信增值中心无法核实"天朝羽"是否为杨若磊本人，且杨若磊未提交涉案作品构思及创作完成过程；2. 涉案作品图文结合，文字部分来源于网络，杨若磊仅是作者之一；3. 涉案作品发表于新华通讯社新闻信息中心网站即新华网（网址为 www.xinhuanet.com）上，该网站上的版权声明显示涉案作品著作权归其所有，亦无法排除涉案作品为该中心职务作品。综上，电信增值中心不认可杨若磊享有涉案作品的著作权。为证明其上述主张，电信增值中心提交了（2017）京国立内证字第 4066 号公证书（简称第 4066 号公证书）予以证明，该公证书显示，在百度搜索中搜索"人生 25 条趣味定律"，点击搜索结果第一条，显示新华网的图片频道中有标题为"人生 25 条趣味定律，看完你就释怀了！"的文章，该文章中展示了包括涉案作品在内的一组漫画作品，发布时间为 2012 年 8 月 6 日，来源为中国新闻网。该网页下端显示"制作单位：新华网 版权所有新华网"，点击"版权所有"，出现新华网的版权公告："本网站所刊登的新华通讯社新闻信息中心及新华网各种新闻、信息和各种专题专栏资料均为新华通讯社版权所有，未经协议授权，禁止下载使用。"杨若磊认可第 4066 号公证书的真实性，但不认可证明目的，并表示其未授权新华通讯社新闻信息中心使用涉案作品。

2015 年 5 月 6 日，经杨若磊申请，河南省许昌市天平公证处对杨若磊使用公证处已连接至互联网的电脑浏览网站内容的过程进行证据保全，据此作出的（2015）许天证民字第 4303 号公证书记载：在新浪微博（网址为 www.weibo.com）搜索栏中输入"@中国电信天翼手机报"进行搜索，点击搜索结果中的"@中国电信天翼手机报"进入相应微博进行浏览，该微博账号于 2014 年 1 月 5 日发布的博文配图中使用了涉案作品，并配有文字："【价值法则】1. 钱能买到的东西，最后都不值钱。2. ……6. 我们都是远视眼，往往模糊了。"该微博转发量为 2，评论量 1，无点赞量。该博文配图中保留了"图© 天朝羽、文字来源于网络"标志及网址 www.tianchaoyu.com。该公证书对包含涉案微博账号在内的 31 个新浪微博账号进行了公证。杨若磊主张电信增值中心未经许可，在其官方微博上使用涉案作品，未为其署名，侵害了其署名权、信息网络传播权。

电信增值中心认可其使用了涉案作品，但认为涉案作品来源于新华网，其与新华通讯社新闻信息中心之间存在合作关系，该中心授权中国电信公司使用其发布的资源进行手机报业务推广，故其使用涉案作品系获得了新华通讯社新闻信息中心的授权。为证明其上述主张，电信增值中心提交了《中国电信集团级自营手机报业务合作协议》（简称合作协议），该协议由中国电信公司（甲方）与新华通讯社新闻信息中心（乙方）于 2012 年 3 月 21 日签订，协议约定：2.1 乙方作为甲方在短彩信手机报业务的指定内容集成商，为甲方提供中国电信集团级自营手机报业务所需的内容资源，并为中国电信集团级自营手机报业务中的短信手机报和彩信手机报提供内容终审及资源引入服务；2.1.1 乙方应以发送电子邮件、开放内容资源相关网站或资料库权限供甲方自选下载等方式，向甲方提供合法的内容资源。同时，乙方应根据甲方要求，保质保量按时向甲方提供经其审核无误、符合甲方相关业务需求的精编稿件；2.5 乙方保证系内容资源的著作权人或邻接权人或者他们的合法代理人，对内容资源具有独立、合法的处分权并确保已取得在我国境内合法传播内容资源所需的全部政府审批、许可或备案；3.2 甲方有权根据业务及推广之需求，通过甲方拥有或运营的网站以及中国电信营业厅的显示终端向用户提供免费体验的推广；3.3 甲方在任何情况下均不对乙方提供的内容资源的合法性、真实性、准确性等承担实质性的审查责任，并不因内容资源的上线或推广而对本协议之外的第三方承担任何法律责任。电信增值中心解释，其微博系为了推广手机报业务，所展示的均为当期手机报的内容。经一审法院询问，电信增值中心表示其无法提交当期手机报予以证明该期手机报中有涉案作品，但其微博名称为"@中国电信天翼手机报"即可证明该微博系推广手机报业务。杨若磊表示，该合作协议与本案无关，且合作协议约定的平台为手机报，非电信增值中心的微博。

本案中，杨若磊主张为本案支出公证费 500 元、律师费 3000 元，但未提交相应票据予以证明。

微梦公司向一审法院提交了涉案微博的网页打印件，证明涉案作品已被删除。杨若磊与电信增值中心对上述证据均不持异议。

上述事实，有杨若磊提交的网页打印件、公证书，电信增值中心提交的合作协议、公证书，微梦公司提交的网页打印件及一审法院开庭笔录等在案佐证。

一审法院认为：

如无相反证明，在作品上署名的公民、法人或者其他组织为作者。本案中，涉案作品发表在站酷网并署名"天朝羽"，结合"天朝羽"个人主页中的简介以及一审法院勘验杨若磊可持用户名和密码进入天朝羽个人主页的情况，在无相反证据的情况下，一审法院依据优势证据原则认定杨若磊即"天朝羽"，系涉案作品的作者，依法享有著作权。电信增值中心虽以杨若磊未提交涉案作品构思及创作完成过程、无法核实天朝羽是否为杨若磊本人为由否认杨若磊享有涉案作品的著作权，但未提交相反证据，故一审法院对其辩称不予采纳。关于电信增值中心提出的涉案作品图文结合，文字来源于网络，故涉案作品为合作作品，杨若磊仅为作者之一的抗辩，一审法院认为，根据《中华人民共和国著作权法》（简称著作权法）的规定，两人以上合作创作的作品，著作权由合作作者共同享有。涉案作品图文结合，其上标注了"图©天朝羽、文字来源于网络"，可见，杨若磊创作涉案作品时，文字部分亦由其整理添加，并不存在杨若磊与文字作品作者合作创作该作品的情形，涉案作品不属于合作作品，杨若磊有权对其创作的涉案作品主张权利。至于电信增值中心主张新华网上亦有涉案作品，但显然新华网上的涉案作品的发表时间晚于站酷网上显示的涉案作品的发表时间。关于职务作品的抗辩，电信增值中心亦未提交证据予以证明。综上，一审法院对电信增值中心的上述辩称均不予采信。

本案中，电信增值中心未经许可，在其名为"@中国电信天翼手机报"的微博账号中使用了涉案作品作为微博配图，使公众可以在其个人选定的时间和地点获得涉案作品，侵害了杨若磊对涉案作品享有的信息网络传播权，电信增值中心应当对其侵权行为承担相应的法律责任。对于电信增值中心提出涉案作品系来源于新华网，其与新华通讯社新闻信息中心之间存在合作关系，新华通讯社新闻信息中心授权其使用该中心发布的资源进行手机报业务推广的抗辩，鉴于电信增值中心未提交证据证明新华通讯社新闻信息中心获得涉案作品的授权，杨若磊对此亦予以否认，故电信增值中心的上述抗辩并不能免除其在发布配有涉案作品的微博时，需核实涉案作品的著作权人并获得许可的义务，一审法院对其抗辩不予采信。关于杨若磊提出署名权被侵害的主张，因电信增值中心在涉案微博配图中保留了天朝羽的署名，未侵害杨若磊的署名权，一审法院对杨若磊提出赔礼道歉的诉讼请求不予支持。

杨若磊要求电信增值中心赔偿经济损失的诉讼请求，一审法院予以支持。关于赔偿损失的具体数额，因双方未提交任何杨若磊遭受的实际损失或电信增值中心违法所得的证据，一审法院综合考虑涉案作品仅为1幅，创作难度并不是特别高，杨若磊亦未提交相关证据证明涉案作品的市场价值以及对涉案图片进行了充分的商业使用，电信增值中心未对涉案微博进行置顶、推荐，仅将其作为微博配图，涉案微博转发、评论、点赞均较少等因素，不再全额支持杨若磊主张的赔偿余额，依法酌定赔偿金额3000元。对于杨若磊主张的公证费及律师费，其未提交任何证据予以证明，但考虑到本案中有律师参与诉讼活动，以及本案实际有公证保全事项发生的情况，一审法院酌定合理开支为1000元。因杨若磊提出过高的赔偿请求额产生的案件受理费，不应由电信增值中心全部负担。

微梦公司作为新浪微博的经营者，属于信息存储空间服务提供者。杨若磊未举证证明微梦公司存在主观过错，在侵权行为及时停止的情况下，微梦公司不应承担相关侵权责任。

依据著作权法第四十八条第（一）项、第四十九条，《信息网络传播权保护条例》第二十二条，《中华人民共和国民事诉讼法》第一百四十四条之规定，一审法院判决：一、一审判决生效之日起十日内，电信增值中心赔偿杨若磊经济损失3000元及合理开支1000元；二、驳回杨若磊的其他一审诉讼请求。

二审诉讼中，双方当事人均未向本院提交证据，且均对一审法院所认定的事实不持异议，本院经审查对一审法院认定的事实予以确认。

上述事实，有一审卷宗材料和本院询问笔录等在案佐证。

本院认为：

一、杨若磊是否享有涉案作品的著作权。

著作权法明确规定，如无相反证明，在作品上署名的公民、法人或者其他组织为作者。

作者在作品上署名，可以署真名，也可以署笔名。本案中，涉案作品在站酷网发表并署名"天朝羽"。结合"天朝羽"个人主页中的简介内容以及一审法院勘验杨若磊可持用户名和密码进入天朝羽个人主页的情况，可认定杨若磊使用"天朝羽"作为其笔名并在作品中署名。同时，考虑到新华网上的涉案作品的发表时间晚于站酷网上显示的涉案作品的发表时间，在无充分反证的情况下，一审法院认定杨若磊系涉案作品作者，享有涉案作品的著作权，并无不当。本院对电信增值中心的该项上诉主张，不予支持。

二、电信增值中心使用涉案作品的行为是否构成侵权以及是否需要承担侵权责任

著作权法第四十八条规定，未经著作权人许可，通过信息网络向公众传播其作品的，应当根据情况，承担停止侵害、消除影响、赔礼道歉、赔偿损失等民事责任。

电信增值中心上诉主张中国电信公司与新华通讯社新闻信息中心签订了合作协议，根据该协议的约定，新华通讯社新闻信息中心保证其具有所提供内容的著作权等相关权利，故电信增值中心作为中国电信公司的分支机构就使用新华网上登载的涉案作品获得了新华通讯社新闻信息中心的授权。对此，杨若磊明确表示其从未就涉案作品向新华通讯社新闻信息中心进行过授权。本院认为，电信增值中心并未提供证据证明新华通讯社新闻信息中心具有就涉案作品对外授权的权利，杨若磊对此亦不认可，故电信增值中心不能根据合作协议从而取得对涉案作品进行转载使用的权利，其使用行为属于未经著作权人许可通过信息网络向公众传播其作品的行为。电信增值中心上诉称基于与新华通讯社新闻信息中心的合作关系和新华网网站上的版权声明等，其有理由相信涉案作品不存在权属上的瑕疵，故其使用涉案作品不具有主观过错。对此，本院认为，使用他人作品时需要审查该使用行为已获得著作权人的授权是使用人最基本的义务，即使中国电信公司与新华通讯社新闻信息中心存在内容提供上的合作关系，但该合作关系的效力仅限于合同当事人，既不能对抗权利人，亦不能以免除其审查义务。

综上所述，电信增值中心未经许可使用涉案作品的行为属于著作权法第四十八条规定的侵犯信息网络传播权的行为，应当承担侵权责任。一审判决对此认定正确，本院予以确认。电信增值中心的相关上诉主张不能成立，本院不予支持。

综上，电信增值中心的上诉理由均缺乏事实与法律依据，本院不予支持。一审判决认定事实清楚，适用法律正确，本院依法应予维持。依据《中华人民共和国民事诉讼法》第一百七十条第一款第（一）项之规定，本院判决如下：

驳回上诉，维持原判。

一审案件受理费三百三十七元五角，由中国电信股份有限公司增值业务运营中心负担二百元（于本判决生效之日起七日内交纳），由杨若磊负担一百三十七元五角（已交纳）。二审案件受理费五十元，由中国电信股份有限公司增值业务运营中心负担（已交纳）。

本判决为终审判决。

审判长 刘炫孜
审判员 宋堃
审判员 杨潇
二〇一七年十一月八日
法官助理 刘欣蕾
书记员 宋然

案例101：上海静安区小希望之家青少年关爱服务中心与谢昶娥名誉权纠纷二审民事判决书

上海市第一中级人民法院

民事判决书

(2017) 沪 01 民终 10491 号

上诉人（原审原告）：上海静安区小希望之家青少年关爱服务中心，住所地上海市。

法定代表人：陈岚，理事长。

上诉人（原审原告）：陈岚，女，现住上海市闵行区。

上列两位上诉人的共同委托诉讼代理人：邓学平，京衡律师集团上海事务所律师。

上列两位上诉人的共同委托诉讼代理人：杨海燕，京衡律师集团上海事务所律师。

被上诉人（原审被告）：谢昶娥，女，汉族，现住上海市浦东新区。

委托诉讼代理人：陈广，上海市锦天城律师事务所律师。

委托诉讼代理人：孙成良，上海市锦天城律师事务所律师。

上诉人上海静安区小希望之家青少年关爱服务中心（以下简称小希望之家）、陈岚因与被上诉人谢昶娥名誉权纠纷一案，不服上海市闵行区人民法院（2016）沪 0112 民初 17393 号民事判决，向本院提起上诉。本院于 2017 年 8 月 22 日立案受理后，依法组成合议庭进行了审理。本案现已审理终结。

上诉人小希望之家、陈岚上诉请求：1. 撤销原审判决，依法改判被上诉人谢昶娥立即删除其实名在新浪微博、微信等网络平台上针对两位上诉人发布的不实博文《NGO "僵局"，法律救济何在？》；2. 在发布博文的网络媒体上公开向两位上诉人赔礼道歉、消除影响、恢复名誉；3. 赔偿两位上诉人精神损失费各 1 元，并承担两上诉人聘请律师的费用 3.50 万元（人民币，以下同）。事实和理由：2015 年 8 月始，包括被上诉人谢昶娥在内的几位理事，对小希望之家的财务方面提出质疑，上诉人积极响应，前后经过 6 次审计之多，均未查出财务问题。多次审计的结果对被上诉人等无理反映的不实问题均给予了有力的回击。被上诉人歪曲事实诽谤上诉人陈岚，陈岚当然可依法向相关民政部门反映及在微信群等自媒体中据理反驳被上诉人不实之词。"小××"的死亡与上诉人一方无关。图形商标名为转让实际为无偿赠予，陈岚也并无转移、侵吞机构财产。被上诉人发文不实、诽谤上诉人，系被上诉人因未能掌握小希望之家机构的管理权而采取的发难手段。被上诉人发表的该博文已对因诉人造成名誉权的侵害，故请求其承担侵权责任。

被上诉人谢昶娥辩称，被上诉人文章中所述并未歪曲事实，更不存在恶意诽谤。微博上所书文章反映出机构理事会的心声。原审中被上诉人一方亦申请证人出庭作证及提交众多网友对陈岚及小希望之家的质疑之声，证明谢昶娥书写文章存在相应依据。诸多质疑之声也能反映陈岚的社会评价本身比较低，其饱受质疑和诟病系自身原因造成，其社会评价降低与被上诉人书写该文章无关。故不同意上诉人的上诉请求，认为原审查明事实清楚，请求二审维持原审判决。

小希望之家、陈岚向一审法院起诉请求：1.要求谢昶娥删除在其实名新浪微博上于2016年1月17日所发表的文章《NGO"僵局"，法律救济何在?》；2.谢昶娥在其实名新浪微博上向小希望之家、陈岚赔礼道歉、消除影响、恢复名誉，并且置顶不少于两个月时间；3.赔偿小希望之家、陈岚精神损失费各1元；4.谢昶娥承担小希望之家、陈岚聘请律师的费用3.50万元。

一审法院认定事实：2014年7月21日，上海市静安区民政局向小希望之家颁发了民办非企业单位登记证书，依该证书载明其业务主管单位为共青团上海市静安区委员会，业务范围为向学校、家庭、街道宣传青少年保护，承办政府委托的社区青少年项目（涉及行政许可的，凭许可证开展业）。陈岚系小希望之家的法定代表人，其持有江苏作协会员证书、曾出版过多本书籍，小希望之家作为一家机构曾被人民网评选"2014年度十大责任公民"。

2013年10月13日，小希望之家召开第一届理事会制定了民办非企业单位（法人）章程，该章程确定了小希望之家的名称、宗旨、主管单位、登记单位，住所地；单位的举办者为陈岚、刘某、张某，其中陈岚出资98000元、刘某出资1000元、张某出资1000元；单位的业务范围为向学校、家庭、街道宣传青少年保护，承办政府委托的社区青少年项目（涉及行政许可的，凭许可证开展业）；单位设理事会，成员为5人，理事会是单位的决策机构；理事会会议应由三分之二以上理事出席方可举行，涉及重要事项的决议必须经全体理事的三分之二以上通过方为有效等项内容。陈岚、刘某、张某、谢昶娥、臧某系小希望之家章程确定的5名理事。

2015年初以后由于互联网募捐的兴起，小希望之家陆续收到数百万元的各类捐款。

2016年1月17日，谢昶娥在其实名新浪微博平台上发表了文章《NGO"僵局"，法律救济何在?》，文章中与本案争议有关的主要内容摘录如下："2015年，对公益机构小希望之家而言，是一个不同寻常的年份。作为一个正式设立仅仅一年多的民办非企业单位，它经历了由于内部治理引发的最激烈的震荡。时光回到2013年6月30日的午后。上海96广场，阳光灿烂。小希望之家筹备会第一次聚会。还在哺乳期的我见到了最早的志愿者和发起人之一的陈岚。两年多时间，我亲眼见证这个草根NGO经历突飞猛进的发展，从十几位志愿者发展到上千名，募集资金从几万元到几百万。2015年10月11日，小希望之家第一届理事会第三次会议作出决议，罢免小希望之家原理事会理事长陈岚的理事长职务，保留其理事身份，选举张某为新任理事长。此外，理事会决议要求前任理事长向新理事长移交小希望之家全部资料和资产，并决定聘请一家会计师事务所对小希望之家立即开展审计……NGO内部治理何其难?……我常想，如果一个人集人、财、物大权为一身，但能够清正廉明，公开透明，对于本来就是来贡献余热的理事和志愿者们而言，我们可以接受。但是，这样的想法注定是天真的，'一切不受约束的权力必然腐败'，这个法官出身的法国人孟德斯鸠早在几百年前就毫不留情地揭示了这条定律。小希望之家内部的治理问题严重到了令人无法容忍的地步。前理事长任人唯亲，用自己的连会计上岗证都没有的私人助理管理着几百万的资金，违法设立各地分站，花10多万元购买跟机构经营没有直接关系的电影拍摄器材，不顾理事反对在北京设立新媒体中心，并预计每年为此中心支出40万元，对理事封锁消息，严令工作人员向理事透露小希望之家任何信息。而对于发现问题提出质疑的理事，前理事长的态度更是咆哮理事会，以辞职作为要挟，并对个人进行高压打击……去年8月21日，我在探亲，临时'理事会'召开。因为参加会议的不仅有正式理事，还有只持有聘书的几位非正式理事，所以这是一个不符合法律规定的理事会。会议起因是因为两位理事（包括一位正式理事和一位非正式理事）发现陈岚购买贵重摄影器材未告知理事会，器材未入账，未入库。'理事会'试图进一步明确内部管理规定以约束陈岚。据说，会上前理事长陈岚公然宣称'理事会不是小希望之家的最高决策机关，理事会的决议她不需要遵守，小希望之家的人财物她可以随意支配，不需要审批'（引用与会理事引述的原话）。这次会议的直接后果是11位"理事"中有6位对理事会彻底失望，决定集体辞职。后来，理事们去登记管理部门上海市静安区民政局了解辞职手续，竟意外发现陈岚伪造了两份理事会会议纪要，一份宣称一位理事辞职，另外一份增补了三位和她个人关系密切的理事。除了她个人签名为真实的外，其他几位理事的签名全系伪造。原来，陈岚知道机构正式理事只有五名，而其中四名意见统一。为防止自己被理事会罢免，她先下手为强，伪造了两份理事会会议纪要，增补与自己关系密切的理事，以达到控制理事会的目的……接下来发生的事情，志愿者们已经有目共睹。一个合法理事会作出的合法决议得不到执行，机构出现僵局。理事会要求工作交接，吃了闭门羹；志愿者上门探视孩子，不被允许；要求审计，被百般阻挠，直到非正式理事张嵩站出来努力斡旋；被救助的孩子××死亡，封锁消息；孩子被转移，资产被转移，整个机构完全沦为陈岚的掌中之物，机构运行出现僵局。业务主管单位和登记管理机关可以管什么？……10月11日，小希望之家第一届理事会第三次会议召开。五位理事四位到场，符合法定人数，理事会合法召开。得知理事会使用合法手段罢免其理事长职务，陈岚煽动不明真相的志愿者拼命指责理事们抢班夺权，摘取胜利果实。志愿者在微信群、QQ群对参会的理事们大肆抨击，更有数名所谓的志愿者给我发手机短信，声称我'不配做理事更不配做律师'，'钻牛角尖''找漏洞翻法律'，要找我'拼命'，到我们公司来'静坐'……这事公安该不该管？按照政府主管部门的说法，对个人违法行为，民政没有处罚权，如果涉嫌违法或犯罪，只能去公安报案。理事们前后报案三次。第一次，三位理事就陈岚伪造理事签名、伪造两份小希望之家理事会会议纪要向上海市静安区江宁派出所报案。第二次，小××突然死亡，我们得到内部消息称小××可能在送往医院之前已经停止呼吸，而且机构没有配备专业的有资质的护理人员看护孩子，当天负责照顾孩子的是机构平时负责做饭的阿姨。更有护理人员反映××出现危急情况已经好几天，机构未采取任何急救措施。这样的情况，如果在英美，所有机构人员一定会马上被进行彻底调查，因为这涉嫌故意或过失杀人。得到消息当天，前往了解情况的理事和志愿者向闵行区陈行派出所报案，请求对××死因立案调查。第三次，理事们从志愿者处得知陈岚已经将大量机构资产转移到广州，且有其他证据确凿的侵占机构资产的行为，理事们遂前往静安区经济侦查大队报案。第一次报案几周后，江宁派出所通知理事，此案属于民事纠纷，派出所不予受理。《治安管理处罚法》第52条规定，伪造、变造或者买卖国家机关、人民团体、企业、事业单位或其他组织的公文、证件、证明文件、印章的，当处拘留，可以并处罚款。我们不理解问什么这变成了民事纠纷，派出所不受理。第二次报案至今已有一个多月，警方没有任何消息，是否已经立案侦查尚不可知。报案人至今未得到任何通知。第三次报案，当场被拒绝。接待警官板着面孔要我们先回去审计，等有了审计结果再来报案。我们据理力争，说已经收集了部分证据，为什么你连材料都不接收？而且，举报内部违法行为，谁有能力先去完成审计然后再来报案？这些争论都是徒然。除了理事报案，据我们所知，部分捐款人也向有关派出所报案，检举小希望之家和陈岚涉嫌诈捐和不按照指定用途使用捐款。据称，捐款人已经得到明确答复，案件不予受理，具体不予受理原因不详……随着理事会意识到陈岚在大量转移机构资产和大额使用机构资金，我们向法院提出了财产保全申请，要求冻结银行账号，以避免给机构带来更大的损失。"该篇博文发表后，有 1 万余次浏览，转发量超过 50 余次，网民评论数 100 余次。

原审另查明，根据小希望之家、陈岚提供的记账凭证显示，2015 年 6 月底、7 月初，小希望之家购买了价值 89891 元摄像机以及 11149 元摄像机的配件。2015 年 11 月 13 日众华会计师事务所出具的小希望之家 2014 年度及 2015 年 1—9 月审计报告中将该类器材计入固定资产。因有理事质疑此事，陈岚于 2015 年 8 月在相关微信群中张贴购买清单。

2015 年 8 月 21 日，小希望之家召开理事会，部分备案理事参加（谢昶娥因故未能参加），在小希望之家的微信"机密，理事群"中曾张贴过该次会议所形成的理事会决议（记载在一张纸上），谢昶娥对部分决议内容持有异议。此后，由小希望之家工作人员白某某至民政局就理事会决议进行备案，由白某某在两份理事会决议上签上理事的名字后对决议进行备案。2015 年 9—10 月，小希望之家部分理事在查阅小希望备案记录时发现非本人所签名的理事会决议后向陈岚提出异议，陈岚就此在 2015 年 10 月在小希望之家微信群"小希望核心人士群"、QQ 群"小希望之家"等处对此作出解释，主要理由是认为白某某应备案单位要求，需将一份会议决议拆成两份，为方便办理并认为决议内容一致，故白某某代为理事签名后，对两份决议进行备案，为此对白某某进行罚款 500 元，撤销行政部主管一职。

原审法院另查明，2015 年 8 月 21 日，上海市静安区民政局向小希望之家发出责令整改通知书，认为小希望之家存在超业务范围开展儿童寄养项目的行为，于 2015 年 9 月 21 日之前进行整改，并要求小希望之家停止开展儿童寄养项目，严格按照核定的业务范围开展活动。

小××（此处真实姓氏隐去）系 2015 年 4 月出生于浙江平湖新生儿，其因被打后脑挫伤、脑水肿、颅内出血等症于 2015 年 8 月 21 日被辗转送于复旦大学附属儿科医院救治。根据出院小结记录小××伤情部分好转于 2015 年 9 月 26 日出院，由小希望之家与小××家人联系后，安排小××入住由小希望之家开办在上海市闵行区江栀路的一处儿童托管寄养地。该场所内由小希望之家聘请护士与护工数名，收入的幼儿年龄均为 2~3 岁，收入幼儿最多时达十余名。收入小××后，因小××病情反复，小希望之家曾送其至复旦大学附属儿科医院治疗。2015 年 11 月 23 日晨，因发现小××情况异常，小希望之家工作人员将其送至原就诊的复旦大学附属儿科医院进行抢救，后复旦大学附属儿科医院出具居民死亡医学证明书显示小××来院已死，在该单位调查记录中显示，患者 2015 年 11 月 23 日 8 点 15 分来院时心跳、呼吸已停止，给予大抢救无效，8 点 47 分心电图一直线，临床宣告死亡。平湖市公安局于2016年1月5日向小希望之家出具鉴定意见通知书，载明该局聘请有关人员，对小××进行死亡原因鉴定。鉴定意见是，小××根本死亡原因，系严重的颅脑外伤所致；而直接死因，系损伤所致的脑、肺部感染，最终导致脑、呼吸功能衰竭死亡。

2015年12月1日上海市静安区民政局向小希望之家发出约谈通知，认为小希望之家2015年9月28日仍存在新增儿童寄养行为，且截至2015年12月1日仍有7名儿童滞留在小希望之家位于上海市××路××弄××号××室场所内，为进一步了解情况，对单位法定代表人进行约谈。

原审法院再查明，天健会计师事务所于2015年4月8日，众华会计师事务所于2015年11月13日，上海××事务所有限公司于2016年1月15日、2016年4月13日分期对小希望之家2015年底前财务报表、收支情况、资产负债表、业务活动表、现金流量等项目进行了审计，并出具了四份审计报告。其中，2016年1月15日审计报告中载明小希望之家截至2015年10月31日分别租用了6处房屋用于开展业务，其中一处位于广州市，该房屋用于广州分站开展业务活动，另一处无偿使用房屋位于北京市。小希望之家在2014年8月至2015年10月分别在平顶山、太原、宜宾以及濮阳四个城市定点为困境儿童定期发放补助金，支付困难儿童的费用都是汇到当地志愿者个人账户。据小希望之家反映，这些志愿者是聘请的站长，账户专款专用。审计报告还单列了广州分站收支情况，并提示小希望会计人员白某某未能提供会计从业资格证，提供的通过会计上岗证考试的网页截屏，由于没有准考证号，无法核查。

原审法院查明，2015年9月，小希望之家转让两个图形商标给案外人上海××有限公司，上海××有限公司法定代表人为陈岚，该公司的联系地址与小希望之家办公场地相同。

谢昶娥提供的证据显示：2015年10月11日，刘某、张某、谢昶娥、臧某到场，陈岚未到场，召开小希望之家理事会并作出罢免理事长陈岚，但保留其理事身份；张某为理事长；聘请上海××事务所有限公司为外部审计服务单位，并立即进场；要求陈岚移交小希望之家全部资料和资产等内容的决议。2015年10月20日张某以小希望之家理事长工作交接不配合发生纠纷向警方电话报案。

2015年11月，某网民在某微博发起"作家陈岚滚出公益圈"话题，阅读量一百余万。

案外人麦某某曾于2015年11月12日向上海市公安局静安分局举报职务侵占，受案登记表文号为沪公（静）（经）受案字〔2015〕1256号。

2016年1月22日，上海市公安局静安分局经审查后对张某举报的职务侵占案作出不属该局管辖移送上海市公安局闵行分局经侦支队的移送案件通知书。

2016年2月22日，中国妇女发展基金会向小希望之家、陈岚分别发文表示，自2015年9月以来，该会多次收到小希望之家理事及社会人士针对中心及其个人及小希望之家工作提出质疑的电话、电子邮件、快递材料等，严重影响"小希望紧急救助专项基金"的正常运转。该会决定自2016年2月22日起，暂停双方签署的基金合作协议，暂停基金的筹款，直至有关不良影响消除，中心规范运营。

2016年3月，小希望之家理事以小希望之家名义在上海市静安区人民法院起诉陈岚要求其向小希望之家移交小希望之家全部资料与资产，该院于2017年1月作出裁定认为社会组织应由其主要负责人进行诉讼，现小希望之家经核准的负责人仍为陈岚，但以小希望之家名义提起诉讼的不是陈岚，而是该中心理事张某，故该院以提起诉讼主体不符合法律规定为由裁定驳回小希望之家的起诉。二审对该案予以维持。

一审法院认为，虽然从谢昶娥提供的证据显示小希望之家选举有新任理事长，但民政局登记的理事成员结构至今未有变更，况且本案亦是涉及以小希望之家为主体的名誉权诉讼纠纷，其目的也是保护小希望之家的名誉，因此本案由陈岚作为法定代表人以小希望之家为原告提起的诉讼，应为合法。

根据法律规定，是否构成侵害名誉权的责任，应当根据受害人确有名誉被损害的事实、行为人行为违法、违法行为与损害后果之间有因果关系、行为人主观上有过错来认定。从案涉文章的发表背景看，2015年随着小希望之家影响力增大、募集的资金增多，理事、志愿者、捐助人等社会各方对小希望之家以及理事长陈岚在机构的财务制度、儿童救助项目以及募捐资金的使用等方面开始产生诸多争议。谢昶娥在此背景下发布了案涉的文章。对于其在此文章中所陈述的内容以及语言表述的程度，对应小希望之家、陈岚所主张的侵犯其名誉权的内容，原审法院分述如下：1. "任人唯亲""咆哮理事会""对个人进行高压打击""志愿者上门探视孩子、不被允许""煽动不明真相的志愿者拼命指责理事们抢班夺权，摘取胜利果实"，谢昶娥该类表述意在指出陈岚本人作为理事长在小希望之家内部管理工作中的一些工作作风问题，并未出现侮辱性的词语，措辞虽有激烈之处，但未达到贬损小希望之家、陈岚名誉的程度，不能就此认定名誉权侵权；2. "花10多万元购买跟机构经营没有直接关系的电影拍摄器材""器材未入库、入账""小希望之家的人财物她可以随意支配，不需要审批"，此类表述涉及谢昶娥对于小希望之家内部财务制度以及陈岚在资金使用上的质疑，小希望之家在成立之后由于短时间内引入了大量的捐款，对于捐款使用、监管、财务人员的配备等问题，部分理事确有不同意见，谢昶娥对此类问题的表达，难以直接认定侵害了小希望之家、陈岚的名誉权；3. "违法设立各地分站"，谢昶娥根据其掌握的法律知识，据此表达对设立分站的质疑和批评，依据原审已查明的事实，此节难以认定损害了小希望之家、陈岚的名誉权；4. "要求审计、被百般阻挠"一节，联系该博文的上下文，该节应当发生于小希望之家多数理事主张理事长人选更迭之后，不能因此得出谢昶娥恶意向公众表达小希望之家从未进行过审计，故此节亦难以认定对于小希望之家、陈岚名誉之侵权；5. "伪造两份理事会会议纪要"，从双方当事人对于此事件的解释看，双方均认可两份欲备案的理事会会议决议上的理事签字非系理事本人所签而是由其他工作人员代签，只是在对"伪造"程度的解读上双方持有不同意见，据此难以认定侵害了小希望之家、陈岚的名誉权；6. "被救的孩子××死亡，封锁消息""机构没有配备专业的有资质的护理人员看护孩子""当天负责照顾孩子的是机构平时负责做饭的阿姨""护理人员反映××出现危急情况已经好几天，机构未采取任何急救措施""孩子被转移""这涉嫌故意或过失杀人"，此类表述所指向的事件主要为患儿小××的救助事件，原审已就此事件在前述认定事实部分作出表述。救助无助儿童应当是社会所倡导的。在互联网发展的今日，小希望之家应当是承载着网络上、社会上相当一部分爱心人士帮助他人的良好愿望，其发展应当是合法与可持续性的，但小希望之家作为一家机构在其并无合法业务范围与资质的情况下，聘用护士、护工直接对患有严重疾病的小××提供寄养、救助的行为确实是值得商榷，甚至是不符合相关规定的，势必会引发争议。小希望之家在此事件前已经收到了民政部门的整改要求，谢昶娥在此情况下根据其在发表文章当时所掌握的情况对于小××的救助事件提出质疑与批评，不能被认定为对小希望之家、陈岚名誉的侵权；同时有关"涉嫌故意或者过失杀人"的表述，联系博文上下文其也并未针对小希望之家、陈岚，谢昶娥只是从其法律专业角度出发提出类似情形在英美法系下的司法实践，并未超过表达的必要限度；7."大量机构资产转移，且有其他证据确凿的侵占机构资产的行为""陈岚在大量转移机构资产和大额使用机构资金""小希望之家和陈岚涉嫌诈捐和不按照指定用途使用捐款"，谢昶娥在文章中的此类表述均涉及质疑陈岚对机构资金的使用，对此谢昶娥亦解释了其作此种表述的原因并提供了部分依据，同时其也在文章中详述了部分理事以及捐款人为此向公安部门举报的经过，部分用词系引用他人所述，在表达程度上也并未超过其行使监督权利的必要限度，难以认定侵害了小希望之家、陈岚的名誉权。

小希望之家作为向社会募集资金从事公益活动的民间机构，其募集资金的运作一直是社会注目的焦点，对资金运作的合法性在接受大众监督方面的社会责任应当高于一般机构，陈岚作为长期从事公益活动的公众人物，其名誉权保护的界限也应该区别于普通民众，其对来自社会公众的质疑和批评需要有更高的容忍度，当然现行网络中对小希望之家、陈岚的恶意评价，甚至带有人身攻击的言论是不正确的，也是法律所不允许的。

总体而言，谢昶娥这篇博文的部分措辞是有不当与过激之处，在对小希望之家的财务制度以及陈岚对于机构资金的使用等尤其受公众关注的内容表述用语上有引导读者产生对小希望之家、陈岚不信任之嫌。但综观本案查明的事实，就现有证据而言，难以认定谢昶娥有侵犯小希望之家、陈岚名誉权的故意，也难以认定谢昶娥发布该篇文章与小希望之家、陈岚社会评价降低之间有直接的因果关系，故原审难以认定该文章对小希望之家、陈岚名誉权造成了侵害。

原审法院审理后，依照《中华人民共和国民法通则》第一百零一条，《中华人民共和国侵权责任法》第三条之规定，于二〇一七年六月二十八日作出如下判决：驳回上海静安区小希望之家青少年关爱服务中心、陈岚的诉讼请求。一审案件受理费300元，由上海静安区小希望之家青少年关爱服务中心、陈岚负担。

本院经审理查明，原审法院查明事实无误，本院依法予以确认。

本院认为，当事人对自己提出的诉讼请求所依据的事实或者反驳对方诉讼请求所依据的事实，应当提供证据加以证明，但法律另有规定的除外。在作出判决前，当事人未能提供证据或者证据不足以证明其事实主张的，由负有举证证明责任的当事人承担不利的后果。自然人、法人及非法人组织的名誉权作为法律规定的具体人格权之一，依法应当受到保护。他人不得采取虚构事实侮辱、诽谤、恶意中伤等不正当手段或方式损害自然人、法人及非法人组织名誉权。两位上诉人小希望之家、陈岚，负有举证证明被上诉人谢昶娥为侵权人，且被上诉人谢昶娥的非法行为侵害上诉人的合法权益、造成两位上诉人名誉权受到损害、依法应当承担民事责任的证明责任。谢昶娥所发表的博文等表述上虽有不妥之处，但并未达到致使两上诉人社会评价降低的损害后果，故不能认定谢昶娥对两位上诉人名誉权造成侵害。原审法院已对此作了详尽阐述，本院均予以认同，在此不再赘述。综上，上诉人的上诉请求，缺乏充足的事实及法律依据，本院不予支持。一审判决，程序适当，适用法律正确，可予维持。依照《中华人民共和国民事诉讼法》第一百七十条第一款第（一）项之规定，判决如下：

驳回上诉，维持原判。

二审案件受理费人民币 300 元，由上诉人上海静安区小希望之家青少年关爱服务中心、陈岚负担。

本判决为终审判决。

审判长　黄　蓓

审判员　潘静波

审判员　单文林

二〇一七年十一月十五日

书记员　朱骏南

附：相关法律条文

《中华人民共和国民事诉讼法》第一百七十条　第二审人民法院对上诉案件，经过审理，按照下列情形，分别处理：（一）原判决、裁定认定事实清楚，适用法律正确的，以判决、裁定方式驳回上诉，维持原判决、裁定；……

案例102：西宁海亮房地产开发有限公司与吴玉萍名誉权纠纷二审民事判决书

青海省西宁市中级人民法院
民事判决书

(2017) 青01民终1630号

上诉人（一审原告）：西宁海亮房地产开发有限公司，住所地青海省西宁市城东区。

法定代表人：周迪永，该公司总经理。

委托代理人：陶积龙，该公司职员。

被上诉人（一审被告）：吴玉萍，公民身份号码×××，女，1984年7月28日生，回族，海东时报社记者，住西宁市。

上诉人西宁海亮房地产开发有限公司（以下简称海亮公司）与被上诉人吴玉萍名誉权纠纷一案，西宁市城东区人民法院受理后，于2017年9月11日作出青01××民初1652号民事判决，上诉人海亮公司不服，向本院提起上诉，本院依法组成合议庭进行了审理。上诉人海亮公司委托代理人陶积龙、被上诉人吴玉萍到庭参加诉讼。本案现已审理终结。

一审法院查明的事实：海亮公司开发建设位于西宁市城东区互助东路12号西宁海亮大都汇B区一期B–11号商住楼，该工程于2014年6月25日开工。2014年12月1日，海亮公司与吴玉萍签订合同编号为YS021××××的《商品房预售合同》，吴玉萍自愿购买海亮公司开发的海亮大都汇项目××号楼×单元××××号商品房。2016年9月27日该工程竣工验收。2016年10月30日，吴玉萍在海亮公司交房中心办理了房屋交付及入住相关手续。入住后，吴玉萍及其他业主发现，主要是11楼楼体与地面交合处存在裂缝、建筑物发生沉降、地下室严重漏水、房屋墙面裂缝、电梯发生故障，遂于2017年4月20日，吴玉萍自行收集了一些照片在海亮大都汇业主群及微博中转发，并评论海亮公司交付的房屋质量存在严重问题以及向西宁市有关部门递交关于反映海亮大都汇住宅楼施工质量的信访材料。

一审法院认为：公民的名誉权受法律保护，任何人均不得利用各种形式侮辱、毁损他人的名誉。本案中，吴玉萍在微博群众的评论以及照片、信访材料所反映问题基本真实，但造成楼体与地面交合处存在裂缝、建筑物发生沉降、地下室严重漏水、房屋墙面裂缝、电梯发生故障等，须根据法律、行政法规、规章等规范性文件的规定，从是否符合构成要件的角度进行专业分析，未达到法律之上侵权行为的认定，未进行查处，并不意味着海亮公司做的毫无瑕疵。造成不良现状、评论以及照片、信访材料等符合普通公民对这些行为性质的一般理解，虽从法律上来说言词不甚严谨，但均建立在相应的事实基础上，并不构成侮辱、诽谤，难以据此认定评论、照片、信访材料等侵害了海亮公司的名誉权。故海亮公司提供的证据不足以证明吴玉萍在其微博上所发表言论、照片失实，达到了侵害海亮公司名誉权的程度，故海亮公司要求吴玉萍承担侵权损害责任，缺乏事实及法律依据，其诉讼请求不予支持。吴玉萍辩称其行为属于正常的言论自由和监督行为，不存在侵权的抗辩理由成立，予以采纳。遂判决：驳回海亮公司的诉讼请求；案件受理费300元由海亮公司负担。

宣判后，海亮公司不服，向本院提起上诉称：

一、一审判决适用法律错误。2016年10月30日，我公司在交楼现场对《建设工程竣工验收备案表》进行了公示，吴玉萍在交房时未提出任何质量问题。2017年3月30日，吴玉萍在其新浪微博上称海亮房产是劣质房源，收集业主报修的照片在海亮大都汇业主群中转发，评论海亮交付的房屋存在严重质量问题，向西宁市政府有关部门递交材料称房屋主体结构有问题，并多次呼吁业主到我公司售楼部拉横幅"维权"。吴玉萍在未核实事实的情况下可能造成我公司的名誉损失，仍然放任这种结果发生，主观上存在过错或恶意，且吴玉萍在新浪微博和业主群里发布失实信息的行为导致我公司商业名誉降低，其言论诋毁了我公司的商业形象，客观上造成社会公众对我公司评价的降低，已经违反了相关法律规定，侵犯了我公司的名誉权，一审法院确认吴玉萍的行为属于言论自由和监督行为并以此驳回我公司诉求系适用法律错误。

二、吴玉萍有泄露审判秘密的嫌疑。2017年9月14日，我公司与吴玉萍的纠纷由一审法院宣判，我公司败诉，而早在8月28日吴玉萍就在业主群里发布消息称业主与海亮的官司已经宣判，海亮败诉，据此可以推定吴玉萍涉嫌泄露审判秘密。

综上，请求二审法院撤销原判决，要求吴玉萍停止侵权并消除影响，赔偿海亮公司因其侵权造成的经济损失10000元；一审、二审的诉讼费用全部由被上诉人承担。

被上诉人吴玉萍辩称，一审认定事实清楚，适用法律正确。海亮大都汇的房子确实存在质量问题，现在依然没有从根本上解决，有些只是表面上进行了修复，地下室现在依然在漏水。我办入住手续的时候因为时间紧张，收房的人也多，没有时间仔细查看，只是大面看来房子没有问题，后来入住了才慢慢发现墙体开裂、漏水、电梯经常故障等问题，跟开发商物业协商没有结果。我们这个小区好几栋都有问题，我住的××号楼最严重，没有成立业主委员会，我因为职业的关系，被大家推举为业主代表替大家进行维权。我只是在业主群里跟大家沟通房屋质量的问题和怎样解决的问题，且这些都是真实的，没有夸大虚构，也没有向外界进行过不实宣传，《百姓一时间》栏目还曾就此进行过现场报道，我说的这些问题确实存在，但是海亮公司至今没有采取有效措施予以根本解决，下一步我们可能会采取法律途径进行维权。所以我没有造谣，散布不实消息污蔑海亮公司，没有侵犯该公司的名誉权。

二审查明的事实与一审一致，本院予以确认。

本院认为，本案的核心问题是吴玉萍的行为是否构成侵权，本案由吴玉萍发表微博评论其购买的海亮公司开发建设的海亮大都汇小区的房屋存在质量问题，引起一定范围内的公众关注所引发。因此吴玉萍是否构成侵权应从当事人言论、该言论是否超出必要限度、因果关系及损害后果等方面综合判断。海亮大都汇小区未成立业主委员会，吴玉萍与小区业主们成立了业主维权微信聊天群，该群的绝大部分成员为该小区业主。在吴玉萍和其他业主与海亮公司协商解决房屋质量问题未果的情况下，吴玉萍发表了涉诉微博，引起了社会关注。这是消费者在自身合法权益受到损害而不能得到合理回应后希望以多数关注而引起重视的维权方式，并未超出维权的必要限度。关于损害后果问题。海亮公司提出吴玉萍以在微博及业主群中散布不实信息，明知会由此造成海亮公司在大都汇楼盘的房产交易量下滑、商誉及社会信誉度下降而放任这种结果的发生，主观上具有过错。对此，需要分析涉诉微博发表后是否有大量网友的转发、评论情况才能做出判断。海亮公司未能提供证据证明上述事实，且考虑到微博、微信聊天群这些社交工具和网络媒体的技术特征及习惯做法，微博被评论或者转发这一事实本身，不足以证明涉诉微博造成了损害后果，故海亮公司提出的侵权主张及相应赔偿请求，缺乏事实和法律依据。综上，海亮公司的上诉理由不能成立，本院不予支持。一审判决事实清楚，适用法律正确，应当予以维持。依照《中华人民共和国民事诉讼法》第一百七十条第一款第（一）项的规定，判决如下：

驳回上诉，维持原判。

案件受理费300元，由上诉人西宁海亮房地产开发有限公司负担。

本判决为终审判决。

审判长　韩雪梅

审判员　林建平

审判员　李　娟

二〇一七年十一月二十一日

书记员　马晓瑞

案例103：成都农村商业银行股份有限公司、北京微梦创科网络技术有限公司与王启峰著作权权属、侵权纠纷二审民事判决书

北京知识产权法院
民事判决书

（2017）京73民终1394号

上诉人（一审被告）：成都农村商业银行股份有限公司，住所地成都市武侯区。
法定代表人：陈萍，董事长。
委托代理人：李健，北京市中灿律师事务所律师。
被上诉人（一审原告）：王启峰，男，住陕西省大荔县。
委托诉讼代理人：张莉，北京市振邦律师事务所律师。
一审被告：北京微梦创科网络技术有限公司。

上诉人成都农村商业银行股份有限公司（简称成都农商行）与被上诉人王启峰、一审被告北京微梦创科网络技术有限公司（简称微梦公司）因著作权权属、侵权纠纷一案，不服北京市海淀区人民法院（简称一审法院）于2017年5月15日作出的（2016）京0108民初38442号民事判决（简称一审判决），向本院提起上诉。本院立案后，依法组成合议庭进行了审理。2017年11月23日，上诉人成都农商行的委托诉讼代理人李健，被上诉人王启峰的委托诉讼代理人张莉到本院接受了询问，一审被告微梦公司向本院明确表示不参加询问。本案现已审理终结。

成都农商行上诉请求：撤销一审判决，改判驳回王启峰的全部一审诉讼请求。事实与理由：一、王启峰所提交的现有证据不足以证明其系涉案的1幅漫画作品（简称涉案作品）的作者"沉石"。二、成都农商行使用的涉案作品系从网络上公开搜索而来的，故无从对其进行署名；成都农商行发布涉案微博亦出于公益目的，主观上没有侵权的故意，根据《中华人民共和国著作权法》（简称著作权法）第二十二条第一款第（二）项的规定，成都农商行的行为属于"为介绍、评论某一作品或者说明某一问题，在作品中适当引用他人已经发表的作品"，构成合理使用，不侵犯涉案作品的著作权。

王启峰二审辩称：一审判决认定事实清楚，适用法律正确，故请求法院驳回成都农商行的上诉请求，维持一审判决。

微梦公司向本院提交书面意见称同意一审判决。

王启峰向一审法院起诉请求：1. 成都农商行和微梦公司在侵权微博首页置顶位置、《中国青年报》首版显著位置均连续30天登载致歉声明。2. 成都农商行赔偿王启峰经济损失及合理开支共计45500元（其中律师费5000元，公证费500元）。

一审法院经审理认定如下事实：

王启峰提交了涉案作品的电子原图、打印图及新漫网发布涉案作品的网页打印件，用以证实其对涉案作品的权属。因新漫网上发表的涉案作品显示作者为沉石，为证明沉石为王启峰笔名，王启峰提交了华商网关于王启峰的文章，该文章中王启峰简介部分显示其笔名为沉石。

王启峰提交的由河南省许昌市天平公证处制作（2015）许天证民字第4781号公证书。该公证书载明，申请人王启峰在公证处使用该处计算机设备登录新浪微博，在首页搜索栏中输入"成都农商银行"并搜索，在搜索结果中点击"成都农商银行V"，搜索结果显示2013年12月18日成都农商银行的微博"各类投资流动性"中有一幅配图，与王启峰主张的涉案作品相同，涉案微博评论及转发数都为0。该微博认证主体为成都农商行。

成都农商行为证明涉案微博关注量小、影响力低，提交了其微博首页、企业信息、新浪微博财报、中国青年报网页打印件及中国青年报微博首页截屏；为证明王启峰要求的经济损失过高，其提交了从中国新闻漫画网购买12幅漫画作品的明细及共计1440元的发票一张。

微梦公司提交了网页打印件证明涉案微博已经不存在，王启峰没有异议。

上述事实，有王启峰提交的原图及公证书、网页打印件，成都农商行提交的发票、购买明细，微梦公司提交的网页打印件以及一审法院的庭审笔录等在案佐证。

一审法院认为：

当事人提供的涉及著作权的底稿、原件、合法出版物、著作权登记证书等，可以作为认定作品著作权的证据。本案中王启峰提供了涉案作品的电子原图及打印图、发表链接等，可证明沉石确为王启峰的笔名，在成都农商行未提交相反证据的情况下，一审法院依法确认王启峰系涉案作品的著作权人。

王启峰享有涉案作品的著作权，他人未经许可不得擅自使用涉案作品。成都农商行在其经营的新浪微博登载的博文中，未经许可，使用王启峰享有著作权的涉案作品，构成侵权，应当依法承担侵权责任。因成都农商行在其微博上使用涉案作品未予署名，故应向王启峰赔礼道歉，但公开道歉的范围应以被告侵权影响的范围为限。关于赔偿损失的具体数额，因王启峰所受损失和成都农商行非法获利的数额均无充分证据证明，一审法院将综合涉案作品的具体情况、成都农商行对涉案作品的使用方式、产生的影响等情节，酌情予以确定。王启峰主张的赔偿数额过高，一审法院不再全额予以支持。王启峰虽未提交合理支出的相关票据，但确有律师出庭及公证情况，因公证书涉及多家微博用户的公证过程，且律师是类案诉讼代理，对于其合理部分，一审法院予以支持。

微梦公司作为新浪微博的经营者，属于信息存储空间服务商。由于涉案微博并不处于明显位置，微梦公司在收到起诉状后及时进行了核查，发现相关微博已被删除，已在合理期间内履行了相关法律义务，没有过错，不应承担侵权赔偿责任。

依据著作权法第四十八条第（一）项、第四十九条第二款，《中华人民共和国民事诉讼法》第一百四十四条的规定，一审法院判决：一、一审判决生效之日起十日内，成都农商行在其新浪官方微博，持续二十四小时登载致歉声明，向王启峰赔礼道歉；二、一审判决生效后十日内，成都农商行向王启峰赔偿经济损失及合理支出共计3500元；三、驳回王启峰的其他一审诉讼请求。

二审诉讼中，双方当事人均未向本院提交证据，且经询问，均对一审法院所认定的事实不持异议，本院经审查对一审法院认定的事实予以确认。

上述事实，有一审卷宗材料和本院询问笔录等在案佐证。

本院认为：

一、王启峰是否享有涉案作品的著作权

著作权法明确规定，如无相反证明，在作品上署名的公民、法人或者其他组织为作者。作者在作品上署名，可以署真名，也可以署笔名。本案中，涉案作品在新漫网发表并署名"沉石"。结合华商网上介绍王启峰文章的相关内容，可认定王启峰使用"沉石"作为其笔名并在作品中署名。同时，鉴于王启峰在本案中提交了涉案作品的电子底稿，并考虑到涉案微博使用涉案作品的时间晚于新漫网上显示的涉案作品的发表时间，在无充分反证的情况下，一审法院认定王启峰系涉案作品作者，享有涉案作品的著作权，并无不当。故本院对成都农商行关于现有证据不足以证明王启峰享有涉案作品著作权的上诉主张不予支持。

二、成都农商行使用涉案作品的行为是否构成侵权

本案中，王启峰提交的公证书等在案证据可以证明成都农商行在其所经营管理的微博中使用了涉案作品。成都农商行虽主张其使用涉案作品的行为应属著作权法第二十二条第一款第（二）项规定的"为介绍、评论某一作品或者说明某一问题，在作品中适当引用他人已经发表的作品"的合理使用行为，但涉案作品被用作微博配图，其与微博文字之间缺少必然的关联性，该种使用的目的显非"介绍、评论"该作品，亦非为"说明某一问题"，而仅是单纯地向公众展现该作品本身，从而增加该条微博的吸引力，故该行为不属于著作权法第二十二条第一款第（二）项规定的合理使用情形。成都农商行未经许可使用涉案作品且未给王启峰署名的行为已构成对王启峰就涉案作品所享有的署名权和信息网络传播权的侵犯，理应承担相应的侵权责任。成都农商行虽主张其微博上使用的涉案作品系通过网络搜索获得的未署名图片，故使用时未署名不构成侵权，但网络上存在未署名的作品并非使用他人作品时不予署名的合法理由，成都农商行的该主张明显缺乏法律依据，本院不予支持。此外，涉案微博是否具有公益性质并非侵权行为成立的必然要件，现有证据亦无法证明成都农商行未经许可使用涉案作品时主观上并无过错，故成都农商行根据此等理由上诉主张其行为不构成侵权，并无事实及法律依据，本院不予支持。

综上，成都农商行的上诉理由均缺乏事实与法律依据，本院不予支持。一审判决认定事实清楚，适用法律正确，本院依法应予维持。依据《中华人民共和国民事诉讼法》第一百七十条第一款第（一）项之规定，本院判决如下：

驳回上诉，维持原判。

一审案件受理费938元，由成都农村商业银行股份有限公司负担（于本判决生效之日起七日内交纳）。二审案件受理费50元，由成都农村商业银行股份有限公司负担（已交纳）。

本判决为终审判决。

审判长 刘炫孜

审判员 宋埜

审判员 杨潇

二〇一七年十一月二十四日

法官助理 刘欣蕾

法官助理 历智宇

书记员 宋然

案例104：程幼泽与山西省人民政府行政复议不予受理再审审查行政裁定书

中华人民共和国最高人民法院
行政裁定书

（2017）最高法行申8081号

再审申请人（一审原告、二审上诉人）： 程幼泽，男。
委托诉讼代理人： 朱孝顶，北京市才良律师事务所律师。
被申请人（一审被告、二审被上诉人）： 山西省人民政府。
法定代表人： 楼阳生，省长。

程幼泽因与山西省人民政府（以下简称山西省政府）行政复议不予受理一案，不服山西省高级人民法院（2017）晋行终374号行政判决，向本院申请再审。本院依法组成合议庭进行了审查，现已审查终结。

程幼泽申请再审称，原审判决存在《中华人民共和国行政诉讼法》第九十一条规定之情形，应当依法再审。一、山西省公安厅以官方微博"重要发布"形式公开的内容法律性质为政府主动公开的政府信息，当然属于行政行为，属于行政复议受案范围，被申请人拒不受理行政复议案件，确属违法，应予纠正。1. 依据《中华人民共和国政府信息公开条例》第九条第二款的规定，山西省公安厅通过官方微博主动公开政府信息系法律、行政法规设定的法定义务。2. 依据国务院办公厅《关于加强政府网站信息内容建设的意见》《2016年政务公开工作要点》《关于在政务公开工作中进一步做好政务舆情回应的通知》，山西省公安厅通过官方微博主动公开政府信息是国务院办公厅三次紧急发文的明确要求。二、实践中山西省政府、山西省公安厅每年发布的《政府信息公开年度报告》亦将官方微博发布的信息纳入政府主动公开信息的范围。1.《2015年山西省政府信息公开年度报告》高度重视通过政务微博主动公开政府信息。2.《山西省公安厅2015年政府信息公开年度报告》将其官方微博发布的信息称为政府主动公开的政府信息。三、山西省公安厅主动公开的政府信息当然属于行政复议或行政诉讼的受案范围。《中华人民共和国政府信息公开条例》第三十三条明确规定，"公司、法人或者其他组织认为行政机关不依法履行政府信息公开义务的，可以向上级行政机关、监察机关或者政府信息公开主管部门举报。收到举报的机关应当予以调查处理。公民、法人或者其他组织认为行政机关在政府信息公开工作中的具体行政机关侵犯其合法权益的，可以依法申请行政复议或者提起行政诉讼。"四、山西省公安厅明知程幼泽未涉赌、涉黑，未组织、领导黑社会组织，在没有任何事实根据的情况下，以"重要发布"形式将程幼泽认定为晋城"黑老大"确属违法，依法应当予以撤销。

本院认为，程幼泽的申请再审理由不能成立。

政务微博是政府信息公开的新方式，但政府主动公开的政府信息并不当然属于行政复议和行政诉讼的受案范围。本案中，判断山西省政府不予受理行政复议决定是否正确的关键在于山西省公安厅微博发布的公告是否属于行政行为。行政行为是指依法享有行政职权的行政主体行使权力对国家和社会公共事务进行管理和提供服务的一种法律行为。山西省公安厅微博发布的公告内容并没有对程幼泽设定、变更、解除行政法律权利和行政法律义务，更没有对其产生行政法律效果，故山西省公安厅微博发布的公告不符合行政行为的构成要件，亦不属于行政复议的受案范围。依照《中华人民共和国行政复议法》第十七条第一款的规定，山西省政府作出不予受理行政复议决定事实认定清楚，法律依据充分，程序合法。据此，原审判决驳回程幼泽的诉讼请求并无不当。

综上，程幼泽的申请再审理由不符合《中华人民共和国行政诉讼法》第九十一条规定的情形，依照《中华人民共和国行政诉讼法》第一百零一条、《中华人民共和国民事诉讼法》第二百零四条第一款之规定，裁定如下：

驳回程幼泽的再审申请。

审判长　刘慧卓

审判员　杨立初

审判员　张志刚

二〇一七年十一月二十八日

法官助理　金　悦

书记员　武　迪

案例 105：北京微梦创科网络技术有限公司、李民芳与张朝阳名誉权纠纷二审民事判决书

北京市第三中级人民法院
民事判决书

（2017）京 03 民终 12775 号

上诉人（原审原告）：李民芳，女，1963 年 6 月 17 日出生，住江西省南昌市。

被上诉人（原审被告）：张朝阳，男，1964 年 10 月 31 日出生，住北京市东城区。

委托诉讼代理人：刘悦，北京市竞天公诚律师事务所律师。

委托诉讼代理人：谢若婷，北京市竞天公诚律师事务所律师。

原审被告：北京微梦创科网络技术有限公司，住所地北京市海淀区东北旺西路中关村软件园二期（西扩）N-1、N-2 地块新浪总部科研楼 3 层 313-316 室。

法定代表人：刘运利，董事长。

委托诉讼代理人：刘超，男，1987 年 11 月 13 日出生，北京微梦创科网络技术有限公司法务经理，住公司宿舍。

委托诉讼代理人：郭凌云，男，1990 年 10 月 3 日出生，北京微梦创科网络技术有限公司法务经理，住公司宿舍。

上诉人李民芳因与被上诉人张朝阳、原审被告北京微梦创科网络技术有限公司（以下简称微梦公司）名誉权纠纷一案，不服北京市朝阳区人民法院（2017）京 0105 民初 6194 号民事判决，向本院提起上诉。本院立案后，依法组成合议庭，开庭进行了审理。上诉人李民芳、被上诉人张朝阳之委托诉讼代理人谢若婷到庭参加了诉讼。原审被告微梦公司经本院依法传唤未到庭参加诉讼。本案现已审理终结。

李民芳上诉请求：撤销一审判决，依法改判支持其一审提出的全部诉讼请求。事实和理由：第一，一审法院在程序上存在严重错误，一审未经李民芳同意将被告 WeiboCorporation（微博公司）更换为微梦公司；张朝阳代理人在开庭前及开庭后很久都未提交授权委托书，应视为张朝阳未到庭；一审未依李民芳的申请对张朝阳的授权委托书进行笔迹鉴定。第二，一审法院未查明案件事实，一审起诉状中的 WeiboCorporation（微博公司）真实存在，应当要求 WeiboCorporation（微博公司）的法定代表人出庭；微梦公司未提交 ICP 原件，法庭应当查明微梦公司是否无年检而违法经营，WeiboCorporation（微博公司）因没有依法取得经营许可证，是非法经营的互联网信息服务业务之网络社交平台，法院应当查明事实，剔除微梦公司被追加的被告资格；一审法官明知张朝阳在法院起诉李民芳名誉权纠纷一案已撤诉，但未在判决书中注明该案已撤诉；张朝阳的代理人未取得合法的代理权限。

张朝阳辩称：同意一审判决，不同意李民芳的请求。张朝阳与李民芳从无恋爱关系，张朝阳参与一系列诉讼并且提起名誉权纠纷是为了查明事实真相，代理人已经获得张朝阳的合法授权，一审法院和各级司法局已查明。

微梦公司未出庭应诉，但向本庭邮寄了书面意见，微梦公司称：微梦公司认为一审法院对于本案的判决，事实认定正确，法律适用准确，同意一审判决。

李民芳向一审法院起诉请求：1. 要求张朝阳删除对"诈骗犯李民芳"微博博文的点赞，并和微博公司在中央电视台一套黄金时间"焦点访谈"之后20点之前公开道歉，道歉时间不低于一分钟；2. 微博公司、张朝阳赔偿李民芳红包款1888元；3. 微博公司、张朝阳赔偿李民芳精神损失费200万元。

一审法院认定事实：2015年3月23日，李民芳前往北京市方正公证处对http://weibo.com上的部分内容进行公证，其中显示微博用户"@见昱2月2日10点达道路"及主页（该主页部分内容为@平安北京@广州公安，诈骗犯"张朝阳未婚妻"李民芳撒谎！我专业物业、计算机、数学、行政管理，张博士2011年回复我，我对张博士说罗伯特. 泰勒是男影星不是互联网之父那个，搜狗搜索对着名字优先级，@搜狐charies博士，我觉得操作系统里"window"的名字起得是最好的，阿里巴巴起的就很像马云）等。

2016年7月25日，李民芳前往北京市求是公证处对http://weibo.com上的部分内容进行公证，其中显示"搜狐charies赞抱歉，此微博已被删除，查看帮助：http://t.cn8sy17qb"等。

另查一，搜狐charies是张朝阳的微博账户名。

另查二，http://weibo.com互联网站备案信息显示开办者名称为微梦公司。经询，微梦公司确认上述网站归其所有，由其经营，其已经于2015年4月27日删除微博用户"@见昱2月2日10点达道路"。李民芳表示确实已经删除上述用户，但是是延迟几个月以后删除的。

另查三，2015年8月17日，北京市公安局海淀分局出具《行政处罚决定书》，其查明2015年8月16日15时许，违法行为人李民芳在海淀区中关村搜狐媒体大厦一层因琐事将事主打伤，后被抓获。后该局决定行政拘留七日，并罚款200元。

另查四，2017年，张朝阳于法院起诉李民芳名誉权纠纷一案。李民芳于法院起诉张朝阳名誉权纠纷一案。经询，李民芳称其在北京市海淀区人民法院起诉微博公司，后自行撤诉。

一审庭审中，双方的主要争议：

1. 李民芳的身份问题。李民芳自称其为张朝阳的未婚妻，并为此提供电子邮件、照片、短信等证据。张朝阳坚决否认李民芳为其未婚妻，所有的短信、邮件均是李民芳单方发送给张朝阳，张朝阳没有回复，双方之间没有互动，双方之间没有恋爱关系，照片是张朝阳参加公开活动，李民芳坐在其旁边，其他的与本案无关。经询，张朝阳当庭表示与李民芳从没有男女朋友关系、未婚妻关系。

2. 张朝阳是否点赞问题。李民芳提供网页打印件（其内容为搜狐charies主页，赞@见昱2月2日10点达道路@平安北京@广州公安，诈骗犯"张朝阳未婚妻"李民芳撒谎！我专业物业、计算机、数学、行……）。张朝阳认为时间较长，所谓点赞微博已经被关闭，账号也被封了，所以看不见点赞及相关内容，且点赞侵权是不成立的。微梦公司称从后台查不到点赞记录。

一审法院认为：名誉权是自然人或法人在社会生活中所获得的社会评价所享有的不可侵犯的权利，也是公民就其自身特性所表现出来的社会价值而获得的社会公正评价、排除他人侵害的权利。侵犯名誉权的构成要件为行为人主观上存在明显过错，客观上有捏造事实公然丑化他人人格，并用侮辱、诽谤等方式损害他人名誉，致使公众对受害人社会评价降低的情形。

本案争议的焦点主要有二：一是事实认定问题。张朝阳是否在网络上进行了点赞。综合本案的公证书、李民芳陈述、张朝阳陈述、网页打印件等证据，上述证据形成有效的证据链足以证明张朝阳在网络上对网友"@见昱2月2日10点达道路"的评论进行了点赞。二是法律适用问题。张朝阳如存在上述行为，是否构成对李民芳名誉权的侵犯。此需要考虑以下几点：第一，李民芳在网络上、本次庭审中均公开以张朝阳未婚妻自居，且长年累月单方向张朝阳发送大量短信、电子邮件，现李民芳提供之证据也不足以证明其与张朝阳存在网恋、未婚妻身份的存在，张朝阳在庭审中明确表示从未与李民芳存在男女朋友关系或未婚妻关系，并与李民芳进行相关诉讼，故综合现有证据可见李民芳不是张朝阳未婚妻；第二，本案涉及的评论是案外人在网络发表的，不能因为张朝阳对案外人评论的点赞，所以将案外人的评论简单等同于张朝阳的言论，在考虑本次事件的背景、缘由，结合上述查明事实，法院认为张朝阳仅是点赞表明态度的行为属于人之常情，主观上不存在明显过错；第三，考虑到李民芳的行为及可能的社会影响，结合李民芳提供的证据，法院认为不足以导致社会对李民芳社会评价降低。综上，法院认定张朝阳涉案行为没有侵犯李民芳的名誉权。

鉴于法院认定张朝阳没有侵权，故法院对李民芳要求道歉、赔偿精神损失一节均不予支持。关于红包一节，此与本案名誉权纠纷非同一法律关系，法院对此不予受理。关于微博公司一节，法院对此进行了相关查明后追加了微梦公司参与诉讼，微梦公司到庭陈述确认http://weibo.com为其公司所有及经营，法院对李民芳该部分诉讼请求不予支持，且对其诉讼行为提出严肃批评。特别需要指出的是，为了大家更好地使用互联网，每个人应该遵守基本的互联网言论守则，不能利用互联网去骚扰他人。

一审法院判决：驳回李民芳的全部诉讼请求。

本院二审另查明：二审期间，李民芳称一审法院所查关于李民芳在海淀区人民法院撤诉一节有误，其称在海淀区人民法院起诉的是微梦公司，后来要求追加微博公司，海淀区人民法院不同意所以才撤诉。此外，李民芳还提交了笔迹鉴定申请书，要求对张朝阳代理人提交的授权委托书中张朝阳签字的真实性进行鉴定；提交了申请证人出庭申请书，要求搜狐公司党委书记曾怿、法务总监庞小妹到庭；提交了申请书，申请张朝阳亲自到庭；提交了调取证据申请书，申请调取微博公司的账号，以证明其是张朝阳的未婚妻，申请调取李民芳和张朝阳相关的见面照片和录像。

本院经审理查明的其他事实与一审法院查明的事实一致，本院对一审法院认定的证据的证明效力亦予以确认。上述事实还有二审开庭笔录在案佐证。

本院认为：李民芳所主张的言论并非张朝阳本人所发，乃案外人所发，张朝阳虽进行了点赞，然此行为并不必然导致李民芳的社会评价降低，再结合本次纠纷的背景，一审判决驳回李民芳的诉讼请求并无不当。关于李民芳于二审期间提交的各项申请，本院依据《最高人民法院关于适用〈中华人民共和国民事诉讼法〉的解释》第九十五条的规定，不予准许。

　　综上，本院认为，李民芳的上诉请求无相应的事实及法律依据，本院对此不予支持。一审法院判决认定事实清楚，适用法律正确，应予维持。依照《中华人民共和国民事诉讼法》第一百七十条第一款第（一）项之规定，判决如下：

　　驳回上诉，维持原判。

　　二审案件受理费10100元，由李民芳负担（已交纳）。

　　本判决为终审判决。

审判长　孙　京

代理审判员　史智军

代理审判员　楚　静

二〇一七年十二月十二日

法官助理　邱　江

书记员　王秋岩

案例 106：冯某 1 与张望林、赵小军、榆林塞上之春传媒有限责任公司诽谤罪一审刑事判决书

陕西省米脂县人民法院

刑事附带民事判决书

(2017) 陕 0827 刑初 55 号

自诉人暨附带民事诉讼原告人：冯某 1，男，汉族，农民，小学文化，住米脂县。

诉讼代理人：王锋，陕西富能律师事务所律师。

诉讼代理人：乔秀秀，陕西富能律师事务所律师。

被告人：张望林，女，汉族，农民，小学文化，住米脂县。2017 年 3 月 23 日因构成诽谤被米脂县公安局行政拘留十日。

被告人：赵小军，男，汉族，高中文化，陕西日报当代女报社工作，子洲县电市镇赵岇村人，现住榆林市榆横区。

辩护人：刘伟，陕西尊尚律师事务所律师。

被告人：榆林塞上之春传媒有限责任公司，住所地榆林市上郡北路 241 号。

法定代表人：安鹏举，该公司总经理。

自诉人冯某 1 以被告人张望林、赵小军、榆林塞上之春传媒有限责任公司犯诽谤罪，并造成恶劣社会影响为由，于 2017 年 5 月 23 日向本院提起控诉。本院受理后，依法组成合议庭，公开开庭审理了本案。自诉人及其诉讼代理人、被告人赵小军及其辩护人、被告人榆林塞上之春传媒有限责任公司的法定代表人均到庭参加诉讼，现已审理终结。

自诉人冯某 1 诉称，2017 年 3 月 20 日 14 时 30 分，被告人赵小军以"新闻持刀侠"的用户名在新浪微博上发表了题为《陕西米脂县一村支书利用精准扶贫威胁丧偶妇女与其发生关系》的文章，并配有其拍摄的六张图片。同日，榆林塞上之春传媒有限责任公司在其开设的"杂谈黄土地"微信公众号上发表了《陕北米脂一村支书以精准扶贫为诱饵威胁寡妇与其发生性关系》为题目的文章，并配发了被告人张望林实名举报自诉人以精准扶贫为诱饵，威胁张望林与其发生性关系的视频。在文章中诽谤自诉人"而不是像米脂县这位村支书一样打着精准扶贫的幌子，谋取私利，欺压侮辱弱势群众"。截至 2017 年 4 月 7 日，新浪微博阅读量已达到 20406 次，"杂谈黄土地"阅读量超过 66900 次。自诉人报案后，米脂县公安局通过调查，给被告人张望林以行政拘留十日的处罚。依照法律及相关司法解释，三被告人公然捏造事实，利用信息网络诽谤自诉人，且情节严重，给自诉人造成了极大的精神创伤，备受指责、辱骂，无法正常生活。为此，自诉人依法向人民法院提起自诉，请求人民法院依法追究三被告人的刑事责任，判令三被告人赔偿自诉人物质、精神损失费 50 万元，

并在《陕西日报》等省一级新闻媒体上刊登赔礼道歉信。

被告人张望林辩称，实名举报的内容真实，只是没有直接证据来证明，不是诽谤。

被告人赵小军辩称，发布的材料是经过张望林口述而来的，只是对张望林提供的视频如实转发，没有捏造事实，没有对冯某1造成伤害，不构成犯罪。辩护人认为：被告人赵小军作为记者，在接到张望林实名举报材料后，在得到张望林对举报的真实性、完整性的承诺后，简单、原始地在微博上发布了新闻素材，目的是通过披露、曝光发生在张望林身上的客观事实，引起相关部门重视，解决张望林与自诉人之间的纠纷。主观上没有贬损他人人格，破坏他人名誉的故意，客观上没有捏造并散布虚假事实的行为，即便举报虚假，赵小军也并不知情，不存在合谋而构成共犯，故被告人赵小军的行为不构成诽谤罪。

被告人榆林塞上之春传媒有限责任公司的法人辩称，公司在"杂谈黄土地"上发表文章是根据"新闻持刀侠"的新闻视频中张望林的实名举报为事实基础上报道的，没有捏造事实，也没有个人观点，点击量不能说明问题，应当驳回自诉人的诉讼请求。

经审理查明：2017年3月20日14时30分，被告人赵小军以"新闻持刀侠"的用户名在新浪微博上发表了题为《陕西米脂县一村支书利用精准扶贫威胁丧偶妇女与其发生关系》的文章，并配有其拍摄的六张图片。同日，榆林塞上之春传媒有限责任公司在其开设的"杂谈黄土地"微信公众号上发表了《陕北米脂一村支书以精准扶贫为诱饵威胁寡妇与其发生性关系》为题目的文章，并配发了被告人张望林实名举报自诉人以精准扶贫为诱饵，威胁张望林与其发生性关系的视频。文章中有"而不是像米脂县这位村支书一样打着精准扶贫的幌子，谋取私利，欺压侮辱弱势群众"的相关言论。截至2017年11月4日，新浪微博阅读量已达到22205次，"杂谈黄土地"阅读量已达到77362次。

另查明：被告人张望林的丈夫于2005年车祸去世，2008年张望林及其两个孩子均享受最低生活保障待遇。2016年1月19日，经村三委扩大会研究，将张望林一家确定为贫困户，并给其儿子冯某2申报了扶贫资助贫困大学生资金1000元。2016年春季，张望林作为产业扶贫户申报了种植6亩玉米项目，并填写了申报表。2016年8月，村三委验收组对贫困户申报的产业发展项目进行验收，有17户未按要求发展产业，张望林用村民刘兆海租种集体土地的玉米让验收组验收，验收组不予验收。后经村三委扩大会讨论，产业扶贫不能由他人代替，不予验收，也不予兑付资金。2016年8月20日，张望林撕毁扶贫项目验收公示名单，到冯某1家讨论，双方发生纠纷，冯某1报警后，民警赶到现场未发现有厮打迹象，张望林却住进了米脂县中医院。2016年底，因无证据证实冯某1有殴打张望林的事实，派出所民警告知张望林可向法院提起诉讼。张望林找了几名记者过问并协调此事，政府与派出所考虑到张望林家庭的特殊情况，决定给张望林申请医疗救助，在申请期间的2017年3月20日，张望林突然在网上发帖，网曝《陕北米脂一村支书以精准扶贫为诱饵威胁寡妇与其发生性关系》等文章，并配有张望林实名举报自诉人以精准扶贫为诱饵，威胁张望林与其发生性关系的视频，在网络上不断扩散。经米脂纪委调查，张望林举报反映问题失实。冯某1报案后，米脂县公安局通过调查，对冯某1威胁与张望林发生性关系查无实据，以张望林构成诽谤给予行政拘留十日的处罚。

上述事实，有自诉人及其代理人提交的如下证据证明：

1. "新闻持刀侠"微博2017年3月20日文章内容手机截屏9页证明：2017年3月20日，被告人赵小军通过名称为"新闻持刀侠"的新浪微博，散布"陕西米脂县一村支书利用精准扶贫威胁丧偶妇女与其发生关系"并诽谤自诉人冯某1为"恶霸村民""嚣张霸气""誓死踏平这个小山村""视自为'土皇帝'"的事实；截至2017年11月4日14时30分，上述虚假事实信息阅读量达到22205次，符合"同一诽谤信息实际被点击、浏览次数达到5000次以上""情节严重"法定标准。

2. "杂谈黄土地"公众号2017年3月20日、21日发布网络信息手机截屏10页、视频光盘、榆林市塞上之春传媒有限责任公司工商登记信息证明："杂谈黄土地"账号主体为被告人榆林市塞上之春有限责任公司；2017年3月20日，被告人榆林市塞上之春有限责任公司通过名为"杂谈黄土地"的微信公众号发布《陕北米脂一村支书以精准扶贫为诱饵威胁寡妇与其发生性关系》的"独家报道"文章并配发视频，诽谤自诉人冯某1，截至2017年11月4日，阅读量达到77362人次，符合法定的"情节严重"的标准；被告人榆林市塞上之春传媒有限公司的经营范围为"广告设计、代理及发布"，不具备发布"独家报道"新闻的权利。

3. 米脂县纪委：关于网曝米脂县高渠便民服务中心马家沟村有关问题的初核报告证明：被告人张望林的丈夫于2005年车祸去世，2008年张望林及其两个孩子均享受最低生活保障待遇。2016年1月19日，经村三委扩大会研究，将张望林一家确定为贫困户，并给其儿子冯某2申报了扶贫资助贫困大学生资金1000元。2016年春季，张望林作为产业扶贫户申报了种植6亩玉米项目，并填写了申报表。2016年8月，村三委验收组对贫困户申报的产业发展项目进行验收，有17户未按要求发展产业，张望林用村民刘兆海租种集体土地的玉米让验收组验收，验收组不予验收。后经村三委扩大会讨论，产业扶贫不能由他人代替，不予验收，也不予兑付资金。2016年8月20日，张望林撕毁扶贫项目验收公示名单，到冯某1家讨论，双方发生纠纷，冯某1报警后，民警赶到现场未发现有厮打迹象，张望林却住进了米脂县中医院。2016年底，因无证据证实冯某1有殴打张望林的事实，派出所民警告知张望林可向法院提起诉讼。张望林找了几名记者过问并协调此事，政府与派出所考虑到张望林家庭的特殊情况，决定给张望林申请医疗救助，在申请期间的2017年3月20日，张望林突然在网上发帖，网曝《陕北米脂一村支书以精准扶贫为诱饵威胁寡妇与其发生性关系》等文章，并配有张望林实名举报自诉人以精准扶贫为诱饵，威胁张望林与其发生性关系的视频，在网络上不断扩散。经米脂纪委调查，张望林举报反映问题失实、调查过程中未发现高渠便民服务中心马家沟村在贫困户识别认定过程中及2016年精准扶贫产业发展到户项目实施中存在违纪行为。

4. 米脂县公安局高渠派出所关于高渠便民服务中心马家沟村张望林与村支书冯某1因精准扶贫纠纷一事的情况说明证明：2016年8月20日，张望林撕毁扶贫项目验收公示名单，到冯某1家讨论，双方发生纠纷，经民警现场勘察，未发现有厮打迹象，结合主治大夫证词和张望林病历，无证据证明冯某1及儿子有殴打张望林的事实。

5. 米脂县公安局行政处罚决定书、行政处罚告知笔录、提取笔录及实名举报材料证明：米脂县公安局通过调查，对冯某1威胁与张望林发生性关系查无实据，以张望林构成诽谤给予行政拘留十日的处罚。

上列证据中：实名举报视频及举报材料、网络截屏及点击阅读量，双方均无异议，应予采信。纪委的初查报告和公安机关的处罚决定，均经调查核实，应予认定。

此外，被告人张望林提供了录音材料，用于证明在公安机关调查期间，冯某1找人作伪证，但该录音来源不明，内容嘈杂混乱，不予采信，其提供的产业扶贫表，证明其符合精准扶贫条件，因其被认定为产业扶贫户，予以采信；被告人赵小军的辩护人提交了张望林的实名举报材料及视频，赵小军的新闻从业人员资格证、记者证，用于证明赵小军根据张望林的真实举报，收集素材进行新闻报道，履行了记者职责和权力，但张望林实名举报的真实性已被纪委和公安机关调查否定，赵小军是否有记者资格，不影响本案主体的认定；塞上之春传媒有限责任公司的法人提交了录音材料，用于证明冯某1向别的女人也提过发生性关系，从而证明张望林举报的真实性，但该录音来源不明，内容嘈杂混乱难辨，不予采信。

本院认为，被告人张望林故意捏造并通过媒体散布虚构的事实，贬损他人人格，破坏他人名誉，情节严重，其行为已构成诽谤罪。被告人赵小军、榆林塞上之春传媒有限责任公司应当知道虚假事实被传播的后果而对实名举报没有调查核实、不加甄别，亦未注明是当事人举报即行文传播，对张望林诽谤他人起到了积极的推动和帮助作用，其行为应当以张望林诽谤他人的共犯论处。自诉人控告的事实和罪名成立，予以支持。本案经纪委和公安机关调查核实，实名举报实为虚假事实，故被告人及其辩护人的无罪辩解不予支持。自诉人未向法庭提交其直接物质损失的证据，精神损失又不属于附带民事赔偿范围，故其附带民事诉讼请求不予支持。依照《中华人民共和国刑法》第二百四十六条、第二十五条一款、第三十条、第三十一条、第三十八条、第四十一条、第五十二条、第五十三条以及《最高人民法院、最高人民检察院关于办理利用信息网络实施诽谤等刑事案件适用法律若干问题的解释》第一条、第二条之规定，判决如下：

一、被告人张望林犯诽谤罪，判处管制一年（刑期从判决执行之日起计算。判决执行以前先行羁押的，羁押一日折抵刑期二日）。

二、被告人赵小军犯诽谤罪，判处管制十个月（刑期从判决执行之日起计算。判决执行以前先行羁押的，羁押一日折抵刑期二日），并在新闻媒体上道歉。

三、被告人榆林塞上之春传媒有限责任公司犯诽谤罪，判处罚金5万元（判决生效后三个月内缴纳），并在其"杂谈黄土地"公众号上道歉。法人安鹏举，免于刑事处罚。

四、驳回自诉人的附带民事诉讼请求。

如不服本判决，可在接到判决书的第二日起十日内，通过本院或者直接向陕西省榆林市中级人民法院提出上诉。书面上诉的，应当提交上诉状正本一份，副本四份。

审判长　杜林军

审判员　申　华

人民陪审员　常鹏举

二〇一七年十二月二十五日

书记员　李　慧

案例107：许丹、真功夫餐饮管理有限公司与北京新浪互联信息服务有限公司、北京微梦创科网络技术有限公司名誉权纠纷二审民事判决书

北京市第一中级人民法院
民事判决书

(2017) 京01民终7581号

上诉人（原审原告）：许丹，女，住北京市海淀区。

委托诉讼代理人：王飞，北京市君本律师事务所律师。

上诉人（原审被告）：真功夫餐饮管理有限公司，住所地广州市南沙区。

法定代理人：潘宇海，董事长。

委托诉讼代理人：高艳岚，广东明思律师事务所律师。

被上诉人（原审被告）：北京微梦创科网络技术有限公司，住所地北京市海淀区。

法定代表人：刘运利，执行董事。

被上诉人（原审被告）：北京新浪互联信息服务有限公司，住所地北京市海淀区。

法定代表人：杜红，董事长。

上诉人许丹、上诉人真功夫餐饮管理有限公司（以下简称真功夫公司）因与被上诉人北京微梦创科网络技术有限公司（以下简称微梦公司）、被上诉人北京新浪互联信息服务有限公司（以下简称新浪公司）名誉权纠纷一案，均不服北京市海淀区人民法院（2015）海民初字第35756号民事判决，向本院提起上诉。本院于2017年10月11日立案后，依据《中华人民共和国民事诉讼法》第一百六十九条之规定，合议庭经过阅卷、调查和询问当事人后，不开庭审理了本案，现已审理终结。

许丹上诉请求：1. 维持一审法院判决第二、第三、第四项，撤销一审法院判决第一、第五项；2. 判令真功夫公司删除该公司在新浪博客、新浪微博上发表的三篇侵权文章（《戳穿许丹的伪善与谎言（序）——[声明与正告]》《戳穿许丹的伪善与谎言（1）——"扮中立、装清纯"的许丹》《戳穿许丹的伪善与谎言（2）——真功夫历史岂能任意篡改》）；3. 加判真功夫公司赔偿文印费1555元。事实和理由：涉案三篇文章从题目到内容以及配图均已严重超出合理的讨论范围，属于人身攻击，是对我名誉及人格的恶意侮辱诽谤。三篇文章的标题侵权，"伪善""谎言"已经侵犯了我的名誉权；三篇文章中有三幅丑化人物形象的漫画，仅裁判带有"贱"字一幅侵权，其他两幅均能指向我，且是构成侵权的；文章中称许丹自称是考试中心教研员，经查此人毫无法律教育背景。该句不是正常评论，构成侵

权；文章中称许丹与很多臭名昭著的死磕派律师来往密切，该内容属于捏造事实，构成侵权；涉案的文章中的"造谣、谣诼、骗子"不属于正常评论范围，构成名誉侵权。我因本次诉讼发生大量复印费，真功夫公司理应赔偿。

真功夫公司答辩称，不同意许丹的上诉请求和理由。

真功夫公司上诉请求：撤销一审法院判决，改判驳回许丹的全部诉讼请求。事实和理由：1. 一审判决认定事实不清，适用法律错误。一审法院认定我公司构成侵权的博文内容中，部分是有客观依据的，部分是对网络评论修饰后进行的引用，部分并非针对许丹的人身攻击和人格侮辱，不应被认定为侵权。2. 我公司主观上并无贬低许丹名誉之故意，许丹名誉客观上并无因我公司博文被损害的事实，依法不构成侵害名誉权责任。3. 一审判决认定我公司承担赔偿责任，无任何事实与法律依据。

许丹答辩称，不同意真功夫公司的上诉请求和理由。

新浪公司、微梦公司针对许丹、真功夫公司的上诉请求和理由统一发表书面答辩意见称，同意一审法院判决，一审法院判决认定事实正确，适用法律准确。

许丹向一审法院起诉请求：1. 判令真功夫公司和新浪公司、微梦公司立即停止侵权，删除真功夫公司在新浪博客公开发表的文章《戳穿许丹的伪善与谎言（序）——［声明与正告]》（网页链接地址为 http：//blog. sina. com. cn/s/blog_ a7d39aa30102vtts. html）、《戳穿许丹的伪善与谎言（1）——"扮中立、装清纯"的许丹》（http：//blog. sina. com. cn/s/blog_ a7d39aa30102vtrz. html）、《戳穿许丹的伪善与谎言（2）——真功夫历史岂能任意篡改》（http：//blog. sina. com. cn/s/blog_ a7d39aa30102vu0c. html）及相应的题目和内容的新浪微博文章（网页链接地址为 http：//weibo. com/2815662755/CwH824seB？ type = comment#rnd1442757066180 – http：//weibo. com/2815662755/CwHJJ6QfB？ type = comment # rnd1440207320936 – http：//weibo. com/2815662755/CxqwtdhRR？ from = page_ 1006062815662755_ profile&wvr = 6&mod = weibotime&type = comment#rnd1442757225062），删除范围包括上述文章的所有转发（载）、评论；2. 判令真功夫公司立即停止向经济日报出版社及相关单位寄送《关于经济日报出版社涉嫌集体腐败窝案实名举报信（一）》等包含严重侮辱、诽谤我，损毁我形象内容的材料；3. 判令真功夫公司在新浪网、搜狐网、腾讯网、网易、凤凰网首页显著位置发表声明，公开向我赔礼道歉，为我恢复名誉、消除影响，并将上述内容在新浪博客、新浪微博置顶发布，各平台发布持续时间不少于 30 日；4. 判令真功夫公司在《人民日报》《新华每日电讯》《南方周末》等全国发行的报刊上发表声明，公开向我赔礼道歉，为我恢复名誉、消除影响，持续时间不少于 30 日；5. 判令真功夫公司赔偿我经济损失 10 万元、精神损害抚慰金 5 万元；6. 本案诉讼费、律师代理费、公证费、文印费、证人出庭所产生的误工费、住宿费等合理费用由真功夫公司全部承担。

一审法院认定事实：

一、案件背景

许丹为《真功夫你不要学》（ISBN978 – 7 – 80257 – 619 – 3）一书作者，该书由经济出版社于 2015 年 4 月出版发行。该书封面以加粗字体书写书名"真功夫你不要学"，书名上方书写"海底捞你学不会"，书名下方有"许丹著""茅于轼、斯伟江作序"字样，并载有"两大股东本为姻亲，却火并商场，对簿公堂。是股权之争？是产权之分？还是人性之别？——刘桂明"内容。封面左上角载有："中式快餐第一品牌/股权纷争内幕/家族企业爱恨情仇，前车之鉴与警示/真功夫董事长蔡达标因何获刑 14 年"内容。

微梦公司为"新浪微博"网络服务提供商；新浪公司为"新浪博客"网络服务提供商。真功夫公司在"新浪博客"及"新浪微博"均注册有账号"真功夫法务中心"。许丹在"新浪微博"注册有账号"许丹"。

2015 年 8 月 20 日 09：33"真功夫法务中心"新浪博客账号发布《戳穿许丹的伪善与谎言（序）——［声明与正告]》（以下简称涉案文章 1）；2015 年 8 月 20 日 09：45"真功夫法务中心"新浪微博账号发布一条关于涉案文章 1 的微博并分享该文博客链接，后删除该微博内容，并在编辑博客部分内容后，于 2015 年 8 月 20 日 14：32 重新发布。

2015 年 8 月 20 日 14：39"真功夫法务中心"新浪博客账号发布《戳穿许丹的伪善与谎言（1）——"扮中立、装清纯"的许丹》（以下简称涉案文章 2）；2015 年 8 月 20 日 16：04"真功夫法务中心"新浪微博账号发布一条关于涉案文章 2 的微博并分享该文博客链接。

2015 年 8 月 25 日 09：37"真功夫法务中心"新浪博客账号发布《戳穿许丹的伪善与谎言（2）——真功夫历史岂能任意篡改》（以下简称涉案文章 3）；2015 年 8 月 25 日 10：05"真功夫法务中心"新浪微博账号发布一条关于涉案文章 3 的微博并分享该文博客链接。

另查，截至 2017 年 5 月 17 日本案庭审结束，有关涉案文章 1 至 3 的博客及微博内容尚未删除。

此外，真功夫公司曾向有关部门单位发出"关于经济日报出版社涉嫌集体腐败窝案实名举报信（一）""关于经济日报出版社涉嫌发行侵权书籍的实名投诉信（七）""关于经济日报出版社涉嫌发行侵权书籍的实名投诉信（十七）"，举报、投诉经济日报出版社，部分内容涉及许丹。

此外，许丹和真功夫公司存在另案纠纷。其中，真功夫公司、潘宇海曾以名誉权纠纷在广东省江门市蓬江区人民法院（以下简称蓬江区法院）起诉经济日报出版社、许丹、广东新华发行集团江门新华书店有限公司及杨太清，后蓬江区法院于 2016 年 1 月 18 日作出（2015）江蓬法民三初字第 365 号民事判决书，判决：一、经济日报出版社、许丹立即停止印刷、出版书籍《真功夫你不要学》；二、经济日报出版社、许丹在本判决生效之日起六十日内回收、下架全部已出版销售的《真功夫你不要学》书籍，并予以销毁；三、经济日报出版社、许丹在判决生效之日起二十日内在《人民日报》《南方周末》等报刊中缝以外的正版版面显著位置上连续七天刊登致歉声明，向真功夫公司、潘宇海公开赔礼道歉，消除影响（致歉声明内容须经法院审核……有关费用由经济日报出版社、许丹负担）；四、经济日报出版社、许丹在本判决生效之日起十日内赔偿真功夫公司经济损失 5 万元；五、经济日报出版社、许丹在本判决生效之日起十日内赔偿潘宇海经济损失 5 万元；六、经济日报出版社、许丹在本判决生效之日起十日内赔偿潘宇海精神损害抚慰金 2 万元；七、驳回真功夫公司、潘宇海的其他诉讼请求。

后经济日报出版社、许丹不服一审判决提起上诉，2016 年 12 月 28 日广东省江门市中级人民法院（以下简称江门中院）作出（2016）粤 07 民终 1035 号民事裁定书，以"本案以真功夫名义实施的诉讼行为，无法认定为该公司的真实意思表示"为由，裁定：一、撤销广东省江门市蓬江区人民法院（2015）江蓬法民三初字 365 号民事判决第三项、第七项中涉及真功夫公司的内容以及第四项；二、驳回真功夫公司的起诉。2016 年 12 月 29 日江门中院作出（2016）粤 07 民终 1035 号民事判决书，认定"作者许丹撰写的《真功夫你不要学》

一书，全书贯穿了'抑潘扬蔡'的主旨，立场有所偏颇，内容存在多处失实及直接贬损潘宇海名誉的情形，其主观上存在过错。客观上，涉案图书在全国范围内通过实体和网上书店公开出版发行销售，对潘宇海的社会评价造成贬损，且上述侵权行为与损害后果存在因果关系。故涉案《真功夫你不要学》一书侵犯了潘宇海名誉权，许丹应承担相应的侵权责任"，并判决：一、维持广东省江门市蓬江区人民法院（2015）江蓬法民三初字365号民事判决第五、第六项；二、撤销广东省江门市蓬江区人民法院（2015）江蓬法民三初字365号民事判决第一、第二、第三、第七项；三、经济日报出版社、许丹立即停止印刷、出版、销售书籍《真功夫你不要学》；四、经济日报出版社、许丹在判决生效之日起三十日内在全国性的任一报刊中缝以外的正版版面显著位置上刊登致歉声明一次，向潘宇海公开赔礼道歉，消除影响（致歉声明内容须交法院审核……有关费用由经济日报出版社、许丹负担）；五、驳回潘宇海的其他诉讼请求。

二、当事人主要争议内容

许丹主张涉案文章1至3以及举报、投诉材料存在大量侮辱、诽谤内容，侵害了其名誉权。真功夫公司对此不予认可，主张相关内容不构成侵犯许丹名誉权。

关于具体侵权内容，许丹主张如下。

（一）许丹主张的涉案文章1《戳穿许丹的伪善与谎言（序）——［声明与正告］》相关侵权内容

1. "一名长期在网络上傍依个别死磕律师、专司案件炒作、号称'搅×棍'、名字叫许丹的女人杜撰一本《真功夫你不要学》"，公然捏造事实诽谤许丹傍依个别死磕律师、专司案件炒作，以"搅×棍"称谓直接侮辱许丹。

2. "许丹无视事实真相、无视生效判决，极尽歪曲事实、颠倒是非之能事，虚构、歪曲、捏造大量损害真功夫公司企业名誉和诋毁、侮辱真功夫现管理团队的谣诼"，在案件尚未审理裁判，相关证据尚未出示的情况下，就单方定性许丹书中的内容系"虚构、歪曲、捏造、诋毁、侮辱""谣诼"，显然属于诽谤他人。

3. "不思悔改""变本加厉""伪善形象""博取廉价同情"，采用尖刻、讥讽的语言直接贬损许丹形象。

4. "许丹所'著'《真功夫你不要学》……传递严重背离人伦道德的扭曲价值观等……该书内容多为捏造或偏听偏信"，在《真功夫你不要学》是否侵权尚在法院审理未有定论情况下，单方定性书的内容传递严重背离人伦道德的扭曲价值观、该书内容多为捏造或偏听偏信，评论严重失实，贬损许丹作为作者的形象。

5. "'碰瓷'、'恐吓'真功夫牟取利益""动机有多卑劣"，此处明显暗指许丹，言论毫无事实依据，属于捏造事实诽谤许丹，"卑劣"则属于直接侮辱言辞。

6. "对许丹所编织的种种谎言、捏造虚构的大量谬误以及其所传递的种种严重背离人伦道德的扭曲价值观进行揭露"，未经法院审判，就称许丹书中的内容为谎言、捏造、虚构、传递种种严重背离人伦道德的扭曲价值观，评论严重不实，且已超出就事论事及合理评论的范围，系恶意、歪曲评论，故意贬损许丹形象。

7. "许丹《真功夫你不要学》一书可谓是满纸荒唐言，所捏造的谎言随处可见"，"明显造假"，"使公众了解许丹的虚伪与丑陋"（在真功夫已删除的第一次发布内容中，后在重新编辑时删除了该部分内容），"谣诼内容"，"绝大多数系许丹偏听偏信或道听途说或主观臆测"，上述言论无视许丹书中的内容均有合法来源和出处的事实，在法院已受理案件尚未作出裁判前，真功夫公司单方公然宣扬书中内容为"谎言""造假""谣诼""偏听偏信或道听途说或主观臆测"，属于评论严重失实，系恶意、歪曲性评论，借评论诽谤许丹，贬损许丹形象，而"虚伪与丑陋"则属于直接侮辱许丹。

8. "公开资料查询，此人无任何法律教育经历或司法从业经验，但长期与一些'讼棍式'和'表演性辩护'律师以及网络痞子同流合污，充当个别'讼棍'、'碰瓷'律师的职业吹鼓手和网络推手，曾被律界网友称为'搅×棍'和'宣×部长'。在北京锋锐律师事务所官网所发布的一些照片中可以发现，许丹虽非律师，但与屠夫吴淦一样，长期混迹于死磕律师团伙当中并充当案件一方的网络炒手和职业鼓手。不同的是，吴淦以网络痞子面目示人，许丹扮演'×知'出场，以'独立、中立'面目出现，更具欺骗性"，该部分内容不仅公然捏造事实诽谤许丹，而且对许丹进行直接侮辱，如许丹的警察身份早已在网络公开的情况下，真功夫公司却称其无任何法律教育经历或司法从业经验，"长期与一些'讼棍式'和'表演性辩护'律师以及网络痞子同流合污，充当个别'讼棍'、'碰瓷'律师的职业吹鼓手和网络推手""长期混迹于死磕律师团伙当中并充当案件一方的网络炒手和职业鼓手"则完全是无中生有、捏造事实，对许丹进行恶毒的政治构陷，"搅×棍""×知"更属于直接侮辱，结合上下文以及一般常人的理解，此处"搅×棍"显然是指"搅屎棍"，"×知"是指"母知"，系对许丹人格的恶意贬损。此外，为证明从业经历，许丹提交了公安部授予警衔命令、北京教育考试指导中心聘书、北京市教育考试培训中心荣誉证书。

9. 文章配图将他人的脸部进行涂抹，恶意贬损他人形象，并在第二张图片的简介中称"许丹与许多臭名昭著的'讼棍''碰瓷'律师来往密切"更是公然捏造事实诽谤许丹，而且恶意非常明显。

10. 文章在对许丹微博头像进行评论时称"装扮从'头'开始，如此跨越，也是蛮'拼'"，并辅之以张牙舞爪的漫画形象和一只戴手铐的手的图片（图片显著位置配"谣言"二字），嘲讽、诽谤许丹"装"、制造谣言，贬损许丹形象。

11. "许丹或捏造事实、或偏听偏信、或春秋笔法，但谎言终归是谎言""造谣传谣者，终将为自己的恶行此付出代价""正义必将得于伸张，邪恶必将受到清算"，在许丹书籍是否侵权仍然在法院审理的过程中，单方定性许丹捏造事实、造谣传谣，甚至将许丹合法写作行为污蔑为"恶行""邪恶"，已严重超出了就事论事的范围，系严重恶意评论、歪曲评论，上述言论明显为了贬损许丹形象，报复许丹。

（二）许丹主张的涉案文章2《戳穿许丹的伪善与谎言（1）——"扮中立、装清纯"的许丹》的相关侵权内容

1. 标题以"扮中立、装清纯的许丹"直接讥讽、侮辱许丹，贬损其社会形象。

2. 开篇"骗子首先要装清纯"即以"骗子"指代许丹，并称许丹"为蔡达标一方'洗地'"，显属于诽谤他人。

3. "许丹与其关系紧密如'搭档'在圈内无人不知，许是其真实拥趸和'宣×部长'，以至网友在嘲讽'网络怪像，一公一母，一唱一和'时，许丹立马对号入座，可见其心急心虚程度。许丹与周泽的勾联程度……"，此处公然捏造事实，恶意歪曲、污蔑许丹与蔡达标律师周泽之间的正常交往，将正常的微博互动污蔑为"勾联"，贬损许丹形象。

4. 将许丹微博内容"喝的是茅台"讥讽为"显摆"，正常发微博的行为恶意评论为

"叫嚷"，与律师的正常合影留念污蔑为"勾联"。

5. "许丹的恶劣之处在于，明明跟一方沆瀣一气保持着'紧密良好'的关系，对真功夫创始人和管理团队则满腔恶意而从不联系，却在书中恬不知耻的标榜'清纯、客观、中立'、'与双方都没有关系'。许丹，你扪心自问，你对社会公众如此标榜、如此撒谎有何居心?! 意欲何为?! 确实，在私人场合，你有权预设立场、取舍是非和善恶不辨，但你在公开场合，在公开出版物上没有权利颠倒黑白和捏造事实侮辱诽谤他人，更没权利公然说谎，欺骗大众"，诽谤许丹与对方沆瀣一气、颠倒黑白、捏造事实侮辱诽谤他人、说谎等，直接侮辱许丹"恬不知耻的标榜'清纯、客观、中立'"，严重损害许丹名誉。

（三）许丹主张的涉案文章3《戳穿许丹的伪善与谎言（2）——真功夫历史岂能任意篡改》的相关侵权内容

1. "装扮从'头'开始，许丹精于此道，并在书中乐此不彼"，讽刺许丹"装"，恶意贬损许丹形象。

2. "许丹，胆子真够大，如此事实，还要造谣。无心之过?"，在案件审理过程中，未经法院裁判，公然将许丹的不同观点污蔑为造谣，恶意贬损许丹形象。

3. "写到这，不禁要再问：许丹，在书中，你一再强调'以详实的资料为您抽丝剥茧，一一道来'，但为何要篡改历史？为何要掩盖真相？在谎言戳破之后，你是否以为轻轻说一句对不起就没事？知耻乎?! 心安乎?! 造谣诽谤应承担法律责任你知道乎?!"，将许丹书中如实记录的关于创业时间的两种不同的说法污蔑为"篡改历史""掩盖真相""谎言""造谣诽谤"，并侮辱许丹"知耻乎?! 心安乎?!"，让未详细阅读书籍的社会公众认为许丹书中所记录的内容都没有合法的信息来源，而是凭空造谣诽谤，显然属于严重不实评论和恶意评论，误导公众，贬损许丹社会形象。

4. 用"贱"配图辱骂许丹，严重侮辱许丹这样一名年长的知识分子。

（四）许丹主张的举报、投诉材料中相关侵权内容

1. "没有任何法律背景……炒作热门案件以获取利益""在真功夫案件过程中，在网上抱团炒作""利用热门案件进行炒作的投机分子"，以上内容均属无中生有，公然捏造事实诽谤他人。

2. 在没有任何证据支持的情况下，将许丹与经济日报出版社正常的出版活动，捏造成许丹与出版社相关工作人员存在利益输送关系、"腐败窝案"，上述以举报为幌子的侵权严重频繁被寄往出版社及多个部门，通过上述单位的传阅，以及举报信的部分内容被真功夫公司发布到网上，严重贬损许丹形象，导致社会评价降低。

真功夫公司对许丹的上述主张不予认可，其就上述争议内容发表如下主张。

（一）关于涉案文章1《戳穿许丹的伪善与谎言（序）——［声明与正告］》相关内容

1. "搅×棍"不是侮辱性词汇，属于客观描述。"对司法制度进行攻击等"描述，有证据证明许丹常年和死磕派律师保持来往，予以支持。

2. 关于称涉案书籍内容"虚构、歪曲、捏造、诋毁、侮辱"等，真功夫公司认为该些描述是事实，已经经过江门中院裁判确认客观存在。

3. 关于"不思悔改""变本加厉""伪善形象""博取廉价同情"的描述，真功夫公司认为许丹在《真功夫你不要学》被判侵权后继续对真功夫公司进行二次伤害，真功夫公司只是对许丹的回复，不是诽谤。

4. 关于称涉案书籍内容"严重背离人伦道德的扭曲价值观"，真功夫公司认为该些描述是事实，已经经过江门中院裁判确认客观存在，真功夫公司只是及时采取维权措施。

5. "碰瓷""卑劣"不是针对许丹所说。

6. "对许丹所编织的种种谎言、捏造虚构的大量谬误以及其所传递的种种严重背离人伦道德的扭曲价值观进行揭露"中的相关内容已经过江门中院裁判确认客观存在。

7. "使公众了解许丹的虚伪与丑陋"已经删掉，不是博文公开的内容。

8. "以及网络痞子同流合污，充当个别'讼棍''碰瓷'律师的职业吹鼓手和网络推手""更具欺骗性"已经删除。对公安部授予警衔命令真实性、合法性及关联性不予认可，无法从网络公开资料中查询到；对北京教育考试指导中心聘书、北京市教育考试培训中心荣誉证书真实性和合法性认可，对关联性不予认可，"自称"是中性表达。许丹证据不能证明许丹有法律教育经历或司法从业经验。

9. 文章配图与本案无关，与许丹无关。

10. "装扮从'头'开始，如此跨越，也是蛮'拼'"是客观描述爱美之心，并辅之以张牙舞爪的漫画形象和一只戴手铐的手的图片，并非针对许丹本人。

11. "或捏造事实、或偏听偏信、或春秋笔法，但谎言终归是谎言"等内容已经生效判决已经过江门中院裁判认定。

（二）关于涉案文章2《戳穿许丹的伪善与谎言（1）——"扮中立、装清纯"的许丹》的相关内容

1. "扮中立、装清纯"并不是指代许丹。

2. "骗子"不是指代许丹。

3. 关于许丹与周泽的内容，真功夫公司只是描述事情，网友嘲讽这句话的时候许丹对号入座，且许丹与周泽关系密切是事实。

4. 关于"显摆""叫嚷"等内容，真功夫公司不认为存在侵权。

5. 关于称许丹"恬不知耻的标榜'清纯、客观、中立'"等内容，实际与客观相符。

（三）关于涉案文章3《戳穿许丹的伪善与谎言（2）——真功夫历史岂能任意篡改》的相关内容

1. 关于"许丹精于此道"等内容是指许丹在书中对真功夫公司的历史进行篡改。

2. 关于"造谣"已经被江门法院判决确认。

3. 关于"篡改历史""掩盖真相"等内容，已经被江门法院判决确认。

4. "贱"字配图与许丹无关，图中没有写许丹名字，也没有指代许丹。

（四）关于举报、投诉材料，许丹无权获取举报信、投诉信，许丹没有证据证明我方在互联网上公布了举报信的内容。

此外，为证明相关表述的言论来源，真功夫公司提交了部分网络用户微博公证材料，其中载有"微博一景：一公一母，一唱一和……"等微博言论。许丹对公证书中载有的涉及其个人微博的内容表示不持异议，未就其他网络用户微博言论发表意见。

另，许丹主张其本案维权存在合理费用支出，包括公证费、律师费、文印费、交通费、住宿费等费用支出。为证明其主张，许丹提交了相关票据及委托代理协议，其中公证费发票5张，合计金额8500元，涉及到的开票日期为2015年9月14日、2015年9月21日、2015年10月19日、2015年11月9日以及2016年9月20日，与许丹在本案中提交的5本公证书

［（2015）京国信内民证字第 19067 号、19864 号、21050 号、22532 号公证书以及（2016）京国信内民证字第 15957 号公证书］显示的公证日期基本一致；律师费发票 2 张，合计金额 2 万元，开票日期均为 2015 年 11 月 25 日；打印复印费发票 7 张，合计金额 1694 元；特快专递邮寄费发票，显示金额 105 元；出租车乘车发票 6 张，合计金额 140 元，许丹称该费用为其往返法院支出的交通费用。许丹出示了上述证据原件以供当庭核对。真功夫公司对公证费发票真实性认可，关联性不予认可，主张未侵权，不应承担该项费用；对文印费、打印费发票真实性及关联性均不认可；对律师费发票及委托代理协议的真实性均不认可，主张许丹律师费应由许丹自行负担；对特快专递邮寄费发票及出租车乘车发票真实性不予认可。

上述事实，有涉案书籍、（2016）粤 07 民终 1035 号民事裁定书、民事判决书、公证书、发票、委托代理协议及法院证据交换笔录、开庭笔录等证据材料在案佐证。

一审法院认为，《真功夫你不要学》一书关于真功夫公司股权纷争、企业发展历程的描写，引发涉事相关主体的异议，并导致包括真功夫公司、许丹等当事人在内的"网络论战"，期间互有辩驳，并事实形成包括本案在内的相关诉讼。关于真功夫公司相关历史争议，除人民法院业已生效文书确定事实外，仍有部分争议内容未最终经司法裁决明晰或未进入司法程序。关于上述未定争议内容，鉴于真功夫公司的行业影响，事实上已经形成行业性公共话题，真功夫公司对于社会公众的合理关注和意见表达应予以容许和尊重，但这并不意味着由该话题引发的恶意人格贬损也可以受到保护。同理，《真功夫你不要学》一书公开出版后，已经纳入相关话题的争论范畴，因书籍涉及对部分争议内容的倾向描述，真功夫公司持有异议，并对争议内容发表己方观点，亦属正当权利。考虑事件背景、网络语言的特性，纵使措辞尖锐、带有感情色彩，只要不属恶意侮辱损害他人人格尊严，都应认为属于合理、适当范围。但若借机人身攻击、恶语伤人，超出了正当评论的范畴，由此造成他人人格受损的，应当承担侵权责任。

本案中，除举报、投诉材料外，实际涉及的文章有 3 篇，且文章篇幅较长，当事人诉争语句内容较多。因此，法院在认定具体语句是否构成侵犯名誉权时，需要综合考虑事件背景、网络言论相对随意和率性的特点、言论的事实陈述与意见表达的区分、当事人主观上是否有侵权恶意、言论给当事人造成损害的程度等因素，合理确定网络自媒体平台当事人正当行使言论自由与侵犯他人名誉权之间的界限。

一、针对具体博文语句的侵权分析

1. 不构成侵权的博文言论

在判断博文言论是否构成侵权时，言论所表达的真实意义不能单由某个词句加以确定，而应纵观全文，综合考虑关涉话题的性质、上下文的语境、作者主观目的及身份等多方面因素。

本案中，真功夫公司因对涉案图书观点持有异议，对图书内容所进行的相关否定性评论，属于为维护己方观点的正当表达，考虑涉案事件背景等因素，即使部分措辞尖锐、带有感情色彩，只要未达到恶意贬损他人人格尊严的程度，都应属于相对方当事者适当容忍的范围。具体内容包括：涉案文章 1《戳穿许丹的伪善与谎言（序）——［声明与正告］》中许丹主张的第 2 项中的"虚构、歪曲、捏造、诋毁、侮辱"、第 4 项及第 6 项中谈及的"严重背离人伦道德的扭曲价值观"、第 7 项中的"谎言""明显造假""谣诼"、第 11 项中的"捏造事实"；涉案文章 2《戳穿许丹的伪善与谎言（1）——"扮中立、装清纯"的许丹》

中第1项标题中的第2项"为蔡达标一方'洗地'"；涉案文章3《戳穿许丹的伪善与谎言（2）——真功夫历史岂能任意篡改》中的第2项"如此事实，还要造谣"、第3项"篡改历史""掩盖真相"等。

涉案文章中，针对涉案图书作者许丹的部分评论，虽评论不当、言语刻薄、带有讥讽意味，但未达到恶意贬损人格尊严的严重程度，法院认为不构成侵犯名誉权，具体内容包括：涉案文章1《戳穿许丹的伪善与谎言（序）——［声明与正告］》中许丹主张的第3项中的"不思悔改""变本加厉""伪善形象""博取廉价同情"、第8项中的"公开资料查询，此人无任何法律教育经历或司法从业经验"；涉案文章2《戳穿许丹的伪善与谎言（1）——'扮中立、装清纯'的许丹》中第1项标题中的"扮中立、装清纯"、第4项"显摆""叫嚷""勾联"；涉案文章3《戳穿许丹的伪善与谎言（2）——真功夫历史岂能任意篡改》中的第1项"装扮从'头'开始"。

涉案文章中，部分表述虽不排除"含沙射影"之意，但整体上为概括性观点表达，并未直接指向许丹，法院认为未达到构成侵犯名誉权的程度，具体内容包括：涉案文章1《戳穿许丹的伪善与谎言（序）——［声明与正告］》中许丹主张的第5项"试图通过'碰瓷'、'恐吓'真功夫牟取利益者""动机有多卑劣"、第11项中"造谣传谣者，终将为自己的恶行此付出代价""正义必将得于伸张，邪恶必将受到清算"；涉案文章2《戳穿许丹的伪善与谎言（1）——'扮中立、装清纯'的许丹》中第2项"骗子首先要装清纯"。此外，涉案文章1《戳穿许丹的伪善与谎言（序）——［声明与正告］》中许丹主张的第9项配图称"许丹与许多臭名昭著的'讼棍''碰瓷'律师来往密切"，虽称谓律师言辞失当，但主要词语指向并非许丹，故不构成对许丹的名誉侵权。涉案文章1中许丹主张的第10项漫画配图，内容虽有戏谑，并未明确标示许丹，未达到侵害许丹名誉权的程度。

2. 构成侵权的博文内容

博客用户在发表涉及他人名誉的事实陈述或意见评论时，应有一定的事实依据，不得任意夸大、歪曲事实或进行不当推测，恶意得出不公正结论，借机恶意贬损他人人格。法院认为下列内容构成侵犯许丹名誉权。

真功夫公司在涉案文章1《戳穿许丹的伪善与谎言（序）——［声明与正告］》中许丹主张的第1项中，称许丹为"一名长期在网络上傍依个别死磕律师、专司案件炒作、号称'搅×棍'"，其中"搅×棍"作为网络用语，有其惯常众知含义，用词粗鄙，属于恶意贬损人格尊严的表述；第7项中"使公众了解许丹的虚伪与丑陋"（已删内容），属于评论过程中上升到人身攻击层面的表述；第8项中称许丹与"网络痞子同流合污，充当个别'讼棍'、'碰瓷'律师的职业吹鼓手和网络推手，曾被律界网友称为'搅×棍'和'宣×部长'""许丹扮演'×知'出场，以'独立、中立'面目出现，更具欺骗性"属于恶意人格贬损内容。

真功夫公司在涉案文章2《戳穿许丹的伪善与谎言（1）——'扮中立、装清纯'的许丹》许丹主张的第3项，称"许丹与其关系紧密如'搭档'在圈内无人不知，许是其真实拥趸和'宣×部长'，以至网友在嘲讽'网络怪像，一公一母，一唱一和'时，许丹立马对号入座，可见其心急心虚程度。许丹与周泽的勾联程度"，真功夫公司虽辩称属于引用网友言论，但上述内容存在明显的恶意人身攻击和贬损人格尊严的内容，真功夫公司仍刻意嵌入涉案文章中引以为用，存在主观恶意，侵犯了许丹的名誉权。涉案文章2第5项称许丹"恬不知耻"以及涉案文章3称许丹"知耻乎?! 心安乎?!",超出了正常评论的程度,属于人身攻击的言语,构成侵权。此外,涉案文章3许丹主张的第4项"贱"字配图,超出了网络戏谑的限度,从图片指向来看,构成对许丹的人格尊严的贬损。

二、关于侵权责任的认定

法院认为,真功夫公司构成对许丹名誉权的侵害,应承担停止侵权、赔礼道歉、赔偿损失等法律责任。真功夫公司应删除其相关侵权博文言论,具体范围以法院前述认定内容为准。对于赔礼道歉的责任承担问题,法院综合考虑真功夫公司的主观过错、侵权情节、言论发生影响的范围等因素,合理确定具体赔礼道歉的方式和范围。关于赔偿损失一项,许丹现无证据证明真功夫公司涉案行为给其造成直接经济损失,故法院对其要求真功夫公司支付经济损失10万元的诉讼请求不予支持。关于许丹主张的为制止侵权行为所支付的合理开支问题,根据《最高人民法院关于审理利用信息网络侵害人身权益民事纠纷案件适用法律若干问题的规定》第十八条之规定:"被侵权人为制止侵权行为所支付的合理开支,可以认定为侵权责任法第二十条规定的财产损失。合理开支包括被侵权人或者委托代理人对侵权行为进行调查、取证的合理费用。人民法院根据当事人的请求和具体案情,可以将符合国家有关部门规定的律师费用计算在赔偿范围内。"其中,许丹主张的公证费及律师费,有公证费、律师费发票、公证书以及律师代理协议佐证,并有律师实际出庭,属于合理开支范围,且金额在合理范围之内,法院予以支持。关于许丹提交的文印费、交通费、特快专递邮寄费,无证据证实为本案诉讼支出,法院不予支持。关于许丹主张的其他合理费用,因未提交证据证明,法院不予支持。关于精神损害抚慰金问题,根据《最高人民法院关于确定民事侵权精神损害赔偿责任若干问题的解释》第一条规定:"自然人因下列人格权利遭受非法侵害,向人民法院起诉请求赔偿精神损害的,人民法院应当依法予以受理:……(二)姓名权、肖像权、名誉权、荣誉权……"。第十条规定:"精神损害的赔偿数额根据以下因素确定:(一)侵权人的过错程度,法律另有规定的除外;(二)侵害的手段、场合、行为方式等具体情节;(三)侵权行为所造成的后果;(四)侵权人的获利情况;(五)侵权人承担责任的经济能力;(六)受诉法院所在地平均生活水平。"本案中,许丹名誉权受到损害,有权请求精神损害赔偿,对于具体金额,法院结合上述司法解释的各项因素予以酌定。

关于举报、投诉材料,法院认为,本案涉及的举报、投诉材料均显示向有关部门、单位发出,现有证据并未显示真功夫公司将材料原件在网络上公开,传播范围特定,且相关部门均有一定的甄别能力,故无证据显示上述举报、投诉材料导致许丹社会评价降低,达到了损害许丹名誉的严重程度,故法院认为不宜将涉案三份举报、投诉材料认定为侵犯许丹名誉权,并对许丹的相关诉请内容不予支持。

新浪公司作为新浪博客的平台运营方,微梦公司作为新浪微博的平台运营方,均属于网络服务提供者,对博文内容负有一定的审查义务。但考虑网络信息的海量性、网络言论一般相对随意和率性的特点,为维护网络言路的畅通,不宜对平台运营方课以过高审查责任,以免因审查过苛,导致网络信息上传、推送不及时,损及公共利益。本案中,涉案博文侵权认定系经诉讼程序而得出,且侵权性质为整体上正常的话题回应,同时夹杂部分借机贬损、不当引用的评论内容。故要求平台运营方审查程度达到如此高度,实为苛责过高。故从公平原则以及公共利益维护角度,法院认为不宜判令新浪公司及微梦公司针对真功夫公司的侵权行为承担连带责任。

综上所述，依据《中华人民共和国侵权责任法》第二条、第六条、第十五条，《最高人民法院关于审理利用信息网络侵害人身权益民事纠纷案件适用法律若干问题的规定》第十八条，《最高人民法院关于确定民事侵权精神损害赔偿责任若干问题的解释》第一条、第十条，《中华人民共和国民事诉讼法》第六十四条之规定，判决如下：一、本判决生效之日起十日内，被告真功夫餐饮管理有限公司删除在其公司新浪博客、新浪微博中的三篇涉案文章《戳穿许丹的伪善与谎言（序）——［声明与正告］》《戳穿许丹的伪善与谎言（1）——"扮中立、装清纯"的许丹》《戳穿许丹的伪善与谎言（2）——真功夫历史岂能任意篡改》中的涉案侵权内容（具体内容见附件）；二、本判决生效之日起三十日内，被告真功夫餐饮管理有限公司在其新浪博客首页、新浪微博首页连续五日发布声明，向原告许丹赔礼道歉（致歉内容须经法院审核，若被告真功夫餐饮管理有限公司逾期不履行，将依法承担拒不履行生效判决的法律责任，法院将依原告许丹申请，选择一家全国发行的报刊，刊登判决主要内容，费用由被告真功夫餐饮管理有限公司负担）；三、本判决生效之日起十日内，被告真功夫餐饮管理有限公司向许丹支付精神损害抚慰金20000元；四、本判决生效之日起十日内，被告真功夫餐饮管理有限公司向原告许丹支付维权合理开支律师费20000元、公证费8500元，合计28500元；五、驳回原告许丹的其他诉讼请求。如被告真功夫餐饮管理有限公司未按本判决所指定的期间履行给付金钱义务，则应依据《中华人民共和国民事诉讼法》第二百五十三条之规定，加倍支付延迟履行期间的债务利息。附件：被告真功夫餐饮管理有限公司应删除具体内容1. 涉案文章1《戳穿许丹的伪善与谎言（序）——［声明与正告］》中"一名长期在网络上傍依个别死磕律师、专司案件炒作、号称'搅×棍'"；"网络痞子同流合污，充当个别'讼棍'、'碰瓷'律师的职业吹鼓手和网络推手，曾被律界网友称为'搅×棍'和'宣×部长'"；"许丹扮演'×知'出场，以'独立、中立'面目出现，更具欺骗性"。2. 涉案文章2《戳穿许丹的伪善与谎言（1）——"扮中立、装清纯"的许丹》中"许丹与其关系紧密如'搭档'在圈内无人不知，许是其真实拥趸和'宣×部长'，以至网友在嘲讽'网络怪像，一公一母，一唱一和'时，许丹立马对号入座，可见其心急心虚程度。许丹与周泽的勾联程度" "恬不知耻"。3. 涉案文章3《戳穿许丹的伪善与谎言（2）——真功夫历史岂能任意篡改》中"知耻乎？！心安乎？！"、"贱"字配图。

二审中，当事人没有提交新证据。经查，在许丹一审起诉前，真功夫公司已经将其发表的涉案文章1《戳穿许丹的伪善与谎言（序）——［声明与正告］》中"网络痞子同流合污，充当个别'讼棍'、'碰瓷'律师的职业吹鼓手和网络推手，曾被律界网友称为'搅×棍'和'宣×部长'""许丹扮演'×知'出场，以'独立、中立'面目出现，更具欺骗性"的表述删除，之后重新编辑发布时将相应内容表述为"被律界网友戏称为'搅×棍'和某些死磕律师的'宣×部长'"；"许丹扮演'×知'出场，以'独立、中立'面目出现"。二审庭审中，许丹表示，真功夫公司更改后的相应博客文章内容亦侵害其名誉权。一审法院查明的其他事实属实，本院予以确认。以上事实，有双方当事人陈述在案佐证。

本院认为，根据双方的诉辩主张，本案涉及以下几个焦点问题，本院分别评述如下。

第一，关于本案中侵权行为的认定问题。自然人享有名誉权，自然人的人格尊严受法律保护。以书面或者口头形式侮辱、诽谤他人，损害他人名誉的行为，应认定为侵害他人的名誉权。由此，认定行为人侵害他人名誉权，应重点审查两个方面内容，其一，行为人主观上是否有过错，是否以故意侵害他人名誉为目的；其二，在行为方式上是否采用侮辱、诽谤的方式造成他人名誉权的损害。行为人的主观目的，应以案件发生的客观背景以及行为人的行为方式予以客观审查。

真功夫公司的相关历史争议，迄今为止仍有部分内容未经司法裁决或未进入司法程序，由于真功夫公司在业界的地位，相关未定的争议问题，事实上已经形成行业性话题。真功夫公司对公众的关注和意见表达应当给予足够的尊重和容许，同时真功夫公司对争议内容发表自己的观点，亦属其正当权益。在双方发生本案之前，许丹撰写了《真功夫你不要学》一书，该书涉及了对真功夫公司经营细节以及一些重大问题描述，一经出版，即已加入对真功夫公司相关问题的争论，而对书中的观点，真功夫公司显与作者许丹持不同的意见，双方的论战由此引发。真功夫公司针对《真功夫你不要学》一书中的内容及观点，有权发表自己的观点和见解。真功夫公司和许丹双方在存在重大争议的前提下，各执一词，双方均具有一定知名度，对于一些情绪化的表达，均应予适度容忍，只要不属于恶意侮辱损害他人人格尊严的，应认定为合理适当的范畴，但若借题发挥故意歪曲事实、恶意揣测、进行人身攻击、恶意贬损他人，则超出容忍的底线，应当被认定为侵权。

经审查，真功夫公司发表的涉案文章1《戳穿许丹的伪善与谎言（序）——［声明与正告］》中，许丹主张的第1项侵权内容，称许丹为"一名长期在网络上傍依个别死磕律师、专司案件炒作、号称'搅×棍'"，其中"搅×棍"作为网络用语，有众所周知的含义，属于恶意贬损人格的表述；许丹主张的第7项侵权内容"使公众了解许丹的虚伪与丑陋"（已删内容），属于对人身攻击的表述；许丹主张的第8项侵权内容，许丹与"网络痞子同流合污，充当个别'讼棍'、'碰瓷'律师的职业吹鼓手和网络推手，曾被律界网友称为'搅×棍'和'宣×部长'"（已删内容），后在重新编辑发布时表述为"被律界网友戏称为'搅×棍'和某些死磕律师的'宣×部长'""许丹扮演'×知'出场，以'独立、中立'面目出现，更具欺骗性"（已删内容），后在重新编辑发布时表述为"许丹扮演'×知'出场，以'独立、中立'面目出现"，均属于恶意人格贬损内容。真功夫公司在涉案文章2《戳穿许丹的伪善与谎言（1）——"扮中立、装清纯"的许丹》中，许丹主张的第3项内容，称"许丹与其关系紧密如'搭档'在圈内无人不知，许是其真实拥趸和'宣×部长'，以至网友在嘲讽'网络怪像，一公一母，一唱一和'时，许丹立马对号入座，可见其心急心虚程度。许丹与周泽的勾联程度"，真功夫公司虽辩称属于引用网友言论，但真功夫公司引用上述内容存在明显的人身攻击以及贬损人格尊严的内容，存在主观恶意，侵犯了许丹的名誉权。文章中称许丹"恬不知耻"以及涉案文章3称许丹"知耻乎?！心安乎?！"，亦属于人身攻击的言语，构成侵权。此外，涉案文章3《戳穿许丹的伪善与谎言（2）——真功夫历史岂能任意篡改》中，带"贱"字的配图，超出了网络戏谑的限度，且指向性明显，构成对许丹的人格尊严的贬损。

综上，真功夫公司发表的上述博文内容侵害了许丹的名誉权，故对真功夫公司主张其行为均不构成侵权的上诉请求与理由，本院予以驳回。一审判决真功夫公司将侵权内容予以删除并无不当。

第二，对许丹主张的侵权言辞、图片的具体分析。在明晰了本案案发的背景后，对许丹主张的真功夫公司侵权的具体言辞与图片，本院具体分析如下。本案中，因对许丹撰写的《真功夫你不要学》一书，真功夫公司存在诸多意见，故其对许丹存有微词，言辞表达中带有一定情绪。法律对名誉侵权的认定，须以侮辱、诽谤为要件事实，故认定侵权须具体审查言辞中是否具有侮辱、诽谤的内容，如果存在对许丹的人格侮辱，则超出了言论自由的边界，如不存在对许丹人格的侮辱，仅仅是对图书内容和许丹行为作出负面评价、否定性评价，则应属言论自由的合理范畴。另外判断言论是否构成侵权时，不宜断章取义，还应纵观全文，考虑上下文的语境等多方面因素。具体而言，关于三篇文章的标题中存在"伪善""谎言"是否构成对许丹名誉的侵权的问题，因"伪善""谎言"系属对一个人善良与否、诚信与否的负面、否定性评价，而一个主体对他人行为有进行评价的权利，在上述词语并未存在侮辱性言辞的情况下，单纯的负面评价、否定性评价，不应作为侵权行为认定；在涉案文章2《戳穿许丹的伪善与谎言（1）——"扮中立、装清纯"的许丹》题目中出现的"扮中立、装清纯"一词，虽言辞刻薄，语带嘲讽，但并未到恶意贬损人格尊严的程度，不构成侵害名誉权。故许丹关于标题中的否定性评价构成对其人格侮辱的主张，并无事实依据，本院不予支持。关于文章配以漫画的问题，因漫画本身具有讽刺、夸张的意味，在文章中配以漫画的审查，不应仅以漫画是否夸张、难看作为侵权事实，而应具体审查漫画中是否有侮辱、诽谤行为的存在，在一审判决中，漫画中带有"贱"字的一幅漫画，显存侮辱意味，一审法院认定其侵权，适用法律正确，但在其余漫画中，内容虽有戏谑，但并未明确标示许丹，未达到侵害许丹名誉权的程度。因此不能认定漫画配图系对许丹人格的侮辱，许丹据此要求删除漫画，亦无法律依据。关于涉案文章1《戳穿许丹的伪善与谎言（序）——[声明与正告]》文章中表述，许丹自称为原北京教育考试中心教研员。公开资料查询，此人无任何法律教育经历或司法从业经验。关于本句是否构成侵权的问题，本院认为，是否具有法律教育背景、是否是考试中心的教研员，只是对客观事实的陈述，如果真功夫公司对该事实陈述错误，许丹可以自行说明、勘误，但该事实是否真实，既不会对许丹造成侮辱，亦非对许丹人格的诽谤，许丹认为本句侵犯其名誉权，本院不予支持。同理，真功夫公司在涉案文章1《戳穿许丹的伪善与谎言（序）——[声明与正告]》配图文字中，许丹与很多臭名昭著的"讼棍""碰瓷"律师来往密切的表述，亦不构成对许丹名誉权的侵害，且上述表述虽然刘律师的称谓言词失当，但重点词语并未指向许丹，故不构成对许丹名誉的侵权。除上述内容之外，真功夫公司对涉案图书内容所进行的否定性评论，部分系为维护己方观点的正当表达，考虑涉案事件背景、网络语言特点等因素，即使措辞尖锐，但只要未达到恶意贬损他人人格尊严的程度，也应认定为属于相对方当事者适当容忍的范围。具体内容包括：涉案文章1《戳穿许丹的伪善与谎言（序）——[声明与正告]》中许丹主张的第2项中的"虚构、歪曲、捏造、诋毁、侮辱"，第4项及第6项中谈及的"严重背离人伦道德的扭曲价值观"，第2项、第4项、第6项、第7项中涉及的"谎言""明显造假""谣诼""捏造""虚构"，第11项中的"捏造事实"；涉案文章2《戳穿许丹的伪善与谎言（1）——"扮中立、装清纯"的许丹》中第2项"为蔡达标一方'洗地'"；涉案文章3《戳穿许丹的伪善与谎言（2）——真功夫历史岂能任意篡改》中第2项"如此事实，还要造谣"，第3项"篡改历史""掩盖真相"等。

涉案文章中，针对涉案图书作者许丹的部分评论，虽评论不当、言语刻薄、带有讥讽意味，但未达到恶意贬损人格尊严的严重程度，故亦不构成侵犯名誉权，具体内容包括：涉案文章1《戳穿许丹的伪善与谎言（序）——[声明与正告]》中许丹主张的第3项中的"不思悔改""变本加厉""伪善形象""博取廉价同情"；第8项中的"充当案件一方的网络炒手和职业鼓手（已删内容）"；涉案文章2《戳穿许丹的伪善与谎言（1）——"扮中立、装清纯"的许丹》中第 4 项"显摆""叫嚷""勾联";涉案文章 3《戳穿许丹的伪善与谎言(2)——真功夫历史岂能任意篡改》中的第 1 项"装扮从'头'开始"。

涉案文章中,部分表述虽不排除"含沙射影"之意,但总体上是表达对社会现象的观点,未直接指向许丹,本院认为未达到构成侵犯名誉权的程度,具体内容包括:涉案文章 1《戳穿许丹的伪善与谎言(序)——[声明与正告]》中许丹主张的第 5 项"试图通过'碰瓷''恐吓'真功夫牟取利益者""动机有多卑劣",第 11 项中"造谣传谣者,终将为自己的恶行此付出代价""正义必将得于伸张,邪恶必将受到清算";涉案文章 2《戳穿许丹的伪善与谎言(1)——"扮中立、装清纯"的许丹》中第 2 项"骗子首先要装清纯"。

综上,上述博文内容未构成对许丹的名誉侵权,故一审法院未判决真功夫公司删除上述博文内容,亦无不当。

第三,关于本案侵权责任的承担。关于许丹主张的文印费,《最高人民法院关于审理利用信息网络侵害人身权益民事纠纷案件适用法律若干问题的规定》第十八条第一款规定,被侵权人为制止侵权行为所支付的合理开支,可以认定为合理开支包括被侵权人或者委托代理人对侵权行为进行调查、取证的合理费用。人民法院根据当事人的请求和具体案情,可以将符合国家有关部门规定的律师费用计算在赔偿范围内。一审法院支持了许丹关于律师费和公证费的相关请求,一审中许丹同时主张了文印费并提交了相应的票据,但其并不能证明所主张的文印费系因本案诉讼而支出,故一审法院未支持其文印费的主张,并无不当,本院予以维持。

新浪公司作为新浪博客的运营方,属于网络服务提供者,对博文的内容有一定的审查义务。但网络信息具有海量性、随意性的特点,导致一般不宜对平台运营方课以过高的审查义务。特别是本案,涉案博文是否侵权的认定较为复杂,系经司法程序得出结论,如要求平台运营方达到如此高度实为强人所难。故一审法院未判令新浪公司承担连带责任并无不妥。

第四,关于真功夫公司应具体删除的内容。一审判决在判决主文后,以附件形式载明了真功夫公司应删除的具体内容,但经审查,真功夫公司已经将相关内容进行了变更,故删除的内容亦应作出调整,实际执行中,以本院调整后的附件内容为准。对判决书的附件部分,本院调整为如下内容:

1. 涉案文章 1《戳穿许丹的伪善与谎言(序)——[声明与正告]》中"一名长期在网络上傍依个别死磕律师、专司案件炒作、号称'搅×棍'";"被律界网友戏称为'搅×棍'和某些死磕律师的'宣×部长'";"许丹扮演'×知'出场,以'独立、中立'面目出现"。

2. 涉案文章 2《戳穿许丹的伪善与谎言(1)——"扮中立、装清纯"的许丹》中"许丹与其关系紧密如'搭档'在圈内无人不知,许是其真实拥趸和'宣×部长',以至网友在嘲讽'网络怪像,一公一母,一唱一和'时,许丹立马对号入座,可见其心急心虚程度。许丹与周泽的勾联程度""恬不知耻"。

3. 涉案文章 3《戳穿许丹的伪善与谎言(2)——真功夫历史岂能任意篡改》中"知耻乎?! 心安乎?!""贱"字配图。

综上,许丹与真功夫公司的上诉请求均不能成立,应予驳回。一审判决结果并无不当,应予维持。对一审判决附件部分的内容本院予以变更。依照《中华人民共和国民事诉讼法》第一百七十条第一款第一项的规定,判决如下:

驳回上诉，维持原判。

二审案件受理费600元，由许丹负担300元（已交纳），由真功夫餐饮管理有限公司负担300元（已交纳）。

本判决为终审判决。

审判长　陈　伟

审判员　白　云

审判员　王国庆

二〇一七年十二月二十五日

书记员　刘姊婕

附件：真功夫餐饮管理有限公司应删除具体内容

1. 涉案文章1《戳穿许丹的伪善与谎言（序）——［声明与正告］》中"一名长期在网络上傍依个别死磕律师、专司案件炒作、号称'搅×棍'"；"被律界网友戏称为'搅×棍'和某些死磕律师的'宣×部长'"；"许丹扮演'×知'出场，以'独立、中立'面目出现"。

2. 涉案文章2《戳穿许丹的伪善与谎言（1）——"扮中立、装清纯"的许丹》中"许丹与其关系紧密如'搭档'在圈内无人不知，许是其真实拥趸和'宣×部长'，以至网友在嘲讽'网络怪像，一公一母，一唱一和'时，许丹立马对号入座，可见其心急心虚程度。许丹与周泽的勾联程度""恬不知耻"。

3. 涉案文章3《戳穿许丹的伪善与谎言（2）——真功夫历史岂能任意篡改》中"知耻乎?! 心安乎?!""贱"字配图。

‖2018年度‖

案例108：艺龙网信息技术（北京）有限公司等肖像权纠纷二审民事判决书

北京市第一中级人民法院
民事判决书

（2018）京01民终97号

上诉人（原审被告）：艺龙网信息技术（北京）有限公司，住所地北京市朝阳区。

法定代表人：江浩，董事长。

委托诉讼代理人：郝伟，北京市中伦文德律师事务所律师。

委托诉讼代理人：郑明，北京市中伦文德律师事务所律师。

被上诉人（原审原告）：葛优，男，住北京市海淀区。

委托诉讼代理人：徐朝晖，北京国舜律师事务所律师。

委托诉讼代理人：洪眉，北京市大都律师事务所律师。

上诉人艺龙网信息技术（北京）有限公司（以下简称艺龙网公司）因与被上诉人葛优肖像权纠纷一案，不服北京市海淀区人民法院（2016）京0108民初39764号民事判决，向本院提起上诉。本院于2018年1月2日立案后，依法组成合议庭，因符合《中华人民共和国民事诉讼法》第一百六十九条之规定，本院经过阅卷、调查和询问当事人，不开庭进行了审理。本案现已审理终结。

艺龙网公司上诉请求：撤销一审判决，依法改判驳回葛优的诉讼请求或发回重审。事实和理由：1. 一审判决要求艺龙网公司于公司微博中再次向葛优道歉缺乏法律依据。艺龙网公司接到葛优的通知后立即删除了涉案剧照，向葛优表达了歉意并尝试协商解决。针对一审法院认定的事实已于公司微博中公开进行了道歉，充分尊重了葛优的合法权益，并使公众知晓了公司微博对于涉案剧照的错误使用。一审法院仅因葛优对道歉内容不满即让艺龙网公司再次在微博中道歉，没有任何法律依据。2. 一审判决赔偿数额过高，超出合理范围。涉案剧照使用仅为24天时间，浏览量、评论量、转载量以个位数计，影响极度有限，与同类案件相比侵权情节轻微，一审法院判决赔偿75000元过分高于葛优因此造成的损失，应当予以调整。

葛优辩称，同意一审判决，不同意艺龙网公司的上诉请求和理由。

葛优向一审法院起诉请求：请求判令艺龙网公司在其新浪微博"艺龙旅行网"账号中置顶位置向葛优公开赔礼道歉不少于30日，赔偿经济损失40万元，维权合理开支1万元。

一审法院认定事实：葛优为我国知名演员，其曾在电视剧《我爱我家》中扮演纪春生（二混子），角色特点为懒惰、耍赖、骗吃骗喝。该角色在剧中将身体完全瘫在沙发上的放松形象被称为"葛优躺"，成为2016年网络热词。

"艺龙旅行网"微博号实名认证为"艺龙网公司"，截至2016年8月，该微博有粉丝232万人，发布近2万条微博。

2016年8月1日，葛优申请公证，证实7月25日上述微博发布如下内容："不经历周一的崩溃，怎知道周五的可贵。为了应对人艰不拆的周一，小艺爆出葛优躺独家教学，即学即躺，包教包会！"该微博共使用7幅原告图片共18次，文字内容包括直接使用文字和在图片上标注文字，其中第一张不是剧照，为原告个人身着西服给其他企业代言的照片，所配文字内容为"如何用一招学葛优躺出人生新高度"，并有嘴部文字"一般人我不告诉他"。其余图片除一张为其他剧照外，均为《我爱我家》剧中人物纪春生在沙发上瘫坐的截图（其中一张为三人照片），图中和图下文字内容包括："最近各位同学都表示人生过得好艰难""别理我，我废柴了""无论干什么都提不起劲儿啊""不如躺着，学习不如葛优躺""不如躺着，工作不如葛优躺""不如躺着，去玩不如葛优躺""你看看这神态你看看这体位你看看这身体舒展的程度你看看这环境的布置""独家揭秘葛优躺""快搬个板凳坐下来听我好好给你分析一下如何学好葛优躺"，并通过画线出图后挂文字的说明方式具体描述了"葛优躺"图片中人物和环境设置的具体内容："用六分力睁大的眼睛、自然舒展的鼻孔、八分之一微张的唇、上下牙口距离0.73公分""接下来，是灵活摆弄的体位以及身体的舒展度，手臂与肩同宽自然下垂，背部肌肉放松，臀部后坐两胯肌肉放松，大腿与身体呈138度倾斜角，翘起右腿，顺着重合的幅度感受放松的快感""这个时候，基本的躺姿已经准备就绪，最后一步就是布置好躺的环境，80年代大红色洗脚盆，小清新熨衣台布，迷彩绿大抱枕，青花瓷牌烟灰缸""这样的环境设定是有讲究的，这能让你追思过去的艰苦生活，感受幸福的来之不易，从而躺的更加舒心舒肺""嗷，真苏糊""当然还有一个终极大招，如果你学会的话，以上细节可以全部忽略""啊咧订个酒店不就可以随心躺了吗，真够能扯的""躺大床/躺浴室/躺大厅/躺餐厅""只有你想不到，没有你躺不到""尽瞎哔哔，我订个酒店躺会儿去"。最后几张图配了大床、浴室等酒店背景，微博后附"订酒店用艺龙"的文字，并附二维码和艺龙网标识。该微博转发4次，评论4次，点赞11次。葛优认为上述文字中提到"葛优"的名字，并非剧中人物名称，宣传内容为商业性使用。同年8月18日，艺龙网公司收到通知后删除了上述微博。

葛优提交"葛优"百度百科内容打印件、（2016）鄂长江内证字第10363号公证书和微博主页内容打印件，证明原告的知名度及影响力，其肖像具有很高的商业价值，以及艺龙网公司经营的微博公众号对葛优图片的使用情况。

艺龙网公司认可上述证据，表示涉案图片为剧照，并非葛优肖像，图片指向剧中人物的身体动作，其使用了剧中人物的性格特征而非葛优的肖像特征。

2016年12月7日，艺龙网公司未经葛优审核同意，在其微博发布致歉信，内容为："真诚向人民艺术家葛优先生致歉。葛优老师是喜剧界瑰宝，给当代人塑造了太多形象，让小编铭记于心。小编微博使用过葛优躺图片，给葛优老师造成困扰，在此诚挚的道歉。招来官司实非小编所愿，实属对葛优老师的个人崇拜犹如滔滔江水连绵不绝，一发不可收拾。小编以后一定严格控制自己的情绪，将对葛优老师的崇拜之情放在心里不再炫耀。21世纪什么最贵？服务。艺龙将继续给消费者带来最舒适的服务和享受，借用葛优老师的一句经典台词：帝王般的享受，就是把脚当脸伺候着。Fighting, fighting!"，该致歉微博转发24次，评论197次，点赞58次，网友评论多认为该致歉态度不端正，还有"花40万做了个400万广告""关注频频上涨""小编被提拔，这事已经热搜了，广告打得好""建议再深刻一点"等，葛优认为上述内容说明网友也认为此为广告宣传。葛优提交上述致歉信打印件，证明艺龙网公司承认侵权事实，并就此作出极不诚恳的名为致歉，实为再次利用葛优进行商业宣传的内容，其致歉没有诚意。

艺龙网公司认可上述证据，表示系其编辑未经审核擅自发布，但前半部确实表达了对葛优的致歉，也保证类似情形不再发生，只是遣词造句不够庄重，但道歉目的已经达到，网友评论与其无关。

葛优提交票据证实公证费为800元，公证书中除本案内容，还有针对另一商家进行公证的相似内容。关于其他合理费用，葛优表示包含律师费、调查取证费等相关费用，没有证据，请法院酌定。

艺龙网公司认为公证费应分摊部分，其他支出没有票据支持，其不认可。

艺龙网公司提交法院针对张培萌、赵丽颖、倪妮、周杰伦等人的侵犯肖像权案件判决书供法院参考，赔偿金额为6020元至3万元；其提交肖像权侵权案例比较分析，认为商家使用图片，官网浏览量大，使用人多，判赔金额最高；其次为微信，微博最无影响力，判赔额最低。其提交艺龙网截图，证实其官网附有微信链接，没有微博链接，并表示现微博浏览量和影响力在所有宣传方式中最低。

葛优认为上述判决书与本案情况不同且无关，不具有参考性。艺龙网公司微博粉丝多、关注度高、影响力大，艺龙网公司使用葛优肖像提高其品牌知名度，且其致歉函曾上热搜。艺龙网公司表示致歉函是否上热搜与本案案件事实没有关联性，因为涉案微博已经删除，且涉案微博仅存在24天，与公司聘请明星实际进行的推广无法相比，不足以提升品牌价值。

一审法院认为，肖像是通过绘画、摄影、电影等艺术形式使自然人的外貌在物质载体上再现的视觉形象。肖像权，是指自然人对自己的肖像享有再现、使用或许可他人使用的权利。其载体包括人物画像、生活照、剧照等。剧照涉及影视作品中表演者扮演的剧中人物，当一般社会公众将表演形象与表演者本人真实的相貌特征联系在一起时，表演形象亦为肖像的一部分，影视作品相关的著作权与肖像权并不冲突。

《我爱我家》中的"葛优躺"造型确已形成特有网络称谓，并具有一定的文化内涵，但一般社会公众看到该造型时除了联想到剧目和角色，也不可避免地与葛优本人相联系，该表现形象亦构成原告的肖像内容，并非如艺龙网公司所称完全无肖像性质。即便该造型已成为网络热点，商家亦不应对相关图片进行明显的商业性使用，否则仍构成对葛优肖像权的侵犯。

本案中艺龙网公司在其官方微博中使用了多幅系列剧照，并逐步引导与其业务特征相联系，最终将"葛优躺"图片的背景变更为床、浴室等酒店背景，附艺龙网宣传文字和标识、二维码，虽然上述方式并不能使网友认为葛优为艺龙网公司进行了代言，但仍有一定商业性使用的性质，且该微博还同时使用了一张葛优此前的单人广告照片，故艺龙网公司在涉案微博中的使用行为侵犯了葛优的肖像权，应承担相应的法律责任。

艺龙网公司在接到葛优的起诉后及时删除了涉案微博，已经停止侵权。艺龙网公司编辑在微博中发表的"致歉声明"中的部分内容和语气表达并未对葛优起到正向的抚慰作用，且再次表述宣传其品牌，葛优现要求艺龙网公司在微博中正式致歉的诉讼请求法院予以支持。

关于赔偿数额，葛优所诉较高。法院综合考虑以下情节，对赔偿数额酌情认定。

1. 葛优为著名演员，公众对其关注度较高。

2. 艺龙网公司的使用行为提高了网络用户对其微博的关注度。

3. 艺龙网公司微博的关注人数虽高，但从涉案微博的点赞、评论和转发数量看，涉案微博的阅读量一般，影响范围有限。

4. 艺龙网公司接到通知后立即进行了删除，并表达与葛优协商解决纠纷的意愿。

5. 对"葛优躺"剧照的使用，确实不同于直接使用葛优个人照片，具有迎合网络热点、幽默夸张的特点，其使用行为与传统商业直接使用名人肖像进行宣传的行为存在区别，本案中的使用情况一般不会使网络用户误认葛优为艺龙网公司产品进行了代言。

6. 因涉案图片大部分为剧照，本案判决仅涉及葛优个人的肖像权，应为剧照权利人留有部分赔偿份额。

葛优提交了800元的公证费票据，其中含针对另一商家的公证内容。其要求艺龙网公司支付律师费和调查取证费等相关费用，但未提交证据，考虑其案件中确有律师出庭代理诉讼，法院对其上述诉讼合理支出亦酌情认定。

综上所述，法院依据《中华人民共和国民法通则》第一百条、第一百二十条第一款，《中华人民共和国侵权责任法》第二十条之规定，判决：一、本判决生效后十日内，被告艺龙网信息技术（北京）有限公司在其运营的"艺龙旅行网"微博账号，针对未经许可使用原告葛优剧照及照片的行为公开发布致歉声明，置顶72小时，三十日内不得删除；声明内容需经本院审核；如不能履行本项判决，本院将在相关媒体公开判决书的主要内容，费用由被告艺龙网信息技术（北京）有限公司负担；二、被告艺龙网信息技术（北京）有限公司赔偿原告葛优经济损失7万元，支付其维权合理支出5000元，以上共计75000元，本判决生效后十日内给付；三、驳回原告葛优的其他诉讼请求。如果艺龙网信息技术（北京）有限公司未按判决指定的期间履行给付金钱义务，应当依照《中华人民共和国民事诉讼法》第二百五十三条之规定，加倍支付延迟履行期间的债务利息。

二审中，当事人没有提交新证据。本院经审理查明，一审法院查明的事实属实，本院予以确认。

本院认为，根据本案二审双方的诉辩主张可知，艺龙网公司对涉案微博侵犯葛优肖像权并无异议，但上诉认为一审法院不应判决其在微博中赔礼道歉，且赔偿数额过高。故本案二审争议的焦点问题主要有二：一是一审法院判决艺龙网公司在其微博中向葛优赔礼道歉是否适当；二是一审法院认定的赔偿数额是否过高。以下分别予以评述。

第一，关于一审法院判决艺龙网公司在其微博中向葛优赔礼道歉是否适当。艺龙网公司二审主张其在接到葛优起诉后及时删除了涉案微博且发表了致歉声明，故法院不应判决其再次于微博中道歉。本院认为，艺龙网公司该项上诉主张不应予以支持，理由有二：其一，赔礼道歉作为一种向对方表示歉意进而请求对方原谅的表达行为，既是道德责任，也是法律责任，两种责任的区别在于，作为民事法律责任承担方式，法律赋予了其强制性的力量。当赔礼道歉作为民事责任承担方式以法院判决的形式作出时，能够更有效地平息当事人之间的纷争，并对社会形成行为指引，其起到的社会效果、公示效果及法律效果与当事人在诉讼之外的道歉显然不同。因此，艺龙网公司认为其诉讼之外的主动道歉等同于法院判决赔礼道歉的观点不能成立。其二，赔礼道歉作为民事责任承担方式的一种具有承认错误、表示歉意并请求对方谅解的功能，是对被侵权人内心伤害的一种填补，与其他责任承担方式不同的是，赔礼道歉的效果难以量化。因此，当一方当事人在诉讼之外已经进行赔礼道歉，但并未得到被侵权人的谅解，且被侵权人在诉讼中仍然坚持要求法院判决赔礼道歉时，法院应对诉讼外的道歉予以审查，确定道歉是否已经达到了应达到的效果，即是否对被侵权人的内心伤害予以弥补。本案中，艺龙网公司确实发布了含有致歉内容的微博，但从整体来看，上述致歉微博的语气表达轻松诙谐，缺乏严肃性，且再次涉及宣传品牌的表述。在葛优不认可该致歉微博且坚持要求法院判决赔礼道歉的情况下，本院认为，上述致歉微博不能达到相应的致歉效果。故在艺龙网公司确实侵犯了葛优肖像权的情形下，一审法院判决艺龙网公司在其微博上公开发布致歉声明并无不当。

第二，关于一审法院认定的赔偿数额是否过高。本院认为，关于经济损失部分，葛优作为著名演员具有较高的社会知名度，其肖像已具有一定商业化利用价值，艺龙网公司对葛优肖像权的侵害，必然导致葛优肖像中包含的经济性利益受损。一审法院综合考虑葛优的知名度、侵权微博的公开程度、艺龙网公司使用照片情况、主观过错程度以及可能造成的影响等因素，酌情确定艺龙网公司赔偿葛优经济损失 70000 元处理适当。关于公证费、律师费事宜，根据《最高人民法院关于审理利用信息网络侵害人身权益民事纠纷案件适用法律若干问题的规定》第十八条第一款之规定，被侵权人为制止侵权行为所支付的合理开支，可以认定为侵权责任法第二十条规定的财产损失。合理开支包括被侵权人或者委托代理人对侵权行为进行调查、取证的合理费用。人民法院根据当事人的请求和具体案情，可以将符合国家有关部门规定的律师费用计算在赔偿范围内。本案中，葛优为制止涉案侵权行为，确实有所花费，一审法院依据相关证据酌定合理维权成本 5000 元亦无不妥，本院予以维持。

综上，艺龙网公司的上诉无事实及法律依据，依法应予驳回。一审判决认定事实清楚，适用法律正确，依法应予维持。依照《中华人民共和国民事诉讼法》第一百七十条第一款第一项规定，判决如下：

驳回上诉，维持原判。

二审案件受理费 550 元，由艺龙网信息技术（北京）有限公司负担（已交纳）。

本判决为终审判决。

审判长　丁宇翔

审判员　白　云

审判员　王国庆

二〇一八年一月二十五日

法官助理　刘雅璠

书记员　张颖岚

案例109：冯勇军与三台县公安局一般人格权纠纷再审审查民事裁定书

四川省高级人民法院
民事裁定书

（2017）川民申5158号

再审申请人（一审原告、二审上诉人）：冯勇军，男，汉族，住四川省三台县。
被申请人（一审被告、二审被上诉人）：三台县公安局，住所地四川省三台县。
法定代表人：侍玉强，局长。

再审申请人冯勇军因与被申请人三台县公安局人格权纠纷一案，不服四川省绵阳市中级人民法院（2017）川07民终1461号民事判决，向本院申请再审。本院依法组成合议庭进行了审查，现已审查终结。

冯勇军申请再审称：一、原审判决认定事实不清。原审判决未对被申请人相关言论是否属实、是否属于造谣进行认定，是否会对申请人社会评价造成影响，客观上是否造成了申请人社会评价的降低进行认定，属于事实认定不清；二、适用法律错误。原审法院对申请人所提交的证据的真实性、合法性、关联性进行了认定，并予以采信，本应支持申请人诉讼请求，却作出了驳回申请人诉求的判决，属于适用法律错误。请求：1.依法撤销原审判决；2.依法改判或发回重审，依法支持申请人要求被申请人停止侵害、赔礼道歉、消除影响并赔偿精神损害抚慰金49999元的请求；3.判决一、二诉讼费由被申请人承担。申请人依据《中华人民共和国民事诉讼法》第二百条第二、第五、第六项的规定申请再审。

本院经审查认为，本案争议焦点是被申请人三台县公安局是否实施了侵害申请人冯勇军名誉权等人格权的侵权行为。原审查明的事实表明，三台县公安局通过澎湃网、新华网、微博等媒介发表的相关言论，有三台县公安局"三公（潼）提捕字"（2016）181号文书、"三公（潼）撤案字（2017）1号"《撤销案件决定书》、"三公（潼）行罚决字（2017）0-1号"《行政处罚决定书》、三台县人民检察院《不批准逮捕决定书》等法律文书及事发路段现场视频资料、澎湃网截图、新华网截图、三台县公安局官方微博截图等证据证实，被申请人三台县公安局并未虚构事实、捏造证据对冯勇军进行诽谤，或使用侮辱性言辞刻意丑化贬低冯勇军，三台县公安局的相关言论虽有部分表述不精准之处，但并非捏造事实或用侮辱诽谤的方式进行损害他人名誉的行为，三台县公安局的相关言论尚不构成对冯勇军名誉的诋毁和侮辱，即三台县公安局并未实施侵害冯勇军名誉权等人格权的侵权行为。冯勇军认为三台县公安局发表的相关言论侵害了其名誉权、荣誉权，缺乏事实依据和法律依据，原审法院据此判决驳回冯勇军要求被申请人三台县公安局停止侵害、赔礼道歉、消除影响并赔偿精神损害抚慰金49999元的诉讼请求并无不当。

　　综上，冯勇军的再审申请不符合《中华人民共和国民事诉讼法》第二百条第二、第五、第六项规定的情形。

　　依照《中华人民共和国民事诉讼法》第二百零四条第一款，《最高人民法院关于适用〈中华人民共和国民事诉讼法〉的解释》第三百九十五条第二款规定，裁定如下：

　　驳回冯勇军的再审申请。

审判长　陈　珂

审判员　周力非

审判员　曹　文

二〇一八年一月二十五日

书记员　罗佳琴

案例 110：康峥雄与新化县公安局治安行政管理一审行政判决书

湖南省新化县人民法院
行政判决书

（2018）湘 1322 行初 1 号

原告：康峥雄，男。

被告：新化县公安局。

法定代表人：欧阳灼亮，该局局长。

委托代理人：彭益鹏，该局公共信息网络安全监察大队副大队长，代理权限为特别授权代理。

委托代理人：杨都行，该局法制大队副大队长，代理权限为一般代理。

原告康峥雄不服被告新化县公安局治安行政管理一案向本院提起诉讼。本院于 2018 年 1 月 2 日立案受理后，依法组成合议庭，公开开庭审理了本案。原告康峥雄，被告新化县公安局的委托代理人彭益鹏、杨都行到庭参加诉讼。被告新化县公安局负责人经本院依法通知未到庭参加诉讼。本案现已审理终结。

被告新化县公安局于 2017 年 12 月 11 日作出新公（网）决字〔2017〕第 2929 号《公安行政处罚决定书》，认定 2017 年 12 月 8 日康峥雄在新浪微博上发帖称"湖南新化一干部举报领导腐败后遭枪击"，经查明该内容属虚假信息。根据《中华人民共和国治安管理处罚法》（以下简称《治安管理处罚法》）第二十五条第一项之规定，决定对康峥雄行政拘留十日。

原告诉称，原告于 2017 年 12 月 3 日收到网传陈某某的实名举报：陈某某是新化县某办事处干部，因其举报以新化县畜牧水产局局长为首的贪污腐败团伙而与其团伙成员刘某某发生激烈冲突，在其家中遭不明枪手开枪袭击，造成一人受伤。原告接到举报后依法按程序处理了此举报。12 月 8 日上午，原告编辑好文章，以微博方式转发给娄底市委宣传部分管新闻的副部长，同时转发给新化县委宣传部外宣办某主任及新化县委书记某秘书。12 月 10 日早晨原告收到外宣办某主任电话后即删除了该微博。12 月 11 日早晨八点半到宣传部做专门汇报，因部长与某某局长在办公室谈事，原告找到外宣办某主任汇报情况后离开。当日下午接到自媒体公众平台湖南爆料吧罗总电话，称他在新化县公安局网监大队，就微博发文的相关情况做了说明，要求原告也去说明一下，原告立即赶到网监大队说明，并要求警方进一步调查核实后再做决定，警方不予采纳，当即宣布处原告"行政拘留十日"。原告认为，被告应经过立案、调查取证、说明理由、当事人陈述与申辩后，才能做出处罚决定，而被告将以上程序全部省略，凭宣传部领导一句话（网监大队大队长打开其手机扬声器与该领导对话）

就做了错误结论，程序违法。另外，被告对枪击案麻木，对枪支弹药来源不去认真调查，草率拘留原告，达到掩盖存在枪击案件事实目的。被告对枪击案线索举报人陈某某和受伤人不去认真调查，就凭一句话拘留一个依法按程序披露案件的爆料人，足以说明被告对枪支弹药管理混乱，也说明被告颠倒黑白，导致冤假错案频频发生之原因。综上所述，根据《中华人民共和国行政处罚法》（以下简称《行政处罚法》）第三条第二款，《行政诉讼法》第七十条，《国家赔偿法》第三条、第三十三条之规定，请求依法判决：一、撤销新公（网）决字〔2017〕第2929号《公安行政处罚决定书》；二、由被告支付原告国家赔偿金2550元，停止侵害、赔礼道歉，依法恢复原告名誉；三、本案诉讼费用由被告承担。

原告为支持其诉讼主张，向本院提交了如下证据材料：

证据1. 新公（网）决字〔2017〕第2929号《公安行政处罚决定书》一份，拟证明被告行政处罚违法。

证据2. "观音土"发出"湖南新化请紧急辟谣"截图一份，拟证明网传未引起重视，有人隐瞒事实真相，串通包庇。

证据3. 以"陈意文"为名发出的"立下遗嘱举报"截图一份，拟证明本案博文来源。

证据4. 与"观音土"通话录音材料一份，拟证明本案博文来源，就算原告稿件内容是假的，也不是原告造假。

证据5. "猛料暂无声！新化一干部举报领导后遭枪击"材料一份，拟证明该文应引起重视。

证据6. 转发博文给娄底宣传部领导一份，拟证明该文应引起重视。

证据7. 转发博文给新化宣传部干部并删除该博文材料一份，拟证明原告已删除博文，达到发该博文目的。

证据8. 新化公安"新化快速查处一起网络谣言案，拘留2人"材料一份，拟证明贪污腐败集团打击报复原告。

证据9. 新化掌上温塘"新化2人散布网络谣言被拘留"材料一份，拟证明贪污腐败集团打击报复原告。

证据10. 掌上新化焦点"新化快速出击，查处一起网络谣言案，行政拘留2人"材料一份，拟证明贪污腐败集团打击报复原告。

证据11. 新化焦点"新化快速出击，查处一起网络谣言案，行政拘留2人"材料一份，拟证明贪污腐败集团打击报复原告。

证据12. "从'12.22'案联想新化曾经三个典型冤案，再现新化公安司法的过去"材料一份，拟证明如果本案博文引起重视并严查就会杜绝冤案。

证据13. 工作简历一份，拟证明原告采访的工作情况。

证据14. 身份证一份，拟证明原告的诉讼主体资格。

证据15. 当代商报工作证一份，拟证明原告有采编资格。

被告新化县公安局辩称，2017年12月8日原告用自己在新浪微博注册的账号"实话实说呗女郎"发帖文"猛料暂无声！新化一干部举报领腐败后遭枪袭击"，帖文中称："自11月27号晚发生激烈冲突后的29号下午，陈某某及家人在工农河自家吃饭时遭遇枪击，从多个视频监控调取中发现，枪击方来自陈某某屋前十米高的保坎处，从阳台外射入，打破玻璃穿入2毫米孔，并将四周玻璃震碎，从后击伤其妻"。帖文在网络媒体迅速转发，在社会上造成一定影响。12月9日，经刑侦大队调查及对文中主人公"陈某某"询问，原告在帖文中所述"陈某某及家人在工农河遭遇枪击，其妻被击伤等情节"纯属编造，陈某某也自述"在工农河没房，与其妻离婚后一直单身，而且文中所配玻璃被击穿的照片纯属移花接木的盗用"。原告的行为构成了虚构事实扰乱公共秩序，事实清楚，证据确实充分，依据《治安管理处罚法》第二十五条第一项之规定做出的新公（网）决字〔2017〕第2929号行政处罚决定合法，被告在办理该案过程中程序合法，对其行政拘留10日处罚幅度适当，请求法院依法驳回原告的诉讼请求。

被告新化县公安局收到本院应诉通知书后，在法定期限内向本院提交了其作出该具体行政行为的下列证据、依据：

证据1. 新公（网）决字〔2017〕第2929号《公安行政处罚决定书》一份，拟证明康峥雄虚构事实扰乱公共秩序被处罚的情况及《公安行政处罚决定书》送达情况。

证据2.《行政处罚审批表》一份，拟证明对康峥雄虚构事实扰乱公共秩序行政处罚审批情况。

证据3.《受案登记表》一份，拟证明康峥雄虚构事实扰乱公共秩序案受案来源。

证据4.《接报案登记表》一份，拟证明康峥雄虚构事实扰乱公共秩序案接报案登记情况。

证据5.《公安行政处罚告知笔录》一份，拟证明告知康峥雄行政处罚情况。

证据6. 常住人口基本信息一份，拟证明康峥雄基本信息。

证据7. 传唤审批表一份，拟证明对康峥雄传唤审批情况。

证据8.《传唤证》一份，拟证明对康峥雄依法传唤。

证据9.《被传唤人家属通知书》一份，拟证明将康峥雄被传唤情况依法通知了其家属。

证据10.《行政拘留执行回执》一份，拟证明康峥雄被行政拘留执行情况。

证据11.《行政拘留家属通知书》一份，拟证明将康峥雄被行政拘留情况依法通知了其家属。

证据12.《行政案件权利义务告知书》一份，拟证明告知康峥雄权利义务。

证据13. 对康峥雄询问笔录一份，拟证明康峥雄对发涉案博文的陈述和辩解。

证据14. "猛料暂无声！新化一干部举报领导腐败后遭枪袭击"材料一份，拟证明原告在微博发帖虚构事实扰乱公共秩序。

证据15. 刑侦大队《说明》一份，拟证明康峥雄所发帖文内容不真实。

证据16. 对陈某某询问笔录一份，拟证明康峥雄帖文中主人公"陈某某"否认该帖文中反映的情况。

经庭审质证，被告对原告提交证据的质证意见：证据1，有异议，被告是合理合法办事；证据2、4、6~12，与本案无关；证据3，跟康峥雄所发帖文内容有区别；证据5，已引起重视，12月9日，县里打电话通知被告对案件进行查实，被告立即到工农河勘察，原告所发微博内容与事实不符；证据13~14，无异议；证据15，与本案无关，涉案文章发文无需工作证。

原告对被告提交证据的质证意见。对证据1，有异议，太草率，先拘禁原告再出示《公安行政处罚决定书》，走的时候（晚上11点钟）给了原告一份，在看守所只给了原告一份。对证据2、3、5~7、9~12、15、16，无异议。对证据4，有异议，原告在2017年12月10

日 8 点 22 分之前删除了涉案微博帖文，同日 8 点 9 分收到新化县委外宣办主任的信息，原告回复涉案微博已删除，报案时间是 2017 年 12 月 11 日，在此之前有关机关就开始处理原告之事时间矛盾。对证据 8，有异议，是在拘留原告时签的，开始没有传唤证，是原告自己主动去说清情况的。对证据 13，有异议，原告当时提出的两个问题未记录，原告给他们提供了玻璃被打碎后的更真实图片，原告所发涉案微博帖文是有来源的，不是捏造事实，原告发布的文章是要引起政府领导重视。对证据 14，有异议，原告只是转发了"陈某某实名举报并立下遗嘱"的帖文，就算是假的，也不是原告造假。

本院对上述证据认证如下。对原告提交的证据 1，系本案被诉具体行政行为，在证据中不作认定。证据 2、4，两证据之间互相矛盾，不予认定。证据 3，与被告对陈某本人询问笔录内容不符，不予认定。证据 5、6，2017 年 12 月 9 日被告就开始调查原告所发微博信息的真实性，说明有关机关已重视该事。证据 7，虽然原告删除了所发微博信息，但还是造成了影响。证据 8~11，因原告没有提供其他证据佐证，对原告举证目的不予认定。证据 12、15，与本案无关，不作认定。证据 13、14，因被告无异议，予以认定。

对被告提交的证据 1，系本案被诉具体行政行为，在证据中不作认定。证据 2、3、5~7、9~12、15、16，因原告无异议，予以认定。证据 4，有关机关处理原告所发微博信息的时间与被告对原告所发微博信息立案时间并不矛盾。证据 8，原告认可是自己主动去被告处，故原告去之前没有传唤证符合法律规定。证据 13、14，因原告没有核实所发微博信息的真实性，对其造成的影响需承担法律责任。

经审理查明，2017 年 12 月 9 日，新化县公安局公共信息网络安全监察大队在工作中发现 2017 年 12 月 8 日有人在新浪微博发帖称"猛料暂无声！新化一干部举报领导腐败后遭枪袭击"。帖文在网络媒体迅速转发，在社会上造成一定影响。2017 年 12 月 11 日被告立案后，依法传唤了原告，将原告被传唤之事通知了原告家属，告知原告权利义务，对该案进行了相关调查取证，告知原告作出行政处罚决定的事实、理由、依据及提出陈述、申辩等权利，原告写明"不提出"。当日被告作出并向原告宣告、送达新公（网）决字〔2017〕第2929 号《公安行政处罚决定书》。决定对原告行政拘留十日（12 月 21 日拘留执行完毕），被告将原告被拘留原因、时间及地点通知了其家属。之后，原告被送交新化县公安局治安拘留所执行。经查明，陈某某陈述"帖文反映事实完全不真实，陈某某在新化县上梅镇工农河没房，与其妻离婚后一直单身，其父母、兄弟姐妹及直系亲属中没有一人参与过工程项目，而且文中所配玻璃被击穿的照片与其父经营的忆江南店的玻璃被打烂的照片完全不符合"。原告也自认"根据'观音土'与他的爆料人的微信聊天内容，加入了'陈某某及家人在工农河自家吃饭时遭遇枪击，从多个视频监控调取中发现，枪击方来自陈某某屋前十米高的保坎处，从阳台外射入，打破玻璃穿入 2 毫米孔，并将四周玻璃震碎，从后击伤其妻'等内容"。原告就所发帖文反映情况的真实性没有找过陈某某本人核实过，也没有到该帖文反映的事发现场调查过。另查明，原告从事过新闻采访工作。

本院认为，本案争议的焦点是被告新化县公安局作出的上述《公安行政处罚决定书》程序是否合法，认定事实是否清楚，证据是否确凿，适用法律、法规是否正确，处罚是否适当；原告诉请判决被告支付原告国家赔偿金，停止侵害、赔礼道歉，依法恢复其名誉是否合法。

被告新化县公安局对原告作出被诉处罚决定前已履行立案、传唤、通知其家属，告知其权利义务和处罚事实、理由、依据，告知其提出陈述、申辩的权利，并进行相关调查取证等行政程序。同时被告依法向原告宣告并送达该《公安行政处罚决定书》，并将原告被拘留之事通知其家属，符合法定程序。

虚假信息是指不真实的，有很大负面影响的信息，特点是误导或欺骗群众。2017年12月8日原告用自己在新浪微博注册的账号"实话实说呗女郎"发帖文"猛料暂无声！新化一干部举报领导腐败后遭枪袭击"，是原告未经核实就散布的信息，该内容属虚假信息。原告作为新闻工作者，本应严守法律底线，恪守行业规则和职业道德，向社会公众提供真实的信息，对自己所发信息的真实性负有核实的义务，但其漠视法律，编造传播虚假信息，误导社会公众，理应承担相应的法律责任。被告据此作出上述《公安行政处罚决定书》认定事实清楚，证据确凿。《治安管理处罚法》第二十五条规定有下列行为之一的，处五日以上十日以下拘留，可以并处五百元以下罚款；……（一）散布谣言，谎报险情、疫情、警情或者以其他方法故意扰乱公共秩序的；……。原告利用网络方式广泛散布虚假信息，谎报警情故意扰乱公共秩序，符合《湖南省公安行政处罚裁量权基准》第一章第一节第十四款（一）项规定：虚构事实扰乱公共秩序情节较重的违法行为情形：……（3）利用网络、短信等方式广泛散布谣言，谎报险情、疫情、警情故意扰乱公共秩序的；……。该《公安行政处罚决定书》决定对原告行政拘留十日，适用法律法规正确，处罚适当。原告提出被告办案程序违法、事实不清、证据不足的意见，与本案事实不符，本院不予采纳。综上，原告要求撤销该《公安行政处罚决定书》的理由不能成立，本院应予驳回；原告另诉请判决被告支付原告国家赔偿金，停止侵害、赔礼道歉，依法恢复其名誉于法无据，应予驳回。基此，依照《中华人民共和国行政诉讼法》第六十九条的规定，判决如下：

驳回原告康峥雄的诉讼请求。

本案案件受理费50元，由原告康峥雄负担。

如不服本判决，可在判决书送达之日起十五日内，向本院递交上诉状，并按对方当事人的人数提出副本，上诉于湖南省娄底市中级人民法院。

审判长　曾海丰
审判员　吴燕燕
人民陪审员　李文华
二〇一八年二月二十四日
代理书记员　李舒怡

案例 111：苏州佰达美纳餐饮管理有限公司与 广州市舜达餐饮管理服务有限公司 名誉权纠纷二审民事判决书

广东省广州市中级人民法院
民事判决书

（2018）粤 01 民终 563 号

上诉人（原审被告）：苏州佰达美纳餐饮管理有限公司，住所地江苏省苏州市。

法定代表人：陈哲。

委托诉讼代理人：郑朝建，江苏容睿律师事务所律师。

委托诉讼代理人：李旭，江苏容睿律师事务所律师。

被上诉人（原审原告）：广州市舜达餐饮管理服务有限公司，住所地广东省广州市。

法定代表人：黄明生。

委托诉讼代理人：邓培启，北京市盈科（广州）律师事务所律师。

委托诉讼代理人：康泳君，北京市盈科（广州）律师事务所律师。

上诉人苏州佰达美纳餐饮管理有限公司（下称佰达美纳公司）因名誉权纠纷一案，不服广东省广州市白云区人民法院（2017）粤 0111 民初 2477 号民事判决，向本院提起上诉。本院依法组成合议庭审理了本案，现已审理终结。

佰达美纳公司上诉请求：撤销一审判决或依法改判；本案一、二审诉讼费由广州市舜达餐饮管理服务有限公司（下称舜达公司）承担。事实与理由：一、一审法院未查明佰达美纳公司在先权利被舜达公司侵害的事实。首先，佰达美纳公司拥有在先权利。1. 著作权。关于"牛牛 makamaka"美术作品：佰达美纳公司法人陈哲自 2013 年 9 月 18 日创作了"牛牛 makamaka"图标作品，完成时依法取得了著作权，2014 年后以"玛卡玛卡"及"牛牛 makamaka"图标名义对外经营冰激凌制品，并通过佰达美纳公司微博在 2014 年 10 月 16 日对外公开了"牛牛 makamaka"图标的使用（见〔2017〕苏苏证经内字第 1146 号公证书第 35 页），且于 2017 年 7 月 3 日进行了作品登记。关于产品图片：在上述 1146 号公证书的第 36 页，佰达美纳公司于 2015 年 9 月 27 日在微博中公开了"MAKAMAKA 滋蛋仔"产品图片，用以宣传，该图片于 2015 年 9 月 23 日拍摄。2. 商标专用权：佰达美纳公司已于 2017 年 8 月 21 日取得"玛卡玛卡滋蛋仔"在 29、35、43 类中的商标专用权，商标注册证号为 20488149，并将"牛牛 makamaka"美术作品中"牛头"申请注册商标，在 2017 年 7 月 21 日获得了第 29 类商标注册证，证号为 19965448A。3. 在先使用的"玛卡玛卡滋蛋仔"品牌。在第 1146 号公证书的第 35 页，佰达美纳公司在 2014 年 10 月 16 日广告牌使用"玛卡玛卡"，在第 36 页的 2015 年 9 月 27 日微博网页放置"MAKAMAKA 滋蛋仔"图片及配文字

"快来平江路玛卡玛卡一起滋蛋仔吧！"，在第42页2016年3月25日"玛卡玛卡滋蛋仔"广州汕尾店开业等信息，在先创立品牌并使用，目前连锁店近百家。其次，舜达公司侵犯了佰达美纳公司在先权利。1. 侵犯"牛牛makamaka"美术作品及产品图片著作权。在〔2017〕苏苏证经内字第1299号公证书（舜达公司网页）中，第18～21、23、29、30、33、36、39～1页"牛牛makamaka"图标图片，与佰达美纳公司法人享有著作权的图片对比一致。舜达公司一审称2016年才开设了"玛卡玛卡滋蛋仔"店铺，而在第1299号公证书中的第22、38页产品图片，与佰达美纳公司的第1146号公证书中第36页2015年9月27日微博公开的"MAKAMAKA滋蛋仔"的产品图片，是同一张图片，属于擅自使用他人著作权，侵犯了佰达美纳公司产品图片著作权。2. 佰达美纳公司已取得"玛卡玛卡滋蛋仔"在29、35、43类中及"牛头"图像在29类中的商标专用权。佰达美纳公司法人"牛牛makamaka"作品著作权在2013年9月18日完成创作，2014年10月16日公开发表，同年还制定了品牌路线，从经营小店铺到开设佰达美纳公司，该公司将"牛牛makamaka"作品突出使用在"玛卡玛卡滋蛋仔"品牌经营中，市场反应较好，并有多家加盟店。舜达公司未经允许，在经营中擅自使用佰达美纳公司创立在先的品牌和著作权产品，于2016年5—6月开始模仿并使用"玛卡玛卡滋蛋仔"品牌，且结合"牛牛makamaka"图片一起使用，足以引人误以为是他人商品或与他人存在特定联系的混淆行为，构成不正当竞争，违反了《不正当竞争法》第六条第（四）项规定，不利于市场经济健康发展。3. 佰达美纳公司虽通过网页发布了"骗子公司"等言语，但因该公司在先权利被侵犯，出于对自己苦心经营的市场品牌的维护和担心才做出的，是有正当理由，也因气愤一时言语过激，已于2017年7月在微博中删除了涉及舜达公司不当的内容。虽佰达美纳公司尚未对舜达公司提起侵权之诉，这是因佰达美纳公司不懂得诉讼维权，所以在舜达公司侵犯权利后，加盟商及消费者反映经营受到影响，佰达美纳公司采取上述自行救济方式来维权，作出了声明和一些过激言论，情有可原。二、佰达美纳公司言论虽针对舜达公司，即使一审法院认定侵犯其名誉权，但赔偿金明显过高。

审法院在认定侵权时考虑的综合因素不足，对佰达美纳公司不公平，毕竟该公司是在先权利的拥有者，应当降低赔偿金。且对于道歉，佰达美纳公司虽表述言语不当，然有合理事由，愿意对舜达公司致歉，但无需采取登报方式。

舜达公司答辩称：一审判决正确，请求维持原判。事实与理由：本案中，佰达美纳公司主要侵权行为是其在官方微博上发布内容称舜达公司假冒品牌，是"骗子公司""皮包公司"。即使后来佰达美纳公司取得了"玛卡玛卡滋蛋仔"的商标权，但其在发布微博期间，是未获批准商标权的，故不能认定舜达公司假冒其品牌，也无证据认定舜达公司就是骗子公司。如佰达美纳公司认为舜达公司侵犯或存在不正当竞争，应采取法律途径，而非在网上发布文章诋毁、诽谤舜达公司名誉。佰达美纳公司通过非法途径去维护其不存在的权利，造成他人权利受到侵犯，应承担相应法律后果。

舜达公司一审诉讼请求为：一、佰达美纳公司立刻停止诋毁商誉等侵犯名誉权的行为，立刻删除名为"玛卡玛卡滋蛋仔"的微博中对舜达公司恶意诋毁及声称舜达公司是骗子公司的所有文章；二、佰达美纳公司赔偿因其侵权行为给舜达公司造成的经济损失人民币10万元；三、佰达美纳公司赔偿舜达公司为调查侵权行为支付的合理费用23000元（公证费3000元，律师费20000元）；四、佰达美纳公司在其官网主页、微博公众号上发表道歉声明，以消除影响；五、佰达美纳公司承担本案诉讼费用。

一审法院查明：舜达公司是 2014 年 9 月 22 日成立的有限责任公司。佰达美纳公司是 2015 年 12 月 28 日成立的有限责任公司。2016 年 7 月 5 日，舜达公司向国家工商行政管理总局商标局递交商标"玛卡玛卡滋蛋仔"在国际分类 43 类、35 类的商标注册申请，但至今未获准予。2016 年 6 月 30 日，佰达美纳公司向国家工商行政管理总局商标局递交商标"玛卡玛卡滋蛋仔"在国际分类第 43 类、35 类、29 类的商标注册申请，但至今未获准予。微博名"玛卡玛卡滋蛋仔"是佰达美纳公司的官方微博，截至 2016 年 11 月 18 日，该微博的关注数为 224 人，粉丝为 10442 人。

本案的争议焦点为：佰达美纳公司是否存在侵权事实，舜达公司、佰达美纳公司对此发表如下意见。

舜达公司主张，佰达美纳公司在其微博名"玛卡玛卡滋蛋仔"的网页中声称舜达公司是"骗子公司""诈骗""皮包公司"，是恶意中伤、诽谤舜达公司，舜达公司、佰达美纳公司对"玛卡玛卡滋蛋仔"品牌的原创存在争议，双方都申请了注册商标，但至今都没有获得批准，佰达美纳公司并不具有商标专用权，该品牌也不是驰名商标，故法律并没有禁止舜达公司使用该品牌，佰达美纳公司指责舜达公司假冒该品牌毫无事实和法律依据；舜达公司有营业执照，且依法纳税，有办公场地、员工等，从 2014 年 9 月 22 日成立以来，连续经营至今，经营状况良好，怎么就成了"皮包公司"。至于蔡仕安要求退回 6 万元加盟费的事情，只是舜达公司与客户正常的合作纠纷，经过双方协商，已经达成和解协议，加盟费已经退回给蔡仕安，佰达美纳公司却以此为由反复多次在其微博中宣称舜达公司是"骗子公司"，损害舜达公司名誉，并就此提交证据《公证书》，《公证书》显示：微博名"玛卡玛卡滋蛋仔"分别在 2016 年 6 月 27 日发表一篇微博"亲们，这个网站是假的哦，这家公司盗用我们图片进行诈骗……"；在 2016 年 8 月 22 日发表三篇微博分别是"4 问揭穿广州舜达餐饮及其他仿冒网站骗局""关于广州市舜达餐饮管理服务有限公司侵权假冒我公司玛卡玛卡滋蛋仔品牌事宜，我公司现郑重声明，我公司已提起诉讼，广州白云区人民法院已经受理此案，我们将通过法律途径打击假冒皮包公司！要提醒想加盟玛卡玛卡滋蛋仔的朋友，提高警惕、防止受骗上当！否则被骗的钱是无法追回……""被广州舜达餐饮管理有限公司诈骗的先生已无法追回款项，现已起诉广州舜达"；在 2016 年 8 月 26 日发表一篇微博是"当所有受害者发现被骗，通过法律途径起诉舜达时候，广东舜达，做贼心虚，就做出以下举措，连商场都不承认你们，知道舜达是山寨冒牌货，拒绝了他们，真是够丢人的！我希望每一位想创业的朋友，睁大你们的双眼，通过法律途径追回自己的血汗钱，我们也愿意和你们一起来揭发骗子的丑恶嘴脸"；在 2016 年 9 月 9 日发表一篇微博分别是"希望这位网友看到能联系我们，共同揭发丑恶的骗子公司，豆瓣：广州舜达餐饮大骗子，骗我 8 万血汗钱，怎么办啊？"；在 2016 年 10 月 28 日发表一篇微博是"商家们要睁大双眼广州舜达餐饮专门干诈骗的众所周知泰芒了是厦门赖三金的品牌松枝记是山东的品牌喜茶更不用说了因为这些品牌原公司全部注册了一旦你们加盟了舜达投资血本无归还要吃官司都要做出赔偿的，想清楚后果啊！"。经质证，佰达美纳公司对舜达公司提交的公证书的真实性认可，但认为没有关联性，佰达美纳公司在微博中陈述均属实。

佰达美纳公司主张，该公司并未实施侵犯舜达公司名誉权的行为，该公司陈述的内容均属实，佰达美纳公司陈述的"骗子公司"符合普通民众的对舜达公司行为的判断，出发点也是为了维护佰达美纳公司及其客户的利益，即使过于激烈也是可以理解的，舜达公司先实施了不当行为才导致了佰达美纳公司后续的评价，所述内容均属实，无侵害舜达公司名誉的主观恶意，舜达公司的行为对损害的发生有过错，即使佰达美纳公司有过错，最多属于轻微过失，微博中没有侮辱人格的内容，并就此提交了证据公证书（大众点评、微博公众号内容）、品牌特许经营授权合同、佰达美纳公司商标注册受理通知书及申请信息、佰达美纳公司商品的原图及客户评价截图、律师函及邮寄单、民事裁定书、公证书（舜达公司网站、官方微信公众号）、舜达公司商标注册申请信息、百度网页截图、豆瓣网页截图、蔡仕安经销合作合同及民事裁定书、杨锦添退款协议、民事判决书（赖三金餐饮管理公司诉舜达公司）。经质证，舜达公司认为，对公证书（大众点评、微博公众号内容）、佰达美纳公司商标注册受理通知书及申请信息、民事裁定书、公证书（舜达公司网站、官方微信公众号）、舜达公司商标注册申请信息、蔡仕安经销合作合同及民事裁定书、杨锦添退款协议、民事判决书（赖三金餐饮管理公司诉舜达公司）的真实性认可，关联性不认可，民事裁定书主体与本案不同，民事判决书尚未生效，蔡仕安经销合作合同及民事裁定书只是舜达公司与蔡仕安的合作纠纷；对品牌特许经营授权合同三性不认可；对佰达美纳公司商品的原图及客户评价截图没有原件，三性不认可；对律师函及邮寄单不认可，没有收到；对百度网页截图、豆瓣网页截图，没有原件，三性不认可。

另查，一审法院在法院系统查询，蔡仕安起诉舜达公司的合同纠纷案〔案号（2016）粤0111民初9771号〕，蔡仕安已于2016年9月5日提出撤诉申请，法院予以准予。一审法院在法院系统查询，赖三金餐饮管理公司（以下简称赖三金公司）起诉舜达公司的不正当竞争纠纷案〔案号（2016）粤0111民初10492号〕案件，一审法院判决认为"赖三金公司与舜达公司均从事关于'泰芒了'产品的店铺加盟业务，属于同业竞争关系……本案中，舜达公司并未合理说明其所称的"厦门某公司"的企业名称，亦未对其微信公众号使用的图片和评论内容的来源，及其发布文章内容的真实性进行合理说明，故一审法院认定舜达公司的上述行为构成虚假宣传和商业诋毁的不正当竞争行为"，该一审判决尚未生效。佰达美纳公司陈述，舜达公司提交的《公证书》中提及的微博内容尚未删除。

以上事实，有公证书、百度网页截图、豆瓣网页截图、商标注册申请信息及当事人陈述等证据证实。

一审法院认为，《最高人民法院关于贯彻执行〈中华人民共和国民法通则〉若干问题的意见（试行）》第140条第二款规定："以书面、口头等形式诋毁、诽谤法人名誉，给法人造成损害的，应当认定为侵害法人名誉权的行为。"本案中，佰达美纳公司认可其在官方微博中主要发表以下内容：（一）舜达公司盗用佰达美纳公司的图片；（二）舜达公司假冒佰达美纳公司"玛卡玛卡滋蛋仔"品牌，是假冒皮包公司；（三）共同揭发骗子公司，并引用"广州舜达餐饮大骗子，骗我8万血汗钱"（即关于蔡仕安与舜达公司之间加盟的事件文章）；（四）舜达公司是"专门干诈骗的，众所周知泰芒了是厦门赖三金的品牌"，但佰达美纳公司提交的证据并不能有效证实：（一）舜达公司所使用的图片为佰达美纳公司所有；（二）佰达美纳公司提交的现有证据显示舜达公司、佰达美纳公司双方都有向商标局申请"玛卡玛卡滋蛋仔"品牌的商标注册权，虽申请时间略有先后，但双方至今均未获批，现有证据不足以证实该商标的专用权已为佰达美纳公司所拥有，即不足以证实舜达公司是假冒佰达美纳公司品牌，是"皮包公司"；（三）现有证据显示蔡仕安与舜达公司之间加盟事件并未被相关权力机关认定为诈骗案件，该案件仅是一般的民事合同纠纷，即不足以以此证实舜达公司是"骗子公司";(四)现有证据不足以证实"泰芒了"等品牌全部注册,即不足以证实舜达公司是"专门干诈骗的"。因此,一审法院认为,佰达美纳公司在未有充分证据证实舜达公司有"诈骗"行为时,就在其官方微博上使用反复使用"诈骗""骗子公司""皮包公司"等具有明显贬损舜达公司名誉的字眼对舜达公司进行评价,丑化了舜达公司的人格,舜达公司诉请要求佰达美纳公司立即停止该侵犯舜达公司名誉权的行为,即删除其名为"玛卡玛卡滋蛋仔"的微博中侵犯舜达公司名誉权的内容,合理合法,一审法院予以支持。

关于赔偿损失问题,一审法院认为,佰达美纳公司的行为已侵害舜达公司名誉权,舜达公司主张佰达美纳公司赔偿其经济损失,合理合法,一审法院予以支持。舜达公司主张的公证费和律师费,有相应票据予以证实,一审法院予以支持。由于双方当事人均未提交充分证据证实舜达公司因侵权行为遭受的损失,或佰达美纳公司因侵权所获利情况,故一审法院综合考虑舜达公司的知名度,佰达美纳公司的主观过错及纠错态度、侵权形式、期间、后果等因素,酌情确定赔偿损失数额为100000元(含公证费、律师费的合理损失)。

关于赔礼道歉的方式,考虑到消除影响、赔礼道歉的范围应与侵权行为造成的不良影响范围相当,佰达美纳公司侵犯舜达公司名誉权,且以互联网形式传播,一审法院认为佰达美纳公司应在其名为"玛卡玛卡滋蛋仔"微博上刊登致歉声明。

据此,一审法院于2017年11月13日作出判决:一、佰达美纳公司于本判决生效之日起,立即删除其名为"玛卡玛卡滋蛋仔"的微博中侵犯舜达公司名誉权的内容;二、佰达美纳公司于本判决生效之日起七日内,赔偿舜达公司经济损失100000元(含公证费、律师费的合理损失);三、佰达美纳公司于本判决生效之日起七日内,在其名为"玛卡玛卡滋蛋仔"微博上刊登致歉声明(刊登时间不得少于一个月,该致歉声明的内容及刊登位置须通过一审法院审查,如逾期未履行上述判决义务,将由一审法院在《人民法院报》上登载判决书主要内容,费用由佰达美纳公司负担);四、驳回舜达公司的其他诉讼请求。如果未按本判决指定的期间履行给付金钱义务,应当依照《中华人民共和国民事诉讼法》第二百五十三条之规定,加倍支付迟延履行期间的债务利息。案件受理费1115元,由舜达公司负担208元,由佰达美纳公司负担907元。

二审中,佰达美纳公司提交了如下证据:1. 著作权证书及设计底稿,以证明其法定代表人于2013年设计"牛牛makamaka"图标。2. 第19965448A号商标注册证及商标查询信息,以证明"牛头"图标经佰达美纳公司于2016年5月16日申请,核准为注册商标,于2017年7月21日注册公告。3. 第20488149号商标注册证,以证明佰达美纳公司是"玛卡玛卡滋蛋仔"商标权利人,是在2016年6月3日申请注册的,于2017年8月21日注册公告。4. 产品图片,以证明佰达美纳公司于2015年9月23日自行拍摄产品图片,制作使用,对产品图片享有著作权。而舜达公司侵犯了佰达美纳公司摄影作品的著作权。舜达公司质证称:对证据1真实性、合法性无异议,对关联性有异议。佰达美纳公司认为舜达公司侵权,应该正常维权,不应在网上恶意诋毁。对证据2、3真实性、合法性无异议,关联性有异议。佰达美纳公司发表侵权微博时,未获得商标注册许可,舜达公司没有假冒商标。佰达美纳公司后来得到注册许可,认为舜达公司之前的行为侵权没有法律依据。证据4无原件,对真实性、合法性、关联性均有异议。

针对本院询问,舜达公司称其公司使用的牛头图案是其公司设计师设计,产品的摄影图片也是公司员工自行拍摄。舜达公司未回复本院关于(2016)粤0111民初9771号判决是否生效的询问。经查询，佰达美纳公司在"玛卡玛卡滋蛋仔"新浪微博账号上发表的案涉微博均已经删除。

二审查明的其他事实与一审查明事实一致。

本院认为，本案中，舜达公司主张佰达美纳公司在其运营的官方新浪微博"玛卡玛卡滋蛋仔"账号中发表案涉7条微博指称舜达公司为"骗子公司""骗子网页""皮包公司""专门干诈骗的"，侵犯其名誉权；佰达美纳公司主张舜达公司盗用其牛头图标及"玛卡玛卡滋蛋仔"的商标，侵犯其著作权，虚假宣传，不正当竞争在先，其在官方微博中发表的相关言论有事实依据，符合社会一般认知，是为了维护自身及客户的利益，不构成侵权。审查双方诉辩意见以及提交的证据，本院认为现有证据足以证明案涉牛头图标是由佰达美纳公司法定代表人设计并由佰达美纳公司在先使用，"玛卡玛卡滋蛋仔"的商标也是由佰达美纳公司在先使用；佰达美纳公司在先向国家商标局申请"玛卡玛卡滋蛋仔"商标注册并获许可，而舜达公司提交的注册申请未获许可。舜达公司与佰达美纳公司使用的"玛卡玛卡滋蛋仔"产品图片高度相似。舜达公司称案涉牛头图标及"玛卡玛卡滋蛋仔"的产品图片均是由公司员工自行设计或拍摄所得，对此未提交任何证据予以证实，本院对其主张不予采纳。结合佰达美纳公司提交的著作权证书及设计底稿、产品图片，对比舜达公司网页及佰达美纳公司网页中发布的案涉牛头图标及"玛卡玛卡滋蛋仔"产品图片，根据经验法则，本院认定佰达美纳公司主张舜达公司盗用其牛头图标及玛卡玛卡滋蛋仔产品图片进行虚假宣传，进行不正当竞争有事实依据。另外，（2016）粤0111民初9771号民事判决认定舜达公司存在虚假宣传和商业诋毁的不正当竞争行为，舜达公司一审时辩称该判决尚未生效，但二审中未按指定期限回复关于该判决是否生效的询问，应承担不利后果。

本案为一般侵权责任纠纷，应适用《中华人民共和国侵权责任法》第六条第一款的规定审查处理。该款规定：行为人因过错侵害他人民事权益，应当承担侵权责任。《最高人民法院关于审理利用信息网络侵害人身权益民事纠纷案件适用法律若干问题的规定》第十一条规定："网络用户或者网络服务提供者采取诽谤、诋毁等手段，损害公众对经营主体的信赖，降低其产品或者服务的社会评价，经营主体请求网络用户或者网络服务提供者承担侵权责任的，人民法院应依法予以支持。"所谓诋毁、诽谤法人的名誉，一般是指虚构、捏造事实、编造事实或隐瞒事实真相贬损法人的社会评价、商业声誉。现行法律禁止诋毁、诽谤法人的名誉，法人的名誉权受法律保护。

审查佰达美纳公司在其官方微博账号"玛卡玛卡滋蛋仔"中发表的案涉7条微博，指称舜达公司是"骗子公司、皮包公司、专门干诈骗的以及皮包公司"，虽其主观上是为了维护自身及客户的合法权益，客观上是基于舜达公司盗用佰达美纳公司牛头图标及"玛卡玛卡滋蛋仔"产品图片进行虚假宣传的事实，佰达美纳公司在案涉微博中陈述的舜达公司与厦门赖三金"泰芒了"的有关品牌纠纷有（2016）粤0111民初9771号民事判决为证，并非捏造或杜撰，但佰达美纳公司使用的言辞仍然超出了必要的限度，给舜达公司的名誉造成了一定的损害，侵犯了舜达公司的名誉权，应承担相应的民事责任。一审法院判决佰达美纳公司删除案涉微博中的侵权部分，并要求佰达美纳公司在其运营的"玛卡玛卡滋蛋仔"新浪微博账号中刊登致歉声明并无不当。关于赔偿损失问题，依据《中华人民共和国侵权责任法》第二十六条的规定："被侵权人对损害的发生也有过错的，可以减轻侵权人的责任。"如前所述，舜达公司盗用佰达美纳公司的牛头图标及产品图片进行虚假宣传，确有过错，且佰达美纳公司已经删除了案涉微博，综合全案案情，本院改判佰达美纳公司向舜达公司赔偿包括为制止侵权行为所支付的合理开支在内的损失为30000元。

综上所述，佰达美纳公司上诉请求调低赔偿损失金额依据充分，本院予以相应支持；其他上诉请求不成立，本院不予支持。依据《中华人民共和国民事诉讼法》第一百七十条第一款第二项、第三项之规定，判决如下：

一、维持广东省广州市白云区人民法院（2017）粤0111民初2477号民事判决第一项、第三项、第四项及其受理费负担的决定。

二、变更广东省广州市白云区人民法院（2017）粤0111民初2477号民事判决第二项为：苏州佰达美纳餐饮管理有限公司于本判决生效之日起七日内，一次性赔偿广州市舜达餐饮管理服务有限公司经济损失30000元（含公证费、律师费的合理开支）。

案件受理费1115元，由苏州佰达美纳餐饮管理有限公司负担。

本判决为终审判决。

审判长　年　亚

审判员　乔　营

审判员　张蕾蕾

二〇一八年三月六日

书记员　何　晶　曾凡峰

案例112：刘翔与北京全峰快递有限责任公司肖像权纠纷一审民事判决书

北京市海淀区人民法院
民事判决书

（2017）京0108民初6893号

原告：刘翔，男，汉族，运动员，住上海市普陀区。

委托诉讼代理人：朱彩红，北京市律通律师事务所律师。

被告：北京全峰快递有限责任公司，住所地北京市北京经济技术开发区永昌北路3号。

法定代表人：陈加海，总经理。

委托诉讼代理人：李杰，男，北京全峰快递有限责任公司员工。

委托诉讼代理人：刘文锋，男，北京全峰快递有限责任公司员工。

被告：北京微梦创科网络技术有限公司，住所地北京市海淀区东北旺西路中关村软件园二期（西扩）N-1、N-2地块新浪总部科研楼。

法定代表人：刘运利，执行董事。

委托诉讼代理人：刘超，男，北京微梦创科网络技术有限公司法务。

委托诉讼代理人：郭凌云，男，北京微梦创科网络技术有限公司法务。

　　原告刘翔与被告北京全峰快递有限责任公司（以下简称全峰快递）、北京微梦创科网络技术有限公司（以下简称北京微梦公司）肖像权纠纷一案，本院受理后，依法适用普通程序公开开庭进行了审理。原告刘翔的委托诉讼代理人朱彩红，被告全峰快递的委托诉讼代理人李杰到庭参加了诉讼。被告北京微梦公司经本院合法传唤，无正当理由未到庭参加诉讼，本院依法缺席审理。本案现已审理终结。

　　原告刘翔向本院提出诉讼请求，请求法院判令：1. 全峰快递在其涉嫌侵权的新浪微博首页置顶位置向刘翔公开赔礼道歉，要求致歉内容应包含本案判决书案号、侵权图片名称、侵权图片及使用位置，道歉时间不少于30日；2. 全峰快递赔偿刘翔经济损失30万元，维权成本等合理开支1万元；3. 由全峰快递承担本案诉讼费。事实与理由：全峰快递于2013年6月1日在主办的官方新浪微博账号"全峰快递集团"中发布了使用刘翔图片的配图微博，具有明显的商业属性，极易使众多浏览者及消费者误认为刘翔系全峰快递代言人或与全峰快递存在某种合作关系，严重影响了刘翔正常的商业代言活动。全峰快递和北京微梦公司涉嫌侵犯刘翔的肖像权，故诉至法院。

　　被告全峰快递辩称：不同意刘翔的诉讼请求。侵权事实不予认可，全峰快递没有使用过含有刘翔肖像的图片。而且该微博账户影响力很小，公证书只能说明公证当天的情况，不能说明持续影响，请求驳回刘翔的诉讼请求。

被告北京微梦公司提交了书面答辩状，称：1. 我公司在微博网站经营过程中并不存在对原告的侵权故意或过失，在本案中无主观过错，不符合侵权行为的主观要件，不构成侵权行为；2. 对于涉案微博中的图片，原告并未事先通知我公司并举证要求删除，我公司应予免责；3. 涉案图片已不存在。综上，不同意原告的诉讼请求。当事人围绕诉讼请求依法提交了证据，本院组织当事人进行了证据交换和质证。本院认定如下。

刘翔系中国知名运动员。就涉诉图片肖像权归属，刘翔同时提供"刘翔"百度百科网络打印件。新浪微博用户"全峰快递集团"确由全峰快递注册使用。北京市方正公证处于2016 年 7 月 18 日出具了（2017）京方正内民证字第 38029 号《公证书》证明：该微博用户于 2013 年 6 月 1 日推送了文字内容为"【电商捉急，'奇葩'方式大战：使出杀手锏——极速物流与刘翔赛跑】中国的电商网站正在将物流效率推向极致，分秒必争的速度之战已经上演。近日，继易迅推出'一日三送'服务后，京东也即将推出'极速达''夜间配'等特色服务。业内人士：极速物流带来的用户体验已经成为电商争抢订单的杀手锏。@速途网"的微博，使用了刘翔跨栏的图片作为配图，该微博显示没有转发评论点赞。

刘翔主张合理支出提交公证费发票，公证书中包含对其他案外人涉嫌侵权的公证，未提交律师费发票。

以上事实，有公证书、网页打印件、公证费发票等证据材料为证，本院的庭审笔录等亦在案佐证。

本院认为，根据刘翔提交的证据可以印证涉诉微博配图与刘翔肖像的同一性。肖像，是指以一定的物质形式再现的自然人的形象。肖像权是自然人所享有的对自己肖像上所体现的人格利益为内容的一种具体人格权，是以肖像所体现的精神利益和物质利益为内容的民事权利。在无相反证据的情况下，刘翔作为肖像权人，对自己肖像的商业使用价值享有支配权，他人未经许可不得以营利为目的使用其肖像。

全峰快递在微博中使用了刘翔的肖像，构成侵犯肖像权，应承担相应侵权责任。刘翔要求全峰快递公开赔礼道歉的请求，于法有据，本院予以支持，但公开道歉的范围应以全峰快递侵权影响的范围为限。刘翔未提交证据证实因人身权益受侵害造成的财产损失或者全峰快递因此获得的利益，本院根据具体案情，综合考虑刘翔肖像所具有的商业价值，全峰快递对其肖像的具体使用方式、范围、时间和影响予以酌定。刘翔要求赔偿合理维权支出，本院在合理范围内酌情支持。

北京微梦公司作为新浪微博的管理者，系为新浪微博用户提供微博平台的网络服务提供者，其并未对涉案微博进行任何编辑、修改，且本案未有证据证明刘翔给其发送了要求删除涉案微博的通知书。北京微梦公司难以注意到涉案微博上载有刘翔肖像以及该行为构成侵权，涉案微博现已删除，故北京微梦公司并无主观过错，不应承担侵权责任，北京微梦公司未到庭参加诉讼，不影响本院在查清事实的基础上依法作出裁判。

综上，依据《中华人民共和国民法通则》第一百条、第一百二十条第一款，《中华人民共和国侵权责任法》第二条、第六条、第二十条，《中华人民共和国民事诉讼法》第一百四十四条之规定，判决如下：

一、本判决生效之日起十日内，被告北京全峰快递有限责任公司在其新浪微博显著位置，持续 18 小时登载致歉声明，向原告刘翔赔礼道歉（致歉内容须经本院审核，被告北京全峰快递有限责任公司逾期不履行，本院将依原告刘翔申请，选择一家全国发行的报刊，刊登判决主要内容，费用由被告北京全峰快递有限责任公司负担）；

二、本判决生效后十日内，被告北京全峰快递有限责任公司向原告刘翔赔偿经济损失及合理支出共计7500元；

三、驳回原告刘翔的其他诉讼请求。

如被告北京全峰快递有限责任公司未按本判决所指定的期间履行给付金钱义务，则应依据《中华人民共和国民事诉讼法》第二百五十三条之规定，加倍支付延迟履行期间的债务利息。

案件受理费1850元（原告已预交），由原告刘翔负担1000元（已交纳），由被告北京全峰快递有限责任公司负担850元（于本判决生效后七日内交纳）。

如不服本判决，可于判决书送达之日起十五日内向本院递交上诉状，并按对方当事人的人数提出副本，交纳上诉案件受理费，上诉于北京市第一中级人民法院。如在上诉期满后七日内未交纳上诉费的，按自动撤回上诉处理。

审判长　罗海艳

审判员　张江洲

审判员　刘君婕

二〇一八年三月十日

书记员　武　晴

案例113：蒯磊与吕梅名誉权纠纷一审民事判决书

上海市徐汇区人民法院
民事判决书

（2016）沪 0104 民初 23658 号

原告： 蒯磊，男，汉族，户籍地安徽省。
委托诉讼代理人： 竺培艺，上海邦信阳中建中汇律师事务所律师。
被告： 吕梅，女，汉族，户籍地江苏省徐州市。
委托诉讼代理人： 梁瑛，上海锦天城（厦门）律师事务所律师。
委托诉讼代理人： 沈得志，上海锦天城（厦门）律师事务所实习律师。

原告蒯磊与被告吕梅名誉权纠纷一案，本院于 2016 年 7 月 12 日立案后，依法适用普通程序，公开开庭进行了审理。原告蒯磊的委托诉讼代理人竺培艺，被告吕梅的委托诉讼代理人梁瑛、沈得志到庭参加诉讼。本案现已审理终结。

蒯磊向本院提出诉讼请求：1. 判令被告停止侵害原告名誉权的行为，删除在其新浪微博中的侵权文章；2. 判令被告向原告书面赔礼道歉、消除影响、恢复名誉；3. 判令被告赔偿原告经济损失 30 万元；4. 判令被告赔偿原告精神损害抚慰金 5 万元；5. 本案诉讼费由被告负担。事实和理由：原、被告原系恋爱关系，原告系上海荟旭文化传播有限公司股东及法定代表人。2015 年 10 月 13 日，名为"关爱成长八卦协会"的微信公众号根据被告朋友提供的爆料材料，推送了一篇题为《超级大八卦！关键字：女明星、劈腿、脚踏多条船、渣男》的文章，文章中指称原告在与被告恋爱期间同时与其他多位女性交往并附上了诸多原、被告之间的微信聊天记录截图、合照截图，以及被告与其所谓原告同时交往的女性陈某的聊天记录截图。在原告现女友和原告先后通过网络发文予以否认后，被告于 2015 年 10 月 16 日在其注册的新浪微博上发布了一篇题为《真爱生命远离渣男》的文章，陈述其如何发现原告同时交往多名女性的过程并直呼原告为"渣男"，该微博文章点击率已超百万次。同日，被告又发布了一篇《部分证据和照片以及聊天记录》的微博文章，其中附有陈某的微博截图、被告的自拍照、被告与陈某的聊天记录截图以及原、被告的聊天记录截图。次日，原告从网友处得知，在原告与被告分手后，被告始终心怀愤恨，为此策划了此次所谓原告丑闻的爆料，企图损害原告名誉并达到炒作被告所经营的网店的目的。此后被告不断在新浪微博发布有关原告制造假证据、"脚踏多条船"的内容，每条微博均有上千条评论，且均是对原告的负面评价。被告上述虚假陈述、侮辱、诽谤原告，宣扬原告隐私的侵权行为，导致原告名誉受到极大损害，原告公司所经营的项目也不得不搁置，且有大量客户流失，造成巨大的经济损失。为此诉至法院，要求被告依法承担侵权责任。

吕梅辩称，原、被告在2015年3月相识并确立恋爱关系。随着双方交往的深入，被告发现原告在同一时期至少与被告及案外人陈某、张某、叶某四位女性有恋爱关系，在与叶某确立恋爱关系后，原告才陆续与其他三人以不明确的方式结束了关系。被告与陈某在本次事件发生前并不相识，在2015年4月被告在网络上看到陈某于同年3月发布的"买家秀"照片，发现其背景是在原告家，且其与原告微博互相关注，在与陈某沟通后，被告发现原告有与被告、陈某同时交往的情况，之后在与原告微信核实过程中，原告单方中断联系交流，进一步证实了被告的怀疑。同时根据叶某在电视节目中所陈述内容可以推断原告也是在同一期间与其确立恋爱关系。2015年9月14日"关爱成长八卦协会"微信公众号以字母代号方式首次披露了原告（网名"小默先生"）可能存在"脚踏多条船"的情况，2015年10月13日又发布了《超级大八卦！关键字：女明星、劈腿、脚踏多条船、渣男》的文章，但文章内容并非被告爆料，也并非被告让他人爆料。上述微信公众号信息来源具有多样性，且由于微博内容相对公开，任何人都可以获取个人微博所发布的信息。2015年10月15日叶某在其官方实名新浪微博中指名对被告进行攻击，同日原告也在其官方实名新浪微博中否认存在不当行为并伪造被告与他人的微信对话截图，意图污蔑被告为炒作网店恶意制造话题。在微博号被披露后，被告迫不得已在2015年10月16日于个人微博中发布了《真爱生命远离渣男》的文章，叙述了从与原告恋爱到分手的整个过程，但其中人物均以字母代称。被告文章发布后，张某主动联系了被告，披露其是原告同期交往的女友之一。

被告认为，新浪微博已成为个人记录日常生活点滴的社交分享平台，在原被告确立恋爱关系后，被告即已通过其新浪微博发布双方日常相处感受。被告微博文章、信息是其个人亲身经历事件，宣扬或披露他人隐私不成立，同时相关微博内容不存在虚假陈述及对他人的诽谤、侮辱，虽然对原告使用了"渣男"的表述，但其仅是作为前女友在受到背叛后的一种情绪宣泄。故被告的涉案行为不属于侵权行为；原告同时与多名女性保持恋爱关系的行为有违公序良俗，故被告作为当事者在个人微博中予以披露，符合社会公共利益；所谓原告的丑闻由微信公众号"关爱成长八卦协会"披露，原告并无证据证明此与被告有关，故被告并非承担本案侵权责任的适格主体；案外人叶某作为具有一定知名度的艺人和公众人物，首先在媒体上高调公开与原告的恋情并在各种场合秀恩爱，吸引关注度。讼争事件发生后，原告也从默默无闻，到以"小默先生"声名在外，官方微博的粉丝量也从2015年10月的9万余人翻倍至18万人，其投资项目非但未搁置还收益颇丰，故讼争事件并未对原告产生任何损害后果。综上，要求驳回原告的诉讼请求。

本院经审理认定事实如下：原、被告于2015年3月自行相识并确立恋爱关系，于同年5月双方结束关系。原告网名为"小默先生"，被告自用名为"吕小敏"。

2015年9月24日，微信公众号"关爱成长八卦协会"（微信号：g×××××××××××）发表了一段语音推送，内容有关"女星YX""女星男朋友mr. XM"等人，其中"YX"是案外人叶某1代称，"mr. XM"则是原告的代称。次日，案外人叶某在其实名新浪微博中予以互动称"偶要看视频…偶宝宝也好想看"并附了原告在听电话的照片，原告并在叶某微博下评论称"很期待视频，我也想看"。

同年10月13日，"关爱成长八卦协会"微信公众号又推送一篇文章，题为《超级大八卦！关键字：女明星、劈腿、脚踏多条船、渣男》，文章涉及人物以"女艺人Y小姐""女艺人的现男友×先生""×先生的前女友A女和B女""爆料人A女的闺蜜Z女"代称，文章主要内容为被告的闺蜜在看到前述微信推送和叶某 1 微博互动后联系该微信公众号，称原告在与被告异地恋期间还与 B 女交往，甚至可能还和叶某交往，叶某很可能被蒙在鼓里是受害者之一。文章同时附有原、被告的微信聊天记录和合照及被告与所谓 B 女的聊天记录等，并称"我知道 Y 女星肯定会看到这条微信，你也可以根据照片上提供的时间线索比对一下自己和他交往的时间，如果是重合的那么你们仨遇到了同一个渣男，如果不重合，那就是 A 和 B 倒霉咯！"。文章最后称"总之大家还是一起对一对时间吧，如果有其他知情的小老婆欢迎也一起来提供其它的线索和信息，女人的直觉还是很厉害的，能帮助大家远离渣男也是功德一件啊"。

上述微信公众号文章发表后，叶某于 2015 年 10 月 14 日在其实名新浪微博上发文称"一个女人因为不够优秀而被提出分手，需要检讨自己的不足并加以改过，才有可能获得幸福。可惜的是这种不足往往是她无法自知的，更进一步彰显狭隘阴暗，甚至造谣诽谤博取同情关注"，并对原告称"优秀的你选择沉默，那是真男人的胸襟"。

2015 年 10 月 15 日，叶某再次在上述新浪微博中发文，内容为"内谁，吕小敏是吧，你造谣炮制伪证截图爆料等等卑鄙恶行足够证据被起诉知道嘛？我宝宝包容你是因为他厚道，相识一场男人该相让女人，但你不要就觉得人好欺负了！他的人品高尚、专一真诚，多年来亲友皆知，我也深深感佩！你若知错能改则大家原谅你，不然法庭上晒晒你这个官二代的品行让大家评个理"。当日原告在其账号为×××××××× @ qq. com 的新浪微博上发文称，"我会让法律来公证""我不是娱乐圈的人，本不想回应，但是看到虚假的内容伤害到了我的家人们，我不能接受""关于感情的事，只有当事人自己最清楚，我不会去说谁对谁错，但是我绝对没有对不起谁，恋爱过，不代表都合适，把人的过去拿出来做话题，还制造着虚假对话，为了自己的快乐，刻意的伤害着别人的生活""我会交给法律来制裁""感谢你@ 叶某，面对这样的新闻，从不掩饰的表达着，也谢谢大家关心着她，她很智慧、也会很幸福"。

当日，被告在其账号为×××××××× @ qq. com 的新浪微博上回应"事实总是会水落石出，黑的白不了"。

2015 年 10 月 16 日，被告在其上述新浪微博上发表了题为《真爱生命远离渣男》的博文，文章中陈述了其与原告相识、相处及发现原告在同期还和其他女性有类似交往的情况，博文中将原告以"XM"（原告网名"小默先生"中"小默"的首字母）代称，并指称原告为"渣男"。同时博文中附有前述 2015 年 10 月 13 日"关爱成长八卦协会"微信公众号推送的爆料文章并称"当初我朋友爆料也只是想提醒远离渣男，毕竟能帮助大家远离渣男也是功德一件，而 Y 小姐竟然指名道姓称狭隘阴暗扭曲事实，更是说什么造谣诽谤博取同情关注，简直不可理喻"。随后被告又在微博中贴出了"部分证据和照片以及聊天记录"。

2015 年 10 月 18 日，原告在其微博中贴图，反映有网友向其举报被告与案外人共谋伪造事实向"关爱成长八卦协会"微信公众号爆料，目的是炒红自己的网店，原告并表示"法庭见"。案外人叶某随后亦在其实名新浪微博上发文支持原告，称"昨晚'关爱成长八卦协会'会长告诉我，（被告）花钱让营销号造谣，借机炒红她的网店，你维权是对的。你这样善待她借钱帮助她，恩将仇报的人也是足够渣女了。她不是成天说自己的家人……看看刑事诽谤罪后她再怎么整你。我相信公义在人间，也感谢站出来用铁证揭发她的恶行的人们"。

当日被告在其新浪微博中发文回应"是谁在伪造聊天记录？今天为止我和另一个女孩一直都是微博联系而且并不知道她名字，是今天这件事情我才和她有了第一次的通话……，真是可怕，是非黑白，是谁在造啊"。

2015年10月20日被告在其新浪微博发文，称"这是我最后一次申明，这段时间以来感谢大家的关心我不希望这件事再影响我的正常生活"并附文章描述了其与原告的交往情况及如何发现原告同时和陈某交往的情况，同时文章中陈述"……我就和我闺蜜说了这事，所有人都说他太渣了、曝光他，那时候我也没有去曝光他这些破事，只是有天我姐妹和我聊天，然后她就把消息发给了关八，也不是刻意的心态，就这样发出去了""我也没有想要去回应，只是后来她（叶某）已经点了我名字，我才出来，并非炒作，只是想让大家看清楚渣男"。

2015年10月21日，叶某在其实名新浪微博中发文"'关爱成长八卦协会'被封号了。证明法律面前人人平等，惩罚公正严明。传播负能量、捏造事实，以及依附在别人的知名度上赚钱生存的人们（@被告）要警惕了，当寄生虫的人生是没有尊严的，寄生虫也是活不长的"。2015年10月30日叶某在其实名新浪微博中发文"论分手后还死乞白赖求存在感的方法有多少种？举例：哭、闹、上吊、裸奔、造谣、抹黑、网店打折促销，假装成狗贬低狗格、坐牢等等。欢迎小伙伴们踊跃建议，答案最佳者有赏！"。

另查明，在2015年10月20日，原告实名认证新浪微博"小默先生"显示的"粉丝"人数为95000余人，叶某实名新浪微博显示的"粉丝"人数为7969660余人，被告新浪微博显示的"粉丝"人数为4600余人。目前，原告微博账号××年10月的相关博文内容已删除，被告的新浪微博账号已关闭。

本院认为，当事人就其主张的事实有责任提交相关证据予以证明，没有证据或者所提交的证据不能证明其事实主张的，应承担相应法律责任。本案被告提交的证据一定程度上可以证明原告在与被告交往过程中尚有与其他女性交往的事实，原告无确凿证据对此予以否定。虽然根据被告微博内容，2015年10月13日微信公众号"关爱成长八卦协会"的爆料与被告有关，但在案并无充分证据可以证明此是被告直接授意，且是否发表亦是该微信公众号掌控。在上述爆料文章发表后，原告及其时任女友叶某与被告之间互相进行了批驳及示证，对理性之人而言，不会轻易认同任何一方，从而对另一方产生负面评价。同时，虽然被告的部分言辞存在过激，但并无证据证明存在侮辱、诽谤，在当时语境下亦不足以认定其在主观上有侵害原告名誉的故意。故本案中原告主张被告相关行为构成对其名誉权的侵权责任，缺乏事实及法律依据，本院不予支持。

依照《中华人民共和国民法通则》第一百零一条，《最高人民法院〈关于审理名誉权案件若干问题的解答〉》第七条规定，判决如下：

驳回蔺磊的全部诉讼请求。

案件受理费2050元（蔺磊已预缴），由蔺磊负担。公告费260元（蔺磊已预缴），由蔺磊负担。

如不服本判决，可以在判决书送达之日起十五日内，向本院递交上诉状，并按对方当事人的人数提出副本，上诉于上海市第一中级人民法院。

审判长　　陈　强

人民陪审员　沈鸣放

人民陪审员　李俊英

二〇一八年三月十二日

书记员　　谢　颖

案例114：杨华与王峻涛名誉权纠纷
二审民事判决书

北京市第三中级人民法院
民事判决书

(2017) 京 03 民终 11454 号

上诉人（原审被告）： 杨华，男，住上海市。
委托诉讼代理人： 张晓，上海环绮律师事务所律师。
委托诉讼代理人： 诸斌，上海环绮律师事务所律师。
被上诉人（原审原告）： 王峻涛，男，住北京市。
委托诉讼代理人： 谢若婷，北京市竞天公诚律师事务所律师。
委托诉讼代理人： 刘悦，北京市竞天公诚律师事务所律师。

上诉人杨华因与被上诉人王峻涛名誉权纠纷一案，不服北京市朝阳区人民法院（2015）朝民初字第 21671 号民事判决，向本院提起上诉。本院于 2017 年 9 月 15 日立案后，依法组成合议庭，开庭进行了审理。上诉人杨华的委托诉讼代理人张晓、被上诉人王峻涛的委托诉讼代理人刘悦到庭参加诉讼。本案现已审理终结。

杨华上诉请求：撤销一审判决，依法驳回王峻涛的全部诉讼请求。事实及理由：

1. 杨华不存在带头称呼王峻涛为"王八""甲鱼"的事实，而是早在 2012 年 1 月，就有其他新浪微博用户爆料王峻涛出售假玉，故称呼其为"假玉榕"，"甲鱼""甲鱼榕"的绰号即由"假玉""假玉榕"谐音而来。当时，杨华与王峻涛不相识。

2. 原审法院查明的 17 条微博中，只有 2 条直接与杨华有关，其余 15 条微博都是其他网友直接发出的微博内容，杨华仅仅是加以评论和表情，这些都不涉及侵权，其他网友知晓当事人双方存在矛盾，有时候会"@"杨华，但杨华没有回应，一审法院将其他网友的回复作为杨华的侵权行为不妥。

3. 杨华实施的行为内容只是提到了甲鱼战术，并非原审认定的甲鱼。原审认定的"王八蛋"称呼，杨华未表述过。一审法院认为杨华的微博有大量转载和评论，但这些评论并非杨华的评论，而是原始微博的内容，一审混淆了杨华的微博和原始微博的内容。

4. 其他网友长期以来对王峻涛网上的一些言论存在意见，并非是杨华的微博导致其他网友对王峻涛社会评价降低。

5. 杨华的行为事出有因，王峻涛之前有严重侵犯杨华的侵权行为，言语龌龊，让人无法容忍。杨华的行为虽有不当，但不构成名誉权侵权。综上，一审法院认定事实和法律适用均有不当。

王峻涛辩称：同意原审判决，不同意杨华的上诉请求。《公证书》中公证的内容有些是杨华本人的表述，有些是杨华转发的，不论哪种形式，都是侮辱性的言语，都属于侵犯王峻涛的名誉权。杨华是微博上的公众人物，其在特定环境下以指桑骂槐的方式攻击王峻涛，也是一种违法行为。杨华转发或评论的行为降低了王峻涛在网络上的信誉和评价，这些评价表现在，其他不知情的网友看到转发的评论后会对王峻涛进行攻击。即便杨华的行为事出有因，也并不构成免责事由。一审判决已经考虑了事出有因的情形，但事出有因不是侵权的理由，杨华可以通过法律手段维护权利，而非通过微博辱骂的方式。

王峻涛向一审法院起诉请求：1. 判令杨华立即删除其在个人新浪微博上对王峻涛发表的侵权言论；2. 判令杨华在其个人微博上公开对王峻涛某赔礼道歉，持续时间不少于7天；3. 判令杨华支付王峻涛精神损害抚慰金1万元；4. 判令杨华承担王峻涛因此次诉讼产生的公证费、律师费共计43200元。

一审法院认定事实：1. 王峻涛与杨华均系新浪微博平台的实名认证注册用户。王峻涛的用户名为"@老榕"，实名认证信息显示其为"×。简介：王峻涛。"杨华的用户名为"@侠骨柔情的杨华"，实名认证信息显示其为"×"。双方所争议的微博发帖内容均发布在上述微博平台中。自2014年7月起至2014年11月期间，双方因故在微博平台上发生争执。后杨华起诉至上海市长宁区人民法院，主张王峻涛发表的言论侵犯其名誉权，要求赔礼道歉、消除影响、恢复名誉，并赔偿精神损害抚慰金1万元及公证费、律师费、调查取证费等。2015年8月5日，上海市长宁区人民法院做出（2015）长民一（民）初字第1711号民事判决，认定："本案中，王峻涛在微博平台上虽然没有使用直接的语言描述杨华的妻子与'千钧客'有不正当的男女关系，但综合王峻涛发布的微博内容以及网友的跟帖评论来看，已足以诱导他人确信杨华的妻子与'千钧客'有不正当的男女关系，并且在其他网友由此跟帖发布对杨华的不良评论之后，王峻涛亦未发表任何微博予以澄清，且在杨华提出异议表示要起诉后，王峻涛依然发布微博表达强硬态度，足见其具有明显的主观故意，存在过错。王峻涛在未持有任何证据的情况下，在公开网络平台上发布明示或暗示杨华妻子与他人有不正当男女关系的不实言论，客观上使他人对杨华产生误解，从网友的评论及向杨华本人的私信均可见杨华由此遭受了众多诋毁和误解。而新浪微博平台系国内知名的网络交流平台，杨华及王峻涛又是实名注册且拥有大量粉丝的用户，就双方争议的内容，网友评论及转发量也较大，王峻涛的言论已造成杨华社会评价的降低，王峻涛的过错行为与杨华名誉受损的后果具有直接因果关系。因此，王峻涛构成对杨华的名誉侵权，理应承担相应的民事责任。"该判决书判决："一、王峻涛应于判决生效之日起十日内在微博平台（weibo.com）上以用户名'@老榕'发布微博，以书面形式向杨华赔礼道歉（内容须经该院审核），为期七天，以消除影响，恢复杨华名誉；二、王峻涛应赔付杨华公证费人民币53000元、律师费人民币5000元、精神损害抚慰金人民币5000元、调查取证费人民币450元，以上共计人民币63450元，于判决生效之日起十日内履行完毕；三、驳回杨华其余诉讼请求。"一审判决做出后，王峻涛不服，上诉至上海市第一中级人民法院。上海市第一中级人民法院于2015年11月23日做出（2015）沪一中民一（民）终字第3034号民事判决，判决驳回上诉，维持原判。

2. 本案审理中，王峻涛出示了北京市国信公证处于2014年12月18日出具的（2014）京国信内民证字第08512号公证书、2015年3月27日出具的（2015）京国信内民证字第04387号公证书、2015年5月6日出具的（2015）京国信内民证字第09894号公证书，并依据上述公证书，主张杨华构成侵权的言论主要如下：

（1）2014年6月7日12时56分："不怨天，不怨地，只怨老榕不识货//@369爱我中华@地瓜熊老五@平民王小石//@369爱我中华：中一局座，真替你抱不平，你作为甲鱼铁骑军骨干，对甲鱼死心塌地的支持，可是甲鱼点名公知，居然没点到你，也许甲鱼的本意是……更能发挥作用。@侠骨柔情的杨华@戴旭铁粉"。

（2）2014年6月7日20时42分："俺是遛狗的//@华夏：牵黄擎苍者：跟你学，遛甲鱼玩。//@侠骨柔情的杨华：不怕AK47的敢死队啊//@华夏：牵黄擎苍者：老杨是坏银，你就想@老榕举报我。//@侠骨柔情的杨华：那你爱特他吧//@华夏－牵黄擎苍者：肯定是。老榕不就是典型的无视法律吗，虽然他也不懂法。"

（3）2014年7月10日9时49分："【'甲鱼战术'战无不胜？】近来，著名卖枣人@老榕利用其发明的夜伸头早缩头的'甲鱼战术'，有恃无恐地多次发博对我及我亲人造谣诽谤，给我造成了极坏的影响。我一再说过：我不惹事更不怕事！既然你@老榕把我的忍让当作软弱，那么好吧，本周休假结束，我将启动法律程序。记住：伸头作孽必被斩！"

（4）2014年7月10日23时15分："【请公众评判】甲鱼，生性喜黑怕光，常半夜浮出水面觅食，白天潜伏水底养精蓄锐。我呢，从小以此规律钓、卖甲鱼补贴生活。某人，总在半夜发微博造谣诽谤，形成影响力后一早删博逃避新浪规则处罚，我把某人的此【做法】形象地比喻为'甲鱼战术'，结果我被判谩骂而扣分！难道甲鱼＝某人？岂有此理！"

（5）2014年7月11日9时14分："天下奇闻啊//@陶仁雨：新浪居然判甲鱼＝老榕"。

（6）2014年7月11日9时37分："我不惜牺牲2分的成果//@朔风侯：甲鱼＝老榕？甲鱼＝老榕？浪浪这样认为咱们就认了吧。//@侠骨柔情的杨华：高级黑？//@秋天如我12：其实攻击老榕的是新浪。//@侠骨柔情的杨华：天下奇闻啊//@陶仁雨：新浪居然判甲鱼＝老榕。"

（7）2014年8月2日9时56分："//@一壶浊酒OK：甲鱼是爬虫累动物眼睛小且眼神不好，因此它常常被人类捉来炖汤。此时一锅沸腾的开水以备好，就等老榕了！我倒要看看这锅开水能不能脱下老榕的厚马甲！//@林岳芳：甲鱼发帖说那网站是冒牌的，结果他怎么删了？"

（8）2014年8月21日23时50分："警察抓王八//@王立峰律师：老榕这个我真的不是说你，右边圈你，我再做一次雷锋，我替你举报右边！//@扯下伪君子的狼皮：@老榕"。

（9）2014年11月3日22时37分："估计有养殖场会请我做广告//@义勇军巍巍昆仑客：发现一生财之道，杨大侠诉胜之日天下甲鱼贵//@侠骨柔情的杨华：他不敢出庭滴//@司法刚哥：你都把他搞疯了，别开庭直接送医院吧！//@侠骨柔情的杨华：回复@湖南－湘妹子：甲鱼汤太腥，改吃豆腐汤吧！"

（10）2014年11月3日23时10分："想起来了//@燦香100：听说当年马家军也找老榕代过言//@侠骨柔情的杨华：估计有养殖场会请我做广告//@义勇军巍巍昆仑客：发现一生财之道，杨大侠诉胜之日天下甲鱼贵//@侠骨柔情的杨华：他是不敢出庭滴//@司法刚哥：你都把他搞疯了，别开庭直接送医院吧！"

（11）2014年11月4日11时14分："//@真嘞不咋样：鄙视王八，不配做老杨对手！//@军粉团老榕有进步，掌握新技术。手挥三角裤，指挥水军扑。僵粉密如蝗，薇奶来相助。不期扒了皮，何处觅尸骨？——靠，我还会打油诗，有才到没朋友嘛！"

（12）2014年11月4日21时53分："//@唾诗焚琴格格巫：你这疯×可算学会老榕的王八大法了，知道自己原创微博被限制转发，就尼玛躲在乌龟壳里死不出头，自言自语地吹牛×。太容易拆穿的洋相就不要去装神弄鬼啦，否则真是光腚推磨——转圈丢人啊！//@共守庚申夜同看乙巳占：本想说件真实的唯心事，可你们'五毛'是流氓故俺村妇。"

（13）2014年11月6日19时56分："那我就敢跟老榕玩真的//@谁能与共2170850085：@老榕这是高手段，老熊没有背景，文字辛辣，跟老熊斗占不到便宜。老千就不一样了，跟老千干，显得老榕那王八蛋多高大上啊！我都敢跟警察玩，你们一边去，@侠骨柔情的杨华你说是这么回事么？"

（14）2014年11月15日12时42分："刚才，当一盘已经被肢解的'红烧甲鱼'端上桌时，我与几位'自干五'不约而同地欢呼起来，并全然不顾绅士风度，你争我夺顷刻间一扫而光。我靠，这年头这么普通的一道'红烧甲鱼'的菜，竟然会如此吸引人！"

（15）2014年11月15日21时33分："不瞒你说，我找了半天没找到，一问厨师才知道，厨师把它剁碎后送入了下水道//@板刷在篱笆的马甲：只龟头呢？//@侠骨柔情的杨华：//@BASBO：冰糖甲鱼好吃！独占鳌头！//@Hannibal_ R_ Lecter_ Jr：想吃……//@侠骨柔情的杨华：齐呼味道好极了！一致认为，此菜乃以后必点之菜。"

（16）2015年1月20日12时38分："最近没时间遛甲鱼//@旁观者DM：狗狗换成甲鱼更出彩。"

（17）2015年1月21日13时36分："你还别说，小甲鱼还是蛮可爱的//@魔都310土匪：@侠骨柔情的杨华：快来看一只小榕！"

诉讼中，王峻涛提交了律师代理合同及公证费票据，以佐证其主张的第四项诉讼请求。

一审法院认为，公民享有名誉权，公民的人格尊严受法律保护，禁止用侮辱、诽谤等方式损害公民的名誉。公民的名誉权受到侵害的，有权要求停止侵害、恢复名誉、消除影响、赔礼道歉，并可以要求赔偿损失。判断行为人是否侵害名誉权，应当结合受害人确有名誉被损害的事实、行为人行为违法、违法行为与损害后果之间存在因果关系、行为人主观上有过错等要件来判断。杨华使用"甲鱼""王八蛋"等词汇形容、称呼王峻涛，相关微博的评论及转发量较大，足以造成王峻涛的社会评价降低，构成对王峻涛名誉权的侵害，应当承担相应的侵权责任。考虑到杨华发布侵权微博事出有因，王峻涛发布有关杨华的不当言论的行为构成杨华过错程度减轻的事由。关于王峻涛的各项诉讼请求，关于王峻涛要求杨华立即删除其在个人新浪微博上对王峻涛发表的侵权言论及在其个人微博上公开对王峻涛赔礼道歉的请求，合法有据，该院予以支持。关于王峻涛要求杨华支付精神损害抚慰金的诉讼请求，该院考虑到本案的侵权情节及杨华的过错程度，不予支持。关于公证费，根据公证费发票，确定为3800元，关于律师费，根据本案案情，酌定为5000元。

一审法院依照《中华人民共和国侵权责任法》第二条、第六条规定，判决如下：一、杨华于判决生效后十日内删除侵权微博，具体包括判决书审理查明部分中编号（1）~（17）的微博；二、杨华于判决生效之日起十日内在微博平台（weibo.com）上以用户名"@侠骨柔情的杨华"发布微博，以书面形式向王峻涛赔礼道歉（内容须经法院审核），为期七天，以消除影响，恢复王峻涛的名誉；三、杨华于判决生效后十日内赔付王峻涛公证费三千八百元、律师费五千元；四、驳回王峻涛的其他诉讼请求。

本院二审期间，当事人没有提交新证据。本院对一审法院查明的事实予以确认。

　　本院补充查明事实如下："@老榕"向新浪微博社区管理中心举报"@侠骨柔情的杨华"存在人身攻击和谩骂行为，被举报微博发布时间是2014年7月10日09：49：31，内容是"侠骨柔情的杨华：【'甲鱼战术'战无不胜？】近来，著名卖枣人@老榕利用其发明的夜伸头早缩头的'甲鱼战术'，有恃无恐地多次发博对我及我亲人造谣诽谤，给我造成了极坏的影响。我……"新浪微博站方判定："经查，被举报人言辞低俗恶劣，属于'侮辱'，构成'人身攻击'。现根据《新浪微博社区管理规定（试行）》第23条，对被举报人处理如下：扣除信用积分2分，被举报内容删除。上述处理在公布后60分钟内生效。"

　　本院认为，本案二审的争议焦点为：一是杨华在微博上发表言论的行为对王峻涛是否构成名誉侵权，二是杨华发表言论的行为事出有因，是否能成为杨华免责的理由。对此，本院论述如下：

　　一、杨华在微博上发表言论的行为，对王峻涛构成了名誉侵权。

　　行为人因故意或者过失对他人实施侮辱、诽谤等行为，致使他人名誉受到损害的，构成名誉侵权。本案中，王峻涛与杨华在新浪微博平台上实名注册微博，自2014年6月起，杨华连续发布数十条微博，这些微博内容既有杨华本人直接发表的言论，也有杨华转发其他的博主的言论。杨华本人发表的言论中直接出现了"甲鱼战术""甲鱼＝某人？""警察抓王八""养殖场""红烧甲鱼""遛甲鱼""小甲鱼"等词汇；杨华转发、评论的他人微博出现了"遛甲鱼玩""甲鱼＝老榕""脱下老榕的厚马甲""鄙视王八，不配做老杨对手""学会老榕的王八大法""老榕那王八蛋""快来看一只小榕"等内容。本院认为，鉴于网络微博的公开性以及发布内容的互动性，认定博主是否存在侮辱他人的行为，应当将博主本人的言论与其转发、评论的其他博主言论相互结合，从整体上作出认定。杨华本人的言论及其转发、评论的微博言论中，多次出现"甲鱼""王八"等具有侮辱性质的词汇，这些言论和词汇指向了本案王峻涛。即便是其他网友在先称呼王峻涛为"王八""甲鱼"，但杨华在自己具有广泛影响力的微博上评论、转发这些言论，对王峻涛的针对性显而易见，使得更多的网民将"王八""甲鱼"与王峻涛对应起来，该种评论、转发的行为亦明显不当。

　　本院认为，杨华发布的上述微博内容具有人身攻击性，对王峻涛构成了侮辱；杨华作为知名博主，在网络上发表言论应具有谨慎注意义务，其发表的针对王峻涛的言论明显不当，主观上存在过错；杨华的微博具有较高的传播力和影响范围，可以认定杨华的侮辱行为导致了王峻涛社会评价的降低。杨华主张"甲鱼战术"仅是一个比喻、其并非带头称呼王峻涛"甲鱼"、其不构成名誉侵权的理由不能成立，本院不予认可。

　　二、杨华发表微博言论的行为事出有因，可以减轻但不能免除其责任承担。

　　杨华与王峻涛均为知名网络博主，双方于2014年下半年在网络上发生激烈的冲突。根据上海市长宁区人民法院查明的事实，王峻涛在未持有任何证据的情况下，在公开网络平台上发布明示或暗示杨华妻子与他人有不正当男女关系的不实言论，客观上使他人对杨华产生误解，使杨华遭受了众多诋毁和误解。杨华主张，其是在王峻涛对其家庭恶意攻击的情况下才发表微博予以回应，微博中的语言有不当之处，但情有可原，不构成名誉侵权。本院认为，在王峻涛发表不当言论对杨华的家庭进行侮辱、诽谤时，杨华应通过合理、合法的手段维护自身合法权益。网络互骂的方式不但解决不了问题，更会激化矛盾，不符合净化网络空间的社会导向，不应予以提倡。王峻涛针对杨华的侵害名誉权行为，法院已经判定王峻涛承担侵权责任。本案一审法院认定杨华构成对王峻涛的名誉侵权正确，本院予以确认。一审法院在判定杨华承担侵权责任时，已经考虑到了杨华发表微博言论事出有因，对杨华承担的责任进行了酌减，法律适用妥当，本院予以维持。

综上所述，杨华的上诉请求不能成立，应予驳回；一审判决认定事实清楚，适用法律正确，应予维持。依照《中华人民共和国民事诉讼法》第一百七十条第一款第一项规定，判决如下：

驳回上诉，维持原判。

二审案件受理费336元，由杨华负担（已交纳）。

本判决为终审判决。

审判长　齐晓丹

代理审判员　史智军

代理审判员　楚　静

二〇一八年三月二十三日

法官助理　王世洋

法官助理　张荣华

书记员　陈　振

案例 115：陈春鸣与上海花千树信息科技有限公司著作权纠纷二审民事判决书

北京知识产权法院

民事判决书

(2018) 京 73 民终 336 号

上诉人（原审原告）：陈春鸣，男，汉族，《羊城晚报》编辑，漫画家，住广东省广州市越秀区。

委托诉讼代理人：张莉，北京市振邦律师事务所律师。

被上诉人（原审被告）：上海花千树信息科技有限公司，住所地上海市杨浦区。

法定代表人：孙涛，董事长。

上诉人陈春鸣与被上诉人上海花千树信息科技有限公司（以下简称花千树公司）因侵害著作权纠纷一案，不服北京市海淀区人民法院作出的 (2017) 京 0108 民初 13560 号民事判决，向本院提起上诉。本院于 2018 年 2 月 5 日受理后，依法组成合议庭，并于 2018 年 3 月 16 日组织各方当事人进行了询问。上诉人陈春鸣的委托诉讼代理人张莉到庭参加了询问。被上诉人花千树公司经本院依法传唤，未到庭参加询问。本案现已经审理终结。

陈春鸣上诉请求：1. 撤销 (2017) 京 0108 民初 13560 号民事判决第一项，依法改判花千树公司在侵权微博首页置顶位置、《中国青年报》首版显著位置上连续 30 天登载致歉声明；2. 撤销 (2017) 京 0108 民初 13560 号民事判决第二项，改判花千树公司赔偿陈春鸣经济损失 10000 元及一审合理支出 5500 元，共计 15500 元；3. 一审、二审全部诉讼费由花千树公司承担。事实和理由：一审判决花千树公司赔偿陈春鸣每幅作品经济损失 3000 元、合理开支共 500 元，与权利人的知名度、涉案作品的独创性、知名度，花千树公司侵权的主观过错、侵权方式、侵权持续时间、侵权范围、侵权后果等事实严重不符，且远低于北京市海淀区人民法院同类型案件判决数额，极大挫伤了陈春鸣的创作积极性。

陈春鸣向一审法院起诉请求：1. 花千树公司在其微博首页置顶位置和《中国青年报》首版显著位置均连续 30 天登载致歉声明；2. 花千树公司赔偿陈春鸣经济损失 40000 元及合理开支 5500 元。

一审法院认定事实：陈春鸣提交的网页打印件载明，凤凰网资讯（news. ifeng. com）大陆栏目于 2010 年 6 月 22 日 14：53 刊登了《广东新招打击电信诈骗：银行几分钟可冻结其账户》一文，该文标注来源于"羊城晚报"，该文中使用了漫画作品"电信诈骗"（以下简称涉案作品）作为配图，配图下方标有"春鸣/画"的署名；同时提交涉案作品电子源文件（创作时间：2010 年 6 月 22 日 10：44）。另案中，羊城晚报报业集团向一审法院出具的回复函确认"春鸣"系陈春鸣笔名。花千树公司对网页截屏、电子源文件及回复函的真实性予以认可，但认为涉案作品的著作权归属于羊城晚报，故不认可陈春鸣享有涉案作品的著作权。

2015年6月26日，经陈春鸣申请，河南省许昌市天平公证处对陈春鸣使用公证处已连接至互联网的电脑浏览网站内容的过程进行证据保全，据此作出的（2015）许天证民字第4658号公证书记载：涉案微博账号于××年9月5日发布了一条微博，该微博主文内容为："#新案例#温州破获省内最大电信诈骗案千余人受骗近千万网页链接"，该微博使用了涉案作品作为配图，未予署名，该微博的收藏量为0、转发量为4、评论量为1、点赞量为0。

庭审过程中，陈春鸣确认花千树公司已经停止使用涉案作品。

陈春鸣主张公证费500元，并提交了金额为1200元的公证费发票一张。经询，陈春鸣表示该份公证书共公证了79幅漫画，涉案作品系其中1幅。陈春鸣另主张律师费5000元，但并未提交相应证据予以证明。

花千树公司未向一审法院提交证据。

诉讼中，陈春鸣申请法院就"春鸣"系陈春鸣笔名、陈春鸣与羊城晚报报业集团关系、涉案作品是否属于职务作品以及涉案作品的著作权权利归属等事实，向羊城晚报报业集团发送调查取证函。一审法院根据陈春鸣提供的联系人及其联系方式，于2017年2月24日以司法专邮形式向羊城晚报报业集团总编室发送调查函，司法专邮显示该邮件于2017年2月27日签收。其后，一审法院分别于2017年3月10日、2017年3月24日、2017年4月7日、2017年4月21日以及2017年5月5日与羊城晚报报业集团总编室联系要求其尽快出具回复函未果，截至本判决作出之日，一审法院仍未收到回复。

上述事实，有陈春鸣提交的网页打印件、电子源文件、回复函、公证书、发票及一审法院开庭笔录等在案佐证。

陈春鸣曾将北京微梦创科网络技术有限公司（以下简称微梦公司）列为本案共同被告，后撤回对微梦公司的起诉。

一审法院认为，关于涉案作品的权属认定，作者在作品上署名，可以署真名，也可以署笔名。本案中，涉案作品在凤凰网资讯发表并署名"春鸣"。结合羊城晚报报业集团在另案中回复函中关于"春鸣"为陈春鸣笔名的陈述，可认定陈春鸣曾使用"春鸣"作为其笔名并在涉案作品中署名。据此，在无相反证据的情况下，一审法院认定陈春鸣享有涉案作品的著作权，有权提起本案诉讼。羊城晚报报业集团未在合理期限内就本案陈春鸣笔名一事进行回复，不影响上述认定。花千树公司虽称涉案作品著作权人系羊城晚报，但未提交相关证据，故一审法院对其该项辩称不予采信。

花千树公司未经陈春鸣许可，在涉案微博账号中使用了涉案作品作为博文的配图，使公众可以在个人选定的时间和地点获得涉案作品，且未予署名，侵犯了陈春鸣对涉案作品依法享有的署名权及信息网络传播权，应承担赔礼道歉、赔偿经济损失的侵权责任。

关于花千树公司提出的其使用涉案作品系合理使用之抗辩意见，花千树公司在涉案微博账号中使用涉案作品的行为，既不属于《中华人民共和国著作权法》（以下简称著作权法）第二十二条关于合理使用的情形，也未指明作者姓名、作品名称，其使用行为缺乏法律依据，故一审法院对其该项抗辩，亦不予采信。

关于具体的赔偿数额，鉴于陈春鸣未提交证据证明其实际损失或花千树公司的违法所得，一审法院将综合考虑以下因素依法酌情判定赔偿数额：1. 陈春鸣虽主张其具有较高知名度，但未提交与知名度相关的证据；2. 涉案作品仅为一般卡通漫画，创作难度有限；3. 涉案作品所涉微博系电信诈骗新闻或对网民防诈骗的提示，并未直接用于商业宣传；4. 涉案微博的转发量和评论量小，受关注度较低；5. 涉案作品自 2012 年 9 月 5 日起持续使用，时间跨度较长。综合以上意见，一审法院依法酌情判定经济损失赔偿额为 3000 元，陈春鸣主张 40000 元的赔偿数额过高，一审法院不予全部支持。

对陈春鸣主张的合理开支，因本案所涉公证书涉及 79 幅漫画，一审法院将据此实际情况合理酌定公证费；关于律师费，虽陈春鸣未提交相应证据，但考虑到其委托的律师确出庭参与了本案相关诉讼过程，一审法院将酌情支持律师费。

对于刊登致歉声明的位置及期间，一审法院将综合考虑侵权行为实施的范围及造成的影响等因素酌情予以确定，不再全部支持陈春鸣提出的诉讼请求。

综上，一审法院依据《中华人民共和国著作权法》第十条第一款第（二）项、第（十二）项，第二十二条，第四十八条第（一）项，第四十九条之规定，判决如下：1. 本判决生效之日起三十日内，被告花千树公司在涉案微博账号发布声明，就侵犯署名权的行为向原告陈春鸣赔礼道歉（发布声明时间不得少于四十八小时，声明内容须经本院审核，逾期不履行，本院将依原告陈春鸣的申请在一家全国发行的报纸上刊登判决书主要内容，费用由不履行此义务的被告花千树公司负担）；2. 本判决生效之日起十日内，被告花千树公司赔偿原告陈春鸣经济损失 3000 元及合理开支 500 元；3. 驳回原告陈春鸣的其他诉讼请求。

本院二审期间，陈春鸣承认其系羊城晚报社的编辑，也具有记者身份。

此外，本院在询问过程中在双方当事人的见证下使用手机平台登录"中国新闻漫画网"（网址：cartoon. chinadaily. com. cn/search. shtml）进行现场勘验，发现该网站上有陈春鸣的漫画作品。同时，与本案案情相同、合并询问的北京瑞狮天智信息技术有限公司的委托诉讼代理人经法庭允许，当场使用手机拨打中国新闻漫画网的电话，提出以公司名义购买该网站上的漫画作品，对方确认其系中国新闻漫画网，并告知其网站上的漫画价格为每幅 100 元。陈春鸣认可中国新闻漫画网上有其漫画作品，但是没有本案的涉案作品，对方当事人也没有证据证明其使用涉案作品来源于中国新闻漫画网。

本院经审理查明的其他事实与一审判决认定的事实一致。

本院认为，本案的争议焦点如下：

一、陈春鸣是否享有涉案作品著作权及具备相应的诉讼主体资格

根据著作权法的相关规定，著作权属于作者，如无相反证明，在作品上署名的公民、法人或者其他组织为作者。作者在作品上署名，可以署真名，也可以署笔名。本案一审法院结合在案证据认定陈春鸣曾使用"春鸣"作为其笔名并在作品中署名，从而认定陈春鸣享有涉案作品著作权并无不当，本院予以确认。

二、花千树公司是否侵犯了陈春鸣的署名权及信息网络传播权

著作权法第十条第（二）项规定，署名权，即表明作者身份，在作品上署名的权利；第（十二）项规定，信息网络传播权，即以有线或者无线方式向公众提供作品，使公众可以在其个人选定的时间和地点获得作品的权利。第四十八条第（一）项规定，未经著作权人许可，通过信息网络向公众传播其作品的，应当承担民事责任。

根据已查明的事实，花千树公司在其微博账号使用涉案作品作为博文配图，未给陈春鸣署名，其行为侵犯了陈春鸣对涉案作品享有的署名权和信息网络传播权，花千树公司的主观

状态并不影响对其侵权行为的认定。

三、一审法院对侵权损害赔偿、合理开支数额以及道歉方式的判定是否正确

著作权法第四十九条规定，侵犯著作权或者与著作权有关的权利的，侵权人应当按照权利人的实际损失给予赔偿；实际损失难以计算的，可以按照侵权人的违法所得给予赔偿。赔偿数额还应当包括权利人为制止侵权行为所支付的合理开支。权利人的实际损失或者侵权人的违法所得不能确定的，由人民法院根据侵权行为的情节，判决给予五十万元以下的赔偿。

关于赔偿数额，由于陈春鸣未提交证据证明其实际损失或花千树公司的违法所得，一审法院综合考虑陈春鸣的知名度、涉案作品创作难度、涉案微博传播范围和时间跨度等因素，酌定花千树公司赔偿陈春鸣经济损失3000元数额并无不当。此外，本院还参考了中国新闻漫画网的定价标准为每幅100元，虽然陈春鸣主张该网站上并无涉案作品，但认可有其创作的其他作品，故本院认为，该定价系正常许可的标准，侵权赔偿数额显然应高于该标准，但是陈春鸣主张按每幅5000元进行赔偿，标准过高，且与市场价格严重失衡，不予支持。一审法院综合考虑多种因素确定的损害赔偿数额并无不当，本院予以认可。

关于合理开支和道歉方式一节，包括本案在内的15起关联案件，陈春鸣进行了一次公证，案件类型相同，侵权事实和诉讼请求差别不大。一审法院综合考虑公证书涉及漫画数量、律师出庭情况酌定合理开支500元，以及侵权行为实施的范围及造成的影响等因素酌定刊登致歉声明的位置及期间，符合客观实际，并无不当，本院予以认可。

综上，陈春鸣的上诉请求和理由缺乏事实与法律依据，本院不予支持。一审判决认定事实清楚，适用法律正确。本院依照《中华人民共和国民事诉讼法》第一百七十条第一款第（一）项之规定，判决如下：

驳回上诉，维持原判。

二审案件受理费188元，由陈春鸣负担145.5元（已交纳），由上海花千树信息科技有限公司负担42.5元（已交纳）。

本判决为终审判决。

审判长　宋　堃

审判员　何　暄

审判员　肖玲玲

二〇一八年三月二十八日

法官助理　侯　旭

书记员　赵延冰

案例 116：安康市汉滨区恒口示范区恒口镇民主村卫生室与李朝乾、李亮、熊邦莲、闫凤霞名誉权纠纷二审民事判决书

陕西省安康市中级人民法院

民事判决书

（2018）陕 09 民终 221 号

上诉人（原审原告）： 安康市汉滨区恒口示范区恒口镇民主村卫生室。

法定代表人： 聂胜波。

住所地： 陕西省安康市汉滨区。

委托诉讼代理人： 陈黎明，安康市汉滨区 148 法律服务所法律工作者。

被上诉人（原审被告）： 李朝乾，男，汉族，住陕西省安康市恒口示范区。

被上诉人（原审被告）： 李亮，男，汉族，住安康市恒口示范区。

被上诉人（原审被告）： 熊邦莲，女，汉族，住安康市恒口示范区。

被上诉人（原审被告）： 闫凤霞，女，汉族，住安康市恒口示范区。

共同委托诉讼代理人： 李亮，系本案被上诉人之一、熊邦莲之子、闫凤霞之夫。

上诉人安康市汉滨区恒口示范区恒口镇民主村卫生室（以下简称民主村卫生室）与被上诉人李朝乾、李亮、熊邦莲、闫凤霞名誉权纠纷一案，不服陕西省安康市汉滨区人民法院（2017）陕 0902 民初 1957 号民事判决，向本院提起上诉。本院于 2018 年 2 月 6 日立案后，依法组成合议庭公开开庭进行了审理，上诉人民主村卫生室的法定代表人聂胜波及其委托诉讼代理人陈黎明，被上诉人李朝乾、李亮到庭参加诉讼。本案现已审理终结。

民主村卫生室上诉请求：判令四被上诉人立即停止在微博、百度贴吧、微信上散布的有损上诉人名誉的文字和照片；判令四被上诉人向其赔礼道歉，公开在相应媒体恢复名誉，赔偿名誉损失费 50000 元；共同承担上诉人被摔打损坏的医疗器械损失 206 元；案件受理费和其他诉讼费由被上诉人承担。事实与理由：被上诉人因与上诉人医疗纠纷，在上诉人营业期间无理取闹，并在微博、百度贴吧、微信朋友圈发表误导诽谤上诉人的不实文章并恶意传播，致使上诉人受到严重经济和名誉损失。

四被上诉人答辩意见一致，辩称：上诉人所诉的停止侵害已无实际意义，被上诉人所发内容已经全部删除，而且所发帖内容真实，不存在对上诉人造成影响及损失。请求二审法院驳回上诉人的上诉请求，维持原判。

民主村卫生室向一审法院起诉请求：1. 判令四被上诉人立即停止在微博、百度贴吧、微信上散布的有损上诉人名誉的文字和照片；2. 判令四被上诉人向上诉人赔礼道歉，公开在相应媒体恢复上诉人名誉，并赔偿上诉人名誉损失费 50000 元；3. 共同承担上诉人被摔

打损坏的医疗器械损失 206 元；4. 案件受理费和其它诉讼费由被上诉人承担。

一审法院认定事实：四被上诉人系一家人，上诉人与四被上诉人因被上诉人李亮之女李某 2016 年 9 月 28 日在其卫生室治疗是否存在医疗过错与被上诉人方存在纠纷。2016 年 10 月 29 日被上诉人李亮以"@605340××××"的用户名在新浪微博上发表了一篇题为"有势力的黑心卫生室，把孩子生命当儿戏"的微博，主要内容为反映民主村卫生室人员把生命当儿戏以及受到医务人员殴打、谩骂等，要求相关部门调查，并呼吁社会予以关注。被上诉人闫凤霞以"@×××han×××"的账号在百度贴吧亦发表了同内容的文章。

一审法院认为，公民、法人享有名誉权，公民的人格尊严受法律保护，禁止用侮辱、诽谤等方式损害公民、法人的名誉。认定一个行为是否构成侵害名誉权，应当根据受害人确有名誉被损害的事实、行为人行为违法、违法行为与损害后果之间有因果关系及行为人主观上有过错来认定。本院认为本案被上诉人的行为不构成对上诉人名誉侵权，理由如下：一、被上诉人发布微博起因是与上诉人存在医疗纠纷，主要内容是自述其在上诉人处的遭遇和主观感受，虽然使用"黑心卫生室""视生命为儿戏"等过激用词确有不当，但情节较轻；二、被上诉人发表的与上诉人相关的文章一部分因涉及敏感词汇在发表当日已被删，另一部分文章也被被上诉人所删除，故不需要专门赔礼道歉。同时该文章影响范围有限，被上诉人该行为尚不足以造成上诉人名誉受损；三、上诉人虽称因被上诉人行为导致上诉人门诊就诊病人严重下降，受到了严重的经济损失，但并未提供相关的证据。需指出的是，本案中被上诉人李亮、闫凤霞的行为虽不构成法律上的名誉侵权，但被上诉人李亮、闫凤霞在新浪微博、百度贴吧等公众平台上使用"黑心卫生室""视生命为儿戏"等过激用词描述民主村卫生室，确实存在错误，予以严厉批评，并提醒被上诉人李亮、闫凤霞今后在公众平台上发表言论时注意把握分寸。综上所述，依照《中华人民共和国民法通则》第一百零一条、《中华人民共和国民事诉讼法》第六十四条第一款、最高人民法院《关于审理名誉权案件若干问题的解答》第七条以及最高人民法院《关于民事诉讼证据的若干规定》第二条的规定，判决：驳回原告安康市汉滨区恒口示范区恒口镇民主村卫生室的诉讼请求。案件受理费 500 元，由原告安康市汉滨区恒口示范区恒口镇民主村卫生室负担。

本院二审期间，上诉人提供三组新证据：1. 被上诉人李亮之女李某在汉滨区第二医院的入院记录、病程记录；2. 新型农村合作医疗门诊统筹汇总表；3. 卫生部门监督意见书以及李某在汉滨区第二医院的诊断证明。拟证明民主卫生室的诊断和汉滨区第二医院的诊断相互吻合，不存在误诊以及被上诉人发帖后民主卫生室接诊量大幅下降。被上诉人提供四组证据：1. 李某在汉滨区第二医院的诊断书、门诊病历；2. 熊邦莲在汉滨区第二医院的诊断书、门诊病历；3. 民主卫生室给李某开具的处方一份；4. 李某在汉滨区第二医院的病历。拟证明民主村卫生室给孩子造成了损害，被上诉人在贴吧发表的内容属实。本院组织当事人进行了证据交换和质证。被上诉人对上诉人提供的证据 1、证据 2 真实性不予认可，认为证据 3 与本案无关联性。上诉人对被上诉人提供的证据 1 的真实性不予认可，认为证据 2、证据 3、证据 4 与本案无关联性。本院经审查认为，上诉人提供的证据不符合证据形式要件，而且不能实现其证明目的，故不予认定。被上诉人提交的李某在汉滨区第二医院的诊断书已经在一审提交并被认定，不属新证据。被上诉人提交的其他证据不能证实其证明目的，不予认证。

二审认定的事实与一审认定的事实一致。

本院认为，根据二审双方当事人的诉、辩主张，本案二审的争议焦点是被上诉人李亮等人的行为是否对上诉人构成名誉侵权。本案中,被上诉人李亮、闫凤霞因其女李某在被上诉人处就诊问题与被上诉人发生医疗纠纷,分别在新浪微博和百度贴吧发表相关文章,从文章内容看,反映的是李某在上诉人处就诊的经历及其家人的遭遇及感受,部分内容虽有对上诉人的批评、攻击性语言,但是情节较为轻微,且已经在事发后全部删除,未导致上诉人的社会评价降低。故原审法院依据最高人民法院《关于审理名誉权案件若干问题的解答》,认定本案被上诉人的行为不构成对上诉人的名誉侵权正确。由于被上诉人事发后已经删除相关文章,停止散布相关文字与照片,上诉人亦没有证据证实被上诉人的行为造成其名誉权受到实际损害后果,上诉人要求被上诉人停止散布相关文字与照片、赔礼道歉、恢复名誉、赔偿损失等,缺乏事实和法律依据,本院不予支持。对于上诉人要求被上诉人共同承担其医疗器械损失 206 元的上诉请求,一审法院认为与本案不属同一法律关系而未合并审理并无不当。

综上所述,民主村卫生室的上诉请求不能成立,应予驳回;一审判决认定事实清楚,适用法律正确,应予维持。依照《中华人民共和国民事诉讼法》第一百七十条第一款第一项、第一百七十五条之规定,判决如下:

驳回上诉,维持原判。

二审案件受理费 500 元,由上诉人安康市汉滨区恒口示范区恒口镇民主村卫生室负担。

本判决为终审判决。

审判长　马　娟

审判员　黄　侠

代理审判员　邓丽芬

二〇一八年三月二十八日

书记员　郭婷婷

案例 117：朱尧雨、沈文超与林一烽名誉权纠纷一审民事判决书

上海市长宁区人民法院
民事判决书

（2017）沪 0105 民初 19015 号

原告： 朱尧雨，女，汉族，住上海市长宁区。

原告： 沈文超，男，汉族，住上海市长宁区。

两原告共同委托诉讼代理人： 蒋蓓妮，上海米谷律师事务所律师。

两原告共同委托诉讼代理人： 周樑，上海米谷律师事务所律师。

被告： 林一烽，男，汉族，户籍地浙江省临安市。

委托诉讼代理人： 宝化军，北京安博（上海）律师事务所律师。

委托诉讼代理人： 孙建帅，上海轩悦律师事务所律师。

　　原告朱尧雨、沈文超与被告林一烽、北京微梦创科网络技术有限公司名誉权、隐私权、肖像权纠纷一案，本院于 2017 年 9 月 7 日立案后，依法适用简易程序进行审理。审理中，被告北京微梦创科网络技术有限公司提出管辖异议，本院于 2017 年 10 月 10 日裁定予以驳回。被告北京微梦创科网络技术有限公司不服提出上诉，上海市第一中级人民法院于 2017 年 11 月 27 日裁定"驳回上诉，维持原裁定"。本院于 2018 年 1 月 29 日公开开庭进行了审理。原告朱尧雨、沈文超的共同委托诉讼代理人蒋蓓妮、周樑，被告林一烽的委托诉讼代理人宝化军到庭参加了诉讼，被告北京微梦创科网络技术有限公司经传票传唤，无正当理由拒不到庭，本院依法缺席审理。审理中，经双方当事人同意，并经本院院长批准，本案延长简易程序三个月。审理中，原告撤回了对北京微梦创科网络技术有限公司的起诉。本案现已审理终结。

　　原告朱尧雨、沈文超向本院提出诉讼请求：1. 判令被告林一烽停止侵害原告名誉权、肖像权、隐私权（停止造谣、侮辱、毁谤原告的行为；停止泄露原告个人隐私的行为；停止使用原告照片的行为；包括但不限于删除微博；停止向原告及原告家人朋友发送信息）；2. 判令被告林一烽通过上海地区发行的报纸公开登报向原告书面赔礼道歉；3. 判令被告林一烽赔偿原告名誉权、隐私权各项损失共计 30000 元。事实和理由：被告林一烽与原告朱尧雨发生矛盾纠纷，之后被告林一烽在新浪微博平台上发布微博，通过造谣、侮辱、诽谤等方式中伤原告及原告家人，且在未经原告同意的情况下，发布与原告朱尧雨相关的视频、图片，泄露原告朱尧雨的隐私，侵犯原告朱尧雨的肖像权，同时在其发布的微博中使用侮辱性的言词侵犯原告沈文超的名誉。被告的上述行为，侵犯了两原告的权利，对两原告造成了极大的精神伤害。故为维护两原告的合法权益，诉至法院，希判如所请。

被告林一烽辩称：其同意删除涉案微博的相关内容，但不同意原告的其他诉讼请求。其发布的微博没有造成社会影响，没有对原告造成损害后果。且原告在主观上存在过错，原告方在 2017 年 2 月 13 日先发布针对被告的侵权微博，被告通过朋友知晓后，于 2017 年 2 月 18 日再发布本案中的涉案微博。其仅认可侵犯原告隐私权，名誉权、肖像权不认可侵权。因此，要求法院驳回原告的诉讼请求。

经审理，本院查明事实如下：

被告林一烽在微博平台（域名为：weibo.com）注册用户名"终身绿帽狗沈文超"，并自 2017 年年初起，以"终身绿帽狗沈文超"的用户名在微博平台上发布了"呵呵，既然这样就把钱的事说说清楚！黑了前老板多少钱……""既然你和你……绿帽狗沈某某的老婆朱正在和台湾艺人马某某深情舌吻……""再来说说终身绿帽狗吧……绿帽狗也是小三上位成功做了正牌老公"，并多次将原告朱尧雨和被告林一烽的合照以及原告朱尧雨的个人照片作为微博配图发布，同时多次发布包含原告朱尧雨照片的视频以及被告林一烽与原告朱尧雨的微信截图。

另查明，原告朱尧雨在与原告沈文超的夫妻关系存续期间，曾与被告林一烽发生"婚外情"。

另查明，沈文超在微博平台（域名为：weibo.com）注册用户名"林一烽优秀事迹介绍"，并自 2017 年 2 月起，以"林一烽优秀事迹介绍"的用户名在微博平台上发布了"……每次发疯后都像狗一样道歉……做像狗一样的事""……犯贱的后果，好受吗？""……手段下贱龌龊……""……此渣男的责任心比芝麻大……辣鸡""……此行径为渣中之渣……不是一般的渣男……""……心机婊妄图扰乱视听……""……用的是最低级下流的手段……""……破坏别人家庭的出轨狗……""……抛弃妻子出轨狗就长这挫样啊……""……精神分裂欧，宛平南路×××号欢迎你""……无耻货……一样的垃圾，每天哭的怂货……""……你个垃圾……"等内容，并将林一烽的照片及短信截图等作为微博配图发布。林一烽于 2017 年 10 月 10 日向本院起诉，要求朱尧雨、沈文超承担名誉权、隐私权、肖像权侵权责任。

上述事实，除双方当事人陈述自认外，另有公证书所证实。经审查，本院予以确认。

审理中，因双方无意调解，致本院调解不能。

本院认为，名誉权、肖像权、隐私权均系公民合法民事权益，被侵权人有权请求侵权人就侵权行为承担责任。

关于被告林一烽是否构成隐私侵权的问题。本案中，原告朱尧雨与被告林一烽之间曾发生婚外情，该行为虽违反了法律和社会道德均予认可的夫妻忠实义务，但依然属于公民的个人隐私，不得随意向公众散播。现被告将该信息以文字、图片和视频等形式通过新浪微博平台公布于众，尤其涉及大量较为私密的照片，显然系将二人之间存在婚外两性关系的事实予以公开，原告朱尧雨诉称该行为侵犯了其隐私权，具有法律和事实依据，被告应当停止该侵权行为。

关于被告林一烽是否构成名誉侵权的问题。被告发布涉案微博，不仅侵害了原告朱尧雨的隐私权，通过发布微博的形式公之于众，亦足以让原告朱尧雨及其家人受辱，同时被告在微博平台上指称原告朱尧雨"黑了前老板多少钱"，并频繁使用"绿帽狗"等言词指称原告沈文超，更对两原告进行了贬损，足以导致两原告的社会评价降低，损害了两原告的名誉权。

关于被告林一烽是否构成肖像侵权的问题。公民享有肖像权，未经本人同意，不得以营利为目的使用公民的肖像。本案中，尽管涉案微博中配发了原告朱尧雨的照片及相关视频，但无证据显示该照片及视频的使用系以营利为目的。故对原告关于林一烽侵犯其肖像权的主张，难以支持。

根据原告诉请，本院确定被告林一烽应立即停止侵害原告朱尧雨名誉权及隐私权，立即停止侵害原告沈文超名誉权，并以书面形式向原告赔礼道歉（内容须经本院审核），消除影响、恢复名誉。对两原告主张的精神损害抚慰金，根据被告过错程度等，本院酌定为3000元。对原告主张的公证费，根据票据，确定为4000元。对于原告主张的律师费，根据本案案情等，本院酌定为3000元。

据此，依照《中华人民共和国民法总则》第一百一十条第一款、第一百二十条，《最高人民法院关于确定民事侵权精神损害赔偿责任若干问题的解释》第八条第二款之规定以及《中华人民共和国民事诉讼法》第一百四十四条之规定，判决如下：

一、被告林一烽应立即停止对原告朱尧雨名誉权、隐私权的侵害并立即停止对原告沈文超名誉权的侵害；

二、被告林一烽应于本判决生效之日起十日内以书面形式向原告朱尧雨、沈文超赔礼道歉（内容须经本院审核）；

三、被告林一烽应赔付原告朱尧雨、沈文超公证费、律师费、精神损害抚慰金共计10000元，于本判决生效之日起十日内履行完毕；

四、驳回原告朱尧雨、沈文超其余诉讼请求。

如果未按本判决指定的期间履行给付金钱义务，应当依照《中华人民共和国民事诉讼法》第二百五十三条之规定，加倍支付迟延履行期间的债务利息。

案件受理费300元，因适用简易程序，减半收计150元，由被告林一烽负担。

如不服本判决，可在判决书送达之日起十五日内，向本院递交上诉状，并按对方当事人的人数或者代表人的人数提出副本，上诉于上海市第一中级人民法院。

审判员　傅　君

二○一八年三月二十九日

书记员　康　洁

案例118：张清华、孙舒雅与高洋名誉权纠纷二审民事判决书

辽宁省大连市中级人民法院

民事判决书

（2018）辽02民终1077号

上诉人（原审被告、反诉原告）： 张清华，女，大连第四人民医院职员。

委托诉讼代理人： 孙舒雅（张清华女儿），即本案上诉人。

上诉人（原审被告、反诉原告）： 孙舒雅，女，大连和川文化有限公司法人。

被上诉人（原审原告、反诉被告）： 高洋，男，大连铭洋教育咨询服务公司员工。

委托诉讼代理人： 张紫阳，男，汉族，大连铭洋教育咨询服务有限公司职员。

上诉人张清华、孙舒雅因与被上诉人高洋名誉权纠纷一案，不服大连市西岗区人民法院（2017）辽0203民初4022号民事判决，向本院提起上诉。本院于2018年1月22日立案后，依法组成合议庭，开庭进行了审理。上诉人孙舒雅（暨上诉人张清华委托诉讼代理人），被上诉人高洋及其委托诉讼代理人张紫阳均到庭参加诉讼。本案现已审理终结。

张清华、孙舒雅共同上诉请求：请求撤销原审判决，驳回被上诉人的诉讼请求，并支持我方反诉请求。共同的事实和理由：1. 上诉人并没有侵害被上诉人名誉权的主观故意。上诉人虽然在微博上发表过有关评论，但发表该评论是由于上诉人起诉大连铭洋教育咨询服务有限公司委托合同纠纷一案，法院宣判以后，大连铭洋教育咨询服务有限公司拒不履行法院生效的判决，上诉人在收到判决书后多次查找上诉人未果的情况下才上新浪微博发表了相关评论。上诉人在原审中提起诉讼的时间是2016年12月26日，一审宣判的时间是2017年6月16日，上诉人发表微博的时间是2017年8月，发表该微博时，上诉人并不知道大连铭洋教育咨询服务有限公司提起上诉，由于被上诉人及大连铭洋教育咨询服务有限公司在长达一年多的时间内拒不返还已付中介费用，在法院生效判决后仍拒不履行法院判决，缺乏最基本的诚实信用原则，所以我们当时认为被上诉人存在恶意欺诈等违法行为。上诉人之所以发表该微博，是为了不想让其他受害人继续被大连铭洋教育咨询服务有限公司欺诈，才作出的对被上诉人警醒的行为。2. 本案提起诉讼的前六天，也就是2017年8月30日，被上诉人以书信的方式向上诉人张清华单位恶意诽谤及人身攻击上诉人张清华，在上诉人张清华单位造成了极其不良的恶劣影响，被上诉人写书面材料给我们造成了实质上的现实侵害，被上诉人存在相应的过错。3. 上诉人并不是社会公众人物，即使在自己的微博当中发送了有关内容，社会影响力也较小，并不能达到侵害被上诉人名誉权的问题，况且被上诉人及公司也并非社会公众普通知晓的咨询服务机构，造成损害的概率是非常小的，不能够达到侵害被上诉人名誉权的行为。4. 本案中应适用过失相抵原则，被上诉人在2017年8月30日书面诽谤上诉人

张清华后，又于2017年9月5日向公证处申请公证，证明上诉人侵犯其名誉权的行为，被上诉人自己也存在侵犯上诉人名誉权的问题，本案当中被上诉人也存在一定的主观恶性，对于被上诉人已支付的公证费应当自行承担。5. 通过（2017）辽02民终6587号民事判决可以认定被上诉人作为大连铭洋教育咨询服务有限公司法定代表人，在双方解除合同后不能够及时退费存在一定的违约行为，上诉人发表相关微博也正是在被上诉人不能够退费的情况下作出的，如果支持被上诉人的诉讼请求，则势必助长被上诉人不诚信的老赖行为，市场交易秩序不能被有效保护，请求二审法院依法改判。

高洋辩称，一审判决正确，上诉人对被上诉人名誉权侵犯事实存在且有故意性。上诉人孙舒雅微博文章中关于"严重偷税漏税""没有教育资质""实属误人子弟"等内容没有任何法律依据。被上诉人在另案合理有效期内提交的上诉状，另案一审判决并没有生效，所以不存在被上诉人方恶意不还钱的行为。由于新浪微博的公开性、主动性，上诉人在微博上所发布的所有内容证明了其具有主观恶意性。上诉人所提到的委托合同纠纷一案，与本案无关。被上诉人是给上诉人张清华医院院长一个人寄的信，并没有公开性，且没有侮辱性词语，而且所陈述的事实提供了相应材料。合同纠纷所以无法解决是因为合同的签署人上诉人孙舒雅始终没有和被上诉人所在公司进行有效沟通。而上诉人张清华在被上诉人邀约到公司签署终止合同、协商退款当天晚上，在微信上对被上诉人本人及其母亲进行谩骂至晚上十点，以至到后来经常到公司打电话，无法进行正常沟通。合同纠纷结束后，铭洋教育公司第一时间通过支付宝把钱转给对方，付款时间是二审判决下发的当天，被上诉人一直希望能够妥善解决这件事，但上诉人张清华无法与被上诉人方进行沟通，而上诉人孙舒雅本人没有主动与被上诉人方沟通导致出现这样的纠纷。上诉人张清华在本名誉侵权案一审结束的时候，在法官仍然在庭的时候对被上诉人方进行拍照并及时发布到了新浪微博上，称恶棍坐在原告席，天理难容，之后并多次转发@各大媒体。

高洋向一审法院起诉请求：1. 二被告立即停止一切途径尤其是在公众媒体上对原告本人及原告所在公司名誉侵犯、诽谤、发表不实言论的行为；2. 二被告立即删除其在公众媒体上已发布的关于原告本人及原告公司不实言论的文章、帖子以及回复。3. 二被告立即停止以电话、短信等形式向原告本人及原告公司工作人员、朋友的骚扰、辱骂、诽谤行为。4. 二被告赔礼道歉、消除影响，尤其是在发布过中伤原告本人及原告公司的公众媒体上给予书面致歉信。5. 本案证据保全费3000元由被告承担。6. 二被告赔偿原告精神损失费、误工费及因名誉损失造成的经济损失60000元。

张清华、孙舒雅向一审法院反诉请求：1. 要求被反诉人高洋停止诬陷诽谤、敲诈勒索。2. 请求被反诉人公开赔礼道歉，在媒体上致歉并作出深刻检查。3. 要求被反诉人赔偿因此造成的损失50000元（精神损失费、误工费、电话费、交通费等）。

一审法院认定事实：2016年7月31日，大连铭洋教育咨询服务有限公司与被告孙舒雅签订《出国留学咨询服务委托合同》，合同签订当日被告孙舒雅向原告高洋账户转账12500元，2016年9月28日双方协商一致解除合同，2016年9月29日，被告孙舒雅、张清华到大连铭洋教育咨询服务有限公司办理退款时，与原告高洋发生争执，并向大连市公安局高新园区分局凌水派出所报案，凌水派出所向双方出具受案回执，受案登记表文号为大公（高）受案字〔2016〕S028号，该案尚在办理中。2016年12月26日，被告孙舒雅起诉大连铭洋教育咨询服务有限公司，要求返还12500元，大连市沙河口区人民法院于2017年6月16日作出（2016）辽0204民初6505号民事判决书，判令解除孙舒雅与大连铭洋教育咨询服务有限公司签订的《出国留学咨询服务委托合同》、大连铭洋教育咨询服务有限公司返还孙舒雅12500元，大连铭洋教育咨询服务有限公司提起上诉，大连市中级人民法院于2017年10月30日作出（2017）辽02民终6587号民事判决书维持原判决，但认为该案系"双方协商一致解除，且铭洋公司已向本院书面声明念及师生关系，为息事宁人愿意全额退还孙舒雅交纳的12500元服务费用，应予照准"。大连铭洋教育咨询服务有限公司的法定代表人高洋于判决当日将12500元转账给被告孙舒雅。被告孙舒雅在与大连铭洋教育咨询服务有限公司诉讼期间，通过新浪微博个人认证的昵称"@SShuya"分别于2017年7月31日、8月1日、8月5日、8月8日发表文章，在详细叙述其与铭洋教育、原告高洋的咨询服务合同纠纷经过的同时，称"学历不代表人品""但不可以以坑害你的学生你的客户这种卑鄙的手段来牟取暴利""首先你的行为已经构成严重的欺诈，其次你没有开具收据发票属于严重偷税漏税，而且你办的中介公司没有教育资质，实属误人子弟"等，并编辑分类为"大连新鲜事""全民举报抓骗子""求扩散求转发""爆料黑中介""微博爆料""我要上热门"等微博标签要求关注，通过@大连突发、大连市中级人民法院、辽宁日报、辽宁广播电视台、辽宁卫视等诸多公众媒体寻求转发。在被告孙舒雅新浪微博昵称"@SShuya"于2017年8月5日的微博文章中，被告张清华以新浪昵称为"@Linda6529"对"@天野哥good"的评论进行回复，内容为"那个诬陷诽谤敲诈勒索欲抢劫的黑龙江省哈尔滨市高洋是1983年5月17日出生的，父亡母患癌症，想钱想疯了，贼心不死，振振有词发声明，不发微博炸出来，让他得逞了是天理难容。"又对"@大连大小事儿"的评论进行回复，内容为"……竟然诬陷诽谤敲诈我，高洋是个狼心狗肺，无耻下流卑鄙的流氓。为了12500元连人格都不要了。……×××干坏事的太多了。"2017年8月8日、8月9日、8月16日，被告张清华以新浪昵称为"@Linda6529"发表微博文章，在详细叙述其与铭洋教育、原告高洋的咨询服务合同纠纷经过的同时，称"大连铭洋教育咨询服务有限公司法人高洋自认为的司法公正是迎合他的丑恶嘴脸肆意歪曲恶意篡改事实真相，逍遥法外吗？""太不要脸，一个流氓无赖下贱无耻卑鄙，肮脏，为了12500元人格名誉尊严品德全不要了，想钱想疯了？有什么资格说公平正义。""你不悬崖勒马、迷途知返、执迷不悟、滥用诉讼程序，占用浪费公共资源，应受到严惩，对你这样的败类决不能姑息迁就包容袒护纵容。学教育学的就是这个品德吗？你误人子弟。你的那些恶习流氓作风都是跟谁学的，那个老师教的"，并在8月16日的微博文章的评论中称"高洋是企图掩盖歪曲自己的行为。你一个盲流有什么社会地位可言。……这充分暴露了高洋有多么的不要脸。高洋太无耻才导致合同无法履行，协商不成。根本无法沟通，也不会接受调解。""竟然标榜自己是学教育学的，哪个老师教你的？你是跟谁学的流氓作风？这个社会都是你这样的流氓无赖从事教育，简直就是一场灾难。国家就应该把你这样无德的赶出教师队伍。""你就是条疯狗乱咬。"为此，原告高洋于2017年9月5日向大连市公证处申请保全证据，大连市公证处作出（2017）大证民字第53429号公证书，对二被告于2017年7月31日到8月20日间的新浪微文章及评论内容进行截图打印，共打印五十八页，公证内容为"兹证明与本公证书相粘连的附件（共五十八页）为高洋于二〇一七年九月一日在大连市公证处现场操作过程中实际打印所得，整个操作过程均在本公证员和公证人员彭军的监督之下进行，现场打印结果与实际情况相符。"另查，2017年8月30日，原告高洋致信大连第四人民医院院长、党部书记以及相关领导，实名举报被告张清华渎职、诽谤、人身攻击以及损坏公司财物，其内容主要为"罪责一：张清华上班时间以权谋私，严重违反工作纪律。罪责二：张清华作为医务工作人员，恶意诽谤中伤患者，严重缺失医德。罪责三：张清华破坏公共财物，扰乱公共秩序。罪责四：张清华诽谤及威胁我司员工人身安全。罪责五：张清华在公共媒体发表不实言论。罪责六：张清华涉嫌虚报身份。"上述事实，有原告提供的（2017）大证民字第53429号公证书、被告二人微博截图、微信聊天记录手机截屏、微信聊天截图、证据保全公证费收据、辽宁省大连市中级人民法院民事判决书（2017）辽02民终6587号、支付宝转账截图（高洋退款），被告提供的受案回执复印件、民事上诉状、沙河口区法院和市中院的民事判决书、举报信、凌水派出所的笔录以及双方当事人陈述笔录等证据材料在案存卷为凭。

一审法院认为，公民享有名誉权，公民的人格尊严受法律保护，禁止用侮辱、诽谤等方式损害公民的名誉。本案的争议焦点为：一、二被告微博文章中的内容和评论是否侵害了原告高洋的名誉权；二、原告高洋是否存在侵犯二被告名誉权的行为（二被告反诉请求是否成立的问题）。一、关于二被告微博文章中的内容和评论是否侵害了原告高洋的名誉权的问题。侵害他人名誉权的行为，主要表现为侮辱、诽谤和宣扬他人隐私的行为。本案中，原告高洋与被告孙舒雅、张清华因合同产生纠纷，对此，双方当事人应通过合法渠道表达各自诉求，维护自身合法权益。被告孙舒雅、张清华向新闻单位要求舆论监督并无不妥，其发布涉诉微博文章的目的在于解决合同纠纷，达到退款，但应当提供相关事实材料进行客观陈述。被告孙舒雅微博文章中关于"严重偷税漏税""没有教育资质""实属误人子弟"等内容，在未经有关权威机关予以认定的前提下发布实属不当，而被告张清华在评论中称"那个诬陷诽谤敲诈勒索欲抢劫的黑龙江省哈尔滨市高洋是1983年5月17日出生的，父亡母患癌症，想钱想疯了，贼心不死，振振有词发声明，不发微博炸出来，让他得逞了是天理难容"，并多次提到"无耻下流卑鄙的流氓""这充分暴露了高洋有多么的不要脸""一个盲流有什么社会地位可言"等宣扬他人隐私和极端恶劣的侮辱性字眼，上述二被告的行为构成了对原告高洋的名誉权侵害。微博作为一种新兴媒体，其特点在于网络用户以个人的视角即时表达对人、对事的所见所闻、所感所想，根据自行设置让特定或不特定的第三人即时查阅、获悉自己的经历与言论。微博一旦发表，即可能不以发布者的意志为转移地被广泛传播，故个人在微博中发表言论也应当尽到合理注意义务，不得以言论自由权侵害他人合法权利，即在事实陈述时，所述事实应当基本或大致属实；意见表达时，评论内容应当大致客观公正；陈述或评论时，不得使用侮辱性言辞。本案中，二被告明知其微博文章的评论中存在侮辱原告高洋人格的言论，仍在不特定向第三人可即时查阅的微博中发表上述言论，且@众多网络名人和媒体，主观存在希望其言论扩散的故意，过错明显。综上，二被告的行为存在导致原告高洋名誉被损害的事实、主观上有过错，故对原告要求二被告停止侵害、删除其新浪微博上已发布的涉案微博文章帖子及回复、赔礼道歉的诉讼请求，一审法院予以支持。关于证据保全费3000元，系原告为维护其合法权益而支出的合理费用，应由二被告承担。关于原告请求二被告立即停止以电话、短信等形式向原告本人及原告公司工作人员、朋友的骚扰、辱骂、诽谤行为，因原告未能提供明确证据，并且该项诉请覆盖面广，不具有可执行性，故对原告的该项诉讼请求一审法院不予支持。关于原告请求二被告赔偿精神损失费、误工费及因名誉损失造成的经济损失60000元，因原告提供的相关证据不能证明其遭受的具体经济损失，且未在法庭确定的期限内补交诉讼费，故对该项主张一审法院不予支持。二、关于原告高洋是否存在侵犯二被告名誉权行为的问题。被告张清华、孙舒雅反诉称原告高洋诬陷诽谤其砸毁电脑、敲诈勒索。对此根据法庭调查，双方于2016年9月29日发生争执一事，大连市公安局高新园区分局凌水派出所已受理该案，案件尚未办结，原告高洋及大连铭洋教育咨询服务有限公司的员工只是陈述双方发生争执过程中所看到的事实，原告高洋是否存在诬陷诽谤未被认定，被告应在有关权威机关调查结案，并做出确切结论后，根据案件的相关情况进行主张。关于被告张清华提出原告高洋向其所在医院的院长投诉，并寄送举报材料侵害其名誉一节，该举报材料没有侮辱性字眼，只是陈述双方发生纠纷过程中被告张清华做出的一些过激言论和事实，但用"罪责"一词属用语不当。《最高人民法院关于审理名誉权案件若干问题的解释》规定，公民依法向有关部门检举、控告他人的违法违纪行为，他人以检举、控告侵害其名誉权向人民法院提起诉讼的，人民法院不予受理。且综观本案二被告均未能提供证据证明原告高洋对被告孙舒雅存在侵害名誉权的行为，故二被告的反诉请求没有事实和法律依据，一审法院不予支持。此外，一审法院还需说明的是，原告高洋与被告孙舒雅曾是师生关系，应当互相关爱，互相尊重，遇到矛盾时本着宽容与协商的态度积极解决问题，本案的发生双方均存在不冷静的问题，望双方能引以为戒，不要随意发表不当言论，妥善处理矛盾纠纷。综上，依照《中华人民共和国民法通则》第一百零一条、第一百二十条、《中华人民共和国侵权责任法》第六条、第十五条，《最高人民法院关于审理名誉权案件若干问题的解释》第五条、《最高人民法院关于审理名誉权案件若干问题的解答》第七条、第八条、第十条之规定，一审法院判决如下：一、被告张清华、孙舒雅在本判决生效后十日内删除其在"新浪微博"网站上以个人新浪昵称"@SShuya""@Linda6529"发布的侵害原告高洋名誉的微博文章、评论及相关转发；二、被告张清华、孙舒雅在本判决生效后十日内在其"新浪微博"网站上的新浪昵称"@SShuya""@Linda6529"主页中刊登向原告高洋的赔礼道歉，道歉的内容由本院核定；否则本院将本案判决书主要内容刊登于其他媒体上，费用由被告张清华、孙舒雅承担；三、被告张清华、孙舒雅在本判决生效后十日内赔偿原告高洋公证费人民币3000元；四、驳回原告高洋的其他诉讼请求。五、驳回被告张清华、孙舒雅的全部反诉请求。如未按本判决指定的期间履行给付金钱义务，应当依照《中华人民共和国民事诉讼法》第二百五十三条之规定，加倍支付延迟履行期间的债务利息。案件受理费500元反诉费500元（一审笔误，应为"625元"）合计1000元（一审笔误，应为"1125元"），由被告张清华、孙舒雅负担。

本院二审期间，双方当事人没有提交新证据。对当事人二审争议的事实，本院认定如下：一审查明相关事实属实。

本院认为，公民享有名誉权，公民的人格尊严受法律保护，禁止用侮辱、诽谤等方式损害公民的名誉。作为现代社会传媒的网络空间，应当是一个健康、有序的互动空间，受到法律的规范和约束。因网络平台的公开性，网络信息的传播速度和影响力更为迅速和直接，网络用户在即时分享自我的感性认识及信息的同时，作出涉及他人名誉的事实陈述时，应公开所根据的事实或证据，以利于公众有所判断，更不应有侮辱性语言。如缺乏事实依据，误导公众，造成他人人格受损的，应承担相应的侵权责任。

对于二上诉人是否对被上诉人名誉权造成侵害的认定。上诉人孙舒雅与大连铭洋教育咨询服务有限公司曾存在出国留学咨询服务委托合同关系，双方在合同履行过程中发生纠纷，二上诉人与大连铭洋教育咨询服务有限公司方代表被上诉人应通过积极协商或诉讼等正规渠道解决。尤其在上诉人孙舒雅将大连铭洋教育咨询服务有限公司起诉至法院后，应当等待法院的生效判决结果来认定大连铭洋教育咨询服务有限公司是否存在违约行为。但在该案一审判决作出后，尚未生效的情况下，上诉人孙舒雅在微博上公开发文，声称被上诉人本人"严重偷税漏税""没有教育资质""实属误人子弟"，并未能提供相应证据证明其陈述事实属实，引起了不特定第三方关注、点评、转发；上诉人张清华在评论中宣扬被上诉人隐私，对被上诉人人格进行否定性评价时多次使用极端恶劣的侮辱性字眼，二上诉人的上述行为已明显超出了正当行使言论自由权利的合法界限，并编辑分类为"全民举报抓骗子""求扩散求转发""爆料黑中介""我要上热门"等微博标签要求关注，通过@大连突发、大连市中级人民法院、辽宁日报、辽宁广播电视台、辽宁卫视等诸多公众媒体寻求转发，影响范围广，引发网友对被上诉人发表诸多负面评论，造成了被上诉人人格权益受损，侵犯了被上诉人的名誉权。一审法院认定二上诉人侵权行为成立事实清楚、证据充分，判令二上诉人删除其在"新浪微博"网站上发布的侵害被上诉人名誉的微博文章、评论及相关转发、赔礼道歉于法有据。因合理维权而支出的3000元公证费系被上诉人的合理损失，二上诉人应当承担。被上诉人是否为公众人物系本案侵权损害后果是否严重的考量因素之一，不影响本案对二上诉人上述行为构成侵权的认定。对于二上诉人提出驳回被上诉人诉讼请求的上诉意见，本院不予支持。

对于被上诉人是否对二上诉人名誉权造成侵害的认定。在双方就合同纠纷案件发生争议，二上诉人在微博上发表侵害被上诉人名誉权的不当言论之后，被上诉人致信上诉人张清华所在单位相关领导，实名举报被上诉人张清华渎职、诽谤、人身攻击以及损坏公司财物，上诉人张清华据此主张被上诉人侵犯其名誉权，属《最高人民法院关于审理名誉权案件若干问题的解释》第五条规定的"公民依法向有关部门检举、控告他人的违法违纪行为，公民依法向有关部门检举、控告他人的违法违纪行为，他人以检举、控告侵害其名誉权向人民法院提起诉讼的，人民法院不予受理"情形。二上诉人提供的现有证据亦未能证明被上诉人实施了侵害上诉人孙舒雅名誉权的行为，二上诉人上诉主张被上诉人对二上诉人名誉权造成侵害缺乏事实和法律依据，一审法院未予支持正确。对于二上诉人提出支持其反诉请求的上诉意见，本院不予支持。

综上所述，上诉人张清华、孙舒雅的上诉请求不能成立，本院予以驳回；一审判决认定事实清楚，适用法律正确，应予维持。依照《中华人民共和国民事诉讼法》第一百七十条第一款第一项规定，判决如下：

驳回上诉，维持原判。

二审案件受理费500元，由二上诉人张清华、孙舒雅共同负担。

本判决为终审判决。

审判长　王　彬

审判员　刘婷娜

审判员　郑福一

二〇一八年四月二日

书记员　陈彩虹

案例119：黄奕与黄毅清等名誉权纠纷二审民事判决书

北京市第二中级人民法院
民事判决书

（2018）京02民终1643号

上诉人（原审原告）： 黄奕，女，汉族，演员，住北京市朝阳区。
委托诉讼代理人： 朱晓磊，北京星权律师事务所律师。
委托诉讼代理人： 饶进锋，北京锋戈博盾律师事务所律师。
被上诉人（原审被告）： 新华网股份有限公司，住所地北京市大兴区。
法定代表人： 田舒斌，董事长兼总裁。
委托诉讼代理人： 王海蓬，男，新华网股份有限公司职员。
被上诉人（原审被告）： 黄毅清，男，汉族，无业，住上海市徐汇区。
委托诉讼代理人： 姜丽君，上海严诞生律师事务所律师。

上诉人黄奕因与被上诉人新华网股份有限公司（以下简称新华网）、被上诉人黄毅清名誉权纠纷一案，不服北京市西城区人民法院（2016）京0102民初12198号民事判决，向本院提起上诉。本院于2018年2月4日立案后，依法组成合议庭，开庭进行了审理。上诉人黄奕及其委托诉讼代理人朱晓磊和饶进锋、被上诉人新华网之委托诉讼代理人王海蓬、被上诉人黄毅清之委托诉讼代理人姜丽君到庭参加诉讼。本案现已审理终结。

黄奕上诉请求：1. 撤销一审判决；2. 判令新华网、黄毅清在全国公开发行报纸的显著位置向黄奕公开赔礼道歉，致歉内容应包含本案判决书案号及侵犯黄奕名誉权的具体情节；3. 判令新华网在其下辖网站首页位置，黄毅清在其微博首页置顶位置向黄奕公开赔礼道歉，道歉持续时间不应少于九十日；4. 判令新华网、黄毅清向黄奕连带赔偿经济损失488200元，精神损害抚慰金500000元，及黄奕因维权而支付的包含侵权网页保全公证费、授权委托公证费、差旅费、律师费等合理开支共计61800元，以上共1050000元；5. 新华网、黄毅清共同承担一、二审诉讼费用。事实和理由：1. 新华网在涉案网站上、黄毅清在涉案微博上发布没有任何事实依据的言论，严重侵害黄奕的名誉权。2. 新华网和黄毅清的行为，在客观上对黄奕名誉权造成了严重损害。新华网肆意"标题党"，恶意营造"此地无银三百两"的氛围，归纳、总结及延伸涉案微博内容，列举毫无事实依据的所谓"事实"，可以吸引广大读者眼球。新华网发布涉案内容对黄奕的个人形象毁损具有明确的指向性。新华网辩称涉案文章在互联网上大量存在，其仅属于转发，即便如此，新华网依然应当承担相应的名誉权侵权责任。黄毅清因一己私怨，刻意发布、散播对黄奕具有明显人身攻击的侮辱、诽谤、辱骂严重，造成极其严重的负面后果，理应予以严惩。3. 新华网与黄毅清盈利与否并不影响其在客观上已经给黄奕造成的经济损失以及精神损害。4. 本案并不涉及到社会公众人物的社会容忍度问题。新华网公司的行为不符合社会公共利益原则；新华网的行为不符合非盈利性原则；新华网的行为不符合真实性原则。5. 黄奕针对黄毅清的起诉，是基于其在微博上已经公开发表的，但刻意的选在公证机关非工作时间，致使黄奕无法直接对其微博内容进行保全的内容，而该内容恰恰是新华网据以归纳、总结并恶意大规模登载所谓爆料的基础，与黄奕在北京市海淀区人民法院另案起诉黄毅清所依据的事实基础完全不同。

新华网辩称，一审判决认定事实清楚，适用法律准确，程序合法，依法应予维持。一审法院认定"新华网发布的两篇涉案文章均系转载""不能认定新华网对该转载文章进行了实质性修改""及时将涉案两篇文章删除"等事实全面、真实、清楚，有一审有效证据支撑。一审法院适用法律法规准确且程序合法，新华网不构成侵害黄奕名誉权。黄奕诉请赔偿没有事实和法律依据。新华网在接到黄奕起诉状后第一时间删除了涉案文章，已履行适当的注意义务，最大限度的降低了涉案文章传播影响；众多网站载有涉案文章，因此即使黄奕的名誉受到影响也与新华网不存在直接因果关系；黄奕作为公众人物，应当对公众、媒体的评论承担一定的容忍义务。

黄毅清辩称，一审判决认定事实清楚，适用法律准确，程序合法。一审判决认定新华网转载的两篇文章并非黄毅清所撰写，黄奕没有证据证明黄毅清发布过涉案微博，黄奕要求黄毅清对新华网转载的两篇文章承担责任，没有法律依据。黄奕提出的诉讼请求和所依据的事实与理由均是针对新华网转载的两篇文章，并未诉请黄毅清承担责任。黄奕不让黄毅清与女儿见面，涉案微博系黄毅清因心情郁闷而发泄的情绪，转发量很小，而且黄毅清已及时删除，没有侵犯黄奕的名誉权，黄奕针对黄毅清的上诉请求不能成立，应予驳回。

黄奕向一审法院起诉请求：请求法院判令新华网立即删除涉案侵权文章；判令新华网与黄毅清在全国公开发行报纸的显著位置向黄奕公开赔礼道歉（要求致歉内容应包含本案判决书案号以及侵犯原告名誉权的具体情节）；判令新华网在其下辖网站首页位置，黄毅清在其微博首页置顶位置向黄奕公开赔礼道歉，道歉持续时间不应少于90日；判令新华网与黄毅清向黄奕连带赔偿经济损失488200元、精神损害抚慰金500000元，及黄奕因维权而支付的包含侵权网页保全公证费、授权委托公证费、差旅费、律师费等合理开支共计61800元，上述费用共计1050000元；诉讼费由新华网和黄毅清承担。

一审法院认定事实：黄奕与黄毅清原系夫妻关系，2014年10月离婚。

新华网在其网站名称为"新华网"（域名：xinhuanet.com）的网站上，于2014年11月4日16：29：30发布题为《黄奕前夫再爆料古巨基文章孙红雷都"躺枪"》的文章（以下简称涉案第一篇文章），该文章标注来源为"舜网－深港在线"。

黄奕认为该文章中的侵权内容如下：

1. 11月3日，黄毅清连发几篇微博，公然骂黄奕不要脸，并曝黄奕养小白脸。随后黄毅清又开始爆演艺圈的猛料，称黄奕告诉自己："反正早前她拍的电影电视～几乎每一部男主角都跟她好过……"并以名字拼音缩写的形式爆料称黄奕和GJJ谈恋爱的细节等。

2. "自己告诉我以前拍戏的时候，还和GJJ谈恋爱，说他怎么喜欢她，然后半夜还去他房间找他，然后凌晨再回自己房间。还说他助理好像管了他很严，但他一直说他俩没关系的～还说××的时候喜欢……我只说我听到的……绝不添油加醋，以我和我女儿发誓。"

3. 爆料出黄奕在拍《窃听风云》时的八卦："还告诉我说，拍窃听的时候，剧组喝完酒以后 shl 去 yx 房间把她给了…是不是事实，不用质疑，我只说我听到的，绝不添油加醋。我只是个搬运工……"

4. 爆黄奕好友的猛料："说你好友的老公 wz 多么毫无下限，第一次见到功夫之王 LLJ 就跪下认别人做干爹……我只是复述听到的原话～"

该文章的结语为："微博曝光后，网友纷纷开始将黄毅清所指的明星对号入座，古巨基文章孙红雷等男星皆躺枪。（完）"

2014 年 11 月 5 日 14：24：17，新华网再次在上述网站发布题为《前夫再爆黄奕猛料名字用拼音缩写古巨基孙红雷叶璇躺枪》的文章（以下简称涉案第二篇文章），文章标注来源为"中国新闻网－深圳晚报综合"，黄奕认为该文章中的侵权内容包括：

猛料一：老婆乱搞（结尾内容为：围观网友联想到黄奕曾和古巨基合拍琼瑶经典剧《还珠格格3》，还传出绯闻，莫非，GJJ 就是古巨基?）；

猛料二：小伙伴乱搞（结尾内容为：艾玛，黄毅清你敢不敢再明显一点，虽然名字都是字母缩写，但网友还是一眼就猜出，yx 和 shl 不是叶璇和孙红雷还能是谁?）；

猛料三：知名男艺人无节操（结尾内容为：不过，相信昨天以后，下次不小心手滑点赞的该是好友马伊琍了吧）。

庭审中，新华网称上述两篇文章的内容均为转载，包括标题在内，未进行任何改动，黄奕对此不予认可，称新华网于 2014 年 11 月 5 日发布的题为《前夫再爆黄奕猛料名字用拼音缩写古巨基孙红雷叶璇躺枪》的文章，虽标注来源于中国新闻网，但在公证书中公证的中国新闻网于 2014 年 11 月 5 日 13：41 发布的文章题目为：《前夫再爆黄奕猛料：与多位合作男演员好过（图）》，内容也不一致。经法院核对，黄奕所述涉案第二篇文章的侵权内容与中国新闻网发布的《前夫再爆黄奕猛料：与多位合作男演员好过（图）》文章一致。

2014 年 11 月 13 日，黄奕委托代理人到北京市方正公证处对上述两篇文章进行了证据保全，北京市方正公证处出具了（2014）京方正内民证字第 68444 号公证书。2015 年 4 月 1 日，黄奕向北京市方正公证处支付公证费 1800 元。

诉讼中，新华网称其在 2015 年 3 月 27 日收到法院送达的本案起诉状后，于 2015 年 4 月 1 日 9 时 44 分 9 秒将上述两篇涉案文章删除。黄奕认可新华网已将涉案文章删除，同时认可起诉前未与新华网进行过联系，并据此撤回要求新华网立即删除涉案侵权文章的诉讼请求。

黄奕提供上海市恒泰律师事务所于 2014 年 11 月 5 日到上海市徐汇公证处进行证据保全，该公证处出具的（2014）沪徐证经字第 7869 号公证书，保全内容为黄毅清在新浪微博平台，注册昵称为"@－SSCC－An 迪 y－（黄奕前夫）"发表的微博，黄奕称在其起诉黄毅清侵犯名誉权时，黄毅清已将微博上大部分涉嫌侵权的内容删除，但仍有部分侵权内容存在，包括公证书中涉及的以下侵权内容：

1. 2014 年 11 月 3 日，内容为："谁 tm 以后敢找@黄奕拍电影拍电视拍广告，我就用尽一切办法攻击你们！反正烂命一条！抢走我女儿，别想有天平日子过！要不有种把我杀了！那你就可以留着女儿过太平日子了，等过了 20 年女儿在接我班继续骂你～"。

2. 2014 年 11 月 2 日，内容为："我就公开明着说圣母@黄奕不要脸怎么了？@黄奕工作室不是很爱辟谣么？说不要脸都是轻的了！闹到今天如果围观的还以为男的在闹的话那你们真活该被他耍！搞搞清楚，女儿依赖爸爸不是不要爸爸！爸也是要女儿的，不是不要女儿！是她自私的强迫女儿意愿剥夺父爱，女儿如果会说话就看到父女俩一起骂她了！"

3.2014年11月2日，内容为："呵呵//@相忘于杭州：找好男人攻略，只要跟在奕姐后面捡漏就成了。奕姐虽然书读的不多，挖掘男人的本事一流（听说奕姐蓝翔进修两年，挖掘机操作等级八级）有人会问男人都被奕姐挖走了，怎么捡漏？别急别急，过不了多久，奕姐就会因为偷腥被扫出门，同时作为反击一个渣男会被包装出世。手快有，手慢无哦。"

黄毅清认为黄奕提交的该证据与本案诉争内容无关，其中第一、二条是因为黄奕隐匿女儿，使得黄毅清无法与女儿见面，致心情抑郁而表达的情绪；第三条的内容是由@相忘于杭州发出，黄毅清仅为转发，且三条微博内容黄毅清均已删除。

另，黄奕提供（2014）沪徐证经字第7869、7870、7871号公证书，证明国内知名新闻媒体对黄毅清"@-SSCC-An迪y-（黄奕前夫）"微博上恶意攻击、侮辱黄奕的微博报道汇总，包括：

新浪娱乐微博于2014年11月4日报道内容为：

1.【黄毅清要见女儿威胁黄奕将曝更多丑闻】近日#黄奕夫妇离婚大战#愈演愈烈。昨日，黄毅清曝黄奕自称和合作男星几乎都好过；今天他又放言若不让见女儿，将曝更多娱乐圈丑闻，称一切只因为要见孩子，"谁敢剥夺就要他灭亡，同归于尽也无妨！"真是豁出去的节奏啊！

2.#黄奕夫妇离婚大战#仍在继续，昨天刚爆出黄奕前夫登报求婚，再娶富二代美女。今天，前夫黄毅清也自曝已经有了另一半，更大夸女友长得比黄奕美，人也比她好，还小她十岁。并且爆料黄奕自称与合作过男演员都好过，曝光了黄奕和GJJ谈恋爱的细节等。这狗血剧也真是醉了。

3.猛料！黄毅清曝黄奕自称与合作男演员都好过GJJ躺枪。

4.#黄奕夫妇离婚大战#越战越勇！11月3日黄毅清连发几篇微博，公然骂黄奕不要脸。随后又大爆演艺圈猛料，称黄奕告诉自己："早前她拍的电影电视～几乎每一部男主角都跟她好过……"并以名字拼音缩写的形式爆料称黄奕和GJJ谈恋爱的细节等。

网易娱乐于2014年11月4日报道的内容：

1.《前夫威胁黄奕将曝更多丑闻：为见女儿愿同归于尽》

内容提要：11月4日下午，黄奕前夫黄毅清在微博上连续发布多条微博，黄毅清声称要见女儿，并威胁黄奕若不交出女儿，自己将曝更多娱乐圈丑闻。含黄毅清"@-SSCC-An迪y-（黄奕前夫）"新浪微博截图39张。

2.《前夫曝黄奕曾称合作的男星多好过》

内容提要：11月4日下午，黄奕前夫黄毅清在微博上连续发布多条微博，黄毅清声称要见女儿，并威胁黄奕若不交出女儿，自己将曝更多娱乐圈丑闻。

3.《前夫曝黄奕曾称合作的男星都好过GJJSHL中枪》

内容提要：黄毅清又开始爆演艺圈的猛料，称黄奕告诉自己："反正她拍的电影电视～几乎每一部男主角都跟她好过……"并以名字拼音缩写的形式爆料称黄奕和GJJ谈恋爱及床事细节等。含黄毅清"@-SSCC-An迪y-（黄奕前夫）"新浪微博截图39张。

4.《话题：黄奕曾称合作的男星都好过GJJSHL中枪》

热门跟帖（跟帖5010条有90547人参与）

腾讯娱乐于2014年11月5日报道内容为：

《黄奕报案预状告前夫诽谤将发表声明说明事实》

【摘要】近日，黄奕前夫黄毅清在微博上连发数条微博公然骂黄奕不要脸，称黄奕告诉过自己她和合作过的男明星都好过，黄奕的宣传人员昨日表示，黄奕已去立案，等立案之后就会告黄毅清诽谤，并且发声明说明事实。

搜狐娱乐于 2014 年 11 月 5 日报道内容为：《黄毅清爆料黄奕自称合作的男演员都好过》，参与评论：2609 人。

新浪娱乐于 2014 年 11 月 5 日报道内容为：

《专题：黄奕黄毅清婚变大战不断》

专题摘要：黄奕与老公黄毅清，自 2013 年底刚为了女儿夫妻二人发生骂战又闪电和好后。今年 6 月又有消息称黄奕撇丈夫密会百亿富商，黄毅清再掀骂战，两人 10 月 11 日正式离婚。11 月初，黄毅清揭演艺圈内幕，众多明星躺枪。

百度搜索：2014 年 11 月 5 日，黄奕百度新闻人物：用户关注度（周）↑ +1% 媒体关注度（周）：↑ +961% 媒体收录量：453566；

百度新闻搜索：2014 年 11 月 5 日，关键词：黄奕 cont：2469814834 找到相关新闻 47 篇，黄奕百度新闻人物：用户关注度（周）↑ +1% 媒体关注度（周）：↑ +961% 媒体收录量：453566；

百度新闻搜索：2014 年 11 月 5 日，关键词：黄奕被威胁找到相关新闻 100 篇。

黄毅清认为黄奕提供的该部分证据为国内知名娱乐新闻媒体刊登的文章，其中包含被告黄毅清微博内容的截图，但截图真实性无法确认，黄奕提供的证据中未包括能够直接证明黄毅清曾在微博中发布黄奕乱搞、黄奕在演艺圈中的好友乱搞等内容的证据，故黄奕诉称黄毅清曾在微博中发布黄奕乱搞、黄奕在演艺圈中的好友乱搞等内容的说法无事实依据。

另查，2014 年 11 月 15 日，黄奕与北京庞标律师事务所签订《委托协议》，约定黄奕委托北京庞标律师事务所为其与新华网、黄毅清之间的名誉权纠纷案件的诉讼代理人；该所指派朱晓磊、饶进锋律师担任该案的承办律师；黄奕于协议签署三日内支付律师费 60000 元。黄奕于 2015 年 3 月 30 日向该律师事务所支付律师费 60000 元。

庭审中，黄奕提供手机截图，称黄毅清于 2016 年 8 月 30 日在其微博上（微博名为：@AndyHYQ）发表文章，黄毅清及其律师对涉案事实已经自认，该部分内容为：黄毅清先生，您好！与黄奕海淀法院案件昨天上午已经开完庭了，开庭情况我昨天向李女士电话汇报了。西城法院案件将在周四上午开庭，现有一个答辩意见与您商议：由于西城法院案件涉及的黄先生微博主要是新华网报道中提到的黄奕与演员 DJJ、SHL、YX 等关系的内容，而此部分内容，黄奕没有直接公证到黄先生微博（公证时黄先生微博全部删除清空了），只是新华网报道时有黄先生相关微博截图。那么这就有个我方是否自认曾经发过这些微博的问题了。黄奕称上述微博内容已经删除，仅有网友进行了截图，私信给黄奕代理人。黄毅清对该证据的真实性、关联性、证明目的均有异议，认为显示内容无法证明黄毅清自认事实，内容是询问的过程，黄毅清给律师的回复时没有说过这样的话，媒体报道与黄毅清无关。

再查，黄奕认为黄毅清在其微博中发布的一些内容侵犯了黄奕的名誉权和隐私权，已在北京市海淀区人民法院另行提起了诉讼。

一审法院认为：公民享有名誉权，公民的人格尊严受法律保护，禁止用侮辱、诽谤等方式损害公民的名誉。是否构成侵害名誉权的责任，应当根据受害人确有名誉被损害的事实、行为人行为违法、违法行为与损害后果之间有因果关系、行为人主观上有过错来认定。本案中，新华网发布的两篇涉案文章均系转载。司法解释对于转载媒体承担责任的规定如下：（一）转载主体所承担的与其性质、影响范围相适应的注意义务；（二）所转载信息侵害他人人身权益的明显程度；（三）对所转载信息是否作出实质性修改，是否添加或者修改文章标题，导致其与内容严重不符以及误导公众的可能性。本案中，新华网的转载行为不宜认定为侵权，理由如下：1. 2014 年 11 月 5 日发布的题为《前夫再爆黄奕猛料名字用拼音缩写古巨基孙红雷叶璇躺枪》的文章，虽与被转载文章《前夫再爆黄奕猛料：与多位合作男演员好过（图）》的标题上略有不同，但黄奕认为的侵权内容基本一致，且标题中的内容亦来源于文章之中，故不能认定新华网对该转载文章进行了实质性修改，并因此必然导致误导公众。2. 新华网所转载文章均来自于各正规门户网站，且新华网在收到黄奕诉状后及时将涉案两篇文章删除，已履行法定义务。3. 黄奕作为公众人物，其应当对公众、媒体的评论承担一定的容忍义务，且黄奕未能提供有效证据证明新华网所转载的涉案文章内容被认定为已侵害其名誉权。综上，黄奕要求新华网承担侵权责任之请求，无事实及法律依据，法院不予支持。另，黄奕已就黄毅清的微博内容是否侵犯其名誉权和隐私权另案起诉，本案中涉及的新华网转载的文章并非黄毅清所撰写，故黄奕要求黄毅清就涉案两篇文章承担侵权责任之请求，亦缺乏依据，法院亦不予支持。据此，一审法院于 2017 年 12 月判决：驳回黄奕之诉讼请求。

二审审理过程中，黄奕主张新华网于 2014 年 11 月 4 日发布的题为《黄奕前夫再爆料古巨基文章孙红雷都"躺枪"》的文章系新华网原发，而非转载。为证明上述文章系转载，新华网当庭演示舜网 – 深港在线的原始页面，黄奕对新华网现场演示过程予以认可，并确认两篇文章内容一致，但是标题不同。经本院核对，黄奕所述涉案第一篇文章的内容与舜网 – 深港在线发布的《前夫爆黄奕滥情古巨基文章孙红雷躺枪》文章内容一致，标题不同。本院确认涉案第一篇文章系新华网转载。

关于新华网删除涉案两篇文章的时间。黄奕主张直到 2016 年 2 月左右，其还在新华网上看到过涉案两篇文章，但未就该主张提供证据。新华网主张其在收到法院送达的起诉状后，于 2015 年 4 月 1 日将涉案两篇文章删除，并提交其后台删除文章的记录予以证明，黄奕对该记录的真实性不予认可。本院认为，黄奕未提交证据证明其主张成立，根据新华网提交的证据，本院确认涉案两篇文章的删除时间为 2015 年 4 月 1 日。

二审审理过程中，黄奕确认其在本案中起诉黄毅清的依据系黄毅清发表了与涉案两篇文章有关的三篇微博以及与涉案文章无关的另外三篇微博。黄毅清否认曾经发布过与涉案文章有关的相关微博。为证明黄毅清发布过与涉案文章有关的微博，黄奕在二审中提交如下证据：1. 黄毅清在一审判决后因相关事件回复其他网络用户的截图及光盘；2. 侵权内容扩散情况一览表及打印件；3. 黄毅清发布与涉案文章有关的微博被相关媒体截图报道的文章；4. 黄毅清于 2018 年 3 月 10 日发布的微博。新华网不认可证据 1、证据 2 的真实性、关联性和合法性；对证据 3、证据 4 的真实性认可，不认可其关联性，并认为该两份证据恰恰可以证明新华网及时删除涉案两篇文章，履行了注意义务，黄奕主张的损失和新华网的行为没有因果关系，而是因为其他媒体后续报道和转载造成的。黄毅清不认可证据 1 和证据 2 的真实性和关联性，认为第三方媒体即使发表了相关内容，亦与黄毅清无关，不能证明黄毅清发表了相关内容的微博；对证据 3 的证明目的不认可，认为该证据的内容均是案外人在文章中的截图，不能证明黄毅清发布过相关微博，而且这些证据与本案无关；对证据 4 的真实性不认可，认为该证据的内容与本案无关。

为证明黄奕在北京市海淀区人民法院起诉黄毅清的相关案件涉及的侵权内容与本案黄奕主张的侵权内容不一致，黄奕提交（2015）海民初字第20249号民事判决书予以证明。新华网认可上述证据的真实性。黄毅清认可上述证据的真实性，不认可其关联性，认为上述判决内容显示黄奕在另案中主张的侵权内容是截止2015年诉讼结束之前的所有微博内容，该案中黄奕主张的66条微博仅是列举的内容，本案涉案文章中提到的3篇微博都发生在该案诉讼之前，一审判决认为黄奕已就涉案文章有关的微博在另案中起诉没有错误。

另查，涉案第一篇文章发布在新华网云南频道，涉案第二篇文章发布在新华网安徽频道。

再查，（2014）京方正内民证字第68444号公证书中关于新华网有如下介绍：新华网是党中央直接部署，国家通讯社新华社主办的中央重点新闻网站，以"传播中国、报道世界"为职责，以"权威声音、亲切表达"为理念，通过中（简、繁体）、英、法、西、俄、阿、日、藏、维等多种语言，24小时不间断发布全球新闻，是名副其实的"网上新闻信息总汇"。依托新华社31个国内分社、180余个境外分支机构以及自有采编队伍，新华网形成了全球化新闻信息采集网络，是中国网络媒体中传播力强、覆盖面广、通讯采集手段全、传播形态多样化的全媒体信息采编发平台。

经审理查明，一审法院查明的其他事实属实，本院予以确认。

本院认为，公民享有名誉权，公民的人格尊严受法律保护，禁止用侮辱、诽谤等方式损害公民的名誉。网络用户、网络服务提供者利用网络侵害他人民事权益的，应当承担侵权责任。是否构成侵害名誉权的责任，应当根据受害人确有名誉权被损害的事实、行为人行为违法、违法行为与损害后果之间有因果关系、行为人主观上有过错来认定。

关于新华网转载涉案两篇文章是否侵害黄奕名誉权的问题。因新华网转载的两篇文章与原发文章内容相同，因此讨论新华网的转载行为是否侵权的前提是涉案两篇文章是否侵权。因此，本院将从下面两个维度讨论新华网的转载行为是否构成侵权。

第一，对涉案两篇文章的评价。因撰写、发表批评文章引起的名誉权纠纷，应根据不同情况处理：文章反映的问题基本真实，没有侮辱他人人格的内容的，不应认定为侵害他人名誉权。文章的基本内容失实，使他人名誉受到损害的，应认定为侵害他人名誉权。

关于涉案第一篇文章是否侵权的问题。该篇文章中，作者称黄毅清连续发布多篇微博爆娱乐圈猛料，并通过援引微博内容原文的形式，将黄毅清所谓的爆料内容原封不动的呈现给读者。这些"爆料"除直接针对黄奕本人的内容外，其他内容均以"黄奕告知"的形式发布。该文章虽然并非作者主动、直接捏造相关事实，但其将无证据证明真实的网络信息作为文章主要内容，导致文章基本内容失实，其将该文章发表，属于传播虚假事实。文章尾部，作者通过"网友纷纷开始将黄毅清所指的明星对号入座，古巨基文章孙红雷等男星皆躺枪"的形式，将网络信息中的拼音字母直接指称为艺人姓名，具有明显的引导性。作者撰写并发表该文章的行为，主观上具有过错，客观上足以降低黄奕的个人声誉及社会评价，故本院认定涉案第一篇文章构成对黄奕的诽谤。

关于涉案第二篇文章是否侵权的问题。该篇文章的作者以报猛料的方式，不仅对其所称的黄毅清发布的微博内容以"老婆乱搞""小伙伴乱搞""知名男艺人无节操"等负面词汇进行总结概括，而且将原微博内容中的拼音字母缩写通过设问句的形式指称艺人姓名，具有明显的引导性。上述爆料内容均指向黄奕本人以及"黄奕告知"的内容，因无证据证明上述爆料内容真实，作者将相关微博内容进行归纳并作为文章主要内容进行爆料，属于文章基本内容失实，其将该文章公开发表的行为，属于传播虚假事实。作者撰写该文章的行为主观上具有过错，客观上亦足以降低黄奕的个人声誉及社会评价，故本院认定涉案第二篇文章亦构成对黄奕的诽谤。

第二，对新华网转载行为的评价。转载具有快速、便捷、高效等特点，其也因此成为网络媒体普遍采用的信息传播及共享方式。但是，转载是把"双刃剑"，如果网络媒体把关不严，转载了侵权信息，则会进一步扩散侵权内容、加重损害后果。媒体的生命力和价值，不仅在于传播信息，更在于确保信息的真实性和有效性。网络不是法外之地，网络媒体转载信息时，亦需遵守法律法规，否则就要承担相应的法律责任。《中华人民共和国侵权责任法》第六条第一款规定："行为人因过错侵害他人民事权益，应当承担侵权责任。"《最高人民法院关于审理利用信息网络侵害人身权益民事纠纷案件适用法律若干问题的规定》第十条规定："人民法院认定网络用户或者网络服务提供者转载网络信息行为的过错及其程度，应当综合以下因素：（一）转载主体所承担的与其性质、影响范围相适应的注意义务；（二）所转载信息侵害他人人身权益的明显程度；（三）对所转载信息是否作出实质性修改，是否添加或者修改文章标题，导致其与内容严重不符以及误导公众的可能性。"根据以上法律及司法解释的规定，网络转载侵权系一般侵权行为，在归责原则上采过错责任原则，也即只有转载主体转载文章的行为存在过错，方具有可归责性及应受非难性。基于此，本院将着重从如下几个方面分析新华网在转载涉案两篇文章的过程中是否存在过错，并在此基础上分析新华网是否应当承担侵权责任。

首先，从新华网的性质及影响范围来看。新华网系国家通讯社新华社主办的中央重点新闻网站，以"传播中国、报道世界"为职责，是名副其实的"网上新闻信息总汇"。基于新华网的影响力，新华网在采编或者转发新闻信息时，不仅有对转载信息进行审核的义务，而且应当承担比一般网络媒体更严格的审核义务，以确保信息的客观和真实。否则，一旦传播虚假信息，传播范围更广，影响范围更大，将给受害人造成更大的损失。如果新华网在转载信息时有义务核实而未核实，从而造成损害后果，则应当认定其主观上存在过错。

其次，从新华网的业务能力来看。新华网依托新华社国内分社、境外分支机构以及自有采编队伍，形成了全球化新闻信息采集网络，是中国网络媒体中传播力强、覆盖面广、通讯采集手段全、传播形态多样化的全媒体信息采编发平台。由此可以看出，新华网系具备新闻采编能力的新闻网站，具有采编权意味着其有能力对转载信息的真实性进行审核。如果新华网在转载信息时有能力核实而未核实，从而造成损害后果，则应当认定其主观上存在过错。

再次，从转载信息的性质来看。涉案两篇文章均系娱乐信息，其以报猛料的方式渲染明星绯闻隐私。这样的文章，除了满足人们茶余饭后的窥探欲之外，不会产生更多积极的价值，相反，却消耗着人们最宝贵的注意力资源和时间资源。娱乐新闻作为新闻品种之一，有其存在的必要性。新华网作为综合性网站，采编、转载娱乐新闻亦无可厚非。但是，新华网作为国家通讯社设立的网站，理应将宝贵的资源投入到更多有意义、有温度、有价值的新闻领域，以"传播中国、报道世界"，相信这才是大众对新华网应有的期待。对于确实需要转载娱乐信息的，新华网应当谨言慎行，加大审核力度，防止有意或无意加入跟风炒作的行列，扰乱网络传播秩序，传递错误导向。

最后，从新华网转载涉案两篇文章的具体细节来看。根据本案查明的事实，新华网在转载涉案两篇文章时，虽然未对文章内容进行修改，但是均对文章标题进行了改动。上述行为虽然未导致标题与内容严重不符，但此行为恰恰可以证明新华网在转载时知晓涉案两篇文章的内容。而涉案两篇文章所谓的爆料内容均指向黄奕及其他艺人的个人隐私事项，对黄奕及其他艺人具有明显的不利益，在无证据证明上述爆料内容真实的情况下，新华网转载上述信息时应该更加审慎，否则极易侵害他人合法权益。

综上所述，本院认为，新华网具有对转载信息的真实性进行审核的义务和能力，对于容易引发炒作且内容真实性尚未核实的娱乐信息，新华网在转载时更应当加大审核力度，承担更高的审核注意义务。本案中，新华网未尽到合理的、必要的审核注意义务，转载了具有明显侵权内容的文章，其主观上具有过错，客观上亦在一定程度上降低了黄奕的个人声誉及社会评价，侵害了黄奕的名誉权，新华网应当承担相应的侵权责任。因涉案文章本身的侵权特征以及新华网在转载过程中存在的过错，其承担的侵权责任不因涉案文章转载自正规门户网站或名人具有容忍义务等理由而豁免。一审法院对此认定有误，本院依法予以纠正。

关于黄毅清是否应当在本案中承担侵权责任的问题。本案中，黄奕明确其在本案中起诉黄毅清的依据系黄毅清发布与涉案文章有关的 3 篇微博以及与涉案文章无关的另外 3 篇微博。本院对此认为，黄奕所诉黄毅清发布微博的行为与新华网转发涉案两篇文章的行为，在行为的内容、方式、影响范围以及产生的后果方面均不相同，故本院不能认定双方构成共同侵权，黄奕对黄毅清的各项诉讼请求不宜放在本案中一并处理。如果黄奕认为黄毅清发布相关微博的行为侵害了其名誉权，可通过其他方式另行解决。

关于黄奕对新华网提出的各项诉讼请求。黄奕要求新华网赔礼道歉，因新华网的转载行为侵害了黄奕的名誉权，黄奕的该项请求于法有据，本院将综合考虑新华网的主观过错、侵权情节、传播范围、损害后果等因素，判定新华网进行赔礼道歉的方式和范围。黄奕要求新华网赔偿经济损失 488200 元，但其未提供充分证据证明其确实因新华网的转载行为造成如上损失，故本院对其该项请求不予支持。关于黄奕要求新华网赔偿精神损害抚慰金的请求，新华网转载涉案文章的行为侵害了黄奕的名誉权，给黄奕造成一定的精神损害。但是根据本案查明事实，新华网仅是转载媒体，并非原发媒体，而除新华网之外，亦有其他媒体就涉案文章进行了转载和报道，因此，黄奕受到的精神损害，并非新华网的转载行为单独所致，本院综合考虑上述因素，酌情确定新华网赔偿黄奕精神损害抚慰金 20000 元。关于黄奕主张维权合理费用一节，因本案并未支持黄奕对黄毅清的相关诉讼请求，而黄奕在本案中亦只起诉转发媒体之一的新华网，未起诉原发媒体和其他转发媒体，因此，本院综合考虑必要性和合理性，酌情支持黄奕为维权而支出公证费、律师费及其他合理费用 10000 元。

综上所述，黄奕的上诉请求部分成立。本院依照《中华人民共和国民事诉讼法》第一百七十条第一款第（二）项之规定，判决如下：

一、撤销北京市西城区人民法院（2016）京 0102 民初 12198 号民事判决；

二、本判决生效之日起七日内，新华网股份有限公司在其网站云南频道首页显著位置就其于二〇一四年十一月四日发布的题为《黄奕前夫再爆料古巨基文章孙红雷都"躺枪"》的文章刊登致歉声明，向黄奕公开赔礼道歉，致歉声明刊登时间不得少于十日，具体内容须经本院审核；在其网站安徽频道首页显著位置就其于二〇一四年十一月五日发布的题为《前夫再爆黄奕猛料名字用拼音缩写古巨基孙红雷叶璇躺枪》的文章刊登致歉声明，向黄奕公开赔礼道歉，致歉声明刊登时间不得少于十日，具体内容须经本院审核；如新华网股份有限公司拒不履行上述义务，本院将选择一家全国公开发行的报刊公布本判决的主要内容，费用由新华网股份有限公司负担；

三、本判决生效之日起七日内，新华网股份有限公司赔偿黄奕精神损害抚慰金20000元及诉讼合理支出10000元；

四、驳回黄奕其他诉讼请求。

如果未按本判决指定的期间履行给付金钱义务，应当依照《中华人民共和国民事诉讼法》第二百五十三条规定，加倍支付迟延履行期间的债务利息。

一审案件受理费5550元，由黄奕负担5391元（已交纳2775元，余款于本判决生效后7日内交至一审法院），由新华网股份有限公司负担159元（于本判决生效后7日内交至一审法院）；二审案件受理费5550元，由黄奕负担5391元（已交纳），由新华网股份有限公司负担159元（于本判决书生效后7日内交纳）。

本判决为终审判决。

审判长　王　磊

审判员　白　松

审判员　刘慧慧

二〇一八年四月二十八日

书记员　孙春玮

案例120：林隆与厦门市公安局湖里分局公安行政管理二审行政判决书

福建省厦门市中级人民法院
行政判决书

(2018) 闽02行终112号

上诉人（原审原告）：林隆，男，汉族，住福建省连城县。

被上诉人（原审被告）：厦门市公安局湖里分局，住所地福建省厦门市湖里区。

诉讼代表人：许标旗，局长。

委托代理人：吴晓嵘、吴志鹏，厦门市公安局湖里分局工作人员。

被上诉人（原审被告）：厦门市湖里区人民政府，住所地福建省厦门市湖里区。

法定代表人：林重阳，区长。

委托代理人：黄海星，厦门市湖里区人民政府工作人员。

上诉人林隆因被上诉人厦门市公安局湖里分局（下称湖里公安分局）治安行政处罚、被上诉人厦门市湖里区人民政府（下称湖里区政府）行政复议一案，不服厦门市集美区人民法院（2017）闽0211行初161号行政判决，向本院提起上诉。本院依法组成合议庭，审理了本案，现已审理终结。

原审判决查明，1. 林隆在推特中以"林隆"之名，于2017年6月15日、2017年8月14日发布"打倒……万岁！"。2. 林隆在微博中以"@隆哥爱旅行"之名，于2017年8月22日发表"……这罪恶的医疗体制！"（阅读量达241人次）；于2017年8月25日和8月28日发表"北平有三个地方……"（阅读量分别达315人次和207人次）3. 2017年8月30日20时许，湖里公安分局民警在思明区鼓浪屿传唤林隆于当日21时10分前至湖里公安分局处接受询问和调查。当晚，湖里公安分局制作厦公湖（五边）检查字〔2017〕00001号《检查证》，由办案民警对林隆位于厦门市湖里区凤头社236号的暂住处进行检查，随后制作现场笔录、厦公湖证保决字〔2017〕01157号《证据保全决定书》和证据保全清单，并扣押林隆所使用的IPAD一台及移动电话两部。4. 2017年8月31日，湖里公安分局对林隆制作询问笔录，林隆沉默不答且拒绝在询问笔录上签字。5. 2017年8月31日，湖里公安分局民警对林隆的两部移动电话和IPAD中的备忘录、推特账号为"林隆"、微博账号为"@隆哥爱旅行"的内容截图进行了提取。6. 同日，湖里公安分局对林隆制作行政处罚告知笔录，林隆在该笔录上拒绝签字，亦未提出陈述和申辩意见。7. 2017年8月31日，湖里公安分局对林隆作出厦公湖（五边）行罚决字〔2017〕00100号《行政处罚决定书》，并将其送厦门市第一拘留所执行拘留，拘留期限自2017年8月31日起至2017年9月10日止。8. 林隆于2017年9月11日向湖里区政府提起行政复议，湖里区政府于同日受理，并于2017年10月

13 日作出厦湖府行复决〔2017〕65 号《行政复议决定书》，决定维持湖里公安分局作出的厦公湖（五边）行罚决字〔2017〕00100 号《行政处罚决定书》，并分别于 2017 年 10 月 17 日、10 月 18 日送达林隆及湖里公安分局。随后，湖里区政府发现该《行政复议决定书》的文号存在笔误后，于 2017 年 11 月 2 日将补正后的《行政复议决定书》送达林隆。

原审法院认为，《中华人民共和国宪法》第三十五条规定："中华人民共和国公民有言论、出版、集会、结社、游行、示威的自由。"该法第五十一条规定："中华人民共和国公民在行使自由和权利的时候，不得损害国家的、社会的、集体的利益和其他公民的合法的自由和权利。"《中华人民共和国治安管理处罚法》第二十五条第一项规定："有下列行为之一的，处五日以上十日以下拘留，可以并处五百元以下罚款；情节较轻的，处五日以下拘留或者五百元以下罚款：散布谣言，谎报险情、疫情、警情或者以其他方法故意扰乱公共秩序的。"根据前述规定，公民依法享有言论自由，但其言论自由的行使不得损害国家、社会和集体利益，亦不得扰乱社会公共秩序。社交网络平台作为一个公共的虚拟空间，在该空间上所发布的言论可由不特定人群所见。本案中，林隆自 2017 年以来多次在推特、微博等社交平台发布中国共产党侵犯人权、罪恶的医疗体系等言论，但该言论均缺乏事实依据，已严重影响政府形象，损害了国家和社会利益，不具有正当性和合法性。林隆所发布不当言论阅读量已达数百人次，传播范围较广，已构成故意扰乱社会公共秩序。公安机关认定林隆案涉行为违反了《中华人民共和国治安管理处罚法》第二十五条第（一）项之规定，定性准确，适用法律亦无不当。湖里公安分局在本案中依照《中华人民共和国治安管理处罚法》第十一条第一款之规定，收缴林隆所有的直接用于实施上述违反治安管理行为的工具，即 IPAD 一台及移动电话两台，适用法律正确，亦无不当。综上，湖里公安分局对林隆的案涉行为，依法履行受案登记、调查、罚前告知、审批等法定程序后，作出案涉行政处罚决定书，认定基本事实清楚，适用法律正确，程序合法。湖里区政府所作的案涉行政复议决定书，复议程序合法，内容正确。林隆诉请撤销案涉行政处罚决定和行政复议决定缺之事实和法律依据，不予支持。依照《中华人民共和国行政诉讼法》第六十九条之规定，判决驳回林隆的诉讼请求。

上诉人林隆不服原审判决，向本院提起上诉称，其在推特、微博上发表言论属真实言论，原审判决不公，侵犯上诉人人权，请求二审法院撤销原审判决重新审理。

被上诉人湖里公安分局答辩称，2017 年以来，林隆多次通过微博以及推特等社交网络发表不法言论，扰乱社会公共秩序，其行为已构成虚构事实扰乱公共秩序。湖里公安分局依法对其作出拘留十日、收缴 IPAD 一台及移动电话两台的处罚，定性准确，裁量适当。上诉人上诉请求不成立，应予驳回。

被上诉人湖里区政府答辩称，湖里公安分局作出案涉行政处罚决定书，认定事实清楚，适用法律准确，程序合法。上诉人上诉请求缺乏依据，请求二审法院驳回上诉，维持原判。

二审中，各方当事人向原审法院提交的证据材料均随案移送本院。根据本案有效证据，本院查明事实与原审一致。

本院认为，公民在通过社交平台表达意见建议，享受言论自由的同时，也必须对自身言行负责，尊重事实，恪守法律和道德底线，不得损害国家的、社会的、集体的利益和其他公民的合法的自由和权利。本案中，上诉人自 2017 年以来通过"林隆""@隆哥爱旅行"账号，在推特、微博等社交平台发布"中国共产党侵犯人权"等不实言论，扰乱了社会公共秩序，已构成虚构事实扰乱公共秩序的治安违法行为。湖里公安分局依照治安管理处罚法第二十五条第（一）项、第十一条第一款之规定，对上诉人作出案涉行政处罚决定并收缴其用于实施上述违法行为的工具，于法有据。湖里区政府予以复议维持正确。上诉人为此提出的上诉请求不能成立，本院不予支持。原审判决驳回其诉讼请求正确，应予维持。据此，依照《中华人民共和国行政诉讼法》第八十九条第一款第（一）项的规定，判决如下：

驳回上诉，维持原判决。

本案二审案件受理费 50 元，由上诉人林隆负担。

本判决为终审判决。

审判长　林琼弘

审判员　王义清

审判员　宋希凡

二〇一八年五月四日

代书记员　陈　靓

案例121：汪雪兰、宣城市公安局宣州分局公安行政管理二审行政判决书

安徽省宣城市中级人民法院

行政判决书

(2018) 皖 18 行终 51 号

上诉人（一审原告）：汪雪兰，女，汉族，户籍地安徽省宣城市宣州区，经常居住地安徽省宣城市宣州区。

被上诉人（一审被告）：宣城市公安局宣州分局，住所地安徽省宣城市宣州区。

负责人：戴来永，党组书记。

委托代理人：潘奋斗，该分局法制大队民警。

委托代理人：陈海涛，宣城市公安局鳌峰派出所副所长。

上诉人汪雪兰因与被上诉人宣城市公安局宣州分局（以下简称"宣州公安分局"）治安行政处罚一案，不服安徽省宣城市宣州区人民法院（2017）皖 1802 行初 79 号行政判决，向本院提起上诉。本院于 2018 年 4 月 24 日立案受理后，依法组成合议庭对本案进行了审理，现已审理终结。

一审法院审理查明：汪雪兰系安徽省宣城市宣州区鳌峰街道办事处绿锦社区小湾组村民。2017 年 7 月 14 日，宣城市宣州区鳌峰街道办事处发布土地清表公告，要求水阳江大道与昭亭南路交叉口东南角二号地地块上的拆迁户尽快对已征收土地上的蔬菜、树木、鱼塘、坟墓等地上附属物予以自行清理，2017 年 7 月 20 日后仍未清理的，将按无主户对现场组织清理并不予赔偿任何损失。2017 年 8 月 18 日上午，宣城市政府开展"六号地块"清表行动，清表行动中将汪雪兰违章搭建的简易房拆除。次日，汪雪兰通过新浪微博"@宣城汪雪兰"账号转发王大伟律师微博，内容为："【现场报道：宣城昨日发生恶性强征强拆事件】位于宣州区××街道××社区××村民组昨日发生三起恶性强征强拆事件，汪雪兰脚部被公安推行上车时受伤，宛敏霞女儿被打受伤"，同时发表内容为"属实，血泪控诉"的评论。8 月 27 日，汪雪兰发布微博，内容："2017 年 8 月 18 日早晨 6 点……到我家抢劫……打伤我的腿，并非法强行带走拘留我……@安徽省人民政府发布@中国政府网。"2017 年 8 月 30 日 14 时 35 分，宣城市公安局鳌峰派出所接鳌峰街道办事处报案并作出受案登记，载明："有人在新浪微博上通过'宣城汪雪兰'账号发布关于 2017 年 8 月 18 日宣城市政府'六号地块'清表行动的不实言论……捏造事实污蔑政府职能部门，扰乱了社会秩序，在公众造成了恶劣影响。其发布的微博还@安徽省人民政府发布@中国政府网。"同日 16 时 10 分至 16 时 25 分，宣州公安分局网络安全大队对新浪微博用户"@宣城汪雪兰"的上述微博内容进行了远程勘验并制作了远程勘验笔录。2017 年 9 月 13 日，宣城市公安局鳌峰派出所依法

传唤汪雪兰接受调查并制作询问笔录，该笔录中记载，2017年8月19日、27日，新浪微博"@宣城汪雪兰"账号的微博内容是汪雪兰本人所发，汪雪兰在该笔录上签字确认。9月14日，宣州公安分局依法告知汪雪兰拟对其予以处罚的事实、理由、依据及陈述和申辩权。同日，宣州公安分局根据《治安管理处罚法》第二十六条第（四）项之规定，作出宣城公（鳌）行罚决字〔2017〕2049号行政处罚决定，决定对汪雪兰寻衅滋事的行为处以行政拘留十五日的处罚，期限自2017年9月14日起至9月29日止。行政处罚决定书已依法进行了送达，且该处罚决定已经宣城市拘留所执行完毕。2017年11月15日，汪雪兰提起本案行政诉讼，请求撤销前述行政处罚决定。

一审法院审理认为：对治安案件依法进行处理是公安机关的法定职责。《治安管理处罚法》第二十六条规定："有下列行为之一的，处五日以上十日以下拘留，可以并处五百元以下罚款；情节较重的，处十日以上十五日以下拘留，可以并处一千元以下罚款：……（四）其他寻衅滋事行为。"本案中，汪雪兰通过新浪微博"@宣城汪雪兰"账号转载、发布虚假信息，目的是利用网络扩大征迁事件的负面影响，希望得到他人关注，向政府施压，解决其房屋被拆迁问题。其散播的内容不符合"客观真实"的标准，且采用的措辞、用语严重带着夸大、虚构成分，扰乱了社会公共秩序，构成寻衅滋事行为，违反了《治安管理处罚法》第二十六条第（四）项之规定，上述事实，汪雪兰不持异议，且有经其本人签字确认的询问笔录及远程勘验笔录予以佐证，事实清楚，证据确实充分。宣州公安分局据此作出宣城公（鳌）行罚决字〔2017〕2049号行政处罚决定，适用法律正确，处罚适当。宣州公安分局在作出处罚决定之前，依法履行了受案、调查取证、处罚前事先告知陈述权和申辩权等程序并依法送达决定书，符合法定程序。综上，被诉行政处罚决定认定事实清楚，适用法律准确，处罚适当，程序合法，汪雪兰的诉讼请求无事实根据和法律依据。依照《中华人民共和国行政诉讼法》第六十九条之规定，判决：驳回汪雪兰的诉讼请求。案件受理费50元，由汪雪兰负担。

汪雪兰不服上述行政判决，向本院提起上诉称：1. 一审法院认定其"通过新浪微博'宣城汪雪兰'账号转载、发布虚假信息，目的是利用网络扩大征迁事件的负面影响，希望得到他人关注，向政府施压，解决其房屋被拆迁问题，其散播的内容不符合'客观真实'的标准"，错误。其所发内容均为真实事实，其没有非法行为，宣州公安分局及一审法院认定其属于寻衅滋事行为，系认定事实错误。2. 因为其不存在寻衅滋事行为，故宣州公安分局适用《治安管理处罚法》第二十六条的规定对其作出拘留十五日的处罚，系适用法律错误。3. 宣州公安分局没有经过调查、传唤、告知家属、询问、检查、扣押及听取陈述、申辩等程序，故被诉行政处罚决定的作出程序违法。请求：1. 撤销一审判决；2. 撤销被诉行政处罚决定；3. 本案诉讼费用由宣州公安分局承担。

宣州公安分局未向本院提交书面答辩意见。

本院经审理查明的事实与一审判决认定的事实一致，本院予以确认。

另查明：2017年9月13日汪雪兰应宣州公安分局的传唤接受调查，其间，公安机关向其询问其家属的联系方式，以便将传唤原因和处所通知其家属，汪雪兰回答"不需要通知"。宣州公安分局在作出被诉行政处罚决定前将拟作处罚决定依据的事实、理由及所适用的法律依据告知了汪雪兰，同时还询问汪雪兰是否提出陈述和申辩，汪雪兰回答"不陈述、不申辩"。

本院认为：本案二审的争议焦点是被诉行政处罚决定认定事实是否清楚、适用法律是否正确、程序是否合法。本案中：1. 汪雪兰明知2017年8月18日宣城市政府拆除其简易房的行为系对已征收土地上的附属物进行清理的行为，因对补偿安置不满，肆意在新浪微博上发布"……到我家抢劫……打伤我的腿，并非法强行带走拘留我"等与客观事实明显不符的内容及转载他人发布的不实信息，该行为扰乱了社会公共秩序，宣州公安分局认定该行为系寻衅滋事之违法行为，并无不当。2. 宣州公安分局对鳌峰办事处的举报予以受理后，传唤汪雪兰到派出所接受调查，并通过网络远程勘验分析技术对相关违法行为事实进一步予以调查，符合法律规定。根据调查所得事实，宣州公安分局认定汪雪兰的相关发帖行为系寻衅滋事之违法行为，依据《治安管理处罚法》第二十六条之规定，拟对其予以行政拘留十五日的处罚，并向汪雪兰告知了拟作处罚决定认定的事实、理由、依据及陈述、申辩权，在汪雪兰明确不陈述、不申辩的情况下作出被诉处罚决定，并将行政处罚决定书向汪雪兰进行宣告及送达，符合法律规定。虽然宣州公安分局未将传唤汪雪兰的原因和处所通知其家属，但此系因汪雪兰拒绝提供其家属的联系方式致宣州公安分局客观上通知不能，并非行政程序违法。

综上，被诉行政处罚决定认定事实清楚、适用法律正确、作出程序合法，汪雪兰的上诉理由均不能成立，对其上诉请求予以驳回。依照《中华人民共和国行政诉讼法》第八十六条、第八十九条第一款第（一）项之规定，判决如下：

驳回上诉，维持原判。

二审案件受理费50元，由上诉人汪雪兰负担。

本判决为终审判决。

审判长　胡少华

审判员　叶丽芸

审判员　谢　贞

二〇一八年五月十日

法官助理　王　丹

书记员　李梦晓

案例122：倪学善与徐州市公安局贾汪区分局、徐州市贾汪区人民政府行政复议二审行政判决书

江苏省徐州市中级人民法院
行政判决书

（2018）苏03行终137号

上诉人（原审原告）： 倪学善，男，汉族，住贾汪区。

被上诉人（原审被告）： 徐州市公安局贾汪区分局，住所地贾汪区山水大道9号。

法定代表人： 王双宝，局长。

委托代理人： 张明明，民警。

被上诉人（原审被告）： 徐州市贾汪区人民政府，住所地贾汪区新城区。

法定代表人： 张克，区长。

委托代理人： 秦彬，法制办工作人员。

委托代理人： 阙大锋，江苏彭城律师事务所律师。

上诉人倪学善因诉被上诉人徐州市公安局贾汪区分局（以下简称贾汪公安分局）、徐州市贾汪区人民政府（以下简称贾汪区政府）行政处罚决定及行政复议决定一案，不服徐州市贾汪区人民法院（2016）苏0305行初11号行政判决向本院提起上诉。本院依法组成合议庭，于2018年4月3日公开开庭审理了本案。上诉人倪学善，被上诉人贾汪公安分局的委托代理人张明明，被上诉人贾汪区政府的委托代理人秦彬、阙大锋到庭参加诉讼。本案现已审理终结。

原审法院查明，2009年9月26日，原告倪学善之女倪金芝与冯家齐驾驶的徐州公交公司名下的大型客车发生交通事故，经抢救无效后于当晚死亡。次日，原告倪学善及其亲属倪桂善（原告二哥）等多人到公交公司集访，要求解决交通事故民事赔偿，因未得到立即解决，原告与其亲属采取堵路的方式围堵徐州市客运西站、淮海西路主干道、二环西路段庄环岛主干道，向公交公司施压。2009年9月28日上午，倪学善与倪桂善等十多名亲属又携带花圈、写有标语的白布、宣传横幅等物品到徐州市公用事业局大门口围堵大门，九时许，倪桂善与公交公司员工发生冲突，双方人员互相拉扯，后倪桂善突然倒地死亡。徐州市公安局和平派出所民警接110指令赶到现场，采取了呼叫120现场急救，现场控制、勘查、调查取证等工作。2009年10月1日，徐州市公安局交通巡逻警察支队鼓楼大队作出徐公交认字（2009）第09107号道路交通事故认定书，认定：1.徐州市市政建设集团有限责任公司负此次事故的同等责任。2.冯家齐、倪金芝共同负此次事故的同等责任。2009年10月2日，公交公司与倪桂善亲属就倪桂善死亡一事达成赔

偿协议，一次性赔偿倪桂善亲属六十万零三千元。2009年10月18日、10月19日，公交公司与倪金芝亲属就倪金芝交通死亡达成赔偿协议，赔偿人民币七十二万元，赔偿款已全部支付到位。2009年10月20日，徐州市公安局物证鉴定所作出（徐）公（物）鉴（法）字【2009】257号法医学尸体检验鉴定书，鉴定意见为：倪桂善符合冠状动脉粥样硬化性心脏病急性发作死亡，体表的轻微伤，撕打倒地过程，情绪激动等因素可诱发冠心病急性发作，公安机关经调查未收集到客观、准确、清晰的能证明倪桂善被殴打致死的相关证据，未发现公交公司领导、员工等人有涉嫌故意伤害刑事犯罪行为。后倪学善因对其二哥死亡原因定性及处理不满，长期信访。在2013年11月至2015年8月期间，倪学善多次在优酷、新浪微博等网站发布其制作的名为《我叫倪学善》的视频及帖文，内容主要为其二哥是被打死，公安机关不履行职责，时任市委领导夏某某与"凶手"有内幕交易，袒护"凶手"、充当保护伞、买官卖官等信息。2015年8月30日被告贾汪公安分局以2015年8月倪学善为制造社会影响，编造虚假信息及视频在互联网上发布，扰乱公共秩序为由，作出贾公（夏）行罚决字【2015】866号行政处罚决定书，对原告倪学善行政拘留十日。2015年9月，原告倪学善又多次在新浪微博网站发布其制作的《我叫倪学善》视频及帖文，内容主要为其二哥被打死，公安机关不履行职责，夏某某与"凶手"有"权钱交易""买官卖官"等。2015年9月18日，被告贾汪公安分局予以立案，次日作出贾公（夏）行罚决字【2015】907号行政处罚决定书，以倪学善为制造社会影响，编造虚假信息，在互联网上发布，扰乱公共秩序，2015年8月30日被行政拘留十日，已构成寻衅滋事为由，根据《中华人民共和国治安管理处罚法》第二十六条第四项、第二十条第四项规定，决定对倪学善行政拘留十日。原告不服，于2015年10月16日向贾汪区人民政府提出行政复议，贾汪区政府于2015年12月11日作出【2015】贾行复第7号行政复议决定书，维持贾汪公安分局作出的【2015】907号行政处罚决定。原告于2016年1月19日以贾汪公安分局、贾汪区人民政府为被告向本院提起行政诉讼。

原审法院认为，《中华人民共和国治安管理处罚法》第七条规定，县级以上地方各级人民政府公安机关负责本行政区域内的治安管理工作。《公安机关办理行政案件程序规定》第九条第一款规定：行政案件由违法行为发生地的公安机关管辖。由违法行为人居住地公安机关管辖更为适宜的，可以由违法行为人居住地公安机关管辖，但是涉及卖淫、嫖娼、赌博、毒品的案件除外。故被告贾汪公安分局具有对本案所涉违反治安管理的行为作出行政处罚的法定职权。互联网空间是公共空间，互联网秩序属于公共秩序，原告反映诉求应依法进行。原告其女儿交通事故死亡及其二哥死亡问题公安机关已作出结论，相关方达成协议赔偿问题亦得到处理，原告为制造社会影响，编造虚假信息在互联网上发布，扰乱了公共秩序，2015年8月被公安机关处以拘留十日的行政处罚，在被处罚后原告仍编造不实信息在互联网上发布，扰乱公共秩序，原告的行为已构成寻衅滋事的事实，有被告提供的原告的陈述、书证、《远程勘验工作记录》等证据予以证实。原告倪学善应承担相应的法律后果。《中华人民共和国治安管理处罚法》第二十六条规定：有下列行为之一的，处五日以上十日以下拘留，可以并处五百元以下罚款；情节较重的，处十日以上十五日以下拘留，可以并处一千元以下罚款：……（四）其他寻衅滋事行为。《中华人民共和国治安管理处罚法》第二十条规定：违反治安管理有下列情形之一的，从重处罚：……（四）六个月内曾受过治安管理处罚的。

被告贾汪公安分局对原告的处罚符合法律规定。被告贾汪公安分局在处罚过程中，履行了受案登记、调查、告知违法行为人享有的权利等，程序合法。被告贾汪区政府在复议过程中程序合法。综上，原告要求确认被诉行政处罚决定违法，被告公开承认错误赔礼道歉并赔偿原告精神损失人民币1元的诉请无事实与法律依据，本院不予支持。依照《中华人民共和国行政诉讼法》第六十九条之规定，判决驳回原告倪学善的诉讼请求。本案受理费50元，由原告倪学善承担。

上诉人倪学善上诉称，一、原审法院超期结案。二、贾汪公安分局对上诉人行为定性为寻衅滋事、处以行政拘留十日的处罚无事实和法律依据。综上，请求二审法院依法改判。

被上诉人贾汪公安分局辩称，我局经调查依法查明：2016年9月份，倪学善为制造社会影响，编造虚假信息在互联网上发布，扰乱公共秩序。以上事实有倪学善陈述和申辩、书证、《远程勘验工作记录》等证据证实。我局作出的贾公（夏）行罚决字【2015】907号行政处罚决定事实清楚、证据确凿。我局在对倪学善处罚过程中，已进行了受案登记、调查、告知当事人享有的权利等，程序符合法律规定。上诉人倪学善经教育和处罚后仍不知悔改，为制造影响，再次将虚假信息在互联网上发布，起哄闹事，扰乱公共秩序，其行为应当受到治安管理处罚。因倪学善于2015年8月30日曾被我局治安管理处罚，属于六个月内曾受过治安管理处罚的从重处罚情形，综合考虑倪学善违反治安管理的事实、性质、情节、后果等因素，我局依据《中华人民共和国治安管理处罚法》第二十六条第（四）项及二十条第（四）项之规定对倪学善作出行政拘留十日的处罚决定适用法律正确、量罚适当。综上所述，我局对本案作出的行政处罚决定事实清楚、证据确凿、程序合法、适用法律正确、量罚适当，贾汪区人民政府作出的【2015】贾行复第7号行政复议决定书决定正确，请求二审法院驳回上诉，维持原判。

被上诉人贾汪区政府辩称，一审法院适用法律正确，认定事实清楚，请求二审法院驳回上诉人的上诉请求。

双方当事人向原审法院提供的证据、依据均已随案卷移送至本院，本判决书不再累述。二审中，双方当事人均未提交新证据。

本院经审查，认为原审法院判决对证据和事实的认定正确，二审予以确认。

本院认为，根据原审卷宗中贾汪公安分局提交的对上诉人的询问笔录、贾公网安勘（2015）第049号《远程勘验工作记录》、光盘、书证等相关证据，能够证实上诉人在其女儿交通事故死亡已经作出责任认定、其二哥死亡原因已由公安机关作出鉴定结论，且与相关单位达成赔偿和解协议并履行到位的情况下，为扩大影响，编造虚假信息在互联网上发布，扰乱了公共秩序，其行为已经构成寻衅滋事。被上诉人贾汪公安分局作出的行政处罚认定的事实是正确的。被上诉人贾汪公安分局作出的行政处罚，履行了立案、调查、告知陈述申辩权利、审批、作出处罚决定、送达等法定程序，其程序符合《公安机关办理行政案件程序规定》相关规定。被上诉人贾汪区政府作出的行政复议履行了受理、审查、决定、送达等法定程序，复议程序符合法律规定。上诉人主张行政处罚及复议决定违法、一审判决错误的观点无事实和法律依据，依法不予支持。关于上诉人主张一审法院审理期限超期问题，根据查阅卷宗材料，一审法院在审理期限变更中履行了审批手续，并不违法。综上，原审法院判决认定事实清楚，适用法律正确，审判程序合法，依法应予维持。依照《中华人民共和国行政诉讼法》第八十九条第一款第（一）项之规定，判决如下：

驳回上诉，维持原判。

上诉案件受理费50元，由上诉人倪学善负担。

本判决为终审判决。

审判长　刘　红

审判员　刁国民

审判员　陈　颖

二〇一八年五月十一日

案例123：阿木什布诽谤罪二审刑事裁定书

四川省甘孜藏族自治州中级人民法院
刑事裁定书

（2018）川 33 刑终 10 号

原公诉机关：四川省九龙县人民检察院。

上诉人（原审被告人）：阿木什布，男，1964 年 4 月 23 日出生于四川省甘洛县。

上诉人因涉嫌犯诽谤罪，于 2017 年 7 月 7 日被四川省九龙县公安局刑事拘留，同年 7 月 21 日经四川省九龙县人民检察院批准逮捕，次日由四川省九龙县公安局执行逮捕。现羁押于四川省九龙县看守所。

四川省九龙县人民法院审理四川省九龙县人民检察院指控原审被告人阿木什布诽谤一案，四川省九龙县人民法院于 2018 年 2 月 12 日作出（2018）川 3324 刑初 20 号刑事判决。原审被告人阿木什布不服，向本院提出上诉。本院依法组成合议庭，经过阅卷，提讯原审被告人阿木什布后，书面审理了本案。本案经合议庭评议，现已审理终结。

原判认定：2013 年 6 月至 2017 年 6 月期间，被告人阿木什布利用其本人注册并长期使用的腾讯空间（账号：1×××××××××，昵称："@中国梦志愿者四川陈海"）、腾讯微博（昵称：悲伤的海洋）、新浪微博（昵称：@被腐败欲击毙的雷锋四川陈海）上发表数篇内容相似的帖子。声称：……煽动民族分裂，种族歧视、滥用职权、草菅人命、迫害摧残农民工，诈骗抢劫老百姓，残害我的儿子，霸占我的妻子，掠夺洗劫我的所有劳动财产等"，其中于 2015 年 12 月 30 日 14 时 19 分在其腾讯微博上通过 Android 客户端发表的帖子《血泪控诉》，截止 2017 年 7 月 10 日被转发 993 次；于 2017 年 6 月 8 日 03 时 18 分在同一微博上通过 YunOS 发布的帖子《一个被赶尽杀绝退伍军人的血泪控告状》截止 2017 年 7 月 10 日被转发 214 次。

2017 年 7 月 5 日 8 时许被害人王某书面材料向九龙县公安局报案，2017 年 7 月 5 日 18 时许九龙县公安局刑事侦查大队民警在甘洛县公安局的协助下在甘洛县山城旅馆内将被告人阿木什布抓获归案。

原判认定的上述事实，有经庭审质证并确认的下列证据予以证实：1. 报案材料、报案记录、受案登记表、受案回执、立案决定书、抓获经过；2. 拘留证、拘留通知书、变更羁押期限通知书、批准逮捕决定书、逮捕证、逮捕通知书、换押证、羁押证明；3. 户籍证明；4. 提取笔录、书证；5. 扣押笔录、扣押清单、电子证据检查工作记录、提取电子证据清单、封存电子证据清单、检查照片记录、电子证据检查记录签名；6. 调取证据通知书、舆情快报第 1 期、舆情快报第 2 期、舆情快报第 5 期、证人李永军的证言；7. 调取证据通知书；8. 证人挂咪的证言、证人王国军的证言；9. 被害人赵某的陈述、被害人罗某、王某的陈述；10. 被告人阿木什布的供述。

原审法院认为，被告人阿木什布利用信息网络故意捏造并散布虚构的事实诽谤多人，损害他人名誉，造成恶劣社会影响，情节严重，其行为已构成诽谤罪，公诉机关指控罪名成立，原审法院予以支持。被告人辩称其是无罪的，其在网络上所发的帖子内容均系事实，并非捏造，其发帖子的目的是为了引发关注的辩解意见与审理查明的事实不符，原审法院不予采纳。依照《中华人民共和国刑法》第二百四十六条、第六十四条、《最高人民法院、最高人民检察院关于办理利用信息网络实施诽谤等刑事案件适用法律若干问题的解释》第二条、第三条之规定，判决被告人阿木什布犯诽谤罪，判处有期徒刑一年，随案移送的手机一部（金色SVMSVG）予以没收。

上诉人阿木什布上诉称：

1. 上诉人在微博上发布的录音、图片、文件、材料等内容，都是真实存在和已经发生的事实，并非造谣诽谤；

2. 上诉人在长期遭受侵权迫害，上访维权中遭到被举报人的围追堵截、欺骗、绑架、谋害等，在绝望的危急情况下，才使用微博网上实名举报维权，其目的是让人民关注，并监督有关部门重视冤案；

3. 原审法院采用不实证言，在案证据系弄虚作假、威胁诱导所取得，掩盖了事实真相，且办案机关没有将上诉人无罪的相关证据移交原审法院，所以认定事实有误，要求归还所没收的手机。

综上，请求二审法院撤销原判，归还被没收的手机。

经二审审理查明的事实与一审相同，且经一审庭审举证、质证、认证的证据证实。二审期间，上诉人阿木什布未提出新证据。故对一审认定的事实和证据，本院予以确认。

二审另查明，上诉人阿木什布在腾讯微博、新浪微博上发布的信息（图片）系用自己使用的金色SVMSVG手机编辑、发布。

认定上述事实的证据有甘孜州公安局网络安全保卫支队电子证据检查工作记录、扣押笔录、扣押清单、提取电子证据清单、封存电子证据清单、检查照片记录及二审对上诉人的讯问笔录。证实甘孜州公安局网络安全保卫支队受甘孜州公安局国保支队的委托对依法扣押的上诉人阿木什布的金色SVMSVG手机的电子数据进行提取、恢复，在腾讯微博、新浪微博上发布的信息（图片）系上诉人用金色SVMSVG手机编辑、发布。

综合上诉理由，本院结合本案事实、证据对本案评判如下：

1. 针对上诉人阿木什布所提在微博上发布的录音、图片、文件、材料等内容，都是真实存在和已经发生的事实，并非造谣诽谤的上诉理由。经审查认为，阿木什布在微博上发布的录音、图片、文件、材料等内容，捏造了四川省甘孜州九龙县县委书记段某、赵某操纵政法委主任王某、罗某等煽动民族分裂，进行种族歧视，系藏独分子，并滥用职权、草菅人命、迫害摧残农民工，诈骗抢劫老百姓，残害其儿子，霸占其妻子，掠夺洗劫其所有劳动财产等不存在的事实，且在案无证据证明段某、赵某、王某、罗某具有上述行为。故对上诉人阿木什布的该上诉理由不予采信；

2. 针对上诉人阿木什布所提其在长期遭受侵权迫害，上访维权中遭到被举报人的围追堵截、欺骗、绑架、谋害等，在绝望的危急情况下，才使用微博网上实名举报维权，其目的是让人民关注并监督有关部门重视冤案的上诉理由。经审查认为，在案无证据证明上诉人长期遭受侵权迫害，遭到被举报人的围追堵截、欺骗、绑架、谋害等，阿木什布未采用合法手段进行维权，而采用非法行为在微博上发布不实信息，其违法行为理应受到处罚。故对上诉人阿木什布的该上诉理由不予采信；

3. 上诉人阿木什布所提原审法院采用不实证言，在案证据系弄虚作假、威胁诱导所取得，掩盖了事实真相，且办案机关没有将上诉人无罪的相关证据移交原审法院，所以认定事实有误，要求归还所没收的手机的上诉理由。经审查认为，在案的证据均系侦查机关依法取得，且在案证据证实了阿木什布在微博上发布故意捏造的信息，并属于情节严重，在案没有证据证明阿木什布向办案机关提交了证据，原审法院系根据在案证据依法认定阿木什布诽谤他人的事实，其用 SVMSVG 手机编辑、发布虚构的事实进行作案，手机应作为作案工具，依法予以没收。故对上诉人阿木什布的该上诉理由不予采信。

本院认为，上诉人阿木什布利用信息网络故意捏造并散布虚构的事实诽谤多人，损害他人名誉，造成恶劣社会影响，情节严重，其行为已构成诽谤罪。原判认定事实清楚，证据确实充分，定罪准确，量刑适当，审判程序合法，应当予以维持。依照《中华人民共和国刑事诉讼法》第二百二十五条第一款第一项之规定，裁定如下：

驳回上诉，维持原判。

本裁定自宣告之日起发生法律效力。

审判长　桂　荣

审判员　邵　苓

审判员　文祖坤

二〇一八年五月十一日

书记员　余崇清

案例124：詹先华与廖大香名誉权纠纷二审民事判决书

湖北省恩施土家族苗族自治州中级人民法院
民事判决书

（2018）鄂28民终1003号

上诉人（原审被告）：詹先华，男，土家族，教师。

被上诉人（原审原告）：廖大香（曾用名廖大相），男，土家族，务农。

上诉人詹先华为与被上诉人廖大香名誉权纠纷一案，不服宣恩县人民法院（2017）鄂2825民初1565号民事判决，向本院提起上诉。本院于2018年4月9日立案受理后，依法组成合议庭进行了审理。本案现已审理终结。

詹先华上诉请求：1. 撤销一审判决；2. 本案发回重审；3. 本案诉讼费用由被上诉人承担。事实及理由：一审判决认定事实和适用法律错误。2015年在网上发帖和2017年在微信朋友圈发帖，内容涉及"廖大香是雇凶者"，使廖大香精神受到损害。客观真实的事实是：无论网上发帖，给廖大香造成怎样的精神损害，都与上诉人无关，上诉人不是发帖人，也不会发帖，一审认定上诉人是发帖人属于认定事实错误。廖大香请求精神抚慰金8000元，一审判决写成80000元，有故意偏袒被上诉人的嫌疑。综上，一审判决错误，请求二审依法裁判。

被上诉人廖大香没有提交书面答辩状。

原审原告廖大香一审诉讼请求：1. 被告支付原告精神损害抚慰金8000元，并书面赔礼道歉；2. 书面消除影响，恢复名誉；3. 承担本案诉讼费。

一审法院认定事实：2015年7月19日，詹先华被许正兴故意伤害后，先后在新浪微博与其他网站发布题为"××××为何力保犯罪嫌疑人廖大相"帖子，指明廖大香是雇凶伤人的犯罪嫌疑人。2017年7月19日，许正兴故意伤害案刑事附带民事判决生效后，詹先华在其所在的"杨氏生态养殖（67）"群中发布题为"……制造冤错案、残害乡村老教师！！！"的文章，在文中含有"凶手许正兴与我没有一点恩怨。大量事实证明他是受铁厂沟村村民廖大相重金所请而为，廖大相还用重金买通办案人员及相关领导"等内容，再次指明廖大香是许正兴伤人案的雇凶者。

一审法院认为，名誉权是公民、法人或其他权利主体享有的一项重要人格权，他人不得故意或过失实施侮辱、诽谤等行为加以侵害，致受害人社会评价降低。本案中，詹先华在互联网、微信群中多次发布含有廖大香是许正兴伤人案雇凶者的文章，损害了廖大香的人格，侵犯了其人格尊严，客观上致使社会公众对其社会评价降低，造成了严重的精神损害。据此，应当认定詹先华的行为侵犯了廖大香的名誉权，应承担相应的侵权责任。廖大香要求詹先华书面赔礼道歉、消除影响、恢复名誉的请求，予以支持。根据詹先华的侵权情节、帖子的影响范围、廖大香的主要生产生活环境等因素，酌定赔礼道歉、消除影响、恢复名誉的方式和范围。对于廖大香主张的精神损害抚慰金 8000 元，因詹先华在互联网、微信群中多次发帖，影响的范围较广，且在当地造成了一定影响，应认定给原告的名誉造成了严重的损害后果，但 8000 元的请求过高，应酌定赔偿精神损害抚慰金 2000 元，超出部分，不予支持。

综上所述，依据《中华人民共和国民法总则》第一百零九条、第一百一十条，《中华人民共和国侵权责任法》第二条、第十五条、第二十二条，《最高人民法院关于确定民事侵权精神损害赔偿责任若干问题的解释》第八条、第十条，《中华人民共和国民事诉讼法》第六十四条之规定，判决：一、詹先华于判决生效之日起十日内在"杨氏生态养殖"群中发布向廖大香赔礼道歉的声明，宣恩县××××十日张贴向廖大香赔礼道歉的声明（致歉声明内容须经本院审核同意），为廖大香消除影响、恢复名誉；二、詹先华赔偿廖大香精神损害抚慰金 2000 元，限判决生效之日起十日内付清；三驳回廖大香的其他诉讼请求。案件受理费 300 元，由詹先华负担。

二审期间，双方当事人未提交新的证据。

经审理查明，原审查明的事实属实，本院予以确认。

本院认为，名誉权是公民享有的一项重要人格权，依法受到法律保护，他人不得实施侮辱、诽谤等行为加以侵害，否则应承担侵权责任。本案中，根据双方在一审提交的证据和陈述，可以认定詹先华在互联网、微信群中发布含有廖大香是许正兴伤人案雇凶者的文章，损害了廖大香人格尊严，造成廖大香精神损害的事实，一审据此要求詹先华承担赔偿精神损害抚慰金 2000 元和赔礼道歉的侵权责任正确，上诉人认为没有侵害廖大香名誉权的上诉理由不能成立，不予支持。一审将廖大香主张精神损害抚慰金 8000 元误写成"80000 元"属于笔误，本院予以纠正，该错误不影响一审处理结果，对一审判决予以维持。依照《中华人民共和国民事诉讼法》第一百七十条第一款第（一）项、《最高人民法院关于适用〈中华人民共和国民事诉讼法〉的解释》第三百三十四条之规定，判决如下：

驳回上诉，维持原判。

二审案件受理费 300 元，由上诉人詹先华负担。

本判决为终审判决。

审判长　刘开平

审判员　段　斌

审判员　覃恩洲

二〇一八年五月十八日

书记员　方天文

案例125：陈永朋与范冰冰等姓名权纠纷二审民事判决书

北京市第一中级人民法院
民事判决书

(2018) 京 01 民终 2700 号

上诉人（原审被告）：陈永朋，男，住陕西省商洛市商州区。

被上诉人（原审原告）：范冰冰，女，住北京市朝阳区。

委托诉讼代理人：顾若平，北京星权律师事务所律师。

委托诉讼代理人：朱晓磊，北京星权律师事务所律师。

被上诉人（原审被告）：北京微梦创科网络技术有限公司，住所地北京市海淀区（西扩）N-1、N-2 地块新浪总部科研楼 3 层 313-316 室。

法定代表人：刘运利，该公司执行董事。

委托诉讼代理人：郭凌云，男，该公司法务部经理。

上诉人陈永朋因与被上诉人范冰冰、北京微梦创科网络技术有限公司（以下简称微梦公司）姓名权、名誉权纠纷一案，不服北京市海淀区人民法院 (2017) 京 0108 民初 22867 号民事判决，向本院提起上诉。本院于 2018 年 3 月 6 日立案后，依法组成合议庭，开庭进行了审理。上诉人陈永朋，被上诉人范冰冰之委托诉讼代理人顾若平、朱晓磊到庭参加诉讼。微梦公司经本院依法传唤未到庭应诉，本院依法对其进行缺席审理。本案现已审理终结。

陈永朋上诉请求：请求撤销一审法院判决，依法改判驳回范冰冰的一审诉讼请求。事实与理由：第一，我并未侵犯范冰冰的名誉权。客观上我未实施侮辱、诽谤等行为，未以语言或行为公然损害范冰冰的人格，主观上也不存在损害范冰冰人格的恶意，我的言行最多算是对公众人物的评论，属于个人看法和观点，既不涉及名誉，也不应认定为侵权。因为我发布的微博内容在网络上比比皆是，并非我编撰或首发，属于娱乐话题而不是新闻报道，最多算是未经证实的消息，并不存在恶意造谣等情况，这些内容也不会对范冰冰的形象造成极大的负面影响。第二，我并未侵犯范冰冰的姓名权。范冰冰作为公众人物，演绎较多角色，我提出范冰冰这个称谓并未侵犯姓名权。我也并未在范冰冰的视频中改变声轨，也不存在利用该视频牟利的行为，添加个人二维码信息仅仅是因感觉好奇并出于日常娱乐的目的。第三，我的行为并未对范冰冰形象造成极大的负面影响和导致其社会评价急剧降低。范冰冰并未提出具体事实及证据证明我发布的微博内容对其造成多大影响，没有数据支持其关于精神抚慰金的主张。第四，一审法院判决有失公允，微梦公司和我均删除了微博内容，一审法院却仅判决我承担责任有失公允，且一审判决赔礼道歉的期限及方式难以执行。第五，一审法院程序违法。一审时，我提出管辖权异议，一审法院作出（2017）京 0108 民初 22867 号民事裁定书。一审开庭时，更换了合议庭，却未履行告知义务。

范冰冰辩称，同意一审法院判决，不同意陈永朋的上诉请求和理由。关于名誉权，陈永朋针对范冰冰发布了十篇诽谤文章，存在主观故意。关于姓名权，陈永朋擅自用范冰冰的名义推广陈永朋的微信二维码，让公众关注其微信号，构成了对范冰冰姓名的侵犯。

微梦公司提出书面答辩意见，同意一审法院判决。

范冰冰向一审法院起诉请求：1. 判令陈永朋以书面形式向范冰冰赔礼道歉；2. 判令陈永朋向范冰冰赔偿经济损失 10 万元，精神损害抚慰金 20 万元及范冰冰因维权而支付的包含调查取证费、律师费、差旅费等合理开支 4 万元，以上各项共计 34 万元。

一审法院认定事实：微梦公司为新浪微博的运营主体。范冰冰为我国知名演员。微梦公司披露的微博实名认证信息显示，涉案微博账户"@秦岭二月"UID 号×××，注册人为陈永朋，身份证号码××。

范冰冰提交的（2017）京方正内民证字第 69128 号公证书记载有，2017 年 4 月 28 日，范冰冰委托代理人向公证机构申请证据保全，公证人员登录一台已经连接至互联网的计算机，清除缓存后，在浏览器中输入"×××.com"网址，进入页面后在搜索栏输入"秦岭二月"，点击搜索结果并浏览页面，指向并点击"秦岭二月"进入相关页面，显示"@秦岭二月"微博下相关微博内容：

公证书光盘视频文件 17 分 00 秒至 17 分 21 秒显示"@秦岭二月"2017 年 3 月 14 日 22：36 发布微博："范冰冰，从视频二维码加微信好友，不会的可私信。"该微博配有一段时长约 10 秒的视频。视频语音内容："大家好我是范冰冰，我的微信号已经在微信平台开通了，希望大朋友小朋友们都可以跟我来多多和我互动"。视频右下方加载二维码，二维码中心图像与被告陈永朋微博头像内容一致。经当庭勘验，扫描该二维码出现昵称为"@秦岭二月"的微信号。该微信账号头像与涉案微博"@秦岭二月"微博头像相同，地区，个性签名"新浪微博、看点、头条、百家号、公众号同名@秦岭二月欢迎关注"。该微博转发 13 次、评论 13 条、点赞数 11、视频播放次数 9040 次。

公证书光盘视频文件 15 分 40 秒至 16 分 55 秒显示"@秦岭二月"2017 年 3 月 14 日 23：05 发布微博："范冰冰同他有染，照片尺度之大天价也无法销毁，求李某心里阴影部分面积"。该微博配图为多张范冰冰（包括剧照）单照及范冰冰与他人的合影。该微博转发 25 次、评论 210 条、点赞数 1467。

公证书光盘视频文件 13 分 55 秒至 14 分 30 秒显示"@秦岭二月"2017 年 3 月 16 日 00：38 发布微博："范冰冰说：'每次演激情戏的时候，脑子里都要想几个喜欢的明星，例如陈某……'2012 年范冰冰竟然和她的'梦中情人'陈某同台亮相了。见到'梦中情人'，范冰冰两眼放出光芒，惹得陈某不好意思看她。不过现在想来有了黑牛，范爷会吸取张某的教训，即使同台也会全程无视撇清界限吧。"该微博转发 10 次、评论 25 条、点赞数 86。

公证书光盘视频文件 10 分 52 秒至 12 分 45 秒显示"@秦岭二月"2017 年 4 月 7 日 09：56 发布微博："老色鬼学柔道，占尽女教官便宜。范冰冰干爹才是老司机"。该微博下配有影片视频。该微博转发 27 次、评论 25 条、点赞数 105、视频播放次数 15 万。

公证书光盘视频文件 9 分 55 秒至 10 分 20 秒显示"@秦岭二月"2017 年 4 月 16 日 23：39 发布微博："范冰冰承认当年差点嫁给他，瞒了十一年，如今他已有三个孩子"。该微博下配有多张照片，其中一张为一男性演员与三个孩子合影。该微博转发7次、评论9条、点赞数25。

公证书光盘视频文件7分25秒至9分00秒显示"@秦岭二月"2017年4月21日22：20发布微博："为什么总有人拿范冰冰的私生子搞事情？这次让李某也懵逼了，竟然不是洪某而是他？"该微博配有一段时长约一分二十秒的视频，称范冰冰系他人孩子的生母。该微博转发9次、评论14条、点赞数36、视频播放次数7万。

公证书光盘视频文件4分10秒至4分45秒显示"@秦岭二月"2017年4月23日22：32发布微博："李某大婚将至，不料却被30亿程咬金'抢婚'有苦不能说。她之所以会取得如此成就，必定是少不了贵人相助，而其中就包括洪某和成某等。成某对范冰冰的事异常上心，两人关系越来越好，看来是有点图谋不轨啊！其实范冰冰最想感谢的不是成某，而是穆某……还亲自担任了范冰冰的经纪人，兼贴身保镖。可想他对范冰冰有多好。你觉得他们迟迟不肯结婚是因为有'程咬金'的阻拦吗？"该微博转发4次、评论22条、点赞数34。

公证书光盘视频文件3分27秒至4分00秒显示"@秦岭二月"2017年4月23日23：03发布微博："范冰冰穿衣太大胆，惹得成某这么做……李某你老婆被看光了！"该微博转发7次、评论23条、点赞数60。

公证书光盘视频文件2分40秒至3分10秒显示"@秦岭二月"2017年4月24日13：03发布微博："大哥成某……范冰冰还不够，还……了？网友：李某被绿了！"该微博配图为范冰冰男友李某照片，并显示其头部戴有绿色帽子。该微博转发9次、评论22条、点赞数16。

范冰冰提交的（2017）京方正内民证字第85152号公证书记载有，2017年5月19日，范冰冰委托代理人向公证机构申请证据保全，公证人员登录一台已经连接至互联网的计算机，清除缓存后，在浏览器中输入"www.×××.com"网址，进入页面后在搜索栏输入"秦岭二月"，点击搜索结果并浏览页面，指向并点击"秦岭二月"进入相关页面，显示"@秦岭二月"微博下相关微博内容：

公证书第6页显示"@秦岭二月"注册时间为"2013-04-24"；公证书第39~47页"@秦岭二月"2017年5月16日18：39发布微博："范冰冰父母都是国家公职人员，当年超生范某，怎么可能超生孩子而没有受到任何处罚？原因就是都说了谣言止于智者，谁知道真相是什么？"该微博转发12次、评论30条、点赞数48。

另，范冰冰提交（2017）京方正内民证字第69128号公证书公证费票据1000元、（2017）京方正内民证字第85152号公证书公证费票据1500元。此外，范冰冰提交律师代理委托协议及律师费发票主张律师费支出情况，发票金额显示为30000元。

针对范冰冰提交的证据材料，微梦公司质证意见为：认可所有证据，不持异议。另查，涉案微博已经删除。

一审法院认为，公民享有姓名权，有权决定、使用自己的姓名，禁止他人干涉、盗用、假冒。公民的姓名权受到侵害的，有权要求停止侵害，消除影响，赔礼道歉，并可要求赔偿损失。名誉系指对特定人格价值的一种社会评价。公民享有名誉权，禁止用侮辱、诽谤等方式损害公民的名誉。网络用户利用网络侵害他人名誉权的，应当承担侵权责任。公民的名誉权受到侵害的，有权要求停止侵害，恢复名誉，消除影响，赔礼道歉，并可以要求赔偿损失。

本案中，涉案微博账户"@秦岭二月"的注册人为陈永朋，陈永朋使用昵称为"@秦岭二月"的新浪微博账户于××年3月14日发布微博，在范冰冰的采访视频中加载微信二维码，并在视频中改变声轨，冒用范冰冰的名义邀请他人添加该微信账号为好友，该二维码中图像与陈永朋微博头像一致，在无相反证据证明的情况下，可以推定该微信账号为陈永朋所有，上述行为构成对范冰冰姓名的盗用、冒用。鉴此，陈永朋所发表的相关微博内容已构成对范冰冰姓名的盗用、冒用，侵害了范冰冰的姓名权。

同时，自2017年3月14日至2017年4月24日，在缺乏证据佐证情况下，陈永朋多次发布针对范冰冰的微博，内容涉及"大哥成某……范冰冰还不够，还……了？网友：李某被绿了！""范冰冰说：'每次演激情戏的时候，脑子里都要想几个喜欢的明星，例如陈某……'""为什么总有人拿范冰冰的私生子搞事情？这次让李某也懵逼了，竟然不是洪某而是他？"等言论，意在对范冰冰名誉进行恶意贬损，并在缺乏证据情况下，虚构、暗示范冰冰与他人存在不正当男女关系以及与他人有私生子。鉴此，陈永朋所发表的相关微博内容已构成对范冰冰的侮辱、诽谤，侵害了范冰冰的名誉权。

综上，鉴于陈永朋侵犯了范冰冰姓名权及名誉权，范冰冰有权要求陈永朋停止侵权、赔礼道歉、消除影响。关于停止侵权一项，鉴于涉案内容已删除，范冰冰当庭放弃该项诉请内容，法院不持异议。关于赔礼道歉的责任承担方式及赔偿精神损失的数额问题，法院综合考虑陈永朋的主观过错、侵权情节、影响范围等因素，合理确定具体赔礼道歉的方式、范围及赔偿精神损失的具体数额问题，不再全部支持范冰冰的诉讼请求。关于经济损失一项，范冰冰未提交相应证据，法院不予支持。关于维权合理费用一项，范冰冰为维权而进行的公证及聘用律师的费用，属于合理费用范畴，法院综合其必要性及合理性，依法予以确定赔偿金额。

微梦公司作为网络服务提供者，在接到法院送达的应诉材料后，及时删除了涉案微博内容，履行了法定义务。同时，微梦公司应当事人申请，在诉讼中披露了微博账户"秦岭二月"的注册信息。范冰冰当庭放弃对微梦公司的诉讼请求，法院不持异议。陈永朋经法院合法传唤，无正当理由拒不出庭参加诉讼，不影响法院依据查明的事实依法做出裁判。综上所述，依照《中华人民共和国侵权责任法》第二条、第十五条、第二十二条，《中华人民共和国民事诉讼法》第一百四十四条之规定，判决：一、本判决生效之日起七日内，被告陈永朋在涉案微博（×××.com/u/3365355414）连续十五日发布声明，向原告范冰冰赔礼道歉（致歉内容须经法院审核，若被告陈永朋逾期不履行，将依法承担拒不履行生效判决的法律责任，法院将依原告范冰冰申请，选择一家全国发行的报刊，刊登判决主要内容，费用由被告陈永朋负担）；二、本判决生效之日起七日内，被告陈永朋向原告范冰冰支付精神损害抚慰金50000元及维权合理费用12500元，合计62500元；三、驳回范冰冰的其他诉讼请求。如果陈永朋未按本判决指定的期间履行给付金钱义务，应当依照《中华人民共和国民事诉讼法》第二百五十三条之规定，加倍支付迟延履行期间的债务利息。

二审中，当事人没有提交新证据。本院经审理查明，一审法院查明的事实属实，本院予以确认。

本院另查明，陈永朋于二审庭审中认可，诉争微博内容系其从本人微博账号发布的原始帖文，内容并非其原创撰写，均从其他网络平台中复制粘贴而成，陈永朋亦认其未核实也不能保证其所发布诉争微博内容的真实性。陈永朋表示其在诉争视频中添加了其个人的微信二维码，但未改变声轨。

上述事实，有庭审笔录等证据材料在案佐证。

本院认为，本案系因使用网络服务而产生的人格权益纠纷，争议的焦点在于：一、本案诉争微博内容是否侵犯了范冰冰的名誉权及姓名权；二、陈永朋的责任承担方式及范冰冰的损失范围。

一、关于诉争微博内容是否侵犯了范冰冰的名誉权。依据《中华人民共和国民法通则》第一百零一条规定，公民、法人享有名誉权，公民的人格尊严受法律保护，禁止用侮辱、诽谤等方式损害公民、法人的名誉。依据《最高人民法院关于贯彻执行〈中华人民共和国民法通则〉若干问题的意见（试行）》第140条，以书面、口头等形式宣扬他人的隐私，或捏造事实公然丑化他人人格，以及用侮辱、诽谤等方式损害他人名誉，造成一定影响的，应当认定为侵害公民名誉权的行为。侵害公民名誉权的行为方式，主要包括"宣扬他人的隐私，或者捏造事实公然丑化他人人格，以及用侮辱、诽谤等方式"。本案中，陈永朋发布的诉争微博内容，系在缺乏证据的情况下发布的未经核实的言论，内容涉及暗指范冰冰与多名公众人物存在不正当男女关系以及与他人有私生子，对范冰冰的隐私进行了具有负面影响的评论，引发了一定数量的网络浏览、转发和评价，对范冰冰造成了一定程度上的不良影响。需要指出的是，陈永朋发布的诉争微博内容均为原始帖文，并非转发或评论他人微博，而系经过其搜集素材及编辑整理而成，因此陈永朋对于范冰冰名誉权的侵犯具有较大的主观过错。鉴此，一审法院认定陈永朋所发表的诉争微博内容已构成对范冰冰名誉权的侵犯并无不当。

二、关于诉争微博内容是否侵犯了范冰冰的姓名权。依据《中华人民共和国民法通则》第九十九条第一款，公民享有姓名权、有权决定、使用和依照规定改变自己的姓名，禁止他人干涉、盗用、假冒。陈永朋使用昵称为"@秦岭二月"的新浪微博账户于××年3月14日发布微博，在范冰冰的采访视频中加载陈永朋个人的微信二维码，未经范冰冰允许即使用范冰冰的姓名及身份邀请他人添加该微信账号为好友，构成对范冰冰姓名的盗用、冒用。鉴此，一审判决认定陈永朋所发表的诉争微博内容已构成对范冰冰姓名权侵犯并无不当。

三、关于陈永朋的责任承担方式及范冰冰的损失范围。依据《中华人民共和国侵权责任法》第二条第一款，侵害民事权益，应当依照本法承担侵权责任；第三条，被侵权人有权请求侵权人承担侵权责任；第十五条，承担侵权责任的方式主要有：（一）停止侵害；（二）排除妨碍；（三）消除危险；（四）返还财产；（五）恢复原状；（六）赔偿损失；（七）赔礼道歉；（八）消除影响、恢复名誉。以上承担侵权责任的方式，可以单独适用，也可以合并适用。本案中，范冰冰有权针对陈永朋对其名誉权及姓名权的侵犯主张侵权责任，可以要求陈永朋停止侵害，恢复名誉，消除影响，赔礼道歉，并赔偿相应损失。

依据《最高人民法院关于审理利用信息网络侵害人身权益民事纠纷案件适用法律若干问题的规定》第十七条，网络用户或者网络服务提供者侵害他人人身权益，造成财产损失或者严重精神损害，被侵权人依据八条第一款，被侵权人为制止侵权行为所支付的合理开支，可以认定为行调查、取证的合理费用。人民法院根据当事人的请求和具体案情，可以将符合国家有关部门规定的律师费用计算在赔偿范围内。一审法院综合考虑陈永朋的主观过错、侵权情节、影响范围等因素，所确定的赔礼道歉的范围及方式并无不当。一审法院综合考虑范冰冰为本案维权产生的相关费用的必要性及合理性，酌情判定的维权合理费用金额适当。

　　依据《最高人民法院关于审理利用信息网络侵害人身权益民事纠纷案件适用法律若干问题的规定》第十八条第三款，精神损害的赔偿数额，依据《最高人民法院人民法院关于确定民事侵权精神损害赔偿责任若干问题的解释》第十条第一款，精神损害的赔偿数额根据以下因素确定：（一）侵权人的过错程度，法律另有规定的除外；（二）侵害的手段、场合、行为方式等具体情节；（三）侵权行为所造成的后果；（四）侵权人的获利情况；（五）侵权人承担责任的经济能力；（六）受诉法院所在地平均生活水平。本院认为，网络侵犯名誉权及姓名权具有侵权行为的多发性、行为后果的易扩散性、行为手段的恶意性以及恢复原状、消除影响等填补损害行为的难实现性。本案中，陈永朋虽然于纠纷发生后删除了诉争微博，但侵权行为发生之时，其主观恶意较为明显，因诉争微博所导致的社会负面评价已经即时产生并广为散播，且涉及到对范冰冰作为女性知名演员的私人情感关系的评价，诉争侵权行为对范冰冰的情感及家庭关系均产生了负面影响，同时客观上也使陈永朋所使用微博账号的网络活跃度及关注度有所增加，因此陈永朋应当依法对范冰冰赔偿精神抚慰金，一审法院对于此项金额的酌情判定并无不当。

　　陈永朋上诉主张一审法院变更合议庭成员未对其进行告知，违反了法定程序。本院经审查，陈永朋本人签收了一审开庭传票，但未提交延期审理的申请书，亦未对其经依法传唤后不到庭应诉的原因进行合理解释并提交相应证据予以证明。故本院认为，因陈永朋未依法到庭应诉，视为对相关诉讼权利的放弃，一审法院的传唤及审理程序合法。

　　综上所述，陈永朋的上诉请求不能成立，应予驳回；一审判决认定事实清楚，适用法律正确，应予维持。依照《中华人民共和国民事诉讼法》第一百七十条第一款第一项规定，判决如下：

　　驳回上诉，维持原判。

　　二审案件受理费 1362.5 元，由陈永朋负担（已交纳 425 元，余款于本判决生效后 7 日内交纳）。

　　本判决为终审判决。

审判长　张永钢

审判员　张　琦

审判员　丁少芃

二〇一八年五月二十九日

法官助理　吴银娇

书记员　张梦晓

案例126：张某等与潘某名誉权纠纷 二审民事判决书

北京市第一中级人民法院
民事判决书

（2018）京01民终4479号

上诉人（原审被告）：张某，女，住北京市朝阳区。

委托诉讼代理人：王鹏昊，北京市君永律师事务所律师。

被上诉人（原审原告）：潘某，女，住江苏省无锡市崇安区。

委托诉讼代理人：曾威，北京京驰律师事务所律师。

原审被告：北京微梦创科网络技术有限公司，住所地北京市海淀区（西扩）N－1、N－2地块新浪总部科研楼3层313－316室。

法定代表人：刘运利，执行董事。

委托诉讼代理人：郭凌云，男，该公司员工。

上诉人张某因与被上诉人潘某、原审被告北京微梦创科网络技术有限公司（以下简称微梦公司）名誉权纠纷一案，不服北京市海淀区人民法院（2017）京0108民初48292号民事判决，向本院提起上诉。本院于2018年5月10日立案后，依法组成合议庭，因符合《中华人民共和国民事诉讼法》第一百六十九条之规定，不开庭进行了审理。本案现已审理终结。

张某上诉请求：撤销一审判决，改判驳回潘某的全部诉讼请求。事实和理由：我在个人微博上发表言论，从未写明所发表言论指的是潘某，双方账号均非实名注册，我在微博结尾处@潘某微博仅代表告知，其他人并不能知道，且含负面词汇的微博转发量和评论量均为零，并不会导致潘某社会评价降低；潘某也存在侵犯我名誉权的行为，一审法院未予认定；一审法院确定的精神抚慰金过高。

潘某辩称，同意一审判决，不同意张某的请求和理由。从微博内容可以看出，内容针对的是我，这必然会造成我社会评价降低。

微梦公司提交书面意见称，同意一审判决。

潘某向一审法院起诉请求：1. 张某在个人新浪微博账号首页和《人民法院报》前八版面连续7日登载向潘某赔礼道歉的声明；2. 张某赔偿潘某精神损失费50000元、医疗费682.98元。

一审法院认定事实：（2017）京长安内经证字第18018号公证书显示：在浏览器地址栏输入http://weibo.com，输入相应用户名及密码，登录新浪微博，在"搜索栏"输入"×××"，点击"×××"进入该微博账号，该微博账号×××年7月10日发布一条微博，内容如下："美容觉醒来，一看凌晨2点4点各种被@，疯狗又在乱咬人，每天失眠大半夜不睡，明明是自己心术不正破坏诋毁报复别人关系，还把自己说的单纯善良，拜脱能再假点吗？越来越觉得你 28 岁长得像单身离异的老脸，就是恶念太多，自己作的，把自己包装的很精明，但是在一个小城市都硬是没人要，也是有原因的。你天天绑着人家老公，2 年异地被骗，1 年多到现在依旧为那个人背叛你而不甘心再去报复她人，心甘情愿自己求被虐，我也是觉得你勇气可嘉！更让我觉得可笑的是，总觉得自己特真实正直，是谁大半夜骚扰电话说别人老公是你男朋友？是谁曾经赖在有妇之夫家里哭天喊地要 80 万补偿最后没给够气急败坏？……@×××的新生活"。潘某主张该条微博中"疯狗又在乱咬人"属于侮辱，"天天绑人家老公""是谁大半夜骚扰电话说别人老公是你男朋友？……"属于诽谤。该微博 2017 年 7 月 8 日发布微博内容为："谢谢某贱人提醒…小三都快当了三年了吧丧失劳动力了吗…@×××的新生活"，潘某主张该条微博中"贱人""小三"构成侮辱、诽谤。2017 年 7 月 7 日，该微博发布三条微博，分别为"以后有女儿一定不能让她学表演，戏子出身的人满脑子就是各种演戏…然后宣传出来等包养…@×××的新生活""请快点上传啊，迫不及待想要听到，你不上传就是婊子咯@×××的新生活""一个微博都不关注你的男人真不知道你在死磕什么，谁不知道你这个贱婊的终极目标是报复…@×××的新生活"，潘某主张该三条微博中"戏子出身""包养"构成侮辱、诽谤，"婊子""贱婊"构成侮辱。上述 5 条微博转发及评论数均为 0。

潘某另提交了其在回龙观医院的门诊病历手册及门诊收据以证明其一年来的抑郁均与张某有关。张某提交一份网页打印件，证明潘某使用@×××的新生活微博发布针对张某微博账号的侵犯名誉权言论的微博，潘某不认可该微博的真实性。

庭审中，双方认可涉案微博已经删除，潘某不再主张要求删除涉案微博。潘某认可"×××的新生活"微博为其所有，张某认可"×××"是其微博账号。

一审法院认定上述事实的证据有：有公证书、病历手册、门诊收据、网页打印件以及双方当事人陈述、法院庭审笔录等。

一审法院认为，公民享有名誉权，公民的人格尊严受法律保护，禁止用侮辱、诽谤等方式损害公民的名誉。本案中，张某在涉案微博中多次使用"贱人""婊子""贱婊""小三"等词汇，已构成对潘某的名誉权侵权。张某主张在涉案微博中仅是@潘某微博，并未指名道姓，也并非针对潘某，但从涉案微博发布的前因后果及微博内容，可明显看出张某发布涉案微博即是针对潘某，虽张某并非实名认证的微博，但不可避免会使潘某以外的、知晓潘某微博账号的第三人形成对潘某的负面印象，会使潘某的名誉遭受一定损害。

公民的名誉权受到侵害的，有权要求停止侵害，赔礼道歉，并可以要求赔偿损失。鉴于微梦公司已经删除了涉案图片，停止了侵权行为，潘某已申请撤回要求张某、微梦公司停止侵权的诉讼请求，法院对此亦不持异议。潘某要求张某基于侵犯其名誉权的行为赔礼道歉，符合法律规定，但是赔礼道歉的方式与范围应当与张某的侵权行为方式及影响范围相适应。关于潘某主张的精神损害抚慰金，张某发布涉案微博的行为给潘某的社会形象造成直接的侵害，势必给潘某造成精神上的严重损害，故潘某要求张某赔偿精神损害抚慰金的诉讼请求，于法有据，理由正当，法院依法予以支持，具体数额法院综合考虑张某的过错程度、侵权影响范围等案件情况酌情予以判定。关于潘某主张的医疗费，与张某发布涉案微博的行为无直接关联，于法无据，法院不予支持。综上所述，依据《中华人民共和国民法总则》第一百一十条第一款，《中华人民共和国侵权责任法》第二条、第六条、第十五条，《最高人民法院关于确定民事侵权精神损害赔偿责任若干问题的解释》第一条、第八条之规定，判决：
一、自本判决生效之日起七日内，被告张某在其涉案新浪微博账号"×××"上连续二十四个小时发布致歉声明向原告潘某赔礼道歉（声明内容须经法院审核，被告张某逾期不履行，法院将依原告潘某申请，选择一家全国发行的报刊，刊登判决主要内容，费用由被告张某负担）；二、自本判决生效之日起七日内，被告张某向原告潘某赔偿精神抚慰金5000元；三、驳回原告潘某的其他诉讼请求。如张某未按本判决指定的期间履行给付金钱义务，应当按照《中华人民共和国民事诉讼法》第二百五十三条之规定，加倍支付迟延履行期间的债务利息。

本院二审期间，双方当事人没有提交新证据。本院认为一审判决认定的证据真实有效，本院对一审查明的事实予以确认。

本院认为，名誉系体现人之尊严的重要人格法益，禁止用侮辱、诽谤等方式损害公民的名誉。本案中，张某通过微博账号"×××"多次发布包含"疯狗""贱人""小三"等侮辱性词汇的微博动态，且@潘某的微博账号"×××的新生活"，这些行为已经构成对潘某名誉权的侵犯。

张某主张其在个人微博上发表言论，从未写明所发表言论指的是潘某，双方账号均非实名注册，在微博结尾处@潘某微博仅代表告知，其他人并不能知道，且含负面词汇的微博转发量和评论量均为零，并不会导致潘某社会评价降低。但通过涉案微博发布的前因后果及微博内容，可明显看出张某发布涉案微博即是针对潘某。微博属当下流行的社交软件，网络世界亦属公共场所，可导致涉案微博内容迅速传播，用户也可以通过点击张某所@的账号，直接进入潘某个人微博，不可避免会使潘某以外的、知晓潘某微博账号的第三人形成对潘某的负面印象，导致潘某的社会评价降低，名誉受损。故对张某的上述意见，本院不予认可。

关于精神损害抚慰金一项。张某发布含有侮辱性质词汇的微博，且指向潘某，一审法院综合考虑张某过错程度、侵权影响范围等情况酌定精神抚慰金为5000元，并无不当，本院不再调整。张某主张一审判决精神抚慰金数额过高，缺乏事实和法律依据，本院不予采信。

张某主张潘某也存在侵犯其名誉权的行为，但并未在一审中提出反诉，且并未提供足够证据予以证明，本院不予采信。

综上所述，张某之上诉理由不成立，应予驳回，对其上诉请求，本院不予支持。一审法院判决认定事实清楚、适用法律及处理结果正确，应予维持。据此，依照《中华人民共和国民事诉讼法》第一百七十条第一款第一项规定，判决如下：

驳回上诉，维持原判。

二审案件受理费300元，由张某负担（已交纳）。

本判决为终审判决。

审判长　陈立新

审判员　汤　平

审判员　赵小军

二〇一八年六月七日

法官助理　朱龙臻

书记员　周　玮

案例127：朱慧卿与北京微梦创科网络技术有限公司等著作权纠纷二审民事判决书

北京知识产权法院
民事判决书

(2018) 京 73 民终 467 号

上诉人（原审原告）： 朱慧卿。

委托诉讼代理人： 修雪静，北京华沛德权律师事务所律师。

委托诉讼代理人： 张莉，北京市振邦律师事务所律师。

被上诉人（原审被告）： 交通银行股份有限公司，住所地中国（上海）自由贸易试验区。

法定代表人： 牛锡明，董事长。

委托诉讼代理人： 明路芳，北京大成律师事务所律师。

委托诉讼代理人： 王良珍，北京大成律师事务所律师。

原审被告： 北京微梦创科网络技术有限公司，住所地北京市海淀区（西扩）N-1、N-2 地块新浪总部科研楼 3 层 313-316 室。

法定代表人： 刘运利，执行董事。

上诉人朱慧卿因与被上诉人交通银行股份有限公司（简称交通银行）、原审被告北京微梦创科网络技术有限公司（简称微梦公司）侵害著作权纠纷一案，不服北京市海淀区人民法院（简称一审法院）作出的（2017）京 0108 民初 28849 号民事判决（简称一审判决），向本院提起上诉。本院于 2018 年 3 月 14 日受理后，依法组成合议庭进行了审理。本案现已审理终结。

上诉人朱慧卿上诉请求：1. 请求二审法院撤销一审判决第一项，依法改判交通银行在侵权微博首页置顶位置、《中国青年报》首版显著位置均连续 30 天登载致歉声明；2. 请求二审法院撤销一审判决第二项，依法参照同类判决改判交通银行赔偿朱慧卿经济损失 10000 元及两审的合理支出费用 10500 元，以上共计 20500 元。

上诉人朱慧卿的上诉事实与理由：一、一审法院没有考虑作者知名度、涉案作品艺术性、社会影响力，明显裁量不当。一审法院判决一幅作品 2000 元的赔偿数额，明显不能匹配权利人及作品的知名度、艺术、市场价值及社会影响力。二、被上诉人交通银行侵权过错明显，侵权使用时间长，侵权传播范围广，侵权性质严重，判决数额明显过低会纵容侵权者存在侥幸心理，继续无视权利人的权益和侵权后果，继续侵权。三、本案一审判决与其他同类型案件判决数额差距较大。一审判决结果严重违背了《"十三五"国家知识产权保护和运用规划》加大知识产权保护力度，尤其是互联网知识产权侵权保护力度的要求，也违背了多级法院有关加大知识产权保护力度的司法精神和政策。四、一审判决认定的500元合理支出数额不足以补偿上诉人维权的合理支出，与客观不符，显失公允。在北京找不到知识产权诉讼仅支付500元律师费的律师。五、在中国加大知识产权保护力度的政策下，权利人赔钱维权的情况屡屡上演，和一审法院判决数额过低相关。六、一审法院没有判令交通银行发表致歉声明，属于法律适用错误。只在一审判决上描述交通银行在法庭上向朱慧卿致歉，不能弥补未给朱慧卿署名造成的损害。一审法院混淆了法律外的赔礼道歉和法律强制需要当事人承担的赔礼道歉责任的概念。署名权属于人身权，人身权具有不可替代性，致歉应当是侵权人当面向权利人实施。朱慧卿的代理人并没有代为接受致歉的权限。另外，交通银行的致歉应当公开进行，当庭致歉并非公开致歉，一审法院适用法律错误。交通银行在法庭上的致歉与其给朱慧卿造成的损害程度严重不符。而且交通银行认为其侵权行为并非商业使用，未给朱慧卿造成损失，道歉没有诚意，是在一审法院引导下的口头致歉。综上，上诉人朱慧卿请求法院撤销一审判决，支持其上诉请求。

被上诉人交通银行答辩称：交通银行认为其发布涉案图片没有恶意，且交通银行没有对图片进行盈利性使用，侵权情节轻微。在致歉问题上，交通银行在一审庭审上已经诚挚地向朱慧卿致歉。综上，交通银行认为一审判决认定事实清楚，适用法律正确，请求二审法院驳回上诉人的上诉请求，维持一审判决。

原审被告微梦公司经本院依法传唤未到庭应诉，亦未提交书面答辩意见。

上诉人朱慧卿请求一审法院判令：1. 交通银行及微梦创科公司在侵权微博首页置顶位置及《中国青年报》首版显著位置连续30天登载致歉声明；2. 交通银行赔偿朱慧卿经济损失40000元及合理开支5500元（包含律师费5000元、公证费500元）。诉讼过程中，朱慧卿确认涉案作品已经删除，放弃要求停止侵权及消除影响的诉讼请求。事实和理由：朱慧卿系自由职业漫画撰稿人。交通银行未经朱慧卿许可在其新浪官方微博"交通银行电子银行"上使用了朱慧卿创作的一幅漫画作品，未予署名、未支付费用，并进行商业广告宣传，以此获得商业利益，侵犯了朱慧卿享有的署名权、信息网络传播权。涉案微博系由微梦公司认证和管理，微梦公司作为管理者和服务者，未尽审查义务，应承担相应责任。

一审法院认定事实：

2009年4月29日，朱慧卿将一幅关于"各地一季度经济数据陆续发布回暖复苏迹象显现"的漫画作品（ID：17742188）上传至汉华易美网站（×××.cfp.cn）。朱慧卿亦提交了上述作品的电子文件。

2015年6月2日，经朱慧卿申请，河南省许昌市天平公证处对朱慧卿使用公证处已连接至互联网的电脑浏览网站内容的过程进行证据保全，据此作出的（2015）许天证民字第4527号公证书记载：在新浪微博（×××.weibo.com）搜索栏中输入"交通银行电子银行"进行搜索，点击搜索结果中的"交通银行电子银行V"进入相应微博进行浏览，认证信息显示"交通银行电子银行官方微博"，粉丝量为1565965。该微博账号于××年9月18日发布的一条微博中使用了一幅涉案作品作为配图，未予署名，该微博文字内容是关于"GNP与GDP的区别"，该微博转发量和点赞量均为0、评论量为3。该公证书共计对包含涉案微博在内的16个新浪微博进行了公证。

庭审中，交通银行认可涉案微博是其公司微博；并对其未经许可使用涉案作品、侵犯朱慧卿著作权的行为，当庭向朱慧卿致歉，希望得到朱慧卿的谅解。朱慧卿不同意交通银行当庭致歉的方式，认为应当按照朱慧卿诉讼请求中的道歉方式进行道歉，才能体现交通银行的致歉诚意。

微梦公司提交的涉案微博的用户认证信息显示，涉案微博的用户 uid：2100521990，用户昵称：交行微银行，真实名称：交通银行股份有限公司，认证企业：交通银行股份有限公司。微梦公司还提交了涉案微博页面截屏打印件，证明涉案微博已经删除，朱慧卿对此予以认可。

朱慧卿为证明其本人及作品的知名度，提交了人民网观点频道原创漫画"朱慧卿专辑"网页打印件及其作品《躲》的获奖证书两份。

朱慧卿主张交通银行赔偿其为本案支出的公证费及律师费，提交了金额为 600 元的公证费发票一张，并明确其在本案中仅主张公证费 500 元，未提交与律师费相关的证据。

上述事实，有朱慧卿提交的电子文件、网页打印件、公证书、票据、证书，微梦公司提交的说明、网页打印件以及一审法院的开庭笔录等在案佐证。

一审法院认为：如无相反证明，在作品上署名的自然人、法人或者其他组织为作者。当事人提供的涉及著作权的底稿、原件、合法出版物等，可以作为证明著作权的证据。本案中，朱慧卿在汉华易美网的个人账户中载有涉案作品并署名朱慧卿，朱慧卿亦提交了涉案作品的电子文件，在无相反证据的情况下，一审法院确认朱慧卿为涉案作品的作者，依法享有涉案作品的著作权，有权对侵害其著作权的行为提起诉讼。

本案中，朱慧卿提交的公证书显示，交通银行在未经许可、未予署名的情况下，在其名为"交通银行电子银行"的官方微博账号使用了涉案作品作为微博配图，该行为侵犯了朱慧卿享有的署名权及信息网络传播权，交通银行应对此承担相应侵权责任。

朱慧卿要求交通银行赔偿经济损失的诉讼请求，一审法院予以支持。至于具体的赔偿数额，鉴于朱慧卿未提交证据证明其实际损失或交通银行的违法所得，一审法院综合考虑以下因素依法酌情判定赔偿数额：第一，涉案作品为漫画作品，具有一定的独创性和创作难度，系朱慧卿智力劳动成果的体现；第二，涉案微博内容发布于 2013 年，侵权行为持续时间较长；第三，朱慧卿未提交证据证明涉案作品存在较高的市场收益；第四，交通银行使用涉案作品并非直接用于商业宣传；第五，涉案微博转发、评论、点赞量极低，受关注程度较低。综合以上意见，一审法院依法酌情判定经济损失赔偿额为 2000 元，朱慧卿提出的赔偿数额过高，一审法院不予全部支持。

朱慧卿主张交通银行赔偿其为本案支出的律师费、公证费，虽只提交了公证费票据一张，但考虑到律师在本案诉讼及开庭过程中的法律思维和理性判断起到了维护当事人合法权益的作用，参加诉讼活动的行为支持了本案诉讼的顺利审理，同时又考虑到本案为常规知识产权案件，专业性、复杂程度均相对较低，对律师的专业素质和能力要求亦相对较低，且律师并未实际参与证据保全工作，以及公证书不仅针对涉案内容，亦包括较多案外内容，综合上述因素，一审法院将上述费用酌情判定为 350 元，亦不再全额支持朱慧卿的诉讼请求。

关于朱慧卿主张交通银行向其赔礼道歉，鉴于交通银行已经就涉案侵权行为在本案庭审过程中向朱慧卿当庭表示郑重道歉，一审法院认为，此行为已表明交通银行就其涉案侵害朱慧卿署名权的行为向朱慧卿赔礼道歉，该致歉方式足以弥补其未在涉案微博中署名给朱慧卿造成的损害，故一审法院再行判令赔礼道歉已无必要。故朱慧卿提出的交通银行在侵权微博首页置顶位置及《中国青年报》首版显著位置连续30天登载致歉声明的诉讼请求，一审法院不予支持。

微梦公司作为新浪微博的经营者，是信息存储空间服务提供商。涉案微博并非处于新浪微博的显要位置，在收到通知之前，微梦公司未注意到涉案微博并无过错，朱慧卿亦未向微梦公司发出过通知函。微梦公司在收到本案起诉状后，经查找涉案微博已经删除，已履行适当注意义务，不应承担相应侵权责任。就朱慧卿对微梦公司提出的相应诉讼请求，一审法院不予支持。

微梦公司经一审法院合法传唤，无正当理由未到庭参加两次庭审，不影响一审法院依据查明的事实依法做出缺席判决。

综上，依照《中华人民共和国著作权法》第四十八条第一项、第四十九条，《信息网络传播权保护条例》第二十二条，《中华人民共和国民事诉讼法》第一百四十四条之规定，一审法院判决如下：一、自一审判决生效之日起十日内，交通银行股份有限公司赔偿朱慧卿经济损失2000元及合理开支350元；二、驳回朱慧卿的其他诉讼请求。

二审中，各方当事人对一审判决认定的事实均无异议，各方当事人均未提交新的证据。

本院认为：根据各方当事人的上诉主张及答辩意见，本案二审的争议焦点为：一审判决认定的经济损失及合理支出金额是否恰当；在交通银行当庭道歉的情况下，一审法院未判令交通银行赔礼道歉是否恰当。

首先，对于一审判决认定的经济损失及合理支出金额是否恰当，本院认为，《中华人民共和国著作权法》（简称著作权法）第四十九条规定，侵犯著作权或者与著作权有关的权利的，侵权人应当按照权利人的实际损失给予赔偿；实际损失难以计算的，可以按照侵权人的违法所得给予赔偿。赔偿数额还应当包括权利人为制止侵权行为所支付的合理开支。权利人的实际损失或者侵权人的违法所得不能确定的，由人民法院根据侵权行为的情节，判决给予五十万元以下的赔偿。本案中，虽然朱慧卿主张其经济损失至少为10000元，两审合理支出为10500元，但其并未提供相应证据予以证实。一审法院在考虑了涉案作品的性质、涉案微博的持续侵权时长、权利人的授权情况及涉案微博的转发、评论及点赞情况等情形下酌情确定经济损失赔偿额为2000元并无不当，本院予以支持。在合理支出费用方面，由于朱慧卿并未向一审法院提交其支出律师费的证据，因此，一审法院综合考虑本案为常规知识产权案件，专业性、复杂程度均相对较低，对律师的专业素质和能力要求亦相对较低，且律师并未实际参与证据保全工作等因素，酌情确定本案律师费为350元亦无不当，本院予以支持。综上，上诉人朱慧卿关于一审判决认定的经济损失及合理支出金额过低的上诉理由没有事实及法律依据，本院不予支持。

其次，在交通银行当庭道歉的情况下，一审法院未判令交通银行赔礼道歉是否恰当。本院认为，赔礼道歉的具体适用，要根据侵害行为及造成影响所及的范围和权利人相关权利被侵害的后果决定，加害人应当根据侵害署名权造成的不良影响的大小，采取程度不同的措施向受害人赔礼道歉，以达到足以弥补权利人署名权被侵害的程度为限。本案中，交通银行被控侵权行为系在其新浪微博账号上未经许可使用朱慧卿的作品。鉴于交通银行在一审诉讼中认识到其行为构成对朱慧卿署名权的侵害，已经当庭向朱慧卿进行了致歉，该致歉行为足以弥补其对朱慧卿署名权被侵害的程度。因此，一审法院未再判令交通银行赔礼道歉的结论正确，本院予以维持。朱慧卿要求交通银行在侵权微博首页置顶位置及《中国青年报》首版显著位置均连续 30 天登载致歉声明的要求已经超出了赔礼道歉的必要限度，本院不予支持。

综上所述，一审判决认定事实清楚，适用法律正确，本院予以维持。上诉人朱慧卿的上诉请求不能成立，本院予以驳回。依据《中华人民共和国民事诉讼法》第一百七十条第一款第一项之规定，本院判决如下：

驳回上诉，维持原判。

二审案件受理费二百五十四元，由朱慧卿负担（已交纳）。

本判决为终审判决。

审判长　袁　伟

审判员　仪　军

审判员　陈　勇

二〇一八年六月十四日

法官助理　张天浩

法官助理　杨培培

书记员　李晓帆

案例128：杨锦宏与广州王老吉大健康产业有限公司买卖合同纠纷二审民事判决书

广东省广州市中级人民法院
民事判决书

（2018）粤01民终9374号

上诉人（原审原告）：杨锦宏，男，汉族，住广东省茂名市茂南区。

被上诉人（原审被告）：广州王老吉大健康产业有限公司，住所地广东省广州市。

法定代表人：徐文流，该公司董事长。

委托诉讼代理人：江斌，北京大成（广州）律师事务所律师。

委托诉讼代理人：甘健志，北京大成（广州）律师事务所律师。

上诉人杨锦宏因买卖合同纠纷一案，不服广东省广州市南沙区人民法院（2017）粤0115民初5827号民事判决，向本院提起上诉。本院依法组成合议庭审理了本案，现已审理终结。

杨锦宏上诉请求：1. 撤销一审判决，改判广州王老吉大健康产业有限公司（下称王老吉公司）退还货款4元，并赔偿杨锦宏维权费用1元；2. 责令王老吉公司向杨锦宏赔礼道歉；3. 本案一、二审诉讼费由王老吉公司承担。事实和理由：一审判决认定事实不清，适用法律错误。一、凉茶是岭南地区居民根据当地气候、水土特性，在长期预防疾病与保健过程中，研制出的能清热解毒、生津止渴的热饮汤药。凉茶保健功效主要依据中药成分和用量大小。根据涉案产品外包装的配料表，判断出其中中药成分并不多，与其他类别饮料没有太大区别，经常性饮用此类饮料不仅对身体无益，反而会损伤脾胃功能。从国家食药监局查询可知，王老吉公司将是涉案产品注册为植物饮料，并非保健品，也非平时饮用的传统凉茶，一审法院主观认定涉案产品属于传统凉茶对身体有益，无事实和法律依据。二、一审判决适用法律错误，引用《关于审理不正当竞争民事案件应用法律若干问题的解释》第8条认定王老吉公司宣传属于明显夸张、可以辨别真假的宣传行为，且不会引人误解不当。王老吉公司宣传中提到"喝王老吉可延长寿命大约10%"的依据是"国家863计划研究结果"。作为普通群众，无法对上述研究结论提出质疑，但此类宣传足以引导群众在选购同类产品时优先选择涉案产品。根据《广告法》第4条、28条的规定，上述宣传构成虚假广告。三、一审判决以杨锦宏的陈述偏离常人合理认知或一般公众思维为由认定杨锦宏并非由于王老吉公司的宣传行为误导而购买涉案产品的认定不当。杨锦宏平时并不购买王老吉饮料，当看到王老吉公司作出的宣传，且涉案产品价格不高，抱着试试看的心态购买。饮用后发现涉案产品与同类产品并无明显差异，进一步了解发现所谓的"科普宣传"，实为虚假广告，遂成诉。依照《消费者权益保护法》第五条、六条、七条和十一条的规定，国家保护消费者的合法权益不受侵害。该法和有关配套实施的法规及部门规章，均未对消费者在消费过程中的不合理行为作出界定标准，也未对消费者的主观购买动机、消费者行使法定权利的次数、消费金额、消费数量以及消费的频率次数作出界定。不同消费者因不同消费需要、消费习惯以及消费能力，会作出不同的消费行为，导致不同的消费结果。杨锦宏行使法定权利次数，主要取决于经营者提供服务或销售商品时是否符合法律规定，是否损害自身合法权利，而不能因消费者与其他消费者思维方式不同即否定消费者合法权利受损的事实。一审判决认定无事实和法律依据，损害了杨锦宏和其他消费者法定权利，也严重违反了《消费者权益保护法》）。

王老吉公司辩称，1. 同意一审判决，案涉产品属于含传统中药成分的商品，王老吉公司所作的延长寿命的宣传，并未构成虚假宣传，客观上不会对一般理性消费者造成误导，不构成虚假宣传。2. 王老吉公司以夸张的方式宣传商品，不属于引人误导的虚假宣传。按一般成年人的生活经验，案涉产品宣传行为，远未达到使人重大误解的程度。根据法律规定，王老吉公司不存在虚假宣传，误导消费者的行为。3. 杨锦宏在一审承认于 2017 年 12 月 7 日在王老吉官方网站和官方微博看到相关宣传，第二天在超市购买一罐王老吉饮用。杨锦宏以该购买行为因王老吉公司的宣传误导而作出，不符合一般成年人的合理认知。

杨锦宏一审诉讼请求为：1. 判令王老吉公司退还货款人民币 4 元，并象征性赔偿杨锦宏维权费用人民币 1 元；2. 请求判令王老吉公司立即撤回违法宣传，并公开向杨锦宏赔礼道歉；3. 本案诉讼费由王老吉公司承担。

一审法院查明：1. 王老吉公司在官方网站及微博等作了"喝了王老吉可以延长寿命10%"的宣传；2. 杨锦宏于 2017 年 12 月 8 日购买案涉产品一罐；3. 王老吉公司已于 2017 年 12 月 28 日前撤回官方网站及微博上的有关宣传。

一审法院认为：本案系涉及消费者权益保护的买卖合同纠纷。《中华人民共和国消费者权益保护法》第二章第七条至第十五条以法律的形式赋予了消费者享有自主选择商品或者服务等权利；第三章第十六条至第二十九条以法律的形式对经营者课以了不得作虚假或者引人误解的宣传等义务。其中第二十条规定如下，"经营者向消费者提供有关商品或者服务的质量、性能、用途、有效期限等信息，应当真实、全面，不得作虚假或者引人误解的宣传"。本案的焦点即在于，王老吉公司所作的"喝了王老吉可以延长寿命10%"的宣传，是否属于"引人误解的虚假宣传行为"，是否构成了对杨锦宏购买行为的误导。

经审查，一审法院认为王老吉公司所作的"延长寿命10%"的宣传，不属于引人误解的宣传行为，没有对杨锦宏的购买行为构成误导。理由如下：

其一，案涉产品是一种含传统中药成分的凉茶饮料，广东等地区亦存在饮用凉茶的传统习惯。一般来说，此类凉茶虽不属于保健食品或药品，但社会大众认为饮用此类凉茶对身体是有益的。"延年益寿"等用词，并非对疾病疗效的宣称，而是为大众所熟悉的对含有传统中药成分的饮料所具备的保健功能的一般性的文学性广告措词。王老吉公司所作"延长寿命"的宣传，主观上并不含有对"治病疗效保证"进行宣传的意思表示，客观上也不会对一般理性消费者造成误导。

其二，《关于审理不正当竞争民事案件应用法律若干问题的解释》第 8 条规定"以明显的夸张方式宣传商品，不足以造成相关公众误解的，不属于引人误解的虚假宣传行为"。即按普通人的认知水平、生活经验来看，只有当合情合理的情况下，一般消费者对有关商品的某一重要部分产生误解，才能认定为虚假宣传；一般消费者可以辨别宣传内容真假的，不属于"引人误解的虚假宣传行为"。显而易见，人类寿命延长是一个综合性的课题，至今无科学方法对人类寿命进行量化。正如杨锦宏诉称，"进入21世纪以来，科学对于寿命的研究已经达到前所未有的境界，取得毫厘进步均十分艰辛，王老吉公司公开宣传延长寿命10%，足以引起社会哗然"。"延长寿命10%""永远19岁的密码就是多喝王老吉"即属于一种明显夸张、可以辨别真假的宣传行为。

其三，庭审中杨锦宏所作出的"我于2017年12月7日在王老吉公司官网及官方微博看见王老吉公司宣传'喝了王老吉可延长寿命10%'，我就相信了，因而第二天就在超市购买一罐王老吉饮用，之后发现王老吉与其他饮料无明显差异，不是保健食品和药品，显然不具备延长寿命的功效，因此我认为王老吉公司的宣传对本人构成误导"等陈述偏离了常人合理认知或一般公众思维，一审法院不予采信。一审法院确认，杨锦宏并非由于王老吉公司的宣传行为误导而购买案涉产品。

此外，杨锦宏庭审中确认：杨锦宏对案涉产品质量无异议；杨锦宏饮用案涉产品后身体出现了不适但不能提供证据；杨锦宏身体无特殊疾病；杨锦宏无需购买即可通过外包装确认案涉产品不属于保健食品及药品；杨锦宏无证据证明案涉产品与其他凉茶配方一致；杨锦宏在多地法院以买卖合同纠纷提起诉讼等。

故王老吉公司所作"延长寿命10%"的宣传行为不属于引人误解的虚假宣传行为，王老吉公司的宣传并没有对杨锦宏购买行为造成误导。杨锦宏各项诉讼请求缺少事实与法律依据，一审法院不予支持。经多次释明，一审法院于2018年2月14日作出判决：驳回杨锦宏全部诉讼请求。案件受理费25元，由杨锦宏负担。

二审查明事实与一审查明事实一致。

本院认为，案涉产品使用"延长寿命10%"之用语用以对外宣传，虽属虚假宣传行为，但该虚假宣传行为不致于使杨锦宏陷于误解而作出购买案涉产品的决定，不构成欺诈。一则根据王老吉公司提供的证据，杨锦宏多次从事过此类打假行为，应具备相应的生活经验和辨识能力。二则以理性人的标准分析，买受人主张因此项明显夸大、不实的宣传而作出购买决定并不符合生活经验。据此，对杨锦宏请求王老吉公司退还货款及赔偿维权费用1元的主张，本院予以驳回。一审判决认定事实清楚，处理结果并无不当，本院予以维持。依照《中华人民共和国民事诉讼法》第一百七十条第一款第一项的规定，判决如下：

驳回上诉，维持原判。

案件受理费50元，由杨锦宏负担。

本判决为终审判决。

审判长　年　亚

审判员　魏　巍

审判员　乔　营

二〇一八年六月十五日

书记员　何　晶　曾凡峰

案例129：山东省人民检察院与徐畅名誉权纠纷一审民事判决书

山东省烟台市中级人民法院
民事判决书

（2018）鲁06民初211号

公益诉讼起诉人：山东省烟台市人民检察院，住所地山东省烟台市莱山区港城东大街。
法定代表人：邵汝卿，检察长。
委托诉讼代理人：王鹏，男，该院检察员。
委托诉讼代理人：李晓波，女，该院助理检察员。
被告：徐畅，女，汉族，无业，户籍所在地黑龙江省佳木斯市，经常居住地烟台经济技术开发区。

公益诉讼起诉人山东省烟台市人民检察院与被告徐畅名誉权公益诉讼一案，本院于2018年5月22日立案后，依法适用普通程序，于2018年6月26日公开开庭进行了审理，公益诉讼起诉人山东省烟台市人民检察院的委托诉讼代理人王鹏、李晓波，被告徐畅到庭参加诉讼。本案现已审理终结。

公益诉讼起诉人向本院提出诉讼请求：依法判令被告徐畅在主流媒体上公开赔礼道歉，消除影响，恢复烈士名誉。事实与理由：2018年4月21日，北京市通州区永乐店镇德仁务村北京富勤食用菌科技有限公司厂房突发火灾。接警后，北京市119指挥中心迅速调派6个支队、10个中队、53辆消防车、350名消防员赶赴现场进行处置。接到调派命令后，张鑫立即着装登车，和战友们一起迅速奔赴火灾现场。经火情侦查，起火建筑为培养蘑菇菌种的专用库房，内部空间跨度大，高温浓烟通过强对流作用，在极短时间内形成大面积燃烧，建筑整体由内而外形成立体燃烧态势。火势一旦蔓延，将直接威胁下风方向毗邻村庄人民群众的生命财产安全。在危难关头，张鑫不顾个人安危，冒着浓烟烈火，第一时间背负起30余公斤重的灭火救援装备，在火场南侧的主攻方向，铺设水带干线，开辟攻坚灭火阵地，全力阻截火势蔓延。强攻近战中，厂区南侧墙体突然倒塌，正在全力扑救的张鑫被墙体砸倒，埋压在碎砖瓦砾之中。经医护人员5个小时的全力抢救，张鑫因伤势过重，抢救无效壮烈牺牲。张鑫以舍生忘死、逆火前行的实际行动，诠释了消防队员在关键时刻挺身而出的英雄气魄，展示出在灾难面前无私无畏的奉献精神，用年仅23岁的年轻宝贵生命，践行了红门卫士的铮铮誓言。2018年4月24日，张鑫被北京市政府评定为烈士。2018年4月29日晚，徐畅通过本人手机用其手机号码登陆"新浪微博"并发布"听说死的是北京通州籍消防员？嗯嗯，活该，北京人该死！听说台湾花莲地震时，死的是北京籍一家五口咯？嗯嗯，更活该……"的微博。徐畅自述其看到其他网友用微博转发上述微博截图，该网友的微博被转发了1000多次，评论666条。2018年4月30日徐畅看到网友对其批评和谴责后仍不思悔改，在其4月29日发布微博的账号被冻结情况下，又用其微信登陆另一微博账号并发布"气死首都人民群众是我义不容辞的责任，如果消防员叔叔，您是外地人的话，我绝对尊重您，但是你要是北京人，别怪我幸灾乐祸，看看你的老乡的言论，呵呵"的微博。徐畅上述微博被网友截图并大量转发和评论，传播广泛，引发了网友愤慨，造成了恶劣影响。仅网友"@唯我冬哥"于2018年5月1日发布的包含徐畅微博截图内容的微博就被转发516次。2018年5月1日，烟台市公安局经济技术开发区分局民警电话通知徐畅到该局向其了解有关情况。5月2日，徐畅到该局金桥派出所接受询问调查。5月4日，徐畅因寻衅滋事被烟台市公安局经济技术开发区分局依法处以行政拘留5日的行政处罚。2018年5月16日，就是否对徐畅侵害张鑫烈士名誉权的行为提起民事诉讼，检察机关征求了张鑫烈士近亲属的意见。张鑫烈士近亲属表示不提起民事诉讼。公益诉讼起诉人认为，英雄是民族的脊梁，张鑫烈士的英雄事迹体现了舍生忘死、逆火前行的大无畏牺牲精神，用实际行动践行了社会主义核心价值观，是激励我们在社会主义现代化建设过程中奋勇前行的强大力量。光荣，应当传承；烈士，不容玷污。每个公民都有自觉维护社会公德，维护人民大义的义务和责任。徐畅在互联网发布微博，公然辱骂烈士，其微博被网友截图并大量转发和评论，造成了恶劣影响。徐畅的行为不仅侵害了张鑫烈士的人格尊严和名誉权利，而且严重伤害了张鑫烈士亲友及社会公众的情感，是对我国社会主流价值观的否定，损害了社会公共利益。根据《中华人民共和国民法总则》第一百八十五条、《中华人民共和国英雄烈士保护法》第二十五条、第二十六条、《中华人民共和国侵权责任法》第二条、第三十六条的相关规定，徐畅对其在互联网发布微博，辱骂消防烈士的行为应承担相应的侵权责任。为维护社会公共利益，根据《中华人民共和国英雄烈士保护法》第二十五条等法律规定，特提起民事公益诉讼，请依法裁判。

徐畅答辩称，其在新浪微博上发表侮辱北京市通州区消防烈士张鑫的行为是错误的，也是违法的。张鑫烈士是因为保护人民生命和财产的安全，不顾自己的安危才牺牲的，不应该对其进行侮辱，这是对生命本身的不尊重，更让听到的人感到寒心。在这里再次表达最诚挚的歉意，希望大家能谅解。在今后的生活中，会注意对法律知识的学习，注意弘扬英雄烈士的事迹，做一个有正能量的人。

当事人围绕诉讼请求依法提交的证据，本院组织当事人进行了证据交换和质证。对当事人无异议的证据，本院予以确认并在卷佐证。

根据当事人陈述和经审查确认的证据，本院认定事实如下：

2018年4月21日，北京市通州区永乐店镇德仁务村北京富勤食用菌科技有限公司厂房突发火灾。接警后，北京市119指挥中心迅速调派6个支队、10个中队、53辆消防车、350名消防员赶赴现场进行处置。接到调派命令后，张鑫立即着装登车，和战友们一起迅速奔赴火灾现场。经火情侦查，起火建筑为培养蘑菇菌种的专用库房，内部空间跨度大，高温浓烟通过强对流作用，在极短时间内形成大面积燃烧，建筑整体由内而外形成立体燃烧态势。火势一旦蔓延，将直接威胁下风方向毗邻村庄人民群众的生命财产安全。在危难关头，张鑫不顾个人安危，冒着浓烟烈火，第一时间背负起30余公斤重的灭火救援装备，在火场南侧的主攻方向，铺设水带干线，开辟攻坚灭火阵地，全力阻截火势蔓延。强攻近战中，厂区南侧墙体突然倒塌，正在全力扑救的张鑫被墙体砸倒，埋压在碎砖瓦砾之中。经医护人员5个小时的全力抢救，张鑫因伤势过重，抢救无效壮烈牺牲。张鑫以舍生忘死、逆火前行的实际行动，诠释了消防队员在关键时刻挺身而出的英雄气魄，展示出在灾难面前无私无畏的奉献精神，用年仅 23 岁的年轻宝贵生命，践行了红门卫士的铮铮誓言。2018 年 4 月 24 日，张鑫被北京市政府评定为烈士。

2018 年 4 月 29 日晚，徐畅通过本人手机使用其手机号码登陆"新浪微博"以"@北京人是畜生"微博账号发布"听说死的是北京通州籍消防员？嗯嗯，活该，北京人该死！听说台湾花莲地震时，死的是北京籍一家五口咯？嗯嗯，更活该……"的微博。徐畅认可看到其他网友用微博转发上述微博截图，该网友微博被转发了 1000 多次，评论 666 条。2018 年 4 月 30 日，徐畅看到网友对其批评和谴责后仍不思悔改，在其 4 月 29 日发布微博的账号被新浪网的冻结情况下，又用其微信登陆另一微博账号"@畅畅cc爱你"发布"气死首都人民群众是我义不容辞的责任，如果消防员叔叔，您是外地人的话，我绝对尊重您，但是你要是北京人，别怪我幸灾乐祸，看看你的老乡的言论，呵呵"的微博。徐畅上述微博被网友截图并大量转发和评论，传播广泛，引发了网友愤慨，造成了恶劣影响。仅网友"@唯我冬哥"于 2018 年 5 月 1 日发布的包含徐畅微博截图内容的微博就被转发 516 次。

2018 年 5 月 1 日，烟台市公安局经济技术开发区分局民警电话通知徐畅到该局向其了解有关情况。5 月 2 日，徐畅到该局金桥派出所接受询问调查。5 月 4 日，徐畅因寻衅滋事被烟台市公安局经济技术开发区分局依法处以行政拘留 5 日的行政处罚。

2018 年 5 月 16 日，就是否对徐畅侵害张鑫烈士名誉权的行为提起民事诉讼，检察机关征求了张鑫烈士近亲属的意见。张鑫烈士近亲属表示不提起民事诉讼。

审理中，徐畅向本院提交了书面道歉声明文稿内容，经公益诉讼起诉人同意，本院审核予以确认。徐畅提交的道歉声明将于庭后在省级以上新闻媒体公开发布。

本院认为，英雄是民族的脊梁。英雄烈士的光荣事迹所承载的精神价值，是中华民族共同的历史记忆，是全体中国人民共同的价值追求，是社会主义核心价值观的重要源泉。张鑫烈士的英雄事迹体现了一名消防战士舍生忘死、逆火前行的大无畏牺牲精神，用实际行动践行了社会主义核心价值观，是激励广大人民群众在社会主义现代化建设中奋勇前行的强大力量。光荣，应当传承；烈士，不容玷污。每个公民都有自觉维护社会公德，维护人民大义的责任。

《中华人民共和国民法总则》第一百八十五条规定，"侵害英雄烈士等的姓名，肖像、名誉、荣誉，损害社会公共利益的，应当承担民事责任。"《中华人民共和国侵权责任法》第十五条规定，"承担侵权责任的方式主要有：（一）停止侵害；……（七）赔礼道歉；……以上承担侵权责任的方式，可以单独适用，也可以合并适用。"被告徐畅利用互联网微博发表带有侮辱性质的不实言论，公然辱骂烈士，歪曲烈士英勇牺牲的事实，其微博被网友截图并大量转发和评论，造成恶劣影响。其对张鑫烈士精神造成的负面影响，已经超出了我国公民言论自由的范畴，构成对烈士名誉的侵害。徐畅的行为不仅侵害了张鑫烈士的名誉权利，而且严重伤害了张鑫烈士亲友及社会公众的情感，是对我国社会主流价值观的否定，对社会公德的严重挑战，损害了社会公共利益，依法应当承担名誉侵权的民事责任。

《中华人民共和国英雄烈士保护法》第二十五条规定，"对侵害英雄烈士的姓名、肖像、名誉、荣誉的行为，英雄烈士的近亲属可以依法向人民法院提起诉讼。英雄烈士没有近亲属或者近亲属不提起诉讼的，检察机关依法对侵害英雄烈士的姓名、肖像、名誉、荣誉，损害社会公共利益的行为向人民法院提起诉讼。"第二十六条规定，"以侮辱、诽谤或者其他方式侵害英雄烈士的姓名、肖像、名誉、荣誉，损害社会公共利益的，依法承担民事责任……"本案中，徐畅4月29日通过微博账号发布不实言论，侮辱、诽谤张鑫烈士的英雄事迹，4月30日又通过另一微博账号继续发布不实言论。之后，包含徐畅微博截图内容的微博被大量转发浏览，侵权后果一直持续至5月2日被公安机关依法传讯。在张鑫烈士近亲属不提起诉讼的情况下，公益诉讼起诉人山东省烟台市人民检察院依据《中华人民共和国英雄烈士保护法》第二十五条、二十六条之规定，就被告徐畅侵害英雄烈士张鑫的名誉损害社会公共利益的行为向人民法院提起诉讼，要求被告徐畅在主流媒体上公开赔礼道歉，消除影响，恢复烈士名誉的事实清楚，证据确凿，于法有据，本院依法予以支持。新浪网作为被告徐畅微博账号的网络服务提供者，在发现情况后及时采取冻结账号的必要措施，避免了恶劣影响的进一步扩大，对被告徐畅的行为不应承担民事责任。

综上，鉴于本案系由检察机关依法提起的公益诉讼案件，涉及公共利益且影响较大，本院依法组成七人合议庭审理此案。根据《中华人民共和国民法总则》第一百八十五条、《中华人民共和国侵权责任法》第二条、第十五条、第三十六条及《中华人民共和国英雄烈士保护法》第二十五条、第二十六条、《中华人民共和国人民陪审员法》第十五条第一款、第十六条第一款（二）项、第二十条及第二十二条之规定，判决如下：

被告徐畅于本判决生效后十日内在省级以上新闻媒体公开赔礼道歉。如被告徐畅拒不履行，山东省烟台市中级人民法院将在省级以上新闻媒体公布本判决的主要内容，相关费用由被告徐畅承担。

案件受理费50元，由被告徐畅负担。

如不服本判决，可在判决书送达之日起十五日内，向本院递交上诉状，并按对方当事人的人数提出副本，上诉于山东省高级人民法院。

审判长　曲振涛

审判员　鲁晓辉

审判员　李　安

人民陪审员　张少棠

人民陪审员　周松久

人民陪审员　史丽娜

人民陪审员　徐建春

二〇一八年六月二十六日

书记员　于佳昕

案例130：崔春婷与舒关兴名誉权纠纷二审民事判决书

北京市第二中级人民法院
民事判决书

（2018）京02民终5854号

上诉人（原审被告）：崔春婷，女。

被上诉人（原审原告）：舒关兴，男。

委托诉讼代理人：郑关军，浙江吴山律师事务所律师。

上诉人崔春婷因与被上诉人舒关兴名誉权纠纷一案，不服北京市西城区人民法院（2016）京0102民初33183号民事判决，向本院提起上诉。本院于2018年5月24日立案后，依法组成合议庭，公开开庭进行了审理。上诉人崔春婷、被上诉人舒关兴之委托诉讼代理人郑关军均到庭参加诉讼。本案现已审理终结。

崔春婷上诉请求：撤销一审法院判决，依法改判驳回舒关兴的全部诉讼请求。事实和理由：舒关兴不是本案的适格原告，我撰写《请关注××法院院长的违法行为》（下称《违法行为》）的内容主要是反映××法院院长干预案件审理，有关涉及舒关兴的内容系真实会议情况描述，与舒关兴无关；一审法院没有及时送达相关法律文书，程序违法；一审法院未依法通知证人出庭作证，未依法作出回避决定，程序违法；一审法院认定事实不清，判决缺乏依据。

舒关兴辩称：同意一审法院判决。不同意崔春婷的上诉请求。本案舒关兴是被侵害的对象，依法是适格的原告，一审法院审理程序合法。

舒关兴向一审法院起诉请求：1.崔春婷立即删除散布在新浪博客、新浪微博等互联网上对舒关兴诬陷、诽谤内容的文章；2.崔春婷在新浪博客、新浪微博等互联网及《人民法院报》刊登向舒关兴的道歉书；3.崔春婷赔偿舒关兴精神损害抚慰金、公证费、律师费、差旅费等维权成本共计10000元。

一审法院认定事实：舒关兴与崔春婷曾因股权转让问题产生纠纷。2010年8月6日，法院作出（2010）西民初字第4062号民事判决书，该判决认定，舒关兴与崔春婷于2009年8月3日签订的《转让协议》系当事人真实意思表示，且不违反法律及行政法规的强制性规定，合法有效。判决：崔春婷协助舒关兴办理舒关兴持有的北京刘家香餐饮管理有限公司100%股权转让给崔春婷的工商变更登记。2010年12月7日，北京市第一中级人民法院作出（2010）一中民终字第16585号民事判决书，维持了上述一审判决。2015年6月5日，法院作出（2014）西民（商）初字第16970号民事判决书，该判决认定，崔春婷有关舒关兴不持有宴华园71%的股权，与其订立转让协议构成欺诈的观点，缺乏事实依据，该观点不能成立。判决：崔春婷给付舒关兴三百万元及利息。2015年11月12日，北京市第二中级人民法院作出（2015）二中民（商）终字第09125号民事判决书，判决维持了上述一审判决。2017年6月19日，北京市高级人民法院作出（2016）京民申611号民事裁定书，驳回了崔春婷对于（2015）二中民（商）字第09125号民事判决的再审申请。

2015年12月8日，崔春婷在新浪博客、微博"@中俊崔春婷"上发表了《违法行为》一文，并在2017年4月21日新浪微博"@中俊崔春婷"上进行了转发。该文章围绕上述股权转让合同的签订、履行以及案件的审判和执行过程进行叙述，其中写道："该案在重审过程中，舒关兴的代理人曾无意中说到，'为了这个案子，舒关兴已花费了150万元，所以只要崔春婷给舒关兴150万元就行，这样舒关兴的损失也能挽回来。'崔春婷认为法院应该依法办案，舒关兴花费的150万元给谁了？是谁一直在左右整个案件？""我认为，案件之所以出现这种结局完全是人为操纵的结果。而舒关兴当年与崔春婷签订的《转让协议》本身就是个骗局。""现在管理公司及宴华园在舒关兴及××法院的操控下已经被吊销了营业执照""由于一、二审法院不顾事实的枉法裁判，已经严重的侵害了我的合法权益，我不相信一个院长就可以为所欲为！""××院长跟原告是老乡关系。""请关注这个人情关系法院院长的所作所为。"截止至2017年12月22日庭审时，该文章阅读量为24710次，微博转发量450次、评论251次、点赞180次。崔春婷对文中提及舒关兴的代理人曾对其讲述的内容，未提供相关证据。新浪微博"@帝国大理院的博客"登出《司法流氓学研究》一文写道："如下，北京市第二中级人民法院做出的（2015）二中民（商）终字第09125号民事判决，看看是否属流氓司法学研究对象？""通过如上案例展示，不难发现，现在的法院判决多么荒唐、多么流氓了！包括首善之区的北京法院！有些案子，法院根本不讲道理，完全耍流氓，不可理喻，当事人无言以对、无权以使，甚至倒逼当事人做出过激行为！故，流氓司法学的研究，应当引起学界高度重视！"

2016年11月14日，舒关兴对上述两篇文章在相关微博、博客发表情况进行了公证。

在庭审答辩中，崔春婷认可《司法流氓学研究》文章是其与完颜绍元讨论后所写，并发表在新浪"@中俊崔春婷"的微博上。在庭审质证阶段，崔春婷主张舒关兴公证书公证的2016年4月4日，新浪微博"@帝国大理院的博客"名为《司法流氓学研究》的文章不是崔春婷所写，崔春婷也未进行转发，该文章与崔春婷无关。庭审中法院询问崔春婷上述文章发表情况，崔春婷表示记不清楚是否发表过该文章。庭审中法院通过电脑连接互联网，对新浪微博"@中俊崔春婷"进行了搜索，未发现该文章，无法证实该文章为崔春婷所写。

另查，舒关兴支付公证费1000元、律师费10000元。诉讼中舒关兴提供交通费、住宿费票据，证实舒关兴的委托诉讼代理人因诉讼发生的往返杭州至北京的差旅费用。

一审法院认为，侵犯名誉权是指以书面或口头形式公开侮辱或诽谤他人，宣扬他人隐私，或未经他人同意，擅自公布他人隐私材料，损害他人名誉的行为。我国相关法律规定，公民、法人享有名誉权，公民的人格尊严受法律保护，禁止用侮辱、诽谤等方式损害公民、法人的名誉。是否构成侵害名誉权的责任，应当根据受害人确有名誉被损害的事实、行为人违法、违法行为与损害后果之间有因果关系、行为人主观上有过错来认定。

本案中，涉案文章《违法行为》和《司法流氓学研究》是否构成侵犯舒关兴名誉权是双方当事人的主要争议焦点。

崔春婷在其新浪博客和微博中发表的《违法行为》一文中有"该案在重审过程中，舒关兴的代理人曾无意中说到，为了这个案子，舒关兴已花费了 150 万元，所以只要崔春婷给舒关兴 150 万元就行，这样舒关兴的损失也能挽回来。""舒关兴当年与崔春婷签订的《转让协议》本身就是个骗局""管理公司及宴华园在舒关兴及××法院的操控下已经被吊销了营业执照"等内容。上述文章中涉及"150 万元"的内容，实际暗指舒关兴在股权转让纠纷的诉讼当中，采取不正当手段达到其诉讼目的。舒关兴对该事实予以否认，崔春婷对此并未提供相应证据。因此，上述文章中涉及"150 万元"的内容属于崔春婷主观臆断，没有事实根据。关于"《转让协议》本身就是个骗局"等内容，明显与事实不符。人民法院生效判决认定，舒关兴与崔春婷签订的《转让协议》系当事人真实意思表示，且不违反法律及行政法规的强制性规定，合法有效。此外，判决书中对于是否存在欺诈、协议不能履行的责任及当事人的法律责任等问题做出了明确认定。崔春婷明知法院生效判决作出的这一认定，却在该文中故意捏造了舒关兴与崔春婷之间的《转让协议》是骗局、舒关兴与法院院长办人情案、舒关兴与法院操控司法诉讼并吊销营业执照等事实。崔春婷的上述行为属于诽谤，且具有明显的主观过错。上述文章经互联网传播，必然造成舒关兴人格受到贬损、社会评价降低的损害后果，其行为已构成对舒关兴名誉权的侵犯，依法应当承担民事侵权责任。

《中华人民共和国侵权责任法》第十五条规定，承担侵权责任的方式包括：停止侵害；赔偿损失；赔礼道歉；消除影响、恢复名誉等。以上承担侵权责任的方式可以单独适用，也可以合并适用。崔春婷与舒关兴因股权转让合同发生纠纷，后经法院依法判决。对于人民法院的裁判存在异议，本应通过合法途径解决。但崔春婷却通过利用在新浪博客、微博发表侵权文章的方式侵害舒关兴的名誉权。现舒关兴主张崔春婷侵权事实成立，对其合理的诉讼请求，法院应予支持。崔春婷应立即停止侵权行为，在新浪网博客、微博上删除涉及侵权的文章，并在该博客、微博上公开赔礼道歉。崔春婷的侵权行为对舒关兴的名誉造成了严重损害，依法应当赔偿相应的精神损害抚慰金。法院根据崔春婷侵权的过错程度、方式以及造成的后果等因素，酌定崔春婷赔偿舒关兴精神损害抚慰金 5000 元。舒关兴要求崔春婷赔偿公证费 1000 元的诉讼请求，于法有据，法院予以支持。崔春婷的侵权行为亦造成了舒关兴差旅费损失，法院根据诉讼中舒关兴一方往返杭州到北京的情况，酌定差旅费损失为 3000 元。舒关兴要求崔春婷赔偿律师费的诉讼请求，依据不足，法院不予支持。

崔春婷虽在庭审答辩中承认《司法流氓学研究》一文系其所写，并在其微博上进行了发表，但又在其后庭审质证阶段不予认可。庭审中法院对崔春婷的新浪微博进行搜索，未发现其微博上发表过该文章。现舒关兴提供的公证书等证据不能确认该文系崔春婷所撰写并发表，故其主张崔春婷利用该文侵犯其名誉权，依据不足，法院不予认定。据此，一审法院于 2018 年 4 月 10 日判决：一、崔春婷立即停止侵害舒关兴名誉权的行为。判决生效之日起七日内，崔春婷删除新浪博客、微博"@中俊崔春婷"上发表、转载的《请关注××法院院长的违法行为》文章；二、判决生效之日起七日内，崔春婷在新浪博客、微博"@中俊崔春婷"上置顶位置发表赔礼道歉公告，向舒关兴赔礼道歉。该公告需连续刊登十日，公告内容须经法院审核。逾期不执行，法院将在相关媒体上刊登本判决书的主要内容，所需费用由崔春婷承担；三、判决生效之日起七日内，崔春婷赔偿舒关兴精神损害抚慰金 5000 元、公证费 1000 元、差旅费 3000 元，以上共计 9000 元；四、驳回舒关兴其他诉讼请求。如果未按判决指定的期间履行给付金钱义务，应当依照《中华人民共和国民事诉讼法》第二百五十三条之规定，加倍支付迟延履行期间的债务利息。

双方当事人对一审查明的事实均无异议，本院予以确认。二审审理中，双方当事人均未提交新证据。

本院认为，自然人享有生命权、身体权、健康权、姓名权、肖像权、名誉权、荣誉权、隐私权、婚姻自主权等权利。是否构成侵害名誉权的责任，应当根据被侵权人确有名誉被损害的事实、行为人违法、违法行为与损害结果之间有因果关系、行为人主观上有过错四个方面来认定。

本案中，经查，崔春婷在其新浪博客和微博中发表的《违法行为》一文中写到"该案在重审过程中，舒关兴的代理人曾无意中说到，为了这个案子，舒关兴已花费了150万元，所以只要崔春婷给舒关兴150万元就行，这样舒关兴的损失也能挽回来。""舒关兴当年与崔春婷签订的《转让协议》本身就是个骗局""管理公司及宴华园在舒关兴及××法院的操控下已经被吊销了营业执照"等内容，上述内容实际指向舒关兴在股权转让纠纷中采取不正当手段达到其诉讼目的，但在现舒关兴对此予以否认的情况下，崔春婷并未就其主张提交相应证据予以证明，故崔春婷在明知生效判决对其与舒关兴股权转让合同真实有效的情形下撰写《违法行为》一文，在文中捏造舒关兴与其之间的《转让协议》是骗局、舒关兴与法院院长办人情案、舒关兴与法院操控司法诉讼等事实，崔春婷的上述行为明显违法，上述文章的传播，必然造成舒关兴社会评价的降低，构成对舒关兴名誉权的侵害，崔春婷应对舒关兴承担民事侵权责任。本案中舒关兴要求崔春婷删除《违法行为》一文、赔礼道歉并支付赔偿的诉讼请求，依据充分，本院予以支持。关于赔偿数额，一审法院根据崔春婷侵权的后果等因素，酌情确定赔偿数额为9000元，并无不当。

虽本院审理中，舒关兴认可在崔春婷新浪博客、微博上的《违法行为》一文已不存在，但在一审法院审理中上述文章确实存在，故一审法院据此判决崔春婷删除该文章，并无不妥。

另，经本院审查，一审法院审理程序无违法之处，故对崔春婷以一审法院审理程序违法的抗辩，本院不予采信。

综上所述，崔春婷的上诉请求不能成立，应予驳回。一审判决认定事实清楚，适用法律正确，应予维持。依照《中华人民共和国民事诉讼法》第一百七十条第一款第一项之规定，判决如下：

驳回上诉，维持原判。

二审案件受理费100元，由崔春婷负担（已交纳）。

本判决为终审判决。

审判长　刘苑薇

审判员　孟　龙

审判员　王　云

二〇一八年六月二十七日

书记员　房依彤

案例131：北京全景视觉网络科技股份有限公司与幸福人寿保险股份有限公司侵害作品信息网络传播权纠纷一审民事判决书

北京市东城区人民法院
民事判决书

（2018）京0101民初3088号

原告：北京全景视觉网络科技股份有限公司，住所地北京市朝阳区。

法定代表人：吕辰，董事长。

委托诉讼代理人：王敬，男，北京全景视觉网络科技股份有限公司员工。

委托诉讼代理人：邢根华，男，北京全景视觉网络科技股份有限公司员工。

被告：幸福人寿保险股份有限公司，住所地北京市东城区。

法定代表人：刘明，董事长。

委托诉讼代理人：谢阳，北京市中伦文德律师事务所律师。

委托诉讼代理人：汪晶，女，北京市中伦文德律师事务所实习律师。

原告北京全景视觉网络科技股份有限公司（以下简称全景视觉公司）与被告幸福人寿保险股份有限公司（以下简称幸福人寿公司）侵害作品信息网络传播权纠纷一案，本院于2018年2月8日立案后，依法适用普通程序，公开开庭进行了审理。原告全景视觉公司委托诉讼代理人王敬、邢根华，被告幸福人寿公司委托诉讼代理人谢阳、汪晶到庭参加了诉讼。本案现已审理终结。

原告全景视觉公司向本院提出诉讼请求：1. 请求判令被告在其官方微博（×××.weibo.com.2240283733）置顶位置连续三个月通过微博文章就侵权事实说明情况，消除影响；2. 请求判令被告赔偿原告经济损失8000元、公证费1500元、交通费及材料打印费500元。事实和理由：原告发现被告在其运营的新浪官方微博：幸福人寿保险股份有限公司（微博名：幸福人寿），未经原告许可擅自使用原告享有著作权的编号为0830的作品（以下称涉案图片）作为其微博文章用图，前述侵权内容原告已进行证据公证保全，记录于编号为（2017）保古证经字第3141号公证书中，侵权页面位于公证书附件第14页。被告在没有得到授权的情况下，擅自使用涉案摄影作品的行为侵犯了原告对涉案摄影作品享有的信息网络传播权等著作权权利，并给原告造成了较大的经济损失，故提起诉讼，请求依法支持原告的诉讼请求。

被告幸福人寿公司辩称：1. 原告提供的中国图片库仅能证明原告对于该汇编作品享有著作权，不能证明对其中包含的涉案作品享有著作权；2. 原告提供的著作权转让协议仅能证明其从全景图片贸易有限公司受让获得中国图片库汇编作品的著作权；3. 原告提供的委托创作合同无法证明自然人作者的身份及其真实存在，也无法证明涉案图片即为前述受托自然人在合同约定的期限内创作所得的作品；4. 涉案图片是对自然景点四川四姑娘山的摄影作品，一般大众均可创作获得，无法证明涉案图片即为原告主张的0830号图片；5. 被告的使用行为是合理使用，符合《著作权法》第二十二条第（四）项，涉案微博文字下方载有一个网址，该网址说明该微博内容有原始出处，被告也是转载而来；6. 涉案微博系原告委托北京盛世汇丰广告有限公司管理运营，涉案图片系该公司编辑操作予以发布；7. 被告的使用行为具有一定的公益性，不属于商业使用，不构成侵权；8. 原告主张的涉案微博转发量和评论量极低，被告的使用行为未对原告造成不良影响，故原告主张的消除影响没有依据；9. 原告主张的赔偿损失的金额缺乏事实依据。综上，被告不同意原告的诉讼请求。

当事人围绕诉讼请求依法提交了证据并陈述了意见，本院组织当事人进行了证据交换和质证。本院经审理查明：

1997年2月25日，北京全景图片贸易有限公司（甲方）分别与袁学军（乙方）、王建军（乙方）、褚勇（乙方）签订《委托创作合同》，约定乙方按照甲方的指示（或工作任务）进行摄影作品创作，在合同有效期内乙方所创作的摄影作品著作权、署名权属于甲方。

2004年2月1日北京全景视拓图片有限公司（甲方）与北京全景图片贸易有限公司（乙方）签订《著作权转让协议》，约定乙方将中国图片库的摄影作品的著作权转让给甲方，转让的权利种类包括但不限于复制权、发行权、出租权、展览权、表演权、信息网络传播权、广播权、放映权、摄制权、改编权、翻译权、汇编权以及应当由著作权人享有的其他权利，且甲方有权将上述权利再转让。

2012年5月1日，北京全景视觉网络科技有限公司（甲方）与北京全景视拓图片有限公司（乙方）签订《著作权转让协议》，约定乙方将其《中国图片库》（电子工业出版社出版ISBN7-900014-61-6）的著作权转让给乙方，转让权利的种类包括但不限于复制权、发行权、出租权、展览权、表演权、信息网络传播权、广播权、放映权、摄制权、改编权、翻译权、汇编权以及应当由著作权人享有的其他权利，且甲方有权将上述权利再转让。

2012年6月4日，国家版权局颁发登记号为国作登字-2012-G-××××××××的《著作权登记证书》，证书载明：申请者北京全景视觉网络科技有限公司（中国）经北京全景视拓图片有限公司（中国）转让，于2012年5月1日取得了摄影作品《中国图片库》（电子工业出版社出版ISBN7-900014-61-6）在中国的著作权，申请者北京全景视觉网络科技有限公司申请对上述权利进行登记。经中国版权保护中心审核，对申请者的上述权利予以登记。

2010年7月7日，电子工业出版社总编办公室出具出版证明，证明《中国图片库》（CD-ROM）（ISBN7-900014-61-6）是电子工业出版社在1998年正式出版、发行的电子出版物。

原告提交的书号为ISBN7-900014-61-6的《中国图片库》出版物及光盘封面均显示"电子工业出版社北京全景图片贸易有限公司"，封底均显示书号及经销单位北京全景图片贸易有限公司，其中均收录有编号为0830的图片。原告另提交该图片的拍摄底片。

2015年9月2日，经北京市工商行政管理局朝阳分局核准，北京全景视觉网络科技有限公司名称变更为北京全景视觉网络科技股份有限公司。

被告认可地址为×××.weibo.com.2240283733"@幸福人寿保险公司官方微博"系其官

方微博。在 360 安全浏览器地址栏中输入 http：//weibo.com/2240283733/about，进入"幸福人寿"微博页面，在浏览器地址栏中输入 http：//weibo.com/2240283733/DdI0G2CbL，显示该微博发布的博文中使用了图片一张。2017 年 10 月 26 日，经原告代理人王明芳申请，河北省保定市古城公证处对上述过程进行了证据保全，随后出具了（2017）保古证经字第 3141 号公证书。经当庭比对，原、被告均认可涉案微博使用图片与原告主张权利的涉案图片具有一致性。经询问，被告称涉案微博上的图片系其委托的第三方公司自他处采集并上传。庭审中，原告全景视觉公司认可被告幸福人寿公司已在涉案微博中删除了涉案图片。

被告幸福人寿公司为支持其答辩意见，提交《公关代理合同》一份，证明涉案微博系由第三方公司运营管理，原告全景视觉公司对上述证据的真实性及关联性均不予认可。

以上事实，有《委托创作合同》《著作权转让协议》《著作权登记证书》、出版证明、《中国图片库》出版物及光盘、底片、名称变更通知、（2017）保古证经字第 3141 号公证书、当事人陈述等在案佐证。

本院认为：原告全景视觉公司出具的《委托创作合同》《著作权转让协议》《著作权登记证书》《中国图片库》出版物及光盘、涉案图片底片等证据相互印证，形成完整证据链，在没有相反证据的情况下，可以确认全景视觉公司享有涉案图片的著作权。被告幸福人寿公司虽质疑原告对涉案图片享有著作权，但并未提交相反证据予以证明，故本院对其相关答辩意见不予采纳。

除法律另有规定，对他人作品进行信息网络传播均应得到著作权人的许可并向其支付报酬，否则应承担相应的侵权责任。本案中，被告在其官方新浪微博使用的被控侵权图片经比对与涉案图片内容一致，且被告未举证证明其获得了涉案作品权利人许可并支付报酬，故本院认定被告上述使用行为属于未经许可的信息网络传播行为，侵犯了权利人对涉案作品享有的信息网络传播权，应承担停止侵权、赔偿损失的法律责任。关于被告辩称其发布涉案图片的行为属于法定合理使用而不构成侵权，被告幸福人寿公司未经原告全景视觉公司许可，在官方微博中使用涉案图片作为配图的行为，不属于《著作权法》及《信息网络传播权保护条例》中规定的合理使用的情形，故对被告相关答辩意见本院不予采纳。关于被告辩称其使用涉案图片的行为具有一定的公益性，非商业使用，不构成侵权，本院认为，认定著作权侵权并不以使用行为的商业性或是否获益为要件，故对该项答辩意见本院亦不予采纳。另外，被告虽辩称涉案微博系第三方公司运营管理，涉案图片亦由该公司编辑发布，但被告幸福人寿公司与案外第三方公司签订的《公关代理合同》仅对缔约双方具有法律约束力，不及于合同之外的其他主体，故本院对该答辩意见不予采纳。同时，原告并未举证证明其商誉因被告的使用行为受损，故其要求被告在其官方微博说明情况、消除影响的诉讼请求，本院不予支持。

关于赔偿数额，鉴于原、被告双方未提交证据证明原告因侵权所受损失及被告因侵权所获利益，本院将综合涉案图片的独创性程度、被告的侵权情节、过错程度等因素酌情确定。关于原告要求被告赔偿公证费的诉讼请求，原告虽未提交相应证据，但确有公证费的支出，本院予以支持，鉴于相关公证并非仅针对本案，本院将结合公证书公证的图片数量对支持数额予以确定。关于原告要求被告赔偿交通费、打印费等其他合理支出的诉讼请求，原告未提交证据予以证明，本院不予支持。

综上，依照《中华人民共和国著作权法》第十条第一款第十二项、第十条第二款、第四十八条第一项、第四十九条，《最高人民法院关于审理著作权民事纠纷案件适用法律若干问题的解释》第七条之规定，判决如下：

一、被告幸福人寿保险股份有限公司于本判决生效之日起十日内赔偿原告北京全景视觉网络科技股份有限公司经济损失3000元及公证费35元；

二、驳回原告北京全景视觉网络科技股份有限公司的其他诉讼请求。

如果未按本判决指定的期间履行给付金钱义务，应当依照《中华人民共和国民事诉讼法》第二百五十三条之规定，加倍支付迟延履行期间的债务利息。

案件受理费50元，由被告幸福人寿保险股份有限公司负担（于本判决生效之日起七日内交纳）。

如不服本判决，可在判决书送达之日起十五日内，向本院递交上诉状，并按对方当事人的人数提出副本，上诉于北京知识产权法院。

审判长　李益岚

审判员　闫永廉

人民陪审员　赵　强

二○一八年六月二十八日

法官助理　张　娜

书记员　黄梓芸

案例132：曾雄飞与姚跃兴名誉权纠纷二审民事判决书

广东省惠州市中级人民法院
民事判决书

（2018）粤13民终1844号

上诉人（原审原告、反诉被告）： 曾雄飞，男，汉族，地址：广东惠州。
委托诉讼代理人： 吴园艺，广东邦翰律师事务所律师。
委托诉讼代理人： 吴艇，广东邦翰律师事务所律师助理。
上诉人（原审第一被告、反诉原告）： 姚跃兴，男，汉族，现居住地址新疆阿克苏市。
被上诉人（原审第二被告）： 北京新浪互联信息服务有限公司，住所地北京市海淀区。
法定代表人： 杜红。

上诉人曾雄飞因与上诉人姚跃兴、被上诉人北京新浪互联信息服务有限公司名誉权纠纷一案，不服广东省惠州市惠城区人民法院（2016）粤1302民初11501号民事判决，向本院提起上诉。本院于2018年4月11日立案后，依法组成合议庭，开庭进行了审理。上诉人曾雄飞委托诉讼代理人吴园艺、上诉人姚跃兴到庭参加诉讼。本案现已审理终结。

上诉人曾雄飞上诉请求：1.依法撤销原判第三判项；2.判令被上诉人姚跃兴赔偿上诉人各项经济损失暂计人民币200000元（包括但不限于律师代理费、公证费、其他经济损失等）；3.判令被上诉人北京新浪互联信息服务有限公司对被上诉人姚跃兴的上述经济赔偿义务承担人民币1元的连带赔偿责任；4.判令两被上诉人承担本案一审、二审全部诉讼费用。事实和理由：一、原判认定事实错误。1.原判认定"被上诉人姚跃兴新浪博客的点击量较少，影响范围有限"是严重认定事实错误。从被上诉人姚跃兴新浪博客的相关页面浏览量及"同一侵权信息"被大量链接转载来看，相关新浪博客的点击量巨大，"同一侵权信息"的影响范围亦是非常巨大和惊人的。可见，原判认定"被上诉人姚跃兴的新浪博客点击量较少，影响范围有限"是严重的认定事实错误。2.原判认为上诉人在侵权行为发生后没有通知被上诉人北京新浪互联信息服务有限公司采取必要措施，因而免除了被上诉人北京新浪互联信息服务有限公司的连带责任是认定事实错误同时也是适用法律错误。《侵权责任法》第三十六条第三款规定"网络服务提供者知道网络用户利用其网络服务侵害他人民事权益，未采取必要措施的，与网络用户承担连带责任"。本案完全符合"网络服务提供者知道网络用户利用其网络服务侵害他人民事权益而未采取必要措施"的情形。根据上述法律规定，并结合本案实际情况，法律已免除了此种情形之下被侵害人的通知义务。《最高人民法院关于审理利用信息网络侵害人身权益民事纠纷案件适用法律若干问题的规定》[法释（2014）11号，下称《规定》]第九条人民法院依据侵权责任法第三十六条第三款认定网络服务提供者是否"知道"，应当综合考虑下列因素：……（六）、网络服务提供者是否针对同一网络用户的重复侵权行为或者同一侵权信息采取了相应的合理措施；上诉人在提起本案诉讼以后，被上诉人北京新浪互联信息服务有限公司虽然关闭了被上诉人姚跃兴名为"姚跃兴"博客账号（但直至本案上诉之日"姚跃兴"的微博账号尚未关闭），但"同一侵权信息"变身"新疆红柳"微博名不久就又出现在被上诉人北京新浪互联信息服务有限公司的网络平台"新浪微博"上。直到本案一审开庭之时，该"同一侵权信息"改头换脸之后以"新疆红柳"之名依然存在于被上诉人北京新浪互联信息服务有限公司的网络平台上，且被大量浏览和链接转载。显然，被上诉人北京新浪互联信息服务有限公司对"同一侵权信息"并未采取合理措施予以消除，亦未防止该"同一侵权信息"继续扩散。由此可见，被上诉人北京新浪互联信息服务有限公司明显知道网络用户利用其网络服务侵害他人民事权益，但未采取必要措施。二、原判适用法律错误。《规定》第十八条第一款规定"被侵权人为制止侵权行为所支付的合理开支，可以认定为侵权责任法第二十条规定的财产损失。合理开支包括被侵权人或者委托代理人对侵权行为进行调查、取证的合理费用。人民法院根据当事人的请求和具体案情，可以将符合国家有关部门规定的律师费用计算在赔偿范围内"。《规定》第十八条第二款规定"被侵权人因人身权益受侵害造成的财产损失或者侵权人因此获得的利益无法确定的，人民法院可以根据案情在50万元以下的范围内确定赔偿数额"。可见，原判认为上诉人要求被上诉人姚跃兴承担律师费、公证费没有法律依据及未支持上诉人的其他经济损失赔偿请求是明显错误的。综上所述，原判认定事实错误，适用法律错误，请二审人民法院依法支持上诉人的上诉请求。

上诉人姚跃兴辩称，上诉人曾雄飞在其上诉状所说的事实都是假的，事实胜于雄辩。

上诉人姚跃兴上诉请求：1. 依法撤销广东省惠州市惠城区人民法院（2016）粤1302民初11501号《民事判决书》，追查《答辩状一》和《答辩状二》的下落，追究涉案人的责任；2. 确定被上诉人曾雄飞存在欺诈、行骗行为；3. 要求与被上诉人曾雄飞、一审的第二被告北京新浪互联信息服务有限公司法定代表人杜红先生上堂对质；4. 强烈要求曾雄飞必须到庭接受对质。上诉人姚跃兴对其上诉状的事实和理由进行了归纳，观点如下：1. 对于一审判决，原告对其提出的诉请没有任何表示，全是拿我的博文和微博内容进行陈述的。且一审说我没有提交答辩状是错误的，我在一审提交了很多答辩状，一审法院把我的答辩准赖掉了。2. 一审法院没有将曾雄飞起诉我的内容让我们双方进行答辩，曾雄飞就拿了目录来起诉我，一审根本没有根据我提供的证据进行裁判。3. 曾雄飞造假、欺诈，他的起诉没有事实和法律依据，因此一审法院认定事实全部错误。4. 我没有诬陷曾雄飞，我可以提交四本书证明曾雄飞造假：（1）《中国当代发明家大辞典》其中有一个曾雄飞的发明，他的文章内容很多都是造假的；（2）《新原子论》证明曾雄飞造假剽窃他人的科研成果，剽窃《一维不定常流与冲击波》；（3）《地震结构爆裂动力学理论》证明剽窃了《爆破理论及其应用》、《一维不定常流与冲击波》的内容；（4）《天下》证明曾雄飞的六篇文章都是骗人的。

上诉人曾雄飞辩称，姚跃兴在上诉状中，诬陷国防科技战士曾雄飞行骗28年，构成刑事犯罪，要追究刑事责任，编造惠城区法官受贿的骗局。这是赤裸裸的政治宣言。据他自己称，给曾雄飞戴了120多项"骗帽"，长达700多页。只可惜，姚跃兴除了造谣、诽谤和诬陷外，没有一件事实（所以法官不予采纳）。一审时，曾雄飞提供了一大皮箱和数袋的证据，连陪审员都惊叹，这么多的证据啊！曾雄飞响应×××的批示，"要坚定不移地开展地震预报实践"，于是建立惠州地震前兆监测站。姚跃兴称，×××的这一批示是谣言。国务院提出，到2020年，力争做出有减灾实效的短临预报或临震预报。曾雄飞、汪某和曾某上书国务院提出实现的方案。姚跃兴诬陷，曾雄飞、汪某和曾某结成"骗子联盟"。姚跃兴诬蔑曾雄飞的履历全部都是假的，激起了曾雄飞的老领导梁某的愤慨，于是梁某联合蒋某写下书证，庄严的按下手印。姚跃兴竟然诬蔑梁某和蒋某受贿，制造骗局，上书中央纪律检查委员会。204所人力资源部，依据档案，提供曾雄飞履历的书证，也被姚跃兴诬陷。姚跃兴诬蔑美国国防部邀请曾雄飞进行学术交流，是曾雄飞的骗局，推荐曾雄飞赴美交流的张某提供了书证。同样，三宝网出于维护中共和国务院的创新、知识分子政策，维护中共和中国政府的威权，对姚跃兴的诬陷、诽谤，依据无司辩驳的事实进行适度的回击，全部被姚跃兴诬蔑为骗局，且长达700多页；三宝网的回应，摆事实，讲道理，护党威，同姚跃兴的造谣、诬陷有着质的区别。曾雄飞等中国科学家，均都按照国际惯例，共和国宪法的规定，参加科技实践，发表文章，出版论著，出席国内和国际学术研讨会，申请发明专利，丝毫不存在欺骗的动机和事实。姚跃兴对中国科学家和发明家的造谣、诽谤、诬陷，在中国，乃至世界科学史上都是空前恶劣的行径。姚跃兴的所为，是有政治背景的。有段时间，网上出现，雷锋、董存瑞、邱少云、刘胡兰等英雄人物，都是假的歪风。姚跃兴对中国科学家、发明家的诬陷，有着不可告人的政治动机。姚跃兴如此热衷于国防科技体制和国防科技成果，意在国家机密，姚跃兴的胡言，显然怀有不可告人的目的。曾雄飞作为共产党、人民共和国培养的无比忠诚的国防科技专家，绝不会上当，有关国防科技成果一律不予回应，严守国家机密！在此，也提醒法官，警惕姚跃兴通过庭审，窃取国家机密。维护自己的科学家、发明家的尊严和权益，是中华人民共和国的法律、法官的神圣职责！姚跃兴的图谋得逞，就是境外内的敌人对中国人民的专政。姚跃兴的唯一出路就是向中国政府投诚，人民共和国的天永远是中国人民的天！本质辩书，进一步提供书证：曾雄飞55年科技攻关的成果；204所曾经归属机械电子工业部的证明；为回击姚跃兴编造曾雄飞1985年退休的谣言，提供曾雄飞的退休证。另，上诉人曾雄飞补充答辩称，1. 被上诉人姚跃兴在上诉状中所描述的内容都不是事实。2. 被上诉人姚跃兴在二审过程中继续侵权。3. 新浪公司不能免责。4. 我方请法庭注意本案是带政治目的性的案件，并不是通常意义的侵权案件，具体内容我方在法庭辩论中陈述。

被上诉人北京新浪互联信息服务有限公司经本院依法传唤，未到庭才加诉讼，其提交了书面答辩状辩称，一审法院对于本案的判决，事实认定正确，法律适用准确，同意一审判决。

原审原告曾雄飞向一审法院起诉请求：1. 判令两被告立即删除新浪博客网站（域名：××/）中用户名"姚跃兴"（××/××）发布的侮辱、诽谤和攻击原告的所有侵权信息（包括但不限于附件清单中的侵权博文），以停止侵害；2. 判令两被告在"新浪博客"网站首页刊登道歉信（刊载时长不少于一年）公开向原告赔礼道歉，以消除影响、恢复原告名誉；3. 判令被告一赔偿原告各项经济损失暂计人民币20万元（其中公证费人民币1800元，律师代理费人民币17000元，精神损害抚慰金人民币5万元，其他经济损失暂计人民币131200元）；4. 判令被告二对被告一的上述经济赔偿义务承担人民币1元的连带赔偿责任；5. 判令两被告承担本案的全部诉讼费用。事实和理由：一、被告一在"新浪博客"发布谣言博文侮辱、诽谤、攻击原告的侵权事实2015年5月17日，被告一在新浪博客发表了第一篇侮辱、诽谤、攻击原告的标题为"又一个妄想型××骗子曾雄飞"的谣言博文。随后，被告一在该博客上陆续发布侮辱、诽谤、攻击原告的相关谣言博文，截至2016年12月7日，被告共发布了318篇长达二十多万字的关于侮辱、诽谤、攻击原告的一系列谣言博文。被告一在新浪博客发布谣言博文对原告实施侮辱、诽谤和人身攻击等侵权行为的主要事实有：1. 侮辱原告是"××"、诽谤原告是"骗子"；2. 诽谤原告"履历造假"；3. 诽谤原告"新原子论剽窃百度标题"；4. 诽谤原告"制造蛋白微素精骗局""88100029.9专利造假"和"冒认金牌奖"并攻击侮辱原告为"21世纪的超级大流氓、大窃贼、大骗子"；5. 诽谤原告"发明L-抗坏血酸是骗局"；6. 诽谤原告"地震结构爆裂动力学理论前言造假"；7. 诽谤原告"名字被收录《中国发明家大辞典》是骗局"和"冒认金牌奖"；8. 诽谤原告"假造美国邀请函"和"假造美国对原告参加学术报告会的安排"，甚至诽谤原告"携款潜逃"，更攻击侮辱原告为"疯狗"；9. 诽谤原告"对钱复业等地震专家发明的地电仪的评论为传讹，是骗局"；10. 诽谤原告"地下核爆炸烟囱理论是骗局"，攻击原告"欺世盗名，是妄想性骗子"；11. 诽谤原告"《新原子论及其应用研究－油气成矿爆炸地质动力学理论》一书是大骗局"，诽谤和攻击原告"抄袭他人资料是将世界原子领域科技成果窃为己有的超级窃贼"；12. 诽谤原告"流体动力学理论是骗局"，攻击并侮辱原告为"欺世盗名的妄想性××骗子"；13. 诽谤原告"与汪某、曾某结成骗子联盟"并攻击原告"与汪某、曾某沆瀣一气、狼狈为奸"，甚至攻击原告的"地震结构爆裂动力学理论"为"歪理邪说"；14. 侮辱、诽谤并攻击原告为"妄想性骗子和21世纪超级流氓、大窃贼、大骗子"，并诬蔑"《中国科学院院报》资深记者刘振坤及《科学时报》、《科技日报》、《广东科技报》、《天下杂志》等众多资深媒体为原告传讹编造骗局等等"；15.……，被告一对原告实施侮辱、诽谤和人身攻击的其他谣言博文以下个再一一列举。二、被告一的侵权行为给原告及其经营的企业造成巨大的经济损失并致原告遭受极大精神伤害。1. 被告一的侵权行为给原告的创新产品"三宝高稳C（LAPP）"造成巨大的经济损失。原告创新"L-抗坏血酸磷酸酯（LAPP）"工艺，研制出"三宝高稳C（LAPP）"产品。而上述创新产品正是原告经营的惠州市三宝生物化学科技有限公司的主要产品，该创新产品深受养殖界特别是水产界的欢迎和信赖，十九年来产生了巨大的社会经济效益。被告一诽谤原告"发明L-抗坏血酸是骗局"的侵权行为直接造成了原告经营的惠州市三宝生物化学科技有限公司难以估量的巨大经济损失。2. 被告一的侵权行为给原告的著作权益造成现实和预期的巨大的经济损失。（1）2006年开始，原告于《广东科技》发表了关于新原子论的系列论文，并被《科技日报》等媒体公开报道。2008年6月，《广东科技》杂志社出版了原告《新原子论及其应用研究——油气成矿爆炸地质动力学理论》一书，该书每册售价120元并拟再刊发行。（2）2010年10月，国防工业出版社出版了原告的《新原子论及其应用研究——油气成矿爆炸地质动力学理论》一书的中英文简缩版，该书每册售价180元并拟再刊发行及向海外转让版权。（3）原告已完成《地震结构爆裂动力学理论》和《地震前兆流体动力学理论与地震预测》两书的书稿并拟出版发行。原告已发表的论文及已出版发行的书籍获得了社会各界特别是业界的高度好评和赞誉，原告即将出版发行的新书亦深获社会各界特别是业界的广泛期待。但被告一诽谤原告"新原子论剽窃百度标题"

"《新原子论及其应用研究——油气成矿爆炸地质动力学理论》一书是大骗局"及诽谤原告"地震结构爆裂动力学理论前言造假"等一系列侵权行为将不可避免地严重损害原告上述相关新旧著作的发表、发行、出版、增刊、再刊及其版权转让,包括但不限于相关著作的销售、版权转让等现实和预期的著作权益损失不下百万元。3. 被告一的侵权行为令原告人格、名誉、荣誉等人身权利严重受损并致原告遭受极大精神伤害。原告虽年近八旬,但依然每天工作十五六个小时。对于被告一的侮辱、诽谤和人身攻击,原告虽感气愤,但由于工作繁忙而常常无暇顾及,被告一亦此变本加厉和肆无忌惮!被告一的侵权行为不仅严重侵犯原告人格尊严、损害原告名誉和荣誉、干扰原告工作和生活,更致原告遭受极大精神伤害。三、被告二应对被告一的侵权行为承担连带法律责任原告系长期从事科研、坚持创新与发明并曾获国家级诸多奖项的科学工作者,拥有一定的社会知名度和良好的声誉。被告一漠视法律并无视净化互联网环境的政策倡导,以揭骗为幌子,披着学术争议的外衣,在毫无事实依据的情况下利用互联网公然肆意捏造、传播虚假信息,对原告长期持续实施侮辱、诽谤和人身攻击。根据被告一的新浪博客"姚跃兴的博客"首页显示,其博客访问量高达 30 多万人次。直至起诉之日,相关谣言博文仍存在于新浪博客网站。如此骇人听闻的谣言博文长期散布,在社会各界特别是业界造成极坏影响,致使不明真相的读者和用户对原告及其创新产品产生重大误解,导致原告人格、名誉和荣誉遭受严重贬损并导致其社会评价严重降低,继而给原告造成了巨大的经济损失。被告二作为"新浪博客"网站的网络服务提供者,对该网站负有管理义务。但被告二并没有尽到谨慎审查义务,放任被告一长期持续发表数量惊人的谣言博文,致使原告人格、名誉和荣誉等人身权利和经济权益遭受严重损害,其行为存在严重过错。根据《侵权责任法》第三十六条之规定,被告二依法应承担连带法律责任。为维护原告合法权益,捍卫国家法律尊严,明确社会正确价值导向,引导互联网合法交流,原告特依法提起本诉讼并保留进一步追究被告一及其幕后人员刑事责任的权利,请人民法院及时秉公审理并判允上列诉讼请求。

反诉原告姚跃兴向一审法院反诉请求:1. 请求判令被告一就发表的违背事实、违背科学原理编造的骗局,在其新浪博客公开向全国人民道歉;判令反诉被告一就冒充研制原子弹高能炸药、冒充引爆氢弹的重要用药 1105 高能、以己无权的发明氨基酸金属螯合物的制备方法专利号 880100029.9 冒充蛋白微素精的发明专利及冒充巨浪高级多用碳素墨水和冒充美国邀请函等的诈骗行为向公安部门投案自首。2. 判令反诉被告承担一切诉讼费用。3. 判令反诉被告对我进行侮辱、诽谤人身攻击等行为在其新浪博客向我赔礼道歉,恢复名誉。4. 判令反诉被告赔偿我进行侮辱、诽谤、人身攻击及精神损失费人民币 1500000 元等。2017 年6 月 10 日,反诉原告向一审法院提交了《变更反诉状》,将诉讼请求变更为:1. 判令反诉被告承担一切诉讼费用。2. 判令反诉被告对我进行政治陷害、人格侮辱、诽谤人身攻击等行为向我赔礼道歉,恢复名誉。3. 判令反诉被告因对我进行政治陷害、人格侮辱、诽谤人身攻击造成的伤害及精神损失赔偿人民币 10 万元。事实和理由:2015 年 5 月 17 日始,在姚跃兴新浪博客发表了《又一个妄想型××的骗子曾雄飞》第一篇揭穿曾雄飞骗局的博文始,至 2017 年 2 月 21 日发表了向中纪委《关于梁某、蒋某等为曾雄飞作伪证的举报信》至次日止(博客被关闭),揭穿了反诉被告曾雄飞以欺诈的语言和虚构的事实,编造的一百余例骗局。

一审法院认定事实：2015年5月17日始，本诉第一被告姚跃兴在其注册的新浪博客（域名：××/）中用户名"姚跃兴"（××/××）发表了《又一个妄想型××的骗子曾雄飞》第一篇博文始截至本诉第一被告的博客被关闭，本诉第一被告姚跃兴发表了多篇针对本诉原告曾雄飞的博文，其中包括原告公证内容显示的《妄想性骗子曾雄飞履历造假续十》与《曾雄飞剽窃他人标题为"理论"》等文章，从文章中显示的"骗子""妄想性骗子""履历造假""编造的谎言""曾雄飞剽窃他人标题"等内容可以看出本诉第一被告在其新浪博客发表文章述称本诉原告是骗子，本诉原告履历造假，本诉原告剽窃他人理论的事实。以上事实，有公证书内容及截屏材料、反诉状自认的事实、庭审笔录等证据予以证明。

一审法院认为，本案系名誉权纠纷。公民具有言论自由，但自由是有边界的，自由是有限度的。任何人不得凭借言论自由而损害国家、集体、他人的合法利益。本诉第一被告没有提供证据证明其在新浪博客发表的针对本诉原告的言论真实合法，本诉第一被告应当对其承担相应的后果。本诉第一被告的言论不当，从其发表言论的时间、文章数量、内容来看，足以对本诉原告的名誉造成一定程度的负面影响，也存在对本诉原告进行人格侮辱的行为，对本诉原告要求本诉第一被告承担停止侵权、赔礼道歉的请求予以支持。本诉原告没有提供证据证实本诉第一被告有对本诉原告进行政治陷害的行为，其要求判令本诉被告为其恢复名誉的诉讼请求一审法院不予支持。本诉原告没有提供证据证明本诉第一被告的不当言论造成原告经营企业的经济损失和自身的精神损害，应当承担举证不能的不利后果，对本诉原告要求本诉第一被告赔偿企业经济损失和精神损害赔偿的请求，一审法院不予支持。本诉原告要求本诉第一被告承担律师费、公证费没有法律依据，一审法院不予支持。第二被告作为网络服务提供者，在网络用户利用其网络服务实施侵权行为的，被侵权人有权通知网络服务提供者采取删除、屏蔽、断开链接等必要措施。本诉原告没有提供证据证明在侵权行为发生后其通知第二被告采取必要措施，对侵权行为进行制止。此外，本诉第一被告新浪博客的点击量较少，影响范围有限，本诉第二被告对第一被告新浪博客存在的不当言论没有明知的恶意，因此，对本诉原告要求本诉第二被告承担赔偿责任的请求不予支持。反诉原告为了支持其诉讼请求向一审法院提交从新浪网下载的博文以及《地震结构爆裂动力雪学理论》、《新原子论及其应用研究》、《天下》、《中国当代发明家大辞典》这四本书籍。反诉原告提交的博文，没有提供完整的网络页面显示，一审法院无法得知是否真实为反诉被告所发表，无法得知其来源，也无法得知其内容的真实性，反诉原告提交的博文客观性存疑，一审法院不予认可。反诉原告提交的四本书籍，无法证明反诉被告提出的理论纯属虚构。因此，反诉原告提出的诉讼请求没有提供具有充分证明力的证据支持，对反诉原告的诉讼请求，一审法院予以驳回。综上，依照《中华人民共和国侵权责任法》第十五条、第三十六条，《中华人民共和国民事诉讼法》第六十四条第一款、第一百四十二条、第一百四十四条的规定，缺席判决如下：一、本诉第一被告姚跃兴立即删除新浪博客网站（域名：××/）中用户名"姚跃兴"（××/××）发布的侮辱、诽谤和攻击原告的所有侵权信息，并停止对本诉原告曾雄飞的侵权行为；二、本诉第一被告姚跃兴应于本判决生效之日起十日内在新浪博客网站首页向本诉原告曾雄飞公开赔礼道歉（内容须经一审法院审查许可）。三、驳回本诉原告曾雄飞的其他诉讼请求。四、驳回反诉原告姚跃兴的全部诉讼请求。案件受理费3506元（不含管辖权异议受理费），其中本诉原告已预交1078元、反诉原告已预交1150元，由本诉原告曾雄飞负担 1506 元，本诉第一被告姚跃兴负担 2000 元。

本院二审期间，上诉人曾雄飞向本院提交了如下新证据：1. 二审律师代理费 8500 元的发票，证明上诉人曾雄飞的维权费用及损失；2. 曾雄飞的工作证；3. 曾雄飞的退休证，证据 2、3 共同证明上诉人曾雄飞的工作履历没有造假。上诉人姚跃兴经质证认为，证据 1 的律师费与我没有关联，对证据 2、3 的真实性没有异议。上诉人姚跃兴向本院提交了如下新证据：文字材料共三辑。上诉人曾雄飞经质证认为，对该份证据的三性均有异议，且从这些证据中可以看出，姚跃兴对上诉人曾雄飞的侵权行为还在继续。

本院经审理查明，一审查明的基本事实属实，本院予以确认。

另查明，上诉人姚跃兴在一审时向一审法院提交了答辩状。

本院认为，本案系名誉权纠纷。根据本案查明的事实和各方当事人的意见，本案争议的焦点是：1. 上诉人姚跃兴是否存在侵害上诉人曾雄飞名誉权的行为。2. 上诉人曾雄飞要求上诉人姚跃兴承担 20 万元的损失赔偿的理由是否成立。3. 被上诉人北京新浪互联信息服务有限公司是否应在上诉人姚跃兴承担的赔偿责任范围内承担 1 元的连带责任。

关于第一个争议焦点。上诉人姚跃兴主张上诉人曾雄飞存在造假且剽窃他人科技成果的行为，并在一审提供了《地震结构爆裂动力学理论》、《新原子论及其应用研究》、《天下》、《中国当代发明家大辞典》等书刊予以佐证。本院认为，上诉人姚跃兴提供的上述书刊无法证明上诉人曾雄飞所写文章存在造假、剽窃的情形，且其无法提供相关机构或部门对上诉人曾雄飞所发表文章进行调查处理并作出学术造假、剽窃结论的证据，故本院对上诉人姚跃兴的主张不予采纳。相反，上诉人姚跃兴利用互联网公开发表针对上诉人曾雄飞的不实言论，属侵害上诉人曾雄飞名誉权的行为。上诉人姚跃兴认为其不存在侵权行为的理由不成立，本院不予支持。

关于第二个争议焦点。《最高人民法院关于审理利用信息网络侵害人身权益民事纠纷案件适用法律若干问题的规定》第十八条第二款规定"被侵权人因人身权益受侵害造成的财产损失或者侵权人因此获得的利益无法确定的，人民法院可以根据案情在 50 万元以下的范围内确定赔偿数额。"因曾雄飞并未提交证明因姚跃兴的侵权行为造成其财产损失或姚跃兴因侵权行为而获得利益的证据，故曾雄飞请求依该规定判令姚跃兴赔偿其经济损失 20 万元，缺乏依据，本院不予支持。至于曾雄飞请求姚跃兴赔偿其公证费、律师费，因其主张缺乏依据，故原审未予支持，并无不当，本院予以支持。且曾雄飞主张的公证费并非由其支付。

关于第三个争议焦点。本案中，上诉人曾雄飞并无证据证明其已向被上诉人北京新浪互联信息服务有限公司履行通知义务，要求被上诉人采取必要措施阻止上诉人姚跃兴的侵权行为。而北京新浪互联信息服务有限公司对上诉人姚跃兴新浪博客发表的不实言论并不知情，不存在主观故意。且经审理查明，被上诉人北京新浪互联信息服务有限公司已关闭微博名为"姚跃兴"的博客账号。至于上诉人曾雄飞主张上诉人姚跃兴又以"@新疆红柳"的微博名在博客上对上诉人曾雄飞的名誉进行侵害，因其未提供证据证明，故本院不予采纳。综上，北京新浪互联信息服务有限公司在上诉人姚跃兴实施侵权行为过程中并不存在过错，且上诉人姚元兴所应承担的责任是向上诉人曾雄飞赔礼道歉，故上诉人曾雄飞要求被上诉人北京新浪互联信息服务有限公司在上诉人姚元兴承担的赔偿范围内承担 1 元的连带责任，没有事实和法律依据，本院不予支持。

综上所述，上诉人的上诉请求均不成立，应予驳回。原审判决认定事实和实体处理均正确，本院予以支持。依照《中华人民共和国民事诉讼法》第一百七十条第一款第（一）项的规定，判决如下：

驳回上诉，维持原判。

二审案件受理费7806元，由上诉人曾雄飞负担4300元，上诉人姚跃兴负担3506元。

本判决为终审判决。

审判长　邓耀辉

审判员　沈　巍

审判员　刘艳妹

二〇一八年七月九日

法官助理　李兵勤

书记员　叶婷婷

案例 133：余善强寻衅滋事罪一审刑事判决书

湖北省宜城市人民法院
刑事判决书

(2018) 鄂 0684 刑初 79 号

公诉机关： 湖北省宜城市人民检察院。

被告人： 余善强，男，1965 年 9 月 20 日出生于宜城市，汉族，小学文化程度，农民，住宜城市。因涉嫌犯寻衅滋事罪，2017 年 7 月 24 日被抓获，次日被刑事拘留，同年 9 月 4 日被逮捕。现羁押于宜城市看守所。

宜城市人民检察院以宜检公诉刑诉 (2018) 64 号起诉书指控被告人余善强犯寻衅滋事罪，于 2018 年 4 月 17 日向本院提起公诉。本院受理后，依法组成合议庭，于 2018 年 7 月 6 日公开开庭审理了本案。宜城市人民检察院指派检察员曾庆武出庭支持公诉，被告人余善强到庭参加诉讼。现已审理终结。

宜城市人民检察院指控：2014 年以来，被告人余善强因对其子余某 4 的被害一案存在疑问，伙同其妻子田某 1 容多次到信访部门及有关单位上访。在襄阳市中级人民法院对××芳判处死刑和宜城市信访局对其反映的问题作出不予受理决定和对其上访行为界定为无理诉求，最高人民法院作出刑事裁定后，余善强、田某 1 容仍不按国家规定，在北京市天安门广场及中南海等地区非正常上访，地方政府为了息诉罢访耗费了大量人力物力财力，到北京将该二人接回。余善强还到襄阳市中级人民法院、宜城市政府等地聚众闹事，其行为严重扰乱公共场所秩序。另外，余善强为达到上访的目的，编造虚假信息在网络上散布，误导民众丑化政府形象，造成了极坏的影响。具体分述如下：

1. 2014 年 3 月 20 日，被告人余善强及其妻子田某 1 容在天安门广场上访被天安门地区公安分局治安大队发现，对余善强进行训诫，余、田某 2 被送往马家楼接济中心后，由驻京办接访工作人员龙某接回。2014 年 7 月 7 日，余善强在外国驻北京大使馆区域上访被北京市公安局东交民巷派出所查获，后交由接访人员王某 2 社、鲁某、李某 2 带回。2014 年 10 月 21 日，被告人余善强及其妻子田某 1 容在北京天安门地区非正常上访被天安门地区公安分局治安大队查获，后送久敬庄接济服务中心，后交由接访人员龙某、王某 1、李某 2 带回。2014 年 10 月 22 日，宜城市公安局因被告人余善强及其妻子田某 1 容自 2014 年元月以来多次在北京天安门等敏感地区进行非正常上访，扰乱公共场所秩序，分别对余善强、田某 1 容二人行政处罚 5 日。

2. 2014 年 6 月 24 日，值余某 4 逝世一周年之际，被告人余善强带领其亲属携带丧葬花圈、火纸、鞭炮等祭品在王某 2 应（王某 5 之父）家门口焚烧，敲坏王家厨房门锁，砸破王家卧室玻璃，并将焚烧的纸灰投放到王家井中，造成极坏的影响。

3. 2014 年 11 月 13 日，被告人余善强及其妻子田某 1 容称在北京丢失上访材料，要到北京寻找。宜城市板桥店镇政府安排余某1陪同二人到北京。14日16时许，二人在北京西站下火车，由驻京信访维稳专班成员李某1接待。余、田某2在北京西站出口处，展示自己制作的大幅诉状，引起群众围观，遭到李某1制止时，余、田某2与李某1发生口角，造成现场混乱，影响恶劣。

4.2016年3月7日，被告人余善强及其妻子田青容到襄阳市中级人民法院信访接待室后不满答复意见，要求该院院长接待。在未达到目的的情况下，田某1容蹲坐在中级人民法院大门口，胸前悬挂大幅印有其子遗像的上访材料，并高呼口号，余善强拦截通行群众，引发群众围观，堵塞法院进出车辆通行，影响法院正常工作秩序。余、田某2不听劝阻，之后被强制带离。

5.2016年6月，值余某4三周年忌日，被告人余善强及其妻子田某1容提前通过微信、QQ邀约外地上访人员及亲友30余人于6月24日上午8时许到宜城市政府门前集合，由专门人员登记到场人员名单，并每人发放100元钱，其亲友及外地上访人员打着还我真相，还我公道的横幅，田某1容抱着余某4的遗像不听门卫工作人员的劝阻，冲进政府办公楼，又从政府办公室到市委办公楼，再辗转到政府门前围堵，田某1容歌唱自编的杜十娘歌曲喊冤，一领头人喊一句还我真相，还我公道，其余人跟着喊还我真相，还我公道。在政府门口起哄闹事40余分钟，造成政府大门拥堵，车辆无法进入，无法正常工作，直至处突民警赶到将围堵人员驱散。当日下午，余善强、田某1容一行人等驱车到板桥店镇上湾村二组，携带丧葬用品花圈、纸马、火纸、鞭炮等祭品在王某2应家门前焚烧，引起当地居民的反感，影响恶劣。

6.2017年1月31日和2017年2月2日，被告人余善强两次在天安门广场上访被天安门地区公安分局治安大队发现，被训诫两次，由驻京办接访工作人员龙某接回。

7.上访期间，被告人余善强为了达到上访目的，故意编造虚假信息。歪曲事实利用微信、微博等网络渠道散布各类虚假信息，图文照片和视频录像达1万多次数，其中在境外反华网站博讯网散布虚假信息3条、境外网站有吧网1条，恶意攻击政法机关，诋毁党委政府形象。

公诉机关认为，被告人余善强在公共场所起哄闹事，造成公共场所秩序严重混乱，其行为触犯了《中华人民共和国刑法》第二百九十三条之规定，应当以寻衅滋事罪追究其刑事责任。

对以上指控的事实，公诉机关当庭宣读并出示了相关证人证言、书证，视频资料，到案经过，户籍证明及被告人余善强的供述等证据。

被告人余善强在法庭上辩解，起诉书指控的事实均不属实，我是正常信访反映问题，不是无理访，也不是反映无理诉求。我到襄阳市中级人民法院反映案情是最高人民法院让我去的，按照法律规定，我不构成寻衅滋事罪。

经审理查明，2013年6月24日14时许，王某5与余善强、余某4父子因卖西瓜排队一事发生争执、厮打，王某5与余善强均受伤，在一同被送往医院治疗途中，二人又发生争吵，王某5对此怀恨在心。当日21时许，王某5潜到余家将余某4杀害，并为了毁灭罪证点火焚尸，致余家三楼隔热层毁塌，又从余家窃得现金一万余元和部分首饰。后王某5向公安机关投案。被告人余善强及其妻子田某1容（已判刑）在公安机关对此案立案侦查、检察机关审查起诉以及人民法院审判期间，以其子余某4被害一案未得到处理为由进行信访。

后其信访的王某5故意杀人罪、故意毁坏财物罪、盗窃罪一案，经湖北省襄阳市中级人民法院、湖北省高级人民法院判决和裁定，最高人民法院核准，王某5被判处死刑立即执行。被告人余善强及其妻子田某1容在明知其信访事项已经处理完毕，且在宜城市信访局对其反映的问题作出不予受理决定和对其上访行为界定为无理诉求的情况下，仍先后到北京市天安门及中南海等敏感地区非正常上访，经有关部门教育、行政处罚后，仍不听劝诫。为造成巨大影响，被告人余善强及田青容先后到湖北省襄阳市中级人民法院、宜城市人民政府等地聚众闹事。被告人余善强及田某1容还纠集多人到他人门前以闹丧形式进行恐吓，严重影响他人生产、生活，情节恶劣。被告人余善强因非法上访被北京市公安部门予以训诫4次，被宜城市公安局行政拘留1次。期间，被告人余善强编造虚假信息，在信息网络上散布，误导民众、丑化政府形象，严重扰乱公共秩序。

上述事实，有公诉机关提交并经法庭质证、认证的下列证据予以证明：

1. 被告人田某1容之子余某4被害一案的相关法律文书，证实审判机关经一审、二审、死刑复核程序，已将罪犯王某5执行死刑的相关证据：

（1）襄阳市中级人民法院（2014）鄂襄阳中刑初字第00017号刑事附带民事判决书，证明襄阳市中级人民法院于2014年8月27日，以故意杀人罪、盗窃罪、故意毁坏财物罪，判处王某5死刑，剥夺政治权利终身，并处罚金人民币一万元。

（2）湖北省高级人民法院（2014）鄂刑一终字第00130号刑事附带民事裁定书，证明2015年5月4日，湖北省高级人民法院裁定驳回余善强、田某1容的上诉，维持襄阳市中级人民法院（2014）鄂襄阳中刑初字第00017号刑事附带民事判决；同意襄阳市中级人民法院判处王某5死刑，剥夺政治权利终身，并处罚金人民币一万元的刑事部分判决。

（3）中华人民共和国最高人民法院（2015）刑三复28999497号刑事裁定书，证明最高人民法院于2015年12月25日依法核准湖北省高级人民法院（2014）鄂刑一终字第00130号同意对××芳判处执行死刑，剥夺政治权利终身，并处罚金人民币一万元的刑事附带民事裁定。

（4）被告人余善强的供述，供认王某5的一审、二审判决书、裁定书，其与妻子田某1容均知情，参与了庭审，相关法律文书其也收到了。

2. 被告人余善强及其妻子田某1容多次缠访，被信访机关告知不予受理，并被确定为无理诉求的相关证据：

（1）宜城市信访局出具的信访记录，证明从2015年2月12日至2016年8月10日，余善强、田某1容二人先后12次到湖北省信访局、国家信访局上访的记录。

（2）宜城市信访局出具的信访事项不予受理告知书，证明2014年8月28日，宜城市信访局向余善强、田某1容出具不予受理告知书。

（3）宜城市信访局出具的情况说明，证明2014年12月28日宜城市信访局确定田某1容、余善强二人的行为属于非访，并重复提出诉求信访部门解决的要求是无理诉求。

（4）襄阳市中级人民法院情况说明，证明襄阳市中级人民法院对余善强、田某1容提出的关于王某5案件是否有帮凶未抓获问题、被盗财产和赔偿数额问题、要求查看王某5被执行死刑材料问题的诉求均进行答复，但田某1容、余善强仍然以同一事实和理由反复提出信访请求，进行缠访。

一、2014年3月20日，被告人余善强及其妻子田青容在北京市天安门广场上访被北京市公安局天安门地区公安分局治安大队发现，对余善强进行训诫，余、田某2被送往马家楼接济中心后，由驻京办接访工作人员龙某接回。2014年7月7日，余善强在外国驻京大使馆区域上访被北京市公安局东交民巷派出所查获，同日田青容在天安门区域上访被北京市公安局天安门地区分局查获，后交由接访人员王某2社、鲁某、李某2带回。2014年10月21日，余善强、田青容在天安门地区非正常上访被北京市公安局天安门地区分局治安大队查获，对余善强进行训诫后送久敬庄接济服务中心，后交由接访人员龙某、王某1、李某2等人带回。2014年10月22日，因余善强、田某1容自2014年元月以来多次在天安门等敏感地区进行非正常上访，扰乱公共场所秩序，宜城市公安局决定分别对田某1容行政拘留五日，对余善强行政拘留十日。

上述事实，有公诉机关提交并经法庭质证、认证的下列证据予以证明：

1. 证人李某1的证言，证实其系宜城市公安局民警，现抽调在襄阳市驻京群众办公室从事劝访工作。2014年3月20日，余善强、田某1容因在北京市天安门地区非正常上访，被北京市公安局天安门地区分局治安大队查获后，送至北京市马家楼接济服务中心。其和宜城市板桥店镇政府干部龙某等人将余善强、田某1容从接济服务中心接出后，由龙某将二人送回宜城市。2014年7月7日，余善强因在北京市外国驻京大使馆区域上访，被北京市公安局东交民巷派出所查获，其和宜城市板桥店镇接访人员李某2、龙某、王某2社等人将余善强接回。2014年10月21日，余善强、田某1容因在北京市天安门地区非正常上访，被北京市公安局天安门地区分局治安大队查获后，送至北京市久敬庄接济服务中心。其和宜城市板桥店镇政府干部龙某、王某1、李某2等人将余善强从接济服务中心接出。

2. 证人王某1的证言，证实2014年3月20日，余善强、田某1容因在北京市天安门地区非正常上访，被北京市公安局天安门地区分局治安大队查获后，送至北京市马家楼接济服务中心。后被宜城市板桥店镇政府干部龙某将二人接回宜城市。2014年7月7日，余善强因在北京市外国驻京大使馆区域上访，被北京市公安局东交民巷派出所查获，后被宜城市板桥店镇干部李某2、龙某等人将余善强接回。2014年10月21日，余善强、田某1容因在北京市天安门地区非正常上访，被北京市公安局天安门地区分局治安大队查获后，送至北京市久敬庄接济服务中心。其和宜城市板桥店镇政府干部龙某、刘某2、李某2等人赶往接济服务中心对余善强、田某1容二人进行劝说未果，后由刘某2、李某2租车将二人带回。

3. 证人李某2的证言，证实2014年7月，因余善强、田某1容在北京市上访，宜城市板桥店镇政府安排其和王某2社、鲁某等人一同进京寻找。同年7月7日，余善强在大使馆附近禁止上访区域上访时，被北京市公安局东交民巷派出所查获。同日，田某1容到天安门地区的禁止上访区域上访时，被北京市公安局天安门地区分局查获。其和王某2社、鲁某等人接到通知后，赶过去将余善强、田某1容二人领回，因余善强、田某1容不愿意返乡要继续留京上访，其和王某2社、鲁某等人只好将二人带回。2014年10月初，因余善强、田某1容再次到北京市上访，其和刘某2赶到北京市后与驻京维稳人员龙某、王某1一同寻找余、田某2。同年10月21日，田某1容、余善强在天安门地区非正常上访，被北京市公安局天安门地区分局治安大队查获后，送至北京市久敬庄接济服务中心。其和龙某、刘某2、王某1接到通知后，赶过去对余善强、田某1容二人进行劝说，但余善强、田某1容不愿意返乡要继续留京上访，其和刘某2租车将二人带回。

4. 证人王某2社的证言，证实2014年7月，因余善强、田某1容在北京市上访，镇政府安排其和李某2、鲁某等人进京寻找，同年7月7日，余善强在大使馆附近的禁止上访区域上访时，被北京市公安局东交民巷派出所查获。同日，田某1容到天安门地区的禁止上访区域上访时，被北京市公安局天安门地区分局查获。其和李某2、鲁某等人将余善强、田某1容二人接回后，因余善强、田某1容不愿意返乡要继续上访，其和李某2、鲁某等人只好将二人强行遣返。

5. 证人鲁某的证言，证实2014年7月，因余善强、田某1容到北京市上访，其和李某2、王某2社等人便进京寻找二人，同年7月7日，余善强在大使馆附近的禁止上访区域上访时，被北京市公安局东交民巷派出所查获。同日，田某1容到天安门地区的禁止上访区域上访时，被北京市公安局天安门地区分局查获。因余善强、田某1容不愿意返乡要继续上访，其和李某2、王某2社等人只好将二人强行带回。

6. 襄阳市委、市政府驻京群众办公室证明，证实2014年3月20日和10月21日，余善强、田某1容在北京市天安门地区非正常上访，由北京市接济中心移交襄阳市驻京办。

7. 北京市公安局天安门地区分局训诫书，证实2014年3月20日和10月21日，北京市公安局天安门地区分局对余善强予以训诫两次。内容是：信访人员采用走访形式提出信访事项，应当在有关机关设立或指定接待场所提出，天安门地区不是信访接待场所，不接待信访人员走访，也不允许信访人员滞留或聚集。

8. 行政处罚决定书、调查报告、执行回执，证实2016年10月22日，宜城市公安局因余善强、田某1容自2014年元月以来，多次在天安门地区非正常上访，扰乱公共场所秩序，决定对田某1容行政拘留五日，对余善强行政拘留十日。

9. 宜城市公安局出具的到案经过，证实2014年10月21日，余善强、田某1容到天安门地区上访，由北京警方送往久敬庄接济中心。李某2、王某2社等人将二人接出来后，于10月22日上午，将余、田二人接回交由宜城市公安局板桥店派出所民警依法处理。

10. 被告人余善强的供述，供认2014年3月20日，其与田某1容到最高人民法院上访，结果其跑到了天安门附近，被巡逻人员查获，北京警方给其了一份训诫书。2014年10月，其与妻子田某1容到最高人民检察院反映情况后，又到民政部去反映生活困难和到中央政法委反映情况，均没有被接待，最后去中央军委反映了情况，一直到接访人员来接，这是其第8次去北京上访。

二、2014年6月24日，是余善强、田某1容之子余某4被害一周年祭日。当日，余善强、田某1容为发泄不满情绪，带领其亲属携带丧葬花圈、火纸、鞭炮等用品，在王某2应（王某5之父）家门前焚烧，敲坏王家厨房门锁，砸破王家卧室玻璃，并将焚烧的纸灰投放在王家井中，引起王某2应心理恐惧和当地居民的反感，严重影响他人的生产、生活，情节恶劣。

上述事实，有公诉机关提交并经法庭质证、认证的下列证据予以证明：

1. 证人王某2应的证言，证实2014年6月24日是余某4被害一周年祭日。当日，其在田里干活时，得知田某1容、余善强带人到其家中闹丧，村干部担心双方发生冲突，让其在外躲避。晚上七时许，其回到家中后发现厨房门被砸了，院子里有烧纸的痕迹，饮水井盖子被掀开，厨房玻璃被砸破两块，焚烧的冥币全部投放入井中。为余某4被害的事，其儿子也抵命了，他们不应该再无理取闹。他们在其家中闹丧，按农村风俗来说有晦气，给其与家人精神上造成很大的恐慌和创伤，导致其无法正常生活。

2. 证人王某3的证言（系宜城市板桥店镇上湾村干部），证实2014年6月23日，镇干部担心余某4被害一周年之时，他们两家发生矛盾，提前让王某2应家人在外躲避一天。次日，田某1容、余善强带亲戚，到王某2应家院子里烧冥币、烧花圈、放鞭炮，还在王家砸玻璃，砸厨房门，院子地上被烧的黑一块焦一块，饮水井中投入很多被烧的杂物。按农村风俗，到别人家烧死人用的东西会影响这家人的运气，被闹的人会染上晦气，给王某8的心理造成很大的恐惧，给他们生活造成很大的困扰。

3. 证人系某、刘某1的证言，证实2014年6月24日，田某1容与丈夫余善强带亲戚到王某2应家闹丧的情况。同时证实王家的儿子王某5已经执行死刑了，这件事已经了结，田某1容与丈夫余善强这样做太欺负人了。

4. 证人钦某的证言，证实其系被告人余善强的妹夫。2014年6月24日，其参与了为余某4烧一周年祭日的事情，当天在王某2应家堂屋门口烧了花圈、火纸等祭品。

5. 证人廖某的证言，证实田某1容、余善强邀约其去参加他们儿子被害一周年祭日活动，其知道他们不单纯是祭日，估计还要搞别的事，其没有去。

6. 证人鲁某的证言，证实2014年6月24日，田某1容、余善强在王家闹丧过后，其到现场发现王某2应家的铝合金玻璃被砸破两块、厨房门被推开，院子里地上被烧的黑一块焦一块，井水投入杂物，其担心王某2应回来引发矛盾，立即组织人员对王家院子进行了清理打扫。在农村做这种事的性质太恶劣了。

三、2014年11月13日，余善强、田某1容称在北京市丢失了上访材料，要到北京市寻找。宜城市板桥店镇人民政府安排余某1陪同二人前往北京市。次日16时许，三人在北京西站下火车后，由驻京信访维稳专班成员李某1接待。余善强、田某1容在北京西站出口处，展示自己制作的大幅诉状，引起群众围观，李某1制止时，余善强、田某1容与李某1发生口角，造成现场混乱，影响恶劣。

上述事实，有公诉机关提交并经法庭质证、认证的下列证据予以证明：

1. 证人余某1的证言，证实2014年11月13日，余善强、田某1容称在北京丢失上访材料，要到北京去寻找。板桥店镇政府安排其陪同他们二人到北京。11月14日16时，其与他们二人在北京西站下车后，由驻京信访维稳人员李某1接访。余善强、田某1容在北京西站出口处，展示自己制作的大幅诉状，引起群众围观，李某1制止时，余善强、田某1容二人与李某1发生口角，造成现场混乱，由于影响恶劣，李某1将他们二人强行遣返。

2. 证人李某1的证言，证实2014年11月14日，其接到通知，说是余善强、田某1容在余某1陪同下来北京市，其就去北京火车西站接他们。在北京西站出站口，余善强、田某1容铺了一张诉状，上面有他们儿子生前当兵及死后烧焦的照片，其上前阻止时，田某1容夫妇与其发生争吵，为此引起周围大量进出站群众围观，北京西站派出所警察过来问明情况后，让其和余善强、田某1容、余某1走了。后其让余某1将余善强、田某1容送回宜城市。

四、2016年3月7日，余善强、田青容到襄阳市中级人民法院信访接待室后不满答复意见，要求襄阳市中级人民法院院长接待。在未达目的情况下，田某1容蹲坐在中级人民法院大门口，胸前悬挂大幅印有其子遗像的上访材料，并高呼口号，余善强拦截通行群众，向不明真相的群众进行蛊惑，引发群众围观，堵塞法院进出车辆通行，影响法院正常工作秩序。因余善强、田某1容不听劝阻，后被强制带离。

上述事实，有公诉机关提交并经法庭质证、认证的下列证据予以证明：

1. 证人舒某、王某4、张某1的证言（均系宜城市板桥店镇政府工作人员），证实2016年3月7日7时许，余善强、田青容夫妇堵在襄阳市中级人民法院大门处，田某1容拿出诉状及图片站在大门处喊冤，余善强在一旁向围观群众大声解说，法院的法警多次进行劝解，他们二人不听，站堵到襄阳中级人民法院的大门，影响中级人民法院的正常工作，有几次法院的警车要出来也被他们堵着，后来几个保安和法警强行将他们拉开后车才开出来。余善强、田某1容又蹲在大门中间黄线框那，摆地摊样的把上访用的大幅诉状、图片拿出来喊冤，引来不少路过的群众上前围观，不明真相的群众也帮他们喊冤，围观人群越来越多，严重影响了法院的正常工作。当天从上午10时一直堵到中午12时。

2. 证人余某1、张某2、余某2的证言，均证实余善强、田青容夫妇在襄阳市中级人民法院门前非正常上访，堵法院大门，阻碍警车通行，拿出图片、诉状在法院门前高声呼喊口号，引来众多人员围观，严重影响法院正常工作秩序。

3. 襄阳市中级人民法院出具的关于余善强、田某1容闹访情况说明，证实田某1容、余善强对同一事实和理由反复提出信访请求，在信访接待场所多次缠访，在国家机关办公大门前实施静坐，呼喊口号，悬挂、摆放出示状纸，堵塞车辆通行。

4. 视听资料，证实2016年3月7日，被告人余善强及田青容在襄阳市中级人民法院大门前非正常上访的情况。

五、2016年6月24日8时许，值余某4被害三周年祭日，余善强、田青容提前通过微信邀约了外地上访人员及亲友30余人来到宜城市人民政府门前集合。其亲友及外地上访人员打着"还我真相、还我公道"的横幅，田某1容抱着余某4的遗像不听门卫工作人员的劝阻，冲进政府办公楼，又从政府办公楼到市委办公楼，再辗转到政府门前围堵，田某1容歌唱自编的杜十娘歌曲喊冤，一领头人喊："还我真相，还我公道"，其余人跟着呐喊："还我真相，还我公道"。在政府大门口起哄闹事40余分钟，造成政府大门拥堵，车辆无法进入，影响正常工作秩序，直至处突民警赶到，强行将围堵人员驱散。当日下午，余善强、田青容等一行人又驱车到宜城市板桥店镇上湾村二组，携带花圈、纸马、冥币、鞭炮等祭品在王某2应家门前焚烧，引起王某2应的心理恐惧和当地居民的反感，王家亲友及村民敢怒不敢言，影响恶劣。

上述事实，有公诉机关提交并经法庭质证、认证的下列证据予以证明：

1. 证人全某、王某2社、李某2、连某、周某、余某1的证言，均证实2016年6月24日，田青容、余善强带领30余人到宜城市政府门口上访，喊口号、唱冤歌，还打横幅。田某1容怀里还抱着她儿子的遗像，站在这群人中间，喊"还我真相，还我公道"，唱的歌是杜十娘。他们冲到办公楼一楼办公区，大声叫嚷，要见政府领导，在工作人员的劝说下，她们一群人才从政府办公区又到了大门口。她们的亲戚站在大门的西边，留在大门口的就是余善强、田某1容及在北京上访的访友，从余善强口中得知她们来自全国各地，由于上访人员的围堵，导致车辆不能正常出入，直到民警来才驱散。

2. 证人余某3的证言，证实2016年6月24日，有一个讲普通话的中年妇女对上访人员进行登记，并发放100元现金。他们打着"还我真相、还我公道"横幅标语，有人喊口号"还我真相、还我公道等"，其他人等均呼喊口号，田某1容在横幅的中间抱着她儿子的遗像。余善强也站在队伍中间，跟着喊口号，在政府门口又哭又闹，他女儿拿着手机不断照相。当时正值上班高峰期，造成上班人员、车辆不能正常进出，许多办理公务的车辆被迫调转车头走了。

3. 证人何某1的证言，证实其是与余善强一起上访的访民。2016年6月24日，其与访民们分三排站在市政府门口，余善强夫妻在门口哭，其一行人有的打出横幅，剩下的这些人在喊口号，其也跟着喊："还我公正，还我公道"，一会警察来了，其和警察发生争吵，后被带到派出所。

4. 证人何某2的证言，证实2016年6月24日，其与余善强夫妻等二、三十余人，一起步行到宜城市政府门口，余善强夫妇喊口号，要求还他的儿子的真相。其与另外几个人都跟着喊口号："还我真相"。

5. 证人李某3用的证言，证实2016年6月24日7时许，其与妻子到宜城市政府门口，已经来了不少穿雨衣，打雨伞的上访人员，余善强夫妻也在。8时许，上班的时间到了，上访的人就打横幅，其站在大门旁边，有的人在喊口号。过了半个小时民警来了，将其带到派出所。

6. 证人李某4的证言，证实2016年6月13日，其看到了田某1容给群里发的微信，发的是6月24日是她儿子的祭日，希望大家去参加。后来田青容又发了当天她们到宜城市政府门前集会的照片，照片上她们有二三十人打的伞、穿雨衣，其认识其中的田某1容。

7. 证人廖某的证言，证实2016年7月份，其听余善强说他是用微信联系集合地点，组织上访人员，后租车一起去参加他儿子祭日活动的方式进行闹访。

8. 证人全某、王某2社、李某2、余某1、鲁某、系某、刘某1、余某2的证言，均证实6月24日下午1时许，余善强、田某1容和20余名外地上访人员到王某2应家的院子里焚烧花圈和祭品、放鞭炮，一直闹到下午四五点钟才结束。

9. 证人钦某的证言，证实2016年6月24日，田青容约其与她一起到市政府"反映情况"，到市政府门口，田某1容与那些上访的人起哄、打横幅，欲引起领导重视出来见面，一直闹到十一点多。之后，田某1容夫妻就带亲戚和访友去给余某4烧三周年，在王家的屋门前烧花圈、冥币。其不认识上访的访友，有十几个人，是余善强、田某1容请来的。

10. 证人姚某的证言，证实2016年6月24日，其参与了余善强、田某1容两口子为他儿子祭日举办的活动。中午在一起吃的饭，下午其一行人又到杀死他儿子的王家为他儿子烧花圈、冥币、放鞭炮。

11. 证人王某2应的证言，证实2016年6月24日，余某4三周年的祭日，余善强、田某1容带了十几个人到其家闹丧。在其家院子里烧冥币、烧花圈、烧纸马、放鞭炮，动静大引得好多人围观。当天为避免矛盾，其一家人被镇里、村里接到板桥街上去了。

12. 宜城市公安局行政处罚决定书、执行回执，证实2016年6月24日，宜城市公安局以扰乱单位工作秩序，对何某1、何某2、李某3用行政拘留十日。

13. 视听资料，证实2016年6月24日上午，田青容、余善强夫妻组织他人在宜城市政府门前打横幅、喊口号、集会闹访，之后又组织他人到王某2应家闹丧的视频。

14. 被告人余善强的供述，供认在宜城政府上访的大部分人员都是2016年6月23日下午来的，其安排他们在宜城自忠路下坡处一个宾馆里住。6月24日8时许，其给参与人员买了雨衣后，安排车把人到宜城政府门口的广场。田某1容拿的其儿子的遗像，还有访友拉的横幅。之后政府干部和公安过来了，还带走了3个访友。其又安排车辆到板桥上湾三组，其买的冥纸、花圈、鞭炮到王某5家门口，烧冥币、放鞭炮、烧花圈。

六、2017年1月31日和同年2月2日，被告人余善强先后两次在北京市中南海地区非正常上访，被北京市公安局西城分局府右街派出所发现后，对余善强予以训诫两次。

上述事实，有公诉机关提交并经法庭质证、认证的下列证据予以证明：

1. 证人龙某的证言，证实其系宜城市板桥店镇政府干部，负责赴京上访人员的处置工作。2017年1月至2月，余善强被北京市公安局西城分局府右街派出所予以训诫了两次，后均被送至北京市马家楼上访人员接济中心，其参与了处置工作。

2. 北京市公安局西城分局府右街派出所工作说明，证实2017年1月31日和2月2日，北京市公安局西城分局府右街派出所民警在中南海周边执行勤务时，发现余善强在中南海地区上访，民警对余善强予以训诫后，将余善强送至北京市接济服务中心。

3. 北京市公安局西城分局训诫书，证实2017年1月31日和2月2日，北京市公安局西城分局对余善强予以训诫两次。内容是：信访人员采用走访形式提出信访事项，应当在有关机关设立或指定接待场所提出，中南海周边不是信访接待场所，不接待信访人员走访，也不允许信访人员滞留或聚集。

4. 被告人余善强的供述，供认其因儿子被害一事多次到中央、湖北省、襄阳市、宜城市上访，2014年10月22日被宜城市公安局行政拘留一次，2017年1月和2月被北京市公安局天安门地区分局训诫两次。

七、被告人余善强为达到非正常信访目的，故意歪曲事实，编造虚假信息，利用信息网络散布各类虚假信息、图文照片和视频，恶意攻击政法机关，诋毁党委、政府形象，引发公众和网站的评论、转发。其中，被告人余善强在"新浪微博"中以"@余善强""@为儿伸冤5854408636"的名义分别发帖992篇和127篇，共计被转发8306次，评论308次，点赞241次。余善强的发帖被境外反华网站"博讯网"刊登3条，被境外网站"有吧网"刊登1条，被"天涯社区"论坛转发14篇，共计浏览19627次，回复45次。被"@公义在望"在"新浪博客"中转发3篇，共计浏览1433次，评论2次，转发5次。被"@被装麻袋的李延香"在"新浪微博"中转发8篇，后又被转发32次，评论1次，点赞2次。造成恶劣社会影响。

上述事实，有公诉机关提交并经法庭质证、认证的下列证据予以证明：

1. 证人李某5的证言，证实其于2014年4月加了余善强的微信，余善强的微信名称为"余善强"，微信号为×××，该号码也是余善强的电话号码。其通过微信朋友圈见余善强在微信里发布一些关于上访的图片、链接及言论，其中有一部分是余善强及其妻子为他儿子上访的图片。现其的微信中显示有：2015年2月24日，余善强在朋友圈里发布了标题为"为子伸冤湖北襄阳余善强、田某1容血泪控诉，中国反腐联盟天津"的链接。2016年2月3日，余善强在朋友圈里发布了标题为"为子伸冤"的链接，里面有"2月1日小年，到高法高检……"的标语，还有余善强及其妻子到湖北省高级人民法院、湖北省人民检察院及湖北省高级人民法院信访接待中心门前举着"誓死为儿伸冤！……"的图片和一些文件照片。2016年9月18日，余善强在朋友圈里发布了标题为"为儿伸冤"的视频链接，里面有"#相册MV#……真心期盼政府能清正为民…"的标语，视频还播放了余善强的妻子为儿伸冤及一些同军人在一起上访的图片。

2. 证人王某1的证言，证实2015年过年后，其在北京市添加了余善强的微信，一直通过余善强的微信朋友圈了解余善强的相关动向，余善强的微信名为"上湾善强"。其通过微信朋友圈见余善强去过驻京联合国人权总署、最高人民法院、最高人民检察院、公安部、中纪委、中央军委信访接待处、国家信访局等地上访，其中，2016年4月29日，余善强在朋友圈发布了标题为"2016年4月28日，我夫妻带儿子余某4和全国退役军人，在中共中央军委，集体上访"的照片四张。2016年7月5日，余善强在朋友圈发布了标题为"我为儿伸冤，为求事实真相和公平公正，被逼无奈只能求助国际媒体记者……"的截图照片。2017年4月20日，余善强在朋友圈发布了标题为"2016年8月30日为求儿子余某4被害真相军人，母亲田某1容，被宜城市公安局无辜关押"的照片四张，是余善强等人围堵宜城市人民检察院和南漳县看守所大门的照片，照片中有"呼吁湖北襄阳警方立即释放田某1容"及"还儿真相、还我公正"等内容的横幅。其还通过余善强的手机发现余善强的一个微信群里有5200余人。

3. 扣押清单，证实2017年7月25日，宜城市公安局民警桑某、刘某3在见证人谭某的见证下，依法扣押了余善强使用的三部手机。

4. 勘验报告、视频资料及截图，证实2017年8月1日，宜城市公安局网络安全保卫大队民警对扣押余善强的一部红米NOTE1手机使用美亚柏科DC-4700手机取证一体机进行了取证，该手机中共有微信信息46163条，微博信息12975条。

5. 宜城市公安局网络安全保卫大队对互联网关于余善强帖文的统计分析报告及截图，证实2017年7月25日至8月2日，宜城市公安局网络安全保卫大队民警对全球互联网领域开展了巡查，并对涉及余善强的帖文进行了摘要分析。其中，"博讯网"涉及余善强的帖文有3篇，内容为"田某1容赴杭州伸冤未成，湖北宜城警方抓回刑拘""各地访民宜城祭奠余某4被杀3周年，公安抓人/视频""湖北宜城访民余善强夫妇在北京天安门旁合影被拘留"。"有吧网"涉及余善强的帖文有1篇，内容为"湖北宜城……却调查受害人母亲（组图）"。"天涯社区"论坛共发帖14篇，共计浏览19627次，回复45次。"新浪微博"中"@余善强"的微博共发帖992篇，共计转发7927次，评论300次，点赞231次。"新浪博客"中"@公义在望"的博客共发帖3篇，共计浏览1433次，评论2次，转发5次。"新浪微博"中"@为儿伸冤5854408636"的微博共发帖127篇，共计转发379次，评论8次，点赞10次。"新浪微博"中"@被装麻袋的李延香"的微博共发帖8篇，共计转发32次，评论1次，点赞2次。

6. 宜城市公安局网络安全保卫大队对境外网站"博讯网"的分析报告及帖文截图，证实2017年8月23日，该队对境外网站"博讯网"和该网站上涉及余善强的虚假不实帖文进行了巡查和摘要分析，分析认为"博讯网"是一家长期编造虚假信息，恶意炒作国内负面新闻的境外网站，该网站长期刊登文章攻击我党体制，严重损害我国形象，造成了极为恶劣的影响，是我国网络屏蔽的境外网站，也是反华网站。其中涉及余善强的虚假不实帖文为"田某1容赴杭州伸冤未成，湖北宜城警方抓回刑拘""各地访民宜城祭奠余某4被杀3周年，公安抓人视频""湖北宜城访民余善强夫妇在北京天安门旁合影被拘留"。

7. 户籍证明，证实被告人余善强的身份信息。

8. 到案经过，证实2017年7月24日，宜城市公安局民警在北京市国家信访局接待处将被告人余善强抓获。

9. 已生效的本院（2017）鄂0684刑初第94号刑事判决书，证实被告人余善强的妻子田某1容因犯寻衅滋事罪，2017年9月6日被本院判处有期徒刑四年六个月。

10. 被告人余善强的供述，供认其平时使用两个手机号码，分别为×××和138××××5493，其用手机号码在微信、微博、QQ及全民K歌上实名注册了号码和账户，微信号是用号码为×××的手机号注册的，昵称为"上湾善强、为子申冤"，微博是用号码为138××××5493的手机号注册的，微博号为×××，昵称为"@为子申冤"。其于2014年1月31日开始到北京市上访，为了让其子被害的事件通过网站等电子信息引起社会的关注，达到相关部门的重视以还其子被害的事实真相，其在微信、微博上发布了其子被杀害焚尸的相关案情和其对案件的看法和认识、其子生前、被害后焚尸的照片，以及其和田青容到最高人民法院、最高人民检察院、司法部、中共中央信访接待处、湖北省公安厅、宜城市政府等地上访的照片和视频。

本院认为，被告人余善强在信访过程中，伙同他人在北京西站、宜城市人民政府、襄阳市中级人民法院等公共场所起哄闹事，并编造虚假信息，在信息网络上散布，且在信访事项被认定为无理访，经治安处罚后，仍到北京市中南海周边地区进行非正常信访，起哄闹事，造成公共场所秩序严重混乱；纠集多人携带丧葬用品在他人门前焚烧进行恐吓，严重影响他人生产、生活，情节恶劣，其行为构成寻衅滋事罪。公诉机关指控罪名成立。被告人余善强在法庭上辩解，起诉书指控的事实均不属实，其是正常信访反映问题，不是无理访，也不是反映无理诉求。其到襄阳市中级人民法院反映案情是最高人民法院让其去的，按照法律规定，其不构成寻衅滋事罪，经查，被告人余善强所反映的其子被害问题已经过襄阳市中级人民法院、湖北省高级人民法院、最高人民法院公正判处，但其仍以此为借口多次到北京市重点地区进行非正常上访，拒不服从劝返安排，为发泄不满情绪，伙同他人在襄阳市中级人民法院和宜城市人民政府门前聚集、滋事，扰乱国家机关正常工作秩序、社会秩序，其行为明显超出正常反映问题的界限。同时，被告人余善强还利用信息网络散布各类虚假信息、图文照片和视频，恶意攻击政法机关，诋毁党委、政府形象，引发公众和网站的评论、转发，造成公共秩序严重混乱；被告人余善强为了发泄不满情绪，带领他人在王某2应家门前焚烧丧葬用品，敲坏厨房门锁，砸破玻璃，将焚烧的纸灰投放王家井中的行为，造成王某2应心理恐惧，严重影响了他人的生产、生活，其行为符合寻衅滋事罪的构成要件。公诉机关指控被告人余善强犯寻衅滋事罪事实清楚，证据确实、充分，故被告人余善强的辩解意见不能成立，本院不予采纳。被告人余善强在法庭上申请证人龙某、李某2出庭作证，经查，公诉机关已提交了证人龙某、李某2对相关事实所作的证言，该证言与其他在案证据相互印证，证明案件相关事实，且龙某、李某2不属于新的证人。依照《中华人民共和国刑事诉讼法》第一百八十七条第一款"公诉人、当事人或者辩护人、诉讼代理人对证人证言有异议，且该证人证言对案件定罪量刑有重大影响，人民法院认为有必要出庭作证的，证人应当出庭作证"和《最高人民法院关于适用〈中华人民共和国刑事诉讼法〉的解释》第二百零五条"公诉人、当事人或者辩护人、诉讼代理人对证人证言有异议，且该证人证言对定罪量刑有重大影响，或者对鉴定意见有异议，申请法庭通知证人、鉴定人出庭作证，人民法院认为有必要的，应当通知证人、鉴定人出庭；无法通知或者证人、鉴定人拒绝出庭的，应当及时告知申请人"的规定，本院认为证人龙某、李某2没有必要出庭作证。因此，对被告人余善强的申请，本院不予支持。经本院审判委员会讨论决定，依照《中华人民共和国刑法》第二百九十三条第一款第（二）、（四）项，《最高人民法院、最高人民检察院关于办理寻衅滋事刑事案件适用法律若干问题的解释》第三条第（五）项和《最高人民法院、最高人民检察院关于办理利用信息网络实施诽谤等刑事案件适用法律若干问题的解释》第五条第二款之规定，判决如下：

被告人余善强犯寻衅滋事罪，判处有期徒刑四年九个月（刑期从判决执行之日起计算。判决执行以前先行羁押的，羁押一日折抵刑期一日，即自2017年7月24日起至2022年4月13日止，已扣除被行政拘留的10日）。

如不服本判决，可在接到判决书的第二日起十日内，通过本院或者直接向湖北省襄阳市中级人民法院提出上诉。书面上诉的，应当提交上诉状正本一份，副本二份。

审判长　王兴刚

审判员　李　涛

审判员　石　磊

二〇一八年七月十一日

书记员　刘亚丽

案例 134：青岛万图明生物制品公司与陈绍刚
名誉权纠纷一审民事判决书

山东省莱西市人民法院
民事判决书

（2018）鲁 0285 民初 2386 号

原告：青岛万图明生物制品有限公司，住所地青岛莱西市经济开发区水蓬路。
法定代表人：乔仁蛟，总经理。
委托诉讼代理人：张艳，女，汉族，莱西市人，现住莱西市。系该公司员工。
委托诉讼代理人：曲仕峰，山东昌阳律师事务所律师。
被告：陈绍刚，男，汉族，莱西市人，农民，现住莱西市。

原告青岛万图明生物制品有限公司与被告陈绍刚名誉权纠纷一案，本院受理后，依法适用简易程序，公开开庭进行了审理。原告委托诉讼代理人张艳、曲仕峰，被告陈绍刚均到庭参加诉讼。本案现已审理终结。

青岛万图明生物制品有限公司向本院提出诉讼请求：1. 判令被告在新浪网首页及全国性报刊刊登向原告赔礼道歉的声明，消除影响、恢复名誉；2. 判令被告赔偿原告经济损失20万元；3. 本案诉讼费用全部由被告负担。事实与理由：自 2015 年起，注册名为"@微言网""@微言环境 V""@廉洁山东""@廉政监督员"的微博用户在新浪微博大量发布关于原告排放废水、废气造成周边环境污染的信息及图片，并恶意造谣原告把污水排放到地下，污染整个地下水造成果树、林木大量死亡及周边群众因污染住院等不实言论。

莱西市环保局、青岛市环保局等多家部门接到相关报道后，多次到原告处进行抽查检测，并邀请当地居民进行现场见证。经多次检测，原告所接放的废水完全符合国家规定的排放标准，且废水全部纳入城市接污管道，不存在污染周边环境的可能性；废气排放完全符合国家规定的排放标准，不存在污染环境的情况。相关检测文件莱西市环保局、青岛市环保局官方声明均已通知上述微博博主，但其仍以原告上面有手握重权、关系广的高管进行庇护、原告与环保局长有勾结、铲除原告为民除害等恶意攻击言论并@多名博主，其发布的诽谤、恶意攻击信息经过大量转发，给原告名誉造成重大损害。经查微博名为"廉政监督员"账号认证信息为被告。为此，原告特依法提出如上诉讼请求，诉至贵院，请求依法判决。

陈绍刚口头辩称，我认为我在本案中没有任何过错，不应承担任何责任。原告起诉的事实方面属实，是我注册的名，是我向上面反映环境污染问题。

原告为证明自己的主张，向本院提供如下证据，本院组织双方进行了质证。证据一，公证书一本。证明：1. 微博名为"@微言网""@微言环境 V""@廉政监督员""@廉洁山东"在新浪微博网络平台大量发布原告严重污染环境导致果木死亡、有高官庇护、与环保局工作人员勾结及铲除原告为民除害等侵权信息，并@人民日报、央视新闻、山东政务、山东环境等各类新闻媒体及政务微博，其中"@微言网"发布侵权信息多达2000多条，该2000多条侵权信息被转发从几十次到上千次不等；"@微言环境V"发布侵权信息多达200多条，其中该200多条侵权信息被转发从几十次到上千次不等；"@廉洁山东"发布侵权信息多达40多条，其中该40多条侵权信息被转发从几十次到几百次不等；"@廉政监督员"发布侵权信息多达2000多条，该2000多条侵权信息被转发从几十次到上千次不等；上述侵权信息给原告名誉造成重大损害。证据二，涉案4个用户注册信息一份。证明经法院责令新浪微博的运营平台北京微梦创科有限公司提供涉案微博账号的注册信息为被告。证据三，环境保护部"12369"环保举报热线2014年10月群众举报案件情况表复印件一份（提供原件予以质证）。证明青岛环保局现场检查及检测，原告污染处理设施运行正常，未发现群众反映的污染问题。证据四，2015年6月30日中国环境报对于群众举报案件调查处理情况表复印件一份（提供原件予以质证）。证明经青岛市环保局现场检查，该公司污水处理设施和废气处理设施运行正常，厂界无明显刺激性气味，未发现群众反映的废气、废水污染情况。证据五，山东环境官方网站2015年3月"01012369"群众举报案件情况表一份。证明对于群众举报原告污染环境案件调查结果：经青岛市环保局现场检查，该公司污水处理设施和废气处理设施运行正常，厂界无明显刺激性气味，未发现群众反映的废气、废水污染问题。证据六，山东省环境监察总队关于莱西果农陈绍刚反映果园井水污染问题调查情况的答复打印件一份。证明省环保调查组经现场调查及检测得出结论：原告所有废水全部排入城市管网，不汇入自然沟，且污水管道内的废水符合环评要求，不存在污染环境的可能。证据七，青岛市环保局发布的莱西果农陈绍刚投诉万图明气味扰民有关情况的说明。该说明详细介绍了该事件的来龙去脉，以及陈绍刚在无任何依据的情况下，为达到让原告承担其果园两人劳务费（每人每天150元计算）外还需每年支付其10.8万元的非法目的，在明确知晓原告不存在污染问题的情况下，还在网上大量发布原告污染及通过大量发布环保部门相关人员渎职、包庇信息的行为来给原告施压。该情况说明明确载明了未发现原告存在环境违法行为，原告废水不外排、大气污染物排放未超标的事实。证据八，莱西市环境保护局关于对青岛万图明生物制品有限公司调查处理的报告两份。证明上述微博博主在收到青岛莱西市环保局官方微博发布：省环保厅调查组会同青岛市环保局、莱西市环保局、烟台市环保局、莱阳市环保局对原告各项污染防治设施进行检测，得出原告未造成环境污染的结论后，上述微博博主仍恶意继续发布侵权微博。证据九，环境保护部华南环境科学研究院作出的环境风险评价报告一份及附件一份。证明经国家权威机构华南环境科学研究院作出结论：原告环保意识比较到位，厂区整洁，环保设施齐全，废水和废气处理技术较为先进，处理后的废水和废气能够达标排放，环境健康风险均处于可接受水平。该评价报告里附有原告自2013年至2017年的检测报告，显示废水、废气排放均未超标。其中E检字2014第091516报告中邀请莱西市环保局、开发区管委会、星河庄村委及群众代表参加见证。证据十，委托代理合同、银行汇款明细、律师费发票各一份。证明原告为维权支出律师费1.5万元。证据十一，原告的社会信誉等荣誉证书复印件七份（提供原件予以质证）。证明原告享有极高的社会美誉度及很高的商誉。

被告质证称，对证据一、二、三、四无异议。证据五、六、七、八对处理结果有异议，不服该处理结果。证据九对结果不认可，检测不属实。证据十与我无关。证据十一证书不能代表公司没有污染。关于原告所说的被告要求原告支付2人工资，每年支付10.8万元不属实，是青岛市环保局随意填写的。

本院认为，原告提交的上述证据符合证据的关联性、合理性和真实性，本院予以认定并在卷佐证。

被告为证明自己的主张，向本院提供如下证据，本院组织双方进行了质证。证据一，村民签字的书面材料1份，证明原告在生产过程中存在污染、空气中有异味。证据二，星河庄村村民卢喜真写的书面材料1份，证明他养的蚕损失严重，死亡率过半；他住过院。因卢喜真近靠着原告有场地，排放臭气污染的。证据三，检测结果表1份，证明与原告污染不相干。证据四，U盘1个，里面有两份证据，证明莱西市环保局对原告下达了整改通知。莱西市环保局委托星河庄村党支部书记（代表村委和原告方）处理污染问题，给我2000元果树经济损失补偿，孙志强说原告有污染。

原告质证称，对证据一真实性有异议，在该证明中除被告签名外，其余签名人的身份无法确认，真实性不予认可；该证明的证明事项有异议，原告是否存在污染环境问题，应由有资质的机构和环保部门认定，被告在无其他任何证据的情况下，仅凭案外人的陈述，无法证明其要证明的事项；原告在举证过程中，已举证各级环保部门官方检测及答复，证明原告并不存在污染环境的行为；被告以该证据主张原告存在污染环境的情况不具有证明力。证据二质证意见同证据一，案外人无任何证据证实其入院治疗与原告存在因果关系。证据三系复印件，不予质证。证据四录音真实不认可，被录音者身份无法确认；原告是否存在环境污染问题，应由有资质的机构和环保部门认定，被告在无其他任何证据的情况下，仅凭案外人的陈述；是否有异味与原告的主张无关。案外人的答复与我公司无关，我公司不予认可。

本院认为，被告提交的证据一、二、三不符合证据的形式要件，不能证明其欲要证明的事实，本院不予采纳。证据四系案外人的陈述，也不能证明其欲要证明的事实，本院不予采纳。

经审理查明，原告青岛万图明生物制品有限公司提交的公证书中显示：被告陈绍刚注册微博名为"@微言网""@微言环境V""@廉政监督员""@廉洁山东"，其在新浪微博网络平台大量发布原告严重污染环境导致果木死亡、有高官庇护、与环保局工作人员勾结及铲除原告为民除害等信息，并@人民日报、央视新闻、山东政务、山东环境等各类新闻媒体及政务微博，其中"@微言网"发布信息多达2000多条，该2000多条信息被转发从几十次到上千次不等；"@微言环境V"发布信息多达200多条，其中该200多条信息被转发从几十次到上千次不等；"@廉洁山东"发布信息多达40多条，其中该40多条信息被转发从几十次到几百次不等；"@廉政监督员"发布信息多达2000多条，该2000多条信息发布后被转发从几十次到上千次不等；被告发布的言论信息主要是以下内容："青岛万图明生物制品有限公司其前身在莱阳市内建厂并污染，被当地环保取缔……。2014年6月，因万图明臭气污染，给厂后老卢家的蚕造成了严重经济损失，蚕死亡过半，同时老卢因长时间吸入臭气住进了医院……现在果园井水中出现大量的油状物质，用了井水后土壤板结，果树出现大量死杆和整棵树死亡现象，且死树还在增加，严重影响了群众的经济收入……""青岛万图明是高污染企业，排放出的臭气能使200米外的群众出现头疼、恶心、胸闷、鼻干等症状，60岁以上的老人长时间闻后症状特别明显，排放的污水污染了整个地下，果树用了地下水，能使土壤板结，大量果树支杆和整棵出现死亡，莱西环保局长与万图明勾结……""水管刮下来的是肉泥，是万图明污染造成的，肉泥渗入地下水……"并附有多张图片。"污染企业万图明很有钱，莱西市环保局长宁愿做万图明的保护伞，并为污染企业提供伪证……""万图明排放臭气影响市容，影响周围群众身体健康，影响2015世界休闲体育大会主会场，万图明要臭出国门，臭遍世界，狗都知道丢人。""万图明污染导致果农梨品质变差，产量降低，大量梨卖不出去和烂在地里……"并附有多张图片。"为青岛万图明污染案是谁在力保，这是一家水、气高污染企业……""2013年万图明二期投产，环境污染扩大……此厂污染疑给果农果树造成大面积损害……""大梨呼吸着万图明排放出的臭气；喝着万图明排放出的污水……"

上述言论信息通过多个账号进行发布后又相互进行转发几十次到上千次不等，转发后又被他人继续转发，并@人民日报、央视新闻、山东政务、山东环境等各类新闻媒体及政府政务微博。

在被告收到莱西市环保局、青岛市环保局、烟台市环保局、莱阳市环保局、山东省环保厅以及山东环境监察总队等部门多次出具的结论及回复，证实原告并不存在污染环境的违法行为后，被告继续发布原告与环保局勾结、给环保局送红包、有高官庇护要铲除原告及环保部门等言论，具体言论简述："发布莱西环保局不敢承认万图明有污染……腐败官员拧成一股绳，力保万图明，万图明不存在环境污染问题。转发'@廉政监督员'山东省莱西市万图明废气污染和周边地下水被污染案……坚决打掉污染企业保护伞，铲除污染企业万图明为民除害。""万图明的保护伞还在掌权……""莱西市环保局局长假作为、乱作为，莱西市环保局是造假的环保局，是为污染企业万图明护航的环保局，莱西环保局是吃着污染企业红包的环保局，是帮着污染企业打压举报人的环保局，铲除污染企业万图明为民除害"并@多家媒体及政府微博，且配有多种图片，经多次转发。莱西市环保局官方答复：莱西市环保局汇通省环保厅调查组、青岛市环保局、烟台市环保局、莱阳市环保局进行联合调查，未发现万图明存在环境违法行为。被告在收到该答复后还发布"莱西市环保局局长，你死保污染企业万图明能保多久，能做多次假……""环保吃了污染企业的红包，谈不上背黑锅，是真正的不作为，吃了人家的红包，就得保护人家大力污染环境，使污染企业多挣钱，多为环保发红包……""保护污染企业万图明的是一位掌握大权，关系广的高官，要铲除污染企业万图明必须先打掉保护伞。""莱西市环保局长，你死保污染企业万图明，那你就保吧，看你能保多久，小心你局长位置不保，博主为你们准备了13年时间，记住，博主是用玩游戏的心态与你们玩"。"万图明是一个害人企业，不可留着，提供证据即可，有用着博主的时候，博主一定照办。""万图明无救了，臭气污染更加严重，是谁在力保万图明，是市长，是局长……铲除污染企业保护伞，彻底解决环境污染。"并@多家新闻媒体及政府等官方微博。"揪出万图明背后的神秘人物，打掉污染企业保护伞，彻底解决环境污染。""莱西市环保局局长这是你自己找的，万图明污染问题一天不解决，群众就在网上转发一天，三年已过，看你们能坚持几个三年，此事对博主只是游戏而已，最近粉又增了许多。""莱西市环保局局长是人民的罪人，是党的败类，是全社会的公敌，是污染企业的保护伞，铲除莱西市环保局长，彻底解决环境污染。""莱西市环保局长，人民给你两条路，一条，关掉万图明，彻底解决环境污染，人民拥护您，另一条，铲除你，在牢房里给你留个床位，如果局长不信可以试试，你的副局就是例子，你没有那么幸运。"被告在网上大肆发布威胁环保部门的信息，赤裸裸地威胁政府部门，要求政府部门关掉原告企业。并@多家新闻媒体及政府微博。"万图明污染环境导致果农梨品质变差,产量降低……"并配有多张图片。"谁让莱西市政府部门官员不断腐败?根源在青岛万图明生物制品有限公司,没有万图明环境污染,就没有群众连续3年不断投诉和网曝,也没有莱西市环保局执法大队长的违纪和免职,更没有莱西市政府秘书科工作人员违纪问题,万图明环境污染影响了人民群众的身体健康,促使了莱西市环保局长严重渎职。"在被告收到青岛环保的官方回复后,被告还发布"青岛环保为青岛万图明生物制品有限公司环评报告造假,2015年1月26日青岛环保为打压举报人……万图明水污染致地下水出现大量肉泥状物,臭气污染使200米外的群众出现头疼、恶心、胸闷、鼻干等症状,严重影响了人民的身体健康。""新任环保局长……污染企业必须关掉,留着他毒害人民……坚决打掉污染企业保护伞,铲除污染企业万图明,为民除害。""山东省莱西市纪委是蛀虫泛滥的纪委,是腐败的纪委,是保护腐败违纪官员的纪委,莱西市纪委也是保护污染企业万图明继续污染环境的纪委……打掉腐败违纪官员的保护伞,铲除污染企业万图明,为党和莱西市人民除害。""举报万图明环境污染群众列入了2015年计划,三年过去了,下三年继续举报,看他们能坚持几个三年,这好比一场大的游戏,玩吧,玩到最后就是胜利。""莱西市环保局长,敢肯定因为压力你至少要少活5年,何苦呢?不要继续保万图明吧,你的钱再多也没有很多时间去花了,看看你的副局,上天给你的报应很快就来了。""关掉万图明避免伤害索然无辜人员,继续让此企业存在,会有更多无辜官员受牵连,请政府三思。""青岛万图明生物制品有限公司……与莱西市某领导关系密切,并为其评估报告造假……""莱西市环保局长,万图明污染不解决,下次就点你局长名了,让全国网友都知道你××局长是污染企业万图明的保护伞,不怕你就继续保,我有时间陪你玩。""被免职的莱西市环保局长,希望你能帮助人们解决万图明环境污染,万图明是一个害人企业,不可留着,提供证据即可,有用着博主的时候,博主一定照办。""青岛万图明环境污染是谁在力保?这是一家水、气高污染企业……至今莱西环保一直为万图明做伪证,莱西市政府为保护这家污染企业,宁愿免去局长也要力保万图明,万图明不是纳税大户,是一家私人企业,万图明背后有谁在支持?""水管刮下来的是肉泥,是万图明污染造成的,肉泥渗入地下水……这些证据证明,环保局长与万图明有勾结,铲除万图明保护伞,彻底解决环境污染。"并附有多种图片。上述是被告发布的部分言论,被告发布的信息被转发几十次到上千次不等并@人民日报、央视新闻、山东政务、山东环境等各类新闻媒体及政府政务微博。莱西市环保局、青岛市环保局、山东省环保厅、烟台市环保局、莱阳市环保局以及山东省环境监察总队相关部门多次对原告各项污染防治措施进行全面检测,得出原告不存在环境违法行为,上述结论均已通知被告,被告在收到环保部门的官方答复辟谣后,仍继续发布原告与环保局局长进行勾结、环保部门吃原告红包以及要求铲除原告为民除害等信息言论多达上万条。

另查明,2017年7月,环境保护部华南环境科学研究所作出的《青岛万图明生物制品有限公司环境风险评估报告》,该报告结论:系统梳理了青岛万图明生物制品有限公司2013—2017年废水和废气监测结果,并对该企业的环境设施效能进行评价;同时利用美国EPA的健康风险评估方法,在项目正常工况条件下,评价该企业上风向、下风向及环境敏感点(古城庄村)的健康风险。在此基础上形成本报告的主要结论。(1)青岛万图明生物制品有限公司废水通过"调节池—气浮装置—催化氧化池—沉淀池—中转池—生化处理系统"工艺流程后,主要污染指标(pH、悬浮物、五日生化需氧量、化学需氧量、动植物油、氨氮、总氮、总磷)均能达到《污水排入城镇下水道水质标准》(CJ343-2010)B

标准。（2）青岛万图明生物制品有限公司有组织废气中颗粒物、二氧化硫、氮氧化物及烟气黑度等指标均达标排放，符合《锅炉大气污染物排放标准》（GB13271 - 2014）。企业厂界上风向和下风向及环境敏感点（古城庄村）环境空气中氨气、硫化氢、二硫化碳、恶臭浓度等均符合《恶臭污染物排放标准》（GB14554 - 1993）。企业废气处理装置运行稳定，处理后的废气能够达标排放。（3）环境健康风险评价结果显示：恶臭污染物（氨气、硫化氢、二硫化碳）对企业周边居民经呼吸途径暴露的致癌风险和非致癌风险均处于可接受水平。（4）综合分析，青岛万图明生物制品有限公司环保认识比较到位，厂区环境整洁，环保设施齐全，废气和废水处理技术较为先进。从现场踏勘的情况来看，废气和废水处理设施日常运行情况较好，处理后的废气和废水能够达标排放。

本院认为，名誉是社会公众对公民或法人的品德、声誉、形象等方面的综合评价。公民、法人享有名誉权，公民的人格尊严受法律保护，禁止用侮辱、诽谤等方式损害公民、法人的名誉。以书面、口头等形式诋毁、诽谤法人名誉，给法人造成损害的，应当认定为侵害法人名誉权的行为。

本案中，被告用其微博名为"@微言网""@微言环境 V""@廉政监督员""@廉洁山东"在新浪微博网络平台发布的大量针对原告的不实言论及侮辱性言辞，肆意捏造、散布原告污染环境的虚假事实及图片，并经大量发布，导致该不实信息被转发几百次到上千次不等，该言论在相当范围内进行扩散，严重降低了原告的社会评价。后莱西市环保局、青岛市环保局、山东省环保厅、烟台市环保局、莱阳市环保局以及山东省环境监察总队等相关部门多次对原告各项污染防治措施进行全面检测，多次现场调查并邀请当地居民进行见证，得出原告不存在环境违法行为，上述结论均已通知被告，被告收到官方答复后，侵权信息不但没有停止，反而变本加厉，演变为环保局系原告的黑恶势力保护伞、原告与环保部门进行勾结、环保部门吃原告红包以及要求铲除原告为民除害等侵权信息多达上万条，转发后又经多次转发。被告发布上述侵权信息的主观故意极大，在官方多次答复后仍恶意中伤原告甚至环保部门，情节十分严重。其行为严重影响了原告的商业信誉及商品信誉，给原告名誉权造成了侵害，被告的行为与原告的名誉权受损存在因果关系，因此，足以认定被告侵犯了原告的名誉权。原告现要求被告在新浪网首页及全国性报刊刊登向原告赔礼道歉的声明，消除影响、恢复名誉，符合法律规定，本院依法予以支持。

同时，公民、法人因名誉权受到侵害要求赔偿的，侵权人应赔偿侵权行为造成的经济损失。本案中，被告的侵权行为确实对原告的名誉权造成了损害，对原告的生产经营及行业信誉均造成较大影响，被告应当予以赔偿。但原告主张的经济损失 200000 元数额过高，根据本案被告侵权过错程度和原告受侵害所造成的后果综合分析，本院认为赔偿 50000 元较宜。

综上，依照《中华人民共和国民法通则》第一百零一条、第一百零六条、第一百二十条，《中华人民共和国侵权责任法》第十五条、第三十六条，《最高人民法院关于审理利用信息网络侵害人身权益民事纠纷案件适用法律若干问题的规定》第十八条规定，判决如下：

一、被告陈绍刚于本判决生效之日起十日内为侵犯原告青岛万图明生物制品有限公司名誉权的行为在新浪网网站刊登向青岛万图明生物制品有限公司赔礼道歉的声明（道歉书的内容须经本院审核，并存卷备查），消除影响，为原告恢复名誉。

二、被告陈绍刚于本判决生效之日起十日内向原告青岛万图明生物制品有限公司赔偿经济损失 50000 元。

如果未按本判决指定的期间履行给付金钱义务，应当依照《中华人民共和国民事诉讼法》第二百五十三条之规定，加倍支付迟延履行期间的债务利息。

案件受理费1500元，由被告陈绍刚负担525元，由原告青岛万图明生物制品有限公司负担975元。

如不服本判决，可在判决书送达之日起十五日内向本院递交上诉状，并按对方当事人的人数提出副本，上诉于山东省青岛市中级人民法院。

审判员 张云涛

二〇一八年七月十二日

书记员 周卫艳

案例135：李易峰与王晓闪名誉权纠纷一审民事判决书

北京市朝阳区人民法院
民事判决书

（2018）京0105民初21106号

原告： 李易峰，男，汉族，演员，住北京市朝阳区。
委托诉讼代理人： 杨珊，北京星权律师事务所律师。
委托诉讼代理人： 梁建忠，北京星权律师事务所实习律师。
被告： 王晓闪，女，汉族，无业，住所河南省洛阳市洛龙区。
委托诉讼代理人： 张航（王晓闪之夫），住河南省洛阳市洛龙区。

原告李易峰与被告王晓闪名誉权纠纷一案，本院立案后，依法适用简易程序，公开开庭进行了审理。李易峰的委托诉讼代理人杨珊、梁建忠，王晓闪的委托诉讼代理人张航均到庭参加诉讼，本案现已审理终结。

李易峰向本院提出诉讼请求：1. 判令王晓闪在全国公开发行的报纸上及涉案个人微博主页置顶位置向李易峰公开赔礼道歉，要求：致歉内容应包含本案民事判决书主要内容，网络中致歉时间不少于90日，报纸上致歉版面面积不小于6.0cm×9.0cm；2. 判令王晓闪向李易峰赔偿经济损失250000元，精神损害抚慰金500000元。事实和理由：2017年12月16日，李易峰发现王晓闪在其昵称为"@×××动图菌"的个人微博账号上发布内容为"李Y峰也是泡王……贵圈真的好乱"的微博，对李易峰进行侮辱和诽谤。经查，该侮辱、诽谤内容源于昵称为"@你的傻狐帝"的微博用户在直播平台上的爆料，王晓闪故意转发"@你的傻狐帝"所公开发表的具有侮辱、诽谤性质的言论及相关直播视频录像，已构成对李易峰的侵权。经查，涉案博文现已经删除，截至2018年7月2日，"@×××动图菌"的个人微博账号的粉丝数为1470000人，系经过新浪微博实名认证的大V账号，我方公证当日，该微博账号的粉丝数已经达到1070000人。

王晓闪辩称，不同意李易峰的全部诉讼请求。首先，李易峰所称侵害名誉权的事实并不存在，理由如下：1. 李易峰没有名誉被损害的事实，我方所运营的新浪微博账号"@×××动图菌"主要发布游戏领域的热点事件。涉案博文主要内容是关于"帝师"实锤"五五开"游戏主播事件，微博中所涉及的"李Y峰也是泡王……贵圈真的好乱"仅为游戏主播所实锤内容的少部分描述，与恶意贬损李易峰名誉无关；涉案博文内虽有"李Y峰也是泡王……贵圈真的好乱"字眼，但未有其他图片及详细性的描述指向李易峰，且"泡王"的表述并没有侮辱诽谤贬损他人尊严的意思，可能是指"泡面之王"的意思。2. 王晓闪没有违法行为，且与李易峰名誉权受到侵犯无因果关系。王晓闪发布的微博无任何侮辱性词汇，且未针对特定人进行侮辱和诽谤，故王晓闪无侵犯他人名誉权的行为。3. 王晓闪主观上无过错。王晓闪的视频内容为转载，并非王晓闪原创制作，博文内容也系王晓闪从新浪微博昵称为"@林于晏Cary"的用户处转发的，并无主观攻击他人的故意。其次，王晓闪与"@你的傻狐帝"之间并非共同侵权，既无共同故意，也无共同过失。即便构成分别侵权也应按照各自的原因及过错程度承担各自的责任。1. 事件传播范围及时间，"@你的傻狐帝"直播所造成的影响传播面极其广泛，王晓闪是在事件传播开之后才发布涉案内容，且涉案内容的阅读量有限，转发仅一千多人，不至于对李易峰造成社会评价降低的后果。2. 王晓闪发布内容所扩大的传播范围，王晓闪以昵称为"@×××动图菌"的新浪微博所发布的一般文章的阅读量及传播面很小，转发、评论、点赞数正常均在一百以下，涉案博文因为被新浪微博后台自主推送热门而导致转发、评论、点赞数较高。最后，针对李易峰的具体诉讼请求，1. 李易峰提出要求我方公开道歉。但是我方并无侵权事实，李易峰要求道歉90日，也只会再次使涉案事件进入公众视野，而且考虑到我方系转发，所应承担的责任本身较小，故不应当承担公开道歉90日的责任。2. 就经济损失，如前所述，我方系转发，不应当承担全部的责任，即便需要承担一定责任，也仅仅应当按照我方过错程度和影响力来承担责任。3. 就精神损害赔偿，涉案博文的传播范围有限，文案仅仅为微博发布，并未涉及侵权，我方也没有因此获利，故我方无法承担李易峰主张的高额赔偿费用。

当事人围绕诉讼请求依法提交了证据，本院组织当事人进行了证据交换和质证。对当事人无异议的证据，本院予以确认并在卷佐证。对有争议的证据和事实本院认定如下：

李易峰系影视演员。

昵称"@×××动图菌"的微博（以下简称：涉案微博）系王晓闪开设的微博账号，用户×××为5794519372。微博认证信息为知名游戏博主、头条文章作者，2017年12月16日关注人数为1074000人；简介为：×××最全图库，视频库，欢迎投稿和转载，商务合作QQ×××。

2017年12月15日21：01涉案微博上发布博文如下："帝师今晚第二锤！本来一个55开事件，上升到猥亵少女，淘宝店作假，UU说绝对不可能嫁给55开，中国人素质太低UU赚够钱就去外国，李Y峰也是泡王，吴Y凡很恶心，贵圈真的好乱。"（以下简称：涉案博文）同时，涉案博文下方链接了一段直播视频，视频内容为两男子通过直播平台进行对话，直播观看人数为578.2万人。直播中一男性称："你有没有亲口跟我说过，李易峰没红的时候天天×粉，而且某方面功能还不太好用……你还说这个圈子，娱乐圈小鲜肉都一个×样，就知道×粉。这些东西我都有证据，现在我就想听你赵××，你UU说一句真话。但凡你还有一点点良知，我只想听你说一句真话。如果你敢亲口说，你敢说我今天说的都是假话，没有一句真话，好，我亲自直播下跪道歉认错。"（以下简称涉案视频）

李易峰称视频中进行前述表述的人网名为"@你的傻狐帝"。

截至2017年12月16日涉案微博点赞数为8582人、转发人数1351人、评论人数6474人。其中大部分评论系针对案外人"@UU""@卢本伟""@你的傻狐帝"。也存在如"听说李易峰×粉，肾虚""抱走我方李易峰""别说了，李易峰×得那个粉是我！好了吧"等涉及李易峰的评论。

王晓闪当庭打开新浪微博昵称为"@林于晏Cary"的用户的微博页面，显示该用户于2017年12月15日20时50分发布的微博内容与涉案博文基本一致，且配有与涉案视频完全一致的直播视频片段，意在证明涉案博文系其转发，其并非首发人，且其在涉案博文中所写的是"李y峰"。

经询，王晓闪表示其转发涉案视频及博文时并未对视频及博文内容真实性进行核实，只是认为该微博所涉事件系英雄联盟游戏相关的一个热门事件，与涉案微博的主要运营范围一致，故进行了转发。

李易峰提交（2017）京方圆内民证字第20328号公证书及（2017）京方圆内民证字第20327号公证书各一份。（2017）京方圆内民证字第20328号公证书所载内容为昵称为"@全民Tv帝师"及"@你的傻狐帝"的新浪微博用户的微博页面及下方评论情况。（2017）京方圆内民证字第20327号公证书所载内容为涉案博文及视频。

李易峰提交北京市方圆公证处出具的公证费发票一张金额为4110元，并提交《委托协议书》及金额为60000元的律师费发票各一份。《委托协议书》显示李易峰就其起诉微博用户"@你的傻狐帝""@×××动图菌"、北京微梦创科网络技术有限公司名誉权纠纷一案，委托北京星权律师事务所杨珊、梁建忠全权代理，律师费为60000元。

本院认为：公民享有名誉权，禁止用侮辱、诽谤等方式损害公民名誉。名誉权受侵害是指关于个人的品行、信用等社会评价因他人的非法行为受到贬损，从而导致社会评价降低的情况。网络用户利用网络侵害他人名誉权的，应当承担侵权责任。

本案的争议焦点在于：一、涉案博文中王晓闪所写的"李Y峰"是否指李易峰；二、王晓闪发布涉案博文及视频的行为是否构成对李易峰名誉权的侵害，应当在何范围内承担责任。

针对第一个争议，涉案博文中"李Y峰"是否指李易峰，是本案首先应明确的法律问题。王晓闪虽抗辩"李Y峰"并非指李易峰，但涉案博文并非独立存在，博文下方所配视频中已明确指出李易峰的姓名，会使信息接受者产生涉案博文系对李易峰进行描述的认知，现王晓闪未能就其在涉案博文中所指"李Y峰"是何人给予合理的解释说明，亦未就此提交证据，故本院对于其此项抗辩不予采信。

针对第二个争议，就王晓闪是否构成对李易峰名誉权的侵害，本院认为，王晓闪作为涉案微博博主，具有数量众多的微博粉丝。2017年12月15日21:01，其在未经核实亦无基本事实证据支持的情况下，发布了涉案博文和视频，将李易峰描述为"泡王"并配有他人转述"李易峰没红的时候天天×粉，而且某方面功能还不太好用……"的视频，此种情况下按照一般人的通常理解会将"泡王"理解为李易峰私生活混乱的意思。王晓闪在编发涉案博文时，应当预料到涉案博文的发布会降低一般公众对李易峰的社会评价，故王晓闪应承担名誉侵权的民事责任。

就王晓闪应当在何范围内承担责任，根据涉案视频内容及王晓闪提交的其发布涉案博文前网络上已存在与涉案博文内容十分接近博文的证据，可以认定涉案博文及视频确系王晓闪转载。但转载人也应当对引用、转发内容持审慎的合理注意义务，现王晓闪未经核实转发明显侵犯他人人身权益的内容，并造成8582人点赞、1351人转发、6474人评论的后果，造成了对李易峰侵权损害后果的进一步扩大，应当对扩大部分承担相应责任。

公民的名誉权受到侵害的，有权要求停止侵害、消除影响、赔礼道歉、并可以要求赔偿损失。关于李易峰赔礼道歉的诉讼请求，本院将综合考虑侵权的具体方式和所造成的影响范围等因素依法确定具体道歉方式。关于李易峰主张经济损失的诉讼请求，根据《最高人民法院关于审理利用信息网络侵害人身权益民事纠纷案件适用法律若干问题的规定》，被侵权人为制止侵权行为所支付的合理开支，可以认定为被侵权人的财产损失。人民法院可以根据当事人的请求和具体案情，将符合国家有关部门规定的律师费用计算在赔偿范围内。本案中，李易峰虽提交了公证费发票及律师费发票，但根据《委托协议书》、（2017）京方圆内民证字第20328号公证书，相关费用并非均因本案诉讼支出，对于剩余经济损失李易峰未提交证据予以佐证，故本院将结合案件情况对李易峰的经济损失予以酌定。关于李易峰主张精神损害抚慰金的诉讼请求，本院将依据王晓闪的主观过错程度、具体侵权情节及造成的影响范围等酌情确定金额。

综上，本院依照《中华人民共和国民法通则》第一百〇一条，《中华人民共和国侵权责任法》第二条、第十五条、第二十条、第二十二条，《最高人民法院关于审理利用信息网络侵害人身权益民事纠纷案件适用法律若干问题的规定》第十条、第十八条之规定，判决如下：

一、被告王晓闪于本判决生效后七日内连续三日在其昵称为"@×××动图菌"的新浪微博（×××：5794519372）首页置顶发表致歉声明，向原告李易峰赔礼道歉（致歉内容须经本院审核，若被告王晓闪逾期不执行上述义务，本院将依据原告李易峰的申请选择一家全国发行的报刊，刊登本判决主要内容，刊登费用由被告王晓闪负担）；

二、被告王晓闪于本判决生效后七日内赔偿原告李易峰经济损失5000元、精神损害抚慰金10000元，合计15000元；

三、驳回原告李易峰的其他诉讼请求。

如果未按本判决指定的期间履行给付金钱义务，应当依照《中华人民共和国民事诉讼法》第二百五十三条之规定，加倍支付迟延履行期间的债务利息。

案件受理费2025元，由原告李易峰负担1775元（已交纳）、被告王晓闪负担250元（于本判决生效后七日内交纳）。

如不服本判决，可于本判决书送达之日起十五日内向本院递交上诉状，并按对方当事人的人数提出副本，上诉于北京市第三中级人民法院。

审判员　王　敏

二〇一八年七月十六日

书记员　曹　扬

案例 136：北京小鹿科技有限公司等与黄缨著作权权属、侵权纠纷二审民事判决书

北京知识产权法院

民事判决书

(2017) 京 73 民终 2267 号

上诉人（一审被告）：北京小鹿科技有限公司，住所地北京市海淀区安宁庄。

法定代表人：刘阳，总经理。

被上诉人（一审原告）：黄缨，女，壮族，职业漫画师，住广西桂林市七星区。

委托诉讼代理人：修雪静，北京华沛德权律师事务所律师。

一审被告：北京微梦创科网络技术有限公司，住所地北京市海淀区。

法定代表人：刘运利，执行董事。

上诉人北京小鹿科技有限公司（简称小鹿公司）与被上诉人黄缨、一审被告北京微梦创科网络技术有限公司（简称微梦公司）因著作权权属、侵权纠纷一案，不服北京市海淀区人民法院（简称一审法院）作出的（2017）京 0108 民初 25973 号民事判决（简称一审判决），于法定期限内向本院提起上诉。本院于 2017 年 12 月 4 日受理后，依法组成合议庭进行了审理。小鹿公司的法定代表人刘阳、黄缨的委托诉讼代理人修雪静到本院接受了询问。微梦公司经本院合法传唤未到庭参加诉讼，本院依法进行缺席审理。本案现已审理终结。上诉人小鹿公司的上诉请求为撤销一审判决并依法改判。事实与理由：1. 被上诉人未提供充分证据证明其对涉案作品享有权属；2. 对赔偿数额不认可。被上诉人不能证明其实际损失，也无上诉人获利证据。一幅作品的费用不应超过 500 元。

被上诉人黄缨答辩称，同意一审判决，请求维持。

一审被告微梦公司书面陈述称，同意一审判决，请求维持。

黄缨向一审法院起诉称：涉案漫画作品是黄缨辛苦创作的作品，小鹿公司为了商业宣传，未经黄缨许可，在新浪微博上擅自使用了其创作的作品，将黄缨作品与其商业活动贴切、形象地结合在一起，以此获取品牌宣传效果和巨大的商业利益。侵权微博使用了黄缨的作品，未为黄缨署名，未支付费用，并对黄缨作品进行修改，严重侵犯了黄缨对涉案作品享有的署名权、修改权、信息网络传播权等多项权益；涉案微博是经过微梦公司认证并管理的，微梦公司作为侵权网站的管理者和服务者，未尽审查义务，造成侵权微博广泛流传。故黄缨请求一审法院判令：1. 小鹿公司、微梦公司在侵权微博首页置顶位置、《中国青年报》首版显著位置均连续 30 天登载致歉声明；2. 小鹿公司赔偿黄缨经济损失及合理支出 95000 元。

一审法院经审理，认定的事实如下：

　　黄缨曾于2014年12月21日在其个人新浪微博（×××.weibo.com罗罗布V）上发表涉案漫画作品，包括具有"罗罗布"水印的涉案图片微博，微博载有文字内容：【用数字3，画萌羊~#罗罗布每日一图#整个羊年萌萌哒~】；截图显示共有9张图片，运用瓶盖、数字、特殊线条、符号、形状，配合具体的分步文字介绍，对每个画图步骤进行了简明扼要的叙述，展示创作过程，最终构成了一幅完整的卡通羊形象的漫画。黄缨表示涉案漫画为其个人创作，著作权由其个人享有。小鹿公司在微梦公司的微博平台（×××.weibo.com）上的"@小鹿叮叮纸尿裤V"官方微博账号于2015年2月3日发表了一篇信息，该信息下方所附图片为涉案漫画作品，与原作基本一致，未为原作者署名。

　　黄缨称小鹿公司在未经授权使用涉案图片时，侵犯了其署名权、修改权、信息网络传播权，要求赔偿损失及合理支出共计95000元，其中律师费及公证费5000元，未提供发票。

　　微梦公司未到庭参加诉讼，但表示涉案作品已经删除，黄缨认可该事实，撤回停止侵权和消除影响的诉讼请求。

　　一审法院认为：依据相关证据的佐证，在无相反证据的情况下，黄缨的证据可以证明其享有涉案漫画作品的著作权，一审法院对此予以确认；小鹿公司未经授权在其微博账户上使用了涉案漫画作品。

　　黄缨系涉案漫画作品的著作权人，除法律规定的情形外，他人未经许可不得擅自使用涉案作品。小鹿公司未经授权在其微博账户中使用了涉案漫画作品，将黄缨享有著作权的漫画作品擅自使用在微博运营活动中，向公众传播，且未为黄缨署名，该行为侵害了黄缨对涉案作品的相关权利。小鹿公司应赔偿黄缨经济损失，由于本案侵权事实的实际损失及小鹿公司的违法所得均缺乏证据证明，故一审法院将考虑小鹿公司侵权行为的性质、主观过错程度等酌定赔偿数额。另外，涉案作品包含9幅图应当认定为创作一副完整作品的九个步骤，仅构成一副完整的作品。黄缨主张的赔偿数额较高，一审法院不予全额支持。小鹿公司对于黄缨为本案诉讼所支出的合理费用亦应一并予以赔偿，具体数额由一审法院酌定。微梦公司在收到本案起诉状后，经查证涉案漫画作品已经删除，黄缨认可涉案漫画作品已经删除，对此一审法院不持异议。小鹿公司在使用涉案漫画作品时，未为黄缨署名，一审法院认为小鹿公司侵害黄缨的署名权，故一审法院支持黄缨要求小鹿公司赔礼道歉的请求，具体方式由法院酌定。

　　微梦公司提供信息存储空间服务，黄缨并未向其发送侵权通知，在接到本案应诉通知书后微梦公司已经及时对涉案行为做了处理，不应再承担责任，故一审法院依法驳回黄缨对微梦公司的全部诉讼请求。

　　综上，依照《中华人民共和国著作权法》第四十八条第（一）项、第四十九条，《中华人民共和国民事诉讼法》第一百四十四条之规定，一审法院判决如下：一、自判决生效之日起，小鹿公司在其运营的微博（×××.weibo.com"@小鹿叮叮纸尿裤V"）首页显著位置连续七日刊登声明，向黄缨赔礼道歉（声明内容须经一审法院审核，逾期不履行，一审法院将根据黄缨申请，在相关媒体公布判决主要内容，其费用由小鹿公司承担）；二、自判决生效之日起七日内，小鹿公司赔偿黄缨经济损失4000元、合理支出1000元，以上共计5000元；三、驳回黄缨的其他诉讼请求。

　　小鹿公司对一审查明的事实除涉案作品权属问题外无异议，本院经审查予以确认。二审期间，各方当事人均未提交新证据。

上述事实，有网页打印件、公证书复印件以及一审开庭笔录、二审法院谈话笔录等在案佐证。

本院认为：根据当事人的诉辩意见，本案二审阶段的争议焦点为涉案作品的权属问题以及赔偿数额的确定。

一、关于涉案作品的权属问题。

根据《著作权法》相关规定，著作权属于作者。如无相反证明，在作品上署名的公民、法人或者其他组织为作者。本案中，黄缨在其个人微博中发表了涉案作品并用水印方式署名，在无相反证据的情况下，可以认定黄缨系涉案作品的著作权人。小鹿公司虽不认可，但未提交相反证明，故小鹿公司的相关主张不能成立，本院不予支持。

二、关于赔偿数额的确定。

小鹿公司在其经营的新浪微博上未经许可，使用黄缨享有著作权的作品，且未署名，侵犯了黄缨的署名权及信息网络传播权，依法应承担相应的赔礼道歉、赔偿损失等民事责任。

《著作权法》第四十九条规定，侵犯他人著作权的，应当按照权利人的实际损失给予赔偿，实际损失难以计算的，可以按照侵权人的违法所得给予赔偿。赔偿数额还应当包括权利人为制止侵权行为所支付的合理开支。权利人的实际损失或者侵权人的违法所得不能确定的，人民法院可以根据侵权行为的情节，判决给予50万元以下的赔偿。

本案中，在案证据不能证明黄缨的实际损失抑或小鹿公司的侵权实际获利，一审法院综合考虑侵权行为性质、主观过错程度以及根据合理支出的合理性、必要性原则，最终酌定赔偿经济损失4000元及合理开支1000元，数额合理，并无不妥，本院予以认可。小鹿公司的上诉主张不能成立，本院不予支持。

综上，一审判决认定事实清楚，适用法律正确，程序合法，依法予以维持。依照《中华人民共和国民事诉讼法》第一百七十条第一款第（一）项规定，本院判决如下：驳回上诉，维持原判。一审案件受理费2175元，由北京小鹿科技有限公司负担（于本判决生效后七日内交纳）；二审案件受理费50元，由北京小鹿科技有限公司负担（已交纳）。

本判决为终审判决。

审判长　兰国红

审判员　周丽婷

审判员　刘义军

二〇一八年七月二十七日

法官助理　夏　旭

书记员　隗傲雪

案例 137：阿里巴巴（中国）有限公司等与黄缨著作权权属、侵权纠纷二审民事判决书

北京知识产权法院

民事判决书

（2017）京 73 民终 2268 号

上诉人（一审被告）：阿里巴巴（中国）有限公司，住所地杭州市西湖区。

法定代表人：张勇，董事长。

委托诉讼代理人：郭晨子，北京市世方永泰律师事务所律师。

被上诉人（一审原告）：黄缨，女，壮族，职业漫画师，住广西桂林市七星区。

委托诉讼代理人：修雪静，北京华沛德权律师事务所律师。

一审被告：北京微梦创科网络技术有限公司，住所地北京市海淀区。

法定代表人：刘运利，执行董事。

上诉人阿里巴巴（中国）有限公司（简称阿里公司）与被上诉人黄缨、一审被告北京微梦创科网络技术有限公司（简称微梦公司）因著作权权属、侵权纠纷一案，不服北京市海淀区人民法院（简称一审法院）作出的（2017）京 0108 民初 26034 号民事判决（简称一审判决），于法定期限内向本院提起上诉。本院于 2017 年 12 月 4 日受理后，依法组成合议庭进行了审理。阿里公司的委托诉讼代理人郭晨子、黄缨的委托诉讼代理人修雪静到本院接受了询问。微梦公司经本院合法传唤未到庭参加诉讼，本院依法进行缺席审理。本案现已审理终结。上诉人阿里公司的上诉请求为撤销一审判决并依法改判驳回被上诉人的全部诉讼请求。事实与理由：1. 被上诉人的作品不应割裂成 15 幅图来保护；2. 网络上涉案图片水印多种多样，无法分辨作者是谁，不应承担赔礼道歉责任；3. 判赔金额过高。

被上诉人黄缨答辩称，同意一审判决，请求维持。

一审被告微梦公司书面陈述称，同意一审判决，请求维持。

黄缨向一审法院起诉称：涉案漫画作品是黄缨辛苦创作的作品，阿里公司为了商业宣传，未经黄缨许可，在新浪微博上擅自使用了其创作的作品，将黄缨作品与其商业活动贴切、形象地结合在一起，以此获取品牌宣传效果和巨大的商业利益。侵权微博使用了黄缨的作品，未为黄缨署名，未支付费用，并对原作品进行了修改，严重侵犯了黄缨对涉案作品享有的署名权、信息网络传播权等多项权益；涉案微博是经过微梦公司认证并管理的，微梦公司作为侵权网站的管理者和服务者，未尽审查义务，造成侵权微博广泛流传。故黄缨请求一审法院判令：1. 阿里公司和微梦公司在侵权微博首页置顶位置、《中国青年报》首版显著位置均连续 30 天登载致歉声明；2. 阿里公司赔偿黄缨经济损失及合理费用支出 305000 元。

一审法院经审理，认定的事实如下：

黄缨曾于2011年6月14日在其个人新浪微博（×××.weibo.com罗罗布V）上发表涉案漫画作品《电脑和姿势》一组共15幅漫画作品，并于图片底部署名，图片上方添加水印罗罗布。

阿里公司在微梦公司的微博平台（×××.weibo.com）上的"@阿里巴巴1688V"官方微博账号于2011年8月19日发表了一篇信息，该信息下方所附图片为涉案漫画作品，图片底部无署名，图片上方去掉了水印罗罗布。

黄缨称阿里公司侵犯了其信息网络传播权、署名权，要求赔偿损失及合理支出共计305000元，其中律师费及公证费5000元，未提供发票。

微梦公司未到庭参加诉讼，但表示涉案作品已经删除，黄缨认可该事实，撤回停止侵权的诉讼请求。

一审法院认为：依据相关证据的佐证，在无相反证据的情况下，黄缨的证据可以证明其享有涉案漫画作品的著作权，一审法院对此予以确认；阿里公司未经授权在其微博账户上使用了涉案漫画作品。

黄缨系涉案漫画作品的著作权人，除法律规定的情形外，他人未经许可不得擅自使用涉案作品。阿里公司未经授权在其微博账户中使用了涉案漫画作品，将黄缨享有著作权的漫画作品擅自使用在微博运营活动中，向公众传播，不属于合理使用，且未为黄缨署名，该行为侵害了黄缨对涉案作品的相关权利。阿里公司应赔偿黄缨经济损失并且赔礼道歉，由于本案侵权事实的实际损失及阿里公司的违法所得均缺乏证据证明，故一审法院将考虑阿里公司侵权行为的性质、主观过错程度等酌定赔偿数额。黄缨主张的赔偿数额较高，一审法院不予全额支持。阿里公司对于黄缨为本案诉讼所支出的合理费用亦应一并予以赔偿，具体数额由一审法院酌定。微梦公司在收到本案起诉状后，经查证涉案漫画作品已经删除，黄缨认可涉案漫画作品已经删除，对此一审法院不持异议。阿里公司在使用涉案漫画作品时，未为黄缨署名，侵害了黄缨的署名权，故一审法院支持黄缨要求阿里公司赔礼道歉的请求，具体方式由法院酌定。阿里公司的行为不属于合理使用。

微梦公司提供信息存储空间服务，黄缨并未向其发送侵权通知，在接到本案应诉通知书后微梦公司已经及时对涉案行为做了处理，不应再承担责任，故一审法院依法驳回黄缨对微梦公司的全部诉讼请求。

综上，依照《中华人民共和国著作权法》第四十八条第（一）项、第四十九条，《中华人民共和国民事诉讼法》第一百四十四条之规定，一审法院判决如下：一、自判决生效之日起七日内，阿里公司在其运营的微博（"@阿里巴巴1688V"）首页置顶位置连续七日刊登声明，向黄缨赔礼道歉（声明内容须经一审法院审核，逾期不履行，一审法院将根据黄缨的申请，在相关媒体公布判决主要内容，其费用由阿里公司承担）；二、自判决生效之日起七日内，阿里公司赔偿黄缨经济损失70000元、合理支出1000元，以上共计71000元；三、驳回黄缨的其他诉讼请求。

阿里公司对一审查明的事实除涉案作品是否为15幅图外无异议，本院经审查予以确认。二审期间，各方当事人均未提交新证据。

上述事实，有网页打印件、公证书复印件以及一审开庭笔录、二审法院谈话笔录等在案佐证。

本院认为：

阿里公司在其经营的新浪微博上未经许可使用黄缨享有著作权的作品，侵犯了黄缨对其作品享有的信息网络传播权、署名权，依法应承担赔偿损失的民事责任。

阿里公司在二审阶段主张涉案图片为一个作品，而非15幅作品，一审法院认定有误。对此，本院认为，涉案图片虽为一组图，但每个漫画形象均可独立存在，构成具有独创性表达的独立作品，故一审法院认定阿里公司侵犯了黄缨15个作品的著作权，并以此酌定赔偿数额并无不妥，本院予以认可。

对于赔偿损失的数额，根据《著作权法》第四十九条规定，侵犯他人著作权的，应当按照权利人的实际损失给予赔偿，实际损失难以计算的，可以按照侵权人的违法所得给予赔偿。赔偿数额还应当包括权利人为制止侵权行为所支付的合理开支。权利人的实际损失或者侵权人的违法所得不能确定的，人民法院可以根据侵权行为的情节，判决给予50万元以下的赔偿。本案中，在案证据不能证明黄缨的实际损失抑或阿里公司的侵权实际获利，一审法院综合考虑侵权行为性质、主观过错程度，同时考虑到确有律师出庭的情况，最终酌定赔偿经济损失7万元及合理开支1000元，数额合理，并无不妥，本院予以认可。

同时，阿里公司未经许可使用黄缨作品时，未为黄缨署名、未保留水印，侵犯了黄缨对其作品享有的署名权，依法应承担赔礼道歉的民事责任。阿里公司关于其无法得知作者是谁、没有恶意不应承担赔礼道歉责任的辩称没有事实和法律依据，本院不予认可。一审法院对此认定正确，本院予以确认。

综上，一审判决认定事实清楚，适用法律正确，程序合法，依法予以维持。依照《中华人民共和国民事诉讼法》第一百七十条第一款第（一）项规定，本院判决如下：驳回上诉，维持原判。一审案件受理费2938元，由阿里巴巴（中国）有限公司负担（于本判决生效后七日内交纳）；二审案件受理费1575元，由阿里巴巴（中国）有限公司负担（已交纳）。

本判决为终审判决。

审判长 兰国红
审判员 周丽婷
审判员 刘义军
二〇一八年七月二十七日
法官助理 夏 旭
书记员 隗傲雪

案例138：王小平与蒋胜男名誉权纠纷二审民事判决书

北京市第二中级人民法院

民事判决书

（2018）京02民终8125号

上诉人（原审原告）：王小平，女，汉族，作家，住北京市东城区。

委托诉讼代理人：陈立意，北京浩天安理律师事务所律师。

被上诉人（原审被告）：蒋胜男，女，汉族，温州市艺术研究所编剧，住浙江省温州市鹿城区。

委托诉讼代理人：李鑫石，北京市正海律师事务所律师。

委托诉讼代理人：邓××，北京市双全律师事务所律师。

上诉人王小平因与被上诉人蒋胜男名誉权纠纷一案，不服北京市东城区人民法院（2016）京0101民初6882号民事判决，向本院提起上诉。本院于2018年8月1日立案后，依法组成合议庭，开庭进行了审理。上诉人王小平之委托诉讼代理人陈立意、被上诉人蒋胜男之委托诉讼代理人李鑫石、邓××到庭参加诉讼。本案现已审理终结。

王小平上诉请求：撤销一审判决，依法改判支持我原审全部诉讼请求，并判令蒋胜男承担本案一、二审案件受理费。事实和理由：1. 我提交的证据和另案生效判决查明认定的事实，已充分证实蒋胜男在微博发布的《关于〈芈月传〉小说及电视剧著作权纠纷说明》一文（以下简称涉案博文）中，恶意发表了多处与事实不符的陈述，贬低了我的人格。2. 我提供的证据也充分证实蒋胜男是通过实名认证的微博，有计划、有步骤地发表多篇恶意诽谤我的微博文章、捏造我没有独立创作作品、诋毁我不具有独立创作能力，仅是利用社会关系，甚至出现"白莲花"等词语，并非简单地发表"个人感受和意见"，其目的显而易见，远超过言论自由的界限。一审判决认定微博内容未指向我，是错误的。3. 蒋胜男侵权主观故意明显，其结果造成了失实的涉案博文被大量转发，引起公众认为我因特殊身份不劳而获，获得了本该属于蒋胜男的相关权益，引发相关公众对我辱骂和人身攻击，造成我人格被贬低和名誉被损毁的严重后果。蒋胜男的行为完全符合《最高院关于审理名誉权案件若干问题的解答》第七条规定的名誉侵权的认定条件。一审法院在审理和认定案件核心事实过程中，人为地割裂相关证据之间的联系，简单片面认为"理由不足"存在明显的偏袒，存在认定事实的严重错误。

蒋胜男辩称，同意一审判决，不同意王小平的上诉请求和理由。涉案博文不构成侵权，理由如下：1. 关于王小平是否参与剧本创作的问题，在温州案的审理中也是争议焦点，是东阳市乐视花儿影视文化有限公司（以下简称花儿影视公司）故意向我隐瞒了聘请其他编剧的事实，我在不知道有其他编剧参与该项目的情况下，认为只有自己一名编剧无可厚非。

2. 关于"特殊身份"的问题，我的涉案文章表述的是"当时考虑到剧本正在拍摄准备中，不想因为这些外在因素让自己精心准备的剧本毁于一旦"等，可以看出当时的客观情况是我与制片人进行过沟通，特殊身份的表达不是我提出来的，是花儿影视公司提出来的，也没有特别隐晦的含义，只是夫妻关系在工作场合比同事关系来讲较为特殊，"特殊关系"并无任何贬义。3. 关于"一辈子没有自己创作过剧本的人"并未指向王小平，根据当时网络语言也没有上下文承接关系，不具备推断身份的语言环境。

王小平向一审法院起诉请求：1. 要求蒋胜男停止侵权，删除其在实名认证新浪微博中发表的涉案博文，同时删除其于 2015 年 6 月 6 日 13 时 21 分、2015 年 9 月 6 日 0 时 29 分、2015 年 9 月 9 日 9 时 20 分、2015 年 9 月 14 日 10 时 53 分、2015 年 9 月 24 日 9 时 14 分、2015 年 11 月 7 日 10 时 34 分、2016 年 4 月 9 日 5 时 22 分发布的微博文章；2. 要求蒋胜男在新浪网首页及"蒋胜男"新浪微博首页置顶向上诉人赔礼道歉，内容由法院核准，道歉内容保留 1 个月；3. 要求蒋胜男在《新京报》《北京青年报》《南方都市报》《羊城晚报》上向上诉人赔礼道歉，内容由法院核准；4. 要求蒋胜男赔偿上诉人精神损失 10 万元及合理维权费用 2 万元。

一审法院认定事实：2012 年 8 月 28 日，案外人花儿影视公司作为甲方与乙方蒋胜男订立《电视剧剧本创作合同》（一），约定花儿影视公司聘任蒋胜男担任电视剧《芈月传》编剧，《芈月传》剧本著作权归花儿影视公司所有，蒋胜男作为编剧享有编剧的署名权。2013 年 7 月 15 日，案外人北京星格拉影视文化传播有限公司（以下简称星格拉公司）作为甲方与乙方蒋胜男订立《电视剧剧本创作合同》（二），该合同除确认合同主体一方由花儿影视公司变为星格拉公司外，其他主要内容与《电视剧剧本创作合同》（一）一致，合同落款日期为 2012 年 8 月 28 日。同时，双方还签署了《补充协议》及蒋胜男单方签署的《授权书》，内容为"星格拉公司无需征得本人同意即可将本授权书内容部分或全部转授权转让给第三方行使"。2013 年 8 月，花儿影视公司与星格拉公司订立《转让协议》及《转让补充协议》，星格拉公司将其与蒋胜男订立的《电视剧剧本创作合同》（二）、《授权书》、《补充协议》的权利义务转让给花儿影视公司。

蒋胜男认为其系小说《芈月传》的原作者，电视剧《芈月传》将自己署名为原创编剧、王小平为总编剧，花儿影视公司及王小平针对电视剧编剧的署名侵犯了其著作权，曾于 2015 年 6 月，向温州市鹿城区人民法院提起诉讼，要求认定花儿影视公司在《芈月传》电视连续剧官方海报、《芈月传》片花上未载明"根据蒋胜男《芈月传》同名小说改编"的行为侵害蒋胜男著作权，判令花儿影视公司立即停止该侵权行为；认定王小平、花儿影视公司在《芈月传》电视连续剧视频、新闻发布会、新浪微博等处擅自署名"总编剧：王小平"的行为侵害蒋胜男著作权，判令王小平、花儿影视公司立即停止该侵权行为；认定花儿影视公司在部分《芈月传》电视连续剧官方海报、《芈月传》片花上蓄意不署名蒋胜男编剧身份的行为侵害蒋胜男著作权，判令花儿影视公司立即停止该侵权行为；认定王小平、花儿影视公司在新浪微博、优秀作品申报书等载体上擅自署名"编剧：王小平、蒋胜男"的行为侵害蒋胜男著作权，判令王小平、花儿影视公司立即停止该侵权行为；判令王小平、花儿影视公司在《北京晚报》、《钱江晚报》、新浪微博上向蒋胜男赔礼道歉；判令王小平、花儿影视公司各赔偿蒋胜男经济损失及合理费用 1 元；判令王小平、花儿影视公司共同承担本案全部诉讼费用。后温州市鹿城区人民法院经审理判决驳回蒋胜男的诉讼请求。蒋胜男对上述判决结果不服，提出上诉。2017年12月12日，浙江省温州市中级人民法院作出的二审民事判决书认定：首先，从《芈月传》剧本创作初期开始，该剧制片人曹平就多次和王小平进行沟通，就剧本创作事项征求她的意见，王小平也对此发表其看法和思路，王小平还根据委托创作合同对蒋胜男提供的剧本进行修改创作，根据拍摄现场情况对剧本内容进行调整，并整理完成拍摄剧本定稿等工作。制片人曹平对蒋胜男提交的剧本大纲和分集内容反复要求修改，其间花儿影视公司委托案外人对蒋胜男的剧本进行修改创作，后又解除与案外人的委托创作合同，于2013年8月和王小平签订委托创作合同，委托王小平在蒋胜男剧本基础上进行修改创作。上述事实经过和相关邮件内容足以说明，制片方认为蒋胜男单独创作的剧本还不能达到拍摄电视剧的要求。需要说明的是，根据《电视剧剧本创作合同》约定，花儿影视公司作为《芈月传》电视剧的投资制片方，有权综合各种因素确定蒋胜男的剧本是否达到拍摄要求。但该公司关于剧本创作尚未达到要求的判断并不能否定蒋胜男原创剧本的艺术成就和对《芈月传》电视剧最终剧本的原创作用。在制片人曹平的协调下，《芈月传》电视剧剧本大部分内容的创作模式是：蒋胜男创作初稿，将稿件发送给曹平，王小平在蒋胜男初稿的基础上进行修改创作。蒋胜男在其创作过程中对王小平参与修改的情况是知情的，至于蒋胜男是否清楚王小平以何种身份参与修改创作，不影响上述事实认定。蒋胜男和王小平对《芈月传》电视剧剧本均付出了大量创作劳动，发挥了重要作用。但一个完整的电视剧剧本作品，由主题、创意、故事框架等多项要素构成，尤其《芈月传》电视剧剧本以特有的创作模式由二位作者参与完成，每位作者的创作对上述要素产生的影响相当复杂，各个要素并非完全由单个作者独立完成，该电视剧剧本的最终确定融入不同作者的创作智慧。其次，根据《电视剧剧本创作合同》约定，乙方（蒋胜男）应按照甲方（花儿影视公司）对该作品的时间和艺术质量的要求所提交的各项工作成果经修改仍不能达到甲方要求至满意，甲方有权在解除合同或继续履行合同时聘请其他编剧在乙方已完成的剧本基础上进行修改，对剧本所作修改不视为对乙方权利的侵犯，但乙方仍享有《芈月传》一剧在电视剧片头中编剧之一的署名权，但排序由甲方定。如前所述，花儿影视公司对蒋胜男提交的剧本经多次要求修改，仍认为不能达到要求，因此聘请王小平在蒋胜男剧本的基础上进行修改创作。上述约定的事实条件已经成就，花儿影视公司有权决定王小平和蒋胜男作为本剧作者的署名排序。在《芈月传》电视剧剧本创作过程中，王小平和蒋胜男均付出大量创作劳动，对剧本的最终完成发挥重要作用。在二者付出的劳动和发挥的作用不存在悬殊差异的情况下，花儿影视公司确定王小平为《芈月传》电视剧剧本的第一作者，并没有违反上述合同约定。制片方在电视剧作品上为编剧署名时冠以特定的称谓（如本案的"总编剧""原创编剧"等）以体现每位编剧不同的分工和作用，这种做法本身并没有被著作权法或其他法律所禁止。根据本案事实，王小平除完成修改创作任务外，还对剧本大纲、初稿评判、剧情安排等剧本创作事项提出指导意见。在剧本开始拍摄后，其又根据拍摄现场情况对剧本内容进行修改调整。虽然蒋胜男对王小平参与这些工作的合理性提出质疑，但从《芈月传》电视剧剧本的整个创作过程来看，王小平客观上发挥了指导性、全局性作用。花儿影视公司为王小平署名时冠以"总编剧"称谓，其与工作性质和发挥的作用匹配，并无不当。同时，花儿影视公司根据约定为蒋胜男冠以"原创编剧"称谓进行署名，该称谓也客观反映了蒋胜男在《芈月传》电视剧剧本创作中本源性、开放性的作用。根据文意理解，"总编剧"和"原创编剧"称谓反映不同编剧在创作中的工作性质和分工侧重，二者并不存在明显的优劣之分。况且，也没有证据表明，在剧本创作领域存在总编剧必然比其他编剧对作品的贡献更高、地位更显著的标准或者惯例。最后，署名权的行使应以作品为载体，电视剧海报和片花既不是电视剧作品本身，其目的和功能也非表明作者身份。因此蒋胜男认为花儿影视公司没有在片花和所有海报上载明"本剧根据蒋胜男同名小说改编"及蒋胜男编剧身份，侵害其署名权，没有法律依据。最终，法院判决：驳回上诉，维持原判。

2015年9月，花儿影视公司将蒋胜男起诉至北京市朝阳区人民法院，认为电视剧《芈月传》尚未播出，但蒋胜男却出版、发行了小说《芈月传》，违反了合同约定。一审法院经审理认定蒋胜男存在违约，判决立即停止小说《芈月传》的出版、发行。后蒋胜男向北京知识产权法院提起上诉。北京知识产权法院经审理认为一审法院的上述判决结果具有法律上的正当性，但电视剧版《芈月传》在一审判决作出后已经进行了公映，小说版《芈月传》的出版、发行时间限制条件消除，因此一审判决所依据的事实发生重大变化，一审判决结果已不具有可执行性，因此判决撤销一审判决，驳回花儿影视公司的全部诉讼请求。

2016年6月28日，花儿影视公司将蒋胜男、浙江文艺出版社有限公司、北京中关村图书大厦有限公司起诉至北京市海淀区人民法院，认为根据花儿影视公司与蒋胜男订立的合同，花儿影视公司是委托蒋胜男创作的《芈月传》电视剧分集大纲、人物小传和剧本的著作权人，享有在改编和创作过程中形成的一切智力成果和电视剧剧本、电影剧本、电视剧作品、电影作品的全部著作权和衍生品的权利。2015年8月至11月，浙江文艺出版社出版发行了署名"蒋胜男著"的《芈月传》小说。花儿影视公司经对比发现蒋胜男发表的《芈月传》小说与花儿影视公司委托蒋胜男创作的《芈月传》电视剧分集大纲、人物小传和剧本在人物关系及故事情节上高度一致，部分章节内容与《芈月传》电视剧剧本的相应内容完全一致。《芈月传》电视剧本创作包含了集体智慧与集体劳动的共同成果，其（大量情节）表达内容具有独创性，构成原创作品。蒋胜男在未经花儿影视公司同意的情况下，擅自将花儿影视公司享有著作权的《芈月传》电视剧分集大纲、人物小传和剧本作品的内容改编为《芈月传》小说，且抄袭《芈月传》电视剧剧本作品的部分内容，并单独以小说作者名义许可浙江文艺出版社发行小说《芈月传》，在北京中关村图书大厦等地销售。上述行为侵犯了花儿影视公司对《芈月传》电视剧分集大纲、人物小传和剧本作品享有的著作权，蒋胜男、浙江文艺出版社在侵权行为中获得巨大不当收益，故起诉要求蒋胜男、浙江文艺出版社有限公司停止出版、发行《芈月传》小说并赔偿损失，北京中关村图书大厦有限公司停止销售《芈月传》小说等。2017年12月28日，北京市海淀区人民法院作出一审判决，认为蒋胜男与花儿影视公司以签订合同的方式明确了《芈月传》小说与《芈月传》剧本的著作权归属，且《芈月传》剧本系同名小说的改编作品，花儿影视公司在此后的电视剧播出和公开场合以自认的方式对此予以许可，故花儿影视公司关于蒋胜男创作的《芈月传》小说侵犯了《芈月传》剧本的改编权的主张，法院不予支持。最终，判决驳回花儿影视公司的全部诉讼请求。该案正在上诉过程中。

2015年11月10日10时21分，蒋胜男在其实名认证的新浪微博中发布涉案博文，其中陈述"（第二自然段最后两句）但制片方借口我的小说'未出版'为由，回避与我签订原著小说改编权授权合同，而仅仅与我签订《芈月传》编剧创作合同，并借口'防止同行抄袭'，不许我在网络发表已经完成的小说，此后又限制我小说的出版时间。后因市面上出现同类侵权小说，经我与制片方多次沟通，方同意将出版日期提前到2015年6月分卷出版，我才与出版社签订'出版合同'。（第三自然段）签约'剧本创作合同'之后，我开始对我的原著小说进行电视剧本的改编。从2012年9月递交大纲、分集大纲、人物小传开始，直至2014年3月底交付所有53集剧本，至此所有的剧本均由我一人所改编完成，其中部份内容亦按制片方审稿要求进行数稿修改，其间并无任何合作改编者。在所有剧本交稿通过之后，制片方再未对我所改编的剧本提出任何修改意见，并且对方接收剧本后，支付了全稿通过审核阶段的稿费，这应该可以表明制片方对我改编的剧本是认可的。（第四自然段）当然，剧本改编期间的沟通过程并非尽如人意。2013年7月当我递交完1～10集以后，制片方中间屡次要求修改合同，企图对《芈月传》所有著作权及上下游衍生品权益进行全面剥夺被我拒绝。其中详细，一言难尽。（第五自然段）我于2014年3月份交完全稿，6月份《芈月传》正式启动对外宣传，但出现在《芈月传》电视剧官方海报署名是'编剧：蒋胜男、王小平'。编剧竟然莫名的增加了王小平，这让我十分惊讶和不解！因为在我进行剧本改编时，王小平女士只是作为导演方提出过廖廖几点审稿意见而已，如何能同列编剧？当时考虑到剧本正在拍摄准备中，不想因为这些外在因素让自己精心孕育的剧本毁于一旦，同时制片方亦说是为了考虑到王小平女士的特殊身份，此时与制片方正式交涉，也会影响到拍摄进行，为顾全大局，也只能忍下这种委屈。另外，当时《芈月传》电视剧官方海报及其他宣传资料中也没有载明根据我的小说进行改编……（第七自然段）但事情到此远远没有结束，反而愈加出乎我的预料。制片方举办2015年1月5日《芈月传》新闻发布会前，曾通知我参会，但前提是必须将编剧的署名变成'原创编剧：蒋胜男；总编剧：王小平'。这一次制片方直接将王小平由编剧之一变成'总编剧'，而我却仅署名为'原创编剧'。我拒绝出席新闻发布会以示抗议。但新闻发布会仍以此形式对外进行宣传。此后，出现大量'编剧王小平'如何辛苦创作剧本的报导，绝大部分报道只字未提原著及编剧蒋胜男的名字。（第八自然段）此外，《芈月传》拍摄期间，制片方先是以种种理由阻止我去参加开机仪式，关机仪式我更是完全不知情。拍摄期间我曾一再要求赴剧组探班，但几乎每次都被对方以种种理由拒绝。仅有一次让我去象山探班两天，但不允许我与演员有任何关于剧本的交流。此前一直没有让我看到拍摄本，在被电话通知本剧已经关机之后，我曾联系制片人曹平问能否看下完成的拍摄拷贝，因为怕其中会出现一些历史细节的错误（此前出现过）。但曹平回复说，拍摄拷贝不能给我看，让我去网上看他们放出来的片花。"王小平认为上述文章中，第二自然段"后因市面上出现同类侵权小说，经我与制片方多次沟通，方同意将出版日期提前到2015年6月分卷出版，我才与出版社签订'出版合同'"与事实不符；第三、四自然段陈述内容与事实不符；第五自然段陈述内容与事实不符，且"因为在我进行剧本改编时，王小平女士只是作为导演方提出过廖廖几点审稿意见而已，如何能同列编剧？"与"同时制片方亦说是为了考虑到王小平女士的特殊身份，此时与制片方正式交涉，也会影响到拍摄进行，为顾全大局，也只能忍下这种委屈"存在侮辱与诽谤；第七、八自然段陈述内容与事实不符。蒋胜男认为其上述言论均未指向王小平，且系对事实的陈述及个人意见的表达，其从未表达过因王小平的特殊身份取得编剧署名的意思，正确的含义是因为编剧署名问题涉及王小平，而王小平又是导演的妻子，如果此时与制片方交涉，担心会影响到拍摄。蒋胜男称其发表上述言论时，只知道王小平当时作为导演方成员之一提出几点符合导演组拍摄要求的意见，至于王小平与制片方的合同等材料系诉讼中才取得。2015年11月14日23时18分、2016年1月1日11时32分，蒋胜男分别再次转发涉案博文。

2015年6月6日13时21分，蒋胜男转发案外人微博"上了一当又一当，当当上得不一样。如此迫害编剧，令人不齿，令人心寒。如实说一段经历。仅此而已"的同时，评论"'上了一当又一当，当当上的不一样。如此迫害编剧，令人不齿，令人心寒'，呵呵，花样翻新坑编剧，何止如此，我三年原著三年编剧，独立一人完成大纲人设分集全剧全稿，砖头电视剧快拍完了，就忽然出来一个'总编剧'，一辈子没有自己独立作品的人却头顶着别人原创的作品当自己的'代表作'也是呵呵了"。王小平认为上述内容与事实不符，存在侮辱与诽谤。蒋胜男认为该言论是对转载文章所述内容系有感而发，并未针对王小平，这是对有关事件的评论，系言论自由的必要范围。

2015年9月6日0时20分，蒋胜男发表微博"一辈子没自己独立创作过剧本的人，是容易把写剧本当成'深壕大沟'，所谓会者不难，难者不会嘛，就这么简单"。王小平认为上述内容存在侮辱与诽谤。蒋胜男认为该言论未针对王小平。

2015年9月9日9时20分，蒋胜男转发案外人微博"小说作者进入影视业后，其实一样要经受优胜劣汰的法则。不管入行时得到的承诺是什么，不管首部影视化作品有多么辉煌，仍得一层层的磨砺。编剧也是这么生存过来的。沉者自沉，浮者自浮，是浮是沉，取决于自身的密度。这个密度，就是力扶菩提心老师所提倡的叙事能力。好故事，好叙事，是唯一的课题"的同时，评论"是，如果一个人一辈子都没有自己独立建构剧本的能力，再充白莲花，撒再多狗血也是枉然，其他大家都是明眼人"。王小平认为上述内容存在侮辱与诽谤。蒋胜男认为系正常表达意见，并未指向王小平。

2015年9月14日10时53分，蒋胜男发表微博"有人到现在还不明白编剧和场记的区别，编剧是一剧之王，构建剧中整个世界。场记是接受导演和演员指示打下手的，没自己写过剧本的人，认识是有偏差的啊"。王小平认为上述内容存在侮辱与诽谤。蒋胜男认为系正常表达意见，并未指向王小平。

2015年9月24日9时14分，蒋胜男转发案外人微博"世事无绝对。令人悲哀的是，骂IP现象的人中，有相当一部分人创作的质量还不如他骂的作品。令人绝望的是，骂IP现象的人中，有更偏执的一部分人花几年甚至几十年创作的剧本还不如他骂的人一晚上喷出来的东西。所以，千万别因为骂同一样东西而把对方引为知音与同伙"的同时，评论"这世上总是有明白人的，而且明白人会越来越多，网络时代，混得了一时，混不了一世，终究还是靠自己独立创作的作品说话"。王小平认为上述内容与事实不符，存在侮辱与诽谤。蒋胜男认为系正常表达意见，并未指向王小平。

2015年11月7日10时34分，蒋胜男发布微博，内容为"看一个人有没有创作能力，一是看她有没有独立的作品，二是看她有没有离开她的关系网以外的作品——群众的眼睛是雪亮的，谎言重复一百次并不能成为真相"。王小平认为上述内容与事实不符，存在侮辱与诽谤。蒋胜男认为上述言论是其对判断创作能力标准问题的理解，并没有指向王小平。

2016年4月9日5时22分，蒋胜男发布的微博含有如下内容"1.芈月传在台湾地区播出，有台湾地区读者告诉我。原本国内电视台及网络播出时片头'根据蒋胜男同名小说改编'这一行字消失了。2.导演在《芈月传》台湾地区播出时，对媒体进行对原作者及作品内容与人物的贬低，并进行一些暗示诱导。……明眼人当然能看清楚。第一步：抹掉你的名字，第二步：抹掉你的作品，第三步：抹掉你这个人"。王小平认为上述内容与事实不符，存在侮辱与诽谤。蒋胜男认为系正常表达意见，并没有指向王小平。

一审审理中，双方一致确认，电视剧《芈月传》的导演郑晓龙与王小平系夫妻关系。

一审法院认为，名誉是特定人所受到的有关其品性、才具、功绩、职业、身份等方面的社会评价的总和。公民享有名誉权，公民的人格尊严受法律保护，捏造事实公然丑化他人人格，以及用侮辱、诽谤等方式损害他人名誉，造成一定影响的，应当认定为侵害公民名誉权的行为。本案的争议焦点并非王小平、蒋胜男双方在著作权方面的争议，而是蒋胜男在双方存在著作权纠纷过程中发布涉案博文及于2015年6月6日13时21分、2015年9月6日0时29分、2015年9月9日9时20分、2015年9月14日10时53分、2015年9月24日9时14分、2015年11月7日10时34分、2016年4月9日5时22分发布的微博文章部分言论是否侵害王小平的名誉权。根据已查明情况，蒋胜男发布的涉案博文及于2015年6月6日13时21分、2015年9月6日0时29分、2015年9月9日9时20分、2015年9月14日10时53分、2015年9月24日9时14分、2015年11月7日10时34分、2016年4月9日5时22分发布的微博文章部分言论提及王小平或相关事件，无法认定王小平与本案不存在利害关系，因此蒋胜男认为王小平没有诉权的意见，不能成立。分析上述文章内容，其中部分内容并未指向王小平，如涉案博文第二自然段最后两句话、第四自然段、第八自然段及2015年9月6日0时29分、9月9日9时20分、9月14日10时53分、9月24日9时14分、11月7日10时34分、2016年4月9日5时22分蒋胜男发布的微博或转发案外人微博进行的评论，因此王小平认为上述内容侵犯其名誉权，缺乏事实依据，法院不予支持。而其余文章及微博内容，系蒋胜男对双方著作权纠纷发表的个人看法，虽然2017年12月12日浙江省温州市中级人民法院对相关著作权纠纷给予法律上的认定，但上述言论均在双方著作权纠纷发生之初，蒋胜男作为著作权纠纷的当事人一方，在自媒体中陈述自己对争议事件的观点，并不为法律禁止，且蒋胜男的上述言论与其在著作权纠纷中所持观点基本一致，因此无法认定蒋胜男存在侮辱、诽谤的主观恶意。涉案博文中提到"当时考虑到剧本正在拍摄准备中，不想因为这些外在因素让自己精心孕育的剧本毁于一旦，同时制片方亦说是为了考虑到王小平女士的特殊身份，此时与制片方正式交涉，也会影响到拍摄进行，为顾全大局，也只能忍下这种委屈"并未含有王小平因"特殊身份"而获得编剧署名的意思，因此王小平认为蒋胜男的上述言论侵犯其名誉权，理由不足，法院不予支持。据此，一审法院判决：驳回王小平的全部诉讼请求。

本院二审期间，双方对于一审判决已经认定的事实均无异议，就争议事实双方均未提供新的证据，本院对一审判决认定的事实予以确认。另，双方一致确认电视剧《芈月传》已于2015年11月30日正式在大陆地区首播。

本院认为，自然人享有生命权、身体权、健康权、姓名权、肖像权、名誉权、隐私权、婚姻自主等权利。名誉是特定人所受到的有关其品性、才能、功绩、职业、身份等方面的社会评价的总和。公民享有名誉权，公民的人格尊严受法律保护，捏造事实公然丑化他人人格，以及用侮辱、诽谤等方式损害他人名誉权造成一定影响的，应当认定为侵害公民名誉权的行为。作为公众人物，应当较普通人负有更多的容忍义务。

本案的争议焦点是蒋胜男发布涉案博文及于2015年6月6日13时21分、2015年9月6日0时29分、2015年9月9日9时20分、2015年9月14日10时53分、2015年9月24日9时14分、2015年11月7日10时34分、2016年4月9日5时22分发布的微博文章部分言论是否侵害王小平的名誉权。根据已查明情况，蒋胜男发布的涉案博文是在蒋胜男与王小平及花儿影视公司存在著作权纠纷过程中，分析该博文内容，部分并未指向王小平，如涉案博文第二自然段最后两句话、第四自然段、第八自然段，且蒋胜男于2015年9月6日0时29分、9月9日9时20分、9月14日10时53分、9月24日9时14分、11月7日10时34分、2016年4月9日5时22分发布的微博或转发案外人微博进行的评论，也并未明确指向王小平。王小平认为上述内容侵犯其名誉权，依据不足，本院难以支持。其他相关博文及微博内容，也是蒋胜男就双方著作权纠纷发表的个人看法，其作为案件一方当事人在自媒体中陈述自己对争议事件的观点，不为法律所禁止，且其上述言论与其在著作权纠纷中所持观点基本一致，因此不宜认定蒋胜男存在侮辱、诽谤的主观恶意。至于涉案博文中提到的"当时考虑到剧本正在拍摄准备中，不想因为这些外在因素让自己精心孕育的剧本毁于一旦，同时制片方亦说是为了考虑到王小平女士的特殊身份，此时与制片方正式交涉，也会影响到拍摄进行，为顾全大局，也只能忍下这种委屈"，未含有王小平因"特殊身份"而获得编剧署名的意思，现王小平认为蒋胜男的上述言论侵犯其名誉权，理由不足，本院难以认定。

但应当指出，双方均系有一定影响的公众人物，应珍惜自己在公众面前树立的良好形象，发生争议后更应采取谨慎的态度，通过合法途径解决纠纷。双方均应注意言语措辞可能给他人带来的影响，不应随意发表充满个人情绪的、有针对性的言论，以免引发新的矛盾或使原有矛盾发酵。

综上所述，王小平的上诉请求不能成立，应予驳回；一审判决认定事实清楚、适用法律正确，应予维持。依照《中华人民共和国民事诉讼法》第一百七十条第一款第（一）项之规定，判决如下：

驳回上诉，维持原判。

二审案件受理费2700元，由王小平负担（已交纳）。

本判决为终审判决。

审判长 董建中

审判员 白 松

审判员 刘慧慧

二〇一八年八月十七日

法官助理 胡珊珊

书记员 孙春玮

案例139：高富强与中国妇女报社名誉权纠纷二审民事判决书

北京市第二中级人民法院
民事判决书

（2018）京02民终9658号

上诉人（原审原告）： 高富强，男。
被上诉人（原审被告）： 中国妇女报社，住所地北京市西城区。
法定代表人： 黄海群，社长。
委托诉讼代理人： 吴京，女。

上诉人高富强因与被上诉人中国妇女报社名誉权纠纷一案，不服北京市西城区人民法院（2018）京0102民初16404号民事判决，向本院提起上诉。本院于2018年9月10日立案后，依法组成合议庭进行审理。本案现已审理终结。

高富强上诉请求：撤销一审判决，发回重审或者改判支持我原审诉讼请求。事实和理由：生育选择权是公民个人决定是否生育的权利，中国妇女报社在其微博中称我侵犯了"作为母亲的个人生育选择权和人格尊严"，而我的评论行为并未侵犯郭献珍的生育选择权，中国妇女报社的言行与事实不符侵犯了我的名誉权。

中国妇女报社辩称，我方不同意高富强的上诉请求，同意一审判决。答辩理由如下：高富强言论不当，我方予以纠正并无不当，并未侵犯其名誉权。

高富强向一审法院起诉请求：判令中国妇女报社删除"【授权发布！针对高富强不当言论，农家女杂志社发表声明解聘当事人】"的新浪博文；判令中国妇女报社向我出具加盖中国妇女报社公章的书面道歉信，并将该道歉信在中国妇女报社官方微博中发布，且置顶时间不少于48小时；判令中国妇女报社支付我精神损害抚慰金9999元。

一审法院认定事实：高富强原系中国妇女报社下属二级法人单位《农家女》杂志社聘用的编辑（记者）。2018年3月17日，高富强在新浪微博对转发的《华商报》一篇关于《河南籍消防战士天津港事故中牺牲，两年后51岁母亲产双胞胎》新闻稿件进行转发，该稿件内容"2015年8月12日，周口商水籍消防战士訾青海在处置天津港瑞海公司危险品仓库特别重大火灾爆炸事故中牺牲，献出年仅20岁的生命，被评为烈士。两年多后的2018年3月6日，经过35周幸福煎熬，訾青海51岁的母亲郭献珍通过试管婴儿技术，产下一对双胞胎男婴，一个重5.8斤，一个重5.4斤，訾青海有了弟弟！目前，母子身体状况良好，已从医院回家"。高富强在转发该新闻稿件时发表评论：还有这种傻■（取证截图时，该字经过处理），即使不珍惜自己的贱命，也要考虑孩子的感受。当你一脸褶子却叫孩子叫你妈时，确定孩子内心不会崩溃？该评论在微博受到广泛的浏览和评论，因高富强具有实名认证的身份（农家女杂志社编辑头条文章作者），3月19日，中央网信办致电全国妇联，内容为"高富强认证为《农家女》杂志社编辑。其发布贴文攻击烈士母亲生子，语言粗俗恶劣，引起网站和网民热议，干扰两会主题。特此将情况通报全国妇联。根据意识形态责任制，请全国妇联对相关责任人加强教育，约束其网上行为，并将处理结果反馈我局"。

3月19日，中国妇女报社所管理、维护的中国妇女报新浪微博【授权发布！针对高富强不当言论，农家女杂志社发布声明解聘当事人】，声明如下：针对高富强在其个人微博所发不当言论，农家女杂志社高度重视，第一时间对高富强涉事情况进行了调查。经了解，网络所反映的有关情况属实。农家女杂志社认为，高富强在其个人微博上发表存在侮辱和攻击女性的言论，侵犯了作为母亲的个人生育选择权和人格尊严，并在社会上造成了非常恶劣的影响，为此，农家女杂志社决定解除与高富强的聘用合同，并就此向有关当事人、有关部门单位和广大网友表示诚挚的歉意。杂志社将以此为戒，举一反三，加强对员工进行法制与道德教育，进一步完善员工的自媒体管理，坚决杜绝类似事件的发生。对此，高富强本人也已深刻认识到了自身的错误，并表示今后一定会吸取深刻教训，谨言慎行，做对国家、社会和人民负责的好公民。同时，他再次对自己不当言论而给有关当事人和广大网友造成的伤害表示深深的歉意。

另查，2018年3月21日，北京市公安局昌平分局根据举报，认定高富强的评论中带有侮辱、辱骂性的词汇，该评论被多次转发，造成较大影响，情节恶劣。给予其行政拘留三日的处罚。

一审法院认为，虽然单位对于职工的处理决定不属于侵害名誉权的审理范围，但中国妇女报社采取在网络上公布辞退高富强的处理决定，并公开对高富强进行批评，已超出了解决人事争议相对封闭的范畴，故法院应当就本案进行实体审理。

公民有言论自由的权利，但公开发表观点，无论基于何种初衷，绝不能采取侮辱、贬低他人人格的言辞。高富强系杂志社编辑，较之一般民众更应有规范言行之觉悟。高富强对于郭献珍再次生育行为发表的评论，观点偏颇并带有辱骂他人人格的词语，已对他人名誉造成侵害，昌平区公安分局对高富强作出行政拘留的处罚，也印证其不法行为的严重后果。结合事件发生的起因及造成不良影响，中国妇女报社在官方微博及时发表公开声明，澄清事实，明确立场，向公众致歉的行为并无不妥，亦未损害高富强名誉权。高富强要求中国妇女报社承担名誉权侵权的诉讼请求，法院不予支持。综上所述，一审法院于2018年7月判决：驳回高富强的诉讼请求。

本院经审理查明的事实与一审无异。二审中，双方当事人均未提交新证据。

本院认为：自然人享有名誉权，禁止用侮辱、诽谤等方式损害他人名誉。根据《最高人民法院关于审理名誉权案件若干问题的解释》第七条的规定，是否构成侵害名誉权的责任，应当根据受害人确有名誉被损害的事实、行为人行为违法、违法行为与损害后果之间有因果关系、行为人主观上有过错来认定。当事人对自己提出的诉讼请求所依据的事实或者反驳对方诉讼请求所依据的事实，应当提供证据加以证明，但法律另有规定的除外。在作出判决前，当事人未能提供证据或者证据不足以证明其事实主张的，由负有举证证明责任的当事人承担不利的后果。高富强主张中国妇女报社侵犯其名誉，理由是生育选择权是公民个人享有的决定生育与否的权利，其并不可能侵犯郭献珍的生育选择权，中国妇女报社在自己所管理的微博中的表述与事实不符。高富强作为新闻从业者，实名认证微博中发表带有辱骂和攻击的不当言论，被多次转发和评论，该行为亦被昌平区公安分局处罚。中国妇女报社作为其所属单位的上级单位，在自己的网站中就该事件向社会公众解释致歉，并无不妥。高富强亦未能提供证据证明其确有名誉被损害的事实、中国妇女报社行为违法、违法行为与损害后果之间有因果关系、中国妇女报社主观上有过错。

综上所述，高富强上诉请求不能成立，应予驳回；一审判决认定事实清楚，适用法律正确，应予维持。依照《中华人民共和国民事诉讼法》第一百七十条第一款第（一）项规定，判决如下：

驳回上诉，维持原判。

二审案件受理费300元，由高富强负担（已交纳）。

本判决为终审判决。

审判长　孟　龙

审判员　刘苑薇

审判员　王　云

二〇一八年九月十九日

法官助理　董　红

书记员　房依彤

案例 140： 曾宪斌与清华大学名誉权纠纷
二审民事判决书

广东省广州市中级人民法院
民事判决书

（2018）粤 01 民终 11494 号

上诉人（原审原告）： 曾宪斌。
委托诉讼代理人： 叶竹盛，广东卓信律师事务所兼职律师。
委托诉讼代理人： 李晓怡，广东卓信律师事务所实习律师。
被上诉人（原审被告）： 清华大学，住所北京市海淀区清华园。
法定代表人： 邱勇，职务校长。
委托诉讼代理人： 陈建民，北京市铸成律师事务所兼职律师。

上诉人曾宪斌因名誉权纠纷一案，不服广州市海珠区人民法院（2017）粤 0105 民初 9266 号民事判决，向本院提出上诉。本院依法组成合议庭审理本案，现已审理终结。

原审法院审理查明：2013 年 8 月 6 日，被上诉人的新浪微博官方账户发布微博，内容为：近日，网传"清华大学客座教授曾宪斌在某地产年会上发表'房价越低的城市越丢人'等有关言论"；经查，清华大学教师中没有名为"曾宪斌"的人，聘请的客座教授中也没有名为"曾宪斌"的人。

之后，上诉人于 2017 年 10 月 10 日向原审法院提起本案诉讼。

庭审中，上诉人确认其没有与被上诉人签订任何聘用合同，没有领取被上诉人工作证，且在被上诉人处没有人事档案和编制。上诉人确认涉案微博内容中不涉及对隐私的侵犯，也不存在侮辱的语句，但存在捏造、散布虚假事实的诽谤行为。

上诉人提供了《聘书》，载明"兹聘请曾宪斌先生（女士）为清华大学职业经理训练中心教授会会员（聘期自 2005 年 8 月 1 日至 2007 年 7 月 31 日）"，落款为"清华大学职业经理训练中心主任骆建彬"，没有加盖被上诉人印章。上诉人提供了纪念牌、教材讲义材料、教学光盘等，用于证明其为被上诉人的客座教授。上诉人提供了新闻报道，用于证明媒体对上诉人的评论报道情况。

被上诉人提供了被上诉人的规章制度，用于证明其制定的相应管理规定。被上诉人提供了课酬发放记录，用于证明其向上诉人发放课酬的情况。被上诉人提供了新闻报道，用于证明客座教授的聘请情况。

原审法院认为：根据《最高人民法院关于贯彻执行〈中华人民共和国民法通则〉若干问题的意见（试行）》第 140 条第 1 款"以书面、口头等形式宣扬他人的隐私，或者捏造事实公然丑化他人人格，以及用侮辱、诽谤等方式损害他人名誉，造成一定影响的，应当认定为侵害公民名誉权的行为"之规定，现上诉人以被上诉人发布的涉案微博内容侵犯其名誉权为由提起本案诉讼，应依照上述规定进行审查。上诉人于本案庭审中确认涉案微博内容中不涉及对隐私的侵犯，也不存在侮辱的语句，但对该微博中"清华大学教师中没有名为'曾宪斌'的人，聘任的客座教授中也没有名为'曾宪斌'的人"的内容提出异议，认为发布该内容属于捏造、散布虚假事实的诽谤行为，现双方争议的焦点是被上诉人发布该微博内容是否属于捏造、散布虚假事实的诽谤行为。

首先，上诉人主张于2002年至2013年间在被上诉人继续教育学院下属的职业经理训练中心任教，每学期有一至两期课程，每期课程为集中两至三天授课，其还每月代表被上诉人到外地授课，课程结束后发放课酬，课酬均按照课时计算，不上课则没有课酬，同时其在其他单位担任职业培训师、房地产策划师，属于被上诉人的外聘教师。被上诉人对此确认上诉人于2013年以前曾在被上诉人下属的继续教育学院任教，属于外聘临时授课老师，课酬均按照课时计算，不上课则没有课酬，但具有教师资格证、被被上诉人聘用且属于被上诉人事业编制内的教师才属于被上诉人的教师，故上诉人不属于被上诉人的教师。结合上诉人于本案庭审中确认其没有与被上诉人签订任何聘用合同，没有领取被上诉人工作证，在被上诉人处没有人事档案和编制，且没有证据证明上诉人具有教师资格证的情况，上诉人显然不属于被上诉人的在编全职教师。至于公众对被上诉人的教师通常理解为被上诉人的在编全职教师，可见上述微博中"清华大学教师中没有名为'曾宪斌'的人"的内容并未违背客观事实与公众认知，并不属于捏造、散布虚假事实的诽谤行为，故原审法院对上诉人该主张不予采纳。

其次，上诉人主张其为被上诉人的客座教授，对此被上诉人予以否认。上诉人提供了《聘书》、纪念牌、教材讲义材料、教学光盘等予以证明，其中《聘书》并非聘请上诉人担任客座教授，该《聘书》已过期，且并未加盖被上诉人印章，纪念牌、教材讲义材料、教学光盘等亦未经被上诉人确认，上诉人并未提供被上诉人聘任其担任客座教授的聘用合同或聘书予以证明，不足以证明其主张。可见上述微博中"聘任的客座教授中也没有名为'曾宪斌'的人"的内容并未违背客观事实，并不属于捏造、散布虚假事实的诽谤行为，故原审法院对上诉人该主张不予采纳。

综上，被上诉人发布涉案微博内容并不属于捏造、散布虚假事实的诽谤行为，亦不存在宣扬他人隐私、侮辱他人人格的情形，被上诉人行为并未违法，被上诉人对此亦没有存在主观过错，上诉人据此主张被上诉人侵犯其名誉权，并于本案中提出的诉讼请求，缺乏事实和法律依据，原审法院不予支持。

综上所述，依照《最高人民法院关于贯彻执行〈中华人民共和国民法通则〉若干问题的意见（试行）》第140条，《最高人民法院关于审理名誉权案件若干问题的解答》第七条，《最高人民法院关于民事诉讼证据的若干规定》第二条之规定，判决如下：驳回上诉人曾宪斌的全部诉讼请求。本案受理费500元，由上诉人曾宪斌负担。

上诉人曾宪斌不服原审判决，上诉称：不服广东省广州市海珠区人民法院（2017）粤0105民初9266号民事判决，现提起上诉。上诉请求：1.依法撤销原审判决，依法改判或发回重审；2.由被上诉人承担本案诉讼费用。

上诉理由：原审判决事实认定不清，法律适用错误，做出了错误的判决。本案的基本事实是，曾宪斌于2002年至2013年长期在清华大学讲课，是清华大学的外聘教师，从事了大量教学工作，编写了大量讲义，出版了数本教材，并从清华大学财务处以清华大学教师名义领取课酬。因曾宪斌在一个论坛上发表"一个城市房价越低越丢人"的言论，媒体以清华大学客座教授身份报道了曾宪斌的该活动，网络议论纷纷。2013年8月6日，清华大学为了应对舆论压力、撇清与曾宪斌的关系，发布涉案微博，声明"清华大学教师中没有名为'曾宪斌'的人，聘任的客座教授中也没有名为'曾宪斌'的人"。该微博导致公众认为，曾宪斌并非清华大学任何一种教师，在清华大学没有任何教职，而是打着清华大学的幌子招摇撞骗。清华大学涉案微博散布的虚假事实导致曾宪斌名誉严重受损。原审法院在查明曾宪斌与清华大学的聘任关系，审查清华大学微博是否属于虚假事实，认定清华大学是否侵犯曾宪斌名誉权时，至少在以下四个方面存在事实认定错误和法律适用不当，具体理由如下：

一、原审法院认定曾宪斌没有与清华大学签订任何聘用合同，事实认定错误。一审认定，曾宪斌"没有与清华大学签订任何聘用合同"，属于事实认定错误，曾宪斌仅确认没有与清华大学签订书面聘用合同，但主张双方对聘任关系有明确、长期和稳定的约定，因此双方存在事实上的聘用关系。事实上，曾宪斌于2002年至2013年受聘于清华大学，领取了清华大学职业经理训练中心的聘书和纪念牌，在清华大学职业经理训练中心等下属单位授课，批阅学生论文，编写讲义和教材，并在清华大学财务处以清华大学教师的身份领取课酬。除上述聘任凭证、聘任行为和聘任事实外，清华大学在学校层面上也以向其发放教师课酬的方式确认了下属单位对其的聘任。因此，有充分证据证明，曾宪斌拥有清华大学的教职，属于清华大学的外聘教师。事实上，清华大学也在一审庭审中确认，清华大学外聘教师不一定要签订书面合同，并确认曾宪斌属于清华大学的外聘教师，与清华大学存在聘任关系。

二、原审判决对"教师"概念的外延认定错误，犯了"白马非马"的逻辑谬误。曾宪斌作为清华大学外聘教师，并未超出"清华大学教师"这个概念的外延。清华大学否认曾宪斌属于清华大学教师的声明，应认定为虚假事实。原审判决已经认定曾宪斌属于清华大学的外聘教师，但是却认定"公众对清华大学的教师通常理解为清华大学的在编全职教师"，因此认为清华大学声明曾宪斌不属于清华大学教师没有违反事实。一审法院的认定没有任何事实依据，且明显不符常理和逻辑。具体理由如下：1. 从清华大学在一审庭审中的自认及其提交的相关制度文件来看，清华大学的师资队伍既包括全职教师，也包括外聘教师，因此"清华大学教师"的指称范围不限于全职的编制内教师，也包括各种类型的外聘教师、兼职教授和客座教授等等。2. 从清华大学发布涉案微博的动机来看，其动机在于撇清曾宪斌与清华大学的关系，因此其主张曾宪斌不属于清华大学教师一员的声明，目的是否认曾宪斌与清华大学存在任何教职关系，因此清华大学是在"各类教师"的意义上使用"教师"一词，而不仅仅是否认曾宪斌属于清华大学的全职教师。3. 从清华大学内部的习惯称谓看，曾宪斌也属于清华大学教师。清华大学在一审时提交的证据八课酬发放表第40~41页显示，在清华大学财务处的课酬发放系统上，将曾宪斌列入"清华大学继续教育学院教师"的范围，并以此名义向曾宪斌发放课酬。因此证明，在清华大学内部，也使用清华大学教师的身份指称曾宪斌这一类外聘教师。4. 从语义的一般理解来看，涉案微博是否定句，其称"清华大学教师中没有名为'曾宪斌'的人"，实际上否认了曾宪斌属于清华大学的任何一种教师，而不仅仅限于否认曾宪斌属于全职教师。因此从语用学角度讲，涉案微博中"教师"一词指称的是所有类型的教师。5. 根据日常经验法则，对于公众来说，一个连续十多年站在清华大学讲台上的教师，且以清华大学的名义出版了教材和教学光盘，并定期从清华大学领取课酬，足以称为清华大学教师。因此，清华大学以涉案微博否认曾宪斌属于清华大学的任何一种教师，散布了虚假事实，误导公众认为曾宪斌在清华大学没有任何教职，纯粹属于盗用清华大学名义，招摇撞骗，导致曾宪斌名誉严重受损。

三、原审法院适用法律不当，只片面审查清华大学涉案微博是否符合"绝对不真实"的情形，而没有审查其是否符合"相对不真实"的情形。1. 根据最高院的司法观点（参见最高人民法院民事审判第一庭编著《最高人民法院利用网络侵害人身权益司法解释理解与适用》第161页），侵犯名誉权的虚假事实分为"绝对不真实"和"相对不真实"两种情况。前者包括虚构的事实、误认真实的事实和轻信他人主张的不真实事实；后者为行为人所述事实为真实，但对其实质性内容未作详细说明或者对事实未作全面报道。2. 从学理上讲，"相对不真实"的虚假事实同样可能误导公众，导致公众对受害人的名誉形象形成错误认识，致使受害人名誉受损。因此"相对不真实"的虚假事实同样属于虚假事实，同样可能造成侵犯他人名誉权的后果。3. 作为一个诚信谨慎的信息发布者，应避免其发布的信息误导公众，导致他人名誉受损，因此发布信息时，不仅应发布真实的信息，而且应保证信息的完整性，对信息进行必要的详细说明，且不能对事实进行裁剪。4. 因此，本案中，一审法院不仅应审查清华大学在涉案微博中发布了什么信息，还应审查其在涉案微博中应发布而未发布的信息。审查的标准就是，清华大学所发布的信息是否足以阻止公众对事实形成错误的判断，是否足以阻止公众对曾宪斌的人格形象造成误解，进而导致曾宪斌名誉权受损。5. 一审法院只审查了清华大学涉案微博的内容是否属实，但没有审查清华大学是否对微博的实质性内容作出必要的详细说明，也没有审查清华大学的微博是否全面披露了曾宪斌与清华大学的关系，是否足以避免误导公众，导致曾宪斌名誉受损。换言之，一审法院只审查了涉案微博是否符合"绝对不真实"的情形，而没有审查其是否符合"相对不真实"的情形，明显属于适用法律错误。6. 因此，即使清华大学主张其在"全职教师"的意义上使用"教师"一词，也应在涉案微博中详细说明曾宪斌属于清华大学外聘教师的事实，避免误导公众认为曾宪斌与清华大学没有任何关系，是招摇撞骗的骗子。在此意义上，清华大学关于曾宪斌不属于清华大学教师的声明，属于"相对不真实"的虚假事实，构成对曾宪斌的名誉侵权。

四、清华大学涉案微博称其聘用的客座教授中没有曾宪斌。该声明属于"相对不真实"的虚假事实。曾宪斌有充分依据认为自己已被聘用为清华大学客座教授，且公众也有充分依据认为曾宪斌是清华大学客座教授。清华大学对此未予充分说明，构成对事实的裁剪，误导公众，导致曾宪斌名誉受损。1. 一审法院认定，由于曾宪斌没有提供聘用合同和有效的聘书，因此无法认定为清华大学客座教授，进而认定清华大学的声明符合客观事实，不构成对曾宪斌的诽谤。该认定既属于事实查明错误，也属于法律适用错误。2. 清华大学内部并无聘任国内人士为客座教授的任何制度和规范。因此，曾宪斌虽然没有提供聘用合同和有效聘书，但是这属于清华大学内部客座教授聘用制度缺失、管理混乱的问题。清华大学通过其他方式确认了曾宪斌属于清华大学的客座教授。3. 清华大学在其组织出版的大量教材和组织编制的课程讲义中使用"清华大学客座教授"的头衔称呼曾宪斌。尤其是，在曾宪斌提交的证据《在清华听演讲》光盘中，主持人介绍曾宪斌的身份为"清华大学卓越领导学堂客座教授"。该光盘由清华大学研究生院卓越学堂组织制作，并由清华大学出版社出版。一审判决中法院认定曾宪斌提交的"纪念牌、教材讲义材料、教学光盘等亦未经清华大学确认"，属于事实认定错误。清华大学在庭审中确认了《在清华听演讲》的确由清华大学官方机构组织制作。4. 因此，在多种正式出版物上被称为客座教授的事实，既证明了清华大学已经对外公示曾宪斌为清华大学客座教授，公众因此有充分依据认为曾宪斌确为清华大学客座教授，曾宪斌本人也有充分依据可以在其他场合使用清华大学客座教授的头衔。5. 清华大学的涉案微博中仅仅提到其聘用的客座教授中没有曾宪斌，但却没有提到其在其多份官方材料和出版物上公示曾宪斌为客座教授。即使清华大学事后不承认曾宪斌的客座教授身份，曾宪斌"错误"使用该头衔也是由于清华大学自身的行为而导致的，而不是曾宪斌本人故意伪造这个头衔。6. 正是由于清华大学未能在涉案微博中充分说明曾宪斌使用客座教授头衔的前因后果，误导公众认为曾宪斌毫无依据、凭空捏造了清华大学客座教授的头衔，是招摇撞骗的骗子。因此，清华大学的涉案微博同样属于"相对不真实"的虚假事实，误导公众，导致曾宪斌名誉受损。

综上所述，一审判决在基本事实上认定错误，未能准确适用"虚假事实"的法律定义，未能全面审查清华大学涉案微博是否同时在"绝对不真实"和"相对不真实"两个方面构成虚假事实，最终做出了错误的判决。本案中，清华大学出于应对舆论压力的动机，恶意发布虚假微博，有意误导公众认为曾宪斌不属于清华大学的任何一种教师，且误导公众认为曾宪斌本人凭空捏造清华大学客座教授的身份，是招摇撞骗的骗子，致使曾宪斌名誉受损。清华大学应承担应有的法律责任。请求二审法院查明事实，准确适用法律，恢复曾宪斌名誉。

被上诉人服从原审判决。

对于原审法院查明的事实，本院予以确认。

另查明：在二审诉讼中，被上诉人清华大学确认曾宪斌在 2002 年至 2013 年为清华大学非学历继续教育学员进行讲课。

本院认为：上诉人曾宪斌主张其在清华大学讲学多年，可以认定为"清华大学教师"，对此，被上诉人清华大学确认曾宪斌在 2002 年至 2013 年为清华大学非学历继续教育学员进行讲课。但是，清华大学辩称，在清华大学讲过课的并不都是清华大学的在编老师或客座教授，清华大学有许多讲座或课程都邀请相关人士或专家进行授课，但他们不是清华大学的在编老师或客座教授，要成为清华大学的在编老师或客座教授，需经过相应的程序和办理相应的手续。被上诉人的这一主张符合当下大学教学的现状，对此本院予以认可。上诉人曾宪斌虽然在清华大学讲学，但并非清华大学的老师或客座教授，这一说法与常理并不相悖，因此，清华大学在新浪微博官方账户发布"清华大学教师中没有名为'曾宪斌'的人，聘任的客座教授中也没有名为'曾宪斌'的人"，该表述并无不当，也不存在捏造事实公然丑化上诉人曾宪斌以及用侮辱、诽谤等方式损害上诉人曾宪斌名誉。最高人民法院《关于贯彻执行〈中华人民共和国民法通则〉若干问题的意见（试行）》第 140 条规定："以书面、口头等形式宣扬他人的隐私，或者捏造事实公然丑化他人人格，以及用侮辱、诽谤等方式损害他人名誉，造成一定影响的，应当认定为侵害公民名誉权的行为。"根据该规定，清华大学的行为并不构成名誉侵权，原审法院对此认定并无不当。

本案争议的主要焦点之一是对学校老师或客座教授如何定义，双方当事人存在分歧。学校老师或客座教授资格的认定，校方有自己管理的相关规定，既然要使用清华大学老师或客座教授的称谓，关于老师、客座教授的定义，应以遵从学校的相关规定为宜。因此，清华大学否认上诉人曾宪斌的客座教授的资格是符合清华大学关于"清华大学教师"的相关管理规定，应当予以遵从。清华大学否认上诉人曾宪斌是清华大学的老师或客座教授，并没有否认上诉人曾宪斌在清华大学讲授过课程，不存在虚假陈述，故上诉人曾宪斌主张清华大学名誉侵权，理由不充分，对此本院不予认可。上诉人曾宪斌在清华大学相关课程班讲学多年的事实可予认定。

原审法院根据双方当事人的诉辩、提交的证据对本案事实进行了认定，并在此基础上依法作出判决，合法合理，且理由阐述充分、正确，本院予以确认。本院审理期间，上诉人没有新的事实与理由予以佐证自己的主张，故本院认可原审法院对事实的分析认定，即对上诉人的上诉请求，不予支持。综上所述，原审认定事实清楚，判决并无不当，本院予以维持。依照《中华人民共和国民事诉讼法》第一百七十条第一款第（一）项之规定，判决如下：

驳回上诉，维持原判。

二审案件受理费 500 元，由上诉人曾宪斌负担。

本判决为终审判决。

审判长　许　群

审判员　刘　璟

审判员　杨玉芬

二〇一八年九月十九日

书记员　张　曦

案例 141：北京新三优秀科技有限公司与天宁区天宁涛之烘焙坊作品信息网络传播权纠纷一审民事判决书

北京市朝阳区人民法院
民事判决书

（2018）京 0105 民初 65958 号

原告： 北京新三优秀科技有限公司，住所地北京市朝阳区。
法定代表人： 李檬，总经理。
委托诉讼代理人： 董炳艳，北京市恒德律师事务所律师。
委托诉讼代理人： 尤式笋，北京市恒德律师事务所实习律师。
被告： 天宁区天宁涛之烘焙坊，经营场所江苏省常州市天宁区。
经营者： 贺伟。

原告北京新三优秀科技有限公司（简称新三优秀公司）与被告天宁区天宁涛之烘焙坊（简称天宁涛之烘焙坊）侵害作品信息网络传播权纠纷一案，本院立案后，依法适用简易程序，公开开庭进行了审理。新三优秀公司委托代理人董炳艳到庭参加诉讼。天宁涛之烘焙坊经本院传票传唤，无正当理由拒不到庭。本案现已审理终结。

新三优秀公司向本院提出诉讼请求：判令天宁涛之烘焙坊赔偿我公司经济损失 15000 元及合理费用律师费 3000 元。事实和理由：我公司经授权，享有《【曼食慢语】抹茶千层蛋糕》组图的独家信息网络传播权，有权以自身名义向侵权人主张权利。天宁涛之烘焙坊未经授权，在其经营的"涛之烘焙"淘宝店铺使用了上述组图中的 3 张图片。天宁涛之烘焙坊使用涉案图片系出于商业目的，且在部分图片上署名"涛之烘焙"，侵害了我公司对涉案图片享有的信息网络传播权。

天宁涛之烘焙坊未到庭，亦未提交书面答辩意见。

本院经审理认定事实如下：2018 年 1 月 1 日，李若雯发表声明称，新浪微博"@Amanda 的小厨房"（UID：1696512981）系李若雯以个人名义申请注册，该微博账号内发布的作品（包括但不限于视频、图片、摄影作品、设计图等），著作权均归上海曼食文化传播有限公司所有，李若雯对上海曼食文化传播有限公司对上述微博账号内作品的独家信息网络传播权及维权权利作出转让、任何授权行为，均表示授权、同意并确认。

当庭输入新浪微博"@Amanda 的小厨房"的用户名和密码，登录该微博账号，其中显示，2015 年 4 月 15 日发布的微博"#曼食慢语#第 92 集：【抹茶千层蛋糕】"中有涉案 3 幅图片。

2018 年 1 月 1 日，上海曼食文化传播有限公司出具《授权书》，将该授权书附表中所列图片的独占信息网络传播权等及维权权利授予新三优秀公司，授权期限为 2018 年 1 月 1 日至 2027 年 1 月 1 日，授权范围为中华人民共和国境内（不包括香港、澳门、台湾地区）。该授权书所附的授权作品列表中"抹茶千层蛋糕1""抹茶千层蛋糕3""抹茶千层蛋糕5"为涉案图片。新三优秀公司提交涉案图片的电子底片，显示3幅图片的拍摄日期均为2015年4月12日。

"涛之烘焙"淘宝店铺系天宁区天宁涛之烘焙坊经营，该店铺在销售一款"涛之无蔗糖食品低糖奶油青岚宇治抹茶千层蛋糕常州同城顺丰包邮"商品时，使用了上述3幅涉案图片。新三优秀公司于2018年3月12日对上述网页浏览过程进行了截屏和视频录制，对形成的电子文件申请了可信时间戳认证。

天宁涛之烘焙坊未提交证据证明已取得使用涉案摄影作品的授权。

另查一，李若雯系上海曼食文化传播有限公司法定代表人。

另查二，新三优秀公司在本案中主张律师费3000元，但并未就此提交代理合同或票据。

以上事实，有声明书、授权书、电子底片、可信时间戳认证证书及光盘、网页打印件及当事人陈述等证据在案佐证。

本院认为：根据新三优秀公司提交的声明书、授权书、电子底片及当庭对新浪微博"@Amanda的小厨房"的勘验情况，在无相反证据的情况下，可以确认新三优秀公司对涉案图片享有信息网络传播权及维权权利。

天宁涛之烘焙坊未经授权，在其经营的淘宝店铺中使用涉案图片，使相关公众可以在其个人选定的时间和地点获得该作品，侵犯了新三优秀公司对涉案摄影作品享有的信息网络传播权，依法应当承担赔偿损失的法律责任。

对于赔偿经济损失的具体数额，新三优秀公司并未就其实际损失或天宁涛之烘焙坊的侵权获利提供证据予以证明，本院将参考涉案作品独创性程度、天宁涛之烘焙坊的主观过错、具体使用方式等侵权情节及影响范围等因素予以酌情确定。对于新三优秀公司主张的合理费用，其未提交代理合同或票据，但鉴于有律师出庭的事实，本院酌情支持。

天宁涛之烘焙坊经本院合法传唤未到庭参加诉讼，不影响本院在查明案件事实的基础上依法作出判决。

依照《中华人民共和国著作权法》第四十八条第（一）项、第四十九条、《中华人民共和国民事诉讼法》第一百四十四条之规定，判决如下：

一、被告天宁区天宁涛之烘焙坊于本判决生效之日起十日内赔偿原告北京新三优秀科技有限公司经济损失4000元；二、被告天宁区天宁涛之烘焙坊于本判决生效之日起十日内赔偿原告北京新三优秀科技有限公司合理费用300元；三、驳回原告北京新三优秀科技有限公司其他诉讼请求。

如果未按本判决指定的期间履行给付金钱义务，应当依照《中华人民共和国民事诉讼法》第二百五十三条规定，加倍支付迟延履行期间的债务利息。

案件受理费125元，由被告天宁区天宁涛之烘焙坊负担（于本判决生效后七日内交纳）。

如不服本判决，可以在判决书送达之日起十五日内，向本院递交上诉状，并按照对方当事人的人数提出副本，上诉于北京知识产权法院。

审判员　谭乃文

二〇一八年九月二十九日

法官助理　谢雨佳

书记员　任竞炜

第二章 微博涉诉司法案例评论
（2009—2018）

"微博第一案"，谁是最后赢家？*

方 菡 清 惠

"微博第一案"始末

利用有互联网"自媒体"之誉的微博平台，大打口水战，并称因此导致公司股票市值缩水 6 个亿，由此引发 1200 万元名誉侵权索赔……2011 年 8 月 25 日国内"微博第一案"由北京市第一中级人民法院作出终审判决：北京奇虎 360 科技公司董事局主席兼 CEO 周鸿祎被判删除其微博中 2 条带有侮辱性的博文，并发表致歉声明，赔偿原告北京金山安全软件有限公司 5 万元。

2011 年 9 月 2 日，终审判决 8 天后，周鸿祎在他的新浪微博上发布博文："这个判决很好，我个人的得失其实无足轻重，最重要的是法院认为微博作为一个自由发表言论的空间，为实现我国宪法所保障的言论自由提供了一个平台，大家在发表自己观点的时候不用担心因言获罪，只要在说事实时注意不要用词过于激进……"

颇具戏剧性的是，根据水漫金山的神话故事改编的电影《白蛇传说》恰好于当日在威尼斯国际电影节全球首映，影片恢宏的特效制作，与这起被戏谑地称为"水漫金山"的"微博第一案"一样夺人眼球。

"麻辣"微博 互联网上演口水战

2010 年 5 月 25 日 14 时 22 分，周鸿祎率先通过新浪微博打响了口水战"第一枪"。他在新浪微博上写道："前阵子有人在网上大规模发两段拼接起来的视频，说什么 360 手机卫士窃取用户隐私。我开始以为又是某星或某禽在干这种下三烂的勾当，追查后发现，暗地里搞鬼的竟然是某山。某星至少是公开站出来明刀明枪地干，某山呢？当面一套，背后一套，而且每次都要嫁祸于人，不愧是查毒行业的岳不群。"

口水战是如何酿成的？原来，自 2010 年以来，国内互联网安全软件行业竞争日趋白热化，各个杀毒软件公司之间因互不兼容问题狼烟四起，群雄逐鹿。此间，微博也像雨后春笋般迅速崛起，国内四大门户网站均开设微博。中国互联网络信息中心（CNNIC）发布的统计报告显示，2011 年上半年，中国微博用户从 6331 万人猛增至 1.95 亿人。

周鸿祎口水战的"第一枪"矛头所指的"某山"即北京金山安全软件有限公司，而周鸿祎则是 360 安全卫士的出品方北京奇虎 360 科技公司的董事局主席兼 CEO。据奇虎公司称，目前在 4.2 亿中国网民中，首选安装 360 安全卫士的已超过 3.5 亿人。而金山网盾则是

＊ 载《人民法院报》2011 年 10 月 31 日，第 3 版。

金山安全公司在 2009 年初推出的一款浏览器安全防护软件。金山安全公司称，2010 年金山网盾用户最高时达到 8000 万人。

此后，语惊四座的周鸿祎并没有停下来，而是指名道姓地开起了"连珠炮"。他在微博中写道："金山网盾如何成为木马下载通道？自今年 4 月起，大量 360 用户在论坛发帖求助：只要一打开浏览器，就会自动访问一个名为'67160 网址导航'的陌生网站，里面全是各种诈骗信息。这源于金山网盾的'浏览器主页锁定功能'存在的一个安全漏洞。"

"金山之所以哭着喊着要'兼容'，无非就是想先同居，进来以后就有机会搞小动作了，慢慢地一点一点搞破坏，占 360 的便宜，让用户觉得 360 不稳定、不管用。反正黑灯瞎火地大家也看不明白，谁也不知道到底发生了什么，是非说不清。真要打起来了，先扯着嗓子喊'非礼啦'，这次果不其然。"

"我们这次吃亏就吃亏在没先喊，另外 360 多年来一直被做木马的、做流氓软件的、做收费杀毒的围攻，天天被泼粪，而金山一直扛着民族软件的大旗，俨然一副正人君子的模样，所以一打起来，先得了不少同情分。事实上，金山真是道德君子吗？"

在 4 个小时内，周鸿祎发布了"麻辣"微博 42 条，内容几乎全部为披露行业内幕及对金山的指责。

水漫金山　你来我往爆江湖恩仇

眼看周鸿祎大吐"口水"，金山安全公司不再沉默。5 月 26 日下午，时任金山安全公司 CEO 的王欣在微博上对周鸿祎所指责的内容进行澄清，他表示："5 月 25 日上午，我们第一次接到国家计算机网络应急技术处理协调中心的来函，指出金山网盾可能存在技术漏洞。我们马上开始处理，当晚就完成升级。"

同时，王欣还在其个人新浪微博回应称："针对 360 挑起的这场战争，我们不会投入太多资源去对抗。清者自清！口水战对用户没有任何的好处。我们仍然会一如既往地把精力放在和病毒木马的对抗上，放在产品自身的不断完善上。这让有些人失望了吧。"

对于此番说辞，周鸿祎用更猛烈的爆料予以"还击"。从 5 月 25 日至 5 月 27 日，周鸿祎共发表微博 60 余条。

这场口水战风波始发于 2010 年 5 月 21 日。当天，金山安全公司突然发现，有大量金山网盾的用户向金山软件客服反映 360 安全卫士恶意卸载金山网盾。金山毒霸安全实验室经过调查，是奇虎公司在 5 月 20 日晚对用户进行 360 安全卫士的全面版本更新时，借口兼容问题诱使用户强行卸载金山网盾。

奇虎公司对此当即予以否认，并回应是因金山网盾存在难以卸载、非正常强行注入浏览器导致大量浏览器崩溃、自身漏洞被利用成为木马通道等问题，所以才会让用户在使用 360 还是使用金山网盾中进行选择。

在双方互发声明，你来我往回应之下，口水战愈演愈烈。最后，周鸿祎还在他的微博中翻起了杀毒行业的一桩旧案——"微点案"。

原来，2005 年 10 月，由北京瑞星科技股份有限公司原董事、总经理刘旭创办的东方微点公司，在"防病毒公司传播病毒"的指责中声誉扫地，东方微点高管田亚葵因此被关押 11 个月。后经过司法机关彻查，田亚葵案背后黑幕得以揭穿：瑞星公司为了扼杀东方微点这个新生的杀毒公司，竟通过网监部门假报案、假损失、假鉴定的手法陷害竞争对手。周鸿祎在微博中直指金山曾经为了消灭竞争对手在"微点案"中提供虚假证据，其做派好似《笑傲江湖》中的岳不群。

"一言九鼎"　微博致股价"缩水6亿"

就在双方口水战打得热火朝天的当口，2010年5月26日，金山安全公司的财务报表显示：金山安全公司股价暴跌11.9%，市值缩水6个亿。

对于这个惊人的消息，周鸿祎马上作出回应。5月27日15时2分，他更新微博说："昨晚一朋友半真半假讲了个笑话，说周鸿祎前天在微博上向金山开炮后，第二天金山股价大跌12%，市值掉了6个亿。按40条微博算，每条1500万；按每条100字算，每个字价值15万。笑话归笑话，按巴菲特的话，市场确实既是称重仪，也是投票器……"

随后，在5月29日举办的第五届中国互联网站长年会上，周鸿祎在演讲中再次提到："金山因为作假，倒数第一非说正数第一，过去也就罢了，因为金山控制媒体的能力也很强，但是架不住老周的炮，变成了多管火箭炮。这一轮下来，金山市值跌了6亿，我算了一下，我发了40条微博，一条微博1500万，谁有价值？"

那么，周鸿祎到底何许人也？他真能发几十条微博就撼动6亿股价吗？2011年10月13日，打开周鸿祎新浪微博可以看到，周鸿祎在新浪微博上经过加"V"认证（注：可获新浪微博加"V"认证的商界名人一般为世界500强公司、中国500强公司、上市企业的高层管理人员），在其微博首页标注为"360公司董事长，一个互联网老兵"，当日显示其微博的"粉丝"为1949237人。

起诉维权　金山索赔1200万元

2010年7月，金山安全公司以侵犯名誉权为由，将周鸿祎诉至北京市海淀区人民法院。

金山安全公司收集了自2010年5月25日下午开始，周鸿祎相继在新浪、搜狐、网易、腾讯等网站上其个人微博发表的"揭开金山公司面皮"的系列博文并进行公证，他们认为这些博文中使用了"偷鸡摸狗""搞阴谋""作伪证""借刀杀人"，把金山称为"黑山"等语言，会使公众对金山安全公司及"金山软件"品牌产生重大误解，造成公司社会评价降低。

金山安全公司指出，周鸿祎作为同业竞争企业中有一定影响力的负责人，故意散布虚假事实，恶意炒作，存在主观上的严重过错，起诉要求周鸿祎撤回相关微博文章，并在其微博首页连续7天发表致歉声明，同时在相关报纸上发表致歉声明。对于经济损失，金山安全公司主张周鸿祎承担股价损失6亿元中2%的赔偿责任，合计1200万元。

2010年12月6日，"微博第一案"在海淀区法院公开审理。

此间，周鸿祎回应说，他在微博中的言论是履行公民监督、批评权利的正当行为。对于金山安全公司6亿股价缩水，周鸿祎的回答是，那是和朋友开玩笑的话，完全是调侃之意，自己没有能力操纵股价。

周鸿祎的代理律师当庭否认其微博言论存在侮辱、诽谤内容，并称"金山系"有多家公司，金山安全公司只是其中一家，无权代表北京金山软件公司和香港金山公司这两个独立的法人行使诉权。金山安全公司是 2009 年 11 月 30 日才注册成立，周鸿祎微博中提及的"微点案"发生在 2005 年，故涉及"微点案"的言论与金山安全公司根本没有关系。

代理律师提到的"金山系"公司与金山安全公司和"金山软件"品牌到底是何种关系？"金山系"都包括哪些公司？这里有必要先介绍金山安全公司的由来：

最早的香港金山公司始创于 1973 年。1988 年，香港金山公司成立了金山公司深圳开发部，开始涉足软件开发领域。1994 年，北京金山软件公司成立，并于 2007 年在香港交易所上市。2009 年 11 月 30 日，北京金山安全公司成立，该公司系北京金山软件公司全资子公司。金山网盾正是金山安全公司旗下一款安全防护软件。

再回到案件审理进程中来。金山安全公司起诉的 3 个月后，一审法院经审理认为，周鸿祎作为同业竞争企业负责人，利用"微博营销"作平台，密集发布的博文内容有损同业企业的商业信誉和产品声誉，判令周鸿祎停止侵权并删除相关的 20 条博文，分别在其新浪、搜狐、网易微博首页连续 7 天发表致歉声明，向金山安全公司公开赔礼道歉，消除影响。对于损害赔偿，法院认为周鸿祎的微博言论与金山安全公司股价下跌之间不存在必然的因果关系，不能作为侵权损失赔偿依据，酌定周鸿祎赔偿金山安全公司经济损失包括公证费等费用共计 8 万元。

一审宣判后，双方均不服，各自提出上诉。

终审判决　侵权微博从20条减至2条

"内容没有事实依据，使用了侮辱性语言……""由于微博一次仅可以发 140 个字，为增加观赏性，可以用些调侃的词，最多只能认定为讽刺，怎么也不能认定为侮辱。"2011 年 8 月 17 日，北京一中院第四法庭上演着舌战。

二审期间，金山安全公司明确以周鸿祎在其新浪、搜狐、网易微博中的 20 条博文作为指控侵权的载体，北京一中院承办法官逐条认真梳理了这些博文。

法官发现，20 条博文中有 6 条博文都与"微点案"有关。而"微点案"发生在 2005 年，金山安全公司成立于 2009 年，周鸿祎发表被指控侵权的微博时间是 2010 年，其博文里的金山公司并不指向金山安全公司。故涉及"微点案"的博文内容，金山安全公司无权主张权利。而其他博文若构成侵权，受损的不能排除金山安全公司，故金山安全公司对这些博文具有实体法上的请求权。

下一步要解决的是，周鸿祎发表博文行为是否构成名誉侵权，如果侵权又该以何种方式担责。

作为"微博第一案"的终审法官，必须面对很多司法界定上的探究与思辨：周鸿祎作为一个"网络老兵"和公众人物，应当深谙网络传播之快之广，更应当谨慎自己的言行。通观周鸿祎微博的前后文，确实读不出周鸿祎主观上的善意，也不能排除其借助对金山安全公司技术上的指责，而获得自己利益的可能性。在周鸿祎的 2 条博文中，"无非就是想先同居""先扯着嗓子喊'非礼啦'""俨然一副正人君子的模样""金山真是道德君子吗？"等描述具有明显的侮辱性质。对此，周鸿祎应当通过删除的方式实现金山安全公司要求停止侵权的诉讼请求，并通过发表致歉声明等方式赔礼道歉，消除影响。其他博文内容虽然尚未达到构成侵犯名誉权的程度，周鸿祎应当以此为警诫，审慎自己的言行。

针对损害赔偿的诉求，法官认为，金山安全公司提出赔偿的根据是周鸿祎的言论导致股价大跌，由于没有证据表明二者之间的因果关系，一审未予以支持是正确的，二审由于对指控的博文的定性发生了部分改变，赔偿数额应当予以酌减。

8 月 25 日，北京一中院终审判令周鸿祎删除其在新浪、搜狐、网易微博中 2 条带有侮辱性质的博文，并发表致歉声明，赔偿金山安全公司 5 万元。

案后余思：口水战，请远离微博

近年来，随着互联网安全软件行业竞争的不断加剧，业内企业、个人之间的冲突不断升级，口水战、诉讼战频频发生。竞争手段也呈现出隐蔽化、技术化的趋势。一旦发现对手有漏洞，通常的做法不是善意通知对方，而是借题发挥、大肆宣传，甚至不择手段地用公然诋毁、暗中攻击的方式进行不正当竞争。"微博第一案"的甚嚣尘上，即可见一斑。

在"微博第一案"中，微博作为"自媒体"因其传播速度快、影响力大，被选作市场竞争的"主战场"，这对微博的发展无疑不是什么幸事。那些"微博英雄"们以自己振臂一呼，瞬间吸引数百万"粉丝"关注为荣时，是否想过，以微博这一模式发布言论，仍然要承担相应的责任。

在"微博第一案"的判决书中，法院对于微博的特点首次进行了司法意义上的归纳："微博作为一个自由发表言论的空间，可以以个人的视角，通过寥言片语，表达对人对事的所感所想，为实现我国宪法所保障的言论自由提供了一个平台。同时，由于微博上的言论具有随意性，主观色彩浓厚，甚至一些语惊四座的表达方式，都成为吸引'粉丝'关注的要素。特别是涉及批评的内容，还往往起到了舆论监督的积极作用。鉴于微博对丰富人们的精神生活具有一定的积极意义，每个网民都应该维护它，避免借助微博发表言论攻击对方，避免微博成为相互谩骂的空间。否则人人都有可能被他人的博文所侵害。"

善哉斯言！微博应成为沟通思想、分享快乐和思考的交流平台，而不是进行名誉侵权、商业诋毁等不正当竞争的营销阵地。

"微博第一案"已经尘埃落定，但它带给我们的思索远远大于案件本身。无论是互联网安全软件的激烈竞争，抑或微博"自媒体"的"率性"发布，要想构建良性、有序的网络环境，赢得自身长远发展的空间，无论谁，无论做什么，都不应超越法律这个底线，否则，谁都不能成为真正赢家。

法治社会不容"微博审判"*

马茂青

法律是追求正义的，但是通过确定的、可预期的、明确的方式来实现这种追求，这样的方式常常被称为最"正当程序"。

近日来，随着李某某案律师的一封公开信，刚刚淡出公众视野的李某某案再次浮出水面，公众、学者、公知、新闻界人士再次在微博上"大打出手"，微博迅速变成了没有硝烟的战场。

这场战争实在是莫名其妙。如果上一次的"热闹"在于网民对李某某案的关注，在于担忧公安机关、检察机关能否不受名人影响严格执法的话，那么，这一次"战争"则是少部分网民的盛宴，他们将自己想象成法官，直接在微博上对李某某的代理律师、某些学者的意见进行评判。

法律是追求正义的，但是通过确定的、可预期的、明确的方式来实现这种追求，这样的方式常常被称为最"正当程序"。所以，运用法律来裁判别人行为的人，不应该仅仅依靠自身的正义情感，还应该按照确定的、可预期的、明确的方式进行。正义的情感是不需要培养的，但确定的、可预期的、明确的方式是必须要经过专业学习的。学习的不仅仅是规则本身，还有规则背后的思维与价值取向——经过正当程序的正义才是正义，运用规则裁判别人的人必须首先尊重规则，这些规则当然包括并且必须包括程序规则。

具体到李某某案，首先引起舆情沸腾的是其律师的公开信。基于刑辩律师尽最大可能合法地为当事人争取最大利益之执业准则，笔者并不认为这封每一条都有法律依据的公开信有什么值得指责的，特别是关于未成年人隐私的保证条款，被其适用应该是毋庸置疑的。但事实上，无论是这似乎毋庸置疑的条款，还是顺带着两位律师，都成了少部分网民攻击的对象，似乎在他们看来，李某某就是一个大坏蛋（当然也许经过人民法院审判后确实如此），因此，就应该人人得而诛之。如果有人反对这样做，那就是在为坏人张目，这样的人也是坏人，也应该骂死他；如果法律反对这样做，那就高唱民意，无视法律。总之，为了目的，完全可以不择手段，不管别人的言论，通过谩骂等方式剥夺别人说话的权利。这种舆论暴力让人不安。

其次，令舆情沸腾的还有，据报道是李某某家对陪酒女身份的质疑，以及某教授关于强奸陪酒女社会危害性较小的言论。笔者看来，诸如此类的行为和意见，也都属于被告人辩护人的正常表达，无可厚非，不可剥夺。

其实，一些人担心的不是李某某家人及某教授怎么说，而是他们的说法会影响对李某某的定罪量刑。实际上，他们的担忧隐含着一个预设前提：李家的说法一定会被法院采纳，成为李某某脱罪的关键。也就是说，一些网民实际上担忧的是法院不能公正地对待该种说法。

* 载《人民法院报》2013 年 8 月 5 日，第 2 版。

事实上，近年来民众对于司法的不信任、对于司法中立性的怀疑一直存在，但就本案来说，有任何迹象或者证据表明司法机关一定会采信该说法并为李某某脱罪吗？恐怕没有。当谈到超期羁押，无罪之人被羁押十几年时，很多网民会大骂有罪推定，但目前部分网民的做法难道不是有罪推定吗？

所以，有的网民还未等到案件进入质证阶段，便匆忙代替公诉人对"陪酒女"的说法进行反驳；还未等到法院的判决结果出来，便匆忙代替法官对李某某进行宣判。有的网民常常大谈反对干预司法，不知他们是否想过，案件还未进入审判阶段就先在网上进行微博审判、舆论审判，这难道不是干预司法吗？特别是有些平日里动辄高谈法治的微博大 V 也加入了微博审判、舆论审判的行列，实在是让人惋惜。

笔者想劝那些过于激动的网民朋友们，构建法治社会人人有责。请相信我们的法律，相信我们的司法人员会做出正确的判断。

（作者单位：江西省南昌市中级人民法院）

网友发不实微博被判赔　这热点蹭"亏"了[*]

张江洲

涉网络名誉权案件是在网络上公开传播诽谤、侮辱、诋毁他人的言论，涉嫌侵害他人名誉利益的侵权责任纠纷案件类型。此类案件与传统的名誉权案件最大的区别就在于，侵权言论的公开传播发生在网络上，网络服务提供者作为除侵权人与被侵权人之外的第三方加入名誉权侵权法律关系中，使涉网络名誉权案件涉及被侵权人、侵权人、网络服务提供者甚至网络社交公众等多元主体利益，还涉及技术、伦理、产业、公益等多元价值的融合与衡平问题。正因为如此，涉网络名誉权案件的社会关注度更高，社会影响力更广，审理难度更大。在构建和谐文明的网络环境大背景下，涉网络名誉权案件的审理需要具有更高的站位、更广的视野、更深的钻研、更新的理念，对法官的专业化审判能力和思维能力也提出了特殊的要求。

网友发微博称吴亦凡"毒瘾发作"被起诉

吴亦凡为知名华语男演员、流行音乐歌手，关于其演艺及生活方面的"娱乐新闻"，社会关注度极高。该类信息发布后，往往会引发较高的网络点击浏览量。

网友王某（女）为新浪微博账户"@揭秘那些破事呀"的注册主体，粉丝数量为101462人。王某自称为普通网络用户，会通过网络社交媒体发布一些演艺明星的"八卦爆料"，以此提高微博粉丝数量，增加个人微博关注度，从而招揽网络广告。

2017年12月15日，王某发布微博内容"#吴亦凡吴亦凡疑似毒瘾发作神情懈怠精神恍惚"，并配以经过音效处理的吴亦凡参加活动视频。微博发布后累计阅读量1688次。吴亦凡主张该微博内容散布其"毒瘾发作"的虚假信息，使其公众形象遭受严重贬损，构成对其名誉权的严重侵犯，故起诉要求新浪微博的运营公司北京微梦创科网络技术有限公司（以下简称"微梦公司"）删除相关侵权微博，王某赔礼道歉并赔偿经济损失、精神损害抚慰金及维权合理支出55万元。

微梦公司辩称，其作为微博平台的经营者，属于提供空间存储服务的网络服务提供者。涉案微博内容是由用户发布，微梦公司事先并不知晓，对涉案内容未进行过任何编辑、整理或推荐。在收到法院送达的起诉材料后，发现涉案内容已被用户自行删除。因此，微梦公司在该案中无任何过错，不应承担任何侵权责任。

王某辩称，涉案微博中的视频并非其制作，属于跟风转发。涉案微博内容确实不属实，认可发布的微博内容侵犯了原告的名誉权，同意向吴亦凡赔礼道歉；关于经济赔偿，因收入水平较低，没有能力承担高额赔偿，愿在合理赔偿范围内进行赔偿。

———————

* 载《人民法院报》2018年9月17日。

法院认定王某微博发布行为构成侵权

随着互联网自媒体的兴起，网络言论的表达渠道更加畅通、传播交流更加便捷，极大地提升了社会公众的文化、娱乐生活水平。但不可否认，因自媒体言论引发的名誉侵权纠纷也随之增多。网络空间并非法外之域，网络用户在充分享有网络自由表达权利的同时，亦应保持必要的理性、客观，尊重相关当事主体的合法权益，包括名誉权。

吴亦凡为知名演艺人士，具有较高的知名度和相对广泛的影响力，应属公众人物范畴。作为娱乐明星，原告在公众场合的言谈举止，属于公众关切内容。原告有义务回应社会公众的知情权利，并对社会公众的舆论监督持开放、包容之态度。但是，对公众人物的人格权利限制并非没有限度，公众人物的人格尊严依法受到保护，禁止他人恶意侵害。

王某在涉案微博中发布"#吴亦凡吴亦凡疑似毒瘾发作神情懈怠精神恍惚"，并配以视频，将吴亦凡参加公开活动等待媒体采访时的举止状态解读为"疑似毒瘾发作"，引发公众产生吴亦凡"涉嫌吸毒"的认知结论。虽然王某当庭辩称为"跟风转发"，但考虑王某针对发布内容的审慎注意义务以及发布涉案微博的特定商业性考虑，仍彰显出王某诋毁原告吴亦凡声誉的故意或过失。"涉嫌吸毒"的消极评价对娱乐明星而言，无疑会严重降低其社会评价和商业价值，超出其作为公众人物应当克制、容忍的限度。纵观被告王某发布涉案文章的目的、主旨倾向、误导后果等因素，法院认定其发布涉案文章具有主观恶意，侵害了原告吴亦凡的名誉权。

最后，法院综合王某的主观过错、侵权情节、影响范围等因素，判决王某出具书面致歉函、刊登致歉声明并赔偿吴亦凡精神损害抚慰金 2 万元及维权合理开支 1 万元，驳回吴亦凡的其他诉讼请求。

微梦公司作为网络服务提供者，并未直接发布涉案内容。同时，微梦公司应当事人申请，在诉讼中披露了涉案账号的注册及涉案微博的阅读量信息，履行了平台义务。法院对案件所涉及的与微梦公司有关的诉请，不再另行支持。

判决作出后，各方当事人均未提起上诉。

网络诽谤性评论的法律责任

关于娱乐明星的"八卦新闻"往往是普罗大众喜闻乐见的话题，相对应，增加"曝光度"在某层面上也是娱乐明星的职业需求。但是，若发布内容存在诽谤性评论内容，则超越法律"红线"，可能引发诉讼风险。该案涉及网友在微博、微信等自媒体社交平台发布有关娱乐明星社会活动的相关言论，在内容虚假的情况下，是否构成名誉侵权以及侵权责任的承担方式问题。

公众人物名誉权的限制与保护

公众人物在接受舆论监督时，其人格权受到一定限制。该案中，吴亦凡作为知名演艺明星，在社会娱乐生活中具有重大影响，即属于该领域内的公众人物。由于公众人物在社会中的"知名"地位，必须接受被媒体关注更多的现实，同时需要直面社会公众的各项关切，满足公众的知情权。在此层面，公众人物对社会舆论的分析评论、探讨评价应予容忍、克制，即使存在某些偏激、不妥之处，只要不是恶意诋毁、贬损，就不宜认定为侵害名誉权。

公众人物依法享有名誉权，对公众人物名誉权的限制，并非没有限度。这种限度产生于公众人物名誉权与社会公共利益的博弈与权衡。案件中，吴亦凡参加某品牌发布会，在等待媒体采访过程中晃身低哼。针对该特定举止的网络舆论关注，吴亦凡进行了专门辟谣，回应了大众关切。在此情况下，王某仍发布关于吴亦凡"涉嫌吸毒"的言论，并配以消音处理的视频内容，足以造成相关公众的重大误解，构成对吴亦凡的恶意诋毁、贬损，应认定侵害了吴亦凡的名誉权。

未支持经济损失赔偿要求的原因

该案中，法院并未支持原告吴亦凡关于经济损失的诉讼请求，有两个层面的原因：其一是举证规则层面的原因，根据一般举证规则，吴亦凡一方负有证明存在经济损失以及损失具体额度的举证义务，并承担因举证不能的不利益。该案中，吴亦凡未提交证据证明上述事项，应承担相应的不利诉讼后果，故法院未支持其关于经济损失的诉请内容。其二是名誉权侵害的权利客体层面的原因。传统理论认为，名誉权是非财产的人格权，不具有直接的财产价值，财产利益因素并非权利保护的重点，名誉权侧重保护人格权利益。但随着社会经济生活的发展，演艺明星等公众人物的名誉权、肖像权等人格权，越来越多地表现出财产权特征，也有学者称之为"人格权的商品化"，公众人物的出现代表着大众注意力和网络流量，其背后的广告效益等经济利益巨大。

精神损害赔偿的判罚额度

如前所述，名誉权更多侧重保护当事者的人格利益，即通过赔偿精神损害抚慰金、赔礼道歉、消除影响等方式，弥补当事者因加害行为导致的社会评价降低。依据《最高人民法院关于确定民事侵权精神损害赔偿责任若干问题的解释》的规定，精神损害抚慰金的判罚额度参考以下因素：侵权人的过错程度，侵害的手段、场合、行为方式等具体情节，侵权行为所造成的后果，侵权人的获利情况，侵权人承担责任的经济能力以及受诉法院所在地平均生活水平等。该案中，被告王某为普通网络用户，主观目的更多为"跟风蹭热度"，同时在诉前通过网络发表过致歉内容，当庭对侵权事实亦如实承认，并充分表达歉意，同时其经济水平一般，故法院综合考虑上述因素判定精神损害抚慰金为2万元。此外，法院在判决中，还以书面致歉加网络致歉等非经济赔偿的方式强化弥补吴亦凡精神损害，这也体现出法院在具体个案中平衡当事双方利益的权衡策略。

大数据不正当竞争第一案的烧脑庭审*

张　璇

编者按： 在第 17 个 "4·26" 世界知识产权日即将来临之际，为了更好地展示过去一年人民法院知识产权审判工作的成效，我们选择了北京、上海、浙江三地知识产权审判工作中的部分案例，推出这组 "聚焦新类型知识产权案件" 三篇报道。这组报道通过以案说法的形式，在科普专业的知识产权审判知识中，从一个侧面反映了人民法院一年来为保护创新型经济所作出的努力。

"脉脉" 抓取使用新浪微博用户信息被诉

2016 年 12 月，"脉脉非法抓取使用新浪微博用户信息" 案在北京知识产权法院终审宣判。法院认定脉脉的经营公司构成不正当竞争，判决驳回其上诉，维持一审停止不正当竞争行为、赔偿新浪微博运营商 200 万元的判决。

这是我国首例大数据不正当竞争纠纷案，不仅再次警醒第三方开发者必须遵守道德、商业秩序，也提醒互联网平台、消费者要加强对个人信息的保护。

案件还得从一审细述。

2015 年 4 月，北京市海淀区人民法院知识产权庭法官曹丽萍翻开了一起不正当竞争案件的卷宗，原告是新浪微博运营商微梦创科公司（以下简称微梦公司），被告是知名的职场社交应用软件 "脉脉" 的运营商淘友公司。案件的起因是微梦公司认为脉脉软件在与其合作期间及终止合作后，不当使用新浪微博用户信息，导致用户信息泄露而影响其公司声誉及运营收入，构成不正当竞争，索赔 1000 万元。

曹丽萍已经审理过全国首例浏览器过滤视频广告等多起具有影响力的不正当竞争纠纷案件。在翻阅案卷的过程中，职业敏感性告诉她，这起案件不仅仅涉及法律判断的问题，还涉及大数据时代下用户最关心的个人信息安全问题。她边翻阅着卷宗边想："个人信息保护立法体系在我国还未成熟，这将会是一起具有社会意义的案件，作为法官，在一个不正当竞争案件中不仅要对争议行为的正当性进行评判，还要对行为涉及的个人信息保护问题作出司法裁判引导，这将是一大挑战。"

微梦公司提出脉脉软件实施了四项不正当竞争行为，其中的第一和第二项行为是：非法抓取、使用新浪微博用户信息，包括头像、名称（昵称）、职业、教育信息及用户自定义标签；通过脉脉用户手机通讯录中联系人，非法获得、非法使用这些联系人和新浪微博用户的对应关系。这两项争议行为涉及的关键事实是，脉脉软件中出现的新浪微博用户信息从何而

＊ 载《人民法院报》2017 年 4 月 10 日，第 6 版。

来，为何能如此精准地将脉脉用户手机通讯录中的联系人与这些人的新浪微博账户相对应。因为新浪微博也没能提交证据证明他们的用户信息数据库发生泄密事件，而淘友公司否认有非法抓取行为。

双方专家辅助人庭审激辩

淘友公司一项重要的抗辩理由就是，这些用户信息和对应关系，都是其强大的大数据计算方法——"协同过滤算法"计算出来的。

什么是协同过滤算法？如何能做到不留痕迹地获取新浪微博平台的用户信息？这是曹丽萍在近年来审理网络不正当竞争纠纷过程中碰到的又一技术难题。还是首先让当事人通过专家辅助人来解释吧，曹丽萍如此想。

庭审中，原告的专家辅助人强调："双方基于《开发者协议》进行合作，脉脉只能通过OpenAPI接口获取新浪微博中用户信息，包括教育、职业等信息属于高级接口才能获得的信息，而高级接口需要脉脉单独申请，并且，脉脉要调取用户的隐私信息，还需要用户授权，但脉脉从未申请过用户高级读取接口。"

被告的专家辅助人对此提出反驳："技术上，脉脉可以实现绕开接口使用爬虫抓取数据，但容易被微梦公司发现，且会在微梦公司服务器上留日志。既然微博后台没有发现我们的爬虫记录，表明脉脉没有非法抓取微博用户数据，脉脉软件中的用户信息除了经合法授权取得外，都是通过协同过滤法计算。"

"什么是协同过滤算法，如何进行计算？"曹丽萍问道。该专家辅助人拿出事先准备好的书面意见，开始宣读。读完后，曹丽萍向他提了一个不经意的问题，"你用过脉脉软件吗？"该名专家辅助人迟疑了一下，如实答道，"没用过。"全场一惊，而原告的专家辅助人似乎获得了激励，更加积极地讲述自己的观点。

主持庭审的曹丽萍随即意识到，双方专家辅助人对技术问题的理解不在一个层面上，无法充分解释专业问题，展开有效对质。当即，曹丽萍与合议庭成员简单合议后，就宣布了休庭。

庭后，她专门联系被告，释明是否需要增加或更换对双方应用软件都了解的专家辅助人，"个案中的专家辅助人，不能仅从技术理论层面上解释问题，还应结合具体情况进行针对性解释"。

后淘友公司申请其研发总监出庭详细说明脉脉获取用户信息的三种方式：一是通过OpenAPI获取包括头像、昵称、性别、教育和职业等信息；二是脉脉用户填写的信息；三是通过协同过滤算法获取信息。在与微梦公司的合作结束后，脉脉仅通过后两种方式获取信息。

针对双方重点关心的问题，被告的专家辅助人描述："对于协同过滤算法的数据源，在与微梦公司合作时，从微博、用户自行填写以及好友所作标签获取，在合作结束后，数据源也包括之前从新浪微博获取的数据，但未从新浪微博取得新的数据。"

对此，原告的专家辅助人表示，协同过滤算法虽然在业内有一定普遍性，但"物料必须高质量"。即便新浪微博用户量达到5亿人，协同过滤算法计算的准确率也不到85%；对于小公司用户，则"算不出来"，尤其有些极端个性化的信息，不可能通过算法算出。

法院判决"脉脉"不正当竞争

与以往审理过的很多案件相同，庭审的大部分时间用在了专家辅助人对技术问题的说明和相互对质上。但曹丽萍显得很有耐心，多年的审判经验让她形成了这样一种理念，"法官在庭审中，既不是主角，也不是配角，而是一位导演，她的作用既在引导各方遵循程序，也在尊重各方充分表达"。

庭后，曹丽萍归纳总结了双方陈述中的分歧，又亲自寻求其他技术专家的帮助，以验证双方专家辅助人意见的可采性。经过反复研究推敲，合议庭合议后，最终达成一致意见，认为在较短时间的数据积累下，脉脉用于协同过滤算法的数据源在数量、质量方面没有充分可靠保证，难以计算出准确的用户信息和对应关系。据此，法院于2016年4月作出一审判决：认定脉脉软件非法抓取、使用新浪微博平台用户信息，以及通过脉脉用户手机通讯录中联系人手机号与新浪微博用户信息形成对应关系等行为构成不正当竞争行为，赔偿微梦公司经济损失200万元。

判断难点：获取使用行为是否有合法正当性

此案涉及互联网环境下用户信息的获取和使用，在案件查明和适用法律层面判断淘友公司是否构成不正当竞争时，要判断其获取、使用新浪微博平台用户信息等行为是否具有合法性和正当性。关于合法性，此案的争议焦点在于脉脉软件的行为是否符合《开发者协议》的约定；关于正当性，即其行为是否符合行业惯例等正当使用之目的。

对于第一个问题，可以具体化为——如何理解《开发者协议》中关于开发者可以收集使用相关用户数据的约定。

互联网环境下，微博平台为拓展平台功能和业务范围，方便用户快速登录和分享信息，从而增加用户粘度，吸引更多用户，开放平台给应用软件接入已经成为平台运营的常见模式。向应用软件开放接口，意味着需要向其提供必要的数据以供程序运行和基本功能的实现。哪些数据是这类必要数据呢？

海淀法院法官曹丽萍认为，这既要看双方合作协议约定，也要分析数据本身的性质。用户职业信息、教育信息具有较强的用户个人特色，不论对于新浪微博，还是脉脉软件，都不属于为程序运行和实现功能目的的必要信息，而是需要经营者在经营活动中付出努力，挖掘并积累的用户资源中的重要内容。另外，头像、昵称、职业、教育、标签等用户信息的完整使用能刻画出用户个人的生活、学习、工作等基本状态和需求，而脉脉软件未能对在合作结束后仍使用新浪微博用户的这些信息之必要性给予合理解释。

对于第二个问题，可以归纳为——如何判断脉脉注册用户手机通讯录联系人手机号与新浪微博用户信息形成对应关系的正当性。

在这个问题上，脉脉软件提出这种对应关系属于行业惯例。首先要弄清何为行业惯例。曹丽萍认为，要成为行业惯例，通常应满足为实现产品或服务的必要功能并被该行业经营者普遍采用的情形。而脉脉软件承认这种对应关系的展示是为了引导脉脉用户邀请新浪微博用户加入脉脉，该行为显然属于为脉脉软件增加用户规模的市场行为，非必要的功能性设置。

通过比较市场上的大部分社交应用软件的设置，不论对其用户作何种分类，采取何种方案展示用户之间的联系，都基本遵循在应用软件中展示注册用户相关信息的规则，不体现非注册用户信息。另外，在提供用户手机通讯录与新浪微博用户之间的关系时，也只在第三方应用软件中展示这样的手机通讯录联系人的信息，即该人同时为第三方应用软件与新浪微博用户。在脉脉软件中将非注册用户，但又是新浪微博用户的信息作为脉脉注册用户的手机通讯录联系人予以展示，这显然不属于行业惯例。

用户信息获取的合法性甄别

互联网时代下，保护用户信息是衡量经营者行为正当性的重要依据，也是反不正当竞争法意义上尊重消费者权益的重要内容。用户信息的规模及质量在一定程度上反映了网络平台用户的活跃度，对于互联网经营者而言，用户信息既是其推进网络平台经营发展的基础，也是其分析整理用户需求并据以完善或开发产品和服务，提升用户体验的重要来源。因此，用户信息体现了互联网经营者重大的竞争利益。这也是此案中脉脉软件非法获取并使用新浪微博用户信息之行为构成不正当竞争的主要原因。

关于互联网经营者与用户之间关于用户信息的储存、使用和保护问题，曹丽萍提到，"鉴于互联网平台或应用软件和用户之间的格式合同通常设置各种单方利益条款，条款表述又通常晦涩难懂、阅读不便，甚至被设置成接受相关产品或服务无法跳过的确认环节。对于此类条款，需要判断是否属于网络服务正常开展的必要行为，如果并非必要，则要结合合同法关于对合同格式条款的解释规则，作出不利于经营者的解释"。

谈到反不正当竞争法修订草案的最新进展，曹丽萍说："对于消费者权益的保护在反不正当竞争法（修订草案送审稿）中已经将不正当竞争行为扩展到了损害消费者合法权益的行为，甚至赋予消费者在受到不正当竞争行为侵害时享有维权诉讼的权利。当然，对于这样的规定，要通过竞争法落实，还是有许多规范边界需要厘清的。"

一场"人肉搜索"吞噬两个少女[*]

林晔晗　黄立靖

因为一场轻率而不可控制的"人肉搜索",一个 18 岁的年轻生命消逝了,而另一个 23 岁的年轻女孩将面临一年的有期徒刑。"人肉搜索",究竟伤害了谁?公众在网络上的行为是否应有必要的限制?广东汕尾法院近期对一起涉及"人肉搜索"案件的判决,向网络越界行为敲响了警钟。

服装店主怀疑盗窃发起"人肉搜索"

现年 23 岁的小蔡是一个性格活泼的女孩,作为 90 后,能拥有一间自己的服装店一直是她颇为自豪的事。对这间名为"格仔店"的服装店她倾注了大量的时间和心血,或许正是因为这份在意,使她对任何影响服装店的人和事都缺少了一份宽容,也为悲剧的发生埋下了祸根。

2013 年 12 月 2 日下午 4 时,和往常一样,小蔡在她位于广东省陆丰市东海镇金碣路的服装店里看店。一个学生模样的女孩走进来试衣服,陆陆续续拿了六七件上衣进试衣室,但到最后只拿了两件出来。店里的员工说还有一件红色的上衣,小蔡就问女孩还有一件红色衣服呢?女孩说在试衣室里面没有试,然后返回试衣室并关上门,2 分钟后女孩拿出两件红色上衣。后来小蔡和店员清点衣服时,发现少了一件浅色牛仔上衣,看视频发现这女孩第一次拿进试衣室的就是那件丢失的牛仔上衣。当晚 7 时 30 分左右,小蔡将女孩在该店的视频截图配上"穿花花衣服的是小偷,求人肉,经常带只博美小狗逛街,麻烦帮忙转发"的字幕后,上传到其在新浪微博注册的微博名"@东海格仔店"上。不到 2 分钟,小蔡以前的员工打电话告诉她这女孩叫小徐,是高三学生,家住东海,并报了女孩的手机号码。到晚上 7 点 38 分,女孩在微博上跟小蔡交流后,当晚 10 时,小蔡就删除了微博。

在小蔡看来,自己把微博删了,这事就算了了。没想到,发出的人肉搜索帖如出笼的猛虎,迅速地露出了森森的獠牙。"人肉"偷衣服的微博发出仅一个多小时,迅即展开的人肉搜索就将小徐的个人信息,包括姓名、所在学校、家庭住址和个人照片全部曝光,而小蔡在网友问及找到人没有时,也很随意地在微博回复了小徐的姓名、学校、家庭住址。一时间,在网络上对小徐的各种批评甚至辱骂开始蔓延,也引起了很多小徐同校同学和社会上很多人对她的非议。2 天后,小徐在陆丰市东海镇茫洋河跳水自杀,留给世界的最后影像是她上传到个人微博上的两张漆黑的河水的照片和"第一次面对河水不那么惧怕""坐稳了"两句话。

---

* 载《人民法院报》2015 年 2 月 16 日,第 6 版。

"人肉"之后瞬间逆转的人生际遇

2013年12月4日12时，小徐父亲到陆丰市公安局南堤派出所报案，称其女儿因被他人在微博上诽谤是小偷，造成恶劣影响而自杀。南堤派出所民警到陆丰市东海镇金碣路服装店对小蔡进行了盘问，后继续侦查发现小蔡有侮辱他人并造成严重后果的重大违法犯罪嫌疑，遂于12月9日对小蔡进行刑事拘留。

归案后，小蔡很委屈："我的目的只是想把她找出来而已，如果报警的话会拖延很长时间。我找到她后，就把微博删了，因为根本没有其他目的。"而且她认为这是一种很有效的方式，"我以前也发过类似的微博，都找到了人，他们也赔钱了"。所以她并不知道这样触犯了法律。

当被问及是否能确认小徐偷了店里的衣服，小蔡回答："我们从视频监控中有看到小徐拿衣服进试衣间，但没有看见她将衣服拿出来，她偷衣服我们只是猜的，我们是这样认为的。"

小徐出事后，她的父亲认为小蔡的网络诽谤致使女儿自寻短见，小徐姐姐在微博上公开指责涉事服装店店主系"诬陷"，参与"人肉搜索"的网友的行为共同导致"一个花季少女在无奈中走上绝路"。

耐人寻味的是，"人肉"之下，谁都可能受伤，举起"人肉搜索"利器的小蔡却被利器反过来刺伤。小徐自杀后，网络又开始了新一轮对小蔡的"人肉搜索"，不久后，小蔡的个人信息曝光，即使换上马甲也很快被搜出。而小徐的姐姐也在网上炮轰小蔡："你如何人肉微博我妹妹诬陷她，我就让你如何享受。要红是吧，我让你红！这女人，广东省陆丰市东海金碣路××号格子店，你不用翻身了。"

2014年5月1日，小蔡的父母与小徐父母达成和解协议书：小蔡一次性赔偿小徐父母人民币12万元，双方因"微博事件"引起的纠纷就此了结。小徐父母出具请求司法机关对小蔡从轻处罚的谅解书。

庭审激辩：罪与非罪之争

案发后，由于该案在社会上引起的巨大反响而被称为广东"人肉搜索第一案"。中央电视台等多家媒体对案件进行了跟踪报道，"人肉搜索"这个关键词也使众多网友对该案予以极大关注。

2014年4月28日，陆丰市人民检察院以小蔡涉嫌侮辱罪提起公诉。

"之所以以侮辱罪起诉，是因为小蔡发微博进行人肉搜索的行为属于网络暴力行为，其行为对被害人的人格及名誉造成了损害并造成被害人自杀死亡的严重后果，符合侮辱罪的构成特征。"汕尾中院刑一庭庭长黄海钦说。

小徐父母对此未表示异议。

一审庭审中，小蔡对公诉机关指控的犯罪事实无异议，但她认为，自己并不构成侮辱罪。

小蔡的辩护人提出：1. 本案是自诉案件，根据最高人民法院、最高人民检察院《关于办理利用信息网络实施诽谤等刑事案件适用法律若干问题的解释》第三条的规定，侮辱罪应当达到"严重危害社会秩序和国家利益"的七种情形才是公诉案件，否则应当告诉才处理。本案并未造成"严重危害社会秩序和国家利益"的七种情形，不属于公诉案件，应当由小徐的家属自行起诉，对小蔡提起公诉属于程序不当。2. 小蔡主观上没有对小徐进行侮辱的故意，发微博行为属正常寻人行为。3. 现有证据只能说明小蔡发微博和小徐自杀在时间上有先后关系，但均无法直接证明小徐的自杀与小蔡发布微博存在刑法上的因果关系。4. 小蔡发出的微博仅存在4个小时左右，回帖仅仅几十条，且已及时删除微博、消除影响，被扩散和报道的内容均是在小徐自杀后他人重新编写的内容，与小蔡发出的原始微博无关，不能将其影响的扩大归责于小蔡。故认定小蔡涉嫌侮辱罪证据不足。

一审法院经审理认为：被告人小蔡因怀疑小徐在其经营的服装店试衣服时偷了一件衣服，竟在该店的视频截图配上"穿花花衣服的是小偷"等字幕后，上传到其新浪微博上，公开以求"人肉搜索"等方式对小徐进行侮辱，致小徐因不堪受辱跳水自杀身亡，严重危害社会秩序。被告人主观上直接故意贬损他人人格，客观上利用微博公然破坏他人名誉，造成了严重的后果，被告人的行为符合侮辱罪的犯罪构成，本案由检察院提起公诉并无不当。案发后被告人亲属与被害人亲属达成调解协议，被告人亲属对被害人的亲属赔偿经济损失，取得被害人家属的谅解。被告人当庭认罪，确有悔罪表现，依法给予从轻处罚。故以侮辱罪判处小蔡有期徒刑一年。

二审定音：对上诉理由的评判

小蔡不服，提起上诉。汕尾中院二审对于上诉人及其辩护人所提上诉意见进行了综合评判。

评判一：发人肉微博的行为是否属于正常寻人的行为？

法院认为：被害人小徐是否有盗窃行为及对其行为应作如何处理应当由司法机关依职权及法定程序进行查证并依据法律的规定进行处理，上诉人小蔡没有采取向公安机关报案而擅自在网络上发微博，通过配发视频截图指认被害人小徐是小偷并在网络上请求"人肉搜索"，其行为属于公然贬低他人人格、毁坏他人名誉的行为。

评判二：上诉人的行为与小徐的自杀行为是否存在因果关系？

小徐父母均证实：我女儿服装店买衣服时，被该店主诬陷偷其衣服，并将我女儿的相片发送到微博上称我女儿是小偷，使其学校学生及朋友均知这件事，致使我女儿无法面对现实而跳水自杀。

小徐朋友小陈等人证实：小徐在微信朋友圈上对别人说，她到人家服装店里试衣服被人录像截图发上微博并"人肉搜索"说她是小偷，引起了很多同学和社会上很多人对她的非议，她非常伤心，当时的心理压力非常大，感觉到这次微博导致了她当时的情绪状况很低落。

小徐同学小林等人证实：有在网上看到过"@东海格仔店"所发的这条微博，这条微博发出后在学校造成很大的反应，许多人看了这条微博后都对小徐进行指责和谩骂，影响很不好。

以上证言证实了被害人小徐因"@东海格仔店"所发的微博造成对其的伤害及社会评价明显降低，而后自杀身亡。这种严重危害后果的发生与小蔡通过网络发微博的披露行为之间存在直接的因果关系。

评判三：本案由检察院提起公诉，是否属于程序不当，适用法律错误？

法院认为：依照《中华人民共和国刑法》第二百四十六条第二款的规定，侮辱他人严重危害社会秩序的可以提起公诉；上诉人利用网络侮辱他人，造成的影响大、范围广，扰乱了社会秩序，并造成了被害人死亡的严重后果，属于严重危害社会秩序。故本案由检察院提起公诉并无不当。

评判四：在小徐的家属已表示谅解的情况下，一审法院是否进行了重判？

法院认为：小徐父母与小蔡父母达成和解协议并出具谅解书，对小蔡的行为表示谅解并请求司法机关对小蔡从轻处罚。原审法院鉴此已经依法给予从轻处罚，现再要求从轻处罚的理由依据不足，不予采纳。

因此，汕尾市中级人民法院终审宣判，维持一审判决，以侮辱罪判处小蔡有期徒刑一年。

法眼观察：莫让"人肉搜索"的悲剧重演

这起被称为广东"人肉搜索第一案"的案件，随着汕尾市中级人民法院的二审宣判终于尘埃落定。法院的判决明确告示，小蔡发微博"人肉搜索"公然对小徐进行侮辱，直接导致小徐跳河构成了侮辱罪。

宣判后，有媒体联系采访小徐父母，小徐父母拒绝接受采访。他们说事情已经过去，希望到此为止，不想再被打扰。

而小蔡面对记者十分悔恨，如果时间能够回溯，她一定不会发起那场"人肉搜索"。如果真的可以，也就不会发生两个女孩的悲剧。

或许对小蔡来说，她最应该反思的，是自己在应用现代网络手段过程中应该遵循的"边与界"。此前，小蔡也用过"人肉搜索"找到小偷，从法律层面来看目前这种方式被不少人视为一种所谓的"维权手段"，毕竟"法无明文规定不为罪"。一般人在所谓的维权过程中认定自己就是被侵害的弱者，并不认为自己的所谓维权触及了法律。而"人肉搜索"将当事人的相关隐私肆无忌惮地公布于网上，并且往往伴随着网上、网下对于当事人的辱骂，因而几乎将这种"网络暴力"推向了极致。

长期以来，"人肉搜索"的运用就饱受争议。虽然"人肉搜索"在某种程度上也是公民行使知情权、监督权的一种途径，网民将一些违法犯罪情况公布在网上由网民们自行评判，如果行使得当，也有利于维护公共利益。但是，一旦这种监督失衡，就很可能会侵犯他人的名誉权、隐私权。

近年来，关于"人肉搜索"过当的新闻也不断见诸网络、报刊，从第一次进入司法程序的2008年女白领自杀案，到今天的被"人肉"少女跳河案，"人肉搜索"的悲剧不断上演。"人肉搜索"似乎已经到了必须被规制的时候，如果不给"人肉搜索"这个脱缰的野马系上缰绳，是不是有一天，我们每个人都将面临这把"达摩克利斯之剑"？

任何侵犯他人权益的"人肉搜索"行为，都理应受到法律的禁止和约束。无论有多么正当的理由，无论是否以正义之名，只要行为一旦越过法律边界，都难以逃脱法律的制裁。

无疑，汕尾法院对此案的判决，给那些触及法律底线的"人肉搜索"行为敲响了警钟。

注意了！企业官微擅用"葛优躺"类"表情包"会侵权[*]

王宏丞

在微博和微信等网络平台，各种官微和公众号文章使用演员剧照制作"表情包"的情况非常普遍，既有照片也有动图，用以烘托气氛，吸引读者。近日，北京市海淀区人民法院审理了演员葛优起诉艺龙网官微使用"葛优躺"剧照的侵犯肖像权案件。

艺龙网官微使用"葛优躺"被起诉

葛优为我国知名演员，曾在电视剧《我爱我家》中扮演纪春生（二混子），角色特点为懒惰耍赖，骗吃骗喝。该角色在剧中将身体完全瘫在沙发上的放松形象被称为"葛优躺"，成为2016年网络热词。

艺龙网是知名旅游信息服务网站。2016年7月25日，艺龙网在其新浪官方微博号"@艺龙旅行网"中发布了"葛优躺"的配图微博，以图片配台词的形式，在每张图片中添加台词字幕，通过介绍"葛优躺"，代入与网站业务相关的酒店预订。葛优认为艺龙网擅自加工和使用其肖像图片，具有明显的商业属性，极易使众多浏览者及消费者误认为其为艺龙网代言人，或与该网站存在某种合作关系，使其本人蒙受外界诸多误解，请求判令艺龙网公开赔礼道歉，赔偿经济损失40万元和维权合理开支1万元。

艺龙网辩称："葛优躺"表现了现代人在重压下的一种慵懒状态和生活态度，体现其背后的文化现象和内涵。首先，涉案微博发布于该现象成为网络热点时，对"葛优躺"的文化内涵加以利用，意在幽默和夸张，并非有意使用葛优肖像进行宣传和营利，主观上无侵犯其肖像权的故意，客观上不会误导消费者认为双方存在代言等商业合作关系。其次，剧照与个人肖像不能等同，两者之间存在明显区别，剧照使观者直接联想到本人时，该剧照才能等同于肖像。受众看到"葛优躺"时想到的是其背后的文化内涵而非演员本人，其效果并非肖像性质，与传统商业使用肖像存在区别，不会使网络用户误认。最后，涉案微博的点赞数、评论数和转发数均极少，且在接到通知后当天进行了删除，不会给葛优造成巨大影响和经济损失。葛优所诉赔偿金额过高，无合理事实依据。

艺龙网致歉未获葛优认可

"@艺龙旅行网"微博号实名认证为"艺龙网信息技术（北京）有限公司"，该公司亦

---

* 载《人民法院报》2018年8月6日，第6版。

是艺龙网的经营者。截至2016年8月，该微博有粉丝232万人，发布近2万条微博。

2016年8月1日，葛优通过公证证实上述微博在7月25日发布如下内容："不经历周一的崩溃，怎知道周五的可贵。为了应对人艰不拆的周一，小艺爆出葛优躺独家教学，即学即躺，包教包会！"该微博共使用7幅原告葛优图片共18次，文字内容包括直接使用文字和在图片上标注文字，除第一张不是剧照，为原告个人身着西服给其他企业代言的照片，其余均为剧照，最后几张图配了大床、浴室等酒店背景，微博后附"订酒店用艺龙"的文字，并附二维码和艺龙网标识。该微博被转发4次，评论4次，点赞11次。同年8月18日，艺龙网收到葛优律师的通知后删除了上述微博。

2016年12月7日，艺龙网自行在其微博发布致歉信，内容为："真诚向人民艺术家葛优先生致歉。葛优老师是喜剧界瑰宝，给当代人塑造了太多形象，让小编铭记于心。小编微博使用过'葛优躺'图片，给葛优老师造成困扰，在此诚挚的道歉。招来官司实非小编所愿，实属对葛优老师的个人崇拜犹如滔滔江水连绵不绝，一发不可收拾。小编以后一定严格控制自己的情绪，将对葛优老师的崇拜之情放在心里不再炫耀。21世纪什么最贵？服务。艺龙将继续给消费者带来最舒适的服务和享受，借用葛优老师的一句经典台词：帝王般的享受，就是把脚当脸伺候着。Fighting，fighting！"该致歉微博转发24次，评论197次，点赞58次。

法院认定艺龙网的使用行为构成侵权

肖像是通过绘画、摄影、电影等艺术形式使自然人的外貌在物质载体上再现的视觉形象。肖像权，是指自然人对自己的肖像享有再现、使用或许可他人使用的权利。其载体包括人物画像、生活照、剧照等。剧照涉及影视作品中表演者扮演的剧中人物，当一般社会公众将表演形象与表演者本人真实的相貌特征联系在一起时，表演形象亦为肖像的一部分，影视作品相关的著作权与肖像权并不冲突。

《我爱我家》中的"葛优躺"造型确已形成特有网络称谓，并具有一定的文化内涵，但一般社会公众看到该造型时除了联想到剧目和角色，也不可避免地与葛优本人相联系，该表现形象亦构成葛优的肖像内容，并非如艺龙网所称完全无肖像性质。即便该造型已成为网络热点，商家亦不应对相关图片进行明显的商业性使用，否则仍构成对肖像权的侵犯。

此案中，艺龙网在其官方微博中使用了多幅系列剧照，并逐步引导与其业务特征相联系，最终将"葛优躺"图片的背景变更为酒店服务相关背景，并附宣传文字和标识。虽然上述方式并不能使网友认为葛优为网站进行了代言，但仍有一定商业性使用的性质，且该微博还同时使用了一张葛优此前的单人广告照片，故艺龙网的使用行为侵犯了葛优的肖像权，应承担相应的法律责任。

艺龙网在接到起诉后及时删除了涉案微博，已经停止侵权。其"致歉声明"中的部分内容和语气调侃成分过重，其表达并未对葛优起到正向的抚慰作用，且再次表述宣传其品牌，葛优在案件中要求艺龙网在微博中正式致歉的诉讼请求法院予以支持。

关于赔偿数额，葛优所诉较高。法院综合考虑各种情节，对赔偿数额酌情认定，遂判决艺龙网在其微博账号针对未经许可使用葛优剧照及照片的行为公开发布致歉声明，置顶72

小时，30 日内不得删除，并赔偿葛优经济损失 7 万元，支付其维权合理支出 5000 元，以上共计 7.5 万元。

艺龙网提出上诉，二审中北京市第一中级人民法院驳回上诉，维持原判。

商业性使用是构成侵权的前提

此案涉及在微博和微信等网络平台，针对演员剧照制作的类似"表情包"素材内容的使用是否侵犯演员本人肖像权这一法律问题的认定，以及对自行致歉行为的效力认定，对此类使用情形酌情认定赔偿数额需要考虑的相关情况的认定。

关于类似"表情包"剧照的使用是否侵犯肖像权

肖像权是公民人身权利的重要组成部分。我国民法通则中规定公民享有肖像权，未经本人同意，不得以营利为目的使用公民的肖像。传统的侵犯肖像权的使用行为，主要是使用明星照片介绍产品，使公众误认为明星为其产品代言，是比较明显的商业行为。"表情包"的情况有所不同，一般是使用影视剧中的角色或者长相有特点的人物带有夸张表情的照片或动图，部分附有说明文字，用在微博、微信等网络文章中，可以烘托文章的生动气氛。关于"表情包"的使用是否侵权这一问题存在争议，也涉及针对演员剧照制作的类似"表情包"素材内容的使用是否侵犯演员本人的肖像权这一法律问题的认定。"葛优躺"的影响力极高，是此类情况的典型代表，对该形象的使用已经成为网络用户表达某种情绪的方式，形成一种典型的社会文化热点和现象。对这一形象的使用，是否已经与演员本人的肖像人格权和财产权产生了分离，不再受演员本人控制，存在较大的争议。有人认为，如果"表情包"已经成为通用的情绪表达方式，不应再涉及肖像权问题。

判决书中的判案理由陈述得较为充分，认定类似"表情包"剧照的使用行为构成侵权的前提条件，一是一般社会公众可以将表演形象与表演者本人真实的相貌特征联系在一起，二是具有一定商业性使用的性质，其认定方式未脱离传统民法中关于肖像权保护的基本规则。此案中，艺龙网对"葛优躺"图片使用多次，与其业务联系密切，系明显的宣传行为，属于商业性使用，其行为构成侵权。

关于致歉声明效力的认定

虽然艺龙网官微已经自行发布过致歉声明，但一审判决未认定该声明有效，仍判决其在网站发表致歉声明。认定的理由是根据一般情形判断致歉文中的部分内容和语气表达并未传达正向的抚慰作用，且再次宣传其品牌，并因其语气略带嘲讽，引起葛优不满。一审判决要求艺龙网再次致歉，二审法院给予了支持。

关于致歉是否取得对方认可才视为有效，应视情况而定。如果是当事人商议或法院调解解决的案件，被侵权一方认可致歉或放弃致歉要求是达成一致的基本条件。判决中涉及的致歉诉请，如果侵权人已经完成了与其侵权行为程度和范围相符的致歉行为，即便被侵权人在情感上未能接受，也不影响法院认定致歉行为已经实际履行。一般情况下，致歉的范围要与侵权影响的范围相符，内容应包括：我做了什么；我认识到行为的性质和错误；我向被侵权方表达歉意，请求其原谅。其中致歉的态度最忌插科打诨的调侃，直接影响致歉的诚意。

关于侵犯此类肖像权赔偿数额的认定

针对此案最后确定的赔偿数额，也存在不同意见。有人认为葛优是一线大明星，代言费高，应给予高额赔偿；有人则认为"葛优躺"已成为文化现象，使用并非利用其形象代言，而是表明一种态度，甚至不应进行赔偿。

法院综合考虑赔偿数额的情形均在判决中详细列明，其中部分是基础项目，如艺龙网的使用行为提高了网络用户对其微博的关注度。部分是需考虑增加赔额的项目，如葛优为著名演员，公众对其关注度较高；艺龙网有一定影响力，其使用商业特征明显，使用照片数量和次数较多。还有部分是可以考虑减少赔额的项目，如该微博阅读量一般，影响范围有限；艺龙网接到通知后立即进行了删除，并表达与葛优协商解决纠纷的意愿；对"葛优躺"剧照的使用不同于直接使用个人照片，具有迎合网络热点、幽默夸张的特点，与传统商业直接使用名人肖像进行宣传的行为存在区别；此案判决应为剧照权利人留有部分赔偿份额等。

葛优提出高额赔偿的理由之一是认为艺龙网的行为可能造成网络用户误认葛优为网站产品进行了代言，但一般用户对此案中"葛优躺"这一形象的使用，基本不可能形成此种判断。故对此类情形的使用，虽然考虑到葛优是一线明星，也不宜判决赔偿额过高，应与使网络用户误以为葛优真实代言的情况给予较大的区别。法院最后的赔偿数额和合理费用为7.5万元，与艺龙网使用时对图片的商业化程度较高，使用次数多等具体情节有直接关系。

微博直播自杀案件的法律审视[*]

王锐园

摘　要　微博直播自杀明显是在渲染甚至"教唆"自杀，侵害了其他网民的权利。少数网民公然鼓动自杀，也是对自杀者权利的一种侵害，法律是否应当追究自杀者及煽动自杀的网民的侵权责任，姑且不论。但微博服务商完全应该及时屏蔽直播自杀的恐怖场面，此乃不可懈怠的法律责任。

近日，四川省泸州市小伙将一盆即将点燃的炭火图片发到微博上，留下一句"对不起大家，我真的要死了"，在随后的自杀直播过程里，引来了数万条转发和评论。其中多数人在劝慰并求助当地公安机关，但也有一些网友用嘲笑、不屑的内容发表评论，诸如"今天必须死""你死给我看看"等言论掺杂其中，一时间这场自杀直播被众人围观。最终警方证实了小伙的死讯，令人惋惜沉思。

微博直播自杀是一种展示性自杀行为，行为人希望通过"将要自杀"的预告行为得到特定人或不特定人的关注。也就是希望得到关注、求得帮助，或者迫使他人让步。在该起悲剧中，以法律角度审视，涉及网络运营商、闹事网友和行为人三个层面。

首先，针对网络运营商。网络运营商的责任包括企业责任与法律责任。从企业社会责任角度而言，网络运营商若发现微博中存在讨论自杀或其他"危险"内容，应当及时采取屏蔽、禁言、断开链接等措施，并在第一时间确定行为人身份和行为地点，尽快通报当地公安部门协助制止，防止悲剧发生。如果发生类似上述的悲剧，是否应当追究网络运营商的责任，在实践中存在争议。在网络高速发展的时代，更应谨慎。第一，自媒体时代，网络运营商对于信息内容实行"先发后审"制度，微博有上亿的用户，从业务层面来讲，高效的审核工作不太现实，如果过于苛求网络运营商的审核责任，势必影响信息传播与效率；第二，我国目前就网络运营商的责任追究主要体现在主动侵权、恶意骗取点击量等方面，对于上述"不理睬"的案件，并没有明确的法律规定，刑事层面上没有可适用的罪名，民事层面缺少侵权构成要素，行政层面又缺少处罚依据。因此就本案来讲，追究网络运营商的法律责任并无明确的法律规定。

其次，针对闹事网民。在直播自杀过程中，许多网民发表了蔑视、嘲笑的评论，在一定程度上激化了自杀者的情绪，甚至推动了自杀行为的实施。对于这些网民是否应当追究法律责任，在当前的法制背景下，应分情况认定。刑事层面，网友的行为不符合教唆自杀、帮助自杀的行为要件。教唆自杀主要针对没有自杀意图的人实施，帮助自杀是指提供工具协助有意图自杀者的行为。上述网友的行为可以看作对于自杀行为的评价，并不符合教唆、帮助的

---

* 载《人民法院报》2014 年 12 月 15 日，第 2 版。

定义，因此不具有刑法评价的意义。行政层面，如果网友出于恶意，连续发表谩骂、催促自杀等言论，造成了实际的危害后果，那么应视具体情形，由警方处以警告、罚款、拘留等行政处罚措施，如果只是单条的、轻微的嘲笑等言论，不建议追究法律责任。民事层面，侵权需要满足违法行为、损害结果、因果关系和主观过错四个要件，如果单条评论或言语轻微的，不建议追究民事责任；但如果网友连续发表恶意评论，根据常人判断确实对自杀者起到助推作用的，根据民法精神，应当承担一定的民事赔偿或补偿责任。

最后，针对自杀者本人。自杀行为在我国并非犯罪行为，由于属自损行为，法律层面一般不做评价，抛开责任承担能力的前提，如果行为人在自杀的过程中扰乱了社会秩序，损害到他人的合法权益，根据法律规定，也必须承担相应的责任。比如在闹市区自杀，扰乱了正常交通秩序的，在商场中自杀，扰乱商场经营秩序造成财产损失的，都应当承担相应的行政、民事责任；若情节严重，符合刑法规定的，也有可能承担刑事责任。任何行为都应在不侵害他人和社会利益的前提下实施。本案中的自杀者已经死亡，在责任承担上的讨论已无意义。在惋惜的同时，也必须旗帜鲜明地反对网络直播自杀行为，这种行为在发泄愤怒的同时，无形中激发了网络暴力，损害了网络空间的良好秩序。

减少网络暴力，避免悲剧发生应注意以下几点。第一，应尽快出台相应的法律法规，加重网络运营商对信息的审核和对用户的保护责任。作为网络时代信息平台的提供者，网络运营商不仅要承担较高的企业社会责任，也应被赋予较为明确、严格的法律责任。第二，要通过司法解释、行政法规等明确网络恶意起哄者的法律责任，减少网络暴力，减少跨地域言论伤害，维护网民的整体利益。此外，要加强言论引导，促进网络空间法治化，通过积极有效的措施加强网络文明建设，维护网络空间的自由与安全。

法律看似无情，但对本案在道德层面不难作出评价。如果网络运营商穷尽了审核、保护义务，会不会挽救年轻的生命？如果网民少一些谩骂嘲笑，多一些安慰劝导，会不会防止这场悲剧的发生？法律上的责任虽难以明确，但道德上的拷问并不缺位，这是我们每个人都应反思的现实问题。

微博骂人败诉的警示意义[*]

金 真

名誉侵权不仅只是在实体社会中存在的违法行为，即使在由"0"和"1"组成的数字世界里依然是完全适用的。网络不是法外之地，网民也需要遵守国家的各项法律，名人、大V也没有随意侮辱他人名誉的特权。希望所有网民都能够以孔庆东微博骂人案的判决为警示，管好自己敲打在键盘上的手，负责、理性、文明、有序地表达自己的意见。

"你说的驴唇不对马嘴……你就是个狗汉奸……"北大教授孔庆东在微博上一句口舌之快，结果被网友告上法庭。近日，海淀法院一审判决其公开道歉并赔偿精神抚慰金200元、给付公证费1000元。

虽然只是200元的赔款，还不够到法院打几次车的费用，但这一针对大V名誉侵权的判决却开启了一个好头，具有一定的标志性意义。

当下，在微博上的语言暴力和战争越来越多，不同的观念之争动辄就会上升到你死我活、非死即活的互相谩骂。"狗汉奸"三个字可以说已经属于比较含蓄的了，有些话语更是龌龊至极、杀气十足，搞得本来好好的网络世界乌烟瘴气，严重地损害了网络文明。特别是一些大V发表的低级言论，由于其粉丝众多、传播性极大，就更具有广泛而负面的危害性。

但由于这些语言出现在网络世界，很多人会觉得反正查不到我，反正我可以说微博上的那个"我"不是真正的我，我可以说我骂的那个"你"不是真正的你，所以乱咬人、随便骂也不碍事。其实，这正是一种法盲意识的体现。

名誉侵权不仅是在实体社会中存在的违法行为，即使在由"0"和"1"组成的数字世界里依然是完全适用的。也就是说，网络不是法外之地，网民也需要遵守国家的各项法律，名人、大V也没有随意侮辱他人名誉的特权。

千万不要认为只是躲在电脑屏幕后面，没人知道就可以随意地伤害、辱骂他人，因为网上发表的一字一句都很有可能被锁定下来成为违法的证据。哪怕删帖、删图，但在技术领域，只要深入去分析、研究，这些表面被淹没的证据还是能够被求证出来的，可谓天网恢恢疏而不漏！

因此，希望所有的网民都能够以此判决为警示，管好自己敲打在键盘上的手，负责、理性、文明、有序地表达自己的意见，以理服人而不是违法骂人。不然，这简简单单输入的类似"狗汉奸"之类的词就让自己落入了违法的深渊。

（作者系上海市民）

———————————

* 载《人民法院报》2013年5月10日，第2版。

当心！微博跟帖也能构成侵权*

徐小飞

　　微博成为用户增长最快的互联网应用模式。微博在为网上沟通交流提供便捷方式的同时，也为网络侵权开启了一扇方便之门。据统计，仅2013年1至7月，新浪就接到与微博抄袭有关的举报2939件。

　　许多网友认为，微博侵权只涉及原创微博主和微博运营商的事，自己只是跟帖，转发原创微博或者在微博后发表评论，不会损害别人的利益。殊不知，微博跟帖也能构成侵权，自己的跟帖行为有可能损害了他人的合法权益。

　　对于转发原创微博的网民，如果原创微博对他人的合法权益造成损害，因其转发行为在某种程度上扩大了侵权言论的影响范围，使本身虚假的言论更显真实，使他人的隐私和商业秘密为更多人知晓，具有帮助侵权之嫌。对于转发原创微博的侵权责任的认定，应当将行为人转发时的主观认知作为判断侵权的要件。如果行为人处于恶意或者未尽到合理的判断、注意义务，对侵权案件推波助澜，就应承担相应的法律责任。

　　当前，微博侵犯他人著作权事件层出不穷。在北京市第一中级人民法院网络公开课上，该院知识产权庭副庭长姜颖表示，由于微博是新兴社交工具，微博使用者对相关法律还不了解，造成一些博友的著作权不知不觉被侵犯。一些网友图省事，为了增加点击率，直接把他人的作品粘贴到自己的微博上，由于粘贴的频率太高，著作权人的名字不是被省略掉了，就是根本找不着了。这种照搬和任意粘贴他人作品的行为，违反了我国著作权法的有关规定，损害了著作权人的合法利益。故此，微博网友在转发他人微博时，要注明出处。

　　对于在原创微博后发表评论的网友，如果其单纯就微博的内容发表了过激言论，由于微博具有很强的随意性和浓厚的主观性，网友的评论带有主观上的情绪和偏激性，出现极端或者谬误在常人可以忍受的范围之内，造成的影响也有限，该种情形可以不追究行为人的侵权责任。日前武汉市中级人民法院审结首例微博侵权案，认为被告洪某个别言语过激但不构成侵权，故认定不构成名誉侵权。但如果跟帖网友在评论中披露了原微博中没有的他人隐私、商业秘密，侵害了他人的合法权益，或者损害了社会公共利益，则应当承担相应的侵权责任。微博侵权责任的认定，要综合考量微博内容的点击率因素、微博浏览者的评价因素、微博内容被转载、引用因素等内容，责令侵权人赔偿损失、停止侵害、消除影响、恢复名誉、赔礼道歉。这些救济措施可以单独适用，也可以合并适用。

　　微博并非法外之地。公民的言论自由是有限制的，言论自由和权利保护是一个平衡博弈的过程。微博的内容是有所限制的，必须在法律允许范围内，并且不与我国的文化背景、公序良俗相违背。微博应当成为沟通思想、促进交流的平台，而不是进行侵害名誉权、隐私权、著作权、商业秘密和公共利益的阵地。

---

　　* 载《人民法院报》2013年11月20日，第2版。

　　净化良好的微博环境，营造文明的网络新风尚，是一个系统的社会工程，需要网民、微博服务商、政府网络管理部门等各方面的共同努力。作为微博网民，要提高道德素质和法律意识，严格自律，要对自己的言论负责，不利用跟帖微博的形式侵害他人合法权益。对微博服务商而言，要履行自己的法定责任。侵权责任法第三十六条规定："网络服务提供者知道网络用户利用其网络服务侵害他人民事权益，未采取必要措施的，与该网络用户承担连带责任。"微博服务商要尽到认真、仔细、合理和尽职的注意义务，对在微博中跟帖的言论进行相应的规范，否则将要承担相应的法律责任。政府网络管理部门要加强网络宣传引导工作，加大打击网络谣言的力度，利用政务微博平台积极引导舆论导向，以真实的、透明的、权威的信息发布解读，及时回应人们关心、关注的社会话题，并营造风清气正的网络环境。

　　尽管我国已有一些法律法规对微博侵权行为进行规制，但一些微博跟帖侵权行为的认定依然处于法律的模糊地带。当前，应当借鉴国外有关微博和互联网管理法律制度来规制我国微博跟帖侵权行为，以满足微博发展的新要求和新需求，为在微博中出现的侵权行为提供有效的解决方法和途径。

微博反腐的边界[*]

武东升

我国已拥有超过 5 亿微博用户，与过去传统媒体曝光以及实名举报相比，微博具有速度快、影响大和低成本、低风险等特点，已成为公众监督官员的重要工具。"情妇""私生活""高消费"等问题被网络引爆，使得不少官员落马或锒铛入狱。

当下，微博反腐功不可没，但其仍然是制度反腐的补充。没有制度反腐，微博反腐不能改变公众对官员的信任危机。笔者想说的是，我们要警惕以反腐之名滥用他人信息，否则，每个人都有可能成为受害者。正义只能以正义的方式来实现，就微博反腐而言，滥用他人信息实现的结果正义不代表过程的正义。以非正义的方式实现所谓的正义，破坏的是社会道德，动摇的是社会根基。

在社会转型期的特殊阶段，微博反腐必须保持理性，必须坚守道德和法律的双重底线。各种利益群体以及相同群体内部的利益攸关者需要在法治的框架内真实、合理地应用微博反腐。微博反腐只有依法才有力量，微博反腐只有强化法制意识才不会权利越位。

在网络反腐制度不健全的背景下，既要充分地利用好网络反腐的群众监督作用，又要通过必要的规范避免其自身的缺陷和弊端。

理论层面上，教育是基础，制度是保障，监督是关键。反腐最根本的还是要依靠营造不能腐败、不敢腐败的制度环境以逐步培育官员的廉洁意识。

制度层面上，要把公众的反腐败热情纳入法律程序之中，通过制度设计使微博反腐与传统的体制反腐无缝衔接。在相关法规中还需要科学界定知情权与隐私权、依法监督与造谣中伤、言论自由与人身攻击的界限，合理界定非法信息的范围以及如何监督监督者的行为，等等。

实践层面上，纪检部门要建立微博监督信息快速反应机制，研究制定微博舆情处置工作方案，对一些涉及重大事项的微博举报，启动应急处置方案。如：公民通过正常举报程序向反腐败机构反映问题，未及时收到回复的，可以向其上级部门投诉；公民在微博上发表不实信息侵犯他人合法权利的，将受到法律追究，等等。

（作者单位：河南省开封市禹王台区人民法院）

---

[*] 载《人民法院报》2013 年 8 月 9 日，第 2 版。

网络人格权保护：轻点鼠标之重[*]

人民法院报记者　韩　芳　通讯员　赵小军

2013 年 12 月 3 日，北京的一位大妈从一开始以讹传讹地"讹老外"遭网友"炮轰"，到后来老外将大妈撞伤的事实还原，一天之间两次登上了中国网页新闻的头条。大妈事后在接受媒体记者采访时说，网络舆论的压力使她两天都没吃东西、没合眼。

近年来，网络媒体新兴的传播方式对公众的行为产生了极大影响。网页新闻、论坛、贴吧、博客、微博、微信，不管什么样的信息，包括侵权信息，一旦发布，经过登载、转载、转发、评论，甚至是置顶、排名、链接之后，很快举世皆知，有些已侵犯了他人隐私、诋毁了他人名誉，但仍浑然不觉。为此，在今年"12·4"法制宣传日之际，北京市第一中级人民法院召开了"涉网络侵犯人格权案件审理情况暨维权提示"新闻通报会，对近三年来该院审理的涉网络侵犯人格权案件进行了梳理。通过对此类案件特征的分析，提醒公众——互联网世界，同样需要您合法理性发言。

接到投诉做法不同　百度新浪责任迥异

靳某在一家网站工作，此前在与丈夫离婚时双方曾发生一些纷争。重新回归单身生活的她，在繁忙的工作之余，或上网写写博文，或与朋友在 MSN 上聊聊天，或在线分享一下自己的生活照。

然而，一次偶然的机会，她吃惊地发现在新浪博客上，博主"@来日方长"和"@大山"自 2011 年 6 月起，先后发表十多篇涉及她与前夫隐私的文章，并上传了二人 MSN 上的聊天记录和她的博客链接地址。这些博文不仅上传了她的个人照片，在照片上还附有文字旁白，什么"靳某，号称'冰美人'，要起钱来可一点都不冰啊"，"哈哈，600 块钱能买两双鞋，什么鞋子那么便宜啊，破鞋吧"等等充满了"含义"的言辞。

被吸引住眼球的各大网站对此竞相转载，事件引发了网友持续性的关注和评论，甚至还有网络用户留下"绝对闷骚！潘金莲的模子！"等对靳某进行谩骂和人身攻击的评论。在百度公司旗下网站输入与事件相关的关键词，即可出现长达 50 余页的文章和相关评论。百度公司还在"百度百科"将该事件定义为一个专有名词。

靳某看到这些网络信息后，认为内容严重侵犯了自己的隐私权，随即委托律师向新浪公司、百度公司发出《律师函》，要求两公司立即删除相关文章、评论，关闭或屏蔽侵权博客，断开相关侵权信息的链接。

新浪公司在接到《律师函》后认为博文未达到侵害名誉权程度，没有采取必要措施进行处理。百度公司收到《律师函》后，要求靳某提供侵权信息的具体网络地址，并于收到

* 载《人民法院报》2013 年 12 月 15 日，第 3 版。

靳某第二封《律师函》后，根据该函提供的网络地址作出断开链接、删除等处理。同时，百度还对侵权地址以外的涉嫌侵权内容进行了扩大范围断开链接、删除等处理。

此后，靳某以侵权博主利用新浪公司、百度公司的网络平台非法散布他人隐私，造成侵权信息的进一步扩散为由诉至法院，请求判令：新浪公司立即采取有效措施关闭或屏蔽侵权博客；百度公司关闭并提供侵权人的 IP 地址和全部注册信息；两公司对其网站进行清查，屏蔽"关键字词"搜索；两公司在各自网站首页发表赔礼道歉声明，赔偿其精神损失 1 万元，共同承担公证费及诉讼费。

法院审理后认为，新浪公司应当对侵权损害的扩大部分与实施侵权行为的网络用户承担连带责任，而百度公司不应当承担侵权责任。故判决新浪公司道歉并对侵权信息进行删除、断开链接及屏蔽等必要措施，赔偿靳某精神损失 1 万元。

■法官说法

据主审法官介绍，根据侵权责任法的规定，网络服务提供者知道网络用户利用其网络服务侵害他人民事权益而未采取必要措施的，与该网络用户承担连带责任。

本案中，侵权文章是由网络用户发表的，新浪博客用户众多，新浪公司无法做到对用户言论的随时监控，而百度亦只是提供了一个搜索平台，无法因搜索中出现侵权事实而当然推定百度公司"知道"，故两公司在靳某通知其受到人格权侵害之前，不存在应知和明知其损害事实的情形。

但是，侵权责任法还规定，网络用户利用网络服务实施侵权行为，在被侵权人通知网络服务提供者采取必要措施后，网络服务提供者未及时采取必要措施的，对侵权损害的扩大部分与该网络用户承担连带责任。

因此，靳某委托律师先后两次向新浪公司送达《律师函》，要求该公司履行法定义务、采取必要措施以避免侵权继续扩大，但新浪公司未及时采取必要措施，应当对侵权损害的扩大部分与实施侵权行为的网络用户承担连带责任。

而百度公司对相关侵权内容及时作了断开链接及删除等必要处理，在其有技术控制力的范围内，防止了原告遭受的侵权后果进一步扩大，故不应当承担侵权责任。

业委会人员互指侵权　锁定发帖主体成关键

王某是北京市海淀区某小区业主委员会委员，孔某是该业委会的一名工作人员，二人在工作中发生了矛盾。

王某先后用"天狱""天愚""天晴"等几个网名在小区的业主论坛上发表过一些帖子。两人产生矛盾后，孔某在小区的业主论坛上，用 ID 网名 ZhangL 发帖对"天狱""天愚""天晴"进行了"只会撒泼骂人，除了张嘴谩骂，没有别的高招""失道寡助""骂街是她的看家本领，栽赃诬陷是她的一贯作风，心胸狭窄，隐藏业委会委员的身份，感觉她不正常"等评价。王某认为孔某对她的这些言辞，是对其名誉权的严重侵犯。遂起诉至法院，请求判令孔某在焦点房地产网该小区的业主论坛上公开道歉并置顶 60 天；删除产生损害、误解的全部帖子；在小区通告栏及业委会办公室张贴道歉信 15 天；支付精神损害抚慰金及公证费、案件受理费等。

孔某对此并不认可，还对王某提出名誉权反诉。他反诉王某使用"天域""我想说句公道话"等网名对他进行了诽谤辱骂，如"疯狗般的出来咬人""黔驴技穷的你""真不知世界上还有羞耻二字"等侵犯了自己的名誉权。孔某还答辩称，虽然发帖的 ID 网名 ZhangL 是他本人的，但因为工作关系，小区业委会很多人都熟知这个网名和登录密码，有攻击性言语的帖子是他人用自己的网名所发。

法院经审理后认为，孔某公开在互联网公共网站上发布的言论，对象直指王某本人，言辞内容涉及侮辱性言论，属于人身攻击，超出发表正常评论意见的范围，构成对王某的名誉权侵害，但对孔某的反诉请求法院未予支持。

■法官说法

本案主审法官认为，名誉系指对特定人格价值的一种社会评价。公民享有名誉权，禁止用侮辱、诽谤等方式损害公民的名誉。对侵犯名誉权行为的认定，应考查侵权人有无因故意或过失，将不当观念传播于第三人，致使他人的社会地位因此遭到贬损，或使其遭到怨恨、轻视、嘲笑，或减少其应受的爱戴、信任与尊敬。

本案中，关于发帖主体的问题是判断侵权与否的关键。孔某认可其所使用 ID 网名为 ZhangL，并设有密码。孔某虽然提出由于工作原因其用户名与密码已经公开，但未提供相应证据，因此，并不能证明帖子系他人所发。同时，孔某主张曾见到有人使用 ZhangL 网名发帖，但未采取有效措施予以制止而采取放任之态度，由此产生的后果应由孔某承担。

针对反诉，法院以孔某未能就"天域""我想说句公道话"是王某本人所使用网名 ID 提供相应证据，故对孔某关于相关帖子是王某所发的事实，法院不能确认。因此，不能认定王某构成对孔某名誉权的侵犯。

■记者观察：规制侵权行为 平衡主体权利

"在各类网络侵权案件中，侵犯名誉权、肖像权、隐私权、姓名权等人格权的案件尤为突出。"北京一中院副院长孙国鸣介绍说，当前，在全民参与的信息化大潮背景下，借由网络平台和网络传播方式的侵权案件随之日益频发，并呈现出复杂多样的趋势。

数据显示，近三年来，北京一中院共审理各类涉网络侵犯人格权案件 200 余件，其中名誉权案件 74 件、肖像权案件 38 件、隐私权案件 34 件、姓名权案件 21 件及其他各类人格权纠纷 40 余件。

涉网络侵犯人格权纠纷逐渐成为当前民事纠纷中社会关注度最高、社会影响最大、矛盾冲突尤为激烈的案件，同时，也是法院审理和调解最困难的一类案件。

从此类案件的审理数量上看，亦呈逐年上升趋势。北京一中院 2010 年审结该类案件 38 件，2011 年 46 件，2012 年 75 件，2013 年上半年 50 余件。"近三年的侵犯人格权类案件中，通过网络方式实施侵权已成为最主要的方式，占到总数的四分之三。"北京一中院民二庭庭长高萍告诉记者。

通过网络实施的侵权相比于传统侵权的一个重要特征在于，其手段和方式的多样性。

网络上存在多样的信息平台和传播手段，比如网页新闻、论坛、贴吧、博客、微博、微信、搜索引擎等等，这些发布平台及其各自特有的交互方式均能成为侵权行为媒介和手段，侵权人可以将带有侵权性质的内容，通过登载、转载、转发、评论、置顶、排名、链接等多样化的方式进行传播。网络传播的广泛性、即时性和迅速性，为侵权行为的实施提供了便利，也使得侵权事实难以逆转。

"网络自身的特点决定了其信息传播具有极强的流动性和辐射性，侵权行为的后果极易得到扩散、放大甚至恶化。"孙国鸣指出，损害行为一旦出现，便呈现不可逆转和不可控制的趋势，损害后果呈几何级数扩散，损害范围不断扩展和叠加。

此类案件往往涉及多个侵权主体，包括网络用户、网络内容运营商、网络服务提供商等责任主体。由于面对海量的网络信息，普通网络用户及网络服务提供商难以对信息内容是否侵权进行细致的审查和准确的判断。一个侵权内容的发布，可能造成对该信息进行转载、转发、评论等的传播主体成为连锁的责任主体。

高萍介绍说，网络领域的侵犯人格权案件，其所侵害的权利和对象往往不是单一的，一个侵权行为可能同时侵害了权利人的名誉权、肖像权、隐私权、姓名权等多项权利。如马拉多纳诉上海第九城市计算机技术咨询有限公司、北京新浪互联信息服务有限公司一案中，马拉多纳即认为其姓名权、肖像权均受到侵害。六小龄童诉蓝港在线科技有限公司一案中，六小龄童认为其名誉权、肖像权均受侵害。

再者，涉网络侵权类案件往往涉及个人人格权利与他人言论自由、合理使用以及网络经营者的义务的利益平衡问题。孙国鸣举例说，网络用户在社交平台上将自己的一些个人信息或肖像图片予以公布，而其社交平台上的好友将以上内容进行转发，是否构成对肖像权或隐私权的侵犯，就值得进一步研究。要根据网络平台的技术特点和互动方式，考虑调整权利保护的边界。在保护个人权利的同时，也要充分考虑与网络言论自由、行为自由的平衡。

可见，在涉网络侵犯人格权案件中，不同主体利益的平衡与协调是司法审判的另一个重要内容。

目前，我国的立法中，对涉网络侵权行为的规制集中在侵权责任法第三十六条，面对极其复杂多样的网络侵权行为，这无疑与司法审判的需要相距甚远。对于社会公众反响强烈的垃圾短信、垃圾邮件的骚扰，是否应享有网络安宁权的问题；网络虚拟财产和对虚拟财产上的人格利益如何保护等问题，都急需立法予以明确。

诚然，进一步明确网络领域民事行为规则，划定合法行为与违法行为界限，平衡保护网络行为自由和个人人格权利，已成为司法审判和网络环境健康有序发展的迫切需要。"希望社会各界能在充分了解司法审判工作的同时，共同维护公众在网络领域的合法权利，营造一个开放、自由、健康而又充满活力的网络世界。"孙国鸣最后对记者说。

■法官提醒：虚拟主体　合法保护

由于互联网具有多维、多向、无国界、开放性等特点，在网络的虚拟世界中，发布对他人人格权造成侵害的言论，很容易完成。结合当前网络领域出现的人格权侵权行为多发，以及公众对网络活动中维护自身权利的关注，北京一中院法官提出应注意五项"行为规则"。

第一，注意规范自身行为避免构成侵权。要谨慎地规范自我的网络言行：不使用侮辱他人人格、损害他人名誉的语言；在使用他人姓名、肖像的时候，要征得权利人允许；未经许可不擅自使用别人的计算机资源；注意避免传播他人隐私信息；不发布骚扰性的网络信息。

第二，注意及时向网络服务商通知侵权事实。在发现自身权利被侵害后，应及时和网站进行联系，向其发出采取必要措施、制止侵害的通知。如通过上述沟通，不能达到满意维权效果，可向人民法院提起诉讼。

第三，注意将虚拟主体和现实主体进行对应。由于网络的虚拟性，我们所面对的主体是作为个人代号的网名、IP地址等符号或数字。在实名注册的情况下，侵权人和被侵权人比较容易和现实生活中的权利主体进行对应。在非实名注册情况下，则需要通过民事主体在网络中直接披露其现实社会民事主体名称、肖像、工作等信息，或者根据其社会知名度，使公众将虚拟主体和现实民事主体实现对等联系。

第四，注意加强网络证据的收集和保存。网络证据的收集方法通常包括以下几种：打印输出、拷贝、拍照、摄像、数字解密、数据恢复等。被侵权人要第一时间对网页和数据进行保存，再向有关各方（如网站）发出要寻找电子证据的通知，以获得技术支持。应尽可能对证据保存的过程进行公证。对涉及刑事犯罪的，应向公安机关报案。

第五，注意选择恰当的责任承担方式。在被侵害网络人格权的情况下，受害人可以酌情采取请求停止侵害、恢复名誉、消除影响、赔礼道歉、赔偿损失等方式，维护自身合法权利。

网络寻贼是一场网络暴力[*]

张玉胜

人们看到的是"疑人偷斧"的先入为主、不明真相的从众起哄、不负责任的人云亦云，貌似站在道德制高点上的"正义"背后无疑是理性、责任与法治的缺失。

据 2013 年 12 月 15 日《新京报》报道，12 月 3 日，高中女生琪琪（化名）从陆丰望洋河桥上跃下身亡。前一天，因怀疑她偷窃服装，店主将监控视频截图发至微博求"人肉搜索"。很快，她的个人隐私信息曝光，成为身边同学、朋友指指点点的对象。广东陆丰警方 8 日立案侦查后，将服装店主刑拘。

18 岁女生不堪"人肉搜索"而选择以自杀自证清白的悲剧，再次彰显了"人言可畏"的网络暴力的巨大杀伤力。如果说涉事服装店店主的无端"诬陷"是导致自杀悲剧的始作俑者，那些不假思索、盲目跟风者的"人肉搜索"无疑起到了推波助澜的关键作用，身边同学、朋友的"指指点点"更是摧垮少女意志的最后一根稻草。面对悲剧，人们不能只是扼腕叹息，更应该理性反思。

透过事件的发生原委，人们看到的是"疑人偷斧"的先入为主、不明真相的从众起哄、不负责任的人云亦云，貌似站在道德制高点上的"正义"背后无疑是理性、责任与法治的缺失。无论是服装店店主求助网络的人肉"寻贼"，还是少女以投河自杀的极端方式昭示世人，当事双方都没有在权利可能受损时理智地选择诉诸法律。法治"被遗忘"也许才是这起事件的真正悲剧所在。

对法治缺乏敬畏，还表现为网友们的听风是雨和随意发声。网络世界的一个不争事实是，只要有人提出"人肉搜索"的请求，几乎毫无例外地都会得到一些网络"热心人"的出手相助，他们在不明事件真相语境下盲目"帮忙"，甚至不惜动用个人话语权说三道四。心中无底线，信息不过滤，发声无遮拦，只图自己痛快，不顾他人痛苦，缺乏对个人隐私的起码尊重和对法律法规的基本敬畏。

少女自杀事件目前以核心当事人一方死无对证，一方刑拘在案作结，追求事件真相似乎显得不再重要。尽管警方拘留的肇事者只有服装店的女店主一人，但那些曾经"人肉搜索"的网友和"指指点点"的同学、朋友，何尝不是少女自寻短见的间接当事人？又何尝不受到良心和道义的拷问？假如网友多一些对事件真相的追问，对网络发声法律责任的担当，假如身边朋友对蒙冤的琪琪多一些信任与宽慰，悲剧或可避免。

少女自杀悲剧让"人肉搜索"的正当性再次受到质疑。但"人肉搜索"引擎不过是近来在互联网兴起的一种资料搜索方式，旨在变枯燥乏味的查询过程为一人提问、八方回答的人性化搜索体验，未必具有侵犯个人隐私的原罪。既然能够在网络上搜索到，就应该视其失去了"保密"的价值，问题的关键在于如何对这些信息进行正确使用。网络暴力的实质是网民责任感与法治底线的缺失。避免类似悲剧的发生，还需强化对网络行为的依法管理，包括对"人肉搜索"的制度规范。

---

[*] 载《人民法院报》2013 年 12 月 17 日，第 2 版。

微博时代"名人隐私"何去何从[*]

周 涛

2012年9月互联网监测研究平台DCCI互联网数据中心发布的《2012中国微博蓝皮书》称,中国的微博用户总量约为3.27亿人,且日趋饱和与成熟。随着名人微博、草根微博的纷纷崛起,互联空间每天都交换大量的明星热点信息。我国法律如何看待名人的隐私,在微博环境下公众如何理性表达自己的观点,成为新的司法命题。而目前我国法律还没有关于名人隐私的明确规定。

2012年的王石事件,见证了微博时代的名人隐私如何能在短短数小时内举国皆闻:王石事件始于今年1月7日某网友的微博爆料,他称曾和王石同飞深圳,当时王石与同行一位田姓女子举止亲密,随后,王石回应称:"……我没有背叛家庭;个人感情是非常个人化的事,西方叫Privacy,我希望全社会有保护个人隐私意识,企业家也需保护。"媒体也流传王石离婚的消息,而与曾经扮演《甄嬛传》的演员田朴珺的关系密切。2012年11月3日,《南都娱乐周刊》实名微博曝出王石与田朴珺在美国纽约的亲密挽手照……

无独有偶。同年,宁夏74岁作家张贤亮也在网上被人发帖称其"包养5个情人",事后证明发帖人为一餐厅20岁服务员,因与女老板发生矛盾,故借将老板列为"情人"之一予以报复。张老表示宽宏处理,不会起诉。

这两则事例看似雷同,实则不然,正好能回答与体现我国司法实践对名人隐私的基本看法。

首先,微博上的名人私事,都构成隐私吗?"侵犯隐私"与"诽谤名誉"的根本界限在于——内容是真实(隐私)还是虚假(诽谤)——王石事件真假莫辨,故可能是侵犯隐私;而张贤亮事件因当事人承认造假,故构成诽谤,属于对名誉权的侵犯。但微博空间的言论,基本属个人发布,大多不具备严肃性,所以许多事件都是真真假假,是否构成隐私,不可一概而论。

其次,微博传播名人隐私,必然构成侵权吗?目前,我国关于隐私保护的法律法规主要有:宪法、民法通则、刑法、未成年人保护法,尤其是两个重要的司法解释,即《最高人民法院关于审理名誉权案件若干问题的解答》与《最高人民法院关于贯彻执行〈民法通则〉若干问题的意见》。其中规定,"以书面、口头等形式宣扬他人的隐私,或者捏造事实公然丑化他人人格,以及用侮辱、诽谤等方式损害他人名誉,造成一定影响的,应当认定为侵害公民名誉权的行为"。可见,我国法律中没有"隐私权"的独立概念,而把隐私作为"隐私利益"放在名誉权中加以保护。以王石事件为例,显然婚外的交往生活,属于个人隐私,微博用户的爆料也构成"书面形式宣扬他人的隐私……造成一定影响"的情形。但是,世界范围内都承认"公众人物"(public figure)享有的名誉权是受到限制的。结合我国国情,

---

[*] 载《人民法院报》2012年12月9日,第2版。

公众人物的个人生活遭媒体和微博爆料是生活常态，被社会普遍接受和认同。名人与公众已达成某种默契——名人从曝光率中获得关注与直接或间接的经济、精神利益，但同时牺牲部分个人隐私，以满足公共兴趣（某些情况下还会涉及"公共利益"public interest）。在此情形下，法律也不便强行干预，否则会扰乱正常的社会秩序与娱乐生态（2002年"范志毅诉文汇新民联合报案"是我国首次采用"公众人物"说法的判决）。所以，王石事件是有争议的，虽然客观要件满足"个人隐私的曝光"，但如果王石提起诉讼，司法实践很可能认定"隐私侵权"不成立。

综上，微博是柄双刃剑，名人隐私在微博时代受到了更大的威胁；但相应地，包括名人在内的使用者也获得了更多的表达宣传、自我澄清的言论空间。根据目前的法律规定，对微博用户来说，无论是侵犯隐私还是诽谤名誉，发布者都是直接的责任人；而转载者要分情况视之，如果是媒体微博很可能会承担相应责任，但目前还没有个人用户受法律追究的实例。所以，广大个人微博用户，转载或评论名人的"爆点事件"时，只要不是发布者，基本没有侵权的危险，不过仍须慎重利用法律留给个人的网络言论自由空间，争做理性网民。

（作者单位：山东省日照市中级人民法院）

微博侵权亟须法律制度监管*

邓 勇　肖光申

　　微博作为一种新兴的交流工具，走进普通民众的生活，使全民皆有可能成为"记者"，使得公民的言论自由得到了更加极致的发挥。与博客相比，微博的即时通信功能更显强大。

　　目前，微博行业呈井喷式发展，在某种程度上分散、下放了信息传播权利，现已成为网民爆料的首选方式。但话语权的下放、现有网络立法的不完善、把关人的监管不力、商业利益的巨大驱动以及微博所具有的强大媒体融合功能、碎片化表达等，也加速了有关微博的各种侵权行为的发生。

　　微博侵害合法权益的类型正呈现多样化趋势，主要表现在以下几个方面：一是微博侵犯名誉权，微博博主可以在第一时间对人对事发表评论，而这些评论作为互联网上的公开信息能够为他人所查阅、获悉，因此，在微博盛行时期如把关人监管不力，难免会侵犯到他人的名誉权；二是微博侵犯隐私权，个别网站受利益驱动，为了获取高点击率，在网站信息监管方面的保护意识还不够，造成某些博主在微博中将其所知悉和掌握的与他人私权利密切相关的信息公开并予以传播，给他人造成恐慌、不安甚至痛苦；三是微博侵犯商业秘密，在商业竞争激烈的经济社会，微博很容易成为商业机密泄露的平台，某些别有用心的人，可能通过微博去获取竞争对手的技术秘密、经营秘密和管理秘密；四是微博作为都市白领和年轻一族的新宠，甚至还成为日常生活的一部分，人气旺即商机，个别广告商把未经证实的广告悄然植入博客，借此误导消费者，损害消费者的权益。此外，某些博主肆意传播谣言，危害公共安全，有可能会造成一些民众的心理危机。

　　目前，我国还没有一部专门的法律来规范微博侵权行为，有关微博侵权行为的规制主要在宪法、民法、著作权法、侵权责任法、信息网络传播权保护条例等法律中有所体现。但是网络技术的飞速发展、新商业模式的层出不穷，都对现行法律规范提出了新的挑战。微博作为一种新兴媒体，尚缺乏具体的法律法规规范，还需要不断地完善网络立法建设，改善立法滞后的问题，做到新问题新解决。

　　笔者认为，作为微博服务提供者，网站应通过设立举报和自我检查的方式来制止利用微博进行侵权的行为。网站应在博主的微博上设立相应的举报途径，允许任何网民对存在违法嫌疑的微博内容进行举报，由微博服务提供者对该举报内容进行及时审核和处理。此外，微博服务提供者应安排有一定法律基础知识的专职网管，或者通过咨询律师的方式，通过自我检查的方式来发现微博中的重大典型侵权行为，并按照具体情况采取不同的措施。情节不严重的，给予警告并要求其及时修改或删除内容；情节严重的，应立即断开链接并屏蔽内容，禁止博主继续使用微博；情节特别严重的，应该把相关资料作为证据材料移送给行政、司法机关来处理。与微博有关的主体，还包括微博服务商和公共性微博用户。对于此类主体应建

＊　载《人民法院报》2011年2月20日，第2版。

立相应的责任机制，分情况区别对待。对于微博服务商而言，尽管微博服务商拥有无数的微博用户，如果其对某些微博用户的侵权行为放任不管或者监管不力，理当按照相应的法律法规进行惩罚。但若硬性要求其对微博内容逐一进行检查也不可行，这就需要构建一套微博服务商免责机制。具体而言，可以从两个方面进行认定处理：一是如果微博服务商尽到了认真、仔细、合理和尽职的注意义务，没有发现微博内容有侵权迹象的即可免责；二是如果微博服务商在接到侵权举报或投诉后作出了相应的回应，并采取了必要和合理的措施，比如按受害人的意思作出了要求微博发布者删除发布的文字，或者直接将侵权文字屏蔽、删除的，即使后造成了某些主体权益受损，此时微博服务商也可以免责。对于公共性微博用户而言，当前各地政府、公安、法院、媒体、高校等都纷纷开通了微博进行工作宣传，相应的主管部门和领导应当对微博信息的真实性和合法性以及妥当性及时进行审查和批准，以免不良信息传播出去后造成不良影响。对于监管不力的部门和领导应当按照相关规定进行严肃处理。

虽然我国还没有一部专门的法律来规范微博侵权行为，但是对于微博中恶意侵犯他人名誉、隐私、商业秘密等行为，决不能放任自流，不闻不问。当前可以通过援用民法通则、刑法、侵权责任法、民事诉讼法和《关于维护互联网安全的决定》以及相关司法解释的规定，依法追究微博中相关侵权人的侵权责任。另外，各开展微博业务的网站，可以根据微博独有的特点，借鉴我国博客的自律性规范，联合起草"微博自律公约"，对在微博中的各项行为进行相应的规范，对易于侵害到的合法权益进行自律性保护。在规制微博侵权行为的时候，我们不能忽略微博用户自觉性的关键作用。因为在微博世界中，除了法律规制之外，依靠微博使用者的道德和自律，文明合法地使用微博才是关键所在。对于广大微博用户而言，应牢记在行使自己的话语权的同时，应当把握好法律与道德的尺度，不能妨碍和侵犯国家、社会和他人的各项合法权益。

正如美国学者谢尔·以色列在新著《微博力》中所说的："我们正处在一个转换的时代——一个全新的交流时代正在代替老朽的、运转不灵的传播时代。在这个由微博推动的、正在到来的交流时代，如果我们还没能跟上它的脚步，那么就可能会被这个时代所抛弃。"微博作为一种颇富生命力的新兴传媒，如能对其进行科学引导和合法规制，必将使微博力演绎成一股良性的公民力量，推动民众与社会和国家的互动和谐发展。

对他人微博发表侮辱性评论构成侵权*

龙梦灵

　　一次在新浪微博社区管理中心的偶然投票，却莫名招来陌生网友的不满，进而在自己的微博上进行侮辱、谩骂、嘲讽评论，并对微博相册中的照片随意丑化，不堪其扰的陈某愤然将辱骂者邬某诉至法院。日前，上海市宝山区人民法院对此案作出一审判决，认定邬某侵犯陈某名誉权，判决其停止侵害，删除侮辱、嘲讽、谩骂的文字和图片，并赔偿经济损失2250元和精神损失1000元。

　　2013年6月初，陈某在"新浪微博社区管理中心举报处理大厅"对一起事件进行网络投票。原来，有位母亲在上海地铁中公然哺乳，有人将其拍照并上传进行批判，陈某支持了哺乳妈妈一方并谴责偷拍者。然而陈某的投票及谴责导致了邬某的严重不满，并在陈某的微博中发表"法律程序个P，你个哥卖假货的荷兰婊""拿不出你全家女盗男娼"等评论。邬某还将陈某照片与港剧《九品芝麻官》里苑琼丹扮演的妓院老鸨照片放在一起，并评论"一直觉得眼熟，终于找到原型了"。陈某微博上有不少现实生活中的工作客户与朋友，这些评论导致其被朋友指指点点，严重影响工作与生活。陈某因此将邬某告上法庭，邬某经法院传唤后未到庭，也未发表答辩意见。

　　法院经审理认为，被告在原告的微博中发表评论，直接指向微博的使用者即原告陈某，肆意侮辱、谩骂、嘲讽，发表污言秽语，还将原告描述为影视剧中妓院老鸨的原型，贬低了原告的人格，损害了原告的形象，降低了原告的社会评价，侵犯了原告的名誉，故依法作出了上述判决。

法官说法：微博名誉侵权责任的认定

　　该案承办法官施丽妍表示，与一般的名誉权纠纷案件相比，微博的个性化、随意性带有更加浓厚的主观色彩，相应地对其言论自由的把握尺度也更宽，对侵犯名誉权的界定也更复杂，必须紧扣"是否降低了受害人的社会评价"来具体认定。

　　施丽妍说，根据侵权责任法的相关规定，行为人因过错侵害他人民事权益，应当承担侵权责任。最高人民法院《关于审理名誉权案件若干问题的解答》也规定，是否构成侵害名誉权的责任，应当根据受害人确有名誉被损害的事实、行为人行为违法与损害结果之间有因果关系、行为人主观上有过错加以认定。本案中，被告的言论即使放宽标准也已超出必要的限度，且被告的不当言论严重造成原告在现实生活中的不便，故法院认定邬某构成侵权。

　　随着交流工具的不断更新与进步，公民发表言论的平台更多、更广，言论自由也将得到更大程度的发挥。施丽妍提醒，网友们在享受新兴工具带来的自由时，切不能忘记言论自由的合理限度。

---

　　* 载《人民法院报》2014年9月12日，第3版。

人肉搜索与疑罪从无[*]

汤啸天

据媒体报道，2013 年 12 月 3 日晚，广东陆丰 18 岁女高中生琪琪（化名）跳入河中自杀身亡。起因是琪琪曾于 12 月 2 日到该市某服装店购物。但没过多久，琪琪购物时的监控视频截图就被店主蔡某用微博发到了网络上，并配文称截图中的女孩是小偷，求"人肉"。很快，琪琪的个人信息被曝光，招来同学、朋友的指指点点和网上一片辱骂之声。花季少女生命的失去又一次引发了如何看待人肉搜索的争论。

人肉搜索是利用网络空间的民众力量寻找、搜集信息的方法，其最大的特殊性在于参与者所提供的信息立即进入传播平台，形成了以传播为核心的"搜寻—传播—汇集"模式，极大地扩展了搜索的功能，但也可能导致失控。现实也表明：至今为止，人肉搜索确实出现了某些失控的局面；但另一方面，也在反腐败斗争中发挥了很好的补充作用。

2009 年 6 月，江苏徐州出台计算机信息系统安全保护条例，率先向"人肉搜索"说"不"，此举遭到网友炮轰。在随后的人民网调查中，九成网友表示反对，认为这是在封杀网络监督，为贪官污吏提供保护伞。2010 年 5 月，浙江省政府提交省人大常委会初审的《浙江省信息化促进条例（草案）》，第 39 条规定："任何单位和个人不得在网络与信息系统擅自发布、传播、删除、修改信息权利人的相关信息。"这一条款被媒体以及专家解读为"拟立法禁止人肉搜索"，一时引起哗然。同年 7 月 30 日，浙江省十一届人大常委会第 19 次会议以 58 位出席会议的常委会委员全部赞成表决通过《浙江省信息化促进条例》，原一审草案中疑似禁止"人肉搜索"的表述未再出现。

在我国，对人肉搜索存在禁止或者放任或者规制的三种不同声音。笔者认为，人肉搜索作为科技发展带给人类的新工具、新方法，亟待在实践中摸索实施有效监管的新对策、新方法。人肉搜索一方面是公民的言论自由，另一方面又涉及公共利益和他人的合法权利，必须通过划清权利运行的边界予以规制。

一 规制人肉搜索与宣传疑罪从无原则

按照法治思维，人肉搜索导致被搜索者自杀是向社会各界提出了普及疑罪从无原则的思考。在日常生活中，每个人都可能遇到财产被盗、第三者插足等不愉快的事情。随着公民保护自己人身财产权利意识的加强，也产生了如何掌控权利边界的难题，即如何在维护自身权利的同时尊重公共利益和他人合法权利。我国刑事诉讼法规定："证据不足，不能认定被告人有罪的，应当作出证据不足，指控的犯罪不能成立的无罪判决。"这是从法律上规定了疑

* 载《人民法院报》2014 年 2 月 11 日，第 2 版。

罪从无的处理原则，疑罪从无原则并不只是约束公权力。除了人民法院依法作出有罪判决，任何人、任何机关都无权认定他人有罪。但是，由于封建专制意识在我国长期存在，实施疑罪从无原则不仅在司法部门有阻力，向公众普及起来更是困难重重。有人甚至认为，普及疑罪从无原则会给侦查机关的工作带来更多的困难，不利于严厉打击刑事犯罪。其实，在法治国家严厉打击刑事犯罪与"尊重和保障人权"必须并行不悖，以牺牲人权的方式打击刑事犯罪只能造成人人自危的局面。公民、法人合法权益受侵害时，也应当依照疑罪从无原则，不能图一时之快而给他人乱扣帽子。

这里，有几个方面的做法必须明确。其一，公民的合法权利遭受侵害发生时，其维护自身合法权利的行为必须限制在法律允许的范围之内，检举、控告、报案、投诉、起诉都是可以选择的维权路径，但不能自己为自己创设权力。其二，任何人、任何机关无权用"小偷"之类贬低人格的语言、图文描述可能的嫌疑人，更不能自行宣布某某人是罪犯或者对自己认为的犯罪人施以"私刑"。其三，为保障自身的人身财产安全在自己的住宅、商铺之内安装图像监控设备，只要不侵犯公共利益和他人隐私权都是允许的，但是，无论在网络空间或者现实空间公布图像监控资料都会涉及对他人权利的保护。如果未经法定许可，公布图像监控资料就违反了疑罪从无原则，构成侵权。

二　兴利除害、各负其责才能规制人肉搜索

2008 年，北京市朝阳区人民法院审理了号称"网络暴力第一案"的王菲诉张乐奕侵犯名誉权案，并作出一审判决。朝阳区人民法院还根据审理案件所得，向工业和信息化部发出了司法建议，建议对网站及相关主体加强有效监管，并对互联网的运行和发展进行合理引导。正如朝阳法院民一庭庭长陈晓东在去年 12 月 18 日接受中国青年报记者采访时所说："法院不是全盘否定'人肉搜索'，法院只是不支持侵犯他人合法权益的'人肉搜索'。"显而易见，人肉搜索作为一种工具，其自身并没有阶级属性或者正误之分。这就像一把刀、一支枪，其可能形成的社会结果，取决于刀和枪用来做什么、根据什么样的规则被使用。人肉搜索关系到尊重和保障人权，涉及不同利益群体的利益平衡。尽管网络活动的管理颇有难度，但法制进步都是在探索中实现的。当下，对人肉搜索完全可以按照"兴利除害、各负其责"的思路进行规范。

首先，对于网络人肉搜索，应该按照"谁发起、谁负责"的原则管理，发起人肉搜索者应当采用实名制，并对发起行为及其产生的后果负责。我国侵权责任法第三十六条规定："网络用户、网络服务提供者利用网络侵害他人民事权益的，应当承担侵权责任。"如果自身合法权利受到侵害并掌握图像监控资料等证据，应当在报案时向侦查机关提供，请求侦查机关以此为线索开展工作。如果当事人擅自以公布图像监控资料截屏画面等方式启动人肉搜索，按照"谁发起、谁负责"的原则，由公布截图所造成的侵权责任应当由发起者承担。

其次，网民必须谨慎参与网络人肉搜索，必须对其提供信息的真实性负责，不要因为盲目地参与起哄，造成对他人合法权利的侵害。特别是，如果网民在参与人肉搜索的过程中提供了不属实的信息，提供者应当对信息失实负责。

最后，根据我国侵权责任法的相关规定，若被搜索者向网站反映自身合法权益受到侵

犯，发出采取必要措施的请求，网站应该根据请求人的请求，立即采取必要的技术措施。否则，应该追究网站协助侵权的责任。

人肉搜索一方面是公民的言论自由，另一方面又涉及公共利益和他人的合法权利，必须通过划清权利运行的边界予以规制。对于网络人肉搜索，应该按照"谁发起、谁负责"的原则管理，网民必须谨慎参与人肉搜索，必须对其提供信息的真实性负责。

微博言论需有度　名誉侵权应避开[*]

范春郁　王屙瀞

　　微博作为新兴的网络社交平台迅速崛起，其影响力不容小觑。利用微博侵害他人名誉权的案件也开始大量涌现，并引发了社会各界的广泛关注（法周刊 2012 年 4 月 2 日以《微博口水冲突引发诉讼　虚拟世界侵权亦应担责》为题进行报道）。自 2012 年以来，浙江省嘉兴市南湖区人民法院共受理名誉权纠纷 12 起，其中 2 起涉及微博发帖。

　　该院法官介绍，这类案件的主要特点是：侵权博主均较年轻，对微博言论的后果无客观认识，未意识到自己的行为已构成侵权；另外，此类案件双方多存恩怨，博主大多因不当的方式构成了侵权。

　　法官发现，微博侵权确认中存在以下困难。

　　其一，涉及微博的侵权行为取证较难。微博不要求使用人必须用真实姓名，网名可随意使用甚至可经常变换，故要取证证明某一网名的使用者是现实中的某人有相当难度。另外，微博言论以数据的形式存在于网络服务器中，使用者一般可以在自己的电脑上操作，从而删除该数据，这些数据一经删除即不可恢复。这种情况下，侵权行为人可能在实施侵权行为并达到损害后果后即将其言论删除，使法院或律师难以取证证明其侵害行为的存在，从而逃避法律追究。

　　其二，微博侵权范围较难估量。微博的开放性和共享性使微博中的内容能快速在网上传播，评论、转发等功能也使微博内容呈点面扩散。一般来说，侵权范围很难估量。

　　法官建议，人们在使用微博时要尽可能谨慎，避免出现因不小心转发而发生的侵权行为。如名誉权或肖像权遭受侵犯，也要学会运用法律武器维护自身合法权益。

　　微博是一个公共平台，在其中发帖，应注意言辞，不得宣扬他人隐私、丑化他人人格、使用侮辱诽谤方式损害他人名誉。上述行为造成一定影响的，就涉嫌侵犯公民名誉权。

　　要注意搜集和保全证据，包括博主的网名、IP 地址、网络服务提供者、微博内容等证据要加以固定。若有必要，可咨询或委托专业律师帮助搜集证据，并由公证处对相关证据进行公证固定。证据搜集程序完成后，可委托专业律师向博主或网络服务提供者发送律师函，通知侵权者通过删除、屏蔽等必要措施消除影响，并就损失赔偿问题进行协商处理，或向法院提起维权诉讼。

　　网络服务提供者也有义务采取删除、屏蔽、断开链接等必要措施。博主利用微博平台实施侵权行为的，被侵权人有权通知网络服务提供者采取删除、屏蔽、断开链接等必要措施，网络服务提供者接到通知后未及时采取必要措施的，对损害的扩大部分与侵权者承担连带责任。若网络服务提供者知道网络用户利用其网络服务侵害他人民事权益，未采取必要措施的，与该网络用户承担连带责任。

---

　　[*] 载《人民法院报》2014 年 4 月 21 日，第 6 版。

用法治呵护网络社会的"碧水蓝天"*

乔子轩

法律的滞后性决定了对所有网络法律问题不能一揽子解决，还需在严格执行现有规则的同时，紧跟互联网发展步伐，深刻把握由此带来的法律问题。

日前，最高人民法院发布《关于审理利用信息网络侵害人身权益民事纠纷案件适用法律若干问题的规定》（下称《规定》），明确了相关责任的承担问题。今后，利用微博、微信及其他自媒体等转载网络信息将会承担相应连带责任。《规定》还明确了网络信息转载的过错认定，遭遇诽谤可直接起诉网站。

在现实社会，无论诽谤罪、寻衅滋事罪还是敲诈勒索罪、非法经营罪，无论是侵犯他人姓名权、名誉权、隐私权、肖像权，还是企业名称权、名誉及商品信誉权，法律规制一刻不曾缺位。对刑事犯罪，我国有刑法以及关于具体个罪的相关立法或者司法解释。对于民事侵权，我国有民法通则、侵权责任法以及相关立法或司法解释。应该说，针对现实社会的裁判规则体系是相对完善的，但网络毕竟有其自身特点和规律，如网络的开放性、全球性、即时性等特点决定了危害的后果严重性。正如中国传媒大学政治与法律学院法律系副主任郑宁所言，侵犯他人人身权益的言论一旦发表，就可以在全世界范围内迅速蔓延传播，而且引发连锁反应，如人肉搜索等，造成叠加效应。更令人头疼的是，网络信息的全球化传播，即便是侵权主体承担了责任，依法完全消除影响绝非易事。正因如此，针对解决现实社会法律问题的裁判规则，还不能无障碍地运用到网络社会。如果要运用，必须针对利用信息网络侵害他人人身权益案件、利用信息网络实施诽谤等刑事案件中出现的问题和审判实践的需求，在认真总结审判经验的基础上，进一步细化裁判规则。最高人民法院和最高人民检察院联合出台了《关于办理利用信息网络实施诽谤等刑事案件适用法律若干问题的解释》（下称《解释》），最高人民法院除颁布本次《规定》外，之前还出台了《关于审理侵害信息网络传播权民事纠纷案件适用法律若干问题的规定》，较好地避免了有关网络法律问题裁判规则体系不完善的尴尬，将整个司法裁判规则体系拓展到网络空间，使得网络秩序得到良好法治维护。

《关于审理侵害信息网络传播权民事纠纷案件适用法律若干问题的规定》主要针对知识产权，是一部保护网络传播权的司法解释。该解释系统回答了关于如何保护著作权人和相关权利人的权利等问题，全面规范了作品等在互联网上的传播行为。最高人民法院《关于审理利用信息网络侵害人身权益民事纠纷案件适用法律若干问题的规定》，则首次划定了个人信息保护的范围，明确网络平台规避、有偿删帖，网络水军等多方面行为的责任，以法治手段较好规范了人们的网络行为，治理了网络违法行为，保护了合法民事权益。而《解释》首次明确了利用信息网络实施诽谤、寻衅滋事等相关犯罪的入罪标准、行为模式和量刑规

---

* 载《人民法院报》2014年10月18日，第2版。

则，高举司法利剑，激浊扬清，深入打击日益泛滥的网络造谣、炒作等违法犯罪行为。不难看出，关于网络法律问题的裁判规则涉及知识产权、人身权益保护等多个方面，针对互联网的快速发展带来的一系列法律问题，由民事到刑事进行全方位观照，确保人们不因置身网络而合法权益游离于法治保护之外。

网络法律问题的裁判规则是法官审判依据，也是网民行为准则，法官违背裁判规则产生错案，网民违反裁判准则导致违法，所以法官也罢，网民也好，都必须遵守规则、尊重规则、敬畏规则。或许有人认为规则太多，没有了自由，须知法律的目的不是废除或限制自由，而是保护和扩大自由。哪里没有法律，哪里就没有自由。或许还有人认为规则影响了反腐，实际上规则并不影响反腐，反而更利于人们合法权益的保护。《规定》将利用网络公布个人信息限定在一定范围内，同时又规定，为促进社会公共利益且在必要范围内、以合法渠道获取的个人信息等公开不算侵权的例外情形，做到保护合法权益与支持依法反腐的有机统一。

网络法律问题的裁判规则体系的形成，是社会之福，更是人民之幸。从《解释》施行效果看，可谓成效显著。据今年 2 月 27 日《人民日报》（海外版）报道，微博正面话题比例达 60%，微博、微信等互动环节好评率达 70% 以上，网络大 V 发言趋向谨慎。网上正面力量已经初步"夺回麦克风"。可以预见，伴随着《规定》的实施，网络空间将更为晴朗，网络正能量将会继续集聚。

不过，中国互联网发展时间毕竟还不长，且仍处于迅猛发展阶段，法律的滞后性决定了对所有网络法律问题不能一揽子解决，还需在严格执行现有规则的同时，紧跟互联网发展步伐，深刻把握由此带来的法律问题，再作出相应的司法解释，进一步完善网络法律问题的裁判规则体系，规范网络行为，为依法实现开放、自由、规范、有序的互联网秩序而努力。

网络舆论的法律边界*

曹　迪

网络舆论规范管理的过程是漫长的，只有人人都自觉遵守网络法则、维护网络秩序，法律的约束与自由才能真正体现出来。

近日，"秦火火"诽谤、寻衅滋事案在北京市朝阳区人民法院一审宣判。被告人秦志晖当庭表示不上诉。

网络舆论的监管，是新媒体时代各国都面临的重大考验，泄露秘密、曝光隐私、造谣诽谤在网络中肆虐泛滥，屡屡成为社会关注的焦点。2007 年，韩国率先引入网络身份验证机制，正式施行了网络留言实名制，但终因网民阻力太大于 2012 年宣告取消。有了前车之鉴，中国这个网络人口最多的国家要如何开展网络舆论管理工作也逐渐成为社会各界及广大网民关注的焦点。2013 年 9 月 9 日，两高发布司法解释，明确划定了网络言论的法律边界。

通过"秦火火"案的审理，案件事实真相一一查明，虚假谣言层层揭露，我们不禁要问：为什么我们会相信那些都是真的？为什么我们的情绪、思想会那么轻易地被短短的数百文字所调动？我们在面对未经证明的信息时，如何还能保持理智的思考和对真相的探究？面对网络谣言，大多数网民都"宁可信其有"，在不了解真相、不知道来由的情况下依然投身其中，积极转发评论，致使谣言愈演愈烈。

我们知道，绝大部分上网民众的初衷是积极向上的：既然动动鼠标转发几条微博就能惩贪治腐、警醒世人，就能为中国社会健康发展贡献正能量，那何乐而不为呢？殊不知，有些网络大 V 早已发现控制舆论带来的滚滚财源和无限商机，他们费尽心机编织传播谣言，用各种重磅消息给粉丝洗脑，为的是将自己的言论迅速扩散，产生舆论热点，从中博得关注、声望，甚至金钱。从这点上说，两高出台的司法解释是非常及时和必要的，在遏制网络谣言蔓延的同时，量化了网络言论涉法的细节，值得称道。"秦火火"案的网络曝光，使广大网民都了解了我国法律对网络舆论的监管尺度，它既保护真相打击造谣传谣，又不妨碍网民们发发牢骚、出出怨气，是正确的、可取的。

两高的司法解释拉开了中国网络舆论规范管理的序幕，但依然任重而道远。除了网络大 V 等微博群体外，还有很多类型的网络群体亟待规范整顿，最典型的是一些知名网站的新闻编辑群体。近年来，网络上越来越多地出现"公权力对立言论"和明显的"地域攻击"言论，诸多权力机关和省市区域纷纷"中枪"，不少网民在网络上相互抨击，种种恶毒言论愈演愈烈，甚至各种民族歧视的论调也充斥其中。究其原因，均是由于网络新闻编辑为了增加点击量和评论量，在拟定标题或发表网络文章时刻意偏袒、断章取义，主动制造焦点矛盾或地域矛盾，用以挑起网民争论。因此，网络媒体的这种"刻意调唆"做法不仅严重扰乱了网络秩序，更给社会运转带来了不稳定因素，需要下大力气整治。

---

　* 载《人民法院报》2014 年 4 月 25 日，第 2 版。

微博反腐仍需以法律为基石[*]

富成慧

微博反腐固然有诸多合理和值得提倡之处，但是更为重要的是要形成一种共识：微博反腐需以法律为基石，在法治的轨道上进行。

我国宪法规定，公民对于国家机关和国家工作人员有提出批评和建议、申诉、控告或者检举的权利。在新媒体时代，微博由于其及时、开放、"短小精悍"和快捷的表达传播特征迅速成为社会最重要的话题讨论和传播平台，成为民众表达诉求、问政议政的新兴渠道，更日益成为与传统举报渠道相并举的反腐新阵地。自国家新一届领导班子掀起"老虎苍蝇一起打"的反腐风暴以来，众多贪腐案件在微博中被揭露和曝光，引发了社会广泛关注，并迅速被纪检部门介入调查得以确证，一批问题官员先后落马。

必须看到，微博反腐确已成为最新反腐利器。面对这一反腐新利器，越来越多的党政部门、政法机关开通微博。但在乐见其成的同时，也需注意到微博反腐尚有待完善之处。首先，从形式来看，反腐形式虽然多样，但值得提倡的合理合法做法并不多。根据统计，目前微博反腐的形式主要包括：知情者实名爆料（如《财经》杂志副主编罗昌平实名举报国家发改委副主任刘铁男）、子女违法引发事端（如山西省公安厅副厅长李亚力因用公权力遮掩儿子违法行为而被曝光）、个人信息无意外泄而被曝光（如雷政富即因不雅照被无意曝光而被调查）、由某单一事件引发网友人肉搜索而现形（如陕西省安监局局长杨达才因被曝光在处理交通事故现场微笑而引发人肉搜索并最终被调查双规）等。这些反腐方式，除了实名举报外，其他方式都属非常规方式，因而具有极大的不确定性和不合理性，并不值得大力提倡。

其次，从内容来看，微博反腐的确为广大公民提供了一个反腐渠道，但其中也不乏诸多虚假信息和谣言。当这些并未被严格把关的不实信息在微博上被广泛传播时，作为被举报的对象极易受民意裹挟，被"先入为主"或"疑罪从有"。更有甚者，民众往往会自发成为"私家侦探"，对被举报的对象进行人肉搜索，将与之相关的各种隐私信息曝光出来，而这有意无意之间已触碰到甚至违反了我国关于隐私保护的法律条文了，也给纪检部门的工作增加了难度。

由此可见，微博反腐固然有诸多合理和值得提倡之处，但更为重要的是，要形成一种共识：微博反腐需以法律为基石，在法治的轨道上进行。具体而言：

一是制定微博平台讨论规范，从法律上确立微博信息的传播界限。以新近颁布施行的侵权责任法和民法、刑法相关条文为基础，确立公众在平台上的权利与义务，明确合法举报与失实爆料和恶意诽谤之间的法律界限，保护合法行为，禁止违法行为。

二是整合微博平台，形成畅通的利益诉求和检举爆料渠道。当前，越来越多的政府部门

＊ 载《人民法院报》2013 年 7 月 21 日，第 2 版。

和政法机关已开通微博吸纳民意，接受网友的监督，提供批评和检举方式。还需要做的是，应当完善举报人保护制度和举报信息回馈和落实机制等。与此同时，微博平台管理者应严格把关信息，对相关信息形成相应的筛选和确证机制，从而保证信息的准确有效和及时发布。

三是加强普法宣传，引导网民形成良好法律素养，一切按照法治规范行事。近日，全国普法办发出通知要求开展领导干部运用法治思维和法治方式开展工作。在当前提倡网络办公的新形势下，这将对普通民众尤其是众多网民起到良好的表率和引导作用，也有助于领导干部廉洁自律、遵纪守法，对微博反腐产生积极作用。

总体来看，微博反腐表现的是民众的积极，但其仍旧是一柄双刃剑。如何引导民意，进而平衡民意诉求和法治规程仍是一个重要问题。在依法治国的今天，以法律规范民意，以制度引导民意，积极拓展新形式、解决新问题，微博反腐当能释放出更多正能量。

（作者单位：甘肃省民勤县人民法院）

微博放狠话别随口就"炸"*

秦　至

近日，歌手吴虹飞发表了一条"想要炸北京人才交流中心的居委会和建委"的微博，随后被北京警方拘留，被处拘留 10 日，罚款 500 元。8 月 2 日，拘留期满。

在发表"炸建委"的微博后，吴虹飞其实还发过另一条微博，"我想炸北京人才交流中心的居委会旁边的麦当劳的鸡翅、薯条、馒头"。这说明，吴虹飞意识到了上一条微博言论的不当之处，想用一种开玩笑的方式来补救，但影响已经产生，悔之晚矣。

作为一名公众人物，既要珍惜自己的名誉，更要对自己在公众平台上的发言负责，个人情绪宣泄绝不能作为不当言论的借口，尤其是在北京首都机场爆炸案发生后这样一个敏感的时刻。她自己或了解她的朋友可能清楚这样的言论只是一时无心之失，但普通大众很难分辨玩笑和恐吓的界限，造成的恐慌后果和警力浪费客观存在，如果任由这样的玩笑流行，公众的安全感很难得到保证。按照治安管理处罚法规定，"扬言实施放火、爆炸、投放危险物质扰乱公共秩序的"，依法当"处 5 日以上 10 日以下拘留，可以并处 500 元以下罚款；情节较轻的，处 5 日以下拘留或者 500 元以下罚款"。吴虹飞因此番言论被警方拘留，一点都不冤。

微博是传播速度很快的一种媒介。网络暴力倾向很容易对社会公众情绪产生误导，抛开是否玩笑不谈，随口就"炸"本身就是一种不好的示范。博主在利用微博上的惊人之语赢得知名度的同时，别忘了不当言论是一把"双刃剑"。

---

* 载《人民法院报》2013 年 8 月 2 日，第 1 版。

网络言论必须恪守自由边界[*]

盛 会

提 要 对公共利益和他人利益的尊重，一直被认为是言论自由的边界。网络言论必须恪守自由边界，不可任性为之。

据深圳市公安局公共信息网络安全监察分局官方微博消息，浙江省乐清市女孩乘滴滴顺风车遇害案案发后，QQ 昵称为"深圳－没车"的网民在千余人的"深圳滴滴交流群"QQ 群中发表侮辱遇害女孩的言论，该言论立即引发网民愤慨，已严重造成不良社会影响。8 月 27 日，深圳网警根据举报线索在宝安区某工业园内查获该嫌疑人。经审，张某金（男，22 岁）对其在网上散布侮辱性言论的违法行为供认不讳。目前，张某金已被警方依法行政拘留。

2018 年 8 月 24 日，浙江温州乐清市一名 20 岁女乘客乘坐滴滴顺风车遇害。此时，距今年 5 月发生的河南郑州空姐搭乘滴滴顺风车遇害案不过百日。惨剧发生后，各种舆论纷纷指向滴滴平台，人们不断追问：顺风车为何屡屡发生恶性刑事案件，滴滴的安全底线在哪里。死者长已矣，生者当反思。从滴滴自身的道歉声明、警方的最新通报回看此案，这个年轻的生命原本是有那么多的机会被挽留在这美好世界的……然而，在一片心痛追问声中，却传来了一丝十分不和谐的言论。在逝去的花季生命面前，网民张某金非但没有丝毫的同情心，反而在 QQ 群中声称，"穿那么风骚，不××你××谁啊""7 年就 7 年，出来我还××她"等等，这些不当言论构成了对他人的侮辱，并扰乱了社会秩序，其受到法律的惩处也是咎由自取。

我国宪法规定公民有言论自由，但同时宪法也明确规定，公民在行使自己的包括言论在内的各项自由和权利时，"不得损害国家的、社会的、集体的利益和其他公民的合法的自由和权利"。网络是现实社会的延伸，但绝非法外之地。为了规范网络言论行为，国家互联网信息办公室于 2017 年 9 月 7 日印发，自 2017 年 10 月 8 日起施行了《互联网群组信息服务管理规定》。《规定》要求，互联网群组建立者、管理者应当履行群组管理责任，即"谁建群谁负责""谁管理谁负责"，规范群组网络行为和信息发布，群组成员在参与群组信息交流时，应当遵守相关法律法规、文明互动、理性表达。

"对言论自由作最严格的保护，也不会容忍一个人在戏院中妄呼起火，引起恐慌。"对公共利益和他人利益的尊重，一直被认为是言论自由的边界。网络言论必须恪守自由边界，不可任性为之。因为权利和义务永远是对等的，你有言论自由的权利，但你同时也肩负起了不得损害他人合法权利的义务，不能谩骂、诽谤、侮辱、恶意中伤，更不能侵犯他人的隐私

---

* 载《人民法院报》2018 年 8 月 30 日，第 2 版。

权、名誉权，而对他人产生的任何侵害，都需要依法承担责任。

如今，全面推进依法治国已经深入人心，依法治网是其中的一项重要内容。张某金的错误言行，在不少人身上都或多或少出现过，因此，张某金案件给人们带来了深刻警示。"上有惩治，下自成蹊"，"自由的第一个意义就是担负自己的责任"，我们应该更加深刻体会网络言论自由的真正含义，结合法治精神、了解法律责任、坚守法律底线，确保在法律允许范围内发表网络言论，在任何情况下都绝不损害国家、社会、集体的利益和其他公民的合法权利。

第七篇

微博涉诉案件审理相关法律及司法解释

最高人民法院关于审理侵害信息网络传播权民事纠纷案件适用法律若干问题的规定

最高人民法院关于审理侵害信息网络传播权民事纠纷案件适用法律若干问题的规定

法释〔2012〕20 号

(2012 年 11 月 26 日最高人民法院审判委员会第 1561 次会议通过，
2012 年 12 月 17 日公布，自 2013 年 1 月 1 日起施行)

为正确审理侵害信息网络传播权民事纠纷案件，依法保护信息网络传播权，促进信息网络产业健康发展，维护公共利益，根据《中华人民共和国民法通则》《中华人民共和国侵权责任法》《中华人民共和国著作权法》《中华人民共和国民事诉讼法》等有关法律规定，结合审判实际，制定本规定。

第一条 人民法院审理侵害信息网络传播权民事纠纷案件，在依法行使裁量权时，应当兼顾权利人、网络服务提供者和社会公众的利益。

第二条 本规定所称信息网络，包括以计算机、电视机、固定电话机、移动电话机等电子设备为终端的计算机互联网、广播电视网、固定通信网、移动通信网等信息网络，以及向公众开放的局域网络。

第三条 网络用户、网络服务提供者未经许可，通过信息网络提供权利人享有信息网络传播权的作品、表演、录音录像制品，除法律、行政法规另有规定外，人民法院应当认定其构成侵害信息网络传播权行为。

通过上传到网络服务器、设置共享文件或者利用文件分享软件等方式，将作品、表演、录音录像制品置于信息网络中，使公众能够在个人选定的时间和地点以下载、浏览或者其他方式获得的，人民法院应当认定其实施了前款规定的提供行为。

第四条 有证据证明网络服务提供者与他人以分工合作等方式共同提供作品、表演、录音录像制品，构成共同侵权行为的，人民法院应当判令其承担连带责任。网络服务提供者能够证明其仅提供自动接入、自动传输、信息存储空间、搜索、链接、文件分享技术等网络服务，主张其不构成共同侵权行为的，人民法院应予支持。

第五条 网络服务提供者以提供网页快照、缩略图等方式实质替代其他网络服务提供者向公众提供相关作品的，人民法院应当认定其构成提供行为。

前款规定的提供行为不影响相关作品的正常使用，且未不合理损害权利人对该作品的合法权益，网络服务提供者主张其未侵害信息网络传播权的，人民法院应予支持。

第六条 原告有初步证据证明网络服务提供者提供了相关作品、表演、录音录像制品，但网络服务提供者能够证明其仅提供网络服务，且无过错的，人民法院不应认定为构成侵权。

第七条 网络服务提供者在提供网络服务时教唆或者帮助网络用户实施侵害信息网络传播权行为的，人民法院应当判令其承担侵权责任。

网络服务提供者以言语、推介技术支持、奖励积分等方式诱导、鼓励网络用户实施侵害信息网络传播权行为的，人民法院应当认定其构成教唆侵权行为。

网络服务提供者明知或者应知网络用户利用网络服务侵害信息网络传播权，未采取删除、屏蔽、断开链接等必要措施，或者提供技术支持等帮助行为的，人民法院应当认定其构成帮助侵权行为。

第八条 人民法院应当根据网络服务提供者的过错，确定其是否承担教唆、帮助侵权责任。网络服务提供者的过错包括对于网络用户侵害信息网络传播权行为的明知或者应知。

网络服务提供者未对网络用户侵害信息网络传播权的行为主动进行审查的，人民法院不应据此认定其具有过错。

网络服务提供者能够证明已采取合理、有效的技术措施，仍难以发现网络用户侵害信息网络传播权行为的，人民法院应当认定其不具有过错。

第九条 人民法院应当根据网络用户侵害信息网络传播权的具体事实是否明显，综合考虑以下因素，认定网络服务提供者是否构成应知：

（一）基于网络服务提供者提供服务的性质、方式及其引发侵权的可能性大小，应当具备的管理信息的能力；

（二）传播的作品、表演、录音录像制品的类型、知名度及侵权信息的明显程度；

（三）网络服务提供者是否主动对作品、表演、录音录像制品进行了选择、编辑、修改、推荐等；

（四）网络服务提供者是否积极采取了预防侵权的合理措施；

（五）网络服务提供者是否设置便捷程序接收侵权通知并及时对侵权通知作出合理的反应；

（六）网络服务提供者是否针对同一网络用户的重复侵权行为采取了相应的合理措施；

（七）其他相关因素。

第十条 网络服务提供者在提供网络服务时，对热播影视作品等以设置榜单、目录、索引、描述性段落、内容简介等方式进行推荐，且公众可以在其网页上直接以下载、浏览或者其他方式获得的，人民法院可以认定其应知网络用户侵害信息网络传播权。

第十一条 网络服务提供者从网络用户提供的作品、表演、录音录像制品中直接获得经济利益的，人民法院应当认定其对该网络用户侵害信息网络传播权的行为负有较高的注意义务。

网络服务提供者针对特定作品、表演、录音录像制品投放广告获取收益，或者获取与其传播的作品、表演、录音录像制品存在其他特定联系的经济利益，应当认定为前款规定的直接获得经济利益。网络服务提供者因提供网络服务而收取一般性广告费、服务费等，不属于本款规定的情形。

第十二条 有下列情形之一的，人民法院可以根据案件具体情况，认定提供信息存储空间服务的网络服务提供者应知网络用户侵害信息网络传播权：

（一）将热播影视作品等置于首页或者其他主要页面等能够为网络服务提供者明显感知的位置的；

（二）对热播影视作品等的主题、内容主动进行选择、编辑、整理、推荐，或者为其设立专门的排行榜的；

（三）其他可以明显感知相关作品、表演、录音录像制品为未经许可提供，仍未采取合理措施的情形。

第十三条 网络服务提供者接到权利人以书信、传真、电子邮件等方式提交的通知，未及时采取删除、屏蔽、断开链接等必要措施的，人民法院应当认定其明知相关侵害信息网络传播权行为。

第十四条 人民法院认定网络服务提供者采取的删除、屏蔽、断开链接等必要措施是否及时，应当根据权利人提交通知的形式，通知的准确程度，采取措施的难易程度，网络服务的性质，所涉作品、表演、录音录像制品的类型、知名度、数量等因素综合判断。

第十五条 侵害信息网络传播权民事纠纷案件由侵权行为地或者被告住所地人民法院管辖。侵权行为地包括实施被诉侵权行为的网络服务器、计算机终端等设备所在地。侵权行为地和被告住所地均难以确定或者在境外的，原告发现侵权内容的计算机终端等设备所在地可以视为侵权行为地。

第十六条 本规定施行之日起，《最高人民法院关于审理涉及计算机网络著作权纠纷案件适用法律若干问题的解释》（法释〔2006〕11号）同时废止。

本规定施行之后尚未终审的侵害信息网络传播权民事纠纷案件，适用本规定。本规定施行前已经终审，当事人申请再审或者按照审判监督程序决定再审的，不适用本规定。

最高人民法院关于适用《中华人民共和国刑事诉讼法》的解释[*]

中华人民共和国最高人民法院
公　　告

最高人民法院《关于适用〈中华人民共和国刑事诉讼法〉的解释》已于 2012 年 11 月 5 日由最高人民法院审判委员会第 1559 次会议通过，现予公布，自 2013 年 1 月 1 日起施行。

最高人民法院

二○一二年十二月二十日

最高人民法院关于适用《中华人民共和国刑事诉讼法》的解释
法释〔2012〕21 号

2012 年 3 月 14 日，第十一届全国人民代表大会第五次会议通过了《关于修改〈中华人民共和国刑事诉讼法〉的决定》。为正确理解和适用修改后的刑事诉讼法，结合人民法院审判工作实际，制定本解释。

第一章　管辖

第一条　人民法院直接受理的自诉案件包括：

（一）告诉才处理的案件：

1. 侮辱、诽谤案（刑法第二百四十六条规定的，但严重危害社会秩序和国家利益的除外）；

2. 暴力干涉婚姻自由案（刑法第二百五十七条第一款规定的）；

3. 虐待案（刑法第二百六十条第一款规定的）；

4. 侵占案（刑法第二百七十条规定的）。

（二）人民检察院没有提起公诉，被害人有证据证明的轻微刑事案件：

1. 故意伤害案（刑法第二百三十四条第一款规定的）；

2. 非法侵入住宅案（刑法第二百四十五条规定的）；

3. 侵犯通信自由案（刑法第二百五十二条规定的）；

4. 重婚案（刑法第二百五十八条规定的）；

---

[*]《中华人民共和国最高人民法院公报》2013 年第 6 期。

5. 遗弃案（刑法第二百六十一条规定的）；

6. 生产、销售伪劣商品案（刑法分则第三章第一节规定的，但严重危害社会秩序和国家利益的除外）；

7. 侵犯知识产权案（刑法分则第三章第七节规定的，但严重危害社会秩序和国家利益的除外）；

8. 刑法分则第四章、第五章规定的，对被告人可能判处三年有期徒刑以下刑罚的案件。

本项规定的案件，被害人直接向人民法院起诉的，人民法院应当依法受理。对其中证据不足、可以由公安机关受理的，或者认为对被告人可能判处三年有期徒刑以上刑罚的，应当告知被害人向公安机关报案，或者移送公安机关立案侦查。

（三）被害人有证据证明对被告人侵犯自己人身、财产权利的行为应当依法追究刑事责任，且有证据证明曾经提出控告，而公安机关或者人民检察院不予追究被告人刑事责任的案件。

第二条　犯罪地包括犯罪行为发生地和犯罪结果发生地。

针对或者利用计算机网络实施的犯罪，犯罪地包括犯罪行为发生地的网站服务器所在地，网络接入地，网站建立者、管理者所在地，被侵害的计算机信息系统及其管理者所在地，被告人、被害人使用的计算机信息系统所在地，以及被害人财产遭受损失地。

第三条　被告人的户籍地为其居住地。经常居住地与户籍地不一致的，经常居住地为其居住地。经常居住地为被告人被追诉前已连续居住一年以上的地方，但住院就医的除外。

被告单位登记的住所地为其居住地。主要营业地或者主要办事机构所在地与登记的住所地不一致的，主要营业地或者主要办事机构所在地为其居住地。

第四条　在中华人民共和国领域外的中国船舶内的犯罪，由该船舶最初停泊的中国口岸所在地的人民法院管辖。

第五条　在中华人民共和国领域外的中国航空器内的犯罪，由该航空器在中国最初降落地的人民法院管辖。

第六条　在国际列车上的犯罪，根据我国与相关国家签订的协定确定管辖；没有协定的，由该列车最初停靠的中国车站所在地或者目的地的铁路运输法院管辖。

第七条　中国公民在中国驻外使、领馆内的犯罪，由其主管单位所在地或者原户籍地的人民法院管辖。

第八条　中国公民在中华人民共和国领域外的犯罪，由其入境地或者离境前居住地的人民法院管辖；被害人是中国公民的，也可由被害人离境前居住地的人民法院管辖。

第九条　外国人在中华人民共和国领域外对中华人民共和国国家或者公民犯罪，根据《中华人民共和国刑法》应当受处罚的，由该外国人入境地、入境后居住地或者被害中国公民离境前居住地的人民法院管辖。

第十条　对中华人民共和国缔结或者参加的国际条约所规定的罪行，中华人民共和国在所承担条约义务的范围内，行使刑事管辖权的，由被告人被抓获地的人民法院管辖。

第十一条　正在服刑的罪犯在判决宣告前还有其他罪没有判决的，由原审地人民法院管辖；由罪犯服刑地或者犯罪地的人民法院审判更为适宜的，可以由罪犯服刑地或者犯罪地的人民法院管辖。

罪犯在服刑期间又犯罪的，由服刑地的人民法院管辖。

罪犯在脱逃期间犯罪的，由服刑地的人民法院管辖。但是，在犯罪地抓获罪犯并发现其在脱逃期间的犯罪的，由犯罪地的人民法院管辖。

第十二条 人民检察院认为可能判处无期徒刑、死刑，向中级人民法院提起公诉的案件，中级人民法院受理后，认为不需要判处无期徒刑、死刑的，应当依法审判，不再交基层人民法院审判。

第十三条 一人犯数罪、共同犯罪和其他需要并案审理的案件，其中一人或者一罪属于上级人民法院管辖的，全案由上级人民法院管辖。

第十四条 上级人民法院决定审判下级人民法院管辖的第一审刑事案件的，应当向下级人民法院下达改变管辖决定书，并书面通知同级人民检察院。

第十五条 基层人民法院对可能判处无期徒刑、死刑的第一审刑事案件，应当移送中级人民法院审判。

基层人民法院对下列第一审刑事案件，可以请求移送中级人民法院审判：

（一）重大、复杂案件；

（二）新类型的疑难案件；

（三）在法律适用上具有普遍指导意义的案件。

需要将案件移送中级人民法院审判的，应当在报请院长决定后，至迟于案件审理期限届满十五日前书面请求移送。中级人民法院应当在接到申请后十日内作出决定。不同意移送的，应当下达不同意移送决定书，由请求移送的人民法院依法审判；同意移送的，应当下达同意移送决定书，并书面通知同级人民检察院。

第十六条 有管辖权的人民法院因案件涉及本院院长需要回避等原因，不宜行使管辖权的，可以请求移送上一级人民法院管辖。上一级人民法院可以管辖，也可以指定与提出请求的人民法院同级的其他人民法院管辖。

第十七条 两个以上同级人民法院都有管辖权的案件，由最初受理的人民法院审判。必要时，可以移送被告人主要犯罪地的人民法院审判。

管辖权发生争议的，应当在审理期限内协商解决；协商不成的，由争议的人民法院分别层报共同的上级人民法院指定管辖。

第十八条 上级人民法院在必要时，可以指定下级人民法院将其管辖的案件移送其他下级人民法院审判。

第十九条 上级人民法院指定管辖，应当将指定管辖决定书分别送达被指定管辖的人民法院和其他有关的人民法院。

第二十条 原受理案件的人民法院在收到上级人民法院改变管辖决定书、同意移送决定书或者指定其他人民法院管辖决定书后，对公诉案件，应当书面通知同级人民检察院，并将案卷材料退回，同时书面通知当事人；对自诉案件，应当将案卷材料移送被指定管辖的人民法院，并书面通知当事人。

第二十一条 第二审人民法院发回重新审判的案件，人民检察院撤回起诉后，又向原第一审人民法院的下级人民法院重新提起公诉的，下级人民法院应当将有关情况层报原第二审人民法院。原第二审人民法院根据具体情况，可以决定将案件移送原第一审人民法院或者其他人民法院审判。

第二十二条 军队和地方互涉刑事案件，按照有关规定确定管辖。

第二章　回避

第二十三条　审判人员具有下列情形之一的，应当自行回避，当事人及其法定代理人有权申请其回避：

（一）是本案的当事人或者是当事人的近亲属的；

（二）本人或者其近亲属与本案有利害关系的；

（三）担任过本案的证人、鉴定人、辩护人、诉讼代理人、翻译人员的；

（四）与本案的辩护人、诉讼代理人有近亲属关系的；

（五）与本案当事人有其他利害关系，可能影响公正审判的。

第二十四条　审判人员违反规定，具有下列情形之一的，当事人及其法定代理人有权申请其回避：

（一）违反规定会见本案当事人、辩护人、诉讼代理人的；

（二）为本案当事人推荐、介绍辩护人、诉讼代理人，或者为律师、其他人员介绍办理本案的；

（三）索取、接受本案当事人及其委托人的财物或者其他利益的；

（四）接受本案当事人及其委托人的宴请，或者参加由其支付费用的活动的；

（五）向本案当事人及其委托人借用款物的；

（六）有其他不正当行为，可能影响公正审判的。

第二十五条　参与过本案侦查、审查起诉工作的侦查、检察人员，调至人民法院工作的，不得担任本案的审判人员。

在一个审判程序中参与过本案审判工作的合议庭组成人员或者独任审判员，不得再参与本案其他程序的审判。但是，发回重新审判的案件，在第一审人民法院作出裁判后又进入第二审程序或者死刑复核程序的，原第二审程序或者死刑复核程序中的合议庭组成人员不受本款规定的限制。

第二十六条　人民法院应当依法告知当事人及其法定代理人有权申请回避，并告知其合议庭组成人员、独任审判员、书记员等人员的名单。

第二十七条　审判人员自行申请回避，或者当事人及其法定代理人申请审判人员回避的，可以口头或者书面提出，并说明理由，由院长决定。

院长自行申请回避，或者当事人及其法定代理人申请院长回避的，由审判委员会讨论决定。审判委员会讨论时，由副院长主持，院长不得参加。

第二十八条　当事人及其法定代理人依照刑事诉讼法第二十九条和本解释第二十四条规定申请回避，应当提供证明材料。

第二十九条　应当回避的审判人员没有自行回避，当事人及其法定代理人也没有申请其回避的，院长或者审判委员会应当决定其回避。

第三十条　对当事人及其法定代理人提出的回避申请，人民法院可以口头或者书面作出决定，并将决定告知申请人。

当事人及其法定代理人申请回避被驳回的，可以在接到决定时申请复议一次。不属于刑事诉讼法第二十八条、第二十九条规定情形的回避申请，由法庭当庭驳回，并不得申请复议。

第三十一条　当事人及其法定代理人申请出庭的检察人员回避的，人民法院应当决定休庭，并通知人民检察院。

第三十二条　本章所称的审判人员，包括人民法院院长、副院长、审判委员会委员、庭长、副庭长、审判员、助理审判员和人民陪审员。

第三十三条　书记员、翻译人员和鉴定人适用审判人员回避的有关规定，其回避问题由院长决定。

第三十四条　辩护人、诉讼代理人可以依照本章的有关规定要求回避、申请复议。

第三章　辩护与代理

第三十五　条人民法院审判案件，应当充分保障被告人依法享有的辩护权利。

被告人除自己行使辩护权以外，还可以委托辩护人辩护。下列人员不得担任辩护人：

（一）正在被执行刑罚或者处于缓刑、假释考验期间的人；

（二）依法被剥夺、限制人身自由的人；

（三）无行为能力或者限制行为能力的人；

（四）人民法院、人民检察院、公安机关、国家安全机关、监狱的现职人员；

（五）人民陪审员；

（六）与本案审理结果有利害关系的人；

（七）外国人或者无国籍人。

前款第四项至第七项规定的人员，如果是被告人的监护人、近亲属，由被告人委托担任辩护人的，可以准许。

第三十六条　审判人员和人民法院其他工作人员从人民法院离任后二年内，不得以律师身份担任辩护人。

审判人员和人民法院其他工作人员从人民法院离任后，不得担任原任职法院所审理案件的辩护人，但作为被告人的监护人、近亲属进行辩护的除外。

审判人员和人民法院其他工作人员的配偶、子女或者父母不得担任其任职法院所审理案件的辩护人，但作为被告人的监护人、近亲属进行辩护的除外。

第三十七条　律师，人民团体、被告人所在单位推荐的人，或者被告人的监护人、亲友被委托为辩护人的，人民法院应当核实其身份证明和授权委托书。

第三十八条　一名被告人可以委托一至二人作为辩护人。

一名辩护人不得为两名以上的同案被告人，或者未同案处理但犯罪事实存在关联的被告人辩护。

第三十九条　被告人没有委托辩护人的，人民法院自受理案件之日起三日内，应当告知其有权委托辩护人；被告人因经济困难或者其他原因没有委托辩护人的，应当告知其可以申请法律援助；被告人属于应当提供法律援助情形的，应当告知其将依法通知法律援助机构指派律师为其提供辩护。

告知可以采取口头或者书面方式。

第四十条　审判期间，在押的被告人要求委托辩护人的，人民法院应当在三日内向其监护人、近亲属或者其指定的人员转达要求。被告人应当提供有关人员的联系方式。有关人员无法通知的，应当告知被告人。

第四十一条　人民法院收到在押被告人提出的法律援助申请，应当在二十四小时内转交所在地的法律援助机构。

第四十二条　对下列没有委托辩护人的被告人，人民法院应当通知法律援助机构指派律师为其提供辩护：

（一）盲、聋、哑人；

（二）尚未完全丧失辨认或者控制自己行为能力的精神病人；

（三）可能被判处无期徒刑、死刑的人。

高级人民法院复核死刑案件，被告人没有委托辩护人的，应当通知法律援助机构指派律师为其提供辩护。

第四十三条　具有下列情形之一，被告人没有委托辩护人的，人民法院可以通知法律援助机构指派律师为其提供辩护：

（一）共同犯罪案件中，其他被告人已经委托辩护人；

（二）有重大社会影响的案件；

（三）人民检察院抗诉的案件；

（四）被告人的行为可能不构成犯罪；

（五）有必要指派律师提供辩护的其他情形。

第四十四条　人民法院通知法律援助机构指派律师提供辩护的，应当将法律援助通知书、起诉书副本或者判决书送达法律援助机构；决定开庭审理的，除适用简易程序审理的以外，应当在开庭十五日前将上述材料送达法律援助机构。

法律援助通知书应当写明案由、被告人姓名、提供法律援助的理由、审判人员的姓名和联系方式；已确定开庭审理的，应当写明开庭的时间、地点。

第四十五条　被告人拒绝法律援助机构指派的律师为其辩护，坚持自己行使辩护权的，人民法院应当准许。

属于应当提供法律援助的情形，被告人拒绝指派的律师为其辩护的，人民法院应当查明原因。理由正当的，应当准许，但被告人须另行委托辩护人；被告人未另行委托辩护人的，人民法院应当在三日内书面通知法律援助机构另行指派律师为其提供辩护。

第四十六条　审判期间，辩护人接受被告人委托的，应当在接受委托之日起三日内，将委托手续提交人民法院。

法律援助机构决定为被告人指派律师提供辩护的，承办律师应当在接受指派之日起三日内，将法律援助手续提交人民法院。

第四十七条　辩护律师可以查阅、摘抄、复制案卷材料。其他辩护人经人民法院许可，也可以查阅、摘抄、复制案卷材料。合议庭、审判委员会的讨论记录以及其他依法不公开的材料不得查阅、摘抄、复制。

辩护人查阅、摘抄、复制案卷材料的，人民法院应当提供方便，并保证必要的时间。

复制案卷材料可以采用复印、拍照、扫描等方式。

第四十八条　辩护律师可以同在押的或者被监视居住的被告人会见和通信。其他辩护人经人民法院许可，也可以同在押的或者被监视居住的被告人会见和通信。

第四十九条　辩护人认为在侦查、审查起诉期间公安机关、人民检察院收集的证明被告人无罪或者罪轻的证据材料未随案移送，申请人民法院调取的，应当以书面形式提出，并提供相关线索或者材料。人民法院接受申请后，应当向人民检察院调取。人民检察院移送相关证据材料后，人民法院应当及时通知辩护人。

第五十条 辩护律师申请向被害人及其近亲属、被害人提供的证人收集与本案有关的材料，人民法院认为确有必要的，应当签发准许调查书。

第五十一条 辩护律师向证人或者有关单位、个人收集、调取与本案有关的证据材料，因证人或者有关单位、个人不同意，申请人民法院收集、调取，或者申请通知证人出庭作证，人民法院认为确有必要的，应当同意。

第五十二条 辩护律师直接申请人民法院向证人或者有关单位、个人收集、调取证据材料，人民法院认为确有收集、调取必要，且不宜或者不能由辩护律师收集、调取的，应当同意。人民法院收集、调取证据材料时，辩护律师可以在场。

人民法院向有关单位收集、调取的书面证据材料，必须由提供人签名，并加盖单位印章；向个人收集、调取的书面证据材料，必须由提供人签名。

人民法院对有关单位、个人提供的证据材料，应当出具收据，写明证据材料的名称、收到的时间、件数、页数以及是否为原件等，由书记员或者审判人员签名。

收集、调取证据材料后，应当及时通知辩护律师查阅、摘抄、复制，并告知人民检察院。

第五十三条 本解释第五十条至第五十二条规定的申请，应当以书面形式提出，并说明理由，写明需要收集、调取证据材料的内容或者需要调查问题的提纲。

对辩护律师的申请，人民法院应当在五日内作出是否准许、同意的决定，并通知申请人；决定不准许、不同意的，应当说明理由。

第五十四条 人民法院自受理自诉案件之日起三日内，应当告知自诉人及其法定代理人、附带民事诉讼当事人及其法定代理人，有权委托诉讼代理人，并告知如果经济困难的，可以申请法律援助。

第五十五条 当事人委托诉讼代理人的，参照适用刑事诉讼法第三十二条和本解释的有关规定。

第五十六条 诉讼代理人有权根据事实和法律，维护被害人、自诉人或者附带民事诉讼当事人的诉讼权利和其他合法权益。

第五十七条 经人民法院许可，诉讼代理人可以查阅、摘抄、复制本案的案卷材料。

律师担任诉讼代理人，需要收集、调取与本案有关的证据材料的，参照适用本解释第五十一条至第五十三条的规定。

第五十八条 诉讼代理人接受当事人委托或者法律援助机构指派后，应当在三日内将委托手续或者法律援助手续提交人民法院。

第五十九条 辩护人、诉讼代理人复制案卷材料的，人民法院只收取工本费；法律援助律师复制必要的案卷材料的，应当免收或者减收费用。

第六十条 辩护律师向人民法院告知其委托人或者其他人准备实施、正在实施危害国家安全、公共安全以及严重危害他人人身安全犯罪的，人民法院应当记录在案，立即转告主管机关依法处理，并为反映有关情况的辩护律师保密。

第四章 证据

第一节 一般规定

第六十一条 认定案件事实，必须以证据为根据。

第六十二条　审判人员应当依照法定程序收集、审查、核实、认定证据。

第六十三条　证据未经当庭出示、辨认、质证等法庭调查程序查证属实，不得作为定案的根据，但法律和本解释另有规定的除外。

第六十四条　应当运用证据证明的案件事实包括：

（一）被告人、被害人的身份；

（二）被指控的犯罪是否存在；

（三）被指控的犯罪是否为被告人所实施；

（四）被告人有无刑事责任能力，有无罪过，实施犯罪的动机、目的；

（五）实施犯罪的时间、地点、手段、后果以及案件起因等；

（六）被告人在共同犯罪中的地位、作用；

（七）被告人有无从重、从轻、减轻、免除处罚情节；

（八）有关附带民事诉讼、涉案财物处理的事实；

（九）有关管辖、回避、延期审理等的程序事实；

（十）与定罪量刑有关的其他事实。

认定被告人有罪和对被告人从重处罚，应当适用证据确实、充分的证明标准。

第六十五条　行政机关在行政执法和查办案件过程中收集的物证、书证、视听资料、电子数据等证据材料，在刑事诉讼中可以作为证据使用；经法庭查证属实，且收集程序符合有关法律、行政法规规定的，可以作为定案的根据。

根据法律、行政法规规定行使国家行政管理职权的组织，在行政执法和查办案件过程中收集的证据材料，视为行政机关收集的证据材料。

第六十六条　人民法院依照刑事诉讼法第一百九十一条的规定调查核实证据，必要时，可以通知检察人员、辩护人、自诉人及其法定代理人到场。上述人员未到场的，应当记录在案。

人民法院调查核实证据时，发现对定罪量刑有重大影响的新的证据材料的，应当告知检察人员、辩护人、自诉人及其法定代理人。必要时，也可以直接提取，并及时通知检察人员、辩护人、自诉人及其法定代理人查阅、摘抄、复制。

第六十七条　下列人员不得担任刑事诉讼活动的见证人：

（一）生理上、精神上有缺陷或者年幼，不具有相应辨别能力或者不能正确表达的人；

（二）与案件有利害关系，可能影响案件公正处理的人；

（三）行使勘验、检查、搜查、扣押等刑事诉讼职权的公安、司法机关的工作人员或者其聘用的人员。

由于客观原因无法由符合条件的人员担任见证人的，应当在笔录材料中注明情况，并对相关活动进行录像。

第六十八条　公开审理案件时，公诉人、诉讼参与人提出涉及国家秘密、商业秘密或者个人隐私的证据的，法庭应当制止。有关证据确与本案有关的，可以根据具体情况，决定将案件转为不公开审理，或者对相关证据的法庭调查不公开进行。

第二节　物证、书证的审查与认定

第六十九条　对物证、书证应当着重审查以下内容：

（一）物证、书证是否为原物、原件，是否经过辨认、鉴定；物证的照片、录像、复制品或者书证的副本、复制件是否与原物、原件相符，是否由二人以上制作，有无制作人关于制作过程以及原物、原件存放于何处的文字说明和签名；

（二）物证、书证的收集程序、方式是否符合法律、有关规定；经勘验、检查、搜查提取、扣押的物证、书证，是否附有相关笔录、清单，笔录、清单是否经侦查人员、物品持有人、见证人签名，没有物品持有人签名的，是否注明原因；物品的名称、特征、数量、质量等是否注明清楚；

（三）物证、书证在收集、保管、鉴定过程中是否受损或者改变；

（四）物证、书证与案件事实有无关联；对现场遗留与犯罪有关的具备鉴定条件的血迹、体液、毛发、指纹等生物样本、痕迹、物品，是否已作 DNA 鉴定、指纹鉴定等，并与被告人或者被害人的相应生物检材、生物特征、物品等比对；

（五）与案件事实有关联的物证、书证是否全面收集。

第七十条 据以定案的物证应当是原物。原物不便搬运，不易保存，依法应当由有关部门保管、处理，或者依法应当返还的，可以拍摄、制作足以反映原物外形和特征的照片、录像、复制品。

物证的照片、录像、复制品，不能反映原物的外形和特征的，不得作为定案的根据。

物证的照片、录像、复制品，经与原物核对无误、经鉴定为真实或者以其他方式确认为真实的，可以作为定案的根据。

第七十一条 据以定案的书证应当是原件。取得原件确有困难的，可以使用副本、复制件。

书证有更改或者更改迹象不能作出合理解释，或者书证的副本、复制件不能反映原件及其内容的，不得作为定案的根据。

书证的副本、复制件，经与原件核对无误、经鉴定为真实或者以其他方式确认为真实的，可以作为定案的根据。

第七十二条 对与案件事实可能有关联的血迹、体液、毛发、人体组织、指纹、足迹、字迹等生物样本、痕迹和物品，应当提取而没有提取，应当检验而没有检验，导致案件事实存疑的，人民法院应当向人民检察院说明情况，由人民检察院依法补充收集、调取证据或者作出合理说明。

第七十三条 在勘验、检查、搜查过程中提取、扣押的物证、书证，未附笔录或者清单，不能证明物证、书证来源的，不得作为定案的根据。

物证、书证的收集程序、方式有下列瑕疵，经补正或者作出合理解释的，可以采用：

（一）勘验、检查、搜查、提取笔录或者扣押清单上没有侦查人员、物品持有人、见证人签名，或者对物品的名称、特征、数量、质量等注明不详的；

（二）物证的照片、录像、复制品，书证的副本、复制件未注明与原件核对无异，无复制时间，或者无被收集、调取人签名、盖章的；

（三）物证的照片、录像、复制品，书证的副本、复制件没有制作人关于制作过程和原物、原件存放地点的说明，或者说明中无签名的；

（四）有其他瑕疵的。

对物证、书证的来源、收集程序有疑问，不能作出合理解释的，该物证、书证不得作为定案的根据。

第三节　证人证言、被害人陈述的审查与认定

第七十四条　对证人证言应当着重审查以下内容：

（一）证言的内容是否为证人直接感知；

（二）证人作证时的年龄，认知、记忆和表达能力，生理和精神状态是否影响作证；

（三）证人与案件当事人、案件处理结果有无利害关系；

（四）询问证人是否个别进行；

（五）询问笔录的制作、修改是否符合法律、有关规定，是否注明询问的起止时间和地点，首次询问时是否告知证人有关作证的权利义务和法律责任，证人对询问笔录是否核对确认；

（六）询问未成年证人时，是否通知其法定代理人或者有关人员到场，其法定代理人或者有关人员是否到场；

（七）证人证言有无以暴力、威胁等非法方法收集的情形；

（八）证言之间以及与其他证据之间能否相互印证，有无矛盾。

第七十五条　处于明显醉酒、中毒或者麻醉等状态，不能正常感知或者正确表达的证人所提供的证言，不得作为证据使用。

证人的猜测性、评论性、推断性的证言，不得作为证据使用，但根据一般生活经验判断符合事实的除外。

第七十六条　证人证言具有下列情形之一的，不得作为定案的根据：

（一）询问证人没有个别进行的；

（二）书面证言没有经证人核对确认的；

（三）询问聋、哑人，应当提供通晓聋、哑手势的人员而未提供的；

（四）询问不通晓当地通用语言、文字的证人，应当提供翻译人员而未提供的。

第七十七条　证人证言的收集程序、方式有下列瑕疵，经补正或者作出合理解释的，可以采用；不能补正或者作出合理解释的，不得作为定案的根据：

（一）询问笔录没有填写询问人、记录人、法定代理人姓名以及询问的起止时间、地点的；

（二）询问地点不符合规定的；

（三）询问笔录没有记录告知证人有关作证的权利义务和法律责任的；

（四）询问笔录反映出在同一时段，同一询问人员询问不同证人的。

第七十八条　证人当庭作出的证言，经控辩双方质证、法庭查证属实的，应当作为定案的根据。

证人当庭作出的证言与其庭前证言矛盾，证人能够作出合理解释，并有相关证据印证的，应当采信其庭审证言；不能作出合理解释，而其庭前证言有相关证据印证的，可以采信其庭前证言。

经人民法院通知，证人没有正当理由拒绝出庭或者出庭后拒绝作证，法庭对其证言的真实性无法确认的，该证人证言不得作为定案的根据。

第七十九条　对被害人陈述的审查与认定，参照适用本节的有关规定。

第四节　被告人供述和辩解的审查与认定

第八十条　对被告人供述和辩解应当着重审查以下内容：

（一）讯问的时间、地点，讯问人的身份、人数以及讯问方式等是否符合法律、有关规定；

（二）讯问笔录的制作、修改是否符合法律、有关规定，是否注明讯问的具体起止时间和地点，首次讯问时是否告知被告人相关权利和法律规定，被告人是否核对确认；

（三）讯问未成年被告人时，是否通知其法定代理人或者有关人员到场，其法定代理人或者有关人员是否到场；

（四）被告人的供述有无以刑讯逼供等非法方法收集的情形；

（五）被告人的供述是否前后一致，有无反复以及出现反复的原因；被告人的所有供述和辩解是否均已随案移送；

（六）被告人的辩解内容是否符合案情和常理，有无矛盾；

（七）被告人的供述和辩解与同案被告人的供述和辩解以及其他证据能否相互印证，有无矛盾。

必要时，可以调取讯问过程的录音录像、被告人进出看守所的健康检查记录、笔录，并结合录音录像、记录、笔录对上述内容进行审查。

第八十一条 被告人供述具有下列情形之一的，不得作为定案的根据：

（一）讯问笔录没有经被告人核对确认的；

（二）讯问聋、哑人，应当提供通晓聋、哑手势的人员而未提供的；

（三）讯问不通晓当地通用语言、文字的被告人，应当提供翻译人员而未提供的。

第八十二条 讯问笔录有下列瑕疵，经补正或者作出合理解释的，可以采用；不能补正或者作出合理解释的，不得作为定案的根据：

（一）讯问笔录填写的讯问时间、讯问人、记录人、法定代理人等有误或者存在矛盾的；

（二）讯问人没有签名的；

（三）首次讯问笔录没有记录告知被讯问人相关权利和法律规定的。

第八十三条 审查被告人供述和辩解，应当结合控辩双方提供的所有证据以及被告人的全部供述和辩解进行。

被告人庭审中翻供，但不能合理说明翻供原因或者其辩解与全案证据矛盾，而其庭前供述与其他证据相互印证的，可以采信其庭前供述。

被告人庭前供述和辩解存在反复，但庭审中供认，且与其他证据相互印证的，可以采信其庭审供述；被告人庭前供述和辩解存在反复，庭审中不供认，且无其他证据与庭前供述印证的，不得采信其庭前供述。

第五节 鉴定意见的审查与认定

第八十四条 对鉴定意见应当着重审查以下内容：

（一）鉴定机构和鉴定人是否具有法定资质；

（二）鉴定人是否存在应当回避的情形；

（三）检材的来源、取得、保管、送检是否符合法律、有关规定，与相关提取笔录、扣押物品清单等记载的内容是否相符，检材是否充足、可靠；

（四）鉴定意见的形式要件是否完备，是否注明提起鉴定的事由、鉴定委托人、鉴定机构、鉴定要求、鉴定过程、鉴定方法、鉴定日期等相关内容，是否由鉴定机构加盖司法鉴定专用章并由鉴定人签名、盖章；

（五）鉴定程序是否符合法律、有关规定；

（六）鉴定的过程和方法是否符合相关专业的规范要求；

（七）鉴定意见是否明确；

（八）鉴定意见与案件待证事实有无关联；

（九）鉴定意见与勘验、检查笔录及相关照片等其他证据是否矛盾；

（十）鉴定意见是否依法及时告知相关人员，当事人对鉴定意见有无异议。

第八十五条　鉴定意见具有下列情形之一的，不得作为定案的根据：

（一）鉴定机构不具备法定资质，或者鉴定事项超出该鉴定机构业务范围、技术条件的；

（二）鉴定人不具备法定资质，不具有相关专业技术或者职称，或者违反回避规定的；

（三）送检材料、样本来源不明，或者因污染不具备鉴定条件的；

（四）鉴定对象与送检材料、样本不一致的；

（五）鉴定程序违反规定的；

（六）鉴定过程和方法不符合相关专业的规范要求的；

（七）鉴定文书缺少签名、盖章的；

（八）鉴定意见与案件待证事实没有关联的；

（九）违反有关规定的其他情形。

第八十六条　经人民法院通知，鉴定人拒不出庭作证的，鉴定意见不得作为定案的根据。

鉴定人由于不能抗拒的原因或者有其他正当理由无法出庭的，人民法院可以根据情况决定延期审理或者重新鉴定。

对没有正当理由拒不出庭作证的鉴定人，人民法院应当通报司法行政机关或者有关部门。

第八十七条　对案件中的专门性问题需要鉴定，但没有法定司法鉴定机构，或者法律、司法解释规定可以进行检验的，可以指派、聘请有专门知识的人进行检验，检验报告可以作为定罪量刑的参考。

对检验报告的审查与认定，参照适用本节的有关规定。

经人民法院通知，检验人拒不出庭作证的，检验报告不得作为定罪量刑的参考。

第六节　勘验、检查、辨认、侦查实验等笔录的审查与认定

第八十八条　对勘验、检查笔录应当着重审查以下内容：

（一）勘验、检查是否依法进行，笔录的制作是否符合法律、有关规定，勘验、检查人员和见证人是否签名或者盖章；

（二）勘验、检查笔录是否记录了提起勘验、检查的事由，勘验、检查的时间、地点、在场人员、现场方位、周围环境等，现场的物品、人身、尸体等的位置、特征等情况，以及勘验、检查、搜查的过程；文字记录与实物或者绘图、照片、录像是否相符；现场、物品、痕迹等是否伪造、有无破坏；人身特征、伤害情况、生理状态有无伪装或者变化等；

（三）补充进行勘验、检查的，是否说明了再次勘验、检查的原因，前后勘验、检查的情况是否矛盾。

第八十九条 勘验、检查笔录存在明显不符合法律、有关规定的情形，不能作出合理解释或者说明的，不得作为定案的根据。

第九十条 对辨认笔录应当着重审查辨认的过程、方法，以及辨认笔录的制作是否符合有关规定。

辨认笔录具有下列情形之一的，不得作为定案的根据：

（一）辨认不是在侦查人员主持下进行的；

（二）辨认前使辨认人见到辨认对象的；

（三）辨认活动没有个别进行的；

（四）辨认对象没有混杂在具有类似特征的其他对象中，或者供辨认的对象数量不符合规定的；

（五）辨认中给辨认人明显暗示或者明显有指认嫌疑的；

（六）违反有关规定、不能确定辨认笔录真实性的其他情形。

第九十一条 对侦查实验笔录应当着重审查实验的过程、方法，以及笔录的制作是否符合有关规定。

侦查实验的条件与事件发生时的条件有明显差异，或者存在影响实验结论科学性的其他情形的，侦查实验笔录不得作为定案的根据。

第七节 视听资料、电子数据的审查与认定

第九十二条 对视听资料应当着重审查以下内容：

（一）是否附有提取过程的说明，来源是否合法；

（二）是否为原件，有无复制及复制份数；是复制件的，是否附有无法调取原件的原因、复制件制作过程和原件存放地点的说明，制作人、原视听资料持有人是否签名或者盖章；

（三）制作过程中是否存在威胁、引诱当事人等违反法律、有关规定的情形；

（四）是否写明制作人、持有人的身份，制作的时间、地点、条件和方法；

（五）内容和制作过程是否真实，有无剪辑、增加、删改等情形；

（六）内容与案件事实有无关联。

对视听资料有疑问的，应当进行鉴定。

第九十三条 对电子邮件、电子数据交换、网上聊天记录、博客、微博客、手机短信、电子签名、域名等电子数据，应当着重审查以下内容：

（一）是否随原始存储介质移送；在原始存储介质无法封存、不便移动或者依法应当由有关部门保管、处理、返还时，提取、复制电子数据是否由二人以上进行，是否足以保证电子数据的完整性，有无提取、复制过程及原始存储介质存放地点的文字说明和签名；

（二）收集程序、方式是否符合法律及有关技术规范；经勘验、检查、搜查等侦查活动收集的电子数据，是否附有笔录、清单，并经侦查人员、电子数据持有人、见证人签名；没有持有人签名的，是否注明原因；远程调取境外或者异地的电子数据的，是否注明相关情况；对电子数据的规格、类别、文件格式等注明是否清楚；

（三）电子数据内容是否真实，有无删除、修改、增加等情形；

（四）电子数据与案件事实有无关联；

（五）与案件事实有关联的电子数据是否全面收集。

对电子数据有疑问的，应当进行鉴定或者检验。

第九十四条　视听资料、电子数据具有下列情形之一的，不得作为定案的根据：

（一）经审查无法确定真伪的；

（二）制作、取得的时间、地点、方式等有疑问，不能提供必要证明或者作出合理解释的。

第八节　非法证据排除

第九十五条　使用肉刑或者变相肉刑，或者采用其他使被告人在肉体上或者精神上遭受剧烈疼痛或者痛苦的方法，迫使被告人违背意愿供述的，应当认定为刑事诉讼法第五十四条规定的"刑讯逼供等非法方法"。

认定刑事诉讼法第五十四条规定的"可能严重影响司法公正"，应当综合考虑收集物证、书证违反法定程序以及所造成后果的严重程度等情况。

第九十六条　当事人及其辩护人、诉讼代理人申请人民法院排除以非法方法收集的证据的，应当提供涉嫌非法取证的人员、时间、地点、方式、内容等相关线索或者材料。

第九十七条　人民法院向被告人及其辩护人送达起诉书副本时，应当告知其申请排除非法证据的，应当在开庭审理前提出，但在庭审期间才发现相关线索或者材料的除外。

第九十八条　开庭审理前，当事人及其辩护人、诉讼代理人申请人民法院排除非法证据的，人民法院应当在开庭前及时将申请书或者申请笔录及相关线索、材料的复制件送交人民检察院。

第九十九条　开庭审理前，当事人及其辩护人、诉讼代理人申请排除非法证据，人民法院经审查，对证据收集的合法性有疑问的，应当依照刑事诉讼法第一百八十二条第二款的规定召开庭前会议，就非法证据排除等问题了解情况，听取意见。人民检察院可以通过出示有关证据材料等方式，对证据收集的合法性加以说明。

第一百条　法庭审理过程中，当事人及其辩护人、诉讼代理人申请排除非法证据的，法庭应当进行审查。经审查，对证据收集的合法性有疑问的，应当进行调查；没有疑问的，应当当庭说明情况和理由，继续法庭审理。当事人及其辩护人、诉讼代理人以相同理由再次申请排除非法证据的，法庭不再进行审查。

对证据收集合法性的调查，根据具体情况，可以在当事人及其辩护人、诉讼代理人提出排除非法证据的申请后进行，也可以在法庭调查结束前一并进行。

法庭审理过程中，当事人及其辩护人、诉讼代理人申请排除非法证据，人民法院经审查，不符合本解释第九十七条规定的，应当在法庭调查结束前一并进行审查，并决定是否进行证据收集合法性的调查。

第一百零一条　法庭决定对证据收集的合法性进行调查的，可以由公诉人通过出示、宣读讯问笔录或者其他证据，有针对性地播放讯问过程的录音录像，提请法庭通知有关侦查人员或者其他人员出庭说明情况等方式，证明证据收集的合法性。

公诉人提交的取证过程合法的说明材料，应当经有关侦查人员签名，并加盖公章。未经有关侦查人员签名的，不得作为证据使用。上述说明材料不能单独作为证明取证过程合法的根据。

第一百零二条　经审理，确认或者不能排除存在刑事诉讼法第五十四条规定的以非法方法收集证据情形的，对有关证据应当排除。

人民法院对证据收集的合法性进行调查后，应当将调查结论告知公诉人、当事人和辩护人、诉讼代理人。

第一百零三条 具有下列情形之一的，第二审人民法院应当对证据收集的合法性进行审查，并根据刑事诉讼法和本解释的有关规定作出处理：

（一）第一审人民法院对当事人及其辩护人、诉讼代理人排除非法证据的申请没有审查，且以该证据作为定案根据的；

（二）人民检察院或者被告人、自诉人及其法定代理人不服第一审人民法院作出的有关证据收集合法性的调查结论，提出抗诉、上诉的；

（三）当事人及其辩护人、诉讼代理人在第一审结束后才发现相关线索或者材料，申请人民法院排除非法证据的。

第九节 证据的综合审查与运用

第一百零四条 对证据的真实性，应当综合全案证据进行审查。

对证据的证明力，应当根据具体情况，从证据与待证事实的关联程度、证据之间的联系等方面进行审查判断。

证据之间具有内在联系，共同指向同一待证事实，不存在无法排除的矛盾和无法解释的疑问的，才能作为定案的根据。

第一百零五条 没有直接证据，但间接证据同时符合下列条件的，可以认定被告人有罪：

（一）证据已经查证属实；

（二）证据之间相互印证，不存在无法排除的矛盾和无法解释的疑问；

（三）全案证据已经形成完整的证明体系；

（四）根据证据认定案件事实足以排除合理怀疑，结论具有唯一性；

（五）运用证据进行的推理符合逻辑和经验。

第一百零六条 根据被告人的供述、指认提取到了隐蔽性很强的物证、书证，且被告人的供述与其他证明犯罪事实发生的证据相互印证，并排除串供、逼供、诱供等可能性的，可以认定被告人有罪。

第一百零七条 采取技术侦查措施收集的证据材料，经当庭出示、辨认、质证等法庭调查程序查证属实的，可以作为定案的根据。

使用前款规定的证据可能危及有关人员的人身安全，或者可能产生其他严重后果的，法庭应当采取不暴露有关人员身份、技术方法等保护措施，必要时，审判人员可以在庭外核实。

第一百零八条 对侦查机关出具的被告人到案经过、抓获经过等材料，应当审查是否有出具该说明材料的办案人、办案机关的签名、盖章。

对到案经过、抓获经过或者确定被告人有重大嫌疑的根据有疑问的，应当要求侦查机关补充说明。

第一百零九条 下列证据应当慎重使用，有其他证据印证的，可以采信：

（一）生理上、精神上有缺陷，对案件事实的认知和表达存在一定困难，但尚未丧失正确认知、表达能力的被害人、证人和被告人所作的陈述、证言和供述；

（二）与被告人有亲属关系或者其他密切关系的证人所作的有利被告人的证言，或者与被告人有利害冲突的证人所作的不利被告人的证言。

第一百一十条　证明被告人自首、坦白、立功的证据材料，没有加盖接受被告人投案、坦白、检举揭发等的单位的印章，或者接受人员没有签名的，不得作为定案的根据。

对被告人及其辩护人提出有自首、坦白、立功的事实和理由，有关机关未予认定，或者有关机关提出被告人有自首、坦白、立功表现，但证据材料不全的，人民法院应当要求有关机关提供证明材料，或者要求相关人员作证，并结合其他证据作出认定。

第一百一十一条　证明被告人构成累犯、毒品再犯的证据材料，应当包括前罪的裁判文书、释放证明等材料；材料不全的，应当要求有关机关提供。

第一百一十二条　审查被告人实施被指控的犯罪时或者审判时是否达到相应法定责任年龄，应当根据户籍证明、出生证明文件、学籍卡、人口普查登记、无利害关系人的证言等证据综合判断。

证明被告人已满十四周岁、十六周岁、十八周岁或者不满七十五周岁的证据不足的，应当认定被告人不满十四周岁、不满十六周岁、不满十八周岁或者已满七十五周岁。

第五章　强制措施

第一百一十三条　人民法院审判案件，根据情况，对被告人可以决定拘传、取保候审、监视居住或者逮捕。

对被告人采取、撤销或者变更强制措施的，由院长决定。

第一百一十四条　对经依法传唤拒不到庭的被告人，或者根据案件情况有必要拘传的被告人，可以拘传。

拘传被告人，应当由院长签发拘传票，由司法警察执行，执行人员不得少于二人。

拘传被告人，应当出示拘传票。对抗拒拘传的被告人，可以使用戒具。

第一百一十五条　拘传被告人，持续的时间不得超过十二小时；案情特别重大、复杂，需要采取逮捕措施的，持续的时间不得超过二十四小时。不得以连续拘传的形式变相拘禁被告人。应当保证被拘传人的饮食和必要的休息时间。

第一百一十六条　被告人具有刑事诉讼法第六十五条第一款规定情形之一的，人民法院可以决定取保候审。

对被告人决定取保候审的，应当责令其提出保证人或者交纳保证金，不得同时使用保证人保证与保证金保证。

第一百一十七条　对下列被告人决定取保候审的，可以责令其提出一至二名保证人：

（一）无力交纳保证金的；

（二）未成年或者已满七十五周岁的；

（三）不宜收取保证金的其他被告人。

第一百一十八条　人民法院应当审查保证人是否符合法定条件。符合条件的，应当告知其必须履行的义务，并由其出具保证书。

第一百一十九条　对决定取保候审的被告人使用保证金保证的，应当依照刑事诉讼法第七十条第一款的规定确定保证金的具体数额，并责令被告人或者为其提供保证金的单位、个人将保证金一次性存入公安机关指定银行的专门账户。

第一百二十条　人民法院向被告人宣布取保候审决定后，应当将取保候审决定书等相关材料送交当地同级公安机关执行；被告人不在本地居住的，送交其居住地公安机关执行。

对被告人使用保证金保证的，应当在核实保证金已经存入公安机关指定银行的专门账户后，将银行出具的收款凭证一并送交公安机关。

第一百二十一条　被告人被取保候审期间，保证人不愿继续履行保证义务或者丧失履行保证义务能力的，人民法院应当在收到保证人的申请或者公安机关的书面通知后三日内，责令被告人重新提出保证人或者交纳保证金，或者变更强制措施，并通知公安机关。

第一百二十二条　根据案件事实和法律规定，认为已经构成犯罪的被告人在取保候审期间逃匿的，如果系保证人协助被告人逃匿，或者保证人明知被告人藏匿地点但拒绝向司法机关提供，对保证人应当依法追究刑事责任。

第一百二十三条　人民法院发现使用保证金保证的被取保候审人违反刑事诉讼法第六十九条第一款、第二款规定的，应当提出没收部分或者全部保证金的书面意见，连同有关材料一并送交负责执行的公安机关处理。

人民法院收到公安机关已经没收保证金的书面通知或者变更强制措施的建议后，应当区别情形，在五日内责令被告人具结悔过，重新交纳保证金或者提出保证人，或者变更强制措施，并通知公安机关。

人民法院决定对被依法没收保证金的被告人继续取保候审的，取保候审的期限连续计算。

第一百二十四条　对被取保候审的被告人的判决、裁定生效后，应当解除取保候审、退还保证金的，如果保证金属于其个人财产，人民法院可以书面通知公安机关将保证金移交人民法院，用以退赔被害人、履行附带民事赔偿义务或者执行财产刑，剩余部分应当退还被告人。

第一百二十五条　对具有刑事诉讼法第七十二条第一款、第二款规定情形的被告人，人民法院可以决定监视居住。

人民法院决定对被告人监视居住的，应当核实其住处；没有固定住处的，应当为其指定居所。

第一百二十六条　人民法院向被告人宣布监视居住决定后，应当将监视居住决定书等相关材料送交被告人住处或者指定居所所在地的同级公安机关执行。

对被告人指定居所监视居住后，人民法院应当在二十四小时内，将监视居住的原因和处所通知其家属；确实无法通知的，应当记录在案。

第一百二十七条　人民检察院、公安机关已经对犯罪嫌疑人取保候审、监视居住，案件起诉至人民法院后，需要继续取保候审、监视居住或者变更强制措施的，人民法院应当在七日内作出决定，并通知人民检察院、公安机关。

决定继续取保候审、监视居住的，应当重新办理手续，期限重新计算；继续使用保证金保证的，不再收取保证金。

人民法院不得对被告人重复采取取保候审、监视居住措施。

第一百二十八条　对具有刑事诉讼法第七十九条第一款、第二款规定情形的被告人，人民法院应当决定逮捕。

第一百二十九条　被取保候审的被告人具有下列情形之一的，人民法院应当决定逮捕：

（一）故意实施新的犯罪的；

（二）企图自杀、逃跑的；

（三）毁灭、伪造证据，干扰证人作证或者串供的；

（四）对被害人、举报人、控告人实施打击报复的；

（五）经传唤，无正当理由不到案，影响审判活动正常进行的；

（六）擅自改变联系方式或者居住地，导致无法传唤，影响审判活动正常进行的；

（七）未经批准，擅自离开所居住的市、县，影响审判活动正常进行，或者两次未经批准，擅自离开所居住的市、县的；

（八）违反规定进入特定场所、与特定人员会见或者通信、从事特定活动，影响审判活动正常进行，或者两次违反有关规定的；

（九）依法应当决定逮捕的其他情形。

第一百三十条　被监视居住的被告人具有下列情形之一的，人民法院应当决定逮捕：

（一）具有前条第一项至第五项规定情形之一的；

（二）未经批准，擅自离开执行监视居住的处所，影响审判活动正常进行，或者两次未经批准，擅自离开执行监视居住的处所的；

（三）未经批准，擅自会见他人或者通信，影响审判活动正常进行，或者两次未经批准，擅自会见他人或者通信的；

（四）对因患有严重疾病、生活不能自理，或者因怀孕、正在哺乳自己婴儿而未予逮捕的被告人，疾病痊愈或者哺乳期已满的；

（五）依法应当决定逮捕的其他情形。

第一百三十一条　人民法院作出逮捕决定后，应当将逮捕决定书等相关材料送交同级公安机关执行，并将逮捕决定书抄送人民检察院。逮捕被告人后，人民法院应当将逮捕的原因和羁押的处所，在二十四小时内通知其家属；确实无法通知的，应当记录在案。

第一百三十二条　人民法院对决定逮捕的被告人，应当在逮捕后二十四小时内讯问。发现不应当逮捕的，应当变更强制措施或者立即释放。

第一百三十三条　被逮捕的被告人具有下列情形之一的，人民法院可以变更强制措施：

（一）患有严重疾病、生活不能自理的；

（二）怀孕或者正在哺乳自己婴儿的；

（三）系生活不能自理的人的唯一扶养人。

第一百三十四条　第一审人民法院判决被告人无罪、不负刑事责任或者免除刑事处罚，被告人在押的，应当在宣判后立即释放。

被逮捕的被告人具有下列情形之一的，人民法院应当变更强制措施或者予以释放：

（一）第一审人民法院判处管制、宣告缓刑、单独适用附加刑，判决尚未发生法律效力的；

（二）被告人被羁押的时间已到第一审人民法院对其判处的刑期期限的；

（三）案件不能在法律规定的期限内审结的。

第一百三十五条　人民法院决定变更强制措施或者释放被告人的，应当立即将变更强制措施决定书或者释放通知书送交公安机关执行。

第一百三十六条　对人民法院决定逮捕的被告人，人民检察院建议释放或者变更强制措施的，人民法院应当在收到建议后十日内将处理情况通知人民检察院。

第一百三十七条 被告人及其法定代理人、近亲属或者辩护人申请变更强制措施的，应当说明理由。人民法院收到申请后，应当在三日内作出决定。同意变更强制措施的，应当依照本解释规定处理；不同意的，应当告知申请人，并说明理由。

第六章 附带民事诉讼

第一百三十八条 被害人因人身权利受到犯罪侵犯或者财物被犯罪分子毁坏而遭受物质损失的，有权在刑事诉讼过程中提起附带民事诉讼；被害人死亡或者丧失行为能力的，其法定代理人、近亲属有权提起附带民事诉讼。

因受到犯罪侵犯，提起附带民事诉讼或者单独提起民事诉讼要求赔偿精神损失的，人民法院不予受理。

第一百三十九条 被告人非法占有、处置被害人财产的，应当依法予以追缴或者责令退赔。被害人提起附带民事诉讼的，人民法院不予受理。追缴、退赔的情况，可以作为量刑情节考虑。

第一百四十条 国家机关工作人员在行使职权时，侵犯他人人身、财产权利构成犯罪，被害人或者其法定代理人、近亲属提起附带民事诉讼的，人民法院不予受理，但应当告知其可以依法申请国家赔偿。

第一百四十一条 人民法院受理刑事案件后，对符合刑事诉讼法第九十九条和本解释第一百三十八条第一款规定的，可以告知被害人或者其法定代理人、近亲属有权提起附带民事诉讼。

有权提起附带民事诉讼的人放弃诉讼权利的，应当准许，并记录在案。

第一百四十二条 国家财产、集体财产遭受损失，受损失的单位未提起附带民事诉讼，人民检察院在提起公诉时提起附带民事诉讼的，人民法院应当受理。

人民检察院提起附带民事诉讼的，应当列为附带民事诉讼原告人。

被告人非法占有、处置国家财产、集体财产的，依照本解释第一百三十九条的规定处理。

第一百四十三条 附带民事诉讼中依法负有赔偿责任的人包括：

（一）刑事被告人以及未被追究刑事责任的其他共同侵害人；

（二）刑事被告人的监护人；

（三）死刑罪犯的遗产继承人；

（四）共同犯罪案件中，案件审结前死亡的被告人的遗产继承人；

（五）对被害人的物质损失依法应当承担赔偿责任的其他单位和个人。

附带民事诉讼被告人的亲友自愿代为赔偿的，应当准许。

第一百四十四条 被害人或者其法定代理人、近亲属仅对部分共同侵害人提起附带民事诉讼的，人民法院应当告知其可以对其他共同侵害人，包括没有被追究刑事责任的共同侵害人，一并提起附带民事诉讼，但共同犯罪案件中同案犯在逃的除外。

被害人或者其法定代理人、近亲属放弃对其他共同侵害人的诉讼权利的，人民法院应当告知其相应法律后果，并在裁判文书中说明其放弃诉讼请求的情况。

第一百四十五条 附带民事诉讼的起诉条件是：

（一）起诉人符合法定条件；

（二）有明确的被告人；

（三）有请求赔偿的具体要求和事实、理由；

（四）属于人民法院受理附带民事诉讼的范围。

第一百四十六条　共同犯罪案件，同案犯在逃的，不应列为附带民事诉讼被告人。逃跑的同案犯到案后，被害人或者其法定代理人、近亲属可以对其提起附带民事诉讼，但已经从其他共同犯罪人处获得足额赔偿的除外。

第一百四十七条　附带民事诉讼应当在刑事案件立案后及时提起。

提起附带民事诉讼应当提交附带民事起诉状。

第一百四十八条　侦查、审查起诉期间，有权提起附带民事诉讼的人提出赔偿要求，经公安机关、人民检察院调解，当事人双方已经达成协议并全部履行，被害人或者其法定代理人、近亲属又提起附带民事诉讼的，人民法院不予受理，但有证据证明调解违反自愿、合法原则的除外。

第一百四十九条　被害人或者其法定代理人、近亲属提起附带民事诉讼的，人民法院应当在七日内决定是否立案。符合刑事诉讼法第九十九条以及本解释有关规定的，应当受理；不符合的，裁定不予受理。

第一百五十条　人民法院受理附带民事诉讼后，应当在五日内将附带民事起诉状副本送达附带民事诉讼被告人及其法定代理人，或者将口头起诉的内容及时通知附带民事诉讼被告人及其法定代理人，并制作笔录。

人民法院送达附带民事起诉状副本时，应当根据刑事案件的审理期限，确定被告人及其法定代理人提交附带民事答辩状的时间。

第一百五十一条　附带民事诉讼当事人对自己提出的主张，有责任提供证据。

第一百五十二条　人民法院对可能因被告人的行为或者其他原因，使附带民事判决难以执行的案件，根据附带民事诉讼原告人的申请，可以裁定采取保全措施，查封、扣押或者冻结被告人的财产；附带民事诉讼原告人未提出申请的，必要时，人民法院也可以采取保全措施。

有权提起附带民事诉讼的人因情况紧急，不立即申请保全将会使其合法权益受到难以弥补的损害的，可以在提起附带民事诉讼前，向被保全财产所在地、被申请人居住地或者对案件有管辖权的人民法院申请采取保全措施。申请人在人民法院受理刑事案件后十五日内未提起附带民事诉讼的，人民法院应当解除保全措施。

人民法院采取保全措施，适用民事诉讼法第一百条至第一百零五条的有关规定，但民事诉讼法第一百零一条第三款的规定除外。

第一百五十三条　人民法院审理附带民事诉讼案件，可以根据自愿、合法的原则进行调解。经调解达成协议的，应当制作调解书。调解书经双方当事人签收后，即具有法律效力。

调解达成协议并即时履行完毕的，可以不制作调解书，但应当制作笔录，经双方当事人、审判人员、书记员签名或者盖章后即发生法律效力。

第一百五十四条　调解未达成协议或者调解书签收前当事人反悔的，附带民事诉讼应当同刑事诉讼一并判决。

第一百五十五条　对附带民事诉讼作出判决，应当根据犯罪行为造成的物质损失，结合案件具体情况，确定被告人应当赔偿的数额。

犯罪行为造成被害人人身损害的，应当赔偿医疗费、护理费、交通费等为治疗和康复支付的合理费用，以及因误工减少的收入。造成被害人残疾的，还应当赔偿残疾生活辅助具费等费用；造成被害人死亡的，还应当赔偿丧葬费等费用。

驾驶机动车致人伤亡或者造成公私财产重大损失，构成犯罪的，依照《中华人民共和国道路交通安全法》第七十六条的规定确定赔偿责任。

附带民事诉讼当事人就民事赔偿问题达成调解、和解协议的，赔偿范围、数额不受第二款、第三款规定的限制。

第一百五十六条 人民检察院提起附带民事诉讼的，人民法院经审理，认为附带民事诉讼被告人依法应当承担赔偿责任的，应当判令附带民事诉讼被告人直接向遭受损失的单位作出赔偿；遭受损失的单位已经终止，有权利义务继受人的，应当判令其向继受人作出赔偿；没有权利义务继受人的，应当判令其向人民检察院交付赔偿款，由人民检察院上缴国库。

第一百五十七条 审理刑事附带民事诉讼案件，人民法院应当结合被告人赔偿被害人物质损失的情况认定其悔罪表现，并在量刑时予以考虑。

第一百五十八条 附带民事诉讼原告人经传唤，无正当理由拒不到庭，或者未经法庭许可中途退庭的，应当按撤诉处理。

刑事被告人以外的附带民事诉讼被告人经传唤，无正当理由拒不到庭，或者未经法庭许可中途退庭的，附带民事部分可以缺席判决。

第一百五十九条 附带民事诉讼应当同刑事案件一并审判，只有为了防止刑事案件审判的过分迟延，才可以在刑事案件审判后，由同一审判组织继续审理附带民事诉讼；同一审判组织的成员确实不能继续参与审判的，可以更换。

第一百六十条 人民法院认定公诉案件被告人的行为不构成犯罪，对已经提起的附带民事诉讼，经调解不能达成协议的，应当一并作出刑事附带民事判决。

人民法院准许人民检察院撤回起诉的公诉案件，对已经提起的附带民事诉讼，可以进行调解；不宜调解或者经调解不能达成协议的，应当裁定驳回起诉，并告知附带民事诉讼原告人可以另行提起民事诉讼。

第一百六十一条 第一审期间未提起附带民事诉讼，在第二审期间提起的，第二审人民法院可以依法进行调解；调解不成的，告知当事人可以在刑事判决、裁定生效后另行提起民事诉讼。

第一百六十二条 人民法院审理附带民事诉讼案件，不收取诉讼费。

第一百六十三条 人民法院审理附带民事诉讼案件，除刑法、刑事诉讼法以及刑事司法解释已有规定的以外，适用民事法律的有关规定。

第一百六十四条 被害人或者其法定代理人、近亲属在刑事诉讼过程中未提起附带民事诉讼，另行提起民事诉讼的，人民法院可以进行调解，或者根据物质损失情况作出判决。

第七章 期间、送达、审理期限

第一百六十五条 以月计算的期限，自本月某日至下月同日为一个月。期限起算日为本月最后一日的，至下月最后一日为一个月。下月同日不存在的，自本月某日至下月最后一日为一个月。半个月一律按十五日计算。

第一百六十六条 当事人由于不能抗拒的原因或者有其他正当理由而耽误期限，依法申请继续进行应当在期满前完成的诉讼活动的，人民法院查证属实后，应当裁定准许。

第一百六十七条　送达诉讼文书,应当由收件人签收。收件人不在的,可以由其成年家属或者所在单位负责收件的人员代收。

收件人或者代收人在送达回证上签收的日期为送达日期。

收件人或者代收人拒绝签收的,送达人可以邀请见证人到场,说明情况,在送达回证上注明拒收的事由和日期,由送达人、见证人签名或者盖章,将诉讼文书留在收件人、代收人的住处或者单位;也可以把诉讼文书留在受送达人的住处,并采用拍照、录像等方式记录送达过程,即视为送达。

第一百六十八条　直接送达诉讼文书有困难的,可以委托收件人所在地的人民法院代为送达,或者邮寄送达。

第一百六十九条　委托送达的,应当将委托函、委托送达的诉讼文书及送达回证寄送受托法院。受托法院收到后,应当登记,在十日内送达收件人,并将送达回证寄送委托法院;无法送达的,应当告知委托法院,并将诉讼文书及送达回证退回。

第一百七十条　邮寄送达的,应当将诉讼文书、送达回证挂号邮寄给收件人。挂号回执上注明的日期为送达日期。

第一百七十一条　诉讼文书的收件人是军人的,可以通过其所在部队团级以上单位的政治部门转交。

收件人正在服刑的,可以通过执行机关转交。

收件人正在被采取强制性教育措施的,可以通过强制性教育机构转交。

由有关部门、单位代为转交诉讼文书的,应当请有关部门、单位收到后立即交收件人签收,并将送达回证及时寄送人民法院。

第一百七十二条　指定管辖案件的审理期限,自被指定管辖的人民法院收到指定管辖决定书和有关案卷、证据材料之日起计算。

第一百七十三条　申请上级人民法院批准延长审理期限,应当在期限届满十五日前层报。有权决定的人民法院不同意延长的,应当在审理期限届满五日前作出决定。

因特殊情况申请最高人民法院批准延长审理期限,最高人民法院经审查,予以批准的,可以延长审理期限一至三个月。期限届满案件仍然不能审结的,可以再次提出申请。

第一百七十四条　审判期间,对被告人作精神病鉴定的时间不计入审理期限。

第八章　审判组织

第一百七十五条　审判长由审判员担任。助理审判员由本院院长提出,经审判委员会通过,可以临时代行审判员职务,并可以担任审判长。

第一百七十六条　开庭审理和评议案件,应当由同一合议庭进行。合议庭成员在评议案件时,应当独立表达意见并说明理由。意见分歧的,应当按多数意见作出决定,但少数意见应当记入笔录。评议笔录由合议庭的组成人员在审阅确认无误后签名。评议情况应当保密。

第一百七十七条　审判员依法独任审判时,行使与审判长相同的职权。

第一百七十八条　合议庭审理、评议后,应当及时作出判决、裁定。

拟判处死刑的案件、人民检察院抗诉的案件,合议庭应当提请院长决定提交审判委员会讨论决定。

对合议庭成员意见有重大分歧的案件、新类型案件、社会影响重大的案件以及其他疑难、复杂、重大的案件，合议庭认为难以作出决定的，可以提请院长决定提交审判委员会讨论决定。

人民陪审员可以要求合议庭将案件提请院长决定是否提交审判委员会讨论决定。

对提请院长决定提交审判委员会讨论决定的案件，院长认为不必要的，可以建议合议庭复议一次。

独任审判的案件，审判员认为有必要的，也可以提请院长决定提交审判委员会讨论决定。

第一百七十九条　审判委员会的决定，合议庭、独任审判员应当执行；有不同意见的，可以建议院长提交审判委员会复议。

第九章　公诉案件第一审普通程序

第一节　审查受理与庭前准备

第一百八十条　对提起公诉的案件，人民法院应当在收到起诉书（一式八份，每增加一名被告人，增加起诉书五份）和案卷、证据后，指定审判人员审查以下内容：

（一）是否属于本院管辖；

（二）起诉书是否写明被告人的身份，是否受过或者正在接受刑事处罚，被采取强制措施的种类、羁押地点，犯罪的时间、地点、手段、后果以及其他可能影响定罪量刑的情节；

（三）是否移送证明指控犯罪事实的证据材料，包括采取技术侦查措施的批准决定和所收集的证据材料；

（四）是否查封、扣押、冻结被告人的违法所得或者其他涉案财物，并附证明相关财物依法应当追缴的证据材料；

（五）是否列明被害人的姓名、住址、联系方式；是否附有证人、鉴定人名单；是否申请法庭通知证人、鉴定人、有专门知识的人出庭，并列明有关人员的姓名、性别、年龄、职业、住址、联系方式；是否附有需要保护的证人、鉴定人、被害人名单；

（六）当事人已委托辩护人、诉讼代理人，或者已接受法律援助的，是否列明辩护人、诉讼代理人的姓名、住址、联系方式；

（七）是否提起附带民事诉讼；提起附带民事诉讼的，是否列明附带民事诉讼当事人的姓名、住址、联系方式，是否附有相关证据材料；

（八）侦查、审查起诉程序的各种法律手续和诉讼文书是否齐全；

（九）有无刑事诉讼法第十五条第二项至第六项规定的不追究刑事责任的情形。

第一百八十一条　人民法院对提起公诉的案件审查后，应当按照下列情形分别处理：

（一）属于告诉才处理的案件，应当退回人民检察院，并告知被害人有权提起自诉；

（二）不属于本院管辖或者被告人不在案的，应当退回人民检察院；

（三）不符合前条第二项至第八项规定之一，需要补充材料的，应当通知人民检察院在三日内补送；

（四）依照刑事诉讼法第一百九十五条第三项规定宣告被告人无罪后，人民检察院根据新的事实、证据重新起诉的，应当依法受理；

（五）依照本解释第二百四十二条规定裁定准许撤诉的案件，没有新的事实、证据，重新起诉的，应当退回人民检察院；

（六）符合刑事诉讼法第十五条第二项至第六项规定情形的，应当裁定终止审理或者退回人民检察院；

（七）被告人真实身份不明，但符合刑事诉讼法第一百五十八条第二款规定的，应当依法受理。

对公诉案件是否受理，应当在七日内审查完毕。

第一百八十二条　开庭审理前，人民法院应当进行下列工作：

（一）确定审判长及合议庭组成人员；

（二）开庭十日前将起诉书副本送达被告人、辩护人；

（三）通知当事人、法定代理人、辩护人、诉讼代理人在开庭五日前提供证人、鉴定人名单，以及拟当庭出示的证据；申请证人、鉴定人、有专门知识的人出庭的，应当列明有关人员的姓名、性别、年龄、职业、住址、联系方式；

（四）开庭三日前将开庭的时间、地点通知人民检察院；

（五）开庭三日前将传唤当事人的传票和通知辩护人、诉讼代理人、法定代理人、证人、鉴定人等出庭的通知书送达；通知有关人员出庭，也可以采取电话、短信、传真、电子邮件等能够确认对方收悉的方式；

（六）公开审理的案件，在开庭三日前公布案由、被告人姓名、开庭时间和地点。

上述工作情况应当记录在案。

第一百八十三条　案件具有下列情形之一的，审判人员可以召开庭前会议：

（一）当事人及其辩护人、诉讼代理人申请排除非法证据的；

（二）证据材料较多、案情重大复杂的；

（三）社会影响重大的；

（四）需要召开庭前会议的其他情形。

召开庭前会议，根据案件情况，可以通知被告人参加。

第一百八十四条　召开庭前会议，审判人员可以就下列问题向控辩双方了解情况，听取意见：

（一）是否对案件管辖有异议；

（二）是否申请有关人员回避；

（三）是否申请调取在侦查、审查起诉期间公安机关、人民检察院收集但未随案移送的证明被告人无罪或者罪轻的证据材料；

（四）是否提供新的证据；

（五）是否对出庭证人、鉴定人、有专门知识的人的名单有异议；

（六）是否申请排除非法证据；

（七）是否申请不公开审理；

（八）与审判相关的其他问题。

审判人员可以询问控辩双方对证据材料有无异议，对有异议的证据，应当在庭审时重点调查；无异议的，庭审时举证、质证可以简化。

被害人或者其法定代理人、近亲属提起附带民事诉讼的，可以调解。

庭前会议情况应当制作笔录。

第一百八十五条　开庭审理前，合议庭可以拟出法庭审理提纲，提纲一般包括下列内容：

（一）合议庭成员在庭审中的分工；

（二）起诉书指控的犯罪事实的重点和认定案件性质的要点；

（三）讯问被告人时需了解的案情要点；

（四）出庭的证人、鉴定人、有专门知识的人、侦查人员的名单；

（五）控辩双方申请当庭出示的证据的目录；

（六）庭审中可能出现的问题及应对措施。

第一百八十六条 审判案件应当公开进行。

案件涉及国家秘密或者个人隐私的，不公开审理；涉及商业秘密，当事人提出申请的，法庭可以决定不公开审理。

不公开审理的案件，任何人不得旁听，但法律另有规定的除外。

第一百八十七条 精神病人、醉酒的人、未经人民法院批准的未成年人以及其他不宜旁听的人不得旁听案件审理。

第一百八十八条 被害人、诉讼代理人经传唤或者通知未到庭，不影响开庭审理的，人民法院可以开庭审理。

辩护人经通知未到庭，被告人同意的，人民法院可以开庭审理，但被告人属于应当提供法律援助情形的除外。

第一百八十九条 开庭审理前，书记员应当依次进行下列工作：

（一）受审判长委托，查明公诉人、当事人、证人及其他诉讼参与人是否到庭；

（二）宣读法庭规则；

（三）请公诉人及相关诉讼参与人入庭；

（四）请审判长、审判员（人民陪审员）入庭；

（五）审判人员就座后，向审判长报告开庭前的准备工作已经就绪。

第二节 宣布开庭与法庭调查

第一百九十条 审判长宣布开庭，传被告人到庭后，应当查明被告人的下列情况：

（一）姓名、出生日期、民族、出生地、文化程度、职业、住址，或者被告单位的名称、住所地、诉讼代表人的姓名、职务；

（二）是否受过法律处分及处分的种类、时间；

（三）是否被采取强制措施及强制措施的种类、时间；

（四）收到起诉书副本的日期；有附带民事诉讼的，附带民事诉讼被告人收到附带民事起诉状的日期。

被告人较多的，可以在开庭前查明上述情况，但开庭时审判长应当作出说明。

第一百九十一条 审判长宣布案件的来源、起诉的案由、附带民事诉讼当事人的姓名及是否公开审理；不公开审理的，应当宣布理由。

第一百九十二条 审判长宣布合议庭组成人员、书记员、公诉人名单及辩护人、鉴定人、翻译人员等诉讼参与人的名单。

第一百九十三条 审判长应当告知当事人及其法定代理人、辩护人、诉讼代理人在法庭审理过程中依法享有下列诉讼权利：

（一）可以申请合议庭组成人员、书记员、公诉人、鉴定人和翻译人员回避；

（二）可以提出证据，申请通知新的证人到庭、调取新的证据，申请重新鉴定或者勘验、检查；

（三）被告人可以自行辩护；

（四）被告人可以在法庭辩论终结后作最后陈述。

第一百九十四条　审判长应当询问当事人及其法定代理人、辩护人、诉讼代理人是否申请回避、申请何人回避和申请回避的理由。

当事人及其法定代理人、辩护人、诉讼代理人申请回避的，依照刑事诉讼法及本解释的有关规定处理。

同意或者驳回回避申请的决定及复议决定，由审判长宣布，并说明理由。必要时，也可以由院长到庭宣布。

第一百九十五条　审判长宣布法庭调查开始后，应当先由公诉人宣读起诉书；有附带民事诉讼的，再由附带民事诉讼原告人或者其法定代理人、诉讼代理人宣读附带民事起诉状。

第一百九十六条　起诉书指控的被告人的犯罪事实为两起以上的，法庭调查一般应当分别进行。

第一百九十七条　在审判长主持下，被告人、被害人可以就起诉书指控的犯罪事实分别陈述。

第一百九十八条　在审判长主持下，公诉人可以就起诉书指控的犯罪事实讯问被告人。

经审判长准许，被害人及其法定代理人、诉讼代理人可以就公诉人讯问的犯罪事实补充发问；附带民事诉讼原告人及其法定代理人、诉讼代理人可以就附带民事部分的事实向被告人发问；被告人的法定代理人、辩护人，附带民事诉讼被告人及其法定代理人、诉讼代理人可以在控诉一方就某一问题讯问完毕后向被告人发问。

第一百九十九条　讯问同案审理的被告人，应当分别进行。必要时，可以传唤同案被告人等到庭对质。

第二百条　经审判长准许，控辩双方可以向被害人、附带民事诉讼原告人发问。

第二百零一条　审判人员可以讯问被告人。必要时，可以向被害人、附带民事诉讼当事人发问。

第二百零二条　公诉人可以提请审判长通知证人、鉴定人出庭作证，或者出示证据。被害人及其法定代理人、诉讼代理人，附带民事诉讼原告人及其诉讼代理人也可以提出申请。

在控诉一方举证后，被告人及其法定代理人、辩护人可以提请审判长通知证人、鉴定人出庭作证，或者出示证据。

第二百零三条　控辩双方申请证人出庭作证，出示证据，应当说明证据的名称、来源和拟证明的事实。法庭认为有必要的，应当准许；对方提出异议，认为有关证据与案件无关或者明显重复、不必要，法庭经审查异议成立的，可以不予准许。

第二百零四条　已经移送人民法院的证据，控辩双方需要出示的，可以向法庭提出申请。法庭同意的，应当指令值庭法警出示、播放；需要宣读的，由值庭法警交由申请人宣读。

第二百零五条　公诉人、当事人或者辩护人、诉讼代理人对证人证言有异议，且该证人证言对定罪量刑有重大影响，或者对鉴定意见有异议，申请法庭通知证人、鉴定人出庭作证，人民法院认为有必要的，应当通知证人、鉴定人出庭；无法通知或者证人、鉴定人拒绝出庭的，应当及时告知申请人。

第二百零六条 证人具有下列情形之一，无法出庭作证的，人民法院可以准许其不出庭：

（一）在庭审期间身患严重疾病或者行动极为不便的；

（二）居所远离开庭地点且交通极为不便的；

（三）身处国外短期无法回国的；

（四）有其他客观原因，确实无法出庭的。

具有前款规定情形的，可以通过视频等方式作证。

第二百零七条 证人出庭作证所支出的交通、住宿、就餐等费用，人民法院应当给予补助。

第二百零八条 强制证人出庭的，应当由院长签发强制证人出庭令。

第二百零九条 审判危害国家安全犯罪、恐怖活动犯罪、黑社会性质的组织犯罪、毒品犯罪等案件，证人、鉴定人、被害人因出庭作证，本人或者其近亲属的人身安全面临危险的，人民法院应当采取不公开其真实姓名、住址和工作单位等个人信息，或者不暴露其外貌、真实声音等保护措施。

审判期间，证人、鉴定人、被害人提出保护请求的，人民法院应当立即审查；认为确有保护必要的，应当及时决定采取相应保护措施。

第二百一十条 决定对出庭作证的证人、鉴定人、被害人采取不公开个人信息的保护措施的，审判人员应当在开庭前核实其身份，对证人、鉴定人如实作证的保证书不得公开，在判决书、裁定书等法律文书中可以使用化名等代替其个人信息。

第二百一十一条 证人、鉴定人到庭后，审判人员应当核实其身份、与当事人以及本案的关系，并告知其有关作证的权利义务和法律责任。

证人、鉴定人作证前，应当保证向法庭如实提供证言、说明鉴定意见，并在保证书上签名。

第二百一十二条 向证人、鉴定人发问，应当先由提请通知的一方进行；发问完毕后，经审判长准许，对方也可以发问。

第二百一十三条 向证人发问应当遵循以下规则：

（一）发问的内容应当与本案事实有关；

（二）不得以诱导方式发问；

（三）不得威胁证人；

（四）不得损害证人的人格尊严。

前款规定适用于对被告人、被害人、附带民事诉讼当事人、鉴定人、有专门知识的人的讯问、发问。

第二百一十四条 控辩双方的讯问、发问方式不当或者内容与本案无关的，对方可以提出异议，申请审判长制止，审判长应当判明情况予以支持或者驳回；对方未提出异议的，审判长也可以根据情况予以制止。

第二百一十五条 审判人员认为必要时，可以询问证人、鉴定人、有专门知识的人。

第二百一十六条 向证人、鉴定人、有专门知识的人发问应当分别进行。证人、鉴定人、有专门知识的人经控辩双方发问或者审判人员询问后，审判长应当告知其退庭。

证人、鉴定人、有专门知识的人不得旁听对本案的审理。

第二百一十七条　公诉人、当事人及其辩护人、诉讼代理人申请法庭通知有专门知识的人出庭，就鉴定意见提出意见的，应当说明理由。法庭认为有必要的，应当通知有专门知识的人出庭。

申请有专门知识的人出庭，不得超过二人。有多种类鉴定意见的，可以相应增加人数。

有专门知识的人出庭，适用鉴定人出庭的有关规定。

第二百一十八条　举证方当庭出示证据后，由对方进行辨认并发表意见。控辩双方可以互相质问、辩论。

第二百一十九条　当庭出示的证据，尚未移送人民法院的，应当在质证后移交法庭。

第二百二十条　法庭对证据有疑问的，可以告知公诉人、当事人及其法定代理人、辩护人、诉讼代理人补充证据或者作出说明；必要时，可以宣布休庭，对证据进行调查核实。

对公诉人、当事人及其法定代理人、辩护人、诉讼代理人补充的和法庭庭外调查核实取得的证据，应当经过当庭质证才能作为定案的根据。但是，经庭外征求意见，控辩双方没有异议的除外。

有关情况，应当记录在案。

第二百二十一条　公诉人申请出示开庭前未移送人民法院的证据，辩护方提出异议的，审判长应当要求公诉人说明理由；理由成立并确有出示必要的，应当准许。

辩护方提出需要对新的证据作辩护准备的，法庭可以宣布休庭，并确定准备辩护的时间。

辩护方申请出示开庭前未提交的证据，参照适用前两款的规定。

第二百二十二条　法庭审理过程中，当事人及其辩护人、诉讼代理人申请通知新的证人到庭，调取新的证据，申请重新鉴定或者勘验的，应当提供证人的姓名、证据的存放地点，说明拟证明的案件事实，要求重新鉴定或者勘验的理由。法庭认为有必要的，应当同意，并宣布延期审理；不同意的，应当说明理由并继续审理。

延期审理的案件，符合刑事诉讼法第二百零二条第一款规定的，可以报请上级人民法院批准延长审理期限。

人民法院同意重新鉴定申请的，应当及时委托鉴定，并将鉴定意见告知人民检察院、当事人及其辩护人、诉讼代理人。

第二百二十三条　审判期间，公诉人发现案件需要补充侦查，建议延期审理的，合议庭应当同意，但建议延期审理不得超过两次。

人民检察院将补充收集的证据移送人民法院的，人民法院应当通知辩护人、诉讼代理人查阅、摘抄、复制。

补充侦查期限届满后，经法庭通知，人民检察院未将案件移送人民法院，且未说明原因的，人民法院可以决定按人民检察院撤诉处理。

第二百二十四条　人民法院向人民检察院调取需要调查核实的证据材料，或者根据被告人、辩护人的申请，向人民检察院调取在侦查、审查起诉期间收集的有关被告人无罪或者罪轻的证据材料，应当通知人民检察院在收到调取证据材料决定书后三日内移交。

第二百二十五条　法庭审理过程中，对与量刑有关的事实、证据，应当进行调查。

人民法院除应当审查被告人是否具有法定量刑情节外，还应当根据案件情况审查以下影响量刑的情节：

（一）案件起因；

（二）被害人有无过错及过错程度，是否对矛盾激化负有责任及责任大小；

（三）被告人的近亲属是否协助抓获被告人；

（四）被告人平时表现，有无悔罪态度；

（五）退赃、退赔及赔偿情况；

（六）被告人是否取得被害人或者其近亲属谅解；

（七）影响量刑的其他情节。

第二百二十六条 审判期间，合议庭发现被告人可能有自首、坦白、立功等法定量刑情节，而人民检察院移送的案卷中没有相关证据材料的，应当通知人民检察院移送。

审判期间，被告人提出新的立功线索的，人民法院可以建议人民检察院补充侦查。

第二百二十七条 对被告人认罪的案件，在确认被告人了解起诉书指控的犯罪事实和罪名，自愿认罪且知悉认罪的法律后果后，法庭调查可以主要围绕量刑和其他有争议的问题进行。

对被告人不认罪或者辩护人作无罪辩护的案件，法庭调查应当在查明定罪事实的基础上，查明有关量刑事实。

第三节 法庭辩论与最后陈述

第二百二十八条 合议庭认为案件事实已经调查清楚的，应当由审判长宣布法庭调查结束，开始就定罪、量刑的事实、证据和适用法律等问题进行法庭辩论。

第二百二十九条 法庭辩论应当在审判长的主持下，按照下列顺序进行：

（一）公诉人发言；

（二）被害人及其诉讼代理人发言；

（三）被告人自行辩护；

（四）辩护人辩护；

（五）控辩双方进行辩论。

第二百三十条 人民检察院可以提出量刑建议并说明理由，量刑建议一般应当具有一定的幅度。当事人及其辩护人、诉讼代理人可以对量刑提出意见并说明理由。

第二百三十一条 对被告人认罪的案件，法庭辩论时，可以引导控辩双方主要围绕量刑和其他有争议的问题进行。

对被告人不认罪或者辩护人作无罪辩护的案件，法庭辩论时，可以引导控辩双方先辩论定罪问题，后辩论量刑问题。

第二百三十二条 附带民事部分的辩论应当在刑事部分的辩论结束后进行，先由附带民事诉讼原告人及其诉讼代理人发言，后由附带民事诉讼被告人及其诉讼代理人答辩。

第二百三十三条 法庭辩论过程中，审判长应当充分听取控辩双方的意见，对控辩双方与案件无关、重复或者指责对方的发言应当提醒、制止。

第二百三十四条 法庭辩论过程中，合议庭发现与定罪、量刑有关的新的事实，有必要调查的，审判长可以宣布暂停辩论，恢复法庭调查，在对新的事实调查后，继续法庭辩论。

第二百三十五条 审判长宣布法庭辩论终结后，合议庭应当保证被告人充分行使最后陈述的权利。被告人在最后陈述中多次重复自己的意见的，审判长可以制止。陈述内容蔑视法庭、公诉人，损害他人及社会公共利益，或者与本案无关的，应当制止。

在公开审理的案件中，被告人最后陈述的内容涉及国家秘密、个人隐私或者商业秘密的，应当制止。

第二百三十六条　被告人在最后陈述中提出新的事实、证据，合议庭认为可能影响正确裁判的，应当恢复法庭调查；被告人提出新的辩解理由，合议庭认为可能影响正确裁判的，应当恢复法庭辩论。

第四节　评议案件与宣告判决

第二百三十七条　被告人最后陈述后，审判长应当宣布休庭，由合议庭进行评议。

第二百三十八条　开庭审理的全部活动，应当由书记员制作笔录；笔录经审判长审阅后，分别由审判长和书记员签名。

第二百三十九条　法庭笔录应当在庭审后交由当事人、法定代理人、辩护人、诉讼代理人阅读或者向其宣读。

法庭笔录中的出庭证人、鉴定人、有专门知识的人的证言、意见部分，应当在庭审后分别交由有关人员阅读或者向其宣读。

前两款所列人员认为记录有遗漏或者差错的，可以请求补充或者改正；确认无误后，应当签名；拒绝签名的，应当记录在案；要求改变庭审中陈述的，不予准许。

第二百四十条　合议庭评议案件，应当根据已经查明的事实、证据和有关法律规定，在充分考虑控辩双方意见的基础上，确定被告人是否有罪、构成何罪，有无从重、从轻、减轻或者免除处罚情节，应否处以刑罚、判处何种刑罚，附带民事诉讼如何解决，查封、扣押、冻结的财物及其孳息如何处理等，并依法作出判决、裁定。

第二百四十一条　对第一审公诉案件，人民法院审理后，应当按照下列情形分别作出判决、裁定：

（一）起诉指控的事实清楚，证据确实、充分，依据法律认定指控被告人的罪名成立的，应当作出有罪判决；

（二）起诉指控的事实清楚，证据确实、充分，指控的罪名与审理认定的罪名不一致的，应当按照审理认定的罪名作出有罪判决；

（三）案件事实清楚，证据确实、充分，依据法律认定被告人无罪的，应当判决宣告被告人无罪；

（四）证据不足，不能认定被告人有罪的，应当以证据不足、指控的犯罪不能成立，判决宣告被告人无罪；

（五）案件部分事实清楚，证据确实、充分的，应当作出有罪或者无罪的判决；对事实不清、证据不足部分，不予认定；

（六）被告人因不满十六周岁，不予刑事处罚的，应当判决宣告被告人不负刑事责任；

（七）被告人是精神病人，在不能辨认或者不能控制自己行为时造成危害结果，不予刑事处罚的，应当判决宣告被告人不负刑事责任；

（八）犯罪已过追诉时效期限且不是必须追诉，或者经特赦令免除刑罚的，应当裁定终止审理；

（九）被告人死亡的，应当裁定终止审理；根据已查明的案件事实和认定的证据，能够确认无罪的，应当判决宣告被告人无罪。

具有前款第二项规定情形的，人民法院应当在判决前听取控辩双方的意见，保障被告人、辩护人充分行使辩护权。必要时，可以重新开庭，组织控辩双方围绕被告人的行为构成何罪进行辩论。

第二百四十二条 宣告判决前，人民检察院要求撤回起诉的，人民法院应当审查撤回起诉的理由，作出是否准许的裁定。

第二百四十三条 审判期间，人民法院发现新的事实，可能影响定罪的，可以建议人民检察院补充或者变更起诉；人民检察院不同意或者在七日内未回复意见的，人民法院应当就起诉指控的犯罪事实，依照本解释第二百四十一条的规定作出判决、裁定。

第二百四十四条 对依照本解释第一百八十一条第一款第四项规定受理的案件，人民法院应当在判决中写明被告人曾被人民检察院提起公诉，因证据不足，指控的犯罪不能成立，被人民法院依法判决宣告无罪的情况；前案依照刑事诉讼法第一百九十五条第三项规定作出的判决不予撤销。

第二百四十五条 合议庭成员应当在评议笔录上签名，在判决书、裁定书等法律文书上署名。

第二百四十六条 裁判文书应当写明裁判依据，阐释裁判理由，反映控辩双方的意见并说明采纳或者不予采纳的理由。

第二百四十七条 当庭宣告判决的，应当在五日内送达判决书。定期宣告判决的，应当在宣判前，先期公告宣判的时间和地点，传唤当事人并通知公诉人、法定代理人、辩护人和诉讼代理人；判决宣告后，应当立即送达判决书。

判决书应当送达人民检察院、当事人、法定代理人、辩护人、诉讼代理人，并可以送达被告人的近亲属。判决生效后，还应当送达被告人的所在单位或者原户籍地的公安派出所，或者被告单位的注册登记机关。

第二百四十八条 宣告判决，一律公开进行。公诉人、辩护人、诉讼代理人、被害人、自诉人或者附带民事诉讼原告人未到庭的，不影响宣判的进行。

宣告判决结果时，法庭内全体人员应当起立。

第五节　法庭纪律与其他规定

第二百四十九条 法庭审理过程中，诉讼参与人、旁听人员应当遵守以下纪律：

（一）服从法庭指挥，遵守法庭礼仪；

（二）不得鼓掌、喧哗、哄闹、随意走动；

（三）不得对庭审活动进行录音、录像、摄影，或者通过发送邮件、博客、微博客等方式传播庭审情况，但经人民法院许可的新闻记者除外；

（四）旁听人员不得发言、提问；

（五）不得实施其他扰乱法庭秩序的行为。

第二百五十条 法庭审理过程中，诉讼参与人或者旁听人员扰乱法庭秩序的，审判长应当按照下列情形分别处理：

（一）情节较轻的，应当警告制止并进行训诫；

（二）不听制止的，可以指令法警强行带出法庭；

（三）情节严重的，报经院长批准后，可以对行为人处一千元以下的罚款或者十五日以下的拘留；

（四）未经许可录音、录像、摄影或者通过邮件、博客、微博客等方式传播庭审情况的，可以暂扣存储介质或者相关设备。

诉讼参与人、旁听人员对罚款、拘留的决定不服的，可以直接向上一级人民法院申请复议，也可以通过决定罚款、拘留的人民法院向上一级人民法院申请复议。通过决定罚款、拘留的人民法院申请复议的，该人民法院应当自收到复议申请之日起三日内，将复议申请、罚款或者拘留决定书和有关事实、证据材料一并报上一级人民法院复议。复议期间，不停止决定的执行。

第二百五十一条　担任辩护人、诉讼代理人的律师严重扰乱法庭秩序，被强行带出法庭或者被处以罚款、拘留的，人民法院应当通报司法行政机关，并可以建议依法给予相应处罚。

第二百五十二条　聚众哄闹、冲击法庭或者侮辱、诽谤、威胁、殴打司法工作人员或者诉讼参与人，严重扰乱法庭秩序，构成犯罪的，应当依法追究刑事责任。

第二百五十三条　辩护人严重扰乱法庭秩序，被强行带出法庭或者被处以罚款、拘留，被告人自行辩护的，庭审继续进行；被告人要求另行委托辩护人，或者被告人属于应当提供法律援助情形的，应当宣布休庭。

第二百五十四条　被告人当庭拒绝辩护人辩护，要求另行委托辩护人或者指派律师的，合议庭应当准许。被告人拒绝辩护人辩护后，没有辩护人的，应当宣布休庭；仍有辩护人的，庭审可以继续进行。

有多名被告人的案件，部分被告人拒绝辩护人辩护后，没有辩护人的，根据案件情况，可以对该被告人另案处理，对其他被告人的庭审继续进行。

重新开庭后，被告人再次当庭拒绝辩护人辩护的，可以准许，但被告人不得再次另行委托辩护人或者要求另行指派律师，由其自行辩护。

被告人属于应当提供法律援助的情形，重新开庭后再次当庭拒绝辩护人辩护的，不予准许。

第二百五十五条　法庭审理过程中，辩护人拒绝为被告人辩护的，应当准许；是否继续庭审，参照适用前条的规定。

第二百五十六条　依照前两条规定另行委托辩护人或者指派律师的，自案件宣布休庭之日起至第十五日止，由辩护人准备辩护，但被告人及其辩护人自愿缩短时间的除外。

第二百五十七条　有多名被告人的案件，部分被告人具有刑事诉讼法第二百条第一款规定情形的，人民法院可以对全案中止审理；根据案件情况，也可以对该部分被告人中止审理，对其他被告人继续审理。

对中止审理的部分被告人，可以根据案件情况另案处理。

第二百五十八条　人民检察院认为人民法院审理案件违反法定程序，在庭审后提出书面纠正意见，人民法院认为正确的，应当采纳。

第十章　自诉案件第一审程序

第二百五十九条　人民法院受理自诉案件必须符合下列条件：

（一）符合刑事诉讼法第二百零四条、本解释第一条的规定；

（二）属于本院管辖；

（三）被害人告诉；

（四）有明确的被告人、具体的诉讼请求和证明被告人犯罪事实的证据。

第二百六十条 本解释第一条规定的案件，如果被害人死亡、丧失行为能力或者因受强制、威吓等无法告诉，或者是限制行为能力人以及因年老、患病、盲、聋、哑等不能亲自告诉，其法定代理人、近亲属告诉或者代为告诉的，人民法院应当依法受理。

被害人的法定代理人、近亲属告诉或者代为告诉，应当提供与被害人关系的证明和被害人不能亲自告诉的原因的证明。

第二百六十一条 提起自诉应当提交刑事自诉状；同时提起附带民事诉讼的，应当提交刑事附带民事自诉状。

第二百六十二条 自诉状应当包括以下内容：

（一）自诉人（代为告诉人）、被告人的姓名、性别、年龄、民族、出生地、文化程度、职业、工作单位、住址、联系方式；

（二）被告人实施犯罪的时间、地点、手段、情节和危害后果等；

（三）具体的诉讼请求；

（四）致送的人民法院和具状时间；

（五）证据的名称、来源等；

（六）证人的姓名、住址、联系方式等。

对两名以上被告人提出告诉的，应当按照被告人的人数提供自诉状副本。

第二百六十三条 对自诉案件，人民法院应当在十五日内审查完毕。经审查，符合受理条件的，应当决定立案，并书面通知自诉人或者代为告诉人。

具有下列情形之一的，应当说服自诉人撤回起诉；自诉人不撤回起诉的，裁定不予受理：

（一）不属于本解释第一条规定的案件的；

（二）缺乏罪证的；

（三）犯罪已过追诉时效期限的；

（四）被告人死亡的；

（五）被告人下落不明的；

（六）除因证据不足而撤诉的以外，自诉人撤诉后，就同一事实又告诉的；

（七）经人民法院调解结案后，自诉人反悔，就同一事实再行告诉的。

第二百六十四条 对已经立案，经审查缺乏罪证的自诉案件，自诉人提不出补充证据的，人民法院应当说服其撤回起诉或者裁定驳回起诉；自诉人撤回起诉或者被驳回起诉后，又提出了新的足以证明被告人有罪的证据，再次提起自诉的，人民法院应当受理。

第二百六十五条 自诉人对不予受理或者驳回起诉的裁定不服的，可以提起上诉。

第二审人民法院查明第一审人民法院作出的不予受理裁定有错误的，应当在撤销原裁定的同时，指令第一审人民法院立案受理；查明第一审人民法院驳回起诉裁定有错误的，应当在撤销原裁定的同时，指令第一审人民法院进行审理。

第二百六十六条 自诉人明知有其他共同侵害人，但只对部分侵害人提起自诉的，人民法院应当受理，并告知其放弃告诉的法律后果；自诉人放弃告诉，判决宣告后又对其他共同侵害人就同一事实提起自诉的，人民法院不予受理。

共同被害人中只有部分人告诉的，人民法院应当通知其他被害人参加诉讼，并告知其不参加诉讼的法律后果。被通知人接到通知后表示不参加诉讼或者不出庭的，视为放弃告诉。第一审宣判后，被通知人就同一事实又提起自诉的，人民法院不予受理。但是，当事人另行提起民事诉讼的，不受本解释限制。

第二百六十七条　被告人实施两个以上犯罪行为，分别属于公诉案件和自诉案件，人民法院可以一并审理。对自诉部分的审理，适用本章的规定。

第二百六十八条　自诉案件当事人因客观原因不能取得的证据，申请人民法院调取的，应当说明理由，并提供相关线索或者材料。人民法院认为有必要的，应当及时调取。

第二百六十九条　对犯罪事实清楚，有足够证据的自诉案件，应当开庭审理。

第二百七十条　自诉案件，符合简易程序适用条件的，可以适用简易程序审理。

不适用简易程序审理的自诉案件，参照适用公诉案件第一审普通程序的有关规定。

第二百七十一条　人民法院审理自诉案件，可以在查明事实、分清是非的基础上，根据自愿、合法的原则进行调解。调解达成协议的，应当制作刑事调解书，由审判人员和书记员署名，并加盖人民法院印章。调解书经双方当事人签收后，即具有法律效力。调解没有达成协议，或者调解书签收前当事人反悔的，应当及时作出判决。

刑事诉讼法第二百零四条第三项规定的案件不适用调解。

第二百七十二条　判决宣告前，自诉案件的当事人可以自行和解，自诉人可以撤回自诉。

人民法院经审查，认为和解、撤回自诉确属自愿的，应当裁定准许；认为系被强迫、威吓等，并非出于自愿的，不予准许。

第二百七十三条　裁定准许撤诉或者当事人自行和解的自诉案件，被告人被采取强制措施的，人民法院应当立即解除。

第二百七十四条　自诉人经两次传唤，无正当理由拒不到庭，或者未经法庭准许中途退庭的，人民法院应当裁定按撤诉处理。

部分自诉人撤诉或者被裁定按撤诉处理的，不影响案件的继续审理。

第二百七十五条　被告人在自诉案件审判期间下落不明的，人民法院应当裁定中止审理。被告人到案后，应当恢复审理，必要时应当对被告人依法采取强制措施。

第二百七十六条　对自诉案件，应当参照刑事诉讼法第一百九十五条和本解释第二百四十一条的有关规定作出判决；对依法宣告无罪的案件，其附带民事部分应当依法进行调解或者一并作出判决。

第二百七十七条　告诉才处理和被害人有证据证明的轻微刑事案件的被告人或者其法定代理人在诉讼过程中，可以对自诉人提起反诉。反诉必须符合下列条件：

（一）反诉的对象必须是本案自诉人；

（二）反诉的内容必须是与本案有关的行为；

（三）反诉的案件必须符合本解释第一条第一项、第二项的规定。

反诉案件适用自诉案件的规定，应当与自诉案件一并审理。自诉人撤诉的，不影响反诉案件的继续审理。

第十一章　单位犯罪案件的审理

第二百七十八条　人民法院受理单位犯罪案件，除依照本解释第一百八十条的有关规定进行审查外，还应当审查起诉书是否列明被告单位的名称、住所地、联系方式，法定代表人、主要负责人以及代表被告单位出庭的诉讼代表人的姓名、职务、联系方式。需要人民检察院补充材料的，应当通知人民检察院在三日内补送。

第二百七十九条 被告单位的诉讼代表人，应当是法定代表人或者主要负责人；法定代表人或者主要负责人被指控为单位犯罪直接负责的主管人员或者因客观原因无法出庭的，应当由被告单位委托其他负责人或者职工作为诉讼代表人。但是，有关人员被指控为单位犯罪的其他直接责任人员或者知道案件情况、负有作证义务的除外。

第二百八十条 开庭审理单位犯罪案件，应当通知被告单位的诉讼代表人出庭；没有诉讼代表人参与诉讼的，应当要求人民检察院确定。

被告单位的诉讼代表人不出庭的，应当按照下列情形分别处理：

（一）诉讼代表人系被告单位的法定代表人或者主要负责人，无正当理由拒不出庭的，可以拘传其到庭；因客观原因无法出庭，或者下落不明的，应当要求人民检察院另行确定诉讼代表人；

（二）诉讼代表人系被告单位的其他人员的，应当要求人民检察院另行确定诉讼代表人出庭。

第二百八十一条 被告单位的诉讼代表人享有刑事诉讼法规定的有关被告人的诉讼权利。开庭时，诉讼代表人席位置于审判台前左侧，与辩护人席并列。

第二百八十二条 被告单位委托辩护人，参照适用本解释的有关规定。

第二百八十三条 对应当认定为单位犯罪的案件，人民检察院只作为自然人犯罪起诉的，人民法院应当建议人民检察院对犯罪单位补充起诉。人民检察院仍以自然人犯罪起诉的，人民法院应当依法审理，按照单位犯罪中的直接负责的主管人员或者其他直接责任人员追究刑事责任，并援引刑法分则关于追究单位犯罪中直接负责的主管人员和其他直接责任人员刑事责任的条款。

第二百八十四条 被告单位的违法所得及其孳息，尚未被依法追缴或者查封、扣押、冻结的，人民法院应当决定追缴或者查封、扣押、冻结。

第二百八十五条 为保证判决的执行，人民法院可以先行查封、扣押、冻结被告单位的财产，或者由被告单位提出担保。

第二百八十六条 审判期间，被告单位被撤销、注销、吊销营业执照或者宣告破产的，对单位犯罪直接负责的主管人员和其他直接责任人员应当继续审理。

第二百八十七条 审判期间，被告单位合并、分立的，应当将原单位列为被告单位，并注明合并、分立情况。对被告单位所判处的罚金以其在新单位的财产及收益为限。

第二百八十八条 审理单位犯罪案件，本章没有规定的，参照适用本解释的有关规定。

第十二章 简易程序

第二百八十九条 基层人民法院受理公诉案件后，经审查认为案件事实清楚、证据充分的，在将起诉书副本送达被告人时，应当询问被告人对指控的犯罪事实的意见，告知其适用简易程序的法律规定。被告人对指控的犯罪事实没有异议并同意适用简易程序的，可以决定适用简易程序，并在开庭前通知人民检察院和辩护人。

对人民检察院建议适用简易程序审理的案件，依照前款的规定处理；不符合简易程序适用条件的，应当通知人民检察院。

第二百九十条　具有下列情形之一的，不适用简易程序：

（一）被告人是盲、聋、哑人；

（二）被告人是尚未完全丧失辨认或者控制自己行为能力的精神病人；

（三）有重大社会影响的；

（四）共同犯罪案件中部分被告人不认罪或者对适用简易程序有异议的；

（五）辩护人作无罪辩护的；

（六）被告人认罪但经审查认为可能不构成犯罪的；

（七）不宜适用简易程序审理的其他情形。

第二百九十一条　适用简易程序审理的案件，符合刑事诉讼法第三十四条第一款规定的，人民法院应当告知被告人及其近亲属可以申请法律援助。

第二百九十二条　适用简易程序审理案件，人民法院应当在开庭三日前，将开庭的时间、地点通知人民检察院、自诉人、被告人、辩护人，也可以通知其他诉讼参与人。

通知可以采用简便方式，但应当记录在案。

第二百九十三条　适用简易程序审理案件，被告人有辩护人的，应当通知其出庭。

第二百九十四条　适用简易程序审理案件，审判长或者独任审判员应当当庭询问被告人对指控的犯罪事实的意见，告知被告人适用简易程序审理的法律规定，确认被告人是否同意适用简易程序。

第二百九十五条　适用简易程序审理案件，可以对庭审作如下简化：

（一）公诉人可以摘要宣读起诉书；

（二）公诉人、辩护人、审判人员对被告人的讯问、发问可以简化或者省略；

（三）对控辩双方无异议的证据，可以仅就证据的名称及所证明的事项作出说明；对控辩双方有异议，或者法庭认为有必要调查核实的证据，应当出示，并进行质证；

（四）控辩双方对与定罪量刑有关的事实、证据没有异议的，法庭审理可以直接围绕罪名确定和量刑问题进行。

适用简易程序审理案件，判决宣告前应当听取被告人的最后陈述。

第二百九十六条　适用简易程序独任审判过程中，发现对被告人可能判处的有期徒刑超过三年的，应当转由合议庭审理。

第二百九十七条　适用简易程序审理案件，一般应当当庭宣判。

第二百九十八条　适用简易程序审理案件，在法庭审理过程中，有下列情形之一的，应当转为普通程序审理：

（一）被告人的行为可能不构成犯罪的；

（二）被告人可能不负刑事责任的；

（三）被告人当庭对起诉指控的犯罪事实予以否认的；

（四）案件事实不清、证据不足的；

（五）不应当或者不宜适用简易程序的其他情形。

转为普通程序审理的案件，审理期限应当从决定转为普通程序之日起计算。

第十三章　第二审程序

第二百九十九条　地方各级人民法院在宣告第一审判决、裁定时，应当告知被告人、自诉人及其法定代理人不服判决、裁定的，有权在法定期限内以书面或者口头形式，通过本院或者直接向上一级人民法院提出上诉；被告人的辩护人、近亲属经被告人同意，也可以提出上诉；附带民事诉讼当事人及其法定代理人，可以对判决、裁定中的附带民事部分提出上诉。

被告人、自诉人、附带民事诉讼当事人及其法定代理人是否提出上诉，以其在上诉期满前最后一次的意思表示为准。

第三百条 人民法院受理的上诉案件，一般应当有上诉状正本及副本。

上诉状内容应当包括：第一审判决书、裁定书的文号和上诉人收到的时间，第一审人民法院的名称，上诉的请求和理由，提出上诉的时间。被告人的辩护人、近亲属经被告人同意提出上诉的，还应当写明其与被告人的关系，并应当以被告人作为上诉人。

第三百零一条 上诉、抗诉必须在法定期限内提出。不服判决的上诉、抗诉的期限为十日；不服裁定的上诉、抗诉的期限为五日。上诉、抗诉的期限，从接到判决书、裁定书的第二日起计算。

对附带民事判决、裁定的上诉、抗诉期限，应当按照刑事部分的上诉、抗诉期限确定。附带民事部分另行审判的，上诉期限也应当按照刑事诉讼法规定的期限确定。

第三百零二条 上诉人通过第一审人民法院提出上诉的，第一审人民法院应当审查。上诉符合法律规定的，应当在上诉期满后三日内将上诉状连同案卷、证据移送上一级人民法院，并将上诉状副本送交同级人民检察院和对方当事人。

第三百零三条 上诉人直接向第二审人民法院提出上诉的，第二审人民法院应当在收到上诉状后三日内将上诉状交第一审人民法院。第一审人民法院应当审查上诉是否符合法律规定。符合法律规定的，应当在接到上诉状后三日内将上诉状连同案卷、证据移送上一级人民法院，并将上诉状副本送交同级人民检察院和对方当事人。

第三百零四条 上诉人在上诉期限内要求撤回上诉的，人民法院应当准许。

第三百零五条 上诉人在上诉期满后要求撤回上诉的，第二审人民法院应当审查。经审查，认为原判认定事实和适用法律正确，量刑适当的，应当裁定准许撤回上诉；认为原判事实不清、证据不足或者将无罪判为有罪、轻罪重判等的，应当不予准许，继续按照上诉案件审理。

被判处死刑立即执行的被告人提出上诉，在第二审开庭后宣告裁判前申请撤回上诉的，应当不予准许，继续按照上诉案件审理。

第三百零六条 地方各级人民检察院对同级人民法院第一审判决、裁定的抗诉，应当通过第一审人民法院提交抗诉书。第一审人民法院应当在抗诉期满后三日内将抗诉书连同案卷、证据移送上一级人民法院，并将抗诉书副本送交当事人。

第三百零七条 人民检察院在抗诉期限内撤回抗诉的，第一审人民法院不再向上一级人民法院移送案件；在抗诉期满后第二审人民法院宣告裁判前撤回抗诉的，第二审人民法院可以裁定准许，并通知第一审人民法院和当事人。

第三百零八条 在上诉、抗诉期满前撤回上诉、抗诉的，第一审判决、裁定在上诉、抗诉期满之日起生效。在上诉、抗诉期满后要求撤回上诉、抗诉，第二审人民法院裁定准许的，第一审判决、裁定应当自第二审裁定书送达上诉人或者抗诉机关之日起生效。

第三百零九条 第二审人民法院对第一审人民法院移送的上诉、抗诉案卷、证据，应当审查是否包括下列内容：

（一）移送上诉、抗诉案件函；

（二）上诉状或者抗诉书；

（三）第一审判决书、裁定书八份（每增加一名被告人增加一份）及其电子文本；

（四）全部案卷、证据，包括案件审理报告和其他应当移送的材料。

前款所列材料齐全的，第二审人民法院应当收案；材料不全的，应当通知第一审人民法院及时补送。

第三百一十条　第二审人民法院审理上诉、抗诉案件，应当就第一审判决、裁定认定的事实和适用法律进行全面审查，不受上诉、抗诉范围的限制。

第三百一十一条　共同犯罪案件，只有部分被告人提出上诉，或者自诉人只对部分被告人的判决提出上诉，或者人民检察院只对部分被告人的判决提出抗诉的，第二审人民法院应当对全案进行审查，一并处理。

第三百一十二条　共同犯罪案件，上诉的被告人死亡，其他被告人未上诉的，第二审人民法院仍应对全案进行审查。经审查，死亡的被告人不构成犯罪的，应当宣告无罪；构成犯罪的，应当终止审理。对其他同案被告人仍应作出判决、裁定。

第三百一十三条　刑事附带民事诉讼案件，只有附带民事诉讼当事人及其法定代理人上诉的，第二审人民法院应当对全案进行审查。经审查，第一审判决的刑事部分并无不当的，第二审人民法院只需就附带民事部分作出处理；第一审判决的附带民事部分事实清楚，适用法律正确的，应当以刑事附带民事裁定维持原判，驳回上诉。

第三百一十四条　刑事附带民事诉讼案件，只有附带民事诉讼当事人及其法定代理人上诉的，第一审刑事部分的判决在上诉期满后即发生法律效力。

应当送监执行的第一审刑事被告人是第二审附带民事诉讼被告人的，在第二审附带民事诉讼案件审结前，可以暂缓送监执行。

第三百一十五条　对上诉、抗诉案件，应当着重审查下列内容：

（一）第一审判决认定的事实是否清楚，证据是否确实、充分；

（二）第一审判决适用法律是否正确，量刑是否适当；

（三）在侦查、审查起诉、第一审程序中，有无违反法定诉讼程序的情形；

（四）上诉、抗诉是否提出新的事实、证据；

（五）被告人的供述和辩解情况；

（六）辩护人的辩护意见及采纳情况；

（七）附带民事部分的判决、裁定是否合法、适当；

（八）第一审人民法院合议庭、审判委员会讨论的意见。

第三百一十六条　第二审期间，被告人除自行辩护外，还可以继续委托第一审辩护人或者另行委托辩护人辩护。

共同犯罪案件，只有部分被告人提出上诉，或者自诉人只对部分被告人的判决提出上诉，或者人民检察院只对部分被告人的判决提出抗诉的，其他同案被告人也可以委托辩护人辩护。

第三百一十七条　下列案件，根据刑事诉讼法第二百二十三条第一款的规定，应当开庭审理：

（一）被告人、自诉人及其法定代理人对第一审认定的事实、证据提出异议，可能影响定罪量刑的上诉案件；

（二）被告人被判处死刑立即执行的上诉案件；

（三）人民检察院抗诉的案件；

（四）应当开庭审理的其他案件。

被判处死刑立即执行的被告人没有上诉，同案的其他被告人上诉的案件，第二审人民法院应当开庭审理。

被告人被判处死刑缓期执行的上诉案件，虽不属于第一款第一项规定的情形，有条件的，也应当开庭审理。

第三百一十八条 对上诉、抗诉案件，第二审人民法院经审查，认为原判事实不清、证据不足，或者具有刑事诉讼法第二百二十七条规定的违反法定诉讼程序情形，需要发回重新审判的，可以不开庭审理。

第三百一十九条 第二审期间，人民检察院或者被告人及其辩护人提交新证据的，人民法院应当及时通知对方查阅、摘抄或者复制。

第三百二十条 开庭审理第二审公诉案件，应当在决定开庭审理后及时通知人民检察院查阅案卷。自通知后的第二日起，人民检察院查阅案卷的时间不计入审理期限。

第三百二十一条 开庭审理上诉、抗诉的公诉案件，应当通知同级人民检察院派员出庭。

抗诉案件，人民检察院接到开庭通知后不派员出庭，且未说明原因的，人民法院可以裁定按人民检察院撤回抗诉处理，并通知第一审人民法院和当事人。

第三百二十二条 开庭审理上诉、抗诉案件，除参照适用第一审程序的有关规定外，应当按照下列规定进行：

（一）法庭调查阶段，审判人员宣读第 审判决书、裁定书后，上诉案件由上诉人或者辩护人先宣读上诉状或者陈述上诉理由，抗诉案件由检察员先宣读抗诉书；既有上诉又有抗诉的案件，先由检察员宣读抗诉书，再由上诉人或者辩护人宣读上诉状或者陈述上诉理由；

（二）法庭辩论阶段，上诉案件，先由上诉人、辩护人发言，后由检察员、诉讼代理人发言；抗诉案件，先由检察员、诉讼代理人发言，后由被告人、辩护人发言；既有上诉又有抗诉的案件，先由检察员、诉讼代理人发言，后由上诉人、辩护人发言。

第三百二十三条 开庭审理上诉、抗诉案件，可以重点围绕对第一审判决、裁定有争议的问题或者有疑问的部分进行。根据案件情况，可以按照下列方式审理：

（一）宣读第一审判决书，可以只宣读案由、主要事实、证据名称和判决主文等；

（二）法庭调查应当重点围绕对第一审判决提出异议的事实、证据以及提交的新的证据等进行；对没有异议的事实、证据和情节，可以直接确认；

（三）对同案审理案件中未上诉的被告人，未被申请出庭或者人民法院认为没有必要到庭的，可以不再传唤到庭；

（四）被告人犯有数罪的案件，对其中事实清楚且无异议的犯罪，可以不在庭审时审理。

同案审理的案件，未提出上诉、人民检察院也未对其判决提出抗诉的被告人要求出庭的，应当准许。出庭的被告人可以参加法庭调查和辩论。

第三百二十四条　第二审案件依法不开庭审理的，应当讯问被告人，听取其他当事人、辩护人、诉讼代理人的意见。合议庭全体成员应当阅卷，必要时应当提交书面阅卷意见。

第三百二十五条　审理被告人或者其法定代理人、辩护人、近亲属提出上诉的案件，不得加重被告人的刑罚，并应当执行下列规定：

（一）同案审理的案件，只有部分被告人上诉的，既不得加重上诉人的刑罚，也不得加重其他同案被告人的刑罚；

（二）原判事实清楚，证据确实、充分，只是认定的罪名不当的，可以改变罪名，但不得加重刑罚；

（三）原判对被告人实行数罪并罚的，不得加重决定执行的刑罚，也不得加重数罪中某罪的刑罚；

（四）原判对被告人宣告缓刑的，不得撤销缓刑或者延长缓刑考验期；

（五）原判没有宣告禁止令的，不得增加宣告；原判宣告禁止令的，不得增加内容、延长期限；

（六）原判对被告人判处死刑缓期执行没有限制减刑的，不得限制减刑；

（七）原判事实清楚，证据确实、充分，但判处的刑罚畸轻、应当适用附加刑而没有适用的，不得直接加重刑罚、适用附加刑，也不得以事实不清、证据不足为由发回第一审人民法院重新审判。必须依法改判的，应当在第二审判决、裁定生效后，依照审判监督程序重新审判。

人民检察院抗诉或者自诉人上诉的案件，不受前款规定的限制。

第三百二十六条　人民检察院只对部分被告人的判决提出抗诉，或者自诉人只对部分被告人的判决提出上诉的，第二审人民法院不得对其他同案被告人加重刑罚。

第三百二十七条　被告人或者其法定代理人、辩护人、近亲属提出上诉的案件，第二审人民法院发回重新审判后，除有新的犯罪事实，人民检察院补充起诉的以外，原审人民法院不得加重被告人的刑罚。

第三百二十八条　原判事实不清、证据不足，第二审人民法院发回重新审判的案件，原审人民法院重新作出判决后，被告人上诉或者人民检察院抗诉的，第二审人民法院应当依法作出判决、裁定，不得再发回重新审判。

第三百二十九条　第二审人民法院发现原审人民法院在重新审判过程中，有刑事诉讼法第二百二十七条规定的情形之一，或者违反第二百二十八条规定的，应当裁定撤销原判，发回重新审判。

第三百三十条　第二审人民法院审理对刑事部分提出上诉、抗诉，附带民事部分已经发生法律效力的案件，发现第一审判决、裁定中的附带民事部分确有错误的，应当依照审判监督程序对附带民事部分予以纠正。

第三百三十一条　第二审人民法院审理对附带民事部分提出上诉，刑事部分已经发生法律效力的案件，发现第一审判决、裁定中的刑事部分确有错误的，应当依照审判监督程序对刑事部分进行再审，并将附带民事部分与刑事部分一并审理。

第三百三十二条　第二审期间，第一审附带民事诉讼原告人增加独立的诉讼请求或者第一审附带民事诉讼被告人提出反诉的，第二审人民法院可以根据自愿、合法的原则进行调解；调解不成的，告知当事人另行起诉。

第三百三十三条 对第二审自诉案件，必要时可以调解，当事人也可以自行和解。调解结案的，应当制作调解书，第一审判决、裁定视为自动撤销；当事人自行和解的，应当裁定准许撤回自诉，并撤销第一审判决、裁定。

第三百三十四条 第二审期间，自诉案件的当事人提出反诉的，应当告知其另行起诉。

第三百三十五条 第二审人民法院可以委托第一审人民法院代为宣判，并向当事人送达第二审判决书、裁定书。第一审人民法院应当在代为宣判后五日内将宣判笔录送交第二审人民法院，并在送达完毕后及时将送达回证送交第二审人民法院。

委托宣判的，第二审人民法院应当直接向同级人民检察院送达第二审判决书、裁定书。

第十四章　在法定刑以下判处刑罚和特殊假释的核准

第三百三十六条 报请最高人民法院核准在法定刑以下判处刑罚的案件，应当按照下列情形分别处理：

（一）被告人未上诉、人民检察院未抗诉的，在上诉、抗诉期满后三日内报请上一级人民法院复核。上一级人民法院同意原判的，应当书面层报最高人民法院核准；不同意的，应当裁定发回重新审判，或者改变管辖按照第一审程序重新审理。原判是基层人民法院作出的，高级人民法院可以指定中级人民法院按照第一审程序重新审理；

（二）被告人上诉或者人民检察院抗诉的，应当依照第二审程序审理。第二审维持原判，或者改判后仍在法定刑以下判处刑罚的，应当依照前项规定层报最高人民法院核准。

第三百三十七条 报请最高人民法院核准在法定刑以下判处刑罚的案件，应当报送判决书、报请核准的报告各五份，以及全部案卷、证据。

第三百三十八条 对在法定刑以下判处刑罚的案件，最高人民法院予以核准的，应当作出核准裁定书；不予核准的，应当作出不核准裁定书，并撤销原判决、裁定，发回原审人民法院重新审判或者指定其他下级人民法院重新审判。

第三百三十九条 依照本解释第三百三十六条、第三百三十八条规定发回第二审人民法院重新审判的案件，第二审人民法院可以直接改判；必须通过开庭查清事实、核实证据或者纠正原审程序违法的，应当开庭审理。

第三百四十条 最高人民法院和上级人民法院复核在法定刑以下判处刑罚案件的审理期限，参照适用刑事诉讼法第二百三十二条的规定。

第三百四十一条 报请最高人民法院核准因罪犯具有特殊情况，不受执行刑期限制的假释案件，应当按照下列情形分别处理：

（一）中级人民法院依法作出假释裁定后，应当报请高级人民法院复核。高级人民法院同意的，应当书面报请最高人民法院核准；不同意的，应当裁定撤销中级人民法院的假释裁定；

（二）高级人民法院依法作出假释裁定的，应当报请最高人民法院核准。

第三百四十二条 报请最高人民法院核准因罪犯具有特殊情况，不受执行刑期限制的假释案件，应当报送报请核准的报告、罪犯具有特殊情况的报告、假释裁定书各五份，以及全部案卷。

第三百四十三条 对因罪犯具有特殊情况，不受执行刑期限制的假释案件，最高人民法院予以核准的，应当作出核准裁定书；不予核准的，应当作出不核准裁定书，并撤销原裁定。

第十五章　死刑复核程序

第三百四十四条　报请最高人民法院核准死刑案件，应当按照下列情形分别处理：

（一）中级人民法院判处死刑的第一审案件，被告人未上诉、人民检察院未抗诉的，在上诉、抗诉期满后十日内报请高级人民法院复核。高级人民法院同意判处死刑的，应当在作出裁定后十日内报请最高人民法院核准；不同意的，应当依照第二审程序提审或者发回重新审判；

（二）中级人民法院判处死刑的第一审案件，被告人上诉或者人民检察院抗诉，高级人民法院裁定维持的，应当在作出裁定后十日内报请最高人民法院核准；

（三）高级人民法院判处死刑的第一审案件，被告人未上诉、人民检察院未抗诉的，应当在上诉、抗诉期满后十日内报请最高人民法院核准。

高级人民法院复核死刑案件，应当讯问被告人。

第三百四十五条　中级人民法院判处死刑缓期执行的第一审案件，被告人未上诉、人民检察院未抗诉的，应当报请高级人民法院核准。

高级人民法院复核死刑缓期执行案件，应当讯问被告人。

第三百四十六条　报请复核的死刑、死刑缓期执行案件，应当一案一报。报送的材料包括报请复核的报告，第一、二审裁判文书，死刑案件综合报告各五份以及全部案卷、证据。死刑案件综合报告，第一、二审裁判文书和审理报告应当附送电子文本。

同案审理的案件应当报送全案案卷、证据。

曾经发回重新审判的案件，原第一、二审案卷应当一并报送。

第三百四十七条　报请复核的报告，应当写明案由、简要案情、审理过程和判决结果。死刑案件综合报告应当包括以下内容：

（一）被告人、被害人的基本情况。被告人有前科或者曾受过行政处罚的，应当写明；

（二）案件的由来和审理经过。案件曾经发回重新审判的，应当写明发回重新审判的原因、时间、案号等；

（三）案件侦破情况。通过技术侦查措施抓获被告人、侦破案件，以及与自首、立功认定有关的情况，应当写明；

（四）第一审审理情况。包括控辩双方意见，第一审认定的犯罪事实，合议庭和审判委员会意见；

（五）第二审审理或者高级人民法院复核情况。包括上诉理由、检察机关意见，第二审审理或者高级人民法院复核认定的事实，证据采信情况及理由，控辩双方意见及采纳情况；

（六）需要说明的问题。包括共同犯罪案件中另案处理的同案犯的定罪量刑情况，案件有无重大社会影响，以及当事人的反应等情况；

（七）处理意见。写明合议庭和审判委员会的意见。

第三百四十八条　复核死刑、死刑缓期执行案件，应当全面审查以下内容：

（一）被告人的年龄，被告人有无刑事责任能力、是否系怀孕的妇女；

（二）原判认定的事实是否清楚，证据是否确实、充分；

（三）犯罪情节、后果及危害程度；

（四）原判适用法律是否正确，是否必须判处死刑，是否必须立即执行；

（五）有无法定、酌定从重、从轻或者减轻处罚情节；

（六）诉讼程序是否合法；

（七）应当审查的其他情况。

第三百四十九条　高级人民法院复核死刑缓期执行案件，应当按照下列情形分别处理：

（一）原判认定事实和适用法律正确、量刑适当、诉讼程序合法的，应当裁定核准；

（二）原判认定的某一具体事实或者引用的法律条款等存在瑕疵，但判处被告人死刑缓期执行并无不当的，可以在纠正后作出核准的判决、裁定；

（三）原判认定事实正确，但适用法律有错误，或者量刑过重的，应当改判；

（四）原判事实不清、证据不足的，可以裁定不予核准，并撤销原判，发回重新审判，或者依法改判；

（五）复核期间出现新的影响定罪量刑的事实、证据的，可以裁定不予核准，并撤销原判，发回重新审判，或者依照本解释第二百二十条规定审理后依法改判；

（六）原审违反法定诉讼程序，可能影响公正审判的，应当裁定不予核准，并撤销原判，发回重新审判。

高级人民法院复核死刑缓期执行案件，不得加重被告人的刑罚。

第三百五十条　最高人民法院复核死刑案件，应当按照下列情形分别处理：

（一）原判认定事实和适用法律正确、量刑适当、诉讼程序合法的，应当裁定核准；

（二）原判认定的某一具体事实或者引用的法律条款等存在瑕疵，但判处被告人死刑并无不当的，可以在纠正后作出核准的判决、裁定；

（三）原判事实不清、证据不足的，应当裁定不予核准，并撤销原判，发回重新审判；

（四）复核期间出现新的影响定罪量刑的事实、证据的，应当裁定不予核准，并撤销原判，发回重新审判；

（五）原判认定事实正确，但依法不应当判处死刑的，应当裁定不予核准，并撤销原判，发回重新审判；

（六）原审违反法定诉讼程序，可能影响公正审判的，应当裁定不予核准，并撤销原判，发回重新审判。

第三百五十一条　对一人有两罪以上被判处死刑的数罪并罚案件，最高人民法院复核后，认为其中部分犯罪的死刑判决、裁定事实不清、证据不足的，应当对全案裁定不予核准，并撤销原判，发回重新审判；认为其中部分犯罪的死刑判决、裁定认定事实正确，但依法不应当判处死刑的，可以改判，并对其他应当判处死刑的犯罪作出核准死刑的判决。

第三百五十二条　对有两名以上被告人被判处死刑的案件，最高人民法院复核后，认为其中部分被告人的死刑判决、裁定事实不清、证据不足的，应当对全案裁定不予核准，并撤销原判，发回重新审判；认为其中部分被告人的死刑判决、裁定认定事实正确，但依法不应当判处死刑的，可以改判，并对其他应当判处死刑的被告人作出核准死刑的判决。

第三百五十三条　最高人民法院裁定不予核准死刑的，根据案件情况，可以发回第二审人民法院或者第一审人民法院重新审判。

第一审人民法院重新审判的，应当开庭审理。第二审人民法院重新审判的，可以直接改判；必须通过开庭查清事实、核实证据或者纠正原审程序违法的，应当开庭审理。

第三百五十四条　高级人民法院依照复核程序审理后报请最高人民法院核准死刑，最高人民法院裁定不予核准，发回高级人民法院重新审判的，高级人民法院可以依照第二审程序提审或者发回重新审判。

第三百五十五条　最高人民法院裁定不予核准死刑，发回重新审判的案件，原审人民法院应当另行组成合议庭审理，但本解释第三百五十条第四项、第五项规定的案件除外。

第三百五十六条　死刑复核期间，辩护律师要求当面反映意见的，最高人民法院有关合议庭应当在办公场所听取其意见，并制作笔录；辩护律师提出书面意见的，应当附卷。

第三百五十七条　死刑复核期间，最高人民检察院提出意见的，最高人民法院应当审查，并将采纳情况及理由反馈最高人民检察院。

第三百五十八条　最高人民法院应当根据有关规定向最高人民检察院通报死刑案件复核结果。

第十六章　查封、扣押、冻结财物及其处理

第三百五十九条　人民法院对查封、扣押、冻结的被告人财物及其孳息，应当妥善保管，并制作清单，附卷备查；对人民检察院随案移送的被告人财物及其孳息，应当根据清单核查后妥善保管。任何单位和个人不得挪用或者自行处理。

查封不动产、车辆、船舶、航空器等财物，应当扣押其权利证书，经拍照或者录像后原地封存，或者交持有人、被告人的近亲属保管，登记并写明财物的名称、型号、权属、地址等详细情况，并通知有关财物的登记、管理部门办理查封登记手续。

扣押物品，应当登记并写明物品名称、型号、规格、数量、重量、质量、成色、纯度、颜色、新旧程度、缺损特征和来源等。扣押货币、有价证券，应当登记并写明货币、有价证券的名称、数额、面额等，货币应当存入银行专门账户，并登记银行存款凭证的名称、内容。扣押文物、金银、珠宝、名贵字画等贵重物品以及违禁品，应当拍照，需要鉴定的，应当及时鉴定。对扣押的物品应当根据有关规定及时估价。

冻结存款、汇款、债券、股票、基金份额等财产，应当登记并写明编号、种类、面值、张数、金额等。

第三百六十条　对被害人的合法财产，权属明确的，应当依法及时返还，但须经拍照、鉴定、估价，并在案卷中注明返还的理由，将原物照片、清单和被害人的领取手续附卷备查；权属不明的，应当在人民法院判决、裁定生效后，按比例返还被害人，但已获退赔的部分应予扣除。

第三百六十一条　审判期间，权利人申请出卖被扣押、冻结的债券、股票、基金份额等财产，人民法院经审查，认为不损害国家利益、被害人利益，不影响诉讼正常进行的，以及扣押、冻结的汇票、本票、支票有效期即将届满的，可以在判决、裁定生效前依法出卖，所得价款由人民法院保管，并及时告知当事人或者其近亲属。

第三百六十二条　对作为证据使用的实物，包括作为物证的货币、有价证券等，应当随案移送。第一审判决、裁定宣告后，被告人上诉或者人民检察院抗诉的，第一审人民法院应当将上述证据移送第二审人民法院。

第三百六十三条　对不宜移送的实物，应当根据情况，分别审查以下内容：

（一）大宗的、不便搬运的物品，查封、扣押机关是否随案移送查封、扣押清单，并附原物照片和封存手续，注明存放地点等；

（二）易腐烂、霉变和不易保管的物品，查封、扣押机关变卖处理后，是否随案移送原物照片、清单、变价处理的凭证（复印件）等；

（三）枪支弹药、剧毒物品、易燃易爆物品以及其他违禁品、危险物品，查封、扣押机关根据有关规定处理后，是否随案移送原物照片和清单等。

上述不宜移送的实物，应当依法鉴定、估价的，还应当审查是否附有鉴定、估价意见。

对查封、扣押的货币、有价证券等未移送的，应当审查是否附有原物照片、清单或者其他证明文件。

第三百六十四条 法庭审理过程中，对查封、扣押、冻结的财物及其孳息，应当调查其权属情况，是否属于违法所得或者依法应当追缴的其他涉案财物。

案外人对查封、扣押、冻结的财物及其孳息提出权属异议的，人民法院应当审查并依法处理。

经审查，不能确认查封、扣押、冻结的财物及其孳息属于违法所得或者依法应当追缴的其他涉案财物的，不得没收。

第三百六十五条 对查封、扣押、冻结的财物及其孳息，应当在判决书中写明名称、金额、数量、存放地点及其处理方式等。涉案财物较多，不宜在判决主文中详细列明的，可以附清单。

涉案财物未随案移送的，应当在判决书中写明，并写明由查封、扣押、冻结机关负责处理。

第三百六十六条 查封、扣押、冻结的财物及其孳息，经审查，确属违法所得或者依法应当追缴的其他涉案财物的，应当判决返还被害人，或者没收上缴国库，但法律另有规定的除外。

判决返还被害人的涉案财物，应当通知被害人认领；无人认领的，应当公告通知；公告满三个月无人认领的，应当上缴国库；上缴国库后有人认领，经查证属实的，应当申请退库予以返还；原物已经拍卖、变卖的，应当返还价款。

对侵犯国有财产的案件，被害单位已经终止且没有权利义务继受人，或者损失已经被核销的，查封、扣押、冻结的财物及其孳息应当上缴国库。

第三百六十七条 随案移送的或者人民法院查封、扣押的财物及其孳息，由第一审人民法院在判决生效后负责处理。

涉案财物未随案移送的，人民法院应当在判决生效后十日内，将判决书、裁定书送达查封、扣押机关，并告知其在一个月内将执行回单送回。

第三百六十八条 对冻结的存款、汇款、债券、股票、基金份额等财产判决没收的，第一审人民法院应当在判决生效后，将判决书、裁定书送达相关金融机构和财政部门，通知相关金融机构依法上缴国库并在接到执行通知书后十五日内，将上缴国库的凭证、执行回单送回。

第三百六十九条 查封、扣押、冻结的财物与本案无关但已列入清单的，应当由查封、扣押、冻结机关依法处理。

查封、扣押、冻结的财物属于被告人合法所有的，应当在赔偿被害人损失、执行财产刑后及时返还被告人；财物未随案移送的，应当通知查封、扣押、冻结机关将赔偿被害人损失、执行财产刑的部分移送人民法院。

第三百七十条　查封、扣押、冻结财物及其处理，本解释没有规定的，参照适用法律、其他司法解释的有关规定。

第十七章　审判监督程序

第三百七十一条　当事人及其法定代理人、近亲属对已经发生法律效力的判决、裁定提出申诉的，人民法院应当审查处理。

案外人认为已经发生法律效力的判决、裁定侵害其合法权益，提出申诉的，人民法院应当审查处理。

申诉可以委托律师代为进行。

第三百七十二条　向人民法院申诉，应当提交以下材料：

（一）申诉状。应当写明当事人的基本情况、联系方式以及申诉的事实与理由；

（二）原一、二审判决书、裁定书等法律文书。经过人民法院复查或者再审的，应当附有驳回通知书、再审决定书、再审判决书、裁定书；

（三）其他相关材料。以有新的证据证明原判决、裁定认定的事实确有错误为由申诉的，应当同时附有相关证据材料；申请人民法院调查取证的，应当附有相关线索或者材料。

申诉不符合前款规定的，人民法院应当告知申诉人补充材料；申诉人对必要材料拒绝补充且无正当理由的，不予审查。

第三百七十三条　申诉由终审人民法院审查处理。但是，第二审人民法院裁定准许撤回上诉的案件，申诉人对第一审判决提出申诉的，可以由第一审人民法院审查处理。

上一级人民法院对未经终审人民法院审查处理的申诉，可以告知申诉人向终审人民法院提出申诉，或者直接交终审人民法院审查处理，并告知申诉人；案件疑难、复杂、重大的，也可以直接审查处理。

对未经终审人民法院及其上一级人民法院审查处理，直接向上级人民法院申诉的，上级人民法院可以告知申诉人向下级人民法院提出。

第三百七十四条　对死刑案件的申诉，可以由原核准的人民法院直接审查处理，也可以交由原审人民法院审查。原审人民法院应当写出审查报告，提出处理意见，层报原核准的人民法院审查处理。

第三百七十五条　对立案审查的申诉案件，应当在三个月内作出决定，至迟不得超过六个月。

经审查，具有下列情形之一的，应当根据刑事诉讼法第二百四十二条的规定，决定重新审判：

（一）有新的证据证明原判决、裁定认定的事实确有错误，可能影响定罪量刑的；

（二）据以定罪量刑的证据不确实、不充分、依法应当排除的；

（三）证明案件事实的主要证据之间存在矛盾的；

（四）主要事实依据被依法变更或者撤销的；

（五）认定罪名错误的；

（六）量刑明显不当的；

（七）违反法律关于溯及力规定的；

（八）违反法律规定的诉讼程序，可能影响公正裁判的；

（九）审判人员在审理该案件时有贪污受贿、徇私舞弊、枉法裁判行为的。

申诉不具有上述情形的，应当说服申诉人撤回申诉；对仍然坚持申诉的，应当书面通知驳回。

第三百七十六条 具有下列情形之一，可能改变原判决、裁定据以定罪量刑的事实的证据，应当认定为刑事诉讼法第二百四十二条第一项规定的"新的证据"：

（一）原判决、裁定生效后新发现的证据；

（二）原判决、裁定生效前已经发现，但未予收集的证据；

（三）原判决、裁定生效前已经收集，但未经质证的证据；

（四）原判决、裁定所依据的鉴定意见，勘验、检查等笔录或者其他证据被改变或者否定的。

第三百七十七条 申诉人对驳回申诉不服的，可以向上一级人民法院申诉。上一级人民法院经审查认为申诉不符合刑事诉讼法第二百四十二条和本解释第三百七十五条第二款规定的，应当说服申诉人撤回申诉；对仍然坚持申诉的，应当驳回或者通知不予重新审判。

第三百七十八条 各级人民法院院长发现本院已经发生法律效力的判决、裁定确有错误的，应当提交审判委员会讨论决定是否再审。

第三百七十九条 上级人民法院发现下级人民法院已经发生法律效力的判决、裁定确有错误的，可以指令下级人民法院再审；原判决、裁定认定事实正确但适用法律错误，或者案件疑难、复杂、重大，或者有不宜由原审人民法院审理情形的，也可以提审。

上级人民法院指令下级人民法院再审的，一般应当指令原审人民法院以外的下级人民法院审理；由原审人民法院审理更有利于查明案件事实、纠正裁判错误的，可以指令原审人民法院审理。

第三百八十条 对人民检察院依照审判监督程序提出抗诉的案件，人民法院应当在收到抗诉书后一个月内立案。但是，有下列情形之一的，应当区别情况予以处理：

（一）对不属于本院管辖的，应当将案件退回人民检察院；

（二）按照抗诉书提供的住址无法向被抗诉的原审被告人送达抗诉书的，应当通知人民检察院在三日内重新提供原审被告人的住址；逾期未提供的，将案件退回人民检察院；

（三）以有新的证据为由提出抗诉，但未附相关证据材料或者有关证据不是指向原起诉事实的，应当通知人民检察院在三日内补送相关材料；逾期未补送的，将案件退回人民检察院。

决定退回的抗诉案件，人民检察院经补充相关材料后再次抗诉，经审查符合受理条件的，人民法院应当受理。

第三百八十一条 对人民检察院依照审判监督程序提出抗诉的案件，接受抗诉的人民法院应当组成合议庭审理。对原判事实不清、证据不足，包括有新的证据证明原判可能有错误，需要指令下级人民法院再审的，应当在立案之日起一个月内作出决定，并将指令再审决定书送达抗诉的人民检察院。

第三百八十二条 对决定依照审判监督程序重新审判的案件，除人民检察院抗诉的以外，人民法院应当制作再审决定书。再审期间不停止原判决、裁定的执行，但被告人可能经再审改判无罪，或者可能经再审减轻原判刑罚而致刑期届满的，可以决定中止原判决、裁定的执行，必要时，可以对被告人采取取保候审、监视居住措施。

第三百八十三条　依照审判监督程序重新审判的案件，人民法院应当重点针对申诉、抗诉和决定再审的理由进行审理。必要时，应当对原判决、裁定认定的事实、证据和适用法律进行全面审查。

第三百八十四条　原审人民法院审理依照审判监督程序重新审判的案件，应当另行组成合议庭。

原来是第一审案件，应当依照第一审程序进行审判，所作的判决、裁定可以上诉、抗诉；原来是第二审案件，或者是上级人民法院提审的案件，应当依照第二审程序进行审判，所作的判决、裁定是终审的判决、裁定。

对原审被告人、原审自诉人已经死亡或者丧失行为能力的再审案件，可以不开庭审理。

第三百八十五条　开庭审理的再审案件，再审决定书或者抗诉书只针对部分原审被告人，其他同案原审被告人不出庭不影响审理的，可以不出庭参加诉讼。

第三百八十六条　除人民检察院抗诉的以外，再审一般不得加重原审被告人的刑罚。再审决定书或者抗诉书只针对部分原审被告人的，不得加重其他同案原审被告人的刑罚。

第三百八十七条　人民法院审理人民检察院抗诉的再审案件，人民检察院在开庭审理前撤回抗诉的，应当裁定准许；人民检察院接到出庭通知后不派员出庭，且未说明原因的，可以裁定按撤回抗诉处理，并通知诉讼参与人。

人民法院审理申诉人申诉的再审案件，申诉人在再审期间撤回申诉的，应当裁定准许；申诉人经依法通知无正当理由拒不到庭，或者未经法庭许可中途退庭的，应当裁定按撤回申诉处理，但申诉人不是原审当事人的除外。

第三百八十八条　开庭审理的再审案件，系人民法院决定再审的，由合议庭组成人员宣读再审决定书；系人民检察院抗诉的，由检察人员宣读抗诉书；系申诉人申诉的，由申诉人或者其辩护人、诉讼代理人陈述申诉理由。

第三百八十九条　再审案件经过重新审理后，应当按照下列情形分别处理：

（一）原判决、裁定认定事实和适用法律正确、量刑适当的，应当裁定驳回申诉或者抗诉，维持原判决、裁定；

（二）原判决、裁定定罪准确、量刑适当，但在认定事实、适用法律等方面有瑕疵的，应当裁定纠正并维持原判决、裁定；

（三）原判决、裁定认定事实没有错误，但适用法律错误，或者量刑不当的，应当撤销原判决、裁定，依法改判；

（四）依照第二审程序审理的案件，原判决、裁定事实不清或者证据不足的，可以在查清事实后改判，也可以裁定撤销原判，发回原审人民法院重新审判。

原判决、裁定事实不清或者证据不足，经审理事实已经查清的，应当根据查清的事实依法裁判；事实仍无法查清，证据不足，不能认定被告人有罪的，应当撤销原判决、裁定，判决宣告被告人无罪。

第三百九十条　原判决、裁定认定被告人姓名等身份信息有误，但认定事实和适用法律正确、量刑适当的，作出生效判决、裁定的人民法院可以通过裁定对有关信息予以更正。

第三百九十一条　对再审改判宣告无罪并依法享有申请国家赔偿权利的当事人，人民法院宣判时，应当告知其在判决发生法律效力后可以依法申请国家赔偿。

第十八章　涉外刑事案件的审理和司法协助

第三百九十二条　本解释所称的涉外刑事案件是指：

（一）在中华人民共和国领域内，外国人犯罪的或者我国公民侵犯外国人合法权利的刑事案件；

（二）符合刑法第七条、第十条规定情形的我国公民在中华人民共和国领域外犯罪的案件；

（三）符合刑法第八条、第十条规定情形的外国人对中华人民共和国国家或者公民犯罪的案件；

（四）符合刑法第九条规定情形的中华人民共和国在所承担国际条约义务范围内行使管辖权的案件。

第三百九十三条　第一审涉外刑事案件，除刑事诉讼法第二十条至第二十二条规定的以外，由基层人民法院管辖。必要时，中级人民法院可以指定辖区内若干基层人民法院集中管辖第一审涉外刑事案件，也可以依照刑事诉讼法第二十三条的规定，审理基层人民法院管辖的第一审涉外刑事案件。

第三百九十四条　外国人的国籍，根据其入境时的有效证件确认；国籍不明的，根据公安机关或者有关国家驻华使、领馆出具的证明确认。

国籍无法查明的，以无国籍人对待，适用本章有关规定，在裁判文书中写明"国籍不明"。

第三百九十五条　在刑事诉讼中，外国籍当事人享有我国法律规定的诉讼权利并承担相应义务。

第三百九十六条　涉外刑事案件审判期间，人民法院应当将下列事项及时通报同级人民政府外事主管部门，并通知有关国家驻华使、领馆：

（一）人民法院决定对外国籍被告人采取强制措施的情况，包括外国籍当事人的姓名（包括译名）、性别、入境时间、护照或者证件号码、采取的强制措施及法律依据、羁押地点等；

（二）开庭的时间、地点、是否公开审理等事项；

（三）宣判的时间、地点。

涉外刑事案件宣判后，应当及时将处理结果通报同级人民政府外事主管部门。

对外国籍被告人执行死刑的，死刑裁决下达后执行前，应当通知其国籍国驻华使、领馆。

外国籍被告人在案件审理中死亡的，应当及时通报同级人民政府外事主管部门，并通知有关国家驻华使、领馆。

第三百九十七条　需要向有关国家驻华使、领馆通知有关事项的，应当层报高级人民法院，由高级人民法院按照下列规定通知：

（一）外国籍当事人国籍国与我国签订有双边领事条约的，根据条约规定办理；未与我国签订双边领事条约，但参加《维也纳领事关系公约》的，根据公约规定办理；未与我国签订领事条约，也未参加《维也纳领事关系公约》，但与我国有外交关系的，可以根据外事主管部门的意见，按照互惠原则，根据有关规定和国际惯例办理；

（二）在外国驻华领馆领区内发生的涉外刑事案件，通知有关外国驻该地区的领馆；在外国领馆领区外发生的涉外刑事案件，通知有关外国驻华使馆；与我国有外交关系，但未设使、领馆的国家，可以通知其代管国家驻华使、领馆；无代管国家或者代管国家不明的，可以不通知；

（三）双边领事条约规定通知时限的，应当在规定的期限内通知；无双边领事条约规定的，应当根据或者参照《维也纳领事关系公约》和国际惯例尽快通知，至迟不得超过七日；

（四）双边领事条约没有规定必须通知，外国籍当事人要求不通知其国籍国驻华使、领馆的，可以不通知，但应当由其本人出具书面声明。

高级人民法院向外国驻华使、领馆通知有关事项，必要时，可以请人民政府外事主管部门协助。

第三百九十八条　人民法院受理涉外刑事案件后，应当告知在押的外国籍被告人享有与其国籍国驻华使、领馆联系，与其监护人、近亲属会见、通信，以及请求人民法院提供翻译的权利。

第三百九十九条　涉外刑事案件审判期间，外国籍被告人在押，其国籍国驻华使、领馆官员要求探视的，可以向受理案件的人民法院所在地的高级人民法院提出。人民法院应当根据我国与被告人国籍国签订的双边领事条约规定的时限予以安排；没有条约规定的，应当尽快安排。必要时，可以请人民政府外事主管部门协助。

涉外刑事案件审判期间，外国籍被告人在押，其监护人、近亲属申请会见的，可以向受理案件的人民法院所在地的高级人民法院提出，并依照本解释第四百零三条的规定提供与被告人关系的证明。人民法院经审查认为不妨碍案件审判的，可以批准。

被告人拒绝接受探视、会见的，可以不予安排，但应当由其本人出具书面声明。

探视、会见被告人应当遵守我国法律规定。

第四百条　人民法院审理涉外刑事案件，应当公开进行，但依法不应公开审理的除外。

公开审理的涉外刑事案件，外国籍当事人国籍国驻华使、领馆官员要求旁听的，可以向受理案件的人民法院所在地的高级人民法院提出申请，人民法院应当安排。

第四百零一条　人民法院审判涉外刑事案件，使用中华人民共和国通用的语言、文字，应当为外国籍当事人提供翻译。

人民法院的诉讼文书为中文本。外国籍当事人不通晓中文的，应当附有外文译本，译本不加盖人民法院印章，以中文本为准。

外国籍当事人通晓中国语言、文字，拒绝他人翻译，或者不需要诉讼文书外文译本的，应当由其本人出具书面声明。

第四百零二条　外国籍被告人委托律师辩护，或者外国籍附带民事诉讼原告人、自诉人委托律师代理诉讼的，应当委托具有中华人民共和国律师资格并依法取得执业证书的律师。

外国籍被告人在押的，其监护人、近亲属或者其国籍国驻华使、领馆可以代为委托辩护人。其监护人、近亲属代为委托的，应当提供与被告人关系的有效证明。

外国籍当事人委托其监护人、近亲属担任辩护人、诉讼代理人的，被委托人应当提供与当事人关系的有效证明。经审查，符合刑事诉讼法、有关司法解释规定的，人民法院应当准许。

外国籍被告人没有委托辩护人的，人民法院可以通知法律援助机构为其指派律师提供辩护。被告人拒绝辩护人辩护的，应当由其出具书面声明，或者将其口头声明记录在案。被告人属于应当提供法律援助情形的，依照本解释第四十五条规定处理。

第四百零三条 外国籍当事人从中华人民共和国领域外寄交或者托交给中国律师或者中国公民的委托书，以及外国籍当事人的监护人、近亲属提供的与当事人关系的证明，必须经所在国公证机关证明，所在国中央外交主管机关或者其授权机关认证，并经我国驻该国使、领馆认证，但我国与该国之间有互免认证协定的除外。

第四百零四条 对涉外刑事案件的被告人，可以决定限制出境；对开庭审理案件时必须到庭的证人，可以要求暂缓出境。作出限制出境的决定，应当通报同级公安机关或者国家安全机关；限制外国人出境的，应当同时通报同级人民政府外事主管部门和当事人国籍国驻华使、领馆。

人民法院决定限制外国人和中国公民出境的，应当书面通知被限制出境的人在案件审理终结前不得离境，并可以采取扣留护照或者其他出入境证件的办法限制其出境；扣留证件的，应当履行必要手续，并发给本人扣留证件的证明。

对需要在边防检查站阻止外国人和中国公民出境的，受理案件的人民法院应当层报高级人民法院，由高级人民法院填写口岸阻止人员出境通知书，向同级公安机关办理交控手续。控制口岸不在本省、自治区、直辖市的，应当通过有关省、自治区、直辖市公安机关办理交控手续。紧急情况下，确有必要的，也可以先向边防检查站交控，再补办交控手续。

第四百零五条 对来自境外的证据材料，人民法院应当对材料来源、提供人、提供时间以及提取人、提取时间等进行审查。经审查，能够证明案件事实且符合刑事诉讼法规定的，可以作为证据使用，但提供人或者我国与有关国家签订的双边条约对材料的使用范围有明确限制的除外；材料来源不明或者其真实性无法确认的，不得作为定案的根据。

当事人及其辩护人、诉讼代理人提供来自境外的证据材料，该证据材料应当经所在国公证机关证明，所在国中央外交主管机关或者其授权机关认证，并经我国驻该国使、领馆认证。

第四百零六条 涉外刑事案件，符合刑事诉讼法第二百零二条第一款、第二百三十二条规定的，经有关人民法院批准或者决定，可以延长审理期限。

第四百零七条 涉外刑事案件宣判后，外国籍当事人国籍国驻华使、领馆要求提供裁判文书的，可以向受理案件的人民法院所在地的高级人民法院提出，人民法院可以提供。

第四百零八条 根据中华人民共和国缔结或者参加的国际条约，或者按照互惠原则，人民法院和外国法院可以相互请求刑事司法协助。

外国法院请求的事项有损中华人民共和国的主权、安全、社会公共利益的，人民法院不予协助。

第四百零九条 请求和提供司法协助，应当依照中华人民共和国缔结或者参加的国际条约规定的途径进行；没有条约关系的，通过外交途径进行。

第四百一十条 人民法院请求外国提供司法协助的，应当经高级人民法院审查后报最高人民法院审核同意。

外国法院请求我国提供司法协助，属于人民法院职权范围的，经最高人民法院审核同意后转有关人民法院办理。

第四百一十一条 人民法院请求外国提供司法协助的请求书及其所附文件，应当附有该国文字译本或者国际条约规定的其他文字文本。

外国法院请求我国提供司法协助的请求书及其所附文件，应当附有中文译本或者国际条约规定的其他文字文本。

第四百一十二条　人民法院向在中华人民共和国领域外居住的当事人送达刑事诉讼文书，可以采用下列方式：

（一）根据受送达人所在国与中华人民共和国缔结或者共同参加的国际条约规定的方式送达；

（二）通过外交途径送达；

（三）对中国籍当事人，可以委托我国驻受送达人所在国的使、领馆代为送达；

（四）当事人是自诉案件的自诉人或者附带民事诉讼原告人的，可以向有权代其接受送达的诉讼代理人送达；

（五）当事人是外国单位的，可以向其在中华人民共和国领域内设立的代表机构或者有权接受送达的分支机构、业务代办人送达；

（六）受送达人所在国法律允许的，可以邮寄送达；自邮寄之日起满三个月，送达回证未退回，但根据各种情况足以认定已经送达的，视为送达；

（七）受送达人所在国法律允许的，可以采用传真、电子邮件等能够确认受送达人收悉的方式送达。

第四百一十三条　人民法院通过外交途径向在中华人民共和国领域外居住的受送达人送达刑事诉讼文书的，所送达的文书应当经高级人民法院审查后报最高人民法院审核。最高人民法院认为可以发出的，由最高人民法院交外交部主管部门转递。

外国法院通过外交途径请求人民法院送达刑事诉讼文书的，由该国驻华使馆将法律文书交我国外交部主管部门转最高人民法院。最高人民法院审核后认为属于人民法院职权范围，且可以代为送达的，应当转有关人民法院办理。

第四百一十四条　涉外刑事案件审理过程中的其他事宜，依照法律、司法解释和其他有关规定办理。

第十九章　执行程序

第一节　死刑的执行

第四百一十五条　被判处死刑缓期执行的罪犯，在死刑缓期执行期间故意犯罪的，应当由罪犯服刑地的中级人民法院依法审判，所作的判决可以上诉、抗诉。

认定构成故意犯罪的判决、裁定发生法律效力后，应当层报最高人民法院核准执行死刑。

第四百一十六条　死刑缓期执行的期间，从判决或者裁定核准死刑缓期执行的法律文书宣告或者送达之日起计算。

死刑缓期执行期满，依法应当减刑的，人民法院应当及时减刑。死刑缓期执行期满减为无期徒刑、有期徒刑的，刑期自死刑缓期执行期满之日起计算。

第四百一十七条　最高人民法院的执行死刑命令，由高级人民法院交付第一审人民法院执行。第一审人民法院接到执行死刑命令后，应当在七日内执行。

在死刑缓期执行期间故意犯罪，最高人民法院核准执行死刑的，由罪犯服刑地的中级人民法院执行。

第四百一十八条 第一审人民法院在接到执行死刑命令后、执行前，发现有下列情形之一的，应当暂停执行，并立即将请求停止执行死刑的报告和相关材料层报最高人民法院：

（一）罪犯可能有其他犯罪的；

（二）共同犯罪的其他犯罪嫌疑人到案，可能影响罪犯量刑的；

（三）共同犯罪的其他罪犯被暂停或者停止执行死刑，可能影响罪犯量刑的；

（四）罪犯揭发重大犯罪事实或者有其他重大立功表现，可能需要改判的；

（五）罪犯怀孕的；

（六）判决、裁定可能有影响定罪量刑的其他错误的。

最高人民法院经审查，认为可能影响罪犯定罪量刑的，应当裁定停止执行死刑；认为不影响的，应当决定继续执行死刑。

第四百一十九条 最高人民法院在执行死刑命令签发后、执行前，发现有前条第一款规定情形的，应当立即裁定停止执行死刑，并将有关材料移交下级人民法院。

第四百二十条 下级人民法院接到最高人民法院停止执行死刑的裁定后，应当会同有关部门调查核实停止执行死刑的事由，并及时将调查结果和意见层报最高人民法院审核。

第四百二十一条 对下级人民法院报送的停止执行死刑的调查结果和意见，由最高人民法院原作出核准死刑判决、裁定的合议庭负责审查，必要时，另行组成合议庭进行审查。

第四百二十二条 最高人民法院对停止执行死刑的案件，应当按照下列情形分别处理：

（一）确认罪犯怀孕的，应当改判；

（二）确认罪犯有其他犯罪，依法应当追诉的，应当裁定不予核准死刑，撤销原判，发回重新审判；

（三）确认原判决、裁定有错误或者罪犯有重大立功表现，需要改判的，应当裁定不予核准死刑，撤销原判，发回重新审判；

（四）确认原判决、裁定没有错误，罪犯没有重大立功表现，或者重大立功表现不影响原判决、裁定执行的，应当裁定继续执行死刑，并由院长重新签发执行死刑的命令。

第四百二十三条 第一审人民法院在执行死刑前，应当告知罪犯有权会见其近亲属。罪犯申请会见并提供具体联系方式的，人民法院应当通知其近亲属。罪犯近亲属申请会见的，人民法院应当准许，并及时安排会见。

第四百二十四条 第一审人民法院在执行死刑三日前，应当通知同级人民检察院派员临场监督。

第四百二十五条 死刑采用枪决或者注射等方法执行。

采用注射方法执行死刑的，应当在指定的刑场或者羁押场所内执行。

采用枪决、注射以外的其他方法执行死刑的，应当事先层报最高人民法院批准。

第四百二十六条 执行死刑前，指挥执行的审判人员对罪犯应当验明正身，讯问有无遗言、信札，并制作笔录，再交执行人员执行死刑。

执行死刑应当公布，禁止游街示众或者其他有辱罪犯人格的行为。

第四百二十七条 执行死刑后，应当由法医验明罪犯确实死亡，在场书记员制作笔录。负责执行的人民法院应当在执行死刑后十五日内将执行情况，包括罪犯被执行死刑前后的照片，上报最高人民法院。

第四百二十八条　执行死刑后，负责执行的人民法院应当办理以下事项：

（一）对罪犯的遗书、遗言笔录，应当及时审查；涉及财产继承、债务清偿、家事嘱托等内容的，将遗书、遗言笔录交给家属，同时复制附卷备查；涉及案件线索等问题的，抄送有关机关；

（二）通知罪犯家属在限期内领取罪犯骨灰；没有火化条件或者因民族、宗教等原因不宜火化的，通知领取尸体；过期不领取的，由人民法院通知有关单位处理，并要求有关单位出具处理情况的说明；对罪犯骨灰或者尸体的处理情况，应当记录在案；

（三）对外国籍罪犯执行死刑后，通知外国驻华使、领馆的程序和时限，根据有关规定办理。

第二节　死刑缓期执行、无期徒刑、有期徒刑、拘役的交付执行

第四百二十九条　被判处死刑缓期执行、无期徒刑、有期徒刑、拘役的罪犯，交付执行时在押的，第一审人民法院应当在判决、裁定生效后十日内，将判决书、裁定书、起诉书副本、自诉状复印件、执行通知书、结案登记表送达看守所，由公安机关将罪犯交付执行。

罪犯需要收押执行刑罚，而判决、裁定生效前未被羁押的，人民法院应当根据生效的判决书、裁定书将罪犯送交看守所羁押，并依照前款的规定办理执行手续。

第四百三十条　同案审理的案件中，部分被告人被判处死刑，对未被判处死刑的同案被告人需要羁押执行刑罚的，应当在其判决、裁定生效后十日内交付执行。但是，该同案被告人参与实施有关死刑之罪的，应当在最高人民法院复核讯问被判处死刑的被告人后交付执行。

第四百三十一条　执行通知书回执经看守所盖章后，应当附卷备查。

第四百三十二条　被判处无期徒刑、有期徒刑或者拘役的罪犯，符合刑事诉讼法第二百五十四条第一款、第二款的规定，人民法院决定暂予监外执行的，应当制作暂予监外执行决定书，写明罪犯基本情况、判决确定的罪名和刑罚、决定暂予监外执行的原因、依据等，通知罪犯居住地的县级司法行政机关派员办理交接手续，并将暂予监外执行决定书抄送罪犯居住地的县级人民检察院和公安机关。

人民检察院认为人民法院的暂予监外执行决定不当，在法定期限内提出书面意见的，人民法院应当立即对该决定重新核查，并在一个月内作出决定。

第四百三十三条　暂予监外执行的罪犯具有下列情形之一的，原作出暂予监外执行决定的人民法院，应当在收到执行机关的收监执行建议书后十五日内，作出收监执行的决定：

（一）不符合暂予监外执行条件的；

（二）未经批准离开所居住的市、县，经警告拒不改正，或者拒不报告行踪，脱离监管的；

（三）因违反监督管理规定受到治安管理处罚，仍不改正的；

（四）受到执行机关两次警告，仍不改正的；

（五）保外就医期间不按规定提交病情复查情况，经警告拒不改正的；

（六）暂予监外执行的情形消失后，刑期未满的；

（七）保证人丧失保证条件或者因不履行义务被取消保证人资格，不能在规定期限内提出新的保证人的；

（八）违反法律、行政法规和监督管理规定，情节严重的其他情形。

人民法院收监执行决定书，一经作出，立即生效。

第四百三十四条 人民法院应当将收监执行决定书送交罪犯居住地的县级司法行政机关，由其根据有关规定将罪犯交付执行。收监执行决定书应当同时抄送罪犯居住地的同级人民检察院和公安机关。

第四百三十五条 被收监执行的罪犯有不计入执行刑期情形的，人民法院应当在作出收监决定时，确定不计入执行刑期的具体时间。

第三节　管制、缓刑、剥夺政治权利的交付执行

第四百三十六条 对被判处管制、宣告缓刑的罪犯，人民法院应当核实其居住地。宣判时，应当书面告知罪犯到居住地县级司法行政机关报到的期限和不按期报到的后果。判决、裁定生效后十日内，应当将判决书、裁定书、执行通知书等法律文书送达罪犯居住地的县级司法行政机关，同时抄送罪犯居住地的县级人民检察院。

第四百三十七条 对单处剥夺政治权利的罪犯，人民法院应当在判决、裁定生效后十日内，将判决书、裁定书、执行通知书等法律文书送达罪犯居住地的县级公安机关，并抄送罪犯居住地的县级人民检察院。

第四节　财产刑和附带民事裁判的执行

第四百三十八条 财产刑和附带民事裁判由第一审人民法院负责裁判执行的机构执行。

第四百三十九条 罚金在判决规定的期限内一次或者分期缴纳。期满无故不缴纳或者未足额缴纳的，人民法院应当强制缴纳。经强制缴纳仍不能全部缴纳的，在任何时候，包括主刑执行完毕后，发现被执行人有可供执行的财产的，应当追缴。

行政机关对被告人就同一事实已经处以罚款的，人民法院判处罚金时应当折抵，扣除行政处罚已执行的部分。

判处没收财产的，判决生效后，应当立即执行。

第四百四十条 执行财产刑和附带民事裁判过程中，案外人对被执行财产提出权属异议的，人民法院应当参照民事诉讼有关执行异议的规定进行审查并作出处理。

第四百四十一条 被判处财产刑，同时又承担附带民事赔偿责任的被执行人，应当先履行民事赔偿责任。

判处财产刑之前被执行人所负正当债务，需要以被执行的财产偿还的，经债权人请求，应当偿还。

第四百四十二条 被执行人或者被执行财产在外地的，可以委托当地人民法院执行。

受托法院在执行财产刑后，应当及时将执行的财产上缴国库。

第四百四十三条 执行财产刑过程中，具有下列情形之一的，人民法院应当裁定中止执行：

（一）执行标的物系人民法院或者仲裁机构正在审理案件的争议标的物，需等待该案件审理完毕确定权属的；

（二）案外人对执行标的物提出异议的；

（三）应当中止执行的其他情形。

中止执行的原因消除后，应当恢复执行。

第四百四十四条 执行财产刑过程中，具有下列情形之一的，人民法院应当裁定终结执行：

（一）据以执行的判决、裁定被撤销的；

（二）被执行人死亡或者被执行死刑，且无财产可供执行的；

（三）被判处罚金的单位终止，且无财产可供执行的；

（四）依照刑法第五十三条规定免除罚金的；

（五）应当终结执行的其他情形。

裁定终结执行后，发现被执行人的财产有被隐匿、转移等情形的，应当追缴。

第四百四十五条　财产刑全部或者部分被撤销的，已经执行的财产应当全部或者部分返还被执行人；无法返还的，应当依法赔偿。

第四百四十六条　因遭遇不能抗拒的灾祸缴纳罚金确有困难，被执行人申请减少或者免除罚金的，应当提交相关证明材料。人民法院应当在收到申请后一个月内作出裁定。符合法定减免条件的，应当准许；不符合条件的，驳回申请。

第四百四十七条　财产刑和附带民事裁判的执行，本解释没有规定的，参照适用民事执行的有关规定。

第五节　减刑、假释案件的审理

第四百四十八条　被判处死刑缓期执行的罪犯，在死刑缓期执行期间，没有故意犯罪的，死刑缓期执行期满后，应当裁定减刑；死刑缓期执行期满后，尚未裁定减刑前又犯罪的，应当依法减刑后对其所犯新罪另行审判。

第四百四十九条　对减刑、假释案件，应当按照下列情形分别处理：

（一）对被判处死刑缓期执行的罪犯的减刑，由罪犯服刑地的高级人民法院根据同级监狱管理机关审核同意的减刑建议书裁定；

（二）对被判处无期徒刑的罪犯的减刑、假释，由罪犯服刑地的高级人民法院，在收到同级监狱管理机关审核同意的减刑、假释建议书后一个月内作出裁定，案情复杂或者情况特殊的，可以延长一个月；

（三）对被判处有期徒刑和被减为有期徒刑的罪犯的减刑、假释，由罪犯服刑地的中级人民法院，在收到执行机关提出的减刑、假释建议书后一个月内作出裁定，案情复杂或者情况特殊的，可以延长一个月；

（四）对被判处拘役、管制的罪犯的减刑，由罪犯服刑地中级人民法院，在收到同级执行机关审核同意的减刑、假释建议书后一个月内作出裁定。

对暂予监外执行罪犯的减刑，应当根据情况，分别适用前款的有关规定。

第四百五十条　受理减刑、假释案件，应当审查执行机关移送的材料是否包括下列内容：

（一）减刑、假释建议书；

（二）终审法院的裁判文书、执行通知书、历次减刑裁定书的复制件；

（三）证明罪犯确有悔改、立功或者重大立功表现具体事实的书面材料；

（四）罪犯评审鉴定表、奖惩审批表等；

（五）罪犯假释后对所居住社区影响的调查评估报告；

（六）根据案件情况需要移送的其他材料。

经审查，材料不全的，应当通知提请减刑、假释的执行机关补送。

第四百五十一条　审理减刑、假释案件，应当审查财产刑和附带民事裁判的执行情况，以及罪犯退赃、退赔情况。罪犯积极履行判决确定的义务的，可以认定有悔改表现，在减刑、假释时从宽掌握；确有履行能力而不履行的，在减刑、假释时从严掌握。

第四百五十二条 审理减刑、假释案件，应当对以下内容予以公示：

（一）罪犯的姓名、年龄等个人基本情况；

（二）原判认定的罪名和刑期；

（三）罪犯历次减刑情况；

（四）执行机关的减刑、假释建议和依据。

公示应当写明公示期限和提出意见的方式。公示地点为罪犯服刑场所的公共区域；有条件的地方，可以面向社会公示。

第四百五十三条 审理减刑、假释案件，应当组成合议庭，可以采用书面审理的方式，但下列案件应当开庭审理：

（一）因罪犯有重大立功表现提请减刑的；

（二）提请减刑的起始时间、间隔时间或者减刑幅度不符合一般规定的；

（三）社会影响重大或者社会关注度高的；

（四）公示期间收到投诉意见的；

（五）人民检察院有异议的；

（六）有必要开庭审理的其他案件。

第四百五十四条 人民法院作出减刑、假释裁定后，应当在七日内送达提请减刑、假释的执行机关、同级人民检察院以及罪犯本人。人民检察院认为减刑、假释裁定不当，在法定期限内提出书面纠正意见的，人民法院应当在收到意见后另行组成合议庭审理，并在一个月内作出裁定。

第四百五十五条 减刑、假释裁定作出前，执行机关书面提请撤回减刑、假释建议的，是否准许，由人民法院决定。

第四百五十六条 人民法院发现本院已经生效的减刑、假释裁定确有错误的，应当另行组成合议庭审理；发现下级人民法院已经生效的减刑、假释裁定确有错误的，可以指令下级人民法院另行组成合议庭审理。

第六节 缓刑、假释的撤销

第四百五十七条 罪犯在缓刑、假释考验期限内犯新罪或者被发现在判决宣告前还有其他罪没有判决，应当撤销缓刑、假释的，由审判新罪的人民法院撤销原判决、裁定宣告的缓刑、假释，并书面通知原审人民法院和执行机关。

第四百五十八条 罪犯在缓刑、假释考验期限内，有下列情形之一的，原作出缓刑、假释判决、裁定的人民法院应当在收到执行机关的撤销缓刑、假释建议书后一个月内，作出撤销缓刑、假释的裁定：

（一）违反禁止令，情节严重的；

（二）无正当理由不按规定时间报到或者接受社区矫正期间脱离监管，超过一个月的；

（三）因违反监督管理规定受到治安管理处罚，仍不改正的；

（四）受到执行机关三次警告仍不改正的；

（五）违反有关法律、行政法规和监督管理规定，情节严重的其他情形。

人民法院撤销缓刑、假释的裁定，一经作出，立即生效。

人民法院应当将撤销缓刑、假释裁定书送交罪犯居住地的县级司法行政机关，由其根据有关规定将罪犯交付执行。撤销缓刑、假释裁定书应当同时抄送罪犯居住地的同级人民检察院和公安机关。

第二十章　未成年人刑事案件诉讼程序

第一节　一般规定

第四百五十九条　人民法院审理未成年人刑事案件，应当贯彻教育、感化、挽救的方针，坚持教育为主、惩罚为辅的原则，加强对未成年人的特殊保护。

第四百六十条　人民法院应当加强同政府有关部门以及共青团、妇联、工会、未成年人保护组织等团体的联系，推动未成年人刑事案件人民陪审、情况调查、安置帮教等工作的开展，充分保障未成年人的合法权益，积极参与社会管理综合治理。

第四百六十一条　审理未成年人刑事案件，应当由熟悉未成年人身心特点、善于做未成年人思想教育工作的审判人员进行，并应当保持有关审判人员工作的相对稳定性。

未成年人刑事案件的人民陪审员，一般由熟悉未成年人身心特点，热心教育、感化、挽救失足未成年人工作，并经过必要培训的共青团、妇联、工会、学校、未成年人保护组织等单位的工作人员或者有关单位的退休人员担任。

第四百六十二条　中级人民法院和基层人民法院可以设立独立建制的未成年人案件审判庭。尚不具备条件的，应当在刑事审判庭内设立未成年人刑事案件合议庭，或者由专人负责审理未成年人刑事案件。

高级人民法院应当在刑事审判庭内设立未成年人刑事案件合议庭。具备条件的，可以设立独立建制的未成年人案件审判庭。

未成年人案件审判庭和未成年人刑事案件合议庭统称少年法庭。

第四百六十三条　下列案件由少年法庭审理：

（一）被告人实施被指控的犯罪时不满十八周岁、人民法院立案时不满二十周岁的案件；

（二）被告人实施被指控的犯罪时不满十八周岁、人民法院立案时不满二十周岁，并被指控为首要分子或者主犯的共同犯罪案件。

其他共同犯罪案件有未成年被告人的，或者其他涉及未成年人的刑事案件是否由少年法庭审理，由院长根据少年法庭工作的实际情况决定。

第四百六十四条　对分案起诉至同一人民法院的未成年人与成年人共同犯罪案件，可以由同一个审判组织审理；不宜由同一个审判组织审理的，可以分别由少年法庭、刑事审判庭审理。

未成年人与成年人共同犯罪案件，由不同人民法院或者不同审判组织分别审理的，有关人民法院或者审判组织应当互相了解共同犯罪被告人的审判情况，注意全案的量刑平衡。

第四百六十五条　对未成年人刑事案件，必要时，上级人民法院可以根据刑事诉讼法第二十六条的规定，指定下级人民法院将案件移送其他人民法院审判。

第四百六十六条　人民法院审理未成年人刑事案件，在讯问和开庭时，应当通知未成年被告人的法定代理人到场。法定代理人无法通知、不能到场或者是共犯的，也可以通知未成年被告人的其他成年亲属，所在学校、单位、居住地的基层组织或者未成年人保护组织的代表到场，并将有关情况记录在案。

到场的其他人员，除依法行使刑事诉讼法第二百七十条第二款规定的权利外，经法庭同意，可以参与对未成年被告人的法庭教育等工作。

适用简易程序审理未成年人刑事案件，适用前两款的规定。

询问未成年被害人、证人，适用第一款、第二款的规定。

第四百六十七条 开庭审理时被告人不满十八周岁的案件，一律不公开审理。经未成年被告人及其法定代理人同意，未成年被告人所在学校和未成年人保护组织可以派代表到场。到场代表的人数和范围，由法庭决定。到场代表经法庭同意，可以参与对未成年被告人的法庭教育工作。

对依法公开审理，但可能需要封存犯罪记录的案件，不得组织人员旁听。

第四百六十八条 确有必要通知未成年被害人、证人出庭作证的，人民法院应当根据案件情况采取相应的保护措施。有条件的，可以采取视频等方式对其陈述、证言进行质证。

第四百六十九条 审理未成年人刑事案件，不得向外界披露该未成年人的姓名、住所、照片以及可能推断出该未成年人身份的其他资料。

查阅、摘抄、复制的未成年人刑事案件的案卷材料，不得公开和传播。

被害人是未成年人的刑事案件，适用前两款的规定。

第四百七十条 审理未成年人刑事案件，本章没有规定的，适用本解释的有关规定。

第二节 开庭准备

第四百七十一条 人民法院向未成年被告人送达起诉书副本时，应当向其讲明被指控的罪行和有关法律规定，并告知其审判程序和诉讼权利、义务。

第四百七十二条 审判时不满十八周岁的未成年被告人没有委托辩护人的，人民法院应当通知法律援助机构指派律师为其提供辩护。

第四百七十三条 未成年被害人及其法定代理人因经济困难或者其他原因没有委托诉讼代理人的，人民法院应当帮助其申请法律援助。

第四百七十四条 对未成年人刑事案件，人民法院决定适用简易程序审理的，应当征求未成年被告人及其法定代理人、辩护人的意见。上述人员提出异议的，不适用简易程序。

第四百七十五条 被告人实施被指控的犯罪时不满十八周岁，开庭时已满十八周岁、不满二十周岁的，人民法院开庭时，一般应当通知其近亲属到庭。经法庭同意，近亲属可以发表意见。近亲属无法通知、不能到场或者是共犯的，应当记录在案。

第四百七十六条 对人民检察院移送的关于未成年被告人性格特点、家庭情况、社会交往、成长经历、犯罪原因、犯罪前后的表现、监护教育等情况的调查报告，以及辩护人提交的反映未成年被告人上述情况的书面材料，法庭应当接受。

必要时，人民法院可以委托未成年被告人居住地的县级司法行政机关、共青团组织以及其他社会团体组织对未成年被告人的上述情况进行调查，或者自行调查。

第四百七十七条 对未成年人刑事案件，人民法院根据情况，可以对未成年被告人进行心理疏导；经未成年被告人及其法定代理人同意，也可以对未成年被告人进行心理测评。

第四百七十八条 开庭前和休庭时，法庭根据情况，可以安排未成年被告人与其法定代理人或者刑事诉讼法第二百七十条第一款规定的其他成年亲属、代表会见。

第三节　审判

第四百七十九条　人民法院应当在辩护台靠近旁听区一侧为未成年被告人的法定代理人或者刑事诉讼法第二百七十条第一款规定的其他成年亲属、代表设置席位。

审理可能判处五年有期徒刑以下刑罚或者过失犯罪的未成年人刑事案件，可以采取适合未成年人特点的方式设置法庭席位。

第四百八十条　在法庭上不得对未成年被告人使用戒具，但被告人人身危险性大，可能妨碍庭审活动的除外。必须使用戒具的，在现实危险消除后，应当立即停止使用。

第四百八十一条　未成年被告人或者其法定代理人当庭拒绝辩护人辩护的，适用本解释第二百五十四条第一款、第二款的规定。

重新开庭后，未成年被告人或者其法定代理人再次当庭拒绝辩护人辩护的，不予准许。重新开庭时被告人已满十八周岁的，可以准许，但不得再另行委托辩护人或者要求另行指派律师，由其自行辩护。

第四百八十二条　法庭审理过程中，审判人员应当根据未成年被告人的智力发育程度和心理状态，使用适合未成年人的语言表达方式。

发现有对未成年被告人诱供、训斥、讽刺或者威胁等情形的，审判长应当制止。

第四百八十三条　控辩双方提出对未成年被告人判处管制、宣告缓刑等量刑建议的，应当向法庭提供有关未成年被告人能够获得监护、帮教以及对所居住社区无重大不良影响的书面材料。

第四百八十四条　对未成年被告人情况的调查报告，以及辩护人提交的有关未成年被告人情况的书面材料，法庭应当审查并听取控辩双方意见。上述报告和材料可以作为法庭教育和量刑的参考。

第四百八十五条　法庭辩论结束后，法庭可以根据案件情况，对未成年被告人进行教育；判决未成年被告人有罪的，宣判后，应当对未成年被告人进行教育。

对未成年被告人进行教育，可以邀请诉讼参与人、刑事诉讼法第二百七十条第一款规定的其他成年亲属、代表以及社会调查员、心理咨询师等参加。

适用简易程序审理的案件，对未成年被告人进行法庭教育，适用前两款的规定。

第四百八十六条　未成年被告人最后陈述后，法庭应当询问其法定代理人是否补充陈述。

第四百八十七条　对未成年人刑事案件宣告判决应当公开进行，但不得采取召开大会等形式。

对依法应当封存犯罪记录的案件，宣判时，不得组织人员旁听；有旁听人员的，应当告知其不得传播案件信息。

第四百八十八条　定期宣告判决的未成年人刑事案件，未成年被告人的法定代理人无法通知、不能到庭或者是共犯的，法庭可以通知刑事诉讼法第二百七十条第一款规定的其他成年亲属、代表到庭，并在宣判后向未成年被告人的成年亲属送达判决书。

第四节　执　　行

第四百八十九条　将未成年罪犯送监执行刑罚或者送交社区矫正时，人民法院应当将有关未成年罪犯的调查报告及其在案件审理中的表现材料，连同有关法律文书，一并送达执行机关。

第四百九十条 犯罪时不满十八周岁，被判处五年有期徒刑以下刑罚以及免除刑事处罚的未成年人的犯罪记录，应当封存。

2012年12月31日以前审结的案件符合前款规定的，相关犯罪记录也应当封存。

司法机关或者有关单位向人民法院申请查询封存的犯罪记录的，应当提供查询的理由和依据。对查询申请，人民法院应当及时作出是否同意的决定。

第四百九十一条 人民法院可以与未成年罪犯管教所等服刑场所建立联系，了解未成年罪犯的改造情况，协助做好帮教、改造工作，并可以对正在服刑的未成年罪犯进行回访考察。

第四百九十二条 人民法院认为必要时，可以督促被收监服刑的未成年罪犯的父母或者其他监护人及时探视。

第四百九十三条 对被判处管制、宣告缓刑、裁定假释、决定暂予监外执行的未成年罪犯，人民法院可以协助社区矫正机构制定帮教措施。

第四百九十四条 人民法院可以适时走访被判处管制、宣告缓刑、免除刑事处罚、裁定假释、决定暂予监外执行等的未成年罪犯及其家庭，了解未成年罪犯的管理和教育情况，引导未成年罪犯的家庭承担管教责任，为未成年罪犯改过自新创造良好环境。

第四百九十五条 被判处管制、宣告缓刑、免除刑事处罚、裁定假释、决定暂予监外执行等的未成年罪犯，具备就学、就业条件的，人民法院可以就其安置问题向有关部门提出司法建议，并附送必要的材料。

第二十一章　当事人和解的公诉案件诉讼程序

第四百九十六条 对符合刑事诉讼法第二百七十七条规定的公诉案件，事实清楚、证据充分的，人民法院应当告知当事人可以自行和解；当事人提出申请的，人民法院可以主持双方当事人协商以达成和解。

根据案件情况，人民法院可以邀请人民调解员、辩护人、诉讼代理人、当事人亲友等参与促成双方当事人和解。

第四百九十七条 符合刑事诉讼法第二百七十七条规定的公诉案件，被害人死亡的，其近亲属可以与被告人和解。近亲属有多人的，达成和解协议，应当经处于同一继承顺序的所有近亲属同意。

被害人系无行为能力或者限制行为能力人的，其法定代理人、近亲属可以代为和解。

第四百九十八条 被告人的近亲属经被告人同意，可以代为和解。

被告人系限制行为能力人的，其法定代理人可以代为和解。

被告人的法定代理人、近亲属依照前两款规定代为和解的，和解协议约定的赔礼道歉等事项，应当由被告人本人履行。

第四百九十九条 对公安机关、人民检察院主持制作的和解协议书，当事人提出异议的，人民法院应当审查。经审查，和解自愿、合法的，予以确认，无需重新制作和解协议书；和解不具有自愿性、合法性的，应当认定无效。和解协议被认定无效后，双方当事人重新达成和解的，人民法院应当主持制作新的和解协议书。

第五百条 审判期间，双方当事人和解的，人民法院应当听取当事人及其法定代理人等有关人员的意见。双方当事人在庭外达成和解的，人民法院应当通知人民检察院，并听取其意见。经审查，和解自愿、合法的，应当主持制作和解协议书。

第五百零一条　和解协议书应当包括以下内容：

（一）被告人承认自己所犯罪行，对犯罪事实没有异议，并真诚悔罪；

（二）被告人通过向被害人赔礼道歉、赔偿损失等方式获得被害人谅解；涉及赔偿损失的，应当写明赔偿的数额、方式等；提起附带民事诉讼的，由附带民事诉讼原告人撤回附带民事诉讼；

（三）被害人自愿和解，请求或者同意对被告人依法从宽处罚。

和解协议书应当由双方当事人和审判人员签名，但不加盖人民法院印章。

和解协议书一式三份，双方当事人各持一份，另一份交人民法院附卷备查。

对和解协议中的赔偿损失内容，双方当事人要求保密的，人民法院应当准许，并采取相应的保密措施。

第五百零二条　和解协议约定的赔偿损失内容，被告人应当在协议签署后即时履行。

和解协议已经全部履行，当事人反悔的，人民法院不予支持，但有证据证明和解违反自愿、合法原则的除外。

第五百零三条　双方当事人在侦查、审查起诉期间已经达成和解协议并全部履行，被害人或者其法定代理人、近亲属又提起附带民事诉讼的，人民法院不予受理，但有证据证明和解违反自愿、合法原则的除外。

第五百零四条　被害人或者其法定代理人、近亲属提起附带民事诉讼后，双方愿意和解，但被告人不能即时履行全部赔偿义务的，人民法院应当制作附带民事调解书。

第五百零五条　对达成和解协议的案件，人民法院应当对被告人从轻处罚；符合非监禁刑适用条件的，应当适用非监禁刑；判处法定最低刑仍然过重的，可以减轻处罚；综合全案认为犯罪情节轻微不需要判处刑罚的，可以免除刑事处罚。

共同犯罪案件，部分被告人与被害人达成和解协议的，可以依法对该部分被告人从宽处罚，但应当注意全案的量刑平衡。

第五百零六条　达成和解协议的，裁判文书应当作出叙述，并援引刑事诉讼法的相关条文。

第二十二章　犯罪嫌疑人、被告人逃匿、死亡案件违法所得的没收程序

第五百零七条　依照刑法规定应当追缴违法所得及其他涉案财产，且符合下列情形之一的，人民检察院可以向人民法院提出没收违法所得的申请：

（一）犯罪嫌疑人、被告人实施了贪污贿赂犯罪、恐怖活动犯罪等重大犯罪后逃匿，在通缉一年后不能到案的；

（二）犯罪嫌疑人、被告人死亡的。

第五百零八条　具有下列情形之一的，应当认定为刑事诉讼法第二百八十条第一款规定的"重大犯罪案件"：

（一）犯罪嫌疑人、被告人可能被判处无期徒刑以上刑罚的；

（二）案件在本省、自治区、直辖市或者全国范围内有较大影响的；

（三）其他重大犯罪案件。

第五百零九条　实施犯罪行为所取得的财物及其孳息，以及被告人非法持有的违禁品、

供犯罪所用的本人财物，应当认定为刑事诉讼法第二百八十条第一款规定的"违法所得及其他涉案财产"。

第五百一十条 对人民检察院提出的没收违法所得申请，人民法院应当审查以下内容：

（一）是否属于本院管辖；

（二）是否写明犯罪嫌疑人、被告人涉嫌有关犯罪的情况，并附相关证据材料；

（三）是否附有通缉令或者死亡证明；

（四）是否列明违法所得及其他涉案财产的种类、数量、所在地，并附相关证据材料；

（五）是否附有查封、扣押、冻结违法所得及其他涉案财产的清单和相关法律手续；

（六）是否写明犯罪嫌疑人、被告人的近亲属和其他利害关系人的姓名、住址、联系方式及其要求等情况；

（七）是否写明申请没收的理由和法律依据。

第五百一十一条 对没收违法所得的申请，人民法院应当在七日内审查完毕，并按照下列情形分别处理：

（一）不属于本院管辖的，应当退回人民检察院；

（二）材料不全的，应当通知人民检察院在三日内补送；

（三）属于违法所得没收程序受案范围和本院管辖，且材料齐全的，应当受理。

人民检察院尚未查封、扣押、冻结申请没收的财产或者查封、扣押、冻结期限即将届满，涉案财产有被隐匿、转移或者毁损、灭失危险的，人民法院可以查封、扣押、冻结申请没收的财产。

第五百一十二条 人民法院决定受理没收违法所得的申请后，应当在十五日内发出公告，公告期为六个月。公告应当写明以下内容：

（一）案由；

（二）犯罪嫌疑人、被告人通缉在逃或者死亡等基本情况；

（三）申请没收财产的种类、数量、所在地；

（四）犯罪嫌疑人、被告人的近亲属和其他利害关系人申请参加诉讼的期限、方式；

（五）应当公告的其他情况。

公告应当在全国公开发行的报纸或者人民法院的官方网站刊登，并在人民法院公告栏张贴、发布；必要时，可以在犯罪地、犯罪嫌疑人、被告人居住地、申请没收的不动产所在地张贴、发布。

人民法院已经掌握犯罪嫌疑人、被告人的近亲属和其他利害关系人的联系方式的，应当采取电话、传真、邮件等方式直接告知其公告内容，并记录在案。

第五百一十三条 对申请没收的财产主张所有权的人，应当认定为刑事诉讼法第二百八十一条第二款规定的"其他利害关系人"。

犯罪嫌疑人、被告人的近亲属和其他利害关系人申请参加诉讼的，应当在公告期间提出。犯罪嫌疑人、被告人的近亲属应当提供其与犯罪嫌疑人、被告人关系的证明材料，其他利害关系人应当提供申请没收的财产系其所有的证据材料。

犯罪嫌疑人、被告人的近亲属和其他利害关系人在公告期满后申请参加诉讼，能够合理说明原因，并提供证明申请没收的财产系其所有的证据材料的，人民法院应当准许。

第五百一十四条 公告期满后，人民法院应当组成合议庭对申请没收违法所得的案件进行审理。

利害关系人申请参加诉讼的，人民法院应当开庭审理。没有利害关系人申请参加诉讼的，可以不开庭审理。

第五百一十五条　开庭审理申请没收违法所得的案件，按照下列程序进行：

（一）审判长宣布法庭调查开始后，先由检察员宣读申请书，后由利害关系人、诉讼代理人发表意见；

（二）法庭应当依次就犯罪嫌疑人、被告人是否实施了贪污贿赂犯罪、恐怖活动犯罪等重大犯罪并已经通缉一年不能到案，或者是否已经死亡，以及申请没收的财产是否依法应当追缴进行调查；调查时，先由检察员出示有关证据，后由利害关系人发表意见、出示有关证据，并进行质证；

（三）法庭辩论阶段，先由检察员发言，后由利害关系人及其诉讼代理人发言，并进行辩论。

利害关系人接到通知后无正当理由拒不到庭，或者未经法庭许可中途退庭的，可以转为不开庭审理，但还有其他利害关系人参加诉讼的除外。

第五百一十六条　对申请没收违法所得的案件，人民法院审理后，应当按照下列情形分别处理：

（一）案件事实清楚，证据确实、充分，申请没收的财产确属违法所得及其他涉案财产的，除依法返还被害人的以外，应当裁定没收；

（二）不符合本解释第五百零七条规定的条件的，应当裁定驳回申请。

第五百一十七条　对没收违法所得或者驳回申请的裁定，犯罪嫌疑人、被告人的近亲属和其他利害关系人或者人民检察院可以在五日内提出上诉、抗诉。

第五百一十八条　对不服第一审没收违法所得或者驳回申请裁定的上诉、抗诉案件，第二审人民法院经审理，应当按照下列情形分别作出裁定：

（一）原裁定正确的，应当驳回上诉或者抗诉，维持原裁定；

（二）原裁定确有错误的，可以在查清事实后改变原裁定；也可以撤销原裁定，发回重新审判；

（三）原审违反法定诉讼程序，可能影响公正审判的，应当撤销原裁定，发回重新审判。

第五百一十九条　在审理申请没收违法所得的案件过程中，在逃的犯罪嫌疑人、被告人到案的，人民法院应当裁定终止审理。人民检察院向原受理申请的人民法院提起公诉的，可以由同一审判组织审理。

第五百二十条　在审理案件过程中，被告人死亡或者脱逃，符合刑事诉讼法第二百八十条第一款规定的，人民检察院可以向人民法院提出没收违法所得的申请。

人民检察院向原受理案件的人民法院提出申请的，可以由同一审判组织依照本章规定的程序审理。

第五百二十一条　审理申请没收违法所得案件的期限，参照公诉案件第一审普通程序和第二审程序的审理期限执行。

公告期间和请求刑事司法协助的时间不计入审理期限。

第五百二十二条　没收违法所得裁定生效后，犯罪嫌疑人、被告人到案并对没收裁定提出异议，人民检察院向原作出裁定的人民法院提起公诉的，可以由同一审判组织审理。

人民法院经审理，应当按照下列情形分别处理：

（一）原裁定正确的，予以维持，不再对涉案财产作出判决；

（二）原裁定确有错误的，应当撤销原裁定，并在判决中对有关涉案财产一并作出处理。

人民法院生效的没收裁定确有错误的，除第一款规定的情形外，应当依照审判监督程序予以纠正。已经没收的财产，应当及时返还；财产已经上缴国库的，由原没收机关从财政机关申请退库，予以返还；原物已经出卖、拍卖的，应当退还价款；造成犯罪嫌疑人、被告人以及利害关系人财产损失的，应当依法赔偿。

第五百二十三条 人民法院审理申请没收违法所得的案件，本章没有规定的，参照适用本解释的有关规定。

第二十三章 依法不负刑事责任的精神病人的强制医疗程序

第五百二十四条 实施暴力行为，危害公共安全或者严重危害公民人身安全，社会危害性已经达到犯罪程度，但经法定程序鉴定依法不负刑事责任的精神病人，有继续危害社会可能的，可以予以强制医疗。

第五百二十五条 人民检察院申请对依法不负刑事责任的精神病人强制医疗的案件，由被申请人实施暴力行为所在地的基层人民法院管辖；由被申请人居住地的人民法院审判更为适宜的，可以由被申请人居住地的基层人民法院管辖。

第五百二十六条 对人民检察院提出的强制医疗申请，人民法院应当审查以下内容：

（一）是否属于本院管辖；

（二）是否写明被申请人的身份，实施暴力行为的时间、地点、手段、所造成的损害等情况，并附相关证据材料；

（三）是否附有法医精神病鉴定意见和其他证明被申请人属于依法不负刑事责任的精神病人的证据材料；

（四）是否列明被申请人的法定代理人的姓名、住址、联系方式；

（五）需要审查的其他事项。

第五百二十七条 对人民检察院提出的强制医疗申请，人民法院应当在七日内审查完毕，并按照下列情形分别处理：

（一）不属于本院管辖的，应当退回人民检察院；

（二）材料不全的，应当通知人民检察院在三日内补送；

（三）属于强制医疗程序受案范围和本院管辖，且材料齐全的，应当受理。

第五百二十八条 审理强制医疗案件，应当通知被申请人或者被告人的法定代理人到场。被申请人或者被告人没有委托诉讼代理人的，应当通知法律援助机构指派律师担任其诉讼代理人，为其提供法律帮助。

第五百二十九条 审理强制医疗案件，应当组成合议庭，开庭审理。但是，被申请人、被告人的法定代理人请求不开庭审理，并经人民法院审查同意的除外。

审理人民检察院申请强制医疗的案件，应当会见被申请人。

第五百三十条 开庭审理申请强制医疗的案件，按照下列程序进行：

（一）审判长宣布法庭调查开始后，先由检察员宣读申请书，后由被申请人的法定代理人、诉讼代理人发表意见；

（二）法庭依次就被申请人是否实施了危害公共安全或者严重危害公民人身安全的暴力行为、是否属于依法不负刑事责任的精神病人、是否有继续危害社会的可能进行调查；调查时，先由检察员出示有关证据，后由被申请人的法定代理人、诉讼代理人发表意见、出示有关证据，并进行质证；

（三）法庭辩论阶段，先由检察员发言，后由被申请人的法定代理人、诉讼代理人发言，并进行辩论。

被申请人要求出庭，人民法院经审查其身体和精神状态，认为可以出庭的，应当准许。出庭的被申请人，在法庭调查、辩论阶段，可以发表意见。

检察员宣读申请书后，被申请人的法定代理人、诉讼代理人无异议的，法庭调查可以简化。

第五百三十一条　对申请强制医疗的案件，人民法院审理后，应当按照下列情形分别处理：

（一）符合刑事诉讼法第二百八十四条规定的强制医疗条件的，应当作出对被申请人强制医疗的决定；

（二）被申请人属于依法不负刑事责任的精神病人，但不符合强制医疗条件的，应当作出驳回强制医疗申请的决定；被申请人已经造成危害结果的，应当同时责令其家属或者监护人严加看管和医疗；

（三）被申请人具有完全或者部分刑事责任能力，依法应当追究刑事责任的，应当作出驳回强制医疗申请的决定，并退回人民检察院依法处理。

第五百三十二条　第一审人民法院在审理案件过程中发现被告人可能符合强制医疗条件的，应当依照法定程序对被告人进行法医精神病鉴定。经鉴定，被告人属于依法不负刑事责任的精神病人的，应当适用强制医疗程序，对案件进行审理。

开庭审理前款规定的案件，应当先由合议庭组成人员宣读对被告人的法医精神病鉴定意见，说明被告人可能符合强制医疗的条件，后依次由公诉人和被告人的法定代理人、诉讼代理人发表意见。经审判长许可，公诉人和被告人的法定代理人、诉讼代理人可以进行辩论。

第五百三十三条　对前条规定的案件，人民法院审理后，应当按照下列情形分别处理：

（一）被告人符合强制医疗条件的，应当判决宣告被告人不负刑事责任，同时作出对被告人强制医疗的决定；

（二）被告人属于依法不负刑事责任的精神病人，但不符合强制医疗条件的，应当判决宣告被告人无罪或者不负刑事责任；被告人已经造成危害结果的，应当同时责令其家属或者监护人严加看管和医疗；

（三）被告人具有完全或者部分刑事责任能力，依法应当追究刑事责任的，应当依照普通程序继续审理。

第五百三十四条　人民法院在审理第二审刑事案件过程中，发现被告人可能符合强制医疗条件的，可以依照强制医疗程序对案件作出处理，也可以裁定发回原审人民法院重新审判。

第五百三十五条　人民法院决定强制医疗的，应当在作出决定后五日内，向公安机关送达强制医疗决定书和强制医疗执行通知书，由公安机关将被决定强制医疗的人送交强制医疗。

第五百三十六条 被决定强制医疗的人、被害人及其法定代理人、近亲属对强制医疗决定不服的，可以自收到决定书之日起五日内向上一级人民法院申请复议。复议期间不停止执行强制医疗的决定。

第五百三十七条 对不服强制医疗决定的复议申请，上一级人民法院应当组成合议庭审理，并在一个月内，按照下列情形分别作出复议决定：

（一）被决定强制医疗的人符合强制医疗条件的，应当驳回复议申请，维持原决定；

（二）被决定强制医疗的人不符合强制医疗条件的，应当撤销原决定；

（三）原审违反法定诉讼程序，可能影响公正审判的，应当撤销原决定，发回原审人民法院重新审判。

第五百三十八条 对本解释第五百三十三条第一项规定的判决、决定，人民检察院提出抗诉，同时被决定强制医疗的人、被害人及其法定代理人、近亲属申请复议的，上一级人民法院应当依照第二审程序一并处理。

第五百三十九条 审理强制医疗案件，本章没有规定的，参照适用公诉案件第一审普通程序和第二审程序的有关规定。

第五百四十条 被强制医疗的人及其近亲属申请解除强制医疗的，应当向决定强制医疗的人民法院提出。

被强制医疗的人及其近亲属提出的解除强制医疗申请被人民法院驳回，六个月后再次提出申请的，人民法院应当受理。

第五百四十一条 强制医疗机构提出解除强制医疗意见，或者被强制医疗的人及其近亲属申请解除强制医疗的，人民法院应当审查是否附有对被强制医疗的人的诊断评估报告。

强制医疗机构提出解除强制医疗意见，未附诊断评估报告的，人民法院应当要求其提供。

被强制医疗的人及其近亲属向人民法院申请解除强制医疗，强制医疗机构未提供诊断评估报告的，申请人可以申请人民法院调取。必要时，人民法院可以委托鉴定机构对被强制医疗的人进行鉴定。

第五百四十二条 强制医疗机构提出解除强制医疗意见，或者被强制医疗的人及其近亲属申请解除强制医疗的，人民法院应当组成合议庭进行审查，并在一个月内，按照下列情形分别处理：

（一）被强制医疗的人已不具有人身危险性，不需要继续强制医疗的，应当作出解除强制医疗的决定，并可责令被强制医疗的人的家属严加看管和医疗；

（二）被强制医疗的人仍具有人身危险性，需要继续强制医疗的，应当作出继续强制医疗的决定。

人民法院应当在作出决定后五日内，将决定书送达强制医疗机构、申请解除强制医疗的人、被决定强制医疗的人和人民检察院。决定解除强制医疗的，应当通知强制医疗机构在收到决定书的当日解除强制医疗。

第五百四十三条 人民检察院认为强制医疗决定或者解除强制医疗决定不当，在收到决定书后二十日内提出书面纠正意见的，人民法院应当另行组成合议庭审理，并在一个月内作出决定。

第二十四章　附　　则

第五百四十四条　人民法院讯问被告人，宣告判决，审理减刑、假释案件，根据案件情况，可以采取视频方式进行。

第五百四十五条　向人民法院提出自诉、上诉、申诉、申请等的，应当以书面形式提出。书写有困难的，除另有规定的以外，可以口头提出，由人民法院工作人员制作笔录或者记录在案，并向口述人宣读或者交其阅读。

第五百四十六条　诉讼期间制作、形成的工作记录、告知笔录等材料，应当由制作人员和其他有关人员签名、盖章。宣告或者送达判决书、裁定书、决定书、通知书等诉讼文书的，应当由接受宣告或者送达的人在诉讼文书、送达回证上签名、盖章。

诉讼参与人未签名、盖章的，应当捺指印；刑事被告人除签名、盖章外，还应当捺指印。

当事人拒绝签名、盖章、捺指印的，办案人员应当在诉讼文书或者笔录材料中注明情况，有相关见证人见证，或者有录音录像证明的，不影响相关诉讼文书或者笔录材料的效力。

第五百四十七条　本解释的有关规定适用于军事法院、铁路运输法院等专门人民法院。

第五百四十八条　本解释自 2013 年 1 月 1 日起施行，最高人民法院 1998 年 9 月 2 日公布的《关于执行〈中华人民共和国刑事诉讼法〉若干问题的解释》同时废止；最高人民法院以前发布的司法解释和规范性文件，与本解释不一致的，以本解释为准。

最高人民法院、最高人民检察院关于办理利用信息网络实施诽谤等刑事案件适用法律若干问题的解释

中华人民共和国最高人民法院
中华人民共和国最高人民检察院
公　告

《最高人民法院、最高人民检察院关于办理利用信息网络实施诽谤等刑事案件适用法律若干问题的解释》已于 2013 年 9 月 5 日由最高人民法院审判委员会第 1589 次会议、2013 年 9 月 2 日由最高人民检察院第十二届检察委员会第 9 次会议通过，现予公布，自 2013 年 9 月 10 日起施行。

最高人民法院　最高人民检察院
二〇一三年九月六日

最高人民法院　最高人民检察院
关于办理利用信息网络实施诽谤等刑事案件适用法律若干问题的解释①

（2013 年 9 月 5 日最高人民法院审判委员会第 1589 次会议、
2013 年 9 月 2 日最高人民检察院第十二届检察委员会第 9 次会议通过）

法释〔2013〕21 号

为保护公民、法人和其他组织的合法权益，维护社会秩序，根据《中华人民共和国刑法》《全国人民代表大会常务委员会关于维护互联网安全的决定》等规定，对办理利用信息网络实施诽谤、寻衅滋事、敲诈勒索、非法经营等刑事案件适用法律的若干问题解释如下：

第一条　具有下列情形之一的，应当认定为刑法第二百四十六条第一款规定的"捏造事实诽谤他人"：

（一）捏造损害他人名誉的事实，在信息网络上散布，或者组织、指使人员在信息网络上散布的；

（二）将信息网络上涉及他人的原始信息内容篡改为损害他人名誉的事实，在信息网络

---

① 《人民法院报》2013 年 9 月 10 日，第 3 版。

上散布，或者组织、指使人员在信息网络上散布的；

明知是捏造的损害他人名誉的事实，在信息网络上散布，情节恶劣的，以"捏造事实诽谤他人"论。

第二条 利用信息网络诽谤他人，具有下列情形之一的，应当认定为刑法第二百四十六条第一款规定的"情节严重"：

（一）同一诽谤信息实际被点击、浏览次数达到五千次以上，或者被转发次数达到五百次以上的；

（二）造成被害人或者其近亲属精神失常、自残、自杀等严重后果的；

（三）二年内曾因诽谤受过行政处罚，又诽谤他人的；

（四）其他情节严重的情形。

第三条 利用信息网络诽谤他人，具有下列情形之一的，应当认定为刑法第二百四十六条第二款规定的"严重危害社会秩序和国家利益"：

（一）引发群体性事件的；

（二）引发公共秩序混乱的；

（三）引发民族、宗教冲突的；

（四）诽谤多人，造成恶劣社会影响的；

（五）损害国家形象，严重危害国家利益的；

（六）造成恶劣国际影响的；

（七）其他严重危害社会秩序和国家利益的情形。

第四条 一年内多次实施利用信息网络诽谤他人行为未经处理，诽谤信息实际被点击、浏览、转发次数累计计算构成犯罪的，应当依法定罪处罚。

第五条 利用信息网络辱骂、恐吓他人，情节恶劣，破坏社会秩序的，依照刑法第二百九十三条第一款第（二）项的规定，以寻衅滋事罪定罪处罚。

编造虚假信息，或者明知是编造的虚假信息，在信息网络上散布，或者组织、指使人员在信息网络上散布，起哄闹事，造成公共秩序严重混乱的，依照刑法第二百九十三条第一款第（四）项的规定，以寻衅滋事罪定罪处罚。

第六条 以在信息网络上发布、删除等方式处理网络信息为由，威胁、要挟他人，索取公私财物，数额较大，或者多次实施上述行为的，依照刑法第二百七十四条的规定，以敲诈勒索罪定罪处罚。

第七条 违反国家规定，以营利为目的，通过信息网络有偿提供删除信息服务，或者明知是虚假信息，通过信息网络有偿提供发布信息等服务，扰乱市场秩序，具有下列情形之一的，属于非法经营行为"情节严重"，依照刑法第二百二十五条第（四）项的规定，以非法经营罪定罪处罚：

（一）个人非法经营数额在五万元以上，或者违法所得数额在二万元以上的；

（二）单位非法经营数额在十五万元以上，或者违法所得数额在五万元以上的。

实施前款规定的行为，数额达到前款规定的数额五倍以上的，应当认定为刑法第二百二十五条规定的"情节特别严重"。

第八条 明知他人利用信息网络实施诽谤、寻衅滋事、敲诈勒索、非法经营等犯罪，为其提供资金、场所、技术支持等帮助的，以共同犯罪论处。

第九条 利用信息网络实施诽谤、寻衅滋事、敲诈勒索、非法经营犯罪，同时又构成刑法第二百二十一条规定的损害商业信誉、商品声誉罪，第二百七十八条规定的煽动暴力抗拒法律实施罪，第二百九十一条之一规定的编造、故意传播虚假恐怖信息罪等犯罪的，依照处罚较重的规定定罪处罚。

第十条 本解释所称信息网络，包括以计算机、电视机、固定电话机、移动电话机等电子设备为终端的计算机互联网、广播电视网、固定通信网、移动通信网等信息网络，以及向公众开放的局域网络。

最高人民法院关于审理利用信息网络侵害人身权益民事纠纷案件适用法律若干问题的规定

《最高人民法院关于审理利用信息网络侵害人身权益民事纠纷案件适用法律若干问题的规定》已于 2014 年 6 月 23 日由最高人民法院审判委员会第 1621 次会议通过，现予公布，自 2014 年 10 月 10 日起施行。

最高人民法院
二〇一四年八月二十一日

法释〔2014〕11 号

最高人民法院关于审理利用信息网络侵害人身权益民事纠纷案件适用法律若干问题的规定

（2014 年 6 月 23 日最高人民法院审判委员会第 1621 次会议通过）

为正确审理利用信息网络侵害人身权益民事纠纷案件，根据《中华人民共和国民法通则》《中华人民共和国侵权责任法》《全国人民代表大会常务委员会关于加强网络信息保护的决定》《中华人民共和国民事诉讼法》等法律的规定，结合审判实践，制定本规定。

第一条 本规定所称的利用信息网络侵害人身权益民事纠纷案件，是指利用信息网络侵害他人姓名权、名称权、名誉权、荣誉权、肖像权、隐私权等人身权益引起的纠纷案件。

第二条 利用信息网络侵害人身权益提起的诉讼，由侵权行为地或者被告住所地人民法院管辖。

侵权行为实施地包括实施被诉侵权行为的计算机等终端设备所在地，侵权结果发生地包括被侵权人住所地。

第三条 原告依据侵权责任法第三十六条第二款、第三款的规定起诉网络用户或者网络服务提供者的，人民法院应予受理。

原告仅起诉网络用户，网络用户请求追加涉嫌侵权的网络服务提供者为共同被告或者第三人的，人民法院应予准许。

原告仅起诉网络服务提供者，网络服务提供者请求追加可以确定的网络用户为共同被告或者第三人的，人民法院应予准许。

第四条 原告起诉网络服务提供者，网络服务提供者以涉嫌侵权的信息系网络用户发布为由抗辩的，人民法院可以根据原告的请求及案件的具体情况，责令网络服务提供者向人民法院提供能够确定涉嫌侵权的网络用户的姓名（名称）、联系方式、网络地址等信息。

网络服务提供者无正当理由拒不提供的，人民法院可以依据民事诉讼法第一百一十四条的规定对网络服务提供者采取处罚等措施。

原告根据网络服务提供者提供的信息请求追加网络用户为被告的，人民法院应予准许。

第五条 依据侵权责任法第三十六条第二款的规定，被侵权人以书面形式或者网络服务提供者公示的方式向网络服务提供者发出的通知，包含下列内容的，人民法院应当认定有效：

（一）通知人的姓名（名称）和联系方式；

（二）要求采取必要措施的网络地址或者足以准确定位侵权内容的相关信息；

（三）通知人要求删除相关信息的理由。

被侵权人发送的通知未满足上述条件，网络服务提供者主张免除责任的，人民法院应予支持。

第六条 人民法院适用侵权责任法第三十六条第二款的规定，认定网络服务提供者采取的删除、屏蔽、断开链接等必要措施是否及时，应当根据网络服务的性质、有效通知的形式和准确程度，网络信息侵害权益的类型和程度等因素综合判断。

第七条 其发布的信息被采取删除、屏蔽、断开链接等措施的网络用户，主张网络服务提供者承担违约责任或者侵权责任，网络服务提供者以收到通知为由抗辩的，人民法院应予支持。

被采取删除、屏蔽、断开链接等措施的网络用户，请求网络服务提供者提供通知内容的，人民法院应予支持。

第八条 因通知人的通知导致网络服务提供者错误采取删除、屏蔽、断开链接等措施，被采取措施的网络用户请求通知人承担侵权责任的，人民法院应予支持。

被错误采取措施的网络用户请求网络服务提供者采取相应恢复措施的，人民法院应予支持，但受技术条件限制无法恢复的除外。

第九条 人民法院依据侵权责任法第三十六条第三款认定网络服务提供者是否"知道"，应当综合考虑下列因素：

（一）网络服务提供者是否以人工或者自动方式对侵权网络信息以推荐、排名、选择、编辑、整理、修改等方式作出处理；

（二）网络服务提供者应当具备的管理信息的能力，以及所提供服务的性质、方式及其引发侵权的可能性大小；

（三）该网络信息侵害人身权益的类型及明显程度；

（四）该网络信息的社会影响程度或者一定时间内的浏览量；

（五）网络服务提供者采取预防侵权措施的技术可能性及其是否采取了相应的合理措施；

（六）网络服务提供者是否针对同一网络用户的重复侵权行为或者同一侵权信息采取了相应的合理措施；

（七）与本案相关的其他因素。

第十条 人民法院认定网络用户或者网络服务提供者转载网络信息行为的过错及其程度，应当综合以下因素：

（一）转载主体所承担的与其性质、影响范围相适应的注意义务；

（二）所转载信息侵害他人人身权益的明显程度；

（三）对所转载信息是否作出实质性修改，是否添加或者修改文章标题，导致其与内容严重不符以及误导公众的可能性。

第十一条　网络用户或者网络服务提供者采取诽谤、诋毁等手段，损害公众对经营主体的信赖，降低其产品或者服务的社会评价，经营主体请求网络用户或者网络服务提供者承担侵权责任的，人民法院应依法予以支持。

第十二条　网络用户或者网络服务提供者利用网络公开自然人基因信息、病历资料、健康检查资料、犯罪记录、家庭住址、私人活动等个人隐私和其他个人信息，造成他人损害，被侵权人请求其承担侵权责任的，人民法院应予支持。但下列情形除外：

（一）经自然人书面同意且在约定范围内公开；

（二）为促进社会公共利益且在必要范围内；

（三）学校、科研机构等基于公共利益为学术研究或者统计的目的，经自然人书面同意，且公开的方式不足以识别特定自然人；

（四）自然人自行在网络上公开的信息或者其他已合法公开的个人信息；

（五）以合法渠道获取的个人信息；

（六）法律或者行政法规另有规定。

网络用户或者网络服务提供者以违反社会公共利益、社会公德的方式公开前款第四项、第五项规定的个人信息，或者公开该信息侵害权利人值得保护的重大利益，权利人请求网络用户或者网络服务提供者承担侵权责任的，人民法院应予支持。

国家机关行使职权公开个人信息的，不适用本条规定。

第十三条　网络用户或者网络服务提供者，根据国家机关依职权制作的文书和公开实施的职权行为等信息来源所发布的信息，有下列情形之一，侵害他人人身权益，被侵权人请求侵权人承担侵权责任的，人民法院应予支持：

（一）网络用户或者网络服务提供者发布的信息与前述信息来源内容不符；

（二）网络用户或者网络服务提供者以添加侮辱性内容、诽谤性信息、不当标题或者通过增删信息、调整结构、改变顺序等方式致人误解；

（三）前述信息来源已被公开更正，但网络用户拒绝更正或者网络服务提供者不予更正；

（四）前述信息来源已被公开更正，网络用户或者网络服务提供者仍然发布更正之前的信息。

第十四条　被侵权人与构成侵权的网络用户或者网络服务提供者达成一方支付报酬，另一方提供删除、屏蔽、断开链接等服务的协议，人民法院应认定为无效。

擅自篡改、删除、屏蔽特定网络信息或者以断开链接的方式阻止他人获取网络信息，发布该信息的网络用户或者网络服务提供者请求侵权人承担侵权责任的，人民法院应予支持。接受他人委托实施该行为的，委托人与受托人承担连带责任。

第十五条　雇佣、组织、教唆或者帮助他人发布、转发网络信息侵害他人人身权益，被侵权人请求行为人承担连带责任的，人民法院应予支持。

第十六条　人民法院判决侵权人承担赔礼道歉、消除影响或者恢复名誉等责任形式的，应当与侵权的具体方式和所造成的影响范围相当。侵权人拒不履行的，人民法院可以采取在网络上发布公告或者公布裁判文书等合理的方式执行，由此产生的费用由侵权人承担。

第十七条 网络用户或者网络服务提供者侵害他人人身权益，造成财产损失或者严重精神损害，被侵权人依据侵权责任法第二十条和第二十二条的规定请求其承担赔偿责任的，人民法院应予支持。

第十八条 被侵权人为制止侵权行为所支付的合理开支，可以认定为侵权责任法第二十条规定的财产损失。合理开支包括被侵权人或者委托代理人对侵权行为进行调查、取证的合理费用。人民法院根据当事人的请求和具体案情，可以将符合国家有关部门规定的律师费用计算在赔偿范围内。

被侵权人因人身权益受侵害造成的财产损失或者侵权人因此获得的利益无法确定的，人民法院可以根据具体案情在50万元以下的范围内确定赔偿数额。

精神损害的赔偿数额，依据《最高人民法院关于确定民事侵权精神损害赔偿责任若干问题的解释》第十条的规定予以确定。

第十九条 本规定施行后人民法院正在审理的一审、二审案件适用本规定。

本规定施行前已经终审，本规定施行后当事人申请再审或者按照审判监督程序决定再审的案件，不适用本规定。

最高人民法院、最高人民检察院、公安部
关于办理暴力恐怖和宗教极端刑事案件
适用法律若干问题的意见

最高人民法院、最高人民检察院、公安部
关于办理暴力恐怖和宗教极端刑事案件
适用法律若干问题的意见①

公通字〔2014〕34 号

各省、自治区、直辖市高级人民法院，人民检察院，公安厅、局，新疆维吾尔自治区高级人民法院生产建设兵团分院，新疆生产建设兵团人民检察院、公安局：

近年来，我国部分地区发生的暴力恐怖案件表现形式呈现多样化，且均与宗教极端犯罪活动有直接关系，对国家安全、社会稳定、民族团结和人民群众生命财产安全造成了严重危害。为依法惩治暴力恐怖、宗教极端犯罪活动，有效防止暴力恐怖案件的发生，根据《刑法》和其他有关法律规定，现就办理暴力恐怖、宗教极端刑事案件适用法律的若干问题提出以下意见。

一、正确把握办理案件的基本原则

（一）坚持严格依法办案。坚持以事实为依据、以法律为准绳，全面审查犯罪嫌疑人、被告人的犯罪动机、主观目的、客观行为和危害后果，正确把握罪与非罪、此罪与彼罪、一罪与数罪的界限。严格依照法定程序，及时、全面收集、固定证据。对造成重大人员伤亡和财产损失，严重危害国家安全、公共安全、社会稳定和民族团结的重特大、敏感案件，坚持分工负责、互相配合、互相制约的刑事诉讼基本原则，做到既准确、及时固定证据、查明事实，又讲求办案效率。

（二）坚持宽严相济、区别对待。对犯罪嫌疑人、被告人的处理，要结合主观恶性大小、行为危害程度以及在案件中所起的作用等因素，切实做到区别对待。对组织、策划、实施暴力恐怖、宗教极端违法犯罪活动的首要分子、骨干成员、罪行重大者，以及曾因实施暴力恐怖、宗教极端违法犯罪活动受到行政、刑事处罚或者免予刑事处罚又实施暴力恐怖、宗教极端犯罪活动的，依法从重处罚。对具有自首、立功等法定从宽处罚情节的，依法从宽处罚。对情节较轻、危害不大、未造成严重后果，且认罪悔罪的初犯、偶犯，受裹胁蒙蔽参与犯罪、在犯罪中作用较小，以及其他犯罪情节轻微不需要判处刑罚的，可以依法免予刑事处罚。

（三）坚持执行宗教、民族政策。要严格区分宗教极端违法犯罪与正常宗教活动的区别，严格执行党和国家的宗教、民族政策，保护正常宗教活动，维护民族团结，严禁歧视信

---

① 《中华人民共和国最高人民法院公报》2015 年第 2 期。

教群众和少数民族群众，严禁干涉公民信仰宗教和不信仰宗教的自由，尊重犯罪嫌疑人、被告人的人格尊严、宗教信仰和民族习俗。

二、准确认定案件性质

（一）为制造社会恐慌、危害公共安全或者胁迫国家机关、国际组织，组织、纠集他人，策划、实施下列行为之一，造成或者意图造成人员伤亡、重大财产损失、公共设施损坏、社会秩序混乱的，以组织、领导、参加恐怖组织罪定罪处罚：

1. 发起、建立恐怖活动组织或者以从事恐怖活动为目的的训练营地，进行恐怖活动体能、技能训练的；

2. 为组建恐怖活动组织、发展组织成员或者组织、策划、实施恐怖活动，宣扬、散布、传播宗教极端、暴力恐怖思想的；

3. 在恐怖活动组织成立以后，利用宗教极端、暴力恐怖思想控制组织成员，指挥组织成员进行恐怖活动的；

4. 对特定或者不特定的目标进行爆炸、放火、杀人、伤害、绑架、劫持、恐吓、投放危险物质及其他暴力活动的；

5. 制造、买卖、运输、储存枪支、弹药、爆炸物的；

6. 设计、制造、散发、邮寄、销售、展示含有暴力恐怖思想内容的标识、标志物、旗帜、徽章、服饰、器物、纪念品的；

7. 参与制定行动计划、准备作案工具等活动的。

组织、领导、参加恐怖活动组织，同时实施杀人、放火、爆炸、非法制造爆炸物、绑架、抢劫等犯罪的，以组织、领导、参加恐怖组织罪和故意杀人罪、放火罪、爆炸罪、非法制造爆炸物罪、绑架罪、抢劫罪等数罪并罚。

（二）参加或者纠集他人参加恐怖活动组织的，或者为参加恐怖活动组织、接受其训练，出境或者组织、策划、煽动、拉拢他人出境，或者在境内跨区域活动，进行犯罪准备行为的，以参加恐怖组织罪定罪处罚。

（三）实施下列行为之一，煽动分裂国家、破坏国家统一的，以煽动分裂国家罪定罪处罚：

1. 组织、纠集他人，宣扬、散布、传播宗教极端、暴力恐怖思想的；

2. 出版、印刷、复制、发行载有宣扬宗教极端、暴力恐怖思想内容的图书、期刊、音像制品、电子出版物或者制作、印刷、复制载有宣扬宗教极端、暴力恐怖思想内容的传单、图片、标语、报纸的；

3. 通过建立、开办、经营、管理网站、网页、论坛、电子邮件、博客、微博、即时通讯工具、群组、聊天室、网络硬盘、网络电话、手机应用软件及其他网络应用服务，或者利用手机、移动存储介质、电子阅读器等登载、张贴、复制、发送、播放、演示载有宗教极端、暴力恐怖思想内容的图书、文稿、图片、音频、视频、音像制品及相关网址，宣扬、散布、传播宗教极端、暴力恐怖思想的；

4. 制作、编译、编撰、编辑、汇编或者从境外组织、机构、个人、网站直接获取载有宣扬宗教极端、暴力恐怖思想内容的图书、文稿、图片、音像制品等，供他人阅读、观看、收听、出版、印刷、复制、发行、传播的；

5. 设计、制造、散发、邮寄、销售、展示含有宗教极端、暴力恐怖思想内容的标识、标志物、旗帜、徽章、服饰、器物、纪念品的；

6. 以其他方式宣扬宗教极端、暴力恐怖思想的。

实施上述行为，煽动民族仇恨、民族歧视，情节严重的，以煽动民族仇恨、民族歧视罪定罪处罚。同时构成煽动分裂国家罪的，依照处罚较重的规定定罪处罚。

（四）明知是恐怖活动组织或者实施恐怖活动人员而为其提供经费，或者提供器材、设备、交通工具、武器装备等物质条件，或者提供场所以及其他物质便利的，以资助恐怖活动罪定罪处罚。

通过收取宗教课税募捐，为暴力恐怖、宗教极端犯罪活动筹集经费的，以相应犯罪的共同犯罪定罪处罚；构成资助恐怖活动罪的，以资助恐怖活动罪定罪处罚。

（五）编造以发生爆炸威胁、生化威胁、放射威胁、劫持航空器威胁、重大灾情、重大疫情等严重威胁公共安全的事件为内容的虚假恐怖信息，或者明知是虚假恐怖信息而故意传播、散布，严重扰乱社会秩序的，以编造、故意传播虚假恐怖信息罪定罪处罚。

编造虚假信息，或者明知是编造的虚假信息，在信息网络上散布，或者组织、指使他人在信息网络上散布，造成公共秩序严重混乱，同时构成寻衅滋事罪和编造、故意传播虚假恐怖信息罪的，依照处罚较重的规定定罪处罚。

（六）明知图书、文稿、图片、音像制品、移动存储介质、电子阅读器中载有利用宗教极端、暴力恐怖思想煽动分裂国家、破坏国家统一或者煽动民族仇恨、民族歧视的内容，而提供仓储、邮寄、投递、运输、传输及其他服务的，以煽动分裂国家罪或者煽动民族仇恨、民族歧视罪的共同犯罪定罪处罚。

虽不明知图书、文稿、图片、音像制品、移动存储介质、电子阅读器中载有利用宗教极端、暴力恐怖思想煽动分裂国家、破坏国家统一或者煽动民族仇恨、民族歧视的内容，但出于营利或其他目的，违反国家规定，予以出版、印刷、复制、发行、传播或者提供仓储、邮寄、投递、运输、传输等服务的，按照其行为所触犯的具体罪名定罪处罚。

（七）网站、网页、论坛、电子邮件、博客、微博、即时通讯工具、群组、聊天室、网络硬盘、网络电话、手机应用软件及其他网络应用服务的建立、开办、经营、管理者，明知他人散布、宣扬利用宗教极端、暴力恐怖思想煽动分裂国家、破坏国家统一或者煽动民族仇恨、民族歧视的内容，允许或者放任他人在其网站、网页、论坛、电子邮件、博客、微博、即时通讯工具、群组、聊天室、网络硬盘、网络电话、手机应用软件及其他网络应用服务上发布的，以煽动分裂国家罪或者煽动民族仇恨、民族歧视罪的共同犯罪定罪处罚。

（八）以"异教徒""宗教叛徒"等为由，随意殴打、追逐、拦截、辱骂他人，扰乱社会秩序，情节恶劣的，以寻衅滋事罪定罪处罚。

实施前款行为，同时又构成故意伤害罪、妨害公务罪等其他犯罪的，依照处罚较重的规定定罪处罚。

（九）传授暴力恐怖或者其他犯罪技能、经验，依法不能认定为组织、领导、参加恐怖组织罪的，以传授犯罪方法罪定罪处罚。

为实现所教唆的犯罪，教唆者又传授犯罪方法的，择一重罪定罪处罚。

（十）对实施本意见规定行为但不构成犯罪的，依照治安管理、宗教事务管理以及互联网、印刷、出版管理等法律、法规，予以行政处罚或者进行教育、训诫，责令停止活动。对其持有的涉案物品依法予以收缴。

三、明确认定标准

（一）对涉案宣传品的内容不作鉴定，由公安机关全面审查并逐一标注或者摘录，与扣押、移交物品清单及涉案宣传品原件一并移送人民检察院审查。因涉及宗教专门知识或者语言文字等原因无法自行审查的，可商请宗教、民族、新闻出版等部门提供审读意见，经审查后与涉案宣传品原件一并移送人民检察院审查。需要对涉案宣传品出版、印刷、制作、发行的合法性进行鉴定的，由公安机关委托新闻出版主管部门出具鉴定意见。人民检察院、人民法院应当全面审查作为证据使用的涉案宣传品的内容。

（二）对是否"明知"的认定，应当结合案件具体情况，坚持重证据，重调查研究，以行为人实施的客观行为为基础，结合其一贯表现，具体行为、程度、手段、事后态度，以及年龄、认知和受教育程度、所从事的职业等综合判断。曾因实施暴力恐怖、宗教极端违法犯罪行为受到行政、刑事处罚、免予刑事处罚，或者被责令改正后又实施的，应当认定为明知。其他共同犯罪嫌疑人、被告人或者其他知情人供认、指证，行为人不承认其主观上"明知"，但又不能作出合理解释的，依据其行为本身和认知程度，足以认定其确实"明知"或者应当"明知"的，应当认定为明知。

四、明确管辖原则

（一）对本意见规定的犯罪案件，一般由犯罪地公安机关管辖，犯罪嫌疑人居住地公安机关管辖更为适宜的，也可以由犯罪嫌疑人居住地公安机关管辖。对案件管辖有争议的，可以由共同的上级公安机关指定管辖；情况特殊的，上级公安机关可以指定其他公安机关管辖。跨省、区、市以及涉外案件需要指定管辖的，由公安部指定管辖。

（二）上级公安机关指定下级公安机关立案侦查的案件，需要逮捕犯罪嫌疑人的，由侦查该案件的公安机关提请同级人民检察院审查批准，人民检察院应当依法作出批准逮捕或者不批准逮捕的决定；需要移送审查起诉的，由侦查该案件的公安机关移送同级人民检察院审查起诉。

（三）人民检察院对于审查起诉的案件，按照《刑事诉讼法》的管辖规定，认为应当由上级人民检察院或者同级其他人民检察院起诉的，应当将案件移送有管辖权的人民检察院，同时通知移送审查起诉的公安机关。

二〇一四年九月九日

解读：微博微信散布分裂国家言论将追刑责

2014年9月9日，最高人民法院、最高人民检察院、公安部出台《关于办理暴力恐怖和宗教极端刑事案件适用法律若干问题的意见》，依法惩治利用微博、微信等工具宣扬、散布、传播暴力恐怖、宗教极端思想的犯罪活动。

《意见》规定，通过建立、开办、经营、管理网站、网页、论坛、电子邮件、博客、微博、即时通讯工具、群组、聊天室、网络硬盘、网络电话、手机应用软件及其他网络应用服务，宣扬、散布、传播宗教极端、暴力恐怖思想，煽动分裂国家、破坏国家统一的，将以煽动分裂国家罪定罪处罚。

《意见》明确，编造以发生爆炸威胁、生化威胁、放射威胁、劫持航空器威胁、重大灾情、重大疫情等严重威胁公共安全的事件为内容的虚假恐怖信息，或者明知是虚假恐怖信息而故意传播、散布，严重扰乱社会秩序的，以编造、故意传播虚假恐怖信息罪定罪处罚。

《意见》强调，一要正确把握办理案件的基本原则，坚持严格依法办案，坚持宽严相济、区别对待，坚持执行宗教、民族政策。二要准确认定案件性质，将依法打击暴力恐怖和宗教极端犯罪的矛头始终指向其违法犯罪活动而不是思想本身。三要明确认定标准，规定了涉案宣传品的认定方式和是否"明知"的认定标准，以及案件的管辖原则。有专家认为，这是我国司法和执法部门首次发布针对办理暴力恐怖和宗教极端刑事案件的司法解释，总结了中国前一段时间的反恐经验与教训，为下一步打击传播暴力恐怖、宗教极端思想等工作提出了明确的司法界定，同时彰显我国一如既往地坚持依法反恐的政策。《意见》的出台，也为司法实践指明了方向、厘清了相关疑难。

最高人民法院关于适用《中华人民共和国民事诉讼法》的解释

最高人民法院
关于适用《中华人民共和国民事诉讼法》的解释①

法释〔2015〕5 号

《最高人民法院关于适用〈中华人民共和国民事诉讼法〉的解释》已于 2014 年 12 月 18 日由最高人民法院审判委员会第 1636 次会议通过，现予公布，自 2015 年 2 月 4 日起施行。

最高人民法院

二〇一五年一月三十日

最高人民法院关于适用《中华人民共和国民事诉讼法》的解释

（2014 年 12 月 18 日最高人民法院审判委员会第 1636 次会议通过）

2012 年 8 月 31 日，第十一届全国人民代表大会常务委员会第二十八次会议审议通过了《关于修改〈中华人民共和国民事诉讼法〉的决定》。根据修改后的民事诉讼法，结合人民法院民事审判和执行工作实际，制定本解释。

一、管辖

第一条　民事诉讼法第十八条第一项规定的重大涉外案件，包括争议标的额大的案件、案情复杂的案件，或者一方当事人人数众多等具有重大影响的案件。

第二条　专利纠纷案件由知识产权法院、最高人民法院确定的中级人民法院和基层人民法院管辖。

海事、海商案件由海事法院管辖。

第三条　公民的住所地是指公民的户籍所在地，法人或者其他组织的住所地是指法人或者其他组织的主要办事机构所在地。

法人或者其他组织的主要办事机构所在地不能确定的，法人或者其他组织的注册地或者登记地为住所地。

第四条　公民的经常居住地是指公民离开住所地至起诉时已连续居住一年以上的地方，

---

① 《中华人民共和国最高人民法院公报》2015 年第 5 期。

但公民住院就医的地方除外。

第五条　对没有办事机构的个人合伙、合伙型联营体提起的诉讼，由被告注册登记地人民法院管辖。没有注册登记，几个被告又不在同一辖区的，被告住所地的人民法院都有管辖权。

第六条　被告被注销户籍的，依照民事诉讼法第二十二条规定确定管辖；原告、被告均被注销户籍的，由被告居住地人民法院管辖。

第七条　当事人的户籍迁出后尚未落户，有经常居住地的，由该地人民法院管辖；没有经常居住地的，由其原户籍所在地人民法院管辖。

第八条　双方当事人都被监禁或者被采取强制性教育措施的，由被告原住所地人民法院管辖。被告被监禁或者被采取强制性教育措施一年以上的，由被告被监禁地或者被采取强制性教育措施地人民法院管辖。

第九条　追索赡养费、抚育费、扶养费案件的几个被告住所地不在同一辖区的，可以由原告住所地人民法院管辖。

第十条　不服指定监护或者变更监护关系的案件，可以由被监护人住所地人民法院管辖。

第十一条　双方当事人均为军人或者军队单位的民事案件由军事法院管辖。

第十二条　夫妻一方离开住所地超过一年，另一方起诉离婚的案件，可以由原告住所地人民法院管辖。

夫妻双方离开住所地超过一年，一方起诉离婚的案件，由被告经常居住地人民法院管辖；没有经常居住地的，由原告起诉时被告居住地人民法院管辖。

第十三条　在国内结婚并定居国外的华侨，如定居国法院以离婚诉讼须由婚姻缔结地法院管辖为由不予受理，当事人向人民法院提出离婚诉讼的，由婚姻缔结地或者一方在国内的最后居住地人民法院管辖。

第十四条　在国外结婚并定居国外的华侨，如定居国法院以离婚诉讼须由国籍所属国法院管辖为由不予受理，当事人向人民法院提出离婚诉讼的，由一方原住所地或者在国内的最后居住地人民法院管辖。

第十五条　中国公民一方居住在国外，一方居住在国内，不论哪一方向人民法院提起离婚诉讼，国内一方住所地人民法院都有权管辖。国外一方在居住国法院起诉，国内一方向人民法院起诉的，受诉人民法院有权管辖。

第十六条　中国公民双方在国外但未定居，一方向人民法院起诉离婚的，应由原告或者被告原住所地人民法院管辖。

第十七条　已经离婚的中国公民，双方均定居国外，仅就国内财产分割提起诉讼的，由主要财产所在地人民法院管辖。

第十八条　合同约定履行地点的，以约定的履行地点为合同履行地。

合同对履行地点没有约定或者约定不明确，争议标的为给付货币的，接收货币一方所在地为合同履行地；交付不动产的，不动产所在地为合同履行地；其他标的，履行义务一方所在地为合同履行地。即时结清的合同，交易行为地为合同履行地。

合同没有实际履行，当事人双方住所地都不在合同约定的履行地的，由被告住所地人民法院管辖。

第十九条 财产租赁合同、融资租赁合同以租赁物使用地为合同履行地。合同对履行地有约定的，从其约定。

第二十条 以信息网络方式订立的买卖合同，通过信息网络交付标的的，以买受人住所地为合同履行地；通过其他方式交付标的的，收货地为合同履行地。合同对履行地有约定的，从其约定。

第二十一条 因财产保险合同纠纷提起的诉讼，如果保险标的物是运输工具或者运输中的货物，可以由运输工具登记注册地、运输目的地、保险事故发生地人民法院管辖。

因人身保险合同纠纷提起的诉讼，可以由被保险人住所地人民法院管辖。

第二十二条 因股东名册记载、请求变更公司登记、股东知情权、公司决议、公司合并、公司分立、公司减资、公司增资等纠纷提起的诉讼，依照民事诉讼法第二十六条规定确定管辖。

第二十三条 债权人申请支付令，适用民事诉讼法第二十一条规定，由债务人住所地基层人民法院管辖。

第二十四条 民事诉讼法第二十八条规定的侵权行为地，包括侵权行为实施地、侵权结果发生地。

第二十五条 信息网络侵权行为实施地包括实施被诉侵权行为的计算机等信息设备所在地，侵权结果发生地包括被侵权人住所地。

第二十六条 因产品、服务质量不合格造成他人财产、人身损害提起的诉讼，产品制造地、产品销售地、服务提供地、侵权行为地和被告住所地人民法院都有管辖权。

第二十七条 当事人申请诉前保全后没有在法定期间起诉或者申请仲裁，给被申请人、利害关系人造成损失引起的诉讼，由采取保全措施的人民法院管辖。

当事人申请诉前保全后在法定期间内起诉或者申请仲裁，被申请人、利害关系人因保全受到损失提起的诉讼，由受理起诉的人民法院或者采取保全措施的人民法院管辖。

第二十八条 民事诉讼法第三十三条第一项规定的不动产纠纷是指因不动产的权利确认、分割、相邻关系等引起的物权纠纷。

农村土地承包经营合同纠纷、房屋租赁合同纠纷、建设工程施工合同纠纷、政策性房屋买卖合同纠纷，按照不动产纠纷确定管辖。

不动产已登记的，以不动产登记簿记载的所在地为不动产所在地；不动产未登记的，以不动产实际所在地为不动产所在地。

第二十九条 民事诉讼法第三十四条规定的书面协议，包括书面合同中的协议管辖条款或者诉讼前以书面形式达成的选择管辖的协议。

第三十条 根据管辖协议，起诉时能够确定管辖法院的，从其约定；不能确定的，依照民事诉讼法的相关规定确定管辖。

管辖协议约定两个以上与争议有实际联系的地点的人民法院管辖，原告可以向其中一个人民法院起诉。

第三十一条 经营者使用格式条款与消费者订立管辖协议，未采取合理方式提请消费者注意，消费者主张管辖协议无效的，人民法院应予支持。

第三十二条 管辖协议约定由一方当事人住所地人民法院管辖，协议签订后当事人住所地变更的，由签订管辖协议时的住所地人民法院管辖，但当事人另有约定的除外。

第三十三条　合同转让的，合同的管辖协议对合同受让人有效，但转让时受让人不知道有管辖协议，或者转让协议另有约定且原合同相对人同意的除外。

第三十四条　当事人因同居或者在解除婚姻、收养关系后发生财产争议，约定管辖的，可以适用民事诉讼法第三十四条规定确定管辖。

第三十五条　当事人在答辩期间届满后未应诉答辩，人民法院在一审开庭前，发现案件不属于本院管辖的，应当裁定移送有管辖权的人民法院。

第三十六条　两个以上人民法院都有管辖权的诉讼，先立案的人民法院不得将案件移送给另一个有管辖权的人民法院。人民法院在立案前发现其他有管辖权的人民法院已先立案的，不得重复立案；立案后发现其他有管辖权的人民法院已先立案的，裁定将案件移送给先立案的人民法院。

第三十七条　案件受理后，受诉人民法院的管辖权不受当事人住所地、经常居住地变更的影响。

第三十八条　有管辖权的人民法院受理案件后，不得以行政区域变更为由，将案件移送给变更后有管辖权的人民法院。判决后的上诉案件和依审判监督程序提审的案件，由原审人民法院的上级人民法院进行审判；上级人民法院指令再审、发回重审的案件，由原审人民法院再审或者重审。

第三十九条　人民法院对管辖异议审查后确定有管辖权的，不因当事人提起反诉、增加或者变更诉讼请求等改变管辖，但违反级别管辖、专属管辖规定的除外。

人民法院发回重审或者按第一审程序再审的案件，当事人提出管辖异议的，人民法院不予审查。

第四十条　依照民事诉讼法第三十七条第二款规定，发生管辖权争议的两个人民法院因协商不成报请它们的共同上级人民法院指定管辖时，双方为同属一个地、市辖区的基层人民法院的，由该地、市的中级人民法院及时指定管辖；同属一个省、自治区、直辖市的两个人民法院的，由该省、自治区、直辖市的高级人民法院及时指定管辖；双方为跨省、自治区、直辖市的人民法院，高级人民法院协商不成的，由最高人民法院及时指定管辖。

依照前款规定报请上级人民法院指定管辖时，应当逐级进行。

第四十一条　人民法院依照民事诉讼法第三十七条第二款规定指定管辖的，应当作出裁定。

对报请上级人民法院指定管辖的案件，下级人民法院应当中止审理。指定管辖裁定作出前，下级人民法院对案件作出判决、裁定的，上级人民法院应当在裁定指定管辖的同时，一并撤销下级人民法院的判决、裁定。

第四十二条　下列第一审民事案件，人民法院依照民事诉讼法第三十八条第一款规定，可以在开庭前交下级人民法院审理：

（一）破产程序中有关债务人的诉讼案件；

（二）当事人人数众多且不方便诉讼的案件；

（三）最高人民法院确定的其他类型案件。

人民法院交下级人民法院审理前，应当报请其上级人民法院批准。上级人民法院批准后，人民法院应当裁定将案件交下级人民法院审理。

二、回避

第四十三条　审判人员有下列情形之一的，应当自行回避，当事人有权申请其回避：

（一）是本案当事人或者当事人近亲属的；

（二）本人或者其近亲属与本案有利害关系的；

（三）担任过本案的证人、鉴定人、辩护人、诉讼代理人、翻译人员的；

（四）是本案诉讼代理人近亲属的；

（五）本人或者其近亲属持有本案非上市公司当事人的股份或者股权的；

（六）与本案当事人或者诉讼代理人有其他利害关系，可能影响公正审理的。

第四十四条 审判人员有下列情形之一的，当事人有权申请其回避：

（一）接受本案当事人及其受托人宴请，或者参加由其支付费用的活动的；

（二）索取、接受本案当事人及其受托人财物或者其他利益的；

（三）违反规定会见本案当事人、诉讼代理人的；

（四）为本案当事人推荐、介绍诉讼代理人，或者为律师、其他人员介绍代理本案的；

（五）向本案当事人及其受托人借用款物的；

（六）有其他不正当行为，可能影响公正审理的。

第四十五条 在一个审判程序中参与过本案审判工作的审判人员，不得再参与该案其他程序的审判。

发回重审的案件，在一审法院作出裁判后又进入第二审程序的，原第二审程序中合议庭组成人员不受前款规定的限制。

第四十六条 审判人员有应当回避的情形，没有自行回避，当事人也没有申请其回避的，由院长或者审判委员会决定其回避。

第四十七条 人民法院应当依法告知当事人对合议庭组成人员、独任审判员和书记员等人员有申请回避的权利。

第四十八条 民事诉讼法第四十四条所称的审判人员，包括参与本案审理的人民法院院长、副院长、审判委员会委员、庭长、副庭长、审判员、助理审判员和人民陪审员。

第四十九条 书记员和执行员适用审判人员回避的有关规定。

三、诉讼参加人

第五十条 法人的法定代表人以依法登记的为准，但法律另有规定的除外。依法不需要办理登记的法人，以其正职负责人为法定代表人；没有正职负责人的，以其主持工作的副职负责人为法定代表人。

法定代表人已经变更，但未完成登记，变更后的法定代表人要求代表法人参加诉讼的，人民法院可以准许。

其他组织，以其主要负责人为代表人。

第五十一条 在诉讼中，法人的法定代表人变更的，由新的法定代表人继续进行诉讼，并应向人民法院提交新的法定代表人身份证明书。原法定代表人进行的诉讼行为有效。

前款规定，适用于其他组织参加的诉讼。

第五十二条 民事诉讼法第四十八条规定的其他组织是指合法成立、有一定的组织机构和财产，但又不具备法人资格的组织，包括：

（一）依法登记领取营业执照的个人独资企业；

（二）依法登记领取营业执照的合伙企业；

（三）依法登记领取我国营业执照的中外合作经营企业、外资企业；

（四）依法成立的社会团体的分支机构、代表机构；

（五）依法设立并领取营业执照的法人的分支机构；

（六）依法设立并领取营业执照的商业银行、政策性银行和非银行金融机构的分支机构；

（七）经依法登记领取营业执照的乡镇企业、街道企业；

（八）其他符合本条规定条件的组织。

第五十三条　法人非依法设立的分支机构，或者虽依法设立，但没有领取营业执照的分支机构，以设立该分支机构的法人为当事人。

第五十四条　以挂靠形式从事民事活动，当事人请求由挂靠人和被挂靠人依法承担民事责任的，该挂靠人和被挂靠人为共同诉讼人。

第五十五条　在诉讼中，一方当事人死亡，需要等待继承人表明是否参加诉讼的，裁定中止诉讼。人民法院应当及时通知继承人作为当事人承担诉讼，被继承人已经进行的诉讼行为对承担诉讼的继承人有效。

第五十六条　法人或者其他组织的工作人员执行工作任务造成他人损害的，该法人或者其他组织为当事人。

第五十七条　提供劳务一方因劳务造成他人损害，受害人提起诉讼的，以接受劳务一方为被告。

第五十八条　在劳务派遣期间，被派遣的工作人员因执行工作任务造成他人损害的，以接受劳务派遣的用工单位为当事人。当事人主张劳务派遣单位承担责任的，该劳务派遣单位为共同被告。

第五十九条　在诉讼中，个体工商户以营业执照上登记的经营者为当事人。有字号的，以营业执照上登记的字号为当事人，但应同时注明该字号经营者的基本信息。

营业执照上登记的经营者与实际经营者不一致的，以登记的经营者和实际经营者为共同诉讼人。

第六十条　在诉讼中，未依法登记领取营业执照的个人合伙的全体合伙人为共同诉讼人。个人合伙有依法核准登记的字号的，应在法律文书中注明登记的字号。全体合伙人可以推选代表人；被推选的代表人，应由全体合伙人出具推选书。

第六十一条　当事人之间的纠纷经人民调解委员会调解达成协议后，一方当事人不履行调解协议，另一方当事人向人民法院提起诉讼的，应以对方当事人为被告。

第六十二条　下列情形，以行为人为当事人：

（一）法人或者其他组织应登记而未登记，行为人即以该法人或者其他组织名义进行民事活动的；

（二）行为人没有代理权、超越代理权或者代理权终止后以被代理人名义进行民事活动的，但相对人有理由相信行为人有代理权的除外；

（三）法人或者其他组织依法终止后，行为人仍以其名义进行民事活动的。

第六十三条　企业法人合并的，因合并前的民事活动发生的纠纷，以合并后的企业为当事人；企业法人分立的，因分立前的民事活动发生的纠纷，以分立后的企业为共同诉讼人。

第六十四条　企业法人解散的，依法清算并注销前，以该企业法人为当事人；未依法清算即被注销的，以该企业法人的股东、发起人或者出资人为当事人。

第六十五条 借用业务介绍信、合同专用章、盖章的空白合同书或者银行账户的，出借单位和借用人为共同诉讼人。

第六十六条 因保证合同纠纷提起的诉讼，债权人向保证人和被保证人一并主张权利的，人民法院应当将保证人和被保证人列为共同被告。保证合同约定为一般保证，债权人仅起诉保证人的，人民法院应当通知被保证人作为共同被告参加诉讼；债权人仅起诉被保证人的，可以只列被保证人为被告。

第六十七条 无民事行为能力人、限制民事行为能力人造成他人损害的，无民事行为能力人、限制民事行为能力人和其监护人为共同被告。

第六十八条 村民委员会或者村民小组与他人发生民事纠纷的，村民委员会或者有独立财产的村民小组为当事人。

第六十九条 对侵害死者遗体、遗骨以及姓名、肖像、名誉、荣誉、隐私等行为提起诉讼的，死者的近亲属为当事人。

第七十条 在继承遗产的诉讼中，部分继承人起诉的，人民法院应通知其他继承人作为共同原告参加诉讼；被通知的继承人不愿意参加诉讼又未明确表示放弃实体权利的，人民法院仍应将其列为共同原告。

第七十一条 原告起诉被代理人和代理人，要求承担连带责任的，被代理人和代理人为共同被告。

第七十二条 共有财产权受到他人侵害，部分共有权人起诉的，其他共有权人为共同诉讼人。

第七十三条 必须共同进行诉讼的当事人没有参加诉讼的，人民法院应当依照民事诉讼法第一百三十二条的规定，通知其参加；当事人也可以向人民法院申请追加。人民法院对当事人提出的申请，应当进行审查，申请理由不成立的，裁定驳回；申请理由成立的，书面通知被追加的当事人参加诉讼。

第七十四条 人民法院追加共同诉讼的当事人时，应当通知其他当事人。应当追加的原告，已明确表示放弃实体权利的，可不予追加；既不愿意参加诉讼，又不放弃实体权利的，仍应追加为共同原告，其不参加诉讼，不影响人民法院对案件的审理和依法作出判决。

第七十五条 民事诉讼法第五十三条、第五十四条和第一百九十九条规定的人数众多，一般指十人以上。

第七十六条 依照民事诉讼法第五十三条规定，当事人一方人数众多在起诉时确定的，可以由全体当事人推选共同的代表人，也可以由部分当事人推选自己的代表人；推选不出代表人的当事人，在必要的共同诉讼中可以自己参加诉讼，在普通的共同诉讼中可以另行起诉。

第七十七条 根据民事诉讼法第五十四条规定，当事人一方人数众多在起诉时不确定的，由当事人推选代表人。当事人推选不出的，可以由人民法院提出人选与当事人协商；协商不成的，也可以由人民法院在起诉的当事人中指定代表人。

第七十八条 民事诉讼法第五十三条和第五十四条规定的代表人为二至五人，每位代表人可以委托一至二人作为诉讼代理人。

第七十九条 依照民事诉讼法第五十四条规定受理的案件，人民法院可以发出公告，通知权利人向人民法院登记。公告期间根据案件的具体情况确定，但不得少于三十日。

第八十条　根据民事诉讼法第五十四条规定向人民法院登记的权利人，应当证明其与对方当事人的法律关系和所受到的损害。证明不了的，不予登记，权利人可以另行起诉。人民法院的裁判在登记的范围内执行。未参加登记的权利人提起诉讼，人民法院认定其请求成立的，裁定适用人民法院已作出的判决、裁定。

第八十一条　根据民事诉讼法第五十六条的规定，有独立请求权的第三人有权向人民法院提出诉讼请求和事实、理由，成为当事人；无独立请求权的第三人，可以申请或者由人民法院通知参加诉讼。

第一审程序中未参加诉讼的第三人，申请参加第二审程序的，人民法院可以准许。

第八十二条　在一审诉讼中，无独立请求权的第三人无权提出管辖异议，无权放弃、变更诉讼请求或者申请撤诉，被判决承担民事责任的，有权提起上诉。

第八十三条　在诉讼中，无民事行为能力人、限制民事行为能力人的监护人是他的法定代理人。事先没有确定监护人的，可以由有监护资格的人协商确定；协商不成的，由人民法院在他们之中指定诉讼中的法定代理人。当事人没有民法通则第十六条第一款、第二款或者第十七条第一款规定的监护人的，可以指定该法第十六条第四款或者第十七条第三款规定的有关组织担任诉讼中的法定代理人。

第八十四条　无民事行为能力人、限制民事行为能力人以及其他依法不能作为诉讼代理人的，当事人不得委托其作为诉讼代理人。

第八十五条　根据民事诉讼法第五十八条第二款第二项规定，与当事人有夫妻、直系血亲、三代以内旁系血亲、近姻亲关系以及其他有抚养、赡养关系的亲属，可以当事人近亲属的名义作为诉讼代理人。

第八十六条　根据民事诉讼法第五十八条第二款第二项规定，与当事人有合法劳动人事关系的职工，可以当事人工作人员的名义作为诉讼代理人。

第八十七条　根据民事诉讼法第五十八条第二款第三项规定，有关社会团体推荐公民担任诉讼代理人的，应当符合下列条件：

（一）社会团体属于依法登记设立或者依法免予登记设立的非营利性法人组织；

（二）被代理人属于该社会团体的成员，或者当事人一方住所地位于该社会团体的活动地域；

（三）代理事务属于该社会团体章程载明的业务范围；

（四）被推荐的公民是该社会团体的负责人或者与该社会团体有合法劳动人事关系的工作人员。

专利代理人经中华全国专利代理人协会推荐，可以在专利纠纷案件中担任诉讼代理人。

第八十八条　诉讼代理人除根据民事诉讼法第五十九条规定提交授权委托书外，还应当按照下列规定向人民法院提交相关材料：

（一）律师应当提交律师执业证、律师事务所证明材料；

（二）基层法律服务工作者应当提交法律服务工作者执业证、基层法律服务所出具的介绍信以及当事人一方位于本辖区内的证明材料；

（三）当事人的近亲属应当提交身份证件和与委托人有近亲属关系的证明材料；

（四）当事人的工作人员应当提交身份证件和与当事人有合法劳动人事关系的证明材料；

（五）当事人所在社区、单位推荐的公民应当提交身份证件、推荐材料和当事人属于该社区、单位的证明材料；

（六）有关社会团体推荐的公民应当提交身份证件和符合本解释第八十七条规定条件的证明材料。

第八十九条 当事人向人民法院提交的授权委托书，应当在开庭审理前送交人民法院。授权委托书仅写"全权代理"而无具体授权的，诉讼代理人无权代为承认、放弃、变更诉讼请求，进行和解，提出反诉或者提起上诉。

适用简易程序审理的案件，双方当事人同时到庭并径行开庭审理的，可以当场口头委托诉讼代理人，由人民法院记入笔录。

四、证据

第九十条 当事人对自己提出的诉讼请求所依据的事实或者反驳对方诉讼请求所依据的事实，应当提供证据加以证明，但法律另有规定的除外。

在作出判决前，当事人未能提供证据或者证据不足以证明其事实主张的，由负有举证证明责任的当事人承担不利的后果。

第九十一条 人民法院应当依照下列原则确定举证证明责任的承担，但法律另有规定的除外：

（一）主张法律关系存在的当事人，应当对产生该法律关系的基本事实承担举证证明责任；

（二）主张法律关系变更、消灭或者权利受到妨害的当事人，应当对该法律关系变更、消灭或者权利受到妨害的基本事实承担举证证明责任。

第九十二条 一方当事人在法庭审理中，或者在起诉状、答辩状、代理词等书面材料中，对于己不利的事实明确表示承认的，另一方当事人无需举证证明。

对于涉及身份关系、国家利益、社会公共利益等应当由人民法院依职权调查的事实，不适用前款自认的规定。

自认的事实与查明的事实不符的，人民法院不予确认。

第九十三条 下列事实，当事人无须举证证明：

（一）自然规律以及定理、定律；

（二）众所周知的事实；

（三）根据法律规定推定的事实；

（四）根据已知的事实和日常生活经验法则推定出的另一事实；

（五）已为人民法院发生法律效力的裁判所确认的事实；

（六）已为仲裁机构生效裁决所确认的事实；

（七）已为有效公证文书所证明的事实。

前款第二项至第四项规定的事实，当事人有相反证据足以反驳的除外；第五项至第七项规定的事实，当事人有相反证据足以推翻的除外。

第九十四条 民事诉讼法第六十四条第二款规定的当事人及其诉讼代理人因客观原因不能自行收集的证据包括：

（一）证据由国家有关部门保存，当事人及其诉讼代理人无权查阅调取的；

（二）涉及国家秘密、商业秘密或者个人隐私的；

（三）当事人及其诉讼代理人因客观原因不能自行收集的其他证据。

当事人及其诉讼代理人因客观原因不能自行收集的证据，可以在举证期限届满前书面申请人民法院调查收集。

第九十五条 当事人申请调查收集的证据，与待证事实无关联、对证明待证事实无意义或者其他无调查收集必要的，人民法院不予准许。

第九十六条 民事诉讼法第六十四条第二款规定的人民法院认为审理案件需要的证据包括：

（一）涉及可能损害国家利益、社会公共利益的；

（二）涉及身份关系的；

（三）涉及民事诉讼法第五十五条规定诉讼的；

（四）当事人有恶意串通损害他人合法权益可能的；

（五）涉及依职权追加当事人、中止诉讼、终结诉讼、回避等程序性事项的。

除前款规定外，人民法院调查收集证据，应当依照当事人的申请进行。

第九十七条 人民法院调查收集证据，应当由两人以上共同进行。调查材料要由调查人、被调查人、记录人签名、捺印或者盖章。

第九十八条 当事人根据民事诉讼法第八十一条第一款规定申请证据保全的，可以在举证期限届满前书面提出。

证据保全可能对他人造成损失的，人民法院应当责令申请人提供相应的担保。

第九十九条 人民法院应当在审理前的准备阶段确定当事人的举证期限。举证期限可以由当事人协商，并经人民法院准许。

人民法院确定举证期限，第一审普通程序案件不得少于十五日，当事人提供新的证据的第二审案件不得少于十日。

举证期限届满后，当事人对已经提供的证据，申请提供反驳证据或者对证据来源、形式等方面的瑕疵进行补正的，人民法院可以酌情再次确定举证期限，该期限不受前款规定的限制。

第一百条 当事人申请延长举证期限的，应当在举证期限届满前向人民法院提出书面申请。

申请理由成立的，人民法院应当准许，适当延长举证期限，并通知其他当事人。延长的举证期限适用于其他当事人。

申请理由不成立的，人民法院不予准许，并通知申请人。

第一百零一条 当事人逾期提供证据的，人民法院应当责令其说明理由，必要时可以要求其提供相应的证据。

当事人因客观原因逾期提供证据，或者对方当事人对逾期提供证据未提出异议的，视为未逾期。

第一百零二条 当事人因故意或者重大过失逾期提供的证据，人民法院不予采纳。但该证据与案件基本事实有关的，人民法院应当采纳，并依照民事诉讼法第六十五条、第一百一十五条第一款的规定予以训诫、罚款。

当事人非因故意或者重大过失逾期提供的证据，人民法院应当采纳，并对当事人予以训诫。

当事人一方要求另一方赔偿因逾期提供证据致使其增加的交通、住宿、就餐、误工、证人出庭作证等必要费用的，人民法院可予支持。

第一百零三条 证据应当在法庭上出示，由当事人互相质证。未经当事人质证的证据，不得作为认定案件事实的根据。

当事人在审理前的准备阶段认可的证据，经审判人员在庭审中说明后，视为质证过的证据。

涉及国家秘密、商业秘密、个人隐私或者法律规定应当保密的证据，不得公开质证。

第一百零四条 人民法院应当组织当事人围绕证据的真实性、合法性以及与待证事实的关联性进行质证，并针对证据有无证明力和证明力大小进行说明和辩论。

能够反映案件真实情况、与待证事实相关联、来源和形式符合法律规定的证据，应当作为认定案件事实的根据。

第一百零五条 人民法院应当按照法定程序，全面、客观地审核证据，依照法律规定，运用逻辑推理和日常生活经验法则，对证据有无证明力和证明力大小进行判断，并公开判断的理由和结果。

第一百零六条 对以严重侵害他人合法权益、违反法律禁止性规定或者严重违背公序良俗的方法形成或者获取的证据，不得作为认定案件事实的根据。

第一百零七条 在诉讼中，当事人为达成调解协议或者和解协议作出妥协而认可的事实，不得在后续的诉讼中作为对其不利的根据，但法律另有规定或者当事人均同意的除外。

第一百零八条 对负有举证证明责任的当事人提供的证据，人民法院经审查并结合相关事实，确信待证事实的存在具有高度可能性的，应当认定该事实存在。

对一方当事人为反驳负有举证证明责任的当事人所主张事实而提供的证据，人民法院经审查并结合相关事实，认为待证事实真伪不明的，应当认定该事实不存在。

法律对于待证事实所应达到的证明标准另有规定的，从其规定。

第一百零九条 当事人对欺诈、胁迫、恶意串通事实的证明，以及对口头遗嘱或者赠与事实的证明，人民法院确信该待证事实存在的可能性能够排除合理怀疑的，应当认定该事实存在。

第一百一十条 人民法院认为有必要的，可以要求当事人本人到庭，就案件有关事实接受询问。在询问当事人之前，可以要求其签署保证书。

保证书应当载明据实陈述、如有虚假陈述愿意接受处罚等内容。当事人应当在保证书上签名或者捺印。

负有举证证明责任的当事人拒绝到庭、拒绝接受询问或者拒绝签署保证书，待证事实又欠缺其他证据证明的，人民法院对其主张的事实不予认定。

第一百一十一条 民事诉讼法第七十条规定的提交书证原件确有困难，包括下列情形：

（一）书证原件遗失、灭失或者毁损的；

（二）原件在对方当事人控制之下，经合法通知提交而拒不提交的；

（三）原件在他人控制之下，而其有权不提交的；

（四）原件因篇幅或者体积过大而不便提交的；

（五）承担举证证明责任的当事人通过申请人民法院调查收集或者其他方式无法获得书证原件的。

前款规定情形，人民法院应当结合其他证据和案件具体情况，审查判断书证复制品等能否作为认定案件事实的根据。

第一百一十二条　书证在对方当事人控制之下的，承担举证证明责任的当事人可以在举证期限届满前书面申请人民法院责令对方当事人提交。

申请理由成立的，人民法院应当责令对方当事人提交，因提交书证所产生的费用，由申请人负担。对方当事人无正当理由拒不提交的，人民法院可以认定申请人所主张的书证内容为真实。

第一百一十三条　持有书证的当事人以妨碍对方当事人使用为目的，毁灭有关书证或者实施其他致使书证不能使用行为的，人民法院可以依照民事诉讼法第一百一十一条规定，对其处以罚款、拘留。

第一百一十四条　国家机关或者其他依法具有社会管理职能的组织，在其职权范围内制作的文书所记载的事项推定为真实，但有相反证据足以推翻的除外。必要时，人民法院可以要求制作文书的机关或者组织对文书的真实性予以说明。

第一百一十五条　单位向人民法院提出的证明材料，应当由单位负责人及制作证明材料的人员签名或者盖章，并加盖单位印章。人民法院就单位出具的证明材料，可以向单位及制作证明材料的人员进行调查核实。必要时，可以要求制作证明材料的人员出庭作证。

单位及制作证明材料的人员拒绝人民法院调查核实，或者制作证明材料的人员无正当理由拒绝出庭作证的，该证明材料不得作为认定案件事实的根据。

第一百一十六条　视听资料包括录音资料和影像资料。

电子数据是指通过电子邮件、电子数据交换、网上聊天记录、博客、微博客、手机短信、电子签名、域名等形成或者存储在电子介质中的信息。

存储在电子介质中的录音资料和影像资料，适用电子数据的规定。

第一百一十七条　当事人申请证人出庭作证的，应当在举证期限届满前提出。

符合本解释第九十六条第一款规定情形的，人民法院可以依职权通知证人出庭作证。

未经人民法院通知，证人不得出庭作证，但双方当事人同意并经人民法院准许的除外。

第一百一十八条　民事诉讼法第七十四条规定的证人因履行出庭作证义务而支出的交通、住宿、就餐等必要费用，按照机关事业单位工作人员差旅费用和补贴标准计算；误工损失按照国家上年度职工日平均工资标准计算。

人民法院准许证人出庭作证申请的，应当通知申请人预缴证人出庭作证费用。

第一百一十九条　人民法院在证人出庭作证前应当告知其如实作证的义务以及作伪证的法律后果，并责令其签署保证书，但无民事行为能力人和限制民事行为能力人除外。

证人签署保证书适用本解释关于当事人签署保证书的规定。

第一百二十条　证人拒绝签署保证书的，不得作证，并自行承担相关费用。

第一百二十一条　当事人申请鉴定，可以在举证期限届满前提出。申请鉴定的事项与待证事实无关联，或者对证明待证事实无意义的，人民法院不予准许。

人民法院准许当事人鉴定申请的，应当组织双方当事人协商确定具备相应资格的鉴定人。当事人协商不成的，由人民法院指定。

符合依职权调查收集证据条件的，人民法院应当依职权委托鉴定，在询问当事人的意见后，指定具备相应资格的鉴定人。

第一百二十二条 当事人可以依照民事诉讼法第七十九条的规定，在举证期限届满前申请一至二名具有专门知识的人出庭，代表当事人对鉴定意见进行质证，或者对案件事实所涉及的专业问题提出意见。

具有专门知识的人在法庭上就专业问题提出的意见，视为当事人的陈述。

人民法院准许当事人申请的，相关费用由提出申请的当事人负担。

第一百二十三条 人民法院可以对出庭的具有专门知识的人进行询问。经法庭准许，当事人可以对出庭的具有专门知识的人进行询问，当事人各自申请的具有专门知识的人可以就案件中的有关问题进行对质。

具有专门知识的人不得参与专业问题之外的法庭审理活动。

第一百二十四条 人民法院认为有必要的，可以根据当事人的申请或者依职权对物证或者现场进行勘验。勘验时应当保护他人的隐私和尊严。

人民法院可以要求鉴定人参与勘验。必要时，可以要求鉴定人在勘验中进行鉴定。

五、期间和送达

第一百二十五条 依照民事诉讼法第八十二条第二款规定，民事诉讼中以时起算的期间从次时起算；以日、月、年计算的期间从次日起算。

第一百二十六条 民事诉讼法第一百二十三条规定的立案期限，因起诉状内容欠缺通知原告补正的，从补正后交人民法院的次日起算。由上级人民法院转交下级人民法院立案的案件，从受诉人民法院收到起诉状的次日起算。

第一百二十七条 民事诉讼法第五十六条第三款、第二百零五条以及本解释第三百七十四条、第三百八十四条、第四百零一条、第四百二十二条、第四百二十三条规定的六个月，民事诉讼法第二百二十三条规定的一年，为不变期间，不适用诉讼时效中止、中断、延长的规定。

第一百二十八条 再审案件按照第一审程序或者第二审程序审理的，适用民事诉讼法第一百四十九条、第一百七十六条规定的审限。审限自再审立案的次日起算。

第一百二十九条 对申请再审案件，人民法院应当自受理之日起三个月内审查完毕，但公告期间、当事人和解期间等不计入审查期限。有特殊情况需要延长的，由本院院长批准。

第一百三十条 向法人或者其他组织送达诉讼文书，应当由法人的法定代表人、该组织的主要负责人或者办公室、收发室、值班室等负责收件的人签收或者盖章，拒绝签收或者盖章的，适用留置送达。

民事诉讼法第八十六条规定的有关基层组织和所在单位的代表，可以是受送达人住所地的居民委员会、村民委员会的工作人员以及受送达人所在单位的工作人员。

第一百三十一条 人民法院直接送达诉讼文书的，可以通知当事人到人民法院领取。当事人到达人民法院，拒绝签署送达回证的，视为送达。审判人员、书记员应当在送达回证上注明送达情况并签名。

人民法院可以在当事人住所地以外向当事人直接送达诉讼文书。当事人拒绝签署送达回证的，采用拍照、录像等方式记录送达过程即视为送达。审判人员、书记员应当在送达回证上注明送达情况并签名。

第一百三十二条 受送达人有诉讼代理人的，人民法院既可以向受送达人送达，也可以向其诉讼代理人送达。受送达人指定诉讼代理人为代收人的，向诉讼代理人送达时，适用留置送达。

第一百三十三条　调解书应当直接送达当事人本人，不适用留置送达。当事人本人因故不能签收的，可由其指定的代收人签收。

第一百三十四条　依照民事诉讼法第八十八条规定，委托其他人民法院代为送达的，委托法院应当出具委托函，并附需要送达的诉讼文书和送达回证，以受送达人在送达回证上签收的日期为送达日期。

委托送达的，受委托人民法院应当自收到委托函及相关诉讼文书之日起十日内代为送达。

第一百三十五条　电子送达可以采用传真、电子邮件、移动通信等即时收悉的特定系统作为送达媒介。

民事诉讼法第八十七条第二款规定的到达受送达人特定系统的日期，为人民法院对应系统显示发送成功的日期，但受送达人证明到达其特定系统的日期与人民法院对应系统显示发送成功的日期不一致的，以受送达人证明到达其特定系统的日期为准。

第一百三十六条　受送达人同意采用电子方式送达的，应当在送达地址确认书中予以确认。

第一百三十七条　当事人在提起上诉、申请再审、申请执行时未书面变更送达地址的，其在第一审程序中确认的送达地址可以作为第二审程序、审判监督程序、执行程序的送达地址。

第一百三十八条　公告送达可以在法院的公告栏和受送达人住所地张贴公告，也可以在报纸、信息网络等媒体上刊登公告，发出公告日期以最后张贴或者刊登的日期为准。对公告送达方式有特殊要求的，应当按要求的方式进行。公告期满，即视为送达。

人民法院在受送达人住所地张贴公告的，应当采取拍照、录像等方式记录张贴过程。

第一百三十九条　公告送达应当说明公告送达的原因；公告送达起诉状或者上诉状副本的，应当说明起诉或者上诉要点，受送达人答辩期限及逾期不答辩的法律后果；公告送达传票，应当说明出庭的时间和地点及逾期不出庭的法律后果；公告送达判决书、裁定书的，应当说明裁判主要内容，当事人有权上诉的，还应当说明上诉权利、上诉期限和上诉的人民法院。

第一百四十条　适用简易程序的案件，不适用公告送达。

第一百四十一条　人民法院在定期宣判时，当事人拒不签收判决书、裁定书的，应视为送达，并在宣判笔录中记明。

六、调解

第一百四十二条　人民法院受理案件后，经审查，认为法律关系明确、事实清楚，在征得当事人双方同意后，可以径行调解。

第一百四十三条　适用特别程序、督促程序、公示催告程序的案件，婚姻等身份关系确认案件以及其他根据案件性质不能进行调解的案件，不得调解。

第一百四十四条　人民法院审理民事案件，发现当事人之间恶意串通，企图通过和解、调解方式侵害他人合法权益的，应当依照民事诉讼法第一百一十二条的规定处理。

第一百四十五条　人民法院审理民事案件，应当根据自愿、合法的原则进行调解。当事人一方或者双方坚持不愿调解的，应当及时裁判。

人民法院审理离婚案件，应当进行调解，但不应久调不决。

第一百四十六条 人民法院审理民事案件，调解过程不公开，但当事人同意公开的除外。

调解协议内容不公开，但为保护国家利益、社会公共利益、他人合法权益，人民法院认为确有必要公开的除外。

主持调解以及参与调解的人员，对调解过程以及调解过程中获悉的国家秘密、商业秘密、个人隐私和其他不宜公开的信息，应当保守秘密，但为保护国家利益、社会公共利益、他人合法权益的除外。

第一百四十七条 人民法院调解案件时，当事人不能出庭的，经其特别授权，可由其委托代理人参加调解，达成的调解协议，可由委托代理人签名。

离婚案件当事人确因特殊情况无法出庭参加调解的，除本人不能表达意志的以外，应当出具书面意见。

第一百四十八条 当事人自行和解或者调解达成协议后，请求人民法院按照和解协议或者调解协议的内容制作判决书的，人民法院不予准许。

无民事行为能力人的离婚案件，由其法定代理人进行诉讼。法定代理人与对方达成协议要求发给判决书的，可根据协议内容制作判决书。

第一百四十九条 调解书需经当事人签收后才发生法律效力的，应当以最后收到调解书的当事人签收的日期为调解书生效日期。

第一百五十条 人民法院调解民事案件，需由无独立请求权的第三人承担责任的，应当经其同意。该第三人在调解书送达前反悔的，人民法院应当及时裁判。

第一百五十一条 根据民事诉讼法第九十八条第一款第四项规定，当事人各方同意在调解协议上签名或者盖章后即发生法律效力的，经人民法院审查确认后，应当记入笔录或者将调解协议附卷，并由当事人、审判人员、书记员签名或者盖章后即具有法律效力。

前款规定情形，当事人请求制作调解书的，人民法院审查确认后可以制作调解书送交当事人。当事人拒收调解书的，不影响调解协议的效力。

七、保全和先予执行

第一百五十二条 人民法院依照民事诉讼法第一百条、第一百零一条规定，在采取诉前保全、诉讼保全措施时，责令利害关系人或者当事人提供担保的，应当书面通知。

利害关系人申请诉前保全的，应当提供担保。申请诉前财产保全的，应当提供相当于请求保全数额的担保；情况特殊的，人民法院可以酌情处理。申请诉前行为保全的，担保的数额由人民法院根据案件的具体情况决定。

在诉讼中，人民法院依申请或者依职权采取保全措施的，应当根据案件的具体情况，决定当事人是否应当提供担保以及担保的数额。

第一百五十三条 人民法院对季节性商品、鲜活、易腐烂变质以及其他不宜长期保存的物品采取保全措施时，可以责令当事人及时处理，由人民法院保存价款；必要时，人民法院可予以变卖，保存价款。

第一百五十四条 人民法院在财产保全中采取查封、扣押、冻结财产措施时，应当妥善保管被查封、扣押、冻结的财产。不宜由人民法院保管的，人民法院可以指定被保全人负责保管；不宜由被保全人保管的，可以委托他人或者申请保全人保管。

查封、扣押、冻结担保物权人占有的担保财产，一般由担保物权人保管；由人民法院保管的，质权、留置权不因采取保全措施而消灭。

第一百五十五条　由人民法院指定被保全人保管的财产，如果继续使用对该财产的价值无重大影响，可以允许被保全人继续使用；由人民法院保管或者委托他人、申请保全人保管的财产，人民法院和其他保管人不得使用。

第一百五十六条　人民法院采取财产保全的方法和措施，依照执行程序相关规定办理。

第一百五十七条　人民法院对抵押物、质押物、留置物可以采取财产保全措施，但不影响抵押权人、质权人、留置权人的优先受偿权。

第一百五十八条　人民法院对债务人到期应得的收益，可以采取财产保全措施，限制其支取，通知有关单位协助执行。

第一百五十九条　债务人的财产不能满足保全请求，但对他人有到期债权的，人民法院可以依债权人的申请裁定该他人不得对本案债务人清偿。该他人要求偿付的，由人民法院提存财物或者价款。

第一百六十条　当事人向采取诉前保全措施以外的其他有管辖权的人民法院起诉的，采取诉前保全措施的人民法院应当将保全手续移送受理案件的人民法院。诉前保全的裁定视为受移送人民法院作出的裁定。

第一百六十一条　对当事人不服一审判决提起上诉的案件，在第二审人民法院接到报送的案件之前，当事人有转移、隐匿、出卖或者毁损财产等行为，必须采取保全措施的，由第一审人民法院依当事人申请或者依职权采取。第一审人民法院的保全裁定，应当及时报送第二审人民法院。

第一百六十二条　第二审人民法院裁定对第一审人民法院采取的保全措施予以续保或者采取新的保全措施的，可以自行实施，也可以委托第一审人民法院实施。

再审人民法院裁定对原保全措施予以续保或者采取新的保全措施的，可以自行实施，也可以委托原审人民法院或者执行法院实施。

第一百六十三条　法律文书生效后，进入执行程序前，债权人因对方当事人转移财产等紧急情况，不申请保全将可能导致生效法律文书不能执行或者难以执行的，可以向执行法院申请采取保全措施。债权人在法律文书指定的履行期间届满后五日内不申请执行的，人民法院应当解除保全。

第一百六十四条　对申请保全人或者他人提供的担保财产，人民法院应当依法办理查封、扣押、冻结等手续。

第一百六十五条　人民法院裁定采取保全措施后，除作出保全裁定的人民法院自行解除或者其上级人民法院决定解除外，在保全期限内，任何单位不得解除保全措施。

第一百六十六条　裁定采取保全措施后，有下列情形之一的，人民法院应当作出解除保全裁定：

（一）保全错误的；

（二）申请人撤回保全申请的；

（三）申请人的起诉或者诉讼请求被生效裁判驳回的；

（四）人民法院认为应当解除保全的其他情形。

解除以登记方式实施的保全措施的，应当向登记机关发出协助执行通知书。

第一百六十七条　财产保全的被保全人提供其他等值担保财产且有利于执行的，人民法院可以裁定变更保全标的物为被保全人提供的担保财产。

第一百六十八条 保全裁定未经人民法院依法撤销或者解除，进入执行程序后，自动转为执行中的查封、扣押、冻结措施，期限连续计算，执行法院无需重新制作裁定书，但查封、扣押、冻结期限届满的除外。

第一百六十九条 民事诉讼法规定的先予执行，人民法院应当在受理案件后终审判决作出前采取。先予执行应当限于当事人诉讼请求的范围，并以当事人的生活、生产经营的急需为限。

第一百七十条 民事诉讼法第一百零六条第三项规定的情况紧急，包括：

（一）需要立即停止侵害、排除妨碍的；

（二）需要立即制止某项行为的；

（三）追索恢复生产、经营急需的保险理赔费的；

（四）需要立即返还社会保险金、社会救助资金的；

（五）不立即返还款项，将严重影响权利人生活和生产经营的。

第一百七十一条 当事人对保全或者先予执行裁定不服的，可以自收到裁定书之日起五日内向作出裁定的人民法院申请复议。人民法院应当在收到复议申请后十日内审查。裁定正确的，驳回当事人的申请；裁定不当的，变更或者撤销原裁定。

第一百七十二条 利害关系人对保全或者先予执行的裁定不服申请复议的，由作出裁定的人民法院依照民事诉讼法第一百零八条规定处理。

第一百七十三条 人民法院先予执行后，根据发生法律效力的判决，申请人应当返还因先予执行所取得的利益的，适用民事诉讼法第二百三十三条的规定。

八、对妨害民事诉讼的强制措施

第一百七十四条 民事诉讼法第一百零九条规定的必须到庭的被告，是指负有赡养、抚育、扶养义务和不到庭就无法查清案情的被告。

人民法院对必须到庭才能查清案件基本事实的原告，经两次传票传唤，无正当理由拒不到庭的，可以拘传。

第一百七十五条 拘传必须用拘传票，并直接送达被拘传人；在拘传前，应当向被拘传人说明拒不到庭的后果，经批评教育仍拒不到庭的，可以拘传其到庭。

第一百七十六条 诉讼参与人或者其他人有下列行为之一的，人民法院可以适用民事诉讼法第一百一十条规定处理：

（一）未经准许进行录音、录像、摄影的；

（二）未经准许以移动通信等方式现场传播审判活动的；

（三）其他扰乱法庭秩序，妨害审判活动进行的。

有前款规定情形的，人民法院可以暂扣诉讼参与人或者其他人进行录音、录像、摄影、传播审判活动的器材，并责令其删除有关内容；拒不删除的，人民法院可以采取必要手段强制删除。

第一百七十七条 训诫、责令退出法庭由合议庭或者独任审判员决定。训诫的内容、被责令退出法庭者的违法事实应当记入庭审笔录。

第一百七十八条 人民法院依照民事诉讼法第一百一十条至第一百一十四条的规定采取拘留措施的，应经院长批准，作出拘留决定书，由司法警察将被拘留人送交当地公安机关看管。

第一百七十九条　被拘留人不在本辖区的，作出拘留决定的人民法院应当派员到被拘留人所在地的人民法院，请该院协助执行，受委托的人民法院应当及时派员协助执行。被拘留人申请复议或者在拘留期间承认并改正错误，需要提前解除拘留的，受委托人民法院应当向委托人民法院转达或者提出建议，由委托人民法院审查决定。

第一百八十条　人民法院对被拘留人采取拘留措施后，应当在二十四小时内通知其家属；确实无法按时通知或者通知不到的，应当记录在案。

第一百八十一条　因哄闹、冲击法庭，用暴力、威胁等方法抗拒执行公务等紧急情况，必须立即采取拘留措施的，可在拘留后，立即报告院长补办批准手续。院长认为拘留不当的，应当解除拘留。

第一百八十二条　被拘留人在拘留期间认错悔改的，可以责令其具结悔过，提前解除拘留。提前解除拘留，应报经院长批准，并作出提前解除拘留决定书，交负责看管的公安机关执行。

第一百八十三条　民事诉讼法第一百一十条至第一百一十三条规定的罚款、拘留可以单独适用，也可以合并适用。

第一百八十四条　对同一妨害民事诉讼行为的罚款、拘留不得连续适用。发生新的妨害民事诉讼行为的，人民法院可以重新予以罚款、拘留。

第一百八十五条　被罚款、拘留的人不服罚款、拘留决定申请复议的，应当自收到决定书之日起三日内提出。上级人民法院应当在收到复议申请后五日内作出决定，并将复议结果通知下级人民法院和当事人。

第一百八十六条　上级人民法院复议时认为强制措施不当的，应当制作决定书，撤销或者变更下级人民法院作出的拘留、罚款决定。情况紧急的，可以在口头通知后三日内发出决定书。

第一百八十七条　民事诉讼法第一百一十一条第一款第五项规定的以暴力、威胁或者其他方法阻碍司法工作人员执行职务的行为，包括：

（一）在人民法院哄闹、滞留，不听从司法工作人员劝阻的；

（二）故意毁损、抢夺人民法院法律文书、查封标志的；

（三）哄闹、冲击执行公务现场，围困、扣押执行或者协助执行公务人员的；

（四）毁损、抢夺、扣留案件材料、执行公务车辆、其他执行公务器械、执行公务人员服装和执行公务证件的；

（五）以暴力、威胁或者其他方法阻碍司法工作人员查询、查封、扣押、冻结、划拨、拍卖、变卖财产的；

（六）以暴力、威胁或者其他方法阻碍司法工作人员执行职务的其他行为。

第一百八十八条　民事诉讼法第一百一十一条第一款第六项规定的拒不履行人民法院已经发生法律效力的判决、裁定的行为，包括：

（一）在法律文书发生法律效力后隐藏、转移、变卖、毁损财产或者无偿转让财产、以明显不合理的价格交易财产、放弃到期债权、无偿为他人提供担保等，致使人民法院无法执行的；

（二）隐藏、转移、毁损或者未经人民法院允许处分已向人民法院提供担保的财产的；

（三）违反人民法院限制高消费令进行消费的；

（四）有履行能力而拒不按照人民法院执行通知履行生效法律文书确定的义务的；

（五）有义务协助执行的个人接到人民法院协助执行通知书后，拒不协助执行的。

第一百八十九条 诉讼参与人或者其他人有下列行为之一的，人民法院可以适用民事诉讼法第一百一十一条的规定处理：

（一）冒充他人提起诉讼或者参加诉讼的；

（二）证人签署保证书后作虚假证言，妨碍人民法院审理案件的；

（三）伪造、隐藏、毁灭或者拒绝交出有关被执行人履行能力的重要证据，妨碍人民法院查明被执行人财产状况的；

（四）擅自解冻已被人民法院冻结的财产的；

（五）接到人民法院协助执行通知书后，给当事人通风报信，协助其转移、隐匿财产的。

第一百九十条 民事诉讼法第一百一十二条规定的他人合法权益，包括案外人的合法权益、国家利益、社会公共利益。

第三人根据民事诉讼法第五十六条第三款规定提起撤销之诉，经审查，原案当事人之间恶意串通进行虚假诉讼的，适用民事诉讼法第一百一十二条规定处理。

第一百九十一条 单位有民事诉讼法第一百一十二条或者第一百一十三条规定行为的，人民法院应当对该单位进行罚款，并可以对其主要负责人或者直接责任人员予以罚款、拘留；构成犯罪的，依法追究刑事责任。

第一百九十二条 有关单位接到人民法院协助执行通知书后，有下列行为之一的，人民法院可以适用民事诉讼法第一百一十四条规定处理：

（一）允许被执行人高消费的；

（二）允许被执行人出境的；

（三）拒不停止办理有关财产权证照转移手续、权属变更登记、规划审批等手续的；

（四）以需要内部请示、内部审批，有内部规定等为由拖延办理的。

第一百九十三条 人民法院对个人或者单位采取罚款措施时，应当根据其实施妨害民事诉讼行为的性质、情节、后果，当地的经济发展水平，以及诉讼标的额等因素，在民事诉讼法第一百一十五条第一款规定的限额内确定相应的罚款金额。

九、诉讼费用

第一百九十四条 依照民事诉讼法第五十四条审理的案件不预交案件受理费，结案后按照诉讼标的额由败诉方交纳。

第一百九十五条 支付令失效后转入诉讼程序的，债权人应当按照《诉讼费用交纳办法》补交案件受理费。

支付令被撤销后，债权人另行起诉的，按照《诉讼费用交纳办法》交纳诉讼费用。

第一百九十六条 人民法院改变原判决、裁定、调解结果的，应当在裁判文书中对原审诉讼费用的负担一并作出处理。

第一百九十七条 诉讼标的物是证券的，按照证券交易规则并根据当事人起诉之日前最后一个交易日的收盘价、当日的市场价或者其载明的金额计算诉讼标的金额。

第一百九十八条 诉讼标的物是房屋、土地、林木、车辆、船舶、文物等特定物或者知识产权，起诉时价值难以确定的，人民法院应当向原告释明主张过高或者过低的诉讼风险，以原告主张的价值确定诉讼标的金额。

第一百九十九条　适用简易程序审理的案件转为普通程序的，原告自接到人民法院交纳诉讼费用通知之日起七日内补交案件受理费。

原告无正当理由未按期足额补交的，按撤诉处理，已经收取的诉讼费用退还一半。

第二百条　破产程序中有关债务人的民事诉讼案件，按照财产案件标准交纳诉讼费，但劳动争议案件除外。

第二百零一条　既有财产性诉讼请求，又有非财产性诉讼请求的，按照财产性诉讼请求的标准交纳诉讼费。

有多个财产性诉讼请求的，合并计算交纳诉讼费；诉讼请求中有多个非财产性诉讼请求的，按一件交纳诉讼费。

第二百零二条　原告、被告、第三人分别上诉的，按照上诉请求分别预交二审案件受理费。

同一方多人共同上诉的，只预交一份二审案件受理费；分别上诉的，按照上诉请求分别预交二审案件受理费。

第二百零三条　承担连带责任的当事人败诉的，应当共同负担诉讼费用。

第二百零四条　实现担保物权案件，人民法院裁定拍卖、变卖担保财产的，申请费由债务人、担保人负担；人民法院裁定驳回申请的，申请费由申请人负担。

申请人另行起诉的，其已经交纳的申请费可以从案件受理费中扣除。

第二百零五条　拍卖、变卖担保财产的裁定作出后，人民法院强制执行的，按照执行金额收取执行申请费。

第二百零六条　人民法院决定减半收取案件受理费的，只能减半一次。

第二百零七条　判决生效后，胜诉方预交但不应负担的诉讼费用，人民法院应当退还，由败诉方向人民法院交纳，但胜诉方自愿承担或者同意败诉方直接向其支付的除外。

当事人拒不交纳诉讼费用的，人民法院可以强制执行。

十、第一审普通程序

第二百零八条　人民法院接到当事人提交的民事起诉状时，对符合民事诉讼法第一百一十九条的规定，且不属于第一百二十四条规定情形的，应当登记立案；对当场不能判定是否符合起诉条件的，应当接收起诉材料，并出具注明收到日期的书面凭证。

需要补充必要相关材料的，人民法院应当及时告知当事人。在补齐相关材料后，应当在七日内决定是否立案。

立案后发现不符合起诉条件或者属于民事诉讼法第一百二十四条规定情形的，裁定驳回起诉。

第二百零九条　原告提供被告的姓名或者名称、住所等信息具体明确，足以使被告与他人相区别的，可以认定为有明确的被告。

起诉状列写被告信息不足以认定明确的被告的，人民法院可以告知原告补正。原告补正后仍不能确定明确的被告的，人民法院裁定不予受理。

第二百一十条　原告在起诉状中有谩骂和人身攻击之辞的，人民法院应当告知其修改后提起诉讼。

第二百一十一条　对本院没有管辖权的案件，告知原告向有管辖权的人民法院起诉；原告坚持起诉的，裁定不予受理；立案后发现本院没有管辖权的，应当将案件移送有管辖权的人民法院。

第二百一十二条　裁定不予受理、驳回起诉的案件，原告再次起诉，符合起诉条件且不属于民事诉讼法第一百二十四条规定情形的，人民法院应予受理。

第二百一十三条　原告应当预交而未预交案件受理费，人民法院应当通知其预交，通知后仍不预交或者申请减、缓、免未获批准而仍不预交的，裁定按撤诉处理。

第二百一十四条　原告撤诉或者人民法院按撤诉处理后，原告以同一诉讼请求再次起诉的，人民法院应予受理。

原告撤诉或者按撤诉处理的离婚案件，没有新情况、新理由，六个月内又起诉的，比照民事诉讼法第一百二十四条第七项的规定不予受理。

第二百一十五条　依照民事诉讼法第一百二十四条第二项的规定，当事人在书面合同中订有仲裁条款，或者在发生纠纷后达成书面仲裁协议，一方向人民法院起诉的，人民法院应当告知原告向仲裁机构申请仲裁，其坚持起诉的，裁定不予受理，但仲裁条款或者仲裁协议不成立、无效、失效、内容不明确无法执行的除外。

第二百一十六条　在人民法院首次开庭前，被告以有书面仲裁协议为由对受理民事案件提出异议的，人民法院应当进行审查。

经审查符合下列情形之一的，人民法院应当裁定驳回起诉：

（一）仲裁机构或者人民法院已经确认仲裁协议有效的；

（二）当事人没有在仲裁庭首次开庭前对仲裁协议的效力提出异议的；

（三）仲裁协议符合仲裁法第十六条规定且不具有仲裁法第十七条规定情形的。

第二百一十七条　夫妻一方下落不明，另一方诉至人民法院，只要求离婚，不申请宣告下落不明人失踪或者死亡的案件，人民法院应当受理，对下落不明人公告送达诉讼文书。

第二百一十八条　赡养费、扶养费、抚育费案件，裁判发生法律效力后，因新情况、新理由，一方当事人再行起诉要求增加或者减少费用的，人民法院应作为新案受理。

第二百一十九条　当事人超过诉讼时效期间起诉的，人民法院应予受理。受理后对方当事人提出诉讼时效抗辩，人民法院经审理认为抗辩事由成立的，判决驳回原告的诉讼请求。

第二百二十条　民事诉讼法第六十八条、第一百三十四条、第一百五十六条规定的商业秘密，是指生产工艺、配方、贸易联系、购销渠道等当事人不愿公开的技术秘密、商业情报及信息。

第二百二十一条　基于同一事实发生的纠纷，当事人分别向同一人民法院起诉的，人民法院可以合并审理。

第二百二十二条　原告在起诉状中直接列写第三人的，视为其申请人民法院追加该第三人参加诉讼。是否通知第三人参加诉讼，由人民法院审查决定。

第二百二十三条　当事人在提交答辩状期间提出管辖异议，又针对起诉状的内容进行答辩的，人民法院应当依照民事诉讼法第一百二十七条第一款的规定，对管辖异议进行审查。

当事人未提出管辖异议，就案件实体内容进行答辩、陈述或者反诉的，可以认定为民事诉讼法第一百二十七条第二款规定的应诉答辩。

第二百二十四条　依照民事诉讼法第一百三十三条第四项规定，人民法院可以在答辩期届满后，通过组织证据交换、召集庭前会议等方式，作好审理前的准备。

第二百二十五条　根据案件具体情况，庭前会议可以包括下列内容：

（一）明确原告的诉讼请求和被告的答辩意见；

（二）审查处理当事人增加、变更诉讼请求的申请和提出的反诉，以及第三人提出的与本案有关的诉讼请求；

（三）根据当事人的申请决定调查收集证据，委托鉴定，要求当事人提供证据，进行勘验，进行证据保全；

（四）组织交换证据；

（五）归纳争议焦点；

（六）进行调解。

第二百二十六条　人民法院应当根据当事人的诉讼请求、答辩意见以及证据交换的情况，归纳争议焦点，并就归纳的争议焦点征求当事人的意见。

第二百二十七条　人民法院适用普通程序审理案件，应当在开庭三日前用传票传唤当事人。对诉讼代理人、证人、鉴定人、勘验人、翻译人员应当用通知书通知其到庭。当事人或者其他诉讼参与人在外地的，应当留有必要的在途时间。

第二百二十八条　法庭审理应当围绕当事人争议的事实、证据和法律适用等焦点问题进行。

第二百二十九条　当事人在庭审中对其在审理前的准备阶段认可的事实和证据提出不同意见的，人民法院应当责令其说明理由。必要时，可以责令其提供相应证据。人民法院应当结合当事人的诉讼能力、证据和案件的具体情况进行审查。理由成立的，可以列入争议焦点进行审理。

第二百三十条　人民法院根据案件具体情况并征得当事人同意，可以将法庭调查和法庭辩论合并进行。

第二百三十一条　当事人在法庭上提出新的证据的，人民法院应当依照民事诉讼法第六十五条第二款规定和本解释相关规定处理。

第二百三十二条　在案件受理后，法庭辩论结束前，原告增加诉讼请求，被告提出反诉，第三人提出与本案有关的诉讼请求，可以合并审理的，人民法院应当合并审理。

第二百三十三条　反诉的当事人应当限于本诉的当事人的范围。

反诉与本诉的诉讼请求基于相同法律关系、诉讼请求之间具有因果关系，或者反诉与本诉的诉讼请求基于相同事实的，人民法院应当合并审理。

反诉应由其他人民法院专属管辖，或者与本诉的诉讼标的及诉讼请求所依据的事实、理由无关联的，裁定不予受理，告知另行起诉。

第二百三十四条　无民事行为能力人的离婚诉讼，当事人的法定代理人应当到庭；法定代理人不能到庭的，人民法院应当在查清事实的基础上，依法作出判决。

第二百三十五条　无民事行为能力的当事人的法定代理人，经传票传唤无正当理由拒不到庭，属于原告方的，比照民事诉讼法第一百四十三条的规定，按撤诉处理；属于被告方的，比照民事诉讼法第一百四十四条的规定，缺席判决。必要时，人民法院可以拘传其到庭。

第二百三十六条　有独立请求权的第三人经人民法院传票传唤，无正当理由拒不到庭的，或者未经法庭许可中途退庭的，比照民事诉讼法第一百四十三条的规定，按撤诉处理。

第二百三十七条 有独立请求权的第三人参加诉讼后，原告申请撤诉，人民法院在准许原告撤诉后，有独立请求权的第三人作为另案原告，原案原告、被告作为另案被告，诉讼继续进行。

第二百三十八条 当事人申请撤诉或者依法可以按撤诉处理的案件，如果当事人有违反法律的行为需要依法处理的，人民法院可以不准许撤诉或者不按撤诉处理。

法庭辩论终结后原告申请撤诉，被告不同意的，人民法院可以不予准许。

第二百三十九条 人民法院准许本诉原告撤诉的，应当对反诉继续审理；被告申请撤回反诉的，人民法院应予准许。

第二百四十条 无独立请求权的第三人经人民法院传票传唤，无正当理由拒不到庭，或者未经法庭许可中途退庭的，不影响案件的审理。

第二百四十一条 被告经传票传唤无正当理由拒不到庭，或者未经法庭许可中途退庭的，人民法院应当按期开庭或者继续开庭审理，对到庭的当事人诉讼请求、双方的诉辩理由以及已经提交的证据及其他诉讼材料进行审理后，可以依法缺席判决。

第二百四十二条 一审宣判后，原审人民法院发现判决有错误，当事人在上诉期内提出上诉的，原审人民法院可以提出原判决有错误的意见，报送第二审人民法院，由第二审人民法院按照第二审程序进行审理；当事人不上诉的，按照审判监督程序处理。

第二百四十三条 民事诉讼法第一百四十九条规定的审限，是指从立案之日起至裁判宣告、调解书送达之日止的期间，但公告期间、鉴定期间、双方当事人和解期间、审理当事人提出的管辖异议以及处理人民法院之间的管辖争议期间不应计算在内。

第二百四十四条 可以上诉的判决书、裁定书不能同时送达双方当事人的，上诉期从各自收到判决书、裁定书之日计算。

第二百四十五条 民事诉讼法第一百五十四条第一款第七项规定的笔误是指法律文书误写、误算，诉讼费用漏写、误算和其他笔误。

第二百四十六条 裁定中止诉讼的原因消除，恢复诉讼程序时，不必撤销原裁定，从人民法院通知或者准许当事人双方继续进行诉讼时起，中止诉讼的裁定即失去效力。

第二百四十七条 当事人就已经提起诉讼的事项在诉讼过程中或者裁判生效后再次起诉，同时符合下列条件的，构成重复起诉：

（一）后诉与前诉的当事人相同；

（二）后诉与前诉的诉讼标的相同；

（三）后诉与前诉的诉讼请求相同，或者后诉的诉讼请求实质上否定前诉裁判结果。

当事人重复起诉的，裁定不予受理；已经受理的，裁定驳回起诉，但法律、司法解释另有规定的除外。

第二百四十八条 裁判发生法律效力后，发生新的事实，当事人再次提起诉讼的，人民法院应当依法受理。

第二百四十九条 在诉讼中，争议的民事权利义务转移的，不影响当事人的诉讼主体资格和诉讼地位。人民法院作出的发生法律效力的判决、裁定对受让人具有拘束力。

受让人申请以无独立请求权的第三人身份参加诉讼的，人民法院可予准许。受让人申请替代当事人承担诉讼的，人民法院可以根据案件的具体情况决定是否准许；不予准许的，可以追加其为无独立请求权的第三人。

第二百五十条　依照本解释第二百四十九条规定，人民法院准许受让人替代当事人承担诉讼的，裁定变更当事人。

变更当事人后，诉讼程序以受让人为当事人继续进行，原当事人应当退出诉讼。原当事人已经完成的诉讼行为对受让人具有拘束力。

第二百五十一条　二审裁定撤销一审判决发回重审的案件，当事人申请变更、增加诉讼请求或者提出反诉，第三人提出与本案有关的诉讼请求的，依照民事诉讼法第一百四十条规定处理。

第二百五十二条　再审裁定撤销原判决、裁定发回重审的案件，当事人申请变更、增加诉讼请求或者提出反诉，符合下列情形之一的，人民法院应当准许：

（一）原审未合法传唤缺席判决，影响当事人行使诉讼权利的；

（二）追加新的诉讼当事人的；

（三）诉讼标的物灭失或者发生变化致使原诉讼请求无法实现的；

（四）当事人申请变更、增加的诉讼请求或者提出的反诉，无法通过另诉解决的。

第二百五十三条　当庭宣判的案件，除当事人当庭要求邮寄发送裁判文书的外，人民法院应当告知当事人或者诉讼代理人领取裁判文书的时间和地点以及逾期不领取的法律后果。上述情况，应当记入笔录。

第二百五十四条　公民、法人或者其他组织申请查阅发生法律效力的判决书、裁定书的，应当向作出该生效裁判的人民法院提出。申请应当以书面形式提出，并提供具体的案号或者当事人姓名、名称。

第二百五十五条　对于查阅判决书、裁定书的申请，人民法院根据下列情形分别处理：

（一）判决书、裁定书已经通过信息网络向社会公开的，应当引导申请人自行查阅；

（二）判决书、裁定书未通过信息网络向社会公开，且申请符合要求的，应当及时提供便捷的查阅服务；

（三）判决书、裁定书尚未发生法律效力，或者已失去法律效力的，不提供查阅并告知申请人；

（四）发生法律效力的判决书、裁定书不是本院作出的，应当告知申请人向作出生效裁判的人民法院申请查阅；

（五）申请查阅的内容涉及国家秘密、商业秘密、个人隐私的，不予准许并告知申请人。

十一、简易程序

第二百五十六条　民事诉讼法第一百五十七条规定的简单民事案件中的事实清楚，是指当事人对争议的事实陈述基本一致，并能提供相应的证据，无须人民法院调查收集证据即可查明事实；权利义务关系明确是指能明确区分谁是责任的承担者，谁是权利的享有者；争议不大是指当事人对案件的是非、责任承担以及诉讼标的争执无原则分歧。

第二百五十七条　下列案件，不适用简易程序：

（一）起诉时被告下落不明的；

（二）发回重审的；

（三）当事人一方人数众多的；

（四）适用审判监督程序的；

（五）涉及国家利益、社会公共利益的；

（六）第三人起诉请求改变或者撤销生效判决、裁定、调解书的；

（七）其他不宜适用简易程序的案件。

第二百五十八条 适用简易程序审理的案件，审理期限到期后，双方当事人同意继续适用简易程序的，由本院院长批准，可以延长审理期限。延长后的审理期限累计不得超过六个月。

人民法院发现案情复杂，需要转为普通程序审理的，应当在审理期限届满前作出裁定并将合议庭组成人员及相关事项书面通知双方当事人。

案件转为普通程序审理的，审理期限自人民法院立案之日计算。

第二百五十九条 当事人双方可就开庭方式向人民法院提出申请，由人民法院决定是否准许。经当事人双方同意，可以采用视听传输技术等方式开庭。

第二百六十条 已经按照普通程序审理的案件，在开庭后不得转为简易程序审理。

第二百六十一条 适用简易程序审理案件，人民法院可以采取捎口信、电话、短信、传真、电子邮件等简便方式传唤双方当事人、通知证人和送达裁判文书以外的诉讼文书。

以简便方式送达的开庭通知，未经当事人确认或者没有其他证据证明当事人已经收到的，人民法院不得缺席判决。

适用简易程序审理案件，由审判员独任审判，书记员担任记录。

第二百六十二条 人民法庭制作的判决书、裁定书、调解书，必须加盖基层人民法院印章，不得用人民法庭的印章代替基层人民法院的印章。

第二百六十三条 适用简易程序审理案件，卷宗中应当具备以下材料：

（一）起诉状或者口头起诉笔录；

（二）答辩状或者口头答辩笔录；

（三）当事人身份证明材料；

（四）委托他人代理诉讼的授权委托书或者口头委托笔录；

（五）证据；

（六）询问当事人笔录；

（七）审理（包括调解）笔录；

（八）判决书、裁定书、调解书或者调解协议；

（九）送达和宣判笔录；

（十）执行情况；

（十一）诉讼费收据；

（十二）适用民事诉讼法第一百六十二条规定审理的，有关程序适用的书面告知。

第二百六十四条 当事人双方根据民事诉讼法第一百五十七条第二款规定约定适用简易程序的，应当在开庭前提出。口头提出的，记入笔录，由双方当事人签名或者捺印确认。

本解释第二百五十七条规定的案件，当事人约定适用简易程序的，人民法院不予准许。

第二百六十五条 原告口头起诉的，人民法院应当将当事人的姓名、性别、工作单位、住所、联系方式等基本信息，诉讼请求，事实及理由等准确记入笔录，由原告核对无误后签名或者捺印。对当事人提交的证据材料，应当出具收据。

第二百六十六条 适用简易程序案件的举证期限由人民法院确定，也可以由当事人协商一致并经人民法院准许，但不得超过十五日。被告要求书面答辩的，人民法院可在征得其同意的基础上，合理确定答辩期间。

人民法院应当将举证期限和开庭日期告知双方当事人，并向当事人说明逾期举证以及拒不到庭的法律后果，由双方当事人在笔录和开庭传票的送达回证上签名或者捺印。

当事人双方均表示不需要举证期限、答辩期间的，人民法院可以立即开庭审理或者确定开庭日期。

第二百六十七条　适用简易程序审理案件，可以简便方式进行审理前的准备。

第二百六十八条　对没有委托律师、基层法律服务工作者代理诉讼的当事人，人民法院在庭审过程中可以对回避、自认、举证证明责任等相关内容向其作必要的解释或者说明，并在庭审过程中适当提示当事人正确行使诉讼权利、履行诉讼义务。

第二百六十九条　当事人就案件适用简易程序提出异议，人民法院经审查，异议成立的，裁定转为普通程序；异议不成立的，口头告知当事人，并记入笔录。

转为普通程序的，人民法院应当将合议庭组成人员及相关事项以书面形式通知双方当事人。

转为普通程序前，双方当事人已确认的事实，可以不再进行举证、质证。

第二百七十条　适用简易程序审理的案件，有下列情形之一的，人民法院在制作判决书、裁定书、调解书时，对认定事实或者裁判理由部分可以适当简化：

（一）当事人达成调解协议并需要制作民事调解书的；

（二）一方当事人明确表示承认对方全部或者部分诉讼请求的；

（三）涉及商业秘密、个人隐私的案件，当事人一方要求简化裁判文书中的相关内容，人民法院认为理由正当的；

（四）当事人双方同意简化的。

十二、简易程序中的小额诉讼

第二百七十一条　人民法院审理小额诉讼案件，适用民事诉讼法第一百六十二条的规定，实行一审终审。

第二百七十二条　民事诉讼法第一百六十二条规定的各省、自治区、直辖市上年度就业人员年平均工资，是指已经公布的各省、自治区、直辖市上一年度就业人员年平均工资。在上一年度就业人员年平均工资公布前，以已经公布的最近年度就业人员年平均工资为准。

第二百七十三条　海事法院可以审理海事、海商小额诉讼案件。案件标的额应当以实际受理案件的海事法院或者其派出法庭所在的省、自治区、直辖市上年度就业人员年平均工资百分之三十为限。

第二百七十四条　下列金钱给付的案件，适用小额诉讼程序审理：

（一）买卖合同、借款合同、租赁合同纠纷；

（二）身份关系清楚，仅在给付的数额、时间、方式上存在争议的赡养费、抚育费、扶养费纠纷；

（三）责任明确，仅在给付的数额、时间、方式上存在争议的交通事故损害赔偿和其他人身损害赔偿纠纷；

（四）供用水、电、气、热力合同纠纷；

（五）银行卡纠纷；

（六）劳动关系清楚，仅在劳动报酬、工伤医疗费、经济补偿金或者赔偿金给付数额、时间、方式上存在争议的劳动合同纠纷；

（七）劳务关系清楚，仅在劳务报酬给付数额、时间、方式上存在争议的劳务合同纠纷；

（八）物业、电信等服务合同纠纷；

（九）其他金钱给付纠纷。

第二百七十五条 下列案件，不适用小额诉讼程序审理：

（一）人身关系、财产确权纠纷；

（二）涉外民事纠纷；

（三）知识产权纠纷；

（四）需要评估、鉴定或者对诉前评估、鉴定结果有异议的纠纷；

（五）其他不宜适用一审终审的纠纷。

第二百七十六条 人民法院受理小额诉讼案件，应当向当事人告知该类案件的审判组织、一审终审、审理期限、诉讼费用交纳标准等相关事项。

第二百七十七条 小额诉讼案件的举证期限由人民法院确定，也可以由当事人协商一致并经人民法院准许，但一般不超过七日。

被告要求书面答辩的，人民法院可以在征得其同意的基础上合理确定答辩期间，但最长不得超过十五日。

当事人到庭后表示不需要举证期限和答辩期间的，人民法院可立即开庭审理。

第二百七十八条 当事人对小额诉讼案件提出管辖异议的，人民法院应当作出裁定。裁定一经作出即生效。

第二百七十九条 人民法院受理小额诉讼案件后，发现起诉不符合民事诉讼法第一百一十九条规定的起诉条件的，裁定驳回起诉。裁定一经作出即生效。

第二百八十条 因当事人申请增加或者变更诉讼请求、提出反诉、追加当事人等，致使案件不符合小额诉讼案件条件的，应当适用简易程序的其他规定审理。

前款规定案件，应当适用普通程序审理的，裁定转为普通程序。

适用简易程序的其他规定或者普通程序审理前，双方当事人已确认的事实，可以不再进行举证、质证。

第二百八十一条 当事人对按照小额诉讼案件审理有异议的，应当在开庭前提出。人民法院经审查，异议成立的，适用简易程序的其他规定审理；异议不成立的，告知当事人，并记入笔录。

第二百八十二条 小额诉讼案件的裁判文书可以简化，主要记载当事人基本信息、诉讼请求、裁判主文等内容。

第二百八十三条 人民法院审理小额诉讼案件，本解释没有规定的，适用简易程序的其他规定。

十三、公益诉讼

第二百八十四条 环境保护法、消费者权益保护法等法律规定的机关和有关组织对污染环境、侵害众多消费者合法权益等损害社会公共利益的行为，根据民事诉讼法第五十五条规定提起公益诉讼，符合下列条件的，人民法院应当受理：

（一）有明确的被告；

（二）有具体的诉讼请求；

（三）有社会公共利益受到损害的初步证据；

（四）属于人民法院受理民事诉讼的范围和受诉人民法院管辖。

第二百八十五条　公益诉讼案件由侵权行为地或者被告住所地中级人民法院管辖，但法律、司法解释另有规定的除外。

因污染海洋环境提起的公益诉讼，由污染发生地、损害结果地或者采取预防污染措施地海事法院管辖。

对同一侵权行为分别向两个以上人民法院提起公益诉讼的，由最先立案的人民法院管辖，必要时由它们的共同上级人民法院指定管辖。

第二百八十六条　人民法院受理公益诉讼案件后，应当在十日内书面告知相关行政主管部门。

第二百八十七条　人民法院受理公益诉讼案件后，依法可以提起诉讼的其他机关和有关组织，可以在开庭前向人民法院申请参加诉讼。人民法院准许参加诉讼的，列为共同原告。

第二百八十八条　人民法院受理公益诉讼案件，不影响同一侵权行为的受害人根据民事诉讼法第一百一十九条规定提起诉讼。

第二百八十九条　对公益诉讼案件，当事人可以和解，人民法院可以调解。

当事人达成和解或者调解协议后，人民法院应当将和解或者调解协议进行公告。公告期间不得少于三十日。

公告期满后，人民法院经审查，和解或者调解协议不违反社会公共利益的，应当出具调解书；和解或者调解协议违反社会公共利益的，不予出具调解书，继续对案件进行审理并依法作出裁判。

第二百九十条　公益诉讼案件的原告在法庭辩论终结后申请撤诉的，人民法院不予准许。

第二百九十一条　公益诉讼案件的裁判发生法律效力后，其他依法具有原告资格的机关和有关组织就同一侵权行为另行提起公益诉讼的，人民法院裁定不予受理，但法律、司法解释另有规定的除外。

十四、第三人撤销之诉

第二百九十二条　第三人对已经发生法律效力的判决、裁定、调解书提起撤销之诉的，应当自知道或者应当知道其民事权益受到损害之日起六个月内，向作出生效判决、裁定、调解书的人民法院提出，并应当提供存在下列情形的证据材料：

（一）因不能归责于本人的事由未参加诉讼；

（二）发生法律效力的判决、裁定、调解书的全部或者部分内容错误；

（三）发生法律效力的判决、裁定、调解书内容错误损害其民事权益。

第二百九十三条　人民法院应当在收到起诉状和证据材料之日起五日内送交对方当事人，对方当事人可以自收到起诉状之日起十日内提出书面意见。

人民法院应当对第三人提交的起诉状、证据材料以及对方当事人的书面意见进行审查。必要时，可以询问双方当事人。

经审查，符合起诉条件的，人民法院应当在收到起诉状之日起三十日内立案。不符合起诉条件的，应当在收到起诉状之日起三十日内裁定不予受理。

第二百九十四条 人民法院对第三人撤销之诉案件，应当组成合议庭开庭审理。

第二百九十五条 民事诉讼法第五十六条第三款规定的因不能归责于本人的事由未参加诉讼，是指没有被列为生效判决、裁定、调解书当事人，且无过错或者无明显过错的情形。包括：

（一）不知道诉讼而未参加的；

（二）申请参加未获准许的；

（三）知道诉讼，但因客观原因无法参加的；

（四）因其他不能归责于本人的事由未参加诉讼的。

第二百九十六条 民事诉讼法第五十六条第三款规定的判决、裁定、调解书的部分或者全部内容，是指判决、裁定的主文，调解书中处理当事人民事权利义务的结果。

第二百九十七条 对下列情形提起第三人撤销之诉的，人民法院不予受理：

（一）适用特别程序、督促程序、公示催告程序、破产程序等非讼程序处理的案件；

（二）婚姻无效、撤销或者解除婚姻关系等判决、裁定、调解书中涉及身份关系的内容；

（三）民事诉讼法第五十四条规定的未参加登记的权利人对代表人诉讼案件的生效裁判；

（四）民事诉讼法第五十五条规定的损害社会公共利益行为的受害人对公益诉讼案件的生效裁判。

第二百九十八条 第三人提起撤销之诉，人民法院应当将该第三人列为原告，生效判决、裁定、调解书的当事人列为被告，但生效判决、裁定、调解书中没有承担责任的无独立请求权的第三人列为第三人。

第二百九十九条 受理第三人撤销之诉案件后，原告提供相应担保，请求中止执行的，人民法院可以准许。

第三百条 对第三人撤销或者部分撤销发生法律效力的判决、裁定、调解书内容的请求，人民法院经审理，按下列情形分别处理：

（一）请求成立且确认其民事权利的主张全部或部分成立的，改变原判决、裁定、调解书内容的错误部分；

（二）请求成立，但确认其全部或部分民事权利的主张不成立，或者未提出确认其民事权利请求的，撤销原判决、裁定、调解书内容的错误部分；

（三）请求不成立的，驳回诉讼请求。

对前款规定裁判不服的，当事人可以上诉。

原判决、裁定、调解书的内容未改变或者未撤销的部分继续有效。

第三百零一条 第三人撤销之诉案件审理期间，人民法院对生效判决、裁定、调解书裁定再审的，受理第三人撤销之诉的人民法院应当裁定将第三人的诉讼请求并入再审程序。但有证据证明原审当事人之间恶意串通损害第三人合法权益的，人民法院应当先行审理第三人撤销之诉案件，裁定中止再审诉讼。

第三百零二条 第三人诉讼请求并入再审程序审理的，按照下列情形分别处理：

（一）按照第一审程序审理的，人民法院应当对第三人的诉讼请求一并审理，所作的判决可以上诉；

（二）按照第二审程序审理的，人民法院可以调解，调解达不成协议的，应当裁定撤销原判决、裁定、调解书，发回一审法院重审，重审时应当列明第三人。

第三百零三条　第三人提起撤销之诉后，未中止生效判决、裁定、调解书执行的，执行法院对第三人依照民事诉讼法第二百二十七条规定提出的执行异议，应予审查。第三人不服驳回执行异议裁定，申请对原判决、裁定、调解书再审的，人民法院不予受理。

案外人对人民法院驳回其执行异议裁定不服，认为原判决、裁定、调解书内容错误损害其合法权益的，应当根据民事诉讼法第二百二十七条规定申请再审，提起第三人撤销之诉的，人民法院不予受理。

十五、执行异议之诉

第三百零四条　根据民事诉讼法第二百二十七条规定，案外人、当事人对执行异议裁定不服，自裁定送达之日起十五日内向人民法院提起执行异议之诉的，由执行法院管辖。

第三百零五条　案外人提起执行异议之诉，除符合民事诉讼法第一百一十九条规定外，还应当具备下列条件：

（一）案外人的执行异议申请已经被人民法院裁定驳回；

（二）有明确的排除对执行标的执行的诉讼请求，且诉讼请求与原判决、裁定无关；

（三）自执行异议裁定送达之日起十五日内提起。

人民法院应当在收到起诉状之日起十五日内决定是否立案。

第三百零六条　申请执行人提起执行异议之诉，除符合民事诉讼法第一百一十九条规定外，还应当具备下列条件：

（一）依案外人执行异议申请，人民法院裁定中止执行；

（二）有明确的对执行标的的继续执行的诉讼请求，且诉讼请求与原判决、裁定无关；

（三）自执行异议裁定送达之日起十五日内提起。

人民法院应当在收到起诉状之日起十五日内决定是否立案。

第三百零七条　案外人提起执行异议之诉的，以申请执行人为被告。被执行人反对案外人异议的，被执行人为共同被告；被执行人不反对案外人异议的，可以列被执行人为第三人。

第三百零八条　申请执行人提起执行异议之诉的，以案外人为被告。被执行人反对申请执行人主张的，以案外人和被执行人为共同被告；被执行人不反对申请执行人主张的，可以列被执行人为第三人。

第三百零九条　申请执行人对中止执行裁定未提起执行异议之诉，被执行人提起执行异议之诉的，人民法院告知其另行起诉。

第三百一十条　人民法院审理执行异议之诉案件，适用普通程序。

第三百一十一条　案外人或者申请执行人提起执行异议之诉的，案外人应当就其对执行标的的享有足以排除强制执行的民事权益承担举证证明责任。

第三百一十二条　对案外人提起的执行异议之诉，人民法院经审理，按照下列情形分别处理：

（一）案外人就执行标的的享有足以排除强制执行的民事权益的，判决不得执行该执行标的；

（二）案外人就执行标的的不享有足以排除强制执行的民事权益的，判决驳回诉讼请求。

案外人同时提出确认其权利的诉讼请求的，人民法院可以在判决中一并作出裁判。

第三百一十三条 对申请执行人提起的执行异议之诉，人民法院经审理，按照下列情形分别处理：

（一）案外人就执行标的不享有足以排除强制执行的民事权益的，判决准许执行该执行标的；

（二）案外人就执行标的享有足以排除强制执行的民事权益的，判决驳回诉讼请求。

第三百一十四条 对案外人执行异议之诉，人民法院判决不得对执行标的的执行的，执行异议裁定失效。

对申请执行人执行异议之诉，人民法院判决准许对该执行标的的执行的，执行异议裁定失效，执行法院可以根据申请执行人的申请或者依职权恢复执行。

第三百一十五条 案外人执行异议之诉审理期间，人民法院不得对执行标的的进行处分。申请执行人请求人民法院继续执行并提供相应担保的，人民法院可以准许。

被执行人与案外人恶意串通，通过执行异议、执行异议之诉妨害执行的，人民法院应当依照民事诉讼法第一百一十三条规定处理。申请执行人因此受到损害的，可以提起诉讼要求被执行人、案外人赔偿。

第三百一十六条 人民法院对执行标的的裁定中止执行后，申请执行人在法律规定的期间内未提起执行异议之诉的，人民法院应当自起诉期限届满之日起七日内解除对该执行标的的采取的执行措施。

十六、第二审程序

第三百一十七条 双方当事人和第三人都提起上诉的，均列为上诉人。人民法院可以依职权确定第二审程序中当事人的诉讼地位。

第三百一十八条 民事诉讼法第一百六十六条、第一百六十七条规定的对方当事人包括被上诉人和原审其他当事人。

第三百一十九条 必要共同诉讼人的一人或者部分人提起上诉的，按下列情形分别处理：

（一）上诉仅对与对方当事人之间权利义务分担有意见，不涉及其他共同诉讼人利益的，对方当事人为被上诉人，未上诉的同一方当事人依原审诉讼地位列明；

（二）上诉仅对共同诉讼人之间权利义务分担有意见，不涉及对方当事人利益的，未上诉的同一方当事人为被上诉人，对方当事人依原审诉讼地位列明；

（三）上诉对双方当事人之间以及共同诉讼人之间权利义务承担有意见的，未提起上诉的其他当事人均为被上诉人。

第三百二十条 一审宣判时或者判决书、裁定书送达时，当事人口头表示上诉的，人民法院应告知其必须在法定上诉期间内递交上诉状。未在法定上诉期间内递交上诉状的，视为未提起上诉。虽递交上诉状，但未在指定的期限内交纳上诉费的，按自动撤回上诉处理。

第三百二十一条 无民事行为能力人、限制民事行为能力人的法定代理人，可以代理当事人提起上诉。

第三百二十二条 上诉案件的当事人死亡或者终止的，人民法院依法通知其权利义务承继者参加诉讼。

需要终结诉讼的，适用民事诉讼法第一百五十一条规定。

第三百二十三条 第二审人民法院应当围绕当事人的上诉请求进行审理。

当事人没有提出请求的，不予审理，但一审判决违反法律禁止性规定，或者损害国家利益、社会公共利益、他人合法权益的除外。

第三百二十四条　开庭审理的上诉案件，第二审人民法院可以依照民事诉讼法第一百三十三条第四项规定进行审理前的准备。

第三百二十五条　下列情形，可以认定为民事诉讼法第一百七十条第一款第四项规定的严重违反法定程序：

（一）审判组织的组成不合法的；

（二）应当回避的审判人员未回避的；

（三）无诉讼行为能力人未经法定代理人代为诉讼的；

（四）违法剥夺当事人辩论权利的。

第三百二十六条　对当事人在第一审程序中已经提出的诉讼请求，原审人民法院未作审理、判决的，第二审人民法院可以根据当事人自愿的原则进行调解；调解不成的，发回重审。

第三百二十七条　必须参加诉讼的当事人或者有独立请求权的第三人，在第一审程序中未参加诉讼，第二审人民法院可以根据当事人自愿的原则予以调解；调解不成的，发回重审。

第三百二十八条　在第二审程序中，原审原告增加独立的诉讼请求或者原审被告提出反诉的，第二审人民法院可以根据当事人自愿的原则就新增加的诉讼请求或者反诉进行调解；调解不成的，告知当事人另行起诉。

双方当事人同意由第二审人民法院一并审理的，第二审人民法院可以一并裁判。

第三百二十九条　一审判决不准离婚的案件，上诉后，第二审人民法院认为应当判决离婚的，可以根据当事人自愿的原则，与子女抚养、财产问题一并调解；调解不成的，发回重审。

双方当事人同意由第二审人民法院一并审理的，第二审人民法院可以一并裁判。

第三百三十条　人民法院依照第二审程序审理案件，认为依法不应由人民法院受理的，可以由第二审人民法院直接裁定撤销原裁判，驳回起诉。

第三百三十一条　人民法院依照第二审程序审理案件，认为第一审人民法院受理案件违反专属管辖规定的，应当裁定撤销原裁判并移送有管辖权的人民法院。

第三百三十二条　第二审人民法院查明第一审人民法院作出的不予受理裁定有错误的，应当在撤销原裁定的同时，指令第一审人民法院立案受理；查明第一审人民法院作出的驳回起诉裁定有错误的，应当在撤销原裁定的同时，指令第一审人民法院审理。

第三百三十三条　第二审人民法院对下列上诉案件，依照民事诉讼法第一百六十九条规定可以不开庭审理：

（一）不服不予受理、管辖权异议和驳回起诉裁定的；

（二）当事人提出的上诉请求明显不能成立的；

（三）原判决、裁定认定事实清楚，但适用法律错误的；

（四）原判决严重违反法定程序，需要发回重审的。

第三百三十四条　原判决、裁定认定事实或者适用法律虽有瑕疵，但裁判结果正确的，第二审人民法院可以在判决、裁定中纠正瑕疵后，依照民事诉讼法第一百七十条第一款第一项规定予以维持。

第三百三十五条 民事诉讼法第一百七十条第一款第三项规定的基本事实，是指用以确定当事人主体资格、案件性质、民事权利义务等对原判决、裁定的结果有实质性影响的事实。

第三百三十六条 在第二审程序中，作为当事人的法人或者其他组织分立的，人民法院可以直接将分立后的法人或者其他组织列为共同诉讼人；合并的，将合并后的法人或者其他组织列为当事人。

第三百三十七条 在第二审程序中，当事人申请撤回上诉，人民法院经审查认为一审判决确有错误，或者当事人之间恶意串通损害国家利益、社会公共利益、他人合法权益的，不应准许。

第三百三十八条 在第二审程序中，原审原告申请撤回起诉，经其他当事人同意，且不损害国家利益、社会公共利益、他人合法权益的，人民法院可以准许。准许撤诉的，应当一并裁定撤销一审裁判。

原审原告在第二审程序中撤回起诉后重复起诉的，人民法院不予受理。

第三百三十九条 当事人在第二审程序中达成和解协议的，人民法院可以根据当事人的请求，对双方达成的和解协议进行审查并制作调解书送达当事人；因和解而申请撤诉，经审查符合撤诉条件的，人民法院应予准许。

第三百四十条 第二审人民法院宣告判决可以自行宣判，也可以委托原审人民法院或者当事人所在地人民法院代行宣判。

第三百四十一条 人民法院审理对裁定的上诉案件，应当在第二审立案之日起三十日内作出终审裁定。有特殊情况需要延长审限的，由本院院长批准。

第三百四十二条 当事人在第一审程序中实施的诉讼行为，在第二审程序中对该当事人仍具有拘束力。

当事人推翻其在第一审程序中实施的诉讼行为时，人民法院应当责令其说明理由。理由不成立的，不予支持。

十七、特别程序

第三百四十三条 宣告失踪或者宣告死亡案件，人民法院可以根据申请人的请求，清理下落不明人的财产，并指定案件审理期间的财产管理人。公告期满后，人民法院判决宣告失踪的，应当同时依照民法通则第二十一条第一款的规定指定失踪人的财产代管人。

第三百四十四条 失踪人的财产代管人经人民法院指定后，代管人申请变更代管的，比照民事诉讼法特别程序的有关规定进行审理。申请理由成立的，裁定撤销申请人的代管人身份，同时另行指定财产代管人；申请理由不成立的，裁定驳回申请。

失踪人的其他利害关系人申请变更代管的，人民法院应当告知其以原指定的代管人为被告起诉，并按普通程序进行审理。

第三百四十五条 人民法院判决宣告公民失踪后，利害关系人向人民法院申请宣告失踪人死亡，自失踪之日起满四年的，人民法院应当受理，宣告失踪的判决即是该公民失踪的证明，审理中仍应依照民事诉讼法第一百八十五条规定进行公告。

第三百四十六条 符合法律规定的多个利害关系人提出宣告失踪、宣告死亡申请的，列为共同申请人。

第三百四十七条 寻找下落不明人的公告应当记载下列内容：

（一）被申请人应当在规定期间内向受理法院申报其具体地址及其联系方式。否则，被申请人将被宣告失踪、宣告死亡；

（二）凡知悉被申请人生存现状的人，应当在公告期间内将其所知道情况向受理法院报告。

第三百四十八条 人民法院受理宣告失踪、宣告死亡案件后，作出判决前，申请人撤回申请的，人民法院应当裁定终结案件，但其他符合法律规定的利害关系人加入程序要求继续审理的除外。

第三百四十九条 在诉讼中，当事人的利害关系人提出该当事人患有精神病，要求宣告该当事人无民事行为能力或者限制民事行为能力的，应由利害关系人向人民法院提出申请，由受诉人民法院按照特别程序立案审理，原诉讼中止。

第三百五十条 认定财产无主案件，公告期间有人对财产提出请求的，人民法院应当裁定终结特别程序，告知申请人另行起诉，适用普通程序审理。

第三百五十一条 被指定的监护人不服指定，应当自接到通知之日起三十日内向人民法院提出异议。经审理，认为指定并无不当的，裁定驳回异议；指定不当的，判决撤销指定，同时另行指定监护人。判决书应当送达异议人、原指定单位及判决指定的监护人。

第三百五十二条 申请认定公民无民事行为能力或者限制民事行为能力的案件，被申请人没有近亲属的，人民法院可以指定其他亲属为代理人。被申请人没有亲属的，人民法院可以指定经被申请人所在单位或者住所地的居民委员会、村民委员会同意，且愿意担任代理人的关系密切的朋友为代理人。

没有前款规定的代理人的，由被申请人所在单位或者住所地的居民委员会、村民委员会或者民政部门担任代理人。

代理人可以是一人，也可以是同一顺序中的两人。

第三百五十三条 申请司法确认调解协议的，双方当事人应当本人或者由符合民事诉讼法第五十八条规定的代理人向调解组织所在地基层人民法院或者人民法庭提出申请。

第三百五十四条 两个以上调解组织参与调解的，各调解组织所在地基层人民法院均有管辖权。

双方当事人可以共同向其中一个调解组织所在地基层人民法院提出申请；双方当事人共同向两个以上调解组织所在地基层人民法院提出申请的，由最先立案的人民法院管辖。

第三百五十五条 当事人申请司法确认调解协议，可以采用书面形式或者口头形式。当事人口头申请的，人民法院应当记入笔录，并由当事人签名、捺印或者盖章。

第三百五十六条 当事人申请司法确认调解协议，应当向人民法院提交调解协议、调解组织主持调解的证明，以及与调解协议相关的财产权利证明等材料，并提供双方当事人的身份、住所、联系方式等基本信息。

当事人未提交上述材料的，人民法院应当要求当事人限期补交。

第三百五十七条 当事人申请司法确认调解协议，有下列情形之一的，人民法院裁定不予受理：

（一）不属于人民法院受理范围的；

（二）不属于收到申请的人民法院管辖的；

（三）申请确认婚姻关系、亲子关系、收养关系等身份关系无效、有效或者解除的；

（四）涉及适用其他特别程序、公示催告程序、破产程序审理的；

（五）调解协议内容涉及物权、知识产权确权的。

人民法院受理申请后，发现有上述不予受理情形的，应当裁定驳回当事人的申请。

第三百五十八条 人民法院审查相关情况时，应当通知双方当事人共同到场对案件进行核实。

人民法院经审查，认为当事人的陈述或者提供的证明材料不充分、不完备或者有疑义的，可以要求当事人限期补充陈述或者补充证明材料。必要时，人民法院可以向调解组织核实有关情况。

第三百五十九条 确认调解协议的裁定作出前，当事人撤回申请的，人民法院可以裁定准许。

当事人无正当理由未在限期内补充陈述、补充证明材料或者拒不接受询问的，人民法院可以按撤回申请处理。

第三百六十条 经审查，调解协议有下列情形之一的，人民法院应当裁定驳回申请：

（一）违反法律强制性规定的；

（二）损害国家利益、社会公共利益、他人合法权益的；

（三）违背公序良俗的；

（四）违反自愿原则的；

（五）内容不明确的；

（六）其他不能进行司法确认的情形。

第三百六十一条 民事诉讼法第一百九十六条规定的担保物权人，包括抵押权人、质权人、留置权人；其他有权请求实现担保物权的人，包括抵押人、出质人、财产被留置的债务人或者所有权人等。

第三百六十二条 实现票据、仓单、提单等有权利凭证的权利质权案件，可以由权利凭证持有人住所地人民法院管辖；无权利凭证的权利质权，由出质登记地人民法院管辖。

第三百六十三条 实现担保物权案件属于海事法院等专门人民法院管辖的，由专门人民法院管辖。

第三百六十四条 同一债权的担保物有多个且所在地不同，申请人分别向有管辖权的人民法院申请实现担保物权的，人民法院应当依法受理。

第三百六十五条 依照物权法第一百七十六条的规定，被担保的债权既有物的担保又有人的担保，当事人对实现担保物权的顺序有约定，实现担保物权的申请违反该约定的，人民法院裁定不予受理；没有约定或者约定不明的，人民法院应当受理。

第三百六十六条 同一财产上设立多个担保物权，登记在先的担保物权尚未实现的，不影响后顺位的担保物权人向人民法院申请实现担保物权。

第三百六十七条 申请实现担保物权，应当提交下列材料：

（一）申请书。申请书应当记明申请人、被申请人的姓名或者名称、联系方式等基本信息，具体的请求和事实、理由；

（二）证明担保物权存在的材料，包括主合同、担保合同、抵押登记证明或者他项权利证书，权利质权的权利凭证或者质权出质登记证明等；

（三）证明实现担保物权条件成就的材料；

（四）担保财产现状的说明；

（五）人民法院认为需要提交的其他材料。

第三百六十八条　人民法院受理申请后，应当在五日内向被申请人送达申请书副本、异议权利告知书等文书。

被申请人有异议的，应当在收到人民法院通知后的五日内向人民法院提出，同时说明理由并提供相应的证据材料。

第三百六十九条　实现担保物权案件可以由审判员一人独任审查。担保财产标的额超过基层人民法院管辖范围的，应当组成合议庭进行审查。

第三百七十条　人民法院审查实现担保物权案件，可以询问申请人、被申请人、利害关系人，必要时可以依职权调查相关事实。

第三百七十一条　人民法院应当就主合同的效力、期限、履行情况，担保物权是否有效设立、担保财产的范围、被担保的债权范围、被担保的债权是否已届清偿期等担保物权实现的条件，以及是否损害他人合法权益等内容进行审查。

被申请人或者利害关系人提出异议的，人民法院应当一并审查。

第三百七十二条　人民法院审查后，按下列情形分别处理：

（一）当事人对实现担保物权无实质性争议且实现担保物权条件成就的，裁定准许拍卖、变卖担保财产；

（二）当事人对实现担保物权有部分实质性争议的，可以就无争议部分裁定准许拍卖、变卖担保财产；

（三）当事人对实现担保物权有实质性争议的，裁定驳回申请，并告知申请人向人民法院提起诉讼。

第三百七十三条　人民法院受理申请后，申请人对担保财产提出保全申请的，可以按照民事诉讼法关于诉讼保全的规定办理。

第三百七十四条　适用特别程序作出的判决、裁定，当事人、利害关系人认为有错误的，可以向作出该判决、裁定的人民法院提出异议。人民法院经审查，异议成立或者部分成立的，作出新的判决、裁定撤销或者改变原判决、裁定；异议不成立的，裁定驳回。

对人民法院作出的确认调解协议、准许实现担保物权的裁定，当事人有异议的，应当自收到裁定之日起十五日内提出；利害关系人有异议的，自知道或者应当知道其民事权益受到侵害之日起六个月内提出。

十八、审判监督程序

第三百七十五条　当事人死亡或者终止的，其权利义务承继者可以根据民事诉讼法第一百九十九条、第二百零一条的规定申请再审。

判决、调解书生效后，当事人将判决、调解书确认的债权转让，债权受让人对该判决、调解书不服申请再审的，人民法院不予受理。

第三百七十六条　民事诉讼法第一百九十九条规定的人数众多的一方当事人，包括公民、法人和其他组织。

民事诉讼法第一百九十九条规定的当事人双方为公民的案件，是指原告和被告均为公民的案件。

第三百七十七条 当事人申请再审，应当提交下列材料：

（一）再审申请书，并按照被申请人和原审其他当事人的人数提交副本；

（二）再审申请人是自然人的，应当提交身份证明；再审申请人是法人或者其他组织的，应当提交营业执照、组织机构代码证书、法定代表人或者主要负责人身份证明书。委托他人代为申请的，应当提交授权委托书和代理人身份证明；

（三）原审判决书、裁定书、调解书；

（四）反映案件基本事实的主要证据及其他材料。

前款第二项、第三项、第四项规定的材料可以是与原件核对无异的复印件。

第三百七十八条 再审申请书应当记明下列事项：

（一）再审申请人与被申请人及原审其他当事人的基本信息；

（二）原审人民法院的名称，原审裁判文书案号；

（三）具体的再审请求；

（四）申请再审的法定情形及具体事实、理由。

再审申请书应当明确申请再审的人民法院，并由再审申请人签名、捺印或者盖章。

第三百七十九条 当事人一方人数众多或者当事人双方为公民的案件，当事人分别向原审人民法院和上一级人民法院申请再审且不能协商一致的，由原审人民法院受理。

第三百八十条 适用特别程序、督促程序、公示催告程序、破产程序等非讼程序审理的案件，当事人不得申请再审。

第三百八十一条 当事人认为发生法律效力的不予受理、驳回起诉的裁定错误的，可以申请再审。

第三百八十二条 当事人就离婚案件中的财产分割问题申请再审，如涉及判决中已分割的财产，人民法院应当依照民事诉讼法第二百条的规定进行审查，符合再审条件的，应当裁定再审；如涉及判决中未作处理的夫妻共同财产，应当告知当事人另行起诉。

第三百八十三条 当事人申请再审，有下列情形之一的，人民法院不予受理：

（一）再审申请被驳回后再次提出申请的；

（二）对再审判决、裁定提出申请的；

（三）在人民检察院对当事人的申请作出不予提出再审检察建议或者抗诉决定后又提出申请的。

前款第一项、第二项规定情形，人民法院应当告知当事人可以向人民检察院申请再审检察建议或者抗诉，但因人民检察院提出再审检察建议或者抗诉而再审作出的判决、裁定除外。

第三百八十四条 当事人对已经发生法律效力的调解书申请再审，应当在调解书发生法律效力后六个月内提出。

第三百八十五条 人民法院应当自收到符合条件的再审申请书等材料之日起五日内向再审申请人发送受理通知书，并向被申请人及原审其他当事人发送应诉通知书、再审申请书副本等材料。

第三百八十六条 人民法院受理申请再审案件后，应当依照民事诉讼法第二百条、第二百零一条、第二百零四条等规定，对当事人主张的再审事由进行审查。

第三百八十七条 再审申请人提供的新的证据，能够证明原判决、裁定认定基本事实或者裁判结果错误的，应当认定为民事诉讼法第二百条第一项规定的情形。

对于符合前款规定的证据，人民法院应当责令再审申请人说明其逾期提供该证据的理由；拒不说明理由或者理由不成立的，依照民事诉讼法第六十五条第二款和本解释第一百零二条的规定处理。

第三百八十八条　再审申请人证明其提交的新的证据符合下列情形之一的，可以认定逾期提供证据的理由成立：

（一）在原审庭审结束前已经存在，因客观原因于庭审结束后才发现的；

（二）在原审庭审结束前已经发现，但因客观原因无法取得或者在规定的期限内不能提供的；

（三）在原审庭审结束后形成，无法据此另行提起诉讼的。

再审申请人提交的证据在原审中已经提供，原审人民法院未组织质证且未作为裁判根据的，视为逾期提供证据的理由成立，但原审人民法院依照民事诉讼法第六十五条规定不予采纳的除外。

第三百八十九条　当事人对原判决、裁定认定事实的主要证据在原审中拒绝发表质证意见或者质证中未对证据发表质证意见的，不属于民事诉讼法第二百条第四项规定的未经质证的情形。

第三百九十条　有下列情形之一，导致判决、裁定结果错误的，应当认定为民事诉讼法第二百条第六项规定的原判决、裁定适用法律确有错误：

（一）适用的法律与案件性质明显不符的；

（二）确定民事责任明显违背当事人约定或者法律规定的；

（三）适用已经失效或者尚未施行的法律的；

（四）违反法律溯及力规定的；

（五）违反法律适用规则的；

（六）明显违背立法原意的。

第三百九十一条　原审开庭过程中有下列情形之一的，应当认定为民事诉讼法第二百条第九项规定的剥夺当事人辩论权利：

（一）不允许当事人发表辩论意见的；

（二）应当开庭审理而未开庭审理的；

（三）违反法律规定送达起诉状副本或者上诉状副本，致使当事人无法行使辩论权利的；

（四）违法剥夺当事人辩论权利的其他情形。

第三百九十二条　民事诉讼法第二百条第十一项规定的诉讼请求，包括一审诉讼请求、二审上诉请求，但当事人未对一审判决、裁定遗漏或者超出诉讼请求提起上诉的除外。

第三百九十三条　民事诉讼法第二百条第十二项规定的法律文书包括：

（一）发生法律效力的判决书、裁定书、调解书；

（二）发生法律效力的仲裁裁决书；

（三）具有强制执行效力的公证债权文书。

第三百九十四条　民事诉讼法第二百条第十三项规定的审判人员审理该案件时有贪污受贿、徇私舞弊、枉法裁判行为，是指已经由生效刑事法律文书或者纪律处分决定所确认的行为。

第三百九十五条 当事人主张的再审事由成立，且符合民事诉讼法和本解释规定的申请再审条件的，人民法院应当裁定再审。

当事人主张的再审事由不成立，或者当事人申请再审超过法定申请再审期限、超出法定再审事由范围等不符合民事诉讼法和本解释规定的申请再审条件的，人民法院应当裁定驳回再审申请。

第三百九十六条 人民法院对已经发生法律效力的判决、裁定、调解书依法决定再审，依照民事诉讼法第二百零六条规定，需要中止执行的，应当在再审裁定中同时写明中止原判决、裁定、调解书的执行；情况紧急的，可以将中止执行裁定口头通知负责执行的人民法院，并在通知后十日内发出裁定书。

第三百九十七条 人民法院根据审查案件的需要决定是否询问当事人。新的证据可能推翻原判决、裁定的，人民法院应当询问当事人。

第三百九十八条 审查再审申请期间，被申请人及原审其他当事人依法提出再审申请的，人民法院应当将其列为再审申请人，对其再审事由一并审查，审查期限重新计算。经审查，其中一方再审申请人主张的再审事由成立的，应当裁定再审。各方再审申请人主张的再审事由均不成立的，一并裁定驳回再审申请。

第三百九十九条 审查再审申请期间，再审申请人申请人民法院委托鉴定、勘验的，人民法院不予准许。

第四百条 审查再审申请期间，再审申请人撤回再审申请的，是否准许，由人民法院裁定。

再审申请人经传票传唤，无正当理由拒不接受询问的，可以按撤回再审申请处理。

第四百零一条 人民法院准许撤回再审申请或者按撤回再审申请处理后，再审申请人再次申请再审的，不予受理，但有民事诉讼法第二百条第一项、第三项、第十二项、第十二项规定情形，自知道或者应当知道之日起六个月内提出的除外。

第四百零二条 再审申请审查期间，有下列情形之一的，裁定终结审查：

（一）再审申请人死亡或者终止，无权利义务承继者或者权利义务承继者声明放弃再审申请的；

（二）在给付之诉中，负有给付义务的被申请人死亡或者终止，无可供执行的财产，也没有应当承担义务的人的；

（三）当事人达成和解协议且已履行完毕的，但当事人在和解协议中声明不放弃申请再审权利的除外；

（四）他人未经授权以当事人名义申请再审的；

（五）原审或者上一级人民法院已经裁定再审的。

（六）有本解释第三百八十三条第一款规定情形的。

第四百零三条 人民法院审理再审案件应当组成合议庭开庭审理，但按照第二审程序审理，有特殊情况或者双方当事人已经通过其他方式充分表达意见，且书面同意不开庭审理的除外。

符合缺席判决条件的，可以缺席判决。

第四百零四条 人民法院开庭审理再审案件，应当按照下列情形分别进行：

（一）因当事人申请再审的，先由再审申请人陈述再审请求及理由，后由被申请人答辩、其他原审当事人发表意见；

（二）因抗诉再审的，先由抗诉机关宣读抗诉书，再由申请抗诉的当事人陈述，后由被申请人答辩、其他原审当事人发表意见；

（三）人民法院依职权再审，有申诉人的，先由申诉人陈述再审请求及理由，后由被申诉人答辩、其他原审当事人发表意见；

（四）人民法院依职权再审，没有申诉人的，先由原审原告或者原审上诉人陈述，后由原审其他当事人发表意见。

对前款第一项至第三项规定的情形，人民法院应当要求当事人明确其再审请求。

第四百零五条　人民法院审理再审案件应当围绕再审请求进行。当事人的再审请求超出原审诉讼请求的，不予审理；符合另案诉讼条件的，告知当事人可以另行起诉。

被申请人及原审其他当事人在庭审辩论结束前提出的再审请求，符合民事诉讼法第二百零五条规定的，人民法院应当一并审理。

人民法院经再审，发现已经发生法律效力的判决、裁定损害国家利益、社会公共利益、他人合法权益的，应当一并审理。

第四百零六条　再审审理期间，有下列情形之一的，可以裁定终结再审程序：

（一）再审申请人在再审期间撤回再审请求，人民法院准许的；

（二）再审申请人经传票传唤，无正当理由拒不到庭的，或者未经法庭许可中途退庭，按撤回再审请求处理的；

（三）人民检察院撤回抗诉的；

（四）有本解释第四百零二条第一项至第四项规定情形的。

因人民检察院提出抗诉裁定再审的案件，申请抗诉的当事人有前款规定的情形，且不损害国家利益、社会公共利益或者他人合法权益的，人民法院应当裁定终结再审程序。

再审程序终结后，人民法院裁定中止执行的原生效判决自动恢复执行。

第四百零七条　人民法院经再审审理认为，原判决、裁定认定事实清楚、适用法律正确的，应予维持；原判决、裁定认定事实、适用法律虽有瑕疵，但裁判结果正确的，应当在再审判决、裁定中纠正瑕疵后予以维持。

原判决、裁定认定事实、适用法律错误，导致裁判结果错误的，应当依法改判、撤销或者变更。

第四百零八条　按照第二审程序再审的案件，人民法院经审理认为不符合民事诉讼法规定的起诉条件或者符合民事诉讼法第一百二十四条规定不予受理情形的，应当裁定撤销一、二审判决，驳回起诉。

第四百零九条　人民法院对调解书裁定再审后，按照下列情形分别处理：

（一）当事人提出的调解违反自愿原则的事由不成立，且调解书的内容不违反法律强制性规定的，裁定驳回再审申请；

（二）人民检察院抗诉或者再审检察建议所主张的损害国家利益、社会公共利益的理由不成立的，裁定终结再审程序。

前款规定情形，人民法院裁定中止执行的调解书需要继续执行的，自动恢复执行。

第四百一十条　一审原告在再审审理程序中申请撤回起诉，经其他当事人同意，且不损害国家利益、社会公共利益、他人合法权益的，人民法院可以准许。裁定准许撤诉的，应当一并撤销原判决。

一审原告在再审审理程序中撤回起诉后重复起诉的，人民法院不予受理。

第四百一十一条 当事人提交新的证据致使再审改判，因再审申请人或者申请检察监督当事人的过错未能在原审程序中及时举证，被申请人等当事人请求补偿其增加的交通、住宿、就餐、误工等必要费用的，人民法院应予支持。

第四百一十二条 部分当事人到庭并达成调解协议，其他当事人未作出书面表示的，人民法院应当在判决中对该事实作出表述；调解协议内容不违反法律规定，且不损害其他当事人合法权益的，可以在判决主文中予以确认。

第四百一十三条 人民检察院依法对损害国家利益、社会公共利益的发生法律效力的判决、裁定、调解书提出抗诉，或者经人民检察院检察委员会讨论决定提出再审检察建议的，人民法院应予受理。

第四百一十四条 人民检察院对已经发生法律效力的判决以及不予受理、驳回起诉的裁定依法提出抗诉的，人民法院应予受理，但适用特别程序、督促程序、公示催告程序、破产程序以及解除婚姻关系的判决、裁定等不适用审判监督程序的判决、裁定除外。

第四百一十五条 人民检察院依照民事诉讼法第二百零九条第一款第三项规定对有明显错误的再审判决、裁定提出抗诉或者再审检察建议的，人民法院应予受理。

第四百一十六条 地方各级人民检察院依当事人的申请对生效判决、裁定向同级人民法院提出再审检察建议，符合下列条件的，应予受理：

（一）再审检察建议书和原审当事人申请书及相关证据材料已经提交；

（二）建议再审的对象为依照民事诉讼法和本解释规定可以进行再审的判决、裁定；

（三）再审检察建议书列明该判决、裁定有民事诉讼法第二百零八条第二款规定情形；

（四）符合民事诉讼法第二百零九条第一款第一项、第二项规定情形；

（五）再审检察建议经该人民检察院检察委员会讨论决定。

不符合前款规定的，人民法院可以建议人民检察院予以补正或者撤回；不予补正或者撤回的，应当函告人民检察院不予受理。

第四百一十七条 人民检察院依当事人的申请对生效判决、裁定提出抗诉，符合下列条件的，人民法院应当在三十日内裁定再审：

（一）抗诉书和原审当事人申请书及相关证据材料已经提交；

（二）抗诉对象为依照民事诉讼法和本解释规定可以进行再审的判决、裁定；

（三）抗诉书列明该判决、裁定有民事诉讼法第二百零八条第一款规定情形；

（四）符合民事诉讼法第二百零九条第一款第一项、第二项规定情形。

不符合前款规定的，人民法院可以建议人民检察院予以补正或者撤回；不予补正或者撤回的，人民法院可以裁定不予受理。

第四百一十八条 当事人的再审申请被上级人民法院裁定驳回后，人民检察院对原判决、裁定、调解书提出抗诉，抗诉事由符合民事诉讼法第二百条第一项至第五项规定情形之一的，受理抗诉的人民法院可以交由下一级人民法院再审。

第四百一十九条 人民法院收到再审检察建议后，应当组成合议庭，在三个月内进行审查，发现原判决、裁定、调解书确有错误，需要再审的，依照民事诉讼法第一百九十八条规定裁定再审，并通知当事人；经审查，决定不予再审的，应当书面回复人民检察院。

第四百二十条　人民法院审理因人民检察院抗诉或者检察建议裁定再审的案件，不受此前已经作出的驳回当事人再审申请裁定的影响。

第四百二十一条　人民法院开庭审理抗诉案件，应当在开庭三日前通知人民检察院、当事人和其他诉讼参与人。同级人民检察院或者提出抗诉的人民检察院应当派员出庭。

人民检察院因履行法律监督职责向当事人或者案外人调查核实的情况，应当向法庭提交并予以说明，由双方当事人进行质证。

第四百二十二条　必须共同进行诉讼的当事人因不能归责于本人或者其诉讼代理人的事由未参加诉讼的，可以根据民事诉讼法第二百条第八项规定，自知道或者应当知道之日起六个月内申请再审，但符合本解释第四百二十三条规定情形的除外。

人民法院因前款规定的当事人申请而裁定再审，按照第一审程序再审的，应当追加其为当事人，作出新的判决、裁定；按照第二审程序再审，经调解不能达成协议的，应当撤销原判决、裁定，发回重审，重审时应追加其为当事人。

第四百二十三条　根据民事诉讼法第二百二十七条规定，案外人对驳回其执行异议的裁定不服，认为原判决、裁定、调解书内容错误损害其民事权益的，可以自执行异议裁定送达之日起六个月内，向作出原判决、裁定、调解书的人民法院申请再审。

第四百二十四条　根据民事诉讼法第二百二十七条规定，人民法院裁定再审后，案外人属于必要的共同诉讼当事人的，依照本解释第四百二十二条第二款规定处理。

案外人不是必要的共同诉讼当事人的，人民法院仅审理原判决、裁定、调解书对其民事权益造成损害的内容。经审理，再审请求成立的，撤销或者改变原判决、裁定、调解书；再审请求不成立的，维持原判决、裁定、调解书。

第四百二十五条　本解释第三百四十条规定适用于审判监督程序。

第四百二十六条　对小额诉讼案件的判决、裁定，当事人以民事诉讼法第二百条规定的事由向原审人民法院申请再审的，人民法院应当受理。申请再审事由成立的，应当裁定再审，组成合议庭进行审理。作出的再审判决、裁定，当事人不得上诉。

当事人以不应按小额诉讼案件审理为由向原审人民法院申请再审的，人民法院应当受理。理由成立的，应当裁定再审，组成合议庭审理。作出的再审判决、裁定，当事人可以上诉。

十九、督促程序

第四百二十七条　两个以上人民法院都有管辖权的，债权人可以向其中一个基层人民法院申请支付令。

债权人向两个以上有管辖权的基层人民法院申请支付令的，由最先立案的人民法院管辖。

第四百二十八条　人民法院收到债权人的支付令申请书后，认为申请书不符合要求的，可以通知债权人限期补正。人民法院应当自收到补正材料之日起五日内通知债权人是否受理。

第四百二十九条　债权人申请支付令，符合下列条件的，基层人民法院应当受理，并在收到支付令申请书后五日内通知债权人：

（一）请求给付金钱或者汇票、本票、支票、股票、债券、国库券、可转让的存款单等有价证券；

（二）请求给付的金钱或者有价证券已到期且数额确定，并写明了请求所根据的事实、证据；

（三）债权人没有对待给付义务；

（四）债务人在我国境内且未下落不明；

（五）支付令能够送达债务人；

（六）收到申请书的人民法院有管辖权；

（七）债权人未向人民法院申请诉前保全。

不符合前款规定的，人民法院应当在收到支付令申请书后五日内通知债权人不予受理。

基层人民法院受理申请支付令案件，不受债权金额的限制。

第四百三十条 人民法院受理申请后，由审判员一人进行审查。经审查，有下列情形之一的，裁定驳回申请：

（一）申请人不具备当事人资格的；

（二）给付金钱或者有价证券的证明文件没有约定逾期给付利息或者违约金、赔偿金，债权人坚持要求给付利息或者违约金、赔偿金的；

（三）要求给付的金钱或者有价证券属于违法所得的；

（四）要求给付的金钱或者有价证券尚未到期或者数额不确定的。

人民法院受理支付令申请后，发现不符合本解释规定的受理条件的，应当在受理之日起十五日内裁定驳回申请。

第四百三十一条 向债务人本人送达支付令，债务人拒绝接收的，人民法院可以留置送达。

第四百三十二条 有下列情形之一的，人民法院应当裁定终结督促程序，已发出支付令的，支付令自行失效：

（一）人民法院受理支付令申请后，债权人就同一债权债务关系又提起诉讼的；

（二）人民法院发出支付令之日起三十日内无法送达债务人的；

（三）债务人收到支付令前，债权人撤回申请的。

第四百三十三条 债务人在收到支付令后，未在法定期间提出书面异议，而向其他人民法院起诉的，不影响支付令的效力。

债务人超过法定期间提出异议的，视为未提出异议。

第四百三十四条 债权人基于同一债权债务关系，在同一支付令申请中向债务人提出多项支付请求，债务人仅就其中一项或者几项请求提出异议的，不影响其他各项请求的效力。

第四百三十五条 债权人基于同一债权债务关系，就可分之债向多个债务人提出支付请求，多个债务人中的一人或者几人提出异议的，不影响其他请求的效力。

第四百三十六条 对设有担保的债务的主债务人发出的支付令，对担保人没有拘束力。

债权人就担保关系单独提起诉讼的，支付令自人民法院受理案件之日起失效。

第四百三十七条 经形式审查，债务人提出的书面异议有下列情形之一的，应当认定异议成立，裁定终结督促程序，支付令自行失效：

（一）本解释规定的不予受理申请情形的；

（二）本解释规定的裁定驳回申请情形的；

（三）本解释规定的应当裁定终结督促程序情形的；

（四）人民法院对是否符合发出支付令条件产生合理怀疑的。

第四百三十八条 债务人对债务本身没有异议，只是提出缺乏清偿能力、延缓债务清偿期限、变更债务清偿方式等异议的，不影响支付令的效力。

人民法院经审查认为异议不成立的，裁定驳回。

债务人的口头异议无效。

第四百三十九条 人民法院作出终结督促程序或者驳回异议裁定前，债务人请求撤回异议的，应当裁定准许。

债务人对撤回异议反悔的，人民法院不予支持。

第四百四十条 支付令失效后，申请支付令的一方当事人不同意提起诉讼的，应当自收到终结督促程序裁定之日起七日内向受理申请的人民法院提出。

申请支付令的一方当事人不同意提起诉讼的，不影响其向其他有管辖权的人民法院提起诉讼。

第四百四十一条 支付令失效后，申请支付令的一方当事人自收到终结督促程序裁定之日起七日内未向受理申请的人民法院表明不同意提起诉讼的，视为向受理申请的人民法院起诉。

债权人提出支付令申请的时间，即为向人民法院起诉的时间。

第四百四十二条 债权人向人民法院申请执行支付令的期间，适用民事诉讼法第二百三十九条的规定。

第四百四十三条 人民法院院长发现本院已经发生法律效力的支付令确有错误，认为需要撤销的，应当提交本院审判委员会讨论决定后，裁定撤销支付令，驳回债权人的申请。

二十、公示催告程序

第四百四十四条 民事诉讼法第二百一十八条规定的票据持有人，是指票据被盗、遗失或者灭失前的最后持有人。

第四百四十五条 人民法院收到公示催告的申请后，应当立即审查，并决定是否受理。经审查认为符合受理条件的，通知予以受理，并同时通知支付人停止支付；认为不符合受理条件的，七日内裁定驳回申请。

第四百四十六条 因票据丧失，申请公示催告的，人民法院应结合票据存根、丧失票据的复印件、出票人关于签发票据的证明、申请人合法取得票据的证明、银行挂失止付通知书、报案证明等证据，决定是否受理。

第四百四十七条 人民法院依照民事诉讼法第二百一十九条规定发出的受理申请的公告，应当写明下列内容：

（一）公示催告申请人的姓名或者名称；

（二）票据的种类、号码、票面金额、出票人、背书人、持票人、付款期限等事项以及其他可以申请公示催告的权利凭证的种类、号码、权利范围、权利人、义务人、行权日期等事项；

（三）申报权利的期间；

（四）在公示催告期间转让票据等权利凭证，利害关系人不申报的法律后果。

第四百四十八条 公告应当在有关报纸或者其他媒体上刊登，并于同日公布于人民法院公告栏内。人民法院所在地有证券交易所的，还应当同日在该交易所公布。

第四百四十九条 公告期间不得少于六十日，且公示催告期间届满日不得早于票据付款日后十五日。

第四百五十条 在申报期届满后、判决作出之前，利害关系人申报权利的，应当适用民事诉讼法第二百二十一条第二款、第三款规定处理。

第四百五十一条 利害关系人申报权利，人民法院应当通知其向法院出示票据，并通知公示催告申请人在指定的期间查看该票据。公示催告申请人申请公示催告的票据与利害关系人出示的票据不一致的，应当裁定驳回利害关系人的申报。

第四百五十二条 在申报权利的期间无人申报权利，或者申报被驳回的，申请人应当自公示催告期间届满之日起一个月内申请作出判决。逾期不申请判决的，终结公示催告程序。

裁定终结公示催告程序的，应当通知申请人和支付人。

第四百五十三条 判决公告之日起，公示催告申请人有权依据判决向付款人请求付款。

付款人拒绝付款，申请人向人民法院起诉，符合民事诉讼法第一百一十九条规定的起诉条件的，人民法院应予受理。

第四百五十四条 适用公示催告程序审理案件，可由审判员一人独任审理；判决宣告票据无效的，应当组成合议庭审理。

第四百五十五条 公示催告申请人撤回申请，应在公示催告前提出；公示催告期间申请撤回的，人民法院可以径行裁定终结公示催告程序。

第四百五十六条 人民法院依照民事诉讼法第二百二十条规定通知支付人停止支付，应当符合有关财产保全的规定。支付人收到停止支付通知后拒不止付的，除可依照民事诉讼法第一百一十一条、第一百一十四条规定采取强制措施外，在判决后，支付人仍应承担付款义务。

第四百五十七条 人民法院依照民事诉讼法第二百二十一条规定终结公示催告程序后，公示催告申请人或者申报人向人民法院提起诉讼，因票据权利纠纷提起的，由票据支付地或者被告住所地人民法院管辖；因非票据权利纠纷提起的，由被告住所地人民法院管辖。

第四百五十八条 依照民事诉讼法第二百二十一条规定制作的终结公示催告程序的裁定书，由审判员、书记员署名，加盖人民法院印章。

第四百五十九条 依照民事诉讼法第二百二十三条的规定，利害关系人向人民法院起诉的，人民法院可按票据纠纷适用普通程序审理。

第四百六十条 民事诉讼法第二百二十三条规定的正当理由，包括：

（一）因发生意外事件或者不可抗力致使利害关系人无法知道公告事实的；

（二）利害关系人因被限制人身自由而无法知道公告事实，或者虽然知道公告事实，但无法自己或者委托他人代为申报权利的；

（三）不属于法定申请公示催告情形的；

（四）未予公告或者未按法定方式公告的；

（五）其他导致利害关系人在判决作出前未能向人民法院申报权利的客观事由。

第四百六十一条 根据民事诉讼法第二百二十三条的规定，利害关系人请求人民法院撤销除权判决的，应当将申请人列为被告。

利害关系人仅诉请确认其为合法持票人的，人民法院应当在裁判文书中写明，确认利害关系人为票据权利人的判决作出后，除权判决即被撤销。

二十一、执行程序

第四百六十二条　发生法律效力的实现担保物权裁定、确认调解协议裁定、支付令，由作出裁定、支付令的人民法院或者与其同级的被执行财产所在地的人民法院执行。

认定财产无主的判决，由作出判决的人民法院将无主财产收归国家或者集体所有。

第四百六十三条　当事人申请人民法院执行的生效法律文书应当具备下列条件：

（一）权利义务主体明确；

（二）给付内容明确。

法律文书确定继续履行合同的，应当明确继续履行的具体内容。

第四百六十四条　根据民事诉讼法第二百二十七条规定，案外人对执行标的提出异议的，应当在该执行标的执行程序终结前提出。

第四百六十五条　案外人对执行标的提出的异议，经审查，按照下列情形分别处理：

（一）案外人对执行标的不享有足以排除强制执行的权益的，裁定驳回其异议；

（二）案外人对执行标的享有足以排除强制执行的权益的，裁定中止执行。

驳回案外人执行异议裁定送达案外人之日起十五日内，人民法院不得对执行标的进行处分。

第四百六十六条　申请执行人与被执行人达成和解协议后请求中止执行或者撤回执行申请的，人民法院可以裁定中止执行或者终结执行。

第四百六十七条　一方当事人不履行或者不完全履行在执行中双方自愿达成的和解协议，对方当事人申请执行原生效法律文书的，人民法院应当恢复执行，但和解协议已履行的部分应当扣除。和解协议已经履行完毕的，人民法院不予恢复执行。

第四百六十八条　申请恢复执行原生效法律文书，适用民事诉讼法第二百三十九条申请执行期间的规定。申请执行期间因达成执行中的和解协议而中断，其期间自和解协议约定履行期限的最后一日起重新计算。

第四百六十九条　人民法院依照民事诉讼法第二百三十一条规定决定暂缓执行的，如果担保是有期限的，暂缓执行的期限应当与担保期限一致，但最长不得超过一年。被执行人或者担保人对担保的财产在暂缓执行期间有转移、隐藏、变卖、毁损等行为的，人民法院可以恢复强制执行。

第四百七十条　根据民事诉讼法第二百三十一条规定向人民法院提供执行担保的，可以由被执行人或者他人提供财产担保，也可以由他人提供保证。担保人应当具有代为履行或者代为承担赔偿责任的能力。

他人提供执行保证的，应当向执行法院出具保证书，并将保证书副本送交申请执行人。被执行人或者他人提供财产担保的，应当参照物权法、担保法的有关规定办理相应手续。

第四百七十一条　被执行人在人民法院决定暂缓执行的期限届满后仍不履行义务的，人民法院可以直接执行担保财产，或者裁定执行担保人的财产，但执行担保人的财产以担保人应当履行义务部分的财产为限。

第四百七十二条　依照民事诉讼法第二百三十二条规定，执行中作为被执行人的法人或者其他组织分立、合并的，人民法院可以裁定变更后的法人或者其他组织为被执行人；被注销的，如果依照有关实体法的规定有权利义务承受人的，可以裁定该权利义务承受人为被执行人。

第四百七十三条 其他组织在执行中不能履行法律文书确定的义务的，人民法院可以裁定执行对该其他组织依法承担义务的法人或者公民个人的财产。

第四百七十四条 在执行中，作为被执行人的法人或者其他组织名称变更的，人民法院可以裁定变更后的法人或者其他组织为被执行人。

第四百七十五条 作为被执行人的公民死亡，其遗产继承人没有放弃继承的，人民法院可以裁定变更被执行人，由该继承人在遗产的范围内偿还债务。继承人放弃继承的，人民法院可以直接执行被执行人的遗产。

第四百七十六条 法律规定由人民法院执行的其他法律文书执行完毕后，该法律文书被有关机关或者组织依法撤销的，经当事人申请，适用民事诉讼法第二百三十三条规定。

第四百七十七条 仲裁机构裁决的事项，部分有民事诉讼法第二百三十七条第二款、第三款规定情形的，人民法院应当裁定对该部分不予执行。

应当不予执行部分与其他部分不可分的，人民法院应当裁定不予执行仲裁裁决。

第四百七十八条 依照民事诉讼法第二百三十七条第二款、第三款规定，人民法院裁定不予执行仲裁裁决后，当事人对该裁定提出执行异议或者复议的，人民法院不予受理。当事人可以就该民事纠纷重新达成书面仲裁协议申请仲裁，也可以向人民法院起诉。

第四百七十九条 在执行中，被执行人通过仲裁程序将人民法院查封、扣押、冻结的财产确权或者分割给案外人的，不影响人民法院执行程序的进行。

案外人不服的，可以根据民事诉讼法第二百二十七条规定提出异议。

第四百八十条 有下列情形之一的，可以认定为民事诉讼法第二百三十八条第二款规定的公证债权文书确有错误：

（一）公证债权文书属于不得赋予强制执行效力的债权文书的；

（二）被执行人一方未亲自或者未委托代理人到场公证等严重违反法律规定的公证程序的；

（三）公证债权文书的内容与事实不符或者违反法律强制性规定的；

（四）公证债权文书未载明被执行人不履行义务或者不完全履行义务时同意接受强制执行的。

人民法院认定执行该公证债权文书违背社会公共利益的，裁定不予执行。

公证债权文书被裁定不予执行后，当事人、公证事项的利害关系人可以就债权争议提起诉讼。

第四百八十一条 当事人请求不予执行仲裁裁决或者公证债权文书的，应当在执行终结前向执行法院提出。

第四百八十二条 人民法院应当在收到申请执行书或者移交执行书后十日内发出执行通知。

执行通知中除应责令被执行人履行法律文书确定的义务外，还应通知其承担民事诉讼法第二百五十三条规定的迟延履行利息或者迟延履行金。

第四百八十三条 申请执行人超过申请执行时效期间向人民法院申请强制执行的，人民法院应予受理。被执行人对申请执行时效期间提出异议，人民法院经审查异议成立的，裁定不予执行。

被执行人履行全部或者部分义务后，又以不知道申请执行时效期间届满为由请求执行回转的，人民法院不予支持。

第四百八十四条　对必须接受调查询问的被执行人、被执行人的法定代表人、负责人或者实际控制人，经依法传唤无正当理由拒不到场的，人民法院可以拘传其到场。

人民法院应当及时对被拘传人进行调查询问，调查询问的时间不得超过八小时；情况复杂，依法可能采取拘留措施的，调查询问的时间不得超过二十四小时。

人民法院在本辖区以外采取拘传措施时，可以将被拘传人拘传到当地人民法院，当地人民法院应予协助。

第四百八十五条　人民法院有权查询被执行人的身份信息与财产信息，掌握相关信息的单位和个人必须按照协助执行通知书办理。

第四百八十六条　对被执行的财产，人民法院非经查封、扣押、冻结不得处分。对银行存款等各类可以直接扣划的财产，人民法院的扣划裁定同时具有冻结的法律效力。

第四百八十七条　人民法院冻结被执行人的银行存款的期限不得超过一年，查封、扣押动产的期限不得超过两年，查封不动产、冻结其他财产权的期限不得超过三年。

申请执行人申请延长期限的，人民法院应当在查封、扣押、冻结期限届满前办理续行查封、扣押、冻结手续，续行期限不得超过前款规定的期限。

人民法院也可以依职权办理续行查封、扣押、冻结手续。

第四百八十八条　依照民事诉讼法第二百四十七条规定，人民法院在执行中需要拍卖被执行人财产的，可以由人民法院自行组织拍卖，也可以交由具备相应资质的拍卖机构拍卖。

交拍卖机构拍卖的，人民法院应当对拍卖活动进行监督。

第四百八十九条　拍卖评估需要对现场进行检查、勘验的，人民法院应当责令被执行人、协助义务人予以配合。被执行人、协助义务人不予配合的，人民法院可以强制进行。

第四百九十条　人民法院在执行中需要变卖被执行人财产的，可以交有关单位变卖，也可以由人民法院直接变卖。

对变卖的财产，人民法院或者其工作人员不得买受。

第四百九十一条　经申请执行人和被执行人同意，且不损害其他债权人合法权益和社会公共利益的，人民法院可以不经拍卖、变卖，直接将被执行人的财产作价交申请执行人抵偿债务。对剩余债务，被执行人应当继续清偿。

第四百九十二条　被执行人的财产无法拍卖或者变卖的，经申请执行人同意，且不损害其他债权人合法权益和社会公共利益的，人民法院可以将该项财产作价后交付申请执行人抵偿债务，或者交付申请执行人管理；申请执行人拒绝接收或者管理的，退回被执行人。

第四百九十三条　拍卖成交或者依法定程序裁定以物抵债的，标的物所有权自拍卖成交裁定或者抵债裁定送达买受人或者接受抵债物的债权人时转移。

第四百九十四条　执行标的物为特定物的，应当执行原物。原物确已毁损或者灭失的，经双方当事人同意，可以折价赔偿。

双方当事人对折价赔偿不能协商一致的，人民法院应当终结执行程序。申请执行人可以另行起诉。

第四百九十五条　他人持有法律文书指定交付的财物或者票证，人民法院依照民事诉讼法第二百四十九条第二款、第三款规定发出协助执行通知后，拒不转交的，可以强制执行，并可依照民事诉讼法第一百一十四条、第一百一十五条规定处理。

他人持有期间财物或者票证毁损、灭失的，参照本解释第四百九十四条规定处理。

他人主张合法持有财物或者票证的，可以根据民事诉讼法第二百二十七条规定提出执行异议。

第四百九十六条 在执行中，被执行人隐匿财产、会计账簿等资料的，人民法院除可依照民事诉讼法第一百一十一条第一款第六项规定对其处理外，还应责令被执行人交出隐匿的财产、会计账簿等资料。被执行人拒不交出的，人民法院可以采取搜查措施。

第四百九十七条 搜查人员应当按规定着装并出示搜查令和工作证件。

第四百九十八条 人民法院搜查时禁止无关人员进入搜查现场；搜查对象是公民的，应当通知被执行人或者他的成年家属以及基层组织派员到场；搜查对象是法人或者其他组织的，应当通知法定代表人或者主要负责人到场。拒不到场的，不影响搜查。

搜查妇女身体，应当由女执行人员进行。

第四百九十九条 搜查中发现应当依法采取查封、扣押措施的财产，依照民事诉讼法第二百四十五条第二款和第二百四十七条规定办理。

第五百条 搜查应当制作搜查笔录，由搜查人员、被搜查人及其他在场人签名、捺印或者盖章。拒绝签名、捺印或者盖章的，应当记入搜查笔录。

第五百零一条 人民法院执行被执行人对他人的到期债权，可以作出冻结债权的裁定，并通知该他人向申请执行人履行。

该他人对到期债权有异议，申请执行人请求对异议部分强制执行的，人民法院不予支持。利害关系人对到期债权有异议的，人民法院应当按照民事诉讼法第二百二十七条规定处理。

对生效法律文书确定的到期债权，该他人予以否认的，人民法院不予支持。

第五百零二条 人民法院在执行中需要办理房产证、土地证、林权证、专利证书、商标证书、车船执照等有关财产权证照转移手续的，可以依照民事诉讼法第二百五十一条规定办理。

第五百零三条 被执行人不履行生效法律文书确定的行为义务，该义务可由他人完成的，人民法院可以选定代履行人；法律、行政法规对履行该行为义务有资格限制的，应当从有资格的人中选定。必要时，可以通过招标的方式确定代履行人。

申请执行人可以在符合条件的人中推荐代履行人，也可以申请自己代为履行，是否准许，由人民法院决定。

第五百零四条 代履行费用的数额由人民法院根据案件具体情况确定，并由被执行人在指定期限内预先支付。被执行人未预付的，人民法院可以对该费用强制执行。

代履行结束后，被执行人可以查阅、复制费用清单以及主要凭证。

第五百零五条 被执行人不履行法律文书指定的行为，且该项行为只能由被执行人完成的，人民法院可以依照民事诉讼法第一百一十一条第一款第六项规定处理。

被执行人在人民法院确定的履行期间内仍不履行的，人民法院可以依照民事诉讼法第一百一十一条第一款第六项规定再次处理。

第五百零六条 被执行人迟延履行的，迟延履行期间的利息或者迟延履行金自判决、裁定和其他法律文书指定的履行期间届满之日起计算。

第五百零七条 被执行人未按判决、裁定和其他法律文书指定的期间履行非金钱给付义务的，无论是否已给申请执行人造成损失，都应当支付迟延履行金。已经造成损失的，双倍补偿申请执行人已经受到的损失；没有造成损失的，迟延履行金可以由人民法院根据具体案件情况决定。

第五百零八条 被执行人为公民或者其他组织，在执行程序开始后，被执行人的其他已经取得执行依据的债权人发现被执行人的财产不能清偿所有债权的，可以向人民法院申请参与分配。

对人民法院查封、扣押、冻结的财产有优先权、担保物权的债权人，可以直接申请参与分配，主张优先受偿权。

第五百零九条 申请参与分配，申请人应当提交申请书。申请书应当写明参与分配和被执行人不能清偿所有债权的事实、理由，并附有执行依据。

参与分配申请应当在执行程序开始后，被执行人的财产执行终结前提出。

第五百一十条 参与分配执行中，执行所得价款扣除执行费用，并清偿应当优先受偿的债权后，对于普通债权，原则上按照其占全部申请参与分配债权数额的比例受偿。清偿后的剩余债务，被执行人应当继续清偿。债权人发现被执行人有其他财产的，可以随时请求人民法院执行。

第五百一十一条 多个债权人对执行财产申请参与分配的，执行法院应当制作财产分配方案，并送达各债权人和被执行人。债权人或者被执行人对分配方案有异议的，应当自收到分配方案之日起十五日内向执行法院提出书面异议。

第五百一十二条 债权人或者被执行人对分配方案提出书面异议的，执行法院应当通知未提出异议的债权人、被执行人。

未提出异议的债权人、被执行人自收到通知之日起十五日内未提出反对意见的，执行法院依异议人的意见对分配方案审查修正后进行分配；提出反对意见的，应当通知异议人。异议人可以自收到通知之日起十五日内，以提出反对意见的债权人、被执行人为被告，向执行法院提起诉讼；异议人逾期未提起诉讼的，执行法院按照原分配方案进行分配。

诉讼期间进行分配的，执行法院应当提存与争议债权数额相应的款项。

第五百一十三条 在执行中，作为被执行人的企业法人符合企业破产法第二条第一款规定情形的，执行法院经申请执行人之一或者被执行人同意，应当裁定中止对该被执行人的执行，将执行案件相关材料移送被执行人住所地人民法院。

第五百一十四条 被执行人住所地人民法院应当自收到执行案件相关材料之日起三十日内，将是否受理破产案件的裁定告知执行法院。不予受理的，应将相关案件材料退回执行法院。

第五百一十五条 被执行人住所地人民法院裁定受理破产案件的，执行法院应当解除对被执行人财产的保全措施。被执行人住所地人民法院裁定宣告被执行人破产的，执行法院应当裁定终结对该被执行人的执行。

被执行人住所地人民法院不受理破产案件的，执行法院应当恢复执行。

第五百一十六条 当事人不同意移送破产或者被执行人住所地人民法院不受理破产案件的，执行法院就执行变价所得财产，在扣除执行费用及清偿优先受偿的债权后，对于普通债权，按照财产保全和执行中查封、扣押、冻结财产的先后顺序清偿。

第五百一十七条 债权人根据民事诉讼法第二百五十四条规定请求人民法院继续执行的，不受民事诉讼法第二百三十九条规定申请执行时效期间的限制。

第五百一十八条 被执行人不履行法律文书确定的义务的，人民法院除对被执行人予以处罚外，还可以根据情节将其纳入失信被执行人名单，将被执行人不履行或者不完全履行义务的信息向其所在单位、征信机构以及其他相关机构通报。

第五百一十九条 经过财产调查未发现可供执行的财产，在申请执行人签字确认或者执行法院组成合议庭审查核实并经院长批准后，可以裁定终结本次执行程序。

依照前款规定终结执行后，申请执行人发现被执行人有可供执行财产的，可以再次申请执行。再次申请不受申请执行时效期间的限制。

第五百二十条 因撤销申请而终结执行后，当事人在民事诉讼法第二百三十九条规定的申请执行时效期间内再次申请执行的，人民法院应当受理。

第五百二十一条 在执行终结六个月内，被执行人或者其他人对已执行的标的有妨害行为的，人民法院可以依申请排除妨害，并可以依照民事诉讼法第一百一十一条规定进行处罚。因妨害行为给执行债权人或者其他人造成损失的，受害人可以另行起诉。

二十二、涉外民事诉讼程序的特别规定

第五百二十二条 有下列情形之一，人民法院可以认定为涉外民事案件：

（一）当事人一方或者双方是外国人、无国籍人、外国企业或者组织的；

（二）当事人一方或者双方的经常居所地在中华人民共和国领域外的；

（三）标的物在中华人民共和国领域外的；

（四）产生、变更或者消灭民事关系的法律事实发生在中华人民共和国领域外的；

（五）可以认定为涉外民事案件的其他情形。

第五百二十三条 外国人参加诉讼，应当向人民法院提交护照等用以证明自己身份的证件。

外国企业或者组织参加诉讼，向人民法院提交的身份证明文件，应当经所在国公证机关公证，并经中华人民共和国驻该国使领馆认证，或者履行中华人民共和国与该所在国订立的有关条约中规定的证明手续。

代表外国企业或者组织参加诉讼的人，应当向人民法院提交其有权作为代表人参加诉讼的证明，该证明应当经所在国公证机关公证，并经中华人民共和国驻该国使领馆认证，或者履行中华人民共和国与该所在国订立的有关条约中规定的证明手续。

本条所称的"所在国"，是指外国企业或者组织的设立登记地国，也可以是办理了营业登记手续的第三国。

第五百二十四条 依照民事诉讼法第二百六十四条以及本解释第五百二十三条规定，需要办理公证、认证手续，而外国当事人所在国与中华人民共和国没有建立外交关系的，可以经该国公证机关公证，经与中华人民共和国有外交关系的第三国驻该国使领馆认证，再转由中华人民共和国驻该第三国使领馆认证。

第五百二十五条 外国人、外国企业或者组织的代表人在人民法院法官的见证下签署授权委托书，委托代理人进行民事诉讼的，人民法院应予认可。

第五百二十六条 外国人、外国企业或者组织的代表人在中华人民共和国境内签署授权委托书，委托代理人进行民事诉讼，经中华人民共和国公证机构公证的，人民法院应予认可。

第五百二十七条　当事人向人民法院提交的书面材料是外文的，应当同时向人民法院提交中文翻译件。

当事人对中文翻译件有异议的，应当共同委托翻译机构提供翻译文本；当事人对翻译机构的选择不能达成一致的，由人民法院确定。

第五百二十八条　涉外民事诉讼中的外籍当事人，可以委托本国人为诉讼代理人，也可以委托本国律师以非律师身份担任诉讼代理人；外国驻华使领馆官员，受本国公民的委托，可以以个人名义担任诉讼代理人，但在诉讼中不享有外交或者领事特权和豁免。

第五百二十九条　涉外民事诉讼中，外国驻华使领馆授权其本馆官员，在作为当事人的本国国民不在中华人民共和国领域内的情况下，可以以外交代表身份为其本国国民在中华人民共和国聘请中华人民共和国律师或者中华人民共和国公民代理民事诉讼。

第五百三十条　涉外民事诉讼中，经调解双方达成协议，应当制发调解书。当事人要求发给判决书的，可以依协议的内容制作判决书送达当事人。

第五百三十一条　涉外合同或者其他财产权益纠纷的当事人，可以书面协议选择被告住所地、合同履行地、合同签订地、原告住所地、标的物所在地、侵权行为地等与争议有实际联系地点的外国法院管辖。

根据民事诉讼法第三十三条和第二百六十六条规定，属于中华人民共和国法院专属管辖的案件，当事人不得协议选择外国法院管辖，但协议选择仲裁的除外。

第五百三十二条　涉外民事案件同时符合下列情形的，人民法院可以裁定驳回原告的起诉，告知其向更方便的外国法院提起诉讼：

（一）被告提出案件应由更方便外国法院管辖的请求，或者提出管辖异议；

（二）当事人之间不存在选择中华人民共和国法院管辖的协议；

（三）案件不属于中华人民共和国法院专属管辖；

（四）案件不涉及中华人民共和国国家、公民、法人或者其他组织的利益；

（五）案件争议的主要事实不是发生在中华人民共和国境内，且案件不适用中华人民共和国法律，人民法院审理案件在认定事实和适用法律方面存在重大困难；

（六）外国法院对案件享有管辖权，且审理该案件更加方便。

第五百三十三条　中华人民共和国法院和外国法院都有管辖权的案件，一方当事人向外国法院起诉，而另一方当事人向中华人民共和国法院起诉的，人民法院可予受理。判决后，外国法院申请或者当事人请求人民法院承认和执行外国法院对本案作出的判决、裁定的，不予准许；但双方共同缔结或者参加的国际条约另有规定的除外。

外国法院判决、裁定已经被人民法院承认，当事人就同一争议向人民法院起诉的，人民法院不予受理。

第五百三十四条　对在中华人民共和国领域内没有住所的当事人，经用公告方式送达诉讼文书，公告期满不应诉，人民法院缺席判决后，仍应当将裁判文书依照民事诉讼法第二百六十七条第八项规定公告送达。自公告送达裁判文书满三个月之日起，经过三十日的上诉期当事人没有上诉的，一审判决即发生法律效力。

第五百三十五条　外国人或者外国企业、组织的代表人、主要负责人在中华人民共和国领域内的，人民法院可以向该自然人或者外国企业、组织的代表人、主要负责人送达。

外国企业、组织的主要负责人包括该企业、组织的董事、监事、高级管理人员等。

第五百三十六条 受送达人所在国允许邮寄送达的，人民法院可以邮寄送达。

邮寄送达时应当附有送达回证。受送达人未在送达回证上签收但在邮件回执上签收的，视为送达，签收日期为送达日期。

自邮寄之日起满三个月，如果未收到送达的证明文件，且根据各种情况不足以认定已经送达的，视为不能用邮寄方式送达。

第五百三十七条 人民法院一审时采取公告方式向当事人送达诉讼文书的，二审时可径行采取公告方式向其送达诉讼文书，但人民法院能够采取公告方式之外的其他方式送达的除外。

第五百三十八条 不服第一审人民法院判决、裁定的上诉期，对在中华人民共和国领域内有住所的当事人，适用民事诉讼法第一百六十四条规定的期限；对在中华人民共和国领域内没有住所的当事人，适用民事诉讼法第二百六十九条规定的期限。当事人的上诉期均已届满没有上诉的，第一审人民法院的判决、裁定即发生法律效力。

第五百三十九条 人民法院对涉外民事案件的当事人申请再审进行审查的期间，不受民事诉讼法第二百零四条规定的限制。

第五百四十条 申请人向人民法院申请执行中华人民共和国涉外仲裁机构的裁决，应当提出书面申请，并附裁决书正本。如申请人为外国当事人，其申请书应当用中文文本提出。

第五百四十一条 人民法院强制执行涉外仲裁机构的仲裁裁决时，被执行人以有民事诉讼法第二百七十四条第一款规定的情形为由提出抗辩的，人民法院应当对被执行人的抗辩进行审查，并根据审查结果裁定执行或者不予执行。

第五百四十二条 依照民事诉讼法第二百七十二条规定，中华人民共和国涉外仲裁机构将当事人的保全申请提交人民法院裁定的，人民法院可以进行审查，裁定是否进行保全。裁定保全的，应当责令申请人提供担保，申请人不提供担保的，裁定驳回申请。

当事人申请证据保全，人民法院经审查认为无需提供担保的，申请人可以不提供担保。

第五百四十三条 申请人向人民法院申请承认和执行外国法院作出的发生法律效力的判决、裁定，应当提交申请书，并附外国法院作出的发生法律效力的判决、裁定正本或者经证明无误的副本以及中文译本。外国法院判决、裁定为缺席判决、裁定的，申请人应当同时提交该外国法院已经合法传唤的证明文件，但判决、裁定已经对此予以明确说明的除外。

中华人民共和国缔结或者参加的国际条约对提交文件有规定的，按照规定办理。

第五百四十四条 当事人向中华人民共和国有管辖权的中级人民法院申请承认和执行外国法院作出的发生法律效力的判决、裁定的，如果该法院所在国与中华人民共和国没有缔结或者共同参加国际条约，也没有互惠关系的，裁定驳回申请，但当事人向人民法院申请承认外国法院作出的发生法律效力的离婚判决的除外。

承认和执行申请被裁定驳回的，当事人可以向人民法院起诉。

第五百四十五条 对临时仲裁庭在中华人民共和国领域外作出的仲裁裁决，一方当事人向人民法院申请承认和执行的，人民法院应当依照民事诉讼法第二百八十三条规定处理。

第五百四十六条 对外国法院作出的发生法律效力的判决、裁定或者外国仲裁裁决，需要中华人民共和国法院执行的，当事人应当先向人民法院申请承认。人民法院经审查，裁定承认后，再根据民事诉讼法第三编的规定予以执行。

当事人仅申请承认而未同时申请执行的，人民法院仅对应否承认进行审查并作出裁定。

第五百四十七条　当事人申请承认和执行外国法院作出的发生法律效力的判决、裁定或者外国仲裁裁决的期间，适用民事诉讼法第二百三十九条的规定。

当事人仅申请承认而未同时申请执行的，申请执行的期间自人民法院对承认申请作出的裁定生效之日起重新计算。

第五百四十八条　承认和执行外国法院作出的发生法律效力的判决、裁定或者外国仲裁裁决的案件，人民法院应当组成合议庭进行审查。

人民法院应当将申请书送达被申请人。被申请人可以陈述意见。

人民法院经审查作出的裁定，一经送达即发生法律效力。

第五百四十九条　与中华人民共和国没有司法协助条约又无互惠关系的国家的法院，未通过外交途径，直接请求人民法院提供司法协助的，人民法院应予退回，并说明理由。

第五百五十条　当事人在中华人民共和国领域外使用中华人民共和国法院的判决书、裁定书，要求中华人民共和国法院证明其法律效力的，或者外国法院要求中华人民共和国法院证明判决书、裁定书的法律效力的，作出判决、裁定的中华人民共和国法院，可以本法院的名义出具证明。

第五百五十一条　人民法院审理涉及香港、澳门特别行政区和台湾地区的民事诉讼案件，可以参照适用涉外民事诉讼程序的特别规定。

二十三　附则

第五百五十二条　本解释公布施行后，最高人民法院于1992年7月14日发布的《关于适用〈中华人民共和国民事诉讼法〉若干问题的意见》同时废止；最高人民法院以前发布的司法解释与本解释不一致的，不再适用。

解读:最高法:网聊记录微博等可作民事诉讼证据

网上聊天记录、博客、微博客等形成或者存储在电子介质中的信息将可作为民事诉讼中的证据——2015年2月3日公布的《最高人民法院关于适用〈中华人民共和国民事诉讼法〉的解释》（以下简称《解释》）明确规定。《解释》将从2015年2月4日起实施。

《解释》分23章，共552条。最高人民法院审判委员会专职委员杜万华介绍说，这是最高人民法院有史以来条文最多、篇幅最长的司法解释，是内容最为丰富、十分重要的司法解释，也是最高人民法院有史以来参加起草部门最多、参加起草人员最多的司法解释，是人民法院审判和执行工作中适用最为广泛的司法解释。

对以严重侵害他人合法权益、违反法律禁止性规定或者严重违背公序良俗的方法形成或者获取的证据，不得作为认定案件事实的根据。

网上聊天记录、博客、微博客、手机短信、电子签名、域名等形成或者存储在电子介质中的信息可以作为民事诉讼中的证据。

有法律界人士评价说，《解释》着重于合理分配举证证明责任，指引和规范法官组织质证和进行认证活动，并要求法官公开对证据审查判断的理由和结果，还对专家辅助人以及鉴定、勘验制度等民诉法中较为原则的问题作出了细化规定。

最高人民法院关于充分发挥审判职能作用
切实维护公共安全的若干意见

最高人民法院关于充分发挥审判职能作用
切实维护公共安全的若干意见①

法发〔2015〕12 号

为充分发挥人民法院职能作用，切实维护公共安全，保障人民群众合法权益，营造和谐稳定的社会环境，提出以下意见。

一、提高思想认识，切实增强维护公共安全的责任感和使命感

1. 充分认识维护公共安全的重大意义。公共安全是人民安居乐业、社会安定有序、国家长治久安的重要保障。党的十八大以来，以习近平同志为总书记的党中央高度重视公共安全问题，把维护公共安全摆在了更加突出的位置，作出了一系列重要部署。在中共中央政治局第二十三次集体学习时，习近平总书记发表重要讲话，深刻阐述了维护公共安全的重要意义，科学分析了公共安全形势，明确指出了当前维护公共安全需要重点做好的各项工作任务。各级人民法院和广大干警要站在为"四个全面"战略布局提供有效司法服务和保障的高度，自觉把维护公共安全放在维护最广大人民根本利益的高度上来认识，坚持居安思危、未雨绸缪，不断增强维护公共安全的责任感和使命感。

2. 准确把握发挥审判职能作用维护公共安全的基本要求。要坚持立足本职。人民法院的主要职能是审判案件，案件是社会矛盾的集中反映，也是凸显社会安全的风险点，要通过依法公正高效审判，实现惩治犯罪、化解矛盾、防范风险；要坚持问题导向。坚持从人民群众反映最强烈、现实社会最突出的问题入手，扎实做好有关农产品质量安全、食品药品安全、生产安全、环境安全、网络安全等案件的审判工作，根据不同时期、不同地方公共安全的形势和特点，有针对性地强化相关案件审判工作；要延伸审判职能。综合运用庭审直播、案例发布等方式，增强案件裁判的法律和社会效果，开展法制宣传和公共安全教育，推动健全多元化纠纷解决体系，积极参与社会治安综合治理，推进社会治安综合防控体系建设，着力解决影响社会安定的深层次问题。

二、依法严惩严重刑事犯罪，有效维护社会稳定

1. 依法严惩暴力恐怖犯罪活动。暴力恐怖犯罪严重危害广大人民群众的生命财产安全，严重危害社会和谐稳定。对暴力恐怖犯罪活动，要坚持严打方针不动摇，对首要分子、骨干成员、罪行重大者，该判处重刑乃至死刑的应当依法判处；要立足打早打小打苗头，对已经

---

① 《中华人民共和国最高人民法院公报》2016 年第 1 期。

构成犯罪的一律依法追究刑事责任，对因被及时发现、采取预防措施而没有造成实际损害的暴恐分子，只要符合犯罪构成条件的，该依法重判的也要依法重判；要注意区别对待，对自动投案、检举揭发，特别是主动交代、协助抓捕幕后指使的，要体现政策依法从宽处理。要通过依法裁判，树立法治威严，坚决打掉暴恐分子的嚣张气焰，有效维护人民权益和社会安宁。

2. 依法严惩严重危害社会治安犯罪。依法严惩故意杀人、故意伤害、抢劫、绑架、爆炸等严重暴力犯罪，严惩盗窃、抢夺、诈骗等多发侵财性犯罪，切实增强人民群众安全感。依法严惩黑恶势力犯罪，坚决打掉其赖以生存、坐大的保护伞和经济基础，有效维护社会秩序。依法惩治组织、利用邪教破坏国家法律实施，进行杀人、强奸、诈骗的犯罪，努力消除邪教危害。依法严惩拐卖妇女、儿童和性侵儿童犯罪，加大对收买被拐卖的妇女、儿童犯罪的惩治力度，强化对妇女、儿童的司法保护。依法严惩毒品犯罪以及因吸毒诱发的故意杀人、故意伤害、抢劫、盗窃、以危险方法危害公共安全等次生犯罪，坚决遏制毒品蔓延势头。

3. 强化涉众型犯罪案件的审判工作。针对社会公众实施的非法吸收公众存款、集资诈骗、电信诈骗、操纵证券、期货市场及组织、领导传销等涉众型犯罪，影响面广、危害性大、关注度高，要精心组织好相关案件的审判工作。要加大对此类犯罪的惩治力度，对犯罪数额特别巨大、犯罪情节特别恶劣、危害后果特别严重的，依法判处重刑。要高度重视犯罪分子的违法所得追缴和涉案财物的依法处置工作，最大限度维护人民群众的合法权益，稳定社会秩序。要强化司法公开力度，及时披露有关信息，回应社会关切。

三、依法惩治危害安全生产犯罪，促进安全生产形势根本好转

1. 加大对危害安全生产犯罪的惩治力度。坚持发展是第一要务，安全是第一保障。针对近年来非法、违法生产，忽视生产安全的现象十分突出，造成群死群伤的重特大生产安全责任事故屡有发生的严峻形势，充分发挥刑罚的惩罚和预防功能，加大对各类危害安全生产犯罪的惩治力度，用严肃、严格、严厉的责任追究和法律惩罚，推动安全生产责任制的有效落实，促进安全生产形势根本好转，确保人民生命财产安全。

2. 准确把握打击重点。结合当前形势并针对犯罪原因，既要重点惩治发生在危险化学品、民爆器材、烟花爆竹、电梯、煤矿、非煤矿山、油气运送管道、建筑施工、消防、粉尘涉爆等重点行业领域企业，以及港口、码头、人员密集场所等重点部位的危害安全生产犯罪，更要从严惩治发生在这些犯罪背后的国家机关工作人员贪污贿赂和渎职犯罪。既要依法追究直接造成损害的从事生产、作业的责任人员，更要依法从严惩治对生产、作业负有组织、指挥或者管理职责的负责人、管理人、实际控制人、投资人。既要加大对各类安全生产犯罪的惩治力度，更要从严惩治因安全生产条件不符合国家规定被处罚而又违规生产，关闭或者故意破坏安全警示设备，事故发生后不积极抢救人员或者毁灭、伪造、隐藏影响事故调查证据，通过行贿非法获取相关生产经营资质等情节的危害安全生产的犯罪。

3. 依法妥善审理与重大责任事故有关的赔偿案件。对当事人因重大责任事故遭受人身、财产损失而提起诉讼要求赔偿的，应当依法及时受理，保障当事人诉权。对两人以上实施危及他人人身、财产安全的行为，其中一人或者数人的行为造成他人损害，能够确定具体责任人的，由责任人承担赔偿责任，不能确定具体责任人的，由行为人承担连带责任。被告人因

重大责任事故既承担刑事、行政责任，又承担民事责任的，其财产应当优先承担民事责任。原告因重大责任事故遭受损失而无法及时履行赡养、抚养等义务，申请先予执行的，应当依法支持。

四、做好涉民生案件审判工作，切实保障人民群众合法权益

1. 妥善审理涉农案件。依法严惩针对农村留守老人、妇女、儿童实施的抢劫、盗窃、强奸、猥亵、拐卖等犯罪，确保农村社会秩序稳定和农民生命财产安全。依法严惩向农村地区贩卖毒品犯罪，坚决遏制毒品向农村地区蔓延的势头。依法严惩生产、销售伪劣农药、化肥、种子以及其他农用物资等坑农、害农犯罪，保证农业生产顺利进行。依法审理、执行好涉及"三农"的民事、行政案件，切实维护农民合法权益。

2. 依法惩治危害食品药品安全犯罪。食品药品安全形势不容乐观，重大、恶性食品药品安全犯罪案件时有发生，党中央高度关注，人民群众反映强烈。要以"零容忍"的态度，坚持最严厉的处罚、最严肃地问责，依法严惩生产、销售有毒、有害食品、不符合卫生标准的食品，以及生产、销售假药、劣药等犯罪。要充分认识此类犯罪的严重社会危害，严格缓刑、免刑等非监禁刑的适用。要采取有效措施依法追缴违法犯罪所得，充分适用财产刑，坚决让犯罪分子在经济上无利可图、得不偿失。要依法适用禁止令，有效防范犯罪分子再次危害社会。

3. 强化生态环境司法保护。保护生态环境，建设美丽中国，事关广大人民群众的生命健康，事关中华民族的永续发展，是实现中华民族伟大复兴中国梦的重要内容。全面加强环境资源审判工作，扎实推进生态环境建设，回应民众关切，增进人民福祉。依法惩治污染环境、乱砍滥伐、非法猎杀野生动物、乱采滥挖矿产等破坏环境资源犯罪。依法公正审理环境侵权案件，落实全面赔偿规定，探索建立环境修复、惩罚性赔偿等制度，依法严肃追究违法者的法律责任。充分保障环境公益诉讼原告诉权，及时受理、依法审理环境公益诉讼案件；会同检察机关积极稳妥地开展检察机关提起公益诉讼的试点工作，有效维护国家利益和社会公共利益。

4. 从严惩治危害民生的职务犯罪。对于制售伪劣食品药品、破坏环境资源所涉及的国家工作人员渎职犯罪，发生在社会保障、征地拆迁、灾后重建、企业改制、医疗、教育、就业等领域严重损害群众利益、社会影响恶劣、群众反映强烈的国家工作人员贪污贿赂犯罪、渎职犯罪，发生在事关民生和公共安全的重点领域、重点行业的严重商业贿赂犯罪等，要依法从严惩处。

五、依法惩治信息网络犯罪，维护社会秩序

5. 依法惩治利用网络实施的各类犯罪。网络空间是现实社会的延伸，网络秩序是公共秩序的有机组成部分。要针对近年来利用信息网络实施的各类违法犯罪活动日益突出，危害十分严重的实际，坚决依法打击网上造谣、传谣行为，惩治利用网络实施的盗窃、诈骗、敲诈勒索、寻衅滋事、贩卖毒品、传播淫秽信息等犯罪，切实维护网络秩序，净化网络空间，决不允许网络成为法外之地。

6. 依法惩治网络攻击破坏犯罪。信息时代，网络已深度融入经济社会的各个方面，网络安全已成为公共安全的重要组成部分，与广大人民群众的信息安全、财产安全乃至人身安全密切相关。要依法打击非法侵入、破坏计算机信息系统以及制作、销售、使用"伪基站"设备等犯罪活动，从严惩治针对基础信息网络、重要行业和领域的重要信息系统、军事网

络、重要政务网络、用户数量众多的商业网络的攻击破坏活动，从严惩治利用攻击破坏非法获取国家秘密、商业秘密、公民个人信息等犯罪活动。

六、积极参与社会治安综合治理，促进健全公共安全体系

1. 积极参与社会治安防控体系建设。按照系统治理、依法治理、综合治理、源头治理的总体思路，扎实做好审判环节的社会治安综合治理工作。积极参与禁毒、打拐、打黑除恶、治爆缉枪、打击"两抢一盗"等专项整治活动。充分运用传统媒体和微信、微博、新闻客户端等新媒体，通过公开审判、以案说法、发布典型案例等形式，强化法制宣传，震慑违法犯罪。加强未成年人刑事审判工作，会同有关部门做好刑满释放人员、社区矫正对象等特殊人群的帮教管理，预防再次犯罪，消除社会治安隐患。

2. 加强司法建议、司法调研工作。针对审判执行工作中发现的管理漏洞、治安隐患，要及时向有关单位或职能部门提出完善规章制度、强化日常管控、加强源头治理的意见和建议，推动公共安全体系的健全完善。不断加强人民法院信息化建设，推进信息技术与审判业务深度融合，充分利用信息技术手段和审判信息大数据，强化司法统计和调研工作，准确研判公共安全形势，为建立健全公共安全形势分析制度，及时消除公共安全隐患提供决策参考。

3. 做好人民法院自身安全工作。人民法院安全工作事关涉诉群众和法院干警的切身利益，是公共安全的重要组成部分。要始终坚持司法为民，切实改进工作作风，强化司法便民利民，决不允许因自身工作问题引发群体性、突发性和个人极端事件。要不断提高安全防范意识，认真汲取各类公共安全事件的教训，深入研判法院安全工作面临的新情况、新问题，严格落实安全管理各项制度，健全完善法院安全人防、物防、技防网络，确保人民法院人员安全、场所安全、信息安全。

最高人民法院

二〇一五年九月十六日

最高人民法院、最高人民检察院、公安部印发《关于办理刑事案件收集提取和审查判断电子数据若干问题的规定》的通知

最高人民法院　最高人民检察院　公安部
印发《关于办理刑事案件收集提取和审查判断电子数据若干问题的规定》的通知①
法发〔2016〕22 号

各省、自治区、直辖市高级人民法院、人民检察院、公安厅（局），解放军军事法院、军事检察院，新疆维吾尔自治区高级人民法院生产建设兵团分院、新疆生产建设兵团人民检察院、公安局：

为规范电子数据的收集提取和审查判断，提高刑事案件办理质量，最高人民法院、最高人民检察院、公安部制定了《关于办理刑事案件收集提取和审查判断电子数据若干问题的规定》。现印发给你们，请认真贯彻执行。执行中遇到的问题，请及时分别层报最高人民法院、最高人民检察院、公安部。

二〇一六年九月九日

关于办理刑事案件收集提取和审查判断电子数据若干问题的规定

为规范电子数据的收集提取和审查判断，提高刑事案件办理质量，根据《中华人民共和国刑事诉讼法》等有关法律规定，结合司法实际，制定本规定。

一、一般规定

第一条　电子数据是案件发生过程中形成的，以数字化形式存储、处理、传输的，能够证明案件事实的数据。

电子数据包括但不限于下列信息、电子文件：

（一）网页、博客、微博客、朋友圈、贴吧、网盘等网络平台发布的信息；

（二）手机短信、电子邮件、即时通信、通讯群组等网络应用服务的通信信息；

（三）用户注册信息、身份认证信息、电子交易记录、通信记录、登录日志等信息；

---

① 《中华人民共和国最高人民法院公报》2017 年第 2 期。

（四）文档、图片、音视频、数字证书、计算机程序等电子文件。

以数字化形式记载的证人证言、被害人陈述以及犯罪嫌疑人、被告人供述和辩解等证据，不属于电子数据。确有必要的，对相关证据的收集、提取、移送、审查，可以参照适用本规定。

第二条 侦查机关应当遵守法定程序，遵循有关技术标准，全面、客观、及时地收集、提取电子数据；人民检察院、人民法院应当围绕真实性、合法性、关联性审查判断电子数据。

第三条 人民法院、人民检察院和公安机关有权依法向有关单位和个人收集、调取电子数据。有关单位和个人应当如实提供。

第四条 电子数据涉及国家秘密、商业秘密、个人隐私的，应当保密。

第五条 对作为证据使用的电子数据，应当采取以下一种或者几种方法保护电子数据的完整性：

（一）扣押、封存电子数据原始存储介质；

（二）计算电子数据完整性校验值；

（三）制作、封存电子数据备份；

（四）冻结电子数据；

（五）对收集、提取电子数据的相关活动进行录像；

（六）其他保护电子数据完整性的方法。

第六条 初查过程中收集、提取的电子数据，以及通过网络在线提取的电子数据，可以作为证据使用。

二、电子数据的收集与提取

第七条 收集、提取电子数据，应当由二名以上侦查人员进行。取证方法应当符合相关技术标准。

第八条 收集、提取电子数据，能够扣押电子数据原始存储介质的，应当扣押、封存原始存储介质，并制作笔录，记录原始存储介质的封存状态。

封存电子数据原始存储介质，应当保证在不解除封存状态的情况下，无法增加、删除、修改电子数据。封存前后应当拍摄被封存原始存储介质的照片，清晰反映封口或者张贴封条处的状况。

封存手机等具有无线通信功能的存储介质，应当采取信号屏蔽、信号阻断或者切断电源等措施。

第九条 具有下列情形之一，无法扣押原始存储介质的，可以提取电子数据，但应当在笔录中注明不能扣押原始存储介质的原因、原始存储介质的存放地点或者电子数据的来源等情况，并计算电子数据的完整性校验值：

（一）原始存储介质不便封存的；

（二）提取计算机内存数据、网络传输数据等不是存储在存储介质上的电子数据的；

（三）原始存储介质位于境外的；

（四）其他无法扣押原始存储介质的情形。

对于原始存储介质位于境外或者远程计算机信息系统上的电子数据，可以通过网络在线提取。

为进一步查明有关情况，必要时，可以对远程计算机信息系统进行网络远程勘验。进行网络远程勘验，需要采取技术侦查措施的，应当依法经过严格的批准手续。

第十条 由于客观原因无法或者不宜依据第八条、第九条的规定收集、提取电子数据的，可以采取打印、拍照或者录像等方式固定相关证据，并在笔录中说明原因。

第十一条 具有下列情形之一的，经县级以上公安机关负责人或者检察长批准，可以对电子数据进行冻结：

（一）数据量大，无法或者不便提取的；

（二）提取时间长，可能造成电子数据被篡改或者灭失的；

（三）通过网络应用可以更为直观地展示电子数据的；

（四）其他需要冻结的情形。

第十二条 冻结电子数据，应当制作协助冻结通知书，注明冻结电子数据的网络应用账号等信息，送交电子数据持有人、网络服务提供者或者有关部门协助办理。解除冻结的，应当在三日内制作协助解除冻结通知书，送交电子数据持有人、网络服务提供者或者有关部门协助办理。

冻结电子数据，应当采取以下一种或者几种方法：

（一）计算电子数据的完整性校验值；

（二）锁定网络应用账号；

（三）其他防止增加、删除、修改电子数据的措施。

第十三条 调取电子数据，应当制作调取证据通知书，注明需要调取电子数据的相关信息，通知电子数据持有人、网络服务提供者或者有关部门执行。

第十四条 收集、提取电子数据，应当制作笔录，记录案由、对象、内容、收集、提取电子数据的时间、地点、方法、过程，并附电子数据清单，注明类别、文件格式、完整性校验值等，由侦查人员、电子数据持有人（提供人）签名或者盖章；电子数据持有人（提供人）无法签名或者拒绝签名的，应当在笔录中注明，由见证人签名或者盖章。有条件的，应当对相关活动进行录像。

第十五条 收集、提取电子数据，应当根据刑事诉讼法的规定，由符合条件的人员担任见证人。由于客观原因无法由符合条件的人员担任见证人的，应当在笔录中注明情况，并对相关活动进行录像。

针对同一现场多个计算机信息系统收集、提取电子数据的，可以由一名见证人见证。

第十六条 对扣押的原始存储介质或者提取的电子数据，可以通过恢复、破解、统计、关联、比对等方式进行检查。必要时，可以进行侦查实验。

电子数据检查，应当对电子数据存储介质拆封过程进行录像，并将电子数据存储介质通过写保护设备接入到检查设备进行检查；有条件的，应当制作电子数据备份，对备份进行检查；无法使用写保护设备且无法制作备份的，应当注明原因，并对相关活动进行录像。

电子数据检查应当制作笔录，注明检查方法、过程和结果，由有关人员签名或者盖章。进行侦查实验的，应当制作侦查实验笔录，注明侦查实验的条件、经过和结果，由参加实验的人员签名或者盖章。

第十七条 对电子数据涉及的专门性问题难以确定的，由司法鉴定机构出具鉴定意见，或者由公安部指定的机构出具报告。对于人民检察院直接受理的案件，也可以由最高人民检察院指定的机构出具报告。

具体办法由公安部、最高人民检察院分别制定。

三、电子数据的移送与展示

第十八条　收集、提取的原始存储介质或者电子数据，应当以封存状态随案移送，并制作电子数据的备份一并移送。

对网页、文档、图片等可以直接展示的电子数据，可以不随案移送打印件；人民法院、人民检察院因设备等条件限制无法直接展示电子数据的，侦查机关应当随案移送打印件，或者附展示工具和展示方法说明。

对冻结的电子数据，应当移送被冻结电子数据的清单，注明类别、文件格式、冻结主体、证据要点、相关网络应用账号，并附查看工具和方法的说明。

第十九条　对侵入、非法控制计算机信息系统的程序、工具以及计算机病毒等无法直接展示的电子数据，应当附电子数据属性、功能等情况的说明。

对数据统计量、数据同一性等问题，侦查机关应当出具说明。

第二十条　公安机关报请人民检察院审查批准逮捕犯罪嫌疑人，或者对侦查终结的案件移送人民检察院审查起诉的，应当将电子数据等证据一并移送人民检察院。人民检察院在审查批准逮捕和审查起诉过程中发现应当移送的电子数据没有移送或者移送的电子数据不符合相关要求的，应当通知公安机关补充移送或者进行补正。

对于提起公诉的案件，人民法院发现应当移送的电子数据没有移送或者移送的电子数据不符合相关要求的，应当通知人民检察院。

公安机关、人民检察院应当自收到通知后三日内移送电子数据或者补充有关材料。

第二十一条　控辩双方向法庭提交的电子数据需要展示的，可以根据电子数据的具体类型，借助多媒体设备出示、播放或者演示。必要时，可以聘请具有专门知识的人进行操作，并就相关技术问题作出说明。

四、电子数据的审查与判断

第二十二条　对电子数据是否真实，应当着重审查以下内容：

（一）是否移送原始存储介质；在原始存储介质无法封存、不便移动时，有无说明原因，并注明收集、提取过程及原始存储介质的存放地点或者电子数据的来源等情况；

（二）电子数据是否具有数字签名、数字证书等特殊标识；

（三）电子数据的收集、提取过程是否可以重现；

（四）电子数据如有增加、删除、修改等情形的，是否附有说明；

（五）电子数据的完整性是否可以保证。

第二十三条　对电子数据是否完整，应当根据保护电子数据完整性的相应方法进行验证：

（一）审查原始存储介质的扣押、封存状态；

（二）审查电子数据的收集、提取过程，查看录像；

（三）比对电子数据完整性校验值；

（四）与备份的电子数据进行比较；

（五）审查冻结后的访问操作日志；

（六）其他方法。

第二十四条　对收集、提取电子数据是否合法，应当着重审查以下内容：

（一）收集、提取电子数据是否由二名以上侦查人员进行，取证方法是否符合相关技术标准；

（二）收集、提取电子数据，是否附有笔录、清单，并经侦查人员、电子数据持有人（提供人）、见证人签名或者盖章；没有持有人（提供人）签名或者盖章的，是否注明原因；对电子数据的类别、文件格式等是否注明清楚；

（三）是否依照有关规定由符合条件的人员担任见证人，是否对相关活动进行录像；

（四）电子数据检查是否将电子数据存储介质通过写保护设备接入到检查设备；有条件的，是否制作电子数据备份，并对备份进行检查；无法制作备份且无法使用写保护设备的，是否附有录像。

第二十五条　认定犯罪嫌疑人、被告人的网络身份与现实身份的同一性，可以通过核查相关 IP 地址、网络活动记录、上网终端归属、相关证人证言以及犯罪嫌疑人、被告人供述和辩解等进行综合判断。

认定犯罪嫌疑人、被告人与存储介质的关联性，可以通过核查相关证人证言以及犯罪嫌疑人、被告人供述和辩解等进行综合判断。

第二十六条　公诉人、当事人或者辩护人、诉讼代理人对电子数据鉴定意见有异议，可以申请人民法院通知鉴定人出庭作证。人民法院认为鉴定人有必要出庭的，鉴定人应当出庭作证。

经人民法院通知，鉴定人拒不出庭作证的，鉴定意见不得作为定案的根据。对没有正当理由拒不出庭作证的鉴定人，人民法院应当通报司法行政机关或者有关部门。

公诉人、当事人或者辩护人、诉讼代理人可以申请法庭通知有专门知识的人出庭，就鉴定意见提出意见。

对电子数据涉及的专门性问题的报告，参照适用前三款规定。

第二十七条　电子数据的收集、提取程序有下列瑕疵，经补正或者作出合理解释的，可以采用；不能补正或者作出合理解释的，不得作为定案的根据：

（一）未以封存状态移送的；

（二）笔录或者清单上没有侦查人员、电子数据持有人（提供人）、见证人签名或者盖章的；

（三）对电子数据的名称、类别、格式等注明不清的；

（四）有其他瑕疵的。

第二十八条　电子数据具有下列情形之一的，不得作为定案的根据：

（一）电子数据系篡改、伪造或者无法确定真伪的；

（二）电子数据有增加、删除、修改等情形，影响电子数据真实性的；

（三）其他无法保证电子数据真实性的情形。

五、附则

第二十九条　本规定中下列用语的含义：

（一）存储介质，是指具备数据信息存储功能的电子设备、硬盘、光盘、优盘、记忆棒、存储卡、存储芯片等载体。

（二）完整性校验值，是指为防止电子数据被篡改或者破坏，使用散列算法等特定算法对电子数据进行计算，得出的用于校验数据完整性的数据值。

（三）网络远程勘验，是指通过网络对远程计算机信息系统实施勘验，发现、提取与犯罪有关的电子数据，记录计算机信息系统状态，判断案件性质，分析犯罪过程，确定侦查方向和范围，为侦查破案、刑事诉讼提供线索和证据的侦查活动。

（四）数字签名，是指利用特定算法对电子数据进行计算，得出的用于验证电子数据来源和完整性的数据值。

（五）数字证书，是指包含数字签名并对电子数据来源、完整性进行认证的电子文件。

（六）访问操作日志，是指为审查电子数据是否被增加、删除或者修改，由计算机信息系统自动生成的对电子数据访问、操作情况的详细记录。

第三十条　本规定自 2016 年 10 月 1 日起施行。之前发布的规范性文件与本规定不一致的，以本规定为准。

最高人民法院、最高人民检察院关于 办理组织、利用邪教组织破坏法律 实施等刑事案件适用法律 若干问题的解释*

中华人民共和国最高人民法院
中华人民共和国最高人民检察院
公　告

最高人民法院、最高人民检察院《关于办理组织、利用邪教组织破坏法律实施等刑事案件适用法律若干问题的解释》已于 2017 年 1 月 4 日由最高人民法院审判委员会第 1706 次会议、2016 年 12 月 8 日由最高人民检察院第十二届检察委员会第 58 次会议通过，现予公布，自 2017 年 2 月 1 日起施行。

二〇一七年一月二十五日

最高人民法院　最高人民检察院
关于办理组织、利用邪教组织破坏法律实施等刑事案件
适用法律若干问题的解释
法释〔2017〕3 号

为依法惩治组织、利用邪教组织破坏法律实施等犯罪活动，根据《中华人民共和国刑法》《中华人民共和国刑事诉讼法》有关规定，现就办理此类刑事案件适用法律的若干问题解释如下：

第一条　冒用宗教、气功或者以其他名义建立，神化、鼓吹首要分子，利用制造、散布迷信邪说等手段蛊惑、蒙骗他人，发展、控制成员，危害社会的非法组织，应当认定为刑法第三百条规定的"邪教组织"。

第二条　组织、利用邪教组织，破坏国家法律、行政法规实施，具有下列情形之一的，应当依照刑法第三百条第一款的规定，处三年以上七年以下有期徒刑，并处罚金：

（一）建立邪教组织，或者邪教组织被取缔后又恢复、另行建立邪教组织的；

（二）聚众包围、冲击、强占、哄闹国家机关、企业事业单位或者公共场所、宗教活动

---

* 《中华人民共和国最高人民法院公报》2017 年第 5 期。

场所，扰乱社会秩序的；

（三）非法举行集会、游行、示威，扰乱社会秩序的；

（四）使用暴力、胁迫或者以其他方法强迫他人加入或者阻止他人退出邪教组织的；

（五）组织、煽动、蒙骗成员或者他人不履行法定义务的；

（六）使用"伪基站""黑广播"等无线电台（站）或者无线电频率宣扬邪教的；

（七）曾因从事邪教活动被追究刑事责任或者二年内受过行政处罚，又从事邪教活动的；

（八）发展邪教组织成员五十人以上的；

（九）敛取钱财或者造成经济损失一百万元以上的；

（十）以货币为载体宣扬邪教，数量在五百张（枚）以上的；

（十一）制作、传播邪教宣传品，达到下列数量标准之一的：

1. 传单、喷图、图片、标语、报纸一千份（张）以上的；

2. 书籍、刊物二百五十册以上的；

3. 录音带、录像带等音像制品二百五十盒（张）以上的；

4. 标识、标志物二百五十件以上的；

5. 光盘、U 盘、储存卡、移动硬盘等移动存储介质一百个以上的；

6. 横幅、条幅五十条（个）以上的。

（十二）利用通讯信息网络宣扬邪教，具有下列情形之一的：

1. 制作、传播宣扬邪教的电子图片、文章二百张（篇）以上，电子书籍、刊物、音视频五十册（个）以上，或者电子文档五百万字符以上、电子音视频二百五十分钟以上的；

2. 编发信息、拨打电话一千条（次）以上的；

3. 利用在线人数累计达到一千以上的聊天室，或者利用群组成员、关注人员等账号数累计一千以上的通讯群组、微信、微博等社交网络宣扬邪教的；

4. 邪教信息实际被点击、浏览数达到五千次以上的。

（十三）其他情节严重的情形。

第三条　组织、利用邪教组织，破坏国家法律、行政法规实施，具有下列情形之一的，应当认定为刑法第三百条第一款规定的"情节特别严重"，处七年以上有期徒刑或者无期徒刑，并处罚金或者没收财产：

（一）实施本解释第二条第一项至第七项规定的行为，社会危害特别严重的；

（二）实施本解释第二条第八项至第十二项规定的行为，数量或者数额达到第二条规定相应标准五倍以上的；

（三）其他情节特别严重的情形。

第四条　组织、利用邪教组织，破坏国家法律、行政法规实施，具有下列情形之一的，应当认定为刑法第三百条第一款规定的"情节较轻"，处三年以下有期徒刑、拘役、管制或者剥夺政治权利，并处或者单处罚金：

（一）实施本解释第二条第一项至第七项规定的行为，社会危害较轻的；

（二）实施本解释第二条第八项至第十二项规定的行为，数量或者数额达到相应标准五分之一以上的；

（三）其他情节较轻的情形。

第五条　为了传播而持有、携带，或者传播过程中被当场查获，邪教宣传品数量达到本解释第二条至第四条规定的有关标准的，按照下列情形分别处理：

（一）邪教宣传品是行为人制作的，以犯罪既遂处理；

（二）邪教宣传品不是行为人制作，尚未传播的，以犯罪预备处理；

（三）邪教宣传品不是行为人制作，传播过程中被查获的，以犯罪未遂处理；

（四）邪教宣传品不是行为人制作，部分已经传播出去的，以犯罪既遂处理，对于没有传播的部分，可以在量刑时酌情考虑。

第六条　多次制作、传播邪教宣传品或者利用通讯信息网络宣扬邪教，未经处理的，数量或者数额累计计算。

制作、传播邪教宣传品，或者利用通讯信息网络宣扬邪教，涉及不同种类或者形式的，可以根据本解释规定的不同数量标准的相应比例折算后累计计算。

第七条　组织、利用邪教组织，制造、散布迷信邪说，蒙骗成员或者他人绝食、自虐等，或者蒙骗病人不接受正常治疗，致人重伤、死亡的，应当认定为刑法第三百条第二款规定的组织、利用邪教组织"蒙骗他人，致人重伤、死亡"。

组织、利用邪教组织蒙骗他人，致一人以上死亡或者三人以上重伤的，处三年以上七年以下有期徒刑，并处罚金。

组织、利用邪教组织蒙骗他人，具有下列情形之一的，处七年以上有期徒刑或者无期徒刑，并处罚金或者没收财产：

（一）造成三人以上死亡的；

（二）造成九人以上重伤的；

（三）其他情节特别严重的情形。

组织、利用邪教组织蒙骗他人，致人重伤的，处三年以下有期徒刑、拘役、管制或者剥夺政治权利，并处或者单处罚金。

第八条　实施本解释第二条至第五条规定的行为，具有下列情形之一的，从重处罚：

（一）与境外机构、组织、人员勾结，从事邪教活动的；

（二）跨省、自治区、直辖市建立邪教组织机构、发展成员或者组织邪教活动的；

（三）在重要公共场所、监管场所或者国家重大节日、重大活动期间聚集滋事，公开进行邪教活动的；

（四）邪教组织被取缔后，或者被认定为邪教组织后，仍然聚集滋事，公开进行邪教活动的；

（五）国家工作人员从事邪教活动的；

（六）向未成年人宣扬邪教的；

（七）在学校或者其他教育培训机构宣扬邪教的。

第九条　组织、利用邪教组织破坏国家法律、行政法规实施，符合本解释第四条规定情形，但行为人能够真诚悔罪，明确表示退出邪教组织、不再从事邪教活动的，可以不起诉或者免予刑事处罚。其中，行为人系受蒙蔽、胁迫参加邪教组织的，可以不作为犯罪处理。

组织、利用邪教组织破坏国家法律、行政法规实施，行为人在一审判决前能够真诚悔罪，明确表示退出邪教组织、不再从事邪教活动的，分别依照下列规定处理：

（一）符合本解释第二条规定情形的，可以认定为刑法第三百条第一款规定的"情节

较轻";

（二）符合本解释第三条规定情形的，可以不认定为刑法第三百条第一款规定的"情节特别严重"，处三年以上七年以下有期徒刑，并处罚金。

第十条 组织、利用邪教组织破坏国家法律、行政法规实施过程中，又有煽动分裂国家、煽动颠覆国家政权或者侮辱、诽谤他人等犯罪行为的，依照数罪并罚的规定定罪处罚。

第十一条 组织、利用邪教组织，制造、散布迷信邪说，组织、策划、煽动、胁迫、教唆、帮助其成员或者他人实施自杀、自伤的，依照刑法第二百三十二条、第二百三十四条的规定，以故意杀人罪或者故意伤害罪定罪处罚。

第十二条 邪教组织人员以自焚、自爆或者其他危险方法危害公共安全的，依照刑法第一百一十四条、第一百一十五条的规定，以放火罪、爆炸罪、以危险方法危害公共安全罪等定罪处罚。

第十三条 明知他人组织、利用邪教组织实施犯罪，而为其提供经费、场地、技术、工具、食宿、接送等便利条件或者帮助的，以共同犯罪论处。

第十四条 对于犯组织、利用邪教组织破坏法律实施罪、组织、利用邪教组织致人重伤、死亡罪，严重破坏社会秩序的犯罪分子，根据刑法第五十六条的规定，可以附加剥夺政治权利。

第十五条 对涉案物品是否属于邪教宣传品难以确定的，可以委托地市级以上公安机关出具认定意见。

第十六条 本解释自 2017 年 2 月 1 日起施行。最高人民法院、最高人民检察院《关于办理组织和利用邪教组织犯罪案件具体应用法律若干问题的解释》（法释〔1999〕18 号），最高人民法院、最高人民检察院《关于办理组织和利用邪教组织犯罪案件具体应用法律若干问题的解释（二)》（法释〔2001〕19 号），以及最高人民法院、最高人民检察院《关于办理组织和利用邪教组织犯罪案件具体应用法律若干问题的解答》（法发〔2002〕7 号）同时废止。

附录　全国法院微博庭审视频直播名录

（注：省、直辖市、自治区按音序排列，数据统计截至 2018 年 10 月）

安徽省（116家）

序号	单位	微博名称	微博庭审视频直播地址
1	安徽省高级人民法院	@安徽高院	http://weibo.com/ahgy
2	安徽省淮南市中级人民法院	@淮南中院	http://weibo.com/u/2867339620
3	安徽省安庆市中级人民法院	@安庆法院	http://weibo.com/aqzjfy
4	安徽省淮南市田家庵区人民法院	@田家庵区法院	http://weibo.com/u/3213102630
5	安徽省宿州市中级人民法院	@宿州市中级人民法院	http://weibo.com/ahszfy
6	安徽省合肥市蜀山区人民法院	@蜀山法院	http://weibo.com/u/1962924831
7	安徽省亳州市中级人民法院	@亳州中院	http://weibo.com/u/3953890520
8	安徽省阜阳市中级人民法院	@阜阳中级法院	http://weibo.com/u/3957993641
9	安徽省淮北市中级人民法院	@淮北中院	http://weibo.com/u/3952555387
10	安徽省宣城市中级人民法院	@宣城中院	http://weibo.com/u/3945929478
11	安徽省马鞍山市中级人民法院	@马鞍山市中级人民法院	http://weibo.com/u/2556837114
12	安徽省芜湖市中级人民法院	@芜湖中院	http://weibo.com/u/1067030677
13	安徽省凤台县人民法院	@凤台县法院	http://weibo.com/ahhnftxfy
14	安徽省六安市中级人民法院	@六安中院	http://weibo.com/u/3953866520
15	安徽省临泉县人民法院	@临泉县法院	http://weibo.com/u/1822942964
16	安徽省淮南市八公山区人民法院	@八公山法院	http://weibo.com/u/3958561289
17	安徽省马鞍山市雨山区人民法院	@马鞍山雨山法院	http://weibo.com/u/3944520334
18	安徽省淮南市大通区人民法院	@大通区法院	http://weibo.com/u/3952263736
19	安徽省滁州市南谯区人民法院	@南谯法院	http://weibo.com/u/2838270054
20	安徽省滁州市中级人民法院	@滁州中院	http://weibo.com/u/2832960820
21	安徽省全椒县人民法院	@全椒法院	http://weibo.com/u/2436347310
22	安徽省宁国市人民法院	@宁国法院	http://weibo.com/u/3960498702
23	安徽省合肥市包河区人民法院	@包河法院	http://weibo.com/u/3960707035
24	安徽省合肥市中级人民法院	@合肥中院	http://weibo.com/hefeifayuan
25	安徽省淮南市谢家集区人民法院	@谢家集区法院	http://weibo.com/xjjfy
26	安徽省蒙城县人民法院	@蒙城法院	http://weibo.com/u/3924403174
27	安徽省铜陵市郊区人民法院	@郊区法院	http://weibo.com/u/3958569040
28	安徽省郎溪县人民法院	@郎溪法院	http://weibo.com/u/3953271370
29	安徽省黄山市中级人民法院	@黄山市中院	http://weibo.com/u/3672637895
30	安徽省歙县人民法院	@歙县法院	http://weibo.com/sxrmfy

续表

序号	单位	微博名称	微博庭审视频直播地址
31	安徽省东至县人民法院	@东至法院	http://weibo.com/u/3963825730
32	安徽省池州市贵池区人民法院	@贵池法院	http://weibo.com/u/3964552912
33	安徽省池州市中级人民法院	@池州中院	http://weibo.com/u/3961966101
34	安徽省青阳县人民法院	@青阳法院	http://weibo.com/u/3952055407
35	安徽省利辛县人民法院	@利辛法院	http://weibo.com/u/3955336866
36	安徽省淮北市杜集区人民法院	@杜集区法院	http://weibo.com/u/3912789746
37	安徽省黄山市屯溪区人民法院	@屯溪法院	http://weibo.com/tunxifayuan
38	安徽省马鞍山市花山区人民法院	@马鞍山花山法院	http://weibo.com/u/3957935610
39	安徽省铜陵市中级人民法院	@铜陵中院	http://weibo.com/u/3955258559
40	安徽省芜湖经济技术开发区人民法院	@芜湖经开区法院	http://weibo.com/u/3963163754
41	安徽省芜湖市镜湖区人民法院	@镜湖法院	http://weibo.com/jhqfy
42	安徽省灵璧县人民法院	@灵璧法院	http://weibo.com/u/3892983649
43	安徽省霍邱县人民法院	@霍邱法院	http://weibo.com/u/3958591261
44	安徽省蚌埠市中级人民法院	@蚌埠中院	http://weibo.com/u/3956552017
45	安徽省阜南县人民法院	@阜南法院	http://weibo.com/funanfayuan
46	安徽省蚌埠市龙子湖人民法院	@龙子湖法院	http://weibo.com/u/3955343914
47	安徽省蚌埠市蚌山区人民法院	@蚌山法院	http://weibo.com/u/3957997662
48	安徽省阜阳市颍东区人民法院	@颍东法院	http://weibo.com/u/3951967855
49	安徽省泗县人民法院	@泗县法院	http://weibo.com/u/3849371512
50	安徽省萧县人民法院	@萧县法院	http://weibo.com/u/3951925453
51	安徽省砀山县人民法院	@砀山法院	http://weibo.com/dangshanfayuan
52	安徽省寿县人民法院	@寿县法苑	http://weibo.com/u/3958069777
53	安徽省宿州市埇桥区人民法院	@埇桥法院	http://weibo.com/suzhoufayuan
54	安徽省六安市裕安区人民法院	@裕安法院	http://weibo.com/yuanqufayuan
55	安徽省合肥市庐阳区人民法院	@庐阳法院	http://weibo.com/u/3955111445
56	安徽省祁门县人民法院	@祁门法院	http://weibo.com/u/3881848594
57	安徽省芜湖市三山区人民法院	@三山法院	http://weibo.com/u/3956567137
58	安徽省黟县人民法院	@黟县法院	http://weibo.com/u/3946180889
59	安徽省泾县人民法院	@泾县法院	http://weibo.com/u/3956626024
60	安徽省安庆市迎江区人民法院	@安庆迎江法院	http://weibo.com/u/2708462377
61	安徽省界首市人民法院	@界首法院	http://weibo.com/u/3953679692
62	安徽省休宁县人民法院	@休宁法院	http://weibo.com/u/3956554250
63	安徽省宿松县人民法院	@宿松法院	http://weibo.com/u/3515321892
64	安徽省凤阳县人民法院	@凤阳法院	http://weibo.com/u/2837970610
65	安徽省阜阳市颍州区人民法院	@颍州区法院	http://weibo.com/u/3951935576
66	安徽省亳州市谯城区人民法院	@谯城法院	http://weibo.com/u/3946801584
67	安徽省淮北市相山区人民法院	@相山法院	http://weibo.com/u/3952538430
68	安徽省定远县人民法院	@定远法院	http://weibo.com/u/3953874004
69	安徽省来安县人民法院	@来安法院	http://weibo.com/u/2681911363
70	安徽省旌德县人民法院	@旌德法院	http://weibo.com/u/3958594069
71	安徽省蚌埠市淮上区人民法院	@淮上法院	http://weibo.com/u/3956600509

序号	单位	微博名称	微博庭审视频直播地址
72	安徽省明光市人民法院	@明光法院	http://weibo.com/u/3939075519
73	安徽省芜湖市鸠江区人民法院	@鸠江区法院	http://weibo.com/u/1597731627
74	安徽省桐城市人民法院	@桐城法院	http://weibo.com/u/3946906402
75	安徽省芜湖市弋江区人民法院	@弋江法院	http://weibo.com/u/3958073254
76	安徽省濉溪县人民法院	@濉溪法院	http://weibo.com/u/3952565963
77	安徽省枞阳县人民法院	@枞阳县法院	http://weibo.com/u/3769350590
78	安徽省固镇县人民法院	@固镇法院	http://weibo.com/u/3956562386
79	安徽省岳西县人民法院	@岳西法院	http://weibo.com/u/3953677144
80	安徽省南陵县人民法院	@南陵法院	http://weibo.com/u/5000793724
81	安徽省合肥市瑶海区人民法院	@瑶海法院	http://weibo.com/u/3946883461
82	安徽省淮北市烈山区人民法院	@烈山法院	http://weibo.com/u/3953676683
83	安徽省太和县人民法院	@太和法院	http://weibo.com/u/3956605349
84	安徽省金寨县人民法院	@金寨法院	http://weibo.com/u/3335433482
85	安徽省安庆市宜秀区人民法院	@宜秀法院	http://weibo.com/u/3953639454
86	安徽省黄山市黄山区人民法院	@黄山法院	http://weibo.com/huangshanqufayuan
87	安徽省太湖县人民法院	@太湖法院	http://weibo.com/u/3956053922
88	安徽省颍上县人民法院	@颍上县人民法院	http://weibo.com/u/1931284072
89	安徽省宣城市宣州区人民法院	@宣州法院	http://weibo.com/u/2813043585
90	安徽省五河县人民法院	@五河法院	http://weibo.com/u/3950887011
91	安徽省广德县人民法院	@广德法院	http://weibo.com/u/3958556203
92	安徽省无为县人民法院	@无为法院	http://weibo.com/u/3958686562
93	安徽省阜阳市颍泉区人民法院	@颍泉法院	http://weibo.com/u/3958170060
94	安徽省淮南市潘集区人民法院	@潘集法院	http://weibo.com/u/3955026065
95	安徽省肥东县人民法院	@肥东法院	http://weibo.com/u/3958560193
96	安徽省潜山县人民法院	@潜山法院	http://weibo.com/u/3951917448
97	安徽省合肥铁路运输法院	@合肥铁路运输法院	http://weibo.com/u/3953738200
98	安徽省马鞍山市博望区人民法院	@博望法院	http://weibo.com/u/5000822644
99	安徽省怀宁县人民法院	@怀宁法院	http://weibo.com/u/3955057284
100	安徽省涡阳县人民法院	@涡阳法院	http://weibo.com/u/3953294392
101	安徽省望江县人民法院	@望江法院	http://weibo.com/u/3910326727
102	安徽省舒城县人民法院	@舒城法院	http://weibo.com/u/3956578198
103	安徽省绩溪县人民法院	@绩溪法院	http://weibo.com/u/3186325344
104	安徽省蚌埠市禹会区人民法院	@禹会法院	http://weibo.com/u/3954944787
105	安徽省肥西县人民法院	@肥西法院	http://weibo.com/u/3948949305
106	安徽省滁州市琅琊区人民法院	@琅琊法院	http://weibo.com/u/3953486321
107	安徽省安庆市大观区人民法院	@安庆市大观区人民法院	http://weibo.com/u/3818857945
108	安徽省庐江县人民法院	@庐江法院	http://weibo.com/u/3958002050
109	安徽省黄山市徽州区人民法院	@徽州区法院	http://weibo.com/u/3957278867
110	安徽省合肥高新技术产业开发区人民法院	@合肥高新法院	http://weibo.com/u/3959253993
111	安徽省霍山县人民法院	@霍山法院	http://weibo.com/u/3951966473
112	安徽省铜陵市铜官区人民法院	@铜官山区法院	http://weibo.com/tgscourt

续表

序号	单位	微博名称	微博庭审视频直播地址
113	安徽省石台县人民法院	@石台法院	http://weibo.com/u/3953137363
114	安徽省铜陵市义安区人民法院	@义安区法院	http://weibo.com/u/6004898493
115	安徽省六安市金安区人民法院	@金安法院	http://weibo.com/u/3959184425
116	安徽省怀远县人民法院	@怀远法院	http://weibo.com/u/3952510649

重庆市（11家）

序号	单位	微博名称	微博庭审视频直播地址
117	重庆市第一中级人民法院	@重庆一中法院	http://weibo.com/u/3926632540
118	重庆市巴南区人民法院	@重庆巴南法院	http://weibo.com/cqbnqfy
119	重庆市大渡口区人民法院	@大渡口区法院	http://weibo.com/cqddkfy
120	重庆市渝北区人民法院	@渝北法院	http://weibo.com/u/3936801022
121	重庆市江北区人民法院	@重庆江北法院	http://weibo.com/cqjbfy
122	重庆市渝中区人民法院	@重庆渝中法院	http://weibo.com/u/3935649880
123	重庆市九龙坡区人民法院	@重庆九龙坡法院	http://weibo.com/u/3898037768
124	重庆市沙坪坝区人民法院	@重庆沙坪坝法院	http://weibo.com/u/3913164606
125	重庆市南岸区人民法院	@重庆南岸法院	http://weibo.com/u/2510322510
126	重庆市高级人民法院	@重庆高院	http://weibo.com/u/3912011602
127	重庆市合川区人民法院	@合川法院	http://weibo.com/u/3916007274

北京市（21家）

序号	单位	微博名称	微博庭审视频直播地址
128	最高人民法院	@最高人民法院	http://weibo.com/u/3908755088
129	北京市高级人民法院	@京法网事	http://weibo.com/u/3508612897
130	北京市海淀区人民法院	@北京海淀法院	http://weibo.com/bjhdfy
131	北京市第一中级人民法院	@北京市第一中级人民法院	http://weibo.com/u/3820915614
132	北京市朝阳区人民法院	@北京朝阳法院	http://weibo.com/u/3957042973
133	北京市第三中级人民法院	@北京三中院	http://weibo.com/u/3953447510
134	北京市第二中级人民法院	@与法同行	http://weibo.com/u/3949956132
135	北京市西城区人民法院	@北京西城法院	http://weibo.com/u/3672445017
136	北京市房山区人民法院	@北京房山法院	http://weibo.com/u/5000644456
137	北京市大兴区人民法院	@北京市大兴区人民法院	http://weibo.com/u/3955350498
138	北京市石景山区人民法院	@北京石景山法院	http://weibo.com/u/3956030443
139	北京市门头沟区人民法院	@门头沟法院	http://weibo.com/u/3959177763
140	北京市昌平区人民法院	@昌平法院	http://weibo.com/u/3956862160
141	北京市东城区人民法院	@北京东城法院	http://weibo.com/u/3960006638

序号	单位	微博名称	微博庭审视频直播地址
142	北京市第四中级人民法院	@北京市第四中级人民法院	http://weibo.com/u/3925250369
143	北京市怀柔区人民法院	@北京市怀柔区人民法院	http://weibo.com/hrqfy
144	北京市通州区人民法院	@通法微言	http://weibo.com/u/3672717275
145	北京知识产权法院	@知产北京	http://weibo.com/u/5468348251
146	北京市丰台区人民法院	@丰法在线	http://weibo.com/u/3823457281
147	北京铁路运输法院	@北京铁路运输法院	http://weibo.com/u/3952494188
148	北京市延庆区人民法院	@北京延庆法院	http://weibo.com/u/3958557862

福建省（82家）

序号	单位	微博名称	微博庭审视频直播地址
149	福建省高级人民法院	@福建高院	http://weibo.com/u/3655664894
150	厦门市中级人民法院	@厦门中级法院	http://weibo.com/u/3961911671
151	福安市人民法院	@福建福安法院	http://weibo.com/u/3703649261
152	南平市中级人民法院	@南平中院	http://weibo.com/u/5000822208
153	周宁县人民法院	@周宁法院	http://weibo.com/znxrmfy
154	平潭综合实验区人民法院	@平潭法院	http://weibo.com/u/3503916001
155	宁德市中级人民法院	@宁德中院	http://weibo.com/u/3960691846
156	长汀县人民法院	@汀州法苑	http://weibo.com/u/5000911433
157	武夷山市人民法院	@武夷山法院	http://weibo.com/u/3956793133
158	石狮市人民法院	@石狮法院	http://weibo.com/qzssfy
159	霞浦县人民法院	@霞浦法院	http://weibo.com/u/3810120203
160	南安市人民法院	@南安法院	http://weibo.com/u/3958672596
161	晋江市人民法院	@晋江法院	http://weibo.com/u/3960090457
162	莆田市中级人民法院	@莆田中院	http://weibo.com/u/3958561705
163	莆田市城厢区人民法院	@城厢法院	http://weibo.com/u/3957585937
164	三明市中级人民法院	@三明中院	http://weibo.com/u/2610952981
165	尤溪县人民法院	@尤溪法院	http://weibo.com/u/2778403284
166	永安市人民法院	@无讼永安	http://weibo.com/wusonyongan
167	漳州市中级人民法院	@漳州市中级法院	http://weibo.com/u/3959993620
168	龙岩市中级人民法院	@龙岩法苑	http://weibo.com/u/3672346452
169	连城县人民法院	@法豸连城	http://weibo.com/fjlcfy
170	莆田市涵江区人民法院	@涵江法院	http://weibo.com/hanjiangcourt
171	厦门市湖里区人民法院	@厦门湖里法院	http://weibo.com/hlcourt
172	漳州市龙文区人民法院	@龙文区法院	http://weibo.com/u/3960077609
173	福州市中级人民法院	@福州中院	http://weibo.com/fzzyrfzc
174	闽侯县人民法院	@闽侯法院	http://weibo.com/u/3919653159
175	泉州市中级人民法院	@泉州中院	http://weibo.com/qzzjrmfy
176	柘荣县人民法院	@柘荣法院	http://weibo.com/u/3957880716

续表

序号	单位	微博名称	微博庭审视频直播地址
177	连江县人民法院	@连江县法院	http://weibo.com/u/3156572195
178	福鼎市人民法院	@福鼎法院	http://weibo.com/u/3886633887
179	明溪县人民法院	@明溪法院	http://weibo.com/u/3932936779
180	清流县人民法院	@清流法院	http://weibo.com/u/3950647422
181	泉州市洛江区人民法院	@洛江法院	http://weibo.com/u/3714139874
182	上杭县人民法院	@杭城法苑	http://weibo.com/u/2886542325
183	龙岩市新罗区人民法院	@新法阳光	http://weibo.com/u/3956023876
184	沙县人民法院	@三明市沙县法院	http://weibo.com/u/3957847582
185	邵武市人民法院	@邵武法院	http://weibo.com/u/3957511047
186	三明市梅列区人民法院	@梅列法院	http://weibo.com/u/3661521290
187	宁化县人民法院	@宁化法院	http://weibo.com/u/3949045339
188	大田县人民法院	@福建大田法院	http://weibo.com/u/3956844328
189	厦门市集美区人民法院	@集美法院	http://weibo.com/u/3949059876
190	寿宁县人民法院	@寿宁法院	http://weibo.com/u/3861768584
191	诏安县人民法院	@诏安县法院	http://weibo.com/u/3956029691
192	安溪县人民法院	@安溪法院	http://weibo.com/u/3957561464
193	三明市三元区人民法院	@三元法院	http://weibo.com/fjsyfy
194	泉州市泉港区人民法院	@泉港法院	http://weibo.com/u/3956777612
195	龙岩市永定区人民法院	@永法苑线	http://weibo.com/u/3957122123
196	长泰县人民法院	@长泰县法院	http://weibo.com/u/3949000144
197	南平市建阳区人民法院	@建阳法院	http://weibo.com/u/3957517666
198	永春县人民法院	@永春法院	http://weibo.com/u/3948950165
199	建宁县人民法院	@福建建宁法院	http://weibo.com/u/3945961261
200	屏南县人民法院	@屏南法院	http://weibo.com/u/3959808105
201	厦门市同安区人民法院	@同安法院	http://weibo.com/u/1968483221
202	宁德市蕉城区人民法院	@蕉城法院	http://weibo.com/u/3957858931
203	将乐县人民法院	@将乐法院	http://weibo.com/u/3959505436
204	松溪县人民法院	@松溪法院	http://weibo.com/u/3957521712
205	南平市延平区人民法院	@延平法院	http://weibo.com/u/3907721571
206	罗源县人民法院	@罗源法院	http://weibo.com/u/3916967963
207	福州市台江区人民法院	@台法之窗	http://weibo.com/u/3960003292
208	龙海市人民法院	@龙海市法院	http://weibo.com/u/3768765940
209	厦门市思明区人民法院	@思鸣法槌	http://weibo.com/u/1914175080
210	云霄县人民法院	@云霄县法院	http://weibo.com/u/3963755806
211	政和县人民法院	@政和法院	http://weibo.com/u/3811249338
212	华安县人民法院	@华安县法院	http://weibo.com/u/3956027032
213	泰宁县人民法院	@泰宁法院	http://weibo.com/u/3949074710
214	南靖县人民法院	@南靖县法院	http://weibo.com/u/3957043026
215	漳平市人民法院	@漳平法院	http://weibo.com/u/3959993253
216	仙游县人民法院	@仙游法院	http://weibo.com/u/3960083778
217	泉州市鲤城区人民法院	@鲤城法院	http://weibo.com/u/3772720231

续表

序号	单位	微博名称	微博庭审视频直播地址
218	长乐市人民法院	@长乐法院	http://weibo.com/u/3962845912
219	德化县人民法院	@德化法院	http://weibo.com/u/3948944138
220	东山县人民法院	@东山县法院	http://weibo.com/u/3960012926
221	泉州市丰泽区人民法院	@丰泽法院	http://weibo.com/u/2699443814
222	武平县人民法院	@梁野法苑	http://weibo.com/u/3957610822
223	福州市鼓楼区人民法院	@福州鼓楼法院	http://weibo.com/u/3963756388
224	福州铁路运输法院	@福铁法院	http://weibo.com/u/3957045511
225	浦城县人民法院	@浦城法院	http://weibo.com/u/3957529011
226	厦门海事法院	@厦门海事法院	http://weibo.com/xmhsfy
227	厦门市海沧区人民法院	@海沧法院	http://weibo.com/u/3957108168
228	莆田市荔城区人民法院	@莆田市荔城法院	http://weibo.com/u/3958681110
229	厦门市翔安区人民法院	@翔安法院	http://weibo.com/u/2112985501
230	莆田市秀屿区人民法院	@秀屿法院	http://weibo.com/u/3957529943
231	惠安县人民法院	@惠安法院	http://weibo.com/u/3949045507

甘肃省（19家）

序号	单位	微博名称	微博庭审视频直播地址
232	甘肃省高级人民法院	@甘肃高院	http://weibo.com/u/3911255890
233	兰州市城关区人民法院	@城关区法院	http://weibo.com/u/3944821158
234	陇西县人民法院	@陇西县法院	http://weibo.com/u/3957998912
235	阿克塞哈萨克族自治县人民法院	@阿克塞法院	http://weibo.com/u/3937430836
236	兰州市七里河区人民法院	@七里河区法院	http://weibo.com/u/3956601742
237	酒泉市中级人民法院	@酒泉市中级人民法院	http://weibo.com/u/3936202431
238	永登人民法院	@永登法院	http://weibo.com/u/3934855468
239	兰州市西固区人民法院	@西固区法院	http://weibo.com/u/3939561413
240	兰州铁路运输中级法院	@兰州铁路运输中级法院	http://weibo.com/u/3937115029
241	定西市中级人民法院	@定西市中级法院	http://weibo.com/u/3939843765
242	榆中县人民法院	@榆中法院	http://weibo.com/u/3934479268
243	平凉市崆峒区人民法院	@平凉崆峒区法院	http://weibo.com/u/3903739755
244	甘肃矿区人民法院	@甘肃矿区法院	http://weibo.com/u/3931780150
245	兰州市红古区人民法院	@兰州红古区法院	http://weibo.com/u/3938486778
246	肃南裕固族自治县人民法院	@肃南县法院_29712	http://weibo.com/u/3325639984
247	皋兰县人民法院	@皋兰法院	http://weibo.com/u/3857637259
248	静宁县人民法院	@甘肃省静宁县法院	http://weibo.com/u/3936062392
249	兰州市安宁区人民法院	@安宁区法院	http://weibo.com/u/3939518175
250	崇信县人民法院	@崇信县法院	http://weibo.com/xmhsfy3936054277
251	兰州市中级人民法院	@兰州中院	http://weibo.com/u/3948867127

广东省（32家）

序号	单位	微博名称	微博庭审视频直播地址
252	广东省高级人民法院	@广东省高级人民法院	http://weibo.com/u/2781790222
253	广东省广州市中级人民法院	@广州中院	http://weibo.com/u/3186551373
254	广东省深圳市中级人民法院	@深圳市中级人民法院	http://weibo.com/u/2187110962
255	广东省陆丰市人民法院	@陆丰法院	http://weibo.com/u/5108381716
256	广东省肇庆市中级人民法院	@公正肇庆	http://weibo.com/u/2104605197
257	广东省深圳市罗湖区人民法院	@深圳罗湖区法院	http://weibo.com/u/2547161345
258	广东省清远市中级人民法院	@清远市中级人民法院	http://weibo.com/u/3615122967
259	广东省汕头市龙湖区人民法院	@汕头市龙湖区人民法院	http://weibo.com/u/1980319890
260	广东省佛山市南海区人民法院	@南海法院	http://weibo.com/u/2026907930
261	广东省深圳前海合作区人民法院	@深圳前海法院	http://weibo.com/u/5507660245
262	广东省深圳市宝安区人民法院	@深圳宝安区法院	http://weibo.com/u/1908746144
263	广东省化州市人民法院	@化州法院	http://weibo.com/u/3900484213
264	广东省广州市黄埔区人民法院	@黄埔法院	http://weibo.com/u/2840635974
265	广东省新兴县人民法院	@新兴县法院	http://weibo.com/u/3225697902
266	广东省平远县人民法院	@平远县人民法院	http://weibo.com/u/5333849565
267	广州海事法院	@粤海法正	http://weibo.com/u/5143698465
268	广东省佛山市顺德区人民法院	@顺德法院	http://weibo.com/u/2640723003
269	广东省茂名市中级人民法院	@茂名市中级人民法院	http://weibo.com/u/3585268490
270	广东省佛山市三水区人民法院	@三水法院	http://weibo.com/u/2734476814
271	广东省佛山市高明区人民法院	@高明法院	http://weibo.com/u/2673151453
272	广东省英德市人民法院	@英德市法院	http://weibo.com/u/3215451992
273	广东省梅州市梅江区人民法院	@梅江法院	http://weibo.com/u/3961976589
274	广东省丰顺县人民法院	@丰顺法院	http://weibo.com/u/5340444884
275	广东省梅州市梅县区人民法院	@梅州市梅县区法院	http://weibo.com/u/5329345933
276	广东省湛江市坡头区人民法院	@湛江市坡头区人民法院	http://weibo.com/u/5327757967
277	广东省湛江市麻章区人民法院	@麻章法院	http://weibo.com/zjmzfy
278	广东省汕头市中级人民法院	@汕头市中级人民法院	http://weibo.com/u/6126515169
279	广东省深圳市南山区人民法院	@深圳南山法院	http://weibo.com/u/6286630787
280	广东省中山市第一人民法院	@中山市第一人民法院	http://weibo.com/u/5882469415
281	广东省乳源瑶族自治县人民法院	@乳源法院	http://weibo.com/u/6058933879
282	广东省深圳市坪山区人民法院	@深圳市坪山区人民法院	http://weibo.com/u/6487064519
283	广东省深圳市龙华区人民法院	@深圳龙华法院	http://weibo.com/u/6474931421

广西壮族自治区（83家）

序号	单位	微博名称	微博庭审视频直播地址
284	广西壮族自治区高级人民法院	@八桂法苑	http://weibo.com/u/3194463860
285	南宁市中级人民法院	@南宁市中级法院	http://weibo.com/u/3424448434
286	柳州市中级人民法院	@柳州中级法院	http://weibo.com/u/2686604491
287	钦州市中级人民法院	@钦风法影	http://weibo.com/u/1737353385

续表

序号	单位	微博名称	微博庭审视频直播地址
288	北海市中级人民法院	@北海市中级法院	http://weibo.com/bhzjfy
289	崇左市中级人民法院	@崇法之疆	http://weibo.com/u/3351623534
290	南宁市兴宁区人民法院	@兴宁区法院	http://weibo.com/xnqfy
291	凭祥市人民法院	@凭祥市法院	http://weibo.com/u/3406421912
292	防城港市中级人民法院	@防城港市中级法院	http://weibo.com/u/3149232854
293	上林县人民法院	@广西上林县法院	http://weibo.com/u/1311924375
294	南宁市西乡塘区人民法院	@西区法语	http://weibo.com/xxtfy
295	南宁市武鸣区人民法院	@武鸣区法院	http://weibo.com/u/3354777810
296	南宁市青秀区人民法院	@青秀法院	http://weibo.com/u/2962968315
297	南宁市江南区人民法院	@好江南2013	http://weibo.com/jnfy2013
298	隆安县人民法院	@隆安县法院	http://weibo.com/u/3503965620
299	宾阳县人民法院	@宾阳法院	http://weibo.com/byfy4042
300	马山县人民法院	@马山天平	http://weibo.com/u/3352150692
301	南宁市良庆区人民法院	@南宁市良庆区法院	http://weibo.com/nnlqfy
302	南宁市邕宁区人民法院	@南宁市邕宁区法院	http://weibo.com/ynqfy
303	来宾市中级人民法院	@来宾市中级法院	http://weibo.com/u/3464527442
304	来宾市兴宾区人民法院	@兴宾区法院	http://weibo.com/u/3334464322
305	武宣县人民法院	@仙城法院	http://weibo.com/u/3423876212
306	合山市人民法院	@合山法院	http://weibo.com/heshanfayuan
307	象州县人民法院	@象州法院	http://weibo.com/u/3429537364
308	金秀瑶族自治县人民法院	@金秀法院	http://weibo.com/u/3464884450
309	忻城县人民法院	@忻城法院	http://weibo.com/u/3399339424
310	贺州市中级人民法院	@贺州天平之声	http://weibo.com/u/3471549622
311	东兴市人民法院	@东兴市法院	http://weibo.com/u/3406744670
312	贵港市中级人民法院	@荷城法治	http://weibo.com/u/3425375834
313	玉林市中级人民法院	@广西玉林市中级法院	http://weibo.com/u/3339569302
314	梧州市中级人民法院	@梧州市中级人民法院	http://weibo.com/u/3363873962
315	兴业县人民法院	@兴业法院	http://weibo.com/u/3358057512
316	防城港市防城区人民法院	@防城法院	http://weibo.com/u/3291984597
317	北海海事法院	@北海海事法院	http://weibo.com/u/3195504982
318	罗城仫佬族自治县人民法院	@罗城法院	http://weibo.com/u/3333427140
319	桂林市秀峰区人民法院	@独秀天平	http://weibo.com/u/2093125677
320	南丹县人民法院	@南丹法院	http://weibo.com/u/3331146754
321	贵港市港北区人民法院	@广西贵港市港北区法院	http://weibo.com/u/3352107804
322	河池市宜州区人民法院	@宜州法院	http://weibo.com/u/3327404162
323	梧州市长洲区人民法院	@长洲法院	http://weibo.com/u/3341047994
324	凤山县人民法院	@凤山县法院	http://weibo.com/u/1592828245
325	梧州市万秀区人民法院	@广西梧州市万秀区法院	http://weibo.com/u/3408856150
326	贵港市港南区人民法院	@贵港市港南区法院	http://weibo.com/u/3354806702
327	贵港市覃塘区人民法院	@覃塘区法院	http://weibo.com/u/3353017274
328	横县人民法院	@花乡法苑	http://weibo.com/u/3353131474

序号	单位	微博名称	微博庭审视频直播地址
329	河池市中级人民法院	@河池中院	http://weibo.com/hczjfy
330	都安瑶族自治县人民法院	@都安法院	http://weibo.com/u/3330002760
331	浦北县人民法院	@浦北法院	http://weibo.com/u/3341531214
332	融安县人民法院	@风清法正	http://weibo.com/u/3341102190
333	北海市铁山港区人民法院	@铁山港区法院	http://weibo.com/u/3352048540
334	钟山县人民法院	@广西钟山法院	http://weibo.com/u/3288419193
335	资源县人民法院	@资源法院	http://weibo.com/u/3299083282
336	龙胜各族自治县人民法院	@龙胜法院	http://weibo.com/u/3353097702
337	全州县人民法院	@全州法院	http://weibo.com/u/3429941070
338	环江毛南族自治县人民法院	@环江毛南族自治县法院	http://weibo.com/u/3280916202
339	河池市金城江区人民法院	@金城江区法院	http://weibo.com/u/2769450062
340	上思县人民法院	@广西上思县法院	http://weibo.com/u/1711716413
341	恭城瑶族自治县人民法院	@恭法政务	http://weibo.com/u/3352276224
342	富川瑶族自治县人民法院	@富川法院	http://weibo.com/u/3341041082
343	桂平市人民法院	@天平浔州	http://weibo.com/u/3400252954
344	东兰县人民法院	@东兰县法院	http://weibo.com/u/3223549104
345	钦州市钦北区人民法院	@钦北法院	http://weibo.com/u/3341546070
346	北海市银海区人民法院	@北海市银海区法院	http://weibo.com/u/3305672612
347	北海市海城区人民法院	@北海市海城区人民法院	http://weibo.com/u/3229796500
348	巴马瑶族自治县人民法院	@巴马法院	http://weibo.com/u/3329984012
349	防城港市港口区人民法院	@防城港市港口区法院	http://weibo.com/u/3439103702
350	灵川县人民法院	@桂林灵川法院	http://weibo.com/u/3481168875
351	灌阳县人民法院	@灌阳法院	http://weibo.com/u/3462641000
352	苍梧县人民法院	@苍梧法院	http://weibo.com/u/3502993737
353	钦州市钦南区人民法院	@钦南区法院	http://weibo.com/u/3341525142
354	天峨县人民法院	@天峨法院	http://weibo.com/u/3333836650
355	柳州市柳南区人民法院	@柳州柳南法院	http://weibo.com/u/2616791875
356	鹿寨县人民法院	@鹿寨法院	http://weibo.com/u/3199520140
357	柳州市城中区人民法院	@柳州市城中区法院	http://weibo.com/u/3353209790
358	昭平县人民法院	@昭平法院	http://weibo.com/u/3400036652
359	桂林市临桂区人民法院	@广西临桂法院	http://weibo.com/u/3299289975
360	桂林市叠彩区人民法院	@叠彩法院	http://weibo.com/diecaicourt
361	大化瑶族自治县人民法院	@河池市大化法院	http://weibo.com/u/3333172112
362	桂林市七星区人民法院	@漓东天平	http://weibo.com/u/3500505161
363	阳朔县人民法院	@阳朔法院	http://weibo.com/u/3484052677
364	荔浦县人民法院	@荔浦县法院	http://weibo.com/u/3473225094
365	兴安县人民法院	@广西兴安县法院	http://weibo.com/u/3458815120
366	平乐县人民法院	@平乐法院	http://weibo.com/u/3464061734

贵州省（17家）

序号	单位	微博名称	微博庭审视频直播地址
367	贵州省高级人民法院	@贵州高院	http://weibo.com/u/3196685592
368	贵州省贵阳市花溪区人民法院	@花溪法院	http://weibo.com/u/3902471308
369	贵州省修文县人民法院	@贵州省修文县法院	http://weibo.com/u/3913034411
370	贵州省江口县人民法院	@贵州江口法院	http://weibo.com/u/3956784635
371	贵州省遵义市红花岗区人民法院	@红花岗区法院	http://weibo.com/u/3959232247
372	贵州省息烽县人民法院	@息烽法院	http://weibo.com/u/3945925086
373	贵州省贵阳市乌当人民法院	@乌当法院	http://weibo.com/u/3659043651
374	贵州省安顺市平坝区人民法院	@阳光平坝	http://weibo.com/u/3928008203
375	贵州省毕节市七星关区人民法院	@毕节市七星关区人民法院	http://weibo.com/u/3223753972
376	贵州省织金县人民法院	@织金法院	http://weibo.com/u/3928230491
377	贵州省威宁彝族回族苗族自治县人民法院	@威宁法院	http://weibo.com/u/3270701762
378	贵州省黔西县人民法院	@黔西法院2013	http://weibo.com/u/3957055699
379	贵州省普定县人民法院	@普定法院	http://weibo.com/u/3921430994
380	贵州省松桃苗族自治县人民法院	@贵州松桃法院	http://weibo.com/u/3233194592
381	贵州省关岭布依族苗族自治县人民法院	@关岭法院	http://weibo.com/u/3952315529
382	贵州省荔波县人民法院	@荔波法院	http://weibo.com/u/3960758701
383	贵州省从江县人民法院	@从江县法院	http://weibo.com/u/3963789251

海南省（8家）

序号	单位	微博名称	微博庭审视频直播地址
384	海南省高级人民法院	@海南高院	http://weibo.com/u/3578910840
385	海南省海口市中级人民法院	@海口中院	http://weibo.com/u/3939102725
386	海南省海口市琼山区人民法院	@琼山法院	http://weibo.com/u/3925607361
387	海南省海口市美兰区人民法院	@海口美兰法院	http://weibo.com/u/3934129472
388	海南省海口市龙华区人民法院	@龙华法院	http://weibo.com/u/3928275715
389	海南省五指山市人民法院	@五指山法院	http://weibo.com/u/3928706063
390	海南省海口市秀英区人民法院	@秀英法院	http://weibo.com/u/3934685987
391	海南省万宁市人民法院	@万宁法院	http://weibo.com/u/3934390205

河北省（23家）

序号	单位	微博名称	微博庭审视频直播地址
392	河北省高级人民法院	@河北高院	http://weibo.com/hebeigaoyuan
393	河北省石家庄市中级人民法院	@石家庄中院	http://weibo.com/u/3958002657
394	河北省石家庄市新华区人民法院	@石家庄新华法院	http://weibo.com/u/3929837064
395	河北省衡水市中级人民法院	@衡水市中级人民法院	http://weibo.com/u/3567410520

续表

序号	单位	微博名称	微博庭审视频直播地址
396	河北省秦皇岛市中级人民法院	@秦皇岛中院	http://weibo.com/u/5000746691
397	河北省石家庄市桥西区人民法院	@石家庄桥西法院	http://weibo.com/u/3938563237
398	河北省鸡泽县人民法院	@鸡泽法院	http://weibo.com/jizefayuan
399	河北省望都县人民法院	@望都县法院	http://weibo.com/u/5126909952
400	河北省唐山市丰润区人民法院	@丰润法院	http://weibo.com/frfy
401	河北省昌黎县人民法院	@昌黎法院	http://weibo.com/u/3954942255
402	河北省邯郸市丛台区人民法院	@邯郸市丛台区人民法-院	http://weibo.com/u/3956862442
403	河北省秦皇岛市海港区人民法院	@海港法院	http://weibo.com/3552171ZZC
404	河北省唐山市中级人民法院	@唐山中院	http://weibo.com/u/5000901225
405	河北省张家口市中级人民法院	@张家口中院	http://weibo.com/u/3603478241
406	河北省秦皇岛经济技术开发区人民法院	@秦皇岛开发区法院官微	http://weibo.com/u/3889149715
407	河北省黄骅市人民法院	@黄骅法院	http://weibo.com/hhsrmfy
408	河北省张家口经济开发区人民法院	@张家口经济开发区人民法院	http://weibo.com/u/3863478229
409	河北省承德县人民法院	@承德县法院	http://weibo.com/u/3954909293
410	河北省秦皇岛市抚宁区人民法院	@抚宁法院	http://weibo.com/u/3953888907
411	河北省魏县人民法院	@魏县法院	http://weibo.com/weixianfayuan
412	河北省安平县人民法院	@安平法院	http://weibo.com/u/3989103778
413	河北省邢台经济开发区人民法院	@邢台经济开发区人民法院	http://weibo.com/u/3971662544
414	河北省景县人民法院	@景县法院	http://weibo.com/u/3984982675

河南省（26家）

序号	单位	微博名称	微博庭审视频直播地址
415	河南省高级人民法院	@豫法阳光	http://weibo.com/u/2443744521
416	河南省郑州市中级人民法院	@郑州中院	http://weibo.com/u/2443805115
417	河南省郑州市金水区人民法院	@金水法院	http://weibo.com/u/2504595757
418	河南省郑州市二七区人民法院	@二七法院	http://weibo.com/u/2588435274
419	河南省郑州市中原区人民法院	@中原法院	http://weibo.com/u/2506068331
420	河南省郑州市管城回族区人民法院	@郑州管城区法院	http://weibo.com/u/2109146532
421	河南省郑州市惠济区人民法院	@惠济区法院	http://weibo.com/u/2512639087
422	河南省郑州市上街区人民法院	@上街法院	http://weibo.com/u/2511807401
423	河南省郑州高新技术产业开发区人民法院	@郑州高新区法院	http://weibo.com/u/2066236054
424	河南省荥阳市人民法院	@荥阳法院	http://weibo.com/u/2511720705
425	河南省新郑市人民法院	@新郑法院	http://weibo.com/u/2506759513
426	河南省巩义市人民法院	@巩义法院	http://weibo.com/gongyifayuan
427	河南省登封市人民法院	@登封法院	http://weibo.com/u/2511542491
428	河南省新密市人民法院	@新密法院	http://weibo.com/u/2511987121
429	河南省中牟县人民法院	@中牟法院	http://weibo.com/u/2512259317
430	河南省鹤壁市中级人民法院	@鹤壁中院	http://weibo.com/u/2445565197

续表

序号	单位	微博名称	微博庭审视频直播地址
431	河南省新乡市中级人民法院	@新乡中院	http://weibo.com/u/2443878541
432	河南省新乡市牧野区人民法院	@牧野区法院	http://weibo.com/u/2505902881
433	河南省鹤壁市淇滨区人民法院	@淇滨区法院	http://weibo.com/u/2503967831
434	河南省鹤壁市山城区人民法院	@山城区法院	http://weibo.com/u/1960038291
435	河南省商丘市中级人民法院	@商丘天平之声	http://weibo.com/u/2443875791
436	河南省淇县人民法院	@鹤壁淇县法院	http://weibo.com/u/2504663303
437	河南省浚县人民法院	@浚县法院	http://weibo.com/u/2506814377
438	河南省鹤壁市鹤山区人民法院	@鹤山区法院	http://weibo.com/hsqfy
439	河南省新乡市卫滨区人民法院	@新乡市卫滨区人民法院	http://weibo.com/u/2503921421
440	河南省新乡县人民法院	@新乡县人民法院	http://weibo.com/u/2579172472

黑龙江省（2家）

序号	单位	微博名称	微博庭审视频直播地址
441	黑龙江省高级人民法院	@黑龙江省高级人民法院	http://weibo.com/u/3910972402
442	黑龙江省双鸭山市中级人民法院	@双鸭山中院	http://weibo.com/u/5261567440

湖北省（20家）

序号	单位	微博名称	微博庭审视频直播地址
443	武汉市中级人民法院	@武汉法院	http://weibo.com/u/2759875032
444	武汉市江夏区人民法院	@江夏法院	http://weibo.com/u/5192349118
445	武汉市江汉区人民法院	@江汉法院	http://weibo.com/u/5209180085
446	孝感市中级人民法院	@孝感市中级人民法院	http://weibo.com/u/3870745537
447	鄂州市鄂城区人民法院	@鄂城区法院	http://weibo.com/u/5236170192
448	鄂州市中级人民法院	@鄂州法院	http://weibo.com/ezsfy
449	荆门市掇刀区人民法院	@荆门掇刀法院	http://weibo.com/u/2756936012
450	恩施土家族苗族自治州中级人民法院	@恩施州中级人民法院	http://weibo.com/enshify
451	荆门市中级人民法院	@荆门市中级法院	http://weibo.com/u/2797153672
452	襄阳铁路运输法院	@襄阳铁路运输法院	http://weibo.com/u/2892297917
453	孝感市安陆市人民法院	@安陆法院	http://weibo.com/u/5244817190
454	利川市人民法院	@利川市人民法院	http://weibo.com/u/2682526861
455	孝感市云梦县人民法院	@云梦法院	http://weibo.com/u/3935375274
456	孝感市孝昌县人民法院	@孝昌县人民法院	http://weibo.com/u/3939903177
457	宜昌市中级人民法院	@宜昌中院	http://weibo.com/u/3952950842
458	宜昌市夷陵区人民法院	@夷陵法院	http://weibo.com/u/5220007834

续表

序号	单位	微博名称	微博庭审视频直播地址
459	武汉市洪山区人民法院	@洪山法院	http://weibo.com/u/5200772792
460	武汉市武昌区人民法院	@武昌法院	http://weibo.com/u/5238533346
461	宜昌市秭归县人民法院	@秭归县人民法院	http://weibo.com/u/3979375795
462	武汉铁路运输法院	@武汉铁路运输法院	http://weibo.com/u/5213426442

湖南省（36家）

序号	单位	微博名称	微博庭审视频直播地址
463	湖南省高级人民法院	@湖南高院	http://weibo.com/hunangaoyuan
464	湖南省岳阳市中级人民法院	@岳阳市中级人民法院	http://weibo.com/u/3960688335
465	湖南省常德市中级人民法院	@常德中院	http://weibo.com/u/1084854274
466	湖南省长沙市中级人民法院	@长沙市中级人民法院	http://weibo.com/hncszy
467	湖南省岳阳市岳阳楼区人民法院	@岳阳市岳阳楼区法院	http://weibo.com/u/3093241757
468	湖南省株洲市中级人民法院	@株洲中院	http://weibo.com/zhuzhouzhongyuan
469	湖南省湘潭市中级人民法院	@湘潭中级法院	http://weibo.com/xtzjfy
470	湖南省衡阳市中级人民法院	@衡阳中级法院	http://weibo.com/u/3953431717
471	湖南省邵阳市中级人民法院	@邵阳中院	http://weibo.com/u/3951947894
472	湖南省岳阳市君山区人民法院	@君山法院	http://weibo.com/u/3960068260
473	湖南省岳阳市云溪区人民法院	@湖南岳阳云溪区法院	http://weibo.com/u/3564138831
474	湖南省长沙市望城区人民法院	@长沙市望城区法院	http://weibo.com/u/3177255945
475	湖南省株洲市天元区人民法院	@天元法院	http://weibo.com/u/3929597867
476	湖南省长沙市岳麓区人民法院	@长沙市岳麓区法院	http://weibo.com/u/2460443614
477	湖南省株洲市石峰区人民法院	@石峰区法院	http://weibo.com/u/3913143394
478	湖南省张家界市中级人民法院	@张家界市法院	http://weibo.com/u/3957849962
479	湖南省郴州市中级人民法院	@郴州中院	http://weibo.com/u/3776183674
480	湖南省永州市中级人民法院	@永州市中级人民法院	http://weibo.com/hnyzfy
481	湖南省怀化市中级人民法院	@怀化法院	http://weibo.com/u/5000800100
482	湖南省汝城县人民法院	@汝城法院	http://weibo.com/u/3946919672
483	湖南省益阳市中级人民法院	@湖南益阳中院	http://weibo.com/u/3957785510
484	湖南省桂阳县人民法院	@桂阳法院	http://weibo.com/u/3953646138
485	湖南省娄底市中级人民法院	@娄底市中级人民法院	http://weibo.com/u/3922477689
486	湖南省宜章县人民法院	@宜章法院	http://weibo.com/u/3721183292
487	湖南省郴州市北湖区人民法院	@郴州北湖法院	http://weibo.com/u/3914207834
488	湖南省永兴县人民法院	@永兴法院	http://weibo.com/u/3794238893
489	湖南省津市市人民法院	@津市法院	http://weibo.com/u/3933187471
490	湖南省临武县人民法院	@临武法院	http://weibo.com/u/3572449590
491	湖南省桂东县人民法院	@桂东法院	http://weibo.com/u/3203627910
492	湖南省慈利县人民法院	@慈利法院	http://weibo.com/u/2671941553
493	湖南省资兴市人民法院	@湖南省资兴法院	http://weibo.com/u/3910410122
494	湖南省安仁县人民法院	@安仁法院	http://weibo.com/u/3910536482

续表

序号	单位	微博名称	微博庭审视频直播地址
495	湖南省桃江县人民法院	@桃江法院	http://weibo.com/u/3588021800
496	湖南省益阳市赫山区人民法院	@赫山法院	http://weibo.com/u/3957042229
497	湖南省张家界市永定区人民法院	@张家界市永定法院	http://weibo.com/u/3959192488
498	湖南省湘西土家族苗族自治州中级人民法院	@边城审判	http://weibo.com/u/3960080695

吉林省（56家）

序号	单位	微博名称	微博庭审视频直播地址
499	吉林省延吉市人民法院	@延吉市法院	http://weibo.com/yjsrmfy
500	吉林省和龙市人民法院	@和龙市人民法院	http://weibo.com/u/3894371662
501	吉林省龙井市人民法院	@龙井市人民法院	http://weibo.com/ljsrmfy
502	吉林省延边朝鲜族自治州中级人民法院	@延边州中级人民法院	http://weibo.com/u/3686818302
503	吉林省高级人民法院	@吉林高法	http://weibo.com/u/3903994404
504	吉林省蛟河市人民法院	@蛟河市人民法院	http://weibo.com/jhsrmfy
505	吉林省长春市中级人民法院	@长春中法	http://weibo.com/u/5155358361
506	吉林省吉林市中级人民法院	@吉林市中级人民法院	http://weibo.com/u/1163178620
507	吉林省长春市九台区人民法院	@九台法院	http://weibo.com/u/5240004462
508	吉林省镇赉县人民法院	@镇赉县人民法院	http://weibo.com/u/5251979703
509	吉林省长春经济技术开发区人民法院	@长春经开法院	http://weibo.com/u/5248308021
510	吉林省靖宇县人民法院	@靖宇法院	http://weibo.com/u/3933989729
511	吉林省辉南县人民法院	@辉南县法院	http://weibo.com/u/5241042584
512	吉林省长春市朝阳区人民法院	@长春市朝阳区法院	http://weibo.com/u/5260469944
513	吉林省农安县人民法院	@农安县法院	http://weibo.com/u/5184396431
514	吉林省集安市人民法院	@集安法院	http://weibo.com/u/5245055080
515	吉林省大安市人民法院	@吉林省大安市法院	http://weibo.com/u/5244313076
516	吉林省白山市江源区人民法院	@江源法院	http://weibo.com/u/5241524287
517	吉林省白城市中级人民法院	@白城中法	http://weibo.com/u/3814777419
518	吉林省通化铁路运输法院	@通化铁路运输法院	http://weibo.com/u/5351287817
519	吉林省长春市二道区人民法院	@长春市二道区法院	http://weibo.com/u/5241733437
520	吉林省桦甸市人民法院	@桦甸市人民法院	http://weibo.com/u/5330064270
521	吉林省临江市人民法院	@临江法院	http://weibo.com/u/5243837600
522	吉林省抚松县人民法院	@抚松法院	http://weibo.com/u/5248297523
523	吉林省辽源市西安区人民法院	@辽源市西安区法院	http://weibo.com/u/5242358895
524	吉林省通榆县人民法院	@通榆法院	http://weibo.com/u/5242621704
525	长春市宽城区人民法院	@长春市宽城区法院	http://weibo.com/u/5124188397
526	吉林省白山市浑江区人民法院	@吉林省白山市浑江区法院	http://weibo.com/u/5245100737
527	吉林省辽源市中级人民法院	@辽源中法	http://weibo.com/u/5175953523
528	吉林省洮南市人民法院	@洮南法院	http://weibo.com/u/5252227866
529	吉林省通化市中级人民法院	@通化中法	http://weibo.com/u/5156936612

续表

序号	单位	微博名称	微博庭审视频直播地址
530	吉林省四平市中级人民法院	@四平中法	http://weibo.com/u/5156094679
531	吉林省长春市绿园区人民法院	@长春市绿园区法院	http://weibo.com/u/5249111235
532	吉林省长春市南关区人民法院	@长春南关区法院	http://weibo.com/u/5242361859
533	吉林省榆树市人民法院	@榆树市法院	http://weibo.com/u/5260476217
534	吉林省长春市双阳区人民法院	@长春市双阳区人民法院	http://weibo.com/u/5261988541
535	吉林省吉林市船营区人民法院	@吉林市船营区法院	http://weibo.com/u/5329668424
536	吉林省四平市铁东区人民法院	@铁东法院	http://weibo.com/u/5249323442
537	吉林省辽源市龙山区人民法院	@辽源龙山法院	http://weibo.com/u/5243819614
538	吉林省梅河口市人民法院	@梅河口法院	http://weibo.com/u/5243591287
539	吉林省梨树县人民法院	@梨树县法院	http://weibo.com/u/5124276248
540	吉林省公主岭市人民法院	@公主岭市人民法院	http://weibo.com/u/5251133366
541	吉林省永吉县人民法院	@吉林省永吉县法院	http://weibo.com/u/5334289805
542	吉林省通化市东昌区人民法院	@通化东昌法院	http://weibo.com/u/5245448238
543	吉林省吉林市昌邑区人民法院	@吉林市昌邑法院	http://weibo.com/u/5329657675
544	吉林省伊通满族自治县人民法院	@伊通法院	http://weibo.com/u/5251129909
545	吉林省长春铁路运输法院	@长春铁路运输法院	http://weibo.com/u/5351035051
546	吉林省通化县人民法院	@吉林省通化县法院	http://weibo.com/u/3659962315
547	吉林省敦化市人民法院	@敦化法院	http://weibo.com/u/5986410597
548	吉林省汪清县人民法院	@汪清县法院	http://weibo.com/u/5241534412
549	吉林省长春高新技术产业开发区人民法院	@长春高新技术产业开发区人民法院	http://weibo.com/u/5252520182
550	吉林省长春汽车经济技术开发区人民法院	@长春汽开区法院	http://weibo.com/u/5248294045
551	吉林省安图县人民法院	@安图县人民法院	http://weibo.com/u/2726720605
552	吉林省吉林高新技术产业开发区人民法院	@吉林市高新区人民法院	http://weibo.com/u/5247943777
553	吉林省前郭尔罗斯蒙古族自治县人民法院	@前郭县法院	http://weibo.com/u/5243865995

江苏省（60家）

序号	单位	微博名称	微博庭审视频直播地址
554	江苏省高级人民法院	@江苏省高级人民法院	http://weibo.com/jiangsugaoyuan
555	江苏省南京市中级人民法院	@南京V法院	http://weibo.com/njvfy
556	江苏省南京市秦淮人民法院	@秦淮法院	http://weibo.com/njqhfy
557	江苏省镇江市中级人民法院	@镇江中院	http://weibo.com/u/3774654835
558	江苏省淮安市洪泽区人民法院	@洪泽法院	http://weibo.com/u/3053410827
559	江苏省扬州市中级人民法院	@扬州法院	http://weibo.com/u/2052605183
560	江苏省泰州市中级人民法院	@泰州市中级法院	http://weibo.com/u/3329829680

序号	单位	微博名称	微博庭审视频直播地址
561	江苏省镇江市京口区人民法院	@京口法院	http://weibo.com/u/3897990121
562	江苏省句容市人民法院	@句容法院	http://weibo.com/u/3705050015
563	江苏省镇江经济开发区人民法院	@镇江经济开发区法院	http://weibo.com/u/2626859372
564	江苏省镇江市丹徒区人民法院	@丹徒法院	http://weibo.com/u/3516131420
565	江苏省淮安市中级人民法院	@淮安法院	http://weibo.com/hafy2011
566	江苏省扬中市人民法院	@扬中法院	http://weibo.com/u/3738195387
567	江苏省丹阳市人民法院	@丹阳法院	http://weibo.com/u/2782317704
568	江苏省镇江市润州区人民法院	@润州法院	http://weibo.com/rzfygfwb
569	江苏省盐城市中级人民法院	@盐城中院	http://weibo.com/u/3874093243
570	江苏省泰州市海陵区人民法院	@泰州海陵法院	http://weibo.com/u/3228658042
571	江苏省连云港市中级人民法院	@连云港法院	http://weibo.com/jslygfy
572	江苏省南通市中级人民法院	@南通市中级人民法院	http://weibo.com/u/3810072903
573	江苏省南京市鼓楼区人民法院	@南京市鼓楼区法院	http://weibo.com/njglfy
574	江苏省无锡市中级人民法院	@无锡市中级人民法院	http://weibo.com/u/3052754675
575	江苏省兴化市人民法院	@泰州兴化法院	http://weibo.com/u/3515681650
576	江苏省宿迁市中级人民法院	@宿迁市中级人民法院	http://weibo.com/u/3917169306
577	江苏省徐州市中级人民法院	@徐州市中级人民法院	http://weibo.com/u/3659411005
578	江苏省东海县人民法院	@东海县人民法院	http://weibo.com/jsdhfy
579	江苏省南通市崇川区人民法院	@崇川法院	http://weibo.com/u/3898245638
580	江苏省苏州市中级人民法院	@苏州市中级人民法院	http://weibo.com/u/3171556181
581	江苏省徐州市铜山区人民法院	@铜山法院	http://weibo.com/u/3895574038
582	江苏省常州市中级人民法院	@常州市中级人民法院	http://weibo.com/u/2280220842
583	江苏省宿迁市宿豫区人民法院	@宿迁市宿豫区法院	http://weibo.com/u/2611442804
584	江苏省苏州市吴江区人民法院	@吴江法院	http://weibo.com/u/3656147501
585	江苏省宜兴市人民法院	@宜兴市人民法院	http://weibo.com/u/3858196797
586	江苏省苏州工业园区人民法院	@苏州工业园区法院	http://weibo.com/u/3706843351
587	江苏省沭阳县人民法院	@沭阳法院	http://weibo.com/u/3752090007
588	江苏省苏州市虎丘区人民法院	@虎丘法院	http://weibo.com/u/3917174030
589	江苏省启东市人民法院	@启东法院	http://weibo.com/u/3755169687
590	江苏省海门市人民法院	@海门法院	http://weibo.com/u/2881749264
591	江苏省南通市港闸区人民法院	@港闸法院	http://weibo.com/u/3655491465
592	江苏省如皋市人民法院	@如皋法院	http://weibo.com/u/2529955105
593	江苏省沛县人民法院	@沛县法院	http://weibo.com/u/3958675020
594	江苏省宿迁市宿城区人民法院	@宿迁市宿城区法院	http://weibo.com/u/3934318917
595	江苏省连云港市海州区人民法院	@连云港市海州区法院	http://weibo.com/u/3897718076
596	江苏省泰州市姜堰区人民法院	@姜堰区法院	http://weibo.com/u/3521807017
597	江苏省海安县人民法院	@海安法院	http://weibo.com/u/3922463314
598	江苏省睢宁县人民法院	@徐州睢宁法院	http://weibo.com/u/3515660455
599	江苏省盐城市盐都区人民法院	@盐都法院	http://weibo.com/u/3941872056
600	江苏省连云港市连云区人民法院	@连云港市连云区法院	http://weibo.com/u/3685613812
601	江苏省常熟市人民法院	@常熟市人民法院	http://weibo.com/u/3563262624

序号	单位	微博名称	微博庭审视频直播地址
602	江苏省张家港市人民法院	@张家港法院	http://weibo.com/u/3921948883
603	江苏省泗洪县人民法院	@泗洪法院	http://weibo.com/u/2672135741
604	江苏省泗阳县人民法院	@泗水晏清	http://weibo.com/u/2644557810
605	江苏省如东县人民法院	@如东法院	http://weibo.com/u/3866370698
606	江苏省南通经济技术开发区人民法院	@南通开发区法院	http://weibo.com/u/3883367351
607	江苏省太仓市人民法院	@太仓法院	http://weibo.com/u/3515640154
608	江苏省徐州市鼓楼区人民法院	@徐州市鼓楼法院	http://weibo.com/u/2011923034
609	江苏省盱眙县人民法院	@盱眙法院	http://weibo.com/u/3958556882
610	江苏省东台市人民法院	@东台法院	http://weibo.com/u/3929832393
611	江苏省射阳县人民法院	@射阳法院	http://weibo.com/u/3940109686
612	江苏省徐州市贾汪区人民法院	@徐州市贾汪区法院	http://weibo.com/u/5000897908
613	江苏省南通市通州区人民法院	@南通市通州区人民法院	http://weibo.com/nttzfy

江西省（5家）

序号	单位	微博名称	微博庭审视频直播地址
614	江西省高级人民法院	@红色天平	http://weibo.com/u/3907631306
615	江西省上饶市中级人民法院	@上饶市中级法院	http://weibo.com/u/3941356793
616	江西省南昌市青山湖区人民法院	@南昌市青山湖法院	http://weibo.com/u/3933673838
617	江西省萍乡市中级人民法院	@萍乡市中级法院	http://weibo.com/u/3925185699
618	江西省抚州市中级人民法院	@抚州市中级法院	http://weibo.com/u/3941975740

辽宁省（13家）

序号	单位	微博名称	微博庭审视频直播地址
619	辽宁省高级人民法院	@辽宁高院	http://weibo.com/u/3908564647
620	辽宁省沈阳市中级人民法院	@沈阳中院	http://weibo.com/u/2833285031
621	辽宁省葫芦岛市中级人民法院	@葫芦岛市中级人民法院	http://weibo.com/u/2759237327
622	辽宁省兴城市人民法院	@兴城市人民法院	http://weibo.com/u/1599487153
623	辽宁省阜新市中级人民法院	@阜新市中级法院	http://weibo.com/u/5033408370
624	辽宁省沈阳市辽中区人民法院	@辽中法院	http://weibo.com/u/2153484671
625	辽宁省康平县人民法院	@康平法院	http://weibo.com/u/3603565292
626	辽宁省沈阳市苏家屯区人民法院	@苏家屯区法院	http://weibo.com/u/3972280818
627	辽宁省大连海事法院	@大连海事法院	http://weibo.com/u/3974613815
628	辽宁省沈阳市皇姑区人民法院	@沈阳市皇姑区法院	http://weibo.com/u/2729712503
629	辽宁省沈阳市沈河区人民法院	@沈河法院	http://weibo.com/u/3971914066
630	辽宁省彰武县人民法院	@彰武县法院	http://weibo.com/zwxfy
631	辽宁省北票市人民法院	@北票法院	http://weibo.com/u/5444399115

内蒙古自治区（42家）

序号	单位	微博名称	微博庭审视频直播地址
632	内蒙古自治区高级人民法院	@北疆法声	http://weibo.com/neimenggugaoyuan
633	呼和浩特市中级人民法院	@青城天平	http://weibo.com/u/3975279422
634	包头市中级人民法院	@包头中院	http://weibo.com/u/3951518958
635	五原县人民法院	@五原法院微博	http://weibo.com/u/5062428611
636	呼和浩特铁路运输中级法院	@呼和浩特铁路运输中级法院	http://weibo.com/u/5268558465
637	赤峰市中级人民法院	@赤峰中法	http://weibo.com/u/3937607424
638	临河区人民法院	@临河区法院	http://weibo.com/u/3976351292
639	巴彦淖尔市中级人民法院	@法治巴彦淖尔	http://weibo.com/u/3512206094
640	乌海市中级人民法院	@乌海中院	http://weibo.com/u/3330905942
641	呼伦贝尔市中级人民法院	@呼伦贝尔市中院	http://weibo.com/u/3770279192
642	乌兰察布市中级人民法院	@乌兰察布市中院	http://weibo.com/u/5060703053
643	呼和浩特市赛罕区人民法院	@赛罕区法院	http://weibo.com/u/5056430965
644	磴口县人民法院	@磴口县法院	http://weibo.com/u/3996284157
645	和林格尔县人民法院	@和林格尔县法院	http://weibo.com/u/5126603032
646	突泉县人民法院	@突泉县法院	http://weibo.com/u/5053353035
647	集宁区人民法院	@乌兰察布市集宁区法院	http://weibo.com/u/5033535099
648	乌海市海南区人民法院	@乌海海南法院	http://weibo.com/u/3977813495
649	额尔古纳市人民法院	@额尔古纳市法院	http://weibo.com/u/3956261801
650	赤峰市元宝山区人民法院	@元宝山区法院	http://weibo.com/u/5149591881
651	杭锦后旗人民法院	@杭锦后旗人民法院	http://weibo.com/u/3913878433
652	阿拉善左旗人民法院	@阿拉善左旗法院	http://weibo.com/u/3977695068
653	乌海市乌达区人民法院	@乌海市乌达区法院	http://weibo.com/u/3613484013
654	兴安盟中级人民法院	@兴安盟中院	http://weibo.com/u/3959190172
655	科尔沁左翼后旗人民法院	@科尔沁左翼后旗法院	http://weibo.com/u/5032042221
656	鄂尔多斯市中级人民法院	@鄂尔多斯市法院	http://weibo.com/u/3294505833
657	扎赉特旗人民法院	@扎赉特旗法院	http://weibo.com/u/3962919491
658	库伦旗人民法院	@库伦旗法院	http://weibo.com/u/3676441450
659	通辽市中级人民法院	@通辽市中级法院	http://weibo.com/u/1704084262
660	阿拉善盟中级人民法院	@内蒙古阿拉善盟中级法院	http://weibo.com/u/3964784654
661	包头市昆都仑区人民法院	@包头昆区法院	http://weibo.com/u/3970573916
662	扎鲁特旗人民法院	@扎鲁特旗法院	http://weibo.com/u/5028626493
663	呼和浩特市新城区人民法院	@新城法院2014	http://weibo.com/u/5077031651
664	托克托县人民法院	@托县法院	http://weibo.com/u/5051197310
665	鄂尔多斯市东胜区人民法院	@东胜法院	http://weibo.com/u/5034489552

续表

序号	单位	微博名称	微博庭审视频直播地址
666	察哈尔右翼前旗人民法院	@察右前旗法院	http://weibo.com/u/2700753993
667	乌拉特后旗人民法院	@乌拉特后旗法院	http://weibo.com/u/5069833035
668	乌海市海勃湾区人民法院	@公正海勃湾	http://weibo.com/u/5052429200
669	乌拉特前旗人民法院	@乌拉特前旗人民法院	http://weibo.com/u/3996276631
670	呼和浩特市玉泉区人民法院	@玉泉法院	http://weibo.com/u/5150112170
671	乌拉特中旗人民法院	@法治中旗	http://weibo.com/u/5083162365
672	通辽市科尔沁区人民法院	@通辽市科尔沁区法院	http://weibo.com/u/5066503854
673	科尔沁右翼前旗人民法院	@科右前旗法院	http://weibo.com/u/3960721482

青海省（5家）

序号	单位	微博名称	微博庭审视频直播地址
674	青海省高级人民法院	@青海高院	http://weibo.com/u/3908497332
675	青海省乌兰县人民法院	@青海乌兰县法院	http://weibo.com/u/3888517528
676	青海省甘德县人民法院	@甘德县法院	http://weibo.com/u/3982992045
677	青海省西宁铁路运输法院	@青海西宁铁路运输法院	http://weibo.com/u/3951934238
678	青海省果洛藏族自治州中级人民法院	@果洛州中院	http://weibo.com/qhglzzjrmfy

山东省（21家）

序号	单位	微博名称	微博庭审视频直播地址
679	山东省高级人民法院	@山东高法	http://weibo.com/shandonggaofa
680	山东省烟台市中级人民法院	@公正烟台	http://weibo.com/u/3866884966
681	山东省临沂市中级人民法院	@临沂中院	http://weibo.com/u/3919712102
682	山东省济南市中级人民法院	@济南中院	http://weibo.com/jinanzhongyuan
683	山东省青岛市中级人民法院	@青岛市中级人民法院	http://weibo.com/qingdaozhongyuan
684	山东省菏泽市中级人民法院	@菏泽中院	http://weibo.com/hzszy
685	山东省曹县人民法院	@菏泽曹县法院	http://weibo.com/u/2309567477
686	山东省菏泽市牡丹区人民法院	@菏泽牡丹区法院	http://weibo.com/u/1371189827
687	山东省鄄城县人民法院	@菏泽鄄城县法院	http://weibo.com/u/2317741327
688	山东省泰安市中级人民法院	@泰安中院	http://weibo.com/u/3867811899
689	山东省青岛铁路运输法院	@青铁法院	http://weibo.com/u/1355269503
690	山东省济南铁路运输法院	@济铁法院	http://weibo.com/u/3946115702
691	山东省济南市市中区人民法院	@济南市中法院	http://weibo.com/u/3672474710
692	山东省济南铁路运输中级法院	@济铁中院	http://weibo.com/u/3948264763
693	山东省临沂市兰山区人民法院	@临沂兰山区法院	http://weibo.com/u/3930155918
694	山东省淄博市中级人民法院	@淄博法院在线	http://weibo.com/zibofayuan

续表

序号	单位	微博名称	微博庭审视频直播地址
695	山东省青岛市黄岛区人民法院	@黄岛法院	http://weibo.com/u/3845674847
696	山东省滨州市中级人民法院	@滨州市中级人民法院	http://weibo.com/u/3647331822
697	山东省青岛市市南区人民法院	@青岛市市南区人民法院	http://weibo.com/u/3672184574
698	山东省济南市槐荫区人民法院	@槐荫法院	http://weibo.com/ggqqyytt
699	山东省青岛市崂山区人民法院	@青岛市崂山区法院	http://weibo.com/u/3929991976

山西省（97家）

序号	单位	微博名称	微博庭审视频直播地址
700	山西省高级人民法院	@晋法之声	http://weibo.com/u/3236771742
701	朔州市朔城区人民法院	@朔州朔城区法院	http://weibo.com/scqfy
702	繁峙县人民法院	@繁峙县法院	http://weibo.com/u/2110940683
703	长治市城区人民法院	@长治市城区法院	http://weibo.com/u/3679491213
704	阳泉市城区人民法院	@阳泉城区法院	http://weibo.com/u/3959255145
705	朔州市中级人民法院	@山西朔州中院	http://weibo.com/u/3731371474
706	忻州市中级人民法院	@忻州中院	http://weibo.com/u/3801919467
707	太原市中级人民法院	@太原中院	http://weibo.com/u/3840710893
708	孝义市人民法院	@孝义法院	http://weibo.com/u/3890053397
709	祁县人民法院	@祁县法院	http://weibo.com/u/3958607766
710	阳泉市中级人民法院	@阳泉中级法院	http://weibo.com/u/3844850964
711	灵石县人民法院	@灵石法院	http://weibo.com/u/3624593971
712	太原铁路运输中级法院	@太原铁路运输中级法院	http://weibo.com/u/3748262770
713	岚县人民法院	@岚县法院	http://weibo.com/u/1689788060
714	阳泉市郊区人民法院	@阳泉郊区法院	http://weibo.com/u/3901095087
715	大同铁路运输法院	@大同铁路运输法院	http://weibo.com/u/3807412674
716	汾西县人民法院	@汾西县法院	http://weibo.com/u/3785780282
717	安泽县人民法院	@安泽法院	http://weibo.com/u/3854864993
718	泽州县人民法院	@泽州法院	http://weibo.com/u/3772345150
719	平定县人民法院	@平定法院	http://weibo.com/u/3911844324
720	河津市人民法院	@河津法院	http://weibo.com/u/3905257353
721	广灵县人民法院	@大同广灵法院	http://weibo.com/u/3904993253
722	晋城市中级人民法院	@晋城市中级人民法院	http://weibo.com/u/3781876734
723	长子县人民法院	@长子县法院	http://weibo.com/u/3838987521
724	阳高县人民法院	@大同阳高法院	http://weibo.com/u/3903302582
725	应县人民法院	@朔州应县法院	http://weibo.com/u/3921098855
726	太原市杏花岭区人民法院	@太原市杏花岭区法院	http://weibo.com/u/3849585123
727	太原市迎泽区人民法院	@太原市迎泽区人民法院	http://weibo.com/u/3792285772
728	吕梁市中级人民法院	@吕梁中院	http://weibo.com/u/3613537570
729	长治市中级人民法院	@长治中院微博	http://weibo.com/u/3754151275

序号	单位	微博名称	微博庭审视频直播地址
730	太原市晋源区人民法院	@晋源区人民法_院	http://weibo.com/u/3732530671
731	大同市中级人民法院	@山西大同中院	http://weibo.com/u/3849701077
732	垣曲县人民法院	@垣曲法院	http://weibo.com/u/2053046263
733	临汾铁路运输法院	@临汾铁路运输法院	http://weibo.com/u/1366162585
734	运城市中级人民法院	@运城中院	http://weibo.com/u/3801854648
735	临汾市中级人民法院	@临汾法院	http://weibo.com/u/3732480877
736	曲沃县人民法院	@曲沃县人民法院	http://weibo.com/u/1613713055
737	太原铁路运输法院	@太原铁路运输法院	http://weibo.com/u/3843445414
738	娄烦县人民法院	@太原市娄烦县法院	http://weibo.com/u/3852087550
739	闻喜县人民法院	@闻喜法院	http://weibo.com/u/3788192551
740	晋中市中级人民法院	@晋中法院	http://weibo.com/u/3252585473
741	太原市小店区人民法院	@太原市小店区法院	http://weibo.com/u/3852438867
742	沁县人民法院	@沁县法院	http://weibo.com/u/3876039549
743	左权县人民法院	@左权法院	http://weibo.com/u/3471500880
744	高平市人民法院	@山西省高平市法院	http://weibo.com/u/3785940575
745	岢岚县人民法院	@忻州岢岚法院	http://weibo.com/u/3901155729
746	新绛县人民法院	@新绛县法院	http://weibo.com/u/3911253427
747	晋中市榆次区人民法院	@晋中市榆次区法院	http://weibo.com/u/3788425385
748	榆社县人民法院	@榆社法院	http://weibo.com/u/3942217739
749	蒲县人民法院	@蒲县法院	http://weibo.com/u/3817424809
750	夏县人民法院	@运城市夏县法院	http://weibo.com/u/3902891084
751	静乐县人民法院	@静乐法院	http://weibo.com/u/3879316602
752	阳城县人民法院	@阳城法院	http://weibo.com/u/3788454755
753	潞城市人民法院	@潞城法院	http://weibo.com/u/3814643414
754	陵川县人民法院	@陵川县法院	http://weibo.com/u/3814142779
755	原平市人民法院	@原平法院微博	http://weibo.com/u/3905379651
756	忻州市忻府区人民法院	@忻府区法院	http://weibo.com/u/3903248088
757	晋城市城区人民法院	@晋城城区法院	http://weibo.com/u/3808968615
758	大同市新荣区人民法院	@大同新荣法院	http://weibo.com/u/3876045589
759	河曲县人民法院	@山西省忻州市河曲县法院	http://weibo.com/u/3904750952
760	大同市城区人民法院	@山西省大同市城区法院	http://weibo.com/u/3898061122
761	临猗县人民法院	@临猗县人民法院	http://weibo.com/u/3901272536
762	太原市万柏林区人民法院	@太原市万柏林区法院	http://weibo.com/u/3849589877
763	沁水县人民法院	@沁水法院2013	http://weibo.com/u/3815628010
764	长治县人民法院	@长治县法院	http://weibo.com/u/3894425097
765	定襄县人民法院	@定襄法院	http://weibo.com/u/3905113218
766	浑源县人民法院	@浑源法院	http://weibo.com/u/3863247558
767	大同市南郊区人民法院	@大同市南郊法院	http://weibo.com/u/3783091862
768	大宁县人民法院	@大宁法院	http://weibo.com/u/3917869457
769	左云县人民法院	@大同左云法院	http://weibo.com/u/3907371613
770	襄垣县人民法院	@长治市襄垣法院	http://weibo.com/u/3816433458

序号	单位	微博名称	微博庭审视频直播地址
771	五台县人民法院	@五台法院	http://weibo.com/u/3903483960
772	黎城县人民法院	@山西黎城县法院	http://weibo.com/u/3907642607
773	太谷县人民法院	@太谷法院	http://weibo.com/u/3928355478
774	中阳县人民法院	@中阳法院	http://weibo.com/u/3815077816
775	怀仁县人民法院	@朔州怀仁法院	http://weibo.com/u/3917006678
776	交口县人民法院	@交口法院	http://weibo.com/u/3816195240
777	山阴县人民法院	@朔州山阴法院	http://weibo.com/u/1912946583
778	昔阳县人民法院	@昔阳法院	http://weibo.com/u/3766863164
779	天镇县人民法院	@大同天镇法院	http://weibo.com/u/3903548568
780	沁源县人民法院	@沁源法院	http://weibo.com/u/3295690000
781	五寨县人民法院	@忻州五寨法院	http://weibo.com/u/3910942559
782	洪洞县人民法院	@洪洞法院	http://weibo.com/u/3909355432
783	屯留县人民法院	@屯留法院	http://weibo.com/u/2695915443
784	大同市矿区人民法院	@大同矿区法院	http://weibo.com/u/3901563428
785	灵丘县人民法院	@灵丘法院	http://weibo.com/u/3910887796
786	朔州市平鲁区人民法院	@朔州平鲁法院	http://weibo.com/u/3921516232
787	右玉县人民法院	@右玉法院	http://weibo.com/u/3925606659
788	盂县人民法院	@盂县法院	http://weibo.com/u/5540999468
789	阳泉市矿区人民法院	@阳泉市矿区法院	http://weibo.com/u/5598114881
790	方山县人民法院	@方山法院	http://weibo.com/u/3905027268
791	寿阳县人民法院	@寿阳法院	http://weibo.com/sxsyfy
792	乡宁县人民法院	@临汾乡宁法院	http://weibo.com/u/5156799502
793	平陆县人民法院	@平陆县法院	http://weibo.com/u/5608659420
794	介休市人民法院	@介休市法院	http://weibo.com/u/5121904790
795	平遥县人民法院	@平遥法院	http://weibo.com/u/5878818176
796	壶关县人民法院	@壶关法院	http://weibo.com/u/5822143416

陕西省（121家）

序号	单位	微博名称	微博庭审视频直播地址
797	陕西省高级人民法院	@陕西高院	http://weibo.com/u/3912076973
798	陕西省安康铁路运输法院	@安铁法院	http://weibo.com/u/3879834567
799	陕西省西安铁路运输法院	@西安铁路运输法院	http://weibo.com/u/3881725257
800	陕西省西安市中级人民法院	@西安中院	http://weibo.com/xazy123
801	陕西省咸阳市中级人民法院	@咸阳市中院	http://weibo.com/u/3675943430
802	陕西省西安市长安区人民法院	@长安法院	http://weibo.com/u/3895621149
803	陕西省西安市鄠邑区人民法院	@西安市鄠邑区人民法院	http://weibo.com/u/3897975251
804	陕西省西安市临潼区人民法院	@临潼法院	http://weibo.com/u/3896295139
805	陕西省西安市阎良区人民法院	@阎良法院	http://weibo.com/u/3892474042

续表

序号	单位	微博名称	微博庭审视频直播地址
806	陕西省西安市雁塔区人民法院	@雁塔法院	http://weibo.com/xaytfy
807	陕西省西安市莲湖区人民法院	@莲湖区法院	http://weibo.com/u/3841206585
808	陕西省西安市新城区人民法院	@新城法院	http://weibo.com/u/3877456382
809	陕西省蓝田县人民法院	@蓝田法院	http://weibo.com/u/3424215304
810	陕西省西安市高陵区人民法院	@高陵法院	http://weibo.com/u/3803749331
811	陕西省西安市灞桥区人民法院	@灞桥区法院	http://weibo.com/u/3892721662
812	陕西省西安市未央区人民法院	@未央法院	http://weibo.com/u/3891514878
813	陕西省周至县人民法院	@周至法院	http://weibo.com/zzxrmfy
814	陕西省西安市碑林区人民法院	@碑林区法院	http://weibo.com/u/3901099404
815	陕西省榆林市中级人民法院	@榆林中院	http://weibo.com/u/3649735894
816	陕西省铜川市中级人民法院	@铜川中院	http://weibo.com/u/2550409690
817	陕西省宝鸡市中级人民法院	@陕西宝鸡中院	http://weibo.com/u/3881918155
818	陕西省渭南市中级人民法院	@渭南中院	http://weibo.com/wnzygfwb
819	陕西省汉中市中级人民法院	@汉中中院	http://weibo.com/u/2512254557
820	陕西省安康市中级人民法院	@安康中院	http://weibo.com/u/3760705624
821	陕西省商洛市中级人民法院	@商洛中院	http://weibo.com/shangluocourt
822	陕西省延安市中级人民法院	@延安中院	http://weibo.com/u/3605315293
823	陕西省宝鸡市陈仓区人民法院	@陈仓法院	http://weibo.com/u/3892721286
824	陕西省宝鸡市金台区人民法院	@金台法院	http://weibo.com/u/3885795212
825	陕西省勉县人民法院	@陕西省勉县法院	http://weibo.com/u/3720071572
826	陕西省城固县人民法院	@城固法院	http://weibo.com/u/3861599674
827	陕西省镇巴县人民法院	@镇巴法院	http://weibo.com/u/3558382193
828	陕西省安康市汉滨区人民法院	@安康市汉滨区法院	http://weibo.com/hbqfy
829	陕西省白河县人民法院	@白河县法院	http://weibo.com/u/3929916194
830	陕西省白水县人民法院	@白水法院	http://weibo.com/u/3695637705
831	陕西省富平县人民法院	@富平法院	http://weibo.com/fprmfy
832	陕西省西安铁路运输中级法院	@西铁中院	http://weibo.com/xitiezhongyuan
833	陕西省旬邑县人民法院	@旬邑法院	http://weibo.com/u/3508553761
834	陕西省永寿县人民法院	@永寿法院	http://weibo.com/u/3736880027
835	陕西省长武县人民法院	@长武法院	http://weibo.com/u/3228086404
836	陕西省铜川市王益人民法院	@王益法院	http://weibo.com/u/3518996280
837	陕西省铜川市印台区人民法院	@铜川市印台区法院	http://weibo.com/u/3214270593
838	陕西省宜君县人民法院	@宜君县法院	http://weibo.com/u/3541459924
839	陕西省彬州市人民法院	@陕西彬县法院	http://weibo.com/u/3867187042
840	陕西省山阳县人民法院	@山阳法院	http://weibo.com/u/3991939390
841	陕西省柞水县人民法院	@柞水法院	http://weibo.com/u/3880376484
842	陕西省洛南县人民法院	@洛南法院	http://weibo.com/u/3729159273
843	陕西省咸阳市秦都区人民法院	@秦都法院	http://weibo.com/u/3726384105
844	陕西省宝鸡市渭滨区人民法院	@宝鸡市渭滨法院	http://weibo.com/u/2618431194
845	陕西省延安市安塞区人民法院	@安塞法院	http://weibo.com/asxrmfy
846	陕西省延川县人民法院	@延川法院	http://weibo.com/u/3282292967

序号	单位	微博名称	微博庭审视频直播地址
847	陕西省蒲城县人民法院	@蒲城法院	http://weibo.com/u/2718946950
848	陕西省商南县人民法院	@商南县人民法院	http://weibo.com/u/3468372884
849	陕西省潼关县人民法院	@潼关法院	http://weibo.com/u/3879366490
850	陕西省汉阴县人民法院	@汉阴法院	http://weibo.com/u/3724206807
851	陕西省镇安县人民法院	@镇安法院	http://weibo.com/u/3594333104
852	陕西省华阴市人民法院	@华阴法院	http://weibo.com/u/3675463562
853	陕西省洋县人民法院	@洋县法院	http://weibo.com/u/3856482952
854	陕西省榆林市横山区人民法院	@横山县法院	http://weibo.com/u/3750112534
855	陕西省吴起县人民法院	@吴起法院	http://weibo.com/u/3688704790
856	陕西省志丹县人民法院	@志丹法院	http://weibo.com/u/2809640782
857	陕西省渭南市临渭区人民法院	@渭南临渭法院	http://weibo.com/u/3544223611
858	陕西省宜川县人民法院	@宜川县法院	http://weibo.com/u/3726561561
859	陕西省礼泉县人民法院	@礼泉法院	http://weibo.com/u/3881273652
860	陕西省米脂县人民法院	@米脂法院	http://weibo.com/u/3763552293
861	陕西省定边县人民法院	@定边法院	http://weibo.com/u/3780895307
862	陕西省汉中市南郑区人民法院	@陕西省南郑县法院	http://weibo.com/u/3543630877
863	陕西省佳县人民法院	@佳县法院	http://weibo.com/u/3766635195
864	陕西省甘泉县人民法院	@甘泉县法院	http://weibo.com/u/3259642860
865	陕西省神木市人民法院	@神木法院	http://weibo.com/u/3678062692
866	陕西省咸阳市杨陵区人民法院	@杨陵区法院	http://weibo.com/u/3869386610
867	陕西省平利县人民法院	@平利法院	http://weibo.com/u/3865679852
868	陕西省吴堡县人民法院	@吴堡法院	http://weibo.com/u/3724433804
869	陕西省延长县人民法院	@延长法院	http://weibo.com/u/2041483325
870	陕西省黄陵县人民法院	@黄法在线	http://weibo.com/u/3744884545
871	陕西省府谷县人民法院	@府谷县法院	http://weibo.com/u/3767370632
872	陕西省凤县人民法院	@凤县法院	http://weibo.com/u/3603280275
873	陕西省澄城县人民法院	@澄城法院	http://weibo.com/u/3901958391
874	陕西省丹凤县人民法院	@丹凤法院	http://weibo.com/u/3303935857
875	陕西省汉中市汉台区人民法院	@汉台法院	http://weibo.com/u/3887661477
876	陕西省榆林市榆阳区人民法院	@榆阳法院	http://weibo.com/u/3733361670
877	陕西省延安市宝塔区人民法院	@宝塔法院	http://weibo.com/u/3428687820
878	陕西省武功县人民法院	@武法快线	http://weibo.com/u/3868750994
879	陕西省宁陕县人民法院	@宁陕法院	http://weibo.com/u/3750714470
880	陕西省靖边县人民法院	@靖边县法院	http://weibo.com/u/3869737515
881	陕西省绥德县人民法院	@绥德法院	http://weibo.com/u/3728134875
882	陕西省子洲县人民法院	@子洲法院	http://weibo.com/u/3775734042
883	陕西省乾县人民法院	@乾县法院	http://weibo.com/u/3857296098
884	陕西省黄龙县人民法院	@黄龙法院	http://weibo.com/u/3607523952
885	陕西省旬阳县人民法院	@旬阳法院	http://weibo.com/u/3787808057
886	陕西省泾阳县人民法院	@泾阳法院	http://weibo.com/u/3675601370
887	陕西省麟游县人民法院	@麟游法院	http://weibo.com/u/2156795464

序号	单位	微博名称	微博庭审视频直播地址
888	陕西省太白县人民法院	@太白法院	http://weibo.com/u/3667537597
889	陕西省佛坪县人民法院	@佛坪县法院	http://weibo.com/u/3681800154
890	陕西省商洛市商州区人民法院	@商州区法院	http://weibo.com/u/3494369127
891	陕西省岐山县人民法院	@岐山法院	http://weibo.com/u/3673046850
892	陕西省咸阳市渭城区人民法院	@渭城法院	http://weibo.com/u/3870879475
893	陕西省韩城市人民法院	@韩城法院	http://weibo.com/u/3725696512
894	陕西省兴平市人民法院	@兴平法院	http://weibo.com/u/3721913207
895	陕西省清涧县人民法院	@清涧县法院	http://weibo.com/u/3682115844
896	陕西省大荔县人民法院	@大荔法院	http://weibo.com/u/3868872877
897	陕西省富县人民法院	@富县法院	http://weibo.com/u/3721221181
898	陕西省眉县人民法院	@眉县法院	http://weibo.com/u/3686533733
899	陕西省铜川市耀州区人民法院	@耀州区法院	http://weibo.com/u/3511726562
900	陕西省千阳县人民法院	@千阳法院	http://weibo.com/u/3897966910
901	陕西省陇县人民法院	@陇县法院	http://weibo.com/u/3896514177
902	陕西省岚皋县人民法院	@岚皋法院	http://weibo.com/u/3879843874
903	陕西省扶风县人民法院	@扶风法院	http://weibo.com/u/3846226546
904	陕西省凤翔县人民法院	@凤翔法院	http://weibo.com/u/3896317778
905	陕西省留坝县人民法院	@陕西省留坝县法院	http://weibo.com/u/3464130570
906	陕西省镇坪县人民法院	@镇坪法院	http://weibo.com/u/3877374631
907	陕西省石泉县人民法院	@石泉法院	http://weibo.com/u/2618613125
908	陕西省三原县人民法院	@三原法院	http://weibo.com/u/3716283251
909	陕西省淳化县人民法院	@淳化法院	http://weibo.com/u/3676157471
910	陕西省紫阳县人民法院	@陕西省紫阳县法院	http://weibo.com/u/3720164417
911	陕西省子长县人民法院	@子长县法院	http://weibo.com/u/3707495804
912	陕西省合阳县人民法院	@合阳县人民法院	http://weibo.com/u/3881008775
913	陕西省华县人民法院	@华县法院	http://weibo.com/u/3880181516
914	陕西省宁强县人民法院	@宁强法院	http://weibo.com/u/3750073755
915	陕西省略阳县人民法院	@略阳法院	http://weibo.com/u/3584263515
916	陕西省洛川县人民法院	@洛川法院	http://weibo.com/u/3462499464
917	陕西省西乡县人民法院	@西乡法院	http://weibo.com/u/3729292885

上海市（9家）

序号	单位	微博名称	微博庭审视频直播地址
918	上海铁路运输法院	@上海铁路运输法院	http://weibo.com/u/3913045782
919	上海市杨浦区人民法院	@上海杨浦法院	http://weibo.com/u/3950206616
920	上海海事法院	@上海海事法院	http://weibo.com/u/3958067868
921	上海市松江区人民法院	@上海松江法院	http://weibo.com/u/3772381632
922	上海市黄浦区人民法院	@上海黄浦区法院	http://weibo.com/u/3957587243

序号	单位	微博名称	微博庭审视频直播地址
923	上海铁路运输中级法院	@上海三中院	http://weibo.com/u/1649215573
924	上海市高级人民法院	@浦江天平	http://weibo.com/u/3697440777
925	上海市第一中级人民法院	@上海一中院	http://weibo.com/u/3912155007
926	上海知识产权法院	@上海知识产权法院	http://weibo.com/shzcfy

四川省（104家）

序号	单位	微博名称	微博庭审视频直播地址
927	四川省高级人民法院	@四川高院	http://weibo.com/u/3557216665
928	四川省成都市中级人民法院	@成都市中级人民法院	http://weibo.com/chengduzhongyuan
929	四川省成都高新技术产业开发区人民法院	@成都高新法院	http://weibo.com/u/5186856444
930	四川省成都市锦江区人民法院	@锦江法院	http://weibo.com/jinjiangfy
931	四川省攀枝花市中级人民法院	@攀枝花中院	http://weibo.com/u/3927870560
932	四川省南充市中级人民法院	@南充中级法院	http://weibo.com/u/3641490965
933	四川省乐山市中级人民法院	@乐山中院	http://weibo.com/u/3892880628
934	四川省眉山市中级人民法院	@眉山中院	http://weibo.com/u/3911610023
935	四川省眉山市东坡区人民法院	@眉山市东坡区法院	http://weibo.com/u/3913134293
936	四川省成都市武侯区人民法院	@武侯法院	http://weibo.com/wuhoufayuan
937	四川省南部县人民法院	@南部县法院	http://weibo.com/u/5146407761
938	四川省内江市中级人民法院	@甜城天平	http://weibo.com/u/3611879110
939	四川省乐山市市中区人民法院	@乐山市市中区法院	http://weibo.com/u/1797604054
940	四川省乐山市沙湾区人民法院	@乐山市沙湾区法院	http://weibo.com/u/5057623959
941	四川省乐山市五通桥区人民法院	@乐山市五通桥区法院	http://weibo.com/u/5051360031
942	四川省井研县人民法院	@井研县法院	http://weibo.com/u/5078819116
943	四川省夹江县人民法院	@四川省夹江县法院	http://weibo.com/u/3774867535
944	四川省峨眉山市人民法院	@峨眉法院	http://weibo.com/u/3919653739
945	四川省犍为县人民法院	@犍为县人民法院	http://weibo.com/u/2009858312
946	四川省沐川县人民法院	@四川省沐川县法院	http://weibo.com/u/3961725563
947	四川省乐山市金口河区人民法院	@乐山市金口河区法院	http://weibo.com/u/3908552442
948	四川省峨边彝族自治县人民法院	@峨边法院	http://weibo.com/u/5058613920
949	四川省马边彝族自治县人民法院	@乐山市马边法院	http://weibo.com/u/5069335194
950	四川省丹棱县人民法院	@丹棱县法院	http://weibo.com/u/5117643527
951	四川省广安市中级人民法院	@广安中院	http://weibo.com/gacourt
952	四川省旺苍县人民法院	@旺苍法院	http://weibo.com/u/3912900710
953	四川省邻水县人民法院	@邻水法院	http://weibo.com/u/3809328369
954	四川省泸定县人民法院	@泸定县法院	http://weibo.com/u/5198959216
955	四川省宜宾市翠屏区人民法院	@宜宾市翠屏区法院	http://weibo.com/u/5156630375
956	四川省安岳县人民法院	@安岳法院	http://weibo.com/u/5158547429
957	四川省西充县人民法院	@西充法院	http://weibo.com/u/5147485278

序号	单位	微博名称	微博庭审视频直播地址
958	四川省内江市东兴区人民法院	@东兴天平	http://weibo.com/u/5148452029
959	四川省高县人民法院	@高县法院	http://weibo.com/gaoxianfayuan
960	四川省成都市青白江区人民法院	@青白江法院	http://weibo.com/u/2539279884
961	四川省富顺县人民法院	@富顺县法院	http://weibo.com/u/5155686365
962	四川省兴文县人民法院	@宜宾市兴文县法院	http://weibo.com/u/5159025170
963	四川省宜宾市中级人民法院	@宜宾中院	http://weibo.com/u/5157335969
964	四川省自贡市贡井区人民法院	@贡井法院	http://weibo.com/u/3506658647
965	四川省泸县人民法院	@泸县法院	http://weibo.com/u/5148913302
966	四川省成都市成华区人民法院	@成华法院	http://weibo.com/u/5183178224
967	四川省渠县人民法院	@渠县法院	http://weibo.com/u/5181440020
968	四川省达州市中级人民法院	@达州市中级法院	http://weibo.com/u/3482626037
969	四川省蓬安县人民法院	@蓬安法院	http://weibo.com/u/5085098439
970	四川省成都市金牛区人民法院	@金牛法院	http://weibo.com/cdjnfy
971	四川省南充市嘉陵区人民法院	@嘉陵法院	http://weibo.com/u/5148512682
972	四川省崇州市人民法院	@崇州法院	http://weibo.com/u/5174100018
973	四川省苍溪县人民法院	@苍溪法院	http://weibo.com/u/5066547674
974	四川省新津县人民法院	@新津法院	http://weibo.com/u/3925016283
975	四川省资中县人民法院	@资中法院	http://weibo.com/u/5148926823
976	四川省宜宾县人民法院	@宜宾县法院	http://weibo.com/u/5172470843
977	四川省德阳市中级人民法院	@德阳中院	http://weibo.com/u/3862433229
978	四川省绵阳市中级人民法院	@绵阳中院	http://weibo.com/u/3815064547
979	四川省青川县人民法院	@青川法院	http://weibo.com/u/3609169344
980	四川省自贡市中级人民法院	@自贡中院	http://weibo.com/u/3165912333
981	四川省成都市新都区人民法院	@新都法院	http://weibo.com/u/3108474194
982	四川省成都市温江区人民法院	@温江法院	http://weibo.com/u/3188537703
983	四川省广元市中级人民法院	@广元中院	http://weibo.com/scgycourt
984	四川省南充市顺庆区人民法院	@顺庆法院	http://weibo.com/u/5146406455
985	四川省长宁县人民法院	@长宁县法院	http://weibo.com/u/5149821557
986	四川省内江市市中区人民法院	@内江中区法院	http://weibo.com/u/5153866793
987	四川省成都铁路运输中级法院	@成铁中院	http://weibo.com/u/3910979314
988	四川省平昌县人民法院	@平昌法院	http://weibo.com/u/5157322209
989	四川省广元市朝天区人民法院	@广元朝天法院	http://weibo.com/u/5000750790
990	四川省雅安市中级人民法院	@雅安法院	http://weibo.com/u/3739240520
991	四川省武胜县人民法院	@武胜法院	http://weibo.com/u/3808386318
992	四川省成都市龙泉驿区人民法院	@龙泉驿法院	http://weibo.com/u/5189951626
993	四川省万源市人民法院	@万源法院	http://weibo.com/u/3604460271
994	四川省仪陇县人民法院	@仪陇法院	http://weibo.com/u/5154872580
995	四川省平武县人民法院	@平武县法院	http://weibo.com/u/3817112962
996	四川省郫都区人民法院	@郫都法院在线	http://weibo.com/u/5189442924
997	四川省九龙县人民法院	@甘孜州九龙县人民法院	http://weibo.com/u/5177211283
998	四川省遂宁市中级人民法院	@遂宁中院	http://weibo.com/u/3542177500

续表

序号	单位	微博名称	微博庭审视频直播地址
999	四川省阆中市人民法院	@阆中法院	http://weibo.com/u/3788591323
1000	四川省广安市广安区人民法院	@广安区法院	http://weibo.com/u/3800864643
1001	四川省华蓥市人民法院	@华蓥市法院	http://weibo.com/u/3835924875
1002	四川省威远县人民法院	@威远法院	http://weibo.com/u/3915908449
1003	四川省自贡市沿滩区人民法院	@沿滩法院	http://weibo.com/u/5181806491
1004	四川省资阳市雁江区人民法院	@资阳市雁江区法院	http://weibo.com/u/5170709219
1005	四川省攀枝花市西区人民法院	@攀枝花西区法官之家	http://weibo.com/u/5150360392
1006	四川省资阳市中级人民法院	@三贤阳光	http://weibo.com/u/3205239522
1007	四川省成都铁路运输法院	@成都铁路运输法院	http://weibo.com/u/5212823733
1008	四川省广安市前锋区人民法院	@广安市前锋人民法院	http://weibo.com/u/3639404137
1009	四川省彭州市人民法院	@彭州法院	http://weibo.com/u/5184867137
1010	四川省岳池县人民法院	@岳池法院	http://weibo.com/u/3304094077
1011	四川省成都市青羊人民法院	@青羊法院	http://weibo.com/u/5105192588
1012	四川省广元市昭化区人民法院	@昭化法院	http://weibo.com/u/5076710451
1013	四川省金堂县人民法院	@金堂法院	http://weibo.com/u/5167451239
1014	四川省广元市利州区人民法院	@利州法院	http://weibo.com/u/3915364924
1015	四川省达州市达川区人民法院	@法制达川	http://weibo.com/u/3909710280
1016	四川省什邡市人民法院	@什邡法院	http://weibo.com/u/5221772219
1017	四川省松潘县人民法院	@松潘法院	http://weibo.com/u/3601956271
1018	四川省大邑县人民法院	@大邑法院	http://weibo.com/u/5109628119
1019	四川省泸州市江阳区人民法院	@江阳法院	http://weibo.com/u/5112616740
1020	四川省合江县人民法院	@合江法院	http://weibo.com/u/5158708678
1021	四川省叙永县人民法院	@叙永法院	http://weibo.com/u/5173699126
1022	四川省古蔺县人民法院	@古蔺县法院	http://weibo.com/u/5131914864
1023	四川省石棉县人民法院	@石棉法院	http://weibo.com/u/5097575219
1024	四川省都江堰市人民法院	@都江堰法院	http://weibo.com/u/5181729227
1025	四川省蓬溪县人民法院	@蓬溪法院	http://weibo.com/u/5151745632
1026	四川省大英县人民法院	@大英法院	http://weibo.com/u/5175691340
1027	四川省中江县人民法院	@中江法院	http://weibo.com/u/5134963052
1028	四川省南江县人民法院	@南江法院	http://weibo.com/u/5177597433
1029	四川省隆昌市人民法院	@隆昌法院	http://weibo.com/u/5146971225
1030	四川省南充市高坪区人民法院	@高坪法院	http://weibo.com/u/5153654443

天津市（25家）

序号	单位	微博名称	微博庭审视频直播地址
1031	天津市高级人民法院	@津法之声	http://weibo.com/u/3731897471
1032	天津市第二中级人民法院	@天津二中院	http://weibo.com/u/3919910570
1033	天津市和平区人民法院	@天津市和平区人民法院	http://weibo.com/tjhpfy
1034	天津市河东区人民法院	@天津市河东区人民法院	http://weibo.com/hedongfayuan

续表

序号	单位	微博名称	微博庭审视频直播地址
1035	天津市宝坻区人民法院	@天津市宝坻区人民法院	http://weibo.com/u/3959246898
1036	天津市蓟州区人民法院	@蓟县法院	http://weibo.com/u/3971187880
1037	天津市红桥区人民法院	@天津市红桥区人民法院	http://weibo.com/u/3972116099
1038	天津市第一中级人民法院	@天津一中院	http://weibo.com/tianjinyizhongyuan
1039	天津市南开区人民法院	@天津市南开区人民法院	http://weibo.com/u/5033354758
1040	天津市武清区人民法院	@天津市武清区人民法院	http://weibo.com/u/3962603810
1041	天津市宁河区人民法院	@宁河法院	http://weibo.com/u/3974536736
1042	天津市静海区人民法院	@天津市静海县人民法院	http://weibo.com/u/1092782962
1043	天津市河北区人民法院	@天津市河北区人民法院	http://weibo.com/u/3971635987
1044	天津市西青区人民法院	@天津市西青区人民法院	http://weibo.com/u/3952245756
1045	天津铁路运输法院	@津铁法之声	http://weibo.com/u/5033507502
1046	天津市津南区人民法院	@天津市津南区人民法院	http://weibo.com/u/1844894793
1047	天津海事法院	@天津海事法院	http://weibo.com/u/3926650990
1048	天津市北辰区人民法院	@津辰法声	http://weibo.com/u/3977822675
1049	天津市滨海新区人民法院	@滨海新区法院	http://weibo.com/u/3971287188
1050	天津市河西区人民法院	@天津市河西区人民法院	http://weibo.com/u/3991601729
1051	天津市东丽区人民法院	@天津市东丽区人民法院	http://weibo.com/u/3966594469
1052	天津市滨海新区人民法院功能区审判管理委员会	@泰达审判	http://weibo.com/u/3969160724
1053	天津市滨海新区人民法院塘沽审判区管理委员会	@塘沽法苑	http://weibo.com/u/3977603521
1054	天津市滨海新区人民法院汉沽审判管理委员会	@天津汉沽审判区	http://weibo.com/u/3955825516
1055	天津市滨海新区人民法院大港审判管理委员会	@天津大港审判区	http://weibo.com/u/3974546817

西藏自治区（1家）

序号	单位	微博名称	微博庭审视频直播地址
1056	西藏自治区边坝县人民法院	@西藏边坝县人民法院	http://weibo.com/bbxrmfy

云南省（75家）

序号	单位	微博名称	微博庭审视频直播地址
1057	云南省高级人民法院	@云南省高级人民法院	http://weibo.com/u/3912044975
1058	玉龙纳西族自治县人民法院	@丽江玉龙法院	http://weibo.com/ljylfy
1059	昆明铁路运输中级法院	@昆明铁路运输中级法院	http://weibo.com/u/1268281920
1060	宾川县人民法院	@大理宾川法院	http://weibo.com/u/1650929095

序号	单位	微博名称	微博庭审视频直播地址
1061	兰坪白族普米族自治县人民法院	@云南省兰坪县法院	http://weibo.com/u/3962958379
1062	昆明市中级人民法院	@昆明市中级人民法院	http://weibo.com/u/3202103081
1063	文山壮族苗族自治州中级人民法院	@文山州中级人民法院	http://weibo.com/u/3802590168
1064	红河哈尼族彝族自治州中级人民法院	@红河州中级法院	http://weibo.com/u/3959220741
1065	镇康县人民法院	@镇康法院	http://weibo.com/u/3957782563
1066	峨山彝族自治县人民法院	@峨山法院	http://weibo.com/u/3927529487
1067	曲靖市中级人民法院	@曲靖市法院	http://weibo.com/u/3951679210
1068	德宏傣族景颇族自治州中级人民法院	@德宏中院	http://weibo.com/u/3961917047
1069	保山市隆阳区人民法院	@隆阳法院	http://weibo.com/u/3965599261
1070	大理白族自治州中级人民法院	@大理中院	http://weibo.com/u/3963160736
1071	维西傈僳族自治县人民法院	@云南维西县法院	http://weibo.com/u/3885215185
1072	迪庆藏族自治州中级人民法院	@迪庆中院	http://weibo.com/u/3927491432
1073	个旧市人民法院	@个旧法院	http://weibo.com/u/3957762461
1074	祥云县人民法院	@祥云县法院	http://weibo.com/u/3964567601
1075	罗平县人民法院	@罗平法院	http://weibo.com/u/3927483180
1076	保山市中级人民法院	@保山中院	http://weibo.com/u/3964054044
1077	大理市人民法院	@大理市法院	http://weibo.com/u/3939509595
1078	鹤庆县人民法院	@鹤阳法苑	http://weibo.com/u/3967707449
1079	泸西县人民法院	@泸西天平	http://weibo.com/u/3959999617
1080	剑川县人民法院	@剑川县法院微博	http://weibo.com/u/3965574616
1081	昆明市官渡区人民法院	@昆明市官渡区法院	http://weibo.com/u/3750668967
1082	富源县人民法院	@富源法院微博	http://weibo.com/u/3871869126
1083	弥渡县人民法院	@弥渡县法院	http://weibo.com/u/3964567115
1084	金平苗族瑶族傣族自治县人民法院	@金平法院	http://weibo.com/u/3948975248
1085	建水县人民法院	@建水法院	http://weibo.com/u/3963811261
1086	安宁市人民法院	@安宁市人民法院	http://weibo.com/u/3744778963
1087	马关县人民法院	@马关县法院	http://weibo.com/u/3948989557
1088	元谋县人民法院	@元谋法院	http://weibo.com/u/3958585586
1089	禄劝彝族苗族自治县人民法院	@禄劝法院	http://weibo.com/u/1576152623
1090	昆明市盘龙区人民法院	@昆明盘龙法院	http://weibo.com/u/3922882230
1091	昆明市西山区人民法院	@昆明市西山区法院	http://weibo.com/u/2662145003
1092	福贡县人民法院	@福贡法院	http://weibo.com/u/3959248194
1093	芒市人民法院	@芒市法院	http://weibo.com/u/3927472024
1094	大姚县人民法院	@大姚法院	http://weibo.com/u/3958077690
1095	陆良县人民法院	@陆良法院	http://weibo.com/u/3962848302
1096	怒江傈僳族自治州中级人民法院	@怒江中院	http://weibo.com/u/3958660279
1097	寻甸回族彝族自治县人民法院	@寻甸法院	http://weibo.com/u/3956612171
1098	昆明市东川区人民法院	@云南东川法院	http://weibo.com/u/3701285061
1099	临沧市中级人民法院	@临沧市中级人民法院	http://weibo.com/u/3659027347
1100	楚雄市人民法院	@楚雄市法院	http://weibo.com/u/3955342117
1101	玉溪市中级人民法院	@玉溪中院	http://weibo.com/u/3950648730

续表

序号	单位	微博名称	微博庭审视频直播地址
1102	泸水市人民法院	@泸水法院	http://weibo.com/u/3963811238
1103	腾冲市人民法院	@腾冲法院	http://weibo.com/u/3960902447
1104	石林彝族自治县人民法院	@石林法院	http://weibo.com/u/3869387499
1105	昆明铁路运输法院	@昆明铁路法院	http://weibo.com/u/2913076461
1106	河口瑶族自治县人民法院	@河口瑶族自治县法院	http://weibo.com/u/3958599469
1107	巍山彝族回族自治县人民法院	@巍山县法院	http://weibo.com/u/3964574108
1108	德钦县人民法院	@云南德钦法院	http://weibo.com/u/3956879956
1109	南涧彝族自治县人民法院	@南涧县法院	http://weibo.com/u/3967701771
1110	凤庆县人民法院	@凤庆县法院	http://weibo.com/u/3957780101
1111	屏边苗族自治县人民法院	@屏边法院	http://weibo.com/u/3956972762
1112	蒙自市人民法院	@蒙自法院	http://weibo.com/u/3748719602
1113	临沧市临翔区人民法院	@临翔法院	http://weibo.com/u/5069609373
1114	永平县人民法院	@永平县法院	http://weibo.com/u/3964562027
1115	漾濞彝族自治县人民法院	@漾濞县法院	http://weibo.com/u/3963600600
1116	耿马傣族佤族自治县人民法院	@耿马县法院	http://weibo.com/u/3973261935
1117	贡山独龙族怒族自治县人民法院	@贡山县法院	http://weibo.com/u/3963977626
1118	永德县人民法院	@永德法院	http://weibo.com/u/3957833297
1119	洱源县人民法院	@洱源县法院	http://weibo.com/u/3930793468
1120	双江拉祜族佤族布朗族傣族自治县人民法院	@双江县法院	http://weibo.com/u/5328757002
1121	宁洱哈尼族彝族自治县人民法院	@云南宁洱法院	http://weibo.com/u/3949051468
1122	施甸县人民法院	@施甸法院	http://weibo.com/u/3963081895
1123	昌宁县人民法院	@昌宁县法院	http://weibo.com/u/2977070622
1124	云县人民法院	@云县法院	http://weibo.com/u/2906803157
1125	楚雄彝族自治州中级人民法院	@楚雄中院	http://weibo.com/u/3952058756
1126	石屏县人民法院	@石屏法院	http://weibo.com/u/3959240400
1127	勐腊县人民法院	@云南勐腊县法院	http://weibo.com/u/3961912622
1128	弥勒市人民法院	@弥勒市人民法院	http://weibo.com/u/3958688797
1129	香格里拉市人民法院	@香格里拉市法院	http://weibo.com/u/3952949913
1130	江城哈尼族彝族自治县人民法院	@云南普洱江城县法院	http://weibo.com/u/3963822867
1131	澜沧拉祜族自治县人民法院	@澜沧法院	http://weibo.com/u/3963735677

浙江省（69家）

序号	单位	微博名称	微博庭审视频直播地址
1132	杭州市中级人民法院	@杭法观微	http://weibo.com/u/5000762202
1133	宁波市中级人民法院	@宁波法院	http://weibo.com/zjnbfy
1134	余姚市人民法院	@宁波余姚法院	http://weibo.com/zjnbyyfy
1135	奉化区人民法院	@宁波奉化法院	http://weibo.com/fhfyjc
1136	慈溪市人民法院	@宁波慈溪法院	http://weibo.com/u/3460480794

续表

序号	单位	微博名称	微博庭审视频直播地址
1137	宁波市北仑区人民法院	@宁波北仑法院	http://weibo.com/u/3459904972
1138	宁波市海曙区人民法院	@宁波海曙法院	http://weibo.com/nbhsfy
1139	宁波市江北区人民法院	@宁波江北法院	http://weibo.com/nbjbfy
1140	宁波市江东区人民法院	@江东法院	http://weibo.com/u/3432795432
1141	宁海县人民法院	@宁波宁海法院	http://weibo.com/u/3463364180
1142	宁波市鄞州区人民法院	@宁波鄞州法院	http://weibo.com/u/2862149434
1143	象山县人民法院	@宁波象山法院	http://weibo.com/u/3192386334
1144	宁波市镇海区人民法院	@镇海法院	http://weibo.com/nbzhfy
1145	台州市椒江区人民法院	@台州椒江法院	http://weibo.com/u/3963752949
1146	台州市中级人民法院	@台州中院	http://weibo.com/u/3917901188
1147	绍兴市中级人民法院	@绍兴法院	http://weibo.com/u/3917008151
1148	绍兴市上虞区人民法院	@上虞区法院	http://weibo.com/u/3672418314
1149	长兴县人民法院	@长兴法院	http://weibo.com/u/3953461692
1150	湖州市中级人民法院	@湖州中院	http://weibo.com/hzcourt
1151	嘉兴市中级人民法院	@嘉兴中院	http://weibo.com/u/3949045403
1152	舟山市中级人民法院	@舟山中院	http://weibo.com/u/3946530598
1153	温州市中级人民法院	@温州法院	http://weibo.com/wenzhouzhongyuan
1154	温州市龙湾区人民法院	@温州龙湾法院	http://weibo.com/u/3895589938
1155	平阳县人民法院	@平阳法院	http://weibo.com/pingyangfayuan
1156	杭州市拱墅区人民法院	@运河法苑	http://weibo.com/u/3971323717
1157	杭州市上城区人民法院	@上城法苑	http://weibo.com/u/3965585723
1158	杭州市下城区人民法院	@下城法院	http://weibo.com/u/1316896553
1159	杭州市临安区人民法院	@天目法苑	http://weibo.com/u/3963825074
1160	杭州市滨江区人民法院	@钱江法潮	http://weibo.com/binjiangcourt
1161	杭州市余杭区人民法院	@余杭法徽	http://weibo.com/u/3933391786
1162	杭州市富阳区人民法院	@富春法苑	http://weibo.com/u/3963969709
1163	淳安县人民法院	@杭州淳安法院	http://weibo.com/u/3960737786
1164	德清县人民法院	@德清法院	http://weibo.com/u/3992816662
1165	永嘉县人民法院	@永嘉法院	http://weibo.com/u/2734907130
1166	乐清市人民法院	@乐清法院	http://weibo.com/yqsrmfy
1167	衢州市中级人民法院	@衢州中院	http://weibo.com/u/3918988401
1168	诸暨市人民法院	@诸暨法院	http://weibo.com/lawcourt
1169	温州市瓯海区人民法院	@瓯海法院	http://weibo.com/u/3819429173
1170	嘉善县人民法院	@嘉善法院	http://weibo.com/u/2372826114
1171	文成县人民法院	@文成法院	http://weibo.com/u/3469467900
1172	海盐县人民法院	@海盐法院	http://weibo.com/u/3957087645
1173	平湖市人民法院	@平湖法院	http://weibo.com/u/3960000424
1174	嘉兴市南湖区人民法院	@南湖法院	http://weibo.com/u/3963803178
1175	温岭市人民法院	@温岭法院	http://weibo.com/u/3950665594
1176	浦江县人民法院	@浦江法院	http://weibo.com/u/3971133459
1177	宁波海事法院	@宁波海事法院	http://weibo.com/u/2588125712

续表

序号	单位	微博名称	微博庭审视频直播地址
1178	杭州市萧山区人民法院	@萧法天平	http://weibo.com/u/3959235061
1179	安吉县人民法院	@竹乡法韵	http://weibo.com/u/3929078762
1180	桐乡市人民法院	@桐乡法院	http://weibo.com/u/3964001925
1181	龙游县人民法院	@龙游法院	http://weibo.com/u/3952946292
1182	海宁市人民法院	@海宁法院	http://weibo.com/u/3951725258
1183	台州市路桥区人民法院	@路桥法院	http://weibo.com/u/3878234998
1184	湖州市吴兴区人民法院	@吴兴法域	http://weibo.com/u/3954981741
1185	杭州市西湖区人民法院	@西湖法院	http://weibo.com/u/3976071049
1186	杭州市江干区人民法院	@钱塘法槌	http://weibo.com/u/3960902657
1187	义乌市人民法院	@金华义乌法院	http://weibo.com/u/5044506457
1188	嵊州市人民法院	@嵊州法院	http://weibo.com/u/5000873629
1189	衢州市柯城区人民法院	@柯城法院	http://weibo.com/qzkcfy
1190	建德市人民法院	@杭州建德法院	http://weibo.com/u/3944095546
1191	常山县人民法院	@常山法院	http://weibo.com/u/3957107798
1192	温州市洞头县人民法院	@洞头法院	http://weibo.com/u/3891416103
1193	开化县人民法院	@开化法院	http://weibo.com/u/3956768144
1194	杭州经济技术开发区人民法院	@下沙法院	http://weibo.com/u/3950677869
1195	岱山县人民法院	@岱山法院	http://weibo.com/u/5086949043
1196	兰溪市人民法院	@兰溪法院	http://weibo.com/u/3955504444
1197	绍兴市越城区人民法院	@越城法院	http://weibo.com/u/3964629336
1198	新昌县人民法院	@新昌法院	http://weibo.com/u/3960954993
1199	湖州市南浔区人民法院	@嘉业法坛	http://weibo.com/u/3502961283
1200	衢州市衢江区人民法院	@衢江法院	http://weibo.com/324956792

写在微博十年

　　微博，因其自由参与、开放表达和聚合交互，成为当今时代最具影响力的国际化社交媒体。微博之上，集聚的是现实社会中的人，呈现的是公众自我社会实践和生活体验后表达的所见所闻之事，汇聚激荡出的是整个社会的思想、行为和意识写照。互联网重新定义媒体，舆论环境发生巨大变化，而微博重新定义社会，网络社会与现实社会构成了一个互相独立又相互影响的高度结合的社会舆论"共生态"①。进而，线下的党委政府紧随"老百姓上网、民意上网"的脚步全面上网，以"逢山开路、遇水架桥"的政治勇气和胆略所进行的这一场新颖的网络群众路线就此展开。

　　2018 年是中国改革开放 40 周年，作为社会化传播的微博参与了这 40 年城乡巨变的后十年。这十年，既是中国社会进步和经济增长厚积薄发的十年，也是中国社会转型期矛盾空前凸显的十年，更是社会主要矛盾经由网民利用微博进行见证式参与式表达和集中暴露释放的十年。仅对比一下，十年前我们孩子的校车与我们的隐痛，十年前我们在灾难救援面前的焦灼无奈与现今的立体响应，十年前我们的官本位封闭治理与当下我们越来越开明进步的公开自信……，太多太多的境况因为有了微博的参与和推进得到极大的改变。微博所带来的对整个中国社会话语权力和力量结构的革命性调整，让每一个社会民意和智慧有了被政府官方直接聆听、接纳和协同参与的机会，进而由此推动共商共建共治共享的中国特色社会主义协商民主政治的伟大进程。孙中山先生说，"政"就是"众人之事"。从某种角度来说，这十年民意驱动社会共治的成效，大于以往所有历史时期的总和。

　　奉法者强则国强，奉法者弱则国弱。早在 2012 年，中国人民大学舆论研究所在《中国社会舆情年度报告（2012）》中即指出，在新媒体舆论场，微博已成为网络舆论事件的第一大信息源，成为"第一大舆论场"，"在可预见的将来，微博或将直接改变中国社会生态和政治语境，让强势一方做事时不得不考虑民众的反应，微博所推动的是整个社会的政治生态平衡。"在我国，"危机已不再是单个随机事件本身，而是环境、秩序、规则的系统性破坏或错位，作为一种社会常态存在"②。2013 年，党的十八大后的中国开始了全面依法治网进程。2014 年 2 月 27 日，中央网络安全和信息化领导小组成立，在第一次小组会议上，习近平总书记表示，要抓紧制定立法规划，完善互联网信息内容管理、关键信息基础设施保护等法律法规，依法治理网络空间，维护公民合法权益。并强调，"没有网络安全就没有国家安全，没有信息化就没有现代化"，"网络安全和信息化是事关国家安全和国家发展、事关广大人民群众工作生活的重大战略问题，要从国际国内大势出发，总体布局，统筹各方，创新

---

① 侯锷：《中国公共关系舆论环境研究报告》，载《公共关系蓝皮书：中国公共关系发展报告（2016）》，社会科学文献出版社，2016。

② 中国人民大学舆论研究所：《中国社会舆情年度报告（2012）》，人民日报出版社，2012。

发展，努力把我国建设成为网络强国"。2014 年 8 月 26 日，国务院发布《关于授权国家互联网信息办公室负责互联网信息内容管理工作的通知》（国发〔2014〕33 号）①，正式授权重新组建的国家互联网信息办公室负责全国互联网信息内容管理工作，并负责监督管理执法。随后，国家网信办"微信十条""账号十条"和"约谈十条"相继出台，中国的互联网治理的制度建设和立法工作进入逐步完善的阶段。与此同时，中央各大部委也迅速展开了互联网领域相关职能的专项治理和执法行动，激浊扬清，网络空间逐步清朗。在网络强国战略推进中，我国初步完成了网络社会的"市民化"改造，现实社会与微博社会已经浑然融合成为一个互动镜像的"共同体"。

从 2009 年云南昆明"螺蛳湾事件"促成中国政务微博顺势介入社会公共关系协调和公共利益矛盾的化解开始，就注定了微博是一门实践的应用科学而不是一个研究的理论学科，也注定了微博在中国社会治理中扮演着不可或缺、无可替代的特殊角色。而今，随着时代蘸满"微博配方"的墨水划上又一个年轮的闭环，这种大众网络行为和传播文化所勾勒的纹路和规律正在发出一个重大的启示：微博适配媒介执政的必要性、刚需性愈发趋定。在本年鉴的编纂过程中，在每一次现实社会惊心动魄的突发公共事件、热点事件和社会思潮跌宕起伏面前，我们几乎都能在微博上同步溯源找到与之严丝合缝且印证的公民表达档案，甚至是某些领先于时间和事件先兆性因子的公共议程与记录印迹。微博十年，对于民智不断被开启、被教化、被动员的亿万微博网友而言，看微博已经成为解读公共事件中的社会真相所遵行的求证定律。我们不能不承认，就史学角度而言，微博所记载的"历史"是唯一由活着的人为这个时代、这个社会甚至于自己所亲自书写的励志铭甚至于"墓志铭"，尤其是那些以微博作为自我生命祭奠的轻生诀别者、在突发意外事件中的殉难者、在制造极端事件而毙命的行为当事者，以及曾经"亲民问政"却又最终"落马"的官员微博等，这些弥留下来的微博档案，其研究价值已经显现。当每一个独立个体的社会体验和意识思维，经由开放的广场传播进行交互和汇聚的时候，这种网络行为就必然融汇成为一种多元社会的结构化观念，况乎在当前已经有 8 亿网民的网络中国。

——正是从以上对微博社会化传播的价值审视角度，我们自始就有了对微博独立的观察路径和研究解构：微博的社会属性、政治属性远远超脱于其社交和媒体的基础属性。在微博公共关系空间的政 – 民、政 – 商、政 – 媒交错互动进程中，微博的参与，更立体拼图和还原出了一部全民见证和共同参与书写的浩瀚的国民成长志记。有鉴于此，便有了您眼前的这部对中国政务新媒体和微博视界以即时记载和研究编纂的《中国政务新媒体（微博）年鉴·(2009—2018)》。然而，从 2009 年（含）至 2018 年，在这整整十载芳华的微博时光点阵中，在迄今 4.46 亿微博月活跃用户以分秒竞逐、汹涌而出的自主话语表达信息流中，要想滴水不漏而做到完美无缺的记录，实在是一件无法想象的工程。尽管在这微博的十年间，编者已经养成了随时收藏、截屏、整理归档微博素材的工作习惯，也积累了海量的微博案例研究笔记，但是在本年鉴交稿后，曾经失忆的碎片不断被激活而捶胸顿足的遗憾面前，也真真切切地体会了一次什么叫"挂一漏万"！因此，对于伴随微博十年在中国社会演绎发展进程中的重磅人物、重大事件、重要文献和重点信息的关注和收录中，缺失遗漏已在所难免，在此

---

① 《国务院关于授权国家互联网信息办公室负责互联网信息内容管理工作的通知》，中国政府网，http：//www. gov. cn/zhengce/content/2014 – 08/28/content_ 9056. htm。

也恳请广大读者们的谅解，并无条件地接受大家的批评指正！如果可能，请您通过我们的官方微博"@政务微博观察"或电子邮箱 i@govlab.cn，随时随地向我们反馈宝贵的批评指导意见、建议和拾遗信息，以便在本年鉴未来可能的再版中修正并增订相关内容。同时，借此语境，正式开放式邀请对政务微博及本年鉴感兴趣的仁人志士共同参与进来，携手共同编纂，进入下一卷《中国政务新媒体（微博）年鉴》的史海钩沉。我们真诚希望，这部年鉴不应仅仅是一部图书，更应担当起沟通社会和促进微博产学研用的学术交流与记录中国社会治理发展的使命。

需要说明的是，《中国政务新媒体（微博）年鉴·（2009—2018）》作为中国新媒体领域的第一本年鉴类大型出版物，首卷首版、经验不足、人手有限、时间紧迫，加之客观上存在的相关内容必须依照国家对新闻出版的合法合法性规范化要求进行，也使得本年鉴原本就严重"超载"的体量不得不持续精简压缩。因此，许多在编纂过程中所收集整理的珍贵文献资料（譬如记录影响和推动中国政务微博发展十年进程中涌现的众多党政领导干部的"人物篇"；收录全国各地各级各职能领域党政机构在推动微博服务社会，以及在创新促进政务微博健康有序发展的体制化、机制化建设的实践中，所出台的具有重大政府管理文献研究价值的规范性文件"制度篇"等），无法在本版中悉数奉献给大家。对于此类遗憾，我们会在后续版本中设法弥补，以了此共同心愿。

本年鉴编纂工作从2017年10月开始正式启动，得到了中国传媒大学媒介与公共事务研究院学术委员会主任董关鹏教授的大力支持和专业的学术指正，使本年鉴在学术专业性、严谨性、合规性等方面有了极大的品质提升。本年鉴在收官之时，恰逢董老师在美国访问交流，百忙之中他依然多次关注询问进度，但终因事务繁忙及诸多因素，他的赐序最终未能在付印前赶上，倍感遗憾。同时，要感谢中国传媒大学媒介与公共事务研究院院长、国防部新闻局原局长、新闻发言人杨宇军先生，及中国传媒大学媒介与公共事务研究院副院长郭晓科先生的悉心指导和关怀协助，没有强大的组织关爱，难以使本项目顺利推进和开展。

感谢北京师范大学喻国明教授、清华大学沈阳教授，人民日报社新媒体中心丁伟主任，人民网祝华新先生、单学刚先生、刘鹏飞先生，以及最高人民检察院检察日报社正义网覃匡龙、侯文昌等良师益友的大力支持和鼓励。毋庸置疑，他们是我国政务微博、政务新媒体课题研究领域"灯塔"级的先行者和重要奠基人，更为本年鉴提供了宝贵的理论文章和报告文献。在此，向他们致敬！

还有，在《中国政务新媒体（微博）年鉴·（2009—2018）》的编纂过程中，全书尤其是第四卷因涉及薄熙来案微博直播庭审等相关内容，在新闻出版规范的涉敏性判定上出现困惑时，在最高人民法院人民法院新闻传媒总社党委书记、社长倪寿明先生，人民法院新闻传媒总社新媒体部主任赵刚先生鼎力支持和推动下，出具公函对此进行了正声界定："薄熙来案件庭审微博直播，充分体现了中国司法的公正、公开与透明，最高法一定会把司法公开进行到底"，"薄熙来案对于当前司法透明度和舆论风险而言，已经由过去不能说、不好说有了准确的司法口径。就其法治传播视角而言，不再涉及政治敏感性"。如此气度和魄力，让我们对中国司法公开和司法自信，充满了无限敬意和期待！在此过程中，他们组建五人专业专门团队对本年鉴第四卷（司法专卷）直接参与编纂编辑工作，他们的热忱、专业、敬业及其高效，让我深深敬佩且感动！在此，特别致谢！

在此，编者还要真诚感谢微博CEO王高飞先生、微博副总裁曹增辉先生、微博党委副书记兼执行总编辑陈丽娜女士、微博政务总经理李峥嵘女士及微博政务、新浪政务新媒体学院团队的全体成员，正是一路上有他/她们的鼎力支持、忘我付出和默契配合，才使得本年鉴在数据、信息等诸多方面有了给力的综合保障。本年鉴之所以能够成功付梓，他/她们的存在，关键且重要！除此之外，要感谢的还有参与本年鉴编纂的同事、政务微博实践领域的同仁和朋友，因为"战友"众多，在此不一一罗列提名。

微博承载大社会，微博之中尽苍生。最后，要感谢《中国政务新媒体（微博）年鉴·（2009—2018）》的所有编委和作者，感谢各位专家学者长期以来对中国政务新媒体、政务微博事业的倾情关注、积极推动和实践与研究。尤要感谢北京外国语大学国际新闻与传播学院院长姜飞教授多年来对编者在微博研究过程中的支持鼓励和点拨指导。同时，对社会科学文献出版社皮书出版分社邓泳红社长，及本年鉴的责任编辑郑庆寰老师和相关编辑、编审团队同仁的辛勤工作（他们交叉求证、一丝不苟的专业严谨令我"震惊"！），在此表示最诚挚的感谢！

就在本书即将付梓之际，2018 年 12 月 27 日，国务院办公厅公布了《关于推进政务新媒体健康有序发展的意见》（国办发〔2018〕123 号），这是自 2011 年"政务微博元年"以及 2013 年我国正式确立"政务新媒体"以来，首次出台的全面系统科学规范的纲领性指导文件。意见明确指出，"政务新媒体是移动互联网时代党和政府联系群众、服务群众、凝聚群众的重要渠道，是加快转变政府职能、建设服务型政府的重要手段，是引导网上舆论、构建清朗网络空间的重要阵地，是探索社会治理新模式、提高社会治理能力的重要途径"，这就为中国政务新媒体、政务微博的发展厘清了新时代的功能定位和职能使命等重大命题，从而结束了政务微博在探索实践中所曾经出现理念偏差、定位不清甚至于脱离群众的的旧秩序。2019 年，中国政务微博正本清源，更迎来发展的"新元年"！《中国政务新媒体（微博）年鉴》，正在见证并续写新时代政务微博"追梦"的新篇章。

《中国政务新媒体（微博）年鉴·（2009—2018）》主编
中国传媒大学媒介与公共事务研究院高级研究员
公共关系与战略传播研究所副所长
政务新媒体实验室主任

2019 年 1 月 1 日

致　谢

特别感谢以下单位对本年鉴编纂所提供的文献数据资料等支持：

最高人民法院·人民法院新闻传媒总社（rmfygg. court. gov. cn）

最高人民法院·中国裁判文书网（wenshu. court. gov. cn）

最高人民检察院·检察日报社·正义网（jcrb. com）

人民日报社新媒体中心

人民网舆情数据中心（yuqing. people. com. cn）

正义网传媒研究院（yq. jcrb. com）

人民网舆论与公共政策研究中心

新浪网（sina. cn）

微　博（weibo. com）

特别鸣谢微博（WEIBO）对本年鉴所提供的资助！

本书编者

2019 年 1 月 1 日

图书在版编目（CIP）数据

中国政务新媒体（微博）年鉴. 2009－2018：全4卷 /
侯锷主编. －－北京：社会科学文献出版社，2019.1
　　ISBN 978－7－5201－4147－5

Ⅰ. ①中…　Ⅱ. ①侯…　Ⅲ. ①电子政务－中国－
2009－2018－年鉴　Ⅳ. ①D63－39

　　中国版本图书馆CIP数据核字（2018）第293211号

中国政务新媒体（微博）年鉴·（2009—2018）（全4卷）

主　　编 / 侯　锷

出 版 人 / 谢寿光
项目统筹 / 邓泳红
责任编辑 / 郑庆寰　肖世伟　杨鑫磊　程丽霞

出　　版 / 社会科学文献出版社·皮书出版分社（010）59367127
　　　　　 地址：北京市北三环中路甲29号院华龙大厦　邮编：100029
　　　　　 网址：www. ssap. com. cn
发　　行 / 市场营销中心（010）59367081　59367083
印　　装 / 三河市东方印刷有限公司

规　　格 / 开　本：787mm×1092mm　1/16
　　　　　 印　张：317.25　字　数：8081千字
版　　次 / 2019年1月第1版　2019年1月第1次印刷
书　　号 / ISBN 978－7－5201－4147－5
定　　价 / 2980.00元（全4卷）

本书如有印装质量问题，请与读者服务中心（010－59367028）联系